有用的关系式

298.15 K时

RT	$2.4790\ \mathrm{kJ\cdot mol^{-1}}$	RT/F	$25.693\ \mathrm{mV}$
$(RT/F)\ln 10$	$59.160\ \mathrm{mV}$	kT/hc	$207.225\ \mathrm{cm^{-1}}$
kT/e	$25.693\ \mathrm{meV}$	$V_\mathrm{m}^{\ominus}$	$2.4790\times10^{-2}\ \mathrm{m^3\cdot mol^{-1}}$
			$24.790\ \mathrm{dm^3\cdot mol^{-1}}$

选定单位*

1 N	$1\ \mathrm{kg\cdot m\cdot s^{-2}}$	1 J	$1\ \mathrm{kg\cdot m^2\cdot s^{-2}}$
1 Pa	$1\ \mathrm{kg\cdot m^{-1}\cdot s^{-2}}$	1 W	$1\ \mathrm{J\cdot s^{-1}}$
1 V	$1\ \mathrm{J\cdot C^{-1}}$	1 A	$1\ \mathrm{C\cdot s^{-1}}$
1 T	$1\ \mathrm{kg\cdot s^{-2}\cdot A^{-1}}$	1 P	$10^{-1}\ \mathrm{kg\cdot m^{-1}\cdot s^{-1}}$
1 S	$1\ \Omega^{-1}=1\ \mathrm{A\cdot V^{-1}}$		

*对于倍数（毫、兆等），参见*资源部分*。

转换因子

$\theta/℃ = T/\mathrm{K} - 273.15$*

1 eV	$1.602\ 177\times10^{-19}\ \mathrm{J}$	1 cal	4.184* J
	$96.485\ \mathrm{kJ\cdot mol^{-1}}$		
	$8\ 065.5\ \mathrm{cm^{-1}}$		
1 atm	101.325* kPa	$1\ \mathrm{cm^{-1}}$	$1.9864\times10^{-23}\ \mathrm{J}$
	760* Torr		
1 D	$3.335\ 64\times10^{-30}\ \mathrm{C\cdot m}$	1 Å	10^{-10} m*

*精确值。

数学关系式

$\pi = 3.141\ 592\ 653\ 59\cdots$　　$\mathrm{e} = 2.718\ 281\ 828\ 46\cdots$

对数和指数

$\ln x + \ln y + \cdots = \ln xy\cdots$　　$\ln x - \ln y = \ln(x/y)$

$a\ln x = \ln x^a$　　$\ln x = (\ln 10)\lg x = (2.302\ 585\cdots)\lg x$

$\mathrm{e}^x\mathrm{e}^y\mathrm{e}^z\cdots = \mathrm{e}^{x+y+z+\cdots}$　　$\mathrm{e}^x/\mathrm{e}^y = \mathrm{e}^{x-y}$

$(\mathrm{e}^x)^a = \mathrm{e}^{ax}$　　$\mathrm{e}^{\pm\mathrm{i}x} = \cos x \pm \mathrm{i}\sin x$

级数展开式

$$\mathrm{e}^x = 1 + x + \frac{x^2}{2!} + \frac{x^3}{3!} + \cdots$$

$$\ln(1+x) = x - \frac{x^2}{2} + \frac{x^3}{3} - \cdots$$

$$\frac{1}{1+x} = 1 - x + x^2 - \cdots \qquad \frac{1}{1-x} = 1 + x + x^2 + \cdots$$

$$\sin x = x - \frac{x^3}{3!} + \frac{x^5}{5!} - \cdots \qquad \cos x = 1 - \frac{x^2}{2!} + \frac{x^4}{4!} - \cdots$$

导数（对于积分，参见*资源部分*）

$$\mathrm{d}(f+g) = \mathrm{d}f + \mathrm{d}g \qquad \mathrm{d}(fg) = f\mathrm{d}g + g\mathrm{d}f$$

$$\mathrm{d}\frac{f}{g} = \frac{1}{g}\mathrm{d}f - \frac{f}{g^2}\mathrm{d}g$$

对于 $f = f[g(t)]$　$\dfrac{\mathrm{d}f}{\mathrm{d}t} = \dfrac{\mathrm{d}f}{\mathrm{d}g}\dfrac{\mathrm{d}g}{\mathrm{d}t}$

$$\left(\frac{\partial y}{\partial x}\right)_z = 1/\left(\frac{\partial x}{\partial y}\right)_z \qquad \left(\frac{\partial y}{\partial x}\right)_z\left(\frac{\partial x}{\partial z}\right)_y\left(\frac{\partial z}{\partial y}\right)_x = -1$$

$$\frac{\mathrm{d}x^n}{\mathrm{d}x} = nx^{n-1} \qquad \frac{\mathrm{d}\mathrm{e}^{ax}}{\mathrm{d}x} = a\mathrm{e}^{ax} \qquad \frac{\mathrm{d}\ln(ax)}{\mathrm{d}x} = \frac{1}{x}$$

如果$\left(\dfrac{\partial g}{\partial y}\right)_x = \left(\dfrac{\partial h}{\partial x}\right)_y$，则 $\mathrm{d}f = g(x,y)\mathrm{d}x + h(x,y)\mathrm{d}y$ 是全微分

希腊字母表*

Α, α alpha	Ι, ι iota	Ρ, ρ rho
Β, β beta	Κ, κ kappa	Σ, σ sigma
Γ, γ gamma	Λ, λ lambda	Τ, τ tau
Δ, δ delta	Μ, μ mu	Υ, υ upsilon
Ε, ε epsilon	Ν, ν nu	Φ, ϕ phi
Ζ, ζ zeta	Ξ, ξ xi	Χ, χ chi
Η, η eta	Ο, ο omicron	Ψ, ψ psi
Θ, θ theta	Π, π pi	Ω, ω omega

*斜体字母 $(\alpha, \beta, \cdots)$ 用于表示可测物理量。

物理化学

（第 11 版）

Peter Atkins
Julio de Paula 著
James Keeler

侯文华 等 译

Atkins' PHYSICAL CHEMISTRY

(11th Edition)

高等教育出版社·北京

图字：01-2018-8387号

图书在版编目 (CIP) 数据

物理化学 : 第 11 版 : 汉、英 / (英) 彼得 · 阿特金斯 (Peter Atkins) , (美) 胡里奥 · 普瓦拉 (Julio de Paula) , (英) 詹姆斯 · 基勒 (James Keeler) 著 ; 侯文华等译 . -- 北京 : 高等教育出版社 , 2021.7（2023.12重印）

书名原文 : Atkins' PHYSICAL CHEMISTRY 11th Edition

ISBN 978-7-04-054607-1

Ⅰ. ①物… Ⅱ. ①彼… ②胡… ③詹… ④侯… Ⅲ. ①物理化学 – 双语教学 – 高等学校 – 教材 – 汉、英 Ⅳ. ① O64

中国版本图书馆 CIP 数据核字 (2020) 第 121093 号

内容提要

本书译自Peter Atkins等编写的Physical Chemistry（11th edition），来自南京大学、山东大学、扬州大学、大连理工大学、陕西师范大学、华中师范大学和南京师范大学的17位物理化学教学一线教师参与了翻译工作。全书分为19个主题，每个主题下包含若干个专题。每个主题后附有讨论题、练习题、问题、综合题。

本书可作为化学化工类专业及相关专业的物理化学课程教材及教学参考书，亦可供有关科研单位和工程技术人员参考使用。

Wuli Huaxue

策划编辑	李　颖　曹　瑛	责任编辑	李　颖
书籍设计	王凌波	插图绘制	黄云燕
责任校对	张　薇	责任印制	赵义民

出版发行	高等教育出版社
社　　址	北京市西城区德外大街 4 号
邮政编码	100120
印　　刷	北京盛通印刷股份有限公司
开　　本	889mm×1194mm　1/16
印　　张	56.5
字　　数	1850 千字
插　　页	1
购书热线	010-58581118
咨询电话	400-810-0598
网　　址	http://www.hep.edu.cn http://www.hep.com.cn
网上订购	http://www.hepmall.com.cn http://www.hepmall.com http://www.hepmall.cn
版　　次	2021 年 7 月第 1 版
印　　次	2023 年 12 月第 4 次印刷
定　　价	180.00 元

本书如有缺页、倒页、脱页等质量问题，请到所购图书销售部门联系调换

物 料 号　54607-00

本书结构及相关翻译分工

绪言	能量、温度和化学	侯文华	南京大学
主题 1	气体性质	刁国旺	扬州大学
主题 2	热力学第一定律	陈　铭	扬州大学
主题 3	热力学第二和第三定律	张恩仁	扬州大学
主题 4	纯物质的物理转变	原　弘	华中师范大学
主题 5	简单混合物	田福平	大连理工大学
主题 6	化学平衡	田福平	大连理工大学
主题 7	量子理论	解　菊	扬州大学
主题 8	原子结构和原子光谱	侯文华	南京大学
主题 9	分子结构	徐　林 侯文华	南京师范大学 南京大学
主题 10	分子对称性	侯文华	南京大学
主题 11	分子光谱	尹世伟 边红涛	陕西师范大学
主题 12	磁共振	彭路明 侯文华	南京大学
主题 13	统计热力学	侯文华	南京大学
主题 14	分子相互作用	陈亚芍 张　颖	陕西师范大学
主题 15	固体	张树永	山东大学
主题 16	运动中的分子	张树永 苑世领	山东大学
主题 17	化学动力学	王旭珍	大连理工大学
主题 18	反应动态学	马红竹	陕西师范大学
主题 19	固体表面上的过程	原　弘	华中师范大学
资源部分		侯文华	南京大学
全书统稿、定稿		侯文华	南京大学

译者序

物理化学是化学这门中心学科的主要分支，是一门研究所有物质系统化学行为的原理、规律和方法的学科，涵盖了从宏观到微观所有性质的关系、规律、化学过程机理及其控制的研究。物理化学是化学及在分子层次上研究物质变化的其他学科领域的理论基础，在科学研究、生产实际和日常生活中有着广泛的应用。

物理化学课程是化学、化工、材料、能源、环境和生命科学等诸多专业的重要基础课程，历来受到广大师生的重视。因其在化学等众多学科中的特殊地位，物理化学教学在创新型人才培养中具有举足轻重的作用。

近年来，我国高等教育取得了较大的发展，但也面临巨大的挑战和机遇。教学体系、教学内容和教学手段等的改革对物理化学课程提出了更高的要求。为了适应新时代我国高等教育发展的要求，落实新时代全国高等学校本科教育工作会议精神，打造一流课程（“金课”），借鉴和吸收国外物理化学教学的优秀成果不失为一条有益的途径。

由英国牛津大学Peter Atkins教授领衔编写的《物理化学》是一本经典的教科书，该书自第1版出版以来，在内容和形式上不断推陈出新、与时俱进，至今已经修订出版至第11版，被国内外许多高校选为物理化学教学的指定教材和参考书，可见其旺盛的活力和广泛的影响力。我们也有理由相信该书的中译本能够对我国高等学校物理化学的教学起到促进作用。

2018年初，受高等教育出版社的委托，由南京大学的侯文华教授牵头负责，组织国内7所高校（南京大学、扬州大学、陕西师范大学、山东大学、大连理工大学、华中师范大学和南京师范大学）从事物理化学教学的多位一线教师，共同翻译Peter Atkins教授等编写的《物理化学》（第11版）。2018年8月，在物理化学教学研究会第四次会议期间，侯文华教授对翻译任务作了具体分工，并提出了具体的工作指导思想和要求。2019年7月，在物理化学教学研究会第五次会议期间，集体审定了详细目录和初稿，侯文华教授对初稿提出一些修改意见，各位译者和其他与会教师对一些具体问题进行了探讨，并形成共识，对稿件进行了修改。最后，由侯文华教授对全部书稿进行统一审阅，并最终定稿。

2012 年暑期，侯文华教授与 Peter Atkins 教授合影

高等教育出版社的陈琪琳和鲍浩波编审、李颖和曹瑛副编审对本书的翻译和出版给予了大力支持和细致指导！助教张泽文同学帮助我完成了一些章节译稿的文字输入和校阅。在此一并感谢！

由于水平所限，译稿中肯定存在许多不妥乃至错误之处，敬请各位同仁和广大读者批评指正，并将具体意见反馈给我们。不胜感谢！

侯文华

2019 年冬于南京大学仙林校区

原著前言

根据使用者的反馈意见及我们自己的设想，本书在持续不断地改进。本版的主要变化是，编者团队增加了一位新的合作者，即剑桥大学的James Keeler，他是一位有经验的编者。我们很高兴他能加入我们的行列。

一如既往，我们力争使本教材对学生有帮助，并能为教师所用。在上一版中，我们设计了受欢迎的“专题（Topic）”这一编排形式。在这一版中，我们进一步发展了这种形式，并以主题（Focus）替代了原先的章。虽然这基本上只是名称的改变，但它确实表明，专题组可处理相关的概念组；而在传统的编排中，概念组可能需要不止一章。我们知道，许多教师喜欢专题概念提供的灵活性，因为它使得材料（内容）易于重排或删减。

我们还知道，学生们欢迎以专题编排的形式，因为这使得他们的学习进程不那么令人生畏，且更为集中。基于这些考虑，我们开发了以注解形式处理方程的附加帮助，并且“化学家的工具包”（*The chemist's toolkits*）在使用上提供了进一步的背景知识。由于这些工具包通常与多个专题相关，因此它们还以合并和增强的形式出现在本书的网站上。一些以前在“数学背景”中包含的材料已经被添加到工具包中。该网站还提供了许多称为“深入了解”（*A deeper look*）的部分。正如它们的名字所示，这些部分比我们的印刷版本有更深入的讲解，是专为那些希望扩大知识面、了解更高级计算细节的学生和教师准备的。

另一个主要的变化是，说明一个方程是如何推导出来的“证明”（*Justifications*）的替换。我们的意图是维持方程与其推导的分离，以使复习过程变得简单，但同时承认数学在学习中是不可或缺的。因此，现在教材中先是设置一个问题，紧接着在“如何完成？”（*How is that done?*）部分导出相关的方程，然后进入接下来的内容。

例题是学习体验中至关重要的一部分。我们通过用更为鼓励人的“整理思路”（*Collect your thoughts*）来替代原先的“方法”，以增强这些例题的呈现效果。我们承认，针对这一小的改变，可能有不同的途径，但学生们喜欢解题指导。“简要说明”（*Brief illustrations*）依然保留：它们的目的是说明如何应用一个公式，并给出一个性质的数量级概念。

随着物理化学学科的发展及教学内容和教学方法的更新，不可避免地，一些内容将会萎缩和消亡，并被新的内容所取代。我们积极关注这种趋势，并采取相应的处理措施。专题编排形式使我们更能适应这些变化，因为一个专题可以容易地被教师省略。但同时我们不得不删除一些内容，以使得教材的体量可控和易处理。另外，我们已使用网络来保持教材内容的综合性，没有让内容叙述负担过重。

这本书是一本鲜活的、不断发展的教科书。因此，它在很大程度上依赖于来自世界各地读者的反馈，我们欢迎您的建议和意见。

Peter Atkins
Julio de Paula
James Keeler

基本常数

常数	符号	数值		
			10的幂次	单位
光速	c	2.997 924 58*	10^{8}	$\mathrm{m \cdot s^{-1}}$
基本电荷	e	1.602 176 565	10^{-19}	C
普朗克常量	h	6.626 069 57	10^{-34}	$\mathrm{J \cdot s}$
	$\hbar = h/2\pi$	1.054 571 726	10^{-34}	$\mathrm{J \cdot s}$
玻耳兹曼常数	k	1.380 6488	10^{-23}	$\mathrm{J \cdot K^{-1}}$
阿伏加德罗常数	N_A	6.022 14129	10^{23}	$\mathrm{mol^{-1}}$
摩尔气体常数	$R = N_A k$	8.314 4621		$\mathrm{J \cdot K^{-1} \cdot mol^{-1}}$
法拉第常数	$F = N_A e$	9.648 53365	10^{4}	$\mathrm{C \cdot mol^{-1}}$
电子质量	m_e	9.109 382 91	10^{-31}	kg
质子质量	m_p	1.672 621 777	10^{-27}	kg
中子质量	m_n	1.674 927 351	10^{-27}	kg
原子质量常数	m_u	1.660 538 921	10^{-27}	kg
真空磁导率	μ_0	4π*	10^{-7}	$\mathrm{J \cdot s^{2} \cdot C^{-2} \cdot m^{-1}}$
真空介电常数	$\varepsilon_0 = 1/\mu_0 c^2$	8.854 187 817	10^{-12}	$\mathrm{J^{-1} \cdot C^{2} \cdot m^{-1}}$
	$4\pi\varepsilon_0$	1.112 650 056	10^{-10}	$\mathrm{J^{-1} \cdot C^{2} \cdot m^{-1}}$
玻尔磁子	$\mu_B = e\hbar/2m_e$	9.274 009 68	10^{-24}	$\mathrm{J \cdot T^{-1}}$
核磁子	$\mu_N = e\hbar/2m_p$	5.050 783 53	10^{-27}	$\mathrm{J \cdot T^{-1}}$
质子磁矩	μ_p	1.410 606 743	10^{-26}	$\mathrm{J \cdot T^{-1}}$
电子的g值	g_e	2.002 319 304		
磁旋比				
电子	$\gamma_e = -g_e e/2m_e$	−1.001 159 652	10^{10}	$\mathrm{C \cdot kg^{-1}}$
质子	$\gamma_p = 2\mu_p/\hbar$	2.675 222 004	10^{8}	$\mathrm{C \cdot kg^{-1}}$
玻尔半径	$a_0 = 4\pi\varepsilon_0\hbar^2/e^2 m_e$	5.291 772 109	10^{-11}	m
里德伯常量	$\tilde{R}_\infty = m_e e^4/8h^3 c\varepsilon_0^2$	1.097 373 157	10^{5}	$\mathrm{cm^{-1}}$
	$hc\tilde{R}_\infty/e$	13.605 692 53		eV
精细结构常数	$\alpha = \mu_0 e^2 c/2h$	7.297 352 5698	10^{-3}	
	α^{-1}	1.370 359 990 74	10^{2}	
斯特藩 - 玻耳兹曼常数	$\sigma = 2\pi^5 k^4/15h^3 c^2$	5.670 373	10^{-8}	$\mathrm{W \cdot m^{-2} \cdot K^{-4}}$
自由落体标准加速度	g	9.806 65*		$\mathrm{m \cdot s^{-2}}$
引力常量	G	6.673 84	10^{-11}	$\mathrm{N \cdot m^{2} \cdot kg^{-2}}$

* 精确值。对于常数的当前值，请浏览 National Institute of Standards and Technology (NIST) 网站。

要 目

目 录

目 录

绪言

能量、温度和化学

能量是化学中用以讨论分子结构、反应和许多其他过程的概念。下面将非正式地简单介绍一下能量的几个重要特性，其精确定义和作用将通过本书的正文内容得以浮现出来。

能量从一种形式到另一种形式的转变可用**热力学**（thermodynamics）定律来描述，它们适用于由大量原子和分子所组成的宏观物质。热力学“第一定律”是有关转变中所涉及的能量的数量的一种表述，而热力学“第二定律”则是一种有关能量散布的陈述。

为了讨论组成宏观物质样品的个别原子和分子的能量，必须使用**量子力学**（quantum mechanics）。根据该理论，与一个粒子运动相关的能量是“量子化的”，即能量局限于一定的数值，而不能取任意值。可以出现三种不同类型的运动：平动（通过空间的移动）、转动（取向的改变）和振动（键的周期性伸缩和弯曲）。图1描绘了典型分子的这三种不同运动对应能态的相对大小和间隔，并将它们与原子和分子中电子的典型能量进行了比较。在一常规尺寸容器中，与平动相关的许可能态排列十分紧密，以至于它们形成了一个连续区。与此相反，原子和分子的许可电子能态则间隔很大。

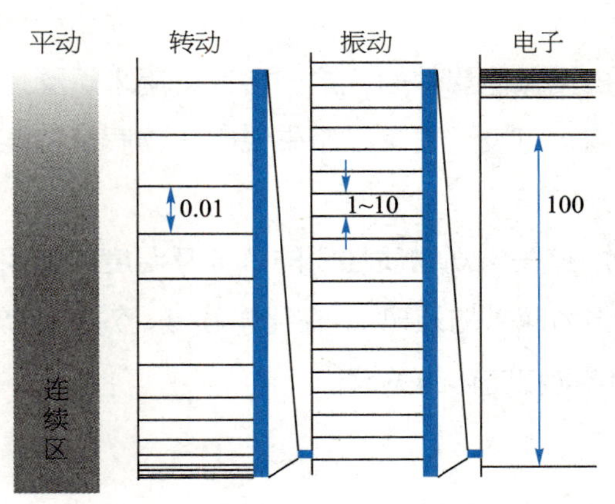

图1　各种类型原子和分子运动许可状态的相对能量

单个分子的能量与宏观物质的能量之间的关联，可由化学中最重要的一个概念，即**玻耳兹曼分布**（Boltzmann distribution）来提供。宏观物质由大量分子所组成，每个分子都处在某一许可能态上。由于平动、转动、振动和其电子状态而具有某一特定能量的分子总数，称为此状态的“布居”。大多数分子处于最低能态，更高能态上的分子则越来越少。玻耳兹曼分布用状态的能量ε_i和绝对温度T来给出任一能态的布居N_i，即

$$N_i \propto e^{-\varepsilon_i/kT}$$

在这个表达式中，k是玻耳兹曼常数（其值列于封面内页），为一普适常数（意即对所有形式的物质都具有相同的值）。图2显示了两个温度下的玻耳兹曼分布：当温度升高时，高能态上粒子数增加，而低能态上粒子数相应减少。根据玻耳兹曼分布，温度是控制粒子在许可能态上分布的单一参数。

玻耳兹曼分布是理解化学中诸多内容的核心。此外，它也洞悉了温度的物理意义。当温度较低时，大

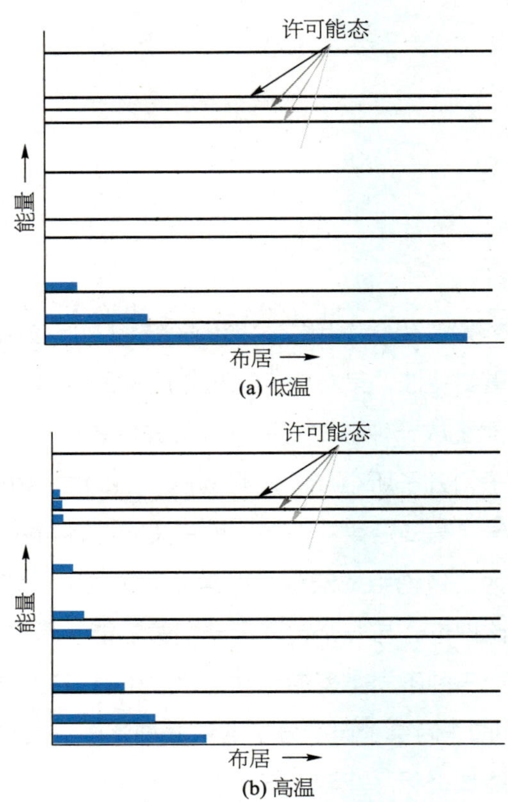

图2　根据玻耳兹曼分布，低温和高温时各个状态的相对布居

多数分子占据低能量状态；这一事实可用来解释化合物的存在及液体和固体的留存。在高温时，高度激发的能级也变得可及；这可以用来说明一物质获得能力转变成另一物质的反应可能性。本书将详细探究这两个特性。

当考虑有关宏观物质性质的解释及温度的作用时，应当牢记玻耳兹曼分布（在本书中，我们将对这一分布进行更为深入的处理）。在化学领域，对能量流动及其如何按照玻耳兹曼分布来分配的认识，乃是理解热力学、结构和变化的关键。

主题 1
气体性质

气体是能够充满任意容器的一种物质形态。本主题讨论贯穿全书的气体的性质。

1A 完美气体

本专题讨论气体的一种理想状态（即“完美气体”）的性质，介绍如何根据实验现象得到的波义耳定律、查尔斯定律和阿伏加德罗原理，来建立完美气体的状态方程。

1A.1 状态变量；1A.2 状态方程

1B 动理论模型

物理化学的一个中心特色是，通过建立分子行为模型来探求对观察到的现象的阐释。关于这一过程的一个最好例证，就是基于永不停息、实质上无规则运动的分子（或原子）的聚集体而建立的完美气体分子模型。该模型不仅可以解释气体定律，还可以用于推测气体分子运动的平均速率及其与温度的关系。与玻耳兹曼分布（见本书“绪言”）相结合，该模型也可以用于推测分子运动速率的分布及其与温度和分子质量的关系。

1B.1 模型；1B.2 碰撞

1C 实际气体

完美气体是讨论所有气体性质的起点，它的性质将贯穿于整个热力学中。但是，真实气体（亦称“实际气体”）的性质不同于完美气体，必须将分子间的吸引力和排斥力引入模型之中来解释两者的偏差。对于实际气体的讨论，则展示了如何通过考虑更为详尽的实验观测结果进一步细化和完善物理化学中的初等模型。

1C.1 与完美气体行为的偏离；1C.2 范德华方程

网络资源 这部分内容有何应用？

完美气体定律及分子运动论可以用于对（小到）反应器内、（大到）整个星际中（各种）现象的研究。在“应用案例 1 ”中，气体定律被用来讨论气象现象——天气；在“应用案例2”中，分子运动模型具有一个令人惊讶的应用：讨论致密恒星介质，如太阳的内部。

专题 1A

完美气体

▶ 为何需要学习这部分内容?

与完美气体相关的方程为热力学中许多关系式的建立提供了基础；完美气体定律也是解释实际气体性质较好的一级近似。

▶ 核心思想是什么?

基于一系列实验现象而建立的完美气体定律是实际气体在压力趋向零时的极限定律，随着实际气体的压力降低，其符合程度增加。

▶ 需要哪些预备知识?

需要掌握“化学家工具包 1”中描述的在计算中如何处理量和单位，也要清楚“化学家工具包 2”中介绍的压力、体积、物质的量和温度等概念。

由于乘坐热气球旅行的技术需求所引发的研发热情，人们首先定量地建立了气体的性质（大部分是在17世纪和18世纪时），这些性质为气体运动模型的发展打下了基础，这将在专题1B中介绍。

表1A.1 压力单位*

单位	符号	数值
帕斯卡	Pa	**1 Pa = 1 N·m^{-2}**
巴	bar	**1 bar = 10^5 Pa**
大气压	atm	**1 atm = 101 325 Pa**
托	Torr	**1 Torr = (101 325/760)** = 133.32…Pa
毫米汞柱	mmHg	1 mmHg = 133.322…Pa
磅/平方英寸	psi	1 psi = 6.894 757…kPa

* 粗体为精确值。

1A.1 状态变量

一种物质的**物理状态**（physical state，即物态）是由其物理性质所决定的，具有相同物理性质的同一种物质的两个样品处在相同的状态。用于表征一个系统状态的变量包括其含有的物质的量 n、占据的体积 V、压力 p 和温度 T。

(a) 压力

气体的作用力来源于分子对容器器壁连续不断的撞击，这种碰撞是如此之多，以至于表现出显著而稳定的力，这就是感受到的稳定的压力。压力的SI单位是帕斯卡（Pa，1 Pa = 1 N · m^{-2}），见“化学家工具包1”。另外，还有一些其他的单位仍在广泛使用之中（表1A.1）。压力1 bar定义为**标准压力**（standard pressure），符号为 $p^{\ominus}$。

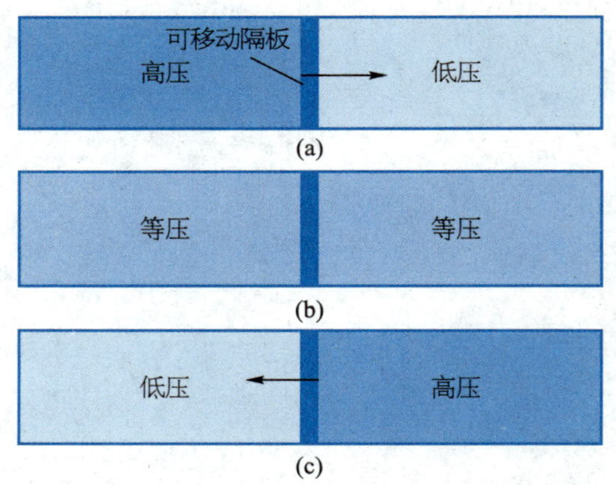

图1A.1 如（a）和（c）所示，当高压区与低压区被可移动隔板分隔时，可移动隔板会向一个方向或另一个方向推移；但是，如果两侧压力完全相等，如（b）所示，则可移动隔板将不再移动。后者是两个区域之间的一种力平衡

如果将具有不同压力的两种气体置于一个由可移动隔板分开的容器的两侧（图1A.1），具有较高压力的气体一侧将倾向于压缩（减少体积）具有较低压力的气体一侧。较高压力的气体由于膨胀而压力下降，而较低压力的气体由于被压缩而

化学家工具包 1　量和单位

一个**物理量**（physical quantity）的测量结果可以表示为一个数值与单位的乘积，即

物理量 = 数值 × 单位

因此，单位可以被处理成代数量，可以相乘、相除和消去。于是，物理量/单位表示的是在一特定单位下测量的数值（量纲为1）。例如，一个物体的质量m可以表示为$m = 2.5\ \mathrm{kg}$，或者$m/\mathrm{kg} = 2.5$。在该例子中，质量单位是1 kg，但常常被简化成kg（其他单位也类似）。*资源部分*中的表A.1列出了一系列单位。

尽管仅使用SI单位也具有很好的实用性，但实际情况是人们已经根深蒂固地接受了物理量的其他非SI单位。经国际约定，物理量用斜体字母表示（如m表示质量），单位用正体字母表示（如m表示米）。

单位还可以改写成用10的幂次作前缀来表示的其他单位。大部分常用的SI前缀见*资源部分*中的表A.2。这些前缀的应用举例如下：

$1\ \mathrm{nm} = 10^{-9}\ \mathrm{m}$　　$1\ \mathrm{ps} = 10^{-12}\ \mathrm{s}$　　$1\ \mathrm{\mu mol} = 10^{-6}\ \mathrm{mol}$

单位改写后，其幂也适用于前缀。例如，$1\ \mathrm{cm}^3 = 1\ (\mathrm{cm})^3$，于是$(10^{-2}\ \mathrm{m})^3 = 10^{-6}\ \mathrm{m}^3$。注意：$1\ \mathrm{cm}^3$不能表示为$1\ \mathrm{c(m)}^3$。当进行数值运算时，通常最安全的方法是用科学记数法写出实验数据（即$n.nnn \times 10^n$）。

SI基本单位有7个，列于*资源部分*中的表A.3中。所有其他物理量都可以用这些基本单位的组合表示。例如，摩尔浓度（更正式的名称为“物质的量浓度”）为物质的量除以其所占据的体积，于是可以用导出单位$\mathrm{mol \cdot dm^{-3}}$表示，该导出单位是物质的量和长度两个基本单位的组合。这些导出单位组合很多都有专有名称和符号。例如，力的导出单位为牛顿，$1\ \mathrm{N} = 1\ \mathrm{kg \cdot m \cdot s^{-2}}$（见*资源部分*中的表A.4）。

压力升高。当隔板两侧气体压力相等时，隔板也就没有进一步移动的倾向了，这种在可移动隔板两侧气体压力相等的现象被定义为两种气体的**力平衡**（mechanical equilibrium）。因此，气体压力是容器中共享一可移动隔板的一侧气体与另一侧气体是否达到力平衡的一种表征。

大气压力用**压力计**测量。原始的压力计［由Galileo（伽利略）的学生Torricelli发明］是一上端封闭、反向弯曲且其内充入汞的管子，当汞柱与大气压力达到力平衡时，其基线处的压力与大气压力相等，因此汞柱的高度与外压成正比。

容器内气体的压力可以用对压力有响应特性的压力计来测量。例如，*Bayard-Alpert压力计*是基于气体分子离子化而产生的离子流受压力影响而设计的；*电容压力计*则是利用膜片与电极间的偏移而影响电容值的原理而设计的；某些半导体对压力有响应，可以用作固态压力计的传感器。

（b）温度

温度概念的引入见“化学家工具包2”。在早期的测温方法中（今天实验室仍然在用），温度与液柱的长度相关，温度计先与融化的冰接触，再与沸腾的水接触，将液柱长度差分成100等分，称为“度”，较低点标为0。这个过程引入了温度的**摄氏温标**（Celsius scale）。在本书中，以摄氏温标表示的温度用θ表示，单位为摄氏度（℃）。但是，由于不同液体膨胀时其伸长度不同，而且在给定范围内膨胀不总是均匀的，因此，用不同材料制成的温度计在给定点之间测量的温度值会不同。然而，气体压力可以用于构建**完美气体温标**（perfect-gas temperature scale），这一温标与不同气体的特性无关。完美气体温标与**热力学温标**（thermodynamic temperature scale）完全等同（专题3A）。在后面的内容中，我们将使用后一个术语，以避免名称过多。

在热力学温标中，温度用T表示，通常单位为开尔文（K，不是°K）。热力学温度与摄氏温度间的精确关系式如下：

$$T/\mathrm{K} = \theta/℃ + 273.15 \qquad \text{摄氏温标[定义]} \qquad (1A.1)$$

该关系式是目前用更基础的开尔文温标表示的摄氏温标的定义。可以看出，摄氏温差1℃与开氏温差1 K的值相等。

简要说明1A.1

利用式（1A.1）可将25.00℃换算成开尔文温度：

$T/\mathrm{K} = (25.00\ ℃)/℃ + 273.15 = 25.00 + 273.15 = 298.15$

化学家工具包2　宏量物质的性质

物质宏量样品的状态可以由不同性质的值来确定，这些性质如下：

质量（mass）m，物质数量的一种量度（单位：千克，kg）。

体积（volume）V，样品所占空间的一种量度（单位：立方米，m^3）。

物质的量（amount of substance）n，特定质点（原子、分子或化学式单元）数目的一种量度（单位：摩尔，mol）。

物质的量n（通俗地就是摩尔数）是样品中特定质点数目的量度，“物质的量”是物质数量的官方名，通常被简化为“化学数量”或者更简单为“数量”。目前，一摩尔的定义为12 g ^{12}C中碳原子的准确数目（2011年签订了新的协议以取代该定义，但直到2018年还没有执行）。1 mol质点的数目称为**阿伏加德罗常数**（Avogadro's constant）N_A，目前接受的值为$6.022\times10^{23}\ mol^{-1}$（注意，$N_A$是一个带有单位的常量，不是一个纯数）。

物质的**摩尔质量**（molar mass）M（正式单位为$kg\cdot mol^{-1}$，但通常用$g\cdot mol^{-1}$）是指1 mol原子、分子或化学式单元的质量。样品中指定实体的物质的量可以由其质量按下式计算：

$$n=\frac{m}{M}$$　物质的量

实用小贴士　注意区分原子或分子质量（单个原子或分子的质量，单位：kg）与摩尔质量（每摩尔原子或分子的质量，单位：$kg\cdot mol^{-1}$）。原子及分子的相对质量为$M_r=m/m_u$，其中m是原子或分子的质量，m_u是原子的质量常数（见封面内页）。原子及分子的相对质量仍然广泛地称为“原子量”和“分子量”。尽管如此，它们是量纲为1的量，不是重量（重量是作用于物体上的重力）。

样品受到的压力p（单位：帕斯卡，Pa，$1\ Pa=1\ kg\cdot m^{-1}\cdot s^{-2}$），定义为受到的力$F$除以作用的面积$A$。尽管帕斯卡是压力的SI单位，但压力单位常用巴（$1\ bar=10^5\ Pa$）和大气压（精确值1 atm = 101 325 Pa），两者均对应于典型的大气压力。由于许多物理性质都与作用在样品上的压力有关，因此，报道有关数值时有必要选择某个压力值。报道物理量时选择的**标准压力**（standard pressure）目前精确地定义为$p^{\ominus}=1\ bar$。

为了完整地表征样品的状态，还必须指定**温度**（temperature）T。温度是当两个物体通过热导体相互接触时，能够确定能量以热的方式进行传输的方向的一种性质：能量从高温物体传输给低温物体。符号T表示绝对温标时的**热力学温度**（thermodynamic temperature），最低点$T=0$。在$T=0$以上，温度最常用**开尔文温标**（Kelvin scale）表示。在开尔文温标中，温度的刻度为开尔文（K）。目前，开尔文温标设定水的三相点温度（冰、液态水和水蒸气相互平衡共存时的温度）为273.16 K（至于某些其他单位，已经确定修改该定义，但是直到2018年还没有执行）。实验发现，1 atm下水的凝固点（冰的熔点）比三相点温度低0.01 K，所以水的凝固点是273.15 K。

假设将一个样品分成多个小块样品，如果原始样品的某一性质（如质量）的值是所有小块样品该性质值的总和，则该性质称为**广度性质**（extensive property）。质量和体积都是广度性质。但是，如果各小块样品的某一性质（如温度）与原始样品的该性质保持相同值，则该性质称为**强度性质**（intensive property）。温度和压力都是强度性质。小块样品与原始样品的质量密度（$\rho=m/V$）数值相同，所以质量密度也是强度性质。所有摩尔性质（$X_m=X/n$）都是强度性质，其中X和n则都是广度性质。

实用小贴士　热力学温标中温度0写成$T=0$而不是$T=0$ K。该温标是绝对温标，最低温度值为0，而与温标的刻度无关（正如零压力标注为$p=0$，而与压力的单位如巴或帕斯卡无关一样）。但是，因为摄氏温标不是绝对的，所以必须写成0 ℃。

注意如何消除单位（本例中为℃）得到数值。该过程称为量纲运算，其中物理量（如温度）为数值（25）与单位（1 ℃）的乘积，见“化学家工具包1”。上式两边同乘以K，得$T=298.15$ K。

1A.2　状态方程

尽管原则上，纯物质的状态可以通过指定n、V、p和T的值来确定，但是经验发现：只要给定3个变量就足够了，因为这样第4个变量也就确定了。这就是说，经验告诉我们，每种物质都可以由一个表示4个变量相互关系的等式，即**状态方程**（equation of state），来描述。

状态方程的一般式是

$$p=f(T,\ V,\ n)\qquad\text{状态方程的一般式}\qquad(1A.2)$$

根据该状态方程，如果已知某特定物质的n、V、T，则其p也就被确定了。每种物质都有其自身的状态方程，但只在一些特定情况下才有清晰明确的形式。一个非常重要的例子就是“完美气体”的状态方程，其形式是$p=nRT/V$，式中R是与气体种类无关的常数。

完美气体的状态方程是通过组合一系列经验定律而建立起来的。

(a) 经验定律

以下是应熟悉的气体的各种定律：

波义耳定律（Boyle's law）：

$pV=$ 常数，n 和 T 恒定 （1A.3a）

查尔斯定律（Charles's law）：

$V=$ 常数 $\times T$，n 和 p 恒定 （1A.3b）

$p=$ 常数 $\times T$，n 和 V 恒定 （1A.3c）

阿伏加德罗原理（Avogadro's principle）：

$V=$ 常数 $\times n$，T 和 p 恒定 （1A.3d）

波义耳定律和查尔斯定律是**极限定律**（limiting law）的两个例子，极限定律只有在特定极限（在这里是 $p\to 0$）时才严格成立。例如，如果实验发现物质的体积符合关系式 $V=aT+bp+cp^2$，则在 $p\to 0$ 的极限状态时，$V=aT$。尽管许多关系式仅在 $p\to 0$ 时才严格成立，但在常压（$p\approx 1$ bar）时还是合理可靠的，并且在整个化学中使用。

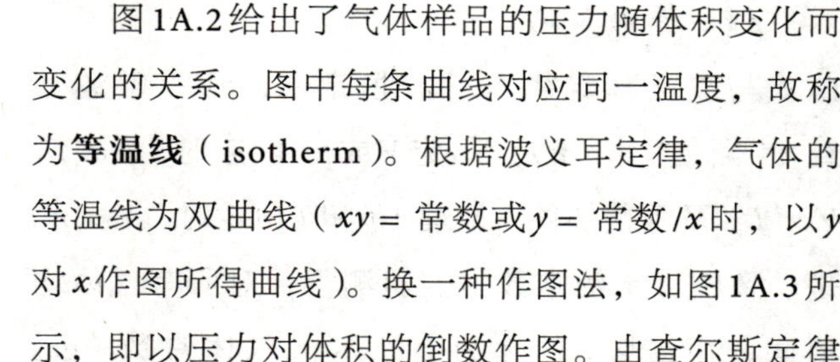

图 1A.2 给出了气体样品的压力随体积变化而变化的关系。图中每条曲线对应同一温度，故称为**等温线**（isotherm）。根据波义耳定律，气体的等温线为双曲线（$xy=$ 常数或 $y=$ 常数 $/x$ 时，以 y 对 x 作图所得曲线）。换一种作图法，如图 1A.3 所示，即以压力对体积的倒数作图。由查尔斯定律概括的体积与温度间的线性关系见图 1A.4，这些线即为**等压线**（isobar），或者说是显示等压下气体性质变化的线。图 1A.5 表示压力与温度间的线性关系，图中的线为**等容线**（isochore），或者说是显示等容下气体性质变化的线。

实用小贴士 为了检验两个量之间关系式的有效性，最好的方法是将其线性化，因为从直线判断偏差要比曲线容易得多。因此，通过作图给出直线，并获得相应的表达式的方法在物理化学研究中十分重要，并经常使用。

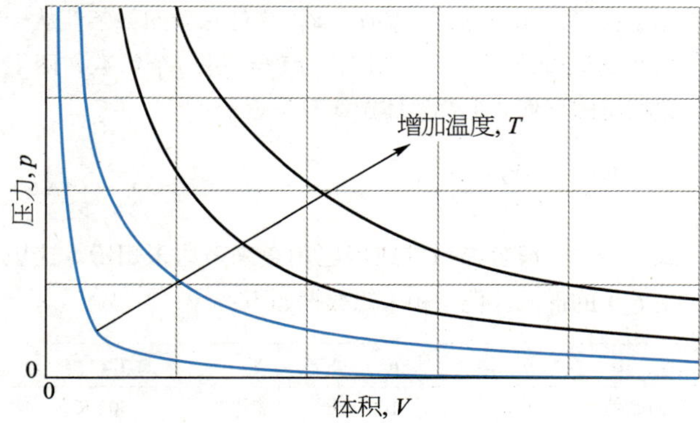

图 1A.2 一定量的完美气体在不同温度下的压力－体积关系曲线［每条曲线都是双曲线（$pV=$ 常数），称为等温线］

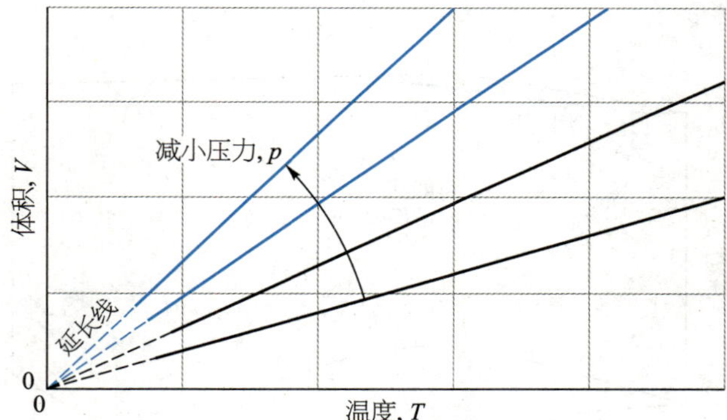

图 1A.4 等压下，一定量的完美气体的体积随温度的变化关系［注意，所有等压线延长到 $T=0$（对应于 $\theta=-273.15$ ℃）时体积为零］

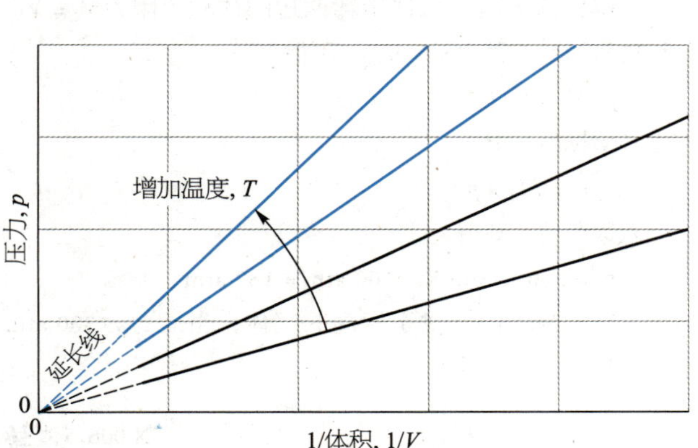

图 1A.3 等温下，完美气体的压力对 $1/V$ 作图可得直线（这些线外推至 $1/V=0$ 时压力为零）

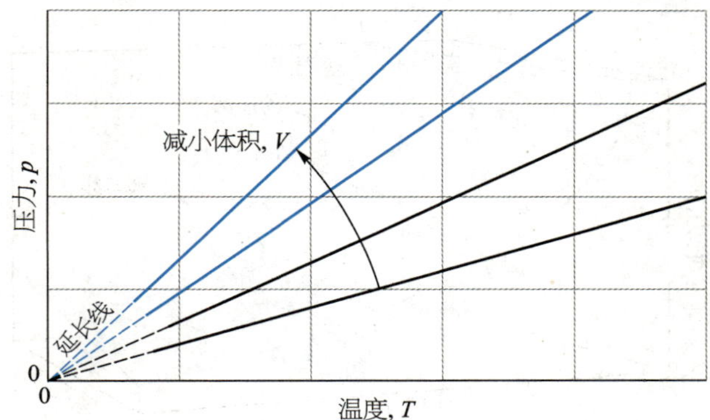

图 1A.5 等容下，完美气体的压力也随温度线性变化［直线延长至 $T=0$（$\theta=-273.15$ ℃）时压力趋于零］

实验总结归纳出的关系式（1A.3）可以合并成一个表达式，即

$$pV = 常数 \times nT$$

此式与波义耳定律（n和T恒定时，$pV=$ 常数）、查尔斯定律（n及恒定V或p恒定时，$p \propto T$，$V \propto T$）及阿伏加德罗原理（p和T恒定时，$V \propto n$）是一致的。比例常数由实验测得，对所有气体均相同，用R表示，称为（摩尔）**气体常数**（gas constant）。于是，可得表达式

$$pV = nRT \quad 完美气体定律 \quad (1A.4)$$

即为**完美气体定律**（perfect gas law，也称为完美气体状态方程），此式也是所有气体状态方程的近似式，当压力趋于零时，其严格成立。在任意条件下均符合方程（1A.4）的气体称为**完美气体**（perfect gas，或理想气体）。压力越低，**实际气体**（real gas，或真实气体）表现得越像完美气体。在$p \to 0$的极限条件下，实际气体可以精确地用方程（1A.4）来描述。摩尔气体常数R可以通过求解气体零压力（以保证行为完美）时的$R = pV/nT$来确定。

实用小贴士　尽管"理想气体"更为常用，但表述为"完美气体"则更好。正如在专题5B中介绍的那样，A和B的"理想混合物"只要求AA、BB和AB的分子间作用力相同，而不要求为零；而在完美气体中，不仅要求所有分子间作用力相同，而且应为零。

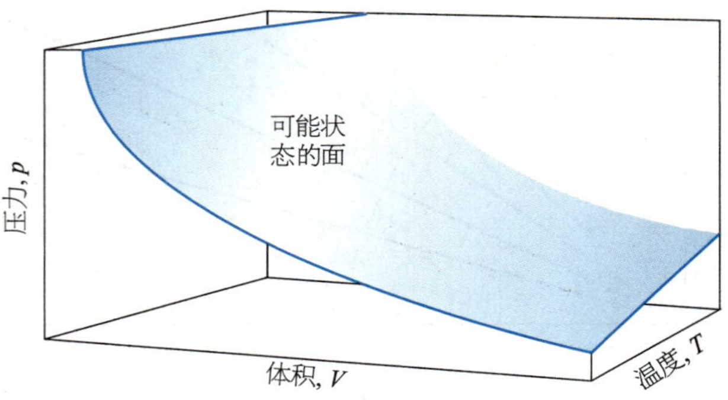

图1A.6　一定量完美气体的pVT面的部分区域（构成表面的点代表完美气体可能存在的状态）

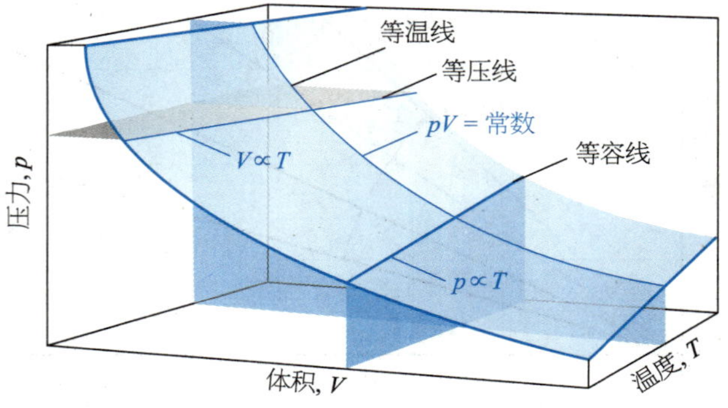

图1A.7　图1A.6所示面的等温截面给出图1A.2所示的等温线；等压截面给出图1A.4所示的等压线；等容截面给出图1A.5所示的等容线

图1A.6中的面是依据方程（1A.4）以一定量完美气体的压力对体积和热力学温度所作的图。该面表示完美气体所有可能存在的状态：不与面上的点对应的气体状态不可能是完美气体的状态。图1A.2和图1A.4分别对应于这个面的一部分（如图1A.7所示）。

例题 1A.1　完美气体定律的使用

在某工业过程中，将压力100 atm、温度300 K的氮气注入一恒容容器中，然后将气体加热到500 K。假设其是完美气体，则其压力是多少？

整理思路　随着温度的升高，压力会变大。完美气体定律写成如下形式$pV/nT = R$，这意味着如果条件从一组数据改变到另一组，则由于pV/nT是一个常数，两组数据可由下列"组合气体定律"来表示：

$$\frac{p_1V_1}{n_1T_1} = \frac{p_2V_2}{n_2T_2} \quad 组合气体定律 \quad (1A.5)$$

式（1A.5）很容易重排成用已知量来表达未知量（这里是p_2）的形式。已知和未知数据如下：

	n	p	V	T
初始值	相同	100 atm	相同	300 K
终了值	相同	?	相同	500 K

解： 消去组合气体定律两边的体积（因为$V_1 = V_2$）和物质的量（因为$n_1 = n_2$），可得

$$p_1/T_1 = p_2/T_2$$

上式重排后，得

$$p_2 = T_2/T_1 \times p_1$$

代入数据后，则有

$$p_2 = 500\ \text{K}/300\ \text{K} \times 100\ \text{atm} = 167\ \text{atm}$$

自测题 1A.1　对于相同的气体，当压力为300 atm时，其温度又是多少？

答案：900 K。

完美气体定律在物理化学中最为重要，因为其被用于推导热力学中广泛使用的大量关系式，而且在计算不同条件下气体的性质方面也具有相当的实用性。例如，在**标准室温与标准压力**（standard ambient temperature and pressure，SATP），也就是298.15 K和1 bar（即精确值10^5 Pa）时，完美气体的摩尔体积，即$V_m = V/n$，很容易根据公式$V_m = RT/p$计算为24.789 $dm^3 \cdot mol^{-1}$。较早以前，**标准温度与标准压力**（standard temperature and pressure，STP）的定义分别为0 ℃和1 atm。STP时，完美气体的摩尔体积为22.414 $dm^3 \cdot mol^{-1}$。

从分子层面可对波义耳定律做如下解释：当气体样品压缩到原来体积的一半时，则在给定周期内碰撞器壁的分子数是压缩前的2倍，于是气体分子对器壁的平均作用力也会倍增，所以pV仍为常数。波义耳定律适用于所有气体（低压下），而与气体的特性没有关系。这是因为，在低压下气体分子间的距离足够大，以至于分子间的相互影响比较小，分子可以独立运动。查尔斯定律的分子阐释基于如下事实，即温度升高会增加分子运动的平均速率，分子与器壁的碰撞频率更大，作用力更强，因此对容器器壁的压力更大。相关定量关系式参见专题1B。

（b）气体混合物

处理气体混合物时，必须知道每一种组分对样品总压的贡献。在混合气体（任意气体，不仅仅是完美气体）中，气体J的**分压**（partial pressure）定义为

$$p_J = x_J p \qquad \text{(1A.6)}$$

分压［定义］

式中x_J为组分J的摩尔分数，即组分J占样品总物质的量n的分数：

$$x_J = \frac{n_J}{n} \qquad n = n_A + n_B + \cdots \qquad \text{(1A.7)}$$

摩尔分数［定义］

如果J物质不存在，则$x_J = 0$；如果只有J物质存在，则$x_J = 1$。从x_J的定义可知，无论混合物的组分是多少，$x_A + x_B + \cdots = 1$。因此，所有分压的总和等于总压：

$$p_A + p_B + \cdots = (x_A + x_B + \cdots)p = p \qquad \text{(1A.8)}$$

式（1A.8）既适用于实际气体，也适用于完美气体。

当所有组分都是完美气体时，则按照式（1A.6）定义的分压对应于该气体单独置于具有相同体积的容器中且温度相同时所具有的压力。后者就是“分压”的原始意义。这是**道尔顿定律**（Dalton's law）原始公式的基础：

> 混合气体的压力是每种组分单独存在并占有相同体积时具有的压力的总和。

道尔顿定律

该定律仅适用于由完美气体构成的混合气体，因此不能用于定义分压。式（1A.6）所定义的分压适用于所有气体。

例题1A.2 计算分压

在海平面高度，干空气中各组分的质量百分数大约为N_2：75.5%；O_2：23.2%；Ar：1.3%。当总压为1.20 atm时，各组分的分压是多少？

整理思路 分压由式（1A.6）定义。为利用该式，首先按式（1A.7）计算各组分的摩尔分数。组分J的物质的量可由样品中原子或分子的质量与其摩尔质量之比，即$n_J = m_J/M_J$给出。摩尔分数与样品中物质的总质量无关，所以可选择物质的总质量为100 g（这样从质量百分数转换更容易）。于是，N_2的质量是100 g中的75.5%，即75.5 g。

解： 100 g空气中N_2、O_2和Ar的质量分别为75.5 g、23.2 g和1.3 g，每一种分子或原子的物质的量为

$$n(N_2) = \frac{75.5\ g}{28.02\ g \cdot mol^{-1}} = \frac{75.5}{28.02}\ mol = 2.69\ mol$$

$$n(O_2) = \frac{23.2\ g}{32.00\ g \cdot mol^{-1}} = \frac{23.2}{32.00}\ mol = 0.725\ mol$$

$$n(Ar) = \frac{1.3\ g}{39.95\ g \cdot mol^{-1}} = \frac{1.3}{39.95}\ mol = 0.033\ mol$$

总物质的量是3.48 mol。各组分的摩尔分数可通过将上述各组分的物质的量除以总物质的量而求得，分压则可以通过将总压（1.20 atm）乘以摩尔分数而求得：

	N_2	O_2	Ar
摩尔分数	0.780	0.210	0.009 6
分压/atm	0.936	0.252	0.012

自测题1A.2　当考虑到二氧化碳也存在时，空气中各组分的质量百分数是75.52%(N_2)、23.15%(O_2)、1.28%(Ar)和0.046%(CO_2)。当总压为0.900 atm时，各组分的分压是多少？

答案：0.703、0.189、0.004 8和0.000 27 atm。

概念清单

- ☐ 1. 物质的**物理状态**，即物理条件，由其物理性质决定。
- ☐ 2. **力平衡**是共享的可移动隔板的两侧压力相等的条件。
- ☐ 3. **状态方程**是关联确定物质状态的各变量的方程。
- ☐ 4. 波义耳定律和查尔斯定律都是**极限定律**，其仅在某一特定极限（这里是$p \to 0$）时才严格成立。
- ☐ 5. **等温线**是指图中对应于同一温度的曲线。
- ☐ 6. **等压线**是指图中对应于同一压力的曲线。
- ☐ 7. **等容线**是指图中对应于同一体积的曲线。
- ☐ 8. **完美气体**是指在所有条件下均服从完美气体定律的气体。
- ☐ 9. **道尔顿定律**指出，（完美）气体混合物的压力是其中各组分占据相同体积时所具有的压力的总和。

公式清单

性质	公式	说明	公式编号
不同温标间的关系式	$T/\mathrm{K} = \theta/^\circ\mathrm{C} + 273.15$	273.15是精确值	1A.1
完美气体定律	$pV = nRT$	实际气体在$p \to 0$时适用	1A.4
分压	$p_J = x_J p$	对所有气体适用	1A.6
摩尔分数	$x_J = n_J/n$ $n = n_A + n_B + \cdots$	定义	1A.7

专题1B

动理论模型

▶ 为何需要学习这部分内容？

本专题介绍一种非常重要的科学技能：从定性的模型提取定量信息的能力。此外，模型还可以用于讨论气体的传输特性（专题16A）、气相中的反应速率（专题18A）和催化（专题19C）。

▶ 核心思想是什么？

气体由可忽略大小、并做无规则无休止运动的分子所组成，其碰撞遵循经典力学定律。

▶ 需要哪些预备知识？

你需要了解牛顿第二运动定律：物体的加速度正比于作用力，且线性动量守恒（“化学家工具包3”）。

在**气体动理论**（kinetic theory of gases，有时称为分子运动论，kinetic molecular theory，简写为KMT）中，假设气体能量仅仅来源于气体分子运动的动能，运动论模型是物理化学中最引人注目且最优秀的模型之一，通过一些简单的假设，可获得很有用的定量结果。

1B.1 模型

动理论模型基于以下三个假设：

1. 气体由质量为m、做无规则无休止运动且服从经典力学定律的分子所组成。

2. 相对于分子间碰撞时分子运动的平均距离，分子的直径很小，其大小可忽略不计，类似为“质点”。

3. 分子间仅通过弹性碰撞发生相互作用。

弹性碰撞（elastic collision）是指分子总的平动能守恒的碰撞。

（a）压力与分子速率

根据动理论模型的几个简单假设，可以导出联系气体压力和体积的关系式。

如何完成？ 1B.1 利用动理论模型，推导气体压力的表达式

考虑到图1B.1所示的分子运动状态，然后按以下几步进行。

步骤1 *动量变化计算的设计*

一个质量为m的粒子以平行于x轴方向的速度分量v_x运动并对器壁碰撞并反弹，其线动量从碰撞前的mv_x改变成碰撞后的$-mv_x$（此时运动方向相反）。因此，每次碰撞后，在x轴方向的动量分量的变化为$2mv_x$（y轴和z轴分量维持不变）。在一定时间间隔Δt内有许多分子碰撞器壁，则在该时间间隔内总动量的变化量为单个分子动量的变化值与该时间间隔内到达器壁的分子数的乘积。

步骤2 *计算动量的变化值*

由于具有分速度为v_x的分子在Δt内沿x轴方向移动的距离是$v_x\Delta t$，因此，在距离器壁$v_x\Delta t$之内，向器壁方向移动的所有分子都会与器壁相撞（图1B.2）。所以，

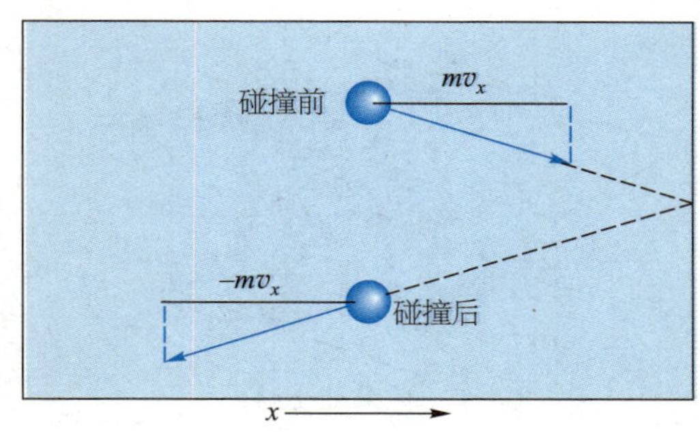

图1B.1 气体的压力由分子对器壁的作用而产生。在分子与垂直于x轴方向的器壁的一次弹性碰撞中，速度的x轴分量被逆反，但y轴和z轴分量不变

化学家工具包3　动量与力

一个物体的**速率**（speed）v定义为其位置变化的快慢，而**速度**（velocity）$\boldsymbol{v}$既指定运动的方向，还指定运动的速率。粒子运动速率相同，但如果运动方向不同，则其具有不同的速度。如示意图1所示，速度可以表示为沿运动方向的箭头，箭头的长度则表示速率v，由沿着三个相互垂直的轴方向的分量v_x、v_y、v_z组成。这些分量均有符号：例如，如果$v_x = +5\ \mathrm{m\cdot s^{-1}}$，表示物体沿着$x$轴正方向移动；而当$v_x = -5\ \mathrm{m\cdot s^{-1}}$时，表示物体沿相反方向运动。根据毕达哥拉斯定理（勾股定理），箭头的长度（速率）与各分量的关系为$v^2 = v_x^2 + v_y^2 + v_z^2$。

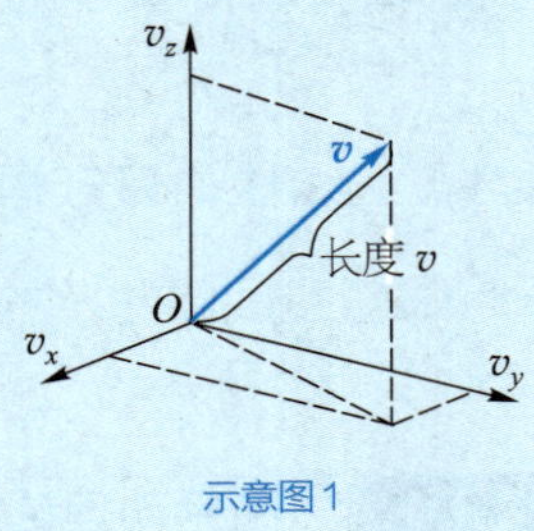

示意图1

经典力学的概念通常用**线动量**（linear momentum）$\boldsymbol{p}$来表述，其定义为

$$\boldsymbol{p} = m\boldsymbol{v}$$

与速度对映，动量也有方向，相同质量的物体以相同的速率运动，但若运动方向不同，则线动量不同。

加速度（acceleration）$\boldsymbol{a}$表示速度变化的快慢，如果物体的运动速率发生变化，则物体有加速度；如果物体的运动速率不变，但运动方向发生改变，则物体也有加速度。根据牛顿第二运动定律，质量为m的物体的加速度与作用在该物体上的力成正比：

$$\boldsymbol{F} = m\boldsymbol{a} \qquad \text{力}$$

由于$m\boldsymbol{v}$是线动量，$\boldsymbol{a}$是速度变化的快慢，$m\boldsymbol{a}$是动量变化的快慢，因而牛顿第二定律的另一种说法是：力对应于线动量变化的快慢。牛顿定律表明，在作用力方向产生加速度。对于一个隔离系统，由于没有作用力，因此没有加速度。由此可得**动量守恒定律**（law of conservation of momentum）：当没有作用力时，物体的动量为恒定值。

如果器壁的面积为A，则所有在体积为$Av_x\Delta t$内的分子都将抵达器壁（如果它们朝向器壁方向移动）。粒子的数密度为nN_A/V，其中n为在体积为V的容器中分子的总量，N_A为阿伏加德罗常数。所以，在体积为$Av_x\Delta t$内的总分子数为$(nN_A/V)\times Av_x\Delta t$。

在任意时间，一半分子向右移动，另一半分子向左移动。因此，在时间间隔Δt内与器壁碰撞的分子数是$\frac{1}{2}nN_A Av_x\Delta t/V$。在该时间间隔中总动量的变化值为分子数与动量变化值$2\ mv_x$的乘积：

$$\text{动量变化值} = \frac{nN_A Av_x\Delta t}{2V}\times 2mv_x = \frac{n\overbrace{mN_A}^{M} Av_x^2\Delta t}{V} = \frac{nMAv_x^2\Delta t}{V}$$

步骤3　*计算作用力*

动量变化速率，即在时间间隔Δt内的动量变化值除以Δt，为

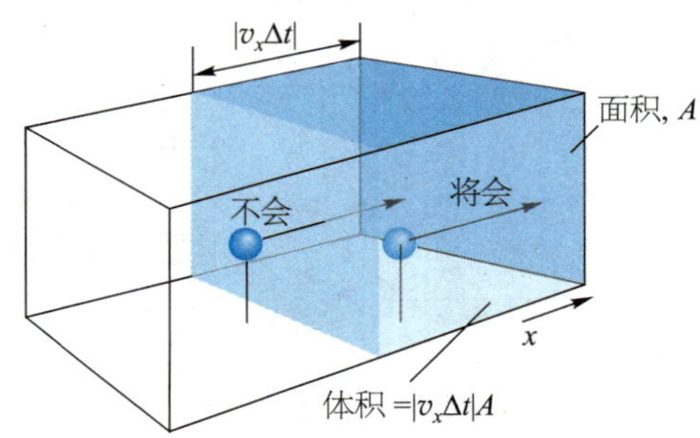

图1B.2　如果分子距离右边器壁的距离在$v_x\Delta t$内并且向右运动，则其在时间间隔Δt内都会抵达右边器壁

$$\text{动量变化速率} = \frac{nMAv_x^2}{V}$$

根据牛顿第二运动定律，该动量变化速率即为作用力。

步骤4　*计算压力*

压力等于该作用力（$nMAv_x^2/V$）除以所作用的面积(A)。A消除后，得到

$$\text{压力} = \frac{nMv_x^2}{V}$$

并不是所有分子的运动速率都相同，所以测得的压力用速率平方的平均值（标注为$\langle\cdots\rangle$）来计算，即

$$p = \frac{nM\langle v_x^2\rangle}{V}$$

v_x^2、v_y^2、v_z^2的平均值均相同，又因为$v^2 = v_x^2 + v_y^2 + v_z^2$，所以有$\langle v_x^2\rangle = \frac{1}{3}\langle v^2\rangle$。

于是，有必要定义**方均根速率**（root-mean-square speed）v_{rms}，即分子速率平方的平均值的平方根，于是

$$v_{\mathrm{rms}} = \langle v^2\rangle^{1/2} \qquad \text{方均根速率 [定义]} \qquad (1\mathrm{B}.1)$$

因此，压力表达式中的速率平方的平均值可以改写成$\langle v_x^2\rangle = \frac{1}{3}\langle v^2\rangle = \frac{1}{3}v_{\mathrm{rms}}^2$，则

$$pV = \frac{1}{3}nMv_{\mathrm{rms}}^2 \qquad \text{压力与体积关系式 [KMT]} \qquad (1\mathrm{B}.2)$$

该式是动理论模型的一个重要结果。如果分子运动的方均根速率仅与温度有关，则在等温下有

$$pV = \text{常数}$$

此即为波义耳定律。现在的任务是要证明式（1B.2）右边等于 nRT。

（b）麦克斯韦–玻耳兹曼速率分布

单个气体分子速率的分布非常广泛，碰撞则确保气体分子运动速率不断变化。如果碰撞前分子做快速运动，碰撞后分子可能会加速，速率更快，且只能在下一次碰撞后才能减速。为了计算方均根速率，必须知道任一瞬间具有某一给定速率的分子分数。速率为 v 到 $v+\mathrm{d}v$ 范围内的分子分数正比于该速率范围的宽度，可写成 $f(v)\mathrm{d}v$，其中 $f(v)$ 称为**速率分布**（distribution of speed）。认识到分子的能量全是动能，并进一步利用玻耳兹曼分布来描述该能量在分子中的分布，就可以得到速率分布的表达式。

如何完成？1B.2 推导速率分布

该推导的起点是玻耳兹曼分布（见本书“绪言”）。

步骤 1 *写出动能分布的表达式*

玻耳兹曼分布暗示具有速度分量 v_x、v_y、v_z 的分子分数正比于其动能的自然指数函数：$f(v)=K\mathrm{e}^{-\varepsilon/kT}$，式中 K 是比例常数。动能为

$$\varepsilon=\frac{1}{2}mv_x^2+\frac{1}{2}mv_y^2+\frac{1}{2}mv_z^2$$

利用关系式 $a^{x+y+z}=a^xa^ya^z$，得

$$f(v)=K\mathrm{e}^{-(mv_x^2+mv_y^2+mv_z^2)/2kT}=K\mathrm{e}^{-mv_x^2/2kT}\mathrm{e}^{-mv_y^2/2kT}\mathrm{e}^{-mv_z^2/2kT}$$

将分布拆分成三项，即 $f(v)=f(v_x)f(v_y)f(v_z)$ 和 $K=K_xK_yK_z$，从而得到

$$f(v_x)=K_x\mathrm{e}^{-mv_x^2/2kT}$$

对其他两个坐标也有类似的表达式。

步骤 2 *确定常数 K_x、K_y、K_z*

为了确定 K_x，需注意分子的速度分量分布范围为 $-\infty<v_x<\infty$，所以在所有可能的速度分量范围内进行积分，得到的总概率必须为 1，即

$$\int_{-\infty}^{\infty}f(v_x)\mathrm{d}v_x=1$$

（积分原理参见“化学家工具包 4”）将 $f(v_x)$ 的表达式代入，得

$$1=K_x\overbrace{\int_{-\infty}^{\infty}\mathrm{e}^{-mv_x^2/2kT}\mathrm{d}v_x}^{\text{积分G.1}}=K_x\left(\frac{2\pi kT}{m}\right)^{1/2}$$

因此，$K_x=(m/2\pi kT)^{1/2}$。于是有

$$f(v_x)=\left(\frac{m}{2\pi kT}\right)^{1/2}\mathrm{e}^{-mv_x^2/2kT} \tag{1B.3}$$

$f(v_y)$ 和 $f(v_z)$ 的表达式与此类似。

步骤 3 *写出 $f(v_x)f(v_y)f(v_z)\mathrm{d}v_x\mathrm{d}v_y\mathrm{d}v_z$ 的初步表达式*

分子速率在 v_x 到 $v_x+\mathrm{d}v_x$、v_y 到 $v_y+\mathrm{d}v_y$、v_z 到 $v_z+\mathrm{d}v_z$ 范围内的概率为

$$f(v_x)f(v_y)f(v_z)\mathrm{d}v_x\mathrm{d}v_y\mathrm{d}v_z=\left(\frac{m}{2\pi kT}\right)^{3/2}\overbrace{\mathrm{e}^{-mv_x^2/2kT}\mathrm{e}^{-mv_y^2/2kT}\mathrm{e}^{-mv_z^2/2kT}}^{\mathrm{e}^{-m(v_x^2+v_y^2+v_z^2)/2kT}}\times\mathrm{d}v_x\mathrm{d}v_y\mathrm{d}v_z$$
$$=\left(\frac{m}{2\pi kT}\right)^{3/2}\mathrm{e}^{-mv^2/2kT}\mathrm{d}v_x\mathrm{d}v_y\mathrm{d}v_z$$

式中 $v^2=v_x^2+v_y^2+v_z^2$。

步骤 4 *计算分子速率在 v 到 $v+\mathrm{d}v$ 范围内的概率*

为了计算不考虑方向时分子速率在 v 到 $v+\mathrm{d}v$ 范围内的概率，可以将三个速度分量作为“速度空间”的三个坐标，该速度空间与常规空间具有相同的特性，只是用（v_x, v_y, v_z）代替（x, y, z）标记坐标轴。正如常规空间中体积元为 $\mathrm{d}x\mathrm{d}y\mathrm{d}z$ 一样，在速度空间中的体积元为 $\mathrm{d}v_x\mathrm{d}v_y\mathrm{d}v_z$。在距离中心为 r 的常规空间中，所有体积元的总和是半径为 r、厚度为 $\mathrm{d}r$ 的球壳体积。该体积等于球壳的表面积 $4\pi r^2$ 与厚度 $\mathrm{d}r$ 的乘积，即 $4\pi r^2\mathrm{d}r$。类似地，速度空间中的“相似体积”为半径为 v、厚度为 $\mathrm{d}v$ 的球壳的体积，即 $4\pi v^2\mathrm{d}v$（图 1B.3）。

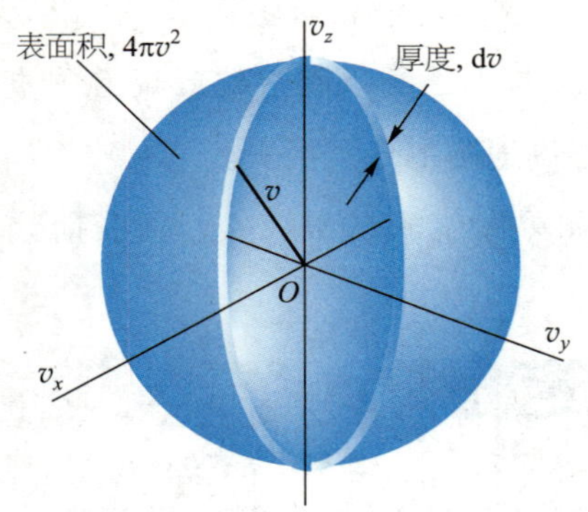

图 1B.3 为了计算分子速率在 v 到 $v+\mathrm{d}v$ 范围内的概率，可计算分子在半径为 $v=(v_x^2+v_y^2+v_z^2)^{1/2}$、厚度为 $\mathrm{d}v$ 的球壳中的总概率

由于上述等式中 $f(v_x)f(v_y)f(v_z)$（即其中用蓝色表示的部分）仅仅与 v^2 有关，而且在半径为 v 的球壳中任意地方均具有相同值。因此，在速率为 v 到 $v+\mathrm{d}v$ 范围内分子的总概率是蓝色表示的部分与半径为 v、厚度为 $\mathrm{d}v$ 的球壳体积的乘积。如果该概率写成 $f(v)\mathrm{d}v$，则

$$f(v)\mathrm{d}v=4\pi v^2\mathrm{d}v\left(\frac{m}{2\pi kT}\right)^{3/2}\mathrm{e}^{-mv^2/2kT}$$

$f(v)$ 本身进行简单重排后，可得

$$f(v)=4\pi\left(\frac{m}{2\pi kT}\right)^{3/2}v^2\mathrm{e}^{-mv^2/2kT}$$

因为 $R=N_\mathrm{A}k$（表 1B.1），$m/k=mN_\mathrm{A}/R=M/R$，所以有

$$f(v)=4\pi\left(\frac{M}{2\pi RT}\right)^{3/2}v^2e^{-Mv^2/2RT} \quad (1B.4)$$

麦克斯韦－玻耳兹曼分布[KMT]

函数$f(v)$称为**麦克斯韦－玻耳兹曼速率分布函数**（Maxwell-Boltzmann distribution of speed）。注意：与其他分布函数一样，$f(v)$只有在与所研究的速率范围相乘后才有明确的物理意义。

表1B.1　（摩尔）气体常数*

R	
8.314 47	$J \cdot K^{-1} \cdot mol^{-1}$
$8.205\ 74 \times 10^{-2}$	$dm^3 \cdot atm \cdot K^{-1} \cdot mol^{-1}$
$8.314\ 47 \times 10^{-2}$	$dm^3 \cdot bar \cdot K^{-1} \cdot mol^{-1}$
8.314 47	$Pa \cdot m^3 \cdot K^{-1} \cdot mol^{-1}$
62.364	$dm^3 \cdot Torr \cdot K^{-1} \cdot mol^{-1}$
1.987 21	$cal \cdot K^{-1} \cdot mol^{-1}$

*（摩尔）气体常数现定义为$R=N_Ak$，其中N_A是阿伏加德罗常数，k是玻耳兹曼常数。

麦克斯韦－玻耳兹曼分布的重要特征如下（如图1B.4所示）：

- 式（1B.4）中包含了一个指数衰减函数（更确切地说，一个高斯函数）。由于当x很大时，e^{-x^2}变得非常小，所以该指数衰减函数的存在意味着具有很高速率的分子很少。
- 如果摩尔质量M较大，则在指数项中与v^2相乘的因子$M/2RT$较大。因此，对于较大的M，指数因子将更快地趋于零，即质量较大的分子不太可能具有很高的速率。
- 当温度T较高时，得出相反的结论：此时在指数项中的因子$M/2RT$较小，所以，当速率v增加时，指数因子趋于零的速率相对变慢。换句话说，可以预期，在高温下具有较高速率的分子分数比低温下的大。
- 因子v^2（在e前面的项）与指数项相乘。因此，当v趋于零时，该项也趋于零。所以，不管分子质量如何，具有很低速率的分子分数也将很小。

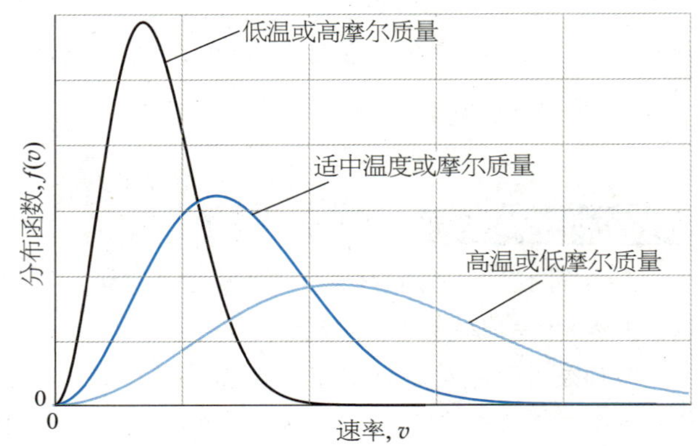

图1B.4　分子速率随温度和摩尔质量的分布［注意：最概然速率（对应于分布的峰值）随温度升高和摩尔质量的减小而增加，同时分布变得更宽］

化学家工具包4　积　分

积分关注曲线下的面积。函数$f(x)$的**积分**（integral）表示为$\int f(x)dx$（符号$\int$是拉长的字母S，表示加和）。函数$f(x)$在$x=a$和$x=b$两个数之间的积分定义如下：设想将x轴划分成若干条宽度为δx的带，并按下式计算加和：

$$\int_a^b f(x)dx=\lim_{\delta x \to 0}\sum_i f(x_i)\delta x$$

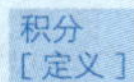

从示意图1可以看出，积分就是在a、b上下限之间曲线下的面积。用于积分的函数称为**被积函数**（integrand）。一个令人惊奇的数学事实是：一个函数的积分是该函数微分的逆（操作）过程。换句话说，如果对函数f的微分结果进行积分，则将得到（带有常数的）原函数。

前述方程中具有上下限的积分叫作**定积分**（definite integral）；没有指出积分上下限的积分叫作**不定积分**（indefinite integral）。不定积分的结果是$g(x)+C$，其中C是常数。下面的过程用于定积分的计算：

$$I=\int_a^b f(x)dx=\{g(x)+C\}\Big|_a^b=\{g(b)+C\}-\{g(a)+C\}$$
$$=g(b)-g(a)$$

定积分

注意：在定积分中，积分常数消失了。本书中用到的定积分与不定积分参见*资源部分*，它们也可以用数学软件来计算。

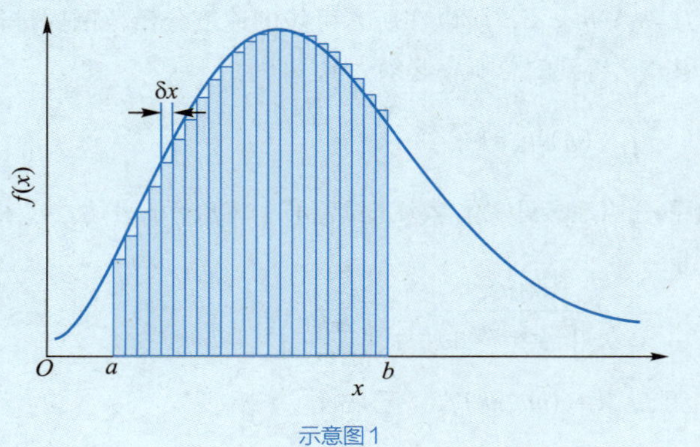

示意图1

● 其他因子［式（1B.4）中的括号项和4π项］仅仅是确保当对从零至无穷的整个速率范围内分布分数加和时，其结果为1。

（c）平均值

利用麦克斯韦－玻耳兹曼分布，通过适当的积分就可以计算任意区间速率的平均值。例如，为了计算速率在v_1到v_2范围内的分子分数F，可计算积分

$$F(v_1,v_2)=\int_{v_1}^{v_2} f(v)\mathrm{d}v \tag{1B.5}$$

该积分为v的函数f相应曲线下的面积（图1B.5），需要使用数学软件进行数值计算（除特殊情况外）。v^n的平均值计算如下：

$$\langle v^n\rangle=\int_0^{\infty} v^n f(v)\mathrm{d}v \tag{1B.6}$$

特别地，$n=2$时的积分得到温度T时分子的均方速率$\langle v^2\rangle$：

$$\langle v^2\rangle=\frac{3RT}{M} \quad \text{均方速率 [KMT]} \tag{1B.7}$$

由此得出，气体分子的方均根速率为

$$v_{\mathrm{rms}}=\langle v^2\rangle^{1/2}=\left(\frac{3RT}{M}\right)^{1/2} \quad \text{方均根速率 [KMT]} \tag{1B.8}$$

其与温度的平方根成正比，与摩尔质量的平方根成反比。也就是说，温度越高，分子的方均根速率越大；而且，在给定温度下，质量较大的分子移动得比质量较小的分子慢。

重要的是，如果将式（1B.8）代入式（1B.2），

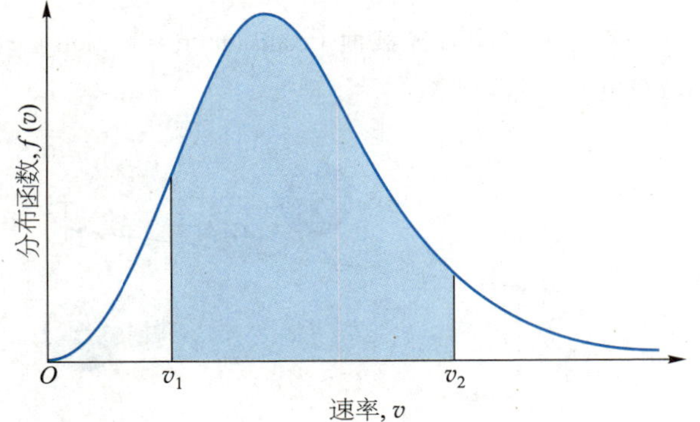

图1B.5　为了计算分子速率在v_1到v_2范围内的概率，可积分该范围内的分布，积分结果等于该范围内曲线下的面积，如图中阴影部分所示

可得$pV=nRT$，此即为完美气体的状态方程。该结论进一步证实该动理论模型可以看作完美气体的一个模型。

例题1B.1　计算气体分子的平均速率

计算25 ℃时N_2分子的v_{rms}和平均速率v_{mean}。

整理思路　方均根速率可根据式（1B.8）来计算，其中$M=28.02\ \mathrm{g\cdot mol^{-1}}$（即$0.028\ 02\ \mathrm{kg\cdot mol^{-1}}$）和$T=298\ \mathrm{K}$；平均速率则可通过如下积分来计算：

$$v_{\mathrm{mean}}=\int_0^{\infty} vf(v)\mathrm{d}v$$

$f(v)$由式（1B.3）给出。可使用数学软件或*资源部分*中所列相应积分，并注意$1\ \mathrm{J}=1\ \mathrm{kg\cdot m^2\cdot s^{-2}}$。

解：方均根速率为

$$v_{\mathrm{rms}}=\left(\frac{3\times 8.314\ 5\ \mathrm{J\cdot K^{-1}\cdot mol^{-1}}\times 298\ \mathrm{K}}{0.028\ 02\ \mathrm{kg\cdot mol^{-1}}}\right)^{1/2}=515\ \mathrm{m\cdot s^{-1}}$$

计算v_{mean}的积分是

$$v_{\mathrm{mean}}=4\pi\left(\frac{M}{2\pi RT}\right)^{3/2}\overbrace{\int_0^{\infty} v^3\mathrm{e}^{-Mv^2/2RT}\mathrm{d}v}^{\text{积分G.4}}$$

$$=4\pi\left(\frac{M}{2\pi RT}\right)^{3/2}\times\frac{1}{2}\left(\frac{2RT}{M}\right)^2=\left(\frac{8RT}{\pi M}\right)^{1/2}$$

将数值代入后，得

$$v_{\mathrm{mean}}=\left(\frac{8\times 8.314\ 5\ \mathrm{J\cdot K^{-1}\cdot mol^{-1}}\times 298\ \mathrm{K}}{\pi\times 0.028\ 02\ \mathrm{kg\cdot mol^{-1}}}\right)^{1/2}=475\ \mathrm{m\cdot s^{-1}}$$

自测题1B.1　根据式（1B.6），证明式（1B.7）。

如例题1B.1所示，麦克斯韦－玻耳兹曼分布可用于计算气体分子的**平均速率**（mean speed）v_{mean}：

$$v_{\mathrm{mean}}=\left(\frac{8RT}{\pi M}\right)^{1/2}=\left(\frac{8}{3\pi}\right)^{1/2}v_{\mathrm{rms}} \quad \text{平均速率 [KMT]} \tag{1B.9}$$

最概然速率（most probable speed）v_{mp}可以通过分布函数峰值对应的位置来确定，这可以通过将$f(v)$对v微分并令其为零来求得（而不是$v=0$和$v=\infty$；见问题P1B.10）：

$$v_{\mathrm{mp}}=\left(\frac{2RT}{M}\right)^{1/2}=\left(\frac{2}{3}\right)^{1/2}v_{\mathrm{rms}} \quad \text{最概然速率 [KMT]} \tag{1B.10}$$

图1B.6概括了这些结果。

平均相对速率（mean relative speed）v_{rel}，即一个分子接近另一个相同种类分子的平均速率，也可以从分布函数计算：

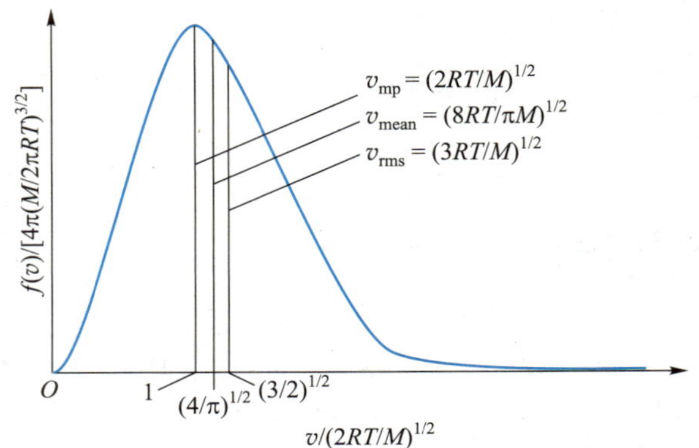

图1B.6　在温度T时，对于摩尔质量为M的分子，由麦克斯韦分布导出的结论汇总。v_{mp}是最概然速率；v_{mean}是平均速率；v_{rms}是方均根速率

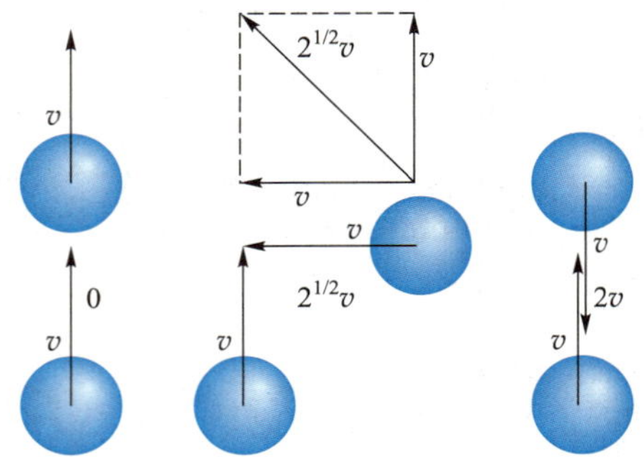

图1B.7　论证气体中分子平均相对速率与平均速率关系的简易模型（当分子向同一方向移动时，平均相对速率为零；当分子相向接近时，它是$2v$。相互接近的典型平均方向是侧向，接近的平均速率是$2^{1/2}v$。最后一种相互接近的方向是最特征的，因此接近的平均速率可以预期约为$2^{1/2}v$。该值可通过更详细的计算得到确认）

$$v_{rel}=2^{1/2}v_{mean} \qquad \text{平均相对速率 [KMT,相同分子]} \qquad (1B.11a)$$

该结果很难推导，但图1B.7中的示意图应该有助于证明它是合理的。对于两个质量分别为m_A和m_B的不同分子，其平均相对速率为

$$v_{rel}=\left(\frac{8kT}{\pi\mu}\right)^{1/2} \qquad \mu=\frac{m_A m_B}{m_A+m_B} \qquad \text{平均相对速率 [完美气体]} \qquad (1B.11b)$$

简要说明1B.1

如前所见（例题1B.1），N_2分子在25℃下的平均速率为475 m·s^{-1}。从式（1B.11a）可得出它们的平均相对速率为

$$v_{rel}=2^{1/2}\times 475\ \text{m}\cdot\text{s}^{-1}=671\ \text{m}\cdot\text{s}^{-1}$$

1B.2　碰撞

动理论模型可用于将不断移动的、相互碰撞的分子集合体，即完美气体的定性描述发展成定量的、可验证的表达式。特别地，它提供了一种计算分子发生碰撞的平均频率及两次碰撞之间分子移动的平均距离的方法。

(a) 碰撞频率

尽管动理论模型假设分子是质点，只要两个分子中心之间的距离在d以内，就可以计为一次“撞击”。其中，d是**碰撞直径**（collision diameter），其大小与分子的实际直径相当（如果分子是不可以穿越的硬球，d即为直径）。动理论模型可用于推导**碰撞频率**（collision frequency），z，即一个分子的碰撞次数除以产生这些碰撞的时间间隔。

如何完成？1B.3　使用动理论模型推导碰撞频率表达式

假设除一个分子外，所有其他分子的位置固定。然后注意观察，在时间Δt内，这个可移动的分子以平均相对速率v_{rel}穿过气体时将会发生什么？如此，它可以掠过的截面积为$\sigma=\pi d^2$、长度为$v_{rel}\Delta t$、相应体积为$\sigma v_{rel}\Delta t$的“碰撞管”（图1B.8）。分子中心落在碰撞管内的静态分子的数目为管的体积V乘以分子数密度$\mathcal{N}=N/V$（N是样品中分子的总数），即为$\mathcal{N}\sigma v_{rel}\Delta t$。碰撞频率$z$是该数除以$\Delta t$，因此有

$$z=\sigma v_{rel}\mathcal{N} \qquad \text{碰撞频率 [KMT]} \qquad (1B.12a)$$

参数σ称为分子的**碰撞截面**（collision cross-section）。表1B.2给出了一些典型值。

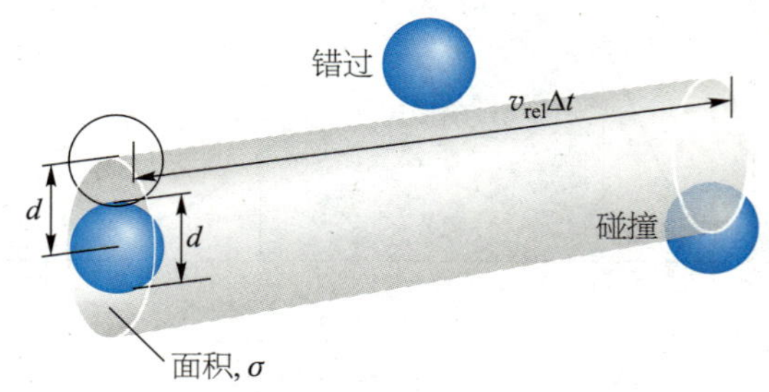

图1B.8　气体分子动理论中碰撞频率计算的基础

表 1B.2　碰撞截面*

分子	σ/nm^2
C_6H_6	0.88
CO_2	0.52
He	0.21
N_2	0.43

* 更多的数据参见资源部分。

根据完美气体状态方程，并考虑 $R = N_A k$，可以写出用压力表示的分子数密度：

$$\mathcal{N} = \frac{N}{V} = \frac{nN_A}{V} = \frac{nN_A}{nRT/p} = \frac{pN_A}{RT} = \frac{p}{kT}$$

于是，用压力代替数密度表示的碰撞频率为

$$z = \frac{\sigma v_{rel} p}{kT} \quad \text{碰撞频率 [KMT]} \quad (1B.12b)$$

式（1B.12a）表明，在恒定体积下，随着温度升高，大多数分子移动得更快，因此碰撞频率增加。而从式（1B.12b）可知，若温度恒定，则碰撞频率与压力成正比。压力越大，样品中分子数密度越大，因此即使它们的平均速率相同，其彼此相遇的概率也会增大。

简要说明 1B.2

在 1.00 atm（101 kPa）和 25 ℃下，对于样品中的 N_2 分子，根据“简要说明 1B.1”，$v_{rel} = 671\ m \cdot s^{-1}$。根据式（1B.12b），并从表 1B.2 中取 $\sigma = 0.45\ nm^2$（相当于 $0.45 \times 10^{-18}\ m^2$），则有

$$z = \frac{0.45\times10^{-18}\ m^2 \times 671\ m\cdot s^{-1} \times 1.01\times10^5\ Pa}{1.381\times10^{-23}\ J\cdot K^{-1} \times 298\ K} = 7.4\times10^9\ s^{-1}$$

因此，给定的分子每秒碰撞大约 7×10^9 次。气体分子相互遭遇的时间尺度也就清楚了。

（b）平均自由程

平均自由程（mean free path）λ 指的是分子在两次碰撞之间移动的平均距离。如果分子的碰撞频率为 z，则其在两次碰撞之间自由飞行需要的时间为 $1/z$，因此移动距离为 $(1/z)v_{rel}$，则平均自由程为

$$\lambda = \frac{v_{rel}}{z} \quad \text{平均自由程 [KMT]} \quad (1B.13)$$

代入由式（1B.12b）给出的 z 的表达式，可得

$$\lambda = \frac{kT}{\sigma p} \quad \text{平均自由程 [完美气体]} \quad (1B.14)$$

可见，如果压力倍增，则平均自由程缩短为原先的一半。

简要说明 1B.3

根据“简要说明 1B.1”，25 ℃时 N_2 分子的 $v_{rel} = 671\ m\cdot s^{-1}$；根据“简要说明 1B.2”，当压力为 1.00 atm 时，$z = 7.4\times10^9\ s^{-1}$。在这些条件下，$N_2$ 分子的平均自由程为

$$\lambda = \frac{671\ m\cdot s^{-1}}{7.4\times10^9\ s^{-1}} = 9.1\times10^{-8}\ m$$

或 91 nm，约等于 10^3 个分子直径。

尽管在式（1B.14）中出现了温度，但在恒定体积的样品中，压力与 T 成正比，所以当温度升高时，T/p 保持不变。因此，如果体积恒定，则平均自由程与气体样品的温度无关。在固定体积的容器中，两次碰撞之间的距离是由给定体积中所含的分子数决定的，而与它们的移动速率无关。

总之，1 atm 和 25 ℃下的典型气体（N_2 或 O_2）可以被认为是以约 500 $m\cdot s^{-1}$ 平均速率运动的分子的集合体。每个分子在约 1 ns 内就会发生一次碰撞，在两次碰撞之间，它移动了大约 10^3 个分子直径的距离。

概念清单

- ☐ 1. 气体分子**动理论模型**仅考虑来自分子动能的能量贡献。
- ☐ 2. 该模型的重要结论包括压力和**方均根速率**的表达式。
- ☐ 3. **麦克斯韦－玻耳兹曼速率分布**给出了在指定速率范围内的分子分数。
- ☐ 4. **碰撞频率**等于一定时间间隔内分子碰撞的平均次数除以该时间间隔的时长。
- ☐ 5. **平均自由程**是分子在两次碰撞之间移动的平均距离。

公式清单

性质	公式	说明	公式编号
由动理论模型得到的完美气体的压力	$pV=\frac{1}{3}nMv_{rms}^2$		1B.2
麦克斯韦－玻耳兹曼速率分布	$f(v)=4\pi(M/2\pi RT)^{3/2}v^2e^{-Mv^2/2RT}$		1B.4
方均根速率	$v_{rms}=(3RT/M)^{1/2}$		1B.8
平均速率	$v_{mean}=(8RT/\pi M)^{1/2}$	完美气体的动理论模型	1B.9
最概然速率	$v_{mp}=(2RT/M)^{1/2}$		1B.10
平均相对速率	$v_{rel}=(8kT/\pi\mu)^{1/2}$ $\mu=m_Am_B/(m_A+m_B)$		1B.11b
碰撞频率	$z=\sigma v_{rel}p/kT, \sigma=\pi d^2$		1B.12b
平均自由程	$\lambda=v_{rel}/z$		1B.13

专题1C

实际气体

▶ 为何需要学习这部分内容？

实际气体（即所谓的“真实气体”）的特性与完美气体不同。此外，研究其与完美气体行为间的偏离，可以深入了解分子间相互作用的本质。

▶ 核心思想是什么？

气体分子间的吸引力和排斥力可以解释对气体等温线的修正，并说明其临界其行为。

▶ 需要哪些预备知识？

本专题建立在专题1A中对完美气体讨论的基础之上，并加以扩展。用到的主要数学技术是使用微分来识别曲线的拐点（“化学家工具包5”）。

除了$p \to 0$的极限外，真实气体并不严格遵守完美气体定律。在高压和低温下，这种偏离更大，尤其当气体处在凝结成液体的状态时。

1C.1 与完美气体行为的偏离

实际气体与完美气体定律的偏离是因为分子间的相互作用。需要注意的是，分子间的排斥力有助于膨胀，吸引力则有助于压缩。

只有当分子几乎接触时，排斥力才显著：排斥力是短程相互作用，甚至短到分子直径大小的尺度上（图1C.1）。因为排斥力是短程相互作用，所以只有当分子间的平均距离很小时才可期望排斥力有重要贡献。高压时就是这种情况，此时众多分子在一个狭小的空间内。另一方面，分子间的吸引力具有相对长的作用范围，并且在几个分子直径内有效；当分子相当接近但没有接触（图1C.1中适中距离处）时，吸引力是重要的。当分子相距很远时，吸引力无效（图1C.1的右侧）。当温度非常低以至于分子以相当慢的平均速率运动，分子很容易被其他分子所捕获时，分子间相互作用力也很重要。

实验测得的等温线的形状描述了这些相互作用的特性（图1C.2）。较低压力下，样品占据的体积较大，分子在大部分时间内相距很远，以至于分子间相互作用力不显著，此时气体特性几乎与完美气体相同。中等压力下，分子间的平均距离仅为几个分子直径，相对于排斥力，吸引力起主导作用，这有助于将分子吸引到一起。因此，可以预期气体比完美气体更具有可压缩性。较高压力下，分子间的平均距离很小，排斥力占主导地位，这有助于驱动分子进一步分开，因而可以预期，相对于完美气体，气体的可压缩性变小。

考察等温下将初始态处于如图1C.2（b）中A点处的气体样品通过推入活塞压缩（体积减小）时，将会发生何种现象。在A点附近，气体压力升高，近似地与波义耳定律相符；而当体积减小到B

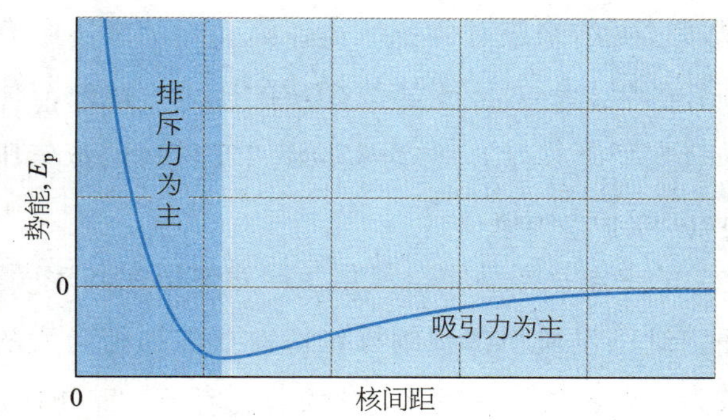

图1C.1 两个分子的势能与核间距的关系［高的正势能（核间距非常小时）表明，在这些距离处它们之间有很强的排斥力。而在适中距离处，以吸引力为主。间距很大（右侧很远处）时，势能为零，分子间没有相互作用］

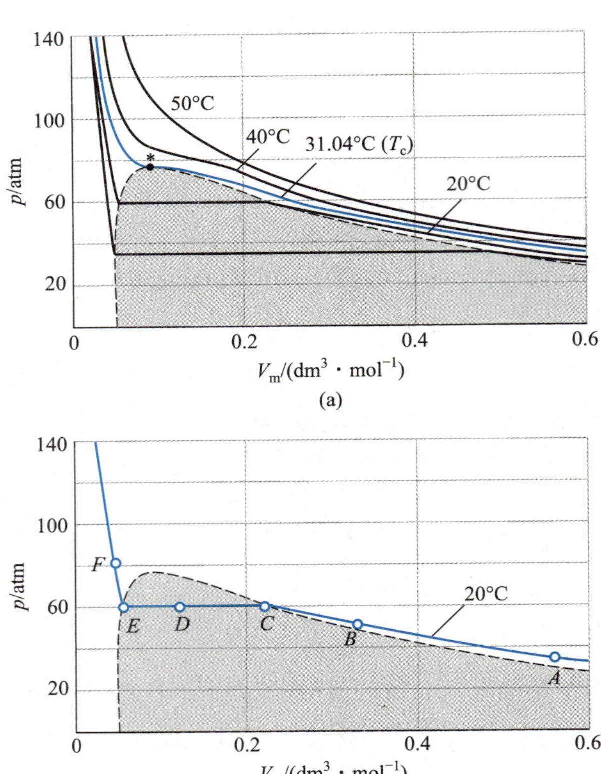

图1C.2 （a）几种温度下二氧化碳的实测等温线。"临界等温线"，即临界温度下的等温线，为31.04℃（蓝色）。临界点标有"*"。（b）如正文中所述，气体只能在临界温度和低于临界温度时沿一水平线（如CDE）压缩而冷凝。黑色虚线由低于临界温度的所有等温线上类似C和E的点组成

点时，开始出现严重偏离波义耳定律的现象。

在C点处（对于二氧化碳，对应压力约为60 atm），所有与完美气体行为相似的特性都消失殆尽，突然出现虽然压入活塞但压力却没有进一步上升的现象：该阶段由水平线CDE表示。检查容器内物质后发现，刚好在C点的左侧出现液体，而且有明显界面将两个相分开。随着体积从C点减小到D点再到E点，液体量增加。由于气体可以通过凝结来应对体积减小，因而对活塞不会有额外的阻力。对应于实线CDE的压力（此时液体和蒸气平衡共存），称为实验温度下液体的**蒸气压**（vapour pressure）。

在E点，样品完全液化，活塞停留在其表面。任何进一步减小体积的操作都需要施加相当大的压力，如E点左侧急剧上升的曲线所示。即使从E点到F点的体积小幅减小，也需要大幅增加压力。

（a）压缩因子

作为理解这些实验现象的第一步，有效的方法是引入**压缩因子**（compression factor）Z。压缩因子Z是气体的实测摩尔体积$V_m = V/n$与相同压力和温度时完美气体的摩尔体积V_m°的比值：

$$Z = \frac{V_m}{V_m^\circ} \qquad \text{压缩因子[定义]} \qquad (1C.1)$$

由于完美气体的摩尔体积等于RT/p，一个等价的表达式为$Z = pV_m/RT$，可写为

$$pV_m = RTZ \qquad (1C.2)$$

因为在所有条件下，完美气体的$Z = 1$，所以Z与1的偏差为实际气体与完美气体偏离的一种量度。

部分气体Z的实验值绘于图1C.3中。在很低的压力下，所有气体的$Z \approx 1$，而且均趋于完美气体。在较高压力下，所有气体的$Z > 1$，表明其摩尔体积大于完美气体的摩尔体积，此时排斥力占主导地位。在中等压力下，大多数气体的$Z < 1$，表明相对于完美气体，吸引力使摩尔体积减小。

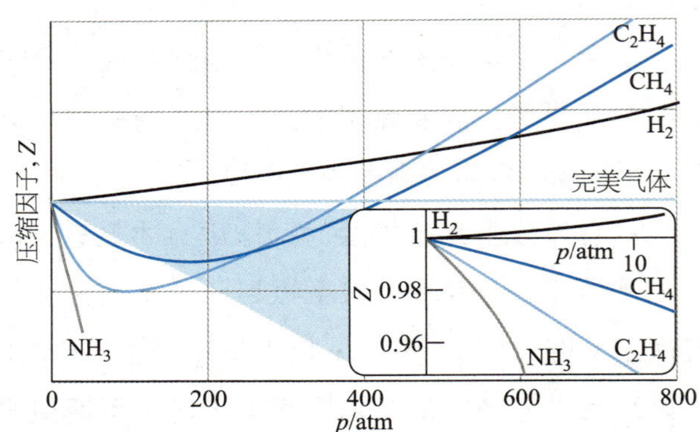

图1C.3　0℃时几种气体的压缩因子Z随压力的变化（在所有压力下，完美气体的$Z = 1$。请注意，尽管当$p \to 0$时所有曲线均趋于1，但它们的斜率是不同的）

简要说明1C.1

在500 K和100 bar下，完美气体的摩尔体积是$V_m^\circ = 0.416\ dm^3 \cdot mol^{-1}$。在相同条件下，二氧化碳的摩尔体积为$V_m = 0.366\ dm^3 \cdot mol^{-1}$。于是，在500 K时，有

$$Z = \frac{0.366\ dm^3 \cdot mol^{-1}}{0.416\ dm^3 \cdot mol^{-1}} = 0.880$$

$Z < 1$的结果表明，在这些条件下吸引力大于排斥力，占主导地位。

(b) 维里系数

在较大的摩尔体积和高温下，实际气体的等温线与完美气体的等温线差异不是很大。这种小差异表明：实际上，完美气体定律$pV_m = RT$是下述表达式中的第一项：

$$pV_m = RT(1 + B'p + C'p^2 + \cdots) \quad (1C.3a)$$

该表达式是物理化学中常用方法的一个例子。在该方法中，一个已知较好的一级近似的简单定律（这里是$pV_m = RT$）被处理为以一变量（这里是p）幂次表示的一个级数中的第一项。对于许多应用来说，一个更方便的展开式为

$$pV_m = RT\left(1+\frac{B}{V_m}+\frac{C}{V_m^2}+\cdots\right) \quad \text{维里状态方程} \quad (1C.3b)$$

上面两个表达式是**维里状态方程**（viral equation of state）[1]的两个版本。将该表达式与式（1C.2）比较，可以发现式（1C.3b）括号中的项就是压缩因子Z。

系数$B, C, \cdots$与温度有关，分别是第二，第三……**维里系数**（virial coefficient）（表1C.1）；第一维里系数是1。考虑到在典型摩尔体积时，$C/V_m^2 \ll B/V_m$，因此第三维里系数C通常不如第二维里系数B重要。气体维里系数的值可通过测量其压缩因子来确定。

表1C.1 第二维里系数B^* 单位：$cm^3 \cdot mol^{-1}$

	温度	
	273 K	600 K
Ar	−21.7	11.9
CO_2	−149.7	−12.4
N_2	−10.5	21.7
Xe	−153.7	−19.6

* 更多的数据参见*资源部分*。

简要说明1C.2

为了使用方程（1C.3b）（保留到B项）来计算100 K时体积为0.225 dm^3的容器中0.104 mol $O_2(g)$ 的压力，先计算摩尔体积：

$$V_m = \frac{V}{n_{O_2}} = \frac{0.225\ dm^3}{0.104\ mol} = 2.16\ dm^3\cdot mol^{-1} = 2.16\times10^{-3}\ m^3\cdot mol^{-1}$$

然后，由*资源部分*的表1C.1中查到B值，有

$$p = \frac{RT}{V_m}\left(1+\frac{B}{V_m}\right)$$

$$= \frac{8.314\,5\ J\cdot mol^{-1}\cdot K^{-1}\times 100\ K}{2.16\times10^{-3}\ m^3\cdot mol^{-1}}\left(1-\frac{1.975\times10^{-4}\ m^3\cdot mol^{-1}}{2.16\times10^{-3}\ m^3\cdot mol^{-1}}\right)$$

$$= 3.50\times10^5\ Pa = 350\ kPa$$

其中$1\ Pa = 1\ J\cdot m^{-3}$。由完美气体状态方程计算得到的压力为385 kPa，比使用维里状态方程计算的值高10%，差异显著，原因是在给定条件下$B/V_m \approx 0.1$，相对于1而言此项不可忽略。

重要的一点是，尽管当$p \to 0$时，真实气体的状态方程可能与完美气体定律一致，但在该极限时，并非所有的性质都必然与完美气体的性质一致。例如，考虑dZ/dp值，作图所得压缩因子对压力曲线的斜率（参见“化学家工具包5”）。对于完美气体，有$dZ/dp = 0$（因为在所有压力下$Z = 1$），但对于服从方程（1C.3a）的真实气体，则有

$$\frac{dZ}{dp} = B' + 2pC' + \cdots \to B' \quad \text{当}p\to 0\text{时} \quad (1C.4a)$$

由于B'不一定为零，因此Z相对于p的斜率不一定接近0（完美气体值），如图1C.4所示。通过类似的论证（这类偏导数的计算参见“化学家工具包5”），有

$$\frac{dZ}{d(1/V_m)} \to B \quad \text{当}V_m \to \infty\text{时} \quad (1C.4b)$$

由于维里系数与温度有关，因此可能在某一温度时$Z \to 1$，此时在低压或较大摩尔体积时斜率为零（如图1C.4所示），该温度称为**波义耳温度**（Boyle temperature）T_B。在T_B下，当$p \to 0$时，实际气体的性质与完美气体的性质一致。由式（1C.4a），如果$B' = 0$，则当$p = 0$时，Z具有零斜率。因此，在波义耳温度时，$B' = 0$。于是，从式（1C.4a）可知，相对于其他温度，在波义耳温度时$pV_m \approx RT_B$将覆盖更宽的压力范围，这是因为维里状态方程中在1后的第一项（即$B'p$）为零，而$C'p^2$和更高项则可忽略不计。对于氦，$T_B = 22.64$ K；对于空气，$T_B = 346.8$ K；表1C.2列出了更多的数据。

1 该名字来自拉丁语，“力”的意思。系数有时表示为$B_2, B_3, \cdots$。

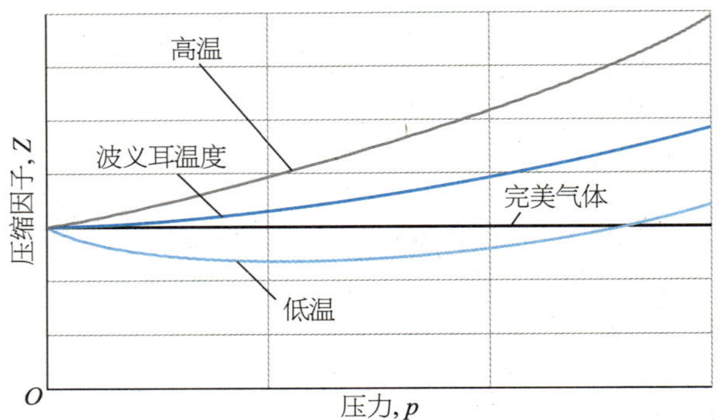

图1C.4　低压下压缩因子Z接近1，但斜率不同。完美气体斜率为零，而实际气体的斜率可正可负，且随温度变化而变化。在波义耳温度下，$p=0$时斜率为零，此时相比其他温度，气体可以在更宽泛的条件下与完美气体性质相似

(c) 临界常数

有一个温度，叫作**临界温度**(critical temperature) T_c，它把物质的两个行为区域分开，在物质状态理论中具有特殊的作用。如前所述，稍低于T_c的等温线的行为是：在一定的压力下，气体凝结成液体，并且气体和液体之间存在可见的界面。然而，如果在T_c时压缩，则不会出现分隔两相的界面，并且等温线水平部分两端的体积合并成一点，即气体的**临界点**(critical point)。临界点的压力和摩尔体积称为物质的**临界压力**

化学家工具包5　微　分

微分聚焦于函数的斜率，如变量随时间的变化率。函数$f(x)$的**导数**(derivative) df/dx的正式定义是

$$\frac{df}{dx}=\lim_{\delta x\to 0}\frac{f(x+\delta x)-f(x)}{\delta x}$$

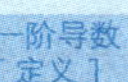

如示意图1所示，导数可以理解为给定x处$f(x)$曲线的正切斜率。正的一阶导数表示函数随x的增加而增加，负的一阶导数则相反。有时将一阶导数表示为$f'(x)$更方便。函数的二**阶导数**(second derivative) d^2f/dx^2是一阶导数（此处表示为f'）的导数：

$$\frac{d^2f}{dx^2}=\lim_{\delta x\to 0}\frac{f'(x+\delta x)-f'(x)}{\delta x}$$

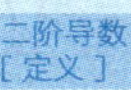

二阶导数有时候更方便地表示为f''。如示意图2所示，函数的二阶导数可以理解为函数曲率的锐度。正的二阶导数表示该函数是∪形的，而负的二阶导数表示它是∩形的。二阶导数在**拐点**(point of inflection)处为零，而在拐点处一阶导数将改变正负号。

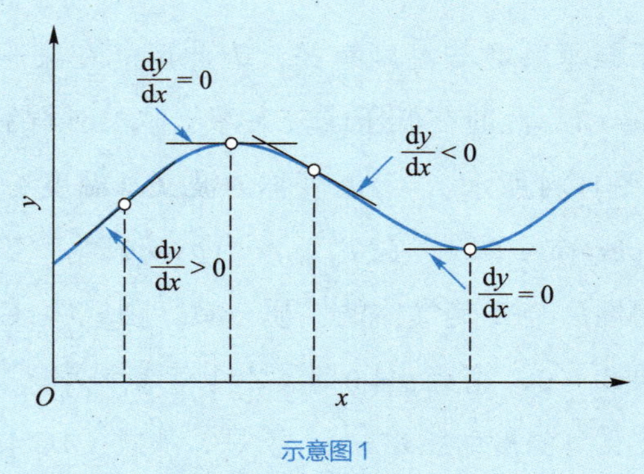

示意图1

一些常见函数的导数如下：

$$\frac{d}{dx}x^n=nx^{n-1}$$

$$\frac{d}{dx}e^{ax}=ae^{ax}$$

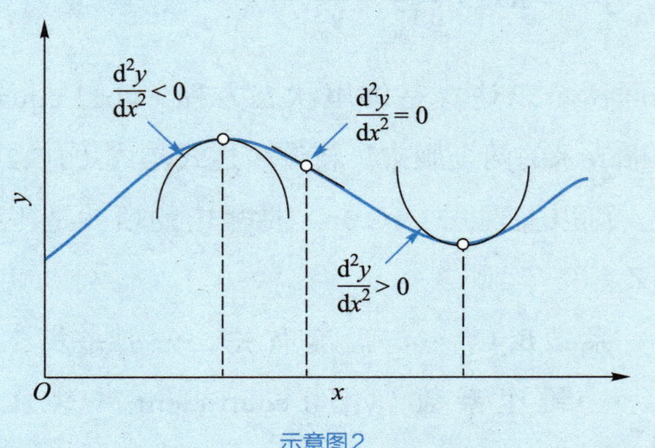

示意图2

$$\frac{d}{dx}\sin ax=a\cos ax \qquad \frac{d}{dx}\cos ax=-a\sin ax$$

$$\frac{d}{dx}\ln ax=\frac{1}{x}$$

根据导数的定义，可以使用以下规则对组合函数求导：

$$\frac{d}{dx}(u+v)=\frac{du}{dx}+\frac{dv}{dx}$$

$$\frac{d}{dx}uv=u\frac{dv}{dx}+v\frac{du}{dx}$$

$$\frac{d}{dx}\frac{u}{v}=\frac{1}{v}\frac{du}{dx}-\frac{u}{v^2}\frac{dv}{dx}$$

有时，对x的一个函数微分比对x直接微分更为方便。例如，假设

$$f(x)=a+\frac{b}{x}+\frac{c}{x^2}$$

其中a、b和c是常数，需要求$df/d(1/x)$，而不是df/dx。首先，令$y=1/x$，然后$f(y)=a+by+cy^2$，于是有

$$\frac{df}{dy}=b+2cy$$

因为$y=1/x$，则

$$\frac{df}{d(1/x)}=b+\frac{2c}{x}$$

(critical pressure) p_c和**临界摩尔体积**(critical molar volume) V_c。总体来说，p_c、V_c和T_c是物质的**临界常数**(critical constant)(表1C.2)。

表1C.2　气体临界常数*

气体	p_c/atm	V_c/($cm^3 \cdot mol^{-1}$)	T_c/K	Z_c	T_B/K
Ar	48.0	75.3	150.7	0.292	411.5
CO_2	72.9	94.0	304.2	0.274	714.8
He	2.26	57.8	5.2	0.305	22.64
O_2	50.14	78.0	154.8	0.308	405.9

* 更多的数据参见资源部分。

在T_c及其以上温度时，样品为占据整个容器的单相。根据定义，这样的相为气体。因此，高于临界温度时，物质的液相不可能形成。当$T > T_c$时，充满整个容器的单相可能比通常认为的气体稠密得多，因此更倾向于称其为**超临界流体**(supercritical fluid)。

简要说明1C.3

氧的临界温度为155 K，这表示如果其温度大于155 K，单靠压缩是不可能产生液氧的。要想使氧液化，首先必须将温度降低到155 K以下，然后将气体等温压缩。

1C.2　范德华方程

很显然，只有代入系数的特定值，才可以从维里状态方程得出结果。提供一种针对所有气体应用范围更广(即便不够精确)的近似的状态方程，通常是有用的。

(a) 方程形式

范德华(van der Waals)在1873年提出的方程式是一个很好的例子，即可以通过科学地思考一个数学上复杂但物理上简单的问题而得到一个表达式，也就是说，它是一个“模型建立”的好例子。

如何完成？1C.1　推导范德华方程

考虑分子间的相互排斥作用，假设这种作用使分子成为小而不可穿透的球体，则分子不是在体积V中运动，而是被限制在较小的体积($V - nb$)中，其中nb大约是分子自身所占据的总体积。由此可知，当排斥力占主导时，完美气体定律$p = nRT/V$应该被下式代替：

$$p=\frac{nRT}{V-nb}$$

要计算这部分排除的体积，需注意到半径为r的两个硬球分子(分子体积$V_{分子}=\frac{4}{3}\pi r^3$)能够接近的最近距离是$2r$，所以排除的体积是$\frac{4}{3}\pi(2r)^3$或$8V_{分子}$。每个分子被排除的体积是该体积的一半，即$4V_{分子}$，因此$b \approx 4V_{分子}N_A$。

压力的大小与器壁碰撞的频率和每次碰撞的力有关。由于相互吸引作用，碰撞频率和碰撞力都会减小，吸引力的强度与相互作用的分子数，即样品中分子的摩尔浓度n/V成正比。因为碰撞频率和碰撞力都由于相互吸引力而减小，所以压力按浓度的平方成比例减小。如果压力降低值写成$a(n/V)^2$(其中a是每种气体的特征常数，为正值)，则排斥力和吸引力组合作用的结果就是**范德华方程**(van der Waals equation)：

$$p=\frac{nRT}{V-nb}-a\frac{n^2}{V^2} \qquad \text{范德华方程} \qquad (1C.5a)$$

式中常数a和b称为**范德华系数**(van der Waals coeffcients)，a表示分子间相互吸引作用的强度，b表示分子间的相互排斥作用的强度。它们是每种气体的特性，且被认为与温度无关(表1C.3)。虽然a和b不是精确定义的分子性质，但它们却与反映分子间相互作用强度的物理性质相关，如临界温度、蒸气压和汽化焓。

表1C.3　范德华系数*

气体	a/($atm \cdot dm^6 \cdot mol^{-2}$)	b/($10^{-2}\ dm^3 \cdot mol^{-1}$)
Ar	1.337	3.20
CO_2	3.610	4.29
He	0.034 1	2.38
Xe	4.137	5.16

* 更多的数据参见资源部分。

简要说明1C.4

对于苯，$a = 18.57\ atm \cdot dm^6 \cdot mol^{-2}$($1.882\ Pa \cdot m^6 \cdot mol^{-2}$)，$b = 0.119\ 3\ dm^3 \cdot mol^{-1}$($1.193 \times 10^{-4}\ m^3 \cdot mol^{-1}$)；其正常沸点为353 K。在$T = 400$ K和$p = 1.0$ atm下将其作为完美气体处理，苯蒸气的摩尔体积$V_m = RT/p = 33\ dm^3 \cdot mol^{-1}$，因此满足完美气体行为的判据：$V_m >> b$。由此得出$a/V_m^2 \approx 0.017$ atm，为1.0 atm的1.7%。因此，预计苯蒸气在该温度和压力下仅略微偏离完美气体行为。

方程（1C.5a）通常用摩尔体积$V_m = V/n$表示如下：

$$p=\frac{RT}{V_m-b}-\frac{a}{V_m^2} \tag{1C.5b}$$

例题 1C.1　利用范德华方程估算摩尔体积

将CO_2作为范德华气体处理，估算其在500 K和100 atm下的摩尔体积。

整理思路　摩尔体积的表达式需要通过求解范德华方程，即方程（1C.5b）得到。为了将等式重排成合适的形式，将等式两边同时乘以$(V_m-b)V_m^2$，从而得到

$$(V_m-b)V_m^2 p = RTV_m^2-(V_m-b)a$$

然后，再除以p，以V_m的不同幂次项加和，得

$$V_m^3-\left(b+\frac{RT}{p}\right)V_m^2+\left(\frac{a}{p}\right)V_m+\frac{ab}{p}=0$$

虽然可以给出三次方程的根的闭合表达式，但它们非常复杂。除非分析解是必需的，否则通常最好用数学软件来解这些方程式。图形计算器也可用于帮助识别可接受的根。

解：根据表1C.3，$a = 3.592\ dm^6 \cdot atm \cdot mol^{-2}$[1]和$b = 4.267 \times 10^{-2}\ dm^3 \cdot mol^{-1}$[1]。在所述条件下，$RT/p = 0.410\ dm^3 \cdot mol^{-1}$。因此，等式中$V_m$项的各个系数为

$$b + RT/p = 0.453\ dm^3 \cdot mol^{-1}$$

$$a/p = 3.61 \times 10^{-2}(dm^3 \cdot mol^{-1})^2$$

$$ab/p = 1.55 \times 10^{-3}(dm^3 \cdot mol^{-1})^3$$

于是，以$x = V_m/(dm^3 \cdot mol^{-1})$代入时，求解的方程为

$$x^3-0.453x^2+(3.61 \times 10^{-2})x-(1.55 \times 10^{-3})=0$$

可接受的根是$x = 0.366$（图1C.5），这意味着$V_m = 0.366\ dm^3 \cdot mol^{-1}$。在这些条件下，完美气体的摩尔体积为$0.410\ dm^3 \cdot mol^{-1}$。

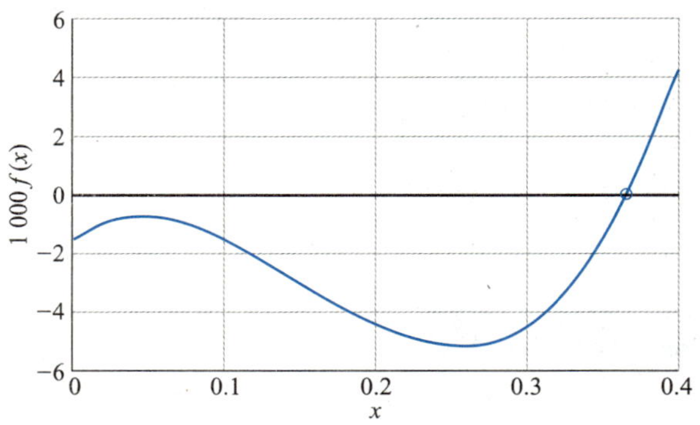

图1C.5　例题1C.1中V的三次方程的图解

自测题1C.1　假设氩是范德华气体，计算其在100 ℃和100 atm时的摩尔体积。

答案：$0.298\ dm^3 \cdot mol^{-1}$。

（b）方程特性

范德华方程在多大程度上预测了真实气体的行为呢？期望用单一而简单的表达式作为所有物质真实的状态方程式就太过乐观了。事实上，对气体的精确描述必须求助于维里状态方程，使用不同温度下系数的列表值，并以数字方式分析系统。然而，范德华方程的优点在于它是分析式（即形象性的表达式），并且可以得出关于实际气体的一些一般性结论。当范德华方程不成功时，必须使用另一种状态方程（表1C.4中列出部分状态方程），还有必要发现其他方程，或者使用维里状态方程。

将方程预测的等温线与图1C.2中的实测等温线相比较，可以判断方程的可靠性。一些计算的等温线显示在图1C.6和图1C.7中。除了低于临界温度时的振荡外，它们确实非常类似于实验等温线。这些振荡，即**范德华环**（van der Waals loops），是不现实的，因为它们表明在某些条件下，压力的增加会导致体积增加。因此，它们被水平线代替，而在水平线的上方和下方环内的面积相等：此过程称为**麦克斯韦构造**（Maxwell construction）（**1**）。将计算的曲线拟合到实验曲线，可以得到如表1C.3中所列的范德华系数。

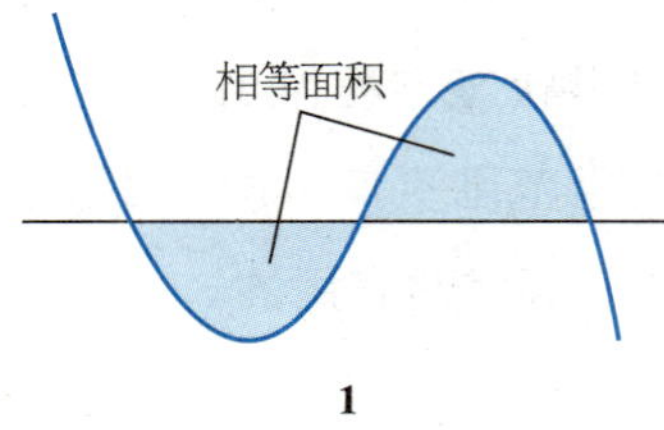

1

范德华方程的主要特征总结如下：

1. 在高温和大的摩尔体积下，可得到完美气体等温线。

高温时，RT可能很大，以至于方程（1C.5b）中的第一项远超过第二项。此外，如果摩尔体积较大，也即$V_m >> b$，则分母$V_m - b \approx V_m$。在这些条件下，方程可简化成$p = RT/V_m$，即完美气体状

1 此数据与表1C.3中数据不一致，因本书为翻译版本，故保留原书数据，请读者注意。

表1C.4　部分状态方程

	方程	对比形式*	临界常数		
			p_c	V_c	T_c
完美气体	$p=\dfrac{nRT}{V}$				
范德华	$p=\dfrac{nRT}{V-nb}-\dfrac{n^2a}{V^2}$	$p_r=\dfrac{8T_r}{3V_r-1}-\dfrac{3}{V_r^2}$	$\dfrac{a}{27b^2}$	$3b$	$\dfrac{8a}{27bR}$
Berthelot	$p=\dfrac{nRT}{V-nb}-\dfrac{n^2a}{TV^2}$	$p_r=\dfrac{8T_r}{3V_r-1}-\dfrac{3}{T_rV_r^2}$	$\dfrac{1}{12}\left(\dfrac{2aR}{3b^3}\right)^{1/2}$	$3b$	$\dfrac{2}{3}\left(\dfrac{2a}{3bR}\right)^{1/2}$
Dieterici	$p=\dfrac{nRTe^{-na/RTV}}{V-nb}$	$p_r=\dfrac{T_re^{2(1-1/T_rV_r)}}{2V_r-1}$	$\dfrac{a}{4e^2b^2}$	$2b$	$\dfrac{a}{4bR}$
维里	$p=\dfrac{nRT}{V}\left\{1+\dfrac{nB(T)}{V}+\dfrac{n^2C(T)}{V^2}+\cdots\right\}$				

* 对比变量定义为 $X_r=X/X_c$，其中 $X=p$，V_m和T。状态方程有时用摩尔体积 $V_m=V/n$ 表示。

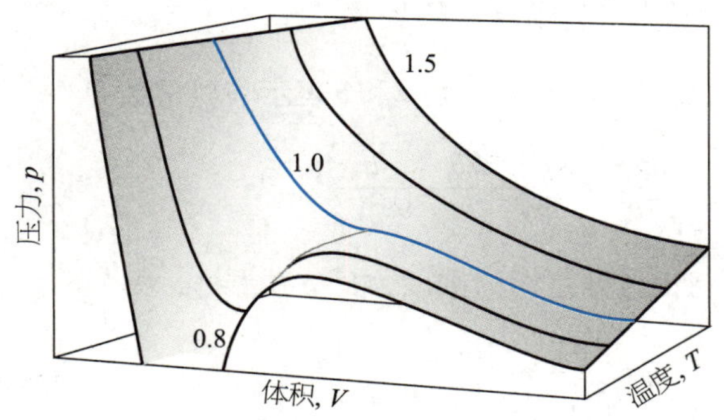

图1C.6　范德华方程允许的、可能的状态面（在状态面上绘制的曲线是等温线，标记有 T/T_c 的值，对应于图1C.7中的等温线）

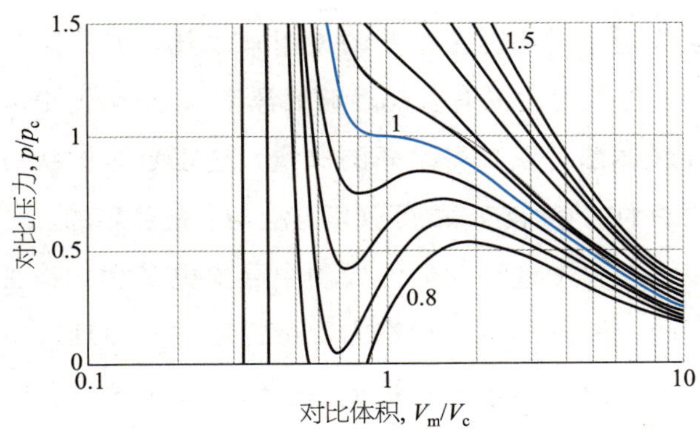

图1C.7　几个 T/T_c 值时的范德华等温线（范德华环通常由水平直线代替。临界等温线是 $T/T_c=1$ 时的等温线，以蓝色显示）

态方程。

2. 当吸引力和排斥力影响达到平衡时，液体和气体共存。

当方程（1C.5b）中的两项大小相近时，出现范德华环。第一项源自分子的动能及其排斥作用；第二项代表吸引力的影响。

3. 临界常数与范德华系数有关。

对于 $T<T_c$，计算得到的等温线出现振荡，并且每条等温线都经过最小值，再经过最大值。当 $T\to T_c$ 时，两个极值逐渐靠近，并且在 $T=T_c$ 时重合；在临界点，曲线具有平坦的拐点（**2**）。从曲线的特征来看，当一阶导数和二阶导数均为零时，会出现这种类型的拐点。

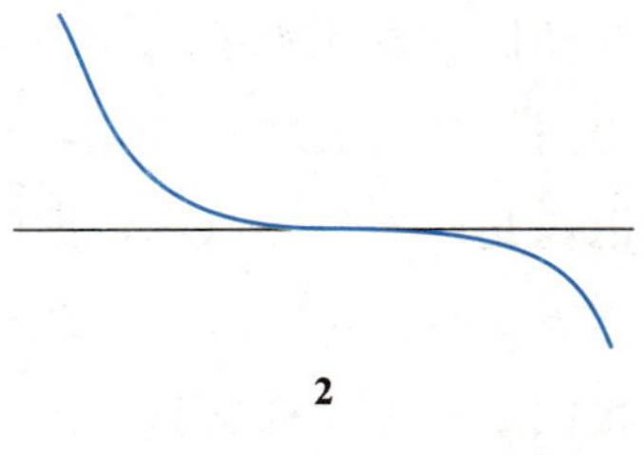

因此，可以通过计算这些导数，并在临界点将它们设置为零，来计算临界常数：

$$\frac{dp}{dV_m}=-\frac{RT}{(V_m-b)^2}+\frac{2a}{V_m^3}=0$$

$$\frac{d^2p}{dV_m^2}=\frac{2RT}{(V_m-b)^3}-\frac{6a}{V_m^4}=0$$

这两个方程的解［根据方程（1C.5b）从 V_c和T_c计算 p_c；见问题P1C.12］是

$$V_c=3b \qquad p_c=\frac{a}{27b^2} \qquad T_c=\frac{8a}{27bR} \tag{1C.6}$$

这些关系式提供了由临界常数值测定a和b的另一种途径。注意到**临界压缩因子**（critical compression factor）Z_c可以由下式来预测：

$$Z_c=\frac{p_cV_c}{RT_c}=\frac{3}{8} \tag{1C.7}$$

该式对所有临界点附近符合范德华方程的气体适用，借此可以对所测得的常数（a和b）进行验证。表1C.2显示，尽管 $Z_c<3/8=0.375$，但它们大致恒定（在0.3），并且差异相当小。

（c）对比状态原理

科学上，用于比较不同物体性质的一种重要的通用技术是，选择同类的相关基本性质，并以此为基础设置一个相对标度。临界常数是气体的特征性质，因此可以用它们作为标尺来建立相对量，同时将实际变量除以相应的临界常数而引入气体的量纲为1的**对比变量**（reduced variables）：

$$V_r=\frac{V_m}{V_c}\qquad p_r=\frac{p}{p_c}\qquad T_r=\frac{T}{T_c}\qquad \text{对比变量［定义］}\qquad (1C.8)$$

如果给定了气体的对比压力，则该气体的实际压力可以由$p=p_r p_c$计算；类似地，对于体积和温度也一样。首次尝试这种方法的范德华希望，在相同的对比温度T_r和对比体积V_r下，气体具有相同的对比压力p_r。事实上，该愿望很大程度上得以满足，参见图1C.8。该图示出了在不同对比温度下多种不同气体的压缩因子与对比压力的关系。将该图与用类似数据而不使用对比变量作图得到的图1C.3进行比较，会发现该方法的有效性是显而易见的。

在相同的对比体积和对比温度下，不同的真实气体具有相同的对比压力。这一现象称为**对比状态原理**（principle of corresponding states）。该原理只是近似的，最适用于由球形分子组成的气体；当分子为非球形或极性时，该原理不适用，有时还相当糟糕。

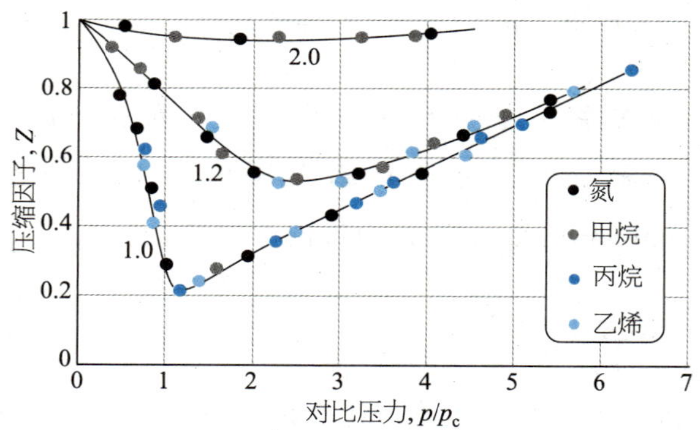

图1C.8　图1C.3中所示四种气体的压缩因子与对比变量的关系图（曲线上标志的数字是对比温度$T_r=T/T_c$。利用对比变量可以将不同气体的数据整合到单一曲线上）

简要说明1C.5

氩和二氧化碳的临界常数见表1C.2。假设氩处于23 atm和200 K，则其对比压力和对比温度为

$$p_r=\frac{23\ \text{atm}}{48.0\ \text{atm}}=0.48\qquad T_r=\frac{200\ \text{K}}{150.7\ \text{K}}=1.33$$

为了使二氧化碳处于相同的对比状态，则其压力和温度必须是

$$p=0.48\times72.9\ \text{atm}=35\ \text{atm}\qquad T=1.33\times304.2\ \text{K}=405\ \text{K}$$

范德华方程为该原理提供了一些说明。当方程（1C.5b）以对比变量表示时，变为

$$p_r p_c=\frac{RT_rT_c}{V_rV_c-b}-\frac{a}{V_r^2V_c^2}$$

根据方程（1C.6），用a和b表示临界常数：

$$\frac{ap_r}{27b^2}=\frac{8aT_r/27b}{3bV_r-b}-\frac{a}{9b^2V_r^2}$$

再将上式两边同时乘以$27b^2/a$并重排，得

$$p_r=\frac{8T_r}{3V_r-1}-\frac{3}{V_r^2}\qquad (1C.9)$$

此方程与原始方程形式相同，但是对于不同气体具有不同数值的系数a和b消失了。因此，如果等温线是用对比变量绘制的（图1C.7就是如此绘制的，但是对此没有引起足够的注意），那么无论何种气体都可以获得相同的曲线。这正是对比状态原理的内容所在，故范德华方程与它是兼容的。

在以上这种明显的成功中寻找更多意义是错误的，因为其他的状态方程也适应这一原理。事实上，任何具有两个参数（扮演a和b的角色）的状态方程（如表1C.4中的那些）都可以被简化为对比形式。真实气体近似遵循该原理的现象相当于说，相互吸引作用和相互排斥作用的影响可以各自近似用单个参数来表示。因此，该原理的重要性不在于其理论解释，而在于其提供了一种可将一系列气体的性质统一到一幅图上的方法（即图1C.8，而不是图1C.3）。

概念清单

- ☐ 1. 通过引入**压缩因子**来归纳与完美气体行为的偏离程度。
- ☐ 2. **维里状态方程**是完美气体状态方程的经验拓展式，它总结了实际气体在一系列条件下的行为。
- ☐ 3. 实际气体的等温线引入了**临界行为**的概念。
- ☐ 4. 仅当气体温度等于或低于其**临界温度**时，气体才能通过压缩液化。
- ☐ 5. **范德华方程**是一个用两个参数表示的、实际气体状态的模型方程，其中一个系数（a）代表分子的吸引，另一个系数（b）表示分子的排斥。
- ☐ 6. 范德华方程抓住了真实气体行为的一般特征，包括其临界行为。
- ☐ 7. 通过用**对比变量**来表示状态方程，实际气体的性质可被协调统一。

公式清单

性质	公式	说明	公式编号
压缩因子	$Z = V_m/V_m^\circ$	定义	1C.1
维里状态方程	$pV_m = RT(1 + B/V_m + C/V_m^2 + \cdots)$	B、C与温度有关	1C.3b
范德华方程	$p = nRT/(V - nb) - a(n/V)^2$	a吸引力参数，b排斥力参数	1C.5a
对比变量	$X_r = X/X_c$	$X = p$、V_m或T	1C.8

主题 1 气体性质——讨论题、练习题、问题及综合题

专题 1A 完美气体

讨论题

D1A.1 完美气体状态方程是如何通过结合波义耳定律、查尔斯定律和阿伏加德罗原理而得到的？

D1A.2 何谓“分压”？为什么说道尔顿定律是一个极限定律？

练习题

E1A.1(a) 换算：（ⅰ）以托（Torr）为单位表示108 kPa；（ⅱ）以大气压（atm）为单位表示0.975 bar。

E1A.1(b) 换算：（ⅰ）以大气压（atm）为单位表示22.5 kPa；（ⅱ）以帕斯卡（Pa）为单位表示770 Torr。

E1A.2(a) 如果体积为1.0 dm^3的容器中的131 g氙气表现为完美气体，则在25 ℃时压力可以是20 atm吗？如果不是，压力是多少？

E1A.2(b) 如果体积为1.5 dm^3的容器中的25 g氩气表现为完美气体，则在30 ℃时压力可以是2.0 bar吗？如果不是，压力是多少？

E1A.3(a) 完美气体经等温压缩，体积减小了2.20 dm^3。气体的最终压力和体积分别为5.04 bar和4.65 dm^3。以（ⅰ）bar和（ⅱ）atm为单位，计算气体的原始压力。

E1A.3(b) 完美气体经等温压缩，体积减小了1.80 dm^3。气体的最终压力和体积分别为1.97 bar和2.14 dm^3。以（ⅰ）bar和（ⅱ）Torr为单位，计算气体的原始压力。

E1A.4(a) 汽车轮胎在冬天温度为−5 ℃时，充气到24 $lb \cdot in^{-2}$（1.00 atm = 14.7 $lb \cdot in^{-2}$）的压力。假设没有发生泄漏并且体积恒定，则在接下来的夏天，若温度为35 ℃，压力是多少？在实践中应该考虑哪些复杂问题？

E1A.4(b) 当温度为23 ℃时，氢气样品的压力为125 kPa。当温度为11 ℃时，其压力是多少？

E1A.5(a) 255 mg氖气在122 K时所占体积为3.00 dm^3。根据完美气体定律，计算该气体的压力。

E1A.5(b) 某房主每年使用4.00 × 10^3 m^3的天然气来加热房屋。假设天然气全部是甲烷（CH_4），并且甲烷在本题中可视为完美气体，其压力为1.00 atm，温度为20 ℃，则所用天然气的质量是多少？

E1A.6(a) 在500 ℃和93.2 kPa下，硫蒸气的质量密度为3.710 $kg \cdot m^{-3}$。写出该条件下硫的分子式。

E1A.6(b) 在100 ℃和16.0 kPa下，磷蒸气的质量密度为0.638 8 $kg \cdot m^{-3}$。写出该条件下磷的分子式。

E1A.7(a) 计算一个容积为400 m^3的房间内所含27 ℃的空气（相对湿度为60%）中水蒸气的质量。提示：相对湿度是水蒸气的分压，以相同温度下水蒸气的蒸气压（本题中为35.6 mbar）的百分比表示。

E1A.7(b) 计算一个容积为250 m^3的房间内所含23 ℃的空气（相对湿度为53%）中水蒸气的质量（此时水的蒸气压为28.1 mbar）。

E1A.8(a) 已知在0.987 bar和27 ℃下，空气的质量密度为1.146 $kg \cdot m^{-3}$，计算氮气和氧气的摩尔分数和分压，假设（ⅰ）空气仅由这两种气体组成，（ⅱ）空气中还含有1.0%（摩尔百分数）的Ar。

E1A.8(b) 某气体混合物由320 mg甲烷、175 mg氩气和225 mg氖气组成。已知300 K时氖气的分压为8.87 kPa，计算混合物的（ⅰ）体积和（ⅱ）总压。

E1A.9(a) 在330 K和20 kPa下，某气态化合物的质量密度为1.23 $kg \cdot m^{-3}$，则该化合物的摩尔质量是多少？

E1A.9(b) 在测量气体摩尔质量的实验中，将250 cm^3气体注入玻璃容器中，在298 K时压力为152 Torr，在校正浮力效应后，气体的质量为33.5 mg，则该气体的摩尔质量是多少？

E1A.10(a) 空气在−85 ℃、0 ℃和100 ℃时的质量密度分别为1.877 $g \cdot dm^{-3}$、1.294 $g \cdot dm^{-3}$和0.946 $g \cdot dm^{-3}$。根据这些数据，并假设空气符合查尔斯定律，确定温度的绝对零值，以摄氏度为单位。

E1A.10(b) 某种气体样品在0 ℃和1.000 atm下的体积为20.00 dm^3。在恒定p下，实验测得其体积与摄氏温度θ是一条斜率为0.074 1 $dm^3 \cdot ℃^{-1}$的直线。仅从这些数据（不使用完美气体定律）确定温度的绝对零值，以摄氏度为单位。

E1A.11(a) 273.15 K下，某体积为22.4 dm^3的容器含有2.0 mol $H_2(g)$和1.0 mol $N_2(g)$。计算（ⅰ）各组分的摩尔分数，（ⅱ）它们的分压，（ⅲ）它们的总压。

E1A.11(b) 一体积为22.4 dm^3的容器含有273.15 K下的1.5 mol $H_2(g)$和2.5 mol $N_2(g)$。计算（ⅰ）各组分的摩尔分数，（ⅱ）它们的分压，（ⅲ）它们的总压。

问 题

P1A.1 压力计由一个装有液体的U形管组成，一侧连接到设备，另一侧通向大气。设备内部的压力$p = p_{ex} + \rho gh$，其中p_{ex}为外压，ρ为管内液体的质量密度，$g = 9.806\ m \cdot s^{-2}$为自由落体的加速度，$h$为在管两侧液体的高度差（$\rho gh$是由液柱引起的静压力）。（a）假设压力计中的液体是汞，外部压力是760 Torr，并且开口侧比连接到设备的一侧高10.0 cm，则设备中的压力是多少？25 ℃时汞的质量密度为13.55 $g \cdot cm^{-3}$。（b）为了确定摩尔气体常数R的准确值，一学生将一充有0.251 32 g氦气、体积为20.000 dm^3的容器加热至500 ℃，并用注入25 ℃水的压力计测得压力为206.402 cm。根据这些数据，计算R值。25 ℃时水的质量密度为0.997 07 $g \cdot cm^{-3}$。

P1A.2 最近与海王星居民的交流表明他们使用类似摄氏温标

的温标，但是是基于其最常见物质氢的熔点（0 °N）和沸点（100 °N）。进一步的交流表明，海王星人了解完美气体行为，他们发现压力为零极限值时，pV值在0 °N时为28 $dm^3\cdot atm$，在100 °N时为40 $dm^3\cdot atm$。则当温度为绝对零时，用他们的温标所表示的值是多少？

P1A.3 以下数据源于273.15 K的氧气。由这些数据计算摩尔气体常数R的最佳值。

p/atm	0.750 000	0.500 000	0.250 000
$V_m/(dm^3\cdot mol^{-1})$	29.864 9	44.809 0	89.638 4

P1A.4 查尔斯定律有时以$V=V_0(1+\alpha\theta)$的形式表示，其中θ是摄氏温度，α是常数，V_0是0℃时样品的体积。在0℃时，已知氮的以下值：

p/Torr	749.7	599.6	333.1	98.6
$10^3\alpha/℃^{-1}$	3.671 7	3.669 7	3.666 5	3.664 3

根据以上数据，估计摄氏温标在温度绝对零时的值。

P1A.5 推导摩尔质量为M的完美气体的压力与质量密度ρ之间的关系。根据如下25℃时甲氧基甲烷（二甲醚）的数据，通过作图，证实气体在低压下将趋于完美气体的行为，并求算气体的摩尔质量。

p/kPa	12.223	25.20	36.97	60.37	85.23	101.3
$\rho/(kg\cdot m^{-3})$	0.225	0.456	0.664	1.062	1.468	1.734

P1A.6 在某气体微量天平中，测量新合成的氟碳化合物的摩尔质量。该装置由一端安装玻璃泡的悬梁构成，并整体密封在一个封闭的容器中，梁枢可以转动。增加容器中气体的压力可以提升玻璃泡的浮力，并使悬梁转动而达到平衡点。在某一实验中，当氟碳化合物压力为327.10 Torr时达到平衡点；对于相同的枢轴设置，当在423.22 Torr下引入CHF_3（$M=70.014\ g\cdot mol^{-1}$）时达到平衡。用不同设置的枢轴重复实验需要293.22 Torr的氟碳化合物压力和427.22 Torr的CHF_3压力。氟碳化合物的摩尔质量是多少？并写出可能的分子式。

P1A.7 一个具有固定体积的完美气体温度计显示，在水的三相点温度（273.16 K）下压力为6.69 kPa。（a）该温度下温度变化1.00 K时压力变化是多少？（b）温度为100.00℃时压力是多少？（c）在后一个温度时温度再变化1.00 K，则压力变化又是多少？

P1A.8 某体积为22.4 dm^3的容器最初含有温度为273.15 K的2.0 mol $H_2(g)$和1.0 mol $N_2(g)$。假设所有的H_2与足够的N_2反应生成NH_3，计算最终混合物中气体的分压和总压。

P1A.9 大气污染是一个备受关注的问题。然而，并非所有污染都来自工业。火山爆发可能是空气污染的重要来源。夏威夷的基拉韦厄火山每天排放200~300 t（1 t = 10^3 kg）的二氧化硫。如果这种气体在800℃和1.0 atm下排放，那么排出的气体体积是多少？

P1A.10 臭氧是大气中的一种痕量气体，在屏蔽有害的紫外线辐射、保护地球方面起着重要作用，臭氧的丰度通常以Dobson为单位报道。设想一根柱子贯通整个大气层，柱中O_3的总量除以其横截面积以Dobson为单位表示，其中1 Du = 0.4462 $mmol\cdot m^{-2}$。如果臭氧的丰度为250 Dobson单位（典型的中纬度值），则在横截面积为1.00 dm^2的大气柱中O_3的量是多少（以摩尔计）？在季节性的南极臭氧空洞中，柱中丰度降至100 Dobson单位以下；在上述面积为1.00 dm^2的空气柱中有多少摩尔的O_3？大气中大部分臭氧出现在地球表面上方10~50 km之间。如果臭氧均匀地分布在这部分大气中，则对应于（a）250 Dobson单位，（b）100 Dobson单位，O_3的平均摩尔浓度是多少？

P1A.11 在常用的大气模型中，根据如下气压公式，大气压随高度h而变化：

$$p=p_0e^{-h/H}$$

式中p_0是海平面的压力，H是常数，大约等于8 km。更具体地，$H=RT/Mg$，其中M是空气的平均摩尔质量，T是在高度h时的温度。该公式表示地球重力场中分子的势能与热运动的搅拌效应之间的竞争结果。试通过证明高度的无限小变化dh（质量密度为ρ时）所带来的压力变化为$dp=-\rho g dh$，来导出该式。请记住，ρ与压力有关。计算（a）高度为15 cm的实验容器的顶部和底部之间的压力差，（b）当地面压力为1.0 atm时，飞机典型巡航高度（11 km）处的外部大气压。

P1A.12 气球仍然被用于部署监测气象和大气化学的传感器。根据完美气体定律，可以研究气球膨胀的一些技术问题。假设气球是半径为3.0 m的球体。（a）在海平面及25℃的环境温度下，需要多少H_2（以mol为单位）才能将其充气至1.0 atm？（b）假设空气的质量密度是1.22 $kg\cdot m^{-3}$，则气球在海平面上能承载的质量（有效载荷）是多少？（c）如果用He而不是H_2，有效载荷又是多少？

P1A.13 氯氟烃（如CCl_3F和CCl_2F_2）与南极的臭氧消耗有关。1994年，这些气体以体积计的数量分别为261万亿分之一和509万亿分之一（World Resources Institute，World resources 1996—1997）。在（a）中纬度对流层（10℃和1.0 atm）和（b）南极平流层（200 K和0.050 atm）的典型条件下，计算这些气体的物质的量浓度。提示：气体混合物的组成可以设想成气体以相同压力而单独存在时的体积。如果一种气体的量非常少，则通常将其浓度表示为“x万亿分之一体积”。于是，在一定压力下，气体单独存在时的体积是相同压力下气体混合物原始体积的$x\times10^{-12}$。对于完美气体混合物，每种气体单独存在时的体积与其分压成正比，因而也就与混合物中气体分子的物质的量成正比。

P1A.14 在海平面上，大气成分以质量分数表示，则约为80%的氮气和20%的氧气。在地球表面以上何种高度，大气中氮气的质量分数为90%、氧气的质量分数为10%？假设大气温度恒定在25℃。在该高度时，大气压是多少？提示：使用气压公式（参见问题P1A.11）计算各组分的分压。

专题 1B　动理论模型

讨论题

D1B.1 详细判断和分析气体动理论模型的基本假设。

D1B.2 给出平均自由程与气体分子的温度、压力和大小之间关系的分子解释。

D1B.3 根据气体动理论模型，解释为什么密度小的气体（如 He）在地球大气层中很少见，但密度大的气体（如 O_2、CO_2 和 N_2）一旦形成以后至今仍然很丰富。

练习题

E1B.1(a) 确定 20 ℃时 H_2 分子和 Hg 原子以下量的比例：（i）平均速率，（ii）平均平动能。

E1B.1(b) 确定 25 ℃时 He 原子和 Hg 原子以下量的比例：（i）平均速率，（ii）平均平动能。

E1B.2(a) 计算 20 ℃时 H_2 分子和 O_2 分子的方均根速率。

E1B.2(b) 计算 20 ℃时 CO_2 分子和 He 原子的方均根速率。

E1B.3(a) 根据麦克斯韦－玻耳兹曼速率分布，估算 400 K 时速率在 200~210 $m\cdot s^{-1}$ 范围内的 N_2 分子的分数。提示：速率在 v 到 $v+dv$ 范围内的分子的分数等于 $f(v)dv$，其中 $f(v)$ 由式（1B.4）给出。

E1B.3(b) 根据麦克斯韦－玻耳兹曼速率分布，估算 400 K 时速率在 400~405 $m\cdot s^{-1}$ 范围内的 CO_2 分子的分数［参见练习 E1B.3（a）中的提示］。

E1B.4(a) 在 25 ℃的气体中，N_2 分子和 H_2 分子的平均相对速率是多少？

E1B.4(b) 在 25 ℃的气体中，O_2 分子和 N_2 分子的平均相对速率是多少？

E1B.5(a) 计算 20 ℃时 CO_2 分子的最概然速率、平均速率和平均相对速率。

E1B.5(b) 计算 20 ℃时 H_2 分子的最概然速率、平均速率和平均相对速率。

E1B.6(a) 计算 1.00 atm 和 25 ℃时气体中 H_2 分子的碰撞频率。

E1B.6(b) 计算 1.00 atm 和 25 ℃时气体中 O_2 分子的碰撞频率。

E1B.7(a) 假设空气由碰撞直径为 395 pm 的 N_2 分子组成。计算在 1.0 atm 和 25 ℃时空气中的（i）分子的平均速率，（ii）平均自由程，（iii）碰撞频率。

E1B.7(b) 最好的实验室真空泵可产生约 1 nTorr 的真空。在 25 ℃时，假设空气由碰撞直径为 395 pm 的 N_2 分子组成，则在此压力下计算（i）分子的平均速率，（ii）平均自由程，（iii）碰撞频率。

E1B.8(a) 在 20 ℃时，氩气的平均自由程在什么压力下与盛装它的 100 cm^3 容器的直径相当？取 $\sigma = 0.36\ nm^2$。

E1B.8(b) 在 20 ℃时氩气的平均自由程在什么压力时相当于原子直径的 10 倍？取 $\sigma = 0.36\ nm^2$。

E1B.9(a) 在海拔 20 km 处，温度为 217 K，压力为 0.050 atm。N_2 分子的平均自由程是多少？取 $\sigma = 0.43\ nm^2$。

E1B.9(b) 在海拔 15 km 处，温度为 217 K，压力为 12.1 kPa。N_2 分子的平均自由程是多少？取 $\sigma = 0.43\ nm^2$。

问　题

P1B.1 旋转开槽盘装置由 5 个间隔 1.0 cm、直径 5.0 cm 的同轴圆盘组成，两个相邻圆盘径向槽口夹角为 2.0°。实验测得两个不同温度下 Kr 原子束的相对强度 I 与旋转速率的关系如下：

v/Hz	20	40	80	100	120
I(40 K)	0.846	0.513	0.069	0.015	0.002
I(100 K)	0.592	0.485	0.217	0.119	0.057

计算在这些温度下分子的速率分布 $f(v_x)$，并验证其在如此低压且无碰撞系统中与一维系统理论预测结果的一致性。

P1B.2 考虑束缚在平面内移动的分子（二维气体），计算其速率分布并确定分子在温度 T 时的平均速率。

P1B.3 某具有特殊结构的速度选择器接受来自温度为 T 的炉中的分子束，但速率大于平均值的分子不能通过。相对于初始值，通过的分子束的平均速率是多少？假设为一维系统。

P1B.4 根据麦克斯韦－玻耳兹曼速率分布，具有（a）大于，（b）小于方均根速率的气体分子的分数是多少？（c）速率大于或小于平均速率的比例是多少？提示：使用数学软件计算积分。

P1B.5 相对于速率为 v_{mp} 本身时，计算相同速率区间 Δv 内速率为 nv_{mp} 时气体分子的分数。该计算可用于估算具有较高能量的分子的分数（这对于反应是很重要的）。计算 $n=3$ 和 $n=4$ 的比例。

P1B.6 根据麦克斯韦－玻耳兹曼速率分布，推导 $\langle v^n\rangle^{1/n}$ 表达式。提示：相关的积分见*资源部分*或使用数学软件。

P1B.7 计算半径为 R 的行星表面的逃逸速度（将物体带到无穷远的最小初始速度）。已知（a）地球，$R=6.37\times10^6$ m，$g=9.81\ m\cdot s^{-2}$，（b）火星，$R=3.38\times10^6$ m，$m_{火星}/m_{地球}=0.108$。在什么温度下，H_2、He 和 O_2 分子的平均速率等于它们的逃逸速率？当温度为（c）240 K，（d）1 500 K 时，有足够的速率逃逸的分子的比例是多少？在考虑行星大气的成分时，这类计算非常重要。

P1B.8 绘制摩尔质量恒定为 100 $g\cdot mol^{-1}$、样品温度在 200~2 000 K 的不同的麦克斯韦－玻耳兹曼速率分布图。

P1B.9 计算 300 K 和 1 000 K 时，气体中速率在 100~200 $m\cdot s^{-1}$ 的 O_2 分子的分数。

P1B.10 当 $df(v)/dv=0$ 时，麦克斯韦－玻耳兹曼速率分布中出现最大值。通过微分，找出温度 T 时摩尔质量为 M 的分子最概然速率表达式。

P1B.11 甲烷（CH_4）分子可视为球形，其半径为 0.38 nm。如果 0.10 mol CH_4(g) 在体积为 1.0 dm^3 的容器中恒定在 25 ℃，则单个甲烷分子会产生多少次碰撞？

专题 1C 实际气体

讨论题

D1C.1 解释压缩因子是如何随压力和温度变化的？并说明其是如何揭示真实气体中分子间相互作用信息的？

D1C.2 临界常数的意义是什么？

D1C.3 解释范德华方程的形成，并给出表1C.4中另一个其他状态方程依据的基本原理。

D1C.4 范德华方程是如何解释临界行为的？

练习题

E1C.1(a) 计算在下列限制条件下，1.0 mol C_2H_6作为范德华气体时的压力：(ⅰ) 22.414 dm^3和273.15 K时，(ⅱ) 100 cm^3和1 000 K时。使用*资源部分*表1C.3中的数据。

E1C.1(b) 计算在下列限制条件下，1.0 mol H_2S作为范德华气体时的压力：(ⅰ) 22.414 dm^3和273.15 K时，(ⅱ) 150 cm^3和500 K时。使用*资源部分*表1C.3中的数据。

E1C.2(a) 将范德华系数$a = 0.751\ atm \cdot dm^6 \cdot mol^{-2}$和$b = 0.022\,6\ dm^3 \cdot mol^{-1}$以SI基本单位（kg、m、s和mol）表示。

E1C.2(b) 将范德华系数$a = 1.32\ atm \cdot dm^6 \cdot mol^{-2}$和$b = 0.043\,6\ dm^3 \cdot mol^{-1}$以SI基本单位（kg、m、s和mol）表示。

E1C.3(a) 250 K和15 atm时，某气体的摩尔体积比完美气体定律计算的摩尔体积小12%。计算（ⅰ）在该条件下的压缩因子和（ⅱ）气体的摩尔体积。哪种作用在样品中占主导地位，吸引作用还是排斥作用？

E1C.3(b) 350 K和12 atm时，某气体的摩尔体积比完美气体定律计算的摩尔体积大12%。计算（ⅰ）在该条件下的压缩因子和（ⅱ）气体的摩尔体积。哪种作用在样品中占主导地位，吸引作用还是排斥作用？

E1C.4(a) 在一工业过程中，将氮气在1.000 m^3恒定体积下加热至500 K，氮气质量为92.4 kg。根据范德华方程确定氮气在其工作温度500 K下的近似压力。对于氮气，$a = 1.35\ atm \cdot dm^6 \cdot mol^{-2}$，$b = 0.038\,7\ dm^3 \cdot mol^{-1}$。

E1C.4(b) 压缩气体的气瓶通常填充到200 bar的压力。对于氧气，基于（ⅰ）完美气体状态方程，（ⅱ）范德华方程，在此压力和25℃时的摩尔体积是多少？对于氧气，$a = 1.364\ atm \cdot dm^6 \cdot mol^{-2}$，$b = 3.19 \times 10^{-2}\ dm^3 \cdot mol^{-1}$。

E1C.5(a) 假设10.0 mol $C_2H_6(g)$在27℃下限域在4.860 dm^3内。预测乙烷服从（ⅰ）完美气体状态方程和（ⅱ）范德华方程时的压力，并据此计算压缩因子。对于乙烷，$a = 5.507\ atm \cdot dm^6 \cdot mol^{-2}$，$b = 0.065\,1\ dm^3 \cdot mol^{-1}$。

E1C.5(b) 300 K和20 atm时，某气体的压缩因子为0.86。计算（ⅰ）该条件下8.2 mmol气体分子占据的体积和（ⅱ）300 K时第二维里系数B的近似值。

E1C.6(a) 甲烷的临界常数是$p_c = 45.6\ atm$，$V_c = 98.7\ cm^3 \cdot mol^{-1}$，$T_c = 190.6\ K$。计算气体的范德华系数，并估算分子的半径。

E1C.6(b) 乙烷的临界常数是$p_c = 48.20\ atm$，$V_c = 148\ cm^3 \cdot mol^{-1}$，$T_c = 305.4\ K$。计算气体的范德华系数，并估算分子的半径。

E1C.7(a) 根据*资源部分*表1C.3中氯气的范德华系数，计算下列近似值：（ⅰ）氯气的波义耳温度$T_B = a/Rb$，以及（ⅱ）Cl_2分子被视为球体时的半径。

E1C.7(b) 根据*资源部分*表1C.3中硫化氢的范德华系数，计算下列近似值：（ⅰ）气体的波义耳温度$T_B = a/Rb$，以及（ⅱ）H_2S分子被视为球体时的半径。

E1C.8(a) 与1.0 atm和25℃时1.0 mol H_2的状态相对应的1.0 mol（ⅰ）NH_3，（ⅱ）Xe，（ⅲ）He的压力和温度是多少？

E1C.8(b) 与1.0 atm和25℃时1.0 mol N_2的状态相对应的1.0 mol（ⅰ）H_2O，（ⅱ）CO_2，（ⅲ）Ar的压力和温度是多少？

E1C.9(a) 某气体服从范德华方程，$a = 0.50\ m^6 \cdot Pa \cdot mol^{-2}$。其摩尔体积在273 K和3.0 MPa下为$5.00 \times 10^{-4}\ m^3 \cdot mol^{-1}$。根据以上数据计算范德华系数$b$。在常规温度和压力下，该气体的压缩因子是多少？

E1C.9(b) 某气体服从范德华方程，$a = 0.76\ m^6 \cdot Pa \cdot mol^{-2}$。其摩尔体积在288 K和4.0 MPa下为$4.00 \times 10^{-4}\ m^3 \cdot mol^{-1}$。根据以上数据计算范德华系数$b$。在常规温度和压力下，该气体的压缩因子是多少？

问 题

P1C.1 如果体积为2.25 dm^3容器中的4.56 g氮气遵循包含前两项的维里状态方程，则在273 K时压力是多少？

P1C.2 根据（a）完美气体定律和（b）范德华方程，计算350 K和2.30 atm时氯气的摩尔体积。利用（a）的答案，计算吸引力校正项的一级近似，然后使用逐次逼近法得到（b）部分的数值解。

P1C.3 在273 K时，测得氩气的$B = -21.7\ cm^3 \cdot mol^{-1}$和$C = 1\,200\ cm^6 \cdot mol^{-2}$，其中$B$和$C$是$Z$以$1/V_m$的幂展开时的第二和第三维里系数。假设完美气体定律足以估算摩尔体积，计算氩气在100 atm和273 K时的压缩因子。根据你的结果，估算这些条件下氩气的摩尔体积。

P1C.4 根据展开成维里形式的范德华方程，计算下列条件下1.00 mol N_2的体积：（a）临界温度，（b）波义耳温度。假设压力均为10 atm。气体在什么温度下最接近完美气体？已知：$T_c = 126.3\ K$，$T_B = 327.2\ K$，$a = 1.390\ atm \cdot dm^6 \cdot mol^{-2}$，$b = 0.039\,1\ dm^3 \cdot mol^{-1}$。

P1C.5 甲烷的第二维里系数可用$B(T) = a + be^{-c/T^2}$经验公式近似表达，式中当300 K < T < 600 K时，$a = -0.199\,3\ bar^{-1}$，$b = 0.200\,2\ bar^{-1}$，$c = 1\,131\ K^2$。甲烷的波义耳温度是多少？

P1C.6 400 K和3 atm时，氩气与完美气体的相近程度如何？通过计算其摩尔体积与完美气体摩尔体积之间差异的百分比来评估这种相近程度。

P1C.7 776.4 K和327.6 atm时，水蒸气的质量密度为133.2 $kg \cdot m^{-3}$。已知水的$a = 5.464\ atm \cdot dm^6 \cdot mol^{-2}$，$b = 0.030\,49\ dm^3 \cdot mol^{-1}$，$M = 18.02\ g \cdot mol^{-1}$，计算（a）摩尔体积，然后分别根据（b）以上数据和（c）范德华方程的维里展开式，计算压缩因子。

P1C.8 某气体的临界体积和临界压力分别为160 $cm^3 \cdot mol^{-1}$和

40 atm。假设气体服从Berthelot状态方程，估算其临界温度。假设气体分子是球体，估算其分子半径。

P1C.9 根据氙的临界常数，估算Dieterici状态方程中的系数a和b。计算25 ℃时1.0 mol Xe限域在1.0 dm^3内时的压力。

P1C.10 对于给定a和b值的范德华气体，确定$Z<1$和$Z>1$的条件。

P1C.11 将范德华方程表示为$1/V_m$幂的维里展开式，并根据系数a和b得到B和C的表达式。需要用到如下展开式：$(1-x)^{-1}=1+x+x^2+\cdots$。经测量，273 K时氩气的维里系数$B=-21.7\ cm^3\cdot mol^{-1}$和$C=1\ 200\ cm^6\cdot mol^{-2}$，则对应的范德华方程中$a$和$b$的值是多少？

P1C.12 通过设定以下导数在临界点时为零，可以获得范德华气体的临界常数：

$$\frac{dp}{dV_m}=-\frac{RT}{(V_m-b)^2}+\frac{2a}{V_m^3}=0$$

$$\frac{d^2p}{dV_m^2}=\frac{2RT}{(V_m-b)^3}-\frac{6a}{V_m^4}=0$$

求解上述方程组，然后利用式（1C.5b）来证明p_c、V_c和T_c可由式（1C.6）给出。

P1C.13 一位科学家提出了以下状态方程：

$$p=\frac{RT}{V_m}-\frac{B}{V_m^2}+\frac{C}{V_m^3}$$

证明该方程导致临界行为。获得以B和C表示的气体临界常数及临界压缩因子的表达式。

P1C.14 式（1C.3a）和式（1C.3b）分别是以p和$1/V_m$表示的展开式。请找出B、C和B'、C'之间的关系。

P1C.15 第二维里系数B'可以通过测量一系列压力下气体的质量密度ρ来获得。证明p/ρ对p作图应为一条直线，其斜率与B'成正比。利用问题P1A.5中甲氧基甲烷的数据，求算25 ℃时B'和B值。

P1C.16 某气体的状态方程为$p=RT/V_m+(a+bT)/V_m^2$，式中a和b是常数，求$(\partial V_m/\partial T)_p$。

P1C.17 在什么条件下，仅通过加压就能使氮气液化？

P1C.18 以下状态方程偶尔用于气体的近似计算：（气体A）$pV_m=RT(1+b/V_m)$，（气体B）$p(V_m-b)=RT$。假设有气体确实符合这些状态方程，则气体A或B是否可以被液化？它们会有临界温度吗？解释你的答案。

P1C.19 推导符合状态方程$p(V-nb)=nRT$（其中b和R是常数）的气体的压缩因子表达式。如果压力和温度使得$V_m=10b$，那么压缩因子的数值是多少？

P1C.20 如果与“简要说明1C.5”中氩气所处的条件相同，则氨的对应状态是什么？

P1C.21 Stewart和Jacobsen发表了关于氩气热力学性质的综述［R.B. Stewart, R.T. Jacobsen, *J. Phys. Chem. Ref. Data*, **18**, 639 (1989)］，其中包含以下300 K等温数据：

p/MPa	0.400 0	0.500 0	0.600 0	0.800 0	1.000
$V_m/(dm^3\cdot mol^{-1})$	6.220 8	4.973 6	4.142 3	3.103 1	2.479 5
p/MPa	1.500	2.000	2.500	3.000	4.000
$V_m/(dm^3\cdot mol^{-1})$	1.648 3	1.232 8	0.983 57	0.817 46	0.609 98

（ⅰ）计算此温度下的第二维里系数B。（ⅱ）利用非线性曲线拟合软件，计算该温度下的第三维里系数C。

P1C.22 使用范德华方程和数学软件或电子表格，当温度在（ⅰ）273 K时，（ⅱ）373 K时，绘制1.5 mol $CO_2(g)$从30 dm^3压缩到15 dm^3时压力对体积的关系图；（ⅲ）重绘成p对$1/V$的关系图。

P1C.23 基于范德华方程，计算氯气在250 K和150 kPa时的摩尔体积，并计算其与完美气体状态方程预测值之间的百分比差异。

P1C.24 是否存在一组条件，使范德华气体的压缩因子经过一最小值？如果是这样，Z的最小值及其所处的位置如何取决于系数a和b？

主题 1　气体性质

综合题

I1.1 从麦克斯韦－玻耳兹曼分布开始，推导温度T时气体分子最概然速率的表达式。继续证明能量均分原理结论（即分子在三维方向自由移动，其平均平动能是$\frac{3}{2}kT$）的有效性。

I1.2 地球大气层的主要成分是双原子分子，它既可以平动也可以转动。给定大气的平动能量密度为0.15 $J\cdot cm^{-3}$，则包括转动的总动能密度是多少？

I1.3 甲烷（CH_4）分子可以认为是球形的，具有$\sigma=0.46\ nm^2$的碰撞截面。通过计算甲烷分子排除的摩尔体积来估算范德华系数b的值。

主题 2

热力学第一定律

燃料在焚烧炉中燃烧时所释放出来的能量可用于供热，在发动机中燃烧时释放的能量则可用于做机械功，化学反应释放的能量则可以通过驱动电子在电路中的有序运动而产生电功。化学反应既可用于供热，亦可用于做功，化学反应释放的能量即使不能用于供热或做功，也可以用来合成需要的产品，或用于维持生命系统的代谢过程。热力学是一门研究能量转化的学科，这门学科可以让我们对所有类似上述事物的变化过程进行定量探讨，并可据此得出一些有价值的预测结果。

2A 内能

本专题考察系统与环境之间的能量交换方式，包括系统对环境或环境对系统的做功方式，以及系统向环境放热或从环境中吸热的方式。通过对能量交换方式的探讨，引入系统总能量——“内能”的定义，得出热力学“第一定律”的数学表达式，热力学第一定律指出，隔离系统的内能是恒定不变的。

2B 焓

本主题中第二个主要概念是“焓”，焓是一个非常有用的簿记性质，用此记录等压条件下发生的物理过程和化学反应的热输出（或需求）。在实验上，可以通过那些被统称为“量热法”的相关技术，测量出系统内能的变化量或焓变。

2C 热化学

“热化学”研究化学反应过程中系统与环境之间热热交换。本专题阐述了物理及化学变化过程中焓变的测定方法。

2D 状态函数和全微分

通过建立系统不同性质之间的定量关系，可以让热力学解决问题的作用变得更加突出。热力学一个非常有用的方向，就是可以通过对某些相关性质的测量，并对测量结果进行组合，间接地测量出那些难以直接测量的热力学性质。本专题中导出的定量关系可用于讨论有关气体液化的问题，也可用于讨论不同条件下物质热容之间的关系。

2D.1 全微分和非全微分；2D.2 内能的变化；2D.3 焓变；2D.4 焦耳-汤姆孙效应

2E 绝热变化

“绝热过程”指的是没有热交换的变化过程。本专题描述了完美气体的绝热可逆过程，因为这个过程在热力学中占有重要地位。

2E.1 温度变化；2E.2 压力变化

网络资源 这部分内容有何应用?

热力学的一个重要应用，就是考察燃料物质及其在有机生命体中的对应物质——食物的热力学性质。本书网站中的“应用案例3”，描述了一些燃料和食物的热化学方面的性质。

专题2A

内能

▶ 为何需要学习这部分内容?

热力学第一定律是讨论能量在化学中作用的基础。无论是物理变化，还是化学反应，能量的产生或使用都是人们感兴趣的问题，其基础背景是热力学第一定律的相关概念。

▶ 核心思想是什么?

隔离系统的总能量是恒定的。

▶ 需要哪些预备知识?

本专题要用到有关气体性质的讨论内容（专题1A），特别是要用到完美气体定律。本部分内容的基础是“化学家工具包6”中给出的有关功的定义。

根据热力学，自然界可分成两部分，一部分是系统，另一部分是与系统对应的环境。其中，**系统**（system）就是从自然界中划分出来的进行研究的那一部分，它可以是一个反应容器、一台发动机、一个化学电池，也可以是一个生物细胞，等等。**环境**（surroundings）是系统之外的区域，也是可以完成测量的地方。系统的类型取决于系统与环境之间的边界特征（图2A.1）。如果系统-环境间可以发生物质交换，则系统就是**敞开系统**（open system）；如果系统-环境间不能发生物质交换，则系统就是**封闭系统**（closed system）。敞开系统和封闭系统都可以与环境进行能量交换。

例如，封闭系统可以通过膨胀使环境中的重物升高；又如，温度较高的系统也可以向环境传递能量。**隔离系统**（isolated system）则是既不做功也不传热的封闭系统。

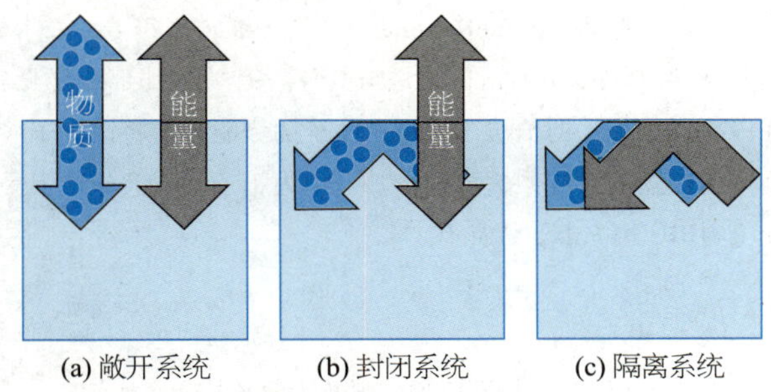

图2A.1 （a）敞开系统可以与环境交换物质和能量；（b）封闭系统可以与环境交换能量，但不能交换物质；（c）隔离系统与环境既不能交换能量也不能交换物质

2A.1 功、热和能量

虽然热力学主要是通过对系统宏观性质的测量来讨论和解决问题，但是，仍然可以在分子水平上理解系统的宏观测量结果，这极大地丰富了热力学的内容。

(a) 定义

热力学中的基本物理量是功，在对抗外力情况下产生运动的过程就会做**功**（work）（“化学家工具包6”）。抵抗重力提升重物的过程就是一个简单的做功实例。原则上，如果某过程可以用来提升环境中的重物，该过程就可以做功。例如，气体推动活塞向外膨胀过程就是一个做功过程，从原理上讲，活塞的运动可以用来提升重物。另一个做功实例是电池中的化学反应，电池反应形成的电流可以驱动电动机提升重物。

系统的**能量**（energy）就是系统的做功能力（更多详情见“化学家工具包6”）。当对一个原本是隔离系统的系统做功时（如压缩气体或弹簧），该系统的做功能力就会增强，换句话说，系统的能量也就增加了。当某系统对环境做功时（当活塞外移或弹簧松开时），系统的能量就会减少，与做功前相比，做功后系统的做功能力会减弱。

实验表明，非做功方式也可以改变系统的能量。如果系统的能量变化是由于系统－环境间的温差造成的，所传递的能量被称为**热**（heat）。把加热器浸入烧杯里的水（系统）中时，系统的做功能力就会增强，因为热水比等量的冷水能够做更多的功。即使系统－环境间存在温差，也不是任何系统－环境界面都可发生传热现象。可以发生传热的系统－环境界面称为**导热界面**（diathermic boundary），而不能发生传热的界面则称为**绝热界面**（adiabatic boundary）。

放热过程（exothermic process）是释放热量的过程。例如，燃烧过程就是某物质与氧气发生的化学反应过程，燃烧反应通常会形成火焰。甲烷（CH_4）气体的燃烧反应可以写成：

$$CH_4(g) + 2O_2(g) \longrightarrow CO_2(g) + 2H_2O(l)$$

所有燃烧过程都是放热的。尽管系统的温度在燃烧过程中会升高，但只要时间足够长，处于导热容器中的系统的温度都可以恢复到与环境一致的温度。因此，对于一个燃烧反应，可以将其表述为在某一温度下，如在25 ℃下进行的燃烧反应。如果某燃烧反应是在绝热容器中发生的，反应释放出来的热量被截留在反应容器中，就会使系统一直处于较高的温度。

吸热过程（endothermic process）是吸收热量的过程。水的蒸发过程就是一个吸热过程实例。为了便于表述，常常将向环境释放热量的过程称为放热过程，将系统从环境中吸收热量的过程称为吸热过程。但需要指出的是，热是过程发生时才会出现的量（因温差引起的能量转移），而不存在一个实实在在的“热实体”。在导热容器中发生的吸热过程可使热从环境流入系统，从而使系统温度与环境温度一样，而在导热容器中发生的放热过程会使热从系统流出到环境。如果某吸热过程发生在绝热容器中，该过程会使系统的温度降低，而绝热容器中发生放热过程时，则系统的温度会升高。图2A.2概括了这些传热特征。

（b）热和功的分子诠释

从分子角度来说，加热是利用环境中分子的无序运动传递能量。分子的无序运动称为**热运动**

化学家工具包6　功与能量

当对抗一个反作用力移动一个物体时就要做（work）**功** $\boldsymbol{w}$。当位移的变化为无穷小量d$\boldsymbol{s}$（位移是向量）时，作用在物体上的功为

$$dw_{物体} = -\boldsymbol{F}\cdot d\boldsymbol{s}$$

作用在物体上的功 [定义]

式中$\boldsymbol{F}\cdot d\boldsymbol{s}$为向量$\boldsymbol{F}$和d$\boldsymbol{s}$的标量积：

$$\boldsymbol{F}\cdot d\boldsymbol{s} = F_x dx + F_y dy + F_z dz$$

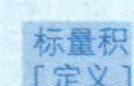

系统做功过程中损失的能量dw为系统对环境（物体）所做功的负值，于是有

$$dw = \boldsymbol{F}\cdot d\boldsymbol{s}$$

作用于系统上的功 [定义]

对于一维运动，有$dw = F_x dx$，如果外力的作用方向与运动方向相反，则$F_x < 0$（因此$F_x = -|F_x|$）。外力F的大小和方向在运动途径中可以随运动过程的变化而变化，整个过程中做的总功就是上式沿运动途径的积分值。力的单位取牛顿（N），距离的单位取米（m），功的单位就是焦耳（J）：

$$1\ J = 1\ N\cdot m = 1\ kg\cdot m^2\cdot s^{-2}$$

能量（energy）就是做功的潜力，能量的SI单位与功是一样的，都是焦耳（J）。能量输出的速率称为**功率**（power）P，单位为瓦（W）：

$$1\ W = 1\ J\cdot s^{-1}$$

一个粒子可以有动能和势能两种形式的能量。物体的**动能**（kinetic energy）E_k是因物体运动而具有的能量，对于速率为v、质量为m的物体，有

$$E_k = \frac{1}{2}mv^2$$

因为$p = mv$（专题1B中“化学家工具包3”），式中p是线性动量的大小，于是有

$$E_k = \frac{p^2}{2m}$$

物体的**势能**（potential energy）E_p（通常用符号V表示，但不要将其与体积混淆！）是与其位置有关的那部分能量。在没有能量损失的情况下，静止粒子的势能等于将该粒子移到当前位置的过程中需要做的功。因为$dw_{物体} = -F_x dx$，于是就得到$dE_p = -F_x dx$，因此有

$$F_x = -\frac{dE_p}{dx}$$

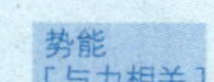

如果E_p随x的增加而增加，则F_x为负（指向负x方向，示意图1）。因此，梯度越陡（势能随位置变化的速率更大），相应的力就越大。

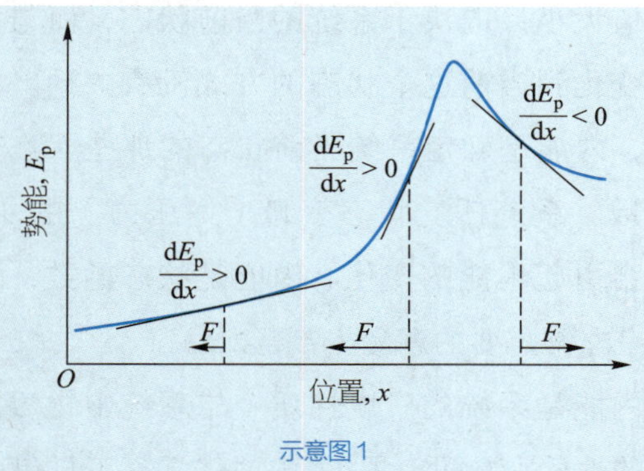

示意图 1

因为势能与物体受力的具体类型有关，所以无法写出势能的通用表达式。对于距离地面高度为 h、质量为 m 的粒子来说，重力势能为

$$E_p(h) = E_p(0) + mgh$$

重力势能

式中 g 是**自由落体的加速度**（acceleration of free fall）（g 与物体的具体位置有关，但其“标准值”约为 $9.81\ \mathrm{m \cdot s^{-2}}$）。势能的零点是任意的，对于地面附近的粒子，通常设定 $E_p(0) = 0$。

两个相距 r 的电荷 Q_1 和 Q_2 的**库仑势能**（Coulomb potential energy）为

$$E_p = \frac{Q_1 Q_2}{4\pi\varepsilon r}$$

库仑势能

式中 ε 是**介电常数**（permittivity），其值与电荷间介质的性质有关。如果电荷之间为真空，则这个常数称为**真空介电常数**（vacuum permittivity）ε_0 或**电常数**（electric constant），其值为 $8.854 \times 10^{-12}\ \mathrm{J^{-1} \cdot C^2 \cdot m^{-1}}$。对于空气、水或油这样的介质，介电常数更大，这些介质的介电常数通常表示为真空介电常数的倍数：

$$\varepsilon = \varepsilon_r \varepsilon_0$$

介电常数［定义］

式中 ε_r 是量纲为 1 的**相对介电常数**（relative permittivity）。

粒子的**总能量**（total energy）是其动能和势能之和：

$$E = E_k + E_p$$

总能量［定义］

如果没有外力作用于物体，物体的总能量就保持不变，这个物理学的核心思想就是**能量守恒定律**（law of the conservation of energy）。势能和动能可以自由转化，但在没有外界影响的情况下，两者之和保持不变。

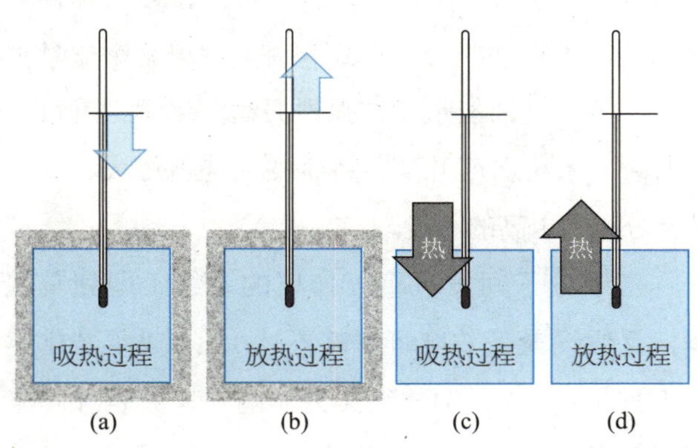

图 2A.2　（a）绝热系统中发生吸热过程时，温度会下降；（b）如果绝热系统中发生的过程是放热的，温度上升；（c）当吸热过程发生在导热容器中时，系统从环境中吸热（环境的温度不变），系统的温度不变；（d）如果过程是放热的，那么系统就向环境放热，过程是等温过程

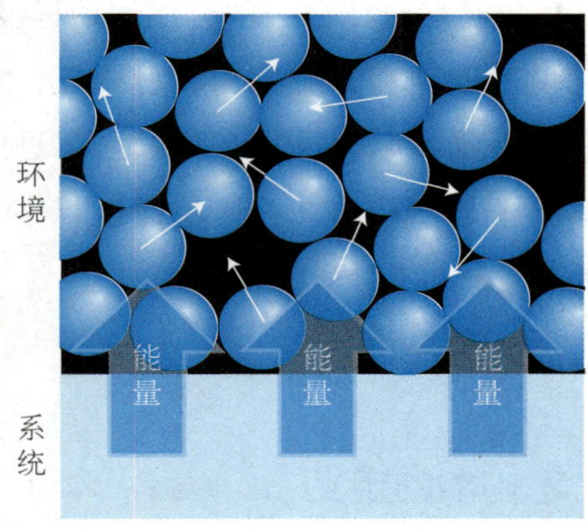

图 2A.3　当系统向环境放热时，这种热量传递会使环境中原子的无序运动程度增大。环境向系统传递能量则利用的是环境中的无序运动（热运动）

（thermal motion），高温环境中分子的热运动可促进低温系统中分子更剧烈地运动，低温系统的能量就随之升高。若是系统对环境加热，则是系统中分子的热运动促进环境中分子的热运动（图 2A.3）。

相反地，做功则是利用环境中分子的有序运动传递能量（图 2A.4）。一个重物升高或降低时，重物中的原子做定向运动（上升或下降）。弹簧被压缩时，弹簧中的原子就会做有序运动；形成电流时，电流中的电子都会沿同一方向运动。如果

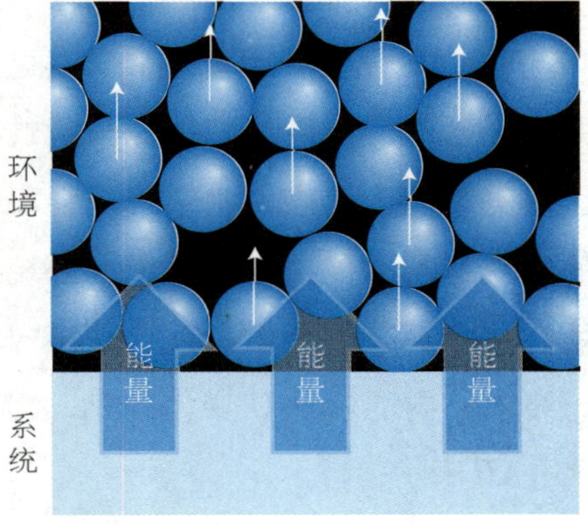

图 2A.4　系统做功驱动环境中分子的有序运动（例如，图中显示的原子可能是正在上升的重物中的一部分原子。原子在下落重物中的有序运动会对系统做功）

是系统做功，系统就会使环境中的原子或电子做有序运动。类似地，如果环境对系统做功，则环境就会通过有序运动方式，如重物中原子的高度下降或电流中电子的有序流动，向系统传递能量。

若要对热和功进行区分，只有从环境的角度看才有可能。环境中重物的下降可以促进系统中分子的热运动，但这个事实却与热和功的区分无关：功是利用环境中原子的有序运动传递的能量，而热则是利用环境中原子的热运动传递的能量。例如，在对一个绝热气体系统进行压缩的过程中，相应的重物会以有序运动方式降低高度，过程中环境对系统做功，但由重物下降引起的活塞推进过程所产生的直接结果是使气体分子的平均运动速率增大，气体分子间的碰撞可迅速导致分子运动方向的无序化，因而重物中原子的有序运动产生的实际后果是使气体分子的无序运动程度增强，这样在环境中就观察到重物的高度降低，重物中的原子有序下降。尽管重物下降过程促进的是系统中气体分子的热运动，但这是通过有序运动的做功方式实现的。

2A.2 内能的定义

热力学中，系统的总能量称为**内能**（internal energy）U。系统的内能是系统中所有构成粒子（原子、离子或分子）的全部动能和势能之和。系统整体的宏观运动，如系统随地球一起进行的绕日运动也具有动能，但热力学中的内能不包括系统整体的宏观运动动能，也就是说，系统的内能只是指系统“内部”的能量。系统从某一始态变化到某一终态，内能就从U_i变化到U_f，相应的内能变化量用ΔU表示：

$$\Delta U = U_f - U_i \qquad (2A.1)$$

热力学中有一个惯例，就是$\Delta X = X_f - X_i$，这里X指的是系统的某种性质（某种状态函数）。

内能是**状态函数**（state function）。状态函数的数值大小只取决于系统的当前状态，而与系统如何变化到当前这个状态的方式没有关系。换句话说，内能是确定系统当前状态的那些状态变量的函数。系统任一状态变量（如压力）的变化，可能会引起内能的变化。内能是状态函数，这一点具有非常重要的意义（专题2D）。

内能是系统的广度性质（与系统中物质的量有关的性质，参见专题1A中“化学家工具包2”），单位为焦耳（$1\ J = 1\ kg \cdot m^2 \cdot s^{-2}$）。内能除以系统中物质的量，$U_m = U/n$，得到系统的摩尔内能$U_m$。摩尔内能是强度性质（与系统中物质的量无关的性质），常用的单位是千焦每摩尔（$kJ \cdot mol^{-1}$）。

（a）内能的分子诠释

一个分子具有一定数目的运动自由度，如平动自由度、转动自由度或振动自由度。许多物理性质或化学性质与这些运动形式有关。如果某个化学键上集中了很高的能量，如强烈振动，化学键就可能会断裂。系统温度升高，系统的内能就增大，分子就会分布到更高的能级。

对于分子间没有相互作用的系统（即完美气体，且假设量子效应可忽略不计），可以用“化学家工具包7”中介绍的经典力学的“均分定理”来预测分子的每种运动方式对系统总能量的贡献。

简要说明2A.1

气体中的原子可以进行三维运动，其平动能为三个平方项之和：

$$E_{平动} = \frac{1}{2}mv_x^2 + \frac{1}{2}mv_y^2 + \frac{1}{2}mv_z^2$$

均分定理告诉我们，每个平方项的平均能量为$\frac{1}{2}kT$，于是平均动能为$E_{平动} = 3\times\frac{1}{2}kT = \frac{3}{2}kT$，摩尔平动能为$E_{平动,m} = \frac{3}{2}kT\times N_A = \frac{3}{2}RT$。25°C时，$RT = 2.48\ kJ \cdot mol^{-1}$，所以，完美气体摩尔内能中的平动能为$3.72\ kJ \cdot mol^{-1}$。

完美气体的体积对内能没有影响：完美气体分子间没有相互作用，因此分子间的距离对气体系统的能量没有影响，也就是说：

化学家工具包7 均分定理

可以根据玻耳兹曼分布（参见前言）计算给定温度下系统中原子或分子的每种运动方式具有的平均能量。但是，如果温度很高，则很多能级都被占据，对于这种情况，可用一种更简单的方法得到平均能量，即**均分定理**（equipartition theorem）：

处于热平衡的系统，每个平方项对能量贡献的平均值为$\frac{1}{2}kT$。

“平方项贡献”表示的是这部分能量要么与动量的平方（就像动能表示式$E_k = p^2/2m$中那样，参见“化学家工具包6”）成正比，要么与距离平衡位置的位移的平方成正比（像描述谐振子势能$E_p = \frac{1}{2}k_f x^2$时那样）。该定理是根据经典力学得到的结论。而针对量子化的系统，该定理仅在能级差与kT相比很小时适用。此时，很多能级都是被占据的。通常条件下，对于平动和转动，均分定理对平均能量的估算可以得到较好的结果。但是，振动和电子态能级差通常比转动和平动能级差大很多，因此均分定理对此类运动不适用。

完美气体的内能与体积无关。

凝聚相中分子间的作用势能对系统的内能有贡献，但是对此尚没有一个简单的表达式可表示出这种贡献的大小。但仍然有一个正确的结论，即当系统温度升高时，由于各种运动形式都会被激发到更高的能级，系统的内能增大。

（b）热力学第一定律的数学表达式

实验发现，对系统做功或加热都可以改变系统的内能。尽管可以弄清楚能量传递是如何发生的（若环境中某重物升高了或降低了，即表示能量传递是通过做功完成的；如果环境中的冰融化了，就表示能量是通过传热完成的），但能量传递到底是以何种方式完成的，对于系统而言并没有差别，也就是说：

功和热是改变系统内能的两种等价方式。

系统就像一个银行，它能以任何流通形式接收存款（功或热），但这些存款都是以内能的形式进行保存的。实验还发现，如果一个系统与环境是隔离的，也就是说，如果系统与环境既不能发生物质交换，也不能发生能量交换的话，系统的内能就不会发生变化。由这些实验观测得到的总结性结论被称为**热力学第一定律**（first law of thermodynamics）。热力学第一定律表述如下：

隔离系统的内能是守恒的。

隔离系统不可能对环境做功，被隔离的系统一旦发生了状态变化，也不可能自己恢复到做功能力不变的初始状态。这些经验观察结果的正确性之所以可靠，是因为到目前为止，还没有制造出真正的不消耗任何燃料，或不利用其他能源即可做功的“永动机”。

可以利用符号在表达式中表述这些思想。如果w表示环境对系统做的功，q表示环境向系统传递的热，ΔU是系统内能的变化量，于是有

$$\Delta U = q + w \qquad \text{热力学第一定律的数学形式} \qquad (2A.2)$$

式（2A.2）归纳总结了两方面的观察结果，一是做功和传热在改变系统内能方面是等价的，二是隔离系统的内能守恒（对于隔离系统$q = 0$，$w = 0$）。该式表明了，封闭系统内能的变化量等于系统和环境间通过做功和传热交换的能量之和。式（2A.2）采用了大家熟知的惯例，即环境对系统做功或传热时，q和w取正值，系统失去能量时，q和w则取负值[1]。换句话说，做功或传热产生的能量流的方向都是从系统的角度来看的。

简要说明2A.2

如果电动机每秒产生15 kJ的机械功，并向环境释放2 kJ的热，则每秒电动机内能的变化量为$\Delta U = -2\text{ kJ} - 15\text{ kJ} = -17\text{ kJ}$。弹簧被压缩时，对弹簧做了100 J的功，但同时向环境释放了15 J的热，则弹簧内能的变化量为$\Delta U = 100\text{ J} - 15\text{ J} = +85\text{ J}$。

实用小贴士 总是写出ΔU（或一般地ΔX）的正、负号，即便其是正值。

1 许多工科教材采用了不同的惯例：系统对环境做功时，$w > 0$。

2A.3　膨胀功

系统的状态是通过状态变量描述的，通过考虑状态变量的无穷小变化（如温度的无穷小变化）和内能的无穷小变化 $\mathrm{d}U$，可发展出有效的计算方法。考虑无穷小变化过程，若环境对系统做的微小功用 $\mathrm{d}w$ 表示，系统吸收的热用 $\mathrm{d}q$ 表示，式（2A.2）可以重写成：

$$\mathrm{d}U = \mathrm{d}q + \mathrm{d}w \tag{2A.3}$$

利用该式能将问题解决到什么程度，主要取决于是否能够将 $\mathrm{d}w$ 和 $\mathrm{d}q$ 与环境中发生的具体事件有效地关联起来。

为展开讨论这个问题，可以从讨论**膨胀功**（expansion work）开始，即由体积变化所引起的功。膨胀功包括气体对抗大气压力的膨胀过程产生的功。许多化学反应会产生气体（如碳酸钙的热分解反应和烃类物质的燃烧反应），反应过程中系统需要为产生的气体提供空间，系统体积就要发生变化，因而就要做功，这些反应的热力学特征也就与过程中做功的多少有关。"膨胀功"一词的意思还包括系统体积变化为负值的情况，也就是压缩过程产生的功也称为膨胀功。

（a）功的一般表达式

可以根据"化学家工具包6"中的定义来计算膨胀功，计算式中为了表示对抗外力的情况，需要使用负号，相应计算公式可简洁地表示为

$$\mathrm{d}w = -|F|\mathrm{d}z \tag{2A.4}$$

做功［定义］

式中使用了负号，这表示在没有其他变化的情况下，当系统克服外力 $|F|$ 并使某物体发生移动时，系统中能够做功的内能就会减小。如果 $\mathrm{d}z$ 为正（向 z 正方向移动），则 $\mathrm{d}w$ 为负值，系统内能就减小［在 $\mathrm{d}q = 0$ 的情况下，式（2A.3）中 $\mathrm{d}U$ 为负］。

现在来考虑图2A.5中的情况。在图2A.5中，系统的上方是质量为零、无摩擦、刚性、面积为 A 的活塞。若 p_{ex} 表示外压，则作用在活塞外侧的力 $|F| = p_{\mathrm{ex}}A$，系统对抗外压 p_{ex} 膨胀距离 $\mathrm{d}z$ 时做的功

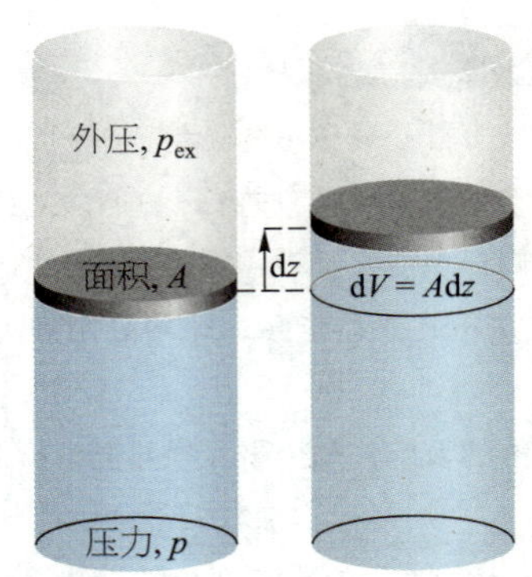

图2A.5　面积为 A 的活塞移动距离 $\mathrm{d}z$ 时会扫过体积 $\mathrm{d}V = A\mathrm{d}z$。外压 p_{ex} 等价于在活塞上的重力，抵抗膨胀的力的大小为 $p_{\mathrm{ex}}A$

为 $\mathrm{d}w = -p_{\mathrm{ex}}A\mathrm{d}z$，这里 $A\mathrm{d}z$ 就是在膨胀过程中的体积变化 $\mathrm{d}V$。因此，系统在对抗外压 p_{ex}，体积膨胀 $\mathrm{d}V$ 的过程中，所做的功为

$$\mathrm{d}w = -p_{\mathrm{ex}}\mathrm{d}V \tag{2A.5a}$$

膨胀功

要得到系统从始态体积 V_{i} 变到终态体积 V_{f} 过程中的总功，就需要在始态体积和终态体积之间对式（2A.5a）进行积分：

$$w = -\int_{V_{\mathrm{i}}}^{V_{\mathrm{f}}} p_{\mathrm{ex}}\mathrm{d}V \tag{2A.5b}$$

系统膨胀时，作用于活塞上的力（$p_{\mathrm{ex}}A$）就等于膨胀过程举起的重物的重力。如果系统被压缩，则相当于环境中同样的重物在下降，式（2A.5b）仍然适用，但这种情况下，$V_{\mathrm{f}} < V_{\mathrm{i}}$。需要重点指出的是，这种情况下做功的大小仍然是只与外压有关。这个结论有些令人困惑，似乎与容器内的气体对抗压缩过程的事实不一致。然而，当气体被压缩时，环境中的重物下降，下降的程度就是环境做功能力的减小量，过程中传递到系统中的能量实际就是环境中能量的减小量。

其他类型的功（如电功）称为**非膨胀功**（non－expansion work）或**额外功**（additional work），这些非膨胀功或额外功的计算用到的也是类似公式，都是强度因子（如压力）和广度因子（如体积变化）的乘积。表2A.1列出了一些不同类型功的表达式。这一小节主要讨论的是如何根据式（2A.5b）计算体积变化过程中的膨胀功。

表2A.1 功的类型*

功的类型	dw		说明	单位**
膨胀功	$-p_{ex}dV$	p_{ex}	外压	Pa
		dV	体积变化	m^3
表面功	$\gamma d\sigma$	γ	表面张力	$N \cdot m^{-1}$
		$d\sigma$	表面积变化	m^2
弹性功	fdl	f	弹力	N
		dl	长度变化	m
电功	ϕdQ	ϕ	电势	V
		dQ	电荷量变化	C
	$Qd\phi$	$d\phi$	电势差	V
		Q	流过的电荷量	C

*一般来说，对系统所做的功可表示为$dw=-|F|dz$，式中$|F|$是“广义力”的大小，dz是“广义位移”。

**功的单位为J。注意：$1\ N \cdot m = 1\ J$，$1\ V \cdot C = 1\ J$。

（b）等外压膨胀

现在考虑在整个膨胀过程中外压保持不变的情况。例如，大气压力作用于活塞的情况下发生的膨胀过程就是这样的膨胀过程。在这样的膨胀过程中，外界的大气作用于活塞上的力始终是一个恒定不变的力。一个等外压膨胀的实际例子就是等压条件下发生的化学反应系统的膨胀过程，反应过程中，反应容器中产生的气体对抗等外压发生膨胀。这种情况下，可以将式（2A.5b）中的等外压p_{ex}提到积分符号外面进行计算：

$$w = -p_{ex}\int_{V_i}^{V_f} dV = -p_{ex}(V_f - V_i)$$

因此，如果把体积变化写成$\Delta V = V_f - V_i$，则有

$$w = -p_{ex}\Delta V \quad \text{膨胀功[等外压]} \quad (2A.6)$$

图2A.6表示了这个积分结果，其表示方法基于一个事实，即一个积分式的积分结果实际上就是图形中相应积分曲线下面的面积。$|w|$表示的是功w的大小，等于$p = p_{ex}$水平线下方位于始态体积和终态体积之间的区域面积。用来显示膨胀功大小的$p-V$图又称为**示功图**（indicator diagram），James Watt最先使用这样的图描述其蒸汽机的运行过程。

对抗零外压的膨胀过程是**自由膨胀**（free expansion），自由膨胀发生在$p_{ex} = 0$的条件下，根据式（2A.6），这种情况下有

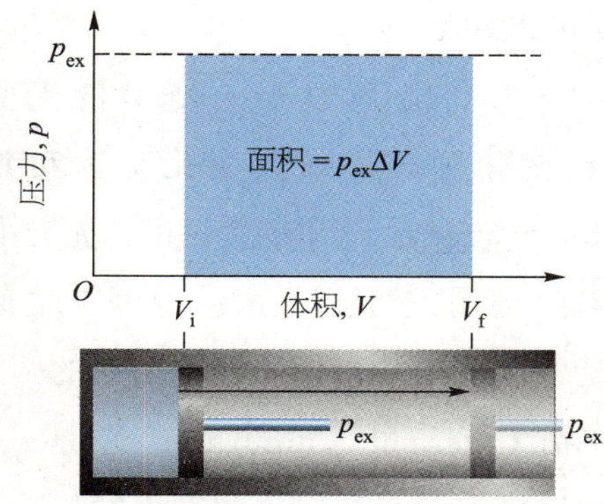

图2A.6　气体在等外压p_{ex}下膨胀时做的功等于图中的阴影区面积

$$w = 0 \quad \text{自由膨胀功} \quad (2A.7)$$

也就是说，自由膨胀时系统不做功。气体向真空中进行的膨胀，发生的就是这种自由膨胀。

例题 2A.1　计算气体产生过程中的功

25 ℃下，50 g铁与盐酸分别按下列两种方式反应生成$FeCl_2(aq)$和氢气，（a）在体积恒定的密封容器中反应；（b）在敞口烧杯中反应。计算各反应过程中做的功。

整理思路　首先需要弄清楚反应过程中系统的体积变化，确定反应是如何发生的。若体积没有变化，则不论反应如何进行都不会产生功。如果系统进行的是等外压膨胀，可以根据式（2A.6）计算功的大小。一般情况下，对于凝聚相变为气体的过程，凝聚相的体积相对生成的气体体积来说可以忽略不计。

解：（a）系统体积不变，体积功为零，因此$w = 0$。

（b）生成的气体对抗大气压力，因此有$w = -p_{ex}\Delta V$。由于终态体积足够大（在气体生成后），始态体积可以忽略，故$\Delta V = V_f - V_i \approx V_f = nRT/p_{ex}$，这里$n$是生成氢气的物质的量，于是有

$$w = -p_{ex}\Delta V \approx -p_{ex}\frac{nRT}{p_{ex}} = -nRT$$

因为反应是 $Fe(s) + 2HCl(aq) \longrightarrow FeCl_2(aq) + H_2(g)$，消耗 1 mol Fe 生成 1 mol H_2，n可以根据 Fe 原子的量算出，Fe 的摩尔质量为 $55.85\ g \cdot mol^{-1}$，于是就得到

$$w = -\frac{50\ g}{55.85\ g \cdot mol^{-1}} \times 8.3145\ J \cdot K^{-1} \cdot mol^{-1} \times 298\ K$$

$$\approx -2.2\ kJ$$

即系统（反应混合物）在推动大气的过程中做了 2.2 kJ 的功。

说明　外压的大小对最终的结果没有影响：外压越小，生成气体的体积越大，可以抵消因外压小产生的后果。

自测题2A.1　25 ℃，等压条件下电解50 g水，计算此过程中的膨胀功。

答案：−10 kJ

(c) 可逆膨胀

热力学中，若通过一个变量的无穷小改变，可使变化逆转，则该变化称为**可逆变化**(reversible change)。这里的关键词“无穷小”，将“可逆”这个词的一般意义凝练为可以改变方向，强调的是方向变化的可逆。温度相同的两个系统间的**热平衡**(thermal equilibrium)就是一个可逆性实例，这样的两个系统之间发生的传热过程是可逆的，因为如果其中任一系统的温度发生无穷小降低，热就会流入温度较低的系统；反之，如果其中任一系统的温度发生无穷小升高，热就会流出温度较高的系统。显然，可逆性和平衡之间存在非常密切的关系：处于平衡的系统之间才有望发生可逆变化。

设由活塞密封的气体的外压为p_{ex}，并设外压等于气体的压力p，这种情况下气体系统与环境处于**力平衡**(mechanical equilibrium)，因为外压的无穷小增大或无穷小减小都可以引起系统体积反方向变化。如果外压减少一无穷小量，则气体的体积就会膨胀无穷小量，如果外压增加无穷小量，则气体的体积就会被压缩无穷小量，两种情况都是热力学意义上的可逆变化。另一方面，如果外压比内压高出的量是一个宏观可测量，那么以无穷小减小外压的方式就不可能将外压p_{ex}降低到气体压力之下，也就不会改变过程的方向，这样的系统与其环境之间就不是处于力平衡状态，相应的压缩过程也就不是热力学可逆过程。

要实现可逆膨胀，在膨胀过程中的每一步都需要使外压p_{ex}等于系统压力p。实际操作过程中，可以通过逐步移走活塞上重物的方式，使活塞上剩余重物产生的向下压力始终与气体压力形成的向上推力相吻合，或通过逐步调节外压，使外压与膨胀气体压力始终吻合。当$p_{ex}=p$时，式(2A.5a)就变为

$$\mathrm{d}w=-p_{ex}\mathrm{d}V=-p\mathrm{d}V \quad \text{可逆膨胀功} \qquad (2A.8a)$$

这个功的表达式中用到的是系统的压力，但是只有在变化过程中p_{ex}始终等于p，从而让过程为可逆过程的情况下，才可以这样处理。从始态体积V_i可逆膨胀到终态体积V_f的过程中，总功为

$$w=-\int_{V_i}^{V_f}p\mathrm{d}V \qquad (2A.8b)$$

如果知道了气体的压力与体积之间的关系，就可求出该式的积分。式(2A.8b)与主题1中讨论的内容有关，因为如果知道了气体的状态方程，压力p就可以用体积V表示，也就可以得到该式的积分。

(d) 完美气体的等温可逆膨胀

现在考虑完美气体的等温可逆膨胀。可以把系统放置在恒温环境(可以是恒温水浴)中，以实现等温膨胀。气体的状态方程为$pV=nRT$，膨胀过程中的每一步都有$p=nRT/V$，这里V是每一膨胀位置的气体体积。等温膨胀过程中，T是定值，于是可以与常数n和R一起移到积分符号外面，也就得到从始态体积V_i等温可逆膨胀到终态体积V_f的过程中的功为

$$w=-nRT\overbrace{\int_{V_i}^{V_f}\frac{\mathrm{d}V}{V}}^{\text{积分A.2}}=-nRT\ln\frac{V_f}{V_i} \quad \text{等温可逆膨胀功[完美气体]} \qquad (2A.9)$$

简要说明2A.3

20.0 °C下，1.00 mol Ar(可看成完美气体)从10.0 dm^{3}等温可逆膨胀到30.0 dm^3，做的功为

$$\begin{aligned}w&=-1.00\ \mathrm{mol}\times 8.314\,5\ \mathrm{J\cdot K^{-1}\cdot mol^{-1}}\times 293.2\ \mathrm{K}\times\ln\frac{30.0\ \mathrm{dm^3}}{10.0\ \mathrm{dm^3}}\\&=-2.68\ \mathrm{kJ}\end{aligned}$$

当终态体积大于始态体积时，如膨胀过程，式(2A.9)中的对数值为正，于是有$w<0$，这种情况下，系统对环境做功，系统的内能减少。(注意提示语：在下面的章节中将会看到，对于理想气体等温膨胀，会有热流入系统，对系统的内能进行补偿，故膨胀过程中内能总体上会保持不变。)这些公式表明，对于给定的体积变化量，高温系统做的功更多，因为温度高，封闭气体系统的压力更大，需要对抗更高的外压才能进行可逆膨胀，相应地，做的功也更大。

可以在$p-V$图中表示计算的结果，在$p-V$图中，过程中做功的大小等于等温线$p=nRT/V$下的面积（图2A.7）。图中叠加显示的矩形面积代表不可逆膨胀过程的做功的大小，这个不可逆膨胀过程对抗的外压恒等于可逆膨胀过程所到达的终态压力。可逆过程中做的功较大（图中显示的面积较大），这是因为可逆膨胀过程中的每一步，外压始终保持与内压相等，系统的驱动力一点都不浪费。膨胀过程中做的功不可能比可逆功大，因为过程中的任一点，外压哪怕比内压大一点点，产生的结果都是压缩。根据这里的讨论结果可以看出，在$p>p_{ex}$的情况下，系统有一部分驱动力没有发挥作用，只有在可逆过程中，才能实现系统在给定的始态和终态之间做最大功。

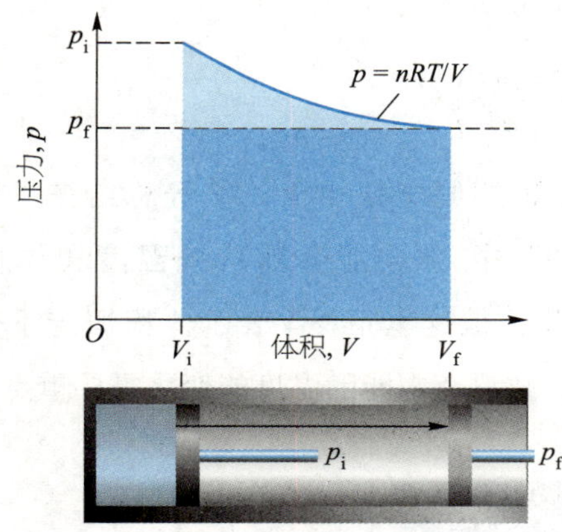

图2A.7 完美气体等温可逆膨胀过程中做功的大小等于等温线$p=nRT/V$下的面积。在对抗等外压（终态压力）下的不可逆膨胀过程中做功的大小等于较暗的矩形区域面积（注意，可逆功大于不可逆功）

2A.4 热交换

一般情况下，系统的内能变化为

$$dU = dq + dw_{exp} + dw_{add} \tag{2A.10}$$

式中dw_{add}为膨胀功dw_{exp}之外的额外功（"add"表示额外）。例如，dw_{add}可以是驱动电流流过电路的电功。等容系统不会产生膨胀，这种情况下$dw_{exp}=0$，如果系统也不做任何其他形式的功（例如，如果系统不是一个连接到电动机上的电池），则还会有$dw_{add}=0$，在这些条件下：

$$dU = dq \quad \text{等容时传递的热} \tag{2A.11a}$$

这个关系式也可以表示成$dU=dq_V$，这里的下标表示等容条件。对于沿着一条等容途径，状态i和f之间的可测量变化，则有

$$\overbrace{\int_i^f dU}^{U_f-U_i} = \overbrace{\int_i^f dq_V}^{q_V}$$

可以表示为

$$\Delta U = q_V \tag{2A.11b}$$

注意，dq的积分不要写成Δq，因为q与U不同，q不是一个状态函数。根据式（2A.11b），等容条件下，系统吸收的热等于系统的内能变化量。

（a）量热法

量热学（calorimetry）研究的是物理和化学变化过程中的热传导。**量热计**（calorimeter）是一种测量热量传递的装置。最常用的测量q_V（进而由此得到ΔU）的装置是一种绝热的弹式量热计（adiabatic bomb calorimeter，图2A.8）。被研究的过程——可以是一个化学反应——在一个弹式的容积恒定的容器中启动，这个弹式容器浸没在不断搅拌的水浴中，整套装置就是量热计。量热计也浸没在一外层水浴中。监测量热计中的水和外层水浴中的水，并调节使二者达到相同的温度。这样设计的装置可保证量热计没有净热量释放到环境，保证量热计是绝热的。

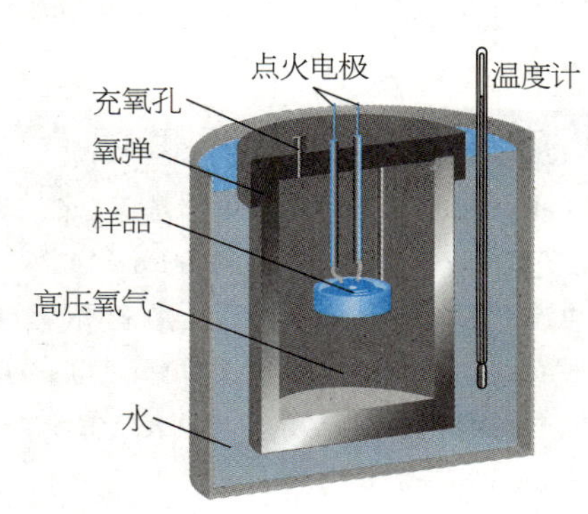

图2A.8 容积恒定的弹式量热计（中心部分的容器是"弹体"，可承受高压。图中显示的是量热计整体组装情况。为了确保绝热性，将量热计浸没在水浴中，在每个燃烧阶段，都将水浴的温度连续调节至量热计的温度）

量热计的温度变化ΔT与反应释放或吸收的热成正比，于是，可以通过测量ΔT而得到q_V及相应的ΔU。可以根据已知过程的传热结果对量热计进行校正，测出**量热计常数**（calorimeter constant），再将ΔT转化为q_V。量热计常数也就是下面关系式中的C：

$$q = C\Delta T \tag{2A.12}$$

量热计常数也可以通过电学的方法测量。用已知电势差为$\Delta\phi$的电源在一加热器中产生一个恒定的电流I，根据通电时间得到（“化学家工具包8”）：

$$q = It\Delta\phi \tag{2A.13}$$

简要说明2A.4

若12 V电源产生10.0 A电流，通电时间为300 s，则可根据式（2A.13）得到产生的热，即

$$q = 10.0\ \mathrm{A} \times 300\ \mathrm{s} \times 12\ \mathrm{V} = 3.6 \times 10^4\ \mathrm{A\cdot V\cdot s} = 36\ \mathrm{kJ}$$

以焦耳为单位表示的计算结果是应用下列换算得到的：$1\ \mathrm{A\cdot V\cdot s} = 1\ (\mathrm{C\cdot s^{-1}})\cdot\mathrm{V\cdot s} = 1\ \mathrm{C\cdot V} = 1\ \mathrm{J}$。若测得温度升高5.5 K，则量热计常数$C = 36\ \mathrm{kJ}/(5.5\ \mathrm{K}) = 6.5\ \mathrm{kJ\cdot K^{-1}}$。

也可以通过燃烧已知质量的某物质（常用的是苯甲酸），根据其释放的已知热量测出C。在已知C的情况下，就能很简单地将测量的温度升高值转化为释放的热。

（b）热容

温度升高，系统的内能增大，但加热方式对内能的升高幅度会产生影响。若在系统体积恒定不变的情况下，把内能对温度的变化表示在图中，即得到图2A.9中所示曲线，任一温度下曲线切线的斜率称为该温度下系统的**热容**（heat capacity）。**定容热容**（heat capacity at constant volume）表示为C_V，其正式定义为

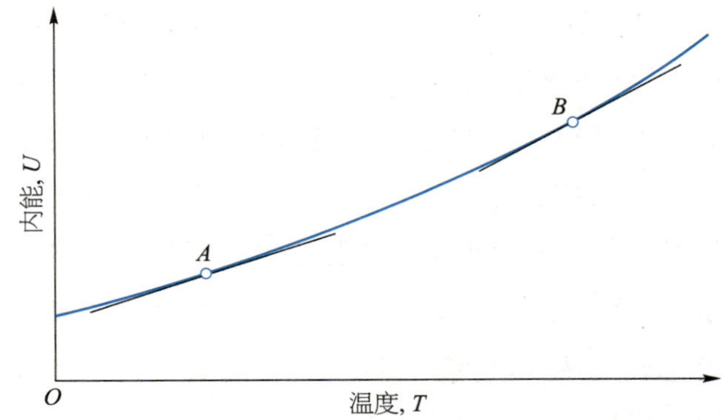

图2A.9 系统内能随温度的升高而增大；该图显示了系统在等容加热时内能的变化。任意温度下曲线切线的斜率是在该温度下的定容热容。注意，图中B点处的热容大于A点处的热容

$$C_V = \left(\frac{\partial U}{\partial T}\right)_V \tag{2A.14}$$

定容热容［定义］

（这里使用的偏导数和相关符号总结在“化学家工具包9”中。）内能会随系统温度和体积的变化而变化，但这里下标V表示体积恒定不变（图2A.10），故只有内能随温度的变化需要重点考虑。

简要说明2A.5

“简要说明2A.1”中的结果已表明，平动对单原子完美气体摩尔内能的贡献为$\frac{3}{2}RT$。由于单原子完美气体中的分子只有平动，所以有$U_\mathrm{m}(T) = \frac{3}{2}RT$。再根据式（2A.14），就得到

$$C_{V,\mathrm{m}} = \frac{\partial}{\partial T}\left(\frac{3}{2}RT\right) = \frac{3}{2}R$$

具体数值为12.47 $\mathrm{J\cdot K^{-1}\cdot mol^{-1}}$。

化学家工具包8 电荷、电流、功率和能量

电荷（electrical charge）Q的单位是库仑C。基本电荷e是单个电子或质子携带的电荷，约为1.6×10^{-19} C。电荷的运动产生**电流**（electric current）I，电流的单位是库仑每秒，或称为安培（A），$1\ \mathrm{A} = 1\ \mathrm{C\cdot s^{-1}}$。如果电荷是电子的电荷（就像金属中的电流那样），则1 A的电流就表示每秒流过6×10^{18}个电子（10 μmol电子e^-）。

当电流I流过电势差为$\Delta\phi$（单位为伏特，$1\ \mathrm{V} = 1\ \mathrm{J\cdot A^{-1}}$）的电路时，产生的功率$P$为

$$P = I\Delta\phi$$

因此，通电时间为t的恒电流产生的电能为

$$E = Pt = It\Delta\phi$$

因为$1\ \mathrm{A\cdot V\cdot s} = 1(\mathrm{C\cdot s^{-1}})\cdot\mathrm{V\cdot s} = 1\ \mathrm{C\cdot V} = 1\ \mathrm{J}$，电流的单位取安培，电势差的单位取伏特，时间的单位取秒，则能量的单位就是焦耳。电能可以做功（驱动电动机）或产生热（通过“加热器”），在产生热的情况下，有

$$q = It\Delta\phi$$

化学家工具包 9　偏导数

多变量函数$f(x, y)$的**偏导数**（partial derivative）是所有其他变量保持不变的情况下，函数随其中一个变量的变化率（示意图1）。虽然偏导数表示的是当一个变量发生变化时函数的变化情形，但偏导数可用于确定多个变量以无穷小量变化时函数的变化情形。因此，如果f是x和y的函数，那么当x和y分别改变dx和dy时，f的变化就是

$$df=\left(\frac{\partial f}{\partial x}\right)_y dx+\left(\frac{\partial f}{\partial y}\right)_x dy$$

式中用符号∂（而不是d）表示偏导数，括号的下标表示的是保持不变的量。

df也称为f的**微分**（differential），可以对f按任何顺序进行连续求偏导数：

$$\left[\frac{\partial}{\partial y}\left(\frac{\partial f}{\partial x}\right)_y\right]_x=\left[\frac{\partial}{\partial x}\left(\frac{\partial f}{\partial y}\right)_x\right]_y$$

例如，假设$f(x, y)=ax^3y+by^2$（示意图1中绘制的函数），

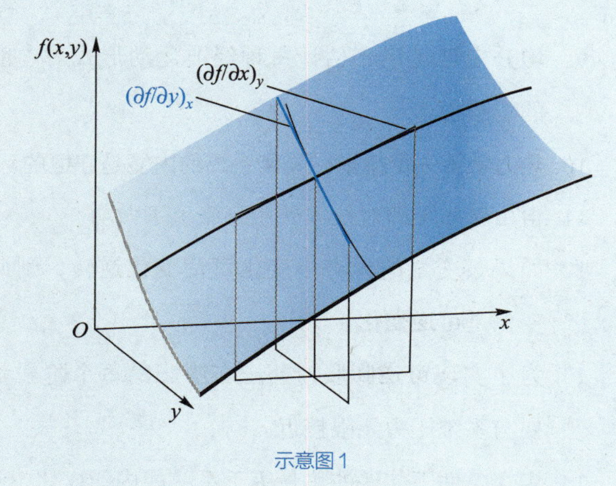

示意图1

则有

$$\left(\frac{\partial f}{\partial x}\right)_y=3ax^2y \quad \left(\frac{\partial f}{\partial y}\right)_x=ax^3+2by$$

然后，若x和y变化无穷小，则f的改变为

$$df=3ax^2y\,dx+(ax^3+2by)dy$$

为了验证二阶偏导数与求导顺序无关，验证结果为

$$\left[\frac{\partial}{\partial y}\left(\frac{\partial f}{\partial x}\right)_y\right]_x=\left[\frac{\partial(3ax^2y)}{\partial y}\right]_x=3ax^2$$

$$\left[\frac{\partial}{\partial x}\left(\frac{\partial f}{\partial y}\right)_x\right]_y=\left[\frac{\partial(ax^3+2by)}{\partial x}\right]_y=3ax^2$$

现在假设x和y与变量z有关（如x、y和z可对应于p、V和T），则有以下关系：

关系1　在z保持不变的情况下考虑x的变化：

$$\left(\frac{\partial f}{\partial x}\right)_z=\left(\frac{\partial f}{\partial x}\right)_y+\left(\frac{\partial f}{\partial y}\right)_x\left(\frac{\partial y}{\partial x}\right)_z$$

关系2

$$\left(\frac{\partial y}{\partial x}\right)_z=\frac{1}{(\partial x/\partial y)_z}$$

关系3

$$\left(\frac{\partial x}{\partial y}\right)_z=-\left(\frac{\partial x}{\partial z}\right)_y\left(\frac{\partial z}{\partial y}\right)_x$$

结合关系2和关系3就得到**欧拉循环求导关系式**（Euler chain relation）：

$$\left(\frac{\partial y}{\partial x}\right)_z\left(\frac{\partial x}{\partial z}\right)_y\left(\frac{\partial z}{\partial y}\right)_x=-1$$

欧拉循环求导关系式

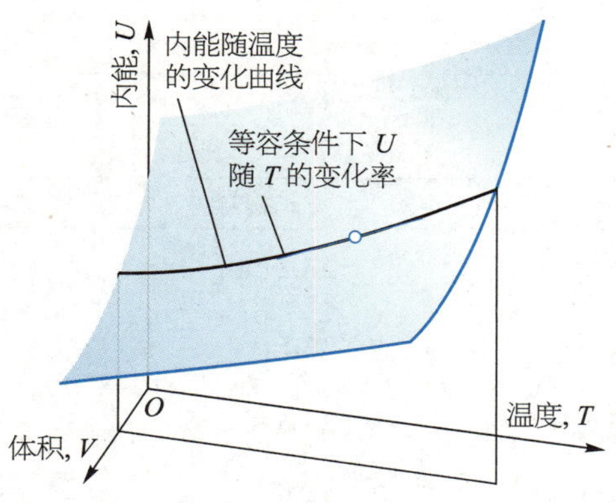

图2A.10　系统的内能随体积和温度的变化情况可以用图中的曲面表示。通过平行于温度轴绘制的曲线，表示的是在特定体积条件下内能随温度的变化，曲线上任一点的斜率是偏导数$(\partial U/\partial T)_V$

热容是容量性质：如100 g水的热容是1 g水的100倍（因此，升高同样的温度需要吸收100倍热量）。**摩尔定容热容**（molar heat capacity at constant volume）$C_{V,m}=C_V/n$是每摩尔物质的热容，是强度性质（所有摩尔量都是强度性质）。对于某些方面的应用，知道某物质的**比热容**（specific heat capacity）（更多非正式情况下称为“比热”）非常有用，比热容就是某物质的热容除以物质的质量得到的数值，$C_{V,s}=C_V/m$，质量的单位常用克表示。室温下水的比热容约为$4.2\ J\cdot K^{-1}\cdot g^{-1}$。一般情况下，热容与温度有关，随温度的下降而减小，但在室温及稍高于室温的较小温度范围内，热容的变化很小，近似计算中，可将热容看作与温度几乎无关的量。

可以用热容建立起等容系统内能变化与温度变化的关系。根据式（2A.14）可以得到

$$dU = C_V dT$$ 加热时的内能变化［定容］ （2A.15a）

也就是说，定容条件下，温度的无穷小变化引起内能的无穷小变化，比例常数就是C_V。若在感兴趣的温度范围内热容与温度无关，则有

$$\Delta U = \int_{T_1}^{T_2} C_V dT = C_V \int_{T_1}^{T_2} dT = C_V \overbrace{(T_2 - T_1)}^{\Delta T}$$

对于宏观可测量的温度变化ΔT所引起的宏观可测量的内能变化量ΔU，有

$$\Delta U = C_V \Delta T$$ 加热时的内能变化［定容］ （2A.15b）

由于内能变化量等于定容热［式（2A.11b）］，式（2A.15b）也可写成

$$q_V = C_V \Delta T \quad (2A.16)$$

此式为测量系统热容提供了一种简便的方法：测量定容条件下系统吸收的热和系统的温度升高值，热与温度升高的比值$(q_V/\Delta T)$就是系统的定容热容。较大的热容意味着，一定量的热所引起的温度升高值较小（系统对热具有更高的容纳能力）。

简要说明2A.6

将55 W电加热器置入体积恒定的绝热容器内的气体中，通电120 s，测得气体的温度升高了5.0 °C（即5.0 K）。供热量为55 W × 120 s = 6.6 kJ（1 J = 1 W · s），因此可得到气体的热容：

$$C_V = \frac{6.6\ \text{kJ}}{5.0\ \text{K}} = 1.3\ \text{kJ}\cdot\text{K}^{-1}$$

概念清单

- ☐ 1. 对抗反向作用力的运动就会产生**功**。
- ☐ 2. **能量**是做功的能力。
- ☐ 3. **放热过程**是系统向环境释放热量的过程。
- ☐ 4. **吸热过程**是系统从环境吸收热量的过程。
- ☐ 5. **热**是因温度差产生的能量传递过程。
- ☐ 6. 用分子术语来讲，功是利用环境中原子的有序运动的一种能量传递，热则是利用环境中原子的无序运动的一种能量传递。
- ☐ 7. **内能**是系统内部的总能量，是一个状态函数。
- ☐ 8. 温度升高，内能增大。
- ☐ 9. **均分定理**可用于估计每种经典运动形式对内能的贡献量。
- ☐ 10. **热力学第一定律**指出隔离系统的内能是守恒的。
- ☐ 11. 自由膨胀（即对抗零外压膨胀）不做功。
- ☐ 12. 如果某变量的无穷小变化可使变化逆转，则此变化是**可逆变化**。
- ☐ 13. 为了实现**可逆膨胀**，外压在膨胀的每个阶段都要与系统压力无限接近。
- ☐ 14. 定容条件下传递的热量等于系统的内能变化。
- ☐ 15. **量热法**用于测量热交换。

公式清单

性质	公式	说明	公式编号
热力学第一定律	$\Delta U = q + w$	惯例	2A.2
膨胀功	$dw = -p_{ex}dV$		2A.5a
等外压膨胀功	$w = -p_{ex}\Delta V$	自由膨胀时$p_{ex} = 0$	2A.6
气体可逆膨胀功	$w = -nRT\ln(V_f/V_i)$	定温，完美气体	2A.9
内能变化	$\Delta U = q_V$	定容，没有其他功	2A.11b
电加热	$q = It\Delta\phi$		2A.13
定容热容	$C_V = (\partial U/\partial T)_V$	定义	2A.14

专题2B

焓

▶ 为何需要学习这部分内容？

焓是讨论众多热力学过程（如等压条件下的物理变化和化学反应过程）的核心概念。

▶ 核心思想是什么？

焓变等于定压热。

▶ 需要哪些预备知识？

本专题要用到与内能有关的讨论（专题 2A），还要用到和完美气体有关的一些内容（专题 1A）。

当系统发生任意体积变化时，内能变化并不等于系统－环境间传递的热。例如，系统在等压条件下发生膨胀或压缩时，系统从环境中吸收的热中一部分会通过做功方式重新回到环境中（图2B.1），这就导致$dU < dq$。等压条件下，系统－环境间传递的热等于系统另一个热力学性质的变化量，这个热力学性质就是“焓”。

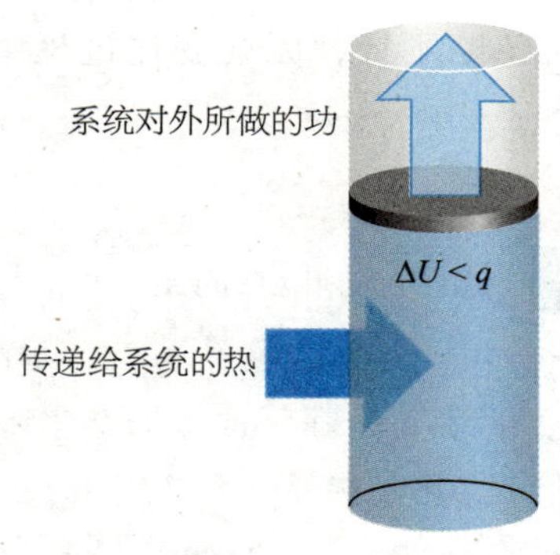

图2B.1　系统在对抗等外压并且发生任意体积变化时，系统从环境中吸收的热的一部分会通过做功方式重新回到环境中。这种情况下，内能变化就小于系统－环境间传递的热

2B.1　焓的定义

焓H的定义为

$$H = U + pV \qquad \text{焓[定义]} \qquad (2B.1)$$

式中p是系统的压力，V是系统的体积。因为U、p、V都是状态函数，所以焓也是状态函数。与任何状态函数一样，任何始态和终态之间焓的变化量ΔH与两状态之间的变化途径无关。

（a）焓变和热交换

根据式（2B.1）中焓的定义，可以得到一个重要结论：焓变等于定压条件下系统－环境间传递的热。

如何完成？ 2B.1　定压条件下焓变与热交换之间的关系式推导

在典型的热力学推导过程中，常用方法是对一些相关量进行连续定义，然后再引入适当的限制条件，最终得出推导结果。

步骤1　*根据H的定义写出$H + dH$的表达式*

当系统发生一般的无穷小状态变化时，系统的U变化到$U + dU$，p变化到$p + dp$，V变化到$V + dV$，根据式（2B.1），H变化到

$$\begin{aligned} H + dH &= (U + dU) + (p + dp)(V + dV) \\ &= U + dU + pV + pdV + Vdp + dpdV \end{aligned}$$

最后一项是两个无穷小量的乘积，可以忽略。注意到右边的$U + pV = H$（蓝色表示的项），所以有

$$H + dH = H + dU + pdV + Vdp$$

因此有

$$dH = dU + pdV + Vdp$$

步骤2　*引入dU的定义*

因为$dU = dq + dw$，上述表达式可以写成

$$dH = dq + dw + pdV + Vdp$$

步骤3　*引入适当的限制条件*

如果系统与压力为p的环境之间达到力平衡，并且只做膨胀功，则有$dw=-pdV$，就可消去另一个pdV项，则

$$dH=dq+Vdp$$

定压条件下，$dp=0$，所以有

$$dH=dq\text{（定压，无额外功）}$$

用下标p表示定压条件，则上式就可以写成

$$dH=dq_p \quad \text{定压时传递的热[无穷小变化]} \tag{2B.2a}$$

式（2B.2a）表明，如果没有额外(非膨胀)功，系统的焓变等于定压热。

步骤4　*积分计算*ΔH

定压下沿状态i和f之间的变化途径对式（2B.2a）进行积分，可得

$$\overbrace{\int_i^f dH}^{H_f-H_i}=\overbrace{\int_i^f dq}^{q_p}$$

注意，dq的积分不能写成Δq，因为q与H不同，q不是状态函数，q_f-q_i是没有意义的。最后得到的结果是

$$\Delta H=q_p \quad \text{定压时传递的热[可测量变化]} \tag{2B.2b}$$

简要说明2B.1

在1.0 atm压力下，用12 V电源通过电阻对水加热使其沸腾，通电时间为300 s，通电电流为0.50 A，发现有0.798 g的水蒸发为蒸汽。过程中系统的焓变为

$$\Delta H=q_p=It\Delta\phi=0.50\ \text{A}\times 300\ \text{s}\times 12\ \text{V}$$
$$=(0.50\times 300\times 12)\ \text{J}$$

式中$1\ \text{A}\cdot\text{V}\cdot\text{s}=1\ \text{J}$。因为0.798 g水是$(0.798\ \text{g})/(18.02\ \text{g}\cdot\text{mol}^{-1})=(0.798/18.02)\ \text{mol}$，则每摩尔$H_2O$的蒸发焓为

$$\Delta H_m=\frac{(0.50\times300\times12)\ \text{J}}{(0.798/18.02)\text{mol}}=+41\ \text{kJ}\cdot\text{mol}^{-1}$$

（b）量热法

通过测量等压下物理变化或化学变化过程中的温度变化，可以定量地测量焓变。研究等压过程的量热仪称为**等压量热计**（isobaric calorimeter）。大气压下的绝热容器就是等压量热计的一个简单例子，可以通过测量容器中系统的温度变化得到反应过程释放的热。一定量物质在有氧燃烧的情况下，可以用**绝热火焰量热计**（adiabatic flame calorimeter）测量燃烧反应的ΔT（图2B.2）。然而，最复杂的测量焓变的方法是使用差示扫描量热计（DSC），这种量热计的相关原理将在专题2C中阐述。也可以用非量热法测量焓变和内能变化（专题6C）。

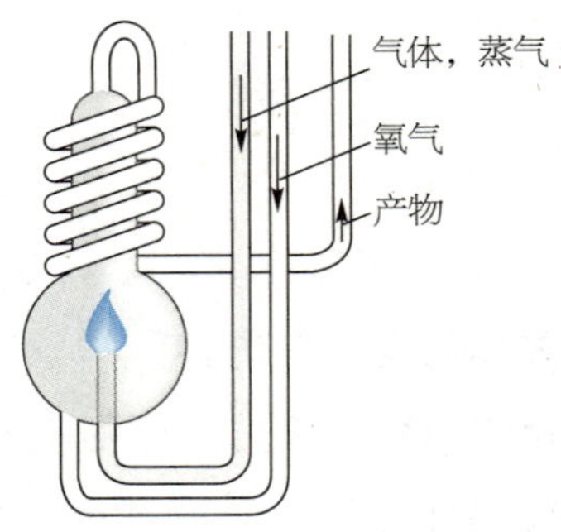

图2B.2　等压绝热火焰量热计是由图示的组成部分浸入不断搅拌的水浴中构成的装置。发生燃烧时，已知量反应物燃料产生火焰，测量燃烧过程中温度的升高值

一种测量ΔH的方法是：用弹式量热计测量出内能变化（专题2A），然后再将ΔU转换成ΔH。固体和液体的摩尔体积很小，所以其pV_m也非常小，它们的摩尔焓和摩尔内能几乎是相等的($H_m=U_m+pV_m\approx U_m$)。因此，若某变化过程只涉及固体或液体，则过程引起的ΔH和ΔU就几乎相等，这些过程对应的体积变化很小，过程中系统对环境做的功可忽略不计，因此变化过程中产生的热就全部被保留在系统中。

例题2B.1　建立ΔH和ΔU的关系

当方解石型$CaCO_3(s)$转化为文石型$CaCO_3(s)$时，摩尔内能变化为$+0.21\ \text{kJ}\cdot\text{mol}^{-1}$。计算当压力为1.0 bar时，摩尔焓变与摩尔内能变化的差值。已知方解石型$CaCO_3(s)$的质量密度为$2.71\ \text{g}\cdot\text{cm}^{-3}$，文石型$CaCO_3(s)$的质量密度为$2.93\ \text{g}\cdot\text{cm}^{-3}$。

整理思路　可以从物质的焓与内能之间的关系［式(2B.1)］出发来考虑解决问题。需要用压力和摩尔体积变化量表示出物质的焓变与内能变化之间的差值，摩尔体积变化量可以根据摩尔质量M和质量密度ρ计算，这里$\rho=M/V_m$。

解：发生$CaCO_3(s)$的相转变时，过程的焓变为

$$\Delta H_m=H_m(a)-H_m(c)$$
$$=[U_m(a)+pV_m(a)]-[U_m(c)+pV_m(c)]$$
$$=\Delta U_m+p[V_m(a)-V_m(c)]$$

式中a表示文石型，c为方解石型。然后将$V_m=M/\rho$代入，得

$$\Delta H_m - \Delta U_m = pM\left[\frac{1}{\rho(a)} - \frac{1}{\rho(c)}\right]$$

代入数据，取 $M = 100.09\ g\cdot mol^{-1}$，得

$$\Delta H_m - \Delta U_m = 1.0\times10^5\ Pa \times 100.09\ g\cdot mol^{-1} \times \left(\frac{1}{2.93\ g\cdot cm^{-3}} - \frac{1}{2.71\ g\cdot cm^{-3}}\right)$$
$$= -2.8\times10^5\ Pa\cdot cm^3\cdot mol^{-1}$$
$$= -0.28\ Pa\cdot m^3\cdot mol^{-1}$$

因此 $\Delta H_m - \Delta U_m = -0.28\ J\cdot mol^{-1}$（因为 $1\ Pa\cdot m^3 = 1\ J$），这一差值仅为 ΔU_m 值（$+0.21\ kJ\cdot mol^{-1}$）的 0.1%。

说明 通常情况下，忽略凝聚相摩尔焓和摩尔内能之间的差异是合理的，除非压力非常高。在压力很高的情况下，$p\Delta V_m$的值不能忽略。

自测题2B.1 Sn(s, 灰）密度为5.75 $g\cdot cm^{-3}$，Sn(s, 白）密度为7.31 $g\cdot cm^{-3}$，计算1.0 mol Sn（s, 灰）转变为Sn（s, 白）的ΔH与ΔU差值。

答案：$\Delta H - \Delta U = -4.4\ J$。

与凝聚相变化过程中焓变与内能变化相差不大的情况不同，有气体参与的变化过程，焓变与内能变化的差异非常显著。对于完美气体，因为$pV = nRT$，根据焓的定义可有

$$H = U + pV = U + nRT \tag{2B.3}$$

这个关系意味着，等温条件下产生或消耗气体的反应的焓变为

$$\Delta H = \Delta U + \Delta n_g RT \tag{2B.4}$$

ΔH和ΔU之间的关系式［等温过程，完美气体］

式中Δn_g是反应中有关气体的物质的量的变化。若式（2B.4）中表示的是摩尔量，则需要用$\Delta \nu_g$代替式中的Δn_g。

简要说明2B.2

反应$2H_2(g) + O_2(g) \longrightarrow 2H_2O(l)$中，气相中的3 mol气体转化为2 mol液体，$\Delta n_g = -3$ mol，$\Delta \nu_g = -3$。298 K时，$RT = 2.5\ kJ\cdot mol^{-1}$。因此，系统焓变和内能变化之间的关系为

$$\Delta H_m - \Delta U_m = -3RT \approx -7.5\ kJ\cdot mol^{-1}$$

注意，本例中计算得到的差值是以kJ为单位的，而例题2B.1中用的单位为J。本例中焓变小于内能变化，因为虽然反应系统向环境放热，但反应生成的是液体，系统的体积减小，所以释放到环境中的能量的一部分又通过环境对系统做功的方式重新回到系统中。

2B.2 焓随温度的变化

物质的焓是随温度的升高而增加的，这是因为温度对焓的影响与对内能的影响情况相同：分子在高温下被激发到高能状态，物质系统的总能量就会增加。但焓的增加与温度升高之间的具体关系与具体的升温条件有关（如升温过程中系统是等压还是等容）。

（a）定压热容

化学中最常见的条件是等压。等压条件下，焓随温度变化曲线在某给定温度下切线的斜率称为**定压热容**（heat capacity at constant pressure）C_p（图2B.3），定压热容可以更严谨地表示为

$$C_p = \left(\frac{\partial H}{\partial T}\right)_p \tag{2B.5}$$

定压热容［定义］

定压热容与定容热容（专题2A）类似，都是广度性质。**摩尔定压热容**（molar heat capacity at constant pressure）$C_{p,m}$是每摩尔物质的热容，属于强度性质。

定压热容建立了焓变与温度变化之间的联系。对于微小的温度变化过程，根据式（2B.5）就得到

$$dH = C_p dT\ （等压） \tag{2B.6a}$$

若在感兴趣的温度范围内热容不变，则对于宏观可测的温度变化过程，有

$$\Delta H = \int_{T_1}^{T_2} C_p dT = C_p \int_{T_1}^{T_2} dT = C_p \overbrace{(T_2 - T_1)}^{\Delta T}$$

该式可以简写为

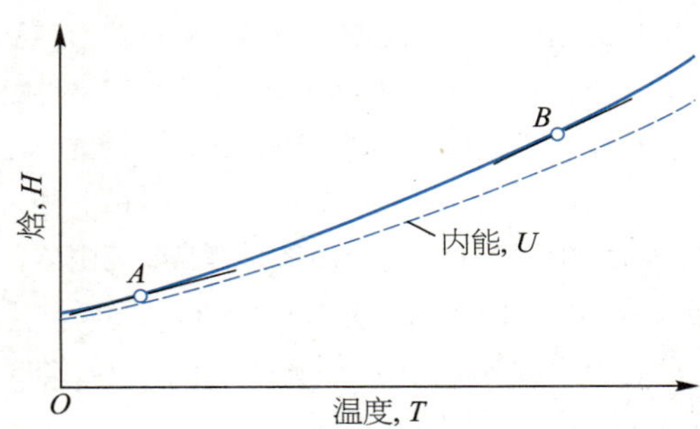

图2B.3 定压热容是系统的焓随温度变化曲线（等压下）在某给定温度下切线的斜率。对于气体，在给定的温度下，焓随温度变化曲线的斜率比内能随温度变化曲线的斜率大，$C_{p,m}$大于$C_{V,m}$

$$\Delta H = C_p \Delta T \text{（等压）} \tag{2B.6b}$$

因为焓变等于定压热，该式的实用形式为

$$q_p = C_p \Delta T \tag{2B.7}$$

式（2B.7）给出了一种测量样品定压热容的方法，即可以通过测量等压条件下（如大气压力下系统的任意膨胀过程）系统－环境间传递的热和系统的温度升高值得到定压热容。

当温度范围比较小时，热容随温度的变化有时可以忽略不计，这时热容可近似看作定值。对于单原子完美气体，这样的近似处理已经可以得到很精确的结果，但对于有些物质，就需要考虑热容随温度的变化情况。这时，可以用下面这个近似经验关系式得到不同温度下的摩尔定压热容：

$$C_{p,\mathrm{m}} = a + bT + \frac{c}{T^2} \tag{2B.8}$$

式中 a、b 和 c 是与温度无关的经验参数（表 2B.1）。可以根据该表达式对实验数据进行拟合，得到上述几个经验参数的具体数值。

表 2B.1　摩尔定压热容随温度的变化*

$C_{p,\mathrm{m}}/(\mathrm{J\cdot K^{-1}\cdot mol^{-1}}) = a + bT + c/T^2$

	a	$b/(10^{-3}\ \mathrm{K^{-1}})$	$c/(10^5\ \mathrm{K^2})$
C(s，石墨)	16.86	4.77	−8.54
CO_2(g)	44.22	8.79	−8.62
H_2O(l)	75.29	0	0
N_2(g)	28.58	3.77	−0.50

* 更多的数据参见*资源部分*。

例题 2B.2　计算焓随温度的变化

将 N_2 从 25 ℃加热到 100 ℃，N_2 的摩尔焓变是多少？可以利用表 2B.1 中相关的热容值信息进行计算。

整理思路　在这个温度范围内，N_2 的热容随温度变化显著，无法使用式（2B.6b）（该式的适用条件是物质的热容恒定，不随温度变化）进行计算。因此，可将式（2B.8）中热容与温度的关系代入式（2B.6a）中，并在 25 ℃（298 K）到 100 ℃（373 K）的温度范围内，对得到的表达式进行积分，得到问题的答案。

解： 为方便起见，将温度表示为 T_1(298 K) 和 T_2(373 K)。需要积分的公式为

$$\int_{H_\mathrm{m}(T_1)}^{H_\mathrm{m}(T_2)} \mathrm{d}H_\mathrm{m} = \int_{T_1}^{T_2}\left(a + bT + \frac{c}{T^2}\right)\mathrm{d}T$$

利用*资源部分* A.1 积分公式，对上式中的每一项进行积分，可以得到

$$H_\mathrm{m}(T_2) - H_\mathrm{m}(T_1) = a(T_2 - T_1) + \frac{1}{2}b(T_2^2 - T_1^2) - c\left(\frac{1}{T_2} - \frac{1}{T_1}\right)$$

代入数据后就得到

$$H_\mathrm{m}(373\ \mathrm{K}) = H_\mathrm{m}(298\ \mathrm{K}) + 2.20\ \mathrm{kJ\cdot mol^{-1}}$$

说明　假设热容值取 29.14 $\mathrm{J\cdot K^{-1}\cdot mol^{-1}}$［该值为式（2B.8）在 T = 298 K 时的值］，则计算出来的两个温度下 N_2 焓的差值为 2.19 $\mathrm{kJ\cdot mol^{-1}}$，这个计算结果与精确的计算结果相差不大。

自测题 2B.2　温度很低的情况下，固体的热容与 T^3 成正比，$C_{p,\mathrm{m}} = aT^3$。某固体物质温度从 0 变化到温度 T（T 接近于 0）时，这种固体物质的焓变是多少？

答案： $\Delta H_\mathrm{m} = \frac{1}{4}aT^4$。

（b）热容间的关系

大多数系统是在等压下加热膨胀，在这种情况下，系统对环境做功，因此膨胀过程中系统吸收的热量会有一部分又通过做功的方式被还回到环境中，导致在等压条件下加热时系统温度的升高值会比等容条件下低一些。吸收同样的热量所产生的温度升高值较小时，就意味着系统有更大的热容。因此，大多数情况下，系统的定压热容都大于其定容热容。在专题 2D 中将看到，完美气体的定压热容和定容热容之间存在一个简单关系：

$$C_p - C_V = nR \quad \text{热容间的关系［完美气体］} \tag{2B.9}$$

这个关系式表明，完美气体的摩尔定压热容大约比其摩尔定容热容大 8 $\mathrm{J\cdot K^{-1}\cdot mol^{-1}}$。由于单原子气体的摩尔定容热容大约只有 $\frac{3}{2}R$ = 12 $\mathrm{J\cdot K^{-1}\cdot mol^{-1}}$（专题 2A），摩尔定容热容与摩尔定压热容之间出现 8 $\mathrm{J\cdot K^{-1}\cdot mol^{-1}}$ 的差值，这明显就比较大了，必须要加以考虑。对于凝聚相来说，定压热容和定容热容的数值是非常接近的，两者的差别通常可以忽略不计。

概念清单

☐ 1. 定压热等于系统的**焓变**。

☐ 2. 焓变可以在定压量热仪中进行测量。

☐ 3. **定压热容**等于焓随温度的变化率。

公式清单

性质	公式	说明	公式编号
焓	$H=U+pV$	定义	2B.1
定压热	$\mathrm{d}H=\mathrm{d}q_p$，$\Delta H=q_p$	无额外功	2B.2
温度T时ΔH和ΔU之间的关系	$\Delta H=\Delta U+\Delta n_{\mathrm{g}}RT$	凝聚相的摩尔体积忽略不计	2B.4
定压热容	$C_p=(\partial H/\partial T)_p$	定义	2B.5
热容之间的关系	$C_p-C_V=nR$	完美气体	2B.9

专题2C

热化学

▶ 为何需要学习这部分内容？

热化学是热力学在化学中的主要应用之一。热化学数据可用于计算包括那些与燃料燃烧及食物消耗有关的化学反应在内的相关化学反应的反应热。热化学数据也广泛用于热力学的其他化学应用中。

▶ 核心思想是什么？

将不同反应的反应焓组合起来，就可以得到其他化学反应的焓变。

▶ 需要哪些预备知识？

需要了解焓的定义及焓是状态函数（专题2B）。在学习反应焓变与温度关系方面的内容时，需要用到有关热容的知识（专题2B）。

研究化学反应热现象的学科称为**热化学**（thermochemistry）。因反应器中的反应混合物可以看成热力学系统，反应系统与环境之间在反应过程中会发生能量交换，热化学就成为热力学的一个分支。因此，量热法可以用来测量出化学反应过程中吸收或损失的热量；并且，等容反应过程中的热q可以看成反应系统的内能变化（专题2A），等压反应过程中的热q可以看成反应系统的焓变（专题2B）。反过来，如果知道了某反应的ΔU或ΔH，也就可以知道该反应可以产生多少热。

专题2A中已指出，一个可以向环境释放热的过程为放热过程，可以从环境中吸收热量的过程为吸热过程。等压下，系统向环境放热时焓会减小。因此，放热的反应过程也就是$\Delta H<0$的过程，这样的过程是**放焓的**（exenthalpic）。相反，系统从环境吸热时焓会增大，吸热的反应过程就是$\Delta H>0$的过程，这样的过程是**吸焓的**（endenthalpic）：

放热（焓）过程：$\Delta H<0$

吸热（焓）过程：$\Delta H>0$

2C.1 标准焓变

有关的焓变数据通常都是在标准条件下发生的过程的焓变值，**标准焓变**（standard enthalpy change）$\Delta H^{\ominus}$就是标准状态的始态物质转变为标准状态的终态物质的过程中产生的焓变：

给定温度下某物质的**标准状态**（standard state）就是1 bar压力下的纯态。

标准状态的指定

例如，298 K时液体乙醇的标准状态是298 K和1 bar下的纯液体乙醇，500 K时固体铁的标准状态是500 K和1 bar下的纯铁。溶液标准状态定义要复杂一些（专题5E）。某个化学反应或物理过程的标准焓变就是同一温度下的标准状态产物与标准状态反应物焓的差值。

标准蒸发焓$\Delta_{vap}H^{\ominus}$就是标准焓变的一个例子。标准蒸发焓是1 bar压力下1 mol纯液体蒸发变成1 bar压力下气体的焓变。例如：

$H_2O(l) \longrightarrow H_2O(g)$

$\Delta_{vap}H^{\ominus}(373\ K)=+40.66\ kJ\cdot mol^{-1}$

不同实例表明，任何温度下都有其相应的标准焓变。然而，常规热力学数据都是指298.15 K下的数据。除非有特别说明，或已在$\Delta H^{\ominus}$后注明了温度，否则，本书中的热力学数据代表的都是常规温度298 K下的数据。

实用小贴士　在$\Delta_{vap}H$这样的写法中，把表示转变过程的名称标注在符号Δ右下方的写法是目前的书写惯例。但是，像ΔH_{vap}这样的旧书写惯例仍然在广泛使用。目前的书写惯例更符合逻辑，因为下标表示的是变化过程的类型，而不是表示变化过程中观测的物理量。

（a）物理变化的焓变

伴随物理状态变化的标准摩尔焓变称为**标准转化焓**（standard enthalpy of transition），用$\Delta_{trs}H^{\ominus}$表示（表2C.1）。**标准蒸发焓**（standard enthalpy of vaporization）$\Delta_{vap}H^{\ominus}$是标准转化焓的一个例子，另一个例子是**标准熔化焓**（standard enthalpy of fusion）$\Delta_{fus}H^{\ominus}$，即固体熔化变成液体的过程中产生的标准摩尔焓变，表示如下：

$$H_2O(s) \longrightarrow H_2O(l)$$

$$\Delta_{fus}H^{\ominus}(273\ K) = +6.01\ kJ \cdot mol^{-1}$$

如在本例中，有时方便知道转变温度及常规温度298 K下的标准摩尔焓变。表2C.2总结了热化学中遇到的不同类型的焓变。

表2C.1　转变温度下的标准熔化焓和标准蒸发焓*

物质	T_f/K	标准熔化焓/kJ · mol^{-1}	T_b/K	标准蒸发焓/kJ · mol^{-1}
Ar	83.81	1.188	87.29	6.506
C_6H_6	278.61	10.59	353.2	30.8
H_2O	273.15	6.008	373.15	40.656（298 K时为44.016）
He	3.5	0.021	4.22	0.084

* 更多的数据参见资源部分。

焓是状态函数，因此焓变与状态间的具体变化途径无关。焓的这一特征在热化学中具有重要意义，因为这意味着在给定的始态和终态之间无论怎样变化，都可以得到相同的$\Delta H^{\ominus}$。例如，固体转化为气体的过程，可以通过升华过程（从固体直接转化为蒸气）一步完成，也可以通过先熔化成液体再汽化为气体两步完成：

$$H_2O(s) \longrightarrow H_2O(l) \qquad \Delta_{fus}H^{\ominus}$$

$$H_2O(l) \longrightarrow H_2O(g) \qquad \Delta_{vap}H^{\ominus}$$

总的变化：$H_2O(s) \longrightarrow H_2O(g) \qquad \Delta_{fus}H^{\ominus} + \Delta_{vap}H^{\ominus}$

表2C.2　反应焓和转变焓

转变	过程	符号*
相变	相α ⟶ 相β	$\Delta_{trs}H$
熔化	s ⟶ l	$\Delta_{fus}H$
蒸发	l ⟶ g	$\Delta_{vap}H$
升华	s ⟶ g	$\Delta_{sub}H$
混合	纯组分 ⟶ 混合物	$\Delta_{mix}H$
溶解	溶质 ⟶ 溶液	$\Delta_{sol}H$
水化	$X^{\pm}(g) \longrightarrow X^{\pm}(aq)$	$\Delta_{hyd}H$
原子化	化学组分(s, l, g) ⟶ 原子(g)	$\Delta_{at}H$
离子化	$X(g) \longrightarrow X^+(g) + e^-(g)$	$\Delta_{ion}H$
得电子	$X(g) + e^-(g) \longrightarrow X^-(g)$	$\Delta_{eg}H$
反应	反应物 ⟶ 产物	$\Delta_r H$
燃烧	化合物(s, l, g) + O_2(g) ⟶ $CO_2(g) + H_2O(l, g)$	$\Delta_c H$
生成反应	单质 ⟶ 化合物	$\Delta_f H$
活化	反应物 ⟶ 活化配合物	$\Delta^{\ddagger}H$

* 所有的量都是摩尔量。

由于间接途径得到的总结果与直接途径得到的结果相同，因此每条途径的总焓变是相同的（**1**），并且有（过程中温度相同）：

$$\Delta_{sub}H^{\ominus} = \Delta_{fus}H^{\ominus} + \Delta_{vap}H^{\ominus} \qquad (2C.1)$$

因熔化焓都是正值，由此可知，物质的升华焓大于其蒸发焓（在给定温度下）。

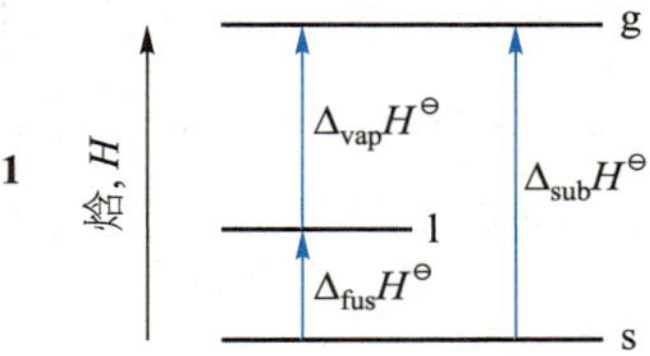

根据焓H是状态函数，还能得出另一个结论，即正向过程的标准焓变是其逆向过程标准焓变的负值（**2**）：

$$\Delta H^{\ominus}(A \longrightarrow B) = -\Delta H^{\ominus}(A \longleftarrow B) \qquad (2C.2)$$

2
焓，H
B
A
$\Delta H^{\ominus}(A \longrightarrow B)$
$\Delta H^{\ominus}(A \longleftarrow B)$

例如，298 K时水的蒸发焓为44 kJ · mol^{-1}，则该温度下水蒸气的冷凝焓就是−44 kJ · mol^{-1}。

（b）化学变化的焓变

可以用两种方式表示化学反应过程产生的焓变。一种方式是用**热化学方程式**（thermochemical equation）表示，热化学方程式就是带有相应标准焓变的化学反应方程式：

$$CH_4(g) + 2\,O_2(g) \longrightarrow CO_2(g) + 2\,H_2O(g)$$

$$\Delta H^{\ominus} = -890\ \text{kJ}$$

这里的$\Delta H^{\ominus}$就是标准状态反应物转变为标准状态产物的焓变：

标准状态下纯反应物组分 ⟶ 标准状态下纯产物组分

除溶液中发生的离子反应外，在其他类型反应过程中，纯反应物组分混合过程的焓变及反应产物分离成纯产物组分过程的焓变，都比反应步骤本身产生的焓变要小得多。对于这里的甲烷燃烧反应，反应的标准焓变表示的就是，1 bar压力下1 mol纯CH_4气体与1 bar压力下2 mol纯O_2气体完全反应，生成1 bar压力下1 mol纯CO_2气体和1 bar压力下2 mol纯液态H_2O的过程的焓变值，这里给出的焓变数据是298.15 K下的反应焓变值。

另一种表示化学反应过程焓变的方式是在写出化学反应方程式的同时，给出**标准反应焓**（standard reaction enthalpy）$\Delta_r H^{\ominus}$（或者称为反应的标准焓）。因此，对于298 K下甲烷燃烧反应，可以写出

$$CH_4(g) + 2\,O_2(g) \longrightarrow CO_2(g) + 2\,H_2O(l)$$

$$\Delta_r H^{\ominus} = -890\ \text{kJ}\cdot\text{mol}^{-1}$$

对于$2A + B \longrightarrow 3C + D$这样的反应，标准反应焓为

$$\Delta_r H^{\ominus} = [\,3H_m^{\ominus}(C) + H_m^{\ominus}(D)\,] - [\,2H_m^{\ominus}(A) + H_m^{\ominus}(B)\,]$$

这里$H_m^{\ominus}(J)$是反应温度下反应组分J的标准摩尔焓。注意，这里需要弄清楚$\Delta_r H^{\ominus}$为什么表示的是“每摩尔”焓变，这是由于在这个表达式中用到的概念都是每个反应组分的摩尔焓，在理解$\Delta_r H^{\ominus}$的“每摩尔”含义时，要考虑到反应方程式中的化学计量系数。在这个例子中，“每摩尔”表示的实际上是“每2 mol A”“每1 mol B”“每3 mol C”或“每1 mol D”。$\Delta_r H^{\ominus}$的一般表达式为

$$\Delta_r H^{\ominus} = \sum_{\text{产物}} \nu H_m^{\ominus} - \sum_{\text{反应物}} \nu H_m^{\ominus} \qquad \text{标准反应焓[定义]} \qquad (2C.3)$$

这里，每个组分的摩尔焓乘以相应组分的（量纲为1和正的）化学计量系数ν。但是，这个正式定义几乎没有实用价值，因为式中每个组分的标准摩尔焓的绝对值无法测量，也就无法根据这个表达式直接计算$\Delta_r H^{\ominus}$；要解决这个问题，就需要用到将要在2C.2节中讨论的解决方案。

有些标准反应焓具有特殊的名称和意义。例如，**标准燃烧焓**（standard enthalpy of combustion）$\Delta_c H^{\ominus}$指的就是含有C、H和O元素的有机化合物氧化燃烧变成气态CO_2和液态H_2O的标准反应焓，如果有机化合物中含有N元素，就设定燃烧反应后N元素转变为气态N_2。

简要说明2C.1

葡萄糖的燃烧反应为

$$C_6H_{12}O_6(s) + 6\,O_2(g) \longrightarrow 6\,CO_2(g) + 6\,H_2O(l)$$

$$\Delta_c H^{\ominus} = -2\,808\ \text{kJ}\cdot\text{mol}^{-1}$$

此数据表明，标准条件下（298 K），燃烧1 mol $C_6H_{12}O_6$可以释放2 808 kJ的热量。表2C.3列出了更多的标准燃烧焓数据。

表2C.3　298 K时一些有机化合物的标准燃烧焓*

	$\Delta_c H^{\ominus}/(\text{kJ}\cdot\text{mol}^{-1})$
苯，$C_6H_6(l)$	−3 268
乙烷，$C_2H_6(g)$	−1 560
葡萄糖，$C_6H_{12}O_6(s)$	−2 808
甲烷，$CH_4(g)$	−890
甲醇，$CH_3OH(l)$	−721

* 更多的数据参见*资源部分*。

（c）赫斯定律

将不同标准反应焓数据组合起来，可以得到其他相关反应的焓变，这是热力学第一定律的具体应用，称为**赫斯定律**（Hess's law）：

某化学反应的标准反应焓等于分步完成该反应时各步反应的标准焓变之和。

这里并不要求其中的每步反应都是切实可行

的反应步骤：它们可以是“假想”的反应步骤。在书写这些反应步骤时的唯一要求就是，反应方程式必须满足质量守恒条件。赫斯定律的热力学基础是$\Delta_r H^\ominus$的大小与具体变化途径无关。赫斯定律的重要性在于，对于反应热难以直接测定的化学反应，可以根据其他相关反应的反应热数据间接得到这些反应的反应热。

例题 2C.1　赫斯定律的应用

丙烯加氢反应

$$CH_2{=}CHCH_3(g) + H_2(g) \longrightarrow CH_3CH_2CH_3(g)$$

的标准反应焓为 $-124\ kJ\cdot mol^{-1}$。

丙烷燃烧反应

$$CH_3CH_2CH_3(g) + 5\,O_2(g) \longrightarrow 3\,CO_2(g) + 4\,H_2O(l)$$

的标准反应焓为 $-2\ 220\ kJ\cdot mol^{-1}$。

水生成反应

$$H_2(g) + \frac{1}{2}O_2(g) \longrightarrow H_2O(l)$$

的标准反应焓为 $-286\ kJ\cdot mol^{-1}$。计算丙烯的标准燃烧焓。

整理思路　解决这一问题时需要做的事情就是，根据相关反应方程式组合得到需要求解的热化学方程式。可以通过有关反应方程式的相加或相减，结合必要的其他反应方程式，得到需要的反应方程式，然后再按同样的加减步骤对相关反应的焓变进行加减运算。

解：燃烧反应为

$$C_3H_6(g) + \frac{9}{2}O_2(g) \longrightarrow 3\,CO_2(g) + 3\,H_2O(l)$$

可以根据下列反应的加和得到这个反应方程式：

	$\Delta_r H^\ominus/(kJ\cdot mol^{-1})$
$C_3H_6(g) + H_2(g) \longrightarrow C_3H_8(g)$	−124
$C_3H_8(g) + 5\,O_2(g) \longrightarrow 3\,CO_2(g) + 4\,H_2O(l)$	−2 220
$H_2O(l) \longrightarrow H_2(g) + \frac{1}{2}O_2(g)$	+286
$C_3H_6(g) + \frac{9}{2}O_2(g) \longrightarrow 3\,CO_2(g) + 3\,H_2O(l)$	−2 058

自测题2C.1　根据液态苯的标准燃烧焓（$-3\ 268\ kJ\cdot mol^{-1}$）和液态环己烷的标准燃烧焓（$-3\ 920\ kJ\cdot mol^{-1}$），计算液态苯加氢反应的标准焓。

答案：$-206\ kJ\cdot mol^{-1}$。

2C.2　标准生成焓

某物质的**标准生成焓**（standard enthalpy of formation）$\Delta_f H^\ominus$，是指由构成该化合物指定参考态的单质生成该化合物的标准反应焓。

单质的指定**参考态**（reference state）是指给定温度和1 bar压力下的最稳定状态。

例如，298 K下氮的参考态是气态N_2，汞的参考态是液态汞，碳的参考态是石墨，锡的参考态是白锡（金属）。在关于参考态的一般规定中，有一个元素是例外的，就是磷的参考态被确定为白磷，尽管磷元素的这种同素异形体并不是最稳定形式，但白磷却是最容易重复制得的单质磷。标准生成焓表示的是每摩尔化合物分子或分子单位（对于离子物质）的焓。例如，298 K下液态苯的标准生成焓针对的反应是

$$6\,C(s,\text{石墨}) + 3\,H_2(g) \longrightarrow C_6H_6(l)$$

苯的标准生成焓数值为$+49.0\ kJ\cdot mol^{-1}$。所有温度下，处于参考态的单质的标准生成焓都为零，因为这样的标准生成焓就是如$N_2(g) \longrightarrow N_2(g)$这样的“零”反应的焓变。表2C.4和表2C.5列出了一些物质的标准生成焓数据，更多物质的标准生成焓数据可在*资源部分*中查找。

因为无法制备出只单独含有阳离子或只单独含有阴离子的溶液，因此，处理溶液中离子的标准生成焓时会遇到一个特殊问题。为了解决这个问题，任一温度下氢离子的标准生成焓被定义为零：

溶液中离子[惯例]

$$\Delta_f H^\ominus(H^+, aq) = 0 \qquad (2C.4)$$

表2C.4　298 K时一些无机化合物的标准生成焓*

	$\Delta_f H^\ominus/(kJ\cdot mol^{-1})$
$H_2O(l)$	−285.83
$H_2O(g)$	−241.82
$NH_3(g)$	−46.11
$N_2H_4(l)$	+50.63
$NO_2(g)$	+33.18
$N_2O_4(g)$	+9.16
$NaCl(s)$	−411.15
$KCl(s)$	−436.75

* 更多的数据参见*资源部分*。

表2C.5 298 K时一些有机化合物的标准生成焓*

	$\Delta_f H^\ominus/(\mathrm{kJ\cdot mol^{-1}})$
$CH_4(g)$	−74.81
$C_6H_6(l)$	+49.0
$C_6H_{12}(l)$	−156
$CH_3OH(l)$	−238.66
$CH_3CH_2OH(l)$	−277.69

* 更多的数据参见资源部分。

简要说明2C.2

如果HBr(aq)的标准生成焓为$-122\ \mathrm{kJ\cdot mol^{-1}}$，那么这个数值被全部看成是生成$Br^-(aq)$的焓变，$\Delta_f H^\ominus(Br^-, aq) = -122\ \mathrm{kJ\cdot mol^{-1}}$。这个数据就可以与其他数据［如AgBr(aq)的标准生成焓数据］结合起来，得到$Ag^+(aq)$的标准生成焓数据。可以通过这种方式不断得到更多离子的标准生成焓数据。本质上，这个定义是把每个离子的实际标准生成焓数值调整了一个固定的数值，调整之后，其中的一种离子，也就是$H^+(aq)$的标准生成焓数值变成了零。

从概念上讲，一个化学反应可看作先将反应物分解成参考态单质，再将这些单质重组成产物的过程，总反应的$\Delta_r H^\ominus$就是分解步骤的焓变和生成步骤的焓变的总和。由于分解步骤是生成步骤的逆过程，分解步骤的焓变即为生成步骤焓变的负值（**3**）。因此，在物质标准生成焓方面，根据下式就足以计算出任何反应的焓变：

$$\Delta_r H^\ominus = \sum_{\text{产物}} \nu\Delta_f H^\ominus - \sum_{\text{反应物}} \nu\Delta_f H^\ominus \quad \text{标准反应焓［用于实际计算］} \qquad (2C.5a)$$

3

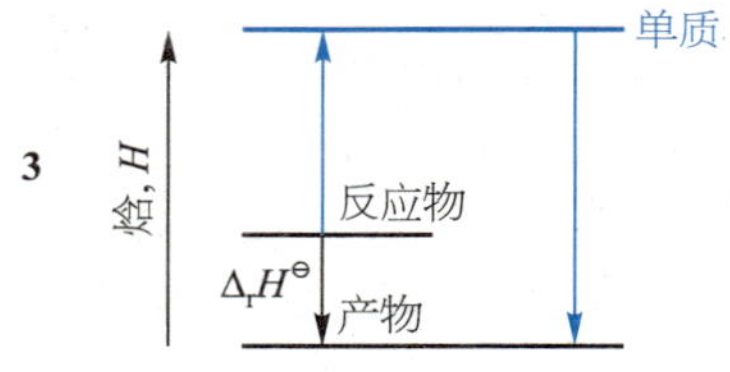

参与反应的各个组分的生成焓需要乘以其相应的化学计量系数。这样的处理方式使式（2C.3）中的正式定义转化为可用于实际计算的公式。这样的结果也可以在引入**化学计量数**（stoichiometric number）ν_J（与化学计量系数不同）的情况用更精致的公式表示，在产物的ν_J取正值、反应物的ν_J取负值的情况下，有

$$\Delta_r H^\ominus = \sum_J \nu_J \Delta_f H^\ominus(J) \qquad (2C.5b)$$

化学计量数有正负号，用ν_J或$\nu(J)$表示，而化学计量系数都是正值，用没有下标的ν表示。

简要说明2C.3

根据式（2C.5a），反应$2HN_3(l) + 2NO(g) \longrightarrow H_2O_2(l) + 4N_2(g)$的标准焓变的计算结果为

$$\begin{aligned}\Delta_r H^\ominus &= [\Delta_f H^\ominus(H_2O_2, l) + 4\Delta_f H^\ominus(N_2, g)] - \\ &\quad [2\Delta_f H^\ominus(HN_3, l) + 2\Delta_f H^\ominus(NO, g)] \\ &= (-187.78 + 4\times 0)\ \mathrm{kJ\cdot mol^{-1}} - \\ &\quad (2\times 264.0 + 2\times 90.25)\ \mathrm{kJ\cdot mol^{-1}} \\ &= -896.3\ \mathrm{kJ\cdot mol^{-1}}\end{aligned}$$

若使用式（2C.5b）计算，$\nu(HN_3) = -2$，$\nu(NO) = -2$，$\nu(H_2O_2) = +1$，$\nu(N_2) = +4$，可得

$$\begin{aligned}\Delta_r H^\ominus &= \Delta_f H^\ominus(H_2O_2, l) + 4\Delta_f H^\ominus(N_2, g) - \\ &\quad 2\Delta_f H^\ominus(HN_3, l) - 2\Delta_f H^\ominus(NO, g)\end{aligned}$$

计算出来的结果相同。

2C.3 反应焓与温度的关系

已测得许多不同温度下的标准反应焓数据，但是，在缺少相关实测数据的情况下，也可以根据物质的热容数据和其他温度下的标准反应焓数据，计算目标温度下的标准反应焓（图2C.1）。许多情况下，实测的热容数据要比实测的反应焓数据更准确，因此，在有热容数据可用的情况下，通过下面将要介绍的计算方法计算出来的反应焓数据，要比实验直接测量出来的反应焓数据更准确。

根据式（2B.6a）($dH = C_p dT$)，将某物质从温度T_1加热到温度T_2的过程中，其焓就从$H(T_1)$变化到

$$H(T_2) = H(T_1) + \int_{T_1}^{T_2} C_p \mathrm{d}T \qquad (2C.6)$$

（这里已假设在给定的温度范围内没有发生相变）由于此式适用于参与反应的任一反应组分，标准反应焓从$\Delta_r H^\ominus(T_1)$变化到

$$\Delta_r H^\ominus(T_2) = \Delta_r H^\ominus(T_1) + \int_{T_1}^{T_2} \Delta_r C_p^\ominus \mathrm{d}T \quad \text{基尔霍夫定律} \qquad (2C.7a)$$

式中$\Delta_r C_p^\ominus$是在标准状态下，乘以反应式中化学计

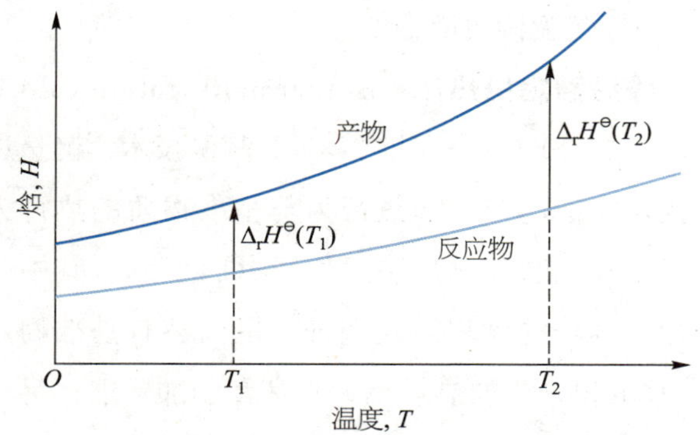

图2C.1　温度升高，产物和反应物的焓都会增加，但增加的程度会有差异。针对不同的物质，焓随温度的变化情况与该物质的热容有关。一个化学反应的焓变体现的是产物焓和反应物焓随温度变化的差异性

量系数之后的产物和反应物摩尔热容的差值：

$$\Delta_r C_p^\ominus = \sum_{产物} \nu C_{p,m}^\ominus - \sum_{反应物} \nu C_{p,m}^\ominus \qquad (2C.7b)$$

或者根据式（2C.5b）的表示方式写成

$$\Delta_r C_p^\ominus = \sum_J \nu_J C_{p,m}^\ominus(J) \qquad (2C.7c)$$

式（2C.7a）称为**基尔霍夫定律**（Kirchhoff 's law）。通常在假定$\Delta_r C_p^\ominus$与温度无关的情况下即可得到比较好的近似计算结果，至少在合理的有限温度范围内是如此。虽然每种反应组分的热容可能会随着温度的变化而变化，但不同组分热容的差值随温度的变化较小。某些情况下，使用式（2C.7a）时要考虑温度对热容的影响，如果在T_1到T_2的温度范围内$\Delta_r C_p^\ominus$很大程度上与温度无关，则式（2C.7a）中的积分项的积分结果就是$(T_2-T_1)\Delta_r C_p^\ominus$，则式（2C.7a）就可写成

$$\Delta_r H^\ominus(T_2) = \Delta_r H^\ominus(T_1) + \Delta_r C_p^\ominus(T_2 - T_1) \qquad \text{基尔霍夫定律的积分形式} \quad (2C.7d)$$

例题 2C.2　基尔霍夫定律的应用

298 K时，$H_2O(g)$的标准生成焓为 $-241.82\ kJ \cdot mol^{-1}$。相关的摩尔定压热容如下：$H_2O(g)$: $33.58\ J \cdot K^{-1} \cdot mol^{-1}$；$H_2(g)$: $28.84\ J \cdot K^{-1} \cdot mol^{-1}$；$O_2(g)$: $29.37\ J \cdot K^{-1} \cdot mol^{-1}$，并假设热容与温度无关，计算100 ℃时$H_2O(g)$的标准摩尔生成焓。

整理思路　在T_1到T_2范围内，当$\Delta_r C_p^\ominus$与温度无关时，可以应用基尔霍夫定律的积分形式［式（2C.7d）］。为此，先写出化学方程式，弄清楚每个反应组分的化学计量系数，然后再代入相关数据即可计算出$\Delta_r C_p^\ominus$。

解： 反应为 $H_2(g) + 1/2\ O_2(g) \longrightarrow H_2O(g)$，所以有

$$\Delta_r C_p^\ominus = C_{p,m}^\ominus(H_2O, g) - [C_{p,m}^\ominus(H_2, g) + \tfrac{1}{2} C_{p,m}^\ominus(O_2, g)]$$
$$= -9.94\ J \cdot K^{-1} \cdot mol^{-1}$$

于是就可以得到

$$\Delta_r H^\ominus(373\ K) = -241.82\ kJ \cdot mol^{-1} + 75\ K \times (-9.94\ J \cdot K^{-1} \cdot mol^{-1})$$
$$= -242.6\ kJ \cdot mol^{-1}$$

自测题 2C.2　根据表2C.5中的数据和*资源部分*中的热容数据，计算环己烷$C_6H_{12}(l)$在400 K时的标准生成焓。

答案： $-163\ kJ \cdot mol^{-1}$。

2C.4　实验技术

热化学的经典工具是量热计（专题2A和2B）。然而，技术的发展已经能够实现对质量只有几毫克的样品进行热量测量。

（a）差示扫描量热法

差示扫描量热计（differential scanning calorimeter，DSC）可测量出等压条件下物理变化或化学反应过程中样品吸收或释放的热。“差示”一词的含义是，DSC对样品的分析测量是在以那些在测量过程没有发生物理变化或化学反应的物质为参照物的基础上完成。“扫描”一词的含义则是指，在分析测量过程中，样品和参照物的温度是在连续升高或者说被扫描。

DSC由两个小隔室组成，可通过电加热方式对两个小隔室进行恒速升温。在温度线性扫描过程中，t时刻的温度为$T = T_0 + \alpha t$，其中T_0为初始温度，α为温度扫描速率。在整个分析过程中，由计算机控制加热电源的输入功率，以确保被测样品室和参照物室中的温度完全一致（图2C.2）。

如果温度T下样品没有发生物理变化或化学反应，则样品吸收的热记为$q_p = C_p \Delta T$，其中$\Delta T = T - T_0$，并假设C_p与温度无关。因为$T = T_0 + \alpha t$，所以$\Delta T = \alpha t$。如果升温过程中样品

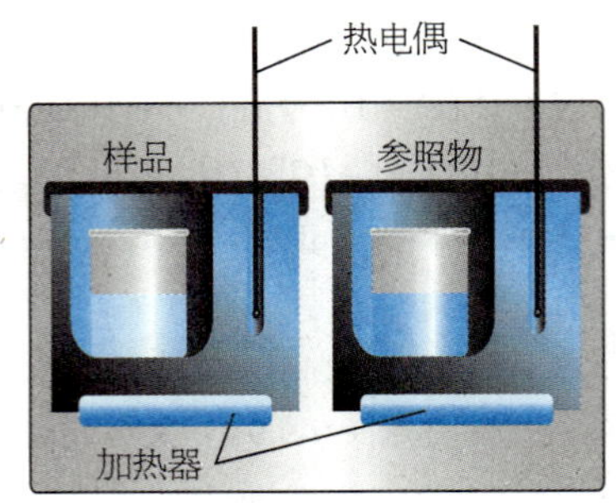

图2C.2 差示扫描量热计（分别在两个完全一样的金属热池对样品和参照物同步加热。为了保持两个金属热池的温度完全相等，需要向两个金属热池输入不同的加热功率，而量热计的输出信号就是分别向两个金属热池输入的加热功率的差值）

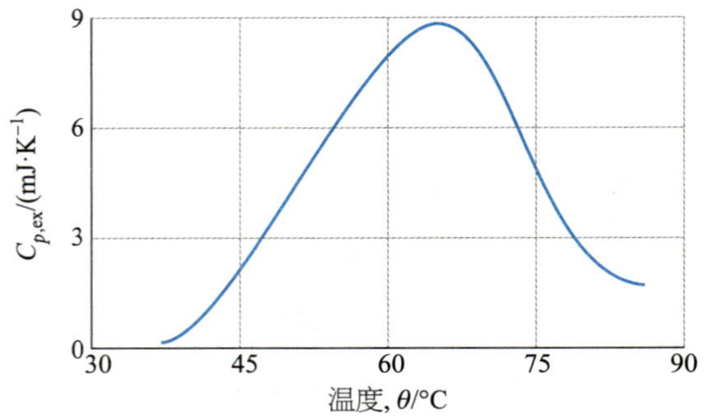

图2C.3 pH = 2.45时蛋白泛素的热－温图［该蛋白质在温度达到45℃时仍然保持其原有结构，当温度再继续升高时，就会出现热致构象变化。本图改编自B.Chowdhry, S. LeHarne. *J. Chem. Educ.* 74, 236（1997）］

发生了化学反应或物理变化，则样品温度与参照物温度产生相同变化时样品吸收的热为 $q_p + q_{p,\mathrm{ex}}$。

$q_{p,\mathrm{ex}}$ 的出现，表示在温度扫描过程中样品的定压热容由 C_p 变化为 $C_p + C_{p,\mathrm{ex}}$：

$$C_{p,\mathrm{ex}} = \frac{q_{p,\mathrm{ex}}}{\Delta T} = \frac{q_{p,\mathrm{ex}}}{\alpha t} = \frac{P_{\mathrm{ex}}}{\alpha} \tag{2C.8}$$

式中 $P_{\mathrm{ex}} = q_{p,\mathrm{ex}}/t$ 是为使样品室和参照物室的温度相等而需要输入的额外功率。DSC的记录结果称为**热－温图**（thermogram），也就是 $C_{p,\mathrm{ex}}$ 对温度 T 的变化曲线（图2C.3）。升温测试过程中的焓变则为

$$\Delta H = \int_{T_1}^{T_2} C_{p,\mathrm{ex}} \mathrm{d}T \tag{2C.9}$$

式中 T_1 和 T_2 分别是升温测试过程的起始温度和最终温度。这一关系式表明，焓变等于 $C_{p,\mathrm{ex}}$ 对温度 T 作图所得曲线下的面积。

（b）等温滴定量热法

等温滴定量热法（isothermal titration calorimetry, ITC）也是一种"差示"测量技术，测量过程就是将被测样品的热行为与基准物质的热行为进行比较。这种测量装置如图2C.4所示。其中一个导热容器的体积为几毫升，里面装有基准物质（如水）和一个加热功率为几毫瓦的加热器；另一个导热容器则装有试剂，如装含有结合位点的大分子溶液，这个容器中也装有一个加热器。在实验开始时，启动两个加热器，然后精确测量滴加到样品池中的第二种试剂的量（体积约为1 mm^3），滴定过程中，通过调整输入加热功率使样品池和基准池维持恒定温差，同时对输入的加热功率进行连续监测。如果反应是放热反应，则需要输入的加热功率就比较小，如果反应是吸热反应，则需要输入的加热功率就比较大。

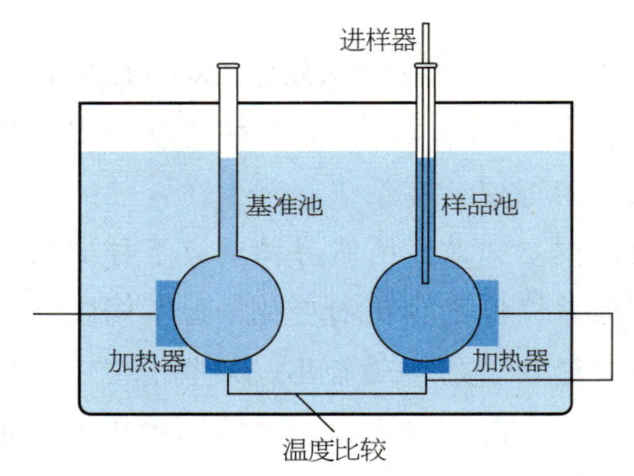

图2C.4 等温滴定量热法的测量装置示意图

图2C.5显示的是等温滴定量热法测量得到的典型结果，也就是维持恒定温差需要输入的功率变化：根据输入的功率和加热时长 Δt，可以计算出第 i 次滴加试剂时输入的热量 $q_i = P_i\Delta t$。如果溶液体积为 V，第 i 次滴加试剂时未反应试剂A的物质的量浓度为 c_i，则该次滴加过程中A的浓度变化为 Δc_i，滴定反应过程产生（或吸收）的热就是 $V\Delta_r H\Delta c_i = q_i$。已知反应物的初始浓度为每次滴定反应产生的 Δc_i 的和，则 q_i 的累积之和就是整个反应的 $\Delta_r H$。

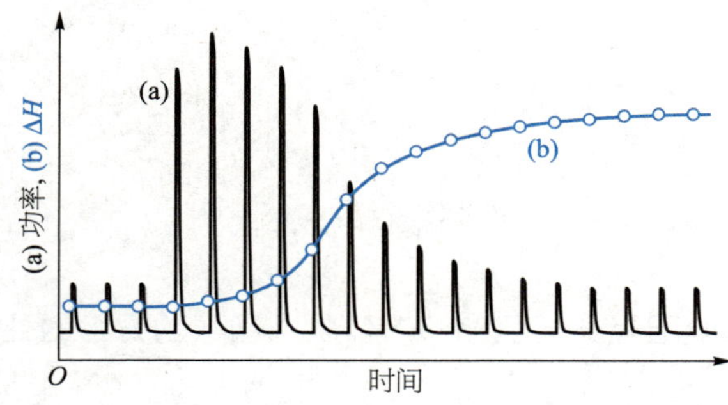

图2C.5 （a）每次滴加试剂时的输入功率记录；（b）滴定过程中焓连续变化的累积之和

概念清单

- ☐ 1. **标准转变焓**等于标准状态下转变中的等压热。
- ☐ 2. 物质在一指定温度的**标准状态**是1 bar下的纯物质。
- ☐ 3. **热化学方程式**是标注焓变数据的化学反应方程式。
- ☐ 4. **赫斯定律**指出，化学反应的标准反应焓等于分步完成该反应时各步反应的标准焓变之和。
- ☐ 5. **标准生成焓**是根据元素单质的参考态来进行定义的。
- ☐ 6. 元素单质的**参考态**是指定温度和1 bar下的最稳定状态。
- ☐ 7. **标准反应焓**可以表示成产物和反应物的标准生成焓的差值。
- ☐ 8. **基尔霍夫定律**描述的是反应焓与温度的关系。

公式清单

性质	公式	说明	公式编号
标准反应焓	$\Delta_r H^\ominus = \sum_{产物} \nu \Delta_f H^\ominus - \sum_{反应物} \nu \Delta_f H^\ominus$	ν：化学计量系数 ν_J：（带正、负号）化学计量数	2C.5
	$\Delta_r H^\ominus = \sum_J \nu_J \Delta_f H^\ominus(J)$		
基尔霍夫定律	$\Delta_r H^\ominus(T_2) = \Delta_r H^\ominus(T_1) + \int_{T_1}^{T_2} \Delta_r C_p^\ominus \mathrm{d}T$		2C.7a
	$\Delta_r C_p^\ominus = \sum_J \nu_J C_{p,m}^\ominus(J)$		2C.7c
	$\Delta_r H^\ominus(T_2) = \Delta_r H^\ominus(T_1) + (T_2 - T_1)\Delta_r C_p^\ominus$	如果$\Delta_r C_p^\ominus$与温度无关	2C.7d

专题2D

状态函数和全微分

▶ 为何需要学习这部分内容？

热力学可以提供不同性质之间的关系。本专题将介绍其关键程序即涉及状态函数的方程的处理方法。

▶ 核心思想是什么？

内能和焓是状态函数，这一事实导致了热力学性质之间的关系。

▶ 需要哪些预备知识？

需要了解内能和焓是状态函数（专题 2B 和 2C），并熟悉热容的概念，还需要能够使用几种涉及偏微分的简单关系式（专题 2A 中“化学家工具包 9”）。

状态函数（state function）是一种只与系统当前状态有关，而与其历史无关的性质。内能和焓是两个例子。其数值依赖于两个状态之间过程的物理量称为**过程函数**（path functions），到达某一状态而伴随的功和热是过程函数的例子。谈论特定状态的系统具有多少功或热是不恰当的。在任何一种情况下，以功或热传递的能量与两个状态之间发生的过程有关，而不是当前状态本身。

热力学丰富多彩的一个地方在于，它利用状态函数的数学性质来获得有关物理性质之间关系的深远结论，并因此建立令人无法预期的关联。该能力的重要实践意义在于可以通过组合不同性质的测量值来获取期待的性质的值。

2D.1 全微分和非全微分

假设一个系统正在经历如图2D.1所示的变化。系统的始态是i，该状态下内能是U_i。系统经绝热膨胀到状态f并做功。终态时，系统内能为U_f，系统通过途径1从状态i变为状态f时所做功为w。注意语言的使用：U是状态的性质，而w是过程的性质。现在考虑另一个过程（途径2），其始态和终态与途径1相同，但膨胀不是绝热的。始态和终态的内能与之前相同（因为U是状态函数）。然而，在途径2中，能量q'以热的形式传递给系统，功w'也与w不同。功和热是过程函数。

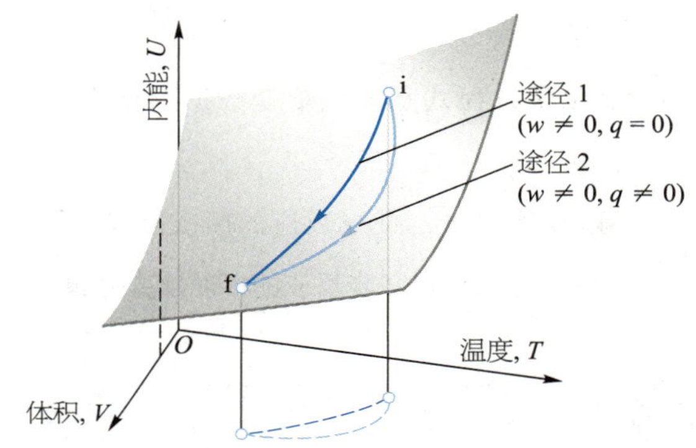

图2D.1 随着系统体积和温度的变化，内能发生变化。绝热和非绝热过程分别表示为途径1和途径2：它们对应的q和w的值不同，但是ΔU的值相同

如果系统通过某种途径（如加热）使U从U_i变化为U_f，总变化是沿途径的所有无穷小变化的总和（积分）：

$$\Delta U=\int_{i}^{f}\mathrm{d}U \tag{2D.1}$$

ΔU的值取决于系统的始态和终态，与它们之间的过程无关。通过说dU是一个“全微分”来表示这种与过程无关的积分。一般地，**全微分**（exact differential）是一个无穷小量，当其被积分时，所得结果与始态和终态之间的途径无关。

当系统被加热时，以热传递的总能量是途径上每一点贡献的总和：

$$q=\int_{\mathrm{i},途径}^{\mathrm{f}}\mathrm{d}q \qquad (2\mathrm{D}.2)$$

注意，式（2D.2）与式（2D.1）之间的差异。首先，积分的结果是q，而不是Δq，这是因为q不是状态函数，以热提供的能量不能表示为$q_\mathrm{f}-q_\mathrm{i}$。其次，必须指定积分途径，因为$q$取决于所选的途径（例如，绝热途径$q=0$，而对于具有相同两种状态的非绝热途径，则有$q\neq 0$）。这种与过程的相关性可表达为$\mathrm{d}q$为“非全微分”。一般来说，**非全微分**（inexact differential）是一个无穷小量，当其被积分时，所得结果与始态和终态之间的途径有关。$\mathrm{d}q$经常写成$\text{đ}q$，以强调其为非全微分，且需要指定途径。

系统从一个状态变化到另一个状态所做的功与发生在两个指定状态间的过程有关。例如，一般来说，绝热变化和非绝热变化所做的功是不同的。可见$\mathrm{d}w$是一个非全微分，通常写成$\text{đ}w$。

例题 2D.1　计算功、热和内能的变化

考虑一个带有活塞的气缸内的完美气体。设其始态为T、V_i，终态为T、V_f。多种方式可以实现该状态变化，其中最简单的两种如下：

- 途径1：反抗零外压的自由膨胀；
- 途径2：等温可逆膨胀。

计算每个过程的w、q和ΔU。

整理思路　为了寻找热力学计算的起点，通常一种好的方法是回到第一性原则并寻找一种用其他更容易计算的物理量表示需要计算的物理量的表达式。正如专题2B所讨论的，完美气体的内能仅与温度有关，而与这些分子占据的体积无关。因此，对于任何等温变化，均有$\Delta U=0$。而且，一般地$\Delta U=q+w$。要解此题，需要选择并组合专题2A中讨论的合适的做功表达式。

解：因为两个过程的$\Delta U=0$，并且$\Delta U=q+w$，故在每种情况下均有$q=-w$。自由膨胀做功为零［专题2A中式（2A.7），$w=0$］，因此在途径1中，$w=0$，则$q=0$。对于途径2，做的功由专题2A中的式（2A.9）$[w=-nRT\ln(V_\mathrm{f}/V_\mathrm{i})]$给出，因此$q=nRT\ln(V_\mathrm{f}/V_\mathrm{i})$。

自测题2D.1　完美气体反抗恒定非零外压不可逆等温膨胀，计算q、w和ΔU的值。

答案：$q=p_\mathrm{ex}\Delta V$，$w=-p_\mathrm{ex}\Delta V$，$\Delta U=0$。

2D.2　内能的变化

考虑一个具有恒定组成的封闭系统（在本专题其余部分都是该类系统），其内能U可被视为V、T和p的函数。但是，因为存在一个状态方程可以将这些变量相互关联（专题1A），因而指定其中两个变量的值就可以确定第三个变量的值。则仅需用两个独立变量就可写出U：V和T，p和T，或p和V。将U表示为体积和温度的函数可得到最简单的表达式。

（a）概述

由于内能是体积和温度的函数，当两个变量变化时，内能的变化为

$$\mathrm{d}U=\left(\frac{\partial U}{\partial V}\right)_T\mathrm{d}V+\left(\frac{\partial U}{\partial T}\right)_V\mathrm{d}T \qquad (2\mathrm{D}.3)$$

U随T和V变化的一般表达式

对该等式的解释是，在一个恒定组成的封闭系统中，内能的任何无穷小变化量都正比于体积和温度的无穷小变化量，比例系数是两个偏导数（图2D.2）。

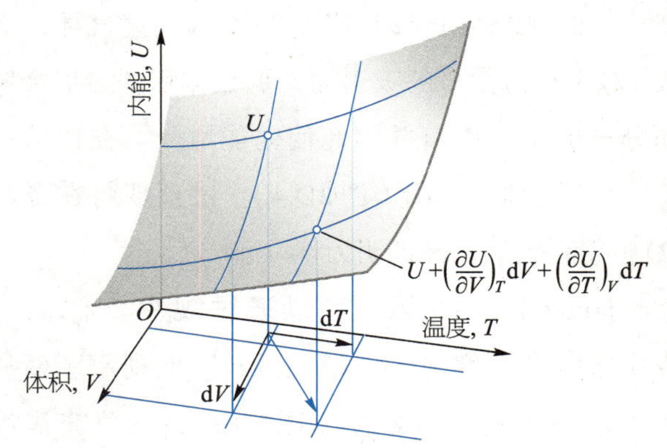

图2D.2　V和T都改变时引起U的总变化用$\mathrm{d}U$表示。如果忽略二阶无穷小，则总变化是每个变量各自变化的总和

在多数情况下，偏导数都具有直接的物理意义，只有当其没有物理意义时，热力学才变得抽象和难懂。如专题2A所介绍的，$(\partial U/\partial T)_V$项为定容热容$C_V$。另一比例系数$(\partial U/\partial V)_T$，用$\pi_T$表示，在热力学中起主要作用，因为它是在等温时物质内能随体积变化的量度（图2D.3）。π_T具有与压力相同的量纲，但它是由样品内分子之间的相互作

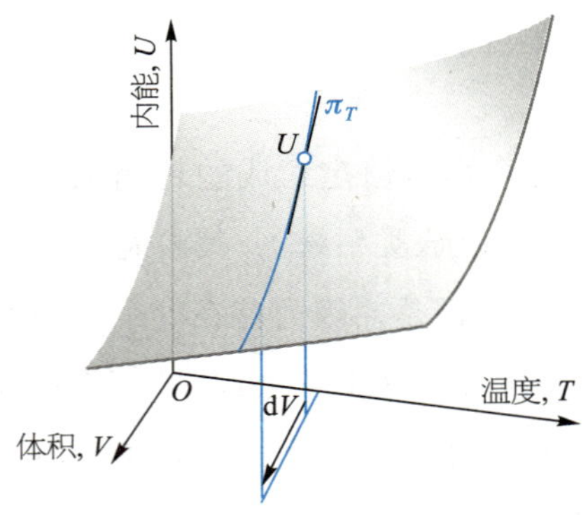

图2D.3　内压π_T是温度恒定时U相对于V的斜率

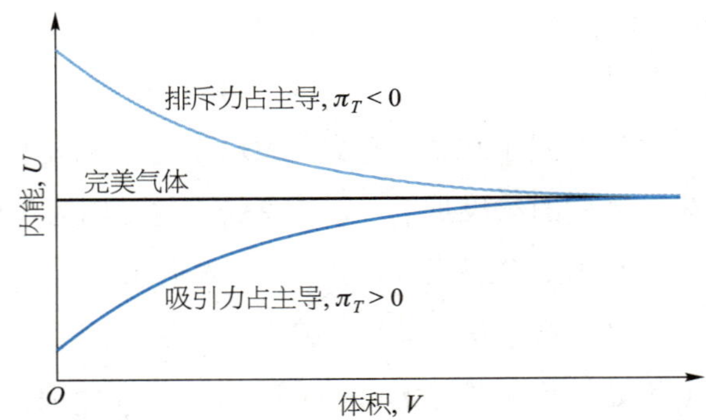

图2D.4　对于完美气体，内能与体积无关（在恒定温度下）。如果吸引力在真实气体中占主导地位，则内能随体积增大而增大，因为平均来说分子之间变得更远。如果排斥力占主导地位，则内能随着气体膨胀而减小

用而产生的，故称为**内压**（internal pressure）：

$$\pi_T=\left(\frac{\partial U}{\partial V}\right)_T \quad \text{内压［定义］} \qquad (2D.4)$$

鉴于C_V和π_T的表示式，则式（2D.3）可以改写成

$$\mathrm{d}U=\pi_T\,\mathrm{d}V+C_V\,\mathrm{d}T \qquad (2D.5)$$

正如专题3D中要介绍到的，$\pi_T=0$（即内能与样品所占据的体积无关）可以被作为完美气体的定义，因为其暗示了状态方程$pV\propto T$。从分子层面看，当分子之间没有相互作用时，内能与它们之间的距离无关，因此也就与样品的体积无关，则$\pi_T=0$。如果用含a的范德华方程描述气体，系数a对应于占优势的吸引力，那么体积的增加会增加分子的平均距离并因此使内能增大。在该情况下，可以预期$\pi_T>0$（图2D.4）。该预期将在专题3D中得到确认，并证明为$\pi_T=na/V^2$。

James Joule设想，可以通过观察气体向真空膨胀时其温度的变化来测量π_T。他利用了两只浸入水浴中的金属容器（图2D.5），一只充满约22 atm的空气，另一只抽真空。然后，他打开旋塞阀使空气向真空容器膨胀，并尝试测量水浴中水温的变化。他观察到温度没有发生变化。

该实验的热力学含义如下：气体向真空膨胀时不做功，所以$w=0$；因为水浴的温度没有变化，所以$q=0$，没有以热的形式的能量进入或离开系统（气体）。因此，在实验的准确性范围内，$\Delta U=0$。因此，Joule得出结论：气体等温膨胀时，U不变，$\pi_T=0$。然而，他的实验是粗糙的。该设

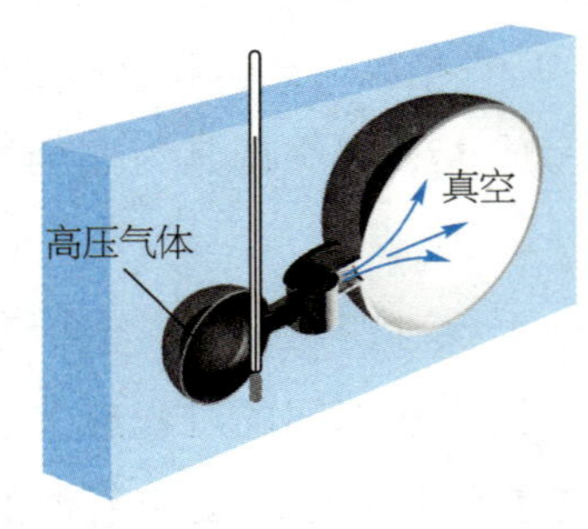

图2D.5　Joule用于测量气体等温膨胀时内能变化的装置示意图（气体吸收的热与水浴的温度变化成比例）

备的热容量是如此之大，以至温度变化（对于实际气体确实会发生）太小而无法测量。但Joule已经提炼出了气体的本质极限性质，即完美气体的特性，而没有检测到实际气体的微小差异性。

（b）等压下的内能变化

偏导数具有许多有用的性质，一部分总结在专题2A的“化学家工具包9”中。熟练使用它们，通常可以将一些不熟悉的量转换为熟悉的、可解释的和可测量的量。

例如，要知道系统在等压而不是等容变化时，内能是如何随温度变化的，首先在式（2D.5）的两侧都除以$\mathrm{d}T$，然后对得到的微分施加等压条件，则左边的$\mathrm{d}U/\mathrm{d}T$变为$(\partial U/\partial T)_p$，此时式（2D.5）变为

$$\left(\frac{\partial U}{\partial T}\right)_p=\pi_T\left(\frac{\partial V}{\partial T}\right)_p+C_V$$

正如已经强调的那样，在热力学中明智的做法是检验推导结果中是否包含任何已知的物理量。该

表达式中右侧的偏微分是体积对温度（等压下）曲线的斜率。该性质通常被称为物质的**膨胀系数**（expansion coefficient）α，其定义为

$$\alpha=\frac{1}{V}\left(\frac{\partial V}{\partial T}\right)_p \quad \text{膨胀系数[定义]} \quad (2D.6)$$

物理上α是体积随温度升高而变化的分数。较大的α值意味着样品的体积对温度变化的响应较为强烈。表2D.1列出了一些物质的α实验值。为了以后参考，还列出了**等温压缩系数**（isothermal compressibility）κ_T，其定义为

$$\kappa_T=-\frac{1}{V}\left(\frac{\partial V}{\partial p}\right)_T \quad \text{等温压缩系数[定义]} \quad (2D.7)$$

等温压缩系数是压力增加时体积变化分数的量度；定义中的负号确保压缩系数为正值，因为压力的增加（意味着正的dp），导致体积减小，dV为负值。

表2D.1 298 K时一些物质的膨胀系数（α）和等温压缩系数（κ_T）*

	$\alpha/(10^{-4}\ \mathrm{K}^{-1})$	$\kappa_T/(10^{-6}\ \mathrm{bar}^{-1})$
液体：		
苯	12.4	90.9
水	2.1	49.0
固体：		
金刚石	0.030	0.185
铅	0.861	2.18

* 更多的数据参见资源部分。

例题 2D.2 计算气体的膨胀系数

推导完美气体膨胀系数的表达式。

整理思路 式（2D.6）定义了膨胀系数。要使用此式，需要代入V对T的微分项，而这可根据气体状态方程求得。正如式（2D.6）中下标所示，压力p被视为常数。

解： 因为$pV=nRT$，可写出

$$\alpha=\frac{1}{V}\left(\frac{\partial V}{\partial T}\right)_p \overset{pV=nRT}{=} \frac{1}{V}\left[\frac{\partial(nRT/p)}{\partial T}\right]_p=\frac{1}{V}\times\frac{nR}{p}=\frac{nR}{pV}\overset{pV=nRT}{=}\frac{nR}{nRT}=\frac{1}{T}$$

该结果的物理意义是，温度越高，完美气体的体积对温度变化的响应越小。

自测题 2D.2 推导完美气体的等温压缩系数表达式。

答案：$\kappa_T=1/p$。

将α的定义引入$(\partial U/\partial T)_p$的等式中，可得

$$\left(\frac{\partial U}{\partial T}\right)_p=\alpha\pi_T V+C_V \quad (2D.8)$$

该式为通式（针对封闭体系并且组成恒定），表示压力恒定时内能与温度的变化依赖关系与C_V相关，C_V可由实验测得；与α相关，α可由另一个实验测得，并与内压π_T相关。对于完美气体，$\pi_T=0$，于是有

$$\left(\frac{\partial U}{\partial T}\right)_p=C_V \quad (2D.9)$$

这就是说，尽管完美气体的定容热容定义为体积恒定时内能对温度作图所得曲线的斜率，对于完美气体，C_V也是压力恒定时内能对温度作图所得曲线的斜率。

式（2D.9）提供了一种简单推导完美气体C_p和C_V之间关系的方法（C_p和C_V是不同的，如专题2B所述，当体积不恒定时，以热的形式提供的能量部分会以膨胀功的形式回到环境中）。首先，写出

$$C_p-C_V=\overbrace{\left(\frac{\partial H}{\partial T}\right)_p}^{C_p\text{的定义}}-\overbrace{\left(\frac{\partial U}{\partial T}\right)_p}^{\text{式(2D.9)}}$$

接着，在第一项中引入$H=U+pV=U+nRT$，得

$$C_p-C_V=\left[\frac{\partial(U+nRT)}{\partial T}\right]_p-\left(\frac{\partial U}{\partial T}\right)_p=nR \quad (2D.10)$$

对于任意物质，一般结果（其证明需用热力学第二定律，将在主题3中介绍）是

$$C_p-C_V=\frac{\alpha^2 TV}{\kappa_T} \quad (2D.11)$$

当$\alpha=1/T$及$\kappa_T=1/p$时，式（2D.11）简化成完美气体的式（2D.10）。因为液体和固体的膨胀系数α很小，所以很容易从式（2D.11）简化得到$C_p\approx C_V$。但并非总是这样，因为压缩系数κ_T也可能很小，因此α^2/κ_T可能很大。也就是说，尽管在推动大气返回时只需要做少量的功，但是固体膨胀时，则需要大量的功来拉动原子使之彼此分开。

简要说明2D.1

表2D.1给出了298 K时水的膨胀系数和等温压缩系数分别为$2.1\times10^{-4}\ K^{-1}$和$49.0\times10^{-6}\ bar^{-1}$ ($4.90\times10^{-10}\ Pa^{-1}$)。该温度下，水的摩尔体积$V_m=M/\rho$（$\rho$为质量密度）为$18.1\ cm^3\cdot mol^{-1}$（$1.81\times10^{-5}\ m^3\cdot mol^{-1}$）。因此，根据式（2D.11），摩尔热容的差（用$V_m$代替$V$）是

$$C_{p,m}-C_{V,m}=\frac{(2.1\times10^{-4}\ K^{-1})^2\times298\ K\times(1.81\times10^{-5}\ m^3\cdot mol^{-1})}{4.90\times10^{-10}\ Pa^{-1}}$$

$$=0.485\ Pa\cdot m^3\cdot K^{-1}\cdot mol^{-1}=0.485\ J\cdot K^{-1}\cdot mol^{-1}$$

对于水，$C_{p,m}=75.3\ J\cdot K^{-1}\cdot mol^{-1}$，因此$C_{V,m}=74.8\ J\cdot K^{-1}\cdot mol^{-1}$。在一些情况下，这两种热容相差达30%。

2D.3 焓变

对于焓$H=U+pV$，也可以进行类似的运算。变量U、p、V都是状态函数，因此H也是状态函数，dH是全微分。结果表明，当压力可被控制时，H是一个很有用的热力学函数：其标志是关系式$\Delta H=q_p$［式（2B.2b）］。因此，H可以看作是p和T的函数，2D.2节中关于U的变化论证可用于获得温度恒定时H随压力变化的关系式。

如何完成？2D.1 推导焓随压力和温度变化的表达式

考察一个组成恒定的封闭系统。由于H是p和T的函数，当这两个量发生微小变化时，焓变为

$$dH=\left(\frac{\partial H}{\partial p}\right)_T dp+\left(\frac{\partial H}{\partial T}\right)_p dT$$

第二个偏导数为C_p。现在的任务是用可识别量表示$(\partial H/\partial p)_T$。如果焓为常数，则$dH=0$，于是有

$$\left(\frac{\partial H}{\partial p}\right)_T dp=-C_p dT \qquad H\text{恒定}$$

两边同除以dp，则给出

$$\left(\frac{\partial H}{\partial p}\right)_T=-C_p\left(\frac{\partial T}{\partial p}\right)_H=-C_p\mu$$

式中μ为**焦耳-汤姆孙系数**（Joule–Thomson coefficient）其定义为

$$\mu=\left(\frac{\partial T}{\partial p}\right)_H \qquad \text{焦耳-汤姆孙系数［定义］} \qquad (2D.12)$$

由此得到

$$dH=-\mu C_p dp+C_p dT \qquad \text{焓随温度和压力的变化} \qquad (2D.13)$$

简要说明2D.2

298 K和1 atm时氮气的焦耳-汤姆孙系数（表2D.2）为$+0.27\ K\cdot atm^{-1}$（注意：μ是强度性质）。等焓条件下，气体压力经历-10 atm的变化而引起的温度变化为

$$\Delta T\approx\mu\Delta p=+0.27\ K\cdot atm^{-1}\times(-10\ atm)=-2.7\ K$$

表2D.2 298 K和1 atm时一些物质的转化温度(T_I)、正常凝固点(T_f)、沸点(T_b)及焦耳-汤姆孙系数(μ)*

	T_I/K	T_f/K	T_b/K	μ/(K·atm^{-1})
Ar	723	83.8	87.3	
CO_2	1 500	194.7	+1.10	+1.11(300 K)
He	40	4.2	4.22	−0.062
N_2	621	63.3	77.4	+0.27

* 更多的数据参见资源部分。

2D.4 焦耳-汤姆孙效应

焦耳-汤姆孙系数的分析是与气体液化相关的技术问题的核心。为了测量该系数，必须测量等焓过程中温度变化与压力变化的比值$\Delta T/\Delta p$。James Joule和William Thomson提出了一种巧妙的方法，施加了所需等焓约束，这样膨胀就是**等焓**（isoenthalpic）膨胀。他们让气体通过多孔屏障从某一恒定的压力膨胀到另一压力，并监测膨胀过程中产生的温差（图2D.6）。他们观察到的这种因等焓膨胀而产生的温度变化称为**焦耳-汤姆孙效应**（Joule-Thomson effect）。

“林德制冷机”利用焦耳-汤姆孙效应来液化气体（图2D.7）。高压气体通过节流阀膨胀，气体冷却并作为进气而循环。这些气体先被冷却，紧接着又通过膨胀进一步得到冷却。经多次循环后的气体不断冷却以至其可以凝结成液体。

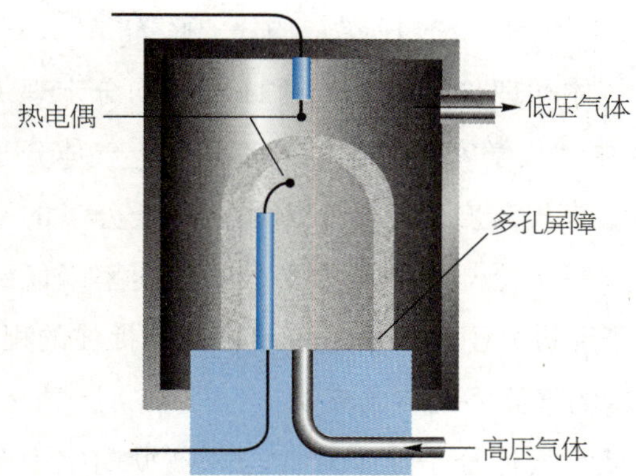

图2D.6　测量焦耳–汤姆孙效应的仪器（气体通过多孔屏障膨胀，多孔屏障起节流阀的作用，整个装置是隔热的。正如文中所解释的，这种安排对应于等焓膨胀。膨胀是否导致气体的加热或冷却取决于条件）

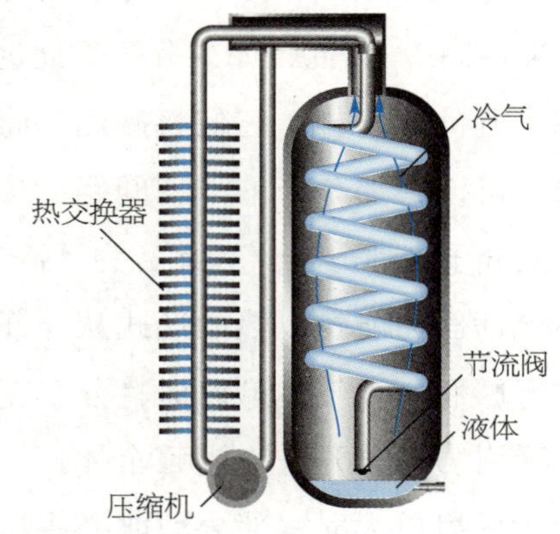

图2D.7　林德制冷机原理示意图（气体循环，只要温度低于转化温度，气体经节流阀膨胀会冷却。冷的气体使高压气体冷却，而高压气体在膨胀时又进一步冷却。最终液化的气体从节流阀滴下）

（a）焦耳–汤姆孙实验

Joule和Thomson所用的仪器是绝热的，所以过程是绝热的。通过考察每一阶段所做的功，可以证明膨胀是等焓过程。

如何完成？2D.2　证明焦耳–汤姆孙实验中的膨胀

由于气体的所有变化都是绝热的，故是等焓的，$q=0$，因此$\Delta U=w$。

步骤1　*计算总功*

考察一定量的压力为p_i、温度为T_i、体积为V_i的气体从高压侧通过壁垒时所做的功（图2D.8）。

相同量的气体进入低压侧，压力为p_f，温度为T_f，体积为V_f。左边的气体被上游气体（其作用如同一个活塞）等温压缩。相应压力为p_i，体积从V_i变为0。因此，对气体所做的功是

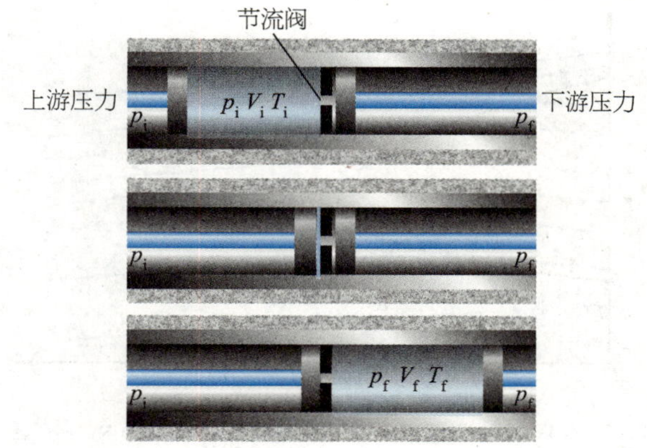

图2D.8　焦耳–汤姆孙膨胀的热力学基础（活塞代表了上游和下游的气体，以维持节流阀两侧气体压力恒定。从该图的顶部过渡到底部，表示一定量的气体通过节流阀，未发生焓的变化）

$$w_1=-p_i(0-V_i)=p_iV_i$$

壁垒右边的气体反抗压力p_f而作等温膨胀（但可能是另一个不同的温度），该压力p_f由作用类似活塞的下游气体提供。体积从0变到V_f，所以这一步对气体做的功是

$$w_2=-p_f(V_f-0)=-p_fV_f$$

对气体所做的总功是这两个量之和，即

$$w=w_1+w_2=p_iV_i-p_fV_f$$

步骤2　*计算内能的变化*

于是，当气体绝热地从壁垒的一侧移动到另一侧时，其内能的变化为

$$U_f-U_i=w=p_iV_i-p_fV_f$$

步骤3　*计算初始焓和最终焓*

重组前面的表达式，并注意到$H=U+pV$，则

$$U_f+p_fV_f=U_i+p_iV_i \text{或} H_f=H_i$$

因此，膨胀过程中未发生焓的变化。

对于完美气体，$\mu=0$；因此，经焦耳–汤姆孙膨胀，完美气体的温度不变。该特征清楚地表明分子间作用力在决定焦耳–汤姆孙效应大小上的作用。

实际气体具有非零焦耳–汤姆孙系数。随着气体的性质、压力、分子间吸引力和排斥力的相对大小及温度的不同，焦耳–汤姆孙系数的符号可能为正，也可能为负（图2D.9）。正号表示当dp为负时dT亦为负。此时，气体膨胀时冷却。然而，对于真实气体，即使其压力较小，甚至其状态方程接近完美气体，其焦耳–汤姆孙系数也并非一定接近于零。与专题1C中所讨论的性质相似，该

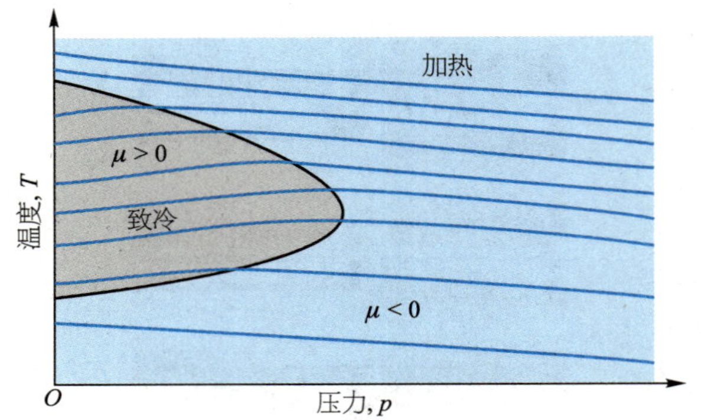

图2D.9　焦耳－汤姆孙系数μ的符号与条件有关。在边界内，灰色区域为正，外面为负。在给定压力下，与边界相对应的温度为该压力下气体的“转化温度”。绝热条件下压力的降低使系统沿着等焓线（蓝色线）移动。转化曲线则穿过各等焓线上斜率由负变正的点

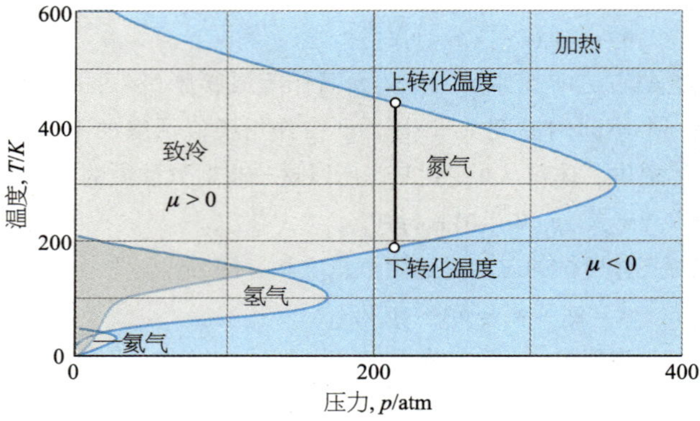

图2D.10　三种实际气体（氮、氢和氦）的转化温度

系数与微分有关，而不是p、V和T本身。

在某温度下表现出加热效应（$\mu < 0$）的气体，当温度低于其上**转化温度**（inversion temperature）时，则表现出致冷效应（$\mu > 0$）（表2D.2，图2D.10）。如图2D.10所示，气体通常有两个典型的转化温度。

（b）焦耳－汤姆孙效应的分子解释

气体动理论模型（专题1B）和均分定理（专题2A中“化学家工具包7”）都表明，气体分子的平均动能与温度成正比。因此，降低分子的平均速率等同于冷却气体。如果分子的速率降低到相邻分子通过分子间吸引力可被相互捕捉住的程度，则冷却的气体将凝结成液体。

减小气体分子速率效应与球被抛向空中时所看到的情形类似：当球上升时，为了应对地球重力作用而减速，其动能转化为势能。正如专题1C中所见，实际气体分子相互吸引（吸引力不是重力，但效果相同）。因此，如果分子彼此远离，就像从行星上升的球一样，它们将减速。简单地使气体膨胀，可以增加分子的平均间距，从而可以很容易地使分子彼此分离。因此，为了冷却气体，必须在不允许任何能量以热的形式从外部进入的情况下进行膨胀。当气体膨胀时，分子克服与相邻分子的吸引力而分开并充满整个体积。因为当分子间距离变得更大时，部分动能必将转化为势能，所以当分离程度增加时，分子的移动速率更慢，温度下降。对于处在吸引作用占优势[$Z < 1$，其中Z为式（1C.1）中定义的压缩因子，$Z = V_m/V_m^\circ$]条件下的实际气体，观察到了对应于$\mu > 0$的致冷效应，这是因为分子必须反抗吸引力而分开，以使其运动更慢。对于处在以排斥作用为主的条件下的分子（$Z > 1$），焦耳－汤姆孙效应使气体变暖，或$\mu < 0$。

概念清单

☐ 1. dU是全微分，但dw和dq不是。

☐ 2. 内能的变化可以用温度和体积的变化来表示。

☐ 3. **内压**是等温时内能随体积的变化。

☐ 4. **焦耳实验**表明完美气体的内压为零。

☐ 5. 内能随着压力和温度的变化可用内压和热容来表示，从而得到热容之间关系的一般式。

☐ 6. **焦耳－汤姆孙效应**是气体进行等焓膨胀时温度的变化。

公式清单

性质	公式	说明	公式编号
$U(V, T)$的变化	$\mathrm{d}U=(\partial U/\partial V)_T\mathrm{d}V+(\partial U/\partial T)_V\mathrm{d}T$	组成恒定	2D.3
内压	$\pi_T=(\partial U/\partial V)_T$	定义，对于完美气体，$\pi_T=0$	2D.4
$U(V, T)$的变化	$\mathrm{d}U=\pi_T\mathrm{d}V+C_V\mathrm{d}T$	组成恒定	2D.5
膨胀系数	$\alpha=(1/V)(\partial V/\partial T)_p$	定义	2D.6
等温压缩系数	$\kappa_T=-(1/V)(\partial V/\partial p)_T$	定义	2D.7
热容间的关系	$C_p-C_V=nR$	完美气体	2D.10
	$C_p-C_V=\alpha^2TV/\kappa_T$		2D.11
焦耳－汤姆孙系数	$\mu=(\partial T/\partial p)_H$	对于完美气体，$\mu=0$	2D.12
$H(p, T)$的变化	$\mathrm{d}H=-\mu C_p\mathrm{d}p+C_p\mathrm{d}T$	组成恒定	2D.13

专题2E

绝热变化

► 为何需要学习这部分内容?

绝热过程是等温过程的补充，用于讨论热力学第二定律。

► 核心思想是什么?

当完美气体在绝热膨胀中做功时，其温度就会下降。

► 需要哪些预备知识?

本专题需要用到气体的性质（专题1A），特别是完美气体定律。还需使用定容热容（专题2A）和定压热容定义（专题2B），以及它们之间的关系（专题2D）。

当气体（在一隔热容器中）绝热膨胀时，温度下降。由于对外做功，又没有热进入系统，内能会下降，因此温度也会下降。从分子层面看，分子的动能随着做功而减小，因而其平均速率降低，因此温度也会下降。

2E.1 温度变化

当温度由T_i变为T_f，体积由V_i变为V_f时，完美气体的内能变化可表示为两步之和（图2E.1）。在第一步，只有体积发生变化，而温度恒定在初始值不变。但是，由于完美气体的内能与体积无关（专题2A），故内能的总变化完全来自第二步，即等容下温度的变化。假设热容与温度无关，则内能的变化为

$$\Delta U=(T_F-T_i)C_V=C_V\Delta T$$

因为膨胀是绝热的，$q=0$；又因为$\Delta U=q+w$，所以$\Delta U=w_{ad}$。下标“ad”表示绝热过程。因此，根据两个ΔU的表达式，得

$$w_{ad}=C_V\Delta T \quad \text{绝热过程功[完美气体]} \quad (2E.1)$$

也就是说，完美气体在绝热膨胀过程中所做的功与始态和终态之间的温度差成正比。这正是分子理论所预期的结果，这是因为平均动能与T成正比，所以仅由温度引起的内能变化也与ΔT成正比。根据以上讨论，可以计算完美气体经绝热可逆膨胀（在隔热容器中可逆膨胀）时的温度变化。

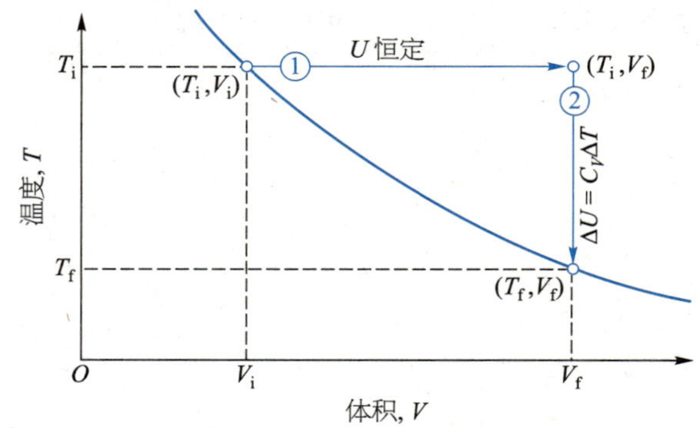

图2E.1 为了实现从某一温度和体积的状态到另一温度和体积状态的变化，将总的变化分为两个步骤。在第一步中，系统等温膨胀，如果系统由完美气体组成，则内能没有变化。在第二步中，系统温度在等容下降低。总的内能变化为这两步变化之和

如何完成? 2E.1 推导绝热可逆膨胀温度变化的表达式

考虑当内外压力均为p时完美气体绝热可逆膨胀中的一步。可逆过程时，常用的方法是考虑在给定条件下其做无穷小变化，然后按照以下步骤推导。

步骤1 *写出关联温度和体积变化的关系式*

气体可逆膨胀dV所做的功为$dw=-pdV$。该表达式适用于任何可逆变化过程，包括绝热变化。于是，特别地$dw_{ad}=-pdV$。由于绝热变化$dq=0$，因此，$dU=dw_{ad}$（$\Delta U=w_{ad}$的微分形式）。对于完美气体，$dU=C_VdT$（$\Delta U=C_V\Delta T$的微分形式）。通过这些表达式，得到

$$C_VdT=-pdV$$

对于完美气体，p可被nRT/V代替，故可得$C_V\mathrm{d}T=-(nRT/V)\mathrm{d}V$，于是有

$$\frac{C_V\mathrm{d}T}{T}=-\frac{nR\mathrm{d}V}{V}$$

步骤2 *积分上式计算总变化*

为了积分上式，等式两边的积分上下限必须匹配。注意到T值在V为V_i时，等于T_i；当V为V_f时，则等于T_f。因此有

$$C_V\int_{T_i}^{T_f}\frac{\mathrm{d}T}{T}=-nR\int_{V_i}^{V_f}\frac{\mathrm{d}V}{V}$$

假设式中C_V与温度无关，由积分A.2可得

$$C_V\ln\frac{T_f}{T_i}=-nR\ln\frac{V_f}{V_i}$$

步骤3 *简化表达式*

由于$\ln(x/y)=-\ln(y/x)$，上述表达式可以重排为

$$\frac{C_V}{nR}\ln\frac{T_f}{T_i}=\ln\frac{V_i}{V_f}$$

接下来，注意到$C_V/nR=C_{V,\mathrm{m}}/R=c$，以及$\ln x^a=a\ln x$，则

$$\ln\left(\frac{T_f}{T_i}\right)^c=\ln\frac{V_i}{V_f}$$

上式意味着$(T_f/T_i)^c=V_i/V_f$，据此重排后，得

$$T_f=T_i\left(\frac{V_i}{V_f}\right)^{1/c}\quad c=C_{V,\mathrm{m}}/R \tag{2E.2a}$$

温度变化［绝热可逆膨胀，完美气体］

将上式两边改写成用幂c表示，并简单重排后，得相应表达式：

$$V_iT_i^c=V_fT_f^c\quad c=C_{V,\mathrm{m}}/R \tag{2E.2b}$$

温度变化［绝热可逆膨胀，完美气体］

该结果通常总括为$VT^c=$常数的形式。

简要说明2E.1

假设0.020 mol Ar初始温度为25 ℃，从0.50 dm³经绝热可逆膨胀到1.00 dm³。氩的摩尔定容热容为12.47 J · K⁻¹ · mol⁻¹，故$c=1.501$。因此，从式（2E.2a）可得

$$T_f=298\ \mathrm{K}\times\left(\frac{0.50\ \mathrm{dm}^3}{1.00\ \mathrm{dm}^3}\right)^{1/1.501}=188\ \mathrm{K}$$

由此可得$\Delta T=-110$ K。因此，从式（2E.1）可得

$$w_{\mathrm{ad}}=0.020\ \mathrm{mol}\times12.47\ \mathrm{J\cdot K^{-1}\cdot mol^{-1}}\times(-110\ \mathrm{K})=-27\ \mathrm{J}$$

注意：温度的变化值与气体的量无关，但功则不然。

2E.2 压力变化

完美气体经历绝热可逆膨胀其压力可由式（2E.2a）计算。

如何完成？2E.2 推导绝热可逆膨胀过程中压力与体积的关系式

完美气体的始态和终态均符合完美气体定律，因此无论状态如何变化，都可以用$pV=nRT$，并可以写成

$$\frac{p_iV_i}{p_fV_f}=\frac{T_i}{T_f}$$

然而，$T_i/T_f=(V_f/V_i)^{1/c}$［式（2E.2a）］，因此有

$$\frac{p_iV_i}{p_fV_f}=\left(\frac{V_f}{V_i}\right)^{1/c},\text{于是}\ \frac{p_i}{p_f}\left(\frac{V_i}{V_f}\right)^{\frac{1}{c}+1}=1$$

对于完美气体$C_{p,\mathrm{m}}-C_{V,\mathrm{m}}=R$（专题2B），则

$$\frac{1}{c}+1=\frac{1+c}{c}=\frac{R+C_{V,\mathrm{m}}}{C_{V,\mathrm{m}}}=\frac{C_{p,\mathrm{m}}}{C_{V,\mathrm{m}}}=\gamma$$

因此有

$$\frac{p_i}{p_f}\left(\frac{V_i}{V_f}\right)^{\gamma}=1$$

重新排列为

$$p_fV_f^{\gamma}=p_iV_i^{\gamma} \tag{2E.3}$$

压力变化［绝热可逆膨胀，完美气体］

该结论通常概括成$pV^\gamma=$常数的形式。

对于单原子完美气体，$C_{V,\mathrm{m}}=3R/2$（专题2A），$C_{p,\mathrm{m}}=5R/2$（根据$C_{p,\mathrm{m}}-C_{V,\mathrm{m}}=R$），因此$\gamma=5/3$。对于非线性多原子气体分子（有平动也有转动；常温下振动贡献很小），$C_{V,\mathrm{m}}=3R$，$C_{p,\mathrm{m}}=4R$，所以$\gamma=4/3$。绝热变化过程中的压力随体积变化的曲线称为**绝热线**（adiabats），图2E.2所示的为可逆路径。因为$\gamma>1$，对应于等温线（$p\propto1/V$），绝热线下降幅度（$p\propto1/V^\gamma$）

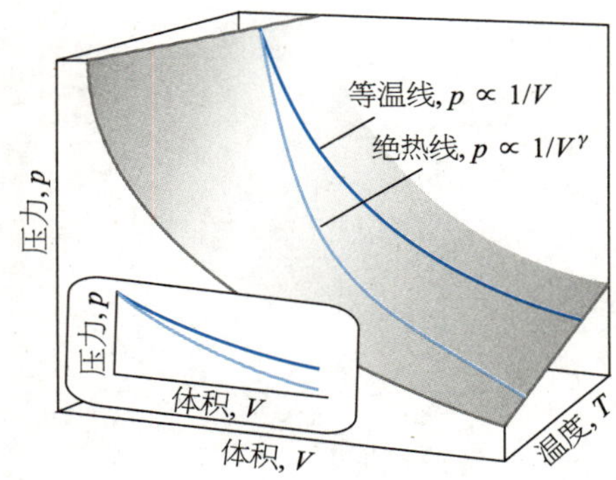

图2E.2 气体绝热可逆膨胀过程中压力随体积的变化（注意，相对于等温过程而言，绝热过程因为温度降低，所以压力下降更陡）

更陡。产生这种差异的物理原因是，等温膨胀时，能量以热的形式进入系统以维持该温度，其结果是压力不会像绝热膨胀那样快速下降。

简要说明2E.2

100 kPa 氩气样品（其$\gamma = 5/3$）可逆地绝热膨胀到其初始体积的两倍时，最终压力为

$$p_f = \left(\frac{V_i}{V_f}\right)^\gamma p_i = \left(\frac{1}{2}\right)^{5/3} \times 100\ \text{kPa} = 31\ \text{kPa}$$

对于体积加倍的等温膨胀，最终压力则为 50 kPa。

概念清单

- □ 1. 当气体绝热膨胀对外做功时，其温度下降。
- □ 2. **绝热线**表示绝热过程中压力是如何随体积变化的。

公式清单

性质	公式	说明	公式编号
绝热膨胀功	$w_{ad} = C_V \Delta T$	完美气体	2E.1
终态温度	$T_f = T_i(V_i/V_f)^{1/c}$，$c = C_{V,m}/R$	完美气体，绝热可逆膨胀	2E.2a
	$V_i T_i^c = V_f T_f^c$		2E.2b
绝热线	$p_f V_f^\gamma = p_i V_i^\gamma$		2E.3
	$\gamma = C_{p,m}/C_{V,m}$		

主题 2　热力学第一定律——讨论题、练习题、问题及综合题

假设所有气体都是完美气体，所有热化学数据均为298.15 K下数据，除非另有说明。

专题 2A　内能

讨论题

D2A.1 描述和区分物理化学中“系统”和“状态”这两个词的各种用法。

D2A.2 分别用热力学术语和分子术语（参照布居数和能级），描述热和功的区别。

D2A.3 确定各种额外功的种类。

D2A.4 区分可逆膨胀和不可逆膨胀。

D2A.5 如何实现气体的等温膨胀？

练习题

E2A.1(a) 用均分定理估算25 ℃时（ⅰ）I_2，（ⅱ）CH_4，（ⅲ）C_6H_6的气态摩尔内能。

E2A.1(b) 用均分定理估算25 ℃时（ⅰ）O_3，（ⅱ）C_2H_6，（ⅲ）SO_2的气态摩尔内能。

E2A.2(a) 下列哪些是状态函数？（ⅰ）压力，（ⅱ）温度，（ⅲ）功，（ⅳ）焓。

E2A.2(b) 下列哪些是状态函数？（ⅰ）体积，（ⅱ）热，（ⅲ）内能，（ⅳ）密度。

E2A.3(a) 在装有横截面积为50 cm^{2}活塞的容器内发生化学反应。在外部压力为1.0 atm的情况下，活塞被推开了15 cm。计算系统所做的功。

E2A.3(b) 在装有横截面面积为75.0 cm^{2}活塞的容器内发生化学反应。在外部压力为150 kPa的情况下，活塞被推开了25.0 cm。计算系统所做的功。

E2A.4(a) 一个由1.00 mol氩气组成的样品，在20 ℃经下列等温过程从10.0 dm^{3}膨胀到30.0 dm^3。（ⅰ）可逆膨胀，（ⅱ）反抗等外压膨胀（外压等于气体终态压力），（ⅲ）自由膨胀（外部压力为零）。对于这三个过程，计算其q、w和ΔU。

E2A.4(b) 一个由2.00 mol氦气组成的样品，在0 ℃经下列等温过程从5.0 dm^{3}膨胀到20.0 dm^3。（ⅰ）可逆膨胀，（ⅱ）反抗等外压膨胀（外压等于气体终态压力），（ⅲ）自由膨胀（外部压力为零）。对于这三个过程，计算其q、w和ΔU。

E2A.5(a) 一个由1.00 mol完美气体原子组成的样品，其中$C_{V,\mathrm{m}}=3R/2$，始态$p_1=1.00$ atm，$T_1=300$ K，在等容条件下可逆加热到400 K。计算终态压力、ΔU、q和w。

E2A.5(b) 一个由2.00 mol完美气体分子组成的样品，其$C_{V,\mathrm{m}}=5R/2$，始态$p_1=111$ kPa，$T_1=277$ K，在等容条件下可逆加热到356 K。计算终态压力、ΔU、q和w。

E2A.6(a) 4.50 g甲烷样品在310 K下体积为12.7 dm^3。（ⅰ）计算气体在恒定外压200 Torr下等温膨胀至体积增加3.3 dm^{3}时，系统所做的功。（ⅱ）如果在可逆条件下进行同样的膨胀，计算系统所做的功。

E2A.6(b) 质量为6.56 g的氩气在305 K下体积为18.5 dm^3。（ⅰ）计算气体在恒定外压7.7 kPa下等温膨胀至体积增加2.5 dm^{3}时，系统所做的功。（ⅱ）如果在可逆条件下进行同样的膨胀，计算系统所做的功。

问　题

P2A.1 考虑二氧化碳的平动和转动自由度，计算二氧化碳在25 ℃的摩尔内能。

P2A.2 发电机通过外加电流使电加热器工作。假设1 kJ的功是在加热器上做的，反过来，当1 kJ的热量被传递到环境时，加热器内能将发生怎样的变化？

P2A.3 弹性体是一种能够拉伸和收缩的聚合物。在理想弹性体中，反拉伸力与弹性体静息状态下的位移x成正比，所以$|F|=k_\mathrm{f}x$，其中k_f是常数。但假设随着弹性体的拉伸，恢复力减弱，$k_\mathrm{f}(x)=a-bx^{1/2}$。计算将聚合物从$x=0$拉伸到最终位移$x=l$所做的功。

P2A.4 一个DNA分子的近似模型是“一维自由连接链”，其中刚性单元长度为l，其与相邻单元的连接角度为0°或180°。在这种情况下，链扩展$x=nl$的恢复力为

$$F=\frac{kT}{2l}\ln\left(\frac{1+\nu}{1-\nu}\right)\qquad \nu=\frac{n}{N}$$

其中k为玻耳兹曼常数，N为单元总数，DNA长度$l=45$ nm。（a）在$N=200$的DNA分子中，必须施加多大的力，才能将其伸展到90 nm？（b）绘制针对ν的恢复力图，指出ν可以是正的，也可以是负的。恢复力随一端到另一端距离的变化与胡克定律预测的有何不同？（c）应记住，与平衡值相比，一端到另一端的差是$x=nl$，因此$\mathrm{d}x=l\mathrm{d}n=Nl\mathrm{d}\nu$，试为扩展DNA分子所需做的功编写一个表达式。提示：必须积分w的表达式。这个任务最好通过用数学软件完成。

P2A.5 作为问题P2A.4的延续，（a）证明：对于链的小扩展，当$\nu\ll 1$时，恢复力可由下式得到：

$$F\approx\frac{\nu kT}{l}=\frac{nkT}{Nl}$$

（b）（a）中给出的恢复力随链长的延伸而变化，是否与胡克定律所预测的不同？解释你的答案。

P2A.6 假设气体分子间的相互作用主要表现为吸引力，其状态方程为$p=nRT/V-n^2a/V^2$。推导出这种气体等温可逆膨胀时做功的表达式。当气体膨胀时，与完美气体相比，它对环境所做的功是多了还是少了？

P2A.7 计算范德华气体等温可逆膨胀过程中所做的功（专题1C）。

在同一图上绘制不同气体的等温可逆膨胀示意图（压力与体积关系图）：（a）完美气体，（b）$a=0$和$b=5.11\times10^{-2}\ dm^3\cdot mol^{-1}$的范德华气体，（c）$a=4.2\ dm^6\cdot atm\cdot mol^{-2}$和$b=0$的范德华气体。所选数值放大了非完美性，但在图中产生了显著影响。取$V_i=1.0\ dm^3$，$V_f=2.0\ dm^3$，$n=1.0$ mol，$T=298$ K。

P2A.8 将1.0 mol $CaCO_3(s)$组成的样品加热到800 ℃，在此温度下固体分解为CaO和CO_2。加热是在一个装有活塞的容器内进行的，活塞最初停留在固体上。计算在1.0 atm压力下完成分解过程中所做的功。如果容器没有活塞，而是向大气敞开，系统会做什么功?

P2A.9 计算满足维里状态方程［方程（1C.3b）］前三项的气体，在等温可逆膨胀过程中所做的功。计算（a）在273 K下1.0 mol氩气所做的功（数据见表1C.3）和（b）相同量的完美气体所做的功。每种情况下，气体体积均从500 cm^3膨胀到1 000 cm^3。

P2A.10 用对比变量（专题1C）表示范德华气体在等温可逆过程中所做的功，并找到一个独立于气体特性的对比功的定义。计算沿临界等温线从V_c到xV_c的等温可逆膨胀功。

专题 2B　焓

讨论题

D2B.1 解释同一过程内能变化与焓变之间的差异。

D2B.2 解释为什么一种物质的定压热容通常大于其定容热容?

练习题

E2B.1(a) 当229 J的能量以等压热的形式提供给3.0 mol氩气时，样品温度升高了2.55 K，计算氩气的摩尔定容热容和摩尔定压热容。

E2B.1(b) 当178 J的能量以等压热的形式提供给1.9 mol气体分子时，样品温度升高了1.78 K，计算该气体的摩尔定容热容和摩尔定压热容。

E2B.2(a) 计算在298 K时反应$N_2(g)+3H_2(g)\longrightarrow 2NH_3(g)$的$\Delta H_m-\Delta U_m$值。

E2B.2(b) 计算在298 K时反应$C_6H_{12}O_6(s)+6O_2(g)\longrightarrow 6CO_2(g)+6H_2O(l)$的$\Delta H_m-\Delta U_m$值。

E2B.3(a) 已知完美气体的定压热容随温度的变化满足公式$C_p/(J\cdot K^{-1})=20.17+0.366\ 5(T/K)$。当温度从25 ℃升高到100 ℃，分别计算下列两个过程的q、w、ΔU和ΔH。（i）等压过程，（ii）等容过程。

E2B.3(b) 已知完美气体的定压热容随温度的变化满足公式$C_p/(J\cdot K^{-1})=20.17+0.400\ 1(T/K)$。当温度从25 ℃升高到100 ℃，分别计算下列两个过程的q、w、ΔU和ΔH。（i）等压过程，（ii）等容过程。

E2B.4(a) 在3.25 atm的恒定压力下，加热3.0 mol O_2，其温度从260 K升高到285 K。已知O_2的摩尔定压热容为29.4 $J\cdot K^{-1}\cdot mol^{-1}$，计算这个过程的$q$、$\Delta H$和$\Delta U$。

E2B.4(b) 在1.25 atm的恒定压力下，加热2.0 mol CO_2，其温度从250 K升高到277 K。已知CO_2的摩尔定压热容为37.11 $J\cdot K^{-1}\cdot mol^{-1}$，计算这个过程的$q$、$\Delta H$和$\Delta U$。

问　题

P2B.1 在1.0 atm压力下，用12 V电源在0.50 A电流下加热苯使其至沸腾，加热多长时间才能使10 g苯蒸发？已知苯在沸点（353.25 K）的摩尔蒸发焓为30.8 $kJ\cdot mol^{-1}$。

P2B.2 空气的热容比液态水小得多，因此即使相对较少的热量也可以改变空气的温度。这就是为什么沙漠地区，虽然白天很热，晚上却很冷的原因之一。在298 K和1.00 atm下，空气的摩尔热容约为21 $J\cdot K^{-1}\cdot mol^{-1}$。估算要使尺寸为5.5 m×6.5 m×3.0 m空间中的空气温度升高10 ℃，需要多少能量。如果忽略能量损耗，在1 W = 1 $J\cdot s^{-1}$的情况下，额定功率为1.5 kW的加热器需要多长时间才能达到这一目的?

P2B.3 以下数据显示了二氧化硫的标准摩尔定压热容随温度的变化情况：

T/K	300	500	700	900	1100	1300	1500
$\frac{C^\ominus_{p,m}}{J\cdot K^{-1}\cdot mol^{-1}}$	39.909	46.490	50.829	53.407	54.993	56.033	56.759

当温度从298.15 K提高到1 500 K时，$SO_2(g)$的标准摩尔焓增加了多少？提示：将数据拟合成形式为$C^\ominus_{p,m}(T)=a+bT+c/T^2$的表达式，注意系数的值，然后用例题2B.2中的方法计算标准摩尔焓的变化。

P2B.4 以下数据显示了氨气的标准摩尔定压热容随温度的变化情况。使用数学软件将式（2B.8）的表达式与数据拟合，并确定a、b和c的值。探讨用方程$C_{p,m}=\alpha++\beta T+\gamma T^2$表示数据是否更好？并确定方程中系数的值。

T/K	300	400	500	600	700	800	900	1000
$\frac{C^\ominus_{p,m}}{J\cdot K^{-1}\cdot mol^{-1}}$	35.678	38.674	41.994	45.229	48.269	51.112	53.769	56.244

P2B.5 在300 K下2.0 mol CO_2体积为15.0 dm^3，当它吸热2.35 kJ时，温度上升至341 K。假设CO_2气体符合范德华方程（专题1C），计算这个过程的w、ΔU和ΔH。

专题 2C 热化学

讨论题

D2C.1 在没有电力提供的地方，可以通过悬挂浸过水的条状纤维来制造一种简单的空调装置。解释为什么这个策略是有效的？

D2C.2 描述测定化学反应过程焓变的两种量热方法。

D2C.3 区分“标准状态”和“参考状态”，并指出它们的应用。

D2C.4 “燃烧热”和“蒸发热”这两个表述较为常用，尤其是在早期的文献中。为什么表述为“燃烧焓”和“蒸发焓”更合适？

练习题

E2C.1(a) 已知四氯甲烷的$\Delta_{vap}H^{\ominus}=30.0\ kJ\cdot mol^{-1}$。计算在250 K和1 bar时，0.75 mol $CCl_4(l)$蒸发时的q、w、ΔH和ΔU。

E2C.1(b) 已知乙醇的$\Delta_{vap}H^{\ominus}=43.5\ kJ\cdot mol^{-1}$。计算在260 K和1 bar时，1.75 mol $C_2H_5OH(l)$蒸发时的q、w、ΔH和ΔU。

E2C.2(a) 已知乙苯的标准摩尔生成焓为$-12.5\ kJ\cdot mol^{-1}$。计算其标准摩尔燃烧焓。

E2C.2(b) 已知苯酚的标准摩尔生成焓为$-165.0\ kJ\cdot mol^{-1}$。计算其标准摩尔燃烧焓。

E2C.3(a) 已知HCL(aq)的标准摩尔生成焓为$-167\ kJ\cdot mol^{-1}$，则氯离子的标准摩尔生成焓$\Delta_f H^{\ominus}(Cl^-, aq)$的数值是多少？

E2C.3(b) 已知HI(aq)的标准摩尔生成焓为$-55\ kJ\cdot mol^{-1}$，则碘离子的标准摩尔生成焓$\Delta_f H^{\ominus}(I^-, aq)$的数值是多少？

E2C.4(a) 当120 mg萘$[C_{10}H_8(s)]$在弹式量热计中燃烧时，温度上升了3.05 K，计算量热计常数。在相同条件下，当150 mg苯酚$[C_6H_5OH(s)]$在该量热计中燃烧时，温度会升高多少？［已知$\Delta_c H^{\ominus}(C_{10}H_8, s)=-5\ 157\ kJ\cdot mol^{-1}$。］

E2C.4(b) 当2.25mg蒽$[C_{14}H_{10}(s)]$在弹式量热计中燃烧时，温度上升了1.75 K，计算量热计常数。在相同条件下，当125 mg苯酚$[C_6H_5OH\ (s)]$在量热计中燃烧时，温度会升高多少？［已知$\Delta_c H^{\ominus}(C_{14}H_{10}, s)=-7\ 061\ kJ\cdot mol^{-1}$。］

E2C.5(a) 根据反应（1）和（2），求：（ⅰ）反应（3）的标准摩尔焓变$\Delta_r H^{\ominus}$和标准摩尔内能变化$\Delta_r U^{\ominus}$；（ⅱ）在298 K下HCl(g)和$H_2O(g)$的标准摩尔生成焓$\Delta_f H^{\ominus}$。

（1）$H_2(g)+Cl_2(g)\longrightarrow 2\,HCl(g)$

$\Delta_r H^{\ominus}=-184.62\ kJ\cdot mol^{-1}$

（2）$2\,H_2(g)+O_2(g)\longrightarrow 2\,H_2O(g)$

$\Delta_r H^{\ominus}=-483.64\ kJ\cdot mol^{-1}$

（3）$4\,HCl(g)+O_2(g)\longrightarrow 2\,Cl_2(g)+2\,H_2O(g)$

E2C.5(b) 根据反应（1）和（2），求：（ⅰ）反应（3）的标准摩尔焓变$\Delta_r H^{\ominus}$和标准摩尔内能变化$\Delta_r U^{\ominus}$；（ⅱ）在298 K下HI(g)和$H_2O(g)$的标准摩尔生成焓$\Delta_f H^{\ominus}$。

（1）$H_2(g)+I_2(s)\longrightarrow 2\,HI(g)$

$\Delta_r H^{\ominus}=+52.96\ kJ\cdot mol^{-1}$

（2）$2\,H_2(g)+O_2(g)\longrightarrow 2\,H_2O(g)$

$\Delta_r H^{\ominus}=-483.64\ kJ\cdot mol^{-1}$

（3）$4\,HI(g)+O_2(g)\longrightarrow 2\,I_2(s)+2\,H_2O(g)$

E2C.6(a) 对于反应$C_2H_5OH(l)+3O_2(g)\longrightarrow 2CO_2(g)+3H_2O(g)$，在298 K时$\Delta_r U^{\ominus}=-1\ 373\ kJ\cdot mol^{-1}$，计算反应的标准摩尔焓变$\Delta_r H^{\ominus}$。

E2C.6(b) 对于反应$2C_6H_5COOH(s)+15\,O_2(g)\longrightarrow 14\,CO_2(g)+6\,H_2O(g)$，在298 K时$\Delta_r U^{\ominus}=-772.7\ kJ\cdot mol^{-1}$，计算反应的标准摩尔焓变$\Delta_r H^{\ominus}$。

E2C.7(a) 根据表2C.4中数据，计算反应C（石墨）$+H_2O(g)\longrightarrow CO(g)+H_2(g)$在（ⅰ）298 K，（ⅱ）478 K时反应的标准摩尔焓变$\Delta_r H^{\ominus}$和标准摩尔内能变化$\Delta_r U^{\ominus}$。假设所有的热容在所涉及的温度范围内是常数。

E2C.7(b) 根据表2C.3和表2C.4中燃烧焓和热容数据，计算乙炔加氢制乙烯在298 K时反应的标准摩尔焓变$\Delta_r H^{\ominus}$和标准摩尔内能变化$\Delta_r U^{\ominus}$，以及在427 K时反应的标准摩尔焓变$\Delta_r H^{\ominus}$。假设热容在所涉及的温度范围内是常数。

E2C.8(a) 根据$CO_2(g)$在298 K的标准生成焓，并结合表2B.1给出的热容－温度关系数据，估算500 K时反应C（石墨）$+O_2(g)\longrightarrow CO_2(g)$的标准摩尔焓变$\Delta_r H^{\ominus}(500\ K)$。

E2C.8(b) 根据$NH_3(g)$在298 K的标准生成焓，并结合表2B.1给出的热容－温度关系数据，估算750 K时反应$N_2(g)+3H_2(g)\longrightarrow 2NH_3(g)$的标准摩尔焓变$\Delta_r H^{\ominus}(750\ K)$。

问　题

P2C.1 人平均每天通过代谢活动产生约10 MJ的热量。如果人体是一个隔离系统，重量为65 kg，具有水的热容，那么人体将会经历怎样一个的温度上升过程呢？人体实际上是敞开系统，水的蒸发是热量损失的主要机制。为了保持温度恒定，每天应该蒸发掉多少水？

P2C.2 预测在298 K和1 bar下，1.0 dm^3辛烷燃烧时的热量输出。已知其质量密度为0.703 $g\cdot cm^{-3}$。

P2C.3 在25 ℃时环丙烷的标准摩尔燃烧焓为$-2\ 901\ kJ\cdot mol^{-1}$。（ⅰ）根据$CO_2(g)$和$H_2O(l)$的标准摩尔生成焓，计算环丙烷的标准摩尔生成焓；（ⅱ）丙烯的标准摩尔生成焓为$+20.42\ kJ\cdot mol^{-1}$，计算环丙烷异构化合成丙烯的反应焓变。

P2C.4 根据下列数据，确定298 K时乙硼烷$[B_2H_6(g)]$的标准摩尔生成焓$\Delta_f H^{\ominus}$。

（1）$B_2H_6(g)+3\,O_2(g)\longrightarrow B_2O_3(s)+3\,H_2O(g)$

$\Delta_r H^{\ominus}=-1\ 941\ kJ\cdot mol^{-1}$

（2）$2\,B(s)+\frac{3}{2}O_2(g)\longrightarrow B_2O_3(s)$

$\Delta_r H^{\ominus}=-2\ 368\ kJ\cdot mol^{-1}$

（3）$H_2(g)+\frac{1}{2}O_2(g)\longrightarrow H_2O(g)$

$\Delta_r H^{\ominus}=-241.8\ kJ\cdot mol^{-1}$

P2C.5 质量为0.727 g的D－核糖$(C_5H_{10}O_5)$样品被放置在量热计中，然后在过量氧的存在下点燃，温度升高了0.910 K。在同一量热计中，燃烧0.825 g苯甲酸，燃烧内能变化为$-3\ 251\ kJ\cdot mol^{-1}$，温度升高了1.940 K。计算D－核糖的生成焓。

P2C.6 对于反应$Cr(C_6H_6)_2(s)\longrightarrow Cr(s)+2C_6H_6(g)$，$\Delta_r U^{\ominus}(583\ K)=+8.0\ kJ\cdot mol^{-1}$。计算相应的反应焓变，并估算$Cr(C_6H_6)_2(s)$在583 K时的生成焓。

P2C.7 Kolesov等人报道了根据量热计测量的C_{60}晶体的标准燃烧焓和生成焓[*J. Chem. Termodynamics*, 28, 1121 (1996)]。在其中一次实验中，他们发现标准燃烧内能变化在298.15 K时为−36.033 4 kJ · g^{-1}，计算C_{60}的标准摩尔燃烧焓$\Delta_c H^\ominus$和标准摩尔生成焓$\Delta_f H^\ominus$。

P2C.8 硅烯(SiH_2)是甲硅烷(SiH_4)和乙硅烷(Si_2H_6)等硅氢化物热分解的关键中间体。H. K. Moffat等人报道了硅烯的标准摩尔生成焓$\Delta_f H^\ominus(SiH_2)$ = +274 kJ · mol^{-1}[*J. Phys. Chem.* 95, 145 (1991)]。已知甲硅烷和乙硅烷的标准摩尔生成焓分别为$\Delta_f H^\ominus(SiH_4)$ = +34.3 kJ · mol^{-1}和$\Delta_f H^\ominus(Si_2H_6)$ = +80.3 kJ · mol^{-1}的情况下，计算下列反应的标准焓变：

(i) $SiH_4(g) \longrightarrow SiH_2(g)+H_2(g)$

(ii) $Si_2H_6(g) \longrightarrow SiH_2(g)+SiH_4(g)$

P2C.9 如问题P2B.4中所指出的，有时用经验表达式$C_{p,m} = \alpha+\beta T+\gamma T^2$来表示热容与温度的关系是合适的。使用这一表达式，估算500 K时甲烷燃烧成二氧化碳和水蒸气的标准燃烧焓。使用以下数据：

物质	α/(J · K^{-1} · mol^{-1})	β/(mJ · K^{-2} · mol^{-1})	γ/(μJ · K^{-3} · mol^{-1})
$CH_4(g)$	14.16	75.5	−17.99
$CO_2(g)$	26.86	6.97	−0.82
$O_2(g)$	25.72	12.98	−3.862
$H_2O(g)$	30.36	9.61	1.184

P2C.10 图2.1显示雌性禽体内白色溶菌酶的差示扫描量热(DSC)实验扫描图[G.Privalov等，*Anal. Biochem*, **79**, 232 (1995)]，单位由卡路里转化为焦耳。通过曲线积分和转变过程中热容变化来计算这种蛋白质的去折叠焓。

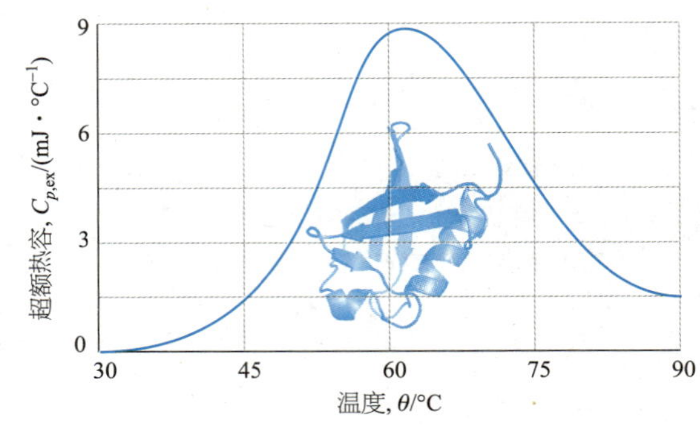

图2.1 雌性禽体内白色溶菌酶的DSC实验扫描图

P2C.11 在氧气供应充足的生物细胞中，葡萄糖通过一个有氧氧化过程，完全氧化成CO_2和H_2O。肌肉细胞在剧烈运动时可能被夺走O_2，在这种情况下，一个葡萄糖分子通过一个叫作无氧糖酵解的过程被转化为两个乳酸分子[$CH_3CH(OH)COOH$]。(a) 在298 K下，0.321 2 g葡萄糖在弹式量热计中燃烧时，温度升高7.793 K，量热计常数为641 J · K^{-1}。计算葡萄糖的(i)标准摩尔燃烧焓，(ii)标准燃烧内能，(iii)标准生成焓。(b) 与无氧糖酵解转化为乳酸相比，葡萄糖完全氧化过程有何生物优势(能量以热的形式释放，单位是kJ · mol^{-1})？

专题2D 状态函数和全微分

讨论题

D2D.1 在等温条件下，试说明范德华气体的内能如何随体积变化。

D2D.2 解释为什么完美气体没有转化温度？

练习题

E2D.1(a) 当$\pi_T = a/V_m^2$时，估算水蒸气在1.00 bar和400 K时的内压，并将其视为范德华气体。为了简化问题，可假设摩尔体积可以用完美气体状态方程来计算。

E2D.1(b) 当$\pi_T = a/V_m^2$时，估算二氧化硫在1.00 bar和298 K时的内压，并将其视为范德华气体。为了简化问题，可假设摩尔体积可以用完美气体状态方程来计算。

E2D.2(a) 对于范德华气体，$\pi_T = a/V_m^2$。假定这一关系成立，在298 K下，计算氮气从初始体积1.00 dm^{3}等温膨胀到20.00 dm^{3}的ΔU_m，以及这一过程的q和w的值各是多少？

E2D.2(b) 用氩气重复练习题E2D.2(a)中的过程，从初始体积1.00 dm^{3}等温膨胀到30.00 dm^3。

E2D.3(a) 某种液体的体积随温度变化关系如下：

$$V = V'\ [0.75 + 3.9 \times 10^{-4}(T/K) + 1.48 \times 10^{-6}(T/K)^2]$$

其中V'是其在300 K时的体积。计算其在320 K时的膨胀系数α。

E2D.3(b) 某种液体的体积随温度变化关系如下：

$$V = V'\ [0.77 + 3.7 \times 10^{-4}(T/K) + 1.52 \times 10^{-6}(T/K)^2]$$

其中V'是其在298 K时的体积。计算其在310 K时的膨胀系数α。

E2D.4(a) 293 K时水的等温压缩系数κ_T为4.96 × 10^{-5} atm^{-1}。计算必须施加多大的压力，才可以使其密度提高0.10%。

E2D.4(b) 293 K时铅的等温压缩系数κ_T为2.21 × 10^{-6} atm^{-1}。计算必须施加多大的压力，才可以使其密度提高0.10 %。

E2D.5(a) 利用*资源部分*的数据，计算在298 K时液态苯的摩尔热容差$C_{p,m} - C_{V,m}$。

E2D.5(b) 利用*资源部分*的数据，计算在298 K时液体乙醇的摩尔热容差$C_{p,m} - C_{V,m}$。

问　题

P2D.1 根据联合国政府间气候变化专门委员会（IPCC）的报告，到2100年全球平均气温可能上升2.0 ℃。已知地球海洋的体积为$1.37\times10^9\ \text{km}^3$，表面积为$361\times10^6\ \text{km}^2$。预测一下，由于地球温度上升，引起的海水热膨胀，而导致海平面上升的平均值。温度分别上升1.0 ℃、2.0 ℃和3.5 ℃时，说出你所估算的近似值。提示：半径为r的球体体积$V=\frac{4}{3}\pi r^3$。如果半径仅略微变化δr，且$\delta r\ll r$，则体积变化为$\delta V\approx4\pi r^2\delta r$。因为球体的表面积$A=4\pi r^2$，所以$\delta V\approx A\delta r$。

P2D.2 从表达式$C_p-C_V=T(\partial p/\partial T)_V(\partial V/\partial T)_p$出发，使用偏导数之间的适当关系（专题2A中的"化学家工具包9"）证明$C_p=C_V=\frac{T(\partial V/\partial T)_p^2}{(\partial V/\partial p)_T}$，利用该表达式来求解完美气体的$C_p-C_V$。

P2D.3（ⅰ）写出$\mathrm{d}V$和$\mathrm{d}p$的表达式，假设V是p和T的函数，p是V和T的函数；（ⅱ）根据膨胀系数和等温压缩系数，推导出$\mathrm{d}\ln V$和$\mathrm{d}\ln p$的表达式。

P2D.4 重新排列范德华方程，$p=nRT/(V-nb)-n^2a/V^2$（专题1C），给出T作为p和V（n常数）的函数表达式。计算$(\partial T/\partial p)_V$，并验证：$(\partial T/\partial p)_V=1/(\partial p/\partial T)_V$。

P2D.5 计算某范德华气体的等温压缩系数和膨胀系数（见问题P2D.4）。利用欧拉循环求导关系式（专题2A中"化学家的工具包9"）证明：$\kappa_T R=\alpha(V_\text{m}-b)$。

P2D.6 在摩尔质量为M的完美气体中，声速c_s与热容比γ的关系可以用$c_\text{s}=(\gamma RT/M)^{1/2}$来表示。证明：$c_\text{s}=(\gamma p/\rho)^{1/2}$，其中$\rho$是气体的质量密度。计算25 ℃时氩气中的声速。

P2D.7 某气体遵循状态方程$p(V-nb)=nRT$，该气体经过焦耳－汤姆孙膨胀后，其温度是上升、下降还是保持不变？

P2D.8 对于范德华气体，存在$(\partial U/\partial V)_T=a/V_\text{m}^2$（专题1C），利用$\mu$的定义和偏导数之间的适当关系，证明：$\mu C_{p,\text{m}}\approx(2a/RT)-b$。提示：在合适的情况下，可利用近似公式$pV_\text{m}\approx RT$。

P2D.9 由于氯氟烃对平流层臭氧的有害影响，人们开始寻找新的制冷剂。一种替代方案是1, 1, 1, 2－四氟乙烷（制冷剂HFC－134a）。该物质的热物理性质纲要已经出版[R. Tillner－Roth和H. D. Baehr, *J. Phys. Chem. Ref. Data*, **23**, 657（1994）]，由此诸如焦耳－汤姆孙系数μ的性质可被计算。

（Ⅰ）根据下列数据（均指300 K情况下），计算0.100 MPa和300 K时的μ：

p/MPa	0.080	0.100	0.12
比焓 /(kJ · kg^{-1})	426.48	426.12	425.76

（定压比热容为0.764 9 kJ · K^{-1} · kg^{-1}。）

（Ⅱ）从以下数据（均指350 K情况下），计算1.00 MPa和350 K时的μ：

p/MPa	0.80	1.00	1.2
比焓 /(kJ · kg^{-1})	461.93	459.12	456.15

（定压比热容为1.039 2 kJ · K^{-1} · kg^{-1}。）

专题 2E　绝热变化

讨论题

D2E.1 在$p-V$图上，为什么绝热线比等温线更陡峭？

D2E.2 为什么热容在绝热膨胀表达式中扮演重要的角色？

练习题

E2E.1(a) 用均分定理，估算气态氨和甲烷的$\gamma=C_p/C_V$值；在有和没有振动对能量贡献的情况下分别计算，哪个值更接近25 ℃时的实验值？

E2E.1(b) 用均分定理，估算二氧化碳的$\gamma=C_p/C_V$值；在有和没有振动对能量贡献的情况下分别计算，哪个值更接近25 ℃时的实验值？

E2E.2(a) 质量为12.0 g的氩气在273.15 K下经过绝热可逆膨胀后，体积从1.0 dm^{3}膨胀至3.0 dm^3，计算终态温度。

E2E.2(b) 质量为16.0 g的二氧化碳在298.15 K下经过绝热可逆膨胀后，体积从500 cm^{3}膨胀至2.00 dm^3，计算终态温度。

E2E.3(a) 1.0 mol完美气体分子，$C_V=20.8\ \text{J}\cdot\text{K}^{-1}$，始态为4.25 atm和300 K。经绝热可逆膨胀至压力为2.50 atm，计算终态体积、温度及该过程中气体所做的功。

E2E.3(b) 2.5 mol完美气体分子，$C_{p,\text{m}}=20.8\ \text{J}\cdot\text{K}^{-1}\cdot\text{mol}^{-1}$，始态为240 kPa和325 K。经绝热可逆膨胀至压力为150 kPa，计算终态体积、温度及该过程中气体所做的功。

E2E.4(a) 在27.0 ℃时，质量为2.45 g的二氧化碳经绝热可逆膨胀，体积从500 cm^{3}变化到3.00 dm^3，求该过程气体所做的功？

E2E.4(b) 在23.0 ℃时，质量为3.12 g的氮气经绝热可逆膨胀，体积从400 cm^{3}变化至2.00 dm^3，求该过程气体所做的功？

E2E.5(a) 二氧化碳从始态为67.4 kPa和0.50 dm^3，经绝热可逆膨胀达到终态，终态体积为2.00 dm^3，计算终态压力。已知热容比$\gamma=1.4$。

E2E.5(b) 压力为97.3 Torr、体积为400 cm^{3}的水蒸气，经绝热可逆膨胀达至体积为5.0 dm^{3}的终态，计算终态压力。已知热容比$\gamma=1.3$。

问　题

P2E.1 1.00 mol NH_3(g)在298 K下从0.50 dm^{3}经绝热可逆膨胀到2.00 dm^{3}的终态，计算最终温度及该过程的功和内能的变化。

P2E.2 气体的定容热容可以通过观察气体绝热可逆膨胀时的温度下降来测量。$\gamma=C_p/C_V$的值也可以通过测量压力的下降来推断，并结合这两个值导出定压热容。一氟碳化合物气体经绝热可逆膨胀到初始体积的两倍，而温度从298.15 K下降至248.44 K，压力从202.94 kPa下降至81.840 kPa。计算摩尔定压热容$C_{p,\text{m}}$。

主题 2　热力学第一定律

综合题

I2.1 给出状态函数的例子，讨论它们在热力学中所起的关键作用。

I2.2 碳氢化合物的热化学性质通常采用分子模拟方法进行研究。(a) 利用软件预测甲烷到戊烷的$\Delta_c H^\ominus$值。为了计算$\Delta_c H^\ominus$值，采用半经验计算（如AM1或PM3法）估算$C_nH_{2n+2}(g)$的标准生成焓，并采用$CO_2(g)$和$H_2O(l)$的实验标准生成焓。(b) 将你的估算值与$\Delta_c H^\ominus$（*资源部分*表2C.3）的实验值进行比较，并对分子建模方法的可靠性进行评论。(c) 检验关系式$\Delta_c H^\ominus=$常数$\times\{M/(g\cdot mol^{-1})\}^n$成立的程度，并确定常数和$n$的数值。

I2.3 在不进行详细计算的情况下，若能预测温度的升高是否会导致反应焓的升高或降低，通常是有益处的。线形分子气体的摩尔定压热容约为$\frac{7}{2}R$，而非线形分子气体的摩尔定压热容约为$4R$。确定以下反应的标准焓变随温度升高是增加还是减少？

(a) $2\,H_2(g) + O_2(g) \longrightarrow 2\,H_2O(g)$

(b) $CH_4(g) + 2\,O_2(g) \longrightarrow CO_2(g) + 2\,H_2O(g)$

(c) $N_2(g) + 3\,H_2(g) \longrightarrow 2\,NH_3(g)$

I2.4 液态水的摩尔热容约为$9R$。如果水是以液体形式产生的，则上一题（I2.3）中前两个反应的标准焓变随着温度的升高是增加还是减少？

I2.5 如专题2A中“化学家工具包9”中所示，偏导数的一个性质是

$$\left[\frac{\partial}{\partial y}\left(\frac{\partial f}{\partial x}\right)_y\right]_x=\left[\frac{\partial}{\partial x}\left(\frac{\partial f}{\partial y}\right)_x\right]_y$$

利用这个性质和式（2A.14），写出$(\partial C_V/\partial V)_T$作为$U$的二阶偏导数的表达式，并找出它与$(\partial U/\partial V)_T$的关系；然后证明：对于完美气体，$(\partial C_V/\partial V)_T=0$。

I2.6 气体的热容比通过公式$c_s=(\gamma RT/M)^{1/2}$来决定其中的声速，式中$\gamma=C_p/C_V$，M是气体的摩尔质量。导出以下完美气体中声速的表达式：(a) 双原子分子，(b) 线形三原子分子，(c) 高温下非线形三原子分子（具有平动和转动活性）；估算25 ℃时空气中的声速。

I2.7 利用数学软件或电子表格，(a) 计算1.0 mol $CO_2(g)$（遵循范德华方程）在298 K下经等温可逆膨胀，体积从1.0 dm^3膨胀到3.0 dm^3，所做的功；(b) 讨论当完美气体绝热可逆膨胀时，参数γ是如何影响压力与体积的关系的？随着体积的增加，压力与体积的依赖关系是变强还是变弱？

主题 3
热力学第二和第三定律

在自然界中，有些过程是自然而然地发生的，有些过程却不是。自然界某方面的性质决定着过程自发变化的方向，自发变化的方向也就是无须环境做功即可自发进行的方向。但需要重点强调的是，本书中“自发”一词仅指一种自然而然的变化趋势，在实际过程中，这种趋势有可能真的发生，也有可能根本就不发生。对于实际过程进行的速率问题，热力学无法提供答案，某些自发过程（如金刚石转化为石墨）可能非常慢，使得该过程实际上根本就不发生，而另一些过程（如气体向真空中膨胀）却几乎能瞬间完成。

3A 熵

过程变化的方向与能量和物质的分布状况有关。自发变化总是伴随着能量或物质的分散。为了将这一概念定量化，引入熵这个性质，熵是用公式定量表示“热力学第二定律”时要用到的重要概念。所有自发变化都遵守热力学第二定律。

3A.1 热力学第二定律；3A.2 熵的定义；3A.3 熵 —— 状态函数

3B 特定过程的熵变

本专题讨论的是如何运用熵变的定义计算如气体膨胀、相变及物体升温等物理变化过程的熵变。

3B.1 膨胀；3B.2 相变；3B.3 加热；3B.4 复杂过程

3C 熵的测量

为了定量表示热力学第二定律，需要对物质的熵进行测量，通过测量物质的热容和物理变化过程中的热，就有可能测定物质的熵。本专题讨论的内容引出了“热力学第三定律”，热力学第三定律与极低温度下物质的性质有关，可以用来建立物质熵的绝对测量方法。

3C.1 量热法测量熵；3C.2 热力学第三定律

3D 聚焦系统

在利用熵讨论变化过程方向时会面临一个问题，就是需要分别计算出系统和环境的熵变。但如果对系统施加某些限定条件，上述问题就可通过引入“吉布斯能”的方式得到解决。实际上，化学中涉及的多数热力学计算，主要是对系统的吉布斯能变化进行计算，而不是计算熵变。

3D.1 亥姆霍兹能和吉布斯能；3D.2 标准摩尔吉布斯能

3E 热力学第一定律与第二定律的结合

本专题将热力学第一定律和第二定律结合起来，得到一种处理问题的方式。在运用热力学解决有关物质性质问题时，这种方式十分有用。

3E.1 内能的性质；3E.2 吉布斯能的性质

网络资源 这部分内容有哪些应用？

热力学第二定律是所有热机工作的核心原理，包括那些与热机类似、用于冷却物体的装置，其核心原理也是热力学第二定律。关于制冷技术的应用，参见本书网站中“应用案例4”。在现代电子材料学中，运用熵的概念考虑问题也是十分重要的，这能够让我们定量讨论材料的杂质浓度问题。有关如何运用低温下熵的测量对超导材料的纯度进行深入研究，参见“应用案例5”中的注释。

熵

► 为何需要学习这部分内容？

熵几乎是在所有化学应用中都要遇到的热力学基本概念：熵可以解释为什么某些物理变化和化学反应可以自发进行，而另一些变化却不能自发进行。

► 核心思想是什么？

系统的熵变可以由系统可逆吸收的热来计算；隔离系统中，自发过程导致系统的熵增加。

► 需要哪些预备知识？

需要熟悉热力学第一定律中有关功、热和内能的概念（专题 2A）。本专题将用到完美气体膨胀功的表达式（专题 2A）及完美气体在绝热可逆膨胀过程中体积和温度的变化（专题 2E）。

自发变化方向是由什么决定的？能量趋于减小的方向不一定就是自发方向，因为热力学第一定律告诉我们，无论发生什么过程，宇宙中总能量是保持不变的。事实证明，某一过程的变化方向是由能量和物质分布状况决定的，热力学第二定律准确地表达了这个思想，并通过引入熵，使该思想得到定量表达。

3A.1 热力学第二定律

我们可以通过考虑一个球在地面上的弹跳过程，来理解能量和物质分布状况对变化方向的影响。球每次与地面碰撞之后，都不会再上升到原来的高度，这是因为球具有的可以让它产生上下运动的能量中，有一部分在与地面撞击时分散到地面和球中粒子的热运动中。自发变化的方向是使球最后达到完全静止的状态，达到这个状态后，球原来具有的全部能量都被分散到环境物质粒子的无序热运动中（图 3A.1）。

从来都没人观察到一个停留在温度稍高地面上的球能从地面吸取能量而自己跳起来。假如这个球真能自己跳起来，就必须有一些特殊的事情发生。首先，地面(环境)原子的热运动能量要聚集到球体这个较小的单一对象（系统）中，在这个能量聚集过程中，需要将分散在数目众多的地面原子中的振动能量自发聚集到数目较少的球体原子中（图 3A.2）。另外，热运动是无序运动，而

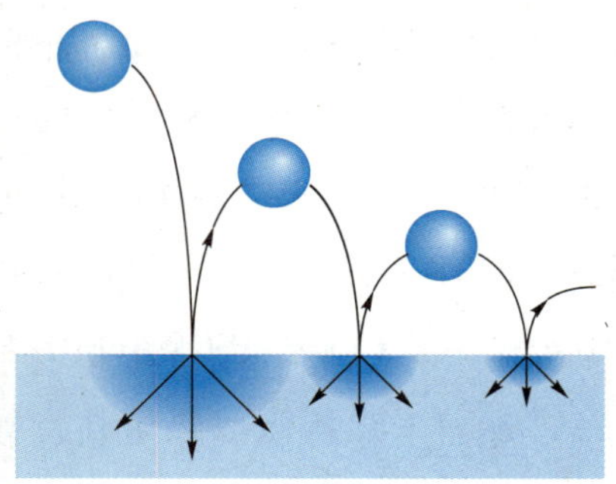

图3A.1 地面上球弹跳过程的自发变化方向。球每次与地面碰撞时，一部分能量就被耗散，转移到地面原子热运动中。与此相反的过程是球从地面原子热运动中获取能量自己跳起来，但这样的过程从来都没有发生过

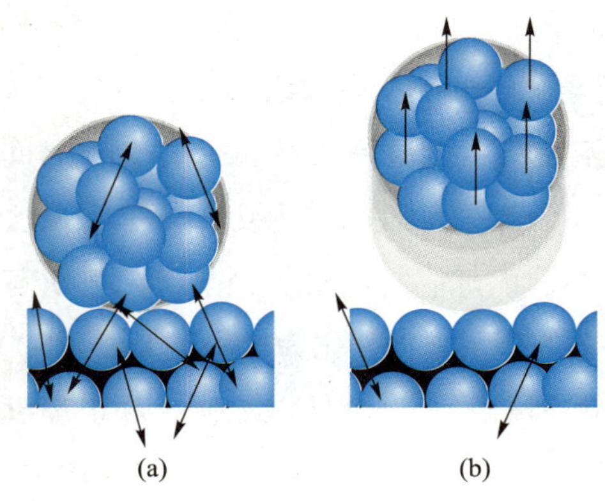

图3A.2 （a）如箭头所示，停留在温度稍高地面上的球中，原子在进行热运动（本例中指振动）；（b）向上飞出的球，有些无序振动必须转变为定向的有序运动，这种运动方式转变的可能性非常低

球的向上运动是球中所有原子都一起朝着同一个方向的有序运动，这种将无序运动转变为有序运动的过程，发生的可能性很小，实际上也就是不会发生这样的过程[1]。

现在我们已经找到可以用来判断自发变化方向的标志，确定自发变化方向就是要确定**可导致能量耗散的变化方向**。根据这个原理（能量耗散），就可以在理论上解释一个球弹跳过程的自发变化方向，因为沿着球弹跳的自发变化方向，能量被耗散成为地面原子的热运动能量。相反的过程是非自发的，因为能量从分散到聚集，让球体中原子做有序运动的可能性非常小。

物质也有分散的趋势。气体不会自发聚集，因为发生自发聚集需要所有气体分子能通过无序运动汇聚到某容器内。相反的变化，即自发膨胀过程，是气体分子自由运动产生的自然而然结果，因为气体分子的自由运动可以整体上让气体分子变得更加分散，占据更大体积。

物质内部的分子行为决定了物质的整体性质。但在不考虑分子行为的情况下，对上述关于变化方向的结论，**热力学第二定律**（second law of thermodynamics）可以用一些更简洁的方式进行表述。其中一种说法是开尔文（Kelvin）给出的：

只产生“从单一热源吸取热量并将其完全转变为功”这个唯一结果的过程是不存在的。

还有一些说法与这种说法类似，对于这些类似说法，我们通常借助理想热机这样的装置[图3A.3（a）]来分析这些说法的含义。一台热机由两个热源构成，一个热源温度高（高温热源），另一个热源温度低（低温热源），在两个热源之间流动的热量，一部分可以转变为功。开尔文说法暗含的意思是，不可能制造出一台热机，将从高温热源中吸取的热量全部转化为功[图3A.3（b）]，即所有热机都需要有一个低温热源。从来都没人观察到地面上静止的球会自己跳起来，开尔文说法就是对这类日常现象的概括。球从地面上自发跳起的过程相当于地面上的热自发转化为推着球上升的功的过程。

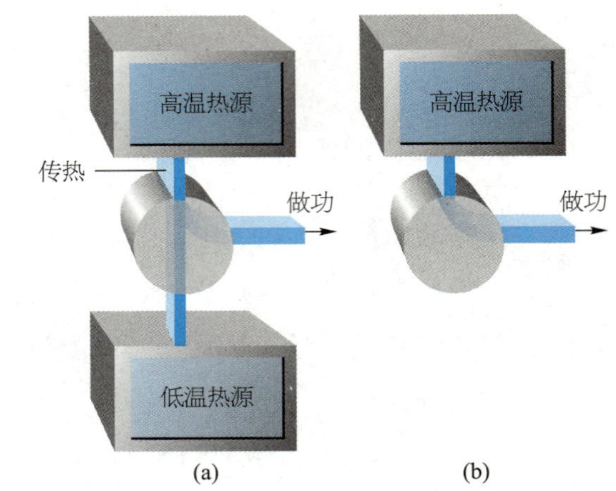

图3A.3 （a）热机是一套装置，热机运转时，从高温热源吸取热量，其中一部分热量转化为功，剩余的热量流入低温热源；（b）热力学第二定律的开尔文说法否定了此图显示的在没有其他任何变化的情况下热全部转化为功的可能性

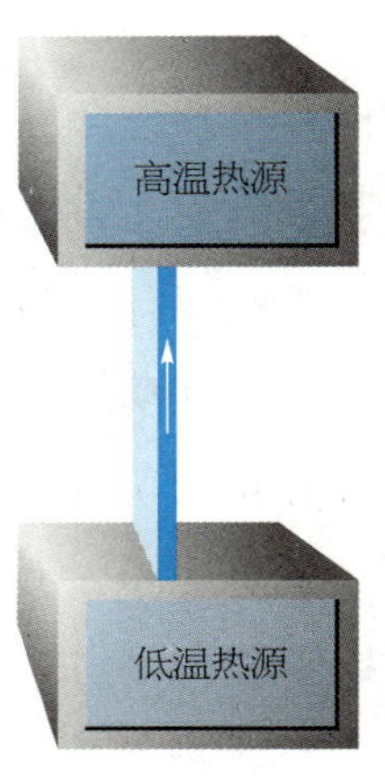

图3A.4 根据热力学第二定律的克劳修斯说法，图中显示的热量从低温热源流向高温热源的过程不会自发发生。但这个过程与热力学第一定律并不矛盾，因为过程中能量是守恒的

鲁道夫·克劳修斯（Rudolf Clausius）给出了热力学第二定律的另一种说法（图3A.4）：

热量不会自发地从低温物体流向高温物体。

如果要将热量传到高温物体，就需要像处于工作状态的冰箱那样对系统做功。尽管开尔文说法和克劳修斯说法看起来有些差别，但可以证明，两者在逻辑上是等价的。证明两者等价的方法之一，就是证明两者可以被归结为同一种说法。

首先，系统及其环境被看作一个隔离系统（有可

1 布朗运动是一种在极小尺度内且非常短暂的有序运动，是悬浮在液体或气体中的微小颗粒表现出来的一种跳跃性运动形式。

能是一个十分巨大的隔离系统），有时候，这个大隔离系统实际指的就是“整个宇宙”。在这个大隔离系统内部，能量可以在实际被研究系统和其环境之间转移，但能量不会从大隔离系统中溢出。这种情况下，就可以采用一个新状态函数——**熵**（entropy）S来表述热力学第二定律：

隔离系统中发生自发变化时熵总是增加的：$\Delta S_{tot} > 0$。

这个不等式中，S_{tot}是大隔离系统的总熵。也就是说，如果S是被研究系统的熵，S_{sur}是被研究系统对应环境的熵，则$S_{tot} = S + S_{sur}$。在应用热力学第二定律处理问题时，有一点一定要牢记，那就是这个定律关注的是大隔离系统（宇宙）的总熵，而不是只关注被研究系统的熵。在下面的章节中，我们将对熵进行定义，并对熵的物理化学含义进行解释。我们还将指出，熵可以作为能量和物质分散程度的一种量度，并进一步将熵与我们已经讨论过的那些可通过实验测量出来的量联系起来。

总而言之，热力学第一定律通过使用内能这个状态函数，告诉我们什么样的变化过程是允许的；热力学第二定律则通过使用熵这个状态函数，告诉我们在这些允许的变化过程中，又有哪些变化过程是自发进行的。

3A.2 熵的定义

为了深入讨论变化过程的自发方向问题，并将热力学第二定律转化为定量且便于使用的表达式，就需要对不同变化过程的熵变进行定义和计算。有两种方式可以对熵变进行定义和计算，一种是经典方式，另一种是分子论方式。可以证明两种方式完全等价，但两种方式又可以彼此互补。

（a）熵的热力学定义

若对熵进行热力学定义，着眼点要放在物理变化或化学变化（通常都是某一“过程”导致的结果）引起的熵变上，熵变用符号$\mathrm{d}S$表示。当能量被分散在无序运动形式中时，就产生了能量耗散，能量耗散程度的大小取决于能量有多少以“热”而非“功”的形式被转移。受此思想启发，就产生了熵的定义。在专题2A中，我们已经知道，热驱动的是原子的无序运动，而功驱动的是原子有序运动，做功不改变原子的无序运动程度。

熵的热力学定义如下：

$$\mathrm{d}S = \frac{\mathrm{d}q_{rev}}{T} \quad \text{熵变[定义]} \qquad (3A.1a)$$

式中q_{rev}为温度T下可逆地传递给系统的热。对于始态i到终态f的变化过程，宏观可测的熵变为

$$\Delta S = \int_{i}^{f} \frac{\mathrm{d}q_{rev}}{T} \qquad (3A.1b)$$

因此，要计算出系统任何两个状态之间熵的差值，就要在两个状态之间找到一条可逆途径，然后沿着这条可逆途径，对热温商进行积分。

根据式（3A.1a）中熵变的定义，当热的单位取J，温度的单位取K，则熵的单位就是$\mathrm{J \cdot K^{-1}}$。熵是广度性质，而由熵除以物质的量得到的摩尔熵，即$S_m = S/n$，则是强度性质，摩尔熵的单位是$\mathrm{J \cdot K^{-1} \cdot mol^{-1}}$。

例题 3A.1 计算完美气体等温膨胀过程的熵变

完美气体体积从V_i等温膨胀到V_f，计算该过程完美气体的熵变。

整理思路 式（3A.1b）中熵变定义告诉我们，无论实际过程是如何进行的，我们都需要在始态和终态之间找到一条可逆途径，并找出此途径中系统得到的热。题目中涉及的过程是等温过程，因此，温度T可以看成常数，可以移至式（3A.1b）中积分号外边。另外，因为理想气体的内能与体积无关（专题2A），膨胀过程中，$\Delta U = 0$，又因为$\Delta U = q + w$，就得到$q = -w$，于是就有$q_{rev} = -w_{rev}$。在专题2A中已计算了等温可逆膨胀过程中的功。最后，可以根据$\Delta S_m = \Delta S/n$计算出摩尔熵变。

解： 由于温度不变，故式（3A.1b）变成

$$\Delta S = \frac{1}{T}\int_{i}^{f} \mathrm{d}q_{rev} = \frac{q_{rev}}{T}$$

根据专题2A，等温可逆膨胀过程的功为$w_{rev} =$

$-nRT\ln(V_f/V_i)$。于是，有 $q_{rev}=nRT\ln(V_f/V_i)$。将 q_{rev} 除以温度 T，就得到

$$\Delta S=nR\ln\frac{V_f}{V_i} \text{ 和 } \Delta S_m=R\ln\frac{V_f}{V_i}$$

自测题 3A.1　等温条件下，一定量完美气体的压力从 p_i 变化到 p_f，计算完美气体的熵变。导致这个变化过程的原因是什么？

答案： $\Delta S=nR\ln(p_i/p_f)$；气体压缩或膨胀引起的体积变化。

现在来看如何运用式（3A.1a）导出环境熵变的表达式。为此，可考虑系统向环境转移了无穷小量的热 dq_{sur}。环境可以看作体积恒定的能量库，因此，输入环境中的热量就等于环境的内能变化 dU_{sur}[1]，而内能是状态函数，所以 dU_{sur} 就是全微分，也就是说，dU_{sur} 的大小与环境中变化过程的具体变化方式无关，特别是，dU_{sur} 的大小与环境中变化过程是否可逆无关。因为 dq_{sur} 等于 dU_{sur}，所以 dq_{sur} 的大小与环境中变化过程的具体变化方式也是无关的。因此，就可以简便地将式（3A.1a）中的可逆条件去掉，直接写出

$$dS_{sur}=\frac{dq_{sur}}{T_{sur}} \qquad \text{环境的熵变} \qquad (3A.2a)$$

而且，无论环境中发生什么样的变化过程，其温度都是恒定的，那么环境的宏观可测熵变就可以写成

$$\Delta S_{sur}=\frac{q_{sur}}{T_{sur}} \qquad (3A.2b)$$

这也就是说，不管系统中发生的是可逆还是不可逆变化过程，环境的熵变都可以简单地通过将过程发生时向环境转移的热除以过程发生时环境的温度来进行计算。

对于任何变化过程，都可以利用式（3A.2b）简便地计算出环境的熵变。例如，对于任何绝热变化过程，$q_{sur}=0$，则有

$$\Delta S_{sur}=0 \qquad \text{绝热变化过程} \qquad (3A.3)$$

只要环境中没有局部热点出现，那么无论变化过程如何进行，不管是可逆还是不可逆，式（3A.3）都是正确的。也就是说，只要环境的内部保持热平衡（通常总是假设如此），这个表达式都是正确的。但是，如果绝热过程发生时环境中有局部热点出现，那么此处的局部能量可能会自发分散，导致环境的熵值有所增加。

简要说明 3A.1

在 298 K 和标准压力下，氢气和氧气化合生成 1.00 mol $H_2O(l)$，利用表 2C.4 中的数据 $\Delta_f H^{\ominus}=-286\ \text{kJ}\cdot\text{mol}^{-1}$，计算此反应过程的环境熵变。

反应过程中，系统向环境释放的热为 $q_{sur}=+286$ kJ，于是可以得到

$$\Delta S_{sur}=\frac{+2.86\times10^5\ \text{J}}{298\ \text{K}}=+960\ \text{J}\cdot\text{K}^{-1}$$

此反应是一个剧烈放热反应，向环境中释放了大量的热，使环境的熵增加了。

现在就来看看，为什么说熵的定义与热力学第二定律的开尔文说法和克劳修斯说法是一致的，以及它们是如何统一起来的。如图 3A.3（b）所示，当有热量离开高温热源时，高温热源熵减小，而做功方式传递的能量不会产生熵。因此，图 3A.3（b）所示过程的总结果就是系统（大隔离系统）的熵减小。热力学第二定律表明，这样的熵减小过程是非自发的[2]。因此，按图 3A.3（b）所示的方式做功是不可能的。下面再来看在克劳修斯说法中涉及的情况。如图 3A.4 所示，当热量离开低温热源时，低温热源的熵减小，但是当这么多的热量流入高温热源时，高温热源中熵增加的量并没有低温热源中熵减小的那么多（因为高温热源的温度高一些）。因此，总熵是减小的，也就是说从低温热源向高温热源传热是非自发的。

（b）熵的统计学定义

在“绪言”中已介绍，原子和分子分布在不

1 环境也可以看作压力恒定的能量库，这样的话，就有 $dq_{sur}=dH_{sur}$。

2 译者注：此处应为“这样的熵减小过程是不会发生的。”

同能级上，且符合玻耳兹曼分布。有了这样的思想，就可以基于分子行为来解释热力学第二定律，并可从统计热力学的角度定义熵。由统计热力学可知，温度升高，分子会占据更高的能级。玻耳兹曼指出，熵与分子在可占据能级上的分布状况有关，两者之间的关系可表示为[1]

$$S = k\ln W \quad \text{熵的玻耳兹曼公式} \qquad (3A.4)$$

式中k为玻耳兹曼常数（$k = 1.381\times10^{-23}\ \mathrm{J\cdot K^{-1}}$），$W$为**微观状态数**（number of microstates），即总能量一定的系统中分子在能级中可出现的分布方式数目。在测量系统的某一个性质时，实际测量结果是系统在给定条件下可出现的许多微观状态的平均结果。在阐述熵时，常常会使用“无序”及“物质和能量耗散”这些模糊的定性概念，而引入微观状态数的概念可以让这些模糊的概念变得更加定量。总能量不变，物质分布得更加无序和能量耗散程度更大就相当于系统有更大的微观状态数。这一点将在专题13E中详细讨论。

式（3A.4）称为**玻耳兹曼公式**（Boltzmann formula），根据该式计算出来的熵称为**统计熵**（statistical entropy）。如果所有分子都处于同一个能级中，则只有一种方式可以实现这种分布，因此$W = 1$，并且由于$\ln 1 = 0$，所以$S = 0$。当分子在更多可占据能级上分布时，W就会增加，熵也随之增加。如果能级之间的间隙变窄，W也会增加，因为有更多的能级可以被分子占据。例如，密封容器中的气体，当体积膨胀时，气体的平动能级越来越接近（图3A.5，此为量子理论的结论，将在专题7D中得到验证），则随着气体膨胀，可以推测W和熵都会增加，这与熵的热力学定义给出的结论是一致的（例题3A.1）。

熵的分子解释有助于理解在式（3A.1）给出的热力学定义中，熵变的大小与温度成反比的原因。系统的温度越高，分子占据的能级数就会越多。当通过传热增加系统的能量时，就可以使分子分布到更多的能级中，但是对于高温系统来说，分子占据的能级数已比较多，在此基础上热量输入引起W变化的百分数就比较小（图3A.6）。相反，对于低温系统，分子占据的能级比较少，在此基础上，相同的热量输入就会导致分子占据能级数量增加的百分数更大，因此W增加得更多。上述分析表明，一定量的能量转移，在低温系统中引起的熵变比在高温系统中大，这与式（3A.1a）给出的结果是一致的。

最后还有两点需要说明。一是根据熵的热力学定义只能得到熵变的大小，而熵的玻耳兹曼定义却有可能计算出系统熵的绝对值。这一点将在主题13中深入讨论。主题13将告诉我们如何将S值大小与原子和分子的结构特性联系起来。二是对于环境，很难根据玻耳兹曼公式计算出熵。环境通常都很复杂。因此，W在环境中也就很难成为一个有意义的物理量。

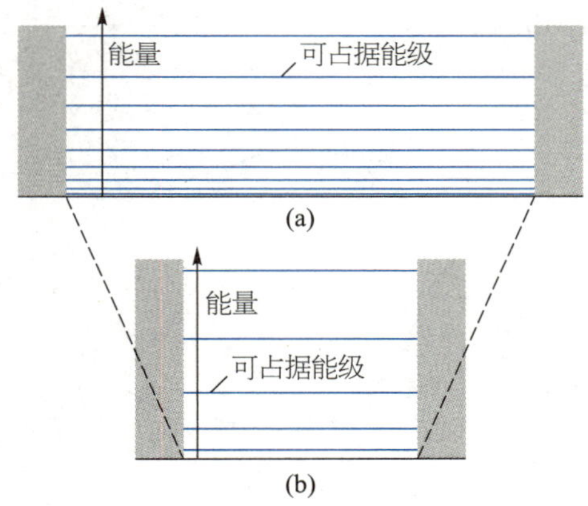

图3A.5 当容器从（b）膨胀到（a）时，容器中气体分子的平动能级就更接近，相同温度下，分子就更容易占据更多能级，结果，相同能量的气体分子分布方式的数量（W值）也就增加了，熵也就增加了

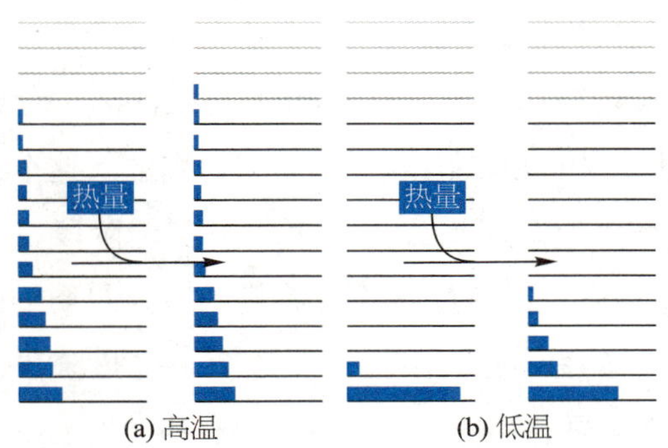

图3A.6 向系统输入热量会导致分子进入到更高的能级，增加了系统的微观状态数，从而导致熵增大。由于系统初始被占据能级的数量更大一些，高温系统（a）中的熵增加量就小于低温系统（b）中的熵增加量

1 玻尔兹曼实际写的是$S = k\lg W$，这个公式被刻在他在维也纳的墓碑上。

3A.3　熵——状态函数

熵是状态函数。为了证明这一结论，需要证明dS积分与两状态间的变化途径无关。为此，只需证明式（3A.1a）沿任一循环途径的积分为零，因为这样可以保证系统无论经过什么样的循环途径，始态和终态的熵都相等（图3A.7）。这也就是要证明：

$$\oint \mathrm{d}S = \oint \frac{\mathrm{d}q_{\mathrm{rev}}}{T} = 0 \tag{3A.5}$$

式中符号$\oint$表示沿循环途径积分。证明过程可分步进行：

1. 首先，证明式（3A.5）对于完美气体的特殊循环（“卡诺循环”）是正确的；

2. 然后，证明对于任何工作物质，这一结果都是正确的；

3. 最后，证明对于任何循环途径，这一结果都是正确的。

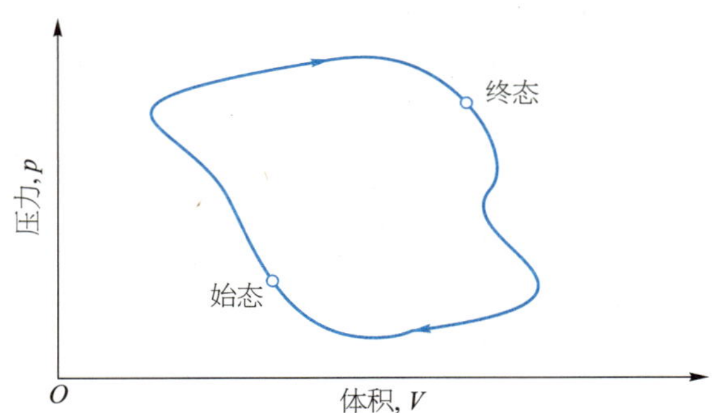

图3A.7　在热力学循环中状态函数的变化总量（从始态到终态，然后再回到始态）为零

（a）卡诺循环

卡诺循环（Carnot cycle）是以法国工程师萨迪·卡诺（Sadi Carnot）的名字命名的。这个循环由四个可逆阶段构成，在每一个变化阶段，气体（工作物质）以不同方式膨胀或压缩。四个阶段中有两个阶段是传热阶段，在这两个传热阶段，系统与高温热源和低温热源发生热交换（图3A.8）。

图3A.9表示的是每个阶段的压力和体积变化：

1. 气体与高温热源（温度为T_{h}）接触，并从状态A等温可逆膨胀到状态B，这一过程的熵变为$q_{\mathrm{h}}/T_{\mathrm{h}}$，其中$q_{\mathrm{h}}$是高温热源向系统转移的热量。

2. 气体与高温热源脱离接触，然后从状态B绝热可逆膨胀到状态C。这个变化阶段系统没有热量流失，熵变为零。绝热可逆膨胀一直进行到气体的温度从高温热源温度T_{h}下降到低温热源温度T_{c}。

3. 气体与低温热源接触，然后在温度T_{c}下经等温可逆压缩从状态C变化到状态D。在这个变化阶段，系统将热量释放到低温热源，系统的熵变为$q_{\mathrm{c}}/T_{\mathrm{c}}$，这里$q_{\mathrm{c}}$是负值。

4. 最后一步是气体与低温热源脱离接触，然后经绝热可逆压缩从状态D变化到状态A，系统温度最终又上升到T_{h}。由于系统没有吸热，因此熵变为零。

整个循环中系统总熵变为这四个变化阶段的熵变之和：

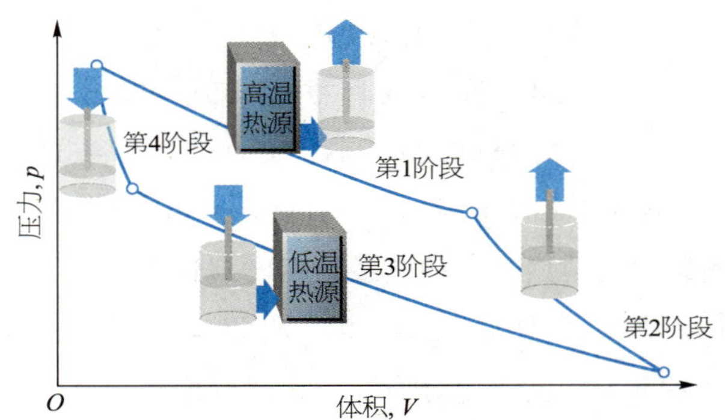

图3A.8　构成卡诺循环的四个阶段［在第1阶段，气体（工作物质）与高温热源接触；在第3阶段，气体与低温热源接触；第1阶段和第3阶段都是等温的。第2阶段和第4阶段是绝热的，在第2阶段和第4阶段，气体与两个热源隔离］

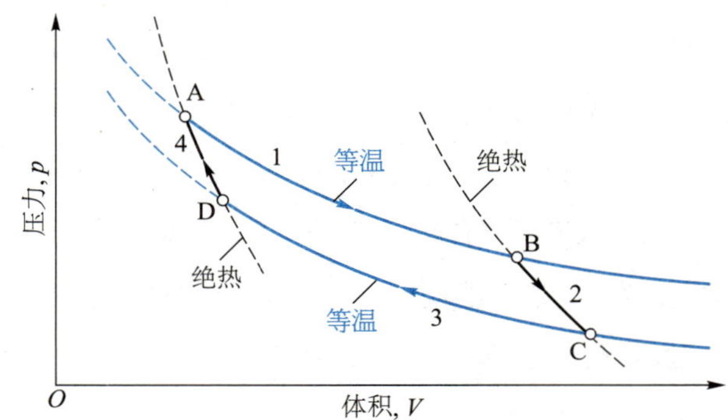

图3A.9　构成卡诺循环的四个阶段［第1阶段是在温度T_{h}下的等温可逆膨胀。第2阶段是绝热可逆膨胀，温度从T_{h}下降到T_{c}。第3阶段是T_{c}下的等温可逆压缩。第4阶段是绝热可逆压缩，通过第4阶段，系统恢复到始态］

$$\oint \mathrm{d}S = \frac{q_h}{T_h} + \frac{q_c}{T_c}$$

下面就来证明，对于完美气体，这个表达式右边两项的和为零。根据证明结果就可以确定，至少对于完美气体气体，熵是状态函数。

如何完成？3A.1 证明：对于完美气体，熵是状态函数

首先可以看到，绝热可逆膨胀（图3A.9中第2阶段）使系统温度从T_h变化到T_c，然后可以根据绝热可逆膨胀的特点［特别是VT^c= 常数（专题2E）］，将膨胀过程始态体积和终态体积联系起来。我们还看到，根据例题3A.1中的推导，可得到完美气体等温可逆过程（第1阶段和第3阶段）中交换的热量：

阶段1 $q_h = nRT_h \ln \frac{V_B}{V_A}$　　阶段3 $q_c = nRT_c \ln \frac{V_D}{V_C}$

步骤1 *建立绝热可逆膨胀过程体积之间的关系*

对于绝热可逆过程，温度和体积之间的关系为VT^c= 常数（专题2E）。因此，有

途径D→A（第4阶段）：　$V_A T_h^c = V_D T_c^c$

途径B→C（第2阶段）：　$V_C T_c^c = V_B T_h^c$

两式相乘得到

$$V_A V_C T_h^c T_c^c = V_D V_B T_h^c T_c^c$$

上式简化后得

$$\frac{V_D}{V_C} = \frac{V_A}{V_B}$$

步骤2 *建立两个传热变化阶段热量之间的关系*

根据步骤1中得到的关系式，可以将系统向低温热源释放的热量用V_A和V_B表示出来，即

$$q_c = nRT_c \ln \frac{V_D}{V_C} = nRT_c \ln \frac{V_A}{V_B} = -nRT_c \ln \frac{V_B}{V_A}$$

进而得到

$$\frac{q_h}{q_c} = \frac{nRT_h \ln(V_B/V_A)}{-nRT_c \ln(V_B/V_A)} = -\frac{T_h}{T_c}$$

注意：q_h为正值（系统从高温热源吸热），q_c为负值（系统向低温热源放热），故两者之比为负值。上式可重排为

$$\frac{q_h}{T_h} + \frac{q_c}{T_c} = 0 \tag{3A.6}$$

因为循环过程总熵变为$q_h/T_h + q_c/T_c$，根据式（3A.6）立即就可得到完美气体的熵变为0。

简要说明3A.2

卡诺循环可以看作热机中发生的变化过程，在这种变化过程中，从高温热源吸取的热量有一部分转化成了功。现考虑一个热机按照卡诺循环运行，过程中热机从温度为500 K的高温热源吸取了100 J的热量（q_h = +100 J），其中有部分热量用于做功，剩余部分的热量释放到温度为300 K的低温热源中。根据式（3A.6），释放到低温热源中的剩余热量为

$$q_c = -q_h \times \frac{T_c}{T_h} = -(+100\ \mathrm{J}) \times \frac{300\ \mathrm{K}}{500\ \mathrm{K}} = -60\ \mathrm{J}$$

这个数值表明有40 J的热量转变成了功。

现在需要证明式（3A.5）不只是适用于完美气体，而是适用于任何工作物质。为此，引入**热机效率**（effciency of a heat engine）η这个量：

$$\eta = \frac{\text{完成的功}}{\text{从高温热源吸取的热量}} = \frac{|w|}{|q_h|} \tag{3A.7}$$

热机效率［定义］

式中使用了绝对值符号（| |）以避免因符号问题带来的复杂性：所有热机效率都是正数。该定义表明，若从高温热源吸取的热量一定，做功越多，热机的效率就越高。这个定义可以只采用过程中交换的热量表示，因为（如图3A.10所示）热机做的功就是热机从高温热源吸取的热量与释放到低温热源的热量的差值：

$$\eta = \frac{|q_h| - |q_c|}{|q_h|} = 1 - \frac{|q_c|}{|q_h|} \tag{3A.8}$$

根据式（3A.6），可以写出$|q_c|/|q_h| = T_c/T_h$，于是就得到

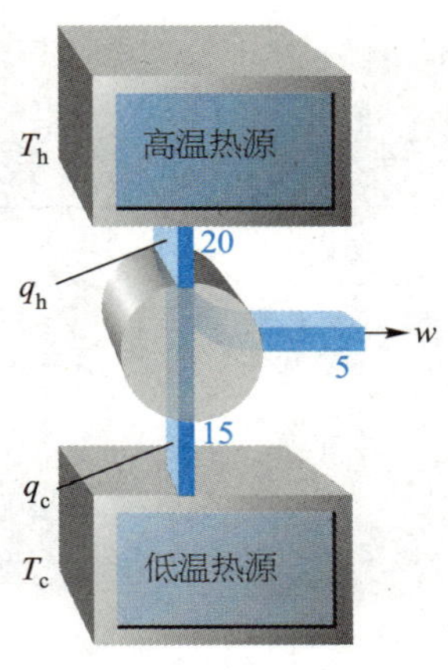

图3A.10 在热机中，从高温热源中吸取热量q_h（如$|q_h|$ = 20 kJ），有热量q_c被释放到低温热源中（如$|q_c|$ = 15 kJ），热机做的功等于$|q_h| - |q_c|$（如20 kJ − 15 kJ = 5 kJ）

$$\eta = 1 - \frac{T_c}{T_h}$$ 卡诺热机效率 (3A.9)

简要说明3A.3

某热机采用300 ℃（T_h = 573 K）的过热蒸汽运行，并将废热排放到20 ℃（T_c = 293 K）的环境中。因此，热机的理论效率为

$$\eta = 1 - \frac{293\ \text{K}}{573\ \text{K}} = 0.489$$

或48.9%。实际过程中，机械摩擦的存在及热机运行的不可逆性，总会导致热机的效率有一些其他损失。

现在将这个结论推广到一般性的情况。热力学第二定律表明，**无论热机具有怎样的结构，所有可逆热机都应该具有相同的效率**。为了证明这个结论的正确性，现假设有两台可逆热机在相同的高温热源和低温热源之间耦合运行（图3A.11）。两台可逆热机中的工作物质和热机本身的结构细节完全是任意的，没有任何限定。运行开始时，假设热机A比热机B的效率更高，并且通过某种控制，让热机B从低温热源吸取的热量为q_c，然后热机B把一定的热量释放到高温热源中。但是，由于热机A比热机B效率高，因此热机A所做的功并没有全部用在驱动整个过程运行上，结果在两个热机耦合运行过程中，热机A仍然会做一部分净功，这样一来，两个热机耦合运行的总结果是，低温热源不变，过程做了功，高温热源失去了一部分热量。因为整个过程是高温热源中的一些热量被直接全部转化成了功，这一结果与热力学第二定律的开尔文说法相矛盾。由于这样的结论与经验相矛盾，所以开始对热机A和B效率不同的假设就必然是错误的。因此，热机中传递的热量与温度之间的关系也必然与热机的工作物质无关，也就是说，无论卡诺循环中涉及何种物质，式（3A.9）都是正确的。

现在完成最后一步证明。可以看出，任何一个可逆循环都可以近似地用多个卡诺循环的集合来表示，图3A.12表示的就是这样的近似。图中表示的是三个卡诺循环A、B和C串连在一起，以便让它们的周长近似地表示蓝色线所代表的循环途径。对于每个小循环，熵变都是零（如前所证）。因此，所有小循环的熵变总和也为零。但是，在每个小循环的总熵变中，熵变项中沿着与相邻小循环共同途径产生的那部分熵变，与相邻小循环熵变中的对应部分的熵变相互抵消（因为相邻途径在方向上是相反的）。因此，除了沿着整个大循环周边的那部分熵变之外，其余部分熵变都被抵消掉了。因此，q_{rev}/T沿着周边途径的和也就是零。

蓝色线所示的途径可以通过使用更多更小的卡诺循环来达到更严格的近似，极限情况下，每个小卡诺循环为无限小，无限多个无限小卡诺循

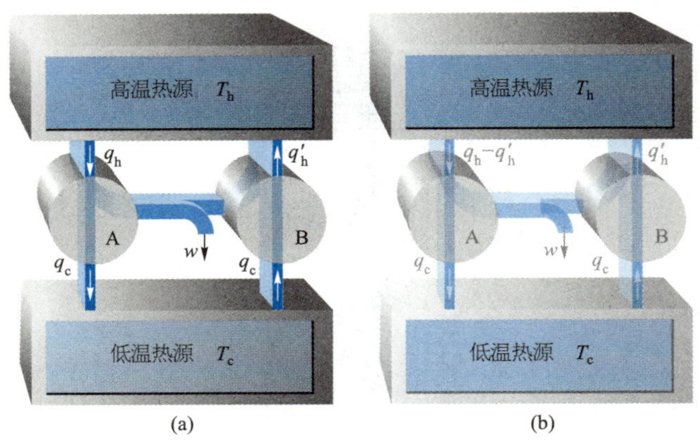

图3A.11　（a）在相同热源之间工作的所有可逆热机效率的等效性证明是基于图中所示的能量流；（b）这些过程的净效果是在无须低温热源的情况下将热量全部转换为功，这与热力学第二定律的开尔文说法矛盾

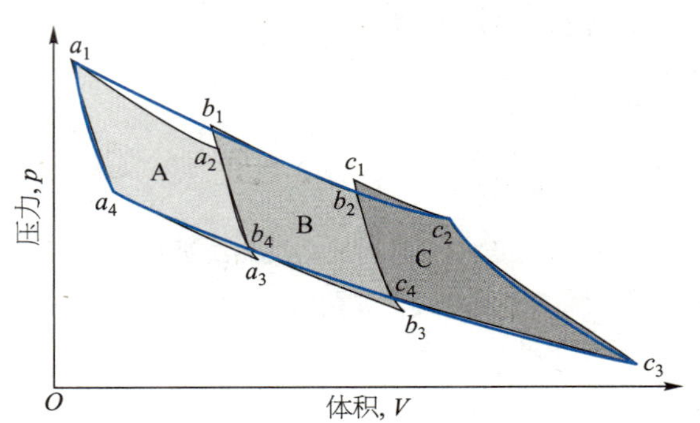

图3A.12　蓝色线所示的途径可以通过串接三个卡诺循环A、B和C覆盖区域的整个周长进行近似表示。对于每个循环，总熵变为零。沿着绝热段（如a_1—a_4和c_2—c_3）的熵变为零，因此沿着任何一个循环的等温段（如a_1—a_2和a_3—a_4）的熵变彼此抵消。结果是，串接起来的三个循环的整个周长所表示的途径的熵变也为零

环的周长与蓝色途径就可以完全匹配。这样立即就得出式（3A.5）（dq_{rev}/T沿着任意一个循环的积分结果为零）。这个结果表明，dS是全微分，因此S是状态函数。

（b）热力学温度

假设某热机在温度为T_h的高温热源和温度为T_c的低温热源之间可逆运行，则根据式（3A.9）可以得到

$$T=(1-\eta)T_h \qquad (3A.10)$$

开尔文利用该式中的热机效率定义了**热力学温标**（thermodynamic temperature scale）：构造一个热机，高温热源为已知温度，低温热源为要定义的温度，这样就可以根据热机效率的测量结果推断出后者的温度。目前，**开尔文温标**（Kelvin scale，这是热力学温标的一种特殊情况）的定义是用三相点处的水作为概念性高温热源，该温标将水的三相点温度严格定义为273.16 K[1]。

（c）克劳修斯不等式

现证明熵的定义与热力学第二定律是一致的。已知可逆变化过程中做的功比不可逆变化过程大，即$|dw_{rev}|\geqslant|dw|$。因为当能量以功的形式离开系统时，dw和dw_{rev}为负，所以$|dw_{rev}|\geqslant|dw|$就是$-dw_{rev}\geqslant -dw$，因此有$dw-dw_{rev}\geqslant 0$。内能是一个状态函数，所以对于可逆和不可逆途径，相同的始态和终态之间的内能变化都是相同的，因此

$$dU=dq+dw=dq_{rev}+dw_{rev}$$

于是有$dq_{rev}-dq=dw-dw_{rev}$。又由于$dw-dw_{rev}\geqslant 0$，于是就得到$dq_{rev}-dq\geqslant 0$，因此有$dq_{rev}\geqslant dq$，两边同除以温度T，结果是$dq_{rev}/T\geqslant dq/T$。根据熵的热力学定义（$dS=dq_{rev}/T$），可得到

$$dS\geqslant\frac{dq}{T} \qquad \text{克劳修斯不等式} \qquad (3A.11)$$

1 国际社会已同意使用另一种与某种特定物质特定属性无关的定义来取代这一定义，但新定义（2018年）尚未实施。

式（3A.11）就是**克劳修斯不等式**（Clausius inequality），在讨论化学反应的自发性问题时（专题3D），克劳修斯不等式是非常重要的。

假设一个系统与环境隔离，因此$dq=0$。克劳修斯不等式表明

$$dS\geqslant 0 \qquad (3A.12)$$

也就是说，**在隔离系统中，当发生自发变化时，熵不会减少**。这个表述抓住了热力学第二定律的本质。

克劳修斯不等式也意味着自发过程必然是不可逆过程。为了证实这一结论，可以将某一过程发生时的总熵变表示成不等式：

$$dS_{tot}=\overbrace{dS}^{\geqslant dq/T}+\overbrace{dS_{sur}}^{-dq/T}\geqslant 0$$

该不等式中，不等号表示不可逆过程，等号表示可逆过程。也就是说自发过程（$dS_{tot}>0$）是不可逆过程。$dS_{tot}=0$的可逆过程，在正反两个方向都是非自发的：系统处于平衡状态。

克劳修斯不等式将熵的定义与热力学第二定律相关联，非常重要。除此之外，克劳修斯不等式也让我们明白，人们熟知的物体会冷却到环境温度的过程确实是自发过程。为说明这一点，考虑热量从温度为T_h的高温系统传递到温度为T_c的低温系统（图3A.13），当有$|dq|$的热量流出高温热源（所以$dq_h<0$）时，根据克劳修斯不等式，有$dS\geqslant dq_h/T_h$。当$|dq|$的热量流入低温热源时，由克劳修斯不等式可知，$dS\geqslant dq_c/T_c$（$dq_c>0$）。因此，总结果是

$$dS\geqslant\frac{dq_h}{T_h}+\frac{dq_c}{T_c}$$

但是，$dq_h=-dq_c$，于是有

$$dS\geqslant-\frac{dq_c}{T_h}+\frac{dq_c}{T_c}=\left(\frac{1}{T_c}-\frac{1}{T_h}\right)dq_c$$

这里dS是正值（因为$dq_c>0$和$T_h\geqslant T_c$）。因此，冷却过程（从高温热源到低温热源的热传递）是自发的，这与日常观察经验一致。

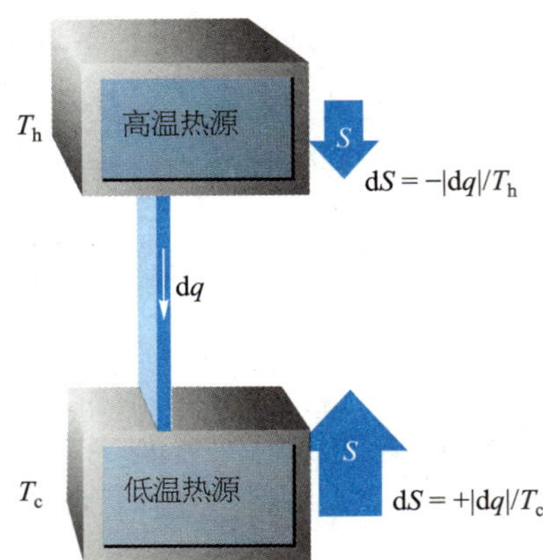

图3A.13 当热量流出高温热源时，高温热源的熵降低。当等量的热量流入低温热源时，低温热源的熵增加得更多。因此总熵增加，相应的过程是自发的（熵变的相对大小由箭头的长短表示）

概念清单

- □ 1. 熵是自发变化的一个标志：宇宙的熵在自发过程中增加。
- □ 2. 熵变是根据可逆热交换进行定义的。
- □ 3. **玻耳兹曼公式**根据总能量不变的情况下分子在不同能级中排列的方式数来定义熵。
- □ 4. **卡诺循环**被用来证明熵是状态函数。
- □ 5. **热机效率**是热力学温标定义的基础，也让热力学温标成为实用温标，即开尔文温标。
- □ 6. **克劳修斯不等式**表明隔离系统的熵在自发变化过程中增加，因此克劳修斯的定义与热力学第二定律是一致的。
- □ 7. 自发过程是不可逆过程，熵变为零的过程处于平衡状态。

公式清单

性质	公式	说明	公式编号
热力学熵	$dS = dq_{rev}/T$	定义	3A.1a
环境熵变	$\Delta S_{sur} = q_{sur}/T_{sur}$		3A.2b
玻耳兹曼公式	$S = k \ln W$	定义	3A.4
卡诺热机效率	$\eta = 1 - T_c/T_h$	可逆过程	3A.9
热力学温度	$T = (1-\eta)T_h$		3A.10
克劳修斯不等式	$dS \geqslant dq/T$		3A.11

专题3B

特定过程的熵变

► 为何需要学习这部分内容?

在应用热力学第二定律解决化学变化问题时，会遇到各种基本物理过程的熵变问题。

► 核心思想是什么?

某一变化过程熵变的计算，是通过在变化过程的始态和终态之间找到一条可逆途径来进行的。

► 需要哪些预备知识?

需要熟悉熵的热力学定义（专题 3A）及热力学第一定律中关于功、热、内能（专题 2A）和热容（专题 2B）的概念。本专题要用到完美气体等温可逆膨胀过程的功和热的表达式（专题 2A）。

式（3A.1）是熵变的热力学定义式：

$$\mathrm{d}S=\frac{\mathrm{d}q_{\mathrm{rev}}}{T}\qquad \Delta S=\int_{\mathrm{i}}^{\mathrm{f}}\frac{\mathrm{d}q_{\mathrm{rev}}}{T}\qquad \text{熵变[定义]}\qquad (3\mathrm{B}.1\mathrm{a})$$

式中q_{rev}是温度T下可逆传递给系统的热。式（3B.1a）是热力学中有关熵的所有计算的基础。当根据该式计算环境熵变时，式（3B.1a）就可以写成式（3A.2b）。在此将式（3A.2b）再重写一遍，就是

$$\Delta S_{\mathrm{sur}}=\frac{q_{\mathrm{sur}}}{T_{\mathrm{sur}}}\qquad \text{环境的熵变}\qquad (3\mathrm{B}.1\mathrm{b})$$

式中q_{sur}是环境吸收的热，T_{sur}是环境温度。注意，不管过程对于系统来说是可逆的还是不可逆的，环境的熵变都是相同的。（整体）隔离系统（“宇宙”）的总熵变为

$$\Delta S_{\mathrm{tot}}=\Delta S+\Delta S_{\mathrm{sur}}\qquad \text{总熵变}\qquad (3\mathrm{B}.1\mathrm{c})$$

某些物理变化过程的熵变特别重要，本专题将介绍如何计算这些过程的熵变。正如专题3A所言，自发过程是不可逆过程（在热力学意义上），而$\Delta S_{\mathrm{tot}}=0$的过程则处于平衡状态。

3B.1 膨胀

在专题3A（具体在例题3A.1）中就已经得到，当完美气体从始态体积V_{i}等温膨胀到终态体积V_{f}时，过程的熵变为

$$\Delta S=nR\ln\frac{V_{\mathrm{f}}}{V_{\mathrm{i}}}\qquad \text{完美气体等温膨胀过程的熵变}\qquad (3\mathrm{B}.2)$$

由于S是状态函数，所以系统的ΔS值与始态和终态之间的变化途径无关。因此，无论状态的实际变化过程是可逆的还是不可逆的，这个表达式都是适用的。图3B.1表示的是系统的熵变随体积的对数变化关系。

但是，膨胀过程引起的总熵变却与气体的具体膨胀方式有关。对于放热过程，系统向环境放热，因此环境得到的热量为$\mathrm{d}q_{\mathrm{sur}}=-\mathrm{d}q$。完美气体等温可逆膨胀中，$q_{\mathrm{rev}}=nRT\ln(V_{\mathrm{f}}/V_{\mathrm{i}})$，所以$q_{\mathrm{sur}}=-nRT\ln(V_{\mathrm{f}}/V_{\mathrm{i}})$。于是，有

$$\Delta S_{\mathrm{sur}}=-\frac{q_{\mathrm{rev}}}{T}=-nR\ln\frac{V_{\mathrm{f}}}{V_{\mathrm{i}}}\qquad (3\mathrm{B}.3\mathrm{a})$$

在此等温可逆膨胀过程中，环境的熵变等于

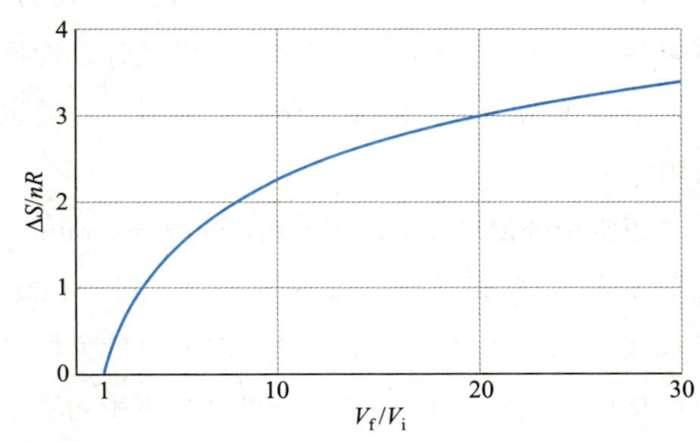

图3B.1 完美气体等温膨胀时熵的对数增加

系统熵变的负值，因此$\Delta S_{tot}=0$，这与可逆过程的特征是一致的。另一方面，如果气体的等温膨胀过程是自由膨胀（完美气体向真空膨胀），膨胀过程中不做功（$w=0$）。又由于是等温膨胀，完美气体$\Delta U=0$，且膨胀过程必须遵守热力学第一定律，于是就有$\Delta U=q+w$，$q=0$，结果就是$q_{sur}=0$，$\Delta S_{sur}=0$。因此，对于这种不做功的膨胀过程，就可以由式（3B.1）直接求出总熵变：

$$\Delta S_{tot}=nR\ln\frac{V_f}{V_i} \qquad (3B.3b)$$

在自由膨胀情况下，就有$\Delta S_{tot}>0$，这与不可逆过程的特征是一致的。

简要说明3B.1

若某完美气体在等温条件下体积膨胀到原体积的2倍，$V_f/V_i=2$，则气体的摩尔熵变为

$\Delta S_m=8.3145\ J\cdot K^{-1}\cdot mol^{-1}\times\ln 2=+5.76\ J\cdot K^{-1}\cdot mol^{-1}$

如果是可逆膨胀，则环境的熵变为$-5.76\ J\cdot K^{-1}\cdot mol^{-1}$（“每摩尔”的含义表示系统中每摩尔气体分子），过程中总熵变为0。如果是向真空自由膨胀，则气体摩尔熵变仍为$+5.76\ J\cdot K^{-1}\cdot mol^{-1}$，而环境的熵变为0，过程中总熵变为$+5.76\ J\cdot K^{-1}\cdot mol^{-1}$。

3B.2　相变

当物质凝固或沸腾时，物质分子的分散程度及与之相关的能量也会发生相应的变化，变化大小反映了物质分子聚集有序程度的高低和能量定域程度的高低。因此可以预计，物质的熵也必然会随着相变过程发生变化。例如，当物质蒸发时，凝聚相转变为更为分散的气相，可以预计，物质的熵会显著增加。当固体熔化成液体时，其熵也会增加。

正常相变温度（normal transition temperature）T_{trs}为1 atm下两相达到平衡时的温度。对于1 atm下与液态水达到平衡的冰来说，这个温度为0 ℃（273 K），而对于1 atm下与水蒸气达到平衡的水来说，这个温度为100 ℃（373 K）。现在，考虑正常相变温度T_{trs}下的系统及其环境，因为系统中的两相在相变温度下处于平衡状态，系统与环境之间的任何能量转移过程都是可逆的。因为等压时$q=\Delta_{trs}H$，故系统的摩尔熵变[1]就是

$$\Delta_{trs}S=\frac{\Delta_{trs}H}{T_{trs}} \qquad (3B.4)$$

相变熵
［相变温度下］

如果相变过程放热（$\Delta_{trs}H<0$，如凝固或冷凝过程），则系统的熵变为负值，这与相变过程中分子有序程度变化趋势是一致的，固体分子的有序程度比液体高，液体分子的有序性程度比气体高。但在这种情况下，由于环境是吸热的，环境的熵变为正，且由于在相变温度下两相处于平衡状态，故总熵变为零。如果相变过程是吸热的（$\Delta_{trs}H>0$，如熔化和气化），则系统的熵变为正，这与系统中物质分子变得更加分散的情况是一致的。与此同时，环境中熵减少，环境中熵的减少量与系统熵的增加量相同，过程中总熵变仍是零。

表3B.1列出了一些相变过程中熵变的实验测量结果。表3B.2更详细地列出了几种液体在正常沸点下蒸发的标准熵变。这些数据显示出一个有趣现象，即多种不同液体都有大致相同的标准蒸发熵（约85 $J\cdot K^{-1}\cdot mol^{-1}$）：这种经验规律称为**特鲁顿规则**（Trouton's rule）。特鲁顿规则可以进行如下解释，即不同液体蒸发变成气体时，体积变化量大致都差不多，因此可以预计，所有液体都具有大致相同的标准蒸发熵。

有些液体相对特鲁顿规则会出现显著偏差，这是由于这些液体的分子之间存在强烈的相互作用，从而使液体分子的聚集呈现出部分有序性，结果导致这些液体变成蒸气时，与完全无序液体的汽化过程相比，无序程度的变化量就会更大一些。水就是一个这样的例子，水的蒸发熵较大，表明液态水中存在氢键结构，氢键倾向于将液态水分子有序地聚集在一起，使液态水分子与某些物质，如与液

1 根据专题2C，$\Delta_{trs}H$是每摩尔物质的焓变，故$\Delta_{trs}S$也是一个摩尔量。

表 3B.1　正常相变温度下的标准相变熵 $\Delta_{trs}S^{\ominus}$ *

单位：$J\cdot K^{-1}\cdot mol^{-1}$

	熔化(T_f)	汽化(T_b)
氩气，Ar	14.17(83.8 K)	74.53(87.3 K)
苯，C_6H_6	38.00(279 K)	87.19(353 K)
水，H_2O	22.00(273.15 K)	109.0(373.15 K)
氦气，He	4.8(8 K和30 bar)	19.9(4.22 K)

* 更多的数据参见资源部分。

表 3B.2　几种液体在其相应沸点时的标准蒸发焓和标准蒸发熵*

	$\Delta_{vap}H^{\ominus}/(kJ\cdot mol^{-1})$	$\theta_b/°C$	$\Delta_{vap}S^{\ominus}/(J\cdot K^{-1}\cdot mol^{-1})$
苯	30.8	80.1	87.2
四氯化碳	30	76.7	85.8
环己烷	30.1	80.7	85.1
硫化氢	18.7	−60.4	87.9
甲烷	8.18	−161.5	73.2
水	40.7	100.0	109.1

* 更多的数据参见资源部分。

态硫化氢中的分子（其中没有氢键）相比，无序性就更低一些。另一种液体甲烷的蒸发熵却是异常低，导致这一结果的部分原因是甲烷气体本身的熵略低（298 K时为 $186\ J\cdot K^{-1}\cdot mol^{-1}$，而在相同条件下 N_2 的熵为 $192\ J\cdot K^{-1}\cdot mol^{-1}$）。在专题13B中将会看到，对于质量小和转动惯量小的分子（如 CH_4），室温下可拥有的平动和转动状态，与质量大和转动惯量大的分子（如 N_2）相比会更少一些，因而它们的摩尔蒸发熵也就略低一些。

简要说明 3B.2

液态溴分子间没有氢键，Br_2 的相对分子质量较大，相对分子质量大的分子在气相中的行为一般不会出现异常情况，因此可以使用特鲁顿规则。Br_2 在 59.2 ℃时沸腾，根据特鲁顿规则，可计算出溴的标准蒸发焓：

$$\Delta_{vap}H^{\ominus}=T_b\times 85\ J\cdot K^{-1}\cdot mol^{-1}$$

代入数据后得到

$$\Delta_{vap}H^{\ominus}=332.4\ K\times 85\ J\cdot K^{-1}\cdot mol^{-1}$$
$$=+2.8\times 10^4\ J\cdot mol^{-1}=+28\ kJ\cdot mol^{-1}$$

实验测量值为 $+29.45\ kJ\cdot mol^{-1}$。

3B.3　加热

根据熵变的热力学定义式（3B.1a），可以由某温度 T_i 下的熵和系统在变温过程中吸收的热来计算系统在温度 T_f 下的熵值：

$$S(T_f)=S(T_i)+\int_{T_i}^{T_f}\frac{dq_{rev}}{T} \qquad (3B.5)$$

式（3B.5）最常用形式可用于计算系统在等压（如 1 atm 下）变温过程的熵变。等压变温过程中，$dq_{rev}=dH$；根据定压热容的定义［式（2B.5），$C_p=(\partial H/\partial T)_p$］，得到 $dH=C_pdT$。因此，$dq_{rev}=C_pdT$，代入式（3B.5）就得到

$$S(T_f)=S(T_i)+\int_{T_i}^{T_f}\frac{C_pdT}{T} \qquad (3B.6)$$

熵随温度的变化［等压］

在等容条件下，可以使用同样的方式计算熵变，但需要用 C_V 代替 C_p。如果在特定温度范围内 C_p 与温度无关，可以将 C_p 移到积分号外面，就得到

$$S(T_f)=S(T_i)+C_p\int_{T_i}^{T_f}\frac{dT}{T}=S(T_i)+C_p\ln\frac{T_f}{T_i} \qquad (3B.7)$$

等容升温过程也有类似的表达式。图 3B.2 表示的是熵变与温度之间的对数关系。

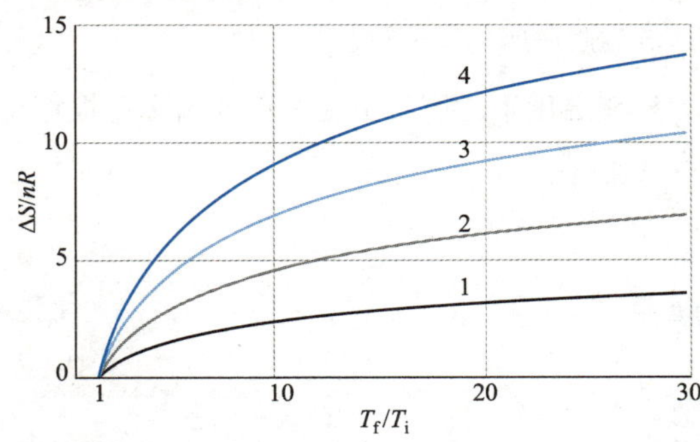

图 3B.2　物质在等容或等压条件下加热时熵的对数增加（图中不同曲线标有相应的 C_m/R 值，在所示温度范围内为定值。对于等容变化，$C_m=C_{V,m}$；对于等压变化，$C_m=C_{p,m}$）

简要说明 3B.3

298 K时，水的摩尔定容热容为 $75.3\ J\cdot K^{-1}\cdot mol^{-1}$。当水的温度从 20 ℃（293 K）上升到 50 ℃（323 K）时，设热容在该范围内为定值，则升温过程的摩尔熵变为

$$\Delta S_m=S_m(323\ K)-S_m(293\ K)=75.3\ J\cdot K^{-1}\cdot mol^{-1}\times\ln\frac{323\ K}{293\ K}$$
$$=+7.34\ J\cdot K^{-1}\cdot mol^{-1}$$

3B.4　复杂过程

许多过程会有不止一个参数发生变化，例如，气体会出现始态和终态的体积及温度都不相同的情况。因为S是状态函数，所以可以通过考虑始态和终态之间的任一可逆途径来计算过程的熵变。例如，将变化途径分成两个步骤完成比较方便：等温膨胀到终态体积后，再等容升温到终态温度。体积和温度这两个量的变化所导致的总熵变就是两个分步骤熵变之和。

例题 3B.1　计算一个复杂变化过程的熵变

25 ℃和1.00 bar下的氩气，在容器中从0.500 dm^3的始态体积膨胀到1.000 dm^3的终态体积，与此同时温度升高到100 ℃。计算变化过程的熵变。（摩尔定容热容设为$3R/2$。）

整理思路　如前文所述，可以将整个过程分为两个步骤：等温膨胀到终态体积，然后再等容升温到终态温度。第一步的熵变可根据式（3B.2）计算；在假设C_V与温度无关的情况下，则第二步的熵变可根据式（3B.7）（用C_V代替C_p）计算。每种情况下，都需要知道气体分子的物质的量n，这可以利用完美气体状态方程和始态数据由$n=p_iV_i/RT_i$计算得到。

解：气体分子的物质的量为

$$n=\frac{1.00\times10^5\ \mathrm{Pa}\times0.500\times10^{-3}\ \mathrm{m^3}}{8.314\,5\ \mathrm{J\cdot K^{-1}\cdot mol^{-1}}\times298\ \mathrm{K}}=0.020\,2\ \mathrm{mol}$$

根据式（3B.2），从体积V_i等温膨胀到V_f过程中的熵变为

$$\Delta S(\text{第一步})=nR\ln\frac{V_f}{V_i}$$

$$=0.020\,2\ \mathrm{mol}\times8.314\,5\ \mathrm{J\cdot K^{-1}\cdot mol^{-1}}\times\ln\frac{1.000\ \mathrm{dm^3}}{0.500\ \mathrm{dm^3}}$$

$$=+0.116\ \mathrm{J\cdot K^{-1}}$$

根据式（3B.6），第二步等容条件下温度从T_i加热到T_f过程的熵变为

$$\Delta S(\text{第二步})=nC_{V,m}\ln\frac{T_f}{T_i}=\frac{3}{2}nR\ln\frac{T_f}{T_i}$$

$$=\frac{3}{2}\times0.020\,2\ \mathrm{mol}\times8.314\,5\ \mathrm{J\cdot K^{-1}\cdot mol^{-1}}\times\ln\frac{373\ \mathrm{K}}{298\ \mathrm{K}}$$

$$=+0.056\,6\ \mathrm{J\cdot K^{-1}}$$

系统总熵变是这两步变化的总和，即

$$\Delta S=0.116\ \mathrm{J\cdot K^{-1}}+0.056\,6\ \mathrm{J\cdot K^{-1}}=+0.173\ \mathrm{J\cdot K^{-1}}$$

自测题 3B.1　相同始态的氩气压缩到0.050 0 dm^3，同时冷却至−25 ℃，计算系统变化过程的熵变。

答案：$-0.43\ \mathrm{J\cdot K^{-1}}$。

概念清单

- ☐ 1. 等温膨胀时完美气体的熵增加。
- ☐ 2. 相变温度下，物质相变过程的熵变可根据相变焓来计算。
- ☐ 3. 物质升温过程的熵变可根据物质的热容计算。

公式清单

性质	公式	说明	公式编号
等温膨胀过程的熵变	$\Delta S=nR\ln(V_f/V_i)$	完美气体	3B.2
相变过程的熵变	$\Delta_{trs}S=\Delta_{trs}H/T_{trs}$	相变温度下	3B.4
熵随温度的变化	$S(T_f)=S(T_i)+C\ln(T_f/T_i)$	热容C与温度无关，无相变发生，等压条件下$C=C_p$，等容条件下$C=C_V$	3B.7

专题3C

熵的测量

► 为何需要学习这部分内容?

由于熵是一个非常有用的定量概念，所以熵的测量就很重要。本部分讲述如何利用量热法测量熵，并根据热力学第三定律给出测量值。

► 核心思想是什么?

温度 $T=0$ 时，完美晶体的熵为零。

► 需要哪些预备知识?

需要熟悉熵与温度之间的关系式及如何计算相变熵（专题3B）。对残余熵的讨论要借鉴有关熵的玻耳兹曼公式（专题3A）。

有两种方式可以得到物质的熵，其中一种正是本专题要讨论的主要内容。这种方式就是在温度从 $T=0$ 升到目标温度的过程中，对升温所需要的热量进行测量。这里要用到两个公式，其中之一就是熵与温度的关系式[式（3B.7）]，在这里将其重新写成

$$S(T_2)=S(T_1)+\int_{T_1}^{T_2}\frac{C_p(T)}{T}\mathrm{d}T \qquad \text{熵与温度} \qquad (3C.1a)$$

要用到的第二个公式是计算相变熵的公式。根据式（3B.4），相变熵的计算公式可写成

$$\Delta S(T_{\mathrm{trs}})=\frac{\Delta_{\mathrm{trs}}H(T_{\mathrm{trs}})}{T_{\mathrm{trs}}} \qquad \text{熵与相变} \qquad (3C.1b)$$

式中 $\Delta_{\mathrm{trs}}H(T_{\mathrm{trs}})$ 是相变温度 T_{trs} 下的相变焓。确定物质熵的另一种方式将在专题13E中介绍，就是根据玻耳兹曼统计熵的定义，利用相关参数或光谱数据来计算物质的熵。

3C.1 量热法测量熵

根据式（3C.1a），系统在温度 T 时的熵，可以在已知系统在 $T=0$ 时的熵和不同温度下测量出来的热容 C_p 的基础上，通过积分计算出来。在计算的总结果中，一定要把 $T=0$ 到目标温度之间发生的每一个相变的相变熵都考虑进去。例如，如果一种物质在 T_{f} 时熔化，并在 T_{b} 时沸腾，那么该物质在高于沸点的某一温度 T 时的摩尔熵，就可以根据下式计算出来：

$$S_{\mathrm{m}}(T)=S_{\mathrm{m}}(0)+\overbrace{\int_0^{T_{\mathrm{f}}}\frac{C_{p,\mathrm{m}}(\mathrm{s},T')}{T'}\mathrm{d}T'}^{\text{将固体升温到熔点}}+\overbrace{\frac{\Delta_{\mathrm{fus}}H}{T_{\mathrm{f}}}}^{\text{熔化熵}}+\overbrace{\int_{T_{\mathrm{f}}}^{T_{\mathrm{b}}}\frac{C_{p,\mathrm{m}}(\mathrm{l},T')}{T'}\mathrm{d}T'}^{\text{将液体升温到沸点}}+\overbrace{\frac{\Delta_{\mathrm{vap}}H}{T_{\mathrm{b}}}}^{\text{蒸发熵}}+\overbrace{\int_{T_{\mathrm{b}}}^{T}\frac{C_{p,\mathrm{m}}(\mathrm{g},T')}{T'}\mathrm{d}T'}^{\text{将蒸气升温到最终温度}} \qquad (3C.2)$$

为了避免与目标温度 T 混淆，式中的积分变量已经改为 T'。除了 $S_{\mathrm{m}}(0)$ 之外，计算中所需的全部性质都可通过量热法测量出来。计算过程可采用图形积分方式，或者通过对实验测量数据进行多项式拟合，并根据拟合出来的多项式进行积分。后一种方法也是目前更常用的方法。第一种计算方式如图3C.1所示：$C_{p,\mathrm{m}}(T)/T$ 随 T 变化的曲线下的面积，即为要得到的积分值。如果所有测量针对的都是1 bar压力下的纯物质，则最终得到的数值即为该物质的**标准熵**（standard entropy）$S^{\ominus}(T)$；标准熵除以物质的量 n，就得到物质的**标准摩尔熵**（standard molar entropy），$S_{\mathrm{m}}^{\ominus}(T)=S^{\ominus}(T)/n$。因为 $\mathrm{d}T/T=\mathrm{d}\ln T$，也可以根据 $C_{p,\mathrm{m}}(T)$ 随 $\ln T$ 变化的

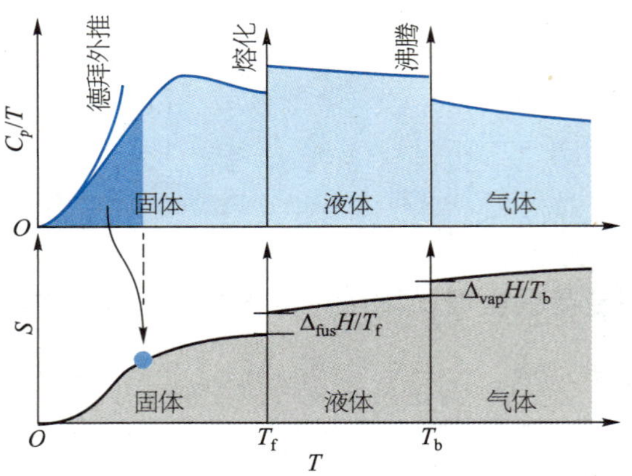

图3C.1　根据物质的C_p/T随温度变化得到物质的熵，在某目标温度下的熵值就等于图中曲线下在$T=0$到该温度区间的区域面积，再加上在$T=0$到该温度区间内发生的各个相变熵（例如，下方图曲线上的蓝点表示的熵值就是上方图曲线下的阴影区面积）

曲线下的面积计算物质标准摩尔熵。

简要说明3C.1

根据下列数据，计算出氮气在25 ℃下的标准摩尔熵：

	对$S_m^{\ominus}/(J\cdot K^{-1}\cdot mol^{-1})$的贡献值
德拜外推	1.92
10 K到35.61 K间积分	25.25
35.61 K下相变	6.43
35.61 K到63.14 K间积分	23.38
63.14 K下熔化	11.42
63.14 K到77.32 K间积分	11.41
77.32 K下汽化	72.13
77.32 K到298.15 K间积分	39.20
非完美气体修正	0.92
总值	192.06

因此，有$S_m^{\ominus}(298.15\ K)=S_m(0)+192.06\ J\cdot K^{-1}\cdot mol^{-1}$。过程中使用的德拜外推法将在下一段内容中进行解释。

在测量物质的熵时会遇到一个问题，即在温度$T=0$附近测量热容很困难。当T较低时，可假设非金属固体的热容与T^3成正比，这个关系具有坚实的理论支撑（见专题7A）。该关系式正是**德拜外推**（Debye extrapolation）（或称德拜T^3定律）的基础。在这种测量熵的方法中，需要将C_p测量到尽可能低的温度范围，并根据形如aT^3的曲线对测量数据进行拟合，通过数据拟合得到a值，然后假设式$C_{p,m}(T)=aT^3$在$T=0$时适用。

例题3C.1　计算低温时的熵

某非金属固体在4.2 K下摩尔定压热容为0.43 $J\cdot K^{-1}\cdot mol^{-1}$，则该温度下它的摩尔熵是多少？

整理思路　因为温度很低，可以假设热容随温度的变化遵守$C_{p,m}(T)=aT^3$，这种情况下就可以利用式（3C.1a），根据$T=0$时的熵和常数a来计算温度T时的熵。积分后会发现，可以用温度T下的热容表示积分结果，于是可以直接使用题目中的数据计算出熵。

解：积分结果为

$$S_m(T)=S_m(0)+\int_0^T\frac{aT'^3}{T'}dT'=S_m(0)+a\overbrace{\int_0^T T'^2dT'}^{\text{积分A.1}}$$
$$=S_m(0)+\frac{1}{3}aT^3=S_m(0)+\frac{1}{3}C_{p,m}(T)$$

据此可得到

$S_m(4.2\ K)=S_m(0)+0.14\ J\cdot K^{-1}\cdot mol^{-1}$

自测题3C.1　对于金属，电子对热容也有贡献。低温条件下，热容与T成正比，即$C_{p,m}(T)=bT$。计算电子在低温条件下对金属熵的贡献。

答案：$S_m(T)=S_m(0)+C_{p,m}(T)$。

3C.2　热力学第三定律

温度T为零时，热运动的全部能量都已耗尽。完美晶体中，所有原子或离子的排列方式都是均匀和规则的。物质粒子定域化，热运动停止，表明这时候物质的熵为零。这一结论与熵的微观分子解释结果（专题3A）是一致的，因为当粒子全部处于基态时，粒子也就只有一种排列方式，这就是T等于零的情况。T等于零时，W等于1，根据$S=k\ln W$，就得到S等于零。

（a）能斯特热定理

能斯特热定理（Nernst heat theorem）是对一系列实验结果的总结，这些实验结果与T等于零时规则排列分子的熵为零的观点是一致的：

若所有物质完美有序，当温度趋近零时，任何物理或化学变化过程的熵变都为零，即$T\to 0$，$\Delta S\to 0$。

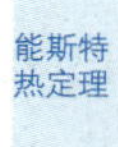

简要说明3C.2

正交硫α和单斜硫β的相变熵可以根据相变温度(369 K)下的相变焓(402 J · mol^{-1})来计算：

$$\Delta_{trs}S(369\ \mathrm{K}) = S_m(\beta, 369\ \mathrm{K}) - S_m(\alpha, 369\ \mathrm{K})$$
$$= \frac{\Delta_{trs}H}{T_{trs}} = \frac{402\ \mathrm{J \cdot mol^{-1}}}{369\mathrm{K}} = 1.09\ \mathrm{J \cdot K^{-1} \cdot mol^{-1}}$$

还可以通过测量0~369 K温度范围内的热容来确定α和β两个同素异形体的熵。结果表明，$S_m(\alpha, 369\ \mathrm{K}) = S_m(\alpha, 0) + 37\ \mathrm{J \cdot K^{-1} \cdot mol^{-1}}$，$S_m(\beta, 369\mathrm{K}) = S_m(\beta, 0) + 38\ \mathrm{J \cdot K^{-1} \cdot mol^{-1}}$。这两个数值表明，在相变温度下有

$$\Delta_{trs}S(369\ \mathrm{K}) = [S_m(\beta, 0) + 38\ \mathrm{J \cdot K^{-1} \cdot mol^{-1}}] - [S_m(\alpha, 0) + 37\ \mathrm{J \cdot K^{-1} \cdot mol^{-1}}]$$
$$= S_m(\beta, 0) - S_m(\alpha, 0) + 1\ \mathrm{J \cdot K^{-1} \cdot mol^{-1}}$$

将这个数值与上面的值相比较，可得出$S_m(\beta, 0) - S_m(\alpha, 0) \approx 0$，这与能斯特热定理的结论是一致的。

根据能斯特热定理，如果在温度为零时单质的完美晶体的熵值为零，则所有完美晶体化合物在温度为零时的熵也为零（因为$T = 0$时，与在该温度的所有转变熵为零的情况一样，化合物的生成熵亦为零）。这可总结为**热力学第三定律**（third law of thermodynamics）：

在$T = 0$时，所有完美晶体物质的熵值都为零。　热力学第三定律

就热力学而言，将这个共同基值确定为零，也会使问题处理变得方便。如上所述，熵的分子解释表明，在T为零时，由于W为1，所以S为零。

某些情况下，当T为零时W也会大于1，因而会出现$S(0) > 0$的情况。即使在绝对零度时，当系统分子按某种特定方向排列并没有能量优势时，就会出现这种情况。例如，双原子分子AB构成的固体中，… AB AB AB … 和 … BA AB BA … 两种排列方式几乎没有能量差异，因此，即使T为零，也会有W大于1的情况出现。如果$S(0) > 0$，该物质也就具有**残余熵**（residual entropy）。冰的残余熵为3.4 J · K^{-1} · mol^{-1}，该残余熵源于相邻水分子之间氢键的排列：一个氧原子与相邻氧原子间，有两个短的O—H键和两个长的O⋯H键，但四个键中，到底哪两个是长键，哪两个是短键，却有一定的随机性。

（b）第三定律熵

以$S(0) = 0$为基础得到的熵被称为**第三定律熵**（third-law entropy，通常简称为“熵”）。温度T时标准状态下的**标准（第三定律）熵**［standard (third－law) entropy］表示为$S^{\ominus}(T)$。表3C.1中列出了298 K时的一些数据。

与专题2C中的标准反应焓一样，**标准反应熵**（standard reaction entropy）$\Delta_r S^{\ominus}$可定义为给定温度下所有处于标准状态纯产物的摩尔熵和所有处于标准状态纯反应物的摩尔熵之间的差值（所有物质都处在指定温度的标准状态）：

$$\Delta_r S^{\ominus} = \sum_{\text{产物}} \nu S_m^{\ominus} - \sum_{\text{反应物}} \nu S_m^{\ominus} \quad \text{标准反应熵［定义］} \quad (3C.3a)$$

式中每一项都要乘以相应组分的化学计量系数。可以采用专题2C中的做法，将该式写成

$$\Delta_r S^{\ominus} = \sum_J \nu_J S_m^{\ominus}(J) \quad (3C.3b)$$

式中ν_J为带有正、负号（对产物取+，对反应物取－）的化学计量数。如果反应有气体的净的生成，则标准反应熵可能是正值；如果反应净消耗气体，则标准反应熵可能就是负值。

表3C.1　298 K时一些物质的标准第三定律熵*

	$S_m^{\ominus}/(\mathrm{J \cdot K^{-1} \cdot mol^{-1}})$
固体	
石墨，C(s)	5.7
金刚石，C(s)	2.4
蔗糖，$C_{12}H_{12}O_{11}$(s)	360.2
碘，I_2(s)	116.1
液体	
苯，C_6H_6(l)	173.3
水，H_2O(l)	69.9
汞，Hg(l)	76.0
气体	
甲烷，CH_4(g)	186.3
二氧化碳，CO_2(g)	213.7
氢气，H_2(g)	130.7
氦，He(g)	126.2
氨，NH_3(g)	192.4

*更多的数据参见资源部分。

简要说明3C.3

要计算298 K时$H_2(g)+1/2O_2(g)\longrightarrow H_2O(l)$的标准反应熵，可根据表2C.4中的数据得到

$$\begin{aligned}\Delta_r S^\ominus &= S_m^\ominus(H_2O,l)-[S_m^\ominus(H_2,g)+\tfrac{1}{2}S_m^\ominus(O_2,g)]\\ &=69.9\ J\cdot K^{-1}\cdot mol^{-1}-(130.7+\tfrac{1}{2}\times 205.1)J\cdot K^{-1}\cdot mol^{-1}\\ &=-163.4\ J\cdot K^{-1}\cdot mol^{-1}\end{aligned}$$

计算结果为负值，这与反应是由两种气体反应物转化为一种凝聚态液体产物的情况一致。

实用小贴士 不要误认为单质的标准摩尔熵也被设定为零，它们的值可不为零（若$T>0$）。

与专题2C中讨论焓的情况一样，无法单独制备只有阳离子而没有阴离子的溶液，溶液中离子的标准摩尔熵的确定就要选择离子熵的零标度。按照惯例，规定所有温度下水中H^+的标准摩尔熵均为零：

$$S^\ominus(H^+,aq)=0 \qquad \text{溶液中的离子[惯例]} \qquad (3C.4)$$

根据这个规定，资源部分中的表2C.4列出了溶液中一些离子的标准熵[1]。因为水中离子的熵值是与水中氢离子的熵值进行比较的结果，所以它们可以是正值，也可以是负值。正熵意味着离子在水中的摩尔熵比H^+的摩尔熵更高，负熵表示离子在水中的摩尔熵比H^+的摩尔熵更低。不难发现，不同离子的熵值不同，因为离子的熵值与溶液中离子周围水分子有序程度高低有关。体积小电荷高的离子，可以使其周围水分子形成局部的有序结构，与体积大电荷低的一价离子相比，含有体积小电荷高离子的溶液，其无序性的下降程度更大。对于水中的质子来说，其由热力学第三定律确定的标准摩尔熵的绝对值，可以通过由质子诱导形成的结构模型进行估算，估算的数值大约为$-21\ J\cdot K^{-1}\cdot mol^{-1}$。结果为负值，表示质子在溶液中可以使溶剂分子有序化。

1 用专题5A中的话来说，溶液中的离子熵实际上是偏摩尔熵，因为它们的数值大小还包含了离子周围的溶剂分子的排列情况。

简要说明3C.4

$Cl^-(aq)$的标准摩尔熵为$+57\ J\cdot K^{-1}\cdot mol^{-1}$，$Mg^{2+}(aq)$的标准摩尔熵为$-128\ J\cdot K^{-1}\cdot mol^{-1}$。也就是说，$Cl^-(aq)$的摩尔熵比水中质子的摩尔熵高$57\ J\cdot K^{-1}\cdot mol^{-1}$[可能是由于$Cl^-(aq)$在周围水分子中诱导了较低程度的局域结构]，而$Mg^{2+}(aq)$的摩尔熵比水中质子的摩尔熵低$128\ J\cdot K^{-1}\cdot mol^{-1}$[可能是由于$Mg^{2+}(aq)$具有较高的电荷，能使周围水分子形成更有序的局域结构]。

（c）温度对反应熵的影响

式（3C.1a）给出了温度对熵的影响。对于摩尔熵，该式变为

$$S_m(T_2)=S_m(T_1)+\int_{T_1}^{T_2}\frac{C_{p,m}(T)}{T}dT$$

此式适用于反应中的每一种反应组分。因此，根据式（3C.3），标准反应熵$\Delta_r S^\ominus$与温度的关系为

$$\Delta_r S^\ominus(T_2)=\Delta_r S^\ominus(T_1)+\int_{T_1}^{T_2}\frac{\Delta_r C_p^\ominus}{T}dT \qquad (3C.5a)$$

式中$\Delta_r C_p^\ominus$是处于标准状态的产物和反应物的摩尔定压热容差，每种组分的摩尔定压热容要乘以其化学反应式中的相应化学计量数：

$$\Delta_r C_p^\ominus=\sum_J \nu_J C_{p,m}^\ominus(J) \qquad (3C.5b)$$

式（3C.5a）与描述$\Delta_r H^\ominus$与温度关系的基尔霍夫定律[专题2C中的式（2C.7a）]类似。如果$\Delta_r C_p^\ominus$在T_1到T_2温度范围内与温度无关，则式（3C.5a）中的积分结果为$\Delta_r C_p^\ominus \ln(T_2/T_1)$。于是，有

$$\Delta_r S^\ominus(T_2)=\Delta_r S^\ominus(T_1)+\Delta_r C_p^\ominus \ln\frac{T_2}{T_1} \qquad (3C.5c)$$

简要说明3C.5

反应$H_2(g)+1/2O_2(g)\longrightarrow H_2O(g)$在298 K时的标准反应熵为$-44.42\ J\cdot K^{-1}\cdot mol^{-1}$，各反应组分的摩尔定压热容为$H_2O(g)$: $33.58\ J\cdot K^{-1}\cdot mol^{-1}$，$H_2(g)$: $28.84\ J\cdot K^{-1}\cdot mol^{-1}$，$O_2(g)$: $29.37\ J\cdot K^{-1}\cdot mol^{-1}$。于是，有

$$\begin{aligned}\Delta_r C_p^\ominus &= C_{p,m}^\ominus(H_2O,g)-C_{p,m}^\ominus(H_2,g)-\tfrac{1}{2}C_{p,m}^\ominus(O_2,g)\\ &=-9.94\ J\cdot K^{-1}\cdot mol^{-1}\end{aligned}$$

将$\Delta_r C_p^\ominus$的数值代入式（3C.5c）中，得到另一温度（如373 K）时的$\Delta_r S^\ominus$：

$$\begin{aligned}\Delta_r S^{\ominus}(373\ \text{K}) &= -44.42\ \text{J}\cdot\text{K}^{-1}\cdot\text{mol}^{-1} + \\ &\quad (-9.94\ \text{J}\cdot\text{K}^{-1}\cdot\text{mol}^{-1}) \times \ln\frac{373\ \text{K}}{298\ \text{K}} \\ &= -46.65\ \text{J}\cdot\text{K}^{-1}\cdot\text{mol}^{-1}\end{aligned}$$

概念清单

- ☐ 1. 通过测量从低温到目标温度范围内物质的热容，并结合该温度范围内的所有相变，可以用量热方式得到物质的熵值。
- ☐ 2. **德拜外推**（或称**德拜** T^3 **定律**）用于估算趋近 $T=0$ 时非金属固体物质的热容。
- ☐ 3. **能斯特热定理**指出：如果所有物质都完美有序，则任何物理或化学变化过程中的熵变在温度趋近零时都趋近于零，即当 $T\to 0$，$\Delta S\to 0$。
- ☐ 4. **热力学第三定律**指出：在 $T=0$ 时，所有完美晶体物质的熵都为零。
- ☐ 5. 固体的**残余熵**是由于在 $T=0$ 时存在的无序性所引起的熵。
- ☐ 6. **第三定律熵**是基于 $S(0)=0$ 得到的熵。
- ☐ 7. **溶液中离子的标准熵**基于所有温度下设定 $S^{\ominus}(H^+, aq)=0$。
- ☐ 8. **标准反应熵** $\Delta_r S^{\ominus}$ 是处于标准状态的纯产物和纯反应物摩尔熵的差值。

公式清单

性质	公式	说明	公式编号
量热法测量标准摩尔熵	参见式（3C.2）	0 K到目标温度范围内所有贡献的加和	3C.2
标准反应熵	$\Delta_r S^{\ominus}=\sum_{\text{产物}} \nu S_m^{\ominus}-\sum_{\text{反应物}} \nu S_m^{\ominus}$	ν:（取正值）化学计量系数	3C.3
	$\Delta_r S^{\ominus}=\sum_J \nu_J S_m^{\ominus}(J)$	ν_J:（带正、负号）化学计量数	
温度对标准反应熵的影响	$\Delta_r S^{\ominus}(T_2)=\Delta_r S^{\ominus}(T_1)+\int_{T_1}^{T_2}(\Delta_r C_p^{\ominus}/T)\mathrm{d}T$		3C.5a
	$\Delta_r S^{\ominus}(T_2)=\Delta_r S^{\ominus}(T_1)+\Delta_r C_p^{\ominus}\ln(T_2/T_1)$	$\Delta_r C_p^{\ominus}$ 与温度无关	3C.5c

专题3D

聚焦系统

▶ 为何需要学习这部分内容？

多数化学过程都是在等温等压条件下进行的，在此条件下，可利用吉布斯能对热力学过程进行讨论。本专题介绍吉布斯能。吉布斯能是讨论相平衡、化学平衡和生物能学的基础。

▶ 核心思想是什么？

吉布斯能变化量是等温等压下自发变化方向的判据，吉布斯能变化量等于系统能够做的最大非膨胀功。

▶ 需要哪些预备知识？

本专题进一步拓展克劳修斯不等式（专题 3A）的应用，并利用专题 2C 中介绍的有关标准状态和反应焓的知识。玻恩方程的推导利用了两个电荷间的库仑势能（专题 2A 中的“化学家工具包 6”）。

熵是讨论自然界中变化过程方向的基本概念，但是要运用熵作为判据，需要同时分析系统及其环境的两部分熵变。专题3A中讨论的内容已表明，要计算环境的熵变（$\Delta S_{sur} = q_{sur} / T_{sur}$），一般来说都不难。本专题的讨论将表明，还可以采用一种更简便的方式来处理此问题。在这种处理方式中，环境中的那部分熵变可以自然而然地被考虑进来，这就能够让我们只关注系统本身，而无须再专门考虑环境的那部分熵变。这样做可以使问题的讨论过程变得简化。另外，这种只需针对系统进行讨论的方式，也是接下来讨论所有化学热力学应用的基础。

3D.1 亥姆霍兹能和吉布斯能

考虑一个系统，在温度T下与环境达到热平衡，当系统发生状态变化，系统与环境之间发生热量转移，克劳修斯不等式［式（3A.11），$dS \geqslant dq / T$］即可写成

$$dS - \frac{dq}{T} \geqslant 0 \qquad (3D.1)$$

根据过程进行的条件（等容或等压），这个不等式可以有两种改写形式。

（a）自发性判据

首先，考虑等容加热过程。在此条件下，且不做额外功（非膨胀功），就有$dq_V = dU$。所以，有

$$dS - \frac{dU}{T} \geqslant 0$$

该不等式的重要性在于，它让我们只根据系统本身的状态函数即可对系统自发变化方向进行判断。可以很容易地将其重新写成

$$TdS \geqslant dU \qquad \text{（等容，无其他功）} \qquad (3D.2)$$

如果内能不变，$dU = 0$，则有$TdS \geqslant 0$。又由于$T > 0$，这个关系式又可以写成$dS_{U,V} \geqslant 0$，其中下标表示的是变化过程中恒定不变的条件，这个关系式表示的就是只与系统性质有关的自发变化判据。该式表明，在等容且内能不变的系统中（如隔离系统），自发变化过程中系统的熵增加，这个说法实质上就是热力学第二定律。

当热是在**等压**下传递，并且除了膨胀功外没有其他功，则$dq_p = dH$。式（3D.1）就可写成

$$TdS \geqslant dH \qquad \text{（等压，无其他功）} \qquad (3D.3)$$

如果焓与压力都保持不变，则该关系式就变

为 $T\mathrm{d}S \geqslant 0$。因此，$\mathrm{d}S \geqslant 0$，可以写成 $\mathrm{d}S_{H,p} \geqslant 0$。即在等压条件下，如果系统的焓也保持不变，则系统在自发过程中熵一定增大（这种情况下环境的熵不会发生变化）。

在等容和等压条件下，可以通过引入两个新热力学量，更加简便地表达自发性判据。一个是**亥姆霍兹能**（Helmholtz energy）A，其定义为

$$A = U - TS \quad \text{亥姆霍兹能 [定义]} \quad (3D.4a)$$

另一个是**吉布斯能**（Gibbs energy）G：

$$G = H - TS \quad \text{吉布斯能 [定义]} \quad (3D.4b)$$

这两个定义式中的所有符号表示的都是系统的性质。

当系统的状态在等温条件下发生变化时，两个性质的变化量如下：

$$\text{(a) } \mathrm{d}A = \mathrm{d}U - T\mathrm{d}S \qquad \text{(b) } \mathrm{d}G = \mathrm{d}H - T\mathrm{d}S \quad (3D.5)$$

等容条件下，$T\mathrm{d}S \geqslant \mathrm{d}U$［式（3D.2）］；根据式（3D.5）中（a），得到 $\mathrm{d}A \leqslant 0$。在等压条件下，$T\mathrm{d}S \geqslant \mathrm{d}H$［式（3D.3）］；根据式（3D.5）中（b），得到 $\mathrm{d}G \leqslant 0$。通过用下标符号表示变化过程中的恒定量，则由 $\mathrm{d}A$ 和 $\mathrm{d}G$ 表示的自发变化判据就是

$$\text{(a) } \mathrm{d}A_{T,V} \leqslant 0 \qquad \text{(b) } \mathrm{d}G_{T,p} \leqslant 0 \quad \text{自发变化判据} \quad (3D.6)$$

这两个判据，尤其是第二个判据，是化学热力学的核心。例如，在吸热反应中，H 增加，$\mathrm{d}H > 0$，但如果这种反应在等温等压下是自发的，则 G 一定减小。因为 $\mathrm{d}G = \mathrm{d}H - T\mathrm{d}S$，如果系统的熵增加太多以至于 $T\mathrm{d}S$ 大于 $\mathrm{d}H$，则 $\mathrm{d}G$ 就可能为负。因此，吸热反应是由系统的熵增加驱动的，系统熵增加克服了吸热反应过程中（在等压下 $\mathrm{d}S_{sur} = -\mathrm{d}H/T$）因热量流入系统导致的环境熵减少。放热反应通常是自发的，因为 $\mathrm{d}H < 0$，然后 $\mathrm{d}G < 0$，但前提是 $T\mathrm{d}S$ 不要那么负，不要超过焓的减少量。

（b）亥姆霍兹能的说明

在等温等容条件下，如果相应过程中亥姆霍兹能减少，即 $\mathrm{d}A_{T,V} \leqslant 0$，则过程为自发变化过程。如果有一变化路径，则这些系统将自发地朝着较低 A 的状态变化。达到平衡时的判据为 $\mathrm{d}A_{T,V} = 0$，这时系统在正向和反向都不再有继续变化的趋势。

有时对 $\mathrm{d}A = \mathrm{d}U - T\mathrm{d}S$ 和 $\mathrm{d}A_{T,V} \leqslant 0$ 可以进行如下解释。从形式上看，负的 $\mathrm{d}U$ 和正的 $T\mathrm{d}S$ 有利于形成负的 $\mathrm{d}A$，这样的情形表面上让人觉得，系统之所以趋向于向 A 较小的状态变化，是由于系统趋向于向更低内能和更高熵的状态变化。但是，这种理解是错误的，因为 A 趋于减小的原因只有一个，那就是总熵总是趋于增加。系统自发地发生变化，是由于系统及其环境的总熵在增加，而不是因为系统有自发降低内能的趋势。$\mathrm{d}A$ 在形式上可能让人产生系统趋向于降低内能的印象，但这是误解：$\mathrm{d}S$ 是系统的熵变，$-\mathrm{d}U/T$ 则是周围环境的熵变（当系统的体积恒定时），两者的总结果总是趋于增大。

（c）最大功

除了可以作为自发变化的判据外，**系统亥姆霍兹能的变化还等于系统在等温条件下可以向环境做的最大功**。这个结论可以简要证明如下。

如何完成？3D.1　将亥姆霍兹能的变化与最大功关联起来

为了证明最大功可以用亥姆霍兹能的变化来表示，我们将克劳修斯不等式 $\mathrm{d}S \geqslant \mathrm{d}q/T$ 写成 $T\mathrm{d}S \geqslant \mathrm{d}q$ 的形式，然后结合热力学第一定律 $\mathrm{d}U = \mathrm{d}q + \mathrm{d}w$，可以得到

$$\mathrm{d}U \leqslant T\mathrm{d}S + \mathrm{d}w$$

该式可重排为

$$\mathrm{d}w \geqslant \mathrm{d}U - T\mathrm{d}S$$

由此可见，当等号成立时，对应的 $\mathrm{d}w$ 最负，而等号成立则为可逆过程。所以，可逆过程中，系统做的功最大，可以用下式来表示：

$$\mathrm{d}w_{max} = \mathrm{d}U - T\mathrm{d}S$$

因为在等温条件下，$\mathrm{d}A = \mathrm{d}U - T\mathrm{d}S$［式（3D.5）］，所以也就有

$$\mathrm{d}w_{max} = \mathrm{d}A \quad \text{最大功 [等温]} \quad (3D.7)$$

根据这一关系，A 有时被称为“最大功函”或

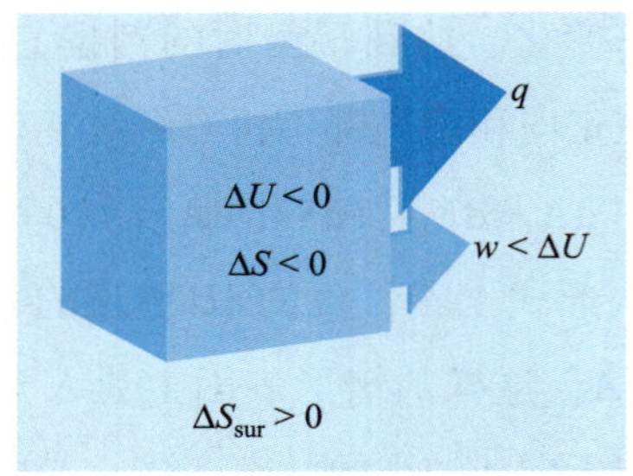

图3D.1　在非隔离系统中，做功值可能与内能的变化量不同。此图描述的过程中系统的熵减小，因此要使过程自发，环境熵就必须增加，就必须有热量释放到环境中去，于是做的功就比ΔU小

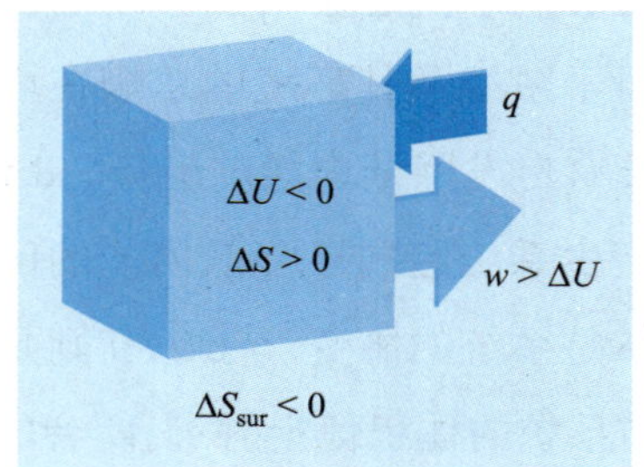

图3D.2　在此过程中，系统的熵增加，因此可以允许环境熵减少一些，也就是说，环境中的一部分能量可能会通过传热进入系统。这部分能量又可以通过系统做功重回到环境，导致系统做的功大于ΔU

“功函”[1]。

当系统中发生宏观可测的等温变化时，式（3D.7）就变成$w_{max}=\Delta A$，其中$\Delta A=\Delta U-T\Delta S$。这些关系表明，并非全部内能的变化量都用于做功，内能变化量中到底有多少可用于做功，这取决于$T\Delta S$的符号。对于（系统的）熵减小的变化过程，$T\Delta S<0$，则$\Delta U-T\Delta S$就没有ΔU本身那么负，因此最大功也就小于ΔU。为了使变化过程自发，一些能量就必须以热的形式释放到环境中去，以便在环境中产生足够大的熵，来抵消系统熵的减少（图3D.1）。在这种情况下，自然规律的要求就是系统内能转换为功时要付出代价。这样的解释也是A又被称为“亥姆霍兹自由能”的原因，因为ΔA代表的就是内能变化量中可自由做功的那一部分能量。

进一步探讨系统做功与亥姆霍兹能之间的关系，可以回顾一下前文中关于功这一概念的阐述。功是原子有序运动方式传递到环境中去的一种能量。根据式$A=U-TS$，A就可以被理解为系统的总内能U减去热运动能量（TS）后的剩余部分。由于无序热运动形式存储的能量无法通过有序运动方式作用于环境，所以只有那部分以非无序运动形式存储的内能U，也就是$U-TS$部分，才可用于做功。

对于系统熵增大的变化过程（此时$T\Delta S>0$），则$\Delta U-T\Delta S$比ΔU更负。在这种情况下，系统可做的最大功大于ΔU。这看起来像是个悖论，对此解释如下。系统不是孤立的，能量会在做功过程中以传热方式流入系统。由于系统的熵在增加，环境熵的减少就可以被弥补，整体上熵仍然是增加的，过程自发。因此，有些能量（不超过$T\Delta S$的值）以传热方式离开环境，并为过程做功做出贡献（图3D.2）。此时，自然界为熵增加且做功的系统进行补偿。

1　Arbeit是一个德文词汇，表示功的意思，所以符号A表示功函。

例题 3D.1　计算最大功

25 ℃时，1.000 mol $C_6H_{12}O_6$（葡萄糖）按照反应式$C_6H_{12}O_6(s)+6O_2(g)\longrightarrow 6CO_2(g)+6H_2O(l)$反应时完全氧化成的二氧化碳和水。热量测量表明，25 ℃和1 bar时，$\Delta_r U=-2\ 808\ kJ\cdot mol^{-1}$，$\Delta_r S=+182.4\ J\cdot K^{-1}\cdot mol^{-1}$。内能减少量中有多少可以转化为（a）等压热和（b）功？

整理思路　已知等压下释放的热等于ΔH，所以需要将$\Delta_r H$与$\Delta_r U$联系起来。为此，假设所有气体都是完美气体，根据式（2B.4）($\Delta H=\Delta U+\Delta n_g RT$)，有$\Delta_r H=\Delta_r U+\Delta\nu_g RT$。根据$w_{max}=\Delta_r A$，过程可做的最大功就是$w_{max}=\Delta A$。

解：（a）因为$\Delta\nu_g=0$，$\Delta_r H=\Delta_r U=-2\ 808\ kJ\cdot mol^{-1}$。因此，在等压下，内能减少量中以传热方式转移的能量为2 808 $kJ\cdot mol^{-1}$。

（b）因为$T=298$ K，$\Delta_r A$的值为

$$\Delta_r A=\Delta_r U-T\Delta_r S=-2\ 862\ kJ\cdot mol^{-1}$$

因此，在等温下完全氧化1.000 mol $C_6H_{12}O_6$可产生高达2 862 kJ的功。

说明　由于反应的熵变为正（一部分原因是反应导致系统中分子数量显著增加），可做的最大功就大于内能变化量。因此，系统要从环境中吸热（环境的熵因而减小），并用于做功。

自测题 3D.1　针对在相同条件下1.000 mol $CH_4(g)$的燃烧过程，重复上述计算。计算时使用表2C.3中的数据。298 K时，反应的$\Delta_r S$为$-243\ J\cdot K^{-1}\cdot mol^{-1}$。

答案：$|q_p|=890$ kJ，$|w_{max}|=813$ kJ。

（d）吉布斯能的说明

在化学领域，吉布斯能比亥姆霍兹能的应用更普遍，因为至少在实验室中，与等容条件相比，化学反应的更普遍条件是等压。将$dG_{T,p}\leqslant 0$判据应用到化学反应体系就可以看到，**等温等压下化学反应向吉布斯能降低的方向是自发的**。因此，为了判断某反应在等温等压下是否自发，就需要

计算反应体系的吉布斯能变化量。如果G随着反应的进行而降低，则反应就具有将反应物自发转化为产物的趋势。如果G增加，则逆向反应才是自发的。在等温等压下，当正向反应和逆向反应都不能自发进行时，反应体系就达到平衡状态，平衡判据即为$dG_{T,p}=0$。

状态函数G在化学反应中具有重要作用，这在自发吸热反应中体现得更充分。在自发吸热反应中，焓H增加，$dH>0$，系统变到焓值更高的状态。由于反应是自发进行的，尽管$dH>0$，但$dG<0$。因此，在$dG=dH-TdS$中，就需要系统的熵增大到TdS大于dH的程度。也就是说，吸热自发反应是由系统的熵增加驱动的，系统熵的增加程度要超过因热量流入系统导致的环境熵的减小程度（等压下$dS_{sur}=-dH/T$）。由于$dH<0$会导致$dG<0$，因此放热反应通常都是自发的，但前提是TdS不能太负，TdS减小程度不能超过系统的焓减少量。

（e）最大非膨胀功

ΔA可以看作系统能够对外做的最大功，ΔG同样可以看作系统的某种做功潜力，因此G亦被称为自由能。与论证亥姆霍兹能与最大功关系的过程类似，亦可证明等温等压下吉布斯能的变化量等于最大非膨胀（额外）功。

如何完成？3D.2 将吉布斯能的变化量与最大非膨胀功关联起来

由于$H=U+pV$，$dU=dq+dw$，故系统的焓变

$$dH=dq+dw+d(pV)$$

相应的吉布斯能$(G=H-TS)$变化量为

$$dG=dH-TdS-SdT=dq+dw+d(pV)-TdS-SdT$$

步骤1 *只讨论等温变化的情况*

若过程为等温过程，则$dT=0$。于是有

$$dG=dq+dw+d(pV)-TdS$$

步骤2 *只讨论可逆过程的情况*

若变化过程为可逆过程，则$dw=dw_{rev}$，$dq=dq_{rev}=TdS$。因此，对于等温可逆过程，就有

$$dG=\overbrace{TdS}^{dq_{rev}}+dw_{rev}+d(pV)-TdS=dw_{rev}+d(pV)$$

步骤3 *将功区分为不同类型的功*

功分为膨胀功和非膨胀功。对于可逆变化过程，根据$-pdV$计算得到的是膨胀功，其他非膨胀功（如驱动电子通过电路或推动液柱上升的电功）用dw_{add}表示。再考虑到$d(pV)=pdV+Vdp$，因此有

$$dG=\overbrace{(-pdV+dw_{add,rev})}^{dw_{rev}}+\overbrace{pdV+Vdp}^{d(pV)}=dw_{add,rev}+Vdp$$

步骤4 *只考虑等压过程的情况*

若变化在等压（同时等温）下发生，则$dp=0$，就有$dG=dw_{add,rev}$。于是，在等温等压下，就得到$dw_{add,rev}=dG$。由于过程为可逆过程，功一定是最大功，也就得到如下关系

$$dw_{add,max}=dG \qquad \text{(3D.8)}$$

最大非膨胀功
［等温等压］

对于宏观可测量的变化过程，上式相应地变为$w_{add,rev}=\Delta G$。在考察燃料电池和其他化学电池最多能做多少电功时，这个关系式特别有用（专题6C）。

3D.2 标准摩尔吉布斯能

可以将化学反应的标准熵变和标准焓变（已分别在专题2C和3C中介绍）结合起来，得到**反应的标准吉布斯能**（standard Gibbs energy of reaction）（或“标准反应吉布斯能”）$\Delta_rG^{\ominus}$：

$$\Delta_rG^{\ominus}=\Delta_rH^{\ominus}-T\Delta_rS^{\ominus} \qquad \text{(3D.9)}$$

反应的标准吉布斯能
［定义］

反应的标准吉布斯能是所写反应式中产物和反应物在各自标准状态下的标准摩尔吉布斯能的差值，产物和反应物的标准状态为指定温度、标准压力下的状态。

量热法（直接测量ΔH，并根据热容测量S）只是获得吉布斯能的方法之一。化学反应的标准吉布斯能也可以根据平衡常数（专题6A）和电化学测量数据（专题6D）得到。对于气体反应，反应的标准吉布斯能也可以根据气体物质的光谱数据计算（专题13E）。

例题 3D.2 计算化学反应的最大非膨胀功

在37 ℃（血液温度）的标准条件下，1.00 mol葡萄糖分子的氧化反应可以为肌肉和神经活动提供多少能量？反应的标准熵为+182.4 J · K^{-1} · mol^{-1}。

整理思路 在等温等压下，反应过程的非膨胀功等于反应的标准吉布斯能变化$\Delta_r G^\ominus$。要计算这个数值，可以（至少近似地）忽略温度对反应焓变影响，并根据表2C.4中的数据得到$\Delta_r H^\ominus$（表中的数据是25 ℃的数据，而不是37 ℃的数据），将其代入$\Delta_r G^\ominus = \Delta_r H^\ominus - T\Delta_r S^\ominus$。

解： 因为标准反应焓是−2 808 kJ · mol^{-1}，所以标准反应吉布斯能为

$$\begin{aligned}\Delta_r G^\ominus &= -2\ 808\ \text{kJ}\cdot\text{mol}^{-1} - 310\ \text{K}\times 182.4\ \text{J}\cdot\text{K}^{-1}\cdot\text{mol}^{-1}\\ &= -2\ 865\ \text{kJ}\cdot\text{mol}^{-1}\end{aligned}$$

因此，1 mol 葡萄糖分子氧化反应的 $w_{\text{add, max}} = -2\ 865$ kJ，这个反应最多可提供 2 865 kJ 能量用于做非膨胀功。

说明 可通过考虑人的爬坡耗能情况，加深对计算结果的认识。一个质量为70 kg的人，需做2.1 kJ的功才能垂直爬升3.0 m。因此，他完成这个任务至少需要0.13 g葡萄糖（实际上会多得多）。

自测题 3D.2 在298 K的标准条件下，燃烧1.00 mol CH_4(g)可以获得多少非膨胀功？使用数据$\Delta_r S^\ominus = -243$ J · K^{-1} · mol^{-1}。

答案： 818 kJ。

（a）生成吉布斯能

与标准反应焓（专题2C）的情况一样，我们可以方便地定义**标准生成吉布斯能**（standard Gibbs energies of formation）$\Delta_f G^\ominus$，即由标准状态的单质生成1 mol化合物的标准反应吉布斯能。这里有关标准状态的规定，与专题2C中的规定相同。处于标准状态的单质的标准生成吉布斯能为零，因为它们的生成反应是“哑”反应。表3D.1列出了298 K时一些物质的标准生成吉布斯能数据。这样，通过使用反应组分的标准生成吉布斯能数据，即可得到相应反应的标准吉布斯能：

$$\Delta_r G^\ominus = \sum_{\text{产物}} \nu\Delta_f G^\ominus - \sum_{\text{反应物}} \nu\Delta_f G^\ominus \qquad \text{反应的标准吉布斯能［实际做法］} \qquad (3D.10a)$$

按照专题2C中介绍的表示方法，就有

$$\Delta_r G^\ominus = \sum_J \nu_J \Delta_f G^\ominus(\text{J}) \qquad (3D.10b)$$

式中ν_J为反应式中的化学计量数（带正、负号）。

表3D.1 298 K时一些物质的标准生成吉布斯能*

	$\Delta_f G^\ominus/(\text{kJ}\cdot\text{mol}^{-1})$
金刚石，C(s)	+2.9
苯，C_6H_6(l)	+124.3
甲烷，CH_4(g)	−50.7
二氧化碳，CO_2(g)	−394.4
水，H_2O(l)	−237.1
氨，NH_3(g)	−16.5
氯化钠，NaCl(s)	−384.1

* 更多数据参见*资源部分*。

简要说明3D.1

为了计算25 ℃时反应$CO(g) + \frac{1}{2}O_2(g) \longrightarrow CO_2(g)$的标准吉布斯能，可以写成

$$\begin{aligned}\Delta_r G^\ominus &= \Delta_f G^\ominus(CO_2, g) - [\Delta_f G^\ominus(CO, g) + \tfrac{1}{2}\Delta_f G^\ominus(O_2, g)]\\ &= -394.4\ \text{kJ}\cdot\text{mol}^{-1} - (-137.2 + \tfrac{1}{2}\times 0)\ \text{kJ}\cdot\text{mol}^{-1}\\ &= -257.2\ \text{kJ}\cdot\text{mol}^{-1}\end{aligned}$$

在专题2C中，水中H^+的标准生成焓被规定为零。在专题3C中，H^+(aq)的绝对熵也规定为零（两者在所有温度下都是如此）。之所以一定要采用这样的规定，是因为无法制备出脱离阴离子而单独存在的阳离子。出于同样原因，所有温度下H^+(aq)的标准生成吉布斯能也规定为零：

$$\Delta_f G^\ominus(H^+, aq) = 0 \qquad \text{溶液中的离子［惯例］} \qquad (3D.11)$$

这样的定义方式是可行的，它将离子标准生成吉布斯能的实际值都调整了一个固定量。按照这种定义，每种离子的标准生成吉布斯能，都是以H^+(aq)的标准生成吉布斯能为零点进行比较的结果。

简要说明3D.2

反应

$1/2H_2(g) + 1/2Cl_2(g) \longrightarrow H^+(aq) + Cl^-(aq)$

$\Delta_r G^\ominus = -131.23\ \text{kJ}\cdot\text{mol}^{-1}$

$\Delta_r G^\ominus$可以写成用各反应组分的标准生成吉布斯能表示的形式：

$\Delta_r G^\ominus = \Delta_f G^\ominus(H^+, aq) + \Delta_f G^\ominus(Cl^-, aq)$

反应式左边单质组分的$\Delta_f G^\ominus$为零。根据规定，$\Delta_f G^\ominus(H^+, aq) = 0$，于是有$\Delta_r G^\ominus = \Delta_f G^\ominus(Cl^-, aq)$。因此，$\Delta_f G^\ominus(Cl^-, aq) = -131.23\ \text{kJ}\cdot\text{mol}^{-1}$。

分析溶液中离子生成过程的热力学循环，可以弄清楚哪些因素会影响溶液中离子的生成吉布斯能大小。例如，考虑Cl^-在水中的标准生成吉布斯能，生成反应$1/2\ H_2(g) + 1/2\ Cl_2(g) \longrightarrow H^+(aq) + Cl^-(aq)$可以看作图3D.3中显示的各个连续步骤的总结果（每个步骤的数据参见*资源部分*）。循环中所有步骤的吉布斯能之和为零，因此有

$$\Delta_f G^{\ominus}(Cl^-, aq) = 1\ 287\ kJ \cdot mol^{-1} + \Delta_{solv} G^{\ominus}(H^+) + \Delta_{solv} G^{\ominus}(Cl^-)$$

气相中离子的标准生成吉布斯能没有相应数据，分析循环时，相应的值是用电离能和电子亲和势代替的，并且假设在将H^+焓值和熵值转化为H^+生成吉布斯能时，在吉布斯能数值中引入的误差可由Cl原子获得电子过程中的对应项进行抵消。因此，这个循环得出的只是一种近似结果。需要重点强调的是，Cl^-的$\Delta_f G^{\ominus}$值并非只取决于Cl原子的性质，而是包含了氢的解离、电离和水化作用的贡献。

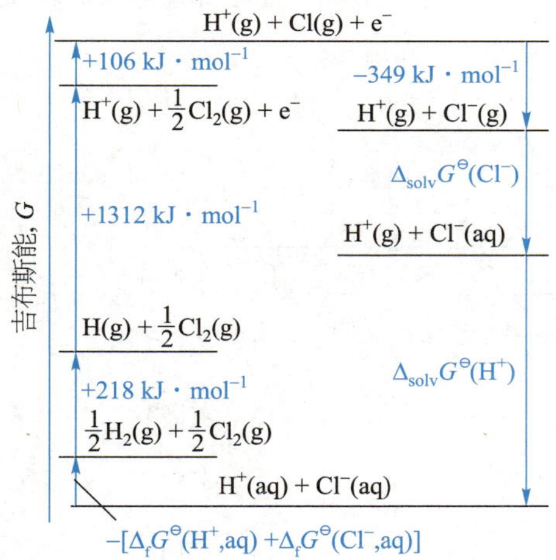

图3D.3　用于讨论溶液中氯离子中水化吉布斯能和生成吉布斯能的热力学循环（因为G是状态函数，经过一个循环变化，吉布斯能变化的总和为零）

（b）玻恩公式

根据静电性质构建的溶剂化模型，可用于对单个离子的溶剂化吉布斯能进行估算。

如何完成？3D.3　构建溶剂化作用的静电学模型

该模型根据基础静电学原理考虑离子与溶剂之间的作用：即将离子看作一个荷电的球形粒子，把溶剂看作连续介质（连续电介质）。模型考虑的关键一步是根据3D.1节中的结果来确定溶剂化过程的吉布斯能，也就是根据离子从真空移入溶剂的过程中需要做的功值大小，确定溶剂化吉布斯能的大小。要算出离子由真空移入溶液过程中的功，需要算出两部分功的差值，一部分是离子在溶液中荷电过程中的功，另一部分是离子在真空荷电过程中的功。推导过程中要用到在专题2A“化学家工具包6”中建立的概念，即对于在介电常数为ε的介质中相距为r的两个点电荷Q_1和Q_2，它们的库仑势能为

$$V(r) = \frac{Q_1 Q_2}{4\pi\varepsilon r}$$

这种相互作用的能量也可以用点电荷Q_2在距离点电荷Q_1为r处的**库仑电势**（Coulomb potential）ϕ来表示。于是，有$V(r) = Q_2\phi(r)$，式中

$$\phi(r) = \frac{Q_1}{4\pi\varepsilon r}$$

距离r的单位是米（m），电荷Q_1的单位是库仑（C），电势的单位是$J \cdot C^{-1}$。根据定义，$1\ J \cdot C^{-1} = 1\ V$（伏特）。因此，ϕ也可以用伏特表示。

步骤1　*导出介质中球形离子完全荷电过程中功的表达式*

对于半径为r_i、电荷量为Q的球形电荷（表示离子），其表面处的静电电势ϕ与位于其中心处电荷量为Q的点电荷所引起的电势相同。因此有

$$\phi(r_i) = \frac{Q}{4\pi\varepsilon r_i}$$

当向球形电荷充dQ的电荷量时，做的功为$\phi(r_i)dQ$。若离子的电荷数是z_i，则电荷量从0充到$z_i e$的过程中做的总功为

$$w = \int_0^{z_i e} \phi(r_i) dQ = \frac{1}{4\pi\varepsilon r_i}\int_0^{z_i e} Q dQ = \frac{z_i^2 e^2}{8\pi\varepsilon r_i}$$

这个充电过程中的功值乘以阿伏加德罗常数N_A，即得到离子充电的摩尔吉布斯能。

步骤2　*将上述推导结果应用到溶液和真空*

设真空介电常数$\varepsilon = \varepsilon_0$，得到真空中离子充电过程中需要做的功。再设$\varepsilon = \varepsilon_r \varepsilon_0$，$\varepsilon_r$为介质的相对介电常数，得到介质中离子充电过程中需要做的功：

$$w(\text{真空}) = \frac{z_i^2 e^2}{8\pi\varepsilon_0 r_i} \qquad w(\text{介质}) = \frac{z_i^2 e^2}{8\pi\varepsilon_r \varepsilon_0 r_i}$$

步骤3　*算出离子从真空移入介质过程中需要做的功，即为溶剂化吉布斯能*

离子从真空移入溶剂过程中摩尔吉布斯能的变化也

就是这两个充电过程做功的差值：

$$\Delta_{\text{solv}}G^\ominus=\frac{z_i^2e^2N_A}{8\pi\varepsilon r_i}-\frac{z_i^2e^2N_A}{8\pi\varepsilon_0 r_i}=\frac{z_i^2e^2N_A}{8\pi\varepsilon_r\varepsilon_0 r_i}-\frac{z_i^2e^2N_A}{8\pi\varepsilon_0 r_i}$$

对等号右边进行简单整理，即得到**玻恩公式**（Born equation）：

$$\Delta_{\text{solv}}G^\ominus=-\frac{z_i^2e^2N_A}{8\pi\varepsilon_0 r_i}\left(1-\frac{1}{\varepsilon_r}\right) \quad \text{玻恩公式} \quad (3D.12a)$$

注意：$\Delta_{\text{solv}}G^\ominus<0$；另外，对于相对介电常数较大介质中的小体积高价态离子，$\Delta_{\text{solv}}G^\ominus$是一个绝对值非常大的负值。对于水，在25 ℃下$\varepsilon_r=78.54$，玻恩公式变为

$$\Delta_{\text{solv}}G^\ominus=-\frac{z_i^2}{r_i/\text{pm}}\times 6.86\times10^4\ \text{kJ}\cdot\text{mol}^{-1} \quad (3D.12b)$$

简要说明3D.3

水中Cl^-和I^-的半径分别为181 pm和220 pm，计算25 ℃水中Cl^-和I^-的$\Delta_fG^\ominus$的差值。

$$\begin{aligned}\Delta_{\text{solv}}G^\ominus(Cl^-)-\Delta_{\text{solv}}G^\ominus(I^-)&=-\left(\frac{1}{181}-\frac{1}{220}\right)\times6.86\times10^4\ \text{kJ}\cdot\text{mol}^{-1}\\&=-67\ \text{kJ}\cdot\text{mol}^{-1}\end{aligned}$$

概念清单

- ☐ 1. 根据克劳修斯不等式可以导出不同条件下的**自发变化判据**，这些判据可以只用系统的性质表示；通过引入亥姆霍兹能和吉布斯能，对这些判据进行了总结。
- ☐ 2. 等温等容的**自发过程**中亥姆霍兹能降低。
- ☐ 3. 亥姆霍兹能变化量等于系统在等温下能够做的**最大功**。
- ☐ 4. 等温等压的自发过程中吉布斯能降低。
- ☐ 5. 吉布斯能变化量等于系统在等温等压下能够做的**最大非膨胀功**。
- ☐ 6. **标准生成吉布斯能**可用于计算化学反应的标准吉布斯能。
- ☐ 7. 根据热力学循环和**玻恩公式**可以估算离子的标准生成吉布斯能。

公式清单

性质	公式	说明	公式编号
自发性判据	$dS_{U,V}\geqslant0$ $dS_{H,p}\geqslant0$	下标表示保持恒定的量，下同	
亥姆霍兹能	$A=U-TS$	定义	3D.4a
吉布斯能	$G=H-TS$	定义	3D.4b
自发变化判据	(a)$dA_{T,V}\leqslant0$　(b)$dG_{T,p}\leqslant0$	等号表示平衡	3D.6
最大功	$dw_{\max}=dA,\ w_{\max}=\Delta A$	等温	3D.7
最大非膨胀功	$dw_{\text{add,max}}=dG,\ w_{\text{add,max}}=\Delta G$	等温等压	3D.8
反应的标准吉布斯能	$\Delta_rG^\ominus=\Delta_rH^\ominus-T\Delta_rS^\ominus$	定义	3D.9
	$\Delta_rG^\ominus=\sum_J\nu_J\Delta_fG^\ominus(J)$	实际做法	3D.10b
溶液中的离子	$\Delta_fG^\ominus(H^+,aq)=0$	惯例	3D.11
玻恩公式	$\Delta_{\text{solv}}G^\ominus=-\frac{z_i^2e^2N_A}{8\pi\varepsilon_0r_i}\left(1-\frac{1}{\varepsilon_r}\right)$	溶剂为连续介质，离子为球形	3D.12a

专题3E

热力学第一定律和第二定律的结合

▶ 为何需要学习这部分内容?

热力学第一定律和第二定律都是关于宏观物质系统行为的定律，通过将两者结合建立一个联合公式，就可以利用热力学的整体优势来解决问题。

▶ 核心思想是什么?

由于热力学函数的无穷小变化是全微分，这就可以建立起系统各种性质（状态函数）之间的关系。

▶ 需要哪些预备知识?

需要了解状态函数 U（专题2A）、H（专题2B）、S（专题3A）及 A 和 G（专题3D）的定义。本专题中的数学推导经常引用偏导数的性质，专题2A中“化学家工具包9”阐述了这些偏导数性质。

热力学第一定律可以写成 $\mathrm{d}U=\mathrm{d}q+\mathrm{d}w$。在不做额外（非膨胀）功的情况下，对于组成不变的封闭系统中发生的可逆变化，有 $\mathrm{d}w_{\mathrm{rev}}=-p\mathrm{d}V$ 和（根据熵的定义）$\mathrm{d}q_{\mathrm{rev}}=T\mathrm{d}S$，其中 p 是系统的压力，T 是系统的温度。因此，对于封闭系统中的可逆变化，有

$$\mathrm{d}U=T\mathrm{d}S-p\mathrm{d}V \quad \text{基本方程} \qquad (3E.1)$$

但是，因为 $\mathrm{d}U$ 是全微分，其大小与具体变化途径无关，因此，无论变化过程是可逆的还是不可逆的，$\mathrm{d}U$ 值都是相同的。于是，针对封闭系统不做额外（非膨胀）功的任何可逆或不可逆变化过程，式（3E.1）都是适用的。热力学第一定律与第二定律结合得到的这个组合公式称为**基本方程**（fundamental equation）。

乍一看，基本方程适用于任何可逆和不可逆变化过程这一点可能让人觉得有些费解，因为只有可逆变化过程中才能用 $T\mathrm{d}S$ 代替 $\mathrm{d}q$，用 $-p\mathrm{d}V$ 代替 $\mathrm{d}w$，而变化过程不可逆时，$T\mathrm{d}S>\mathrm{d}q$（克劳修斯不等式），$-p\mathrm{d}V>\mathrm{d}w$。但是在组成不变的情况下，即使是不可逆变化过程，$\mathrm{d}w$ 和 $\mathrm{d}q$ 的总和仍然等于 $T\mathrm{d}S$ 和 $-p\mathrm{d}V$ 的总和。

3E.1 内能的性质

式（3E.1）表明，当 S 或 V 改变时（$\mathrm{d}U\propto\mathrm{d}S$ 和 $\mathrm{d}U\propto\mathrm{d}V$），封闭系统的内能变化方式简单。因为状态函数之间都是相互联系的，这些简单比例关系表明，把 U 看作 S 和 V 为变量的函数是最合适的。U 也可以看作其他变量的函数，例如看作 S 和 p 或 T 和 V 的函数。但是，基本方程的简洁性表明 $U(S,V)$ 是最佳选择。

U 作为 S 和 V 的函数的数学形式就是，无穷小的变化 $\mathrm{d}U$ 可以用无穷小的变化 $\mathrm{d}S$ 和 $\mathrm{d}V$ 表示，即

$$\mathrm{d}U=\left(\frac{\partial U}{\partial S}\right)_V\mathrm{d}S+\left(\frac{\partial U}{\partial V}\right)_S\mathrm{d}V \qquad (3E.2)$$

式中两个偏导数（参见专题2A中“化学家工具包9”）分别是 V 不变情况下 U 随 S 变化曲线的斜率，以及 S 不变情况下 U 随 V 变化曲线的斜率。将式（3E.2）与热力学关系式（3E.1）进行逐项比较，即可得到在组成不变的系统中，有

$$\left(\frac{\partial U}{\partial S}\right)_V=T \qquad \left(\frac{\partial U}{\partial V}\right)_S=-p \qquad (3E.3)$$

这两个公式中，第一个是温度的纯热力学定义，即温度就是等容下组成不变的封闭系统的内能（热力学第一定律中的概念）随熵（热力学第二定律中

的概念）的变化率。至此，系统不同性质之间的关系已开始显现出来。

（a）麦克斯韦关系式

函数$f(x,y)$的无穷小变化可以写成$df=gdx+hdy$，其中g和h是x和y的函数。df是全微分（其意义就是其积分与路径无关）在数学上的判别标准就是

$$\left(\frac{\partial g}{\partial y}\right)_x=\left(\frac{\partial h}{\partial x}\right)_y \tag{3E.4}$$

在“化学家工具包10”中给出了这个判别标准。因为基本方程［式（3E.1）］是全微分表达式，所以与dS和dV相乘的函数（即T和$-p$）必须满足式（3E.4）。因此，就一定有

$$\left(\frac{\partial T}{\partial V}\right)_S=-\left(\frac{\partial p}{\partial S}\right)_V \quad \text{麦克斯韦关系式} \tag{3E.5}$$

至此，那些原先看起来似乎无关的系统变量之间也有了关系。

式（3E.5）只是**麦克斯韦关系式**（Maxwell relation）中的一例，此式除了让人觉得有些意外，并没有让人觉得特别有趣，但它确实表明了，可能还存在更有用的其他类似关系。实际上，H、G和A都是状态函数，据此可以推导出另外三个麦克斯韦关系式，它们彼此的推导过程都是一样的：因为H、G和A是状态函数，所以dH、dG和dA的表达式都要满足式（3E.4）这样的关系。表3E.1中列出了四个麦克斯韦关系式。

表3E.1　四个麦克斯韦关系式

状态函数	全微分	麦克斯韦关系式
U	$dU=TdS-pdV$	$\left(\frac{\partial T}{\partial V}\right)_S=-\left(\frac{\partial p}{\partial S}\right)_V$
H	$dH=TdS+Vdp$	$\left(\frac{\partial T}{\partial p}\right)_S=\left(\frac{\partial V}{\partial S}\right)_p$
A	$dA=-pdV-SdT$	$\left(\frac{\partial p}{\partial T}\right)_V=\left(\frac{\partial S}{\partial V}\right)_T$
G	$dG=Vdp-SdT$	$\left(\frac{\partial V}{\partial T}\right)_p=-\left(\frac{\partial S}{\partial p}\right)_T$

例题 3E.1　麦克斯韦关系式的应用

利用表3E.1中的麦克斯韦关系式，证明完美气体的熵与$\ln V$呈线性关系，即$S=a+b\ln V$。

整理思路　如果要利用麦克斯韦关系，那么很自然就会想到$(\partial S/\partial V)_T$关系，因为这个关系表示的是温度恒定下熵如何随体积的变化而变化。还应该用到完美气体状态方程。

解：由表3E.1可知

$$\left(\frac{\partial S}{\partial V}\right)_T=\left(\frac{\partial p}{\partial T}\right)_V$$

根据完美气体状态方程$pV=nRT$，可以写出$p=nRT/V$，故

$$\left(\frac{\partial p}{\partial T}\right)_V=\left[\frac{\partial(nRT/V)}{\partial T}\right]_V=\frac{nR}{V}$$

由此可以得到

$$\left(\frac{\partial S}{\partial V}\right)_T=\frac{nR}{V}$$

于是，在等温下有

$$\int dS=nR\int\frac{dV}{V}=nR\ln V+\text{常数}$$

等号左边的不定积分为$S+$常数，到此就完成了证明。

化学家工具包 10　全微分

设df可以表示如下：

$$df=g(x,y)dx+h(x,y)dy$$

df是不是全微分？如果是全微分，它就可以表示成如下形式：

$$df=\left(\frac{\partial f}{\partial x}\right)_y dx+\left(\frac{\partial f}{\partial y}\right)_x dy$$

比较这两个式子，可以得到

$$\left(\frac{\partial f}{\partial x}\right)_y=g(x,y)\qquad\left(\frac{\partial f}{\partial y}\right)_x=h(x,y)$$

偏导数的一个性质就是，连续求导结果与求导次序无关，即

$$\left[\frac{\partial}{\partial y}\left(\frac{\partial f}{\partial x}\right)_y\right]_x=\left[\frac{\partial}{\partial x}\left(\frac{\partial f}{\partial y}\right)_x\right]_y$$

取第一个式子对y的偏导数，取第二个式子对x的偏导数，得到

$$\left[\frac{\partial}{\partial y}\left(\frac{\partial f}{\partial x}\right)_y\right]_x=\left[\frac{\partial g(x,y)}{\partial y}\right]_x$$

$$\left[\frac{\partial}{\partial x}\left(\frac{\partial f}{\partial y}\right)_x\right]_y=\left[\frac{\partial h(x,y)}{\partial x}\right]_y$$

根据偏导数性质，这两个f对x和y的偏导数一定相等，于是有

$$\left[\frac{\partial g(x,y)}{\partial y}\right]_x=\left[\frac{\partial h(x,y)}{\partial x}\right]_y$$

如果满足这个等式，则$df=g(x,y)dx+h(x,y)dy$就是全微分。反过来，如果可以通过其他论证确认df是全微分，那么它的偏导数之间就会有这种关系。

自测题 3E.1 范德华气体的熵与体积之间有怎样的关系？说明原因。

答案： 随 $nR\ln(V-nb)$ 变化。气体分子占有一定的体积。

（b）内能随体积的变化

系统的内压 π_T（专题2D中已介绍）被定义为 $\pi_T=(\partial U/\partial V)_T$，该定义表示等温下系统的内能如何随体积的变化而变化。该定义式在热力学第一定律的应用方面有重要作用。根据麦克斯韦关系式，π_T 可以表示成压力和温度的函数。

如何完成？3E.1　推导热力学状态方程

可以由式（3E.2）得到偏导数 $(\partial U/\partial V)_T$。在等温下将式（3E.2）两边同除以 dV：

$$\overbrace{\left(\frac{\partial U}{\partial V}\right)_T}^{\pi_T}=\overbrace{\left(\frac{\partial U}{\partial S}\right)_V}^{T}\left(\frac{\partial S}{\partial V}\right)_T+\overbrace{\left(\frac{\partial U}{\partial V}\right)_S}^{-p}$$

然后代入式（3E.3）中的两个关系式和 π_T 的定义，就得到

$$\pi_T=T\left(\frac{\partial S}{\partial V}\right)_T-p$$

根据表3E.1中第三个麦克斯韦关系式，把 $(\partial S/\partial V)_T$ 用 $(\partial p/\partial T)_V$ 代替，就得到

$$\pi_T=T\left(\frac{\partial p}{\partial T}\right)_V-p \qquad \text{热力学状态方程} \qquad (3E.6a)$$

式（3E.6a）称为**热力学状态方程**（thermodynamic equation of state），因为当把该式改写成

$$p=T\left(\frac{\partial p}{\partial T}\right)_V-\pi_T \qquad (3E.6b)$$

该式就是用系统的热力学性质表示系统压力的公式。

例题 3E.2　推导热力学关系式

通过热力学方式，证明完美气体的 $\pi_T=0$，并计算范德华气体的 π_T。

整理思路　以“热力学”方式证明某种结论，意思就是证明过程只考虑一般的热力学关系和状态方程，而不考虑分子论（如分子间力的存在）。已知完美气体 $p=nRT/V$，可以将这个关系用到式（3E.6）中完成证明。类似地，要解决问题的第二部分，就需要在式（3E.6）中用到表1C.4中列出的范德华方程。

解： 对于完美气体，可以写出

$$\left(\frac{\partial p}{\partial T}\right)_V=\left(\frac{\partial nRT/V}{\partial T}\right)_V=\frac{nR}{V}$$

于是，式（3E.6）就变为

$$\pi_T=T\overbrace{\left(\frac{\partial p}{\partial T}\right)_V}^{(\partial p/\partial T)_V=nR/V}-p=\overbrace{\left(\frac{nRT}{V}\right)}^{p}-p=0$$

范德华气体的状态方程为

$$p=\frac{nRT}{V-nb}-a\frac{n^2}{V^2}$$

由于 a 和 b 与温度无关，所以有

$$\left(\frac{\partial p}{\partial T}\right)_V=\left[\frac{\partial nRT/(V-nb)}{\partial T}\right]_V=\frac{nR}{V-nb}$$

根据式（3E.6），可得到

$$\pi_T=\frac{nRT}{V-nb}-p=\frac{nRT}{V-nb}-\overbrace{\left(\frac{nRT}{V-nb}-a\frac{n^2}{V^2}\right)}^{p}=a\frac{n^2}{V^2}$$

说明　π_T 的计算结果表明：范德华气体的内能在等温膨胀时是增加的，即 $(\partial U/\partial V)_T>0$，并且内能的增加量与表示分子间吸引作用的参数 a 有关。气体摩尔体积越大，对应于分子之间平均间距较大，分子间平均吸引力就较弱，因此总能量更大。

自测题 3E.2　计算符合维里状态方程（表1C.4）的气体的 π_T，仅保留 B 中的项。

答案： $\pi_T=RT^2(\partial B/\partial T)_V/V_m^2$。

3E.2　吉布斯能的性质

在讨论 U 时用到的推导方式，同样可用于对吉布斯能的讨论。吉布斯能 $G=H-TS$，相应的推导可以得到有关 G 的表达式。这些表达式告诉我们 G 如何随着压力和温度的变化而变化，这对讨论相变和化学反应是非常重要的。

（a）概述

当系统发生状态变化时，G 可能会发生变化，因为 H、T 和 S 都会发生变化：

$$dG=dH-d(TS)=dH-TdS-SdT$$

因为 $H=U+pV$，则

$$dH=dU+d(pV)=dU+pdV+Vdp$$

因此有

$$dG=dU+pdV+Vdp-TdS-SdT$$

对于不做非膨胀功的封闭系统，dU 可以用基

本方程 $dU = TdS - pdV$ 代替，就得到

$$dG = TdS - pdV + pdV + Vdp - TdS - SdT$$

等号右边有四项可以消掉。因此，对于不做非膨胀功且组成不变的封闭系统，有

$$dG = Vdp - SdT \quad \text{化学热力学基本方程} \quad (3E.7)$$

式（3E.7）表明，G的变化量与p或T的变化量成正比。因此，G最好表示成p和T的函数。因为式（3E.7）对热力学在化学中的应用非常重要，所以被认为是**化学热力学基本方程**（fundamental equation of chemical thermodynamics）。式（3E.7）还表明，G是化学中的重要物理量，因为对于化学反应来说，压力和温度通常是可控量。换句话说，要体现热力学第一和第二定律在化学方面的综合应用，G是特别合适的物理量。

把推导式（3E.3）时用到的推导方式，同样运用到全微分式 $dG = Vdp - SdT$，就得到

$$\left(\frac{\partial G}{\partial T}\right)_p = -S \qquad \left(\frac{\partial G}{\partial p}\right)_T = V \quad G\text{随}T\text{和}p\text{的变化} \quad (3E.8)$$

这些关系式显示了吉布斯能如何随温度和压力的变化而变化（图3E.1）。

式（3E.8）中第一个关系式表明：

- 因为所有物质的$S > 0$，温度升高（在等压且组成不变的情况下），G总是下降的。
- 因为S增加时$(\partial G/\partial T)_p$会变得更负，所以当系统的熵较大时，$G$随着温度升高而下降的情形更显著。

因此，具有较高摩尔熵的气相物质，与液相和固相相比，其吉布斯能对温度的变化更敏感（图3E.2）。

类似地，式（3E.8）中第二个关系式表明：

- 由于所有物质的$V > 0$，系统压力增大（在定温和组成不变的情况下），G总是增大的。
- 因为$(\partial G/\partial p)_T$随$V$的增加而增大，当系统体积较大时，系统的$G$对压力更敏感。

由于物质气相摩尔体积大于凝聚相摩尔体积，因此，与液相和固相相比，气体摩尔吉布斯能对压力变化更敏感（图3E.3）。

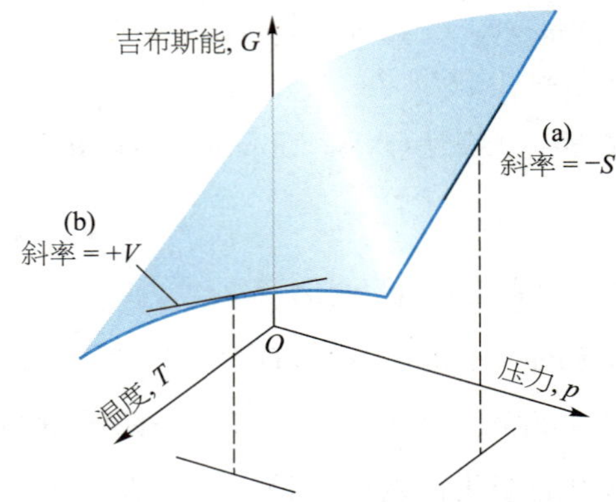

图3E.1　系统的吉布斯能在（a）等压下随温度和（b）等温下随压力的变化情况。前者的斜率等于系统熵的负值，后者的斜率等于系统的体积。

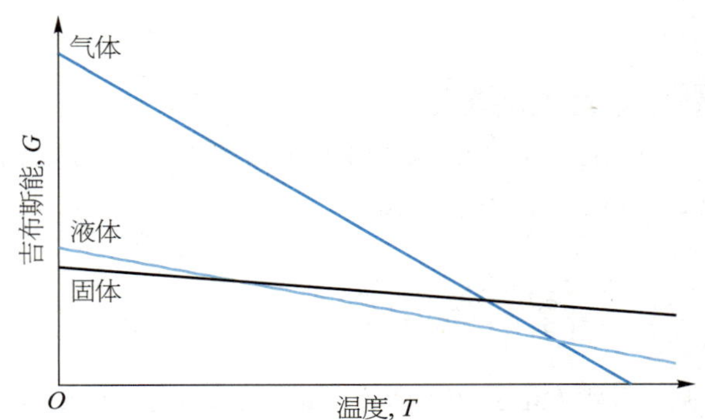

图3E.2　熵对吉布斯能随温度变化的影响（因为物质的气相熵大于液相熵，固相熵最小，所以气相的吉布斯能随温度变化最显著，液相次之，最后是固相）

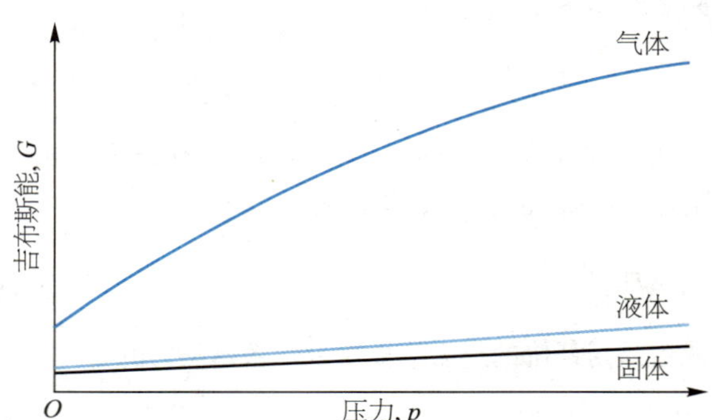

图3E.3　系统体积对吉布斯能随压力变化的影响（物质的量相同情况下，物质的气相体积大于液相体积，固相的体积最小（对于大多数物质），气相物质的吉布斯能随压力变化最显著，其次是液相，最后是固相。由于物质固相和液相的摩尔体积相似，它们的摩尔吉布斯能随压力的变化相差不大）

简要说明3E.1

298 K时，液态水的密度为0.997 0 $g\cdot cm^{-3}$。因此，当压力增加0.1 bar（等温下）时，摩尔吉布斯能的变化为

$$\Delta G_m \approx \left(\frac{\partial G_m}{\partial p}\right)_T \Delta p = V_m \Delta p = \overbrace{\frac{18.0\ g\cdot mol^{-1}}{0.997\ 0\times10^6\ g\cdot m^{-3}}}^{V_m} \times (0.1\times10^5\ N\cdot m^{-2})$$

$$= +0.18\ J\cdot mol^{-1}$$

（b）吉布斯能随温度的变化

系统吉布斯能影响系统的平衡组成。为了讨论温度对平衡组成的影响，就需要知道 G 随温度的变化情况。

从式（3E.8）中第一个关系式 $(\partial G/\partial T)_p=-S$ 开始讨论。虽然这个关系式是用熵表示 G 的变化，但通过对 G 的定义式进行改写，可得到 $S=(H-G)/T$，G 就可以用焓来表示。

$$\left(\frac{\partial G}{\partial T}\right)_p=\frac{G-H}{T} \tag{3E.9}$$

专题6A中的讨论将表明，化学反应的平衡常数与 G/T 的关联比与 G 本身的关联更密切。考虑到将来在这方面的应用，现在将式（3E.9）进行变形推导，看看 G/T 究竟如何随温度的变化而变化。

如何完成？3E.2　推导 G/T 随温度变化的表达式

首先，注意到：

$d(fg)/dx=f(dg/dx)+g(df/dx)$

$$\left(\frac{\partial G/T}{\partial T}\right)_p=\frac{1}{T}\left(\frac{\partial G}{\partial T}\right)_p+G\underbrace{\frac{d(1/T)}{dT}}_{-1/T^2}=\frac{1}{T}\left(\frac{\partial G}{\partial T}\right)_p-\frac{G}{T^2}=\frac{1}{T}\left[\left(\frac{\partial G}{\partial T}\right)_p-\frac{G}{T}\right]$$

现在，用式（3E.9）代替等号右边的 $(\partial G/\partial T)_p$，有

$(\partial G/\partial T)_p=(G-H)/T$

$$\left(\frac{\partial G/T}{\partial T}\right)_p=\frac{1}{T}\left[\left(\frac{\partial G}{\partial T}\right)_p-\frac{G}{T}\right]=\frac{1}{T}\left(\frac{G-H}{T}-\frac{G}{T}\right)=\frac{1}{T}\left(\frac{-H}{T}\right)$$

就得到**吉布斯－亥姆霍兹方程**（Gibbs－Helmholtz equation）：

$$\left(\frac{\partial G/T}{\partial T}\right)_p=-\frac{H}{T^2} \tag{3E.10}$$

吉布斯－亥姆霍兹方程

吉布斯－亥姆霍兹方程对等压条件下的物理变化和化学反应最有用。因为 $\Delta G=G_f-G_i$ 表示始态和终态之间吉布斯能的变化，而且吉布斯－亥姆霍兹方程同时适用于 G_f 和 G_i，故

$$\left(\frac{\partial \Delta G/T}{\partial T}\right)_p=-\frac{\Delta H}{T^2} \tag{3E.11}$$

式（3E.11）表明，如果已知系统发生某种变化过程（如蒸发或反应）的焓变，那么也就可以知道相应的吉布斯能变化量随着温度的变化情况。事实表明，这些信息对化学反应来说是至关重要的。

（c）吉布斯能随压力的变化

已知某压力下系统的 G 值，可计算出另一压力下系统的吉布斯能。为此，设温度不变，式（3E.7）中的 $dT=0$，就得到 $dG=Vdp$，对此式进行积分：

$$G(p_f)=G(p_i)+\int_{p_i}^{p_f}V\mathrm{d}p \tag{3E.12a}$$

针对摩尔量，有

$$G_m(p_f)=G_m(p_i)+\int_{p_i}^{p_f}V_m\mathrm{d}p \tag{3E.12b}$$

式（3E.12b）适用于任何物相，但在进行积分计算之前，需要知道物相的摩尔体积 V_m 与压力的关系。

凝聚相的摩尔体积随压力变化很小。因此，对于凝聚相，V_m 可以被看作常数，可以移到积分号的外面：

$$G_m(p_f)=G_m(p_i)+V_m\int_{p_i}^{p_f}\mathrm{d}p$$

也就是

$$G_m(p_f)=G_m(p_i)+(p_f-p_i)V_m \tag{3E.13}$$

摩尔吉布斯能［难压缩物质］

图3E.4表示的是式中 $(p_f-p_i)V_m$ 项。在通常实验条件下，$(p_f-p_i)V_m$ 数值非常小，可以忽略不计。因此，固体和液体的吉布斯能很大程度上与压力无关。但是，在讨论地球物理中的问题时，由于地球内部的压力巨大，它们对吉布斯能的影响不容忽视。如果压力太大，以至于在积分范围内体积变化较大，则就必须使用完整的式（3E.12）。

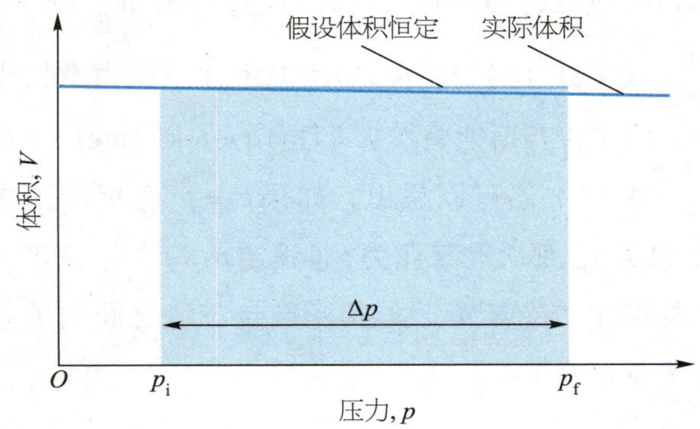

图3E.4　在等温条件下，固体或液体在两个压力之间的吉布斯能的差值等于图中所示的矩形区域面积（假设体积随压力的变化可以忽略不计）

例题 3E.3　计算压力对相变吉布斯能变化的影响

假设某一固体的$\Delta_{trs}V=+1.0\ cm^3\cdot mol^{-1}$，且与压力无关。当压力从1.0 bar（$1.0\times10^5$ Pa）增加到3.0 Mbar（3.0×10^{11} Pa）时，相变吉布斯能变化多少？

整理思路　需要从式（3E.12b）开始，以得到固体相1和相2吉布斯能的表达式：

$$G_{m,1}(p_f)=G_{m,1}(p_i)+\int_{p_i}^{p_f}V_{m,1}\,dp$$

$$G_{m,2}(p_f)=G_{m,2}(p_i)+\int_{p_i}^{p_f}V_{m,2}\,dp$$

然后，为了得到$\Delta_{trs}G=G_{m,2}-G_{m,1}$，将第二个关系式减去第一个关系式，并注意$V_{m,2}-V_{m,1}=\Delta_{trs}V$，则可得

$$\Delta_{trs}G_m(p_f)=\Delta_{trs}G_m(p_i)+\int_{p_i}^{p_f}\Delta_{trs}V\,dp$$

代入数据后即可完成计算。

解：由于$\Delta_{trs}V$与压力无关，故

$$\Delta_{trs}G_m(p_f)=\Delta_{trs}G_m(p_i)+\overbrace{\Delta_{trs}V}^{\text{常数}}\int_{p_i}^{p_f}dp=\Delta_{trs}G_m(p_i)+\Delta_{trs}V(p_f-p_i)$$

代入数据，并利用$1\ Pa\cdot m^3=1\ J$，得到

$$\begin{aligned}\Delta_{trs}G(3\ Mbar)&=\Delta_{trs}G(1\ bar)+1.0\times10^{-6}\ m^3\cdot mol^{-1}\times\\&\quad(3.0\times10^{11}\ Pa-1.0\times10^5\ Pa)\\&=\Delta_{trs}G\ (1\ bar)+3.0\times10^2\ kJ\cdot mol^{-1}\end{aligned}$$

自测题 3E.3　当压力从1.0 bar增加到2.0 bar时，计算−10 ℃时冰的G_m变化。已知冰的密度为917 kg · m^{-3}。

答案：+2.0 J · mol^{-1}。

气体的摩尔体积很大，因此压力对气体吉布斯能影响显著。此外，由于气体体积随压力的变化也很显著。因此，在式（3E.12b）（参见图3E.5）中，体积不能被视为常数。

对于完美气体，将$V_m=RT/p$代入积分式，注意，T是常数，于是得到

$$G_m(p_f)=G_m(p_i)+RT\overbrace{\int_{p_i}^{p_f}\frac{1}{p}dp}^{\text{积分A.2}}=G_m(p_i)+RT\ln\frac{p_f}{p_i}\qquad(3E.14)$$

式（3E.14）表明，当室温条件下压力增加十倍，摩尔吉布斯能将增加$RT\ln10\approx6\ kJ\cdot mol^{-1}$。从式（3E.14）还可以得出，如果$p_i=p^\ominus$（标准压力为1 bar），那么在某压力$p$（设定$p_f=p$）下完美气体的摩尔吉布斯能，与其标准状态值之间的关系可用下式表示：

$$G_m(p)=G_m^\ominus+RT\ln\frac{p}{p^\ominus}\qquad\text{摩尔吉布斯能［完美气体，等温］}\qquad(3E.15)$$

简要说明3E.2

298 K等温下，若水蒸气（作为完美气体处理）的压力从1.0 bar增加到2.0 bar，则根据式（3E.15）可得

$$\begin{aligned}G_m(2.0\ bar)&=G_m^\ominus(1.0\ bar)+8.3145\ J\cdot K^{-1}\cdot mol^{-1}\\&\quad\times298\ K\times\ln\frac{2.0\ bar}{1.0\ bar}\\&=G_m^\ominus(1.0\ bar)+1.7\ kJ\cdot mol^{-1}\end{aligned}$$

应该注意到，凝聚相摩尔吉布斯能变化只有每摩尔几焦耳，而气体摩尔吉布斯能变化可达每摩尔千焦耳数量级。

图3E.6显示的是式（3E.15）表示的摩尔吉布斯能与压力的对数关系。这一非常重要的表达式适用于完美气体（对实际气体也近似适用）。

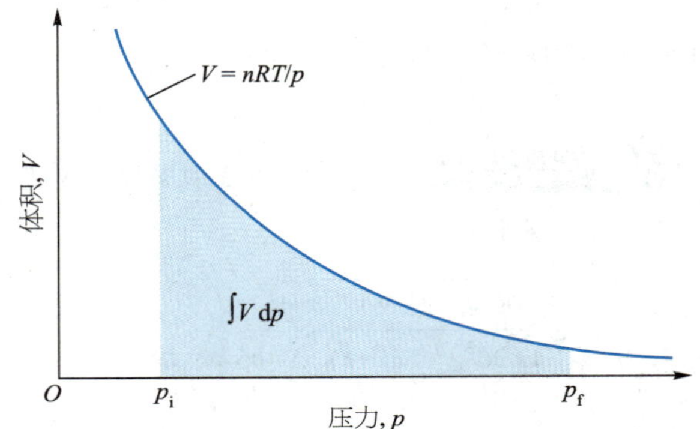

图3E.5　在等温条件下，两个压力之间的完美气体的吉布斯能变化等于完美气体等温线下方的面积

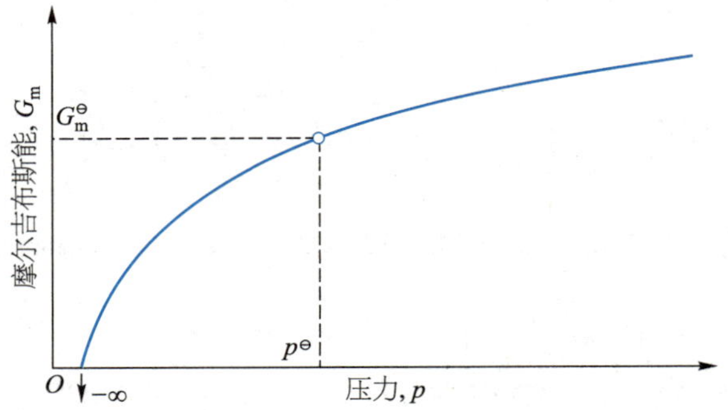

图3E.6　等温下，完美气体的摩尔吉布斯能随$\ln p$的变化，并在$p^\ominus$下达到标准状态（注意：当$p\to0$时，摩尔吉布斯能变为负无穷）

概念清单

☐ 1. 热力学第一定律和第二定律的结合式是**基本方程**，该方程是系统内能随体积和熵的变化而变化的表达式。

☐ 2. 将热力学和数学表达式结合，可得到热力学性质之间的关系式。

☐ 3. **麦克斯韦关系式**是热力学性质偏导数之间的一系列关系式，其推导基于系统热力学性质具有全微分性质。

☐ 4. 麦克斯韦关系式用来导出**热力学状态方程**，并确定一个物质的内能如何随体积变化。

☐ 5. 系统吉布斯能的变化表明，最好将吉布斯能视作温度和压力的函数。

☐ 6. 一个物质的吉布斯能随温度的升高而减小，随压力的增大而增大。

☐ 7. 吉布斯能随温度的变化与焓有关，它们之间的关系可用**吉布斯 - 亥姆霍兹方程**表示。

☐ 8. 固体和液体的吉布斯能几乎与压力无关；而气体的吉布斯能与压力的对数呈线性变化。

公式清单

性质	公式	说明	公式编号
基本方程	$\mathrm{d}U = T\mathrm{d}S - p\mathrm{d}V$	无额外功	3E.1
化学热力学基本方程	$\mathrm{d}G = V\mathrm{d}p - S\mathrm{d}T$	无额外功	3E.7
G的变化	$(\partial G/\partial p)_T = V$和$(\partial G/\partial T)_p = -S$	组成不变	3E.8
吉布斯 - 亥姆霍兹方程	$[\partial(G/T)/\partial T]_p = -H/T^2$	组成不变	3E.10
	$G_\mathrm{m}(p_\mathrm{f}) = G_\mathrm{m}(p_\mathrm{i}) + V_\mathrm{m}(p_\mathrm{f} - p_\mathrm{i})$	不可压缩物质	3E.13
G_m与压力的关系	$G_\mathrm{m}(p_\mathrm{f}) = G_\mathrm{m}(p_\mathrm{i}) + RT\ln(p_\mathrm{f}/p_\mathrm{i})$	完美气体，等温	3E.14
	$G_\mathrm{m}(p) = G_\mathrm{m}^{\ominus} + RT\ln(p/p^{\ominus})$	完美气体，等温	3E.15

主题 3　热力学第二和第三定律——讨论题、练习题、问题及综合题

除非特别说明，所有气体都假设为完美气体，所有数据都是298 K时的数据。

专题 3A　熵

讨论题

D3A.1 生命进化需要将大量分子组装成生物细胞。生物体的形成是否违反热力学第二定律？对此问题得出明确结论，并用详细论据支持结论的正确性。

D3A.2 讨论热力学第二定律小节中术语“分散”和“无序”的意义。

D3A.3 讨论热力学第二定律各种说法之间的关系。

练习题

E3A.1(a) 某变化过程中系统的熵增加了125 $J\cdot K^{-1}$，环境的熵减少了125 $J\cdot K^{-1}$。这个过程是自发的吗？

E3A.1(b) 某变化过程中系统的熵增加了105 $J\cdot K^{-1}$，环境的熵减少了95 $J\cdot K^{-1}$。这个过程是自发的吗？

E3A.2(a) 某变化过程中，有100 kJ热量等温可逆地传给了一铜块。如果过程发生在（ⅰ）0 ℃，（ⅱ）50 ℃，分别计算铜块的熵变。

E3A.2(b) 某变化过程中，有250 kJ热量等温可逆地传给了一铅块。如果过程发生在（ⅰ）20 ℃，（ⅱ）100 ℃，分别计算铅块的熵变。

E3A.3(a) 15 g 二氧化碳气体在300 K时从1.0 dm^3等温膨胀到3.0 dm^3，计算气体的熵变。

E3A.3(b) 4.00 g氮气在300 K时从500 dm^3等温膨胀到750 dm^3，计算气体的熵变。

E3A.4(a) 298 K下，14 g氮气分别经下列方式膨胀，体积增加了一倍，（ⅰ）等温可逆膨胀，（ⅱ）对抗外压$p_{ex}=0$的等温不可逆膨胀，（ⅲ）绝热可逆膨胀。分别计算各膨胀过程中系统和环境的熵变及总熵变。

E3A.4(b) 298 K下，2.9 g氩气分别经下列方式膨胀，体积从1.20 dm^3增加到4.60 dm^3。（ⅰ）等温可逆膨胀，（ⅱ）对抗外压$p_{ex}=0$的等温不可逆膨胀，（ⅲ）绝热可逆膨胀。分别计算各膨胀过程中系统和环境的熵变及总熵变。

E3A.5(a) 某理想热机从273 K热源吸取10.00 kJ热量，产生3.00 kJ功。热机工作的低温热源温度是多少？

E3A.5(b) 某理想热机工作的低温热源温度为0 ℃，热机从高温热源吸取10.00 kJ热量，产生3.00 kJ功。热机工作的高温热源温度是多少？

E3A.6(a) 某理想热机工作的高温热源温度为100 ℃，低温热源温度为10 ℃，热机效率是多少？

E3A.6(b) 某理想热机工作的高温热源温度为40 ℃，热机效率为10%，低温热源温度是多少？

问　题

P3A.1 27 ℃时，1.00 mol完美气体分别按下列两种方式从3.00 atm的始态压力等温膨胀到1.00 atm的终态压力。（a）可逆膨胀；（b）等外压（1.00 atm）膨胀。计算每种膨胀过程中的q、w、ΔU、ΔH、ΔS、ΔS_{sur}和ΔS_{tot}。

P3A.2 0.10 mol完美气体被活塞封闭在气缸中，始态体积为1.25 dm^3。在外压恒为1.00 bar和温度恒为300 K的情况下松开活塞使气体膨胀。计算：（a）膨胀后气体的终态体积；（b）膨胀过程中气体做的功；（c）膨胀过程中系统吸收的热量，并据此计算ΔS_{tot}。

P3A.3 考虑卡诺循环，工作物质为0.10 mol完美气体，高温热源温度为373 K，低温热源温度为273 K；气体始态体积为1.00 dm^3，经第一个等温膨胀过程后体积翻倍。在绝热可逆阶段，假设$VT^{3/2}=$常数。

（a）计算第一阶段和第二阶段后的气体体积（参见图3A.8）。（b）计算第三阶段后的气体体积。（c）计算循环过程的每个变化阶段中气体吸收或释放的热量。（d）解释为什么系统做的功等于系统从高温热源吸取的热量和释放到低温热源中的热量之差？（e）计算系统经过一个循环后所做的功，并据此计算热机效率η。（f）看看你的答案与式（3A.9）给出的效率是否一致，并比较等温阶段的热量值与式（3A.6）给出的结果是否一致。

P3A.4 卡诺循环通常用$p-V$图表示（图3A.8），但循环的四个阶段同样可以在T–S图上表示出来。$T-S$图上，横轴表示熵，纵轴表示温度，请画出卡诺循环的$T-S$图。假设高温热源温度为T_h，低温热源温度为T_c，并且工作物质（气体）的体积在第一个等温阶段从V_A膨胀至V_B。

（a）在考虑每个阶段熵变的基础上，导出卡诺循环在$T-S$图中围成的区域面积表达式。（b）推导一个循环之后系统所做功的表达式。[提示：完成的功为从高温热源吸取的热量和释放到低温热源的热量之差；或者使用式（3A.7）和式（3A.9）。]（c）分析（a）和（b）答案之间的关系。

P3A.5 热机的工作原理是从高温热源中吸取热量并将其中的一部分释放到低温热源中。这种热机也可以用作热泵，热泵的运行是从低温热源吸取热量，环境对热泵做功，热泵将功转变成的热与从低温热源吸取的热量一起释放到高温热源中。

（a）设热泵是理想热机，热传递是可逆的，请根据热力学第二定律解释为什么在没有对热泵做功的情况下将无法从低温热源吸取热量，并将热释放到高温热源？（b）设高温热源温度为T_h，低温热源温度为T_c，热泵从低温热源吸取热量$|q|$。根据热力学第二定律，计算至少需要对热泵做多少功$|w|$，才能使$|q|+|w|$被转移到高温热源。

P3A.6 热泵可用作对建筑物进行加热的实用方法。因为在几米深的地下，温度与空气温度无关，地面本身可以用作低温热源。在温带地区，地面10 m以下的温度约为13 ℃。在寒冷的日子里，要将某房间温度保持在18 ℃，需要额定功率为5 kW的加热器。假设使用理想热泵加热，并且所有热传递过程都是可逆的，请计算维持室温所需的功率。注意1 W = 1 J · s^{-1}。提示：参见问题P3A.5中的答案。

P3A.7 假设系统的能量仅是温度的函数，证明两条绝热可逆途径永远不会交叉。提示：可假设两条绝热可逆途径可以相交，两条绝热可逆途径与一条等温途径构成一个循环，然后考虑循环中每个阶段的变化情况，并证明它们与热力学第二定律的开尔文说法相矛盾。

专题 3B 特定过程的熵变

讨论题

D3B.1 解释水、汞和乙醇等液体对特鲁顿规则产生偏差的原因。这几种液体的蒸发熵是大于85 J · K^{-1} · mol^{-1}？还是小于85 J · K^{-1} · mol^{-1}？为什么？

练习题

E3B.1(a) 根据苯的正常沸点（80.1 ℃），利用特鲁顿规则预测苯的蒸发焓。

E3B.1(b) 根据环己烷的正常沸点（80.7 ℃），利用特鲁顿规则预测环己烷的蒸发焓。

E3B.2(a) 三氯甲烷（氯仿，$CHCl_3$）在正常沸点334.88 K下蒸发焓为29.4 kJ · mol^{-1}。计算：（ⅰ）在该温度下三氯甲烷的蒸发熵和（ⅱ）环境的熵变。

E3B.2(b) 甲醇在正常沸点64.1 ℃下蒸发焓为35.27 kJ · mol^{-1}。计算：（ⅰ）在该温度下甲醇的蒸发熵和（ⅱ）环境的熵变。

E3B.3(a) 假设298 K时O_2的摩尔定压热容为29.355 J · K^{-1} · mol^{-1}，计算温度从298 K上升到348 K过程中O_2(g)的摩尔熵变。

E3B.3(b) 假设298 K时$C_{p,\,m}(N_2)$ = 29.125 J · K^{-1} · mol^{-1}，计算温度从298 K下降到273 K过程中N_2(g)的摩尔熵变。

E3B.4(a) 假设氖气的摩尔定容热容为$3R/2$，298 K时氖气的摩尔熵为146.22 J · K^{-1} · mol^{-1}。将氖气在等容条件下加热到500 K，计算500 K时氖气的摩尔熵。

E3B.4(b) 假设氩气的摩尔定容热容为$3R/2$，298 K时氩气的摩尔熵为154.84 J · K^{-1} · mol^{-1}。将氩气在等容条件下冷却到250 K，计算250 K时氩气的摩尔熵。

E3B.5(a) 两块质量均为1.00 kg的铜块，温度分别为50 ℃和0 ℃，密封于隔离容器中（因此不会有热量散失）并彼此接触达到平衡。计算两铜块的最终温度，计算两铜块各自的熵变和ΔS_{tot}，并说明ΔS_{tot}的符号含义。已知铜的比热容为0.385 J · K^{-1} · g^{-1}，并且在给定的温度范围内保持不变。

E3B.5(b) 两块质量均为10.0 kg的铁块，温度分别为50 ℃和0 ℃，密封于隔离容器中并彼此接触达到平衡。计算过程中的ΔS_{tot}，并说明ΔS_{tot}的符号含义。已知铁的比热容为0.449 J · K^{-1} · g^{-1}，并且在给定的温度范围内保持不变。

E3B.6(a) 3.00 mol气体分子（其$C_{p,\,m}=5R/2$）从25 ℃、1.00 atm的始态变为125 ℃、5.00 atm的终态，计算过程中系统的ΔS。

E3B.6(b) 2.00 mol气体分子（其$C_{p,\,m}=7R/2$）从25 ℃、1.50 atm的始态变化到135 ℃、7.00 atm的终态，计算过程中系统的ΔS。

E3B.7(a) 在1 bar的恒定压力下，将10.0 g −10.0 ℃的冰转化为115.0 ℃的水蒸气，计算过程中系统的熵变。已知摩尔定压热容分别为$C_{p,\,m}[H_2O(s)]$ = 37.6 J · K^{-1} · mol^{-1}；$C_{p,\,m}[H_2O(l)]$ = 75.3 J · K^{-1} · mol^{-1}和$C_{p,\,m}[H_2O(g)]$ = 33.6 J · K^{-1} · mol^{-1}。在相关的转变温度下，H_2O(l)的标准蒸发焓为40.7 kJ · mol^{-1}，H_2O(l)的标准熔化焓为6.01 kJ · mol^{-1}。

E3B.7(b) 在1 bar的恒定压力下，将15.0 g −12.0 ℃的冰转化为105.0 ℃的水蒸气，计算过程中系统的熵变。需要的相关数据，请参阅上题。

问　题

P3B.1 考虑1.00 mol −5.0 ℃的H_2O(l)凝结成相同温度下的冰，计算过程中系统的熵变、环境的熵变和总熵变。该过程是自发的吗？针对1.00 mol H_2O(l)在95.0 ℃、1.00 atm下的蒸发过程，重复上述计算。计算所需数据参见练习题E3B.7(a)。

P3B.2 计算并说明5.0 ℃的液态水凝结成相同温度下的冰的过程是非自发过程（提示：计算总熵变）。计算所需数据参见练习E3B.7(a)。

P3B.3 在240 K至330 K的温度范围内，三氯甲烷（氯仿，$CHCl_3$）的摩尔定压热容与温度的关系为$C_{p,\,m}$ / (J · K^{-1} · mol^{-1}) = 91.47 + 7.5×10^{-2}(T/K)。计算温度从273 K上升到300 K的过程中，$CHCl_3$的摩尔熵变。

P3B.4 在200 K至400 K的温度范围内，N_2(g)的摩尔定压热容与温度关系为$C_{p,\,m}$ / (J · K^{-1} · mol^{-1}) = 28.58 + 3.77×10^{-3}(T/K)。已知N_2(g)在298 K的标准摩尔熵为191.6 J · K^{-1} · mol^{-1}，计算N_2(g)在373 K时的标准摩尔熵。现假设$C_{p,\,m}$与温度无关，并取值29.13 J · K^{-1} · mol^{-1}，再次计算N_2(g)在373 K时的标准摩尔熵。对两次计算结果之间的差异进行说明和解释。

P3B.5 使两块质量相等的同一物质（一个温度为T_h，另一个温度为T_c）接触在一起并达到热平衡，写出平衡过程的熵变表达式。计算两块铜的熵变，每块铜的质量为500 g，$C_{p,\,m}$ = 24.4 J · K^{-1} · mol^{-1}，取T_h = 500 K，T_c = 250 K。

P3B.6 根据牛顿冷却定律，温度变化率与系统和环境之间的温差大小成正比：

$$\frac{dT}{dt}=-\alpha(T-T_{sur})$$

式中T_{sur}为环境温度，α是常数。

（a）在$t=0$时，$T=T_i$的初始条件下，对该式进行积分。（b）设熵随温度的变化关系为$S(T)-S(T_i)=C\ln(T/T_i)$，其中T_i是初始温度，C是热容量，写出冷却到t时刻时系统熵的表达式。

P3B.7　质量为500 g、初始温度为293 K的铜块与电阻为1.00 kΩ且质量可忽略不计的电加热器接触。电流为1.00 A，通电时间为15.0 s。计算铜块的熵变，取$C_{p,\mathrm{m}} = 24.4\ \mathrm{J\cdot K^{-1}\cdot mol^{-1}}$。然后重复实验，将铜块浸入水中，使铜块的温度保持在293 K，计算这种情况下铜和水的熵变。

P3B.8　将温度为0 ℃、质量为2.00 kg的铜块（$C_{p,\mathrm{m}} = 24.44\ \mathrm{J\cdot K^{-1}\cdot mol^{-1}}$）放置到一个隔热容器中，容器中有处于100 ℃和1.00 atm下的1.00 mol $H_2O(g)$。设所有水蒸气都冷凝成液态水，计算：（a）系统的最终温度；（b）铜块吸收的热量；（c）水、铜块和整个系统的熵变。计算所需数据见练习题E3B.7（a）。

P3B.9　蛋白溶菌酶在75.5 ℃的转变温度下解折叠，标准转变焓为509 kJ · mol^{-1}。蛋白溶菌酶解折叠转变的摩尔定压热容差为6.28 J · K^{-1} · mol^{-1}，并假设与温度无关，计算溶菌酶在25.0 ℃下解折叠过程的熵。提示：设想25.0 ℃的转变分三步进行：（ⅰ）将折叠蛋白质从25.0 ℃加热到转变温度；（ⅱ）在转变温度下可逆解折叠；（ⅲ）解折叠后的蛋白质冷却到25.0 ℃。由于熵是状态函数，25.0 ℃时的熵变等于三个步骤的熵变之和。

P3B.10　内燃机运行过程涉及的循环称为奥托（Otto）循环（图3.1）。该循环包括以下步骤：（1）从A到B的绝热可逆压缩，（2）从B到C由少量燃料燃烧引起的可逆等容增压，（3）从C至D的绝热可逆膨胀，和（4）可逆的等容降压回到状态A。设A点的压力、温度和体积分别是p_A、T_A和V_A。同样，对于B—D步骤，假设工作物质是$C_{V,\mathrm{m}} = 5R/2$的1 mol双原子完美气体。考虑到对于绝热可逆膨胀（如步骤1），有$V_A T_A^c = V_B T_B^c$，其中$c = C_{V,\mathrm{m}}/R$，并且对于完美气体，内能只是温度的函数。

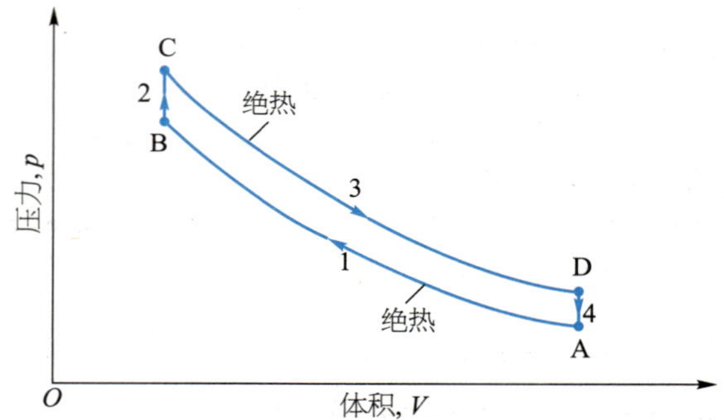

图3.1　奥托循环

（a）计算四个步骤中每个步骤的功和热，结果用$C_{V,\mathrm{m}}$和温度T_A~T_D表示。（b）内燃机工作效率η的定义为整个循环中功的绝对值除以步骤2中供热的绝对值。用温度T_A~T_D表示η。（c）根据绝热可逆过程的V和T关系，验证你的效率表达式可以写成$\eta = 1 - (V_B/V_A)^{1/c}$。提示：$V_C = V_B$和$V_D = V_A$。（d）推导出循环中每个步骤的熵变（系统和环境）表达式，用$C_{V,\mathrm{m}}$和温度表示。（e）设$V_A = 4.00\ \mathrm{dm^3}$，$p_A = 1.00$ atm，$T_A = 300$ K，$V_A = 10\ V_B$且$p_C/p_B = 5$，计算循环的效率和每个步骤的熵变化。提示：最后一部分熵变需要计算出T_B和T_D，可以根据绝热可逆过程中V和T关系得到，还需要算出T_C，这可以根据定容升温计算出来。

P3B.11　当热机用作冰箱时可降低物体的温度，物体温度越低，要进一步降温需要做的功就越大。

（a）假设冰箱为理想热机，并从温度为T_c的低温热源（被冷却的物体）吸取一定的热量$|dq|$。热机做功$|dw|$，结果有$(|dq|+|dw|)$的热量释放到温度为T_h的高温热源中。根据热力学第二定律解释上述过程为什么可以发生？且必须满足如下关系：

$$\frac{|dq|}{T_c} = \frac{|dq|+|dw|}{T_h}$$

（b）设低温热源的热容为C（可以假设它与温度无关），因此温度变化dT_c时$dq = CdT_c$。将这个关系式代入（a）中导出的表达式，并在$T_c = T_i$和$T_c = T_f$的温度范围内积分，得到下面的关系式，用于计算将物体从T_i冷却到T_f时需要做的功。

$$w = CT_h\left|\ln\frac{T_f}{T_i}\right| - |C(T_f - T_i)|$$

（c）用这个结果计算将250 g水的温度从293 K降到273 K时需要做的功。假设高温热源温度为293 K{$C_{p,\mathrm{m}}[H_2O(l)] = 75.3\ \mathrm{J\cdot K^{-1}\cdot mol^{-1}}$}。（d）当液态水的温度达到273 K时，会冻结成冰，这是一个放热过程。计算将过程中释放的热量传递到高温热源中需要做的功，假设水的温度保持在273 K（水在正常凝固点的标准熔化焓为6.01 kJ · mol^{-1}）。（e）因此计算在273 K时将250 g液态水冷冻至冰需做的总功。如果冰箱的运行功率为100 W，这个冷冻过程需要多长时间？

P3B.12　$NH_3(g)$的标准摩尔熵在298 K时为192.45 J · K^{-1} · mol^{-1}，其热容由式（2B.8）得到，式中的系数由表2B.1查出。计算在（a）100 ℃和（b）500 ℃时$NH_3(g)$的标准摩尔熵。

专题 3C　熵的测量

讨论题

D3C.1　解释为什么溶液中离子的标准熵可正、可负或为零？

练习题

E3C.1(a)　4.2 K时，Ag(s)的热容为0.014 5 J · K^{-1} · mol^{-1}。假设对于Ag(s)可用德拜T^3定律，试计算$S_\mathrm{m}(4.2\ \mathrm{K}) - S_\mathrm{m}(0)$。

E3C.1(b)　低温下，Ag(s)的热容符合德拜T^3定律$C_{p,\mathrm{m}} = aT^3$，其中$a = 1.956\times10^{-4}\ \mathrm{J\cdot K^{-4}\cdot mol^{-1}}$。试计算$S_\mathrm{m}(10\ \mathrm{K}) - S_\mathrm{m}(0)$。

E3C.2(a)　根据表2C.3和表2C.4中数据，计算下列反应在298 K时的标准反应熵。

（ⅰ）$2CH_3CHO(g) + O_2(g) \longrightarrow 2CH_3COOH(l)$

（ⅱ）$2AgCl(s) + Br_2(l) \longrightarrow 2AgBr(s) + Cl_2(g)$

（ⅲ）$Hg(l) + Cl_2(g) \longrightarrow HgCl_2(s)$

E3C.2(b)　根据表2C.3和表2C.4中数据，计算下列反应在298 K时的标准反应熵。

（ⅰ）$Zn(s) + Cu^{2+}(aq) \longrightarrow Zn^{2+}(aq) + Cu(s)$

（ⅱ）$C_{12}H_{22}O_{11}$(s)（蔗糖）+ $12O_2$(g) ⟶ $12CO_2$(g) + $11H_2O$(l)

E3C.3(a) 计算298 K时由标准状态单质生成1 mol标准状态NH_3(g)的标准反应熵。

E3C.3(b) 计算298 K时由标准状态单质生成1 mol标准状态N_2O(g)的标准反应熵。

问 题

P3C.1 10 K下，$C_{p,\mathrm{m}}$[Hg(s)] = 4.64 J · K^{-1} · mol^{-1}。在10 K和Hg(s)的熔点234.3 K的温度区间内，热容测量表明熵增加57.74 J · K^{-1} · mol^{-1}。在234.3 K，Hg(s)的标准熔化焓为2 322 J · mol^{-1}。在熔点和298.0 K之间，热容测量表明熵增加6.85 J · K^{-1} · mol^{-1}。试计算Hg(l)在298 K时的第三定律标准摩尔熵。

P3C.2 将问题P3C.1中的热容测量温度提升到343.9 K，即Hg(l)的标准沸点。在熔点和沸点之间，热容测量表明熵增加10.83 J · K^{-1} · mol^{-1}。343.9 K时Hg(l)的标准蒸发焓为60.50 kJ · mol^{-1}。试计算Hg(g)在343.9 K时的第三定律标准摩尔熵为（将用到问题P3C.1中一些数据）。

P3C.3 铅的摩尔定压热容随温度变化的数据如下：

T/K	10	15	20	25	30	50
$C_{p,\mathrm{m}}$/(J · K^{-1} · mol^{-1})	2.8	7.0	10.8	14.1	16.5	21.4
T/K	70	100	150	200	250	298
$C_{p,\mathrm{m}}$/(J · K^{-1} · mol^{-1})	23.3	24.5	25.3	25.8	26.2	26.6

（a）使用德拜T^3定律和10 K时的热容值，计算0~10 K的熵变。（b）要求算出10~298 K的熵变，需要测量$C_{p,\mathrm{m}}/T$对T作图的面积。面积的测量可以通过几何测量，或使用数学软件将数据拟合成简单函数（如多项式），然后在10~298 K温度范围内对该函数积分得到面积。请用其中的任一种方法求算出10~298 K的熵变。（c）进而求算298 K和273 K时铅的第三定律标准熵。

P3C.4 无水铁氰化钾（Ⅱ）的摩尔定压热容随温度变化的数据如下：

T/K	10	20	30	40	50	60
$C_{p,\mathrm{m}}$/(J · K^{-1} · mol^{-1})	2.09	14.43	36.44	62.55	87.03	111.0
T/K	70	80	90	100	110	150
$C_{p,\mathrm{m}}$/(J · K^{-1} · mol^{-1})	131.4	149.4	165.3	179.6	192.8	237.6
T/K	160	170	180	190	200	
$C_{p,\mathrm{m}}$/(J · K^{-1} · mol^{-1})	247.3	256.5	265.1	273.0	280.3	

试计算其在200 K和100 K时第三定律摩尔熵。

P3C.5 使用*资源部分*中的标准生成焓、标准熵和标准热容数据，计算反应CO_2(g) + H_2(g) ⟶ CO(g) + H_2O(g)在298 K和398 K下的标准反应焓变和标准反应熵变。假定热容在相应温度范围内不变。

P3C.6 使用*资源部分*中的标准生成焓、标准熵和标准热容数据，计算反应1/2 N_2(g) + 3/2 H_2(g) ⟶ NH_3(g)在298 K和500 K下的标准反应焓变和标准反应熵变。假设热容在相关温度范围内不变。

P3C.7 化合物1, 3, 5－三氯－2, 4, 6－三氟苯是六氯苯转化为六氟苯的中间体，人们通过测量其在较宽温度范围内的热容来研究其热力学性质［R. L. Andon, J. F. Martin, *J. Chem. Soc. Faraday Trans.* Ⅰ, 871(1973)］。部分数据如下：

T/K	14.14	16.33	20.03	31.15	44.08	64.81
$C_{p,\mathrm{m}}$/(J · K^{-1} · mol^{-1})	9.492	12.70	18.18	32.54	46.86	66.36
T/K	100.90	140.86	183.59	225.10	262.99	298.06
$C_{p,\mathrm{m}}$/(J · K^{-1} · mol^{-1})	95.05	121.3	144.4	163.7	180.2	196.4

试计算化合物在100 K、200 K和300 K时的第三定律摩尔熵。

P3C.8 已知100 K时钬的$S_\mathrm{m}^\ominus$ = 29.79 J · K^{-1} · mol^{-1}，热容数据如下[D. G. Archer, *J. Chem. Eng. Data*, **40**, 1015(1995)]：

T/K	100	120	140	150	160	180	200
$C_{p,\mathrm{m}}$/(J · K^{-1} · mol^{-1})	23.00	23.74	24.25	24.44	24.61	24.89	25.11

试计算200 K时钬的标准摩尔熵，并与将热容看作24.44 J · K^{-1} · mol^{-1}不变时计算得到的结果进行比较。

P3C.9 低温下金属的热容来自两方面的贡献，一是与晶格振动有关，这与德拜T^3定律非常接近，另一个贡献来自价电子。后者随温度的变化是线性的。热容总体上可写成

$$C_{p,\mathrm{m}}(T) = \overbrace{aT^3}^{\text{德拜}} + \overbrace{bT}^{\text{价电子}}$$

在非常低的温度下测量了金属钾的摩尔热容，得到以下数据：

T/K	0.20	0.25	0.30	0.35	0.40	0.45	0.50	0.55
$C_{p,\mathrm{m}}$/(J · K^{-1} · mol^{-1})	0.437	0.560	0.693	0.838	0.996	1.170	1.361	1.572

（a）假设上面给出的热容表达式适用于金属钾，解释为什么用$C_{p,\mathrm{m}}(T)/T$对T^2作图得到的是斜率为a和截距为b的直线？（b）使用这种作图法确定常数a和b的值。（c）导出温度T时摩尔熵的表达式。提示：需要积分$C_{p,\mathrm{m}}(T)/T$。（d）据此求算出钾在2.0 K时的摩尔熵。

P3C.10 如上一问题所述，低温下金属的热容是晶格振动（德拜项）和价电子项的贡献之和。对于钠金属，$a = 0.507\times10^{-3}$ J · K^{-4} · mol^{-1}，$b = 1.38\times10^{-3}$ J · K^{-2} · mol^{-1}。试求算出钠的总熵中德拜项贡献和价电子项贡献相等时的温度。在更高的温度下，哪种贡献占主导地位？

专题 3D 聚焦系统

讨论题

D3D.1 自发变化的判据有：$\mathrm{d}A_{T,V} < 0$和$\mathrm{d}G_{T,p} < 0$。讨论每个判据的来源、意义和适用性。

D3D.2 什么情况下才可以只需要根据系统的性质即可分析过程的自发性？为什么？

练习题

E3D.1(a) 根据*资源部分*中提供的标准生成焓数据，计算练习题E3D.2(a)中给出的反应在298 K时的标准反应焓。将计算结果与在该练习题中对标准反应熵的计算结果结合，求算反应在298 K时的标准吉布斯能变化。

E3D.1(b) 根据*资源部分*中提供的标准生成焓数据，计算练习题E3D.2(b)中给出的反应在298 K时的标准反应焓。将计算结果与在该练习题中对标准反应熵的计算结果结合，求算反应在298 K时的标准吉布斯能变化。

E3D.2(a) 根据*资源部分*中提供的标准生成焓和标准熵数据，计算298 K时反应$4HI(g) + O_2(g) \longrightarrow 2I_2(s) + 2H_2O(l)$的标准吉布斯能变化。

E3D.2(b) 根据*资源部分*中提供的标准生成焓和标准熵数据，计算298 K时反应$CO(g) + CH_3CH_2OH(l) \longrightarrow CH_3CH_2COOH(l)$的标准吉布斯能变化。298 K时$CH_3CH_2COOH(l)$的标准生成焓和标准熵分别为$\Delta_f H^{\ominus} = -510\ kJ \cdot mol^{-1}$，$S_m^{\ominus} = 191\ J \cdot K^{-1} \cdot mol^{-1}$。

E3D.3(a) 298 K、标准条件下的甲烷在燃料电池中进行氧化反应，计算氧化1 mol CH_4可得到的最大非膨胀功。

E3D.3(b) 298 K、标准条件下的C_3H_8在燃料电池中进行氧化反应，计算氧化1 mol丙烷可得到的最大非膨胀功。

E3D.4(a) 根据*资源部分*中提供的标准生成吉布斯能数据，计算下列反应在298 K时的标准吉布斯能变化。

（ⅰ）$CH_3CHO(g) + O_2(g) \longrightarrow 2CH_3COOH(l)$

（ⅱ）$2AgCl(s) + Br_2(l) \longrightarrow 2AgBr(s) + Cl_2(g)$

（ⅲ）$Hg(l) + Cl_2(g) \longrightarrow HgCl_2(s)$

E3D.4(b) 根据*资源部分*中提供的标准生成吉布斯能数据，计算下列反应在298 K时的标准吉布斯能变化。

（ⅰ）$Zn(s) + Cu^{2+}(aq) \longrightarrow Zn^{2+}(aq) + Cu(s)$

（ⅱ）$C_{12}H_{22}O_{11}(s)$(蔗糖)$ + 12O_2(g) \longrightarrow 12CO_2(g) + 11H_2O(l)$

E3D.5(a) 液体乙酸乙酯($CH_3COOC_2H_5$)在298 K时的标准燃烧焓为$-2\ 231\ kJ \cdot mol^{-1}$，其标准摩尔熵为$259.4\ J \cdot K^{-1} \cdot mol^{-1}$，计算该化合物在298 K时的标准生成吉布斯能。

E3D.5(b) 固体甘氨酸（氨基酸，NH_2CH_2COOH）在298 K时的标准燃烧焓为$-969\ kJ \cdot mol^{-1}$，标准摩尔熵为$103.5\ J \cdot K^{-1} \cdot mol^{-1}$，计算甘氨酸在298 K时的标准生成吉布斯能。注意，燃烧反应产生的含氮物质设为$N_2(g)$。

问　题

P3D.1 体积恒定的气缸中封闭有一定量完美气体，气体在气缸中被一无摩擦活塞分成A和B两部分，活塞不传热。B部分的温度恒为300 K，即B部分的所有变化都是等温变化。每个部分中气体都是2.00 mol。气体的摩尔定容热容为$C_{V,m} = 20\ J \cdot K^{-1} \cdot mol^{-1}$，且设为定值。初始温度$T_A = T_B = 300\ K$，初始体积$V_A = V_B = 2.00\ dm^3$。然后向A部分气体输入热量，使A部分中的气体膨胀，将活塞推出，从而压缩B部分的气体。膨胀过程可逆，B部分的最终体积为$1.00\ dm^3$。因为活塞可以自由移动，所以A部分和B部分的压力总是相等的。已知完美气体的内能仅是温度的函数。

（a）求算气体的最终压力，进而求算出A部分气体温度。（b）求算A部分气体的熵变（提示：可以将整个过程分为等容步骤和等温步骤）。（c）求算B部分气体的熵变。（d）求算每个部分的内能变化。（e）根据已经求算出来的ΔS和ΔU，求算B部分的ΔA；并解释为什么不能求算A部分气体的ΔA？（f）过程可逆对于过程的总ΔA（A部分和B部分的ΔA之和）意味着什么？

P3D.2 在生物细胞中，食物氧化释放的能量存储在三磷酸腺苷（ATP或ATP^{4-}）中。ATP作用的本质是它能够通过水解失去其末端磷酸基团并形成二磷酸腺苷（ADP或ADP^{3-}）：

$$ATP^{4-}(aq) + H_2O(l) \longrightarrow ADP^{3-}(aq) + HPO_4^{2-}(aq) + H_3O^+(aq)$$

在pH = 7.0和37 ℃（310 K，血液温度）时，该水解反应的焓变和吉布斯能变化分别为$\Delta_r H = -20\ kJ \cdot mol^{-1}$和$\Delta_r G = -31\ kJ \cdot mol^{-1}$。在此条件下，1 mol $ATP^{4-}(aq)$水解可释放高达31 kJ的能量用于做非膨胀功，这些功可用于将氨基酸合成蛋白质、肌肉收缩和激活大脑中的神经回路。

（a）计算pH = 7.0和310 K时ATP水解反应的熵变，并对熵变符号进行解释。（b）假设典型生物细胞的半径为10 μm，细胞内部每秒有1×10^6个ATP分子发生水解。细胞的功率密度是多少（以瓦/立方米为单位，$1\ W = 1\ J \cdot s^{-1}$）？计算机电池的功率约为15 W，体积为$100\ cm^3$。生物细胞和计算机电池哪一个具有更大的功率密度？（c）谷氨酸和铵离子形成谷氨酰胺需要$14.2\ kJ \cdot mol^{-1}$的能量，合成反应是由谷氨酰胺合成酶催化和ATP水解成ADP驱动完成的。合成1 mol谷氨酰胺需要水解多少摩尔ATP？

P3D.3 构建一个类似于图3D.3中的循环，用于分析反应$1/2\ H_2(g) + 1/2\ I_2(s) \longrightarrow H^+(aq) + I^-(aq)$，并根据分析求得$I^-(aq)$的标准生成吉布斯能。分析过程中可能需要参考*资源部分*中相关的生成吉布斯能数据。如正文中已指出，过程$H(g) \longrightarrow H^+(g) + e^-(g)$的标准吉布斯能近似地用电离能代替，过程$I(g) + e^-(g) \longrightarrow I^-(g)$的标准吉布斯能近似地用电子亲和势代替。$H^+$的溶剂化标准吉布斯能取$-1\ 090\ kJ \cdot mol^{-1}$，$I^-$的溶剂化标准吉布斯能取$-247\ kJ \cdot mol^{-1}$。

P3D.4 像NaCl这样的离子固体的溶解度，可以通过计算$NaCl(s) \longrightarrow Na^+(aq) + Cl^-(aq)$溶解过程的标准吉布斯能变化得到。分两步考虑这个过程：（1）$NaCl(s) \longrightarrow Na^+(g) + Cl^-(g)$，（2）$Na^+(g) + Cl^-(g) \longrightarrow Na^+(aq) + Cl^-(aq)$。已知步骤（1）的$\Delta_r H^{\ominus} = 787\ kJ \cdot mol^{-1}$，$S_m^{\ominus}[Na^+(g)] = 148\ J \cdot K^{-1} \cdot mol^{-1}$，$S_m^{\ominus}[Cl^-(g)] = 154\ J \cdot K^{-1} \cdot mol^{-1}$，$S_m^{\ominus}[NaCl(s)] = 72.1\ J \cdot K^{-1} \cdot mol^{-1}$（均为298 K时的数据），求算步骤（1）的$\Delta_r G^{\ominus}$。在利用玻恩公式估计溶剂化的标准吉布斯能的基础上，求算步骤（2）的$\Delta_r G^{\ominus}$。在运用玻恩公式时，取$r(Na^+) = 170\ pm$，$r(Cl^-) = 211\ pm$。最后，求算整个过程的$\Delta_r G^{\ominus}$，并对计算结果进行讨论。

P3D.5 针对LiF，重复问题P3D.4中的计算过程，其中$\Delta_r H^{\ominus} = 1\ 037\ kJ \cdot mol^{-1}$，步骤（1）中的绝对熵值为$S_m^{\ominus}(Li^+) = 133\ J \cdot K^{-1} \cdot mol^{-1}$，$S_m^{\ominus}(F^-) = 145\ J \cdot K^{-1} \cdot mol^{-1}$，$S_m^{\ominus}[LiF(s)] = 35.6\ J \cdot K^{-1} \cdot mol^{-1}$（均为298 K时的数据）。在运用玻恩公式时，取$r(Li^+) = 127\ pm$，$r(F^-) = 163\ pm$。

P3D.6 根据玻恩公式，导出$\Delta_{solv} S^{\ominus}$和$\Delta_{solv} H^{\ominus}$的表达式［提示：$(\partial G / \partial T)_p = -S$］。根据玻恩模型中的假设，对推导结果进行分析讨论。

专题 3E 热力学第一定律和第二定律的结合

讨论题

D3E.1 对吉布斯能与温度的关系给出一个物理解释。

D3E.2 对吉布斯能与压力的关系给出一个物理解释。

练习题

E3E.1(a) 设2.5 mmol完美气体在300 K时的始态体积为42 cm^3，等温膨胀到600 cm^3，计算此过程的ΔG。

E3E.1(b) 设6.0 mmol完美气体在298 K时的始态体积为52 cm^3，等温膨胀到122 cm^3，计算此过程的ΔG。

E3E.2(a) 某等压过程的吉布斯能变化与温度的关系为$\Delta G/\mathrm{J}=-85.40+36.5(T/\mathrm{K})$，计算此过程的$\Delta S$。

E3E.2(b) 某等压过程的吉布斯能变化与温度的关系为$\Delta G/\mathrm{J}=-73.1+42.8(T/\mathrm{K})$，计算此过程的$\Delta S$。

E3E.3(a) 某等压过程的吉布斯能变化与温度的关系为$\Delta G/\mathrm{J}=-85.40+36.5(T/\mathrm{K})$。根据吉布斯－亥姆霍兹方程，计算此过程的$\Delta H$值。

E3E.3(b) 某等压过程的吉布斯能变化与温度的关系为$\Delta G/\mathrm{J}=-73.1+42.8(T/\mathrm{K})$。根据吉布斯－亥姆霍兹方程，计算此过程的$\Delta H$值。

E3E.4(a) 压力从1.0 atm增大到100 atm时，计算1.0 dm^{3}液态辛烷的吉布斯能变化。辛烷的质量密度为0.703 g · cm^{-3}，计算辛烷的摩尔吉布斯能变化。

E3E.4(b) 压力从100 kPa增大到500 kPa时，估算100 cm^{3}液态水的吉布斯能变化。水的质量密度为0.997 g · cm^{-3}，计算水的摩尔吉布斯能变化。

E3E.5(a) 固体CO_2熔融时的摩尔体积的变化为-1.6 cm^3 · mol^{-1}。当压力从1 bar增加到1 000 bar时，计算CO_2的摩尔熔化吉布斯能的变化。

E3E.5(b) 固体苯熔融时的摩尔体积的变化为0.5 cm^3 · mol^{-1}。当压力从1 bar增加到5 000 bar时，计算固体苯的摩尔熔化吉布斯能变化。

E3E.6(a) 298 K时，当压力从1.0 atm等温增大到100.0 atm时，计算完美气体的摩尔吉布斯能变化。

E3E.6(b) 500 K时，当压力从50.0 kPa等温增大到50.0 kPa时，计算完美气体的摩尔吉布斯能变化。

问 题

P3E.1(a) 假设ΔH与温度无关，验证在T_1~T_2温度范围内对吉布斯－亥姆霍兹方程进行积分的结果为

$$\frac{\Delta G(T_2)}{T_2}=\frac{\Delta G(T_1)}{T_1}+\Delta H\left(\frac{1}{T_2}-\frac{1}{T_1}\right)$$

其中$\Delta G(T)$是温度T时的吉布斯能变化。(b) 使用*资源部分*中的标准吉布斯能和标准生成焓数据，计算298 K时反应$2CO(g)+O_2(g) \longrightarrow 2CO_2(g)$的$\Delta_r G^\ominus$和$\Delta_r H^\ominus$。(c) 进一步计算375 K时的$\Delta_r G^\ominus$。

P3E.2 计算反应$N_2(g)+3H_2(g) \longrightarrow 2NH_3(g)$在298 K时的$\Delta_r G^\ominus$和$\Delta_r H^\ominus$。使用问题P3E.1 (a) 中的结果，计算500 K和1 000 K时的$\Delta_r G^\ominus$。

P3E.3 298 K时，蔗糖的标准燃烧焓为$-5\ 797$ kJ · mol^{-1}，燃烧反应的标准吉布斯能为$-6\ 333$ kJ · mol^{-1}。当反应温度升高到37 ℃的血液温度时，蔗糖的燃烧反应可以获得多少的额外非膨胀功？提示：根据问题P3E.1中的结果，计算出较高温度下的$\Delta_r G^\ominus$。

P3E.4 考虑下面状态方程描述的三种气体：

(a) 完美气体：$p=\dfrac{RT}{V_m}$

(b) 范德华气体：$p=\dfrac{RT}{V_m-b}-\dfrac{a}{V_m^2}$

(c) Dieterici气体：$p=\dfrac{RTe^{-a/RTV_m}}{V_m-b}$

根据麦克斯韦关系式$(\partial S/\partial V)_T=(\partial p/\partial T)_V$，针对每一个状态方程，导出相应的$(\partial S/\partial V)_T$的表达式。对于等温膨胀，比较完美气体和范德华气体的熵变：哪一种气体有更大的熵变？对于结果如何解释？

P3E.5 教材正文中只导出四个麦克斯韦关系式中的一个。请导出其余三个麦克斯韦关系式，从而得到表3E.1中列出的完整表格。从$H(H=U+pV)$的定义出发，得到全微分$(\mathrm{d}H=\mathrm{d}U+p\mathrm{d}V+V\mathrm{d}p)$，然后用$\mathrm{d}U=T\mathrm{d}S-p\mathrm{d}V$代入，得到的公式就可导出一个麦克斯韦关系式，其推导过程类似于从式(3E.1)得到式(3E.5)。重复这样的过程，从A和G的定义式出发，导出其余两个麦克斯韦关系式。

P3E.6 设S是p和T的函数，因此

$$\mathrm{d}S=\left(\frac{\partial S}{\partial p}\right)_T\mathrm{d}p+\left(\frac{\partial S}{\partial T}\right)_p\mathrm{d}T$$

利用$(\partial S/\partial T)_p=C_p/T$和适当的麦克斯韦关系式，导出$T\mathrm{d}S=C_p\mathrm{d}T-\alpha TV\mathrm{d}p$，其中膨胀系数$\alpha$的定义为$\alpha=(1/V)(\partial V/\partial T)_p$。证明：对于不可压缩的液体或固体，当压力在等温可逆过程中增加Δp时，转移的热量$q=-\alpha TV\Delta p$。当0 ℃时作用于100 cm^{3}汞上的压力增加1.0 kbar时，计算q的大小($\alpha=1.82\times10^{-4}$ K^{-1})。

P3E.7 摩尔吉布斯能与压力的关系为$(\partial G_m/\partial p)_T=V_m$。根据这个关系式，探讨范德华气体摩尔吉布斯能与压力的关系。范德华气体的状态方程为

$$p=\frac{RT}{V_m-b}-\frac{a}{V_m^2}$$

(a) 只考虑排斥作用显著的第一项的情况，也就是式中$a=0$，$b\neq0$的情况。将状态方程重新写成V_m的表达式，并将其代入$(\partial G_m/\partial p)_T=V_m$后进行积分，得到$G_m$与压力的关系式。将所得结果与理想气体的结果进行比较。(b) 现在考虑只有吸引作用项的情况，也就是式中$b=0$，$a\neq0$的情况，状态方程就成为关于V_m的二次方程。根据这个二次方方程，对V_m求

解。求解过程可通过假设$pa/R^2T^2 \ll 1$，并根据级数展开结果$(1-x)^{1/2}=1-x/2$的关系在$x \ll 1$的情况下近似成立，求出方程的近似解。找出G_m与压力的关系式，并对结果进行解释。(c)对于CO_2，$a=3.610\ atm \cdot dm^6 \cdot mol^{-2}$，$b=4.29\times10^{-2}\ dm^3 \cdot mol^{-1}$。使用数学软件，在298 K下，绘制出完美气体和$CO_2$气体在上述两种情况下的$G_m$与压力的函数关系图。(已知$R=8.205\ 7\times10^{-2}\ dm^3 \cdot atm \cdot K^{-1} \cdot mol^{-1}$。)

P3E.8 水合硝酸可能是导致南极臭氧洞形成的非均相反应的催化剂，因而受到很大关注。Worsnop等人[*Science*, **259**, 71(1993)]研究了这些水合物在典型极地冬季平流层条件下的热力学稳定性。他们报道了一水、二水和三水水合硝酸升华为硝酸和水蒸气的热力学数据，升华反应为$HNO_3 \cdot nH_2O(s) \longrightarrow HNO_3(g)+nH_2O(g)$，$n=1, 2$和3。220 K时，这些反应的$\Delta_r G^\ominus$和$\Delta_r H^\ominus$数据如下：

n	1	2	3
$\Delta_r G^\ominus/(kJ \cdot mol^{-1})$	46.2	69.4	93.2
$\Delta_r H^\ominus/(kJ \cdot mol^{-1})$	127	188	237

试根据吉布斯-亥姆霍兹方程，计算每一种反应在190 K时的$\Delta_r G^\ominus$。

主题 3　热力学第二和第三定律

综合题

I3.1 1.00 mol气体，状态方程为$pV_m=RT(1+Bp)$。在初始温度373 K时，压力经焦耳-汤姆孙膨胀(专题2D)从100 atm变化到1.00 atm。设$C_{p,m}=5R/2$，$\mu=0.21\ K \cdot atm^{-1}$，$B=-0.525\ (K/T)\ atm^{-1}$，这些物理量的数值在考察温度范围内保持不变。计算气体的ΔT和ΔS。

I3.2 对熵的热力学定义和统计学定义之间的关系进行讨论。

I3.3 使用数学软件或电子表格：

(a)计算298 K时1.00 mol $CO_2(g)$从0.001 m^3膨胀到0.010 m^3的熵变，设CO_2气体为范德华气体。(b)分别在等容和等压条件下，画出下列完美气体在相同的升温范围内的熵变图。(ⅰ)单原子，(ⅱ)线性转子，(ⅲ)非线性转子。(c)若热容与温度的关系可写成$C=a+bT+c/T^2$，绘制出三个系数在不同取值情况下(包括c取负值的情况)的熵变。(d)推导确定G的一阶导数$(\partial G/\partial p)_T$如何随压力的变化而变化？并在一定压力范围内将所得表达式绘制成图。$(\partial G/\partial p)_T$的物理意义是什么？(e)推导范德华气体的逸度系数(参见本书网站上的“深入研究2”)随对比体积变化的函数关系式，并在$0.8 \leqslant V_r \leqslant 3$范围内绘制不同对比温度下的结果。

主题 4
纯物质的物理转变

蒸发、熔化（融化）及石墨转化成金刚石都是发生相变而化学组成不变的例子。讨论纯物质的相变是热力学在化学中最简单的应用之一，其遵循的原则是：在一定的温度和压力下，系统有使其自身吉布斯能最小化的趋势。

4A 纯物质的相图

一种类型的相图是系统中物质的每一相最稳定时温度和压力之间的关系图。由相稳定性的热力学判据可导出一个普遍性的结论，即“相律”，它概括了相平衡的约束条件。为了能应用于后续章节，该规律以可应用于多组分系统的一般式表示。本专题还引入了“化学势”的概念，此性质是讨论混合物和化学反应的核心。然后，本专题对一些代表性物质的相图进行了解释。

4A.1 相的稳定性；4A.2 相界线；4A.3 三个典型相图

4B 相变热力学

本专题介绍决定相界线位置和形状的因素，推导出物质的蒸气压随温度变化及熔点随压力变化的表达式。

4B.1 稳定性与条件的关系；4B.2 相界线的位置

网络资源 这部分内容有何应用?

二氧化碳超临界流体相的独特性质既是建立新型和有效化学分离方法的基础，也被用于构建“绿色的”化学合成方法，详见本书网站的“应用案例6”。

专题4A

纯物质的相图

▶ 为何需要学习这部分内容？

相图总结了物质在不同条件下的行为，并指出在特定的温度和压力下哪些相是最稳定的。相图是理解纯物质和混合物行为的重要工具。

▶ 核心思想是什么？

纯物质倾向处于具有最低化学势的相。

▶ 需要哪些预备知识？

本专题建立在这样一个事实的基础上，即在等温和等压条件下，吉布斯能是自发变化的标志（专题 3D）。

描述物质状态物理变化的最简洁方法之一就是“相图”，这部分内容也是主题5中讨论混合物的基础。

简要说明4A.1

氯化钠溶液是一相（$P=1$），冰块即使碎裂成小片也是一相。冰和水的混合物是两相（$P=2$），尽管很难区分两相之间的物理边界。碳酸钙经过热分解反应$CaCO_3(s) \longrightarrow CaO(s)+CO_2(g)$后有两个固相（一个是碳酸钙，另一个是氧化钙）和一个气相（二氧化碳），此时$P=3$。

4A.1 相的稳定性

热力学为描述和理解相的稳定性及相变提供了一个强有力的理论框架，但需要注意术语的使用。特别地，要理解“相”、“组分”和“自由度”这几个术语。

（a）相数

相（phase）是一种化学组成和物理状态都均匀的物质存在形式，物质通常有固相、液相和气相。固相之间也有差异，如磷有白磷和黑磷两种同素异形体，碳酸钙有文石和方解石两种晶形。

实用小贴士 同素异形体是指元素的一种特殊分子形式（如O_2和O_3），可能是固相、液相或气相。多晶形物是指单质或化合物的多种固相存在形式之一。

系统中的相数用P表示，气体或气体混合物是单相（$P=1$），物质的一种晶体就是一相，两种完全混合的液体形成单相。两种不混溶的金属形成两相系统（$P=2$），而如果它们混溶（实际上是混合）则会形成单相系统（$P=1$），如合金。固体B与固体A在分子尺度上混合均匀，则形成溶液，即两种混溶物质形成均匀的混合物。在溶液中，原子A被原子A和原子B包围，此时从中任意取出的即使微观上很小的样品也可代表整体的组成，因此为单相。

分散系统是指在宏观尺度上混合均匀，但在微观尺度上不是均匀的系统，它是由一种物质的微粒或液滴分散在另一种物质的基体中所形成的（图4A.1）。此时从中取出的微小样品可能是纯A（或纯B），不能代表整个系统的组成。因此，分散系统由两相组成。

（b）相变

相变（phase transition）就是在给定压力和特征**转变温度**（transition temperature）T_{trs}下，一相

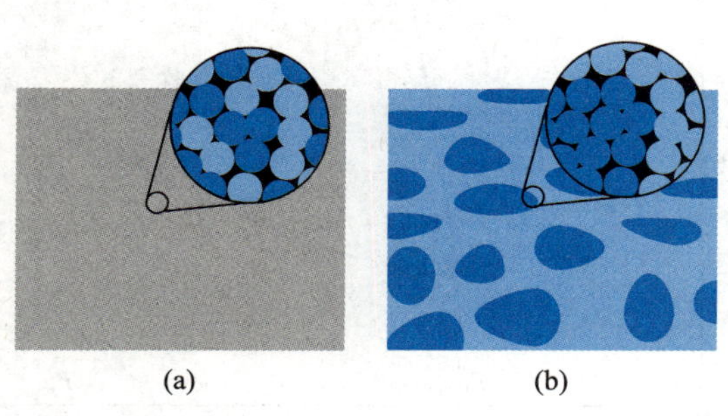

图4A.1 在分子尺度上组成均匀的单相溶液（a）和一个组分的微粒分散于另一个组分中的分散系统（b）之间差异的示意图

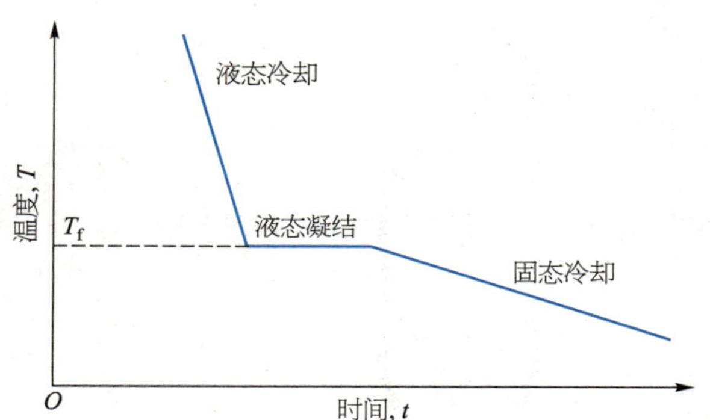

图4A.2 恒定压力下的步冷曲线［当发生放热相变（如凝固）时，水平区对应于温度下降时的停滞。尽管不能直观地检测到相变，但是可用温度下降时的停滞确定 T_f］

自发地转变为另一相的过程。在转变温度 T_{trs} 下，两相处于平衡状态，系统在当时压力下的吉布斯能最小。

简要说明4A.2

在1 atm下，冰是水在0 ℃以下的稳定相，而高于0 ℃时液态水更稳定。上述差异表明在0 ℃以下，液态水变成冰时吉布斯能降低；而在0 ℃以上，则是随着冰变为液态水吉布斯能降低。“简要说明4A.3”中给出吉布斯能的数值。

通常很难直接检测相变，尤其当相变的两相均为固体时。我们可采用**热分析**（thermal analysis）方法，它是基于相变过程中产生或吸收的热量来对系统进行分析的。如果相变是放热的，并监测冷却过程中样品的温度，若发现在温度逐渐下降的过程中出现了平台，则说明该过程中有相变（图4A.2）。类似地，如果一个样品在加热过程中有相变，并且该相变是吸热的，那就会在转变温度处形成平台。因此，可以采用差示扫描量热法（专题2C）检测相变。当然，由于物质的两相具有不同的结构，也可以用X射线衍射法（专题15B）检测固体的相变。

区分过程的热力学描述和过程发生的速率总是非常重要的。热力学所讲的自发相变可能发生得太慢而没有实际应用价值。例如，在正常温度和压力下，石墨的摩尔吉布斯能低于金刚石的摩尔吉布斯能，因此金刚石有转变为石墨的热力学趋势。然而，要使这种转变实际发生，必须改变碳原子的位置，除高温外，该过程将非常缓慢以至于无法测量。关于达到平衡的速率则是一个动力学问题，它超出了热力学的范畴。在气体和液体中，分子的运动允许相变迅速发生，但在固体中这种热力学不稳定性则被冻结而受阻。由于相变动力学受阻的热力学不稳定相称为**亚稳相**（metastable phases）。金刚石就是通常条件下能够持久存在的碳的亚稳相。

（c）相稳定性的热力学判据

以下所有考虑都是基于物质的吉布斯能，特别是摩尔吉布斯能 G_m。实际上，这个物理量在本主题和本书其他内容中都非常重要，因此定义了一个特殊的名称**化学势**（chemical potential），符号为 μ。对于一个单组分系统，“摩尔吉布斯能”和“化学势”完全相同：$\mu = G_m$。在专题5A中，给出了化学势的广泛意义和普遍性定义。“化学势”的名称也很有指导意义：因为随着概念的发展，μ 的意义越来越清晰，即衡量物质变化趋势的一种量度。在主题4和主题5中，它表示一种物质发生物理变化的趋势。在主题6中，μ 表示一种物质发生化学变化的趋势。

本专题中的讨论主要是基于热力学第二定律的如下推论（图4A.3）：

系统处于平衡状态时，其中任一物质的化学势在每一相内及各个相间均相等。

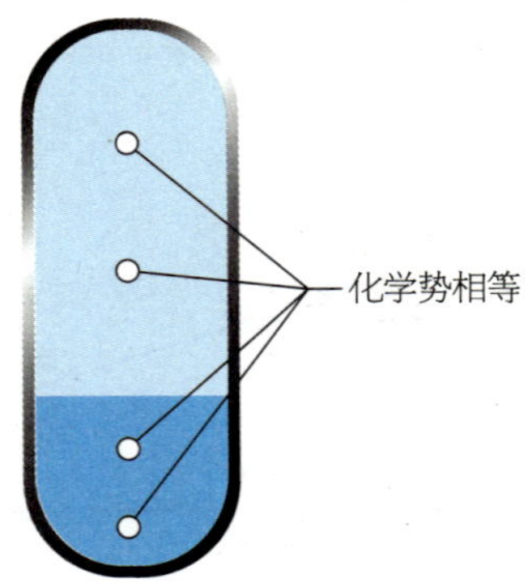

图 4A.3　当两个或两个以上相处于平衡时，物质（及混合物中任一组分）的化学势在每一相内是相同的，并且在任意一相的所有位置上都是相同的

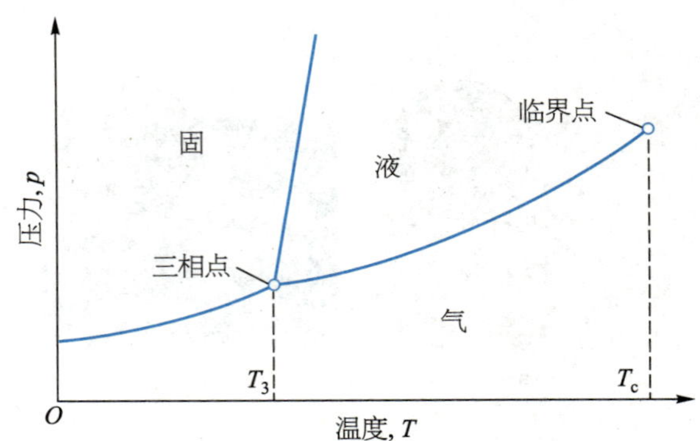

图 4A.4　此相图显示了固体、液体或气体稳定(即具有最小的摩尔吉布斯能)时压力和温度的数值范围（例如，在低温高压下固相是最稳定的相）

为了理解这句话，假定一个系统，其中一种物质在位置1的化学势是μ_1，在位置2是μ_2。这两个位置可能在同一相，也可能在不同的相。当无穷小量$\mathrm{d}n$的物质从位置1转移到位置2时，物质从位置1移出可使系统的吉布斯能变化$-\mu_1\mathrm{d}n$(即$\mathrm{d}G=-G_{\mathrm{m},1}\mathrm{d}n$)。当该物质被转移到位置2时，系统的吉布斯能变化为$+\mu_2\mathrm{d}n$(即$\mathrm{d}G=G_{\mathrm{m},2}\mathrm{d}n$)。因此，总的吉布斯能变化是$\mathrm{d}G=(\mu_2-\mu_1)\mathrm{d}n$。如果位置1的化学势高于位置2的化学势，则随着物质的转移系统吉布斯能下降，有自发的趋势。只有当$\mu_1=\mu_2$时，G才不会改变，系统也处于平衡状态。

简要说明4A.3

在298 K（25 ℃）时，水蒸气的标准摩尔生成吉布斯能为$-229\ \mathrm{kJ\cdot mol^{-1}}$，而在相同温度时液态水的标准摩尔生成吉布斯能为$-237\ \mathrm{kJ\cdot mol^{-1}}$。因此，当水蒸气在298 K凝结为液体时，吉布斯能降低。因此，在此温度（和1 bar）时，冷凝是自发的。

4A.2　相界线

纯物质的**相图**（phase diagram）显示了各种相处于热力学稳定时的压力和温度（图4A.4）。实际上，可以使用任何两个强度变量（如温度和磁场；在专题5A中摩尔分数是另一个变量），但本专题中重点关注压力和温度。分隔区域的线称为**相界线**（phase boundaries，或称共存曲线），表示两相平衡共存时的p值和T值，此时两相的化学势相等。相图上的一个区域表示一个单相。

（a）与相变有关的特性

考虑处于封闭容器中的一种液态纯物质，与液体处于平衡的蒸气所具有的压力就是该物质的蒸气压（专题1C中引入了该性质；参见图4A.5），因此，相图中的液－气相界线表示液体的蒸气压随温度的变化情况。类似地，固－气相界线则表示**升华蒸气压**（sublimation vapour pressure，也就是固相的蒸气压）随温度的变化情况。一种物质的蒸气压随温度的升高而增大，因为在更高的温度下，更多具有足够能量的分子可以从邻近分子的束缚中逃逸。

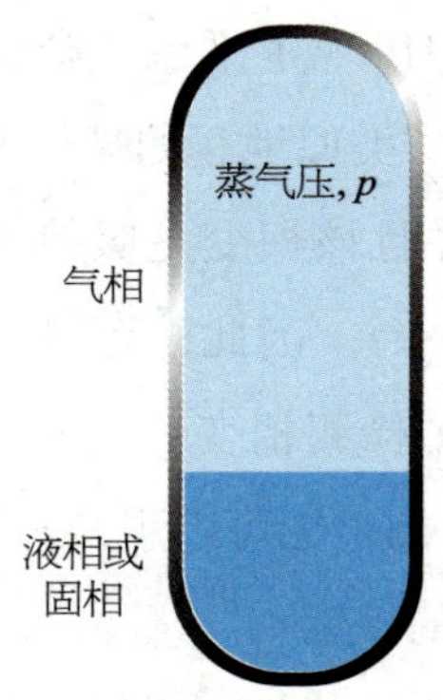

图 4A.5　液体或固体的蒸气压是与凝聚相平衡时蒸气的压力

当在开放的容器中液体受到外界压力的影响时，液体可能从其表面蒸发。然而，只有当温度达到可以使其蒸气压等于外部压力时，蒸发才会生

整个液体内部发生，并使蒸气自由扩散到周围环境中。整个液体的自由汽化称为**沸腾**（boiling）。液体的蒸气压等于外界压力时的温度称为在该压力下液体的**沸腾温度**（boiling temperature）。外界压力为1 atm时的沸腾温度称为**正常沸点**（normal boiling point）T_b。若用1 bar代替1 atm作为标准压力，则**标准沸点**（standard boiling point）就是蒸气压达到1 bar的温度。由于1 bar略小于1 atm(1.00 bar = 0.987 atm)，所以液体的标准沸点略低于正常沸点。例如，水的正常沸点为100.0 ℃，而标准沸点为99.6 ℃。

当液体在刚性、封闭的容器中加热时，不会发生沸腾。相反，蒸气压和蒸气密度随着温度的升高而上升（图4A.6）。同时，液体的密度由于膨胀而略有下降。当蒸气的密度等于剩余液体的密度时，两个相之间的界面消失，此时的温度称为该物质的**临界温度**（critical temperature）T_c。临界温度时的蒸气压称为**临界压力**（critical pressure）p_c。在临界温度及以上，单个均匀相称为**超临界流体**（supercritical fluid），充满容器，不再存在界面。也就是说，在临界温度以上，不存在物质的液相。

在指定压力下物质的固－液两相平衡共存的温度称为**熔化温度**（melting temperature）。由于物质熔化和凝固发生在相同的温度下，所以物质的熔化温度与**凝固温度**（freezing temperature）相同。压力为1 atm时的凝固温度称为**正常凝固点**（normal freezing point），T_f。压力为1 bar时的凝固温度则称为**标准凝固点**（standard freezing point）。在大多数情况下，标准凝固点和正常凝固点没有多少差别。正常凝固点也称为**正常熔点**（normal melting point）。

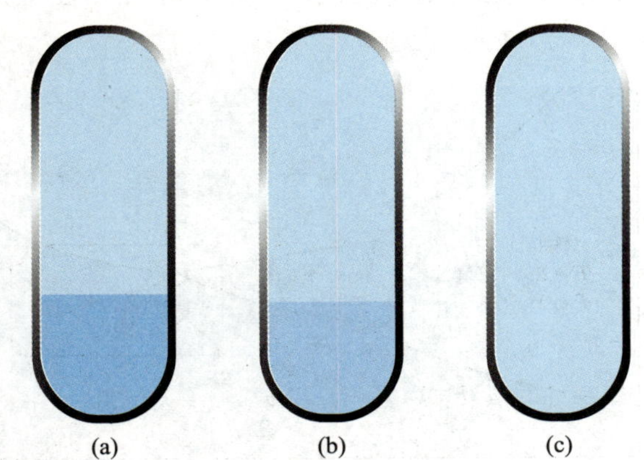

图4A.6 （a）液体与其蒸气处于平衡状态；（b）当液体在密封容器中加热时，气相密度增加，液相密度略下降；（c）到临界温度时进入一个新阶段，此时两相密度相等，界面消失

在特定条件下，物质的三个不同的相（通常是固相、液相和气相）同时平衡共存；这些条件可用**三相点**（triple point）来表示，在这一点上三条相界线相交，三相点的温度表示为T_3。纯物质的三相点不能改变，具有确定的压力和温度，是物质的特有性质。

从图4A.4可知，三相点示出了物质液相可能存在的最低压力。如果固－液相界线的斜率如图所示（通常如此），则三相点也示出了液相可以存在的最低温度。

简要说明4A.4

水的三相点位于273.16 K和611 Pa（6.11 mbar，4.58 Torr），只有在这个温度和压力下水的三个相（冰、液态水和水蒸气）才能平衡共存。三相点的恒定性是它可以用于现已被取代的开尔文温标的定义的基础（专题3A）。

（b）相律

在整个化学热力学中最为优雅的论证之一中，最简洁的理论之一就是J.W. Gibbs导出了**相律**（phase rule），它给出了在相平衡系统中相的数目维持不变的情况下，可以独立（至少在较小的程度上）改变的参数的数量。对任意组成的系统，变量（或自由度数）F、组分数C和相数P之间的量化关系可以用相律来表示。每一个物理量都有精确的含义：

- 系统的**变量**F（variance）是指在不改变平衡相数的情况下能够独立变化的强度变量的数目。
- **物种**（constituent）是指系统中存在的化学物种。
- **组分**（component）是指系统中化学独立的

组分。

- 组分数C是指确定系统各相组成时所需的最少独立物种（离子或分子）的数目。

这些量之间的关系称为相律，它是依据化学势及当系统中所有组分都处于相平衡时须满足的条件而建立的。

简要说明4A.5

乙醇和水的混合物中有两个物种，氯化钠溶液中有三个物种：水、钠离子和氯离子，但只有两个组分，因为钠离子和氯离子的数量受电中性限制，它们必须相等。

如何完成？ 4A.1 推导相律

推导相律最容易的思路就是，首先考虑只有一个组分时的简单系统，然后将结果推广到任意数目组分的系统。

步骤1 *只有一个组分的系统*

当只存在一相（$P=1$）时，p和T都可以独立变化，所以$F=2$。现在考虑两相α和β平衡共存（$P=2$），如果在给定的压力和温度下达到相平衡，则它们的化学势必须相等：

$$\mu(\alpha;\ p,\ T)=\mu(\beta;\ p,\ T)$$

此式将p和T联系在一起：当压力变化时，两个化学势的变化一般都是不同的。因此，为了使它们相等，温度也必须改变。为了保持两相平衡，只有一个变量可以任意变化，所以$F=1$。

如果单组分系统的三个相相互平衡，则这三个相（α、β和γ）的化学势必须相等：

$$\mu(\alpha;\ p,\ T)=\mu(\beta;\ p,\ T)=\mu(\gamma;\ p,\ T)$$

这个关系实际上是两个方程，即$\mu(\alpha;\ p,\ T)=\mu(\beta;\ p,\ T)$和$\mu(\beta;\ p,\ T)=\mu(\gamma;\ p,\ T)$，其中有两个变量：压力和温度。对于两个未知数，有两个方程，则只有一个解（正如一对代数方程$x+y=xy$和$3x-y=xy$，有单个固定的解$x=2$和$y=2$一样）。因此，压力和温度的数值只有唯一解，没有选择的自由，所以$F=0$。

在一个单组分系统中不可能四相平衡共存，因为只有两个未知数（p和T），却有三个方程：

$$\mu(\alpha;\ p,\ T)=\mu(\beta;\ p,\ T),\ \mu(\beta;\ p,\ T)=\mu(\gamma;\ p,\ T),\ \mu(\gamma;p,\ T)=\mu(\delta;\ p,\ T)$$

不可能有p和T的值同时满足这三个方程（就像这三个方程$x+y=xy$，$3x-y=xy$和$4x-y=2xy^2$无解一样），因此无解。

总之，对于单组分系统（$C=1$），当$P=1$时$F=2$，当$P=2$时$F=1$，当$P=3$时$F=0$；通用表示是$C=1$，$F=3-P$。

步骤2 *任意组分数C的一般情况*

首先，计算强度变量的总数。压力p和温度T计为2。相的组成是通过C个组分的摩尔分数来确定的，但摩尔分数之和必须等于1。因此，只有$(C-1)$个摩尔分数是独立的。因为有P个相，所以总的组成变量数是$P(C-1)$。此时，强度变量的总数为$P(C-1)+2$。

在平衡状态下，组分J在每一个相中的化学势相等：

$$\mu_J(\alpha;\ p,\ T)=\mu_J(\beta;\ p,\ T)=\cdots \quad \text{对}P\text{个相}$$

每个组分需要满足$(P-1)$个方程。当有C个组分时，方程的总数为$C(P-1)$，每个方程都将减少一个独立可变的强度变量，减少了$P(C-1)+2$个强度变量中的一个自由度。因此，自由度的总数是

$$F=P(C-1)+2-C(P-1)$$

等式右边简化后，给出Gibbs导出的相律形式：

$$F=C-P+2 \quad \text{相律} \qquad (4A.1)$$

对于单组分系统，相律为

$$F=3-P \quad \text{相律}\ [C=1] \qquad (4A.2)$$

如图4A.7所示，当单组分系统中只有一相时，$F=2$，p和T都可以独立变化（至少在小范围内）而不改变相数，称为**双变量**（bivariant）系统，具有两个自由度。换句话说，单相由相图上的一块区域来表示。

当两相平衡时，$F=1$，意味着在给定温度下压力不能变化；事实上，在给定的温度下，液体有一个特征蒸气压。因此，两相平衡在相图上是

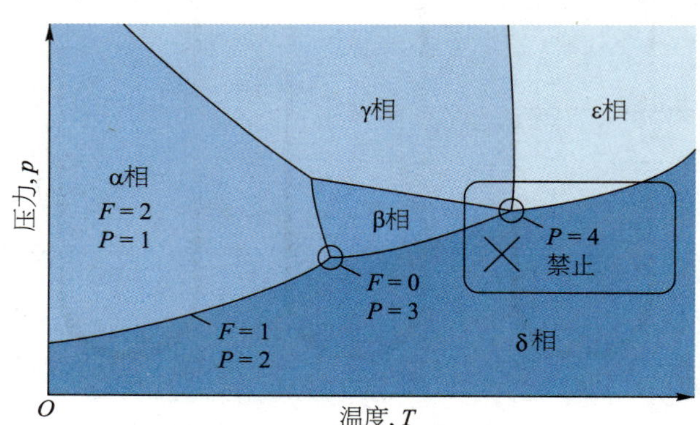

图4A.7 单组分相图的典型区域（线表示其两侧的相处于平衡状态，交点表示三相平衡共存的唯一条件；只有一个组分时，不可能四相共存）

一条线。如果不选择设定温度，而是设定压力，那么，两相平衡只有在特定的温度时才会发生。因此，在给定压力下，只有在特定的温度时才会发生凝固（或任何其他相变）。

当三相平衡时，$F=0$，系统是**无变量的**（invariant），意味着自由度为0。只有在特定的温度和压力下才能建立三相平衡，这是物质的特性，不能改变。因此，在相图上三相平衡是一个点，即三相点。单组分系统中不可能四相平衡共存，因为F不能为负。

4A.3　三个典型相图

二氧化碳、水和氦的相图可说明相图的各种特征。

(a) 二氧化碳

图4A.8是二氧化碳的相图。值得注意的特征包括：固－液相界线的斜率为正（从左到右上升）；其实，大多数物质均是如此。它表示固体二氧化碳的熔化温度随着压力的增加而升高。由于三相点位于1 atm以上，无论温度如何，在正常的大气压下二氧化碳不能以液体存在。因此，当处于非密闭状态时，二氧化碳固体将升华（因此被称为“干冰”）。如果要获得液体，至少需要施加5.11 atm的压力。二氧化碳气瓶通常有液体或压缩气体两种；如果在25 ℃时气相和液相平衡共存，则意味着蒸气压为67 atm。当气体通过龙头（作为节流阀）释放时，因焦耳－汤姆孙效应而冷却。因此，当二氧化碳释放至压力仅为1 atm的区域时，它就会凝结成均匀的雪花状固体。二氧化碳气体不能被液化，除非给它施加高压，这也说明非极性二氧化碳分子间的作用力较弱（专题14B）。

简要说明4A.6

考虑图4A.8中的路径$ABCD$。在A处，二氧化碳是气体；当温度和压力调节到B时，蒸气直接凝结成固体；将压力和温度升高到C，就会形成液相；而当条件变为D时，液体蒸发为蒸气。

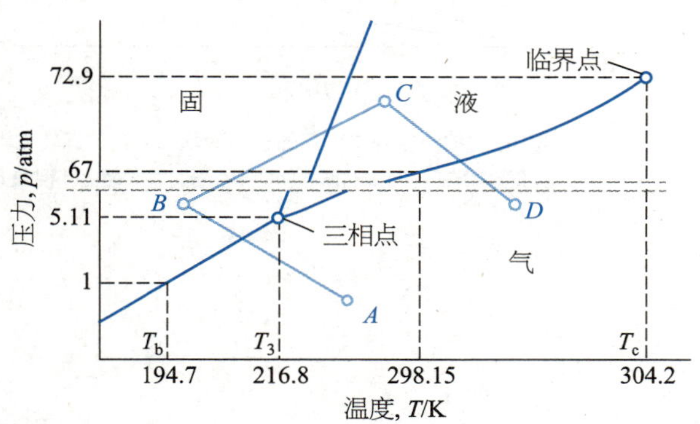

图4A.8　二氧化碳的相图（注意垂直轴的断开处。由于三相点的压力大于1 atm，在正常条件下不存在液态二氧化碳；要形成液体，必须施加至少5.11 atm的压力。在“简要说明4A.6”中，讨论了路径$ABCD$）

(b) 水

图4A.9是水的相图。相图中的液－气相界线表示液态水的蒸气压随温度的变化情况，还表示沸点（即蒸气压等于外界大气压时的温度）随压力的变化情况。固（冰Ⅰ）－液相界线表示熔化温度随压力的变化，其斜率非常大，表明需要巨大的压力才能产生显著变化。注意，该线直至2 kbar时其斜率都为负（从左到右下降），意味着熔化温度随着压力的升高而降低。

这种独特性质是因为冰在融化时体积减小所致：随着压力的升高，更有利于固体转化为液体。体积减小是由于冰有非常开放的结构所致：如图4A.10所示，水分子通过它们之间的氢键聚集在一

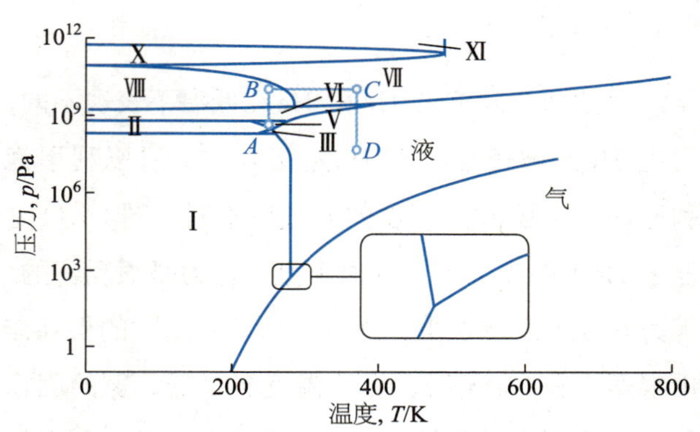

图4A.9　水的相图（其中显示了不同固相，分别用罗马数字Ⅰ、Ⅱ、…表示；固相Ⅰ是普通的冰。路径$ABCD$的变化在“简要说明4A.7”中进行了讨论）

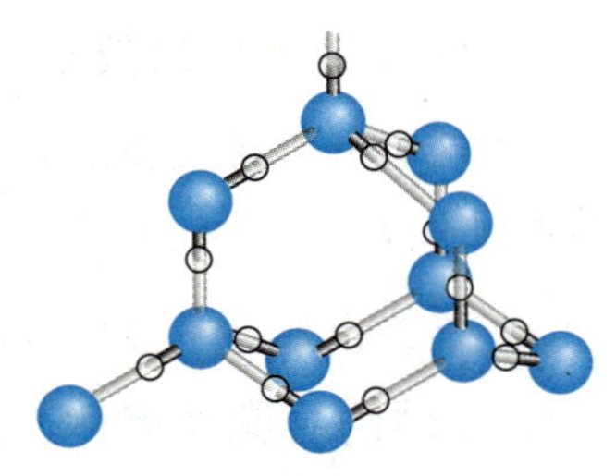

图4A.10　冰I的结构图（在四面体阵列中，每个O原子通过两个共价键与H原子相连，以及通过两个氢键与相邻的O原子相连）

起，但在融化时部分氢键结构崩塌，故液体密度比固体密度高。水中大量氢键的作用也使其具有异常高的沸点及高的临界温度和压力。

由图4A.9可知，水有一种液相，但是除了普通冰（“冰I”）外，还有许多不同的固相，其中一些相在高温下融化。例如，冰Ⅶ在100 ℃熔化，仅存在于25 kbar以上。2006年，在−160 ℃下发现了另外两个相，即冰XⅢ和冰XⅣ，但尚未确定其在相图中的位置。在水的相图中，除蒸汽、液体和冰I共存的三相点外，还有另外5个三相点，每个点都有特定的压力和温度，而且不能改变。冰的不同固相中水分子排列方式不同：在很高压力的作用下，氢键被破坏，水分子采用不同的排列方式。冰的多态性可能有助于冰川的增长，因为在冰川底部或者在锯齿状的岩石上它们都要经受很高的压力。

简要说明4A.7

考虑图4A.9中的路径*ABCD*，水在*A*点是冰Ⅴ。在相同温度下增加压力到*B*点形成冰Ⅷ，加热到*C*点导致冰Ⅶ的形成，而降低压力到*D*点则导致固体熔化为液体。

（c）氦

氦的两个同位素^{3}He和^{4}He在低温下表现不同，因为^{4}He是玻色子，而^{3}He是费米子，所以利用泡利原理（专题8B）处理的方式也不同。图4A.11是氦（^{4}He）的相图。在低温下氦的行为是很反常的，因为其原子质量很小，并且相邻原子之间的相互作用很弱。在1 atm时，无论温度多么低，氦的固相和气相都不会平衡共存：原子非常轻，即使在很低的温度下，它们也会大幅度地振动，固体就会自主地把自己振散（形不成固体）。只有通过加压使原子结合在一起，才能得到固体氦。

纯氦−4有两种液相。相图中标记为He−Ⅰ的相其行为类似于常见液体；另一个相He−Ⅱ是**超流体**（superfluid），之所以这样称谓，是因为其可以无黏度流动[1]。液−液相界线被称为λ线，该名称与转变温度时氦−4的热容−温度曲线的形状有关（图4A.12）。

氦−3也有一个超流体相。氦−3的不寻常处是它在熔化时放热（$\Delta_{fus}H<0$），因此，在熔点处液体的熵低于固体的熵（$\Delta_{fus}S=\Delta_{fus}H/T_f$）。

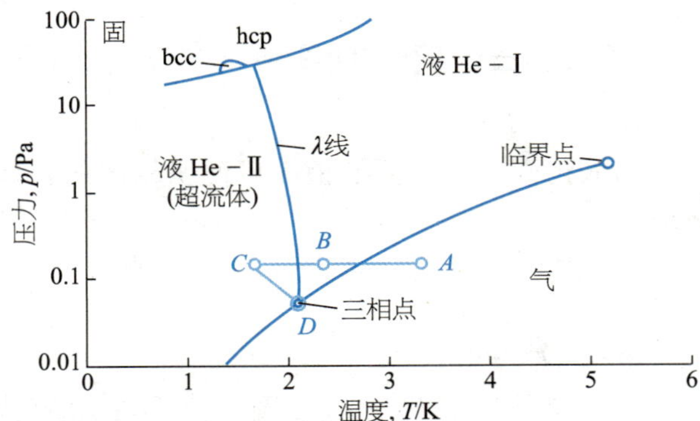

图4A.11　氦（^{4}He）的相图［λ线表示两个液相平衡共存；He−Ⅱ是超流体相。注意，要获得固体氦，必须加20 bar以上的压力。标注hcp和bcc表示不同原子堆积方式的两个固相：hcp表示六方紧密堆积，bcc表示体心立方堆积（专题15A）。在“简要说明4A.8”中讨论了路径*ABCD*］

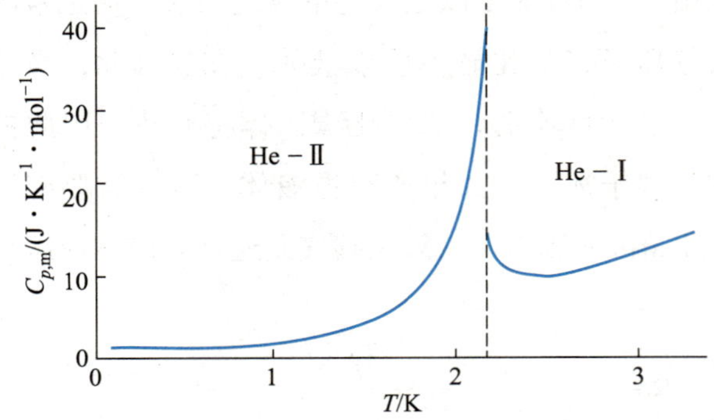

图4A.12　超流体He−Ⅱ的热容随着温度的升高而增加，当接近转化为He−Ⅰ的相变温度时急剧增加，曲线的形状使得相变被称为λ相变，相图上这条线被称为λ线

1　水也可能有超流体液相。

简要说明4A.8

考虑图4A.11中的路径$ABCD$。在A点，氦以蒸气的形式存在；冷却到B点时，凝结成氦－Ⅰ；进一步冷却到C点，则导致氦－Ⅱ的形成。将压力和温度调整到D点，则导致系统中氦－Ⅰ、氦－Ⅱ和蒸气三相处于相互平衡状态。

概念清单

- ☐ 1. **相**是物质的一种形态，其化学组成和物理状态是均匀一致的。
- ☐ 2. **相变**是由一相至另一相的自发转变。
- ☐ 3. 相的热力学分析基于这样一个事实，即在平衡时，一个物质的化学势在整个样品中处处相等。
- ☐ 4. **相图**表示某一相最稳定或与其他相平衡共存时的压力和温度值。
- ☐ 5. **相律**关联了在保持系统各相相互平衡时可以变化的强度变量的数目。

公式清单

性质	公式	说明	公式编号
化学势	$\mu = G_{\mathrm{m}}$	单个物质	
相律	$F = C - P + 2$	F是自由度数，C是组分数，P是相数	4A.1

专题4B

相变热力学

▶ 为何需要学习这部分内容?

热力学理论可解释相图并用来预测压力对相变的影响，可以解释物质在不同条件下的行为特征。

▶ 核心思想是什么?

温度和压力对每一相中各物质化学势的影响分别决定于物质的摩尔熵和摩尔体积。

▶ 需要哪些预备知识?

需要了解当物质的化学势相等时各相处于平衡（专题 4A），以及物质的摩尔吉布斯能的变化取决于物质的摩尔体积和摩尔熵（专题 3E）。本专题使用相变熵（专题 3B）的表达式和完美气体定律（专题 1A）。

如专题4A中所述，相平衡的热力学判据是每一种物质在各个相中的化学势相等。对于一个单组分系统，化学势与摩尔吉布斯能相同($\mu = G_m$)。在专题3E中，解释了吉布斯能是如何随温度和压力变化的：

$dG = -SdT$　　等压

$dG = Vdp$　　等温

这些表达式也适用于摩尔吉布斯能，因而也适用于化学势。利用偏导数（专题2A中“化学家工具包9”）表示如下：

$$\left(\frac{\partial \mu}{\partial T}\right)_p = -S_m \qquad \text{化学势随}T\text{的变化}\ [p\text{为常数}] \qquad (4B.1a)$$

$$\left(\frac{\partial \mu}{\partial p}\right)_T = V_m \qquad \text{化学势随}p\text{的变化}\ [T\text{为常数}] \qquad (4B.1b)$$

平衡系统中物质在每一相中的化学势相等，再与μ随温度和压力变化的表达式相结合，就有可能导出相平衡如何随条件而改变。

4B.1　稳定性与条件的关系

在极低的温度下，物质的固相通常具有最低的化学势，因此是最稳定的相。然而，不同相的化学势对温度的依赖程度不同（因为每一相的摩尔熵是不同的）。当高于某一温度时，另一相（可能是另一固相、液相或气相）的化学势可能更低。如果动力学上可行，则会自发地向此相转变。

（a）温度对相稳定性的影响

对于所有物质，当温度高于$T = 0$ K时，有$S_m > 0$，故式（4B.1a）表明一种纯物质的化学势随着温度的升高而降低。化学势对温度作图，由左到右随着温度上升化学势下降。这也意味着，由于$S_m(g) > S_m(l)$，故气体的曲线斜率比液体的曲线斜率大。一般而言，$S_m(l) > S_m(s)$，因此液体的曲线斜率比对应固体的陡得多。这些特征示于图4B.1中。当温度足够高时，$\mu(l)$比$\mu(s)$陡峭的斜率导致$\mu(l)$下降到$\mu(s)$以下；然后液体变成稳定相，熔化是自发过程。随着温度的升高，气相的化学势急剧下降（因为蒸气的摩尔熵很高），到某一温度时蒸气的化学势低于液体的化学势，气体成为稳定相，蒸发是自发过程。

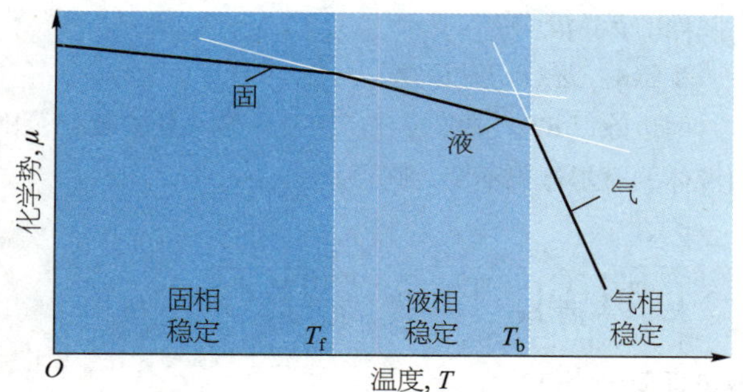

图4B.1　物质固、液、气三相的化学势与温度的关系示意图（实际上线是弯曲的。在指定温度下具有最低化学势的相是在该温度下最稳定的相。相变温度，即凝固（熔）点和沸点（分别为T_f和T_b），均是两相化学势相等时的温度）

简要说明4B.1

100 ℃时液态水的标准摩尔熵为86.8 J · K^{-1} · mol^{-1}，相同温度下水蒸气的标准摩尔熵为195.98 J · K^{-1} · mol^{-1}。因此，当温度升高1.0 K时，化学势的变化为

$$\Delta\mu(\mathrm{l}) \approx -S_\mathrm{m}(\mathrm{l})\Delta T = -87\ \mathrm{J \cdot mol^{-1}}$$

$$\Delta\mu(\mathrm{g}) \approx -S_\mathrm{m}(\mathrm{g})\Delta T = -196\ \mathrm{J \cdot mol^{-1}}$$

在100 ℃时化学势相等的两相处于平衡态。在101 ℃时，水蒸气和液态水的化学势均低于它们在100 ℃时的化学势，但由于水蒸气的化学势下降幅度较大，故在较高温度下水蒸气是稳定相，蒸发将自发进行。

（b）外压对熔化的影响

式（4B.1b）表明，由于$V_\mathrm{m} > 0$，故压力的增加会导致任一纯物质的化学势增加。在大多数情况下，$V_\mathrm{m}(\mathrm{l}) > V_\mathrm{m}(\mathrm{s})$，所以压力的增加会导致液相化学势比固相化学势增加得多。如图4B.2（a）所示，在此情况下，压力的影响是使凝固温度略微升高。然而，对于水则相反，由于$V_\mathrm{m}(\mathrm{l}) < V_\mathrm{m}(\mathrm{s})$，压力的增加会导致固相化学势比液相化学势增加得多，这种情况下，凝固温度略微降低［图4B.2（b）］。

例题 4B.1　评价压力对化学势的影响

计算在0 ℃下，当压力从1.00 bar增加到2.00 bar时冰和水的化学势变化。这些条件下冰的质量密度为0.917 g · cm^{-3}，液态水的质量密度为0.999 g · cm^{-3}。

整理思路　由$\mathrm{d}\mu = V_\mathrm{m}\mathrm{d}p$可知，当压力改变$\Delta p$时，不可压缩物质的化学势变化为$\Delta\mu = V_\mathrm{m}\Delta p$。因此，需要知道水的两个相的摩尔体积。这两个摩尔体积可根据关系式$V_\mathrm{m} = M/\rho$，由质量密度ρ和摩尔质量M来计算，然后得到$\Delta\mu = M\Delta p/\rho$。计算过程中注意单位，用kg · m^{-3}表示质量密度，用kg · mol^{-1}表示摩尔质量密度，并使用1 Pa · m^3 = 1 J。

解：水的摩尔质量为18.02 g · mol^{-1}（即1.802 × 10^{-2} kg · mol^{-1}）。因此，当压力增加1.00 bar（1.00 × 10^5 pa）时，有

$$\Delta\mu(冰) = \frac{1.802\times10^{-2}\ \mathrm{kg\cdot mol^{-1}} \times 1.00\times10^{5}\ \mathrm{Pa}}{917\ \mathrm{kg\cdot m^{-3}}} = +1.97\ \mathrm{J\cdot mol^{-1}}$$

$$\Delta\mu(水) = \frac{1.802\times10^{-2}\ \mathrm{kg\cdot mol^{-1}} \times 1.00\times10^{5}\ \mathrm{Pa}}{999\ \mathrm{kg\cdot m^{-3}}} = +1.80\ \mathrm{J\cdot mol^{-1}}$$

说明　冰的化学势上升的比水要多，所以如果它们最初在1.00 bar时处于平衡状态，那么在2.00 bar时冰有融化的趋势。

自测题4B.1　计算压力增加1.00 bar对处于平衡状态下二氧化碳（摩尔质量为44.0 g · mol^{-1}）液相和固相的影响。已知液相和固相的质量密度分别为2.35 g · cm^{-3}和2.50 g · cm^{-3}。

答案：$\Delta\mu(\mathrm{l}) = +1.87\ \mathrm{J \cdot mol^{-1}}$，$\Delta\mu(\mathrm{s}) = +1.76\ \mathrm{J \cdot mol^{-1}}$；趋向形成固相

（c）压力对液体蒸气压的影响

可用机械方式增加凝聚相的压力，也可以通过加入惰性气体的方式增加压力（图4B.3）。在后一种情况下，**蒸气分压**（partial vapour pressure）是与凝聚相平衡时蒸气的分压。当压力施加到凝聚相时，蒸气压升高：分子被挤出凝聚相并以气

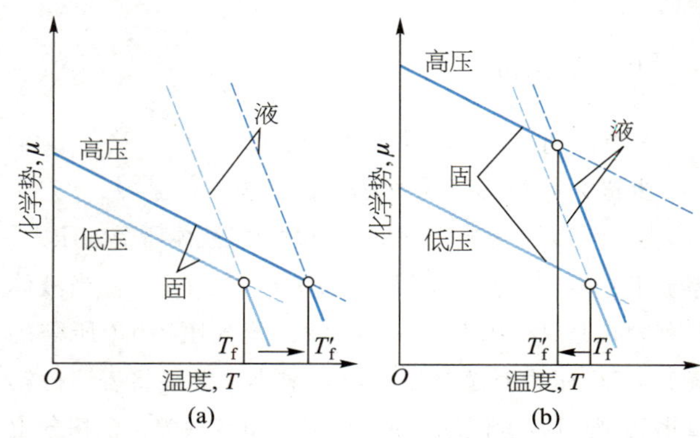

图4B.2　物质的化学势随压力的变化取决于其摩尔体积。这些线显示了压力增加对固相化学势和液相化学势的影响（实际上，这些线是弯曲的），以及对凝固温度的相应影响。（a）本例中，固相的摩尔体积小于液相的摩尔体积，μ(s)的增加小于μ(l)的增加，结果是凝固点升高。（b）这里固相的摩尔体积大于液相的摩尔体积（如水），μ(s)的增加大于μ(l)的增加，凝固点降低

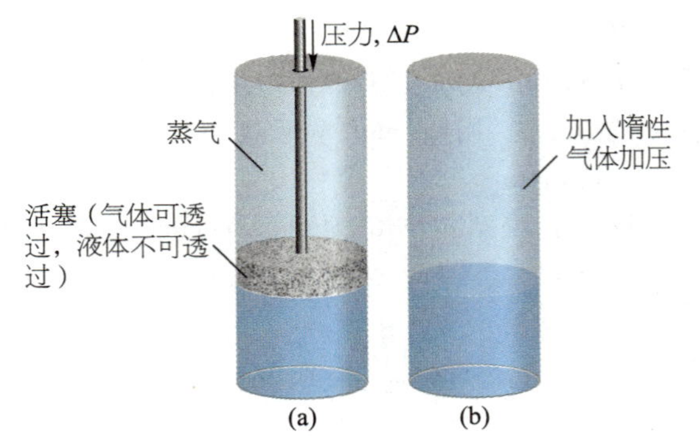

图4B.3　通过直接压缩（a）或加入惰性气体（b）的方式向凝聚相施加压力，导致凝聚相的蒸气压增加

体形式逸出。可通过热力学研究并建立液体上压力P与蒸气压p之间的关系式。

如何完成？ 4B.1　导出被加压液体蒸气压的表达式

在平衡时，液体与其蒸气的化学势相等：$\mu(\mathrm{l})=\mu(\mathrm{g})$。因此，对于任何保持平衡的变化，$\mu(\mathrm{l})$的变化必须等于$\mu(\mathrm{g})$的变化，即$\mathrm{d}\mu(\mathrm{g})=\mathrm{d}\mu(\mathrm{l})$。

步骤1　*写出压力变化引起的化学势变化*

当液体上的压力P增大$\mathrm{d}P$时，液体的化学势改变为$\mathrm{d}\mu(\mathrm{l})=V_\mathrm{m}(\mathrm{l})\mathrm{d}P$。

蒸气的化学势变化为$\mathrm{d}\mu(\mathrm{g})=V_\mathrm{m}(\mathrm{g})\mathrm{d}p$，式中$\mathrm{d}p$是蒸气压的变化。如果把蒸气处理为一种完美气体，则摩尔体积可以用$V_\mathrm{m}(\mathrm{g})=RT/p$代替，从而得到$\mathrm{d}\mu(\mathrm{g})=(RT/p)\mathrm{d}p$。

步骤2　*使蒸气和液体化学势的变化相等*

使$\mathrm{d}\mu(\mathrm{l})=V_\mathrm{m}(\mathrm{l})\mathrm{d}P$与$\mathrm{d}\mu(\mathrm{g})=(RT/p)\mathrm{d}p$相等，从而得到

$$\frac{RT\mathrm{d}p}{p}=V_\mathrm{m}(\mathrm{l})\mathrm{d}P$$

注意区别上式中的总压P和蒸气分压p。

步骤3　*确定积分计算的上、下限*

当没有给液体施以附加压力时，P（液体所受的压力）等于正常蒸气压p^*，所以，当$P=p^*$时，$p=p^*$。当液体上有附加压力ΔP时，$P=p+\Delta P$，蒸气压为p（所需的值）。假设压力对蒸气压的影响很小（结果将表明确实如此），则可以近似地将$p+\Delta P$中的p替换为p^*，积分上限改为$p^*+\Delta P$，积分计算如下：

$$RT\int_{p^*}^{p}\frac{\mathrm{d}p'}{p'}=\int_{p^*}^{p^*+\Delta P}V_\mathrm{m}(\mathrm{l})\mathrm{d}P$$

（在第一个积分中，积分变量从p改为p'，以避免与上限处的p混淆。）

步骤4　*进行积分运算*

两边除以RT，并假设在所涉及的较小压力变化范围内液体的摩尔体积不变，则

$$\overbrace{\int_{p^*}^{p}\frac{\mathrm{d}p'}{p'}}^{\text{积分A.2}}=\frac{1}{RT}\int_{p^*}^{p^*+\Delta P}V_\mathrm{m}(\mathrm{l})\mathrm{d}P=\frac{V_\mathrm{m}(\mathrm{l})}{RT}\overbrace{\int_{p^*}^{p^*+\Delta P}\mathrm{d}P}^{\text{积分A.1}}$$

两边直接积分得

$$\ln\frac{p}{p^*}=\frac{V_\mathrm{m}(\mathrm{l})}{RT}\Delta P$$

重排（通过使用$\mathrm{e}^{\ln x}=x$）后得

$$p=p^*\mathrm{e}^{V_\mathrm{m}(\mathrm{l})\Delta P/RT}\qquad(4\mathrm{B}.2)$$

附加压力ΔP对蒸气分压p的影响

需要注意的是，此处被忽略的一种复杂情况是：如果凝聚相是液体，那么用于加压的气体可能会溶解其中并改变其性质。另一种复杂情况是：气相分子可能通过**气体溶剂化**（gas solvation，即分子在气相物种上附着）过程将分子从液体中吸引出来。

简要说明4B.2

在25 ℃时，水的质量密度为0.997 g · cm^{-3}，因而其摩尔体积为18.1 cm^3 · mol^{-1}。当压力增加10 bar（即$\Delta P=1.0\times10^6$ pa）时，则有

$$\ln\frac{p}{p^*}=\frac{V_\mathrm{m}(\mathrm{l})\Delta P}{RT}=\frac{1.81\times10^{-5}\ \mathrm{m^3\cdot mol^{-1}}\times1.0\times10^6\ \mathrm{Pa}}{8.314\,5\ \mathrm{J\cdot K^{-1}\cdot mol^{-1}}\times298\ \mathrm{K}}=0.007\,3$$

式中1 J = 1 Pa · m^3。因此，求得$p=1.007\,3p^*$，仅增加0.73%。

4B.2　相界线的位置

利用两相平衡时它们的化学势必须相等这一事实，可以找出相界线的精确位置，即两相共存时的压力和温度。当α相和β相处于平衡时，有

$$\mu(\alpha;\ p,\ T)=\mu(\beta;\ p,\ T)\qquad(4\mathrm{B}.3)$$

该方程的解（用T表示p）可给出相界线（共存曲线）的公式。

（a）相界线的斜率

假设在特定的压力和温度下，两相平衡，则

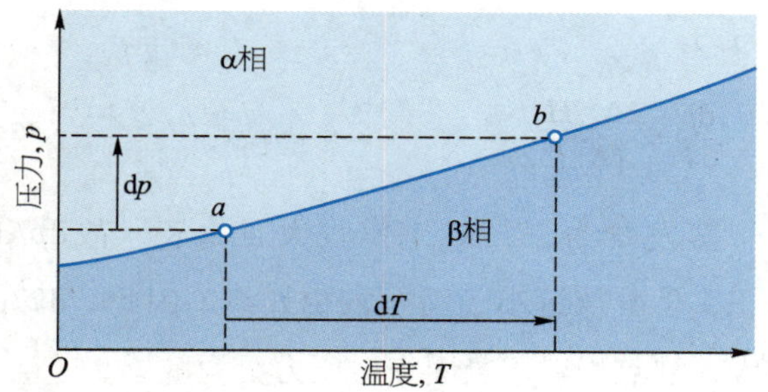

图4B.4　当向两相平衡系统（在a点处）加压时，平衡被扰动。可通过改变温度使得系统的状态移动到b点处而恢复平衡。若p和T变化后系统仍处于平衡，那么dp和dT之间必然存在一定的关系

它们的化学势相等。若p和T发生无穷小变化，但仍保持相平衡，此时，两相的化学势均发生了变化，但仍保持相等（图4B.4）。因此，α相的化学势变化必须与β相的化学势变化相等，即$d\mu(\alpha) = d\mu(\beta)$。

式（3E.7）($dG = Vdp - SdT$)给出了G随p和T的变化关系。因$\mu = G_m$，则每相的化学势变化为$d\mu = V_m dp - S_m dT$。这样，上面的关系式$d\mu(\alpha) = d\mu(\beta)$可以写成

$$V_m(\alpha)dp - S_m(\alpha)dT = V_m(\beta)dp - S_m(\beta)dT$$

式中$S_m(\alpha)$和$S_m(\beta)$是两相的摩尔熵，$V_m(\alpha)$和$V_m(\beta)$是它们的摩尔体积。因此有

$$[S_m(\beta) - S_m(\alpha)]dT = [V_m(\beta) - V_m(\alpha)]dp$$

相变的（摩尔）熵变化$\Delta_{trs}S$就是两相摩尔熵之差，即$\Delta_{trs}S = S_m(\beta) - S_m(\alpha)$。类似地，（摩尔）体积的变化为$\Delta_{trs}V = V_m(\beta) - V_m(\alpha)$。因此有

$$\Delta_{trs}S dT = \Delta_{trs}V dp$$

该式变换形式后就是**克拉贝龙方程**（Clapeyron equation）：

$$\frac{dp}{dT} = \frac{\Delta_{trs}S}{\Delta_{trs}V} \qquad (4B.4a)$$

克拉贝龙方程是任意纯物质两相平衡时相界线切线斜率的准确表达式。它意味着热力学数据可以用来预测和理解相图的外貌。一个更为实际的应用是预测凝固点和沸点对压力的响应。此时，只需将克拉贝龙方程等式两边的分子与分母颠倒即可：

$$\frac{dT}{dp} = \frac{\Delta_{trs}V}{\Delta_{trs}S} \qquad (4B.4b)$$

简要说明4B.3

对于0℃的水，冰至液态的标准相变的体积变化为$-1.6\ cm^3\cdot mol^{-1}$，相应的标准相变熵变为$22\ J\cdot K^{-1}\cdot mol^{-1}$。因此，在该温度下，固－液相界线的斜率为

$$\frac{dT}{dp} = \frac{-1.6\times10^{-6}\ m^3\cdot mol^{-1}}{22\ J\cdot K^{-1}\cdot mol^{-1}} = -7.3\times10^{-8}\frac{K}{J\cdot m^{-3}}$$
$$= -7.3\times10^{-8}\ K\cdot Pa^{-1}$$

对应于$-7.3\ mK\cdot bar^{-1}$。因此，压力增加100 bar将使水的凝固点降低0.73 K。

（b）固－液相界线

熔化（融化）伴随的摩尔焓变为$\Delta_{fus}H$，则在温度T时的摩尔熔化熵为$\Delta_{fus}H/T$（专题3B）；相界线上所有的点都对应于平衡，所以T实际上是一个转变温度T_{trs}。该相变的克拉贝龙方程可表示为

$$\frac{dp}{dT} = \frac{\Delta_{fus}H}{T\Delta_{fus}V} \qquad (4B.5)$$

固－液相界线的斜率

式中$\Delta_{fus}V$是熔化时的摩尔体积变化。熔化焓是正值（唯一的例外是氦－3），摩尔体积的变化通常是正的，并且很小。因此，斜率dp/dT很大且通常为正值（图4B.5）。

对dp/dT积分可得相界线的方程，通常假设$\Delta_{fus}H$和$\Delta_{fus}V$随温度和压力的变化很小，可被看作定值。如果当压力为p^*时，熔化温度为T^*，以及当压力为p时熔化温度为T，则积分如下：

积分A.2

$$\int_{p^*}^{p} dp = \frac{\Delta_{fus}H}{\Delta_{fus}V}\int_{T^*}^{T}\frac{dT}{T}$$

因此，固－液相界线的近似方程为

$$p = p^* + \frac{\Delta_{fus}H}{\Delta_{fus}V}\ln\frac{T}{T^*} \qquad (4B.6)$$

此方程最初是由William，Lord Kelvin的兄弟Thomson-James得到的。

当T接近T^*时，对数可以用展开式$\ln(1+x) = x - \frac{1}{2}x^2 + \cdots$（见专题5B中“化学家工具箱12”）来近似；只考虑第一项（忽略其余项），则

$$\ln\frac{T}{T^*} = \ln\left(1+\frac{T-T^*}{T^*}\right) \approx \frac{T-T^*}{T^*}$$

所以

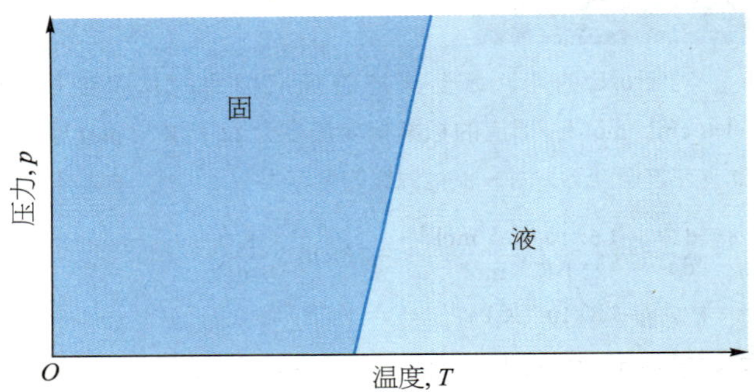

图4B.5 典型的固－液相界线陡峭向上，该斜率意味着随着压力的升高，熔化温度上升。大多数物质的行为都如此，水是明显的例外。

$$p \approx p^* + \frac{\Delta_{fus}H}{T^*\Delta_{fus}V}(T-T^*) \qquad (4B.7)$$

根据该表达式，当p对T作图时将得一陡峭直线（见图4B.5）。

简要说明4B.4

冰在0℃（273 K）和1.0 bar时熔化焓为6.008 kJ · mol^{-1}，熔化体积为−1.6 cm^3 · mol^{-1}。由此，固－液相界线可由下式给出：

$$p \approx 1.0\times10^5\ \text{Pa} + \frac{6.008\times10^3\ \text{J}\cdot\text{mol}^{-1}}{273\ \text{K}\times(-1.6\times10^{-6}\ \text{m}^3\cdot\text{mol}^{-1})}(T-T^*)$$

$$\approx 1.0\times10^5\ \text{Pa} - 1.4\times10^7\ \text{Pa}\cdot\text{K}^{-1}(T-T^*)$$

即

$$p/\text{bar} = 1 - 140(T-T^*)/\text{K}$$

其中T^* = 273 K。该式绘于图4B.6中。

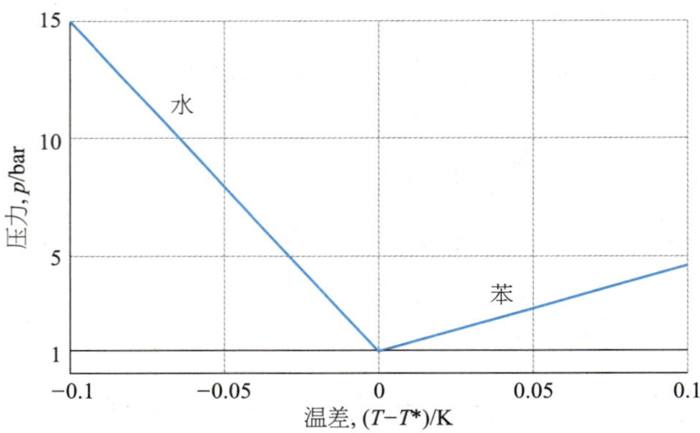

图4B.6 依据“简要说明4B.4”中计算的水的固－液相界线（即熔点曲线，同时给出了苯的相界线作为比较）

（c）液－气相界线

在温度T时的蒸发熵等于$\Delta_{vap}H/T$（如前所述，相界线上的每一点都对应平衡，所以T就是转变温度T_{trs}）。因此，气－液相界线的克拉贝龙方程可以写为

$$\frac{dp}{dT} = \frac{\Delta_{vap}H}{T\Delta_{vap}V} \qquad \text{气－液相界线的斜率} \qquad (4B.8)$$

蒸发焓为正，$\Delta_{vap}V$值较大且为正，故dp/dT为正，但其值远小于固－液相界线。因此，dT/dp较大，沸点相对于凝固点对压力更为敏感。

例题4B.2 估算压力对沸点的影响

估算增加压力对液体沸点影响的典型大小。

整理思路 为了使用式（4B.8），需要估算等式右侧。在沸点处，$\Delta_{vap}H/T$是特鲁顿常数（专题3B）。由于气体的摩尔体积远大于液体的摩尔体积，所以可写出$\Delta_{vap}V = V_m(g) - V_m(l) \approx V_m(g)$，并将$V_m(g)$作为完美气体的摩尔体积（至少在低压下）。使用1 J = 1Pa · m^3。

解： 特鲁顿常数的值为85 J · K^{-1} · mol^{-1}，在1 atm、接近但高于室温条件下，完美气体的摩尔体积约为25 dm^3 · mol^{-1}。因此有

$$\frac{dp}{dT} \approx \frac{85\ \text{J}\cdot\text{K}^{-1}\cdot\text{mol}^{-1}}{2.5\times10^{-2}\ \text{m}^3\cdot\text{mol}^{-1}} = 3.4\times10^3\ \text{Pa}\cdot\text{K}^{-1}$$

该值对应于0.034 atm·K^{-1}，故dT/dp = 29 K·atm^{-1}。因此，压力变化+0.1 atm将使沸点改变约+3 K。

自测题4B.2 使用表3B.2中的信息和$V_m(g) = RT/p$，估算水在正常沸点时的dT/dp值。

答案： 28 K · atm^{-1}。

由于气体的摩尔体积远大于液体的摩尔体积，所以$\Delta_{vap}V \approx V_m(g)$（如例题4B.2中）。此外，如果进一步把气体视为完美气体，则$V_m(g) = RT/p$。这两种近似可将克拉贝龙方程转化为

$$\frac{dp}{dT} = \frac{\Delta_{vap}H}{T(RT/p)} = \frac{p\Delta_{vap}H}{RT^2}$$

利用$dx/x = d\ln x$，上式重排后可得**克劳修斯－克拉贝龙方程**（Clausius–Clapeyron equation），用来表示蒸气压随温度的变化：

$$\frac{d\ln p}{dT} = \frac{\Delta_{vap}H}{RT^2} \qquad \text{克劳修斯－克拉贝龙方程} \qquad (4B.9)$$

与克拉贝龙方程（精确的）一样，克劳修斯－克拉贝龙方程（近似的）对于理解相图的形貌，特别是液－气和固－气相界线的位置和形状很重要。它可以用来预测蒸气压随温度的变化及

沸点随压力的变化。例如，如果再假定蒸发焓不随温度变化，则式（4B.9）可以如下积分：

$$\overbrace{\int_{\ln p^*}^{\ln p}\mathrm{d}\ln p}^{\text{积分A.1},\ x=\ln p}=\frac{\Delta_{\mathrm{vap}}H}{R}\overbrace{\int_{T^*}^{T}\frac{\mathrm{d}T}{T^2}}^{\text{积分A.1}}$$

所以

$$\ln\frac{p}{p^*}=-\frac{\Delta_{\mathrm{vap}}H}{R}\left(\frac{1}{T}-\frac{1}{T^*}\right)$$

式中 p^* 是温度 T^* 时的蒸气压，p 是温度 T 时的蒸气压。据此可得

$$p=p^*\mathrm{e}^{-\chi}\qquad \chi=\frac{\Delta_{\mathrm{vap}}H}{R}\left(\frac{1}{T}-\frac{1}{T^*}\right)\tag{4B.10}$$

用式（4B.10）可绘出图4B.7中的液－气相界线。相界线不能超过临界温度 T_c，因为在此温度以上不存在液体。

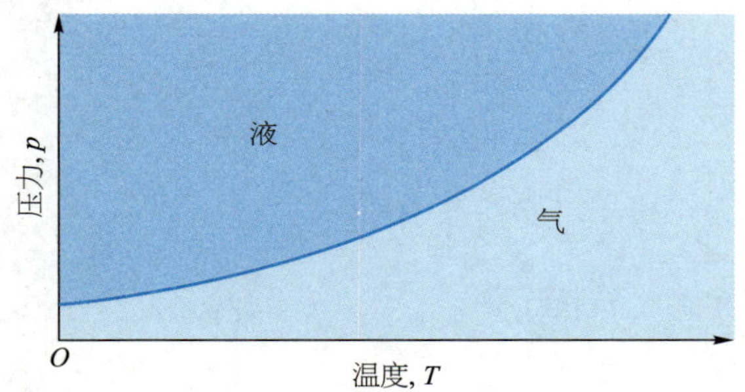

图4B.7　典型的液－气相界线 [相界线可解释为蒸气压对温度的作图，此相界线的终点为临界点（未显示）]

简要说明4B.5

式（4B.10）可用于根据液体蒸气压为1.00 atm(101 kPa)时的正常沸点来估算任意温度下的蒸气压。苯的正常沸点为80℃（353 K），$\Delta_{\mathrm{vap}}H^{\ominus}=30.8\ \mathrm{kJ\cdot mol^{-1}}$（见表3B.2）。因此，要计算20℃（293 K）时的蒸气压，可写出

$$\chi=\frac{3.08\times10^4\ \mathrm{J\cdot mol^{-1}}}{8.3145\ \mathrm{J\cdot K^{-1}\cdot mol^{-1}}}\times\left(\frac{1}{293\ \mathrm{K}}-\frac{1}{353\ \mathrm{K}}\right)\approx 2.14$$

然后，将此值代入式（4B.10），其中 $p^*=101$ kPa。计算值为12 kPa，实验值为10 kPa。

实用小贴士　由于指数函数十分敏感，所以最好在不考虑中间步骤和使用四舍五入方法的情况下进行这样的数值计算。

（d）固－气相界线

固－气相界线与液－气相界线的唯一区别是用升华焓 $\Delta_{\mathrm{sub}}H$ 代替蒸发焓 $\Delta_{\mathrm{vap}}H$。因为升华焓大于蒸发焓 ($\Delta_{\mathrm{sub}}H=\Delta_{\mathrm{fus}}H+\Delta_{\mathrm{vap}}H$)，在类似温度下，方程预测的升华曲线的斜率比蒸发曲线的斜率更大。这两条曲线相交于三相点（图4B.8）。

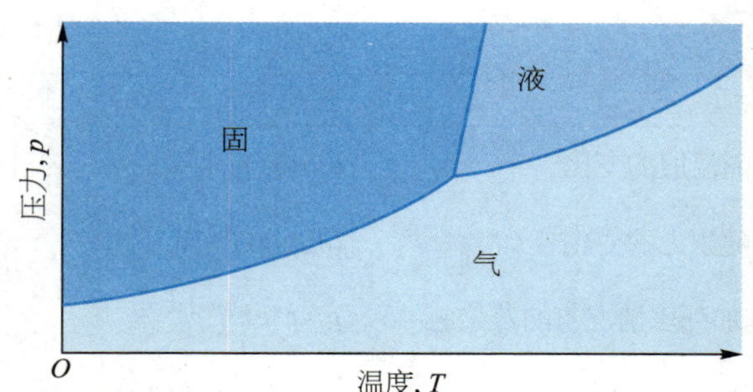

图4B.8　在接近三相点温度时，因为升华焓大于蒸发焓，所以固－气相界线的斜率大于液－气相界线的斜率。

简要说明4B.6

在水的三相点（6.1 mbar，273 K），冰的熔化焓与其在凝固点的标准熔化焓（6.008 kJ · mol⁻¹）相比差距甚微。在此温度下蒸发焓为45.0 kJ · mol⁻¹（忽略压力不是1 bar造成的差别），因此升华焓为51.0 kJ · mol⁻¹。液－气（a）和固－气（b）的相界线在三相点处的斜率方程分别是

$$\text{(a)}\ \frac{\mathrm{d}\ln p}{\mathrm{d}T}=\frac{45.0\times10^3\ \mathrm{J\cdot mol^{-1}}}{8.3145\ \mathrm{J\cdot K^{-1}\cdot mol^{-1}}\times(273\ \mathrm{K})^2}=0.0726\ \mathrm{K^{-1}}$$

$$\text{(b)}\ \frac{\mathrm{d}\ln p}{\mathrm{d}T}=\frac{51.0\times10^3\ \mathrm{J\cdot mol^{-1}}}{8.3145\ \mathrm{J\cdot K^{-1}\cdot mol^{-1}}\times(273\ \mathrm{K})^2}=0.0823\ \mathrm{K^{-1}}$$

在三相点处，固－气相界线 $\ln p$ 对 T 的斜率大于液－气相界线的斜率。

概念清单

☐ 1. 物质的化学势随温度的增加而减小，与其摩尔熵成正比。

☐ 2. 物质的化学势随压力的增加而增大，与其摩尔体积成正比。

☐ 3. 凝聚相的蒸气压随外压的增加而增大。

☐ 4. **克拉贝龙方程**是相界线斜率的一个精确表达式。

☐ 5. **克劳修斯 – 克拉贝龙方程**是凝聚相与蒸气相界线的一个近似表达式。

公式清单

性质	公式	说明	公式编号
μ 随温度的变化	$(\partial\mu/\partial T)_p = -S_m$	$\mu = G_m$	4B.1a
μ 随压力的变化	$(\partial\mu/\partial p)T = V_m$		4B.1b
施加外压情况下的蒸气压	$p = p^* e^{V_m(l)\Delta P/RT}$	$\Delta P = P - p^*$	4B.2
克拉贝龙方程	$dp/dT = \Delta_{trs}S/\Delta_{trs}V$		4B.4a
克劳修斯 – 克拉贝龙方程	$d\ln p/dT = \Delta_{vap}H/RT^2$	假设 $V_m(g) \gg V_m(l)$ 或 $V_m(s)$，蒸气是完美气体	4B.9

主题 4　纯物质的物理转变——讨论题、练习题、问题及综合题

专题 4A　纯物质的相图

讨论题

D4A.1　描述化学势的概念是如何统摄相平衡的讨论的？

D4A.2　如果系统不可压缩（即在施加压力时体积不变），为什么化学势仍随压力而变化？

D4A.3　解释为什么单组分系统中不可能四相平衡共存。

D4A.4　讨论在水的相图中一条环绕并接近临界点的路径上所能观察到的现象。

练习题

E4A.1(a)　在图 4.1（a）所示的每个点 a~d 中存在多少个相？

E4A.1(b)　在图 4.1（b）所示的每个点 a~d 中存在多少个相？

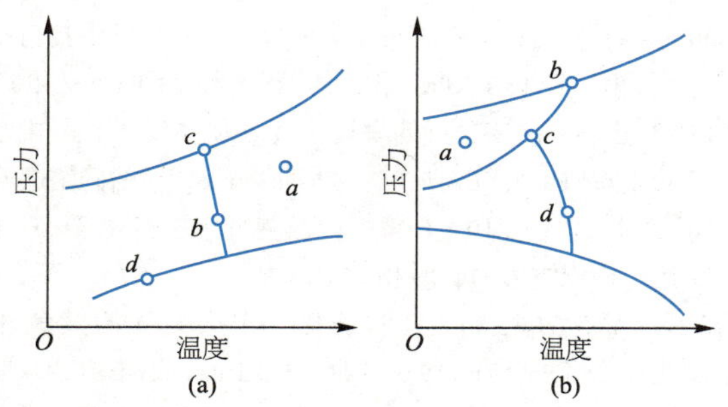

图 4.1　练习题 4A.1（a）和 4A.1（b）中对应的相图

E4A.2(a)　在一个系统中两区域间某物质的化学势之差是 $+7.1\ \mathrm{kJ\cdot mol^{-1}}$，从一个区域转移 0.10 mmol 物质到另一个区域所引起的吉布斯能变化为多少？

E4A.2(b)　在一个系统中两区域间某物质的化学势之差是 $-8.3\ \mathrm{kJ\cdot mol^{-1}}$。从一个区域转移 0.15 mmol 物质到另一个区域所引起的吉布斯能变化为多少？

E4A.3(a)　二组分系统中平衡共存的最大相数是多少？

E4A.3(b)　四组分系统中平衡共存的最大相数是多少？

E4A.4(a)　在单组分系统中，$P=1$ 是由相图上的一个区域、一个线或一个点表示的吗？如何解释 P 的值？

E4A.4(b)　在单组分系统中，$P=2$ 是由相图上的一个区域、一个线或一个点表示的吗？如何解释 P 的值？

E4A.5(a)　参考图 4A.8，在如下条件下，CO_2 会以哪一相或哪几相存在？

（ⅰ）200 K 和 2.5 atm；（ⅱ）300 K 和 4 atm；（ⅲ）310 K 和 50 atm。

E4A.5(b)　参考图 4A.9，在如下条件，H_2O 会以哪一相或哪几相存在？

（ⅰ）100 K 和 1 atm；（ⅱ）300 K 和 10 atm；（ⅲ）273.16 K 和 611 Pa。

问　题

P4A.1　参考图 4A.8，将二氧化碳在以下条件从 100 K 逐渐加热，会存在哪一相或哪几相？（a）1 atm 恒定压力下；（b）70 atm 恒定压力下。

P4A.2　参考图 4A.8，将二氧化碳在以下条件从 0.1 atm 逐渐增加压力，会存在哪一相或哪几相？（a）200 K 恒定温度下；（b）310 K 恒定温度下；（c）216.8 K 恒定温度下。

P4A.3　依据以下条件，试画出单组分系统的简要相图。其中在低温低压时只存在 γ 相；在低温高压时只存在 β 相；在高温低压时只存在 α 相；在高温高压时只存在 δ 相；γ 相和 δ 相不可能平衡共存。说明相图的特征。

P4A.4　依据以下条件，试画出单组分系统的简要相图。其中在低温和低压时 α 相和 β 相平衡共存；随着温度和压力的升高，到达某一点时，α 相、β 相、γ 相三相共存；在高温和高压时只有 γ 相存在；在低温和高压时只有 α 相。说明相图的特征。

专题 4B　相变热力学

讨论题

D4B.1　纯物质化学势随着温度的升高而降低的物理原因是什么？

D4B.2　纯物质化学势随着压力的增大而升高的物理原因是什么？

D4B.3　如何用差示扫描量热法（DSC）来识别相变？

练习题

E4B.1(a)　液态水在 273.15 K 时的标准摩尔熵为 $65\ \mathrm{J\cdot K^{-1}\cdot mol^{-1}}$，相同温度时冰的标准摩尔熵为 $43\ \mathrm{J\cdot K^{-1}\cdot mol^{-1}}$，计算当温度由正常熔点升高 1K 时液态水和冰的化学势的变化，并解释在新的温度下哪一相热力学较稳定？

E4B.1(b)　若在练习题 E4B.1(a) 中温度下降 1.5 K，则又将如何？并解释在新的温度下哪一相热力学较稳定？

E4B.2(a)　水从 25 ℃ 加热到 35 ℃，其化学势变化多大？在 298 K 时液态水的标准摩尔熵为 $69.9\ \mathrm{J\cdot K^{-1}\cdot mol^{-1}}$。

E4B.2(b)　铁从 100 ℃ 加热到 150 ℃，其化学势变化多大？设在整个温度范围内 $S_m^{\ominus}=53\ \mathrm{J\cdot K^{-1}\cdot mol^{-1}}$。

E4B.3(a)　当压力从 100 kPa 增加到 10 MPa 时，铜的化学势变化多大？设铜的质量密度为 $8\ 960\ \mathrm{kg\cdot m^{-3}}$。

E4B.3(b)　当压力从 100 kPa 增加到 10 MPa 时，苯的化学势变化多大？设苯的质量密度为 $0.876\ 5\ \mathrm{g\cdot cm^{-3}}$。

E4B.4(a) 20 ℃时用活塞对水加压，当外加压力为1.0 bar时，水的蒸气压为2.34 kPa。那么，当液体上的压力为20 MPa时，水的蒸气压为多少？20 ℃时水的摩尔体积为18.1 $cm^3 \cdot mol^{-1}$。

E4B.4(b) 95 ℃时用活塞对熔融的萘加压，当外加压力为1.0 bar时，萘的蒸气压为2.0 kPa。当液体上的压力为15 MPa时，萘的蒸气压为多少？该温度时萘的质量密度为1.16 $g \cdot cm^{-3}$。

E4B.5(a) 在1.00 atm和350.75 K时，某固体的摩尔体积为161.0 $cm^3 \cdot mol^{-1}$，熔点为350.75 K，此条件下液体的摩尔体积为163.3 $cm^3 \cdot mol^{-1}$。在100 atm时，该物质的熔点变为351.26 K，试计算固体的熔化焓和熔化熵。

E4B.5(b) 在1.00 atm和427.15 k时，某固体的摩尔体积为142.0 $cm^3 \cdot mol^{-1}$，熔点为427.15 K，此条件下液体的摩尔体积为152.6 $cm^3 \cdot mol^{-1}$。在1.2 MPa时，该物质的熔点变为429.26 K，试计算固体的熔化焓和熔化熵。

E4B.6(a) 24.1 ℃时二氯甲烷的蒸气压为53.3 kPa，蒸发焓为28.7 $kJ \cdot mol^{-1}$，估算蒸气压为70.0 kPa时的温度。

E4B.6(b) 20.0 ℃时某物质的蒸气压为58.0 kPa，蒸发焓为32.7 $kJ \cdot mol^{-1}$，估算蒸气压为66.0 kPa时的温度。

E4B.7(a) 在200~260 K内，液体的蒸气压符合$\ln(p/\text{Torr}) = 16.255 - (2\ 501.8\ \text{K})/T$，请问液体的蒸发焓是多少？

E4B.7(b) 在200~260 K内，液体的蒸气压符合$\ln(p/\text{Torr}) = 18.361 - (3\ 036.8\ \text{K})/T$，请问液体的蒸发焓是多少？

E4B.8(a) 在10~30 ℃内，苯的蒸气压符合$\lg(p/\text{Torr}) = 7.960 - (1\ 780\ \text{K})/T$，计算：（ⅰ）苯的蒸发焓和（ⅱ）苯的正常沸点。

E4B.8(b) 在15~35 ℃内，某液体的蒸气压符合$\lg(p/\text{Torr}) = 8.750 - (1\ 625\ \text{K})/T$，计算：（ⅰ）液体的蒸发焓和（ⅱ）液体的正常沸点。

E4B.9(a) 当苯在1 atm和5.5 ℃凝固时，其质量密度从0.879 $g \cdot cm^{-3}$变化为0.891 $g \cdot cm^{-3}$，熔化焓为10.59 $kJ \cdot mol^{-1}$，估算苯在1 000 atm时的凝固点。

E4B.9(b) 当一种液体（$M = 46.1\ g \cdot mol^{-1}$）在1 bar和−3.65 ℃凝固时，其质量密度由0.789 $g \cdot cm^{-3}$变为0.801 $g \cdot cm^{-3}$，其熔化焓为8.68 $kJ \cdot mol^{-1}$，估算该液体在100 MPa下的凝固点。

E4B.10(a) 在正常熔点下水的熔化焓为6.008 $kJ \cdot mol^{-1}$，熔融时摩尔体积的变化为−1.6 $cm^3 \cdot mol^{-1}$，估算冰的正常熔点与标准熔点之间的差值。

E4B.10(b) 在正常沸点下水的蒸发焓为40.7 $kJ \cdot mol^{-1}$，估算水的正常沸点与标准沸点之差。

E4B.11(a) 七月在洛杉矶，中午时地面阳光照射的功率密度为1.2 $kW \cdot m^{-2}$。假设所有辐射能都被吸收，水的蒸发焓为44 $kJ \cdot mol^{-1}$，那么，50 m^2的游泳池直接暴露在阳光下时最大失水率是多少？

E4B.11(b) 假设中午射到地面时阳光的功率密度为0.87 $kW \cdot m^{-2}$，那么面积为1.0 ha（$1\ ha = 10^4\ m^2$）的湖泊最大失水率是多少？假定所有辐射能都被吸收，水的蒸发焓为44 $kJ \cdot mol^{-1}$。

E4B.12(a) 25 ℃时，某含水的敞开容器置于一尺寸大小为5.0 m × 5.0 m × 3.0 m的实验室内，该温度时水的蒸气压为3.2 kPa。当系统达到平衡时，如果没有通风，空气中会有多少水？对苯（蒸气压13.1 kPa）和汞（蒸气压0.23 Pa）又如何？

E4B.12(b) 在霜后严寒干燥的早晨，气温为−5 ℃，大气中水的分压降至0.30 kPa。水的升华焓为51 $kJ \cdot mol^{-1}$，请问霜会升华吗？提示：用式（4B.10）计算在此温度下冰的蒸气压；对于p^*和T^*，用三相点的值611 Pa和273.16 K。

E4B.13(a) 萘$C_{10}H_8$在80.2 ℃时熔化，如果液体的蒸气压在85.8 ℃时为1.3 kPa，在119.3 ℃时为5.3 kPa，请用克劳修斯－克拉贝龙方程计算：（ⅰ）蒸发焓，（ⅱ）正常沸点，（ⅲ）沸点处的蒸发熵。

E4B.13(b) 正己烷的正常沸点为69.0 ℃。估算其：（ⅰ）蒸发焓；（ⅱ）25 ℃和60 ℃时的蒸气压。提示：需要使用特鲁顿规则。

E4B.14(a) 估算50 bar压力下冰的熔点。假设这些条件下冰的质量密度约为0.92 $g \cdot cm^{-3}$，液态水的质量密度为1.00 $g \cdot cm^{-3}$，在正常熔点下水的熔化焓为6.008 $kJ \cdot mol^{-1}$。

E4B.14(b) 估算10 MPa压力下冰的熔点。假设这些条件下冰的质量密度约为0.915 $g \cdot cm^{-3}$，液态水的质量密度为0.998 $g \cdot cm^{-3}$，在正常熔点下水的熔化焓为6.008 $kJ \cdot mol^{-1}$。

问　题

P4B.1 假设1 mol的$H_2O(l)$在正常沸点和1 atm外压下汽化，计算水蒸气所做的功，以及蒸发焓用于膨胀蒸气的比例。在正常沸点下水的蒸发焓是40.7 $kJ \cdot mol^{-1}$。

P4B.2 固体二氧化硫的蒸气压与温度的关系可近似表示为$\lg(p/\text{Torr}) = 10.591\ 6 - (1871.2\ \text{K})/T$，液体二氧化硫的蒸气压与温度的关系可近似表示为$\lg(p/\text{Torr}) = 8.318\ 6 - (1425.7\ \text{K})/T$。估算二氧化硫三相点的温度和压力。

P4B.3 在发现氟利昂－12(CF_2Cl_2)对地球臭氧层的危害之前，它经常被用作发胶罐中的分散剂，估算使用氟利昂－12的发胶罐在40 ℃时的压力，40 ℃为一直处于阳光下的发胶罐所能承受的温度。氟利昂－12在正常沸点−29.2 ℃时的蒸发焓为20.25 $kJ \cdot mol^{-1}$，假定此值在所研究的温度范围内保持不变。

P4B.4 某液体在其正常沸点180 K时的蒸发焓为14.4 $kJ \cdot mol^{-1}$，沸点时气相和液相的摩尔体积分别为115 $cm^3 \cdot mol^{-1}$和14.5 $dm^3 \cdot mol^{-1}$。（a）用克拉贝龙方程估算正常沸点时的dp/dT；（b）若采用克劳修斯－克拉贝龙方程估算dp/dT，则结果的百分比误差是多少？

P4B.5 计算水在（a）正常凝固点和（b）正常沸点两侧的$(\partial\mu/\partial T)_p$之差。熔化时的摩尔熵变为22.0 $J \cdot K^{-1} \cdot mol^{-1}$，蒸发时的摩尔熵变为109.9 $J \cdot K^{-1} \cdot mol^{-1}$。（c）−5.0 ℃时冰与过冷水的化学势相差多少？

P4B.6 计算水在（a）正常凝固点和（b）正常沸点两侧的$(\partial\mu/\partial p)_T$之差。0 ℃时冰和水的质量密度分别为0.917 $g \cdot cm^{-3}$和1.000 $g \cdot cm^{-3}$，100 ℃时水和水蒸气的质量密度分别为0.958 $g \cdot cm^{-3}$和0.598 $g \cdot cm^{-3}$。（c）在1.2 atm和100 ℃时，水蒸气的化学势比液态水大多少？

P4B.7 在正常凝固点234.3 K时汞的熔化焓为2.292 $kJ \cdot mol^{-1}$；熔化时摩尔体积的变化为0.517 $cm^3 \cdot mol^{-1}$。在什么温度下，10 m高的汞柱（质量密度为13.6 $g \cdot cm^{-3}$）底部开始凝结？质量密度为ρ的液体中，深度d处的压力为ρgd，其中g为重力加速度（9.81 $m \cdot s^{-2}$）。

P4B.8 假设25 ℃时50.0 dm^3干空气向保温烧杯中250 g的水

缓慢鼓泡，计算液体最后的温度。水的蒸气压近似恒定为 3.17 kPa，液体的热容为 75.5 $J\cdot K^{-1}\cdot mol^{-1}$，假设出口气体温度仍为 25 ℃，且水蒸气为完美气体。25 ℃时水的标准蒸发焓为 44.0 $kJ\cdot mol^{-1}$。提示：首先计算当 50.0 dm^3 空气从液体中冒出后其中 H_2O 的物质的量。

P4B.9 硝酸的蒸气压 p 随温度变化如下：

θ/℃	0	20	40	50	70	80	90	100
p/kPa	1.92	6.38	17.7	27.7	62.3	89.3	124.9	170.9

请给出硝酸的（a）正常沸点和（b）蒸发焓。

P4B.10 香芹酮（$M = 150.2\ g\cdot mol^{-1}$）是薄荷油的组分之一，其蒸气压如下：

θ/℃	57.4	100.4	133.0	157.3	203.5	227.5
p/Torr	1.00	10.0	40.0	100	400	760

请给出香芹酮的（a）正常沸点和（b）蒸发焓。

P4B.11（a）从克拉贝龙方程出发，导出一个类似于克劳修斯－克拉贝龙方程的表达式，用于表示固体蒸气压随温度的变化。假定蒸气是一种完美气体，固体的摩尔体积与气体的摩尔体积相比可忽略不计。（b）在研究一氯甲烷的蒸气压时，A. Bah 和 N.Dupont-Pavlovsky [*J.Chem.Eng. Data*, **40**, 869(1995)] 得出低温下固体一氯甲烷的蒸气压数据如下：

T/K	145.94	147.96	149.93	151.94	153.97	154.94
p/Pa	13.07	18.49	25.99	36.76	50.86	59.56

估算 150 K 时一氯甲烷的标准升华焓。

P4B.12 焓变 dH 与压力变化 dp 和温度变化 dT 之间的关系可由 $dH = C_p dT + V dp$ 给出，而克拉贝龙方程关联平衡时的 dp 和 dT。因此，依据这两个方程，可研究两相平衡时焓随着温度变化沿着相界线的变化情况。（a）证明：沿着相界线上的焓变可表示为 $d\Delta_{trs}H = \Delta_{trs}C dT + (\Delta_{trs}H/T)dT$，其中 $\Delta_{trs}H$ 为相变焓，$\Delta_{trs}C_p$ 为相变的摩尔热容差。（b）证明此式也可写成 $d(\Delta_{trs}H/T) = \Delta_{trs}C_p d\ln T$。提示：首先从第二个式子开始，可重排为第一个表达式，这样指导比较容易。

P4B.13 "饱和蒸气法"测量蒸气压时，温度 T 和压力 p 下体积为 V 的气体缓慢通过恒定温度 T 的液体。液体损失的质量 m 与蒸气压有关。（a）如果液体的摩尔质量是 M，导出液体蒸气摩尔分数的表达式（提示：假定是完美气体，可以从压力、温度和体积得出输入气体的物质的量）。（b）假定气体通过液体后仍保持在总压 P，导出液体蒸气分压的表达式。（c）证明蒸气压 p 为 $p = AmP/(1 + Am)$，其中 $A = RT/MPV$。（d）用饱和蒸气法测量香叶醇（$M = 154.2\ g\cdot mol^{-1}$）在 110 ℃时的蒸气压，当 760 Torr、5.00 dm^3 的 N_2 被缓慢地通过热液后，液体质量损失为 0.32 g，计算香叶醇的蒸气压。

P4B.14 重力场中某液体的蒸气压随液面下深度的变化而变化，这是由于上覆液体施加了静压力。质量密度为 ρ 的流体在深度 d 处的压力为 ρgd，其中 g 是重力加速度（9.81 $m\cdot s^{-2}$）。对一摩尔质量为 M 的液体，用式（4B.2）预测其蒸气压如何随深度而变化。估算 25 ℃时 10 m 高水柱对蒸气压的影响。

P4B.15 "气压公式"，$p = p_0 e^{-a/H}$，其中 $H = 8$ km，给出了压力 p 与海拔高度 a 的关系；p_0 是海平面上的压力，假定为 1 atm。用这个表达式和克劳修斯－克拉贝龙方程，导出液体的沸点与海拔高度的关系式（提示：沸点时蒸气压等于外压），并计算水在海拔 3 000 m 处的沸点。水的正常沸点为 373.15 K，标准蒸发焓为 40.7 $kJ\cdot mol^{-1}$。

P4B.16 图 4B.1 给出了物质固相、液相和气相的化学势随温度的变化情况。它们都有负斜率，但它们不太可能是图中所示的直线。导出这些线的曲率，即化学势对温度的二阶导数。这个曲率值是否有什么限制？对于水，比较在正常沸点区域水的液相线与气相线的曲率。液体和气体的摩尔定压热容分别为 75.3 $J\cdot K^{-1}\cdot mol^{-1}$ 和 33.6 $J\cdot K^{-1}\cdot mol^{-1}$。

主题 4 纯物质的物理转变

综合题

I4.1 根据下列数据，画出苯在其三相点 36 Torr 和 5.50 ℃附近的相图：$\Delta_{fus}H = 10.6\ kJ\cdot mol^{-1}$，$\Delta_{vap}H = 30.8\ kJ\cdot mol^{-1}$，$\rho(s) = 0.891\ g\cdot cm^{-3}$，$\rho(l) = 0.879\ g\cdot cm^{-3}$。

I4.2 在研究甲苯的热物理性质时，R. D. Goodwin [*J. Phys. Chem. Ref. Data*, 18, 1565 (1989)] 给出了两个相界线的表达式。其中，固－液相界线为

$$p/\text{bar} = p_3/\text{bar} + 1\,000(5.60 + 11.727x)x$$

式中 $x = T/T_3 - 1$，三相点的压力和温度分别为 $p_3 = 0.436\,2\ \mu$ bar 和 $T_3 = 178.15$ K。液－气相界线为

$$\ln(p/\text{bar}) = -10.418/y + 21.157 - 15.996y + 14.015y^2 - 5.012\,0y^3 + 4.733\,4(1-y)^{1.70}$$

其中 $y = T/T_c = T/(593.95\ \text{K})$。（a）绘制固－液和液－气相界线；（b）估算甲苯的标准熔点；（c）估算甲苯的标准沸点（需要计算机或计算软件）；（d）计算甲苯在标准沸点时的标准蒸发焓。已知在标准沸点时，液体和蒸气的摩尔体积分别为 0.12 $dm^3\cdot mol^{-1}$ 和 30.3 $dm^3\cdot mol^{-1}$。

I4.3 蛋白质是氨基酸的聚合物，可由各种分子相互作用形成有序结构。但是，当条件改变时，多肽链的紧密结构可坍塌变成随机的卷曲。这种结构变化可以看作在特征转变温度（即熔化温度 T_m，它随着分子链中间相互作用强度和数量的增加而增加）时的一种相变。热力学可以预测将由氢键连接的双螺旋多肽展开成随机卷曲的温度 T_m。如果一个多肽有 N 个氨基酸残基，则 α－螺旋中有（$N-4$）个氢键，α－螺旋是天然蛋白质中最常见的螺旋类型（参见专题 14D）。因为链中的第一个残基和最后一个残基可自由移动，所以（$N-2$）个残基形成紧密的螺旋并且运动受限。基于此分析，$N \geqslant 5$ 的多肽去折叠时的摩尔吉布斯能可表示如下：

$$\Delta_{unfold}G = (N-4)\Delta_{hb}H - (N-2)T\Delta_{hb}S$$

式中 $\Delta_{hb}H$ 和 $\Delta_{hb}S$ 分别为多肽中氢键解离的摩尔焓和摩尔熵。（a）验证解折叠的吉布斯能公式形式，也就是说，为什么焓项和熵项可分别写成 $(N-4)\Delta_{hb}H$ 和 $(N-2)T\Delta_{hb}S$？（b）证明 T_m 可以写成

$$T_m = \frac{(N-4)\Delta_{hb}H}{(N-2)\Delta_{hb}S}$$

（c）对于$5 \leqslant N \leqslant 20$，绘出对应的$T_m/(\Delta_{hb}H/\Delta_{hb}S)$。当$N$为多少时，$N$每增加1可使$T_m$变化小于1%？

I4.4 作为常用化石能源天然气的重要组成部分，甲烷受到人们的特别关注，Friend等已经发表了一篇关于甲烷热物理性质的综述[D.G. Friend, J.F. Ely, H. Ingham, *J. Phys. Chem. Ref. Data*, **18**, 583 (1989)]，其中给出了描述液－气相界线的以下蒸气压力数据：

T/K	100	108	110	112	114	120
p/MPa	0.034	0.074	0.088	0.104	0.122	0.192
T/K	130	140	150	160	170	190
p/MPa	0.368	0.642	1.041	1.593	2.329	4.521

（a）绘制液－气相界线；（b）估算甲烷的标准沸点；（c）计算在标准沸点时甲烷的标准蒸发焓。已知在标准沸点时液体和蒸气的摩尔体积分别为3.80×10^{-2} dm^3 · mol^{-1}和8.89 dm^3 · mol^{-1}。

I4.5 金刚石是最坚硬的物质，也是迄今为止最好的热导体。因此，它被广泛地应用在需要强烈磨料的工业生产中。然而，人们很难从易得的碳的同素异形体（如石墨）来合成金刚石。为了说明这一点，可用下面的方法来估算25 ℃时将石墨转变为金刚石所需的压力（即转化变为自发时的压力），目的是找出石墨⟶金刚石变化过程的Δ_rG与外压的关系式，然后确定吉布斯能变化为负值时的压力。（a）导出下面这个在恒定温度下Δ_rG随压力变化的表达式：

$$\left(\frac{\partial \Delta_r G}{\partial p}\right)_T = V_{m,d} - V_{m,gr}$$

式中$V_{m,gr}$是石墨的摩尔体积，$V_{m,d}$是金刚石的摩尔体积。（b）处理前一表达式的难点是V_m与压力有关。该依赖性可如下处理：假设Δ_rG是压力的函数，并在$p = p^{\ominus}$附近形成泰勒展开式：

$$\Delta_r G(p) = \Delta_r G(p^{\ominus}) + \overbrace{\left(\frac{\partial \Delta_r G}{\partial p}\right)_{p=p^{\ominus}}}^{A}(p-p^{\ominus}) + \frac{1}{2}\overbrace{\left(\frac{\partial^2 \Delta_r G}{\partial p^2}\right)_{p=p^{\ominus}}}^{B}(p-p^{\ominus})^2$$

式中在$p = p^{\ominus}$处求导数，消除二阶项后面的部分。根据（a）部分中的表达式，使用$p^{\ominus}$处的摩尔体积可求得$\left(\frac{\partial \Delta_r G}{\partial p}\right)$；利用固体的等温压缩系数$\kappa_T = -(1/V)(\partial V/\partial p)_T$可求得$\left(\frac{\partial^2 \Delta_r G}{\partial p^2}\right)$。利用等温压缩系数的定义式，证明等温下有

$$\frac{\partial^2 \Delta_r G}{\partial p^2} = \frac{\partial}{\partial p}(V_{m,d} - V_{m,gr}) = -\kappa_{T,d}V_{m,d} + \kappa_{T,gr}V_{m,gr}$$

式中$\kappa_{T,d}$和$\kappa_{T,gr}$分别是金刚石和石墨的等温压缩系数。（c）将（a）和（b）的结果代入（b）中$\Delta_rG(p)$的表达式，得到用等温压缩系数和摩尔体积表示的$\Delta_rG(p)$的表达式。（d）在1 bar和298 K时，石墨转变为金刚石的Δ_rG是＋2.867 8 kJ · mol^{-1}。使用以下数据，估算转变为自发时的压力。假定κ_T与压力无关。

	石墨	金刚石
V_s（1 bar时）/(cm^3 · g^{-1})	0.444	0.284
κ_T/kPa^{-1}	3.04×10^{-8}	0.187×10^{-8}

主题 5
简单混合物

混合物，无论以其自身的特点，还是作为化学反应的起始原料，都是化学学科中的重要组成部分。本主题涉及混合物的多种物理性质，以及如何用热力学量来表达这些物理性质。

5A 混合物的热力学描述

本主题的第一个专题提出了化学势的概念，将其作为偏摩尔量的一个例子，并探究如何利用物质的化学势描述混合物的物理性质。需要记住的基本原则是，在平衡状态时一个物种的化学势在各相中都相同。利用拉乌尔定律和亨利定律这两个经验定律，可用混合物中某物质的摩尔分数来表达该物质的化学势。

5A.1 偏摩尔量；5A.2 混合过程热力学；5A.3 液体的化学势

5B 溶液的性质

本专题中，应用化学势的概念讨论溶质对溶液的一些热力学性质的影响。这些性质包括溶液的蒸气压下降、沸点升高、凝固点降低和渗透压的来源。有可能构建一类被称为“正规溶液”的实际溶液的模型，它们的性质不同于理想溶液。

5B.1 液体混合物；5B.2 依数性

5C 双组分系统的相图：液体

一种广泛用于总结混合物的平衡性质的方法是相图。本专题描述复杂性逐渐增加的液体系统的相图。在每种情况下，相图总结了系统在液相和气相都稳定的条件下的实验结果。

5C.1 蒸气压图；5C.2 温度-组成图；5C.3 蒸馏；5C.4 液-液相图

5D 双组分系统的相图：固体

本专题中可以看到，在系统液相和固相都稳定的条件下的实验结果是如何总结在固体混合物的相图中。

5D.1 低共熔混合物；5D.2 反应系统；5D.3 不相合熔化

5E 三组分系统的相图

许多现代材料（也有古老材料）中含有两个以上组分。本专题给出如何将相图拓展至三组分系统的描述，以及如何解释三角形相图。

5E.1 三角形相图；5E.2 三组分系统

5F 活度

将化学势的概念扩展到实际溶液中需要引入一个有效浓度，即活度。在某些情况下，可以用分子间的相互作用来解释活度。一个重要例子是电解质溶液。这种溶液由于离子之间存在强烈的长程相互作用，通常严重偏离理想行为。本专题显示当溶液非常稀时，如何利用模型来估计其对理想行为的偏离，以及如何将得到的表达式应用于更浓的溶液。

5F.1 溶剂的活度；5F.2 溶质的活度；5F.3 正规溶液的活度；5F.4 离子的活度

网络资源 这部分内容有何应用?

这部分内容讨论了两个应用，一个来自生物学，另一个来自材料科学（对这一非常重要的领域，可选出众多的应用）。“应用案例7”显示渗透现象是如何有助于生物细胞具有维持其形状的能力。“应用案例8”讨论了具有技术重要性的液晶的相图。

专题5A

混合物的热力学描述

▶ 为何需要学习这部分内容？

化学涉及多种混合物，包括能够发生反应的物质的混合物。因此，将主题 4 中引入的概念进行推广，以处理混合在一起的物质就非常重要。

▶ 核心思想是什么？

混合物中某物质的化学势是其浓度的对数函数。

▶ 需要哪些预备知识？

本专题在纯物质化学势的基础上（专题 4A），将化学势的概念扩展到混合物中的多种物质。它利用吉布斯能随温度的变化和熵之间的关系式（专题 3E），以及分压的概念（专题 1A）。在本专题及其他相关专题中，溶液中溶质浓度采用多种表示方式，它们总结于“化学家工具箱 11”中。

考虑放在一起不发生反应的物质的混合物是讨论化学反应（在专题6A中讨论）的第一步。在现阶段，讨论的中心是**双组分混合物**（binary mixtures），即混合物中含有两个组分A和B。专题1A已经给出分压（即某组分对总压的贡献）是如何用于讨论气体混合物性质的。为了对混合物的热力学性质进行更普适的描述，需要引入其他类似的“分”性质。

5A.1 偏摩尔量

最容易看到的偏摩尔性质是“偏摩尔体积”，即混合物中某组分对样品总体积的贡献。

（a）偏摩尔体积

想象25 ℃下大量体积的纯水。当进一步加入1 mol H_2O时，体积增加18 cm³，说明纯水的摩尔体积是18 cm³ · mol⁻¹。但是，在大量体积的纯乙醇中加入1 mol H_2O时，发现体积仅增加了14 cm³。产生这种差异的原因是给定数目的水分子所占有的体积与其周围的分子种类有关。在后一种情况下，每个水分子被大量的乙醇分子包围，在正常情况下保持水分子之间固定距离的氢键网络没有形成。因此，水分子更紧密地堆积在一起，体积仅增加14 cm³。14 cm³ · mol⁻¹就是水在乙醇中的偏摩尔体积。一般地，物质A在混合物中的**偏摩尔体积**（partial molar volume）就是在大量混合物中加入单位物质的量的A所引起的体积变化。

混合物中各组分的偏摩尔体积随着组成变化而发生变化，因为当组成从纯A变到纯B时，每类分子的环境都发生了变化。这种变化的分子环境，以及由此而来的分子间相互作用力的改变，都会导致混合物的热力学性质随其发生变化。25 ℃时，水和乙醇在全组成范围内的偏摩尔体积示于图5A.1。

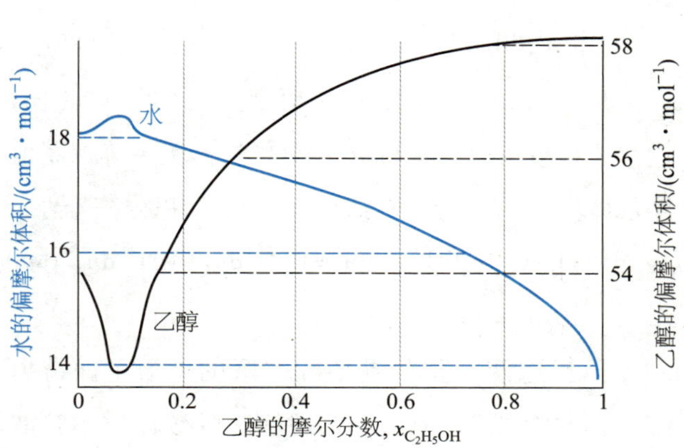

图5A.1 水和乙醇在25 ℃时的偏摩尔体积

在一般组成时，物质J的偏摩尔体积 V_J，正式定义如下：

$$V_J=\left(\frac{\partial V}{\partial n_J}\right)_{p,T,n'} \qquad \text{偏摩尔体积[定义]} \qquad (5A.1)$$

式中下标 n' 指系统中存在的所有其他物质的量是不变的。偏摩尔体积是在压力、温度和其他组分的物质的量保持不变时，总体积随物质J的物质的量变化的斜率（图5A.2）。其数值与组成有关，如水和乙醇的混合物。

实用小贴士　国际纯粹与应用化学联合会推荐，当有可能与物理量 X 发生混淆时，可用符号 $\overline{X}$ 表示偏摩尔量。例如，为避免混淆，水中NaCl的偏摩尔体积可以写为 $\overline{V}$(NaCl, aq)，以与溶液的总体积 V 相区分。

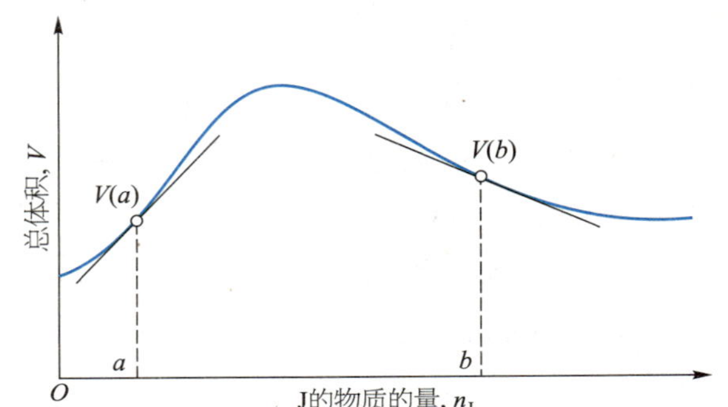

图5A.2　物质的偏摩尔体积是样品的总体积随该物质的物质的量变化的斜率（通常，偏摩尔量随组成而变，如 a 和 b 处不同的斜率所示。注意 b 处偏摩尔体积是负的，即样品的总体积随物质J的加入而降低）

式（5A.1）中的定义意味着，当双组分混合物的组成通过加入 dn_A 的A和 dn_B 的B而变化时，混合物的总体积也会变化，即

$$dV=\left(\frac{\partial V}{\partial n_A}\right)_{p,T,n_B}dn_A+\left(\frac{\partial V}{\partial n_B}\right)_{p,T,n_A}dn_B \qquad (5A.2)$$
$$=V_A dn_A+V_B dn_B$$

假如A和B的量以保持恒定比例的方式增加，这个方程就可以对 n_A 和 n_B 积分。这一关系确保了偏摩尔体积 V_A 和 V_B 都是常数，可以移到积分符号外：

$$V=\int_0^{n_A}V_A dn_A+\int_0^{n_B}V_B dn_B=V_A\int_0^{n_A}dn_A+V_B\int_0^{n_B}dn_B \qquad (5A.3)$$
$$=V_An_A+V_Bn_B$$

虽然这两个积分是相互关联的（为了保持恒定的相对组成），但由于 V 是状态函数，故不管实际上溶液是如何制备的，式（5A.3）总是成立的。

有几种方式可以测量偏摩尔体积。一种方法是测量体积随组成的变化，并将观测的体积拟合为物质的量的函数。一旦函数关系建立，其在任一组成的斜率就可以通过微分方法计算。

例题 5A.1　测定偏摩尔体积

测量含有1.000 kg水的水/乙醇混合物在25 ℃时的总体积，拟合的多项式为

$$v = 1\ 002.93 + 54.666\ 4z - 0.363\ 94z^2 + 0.028\ 256z^3$$

式中 $v = V/\text{cm}^3$，$z = n_E/\text{mol}$，n_E 是混合物中乙醇的物质的量。求乙醇的偏摩尔体积。

整理思路　使用式（5A.1）中的定义，注意将相对于 n 的导数转换为相对于 z 的导数，并且保持单位不变。

解： 乙醇的偏摩尔体积 V_E 为

$$V_E=\left(\frac{\partial V}{\partial n_E}\right)_{p,T,n_W}=\left[\frac{\partial(V/\text{cm}^3)}{\partial(n_E/\text{mol})}\right]_{p,T,n_W}\frac{\text{cm}^3}{\text{mol}}$$
$$=\left(\frac{\partial v}{\partial z}\right)_{p,T,n_W}\text{cm}^3\cdot\text{mol}^{-1}$$

然后，因为

$$\frac{dv}{dz}=54.666\ 4-2\times0.363\ 94\,z+3\times0.028\ 256\,z^2$$

所以

$$V_E/(\text{cm}^3\cdot\text{mol}^{-1}) = 54.666\ 4 - 0.727\ 88z + 0.084\ 768z^2$$

图5A.3给出该函数的图形。

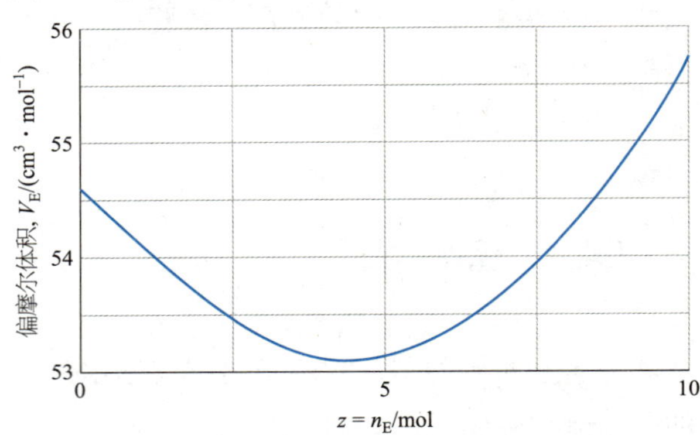

图5A.3　由例题5A.1中的多项式表示的乙醇的偏摩尔体积

自测题5A.1　25 ℃时，质量分数为50%乙醇/水溶液的质量密度为0.914 g·cm^{-3}。如果该溶液中水的偏摩尔体积是17.4 cm^3·mol^{-1}，则乙醇的偏摩尔体积是多少？

答案： 依据式（5A.3），等于56.4 cm^3·mol^{-1}；按照上式计算，则等于54.6 cm^3·mol^{-1}。

摩尔体积总是正的，但偏摩尔体积不是。例如，$MgSO_4$ 在水中的极限偏摩尔体积（在接近零浓度极限时的偏摩尔体积）是 -1.4 cm^3·mol^{-1}，意

味着在大量水中加入1 mol $MgSO_4$导致体积降低1.4 cm^3。混合物收缩是因为当Mg^{2+}和SO_4^{2-}发生水合时，盐破坏了水的开放结构，导致水的结构轻微坍塌。

(b) 偏摩尔吉布斯能

偏摩尔量的概念可拓展到任一广度状态函数。对混合物中的一种物质，化学势被定义为偏摩尔吉布斯能：

$$\mu_J = \left(\frac{\partial G}{\partial n_J}\right)_{p,T,n'} \quad \text{化学势[定义]} \quad (5A.4)$$

式中n'代表混合物中其他组分的物质的量保持不变。也就是说，化学势是在压力、温度和其他组分的物质的量保持不变时，吉布斯能随组分J的物质的量变化的斜率（图5A.4）。对于纯物质，$G = n_J G_{m,J}$，由式（5A.4），得出$\mu_J = G_{m,J}$。此时，化学势就是物质的摩尔吉布斯能，如在专题4A中使用的。

与得到式（5A.3）的讨论同理，双组分混合物的总吉布斯能为

$$G = n_A\mu_A + n_B\mu_B \quad (5A.5)$$

式中μ_A和μ_B是混合物某一组成时两个组分的化学势。也就是说，某组分的化学势乘以混合物中该组分的物质的量，就是它对混合物总吉布斯能的贡献。由于化学势与组成（以及温度和压力）有关，当这些变量变化时，混合物的吉布斯能也可能发生变化。对一个由组分A, B, …组成的系统，表示吉布斯能变化的方程（3E.7）（$dG = Vdp - SdT$）变为

$$dG = Vdp - SdT + \mu_A dn_A + \mu_B dn_B + \cdots \quad \text{化学热力学的基本方程} \quad (5A.6)$$

这个表达式是**化学热力学的基本方程**（fundamental equation of chemical thermodynamics）。其含义及重要性将在本专题及下一个专题中探讨及展开。

在等温等压下，式（5A.6）可简化为

$$dG = \mu_A dn_A + \mu_B dn_B + \cdots \quad (5A.7)$$

如在专题3E中所述，在同样条件下，有$dG = dw_{add,\,max}$。因此，在等温等压下，有

$$dw_{add,\,max} = \mu_A dn_A + \mu_B dn_B + \cdots \quad (5A.8)$$

即额外功（非膨胀功）可以来源于系统组成的改变。例如，在电化学电池中，在两个不同的位置（在两个电极上）发生化学反应，电池所做电功可以归因于从反应物形成产物时其组成的变化。

(c) 化学势更广泛的意义

化学势并不仅是说明G是如何随组成变化的。因为$G = U + pV - TS$，所以$U = -pV + TS + G$。对于一个组成可变的系统，U的微小变化的一般形式是

$$\begin{aligned} dU &= -pdV - Vdp + SdT + TdS + dG \\ &= -pdV - Vdp + SdT + TdS + \\ &\quad (Vdp - SdT + \mu_A dn_A + \mu_B dn_B + \cdots) \\ &= -pdV + TdS + \mu_A dn_A + \mu_B dn_B + \cdots \end{aligned}$$

此表达式是式（3E.1）（$dU = TdS - pdV$）应用于组成可变系统的一般形式。在等容等熵时，该式变为

$$dU = \mu_A dn_A + \mu_B dn_B + \cdots \quad (5A.9)$$

所以

$$\mu_J = \left(\frac{\partial U}{\partial n_J}\right)_{S,V,n'} \quad (5A.10)$$

因此，化学势不仅表示吉布斯能如何随组成变化而变化，它也表示内能是如何变化的（但在不同的条件下）。通过同样方式，可以推导出

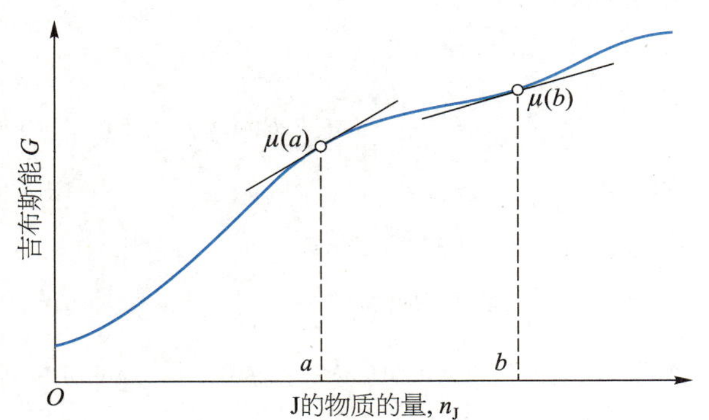

图5A.4 物质的化学势是混合物总吉布斯能随该物质的物质的量的变化率（通常，化学势随组成而变，如图中所示a和b点的两个数值。本例中，两个化学势都为正值）

$$(a)\ \mu_J=\left(\frac{\partial H}{\partial n_J}\right)_{S,p,n'} \qquad (b)\ \mu_J=\left(\frac{\partial A}{\partial n_J}\right)_{T,V,n'} \qquad (5A.11)$$

所以，μ_J表示所有的广度热力学性质U、H、A和G如何随组成变化而变化。这就是化学势对化学非常重要的原因。

（d）吉布斯－杜亥姆公式

因为双组分混合物的总吉布斯能由式（5A.5）（$G=n_A\mu_A+n_B\mu_B$）给出，并且化学势随组成变化而变化，所以当组成发生微小变化时，双组分系统的吉布斯能按下式变化：

$$dG=\mu_A dn_A+\mu_B dn_B+n_A d\mu_A+n_B d\mu_B$$

然而，在等温等压时，吉布斯能的变化可由式（5A.7）给出。因为吉布斯能是状态函数，dG的这两个表达式必然相等，这意味着在等温等压下，有

$$n_A d\mu_A+n_B d\mu_B=0 \qquad (5A.12a)$$

该式是**吉布斯－杜亥姆公式**（Gibbs－Duhem equation）的一个特例：

$$\sum_J n_J d\mu_J=0 \qquad (5A.12b)$$

吉布斯－杜亥姆公式

吉布斯－杜亥姆公式的意义在于，混合物中一个组分的化学势不能独立于另一个组分的化学势而独自改变。在双组分混合物中，如果一个组分的化学势升高，则另一个组分的化学势必然降低，二者的变化是相关联的，可由式（5A.12a）给出。因此：

$$d\mu_B=-\frac{n_A}{n_B}d\mu_A \qquad (5A.13)$$

简要说明5A.1

如果一种混合物的组成为$n_A=2n_B$，组成的微小改变导致μ_A的变化为$\Delta\mu_A=+1\ J\cdot mol^{-1}$,则$\mu_B$将变化

$$\Delta\mu_B=-2\times1\ J\cdot mol^{-1}=-2\ J\cdot mol^{-1}$$

同样的推理路线适用于所有偏摩尔量。例如，在混合物中各物质的偏摩尔体积的变化由下式关联：

$$\sum_J n_J dV_J=0 \qquad (5A.14a)$$

对于双组分混合物，则有

$$dV_B=-\frac{n_A}{n_B}dV_A \qquad (5A.14b)$$

如图5A.1所示，水的偏摩尔体积升高，则乙醇的偏摩尔体积就降低。而且，正如式（5A.14b）所示，及图5A.1所见，如果n_A/n_B很大，组分A的偏摩尔体积的微小变化对应着组分B的偏摩尔体积的很大变化；而当n_A/n_B很小时，相反的情况也成立。实际上，通常使用吉布斯－杜亥姆公式，通过测量双组分混合物中某一组分的偏摩尔体积，来计算另一组分的偏摩尔体积。

例题5A.2 使用吉布斯－杜亥姆公式

298 K时，K_2SO_4溶液的偏摩尔体积的实验数值符合如下表达式：

$$v_B=32.280+18.216z^{1/2}$$

其中$v_B=V_{K_2SO_4}/(cm^3\cdot mol^{-1})$，$z$是$K_2SO_4$溶液的质量摩尔浓度的数值（$z=b/b^\ominus$；参见“化学家工具包11”）。利用吉布斯－杜亥姆公式，导出该溶液中水的偏摩尔体积的表达式。已知纯水在298 K的摩尔体积是18.079 $cm^3\cdot mol^{-1}$。

整理思路 A代表溶剂水，B代表溶质K_2SO_4。对两个组分的偏摩尔体积，由吉布斯－杜亥姆公式可知，$dv_A=-(n_B/n_A)dv_B$，v_A可由积分得到：

$$v_A=v_A^*-\int_0^{v_B}\frac{n_B}{n_A}dv_B$$

式中$v_A^*=V_A^*/(cm^3\cdot mol^{-1})$是纯A摩尔体积的数值。第一步是从$v_B$到$z=b/b^\ominus$改变积分变量;然后将右侧在$z=0$(纯A）和一定质量摩尔浓度之间积分。

解：从题中信息可以得到，组分B为K_2SO_4，$dv_B/dz=9.108z^{-1/2}$。因此，所要求的积分为

$$v_A=v_A^*-9.108\int_0^{b/b^\ominus}\frac{n_B}{n_A}z^{-1/2}dz$$

组分$A(H_2O)$的物质的量是$n_A=(1\ kg)/M_A$,其中M_A是水的摩尔质量。并且，在比例n_B/n_A中出现的$n_B/(1\ kg)$,将被认为是B的质量摩尔浓度：

$n_A=(1\ kg)/M_A$　　$n_B/(1\ kg)=b$

$$\frac{n_B}{n_A}=\frac{n_B}{(1\ kg)/M_A}=\frac{n_BM_A}{1\ kg}=bM_A=zb^\ominus M_A$$

因此有

$$v_A=v_A^*-9.108M_Ab^\ominus\int_0^{b/b^\ominus}z^{1/2}dz$$
$$=v_A^*-\frac{2}{3}(9.108M_Ab^\ominus)(b/b^\ominus)^{3/2}$$

然后，通过代入数据（包括$M_A=1.802\times10^{-2}\ kg\cdot mol^{-1}$，水的摩尔质量），计算结果为

$$V_A/(cm^3\cdot mol^{-1})=18.079-0.109\ 4(b/b^\ominus)^{3/2}$$

偏摩尔体积在图5A.5中绘出。

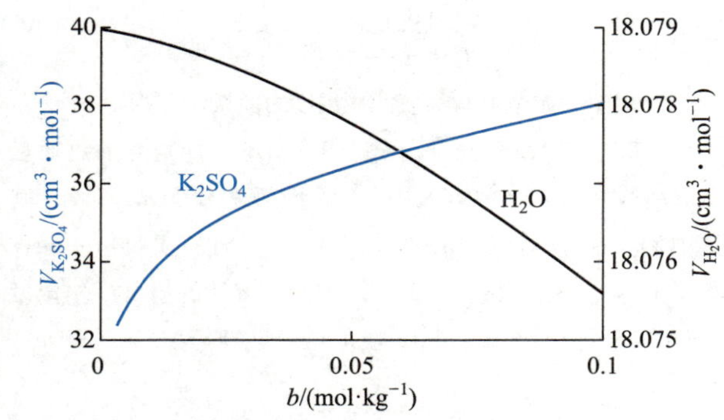

图5A.5 硫酸钾溶液中两组分的偏摩尔体积

自测题5A.2 已知对盐B有

$$V_B/(cm^3 \cdot mol^{-1}) = 6.218 + 5.146z - 7.147z^2$$

式中 $z = b/b^\ominus$，请重复上述计算。

答案：$V_A/(cm^3 \cdot mol^{-1}) = 18.079 - 0.046\ 4z^2 + 0.085\ 9z^3$。

5A.2 混合过程热力学

式（5A.5）表明，混合物的吉布斯能随其组成变化而变化；另外，如专题3E中所述，在等温等压下，系统趋向于较低的吉布斯能。为了将热力学应用于组成的自发变化的讨论，如在两种物质的混合中，这是一个必要的连接。一个自发混合过程的简单例子是将两种气体引入同一个容器中。混合是自发的，它必然对应着吉布斯能的降低。

（a）完美气体的混合吉布斯能

设在混合前，两个容器中的两种完美气体的物质的量为 n_A 和 n_B，且都处于温度 T 和压力 p 下（图5A.6）。此时，两种气体的化学势等于它们的"纯"数值，该数值可以通过将定义式 $\mu = G_m$ 应用于式（3E.15）$[G_m(p) = G_m^\ominus + RT\ln(p/p^\ominus)]$ 得到：

$$\mu = \mu^\ominus + RT\ln\frac{p}{p^\ominus} \quad \text{化学势随压力的变化[完美气体]} \qquad (5A.15a)$$

式中 $\mu^\ominus$ 是**标准化学势**（standard chemical potential），即纯气体在1 bar下的化学势。

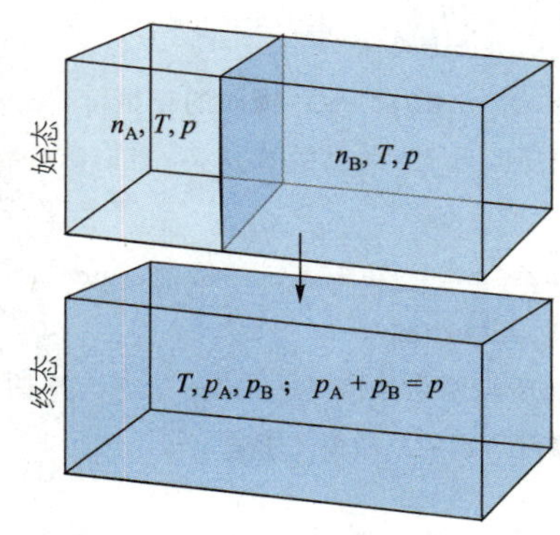

图5A.6 计算两种完美气体混合热力学函数的示意图

用 p 本身替换 $p/p^\ominus$ 可以将标记简化，则式（5A.15a）变为

$$\mu = \mu^\ominus + RT\ln p \qquad (5A.15b)$$

实际上，用 p 替换 $p/p^\ominus$ 意味着压力的单位为bar。单独存在的两种气体的总吉布斯能由式（5A.5）给出：

$$G_i = n_A\mu_A + n_B\mu_B$$
$$= n_A(\mu_A^\ominus + RT\ln p) + n_B(\mu_B^\ominus + RT\ln p) \qquad (5A.16a)$$

混合后，两种气体的分压为 p_A 和 p_B，并且 $p_A + p_B = p$。总吉布斯能变为

$$G_f = n_A(\mu_A^\ominus + RT\ln p_A) + n_B(\mu_B^\ominus + RT\ln p_B) \qquad (5A.16b)$$

差值 $G_f - G_i$，即**混合吉布斯能**（Gibbs energy of mixing）$\Delta_{mix}G$ 为

$$\Delta_{mix}G = n_A RT\ln\frac{p_A}{p} + n_B RT\ln\frac{p_B}{p} \qquad (5A.16c)$$

此时，n_J 可以用 $x_J n$ 替换，n 是A和B的总物质的量；对于每一个组分，分压和摩尔分数的关系（专题1A，$p_J = x_J p$）可写为 $p_J/p = x_J$。因此有

$$\Delta_{mix}G = nRT(x_A\ln x_A + x_B\ln x_B) \quad \text{混合吉布斯能（完美气体）} \qquad (5A.17)$$

因为摩尔分数不会大于1，式中的对数都是负的，所以 $\Delta_{mix}G < 0$（图5A.7）。所有组成范围内 $\Delta_{mix}G$ 均为负值的结论确认了完美气体在所有比例范围内的混合是自发的。

化学家工具包11 浓度的度量

设A为溶剂，B为溶质。**物质的量浓度**，c_B或[B]，是溶质分子的物质的量（用物质的量表示）除以溶液的体积V：

$$c_B=\frac{n_B}{V}$$

它通常以mol·dm^{-3}为单位，或等价地，mol·L^{-1}。其标准值定义为$c^{\ominus}=1\ \text{mol}\cdot\text{dm}^{-3}$。

溶质的**质量摩尔浓度**（molality），b_B，是溶液中溶质的物质的量除以溶剂的总质量（千克）m_A：

$$b_B=\frac{n_B}{m_A}$$

质量摩尔浓度和摩尔分数都与温度无关，而物质的量浓度与温度有关。质量摩尔浓度的标准值定义为$b^{\ominus}=1\ \text{mol}\cdot\text{kg}^{-1}$。

1. 质量摩尔浓度和摩尔分数的关系

考虑含有一种溶质的溶液，分子的总物质的量为n。如果溶质的摩尔分数是x_B，则溶质分子的物质的量是$n_B=x_Bn$。溶剂的摩尔分数是$x_A=1-x_B$，则溶剂分子的物质的量为$n_A=x_An=(1-x_B)n$。摩尔质量为M_A的溶剂的质量为$m_A=n_AM_A=(1-x_B)nM_A$。因此，溶质的质量摩尔浓度为

$$b_B=\frac{n_B}{m_A}=\frac{x_Bn}{(1-x_B)nM_A}=\frac{x_B}{(1-x_B)M_A}$$

将该关系式逆转，用溶质的质量摩尔浓度来表示摩尔分数，得到

$$x_B=\frac{b_BM_A}{1+b_BM_A}$$

2. 质量摩尔浓度与物质的量浓度的关系

体积为V、质量密度为ρ的溶液（不是溶剂）的总质量为$m=\rho V$。该溶液中溶质分子的物质的量为$n_B=c_BV$，则其中溶质的质量$m_B=n_BM_B=c_BVM_B$，溶剂的质量$m_A=m-m_B=\rho V-c_BVM_B=(\rho-c_BM_B)V$。因此，溶质的质量摩尔浓度等于

$$b_B=\frac{n_B}{m_A}=\frac{c_BV}{(\rho-c_BM_B)V}=\frac{c_B}{\rho-c_BM_B}$$

将该关系式逆转，用溶质的质量摩尔浓度来表示摩尔浓度，得到

$$c_B=\frac{b_B\rho}{1+b_BM_B}$$

3. 物质的量浓度与摩尔分数的关系

将用x_B表示的b_B表达式插入c_B的表达式中，则溶质B的物质的量浓度可用其摩尔分数表示为

$$c_B=\frac{x_B\rho}{x_AM_A+x_BM_B}$$

式中$x_A=1-x_B$。对于稀溶液，$x_BM_B \ll x_AM_A$，则

$$c_B\approx\frac{\rho}{x_AM_A}x_B$$

如果更进一步，$x_B \ll 1$，则$x_A\approx 1$。那么有

$$c_B\approx\frac{\rho}{M_A}x_B$$

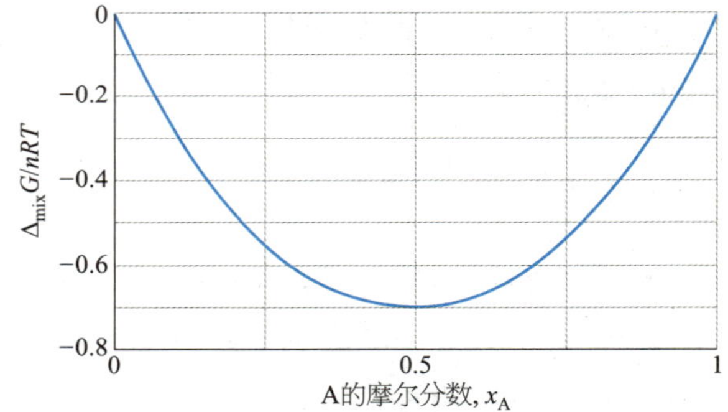

图5A.7 等温等压下，两种完美气体的混合吉布斯能及（稍后讨论）形成理想溶液的两种液体的混合吉布斯能（在全部组成范围内混合吉布斯能都是负的，所以完美气体在全部比例内的混合是自发的）

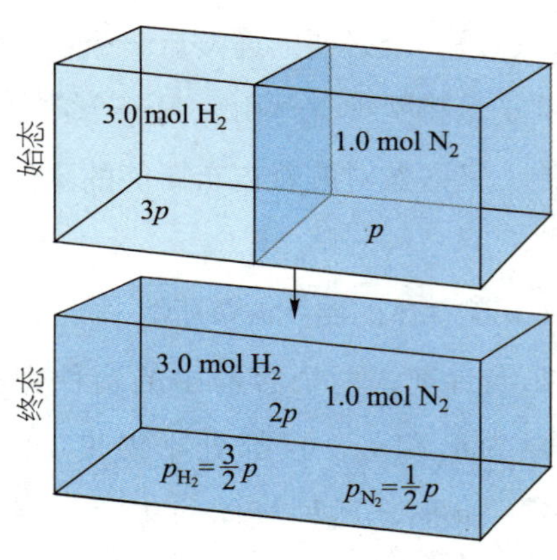

图5A.8 用于计算不同初始压力下气体混合吉布斯能时的始态和终态

例题5A.3 计算混合吉布斯能

一个容器被均分为两部分（图5A.8）。一部分装有25℃的3.0 mol H_2(g)；另一部分装有25℃的1.0 mol N_2(g)。当移去隔板时，计算混合吉布斯能。假设气体均为完美气体。

整理思路 不能直接使用式（5A.17），因为两种气体的始态压力不同。因此，从化学势计算始态吉布斯能入手。为此，计算每种气体的压力：氮气的压力写为p，从气体定律可以得到氢气的压力为p的倍数。接下来，计算移走隔板时系统的吉布斯能。此时，每种气体占有的体积加倍，所以其终态分压是始态压力的一半。

解：假设氮气的压力为p，则氢气的压力为$3p$，所以始态吉布斯能为

$$G_i=3.0\ \text{mol}\times(\mu^{\ominus}_{H_2}+RT\ln 3p)+1.0\ \text{mol}\times(\mu^{\ominus}_{N_2}+RT\ln p)$$

当移走隔板，每种气体占据两倍初始体积时，终态的总

压为 $2p$。氮气的分压降为 $1/2p$，氢气的分压降为 $3/2p$。因此，终态吉布斯能为

$$G_f = 3.0\,\text{mol}\times\left(\mu^\ominus_{H_2} + RT\ln\frac{3}{2}p\right) + 1.0\,\text{mol}\times\left(\mu^\ominus_{N_2} + RT\ln\frac{1}{2}p\right)$$

混合吉布斯能是这两个量的差值：

$$\begin{aligned}\Delta_{mix}G &= 3.0\ \text{mol}\times RT\ln\frac{\frac{3}{2}p}{3p} + 1.0\ \text{mol}\times RT\ln\frac{\frac{1}{2}p}{p}\\ &= -3.0\ \text{mol}\times RT\ln 2 - 1.0\ \text{mol}\times RT\ln 2\\ &= -4.0\ \text{mol}\times RT\ln 2 = -6.9\ \text{kJ}\end{aligned}$$

说明　在这个例子中，$\Delta_{mix}G$的数值是两项贡献之和：混合过程本身，以及两种气体的压力变为终态总压$2p$。不要误以为吉布斯能的变化为负就可以将其看作自发性的标记：在本例中，压力变了，而$\Delta G<0$是自发变化的标记仅在等温等压下才成立。当3.0 mol H_2与1.0 mol N_2在同压下混合，容器的容积必然相应变化，吉布斯能的变化为−5.6 kJ。因为这是等温等压时的吉布斯能变化，其为负值的事实确实意味着自发。

自测题 5A.3　假设容器内隔板两侧为2.0 atm、25 ℃下的2.0 mol H_2和3.0 atm、25 ℃下的4.0 mol N_2。当移走隔板时，两种气体混合。计算$\Delta_{mix}G$。

答案：−9.7 kJ。

（b）其他热力学混合函数

在专题3E中已说明，$(\partial G/\partial T)_p = -S$。因此，根据式（5A.17），对于始态压力相同的完美气体混合物，混合熵$\Delta_{mix}S$

$$\Delta_{mix}S = -\left(\frac{\partial \Delta_{mix}G}{\partial T}\right)_p = -nR(x_A\ln x_A + x_B\ln x_B)\qquad \text{混合熵 [完美气体，等温等压]}\qquad (5A.18)$$

因为$\ln x<0$，所以在所有组成范围内，都有$\Delta_{mix}S>0$（图5A.9）。

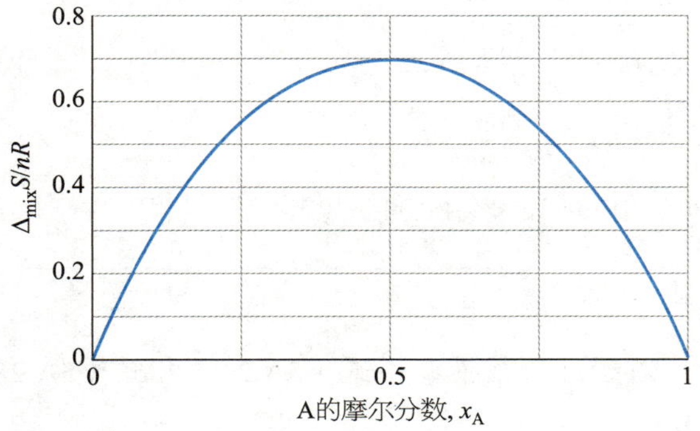

图5A.9　等温等压下，两种完美气体的混合熵及（稍后讨论）形成理想溶液的两种液体的混合熵（在全部组成范围内熵增大，并且由于完美气体混合时没有热传递至环境，环境的熵不变。因此，图形也显示了系统和环境的总熵；由于在全部组成范围内总的混合熵为正，故完美气体在所有比例范围内都自发混合）

简要说明5A.2

对于在相同压力下混合的等量完美气体，设$x_A = x_B = 1/2$，得到

$$\Delta_{mix}S = -nR\left(\frac{1}{2}\ln\frac{1}{2} + \frac{1}{2}\ln\frac{1}{2}\right) = nR\ln 2$$

n是气体分子的总物质的量。若每种气体为1 mol，则$n=$ 2 mol，故

$$\Delta_{mix}S = 2\ \text{mol}\times R\times\ln 2 = +11.5\ \text{J}\cdot\text{K}^{-1}$$

当一种气体分散进入另一种气体时，无序度增大，故熵增加。

在等温等压条件下，两种完美气体的**混合焓**（enthalpy of mixing）$\Delta_{mix}H$，即混合过程的焓变，可以由式$\Delta G = \Delta H - T\Delta S$来计算。根据式（5A.17）和式（5A.18），可得

$$\Delta_{mix}H = 0\qquad \text{混合焓 [完美气体，等温等压]}\qquad (5A.19)$$

正如所期望的，混合焓为零，这是由于形成气体混合物的分子之间没有相互作用。由于环境的熵不变，整个混合过程的驱动力全部来自系统的熵增加。

5A.3　液体的化学势

为了讨论液体混合物的平衡性质，有必要知道液体的吉布斯能如何随组成而变化。计算这种依赖关系要使用的事实是：如专题4A中所述，平衡时，一种物质在气相的化学势必然等于其在液相中的化学势。

（a）理想溶液

与纯物质有关的物理量用上标“*”标记，所以纯A的化学势写为μ_A^*；当需要强调A是液体时，写为$\mu_A^*(\text{l})$。因为纯液体的蒸气压是p_A^*，由式（5A.15b）可知，气相中A（当作完美气体处理）的化学势是$\mu_A^\ominus + RT\ln p_A$（$p_A$可以理解为$p_A/p^\ominus$）。这两个化学势在平衡时是相等的（图5A.10），所以有

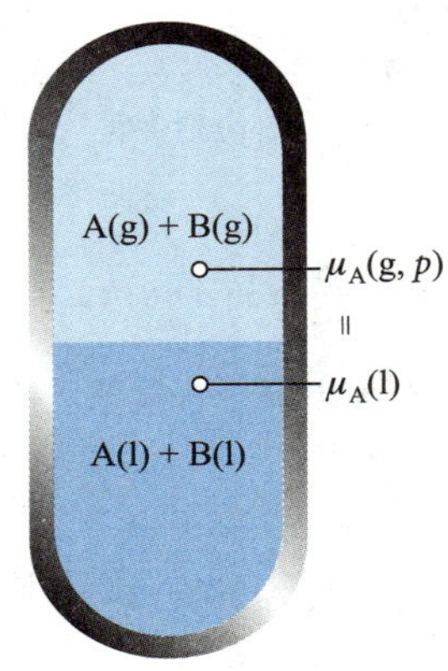

图 5A.10　平衡时，物质 A 的气相化学势等于其凝聚相的化学势（如果还存在一溶质，该等式也成立。因为气相中 A 的化学势与其分压有关，因此液体 A 的化学势可与其蒸气分压关联）

$$\overbrace{\mu_A^*(l)}^{\text{液体}} = \overbrace{\mu_A^\ominus(g) + RT\ln p_A^*}^{\text{蒸气}} \tag{5A.20a}$$

如果另一种物质，即溶质，也存在于液体中，则液体中 A 的化学势变为 μ_A，其蒸气压变为 p_A。由于蒸气和溶剂仍然处于平衡，所以

$$\mu_A(l) = \mu_A^\ominus(g) + RT\ln p_A \tag{5A.20b}$$

下一步就是联合这两个方程以消去气体的标准化学势 $\mu_A^\ominus(g)$。为此，将式（5A.20a）写为 $\mu_A^\ominus(g) = \mu_A^*(l) - RT\ln p_A^*$，并把这个表达式代入式（5A.20b）中，得到

$$\mu_A(l) = \overbrace{\mu_A^*(l) - RT\ln p_A^*}^{\mu_A^\ominus(g)} + RT\ln p_A = \mu_A^*(l) + RT\ln\frac{p_A}{p_A^*} \tag{5A.21}$$

最后一步需要用到额外的实验信息，即液体的蒸气压与其组成的关系式。在一系列性质相近的液体混合物（如苯和甲苯）的实验中，Francois Raoult 发现，每种组分的分压与该组分以纯液体存在时的饱和蒸气压的比值，p_A/p_A^*，约等于液体混合物中组分 A 的摩尔分数。这样，他建立了**拉乌尔定律**（Raoult's law）：

$$p_A = x_A p_A^* \quad \text{拉乌尔定律 [理想溶液]} \tag{5A.22}$$

该定律示于图 5A.11 中。一些混合物很好地符合拉乌尔定律，特别当组分之间的结构非常相似时（图 5A.12）。从纯 A 到纯 B 的全部浓度范围内都遵守拉乌尔定律的混合物被称为**理想溶液**（ideal solution）。

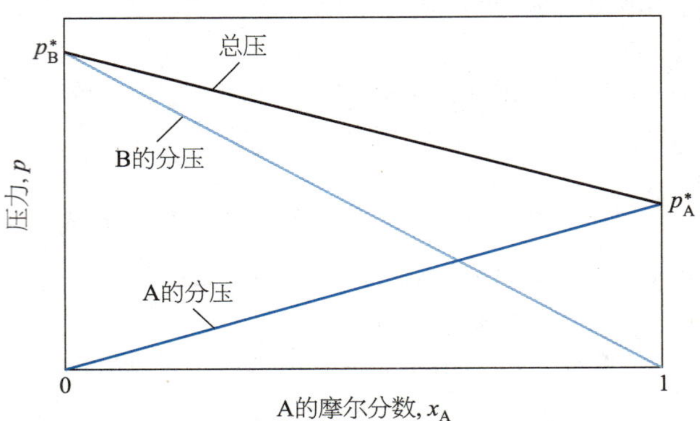

图 5A.11　理想双组分混合物中，两个组分的蒸气分压与组分的摩尔分数成正比，符合拉乌尔定律，总压也与每种组分的摩尔分数呈线性关系

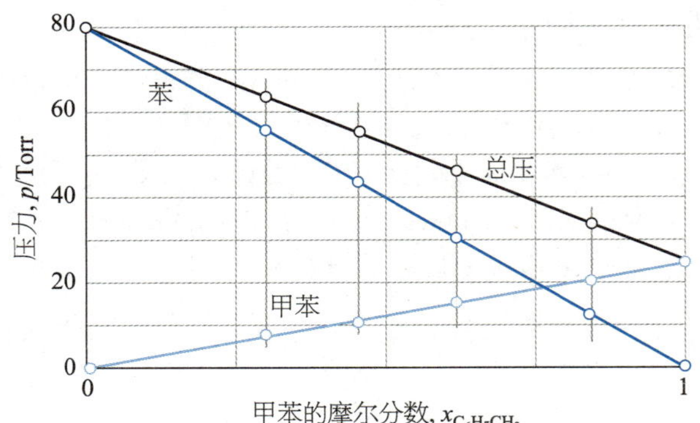

图 5A.12　两种相似的液体，本例中为苯和甲苯，行为几乎理想，它们的蒸气压随组成的变化与理想溶液类似

简要说明 5A.3

20 ℃时，纯苯的饱和蒸气压是 75 Torr，纯甲苯的饱和蒸气压为 25 Torr。在一个等物质的量的混合物中，$x_{苯} = x_{甲苯} = \frac{1}{2}$。所以，混合物中每种组分的蒸气分压为

$$p_{苯} = \frac{1}{2} \times 75\ \text{Torr} = 37.5\ \text{Torr}$$

$$p_{甲苯} = \frac{1}{2} \times 25\ \text{Torr} = 12.5\ \text{Torr}$$

混合物的总蒸气压是 50 Torr。根据分压的定义（专题 1A），气相中两个组分的摩尔分数分别为

$$x_{苯}(g) = \frac{37.5\ \text{Torr}}{50\ \text{Torr}} = 0.75$$

$$x_{甲苯}(g) = \frac{12.5\ \text{Torr}}{50\ \text{Torr}} = 0.25$$

可见，气相更易富集易挥发组分（苯）。

对于理想溶液，由式（5A.21）和式（5A.22）可知

$$\mu_A(l) = \mu_A^*(l) + RT\ln x_A \quad \text{化学势 [理想溶液]} \tag{5A.23}$$

这个重要的公式可被用作理想溶液的定义式（它意味着拉乌尔定律，而不是来源于拉乌尔定律）。实际上，

这个定义式优于式（5A.22），因为没有假定气相是完美气体。

拉乌尔定律的微观根源是溶质对溶液的熵的影响。在纯溶剂中，分子有一定的无序性及对应的熵；蒸气压代表着系统及其环境达到更高熵的趋势。当溶质存在时，溶液比纯溶剂有较大的无序性，因为随机选定的一个分子可能是溶剂分子，也可能不是溶剂分子。因为溶液的熵大于纯溶剂的熵，溶液有较小的趋势通过溶剂蒸发达到更高的熵。换句话说，溶液中溶剂的蒸气压低于纯溶剂的蒸气压。

一些溶液明显偏离拉乌尔定律（图5A.13）。然而，即使是这样的溶液，对于其中量多的组分（溶剂），当其越接近纯物质就越符合拉乌尔定律。这个定律是极限定律（当 $x_A \to 1$ 时，关系式成立）的另一个例子，并且是稀溶液中溶剂性质的一个较好近似。

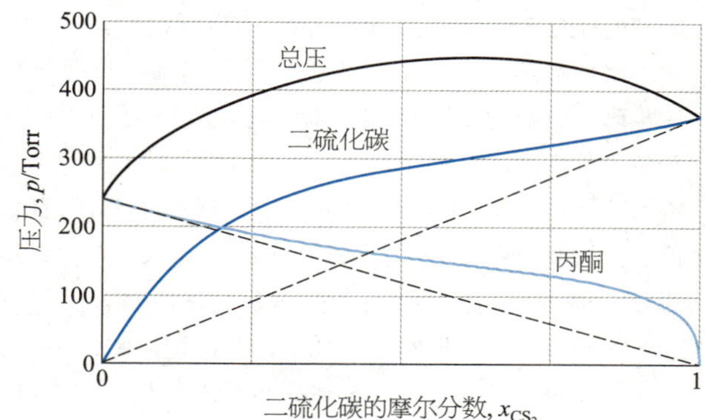

图5A.13 不相似的液体（这里是二硫化碳和丙酮）显示对理想性的明显偏差（虚线表示由拉乌尔定律计算的数值）

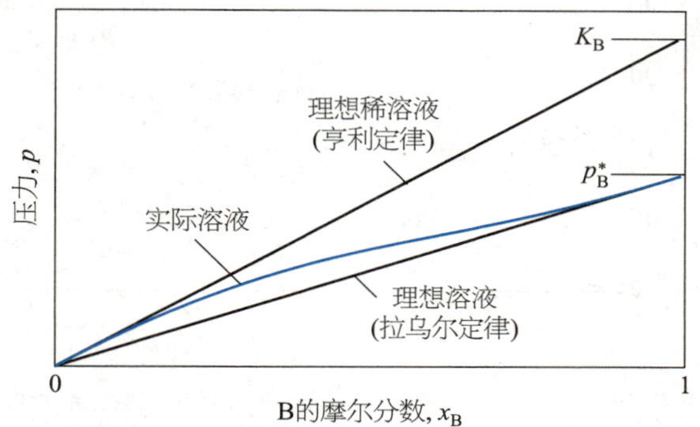

图5A.14 当一个组分（溶剂）接近纯态时，其蒸气压与摩尔分数成正比，斜率为 p_B^*（拉乌尔定律）。对量少的组分（溶质），其蒸气压仍然与摩尔分数成正比，但比例系数为 K_B（亨利定律）

（b）理想稀溶液

在理想溶液中，溶质及溶剂都符合拉乌尔定律。然而，William Henry通过实验发现，对于低浓度的实际溶液，尽管溶质的蒸气压与其摩尔分数成正比，比例系数却不是纯溶质的饱和蒸气压（图5A.14）。**亨利定律**（Henry's law）为

$$p_B = x_B K_B \quad \text{亨利定律［理想稀溶液］} \qquad (5A.24)$$

式中 x_B 是溶质的摩尔分数，K_B 是经验常数（具有压力的量纲），其值等于以B的蒸气压对摩尔分数的作图中，在 $x_B = 0$ 处实验曲线的斜率。因此，亨利定律是一个极限定律，当 $x_B \to 0$ 时关系式成立。

溶质符合亨利定律、溶剂符合拉乌尔定律的混合物被称为**理想稀溶液**（ideal-dilute solutions）。在低浓度时溶质和溶剂行为的差异（如亨利定律和拉乌尔定律所示）来源于这样的事实：稀溶液中溶剂分子的环境与纯溶剂中非常相近（图5A.15）。相反，溶质分子被溶剂分子包围，这完全不同于纯溶质的环境。这样，溶液中的溶剂就像被轻微改变的纯液体，但溶液中的溶质与它的纯态完全不同，除非溶剂和溶质恰好非常相似。在后一种情况中，溶质也符合拉乌尔定律。

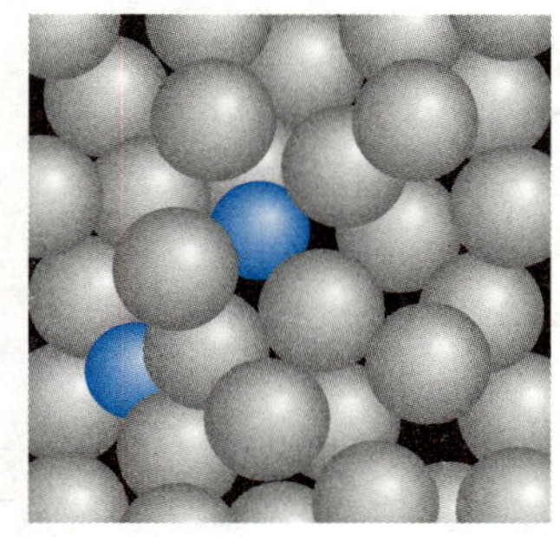

图5A.15 在稀溶液中，溶剂分子（灰色球）处在一个与纯溶剂略微不同的环境中，但溶质分子（蓝色球）则处在一个与纯溶质完全不同的环境中

例题 5A.4 考察拉乌尔定律和亨利定律的有效性

对于丙酮（A）和三氯甲烷（C）的混合物，在35 ℃时测量了每种组分的蒸气压，结果如下：

x_C	0	0.20	0.40	0.60	0.80	1
p_C/kPa	0	4.7	11	18.9	26.7	36.4
p_A/kPa	46.3	33.3	23.3	12.3	4.9	0

验证混合物中大量存在的组分遵守拉乌尔定律，以及量

少的组分遵守亨利定律。求出亨利定律系数。

整理思路 拉乌尔定律和亨利定律都是对蒸气分压与摩尔分数的图形形式的描述。因此，以蒸气分压对摩尔分数作图。对每种组分，在其过量区域（相当于溶剂），可通过比较数据和直线$p_J = x_J p_J^*$来验证拉乌尔定律；而在低浓度x时（组分可看成溶质），则可找到与每条蒸气分压曲线相切的直线$p_J = x_J K_J$来验证亨利定律。

解： 数据及拉乌尔定律线在图5A.16中绘出。亨利定律需要两个系数$K_A = 24.5$ kPa（丙酮）及$K_C = 23.5$ kPa（三氯甲烷）。

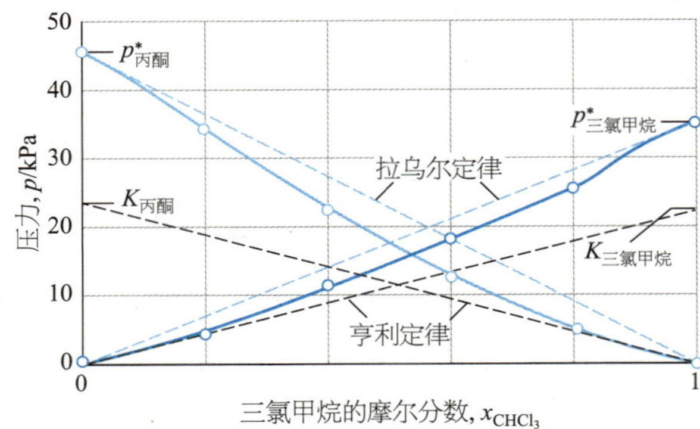

图5A.16 在例题5A.4中数据的基础上，三氯甲烷和丙酮混合物的实验蒸气分压（如在例题中所解释的，K的数值可通过外推稀溶液的蒸气压得到）

说明 注意系统是如何既偏离拉乌尔定律，又偏离亨利定律的，即使是对$x = 1$和$x = 0$很小的偏离。这类偏离在专题5E中讨论。

自测题5A.4 25 ℃时，测得混合物中不同摩尔分数的氯甲烷的蒸气压如下：

x	0.005	0.009	0.019	0.024
p/kPa	27.3	48.4	101	126

估算氯甲烷的亨利定律系数。

答案：5 MPa。

对于实际应用，亨利定律用溶质的质量摩尔浓度b表示，即$p_B = b_B K_B$。这种表示法的一些亨利定律系数数据列于表5A.1。表中数据除了提供溶质的摩尔分数和其蒸气分压的关系外，还可以用来计算气体的溶解度。血液和脂肪中气体亨利定律系数的知识，对讨论呼吸（特别是在潜水和登山中氧气的分压异常时）及气体麻醉剂的作用非常重要。

表5A.1 298 K时一些气体在水中的亨利定律系数*

	$K/(\text{kPa}\cdot\text{kg}\cdot\text{mol}^{-1})$
CO_2	3.01×10^3
H_2	1.28×10^5
N_2	1.56×10^5
O_2	7.92×10^4

* 更多的数据参见*资源部分*。

简要说明5A.4

为了估计25 ℃和21 kPa（在海平面处大气中氧的分压）下，氧气在水中的溶解度，可写出

$$b_{O_2} = \frac{p_{O_2}}{K_{O_2}} = \frac{21\ \text{kPa}}{7.9\times10^4\ \text{kPa}\cdot\text{kg}\cdot\text{mol}^{-1}} = 2.9\times10^{-4}\ \text{mol}\cdot\text{kg}^{-1}$$

因此，饱和溶液中的质量摩尔浓度是0.29 mmol · kg^{-1}。为了将这个量转化为物质的量浓度，假设该稀溶液的质量密度与25 ℃时的纯水相同，即$\rho = 0.997$ kg · dm^{-3}。则氧气的物质的量浓度为

$$[O_2] = b_{O_2}\rho = 2.9\times10^{-4}\ \text{mol}\cdot\text{kg}^{-1}\times0.997\ \text{kg}\cdot\text{dm}^{-3} = 0.29\ \text{mmol}\cdot\text{dm}^{-3}$$

概念清单

- ☐ 1. 物质的**偏摩尔体积**是该物质为混合物的一部分时，对总体积的贡献。
- ☐ 2. 化学势是**偏摩尔吉布斯能**，是该物质为混合物的一部分时，对总吉布斯能的贡献。
- ☐ 3. 化学势也表示，在多种不同条件下，热力学函数随组成的变化。
- ☐ 4. **吉布斯－杜亥姆公式**表示混合物中各组分化学势（或其他偏摩尔量）的变化是如何相互关联的。
- ☐ 5. 在相同的温度和压力下，完美气体的**混合吉布斯能**为负值。
- ☐ 6. 始态压力相同的、完美气体的**混合熵**为正值，**混合焓**为零。
- ☐ 7. **拉乌尔定律**提供了混合物中一种物质的蒸气压与其摩尔分数之间的关系式。
- ☐ 8. **理想溶液**是一种在全部浓度范围内都遵守拉乌尔定律的溶液；对于实际溶液，拉乌尔定律是一极限定律，在物质的摩尔分数接近1时成立。
- ☐ 9. **亨利定律**提供了混合物中溶质的蒸气压与其摩尔分数的关系式；它是理想稀溶液定义的基础。
- ☐ 10. **理想稀溶液**是低浓度的溶质遵守亨利定律、溶剂遵守拉乌尔定律的溶液。

公式清单

性质	公式	说明	公式编号
偏摩尔体积	$V_J=\left(\frac{\partial V}{\partial n_J}\right)_{p,T,n'}$	定义	5A.1
化学势	$\mu_J=\left(\frac{\partial G}{\partial n_J}\right)_{p,T,n'}$	定义	5A.4
总吉布斯能	$G=n_A\mu_A+n_B\mu_B$	双组分混合物	5A.5
化学热力学的基本方程	$dG=Vdp-SdT+\mu_A dn_A+\mu_B dn_B+\cdots$		5A.6
吉布斯－杜亥姆公式	$\sum_J n_J d\mu_J=0$		5A.12b
气体的化学势	$\mu=\mu^{\ominus}+RT\ln\frac{p}{p^{\ominus}}$	完美气体	5A.15a
混合吉布斯能	$\Delta_{mix}G=nRT(x_A\ln x_A+x_B\ln x_B)$	完美气体和理想溶液	5A.17
混合熵	$\Delta_{mix}S=-nR(x_A\ln x_A+x_B\ln x_B)$	完美气体和理想溶液	5A.18
混合焓	$\Delta_{mix}H=0$	完美气体和理想溶液	5A.19
拉乌尔定律	$p_A=x_A p_A^*$	理想溶液；极限定律（当$x_A\to 1$时）	5A.22
组分的化学势	$\mu_A(l)=\mu_A^*(l)+RT\ln x_A$	理想溶液	5A.23
亨利定律	$p_B=x_B K_B$	理想稀溶液；极限定律（当$x_B\to 0$时）	5A.24

专题5B

溶液的性质

▶ 为何需要学习这部分内容？

混合物和溶液在化学中具有中心地位，掌握它们的组成如何影响其沸点和凝固点等热力学性质是非常重要的。渗透压是溶液的重要物理性质之一，如渗透压可用于测量大分子的摩尔质量。

▶ 核心思想是什么？

混合物中某物质的化学势在各相中相等。

▶ 需要哪些预备知识？

本专题建立在由拉乌尔定律（专题5A）得到的表达式的基础上，即化学势与摩尔分数有关。推导利用了吉布斯－亥姆霍兹公式（专题3E）及压力对化学势的影响（专题5A）。一些推导过程与讨论完美气体混合（专题5A）时用到的相同。

热力学可以深入洞察液体混合物的性质，几个简单的思想能够统一整个研究领域。

5B.1 液体混合物

此部分内容基于专题5A中得到的关系式，即在理想混合物或溶液中，一个组分（标记为J，在双组分混合物中，J = A或B）的化学势μ_J与其纯态时化学势μ_J^*和在混合物中的摩尔分数x_J之间有如下关系：

$$\mu_J = \mu_J^* + RT\ln x_J \quad \text{化学势[理想溶液]} \quad (5B.1)$$

（a）理想溶液

两种液体混合形成理想溶液的吉布斯能可以用与两种气体混合（专题5A）完全相同的方法来进行计算。在液体混合之前，总吉布斯能为

$$G_i = n_A\mu_A^* + n_B\mu_B^* \quad (5B.2a)$$

式中*表示纯液体。当液体混合后，各组分化学势由式（5B.1）给出，总吉布斯能为

$$G_f = n_A(\mu_A^* + RT\ln x_A) + n_B(\mu_B^* + RT\ln x_B) \quad (5B.2b)$$

因此，混合吉布斯能，即这两个量的差值，为

$$\Delta_{mix}G = nRT(x_A\ln x_A + x_B\ln x_B) \quad \text{混合吉布斯能[理想溶液]} \quad (5B.3)$$

式中$n = n_A + n_B$。与气体一样，两种液体的理想混合熵为

$$\Delta_{mix}S = -nR(x_A\ln x_A + x_B\ln x_B) \quad \text{混合熵[理想溶液]} \quad (5B.4)$$

然后，由式$\Delta_{mix}G = \Delta_{mix}H - T\Delta_{mix}S$，可得到理想混合焓为0，即$\Delta_{mix}H = 0$。理想混合体积，即混合前后体积的变化，也为0。为了找出原因，考虑如下：由于$(\partial G/\partial p)_T = V$［式（3E.8）］，故$\Delta_{mix}V = (\partial\Delta_{mix}G/\partial p)$。但是，式（5B.3）中$\Delta_{mix}G$与压力无关，所以其对压力的微分为0。因此，$\Delta_{mix}V = 0$。

式（5B.3）和式（5B.4）与两种完美气体混合的公式相同，当时得到的结论在此处也适用：因为混合焓为0，环境的熵不变，因此混合的驱动力是当分子混合时，系统的熵增加。但是，应当注意的是，溶液的理想性与气体的理想性含义不同。在完美气体中，分子之间没有相互作用力。在理想溶液中，分子之间存在相互作用，但是混合物中A－B作用的平均能量与纯液体中A－A和B－B作用的平均能量相同。混合吉布斯能和混合熵随组成的变化与气体混合时相同（图5A.7和图5A.9）；此处再现了这两个图形（如图5B.1和图5B.2）。

实用小贴士 正是基于这种区别，术语“完美气体”要优于普遍使用的术语“理想气体”。在理想溶液中，分子之间有相互作

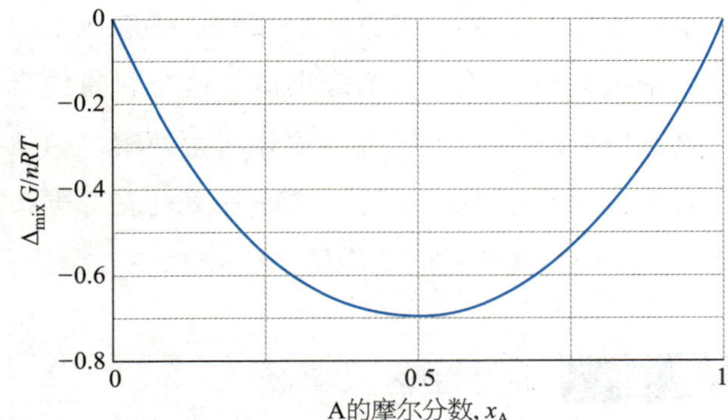

图 5B.1 两种液体形成理想溶液时的混合吉布斯能

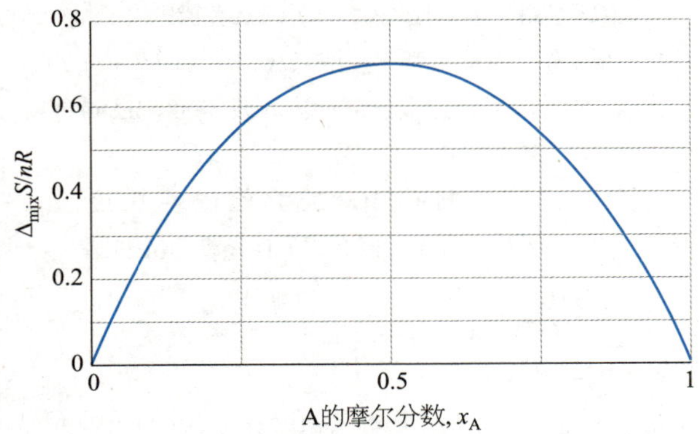

图 5B.2 两种液体形成理想溶液时的混合熵

用，但是不同物质之间的作用是相等的。在完美气体中，不仅分子之间相互作用相同，而且都为0。但是，很少有人愿意费心进行这种有价值的区分。

简要说明 5B.1

考虑苯和甲苯的混合物，近似为理想溶液。假定1.0 mol C_6H_6(l)与2.0 mol $C_6H_5CH_3$(l)混合，则该混合物中$x_{苯}$ = 0.33，$x_{甲苯}$ = 0.67。在25 ℃时，RT = 2.48 kJ · mol^{-1}，混合吉布斯能和混合熵分别为

$$\Delta_{mix}G/n = 2.48\ \mathrm{kJ\cdot mol^{-1}} \times (0.33\times\ln 0.33 + 0.67\times\ln 0.67)$$
$$= -1.6\ \mathrm{kJ\cdot mol^{-1}}$$

$$\Delta_{mix}S/n = -8.314\,5\ \mathrm{J\cdot K^{-1}\cdot mol^{-1}} \times (0.33\times\ln 0.33 + 0.67\times\ln 0.67)$$
$$= +5.3\ \mathrm{J\cdot K^{-1}\cdot mol^{-1}}$$

混合焓等于零（假定溶液是理想的）。

实际溶液是由A－A、B－B和A－B相互作用都不同的分子组成的。当这样的液体混合时，不仅焓和体积发生变化，而且对熵有额外的贡献，这是由于某种分子有可能团聚在一起，而不是与其他种分子自由混合。如果焓变较大且为正，或者如果熵变为负（因为分子重组会形成有序混合物），混合吉布斯能有可能为正。在这种情况下，分离是自发的，液体间不互溶。或者，液体可能部分互溶，即液体只在一定的组成范围内互溶。

（b）超额函数和正规溶液

实际溶液的热力学性质用**超额函数**（excess function）X^E来表示，即实际观察到的混合热力学函数和形成理想溶液时的混合热力学函数间的差值：

$$X^E = \Delta_{mix}X - \Delta_{mix}X^{ideal} \qquad \text{超额函数[定义]} \qquad (5B.5)$$

例如，**超额熵**（excess entropy）S^E，就可利用式（5B.4）给出的$\Delta_{mix}S^{ideal}$数值计算。超额焓和超额体积都等于实际观察到的混合焓和混合体积，因为它们的理想值都为零。

图5B.3给出超额函数与组成有关的两个例子。图5B.3（a）给出苯/环己烷混合物的数据：

H^E为正值，意味着$\Delta_{mix}H>0$，说明混合物中A－B相互作用弱于纯液体中A－A和B－B相互作用。曲线的对称形状反映出A－A和B－B相互作用的强度相近。图5B.3（b）显示四氯乙烯/环戊烷混合物的超额体积V^E随组成的变化。当环戊烷的摩尔分数较大时，加入四氯乙烯时溶液收缩，因为环戊烷的环状结构引起分子的非紧密堆积，而当加入四氯乙烯时混合物中的分子更紧密地堆积在一起。类似地，当四氯乙烯的摩尔分数较大时，加入环戊烷时溶液膨胀，因为四氯乙烯分子近似平面，在纯液体中可有效堆积，但在大的环状环戊烷加入后，则变得混乱了。

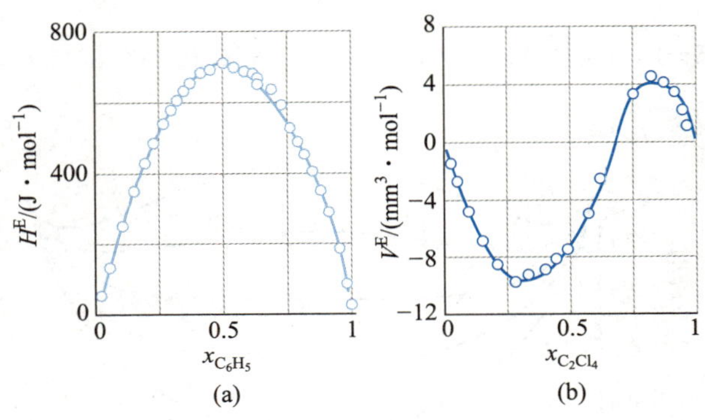

图 5B.3 25 ℃时的实验超额函数。（a）苯/环己烷的H^E，该图显示混合是吸热的（因为理想溶液的$\Delta_{mix}H=0$）；（b）四氯乙烯/环戊烷的超额体积V^E，该图显示在四氯乙烯摩尔分数较小时，体积收缩，但在摩尔分数较大时，体积膨胀（因为理想混合物的$\Delta_{mix}V=0$）

超额焓对零的偏离显示溶液的非理想程度。在这种关系中，一个有用的模型系统是**正规溶液**（regular solution），即溶液的$H^E \neq 0$，但$S^E = 0$。正规溶液可以看成其中的两种分子在溶液中随机分布（如在理想溶液中），但相互间有不同的作用能。为了更加定量地表示这个概念，假定超额焓与组成的依赖关系如下：

$$H^E = n\xi RTx_A x_B \tag{5B.6}$$

式中ξ是一个量纲为1的参数，是A－B作用能相对于A－A和B－B作用能的一种量度（对表示为摩尔量的H^E，舍弃物质的量n）。由式（5B.6）给出的函数在图5B.4中绘出，它类似于图5B.3a中的实验曲线。如果$\xi < 0$，混合是放热的，A－B作用强于A－A和B－B作用。如果$\xi > 0$，那么混合是吸热的。因为正规溶液的混合熵具有其理想值，故混合吉布斯能为

$$\Delta_{mix}G = \overbrace{n\xi RTx_A x_B}^{\Delta_{mix}H} - T\overbrace{[-nR(x_A \ln x_A + x_B \ln x_B)]}^{\Delta_{mix}S} \tag{5B.7}$$
$$= nRT(x_A \ln x_A + x_B \ln x_B + \xi x_A x_B)$$

图5B.5显示了对于不同数值的ξ，$\Delta_{mix}G$如何随组成变化。重要特点是当$\xi > 2$时，图形显示出由一个最大值分开的两个最小值。这个现象的含义是：如果$\xi > 2$，系统将自发分离为两相，相组成对应着两个最小值，因为这种分离对应着吉布斯能的降低。这个知识点将在专题5C中深入讨论。

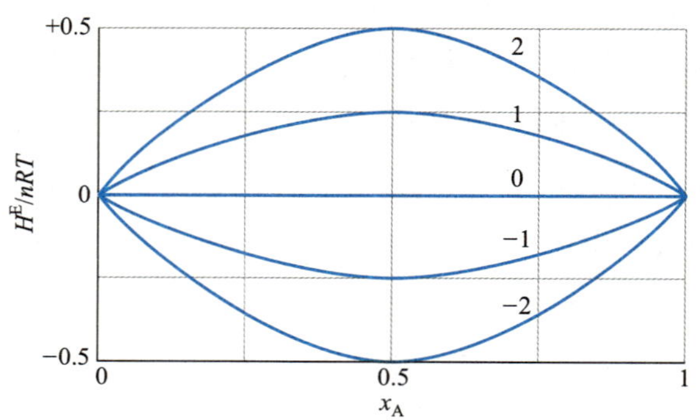

图5B.4　参数ξ的数值不同时，超额焓与$\xi x_A x_B$成正比的模型中的超额焓

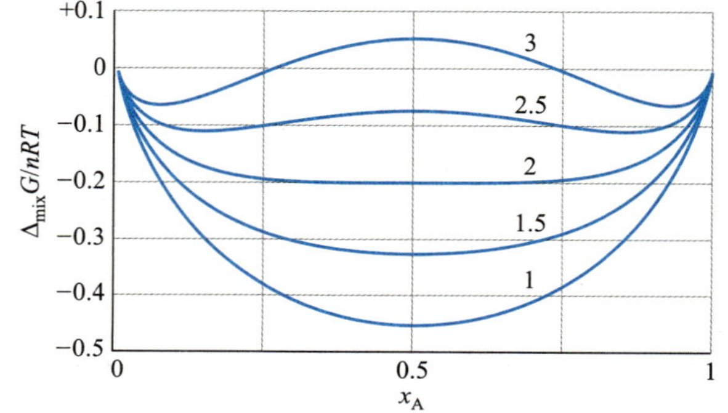

图5B.5　参数ξ的数值不同时对应的混合吉布斯能

例题 5B.1　确定正规溶液的参数

确定25 ℃时适于建立苯和环己烷混合物模型的参数ξ的数值，并估算等物质的量混合物的混合吉布斯能。

整理思路　参考图5B.3（a），确定曲线中最大值的数值；然后将它与写为摩尔量的式（5B.6）（$H^E = \xi RTx_A x_B$）关联。对第二部分，假设溶液为正规溶液，且混合吉布斯能由式（5B.7）给出。

解：在实验数据中，最大值出现在接近$x_A = x_B = \frac{1}{2}$处，最大值的数值接近701 J · mol^{-1}。因此有

$$\xi = \frac{H^E}{RTx_A x_B} = \frac{701\ \mathrm{J \cdot mol^{-1}}}{8.3145\ \mathrm{J \cdot K^{-1} \cdot mol^{-1}} \times 298\ \mathrm{K} \times \frac{1}{2} \times \frac{1}{2}}$$
$$= 1.13$$

所以，达到指定组成（假定为正规溶液）的总混合吉布斯能为

$$\Delta_{mix}G/n = \frac{1}{2}RT\ln\frac{1}{2} + \frac{1}{2}RT\ln\frac{1}{2} + 701\ \mathrm{J \cdot mol^{-1}}$$
$$= -RT\ln 2 + 701\ \mathrm{J \cdot mol^{-1}}$$
$$= -1.72\ \mathrm{kJ \cdot mol^{-1}} + 0.701\ \mathrm{kJ \cdot mol^{-1}}$$
$$= -1.02\ \mathrm{kJ \cdot mol^{-1}}$$

自测题 5B.1　由图5B.3a读出下列数据：

x	0.1	0.2	0.3	0.4	0.5	0.6	0.7	0.8	0.9
$H^E/(\mathrm{J \cdot mol^{-1}})$	150	350	550	680	700	690	600	500	280

使用曲线拟合程序，将上述数据拟合为与式（5B.6）一样的表达式，写为$H^E/n = Ax(1-x)$。

答案：$A = 690\ \mathrm{J \cdot mol^{-1}}$。

5B.2　依数性

依数性（colligative property）是只与系统中存在的溶质粒子的相对数目有关，而与其化学种类无关的一种物理性质（“依数”指“依赖数目”）。依数性包括因溶质的存在而引起的蒸气压下降、沸点升高、凝固点降低和渗透压。在稀溶液中，这些性质只与溶质粒子的数目有关，而与其种类无关。

在本节中，溶剂用A表示，溶质用B表示。有

两个假定：首先，溶质是不挥发的，即溶质对蒸气无贡献；其次，溶质不溶解在固态溶剂中，即当溶液凝固时，析出纯固态溶剂。后一个假定相当苛刻，尽管这对很多混合物是真实情况；如果没有第二个假定，会有更多的数学计算，但那并没有引入任何新的原理。

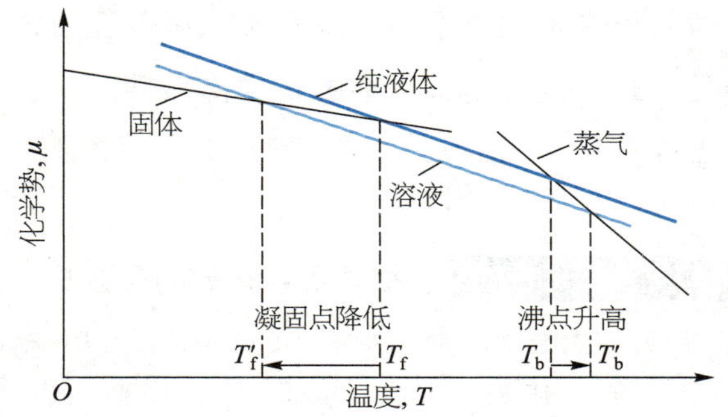

图5B.6 溶液中溶剂的化学势低于纯溶剂的化学势［因此，溶剂的化学势与固态溶剂化学势相等时的温度（凝固点）降低，与气态化学势相等时的温度（沸点）升高。液体化学势的降低对凝固点的影响大于对沸点的影响，因为线相交的角度不同］

（a）依数性的共性

所有的依数性质起源于加入溶质后，液体溶剂的化学势降低。对于理想溶液（遵守拉乌尔定律，专题5A；$p_A = x_A p_A^*$），降低是指从纯溶剂的μ_A^*降为有溶质存在时的$\mu_A = \mu_A^* + RT\ln x_A$（$\ln x_A$为负，因为$x_A < 1$）。溶质对溶剂蒸气和固态溶剂的化学势并没有直接的影响，因为溶质既不出现在气相中，也不在固相中。如图5B.6所见，溶剂化学势的降低意味着液－气平衡发生在更高的温度（沸点升高），以及固－液平衡发生在更低的温度（凝固点降低）。

化学势降低的微观原因不是溶质和溶剂的相互作用能，因为即使在理想溶液中化学势也降低（此时混合焓为零）。如果不是焓效应的原因，必然是熵效应[1]的原因。当溶质存在时，其对溶剂的熵有额外的贡献，导致形成气相的趋势较弱（图5B.7），这会使蒸气压下降，从而使沸点升高。类似地，溶液分子无序度的增加会降低凝固的趋势。因而，达到固－液平衡之前必然达到一个更低的温度，所以凝固点降低。

定量讨论沸点升高和凝固点降低的策略就是寻找1 atm下，一相（纯溶剂蒸气或纯固态溶剂）的化学势与溶液中溶剂化学势相等时的温度。这是1 atm下相变的新平衡温度，因而对应着溶剂新的沸点或新的凝固点。

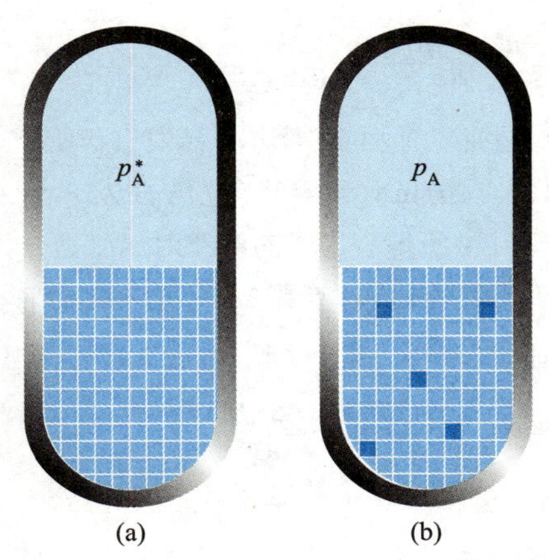

图5B.7 纯液体的蒸气压代表由蒸发引起的无序度增加和环境无序度降低之间的平衡。（a）此处液体的结构由高度格式化的方格表示；（b）当溶质（深蓝色方格）存在时，凝聚相的无序度高于纯液体，获得蒸气无序度特征的趋势下降

（b）沸点升高

当沸腾时，所研究的是在1 atm下溶剂蒸气和溶液中溶剂之间的平衡（图5B.8）。在某一温度时平衡建立，则有

$$\mu_A^*(g) = \mu_A^*(l) + RT\ln x_A \tag{5B.8}$$

式中$\mu_A^*(g)$是纯蒸气的化学势；压力1 atm在整个

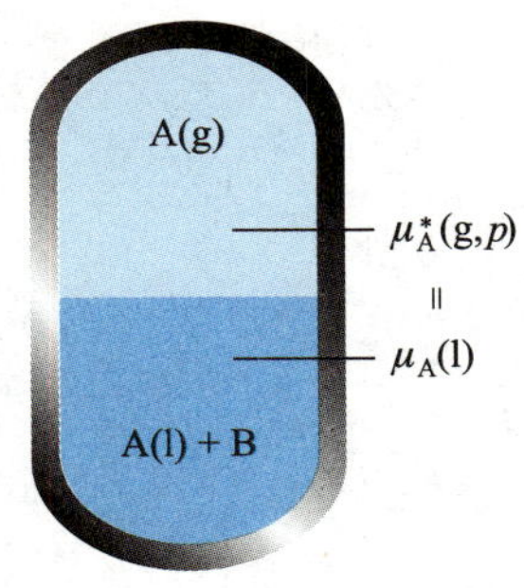

图5B.8 在沸点升高的计算中，涉及的是纯蒸气A和混合物中A之间的平衡（A为溶剂，B为非挥发性溶质）

1 更精确地说，如果不是焓效应（即由于以吸热或放热形式的能量交换，由环境的熵变引起的效应），那么必然是由系统的熵引起的效应。

平衡系统内相等，不用明确写出。可以证明，这个关系式的结果是，溶剂的正常沸点升高了，且在稀溶液中，升高值与溶质的摩尔分数成正比。

如何完成？ 5B.1 推导沸点升高的表达式

计算的出发点是液相中溶剂的化学势与其气相的相等，即式（5B.8）。然后，步骤中包含检验温度必须如何改变以保持溶质加入后二者仍相等。需要进行下述步骤。

步骤1 *将$\ln x_A$与蒸发吉布斯能关联*

式（5B.8）可以改写为

$$\ln x_A=\frac{\mu_A^*(g)-\mu_A^*(l)}{RT}=\frac{\Delta_{vap}G}{RT}$$

式中$\Delta_{vap}G$是纯溶剂A的（摩尔）蒸发吉布斯能。

步骤2 *写出$\ln x_A$随温度变化的表达式*

将步骤1中所得表达式的两侧对温度微分，并用吉布斯－亥姆霍兹公式{专题3E，$[\partial(G/T)/\partial T]_p=-H/T^2$}改写等式右侧的项，从而得到

$$\frac{d\ln x_A}{dT}=\frac{1}{R}\frac{d(\Delta_{vap}G/T)}{dT}=-\frac{\Delta_{vap}H}{RT^2}$$

因此，加入溶质后维持平衡所需的温度变化dT和$\ln x_A$的变化$d\ln x_A$之间的关系为

$$d\ln x_A=-\frac{\Delta_{vap}H}{RT^2}dT$$

步骤3 *通过积分找出$\ln x_A$和温度的可测量变化的关系式*

对上述表达式进行积分，从$x_A=1$，对应着$\ln x_A=0$（此时$T=T^*$，为纯A的沸点）到x_A（沸点为T）。像往常一样，为了避免将积分变量与它们的终态值相混淆，用$\ln x_A'$代替$\ln x_A$，用T'代替T：

$$\int_0^{\ln x_A}d\ln x_A'=-\frac{1}{R}\int_{T^*}^{T}\frac{\Delta_{vap}H}{T'^2}dT'$$

等式左侧积分为$\ln x_A$，等于$\ln(1-x_B)$。如果假定蒸发焓在较小测量温度范围内为常数，可以将其移到积分符号的外面，等式右侧可以积分为

积分A.1 其中$n=-2$

$$\ln(1-x_B)=-\frac{\Delta_{vap}H}{R}\int_{T^*}^{T}\frac{1}{T'^2}dT'$$

因此有

$$\ln(1-x_B)=\frac{\Delta_{vap}H}{R}\left(\frac{1}{T}-\frac{1}{T^*}\right)$$

步骤4 *针对稀溶液对表达式近似处理*

假定溶质的加入量非常少，以至于$x_B\ll 1$；此时，就可以使用近似式$\ln(1-x)\approx -x$（“化学家工具包12”），因而有

$$x_B=\frac{\Delta_{vap}H}{R}\left(\frac{1}{T^*}-\frac{1}{T}\right)$$

最后，因为沸点升高值很小，$T\approx T^*$，故

$$\frac{1}{T^*}-\frac{1}{T}=\frac{T-T^*}{TT^*}\approx\frac{T-T^*}{T^{*2}}=\frac{\Delta T_b}{T^{*2}}$$

式中$\Delta T_b\approx T-T^*$。这样，之前的方程就变为

$$x_B=\frac{\Delta_{vap}H}{R}\cdot\frac{\Delta T_b}{T^{*2}} \quad (5B.9a)$$

这验证了沸点升高值与溶质的摩尔分数互为比例关系。

步骤5 *重排表达式*

计算已经表明，摩尔分数为x_B的溶质的存在引起正常沸点从T^*升高到$T^*+\Delta T$，将式（5B.9a）微调后，关系式为

$$\Delta T_b=Kx_B \qquad K=\frac{RT^{*2}}{\Delta_{vap}H} \quad (5B.9b)$$

沸点升高［理想稀溶液］

式（5B.9b）未指明溶质的种类，仅与其摩尔分数有关，因此，表明沸点升高是一个依数性质。ΔT的数值确实与溶剂的性质有关，且最大升高值发生在高沸点的溶剂上。由特鲁顿规则（专题3B），$\Delta_{vap}H/T^*$是一个常数；因此，式（5B.9b）具有$\Delta T\propto T^*$的形式，且与$\Delta_{vap}H$本身无关。如果$x_B\ll 1$，则B的摩尔分数与其质量摩尔浓度b成正比（见专题5A中“化学家工具包11”）。因此，式（5B.9b）可写为

$$\Delta T_b=K_b b \quad (5B.9c)$$

沸点升高［经验关系式］

式中K_b是溶剂的经验**沸点升高常数**（boiling-point constant）（表5B.1）。

表5B.1 凝固点降低常数（K_f）和沸点升高常数（K_b）

	$K_f/(K\cdot kg\cdot mol^{-1})$	$K_b/(K\cdot kg\cdot mol^{-1})$
苯	5.12	2.53
樟脑	40	
苯酚	7.27	3.04
水	1.86	0.51

*更多的数据参见资源部分。

化学家工具包12 级数展开

函数$f(x)$可以使用**泰勒级数**（Taylor series），用它在$x=a$附近的数值表示：

$$f(x)=f(a)+\left(\frac{\mathrm{d}f}{\mathrm{d}x}\right)_a(x-a)+\frac{1}{2!}\left(\frac{\mathrm{d}^2f}{\mathrm{d}x^2}\right)_a(x-a)^2+\cdots$$

$$=\sum_{n=0}^{\infty}\frac{1}{n!}\left(\frac{\mathrm{d}^nf}{\mathrm{d}x^n}\right)_a(x-a)^n \quad \text{泰勒级数}$$

式中符号$(\cdots)_a$意味着微分在$x=a$处求值，$n!$代表**阶乘**（factorial），定义为

$$n!=n(n-1)(n-2)\cdots1,\quad 0!\equiv1 \quad \text{阶乘}$$

函数的**麦克劳林级数**（Maclaurin series）是泰勒级数在$a=0$处的特殊情况。下列麦克劳林级数在本书的不同阶段用到：

$$(1+x)^{-1}=1-x+x^2-\cdots=\sum_{n=0}^{\infty}(-1)^nx^n$$

$$e^x=1+x+\frac{1}{2}x^2+\cdots=\sum_{n=0}^{\infty}\frac{x^n}{n!}$$

$$\ln(1+x)=x-\frac{1}{2}x^2+\frac{1}{3}x^3-\cdots=\sum_{n=1}^{\infty}(-1)^{n+1}\frac{x^n}{n}$$

级数展开式被用来简化计算，因为当$|x|\ll1$时，可能在1项或2项之后就结束级数，这是一个很好的近似。因此，假定$|x|\ll1$，有

$$(1+x)^{-1}\approx1-x$$

$$e^x\approx1+x$$

$$\ln(1+x)\approx x$$

如果当n接近于无穷时，加和趋近于一个有限的、明确的数值，则级数是**收敛的**（converge）。反之，级数是**发散的**（diverge）。因此，$(1+x)^{-1}$的级数展开式，在$|x|<1$时收敛，在$|x|\geqslant1$时发散。关于收敛的测试请参见相关数学教材。

简要说明 5B.2

水的沸点升高常数是0.51 K·kg·mol^{-1}，质量摩尔浓度为0.10 mol·kg^{-1}的溶质仅使沸点升高0.051 K。苯的沸点升高常数明显大得多，为2.53 K·kg·mol^{-1}，所以沸点升高为0.25 K。

（c）凝固点降低

现在要讨论的是纯固态溶剂A与溶质摩尔分数为x_B的溶液之间的平衡（图5B.9）。在凝固点时，A在两相中的化学势相等：

$$\mu_A^*(s)=\mu_A^*(l)+RT\ln x_A \quad (5B.10)$$

式中$\mu_A^*(s)$是纯固态A的化学势。式（5B.10）与式（5B.8）的唯一区别是用固态化学势代替蒸气化学势。因此，由式（5B.9b）可以直接写出结果：

$$\Delta T_f=K'x_B\quad K'=\frac{RT^{*2}}{\Delta_{fus}H} \quad \text{凝固点降低} \quad (5B.11)$$

式中T^*是纯溶剂的凝固点，ΔT_f是凝固点降低(T^*-T)，$\Delta_{fus}H$是溶剂的熔化焓。具有较低熔化焓和较高熔点的溶剂可观测到较大的凝固点降低。对于稀溶液，溶质的摩尔分数正比于其质量摩尔浓度b，通常把最后一个方程写为

$$\Delta T_f=K_fb \quad \text{凝固点降低[经验关系式]} \quad (5B.12)$$

式中K_f是溶剂的经验**凝固点降低常数**（freezing-point constant）（表5B.1）。

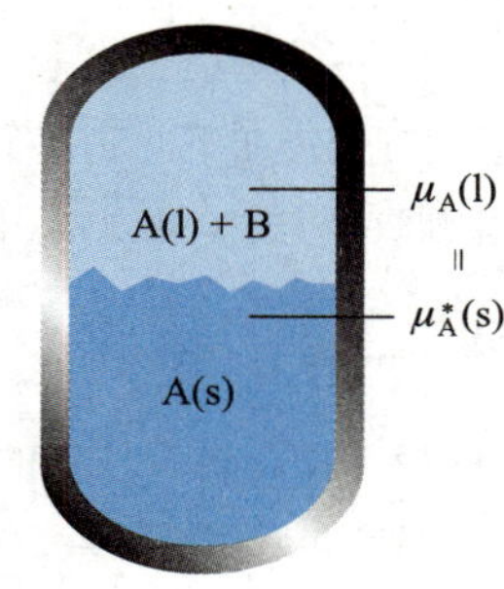

图5B.9 计算凝固点降低时涉及的是纯固态A与混合物中A之间的平衡（A是溶剂，B是溶质，在固态A中不溶解）

简要说明 5B.3

水的凝固点降低常数是1.86 K·kg·mol^{-1}，质量摩尔浓度为0.10 mol·kg^{-1}的溶质将使凝固点降低0.19 K。樟脑的凝固点降低常数很大，为40 K·kg·mol^{-1}，所以凝固点降低4.0 K。

（d）溶解度

尽管溶解度不是依数性（因为溶解度随溶质的种类而变化），却可以用相似的方法估算。当固态溶质与溶剂接触时，溶质溶解直至溶液饱和。**饱和**（saturation）是一个平衡状态，未溶解的溶质与已溶解的溶质之间的平衡。因此，在饱和溶液中，纯固体溶质的化学势$\mu_B^*(s)$和溶液中溶质的化学势μ_B相等（图5B.10）。因为后者与溶液中溶质的摩尔分数有关，所以有

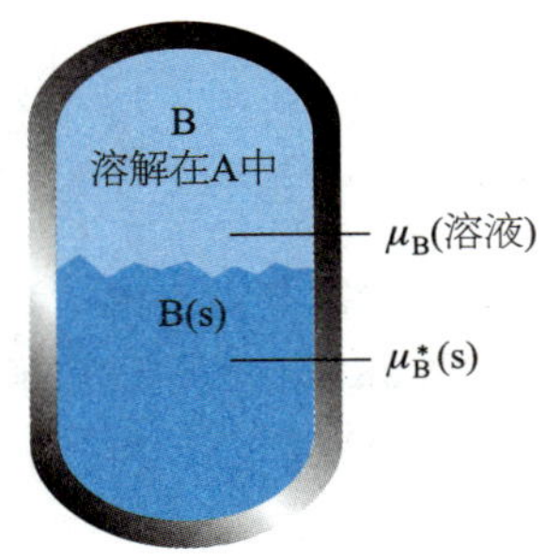

图 5B.10 计算溶解度涉及的是纯固态 B 和混合物中 B 之间的平衡

$$\mu_B^*(s) = \mu_B^*(l) + RT\ln x_B \qquad (5B.13)$$

这个表达式与上一部分（c）中的起始方程一样，除了物理量指的是溶质B，不是溶剂A。可以用类似的方法来推导溶解度和温度之间的关系式。

如何完成？5B.2 推导溶解度和温度之间的关系式

当前的目标是找到温度 T 下达到平衡时，溶液中溶质B的摩尔分数。因此，将式（5B.13）重排为

$$\ln x_B = \frac{\mu_B^*(s)-\mu_B^*(l)}{RT} = -\frac{\Delta_{fus}G}{RT}$$

与式（5B.9）中的推导一样，将此方程的两侧对 T 微分，以便把组成的变化与温度的变化相联系，并使用吉布斯－亥姆霍兹公式。

然后，对得到的表达式从B的熔点（当 $x_B=1$，即 $\ln x_B=0$ 时）积分到目标温度（当 x_B 为0和1之间的某一数值）：

$$\int_0^{\ln x_B} d\ln x_B' = \frac{1}{R}\int_{T_f}^{T}\frac{\Delta_{fus}H}{T'^2}dT'$$

式中 $\Delta_{fus}H$ 是溶质的熔化焓，T_f 是溶质的熔点。

在最后一步中，假定B的熔化焓在研究的温度范围内是常数，可把它移到积分符号外面。则计算结果为

$$\ln x_B = \frac{\Delta_{fus}H}{R}\left(\frac{1}{T_f}-\frac{1}{T}\right) \qquad \text{理想溶解度} \qquad (5B.14)$$

这个方程在图5B.11中绘出。图形显示，B的溶解度随温度从其熔点的降低而下降。图例也显示出，在正常温度下具有高熔点和大熔化焓的溶质的溶解度较低。但是，式（5B.14）的详细内容不应该被过于认真对待，因为它是基于有较大问题的近似，如溶液的理想性。近似特征的一个方面就是它无法预测在不同的溶剂中，溶质的溶解度不同，因为表达式中没有出现溶剂的性质。

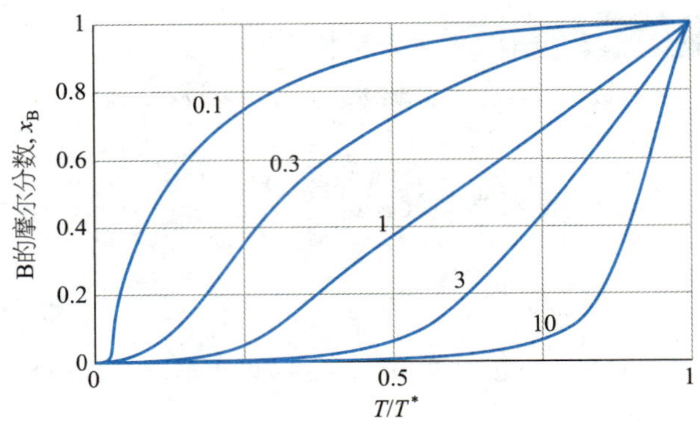

图 5B.11 溶解度（饱和溶液中溶质的摩尔分数）随温度的变化（T^* 是纯溶质的凝固温度，各条曲线标记有 $\Delta_{fus}H/RT^*$ 的值）

简要说明 5B.4

萘在苯中的理想溶解度可用式（5B.14）计算。已知萘的熔化焓是18.80 kJ · mol^{-1}，其熔点是354 K，则在20 ℃时，有

$$\ln x_{萘} = \frac{1.880\times10^4\ \text{J}\cdot\text{mol}^{-1}}{8.3145\ \text{J}\cdot\text{K}^{-1}\cdot\text{mol}^{-1}}\left(\frac{1}{354\ \text{K}}-\frac{1}{293\ \text{K}}\right) = -1.32$$

因此，$x_{萘}=0.26$。该摩尔分数对应的质量摩尔浓度为4.5 mol · kg^{-1}（580 g萘溶解在1 kg苯中）。

（e）渗透压

渗透（osmosis）现象（来自希腊语“推”）是指纯溶剂自发进入由**半透膜**（semipermeable membrane）隔开的溶液中。半透膜只允许溶剂而不允许溶质透过（图5B.12）。**渗透压**（osmotic pressure）Π，是为了阻止溶剂流入而必须施加到溶液上的压力。渗透的一些重要例子包括体液透过细胞膜的传输、透析和**渗透压测定法**（osmometry，通过测量渗透压确定摩尔质量）。渗透压测定法被广泛用于测定大分子的摩尔质量。

在示于图5B.13的简单装置中，施加的压力来自渗透自身产生的液柱。当液柱的压力与渗透压相等时，达到平衡。该装置的复杂之处在于溶剂进入溶液导致溶液稀释，所以数学处理比图5B.12中的设置更困难，因为那里没有溶剂的流入，溶液的浓度不变。

渗透压的热力学处理取决于一点，即在平衡状态下，溶剂的化学势在半透膜的两侧必然相等。溶剂的化学势在加入溶质后降低，但是可以通过施加压力恢

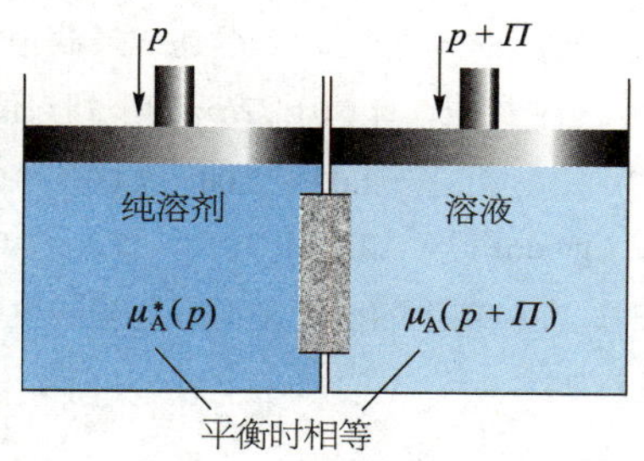

图5B.12 计算渗透压Π涉及的是半透膜一侧压力为p的纯溶剂A和另一侧压力为$p+\Pi$的混合物中组分A之间的平衡

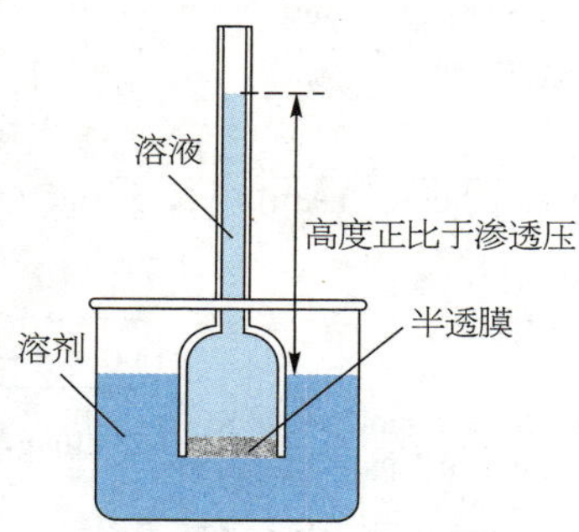

图5B.13 渗透压实验的简单装置（当足够的溶剂进入溶液引起静压差时，在半透膜的两侧A处于平衡）

复到“纯”溶剂的数值。此时的挑战性是证明：假如溶液是稀溶液，施加的额外压力正比于溶液中溶质的摩尔分数。

如何完成？5B.3 推导渗透压和溶质物质的量浓度之间的关系式

在纯溶剂一侧，溶剂在压力p下的化学势为$\mu_A^*(p)$。在溶液一侧，由于溶质的存在，溶剂的摩尔分数从1降到x_A，故其化学势降低。但是，A的化学势由于向溶液一侧施加了更大的压力$p+\Pi$而增加。现在，按照这些步骤，通过假设溶液是稀溶液（$x_B \ll 1$）来准备做一些近似。

步骤1 *写出溶液中溶剂的化学势表达式*

平衡时，A的化学势在两侧相等：

$$\mu_A^*(p)=\mu_A(x_A,\ p+\Pi)$$

通过使用式（5B.1）来考虑溶质的存在：

$$\mu_A(x_A,\ p+\Pi)=\mu_A^*(p+\Pi)+RT\ln x_A$$

联合这两个表达式，得到

$$\mu_A^*(p)=\mu_A^*(p+\Pi)+RT\ln x_A$$

因而

$$\mu_A^*(p+\Pi)=\mu_A^*(p)-RT\ln x_A$$

步骤2 *求压力对溶剂化学势的影响*

通过使用式（3E.12b）来考虑压力的影响：

$$G_m(p_f)=G_m(p_i)+\int_{p_i}^{p_f}V_m\mathrm{d}p$$

写为

$$\mu_A^*(p+\Pi)=\mu_A^*(p)+\int_p^{p+\Pi}V_m\mathrm{d}p$$

式中V_m是纯溶剂A的摩尔体积。将$\mu_A^*(p+\Pi)=\mu_A^*(p)-RT\ln x_A$代入上式，消去$\mu_A^*(p)$，得到

$$-RT\ln x_A=\int_p^{p+\Pi}V_m\mathrm{d}p \tag{5B.15}$$

步骤3 *积分求值*

假定积分的压力范围很小，溶剂的摩尔体积是常数。则式（5B.15）右边简化为

$$\int_p^{p+\Pi}V_m\mathrm{d}p=V_m\int_p^{p+\Pi}\mathrm{d}p=V_m\Pi$$

即

$$-RT\ln x_A=V_m\Pi$$

在该表达式的左侧，$\ln x_A$可以被替换为$\ln(1-x_B)$，且如果是稀溶液，有$\ln(1-x_B)\approx -x_B$（“化学家工具包12”），则

$$-RT\ln x_A=-RT\ln(1-x_B)\approx RTx_B$$

方程变为

$$RTx_B=\Pi V_m$$

步骤4 *简化稀溶液渗透压的表达式*

对于稀溶液，$x_B\approx n_B/n_A$；因此，$RTn_B\approx n_A\Pi V_m$。而且，$n_AV_m=V$为溶剂的总体积，所以，$RTn_B\approx \Pi V$。此时，n_B/V可以看作溶质B的物质的量浓度[B]。因此，稀溶液的渗透压为

$$\Pi=[\mathrm{B}]RT \tag{5B.16}$$

范特霍夫公式

式（5B.16）称为**范特霍夫公式**（van't Hoff equation），仅对理想溶液成立。但是，渗透压测定法最通常的应用之一就是测定诸如蛋白质和合成高聚物等大分子的摩尔质量。当这些大分子溶解，形成远离理想性的溶液时，可以假定范特霍夫公式是类维里展开式的第一项，非常类似完美气体方程向真实气体的扩展（专题1C），以考虑分子间的相互作用：

$$\Pi=[\mathrm{J}]RT(1+B[\mathrm{J}]+\cdots) \tag{5B.17}$$

渗透压的维里展开式

（溶质标记为J，以避免表达式中太多不同的B）。额外的项考虑了溶液的非理想性；经验常数B称为**渗透维里系数**（osmotic virial coefficient）。当可忽略含B项之后的校正时，渗透压被写成

$$\Pi=[\mathrm{J}]RT(1+B[\mathrm{J}]) \text{ 或 } \Pi/[\mathrm{J}]=RT+BRT[\mathrm{J}] \tag{5B.18}$$

因此，如图5B.14（a）所示，渗透维里系数B可以从$\Pi/[\mathrm{J}]$对[J]作图所得的斜率BRT来计算。

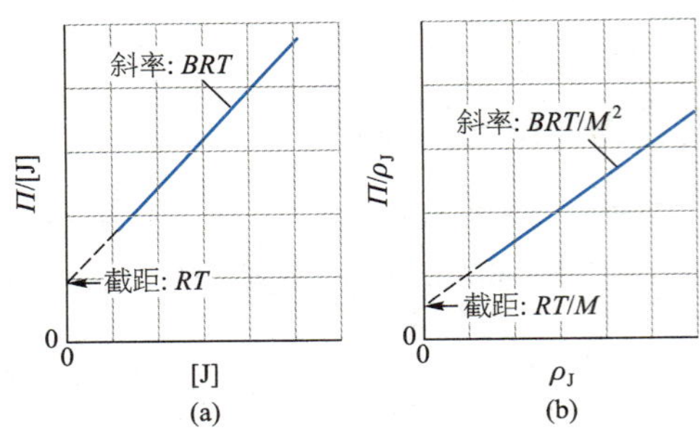

图5B.14　分析渗透压测定法实验结果的作图及外推：（a）使用物质的量浓度；（b）使用质量浓度

例题 5B.2　使用渗透压法测定大分子的摩尔质量

298 K时，聚合物J溶于水中所得溶液的渗透压数值如下所示。确定聚合物的摩尔质量。

$\rho_J/(g\cdot dm^{-3})$	1.00	2.00	4.00	7.00	9.00
Π/Pa	27	70	197	500	785

整理思路　此例是式（5B.18）的应用，但由于数据用质量浓度表示，应先进行单位转换。为此，注意物质的量浓度[J]和质量浓度ρ_J的关系式为$[J]=\rho_J/M$，其中M是J的摩尔质量。然后确定合适的图形和物理量（即纵轴上$\rho_J=0$时的截距），就可以得到摩尔质量的数值。

解：为了用质量浓度表示式（5B.18），用ρ_J/M替换[J]，得到

$$\overbrace{\frac{\Pi M}{\rho_J}}^{\Pi/[J]}=RT+\overbrace{\frac{BRT\rho_J}{M}}^{BRT[J]}+\cdots$$

等式两边除以M，得到

$$\overbrace{\frac{\Pi}{\rho_J}}^{y}=\overbrace{\frac{RT}{M}}^{截距}+\overbrace{\left(\frac{BRT}{M^2}\right)}^{斜率}\overbrace{\rho_J}^{x}+\cdots$$

据此，若以Π/ρ_J对ρ_J作图，应得到一条截距为RT/M的直线。根据题中数据，计算出Π/ρ_J的下列数值：

$\rho_J/(g\cdot dm^{-3})$	1.00	2.00	4.00	7.00	9.00
$(\Pi/Pa)/[\rho_J/(g\cdot dm^{-3})]$	27	35	49.2	71.4	87.2

当$\rho_J=0$时，在纵轴上的截距（最好利用线性回归和数学软件得到）为

$$\frac{\Pi/Pa}{\rho_J/(g\cdot dm^{-3})}=19.8$$

重写为

$$\Pi/\rho_J=19.8\ Pa\cdot g^{-1}\cdot dm^3$$

由于此截距等于RT/M，故

$$M=\frac{RT}{19.8\ Pa\cdot g^{-1}\cdot dm^3}=\frac{RT}{1.98\times10^{-2}\ Pa\cdot g^{-1}\cdot m^3}$$

结果为

$$M=\frac{8.314\,5\ J\cdot K^{-1}\cdot mol^{-1}\times298\ K}{1.98\times10^{-2}\ Pa\cdot g^{-1}\cdot m^3}=1.25\times10^5\ g\cdot mol^{-1}$$

（$1\ J=1\ Pa\,m^3$）

因此，聚合物的摩尔质量为 125 $kg\cdot mol^{-1}$。

说明　如图5B.14 b所示，一旦M已知，就可以从直线的斜率（它等于BRT/M^2）求出系数B。

自测题 5B.2　聚氯乙烯PVC溶于二氧六环所得溶液在25 ℃时的渗透压如下：

$\rho_J/(g\cdot dm^{-3})$	0.50	1.00	1.50	2.00	2.50
Π/Pa	33.6	35.2	36.8	38.4	40.0

确定聚合物的摩尔质量。

答案：77 $kg\cdot mol^{-1}$。

概念清单

- ☐ 1. 两种液体形成理想溶液的**混合吉布斯能**可以用与两种完美气体混合时相同的方法来计算。
- ☐ 2. 理想溶液的**混合焓**为零，混合吉布斯能完全来自混合熵。
- ☐ 3. **正规溶液**的混合熵与理想溶液相同，但混合焓不等于零。
- ☐ 4. **依数性**只与存在的溶质粒子的数目有关，而与其种类无关。
- ☐ 5. 所有的依数性质都来源于溶质存在时，液体溶剂化学势的降低。
- ☐ 6. **沸点升高**与溶质的质量摩尔浓度成正比。
- ☐ 7. **凝固点降低**也与溶质的质量摩尔浓度成正比。
- ☐ 8. **渗透压**是为了阻止溶剂通过半透膜流入溶液而施加于溶液上的压力。
- ☐ 9. 渗透压和溶质物质的量浓度之间的关系式可由范特霍夫公式给出，这是一种测量摩尔质量的灵敏方法。

公式清单

性质	公式	说明	公式编号
混合吉布斯能	$\Delta_{mix}G = nRT(x_A \ln x_A + x_B \ln x_B)$	理想溶液	5B.3
混合熵	$\Delta_{mix}S = -nR(x_A \ln x_A + x_B \ln x_B)$	理想溶液	5B.4
混合焓	$\Delta_{mix}H = 0$	理想溶液	
超额函数	$X^E = \Delta_{mix}X - \Delta_{mix}X^{ideal}$	定义	5B.5
正规溶液	$H^E = n\xi RTx_Ax_B$	模型，$S^E = 0$	5B.6
沸点升高	$\Delta T_b = K_b b$	经验关系式，非挥发性溶质	5B.9c
凝固点降低	$\Delta T_f = K_f b$	经验式，溶质在固态溶剂中不溶	5B.12
理想溶解度	$\ln x_B = (\Delta_{fus}H/R)(1/T_f - 1/T)$	理想溶液	5B.14
范特霍夫公式	$\Pi = [B]RT$	[B]→0时成立	5B.16
渗透压的维里展开式	$\Pi = [J]RT(1 + B[J] + \cdots)$	经验关系式	5B.17

专题5C

双组分系统的相图：液体

▶ 为何需要学习这部分内容？

复杂混合物的分离是化学工业的常见任务。相图中包含了制定有效的分离方法所需要的信息，所以相图的解释非常重要。

▶ 核心思想是什么？

液体混合物的相图可理解为液相和气相相互平衡时，液相和气相的组成随温度和压强的变化。

▶ 需要哪些预备知识？

复习一下单组分相图的解释和相律（专题4A）对学习本专题是有帮助的。本专题还利用了拉乌尔定律（专题5A）和分压的概念（专题1A）。

专题4A讨论了单组分相图。双组分系统的相平衡更复杂一些，因为组成是一个额外的变量。但是，这些相图提供了对理想系统和真实系统相平衡的实用总结。本专题集中讨论液相双组分混合物。液－固混合物的相图在专题5D中讨论。

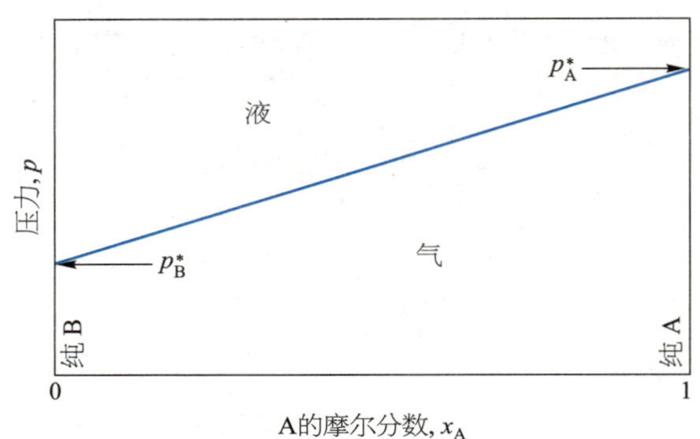

图5C.1 当溶液遵守拉乌尔定律时，双组分混合物的总压随液相中A的摩尔分数的变化

5C.1 蒸气压图

两种易挥发液体组成的理想溶液中，各组分的蒸气分压与液体混合物组成的关系，可由拉乌尔定律（专题5A）给出：

$$p_A = x_A p_A^* \qquad p_B = x_B p_B^* \tag{5C.1}$$

式中p_J^*（J＝A, B）是纯J的蒸气压，x_J是液相中J的摩尔分数。因此，混合物的蒸气总压p等于

$$p = p_A + p_B = x_A p_A^* + x_B p_B^*$$

$x_B = 1 - x_A$

$$= p_B^* + (p_A^* - p_B^*)x_A \quad \text{蒸气总压} \tag{5C.2}$$

式（5C.2）表明，蒸气总压（在某固定温度下）随组成从$x_A = 0 \rightarrow 1$而从p_B^*线性变化为p_A^*（图5C.1）。

相互平衡的液相和气相的组成不一定相等。常识告诉我们，气相中易挥发组分更富集。这一常识可验证如下。如果气相中各组分的摩尔分数为y_J（J＝A, B），那么它们的分压为$p_J = y_J p$（p为总压）。因此有

$$y_A = \frac{p_A}{p} \qquad y_B = \frac{p_B}{p} \tag{5C.3}$$

假定为理想混合物，则各组分的分压p_J和系统总压p都可以由式（5C.1）和式（5C.2）用液相的摩尔分数表示。联合这些关系式，得到

$$y_A = \frac{x_A p_A^*}{p_B^* + (p_A^* - p_B^*)x_A^*} \qquad y_B = 1 - y_A \quad \text{蒸气的组成} \tag{5C.4}$$

图5C.2显示了$p_A^*/p_B^* > 1$的不同数值时，气相组成对液相组成的作图。假如$p_A^*/p_B^* > 1$，则$y_A > x_A$：气相比液相更易富集易挥发组分。注意，如果B是非挥发性的，在考察温度下$p_B^* = 0$，即组分B不存在于蒸气中（$y_B = 0$）。

可以联合式（5C.2）和式（5C.4），将蒸气总压用蒸气的组成表示。

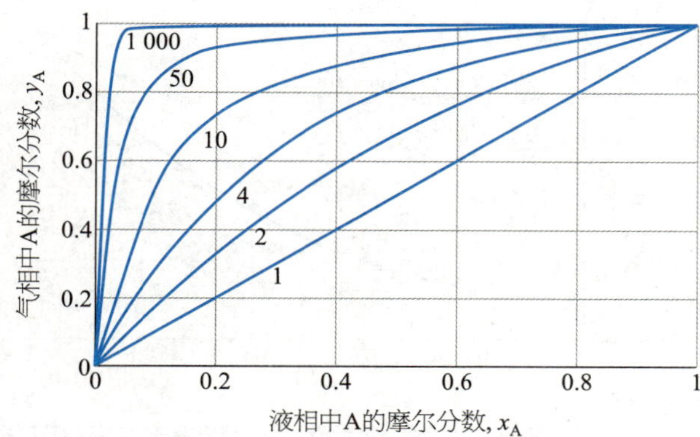

图5C.2　利用式（5C.4）计算的不同p_A^*/p_B^*值时，双组分理想溶液的气相中A的摩尔分数与液相中A的摩尔分数之间的关系［如果A比B更易挥发（$p_A^*/p_B^*>1$），则气相比液相更富集A］

简要说明5C.1

25 ℃时，纯苯和纯甲苯的蒸气压分别为75 Torr和21 Torr，则与液相混合物（$x_{苯}=x_{甲苯}=1/2$）平衡的气相组成为

$$y_{苯}=\frac{\frac{1}{2}\times 75\ \text{Torr}}{21\ \text{Torr}+(75-21)\ \text{Torr}\times\frac{1}{2}}=0.78$$

$$y_{甲苯}=1-0.78=0.22$$

每种组分的分压为

$$p_{苯}=\frac{1}{2}\times 75\ \text{Torr}=37.5\ \text{Torr}$$

$$p_{甲苯}=\frac{1}{2}\times 21\ \text{Torr}=10.5\ \text{Torr}$$

蒸气总压是这两个值的加和，为48 Torr。

如何完成？ 5C.1　导出用气相组成表示双组分混合物蒸气总压的关系式

将式（5C.4）变形，用y_A表示x_A。首先，在等式两侧都乘以$[p_B^*+(p_A^*-p_B^*)x_A]$，得到

$$p_B^*y_A+(p_A^*-p_B^*)x_Ay_A=x_Ap_A^*$$

然后，将x_A有关的项归在一起，有

$$p_B^*y_A=[p_A^*+(p_B^*-p_A^*)y_A]x_A$$

变形为

$$x_A=\frac{p_B^*y_A}{p_A^*+(p_B^*-p_A^*)y_A}$$

从式（5C.2）和上述x_A的表达式，得到

$$p=p_B^*+(p_A^*-p_B^*)x_A=p_B^*+\frac{(p_A^*-p_B^*)p_B^*y_A}{p_A^*+(p_B^*-p_A^*)y_A}$$

最后，经过代数运算，得到

$$p=\frac{p_A^*p_B^*+(p_B^*-p_A^*)p_B^*y_A+(p_A^*-p_B^*)p_B^*y_A}{p_A^*+(p_B^*-p_A^*)y_A}$$

简化为

$$p=\frac{p_A^*p_B^*}{p_A^*+(p_B^*-p_A^*)y_A}\qquad\text{蒸气总压}\qquad(5C.5)$$

这个表达式在图5C.3中绘出。

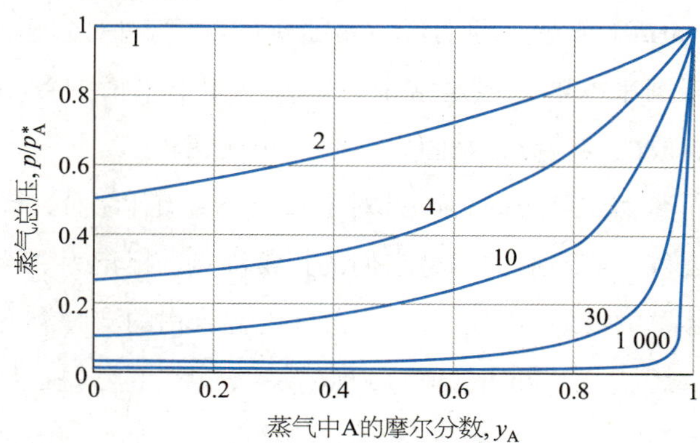

图5C.3　与图5C.2中相同的系统的蒸气压，但通过式（5C.5）用气相中A的摩尔分数表示（每条曲线标记有p_A^*/p_B^*值）

5C.2　温度－组成图

温度－组成图（temperature-composition diagram）中的边界线给出在不同温度和给定压力（通常为1 atm）时，平衡时各相的组成。图5C.4给出一个例子。注意液相线位于相图的下方。温度－组成图对讨论蒸馏非常重要。在下述讨论中，最好记住，系统由液体及其蒸气组成，密封在一个带有可移动活塞的柱状容器内。容器内压力恒定，大多数情况下，为1 atm。在这种情况下，液体及其蒸气在混合物的正常沸点下达到平衡。

（a）相图的构建

尽管原则上温度－组成图可以通过测量各

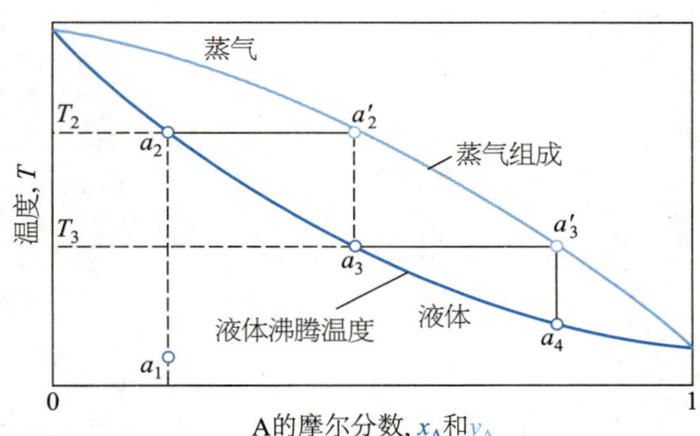

图5C.4　组分A比B易挥发的理想混合物的温度－组成图（如在5C.2节中所讨论的，对初始组成为a_1的液体进行连续的沸腾和冷凝，最终得到纯A的冷凝液）

组分的蒸气压随温度的变化及确定蒸气总压等于1 atm（或感兴趣的任意常压）的温度，由蒸气压相图来构建，但通常是由每一温度下平衡的各相组成的实验数据来画出温度－组成图。

假定常压为1 atm，对于每一个纯液体组分，代表气－液平衡的点是它们的正常沸点。标记为“液体”的线显示在所有组成范围内混合物的沸腾温度（总压等于1 atm的温度）。标记为“气相”的线是在每一温度下，与液相成平衡的气相组成。正如之前的讨论中所说明的，对于理想溶液，气相更易富集易挥发组分，所以曲线必然朝着具有较高蒸气压（即较低沸点）的纯组分位移。

例题 5C.1　绘制温度－组成图

下列温度和组成数据是在1 atm下，测试正辛烷（O）和甲苯（M）的混合物获得的，其中x_M是液相中M的摩尔分数，y_M是平衡气相中M的摩尔分数。

θ/°C	110.9	112.0	114.0	115.8	117.3	119.0	121.1	123.0
x_M	0.908	0.795	0.615	0.527	0.408	0.300	0.203	0.097
y_M	0.923	0.836	0.698	0.624	0.527	0.410	0.297	0.164

M和O的沸点分别为110.6 °C和125.6 °C。绘制混合物的温度－组成图。

整理思路　将每相的组成（横轴）对温度（纵轴）作图。两个沸点分别给出两个对应着$x_M = 1$和$x_M = 0$的特征点。使用电子制表软件或数学软件画出相边界。

解：图5C.5中绘出所有点。两组数据点拟合为多项式$a + bz + cz^2 + dz^3$。（对于液相线，$z = x_M$；对于气相线，$z = y_M$。）

对于液相线：$\theta/°C = 125.422 - 22.949\,4x_M + 6.646\,02x_M^2 + 1.326\,23x_M^3$

对于气相线：$\theta/°C = 125.485 - 11.938\,7y_M - 12.56\,26y_M^2 + 9.365\,42y_M^3$

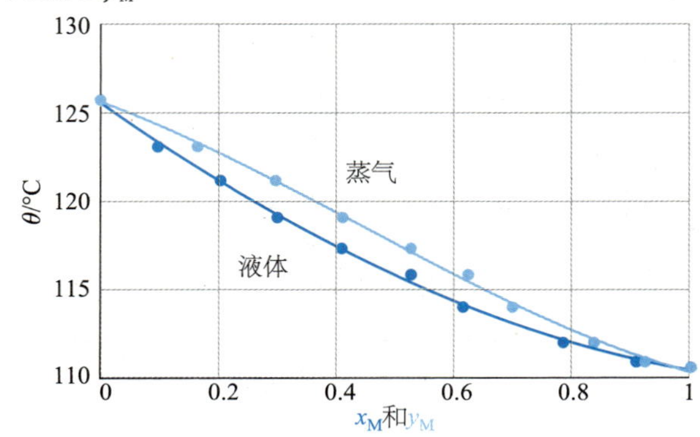

图5C.5　例题5C.1中，正辛烷（O）和甲苯（M）混合物的实验数据点和相应拟合曲线

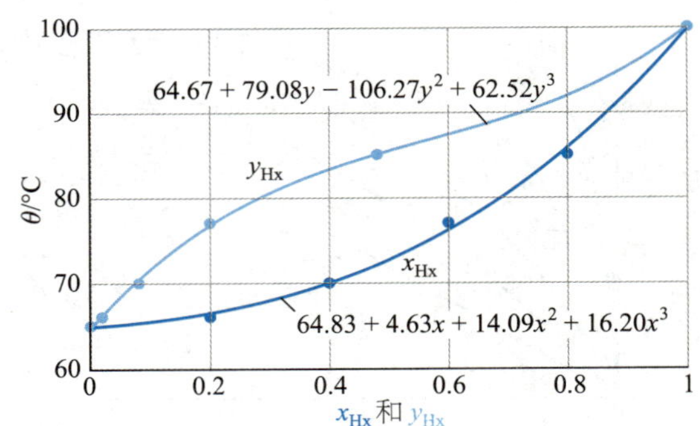

图5C.6　自测题5C.1中，正己烷（Hx）和正庚烷混合物的实验数据点和相应的拟合曲线

自测题5C.1　对正己烷和正庚烷的下列数据，重复上面的分析过程。

θ/°C	65	66	70	77	85	100
x_{hexane}	0	0.20	0.40	0.60	0.80	1
y_{hexane}	0	0.02	0.08	0.20	0.48	1

答案：图5C.6。

（b）相图的解析

如例题5C.1中所示，相图的水平轴对液相线表示摩尔分数x_A的数值，对气相线则表示摩尔分数y_A的数值。即，在x_A处的垂线与液相线在混合物的沸点处相交。在该温度的水平线称为“**连结线**”（tie line），与气相线相交于一点，该点的组成表示与沸腾的液体成平衡的气相中A的摩尔分数y_A。水平轴可以标示为z_A，可分别解释为液相线的x_A或气相线的y_A。

相图中位于给定温度液相线以下的点对应着低于沸点的某温度下的混合物。如果压力为1 atm，大于该温度下的蒸气压，则整个样品为液相，其组成为x_A。类似地，如果一个点位于某温度的气相线上面，则该点对应温度高于混合物的沸点，其蒸气压大于1 atm，整个样品为气相，其组成与初始混合物相同（因为混合物完全变为气相）。如果有一点位于液相线上，则液相和它的蒸气处于平衡，且气相的组成可以用通过该点的连接线与气相线的交点来表示。注意，代表不同相区（更稳定的相可以是液体或蒸气）之间的前沿的相界线（共存曲线）是液相线：气相线只简单提供额外信息。

如果水平轴代表在给定温度下达平衡的混合物的总体组成，而不是液相或气相组成，则位于两条曲线之间的点可以提供额外信息。考虑A的摩尔分数为z_A的混合物，加热时将会发生什么？不论多少液体汽化，总组成不变，所以系统沿着图5C.7中a处的垂线向上移动。这条垂线称为**"等组成线"**（isopleth，来自希腊语"等量"）。

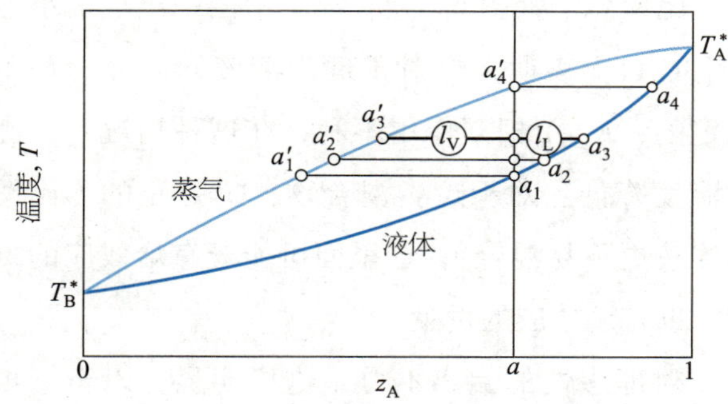

图5C.7 文中讨论的温度－组成图的各点（通过a的垂线是一条等组成线，是整个系统的恒定组成的线）

在a_1处液体沸腾，且最初与组成为a_1'的蒸气平衡，如连结线所给出。该蒸气富集易挥发组分（B），所以液体中B的量变少。因为残余液体更富集A，其沸点移到a_2处，与该液体平衡的气相组成变为a_2'。继续加热，液体的组成进一步移向纯A，沸点升高，且蒸气的组成相应变为a_3'。在a_4'处，蒸气的组成与混合物的总组成相同，意味着所有液体已完全汽化。在该温度以上，只存在气相，其组成等于初始混合物的总组成。

当温度和总组成对应着气相线和液相线之间的一点时，一个组成的液体与另一组成的蒸气成平衡，此时，可预测在任一加热阶段液相和气相的相对含量。

如何完成？ 5C.2 建立杠杆规则

如果气相中A的物质的量是$n_{A,V}$，液相中A的物质的量是$n_{A,L}$，则A的总物质的量是$n_A = n_{A,V} + n_{A,L}$。对于B，与此类似。

A的总摩尔分数是$z_A = (n_{A,V} + n_{A,L})/(n_A + n_B)$。液相中（A和B）分子的总物质的量是$n_L = n_{A,L} + n_{B,L}$。与此类似，气相中分子的总物质的量是$n_V = n_{A,V} + n_{B,V}$。这些关系式可以用气相中A的摩尔分数（$y_A$）和液相中A的摩尔分数（$x_A$）表示。这样，液相中A的物质的量为$n_L x_A$。类似地，气相中A的物质的量为$n_V y_A$。因此，A的总物质的量为

$$n_A = n_L x_A + n_V y_A$$

A的总物质的量也可写为

$$n_A = n z_A = n_L z_A + n_V z_A$$

这两个表达式等价，故$n_L x_A + n_V y_A = n_L z_A + n_V z_A$。因此有

$$n_L \overbrace{(z_A - x_A)}^{l_L} = n_V \overbrace{(y_A - z_A)}^{l_V}$$

如图5C.8所示，$z_A - x_A$定义为长度l_L，$y_A - z_A$定义为长度l_V，这个关系式可以表示为**杠杆规则**（lever rule）：

$$n_L l_L = n_V l_V \quad \text{杠杆规则} \qquad (5C.6)$$

杠杆规则可应用于任一相图，不仅限于液－气平衡。

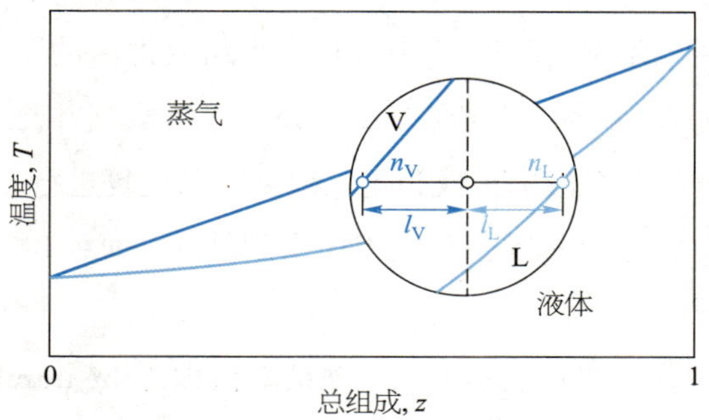

图5C.8 杠杆规则［长度l_L和l_V用于计算平衡时气相和液相的相对量。之所以被称为杠杆规则，是因为相似的规则将杠杆两端的质量与两端距离支点的长度联系在一起（在该情况下，平衡时有$n_V l_V = n_L l_L$）］

简要说明5C.2

在图5C.7示例的情况中，因为在a_3处的连结线$l_V \approx 2l_L$，故液相中分子的量约是气相的2倍。在图5C.7中的a_1处，该连结线上l_V/l_L的比值几乎无穷大，所以n_L/n_V也几乎无穷大，只有极少量的蒸气存在。当温度提高到a_2处，l_V/l_L的比值约为6.9，所以$n_L/n_V \approx 0.15$，即液相中分子的量约为气相的0.15倍。当温度升高到a_4处，$l_V/l_L \approx 0$，只有极少量的液体存在。

5C.3 蒸馏

考虑图5C.4中组成为a_1的液体，加热将会发生什么。当温度达到T_2时，液体沸腾。液体的组

成为a_2（与a_1相同），蒸气（只有极少量）的组成为a_2'。气相中易挥发组分A(具有较低沸点的组分)更富集。在沸点处，蒸气的组成可根据a_2的位置得出，根据a_2和a_2'连结线的位置，可以读出初始液体混合物的沸腾温度（T_2）。

（a）简单蒸馏和分馏

在**简单蒸馏**（simple distillation）中，蒸气被移走和冷凝。这项技术被用来将易挥发液体与非挥发溶质或固体分离。在**分馏**（fractional distillation）中，沸腾和冷凝循环连续多次进行。这项技术被用来分离易挥发液体。

考虑图5C.4中，如果组成为a_2'的蒸气冷凝，然后再加热冷凝液（组成为a_3），将会发生什么？相图显示混合物在T_3沸腾且产生组成为a_3'的蒸气，该蒸气进一步富集易挥发组分。移出蒸气并冷凝，第一滴冷凝液的组成为a_4。循环可以反复进行，直到在适当的时候，在气相中得到纯A，而纯B则留在液相中。

分馏柱的效率可以用**理论塔板数**（the number of theoretical plates）来表示，即从给定的馏出物中获得一定组成的冷凝液所需要的有效蒸发和冷凝步骤的数目。

简要说明5C.3

为了获得如图5C.9（a）所示的分离度，分馏柱必须有3个理论塔板。对图5C.9（b）所示的系统，两个组分有更相似的正常沸点，为了获得同样的分离度，分馏柱必须设计成有4个理论塔板。

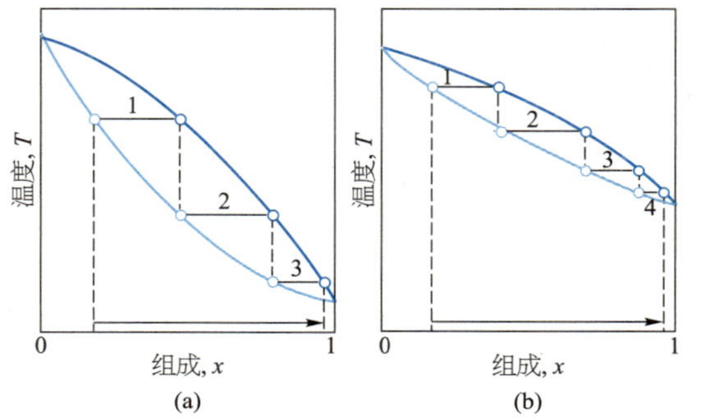

图5C.9　理论塔板数是混合物中两个组分达到一定分离度所需要的操作步骤的数目［图示的两个系统分别对应着（a）3个和（b）4个理论塔板］

（b）恒沸混合物

尽管许多液体有类似于图5C.4中理想溶液的温度－组成图，但在很多重要的情况下，会有明显的偏差。当分子A与分子B之间较强的相互作用使混合物的蒸气压降低至理想值以下时，沸腾温度就提高了，此时相图中可能会出现最大值（图5C.10）：实际上，A－B相互作用使液体更稳定。在这种情况下，超额吉布斯能G^E（专题5B）是负的（比理想溶液更易于混合）。相图中出现最小值（图5C.11）表明，相对于理想溶液，混合物是不稳定的，A－B相互作用不利；在这种情况下，沸腾温度降低。对于这类混合物，G^E是正的（比理想溶液更不易混合），这里面可能既有焓效应的贡献，也有熵效应的贡献。

对理想性的偏离不总是这样明显，以至于相图中出现最大值或最小值，但是，当确实发生这样的情况时，会对精馏产生明显的影响。考虑图5C.10中最大值右侧组成为a的液体。沸腾混合物

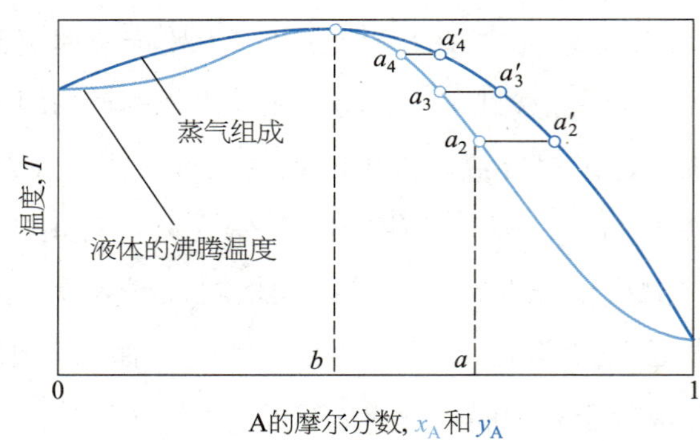

图5C.10　高沸点恒沸混合物（当组成为a的液体被蒸馏时，剩余液体的组成向b变化，但不会越过b）

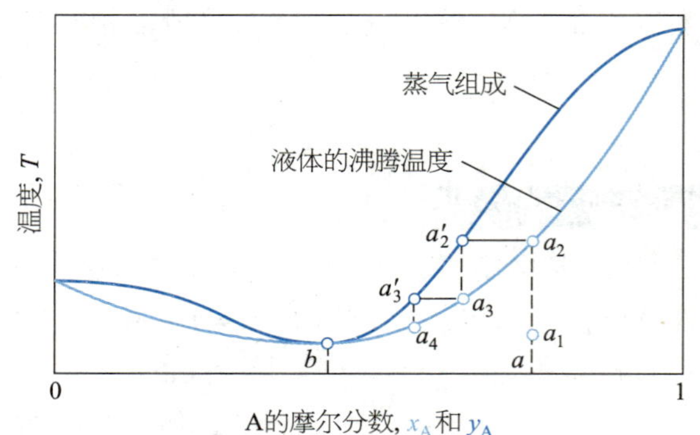

图5C.11　低沸点恒沸混合物（当组成为a的混合物被分馏时，在分馏柱内平衡的蒸气向b移动，然后保持不变）

（在a_2处）的蒸气（在a_2'处）更富集A。如果该蒸气被移走（并在别处冷凝），那么剩余液体将移向更富集B的组成，如a_3所示，且与该混合物平衡的蒸气组成将变为a_3'。当移走该蒸气时，沸腾液体的组成将移向a_4点，同时蒸气的组成移向a_4'。这样，当气化进行时，由于A被移出，剩余液体的组成移向B。液体的沸点升高，蒸气更富集B。当非常多的A被气化，液体达到组成b时，蒸气具有和液体相同的组成。随后，气化继续进行，但组成不变。混合物称为**共沸混合物**（azeotrope）[1]。达到恒沸组成时，因为气相冷凝液与恒沸液体的组成相同，蒸馏就无法将两种液体分离。

图5C.11所示系统也是恒沸的，但是以不同的方式显示其恒沸现象。假定我们从组成为a_1的混合物开始，看看通过分馏柱（本质上是一个垂直的玻璃管内堆满玻璃圆环，这样表面积较大）上升的蒸气的组成变化。混合物在a_2处沸腾，产生组成为a_2'的蒸气。该蒸气在柱内冷凝为相同组成的液体（现在标记为a_3）。该液体与其蒸气在a_3'处达平衡，而该蒸气在管的较高处冷凝，得到相同组成的液体，现在称为a_4。因此，分馏将蒸气移向恒沸组成为b的蒸气，但不会超过该组成，并且恒沸蒸气从柱顶逸出。

简要说明5C.4

图5C.10所示的一些典型例子包括（a）三氯甲烷/丙酮和（b）硝酸/水混合物。盐酸/水混合物在水的质量百分数为80%时是恒沸的，且在108.6 ℃保持沸腾。图5C.11所示的一些典型例子包括（c）二氧六烷/水和（d）乙醇/水混合物。当水的质量百分数为4%时，乙醇/水混合物在78 ℃保持沸腾。

（c）完全不互溶液体

考虑两种完全不互溶液体的蒸馏，如正辛烷和水。平衡时，极少量的A溶解在B中，同时极少量的B溶解在A中：两种液体都被另一组分饱和［图5C.12（a）］。结果，混合物的蒸气压接近$p = p_A^* + p_B^*$。如果提高温度，使蒸气压等于大气压，则发生沸腾，并且溶解的物质从溶液中逸出。然而，沸腾引起混合物的剧烈搅拌，每种组分都在另一组分中保持饱和，并且在非常稀的溶液不断补充时，逸出一直继续。这种紧密的接触是必要的：两种不互溶液体在类似图5C.12（b）的容器内加热，是不会在相同温度下沸腾的。饱和溶液的存在意味着混合物在比每种组分的单独沸点都低的温度下沸腾，因为沸腾是在总蒸气压达到1 atm时开始，不是每种组分的蒸气压都达到1 atm。这个性质是**水蒸气蒸馏**（steam distillation）的基础，这一技术可以将热敏感的、不溶于水的有机物在低于正常沸点的温度下蒸馏出来。唯一的缺点是，冷凝液的组成与各组分的蒸气压成比例，即低挥发度的油馏出的量较少。

1 名称来源于希腊语“无变化沸腾”。

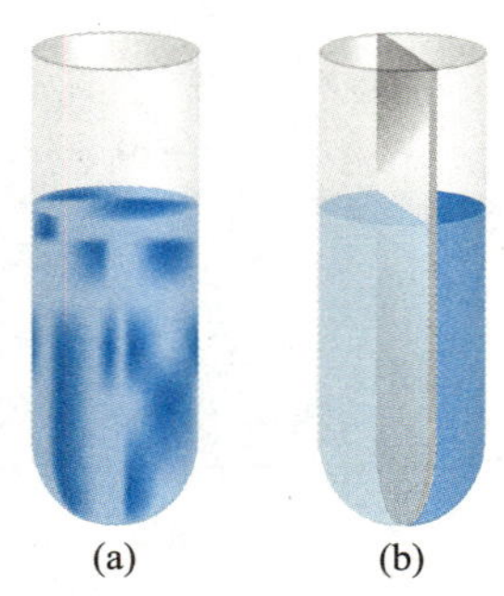

图5C.12　（a）两种不互溶液体的蒸馏完全不同于（b）分开的两个组分的共同蒸馏，因为前一种情况中，当蒸气压之和等于外压时，发生沸腾

5C.4　液-液相图

考虑含有**部分互溶液体**（partially miscible liquid）系统的温度-组成图，其中两种液体不能在全部温度和全部组成范围内互溶。正己烷和硝基苯是一个例子。解释相图的原理与液-气相图相同。

（a）相分离

假如少量液体B在温度T'时加入另一液体A

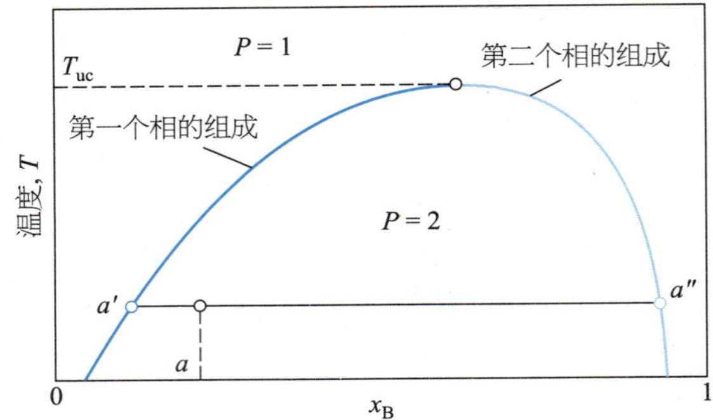

图5C.13 A－B混合物的温度－组成图（曲线以下区域对应着部分互溶液体的温度和组成。最高临界会溶温度 T_{uc} 是两种液体在全部比例内完全互溶的最低温度）

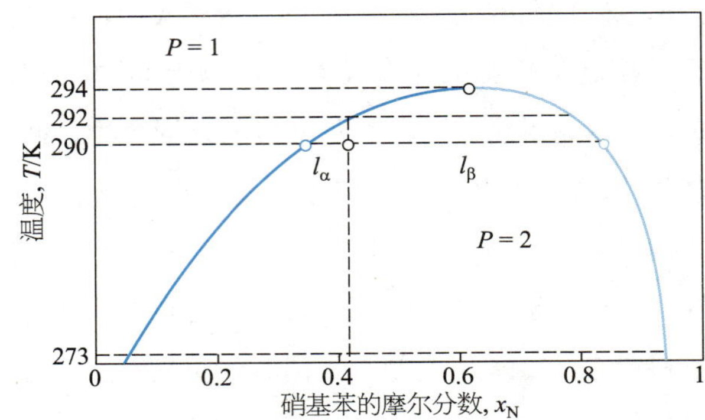

图5C.14 硝基苯－正己烷系统在1 atm下的温度－组成图（点和线长在正文中讨论）

中。液体B完全溶解，双组分系统为单相。当加入更多的B时，会出现一个阶段，此时B不再溶解于A中。样品现在由两个相互平衡的相组成，量多的一相由饱和了B的A组成，量少的一相则是由饱和了A的少量B组成。在图5C.13中绘出的温度－组成图中，前者的组成由 a' 点表示，后者的组成由 a'' 点表示。两相的相对含量由杠杆规则给出。当加入更多的B时，组成 a 向相图右侧移动，A略微溶解在加入的B中，平衡两相的组成保持在 a' 和 a''。当加入更多的B时，组成 a 进一步向相图右侧移动，最终越过相界线进入单相区。所以，现在存在足够多的B，可以溶解全部A，系统转变为单相。此时，加入更多的B只是稀释溶液，系统保持单相。

平衡时两相的组成随温度变化。对于图5C.13所示的系统，升高温度使A和B的相互溶解性变大。因此，两相区变窄，原因是平衡时每一相都更富集量小的组分：A多的相更富集B，B多的相更富集A。整个相图可以通过在不同温度下的重复实验，并绘出两相区的边界来构建。

例题 5C.2　解释液－液相图

1 atm下，硝基苯－正己烷系统的相图示于图5C.14中。在290 K下，配制50 g正己烷（0.59 mol C_6H_{14}）和50 g硝基苯（0.41 mol $C_6H_5NO_2$）的混合物。请问各相的组成和摩尔比是多少？样品必须加热到什么温度才能得到单相？

整理思路　平衡时各相的组成由相关温度下连结线与相界线的交点给出。两相的比例由杠杆规则（式(5C.6)）给出。两个组分完全互溶的温度可通过沿着等组成线向上，观察系统进入单相区的温度找到。

解： 分别用H和N标记正己烷和硝基苯，然后参考图5C.14。混合物中N的摩尔分数是0.41/(0.59 + 0.41) = 0.41。点 $x_N = 0.41$、$T = 290$ K出现在相图的两相区。水平连结线与相界线交于 $x_N = 0.35$ 和 $x_N = 0.83$，所以这两点是两相的平衡组成。

依据杠杆规则，两相（现在标记为α相和β相）的摩尔比等于距离 $l_α$ 和 $l_β$ 之比：

$$\frac{n_α}{n_β}=\frac{l_β}{l_α}=\frac{0.83-0.41}{0.41-0.35}=\frac{0.42}{0.06}=7$$

即，富正己烷相的物质的量是富硝基苯相的物质的量的7倍。加热样品到292 K，系统进入单相区。因为相图由实验建立，这些结论并不是基于理想性的假设。如果系统处于不同的压力，上述信息会发生变化。

自测题 5C.2　273 K下，对50 g正己烷和100 g硝基苯的混合物，重复上述问题。

答案： $x_N = 0.09$ 和0.95；摩尔比为1 : 1.3；294 K。

（b）临界会溶温度

最高临界会溶温度（upper critical solution temperature）T_{uc}，是发生相分离的最高温度。超过最高临界会溶温度，两个组分完全互溶。之所以存在该温度是因为更强的热运动克服了一类分子紧密结合在一起的任何势能优势。作为例子，硝基苯－正己烷系统示于图5C.14中。

最高临界会溶温度的热力学解释聚焦于混合吉布斯能及其随温度的变化。在专题5B中讨论了一个实际溶液（具体而言，正规溶液）的简单模

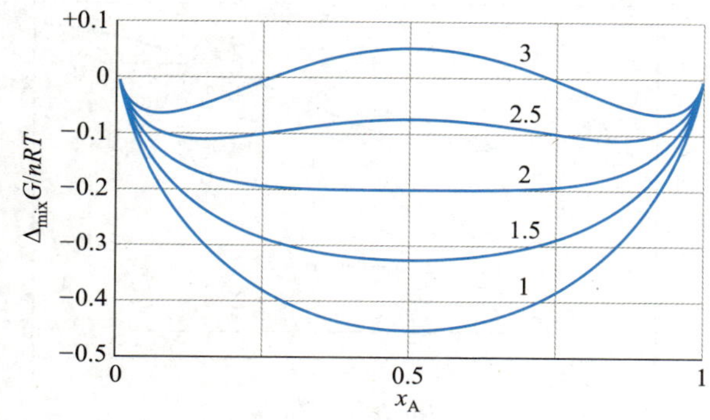

图5C.15 低温时，部分互溶的双组分系统的混合吉布斯能随温度的变化（当在曲线上有两个最小值时，系统分离为两相，两相的组成对应最小值的位置。这个图示与图5B.5完全一样）

型，该模型所引起的混合吉布斯能如图5C.15所示变化。

假如在式（5B.6）（$H^E = n\xi RTx_Ax_B$）中引入的参数ξ大于2，则混合吉布斯能有两个最小值。因此，当$\xi > 2$时，会发生相分离。对应最小值的组成可通过寻找$\partial\Delta_{mix}G/\partial x_A = 0$的条件获得。式（5B.7）[$\Delta_{mix}G = nRT(x_A\ln x_A + x_B\ln x_B + \xi x_Ax_B)$，其中$x_B = 1 - x_A$]表明：

$$\left(\frac{\partial\Delta_{mix}G}{\partial x_A}\right)_{T,p}$$

$$=nRT\left\{\frac{\partial[x_A\ln x_A+(1-x_A)\ln(1-x_A)+\xi x_A(1-x_A)]}{\partial x_A}\right\}_{T,p}$$

$$=nRT[\ln x_A+1-\ln(1-x_A)-1+\xi(1-2x_A)]$$

$$=nRT\left[\ln\frac{x_A}{1-x_A}+\xi(1-2x_A)\right]$$

因此，吉布斯能的最小值出现在

$$\ln\frac{x_A}{1-x_A}=-\xi(1-2x_A) \tag{5C.7}$$

该方程是“超越方程”的一个例子，即方程不具有以闭合式表示的解。方程的解（满足方程式的x_A的值）可以通过使用数学软件，或通过将等式左边和右边分别对x_A作图（选择不同的ξ值），并且识别两条线相交时x_A的值来找到，两条线相交的点即是两个表达式相等的点（图5C.16）。以这种方式得到的解绘制在图5C.17中。当ξ降低时，两个最小值逐渐靠近，并在$\xi = 2$时汇合为一点。

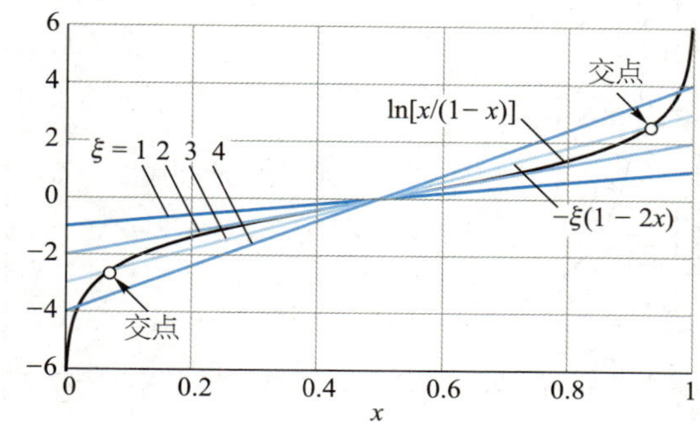

图5C.16 作图法求解方程（5C.7）[当$\xi < 2$时，只在$x = 0$处有唯一的交点。当$\xi \geqslant 2$时，有两个解（$\xi = 3$时的解已标出）]

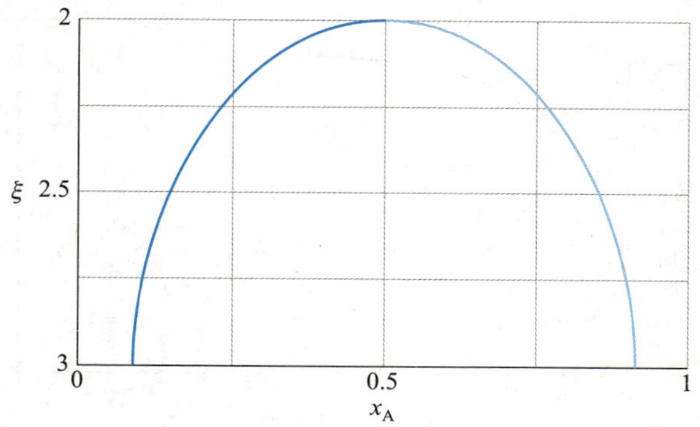

图5C.17 基于专题5B中引入的ξ参数计算的相界线位置

简要说明5C.5

在例题5B.1中处理的由苯和环己烷组成的系统中，已确定$\xi = 1.13$，所以不会得到两相系统。即两个组分在实验温度下完全互溶。方程

$$\ln\frac{x_A}{1-x_A}+1.13(1-2x_A)=0$$

的单个解为$x_A = 1/2$，对应混合吉布斯能的单个最小值，且没有相分离。

一些系统具有**最低临界会溶温度**（lower critical solution temperature）T_{lc}（或称最低会溶温度），即低于该温度，两个组分可以任意比例混合，高于该温度则形成两相。水和三乙胺就是一个例子（图5C.18）。在这种情况下，两个组分在较低温度下更易互溶，因为它们形成了一个弱的络合物；在较高温度下络合物分解，两个组分的互溶性降低。

一些系统同时具有最高和最低临界会溶温度。该现象发生的原因是当弱的络合物被破坏后，导致两个组分的部分互溶，但较高温度下的热运动

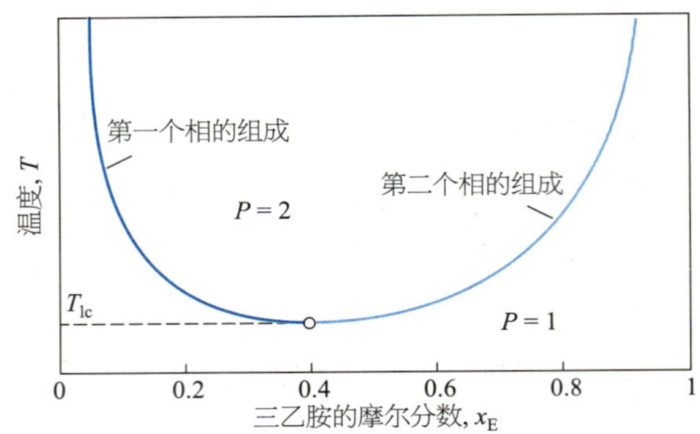

图5C.18　水和三乙胺的温度－组成图（该系统在292 K有一个最低临界会溶温度。标示给出相界线的说明）

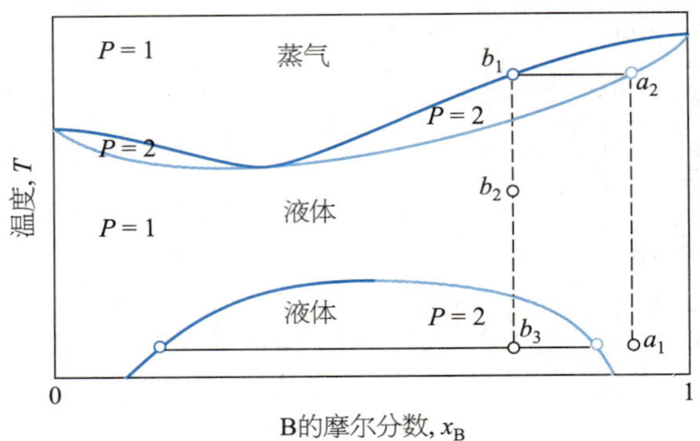

图5C.20　双组分系统的温度－组成图（其中最高临界会溶温度低于所有组成液体的沸点。混合物形成低沸点恒沸物）

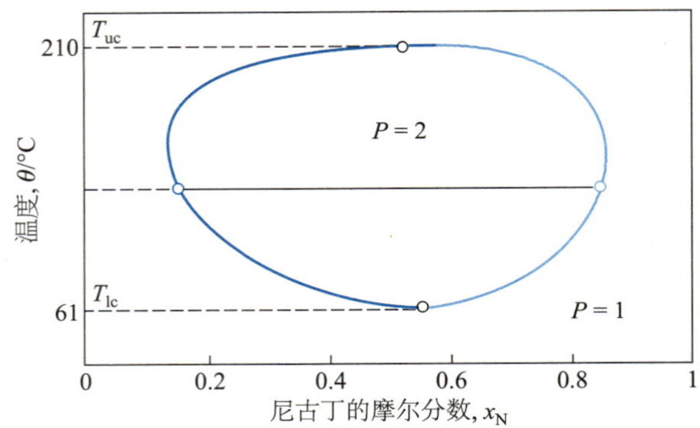

图5C.19　水和尼古丁的温度－组成图[同时具有最高和最低临界会溶温度。注意高温下的液体（特别是水）：该相图对应受压下的样品]

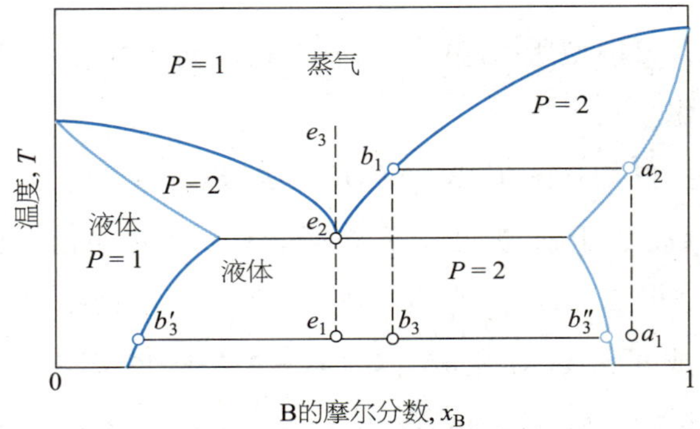

图5C.21　双组分系统的温度－组成图（其中液体在两个组分完全互溶之前沸腾）

又使混合物趋于均一，就像通常的部分互溶液体一样。著名的例子是尼古丁和水的混合物，两个组分在61~210 ℃之间部分互溶（图5C.19）。

（c）部分互溶液体的蒸馏

考虑一对部分互溶的液体，并形成低沸点共沸物。这种组合很常见，因为两种性质都反映了两种分子相互回避的趋势。这种情况又存在两种可能性：液体在沸腾之前变为完全互溶；或在完全互溶之前发生沸腾。

图5C.20显示两个组分在沸腾之前变为完全互溶的系统相图。蒸馏组成为a_1的混合物，得到组成为b_1的蒸气，冷凝蒸气后可以在b_2得到完全互溶的单相溶液。只有当馏出物被冷却到两相液体区域内的点，如b_3时，才会发生相分离。上述描述只适用于第一滴馏出物。如果蒸馏继续进行，剩余液体的组成会发生变化。最后，当所有样品都蒸发并且冷凝后，组成又回到a_1。

图5C.21显示第二种可能性，其中没有最高临界会溶温度。从最初组成为a_1的液体得到的馏出物的组成为b_3，是两相混合物。其中一相的组成为b_3'，另一相的组成为b_3''。

图5C.21中由等组成线e所示组成的系统的行为非常有趣。在e_1处的系统形成两相，随温度升高一直为两相（但两相的比例发生变化），直至e_2处的沸点。该液体混合物的蒸气具有和液体相同的组成（液体是恒沸物）。与此类似，冷凝组成为e_3的蒸气，得到与蒸气具有相同总组成的两相液体。在固定温度下，混合物像单个物质一样蒸发和冷凝。

例题 5C.3　解释相图

在图5C.22中，当加热组成为$x_B = 0.95(a_1)$的混合物，以及冷凝组成为$x_B = 0.66(b_1)$的蒸气时，描述系统发生的变化。

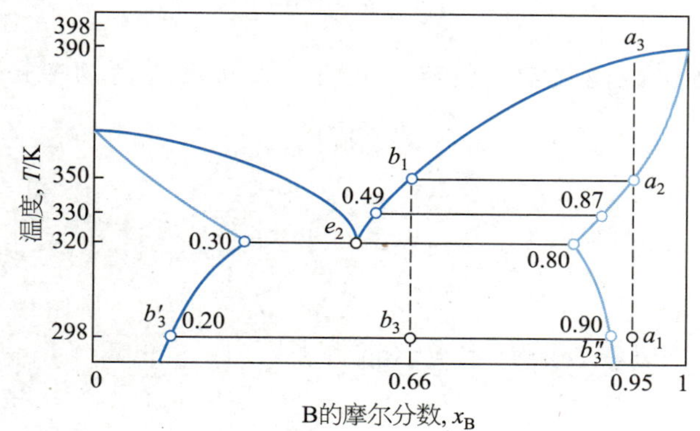

图5C.22　在例题5C.3中讨论的、图5C.21中相图的点

整理思路　点所在的区域给出相数；相组成由水平连结线与相界线的交点给出；由杠杆规则可计算两相的相对含量。

解：初始点a_1在单相区。加热后，液体在350 K(a_2)沸腾，得到组成为$x_B = 0.66(b_1)$的蒸气。随着温度继续升高，得到的气相越来越多，馏出物的组成将变得更富集B。当加热到386 K（a_3）时，极少量的液体与大量蒸气平衡，此时蒸气组成与初始液体混合物（a_1）相同。继续加热到368 K以上，所有的液体都被汽化，所以，液体的沸腾温度是350~386 K。

如果移走初始的蒸气，其组成为$x_B = 0.66$。冷却馏出物对应着沿等值线$x_B = 0.66$向下移动。例如，冷却到330 K，液相组成是$x_B = 0.87$，气相组成是$x_B = 0.49$，两者的相对比例是0.81∶1。冷却到320 K，系统有三相，一个气相和两个液相。其中，一个液相的组成为$x_B = 0.30$，另一个液相的组成为$x_B = 0.80$。进一步冷却，系统进入两相区；在298 K两相组成分别为$x_B = 0.20$和$x_B = 0.90$，比例为0.52∶1。

自测题 5C.3　从点$x_B = 0.40$、$T = 298$ K开始，重复上述讨论过程。

概念清单

☐ 1. 拉乌尔定律用来计算两种易挥发液体组成的双组分系统的总蒸气压。

☐ 2. **温度－组成图**中的相界线显示在不同温度下平衡的两个相的组成。

☐ 3. 平衡时气相和液相的组成位于**连结线**的两端。

☐ 4. **杠杆规则**用于计算平衡时两相的相对含量。

☐ 5. 用**分馏**分离液体混合物包含了沸腾和冷凝的多次循环。

☐ 6. **恒沸物**是蒸发时其组成不变的液体混合物。

☐ 7. 部分互溶液体的相分离可能发生在温度低于**最高临界会溶温度**或高于**最低临界会溶温度**时；该过程可用正规溶液的模型来讨论。

公式清单

性质	公式	说明	公式编号
蒸气的组成	$y_A = x_A p_A^*/[p_B^* + (p_A^* - p_B^*)x_A]$ $y_B = 1 - y_A$	理想溶液	5C.4
总蒸气压	$p = p_A^* p_B^*/[p_A^* + (p_B^* - p_A^*)y_A]$	理想溶液	5C.5
杠杆规则	$n_L l_L = n_V l_V$（液相和气相处于平衡）	一般地，对α相和β相，有$n_\alpha l_\alpha = n_\beta l_\beta$	5C.6

专题5D

双组分系统的相图：固体

▶ 为何需要学习这部分内容？

固体混合物的相图广泛使用在材料科学、冶金学、地质学及化学工业中，以总结混合物中各个相的组成。所以，这类相图的解释非常重要。

▶ 核心思想是什么？

相图是显示系统的每一相在何种条件下最稳定的图形。

▶ 需要哪些预备知识？

复习液－液相图的解释和杠杆规则（专题5C）的意义将是很有帮助的。

本专题讨论在低于沸点的温度下，固相和液相可能都存在的系统。

5D.1 低共熔混合物

考虑图5D.1中组成为a_1的双组分液体。当系统被冷却时，发生的变化可表述如下：

物理解释

- $a_1 \to a_2$。系统进入标示为"液体+B"的两相区。纯固体B开始从溶液中析出，同时剩余液体更富集A。
- $a_2 \to a_3$。形成更多的固体B，（处于平衡的）固体和液体的相对量由杠杆规则（专题5C）给出。在这个阶段，每一相的量大致相等。由于析出一些B，液相较之前更富集A（其组成由b_3给出）。
- $a_3 \to a_4$。在该步骤的最后，液体量少于在a_3时，液体组成由e_2给出。此时液体凝固，得到由纯B和纯A组成的两相系统。

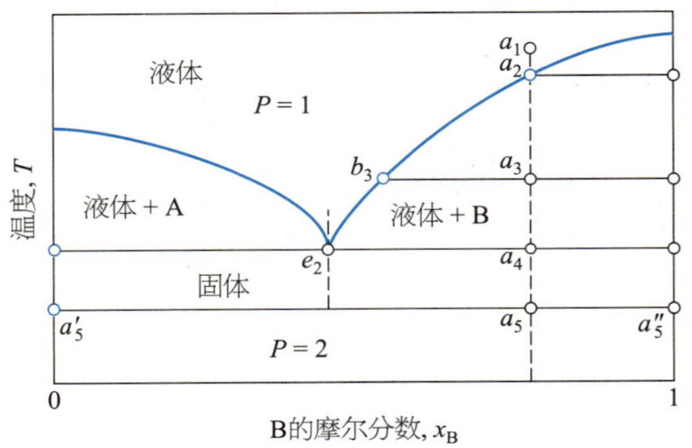

图5D.1 固相完全不互溶、液相完全互溶的双组分系统温度－组成图（注意与图5C.21的相似性。通过e_2的等组成线对应着低共熔组成，即具有最低熔点的混合物）

图5D.1中e_2处的等组成线（组成不变的线）对应着**低共熔**（eutectic）组成，即具有最低熔点的混合物。具有低共熔组成的液体在单一温度下凝固，不会先析出固体A或B。具有低共熔组成的固体，在所有混合物中熔化的温度最低，并且熔化时不改变组成。在e_2右侧组成的液体在冷却时析出B，而e_2左侧组成的液体在冷却时析出A：只有低共熔混合物（除纯A或纯B外）在单一确定的温度下凝固，而不会从液体中逐渐析出其他组分。

一个在技术上重要、后来被现代材料取代的低共熔物是焊料，其质量组成约为67%锡和33%铅，在183 ℃熔化。由质量分数为23%的NaCl和77%的H_2O形成的低共熔物在−21.1 ℃熔化。当NaCl在等温条件下加到冰中时（例如，当NaCl铺在结冰的路面上时），混合物在温度高于−21.1 ℃时会熔化（已经达到低共熔组成）。当NaCl在绝热条件下加到冰中时（如加到真空瓶中的冰），冰融化了，但是融化时它从混合物的其余部分吸收热。系统的温度下降，并且如果加入足够多的NaCl，温度会继续降到低共熔温度。在大量的双组分合金系统中会形成低共熔物，并且对固体材料的微观结构非常重要。尽管低共熔物是一个两相系统，但它以一个近似均匀的微晶混合物结晶出来。两个微晶相可以通过显微技术和诸如X射线衍射的结构分析技术进行区分（专题15B）。

热分析是检测低共熔物的一种非常实用的方法。考虑图5D.1中沿着通过a_1的等组成线的冷却速率，就可以理解如何使用该方法。液体稳步冷却，直到到达a_2处，B开始析出（图5D.2）。此时冷却速率减缓，因为B的凝固放热，延缓了降温速率。当剩余液体达到低共熔组成时，温度保持不变，直到全部样品凝固：这个温度保持不变的区域就是**低共熔平台**（eutectic halt）。如果液体最初具有低共熔组成e，就会一直稳定降温直至低共熔物的凝固温度；当整个样品凝固时，存在一个很长的低共熔平台（就像纯液体的凝固一样）。

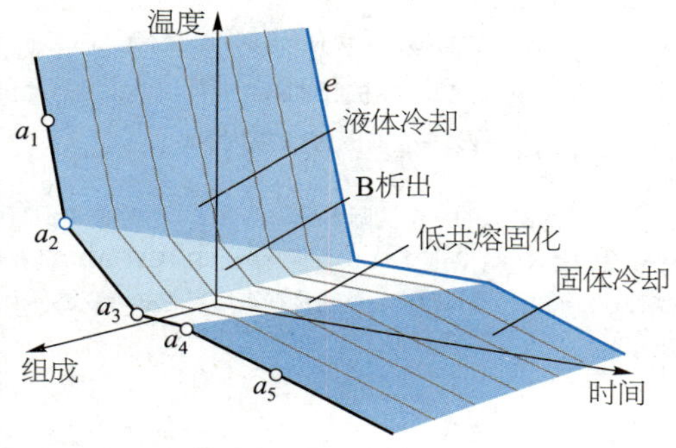

图5D.2　图5D.1中所示系统的步冷曲线[对等组成线a，冷却速率在a_2处减小，因为固体B从溶液中析出。当低共熔物析出时，在a_3和a_4之间有一个完整的平台。低共熔等组成线e的步冷平台最长。对越过e（富集A）的系统组成，低共熔平台又缩短。步冷曲线被用于绘制相图]

简要说明5D.1

图5D.3显示银－锡系统的相图。当组成为a的液体冷却时，含有锡的固体银开始在a_1处析出，并且样品在a_2处完全凝固。

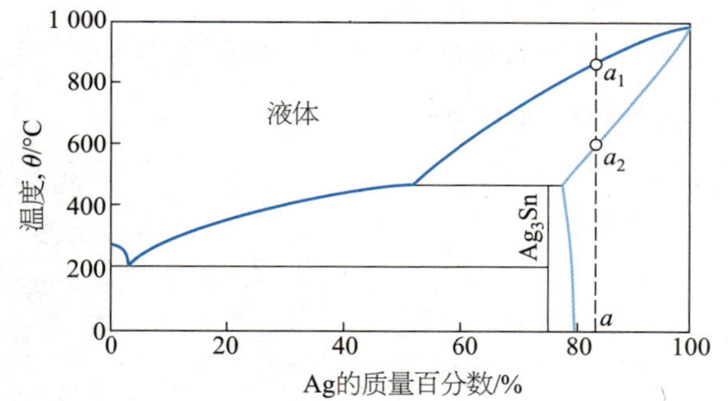

图5D.3　在简要说明5D.1中讨论的银－锡系统的相图

监测不同总组成的步冷曲线，可以给出相图结构的明确信息。固－液相界线由冷却速率发生变化所在的点给出。最长的低共熔平台给出低共熔组成的位置及其熔化温度。

5D.2　反应系统

许多双组分混合物反应生成化合物，这在技术上很重要的例子包括13/15族（Ⅲ/Ⅴ）半导体，例如镓－砷系统，可形成化合物GaAs。尽管系统内存在3种物质，组分数仍仅为2，因为GaAs是由反应Ga + As ⟶ GaAs生成的。为了说明其中的一些原理，考虑形成化合物C的系统，同时C与物质A和B都形成低共熔混合物（图5D.4）。

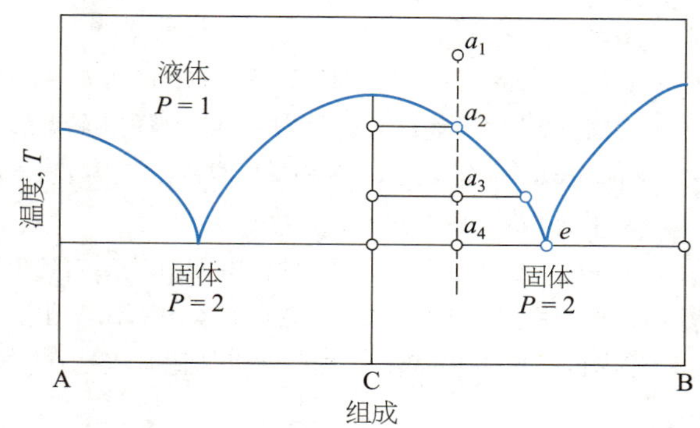

图5D.4　A和B反应形成化合物C = AB的系统的相图（该相图类似于两个图5D.1的叠加，即每个图5D.1相当于图5D.4的一半。组分C是一个真正的化合物，而不是等物质的量混合物）

通过将过量的B与A混合制备的系统含有化合物C和未反应的B。这是一个双组分B－C系统，并假设形成低共熔物。与图5D.1中低共熔相图相比，其主要变化是整个相图被压缩到组成范围位于等量A和B（$x_B = 0.5$，在图5D.4中标记为C）和纯B之间。相图中各项信息的解释与图5D.1相同。沿着等组成线a降温析出的固体是化合物C。温度低于a_4时，系统中有两个固相，一个是C，另一个是B。纯化合物C**相合**（或**同成分**，congruently）熔化，即熔化时得到的液体的组成与固体化合物相同。

5D.3　不相合熔化

在某些情况下，化合物C不能以液体稳定存在。合金Na_2K就是一个例子，它只在固态时存在

（图 5D.5）。当 a_1 处的液体被冷却时，考虑发生了什么：

物理解释

- $a_2 \to a_3$。富含 Na 的固态溶液析出，剩余液体中富含 K。
- 温度低于 a_3。样品全部为固体，固相中富含 Na 的固态溶液和固体 Na_2K。

现在考虑通过 b_1 的等组成线：

物理解释

- $b_1 \to b_2$。在达到 b_2 处相界线之前没有明显的变化发生，降温到 b_2 时，富含 Na 的固态溶液开始析出。
- $b_2 \to b_3$。富含 Na 的固态溶液析出，但在 b_3 处发生反应形成 Na_2K：这个化合物是通过 K 原子扩散进入固体 Na 中形成的。
- 在 b_3 处，达到三相平衡：液体、化合物 Na_2K 及富含 Na 的固态溶液。代表这三相平衡的水平线被称为**转熔线**（peritectic line）。此时，液体 Na/K 混合物与少量固体 Na_2K 达平衡，但仍没有液态化合物。
- $b_3 \to b_4$。当继续降温时，固体化合物的量增加，直到在 b_4 处液体达到其低共熔组成。然后液体凝固，得到由富含 K 的固态溶液和固体 Na_2K 组成的两相固体。

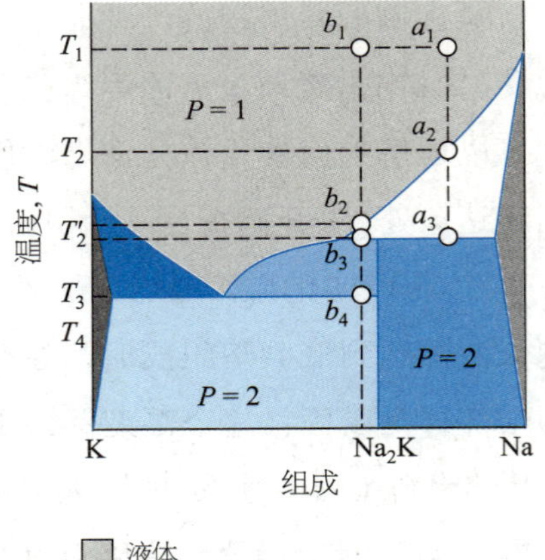

图5D.5　与图5D.4类似的一个实际系统（Na和K）的相图（但有两点区别：一是化合物是 Na_2K，对应着 A_2B，而不是图5D.4中的AB；二是化合物只以固态存在，而不以液体存在。化合物在其熔点时的转变是不相合熔化的例子）

如果固体被重新加热，则上述现象的顺序将颠倒。在任一阶段都不会形成液态 Na_2K，因为它太不稳定了，不能以液态存在。这种行为是**不相合熔化**（或**异成分熔化**，incongruent melting）的一个例子，其中化合物熔化为其组分，而其本身不形成液相。

概念清单

- □ 1. 在**低共熔组成**时，液相凝固，其组成不变。
- □ 2. 相图中的**转熔线**代表三相平衡。
- □ 3. 在**相合熔化**中，形成液体的组成与固体化合物的组成相同。
- □ 4. 在**不相合熔化**中，化合物熔化为其组分，而其本身不形成液相。

专题5E

三组分系统的相图

► 为何需要学习这部分内容？

随着对更复杂材料的研究，例如发现具有超导性质的陶瓷，三组分相图在材料科学中变得越来越重要。

► 核心思想是什么？

相图是显示系统中各相均为最稳定的条件的图形。

► 需要哪些预备知识？

复习双组分相图（专题 5C 和 5D）和相律（专题 4A）是有帮助的。这里给出的相图解释使用了杠杆规则（专题 5C）。

考虑一个**三组分系统**（ternary system）的相图，所以$C=3$。根据相律（专题4A），$F=5-P$。如果系统限定为等温等压，就舍弃了2个自由度，$F''=3-P$。如果存在两相（$P=2$），那么$F''=1$，系统有一个自由度：改变一个组分的量将引起另外两个组分的量发生变化。这种状况在相图中用一个区域表示。如果存在三相（$P=3$），那么$F''=0$，此时系统在相图上用一个点表示。

三组分相图中的线代表两相共存时的条件。与在双组分相图中一样，当两个相由连结线相连时，它们处于平衡。

5E.1 三角形相图

三组分系统中三个组分的摩尔分数满足$x_A+x_B+x_C=1$。画为等边三角形的相图可保证自动满足这一性质，边长为1的等边三角形内一点以平行各边的方式与各边的距离之和为1（图5E.1）。

图5E.1给出了这种方法的实际工作原理。边AB对应着$x_C=0$，其他两条边类似。因此，三条边中的每一条分别对应着一个双组分系统（A, B），（B, C）和（A, C）。内部的一点则对应着三个组分都存在的一个系统。例如点P，表示$x_A=0.50$，$x_B=0.10$，$x_C=0.40$。

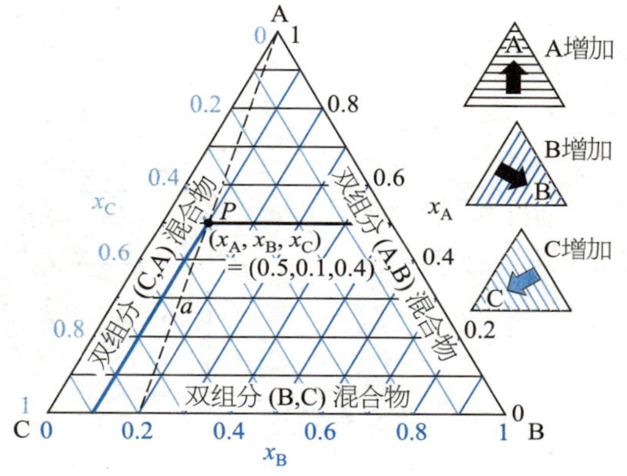

图5E.1 讨论三组分相图时使用的等边三角形坐标（每条边对应一个双组分系统。沿着虚线a的所有点对应C和B的摩尔分数的比例相同）

连接顶点A到对边线上的点的直线（图5E.1中的虚线a）上的任何一点，表示离顶点A越靠近的点，其组成越富含A，但是B和C的浓度比保持不变。因此，为了表示加入A时系统组成的变化，可从顶点A到代表初始双组分系统的BC线上的点，画一条线。任何通过加入A形成的三组分系统都位于该条线上的某一点。

简要说明5E.1

图5E.2中示出了下列各点。

点	x_A	x_B	x_C
a	0.20	0.80	0
b	0.42	0.26	0.32
c	0.80	0.10	0.10

续表

点	x_A	x_B	x_C
d	0.10	0.20	0.70
e	0.20	0.40	0.40
f	0.30	0.60	0.10

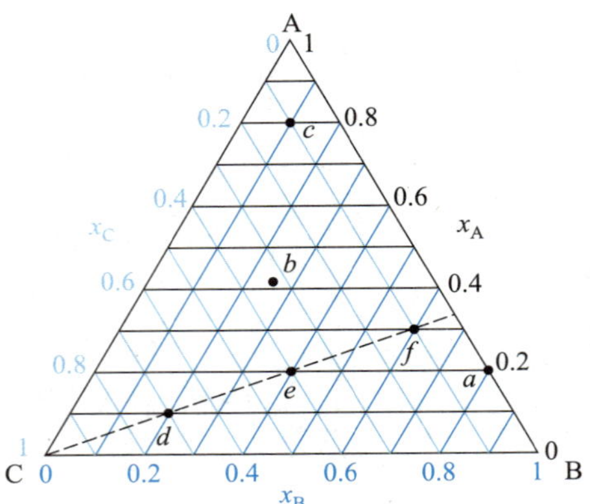

图5E.2　简要说明5E.1中对应的各点

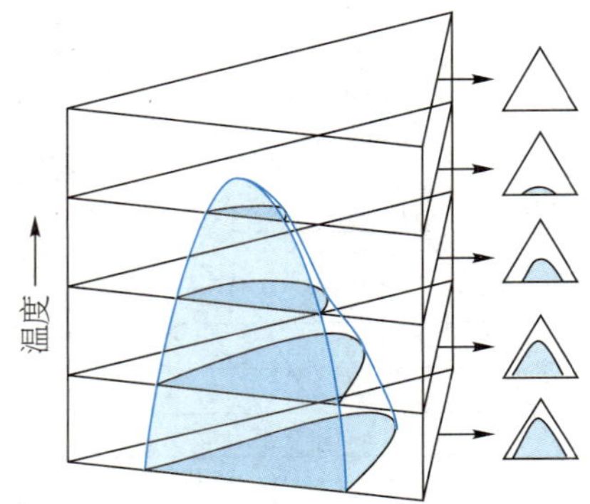

图5E.3　当温度也被当作一个变量时，相图变为一个三角棱柱，通过棱柱的水平部分对应着在图5E.1中讨论和示例的三角形相图

注意，点*d*, *e*和*f*都有$x_A/x_B = 0.50$，且位于一条直线上。

单个三角形代表被舍弃的自由度之一（如温度）有确定数值时的平衡。不同的温度导致不同的平衡行为，因此有不同的三角形相图。因此，每一个都可以认为是通过三维三角棱柱的水平切面，如图5E.3所示。

5E.2　三组分系统

三组分相图广泛应用于冶金学和材料科学中。尽管它们可能变得非常复杂，但可以用与双组分相图相似的方式来进行解释。

(a) 部分互溶液体

图5E.4所示的三组分相图中，W（如水）和E（如乙酸）完全互溶，E和T（如三氯甲烷，即氯仿）完全互溶，但是W和T只部分互溶。这个例子是室温下水－乙酸－三氯甲烷系统，其表现如下：

物理解释

- 两对完全互溶的液体，(E, W)和(E, T)形成单相区。
- (W, T)系统（沿着三角形的底边）形成两相区。

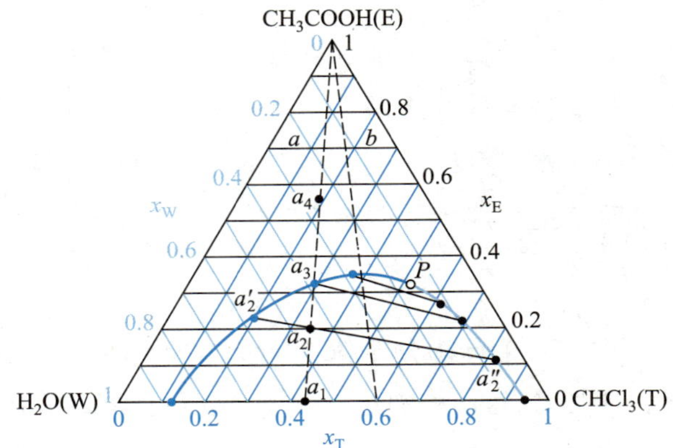

图5E.4　在固定温度和压力下，乙酸（E）、三氯甲烷（T）和水（W）的三组分系统相图（在两相区仅画出了一些连结线。沿着线*a*的所有点对应着三氯甲烷和水以相同的比例存在）

三角形的底边对应于双组分相图中的一个水平线。两相区内的连结线是通过实验确定的，即测定处于平衡状态的两个相的组成，在相图上标记组成，然后用一条直线连接。

当足够多的E加入双组分（W, T）混合物中，形成单相系统。这一效果可在图5E.4中沿着线*a*来说明：

物理解释

- a_1，系统包含两相，两相的相对量可通过杠杆规则读取。
- $a_1 \rightarrow a_2$。加入E，使系统沿着连接a_1到顶点E的线变化。在a_2处，溶液仍有两相，但是在大部分是T的相中，W的量稍多（由a_2''点表示），在大部分是W的相中，T的量稍多（a_2'），因为E的加入帮助二者溶解。相图显示，与富含T的相相比，在富含W的相中有更多的E（a_2'比a_2''更接近顶点E）。
- $a_2 \rightarrow a_3$。在a_3处，系统内存在两相，但富含T的液层只有极少量（杠杆规则）。
- $a_3 \rightarrow a_4$。进一步加入E使系统移向并越过a_4，此时系统只存在一相。

简要说明5E.2

考虑水（图5E.4中的W）和三氯甲烷（T）的混合物，组成为$x_W=0.40$，$x_T=0.60$。当向该混合物内加入乙酸（E）时，W和T的相对比例保持恒定，所以代表总组成的点沿着直线*b*由底边上的$x_T=0.60$向顶点乙酸移动。初始组成位于两相区：一相的组成为$(x_W, x_T, x_E)=(0.05, 0.95, 0)$，另一相的组成为$(x_W, x_T, x_E)=(0.88, 0.12, 0)$。当加入足量的乙酸，使其摩尔分数提高到0.18时，系统含有两相，其组成为(0.07, 0.82, 0.11)和(0.57, 0.20, 0.23)，两相比例为1∶3。

图5E.4中标记的点*P*被称为**褶点**（plait point）：在该点处，相互平衡的两相的组成相等。这也是临界点的另一个例子。为了方便，三角形相图的一般解释概括在图5E.5中。

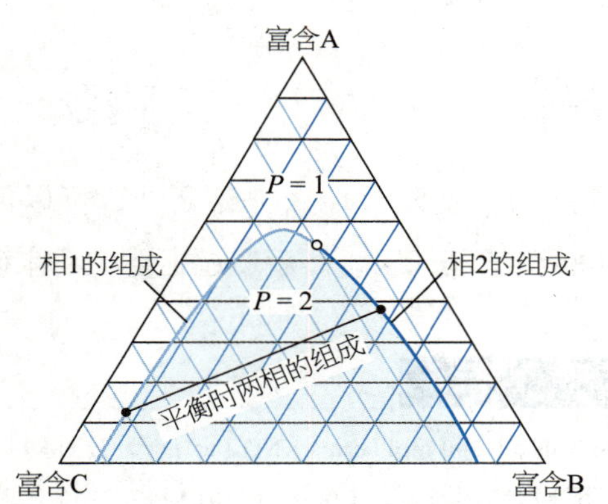

图5E.5　三角形相图的一般解释[曲线内的区域含有两相，平衡时两相的组成由连结线的两个端点给出（连结线由实验测定）]

（b）三组分固体

图5E.6中的三角形相图是含有三种不同组成金属A、B和C的固态合金的典型相图。

简要说明5E.3

图5E.6是由铁、铬和镍组成的不锈钢三组分系统的简化三角形相图。各轴表示各组分的质量分数，而不是摩尔分数，但由于三个质量分数加起来等于100%，三角形内各点表示的含义本质上等同于用摩尔分数表示的含义。点*a*对应于74% Fe、18% Cr和8% Ni的组成。它对应于不锈钢的最常见形式，即“18－8不锈钢”。对应于点*b*的组成位于两相区，一相由Cr组成，而另一相则为γ－FeNi合金。

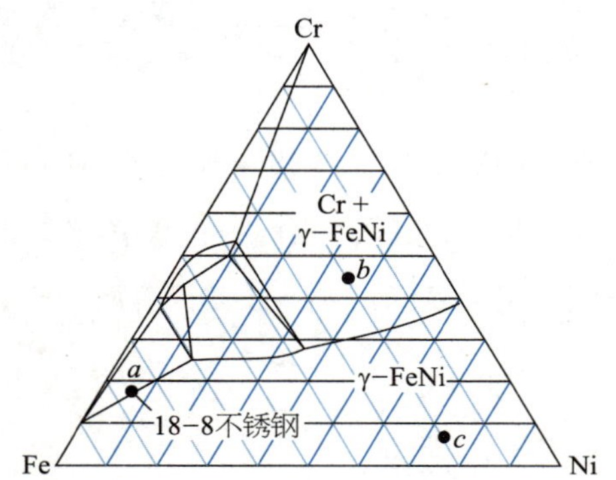

图5E.6　由铁、铬和镍组成的不锈钢三组分系统的简化三角形相图

概念清单

☐ 1. 等边三角形相图保证自动满足性质$x_A+x_B+x_C=1$。

☐ 2. 在**褶点**处，平衡的两相组成相等。

专题5F

活度

▶ 为何需要学习这部分内容？

理想溶液的概念是讨论混合物的一个很好的出发点，但是为了理解真实溶液，能够描述真实溶液对理想行为的偏离，并用分子相互作用来表达它们就非常重要。

▶ 核心思想是什么？

物质的活度，即其有效浓度，有助于保持基于理想行为导出的表达式形式，但可扩展到真实混合物。

▶ 需要哪些预备知识？

本专题以拉乌尔定律和亨利定律（专题5A）导出的物质化学势的表达式为基础，还应用了在专题5B中介绍的正规溶液模型的公式。

本专题说明应如何调整专题5A和5B中推导出的表达式，以考虑对理想行为的偏离。与其他专题中一样，用A表示溶剂，B表示溶质，一般组分用J表示。

5F.1 溶剂的活度

真实或理想溶剂化学势的一般形式可通过对式（5A.21）$[\mu_A=\mu_A^*+RT\ln(p_A/p_A^*)]$的直接修正得到。其中，$p_A^*$是纯A的蒸气压，$p_A$是A为溶液中一个组分时的蒸气压。理想溶液中溶剂在全部浓度范围内都服从拉乌尔定律（专题5A，$p_A=x_Ap_A^*$），其化学势由式（5A.23）（$\mu_A=\mu_A^*+RT\ln x_A$）表示。当溶液不遵守拉乌尔定律时，这个关系的形式仍可以保留，写为

$$\mu_A=\mu_A^*+RT\ln a_A \quad \text{溶剂的活度[定义]} \qquad (5F.1)$$

式中a_A是A的**活度**（activity），是一种“有效”的摩尔分数。

因为式（5F.1）对真实及理想溶液都成立，将其与$\mu_A=\mu_A^*+RT\ln(p_A/p_A^*)$相比较，得到

$$a_A=\frac{p_A}{p_A^*} \quad \text{溶剂的活度[测量]} \qquad (5F.2)$$

溶剂的活度没有什么神秘之处：可以简单地通过实验测量蒸气压，然后通过上述关系来确定。

简要说明5F.1

100 ℃时，0.500 mol · dm^{-3} KNO_3(aq)的蒸气压是99.95 kPa，该温度下纯水的蒸气压是1.00 atm (101 kPa)。由此可以得到，在该温度下，溶液中水的活度为

$$a_A=\frac{99.95\ \text{kPa}}{101\ \text{kPa}}=0.990$$

因为当溶质的浓度接近0时，所有溶剂都更遵守拉乌尔定律。所以，当$x_A\to 1$时，溶剂的活度接近于其摩尔分数：

$$a_A\to x_A \quad （当x_A\to 1时） \qquad (5F.3)$$

表达这种收敛的一种简便方法是引入**活度系数**（activity coeffcient）γ，其定义为：在所有温度和压力下，有

$$a_A=\gamma_A x_A \quad \gamma_A\to 1 \quad （当x_A\to 1时） \quad \text{溶剂的活度系数[定义]} \qquad (5F.4)$$

这样，溶剂的化学势表达为

$$\mu_A=\mu_A^*+RT\ln x_A+RT\ln\gamma_A \quad \text{溶剂的化学势} \qquad (5F.5)$$

溶剂的标准状态为$x_A=1$（纯溶剂）和压力等于1 bar时的状态。

5F.2　溶质的活度

对于溶质，定义活度系数和标准状态的问题是：当$x_B \to 0$，而不是$x_B \to 1$（对应于纯溶质）时，它们趋近理想稀溶液（亨利定律）行为。

（a）理想稀溶液

满足亨利定律（专题5A）的溶质B具有的蒸气压由式$p_B = K_B x_B$给出，式中K_B是一经验常数。这种情况下，B的化学势为

$$\mu_B = \mu_B^* + RT\ln\frac{p_B}{p_B^*} \overset{p_B = K_B x_B}{=} \mu_B^* + RT\ln\frac{K_B x_B}{p_B^*} \qquad (5F.6)$$

$$= \overbrace{\mu_B^* + RT\ln\frac{K_B}{p_B^*}}^{\mu_B^{\ominus}} + RT\ln x_B$$

K_B和p_B^*都是溶质的特性，所以两个蓝色的项可以结合，给出一个新的标准化学势$\mu_B^{\ominus}$：

$$\mu_B^{\ominus} = \mu_B^* + RT\ln\frac{K_B}{p_B^*} \qquad (5F.7)$$

因此，理想稀溶液中溶质的化学势可通过下式与其摩尔分数关联：

$$\mu_B = \mu_B^{\ominus} + RT\ln x_B \qquad (5F.8)$$

如果溶液是理想的，则$K_B = p_B^*$（拉乌尔定律），式（5F.7）还原为$\mu_B^{\ominus} = \mu_B^*$。

简要说明5F.2

在例题5A.4中，已测定丙酮和三氯甲烷的混合物在298 K时，$K_{丙酮} = 24.5\ \text{kPa}$，而$p^*_{丙酮} = 46.3\ \text{kPa}$。则由式（5F.7）可得

$$\mu^{\ominus}_{丙酮} = \mu^*_{丙酮} + RT\ln\frac{24.5\ \text{kPa}}{46.3\ \text{kPa}}$$

$$= \mu^*_{丙酮} + 8.314\,5\ \text{J}\cdot\text{K}^{-1}\cdot\text{mol}^{-1} \times 298\ \text{K} \times \ln\frac{24.5}{46.3}$$

$$= \mu^*_{丙酮} - 1.58\ \text{kJ}\cdot\text{mol}^{-1}$$

标准化学势与纯液体化学势相差$-1.58\ \text{kJ}\cdot\text{mol}^{-1}$。

（b）真实溶液

真实溶液偏离理想稀溶液亨利定律的行为。对于溶质，在式（5F.8）中用a_B替代x_B，得到

$$\mu_B = \mu_B^{\ominus} + RT\ln a_B \qquad \text{溶质的化学势［定义］} \qquad (5F.9)$$

在最后一步中，标准状态保持不变，所有对理想性的偏差都包含在活度a_B中。

式$\mu_B = \mu_B^* + RT\ln(p_B/p_B^*)$仍然正确，但是现在，由式（5F.7）可知：$\mu_B^* = \mu_B^{\ominus} - RT\ln(K_B/p_B^*)$，故

$$\mu_B = \overbrace{\mu_B^{\ominus} - RT\ln\frac{K_B}{p_B^*}}^{\mu_B^*} + RT\ln\frac{p_B}{p_B^*} = \mu_B^{\ominus} + RT\ln\frac{p_B}{K_B}$$

将此表达式与式（5F.9）对比，则活度a_B为

$$a_B = \frac{p_B}{K_B} \qquad \text{溶质的活度［测量］} \qquad (5F.10)$$

对于溶质，通过下式引入活度系数是合乎情理的：

$$a_B = \gamma_B x_B \qquad \text{溶质的活度系数［定义］} \qquad (5F.11)$$

现在，所有对理想性的偏离都包含在活度系数γ_B中。因为溶质在浓度趋于0时服从亨利定律（$p_B = K_B x_B$），所以，在任意温度和压力下，可有

$$a_B \to x_B \text{和} \gamma_B \to 1 \quad （当 x_B \to 0 时） \qquad (5F.12)$$

溶质对理想性的偏离在其浓度趋于0时消失。

例题 5F.1　测量活度

利用下列信息，计算25 ℃时，三氯甲烷（C）在丙酮（A）中的活度和活度系数；先将其看作溶剂，然后看作溶质。

x_C	0	0.20	0.40	0.60	0.80	1
p_C/kPa	0	4.7	11	18.9	26.7	36.4
p_A/kPa	46.3	33.3	23.3	12.3	4.9	0

整理思路　三氯甲烷作为溶剂时的活度（拉乌尔定律活度），写为$a_C = p_C/p_C^*$，及$\gamma_C = a_C/x_C$。三氯甲烷作为溶质时的活度（亨利定律活度），新的活度写为$a_C = p_C/K_C$，及$\gamma_C = a_C/x_C$。

解：因为$p_C^* = 36.4\ \text{kPa}$及$K_C = 23.5\ \text{kPa}$（由例题5A.4得到），写出下面的数据。例如，在$x_C = 0.20$时，在拉乌尔定律适用的情况下，$a_C = 4.7\ \text{kPa}/36.4\ \text{kPa} = 0.13$，且$\gamma_C = 0.13/0.20 = 0.65$。类似地，在亨利定律适用的情况下，$a_C = 4.7\ \text{kPa}/23.5\ \text{kPa} = 0.20$，且$\gamma_C = 0.20/0.20 = 1.0$。

由拉乌尔定律（三氯甲烷作为溶剂）：

x_C	0	0.20	0.40	0.60	0.80	1
a_C	0	0.13	0.30	0.52	0.73	1.00
γ_C		0.65	0.75	0.87	0.92	1.00

由亨利定律（三氯甲烷作为溶质）：

x_C	0	0.20	0.40	0.60	0.80	1
a_C	0	0.20	0.47	0.80	1.14	1.55
γ_C	1	1.00	1.17	1.34	1.42	1.55

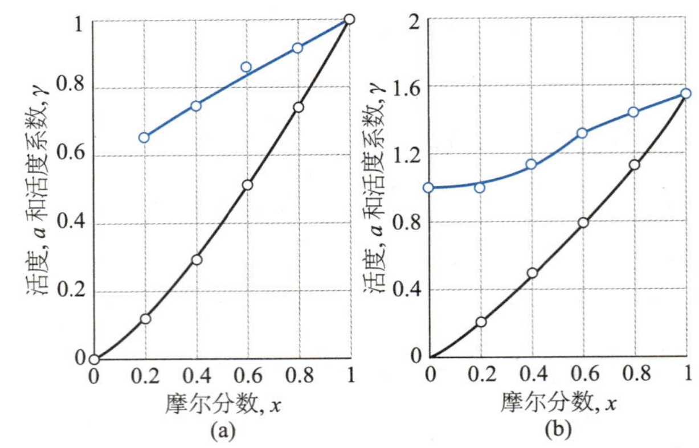

图5F.1　对于三氯甲烷－丙酮混合物，活度和活度系数随组成的变化（a）根据拉乌尔定律；（b）根据亨利定律

将这些数据绘制于图5F.1。注意：在拉乌尔定律适用情况下，当$x_C \to 1$时，$\gamma_C \to 1$；但在亨利定律适用情况下，当$x_C \to 0$时，$\gamma_C \to 1$。

自测题5F.1　按照两种规定（$p_A^* = 46.3$ kPa，$K_A = 24.5$ kPa），计算丙酮的活度和活度系数。

答案：例如，在$x_A = 0.60$时，$a_R = 0.50$；$\gamma_R = 0.84$；$a_H = 0.95$，$\gamma_H = 1.59$。

（c）以质量摩尔浓度表示的活度

标准状态的选择是完全任意的，并且可以以最适合描述系统组成的方式进行选择。因为组成经常以质量摩尔浓度b表示，来代替摩尔分数（参见专题5A“化学家工具包11”），所以可方便地写出

$$\mu_B = \mu_B^{\ominus} + RT\ln\frac{b_B}{b^{\ominus}} \tag{5F.13}$$

式中$\mu_B^{\ominus}$的值与之前介绍的标准值不同。按照此定义，当B的质量摩尔浓度是$b^{\ominus}$（即1 mol · kg^{-1}）时，溶质的化学势有其标准值$\mu_B^{\ominus}$。注意，当$b_B \to 0$时，$\mu_B \to -\infty$，即当溶液变稀薄时，溶质的热力学稳定性增加。这一结果的实际后果是，很难从溶液中除去痕量溶质。

与之前一样，通过引入量纲为1的物理量活度a_B和活度系数γ_B来概括对理想性的偏离。在任意温度和压力下，有

$$a_B = \gamma_B \frac{b_B}{b^{\ominus}}，\quad 当 b_B \to 0 时，\gamma_B \to 1 \tag{5F.14}$$

在最后一步，标准状态保持不变；并且，如前所述，所有对理想性的偏离都包含在活度系数γ_B中。

所以，在任一质量摩尔浓度时，真实溶质化学势的最终表达式为

$$\mu_B = \mu_B^{\ominus} + RT\ln a_B \tag{5F.15}$$

5F.3　正规溶液的活度

正规溶液的概念（专题5B）进一步揭示了对拉乌尔定律偏离的起源及其与活度系数的关系。出发点是超额焓的模型表达式［式（5B.6），$H^E = n\xi RTx_Ax_B$］及其对正规溶液混合吉布斯能的意义［式（5B.7），$\Delta_{mix}G = nRT(x_A\ln x_A + x_B\ln x_B + \xi x_Ax_B)$］。在该模型的基础上，有可能利用参数$\xi$来得到活度系数的表达式。

如何完成？ 5F.1　导出正规溶液活度系数的表达式

形成理想溶液的混合吉布斯能可由式（5B.3）给出，即

$$\Delta_{mix}G = nRT(x_A\ln x_A + x_B\ln x_B)$$

对于非理想溶液，其相应的表达式为

$$\Delta_{mix}G = nRT(x_A\ln a_A + x_B\ln a_B)$$

此关系式遵循与理想混合物相同的方式，但用活度取代摩尔分数。然而，在专题5B.7中，对于正规溶液，也已建立［在式（5B.7）中］下面的关系式：

$$\Delta_{mix}G = nRT(x_A\ln x_A + x_B\ln x_B + \xi x_Ax_B)$$

这两个式子可以按如下方式变为一致。首先，用γ_Jx_J替换每个活度：

$$\begin{aligned}\Delta_{mix}G &= nRT(x_A\ln x_A\gamma_A + x_B\ln x_B\gamma_B)\\ &= nRT(x_A\ln x_A + x_B\ln x_B + x_A\ln\gamma_A + x_B\ln\gamma_B)\end{aligned}$$

为了一致，括号中最后两项加和必须等于ξx_Ax_B，这可以通过写出$\ln\gamma_A = \xi x_B^2$及$\ln\gamma_B = \xi x_A^2$得到，由于

$$x_A\overbrace{\ln\gamma_A}^{\xi x_B^2} + x_B\overbrace{\ln\gamma_B}^{\xi x_A^2} = \xi x_Ax_B^2 + \xi x_Bx_A^2 = \xi\overbrace{(x_A + x_B)}^{1}x_Ax_B = \xi x_Ax_B$$

因此，正规溶液的活度系数可由下式给出，该式称为**马居尔公式**（Margules equations）：

$$\ln\gamma_A = \xi x_B^2 \qquad \ln\gamma_B = \xi x_A^2 \tag{5F.16}$$

马居尔公式

值得注意的是，稀溶液的活度系数在下述情况下是正确的：当$x_B \to 0$时$\gamma_A \to 1$，及$x_A \to 0$时$\gamma_B \to 1$。还要注意，这里A和B都被视为混合物的组分，而不是溶剂和溶质。

此时，可以利用马居尔公式写出A的活度：

$$a_A=\gamma_A x_A=x_A e^{\xi x_B^2}=x_A e^{\xi(1-x_A)^2} \qquad (5F.17)$$

（$\gamma_A=e^{\xi x_B^2}$；$x_B=1-x_A$）

a_B的表达式与此类似。然而A的活度就是溶液中A的蒸气压与纯A的饱和蒸气压的比值［式（5F.2），$a_A=p_A/p_A^*$］，故

$$p_A=p_A^* x_A e^{\xi(1-x_A)^2} \qquad (5F.18)$$

该函数绘制在图5F.2中，并解释如下：

物理解释

- 当$\xi=0$时，对应理想溶液，$p_A=p_A^* x_A$，服从拉乌尔定律。
- 当ξ为正值时（混合是吸热的，不利的溶质－溶剂相互作用），蒸气压高于理想溶液的蒸气压。
- 当ξ为负值时（混合是放热的，有利的溶质－溶剂相互作用），蒸气压低于理想溶液的蒸气压。

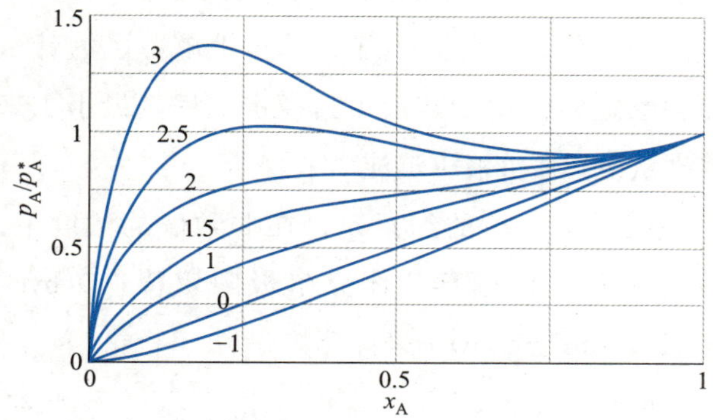

图5F.2 基于其中超额焓为$n\xi RTx_Ax_B$的一个模型的混合物的蒸气压；线用ξ值标示。理想溶液对应$\xi=0$，且为直线，服从拉乌尔定律。当ξ为正值时，蒸气压高于理想溶液的蒸气压。ξ为负值时，蒸气压则低于理想溶液的蒸气压

式（5F.18）的所有图形在$x_A\to1$时都接近线性，并服从拉乌尔定律，且式（5F.18）中的指数函数接近于1。当$x_A << 1$时，式（5F.18）变为

$$p_A=p_A^* x_A e^{\xi} \qquad (5F.19)$$

一旦K等于$e^{\xi}p_A^*$（其对每一个溶质－溶剂系统都是不同的），此表达式就具有亨利定律的形式。

简要说明5F.3

在专题5B的例题5B.1中，已得到在25 ℃时，苯和环己烷混合物的$\xi=1.13$。因为$\xi>0$，混合物的蒸气压预计大于其理想值。因此，混合物的蒸气总压为

$$p=p_{苯}^* x_{苯} e^{1.13(1-x_{苯})^2}+p_{环己烷}^* x_{环己烷} e^{1.13(1-x_{环己烷})^2}$$

利用$p_{苯}^*=10.0\ \text{kPa}$及$p_{环己烷}^*=10.4\ \text{kPa}$，将该表达式绘制于图5F.3中。

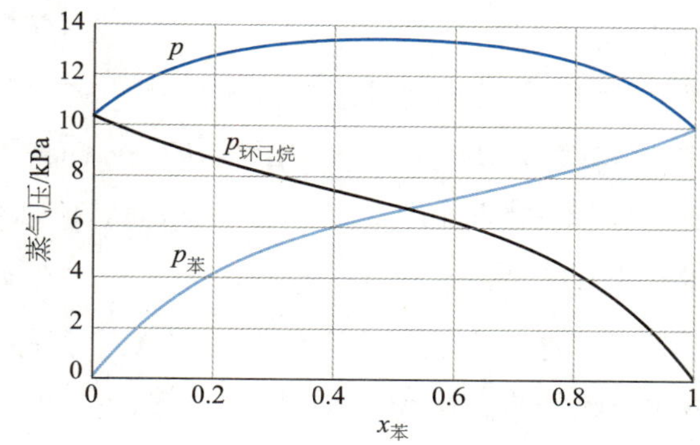

图5F.3 在25 ℃时，计算得到的苯和环己烷混合物的蒸气压曲线

5F.4 离子的活度

离子之间的相互作用非常强，以至于只在非常稀的溶液（总离子浓度小于1 mmol · kg^{-1}）中，用质量摩尔浓度取代活度的近似才是有效的。在精确的工作中，必须使用活度本身。

如果阳离子M^+的化学势表示为μ_+，阴离子X^-的化学势表示为μ_-，则电中性溶液中离子的摩尔吉布斯能是这些偏摩尔量的加和。这类离子的理想溶液的摩尔吉布斯能为

$$G_m^{ideal}=\mu_+^{ideal}+\mu_-^{ideal} \qquad (5F.20)$$

式中$\mu_J^{ideal}=\mu_J^{\ominus}+RT\ln x_J$。但是，对同样质量摩尔浓度的$M^+$和$X^-$的真实溶液，则应该写为$\mu_J=\mu_J^{\ominus}+RT\ln a_J$，其中$a_J=\gamma_J x_J$。这意味着$\mu_J=\mu_J^{ideal}+RT\ln\gamma_J$。因此有

$$\begin{aligned}G_m&=\mu_++\mu_-=\mu_+^{ideal}+\mu_-^{ideal}+RT\ln\gamma_++RT\ln\gamma_-\\&=G_m^{ideal}+RT\ln\gamma_+\gamma_-\end{aligned} \qquad (5F.21)$$

所有对理想性的偏离都包含在最后一项中。

（a）平均活度系数

没有实验方法能将乘积$\gamma_+\gamma_-$分离成阳离子和阴离子的贡献。实验上最好的方法是将非理想性等量地归因于两种离子。因此，以单个系数的几何平均值引入"平均活度系数"，x^p和y^q的几何平均值是$(x^p y^q)^{1/(p+q)}$。对于1－1价型电解质，$p=1$，$q=1$，故所需的几何平均值为

$$\gamma_{\pm}=(\gamma_{+}\gamma_{-})^{1/2} \tag{5F.22}$$

这样，单个离子的化学势就可以写为

$$\mu_{+}=\mu_{+}^{\text{ideal}}+RT\ln\gamma_{\pm} \qquad \mu_{-}=\mu_{-}^{\text{ideal}}+RT\ln\gamma_{\pm} \tag{5F.23}$$

这两个化学势的加和与式（5F.21）相同，但现在非理想性被平均分配在两种离子上。

为了将这种方法推广到化合物M_pX_q上，每单位该化合物溶解得到含有p个阳离子和q个阴离子的溶液，离子的摩尔吉布斯能写为它们偏摩尔吉布斯能（即化学势）的总和：

$$G_{\rm m}=p\mu_{+}+q\mu_{-}=G_{\rm m}^{\text{ideal}}+pRT\ln\gamma_{+}+qRT\ln\gamma_{-} \tag{5F.24}$$

现在，**平均活度系数**（mean activity coefficient）可以用一种更普遍的方式来定义，即

$$\gamma_{\pm}=(\gamma_{+}^{p}\gamma_{-}^{q})^{1/s} \qquad s=p+q \tag{5F.25}$$

平均活度系数［定义］

而且每一种离子的化学势为

$$\mu_i=\mu_i^{\text{ideal}}+RT\ln\gamma_{\pm} \tag{5F.26}$$

（b）德拜－休克尔极限定律

离子间库仑相互作用的长程性和强度意味着它可能是离子溶液偏离理想性的主要原因，并在所有其他对非理想性的贡献中占据主导地位。这一主导地位是离子溶液的**德拜－休克尔理论**（Debye－Hückel theory）的基础，该理论是由Peter Debye和Erich Hückel在1923年提出的。以下是对该理论及其主要结论的定性描述。对于定量处理，参阅本书网站上的“深入了解1”。

电性相反的离子相互吸引。因此，溶液中的阴离子更容易在阳离子附近出现，反之亦然（图5F.4）。总体而言，溶液是电中性的，但在任一给定离子周围，反离子（带相反电荷的离子）过量。从长时间平均来说，反离子更有可能在给定离子周围出现。这个时间平均的、围绕中心离子的球形薄雾，称为中心离子的**离子氛**（ionic atmosphere），其中反离子的数目超过与中心离子具有同种电荷的离子数，该离子氛净的电荷在数量上与中心离子上的电荷相等，但符号（电性）相反。因此，任何给定中心离子的能量和化学势，

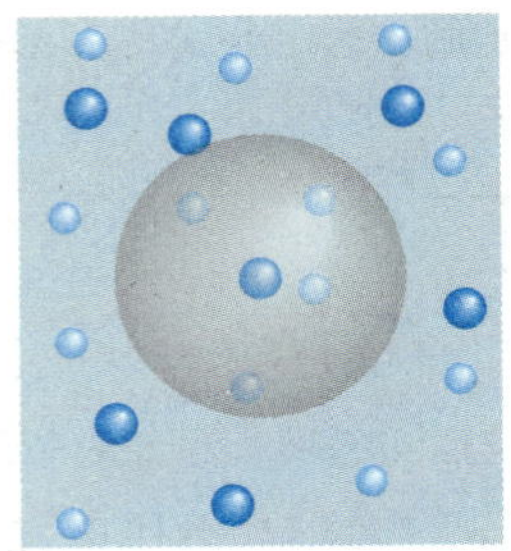

图5F.4　德拜－休克尔理论的模型［阴离子更容易在阳离子周围出现，阳离子更容易在阴离子周围出现（局部聚集区域由灰色的球体示出）。离子在不断运动，图形代表离子运动的快照。该理论适用的溶液远没有这里所示的那么浓］

由于与其离子氛的静电相互作用而被降低。能量的降低表现为溶质的摩尔吉布斯能$G_{\rm m}$和摩尔吉布斯能的理想值$G_{\rm m}^{\text{ideal}}$之间的差异，因而可以用式（5F.21）中的$RT\ln\gamma_{\pm}$项来表示。通过离子与离子氛的相互作用来稳定离子，部分地解释了为什么化学家通常使用稀溶液（其稳定化程度最小）来实现从电解质溶液中沉淀离子。

该模型得出的结果是，在非常低的浓度下，活度系数可由**德拜－休克尔极限定律**（Debye－Hückel limiting law）来计算：

$$\lg\gamma_{\pm}=-A|z_{+}z_{-}|I^{1/2} \tag{5F.27}$$

德拜－休克尔极限定律

其中，对于25 ℃时的水溶液，$A=0.509$，I是溶液的**离子强度**（ionic strength），为量纲为1的量：

$$I=\frac{1}{2}\sum_i z_i^2(b_i/b^{\ominus}) \tag{5F.28}$$

离子强度［定义］

式中z_i是离子i的电荷数（对阳离子为正，阴离子为负），b_i是其质量摩尔浓度。只要讨论离子溶液，离子强度就经常以平方根的形式出现［如在式（5F.27）中］。加和包含溶液中所有的离子。对由质量摩尔浓度分别为b_{+}和b_{-}的两种离子组成的溶液，有

$$I=\frac{1}{2}(b_{+}z_{+}^2+b_{-}z_{-}^2)/b^{\ominus} \tag{5F.29}$$

离子强度强调离子的电荷，因为电荷数以平方项出现。表5F.1以一种便于使用的形式总结了离子强度和质量摩尔浓度的关系。

表5F.1 离子强度和质量摩尔浓度的关系$I = kb/b^\ominus$中的k值

	X^-	X^{2-}	X^{3-}	X^{4-}
M^+	1	3	6	10
M^{2+}	3	4	15	12
M^{3+}	6	15	9	42
M^{4+}	10	12	42	16

例如，质量摩尔浓度为b的M_2X_3溶液（默认在溶液中得到M^{3+}和X^{2-}）的离子强度是$15\ b/b^\ominus$。

简要说明5F.4

25 ℃时，5.0 mmol·kg^{-1} KCl水溶液的平均活度系数可以通过$I = \frac{1}{2}(b_+ + b_-)/b^\ominus = b/b^\ominus$来计算。其中$b$是溶液的质量摩尔浓度（且$b_+ = b_- = b$）。然后，由式（5F.27）可得

$$\lg\gamma_\pm = -0.509 \times (5.0 \times 10^{-3})^{1/2} = -0.036$$

因此，$\gamma_\pm = 0.92$。实验值是0.927。

对式（5F.27）使用“极限定律”的名称，是因为中等质量摩尔浓度的离子溶液的活度系数可能不同于此表达式给出的数值，但所有溶液在$b \to 0$时都符合该表达式。表5F.2列出了不同价型盐溶液的平均活度系数的实验值。图5F.5显示这些数值对$I^{1/2}$的作图，并将它们与由式（5F.27）计算得到的理论直线进行比较。在非常低的质量摩尔浓度下（约小于1 mmol·kg^{-1}，取决于电荷类型）达成的一致性，是支持该模型的有力证据。然而，高于这些质量摩尔浓度时，实际值与理论曲线的偏差很大，表明这些近似仅在非常低的浓度下有效。

表5F.2 298 K时不同价型盐溶液的平均活度系数*

$b/b^\ominus$	KCl	$CaCl_2$
0.001	0.966	0.888
0.01	0.902	0.732
0.1	0.770	0.524
1.0	0.607	0.725

* 更多的数据参见*资源部分*。

（c）极限定律的扩展

当溶液的离子强度太高而使极限定律无效时，可由**扩展的德拜－休克尔定律**（extended Debye–Hückel law）来估算活度系数：

$$\lg\gamma_\pm = -\frac{A|z_+z_-|I^{1/2}}{1+BI^{1/2}} \qquad \text{扩展的德拜－休克尔定律} \qquad (5F.30a)$$

式中B为常数。更灵活的扩展是C. W. Davies在1938年提出的**戴维斯公式**（Davies equation）：

$$\lg\gamma_\pm = -\frac{A|z_+z_-|I^{1/2}}{1+BI^{1/2}} + CI \qquad \text{戴维斯公式} \qquad (5F.30b)$$

式中C是另一个常数。虽然B可以被解释为离子最接近的一种量度，它（如C）最好被视为一个可调节的经验参数。基于戴维斯公式绘制的图如图5F.6所示。显然，式（5F.30b）在中等范围的稀溶液（高达约0.1 mol·kg^{-1}）内解释了一些活度系数；不过，接近1 mol·kg^{-1}时仍无法解释。

目前，电解质溶质的活度系数理论采用间接途径。即先为溶剂的活度系数与溶质的质量摩尔浓度的依赖关系建立一个理论，然后利用吉布斯－杜亥姆公式［式（5A.12a），$n_A d\mu_A + n_B d\mu_B = 0$］估

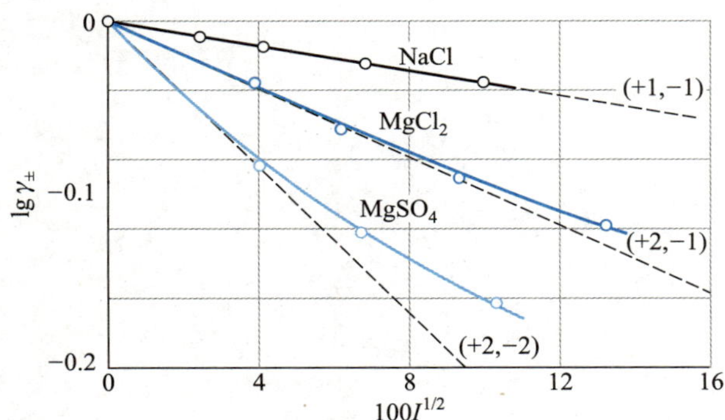

图5F.5 德拜－休克尔极限定律的实验测试［尽管对中等离子强度的溶液有明显偏差，在$I \to 0$时的极限斜率（由虚线表示）与理论很好地符合，因此该定律可用于将数据外推到非常低的质量摩尔浓度。括号内的数字是离子的电荷数］

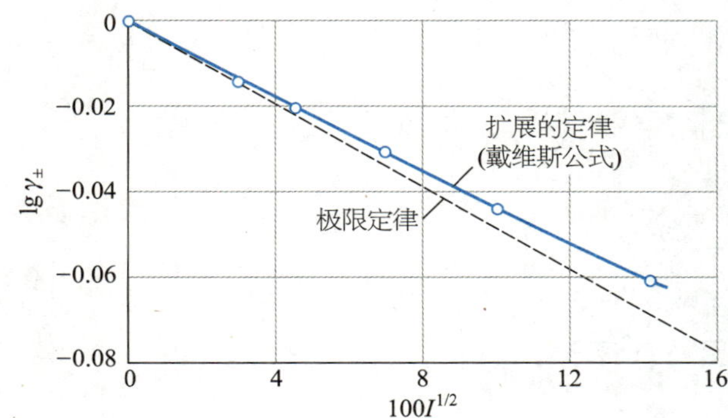

图5F.6 戴维斯公式比极限定律（用虚线表示）在更宽的质量摩尔浓度范围内与实验结果一致，但不适用于更高的质量摩尔浓度（图中给出的是1－1价型电解质的数据）

算溶质的活度系数。所得结果对于质量摩尔浓度大于 $0.1\ \mathrm{mol \cdot kg^{-1}}$ 的溶液是合理可靠的，且对混合盐溶液（如海水）的讨论是有参考价值的。

表 5F.3　活度和标准状态的总结*

组分	基础	标准状态	活度	极限
固体或液体		纯态，1 bar	$a=1$	
溶剂	拉乌尔定律	纯溶剂，1 bar	$a=p/p^*$，$a=\gamma x$	当 $x\to1$（纯溶剂）时，$\gamma\to1$
溶质	亨利定律	（1）纯溶质的假想状态	$a=p/K$，$a=\gamma x$	当 $x\to0$ 时，$\gamma\to1$
		（2）在 $b^{\ominus}$ 时溶质的假想状态	$a=\gamma b/b^{\ominus}$	当 $b\to0$ 时，$\gamma\to1$
气体	逸度**	纯物质，1 bar 且具有完美气体行为的假想状态	$f=\gamma p$	当 $p\to0$ 时，$\gamma\to1$

*在每种情况下，$\mu=\mu^{\ominus}+RT\ln a$。

**逸度在本书网站上的“深入了解 2”中讨论。

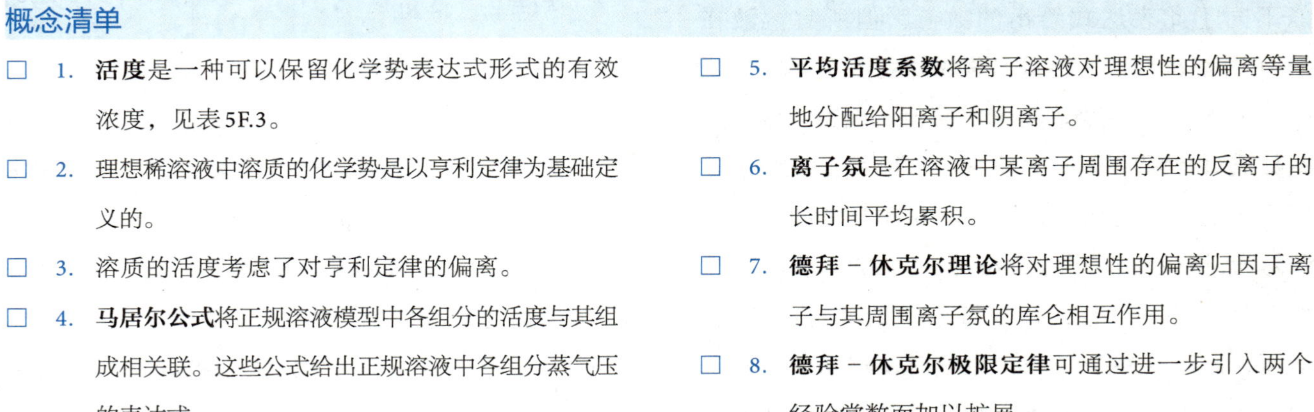

概念清单

☐ 1. **活度**是一种可以保留化学势表达式形式的有效浓度，见表 5F.3。

☐ 2. 理想稀溶液中溶质的化学势是以亨利定律为基础定义的。

☐ 3. 溶质的活度考虑了对亨利定律的偏离。

☐ 4. **马居尔公式**将正规溶液模型中各组分的活度与其组成相关联。这些公式给出正规溶液中各组分蒸气压的表达式。

☐ 5. **平均活度系数**将离子溶液对理想性的偏离等量地分配给阳离子和阴离子。

☐ 6. **离子氛**是在溶液中某离子周围存在的反离子的长时间平均累积。

☐ 7. **德拜－休克尔理论**将对理想性的偏离归因于离子与其周围离子氛的库仑相互作用。

☐ 8. **德拜－休克尔极限定律**可通过进一步引入两个经验常数而加以扩展。

公式清单

性质	公式	说明	公式编号
溶剂的化学势	$\mu_A=\mu_A^*+RT\ln a_A$	定义	5F.1
溶剂的活度	$a_A=p_A/p_A^*$	当$x_A\to1$时，$a_A\to x_A$	5F.2
溶剂的活度系数	$a_A=\gamma_A x_A$	当$x_A\to1$时，$\gamma_A\to1$	5F.4
溶质的化学势	$\mu_B=\mu_B^{\ominus}+RT\ln a_B$	定义	5F.9
溶质的活度	$a_B=p_B/K_B$	当$x_B\to0$时，$a_B\to x_B$	5F.10
溶质的活度系数	$a_B=\gamma_B x_B$	当$x_B\to0$时，$\gamma_B\to1$	5F.11
马居尔公式	$\ln\gamma_A=\xi x_B^2$，$\ln\gamma_B=\xi x_A^2$	正规溶液	5F.16
蒸气压	$p_A=p_A^* x_A e^{\xi(1-x_A)^2}$	正规溶液	5F.18
平均活度系数	$\gamma_\pm=(\gamma_+^p\gamma_-^q)^{1/s}\quad s=p+q$	定义	5F.25
德拜－休克尔极限定律	$\lg\gamma_\pm=-A\lvert z_+z_-\rvert I^{1/2}$	当$I\to0$时，成立	5F.27
离子强度	$I=\frac{1}{2}\sum_i z_i^2(b_i/b^{\ominus})$	定义	5F.28
戴维斯公式	$\lg\gamma_\pm=-A\lvert z_+z_-\rvert I^{1/2}/(1+BI^{1/2})+CI$	A、B、C为经验常数	5F.30b

主题5 简单混合物——讨论题、练习题、问题及综合题

专题5A 混合物的热力学描述

讨论题

D5A.1 解释偏摩尔量的概念，并证明溶质的偏摩尔性质也取决于溶剂的性质。

D5A.2 解释热力学如何将非膨胀功与系统组成的变化联系起来。

D5A.3 是否存在这样的情况，在这些条件下两种（真实）气体不会自发混合？

D5A.4 解释如何使用拉乌尔定律和亨利定律来明确混合物中某一组分的化学势。

D5A.5 解释拉乌尔定律和亨利定律的分子起源。

练习题

E5A.1(a) A和B的双组分混合物的总体积符合以下多项式：

$$v = 987.93 + 35.6774x - 0.45923x^2 + 0.017325x^3$$

其中$v = V/\text{cm}^3$，$x = n_B/\text{mol}$，n_B是B的物质的量。推导B的偏摩尔体积的表达式。

E5A.1(b) A和B的双组分混合物的总体积符合以下多项式：

$$v = 778.55 - 22.5749x + 0.56892x^2 + 0.01023x^3 + 0.00234x^4$$

其中$v = V/\text{cm}^3$，$x = n_B/\text{mol}$，n_B是B的物质的量。推导B的偏摩尔体积的表达式。

E5A.2(a) 在一系列质量摩尔浓度b下，测量25 ℃时NaCl水溶液的体积，发现其符合表达式$v = 1003 + 16.62x + 1.77x^{3/2} + 0.12x^2$，其中$v = V/\text{cm}^3$，$V$是由1.000 kg水形成的溶液的体积，$x = b/b^{\ominus}$。计算在质量摩尔浓度为0.100 mol · kg^{-1}的溶液中各组分的偏摩尔体积。

E5A.2(b) 在18 ℃时，由$MgSO_4$和1.000 kg水形成的溶液的总体积V符合表达式$v = 1001.21 + 34.69(x - 0.070)^2$，其中$v = V/\text{cm}^3$，$x = b/b^{\ominus}$。计算在质量摩尔浓度为0.050 mol · kg^{-1}的溶液中无机盐和溶剂的偏摩尔体积。

E5A.3(a) 假设$n_A = 0.10\ n_B$，组成的一个微小变化导致μ_A变化$\delta\mu_A = +12\ \text{J}\cdot\text{mol}^{-1}$，那么$\mu_B$会发生多大的变化呢？

E5A.3(b) 假设$n_A = 0.22\ n_B$，组成的一个微小变化导致μ_A变化$\delta\mu_A = -15\ \text{J}\cdot\text{mol}^{-1}$，那么$\mu_B$会发生多大的变化呢？

E5A.4(a) 一个体积为5.0 dm^{3}的容器被隔板分成大小相等的两室，左室中是1.0 atm和25 ℃下的氮气，右室中是同温同压下的氢气。计算在移走隔板时的混合熵和混合吉布斯能。假定气体是完美气体。

E5A.4(b) 一个体积为250 cm^{3}的容器被隔板分成大小相等的两室，左室中是100 kPa和0 ℃下的氩，右室中是同温同压下的氖。计算在移走隔板时的混合熵和混合吉布斯能。假定气体是完美气体。

E5A.5(a) 苯在20 ℃时的蒸气压为10 kPa，在相同的温度下甲苯的蒸气压为2.8 kPa。各个组分质量相等的混合物的蒸气压是多少？

E5A.5(b) 90 ℃下，1，2－二甲苯的蒸气压为20 kPa，1，3－二甲苯的蒸气压为18 kPa。这两种组分的等物质的量混合物的蒸气组成是什么？

E5A.6(a) 在$CHCl_3$的摩尔分数为0.4693的混合物中，丙酮和三氯甲烷（氯仿）的偏摩尔体积分别为74.166 cm^3 · mol^{-1}和80.235 cm^3 · mol^{-1}，则1.000 kg溶液的体积是多少？

E5A.6(b) 在A的摩尔分数为0.3713的混合物中，A和B的偏摩尔体积分别为188.2 cm^3 · mol^{-1}和176.145 cm^3 · mol^{-1}，则1.000 kg溶液的体积是多少？

E5A.7(a) 25 ℃时，质量分数为50%的乙醇－水溶液的质量密度为0.914 g · cm^{-3}。已知溶液中水的偏摩尔体积为17.4 cm^3 · mol^{-1}，计算乙醇的偏摩尔体积。

E5A.7(b) 20 ℃时，质量分数为20%的乙醇－水溶液的质量密度为968.7 kg · m^{-3}。已知溶液中乙醇的偏摩尔体积为52.2 cm^3 · mol^{-1}，计算水的偏摩尔体积。

E5A.8(a) 300 K时，液体$GeCl_4$中HCl的蒸气分压如下：

x_{HCl}	0.005	0.012	0.019
p_{HCl}/kPa	32.0	76.9	121.8

证明：在这个摩尔分数范围内，溶液服从亨利定律；并计算300 K时的亨利定律系数。

E5A.8(b) 310 K时，溶解在液体A中的物质B的蒸气分压如下：

x_B	0.010	0.015	0.020
p_B/kPa	82.0	122.0	166.1

证明：在这个摩尔分数范围内，溶液服从亨利定律；并计算310 K时的亨利定律系数。

E5A.9(a) 计算25 ℃时氮气在暴露于空气中的苯中的溶解度；氮气在空气中的分压计算见专题1A中的例题1A.2。

E5A.9(b) 计算25 ℃时，1.0 bar下的甲烷在苯中的溶解度。

E5A.10(a) 当CO_2的分压分别为（i）0.10 atm，（ii）1.00 atm时，用亨利定律和表5A.1中数据计算25 ℃时CO_2在水中的溶解度（用质量摩尔浓度表示）。

E5A.10(b) 海平面空气中N_2和O_2的摩尔分数分别约为0.78和0.21。计算25 ℃时一个敞开的水瓶中形成的水溶液的质量摩尔浓度。

E5A.11(a) 一台通过提供5 atm下的二氧化碳来运行的水碳酸化装置可供家庭使用。估算其产生的碳酸化水中CO_2的物质的量浓度。

E5A.11(b) 经过几个星期的使用，上一练习题中提到的水碳酸化装置的压力已经下降到2.0 atm。估算在这个阶段所产生的碳酸化水中CO_2的物质的量浓度。

问　题

P5A.1 一种盐在水中的偏摩尔体积的实验值符合表达式 $v_B = 5.117 + 19.121x^{1/2}$，其中 $v_B = V_B/(cm^3 \cdot mol^{-1})$，$x$ 是B的质量摩尔浓度的数值（$x = b/b^{\ominus}$）。用吉布斯－杜亥姆公式导出溶液中水的偏摩尔体积公式。在相同温度下，纯水的摩尔体积为 $18.079\ cm^3 \cdot mol^{-1}$。

P5A.2 利用吉布斯－杜亥姆公式证明：如果已知所有组成（直至所研究的组成）下A的偏摩尔体积（或任何偏摩尔性质）对于所关注的组分中的所有组分都是已知的，那么就可以得到组分B的偏摩尔体积（或其他性质）。可通过证明下式来完成：

$$V_B = V_B^* - \int_{V_A^*}^{V_A} \frac{x_A}{1-x_A} dV_A$$

其中 x_A 是 V_A 的函数。用下列数据（298 K时）进行图形积分，求出在 $x = 0.500$ 时溶解在三氯甲烷中的丙酮的偏摩尔体积。

$x(CHCl_3)$	0	0.194	0.385	0.559	0.788	0.889	1.000
$V_m/(cm^3 \cdot mol^{-1})$	73.99	75.29	76.50	77.55	79.08	79.82	80.67

P5A.3 考虑一气体混合物，其质量分数组成为75.5%(N_2)、23.2%(O_2)和1.3%(Ar)。(a) 计算由纯（完美）气体配制该混合物时的混合熵。(b) 空气可视为质量分数组成为75.52%(N_2)、23.15%(O_2)、1.28%(Ar)和0.046%(CO_2)的混合物，计算由纯（完美）气体形成空气时的混合熵，与(a)部分计算的数值相比有什么变化？

P5A.4 对于甲苯(A)和丁酮在303.15 K的平衡状态下的混合物，下面数据给出了A在液相中的摩尔分数 x_A，在气相中的摩尔分数 y_A，以及总压 p。蒸气按完美气体处理，计算这两种组分的分压，并将它们对各自在液体混合物中的摩尔分数作图，求出这两个组分的亨利定律系数。

x_A	0	0.0898	0.2476	0.3577	0.5194
y_A	0	0.0410	0.1154	0.1762	0.2772
p/kPa	36.066	34.121	30.900	28.626	25.239
x_A	0.6036	0.7188	0.8019	0.9105	1
y_A	0.3393	0.4450	0.5435	0.7284	1
p/kPa	23.402	20.6984	18.592	15.496	12.295

P5A.5 硫酸铜水溶液在20 ℃时的质量密度如下所示。确定和绘制 $CuSO_4$ 在测量范围内的偏摩尔体积。

m_{CuSO_4}/g	5	10	15	20
$\rho/(g \cdot cm^{-3})$	1.051	1.107	1.167	1.230

其中 m_{CuSO_4} 是溶解在100 g溶液中的 $CuSO_4$ 的质量。

P5A.6 血红蛋白是血液中负责运输氧的蛋白质，每克血红蛋白与约 $1.34\ cm^3$ 氧气结合。正常血液的血红蛋白浓度为 $150\ g \cdot dm^{-3}$。肺中的血红蛋白约97%被氧气饱和，而毛细血管中血红蛋白只有75%被氧气饱和。当 $100\ cm^3$ 血液从肺部流进毛细血管中时，释放的氧气的体积是多少？

P5A.7 使用例题5A.1中的数据来确定 V_E 具有最小值时对应的 b 值。

专题 5B　溶液的性质

讨论题

D5B.1 解释正规溶液的含义；有什么额外的特性区分真实溶液和正规溶液？

D5B.2 你认为橙汁和甜瓜汁的混合超额体积是正的还是负的？

D5B.3 解释依数性的物理起源。

D5B.4 指出导致水和苯的沸点升高常数差异的原因。

D5B.5 为什么溶剂的凝固点降低常数通常大于相应的沸点升高常数？

D5B.6 用混合物的热力学和分子性质，解释渗透作用的起源。

D5B.7 依数性与溶质的种类无关，那么为什么能用渗透压法来测定溶质的摩尔质量？

练习题

E5B.1(a) 预测液态四氯化锗和HCl形成的溶液上方HCl的蒸气分压。相关数据见练习题E5A.8(a)。HCl的质量摩尔浓度为 $0.10\ mol \cdot kg^{-1}$。

E5B.1(b) 预测A和B形成的溶液上方组分B的蒸气分压。相关数据见练习题E5A.8(b)。B的质量摩尔浓度为 $0.25\ mol \cdot kg^{-1}$，A的摩尔质量为 $74.1\ g \cdot mol^{-1}$。

E5B.2(a) 苯在60.6 ℃时的蒸气压为53.3 kPa，但当19.0 g非挥发性有机物溶解在500 g苯中时，苯的蒸气压降至51.5 kPa。计算该有机物的摩尔质量。

E5B.2(b) 2－丙醇在338.8 ℃时的蒸气压为50.00 kPa，但当8.69 g非挥发性有机物溶解在250 g 2－丙醇中时，2－丙醇的蒸气压降至49.62 kPa。计算该有机物的摩尔质量。

E5B.3(a) 在750 g CCl_4 中加入100 g化合物使溶剂的凝固点降低了10.5 K，计算该化合物的摩尔质量。

E5B.3(b) 在250 g萘中加入5.00 g化合物使溶剂的凝固点降低了0.780 K，计算该化合物的摩尔质量。

E5B.4(a) 估算加入2.5 g蔗糖后200 cm^3 水的凝固点，将该溶液视为理想溶液。

E5B.4(b) 估算加入2.5 g氯化钠后200 cm^3 水的凝固点，将该溶液视为理想溶液。

E5B.5(a) 某水溶液在300 K时的渗透压为120 kPa，估算该溶液的凝固点。

E5B.5(b) 某水溶液在288 K时的渗透压为99.0 kPa，估算该溶液的凝固点。

E5B.6(a) 计算当0.50 mol C_6H_{14}（己烷）与2.00 mol C_7H_{16}（庚烷）在298 K混合时的吉布斯能、熵和焓。将该溶液视为理想溶液。

E5B.6(b) 计算当1.00 mol C_6H_{14}（己烷）与1.00 mol C_7H_{16}（庚烷）在298 K混合时的吉布斯能、熵和焓。将该溶液视为理想溶液。

E5B.7(a) 为了达到最大的混合熵，正己烷和正庚烷的混合比例应该是多少？（i）按摩尔分数；（ii）按质量。

E5B.7(b) 为了达到最大的混合熵，苯和乙苯的混合比例应该是多少？（ⅰ）按摩尔分数；（ⅱ）按质量。

E5B.8(a) 蒽的熔化焓为28.8 kJ · mol^{-1}，熔点为217 ℃。计算25 ℃时其在苯中的理想溶解度。

E5B.8(b) 预测280 ℃时铅在铋中的理想溶解度，已知其熔点为327 ℃，熔化焓为5.2 kJ · mol^{-1}。

E5B.9(a) 溴的四氯化碳稀溶液是理想稀溶液，在298 K时，纯CCl_4的蒸气压为33.85 Torr。当用摩尔分数表示Br_2浓度时，亨利定律系数为122.36 Torr。当Br_2的摩尔分数为0.050时，计算各组分的蒸气压、总压和气相组成。假设溶液在此浓度下满足理想稀溶液的条件。

E5B.9(b) 纯液体A在20 ℃时的蒸气压为23 kPa，B在液体A中的亨利定律系数为73 kPa。计算当B的摩尔分数为0.066时各组分的蒸气压、总压和气相组成。假设溶液在此浓度下满足理想稀溶液的条件。

E5B.10(a) 90 ℃时，甲苯的蒸气压为53.3 kPa，1, 2－二甲苯的蒸气压为20.0 kPa。在0.50 atm、90 ℃下沸腾的液体混合物的组成是什么？产生的蒸气的组成是什么？

E5B.10(b) 90 ℃时，1, 2－二甲苯的蒸气压为20.0 kPa，1, 3－二甲苯的蒸气压为18.0 kPa。在19 kPa、90 ℃下沸腾的液体混合物的组成是什么？产生的蒸气的组成是什么？

E5B.11(a) 300 K时，纯液体A的蒸气压为76.7 kPa，纯液体B的蒸气压为52.0 kPa，这两种化合物形成理想的液体和气体混合物。考虑混合物的平衡组成，其中A在气相中的摩尔分数为0.350，计算蒸气的总压和液体混合物的组成。

E5B.11(b) 293 K时，纯液体A的蒸气压为68.8 kPa，纯液体B的蒸气压为82.1 kPa，这两种化合物形成理想的液体和气体混合物。考虑混合物的平衡组成，其中A在气相中的摩尔分数为0.612，计算蒸气的总压和液体混合物的组成。

E5B.12(a) $x_A = 0.658\,9$的A、B双组分溶液的沸点为88 ℃。在此温度下，纯A和纯B的蒸气压分别为127.6 kPa和50.60 kPa。（ⅰ）该溶液是否为理想溶液？（ⅱ）溶液上方蒸气的初始组成是多少？

E5B.12(b) $x_A = 0.421\,7$的A、B双组分溶液的沸点为96 ℃。在此温度下，纯A和纯B的蒸气压分别为110.1 kPa和76.5 kPa。（ⅰ）该溶液是否为理想溶液？（ⅱ）溶液上方蒸气的初始组成是多少？

问　题

P5B.1 氟化钾非常易溶于冰乙酸，而且这些溶液具有一些不寻常的性质。为了了解这些性质，采用已知质量摩尔浓度的溶液，并将其稀释数次，获得了以下凝固点降低数据［J. Emsley, *J. Chem. Soc. A*, 2702(1971)］：

$b/(\text{mol} \cdot \text{kg}^{-1})$	0.015	0.037	0.077	0.295	0.602
$\Delta T/\text{K}$	0.115	0.295	0.470	1.381	2.67

计算溶质的表观摩尔质量，并给出解释。已知冰乙酸的$\Delta_{\text{fus}}H = 11.4\ \text{kJ} \cdot \text{mol}^{-1}$，$T_f^* = 290\ \text{K}$。

P5B.2 在Aapelblat、D. Azoulay和A. Sahar的一项关于$Th(NO_3)_4$水溶液性质的研究中［*J. Chem. Soc. Faraday Trans. I*, 1618 (1973)］，观察到在质量摩尔浓度为9.6 mmol · kg^{-1}的水溶液中，凝固点降低了0.070 3 K。则每个分子式单位的表观离子数目是多少？

P5B.3 Comelli和Francesconi考察了313.15 K时丙酸与各种其他有机液体的混合物［F. Comelli, R. Francesconi, *J. Chem. Eng. Data*, **41**, 101(1996)］。他们报道了丙酸与四氢吡喃（THP）混合的超额体积为$V^E = x_1x_2[a_0 + a_1(x_1 - x_2)]$，其中$x_1$是丙酸的摩尔分数，$x_2$是THP的摩尔分数，$a_0 = -2.469\,7\ \text{cm}^3 \cdot \text{mol}^{-1}$，$a_1 = 0.060\,8\ \text{cm}^3 \cdot \text{mol}^{-1}$。在此温度下，丙酸的质量密度为0.971 74 g · cm^{-3}，THP的质量密度为0.863 98 g · cm^{-3}。（a）推导出在此温度下各组分偏摩尔体积的表达式。（b）计算等摩尔混合物中各组分的偏摩尔体积。

P5B.4 公式（5B.14）表明，将其转化为x_B的表达式后，溶解度是温度的指数函数。下列数据给出了乙酸钙在水中的溶解度S随温度的变化：

$\theta/℃$	0	20	40	60	80
$S/[\text{g} \cdot (100\ \text{g溶剂})^{-1}]$	36.4	34.9	33.7	32.7	31.7

确定数据在多大程度上符合指数$S = S_0\,e^{\tau/T}$，并求出S_0和τ的值。用溶质的性质来表示这些常数。

P5B.5 303.15 K时，甲基环己烷（MCH）和四氢呋喃（THF）溶液的超额吉布斯能符合以下表达式：

$$G^E = RTx(1-x)[0.485\,7 - 0.107\,7(2x-1) + 0.019\,1(2x-1)^2]$$

其中x是MCH的摩尔分数。计算1.00 mol MCH和3.00 mol THF混合物的混合吉布斯能。

P5B.6 某双组分混合物的超额吉布斯能等于$gRTx(1-x)$，其中g是常数，x是溶质B的摩尔分数。写出混合物中B的化学势表达式，并画出其与组成的关系。

P5B.7 为了测定某蛋白质的摩尔质量，将其溶于水中，测定20 ℃时所得溶液在毛细管中上升的高度h，得到以下数据：

$\rho/(\text{mg} \cdot \text{cm}^{-3})$	3.221	4.618	5.112	6.722
h/cm	5.746	8.238	9.119	11.990

渗透压可由柱高计算：$\Pi = h\rho g$，已知溶液的质量密度为$\rho = 1.000\ \text{g} \cdot \text{cm}^{-3}$，重力加速度$g = 9.81\ \text{m} \cdot \text{s}^{-2}$。确定蛋白质的摩尔质量。

P5B.8 聚合物科学家通常以各种单位报道他们的数据。例如，在用渗透压法测定溶液中聚合物的摩尔质量时，渗透压通常以克每平方厘米(g · cm^{-2})、质量密度以克每立方厘米(g · cm^{-3})为单位来报道。（a）当选择这些单位时，范特霍夫方程中R的单位是什么？（b）下面关于25 ℃下聚异丁烯在氯苯中渗透压与质量密度关系的数据摘编自J. Leonard, H. Daoust. *J. Polymer SCI.*, **57**, 53 (1962)。根据这些数据，通过用Π/ρ对ρ作图来确定聚异丁烯的摩尔质量。（c）"theta溶剂"是第二渗透系数为零的溶剂；对于"差"溶剂，作图是线性的，而对于"好"溶剂，则是非线性的。根据你的作图，可将氯苯归类为聚异丁烯的哪类溶剂？根据聚合物和溶剂的分子结构解释结果。（d）通过将曲线拟合成渗透压方程的维里形式来确定第二和第三渗透维里系数。（e）实验发现，维里展开式经常被发现可以表示为

$$\Pi/\rho = RT/M(1 + B'\rho + gB'^2\rho^2 + \cdots)$$

其中，在"良"溶剂中，参数g通常约为0.25。忽略二次方以后的项，得到$(\Pi/\rho)^{1/2}$的表达式，并将其对ρ作图。根据作图，

确定第二和第三渗透维里系数，并与第一次作图的值进行比较。该图是否证实了g的假设值？

$\dfrac{\Pi/\rho}{10^2(g\cdot cm^{-2})/(g\cdot cm^{-3})}$	2.6	2.9	3.6	4.3	6.0	12.0
$\rho/(g\cdot cm^{-3})$	0.005 0	0.010	0.020	0.033	0.057	0.10
$\dfrac{\Pi/\rho}{10^2(g\cdot cm^{-2})/(g\cdot cm^{-3})}$	19.0	31.0	38.0	52	63	
$\rho/(g\cdot cm^{-3})$	0.145	0.195	0.245	0.27	0.29	

P5B.9 K. Sato, F. R. Eirich和J. E. Mark［*J. Polymer Sci, Polym. Phys*, **14**, 619(1976)］报道了下面关于30℃下聚氯丁二烯($\rho = 1.25\ g\cdot cm^{-3}$)在甲苯($\rho = 0.858\ g\cdot cm^{-3}$)中的渗透压数据。确定聚氯丁二烯的摩尔质量及其第二渗透维里系数。

$\rho/(mg\cdot cm^{-3})$	1.33	2.10	4.52	7.18	9.87
$\Pi/(N\cdot m^{-2})$	30	51	132	246	390

P5B.10 使用数学软件，在298~500 K的温度区间内，绘制不同温度范围下$\Delta_{mix}G$对x_A的关系图，在x_A值为多少时，$\Delta_{mix}G$值受温度的影响最大？

P5B.11 使用数学软件，重新绘制图5B.4；然后，固定ξ并改变温度，x_A取何值时，超额焓受温度的影响最大？

P5B.12 导出溶解度温度系数dx_B/dT的表达式，并将其作为温度的函数作图（针对数个熔化焓值）。

P5B.13 根据例题5B.2中的数据，计算渗透维里系数B。

专题5C 双组分系统的相图：液体

讨论题

D5C.1 绘制一个完全互溶、在$x_B = 0.333$处形成恒沸物的双组分系统温度－组成气－液相图。标出各相区，并说明有什么物质存在，以及它们是液体还是气体。

D5C.2 什么分子特征决定了两种液体的混合物具有在最高和最低沸恒点的共沸行为？

D5C.3 什么因素决定了在分馏中达到理想分离程度所需的理论塔板数？

练习题

E5C.1(a) 以下数据是辛烷(O)和甲苯(M)的混合物在1.00 atm下的温度－组成数据，其中x是平衡时液相的摩尔分数，y是在平衡时气相的摩尔分数。

θ/℃	110.9	112.0	114.0	115.8	117.3	119.0	121.1	123.0
x_M	0.908	0.795	0.615	0.527	0.408	0.300	0.203	0.097
y_M	0.923	0.836	0.698	0.624	0.527	0.410	0.297	0.164

M和O的沸点分别为110.6℃和125.6℃。绘制混合物的温度－组成图。当液相组成为（i）$x_M = 0.250$和（ii）$x_O = 0.250$时，与之平衡的气相组成是什么？

E5C.1(b) 以下数据是A和B的混合物在1.00 atm下的温度－组成数据，其中x和y分别是平衡时液相和气相的摩尔分数。

θ/℃	125	130	135	140	145	150
x_A	0.91	0.65	0.45	0.30	0.18	0.098
y_A	0.99	0.91	0.77	0.61	0.45	0.25

A和B的沸点分别为124℃和155℃。绘制混合物的温度－组成图。当液相组成为（i）$x_A = 0.50$和（ii）$x_B = 0.33$时，与之平衡的气相组成是什么？

E5C.2(a) 图5.1显示了部分互溶的双液系相图，两种液体可以看作是水(A)和2－甲基丙－1－醇(B)。描述当组成为$x_B = 0.8$的混合物被加热时所观察到的情况，给出在每个阶段相的数目、组成和相对量。

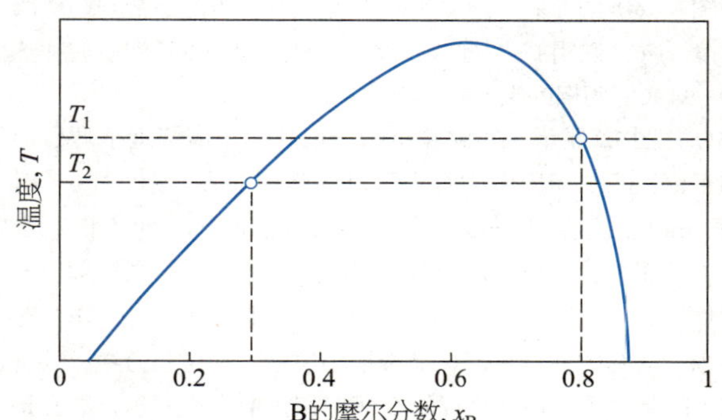

图5.1 部分互溶的双液系相图

E5C.2(b) 再次参考图5.1，描述当组成为$x_B = 0.3$的混合物被加热时所观察到的情况，给出在每个阶段相的数目、组成和相对量。

E5C.3(a) 苯酚和水形成非理想的液体混合物。当7.32 g苯酚和7.95 g水在60℃下混合时，形成两个不互溶的液相，其中苯酚的摩尔分数分别为0.042和0.161。（i）计算混合物中苯酚的总摩尔分数；（ii）使用杠杆规则确定两相的相对量。

E5C.3(b) 苯胺($C_6H_5NH_2$)和正己烷(C_6H_{14})在低于69.1℃的温度下形成部分互溶的液－液混合物。当42.8 g苯胺和75.2 g正己烷在67.5℃下混合时，形成两个分离的液相，其中苯胺的摩尔分数分别为0.308和0.618。（i）确定混合物中苯胺的总摩尔分数；（ii）使用杠杆规则确定两相的相对量。

E5C.4(a) 正己烷和全氟正己烷在低于22.70℃的温度下形成部分互溶的液－液混合物。在最高临界会溶温度时的临界浓度为$x = 0.355$，其中x是C_6F_{14}的摩尔分数。在22.0℃时，两个平衡的液相组成分别为$x = 0.24$和$x = 0.48$；在21.5℃时，两个平衡的液相组成（摩尔分数）分别为0.22和0.51。描述在（i）23℃和（ii）22℃时，向一定量的正己烷中添加全氟正己烷时相的变化。

E5C.4(b) 两种液体（A和B）在52.4℃以下表现出部分互溶，在最高临界温度时的临界浓度为$x = 0.459$，其中x是A的摩尔分数。在40.0℃时，两个平衡液相的组成分别为$x = 0.22$和$x = 0.60$；在42.5℃时，两个平衡液相的组成（摩尔分数）分别为0.24和0.48。描述在（i）48℃和（ii）52.4℃时，向一定量的A中添加B时相的变化。

问 题

P5C.1 苯和甲苯在20℃时的蒸气压分别为75 Torr和21 Torr。当混合物中苯的摩尔分数为0.75时，与之平衡的蒸气组成是多少？

P5C.2 二溴乙烯（DE, 358 K时$p^*_{DE}=22.9$ kPa）和二溴丙烯（DP, 358 K时$p^*_{DP}=17.1$ kPa）可形成一个近乎理想的溶液。当$x_{DE}=0.60$时，确定（a）当系统全部为液体时的总压p_{total}，（b）当系统仍然几乎全部是液体时，蒸气的组成。

P5C.3 苯和甲苯可形成近乎理想的溶液。现考虑苯和甲苯的等物质的量溶液。在20℃时，纯苯和纯甲苯的蒸气压分别为9.9 kPa和2.9 kPa。通过降低外部压力至低于蒸气压使溶液沸腾。计算（a）沸腾开始时的压力，（b）蒸气中每一组分的组成，以及（c）仅剩几滴液体时的蒸气压。假设汽化速率足够低，从而使温度保持在20℃。

P5C.4 1-丁醇和氯苯能够形成具有最低恒沸点的共沸系统。已知在1.000 atm下，不同沸腾温度下1-丁醇在液体中的摩尔分数(*x*)和在蒸气中的摩尔分数(*y*)如下［H. Artigas等人，*J. Chem. Eng. Data*, **42**, 132(1997)］：

T/K	396.57	393.94	391.60	390.15	389.03	388.66	388.57
x	0.106 5	0.170 0	0.264 6	0.368 7	0.501 7	0.609 1	0.717 1
y	0.285 9	0.369 1	0.450 5	0.513 8	0.584 0	0.640 9	0.707 0

纯氯苯在404.86 K沸腾。（a）根据数据，绘制富含氯苯部分的相图。（b）估计1-丁醇的摩尔分数为0.300的溶液开始沸腾的温度。（c）说明1-丁醇初始摩尔分数为0.300的溶液被加热至393.94 K时两相的组成和相对比例。

P5C.5 图5.2显示了实验测定的正己烷和正庚烷近乎理想溶液的相图。（a）指出图中每个区域中都存在哪些相？（b）对于由1 mol正己烷和1 mol正庚烷组成的溶液，在70℃时，当降低外部压力，估算蒸发刚开始时的蒸气压。（c）当只剩下一滴液体时，溶液在70℃时的蒸气压是多少？（d）在（b）的条件下，从图中估计正己烷在液相和气相中的摩尔分数；（e）在（c）的条件下，估计正己烷在液相和气相中的摩尔分数又是多少？（f）在85℃和760 Torr下，当$x_{正庚烷}=0.40$时，液相和气相中的物质的量是多少？

P5C.6 假设在一相图中，当样品中组分A的摩尔分数为0.40时，处于平衡的两相的摩尔分数分别为$x_{A,\alpha}=0.60$和$x_{A,\beta}=0.20$。这两相的量的比值是多少？

P5C.7 为了重现图5C.2的结果，首先重排式（5C.4），使y_A表示为x_A和p^*_A/p^*_B的函数，然后针对$p^*_A/p^*_B>1$的几个值，将y_A对x_A作图。

P5C.8 为了重现图5C.3的结果，首先重排式（5C.5），使p/p^*_A表示为y_A和p^*_A/p^*_B的函数，然后针对$p^*_A/p^*_B>1$的几个值，将p/p^*_A对y_A作图。

P5C.9 在例题5B.1中处理的、由苯和环己烷组成的系统中，已确定$\xi=1.13$，因此这两个组分在实验温度下是完全互溶的，如果用$H^E=\xi RTx_A^2x_B^2$来表示超额焓［图5.3(a)］，会发生相分离吗？提示：图5.3(b)中给出了最小混合吉布斯能方程的解。

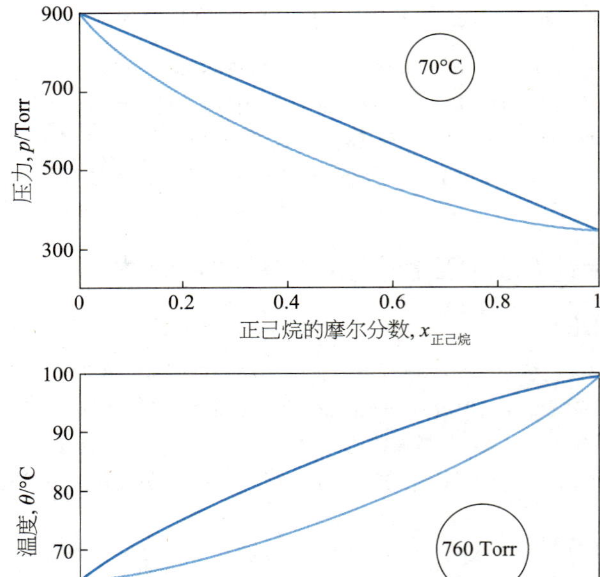

图5.2 问题P5C.5中讨论的溶液的相图

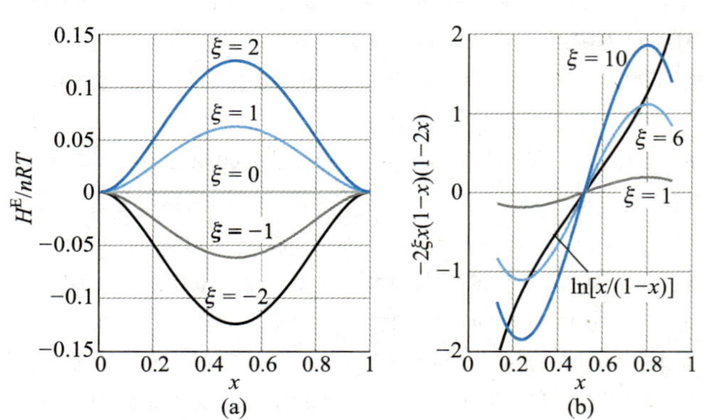

图5.3 问题P5C.9中讨论的苯-环己烷系统的数据

P5C.10 用两种方法之一生成ξ图，其中$\Delta_{mix}G$是对x_A的最小值：（a）求解超越方程$\ln[x/(1-x)]+\xi(1-2x)=0$，或（b）将超越方程的第一项对第二项作图，并以ξ的变化来识别交点。

专题5D 双组分系统的相图：固体

讨论题

D5D.1 绘制一个双组分固-液系统的温度-组成图，其中形成的化合物AB具有相合熔点，固-固溶解度可以忽略不计。请在相图上标注不同的相区，说明存在哪些物质，以及它们是固体还是液体。

D5D.2 绘制一个双组分固-液系统的温度-组成图，其中形成的化合物AB_2具有不相合熔点，固-固溶解度可以忽略不计。

练习题

E5D.1(a) 甲基乙醚(A)和二硼烷B_2H_6(B)形成一种在133 K下发生相合熔化的化合物。该系统有两个低共熔点，一个是在123 K、B的摩尔分数为0.25，另一个是在104 K、B的摩尔分数为0.90。纯A和纯B的熔点分别为131 K和110 K。绘制该系统的相图。假设固-固溶解度可以忽略不计。

E5D.1(b) 绘制NH_3/N_2H_4系统的相图，已知两物质不形成化合物，NH_3和N_2H_4的熔点分别为−78 ℃和2 ℃，在N_2H_4的摩尔分数为0.07时形成低共熔物，其在−80 ℃下熔化。

E5D.2(a) 甲烷（熔点为91 K）和四氟甲烷（熔点为89 K）不形成固溶体，状态为液体时部分互溶。液体混合物的最高临界会溶温度为94 K，组成为$x_{CF_4}=0.43$，低共熔温度为84 K，组成为$x_{CF_4}=0.88$。在86 K时，与富含四氟甲烷溶液平衡的相发生变化，从固体甲烷变成富含甲烷的液体。在此温度下，两个相互平衡的液体溶液组成为$x_{CF_4}=0.10$和$x_{CF_4}=0.80$。绘制相图。

E5D.2(b) 描述4.0 mol B_2H_6（熔点为131 K）和1.0 mol CH_3OCH_3（熔点为135 K）的液体混合物从140 K冷却到90 K时发生的相变。已知这两种物质可形成一稳定化合物$(CH_3)_2OB_2H_6$，此化合物在133 K时熔化。此系统在123K、$x_{B_2H_6}=0.25$及104K、$x_{B_2H_6}=0.90$时形成低共熔物。

E5D.3(a) 参考练习题E5D.2(a)中的信息，绘制出组成x_{CF_4}分别为（ⅰ）0.10，（ⅱ）0.30，（ⅲ）0.50，（ⅳ）0.80和（ⅴ）0.95时液体混合物的步冷曲线。

E5D.3(b) 参考练习题E5D.2(b)中的信息，绘制出组成$x_{B_2H_6}$分别为（ⅰ）0.10，（ⅱ）0.30，（ⅲ）0.50，（ⅳ）0.80和（ⅴ）0.95时液体混合物的步冷曲线。

E5D.4(a) 在图5.4中的相图上标明表示不相合熔化的特征。低共熔物的组成是什么？在什么温度下熔化？

E5D.4(b) 在图5.5中的相图上标明表示不相合熔化的特征。低共熔物的组成是什么？在什么温度下熔化？

E5D.5(a) 绘制图5.4中等组成线*a*和*b*的步冷曲线。

E5D.5(b) 绘制图5.5中等组成线*a*和*b*的步冷曲线。

E5D.6(a) 用图5D.3中的相图说明：（ⅰ）800 ℃时Ag在Sn中的溶解度；（ⅱ）460 ℃时Ag_3Sn在Ag中的溶解度；（ⅲ）300 ℃时Ag_3Sn在Ag中的溶解度。

E5D.6(b) 用图5.4中的相图说明：（ⅰ）500 ℃时B在A中的溶解度；（ⅱ）390 ℃时AB_2在A中的溶解度；（ⅲ）300 ℃时AB_2在B中的溶解度。

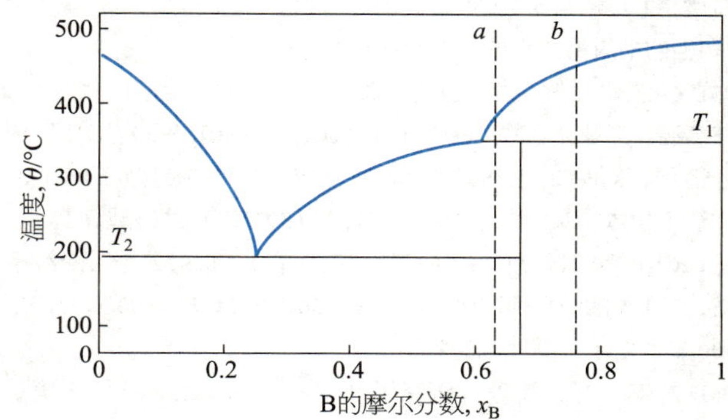

图5.4 练习题E5D.4(a)、E5D.5(a)和E5D.6(b)中讨论的温度-组成图

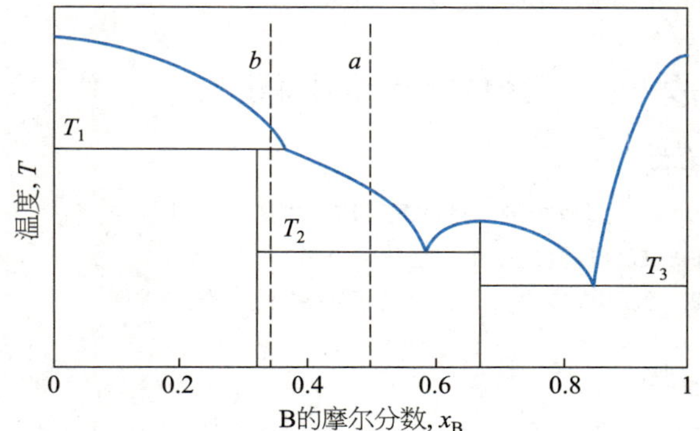

图5.5 练习题E5D.4(b)和E5D.5(b)中讨论的温度-组成图

问　题

P5D.1 四氟化铀和四氟化锆的熔点分别为1 035 ℃和912 ℃。两物质形成一连续系列固溶体，其最小熔化温度为765 ℃，对应的组成为$x_{ZrF_4}=0.77$。在900 ℃时，组成为$x_{ZrF_4}=0.28$的液体溶液与组成为$x_{ZrF_4}=0.14$的固溶体处于平衡状态。在850 ℃时，两相的组成分别为0.87和0.90。绘制该系统的相图，并说明当组成为$x_{ZrF_4}=0.40$的液体从900 ℃缓慢冷却至500 ℃时所观察到的情况。

P5D.2 磷和硫形成一系列双组分化合物，已被表征的有P_4S_3、P_4S_7和P_4S_{10}，它们都发生相合熔化。假设这两种元素只有这三种双组分化合物存在，（a）绘制P/S相对*x*的示意图，用各个区域中存在的物质和相态标记各个区域。将水平轴标记为x_S，并给出化合物对应的x_S值。纯磷的熔点为44 ℃，纯硫的熔点为119 ℃。（b）绘制组成为$x_S=0.28$的混合物的步冷曲线。假设一低共熔物出现在$x_S=0.2$处，固-固溶解度可忽略不计。

P5D.3 考虑图5.6中的相图，它代表一个固-液平衡。用各个区域中存在的物质和相态标记各个区域。指出图中*b*、*d*、*e*、*f*、*g*和*k*各点处存在的物种和相的数量，并绘制组成$x_B=0.16$、0.23、0.57、0.67和0.84的步冷曲线。

P5D.4 用以下信息绘制Mg/Cu系统的相图：$\theta_f(Mg)=648$ ℃，$\theta_f(Cu)=1\,085$ ℃；形成两个金属间化合物：$\theta_f(MgCu_2)=800$ ℃和$\theta_f(Mg_2Cu)=580$ ℃；三个低共熔物的质量分数和熔点分别为10%（690 ℃）、33%（560 ℃）和65%（380 ℃）。在惰

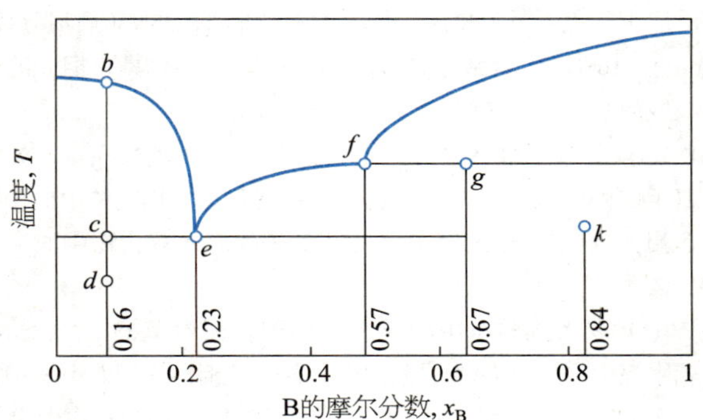

图5.6 问题P5D.3中讨论的温度-组成图

性气氛中加热到800 ℃的坩埚中制备了含Mg25%（质量分数）的Mg/Cu合金样品，描述当熔液缓慢冷却至室温时所观察到的情况，指明相的组成和相对量，并绘制步冷曲线。

P5D5 图5.7给出了Ca/Si双组分系统的温度－组成图。(a)确定低共熔物、同成分熔化物和异成分熔化物。(b)组成为$x_{Si}=0.20$的熔液从1 500 ℃冷却至1 000 ℃，哪些相（和相的组成）将处于平衡状态？估计每个相的相对量。(c)描述当组成为$x_{Si}=0.80$的熔液冷却至1 030 ℃时所观察到的平衡相。在温度(i)略高于1 030 ℃，(ii)略低于1 030 ℃时，哪些相（和相的相对量）将处于平衡状态？

P5D.6 氯化亚铁（熔点为677 ℃）和氯化钾（熔点为776 ℃）在高温下形成化合物$KFeCl_3$和K_2FeCl_4，$KFeCl_3$在399 ℃下同成分熔化，K_2FeCl_4在380 ℃下异成分熔化。低共熔物在$x=0.38$（熔点为351 ℃）和$x=0.54$（熔点为393 ℃）时形成，其中x是$FeCl_2$的摩尔分数。KCl溶解度曲线在$x=0.34$处与A曲线相交，绘制相图。说明当组成为$x=0.36$的混合物从400 ℃冷却至300 ℃时处于平衡状态的各相。

P5D.7 安、赵、江等人研究了*N*, *N*－二甲基乙酰胺和正庚烷的液－液共存曲线[X. An等, *J. Chem. Thermodynamics*, **28**, 1221(1996)]。作为温度的函数，*N*, *N*－二甲基乙酰胺在上层相(x_1)和下层相(x_2)的摩尔分数分别如下：

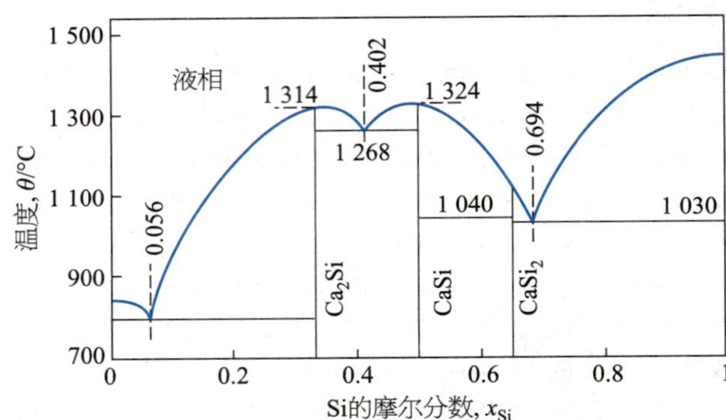

图5.7 Ca/Si双组分系统的温度－组成图

T/K	309.820	309.422	309.031	308.006	306.686
x_1	0.473	0.400	0.371	0.326	0.293
x_2	0.529	0.601	0.625	0.657	0.690
T/K	304.553	301.803	299.097	296.000	294.534
x_1	0.255	0.218	0.193	0.168	0.157
x_2	0.724	0.758	0.783	0.804	0.814

(a)绘制相图。(b)在296.0 K时，将0.750 mol *N*, *N*－二甲基乙酰胺和0.250 mol庚烷混合，请指出所形成的两相的比例和组成。为了形成单相，混合物必须加热到什么温度？

专题 5E 三组分系统的相图

讨论题

D5E.1 三组分系统中平衡共存的最大相数是多少？

D5E.2 杠杆规则适用于三组分系统吗？

D5E.3 正四面体是否可以用来描绘四组分系统的性质？

D5E.4 考虑图5E.6中所示的不锈钢的相图，确定*c*点所示的组成。

练习题

E5E.1(a) 在三角形坐标上，标出下列特征：(i)点(0.2, 0.2, 0.6)，(ii)点(0, 0.2, 0.8)，(iii)三个摩尔分数都相同的点。

E5E.1(b) 在三角形坐标上，标出下列特征：(i)点(0.6, 0.2, 0.2)，(ii)点(0.8, 0.2, 0)，(iii)点(0.25, 0.25, 0.50)。

E5E.2(a) 在三组分相图上，标出$NaCl/Na_2SO_4\cdot10H_2O/H_2O$系统的以下几点：(i)25%（质量分数）NaCl，25%（质量分数）$Na_2SO_4\cdot10H_2O$，其余为H_2O；(ii)表示两种盐具有相同的相对组成但水量变化的线。

E5E.2(b) 在三组分相图上，标出$NaCl/Na_2SO_4\cdot10H_2O/H_2O$系统的以下几点：(i)33%（质量分数）NaCl，33%（质量分数）$Na_2SO_4\cdot10H_2O$，其余为H_2O；(ii)表示两种盐具有相同的相对组成但水量变化的线。

E5E.3(a) 参考图5E.4中的三组分相图。在含有2.3 g水、9.2 g三氯甲烷和3.1 g乙酸的混合物中，存在几相？它们的组成和相对含量如何？描述当(i)水，(ii)乙酸加入混合物中时会发生什么。

E5E.3(b) 参考图5E.4中的三组分相图。在含有55 g水、8.8 g三氯甲烷和3.7 g乙酸的混合物中，存在几相？它们的组成和相对含量如何？描述当(i)水，(ii)乙酸加入混合物中时会发生什么。

E5E.4(a) 图5.8显示了25 ℃下$NH_4Cl-(NH_4)_2SO_4-H_2O$三组分系统的相图。确定组成为(i)(0.2, 0.4, 0.4)，(ii)(0.4, 0.4, 0.2)，(iii)(0.2, 0.1, 0.7)，(iv)(0.4, 0.16, 0.44)的混合物中存在的相数。括号中这些数值依次是三个组分[NH_4Cl、$(NH_4)_2SO_4$、H_2O]的摩尔分数。

E5 E.4(b) 参考图5.8，确定组成为(i)(0.4, 0.1, 0.5)，(ii)(0.8, 0.1, 0.1)，(iii)(0, 0.3, 0.7)，(iv)(0.33, 0.33, 0.34)的混合物中存在的相数。括号中这些数值依次是三个组分[NH_4Cl、$(NH_4)_2SO_4$、H_2O]的摩尔分数。

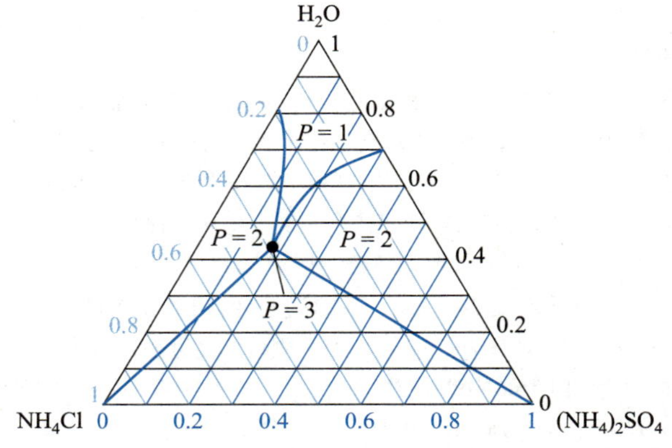

图5.8 25℃时$NH_4Cl-(NH_4)_2SO_4-H_2O$三组分系统的相图

E5E.5(a) 参照图5.8，推断在25 ℃的水中（ⅰ）NH_4Cl和（ⅱ）$(NH_4)_2SO_4$的溶解度。

E5E.5(b) 描述发生的现象：当（ⅰ）$(NH_4)_2SO_4$添加到有过量NH_4Cl存在的NH_4Cl饱和水溶液中；（ⅱ）水添加到25 g NH_4Cl和75 g $(NH_4)_2SO_4$的混合物中。

问　题

P5E.1 某温度下，I_2在液态CO_2中的溶解度为$x_{I_2}=0.03$。相同温度下，其在硝基苯中的溶解度为0.04。液态CO_2与硝基苯在所有比例内均互溶，且I_2在混合物中的溶解度随硝基苯的比例线性变化。画出该三组分系统的相图。

P5E.2 双组分系统硝基乙烷－十氢萘（DEC）部分互溶，两相区位于$x=0.08$和$x=0.84$之间，其中x是硝基乙烷的摩尔分数。双组分系统CO_2/DEC也部分互溶，两相区位于$y=0.36$和$y=0.80$之间，其中y是DEC的摩尔分数。硝基乙烷和液态二氧化碳在所有比例内均互溶。在硝基乙烷和DEC混合物中加入液态二氧化碳，增大了互溶范围，当CO_2摩尔分数为0.18且$x=0.53$时，达到褶点。将硝基乙烷加入二氧化碳和DEC的混合物中也导致在$x=0.08$和$y=0.52$的另一个褶点。（a）画出该三组分系统的相图。（b）对一些硝基乙烷和液态二氧化碳的双组分混合物，加入任意量的DEC都不会导致相分离。找到这样的双组分混合物的组成范围。

P5E.3 证明从三组分相图的顶点A到对边BC的一条直线表示的混合物中具有恒定比例的B和C，无论其中存在多少A。

专题 5F　活度

讨论题

D5F.1 导致活度和浓度差异的原因是什么？

D5F.2 为了描述真实溶液的蒸气压，拉乌尔定律是如何修正的？

D5F.3 总结测量活度的方法。

D5F.4 为什么溶液中离子的活度系数不是1？为什么它们在稀溶液中小于1？

D5F.5 描述电解质溶液的德拜－休克尔理论的一般特征。

D5F.6 对扩展的德拜－休克尔极限定律中的附加项进行解释。

练习题

E5F.1(a) 20 ℃下，硝酸钙饱和溶液的蒸气压为1.381 kPa。已知在该温度下纯水的蒸气压为2.339 3 kPa。该溶液中水的活度是多少？

E5F.1(b) 100 ℃、1.00 atm下，某盐溶液的蒸气压为90 kPa。在该温度下，溶液中水的活度是多少？

E5F.2(a) 物质A和B都是挥发性液体，$p_A^*=300$ Torr，$p_B^*=250$ Torr，$K_B=200$ Torr（组成以摩尔分数表示）。当$x_A=0.900$时，$p_A=250$ Torr，$p_B=25$ Torr。计算A和B的活度（使用摩尔分数；A遵守拉乌尔定律，B遵守亨利定律），以及A的活度系数。

E5F.2(b) 已知293 K下，纯水的蒸气压为$p_{H_2O}^*=0.023\ 08$ atm。由0.122 kg 非挥发性溶质（$M=241\ g\cdot mol^{-1}$）溶解于0.920 kg水中得到的溶液中水的蒸气压为$p_{H_2O}=0.022\ 39$ atm，计算该溶液中水的活度和活度系数。

E5F.3(a) 通过测量丙酮(P)－甲醇(M)溶液在57.2 ℃、1.00 atm下的气－液相平衡，发现当$y_P=0.516$时，$x_P=0.400$。根据拉乌尔定律，计算该溶液中两种组分的活度和活度系数。纯组分在该温度下的蒸气压：$p_P^*=105$ kPa，$p_M^*=73.5$ kPa。（x_P是液相中的摩尔分数，y_P是气相中的摩尔分数。）

E5F.3(b) 30 ℃、1.00 atm下，通过测量某溶液的气－液相平衡，发现当$y_A=0.314$时，$x_A=0.220$。根据拉乌尔定律，计算该溶液中两种组分的活度和活度系数。纯组分在该温度下的蒸气压：$p_A^*=73$ kPa和$p_B^*=92.1$ kPa。（x_A是液相中的摩尔分数，而y_A是气相中的摩尔分数。）

E5F.4(a) 实验发现，对于一假想的正规溶液，有$\xi=1.40$，$p_A^*=15.0$ kPa和$p_B^*=11.6$ kPa。画出与图5F.3类似的图形。

E5F.4(b) 实验发现，对于一假想的正规溶液，有$\xi=-1.40$，$p_A^*=15.0$ kPa和$p_B^*=11.6$ kPa。画出与图5F.3类似的图形。

E5F.5(a) 计算含有0.10 $mol\cdot kg^{-1}$ KCl (aq)和0.20 $mol\cdot kg^{-1}$ $CuSO_4$ (aq)的溶液的离子强度。

E5F.5(b) 计算含有0.040 $mol\cdot kg^{-1}$ $K_3[Fe(CN)_6]$ (aq), 0.030 $mol\cdot kg^{-1}$ KCl (aq)和0.050 $mol\cdot kg^{-1}$ NaBr(aq)的溶液的离子强度。

E5F.6(a) 为了使溶液的离子强度增加到0.250，计算需要向含有500 g溶剂的0.150 $mol\cdot kg^{-1}$ KNO_3(aq)溶液中单独加入（ⅰ）$Ca(NO_3)_2$和（ⅱ）NaCl的质量。

E5F.6(b) 为了使溶液的离子强度增加到1.00，计算需要向含有500 g溶剂的0.110 $mol\cdot kg^{-1}$ KNO_3(aq)溶液中单独加入（ⅰ）KNO_3和（ⅱ）$Ba(NO_3)_2$的质量。

E5F.7(a) 计算25 ℃时，含有0.010 $mol\cdot kg^{-1}$ $CaCl_2$(aq)和0.030 $mol\cdot kg^{-1}$ NaF(aq)的溶液中，$CaCl_2$的离子平均活度系数。

E5F.7(b) 计算25 ℃时，含有0.020 $mol\cdot kg^{-1}$ NaCl(aq)和0.035 $mol\cdot kg^{-1}$ $Ca(NO_3)_2$(aq)的溶液中，NaCl的离子平均活度系数。

E5F.8(a) 25 ℃时，HBr在三个稀水溶液中的平均活度系数是0.930（5.00 $mmol\cdot kg^{-1}$）、0.907（10.0 $mmol\cdot kg^{-1}$）和0.879（20.0 $mmol\cdot kg^{-1}$），估算戴维斯公式中的B值。

E5F.8(b) 25 ℃时，KCl在三个稀水溶液中的平均活度系数是0.927（5.00 $mmol\cdot kg^{-1}$）、0.902（10.0 $mmol\cdot kg^{-1}$）和0.816（50.0 $mmol\cdot kg^{-1}$），估算戴维斯公式中的B值。

问　题

P5F.1* Francesconi、Lunelli和Comelli研究了三氯甲烷和1，2-环氧丁烷在几个温度下的液－气平衡［*J. Chem. Eng. Data*, **41**, 310 (1996)］。实验测量了298.15 K时三氯甲烷在液相（x_T）和气相（y_T）中的摩尔分数及与总压的关系：

p/kPa	23.40	21.75	20.25	18.75	18.15	20.25	22.50	26.30
x_T	0	0.129	0.228	0.353	0.511	0.700	0.810	1
y_T	0	0.065	0.145	0.285	0.535	0.805	0.915	1

以拉乌尔定律为基础，计算两个组分的活度系数。

P5F.2 利用数学软件，根据式（5F.18）和式（5F.19），分别绘制$\xi = 2.5$时的$p_A/p_A^* - x_A$图。当x_A的值大于多少时，由这些公式给出的p_A/p_A^*值相差10%以上?

P5F.3 25 ℃时，NaCl水溶液的平均活度系数如下。确认这些数据支持德拜－休克尔极限定律，以及利用戴维斯公式可以得到改进的拟合。

$b/(\text{mmol}\cdot\text{kg}^{-1})$	1.0	2.0	5.0	10.0	20.0
$\gamma_\pm$	0.964 9	0.951 9	0.927 5	0.902 4	0.871 2

P5F.4 考虑戴维斯公式中$B = 1.50$和$C = 0$时，以$\lg\gamma_\pm$对$I^{1/2}$的作图，作为某电解质溶液MX的实验数据的代表。在什么样的离子强度范围内，应用德拜－休克尔极限定律所得活度系数的误差低于扩展定律预测值的10%？

主题 5　简单混合物

综合题

I5.1 下面列出了碘乙烷(I)和乙酸乙酯(E)混合物在50 ℃时的饱和蒸气压数据，计算两个组分的活度系数。（a）以拉乌尔定律为基础；（b）以亨利定律为基础，碘乙烷为溶质。

x_I	0	0.057 9	0.109 5	0.191 8	0.235 3	0.371 8
p_I/kPa	0	3.73	7.03	11.7	14.05	20.72
p_E/kPa	37.38	35.48	33.64	30.85	29.44	25.05
x_I	0.547 8	0.634 9	0.825 3	0.909 3	1.000 0	
p_I/kPa	28.44	31.88	39.58	43.00	47.12	
p_E/kPa	19.23	16.39	8.88	5.09	0	

I5.2 下面给出了苯(B)和乙醇酸(E)混合物的蒸气压数据，绘制50 ℃时该混合物的蒸气压－组成曲线。然后确认拉乌尔定律和亨利定律在合适的含量区间适用。以拉乌尔定律为基础，推出两个组分的活度和活度系数；然后以亨利定律为基础，以B为溶质，推出其活度和活度系数。最后，计算数据覆盖的含量范围内混合物的超额吉布斯能。

x_E	0.016 0	0.043 9	0.083 5	0.113 8	0.171 4	
p_E/kPa	0.484	0.967	1.535	1.89	2.45	
p_B/kPa	35.05	34.29	33.28	32.64	30.90	
x_E	0.297 3	0.369 6	0.583 4	0.660 4	0.843 7	0.993 1
p_E/kPa	3.31	3.83	4.84	5.36	6.76	7.29
p_B/kPa	28.16	26.08	20.42	18.01	10.0	0.47

I5.3 Chen和Lee研究环己醇和CO_2气体在较高压力下的液－气平衡［J. T. Chen, M. J. Lee, *J. Chem. Eng Data*, 41, 339 (1996)］。实验测量了393.15 K时环己醇在气相（y）和液相（x）中的摩尔分数及与压力的关系：

p/bar	10.0	20.0	30.0	40.0	60.0	80.0
y_{cyc}	0.026 7	0.014 9	0.011 2	0.009 47	0.008 35	0.009 21
x_{cyc}	0.974 1	0.946 4	0.920 4	0.892	0.836	0.773

求出环己醇中CO_2的亨利定律系数，并计算CO_2的活度系数。

I5.4 100 kPa下，氮气和氧气混合物的液－气平衡组成数据如下：

T/K	77.3	78	80	82	84	86	88	90.2
$100x_{O_2}$	0	10	34	54	70	82	92	100
$100y_{O_2}$	0	2	11	22	35	52	73	100
$p_{O_2}^*$/Torr	154	171	225	294	377	479	601	760

在温度－组成图中绘出这些数据，并且通过计算每一组成时O_2的活度系数，确定其与理想溶液预测值的吻合程度。

I5.5 对于溶剂中气体溶解度c的计算，经常方便地使用表达式$c = Kp$，其中K是亨利定律系数。在高压下呼吸空气，例如潜水，导致溶解氮气的浓度增加。氮气溶解度的亨利定律系数是0.18 μg/(g $H_2O\cdot$atm)。在4.0 atm和20 ℃时，在100 g饱和了空气的水中溶解的氮气质量是多少？将答案与1.0 atm时、100 g饱和了空气的水中溶解的氮气质量进行比较。（空气中氮气的摩尔分数是78.08%）如果氮气在脂肪组织中的溶解度是在水中的4倍，则压力从1 atm变为4 atm时，在脂肪组织中的氮气含量增加多少？

I5.6 透析可用于研究小分子与大分子的结合，例如抑制剂与酶、抗生素与DNA的结合，以及小分子与大分子结合的任何其他协作或抑制实例。要了解这可能以何种方式进行，假设在透析袋内，大分子M的浓度是[M]，小分子A的总浓度是$[A]_{in}$。这个总浓度是自由A和结合A的浓度之和，分别写为$[A]_{自由}$和$[A]_{结合}$。在平衡时，$\mu_{A,\text{free}} = \mu_{A,\text{out}}$，这意味着$[A]_{\text{free}} = [A]_{\text{out}}$，假设A在两种溶液中的活度系数相同。因此，通过测量袋外溶液中A的浓度，可以得到大分子溶液中未结合的A的浓度，并且从差值$[A]_{in} - [A]_{\text{free}} = [A]_{in} - [A]_{\text{out}}$可得到结合的A的浓度。现在探讨刚刚描述的实验装置的定量结果。

（a）与M分子结合的A分子的平均数目，ν，等于

$$\nu = \frac{[A]_{\text{bound}}}{[M]} = \frac{[A]_{in} - [A]_{\text{out}}}{[M]}$$

结合的和未结合的A分子处于平衡：

$$M + A \rightleftharpoons MA$$

回想一下在化学入门课中，结合的平衡常数K，可以写为

$$K = \frac{[MA]c^\ominus}{[M]_{\text{free}}[A]_{\text{free}}}$$

证明：

$$K = \frac{\nu c^\ominus}{(1-\nu)[A]_{\text{out}}}$$

（b）如果每个大分子上都有N个相同且独立的结合位点，那么每个大分子的行为就像N个分开的小分子一样，每个位点具有相同的K值。因此，每个位点上A分子的平均数目就是ν/N。证明：在这种情况下，可得到Scatchard方程：

$$\frac{\nu c^{\ominus}}{[\mathrm{A}]_{\mathrm{out}}}=KN-K\nu$$

（c）为了应用Scatchard方程，考虑溴化乙锭（E^-）通过所谓的插入过程与DNA短链片段结合，其中芳香族乙锭阳离子匹配在两个相邻的DNA碱基对之间。采用平衡透析实验，研究了溴化乙锭（EB）与DNA短链片段的结合。将1.0 μmol · dm^{-3}的DNA样品的水溶液针对过量的EB进行透析。对于EB的总浓度[EB]/(μmol · dm^{-3})，获得了如下数据：

无DNA一侧	0.042	0.092	0.204	0.526	1.150
有DNA一侧	0.292	0.590	1.204	2.531	4.150

根据这些数据，绘制Scatchard图，并计算固有平衡常数K和每个DNA分子的总位点数。相同且独立的结合位点模型适用吗？

I5.7　在综合题I5.6中给出的Scatchard方程的形式仅适用于大分子具有相同且独立的结合位点的情况。对于不相同的独立结合位点i，Scatchard方程是

$$\frac{\nu c^{\ominus}}{[\mathrm{A}]_{\mathrm{out}}}=\sum_i \frac{N_i K_i}{1+K_i[\mathrm{A}]_{\mathrm{out}}/c^{\ominus}}$$

针对以下情况，对ν/[A]作图：（a）在每个酶分子上有4个独立位点，固有结合常数为$K=1\times10^7$；（b）每个聚合物共有6个位点。其中4个位点是相同的，其固有结合常数为1×10^5，其他2个位点的结合常数为2×10^6。

I5.8　向含有带电荷蛋白质的溶液中添加少量无机盐，如$(NH_4)_2SO_4$，可增加蛋白质在水中的溶解度。这种现象被称为盐溶效应。然而，加入大量的无机盐会降低蛋白质的溶解度，以至于蛋白质从溶液中沉淀出来。这种现象被称为盐析效应，被生物化学家广泛应用于分离和纯化蛋白质。考虑平衡$PX_\nu(s) \rightleftharpoons P^{\nu+}(aq)+\nu X^-(aq)$，其中$P^{\nu+}$是电荷为$\nu$+的一种聚阳离子蛋白质，而$X^-$是它的反离子。利用勒夏特列原理和德拜-休克尔理论背后的物理原理，为盐溶和盐析效应提供分子解释。

I5.9　渗透系数ϕ定义为$\phi=-(x_A/x_B)\ln a_A$。通过写出$r=x_B/x_A$，并使用吉布斯-杜亥姆公式，证明B的活度可以通过使用下式，根据一定组成范围内A的活度来计算。

$$\ln\frac{a_B}{r}=\phi-\phi(0)+\int_0^r \frac{\phi-1}{r}\mathrm{d}r$$

I5.10　证明：实际溶液的渗透压可由$\Pi V=-RT\ln a_A$给出。继续证明：如果溶液浓度低，则该表达式采取$\Pi V=-RT[\mathrm{B}]$的形式，故渗透系数ϕ（在问题I5.9中定义）可由渗透测量确定。

I5.11　证明：摩尔质量为M的溶剂具有活度a_A的实际溶液的凝固点降低遵守

$$\frac{\mathrm{d}\ln a_A}{\mathrm{d}(\Delta T)}=-\frac{M}{K_f}$$

使用吉布斯-杜亥姆公式，证明：

$$\frac{\mathrm{d}\ln a_B}{\mathrm{d}(\Delta T)}=-\frac{1}{b_B K_f}$$

式中a_B是溶质的活度，b_B是其质量摩尔浓度。利用德拜-休克尔极限定律，证明渗透系数ϕ（问题I5.9）可由$\phi=1-\frac{1}{3}A'I$给出，其中$A'=2.303A$，$I=b/b^{\ominus}$。

主题 6
化学平衡

化学反应趋向于动态平衡，其中存在反应物和产物，但没有进一步发生净变化的趋势。在某些情况下，平衡混合物中产物的浓度比未变化的反应物的浓度大得多，此时对所有实际目的而言，反应都是“完全的”。然而，在许多重要情况下，平衡混合物中仍存在有相当浓度的反应物和产物。

6A 平衡常数

本专题拓展化学势的概念，并说明如何用它来解释化学反应的平衡组成。平衡组成对应于以吉布斯能对反应进度作图时的吉布斯能最小值。通过定位这个最小值，可建立平衡常数和反应标准吉布斯能的关系式。

6B 条件对平衡的影响

平衡的热力学公式建立了条件变化对平衡的定量影响。非常重要的一点是，可以通过改变条件（如压力或温度）来调控平衡。

6C 化学电池

因为许多化学反应涉及电子转移，使这类反应在配有电极的电池内进行，通过自发反应迫使电子通过外部电路，可以对这类反应进行研究（并加以利用）。电池的电势与反应的吉布斯能有关，因此它的测量为确定热力学量提供了一种电化学方法。

6D 电极电势

电化学在一定程度上是热力学概念在化学平衡中的重要应用，同时具有技术重要性。与热力学中其他部分一样，电化学数据可以简洁的形式报道，并应用于有意义的化学问题，特别是预测反应的自发方向和计算平衡常数。

网络资源 这部分内容有何应用?

自发反应的热力学描述具有许多实际和理论应用。一个是对生化过程的讨论，其中一个反应驱动另一个反应（应用案例9）。最终，这就是我们必须吃东西的原因，因为当一种物质被氧化时发生的反应可以推动非自发反应，例如蛋白质的合成。另一个则利用了电化学过程对电活性物质浓度的高度敏感性，并最终用于化学分析的电极设计（应用案例10）。

专题6A

平衡常数

▶ 为何需要学习这部分内容？

平衡常数是化学的核心，是热力学和实验化学之间联系的关键点。为了理解反应的行为，需要了解平衡常数是如何产生的，以及如何通过热力学性质来解释它们的数值。

▶ 核心思想是什么？

在一定的温度和压力下，反应混合物的组成倾向于改变，直到吉布斯能最小。

▶ 需要哪些预备知识？

整个讨论的基础是以系统的吉布斯能来表示自发变化的方向（专题 3D）。这部分内容利用了化学势的概念及其对物质浓度或压力的依赖关系（专题 5A）。你需要知道如何用组分的化学势来表示混合物的总吉布斯能（专题 5A）。

如专题3D中所解释的，等温等压下自发变化的方向是使吉布斯能G变小。这个思路是完全通用的，在本专题中它被用于讨论化学反应。在一定的温度和压力下，反应混合物有进行反应的趋势，直到混合物的吉布斯能达到最小：该条件对应于化学平衡状态。平衡是动态的，即正向反应和逆向反应仍以匹配的速率继续进行。正如在热力学的应用中，自发是一种趋势：可能存在动力学原因，导致这种趋势未能实现。

6A.1 吉布斯能最小值

反应混合物的平衡组成，可通过计算反应混合物的吉布斯能，然后识别出对应于最小G的组成来加以确定。

(a) 反应的吉布斯能

考虑反应平衡 $A \rightleftharpoons B$，虽然这个反应看起来微不足道，但还是有很多这种平衡的例子，如戊烷异构化成2－甲基丁烷，以及L－丙氨酸转化为D－丙氨酸。

如果有无穷小量$d\xi$的A变成了B，则A的量的变化是$dn_A = -d\xi$，B的量的变化是$dn_B = +d\xi$。物理量ξ称为**反应进度**（extent of reaction），单位为mol。当反应进度有可测量的变化$\Delta\xi$时，系统中A的量由$n_{A,0}$变为$n_{A,0}-\Delta\xi$，B的量则由$n_{B,0}$变为$n_{B,0}+\Delta\xi$。一般来说，组分J的量变化为$\nu_J\Delta\xi$，其中ν_J是J的化学计量数（对产物为正，对反应物为负）。例如，如果最初存在2.0 mol A，经过一段时间之后$\Delta\xi = +1.5$ mol，那么剩余A的量是0.5 mol，形成的B的量是1.5 mol。

反应吉布斯能（reaction Gibbs energy），$\Delta_r G$，定义为吉布斯能对反应进度作图的斜率：

$$\Delta_r G=\left(\frac{\partial G}{\partial \xi}\right)_{p,T} \qquad \text{反应吉布斯能[定义]} \qquad (6A.1)$$

尽管Δ一般指数值的差值，这里它是指微分，即G随ξ变化的斜率。但是，为了证明其与正常用法有密切关系，假设反应进行了$d\xi$，相应的吉布斯能变化为

$$\begin{aligned} dG &= \mu_A dn_A + \mu_B dn_B \\ &= -\mu_A d\xi + \mu_B d\xi = (\mu_B - \mu_A)d\xi \end{aligned}$$

该式可以被整理为

$$\left(\frac{\partial G}{\partial \xi}\right)_{p,T} = \mu_B - \mu_A$$

即

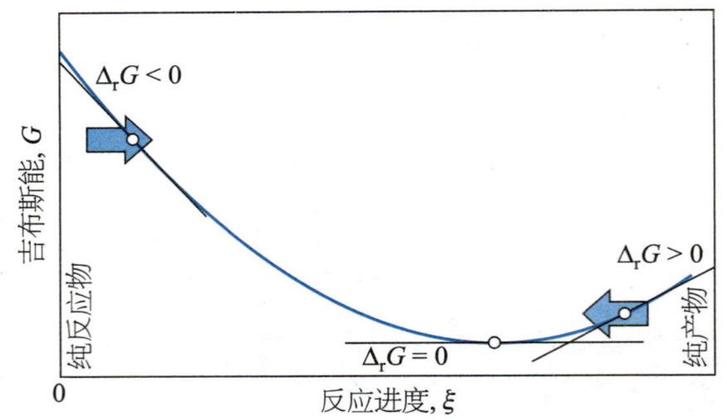

图6A.1 随着反应进行，反应进度ξ增大，反应混合物的总吉布斯能对ξ作图的斜率发生变化。平衡对应吉布斯能的最小值，即斜率为零时

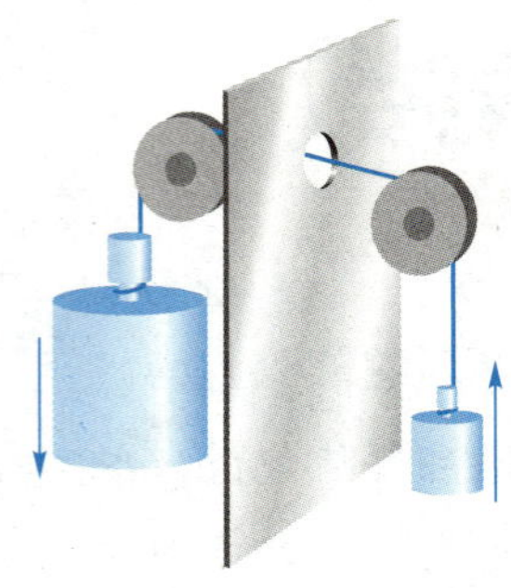

图6A.2 如果两个重物如图所示耦合，那么较重的重物会使较轻的重物沿着其非自发方向移动：总体上，过程仍是自发的。两个重物类似于两个化学反应：有较大ΔG负值的反应能促使有较小ΔG的反应沿着其非自发方向进行

$$\Delta_r G = \mu_B - \mu_A \quad (6A.2)$$

$\Delta_r G$也可以解释为在反应混合物的当前组成下，反应物和产物的化学势（偏摩尔吉布斯能）的差值。

因为化学势随组成而变化，吉布斯能对反应进度作图的斜率及反应吉布斯能也随反应进行而变化。反应的自发方向是G减小的方向（即G对ξ作图的斜率向下）。因此，当$\mu_A > \mu_B$时，反应$A \longrightarrow B$是自发的；而当$\mu_B > \mu_A$时，则逆反应是自发的。当斜率等于0时，反应处于平衡，并且没有方向是自发的，此时

$$\Delta_r G = 0 \quad \text{平衡条件} \quad (6A.3)$$

该条件发生在$\mu_A = \mu_B$时（图6A.1）。因此，如果能找到确保$\mu_A = \mu_B$的反应混合物的组成，那么这就是处于平衡状态的反应混合物的组成。注意，化学势现在正发挥它的名字所暗示的作用：它代表化学变化的潜力，当这些潜力处于平衡时，反应达到平衡。

（b）放能反应和吸能反应

在等温等压下，反应的自发性可用反应吉布斯能表示，即

如果$\Delta_r G < 0$，正反应是自发的；

如果$\Delta_r G > 0$，逆反应是自发的；

如果$\Delta_r G = 0$，反应处于平衡。

$\Delta_r G < 0$的反应被称为是**放能的**（exergonic，来源于希腊词“功产生”）。这个名称意味着，因为该过程是自发的，所以它可以用来驱动另一个过程，例如另一个反应，或者用来做非膨胀功。一个简单的机械类比就是用绳子连接的一对重物（图6A.2）：当较重的物体落下时，较轻的物体就会被拉起。虽然较轻的重物有自然下降的趋势，但它与较重的重物的耦合导致了它的上升。在生物细胞中，糖类的氧化起到了较重物体的作用，驱动其他反应进行，并导致由氨基酸形成蛋白质、肌肉收缩和大脑活动。$\Delta_r G > 0$的反应被称为是**吸能的**（endergonic，表示“功消耗”），这种反应只能通过做功才能发生。

简要说明6A.1

某反应的吉布斯能是$-200\ \mathrm{kJ \cdot mol^{-1}}$，因此反应是放能的；在一适当的装置（如燃料电池）中，在一定的温度和压力下操作，每摩尔反应可以产生200 kJ的电功。逆反应的$\Delta_r G = +200\ \mathrm{kJ \cdot mol^{-1}}$，反应是吸能的，至少必须做200 kJ的功（也许通过电解），才能实现它。

6A.2 平衡的描述

随着背景的建立，现在有可能将热力学应用到化学平衡的描述中。

（a）完美气体反应平衡

当A和B是完美气体时，可利用式（5A.15a）$[\mu = \mu^\ominus + RT\ln(p/p^\ominus)]$写出

$$\Delta_r G = \mu_B - \mu_A = \left(\mu_B^\ominus + RT\ln\frac{p_B}{p^\ominus}\right) - \left(\mu_A^\ominus + RT\ln\frac{p_A}{p^\ominus}\right)$$
$$= \Delta_r G^\ominus + RT\ln\frac{p_B}{p_A} \quad (6A.4)$$

如果分压比记为Q，可得到

$$\Delta_r G = \Delta_r G^\ominus + RT\ln Q \qquad Q = \frac{p_B}{p_A} \quad (6A.5)$$

Q是“反应商”的一个例子，一个马上要被正式定义的物理量。其数值变化范围从0（当$p_B=0$时，对应于纯A）到无穷大（当$p_A=0$时，对应于纯B）。标准反应吉布斯能$\Delta_r G^\ominus$（专题3D）是反应物和产物的标准摩尔吉布斯能的差值，所以有

$$\Delta_r G^\ominus = G_m^\ominus(B) - G_m^\ominus(A) = \mu_B^\ominus - \mu_A^\ominus \quad (6A.6)$$

注意，在$\Delta_r G^\ominus$的定义中，Δ_r的正常含义是“产物－反应物”的差值。如专题3D所示，产物和反应物的标准摩尔吉布斯能的差值等于它们的标准生成吉布斯能的差值。因此，在实际中，$\Delta_r G^\ominus$由下式计算：

$$\Delta_r G^\ominus = \Delta_f G^\ominus(B) - \Delta_f G^\ominus(A) \quad (6A.7)$$

平衡时，$\Delta_r G=0$。平衡时的分压比，即反应商Q，具有某一确定的值K，故式（6A.5）变为

$$0 = \Delta_r G^\ominus + RT\ln K$$

可改写为

$$RT\ln K = -\Delta_r G^\ominus \qquad K = \left(\frac{p_B}{p_A}\right)_{平衡} \quad (6A.8)$$

这个关系式是化学热力学中最重要的公式之一的特例：它是热力学数据表（如*资源部分*中的表）和化学上重要的“平衡常数”K（也是一个马上要被正式定义的物理量）之间的联系。

简要说明6A.2

298 K时，戊烷异构化为2－甲基丁烷的反应

$$CH_3(CH_2)_3CH_3(g) \longrightarrow (CH_3)_2CHCH_2CH_3(g)$$

的标准吉布斯能接近$-6.7\ kJ\cdot mol^{-1}$（这是基于生成焓的一个估算值；其实际数值未列出）。所以，该反应的平衡常数为

$$K = e^{-(-6.7\times10^3\ J\cdot mol^{-1})/(8.3145\ J\cdot K^{-1}\cdot mol^{-1}\times 298\ K)} = e^{2.7} = 15$$

在分子水平上，对应着$\Delta_r G=0$的吉布斯能最小值来源于两种气体的混合吉布斯能。为了讨论混合的作用，考虑反应A⟶B。如果只有反应焓起作用，则G将从纯反应物的数值线性变化到纯产物的数值。该直线的斜率是恒定的，并且在反应的所有阶段都等于$\Delta_r G^\ominus$，且图中没有中间的最小值（图6A.3）。但是，当还要考虑熵时，有一个对吉布斯能的额外贡献，可由式（5A.17）［$\Delta_{mix}G = nRT(x_A\ln x_A + x_B\ln x_B)$］给出。该表达式对总吉布斯能的贡献呈U形。由图6A.3可见，当考虑熵时，总吉布斯能有中间的最小值，其位置对应着反应混合物的平衡组成。

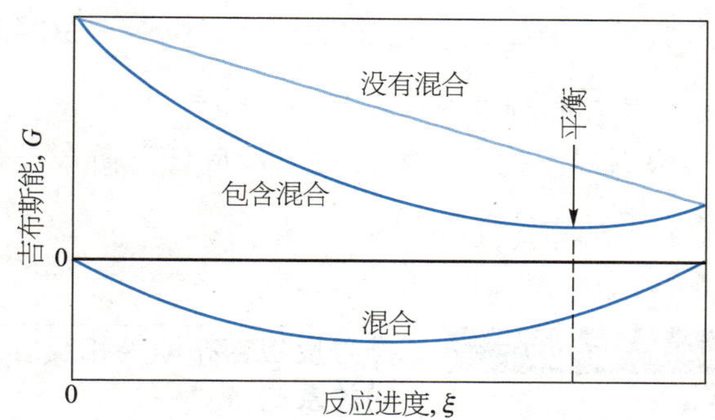

图6A.3　如果忽略反应物和产物的混合，则G将从其初始值（纯反应物）到其终值（纯产物）线性变化，且直线的斜率为$\Delta_r G^\ominus$。但是，当生成产物时，反应物和产物的混合对吉布斯能有一额外贡献（图中最低的那条曲线）。两部分贡献的加和导致反应吉布斯能有一最小值，对应着系统的平衡组成

因此，由式（6A.8）可知，当$\Delta_r G^\ominus>0$时，$K<1$。所以，在平衡时，A的分压大于B，意味着反应物A在平衡中是有利的。当$\Delta_r G^\ominus<0$时，$K>1$。所以，在平衡时，B的分压大于A，此时产物B在平衡中是有利的。

实用小贴士　常见的说法是“如果$\Delta_r G^\ominus<0$，反应是自发的”。但是，在特定组成时反应是否自发取决于该组成时$\Delta_r G$的值，而不是$\Delta_r G^\ominus$。当$Q<K$时，正反应是自发的（$\Delta_r G<0$）；当$Q>K$时，逆反应是自发的。将$\Delta_r G^\ominus$的符号解释为表示K大于1或小于1要好得多。

（b）反应的一般情况

为了将得到式（6A.8）的论证推广到一般的反应，首先，注意到一个化学反应可以借助化学计量数用符号表示：

$$0 = \sum_J \nu_J J \quad (6A.9)$$

化学方程式［符号形式］

其中J代表化学反应方程式中的物质，ν_J代表该物质对应的化学计量数，它对产物是正数，对反应

物是负数。例如，在化学反应 $2A + B \longrightarrow 3C + D$ 中，$\nu_A = -2$，$\nu_B = -1$，$\nu_C = +3$，$\nu_D = +1$。

根据以上内容，就可写出反应任一阶段的反应吉布斯能 $\Delta_r G$ 的表达式。

如何完成？ 6A.1　推导反应吉布斯能和反应商的关系式

考虑化学计量数为 ν_J 的一个反应。当反应进行了 $d\xi$ 时，反应物和产物的量变化了 $dn_J = \nu_J d\xi$。在等温等压下，所引起的吉布斯能的微小变化为

$$dG = \sum_J \mu_J dn_J = \sum_J \mu_J \nu_J d\xi = \left(\sum_J \mu_J \nu_J\right) d\xi$$

因此

$$\Delta_r G = \left(\frac{\partial G}{\partial \xi}\right)_{p,T} = \sum_J \nu_J \mu_J$$

步骤 1　*用活度表示化学势*

为了进一步推导，注意物种 J 的化学势可通过式（5F.9）$(\mu_J = \mu_J^\ominus + RT\ln a_J)$ 与活度关联。将这个关系式代入 $\Delta_r G$ 的表达式中，结果是

$$\Delta_r G = \overbrace{\sum_J \nu_J \mu_J^\ominus}^{\Delta_r G^\ominus} + RT\sum_J \nu_J \ln a_J$$

$$= \Delta_r G^\ominus + RT\sum_J \nu_J \ln a_J = \Delta_r G^\ominus + RT\sum_J \ln a_J^{\nu_J}$$

因为 $\ln x + \ln y + \cdots = \ln(xy\cdots)$，所以有

$$\sum_i \ln x_i = \ln\left(\prod_i x_i\right)$$

符号 Π 表示随后各项的乘积（正如 Σ 表示加和）。然后，反应吉布斯能的表达式可简化为

$$\Delta_r G = \Delta_r G^\ominus + RT\ln\prod_J a_J^{\nu_J}$$

步骤 2　*引入反应商*

现在，定义反应商为

$$Q = \prod_J a_J^{\nu_J} \quad \text{反应商 [定义]} \quad (6A.10)$$

因为反应物的化学计量数为负，当明确写出乘积时，它们自动出现在分母上。所以，反应商的上一个表达式有如下形式：

$$Q = \frac{\text{产物的活度}}{\text{反应物的活度}} \quad \text{反应商 [一般形式]} \quad (6A.11)$$

每个物种活度的幂指数是其化学计量数。

因此，反应吉布斯能的表达式可简化为

$$\Delta_r G = \Delta_r G^\ominus + RT\ln Q \quad \text{在任一阶段的反应吉布斯能} \quad (6A.12)$$

简要说明 6A.3

考虑反应 $2A + 3B \longrightarrow C + 2D$，这种情况下，$\nu_A = -2$，$\nu_B = -3$，$\nu_C = +1$，$\nu_D = +2$，故反应商为

$$Q = a_A^{-2} a_B^{-3} a_C a_D^2 = \frac{a_C a_D^2}{a_A^2 a_B^3}$$

与专题 3D 中一样，标准反应吉布斯能可由下式计算：

$$\Delta_r G^\ominus = \sum_{\text{产物}} \nu\Delta_f G^\ominus - \sum_{\text{反应物}} \nu\Delta_f G^\ominus \quad \text{反应吉布斯能 [实际计算]} \quad (6A.13a)$$

式中 ν 是（正的）化学计量系数。更正式地，有

$$\Delta_r G^\ominus = \sum_J \nu_J \Delta_f G^\ominus(J) \quad \text{反应吉布斯能 [正式表达式]} \quad (6A.13b)$$

其中 ν_J 是（有正、负号的）化学计量数。

在平衡时，G 的斜率是 0：$\Delta_r G = 0$。活度有其平衡值，且

$$K = \left(\prod_J a_J^{\nu_J}\right)_{\text{平衡}} \quad \text{平衡常数 [定义]} \quad (6A.14)$$

该表达式具有与 Q 相同的形式，但使用平衡活度进行计算。从现在起，“平衡”下标将不被明确地写出，但是从文中将可以清楚地看到，Q 是由在反应的任一阶段的活度来定义的，而 K 则是平衡时的 Q 值。以活度表示的平衡常数 K 称为**热力学平衡常数**（thermodynamic equilibrium constant）。注意，活度的量纲为 1，故热力学平衡常数的量纲也为 1。在基本应用中，出现在式（6A.14）中的活度通常被替换如下：

状态	测量单位	a_J 的近似值	定义
溶质	质量摩尔浓度	$b_J/b^\ominus$	$b^\ominus = 1\ \text{mol}\cdot\text{kg}^{-1}$
	物质的量浓度	$[J]/c^\ominus$	$c^\ominus = 1\ \text{mol}\cdot\text{dm}^{-3}$
气相	分压	$p_J/p^\ominus$	
纯固体，纯液体		1（精确值）	

注意，对于纯固体和纯液体，活度是 1，所以即使这些物质可能出现在化学方程式中，它们对 Q 也没有贡献。当采用活度的近似值时，得到的 Q 和 K 的表达式也仅是近似的。对于电解质溶液，这种近似尤为严重，因为它们中的活度系数甚至在

非常稀的溶液中也不等于1（专题5F）。

简要说明6A.4

多相反应$CaCO_3(s) \rightleftharpoons CaO(s) + CO_2(g)$的平衡常数为

$$K = a_{CaCO_3(s)}^{-1} a_{CaO(s)} a_{CO_2(g)} = \frac{\overbrace{a_{CaO(s)}}^{1} a_{CO_2(g)}}{\underbrace{a_{CaCO_3(s)}}_{1}} = a_{CO_2(g)}$$

假设CO_2可被处理为完美气体，则

$$K = p_{CO_2}/p^{\ominus}$$

可得出结论：在此情况下，平衡常数就是固体样品上方CO_2平衡压力的数值。

平衡时，式（6A.12）中的$\Delta_r G = 0$，并且Q被K替换，结果为

$$\Delta_r G^{\ominus} = -RT\ln K \quad \text{热力学平衡常数} \quad (6A.15)$$

这是一个精确且非常重要的热力学关系式，据此可由热力学数据表计算任意反应的平衡常数，并从而预测反应混合物的平衡组成。

例题 6A.1 计算平衡常数

计算298 K时，合成氨反应$N_2(g) + 3H_2(g) \rightleftharpoons 2NH_3(g)$的平衡常数，并说明当气体的总压足够低，可将气体处理为完美气体时，K是如何与物种的平衡态分压相关的？

整理思路 由式（6A.13）计算反应的标准吉布斯能，并进而利用式（6A.15）计算平衡常数。平衡常数的表达式可由式（6A.14）得到，并且因为气体可被看作完美气体，故活度可替换为$p_J/p^{\ominus}$，其中p_J是物种J的分压。

解： 反应的标准吉布斯能为

$$\Delta_r G^{\ominus} = 2\Delta_f G^{\ominus}(NH_3, g) - \{\Delta_f G^{\ominus}(N_2, g) + 3\Delta_f G^{\ominus}(H_2, g)\}$$
$$= 2\Delta_f G^{\ominus}(NH_3, g) = 2 \times (-16.45\ \text{kJ} \cdot \text{mol}^{-1})$$

然后，

$$\ln K = -\frac{2\times(-1.645\times10^4\ \text{J}\cdot\text{mol}^{-1})}{8.314\,5\ \text{J}\cdot\text{K}^{-1}\cdot\text{mol}^{-1}\times 298\ \text{K}} = 13.28$$

因此，$K = 5.85 \times 10^5$。这个结果在热力学上是精确的。该反应的热力学平衡常数是

$$K = \frac{a_{NH_3}^2}{a_{N_2} a_{H_2}^3}$$

其数值就是刚才计算得出的。在低总压时，活度可以用$p_J/p^{\ominus}$替换，故平衡常数的近似形式为

$$K = \frac{(p_{NH_3}/p^{\ominus})^2}{(p_{N_2}/p^{\ominus})(p_{H_2}/p^{\ominus})^3} = \frac{p_{NH_3}^2 p^{\ominus 2}}{p_{N_2} p_{H_2}^3}$$

自测题6A.1 计算298 K时，反应$N_2O_4(g) \rightleftharpoons 2NO_2(g)$的平衡常数。

答案：$K = 0.15$。

例题 6A.2 估算平衡解离度

解离度（或解离程度，α）定义为已分解的反应物的分数；如果反应物的初始量是n，平衡时的量是n_{eq}，则$\alpha = (n - n_{eq})/n$。在2 300 K时，分解反应$H_2O(g) \longrightarrow H_2(g) + \frac{1}{2}O_2(g)$的标准吉布斯能是+118.08 kJ · mol^{-1}。当反应在2 300 K、总压1.00 bar下达到平衡时，H_2O的解离度是多少？

整理思路 可利用式（6A.15）由反应的标准吉布斯能得到平衡常数。因此，解题任务是将解离度α与平衡常数K联系起来，进而得到其数值，可用α表示平衡组成，并解得用K表示的α。因为反应的标准吉布斯能很大，而且是正的，可以预料K会很小，因此$\alpha \ll 1$，这就为利用近似来获得其数值铺平了道路。

解： 由式（6A.15）可得到平衡常数，即

$$\ln K = -\frac{\Delta_r G^{\ominus}}{RT} = -\frac{1.180\,8\times10^5\ \text{J}\cdot\text{mol}^{-1}}{8.314\,5\ \text{J}\cdot\text{K}^{-1}\cdot\text{mol}^{-1}\times 2\,300\ \text{K}}$$
$$= -6.175$$

因此，$K = 2.081 \times 10^{-3}$。通过绘制下表，可用α表示平衡组成：

	$H_2O \longrightarrow$	H_2 +	$\frac{1}{2}O_2$	
初始量	n	0	0	
达到平衡的变化量	$-\alpha n$	$+\alpha n$	$+\frac{1}{2}\alpha n$	
平衡时的量	$(1-\alpha)n$	αn	$\frac{1}{2}\alpha n$	总量：$\left(1+\frac{1}{2}\alpha\right)n$
摩尔分数，x_J	$\frac{1-\alpha}{1+\frac{1}{2}\alpha}$	$\frac{\alpha}{1+\frac{1}{2}\alpha}$	$\frac{\frac{1}{2}\alpha}{1+\frac{1}{2}\alpha}$	
分压，p_J	$\frac{(1-\alpha)p}{1+\frac{1}{2}\alpha}$	$\frac{\alpha p}{1+\frac{1}{2}\alpha}$	$\frac{\frac{1}{2}\alpha p}{1+\frac{1}{2}\alpha}$	

其中，对最后一行中的条目，已使用公式$p_J = x_J p$[式（1A.6）]。因此，平衡常数为

$$K = \frac{p_{H_2} p_{O_2}^{1/2}}{p_{H_2O}} = \frac{\alpha^{3/2} p^{1/2}}{(1-\alpha)(2+\alpha)^{1/2}}$$

在该表达式中，用p替代$p/p^{\ominus}$，以简化公式。接下来进行近似处理。由于$\alpha \ll 1$，$1-\alpha \approx 1$且$2+\alpha \approx 2$，故可得到

$$K \approx \frac{\alpha^{3/2} p^{1/2}}{2^{1/2}}$$

在所述条件下，$p = 1.00$ bar（即$p/p^{\ominus} = 1$），所以$\alpha \approx (2^{1/2}K)^{2/3} = 0.020\,5$。也就是说，约2%的水已分解。

实用小贴士 总是要核实近似与最终答案是否相一致。在本例中，$\alpha \ll 1$，与原先假设一致。

自测题6A.2 对同一个反应，在2 000 K时反应的标

准吉布斯能为 $+135.2\ \mathrm{kJ \cdot mol^{-1}}$。假设 200 kPa 的水蒸气在该温度下通过一管式炉，计算在出口处气体中 O_2 的摩尔分数。

答案：0.002 21。

（c）平衡常数之间的关系

用活度表示的平衡常数是精确的，但常常需要将它们与浓度联系起来。形式上，有必要知道活度系数 γ_J（专题 5F），然后利用 $a_J = \gamma_J x_J$，$a_J = \gamma_J b_J / b^\ominus$ 或 $a_J = \gamma_J [J]/c^\ominus$，其中 x_J 是摩尔分数，b_J 是质量摩尔浓度，$[J]$ 是物质的量浓度。例如，对于 $A + B \rightleftharpoons C + D$（其中四种物质都是溶质）这一形式的平衡，如果组成用质量摩尔浓度表示，则

$$K = \frac{a_C a_D}{a_A a_B} = \frac{\gamma_C \gamma_D}{\gamma_A \gamma_B} \times \frac{b_C b_D}{b_A b_B} = K_\gamma K_b \qquad (6A.16)$$

活度系数必须在混合物的平衡组成下计算（例如，通过使用德拜－休克尔表达式之一，专题 5F），这可能涉及复杂的计算，因为只有当平衡组成已知时，才知道活度系数。在基本应用中，为了在实例中开始浓度的迭代计算，常常假设活度系数都非常接近 1，从而使得 $K_\gamma = 1$。鉴于这些困难，在基础化学中通常假定 $K \approx K_b$，从而使得平衡可以用质量摩尔浓度（或物质的量浓度）本身来讨论平衡。

当气相反应的平衡常数用物质的量浓度、而不是在热力学平衡常数中出现的分压来表示时，会出现一种特殊情况。假设气体都是完美气体，在 K 中出现的 p_J 可以用 $[J]RT$ 代替，则

$$K = \prod_J a_J^{\nu_J} = \prod_J \left(\frac{p_J}{p^\ominus}\right)^{\nu_J} = \prod_J [J]^{\nu_J} \left(\frac{RT}{p^\ominus}\right)^{\nu_J}$$

$$= \prod_J [J]^{\nu_J} \times \prod_J \left(\frac{RT}{p^\ominus}\right)^{\nu_J}$$

（乘积总是可以这样分解：$abcdef = abc \times def$。）（量纲为 1 的）平衡常数 K_c 定义为

$$K_c = \prod_J \left(\frac{[J]}{c^\ominus}\right)^{\nu_J} \qquad \text{气相反应的 } K_c \text{［定义］} \qquad (6A.17)$$

由此得到

$$K = K_c \times \prod_J \left(\frac{c^\ominus RT}{p^\ominus}\right)^{\nu_J} \qquad (6A.18a)$$

由于 $\Delta\nu = \sum_J \nu_J$，更易把它看作 ν(产物)$-\nu$(反应物)，故对于气相反应，K 和 K_c 之间的关系为

$$K = K_c \times \left(\frac{c^\ominus RT}{p^\ominus}\right)^{\Delta\nu} \qquad \text{气相反应 } K \text{ 和 } K_c \text{ 之间的关系} \qquad (6A.18b)$$

对于数值计算，注意 $p^\ominus / c^\ominus R$ 的值为 12.03 K。

简要说明6A.5

对反应 $N_2(g) + 3\,H_2(g) \longrightarrow 2\,NH_3(g)$，$\Delta\nu = 2 - 3 - 1 = -2$，所以

$$K = K_c \times \left(\frac{T}{12.03\ \mathrm{K}}\right)^{-2} = K_c \times \left(\frac{12.03\ \mathrm{K}}{T}\right)^2$$

在 298.15 K 时，关系式为

$$K = K_c \times \left(\frac{12.03\ \mathrm{K}}{298.15\ \mathrm{K}}\right)^2 = \frac{K_c}{614.2}$$

所以，$K_c = 614.2\ K$。注意 K_c 和 K 都是量纲为 1 的量。

（d）平衡常数的分子解释

通过考虑由反应物和产物组成的系统中，分子在可及态上的玻耳兹曼分布，可以更深入地了解平衡常数的起源和意义（参见本书“绪言”）。当原子如在反应中一样可以交换时，存在的物种包括键合为反应物和产物分子的原子。这些分子有它们的特征能级，但是玻耳兹曼分布并不区分它们的特性，只区分它们的能量。可用的原子在两组能级上的分布符合玻耳兹曼分布（图 6A.4）。在某给定温度下，将有特定的布居分布，因此反

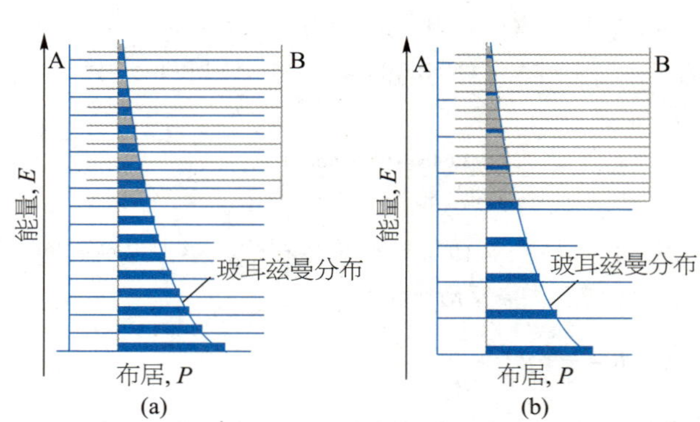

图6A.4　两个物种 A 和 B 能级上的玻耳兹曼布居分布。在该例中，反应 A ⟶ B 是吸热的。在（a）中，两个物种有相似的能级密度：布居的大部分与物种 A 相关，所以平衡时以 A 物种为主。在(b)中，B 的能级密度比 A 的能级密度大得多。因此，即使反应 A ⟶ B 是吸热的，与 B 有关的粒子数也比与 A 有关的粒子数多，所以 B 是平衡时的主要物种

应混合物有特定的组成。

从图6A.4中可以看出，如果反应物和产物都具有相似的分子能级排列，则处于平衡状态的反应混合物中的主要物种是具有较低能级的物种[图6A.4（a）]。然而，事实是，吉布斯能出现在平衡常数的表达式中，这是一个信号，表明不仅能量起作用，而且熵也起作用。熵的作用可参照图6A.4来理解。图6A.4（b）表明，虽然B能级高于A能级，但在这种情况下，它们的间隔要小得多。因此，它们的总布居可能相当大，B甚至可以在平衡的反应混合物中占主导地位。紧密的能级与高熵相关（专题13E）。因此，在这种情况下，熵效应超过不利的能量效应。这场竞争反映在式（6A.15）中，利用$\Delta_r G^{\ominus} = \Delta_r H^{\ominus} - T\Delta_r S^{\ominus}$，并将平衡常数写成如下形式，可以更清楚地看到：

$$K = e^{-\Delta_r H^{\ominus}/RT} e^{\Delta_r S^{\ominus}/R} \qquad (6A.19)$$

可见，正的反应焓导致平衡常数降低（即可以预期吸热反应的平衡组成有利于反应物）。然而，如果反应熵为正，则平衡组成可能有利于产物，尽管反应具有吸热特性。

简要说明6A.6

根据*资源部分*中提供的数据，298 K时，反应$N_2(g) + 3H_2(g) \rightleftharpoons 2NH_3(g)$的$\Delta_r G^{\ominus} = -32.9\ kJ \cdot mol^{-1}$，$\Delta_r H^{\ominus} = -92.2\ kJ \cdot mol^{-1}$，并且$\Delta_r S^{\ominus} = -198.8\ J \cdot K^{-1} \cdot mol^{-1}$。因此，对$K$的贡献为

$$K = e^{-(-9.22\times10^4\ J\cdot mol^{-1})/(8.314\ 5\ J\cdot K^{-1}\cdot mol^{-1}\times 298\ K)} \times e^{-198.8\ J\cdot K^{-1}\cdot mol^{-1}/(8.314\ 5\ J\cdot K^{-1}\cdot mol^{-1})} = e^{37.2} \times e^{-23.9}$$

注意，反应的放热特性有利于产物的形成（它导致周围环境熵大幅增加），但是当H原子被固定到N原子上时，系统熵的减少抑制了它们的形成。

概念清单

- ☐ 1. **反应吉布斯能**$\Delta_r G$是吉布斯能对反应进度作图的斜率。
- ☐ 2. $\Delta_r G < 0$的反应是放能的，而$\Delta_r G > 0$的反应则是吸能的。
- ☐ 3. **反应商**是那些用于表示反应吉布斯能当前值的活度的组合。
- ☐ 4. **平衡常数**是平衡时反应商的数值。

公式清单

性质	公式	说明	公式编号
反应吉布斯能	$\Delta_r G = (\partial G/\partial \xi)_{p,T}$	定义	6A.1
反应吉布斯能	$\Delta_r G = \Delta_r G^{\ominus} + RT\ln Q$，$Q = \prod_J a_J^{\nu_J}$	在反应的任一阶段计算	6A.12
标准反应吉布斯能	$\Delta_r G^{\ominus} = \sum_{产物} \nu\Delta_f G^{\ominus} - \sum_{反应物} \nu\Delta_f G^{\ominus} = \sum_J \nu_J \Delta_f G^{\ominus}(J)$	ν是正的，ν_J是有正、负号的	6A.13
平衡常数	$K = \left(\prod_J a_J^{\nu_J}\right)_{平衡}$	定义	6A.14
热力学平衡常数	$\Delta_r G^{\ominus} = -RT\ln K$		6A.16
K和K_c之间的关系式	$K = K_c(c^{\ominus}RT/p^{\ominus})^{\Delta\nu}$	气相反应；完美气体	6A.18b

专题6B

条件对平衡的影响

▶ 为何需要学习这部分内容？

化学家和设计化工厂的化学工程师需要知道反应平衡位置将如何随条件（如压力或温度）的改变而变化。平衡位置随温度的变化也提供了一种确定反应标准焓和熵的方法。

▶ 核心思想是什么？

处于平衡状态的系统，当受到干扰时，往往以使干扰效果最小化的方式做出响应。

▶ 需要哪些预备知识？

本专题建立在平衡常数与标准反应吉布斯能之间的关系（专题6A）上。为了表达 K 随温度的变化，需要利用吉布斯－亥姆霍兹公式（专题3E）。

反应的平衡常数不受催化剂存在的影响。如在专题17F和19C中详细解释的，催化剂提高达到平衡的速率，但不影响其位置。然而，重要的是要注意，在工业反应中很少达到平衡，部分原因是反应物混合和产物提取的速率。平衡常数也与压力无关，但正如将要看到的，这并不一定意味着平衡时的组成与压力无关。平衡常数确实依赖于温度，可以用标准反应焓来预测。

6B.1 压力的影响

平衡常数取决于在标准压力下定义的 $\Delta_r G^\ominus$ 值。因此，$\Delta_r G^\ominus$ 及 K 的值，与实际建立平衡时的压力无关。换句话说，在给定温度下，K 是常数。

压力的影响取决于压力是如何施加的。可以通过注入惰性气体来增加反应容器内的压力。然而，只要是完美气体，气体加入时反应气体的所有分压都保持不变：完美气体的分压就是气体单独在容器中时的压力，所以其他气体的存在对它的数值没有影响。由此可见，加入惰性气体对系统的平衡组成没有影响（假设均为完美气体）。

另一方面，可以通过将气体限制在更小的体积（即压缩）来增加系统的压力。现在，各个分压都改变了，但是它们的比值保持不变（各分压在平衡常数的表达式中有不同的幂指数）。例如，考虑完美气体平衡 $A(g) \rightleftharpoons 2\,B(g)$，其平衡常数是

$$K = \frac{p_B^2}{p_A p^\ominus}$$

当混合物被压缩时，只有当 p_A 的增加抵消了 p_B 平方的增加时，这个表达式的右边才保持不变。如果平衡组成以损失B的代价向有利于A的方向变化，将会发生 p_A 相对于 p_B 的急剧增加。然后，随着容器体积的减小，A分子的数目将增加，并且A的分压将比仅简单的改变体积更快地增加（图6B.1）。

平衡 $A(g) \rightleftharpoons 2\,B(g)$ 中A分子数目的增加和B分子数目的相应减少是法国化学家Henri Le

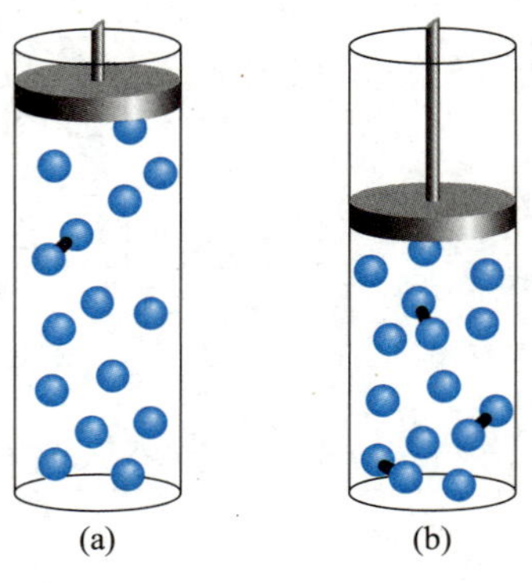

图6B.1 当平衡时的反应被压缩（从a到b）时，反应的响应是减少气相中分子的数目（在这种情况下，通过产生由连接球表示的二聚体实现）

Chatelier提出的一个原理的一个特例，该原理指出：

处于平衡状态的系统，当受到干扰时，往往以使干扰效果最小化的方式做出响应。

勒夏特列原理

该原理意味着，如果处于平衡状态的系统被压缩，那么反应将调整，以使压力的增加最小化。这可以通过减少气相中的粒子数来实现，意味着发生A(g) ⟵ 2 B(g)移动。

为了定量地处理压缩的效应，假设初始时A的量是n（没有B）。在平衡时，A的量是$(1-\alpha)n$，B的量是$2\alpha n$，其中α是A分解成2B的**解离度**（degree of dissociation）。因此，平衡时A和B的摩尔分数为

$$x_A = \frac{n_A}{n_{tot}} = \frac{(1-\alpha)n}{(1-\alpha)n+2\alpha n} = \frac{1-\alpha}{1+\alpha} \qquad x_B = \frac{2\alpha}{1+\alpha}$$

该反应的平衡常数为

$$K = \frac{p_B^2}{p_A p^{\ominus}} = \frac{x_B^2 p^2}{x_A p p^{\ominus}} = \frac{4\alpha^2(p/p^{\ominus})}{1-\alpha^2}$$

式中p是总压。该表达式可重排为

$$\alpha = \left(\frac{1}{1+4p/Kp^{\ominus}}\right)^{1/2} \qquad (6B.1)$$

式（6B.1）表明，尽管K与压力无关，A和B的量确实取决于压力（图6B.2）。它也表明，当p增加时，α下降，与勒夏特列原理相符。

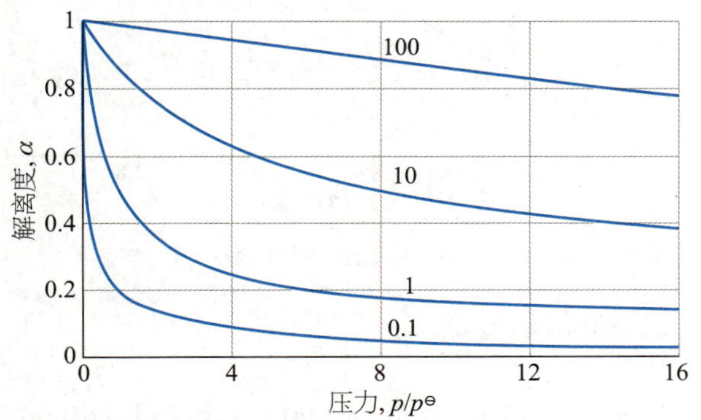

图6B.2　对于具有不同平衡常数K值（标示在线上）的反应A(g) ⇌ 2B(g)，平衡时解离度α与压力的关系（$\alpha=0$对应纯A；$\alpha=1$对应纯B）

简要说明6B.1

为了预测压力增大对平衡时合成氨反应$N_2(g) + 3H_2(g) \rightleftharpoons 2NH_3(g)$组成的影响，注意到该反应中气体分子的数目是减少的（从4到2）。勒夏特列原理预测，压力的增加有利于生成产物。平衡常数为

$$K = \frac{p_{NH_3}^2 p^{\ominus 2}}{p_{N_2} p_{H_2}^3} = \frac{x_{NH_3}^2 p^2 p^{\ominus 2}}{x_{N_2} x_{H_2}^3 p^4} = \frac{x_{NH_3}^2 p^{\ominus 2}}{x_{N_2} x_{H_2}^3 p^2} = K_x \times \frac{p^{\ominus 2}}{p^2}$$

式中K_x是平衡常数表达式的一部分，包含反应物和产物的平衡摩尔分数（注意，与K本身不同，K_x不是平衡常数）。因此，压力增加一倍，K_x必然增加4倍，以保持K的值不变。

6B.2　温度的影响

勒夏特列原理预言，如果温度升高，处于平衡状态的系统将向吸热方向移动，使能量以热的形式被吸收，以对抗温度的升高。反之，如果温度降低，则可以预期平衡倾向于向放热方向移动，释放能量，以对抗温度的降低。这些结论可以归纳如下：

放热反应：温度升高有利于反应物。

吸热反应：温度升高有利于产物。

（a）范特霍夫方程

通过导出平衡常数（特别是ln$K$）作为温度的函数所得曲线斜率的表达式，可定量研究平衡常数对温度的响应。

如何完成？6B.1　推导 ln$K$ 随温度变化的表达式

推导的出发点是式（6A.15）（$\Delta_r G^{\ominus} = -RT\ln K$），形式为

$$\ln K = -\frac{\Delta_r G^{\ominus}}{RT}$$

现在，进行下述步骤。

步骤1　*微分ln$K$的表达式*

ln$K$对温度微分，得到

$$\frac{d\ln K}{dT} = -\frac{1}{R}\frac{d(\Delta_r G^{\ominus}/T)}{dT}$$

整理为

$$\frac{d(\Delta_r G^{\ominus}/T)}{dT} = -R\frac{d\ln K}{dT}$$

微分是全微分（即，不是偏微分），因为K和$\Delta_r G^\ominus$只与温度有关，而与压力无关。

步骤 2　*利用吉布斯－亥姆霍兹公式*

为了继续发展前面的方程，使用吉布斯－亥姆霍兹公式［式（3E.10），$d(G/T)/dT=-H/T^2$］的如下形式：

$$\frac{d(\Delta_r G^\ominus/T)}{dT}=-\frac{\Delta_r H^\ominus}{T^2}$$

式中$\Delta_r H^\ominus$是温度T时的标准反应焓。将该式与步骤 1 中得到的表达式联合，可得到

$$R\frac{d\ln K}{dT}=\frac{\Delta_r H^\ominus}{T^2}$$

整理为

$$\frac{d\ln K}{dT}=\frac{\Delta_r H^\ominus}{RT^2} \qquad (6B.2)$$

范特霍夫方程

式（6B.2）称为**范特霍夫方程**（van't Hoff equation）。对于在标准条件下放热的反应（$\Delta_r H^\ominus<0$），它意味着$d\ln K/dT<0$（因此$dK/dT<0$）。负斜率意味着$\ln K$及K本身随着温度升高而减小。因此，与勒夏特列原理相一致，在放热反应的情况下，平衡偏离产物。在吸热反应的情况下，发生相反的现象。

对该行为热力学基础的深入了解来自表达式$\Delta_r G^\ominus=\Delta_r H^\ominus-T\Delta_r S^\ominus$，可写为$-\Delta_r G^\ominus/T=-\Delta_r H^\ominus/T+\Delta_r S^\ominus$。当反应是放热的，$-\Delta_r H^\ominus/T$对应着环境熵变为正，有利于产物的形成。当温度升高时，$-\Delta_r H^\ominus/T$降低，此时环境熵增大的作用不那么重要。其结果是，平衡向左移动。对于吸热反应，当温度升高时，环境熵的不利变化的贡献降低（因为$\Delta_r H^\ominus/T$变小），反应向产物方向移动。

这些说明具有分子基础，源自分子在可及能级上的玻耳兹曼分布（参见本书“绪言”）。吸热反应的典型能级排列如图 6B.3（a）所示。当温度升高时，玻耳兹曼分布会随之调整，分子数也会随之变化。这种变化对应着高能级上分子数的增加，以低能级上分子数的减少为代价。来源于分子 B 的状态数以牺牲分子 A 为代价变得更多。因此，B 状态的总数目增加，B 在平衡混合物中的量更多。相反地，如果反应是放热的［图 6B.3（b）］，那么温度的升高增加 A 状态的数目（从更高的能量开始），而减少 B 状态的数目，因此反应物的量变得更多。

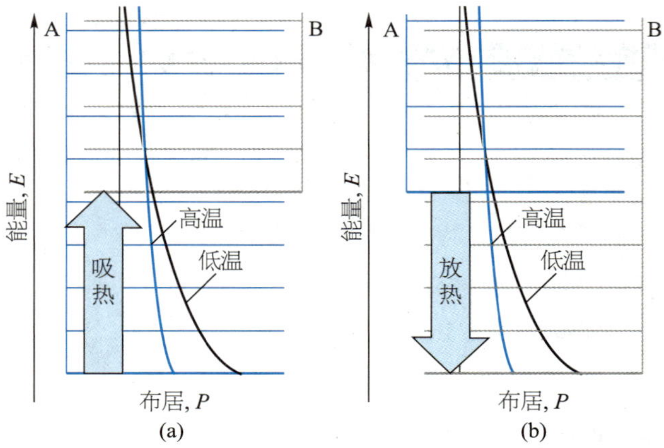

图6B.3　温度对化学平衡的影响可以用玻耳兹曼分布随温度的变化及该变化对物种数量的影响来解释（a）在吸热反应中，随着温度的升高，B的量增加，其代价为A的量减少；（b）在放热反应中，发生相反的情况

例题 6B.1　测量标准反应焓

下面的数据显示了反应$Ag_2CO_3(s) \rightleftharpoons Ag_2O(s)+CO_2(g)$的平衡常数随温度的变化。计算该分解反应的标准反应焓。

T/K	350	400	450	500
K	3.98×10^{-4}	1.41×10^{-2}	1.86×10^{-1}	1.48

整理思路　需要将范特霍夫方程调整为对应于一直线的形式。注意$d(1/T)/dT=-1/T^2$，这意味着$dT=-T^2d(1/T)$。然后，在消去T^2后，式（6B.2）变为

$$-\frac{d\ln K}{d(1/T)}=\frac{\Delta_r H^\ominus}{R}$$

因此，假设标准反应焓与温度无关，则$-\ln K$对$1/T$作图可得到一条斜率为$\Delta_r H^\ominus/R$的直线，实际的曲线是$-\ln K$对$(T/K)^{-1}$作图，所以$\Delta_r H^\ominus/R$等于斜率×K。

解： 列出下列数据。

T/K	350	400	450	500
$T^{-1}/(10^3\ K)^{-1}$	2.86	2.50	2.22	2.00
$-\ln K$	7.83	4.26	1.68	−0.392

将这些点绘制在图 6B.4 中。所得直线的斜率为$+9.6\times10^3$，由斜率$\times K=\Delta_r H^\ominus/R$得到

$$\Delta_r H^\ominus=+9.6\times10^3\ K\times R=+80\ kJ\cdot mol^{-1}$$

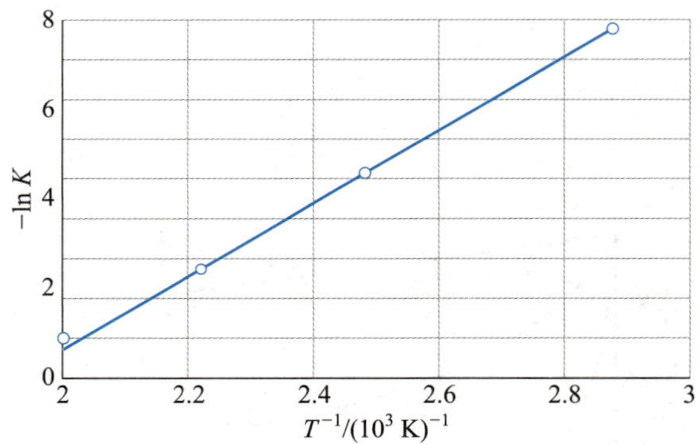

图6B.4　当$-\ln K$对$(T/K)^{-1}$作图时，如果标准反应焓不随温度变化，则可得到一条斜率为$\Delta_r H^\ominus/R$的直线。这是一种测量标准反应焓的非量热方法（作图的数据来自例题 6B.1）

自测题 6B.1　反应$2\,SO_2(g)+O_2(g) \rightleftharpoons 2\,SO_3(g)$在 300 K、500 K 和 700 K 时的平衡常数分别是4.0×10^{24}、2.5×10^{10}和3.0×10^4。估算 500 K 时的标准反应焓。

答案：$-200\ kJ\cdot mol^{-1}$。

平衡常数与温度的关系提供了一种测定$\Delta_r H^\ominus$的非量热方法。其缺点是标准反应焓实际上与温度有关，所以不能期望作出的图是完全线性的。然而，在许多情况下，平衡常数的温度依赖性较弱，因此作出的图仍可合理地视作直线。在实践中，该方法不是非常准确，但它往往是唯一可用的。

（b）不同温度时的K值

为了利用温度T_1时的平衡常数K_1，求出温度T_2时的平衡常数，可在两个温度之间积分式（6B.2）：

$$\ln K_2 - \ln K_1 = \frac{1}{R}\int_{T_1}^{T_2}\frac{\Delta_r H^\ominus}{T^2}\mathrm{d}T \qquad (6B.3)$$

如果假设$\Delta_r H^\ominus$在此温度区间内只随温度轻微变化，它就可以放到积分符号的外面，从而得到

$$\ln K_2 - \ln K_1 = \frac{\Delta_r H^\ominus}{R}\overbrace{\int_{T_1}^{T_2}\frac{1}{T^2}\mathrm{d}T}^{\text{积分 A.1}\ (n=-2)}$$

因此有

$$\ln K_2 - \ln K_1 = -\frac{\Delta_r H^\ominus}{R}\left(\frac{1}{T_2}-\frac{1}{T_1}\right) \qquad (6B.4)$$

K与温度的关系

简要说明6B.2

为了由合成氨反应$N_2(g) + 3\,H_2(g) \rightleftharpoons 2\,NH_3(g)$在298 K时平衡常数（为$6.1\times10^5$），来估计该反应在500 K时的平衡常数，可使用标准反应焓；该标准反应焓可以通过使用$\Delta_r H^\ominus = 2\Delta_f H^\ominus(NH_3, g)$，并查*资源部分*的表2C.4得到，同时假设其值在上述温度范围内是恒定的。然后，利用$\Delta_r H^\ominus = -92.2\ \mathrm{kJ\cdot mol^{-1}}$，由式（6B.4）得到

$$\ln K_2 = \ln(6.1\times10^5) - \frac{-9.22\times10^4\ \mathrm{J\cdot mol^{-1}}}{8.314\,5\ \mathrm{J\cdot K^{-1}\cdot mol^{-1}}}\times\left(\frac{1}{500\ \mathrm{K}}-\frac{1}{298\ \mathrm{K}}\right) = -1.7$$

也就是说，正如所预期的那样，对于这个放热反应，$K_2 = 0.18$，比在298 K时更低。

概念清单

☐ 1. **热力学平衡常数**与催化剂的存在和压力无关。

☐ 2. **勒夏特列原理**总结了组成对条件变化的响应。

☐ 3. **范特霍夫方程**表达了平衡常数与温度的依赖关系，这种关系可以用分子在可及能级上的分布来解释。

公式清单

性质	公式	说明	公式编号
范特霍夫方程	$\mathrm{d}\ln K/\mathrm{d}T = \Delta_r H^\ominus/RT^2$		6B.2
	$\mathrm{d}\ln K/\mathrm{d}(1/T) = -\Delta_r H^\ominus/R$	另一种形式	
平衡常数与温度的关系	$\ln K_2 - \ln K_1 = -(\Delta_r H^\ominus/R)(1/T_2 - 1/T_1)$	$\Delta_r H^\ominus$假定为常数	6B.4

专题6C

化学电池

▶ 为何需要学习这部分内容?

专题 6B 中讨论内容的一个非常特殊的情况，即在化学电池中发生的反应，具有巨大的基础、技术和经济意义。此外，能够非常精确测量电势差（电压）意味着可以利用电化学方法来测量其他方法可能无法测量的反应的热力学性质。

▶ 核心思想是什么?

等温等压下，一个反应能够做的电功等于反应吉布斯能。

▶ 需要哪些预备知识?

本专题发展了吉布斯能和非体积功的关系式（专题 3D）。需要知道如何计算将一个电荷移动通过一定的电势差时所需做的功（专题 2A）。公式利用了反应商 Q 和平衡常数 K 的定义（专题 6A）。

化学电池（electrochemical cell）由与**电解质**（electrolyte），即离子导体(可以是溶液、液体或固体)，及与电解质相接触的两个**电极**（electrodes）或金属导体组成。电极及其电解质构成**电极室**（electrode compartment）；两个电极可共用同一电极室。表6C.1总结了电极的类型。

表6C.1 电极的类型

电极类型	表示	氧化还原对	半反应
金属/金属离子	$M(s)\vert M^+(aq)$	M^+/M	$M^+(aq)+e^- \longrightarrow M(s)$
气体	$Pt(s)\vert X_2(g)\vert X^+(aq)$	X^+/X_2	$X^+(aq)+e^- \longrightarrow \frac{1}{2}X_2(g)$
	$Pt(s)\vert X_2(g)\vert X^-(aq)$	X_2/X^-	$\frac{1}{2}X_2(g)+e^- \longrightarrow X^-(aq)$
金属/难溶盐	$M(s)\vert MX(s)\vert X^-(aq)$	$MX/M,X^-$	$MX(s)+e^- \longrightarrow M(s)+X^-(aq)$
氧化还原	$Pt(s)\vert M^+(aq), M^{2+}(aq)$	M^{2+}/M^+	$M^{2+}(aq)+e^- \longrightarrow M^+(aq)$

电池表示中的任何“惰性金属”都是作为电子的源或池而存在的，除了可能作为反应的催化剂之外，在反应中没有其他作用。如果电解质溶液不同，两个电极室可以通过**盐桥**（salt bridge）连接，从而形成完整电路并使电池能够工作。盐桥是装有浓的电解质溶液（如琼脂凝胶中的氯化钾）的管子。**原电池**（galvanic cell）是一种由于在电池内部发生自发反应而产生电流的电化学电池。**电解池**（electrolytic cell）则是一种由外部电流驱动非自发反应的电化学电池。

6C.1 半反应及电极

从之前的课程中可知，**氧化**（oxidation）是物质失去电子，**还原**（reduction）则是物质得到电子，**氧化还原反应**（redox reaction）是电子从一种物质转移到另一种物质的反应。电子转移可能伴随着其他事件，如原子或离子的转移，但净效应是电子转移，从而一个元素的氧化数发生变化。**还原试剂**（或还原剂，reducing agent）是电子供体，**氧化试剂**（或氧化剂，oxidizing agent）是电子受体。还应该熟悉，任何氧化还原反应都可以表示为两个还原**半反应**（half reaction）之差，这些半反应都是表示得到电子的概念性反应。即使不是氧化还原反应，通常也可以表示为两个还原半反应之差。半反应中的还原物质和氧化物质形成**氧化还原对**（redox couple），表示为Ox/Red，相应的还原半反应写为

$$Ox + \nu e^- \longrightarrow Red \qquad (6C.1)$$

简要说明6C.1

氯化银在水中的溶解，即$AgCl(s) \longrightarrow Ag^+(aq) + Cl^-(aq)$，不是一个氧化还原反应，它可以表示为以下两个还原半反应之差：

$$AgCl(s) + e^- \longrightarrow Ag(s) + Cl^-(aq)$$

$$Ag^+(aq) + e^- \longrightarrow Ag(s)$$

氧化还原对分别为AgCl/Ag，Cl^-和Ag^+/Ag。

用半反应的反应商Q表示电极室的组成常常是有用的。该反应商的定义类似总反应的反应商（专题6A，$Q=\prod_J a_J^{\nu_J}$），但是忽略了电子，因为它们是无状态的。

简要说明6C.2

在酸性溶液中，O_2还原为H_2O的反应是$O_2(g) + 4H^+(aq) + 4e^- \longrightarrow 2H_2O(l)$，其反应商为

$$Q = \frac{a_{H_2O}^2}{a_{H^+}^4 a_{O_2}} \approx \frac{p^\ominus}{a_{H^+}^4 p_{O_2}}$$

在第二步中使用的近似是：水的活度为1（因为是稀溶液），且氧气为完美气体，所以$a_{O_2} \approx p_{O_2}/p^\ominus$。

电池总反应中的还原过程和氧化过程在空间上是分离的：氧化发生在一个电极上，还原则发生在另一个电极上。随着反应的进行，在一个电极上发生氧化$Red_1 \longrightarrow Ox_1 + \nu e^-$时所释放的电子，穿过外部电路并通过另一个电极重新进入电池，并在该电极处引起还原$Ox_2 + \nu e^- \longrightarrow Red_2$。发生氧化的电极称为**阳极**（anode），发生还原的电极称为**阴极**（cathode）。在原电池中，阴极比阳极具有更高的电势：正在进行还原的物质Ox_2从其电极（阴极，图6C.1）中撤走电子，因此在其上留下一个相对正的电荷（对应于高电势）。在阳极，氧化导致电子向电极转移，从而使电极有一个相对负的电荷（对应于低电势）。

6C.2 电池的种类

最简单的电池是两个电极共用单一电解质的电池（图6C.1）。在某些情况下，需要将两个电极浸入不同电解质溶液中，如在丹尼尔（Daniell）电池中，在一个电极上的氧化还原对是Cu^{2+}/Cu，而在另一个电极上的氧化还原对则是Zn^{2+}/Zn（图6C.2）。在**电解质浓差电池**（electrolyte concentration cell）中，除了电解质的浓度之外，电极室是相同的。在**电极浓差电池**（electrode concentration cell）中，电极本身具有不同的浓度。这可能是因为它们是在不同压力下工作的气体电极，也可能是因为它们是具有不同浓度的汞齐（汞溶液）或类似汞齐的材料。

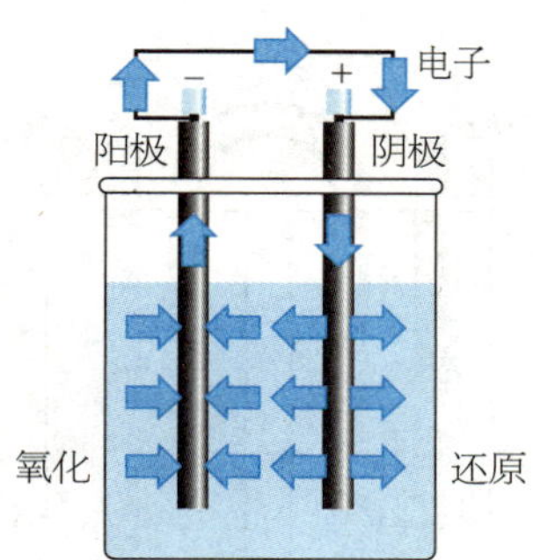

图6C.1 当一自发反应在原电池内发生时，电子沉积在一个电极上（氧化位点，阳极），并在另一个电极（还原位点，阴极）被收集。因此，存在有可用于做功的净电流（注意，阴极的“+”可以表示电子进入电池的电极，而阳极的“−”则表示电子离开电池的位置）

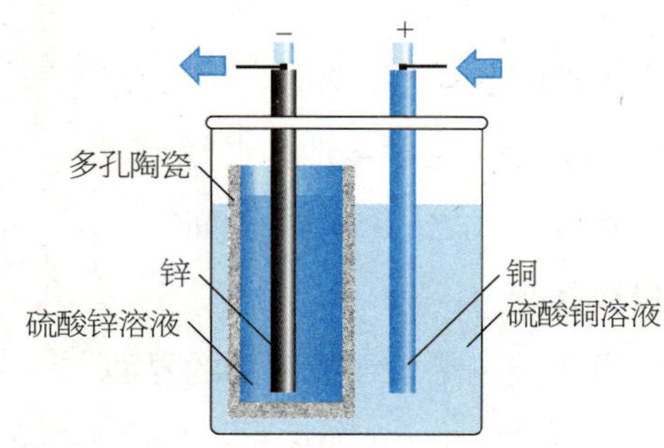

图6C.2 丹尼尔电池的一个版本（铜电极是阴极，锌电极是阳极。电子由锌电极离开电池，然后通过铜电极又进入电池）

（a）液接电势

在两种不同电解质溶液相接触的电池中，如在丹尼尔电池中，在两种电解质的界面处存在一个额外的电势差。这种贡献被称为**液接电势**

(liquid junction potential) E_{lj}。液体接界电势的另一个例子是，在不同浓度盐酸之间的界面处，可移动的H^+扩散到更稀的溶液中，体积更大的Cl^-随之扩散，但最初扩散较慢，这导致了界面处的电势差。然后，在短暂的初期之后，电势达到一定值，从而使得两种离子以相同的速率扩散。电解质浓差电池中总是存在液体接界，电极浓差电池中则不存在。

液体接界对电势差的贡献可通过用盐桥连接两个电极室（图6C.3）而得以降低（降至1 ~ 2 mV）。盐桥发挥作用的原因是，如果溶解在琼脂中的离子具有相似的迁移率，那么两端的液接电势很大程度上与两种稀溶液的浓度无关，因此几乎抵消。

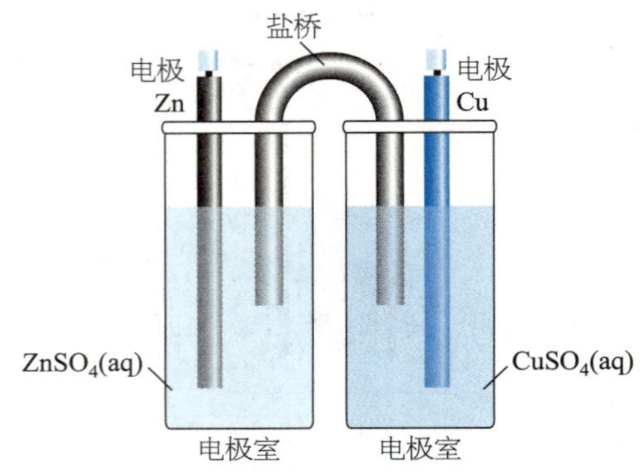

图6C.3 盐桥（实际上是一个倒U形管，其中充满在琼脂中的浓盐溶液）有两个几乎抵消的相反液接电势

(b) 电池的书写

下列标记用于化学电池的书写：

| 在相或组成之间的一个界面

¦ 液体接界

|| 假设液接电势已经被消除的界面

简要说明6C.3

两个电极共用一个电解质溶液的电池是

Pt(s)|H_2(g)|HCl(aq)|AgCl(s)|Ag(s)

图6C.2中的电池可表示为

Zn(s)|$ZnSO_4$(aq)¦ $CuSO_4$(aq)|Cu(s)

图6C.3中的电池可表示为

Zn(s)|$ZnSO_4$(aq)||$CuSO_4$(aq)|Cu(s)

电解质浓差电池（假设其中的液接电势已被消除）举例：

Pt(s)|H_2(g)|HCl(aq, b_1)||HCl(aq, b_2)|H_2(g)|Pt(s)

6C.3 电池电势

原电池产生的电流来源于其内部发生的自发化学反应。**电池反应**（cell reaction）是在假定右侧电极是阴极的情况下书写的电池中的反应，即假定自发反应是其中的还原发生在右侧电极室中的反应。如果右侧电极实际上是阴极，那么电池反应依照书写形式就是自发的。如果左侧电极是阴极，那么电池反应的逆反应是自发的。

为了写出对应电池图示的电池反应，首先将右侧半反应写成还原反应，然后减去左侧半反应（因为依照规定，电极是氧化的位点）。如果需要，调整两个半反应中的电子数使它们相等。

简要说明6C.4

对于电池Zn(s)|$ZnSO_4$(aq)||$CuSO_4$(aq)|Cu(s)，两个电极和它们的还原半反应为

右侧电极：$Cu^{2+}(aq) + 2e^- \longrightarrow Cu(s)$

左侧电极：$Zn^{2+}(aq) + 2e^- \longrightarrow Zn(s)$

每个半反应中涉及的电子数相同。总的电池反应是（右侧 - 左侧）的差，即

$$Cu^{2+}(aq) + 2e^- - Zn^{2+}(aq) - 2e^- \longrightarrow Cu(s) - Zn(s)$$

消去$2e^-$之后，整理为

$$Cu^{2+}(aq) + Zn(s) \longrightarrow Cu(s) + Zn^{2+}(aq)$$

(a) 能斯特方程

由于反应驱动电子通过外部电路时，总电池反应尚未达到化学平衡的电池可以做电功。给定的电子转移可以做的功取决于两个电极之间的电势差。当电势差很大时，在电极之间传输的给定数量的电子可以做很多电功。当电势差较小时，相同数量的电子只能做少量的功。总反应处于平衡状态的电池不能做功，其电势差为零。

根据专题3D中的讨论，系统在等温等压下所能做的最大非膨胀功可由式（3D.8）（$w_{add, max} = \Delta G$）给出。在电化学中，额外（非膨胀）功就是电功 w_e：系统是电池，ΔG 是电池反应的吉布斯能，即 $\Delta_r G$。由于最大功是发生可逆变化时产生的，因此，为了从电池所做功的测量中得出热力学结论，必须确保电池操作可逆。此外，在专题6A中已确立了反应吉布斯能实际上是一种通过 $RT\ln Q$ 项与反应混合物的指定组成有关的性质。因此，电池必须以某一特定的、恒定的组成可逆地工作。上述两个条件都是通过测量电池被完全相反的电势差平衡时产生的电势差来实现的，从而使得电池反应可逆地发生，组成恒定，并且没有电流流动：实际上，电池反应做好了变化的准备，但实际上并没有变化。由此产生的电势差称为电池的**电池电势**（cell potential）E_{cell}。

实用小贴士 电池电势以前叫作电池电动势（emf），现在也仍被广泛地使用。IUPAC更倾向于“电池电势”这个术语，因为电势差不是一种力。

正如本文所介绍的，电池电势与反应吉布斯能之间存在着密切的关系。通过考虑电池可以做的电功，可以建立该关系。

如何完成？6C.1 建立电池电势与反应吉布斯能之间的关系

当电池反应在某一组成以无穷小量 $d\xi$ 进行时，考虑 G 的变化。由专题6A，特别是式 $\Delta_r G = (dG/d\xi)_{T,p}$，可以得到（在等温等压下）

$$dG = \Delta_r G d\xi$$

当反应在等温等压下进行了 $d\xi$ 时，反应能做的最大非膨胀功（电功）等于

$$dw_e = \Delta_r G d\xi$$

该功是非常小的，在反应发生时，系统的组成实际上不变。

假设反应进行了 $d\xi$，那么 $\nu d\xi$ 电子必然从阳极移动到阴极，其中 ν 是电池反应的半反应中电子的化学计量系数。当变化发生时，在电极之间传输的总电荷是 $-\nu eN_A d\xi$（因为 $\nu d\xi$ 是以物质的量表示的电子数量，而每摩尔电子的电荷是 $-eN_A$）。由于 $eN_A = F$（法拉第常数），因此，传输的总电荷数是 $-\nu F d\xi$。当无穷小电荷 $-\nu F d\xi$ 从阳极移动到阴极时，所做的功等于电荷和电势差 E_{cell} 的乘积（见表2A.1，$dw = \phi dQ$）：

$$dw_e = -\nu FE_{cell} d\xi$$

当这个关系式与上面的关系式（$dw_e = \Delta_r G d\xi$）相等时，反应进度 $d\xi$ 消去，得到的表达式为

$$-\nu FE_{cell} = \Delta_r G \quad \text{电池电势} \qquad (6C.2)$$

式（6C.2）是电测量与热力学性质联系的关键，是后面所有讨论的基础。

由式（6C.2）可知，如果某指定组成时的反应吉布斯能已知，就可以知道该组成时的电池电势。注意，若反应吉布斯能为负，则电池反应是自发的，且电池电势为正，连接到电池的电压表显示右侧电极（指的是在电池图示中，不一定是电池如何布置在实验台上）是正极。另一种理解式（6C.2）内容的方式是，它表明电池的驱动力（即电势差）与吉布斯能相对于反应进度的斜率（即 $\Delta_r G$）成正比。一个远离平衡的反应（当斜率陡峭时）有强烈的驱动电子通过外部电路的趋势，这是合理的（图6C.4）。当斜率接近于零（电池反应接近平衡）时，电池电势很小。

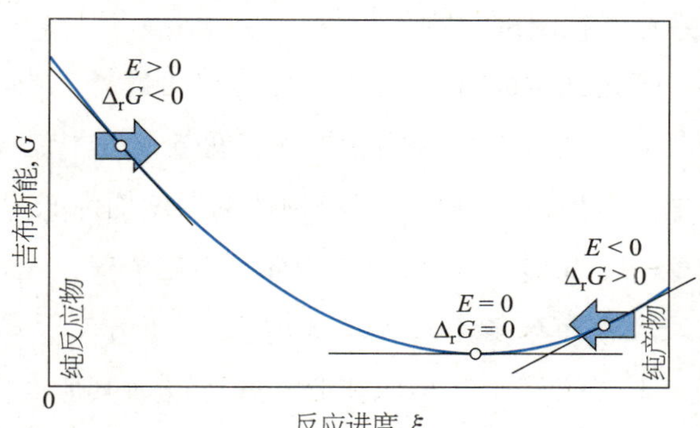

图6C.4 自发反应沿着吉布斯能降低的方向发生。当以电池电势表示时，自发变化的方向可以用电池电势 E_{cell} 表示。当 $E_{cell} > 0$ 时，所写的电池反应是自发的。当 $E_{cell} < 0$ 时，逆反应是自发的。当电池反应处于平衡时，电池电势为零

简要说明6C.5

式（6C.2）提供了一种用于测量反应混合物在任意组成下的反应吉布斯能的电学方法：简单地测量电池电势，并将其转换为 $\Delta_r G$。相反，如果某特定组成时的 $\Delta_r G$ 值已知，那么就有可能预测电池电势。例如，如果 $\Delta_r G = -1.0 \times 10^2\ \mathrm{kJ \cdot mol^{-1}}$，且 $\nu = 1$，则（使用 $1\ \mathrm{J} = 1\ \mathrm{C \cdot V}$）

$$E_{cell} = -\frac{\Delta_r G}{\nu F} = -\frac{-1.0\times 10^5\ \mathrm{J\cdot mol^{-1}}}{1\times 9.648\ 5\times 10^4\ \mathrm{C\cdot mol^{-1}}} = 1.0\ \mathrm{V}$$

通过式（6A.12）（$\Delta_r G = \Delta_r G^{\ominus} + RT\ln Q$），反应吉布斯能可与反应混合物的组成相关联。将等式两边除以$-\nu F$，并且考虑到$\Delta_r G/(-\nu F) = E_{cell}$，则可得到

$$E_{cell} = -\frac{\Delta_r G^{\ominus}}{\nu F} - \frac{RT}{\nu F}\ln Q$$

右侧第一项可写为

$$E_{cell}^{\ominus} = -\frac{\Delta_r G^{\ominus}}{\nu F} \quad \text{标准电池电势[定义]} \quad (6C.3)$$

并称为**标准电池电势**（standard cell potential）。即标准电池电势是表示为电势差（伏特）的标准反应吉布斯能。因此，有

$$E_{cell} = E_{cell}^{\ominus} - \frac{RT}{\nu F}\ln Q \quad \text{能斯特方程} \quad (6C.4)$$

这个用组成来表示电池电势的方程称为**能斯特方程**（Nernst equation），它所预测的E与Q的依赖关系总结在图6C.5中。

通过式（6C.4），标准电池电势可解释为当电池反应中的所有反应物和产物都处于标准状态时的电池电势，因为此时所有物质的活度均为1，所以$Q=1$，$\ln Q=0$。然而，标准电池电势仅仅是标准反应吉布斯能［式（6C.3）］的一种伪装形式，这一事实应该始终牢记在心，并且成为其所有应用的基础。

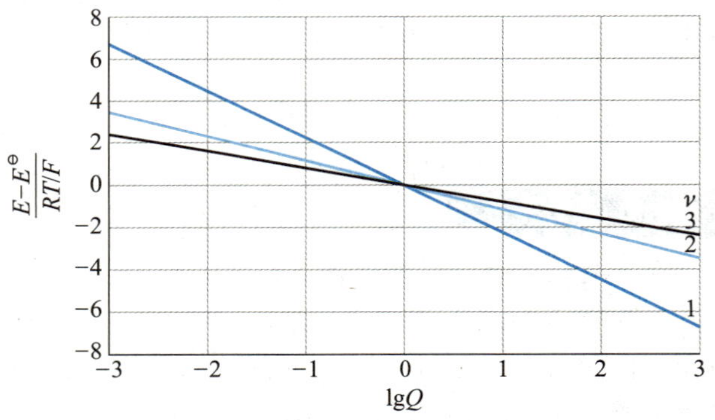

图6C.5 对于具有不同ν值（转移的电子数）的电池反应，其电池电势随反应商的变化。在298 K时，$RT/F = 25.7$ mV，因此垂直刻度是指这个值的倍数

简要说明6C.6

因为25 ℃时$RT/F = 25.7$ mV，所以该温度下能斯特方程的实际形式是

$$E_{cell} = E_{cell}^{\ominus} - \frac{25.7\ \text{mV}}{\nu}\ln Q$$

据此，对于$\nu = 1$的反应，如果Q增加10倍，则电池电势将降低59.2 mV。

标准电池电势的一个重要特征是，如果电池反应的化学方程式乘以一个数值因子，则标准电池电势不变。数值因子使反应的标准吉布斯能的值增加，但它也相同倍数地使传递的电子数增加，由式（6C.3）可知，$E_{cell}^{\ominus}$的值保持不变。因此，实际的结果是，电池电势与电池的物理大小无关。换句话说，电池电势是一个强度性质。

（b）平衡时的电池

能斯特方程的一个特例在电化学中有着重要意义，它建立了与专题6A中有关平衡的讨论的联系。假设反应已经达到平衡，那么$Q = K$，其中K是电池反应的平衡常数。然而，平衡时的化学反应不能做功。因此，在原电池的电极之间产生零电势差，故在能斯特方程中设$E_{cell} = 0$且$Q = K$，得到

$$E_{cell}^{\ominus} = \frac{RT}{\nu F}\ln K \quad \text{平衡常数和标准电池电势} \quad (6C.5)$$

这个非常重要的方程［也可以将式（6A.15），即$\Delta_r G^{\ominus} = -RT\ln K^{\ominus}$代入式（6C.3），从而更直接地得到］可用于由测得的标准电池电势来预测平衡常数。

简要说明6C.7

因为丹尼尔电池的标准电势是+1.10 V，电池反应$Cu^{2+}(aq) + Zn(s) \longrightarrow Cu(s) + Zn^{2+}(aq)(\nu = 2)$，在298 K时的平衡常数等于$1.5 \times 10^{37}$。也就是说，锌置换铜几乎完全进行。注意，约1 V的电池电势很容易测量，但所对应的平衡常数将无法通过直接的化学分析法测量。

6C.4 热力学函数的测量

电池的标准电势通过式（6C.3）（写成 $-\nu FE^{\ominus}_{\text{cell}}=\Delta_r G^{\ominus}$）与标准反应吉布斯能联系起来。因此，这个重要的热力学量可以通过测量 $E^{\ominus}_{\text{cell}}$ 获得。根据专题3D中所解释的规定，即 $\Delta_f G^{\ominus}(H^+,\ aq)=0$，$\Delta_r G^{\ominus}$ 的值可用来计算离子的生成吉布斯能。

简要说明6C.8

电池 $Pt(s)|H_2(g)|H^+(aq)||Ag^+(aq)|Ag(s)$ $E^{\ominus}_{\text{cell}}=+0.799\,6\ \text{V}$ 中发生的反应为

$$Ag^+(aq)+\frac{1}{2}H_2(g)\longrightarrow H^+(aq)+Ag(s)$$

$$\Delta_r G^{\ominus}=-\Delta_f G^{\ominus}(Ag^+,\ aq)$$

因此，当 $\nu=1$ 时：

$$\begin{aligned}\Delta_f G^{\ominus}(Ag^+,\ aq)&=-(-FE^{\ominus})\\&=9.648\,5\times10^4\ \text{C}\cdot\text{mol}^{-1}\times0.799\,6\ \text{V}\\&=+77.15\ \text{kJ}\cdot\text{mol}^{-1}\end{aligned}$$

这与*资源部分*的表2C.4中的值非常接近。

标准电池电势的温度系数，即 $\text{d}E^{\ominus}_{\text{cell}}/\text{d}T$，给出了电池反应的标准熵。这个结论来源于专题3E中导出的热力学关系式 $(\partial G/\partial T)_p=-S$ 和式（6C.3），二者结合得到

$$\frac{\text{d}E^{\ominus}_{\text{cell}}}{\text{d}T}=\frac{\Delta_r S^{\ominus}}{\nu F}\qquad \text{标准电池电势的温度系数}\qquad(6C.6)$$

这是全微分，而不是偏微分，因为与 $\Delta_r G^{\ominus}$ 一样，$E^{\ominus}_{\text{cell}}$ 与压力无关。这是一种用来获得标准反应熵的电化学技术，并且通过反应熵可获得溶液中离子的熵。

最后，结合到目前为止所得到的结果，可得出标准反应焓的表达式：

$$\Delta_r H^{\ominus}=\Delta_r G^{\ominus}+T\Delta_r S^{\ominus}=-\nu F\left(E^{\ominus}_{\text{cell}}-T\frac{\text{d}E^{\ominus}_{\text{cell}}}{\text{d}T}\right)\qquad(6C.7)$$

式（6C.7）提供了一种测量 $\Delta_r H^{\ominus}$ 的非量热方法，且通过 $\Delta_f H^{\ominus}(H^+,\ aq)=0$ 的规定，可进一步计算溶液中离子的标准生成焓（专题2C）。

例题6C.1 利用标准电池电势的温度系数

通过测量电池 $Pt(s)|H_2(g)|HBr(aq)|AgBr(s)|Ag(s)$ 在一定温度范围内的标准电势，发现数据符合下列多项式：

$$E^{\ominus}_{\text{cell}}/\text{V}=0.071\,31-4.99\times10^{-4}(T/\text{K}-298)-3.45\times10^{-6}(T/\text{K}-298)^2$$

电池反应是 $AgBr(s)+\frac{1}{2}H_2(g)\longrightarrow Ag(s)+HBr(aq)$，且 $\nu=1$。计算298 K时，电池反应的标准吉布斯能、标准焓和标准熵。

整理思路 计算出298 K时 $E^{\ominus}_{\text{cell}}$ 值，并使用1 V C = 1 J，可通过使用式（6C.3）获得电池反应的标准吉布斯能。标准熵则可通过使用式（6C.6），将多项式对 T 微分，并设定 $T=298$ K来获得。最后，标准焓可由标准吉布斯能和标准熵的值来计算。

解： 在 $T=298$ K时，$E^{\ominus}_{\text{cell}}=0.071\ 31$ V，则

$$\begin{aligned}\Delta_r G^{\ominus}&=-\nu FE^{\ominus}_{\text{cell}}=-1\times9.648\,5\times10^4\ \text{C}\cdot\text{mol}^{-1}\times0.071\,31\ \text{V}\\&=-6.880\times10^3\ \text{C}\cdot\text{V}\cdot\text{mol}^{-1}=-6.880\ \text{kJ}\cdot\text{mol}^{-1}\end{aligned}$$

标准电池电势的温度系数等于

$$\frac{\text{d}E^{\ominus}_{\text{cell}}}{\text{d}T}=-4.99\times10^{-4}\ \text{V}\cdot\text{K}^{-1}-2\times3.45\times10^{-6}\times(T/\text{K}-298)\text{V}\cdot\text{K}^{-1}$$

在 $T=298$ K时，可得

$$\frac{\text{d}E^{\ominus}_{\text{cell}}}{\text{d}T}=-4.99\times10^{-4}\ \text{V}\cdot\text{K}^{-1}$$

因此，由式（6C.6），标准反应熵为

$$\begin{aligned}\Delta_r S^{\ominus}&=\nu F\frac{\text{d}E^{\ominus}_{\text{cell}}}{\text{d}T}\\&=1\times9.648\,5\times10^4\ \text{C}\cdot\text{mol}^{-1}\times(-4.99\times10^{-4}\ \text{V}\cdot\text{K}^{-1})\\&=-48.1\ \text{J}\cdot\text{K}^{-1}\cdot\text{mol}^{-1}\end{aligned}$$

负值部分源自电池反应中气体的消除。然后得到

$$\begin{aligned}\Delta_r H^{\ominus}&=\Delta_r G^{\ominus}+T\Delta_r S^{\ominus}\\&=-6.880\ \text{kJ}\cdot\text{mol}^{-1}+298\ \text{K}\times(-0.048\,1\ \text{kJ}\cdot\text{K}^{-1}\cdot\text{mol}^{-1})\\&=-21.2\ \text{kJ}\cdot\text{mol}^{-1}\end{aligned}$$

说明 该方法的一个困难在于精确测量电池电势的较小的温度系数。然而，这是热力学显著能力的另一个例子，即将明显不相关的物理量联系起来，在本例中，则是将电测量与热性质联系起来。

自测题6C.1 根据热力学数据表，预测303 K时，Harned电池 $Pt(s)|H_2(g)|HCl(aq)|AgCl(s)|Ag(s)$ 的标准电池电势。

答案： +0.222 2 V。

概念清单

☐ 1. **电池反应**表示为两个**还原半反应**的差值，每一个半反应定义一对氧化还原对。

☐ 2. **原电池**可以有不同的电极，也可以有电解质浓度或电极浓度不同的电极。

☐ 3. 在两种电解质溶液的接界处产生**液接电势**。

☐ 4. **电池电势**是在可逆条件下测量的电势差。如果电压计显示右侧电极（在电池表示式中）是正极，则电池电势是正的。

☐ 5. **能斯特方程**将电池电势与反应混合物的组成相关联。

☐ 6. **标准电池电势**可用于计算电池反应的标准吉布斯能及其平衡常数。

☐ 7. 标准电池电势的温度系数可用于测量电池反应的标准熵和标准焓。

公式清单

性质	公式	说明	公式编号
电池电势和反应吉布斯能	$-\nu FE_{\rm cell}=\Delta_{\rm r}G$	等温等压	6C.2
标准电池电势	$E^{\ominus}_{\rm cell}=-\Delta_{\rm r}G^{\ominus}/\nu F$	定义	6C.3
能斯特方程	$E_{\rm cell}=E^{\ominus}_{\rm cell}-(RT/\nu F)\ln Q$		6C.4
电池反应的平衡常数	$E^{\ominus}_{\rm cell}=(RT/\nu F)\ln K$		6C.5
电池电势的温度系数	${\rm d}E^{\ominus}_{\rm cell}/{\rm d}T=\Delta_{\rm r}S^{\ominus}/\nu F$		6C.6

专题6D

电极电势

▶ 为何需要学习这部分内容?

报道标准电池电势的一种非常强大、简洁且广泛使用的方法是对每个电极都赋予一个电势。化学中利用电极电势来评价氧化还原对的氧化和还原能力，并推断热力学性质，包括平衡常数。

▶ 核心思想是什么?

可以认为电池的每个电极都对电池电势有独特的贡献；电极电势低的氧化还原对倾向于还原那些电极电势高的氧化还原对。

▶ 需要哪些预备知识?

本专题发展了专题6C中的概念，所以需要理解电池电势和标准电池电势的概念；本专题还利用了能斯特方程。标准电势的测量则利用了德拜－休克尔极限定律（专题5F）。

如在专题6C中解释的，原电池由两个电极组合而成。可认为每个电极对整个电池电势做出特征性贡献。虽然不可能测量单个电极的贡献，但是可将其中一个电极的电势定义为零，在此基础上，将电池电势的值归属为另一个电极的电势值。

6D.1 标准电势

这个特别选定的电极是**标准氢电极**（standard hydrogen electrode，SHE）：

$$\mathrm{Pt(s)|H_2(g)|H^+(aq)}$$
$$E^{\ominus}=0\ （在所有温度） \qquad \text{标准电势［规定］} \qquad (6D.1)$$

为了达到标准条件，氢离子的活度必须为1（即pH = 0）且氢气的压力必须为1 bar[1]。另一个氧化还原对X的**标准电势**（standard potential），$E^{\ominus}(X)$，等于电池电势，电池中该电极是右侧电极，标准氢电极是左侧电极：

$$\mathrm{Pt(s)|H_2(g)|H^+(aq)||X}$$
$$E^{\ominus}(X)=E^{\ominus}_{cell} \qquad \text{标准电势［规定］} \qquad (6D.2)$$

1 严格地讲，逸度，相当于气体的活度（参见本书网站上的“深入了解2”），应该是1。这里忽略了这种复杂性，这相当于假设完美气体行为。

形式为L||R的电池［其中L是书写的电池图示（不是实验台上摆放的）的左侧电极，而R是右侧电极］的标准电池电势，由两个标准（电极）电势的差值给出：

$$\mathrm{L||R} \qquad E^{\ominus}_{cell}=E^{\ominus}(R)-E^{\ominus}(L) \qquad \text{标准电池电势} \qquad (6D.3)$$

表6D.1给出298 K时一些标准电极电势。

表6D.1 298 K时一些标准电极电势*

氧化还原对	$E^{\ominus}$/V
$Ce^{4+}(aq)+e^- \longrightarrow Ce^{3+}(aq)$	+1.61
$Cu^{2+}(aq)+2e^- \longrightarrow Cu(s)$	+0.34
$AgCl(s)+e^- \longrightarrow Ag(s)+Cl^-(aq)$	+0.22
$H^+(aq)+e^- \longrightarrow \frac{1}{2}H_2(g)$	0
$Zn^{2+}(aq)+2e^- \longrightarrow Zn(s)$	−0.76
$Na^+(aq)+e^- \longrightarrow Na(s)$	−2.71

*更多数据参见*资源部分*。

简要说明6D.1

电池$\mathrm{Ag(s)|AgCl(s)|HCl(aq)|O_2(g)|Pt(s)}$可认为由下列两个电极组成，它们的标准电极电势可从*资源部分*查到：

电极	半反应	标准电势
R: $\mathrm{Pt(s)|O_2(g)|H^+(aq)}$	$O_2(g)+4H^+(aq)+4e^- \longrightarrow 2H_2O(l)$	+1.23 V
L: $\mathrm{Ag(s)|AgCl(s)|Cl^-(aq)}$	$AgCl(s)+e^- \longrightarrow Ag(s)+Cl^-(aq)$	+0.22 V
	$E^{\ominus}_{cell}=$	+1.01 V

（a）测量过程

测量标准电极电势的过程可以通过考虑一个特例，即银/氯化银电极，来加以说明。测量在“Harned 电池”上进行：

$$Pt(s)|H_2(g)|HCl(aq, b)|AgCl(s)|Ag(s)$$

$$\frac{1}{2}H_2(g) + AgCl(s) \longrightarrow HCl(aq) + Ag(s)$$

$$E^\ominus_{cell} = E^\ominus(AgCl/Ag, Cl^-) - E^\ominus(SHE)$$
$$= E^\ominus(AgCl/Ag, Cl^-),\ \nu = 1$$

其能斯特方程为

$$E_{cell} = E^\ominus(AgCl/Ag, Cl^-) - \frac{RT}{F}\ln\frac{a_{H^+}a_{Cl^-}}{a_{H_2}^{1/2}}$$

如果氢气处于标准压力 1 bar，则 $a_{H_2} = 1$。为了简单起见，将 AgCl/Ag, Cl^- 电极的标准电势写为 $E^\ominus$，上式转化为

$$E_{cell} = E^\ominus - \frac{RT}{F}\ln a_{H^+}a_{Cl^-}$$

该表达式中活度可以通过专题 5F 中建立的关系式 $a_{H^+} = \gamma_\pm b/b^\ominus$ 和 $a_{Cl^-} = \gamma_\pm b/b^\ominus$，用 HCl(aq) 的质量摩尔浓度 b 来表示：

$$E_{cell} = E^\ominus - \frac{RT}{F}\ln\frac{\gamma_\pm^2 b^2}{b^{\ominus 2}}$$
$$= E^\ominus - \frac{2RT}{F}\ln\frac{b}{b^\ominus} - \frac{2RT}{F}\ln\gamma_\pm$$

因此有

$$E_{cell} + \frac{2RT}{F}\ln\frac{b}{b^\ominus} = E^\ominus - \frac{2RT}{F}\ln\gamma_\pm$$

对 1－1 价型电解质，由德拜－休克尔极限定律［式（5F.27），$\lg\gamma_\pm = -A|z_+z_-|I^{1/2}$］可知，当 $b\rightarrow 0$ 时，有

$$\lg\gamma_\pm = -A|z_+z_-|I^{1/2} = -A(b/b^\ominus)^{1/2}$$

因为 $\ln x = \ln 10 \cdot \lg x$，所以

$$\ln\gamma_\pm = \ln 10 \cdot \lg\gamma_\pm = -(A\ln 10)(b/b^\ominus)^{1/2}$$

然后，E_{cell} 的方程就变为

$$E_{cell} + \frac{2RT}{F}\ln\frac{b}{b^\ominus} = E^\ominus + \frac{2ART\ln 10}{F}\left(\frac{b}{b^\ominus}\right)^{1/2} \quad (\text{当} b\rightarrow 0 \text{时})$$

将蓝色的项标记为 C，该方程变为

$$\overbrace{E_{cell} + \frac{2RT}{F}\ln\frac{b}{b^\ominus}}^{y} = \overbrace{E^\ominus}^{\text{截距}} + \overbrace{C\times\left(\frac{b}{b^\ominus}\right)^{1/2}}^{\text{斜率}\times x} \qquad (6D.4)$$

式中 C 是常数。为了使用具有 y = 截距 + 斜率 × x 且 $x = (b/b^\ominus)^{1/2}$ 形式的该方程，可在一定质量摩尔浓度范围内计算左侧表达式的数值，对 $(b/b^\ominus)^{1/2}$ 作图，并且外推至 $b = 0$。在 $b^{1/2} = 0$ 处的截距就是 Ag/AgCl 电极的 $E^\ominus$。在精确的测量中，$(b/b^\ominus)^{1/2}$ 项可移到方程的左侧，在方程的右侧使用来自德拜－休克尔定律的拓展形式（专题 5F）的高阶校正项。

例题 6D.1　求标准电极电势的值

25 ℃时，Harned 电池的电势有如下数值：

$b/(10^{-3}b^\ominus)$	3.215	5.619	9.138	25.63
E_{cell}/V	0.520 53	0.492 57	0.468 60	0.418 24

测定 Ag/AgCl 电极的标准电势。

整理思路　如上文所述，可求 $y = E_{cell} + (2RT/F)\ln(b/b^\ominus)$ 的值，并将其对 $(b/b^\ominus)^{1/2}$ 作图，然后外推到 $b = 0$。

解：为了测量电池的标准电势，使用 $2RT/F = 0.051\ 39$ V，计算得到以下数据：

$b/(10^{-3}b^\ominus)$	3.215	5.619	9.138	25.63
$[b/(10^{-3}b^\ominus)]^{1/2}$	1.793	2.370	3.023	5.063
E_{cell}/V	0.520 53	0.492 57	0.468 60	0.418 24
y/V	0.225 6	0.226 3	0.227 3	0.229 9

数据绘制在图 6D.1 中。如图可见，数据外推到 $E^\ominus$ = +0.223 2 V（通过线性回归获得的值，以保持数据的精度）。

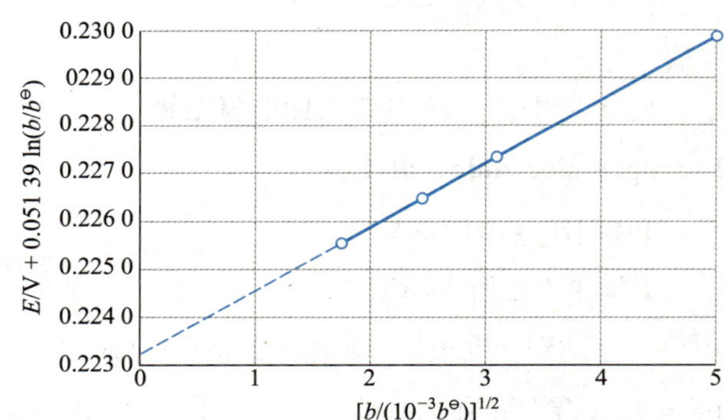

图 6D.1　用于实验测量标准电池电势的作图和外推法。在 $b^{1/2} = 0$ 处的截距为 $E^\ominus_{cell}$

自测题 6D.1　下面是 25 ℃、氢气压力为 1 bar 时，电池 $Pt(s)|H_2(g)|HBr(aq, b)|AgBr(s)|Ag(s)$ 的数据。计算标准电池电势。

$b/(10^{-4}b^\ominus)$	4.042	8.444	37.19
E_{cell}/V	0.469 42	0.436 36	0.361 73

答案：+0.071 V。

（b）测量值的组合

将表6D.1中的标准电极电势进行组合，可给出未列于此处的氧化还原对的标准电极电势。然而，为了做到这一点，必须考虑不同的氧化还原对可能对应着不同数量的电子转移。在下面的例题中对该方法进行说明。

例题 6D.2　由其他两个电极的标准电势来求某电极的标准电势

已知Cu^{2+}/Cu和Cu^{+}/Cu氧化还原对的标准电极电势分别为+0.340 V和+0.522 V，计算$E^{\ominus}(Cu^{2+}, Cu^{+})$。

整理思路　首先，注意到反应吉布斯能可以加和（如对反应焓的赫斯定律分析）。所以，应当利用式（6C.3）($-\nu FE^{\ominus} = \Delta_r G^{\ominus}$)将$E^{\ominus}$值转化为$\Delta_r G^{\ominus}$值，将$\Delta_r G^{\ominus}$值适当相加，然后再次利用式（6C.3）将总的$\Delta_r G^{\ominus}$值转化为要求的$E^{\ominus}$值。这个间接过程是必要的，因为如下所示，尽管因子$F$消去了（并且应该保留在适当的位置直到它消去），但是因子ν一般不消去。

解： 电极半反应为

(a) $Cu^{2+}(aq) + 2\,e^- \longrightarrow Cu(s)$

$E^{\ominus}(a) = +0.340\ V$，则$\Delta_r G^{\ominus}(a) = -2 \times 0.340\ V \times F$

(b) $Cu^{+}(aq) + e^- \longrightarrow Cu(s)$

$E^{\ominus}(b) = +0.522\ V$，则$\Delta_r G^{\ominus}(b) = -0.522\ V \times F$

要求的反应是

(c) $Cu^{2+}(aq) + e^- \longrightarrow Cu^{+}(aq)$　　$E^{\ominus}(c) = -\Delta_r G^{\ominus}(c)/F$

因为(c) = (a) − (b)，所以反应(c)的标准吉布斯能为

$$\begin{aligned}\Delta_r G^{\ominus}(c) &= \Delta_r G^{\ominus}(a) - \Delta_r G^{\ominus}(b)\\ &= -0.680\ V \times F - (-0.522\ V \times F)\\ &= -0.158\ V \times F\end{aligned}$$

因此，$E^{\ominus}(c) = -\Delta_r G^{\ominus}(c)/F = +0.158\ V$。

自测题6D.2　由$E^{\ominus}(Fe^{3+}/Fe)$和$E^{\ominus}(Fe^{2+}/Fe)$，计算$E^{\ominus}(Fe^{3+}/Fe^{2+})$。

答案：+0.76 V

在例题6D.2中的计算可推广为

$$\nu_c E^{\ominus}(c) = \nu_a E^{\ominus}(a) - \nu_b E^{\ominus}(b) \qquad \text{标准电极电势的组合} \qquad (6D.5)$$

式中ν_r是在每个半反应中电子的化学计量系数。

6D.2　标准电势的应用

电池电势是反应平衡常数、反应吉布斯能、反应焓和反应熵的方便的数据来源。在实践中，这些量的标准值是那些正常确定的值。

（a）电化学序列

对于两个氧化还原对，Ox_L/Red_L和Ox_R/Red_R，以及电池

$$L||R = Ox_L/Red_L||Ox_R/Red_R$$

$$Ox_R + \nu e^- \longrightarrow Red_R \qquad \text{电池规定} \qquad (6D.6a)$$

$$Ox_L + \nu e^- \longrightarrow Red_L$$

$$E^{\ominus}_{cell} = E^{\ominus}(R) - E^{\ominus}(L)$$

电池反应

$$R-L\colon Red_L + Ox_R \longrightarrow Ox_L + Red_R \qquad (6D.6b)$$

如果$E^{\ominus}_{cell} > 0$，即$E^{\ominus}(L) < E^{\ominus}(R)$，则有$K > 1$，因为在电池反应中，$Red_L$还原$Ox_R$，因此

如果$E^{\ominus}(L)<E^{\ominus}(R)$，$Red_L$有还原$Ox_R$的热力学趋势（即$K>1$）。

更简洁地：低的还原高的。

表6D.2显示了**电化学序列**（electrochemical series）的一部分，金属元素（和氢）按照它们的还原能力排序，而还原能力由它们在水溶液中的标准电极电势衡量。序列中的低位金属（具有较低的标准电极电势）可以还原具有较高标准电极电势的金属离子。这是一个定性的结论。K的定量值可通过之前所述的计算来获得，并在下面进行回顾。

简要说明6D.2

锌在电化学序列中位于镁的上方，因此锌不能还原水溶液中的镁离子。锌可以还原氢离子，因为氢在该序列中排序更高。然而，即使对于热力学有利的反应，也可能存在导致反应速率非常慢的动力学因素。

表6D.2　电化学序列*

最弱还原能力
金(Au^{3+}/Au)
铂(Pt^{2+}/Pt)
银(Ag^{+}/Ag)
汞(Hg^{2+}/Hg)
铜(Cu^{2+}/Cu)

续表

最弱还原能力
氢 (H^+/H_2)
锡 (Sn^{2+}/Sn)
镍 (Ni^{2+}/Ni)
铁 (Fe^{2+}/Fe)
锌 (Zn^{2+}/Zn)
铬 (Cr^{3+}/Cr)
铝 (Al^{3+}/Al)
镁 (Mg^{2+}/Mg)
钠 (Na^+/Na)
钙 (Ca^{2+}/Ca)
钾 (K^+/K)
最强还原能力

*完整的序列可由*资源部分*中的表6D.1查得。

(b) 活度系数的测量

一旦电池中一个电极的标准电势已知，就可利用它，并通过测量含有所研究浓度离子的电池电势，来计算平均活度系数。例如，在6D.1节分析的Harned电池中，质量摩尔浓度为b的盐酸的离子平均活度系数可由下面关系式得到：

$$E_{\text{cell}}+\frac{2RT}{F}\ln\frac{b}{b^\ominus}=E^\ominus-\frac{2RT}{F}\ln\gamma_\pm$$

重排后可写为

$$\ln\gamma_\pm=\frac{E^\ominus-E_{\text{cell}}}{2RT/F}-\ln\frac{b}{b^\ominus} \qquad (6D.7)$$

简要说明6D.3

例题6D.1的数据中包含这样一个事实，即当$b=9.138\times10^{-3}b^\ominus$时，$E_{\text{cell}}=0.468\ 60\ \text{V}$。由于$2RT/F=0.051\ 39\ \text{V}$，且在例题中已知$E^\ominus_{\text{cell}}=0.223\ 2\ \text{V}$，故在该浓度时的平均活度系数为

$$\ln\gamma_\pm=\frac{0.223\ 2\ \text{V}-0.468\ 60\ \text{V}}{0.051\ 39\ \text{V}}-\ln(9.138\times10^{-3})=-0.079\ 93$$

因此，$\gamma_\pm=0.923\ 2$。

(c) 平衡常数的测量

标准电极电势的主要用途是计算由任意两个电极形成的电池的标准电势，然后使用该值来计算电池反应的平衡常数。为此，构建$E^\ominus_{\text{cell}}=E^\ominus(\text{R})-E^\ominus(\text{L})$，然后使用专题6C中式（6C.5）计算［$E^\ominus_{\text{cell}}=(RT/\nu F)\ln K$，可重排为$\ln K=\nu FE^\ominus_{\text{cell}}/RT$］。

简要说明6D.4

歧化反应是其中一个物种同时被氧化和还原的反应。为了研究298 K时的歧化反应$2\,Cu^+(aq)\longrightarrow Cu(s)+Cu^{2+}(aq)$，可将下列电极组合：

R: $Cu(s)|Cu^+(aq)$

$Cu^+(aq)+e^-\longrightarrow Cu(s)$

$E^\ominus(\text{R})=+0.52\ \text{V}$

L: $Pt(s)|Cu^{2+}(aq),Cu^+(aq)$

$Cu^{2+}(aq)+e^-\longrightarrow Cu^+(aq)$

$E^\ominus(\text{L})=+0.16\ \text{V}$

所以，电池反应为$2\,Cu^+(aq)\longrightarrow Cu(s)+Cu^{2+}(aq)$，其标准电池电势等于

$$E^\ominus_{\text{cell}}=0.52\ \text{V}-0.16\ \text{V}=+0.36\ \text{V}$$

现在，计算电池反应的平衡常数。因为$\nu=1$，且$RT/F=0.025\ 693\ \text{V}$，由式（6C.5）可得

$$\ln K=\frac{0.36\ \text{V}}{0.025\ 693\ \text{V}}=14$$

因此，$K=1.2\times10^6$。

概念清单

☐ 1. 氧化还原对的**标准电极电势**是一个电池的电势，在该电池中氧化还原对是右侧电极，左侧电极则是标准氢电极，所有物质都以单位活度存在。

☐ 2. **电化学序列**将金属元素按其还原能力排序，还原能力按其在水溶液中的标准电极电势衡量：低的还原高的。

☐ 3. 可利用电池电势与其标准值的差值来测量溶液中离子的活度系数。

☐ 4. 可用标准电极电势计算标准电池电势，然后计算电池反应的平衡常数。

公式清单

性质	公式	说明	公式编号
由标准电极电势得到标准电池电势	$E^{\ominus}_{cell}=E^{\ominus}(R)-E^{\ominus}(L)$	电池：左‖右	6D.3
组合的标准电极电势	$\nu_c E^{\ominus}(c)=\nu_a E^{\ominus}(a)-\nu_b E^{\ominus}(b)$		6D.5

主题6　化学平衡——讨论题、练习题、问题及综合题

专题6A　平衡常数

讨论题

D6A.1 解释反应物和产物的混合如何影响化学平衡的位置。

D6A.2 在平衡常数表达式中不包含纯液体或纯固体的物理解释是什么?

练习题

E6A.1(a) 考虑反应A $\longrightarrow$ 2B。起初系统中有1.5 mol A，没有B。当反应进度等于0.60 mol时，A和B的量是多少?

E6A.1(b) 考虑反应2A $\longrightarrow$ B。起初系统中有1.75 mol A和0.12 mol B。当反应进度等于0.30 mol时，A和B的量是多少?

E6A.2(a) 当反应A $\longrightarrow$ 2B进行了0.10 mol(即$\Delta\xi = +0.10$ mol)时，系统的摩尔吉布斯能变化了$-6.4\ kJ \cdot mol^{-1}$。在该阶段反应的吉布斯能是多少?

E6A.2(b) 当反应2A $\longrightarrow$ B进行了0.051 mol（即$\Delta\xi = +0.051$ mol）时，系统的摩尔吉布斯能变化了$-2.41\ kJ \cdot mol^{-1}$。在该阶段反应的吉布斯能是多少?

E6A.3(a) 指出在298 K、标准条件下，从参考状态的单质形成甲烷是放能的还是吸能的?

E6A.3(b) 指出在298 K、标准条件下，从参考状态的单质形成液态苯是放能的还是吸能的?

E6A.4(a) 写出反应A + 2B $\longrightarrow$ 3C的反应商。

E6A.4(b) 写出反应2A + B $\longrightarrow$ 2C + D的反应商。

E6A.5(a) 写出反应$P_4(s) + 6H_2(g) \rightleftharpoons 4\,PH_3(g)$的平衡常数，气体当作完美气体处理。

E6A.5(b) 写出反应$CH_4(g) + 3Cl_2(g) \rightleftharpoons CHCl_3(l) + 3\,HCl(g)$的平衡常数，气体当作完美气体处理。

E6A.6(a) 利用*资源部分*中的数据，确定下列哪个反应在298 K时的$K > 1$?

（i）$2CH_3CHO(g) + O_2(g) \rightleftharpoons 2CH_3COOH(l)$，（ii）$2AgCl(s) + Br_2(l) \rightleftharpoons 2\,AgBr(s) + Cl_2(g)$

E6A.6(b) 利用*资源部分*中的数据，确定下列哪个反应在298 K时的$K < 1$?

（i）$Hg(l) + Cl_2(g) \rightleftharpoons HgCl_2(s)$，（ii）$Zn(s) + Cu^{2+}(aq) \rightleftharpoons Zn^{2+}(aq) + Cu(s)$

E6A.7(a) 300 K时，一个反应的标准吉布斯能是$-320\ kJ \cdot mol^{-1}$，另一个反应的标准吉布斯能是$-55\ kJ \cdot mol^{-1}$。则300 K时，这两个反应的平衡常数的比值是多少?

E6A.7(b) 300 K时，一个反应的标准吉布斯能是$-200\ kJ \cdot mol^{-1}$，另一个反应的标准吉布斯能是$+30\ kJ \cdot mol^{-1}$。则300 K时，这两个反应的平衡常数的比值是多少?

E6A.8(a) 298 K时，反应$N_2(g) + 3\,H_2(g) \longrightarrow 2\,NH_3(g)$的标准吉布斯能是$-32.9\ kJ \cdot mol^{-1}$，当$Q$ =（i）0.010，（ii）1.0，（iii）10.0，（iv）100 000，（v）1 000 000时，$\Delta_r G$的值分别是多少?根据计算的值，估计（通过内插）K的值。K的实际值是多少?

E6A.8(b) 298 K时，反应$2\,NO_2(g) \longrightarrow N_2O_4(g)$的标准吉布斯能是$-4.73\ kJ \cdot mol^{-1}$，当$Q$ =（i）0.10，（ii）1.0，（iii）10，（iv）100时，$\Delta_r G$的值分别是多少?根据计算的值，估计（通过内插）K的值。K的实际值是多少?

E6A.9(a) 在2257 K和1.00 bar总压下，反应$2\,H_2O(g) \rightleftharpoons 2\,H_2(g) + O_2(g)$达平衡时，1.77%的水分解。计算$K$。

E6A.9(b) 对于平衡$N_2O_4(g) \rightleftharpoons 2\,NO_2(g)$，在298 K和1.00 bar总压下，解离度$\alpha$等于0.201。计算$K$。

E6A.10(a) 对于反应$H_2CO(g) \rightleftharpoons CO(g) + H_2(g)$，请建立$K$和$K_c$之间的关系式。

E6A.10(b) 对于反应$N_2(g) + 3\,H_2(g) \rightleftharpoons 2\,NH_3(g)$，请建立$K$和$K_c$之间的关系式。

E6A.11(a) 在气相反应$2\,A + B \rightleftharpoons 3\,C + 2\,D$中，发现当1.00 mol A，2.00 mol B和1.00 mol D混合并在25 ℃达到平衡时，得到的混合物在总压为1.00 bar时含有0.90 mol C。计算（i）平衡时每个组分的摩尔分数，（ii）K和（iii）$\Delta_r G^{\ominus}$。

E6A.11(b) 在气相反应$A + B \rightleftharpoons C + 2\,D$中，发现当2.00 mol A，1.00 mol B和3.00 mol D混合并在25 ℃达到平衡时，得到的混合物在总压为1.00 bar时含有0.79 mol C。计算（i）平衡时每个组分的摩尔分数，（ii）K和（iii）$\Delta_r G^{\ominus}$。

E6A.12(a) 503 K时，冰片（$C_{10}H_{17}OH$）在气相中异构化为异冰片的反应的标准吉布斯能为$+9.4\ kJ \cdot mol^{-1}$。在总压为600 Torr时，计算由0.15 mol冰片和0.30 mol异冰片组成的混合物中的反应吉布斯能。

E6A.12(b) 500 K时，在固体铀和铀氢化物（UH_3）上方H_2的平衡压力为139 Pa。计算500 K时$UH_3(s)$的标准生成吉布斯能。

E6A.13(a) 298 K时，$NH_3(g)$的标准生成吉布斯能为$-16.5\ kJ \cdot mol^{-1}$。当N_2、H_2和NH_3（作为完美气体处理）的分压分别为3.0 bar、1.0 bar和4.0 bar时，相应的反应吉布斯能是多少?在这种情况下，反应的自发方向是什么?

E6A.13(b) 298 K时，$PH_3(g)$的标准生成吉布斯能为$+13.4\ kJ \cdot mol^{-1}$。当H_2和PH_3（作为完美气体处理）的分压分别为1.0 bar和0.6 bar时，相应的反应吉布斯能是多少?在这种情况下，反应的自发方向是什么?

E6A.14(a) 在25 ℃时，反应$CaF_2(s) \rightleftharpoons Ca^{2+}(aq) + 2\,F^-(aq)$的平衡常数$K = 3.9\times10^{-11}$，且$CaF_2(s)$的标准生成吉布斯能为$-1\,167\ kJ \cdot mol^{-1}$。计算$CaF_2(aq)$的标准生成吉布斯能。

E6A.14(b) 在25 ℃时，反应$PbI_2(s) \rightleftharpoons Pb^{2+}(aq) + 2\,I^-(aq)$的平衡常数$K = 1.4\times10^{-8}$，且$PbI_2(s)$的标准生成吉布斯能为$-173.64\ kJ \cdot mol^{-1}$。计算$PbI_2(aq)$的标准生成吉布斯能。

问 题

P6A.1 在25 ℃时，反应$I_2(s) + Br_2(g) \rightleftharpoons 2\,IBr(g)$的平衡常数为0.164。(a)计算该反应的$\Delta_r G^\ominus$。(b)气体溴被引入具有过量固体碘的容器中。压力和温度分别保持在0.164 atm和25 ℃。求平衡时IBr(g)的分压。假设所有的溴都是气态，碘的蒸气压可以忽略不计。(c)事实上，固体碘在25 ℃时有可测量的蒸气压。在这种情况下，计算结果又将如何？

P6A.2 计算反应$CO(g) + H_2(g) \rightleftharpoons H_2CO(g)$的平衡常数。已知在298 K时，生产液态甲醛的$\Delta_r G^\ominus = +28.95\ kJ \cdot mol^{-1}$，甲醛在该温度下的蒸气压为1 500 Torr。

P6A.3 870 K下，密封容器中充入0.300 mol $H_2(g)$、0.400 mol $I_2(g)$和0.200 mol HI(g)，总压力为1 bar。已知反应$H_2(g) + I_2(g) \rightleftharpoons 2\,HI(g)$的$K = 870$，计算平衡时混合物中各组分的量。

P6A.4 作为一种可能导致南极臭氧空洞的多相反应的催化剂，硝酸水合物备受关注。在190 K时，一些反应的标准吉布斯能如下：

(i) $H_2O(g) \longrightarrow H_2O(s)$

$\Delta_r G^\ominus = -23.6\ kJ \cdot mol^{-1}$

(ii) $H_2O(g) + HNO_3(g) \longrightarrow HNO_3 \cdot H_2O(s)$

$\Delta_r G^\ominus = -57.2\ kJ \cdot mol^{-1}$

(iii) $2\,H_2O(g) + HNO_3(g) \longrightarrow HNO_3 \cdot 2H_2O(s)$

$\Delta_r G^\ominus = -85.6\ kJ \cdot mol^{-1}$

(iv) $3\,H_2O(g) + HNO_3(g) \longrightarrow HNO_3 \cdot 3H_2O(s)$

$\Delta_r G^\ominus = -112.8\ kJ \cdot mol^{-1}$

如果$p_{H_2O} = 0.13\ \mu bar$，$p_{HNO_3} = 0.41\ nbar$，哪种固体在190 K时热力学最稳定？提示：当前条件下，试着计算每个反应的$\Delta_r G$。如果一个以上的固体可自发形成，就计算一种固体转化为另一种固体的$\Delta_r G$。

P6A.5 用反应进度ξ的平衡值来表示气相反应$A + 3\,B \rightleftharpoons 2\,C$的平衡常数。已知最初A和B以化学计量比存在。求出$\xi$作为反应混合物总压$p$的函数的表达式，并将所得表达式作图。

P6A.6 考虑平衡$N_2O_4(g) \rightleftharpoons 2\,NO_2(g)$。根据*资源部分*中的数据表，估算在298 K时$\Delta_r H^\ominus$和$\Delta_r S^\ominus$对$K$值的贡献。

专题 6B 条件对平衡的影响

讨论题

D6B.1 热力学平衡常数对压力和温度变化的响应不同于以分压表示的平衡常数。讨论原因。

D6B.2 用热力学函数解释勒夏特列原理。该原理有例外吗？

D6B.3 范特霍夫方程表示K对温度的依赖性，解释其分子基础。

练习题

E6B.1(a) 在25 ℃和1 bar反应$N_2O_4(g) \rightleftharpoons 2\,NO_2(g)$达到平衡时，有18.46%四氧化二氮分解。计算(ⅰ)25 ℃和(ⅱ)100 ℃时的K值。已知在上述温度范围内$\Delta_r H^\ominus = +56.2\ kJ \cdot mol^{-1}$。

E6B.1(b) 在1 600 K和1 bar反应$Br_2(g) \rightleftharpoons 2\,Br(g)$达到平衡时，有24%溴分子分解。计算(ⅰ)1 600 K和(ⅱ)2 000 K时的K值。已知在上述温度范围内$\Delta_r H^\ominus = +112\ kJ \cdot mol^{-1}$。

E6B.2(a) 由*资源部分*的信息，计算反应$PbO(s, red) + CO(g) \rightleftharpoons Pb(s) + CO_2(g)$在(ⅰ)298 K和(ⅱ)400 K时的标准吉布斯能和平衡常数。假设标准反应焓与温度无关。

E6B.2(b) 由*资源部分*的信息，计算反应$CH_4(g) + 3\,Cl_2(g) \rightleftharpoons CHCl_3(l) + 3\,HCl(g)$在(ⅰ)25 ℃和(ⅱ)50 ℃时的标准吉布斯能和平衡常数。假设标准反应焓与温度无关。在298.15 K时，$\Delta_f G^\ominus(CHCl_3, l) = -73.7\ kJ \cdot mol^{-1}$，$\Delta_f H^\ominus(CHCl_3, l) = -134.1\ kJ \cdot mol^{-1}$。

E6B.3(a) $Zn(s) + H_2O(g) \longrightarrow ZnO(s) + H_2(g)$的标准反应焓在920~1 280 K时近似恒定，约为$+224\ kJ \cdot mol^{-1}$。在1 280 K时，标准反应吉布斯能为$+33\ kJ \cdot mol^{-1}$，估算平衡常数大于1时的温度。

E6B.3(b) 某反应的标准反应焓在800~1 500 K时近似恒定，约为$+125\ kJ \cdot mol^{-1}$。在1 120 K时，标准反应吉布斯能为$+22\ kJ \cdot mol^{-1}$，估算平衡常数大于1时的温度。

E6B.4(a) 反应$2\,C_3H_6(g) \rightleftharpoons C_2H_4(g) + C_4H_8(g)$的平衡常数在300~600 K时符合表达式$\ln K = A + B/T + C/T^2$，其中$A = -1.04$，$B = -1\,088\ K$，$C = 1.51 \times 10^5\ K^2$。计算400 K时的标准反应焓和标准反应熵。

E6B.4(b) 某反应的平衡常数在400~500 K时符合表达式$\ln K = A + B/T + C/T^3$，其中$A = -2.04$，$B = -1\,176\ K$，$C = 2.1 \times 10^7\ K^3$。计算450 K时的标准反应焓和标准反应熵。

E6B.5(a) 对于反应$H_2CO(g) \rightleftharpoons CO(g) + H_2(g)$，当总压在恒温下从1.0 bar增加到2.0 bar时，计算K_x的变化百分数。

E6B.5(b) 对于反应$CH_3OH(g) + NOCl(g) \rightleftharpoons HCl(g) + CH_3NO_2(g)$，当总压在恒温下从1.0 bar增加到2.0 bar时，计算K_x的变化百分数。

E6B.6(a) 冰片($C_{10}H_{17}OH$)至其异构体异冰片的气相异构化平衡常数在503 K时为0.106。将由7.50 g冰片和14.0 g异冰片组成的混合物在5.0 dm^3容器中加热至503 K，使其达到平衡。计算平衡时两种物质的摩尔分数。

E6B.6(b) 反应$N_2(g) + O_2(g) \rightleftharpoons 2\,NO(g)$在2 300 K时的平衡常数为$1.69 \times 10^{-3}$。将由5.0 g氮气和2.0 g氧气组成的混合物在1.0 dm^3容器中加热至2 300 K，使其达到平衡。计算平衡时NO的摩尔分数。

E6B.7(a) 当温度在298 K下升高10 K时，平衡常数(ⅰ)加倍和(ⅱ)减半所对应的标准反应焓分别是多少？

E6B.7(b) 当温度在310 K下升高15 K时，平衡常数(ⅰ)加倍和(ⅱ)减半所对应的标准反应焓是多少？

E6B.8(a) 估算$CaCO_3$(s, 方解石)分解成$CO_2(g)$和CaO(s)的平衡常数变为1时的温度。假设$p_{CO_2} = 1\ bar$。

E6B.8(b) 估算反应$CuSO_4 \cdot 5\,H_2O(s) \longrightarrow CuSO_4(s) + 5\,H_2O(g)$的平衡常数变为1时的温度。假设$p_{H_2O} = 1\ bar$。

E6B.9(a) 某无机盐在367 ℃时的解离$A_2B(s) \rightleftharpoons A_2(g) + B(g)$，

蒸气压为208 kPa，而在477 °C时，解离蒸气压上升至547 kPa。对于$A_2B(s)$的解离反应，计算在422 ℃时的（i）平衡常数，（ii）标准反应吉布斯能，（iii）标准焓和（iv）标准熵。假设蒸气表现为完美气体，$\Delta_r H^\ominus$和$\Delta_r S^\ominus$在给定温度范围内与温度无关。

E6B.9(b) 固体氯化铵按下式解离：$NH_4Cl(s) \longrightarrow NH_3(g) + HCl(g)$。$NH_4Cl$在427 ℃时的解离蒸气压为608 kPa，而在459 ℃时的解离蒸气压上升至1115 kPa。对于NH_4Cl的解离反应，计算在427 ℃时的（i）平衡常数，（ii）标准反应吉布斯能，（iii）标准焓和（iv）标准熵。假设蒸气表现为完美气体，$\Delta_r H^\ominus$和$\Delta_r S^\ominus$在给定温度范围内与温度无关。

问　题

P6B.1 反应$N_2(g) + 3\,H_2(g) \rightleftharpoons 2\,NH_3(g)$的平衡常数在288 K时为$2.13\times10^6$，在308 K时为$1.75\times10^5$。计算标准反应焓（假设它在给定温度范围内为常数）。

P6B.2 考虑甲烷$CH_4(g)$分解成单质$H_2(g)$和C(s, 石墨)。（a）已知在298 K时，$\Delta_f H^\ominus(CH_4, g) = -74.85\ kJ\cdot mol^{-1}$，$\Delta_f S^\ominus = 80.67\ J\cdot K^{-1}\cdot mol^{-1}$，计算298 K时的平衡常数。（b）假设$\Delta_r H^\ominus$与温度无关，计算50 ℃时的$K$。（c）计算甲烷在298 K、总压为0.010 bar时的解离度α。（d）在不进行任何数值计算的情况下，解释该反应的解离度将如何随着压力和温度的变化而改变。

P6B.3 在450~715 K，在U(s)和$UH_3(s)$上方H_2的平衡压力符合表达式

$$\ln(p/\mathrm{Pa}) = A + B/T + C\ln(T/\mathrm{K})$$

其中$A = 69.32$，$B = -1.464\times10^4$ K，$C = -5.65$。推导$UH_3(s)$标准生成焓的表达式，并由此计算$\Delta_f C_p^\ominus$。

P6B.4 对反应$H_2(g) + Cl_2(g) \rightleftharpoons 2\,HCl(g)$，使用下列数据计算标准反应焓：

T/K	300	500	1 000
K	4.0×10^{31}	4.0×10^{18}	5.1×10^8

P6B.5 在高温及1 bar总压下，$CO_2(g)$分解为CO (g)和$O_2(g)$的解离度α随温度变化如下：

T/K	1 395	1 443	1 498
$\alpha/10^{-4}$	1.44	2.50	4.71

假设在该温度范围内$\Delta_r H^\ominus$是常数，计算1443 K时的K，$\Delta_r G^\ominus$，$\Delta_r H^\ominus$和$\Delta_r S^\ominus$（可进行合理近似）。

P6B.6 $CaCl_2\cdot NH_3(s)$分解为$CaCl_2(s)$和$NH_3(g)$的标准反应焓在350~470 K几乎恒定在$+78\ kJ\cdot mol^{-1}$。在400 K、$CaCl_2\cdot NH_3$存在时，NH_3的平衡压力为1.71 kPa。找出在上述温度区间内$\Delta_r G^\ominus$与温度关系的表达式。

P6B.7 在437 K和101.9 kPa的外压下，乙酸在21.45 cm^3容器内蒸发，然后容器被密封。在密封容器内的乙酸质量为0.051 9 g。在同一容器内于471 K时重复该实验，发现存在0.038 0 g乙酸。计算气相中乙酸的二聚反应的平衡常数，以及二聚反应的标准熵。

P6B.8 通过测量总压可监测$I_2(g)$的解离，三组实验结果如下：

T/K	973	1 073	1 173
$100p$/atm	6.244	6.500	9.181
$10^4 n_{I_2}$	2.470 9	2.455 5	2.436 6

其中n_{I_2}是引入342.68 cm^3容器中I_2分子的物质的量。计算解离平衡常数和标准解离焓，假设标准解离焓在上述温度区间为常数。

P6B.9 1980年代报道，$\Delta_f H^\ominus(SiH_2)$为243~289 $kJ\cdot mol^{-1}$。如果标准生成焓是这种程度的不确定，那么，在（a）298 K和（b）700 K时，由单质生成SiH_2的平衡常数的不确定因子是多少?

P6B.10 燃料电池有望成为汽车的动力来源。已研究将氢气和一氧化碳用于燃料电池，因此它们在熔融盐中的溶解度是令人感兴趣的。实验发现，它们在熔融$NaNO_3/KNO_3$混合物中的溶解度分别符合下列表达式：

$$\lg[s_{H_2}/(\mathrm{mol\cdot cm^{-3}\cdot bar^{-1}})] = -5.39 - \frac{768}{T/\mathrm{K}}$$

$$\lg[s_{CO}/(\mathrm{mol\cdot cm^{-3}\cdot bar^{-1}})] = -5.98 - \frac{980}{T/\mathrm{K}}$$

计算在570 K时两种气体的标准摩尔溶解焓。

P6B.11 根据标准反应吉布斯能在温度T时的值，以及表2B.1中列出的摩尔热容表达式$(C_{p,m} = a + bT + c/T^2)$中的系数$a$、$b$和$c$，求出温度$T'$时的标准反应吉布斯能的表达式。根据298 K时$H_2O$ (l)的标准生成吉布斯能的值，计算其在372 K时的标准生成吉布斯能。

P6B.12 推导一般气相反应中K_c与温度关系的表达式。

专题 6C　化学电池

讨论题

D6C.1 解释为什么不是氧化还原反应的反应可以用来产生电流。

D6C.2 区分原电池和电解池。

D6C.3 解释盐桥的作用。

D6C.4 为什么必须在零电流条件下测量电池电势?

D6C.5 当从电池中产生电流时，确定这对电池电势的贡献。

练习题

需要利用专题6D中的信息来完成答案。

E6C.1(a) 写出下列每个电池的电池反应和电极半反应，并计算标准电池电势。

（i）$Zn(s)|ZnSO_4(aq)||AgNO_3(aq)|Ag(s)$

（ii）$Cd(s)|CdCl_2(aq)||HNO_3(aq)|H_2(g)|Pt(s)$

（iii）$Pt(s)|K_3[Fe(CN)_6](aq), K_4[Fe(CN)_6](aq)||CrCl_3(aq)|Cr(s)$

E6C.1(b) 写出下列每个电池的电池反应和电极半反应，并计算标准电池电势。

(i) $Pt(s)|Cl_2(g)|HCl(aq)||K_2CrO_4(aq)|Ag_2CrO_4(s)|Ag(s)$

(ii) $Pt(s)|Fe^{3+}(aq), Fe^{2+}(aq)||Sn^{4+}(aq), Sn^{2+}(aq)|Pt(s)$

(iii) $Cu(s)|Cu^{2+}(aq)||Mn^{2+}(aq), H^+(aq)|MnO_2(s)|Pt(s)$

E6C.2(a) 设计对应于下列反应的电池，计算每种情况下的标准电池电势。

(i) $Zn(s) + CuSO_4(aq) \longrightarrow ZnSO_4(aq) + Cu(s)$

(ii) $2\,AgCl(s) + H_2(g) \longrightarrow 2\,HCl(aq) + 2\,Ag(s)$

(iii) $2\,H_2(g) + O_2(g) \longrightarrow 2\,H_2O(l)$

E6C.2(b) 设计对应于下列反应的电池，计算每种情况下的标准电池电势。

(i) $2\,Na(s) + 2\,H_2O(l) \longrightarrow 2\,NaOH(aq) + H_2(g)$

(ii) $H_2(g) + I_2(g) \longrightarrow 2\,HI(aq)$

(iii) $H_3O^+(aq) + OH^-(aq) \longrightarrow 2\,H_2O(l)$

E6C.3(a) 利用德拜 - 休克尔极限定律和能斯特方程，估算25 ℃时电池 $Ag(s)|AgBr(s)|KBr(aq, 0.050\ mol \cdot kg^{-1})||Cd(NO_3)_2(aq, 0.010\ mol \cdot kg^{-1})|Cd(s)$ 的电池电势。

E6C.3(b) 考虑电池 $Pt(s)|H_2(g, p^\ominus)|HCl(aq)|AgCl(s)|Ag(s)$，其电池反应为 $2\,AgCl(s) + H_2(g) \longrightarrow 2\,Ag(s) + 2\,HCl(aq)$ 在25 ℃和HCl(aq)的质量摩尔浓度为0.010 $mol \cdot kg^{-1}$时，$E_{cell} = +0.465\ 8\ V$。(i) 写出电池反应的能斯特方程；(ii) 计算电池反应的 $\Delta_r G$；(iii) 假设在此浓度时德拜 - 休克尔极限定律适用，计算 $E^\ominus(AgCl/Ag, Cl^-)$。

E6C.4(a) 丹尼尔电池的电池反应为 $Zn(s) + Cu^{2+}(aq) \longrightarrow Zn^{2+}(aq) + Cu(s)$，25 ℃时标准电池电势是1.10 V。计算相应的标准反应吉布斯能。

E6C.4(b) Bunsen电池的电池反应为 $Zn(s) + 2NO_3^-(aq) + 4H^+(aq) \longrightarrow Zn^{2+}(aq) + 2H_2O(l) + 2NO_2(g)$，在25 ℃时的标准电池电势是−0.040 V。计算该电池能做的电功。

E6C.5(a) 298 K时，对于一个 $\nu = 2$ 的反应，当 Q 值下降至原先的1/10，则电池电势变化多少？

E6C.5(b) 298 K时，对于一个 $\nu = 3$ 的反应，当 Q 值增加至原先的5倍，则电池电势变化多少？

问　题

需要利用专题6D中的信息来完成答案。

P6C.1 燃料电池利用外部提供的试剂之间的化学反应来产生电势差。在1 bar和298 K时，由（a）氢气和氧气，（b）丁烷燃烧为燃料，电池的标准电势分别是多少？

P6C.2 由电池 $Pt(s)|H_2(g)|HCl(aq)|O_2(g)|Pt(s)$ 的标准电池电势 $E^\ominus_{cell} = +1.23\ V$，计算298 K时 $\Delta_f G^\ominus(H_2O, l)$ 的值。

P6C.3 虽然氢电极在概念上可能是最简单的电极，并且是电化学系统中选择参考电势的基础，但是使用起来很麻烦。为此，研究人员设计了几个替代品。其中之一是醌氢醌电极［醌氢醌（$Q \cdot QH_2$）是醌（$C_6H_4O_2 = Q$）和氢醌（$C_6H_4O_2H_2 = QH_2$）的复合物］，其中Q和QH_2的浓度彼此相等。电极半反应为 $Q(aq) + 2H^+(aq) + 2e^- \longrightarrow QH_2(aq)$, $E = +0.699\ 4\ V$。如果制备了电池 $Hg(s)|Hg_2Cl_2(s)|HCl(aq)|Q \cdot QH_2|Au(s)$，测得的电池电势为+0.190 V，则HCl溶液的pH是多少？

P6C.4 当对下列电池做出指定的改变时，预期电池电势会发生什么变化。在每种情况下利用能斯特方程确认你的预测。

（a）在电池 $Ag(s)|AgNO_3(aq, c_L)||AgNO_3(aq, c_R)|Ag(s)$ 中，左侧硝酸银溶液的物质的量浓度增加。

（b）在电池 $Pt(s)|H_2(g, p_L)|HCl(aq)|H_2(g, p_L)|Pt(s)$ 中，左侧氢气的压力增加。

（c）在电池 $Pt(s)|K_3[Fe(CN)_6](aq),K_4[Fe(CN)_6](aq)||Mn^{2+}(aq), H^+(aq)|MnO_2(s)|Pt(s)$ 中，右侧电极室内溶液的pH下降。

（d）在电池 $Pt(s)|Cl_2(g)|HCl(aq)||HBr(aq)|Br_2(l)|Pt(s)$ 中，HCl(aq)的浓度增大。

（e）在电池 $Pt(s)|Fe^{3+}(aq),Fe^{2+}(aq)||Sn^{4+}(aq),Sn^{2+}(aq)|Pt(s)$ 中，在两侧电极室内都加入一些$FeCl_3$。

（f）在电池 $Fe(s)|Fe^{2+}(aq)||Mn^{2+}(aq), H^+(aq)|MnO_2(s)|Pt(s)$ 中，在两侧电极室内都加入一些酸。

专题 6D　电极电势

讨论题

D6D.1 描述一种测量氧化还原对的标准电极电势的方法。

D6D.2 解释玻璃电极可用于测定水溶液pH的原因。

练习题

E6D.1(a) 根据标准电极电势数据，计算25 °C时下列反应的平衡常数。

(i) $Sn(s) + Sn^{4+}(aq) \rightleftharpoons 2\,Sn^{2+}(aq)$

(ii) $Sn(s) + 2\,AgCl(s) \rightleftharpoons SnCl_2(aq) + 2\,Ag(s)$

E6D.1(b) 根据标准电极电势数据，计算25°C时下列反应的平衡常数。

(i) $Sn(s) + CuSO_4(aq) \rightleftharpoons Cu(s) + SnSO_4(aq)$

(ii) $Cu^{2+}(aq) + Cu(s) \rightleftharpoons 2\,Cu^+(aq)$

E6D.2(a) 25 ℃时，电池 $Ag(s)|AgI(s)|AgI(aq)|Ag(s)$ 的标准电势是+0.950 9 V。计算AgI(s)解离的平衡常数。

E6D.2(b) 25 ℃时，电池 $Bi(s)|Bi_2S_3(s)|Bi_2S_3(aq)|Bi(s)$ 的标准电势是+0.96 V。计算 $Bi_2S_3(s)$ 解离的平衡常数。

E6D.3(a) (i) 利用*资源部分*的信息，计算25 ℃时电池

$Ag(s)|AgNO_3(aq)||Cu(NO_3)_2(aq)|Cu(s)$

的标准电势和电池反应的标准吉布斯能和标准焓。(ii) 估算35 °C时的 $\Delta_r G^\ominus$。

E6D.3(b) 计算25 ℃时电池Pt(s)|胱氨酸(aq)，半胱氨酸(aq)||$H^+(aq)|O_2(g)|Pt(s)$ 的标准电池电势，以及电池反应的标准吉布斯能。已知胱氨酸(aq) + 2 H^+(aq) + 2 e^- ⟶ 2半胱氨酸(aq)的 $E^\ominus = -0.34\ V$。

E6D.4(a) 在标准条件下，汞可以从硫酸锌水溶液中生产金属锌吗？

E6D.4(b) 在标准条件下，氯气在碱性溶液中能把水氧化为氧气吗？

问　题

P6D.1 表中列出的热力学数据可以用来预测电池的标准电势，即使它不能被直接测量。反应 $K_2CrO_4(aq) + 2\,Ag(s) + 2\,FeCl_3(aq) \longrightarrow Ag_2CrO_4(s) + 2\,FeCl_2(aq) + 2\,KCl(aq)$ 在 298 K 时的标准吉布斯能为 $-62.5\ kJ\cdot mol^{-1}$。（a）计算相应原电池的标准电势。（b）$Ag_2CrO_4/Ag,\ CrO_4^{2-}$ 的标准电极电势。

P6D.2 构建一个燃料电池，其中两个电极都利用甲烷的氧化。左边电极利用甲烷的完全氧化至二氧化碳和液态水，右边电极利用甲烷的部分氧化至一氧化碳和液态水。（a）哪个电极是阴极？（b）当所有气体都处在 1 bar 时，25 ℃时电池电势是多少？

P6D.3 生态学上一个重要的平衡是天然水中碳酸根离子和碳酸氢根离子之间的平衡。（a）$CO_3^{2-}(aq)$ 和 $HCO_3^-(aq)$ 的标准生成吉布斯能分别为 $-527.81\ kJ\cdot mol^{-1}$ 和 $-586.77\ kJ\cdot mol^{-1}$，$HCO_3^-/CO_3^{2-}$，$H_2$ 氧化还原对的标准电极电势是多少？（b）计算电池反应为 $Na_2CO_3(aq) + H_2O(l) \longrightarrow NaHCO_3(aq) + NaOH(aq)$ 的标准电池电势。（c）写出电池反应的能斯特方程。（d）298 K 时，当 pH 变到 7.0 时，预测和计算电池电势的变化。

P6D.4 以高精度测量电池 $Pt(s)|H_2(g, p^\ominus)|HCl(aq, b)|Hg_2Cl_2(s)|Hg(l)$ 的电池电势，在 25 ℃时得到以下结果：

$b/(mmol\cdot kg^{-1})$	1.607 7	3.076 9	5.040 3	7.693 8	10.947 4
E/V	0.600 80	0.568 25	0.543 66	0.522 67	0.505 32

计算标准电池电势和在这些质量摩尔浓度下 HCl 的平均活度系数。（对数据进行最小二乘平方拟合，以得到最佳直线。）

P6D.5 对氢气/氧气燃料电池，总的四电子电池反应为 $2\,H_2(g) + O_2(g) \longrightarrow 2\,H_2O(l)$，其标准电池电势在 293 K 时为 +1.233 5 V，在 303 K 时为 +1.225 1 V。计算上述温度范围内的标准反应焓和标准反应熵。

P6D.6 $AgCl/Ag,\ Cl^-$ 对的标准电极电势符合表达式

$$E^\ominus/V = 0.236\,59 - 4.856\,4\times10^{-4}(\theta/℃) - 3.420\,5\times10^{-6}(\theta/℃)^2 + 5.869\times10^{-9}(\theta/℃)^3$$

计算 $Cl^-(aq)$ 在 298 K 时的标准生成吉布斯能、标准生成焓和标准熵。

主题 6　化学平衡

综合题

I6.1 Thron 等人 [*J. Phys. Chem.* **100**, 14178 (1996)] 通过光电子电离对 $Cl_2O(g)$ 进行了研究。由测量结果，他们得到 $\Delta_fH^\ominus(Cl_2O) = +77.2\ kJ\cdot mol^{-1}$。文献中关于反应 $Cl_2O(g) + H_2O(g) \longrightarrow 2\,HOCl(g)$ 的数据为 $K = 8.2\times10^{-2}$，$\Delta_rS^\ominus = +16.38\ J\cdot K^{-1}\cdot mol^{-1}$。他们将自己的测量结果和该文献数据，以及容易获得的水蒸气的热力学数据结合起来，报告了 $\Delta_fH^\ominus(HOCl)$ 的数值。计算该数值。所有物理量都是 298 K 下的数据。

I6.2 已知 25 ℃时，丹尼尔电池中反应 $Zn(s) + Cu^{2+}(aq) \longrightarrow Cu(s) + Zn^{2+}(aq)$ 的 $\Delta_rG^\ominus = -212.7\ kJ\cdot mol^{-1}$。对 $b_{CuSO_4} = 1.00\times10^{-3}\ mol\cdot kg^{-1}$，$b_{ZnSO_4} = 3.00\times10^{-3}\ mol\cdot kg^{-1}$，计算（a）溶液的离子强度，（b）电极室内的平均离子活度系数，（c）反应商，（d）标准电池电势，（e）电池电势。（在每个电极室内取 $\gamma_+ = \gamma_- = \gamma_\pm$，使用德拜－休克尔极限定律。）

I6.3 考虑电池 $Zn(s)|ZnCl_2(0.005\,0\ mol\cdot kg^{-1})|Hg_2Cl_2(s)|Hg(l)$，其电池反应是 $Hg_2Cl_2(s) + Zn(s) \longrightarrow 2\,Hg(l) + 2\,Cl^-(aq) + Zn^{2+}(aq)$，电池电势是 +1.227 2 V，$E^\ominus(Zn^{2+}/Zn) = -0.762\,8\ V$，$E^\ominus(Hg_2Cl_2/Hg) = +0.267\,6\ V$。（a）写出电池的能斯特方程。计算（b）标准电池电势，（c）电池反应的 Δ_rG、$\Delta_rG^\ominus$ 和 K。（d）由测得的电池电势，计算 $ZnCl_2$ 的平均离子活度和活度系数。（e）由德拜－休克尔极限定律，计算 $ZnCl_2$ 的平均离子活度系数。（f）已知 $(\partial E_{cell}/\partial T)_p = -4.52\times10^{-4}\ V/K^{-1}$，计算 Δ_rS 和 Δ_rH。

I6.4 人们报道了电池 $Pt|H_2(g, p^\ominus)|NaOH\ (aq, 0.010\,0\ mol\cdot kg^{-1})$，$NaCl\ (aq, 0.010\,25\ mol\cdot kg^{-1})|AgCl(s)|Ag(s)$ 的电势测量结果，数据如下：

θ/℃	20.0	25.0	30.0
E_{cell}/V	1.047 74	1.048 64	1.049 42

计算这些温度下的 pK_w 和 25.0 °C 时水的质子自迁移反应的标准焓和标准熵。K_w 是液态水中质子自迁移反应的平衡常数。

I6.5 电池 $Ag(s)|AgX(s)|MX(b_1)|M_xHg|MX(b_2)|AgX(s)|Ag(s)$，其电势的测量值如下，其中 M_xHg 表示汞齐，电解质是乙二醇中的 LiCl，M = Li 和 X = Cl。估算标记 * 的质量摩尔浓度时的活度系数，并利用该数值，从测得的其他质量摩尔浓度下的电池电势计算活度系数。将你的答案基于戴维斯公式［式（5F.30b）］，式中 $A = 1.461$，$B = 1.70$，$C = 0.20$，$I = b/b^\ominus$。针对 $b_2 = 0.091\,41\ mol\cdot kg^{-1}$：

$b_1/(mol\cdot kg^{-1})$	0.055 5	0.091 41	0.165 2	0.217 1	1.040	1.350*
E/V	−0.022 0	0.000 0	0.026 3	0.037 9	0.115 6	0.133 6

I6.6 电池 $Pd(s)|H_2(g, 1\ bar)|BH(aq, b), B(aq, b)|AgCl(s)|Ag(s)$ 的电池电势数据如下所示。每次测量是在等物质的量浓度的 2－氨基吡啶氯化物（BH）和 2－氨基吡啶（B）中进行的。所有数据均为 25 ℃时的数据，且发现 $E^\ominus = 0.222\,51\ V$。用这些数据计算 25 ℃时酸的 pK_a 和 BH 的平均活度系数（$\gamma_\pm$），后者是质量摩尔浓度（b）和离子强度（I）的函数。使用戴维斯公式［式（5F.30b）］，式中 $A = 0.509\,1$，B 和 C 是和离子有关的参数。

$b/(mol\cdot kg^{-1})$	0.01	0.02	0.03	0.04	0.05
$E_{cell}(25℃)$/V	0.744 52	0.728 53	0.719 28	0.713 14	0.708 09
$b/(mol\cdot kg^{-1})$	0.06	0.07	0.08	0.09	0.10
$E_{cell}(25℃)$/V	0.703 80	0.700 59	0.697 90	0.695 71	0.693 38

提示：使用数学软件或电子表格程序。

I6.7 在尝试这个问题之前，在本书的网站上阅读“应用案例 9”。在这里，你将了解三磷酸腺苷（ATP）在 pH = 7 和 310 K 时水解为二磷酸腺苷（ADP）是放能的这一现象的分子基础。（a）人们认为 ATP 水解放能的部分原因是聚磷酸盐水解的标准熵是正的这一事实。为什么熵的增加伴随着三磷酸基团水解成二磷酸和磷酸基团？（b）在相同的条件下，H_4ATP 和 $MgATP_2$（Mg^{2+} 和 ATP^{4-} 之间的络合物）水解的吉布斯能，与 ATP^{4-} 水解的吉布斯能相比较有较小负值。这一观察已被用于支持假设，即相邻的磷酸基团之间的静电排斥是控制 ATP 水解放能的

一个因素。请为该假设提供理论依据，并讨论实验证据如何支持它。这些静电效应对决定反应放能性的$\Delta_r S$和$\Delta_r H$项有贡献吗？提示：在$MgATP_2$络合物中，Mg^{2+}和ATP^{4-}间形成两个键：一个涉及属于ATP^{4-}末端磷酸基团的带负电荷的氧原子，另一个涉及与ATP^{4-}末端磷酸基团相邻的、属于磷酸基团的带负电荷的氧原子。

I6.8 在尝试这个问题之前，在本书的网站上阅读"应用案例9"。为了了解细胞条件对三磷酸腺苷（ATP）驱动生物化学过程能力的影响，将ATP水解为ADP（二磷酸腺苷）的标准吉布斯能与在37 ℃和pH = 7.0的环境下，ATP、ADP及P_i^-的浓度均为1.0 $mmol \cdot cm^{-3}$时的反应吉布斯能相比较。

I6.9 在尝试这个问题之前，在本书的网站上阅读"应用案例9"。在生物化学标准条件下，1 mol葡萄糖完全氧化的有氧呼吸产生约38 mol ATP。（a）在生物化学标准条件下，有氧呼吸的百分比效率是多少？（b）在活细胞中更容易观察到下列条件：$p_{CO_2} = 5.3 \times 10^{-2}$ atm，$p_{O_2} = 0.132$ atm，[葡萄糖] = 5.6 $pmol \cdot dm^{-3}$，[ATP] = [ADP] = [P_i^-] = 0.10 $mmol \cdot dm^{-3}$，pH = 7.4，T = 310 K。假设可以用物质的量浓度的数值代替活度，计算在这些生理条件下有氧呼吸的效率。（c）典型的柴油机在T_c = 873 K和T_h = 1923 K之间工作，效率约为理论极限（$1 - T_c/T_h$）的75%（见专题3A）。将典型柴油机的效率与在典型生理条件下的有氧呼吸的效率（见b部分）进行比较。为什么生物能转换比柴油机中的能量转换效率更高或更低？

I6.10 在厌氧细菌中，碳的来源可以是葡萄糖以外的分子，且最终的电子受体是O_2以外的分子。细菌能进化成使用乙醇/硝酸盐对而不是葡萄糖/O_2对作为代谢能量的来源吗？

I6.11 蛋白质的标准电势通常不能用本章描述的方法测量，因为当蛋白质在电极表面反应时，它们常常失去原有的结构和功能。在另一种方法中，氧化的蛋白质在溶液中与一适当的电子供体反应。然后根据能斯特方程、溶液中所有物质的平衡浓度和已知的电子供体的标准电势来确定蛋白质的标准电势。这种方法可以用蛋白质细胞色素c来说明。在细胞色素c（cyt）和2, 6－二氯吲哚酚（D）之间的单电子反应可以采用分光光度法来跟踪，因为溶液中的四种物质各有不同的吸收光谱。把反应写为$cyt_{ox} + D_{red} \rightleftharpoons cyt_{red} + D_{ox}$，其中的下标"ox"和"red"分别指氧化态和还原态。（a）$E^{\ominus}_{cyt}$和$E^{\ominus}_{D}$分别是细胞色素c和D的标准电势。证明：在平衡时，$\ln([D_{ox}]_{eq}/[D_{red}]_{eq})$对$\ln([cyt_{ox}]_{eq}/[cyt_{red}]_{eq})$的作图是一条斜率为1、截距为$F(E^{\ominus}_{cyt} - E^{\ominus}_{D})/RT$的直线，其中平衡活度用平衡物质的量浓度的数值替代。（b）在298 K，pH = 6.5的缓冲液中，得到氧化态的细胞色素c和还原态的D之间的反应的下列数据。比值$[D_{ox}]_{eq}/[D_{red}]_{eq}$和$[cyt_{ox}]_{eq}/[cyt_{red}]_{eq}$通过用强还原剂抗坏血酸钠溶液滴定含有氧化态的细胞色素c和还原态的D的溶液来进行调节。从这些数据和D的标准电极电势（0.237 V），计算细胞色素c在pH 6.5和298 K时的标准电极电势。

$[D_{ox}]_{eq}/[D_{red}]_{eq}$	0.002 79	0.008 43	0.025 7	0.049 7	0.074 8	0.238	0.534
$[cyt_{ox}]_{eq}/[cyt_{red}]_{eq}$	0.010 6	0.023 0	0.089 4	0.197	0.335	0.809	1.39

I6.12 南极冬季平流层中ClO的二聚被认为是该地区臭氧严重季节性耗竭的重要原因。下列平衡常数基于对反应$2\,ClO(g) \longrightarrow (ClO)_2(g)$的测量。

T/K	233	248	258	268	273
K	4.13×10^{8}	5.00×10^{7}	1.45×10^{7}	5.37×10^{6}	3.20×10^{6}
T/K	280	288	295	303	
K	9.62×10^{5}	4.28×10^{5}	1.67×10^{5}	6.02×10^{4}	

（a）导出该反应的$\Delta_r H^{\ominus}$和$\Delta_r S^{\ominus}$的值。（b）计算$(ClO)_2$的标准生成焓和标准摩尔熵，已知$\Delta_f H^{\ominus}(ClO, g) = +101.8\ kJ \cdot mol^{-1}$和$S^{\ominus}_m(ClO, g) = 226.6\ J \cdot K^{-1} \cdot mol^{-1}$。

主题 7
量子理论

曾经认为原子和亚原子粒子的运动可以用“经典力学”，即由牛顿在17世纪引入的运动定律来表达，原因是这些定律非常成功地解释了日常物体和行星的运动。然而，电子、原子和分子的恰当描述需要一种不同的力学——“量子力学”，这将在本主题中介绍并广泛应用于全书。

7A 量子力学的起源

到19世纪末，越来越多的实验证明，经典力学应用于像电子一样小的粒子时是失败的。更确切地说，仔细测量得出的结论是，粒子具有的能量不能取任意值，粒子和波的经典概念混合在一起。本专题显示了这些观测结果是如何为20世纪初量子力学概念和公式的发展奠定基础的。

7A.1 能量量子化；7A.2 波粒二象性

7B 波函数

在量子力学中，系统的所有性质都可以用波函数来描述，波函数是通过解薛定谔（Schrödinger）提出的方程得到的。本专题侧重于波函数的解释，特别是其关于粒子位置的揭示。

7B.1 薛定谔方程；7B.2 玻恩解释

7C 算符和可观测量

量子理论的一个核心特征是可观测量通过“算符”来表达，算符作用于波函数以获取波函数所包含的信息。本专题展示了算符是如何构建和使用的。算符应用的一个推论是“不确定原理”，这也是量子力学与经典力学之间最深刻的区别之一。

7C.1 算符；7C.2 叠加和期望值；7C.3 不确定原理；7C.4 量子力学假设

7D 平动运动

平动运动，即在空间中穿行的运动，是量子力学处理的基本运动类型之一。根据量子理论，约束在一有限空间区域中运动的粒子，只能用特定的波函数来描述，并且仅可取一些确定的能量值。也就是说，量子化是解薛定谔方程及其约束条件的自然结果。这些解也揭示出粒子的一些非经典特征，尤其是它们能隧穿进入和通过那些经典物理学禁止它们出现的区域。

7D.1 一维自由运动；7D.2 一维受限运动；7D.3 二维和多维受限运动；7D.4 隧穿

7E 振动运动

本专题介绍“谐振子”，一种简单但非常重要的描述振动的模型。它表明振子的能量是量子化的，振子能够出现在经典物理学禁止的位移处。

7E.1 谐振子；7E.2 谐振子的性质

7F 转动运动

在二维和三维上转动的物体，对其波函数的约束导致其能量的量子化。另外，因为能量与角动量有关，因此角动量也限制于某些特定值。对于原子中的电子和转动分子来说，角动量量子化是其量子理论中一个非常重要的方面。

7F.1 二维转动；7F.2 三维转动

网络资源 这部分内容有何应用?

“应用案例11”重点介绍了量子力学的一个应用，在它成为一种有用的技术之前还需要大量研究。基于对“量子计算机”可以同时对一个系统许多状态进行计算的期望，该应用将会导致新一代超快计算机的产生。“纳米科学”对尺寸范围从1 nm到约100 nm的原子和分子组装体进行研究，“纳米技术”则关心如何将这些组装体构建成器件。“应用案例12”探究了量子力学效应，介绍纳米尺寸组装体的性质如何依赖其尺寸大小。

专题7A

量子力学的起源

▶ 为何需要学习这部分内容？

量子理论几乎对化学中的每个解释都至关重要。它用于理解原子和分子的结构、化学键及物质的大多数性质。

▶ 核心思想是什么？

实验证据得出的结论是，能量的传递值是不连续的，“粒子”和“波”的经典概念混合在一起。

▶ 需要哪些预备知识？

应熟悉经典力学的基本原理，特别是“化学家工具包 3”（专题 1B）和“化学家工具包 6”（专题 2A）中关于动量、力、能量的介绍。有关固体热容的讨论少量利用了专题 2A 中的内容。

牛顿在17世纪发展的经典力学，对于描述日常物体和行星的运动是一个空前成功的理论。然而，在19世纪末，科学家们观测到了经典力学无法解释的现象。他们被迫修改物质本质的概念，并用**量子力学**（quantum mechanics）这一理论来替代经典力学。

7A.1 能量量子化

19世纪末开展的三个实验使得科学家们认为能量的传递值是不连续的。

（a）黑体辐射

依据经典物理学，电磁辐射的关键特征在“化学家工具包13”里得到描述。观察到所有物体都在一定频率范围内发射电磁辐射，其强度取决于物体的温度。以一个加热的金属条为例，它首先发红光，然后继续加热会变成“白热”状。随着温度的升高，颜色从红色变为蓝色，最终形成白光。

通常用**黑体**（black body），即一个能发射和吸收所有波长的电磁辐射的物体，来讨论热物体所发射的辐射。空容器中的一个小孔是黑体的较好近似（图7A.1）。图7A.2显示了黑体辐射的强度在若干温度下是如何随波长而变化的。在每个温度T下，存在一个波长λ_{max}，此处的辐射强度具有最大值，T和λ_{max}通过经验的**维恩定律**（Wien’s law）相关联：

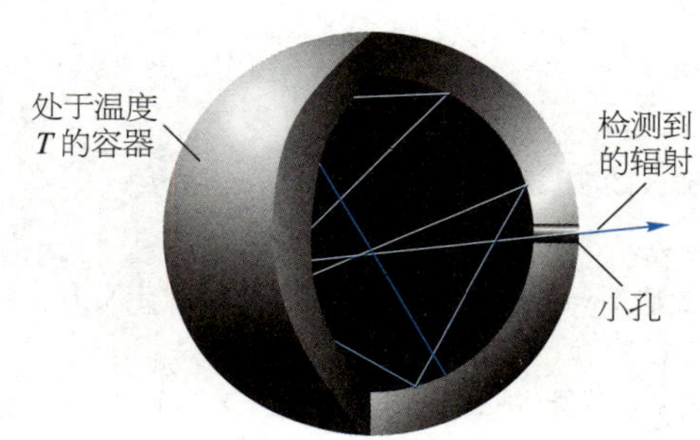

图7A.1 黑体辐射可通过使其自一个封闭容器的小孔溢出而被检测到。辐射在容器内多次反射，并与器壁达到热平衡。通过小孔溢出的辐射具有容器内辐射的特征

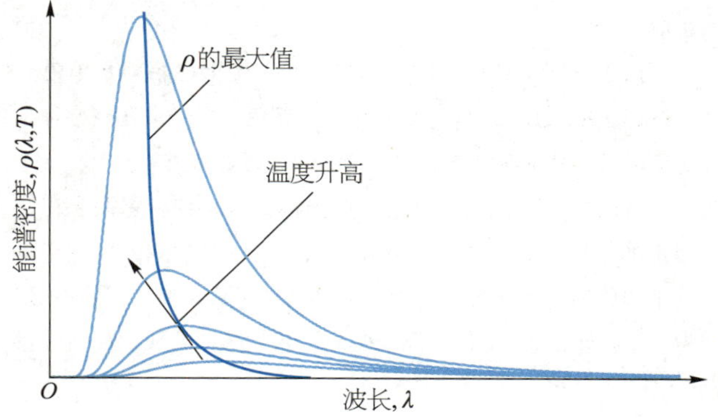

图7A.2 在若干个温度下来自黑体辐射的能谱密度。注意随着温度的升高，能谱密度的最大值移向更短的波长，并且整体强度增强

化学家工具包13　电磁辐射

电磁辐射（electromagnetic radiation）由以波的形式传播和振荡的电扰动和磁扰动组成。电磁波的这两个组成部分是相互垂直的，并且也垂直于传播方向（见示意图1）。电磁波通过真空传播的恒定速率称为**光速**（speed of light）c，其确切的定义值为$2.997\ 924\ 58\times10^8\ \mathrm{m\cdot s^{-1}}$。

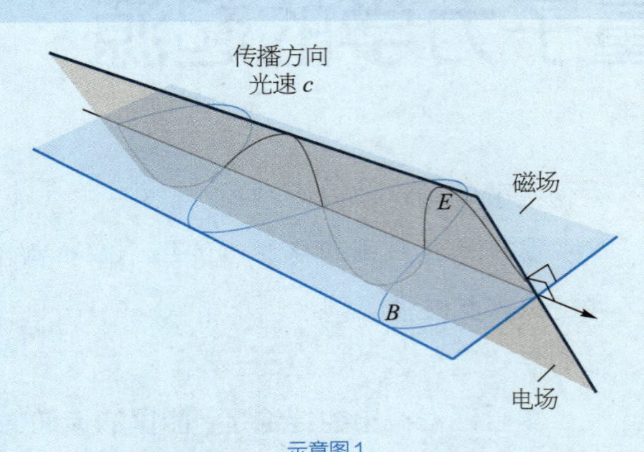

示意图1

波以**波长**（wavelength）λ（即连续波峰之间的距离）为特征（见示意图2）。根据波长的不同，电磁辐射的分类显示在示意图3中。可见光，即人眼可见的电磁辐射，具有的波长范围为420 nm（紫色光）至700 nm（红色光）。波的属性也可以用它的**频率**（frequency）ν来表示，即一段时间间隔内的振荡次数除以相应间隔的时长。频率以赫兹Hz为单位，$1\ \mathrm{Hz}=1\ \mathrm{s^{-1}}$（即每秒一个周期）。可见光的频率范围从710 THz（紫色光）到430 THz（红色光）。

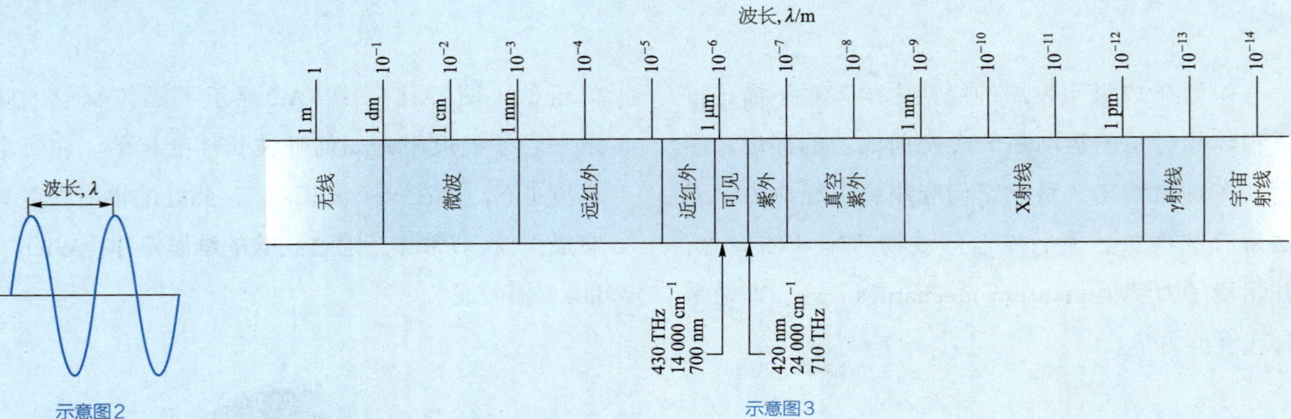

示意图2

示意图3

电磁波的波长和频率之间的关系为

真空中波长和频率之间的关系

$$c=\lambda\nu$$

也常用**波数**（wavenumber）$\tilde{\nu}$[1]来描述波，其定义为

$$\tilde{\nu}=\frac{1}{\lambda}，或等价地，\tilde{\nu}=\frac{\nu}{c}$$

波数［定义］

因此，波数是波长的倒数，可以解释为在一个给定距离内的波长的数目。在光谱学中，由于历史原因，波数通常以厘米的倒数（$\mathrm{cm^{-1}}$）为单位来表达。因此，可见光对应于波数范围从$14\ 000\ \mathrm{cm^{-1}}$（红色光）到$24\ 000\ \mathrm{cm^{-1}}$（紫色光）的电磁辐射。

由单一频率组成（因此是单波长）的电磁辐射是**单色的**（monochromatic），因为它对应单个颜色。白光由在整个可见光谱区域传播的频率连续但不均匀的电磁波组成。

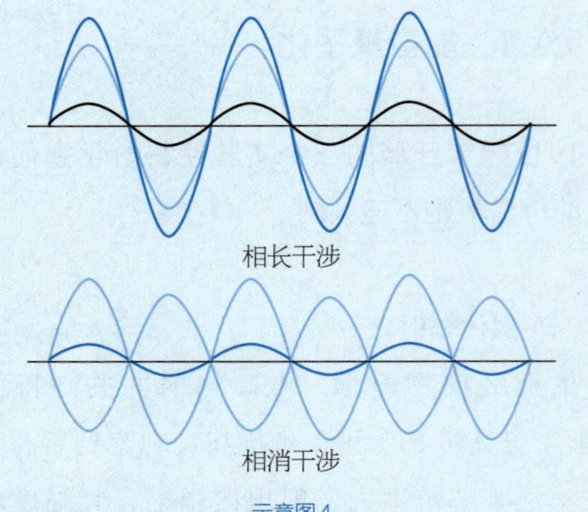

示意图4

波的一个特性是它们会彼此干涉，这意味着它们会在位移相加的地方产生更大的振幅，以及在位移相减的地方产生更小的振幅（示意图4）。前者被称作“相长干涉”，后者被称为“相消干涉”。相长干涉和相消干涉的区域表现为强度增强和减弱的区域。**衍射**（diffraction）现象是由在波的路径上的一个物体所引起的干涉，且当物体的尺寸与辐射波长相当时发生。波长在500 nm量级的光波可通过狭缝被衍射。

1　译者注：在我国波数使用“σ”，本书中为与原著保持一致，保留“$\tilde{\nu}$”写法。

$$\lambda_{max}T = 2.9 \times 10^{-3}\ \text{m} \cdot \text{K} \qquad \text{维恩定律} \qquad (7A.1)$$

在任何温度下，发射的辐射强度都会在短波长（高频率）处急剧下降。这个强度实际上是观测存在于容器内的能量的一扇窗，从某种意义上说，在给定波长下强度越大，由该波长的辐射所引起的容器内的能量就越大。

能量密度（energy density）$\mathcal{E}(T)$，是容器内的总能量除以它的体积，并定义**能谱密度**（energy spectral density）$\rho(\lambda, T)$，则$\rho(\lambda, T)\mathrm{d}\lambda$为温度$T$时由于波长介于$\lambda$和$\lambda + \mathrm{d}\lambda$间的电磁辐射的存在而引起的能量密度。在波长$\lambda$和温度$T$下，高能谱密度就意味着在该温度下有许多波长介于$\lambda$和$\lambda + \mathrm{d}\lambda$间的能量。能量密度可通过对所有波长的能谱密度进行求和（积分）得到：

$$\mathcal{E}(T) = \int_0^\infty \rho(\lambda, T)\mathrm{d}\lambda \qquad (7A.2)$$

$\mathcal{E}(T)$的单位是$\text{J} \cdot \text{m}^{-3}$，所以$\rho(\lambda, T)$的单位是$\text{J} \cdot \text{m}^{-4}$。经验上，发现能量密度随$T^4$变化，由**斯特藩-玻耳兹曼定律**（Stefan-Boltzmann law）表示的观测结果为

$$\mathcal{E}(T) = \text{常数} \times T^4 \qquad \text{斯特藩-玻耳兹曼定律} \qquad (7A.3)$$

常数等于$7.567 \times 10^{-16}\ \text{J} \cdot \text{m}^{-3} \cdot \text{K}^{-4}$。

图7A.1中容器发射的辐射可以被认为是受激于器壁材料中电荷振荡的电磁场的振荡。根据经典物理学，每个振子在某种程度上被激发，且根据能量均分原理（专题2A中“化学家工具包7”），每个振子，无论其频率如何，有一个平均能量kT。基于此，物理学家Rayleigh在James Jeans的部分帮助下，导出了**瑞利-金斯定律**（Rayleigh-Jeans law）：

$$\rho(\lambda, T) = \frac{8\pi kT}{\lambda^4} \qquad \text{瑞利-金斯定律} \qquad (7A.4)$$

式中k是玻耳兹曼常数（$k = 1.381 \times 10^{-23}\ \text{J} \cdot \text{K}^{-1}$）。

瑞利-金斯定律与实验测量不符。如图7A.3所示，尽管在长波长处是相符的，但它预测随着波长的减小，能谱密度（也即发射辐射的强度）增加而不经过一个最大值。也就是说，瑞利-金斯定律与维恩定律是不一致的。式（7A.4）也预示了辐射在非常短的波长处变得强烈，而且随着波长趋近于零变得无限强烈。在短波长处辐射强度的急剧增强被称为**紫外灾难**（ultraviolet catastrophe），而且是经典物理学不可避免的后果。

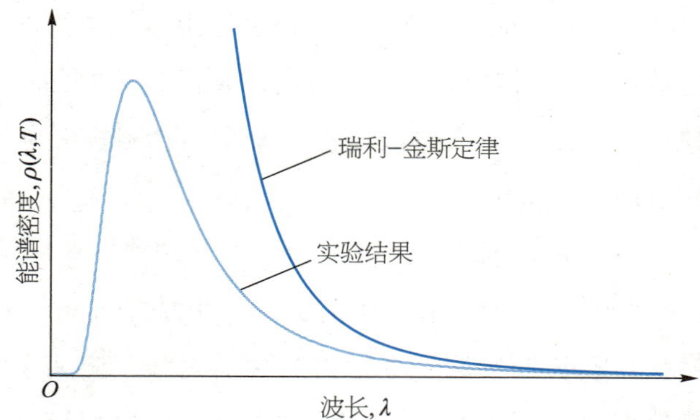

图7A.3 实验能谱密度与瑞利-金斯定律预测结果的比较。后者预测在短波长处能谱密度为无穷大，从而整体能谱密度是无限的

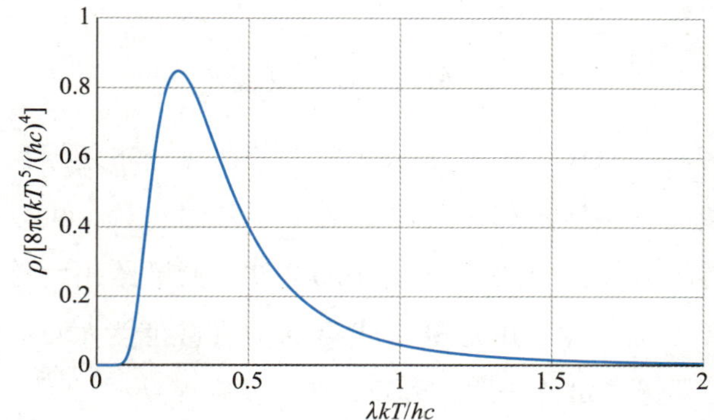

图7A.4 普朗克分布解释了黑体辐射的实测能量分布，它在长波长处与瑞利-金斯分布一致

1900年，Max Plank发现，实验观察到的黑体辐射强度分布可以通过假设每个振子的能量仅限于不连续值来解释。特别地，Plank认为对于一个频率为ν的电磁振子，允许的能量是$h\nu$的整数倍：

$$E = nh\nu \qquad n = 0, 1, 2, \cdots \qquad (7A.5)$$

式中h是一个基本常数，称为**普朗克常量**（Planck's constant）。能量取不连续值的限制被称为**能量量子化**（energy quantization）。在此基础上，普朗克导出了能谱密度的表达式，称为**普朗克分布**（Planck distribution）：

$$\rho(\lambda, T) = \frac{8\pi hc}{\lambda^5(\mathrm{e}^{hc/\lambda kT} - 1)} \qquad \text{普朗克分布} \qquad (7A.6a)$$

式（7A.6a）绘制在图7A.4中，其在所有波长处都

与实验数据符合得很好。h值在理论上是一个待确定的参数，可通过变化它的值，直至式（7A.6a）与实验测量之间获得最佳拟合来确定。目前公认的值是$h=6.626\times10^{-34}$ J · s。

对于短波长，$hc/\lambda kT\gg1$；由于$e^{hc/\lambda kT}\to\infty$比$\lambda^5\to0$更快，导致当$\lambda\to0$时$\rho\to0$。因此，能谱密度在短波长处接近于零，由此普朗克分布避免了紫外灾难。对于长波长（$hc/\lambda kT\ll1$），普朗克分布中的分母可被替换（参见专题5B中“化学家工具包12”）为

$$e^{hc/\lambda kT}-1=\left(1+\frac{hc}{\lambda kT}+\cdots\right)-1\approx\frac{hc}{\lambda kT}$$

将此近似代入式（7A.6a）时，普朗克分布还原为瑞利－金斯定律，即式（7A.4）。通过微分，可以得到最大值处的波长，且由$\lambda_{max}T=$常数给出，符合维恩定律；用这种方式得到的常数值为$hc/5k$，与实验测量值一致。最后，总能量密度是

$$\mathcal{E}(T)=\int_0^\infty\frac{8\pi hc}{\lambda^5(e^{hc/\lambda kT}-1)}d\lambda=aT^4 \qquad (7A.7)$$

其中　$a=\dfrac{8\pi^5k^4}{15(hc)^3}$

这是有限的，并且与斯特藩－玻耳兹曼定律［式（7A.3）］一致，包括正确地预测了其常数值。

简要说明7A.1

考虑式（7A.6a），其中$\lambda_1=450$ nm（蓝色光）和$\lambda_2=700$ nm（红色光），且$T=298$ K，则

$$\frac{hc}{\lambda_1kT}=\frac{6.626\times10^{-34}\ \mathrm{J\cdot s}\times2.998\times10^8\ \mathrm{m\cdot s^{-1}}}{450\times10^{-9}\ \mathrm{m}\times1.381\times10^{-23}\ \mathrm{J\cdot K^{-1}}\times298\ \mathrm{K}}=107.2$$

$$\frac{hc}{\lambda_2kT}=\frac{6.626\times10^{-34}\ \mathrm{J\cdot s}\times2.998\times10^8\ \mathrm{m\cdot s^{-1}}}{700\times10^{-9}\ \mathrm{m}\times1.381\times10^{-23}\ \mathrm{J\cdot K^{-1}}\times298\ \mathrm{K}}=68.9$$

以及

$$\frac{\rho(450\ \mathrm{nm},298\ \mathrm{K})}{\rho(700\ \mathrm{nm},298\ \mathrm{K})}=\left(\frac{700\times10^{-9}\ \mathrm{m}}{450\times10^{-9}\ \mathrm{m}}\right)^5\times\frac{e^{68.9}-1}{e^{107.2}-1}$$

$$=9.11\times2.30\times10^{-17}=2.10\times10^{-16}$$

在室温下，波长较短的辐射的占比是微不足道的。

普朗克的方法是成功的，但瑞利的方法却不是成功的，原因只有一个。无论其频率如何，普朗克不是允许每个振子有相同的平均能量，而是用玻耳兹曼分布（见本书“绪言”）来论证高频振子（其产生较短波长的辐射），被激发的可能性小于低频振子。的确，对于频率非常高的振子，$h\nu$的最小激发能太大，以至于振子根本不能被激发。高频振子贡献的消除避免了紫外灾难。

有时以频率来表达普朗克分布较为方便。那么，$\rho(\nu,T)d\nu$就是温度T时，因频率介于ν和$\nu+d\nu$之间的电磁辐射的存在所引起的能量密度，即

$$\rho(\nu,T)=\frac{8\pi h\nu^3}{c^3(e^{h\nu/kT}-1)} \qquad \text{用频率表示的普朗克分布} \qquad (7A.6b)$$

（b）热容

当能量以热的形式供给物质时，物质的温度就上升；热容（专题2A）是提供的能量和升高温度之间的比例常数［$C=dq/dT$，在定容下，$C_{V,m}=(\partial U_m/\partial T)_V$］。在19世纪进行的实验测量已表明许多单原子固体在室温下的摩尔热容约为$3R$，其中R是摩尔气体常数[1]。然而，当在低得多的温度下测量时发现热容下降，并且随温度趋近零而趋于零。

经典物理学无法解释这种温度依赖关系。固体的经典图像是原子在固定位置上振荡，预期每个振动原子将有相同的平均能量kT。这个模型预测一个由N个原子组成的固体，每个原子可在三个维度自由振荡，能量为$U=3NkT$，由此热容为$C_V=(\partial U/\partial T)_V=3Nk$。因此，摩尔热容预测为$3N_Ak$，由于$N_Ak=R$，则在所有温度下摩尔热容都等于$3R$。1905年，爱因斯坦建议应用普朗克假定，并假设每个振荡原子都有一个能量$nh\nu$（其中n是整数，ν是振荡的频率）。爱因斯坦通过用波耳兹曼分布继续说明每个振子不太可能被激发到高能量，并且在低温时几乎没有振子被激发。结果，因为振子不能被激发，热容降低到零。爱因斯坦

1　摩尔气体常数出现在有关固体的内容中，这是因为它实际上是形式上更为基本的波耳兹曼常数：$R=N_Ak$。

得到的定量结果（参见专题13E）是

$$C_{V,\mathrm{m}}(T)=3Rf_{\mathrm{E}}(T),$$
$$f_{\mathrm{E}}(T)=\left(\frac{\theta_{\mathrm{E}}}{T}\right)^2\left(\frac{\mathrm{e}^{\theta_{\mathrm{E}}/2T}}{\mathrm{e}^{\theta_{\mathrm{E}}/T}-1}\right)^2 \quad \text{爱因斯坦公式} \tag{7A.8a}$$

式中θ_{E}是**爱因斯坦温度**（Einstein temperature），$\theta_{\mathrm{E}}=h\nu/k$。

在高温（$T>>\theta_{\mathrm{E}}$）下，f_{E}中的指数项可以展开为$\mathrm{e}^x=1+x+\cdots$，忽略更高项（专题5B中“化学家工具包12”），结果是

$$f_{\mathrm{E}}(T)=\left(\frac{\theta_{\mathrm{E}}}{T}\right)^2\left[\frac{1+\theta_{\mathrm{E}}/2T+\cdots}{(1+\theta_{\mathrm{E}}/T+\cdots)-1}\right]^2$$
$$\approx\left(\frac{\theta_{\mathrm{E}}}{T}\right)^2\left(\frac{1}{\theta_{\mathrm{E}}/T}\right)^2\approx 1 \tag{7A.8b}$$

于是得到了经典结果（$C_{V,\mathrm{m}}=3R$）。在低温时（$T<<\theta_{\mathrm{E}}$），$\mathrm{e}^{\theta_{\mathrm{E}}/T}>>1$，则

$$f_{\mathrm{E}}(T)\approx\left(\frac{\theta_{\mathrm{E}}}{T}\right)^2\left(\frac{\mathrm{e}^{\theta_{\mathrm{E}}/2T}}{\mathrm{e}^{\theta_{\mathrm{E}}/T}}\right)^2=\left(\frac{\theta_{\mathrm{E}}}{T}\right)^2\mathrm{e}^{-\theta_{\mathrm{E}}/T} \tag{7A.8c}$$

强衰减指数函数变为零比$1/T^2$变为无穷大更快；故当$T\to 0$时，$f_{\mathrm{E}}\to 0$，并且热容趋近于零，正如实验上的发现。这个公式成功的物理学原因是当温度降低时，可用于激发原子振荡的能量更少。在高温时，许多振子被激发进入高能态，结果变为经典行为。

图7A.5显示了爱因斯坦公式预测的热容的温度依赖性及一些实验数据；通过调节爱因斯坦温度值以得到最佳的数据拟合。曲线的总体形状是令人满意的，但数字上的一致性是相当差的。这种差异源于爱因斯坦假说中认为所有原子以相同的频率振荡。一种更复杂的处理出自Peter Debye，其允许振子有从零到某最大值的频率范围。这种方法得到与实验数据更相符合的结果。这样，机械运动及电磁辐射是量子化的结论就毫无疑问。

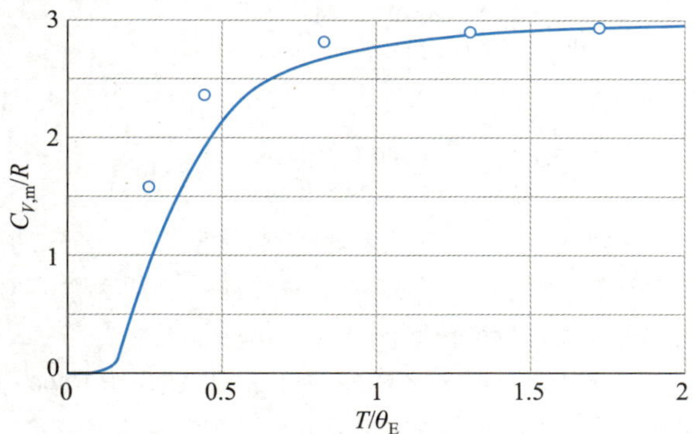

图7A.5 实测的低温摩尔热容（空心圆圈）及基于爱因斯坦理论预测的摩尔热容与温度的关系（实线）。爱因斯坦公式［式（7A.8）］较好地解释了这种依赖性，但是其值总是低于实测值

（c）原子光谱和分子光谱

能量量子化最令人信服和直接的证据来自**光谱学**（spectroscopy），即检测和分析物质吸收、发射或散射的电磁辐射。这种辐射的强度随频率(ν)、波长(λ)或波数（$\tilde{\nu}=\nu/c$，参见“化学家工具包13”）变化的记录被称作它的**光谱**（spectrum）（来自拉丁文的“外观”一词）。

原子发射光谱如图7A.6所示，分子吸收光谱如图7A.7所示。二者显而易见的特征是辐射都是以一系列不连续的频率发射或吸收的。如果原子或分子的能量也受限于不连续的值，则可以理解这种观测结果，因为这样的话，一个分子可释放或获得的能量也受限于不连续的值（图7A.8）。如

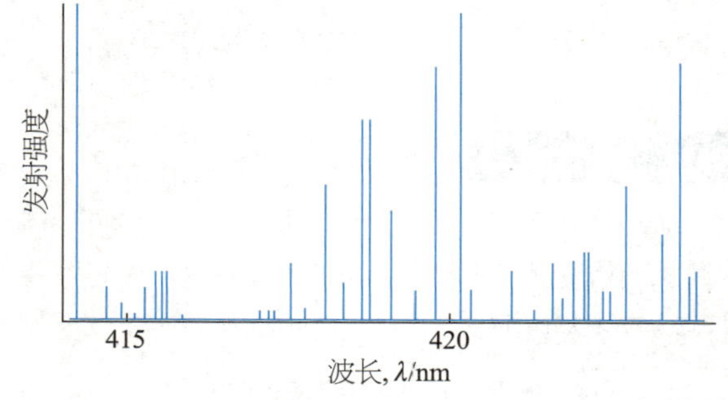

图7A.6 激发态的铁原子所发射的辐射光谱的一个区域，由一系列不连续波长（或频率）处的辐射组成

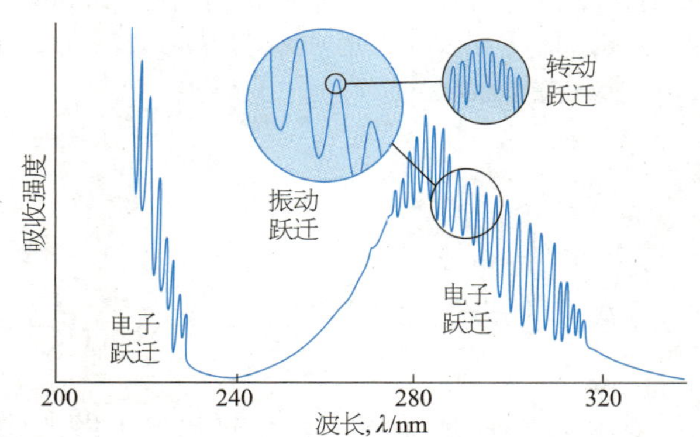

图7A.7 分子可以通过吸收一定频率的辐射来改变其状态。此光谱是由二氧化硫（SO_2）分子的电子、振动及转动激发所产生的光谱。观测到的不连续谱线结果表明，分子只能拥有不连续的能量，而不是任意的能量

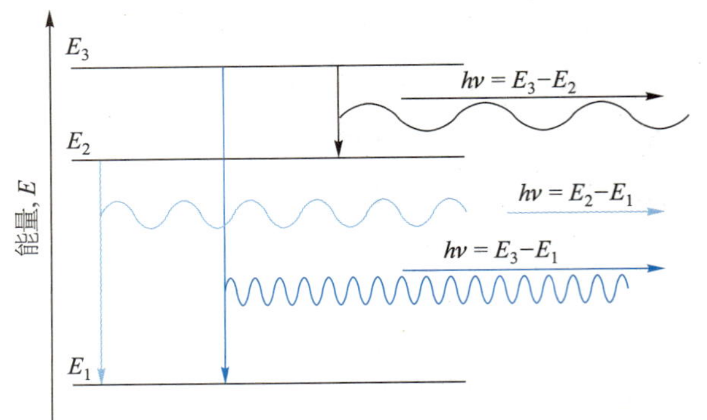

图7A.8 光谱跃迁（如图7A.6所示）可以通过假设一个原子（或分子）从一个不连续的高能级变化到一个不连续的低能级时所发射的电磁辐射来说明。当能量变化较大时，发射高频辐射。像图7A.7中所示的那些跃迁则可以通过假设一个分子（或原子）从低能级变化到高能级时所吸收的辐射来解释

果一个原子或分子的能量减少ΔE，且这些能量以辐射形式被带走，则辐射的频率ν和能量的变化可通过**玻尔频率条件**（Bohr frequency condition）相关联：

$$\Delta E = h\nu \quad \text{玻尔频率条件} \qquad (7A.9)$$

一个分子被称为经历**光谱跃迁**（spectroscopic transition），即状态变化，结果是光谱中频率ν处显现一条发射“线”，即一个确定的峰值。

简要说明7A.2

钠原子产生黄色光（如在一些街灯中），来自590 nm辐射的发射。该发射的光谱跃迁涉及两个电子能级，其能级差异可通过式（7A.9）给出：

$$\Delta E = h\nu = \frac{hc}{\lambda} = \frac{6.626\times10^{-34}\ \mathrm{J\cdot s}\times 2.998\times10^{8}\ \mathrm{m\cdot s^{-1}}}{590\times10^{-9}\ \mathrm{m}}$$
$$= 3.37\times10^{-19}\ \mathrm{J}$$

这种能级差异可以用各种不同方式表达，例如，乘以阿伏加德罗常数可得到每摩尔原子的能量差异为203 kJ · mol^{-1}，相当于一个弱化学键的能量。

7A.2 波粒二象性

即将叙述的实验表明，电磁辐射（经典物理学视为波状）实际上也显示了粒子的特征。另一个实验表明电子（经典物理学视为粒子）也显示波的特征。这种**波粒二象性**（wave–particle duality），即波和粒子的特征融合在一起，是量子力学的核心内容。

（a）电磁辐射的粒子特征

黑体辐射的普朗克处理引入了这样一种思想，即一个频率为ν的振子只能拥有0，$h\nu$，$2h\nu$，…的能量。这种量子化导致了一种假设（在现阶段它只是个假设），即该频率产生的电磁辐射可以被认为是由0，1，2，…个粒子组成的，每个粒子具有的能量为$h\nu$。这些电磁辐射的粒子现在称为**光子**（photons）。因此，如果一个频率为ν的振子被激发到其第一激发态，那么存在一个该频率的光子，如果被激发到它的第二激发态，那么存在两个光子，以此类推。从原子和分子中观测到的不连续光谱现象可以被描述为原子或分子在损失大小为ΔE的能量时产生一个能量为$h\nu$的光子，其$\Delta E = h\nu$。

例题7A.1 计算光子的数目

计算由一个100 W的黄光灯在1.0 s内发射光子的数量。将黄光波长设为560 nm，且假设效率是100%。

整理思路 每个光子都有一个能量$h\nu$，所以产生能量E所需的光子的总数$N = E/h\nu$。为了使用这个等式，你需要知道辐射的频率（来自$\nu = c/\lambda$）及灯发射的总能量。后者可通过功率（P，以瓦特为单位）和灯亮着的时间间隔Δt的乘积给出：$E = P\Delta t$（参见专题2A中的“化学家工具包8”）。

解： 光子的数目是

$$N = \frac{E}{h\nu} = \frac{P\Delta t}{h(c/\lambda)} = \frac{\lambda P\Delta t}{hc}$$

代入数据得

$$N = \frac{5.60\times10^{-7}\ \mathrm{m}\times 100\ \mathrm{J\cdot s^{-1}}\times 1.0\ \mathrm{s}}{6.626\times10^{-34}\ \mathrm{J\cdot s}\times 2.998\times10^{8}\ \mathrm{m\cdot s^{-1}}} = 2.8\times10^{20}$$

实用小贴士 为了避免约数及其他数字误差，最好先进行代数运算，并将数值代入最终的公式。此外，分析结果可以用于其他数据而无须重复整个计算。

自测题7A.1 一个功率为1 mV和波长为1 000 nm的单色（单频）红外测距仪在0.1 s内发射多少光子？

答案： 5×10^{14}。

到目前为止，光子的存在只是一个假设。它们存在的实验证据来自**光电效应**（photoelectric effect）（即当金属暴露在紫外光辐射下时，电子从金属中的逸出）中产生的电子能量的测量。光电效应的实验特征如下：

- 无论辐射的强度如何，除非其频率超过金属特有的阈值，否则都不会逸出电子。
- 逸出电子的动能与入射辐射的频率呈线性增加关系，但与辐射强度无关。
- 如果频率高于阈值，即使在低的辐射强度下也会立即逸出电子。

图7A.9说明了第一个和第二个特待。

这些观察结果强烈表明，在光电效应中，一个颗粒状发射物与金属碰撞，并且如果发射物的动能足够高，那么电子逸出。如果发射物是能量为$h\nu$（ν是辐射的频率）的光子，电子的动能是E_k，以及从金属中移除一个电子所需的能量，即**功函**（work function）Φ，那么，如图7A.10所示，能量守恒意味着

$$h\nu = E_k + \Phi \quad 或 \quad E_k = h\nu - \Phi \qquad 光电效应 \qquad (7A.10)$$

这种模型解释了三个实验观察结果：

- 如果$h\nu < \Phi$，则不能发生光致发射，因为光子带来的能量不足。
- 逸出电子的动能与光子的频率呈线性增加关系。
- 当一个光子与一个电子碰撞时，它会失去它的所有能量，只要光子有足够的能量，那么一旦发生碰撞电子就立即出现。

式（7A.10）的一个实际应用是它提供了一种测定普朗克常数的方法，因为图7A.9中所有线的斜率都等于h。

光电子的能量、功函及其他量通常以能量的另一个单位即**电子伏特**（electronvolt，eV）来表示：1 eV定义为一个电子（电荷为$-e$）通过电势差$\Delta\phi = 1$ V由静止开始加速所获得的动能。该动能是$e\Delta\phi$，故

$$E_k = e\Delta\phi = 1.602\times10^{-19}\ \mathrm{C}\times1\ \mathrm{V} = 1.602\times10^{-19}\ \mathrm{C\cdot V} = 1\ \mathrm{eV}$$

因为1 C · V = 1 J，所以电子伏特和焦耳之间的关系如下：

$$1\ \mathrm{eV} = 1.602\times10^{-19}\ \mathrm{J}$$

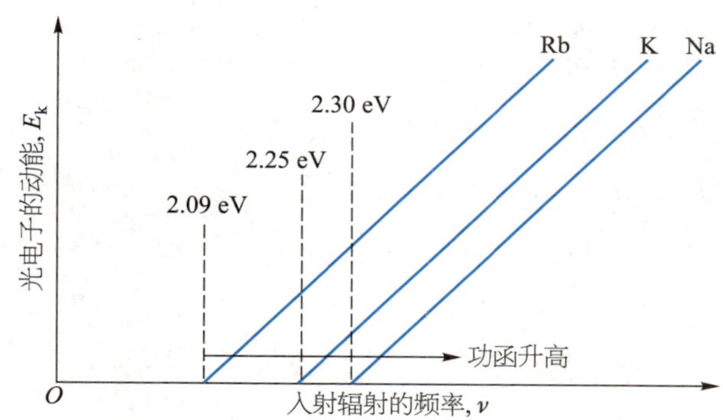

图7A.9 在光电效应中，当入射辐射的频率低于金属特有的某个值时，没有电子逸出。高于该值，光电子的动能随着入射辐射的频率线性变化

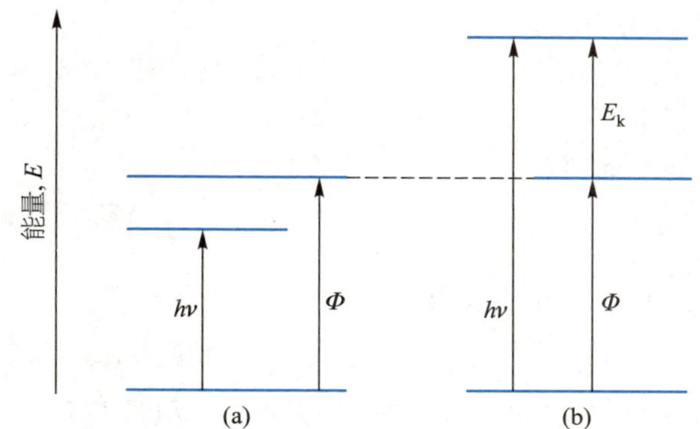

图7A.10 如果假设入射辐射是由具有能量与辐射频率成正比的光子组成的，则可以解释光电效应。（a）光子的能量不足以驱动电子逸出金属。（b）光子的能量用于逸出电子绰绰有余，多余的能量被用作光电子（逸出电子）的动能

例题 7A.2 计算能够产生光致发射的最长波长

波长为305 nm的辐射光子从金属中逸出电子的动能为1.77 eV。计算能够从金属中逸出电子的辐射的最长波长。

整理思路 可以使用式（7A.10），重排为$\Phi = h\nu - E_k$，计算功函，其中光子的频率根据$\nu = c/\lambda$计算。光致发射的阈值是使电子逸出产生而没有任何多余能量的最低频率；也就是说，逸出电子的动能是零。在$E_k = h\nu - \Phi$中设$E_k = 0$，得出最小的光子频率为$\nu_{min} = \Phi/h$。使用此频率值来计算相应的波长λ_{max}。

解： 光致发射的最小频率是

$$\nu_{min} = \frac{\Phi}{h} = \frac{h\nu - E_k}{h} \overset{\nu = c/\lambda}{=} \frac{c}{\lambda} - \frac{E_k}{h}$$

因此，能够产生光致发射的最长波长是

$$\lambda_{\max}=\frac{c}{\nu_{\min}}=\frac{c}{c/\lambda-E_k/h}=\frac{1}{1/\lambda-E_k/hc}$$

代入数据，电子的动能是

$$E_k=1.77\ \mathrm{eV}\times1.602\times10^{-19}\ \mathrm{J\cdot eV^{-1}}=2.84\times10^{-19}\ \mathrm{J}$$

则

$$\frac{E_k}{hc}=\frac{2.84\times10^{-19}\ \mathrm{J}}{6.626\times10^{-34}\ \mathrm{J\cdot s}\times2.998\times10^{8}\ \mathrm{m\cdot s^{-1}}}=1.43\times10^{6}\ \mathrm{m^{-1}}$$

因此，利用 $1/\lambda=1/305\ \mathrm{nm}=3.28\times10^{6}\ \mathrm{m^{-1}}$，可得

$$\lambda_{\max}=\frac{1}{3.28\times10^{6}\ \mathrm{m^{-1}}-1.43\times10^{6}\ \mathrm{m^{-1}}}=5.41\times10^{-7}\ \mathrm{m}$$

或 541 nm。

自测题 7A.2　当波长为 165 nm 的紫外辐射射向某金属表面时，电子逸出速率为 $1.24\ \mathrm{Mm\cdot s^{-1}}$。计算由波长为 265 nm 的辐射所逸出的电子速率。

答案：$735\ \mathrm{km\cdot s^{-1}}$。

(b) 粒子的波动性

尽管与早已确立的辐射波理论相违背，辐射由粒子组成的观点之前已经存在，但被忽视了。然而，没有杰出的科学家认为物质会像波一样。不过，1925 年进行的实验迫使人们考虑这种可能性。关键性的实验是由 Clinton Davisson 和 Lester Germer 进行的，他们观察到了晶体的电子衍射（图 7A.11）。正如“化学家工具包 13”所述，衍射是物体在波的传播路径上造成的干涉。Davisson 和 Germer 的成功是一个幸运的意外，因为一个偶然的温度上升造成他们的多晶样品退火；于是，有序的原子平面就充当了衍射光栅。Davisson-Germer 实验此后又用其他粒子（包括 α 粒子、氢分子和中子）进行了重复，这些都清楚地表明粒子具有类似波的性质。几乎在同一时间，G.P. Thomson 发现，一束电子在通过一个薄金箔时发生了衍射。

Louis de Broglie 在波粒二象性的解释方面早已取得了一定进展，他在 1924 年提出，不仅是光子，任何以线性动量 $p=mv$（m 为粒子的质量、v 为粒子的速率）进行着的粒子在某种意义上都应该有一个波长，这个波长可由下面的**德布罗意关系式**（de Broglie relation）给出：

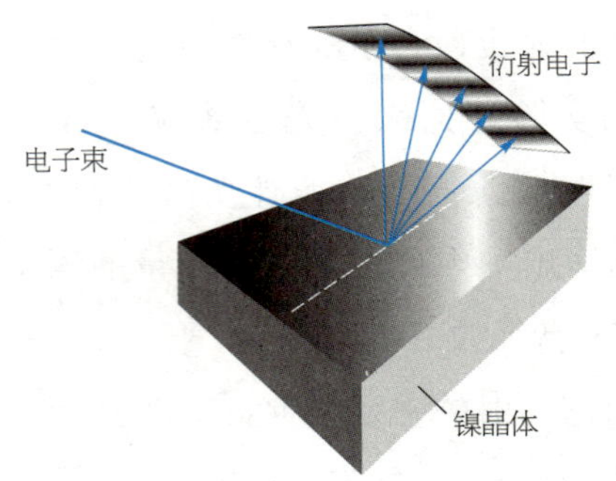

图 7A.11　Davisson-Germer 实验。来自镍晶体的电子束的散射显示出衍射实验中强度变化的特性，其中波在不同方向上产生相长干涉和相消干涉

$$\lambda=\frac{h}{p}\qquad \text{德布罗意关系式}\qquad (7A.11)$$

也就是说，具有高线性动量的粒子具有短的波长。宏观物体即使移动缓慢也具有非常高的动量（因为它们的质量非常大），因而它们的波长小到不可测，以至于类似波的性质无法被观测到。这种不可测性也是经典力学能用以解释宏观物体行为的原因。需要强调的是，量子力学仅用于微观物体，如原子和分子，它们的质量都很小。

例题 7A.3　估算德布罗意波长

估算经过一个 40 kV 的电势差从静止开始加速的电子的波长。

整理思路　要使用德布罗意关系式，需要知道电子的线性动量 p。要计算线性动量，注意到一个电子经过电势差 $\Delta\phi$ 加速获得的能量是 $e\Delta\phi$，其中 e 是其电荷的大小。在加速期结束时，所有获得的能量都以动能的形式存在，$E_k=\frac{1}{2}m_e v^2=p^2/2m_e$。因此，可以通过设 $p^2/2m_e$ 等于 $e\Delta\phi$ 来计算 p。对于单位的运算，用 $1\ \mathrm{V\cdot C}=1\ \mathrm{J}$ 和 $1\ \mathrm{J}=1\ \mathrm{kg\cdot m^2\cdot s^{-2}}$。

解：表达式 $p^2/2m_e=e\Delta\phi$ 意味着 $p=(2m_e e\Delta\phi)^{1/2}$；然后，根据德布罗意关系式 $\lambda=h/p$，有

$$\lambda=\frac{h}{(2m_e e\Delta\phi)^{1/2}}$$

代入数据及基本常数，得

$$\lambda=\frac{6.626\times10^{-34}\ \mathrm{J\cdot s}}{(2\times9.109\times10^{-31}\ \mathrm{kg}\times1.602\times10^{-19}\ \mathrm{C}\times4.0\times10^{4})\ \mathrm{V}^{1/2}}=6.1\times10^{-12}\ \mathrm{m}$$

或 6.1 pm。

说明　以这种方式加速的电子被用于为生物系统成像和测定固体表面结构的电子衍射技术中。

自测题 7A.3　计算下列波长：（a）在 300 K 时平动

能等于kT的中子；（b）移动速率为 80 km · h^{-1}、质量为 57 g的网球。

答案：（a）178 pm；（b）5.2×10^{-34} m。

概念清单

- ☐ 1. **黑体**是能够发射和吸收所有辐射波长、不偏好任何波长的物体。
- ☐ 2. 一个给定频率的电磁场吸收的能量只能取不连续的数值。
- ☐ 3. 原子光谱和分子光谱表明，原子和分子吸收的能量只能取不连续的数值。
- ☐ 4. **光电效应**确立了电磁辐射是由粒子（光子）组成的观点，而在经典物理学中电磁辐射被认为是类似于波的。
- ☐ 5. 电子衍射确立了电子具有波动性的观点，其波长由**德布罗意关系式**给出，而在经典物理学中电子被认为是粒子。
- ☐ 6. **波粒二象性**是对粒子和波的概念整合在一起的认识。

公式清单

性质	公式	说明	公式编号
维恩定律	$\lambda_{\max}T=2.9\times10^{-3}\ \mathrm{m\cdot K}$		7A.1
斯特藩 - 玻耳兹曼定律	$\mathcal{E}(T)=$ 常数 $\times T^4$		7A.3
普朗克分布	$\rho(\lambda,T)=8\pi hc/[\lambda^5(\mathrm{e}^{hc/\lambda kT}-1)]$	黑体辐射	7A.6
	$\rho(\nu,T)=8\pi h\nu^3/[c^3(\mathrm{e}^{h\nu/kT}-1)]$		
固体热容的爱因斯坦公式	$C_{V,\mathrm{m}}(T)=3Rf_{\mathrm{E}}(T)$	爱因斯坦温度：$\theta_{\mathrm{E}}=h\nu/k$	7A.8
	$f_{\mathrm{E}}(T)=(\theta_{\mathrm{E}}/T)^2[\mathrm{e}^{\theta_{\mathrm{E}}/2T}/(\mathrm{e}^{\theta_{\mathrm{E}}/T}-1)]^2$		
玻尔频率条件	$\Delta E=h\nu$		7A.9
光电效应	$E_{\mathrm{k}}=h\nu-\Phi$	Φ是功函	7A.10
德布罗意关系式	$\lambda=h/p$	λ是线性动量为p的粒子的波长	7A.11

专题7B

波函数

▶ 为何需要学习这部分内容?

波函数为理解原子和分子中电子的性质提供了必要的基础，并且是化学中解释的核心。

▶ 核心思想是什么?

一个系统的所有动态属性都包含在它的波函数内，波函数通过求解薛定谔方程得到。

▶ 需要哪些预备知识?

需要意识到经典物理学的局限性，正是这些局限性推动了量子理论的发展（专题7A）。

在经典力学中，物体沿着一条确定的路径或轨迹运动。在量子力学中，在特定状态的粒子由**波函数**（wavefunction）ψ来描述，波函数是在空间分散的而不是定域化的。波函数包含了物体在该状态下的所有动态信息，如其位置和动量。

7B.1 薛定谔方程

1926年，Erwin Schrödinger提出了一个求任何系统波函数的方程。在不随时间变化的系统（例如，其体积保持不变）中，一个质量为m、能量为E、沿一维运动的粒子，其**不含时间的薛定谔方程**（time-independent Schrödinger equation）是

$$-\frac{\hbar^2}{2m}\frac{\mathrm{d}^2\psi}{\mathrm{d}x^2}+V(x)\psi=E\psi \qquad \text{不含时间的薛定谔方程} \qquad (7\text{B}.1)$$

常数$\hbar=h/2\pi$是对普朗克常数的一种方便的修改，在量子力学中广泛使用；$V(x)$是粒子在x位置上的势能。因为总能量E是势能和动能之和，左边的第一项必须与粒子的动能相关（后文探讨）。薛定谔方程可以被视为量子力学的一个基本假设，但它的合理性可以通过证明自由粒子符合德布罗意关系式（专题7A）来得到验证。

如何完成？7B.1 证明薛定谔方程与德布罗意关系式是一致的

一个自由移动的粒子的势能在任何位置都是零，即$V(x)=0$。所以，薛定谔方程［式（7B.1）］变为

$$\frac{\mathrm{d}^2\psi}{\mathrm{d}x^2}=-\frac{2mE}{\hbar^2}\psi$$

步骤1 *求自由粒子的薛定谔方程的解*

此方程的一个解是$\psi=\cos kx$，可以通过下面的运算确认这一点：

$$\frac{\mathrm{d}^2\psi}{\mathrm{d}x^2}=\frac{\mathrm{d}^2\cos kx}{\mathrm{d}x^2}=-k^2\cos kx=-k^2\psi$$

进而得到$-k^2=-2mE/\hbar^2$，于是有

$$k=\left(\frac{2mE}{\hbar^2}\right)^{1/2}$$

这种情况下，能量只是动能，其与粒子的线性动量通过$E=p^2/2m$（专题2A中“化学家工具包6”）相关联。所以，得到

$$k=\left[\frac{2m(p^2/2m)}{\hbar^2}\right]^{1/2}=\frac{p}{\hbar}$$

因此，线性动量通过式$p=k\hbar$与k相关联。

步骤2 *用波长解释波函数*

现在，认识到一个波（更具体地说，一个谐波）可以用正弦函数或余弦函数来进行数学描述。因此，$\cos kx$可以视为一种波，随着kx增加2π，其经历一个完整的循环。因此，波长可通过$k\lambda=2\pi$得出，故$k=2\pi/\lambda$。因此，线性动量与波函数的波长可通过下式相关联：

$$p=k\hbar=\frac{2\pi}{\lambda}\times\frac{h}{2\pi}=\frac{h}{\lambda}$$

这就是德布罗意关系式。因此，薛定谔方程的解与德布罗意关系式是一致的。

7B.2　玻恩解释

包含在波函数中的一个动态信息是粒子的位置。Max Born用辐射波理论做类比，其中将在一个区域内电磁波振幅的平方解释为它的强度，以此（用量子术语）作为在该区域发现光子概率的一种量度。波函数的**玻恩解释**（Born interpretation）为

如果一个粒子的波函数在x处的值为ψ，那么，在x和$x+dx$之间发现这个粒子的概率正比于$|\psi|^2dx$（图7B.1）。

玻恩解释

$|\psi|^2=\psi^*\psi$考虑了ψ是复函数（见"化学家工具包14"）的可能性。如果波函数是实函数（如$\cos kx$），那么$|\psi|^2=\psi^2$。

因为$|\psi|^2dx$表示概率（量纲为1），则$|\psi|^2$是**概率密度**（probability density），以1/长度为量纲（对于一维系统）。波函数ψ本身称为**概率振幅**（probability amplitude）。对于一个在三维空间自由运动的粒子（例如，原子中原子核附近的一个电子），波函数取决于坐标x、y和z，并表示为$\psi(r)$。在这种情况下，玻恩解释是（图7B.2）：

如果一个粒子的波函数在r处的值为ψ，那么，在该位置的一个无穷小体积$d\tau=dx\,dy\,dz$内发现这个粒子的概率正比于$|\psi|^2d\tau$。

在这种情况下，$|\psi|^2$具有1/长度^{3}的量纲，并且波函数本身具有1/长度$^{3/2}$（以及类似$m^{-3/2}$的单位）的量纲。

玻恩解释消除了ψ为负（通常是复数）值有意义的担忧，因为$|\psi|^2$总是实数而且不存在负的。波函数负（或复数）值没有直接的意义：只有平方模量有直接的物理意义，而且波函数负的和正的区域都可能对应着在一个区域发现粒子的高概率（图7B.3）。然而，波函数正的和负的区域的存在具有重要的间接意义，因为它产生了不同波函数之间相长干涉和相消干涉的可能性。

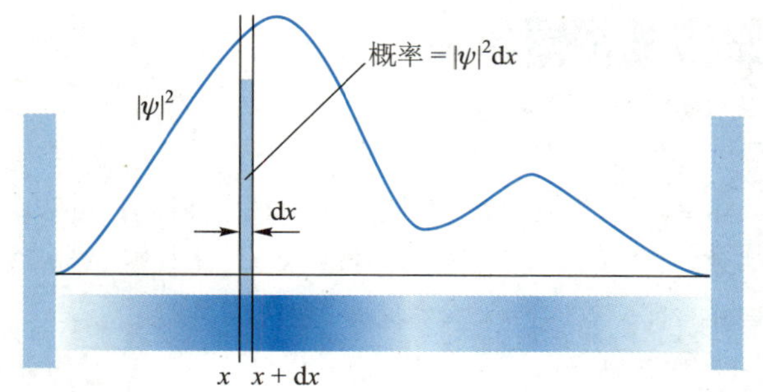

图7B.1　波函数ψ的平方模量($\psi^*\psi$或$|\psi|^2$)是概率密度，在这种意义上说，波动函数是一种概率振幅。在x和$x+dx$之间的区域发现电子的概率正比于$|\psi|^2dx$。此图中，概率密度由在叠加带中阴影的密度表示

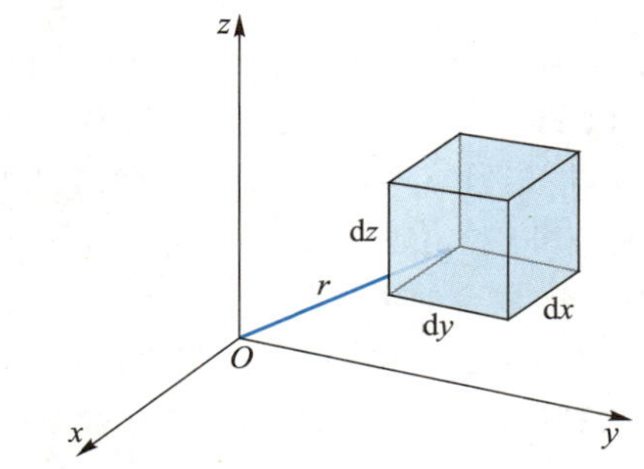

图7B.2　三维空间中波函数的玻恩解释意味着在某一位置r处的一个体积元$d\tau=dx\,dy\,dz$内发现粒子的概率正比于该处$|\psi|^2$值与$d\tau$的乘积

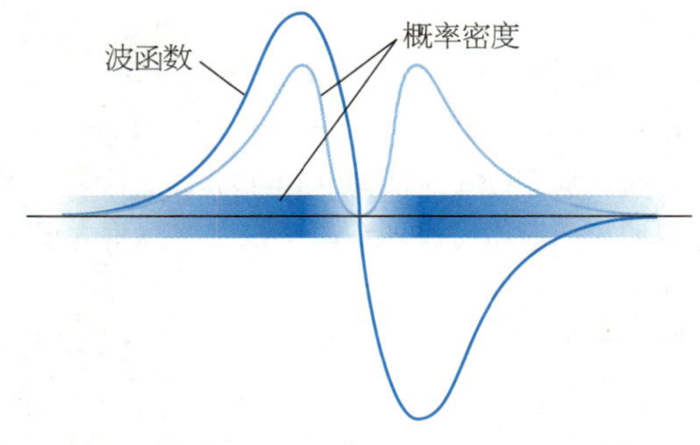

图7B.3　波函数的正、负号没有直接的物理意义：波函数正的和负的区域都对应着相同的概率分布（通过ψ的平方模量给出，并通过阴影的密度绘出）

波函数在一个或多个点处可能为零，则在这些位置的概率密度也为零。区分波函数为零的点（例如，远离氢原子核）和波函数经过零的点是非常重要的，后者称为**节点**（node）。波函数接近零而实际没有经过零的位置不是节点。如此，波函数$\cos kx$在kx是$\frac{1}{2}\pi$的奇数整数倍的位置（在该处波经过零）有节点，但是波函数e^{-kx}没有节点，尽管当$x\to\infty$时其变为零。

化学家工具包 14　复数

复数的一般形式为

$$z = x + \mathrm{i}y$$

式中$\mathrm{i}=\sqrt{-1}$。实数x是"z的实部"，标记为$\mathrm{Re}(z)$；类似地，实数y是"z的虚部"，标记为$\mathrm{Im}(z)$。z的**复共轭**（complex conjugate），标记为z^*，是通过用$-\mathrm{i}$替换i形成的：

$$z^* = x - \mathrm{i}y$$

z^*和z的乘积标记为$|z|^2$，并称为z的**平方模量**（square modulus）。根据z和z^*的定义，以及$\mathrm{i}^2=-1$，可得

$$|z|^2 = z^*z = (x+\mathrm{i}y)(x-\mathrm{i}y) = x^2 + y^2$$

平方模量是一个实的非负数。**绝对值**（absolute value）或**模量**（modulus）标记为$|z|$，由下式给出：

$$|z| = (z^*z)^{1/2} = (x^2 + y^2)^{1/2}$$

对于更多的关于复数的信息，参见专题7C中"化学家工具包16"。

例题 7B.1　解释波函数

氢原子最低能态中电子的波函数正比于e^{-r/a_0}，其中a_0是常数，r是离原子核的距离。计算在如下位置处体积为$\delta V = 1.0\ \mathrm{pm}^3$（该体积即使在原子尺度上也是很小的）的区域内发现电子的相对概率：（a）位于原子核，（b）位于距离原子核a_0处。

整理思路　关注的区域在原子尺度上是如此之小，以至于可以忽略ψ在其中的变化，并写出概率P正比于在该点估算的概率密度（ψ^2；注意ψ是实函数）乘以题设的体积δV。就是说，$P \propto \psi^2\delta V$，其中$\psi^2 \propto \mathrm{e}^{-2r/a_0}$。

解：在每种情况下，$\delta V = 1.0\ \mathrm{pm}^3$。

（a）在原子核上，$r=0$，所以

$$P \propto \mathrm{e}^0 \times 1.0\ \mathrm{pm}^3 = 1 \times 1.0\ \mathrm{pm}^3 = 1.0\ \mathrm{pm}^3$$

（b）在距离$r = a_0$任意方向处，则

$$P \propto \mathrm{e}^{-2} \times 1.0\ \mathrm{pm}^3 = 0.14 \times 1.0\ \mathrm{pm}^3 = 0.14\ \mathrm{pm}^3$$

因此，概率的比例是$1.0/0.14 = 7.1$。

说明　注意电子出现在原子核上的概率大于（约7倍）出现在距离原子核a_0处的相同大小的体积元内的概率。带负电荷的电子被带正电荷的原子核吸引，故其更可能在原子核附近。

自测题 7B.1　He^+最低能态中电子的波函数正比于e^{-2r/a_0}。对这个离子重复上述的计算，并评价结果。

答案：55；波函数更紧缩。

（a）归一化

薛定谔方程的一个数学特征是：如果ψ是一个解，那么$N\psi$也是，其中N是任意常数。注意，由于ψ出现在式（7B.1）中的每一项中，它可以用$N\psi$替换，且常数因子N消除后，就恢复为原始的方程，此特征从而得到证实。这种将波函数乘以一常数因子的自由，意味着总是可以找到一个**归一化常数**（normalization constant）N，这样的话，概率密度不是正比于$|\psi|^2$，而是变得与$|\psi|^2$相等。

归一化常数可以这样获得：对于一个归一化的波函数$N\psi$，一个粒子在$\mathrm{d}x$区域的概率等于$(N\psi^*)(N\psi)\mathrm{d}x$（$N$取实数）；此外，这些单独的概率在所有空间的总和必须是1（粒子在某处的概率是1）。后者的必要条件用数学表达为

$$N^2\int_{-\infty}^{\infty}\psi^*\psi\,\mathrm{d}x = 1 \tag{7B.2}$$

因此有

$$N = \frac{1}{\left(\int_{-\infty}^{\infty}\psi^*\psi\,\mathrm{d}x\right)^{1/2}} \tag{7B.3}$$

倘若该积分具有一个有限值（即波函数是"平方可积的"），则可以找到归一化常数，并将波函数"归一化"。从现在开始，除非另有说明，所有波函数都假设已经归一化。在一维中的情况是

$$\int_{-\infty}^{\infty}\psi^*\psi\,\mathrm{d}x = 1 \tag{7B.4a}$$

在三维中的情况是

$$\int_{-\infty}^{\infty}\int_{-\infty}^{\infty}\int_{-\infty}^{\infty}\psi^*\psi\ \mathrm{d}x\mathrm{d}y\mathrm{d}z = 1 \tag{7B.4b}$$

在量子力学中，通常会以一种缩写的形式写出所有这样的积分，即

$$\int\psi^*\psi\ \mathrm{d}\tau = 1 \tag{7B.4c}$$

式中$\mathrm{d}\tau$是适当的体积元，积分被理解为覆盖整个空间。

例题 7B.2　将一个波函数归一化

碳纳米管是碳的薄空心圆柱体，其直径为1~2 nm，长度为几微米。根据一个简单的模型，碳纳米管的最低能态电子由波函数$\sin(\pi x/L)$描述，其中L是碳纳米管的长度。找出归一化的波函数。

整理思路　因为波函数是一维的，则需要找到N，以确保式（7B.4a）中的积分等于1。波函数是实函数，

所以$\psi^*=\psi$。相关积分可在*资源部分*中找到。

解：将波函数写为$\psi=N\sin(\pi x/L)$，其中N是归一化常数。因为波函数横跨管的长度，故积分限从$x=0$到$x=L$。因此有

$$\int\psi^*\psi\,\mathrm{d}\tau=N^2\overbrace{\int_0^L\sin^2\frac{\pi x}{L}\mathrm{d}x}^{\text{积分T.2}}=\frac{1}{2}N^2L$$

为了使波函数归一化，这个积分必须等于1。也就是说，$\frac{1}{2}N^2L=1$。于是有

$$N=\left(\frac{2}{L}\right)^{1/2}$$

因此，归一化的波函数是

$$\psi=\left(\frac{2}{L}\right)^{1/2}\sin\frac{\pi x}{L}$$

说明 因为L是长度，ψ的量纲是［长度］$^{-1/2}$；因此，对于一维概率密度来说，ψ^2的量纲是［长度］$^{-1}$。

自测题 7B.2 对于相同碳纳米管的电子，在下一个更高能级的波函数是$\sin(2\pi x/L)$。将这个波函数归一化。

答案：$N=(2/L)^{1/2}$。

为了计算在一定空间区域内粒子的出现概率，可将概率密度对所研究的区域进行求和（积分）。这样，对于一维系统，在x_1和x_2之间发现粒子的概率P可由下式给出：

$$P=\int_{x_1}^{x_2}|\psi(x)|^2\mathrm{d}x \qquad (7B.5)$$

例题 7B.3 确定概率

如例题7B.2中所示，长度为L的碳纳米管的最低能态电子，可以用归一化的波函数$(2/L)^{1/2}\sin(\pi x/L)$来描述。请问在$x=L/4$和$x=L/2$之间电子的概率是多少？

整理思路 使用式（7B.5）和归一化的波函数来写出在所研究区域内电子出现的概率的表达式。相关的积分在*资源部分*中给出。

解：根据式（7B.5），概率为

$$P=\frac{2}{L}\overbrace{\int_{L/4}^{L/2}\sin^2(\pi x/L)\,\mathrm{d}x}^{\text{积分T.2}}$$

据此得到

$$P=\frac{2}{L}\left[\frac{x}{2}-\frac{\sin(2\pi x/L)}{4\pi/L}\right]\Bigg|_{L/4}^{L/2}=\frac{2}{L}\left(\frac{L}{4}-\frac{L}{8}-0+\frac{L}{4\pi}\right)=0.409$$

说明 电子在该区域内出现的概率大约为41%。

自测题 7B.3 正如在“自测题7B.2”中所述，在碳纳米管这一模型中，电子的下一个更高能级的归一化波函数为$(2/L)^{1/2}\sin(2\pi x/L)$。请问在$x=L/4$和$x=L/2$之间发现电子的概率是多少？

答案：0.25。

（b）波函数的约束条件

玻恩解释对合格的波函数提出了严格的约束。第一个约束是ψ在有限区域内不能是无限的，因为如果它是无限的，玻恩解释就会失败。这一要求排除了薛定谔方程的许多可能解，因为许多数学上可接受的解会出现无限值，这在物理学上是不可接受的。玻恩解释也排除了在一个点上产生多于一个$|\psi|^2$值的薛定谔方程的解，因为粒子在一个点上的概率密度有多个值也是荒谬的。这个限制表述为波函数必须是单值的；也就是说，在空间的每一个点上，它必须只有一个值。

薛定谔方程本身也暗示了对可能出现的函数类型的一些数学限制。因为它是一个二阶微分方程（鉴于它依赖于波函数的二阶导数），如果方程适用于所有地方，则$\mathrm{d}^2\psi/\mathrm{d}x^2$必须是明确定义的。只有当一阶导数是连续的，二阶导数才有定义：这意味着（除了下面具体说明的）在函数中不允许有扭结。反过来，只有函数是连续的，一阶导数才有定义：不允许有突跃。

因此，总的来说，总结在图7B.4中的波函数的约束条件是

波函数的约束条件

- 在有限区域内不允许是无限的；
- 必须是单值的；
- 必须是连续的；
- 必须有连续的一阶导数（斜率）。

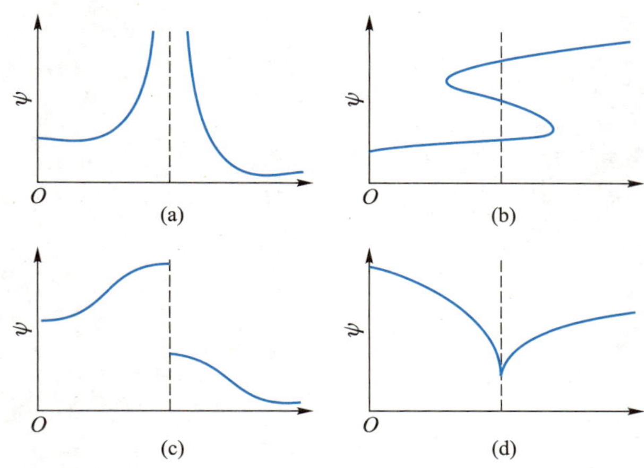

图7B.4 波函数必须满足严格的条件才是可接受的：（a）不可接受，因为它在有限区域是无限的；（b）不可接受，因为它不是单值的；（c）不可接受，因为它不是连续的；（d）不可接受，因为它的斜率是不连续的

如果势能具有突然的、无限高的台阶（如专题7D中处理的箱中粒子模型中），则这些限制中的最后一个不适用。

（c）量子化

上面提到的限制条件是非常苛刻的，以至于对于能量E的任意值，薛定谔方程可接受的解通常不存在。换句话说，一个粒子只能拥有一些特定的能量，否则，它的波函数将是物理学上不可接受的。亦即

对波函数限制的结果就是，粒子的能量是量子化的。

通过解各种类型运动的薛定谔方程，并选择那些符合上述限制条件的解，可找到这些可接受的能量值。

概念清单

- ☐ 1. **波函数**是含有一个系统所有动态信息的数学函数。
- ☐ 2. **薛定谔方程**是用于计算系统波函数的二阶微分方程。
- ☐ 3. 根据**玻恩解释**，在某一点处的概率密度正比于在该点处波函数的平方。
- ☐ 4. **节点**是波函数经过零的点。
- ☐ 5. 如果一个波函数的平方模量在整个空间的积分等于1，则它是**归一化的**。
- ☐ 6. 波函数必须是单值的、连续的、在空间的有限区域内不是无限的，且（除特殊情况外）有连续的斜率。
- ☐ 7. 能量的量子化源自一个可接受的波函数所必须满足的约束条件。

公式清单

性质	公式	说明	公式编号
不含时间的薛定谔方程	$-(\hbar^2/2m)(\mathrm{d}^2\psi/\mathrm{d}x^2)+V(x)\psi=E\psi$	一维系统*	7B.1
归一化	$\int\psi^*\psi\,\mathrm{d}\tau=1$	全空间积分	7B.4c
粒子在x_1和x_2之间的概率	$P=\int_{x_1}^{x_2}\lvert\psi(x)\rvert^2\mathrm{d}x$	一维区域	7B.5

* 更高维度在专题7D、7F和8A中处理。

专题7C

算符和可观测量

▶ 为何需要学习这部分内容?

要完全解释波函数，必须能够从中提取动态信息。量子力学的预测通常与经典力学的预测十分不同，而且这些差异对于理解原子和分子的结构及性质是至关重要的。

▶ 核心思想是什么?

通过计算厄米算符的期望值来提取波函数中的动态信息。

▶ 需要哪些预备知识?

需要知道一个系统的状态完全由波函数来描述（专题7B），以及概率密度与波函数的平方模量成正比。

波函数包含所有信息，因此可以获得一个粒子的动态性质（例如，它的位置和动量）。玻恩解释（专题7B）提供了有关位置的信息，但是波函数还包含其他信息，可使用本专题描述的方法来提取。

7C.1 算符

薛定谔方程可写成简写形式：

$$\hat{H}\psi = E\psi \qquad \text{薛定谔方程的算符形式} \qquad (7C.1a)$$

将这个表达式与一维薛定谔方程，即

$$-\frac{\hbar^2}{2m}\frac{d^2\psi}{dx^2}+V(x)\psi=E\psi$$

相比较，可证明在一维中有

$$\hat{H}=-\frac{\hbar^2}{2m}\frac{d^2}{dx^2}+V(x) \qquad \text{哈密顿算符} \qquad (7C.1b)$$

$\hat{H}$是一个**算符**（operator），即对函数进行数学运算的一种表达。此处，运算是取ψ的二阶导数，且（乘以$-\hbar^2/2m$后）将结果加到ψ和$V(x)$的乘积上。

算符$\hat{H}$在量子力学中起着特殊的作用，以19世纪的数学家William Hamilton的名字命名为**哈密顿算符**（hamiltonian operator）。Hamilton提出了经典力学的一种形式，后来证明，这种形式非常适合量子力学的公式化。哈密顿算符（通常简称为“哈密顿”）是对应于系统总能量（动能和势能的总和）的算符。在式（7C.1b）中右边第二项是势能，所以第一项（涉及二阶导数的部分）必然是动能的算符。

一般来说，一个算符作用于一个函数以产生新的函数，如

（算符）（函数）=（新函数）

在某些情况下，新函数与原函数是相同的，也许是乘以一个常数。具有这一性质的函数和算符的组合在量子力学中是非常重要的。

简要说明7C.1

例如，当算符是d/dx时，这意味着“将随后的函数对x求导数”。作用在函数$\sin(ax)$上，它生成新函数$a\cos(ax)$。然而，当d/dx作用在e^{-ax}上，它产生新函数$-ae^{-ax}$，为原函数乘以常数$-a$。

（a）本征方程

式（7C.1a）中所写的薛定谔方程是一个**本征方程**（eigenvalue equation），即具有如下形式的方程：

$$(\text{算符})(\text{函数}) = (\text{常数因子})\times(\text{相同函数}) \qquad (7C.2a)$$

在本征方程中，算符作用在函数上产生相同的函

数乘以一个常数。如果一个一般的算符记为$\hat{\Omega}$，常数因子为ω，则本征方程具有如下形式：

$$\hat{\Omega}\psi=\omega\psi \qquad \text{本征方程} \qquad (7C.2b)$$

如果该关系式成立，则函数ψ称为算符$\hat{\Omega}$的**本征函数**（eigenfunction），ω是与该本征函数相关的**本征值**（eigenvalue）。使用此术语，式（7C.2a）可以写为

$$(\text{算符})(\text{本征函数}) = (\text{本征值})\times(\text{本征函数}) \qquad (7C.2c)$$

因此，式（7C.1a）是一个本征方程，其中ψ是哈密顿算符的本征函数，E是相关的本征值。由此，“解薛定谔方程”可以表示为“为系统找到哈密顿算符的本征函数和本征值”。

就像哈密顿算符是对应于总能量的算符，有些算符则代表其他**可观测量**（observables）（即系统的可测量性质，如线性动量或者电偶极矩）。对于每一个这样的算符$\hat{\Omega}$，有形式为$\hat{\Omega}\psi=\omega\psi$的本征方程，并具有如下意义：

如果波函数是对应于可观测量Ω的算符$\hat{\Omega}$的本征函数，那么性质Ω的测量结果将是对应于该本征函数的本征值。

量子力学的公式化方法是，构建对应于所研究的可观测量的算符，然后通过探究算符的本征值来预测测量结果。

（b）算符的构建

量子力学的一个基本假设明确了如何设定对应于给定可观测量的算符。

可观测量由以下位置和线性动量算符构建的算符来表达：

$$\hat{x}=x\times \qquad \hat{p}_x=\frac{\hbar}{\mathrm{i}}\frac{\mathrm{d}}{\mathrm{d}x} \qquad \text{算符的规定} \qquad (7C.3)$$

也就是说，沿x轴的位置算符是（波函数）与x相乘，平行于x轴的线性动量算符是$\hbar/\mathrm{i}$乘以波函数对x的导数。

式（7C.3）中的定义被用来为其他的空间可观测量构建算符。例如，假设势能形式为$V(x)=\frac{1}{2}k_{\mathrm{f}}x^2$，其中$k_{\mathrm{f}}$是常数（这个势能描述分子中原子的振动）。因为$x$的算符是乘以$x$，通过扩展，则$x^2$的算符是与$x$相乘，然后再与$x$相乘，或者与$x^2$相乘。因此，对应于$\frac{1}{2}k_{\mathrm{f}}x^2$的算符是

$$\hat{V}(x)=\frac{1}{2}k_{\mathrm{f}}x^2\times \qquad (7C.4)$$

在实际中，乘法符号被省略，理解为乘法。为了构建动能的算符，用到动能和线性动量之间的经典关系式，即$E_{\mathrm{k}}=p_x^2/2m$。然后，使用式（7C.3）中的p_x算符：

$$\hat{E}_{\mathrm{k}}=\frac{1}{2m}\overbrace{\left(\frac{\hbar}{\mathrm{i}}\frac{\mathrm{d}}{\mathrm{d}x}\right)}^{\hat{p}_x}\overbrace{\left(\frac{\hbar}{\mathrm{i}}\frac{\mathrm{d}}{\mathrm{d}x}\right)}^{\hat{p}_x}=-\frac{\hbar^2}{2m}\frac{\mathrm{d}^2}{\mathrm{d}x^2} \qquad (7C.5)$$

由此，总能量算符，即哈密顿算符，是

$$\hat{H}=\hat{E}_{\mathrm{k}}+\hat{V}=-\frac{\hbar^2}{2m}\frac{\mathrm{d}^2}{\mathrm{d}x^2}+\hat{V}(x) \qquad \text{哈密顿算符} \qquad (7C.6)$$

式中$\hat{V}(x)$是对应于势能（不论采取何种形式）的算符，与式（7C.1b）中的完全相同。

例题 7C.1　确定一个可观测量的值

下列波函数描述的自由粒子的线性动量是什么？（a）$\psi(x)=\mathrm{e}^{\mathrm{i}kx}$和（b）$\psi(x)=\mathrm{e}^{-\mathrm{i}kx}$。

整理思路　需要用对应于线性动量的算符［式（7C.3）］对ψ进行操作，并检查结果。如果结果是原始波函数乘以一常数（也就是说，如果算符的应用得到一个本征方程），那么，可以识别具有可观测量值的常数。

解：（a）对于$\psi(x)=\mathrm{e}^{\mathrm{i}kx}$，有

$$\hat{p}_x\psi=\frac{\hbar}{\mathrm{i}}\frac{\mathrm{d}\psi}{\mathrm{d}x}=\frac{\hbar}{\mathrm{i}}\frac{\mathrm{d}\mathrm{e}^{\mathrm{i}kx}}{\mathrm{d}x}=\frac{\hbar}{\mathrm{i}}\times\mathrm{i}k\mathrm{e}^{\mathrm{i}kx}=\overbrace{+k\hbar}^{\text{本征值}}\psi$$

这是一个本征方程，本征值为$+k\hbar$。由此，动量的测量值将是$p_x=+k\hbar$。

（b）对于$\psi(x)=\mathrm{e}^{-\mathrm{i}kx}$，有

$$\hat{p}_x\psi=\frac{\hbar}{\mathrm{i}}\frac{\mathrm{d}\psi}{\mathrm{d}x}=\frac{\hbar}{\mathrm{i}}\frac{\mathrm{d}\mathrm{e}^{-\mathrm{i}kx}}{\mathrm{d}x}=\frac{\hbar}{\mathrm{i}}\times(-\mathrm{i}k)\mathrm{e}^{-\mathrm{i}kx}=\overbrace{-k\hbar}^{\text{本征值}}\psi$$

现在，本征值是$-k\hbar$。所以，$p_x=-k\hbar$。在情况（a）中，动量是正的，意味着粒子在正的x方向运动；而在（b）中，粒子在相反的方向运动。

说明　量子力学的一般特征是，采用波函数的复共轭可以反转运动的方向。这意味着，如果波函数是实函数［如$\cos(kx)$］，而采用复共轭使波函数保持不变：没有净的运行方向。

自测题 7C.1　波函数$\cos(kx)$描述的粒子的动能是多少？

答案：$E_{\mathrm{k}}=\hbar^2k^2/2m$。

动能算符的表达式［式（7C.5）］揭示了有关薛定谔方程的重要一点。在数学上，函数的二阶导数是其曲率的一种量度：大的二阶导数表示急剧弯曲的函数（图 7C.1）。据此，急剧弯曲的波函数与高动能相关联，而低曲率波函数对应着低动能。

波函数的曲率通常随位置的不同而变化（图 7C.2）：波函数急剧弯曲的地方，它对于总动能的贡献就大；波函数不是急剧弯曲的地方，它对总动能的贡献就小。观测到的粒子的动能是各个区域动能的所有贡献的平均值。因此，如果粒子波函数的平均曲率较高，则预计它具有高动能。在局部，对动能正的贡献和负的贡献都有（因为曲率要么是正的∪，要么是负的∩），但是平均值总是正的。

高曲率与高动能的关联对于波函数的解释和波函数形状的预测具有重要的指导意义。例如，假设一个具有给定总能量的粒子的波函数，并且要求势能随着 x 的增加而降低。由于从左到右，差值 $E-V=E_k$ 增加，故波函数必然随着 x 的增加而更快地振荡，从而变得更加急剧弯曲（图 7C.3）。因此，很可能波函数看起来像图中所示的函数，更详细的计算证实了这一点。

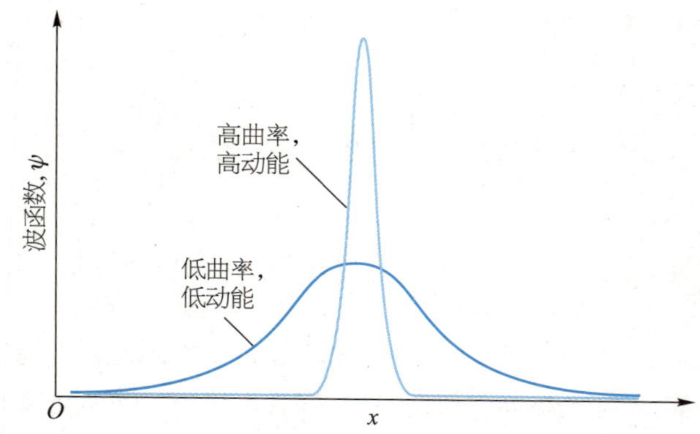

图 7C.1　一个粒子的平均动能可以从波函数的平均曲率推断出来。此图中显示了两个波函数：急剧弯曲的函数较缓慢弯曲的函数对应的动能更高

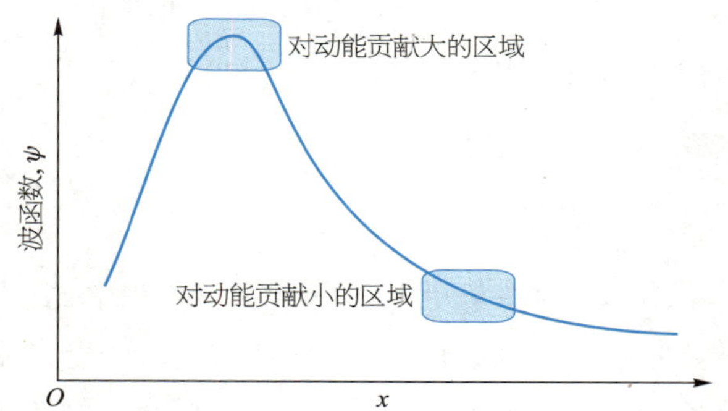

图 7C.2　观测到的粒子的动能来自波函数覆盖的整个空间所有贡献的平均值。急剧弯曲的区域对平均值贡献高动能；不太尖锐的弯曲仅贡献低动能

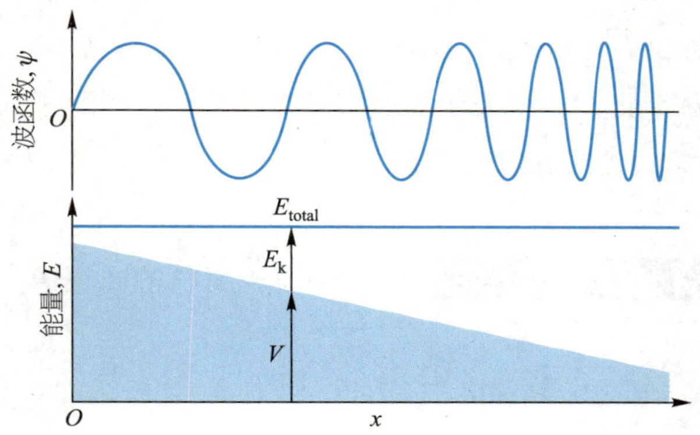

图 7C.3　一个粒子的波函数，其势能 V 向右减小。当总能量一定时，动能 E_k 向右增加，这导致更快的振荡，从而波函数的曲率更大

（c）厄米算符

所有与可观测量对应的量子力学算符都有一个非常特殊的数学性质：它们是"厄米的"。满足以下关系式的算符为**厄米算符**（hermitian operator）：

$$\int \psi_i^* \hat{\Omega} \psi_j \, d\tau = \left\{ \int \psi_j^* \hat{\Omega} \psi_i \, d\tau \right\}^* \qquad \text{厄米性［定义］} \qquad (7C.7)$$

如专题 7B 中所述，在量子力学中，$\int \cdots d\tau$ 意味着在所有相关空间变量的全部范围内积分。

很容易确认位置算符（$x\times$）是厄米的，因为在这种情况下，被积函数中因子的顺序可以改变：

$$\int \psi_i^* x \psi_j \, d\tau = \int \psi_j x \psi_i^* \, d\tau = \left\{ \int \psi_j^* x \psi_i \, d\tau \right\}^*$$

最后一步用了 $(\psi^*)^* = \psi$。关于线性动量算符是厄米的证明更加复杂，因为被微分函数的顺序是不能改变的。

如何完成？7C.1　证明线性动量算符是厄米的

这个任务是证明

$$\int \psi_i^* \hat{p}_x \psi_j d\tau = \left\{ \int \psi_j^* \hat{p}_x \psi_i d\tau \right\}^*$$

其中 $\hat{p}_x$ 在式（7C.3）中给出。为此，采用"分部积分"

（见“化学家工具包15”），将其应用于本例中，得出

$$\int \psi_i^* \hat{p}_x \psi_j \mathrm{d}\tau = \frac{\hbar}{\mathrm{i}} \int_{-\infty}^{\infty} \overbrace{\psi_i^*}^{f} \overbrace{\frac{\mathrm{d}\psi_j}{\mathrm{d}x}}^{\mathrm{d}g/\mathrm{d}x} \mathrm{d}x$$

$$= \frac{\hbar}{\mathrm{i}} \overbrace{\overbrace{\psi_i^* \psi_j}^{fg} \Big|_{-\infty}^{\infty}}^{0} - \frac{\hbar}{\mathrm{i}} \int_{-\infty}^{\infty} \overbrace{\psi_j}^{g} \overbrace{\frac{\mathrm{d}\psi_i^*}{\mathrm{d}x}}^{\mathrm{d}f/\mathrm{d}x} \mathrm{d}x$$

蓝色项为零，因为所有的波函数要么在$x=\pm\infty$是零（参见专题7B），要么$\psi_i^*\psi_j$在$x=+\infty$和$x=-\infty$时收敛到相同的值。结果

$$\int \psi_i^* \hat{p}_x \psi_j \mathrm{d}\tau = -\frac{\hbar}{\mathrm{i}} \int_{-\infty}^{\infty} \psi_j \frac{\mathrm{d}\psi_i^*}{\mathrm{d}x} \mathrm{d}x = \left\{ \frac{\hbar}{\mathrm{i}} \int_{-\infty}^{\infty} \psi_j^* \frac{\mathrm{d}\psi_i}{\mathrm{d}x} \mathrm{d}x \right\}^*$$

$$= \left\{ \int \psi_j^* \hat{p}_x \psi_i \mathrm{d}\tau \right\}^*$$

证毕。最后一行应用了$(\psi^*)^* = \psi$和$\mathrm{i}^* = -\mathrm{i}$。

厄米算符在量子力学中非常重要，因为它们的本征值是实数，即$\omega^* = \omega$。任何测量一定产生一个实数值，因为位置、动量或者能量不可能是复数或者虚数。因为一个可观测量的测量结果是相应算符的本征值之一，那些本征值必须是实数。因此，代表一个可观测量的算符必须是厄米的。对于它们的本征函数是实函数的证明，利用了式（7C.7）中厄米性的定义。

如何完成？7C.2　证明厄米算符的本征值是实数

设定ψ_i和ψ_j是相同的，将其都写为ψ，则式（7C.7）变为

$$\int \psi^* \hat{\Omega} \psi \mathrm{d}\tau = \left\{ \int \psi^* \hat{\Omega} \psi \mathrm{d}\tau \right\}^*$$

接下来，假设ψ是本征值为ω的$\hat{\Omega}$的本征函数。也就是说，$\hat{\Omega}\psi = \omega\psi$。现在，对左和右两边的积分都应用这个关系式：

$$\int \psi^* \omega \psi \mathrm{d}\tau = \left\{ \int \psi^* \omega \psi \mathrm{d}\tau \right\}^*$$

本征值是能移到积分符号外边的常数：

$$\omega \int \psi^* \psi \mathrm{d}\tau = \left\{ \omega \int \psi^* \psi \mathrm{d}\tau \right\}^* = \omega^* \int \psi \psi^* \mathrm{d}\tau$$

最后，（蓝色表示的）积分消去，留下$\omega = \omega^*$。据此，得出ω是实数。

（d）正交性

如果两个不同函数ψ_i和ψ_j是**正交的**（orthogonal），则意味着$\psi^*_i\psi_j$的积分（对整个空间）是零：

$$\int \psi_i^* \psi_j \mathrm{d}\tau = 0 \, (i \neq j) \qquad \text{正交性[定义]} \qquad (7\mathrm{C}.8)$$

同时是归一化的和相互正交的函数被称为**正交归一的**（orthonormal）。厄米算符具有的重要性质就是

对应于厄米算符不同本征值的本征函数是正交的。

这个性质的证明也可以从厄米性的定义［式（7C.7）］得出。

如何完成？7C.3　证明厄米算符的各本征函数之间是正交的

假设ψ_j是具有本征值ω_j的$\hat{\Omega}$的本征函数（即$\hat{\Omega}\psi_j = \omega_j\psi_j$），$\psi_i$是不同本征值$\omega_i$的本征函数（即$\hat{\Omega}\psi_i = \omega_i\psi_i$，

化学家工具包15　分部积分

量子力学中的许多积分都有$\int f(x)h(x)\mathrm{d}x$的形式，其中$f(x)$和$h(x)$是两个不同的函数。这种积分通常可将$h(x)$视为另一个函数$g(x)$的导数，使得$h(x) = \mathrm{d}g(x)\mathrm{d}x$，从而可以求出。例如，如果$h(x) = x$，那么$g(x) = \frac{1}{2}x^2$。这样，采用**分部积分**（integration by parts），则有

$$\int f \frac{\mathrm{d}g}{\mathrm{d}x} \mathrm{d}x = fg - \int g \frac{\mathrm{d}f}{\mathrm{d}x} \mathrm{d}x$$

这种方法只有当右边的积分刚好比左边的更容易处理时才会成功。这种方法通常总结为以下关系式，即

$$\int f \mathrm{d}g = fg - \int g \mathrm{d}f$$

作为一个例子，考虑$x\mathrm{e}^{-ax}$的积分。在这种情况下，$f(x) = x$，则$\mathrm{d}f(x)/\mathrm{d}x = 1$及$\mathrm{d}g(x)/\mathrm{d}x = \mathrm{e}^{-ax}$，所以$g(x) = -(1/a)\mathrm{e}^{-ax}$。然后有

$$\int \overbrace{x}^{f} \overbrace{\mathrm{e}^{-ax}}^{\mathrm{d}g/\mathrm{d}x} \mathrm{d}x = \overbrace{x}^{f} \overbrace{\frac{-\mathrm{e}^{-ax}}{a}}^{g} - \int \overbrace{\frac{-\mathrm{e}^{-ax}}{a}}^{g} \overbrace{1}^{\mathrm{d}f/\mathrm{d}x} \mathrm{d}x$$

$$= -\frac{x\mathrm{e}^{-ax}}{a} + \frac{1}{a} \int \mathrm{e}^{-ax} \mathrm{d}x = -\frac{x\mathrm{e}^{-ax}}{a} - \frac{\mathrm{e}^{-ax}}{a^2} + \text{常数}$$

且$\omega_i \neq \omega_j$）。这样，式（7C.7）变为

$$\int \psi_i^* \omega_j \psi_j \, \mathrm{d}\tau = \left\{ \int \psi_j^* \omega_i \psi_i \, \mathrm{d}\tau \right\}^*$$

本征值是常数，且可被移到积分符号的外边；此外，它们是实数（是厄米算符的本征值），所以$\omega_i^* = \omega_i$。因此有

$$\omega_j \int \psi_i^* \psi_j \, \mathrm{d}\tau = \omega_i \left\{ \int \psi_j^* \psi_i \, \mathrm{d}\tau \right\}^*$$

接下来，注意到 $\left\{ \int \psi_j^* \psi_i \, \mathrm{d}\tau \right\}^* = \int \psi_j \psi_i^* \, \mathrm{d}\tau$，所以有

$$\omega_j \int \psi_i^* \psi_j \, \mathrm{d}\tau = \omega_i \int \psi_j \psi_i^* \, \mathrm{d}\tau$$

于是 $(\omega_j - \omega_i) \int \psi_i^* \psi_j \, \mathrm{d}\tau = 0$

两个本征值是不同的，所以$\omega_j - \omega_i \neq 0$；因此，$\int \psi_i^* \psi_j \, \mathrm{d}\tau = 0$。也就是说，这两个本征函数是正交的，证毕。

哈密顿算符是厄米的（它对应着可观测量，即能量，但它的厄米性可被明确地证明）。因此，如果它的两个本征函数对应着不同能量，这两个函数必须是正交的。正交性在量子力学中具有重要意义，因为它从计算中消除了大量的积分。正交性在化学键理论（主题9）和光谱学（主题11）中起着核心的作用。

例题 7C.2 验证正交性

对于一个限制在沿x轴上$x = 0$和$x = L$之间运动的粒子，其两个可能的波函数分别是$\psi_1 = \sin(\pi x/L)$和$\psi_2 = \sin(2\pi x/L)$。在这个区域外，波函数是零。两个波函数对应着不同的能量。验证这两个波函数是相互正交的。

整理思路 要验证两个函数的正交性，需要在整个空间积分$\psi_2^* \psi_1 = \sin(2\pi x/L)\sin(\pi x/L)$，并证明结果为零。原则上，积分应从$x = -\infty$到$x = +\infty$，但由于在$x = 0 \sim L$外，波函数是零，所以只需要在这个范围积分。相关积分在*资源部分*中给出。

解： 要求得这个积分，可使用*资源部分*中的积分T.5，其中，$a = 2\pi/L$，$b = \pi/L$：

$$\int_0^L \sin(2\pi x/L)\sin(\pi x/L)\,\mathrm{d}x =$$

$$\left.\frac{\sin(\pi x/L)}{2(\pi/L)}\right|_0^L - \left.\frac{\sin(3\pi x/L)}{2(3\pi/L)}\right|_0^L = 0$$

上式中，对于正弦函数，当$n = 0, \pm 1, \pm 2, \cdots$时，有$\sin(n\pi) = 0$。因此，这两个函数是相互正交的。

自测题 7C.2 下一个更高能级的波函数为$\psi_3 = \sin(3\pi x/L)$。请证实波函数$\psi_1 = \sin(\pi x/L)$和$\psi_3 = \sin(3\pi x/L)$是相互正交的。

答案：$\int_0^L \sin(3\pi x/L)\sin(\pi x/L)\,\mathrm{d}x = 0$。

7C.2 叠加和期望值

在一维运动的自由粒子的哈密顿算符是

$$\hat{H} = -\frac{\hbar^2}{2m}\frac{\mathrm{d}^2}{\mathrm{d}x^2}$$

粒子是“自由的”意即没有势能约束它，于是$V(x) = 0$。容易证实$\psi(x) = \cos(kx)$是此算符的一个本征函数：

$$\hat{H}\psi(x) = -\frac{\hbar^2}{2m}\frac{\mathrm{d}^2}{\mathrm{d}x^2}\cos kx = \frac{k^2\hbar^2}{2m}\cos kx$$

因此，与这个波函数相关联的能量，即$k^2\hbar^2/2m$，是明确定义的，因为它是本征方程的本征值。然而，其他可观测量不一定如此。例如，$\cos(kx)$不是线性动量算符的本征函数：

$$\hat{p}_x\psi(x) = \frac{\hbar}{\mathrm{i}}\frac{\mathrm{d}\psi}{\mathrm{d}x} = \frac{\hbar}{\mathrm{i}}\frac{\mathrm{d}\cos kx}{\mathrm{d}x} = -\frac{k\hbar}{\mathrm{i}}\sin kx \qquad (7C.9)$$

这个表达式不是一个本征方程，因为等式右边的函数$(\sin kx)$不同于左边的函数$(\cos kx)$。

当粒子的波函数不是算符的本征函数时，对应的可观测量就没有确定值。然而，在当前的例子中，动量并不是完全不确定的，因为余弦函数可写为$\mathrm{e}^{\mathrm{i}kx}$和$\mathrm{e}^{-\mathrm{i}kx}$的**线性组合**（linear combination）或加和[1]：$\cos kx = \frac{1}{2}(\mathrm{e}^{\mathrm{i}kx} + \mathrm{e}^{-\mathrm{i}kx})$（参见“化学家工具包16”）。如例题7C.1中所示，这两个指数函数是$\hat{p}_x$的本征函数，本征值分别为$+k\hbar$和$-k\hbar$。因此，它们每一个都对应着一个确定的状态，但动量不同。波函数$\cos kx$被称为两个单独波函数$\mathrm{e}^{\mathrm{i}kx}$和$\mathrm{e}^{-\mathrm{i}kx}$的**叠加**（superposition），并写作

$$\psi = \underbrace{\mathrm{e}^{+\mathrm{i}kx}}_{\text{线性动量为}+k\hbar\text{的粒子}} + \underbrace{\mathrm{e}^{-\mathrm{i}kx}}_{\text{线性动量为}-k\hbar\text{的粒子}}$$

这种叠加的解释就是，如果进行许多次重复的动量测量，那么一半的测量将给出值$p_x = +k\hbar$，

1 线性组合比加和更为一般，因为它包含了形式为$ax + by + \cdots$的权重加和，其中$a, b, \cdots$是常数。加和是$a = b = \cdots = 1$时的一种线性组合。

化学家工具包16　欧拉公式

复数$z=x+\mathrm{i}y$可以表示为**复平面**（complex plane）中的一个点，其中$\mathrm{Re}(z)$沿x轴，$\mathrm{Im}(z)$沿y轴（示意图1）。点的位置也可以根据距离r和角度ϕ（极坐标）来指定。这样，$x=r\cos\phi$，$y=r\sin\phi$。所以，得出

$$z=r(\cos\phi+\mathrm{i}\sin\phi)$$

ϕ称为z的**辐角**（argument），是r与x轴之间的角度。因为$y/x=\tan\phi$，所以有

$$r=(x^2+y^2)^{1/2}=|z| \qquad \phi=\arctan\frac{y}{x}$$

涉及复数的最有用的关系式之一是**欧拉公式**（Euler's formula）：

$$\mathrm{e}^{\mathrm{i}\phi}=\cos\phi+\mathrm{i}\sin\phi$$

据此，$z=r(\cos\phi+\mathrm{i}\sin\phi)$可写为

$$z=r\mathrm{e}^{\mathrm{i}\phi}$$

注意到$\mathrm{e}^{-\mathrm{i}\phi}=\cos(-\phi)+\mathrm{i}\sin(-\phi)=\cos\phi-\mathrm{i}\sin\phi$，可得到两个更有用的关系式，即

$$\cos\phi=\frac{1}{2}(\mathrm{e}^{\mathrm{i}\phi}+\mathrm{e}^{-\mathrm{i}\phi}) \qquad \sin\phi=\frac{1}{2}\mathrm{i}(\mathrm{e}^{\mathrm{i}\phi}-\mathrm{e}^{-\mathrm{i}\phi})$$

复数的极坐标形式通常用于进行算术运算。例如，在极坐标中，两个复数的乘积是

$$z_1z_2=(r_1\mathrm{e}^{\mathrm{i}\phi_1})(r_2\mathrm{e}^{\mathrm{i}\phi_2})=r_1r_2\mathrm{e}^{\mathrm{i}(\phi_1+\phi_2)}$$

这个过程示意在示意图2中。

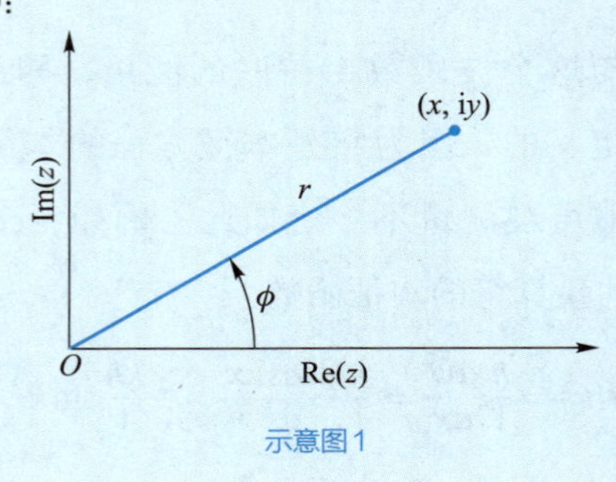

示意图1

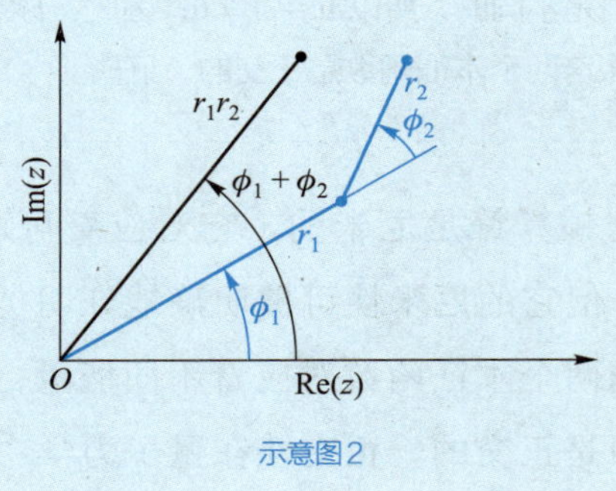

示意图2

另一半的测量将给出值$p_x=-k\hbar$。既然$\mathrm{e}^{\mathrm{i}kx}$和$\mathrm{e}^{-\mathrm{i}kx}$对叠加的贡献是相同的，这两个值$\pm k\hbar$也同等地出现。所有可从波函数$\cos kx$推断出的有关线性动量的信息是，它所描述的粒子同等可能地被发现在正的和负的x方向运动，且具有相同大小的动量$k\hbar$。

类似的解释适用于任何一个可写为算符本征函数的线性组合的波函数。一般来说，波函数可以写为如下线性组合：

$$\psi=c_1\psi_1+c_2\psi_2+\cdots=\sum_k c_k\psi_k \quad \text{本征函数的线性组合} \qquad (7\text{C}.10)$$

式中c_k是数值（可能是复数）系数，ψ_k是对应于感兴趣的可观测量的算符$\hat{\Omega}$的不同本征函数。任意一个函数都能表达为它们的线性组合，从这个意义上说，函数ψ_k形成了一个**完备基**（complete set）。那么，根据量子力学：

物理解释

- 对应于算符$\hat{\Omega}$的可观测量的单次测量，将给出叠加波函数中ψ_k所对应本征值中的一个。
- 在一系列测量中，测量到某特定本征值的概率正比于线性组合中相应系数的平方模量$(|c_k|^2)$。

对可观测量Ω的大量测量的平均值，称为算符$\hat{\Omega}$的**期望值**（expectation value），写成$\langle\Omega\rangle$。对于一个归一化的波函数ψ，$\hat{\Omega}$的期望值可通过求积分来计算：

$$\langle\Omega\rangle=\int\psi^*\hat{\Omega}\psi\,\mathrm{d}\tau \quad \text{期望值［归一化的波函数，定义］} \qquad (7\text{C}.11)$$

这个定义可以通过考虑两种情况来加以验证，其一，波函数是算符$\hat{\Omega}$的本征函数，其二，波函数是该算符本征函数的叠加。

如何完成？7C.4　验证一个算符期望值的表达式

如果波函数ψ是具有本征值ω的$\hat{\Omega}$的一个本征函数（故$\hat{\Omega}\psi=\omega\psi$），那么

$$\langle\Omega\rangle=\int\psi^*\overbrace{\hat{\Omega}\psi}^{\omega\psi}\,\mathrm{d}\tau=\int\psi^*\omega\psi\,\mathrm{d}\tau=\underbrace{\omega}_{\omega\text{是一常数}}\underbrace{\int\psi^*\psi\,\mathrm{d}\tau}_{\psi\text{已归一化}}=\omega$$

这个表达式的解释是，因为波函数是$\hat{\Omega}$的本征函数，每一次对性质Ω的观测得到相同的值ω；因此，所有观测的平均值是ω。

现在，假设（归一化的）波函数是算符$\hat{\Omega}$的两个本

征函数的线性组合，其中每一个都是单独归一化到1的。那么

$$\begin{aligned}\langle\Omega\rangle &= \int(c_1\psi_1+c_2\psi_2)^*\hat{\Omega}(c_1\psi_1+c_2\psi_2)\mathrm{d}\tau \\ &= \int(c_1\psi_1+c_2\psi_2)^*(c_1\overbrace{\hat{\Omega}\psi_1}^{\omega_1\psi_1}+c_2\overbrace{\hat{\Omega}\psi_2}^{\omega_2\psi_2})\mathrm{d}\tau \\ &= \int(c_1\psi_1+c_2\psi_2)^*(c_1\omega_1\psi_1+c_2\omega_2\psi_2)\mathrm{d}\tau \\ &= c_1^*c_1\omega_1\overbrace{\int\psi_1^*\psi_1\mathrm{d}\tau}^{1}+c_2^*c_2\omega_2\overbrace{\int\psi_2^*\psi_2\mathrm{d}\tau}^{1} \\ &\quad +c_1^*c_2\omega_2\overbrace{\int\psi_1^*\psi_2\mathrm{d}\tau}^{0}+c_2^*c_1\omega_1\overbrace{\int\psi_2^*\psi_1\mathrm{d}\tau}^{0}\end{aligned}$$

右边前两个积分都等于1，因为波函数ψ_1和ψ_2是单独归一化的。因为ψ_1和ψ_2对应一个厄米算符的不同本征值，它们是正交的。因此，右边第三个和第四个积分是零。所以有

$$\langle\Omega\rangle = |c_1|^2\omega_1+|c_2|^2\omega_2$$

这个表达式的解释是，在一系列测量中，每次单独测量得到的要么是ω_1，要么是ω_2。但是，ω_1出现的概率是$|c_1|^2$；类似地，ω_2出现的概率是$|c_2|^2$。平均值是两个本征值的加和，但每一个都依据其在一次测量中出现的概率被加权：

平均值 =（ω_1出现的概率）$\times\omega_1$ +
（ω_2出现的概率）$\times\omega_2$

因此，期望值预测的是一系列测量的结果，其中每一次给出一个本征值，然后取这些值的权重平均。这验证了式（7C.11）的形式。

例题 7C.3　计算期望值

计算长度为L的一维箱中处于最低能态的电子位置的平均值，箱内（归一化的）波函数为$\psi=(2/L)^{1/2}\sin(\pi x/L)$，箱外则为零。

整理思路　位置的平均值是对应于位置算符（其为$x\times$）的期望值。要求得$\langle x\rangle$，需要用$\hat{\Omega}=\hat{x}=x\times$求得式（7C.11）中的积分。

解：位置的期望值是

$$\langle x\rangle=\int_0^L\psi^*\hat{x}\psi\mathrm{d}x\text{，其中}\psi=\left(\frac{2}{L}\right)^{1/2}\sin\frac{\pi x}{L}\text{ 及 }\hat{x}=x\times$$

积分限制在$x=0$到$x=L$的区域，因为该区域之外的波函数是零。用*资源部分*中积分T.11，得到

$$\langle x\rangle=\frac{2}{L}\overbrace{\int_0^L x\sin^2\frac{\pi x}{L}\mathrm{d}x}^{\text{积分T.11}}=\frac{2}{L}\frac{L^2}{4}=\frac{1}{2}L$$

说明　这个结果意味着：如果进行电子位置的大量测量，那么其平均值将处于箱子的中心。然而，每次不同的测量将会给出不同的、无法预期的单独结果（在$0\leqslant x\leqslant L$范围内的某处），因为波函数不是一个对应于x的算符的本征函数。

自测题 7C.3　计算电子的均方位置$\langle x^2\rangle$；需要用到*资源部分*中积分T.12。

答案：$L^2\left(\frac{1}{3}-\frac{2}{\pi^2}\right)=0.217L^2$。

一维箱中粒子的平均动能是式（7C.5）中给出的算符的期望值。因此有

$$\langle E_\mathrm{k}\rangle=\int_{-\infty}^{\infty}\psi^*\hat{E}_\mathrm{k}\psi\mathrm{d}x=-\frac{\hbar^2}{2m}\int_{-\infty}^{\infty}\psi^*\frac{\mathrm{d}^2\psi}{\mathrm{d}x^2}\mathrm{d}x \qquad (7\mathrm{C}.12)$$

这个结论证实了之前的观点：动能是波函数曲率的一种平均，即对观测值大的贡献来自波函数急剧弯曲的区域（故$\mathrm{d}^2\psi/\mathrm{d}x^2$较大）且波函数本身也很大（故其$\psi^*$也很大）。

7C.3　不确定原理

波函数$\psi=\mathrm{e}^{\mathrm{i}kx}$是具有本征值$+k\hbar$的$\hat{p}_x$的本征函数：在这种情况下，波函数描述的是具有线性动量确定态的粒子。可是，粒子在哪里？概率密度正比于$\psi^*\psi$，所以，如果粒子由波函数$\mathrm{e}^{\mathrm{i}kx}$描述，概率密度正比于$(\mathrm{e}^{\mathrm{i}kx})^*\mathrm{e}^{\mathrm{i}kx}=\mathrm{e}^{-\mathrm{i}kx}\mathrm{e}^{\mathrm{i}kx}=\mathrm{e}^{-\mathrm{i}kx+\mathrm{i}kx}=\mathrm{e}^0=1$。换句话说，对于$x$的所有值，概率密度是相同的：粒子的位置是完全不可预测的。总之，如果粒子的动量是精确已知的，就不可能预测它的位置。

这个结论是**海森伯不确定原理**（Heisenberg uncertainty principle）后果的一个例子，它是量子力学最著名的结果之一：

海森伯不确定原理

任意精度下，不可能同时确定粒子的线性动量和位置。

注意，不确定原理也意味着，如果位置是精确已知的，那么动量不能预测。论证如下：

假设已知粒子位于某确定的位置，那么它的波函数在此处必须是大的，且在其他地方是零（图7C.4）。这种波函数可以通过大量谐（正弦和余弦）函数，或者等效地，许多$\mathrm{e}^{\mathrm{i}kx}$函数（因为

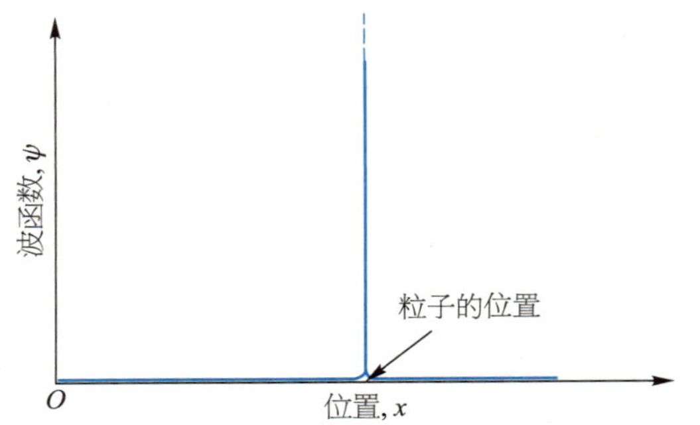

图7C.4　位于确定位置的粒子的波函数是一个尖峰函数，除了粒子所在的位置，其他位置振幅都为零

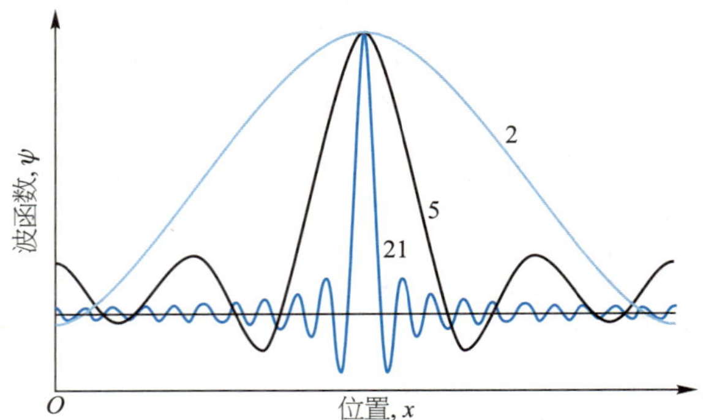

图7C.5　具有不确定位置的粒子的波函数可以视为若干确定波长的波函数的叠加，这些波函数在一个地方相长干涉而在其他地方相消干涉。随着更多的波用在叠加中(由附在曲线上的数字给出)，粒子的位置变得更加确定，其代价是粒子的动量不可确定。要构造完美定位的粒子波函数，在叠加中需要无数个波

$e^{ikx} = \cos kx + \mathrm{i}\sin kx$）叠加来产生。换句话说，一个高度局域化的波函数称为**波包**（wavepacket），可通过形成对应于许多不同线性动量的波函数的线性组合来创建。

一些谐波函数的叠加可给出在一系列位置上散播的波函数（图7C.5）。但是，随着叠加中波函数数量的增加，波包变得更加尖锐，因为在单独波函数正的区域和负的区域之间有更完整的干涉。当使用无限数量的组分时，波包是一个尖锐的、无限窄的尖峰，对应于粒子的完美定位。现在，粒子被完美定位；但是，关于它的动量的所有信息却失去了。动量的测量将给出一个对应于叠加中无数波中任何一个的结果，究竟它将给出哪一个则是不可预测的。因此，如果粒子的位置是精确已知的（意味着它的波函数是无数个动量本征函数的叠加），那么它的动量是完全不可预测的。

不确定原理的定量形式是

$$\Delta p_q \Delta q \geqslant \frac{1}{2}\hbar \quad \text{海森伯不确定原理} \qquad (7\text{C}.13\text{a})$$

式中Δp_q是平行于轴q的线性动量的“不确定性”，Δq是沿该轴位置的“不确定性”。这些“不确定性”可通过可观测量与它们的平均值的方均根偏差给出：

$$\Delta p_q = (\langle p_q^2\rangle - \langle p_q\rangle^2)^{1/2}$$
$$\Delta q = (\langle q^2\rangle - \langle q\rangle^2)^{1/2} \qquad (7\text{C}.13\text{b})$$

如果关于粒子的位置有完全的确定性（$\Delta q = 0$），那么能够满足式（7C.13a）的唯一方法是$\Delta p_q = \infty$，这意味着动量的完全不确定性。相反地，如果平行于一个轴的动量是确切已知的（$\Delta p_q = 0$），那么沿着该轴的位置必然是完全不确定的$\Delta q = \infty$）。

在式（7C.13a）中出现的p和q指向空间中的相同方向。因此，虽然同时确定x轴上的位置和平行于x轴的动量是受不确定性原理限制的，但同时定位x轴上的位置和平行于y轴或z轴的运动则不受限制。

例题 7C.4　应用不确定原理

假设一个质量为1.0 g的弹射体的速率不确定性在1 μm · s⁻¹以内。那么，其位置的最小不确定性是多少？

整理思路　可以从$m\Delta v$估计Δp，其中Δv是速率的不确定性；然后，用式（7C.3a）估计位置的最小不确定性Δq，将形式$\Delta p\Delta q = \frac{1}{2}\hbar$重排到$\Delta q = \frac{1}{2}\hbar/\Delta p$。需要用到$1\ \text{J} = 1\ \text{kg}\cdot\text{m}^2\cdot\text{s}^{-2}$。

解：位置的最小不确定性是

$$\Delta q = \frac{\hbar}{2m\Delta v} = \frac{1.055\times10^{-34}\ \text{J}\cdot\text{s}}{2\times1.0\times10^{-3}\ \text{kg}\times1\times10^{-6}\ \text{m}\cdot\text{s}^{-1}} = 5\times10^{-26}\ \text{m}$$

说明　对于所有的实际用途，这个不确定性是完全可以忽略不计的。然而，如果这个质量是电子的质量，那么相同的速率不确定性意味着位置的不确定性远远大于原子直径（类似的计算得到$\Delta q = 60$ m）。

自测题 7C.4　估算在长度为$2a_0$（一个氢原子的近似直径；其中a_0是玻尔半径，为52.9 pm）的一维区域中电子速率的最小不确定性。

答案：500 km · s⁻¹。

海森伯不确定原理比式（7C.13a）更为普遍。它适用于任何一对可观测量，称为**互补可观测量**（complementary observables），对应的算符 $\hat{\Omega}_1$ 和 $\hat{\Omega}_2$ 具有如下性质：

$$\hat{\Omega}_1\hat{\Omega}_2\psi \neq \hat{\Omega}_2\hat{\Omega}_1\psi \quad \text{可观测量的互补性} \qquad (7C.14)$$

左边的项意味着 $\hat{\Omega}_2$ 先作用，然后 $\hat{\Omega}_1$ 再作用在结果上；而右边的项意味着操作以相反的顺序进行。当两个算符连续作用的效果取决于它们的顺序（正如这个方程所蕴含的），它们不是**对易**（commute）的。以不同顺序应用 $\hat{\Omega}_1$ 和 $\hat{\Omega}_2$ 的效果所产生的不同结果可通过引入两个算符的**对易子**（commutator）来表达，它定义为

$$[\hat{\Omega}_1,\hat{\Omega}_2] = \hat{\Omega}_1\hat{\Omega}_2 - \hat{\Omega}_2\hat{\Omega}_1 \quad \text{对易子[定义]} \qquad (7C.15)$$

通过使用位置和动量算符的定义，可得这个对易子的确切值。

如何完成？7C.5　计算位置和动量的对易子

需要考虑 $\hat{x}\hat{p}_x$（即 $\hat{p}_x$ 的作用后，再 x 乘以该作用后的结果）对于任意波函数 ψ 的作用结果，ψ 不必是两个算符的本征函数。

$$\hat{x}\hat{p}_x\psi = x\times\frac{\hbar}{\mathrm{i}}\frac{\mathrm{d}\psi}{\mathrm{d}x}$$

然后，需要考虑 $\hat{p}_x\hat{x}$ 对同一函数的作用（也就是先得到乘以 x 的结果，随后 $\hat{p}_x$ 再作用在这个结果上）：

$$\hat{p}_x\hat{x}\psi = \frac{\hbar}{\mathrm{i}}\frac{\mathrm{d}(x\psi)}{\mathrm{d}x} \overset{\mathrm{d}(fg)/\mathrm{d}x=(\mathrm{d}f/\mathrm{d}x)g+f(\mathrm{d}g/\mathrm{d}x)}{=} \frac{\hbar}{\mathrm{i}}\left(\psi + x\frac{\mathrm{d}\psi}{\mathrm{d}x}\right)$$

第二个表达式不同于第一个，所以 $\hat{p}_x\hat{x}\psi \neq \hat{x}\hat{p}_x\psi$，因此，两个算符不对易。从两个表达式的不同，可推出对易子的值：

$$[\hat{x},\hat{p}_x]\psi = \hat{x}\hat{p}_x\psi - \hat{p}_x\hat{x}\psi = -\frac{\hbar}{\mathrm{i}}\psi = \mathrm{i}\hbar\psi$$

故 $$[\hat{x},\hat{p}_x]\psi = \mathrm{i}\hbar\psi$$

这个关系式对任何波函数 ψ 都是正确的，所以对易子为

$$[\hat{x},\hat{p}_x] = \mathrm{i}\hbar \quad \text{位置和动量算符的对易子} \qquad (7C.16)$$

式（7C.16）中的对易子在量子力学中具有中心意义，它被视为经典力学和量子力学之间的根本区别。实际上，此对易子可以作为量子力学的一个假设，并用来验证式（7C.3）中位置和线性动量的算符的选择。

经典力学假设（现在认为是错误的）粒子的位置和动量可以以任意精度被同时指定。然而，量子力学表明位置和动量是互补的，并且必须做出选择：位置能被指定，但以牺牲动量为代价，或者动量能被指定，但以牺牲位置为代价。

7C.4　量子力学假设

量子理论的原理可以被概括为一系列假设，这将构成本书量子力学的化学应用的基础。

波函数：所有动态信息都包含在系统的波函数 ψ 中，它是通过解系统适当的薛定谔方程而得到的一个数学函数。

玻恩解释：如果一个粒子的波函数在某位置 r 处有值 ψ，那么在该位置一个无穷小体积 $\mathrm{d}\tau = \mathrm{d}x\,\mathrm{d}y\,\mathrm{d}z$ 内找到该粒子的概率正比于 $|\psi|^2\mathrm{d}\tau$。

合格波函数：一个合格波函数必须是单值的、连续的，在有限空间区域内不是无限的且（除特殊情况外）有连续的斜率。

可观测量：可观测量 Ω 由厄米算符 $\hat{\Omega}$ 来表达，Ω 由式（7C.3）中规定的位置算符和动量算符构建。

观测和期望值：对由算符 $\hat{\Omega}$ 表达的可观测量的单次测量给出 $\hat{\Omega}$ 的本征值中的一个。如果波函数不是 $\hat{\Omega}$ 的本征函数，多次测量的平均值由式（7C.11）中定义的期望值 $\langle\Omega\rangle$ 给出。

海森伯不确定原理：不可能以任意精度同时都指定粒子的线性动量和位置；更一般地，不可能同时指定由非对易算符表示的任何一对可观测量。

概念清单

- ☐ 1. 薛定谔方程是一个**本征方程**。
- ☐ 2. **算符**是指对一个函数进行数学运算。
- ☐ 3. **哈密顿算符**是对应于系统总能量（动能和势能的总和）的算符。
- ☐ 4. 对应于指定能量的波函数是哈密顿算符的**本征函数**。
- ☐ 5. 如果两个不同函数乘积的积分（在全部空间）是零，则它们是**正交的**。
- ☐ 6. **厄米算符**具有实数本征值和正交的本征函数。
- ☐ 7. **可观测量**由厄米算符来表达。
- ☐ 8. 归一化的和相互正交的函数集合称为**正交归一的**。
- ☐ 9. 当系统不能描述为一个算符的单个本征函数时，它可被表达为这种本征函数的**叠加**。
- ☐ 10. 一系列测量的平均值由相应算符的**期望值**给出。
- ☐ 11. **不确定原理**限制了互补可观测量可以同时被指定和测量的精度。
- ☐ 12. **互补可观测量**是相应的算符不对易的可观测量。

公式清单

性质	公式	说明	公式编号
本征方程	$\hat{\Omega}\psi=\omega\psi$	ψ是本征函数；ω是本征值	7C.2b
厄米性	$\int\psi_i^*\hat{\Omega}\psi_j\,\mathrm{d}\tau=\left\{\int\psi_j^*\hat{\Omega}\psi_i\,\mathrm{d}\tau\right\}^*$	厄米算符有实数本征值和正交的本征函数	7C.7
正交性	$\int\psi_i^*\psi_j\mathrm{d}\tau=0(i\neq j)$	对全部空间积分	7C.8
期望值	$\langle\Omega\rangle=\int\psi^*\hat{\Omega}\psi\,\mathrm{d}\tau$	定义；假定ψ是归一化的	7C.11
海森伯不确定原理	$\Delta p_q\Delta q\geqslant\frac{1}{2}\hbar$	对于位置和动量	7C.13a
两个算符的对易子	$[\hat{\Omega}_1,\hat{\Omega}_2]=\hat{\Omega}_1\hat{\Omega}_2-\hat{\Omega}_2\hat{\Omega}_1$ 特例：$[\hat{x},\hat{p}_x]=\mathrm{i}\hbar$	如果$[\hat{\Omega}_1,\hat{\Omega}_2]\neq0$，则可观测量是互补的	7C.15 7C.16

专题7D

平动运动

► 为何需要学习这部分内容？

量子理论应用于平动运动揭示了量子化和非经典特性（如隧穿和零点能）的起因。这部分内容对于讨论在有限体积内自由运动的原子和分子（如容器中的气体）是重要的。

► 核心思想是什么？

限制在有限空间区域的粒子的平动能级是量子化的，且在一定条件下，粒子可以进入和通过经典力学的禁区。

► 需要哪些预备知识？

应知道波函数是薛定谔方程的解（专题7B），并且熟悉在某种情况下通过使用对应于可观测量的算符，由波函数导出动态性质的技术（专题7C）。

平动（translation），即通过空间的运动，是运动的基本类型之一。然而，量子力学表明，平动可有许多非经典特征，例如它受限于不连续的能量，以及进入和通过经典力学的禁区。

7D.1 一维自由运动

自由粒子不受任何势能的约束，可取势能处处为零。在一维中，处处有$V(x)=0$，故薛定谔方程（专题7B）变为

$$-\frac{\hbar^2}{2m}\frac{\mathrm{d}^2\psi(x)}{\mathrm{d}x^2}=E\psi(x)$$ 一维自由运动 （7D.1）

解这个简单的二阶微分方程最直接的方法是采用已知的这类方程解的一般形式，然后证明它确实满足式（7D.1）。

如何完成？7D.1 寻找一维自由粒子薛定谔方程的解

式（7D.1）中所示的二阶微分方程的一般解是

$\psi_k(x)=A\mathrm{e}^{\mathrm{i}kx}+B\mathrm{e}^{-\mathrm{i}kx}$

式中k、A和B是常数。可以验证$\psi_k(x)$是式（7D.1）的一个解，即通过将其代入式（7D.1）的左边，求得导数，然后确认已经得到等式右边的形式。因为$\mathrm{d}\mathrm{e}^{\pm ax}/\mathrm{d}x=\pm a\mathrm{e}^{\pm ax}$，左边变为

$$-\frac{\hbar^2}{2m}\frac{\mathrm{d}^2}{\mathrm{d}x^2}\overbrace{(A\mathrm{e}^{\mathrm{i}kx}+B\mathrm{e}^{-\mathrm{i}kx})}^{\psi_k(x)}=-\frac{\hbar^2}{2m}[A(\mathrm{i}k)^2\mathrm{e}^{\mathrm{i}kx}+B(-\mathrm{i}k)^2\mathrm{e}^{-\mathrm{i}kx}]$$

$$=\overbrace{\frac{k^2\hbar^2}{2m}}^{E_k}\overbrace{(A\mathrm{e}^{\mathrm{i}kx}+B\mathrm{e}^{-\mathrm{i}kx})}^{\psi_k(x)}$$

因此，左侧等于一个常数 $\times\,\psi_k(x)$，这与式（7D.1）的右侧项是相同的，常数（即蓝色项）为E。能量的值取决于k的值，所以此后将它写为E_k。因此，自由粒子的波函数和能量为

$$\psi_k(x)=A\mathrm{e}^{\mathrm{i}kx}+B\mathrm{e}^{-\mathrm{i}kx}\qquad E_k=\frac{k^2\hbar^2}{2m}$$ 波函数和能量[一维] （7D.2）

式（7D.2）中的波函数是连续的、处处有连续的斜率、是单值的、不趋向于无穷大，因此，对所有k值，它们都是合格的波函数。因为k可取任何值，能量可取任何非负值，包括零。因此，自由粒子的平动能不是量子化的。

在专题7C中，已说明通常一个波函数可被写为一个算符的本征函数的叠加（线性组合）。式（7D.2）的波函数可以被认为是两个函数$\mathrm{e}^{\pm\mathrm{i}kx}$的叠加，它们是具有本征值$\pm k\hbar$的线性动量算符的本征函数（专题7C）。这些本征函数对应于具有确定线性动量的状态：

$$\psi_k(x)=\underbrace{A\,\mathrm{e}^{+\mathrm{i}kx}}_{\text{线性动量为}+k\hbar\text{的粒子}}+\underbrace{B\,\mathrm{e}^{-\mathrm{i}kx}}_{\text{线性动量为}-k\hbar\text{的粒子}}$$

根据专题7C中给出的解释，如果一个系统以波函数$\psi_k(x)$描述，那么，动量的重复测量将给出$+k\hbar$（即粒

子沿着正的x方向行进），其概率正比于A^2，也给出$-k\hbar$（即粒子沿着负的x方向行进），其概率正比于B^2。只有当A或B是零时，粒子才分别具有确定的动量$-k\hbar$或$+k\hbar$。

简要说明7D.1

假设从加速器中产生的一个电子，以1.0 eV(1 eV = 1.602 × 10^{-19} J)的动能朝向正的x方向移动。此粒子的波函数由式（7D.2）给出，因为动量明确在正的x方向，其中$B = 0$。将式（7D.2）中能量的表达式重排，可求出k值：

$$k=\left(\frac{2m_eE_k}{\hbar^2}\right)^{1/2}=\left[\frac{2\times9.109\times10^{-31}\ \text{kg}\times1.6\times10^{-19}\ \text{J}}{(1.055\times10^{-34}\ \text{J}\cdot\text{s})^2}\right]^{1/2}$$

$$=5.1\times10^{9}\ \text{m}^{-1}$$

或5.1 nm^{-1}（1 nm = 10^{-9} m）。因此，波函数是$\psi(x) = A\text{e}^{5.1\,\text{i}x/\text{nm}}$。

到目前为止，粒子的运动一直局限于x轴上。一般来说，线性动量是一个矢量（见“化学家工具包17”），沿着粒子行进路线的方向。这样$\boldsymbol{p} = \boldsymbol{k}\hbar$，矢量的大小是$p = k\hbar$，它在每个轴上的分量是$p_q = k_q\hbar$，每个分量的波函数正比于$\text{e}^{\text{i}k_qq}$，其中$q = x$、$y$或$z$，总的波函数为$\text{e}^{\text{i}(k_xx + k_yy + k_zz)}$[1]。

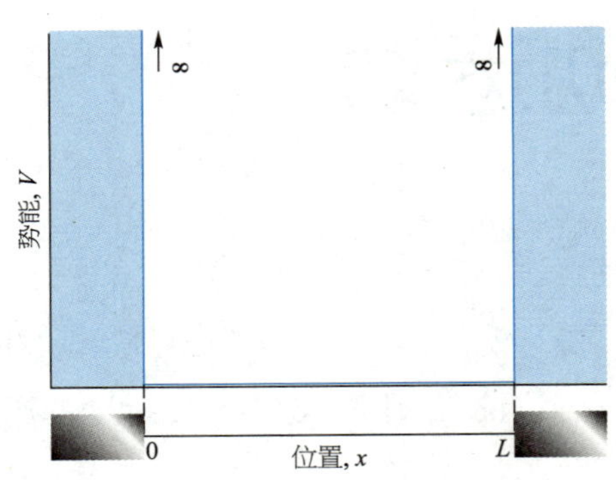

图7D.1 在一维箱中粒子的势能。在$x = 0$和$x = L$之间，势能为零，在这个区域之外则上升到无穷大，结果是产生了不可穿透的墙，限制了粒子

7D.2 一维受限运动

考虑一个**箱子中的粒子**（particle in a box），质量为m，被限制在两个难以穿透的壁之间的一维空间区域。其势能在箱子内是零，但是在位于$x = 0$和$x = L$的墙壁处突然上升到无穷大（图7D.1）。当粒子在两壁之间时，薛定谔方程与自由粒子的相同［式（7D.1）］；所以，式（7D.2）中给出的一般解也是相同的。但是，按照正弦和余弦，用$\text{e}^{\pm\text{i}kx} = \cos kx \pm \text{i}\sin kx$重写波函数会很方便（专题7C中“化学家工具包16”）。

化学家工具包17 矢量

矢量是具有大小和方向的量。在示意图1中所示的矢量$\boldsymbol{v}$在x、y和z轴上具有分量，其值分别为v_x、v_y和v_z，它们可能是正的或负的。例如，如果$v_x = -1.0$，则矢量$\boldsymbol{v}$的x分量大小为1.0且指向$-x$方向。矢量的大小用v或$|\boldsymbol{v}|$表示，可由下式给出：

$$v = (v_x^2 + v_y^2 + v_z^2)^{1/2}$$

如此，具有分量$v_x = -1.0$、$v_y = +2.5$和$v_z = +1.1$的矢量其大小为2.9，可用长度为2.9个单位的箭头和适当的朝向表示（如示意图1中的插图所示）。速度和动量是矢量；速度矢量的大小称为速率。力、电场和磁场都是矢量。

本书所需要的、涉及矢量的运算（加法、乘法等）在专题8C中的“化学家工具包22”中描述。

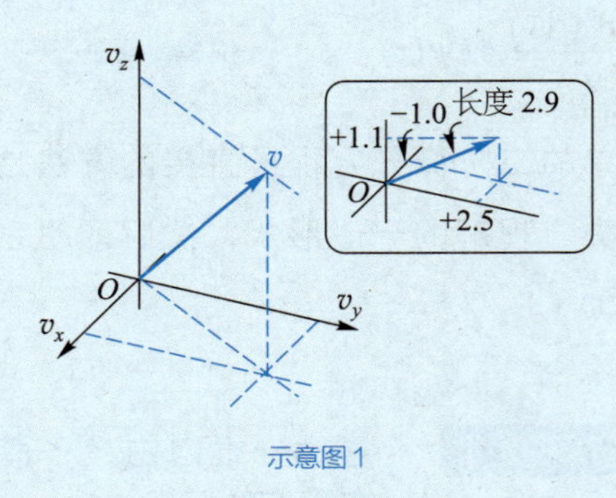

示意图1

1 根据标量积，这个总的波函数将被写为$\text{e}^{\text{i}\boldsymbol{k}\cdot\boldsymbol{r}}$。

$$\psi_k(x) = Ae^{ikx} + Be^{-ikx}$$
$$= A(\cos kx + i\sin kx) + B(\cos kx - i\sin kx)$$
$$= (A+B)\cos kx + i(A-B)\sin kx$$

常数$i(A-B)$和$(A+B)$可分别表示为C和D，在这种情况下有

$$\psi_k(x) = C\sin kx + D\cos kx \tag{7D.3}$$

在箱外，波函数必须是零，这是由于在势能无穷大的区域找不到粒子，即

$$对于x<0和x>L，\psi_k(x)=0 \tag{7D.4}$$

(a) 合格解

对波函数的要求之一就是它必须是连续的。由此，既然当$x<0$（势能是无限大的区域）时波函数是零，则在$x=0$处波函数必须是零，该处是势能上升到无穷大的点。同样，$x>L$的区域波函数是零，所以$x=L$对应的波函数必须是零，该处也是势能上升到无穷大的点。这两个限制是**边界条件**（boundary condition），或对函数的约束条件：

$$\psi_k(0)=0和\psi_k(L)=0 \quad 边界条件 \tag{7D.5}$$

现在，有必要证明，波函数必须满足边界条件的要求意味着只有某些波函数是合格的，因而只有某些能量是允许的。

如何完成？7D.2 证明边界条件导致了量子化的能级

需要从一般解开始，探索施加边界条件的后果。

步骤1 *应用边界条件*

在$x=0$时，$\psi_k(0)=C\sin 0+D\cos 0=D$（因为$\sin 0=0$，$\cos 0=1$）。一个边界条件是$\psi_k(0)=0$，所以$D=0$。

在$x=L$时，$\psi_k(L)=C\sin kL$。边界条件是$\psi_k(L)=0$，因此要求$\sin kL=0$，这反过来要求$kL=n\pi(n=1, 2, \cdots)$。尽管$n=0$也满足边界条件，但它被排除了，因为这样的话对于所有的x值，波函数将是$C\sin 0=0$，粒子无处可寻。n的负整数也满足边界条件，但它只是简单地导致波函数符号的变化[因为$\sin(-\theta)=-\sin\theta$]。因此，满足两个边界条件的波函数是$\psi_k(x)=C\sin(n\pi x/L)$，其中$n=1, 2, \cdots$，以及$k=n\pi/L$。

步骤2 *将波函数归一化*

要归一化波函数，应将其写为$N\sin(n\pi x/L)$，且要求波函数的平方在全部空间的积分等于1。波函数在$0\leqslant x\leqslant L$范围之外是零，所以积分仅需在此范围内进行：

$$\int_0^L \psi^2 dx = N^2 \overbrace{\int_0^L \sin^2\frac{n\pi x}{L}dx}^{积分T.2} = N^2\times\frac{L}{2}=1，故N=\left(\frac{2}{L}\right)^{1/2}$$

步骤3 *确定允许的能量*

根据式（7D.2），$E_k=k^2\hbar^2/2m$，但因为k受限于值$k=n\pi/L(n=1, 2, \cdots)$，则能量受限于以下值：

$$E_k=\frac{k^2\hbar^2}{2m}=\frac{(n\pi/L)^2(h/2\pi)^2}{2m}=\frac{n^2h^2}{8mL^2}$$

在这个阶段，用标记n替换k是明智的，并将波函数和能量标记为$\psi_n(x)$和E_n。因此，允许的归一化波函数和能量是

$$\psi_n(x)=\left(\frac{2}{L}\right)^{1/2}\sin\left(\frac{n\pi x}{L}\right) \qquad E_n=\frac{n^2h^2}{8mL^2} \quad n=1, 2, \cdots \quad 一维箱中的粒子 \tag{7D.6}$$

n被限制为正整数的事实意味着一维箱中粒子的能量是量子化的。该量子化源于ψ必须满足的边界条件。这是一个一般结论：满足边界条件的需要意味着只有某些波函数是合格的，因而也就限定了本征值为不连续值。

已用于标记波函数和能量的整数n是“量子数”的一个例子。一般来说，**量子数**（quantum number）是用于标记系统状态的整数（在某些情况下是半整数，专题8B）。对于一维箱中的粒子，合格解有无数个，量子数n明确了其中有意义的解（图7D.2）[1]。除了作为标记，量子数还通常被用于计算一些性质的值，如式（7D.6）中对应于状态的能量。

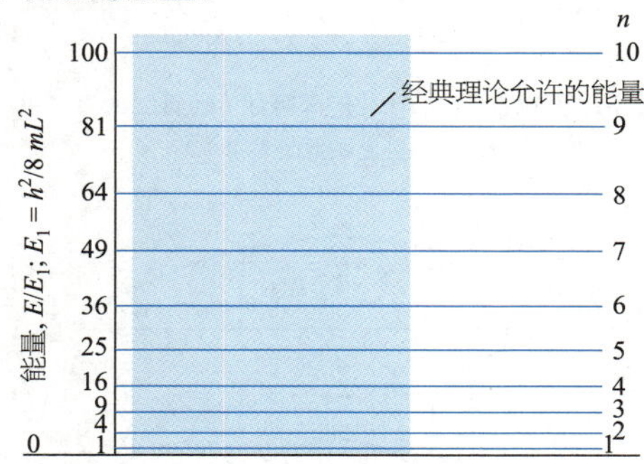

图7D.2 箱中一个粒子的能级。注意，能级随n^2增加，并且它们的间隔随量子数的增加而增加。而经典理论认为，粒子允许具有连续能量的任何值（如图中着色区域所示）

1 你可能会反驳波函数在箱子边缘具有不连续的斜率，所以根据专题7B中的判据它们是不符合要求的。这是一个罕见的情况，因为势能突然跳跃到一个无限值，故该要求不适用。

（b）波函数的性质

图7D.3显示了一维箱中粒子的一些波函数。需要注意的要点如下：

- 波函数都是具有相同最大振幅但不同波长的正弦函数；随着n增加，波长变短。
- 缩短波长会导致波函数的平均曲率急剧升高，因而粒子的动能增加（回想一下，当箱内$V=0$时，能量完全是动能）。
- 节点（波函数经过零的点）数也随着n的增加而增加；波函数ψ_n有$(n-1)$个节点。

对于一维箱中粒子，概率密度为

$$\psi_n^2(x)=\frac{2}{L}\sin^2\left(\frac{n\pi x}{L}\right) \qquad (7D.7)$$

并随着位置而变化。当n很小时，概率密度的不均匀性是显著的（图7D.4）。概率密度的最大值给出粒子以最大概率出现的位置。

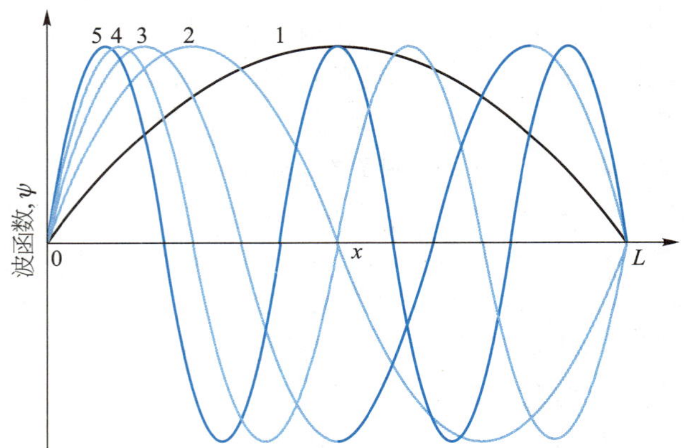

图7D.3 箱中粒子的前五个归一化的波函数（随着能量的增加，波长减小，且函数依次多出半个波。箱外波函数是零）

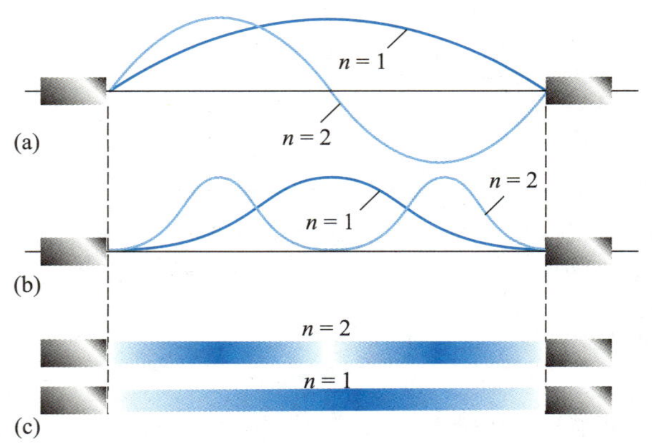

图7D.4 （a）箱中粒子的前两个波函数；（b）对应的概率密度；（c）依据阴影的暗度来表示概率密度大小

简要说明7D.2

如专题7B中所解释的，粒子出现在一指定区域的总概率是$\psi^2(x)\mathrm{d}x$在该区域的积分。因此，粒子$(n=1)$在$x=0$和$x=L/2$之间的区域出现的概率是

$$P=\int_0^{L/2}\psi_1^2\mathrm{d}x=\frac{2}{L}\overbrace{\int_0^{L/2}\sin^2\left(\frac{\pi x}{L}\right)\mathrm{d}x}^{\text{积分T.2}}=\frac{2}{L}\left[\frac{x}{2}-\frac{1}{2\pi/L}\sin\left(\frac{2\pi x}{L}\right)\right]_0^{L/2}$$

$$=\frac{2}{L}\left(\frac{L}{4}-\frac{1}{2\pi/L}\overbrace{\sin\pi}^{0}\right)=\frac{1}{2}$$

对于这个结果，不应该惊讶，因为概率密度围绕$x=L/2$是对称的。因此，在$x=0$和$x=L/2$之间的区域粒子出现的概率必须是在$x=0$和$x=L$之间的区域粒子出现的概率（为1）的一半。

假若忽略越来越快速振荡的细节，概率密度$\psi^2(x)$随着n的增加将变得更为均匀（图7D.5）。高量子数时的概率密度反映了粒子的经典结果，即在两墙之间反弹的粒子在所有点上花费的时间相等。这个结论是**对应原理**（correspondence principle）的一个例子，对应原理指出，当达到高量子数时，量子力学浮现出经典结果。

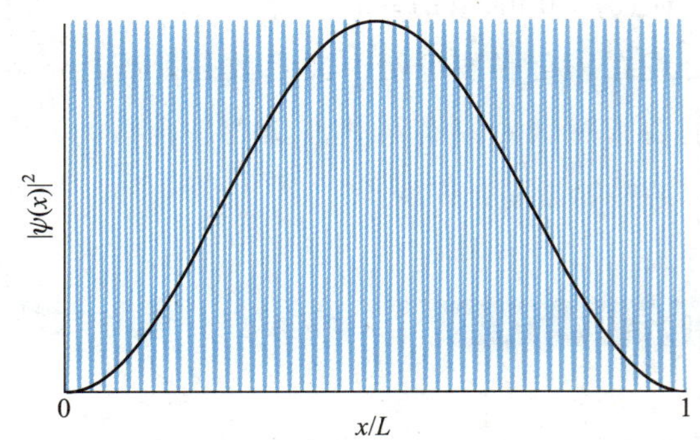

图7D.5 高量子数对应的概率密度$\psi^2(x)$（蓝色$n=50$，与黑色$n=1$对比）。注意，对于高量子数，假若忽略越来越快速振荡的细节，概率密度几乎是均匀的

（c）能量的性质

箱中粒子的线性动量没有被很好地定义，因为波函数$\sin kx$不是线性动量算符的本征函数。然而，因为$\sin kx=(\mathrm{e}^{\mathrm{i}kx}-\mathrm{e}^{-\mathrm{i}kx})/2\mathrm{i}$，有

$$\psi_n(x)=\left(\frac{2}{L}\right)^{1/2}\sin\left(\frac{n\pi x}{L}\right)$$
$$=\frac{1}{2\mathrm{i}}\left(\frac{2}{L}\right)^{1/2}(\mathrm{e}^{\mathrm{i}n\pi x/L}-\mathrm{e}^{-\mathrm{i}n\pi x/L}) \qquad (7D.8)$$

由此，如果对线性动量进行重复测量，一半会给出$+n\pi\hbar/L$的值，一半会给出$-n\pi\hbar/L$的值。这个结论是经典图像的量子力学形式，其中粒子在箱中前后来回弹跳，行进到左边和右边花费相同的时间。

因为n不能为零，粒子可能拥有的最低能量不是零（经典力学是允许的，对应于静止粒子），而是

$$E_1=\frac{h^2}{8mL^2} \qquad \text{零点能} \qquad (7D.9)$$

这种最低的、不可移去的能量称为**零点能**（zero-point energy）。有两种方式可以解释零点能的物理起源：

- 海森伯不确定原理指出$\Delta p_x\Delta x\geqslant\frac{1}{2}\hbar$。对于受限于箱中的粒子，$\Delta x$是一有限值，因此$\Delta p_x$不能为零，否则将违反不确定原理。因此，动能不能为零。
- 即使波函数在墙壁处变为零，但它是平滑的、连续的，且不是处处为零，那么它一定是弯曲的，波函数中的曲率意味着动能的存在。

简要说明7D.3

在长度为100 nm的区域中，电子的最低能量由式（7D.6）（$n=1$）给出：

$$E_1=\frac{1^2\times(6.626\times10^{-34}\ \mathrm{J\cdot s})^2}{8\times9.109\times10^{-31}\ \mathrm{kg}\times(100\times10^{-9}\ \mathrm{m})^2}=6.02\times10^{-24}\ \mathrm{J}$$

其中用到$1\ \mathrm{J}=1\ \mathrm{kg\cdot m^2\cdot s^{-2}}$。能量$E_1$可以表达为6.02 yJ（1 yJ = 10^{-24} J）。

相邻能级（量子数分别为n和$n+1$）之间的能量间隔是

$$E_{n+1}-E_n=\frac{(n+1)^2h^2}{8mL^2}-\frac{n^2h^2}{8mL^2}=(2n+1)\frac{h^2}{8mL^2} \qquad (7D.10)$$

随着容器长度的增加，这个能量间隔会减小，并且当容器具有宏观尺度时，将是非常小的。当两个墙壁距离无限远时，相邻能级的能量间隔变为零。因此，在平常实验室所用大小的容器内自由运动的原子和分子，可被处理为它们的平动能不是量子化的。

例题7D.1 估算吸收波长

β-胡萝卜素(1)是一种线性多烯化合物，其中10个单键和11个双键沿着22个碳原子链交替分布。如果每个碳碳键长取为140 pm，则β-胡萝卜素中的分子盒子的长度是$L=2.94$ nm。估算这种分子从基态跃迁到最邻近激发态时所吸收光的波长。

1 β-胡萝卜素

整理思路 基于很常见的一些原因，每个π键C原子贡献一个p电子给π轨道，且两个电子占据一个状态。用式（7D.10）来计算最高占据和最低未占据能级之间的能量间隔，并通过使用玻尔频率条件［式（7A.9），$\Delta E=h\nu$］将该能量转换为波长。

解： 共轭链中有22个C原子；每个C原子贡献一个p电子到能级，所以每个能级（最高至$n=11$）被两个电子占据。基态与其中一个电子从$n=11$激发到$n=12$的能态之间的能量间隔是

$$\begin{aligned}\Delta E&=E_{12}-E_{11}\\&=(2\times11+1)\times\frac{(6.626\times10^{-34}\ \mathrm{J\cdot s})^2}{8\times9.109\times10^{-31}\ \mathrm{kg}\times(2.94\times10^{-9}\ \mathrm{m})^2}\\&=1.60\times10^{-19}\ \mathrm{J}\end{aligned}$$

或0.160 aJ。根据玻尔频率条件（$\Delta E=h\nu$），导致这种跃迁所需辐射的频率是

$$\nu=\frac{\Delta E}{h}=\frac{1.60\times10^{-19}\ \mathrm{J}}{6.626\times10^{-34}\ \mathrm{J\cdot s}}=2.42\times10^{14}\ \mathrm{s^{-1}}$$

或者242 THz（1 THz = 10^{12} Hz），对应波长$\lambda=1\ 240$ nm。实验值是603 THz（$\lambda=497$ nm），对应于电磁光谱可见光范围内的辐射。

说明 该模型太过粗糙，不能期望定量的一致性；但是，计算至少预测了一个正确范围内的波长。

自测题7D.1 通过计算受限于一维箱中质子的第一激发能，估算典型的核激发能量，以电子伏特表示（1 eV = 1.602×10^{-19} J；1 GeV = 10^9 eV），一维箱的长度等于原子核的直径（约1×10^{-15} m或1 fm）。

答案：0.6 GeV

7D.3 二维和多维受限运动

现在考虑一个矩形的二维区域，沿x在0和L_1之间，沿y在0和L_2之间。在这个区域之内，势能

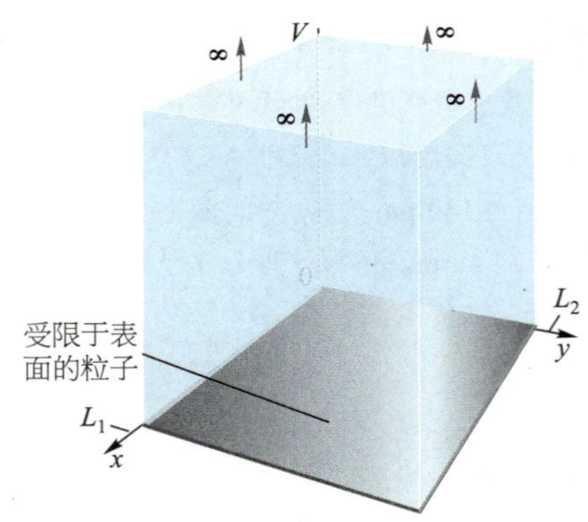

图7D.6　一个二维矩形阱。在$x=0$和L_1处及在$y=0$和L_2处，势能变为无穷大，但是在这些值之间，势能为零。粒子受限于这个由不可穿越的墙所形成的矩形中

是零，但在边界上势能上升到无穷大（图7D.6）。如在一维的情况，在此区域的边界上波函数预期是零（在$x=0$和L_1处，以及在$y=0$和L_2处），并且在该区域以外是零。在该区域内，粒子在沿x和y方向上的运动对其动能都有贡献，所以薛定谔方程有两个动能项，每个轴向一个。对于质量为m的粒子，方程是

$$-\frac{\hbar^2}{2m}\left(\frac{\partial^2\psi}{\partial x^2}+\frac{\partial^2\psi}{\partial y^2}\right)=E\psi \tag{7D.11}$$

式（7D.11）是一个偏微分方程，得到的波函数是x和y的函数，表示为$\psi(x,y)$。

（a）能级和波函数

找到允许的波函数和能量的过程涉及如下步骤，即先从二维薛定谔方程开始，然后应用“变量分离”技术将其变成两个独立的一维方程。

如何完成？7D.3　构建二维箱中粒子的波函数

这里解释和应用的“变量分离”技术在量子力学的多种情况中都有应用。

步骤1　*应用变量分离技术*

首先，认识到存在两个算符，其中的每个算符只对x或y的函数作用：

$$\hat{H}_x=-\frac{\hbar^2}{2m}\frac{\partial^2}{\partial x^2}\qquad \hat{H}_y=-\frac{\hbar^2}{2m}\frac{\partial^2}{\partial y^2}$$

式（7D.11），即

$$\overbrace{-\frac{\hbar^2}{2m}\frac{\partial^2}{\partial x^2}}^{\hat{H}_x}\psi\overbrace{-\frac{\hbar^2}{2m}\frac{\partial^2}{\partial y^2}}^{\hat{H}_y}\psi=E\psi$$

然后变为

$$\hat{H}_x\psi+\hat{H}_y\psi=E\psi$$

现在，假设波函数ψ可以表示为两个函数的乘积，即$\psi(x,y)=X(x)Y(y)$，一个函数仅取决于x，另一个函数仅取决于y。这种假设是该过程的核心步骤，并不适用于所有的偏微分方程：它在此处适用必须被证明。通过这种替换，前面的方程变为

$$\hat{H}_xX(x)Y(y)+\hat{H}_yX(x)Y(y)=EX(x)Y(y)$$

然后，因为H_x作用于（取对x的二阶导数）$X(x)$，同样H_y作用于$Y(y)$，这个方程与下面的方程相同：

$$Y(y)\hat{H}_xX(x)+X(x)\hat{H}_yY(y)=EX(x)Y(y)$$

两边都除以$X(x)Y(y)$，则得

$$\overbrace{\frac{1}{X(x)}\hat{H}_xX(x)}^{\text{只取决于}x}+\overbrace{\frac{1}{Y(y)}\hat{H}_yY(y)}^{\text{只取决于}y}=\overbrace{E}^{\text{常数}}$$

如果x变化，只有第一项可以改变；而其余两项不改变。所以，为了等式保持成立，第一项必须是一个常数。当y变化时，第二项也是如此。因此，通过将这些常数表示为E_x和E_y，可得

$$\frac{1}{X(x)}\hat{H}_xX(x)=E_X,\quad \text{所以有}\quad \hat{H}_xX(x)=E_XX(x)$$

$$\frac{1}{Y(y)}\hat{H}_yY(y)=E_Y,\quad \text{所以有}\quad \hat{H}_yY(y)=E_YY(y)$$

且有$E_x+E_y=E$。该过程已成功将偏微分方程分离为两个常微分方程，一个关于x，另一个关于y。

步骤2　*识别两个常微分方程*

两个方程都等同于一维箱中粒子的薛定谔方程，一个对于坐标x，另一个对于坐标y。边界条件本质上也是相同的（即波函数在墙壁处必须是零）。因此，两个解是

$$X_{n_1}(x)=\left(\frac{2}{L_1}\right)^{1/2}\sin\left(\frac{n_1\pi x}{L_1}\right)\qquad E_{X,n_1}=\frac{n_1^2h^2}{8mL_1^2}$$

$$Y_{n_2}(y)=\left(\frac{2}{L_2}\right)^{1/2}\sin\left(\frac{n_2\pi y}{L_2}\right)\qquad E_{Y,n_2}=\frac{n_2^2h^2}{8mL_2^2}$$

其中n_1和n_2均单独地取值为1, 2, …。

步骤3　*组合成完整的波函数*

在箱内，即当$0\leqslant x\leqslant L_1$和$0\leqslant y\leqslant L_2$时，波函数是乘积$X_{n_1}(x)Y_{n_2}(y)$，可由下面的式（7D.12）给出。在箱外，波函数是零。能量是加和$E_{X,n_1}+E_{Y,n_2}$。两个量子数单独取值$n_1=1, 2, \cdots$和$n_2=1, 2, \cdots$。因此，总的来说，有

$$\psi_{n_1,n_2}(x,y)=\frac{2}{(L_1L_2)^{1/2}}\sin\left(\frac{n_1\pi x}{L_1}\right)\sin\left(\frac{n_2\pi y}{L_2}\right) \tag{7D.12a}$$

波函数[二维]

$$E_{n_1,n_2}=\left(\frac{n_1^2}{L_1^2}+\frac{n_2^2}{L_2^2}\right)\frac{h^2}{8m} \tag{7D.12b}$$

能级[二维]

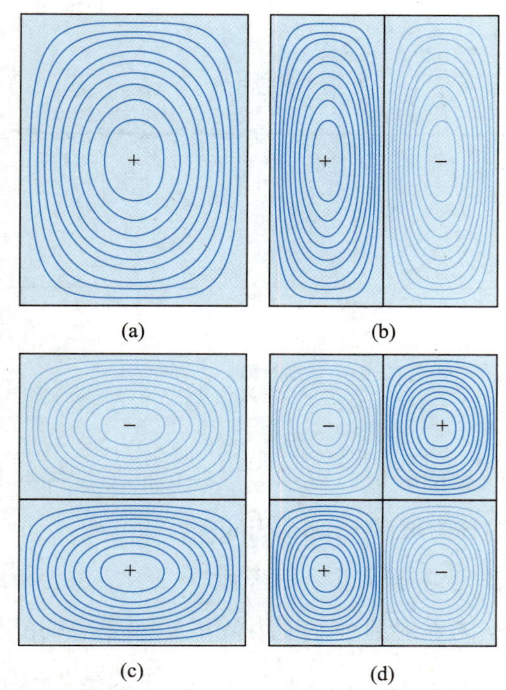

图7D.7　受限于矩形表面的粒子的波函数描绘为相同振幅的等值曲线图
（a）$n_1=1$，$n_2=1$，最低能态；（b）$n_1=1$，$n_2=2$；
（c）$n_1=2$，$n_2=1$；（d）$n_1=2$，$n_2=2$

一些波函数被绘制成图7D.7中的等值曲线图。它们是图7D.3中所示波函数的二维形式。不过，在一维中，波函数类似于末端固定的振动弦的状态，而在二维中，波函数则对应于固定边的矩形板的振动。

简要说明7D.4

考虑一个受限于边长为L的方形空腔（即$L_1=L_2=L$）的电子，处于量子数为$n_1=1$和$n_2=2$的状态。由于概率密度是

$$\psi_{1,2}^2(x,y)=\frac{4}{L^2}\sin^2\left(\frac{\pi x}{L}\right)\sin^2\left(\frac{2\pi y}{L}\right)$$

最概然的位置对应于$\sin^2(\pi x/L)=1$和$\sin^2(2\pi y/L)=1$，或者$(x,y)=(L/2,L/4)$和$(L/2,3L/4)$。最低可能的位置（节点，波函数经过零的点）对应于箱内概率密度中的零，沿着线$y=L/2$出现。

三维箱可以用相同的方式处理：波函数是三项的乘积，能量是三项的加和。与之前一样，每项都类似于一维的情形。因此，总的来说，对于$0\leqslant x\leqslant L_1$，$0\leqslant y\leqslant L_2$，$0\leqslant z\leqslant L_3$，可有

$$\psi_{n_1,n_2,n_3}(x,y,z)=\left(\frac{8}{L_1L_2L_3}\right)^{1/2}\sin\left(\frac{n_1\pi x}{L_1}\right)\sin\left(\frac{n_2\pi y}{L_2}\right)\sin\left(\frac{n_3\pi z}{L_3}\right)$$

波函数［三维］　（7D.13a）

$$E_{n_1,n_2,n_3}=\left(\frac{n_1^2}{L_1^2}+\frac{n_2^2}{L_2^2}+\frac{n_3^2}{L_3^2}\right)\frac{h^2}{8m}$$

能级［三维］　（7D.13b）

量子数n_1、n_2和n_3都是正整数1, 2, …，可以各自独立取值。系统有一零点能，即$E_{1,1,1}$。

（b）简并

当二维箱不只是矩形而是正方形时，有$L_1=L_2=L$，其解的一个特殊性质出现了。此时，波函数和它们的能量分别是

$$\psi_{n_1,n_2}(x,y)=\frac{2}{L}\sin\left(\frac{n_1\pi x}{L}\right)\sin\left(\frac{n_2\pi y}{L}\right)$$
$$(0\leqslant x\leqslant L,\ 0\leqslant y\leqslant L)$$

波函数［方形］　（7D.14a）

$$\psi_{n_1,n_2}(x,y)=0\ （箱外）$$

$$E_{n_1,n_2}=(n_1^2+n_2^2)\frac{h^2}{8mL^2}$$

能级［方形］　（7D.14b）

考虑$n_1=1$，$n_2=2$和$n_1=2$，$n_2=1$的情况，则有

$$\psi_{1,2}=\frac{2}{L}\sin\left(\frac{\pi x}{L}\right)\sin\left(\frac{2\pi y}{L}\right)\qquad E_{1,2}=(1^2+2^2)\frac{h^2}{8mL^2}=\frac{5h^2}{8mL^2}$$

$$\psi_{2,1}=\frac{2}{L}\sin\left(\frac{2\pi x}{L}\right)\sin\left(\frac{\pi y}{L}\right)\qquad E_{2,1}=(2^2+1^2)\frac{h^2}{8mL^2}=\frac{5h^2}{8mL^2}$$

虽然波函数不同，但它们对应于相同的能量。不同波函数对应相同能量的术语是**简并**（degeneracy）；在本例中，能级$5h^2/8mL^2$是“双重简并”的。一般来说，如果N个波函数对应相同的能量，那么该能级是“N重简并”的。

简并的出现与系统的对称性有关。图7D.8显示了两个简并波函数$\psi_{1,2}$和$\psi_{1,2}$的等值曲线图。因为箱子是正方形的，只需旋转平面90°就能将一个波函数转换成另一个。当平面不是正方形的，通过旋转90°的相互转换是不可能的，此时$\psi_{1,2}$和$\psi_{2,1}$也因此不是简并的。类似的论证也可以说明立方箱中一个粒子能级的简并。其他简并的例子出现在量子力学系统中（例如，在氢原子中，见专

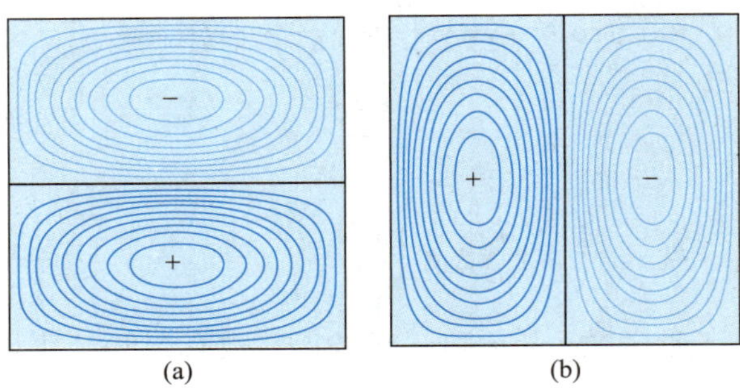

图7D.8　受限于几何正方形阱中的粒子的两个波函数：（a）$n_1=2$，$n_2=1$；（b）$n_1=1$，$n_2=2$。两个波函数对应于相同的能量，被称为是简并的。注意到通过旋转盒子90°，一个波函数能够转换为另一个：简并总是对称性的结果

题8A），它们都能够追溯到系统的对称性质。

简要说明7D.5

边长为L的二维正方形箱中，粒子在$n_1=1$和$n_2=7$所对应能级的能量是

$$E_{1,7}=(1^2+7^2)\frac{h^2}{8mL^2}=\frac{50h^2}{8mL^2}$$

$n_1=7$和$n_2=1$所对应的能级具有相同的能量。从而，初看之下，能级$50h^2/(8\,mL^2)$是双重简并的。然而，在某些系统中，可能存在与对称性不明显相关的某些能级，但具有相同的能量，它们被称为是“偶然”简并的。正如下述情况，$n_1=5$和$n_2=5$所对应能级也具有相同的能量$50h^2/(8\,mL^2)$。因此，该能级实际上是三重简并的。偶然简并也在氢原子（专题8A）中遇到，并且总是可以追溯到“隐藏”的对称性，即不是很明显的那种。

7D.4　隧穿

当势能在边界不是突然上升到无穷大时，一个新的量子力学特征出现了（图7D.9）。考虑这样的情况，存在势能是零的两个区域，被势能上升到一个有限值V_0的势垒隔开。假设粒子的能量比V_0小。从势垒左侧到达的粒子有振荡波函数，但在势垒内部波函数衰减而不是振荡。倘若势垒不是太宽，波函数出现在了右侧，但振幅减弱了；然后它一旦回到势能为零的区域会继续振荡。这种行为的结果是粒子有非零的概率通过势垒，而这是经典物理学所禁止的，因为粒子不能有超过

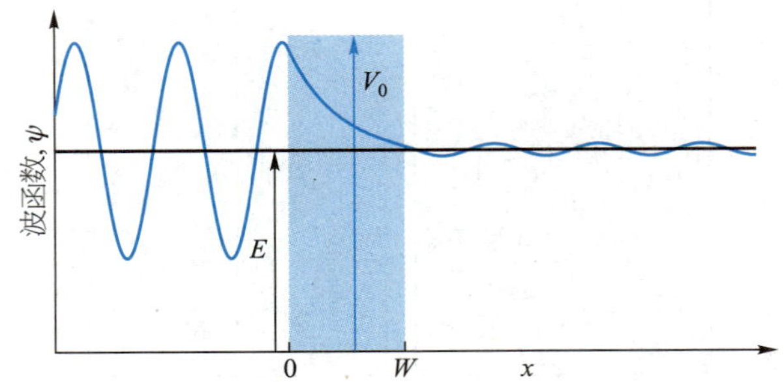

图7D.9　遇到势垒的粒子的波函数。倘若这个势垒既不是太宽，也不是太高，则当波函数穿到右侧时，将是非零的

其总能量的势能。粒子穿进并可能通过经典禁区的能力称为**隧穿**（tunnelling）。

薛定谔方程可以用来计算一个质量为m的粒子从左侧入射到一宽度为W的矩形势垒的隧穿概率。在势垒的左侧（$x<0$），波函数是$V=0$的粒子的那些波函数。所以，由式（7D.2）有

$$\psi=A\mathrm{e}^{\mathrm{i}kx}+B\mathrm{e}^{-\mathrm{i}kx}\qquad k\hbar=(2mE)^{1/2}\quad\text{势垒左侧波函数}\quad(7D.15)$$

对于势垒区域（$0\leqslant x\leqslant W$），其中势能为常数值V_0，其薛定谔方程是

$$-\frac{\hbar^2}{2m}\frac{\mathrm{d}^2\psi(x)}{\mathrm{d}x^2}+V_0\psi(x)=E\psi(x)\quad(7D.16)$$

倘若$E<V_0$，方程（7D.16）的一般解是

$$\psi=C\mathrm{e}^{\kappa x}+D\mathrm{e}^{-\kappa x}$$
$$\kappa\hbar=[2m(V_0-E)]^{1/2}\quad\text{势垒内部波函数}\quad(7D.17)$$

可以通过将此解代入方程（7D.16）的左侧来进行验证。值得注意的重要特征是，式（7D.17）中的两个指数现在是实函数，不同于复函数，为$V=0$区域的振荡函数。对于势垒的右侧（$x>W$），再次$V=0$，波函数是

$$\psi=A'\mathrm{e}^{\mathrm{i}kx}\qquad k\hbar=(2mE)^{1/2}\quad\text{势垒右侧波函数}\quad(7D.18)$$

注意到在势垒的右侧，粒子只能向右移动。因此，只有$\mathrm{e}^{\mathrm{i}kx}$项有贡献，因为它对应于一个具有正的线性动量的粒子（向右移动）。

从左侧入射的粒子的完整波函数包括（图7D.10）：

物理解释

- 一个入射波（$A\mathrm{e}^{\mathrm{i}kx}$对应正的线性动量）。
- 一个由势垒反射的波（$B\mathrm{e}^{-\mathrm{i}kx}$对应负的线性动量，向左运动）。

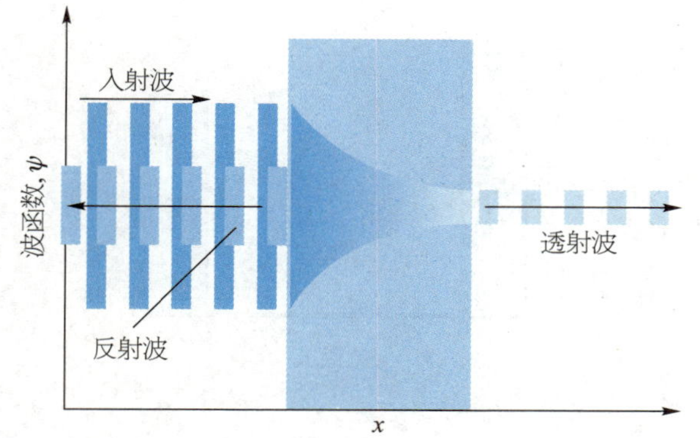

图7D.10 当一个粒子从左侧入射到势垒上时，波函数包括一个代表向右线性动量的波，一个代表向左动量的反射分量，一个代表势垒内变化但不振荡的分量，以及一个代表势垒另一边向右移动的（弱）波

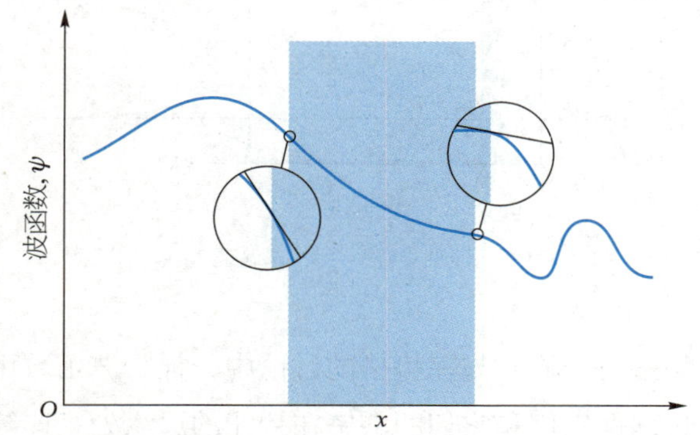

图7D.11 在势垒的边界波函数和它的斜率必须是连续的。连续性的条件能够使波函数在三个区域交界处连接，由此，可以得到薛定谔方程的解中出现的系数之间的关系

物理解释

- 势垒内指数变化的振幅［式（7D.17）］。
- 一个振荡波［式（7D.18）］，代表成功隧穿势垒后粒子向右传播。

在势垒的左侧（$x<0$），一个粒子向正的x方向（向右）移动的概率正比于$|A|^2$；穿过势垒后（$x>W$），它向右移动的概率正比于$|A'|^2$。这两个概率的比值，即$|A'|^2/|A|^2$，表示粒子隧穿过势垒的概率，称为**透射概率**（transmission probability）T。

系数A、B、C和D的值可通过对波函数应用合格性的通常判据来找到。因为一个合格波函数在势垒边界（在$x=0$和$x=W$）必须是连续的：

$$x=0\text{时：}A+B=C+D$$

$$x=W\text{时：}Ce^{\kappa W}+De^{-\kappa W}=A'e^{ikW} \qquad (7D.19a)$$

它们的斜率（一阶导数）在这些位置也必须是连续的（图7D.11）：

$$x=0\text{时：}ikA-ikB=\kappa C-\kappa D$$

$$x=W\text{时：}\kappa Ce^{\kappa W}-\kappa De^{-\kappa W}=ikA'e^{ikW} \qquad (7D.19b)$$

通过这四个方程［式（7D.19）］直接但冗长的代数运算（见问题P7D.12）后，可求得透射概率为

$$T=\left[1+\frac{(e^{\kappa W}-e^{-\kappa W})^2}{16\varepsilon(1-\varepsilon)}\right]^{-1} \qquad \text{透射概率［矩形势垒］} \qquad (7D.20a)$$

式中$\varepsilon=E/V_0$。这个函数绘制在图7D.12中。图中也显示了$E>V_0$的透射概率。透射概率具有以下性质：

物理解释

- 对于$E \ll V_0$，$T\approx 0$：当粒子的能量远低于势垒高度时，隧穿可以忽略。
- 随着E接近V_0，T增加：随着粒子能量的升高以匹配势垒的高度，隧穿概率也增加。
- 对于$E>V_0$，T接近1，但事实上它不是立即达到1，这意味着存在粒子被势垒反射的概率，即使根据经典力学它可以越过势垒。
- 对于$E \gg V_0$，$T\approx 1$，正如经典预期的那样：当粒子的能量远高于势垒时，势垒对粒子来说是可忽视的。

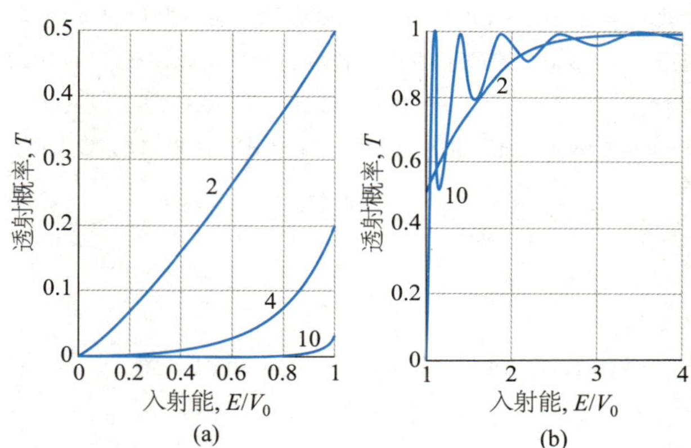

图7D.12 通过矩形势垒的透射概率T。横轴是入射粒子的能量，表示为势垒高度的倍数。曲线用$W(2mV_0)^{1/2}/\hbar$的值标记
（a）$E<V_0$；（b）$E>V_0$

对于高且宽的势垒（意即$\kappa W \gg 1$），式（7D.20a）可简化为

$$T\approx 16\varepsilon(1-\varepsilon)e^{-2\kappa W} \qquad \text{矩形势垒 } \kappa W\gg 1 \qquad (7D.20b)$$

透射概率随势垒厚度和$m^{1/2}$（因为$\kappa \propto m^{1/2}$）呈指数下降。据此，轻的粒子比那些重的粒子更能够穿过势垒（图7D.13）。隧穿对于电子和介子（$m_\mu \approx 207\ m_e$）来说是非常重要的，对质子（$m_p\approx 1\,840\ m_e$）中等重要；对更重的粒子则不太重要。

在化学中许多效应依赖于质子比氘核更容易隧穿的能力。质子转移反应的快速平衡也是质子

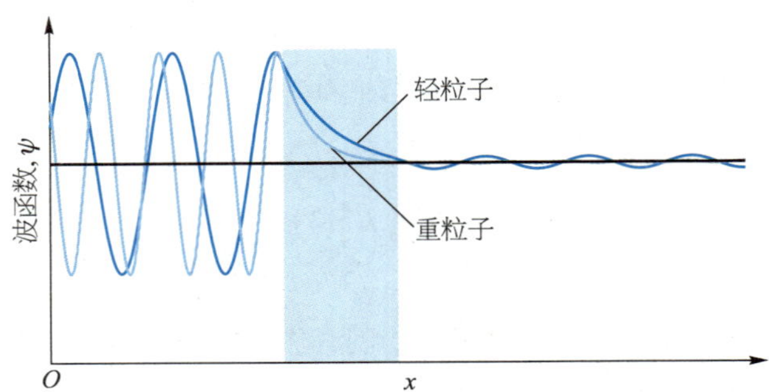

图 7D.13　在势垒内部，重粒子的波函数比轻粒子的波函数衰减得更快。所以，轻粒子有更大的隧穿势垒的概率

穿过势垒并迅速从酸转移到碱的能力的一种显现。质子在酸性和碱性基团之间的隧穿也是一些酶催化反应机理的重要特征。

简要说明 7D.6

假设酸性氢原子的质子受限于某酸，其可以用高度为 2.000 eV 和长度为 100 pm 的势垒来表示。能量为 1.995 eV（对应于 0.319 5 aJ）的质子能够逃脱酸的概率可以用式（7D.20a）来计算，其中 $\varepsilon = E/V_0 = 1.995\ \mathrm{eV}/2.000\ \mathrm{eV} = 0.997\ 5$，以及 $V_0 - E = 0.005\ \mathrm{eV}$（对应于 $8.0 \times 10^{-22}\ \mathrm{J}$）。$\kappa$ 可由式（7D.17）给出：

$$\kappa = \frac{(2\times1.67\times10^{-27}\ \mathrm{kg}\times 8.0\times10^{-22}\ \mathrm{J})^{1/2}}{1.055\times10^{-34}\ \mathrm{J\cdot s}}$$

$$=1.55\times10^{10}\ \mathrm{m^{-1}}$$

由此得到

$$\kappa W = 1.55 \times 10^{10}\ \mathrm{m^{-1}} \times 100 \times 10^{-12}\ \mathrm{m} = 1.55$$

然后由式（7D.20a）可得

$$T = \left[1+\frac{(\mathrm{e}^{1.55}-\mathrm{e}^{-1.55})^2}{16\times0.997\ 5\times(1-0.997\ 5)}\right]^{-1}$$

$$=1.97\times10^{-3}$$

与隧穿相关的一个问题是，在有限深度的正方形势阱中的粒子的问题（图 7D.14）。在势阱内，势能为零，且波函数振荡，正如无限深箱中的粒子一样。在边缘处，势能上升到一有限值 V_0。如果 $E < V_0$，波函数在它穿进墙壁时衰减，就像当它进

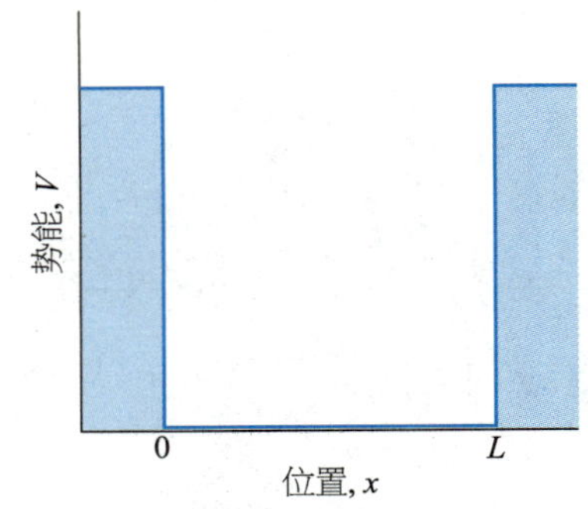

图 7D.14　一个具有有限深度的势阱

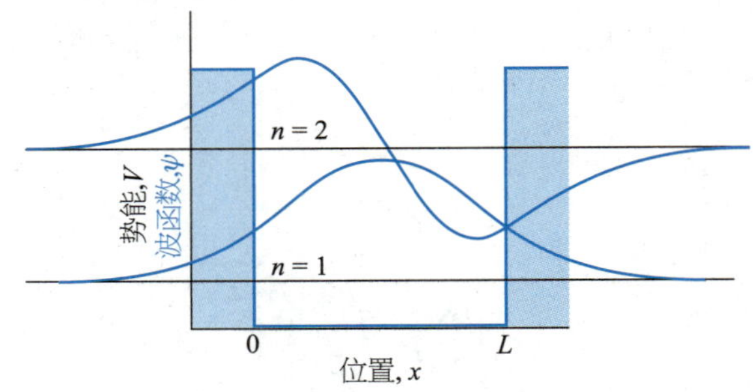

图 7D.15　图 7D.14 中所示势阱中粒子的两个最低约束能级的波函数

入势垒时一样。与在势垒的讨论中一样，波函数可通过确保它们和它们的斜率在势能的边缘处是连续的来找到。两个最低能量解示于图 7D.15 中。

对于一个有限深势阱，存在具有能量小于 V_0 的有限数量的波函数：它们被称为**束缚态**（bound states），意即粒子主要受限于势阱。对这个问题的薛定谔方程的详细考虑表明，束缚态的数量等于 N，有

$$N-1<\frac{(8mV_0L)^{1/2}}{h}<N \tag{7D.21}$$

式中 V_0 是势阱的深度，L 是势阱的宽度。这个关系式表明，若势阱越深越宽，则束缚态的数目就越大。随着深度变为无穷大，束缚态的数目也变为无穷大，如本专题中之前处理的箱中粒子那样。

概念清单

- ☐ 1. 自由粒子的平动能不是量子化的。
- ☐ 2. 满足**边界条件**的要求意味着只有某些波函数是合格的，并且限制可观测量，尤其是能量，为不连续值。
- ☐ 3. **量子数**是标记系统状态的整数（在某些情况下，是半整数）。
- ☐ 4. 箱中粒子具有**零点能**，即不能移去的最小能量。
- ☐ 5. **对应原理**指出，具有高量子数的量子力学结果应该与经典力学的预测一致。
- ☐ 6. 二维或三维箱中粒子的波函数是一维箱中粒子波函数的乘积。
- ☐ 7. 二维或三维箱中粒子的能量是在两个或三个一维箱中粒子能量的加和。
- ☐ 8. 如果N个波函数对应相同的能量，则能级是N**重简并的**。
- ☐ 9. 简并的出现是系统对称性的结果。
- ☐ 10. **隧穿**指穿入或通过经典的禁区。
- ☐ 11. 隧穿的概率随着势垒高度和宽度的增加而减小。
- ☐ 12. 轻粒子比重粒子更能隧穿势垒。

公式清单

性质	公式	说明	公式编号
自由粒子波函数和能量	$\psi_k = Ae^{ikx} + Be^{-ikx}$　　$E_k = k^2\hbar^2/2m$	k的所有值都是允许的	7D.2
箱中粒子			
一维：			
波函数	$\psi_n(x) = (2/L)^{1/2}\sin(n\pi x/L)$，$0 \leqslant x \leqslant L$ $\psi_n(x) = 0,\ x < 0,\ x > L$	$n = 1, 2, \cdots$	7D.6
能量	$E_n = n^2h^2/8mL^2$		
二维：			
波函数	$\psi_{n_1,n_2}(x,y) = \psi_{n_1}(x)\psi_{n_2}(y)$ $\psi_{n_1}(x) = (2/L_1)^{1/2}\sin(n_1\pi x/L_1)$，$0 \leqslant x \leqslant L_1$ $\psi_{n_2}(y) = (2/L_2)^{1/2}\sin(n_2\pi y/L_2)$，$0 \leqslant y \leqslant L_2$	$n_1, n_2 = 1, 2, \cdots$	7D.12a
能量	$E_{n_1,n_2} = (n_1^2/L_1^2 + n_2^2/L_2^2)h^2/8m$		7D.12b
三维：			
波函数	$\psi_{n_1,n_2,n_3}(x,y,z) = \psi_{n_1}(x)\psi_{n_2}(y)\psi_{n_3}(z)$	$n_1, n_2, n_3 = 1, 2, \cdots$	7D.13a
能量	$E_{n_1,n_2,n_3} = (n_1^2/L_1^2 + n_2^2/L_2^2 + n_3^3/L_3^3)h^2/8m$		7D.13b
透射概率	$T = [1 + (e^{\kappa W} - e^{-\kappa W})^2/16\varepsilon(1-\varepsilon)]^{-1}$ $T = 16\varepsilon(1-\varepsilon)e^{-2\kappa W}$	矩形势垒 高且宽的矩形势垒	7D.20a 7D.20b

专题7E

振动运动

▶ 为何需要学习这部分内容？

分子振动在热力学性质（如热容，专题 2A 和 13E）和化学反应速率（专题 18C）的解释中起重要作用。分子振动频率的解释和测量是红外光谱的基础（专题 11C 和 11D）。

▶ 核心思想是什么？

振动运动的能量是量子化的。

▶ 需要哪些预备知识？

应该知道如何用公式表达一个给定势能的薛定谔方程；也应该熟悉隧穿（专题 7D）和可观测量的期望值（专题 7C）的概念。

分子和固体中的原子围绕它们的平衡位置振动，如键的伸展、收缩和弯曲。这类运动的最简单模型是“谐振子”，本专题将对此详细介绍。

7E.1 谐振子

在经典力学中，**谐振子**（harmonic oscillator）是一个质量m的粒子，该粒子承受一个回复力，该力正比于它距离平衡位置的位移x。如在“化学家工具包18”中所示，粒子以特征频率ν在平衡位置附近振荡。粒子的势能是

$$V(x)=\frac{1}{2}k_f x^2 \quad \text{抛物线势能} \quad (7E.1)$$

式中k_f是**力常数**（force constant），它表征回复力的强度（图7E.1），并以牛顿每米（$N\cdot m^{-1}$）表示。这种形式的势能称为“谐波势能”或“抛物线势能”。因此，谐振子的薛定谔方程是

$$-\frac{\hbar^2}{2m}\frac{d^2\psi(x)}{dx^2}+\frac{1}{2}k_f x^2\psi(x)=E\psi(x) \quad \text{薛定谔方程} \quad (7E.2)$$

在$x=\pm\infty$时，势能变为无穷大。因此，在这些极限下，波函数为零。但是，随着势能平稳上

化学家工具包18　经典谐振子

谐振子由一个质量为m的粒子组成，该粒子承受“胡克（Hooke）定律”回复力，即正比于粒子距离平衡位置位移的一种力。对于一维系统，有

$$F_x=-k_f x$$

根据牛顿第二运动定律[$F=ma=m\left(\frac{d^2x}{dt^2}\right)$；参见专题1B中“化学家工具包3”]，有

$$m\frac{d^2x}{dt^2}=-k_f x$$

如果$t=0$时，$x=0$，一个解（通过代入上面的方程可以验证）是

$$x(t)=A\sin 2\pi\nu t \qquad \nu=\frac{1}{2\pi}\left(\frac{k_f}{m}\right)^{1/2}$$

这个解表明，粒子的位置以频率ν（单位：Hz）进行谐波振荡（即像一个正弦函数那样）。振子的角频率是$\omega=2\pi\nu$（单位：弧度每秒）。由此得出，经典谐振子的角频率是$\omega=(k_f/m)^{1/2}$。

势能V与力通过式$F=-dV/dx$（专题2A中的“化学家工具包6”）相关联。因此，对应于胡克定律回复力的势能是

$$V(x)=\frac{1}{2}k_f x^2$$

当粒子从平衡位置移开时，它的势能增加；因此，它的动能和速率降低。在某点，所有的能量是势能，且粒子在一转折点静止下来。然后，粒子反方向加速并通过平衡位置。找到粒子的最大概率就位于它移动最慢的地方，接近转折点。

经典振子的转折点x_{tp}出现在其势能$\frac{1}{2}k_f x^2$等于其总能量的时候，所以有

$$x_{tp}=\pm\left(\frac{2E}{k_f}\right)^{1/2}$$

转折点随着总能量的增加而增加：用经典术语来说，随着单摆的摆动振幅或弹簧上质点的位移的增加而增加。

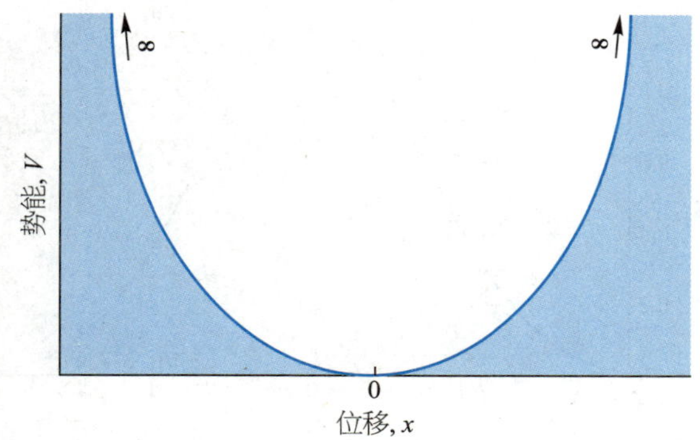

图7E.1　谐振子的势能是抛物线函数 $V_{HO}(x)=\frac{1}{2}k_f x^2$，其中$x$是距离平衡位置的位移。力常数$k_f$越大，曲线越陡，且曲线变得越窄

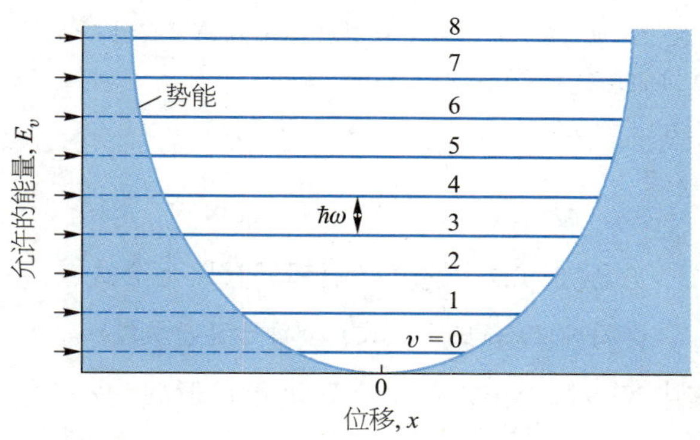

图7E.2　谐振子的能级是以均匀间隔分布的，间隔为$\hbar\omega$，其中$\omega=(k_f/m)^{1/2}$。即使在最低能态，谐振子的能量仍大于零

升而不是突然变为无穷大（就像箱中粒子那样），波函数平滑地减小到零而不是突然变为零。边界条件$\psi(\pm\infty)=0$意味着只有某些薛定谔方程的解是合格的。因此，谐振子的能量是量子化的。

（a）能级

式（7E.2）是微分方程的标准形式，且它的解是数学上所熟知的[1]。边界条件所允许的能量是

$$E_v=\left(v+\frac{1}{2}\right)\hbar\omega \quad \omega=(k_f/m)^{1/2} \quad (v=0,1,2,\cdots) \qquad \text{能级} \qquad (7E.3)$$

式中v是**振动量子数**（vibrational quantum number）。注意，能量取决于ω，ω与经典振子的角频率（见“化学家工具包18”）对质量和力常数有相同的依赖性，并且当力常数大和质量小时，ω值较高。对于所有的v，相邻能级的间隔是

$$E_{v+1}-E_v=\hbar\omega \qquad (7E.4)$$

因此，能级形成间距为$\hbar\omega$的匀梯（图7E.2）。对于宏观物体（具有大的质量），能量间隔$\hbar\omega$小到可以忽略不计。但是，对于质量与一个原子的质量相当的物体，能量间隔是显著的。

最低能级（即$v=0$时）的能量，不为零：

$$E_0=\frac{1}{2}\hbar\omega \qquad \text{零点能} \qquad (7E.5)$$

零点能存在的物理原因与箱中粒子的相同（专题7D）。粒子是受限的，所以它的位置并不是完全不确定的。因此，它的动量和动能不能为零。零点能的经典解释是，量子振子永远不会完全静止，因此有动能。此外，因为它离开平衡位置的运动产生势能，故它也有非零的势能。

在抛物线势中振荡的粒子的模型被用来描述双原子分子AB（及多原子分子，专题11D）的振动。在这种情况下，两个原子随着它们之间的键的拉伸和收缩而移动，且质量m替换为**有效质量**（effective mass）μ，即

$$\mu=\frac{m_A m_B}{m_A+m_B} \qquad \text{有效质量［双原子分子］} \qquad (7E.6)$$

当A比B质量大得多时，在分母中的m_B可以忽略不计，有效质量为$\mu\approx m_B$，即较轻原子的质量。在这种情况下，只有轻原子运动，而重原子充当一固定的锚。

简要说明7E.1

$^1H^{35}Cl$的有效质量是

$$\mu=\frac{m_H m_{Cl}}{m_H+m_{Cl}}=\frac{1.0078\,m_u\times 34.9688\,m_u}{1.0078\,m_u+34.9688\,m_u}=0.9796\,m_u$$

其接近氢原子的质量。键的力常数是$k_f=516.3\ \mathrm{N\cdot m^{-1}}$。根据式（7E.3）和$1\mathrm{N}=1\ \mathrm{kg\cdot m\cdot s^{-2}}$，并用$\mu$代替$m$，得到

$$\omega=\left(\frac{k_f}{\mu}\right)^{1/2}=\left(\frac{516.3\mathrm{N\cdot m^{-1}}}{0.9796\times1.66054\times10^{-27}\ \mathrm{kg}}\right)^{1/2}=5.634\times10^{14}\ \mathrm{s^{-1}}$$

或（除以2π后）89.67 THz。因此，相邻能级的间隔［式（7E.4）］是

$$E_{v+1}-E_v=1.05457\times10^{-34}\ \mathrm{J\cdot s}\times5.634\times10^{14}\ \mathrm{s^{-1}}=5.941\times10^{-20}\ \mathrm{J}$$

或59.41 zJ，约0.37 eV。这个能级间隔对应于36 kJ · mol^{-1}，这

1　对于细节，请参见原著作者编写的*Molecular quantum mechanics*（2011，牛津大学出版社）一书。

在化学上是有意义的。这个分子振子的零点能［式（7E.5）］是 29.71 zJ，对应于0.19 eV或18 kJ · mol^{-1}。

（b）波函数

方程（7E.2）的合格解都具有以下形式：

$\psi(x) = N \times (x$的多项式$) \times ($钟形高斯函数$)$

其中N是归一化常数。高斯函数是形式为e^{-x^2}的钟形函数（图7E.3）。波函数的精确形式是

$$\psi_v(x) = N_v H_v(y) e^{-y^2/2} \quad \text{波函数} \qquad (7E.7)$$

$$y = \frac{x}{\alpha} \qquad \alpha = \left(\frac{\hbar^2}{mk_f}\right)^{1/4}$$

$H_v(y)$是**埃尔米特多项式**（Hermite polynomial），这些多项式的形式及其性质列在表7E.1中。注意前几个埃尔米特多项式是相当简单的，如$H_0(y) = 1$和$H_1(y) = 2y$。作为一类称为“正交多项式”函数的成员，埃尔米特多项式具有一系列重要的性质，可使大量量子力学计算以相对轻松的方式来完成。

基态($v = 0$)的波函数是

$$\psi_0(x) = N_0 e^{-y^2/2} = N_0 e^{-x^2/2\alpha^2} \quad \text{基态波函数} \qquad (7E.8a)$$

并且对应的概率密度是

$$\psi_0^2(x) = N_0^2 e^{-y^2} = N_0^2 e^{-x^2/\alpha^2} \quad \text{基态概率密度} \qquad (7E.8b)$$

表7E.1　埃尔米特多项式

v	$H_v(y)$
0	1
1	$2y$
2	$4y^2 - 2$
3	$8y^3 - 12y$
4	$16y^4 - 48y^2 + 12$
5	$32y^5 - 160y^3 + 120y$
6	$64y^6 - 480y^4 + 720y^2 - 120$

注：埃尔米特多项式是下面这个微分方程的解：

$$H_v'' - 2yH_v' + 2vH_v = 0$$

其中撇号表示微分。它们满足递推关系式：

$$H_{v+1} - 2yH_v + 2vH_{v-1} = 0$$

一个重要的积分是

$$\int_{-\infty}^{\infty} H_{v'} H_v e^{-y^2} dy = \begin{cases} 0 & (v' \neq v) \\ \pi^{1/2} 2^v v! & (v' = v) \end{cases}$$

波函数和概率密度示于图7E.4中。概率密度在$x = 0$处，即平衡位置，有最大值，但是围绕这个位置散布开。曲率与动能一致，是非零的，且传播情况与势能一致，也是非零的，因此产生零点能。

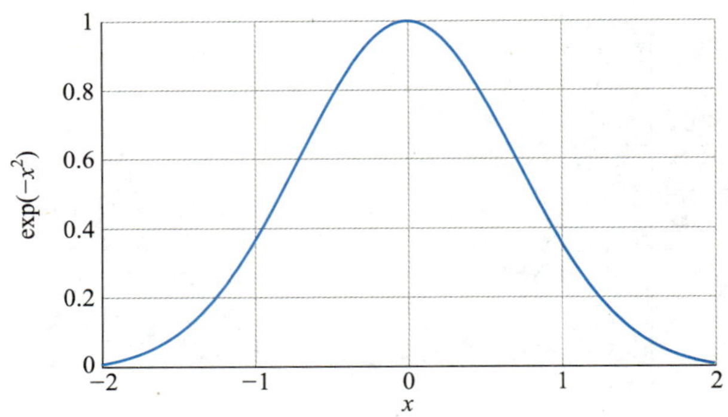

图7E.3　高斯函数$f(x) = e^{-x^2}$的曲线图

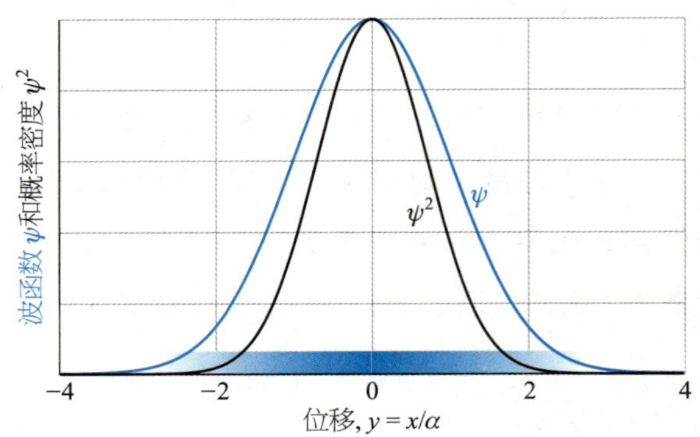

图7E.4　谐振子最低能态的归一化波函数和概率密度（同时用阴影显示）

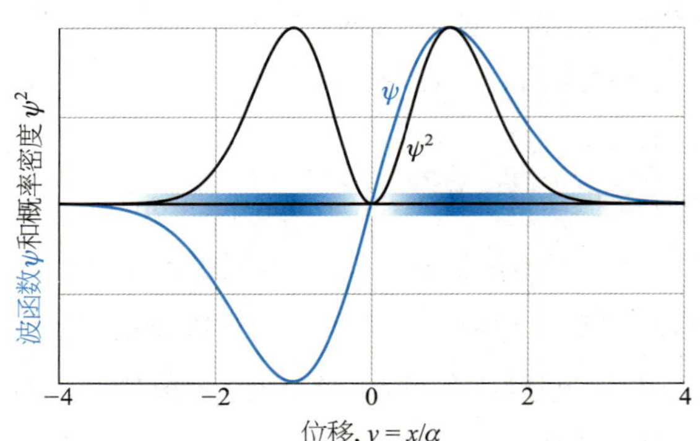

图7E.5　谐振子第一激发态的归一化波函数和概率密度（同时用阴影显示）

第一激发态（$v = 1$）的波函数是

$$\psi_1(x) = N_1 2y e^{-y^2/2} = N_1 \left(\frac{2}{\alpha}\right) x e^{-x^2/2\alpha^2} \quad \text{第一激发态波函数} \qquad (7E.9)$$

这个波函数在零位移（$x = 0$）处有一个节点，且概率密度在$x = \pm a$处有最大值（图7E.5）。

例题 7E.1　确认某波函数是薛定谔方程的解

确认基态波函数［式（7E.8a）］是薛定谔方程［式（7E.2）］的一个解。

整理思路　将式（7E.8a）中给出的波函数代入式（7E.2），并看到方程的左侧生成了右侧；使用式（7E.7）

中α的定义。确认这个因子乘以右侧波函数与式（7E.5）相一致。

解： 首先，通过连续两次微分，得到基态波函数的二阶导数：

$$\frac{\mathrm{d}}{\mathrm{d}x}N_0\mathrm{e}^{-x^2/2\alpha^2}=-N_0\left(\frac{x}{\alpha^2}\right)\mathrm{e}^{-x^2/2\alpha^2}$$

$$\frac{\mathrm{d}^2}{\mathrm{d}x^2}N_0\mathrm{e}^{-x^2/2\alpha^2}=\frac{\mathrm{d}}{\mathrm{d}x}\left[\overbrace{-N_0\left(\frac{x}{\alpha^2}\right)}^{f}\overbrace{\mathrm{e}^{-x^2/2\alpha^2}}^{g}\right]$$

$\mathrm{d}(fg)/\mathrm{d}x = f\mathrm{d}g/\mathrm{d}x + g\,\mathrm{d}f/\mathrm{d}x$

$$=-\frac{N_0}{\alpha^2}\mathrm{e}^{-x^2/2\alpha^2}+N_0\left(\frac{x}{\alpha^2}\right)^2\mathrm{e}^{-x^2/2\alpha^2}$$

$$=-(1/\alpha^2)\psi_0+(x^2/\alpha^4)\psi_0$$

然后，将这个表达式和$\alpha^2=(\hbar^2/mk_\mathrm{f})^{1/2}$代入式（7E.2）的左侧，然后变为

$$\overbrace{\frac{\hbar^2}{2m}\left(\frac{mk_\mathrm{f}}{\hbar^2}\right)^{1/2}}^{(\hbar/2)(k_\mathrm{f}/m)^{1/2}}\psi_0-\overbrace{\frac{\hbar^2}{2m}\left(\frac{mk_\mathrm{f}}{\hbar^2}\right)}^{k_\mathrm{f}/2}x^2\psi_0+\frac{1}{2}k_\mathrm{f}x^2\psi_0=E\psi_0$$

因此有（关注蓝色项）

$$\frac{\hbar}{2}\left(\frac{k_\mathrm{f}}{m}\right)^{1/2}\psi_0-\frac{1}{2}k_\mathrm{f}x^2\psi_0+\frac{1}{2}k_\mathrm{f}x^2\psi_0=E\psi_0$$

蓝色项消去，留下

$$\frac{\hbar}{2}\left(\frac{k_\mathrm{f}}{m}\right)^{1/2}\psi_0=E\psi_0$$

由此得出，ψ_0是谐振子薛定谔方程的一个解，能量为$E=\frac{1}{2}\hbar(k_\mathrm{f}/m)^{1/2}$，与式（7E.5）的零点能一致。

自测题7E.1　确认式（7E.9）中的波函数是方程（7E.2）的一个解，并计算它的能量。

答案： 是，$E_1=\frac{3}{2}\hbar\omega$。

几个波函数的形状如图7E.6所示，相应的概率密度示于图7E.7中。这些概率密度表明，随着量子数的增加，最高概率的位置向经典转折点（见“化学家工具包18”）迁移。这种行为是对应原理（专题7D）的另一个例子，即在高量子数时，经典行为从量子行为中浮现出来。

波函数有如下特征：

物理解释

- 当任一方向的位移增加时，高斯函数迅速衰减为零，所以所有的波函数在大的位移处都趋近零：粒子不太可能在大的位移处被发现。
- 波函数在经典转折点之间振荡，但在它们之外则无振荡而衰减。
- 指数y^2正比于$x^2(mk_\mathrm{f})^{1/2}$，所以对于大质量和强回复力（刚性弹簧），波函数衰减得更快。

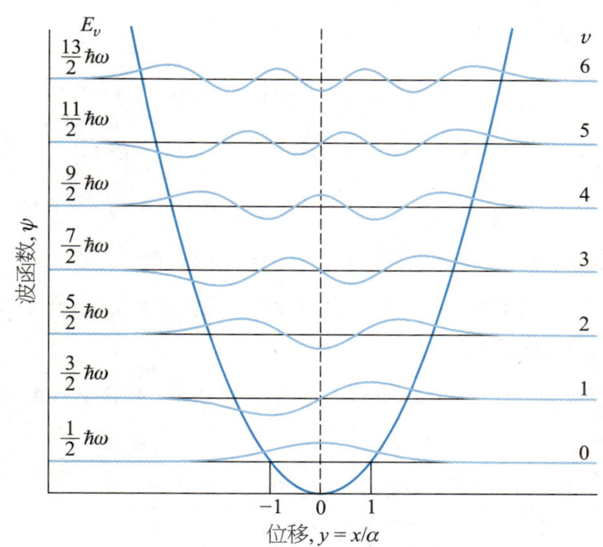

图7E.6　谐振子的前七个态的归一化波函数。注意节点的数目等于v。偶数v的波函数是关于$y=0$对称的，奇数v的波函数则是反对称的。显示的波函数叠加在势能函数上，每个波函数的水平轴设置在相应的能量处

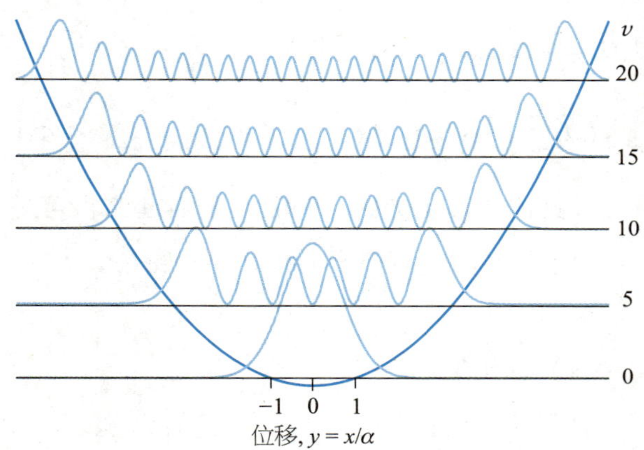

图7E.7　谐振子v = 0、5、10、15和20对应状态的概率密度（注意最高概率密度的区域是如何随着v的增加移向经典运动的转折点的）

物理解释

- 随着v的增加，在大的位移处埃尔米特多项式变得更大（以x^v的形式），所以波函数在高斯函数衰减到零之前变大：其结果是，波函数随着v的增加传播到更大的范围（图7E.6）。

例题 7E.2　将谐振子的波函数归一化

找到谐振子波函数的归一化常数。

整理思路　可通过计算$|\psi|^2$在整个空间的积分，然后从式（7B.3）[$N=1/(\int\psi^*\psi\mathrm{d}\tau)^{1/2}$] 找到归一化常数，从而将波函数归一化。于是归一化的波函数等于$N\psi$。在这个一维问题中，体积元是dx，积分从$-\infty$到$+\infty$。波函数用量纲为1的变量$y=x/\alpha$来表示，所以首先通过$\mathrm{d}x=\alpha\mathrm{d}y$将积分用$y$表示。所需积分在表7E.1中给出。

解： 未归一化的波函数是

$$\psi_v(x)=H_v(y)\mathrm{e}^{-y^2/2}$$

因此，由表 7E.1 中给出的积分，可得

$$\int_{-\infty}^{\infty}\psi_v^*\psi_v\,\mathrm{d}x=\alpha\int_{-\infty}^{\infty}\psi_v^*\psi_v\,\mathrm{d}y=\alpha\int_{-\infty}^{\infty}H_v^2(y)\mathrm{e}^{-y^2}\,\mathrm{d}y=\alpha\pi^{1/2}2^v v!$$

式中 $v!=v(v-1)(v-2)\cdots 1$，以及 $0!\equiv 1$，所以有

$$N_v=\left(\frac{1}{\alpha\pi^{1/2}2^v v!}\right)^{1/2}\qquad \text{归一化常数}\qquad (7\text{E}.10)$$

注意，对于每个 v 值，N_v 是不同的。

自测题 7E.2　通过对积分的精确计算，证明 ψ_1 和 ψ_2 是正交的。

答案：用表 7E.1 中的信息证明 $\int_{-\infty}^{\infty}\psi_1^*\psi_2\mathrm{d}x=0$。

7E.2　谐振子的性质

一个性质的平均值可通过计算相应算符的期望值来计算［式（7C.11），对于归一化的波函数为 $\langle\Omega\rangle=\int\psi^*\hat{\Omega}\psi\,\mathrm{d}x$］。对于谐振子，有

$$\langle\Omega\rangle_v=\int_{-\infty}^{\infty}\psi_v^*\hat{\Omega}\psi_v\,\mathrm{d}x \qquad (7\text{E}.11)$$

当代入具体的波函数时，积分可能看起来很可怕，但埃尔米特多项式有很多简化计算的特性。

（a）平均值

对于处于量子数为 v 的状态的谐振子，式（7E.11）可用来计算平均位移 $\langle x\rangle$ 及均方位移 $\langle x^2\rangle$。

如何完成？ 7E.1　计算谐振子 x 和 x^2 的平均值

计算 $\langle x\rangle$ 和 $\langle x^2\rangle$ 所需积分的计算可以通过认识问题的对称性及使用埃尔米特多项式的特殊性质来简化。

步骤 1　*使用对称性论证来找出平均位移*

平均位移 $\langle x\rangle$ 预期是零，因为谐振子的概率密度是关于零对称的；也就是说，正的位移和负的位移有相等的概率。

步骤 2　*通过计算必要的积分来确认结果*

x 的平均值，更正式地说，x 的期望值是

$$\langle x\rangle_v=\int_{-\infty}^{\infty}\psi_v^*x\psi_v\mathrm{d}x=N_v^2\int_{-\infty}^{\infty}(H_v\mathrm{e}^{-y^2/2})x(H_v\mathrm{e}^{-y^2/2})\mathrm{d}x$$

$x=\alpha y\quad \mathrm{d}x=\alpha\mathrm{d}y$

$$=\alpha^2N_v^2\int_{-\infty}^{\infty}\overbrace{y(H_v\mathrm{e}^{-y^2/2})^2}^{\text{奇函数}}\mathrm{d}y$$

被积函数是奇函数，因为当 $y\to -y$ 时，它改变符号（平方项不改变符号，但是 y 会）。奇函数在对称区间的积分必然为零，所以有

$$\langle x\rangle_v=0\quad（对所有 v）\qquad \text{平均位移}\qquad (7\text{E}.12\text{a})$$

步骤 3　*找出均方位移*

均方位移，即 x^2 的期望值，是

$$\langle x^2\rangle_v=N_v^2\int_{-\infty}^{\infty}(H_v\mathrm{e}^{-y^2/2})x^2(H_v\mathrm{e}^{-y^2/2})\mathrm{d}x$$

$x=\alpha y\quad \mathrm{d}x=\alpha\mathrm{d}y$

$$=\alpha^3N_v^2\int_{-\infty}^{\infty}(H_v\mathrm{e}^{-y^2/2})y^2(H_v\mathrm{e}^{-y^2/2})\mathrm{d}y$$

通过使用表 7E.1 中的递推关系式（重排为 $yH_v=vH_{v-1}+\frac{1}{2}H_{v+1}$），可以扩展因子 y^2H_v。将重排后的递推关系式乘以 y 后，变为

$$y^2H_v=vyH_{v-1}+\frac{1}{2}yH_{v+1}$$

接下来，对 yH_{v-1} 和 yH_{v+1} 再用递推关系式（用 $v-1$ 或 $v+1$ 代替 v）：

$$yH_{v-1}=(v-1)H_{v-2}+\frac{1}{2}H_v$$

$$yH_{v+1}=(v+1)H_v+\frac{1}{2}H_{v+2}$$

由此可得

$$\begin{aligned}y^2H_v&=vyH_{v-1}+\frac{1}{2}yH_{v+1}\\&=v[(v-1)H_{v-2}+\frac{1}{2}H_v]+\frac{1}{2}[(v+1)H_v+\frac{1}{2}H_{v+2}]\\&=v(v-1)H_{v-2}+\left(v+\frac{1}{2}\right)H_v+\frac{1}{4}H_{v+2}\end{aligned}$$

将这个结果代入积分，可得

$$\begin{aligned}\langle x^2\rangle_v&=\alpha^3N_v^2\int_{-\infty}^{\infty}(H_v\mathrm{e}^{-y^2/2})\overbrace{\left[v(v-1)H_{v-2}+\left(v+\frac{1}{2}\right)H_v+\frac{1}{4}H_{v+2}\right]}^{y^2H_v}\mathrm{e}^{-y^2/2}\mathrm{d}y\\&=\alpha^3N_v^2v(v-1)\overbrace{\int_{-\infty}^{\infty}H_vH_{v-2}\mathrm{e}^{-y^2}\mathrm{d}y}^{0}+\\&\quad\alpha^3N_v^2\left(v+\frac{1}{2}\right)\overbrace{\int_{-\infty}^{\infty}H_vH_v\mathrm{e}^{-y^2}\mathrm{d}y}^{\pi^{1/2}2^v v!}+\frac{1}{4}\alpha^3N_v^2\overbrace{\int_{-\infty}^{\infty}H_vH_{v+2}\mathrm{e}^{-y^2}\mathrm{d}y}^{0}\\&=\alpha^3N_v^2\left(v+\frac{1}{2}\right)\pi^{1/2}2^v v!\end{aligned}$$

利用表 7E.1 中的信息，三个积分中的每一个都得以计算。因此，注意到式（7E.10）中 N_v 的表达式，有

$$\langle x^2\rangle_v=\frac{\alpha^3\left(v+\frac{1}{2}\right)\pi^{1/2}2^v v!}{\alpha\pi^{1/2}2^v v!}=\left(v+\frac{1}{2}\right)\alpha^2$$

最后，由于 $\alpha^2=(\hbar^2/mk_\mathrm{f})^{1/2}$，故

$$\langle x^2\rangle_v=\left(v+\frac{1}{2}\right)\frac{\hbar}{(mk_\mathrm{f})^{1/2}}\qquad \text{均方位移}\qquad (7\text{E}.12\text{b})$$

$\langle x\rangle_v$ 的结果表明，振子在 $x=0$ 的两侧被找到的可能性相同（就像一个经典振子）。$\langle x^2\rangle_v$ 的结果显示，均方位移随着 v 的增加而增加。根据图 7E.7 中的概率密度，这

种增加是显而易见的，并且对应于经典谐振子的振幅随其能量增加而变得更大。

谐振子的平均势能，即 $V=\frac{1}{2}k_f x^2$ 的期望值，现在可以这样来计算：

$$\langle V\rangle_v=\frac{1}{2}\langle k_f x^2\rangle_v=\frac{1}{2}k_f\langle x^2\rangle_v=\frac{1}{2}\left(v+\frac{1}{2}\right)\hbar\left(\frac{k_f}{m}\right)^{1/2}$$

或者

$$\langle V\rangle_v=\frac{1}{2}\left(v+\frac{1}{2}\right)\hbar\omega \qquad \text{平均势能} \qquad (7E.13a)$$

因为在量子数为 v 的状态时总能量是 $\left(v+\frac{1}{2}\right)\hbar\omega$，故

$$\langle V\rangle_v=\frac{1}{2}E_v \qquad \text{平均势能} \qquad (7E.13b)$$

总能量是势能和动能的加和，即 $E_v=\langle V\rangle_v+\langle E_k\rangle_v$。因此，谐振子的平均动能是

$$\langle E_k\rangle_v=E_v-\langle V\rangle_v=E_v-\frac{1}{2}E_v=\frac{1}{2}E_v \qquad \text{平均动能} \qquad (7E.13c)$$

谐振子的平均势能和平均动能是相等的（因此，二者都是总能量的一半）；这一结果是**维里定理**（virial theorem）的一个特例：

如果一个粒子的势能具有 $V=ax^b$ 的形式，那么它的平均势能和平均动能可通过下式相关联：

$$2\langle E_k\rangle=b\langle V\rangle \qquad \text{维里定理} \qquad (7E.14)$$

对于一个谐振子，$b=2$，故 $\langle E_k\rangle_v=\langle V\rangle_v$。维里定理是建立一些有用结果的捷径，且在其他地方（如专题8A中）也有应用。

（b）隧穿

量子振子可能在 $V>E$ 的位移处被发现，这是经典物理学禁止的，因为它们对应于负的动能。也就是说，谐振子能够隧穿到经典禁止的位移处。如例题7E.3中所示，对于谐振子的最低能态，有大约8%的可能性在经典禁止的位移（两个方向之一）处发现谐振子。这些隧穿概率与谐振子的力常数和质量无关。

例题 7E.3 计算谐振子的隧穿概率

计算在经典禁止的区域发现基态谐振子的概率。

整理思路 通过将势能等于谐振子的总能量，找出经典转折点 x_{tp}（此处动能变为零）的表达式。然后，通过在 x_{tp} 和无穷大之间积分 $\psi^2 dx$，可以计算出在 x_{tp} 外的位移处发现谐振子的概率：

$$P=\int_{x_{tp}}^{\infty}\psi_v^2 dx$$

由于对称性，在经典禁止的区域从 $-x_{tp}$ 到 $-\infty$ 发现粒子的概率是相同的。

解： 根据经典力学，谐振子的转折点 x_{tp} 出现在当其势能 $\frac{1}{2}k_f x^2$ 等于其总能量时。当那个能量是某个允许的值 E_v 时，有

$$E_v=\frac{1}{2}k_f x_{tp}^2$$

因此，转折点在 $\qquad x_{tp}=\pm\left(\frac{2E_v}{k_f}\right)^{1/2}$

积分 P 中的积分变量最好以 $y=x/\alpha$ [其中 $\alpha=(\hbar^2/mk_f)^{1/4}$] 来表达。通过使用这些替换，加上 $E_v=\left(v+\frac{1}{2}\right)\hbar\omega$，转折点可由下式给出：

$$y_{tp}=\frac{x_{tp}}{\alpha}=\left[\frac{2\left(v+\frac{1}{2}\right)\hbar\omega}{\alpha^2 k_f}\right]^{1/2}\overset{\omega=(k_f/m)^{1/2}}{=}(2v+1)^{1/2}$$

对于最低能态（$v=0$），$y_{tp}=1$，则该点以外的概率是

$$P=\int_{x_{tp}}^{\infty}\psi_0^2 dx\overset{dx=\alpha dy}{=}\alpha\int_1^{\infty}\psi_0^2 dy=\alpha N_0^2\int_1^{\infty}e^{-y^2}dy$$

其中 $\qquad N_0=\left(\frac{1}{\alpha\pi^{1/2}2^0 0!}\right)^{1/2}\overset{2^0=1;\,0!\equiv1}{=}\left(\frac{1}{\alpha\pi^{1/2}}\right)^{1/2}$

因此有

$$P=\frac{1}{\pi^{1/2}}\int_1^{\infty}e^{-y^2}dy$$

积分必须是数值计算（通过使用数学软件），等于0.139。由此得 $P=0.079$。

说明 对于处在量子数 $v=0$ 的状态的谐振子，其大量观测的7.9%以内，粒子将在（正的）经典转折点外被发现。在负的禁止位移处，粒子将以相同的概率被发现。在经典禁区内发现谐振子的总概率约是16%。

自测题 7E.3 对于处在量子数 $v=1$ 的状态的谐振子，计算其在经典禁区被发现的概率。需要使用数学软件来计算积分。

答案：$P=0.056$

在经典禁区发现谐振子的概率随着 v 的增加而快速降低，并且当 v 趋近无穷大时完全消失，正如对应原理所期待的那样。宏观振子（如钟摆）处在量子数很高的状态，所以隧穿概率可完全忽略不计，且经典力学是可靠的。然而，分子正常处于其振动基态，对其而言，这个概率非常显著，且经典力学是不合适的。

概念清单

□ 1. 量子力学谐振子的能级是均匀间隔的。

□ 2. 量子力学谐振子的波函数是**埃尔米特多项式**和高斯（钟形）函数的乘积。

□ 3. 量子力学谐振子有**零点能**，即不可移去的最小能量。

□ 4. 在经典禁止的位移处发现量子力学谐振子的概率对于振动基态（$v=0$）较为显著，但概率会随着 v 的增加而迅速降低。

公式清单

性质	公式	说明	公式编号
能级	$E_v=(v+\frac{1}{2})\hbar\omega \quad \omega=(k_f/m)^{1/2}$	$v=0, 1, 2, \cdots$	7E.3
零点能	$E_0=\frac{1}{2}\hbar\omega$		7E.5
波函数	$\psi_v(x)=N_vH_v(y)e^{-y^2/2}$ $y=x/\alpha \quad \alpha=(\hbar^2/mk_f)^{1/4}$	$v=0, 1, 2, \cdots$	7E.7
归一化常数	$N_v=(1/\alpha\pi^{1/2}2^v v!)^{1/2}$		7E.10
平均位移	$\langle x\rangle_v=0$		7E.12a
均方位移	$\langle x^2\rangle_v=(v+\frac{1}{2})\hbar/(mk_f)^{1/2}$		7E.12b
维里定理	$2\langle E_k\rangle=b\langle V\rangle$	$V=ax^b$	7E.14

专题7F

转动运动

▶ 为何需要学习这部分内容？

角动量是描述原子和分子的电子结构及解释分子光谱的核心。

▶ 核心的思想是什么？

转体的能量、角动量和角动量的方向是量子化的。

▶ 需要哪些预备知识？

应知道量子力学的假设和边界条件的作用（专题7C和7D）。有关转动描述的背景信息及其坐标系统在三个化学家工具包中给出。

在化学中经常遇到转动运动，包括原子的电子结构，因为电子绕核做轨道运动（在量子力学意义上）且在它们的轴上自旋。分子也转动，转动态之间的跃迁影响光谱的形貌，并且它们的检测可提供有关分子结构的有价值信息。

7F.1 二维转动

考虑一个质量为m的粒子，该粒子受限在xy平面内半径为r的圆圈形路径（一个“环”）中运动，势能不变，可将其取为零（图7F.1）；此时，能量全部为动能。薛定谔方程是

$$-\frac{\hbar^2}{2m}\left(\frac{\partial^2}{\partial x^2}+\frac{\partial^2}{\partial y^2}\right)\psi(x,y)=E\psi(x,y) \qquad (7F.1)$$

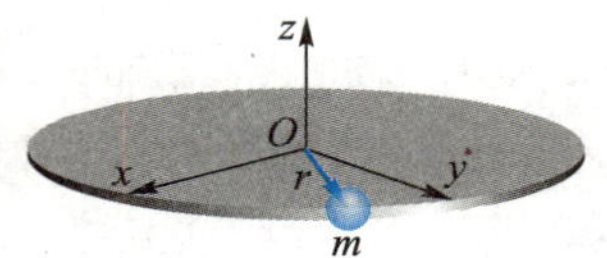

图7F.1 环上一个粒子在xy平面内围绕半径r的圆周路径自由运动

其中，粒子限定在恒定半径r的一条路径上。该方程最好以圆柱坐标r和$\phi(z=0)$来表示（化学家工具包19），因为它们反映了系统的对称性。在圆柱坐标中，有

$$\frac{\partial^2}{\partial x^2}+\frac{\partial^2}{\partial y^2}=\frac{\partial^2}{\partial r^2}+\frac{1}{r}\frac{\partial}{\partial r}+\frac{1}{r^2}\frac{\partial^2}{\partial \phi^2} \qquad (7F.2)$$

但是，因为路径的半径是固定的，所以对于r的导数（蓝色）可以舍去。然后只剩下式（7F.2）中的最后一项，则薛定谔方程变为

化学家工具包19　圆柱坐标

对于具有圆柱对称性的系统，最好使用r、ϕ和z的圆柱坐标（示意图1），有

$$x=r\cos\phi \qquad y=r\sin\phi$$

其中

$$0\leqslant r\leqslant\infty \qquad 0\leqslant\phi\leqslant 2\pi \qquad -\infty\leqslant z\leqslant+\infty$$

体积元是

$$\mathrm{d}\tau=r\,\mathrm{d}r\,\mathrm{d}\phi\,\mathrm{d}z$$

对于平面内的运动，$z=0$，体积元是

$$\mathrm{d}\tau=r\,\mathrm{d}r\,\mathrm{d}\phi$$

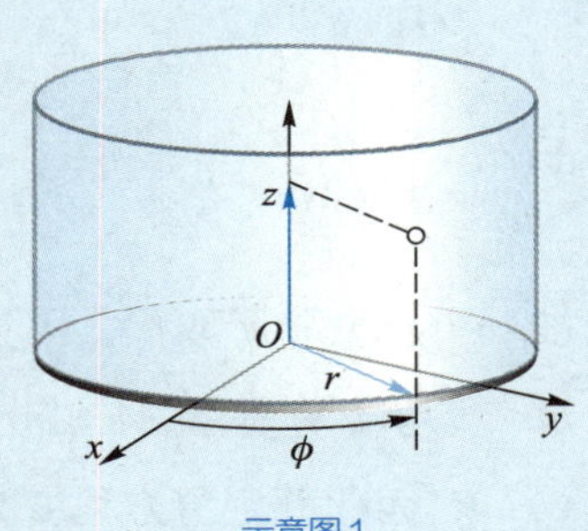

示意图1

化学家工具包20 角动量

角速度（angular velocity）ω是角度位置的变化率，以弧度每秒（$rad\cdot s^{-1}$）来表示。在一个圆周内，有2π个弧度。所以，每秒1周与每秒2π弧度是相同的。为方便起见，弧度"rad"经常被省去，于是角速度的单位表示为s^{-1}。

其他角度性质的表达式可通过类比线性运动的相应方程（专题1B中"化学家工具包3"）来得到。这样，通过类比线性动量的大小($p = mv$)，**角动量**（angular momentum）$\boldsymbol{J}$的大小J被定义为

$$J = I\omega$$

I是物体的**转动惯量**（moment of inertia），代表物体对于旋转状态变化的阻力。相同的方式，质量则代表物体对于平动状态变化的阻力。对于转动分子，转动惯量定义为

$$I=\sum_i m_i r_i^2$$

式中m_i是原子i的质量，r_i是它距离旋转轴的垂直距离（示意图1）。对于在半径为r的环上运动的、质量为m的点粒子，绕旋转轴的转动惯量是

$$I = mr^2$$

因此，转动惯量的SI单位是$kg\cdot m^2$，角动量的单位是$kg\cdot m^2\cdot s^{-1}$。

角动量是矢量，即同时具有大小和方向的物理量（参见专题7D中"化学家工具包17"）。对于三维空间的旋转，角动量具有三个分量：J_x、J_y和J_z。对于在半径为r、围绕z轴的圆形路径上（因此受限于xy平面内）运动的粒子，角动量矢量仅指向z方向（示意图2），于是它仅有的分量是

$$J_z = \pm pr$$

式中p是任意时刻xy平面内线性动量的大小。当$J_z > 0$时，粒子沿顺时针方向（从下往上看）运动；当$J_z < 0$时，运动则是逆时针方向的。相比于相同质量但运动很慢的粒子，在圆圈上高速移动的粒子有更高的角动量。具有高角动量的物体（如飞轮）需要强大的制动力（更确切地说，是一种强大的"扭矩"）才能使其停顿下来。

当位于一般方向时，角动量矢量$\boldsymbol{J}$的分量是

$$J_x = yp_z - zp_y \qquad J_y = zp_x - xp_z \qquad J_z = xp_y - yp_x$$

式中p_x是任意时刻线性动量在x方向上的分量，类似地，p_y和p_z则是在其他方向上的分量。角动量矢量平方的大小可表示为

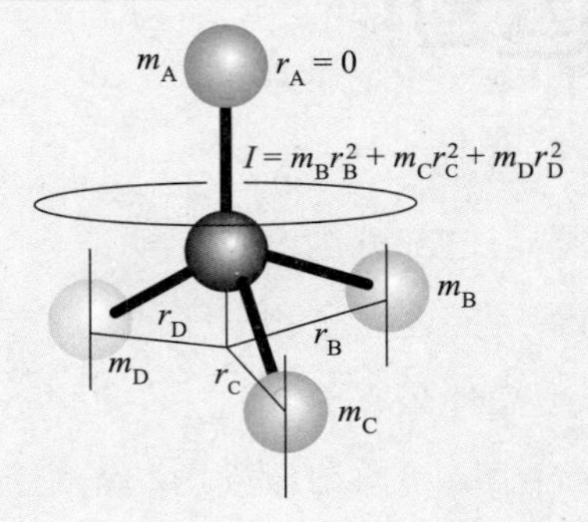

示意图1

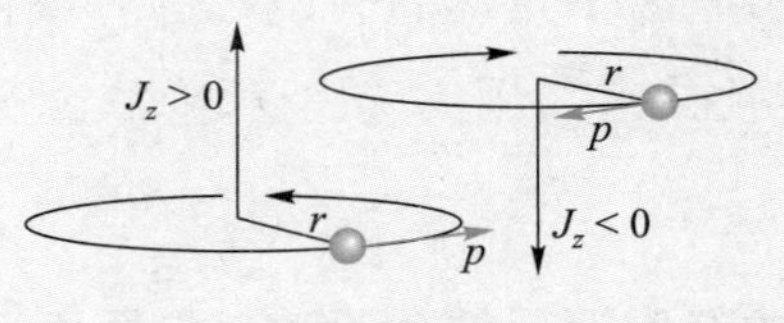

示意图2

$$J^2 = J_x^2 + J_y^2 + J_z^2$$

通过类比线性运动的表达式($E_k = \frac{1}{2}mv^2 = p^2/2m$)，转体的动能是

$$E_k = \frac{1}{2}I\omega^2 = \frac{J^2}{2I}$$

对于给定的转动惯量，高的角动量对应着高的动能。可以验证，转动能的单位是焦耳（J）。

m和I、v和ω，以及p和J分别在平动和转动情况中有类似的作用，它们提供了一种创建和回想方程的现成方法。这些类似总结如下：

平动		转动	
性质	意义	性质	意义
质量，m	抵抗力的作用	转动惯量，I	抵抗扭转力（扭矩）的作用
速率，v	位置的变化率	角速度，ω	角度的变化率
线性动量p的大小	$p = mv$	角动量J的大小	$J = I\omega$
平动动能E_k	$E_k = \frac{1}{2}mv^2 = p^2/2m$	转动动能E_k	$E_k = \frac{1}{2}I\omega^2 = J^2/2I$

$$-\frac{\hbar^2}{2mr^2}\frac{d^2\psi(\phi)}{d\phi^2} = E\psi(\phi) \qquad (7F.3a)$$

偏微分已经被一个全微分所取代，因为现在ϕ是唯一的变量。mr^2项是转动惯量，$I = mr^2$（参见"化学家工具包20"），因此薛定谔方程变为

$$-\frac{\hbar^2}{2I}\frac{d^2\psi(\phi)}{d\phi^2} = E\psi(\phi) \qquad (7F.3b)$$

薛定谔方程［环上粒子］

（a）薛定谔方程的解

找到方程（7F.3b）解的最直接方式是将已知的一般解应用于这种二阶微分方程，并证明它确

实满足方程。然后，通过施加相关的边界条件，找到许可的解和能量。

如何完成？7F.1 对于环上的粒子，找到薛定谔方程的解

方程（7F.3b）的解是

$\psi(\phi)=\mathrm{e}^{\mathrm{i}m_l\phi}$

其中，到目前为止，m_l是一个任意的无量纲的数（符号将在后面解释）。这不是最通用的解［最通用的解是$\psi(\phi)=A\mathrm{e}^{\mathrm{i}m_l\phi}+B\mathrm{e}^{-\mathrm{i}m_l\phi}$］，但是，此处上述解已是够适用了。

步骤1 *验证这个函数满足方程*

要验证$\psi(\phi)$是一个解，注意到

$$\frac{\mathrm{d}^2}{\mathrm{d}\phi^2}\mathrm{e}^{\mathrm{i}m_l\phi}=\frac{\mathrm{d}}{\mathrm{d}\phi}(\mathrm{i}m_l)\mathrm{e}^{\mathrm{i}m_l\phi}=(\mathrm{i}m_l)^2\mathrm{e}^{\mathrm{i}m_l\phi}=-m_l^2\overbrace{\mathrm{e}^{\mathrm{i}m_l\phi}}^{\psi}=-m_l^2\psi$$

然后

$$-\frac{\hbar^2}{2I}\frac{\mathrm{d}^2\psi}{\mathrm{d}\phi^2}=-\frac{\hbar^2}{2I}(-m_l^2\psi)=\frac{m_l^2\hbar^2}{2I}\psi$$

其具有常数$\times\psi$的形式，所以给出的波函数确实是一个解，并且相应的能量是$m_l^2\hbar^2/2I$。

步骤2 *施加恰当的边界条件*

波函数必须是单值的要求意味着**环形边界条件**（cyclic boundary condition）的存在，即要求波函数在一次完整的旋转后必须是相同的：$\psi(\phi+2\pi)=\psi(\phi)$（图7F.2）。在这种情况下，有

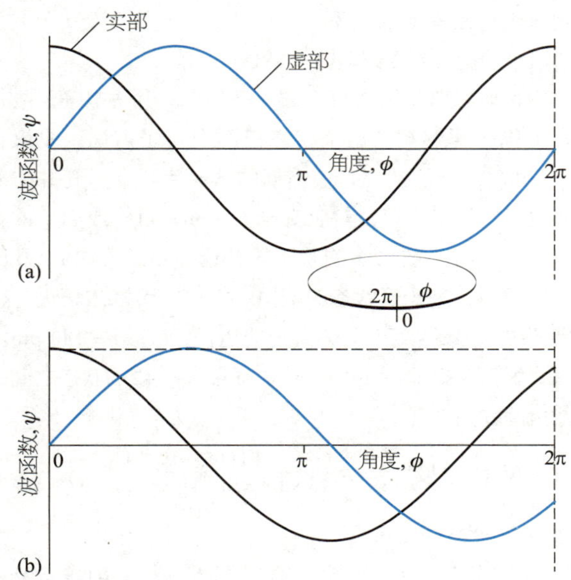

图7F.2 环上粒子薛定谔方程的两个可能解。圆周已被打开成一条直线；在$\phi=0$和$\phi=2\pi$处的点是等同的。（a）解$\mathrm{e}^{\mathrm{i}\phi}=\cos\phi+\mathrm{i}\sin\phi$是合理的，因为经过一个完整的循环后，波函数具有相同的值。（b）解$\mathrm{e}^{0.9\mathrm{i}\phi}=\cos(0.9\phi)+\mathrm{i}\sin(0.9\phi)$是不合理的，因为它的实部和虚部的值在点$\phi=0$和$\phi=2\pi$处不是相同的

$$\psi(\phi+2\pi)=\mathrm{e}^{\mathrm{i}m_l(\phi+2\pi)}=\mathrm{e}^{\mathrm{i}m_l\phi}\mathrm{e}^{2\pi\mathrm{i}m_l}$$
$$=\psi(\phi)\mathrm{e}^{2\pi\mathrm{i}m_l}=\psi(\phi)(\mathrm{e}^{\mathrm{i}\pi})^{2m_l}$$

由于$\mathrm{e}^{\mathrm{i}\pi}=-1$，这个关系式等价于

$$\psi(\phi+2\pi)=(-1)^{2m_l}\psi(\phi)$$

环形边界条件$\psi(\phi+2\pi)=\psi(\phi)$要求$(-1)^{2m_l}=1$；对于$m_l$为任何正的或者负的整数值，包括零，这个要求都是满足的。

步骤3 *将波函数归一化*

通过找到由式（7B.3）［$N=(\int_{-\infty}^{\infty}\psi^*\psi\mathrm{d}x)^{-1/2}$］给出的归一化常数$N$，一维波函数可被归一化。在这种情况下，波函数仅取决于角度ϕ，且积分范围是$\phi=0\sim2\pi$，故归一化常数是

$$N=\frac{1}{\left(\int_0^{2\pi}\psi^*\psi\mathrm{d}\phi\right)^{1/2}}=\frac{1}{\left(\int_0^{2\pi}\underbrace{\mathrm{e}^{-\mathrm{i}m_l\phi}\mathrm{e}^{\mathrm{i}m_l\phi}}_{1}\mathrm{d}\phi\right)^{1/2}}=\frac{1}{(2\pi)^{1/2}}$$

归一化的波函数和相应的能量用整数m_l（扮演量子数的角色）标记，因此是

$$\psi_{m_l}(\phi)=\frac{\mathrm{e}^{\mathrm{i}m_l\phi}}{(2\pi)^{1/2}}\qquad E_{m_l}=\frac{m_l^2\hbar^2}{2I}\quad(m_l=0,\pm1,\pm2,\cdots)\qquad\text{环上粒子的波函数和能级}\qquad(7\mathrm{F}.4)$$

除了$m_l=0$的能级外，每个能级都是二重简并的，因为能量对m_l^2的依赖关系意味着有两个m_l值（如+1和−1）对应着相同的能量。

实用小贴士 注意，当引用m_l值时，一个好的做法是总是给出其正、负号，即使m_l是正的。因此，写为$m_l=+1$，而不是$m_l=1$。

（b）角动量的量子化

经典认为，围绕环形路径运动的粒子所拥有的“角动量”类似于在直线上运动的粒子所具有的线性动量（“化学家工具包20”）。尽管通常角动量表示为矢量$\boldsymbol{J}$，当考虑**轨道角动量**（orbital angular momentum），即粒子围绕空间中一个固定点的角动量时，它标记为$\boldsymbol{l}$。可以证明，角动量也出现在量子力学系统中，包含环上的粒子，但是其大小仅受限于不连续的值。

如何完成？7F.2 证明角动量是量子化的

如专题7C中所解释的，一个性质的一次测量结果是对应算符的本征值之一。因此，第一步是要识别对应

于角动量的算符，然后识别它的本征值。

步骤 1　*为角动量构建算符*

因为粒子被限制在 xy 平面上，它的角动量是沿 z 轴方向。所以，只需要考虑这个分量。根据“化学家工具包 20”，轨道角动量的 z 分量是

$l_z = xp_y - yp_x$

式中 x 和 y 指定位置，p_x 和 p_y 是粒子线性动量的分量。通过用相应的算符替换 x、y、p_x 和 p_y 来形成角动量的算符［专题 7C；$\hat{q}=q\times$ 及 $\hat{p}_q=(\hbar/\mathrm{i})\partial/\partial q$，其中 $q = x$ 和 y］，即得

$$\hat{l}_z=\frac{\hbar}{\mathrm{i}}\left(x\frac{\partial}{\partial y}-y\frac{\partial}{\partial x}\right) \qquad \text{角动量 } z \text{ 分量算符} \qquad (7F.5a)$$

在圆柱坐标（参见“化学家工具包 19”）中，这个算符变为

$$\hat{l}_z=\frac{\hbar}{\mathrm{i}}\frac{\mathrm{d}}{\mathrm{d}\phi} \qquad (7F.5b)$$

步骤 2　*验证波函数是这个算符的本征函数*

要确定式（7F.4）中的波函数是否是 $\hat{l}_z$ 的本征函数，可将 $\hat{l}_z$ 作用到波函数上：

$$\hat{l}_z\psi_{m_l}=\frac{\hbar}{\mathrm{i}}\frac{\mathrm{d}}{\mathrm{d}\phi}\mathrm{e}^{\mathrm{i}m_l\phi}=\frac{\hbar}{\mathrm{i}}\mathrm{i}m_l\overbrace{\mathrm{e}^{\mathrm{i}m_l\phi}}^{\psi_{m_l}}=m_l\hbar\psi_{m_l}$$

波函数是角动量的一个本征函数，具有本征值 $m_l\hbar$。

总之：

$$\hat{l}_z\psi_{m_l}(\phi)=m_l\hbar\psi_{m_l}(\phi) \qquad m_l=0,\pm1,\pm2,\cdots \qquad \hat{l}_z \text{ 的本征函数} \qquad (7F.6)$$

由于 m_l 受限于不连续的值，所以角动量的 z 分量是量子化的。当 m_l 是正值时，角动量的 z 分量是正的（从下往上看时，沿顺时针方向旋转）；当 m_l 是负值时，角动量的 z 分量是负的（从下往上看时，沿逆时针方向旋转）。

到目前为止，这些结果的重要特征：

物理解释

- 能量是量子化的，因为 m_l 受限于整数值。
- m_l 以它的平方出现意味着转动的能量与转动的方向（m_l 的正、负号）无关，像物理学上期望的那样。
- 除了 $m_l = 0$ 的状态，所有的能级都是二重简并的；转动可以相同的能量顺时针或逆时针进行。
- 没有零点能：粒子可以是静止的。
- 随着 m_l 的增加，波函数以更短的波长振荡，因此曲率变大，对应于动能的增加（图 7F.3）。
- 正如专题 7D 中指出的那样，一个复函数的波函数代表运动的一个方向，取它的复共轭反转这个方向。$m_l > 0$ 和 $m_l < 0$ 的波函数是彼此的复共轭，因此它们对应于相反方向上的运动。

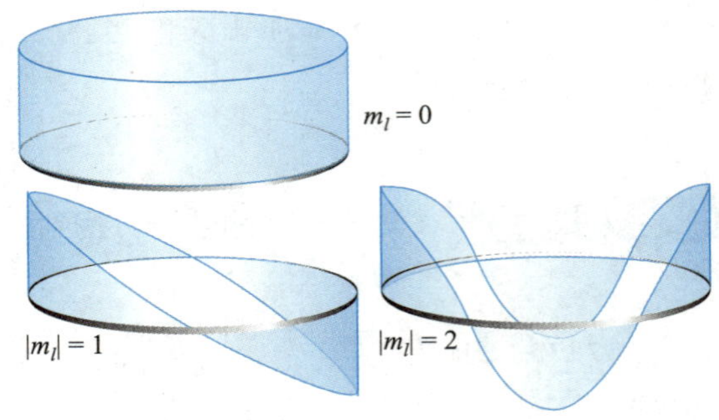

图 7F.3　一个环上粒子波函数的实部。随着能量的增加，节点数和曲率也增加

由式（7F.4）的波函数所预测的概率密度围绕圆环是均匀分布的：

$$\psi_{m_l}^*\psi_{m_l}=\left[\frac{\mathrm{e}^{\mathrm{i}m_l\phi}}{(2\pi)^{1/2}}\right]^*\left[\frac{\mathrm{e}^{\mathrm{i}m_l\phi}}{(2\pi)^{1/2}}\right]=\left[\frac{\mathrm{e}^{-\mathrm{i}m_l\phi}}{(2\pi)^{1/2}}\right]\left[\frac{\mathrm{e}^{\mathrm{i}m_l\phi}}{(2\pi)^{1/2}}\right]=\frac{1}{2\pi}$$

角动量和角位置是一对互补的可观测量（鉴于专题 7C 中的定义），且不能以任意精度同时指定它们，是不确定原理的另一个例子。在这种情况下，角动量的 z 分量是确切知道的 $(m_l\hbar)$；但是，粒子在环上的位置是完全未知的，这可由均匀的概率密度反映出来。

例题 7F.1　使用环上粒子模型

对于环形、共轭分子系统，环上粒子是一个粗糙但具说明性的模型。将苯中的 π 电子处理为六个碳原子的圆环上自由移动的粒子，并计算一个 π 电子激发所需要的最小能量。苯中碳碳键长是 140 pm。

整理思路　因为每个碳原子贡献一个 π 电子，故有六个电子要容纳。每个状态被两个电子占据，故只有 $m_l = 0, +1, -1$ 的状态是被占据的（最后两个是简并的）。激发所需的最小能量对应着电子从 $m_l = +1$（或 -1）的状态到 $m_l = +2$（或 -2）的状态的跃迁。用式（7F.4）及电子的质量，来计算状态的能量。六边形可以内切进一个圆环内，圆环半径等于六边形的边长，故取 $r = 140$ pm。

解： 根据式（7F.4），$m_l = +1$ 和 $m_l = +2$ 的状态之间的能量间隔是

$$\Delta E=E_{+2}-E_{+1}=(4-1)\times\frac{(1.055\times10^{-34}\ \mathrm{J\cdot s})^2}{2\times9.109\times10^{-31}\ \mathrm{kg}\times(1.40\times10^{-10}\ \mathrm{m})^2}$$

$$=9.35\times10^{-19}\ \mathrm{J}$$

因此，激发一个电子所需的最小能量是 0.935 aJ 或 563 $\mathrm{kJ\cdot mol^{-1}}$。这个能量间隔对应着频率为 1410 THz（$1\ \mathrm{THz} = 10^{12}\ \mathrm{Hz}$）和波长为 213 nm 的吸收；这类跃迁的实验值是 260 nm。这样一个粗糙的模型不可能期望给出定量上的一致性，但这个值至少有正确的数量级。

自测题 7F.1　用环上粒子模型来计算激发六苯并苯 $C_{24}H_{12}$(**1**) 中一个 π 电子所需的最小能量。假设环的半径是苯中碳碳键长的三倍，并且电子被限制在分子的边缘。

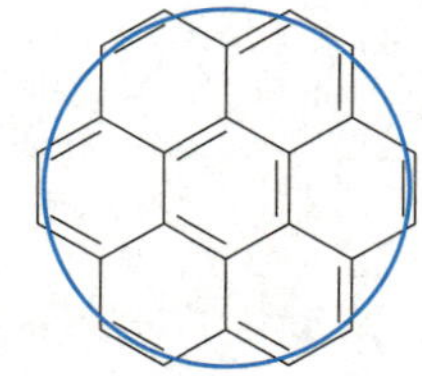

1 六苯并苯（蓝色为模型环）

答案： 从 $m_l=+3$ 到 $m_l=+4$ 的跃迁 $\Delta E=0.0147\ \mathrm{zJ}$ 或 $8.83\ \mathrm{J\cdot mol^{-1}}$。

7F.2　三维转动

现在，考虑可以在半径为 r 的球体表面上自由移动的、质量为 m 的粒子。

(a) 波函数和能级

在球表面上的粒子的势能是处处相同的，可以取为零。因此，薛定谔方程是

$$-\frac{\hbar^2}{2m}\nabla^2\psi=E\psi \tag{7F.7a}$$

式中三个二阶导数的加和，记为 ∇^2，被称为“拉普拉斯算符”：

$$\nabla^2=\frac{\partial^2}{\partial x^2}+\frac{\partial^2}{\partial y^2}+\frac{\partial^2}{\partial z^2} \tag{7F.7b}$$

拉普拉斯算符

为了利用系统的对称性，改为球极坐标（“化学家工具包 21”）是恰当的，此时拉普拉斯算符变为

$$\nabla^2=\frac{1}{r}\frac{\partial^2}{\partial r^2}r+\frac{1}{r^2}\Lambda^2$$

式中对余纬角 θ 和方位角 ϕ 的导数被合并进 Λ^2 中，被称为“勒让德算符”，表示为

$$\Lambda^2=\frac{1}{\sin^2\theta}\frac{\partial^2}{\partial\phi^2}+\frac{1}{\sin\theta}\frac{\partial}{\partial\theta}\sin\theta\frac{\partial}{\partial\theta}$$

在当前的情况下，r 是固定的。因此，拉普拉斯算符中对 r 的导数可以忽略，只留下 Λ^2/r^2 项。于是，薛定谔方程变为

$$-\frac{\hbar^2}{2m}\frac{1}{r^2}\Lambda^2\psi(\theta,\phi)=E\psi(\theta,\phi)$$

分母中的 mr^2 项可以被认为是粒子的转动惯量 I，故薛定谔方程是

$$-\frac{\hbar^2}{2I}\Lambda^2\psi(\theta,\phi)=E\psi(\theta,\phi) \tag{7F.8}$$

薛定谔方程［球上粒子］

有两个环形边界条件要满足。第一个与二维的情况相同，当围绕赤道完成一周时波函数必须

化学家工具包 21　球极坐标

通常，通过使用**球极坐标**（spherical polar coordinates）可使具有球对称系统（如原子）的数学处理大大简化（示意图 1）。它们是：距原点的距离（半径）r、余纬角 θ 和方位角 ϕ。这些坐标的范围是（以弧度表示角度，示意图 2）：$0\leqslant r\leqslant+\infty$，$0\leqslant\theta\leqslant\pi$，$0\leqslant\phi\leqslant2\pi$。

笛卡儿坐标和极坐标通过下面几个式子相关联：

$$x=r\sin\theta\cos\phi\quad y=r\sin\theta\sin\phi\quad z=r\cos\theta$$

在笛卡儿坐标中的体积元是 $\mathrm{d}\tau=\mathrm{d}x\,\mathrm{d}y\,\mathrm{d}z$，而在球极坐标中，它变为

$$\mathrm{d}\tau=r^2\sin\theta\,\mathrm{d}r\mathrm{d}\theta\mathrm{d}\phi$$

因此，在极坐标中，一个函数 $f(r,\theta,\phi)$ 在整个空间的积分具有以下形式：

$$\int f\mathrm{d}\tau=\int_{r=0}^{\infty}\int_{\theta=0}^{\pi}\int_{\phi=0}^{2\pi}f(r,\theta,\phi)r^2\sin\theta\,\mathrm{d}r\mathrm{d}\theta\mathrm{d}\phi$$

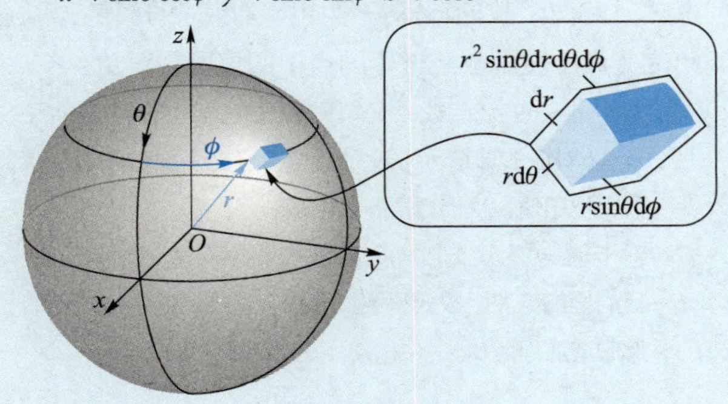

示意图 1

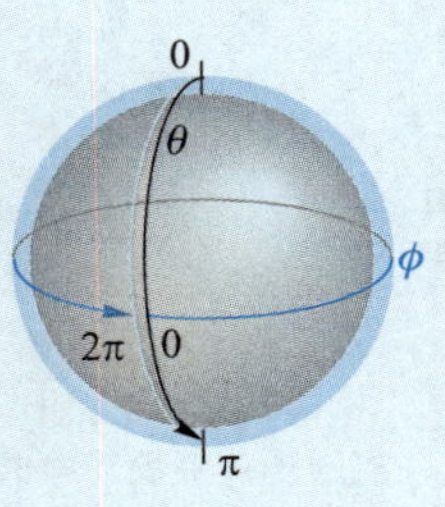

示意图 2

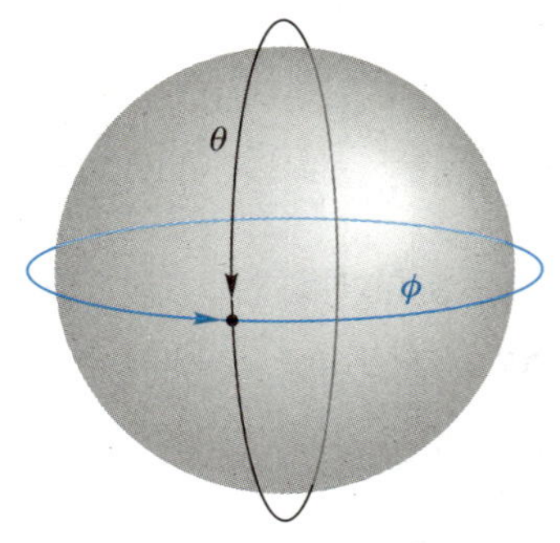

图7F.4　球表面上粒子的波函数必须满足两个环形边界条件，这个要求导致了其角动量状态的两个量子数

连接起来，由ϕ指定。第二个是类似的要求，即波函数必须在环绕极点时连接起来，由θ指定。这两个条件显示在图7F.4中。可以再次证明，满足这些条件的要求导致了能量和角动量都是量子化的结论。

如何完成？7F.3　对于一个球上的粒子，找出薛定谔方程的解

球谐函数（spherical harmonics）$Y_{l,m_l}(\theta,\phi)$（表7F.1）是数学家所熟知的，并且是下面方程的解[1]：

$$\Lambda^2 Y_{l,m_l}(\theta,\phi)=-l(l+1)Y_{l,m_l}(\theta,\phi),\quad (l=0,1,2,\cdots;\quad m_l=0,\pm1,\cdots,\pm l) \tag{7F.9}$$

这些函数满足两个环形边界条件，且是归一化的。

表7F.1　球谐函数

l	m_l	$Y_{l,m_l}(\theta,\phi)$
0	0	$\left(\frac{1}{4\pi}\right)^{1/2}$
1	0	$\left(\frac{3}{4\pi}\right)^{1/2}\cos\theta$
	±1	$\mp\left(\frac{3}{8\pi}\right)^{1/2}\sin\theta e^{\pm i\phi}$
2	0	$\left(\frac{5}{16\pi}\right)^{1/2}(3\cos^2\theta-1)$
	±1	$\mp\left(\frac{15}{8\pi}\right)^{1/2}\cos\theta\sin\theta e^{\pm i\phi}$
	±2	$\left(\frac{15}{32\pi}\right)^{1/2}\sin^2\theta e^{\pm 2i\phi}$
3	0	$\left(\frac{7}{16\pi}\right)^{1/2}(5\cos^3\theta-3\cos\theta)$
	±1	$\mp\left(\frac{21}{64\pi}\right)^{1/2}(5\cos^2\theta-1)\sin\theta e^{\pm i\phi}$
	±2	$\left(\frac{105}{32\pi}\right)^{1/2}\sin^2\theta\cos\theta e^{\pm 2i\phi}$
	±3	$\mp\left(\frac{35}{64\pi}\right)^{1/2}\sin^3\theta e^{\pm 3i\phi}$

1　有关如何使用变量分离的步骤来找到球谐函数的形式的细节，请参阅本书网站上"深入了解3"的第一部分。

步骤1　*证明球谐函数是薛定谔方程的解*

根据式（7F.8），可得

$$-\frac{\hbar^2}{2I}\overbrace{\Lambda^2 Y_{l,m_l}(\theta,\phi)}^{-l(l+1)Y_{l,m_l}}=\overbrace{l(l+1)\frac{\hbar^2}{2I}}^{E}Y_{l,m_l}(\theta,\phi)$$

因此，球谐函数是薛定谔方程的解，能量为$E=l(l+1)\hbar^2/2I$。注意能量只依赖于l而不依赖m_l。

步骤2　*证明波函数也是角动量z分量的本征函数*

角动量z分量的算符是$\hat{l}_z=(\hbar/\mathrm{i})\partial/\partial\phi$。根据表7F.1，注意到每个球谐函数都有$Y_{l,m_l}(\theta,\phi)=\mathrm{e}^{\mathrm{i}m_l\phi}f(\theta)$的形式。于是，可得

$$\hat{l}_z Y_{l,m_l}(\theta,\phi)=\hat{l}_z\overbrace{\mathrm{e}^{\mathrm{i}m_l\phi}f(\theta)}^{Y_{l,m_l}(\theta,\phi)}=\frac{\hbar}{\mathrm{i}}\frac{\partial}{\partial\phi}\mathrm{e}^{\mathrm{i}m_l\phi}f(\theta)=m_l\hbar\times\mathrm{e}^{\mathrm{i}m_l\phi}f(\theta)=m_l\hbar\times Y_{l,m_l}(\theta,\phi)$$

因此，$Y_{l,m_l}(\theta,\phi)$是$\hat{l}_z$的本征函数，本征值为$m_l\hbar$。

总之，$Y_{l,m_l}(\theta,\phi)$是球上粒子薛定谔方程的解，对应的能量为

$$E_{l,m_l}=l(l+1)\frac{\hbar^2}{2I}\qquad l=0,1,2,\cdots;\ m_l=0,\pm1,\cdots,\pm l \tag{7F.10}$$

能级［球上粒子］

整数l和m_l现在被识别为量子数：l是**轨道角动量量子数**（orbital angular momentum quantum number），m_l是**磁量子数**（magnetic quantum number）。能量由l单独指定，但是，对于每个l值，可有$(2l+1)$个m_l的值。所以，每个能级是$(2l+1)$重简并的。每个波函数也是$\hat{l}_z$的本征函数，因此对应角动量z分量的一个确定值$m_l\hbar$。

图7F.5显示了$l=0\sim4$和$m_l=0$对应的球谐函数的表现形式。对波函数的不同符号使用了不同的颜色，以强调角度节点（波函数经过零的点）的位置。可见：

物理解释

- 对于$m_l=0$的波函数，没有围绕z轴的角度节点。$l=0$和$m_l=0$对应的球谐函数没有节点：它在表面的任意位置具有恒定值，且相当于静止粒子。
- 对于$m_l=0$的状态，角度节点的数目等于l。随着节点数目的增加，波函数变得更加弯曲，且粒子的动能随着曲率的增加而增加。

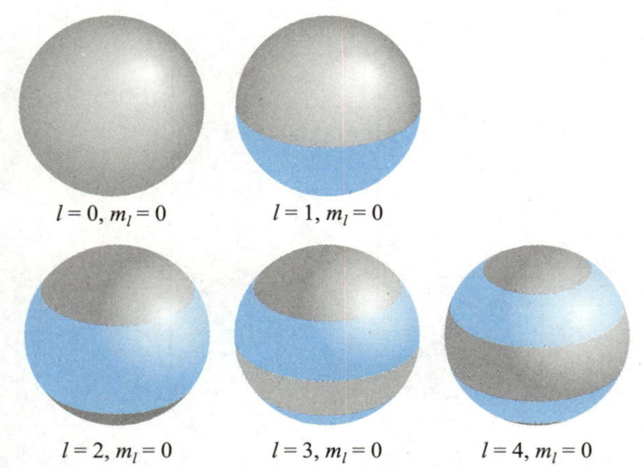

图7F.5　球面上一个粒子的波函数的一种表示，强调角度节点的位置：蓝色和灰色阴影对应不同的波函数符号。注意，节点的数目随着l值的增加而增加。所有这些波函数都对应于$m_l=0$；一条围绕球体垂直z轴的路径不会穿过任何节点

根据式（7F.10），可知

物理解释

- 因为l受限于非负的整数值，能量是量子化的。
- 能量与m_l的值无关，因为能量与转动的方向无关。
- 有$(2l+1)$个不同的波函数（每个m_l值有一个）对应着相同的能量，故具有量子数l的能级是$(2l+1)$重简并的。
- 没有零点能：$E_{0,0}=0$。

例题 7F.2　使用转动能级

要发展一个双原子分子转动的模型，球体上的粒子是一个好的起点。将$^1H^{127}I$的转动处理为一个氢原子绕着一个静止的I原子转动（这是一个好的一级近似，由于I原子很重以至于它几乎不动），键长是160 pm。计算$^1H^{127}I$的最低四个转动能级的能量和简并度。最低的两个转动能级之间跃迁的频率是多少？

整理思路　转动惯量是$I=m_{^1H}R^2$，其中$R=160$ pm，转动能级由式（7F.10）给出。当描述一个分子的转动能级时，通常用J而不是l标记角动量量子数；因此，简并度是$2J+1$（类似于$2l+1$）。两个转动能级之间的跃迁，可由光子的发射或者吸收引起，其频率由玻尔频率条件给出（专题7A，$h\nu=\Delta E$）。

解：转动惯量是

$$I=\overbrace{1.675\times10^{-27}\ \mathrm{kg}}^{m_{^1H}}\times\overbrace{(1.60\times10^{-12}\ \mathrm{m})^2}^{R^2}=4.29\times10^{-47}\ \mathrm{kg\cdot m^2}$$

于是，得到

$$\frac{\hbar^2}{2I}=\frac{(1.055\times10^{-34}\ \mathrm{J\cdot s})^2}{2\times4.29\times10^{-47}\ \mathrm{kg\cdot m^2}}=1.30\times10^{-22}\ \mathrm{J}$$

或0.130 zJ。绘制以下表格，其中摩尔能量可通过将各个能量乘以阿伏加德罗常数得到：

J	E/zJ	$E/(\mathrm{J\cdot mol^{-1}})$	简并度
0	0	0	1
1	0.260	156	3
2	0.780	470	5
3	1.56	939	7

两个最低转动能级（$J=0$和1）之间的能量间隔是2.60×10^{-22} J，它对应的光子的频率是

$$\nu=\frac{\Delta E}{h}=\frac{2.60\times10^{-22}\ \mathrm{J}}{6.626\times10^{-34}\ \mathrm{Js}}=3.92\times10^{11}\ \mathrm{s^{-1}}=392\ \mathrm{GHz}$$

说明　这个频率的辐射属于电磁波谱的微波区域，所以微波光谱可用于研究分子转动（专题11B）。因为跃迁频率取决于转动惯量，并且频率可以非常精确地测量，所以微波光谱是测定键长的一种非常精确的技术。

自测题7F.2　$^2H^{127}I$中两个最低转动能级之间跃迁的频率是多少？（假设键长与$^1H^{127}I$的相同，且碘原子是静止的。）

答案：196 GHz。

（b）角动量

根据经典力学（"化学家工具包20"），在环上旋转的粒子的动能是$E_k=J^2/2I$，其中J是角动量的大小。通过将这个关系式与式（7F.10）比较，得出角动量大小的平方是$l(l+1)\hbar^2$，故角动量的大小是

$$J=[l(l+1)]^{1/2}\hbar \quad (l=0, 1, 2, \cdots) \qquad \text{角动量的大小} \qquad (7F.11)$$

球谐函数也是$\hat{l}_z$的本征函数，本征值为

$$J_z=m_l\hbar \quad (m_l=0, \pm1, \cdots, \pm l) \qquad \text{角动量的}z\text{分量} \qquad (7F.12)$$

所以，角动量的大小和z分量都是量子化的。

简要说明7F.1

在三维中旋转的任一物体的四个最低转动能级对应$l=0, 1, 2, 3$。通过使用式（7F.11）和式（7F.12）可以构建下表：

l	角动量大小 / $\hbar$	简并度	角动量的z分量 / $\hbar$
0	0	1	0
1	$2^{1/2}$	3	0, ±1
2	$6^{1/2}$	5	0, ±1, ±2
3	$12^{1/2}$	7	0, ±1, ±2, ±3

（c）矢量模型

对于给定的l值，m_l受限于$0, \pm1, \cdots, \pm l$这些值，这一结果意味着角动量关于z轴的分量——

对绕该轴转动的总角动量的贡献——只可能取$(2l+1)$个值。如果角动量表示为一个长度为$[l(l+1)]^{1/2}$的矢量，则这个矢量必须这样定向，以使它在z轴上的投影是m_l，并且它只能有$(2l+1)$个方向，而不是一个经典转体的、连续的方向范围（图7F.6）。显著含义是

一个转体的取向是量子化的。

对于某些指定的轴（例如，被外加电场或磁场的方向所定义的一个轴），量子力学的结果是一个转体不能采取任意取向，这称为**空间量子化**（space quantization）。

前面的讨论已提及角动量的z分量，而没有涉及x分量和y分量。这个省略的原因可通过检验三个分量的算符找到，每个由如式（7F.5a）中的一项给出[1]：

$$\hat{l}_x=\frac{\hbar}{\mathrm{i}}\left(y\frac{\partial}{\partial z}-z\frac{\partial}{\partial y}\right)$$
$$\hat{l}_y=\frac{\hbar}{\mathrm{i}}\left(z\frac{\partial}{\partial x}-x\frac{\partial}{\partial z}\right) \quad \text{角动量算符} \quad (7F.13)$$
$$\hat{l}_z=\frac{\hbar}{\mathrm{i}}\left(x\frac{\partial}{\partial y}-y\frac{\partial}{\partial x}\right)$$

这些表达式的每一个都能用与式（7F.5a）相同的方式导出，就是将角动量分量的经典表达式转化为它们的量子力学对等式。三个算符之间的对易关系（问题P7F.9）是

$$[\hat{l}_x,\hat{l}_y]=\mathrm{i}\hbar\hat{l}_z$$
$$[\hat{l}_y,\hat{l}_z]=\mathrm{i}\hbar\hat{l}_x \quad \text{角动量对易关系} \quad (7F.14)$$
$$[\hat{l}_z,\hat{l}_x]=\mathrm{i}\hbar\hat{l}_y$$

因为三个算符不对易，它们代表互补可观测量（专题7C）。因此，任何一个分量已知越精确，则另外两个就越不确定。只有一个角动量分量有可能是精确的，所以如果l_z被精确指定（如在之前的讨论中），则l_x和l_y都不能确定。

对于角动量大小的平方，算符是

$$\hat{l}^2=\hat{l}_x^2+\hat{l}_y^2+\hat{l}_z^2 \quad \text{角动量大小的平方算符} \quad (7F.15)$$

1 实际上，每个都是r和p矢量乘积$l=r\times p$的一个分量，并用它们的对等算符代替r和p。

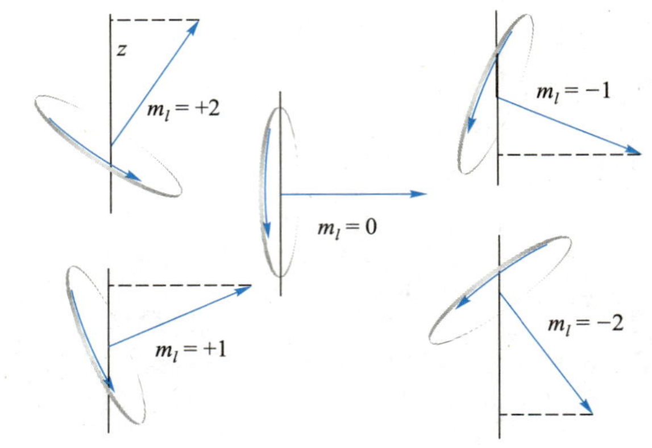

图7F.6 当$l=2$时，角动量的允许取向。这种表示太过于确定，因为矢量的方位角方向（其绕z轴的角度）是不确定的

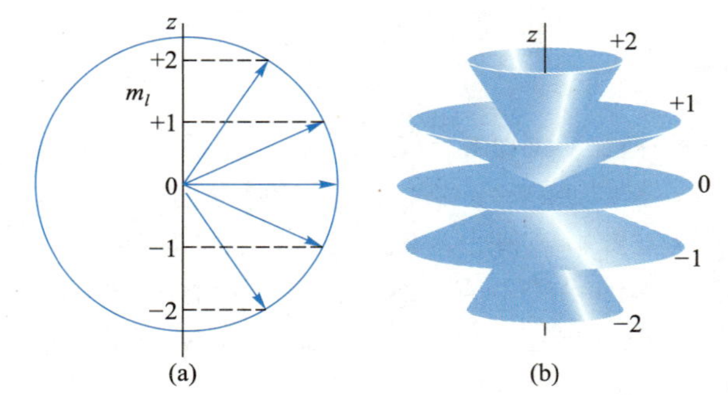

图7F.7 （a）图7F.6的总结。然而，因为围绕z轴矢量的方位角是不确定的，一个更好的表示如（b）所示，其中，每个矢量位于其锥体不确定的方位角上

这个算符与所有三个分量都对易（问题P7F.11）：

$$[\hat{l}^2,\hat{l}_q]=0 \quad q=x,\ y\text{和}z \quad \text{角动量算符的对易子} \quad (7F.16)$$

由此得出，角动量平方的大小和其中的一个分量（通常是z分量），都能够准确指定。因此，图7F.6中的图像，也总结在图7F.7（a）中，给出了一个关于系统状态的虚假印象，因为它暗示了x分量和y分量也具有确切值。更好的图像必须反映出不可能指定l_x和l_y，如果l_z是已知的话。

角动量的**矢量模型**（vector model）使用如图7F.7(b)中的图像。锥体是以边长为$[l(l+1)]^{1/2}$个单位绘制的，代表了角动量的大小。每个锥体都在z轴上有一个确定的投影（m_l个单位），表示精确已知的l_z值。矢量在x和y轴上的投影，即对应于l_x和l_y的值，是不确定的：表示角动量的矢量可以被认为是它的尖端位于锥体口上的任何一点。这种情况不应该被认为是围绕锥体扫过；当图形被允

许要传达更多的信息时，模型的那一方面会被增加（专题8B和8C）。

简要说明7F.2

如果一个转动分子的波函数给定为一球谐函数 $Y_{3,+2}$，那么角动量就可以表示为一个锥体：

- 边长为 $12^{1/2}$（代表 $12^{1/2}\hbar$ 的大小）；
- 在 z 轴上的投影是 $+2$（代表 z 分量为 $+2\hbar$）。

概念清单

- □ 1. 在二维或三维转动的粒子的能量和角动量是量子化的；量子化的结果来自波函数要满足**环形边界条件**的要求。
- □ 2. 除了最低能级 $(m_l = 0)$ 外，在二维转动的粒子的所有能级都是二重简并的。
- □ 3. 对于一个转动的粒子，没有零点能。
- □ 4. 不可能以任意精度同时指定粒子的角动量和位置。
- □ 5. 对于一个在三维转动的粒子，环形边界条件意味着角动量的大小和 z 分量是量子化的。
- □ 6. **空间量子化**是指量子力学结果，即相对于某个指定轴，一个转体不能采取任意取向。
- □ 7. 角动量的三个分量是彼此互补的可观测量。
- □ 8. 由于表示角动量分量的算符不对易，只有角动量的大小和其中一个分量能被以任意精度同时指定。
- □ 9. 在角动量的**矢量模型**中，角动量表示为一个锥体，其边长是 $[l(l+1)]^{1/2}$，在 z 轴上的投影是 m_l。矢量可以被认为是其顶端位于锥体口上的一个不确定的点。

公式清单

性质	公式	说明	公式编号
环上粒子的波函数	$\psi_{m_l}(\phi)=e^{im_l\phi}/(2\pi)^{1/2}$	$m_l=0, \pm1, \pm2, \cdots$	7F.4
环上粒子的能量	$E_{m_l}=m_l^2\hbar^2/2I$	$m_l=0, \pm1, \pm2, \cdots$ $I=mr^2$	7F.4
环上粒子角动量的z分量	$m_l\hbar$	$m_l=0, \pm1, \pm2, \cdots$	7F.6
球上粒子的波函数	$\psi(\theta,\phi)=Y_{l,m_l}(\theta,\phi)$	Y 是一球谐函数（表7E.1）	
球上粒子的能量	$E_{l,m_l}=l(l+1)\hbar^2/2I$	$l=0, 1, 2, \cdots$	7F.10
角动量的大小	$[l(l+1)]^{1/2}\hbar$	$l=0, 1, 2, \cdots$	7F.11
角动量的z分量	$m_l\hbar$	$m_l=0, \pm1, \pm2, \cdots, \pm l$	7F.12
角动量对易关系式	$[\hat{l}_x, \hat{l}_y]=i\hbar\hat{l}_z$ $[\hat{l}_y, \hat{l}_z]=i\hbar\hat{l}_x$ $[\hat{l}_z, \hat{l}_x]=i\hbar\hat{l}_y$		7F.14
	$[\hat{l}^2, \hat{l}_q]=0, q=x, y, z$		7F.16

主题 7　量子理论——讨论题、练习题、问题及综合题

专题 7A　量子力学的起源

讨论题

D7A.1 总结导致引入量子力学的证据。

D7A.2 解释普朗克如何引入量子化以说明黑体辐射的性质。

D7A.3 解释爱因斯坦如何引入量子化以说明低温下热容的特性。

D7A.4 解释波粒二象性的含义，并总结其产生的后果。

练习题

E7A.1(a) 计算298 K时，黑体最大辐射强度所对应的波长和频率。

E7A.1(b) 计算2.7 K时，黑体最大辐射强度所对应的波长和频率。

E7A.2(a) 某物体在2000 cm^{-1}处有最大的辐射强度。假设该物体是黑体，计算它的温度。

E7A.2(b) 某物体在282 GHz（1 GHz = 10^9 Hz）处有最大的辐射强度。假设该物体是黑体，计算它的温度。

E7A.3(a) 计算298 K时一个单原子非金属固体的摩尔热容，其特征是爱因斯坦温度为2 000 K。结果以$3R$的倍数表示。

E7A.3(b) 计算500 K时一个单原子非金属固体的摩尔热容，其特征是爱因斯坦温度为300 K。结果以$3R$的倍数表示。

E7A.4(a) 计算以下激发中涉及的量子的能量：（ⅰ）周期为1.0 fs的电子振荡，（ⅱ）周期为10 fs的分子振动，（ⅲ）周期为1.0s的钟摆。以J · mol^{-1}或kJ · mol^{-1}为单位表示结果。

E7A.4(b) 计算以下激发中涉及的量子的能量：（ⅰ）周期为2.50 fs的电子振荡，（ⅱ）周期为2.21 fs的分子振动，（ⅲ）周期为1.0 ms的平衡轮。以J · mol^{-1}或kJ · mol^{-1}为单位表示结果。

E7A.5(a) 对于以下波长的辐射，计算一个光子的能量和每摩尔光子的能量：（ⅰ）600 nm（红色），（ⅱ）550 nm（黄色），（ⅲ）400 nm（蓝色）。

E7A.5(b) 对于以下波长的辐射，计算一个光子的能量和每摩尔光子的能量：（ⅰ）200 nm（紫外光），（ⅱ）150 pm（X射线），（ⅲ）1.00 cm（微波）。

E7A.6(a) 计算一个静止的H原子将被加速达到的速率，如果它吸收了在练习题7A.5(a)中用的每一个光子。

E7A.6(b) 计算一个静止的^{4}He原子（质量为4.002 6 m_u）将被加速达到的速率，如果它吸收了在练习题7A.5(b)中用的每一个光子。

E7A.7(a) 钠灯发出黄光（550 nm）。如果它的功率是：（ⅰ）1.0 W，（ⅱ）100 W，它每秒发射多少光子？

E7A.7(b) 用于读取CD的激光器发射波长为700 nm的红光。如果它的功率是：（ⅰ）0.10 W，（ⅱ）1.0 W，它每秒发射多少光子？

E7A.8(a) 金属铯的功函是2.14 eV。当照射光的波长分别为（ⅰ）700 nm和（ⅱ）300 nm时，计算逸出电子的动能和速率。

E7A.8(b) 金属铷的功函是2.09 eV。当照射光的波长分别为（ⅰ）650 nm和（ⅱ）195 nm时，计算逸出电子的动能和速率。

E7A.9(a) 质量为5.0 g的萤火虫，以完全向后的方向发出红光（650 nm），功率为0.10 W。10年后，它被加速到多大的速率？假设释放到自由的空间，且假设它还活着。

E7A.9(b) 质量为10.0 kg的光子动力宇宙飞船，以完全向后的方向发射波长为225 nm的辐射，功率为1.50 kW。10年后，它被加速到多大的速率？假设释放到自由的空间。

E7A.10(a) 电子从静止必须被加速到多大的速率，才能使它有100 pm的德布罗意波长？所需要的加速电势差是多少？

E7A.10(b) 质子从静止必须被加速到多大的速率，才能使它获得100 pm的德布罗意波长？所需要的加速电势差是多少？

E7A.11(a) 为了使一个电子具有3.0 cm的德布罗意波长，其速率必须被加速到多大？

E7A.11(b) 为了使一个质子具有3.0 cm的德布罗意波长，其速率必须被加速到多大？

E7A.12(a) “精细结构常数”α在物质的结构中起着特殊的作用，其近似值为1/137。以αc（其中c是光速）移动的电子的德布罗意波长是多少？

E7A.12(b) 计算波长为350 nm的光子的线性动量。为了使一个氢分子具有相同的线性动量，则所需的移动速率是多少？

E7A.13(a) 计算德布罗意波长：（ⅰ）质量为1.0 g，移动速率为1.0 cm · s^{-1}；（ⅱ）质量相同，移动速率为100 km · s^{-1}；（ⅲ）移动速率为1 000 km · s^{-1}（室温下的典型速率）的He原子。

E7A.13(b) 计算电子的德布罗意波长，其从静止加速，通过的电势差为：（ⅰ）100 V；（ⅱ）1.0 kV；（ⅲ）100 kV。

问　题

P7A.1 计算一空腔内部650 nm到655 nm范围内的能量密度：（a）25 ℃，（b）3 000 ℃。对于这一相对小的波长范围，能谱密度$\rho(\lambda, T)$在λ_1和λ_2之间的积分可以近似为$\rho(\lambda, T) \times (\lambda_2 - \lambda_1)$。

P7A.2 计算一空腔内部1 000 cm^{-1}到1 010 cm^{-1}范围内的能量密度：（a）25 ℃，（b）4 K。

P7A.3 证明：在长波长，普朗克分布还原为瑞利－金斯定律。

P7A.4 普朗克分布最大值处的波长λ_{max}可以通过求解$d\rho(\lambda, T)/dT=0$找到。将$\rho(\lambda, T)$对T求微分，并证明最大值的条件可以表示为$xe^x - 5(e^x - 1) = 0$，其中$x = hc/\lambda kT$。这个方程没有解析解，但是数值方法给出$x = 4.965$作为一个解。用这个结果确认维恩定律，即$\lambda_{max}T$是一常数，导出常数的表达式，并将它与本书中引用的值进行比较。

P7A.5 对一黑体，温度和发射最大值的波长λ_{max}由维恩定律，即$\lambda_{max}T = hc/4.965\,k$，相关联；参见问题7A.4。在一系列温度下，测量了来自一电热容器中一个小针孔的λ_{max}值，结果如下。推导普朗克常量的值。

θ/℃	1 000	1 500	2 000	2 500	3 000	3 500
λ_{max}/nm	2 181	1 600	1 240	1 035	878	763

P7A.6 太阳能以343 W · m^{-2}的功率密度撞击地球大气层的顶部。约30%的此能量被直接反射回太空。地球－大气层系统吸收剩余的能量，并以$5.672\times10^{-8}(T/\mathrm{K})^4$ W · m^{-2}的黑体辐射将其再次辐射进太空，其中T是温度。假设这种重新分配已达到平衡，地球的平均黑体温度是多少？计算来自地球黑体辐射的最大值对应的波长。

P7A.7 通过在所有波长积分能谱密度，可得到黑体辐射的总能量密度［式（7A.2）］。对于普朗克分布，计算这个积分。通过进行$x=hc/\lambda kT$的替换，该计算最容易被完成；同时需要积分$\int_0^\infty [x^3/(e^x-1)]dx=\pi^4/15$。然后，导出斯特藩－玻耳兹曼定律，即黑体辐射的总能量密度与T^4成正比，并找到比例系数。

P7A.8 在普朗克推导黑体辐射分布定律之前，维恩在经验上发现了一种密切相关的分布函数，它与实验结果非常接近但不完全一致，即$\rho(\lambda,T)=(a/\lambda^5)e^{-b/\lambda kT}$。此公式在长波长处与普朗克分布有小的偏离。（a）找到普朗克分布的一种形式，使其适用于短波长［提示：考虑$(e^{hc/\lambda kT}-1)$项在此限制下的行为］。（b）将（a）中的表达式与维恩的经验公式相比较，然后确定常数a和b。（c）在全部波长，对维恩的经验表达式$\rho(\lambda,T)$进行积分，并证明其结果与斯特藩－玻耳兹曼定律一致（提示：用$x=hc/\lambda kT$的替换来计算积分，然后参考*资源部分*）。（d）证明维恩的经验表达式与维恩定律相一致。

P7A.9 太阳表面的温度大约是5 800 K。假设人眼已进化到其最敏感的光的波长对应于太阳辐射能量分布的最大值，指出人眼最敏感的光的颜色。

P7A.10 爱因斯坦频率通常用等价温度θ_E表示，$\theta_E=h\nu/k$。确认θ_E具有温度的量纲，并用θ_E表示爱因斯坦方程的高温形式的有效性判据。对于（a）金刚石，$\nu=46.5$ THz，（b）铜，$\nu=7.15$ THz，计算它们的θ_E。用这些值计算每种物质在25 ℃时的摩尔热容，结果用$3R$的倍数表示。

专题 7B　波函数

讨论题

D7B.1 描述波函数如何概括系统的动态性质，以及如何预测这些性质。

D7B.2 解释概率振幅、概率密度和概率之间的关系。

D7B.3 识别玻恩解释对合格波函数的限制。

练习题

E7B.1(a) 电子在长度为L的区域（即从$x=0$到$x=L$）的一个可能波函数是$\sin(2\pi x/L)$。将这个波函数归一化。

E7B.1(b) 电子在长度为L的区域的一个可能波函数是$\sin(3\pi x/L)$。将这个波函数归一化。

E7B.2(a) 在$-\infty\leqslant x\leqslant\infty$和$a>0$条件下，将波函数$e^{-ax^2}$归一化。必要的积分参考*资源部分*。

E7B.2(b) 在$0\leqslant x\leqslant\infty$和$a>0$条件下，将波函数$e^{-ax^2}$归一化。

E7B.3(a) 下列哪个函数能被归一化？（x的范围均从$x=-\infty$到∞，且a是一个正的常数）：（i）e^{-ax^2}；（ii）e^{-ax}。这些函数中的哪一个是合格波函数？

E7B.3(b) 下列哪个函数能被归一化？（x的范围均从$x=-\infty$到∞，且a是一个正的常数）：（i）$\sin(ax)$；（ii）$\cos(ax)e^{-x^2}$。这些函数中的哪一个是合格波函数？

E7B.4(a) 对于练习题E7B.1(a)中描述的系统，在$x=L/2$处的dx范围内找到电子的概率是多少？

E7B.4(b) 对于练习题E7B.1(b)中描述的系统，在$x=L/6$处的dx范围内找到电子的概率是多少？

E7B.5(a) 对于练习题E7B.1(a)中描述的系统，在$x=L/4$和$x=L/2$之间找到电子的概率是多少？

E7B.5(b) 对于练习题E7B.1(b)中描述的系统，在$x=0$和$x=L/3$之间找到电子的概率是多少？

E7B.6(a) 描述一个在x和y方向都自由运动的粒子波函数的量纲是什么？

E7B.6(b) 在$x=0$和$x=L$之间自由运动的粒子的波函数是$(2/L)^{1/2}\sin(\pi x/L)$；确认这个波函数具有期望的量纲。

E7B.7(a) 想象一个在x方向自由运动的粒子。对于此粒子，下列哪个波函数是合格的？对于每种情况，都要给出接受或拒绝这个函数的原因。（i）$\psi(x)=x^2$；（ii）$\psi(x)=1/x$；（iii）$\psi(x)=e^{-x^2}$。

E7B.7(b) 想象一个受限在环的圆周上移动的粒子（“环上粒子”），它的位置可用0~2π内的角度ϕ来描述。对于此粒子，下列哪个波函数是合格的？对于每种情况，都要给出接受或拒绝这个函数的原因。（i）$\cos\phi$；（ii）$\sin\phi$；（iii）$\cos(0.9\phi)$。

E7B.8(a) 对于练习题E7B.1(a)中描述的系统，概率密度有最大值时，x是什么值或哪些值？定位波函数中任何节点的位置。只需要考虑$x=0$到$x=L$的范围。

E7B.8(b) 对于练习题E7B.1(b)中描述的系统，概率密度有最大值时，x是什么值或哪些值？定位波函数中任何节点的位置。只需要考虑$x=0$到$x=L$的范围。

问　题

P7B.1 想象一个受限在环的圆周上移动的粒子（“环上粒子”），它的位置可用在0到2π范围内的角度ϕ来描述。找出下列波函数的归一化常数：（a）$e^{i\phi}$；（b）$e^{im_l\phi}$，其中m_l是整数。

P7B.2 对于问题P7B.1中描述的系统，找出下列波函数的归一化常数：（a）$\cos\phi$；（b）$\sin m_l\phi$，其中m_l是整数。

P7B.3 粒子被限制在$0\leqslant x\leqslant L_x$和$0\leqslant y\leqslant L_y$的二维区域。针对$L_x=L_y=L$的情况，将以下函数归一化：（a）$\sin(\pi x/L_x)\sin(\pi y/L_y)$；（b）$\sin(\pi x/L)\sin(\pi y/L)$。

P7B.4 对于二维中的系统，将波函数$e^{-ax^2}e^{-by^2}$归一化，其中$a>0$，$b>0$，且x和y允许的范围均为$-\infty$到∞。相关积分参考*资源部分*。

P7B.5 假设在某系统中，沿一维（$0\leqslant x\leqslant\infty$）自由运动的粒子可用未归一化的波函数$\psi(x)=e^{-ax}$（式中$a=2$ m^{-1}）来描述。在

$x \geqslant 1$ m的距离处发现粒子的概率是多少？提示：在使用波函数计算概率之前，需要将波函数归一化。

P7B.6 假设在某系统中，沿x（没有限制）自由运动的粒子可用未归一化的波函数$\psi(x) = e^{-ax^2}$（式中$a = 0.2\ m^{-2}$）来描述。使用数学软件计算在$x \geqslant 1$ m距离处发现粒子的概率。

P7B.7 限制在x方向0和L之间的粒子的一个归一化波函数是$\psi = (2/L)^{1/2}\sin(\pi x/L)$。假设$L = 10.0$ nm。计算粒子在下列范围的概率：（a）$x = 4.95 \sim 5.05$ nm，（b）$x = 1.95 \sim 2.05$ nm，（c）$x = 9.90 \sim 10.00$ nm，（d）$x = 5.00 \sim 10.00$ nm。

P7B.8 限制在x方向0和L之间及在y方向0和L之间（即边长为L的方格）的粒子的一个归一化波函数是$\psi = (2/L)\sin(\pi x/L)\sin(\pi y/L)$。发现粒子在沿$x$方向的$x_1$和$x_2$之间及沿$y$方向的$y_1$和$y_2$之间的概率是

$$P=\int_{y=y_1}^{y=y_2}\int_{x=x_1}^{x=x_2}\psi^2\mathrm{d}x\mathrm{d}y$$

计算粒子在下列范围的概率：（a）$x = 0 \sim L/2$及$y = 0 \sim L/2$（即方格底部左侧四分之一）；（b）$x = L/4$及$x = 3L/4$，$y = L/4$和$y = 3L/4$之间（即中心在$x = y = L/2$、边长为$L/2$的方格）。

P7B.9 氢原子的归一化基态波函数是$\psi(r) = (1/\pi a_0^3)^{1/2}\,e^{-r/a_0}$，其中$a_0 = 53$ pm（玻尔半径），r是离核的距离。（a）计算在以核为中心的、半径为1.0 pm的球体内的某处发现电子的概率。（b）现在，假设同样的球体位于$r = a_0$处，则电子在其内的概率是多少？可以将电子在位置r处的一个小体积δV内的概率近似为$\psi(r)^2\delta V$。

P7B.10 化学键中的原子围绕平衡键长振动。进行振动运动的原子可用波函数$\psi(x) = Ne^{-x^2/2a^2}$来描述，其中a是常数，且$-\infty \leqslant x \leqslant \infty$。（a）找出归一化常数$N$。（b）用数学软件计算在$-a \leqslant x \leqslant a$内发现粒子的概率［结果用误差函数erf($x$)表示］。

P7B.11 假定问题P7B.10中的振动原子可用波函数$\psi(x) = Nxe^{-x^2/2a^2}$来描述，则找出原子的最概然位置。

专题 7C　算符和可观测量

讨论题

D7C.1 如何解释波函数的曲率？

D7C.2 描述量子力学中算符和可观测量之间的关系。

D7C.3 用波包的性质来解释位置和线性动量之间的不确定关系式。

练习题

E7C.1(a) 构建具有势能$V(x)=\frac{1}{2}k_f x^2$（其中k_f是常数）的粒子的势能算符。

E7C.1(b) 构建具有势能$V(x)=D_e(1-e^{-ax})^2$（其中D_e和a是常数）的粒子的势能算符。

E7C.2(a) 识别下列函数哪些是算符d/dx的本征函数？（i）cos(kx)，（ii）e^{ikx}，（iii）kx，（iv）e^{-ax^2}。若是则给出相应的本征值。

E7C.2(b) 识别下列函数哪些是算符d^2/dx^2的本征函数？（i）cos(kx)，（ii）e^{ikx}，（iii）kx，（iv）e^{-ax^2}。若是则给出相应的本征值。

E7C.3(a) 形式为$\sin(n\pi x/L)$（其中$n = 1, 2, 3, \cdots$）的函数，是长度为L的区域（$x = 0$和$x = L$之间）中的波函数。证明：$n = 1$和2对应的两个波函数是正交的；可在*资源部分*中找到必要的积分。提示：对于整数n，有$\sin(n\pi) = 0$。

E7C.3(b) 对于练习题E7C.3(a)中相同的系统，证明：$n = 2$和4对应的两个波函数是正交的。

E7C.4(a) 形式为$\cos(n\pi x/L)$（其中$n = 1, 3, 5, \cdots$）的函数，可以被用作限制在$x = -L/2$和$x = +L/2$之间区域粒子波函数的模型。积分限制在$-L/2$到$+L/2$范围，因为这个范围以外波函数是零。证明：$n = 1$和3对应的两个波函数是正交的；可在*资源部分*中找到必要的积分。

E7C.4(b) 对于与练习题E7C.4(a)中相同的系统，证明：$n = 3$和5对应的两个波函数是正交的。

E7C.5(a) 想象一个受限在环的圆周上移动的粒子（“环上粒子”），它的位置可以用在0到2π范围内的角度ϕ来描述。这个系统的波函数形式为$\psi_m(\phi)=e^{im_l\phi}$（其中$m_l$是整数）。证明：$m_l = +1$和$+2$对应的两个波函数是正交的。提示：注意$(e^{ix})^* = e^{-ix}$及$e^{ix} = \cos x + i\sin x$。

E7C.5(b) 对于与练习题E7C.5(a)中相同的系统，证明：$m_l = +1$和-2对应的两个波函数是正交的。

E7C.6(a) 在长度为L的区域内的电子可用$x = 0$到$x = L$范围内归一化的波函数$\psi(x)=(2/L)^{1/2}\sin(2\pi x/L)$来描述。这个范围以外波函数是零。计算$\langle x\rangle$。必要的积分可在*资源部分*中找到。

E7C.6(b) 对于与练习题E7C.6(a)中相同的系统，当波函数是$\psi(x)=(2/L)^{1/2}\sin(\pi x/L)$时，求解$\langle x\rangle$。

E7C.7(a) 在长度为L的一维区域内的电子可用在$x = 0$到$x = L$范围内归一化的波函数$\psi(x)=(2/L)^{1/2}\sin(2\pi x/L)$来描述。这个范围以外波函数是零。电子动量的期望值可从式（7C.11）得到，其在本例中是

$$\langle p_x\rangle = \frac{2}{L}\int_0^L \sin(2\pi x/L)\hat{p}_x\sin(2\pi x/L)\mathrm{d}x$$

$$=\frac{2\hbar}{\mathrm{i}L}\int_0^L \sin(2\pi x/L)\frac{\mathrm{d}}{\mathrm{d}x}\sin(2\pi x/L)\mathrm{d}x$$

计算微分，然后是积分，并得到$\langle p_x\rangle$。必要的积分可在*资源部分*中找到。

E7C.7(b) 对于与练习题E7C.7(a)中相同的系统，针对归一化波函数是$\psi(x)=(2/L)^{1/2}\sin(\pi x/L)$的情况，计算$\langle p_x\rangle$。

E7C.8(a) 对于在练习题E7C.5(a)中描述的“环上粒子系统”，算符$\hat{\Omega}$表达的量的期望值可由下式给出：

$$\Omega_{m_l}=\int_0^{2\pi}\psi^*_{m_l}(\phi)\hat{\Omega}\psi_{m_l}(\phi)\mathrm{d}\phi$$

式中$\psi_{m_l}(\phi)$是归一化的波函数$\psi_{m_l}(\phi)=(1/2\pi)^{1/2}e^{im_l\phi}$（$m_l$是一整数）。计算由角度$\phi$指定的位置的期望值；先针对$m_l = +1$的情况，然后针对整数$m_l$的一般情况。

E7C.8(b) 对于练习题E7C.8(a)中描述的系统，计算由算符$(\hbar/i)d/d\phi$表达的角动量期望值。先针对$m_l = +1$的情况，然后针对整数m_l的一般情况。

E7C.9(a) 计算质量为500 g的球的速率的最小不确定度，已

知其位置在球棒上某一点的1.0 μm范围内。质量为5.0 g的一颗子弹的位置的最小不确定度是多少？已知其速率在350.000 00 $m\cdot s^{-1}$和350.00001 $m\cdot s^{-1}$之间。

E7C.9(b) 一个电子被限制在长度与一个原子直径（大约100 pm）相同数量级的线性区域内。计算其位置和速率的最小不确定度。

E7C.10(a) 某质子的速率是0.45 $Mm\cdot s^{-1}$。如果其动量的不确定度被降低到0.010 0%，则其必须容忍的位置的不确定度是多少？

E7C.10(b) 某电子的速率是995 $km\cdot s^{-1}$。如果其动量的不确定度被降低到0.001 00%，则其必须容忍的位置的不确定度是多少？

问 题

P7C.1 识别下列函数哪个是反演算符 $\hat{i}$ 的本征函数？反演算符具有做 $x\to -x$ 替换的作用：（a）x^3-kx，（b）$\cos kx$，（c）x^2+3x-1。确定相关 $\hat{i}$ 的本征值。

P7C.2 在长度为 L 的一维区域内的电子可以用在 $x=0$ 到 $x=L$ 范围内的波函数 $\psi_n(x)=\sin(n\pi x/L)$（其中 $n=1, 2, \cdots$）来描述。这个范围以外波函数是零。通过考虑下面的积分来确认这些函数的正交性：

$$I=\int_0^L \sin(n\pi x/L)\sin(m\pi x/L)\mathrm{d}x$$

（a）用等式 $\sin A\sin B=\frac{1}{2}[\cos(A-B)-\cos(A+B)]$ 将被积函数改写为两项的加和。（b）考虑 $n=2$，$m=1$ 的情况，在 $x=0$ 到 $x=L$ 范围内绘制出（a）中识别的两项的单独示意图。（c）利用余弦函数的性质来论证，在两种情况下，在曲线和 x 轴之间包围的面积均是零，因此积分是零。（d）针对任意的 n 和 $m(n\neq m)$，将论证推广。

P7C.3 证实动能算符 $-(\hbar^2/2m)\mathrm{d}^2/\mathrm{d}x^2$ 是厄米算符。提示：使用与本书中相同的方法，但因为涉及二阶导数，需要分部积分两次；可以假设当 $x\to\pm\infty$ 时波函数的导数趋于零。

P7C.4 一个粒子的角动量所对应的算符是 $(\hbar/\mathrm{i})\mathrm{d}/\mathrm{d}\phi$（其中 ϕ 为角度）。对于这样一个系统，算符 $\hat{\Omega}$ 是厄米算符的判据是

$$\int_0^{2\pi}\psi_i^*(\phi)\hat{\Omega}\psi_j(\phi)\mathrm{d}\phi=\left[\int_0^{2\pi}\psi_j^*(\phi)\hat{\Omega}\psi_i(\phi)\mathrm{d}\phi\right]^*$$

证明：$(\hbar/\mathrm{i})\mathrm{d}/\mathrm{d}\phi$ 是厄米算符。提示：使用与本书中相同的方法，波函数必须是单值的，故 $\psi_i(\phi)=\psi_i(\phi+2\pi)$。

P7C.5 (a)证明：两个厄米算符 $\hat{A}$ 和 $\hat{B}$ 的加和也是厄米算符。提示：首先将适当的积分分为两项，然后应用厄米性的定义。（b）证明：厄米算符与其自身的乘积也是厄米算符。首先考虑积分

$$I=\int\psi_i^*\hat{\Omega}\hat{\Omega}\psi_j\,\mathrm{d}\tau$$

回想 $\hat{\Omega}\psi_j$ 只是另一个函数，故积分可以被视为

$$I=\int\psi_i^*\hat{\Omega}\,\overbrace{(\hat{\Omega}\psi_j)}^{\text{一个函数}}\mathrm{d}\tau$$

现在，应用厄米性定义并完成证明。

P7C.6 计算由下列归一化波函数描述的、一个粒子线性动量 p_x 的期望值（在每种情况中，N 是恰当的归一化常数，不必算出）：（a）$N\mathrm{e}^{ikx}$，（b）$N\cos(kx)$，（c）$N\mathrm{e}^{-ax^2}$，其中每个函数中 x 的范围为 $-\infty$ 到 $+\infty$。

P7C.7 在一维 x（$0\leqslant x\leqslant\infty$）自由移动的一个粒子在由归一化波函数 $\psi(x)=a^{1/2}\mathrm{e}^{-ax/2}$（其中 a 是常数）描述的状态中，计算位置算符的期望值。

P7C.8 线性加速器中的一个电子的归一化波函数是 $\psi=(\cos\chi)\mathrm{e}^{ikx}+(\sin\chi)\mathrm{e}^{-ikx}$，式中 χ 是参数。（a）线性动量为 $+k\hbar$ 的电子的概率是多少，（b）如果是 $-k\hbar$ 呢？（c）如果90%确定电子具有线性动量 $+k\hbar$，则波函数将具有什么形式？（d）计算电子的动能。

P7C.9 (a)证明厄米算符的期望值是实数。提示：从期望值的定义开始，然后对它应用厄米性的定义（b）证明：如果一个算符能够写为一个厄米算符的平方，则这个算符的期望值是正的。提示：从算符 $\hat{\Omega}\hat{\Omega}$ 的期望值的定义开始，认识到 $\hat{\Omega}\psi$ 是一个函数，然后应用厄米性的定义。

P7C.10 假设一维区域中一个电子的波函数是 $\cos nx$ 函数的线性组合。（a）用数学软件或电子表格程序来构建如下余弦函数的叠加：

$$\psi(x)=\frac{1}{N}\sum_{k=1}^{N}\cos(k\pi x)$$

式中引入常数 $1/N$（不是归一化常数）是为了使叠加具有相同的总的大小。在屏幕的中心设 $x=0$，并在那里建立叠加；考虑范围 $x=-1$ 到 $x=+1$。（b）探讨概率密度 $\psi^2(x)$ 如何随着 N 的值变化。（c）计算波包的方均根位置，即 $\langle x^2\rangle^{1/2}$。（d）确定观测到给定动量的概率。

P7C.11 一个粒子处于由归一化波函数 $\psi(x)=(2a/\pi)^{1/4}\mathrm{e}^{-ax^2}$（其中 a 是常数，$-\infty\leqslant x\leqslant\infty$）所描述的状态中。（a）计算期望值 $\langle x\rangle$、$\langle x^2\rangle$、$\langle p_x\rangle$ 和 $\langle p_x^2\rangle$；必要的积分可在*资源部分*中找到。（b）用这些结果来计算 $\Delta p_x=(\langle p_x^2\rangle-\langle p_x\rangle^2)^{1/2}$ 和 $\Delta x=(\langle x^2\rangle-\langle x\rangle^2)^{1/2}$。（c）验证乘积 $\Delta p_x\Delta x$ 的值与不确定原理的预测相一致。

P7C.12 一个粒子处于由归一化波函数 $\psi(x)=a^{1/2}\mathrm{e}^{-ax/2}$（其中 a 是常数，$-\infty\leqslant x\leqslant\infty$）所描述的状态中。计算位置和动量算符的对易子的期望值。

P7C.13 计算算符的对易子：（a）$\mathrm{d}/\mathrm{d}x$ 和 $1/x$，（b）$\mathrm{d}/\mathrm{d}x$ 和 x^2。提示：依据书中的方法，针对（a）的情况，有 $(\mathrm{d}/\mathrm{d}x)(1/x)\psi$ 和 $(1/x)(\mathrm{d}/\mathrm{d}x)\psi$；$\psi$ 是 x 的一个函数，故用乘法法则来计算一些导数是必要的。

P7C.14 计算算符 $\hat{a}$ 和 $\hat{a}^+$ 的对易子，其中 $\hat{a}=(\hat{x}+\mathrm{i}\hat{p}_x)/2^{1/2}$，$\hat{a}^+=(\hat{x}-\mathrm{i}\hat{p}_x)/2^{1/2}$。

P7C.15 计算对易子：（a）$[\hat{H},\hat{p}_x]$ 和（b）$[\hat{H},\hat{x}]$，其中 $\hat{H}=\hat{p}_x^2/2m+\hat{V}(x)$。选取（i）$V(x)=V_0$ 常数，（ii）$V(x)=\frac{1}{2}k_\mathrm{f}x^2$。提示：参见问题P7C.13的提示。

专题 7D　平动运动

讨论题

D7D.1 解释受限于一维箱内部的粒子量子化的物理起源。

D7D.2 描述在二维和三维箱中粒子的解中显现的一维箱中粒子解的特征。在二维和三维箱中出现，但没有在一维箱中出现的特征是什么？

D7D.3 解释量子力学隧穿的物理起源。为什么隧穿对电子和质子转移过程的机理较对诸如AB + C ⟶ A + BC（其中A、B、C是大分子基团）这样的基团转移反应的机理更有可能贡献？

练习题

E7D.1(a) 计算由波函数e^{ikx}（$k = 3\ nm^{-1}$）描述的自由电子的线性动量和动能。

E7D.1(b) 计算由波函数e^{-ikx}（$k = 5\ nm^{-1}$）描述的自由质子的线性动量和动能。

E7D.2(a) 对于一个具有动能20 J、质量为2.0 g、向左移动的粒子，写出其波函数。

E7D.2(b) 对于一个质量为1.0 g、以10 m · s^{-1}速率向右移动的粒子，写出其波函数。

E7D.3(a) 对于处于长度为1.0 nm箱中的电子，计算下列能级之间的能量间隔，以J、kJ · mol^{-1}、eV、cm^{-1}表示：（ⅰ）$n = 2$和$n = 1$，（ⅱ）$n = 6$和$n = 5$。

E7D.3(b) 对于处于长度为1.50nm箱中的一个电子，计算下列能级之间的能量间隔，以J、kJ · mol^{-1}、eV、cm^{-1}表示：（ⅰ）$n = 3$和$n = 2$，（ⅱ）$n = 7$和$n = 6$。

E7D.4(a) 对于一维箱中的粒子，证明波函数ψ_1和ψ_2是正交的。必要的积分可在*资源部分*中找到。

E7D.4(b) 对于一维箱中的粒子，证明波函数ψ_1和ψ_3是正交的。

E7D.5(a) 在长度为L的箱中，对于波函数（ⅰ）ψ_1和（ⅱ）ψ_2，计算粒子在0.49 L和0.51 L之间被发现的概率。可以假设波函数在这个范围内是常数，因此概率是$\psi^2\delta x$。

E7D.5(b) 在长度为L的箱中，对于波函数是（ⅰ）ψ_1和（ⅱ）ψ_2的情况，计算粒子在0.65 L和0.67 L之间被发现的概率。可以采取与练习题E7D.5(a)中相同的近似。

E7D.6(a) 对于在长度为L的箱中的粒子，绘制对应于最低能量状态的波函数，并在同一图上绘制相应的概率密度。不计算任何积分，解释为什么x的期望值等于$L/2$？

E7D.6(b) 不计算任何积分，对于在长度为L的箱中的一个粒子，其处于$n = 2$波函数的情况，指出x的期望值，并解释答案是如何得出的。提示：考虑在练习题E7D.6(a)中用的方法。

E7D.7(a) 对于在长度为L的箱中的粒子，绘制对应于$n = 1$状态的波函数，并在同一图上绘制相应的概率密度。不计算任何积分，解释为什么对于这个波函数，x^2的期望值不等于$(L/2)^2$？

E7D.7(b) 对于在长度为L的箱中的粒子，绘制对应于$n = 1$状态的波函数，并在同一图上绘制相应的概率密度。对于这个波函数，解释你是否会期望x^2的期望值大于或小于x期望值的平方。

E7D.8(a) 一个电子受限于长度为L的正方形势箱。当势箱的长度是多少时，电子的零点能等于其静止质量能量m_ec^2？用参数$\lambda_c = h/m_ec$，即电子的“康普顿（Compton）波长”，表示结果。

E7D.8(b) 对于边长为L的立方势箱的情况，重复练习题E7D.8(a)的问题。

E7D.9(a) 对于长度为L的箱中的粒子，其处于$n = 3$的状态，概率密度在什么位置有最大值？什么位置的概率密度为零？

E7D.9(b) 对于长度为L的箱中的粒子，其处于$n = 5$的状态，概率密度在什么位置有最大值？什么位置的概率密度最小？

E7D.10(a) 对于长度为L的箱中的粒子，写出能级E_n的表达式。然后，当势箱的长度增加到1.1 L时（即增加了10%），写出类似的表达式E'_n。计算$(E'_n - E_n)/E_n$，即势箱伸长造成的能量变化的分数。

E7D.10(b) 重复练习题E7D.10(a)中的计算。但是，这一次是针对边长为L的立方势箱，且边长减少到0.9 L的情况（即减少了10%）。

E7D.11(a) 对于在长度为L的一维势箱中的一个质量为m的粒子，找到对应n值的表达式，以使得相邻能级的间隔等于热运动的平均能量($\frac{1}{2}kT$)。针对298 K时长度为1 cm的势箱中的一个氮原子的情况，计算n的值。

E7D.11(b) 对于在长度为L的一维势箱中的质量为m的粒子，找到对应n值的表达式，以使得能级的能量等于热运动的平均能量($\frac{1}{2}kT$)。针对298K时长度为0.1 cm的势箱中的一个氩原子的情况，计算n的值。

E7D.12(a) 对于在边长为L的方形势箱中的粒子，如果波函数具有$n_1 = 2$、$n_2 = 2$，则在什么位置（或哪些位置），概率密度有最大值？另外，描述波函数中节点的位置。

E7D.12(b) 对于在边长为L的方形势箱中的粒子，如果波函数具有$n_1 = 1$、$n_2 = 3$，则在什么位置（或哪些位置），概率密度有最大值？另外，描述波函数中节点的位置。

E7D.13(a) 对于在边长为$L_1 = L$和$L_2 = 2\ L$的矩形势箱中的粒子，找到与$n_1 = n_2 = 2$的状态相简并的状态（提示：需要尝试一些可能的n_1和n_2的值）。这个简并度与对称性相关吗？

E7D.13(b) 对于在边长为$L_1 = L$和$L_2 = 2\ L$的矩形势箱中的粒子，找到与$n_1 = 2$、$n_2 = 8$的状态相简并的状态。对于$L_1 = L$和$L_2 = \sqrt{2L}$的矩形势箱，你预期会有简并态吗？解释你的推理。

E7D.14(a) 考虑立方势箱中的粒子，某能级的能量是最低能级能量的3倍，则该能级的简并度是多少？

E7D.14(b) 考虑立方势箱中的粒子。某能级的能量是最低能级能量的$\frac{14}{3}$倍，则该能级的简并度是多少？

E7D.15(a) 假设两个半导体之间的连接处可以表示为高度2.0 eV、长度100 pm的势垒。计算能量为1.5 eV的电子的透射概率。

E7D.15(b) 假设一个酸性氢原子的质子受限于酸中，该酸可以表示为高度为2.0 eV和长度为100 pm的势垒。计算能量为1.5 eV的质子能够从酸中逸出的概率。

问　题

P7D.1　对于在长度为5.0 cm的一维容器中的O_2分子，计算其两个最低能级之间的间隔。300 K时，n值是多少时分子的能量达到$\frac{1}{2}kT$？这个能级与相邻的下一个能级的间隔是多少？

P7D.2　一个氮分子受限于体积为1.00 m^3的立方势箱中。（a）假设分子在300 K时拥有的能量等于$\frac{3}{2}kT$，则对于这个分子，$n=(n_x^2+n_y^2+n_z^2)^{1/2}$的值是多少？（b）能级$n$和$n+1$之间的能量间隔是多少？（c）分子的德布罗意波长是多少？

P7D.3　对于在一维方势阱中、处于$n=1$状态的粒子，计算x和x^2的期望值。

P7D.4　对于在一维方势阱中、处于$n=2$状态的粒子，计算p_x和p_x^2的期望值。

P7D.5　当β－胡萝卜素（**1**）在体内被氧化时，它分裂成两半并形成两个视黄醛（维生素A）分子，视黄醛是在视网膜中负责视力的色素前驱体。视黄醛的共轭系统由11个C原子和一个O原子组成。在视黄醛的基态中，每个能级（直到$n=6$）被两个电子占据。假设平均核间距离为140 pm，计算：（a）基态和第一激发态之间的能量间隔；在第一激发态中，一个电子占据了$n=7$的状态。（b）这两个状态之间跃迁所需辐射的频率。（c）用你的结果，选择括号中的词语，来生成预测线性多烯吸收光谱中频率迁移的规律：

随着共轭原子数目（增加/降低），一个线性多烯的吸收光谱迁移到（更高/更低）频率。

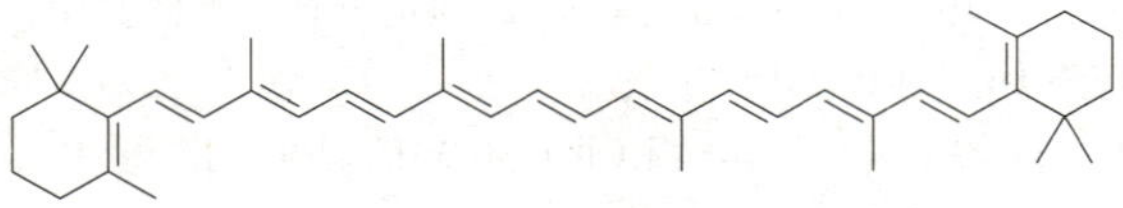

1 β-胡萝卜素

P7D.6　考虑一个质量为m的粒子，受限于长度为L的一维势箱并处于归一化波函数为ψ_n的状态中。（a）不计算任何积分，解释为什么$\langle x\rangle=L/2$。（b）不计算任何积分，解释为什么$\langle p_x\rangle=0$。（c）导出$\langle x^2\rangle$的表示式（必要的积分可在*资源部分*中找到）。（d）对于一个势箱中的粒子，可由$E_n=n^2h^2/8mL^2$给出能量，并且因为势能是零，全部能量都是动能。用这一观测结果，不计算任何积分，解释为什么$\langle p_x^2\rangle=n^2h^2/4L^2$。

P7D.7　这个问题需要问题P7D.6中得到的$\langle x\rangle$、$\langle x^2\rangle$、$\langle p_x\rangle$和$\langle p_x^2\rangle$的结果。根据专题7C，位置的不确定性是$\Delta x=(\langle x^2\rangle-\langle x\rangle^2)^{1/2}$，线性动量的不确定性是$\Delta p_x=(\langle p_x^2\rangle-\langle p_x\rangle^2)^{1/2}$。（a）用来自问题P7D.6的结果，得到$\Delta x$和$\Delta p_x$的表达式。（b）找到乘积$\Delta x\Delta p_x$的表达式。（c）证明：对于$n=1$和$n=2$，来自（b）的结果与海森伯不确定原理相符，并且推断对于$n\geqslant 1$也成立。

P7D.8　一个粒子受限于长度为L的一维势箱中运动。如果粒子是经典行为，那么它只是在势箱中来回弹跳，以恒定速率运动。（a）解释为什么经典粒子的概率密度$P(x)$是$1/L$。提示：在势箱中发现粒子的总概率是多少？（b）解释为什么x^n的平均值是$\langle x^n\rangle=\int_0^L P(x)x^n\mathrm{d}x$。（c）通过计算这样的一个积分，得到$\langle x\rangle$和$\langle x^2\rangle$。（d）对于一个量子粒子，$\langle x\rangle=L/2$及$\langle x^2\rangle=L^2\left(\frac{1}{3}-1/2n^2\pi^2\right)$。将这些表达式与你在（c）中已经得到的表达式相比较，回想起对应性原理，指出对于非常大的量子数，量子力学的预测接近经典力学的预测。

P7D.9　(a)对于在边长为L_1、L_2和L_3的三维矩形势箱中质量为m的粒子，建立其薛定谔方程。证明薛定谔方程是可分离的。（b）证明波函数和能量可由三个量子数来定义。（c）将（b）中的结果具体应用于一个在边长$L=5$ nm的立方势箱中运动的电子，绘制类似于图7D.2的能量图，并且注明前15个能级。注意能级可能是简并的。（d）将（c）部分的能级图与长度$L=5$ nm的一维势箱中电子的能级图相比较。与在一维势箱中的情况相比，在立方势箱中，能级分布是变得更密还是更疏？

P7D.10　在书中，一维势箱中粒子的问题涉及将粒子限制在$x=0$到$x=L$的范围内。这个问题探讨了类似的情况，其中势能在$x=-L/2$和$x=+L/2$之间是零，而在其他地方为无穷大。（a）确定适用于这种情况的边界条件。（b）证明对于具有零势能的区域，$\cos kx$是薛定谔方程的解，找到满足边界条件的k值，从而推导出相应能量的一个表达式。绘制三个具有最低能量的波函数。（c）重复这个过程，但这次用试探波函数$\sin(k'x)$。（d）将在（b）和（c）中得到的整组能量与粒子被限制在0和L之间的情况进行对比，它们是否相同？（e）将波函数归一化（必要的积分在*资源部分*中）。（f）不计算任何积分，解释为什么对于两组波函数都有$\langle x\rangle=0$。

P7D.11　许多生物电子转移反应，例如那些与生物能量转换相关的反应，可以看作是由蛋白质结合的辅助因子（如细胞色素、醌、黄素和叶绿素）之间的电子隧穿所引起的。这种隧穿发生在通常超过1.0 nm的距离上，即将电子供体与受体分开的蛋白质部位。对于供体和受体的一特定结合，电子隧穿的速率与透射概率成正比，具有$\kappa\approx 7\ \mathrm{nm^{-1}}$［式（7D.17）］。两个辅助因子之间电子隧穿的速率随着它们之间距离从2.0 nm变化到1.0 nm将增加多少倍？可以假设势垒是这样一种情况，符合式（7D.20b）。

P7D.12　导出式（7D.20a），即概率的表达式，并证明当$\kappa W>>1$时，它可还原为式（7D.20b）。通过要求波函数和它的一阶导数在势垒边界处是连续的，如式（7D.19a）和式（7D.19b）所表达的那样，来进行推导。

P7D.13　一个质量为m的粒子在一维运动，运动区域分三段：1是$-\infty<x\leqslant 0$，$V=0$；2是$0\leqslant x\leqslant W$，$V=V_2$；3是$W\leqslant x<\infty$，$V=V_3$。另外，$V_3<V_2$。在区域1中，波函数是$A_1\mathrm{e}^{\mathrm{i}k_1x}+B_1\mathrm{e}^{-\mathrm{i}k_1x}$；$\mathrm{e}^{\mathrm{i}k_1x}$代表在势垒$V_2$上的入射波，$\mathrm{e}^{-\mathrm{i}k_1x}$代表反射波。在区域2中，波函数是$A_2\mathrm{e}^{k_2x}+B_2\mathrm{e}^{-k_2x}$。在区域3中，波函数只有向前的分量$A_3\mathrm{e}^{\mathrm{i}k_3x}$，它代表一个已经横贯势垒的粒子。考虑一种情况，其中粒子的能量E大于V_3但小于V_2，因此，区域2代表一个势垒。透射概率T是区域3振幅的平方模量与入射振幅平方模量之比，即$T=|A_3|^2/|A_1|^2$。（a）通过施加波函数和它的斜率在区域边界必须是连续的要求，导出T的表达式。通过从一开始就假设$A_1=1$，可以简化计算。（b）证明当$V_1=V_3=0$时，在高、宽势垒限制中，对于T的这个方程还原为式（7D.20b）。（c）当$V_3=0$、$W=50$ pm和$E=10\ \mathrm{kJ\cdot mol^{-1}}$时，在势垒范围为$E<V_2<2E$中，绘制质子隧穿的概率图。

P7D.14　高度为V的势垒从$x=0$延伸到正的x。在该势垒内部，归一化的波函数是$\psi=N\mathrm{e}^{-\kappa x}$。计算：（a）粒子在势垒内部的概率，（b）粒子进入势垒的平均穿透深度。

P7D.15　使用数学软件或电子表格程序进行以下操作：（a）绘制势箱中一个粒子的概率密度（$n=1, 2, \cdots, 5$和$n=50$）。得到的图形如何说明对应性原理？（b）对于一个通过高度为V的势垒的（i）氢分子、（ii）质子和（iii）电子，将透射概率T对E/V作图。（c）对于一个限制在矩形表面上、具有下列状态的粒子，用数学软件生成波函数的三维图。（i）$n_1=1, n_2=1$，最低能态，（ii）$n_1=1, n_2=2$，（iii）$n_1=2, n_2=1$，（iv）$n_1=2, n_2=2$。对于波函数中节线的数目，导出其作为n_1和n_2值的一个函数的规律。

专题7E 振动运动

讨论题

D7E.1 描述谐振子的振动能级间隔随质量和力常数的变化。

D7E.2 谐振子的量子力学描述以何种方式在高量子数时与其经典描述相融合？

D7E.3 可将零点振动能的存在归结于什么量子力学原理？

练习题

E7E.1(a) 对于由一个质量为2.33×10^{-26} kg和力常数为155 N·m^{-1}的粒子所组成的谐振子，计算其零点能。

E7E.1(b) 对于由一个质量为5.16×10^{-26} kg和力常数为285 N·m^{-1}的粒子所组成的谐振子，计算其零点能。

E7E.2(a) 对于有效质量为1.33×10^{-25} kg的谐振子，相邻能级之差是4.82 zJ。计算此谐振子的力常数。

E7E.2(b) 对于有效质量为2.88×10^{-25} kg的谐振子，相邻能级之差是3.17 zJ。计算此谐振子的力常数。

E7E.3(a) 对于一个有效质量等于质子质量（1.007 8 m_μ）和力常数为855 N·m^{-1}的谐振子，计算激发其相邻两能级之间跃迁所需光子的波长。

E7E.3(b) 对于一个有效质量等于氧原子质量（15.994 9 m_μ）和力常数为544 N·m^{-1}的谐振子，计算激发其相邻两能级之间跃迁所需光子的波长。

E7E.4(a) 对于量子数$v=0$和1的谐振子，绘制其波函数的形式。使用对称性的论据来解释为什么这两个波函数是正交的（不计算任何积分）。

E7E.4(b) 对于量子数$v=1$和2的谐振子，绘制其波函数的形式。使用对称性的论据来解释为什么这两个波函数是正交的（不计算任何积分）。

E7E.5(a) 假设$^{35}Cl_2$分子的振动等价于力常数为$k_f=329$ N·m^{-1}的谐振子的振动，这个分子的零点振动能是多少？用$m(^{35}Cl)=34.9688\ m_\mu$。

E7E.5(b) 假设$^{14}N_2$分子的振动等价于力常数为$k_f=2\ 293.8$ N·m^{-1}的谐振子的振动，这个分子的零点振动能是多少？用$m(^{14}N)=14.0031\ m_\mu$。

E7E.6(a) 一个谐振子的经典转折点出现在所有能量是势能的位移处，即当$E_v=\frac{1}{2}k_f x_{tp}^2$时。对于质量为$m_\mu$、以力常数$k_f=1\ 000$ N·m^{-1}进行简谐运动的粒子，计算$v=0$状态的能量，从而找到经典转折点之间的间隔。对于$k_f=100$ N·m^{-1}的谐振子，重复上述计算。

E7E.6(b) 重复练习题E7E.6(a)中的计算，但针对第一激发态（$v=1$）。以典型键长110 pm的百分数表示结果。

E7E.7(a) 具有（i）$v=3$和（ii）$v=4$的谐振子波函数中，分别有多少个节点？

E7E.7(b) 具有（i）$v=5$和（ii）$v=35$的谐振子波函数中，分别有多少个节点？

E7E.8(a) 定位$v=2$的谐振子波函数的节点。（以坐标y表示结果。）

E7E.8(b) 定位$v=3$的谐振子波函数的节点。

E7E.9(a) 对于$v=1$的谐振子状态，概率密度在什么位移处有最大值？（以坐标y表示你的答案。）

E7E.9(b) 对于$v=3$的谐振子状态，概率密度在什么位移处有最大值？

问 题

P7E.1 如果双原子AB的振动用谐振子来模拟，振动频率由$\omega=(k_f/\mu)^{1/2}$给出，其中μ是有效质量，即$\mu=m_Am_B/(m_A+m_B)$。如果原子A被同位素取代（如^{2}H代替^{1}H），那么，力常数保持相同将是一个比较好的近似，为什么？提示：带电荷物种的数量是否有任何变化？（a）当对原子A进行同位素取代，因而其质量从m_A变化到m'_A时，证明：A′B的振动频率$\omega_{A'B}$可以用AB的振动频率ω_{AB}表示为$\omega_{A'B}=\omega_{AB}(\mu_{AB}/\mu_{A'B})^{1/2}$，其中$\mu_{AB}$和$\mu_{A'B}$分别是AB和A′B的有效质量。（b）$^1H^{35}Cl$的振动频率是$5.63\times10^{14}\ s^{-1}$。计算（i）$^2H^{35}Cl$和（ii）$^1H^{37}Cl$的振动频率。使用整数相对原子质量。

P7E.2 在尝试这些计算之前，请参阅问题P7E.1。现在，考虑在双原子分子AB中原子B的质量比原子A的大得多的情况。（a）证明：对于原子A的同位素取代，振动频率之比是$\omega_{A'B}\approx\omega_{AB}(m_A/m_{A'})^{1/2}$。（b）用这个表达式计算$^2H^{35}Cl$的振动频率（$^1H^{35}Cl$的振动频率是$5.63\times10^{14}\ s^{-1}$）。（c）将结果与在问题P7E.1中得到的值进行比较。（d）在有机分子中通常观察到，当^{1}H被^{2}H取代时，C—H伸缩频率降低了约0.7的因子。请解释此观察结果。

P7E.3 $^1H_2$的振动频率是131.9 THz。$^2H_2$和$^3H_2$的振动频率是多少？对这个估算用整数相对原子质量。

P7E.4 CO键中的力常数是1 857 N·m^{-1}。计算$^{12}C^{16}O$、$^{13}C^{16}O$、$^{12}C^{18}O$和$^{13}C^{18}O$的振动频率（用Hz表示）。在这个计算用整数相对原子质量。

P7E.5 在红外光谱中，通常观察到从$v=0$到$v=1$振动能级的跃迁。如果将此跃迁模拟为谐振子，所涉及的光子的能量是$\hbar\omega$，其中ω是振动频率。（a）证明此能量对应的光子辐射的波数$\tilde{\nu}$可由$\tilde{\nu}=\omega/2\pi c$给出，其中$c$是光速。（b）$^1H^{35}Cl$的振动频率是$\omega=5.63\times10^{14}\ s^{-1}$；计算$\tilde{\nu}$。（c）导出用$\tilde{\nu}$表示的力常数$k_f$的表达式。（d）对于$^{12}C^{16}O$，在2 170 cm^{-1}处观察到了$v=0\rightarrow1$的跃迁。计算力常数，并对$^{14}C^{16}O$计算发生相应吸收所在的波数。在这个计算用整数相对原子质量。

P7E.6 在尝试这些计算之前，请参阅问题P7E.5。下面的数据给出一些双原子分子$v=0\rightarrow 1$跃迁的波数（波数以cm^{-1}为单位）。计算键的力常数，并以刚性递增的顺序排列它们。

	$^1H^{35}Cl$	$^1H^{81}Br$	$^1H^{127}I$	$^{12}C^{16}O$	$^{14}N^{16}O$
σ/cm^{-1}	2 990	2 650	2 310	2 170	1 904

P7E.7 一氧化碳与蛋白质肌红蛋白的血红素（亚铁血红素）基团的Fe^{2+}强烈结合。通过使用问题P7E.6中的数据及进行以下的假设，估算与肌红蛋白键合的CO的振动频率。这些假设是：与血红素基团结合的原子是固定的；与C原子或O原子相比，蛋白质在质量上是无限大的；C原子与Fe^{2+}结合，且CO与蛋白质的结合不改变CO键的力常数。

P7E.8 在问题P7E.7中的四个假设，最后两个是可疑的。假设前两个假设仍然是合理的，并且可以随意使用一定量的肌红蛋白、一种合适的缓冲液（让蛋白质可以悬浮其中）、$^{12}C^{16}O$、$^{13}C^{16}O$、$^{12}C^{18}O$、$^{13}C^{18}O$和一台红外光谱仪。假设同位素取代不影响CO键的力常数，描述一组实验：（a）可证明哪个原子（C还是O）与肌红蛋白的血红素基团结合，并且（b）对于肌红蛋白键合的一氧化碳，可测定CO键的力常数。

P7E.9 形式为e^{-gx^2}的函数是某谐振子薛定谔方程［式（7E.2）］的解，只要g选择正确。在这个问题中，你会获得g的正确形式。（a）首先将$\psi=e^{-gx^2}$代入式（7E.2）的左侧，并计算二阶导数。（b）你会发现，一般来说，得到的表达式不是常数$\times\psi$的形式，暗示ψ不是方程的解。但是，通过选择g值使得x^2项相互消去，可得到一个解。找出g所需的形式及相应的能量。（c）确认这样得到的函数确实是谐振子的基态，如在式（7E.7）中引用的那样，并且它具有式（7E.3）所预期的能量。

P7E.10 用变量y和参数α写出谐振子基态波函数的归一化形式。（a）写出为了找到平均位移$\langle y\rangle$所需要计算的积分，然后用对称性论据来解释为什么这个积分等于零。（b）计算$\langle y^2\rangle$(必要的积分可在*资源部分*中找到)。（c）对第一激发态重复上述过程。

P7E.11 谐振子动能的期望值最容易通过维里定理找到。但是，在这个问题中，借助于表7E.1中给出的埃尔米特多项式的性质，可以通过计算动能算符的期望值，直接找到它。（a）写出用x表示的动能算符$\hat{T}$，并证明它可以用变量y［在式（7E.7）中引入的］重写，且频率ω为

$$\hat{T}=-\frac{1}{2}\hbar\omega\frac{d^2}{dy^2}$$

对于量子数为v的谐振子波函数，这个算符的期望值是

$$\langle T\rangle_v=-\frac{1}{2}\hbar\omega\alpha N_v^2\int_{-\infty}^{\infty}H_v e^{-y^2/2}\frac{d^2}{dy^2}H_v e^{-y^2/2}dy$$

式中N_v是归一化常数［式（7E.10）］，α在式（7E.7）中定义（α项来自$dx=\alpha dy$）。（b）计算二阶导数，然后使用性质$H_v''-2yH_v'+2vH_v=0$（其中撇号表示导数）用H_v重写导数（应该能够消除所有导数）。（c）现在，按照书中的说明进行，通过应用性质$H_{v+1}-2yH_v+2vH_{v-1}=0$来重写形式为$yH_v$的项；需要应用两次。（d）最后，用表7E.1中给出的埃尔米特多项式的积分性质来计算积分，并由此获得书中引用的结果。

P7E.12 用表7E.1中给出的埃尔米特多项式的性质，计算谐振子的$\langle x^3\rangle_v$和$\langle x^4\rangle_v$值；按照书中使用的方法。

P7E.13 使用例题7E.3中相同的方法，计算处在第一激发态的谐振子在经典禁区被发现的概率。需要用数学软件来计算适当的积分。将得到的结果与基态的情况比较，并评论其中的差异。

P7E.14 使用例题7E.3中相同的方法，计算处在$v=0, 1, \cdots, 7$状态的谐振子在经典禁区被发现的概率。需要用数学软件来计算最终的积分。将概率作为v的函数作图，并依据对应性原理解释这个结果。

P7E.15 一个分子的振动态之间的光谱跃迁强度与在所有空间积分$\int\psi_{v'}x\psi_v dx$的平方成正比。使用表7E.1中给出的埃尔米特多项式之间的关系式，证明允许的跃迁只能是那些$v'=v\pm1$的跃迁，并计算这些情况下的积分。

P7E.16 在乙烷中，一个CH_3基团相对于其邻近基团转动的势能可表示为$V(\phi)=V_0\cos(3\phi)$。证明对于小的位移，基团的运动是谐波的，并导出从$v=0$到$v=1$的激发能的表达式［提示：对$\cos(3\phi)$用一级数展开］。随着激发增加到高量子数，预期能级和波函数将怎样变化？

P7E.17 (a)不计算任何积分，解释为什么对于谐振子的所有状态有$\langle x\rangle_v=0$？（b）使用物理学论据，解释为什么$\langle p_x\rangle_v=0$。（c）式（7E.13c）给出$\langle E_k\rangle_v=\frac{1}{2}E_v$。已知动能可由$p^2/2m$给出，请找出$\langle p_x^2\rangle_v$的表达式。（d）由专题7C可知，位置的不确定性$\Delta x$可由$\Delta x=(\langle x^2\rangle-\langle x\rangle^2)^{1/2}$给出。同样地，动量的不确定性为$\Delta p_x=(\langle p_x^2\rangle-\langle p_x\rangle^2)^{1/2}$。找到$\Delta x$和$\Delta p_x$的表达式（$\langle x^2\rangle_v$的表达式在文中给出）。（e）找到$\Delta x\Delta p_x$乘积的表达式，并证明满足海森伯不确定原理。（f）哪个状态的$\Delta x\Delta p_x$乘积是一最小值？

P7E.18 使用数学软件或者电子表格程序，通过绘制$v=0\sim5$的埃尔米特多项式$H_v(y)$，借此对谐振子波函数中节点的起源有所了解。

专题 7F　转动运动

讨论题

D7F.1 讨论受限于环上运动粒子能量量子化的物理起源。

D7F.2 描述在球面上粒子解中出现的环上粒子解的特征。什么概念适用于后者，但不适用于前者？

D7F.3 描述量子力学中角动量的矢量模型。它抓住了哪些特性？

练习题

E7F.1(a) 一个分子的转动可以表示为球面上移动的粒子的运动。计算当$l=1$时角动量的大小及角动量沿z轴的可能分量。以$\hbar$的倍数表示结果。

E7F.1(b) 一个分子的转动可以表示为球面上移动的、具有角动量量子数$l=2$的粒子的运动。计算其角动量的大小及角动量沿z轴的可能分量。以$\hbar$的倍数表示结果。

E7F.2(a) 对于环上粒子，（ⅰ）$m_l=0$和（ⅱ）$m_l=+3$的波函数，在其实部和虚部各有多少节点？在两种情况中，找到任何节点出现处所在的ϕ值。

E7F.2(b) 对于环上粒子，（ⅰ）$m_l=+1$和（ⅱ）$m_l=+2$的波函数，在其实部和虚部各有多少节点？在两种情况中，找到任何节点出现处所在的ϕ值。

E7F.3(a) 环上粒子运动的波函数具有形式$\psi=Ne^{im_l\phi}$。计算归一化常数N。

E7F.3(b) 环上粒子运动的波函数也能写为$\psi=N\cos(m_l\phi)$，其中m_l是整数。计算归一化常数N。

E7F.4(a) 通过考虑积分$\int_0^{2\pi}\psi_{m_l}^*\psi_{m_l'}\,d\phi$（其中$m_l\neq m_l'$），证实具有不同量子数$m_l$值的环上粒子的波函数是相互正交的。

E7F.4(b) 通过考虑积分$\int_0^{2\pi}\cos m_l\phi\cos m_l'\phi\,d\phi$（其中$m_l\neq m_l'$），证实环上粒子的波函数$\cos m_l\phi$和$\cos m_l'\phi$是正交的。提示：要计算积分，首先应用等式$\cos A\cos B=\frac{1}{2}[\cos(A+B)+\cos(A-B)]$。

E7F.5(a) 一个质子被限制在围绕一固定点、半径为100 pm的环上转动，计算其最小激发能（即第一激发态和基态之间的能量差）。

E7F.5(b) 对于前面一个练习题中描述的系统，当在25 ℃时转动能等于经典平均能量（即等于$\frac{1}{2}kT$）时，计算相应$|m_l|$的值。

E7F.6(a) CH_4分子的转动惯量是5.27×10^{-47} kg · m^2，使它开始转动所需的最小能量是多少？

E7F.6(b) SF_6分子的转动惯量是3.07×10^{-45} kg · m^2，使它开始转动所需的最小能量是多少？

E7F.7(a) 使用练习题E7F.6(a)中的数据，计算将CH_4分子从$l=1$的状态激发到$l=2$的状态所需的能量。

E7F.7(b) 使用练习题E7F.6(b)中的数据，计算将SF_6分子从$l=2$的状态激发到$l=3$的状态所需的能量。

E7F.8(a) 当CH_4分子以它的最小能量转动时，其角动量的大小是多少？

E7F.8(b) 当SF_6分子以它的最小能量转动时，其角动量的大小是多少？

E7F.9(a) 绘制矢量图来表示状态：（ⅰ）$l=1$、$m_l=+1$，（ⅱ）$l=2$、$m_l=0$。

E7F.9(b) 对于$l=6$的粒子的所有允许状态，绘制矢量图。

E7F.10(a) 对于球谐函数$Y_{3,0}$，有多少角节面？它们在哪些θ值出现？

E7F.10(b) 基于图7F.5中的节面，对于球谐函数$Y_{4,0}$，预期有多少角节面？在$\theta=0$有节面吗？

E7F.11(a) 考虑球谐函数$Y_{1,+1}$的实部，角节面出现在哪些ϕ值处？这些角节面也可描述为平面：识别相应平面的位置（例如，$\phi=0$的角节面是xz平面）。对虚部做同样的事。

E7F.11(b) 考虑球谐函数$Y_{2,+2}$的实部，角节面出现在哪些ϕ值处？识别相应平面的位置。对虚部重复这个过程。

E7F.12(a) $J=3$的分子转动的简并度是多少？

E7F.12(b) $J=4$的分子转动的简并度是多少？

E7F.13(a) 绘制比例图，类似于图7F.7（a），以表示以下状态：（ⅰ）$l=1$，$m_l=-1, 0, +1$；（ⅱ）$l=2$和m_l的所有可能值。

E7F.13(b) 绘制比例图，类似于图7F.7（a），以表示以下状态：（ⅰ）$l=0$；（ⅱ）$l=3$和m_l的所有可能值。

E7F.14(a) 导出表示z分量$m_l=+1$（即它的最大值）的角动量l的矢量和z轴之间角度的表达式。对$l=1$和$l=5$，这个角度是多少？

E7F.14(b) 导出表示z分量$m_l=+1$的角动量l的矢量和z轴之间角度的表达式。在l变得非常大的极限时，这个角度采取什么值？依据对应性原理，解释此结果。

问　题

P7F.1 环上粒子是电子环绕卟啉环(**2**)运动的一个有用模型，卟啉环为共轭大环，是形成血红素（亚铁血红素）基团和叶绿素的结构基础。这个基团可以模拟成一个半径440 pm的圆环，其中在共轭系统中有22个电子沿其周边运动。在分子的基态，每个状态被两个电子占据。（a）计算在最高占据能级中一个电子的能量和角动量。（b）计算能引发最高占据和最低未占据能级之间跃迁的辐射频率。

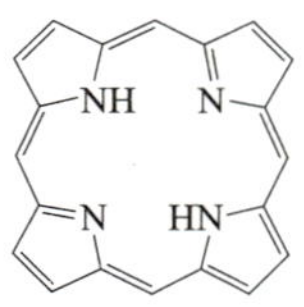

2 卟啉环

P7F.2 考虑以下波函数：（ⅰ）$e^{i\phi}$，（ⅱ）$e^{-2i\phi}$，（ⅲ）$\cos\phi$和（ⅳ）$(\cos\chi)e^{i\phi}+(\sin\chi)e^{-i\phi}$，它们中的每一个都描述环上的一个粒子。（a）确定是否每个波函数都是角动量z分量算符$\hat{l}_z$ [$\hat{l}_z=(\hbar/i)(d/d\phi)$] 的本征函数；如果函数是本征函数，给出本征值。（b）对于那些不是本征函数的函数，计算l_z的期望值（首先需要归一化波函数）。（c）重复这个过程，但这次是针对动能，动能的算符是$-(\hbar^2/2I)(d^2/d\phi^2)$。（d）在这些波函数中，哪些描述确定角动量的状态？哪些描述确定动能的状态？

P7F.3 在半长轴为a和b的椭圆环上粒子的薛定谔方程是可分离的吗？提示：虽然r随角度ϕ变化，但两者通过$r^2=a^2\sin^2\phi+b^2\cos^2\phi$相关联。

P7F.4 计算在三维空间自由旋转的$^1H^{127}I$的前四个转动能级的能量；它的转动惯量$I=\mu R^2$，其中$\mu=m_Hm_I/(m_H+m_I)$和$R=160$ pm。对这个计算使用整数相对原子质量。

P7F.5 考虑三个球谐函数$Y_{0,0}$，$Y_{2,-1}$和$Y_{3,+3}$。（a）对每个球谐函数，将取自表7F.1的函数的明确形式代入式（7F.8）（球体上粒子的薛定谔方程）的左侧，并确认这个函数是方程的一个解；给出相应的本征值（能量），并证明它与式（7F.10）一致。（b）同样地，证明每个球谐函数是$\hat{l}_z=(\hbar/i)(d/d\phi)$的本征函数，并给出每种情况中的本征值。

P7F.6 确认取自表7F.1的$Y_{1,+1}$是归一化的。需要用相关体积元在全部空间积分$Y^*_{1,+1}Y_{1,+1}$：

$$\int_{\theta=0}^{\pi}\int_{\phi=0}^{2\pi}Y_{1,+1}^*Y_{1,+1}\overbrace{\sin\theta d\theta d\phi}^{\text{体积元}}$$

P7F.7 确认取自表7F.1的$Y_{1,0}$和$Y_{1,+1}$是正交的。你需要用相关体积元在全部空间积分$Y^*_{1,0}Y_{1,+1}$：

$$\int_{\theta=0}^{\pi}\int_{\phi=0}^{2\pi} Y_{1,0}^{*}Y_{1,+1}\overbrace{\sin\theta\mathrm{d}\theta\mathrm{d}\phi}^{\text{体积元}}$$

提示：对计算积分有用的一个结果是$(\mathrm{d}/\mathrm{d}\theta)\sin^3\theta = 3\sin^2\theta\cos\theta$。

P7F.8 (a)证明$\psi = c_1Y_{l,m_l}+c_2Y_{l,m_l'}$（$c_1$和$c_2$是任意系数）是$\Lambda^2$的一个本征函数，具有本征值$-l(l+1)$。提示：对$\psi$应用$\Lambda^2$并使用式（7F.9）中给出的性质。(b)球谐函数$Y_{1,+1}$和$Y_{1,-1}$是复函数（见表7F.1），但因为它们是$\Lambda^2$的简并本征函数，它们的任何线性组合也都是一个本征函数，如在（a）中证明的。证明：组合$\psi_a = -Y_{1,+1}+Y_{1,-1}$和$\psi_b = \mathrm{i}(Y_{1,+1}+Y_{1,-1})$是实函数。(c)证明$\psi_a$和$\psi_b$是正交的（需要用相关体积元来积分，见问题P7F.7）。(d)将ψ_a和ψ_b归一化。(e)识别这个函数中的角节面及它们对应的平面。(f)ψ_a是$\hat{l}_z$的本征函数吗？讨论你的答案的意义。

P7F.9 (a)在这个问题中，将建立式（7E.14）中给出的角动量x–、y–和z–分量算符［在式（7F.13）中定义］之间的对易关系。为了正确运算这些算符，想象它们作用在某任意函数f上是有帮助的：f是什么不重要，并且在证明的结尾它可被简单地消掉。考虑$[\hat{l}_x,\hat{l}_y] = \hat{l}_x\hat{l}_y-\hat{l}_y\hat{l}_x$。考虑第一项在某任意函数$f$上的作用，并计算

$$\hat{l}_x\hat{l}_y f = -\hbar^2\left(\overbrace{y\frac{\partial}{\partial z}}^{\mathrm{A}}-\overbrace{z\frac{\partial}{\partial y}}^{\mathrm{B}}\right)\left(\overbrace{z\frac{\partial f}{\partial x}}^{\mathrm{C}}-\overbrace{x\frac{\partial f}{\partial z}}^{\mathrm{D}}\right)$$

下一步是把括号相乘，这样做时需要注意操作的顺序。(b)对对易子$\hat{l}_y\hat{l}_x f$中的其他项重复这个过程。(c)结合（a）和（b）的结果，以便于计算$\hat{l}_x\hat{l}_y f-\hat{l}_y\hat{l}_x f$；应该发现许多项消除了。确认得到的最终表达式确实是$\mathrm{i}\hbar\hat{l}_z f$，其中$\hat{l}_z$在式（7F.13）中给出。(d)式（7F.13）中的定义通过x、y和z的循环置换是彼此相关联的。也就是说，通过$x\rightarrow y$、$y\rightarrow z$和$z\rightarrow x$的置换，可从一个定义移到下一个：确认这的确属实。(e)相同的循环置换可以应用于这些算符的对易子。从$[\hat{l}_x,\hat{l}_y]=\mathrm{i}\hbar\hat{l}_z$开始，证明循环置换产生式（7F.14）中的其他两个对易子。

P7F.10 证明：对于一个氢原子，$\hat{l}_z$和$\hat{l}^2$都与哈密顿算符对易。这个结果的意义是什么？首先要注意的是$\hat{l}^2=\hat{l}_x^2+\hat{l}_y^2+\hat{l}_z^2$。然后证明$[\hat{l}_z,\hat{l}_q^2] = [\hat{l}_z,\hat{l}_q]\hat{l}_q+\hat{l}_q[\hat{l}_z,\hat{l}_q]$，然后使用式（7F.14）中的角动量对易关系。

P7F.11 从式（7F.13）中给出的算符$\hat{l}_z$的定义开始，证明：在球极坐标中它可表示为$\hat{l}_z = -\mathrm{i}\hbar\partial/\partial\phi$。提示：需要用球极坐标来表示笛卡尔坐标；参考“化学家工具包21”。

P7F.12 限制在球形空腔内的一个粒子是讨论球形金属纳米粒子电子性质的起点。这里，需要以一系列步骤证明：半径为R的球形空腔内的一个电子的$l=0$能级是量子化的，且由$E_n = n^2h^2/8m_eR^2$给出。(a)在半径为a的球形空腔内自由运动的一个粒子的哈密顿算符是

$$\hat{H}=-\frac{\hbar^2}{2m}\nabla^2 \qquad \text{其中 } \nabla^2=\frac{1}{r}\frac{\partial^2}{\partial r^2}r+\frac{1}{r^2}\Lambda^2$$

证明：薛定谔方程可以分离为径向和角度分量。也就是说，首先写成$\psi(r,\theta,\phi)=R(r)Y(\theta,\phi)$，其中$R(r)$仅取决于粒子距球体中心的距离，$Y(\theta,\phi)$是球谐函数。然后，证明薛定谔方程可以分为两个方程，一个是针对$R(r)$的径向方程，另一个是针对$Y(\theta,\phi)$的角度方程。(b)考虑$l=0$的情况。通过微分证明，径向方程的解具有以下形式：

$$R(r)=(2\pi a)^{-1/2}\frac{\sin(n\pi r/a)}{r}$$

(c)现在，继续证明（通过确认适当的边界条件）允许的能量由$E_n = n^2h^2/8ma^2$给出。用m_e代替m，用R代替a，这就是上面给出的能量等式。

主题 7　量子理论

综合题

I7.1 一颗因过小和过冷而不能发光的星体被S. Kulkarni等人发现［*Science*, 1478(1995)］。物体的光谱显示甲烷的存在，而据作者所说，甲烷不会在远高于1000 K的温度下存在。根据该星体对一伴星的引力影响，计算出星体的质量大约是木星质量的20倍。这个星体被认为是棕矮星，是迄今发现的最冷的星体。(a)推导温度T时，反应$CH_4(g) \longrightarrow C(\text{石墨}) + 2H_2(g)$的$\Delta_rG^{\ominus}$的表达式。通过使用*资源部分*表中的数据，求298 K时$\Delta_rH^{\ominus}$和$\Delta_rS^{\ominus}$，然后通过使用热容数据，将这些值转换为任一温度T下的值，热容数据也来自表中（假设热容不随温度而变）。(b)找出温度值，当高于该值时，$\Delta_rG^{\ominus}$变为正值。（相关方程的解不能得到解析解，因此使用数学软件得到数值解或绘制图形）。你的结果是否证实了甲烷不能在比1000 K高得多的温度下存在的断言？(c)假设星体在1000 K表现为一个黑体，则计算其最大辐射处的波长。(d)估算星体在光谱的可见区域（420 nm到700 nm之间）发射的能量密度的分数。［可以假设，在$\Delta\lambda$波长范围内，将普朗克分布的积分近似为$\rho(\lambda,T)\Delta\lambda$是合理的。］

I7.2 描述源自纳米级尺寸而在宏观物体找不到的特性。

I7.3 解释为什么势箱中粒子和谐振子是量子力学系统的有用模型？它们可以用来代表哪些化学上重要的系统？

I7.4 假设1.0 mol完美气体分子都占据立方势箱的最低能级。(a)为了使箱子的体积改变ΔV，必须做多少功？(b)如果分子全部占据$n\neq 1$的状态，功会不同吗？(c)这个讨论与专题2A中讨论的膨胀功的表达式有什么相关性？(d)你能识别绝热和等温膨胀之间的区别吗？

I7.5 对于(a)长度为L的势箱中的粒子，以及(b)谐振子的基态，计算$\Delta x = (\langle x^2\rangle-\langle x\rangle^2)^{1/2}$和$\Delta p_x = (\langle p_x^2\rangle-\langle p_x\rangle^2)^{1/2}$。参照不确定原理，讨论这些量。

I7.6 对于处于一般量子态（分别为n和v）的(a)势箱中的粒子，以及(b)谐振子，重复I7.5中的计算和讨论。

主题 8
原子结构和原子光谱

本主题讨论如何使用量子力学来描述和研究原子的“电子结构”，即核外的电子排布，这些概念对理解原子和分子的性质至关重要，因而有广泛的化学应用。

8A 类氢原子

本专题利用模块 7 中介绍的量子力学原理描述“类氢原子”（即原子序数为 Z 的单电子原子或离子）的电子结构。类氢原子十分重要，因为它们的薛定谔方程可以被精确求解，并且它们提供了用来描述多电子原子和分子结构的概念。对于原子中一个电子的薛定谔方程，其求解包含将波函数拆分为角度和径向两部分，所得波函数是极为重要的类氢原子的“原子轨道”。

8A.1 类氢原子的结构；8A.2 原子轨道及其能量

8B 多电子原子

“多电子原子”是指拥有多于一个电子的原子或离子，包含除了氢以外的所有中性原子。所以，即使是氦，尽管只有两个电子，也是一个多电子原子。本专题利用类氢原子轨道来描述多电子原子的结构。然后，结合“自旋”的概念及“泡利不相容原理”，描述了原子性质周期性变化的起因及元素周期表的结构。

8B.1 轨道近似；8B.2 泡利不相容原理；8B.3 构造原理；8B.4 自洽场轨道

8C 原子光谱

多电子原子的光谱较氢原子光谱复杂得多。尽管应用相似原理，但电子之间的库仑和磁相互作用产生了多种能量差异，可通过构建光谱项符号来概括。这些符号作为显示多电子原子总的轨道和自旋角动量的标记，用来表达控制光谱跃迁的选律。

8C.1 类氢原子的光谱；8C.2 多电子原子的光谱

网络资源 这部分内容有何应用？

“应用案例 13”专注于利用原子光谱学来研究恒星。通过分析它们的光谱，可确定它们外层和周围气体的组成，以及它们的物态特征。

专题8A

类氢原子

▶ 为何需要学习这部分内容？

理解类氢原子的结构对描述所有其他原子、元素周期表和成键至关重要。分子结构的所有阐述都基于这部分介绍的内容和概念。

▶ 核心思想是什么？

原子轨道是原子的单电子波函数，可由确定电子能量和角动量的三个量子数来标记。

▶ 需要哪些预备知识？

需要知道波函数的概念（专题7B）及其解释。也需要知道如何建立一个薛定谔方程，以及边界条件是如何导致仅有某些解是可接受的（专题7D）。

当一电流穿过气相氢气，氢分子被解离，能量激发的氢原子产生许多频率不同（因而波数不同）的电磁辐射，从而形成由一系列“谱线”组成的光谱（图8A.1）。

1890年，瑞典光谱学家Johannes Rydberg指出：所有谱线的波数可由下式给出，即

$$\tilde{\nu}=\tilde{R}_{\rm H}\left(\frac{1}{n_1^2}-\frac{1}{n_2^2}\right) \qquad \text{氢原子的谱线} \qquad (8A.1)$$

$n_1=1$为莱曼系列，$n_1=2$为巴尔末系列，$n_1=3$为帕邢系列；在每一种情形中，有$n_2=n_1+1$，n_1+2，…。常数$\tilde{R}_{\rm H}$现在称为氢原子的**里德伯常量**（Rydberg constant），其经验值为109 677 cm^{-1}。

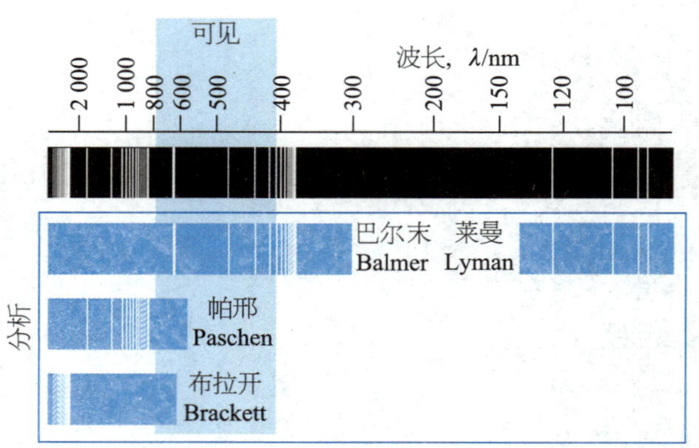

图8A.1 原子氢的光谱（图上显示了实际观测到的谱及其分解后的重叠系列。可见巴尔末系列位于可见光区）

8A.1 类氢原子的结构

考虑**类氢原子**（hydrogenic atom），即任意原子序数的原子或离子，但只有一个电子。氢原子本身就是一个例子（$Z=1$）。一个电子在原子序数为Z（故核电荷为Ze）的类氢原子中的库仑势能为

$$V(r)=-\frac{Ze^2}{4\pi\varepsilon_0 r} \qquad (8A.2)$$

式中r为电子与核之间的距离，ε_0是真空介电常数。整个原子（含一个电子和一个质量为$m_{\rm N}$的核）的哈密顿算符为

$$\hat{H}=\hat{E}_{\rm k,电子}+\hat{E}_{\rm k,核}+\hat{V}(r)$$
$$=-\frac{\hbar^2}{2m_{\rm e}}\nabla_{\rm e}^2-\frac{\hbar^2}{2m_{\rm N}}\nabla_{\rm N}^2-\frac{Ze^2}{4\pi\varepsilon_0 r} \qquad \text{类氢原子的哈密顿算符} \qquad (8A.3)$$

∇^2的下标e和N分别表示对电子和核坐标的微分。

（a）变量分离

物理直觉告诉我们，完整的薛定谔方程应该拆分为两个方程，一个是原子作为一个整体在空间的运动，另一个则为电子相对核的运动。电子相对于核的内部运动的薛定谔方程[1]为

1 有关此拆分程序的细节，请参阅本书网站上“深入了解3”的第一节，以及第二节有关得到式（8A.6）的计算。

$$-\frac{\hbar^2}{2\mu}\nabla^2\psi-\frac{Ze^2}{4\pi\varepsilon_0 r}\psi=E\psi \qquad \frac{1}{\mu}=\frac{1}{m_e}+\frac{1}{m_N}$$ 类氢原子的薛定谔方程 (8A.4)

式中微分现在是针对电子相对于核的坐标，μ为**折合质量**（reduced mass）。折合质量十分类似于电子质量，因为核的质量m_N远大于一个电子的质量，故$1/\mu \approx 1/m_e$，也即$\mu \approx m_e$。除非十分精确的计算，一般情况下折合质量可用m_e代替。

由于势能是中心对称的（与角度无关），波函数的方程可拆分为径向和角度部分，即

$$\psi(r,\theta,\phi)=R(r)Y(\theta,\phi) \qquad (8A.5)$$

其中$R(r)$为**径向波函数**（radial wavefunction），$Y(\theta,\phi)$为**角度波函数**（angular wavefunction）。方程拆分后，对波函数的两个贡献为以下两个方程的解，即

$$\Lambda^2 Y=-l(l+1)Y \qquad (8A.6a)$$

$$-\frac{\hbar^2}{2\mu}\left(\frac{d^2R}{dr^2}+\frac{2}{r}\frac{dR}{dr}\right)+V_{eff}R=ER \qquad (8A.6b)$$

式中

$$V_{eff}(r)=-\frac{Ze^2}{4\pi\varepsilon_0 r}+\frac{l(l+1)\hbar^2}{2\mu r^2} \qquad (8A.6c)$$

方程（8A.6a）与绕一中心点以恒定半径自由运动的粒子的薛定谔方程相同，该方程已在专题7F中考虑过。允许的解是球谐函数（表7F.1），并由量子数l和m_l所确定。方程（8A.6b）称为**径向波方程**（radial wave equation）。径向波方程描述了质量为μ的粒子在一维区域$0 \le r < \infty$［势能为$V_{eff}(r)$］的运动。

（b）径向解

径向波函数形状的一些特征可通过考察$V_{eff}(r)$的形式来预见。式（8A.6c）中的第一项是电子在核场中的库仑势能。第二项来源于经典物理中所说的、由电子绕着核的角动量所引起的离心力。当$l=0$时，电子没有角动量，有效势能纯粹是库仑的，施加于电子上的力在所有半径处都是吸引的（参见图8A.2）。当$l \neq 0$时，离心力项对有效势能有正的贡献，对应于在所有半径处都有排斥力。当电子紧挨核（$r=0$）时，后者对势能的贡献（正比于$1/r^2$）超过库仑贡献（正比于$1/r$），净的结果为电子对核的有效排斥。两个有效势能，一个针对$l=0$，另一个针对$l \neq 0$，因而在近核处定性上十分不同。但是，当距离较远（即r很大）时，它们则相似，因为离心力贡献（正比于$1/r^2$）较库仑贡献（正比于$1/r$）更快地趋向于零。所以，$l=0$和$l \neq 0$的解在近核时很不一样，但远离核时则颇为相似。

径向波函数的两个重要特征：

物理解释

- 近核时，径向波函数正比于r^l；且轨道角动量越高，电子出现的可能性就越小（参见图8A.3）。
- 远离核时，所有径向波函数以指数形式趋近于零。

所有半径范围内的、径向方程的详细解，告诉我们：近核时的r^l形式是如何在远距离时融为指数衰减形式的。结果显示，两个区域通过一个r的

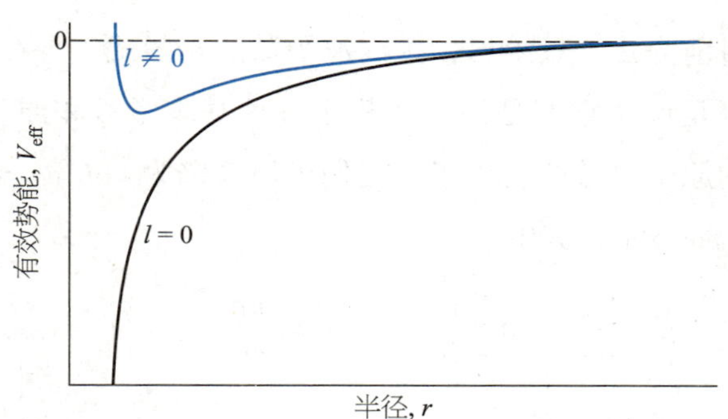

图8A.2 类氢原子中一个电子的有效势能（当电子的轨道角动量为零时，有效势能是库仑势能；当电子拥有非零轨道角动量时，离心效应产生正的贡献，该贡献在近核处很大。所以，近核时，$l=0$和$l \neq 0$的波函数十分不同）

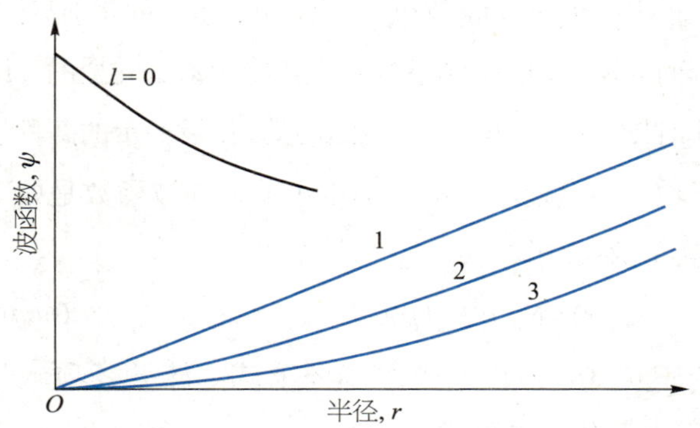

图8A.3 近核时，$l=1$的轨道正比于r，$l=2$的轨道正比于r^2，$l=3$的轨道正比于r^3。随l的增加，电子逐渐被排除在外，离开核的区域。$l=0$的轨道在核处有一有限非零值

多项式而得以桥联起来，即

$$R(r)=\overbrace{r^l}^{\text{近核决定项}}\times\overbrace{(r\text{的多项式})}^{\text{桥联函数的两端}}\times\overbrace{(r\text{的指数衰减式})}^{\text{远核决定项}}\quad(8A.7)$$

因此，径向波函数具有这样的形式（含有各种常数）：

$$R(r)=r^lL(r)e^{-r}$$

式中$L(r)$是桥联多项式。近核（$r\approx 0$）时，多项式为常数，$e^{-r}\approx 1$，故$R(r)\propto r^l$；远离核时，多项式中的决定项正比于r^{n-l-1}，式中n为整数，所以不管l的值如何，给定n值的所有波函数都正比于$r^{n-1}e^{-r}$，并以相同的方式指数衰减至零（指数函数e^{-x}总是主导简单幂函数x^n）。

详细解也表明，为了使波函数可接受，出现在多项式中的n只能取$n=1, 2, \cdots$的正整数。该数也通过下式决定允许的能量：

$$E_n=-\frac{\mu e^4}{32\pi^2\varepsilon_0^2\hbar^2}\times\frac{Z^2}{n^2}\quad\text{束缚态能量}\quad(8A.8)$$

目前为止，只给出了径向波函数的一般式。现在，该是说明它们是如何依赖于各种基本常数和原子的原子序数的时候了。它们可用量纲为1的量ρ来最简表示，其中

$$\rho=\frac{2Zr}{na}\qquad a=\frac{m_e}{\mu}a_0\qquad a_0=\frac{4\pi\varepsilon_0\hbar^2}{m_ee^2}\quad(8A.9)$$

玻尔半径（Bohr radius）a_0为52.9 pm；之所以如此称谓，是因为相同的量曾作为最低能量电子轨道的半径，出现在玻尔有关氢原子的早期模型中。实际上，由于$m_e \ll m_N$（故$m_e/\mu\approx 1$），a和a_0之间差别甚微，因而对所有原子，在ρ的定义式中用a_0是安全的（即使对^{1}H，$a=1.0005\ a_0$）。根据这些量及显示的各种量子数，拥有量子数n和l的电子的径向波函数是如下（实）函数，即

$$R_{n,l}(r)=N_{n,l}\rho^lL_{n,l}(\rho)e^{-\rho/2}\quad\text{径向波函数}\quad(8A.10)$$

式中$L_{n,l}(\rho)$为连属拉盖尔多项式。这些多项式具有相当简单的形式，如1、ρ和$2-\rho$（它们可从表8A.1中挑出）。因子$N_{n,l}$保证径向波函数的归一化，即

$$\int_0^\infty R_{n,l}(r)^2r^2\,dr=1\quad(8A.11)$$

表8A.1　类氢原子径向波函数

n	l	$R_{n,l}(r)$
1	0	$2\left(\frac{Z}{a}\right)^{3/2}e^{-\rho/2}$
2	0	$\frac{1}{8^{1/2}}\left(\frac{Z}{a}\right)^{3/2}(2-\rho)e^{-\rho/2}$
2	1	$\frac{1}{24^{1/2}}\left(\frac{Z}{a}\right)^{3/2}\rho e^{-\rho/2}$
3	0	$\frac{1}{243^{1/2}}\left(\frac{Z}{a}\right)^{3/2}(6-6\rho+\rho^2)e^{-\rho/2}$
3	1	$\frac{1}{486^{1/2}}\left(\frac{Z}{a}\right)^{3/2}(4-\rho)\rho e^{-\rho/2}$
3	2	$\frac{1}{2\,430^{1/2}}\left(\frac{Z}{a}\right)^{3/2}\rho^2e^{-\rho/2}$

注：$\rho=(2Z/na)r$，$a=4\pi\varepsilon_0\hbar^2/\mu e^2$。对于一个无限重的核（或一个可以这样假定的核），$\mu=m_e$，$a=a_0$（玻尔半径）。

（r^2来自球坐标中的体积元，参见专题7F中的“化学家工具包21”）。具体地，式（8A.10）的各个组分可解释如下：

物理解释

- 指数因子保证波函数在远离核时趋近于零。
- 因子ρ^l保证（假设$l>0$）在核上波函数消失。在$r=0$处的零不是一个径向节点，因为径向波函数在此点不经过零（因为r不能为负数）。
- 连属拉盖尔多项式通常为一个从正值至负值振荡的函数，并说明径向节点的存在。

一些径向波函数的表达式列于表8A.1，并作图于图8A.4。最后，建立了径向波函数的形式，则总的波函数，即式（8A.5），就正式变为

$$\psi_{n,l,m_l}(r,\theta,\phi)=R_{n,l}(r)Y_{l,m_l}(\theta,\phi)\quad(8A.12)$$

简要说明8A.1

为了计算量子数为$n=1$，$l=0$，$m_l=0$的电子在核上的概率密度，可计算在$r=0$处的ψ，即

$$\psi_{1,0,0}(0,\theta,\phi)=R_{1,0}(0)Y_{0,0}(\theta,\phi)=2\left(\frac{Z}{a_0}\right)^{3/2}\left(\frac{1}{4\pi}\right)^{1/2}$$

因此，概率密度为

$$\psi_{1,0,0}^2(0,\theta,\phi)=\frac{Z^3}{\pi a_0^3}$$

当$Z=1$时，相应的值为$2.15\times10^{-6}\ \text{pm}^{-3}$。

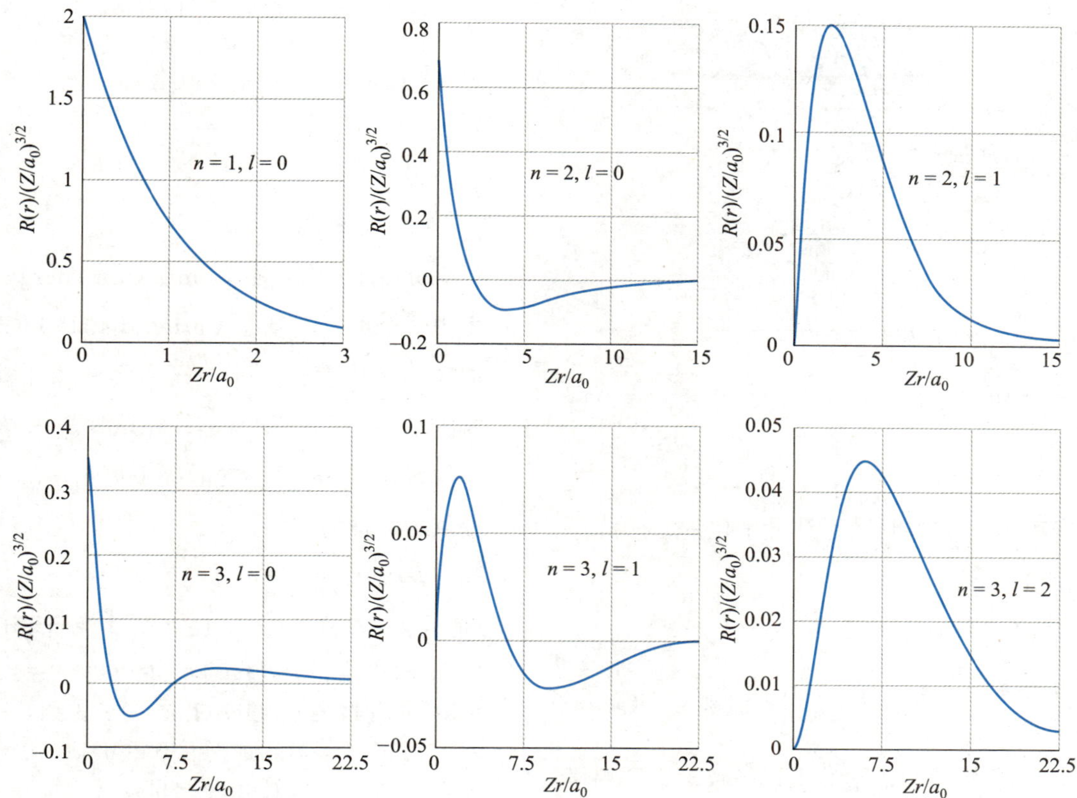

图8A.4 原子序数为Z的类氢原子前几个态的径向波函数（可见：$l = 0$的轨道在核上具有非零有限值。每种情况下的水平标尺是不同的：随着主量子数的增加，轨道的尺寸大小也增加）

8A.2 原子轨道及其能量

原子轨道（atomic orbital）为原子中电子的单电子波函数，对于类氢原子，它具有式（8A.12）中所指定的形式。每个类氢原子的轨道由三个量子数（标记为n，l和m_l）来定义。被式（8A.12）中的波函数之一所描述的电子被说成“占据”那个轨道。例如，波函数$\psi_{1,0,0}$描述的电子被说成“占据”$n = 1$，$l = 0$，$m_l = 0$的轨道。

（a）轨道的明确

三个量子数分别明确轨道的不同属性：

- **主量子数**（principal quantum number）n指定轨道的能量［通过式（8A.8）］，n可取值1, 2, 3, ⋯。
- **轨道角动量量子数**（orbital angular momentum quantum number）l确定电子角动量的大小为$[l(l+1)]^{1/2}\hbar$，$l = 0, 1, 2, \cdots, n-1$。
- **磁量子数**（magnetic quantum number）m_l明确角动量的z分量为$m_l\hbar$，$m_l = 0, \pm1, \pm2, \cdots, \pm l$。

注意主量子数的值是如何控制l的最大值，以及l的值又是如何控制m_l值的区间。

（b）能级

由式（8A.8）所预计的能级绘于图8A.5中。能量及相邻能级之间的间隔与Z^2成正比，故在He^+（$Z = 2$）中能级之间的间隔，是H（$Z = 1$）中的4倍（基态能量则低4倍）。由式（8A.8）给出的所有能量都为负值，它们对应于原子的**束缚态**（bound states），其中原子的能量低于分隔无限远的静态电子和核的能量（对应于能量零点）。也有能量为正值的薛定谔方程的解。这些解对应于电子的**未束缚态**（unbound states）（即当电子被高能碰撞或光子从原子中喷出来时，电子被提升至的

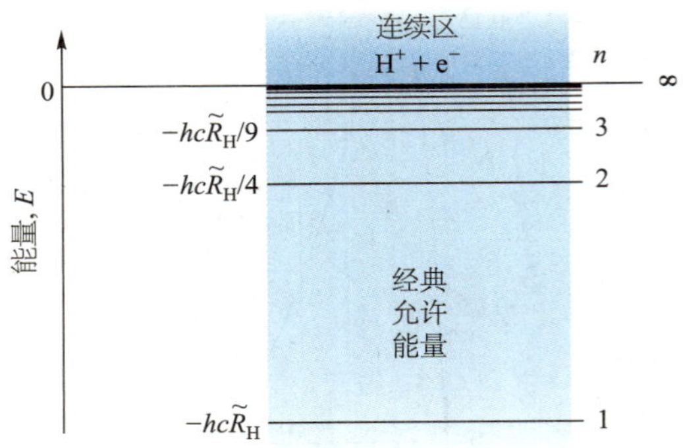

图8A.5　氢原子的能级，这些数值是相对于一个无限分隔的静态电子和一个质子

状态）。未束缚电子的能量不是量子化的，形成原子的连续态。

式（8A.8）可写作

$$E_n=-\frac{hcZ^2\tilde{R}_N}{n^2}\qquad \tilde{R}_N=\frac{\mu e^4}{8\varepsilon_0^2 ch^3}\qquad \text{束缚态能量}\qquad (8A.13)$$

与式（8A.1）所概括的谱学结果相一致，原子的里德伯常量确定为

$$\tilde{R}_N=\frac{\mu}{m_e}\times\tilde{R}_\infty\qquad \tilde{R}_\infty=\frac{m_e e^4}{8\varepsilon_0^2 h^3 c}\qquad \text{里德伯常量}\qquad (8A.14)$$

式中μ是原子的折合质量，$\tilde{R}_\infty$是**里德伯常量**，$\tilde{R}_N$则为对指定原子N（不是氮！），例如氢，当N被H取代且μ取恰当值时，常量所取的值。对于氢原子，将基本常数的值代入$\tilde{R}_H$的表达式，得到几乎与实验值完全一致的结果。仅有的差异来源于忽略了相对论校正（简单来说，即质量随速率的增加），非相对论的薛定谔方程不考虑这些。

简要说明8A.2

书中给出的$\tilde{R}_\infty$值为109 737 cm^{-1}。已知质子和电子的质量分别为m_p = 1.672 62 × 10^{-27} kg和m_e = 9.109 38 × 10^{-31} kg，则一个氢原子的折合质量为

$$\mu=\frac{m_e m_p}{m_e+m_p}=\frac{9.109\,38\times10^{-31}\ \text{kg}\times1.672\,62\times10^{-27}\ \text{kg}}{9.109\,38\times10^{-31}\ \text{kg}+1.672\,62\times10^{-27}\ \text{kg}}$$
$$=9.104\,42\times10^{-31}\ \text{kg}$$

所以有

$$\tilde{R}_H=\frac{9.104\,42\times10^{-31}\ \text{kg}}{9.109\,38\times10^{-31}\ \text{kg}}\times109\,737\ \text{cm}^{-1}=109\,677\ \text{cm}^{-1}$$

电子（n = 1）基态位于

$$E_1=-hc\tilde{R}_H=-6.626\,08\times10^{-34}\ \text{J·s}\times2.997\,945\times10^{10}\ \text{cm·s}^{-1}\times109\,677\ \text{cm}^{-1}=-2.178\,70\times10^{-18}\ \text{J}$$

或−2.178 70 aJ。该能量相当于−13.598 eV。

（c）电离能

元素的**电离能**（ionization energy）I是从气相中一个原子的**基态**（ground state）（即最低能量的状态）中移去一个电子所需的最小能量。由于氢的基态是n = 1的状态，能量为$E_1=-hc\tilde{R}_H$，当电子激发至$n=\infty$对应的能级（见图8A.5）时，必须提供的能量为

$$I=hc\tilde{R}_H\qquad (8A.15)$$

I值为2.179 aJ（1 aJ = 10^{-18} J），相当于13.60 eV。

实用小贴士　电离能有时被当作电离势。这是不正确的，但并非少见。如果这个术语被使用了，它应该表示一个电子必须行经的电势差，以使其势能的变化等于电离能并用伏特表示。H的电离能是13.60 eV，它的电离势是13.60 V。

例题8A.1　用光谱测量电离能

氢原子的发射光谱显示有位于82 259 cm^{-1}，97 492 cm^{-1}，102 824 cm^{-1}，105 292 cm^{-1}，107 440 cm^{-1}的谱线，对应于从n = 2, 3, …的连续上态至相同的低能下态的跃迁。请确定下态的电离能。

整理思路　电离能的光谱测定依赖于“系限”的确定，即线系终止并变成一连续区时的波数。如果上态位于能量$-hc\tilde{R}_H/n^2$处，那么当原子跃迁至能量为E_{lower}的下态时，所发射的光子的波数为

$$\tilde{\nu}=-\frac{\tilde{R}_H}{n^2}-\frac{E_{lower}}{hc}=-\frac{\tilde{R}_H}{n^2}+\frac{I}{hc}\qquad (I=-E_{lower})$$

将波数对$1/n^2$作图，应得到一条斜率为$-\tilde{R}_H$、截距为I/hc的直线。为了得到反映数据精确度的结果，可用软件计算数据的最小二乘拟合。

解： 波数对$1/n^2$的作图见图8A.6。由（最小二乘）截距可知，$\frac{I}{hc}$ = 109 679 cm^{-1}，故电离能为

$$I=hc\times(109\,679\ \text{cm}^{-1})$$
$$=6.626\,08\times10^{-34}\ \text{J·s}\times2.997\,945\times10^{10}\ \text{cm·s}^{-1}\times109\,679\ \text{cm}^{-1}$$
$$=2.178\,7\times10^{-18}\ \text{J}$$

或2.178 7 aJ，对应于1 312.1 kJ·mol^{-1}（“简要说明8A.2”中所计算的E值的负数）。

自测题8A.1　氘原子的发射光谱显示有位于15 238 cm^{-1}，20 571 cm^{-1}，23 039 cm^{-1}和24 380 cm^{-1}的

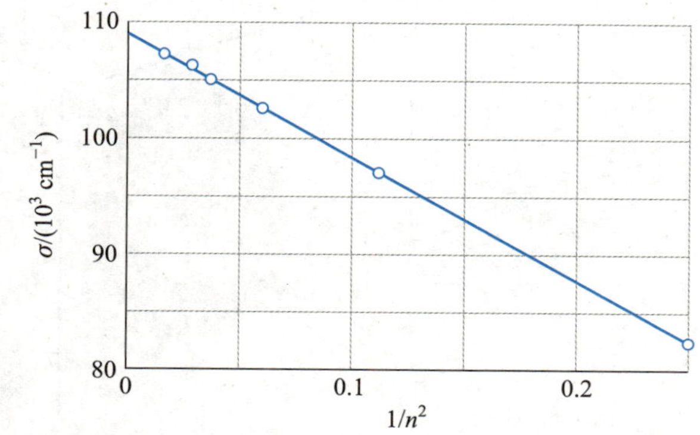

图8A.6 用例题8A.1中的数据作图，从而确定原子（该例中为H）的电离能

谱线，对应于从$n=3, 4, \cdots$的连续上态至相同下态的跃迁。试确定（a）下态的电离能；（b）基态的电离能；（c）氘的质量（用电子和氘的折合质量表示里德伯常量，然后求出氘的质量）。

答案：（a）328.1 kJ · mol^{-1}，（b）1312.4 kJ · mol^{-1}，（c）2.8×10^{-27} kg，结果对R_D非常敏感。

（d）壳层与亚层

给定n值的所有轨道形成原子的单**壳层**（shell）。在类氢原子中（也仅在类氢原子中），给定n的所有轨道因而也就属于相同的壳层，具有相同的能量。通常用字母来表示连续壳层：

$n=$	1	2	3	4	$\cdots$
	K	L	M	N	$\cdots$

壳层的表示

因此，$n=2$的壳层的所有轨道构成原子的L层，以此类推。

n值相同但l值不同的轨道构成给定壳层的**亚层**（subshell）。这些亚层通常也用字母表示：

$l=$	0	1	2	3	4	5	6	$\cdots$
	s	p	d	f	g	h	i	$\cdots$

亚层的表示

在所有原子（不仅仅是类氢原子）中，相同亚层的所有轨道具有相同的能量。$l=3$之后，用英文小写字母顺序表示（不用j，因为在一些语言中i和j不能区分）。

图8A.7是图8A.5的一个版本，其中清晰地显示亚层。对于所有的n值，由于l可以从0到$n-1$，所以主量子数为n的壳层可以有n个亚层。轨道在壳层中的组织总结于图8A.8中。主量子数为n的壳层中，轨道的数目为n^2，故在类氢原子中，每

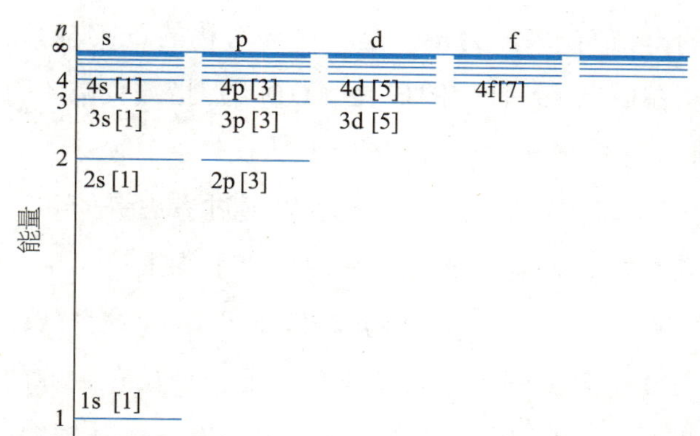

图8A.7 类氢原子的能级，图中显示了亚层和每个亚层中轨道的数目（方括号内），一个指定壳层中的所有轨道具有相同的能量

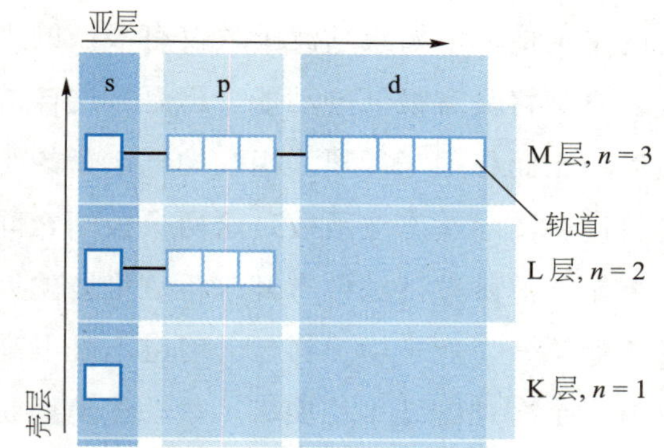

图8A.8 由轨道（白格子）至亚层（以l为特征）和壳层（以n为特征）的组织

个能级是n^2重简并的。

简要说明8A.3

当$n=1$时，只有一个亚层，其$l=0$；该亚层只含有一个轨道，其$m_l=0$（唯一允许的m_l值）。当$n=2$时，有四个轨道，其中一个在s亚层，其$l=0$，$m_l=0$；另外三个在$l=1$的亚层，m_l分别为+1, 0和 −1。当$n=3$时，有九个轨道（其中一个$l=0$，三个$l=1$，五个$l=2$）。

（e）s轨道

占据基态的轨道是$n=1$的轨道（因此，其$l=0$，$m_l=0$，这些量子数是$n=1$时仅有的可能值）。根据表8A.1及$Y_{0,0}=(1/4\pi)^{1/2}$（表7F.1），（对$Z=1$）可得

$$\psi=\frac{1}{(\pi a_0^3)^{1/2}}e^{-r/a_0} \tag{8A.16}$$

这个波函数与角度无关，在恒等半径的所有点上都具有相同的值；也就是说，1s轨道（$n=1$

的s轨道，一般为ns）是“球形对称的”。波函数从在核上（$r=0$）的最大值$1/(\pi a_0^3)^{1/2}$指数衰减。因此，电子的概率密度在核上最大。

基态波函数的一般式可以通过考虑势能和动能对原子总能量的贡献来理解。平均上讲，电子离核越近，其平均势能就越低（更负）。这种依赖关系说明：最低势能应该对应于一个具有尖峰的波函数，该波函数在核上（$r=0$）有一大的振幅，而在其他所有地方则为零（参见图8A.9）。但是，这种形状意味着高动能，因为这样的波函数拥有很高的平均曲率。如果其波函数仅有很低的平均曲率，电子将具有很低的动能。但是，这样的波函数散布至距核很长距离，相应地，电子的平均势能就高。实际基态波函数是这两个极端之间的一个折中：波函数由核散布开来（故势能的期盼值并不像第一个例子中那样低，但也不是很高），并具有一个合理的低平均曲率（故动能的期盼值不是很低，但也像第一个例子中那么高）。

描绘电子概率密度的一种方法是用遮荫密度来表示$|\psi|^2$（参见图8A.10）。一个更简单的程序是只显示**边界面**（boundary surface），即反映轨道形状并俘获高比例（典型地，约90%）电子概率的表面。对于1s轨道，边界面是中心在核上的一个球（参见图8A.11）。

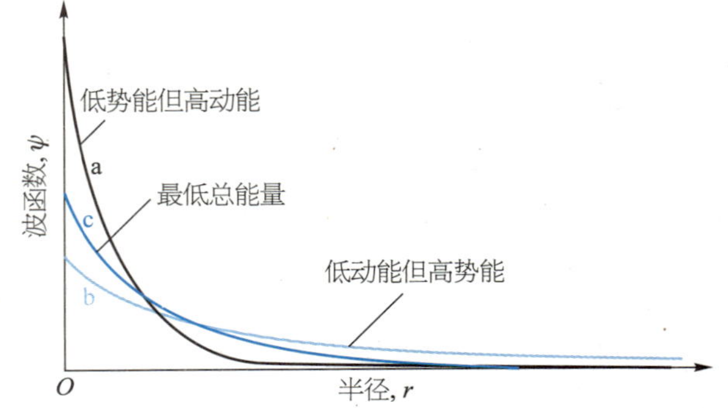

图8A.9　动能和势能的平衡，用于说明类氢原子基态的结构。（a）高曲率但局域的轨道具有高的平均动能，但平均势能低；（b）平均动能低，但势能不是很合适；（c）中等动能和适度势能的折中

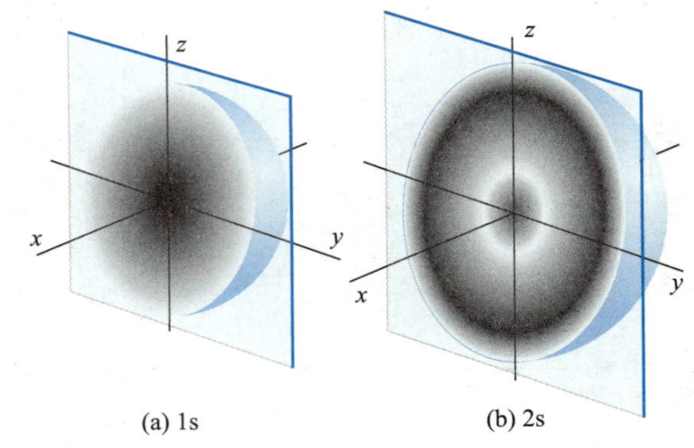

图8A.10　基于电子概率密度（由遮荫密度表示）的（a）1s和（b）2s类氢原子轨道的截面表示

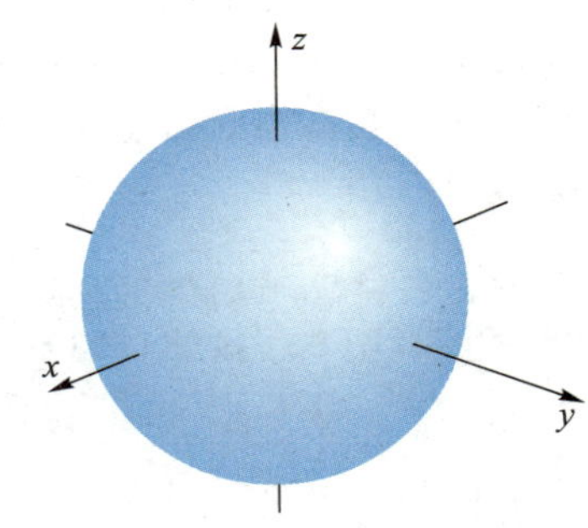

图8A.11　1s轨道的边界面，其内发现电子的概率为90%，所有s轨道都具有球形边界面

例题 8A.2　计算轨道的平均半径

计算类氢原子1s轨道的平均半径。

整理思路　平均半径是期望值，即

$$\langle r\rangle=\int\psi^{*}r\psi\,\mathrm{d}\tau=\int r|\psi|^{2}\,\mathrm{d}\tau$$

需要用表8A.1中的波函数及$\mathrm{d}\tau=r^2\mathrm{d}r\sin\theta\,\mathrm{d}\theta\,\mathrm{d}\phi$（专题7F中“化学家工具包21”）求出积分的值。波函数的角度部分（表7F.1）是归一化的，故

$$\int_{\theta=0}^{\pi}\int_{\phi=0}^{2\pi}\left|Y_{l,m_l}\right|^2\sin\theta\,\mathrm{d}\theta\mathrm{d}\phi=1$$

对r的相关积分参见*资源部分*。

解：将波函数写成$\psi=RY$的形式，积分（对角度变量的积分等于1，用蓝色表示）为

$$\langle r\rangle=\int_0^{\infty}\int_0^{\pi}\int_0^{2\pi}rR_{n,l}^2\left|Y_{l,m_l}\right|^2r^2\mathrm{d}r\sin\theta\,\mathrm{d}\theta\mathrm{d}\phi=\int_0^{\infty}r^3R_{n,l}^2\mathrm{d}r$$

对于1s轨道：

$$R_{1,0}=2\left(\frac{Z}{a_0}\right)^{3/2}\mathrm{e}^{-Zr/a_0}$$

所以

$$\langle r\rangle=\frac{4Z^3}{a_0^3}\overbrace{\int_0^{\infty}r^3\mathrm{e}^{-2Zr/a_0}\,\mathrm{d}r}^{\text{积分E.3}}=\frac{4Z^3}{a_0^3}\times\frac{3!}{(2Z/a_0)^4}=\frac{3a_0}{2Z}$$

自测题8A.2　用积分计算3s轨道的平均半径。

答案：$27a_0/2Z$

所有s轨道都是球形对称的，但径向节点数不同。例如，1s、2s和3s轨道分别拥有0个、1个和2个径向节点。一般地，*n*s轨道具有$(n-1)$个径向节点。随着*n*的增加，俘获一定分数概率的球形边界面的半径也增加。

简要说明8A.4

2s轨道的径向节点所在位置对应的连属拉盖尔多项式因子（表8A.1）等于零。在本例中，因子为$2-\rho$，故在$\rho=2$处有一节点。对于2s轨道，$\rho=Zr/a_0$，所以，径向节点出现在$r=2a_0/Z$处（见图8A.4）。

（f）径向分布函数

波函数通过$|\psi|^2$的值给出在任一区域发现电子的概率。如在专题7B中所解释的，$|\psi|^2$是概率密度（量纲：[体积]$^{-1}$）；当乘以（无限小）所感兴趣的体积后，其可以解释为一个（量纲为1）概率。想象有一个固定体积$d\tau$、并对电子敏感的探针，它能围绕类氢原子的近核周围运动。由于原子基态中的概率密度正比于e^{-2Zr/a_0}，当探针在一恒定半径的圆圈上运动时，检测器的读数将随*r*的增大而指数衰减（参见图8A.12）。

现在，考虑在半径为*r*、厚度为d*r*的壳层内发现电子的总概率。探针的敏感体积为壳的体积（参见图8A.13），即$4\pi r^2 dr$（其表面积$4\pi r^2$和厚度d*r*的乘积）。可以发现，探测到的体积随着与核距离的增大而增加；当$r=0$时，在核本身上为零。在该壳层内发现电子的概率为在半径*r*处的概率密度乘以探测的体积，即$|\psi(r)|^2\times 4\pi r^2 dr$。这个表达式具有$P(r)dr$的形式。其中：

$$P(r)=4\pi r^2|\psi(r)|^2 \quad \text{径向分布函数［仅s轨道］} \quad (8A.17a)$$

$P(r)$称为**径向分布函数**（radial distribution function）（本例中针对s轨道）。也可导出一个更为一般的、可应用于非球形对称轨道的径向分布函数表达式。

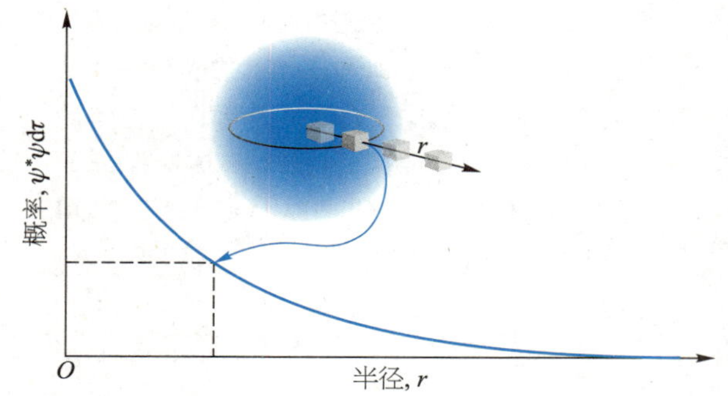

图8A.12 一个恒容电子敏感检测器（小方块）在核上有其最大读数，其他地方则小于该读数。在一指定半径的圆圈任意方向、任意地方读数相同：s轨道是球形对称的

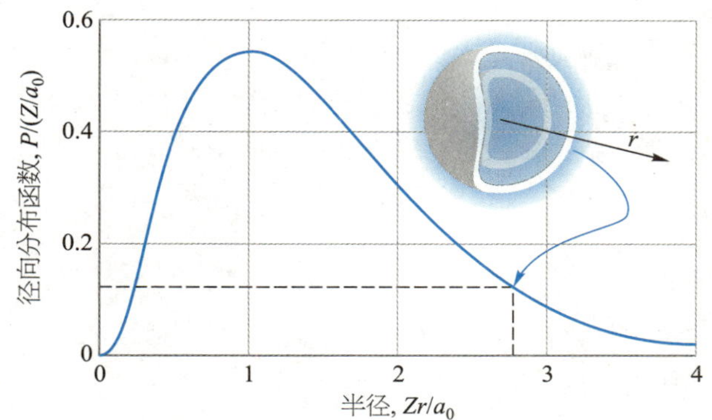

图8A.13 径向分布函数$P(r)$是电子在一半径为*r*的壳层中的概率密度；概率本身为$P(r)dr$，式中d*r*是壳层的厚度。对于氢中的一个1s电子，当*r*等于玻尔半径a_0时，$P(r)$取最大值。$P(r)dr$的值等价于一形状像厚度为d*r*的球壳检测器的半径变化时的读数

如何完成？ 8A.1 导出径向分布函数的一般式

当波函数为$\psi=RY$时，在体积元$d\tau$中发现一个电子的概率为$|RY|^2d\tau$。其中，$d\tau=r^2dr\sin\theta\, d\theta\, d\phi$。在半径为*r*、厚度为d*r*的壳层内任一角度发现电子的总概率是这个概率对整个表面的积分，写作$P(r)dr$，故

$$P(r)dr=\int_0^{\pi}\int_0^{2\pi}R(r)^2\left|Y_{l,m_l}\right|^2 r^2 dr\sin\theta d\theta d\phi$$

因为球谐函数已经归一化（如例题8A.2中所示，蓝色积分为1），最终结果为

$$P(r)=r^2R(r)^2 \quad \text{径向分布函数［一般式］} \quad (8A.17b)$$

径向分布函数是概率密度，当其乘以d*r*时，可给出在半径为*r*、厚度为d*r*的壳层内发现电子的概率。对于1s轨道，有

$$P(r)=\frac{4Z^3}{a_0^3}r^2e^{-2Zr/a_0} \quad (8A.18)$$

这个表达式可解释如下：

物理解释

- 因为在核上$r^2=0$，$P(0)=0$。当$r=0$时，壳体积为零，故在壳中发现电子的概率为零。

物理解释

- 当$r \to \infty$时，$P(r) \to 0$（由于指数项）。波函数在距离核很远时降至零。此时，即使在一很大的球壳中，发现电子的概率也几乎为零。
- 在r^2中的增加和在指数因子中的减少，意味着P在某一中间半径时有最大值（参见图8A.13）；它表示发现电子（不管方向）的最概然半径。

例题 8A.3　计算最概然半径

当电子占据原子序数为Z的类氢原子的1s轨道时，计算发现电子的最概然半径r_{mp}，并列表给出从H至Ne^{9+}的所有单电子物种的r_{mp}。

整理思路　需要通过求解$dP/dr = 0$来获得类氢1s轨道的径向波函数有一最大值时所对应的半径。如果有几个极大值，应该选择具有最大振幅的那个。

解： 式（8A.18）给出了径向分布函数。因此有

$$\frac{dP}{dr} = \frac{4Z^3}{a_0^3}\left(2r - \frac{2Zr^2}{a_0}\right)e^{-2Zr/a_0} = \frac{8rZ^3}{a_0^3}\left(1 - \frac{Zr}{a_0}\right)e^{-2Zr/a_0}$$

满足此函数为零的条件除了 $r = 0$ 外，式中括号内的项也可以为零，即

$$r_{mp} = \frac{a_0}{Z}$$

接下来，根据 $a_0 = 52.9$ pm，可算得最概然半径如下：

	H	He^+	Li^{2+}	Be^{3+}	B^{4+}	C^{5+}	N^{6+}	O^{7+}	F^{8+}	Ne^{9+}
r_{mp}/pm	52.9	26.5	17.6	13.2	10.6	8.82	7.56	6.61	5.88	5.29

说明　注意1s轨道是如何随着核电荷数增加逐渐被核吸引的。在铀上，最概然半径仅为0.58 pm，较氢更靠近核几乎100倍。然而，将这个结果拓展至很重的原子则忽视了重要的相对论效应，这些效应使计算复杂化。

自测题 8A.3　在类氢原子中，2s电子与核的最概然距离是多少？

答案： $(3 + 5^{1/2})a_0/Z = 5.24a_0/Z$；该值反映出随着能量的增加，原子发生膨胀。

（g）p轨道

所有的三个2p轨道的$l = 1$，因而角动量大小相同。它们由不同的m_l值来区分，m_l是指定角动量沿一选定轴（习惯上选z轴）的分量的量子数。例如，对于$m_l = 0$的轨道，其沿着z轴的角动量为零。其角向变化由正比于$\cos\theta$的球谐函数$Y_{1,0}$给出（见表7F.1）。所以，正比于$\cos^2\theta$的概率密度在z轴方向的核两侧有最大值（当$\theta = 0°$和180°时，$\cos^2\theta = 1$）。特别地，对于$m_l = 0$的2p轨道，其波函数为

$$\psi_{2,1,0} = R_{2,1}(r)Y_{1,0}(\theta,\phi) = \frac{1}{4(2\pi)^{1/2}}\left(\frac{Z}{a_0}\right)^{5/2} r\cos\theta\, e^{-Zr/2a_0}$$
$$= r\cos\theta f(r) \qquad (8A.19a)$$

式中$f(r)$仅是r的函数。由于在球形极坐标中$z = r\cos\theta$（专题7F中“化学家工具包21”），这个波函数也可以写为

$$\psi_{2,1,0} = zf(r) \qquad (8A.19b)$$

$m_l = 0$且n为任一值的所有p轨道都具有这种形式的波函数，但$f(r)$依赖于n值。这种书写轨道的方式是“p_z轨道”名称的由来：其边界面示于图8A.14中。在xy平面（$z = 0$）内任何地方的波函数均为零，故xy平面是轨道的一个**节面**（nodal plane）：波函数从平面的一侧至另一侧将发生符号（正、负）的改变。

$m_l = \pm 1$的2p轨道的波函数具有下列形式：

$$\psi_{2,1,\pm1} = R_{2,1}(r)Y_{1,\pm1}(\theta,\phi) = \mp\frac{1}{8\pi^{1/2}}\left(\frac{Z}{a_0}\right)^{5/2} r\sin\theta e^{\pm i\phi} e^{-Zr/2a_0}$$
$$= \mp\frac{1}{2^{1/2}} r\sin\theta e^{\pm i\phi} f(r) \qquad (8A.20)$$

在专题7D中，业已说明：由一个复波函数描述的粒子具有净的移动。在本例中，函数对应于沿z轴方向的非零角动量：$e^{+i\phi}$对应于由下往上看时的顺时针旋转，$e^{i\phi}$则对应于逆时针旋转（从相同的视角）。

当$\theta = 0°$和180°（沿z轴方向）时，它们的振幅为零；当$\theta = 90°$，即在xy平面内时，则有最大

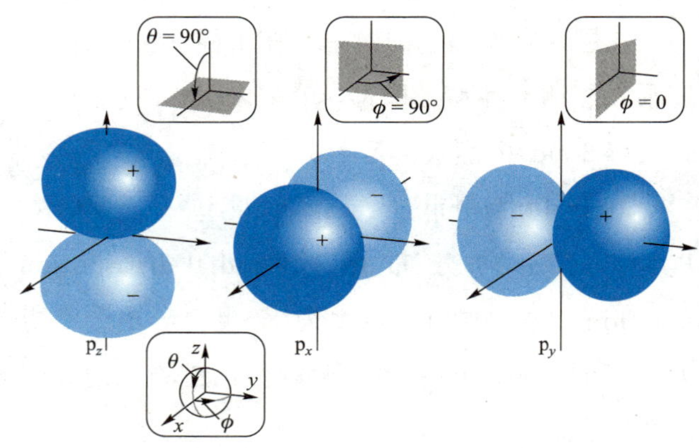

图8A.14　2p轨道的边界面。一个节面穿过核并将每个轨道的两叶瓣分开。不同颜色的叶瓣表示波函数符号相反的区域。图中还显示了球形极坐标系统的角度。所有p轨道都有如图所示的边界面

振幅。为了绘制函数，通常通过形成线性组合来表示它们：

$$\psi_{2p_x}=\frac{1}{2^{1/2}}(\psi_{2,1,+1}-\psi_{2,1,-1})=r\sin\theta\cos\phi f(r)=x\,f(r) \quad [e^{i\phi}+e^{-i\phi}=2\cos\phi]$$

$$\psi_{2p_y}=\frac{i}{2^{1/2}}(\psi_{2,1,+1}+\psi_{2,1,-1})=r\sin\theta\sin\phi f(r)=y\,f(r) \quad [e^{i\phi}-e^{-i\phi}=2i\sin\phi] \quad (8A.21)$$

这些线性组合对应沿z轴方向的轨道角动量为零，因为它们是具有数字相等但符号相反的m_l值的状态的叠加。p_x轨道的形状与p_z轨道相同，但其方向是沿着x轴的（见图8A.14）；类似地，p_y轨道沿着y轴方向。一个给定壳的任意p轨道的波函数都可以写成x, y或z与相同函数f（依赖于n值）的乘积。

（h）d轨道

当$n=3$时，l可为0, 1, 2。因此，这个壳由一个3s轨道、三个3p轨道和五个d轨道组成。量子数m_l的每一个值（0, ±1, ±2）对应于一个不同的、沿z轴方向的角动量分量的值。与p轨道一样，具有正负号相反的m_l值（因而沿z轴有相反的运动方向）的d轨道可以成对组合得到实波函数，所得形状的边界面示于图8A.15中。实线性组合具有以下形式

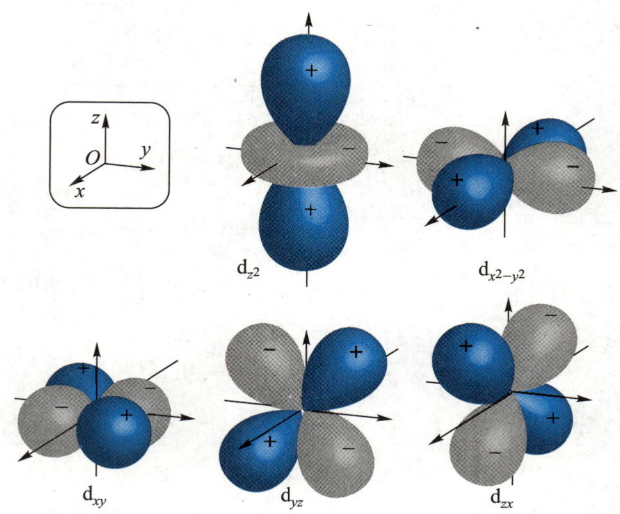

图8A.15 3d轨道的边界面。蓝色和灰色面积表示波函数符号相反的区间。所有d轨道都具有如图所示的边界面

[其中函数$f(r)$依赖于n值]：

$$\psi_{d_{xy}}=xyf(r) \quad \psi_{d_{yz}}=yzf(r) \quad \psi_{d_{zx}}=zxf(r)$$
$$\psi_{d_{x^2-y^2}}=\frac{1}{2}(x^2-y^2)f(r) \quad \psi_{d_{z^2}}=\frac{3^{1/2}}{2}(3z^2-r^2)f(r) \quad (8A.22)$$

这些线性组合产生了标记为d_{xy}, d_{yz}, …的d轨道。除d_{z^2}轨道外，每个组合均有两个角向节点将轨道分为四个叶瓣。对于d_{z^2}轨道，两个角向节点结合起来产生一个圆锥形表面，该表面将主叶瓣与围绕核的较小的环形部分分离开来。

概念清单

- ☐ 1. 类氢原子的薛定谔方程可分离成角度方程和径向方程。
- ☐ 2. 近核时，径向波函数正比于r^l；远离核时，所有类氢波函数以指数形式趋近于零。
- ☐ 3. **原子轨道**是原子中电子的单电子波函数。
- ☐ 4. 原子轨道可由**量子数**n, l和m_l的值来确定。
- ☐ 5. 类氢原子束缚态的能量正比于$-Z^2/n^2$。
- ☐ 6. 单质的**电离能**是从其组成原子之一的基态移走一个电子所需的最少能量。
- ☐ 7. 具有一给定n值的轨道形成一个原子的**壳层**，在该壳层中，相同l值的轨道形成**亚层**。
- ☐ 8. 类氢原子中，相同壳层的轨道都有相同的能量；所有类型的原子中，一个壳层的相同亚层的轨道都是简并的。
- ☐ 9. **s轨道**是球形对称的，在核上有非零概率密度。
- ☐ 10. **径向分布函数**是电子分布的概率密度，它是离核距离的函数。
- ☐ 11. 在一给定的亚层中有三个**p轨道**，每个轨道有一个角向节点。
- ☐ 12. 在一给定的亚层中有五个**d轨道**，每个轨道有两个角向节点。

公式清单

性质	公式	说明	公式编号
氢原子谱线的波数	$\tilde{\nu}=\tilde{R}_{\mathrm{H}}(1/n_1^2-1/n_2^2)$	$\tilde{R}_{\mathrm{H}}$ 为用波数表示的氢的里德伯常量	8A.1
玻尔半径	$a_0=4\pi\varepsilon_0\hbar^2/m_{\mathrm{e}}e^2$	$a_0=52.9\ \mathrm{pm}$	8A.9
类氢原子的波函数	$\psi_{n,l,m_l}(r,\theta,\phi)=R_{n,l}(r)Y_{l,m_l}(\theta,\phi)$	Y_{l,m_l}为球谐函数	8A.12
类氢原子的能量	$E_n=-hcZ^2\tilde{R}_{\mathrm{N}}/n^2$ $\tilde{R}_{\mathrm{N}}=\mu e^4/8\varepsilon_0^2ch^3$	$\tilde{R}_{\mathrm{N}}\approx\tilde{R}_{\infty}$，里德伯常量； $\mu=m_{\mathrm{e}}m_{\mathrm{N}}/(m_{\mathrm{e}}+m_{\mathrm{N}})$	8A.13
径向分布函数	$P(r)=r^2R(r)^2$	对 s 轨道，有 $P(r)=4\pi r^2\psi^2$	8A.17b

专题8B

多电子原子

▶ 为何需要学习这部分内容？

多电子原子是所有化合物的构建单元，为了理解它们的性质，包括它们参与化学成键的能力，就必须理解它们的电子结构。此外，对这种结构的了解可解释元素周期表的结构及其所总结的所有规律。

▶ 核心思想是什么？

电子占据使得原子具有最低能量的轨道，满足泡利不相容原理。

▶ 需要哪些预备知识？

本专题建立在类氢原子结构的基础上，尤其是它们的壳层结构（专题8A）。

多电子原子（many-electron atom或polyelectron atom）指其中有多于一个电子的原子。多电子原子的薛定谔方程较为复杂，因为所有电子彼此相互作用。这些相互作用的一个十分重要的结果是相同n值但不同l值的轨道不再是简并的。此外，即使对于仅有两个电子的氦原子，也不可能找到轨道和能量的分析表达式，故必须使用各种近似。

8B.1 轨道近似

多电子原子的波函数是所有电子坐标的复杂函数，写作$\boldsymbol{\Psi}(\boldsymbol{r}_1, \boldsymbol{r}_2, \cdots)$，式中$\boldsymbol{r}_i$是从核至电子$i$的矢量（大写字母$\boldsymbol{\Psi}$通常用来表示一个多电子波函数）。**轨道近似**（orbital approximation）认为，这个精确波函数的一个合理的一级近似，可通过想象每个电子都占据其“自身”的轨道来得到，写成

$$\boldsymbol{\Psi}(\boldsymbol{r}_1, \boldsymbol{r}_2, \cdots) = \boldsymbol{\psi}(\boldsymbol{r}_1)\boldsymbol{\psi}(\boldsymbol{r}_2)\cdots \quad \text{轨道近似} \tag{8B.1}$$

可假设单个轨道类似于氢轨道，其核电荷因原子中所有其他电子的存在而被修饰。这个假设可被验证，如果一级近似地忽略电子-电子相互作用。

如何完成？ 8B.1 验证轨道近似

考虑一个系统，其能量的哈密顿算符是两个贡献之和，一个是电子1的，另一个则是电子2的，即$\hat{H}=\hat{H}_1+\hat{H}_2$。在一实际的两电子原子（如氦原子）中，还有一个对应于它们之间相互作用的附加项（正比于$1/r_{12}$，r_{12}是两个电子之间的距离），即

$$\hat{H} = \overbrace{-\frac{\hbar^2}{2m_e}\nabla_1^2 - \frac{2e^2}{4\pi\varepsilon_0 r_1}}^{\hat{H}_1} \overbrace{-\frac{\hbar^2}{2m_e}\nabla_2^2 - \frac{2e^2}{4\pi\varepsilon_0 r_2}}^{\hat{H}_2} + \frac{e^2}{4\pi\varepsilon_0 r_{12}}$$

在轨道近似中，最后一项被忽略了。这样，现在的任务是证明：如果$\boldsymbol{\psi}(\boldsymbol{r}_1)$是能量为$E_1$的$\hat{H}_1$的本征函数，$\boldsymbol{\psi}(\boldsymbol{r}_2)$是能量为$E_2$的$\hat{H}_2$的本征函数，那么，$\boldsymbol{\Psi}(\boldsymbol{r}_1)$和$\boldsymbol{\psi}(\boldsymbol{r}_2)$的乘积，即$\boldsymbol{\Psi}(\boldsymbol{r}_1, \boldsymbol{r}_2) = \boldsymbol{\psi}(\boldsymbol{r}_1)\boldsymbol{\psi}(\boldsymbol{r}_2)$，就是组合的哈密顿算符$\hat{H}$的本征函数。为此，写出

$$\begin{aligned}
\hat{H}\boldsymbol{\Psi}(\boldsymbol{r}_1, \boldsymbol{r}_2) &= (\hat{H}_1+\hat{H}_2)\boldsymbol{\psi}(\boldsymbol{r}_1)\boldsymbol{\psi}(\boldsymbol{r}_2) \\
&= \overbrace{\hat{H}_1\boldsymbol{\psi}(\boldsymbol{r}_1)\boldsymbol{\psi}(\boldsymbol{r}_2)}^{\boldsymbol{\psi}(\boldsymbol{r}_2)\hat{H}_1\boldsymbol{\psi}(\boldsymbol{r}_1)} + \overbrace{\hat{H}_2\boldsymbol{\psi}(\boldsymbol{r}_1)\boldsymbol{\psi}(\boldsymbol{r}_2)}^{\boldsymbol{\psi}(\boldsymbol{r}_1)\hat{H}_2\boldsymbol{\psi}(\boldsymbol{r}_2)} \\
&= \boldsymbol{\psi}(\boldsymbol{r}_2)\overbrace{\hat{H}_1\boldsymbol{\psi}(\boldsymbol{r}_1)}^{E_1\boldsymbol{\psi}(\boldsymbol{r}_1)} + \boldsymbol{\psi}(\boldsymbol{r}_1)\overbrace{\hat{H}_2\boldsymbol{\psi}(\boldsymbol{r}_2)}^{E_2\boldsymbol{\psi}(\boldsymbol{r}_2)} \\
&= \boldsymbol{\psi}(\boldsymbol{r}_2)\,E_1\boldsymbol{\psi}(\boldsymbol{r}_1) + \boldsymbol{\psi}(\boldsymbol{r}_1)\,E_2\boldsymbol{\psi}(\boldsymbol{r}_2) \\
&= (E_1+E_2)\boldsymbol{\psi}(\boldsymbol{r}_1)\boldsymbol{\psi}(\boldsymbol{r}_2) \\
&= E\boldsymbol{\Psi}(\boldsymbol{r}_1, \boldsymbol{r}_2)
\end{aligned}$$

式中$E=E_1+E_2$，即为所需结果。留意每一个哈密顿算符是如何仅对其“本身”波函数操作的。如果电子之间相互作用（实际上确实如此），那么用$1/r_{12}$表示的那一项必须包含进来，此时证明失败。所以，这个描述仅是近似的，但它对讨论原子的化学性质是有用的模型，也是对原子结构更为精细描述的起点。

通过给出**组态**（configuration），即占据轨道（通常在基态，但不是必须如此）的一种陈述，轨道近似可以用来表示一个原子的电子结构。所以，如果一个类氢原子的基态由在一个1s轨道上的单个电子所组成，那么其组态可写为$1s^1$。

一个氦原子有两个电子。第一个电子占据一个1s类氢轨道，但由于$Z = 2$，故轨道较在H原子本身中更加致密。第二个电子与第一个电子一起，共同占据1s轨道，故氦原子基态的电子组态为$1s^2$。

简要说明8B.1

根据轨道近似，氦原子中每个电子占据一个专题8A中给出的那类类氢1s轨道。可以预见（见下），电子感受到的有效核电荷为$Z_{\text{eff}}e$，而不是在$Z = 2$的核上的实际电荷（具体地，如下文所示，电荷为$1.69e$，而不是$2e$）。因此，原子的两电子波函数为

$$\Psi(r_1,r_2)=\overbrace{\frac{Z_{\text{eff}}^{3/2}}{(\pi a_0^3)^{1/2}}e^{-Z_{\text{eff}}r_1/a_0}}^{\psi_{1s}(r_1)}\times\overbrace{\frac{Z_{\text{eff}}^{3/2}}{(\pi a_0^3)^{1/2}}e^{-Z_{\text{eff}}r_2/a_0}}^{\psi_{1s}(r_2)}$$
$$=\frac{Z_{\text{eff}}^3}{\pi a_0^3}e^{-Z_{\text{eff}}(r_1+r_2)/a_0}$$

两电子波函数并没有特别神秘的地方：在本例中，它是两个电子与核之间距离的简单指数函数。

8B.2　泡利不相容原理

对于原子序数$Z = 3, 4, \cdots$的连续元素（有Z个电子），人们容易认为其原子的电子组态就是$1s^Z$。但事实并非如此。这有两个方面的原因：一是电子拥有“自旋”，二是它们必须遵守非常基本的“泡利原理”。

（a）自旋

电子**自旋**（spin）的量子力学性质，即具有内在的角动量，在1921年被Otto Stern和Walther Gerlach所进行的实验证实。他们将一束银原子穿过一个不均匀的磁场（参见图8B.1）。实验背后的思想是，每个原子都具有一定的电子角动量，由

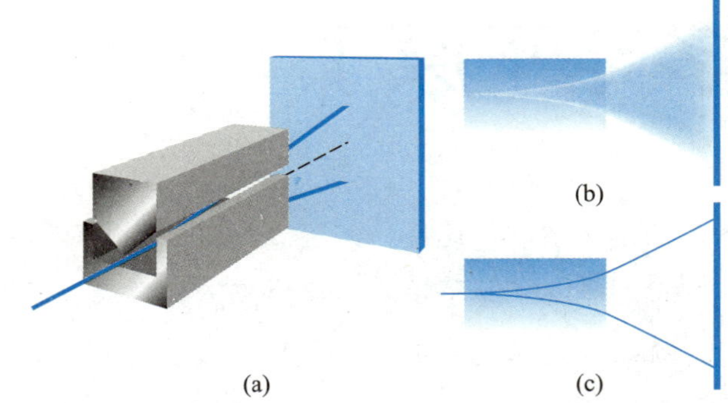

图8B.1　（a）Stern-Gerlach实验装置，磁体提供了一个非均匀磁场；（b）经典预测的结果；（c）通过使用银原子观察到的结果

于移动的电荷会产生磁场，因此其行为就像一个与角动量矢量方向一致的小磁铁棒。当原子穿过不均匀磁场时，它们发生偏离，偏离的程度依赖于外磁场和原子磁体的相对方位。

经典预测认为：电子角动量及产生的磁体，可以指向任何方向。每个原子将被偏离至一有赖于方位的方向，当其从磁场中出来时，原子束应散开成为一宽带。与此相反，量子力学预测认为：角动量及原子磁体仅有离散（非连续）的取向（专题7F）。每个取向导致原子被偏离至一特定方向，故原子束应分裂成一系列窄带，每个带对应于原子中电子角动量的一个不同取向。

在他们的首次实验中，Stern和Gerlach似乎证实了经典预测。但是，实验是困难的，因为束中原子间的碰撞模糊了带峰。当他们用一束强度很低（故碰撞不再那么频繁）的原子束重做实验时，他们观测到了离散的带，也就证实了量子预测。但是，Stern和Gerlach在他们的实验中观察到了银原子的两条带。这个结果似乎与量子力学的预测之一相矛盾。因为一个角动量l产生（$2l+1$）个取向，只有当$l = 1/2$时才有两个取向，与l是整数的要求不符。这个矛盾后来被解决了。实际上，他们观测的角动量不是轨道角动量（电子绕原子核的运动）而是由电子绕其本身的轴的转动，即“自旋”所引起的。

一个电子的自旋不必满足围绕一中心点在空间旋转的粒子所需要的、那些相同的边界条件，故电子角动量的量子数受到不同的限制。**自旋量**

子数（spin quantum number）s用来代替轨道角量子数l（专题7F，与l一样，s也是一个非负数），对于在z轴上的投影，用**自旋磁量子数**（spin magnetic quantum number）m_s来代替m_l。

自旋角动量的大小为$[s(s+1)]^{1/2}\hbar$，分量$m_s\hbar$则受限于（$2s+1$）个m_s值（$m_s=s, s-1, \cdots, -s$）。为了解释Stern和Gerlach的实验观察结果，$s=1/2$，$m_s=\pm 1/2$。

实用小贴士 有时会遇到用量子数s来代替m_s的情况，并写成$s=\pm 1/2$。这是错误的：与l一样，s不能为负值，它表示自旋角动量的大小，对于z分量，使用m_s。

粒子自旋的详细分析是复杂的，并显示该性质不应作为实际的自旋运动。最好将“自旋”看作是一个固有（内在）性质，如质量和电荷：每个电子具有完全相同的值，一个电子的自旋角动量的大小不能改变。然而，当被谨慎使用时，实际自旋运动的图像可以是十分有用的。在角动量的矢量模型中（专题7F），自旋可位于两个不同方向（参见图8B.2）。一个取向对应于$m_s=+1/2$（这个状态经常标记为α或↑）；另一个取向对应于$m_s=-1/2$（这个状态用β或↓标记）。

其他的基本粒子拥有特征自旋。例如，质子和中子为自旋-1/2的粒子（即$s=1/2$）。由于质子和中子的质量比电子的质量大很多，但他们都有相同的自旋角动量，经典图像将是质子和中子的自旋比电子慢很多。一些介子，另一类基本粒子，为自旋-1的粒子（即$s=1$），一些原子核也是如此。但为了我们的目的，最重要的、自旋-1的粒子是光子。光子自旋在谱学中的重要性将在专题11A中解释；核自旋是核磁共振的基础（专题12A）。

简要说明8B.2

与任一角动量一样，自旋角动量的大小为$[s(s+1)]^{1/2}\hbar$。对于任意自旋-$\frac{1}{2}$的粒子（不仅仅是电子），角动量是$(\frac{3}{4})^{1/2}\hbar=0.866\,\hbar$或$9.13\times10^{-35}$ J·s。在z轴的分量是$m_s\hbar$，对于自旋-$\frac{1}{2}$的粒子为$\pm\frac{1}{2}\hbar$，或$\pm 5.27\times10^{-35}$ J·s。

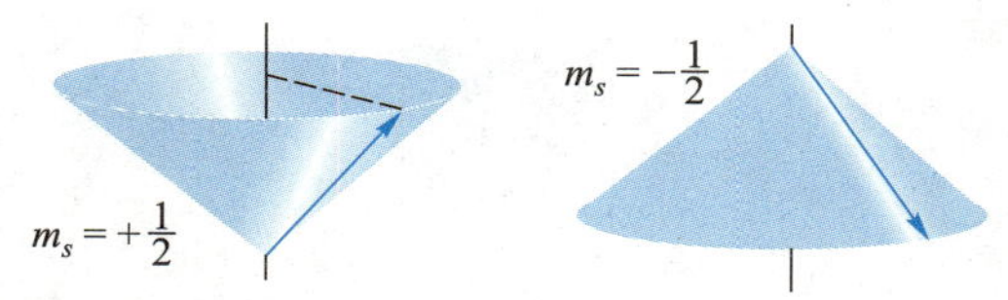

图8B.2 电子自旋的矢量表示（圆锥的边长为$3^{1/2}/2$单位，在z轴的投影则为$\pm\frac{1}{2}$单位）

具有半整数自旋的粒子称为**费米子**（fermions），而那些具有整数自旋（包括0）的粒子称为**玻色子**（bosons）。所以，电子和质子为费米子；而光子为玻色子。这是一个自然界的非常深层次的特征，即组成物质的所有基本粒子为费米子，而传递使费米子结合在一起的力的基本粒子都是玻色子。例如，光子传递电磁力使带电荷的粒子结合起来。所以，物质是费米子的集合体，而使这些费米子结合在一起的力由玻色子传递。

（b）泡利原理

有了自旋的概念，就可重新讨论原子的电子结构。锂的原子序数$Z=3$，有三个电子。前两个电子占据一个1s轨道，该轨道比在He原子中更加紧绕着具有更高电荷的原子核。但是，第三个电子不与前两个电子一起占据1s轨道，因为那种组态是**泡利不相容原理**（Pauli exclusion principle）所不允许的：

> 不能有超过两个电子占据任一给定轨道；如果两个电子占据一个轨道，那么它们的自旋必须是成对的。

泡利不相容原理

拥有成对自旋（表示为↑↓）的电子其净的自旋角动量为零，因为一个电子的自旋被另一个电子的自旋所抵消。具体地，一个电子的$m_s=+\frac{1}{2}$，另一个电子的$m_s=-\frac{1}{2}$，在矢量模型中，它们定位于各自的圆锥，故所得自旋为零（参见图8B.3）。泡利原理是复杂原子结构、化学周期性及分子结构的关键，由Wolfgang Pauli在1924年提出，当时他正试图解释氦光谱中一些谱线的缺失。后来，从理论上考虑，他导出了该原理的普遍形式。

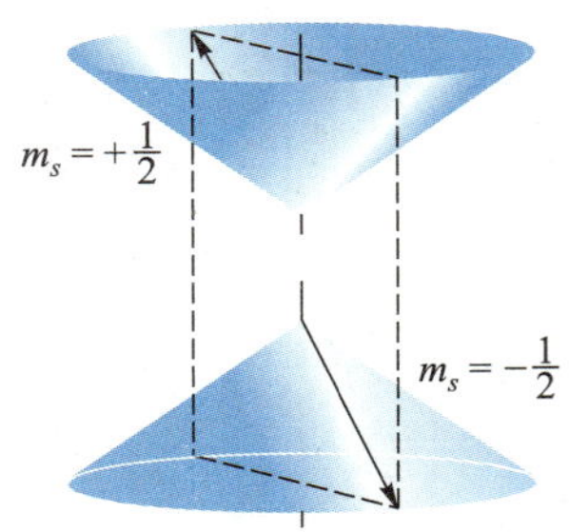

图8B.3 具有成对自旋的电子其净的自旋角动量为零。它们可用两个矢量来表示，这两个矢量位于圆锥上的不确定位置。但是，不管其中一个位于圆锥的哪个位置，另一个一定指向相反方向，即它们的合矢量为零

泡利不相容原理是**泡利原理**（Pauli principle）一般性陈述的一个特例：

当任意两个相同费米子的标号互换，总波函数改变符号；当任意两个相同玻色子的标号互换，总波函数的符号不变。

泡利原理

这里，"总波函数"指全波函数，包括了粒子的自旋。

为了说明泡利原理暗含泡利不相容原理，考虑两个电子的波函数 $\Psi(1, 2)$。泡利原理意味着这是个自然的事实（植根于相对论），即如果标号1和2互换，不管它们出现在函数的什么位置，波函数必须改变符号，即

$$\Psi(2, 1) = -\Psi(1, 2) \tag{8B.2}$$

假设在两电子原子中的两个电子占据相同的轨道 ψ，那么，在轨道近似中，总的空间波函数为 $\psi(\boldsymbol{r}_1)\psi(\boldsymbol{r}_2)$；为了简便，可表示为 $\psi(1)\psi(2)$。为了应用泡利原理，必须考虑总波函数，即包含自旋的波函数。对于两个电子可有几种可能性：都为 α，表示为 $\alpha(1)\alpha(2)$；都为 β，表示为 $\beta(1)\beta(2)$；一个为 α，另一个为 β，则表示为 $\alpha(1)\beta(2)$ 或 $\alpha(2)\beta(1)$。由于不可能知道哪个电子是 α，哪个电子是 β，故在最后一种情形中，将自旋状态表示为（归一化的）线性组合是合适的[1]：

$$\begin{aligned}\sigma_+(1, 2) &= \left(\frac{1}{2^{1/2}}\right)[\alpha(1)\beta(2) + \beta(1)\alpha(2)] \\ \sigma_-(1, 2) &= \left(\frac{1}{2^{1/2}}\right)[\alpha(1)\beta(2) - \beta(1)\alpha(2)]\end{aligned} \tag{8B.3}$$

1 采用这些线性组合的一个更有力的证明是它们对应于总自旋算符 S^2 和 S_z（$M_S = 0$，以及 S 分别为1和0）的本征函数。

这些组合允许一个自旋为 α，另一个为 β，概率相等；前者对应于自旋平行（各自的自旋不相互抵消），后者对应于成对的自旋（自旋互相抵消）。因此，系统的总波函数为轨道部分与四个自旋状态之一的乘积，即

$$\begin{array}{ll}\psi(1)\psi(2)\alpha(1)\alpha(2) & \psi(1)\psi(2)\beta(1)\beta(2) \\ \psi(1)\psi(2)\sigma_+(1, 2) & \psi(1)\psi(2)\sigma_-(1, 2)\end{array} \tag{8B.4}$$

泡利原理说明，为了使一个波函数可被接受（对于电子），当电子互换时其符号必须改变。在每一种情况下，互换标号1和2将使 $\psi(1)\psi(2)$ 转化为 $\psi(2)\psi(1)$，两者相同，因为函数相乘的次序不改变积的值。对 $\alpha(1)\alpha(2)$ 和 $\beta(1)\beta(2)$ 也是如此。所以，$\psi(1)\psi(2)\alpha(1)\alpha(2)$ 和 $\psi(1)\psi(2)\beta(1)\beta(2)$ 是不允许的，因为它们不改变符号。当符号互换后，组合 $\sigma_+(1, 2)$ 变为

$$\sigma_+(2, 1) = \left(\frac{1}{2^{1/2}}\right)[\alpha(2)\beta(1) + \beta(2)\alpha(1)] = \sigma_+(1, 2)$$

因为核心项实际上就是以一不同次序书写的原始函数，所以，$\psi(1)\psi(2)\sigma_+(1, 2)$ 也是不允许的。最后，考虑 $\sigma_-(1, 2)$：

$$\begin{aligned}\sigma_-(2, 1) &= \left(\frac{1}{2^{1/2}}\right)[\alpha(2)\beta(1) - \beta(2)\alpha(1)] \\ &= -\left(\frac{1}{2^{1/2}}\right)[\alpha(1)\beta(2) - \beta(1)\alpha(2)] = -\sigma_-(1, 2)\end{aligned}$$

可见，组合 $\psi(1)\psi(2)\sigma_-(1, 2)$ 确实改变了符号（它是"反对称的"），是可接受的。

总之，四个可能状态中只有一个是为泡利原理所允许的，即具有成对的 α 和 β 自旋的那个。这是泡利不相容原理的内容。当电子占据的轨道不同时，泡利不相容原理（但不是更为一般的泡利原理）是不相关的，此时两个电子可拥有（但不是必须）相同的自旋状态。在每一种情况中，总波函数仍然必须是反对称的，必须满足泡利原理本身。

现在回到Li（$Z = 3$）上来，第三个电子不能进入1s轨道，因为那个轨道已满：K层（$n = 1$ 的层，专题8A）是填满的，两个电子形成了**闭壳**

层（closed shell），即其中所有轨道都已完全被占据的壳层。因为类似的闭壳层为He原子的特征，故其通常被标记为[He]。第三个电子不能进入K层，因而必须占据下一个可用轨道，即$n=2$的轨道，属于L层（$n=2$，有四个轨道）。现在，有必要决定下一个可用轨道究竟是2s轨道还是2p轨道？也即原子的最低能量电子组态是$[He]2s^1$还是$[He]2p^1$？

8B.3　构造原理

与在类氢原子中不同，在多电子原子中，2s和2p轨道（以及一般地，一个给定壳层的亚层）不具有相同的能量。

（a）钻穿和屏蔽

多电子原子中的电子可感受到来自所有其他电子的库仑排斥作用。如果电子离核的距离为r，它受到的平均排斥可以用位于核上的带负电荷的点电荷来表示，数量上等于在半径为r的球内所有其他电子的总电荷（参见图8B.4）。这个性质是经典静电学的结论，其中电荷的球形分布的作用（影响）可以用位于其中心的、相同数量的点电荷来表示。这个带负电荷的点电荷的作用是将原子核的全部电荷从Ze减少至$Z_{eff}e$，即**有效核电荷**（effective nuclear charge）。在日常用语中，Z_{eff}本身通常称为“有效核电荷”。可以说，电子是感受了一个**屏蔽的**（shielded）核电荷，Z和Z_{eff}之差称为**屏蔽常数**（shielding constant）σ，即

$$Z_{eff}=Z-\sigma \quad \text{核屏蔽} \quad (8B.5)$$

电子实际上并没有“阻挡”原子核的全部库仑吸引：屏蔽常数只是以原子中心的一个等效电荷来表示核吸引和电子排斥净结果的一种方式。

s电子和p电子的屏蔽常数是不同的，因为它们具有不同的径向分布函数，所以对原子中其他电子的响应程度也不同（参见图8B.5）。s电子较p电子具有更大的内层**钻穿**（penetration），因为s电子较相同壳层的p电子更有可能在近核处被发现。由于只有球（由感兴趣的电子的位置所定义）内的电子对屏蔽有贡献，故s电子较p电子感受更少的屏蔽。所以，由于钻穿和屏蔽的联合效应，s电子较相同壳层的p电子束缚得更紧。类似地，d电子较相同壳层的p电子钻穿更小（回忆d轨道在近核时正比于r^2，而p轨道则正比于r，故d轨道的振幅小于p轨道的振幅），所以感受更多的屏蔽。

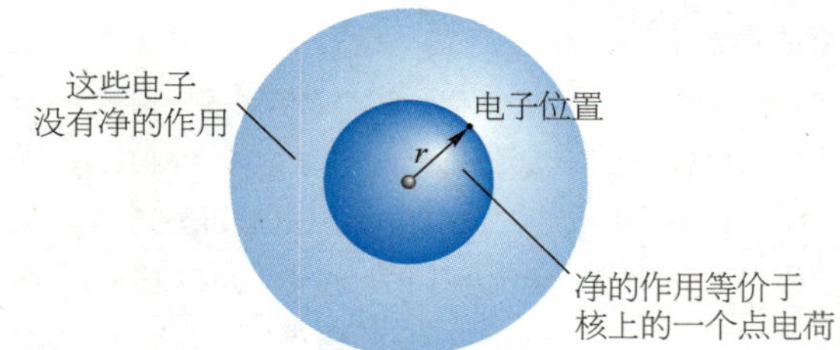

图8B.4　离核距离为r的电子感受到来自半径为r的球中所有电子的库仑排斥。此排斥等价于来自位于核上的一个带负电荷的点电荷的作用。负电荷使得原子核的有效核电荷从Ze减小至$Z_{eff}e$

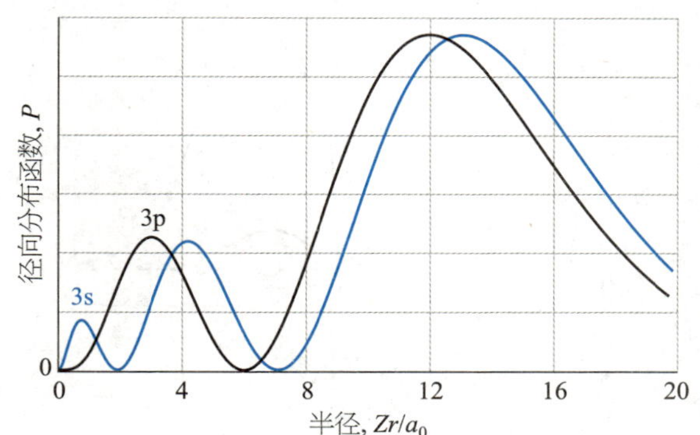

图8B.5　s轨道（这里是3s轨道）中的电子较相同壳层的p轨道中的电子更有可能在近核处出现［注意3s轨道的最里面（深处）一个峰与$r=0$处的核之间的接近程度］。所以，s电子较相同壳层的p电子感受更少的屏蔽且束缚得更紧

原子中不同类型电子的屏蔽常数，已从由薛定谔方程的数字解得到的波函数中计算出来（见表8B.1）。一般来说，价层s电子确实较p电子感受更高的有效核电荷，尽管也有一些不一致。

表8B.1　有效核电荷*

元素	Z	轨道	Z_{eff}
He	2	1s	1.687 5
C	6	1s	5.672 7
		2s	3.216 6
		2p	3.135 8

*更多的数据参见*资源部分*。

简要说明 8B.3

在碳原子中，1s、2s 和 2p 电子的有效核电荷分别为 5.672 7、3.2166 和 3.1358。这些轨道的径向分布函数（专题 8A）是通过形成 $P(r) = r^2R(r)^2$ 生成的，式中 $R(r)$ 是径向波函数，由表 8A.1 中给出。三个径向分布函数绘于图 8B.6 中。可以发现（特别是在近核处的放大图中），s 轨道较 p 轨道有更大的钻穿。2s 轨道和 2p 轨道的平均半径分别为 99 pm 和 84 pm，表明 2s 电子离核的平均距离大于 2p 电子。为了解释 2s 轨道的能量更低，则钻穿程度比离核的平均距离更加重要。

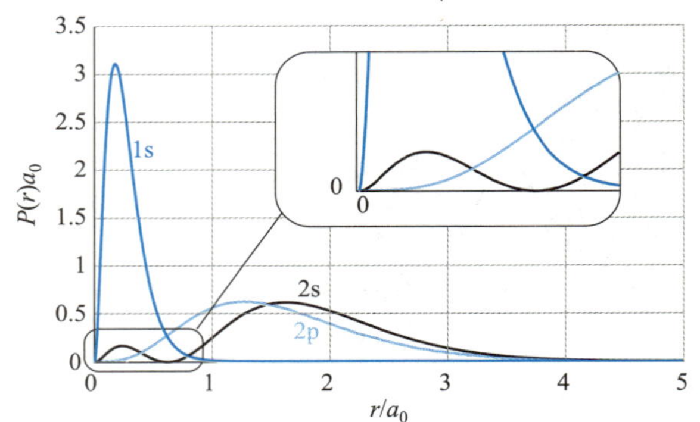

图 8B.6　碳原子中电子的径向波函数，“简要说明 8B.3”中计算得到的

钻穿和屏蔽的结果是：在一个多电子原子中，一个壳层的亚层（具有相同的 n 值、但不同 l 值），其能量通常有以下次序：s < p < d < f。一给定亚层（具有相同 l 值、但不同 m_l 值）的单个轨道保持简并，因为它们都有相同的径向特征，故感受相同的有效核电荷。

继续锂的故事，由于 $n = 2$ 的壳层含有两个亚层，2s 亚层的能量低于 2p 亚层，则第三个电子占据 2s 轨道（在那个亚层中仅有的轨道）。这导致 Li 原子的基态电子组态为 $1s^2 2s^1$，中心核周围环绕一个具有两个 1s 电子的完整类氦壳层及一个更为扩散的 2s 电子。在基态原子最外层中的电子称为**价电子**（valence electrons），因为它们主要负责原子形成的化学键（如在主题 9 中所解释的，“价”指一个原子形成键的能力）。所以，Li 原子中的价电子是一个 2s 电子，其他两个电子属于其核心。

（b）洪特规则

用于说明 H、He 和 Li 结构的论点的扩展称为**构造原理**，应该在入门课程中熟悉。简单地说，想象原子序数为 Z 的裸核，然后依次在轨道中填充 Z 个电子，占据的次序沿着壳层及其亚层按照能量增加的次序排列为

1s　2s　2p　3s　3p　4s　3d　4p　5s　4d　5p　6s

每个轨道最多可以容纳两个电子。

简要说明 8B.4

考虑碳原子，$Z = 6$，需要容纳 6 个电子。两个电子进入并填充 1s 轨道，两个电子进入并填充 2s 轨道，剩余两个电子占据 2p 亚层的轨道。所以，碳原子的基态电子组态为 $1s^2 2s^2 2p^2$，或更简洁地，可写为 $[He]2s^2 2p^2$，其中 [He] 为类氦 $1s^2$ 核。

对于碳原子的电子组态，还可能给出比“简要说明 8B.4”更加精确的描述。最后两个电子可望占据不同的 2p 轨道，因为这样比它们在相同轨道上平均间距更远，彼此的排斥更小。所以，可想象一个电子占据 $2p_x$ 轨道，另一个占据 $2p_y$ 轨道（x、y、z 的指定是任意的，用这些轨道的复数形式同样有效），原子的最低能量电子组态为 $[He]2s^2 2p_x^1 2p_y^1$。当亚层的简并轨道可用于占据时，可以使用同样的规则。因此，构造原理的另一个规则是：

电子在双重占据任一轨道之前，先占据给定亚层的不同轨道。

例如，氮原子（$Z = 7$）拥有的基态电子组态为 $[He]2s^2 2p_x^1 2p_y^1 2p_z^1$；只有在氧原子（$Z = 8$）上，一个 2p 轨道被两个电子占据，电子组态为 $[He]2s^2 2p_x^2 2p_y^1 2p_z^1$。

当电子单独占据轨道时，有必要借助**洪特最大多重度规则**（Hund's maximum multiplicity rule），即

在基态的一个原子，采纳具有最大未成对电子数目的组态。

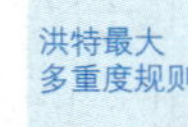

洪特规则的解释是微妙的，但它反映了**自旋关联**（spin correlation）的量子力学性质。本质上，自旋关联的作用是当自旋平行时，允许原子稍微收缩，故电子－核相互作用增加。因此，在

碳原子的基态，两个2p电子拥有平行的自旋，氮原子中所有三个2p电子都具有平行的自旋，氧原子中不同轨道上的两个2p电子具有平行的自旋（在$2p_x$轨道上的两个电子必须成对）。该效应可通过考虑泡利原理，以及证明具有平行自旋的电子其行为倾向于彼此分开因而彼此间的排斥更小，而得以解释。

如何完成？8B.2　探寻自旋关联的起因

假设电子1在轨道a上，用波函数$\psi_a(\boldsymbol{r}_1)$描述，电子2在轨道b上，其波函数为$\psi_b(\boldsymbol{r}_2)$。那么，在轨道近似中，两个电子的联合空间波函数为$\boldsymbol{\Psi}=\psi_a(\boldsymbol{r}_1)\psi_b(\boldsymbol{r}_2)$。但是，这个波函数是不可接受的，因为它指出有可能知道哪个电子在哪个轨道上。根据量子力学，正确的描述应是下列两个波函数中任意的一个：

$$\boldsymbol{\Psi}_\pm=\left(\frac{1}{2^{1/2}}\right)[\psi_a(\boldsymbol{r}_1)\psi_b(\boldsymbol{r}_2)\pm\psi_b(\boldsymbol{r}_1)\psi_a(\boldsymbol{r}_2)]$$

根据泡利原理，由于在粒子互换下$\boldsymbol{\Psi}_+$是对称的，它必须乘以一个不对称自旋状态（用σ_-表示）。此组合对应于自旋成对状态。相反地，$\boldsymbol{\Psi}_-$是反对称的，故它必须乘上三个对称自旋状态中的一个。这三个对称状态对应于拥有平行自旋的电子（对这点的解释请参见专题8C）。

现在，考虑当一个电子趋近另一个电子，且$\boldsymbol{r}_1=\boldsymbol{r}_2$时，两个波函数$\boldsymbol{\Psi}_\pm$的行为，其结果是$\boldsymbol{\Psi}_-$消失，意味着当它们拥有平行的自旋时，在空间同一点发现两个电子的概率为零。相反，当两个电子在空间的同一点时，波函数$\boldsymbol{\Psi}_+$并不消失。由于两个电子具有不同的相对空间分布（取决于它们的自旋平行与否），故它们的库仑相互作用是不同的，因而由这些波函数描述的两个状态具有不同的能量，自旋平行状态的能量低于自旋成对状态。

氖原子的原子序数$Z=10$，其电子组态为$[He]2s^22p^6$，填满L层。这个闭壳层组态表示为[Ne]，并作为之后元素的一个核芯。下一个电子必须进入3s轨道，并开始一个新的壳层，故$Z=11$的钠原子的电子组态为$[Ne]3s^1$。像电子组态为$[He]2s^1$的锂原子一样，钠原子在一个完整核外面也只有单个s电子。这一分析暗示了化学周期性的起因。L层被8个电子填满，故$Z=3$的Li元素应具有与$Z=11$的Na元素相似的性质。类似地，Be（$Z=4$）应与Mg（$Z=12$）的相似，以此类推，直至稀有气体He（$Z=2$）、Ne（$Z=10$）和Ar（$Z=18$）。

对于钾原子（$Z=19$），下一个可占据轨道是4s，由于钻穿效应和屏蔽效应，这个轨道低于3d轨道，故基态电子组态为$[Ar]4s^1$。类似地，钙原子（$Z=20$）为$[Ar]4s^2$。接下来，可供占据的是5个3d轨道。但由于价层中电子相互作用引起的能量变化，情况有些复杂，单独的钻穿论据不再可靠。

8B.4小节中讨论的一类计算表明：对于从Sc至Zn的原子，尽管4s电子有更大的钻穿，3d轨道的能量总是低于4s轨道。然而，光谱结果表明，Sc原子的电子组态为$[Ar]3d^14s^2$，而不是$[Ar]3d^3$或$[Ar]3d^24s^1$。为了理解这一实验事实，需考虑3d和4s轨道中电子－电子排斥的本质。由于3d电子离核的平均距离小于4s电子，两个3d电子是如此地紧挨在一起，以至于它们之间的排斥比两个4s电子之间的排斥更加强烈，故$3d^2$和$3d^3$电子组态是不利的。因此，Sc原子的电子组态是$[Ar]3d^14s^2$，而不是另外两个；这样，3d轨道中的强电子－电子排斥可被最小化。此时，原子的总能量更低，尽管允许电子占据高能量的4s轨道需付出一定的代价（参见图8B.7）。刚才叙述的效应通常对Sc至Zn是正确的，故它们的电子组态具有$[Ar]3d^n4s^2$的形式，式中对Sc，$n=1$，对Zn，$n=10$。实验中观察到两个明显的例外是Cr和Cu，它们的电子组态分别是$[Ar]3d^54s^1$和$[Ar]3d^{10}4s^1$。至Ga，这些复杂性消失，构造原理可以与前面的周期以相同的方

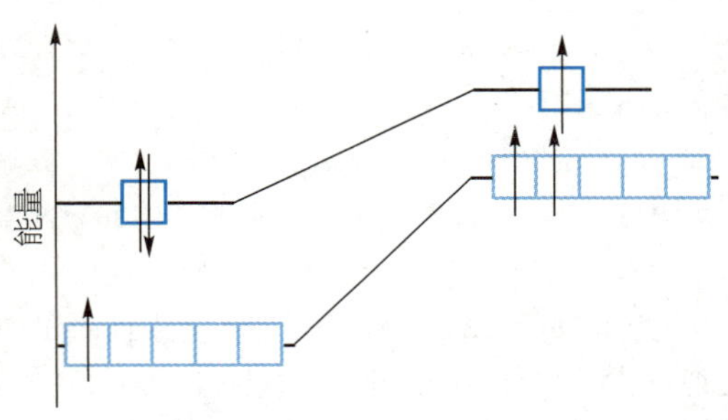

图8B.7　如果原子拥有的电子组态为$[Ar]3d^14s^2$（显示于左边）而不是$[Ar]3d^24s^1$（显示于右边），则3d轨道中强的电子－电子排斥可在Sc基态中被最小化。当其拥有$[Ar]3d^14s^2$的电子组态时，原子的总能量更低，尽管布居高能量的4s轨道需要付出一定的代价

式使用。现在，4s和4p亚层组成了价层，周期终止于Kr。由于自Ar以后插入了18电子，这一排为元素周期表的第一个“长周期”。

至此，业已明显，连续层中轨道的依次占据导致电子组态的周期性相似性。这种结构的周期性解释了元素**周期表**（periodic table）的形成。元素周期表的垂直栏称为**族**（groups），（按照现代惯例）从1至18。元素周期表中连续的横排称为**周期**（periods），周期的数目等于价层的主量子数。

元素周期表被分成s、p、d和f**区**（blocks），对应于原子电子组态表述中最后一个被占据的亚层。d区的成员（特别是d区3~11族的成员）也称为**过渡金属**（transition metals），而那些f区（没有被分为数字编号的族）的成员有时称为**内过渡金属**（inner transition metals）。f区的上一排（第六周期）由**镧系元素**（lanthanoids）所组成，下一排（第七周期）则由**锕系元素**（actinoids）所组成。

元素周期表s、p和d区元素的阳离子的电子组态，可通过按特定的次序，从中性原子的基态电子组态中移去电子来导出。首先，移去p价电子，然后是s价电子，再其次是d电子，以便实现指定的电荷。p区元素阴离子的电子组态，可通过持续构造程序，将电子加到中性原子中来导出，直至下一个稀有气体原子的电子组态。

简要说明8B.5

由于V原子的电子组态为[Ar]$3d^3 4s^2$，V^{2+}阳离子的电子组态为[Ar]$3d^3$。为了形成阳离子，移去高能的4s电子是合理的。但为什么电子组态[Ar]$3d^1 4s^2$较[Ar]$3d^3$在V^{2+}中占优势却并不显而易见，后者出现在等电子的Sc原子中。计算表明：[Ar]$3d^3$和[Ar]$3d^1 4s^2$之间的能量差依赖于Z_{eff}。当Z_{eff}增加时，4s电子到3d轨道的转移变得更加有利；因为在空间紧凑的3d轨道中，电子－电子排斥被核和电子之间吸引相互作用所补偿。确实，计算显示，对于足够大的Z_{eff}，[Ar]$3d^3$的能量低于[Ar]$3d^1 4s^2$。这个结论解释了V^{2+}拥有[Ar]$3d^3$电子组态的原因，也说明了Sc至Zn的M^{2+}阳离子的实际观测到的[Ar]$4s^0 3d^n$电子组态。

（c）原子半径和离子半径

元素的**原子半径**（atomic radius）是指固体（如Cu）中，或对于非金属，在同核分子（如H_2或S_8）中，相邻原子中心之间距离的一半。由表8B.2和图8B.8可见，原子半径在元素周期表的一个周期中自左向右逐渐减小，每一族从上往下则逐渐增加。横跨一个周期的原子半径的减小可追溯到核电荷的增加，从而将电子更近地拉向原子核。核电荷的增加一部分被电子数的增加所抵消，但由于电子散布于空间的一个区域，一个电子并不能完全屏蔽一个核电荷，故核电荷的增加占优。同一族中原子半径自上往下逐渐增加（尽管核电荷增加），这可用如下事实来解释，即连续周期的价层对应更高的主量子数。也就是说，连续周期对应于原子的连续（和更远）壳层的开始和随后的填满，这些壳层像洋葱的连续层一样相互环绕。尽管核电荷增加，但由于占据更远壳层的需要，导致原子半径更大。

表8B.2 主族元素的原子半径* 单位：pm

Li	Be	B	C	N	O	F
157	112	88	77	74	66	64
Na	Mg	Al	Si	P	S	Cl
191	160	143	118	110	104	99
K	Ca	Ga	Ge	As	Se	Br
235	197	153	122	121	117	114
Rb	Sr	In	Sn	Sb	Te	I
250	215	167	158	141	137	133
Cs	Ba	Tl	Pb	Bi	Po	
272	224	171	175	182	167	

* 更多的数据参见*资源部分*。

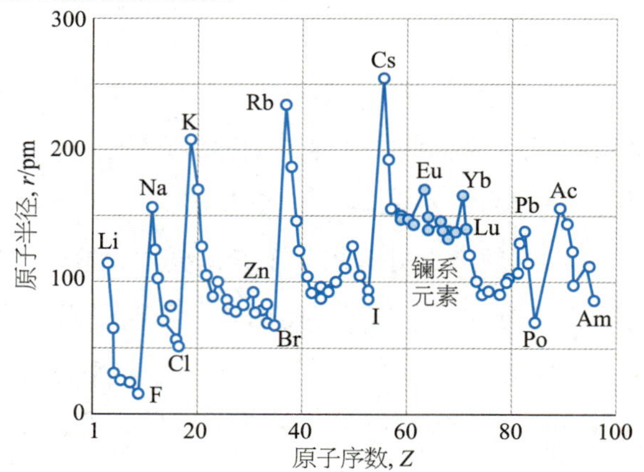

图8B.8 周期表中原子半径的变化，注意在第6周期中镧系元素后（Lu之后）半径的收缩

同一族中元素的原子半径自上往下的增加在第六周期会遭遇一个修正，对于d区的原子及随后的p区原子，其半径自上往下并没有如简单外推所预期的那么大。原因可追溯到如下事实，即在第六周期，f轨道处于被占据的过程中。f电子是非常低效的核电荷屏蔽者（与其径向外延伸有关）；当原子序数从La到Lu增加时，半径有相当大的收缩。当d区重新开始的时候（在Hf），屏蔽不良但明显增加的核电荷拉紧了周围的电子，原子变得紧凑。它们是如此的紧凑，以至于元素周期表中这个区域的金属（Ir至Pb）十分致密。半径的减小低于由前几个周期外推所预期的值，称为**镧系收缩**（lanthanide contraction）。

元素的**离子半径**（ionic radius）是指其在离子固体中所分享的相邻离子之间的距离。也就是说，相邻阳离子和阴离子中心之间的距离是两个离子半径的加和。“分享”的尺寸大小导致定义不够明确。一个常用的定义是将O^{2-}离子半径设定为140 pm，但也有其他标尺，小心勿混淆。离子半径也随给定离子周围的反离子（带相反电荷的离子）的数目而变化。除非另外说明，本书中的数值已校正至对应于6个反离子的环境。

当一个原子失去一个或多个价电子形成一个阳离子时，剩余的原子核小于原本的原子。所以，阳离子总是小于原本的原子。例如，电子组态为[Ne]$3s^1$的Na原子半径为191 pm，但电子组态为[Ne]的Na^+离子半径仅为102 pm（见表8B.3）。与原子半径一样，阳离子半径在同一族中，从上往下逐渐增加，因为电子逐渐占据更高主量子数的壳层。

一个阴离子大于其母体原子，因为加到价层的电子彼此排斥。由于核电荷的补偿（可将电子拉近原子核并彼此靠近）没有增加，故离子膨胀。阴离子半径的变化具有与原子和阳离子半径相同的变化趋势，最小的阴离子在元素周期表的右上方，靠近F（参见表8B.3）。

表8B.3 离子半径*　　单位：pm

Li^+(4)	Be^{2+}(4)	B^{3+}(4)	N^{3-}	O^{2-}(6)	F^-(6)
59	27	12	171	140	133
Na^+(6)	Mg^{2+}(6)	Al^{3+}(6)	P^{3-}	S^{2-}(6)	Cl^-(6)
102	72	53	212	184	181
K^+(6)	Ca^{2+}(6)	Ga^{3+}(6)	As^{3-}(6)	Se^{2-}(6)	Br^-(6)
138	100	62	222	198	196
Rb^+(6)	Sr^{2+}(6)	In^{3+}(6)		Te^{2-}(6)	I^-(6)
149	116	79		221	220
Cs^+(6)	Ba^{2+}(6)	Tl^{3+}(6)			
167	136	88			

*括号内的数字为离子的配位数，即离子周围的物种（如反离子、溶剂分子）数。未注明配位数的离子的数值为估算值。更多的数据参见*资源部分*。

简要说明8B.6

Ca^{2+}、K^+和Cl^-具有电子组态[Ar]。但是，因为它们具有不同的核电荷，故其半径不同。Ca^{2+}具有最大的核电荷，故它对电子有最强的吸引和最小的半径。Cl^-在三个离子中具有最低的核电荷，因而其半径最大。

（d）电离能和电子亲和势

从气相中一个多电子原子中移去一个电子所需的最小能量，为元素的**第一电离能**（first ionization energy）I_1。**第二电离能**（second ionization energy）I_2则是从单电荷的阳离子中移去第二个电子所需的最小能量。第一电离能在元素周期表中的变化示于图8B.9中，表8B.4中则给出了一些数据。

电子亲和势（electron affinity）E_{ea}是当一个电子附着在一个气相原子上时，所释放的能量（表8B.5）。按照通常和合乎逻辑（顾名思义）但又不

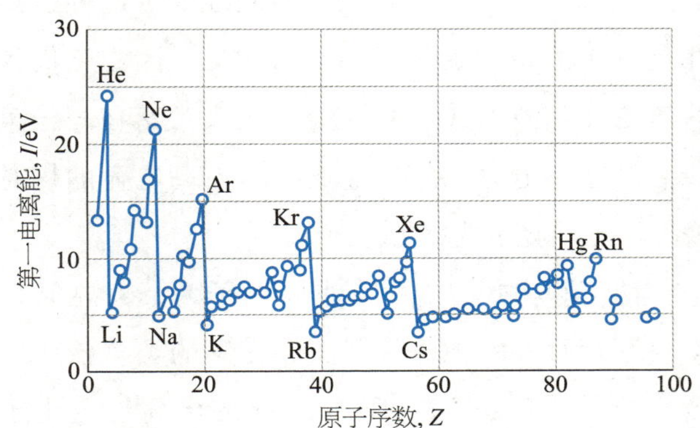

图8B.9 元素的第一电离能对原子序数作图

表 8B.4 第一和第二电离能*

元素	$I_1/(\mathrm{kJ\cdot mol^{-1}})$	$I_2/(\mathrm{kJ\cdot mol^{-1}})$
H	1312	
He	2372	5250
Mg	738	1451
Na	496	4562

*更多的数据参见资源部分。

表 8B.5 电子亲和势 E_{ea}* 单位：$\mathrm{kJ\cdot mol^{-1}}$

Cl	349		
F	322		
H	73		
O	141	O^-	−844

*更多的数据参见资源部分。

是普遍的惯例，如果当电子附着到原子上时释放能量，则电子亲和势为正值。也就是说，$E_{ea}>0$ 意味着电子附着是放热的。本书采纳这一惯例。

如同在基础化学中所熟悉的，电离能和电子亲和势显示周期性。前者更加规整，并集中在这里。Li具有低的第一电离能，因为其最外面的电子被核芯（$Z_{eff}=1.3$，与 $Z=3$ 相比较）很好地与原子核屏蔽了。Be($Z=4$ ）的电离能更大，但B的更低，因为在后者中最外面的电子占据了2p轨道，不如2s电子束缚得那么强烈。由于核电荷的增加，从B至N电离能增加。但是，O的电离能则小于简单外推所预计的值。原因是在O上，2p轨道必须变为双重占据，电子－电子排斥的增加较沿着一排简单外推所预计的大。此外，一个2p电子的失去，产生了具有半充满亚层的电子组态（像N的电子组态），该电子组态为低能排布，故 O^++e^- 的能量低于可能的预期，电离能也相应地低（这种扭结在下一排的磷和硫之间不那么明显，因为它们的轨道更加弥散）。O、F和Ne的值大致落在同一条线上，它们电离能的增加反映了更高电荷的核对最外层电子吸引的增加。

钠（$Z=11$）中的最外层电子为3s，离原子核很远，后者的电荷被紧密、充满的类氖核所屏蔽，结果是 $Z_{eff}\approx2.5$，所以，Na的电离能远小于Ne（$Z=10$，$Z_{eff}\approx5.8$）。沿这一排周期性循环又重新开始，电离能的变化可追溯至类似的原因。

靠近F时，电子亲和势最大，因为电子进入一个紧密价层中的空位，并能与原子核有强相互作用。一个电子附着到一个阴离子（如由 O^- 形成 O^{2-}）上的过程总是吸热的，故 E_{ea} 为负值。进来的电子被业已存在的电荷所排斥。当一个电子进入离核很远的轨道时（如在更重的碱金属原子中）或受泡利原理限制需占据新的壳层时（如在稀有气体原子中），电子亲和势也小，并可以是负值。

8B.4 自洽场轨道

由于电子－电子相互作用带来的复杂性，前面对多电子物种电子组态的处理仅是近似的。然而，已有计算技术可以给出波函数和能量的可靠近似解。这些技术最初由D. R. Hartree引入（在有计算机之前），后来经V. Fock修正（正确地考虑了泡利原理）。从粗线条看，**Hartree－Fock自洽场**（Hartree–Fock self-consistent feld）程序如下：

根据构造原理建议，先有原子结构的思想。例如，在Ne原子中，该原理认为电子组态为 $1s^2 2s^2 2p^6$，其轨道可由具有恰当有效核电荷的类氢原子轨道来近似。现在考虑2p电子中的一个。通过赋予其由于核吸引产生的势能及来自其他电子的平均排斥，可以写出此电子的薛定谔方程。尽管方程针对2p轨道，但排斥和方程依赖于原子中所有其他被占据轨道的波函数。为了解这个方程，先猜测所有其他轨道波函数的近似形式，然后解2p轨道的薛定谔方程。然后，对1s和2s轨道重复该程序。这一系列的计算给出2p、2s和1s轨道的形式，而且一般地它们与计算开始时所设定的不同。这些改进的轨道可用于另一轮的计算，从而得到第二组改进的轨道和更好的能量。继续循环，直至所得轨道和能量与该轮计算开始时所用的轨道和能量没有明显差异。这样所得解是自洽的，并被接受为问题的解。

HF－SCF计算的结果为径向分布函数，这些函数证明电子密度按照构造原理分组至各壳层。因而，这些计算支撑了用于解释化学周期性的定性讨论；通过提供详细的波函数和精确的能量，它们也相当程度上拓展了该讨论。

概念清单

☐ 1. 在**轨道近似**中，每个电子被视作可用其本身的波函数来描述；多电子原子的总波函数是各个轨道波函数的乘积。

☐ 2. 原子的**电子组态**是其被占据轨道的陈述。

☐ 3. **泡利不相容原理**是泡利原理的一个特例，它限定了最多只能有两个电子可以占据同一轨道。

☐ 4. 在多电子原子中，由于**钻穿**和**屏蔽**的组合效应，s轨道较相同壳层的p轨道能量更低。

☐ 5. **构造原理**是一种预测原子基态电子组态的程序。

☐ 6. 在双重占据它们中间的任一个之前，电子先占据给定亚层的不同轨道。

☐ 7. 处于基态的原子采纳具有最大未成对电子数的组态。

☐ 8. 元素的**原子半径**是在固体或同核分子中，相邻两个原子中心之间距离的一半。

☐ 9. 元素的**离子半径**是在离子固体中，其在相邻离子之间距离中的份额。

☐ 10. **第一电离能**是从气相中多电子原子中移去一个电子所需的最小能量。

☐ 11. **第二电离能**是从单电荷的阳离子中移去一个电子所需的最小能量。

☐ 12. **电子亲和势**是当一个电子附着于一个气相原子时所释放的能量。

☐ 13. 原子半径、电离能和电子亲和势通过元素周期表发生周期性的变化。

☐ 14. 多电子原子的薛定谔方程可通过数值和迭代求解，直至所得解自洽。

公式清单

性质	公式	说明	公式编号
轨道近似	$\Psi(\boldsymbol{r}_1, \boldsymbol{r}_2, \cdots) = \psi(\boldsymbol{r}_1)\psi(\boldsymbol{r}_2)\cdots$		8B.1
有效核电荷	$Z_{\text{eff}} = Z - \sigma$	电荷是该值乘以e	8B.5

专题8C

原子光谱

▶ 为何需要学习这部分内容？

原子中电子能量的知识对理解许多化学性质和化学成键是必不可少的。

▶ 核心思想是什么？

当原子进行电子跃迁时，所发射或吸收的辐射的频率和波数提供了有关它们电子能量状态的详细信息。

▶ 需要哪些预备知识？

本专题需要有关类氢原子能级（专题 8A）和多电子原子的电子组态（专题 8B）的知识。在一些地方，则用到了角动量的性质（专题 7F）。

原子光谱学背后的一般思想是直接的：当一个原子中的电子分布进行了**跃迁**（transition），即状态的变化时，其能量变化为ΔE，该跃迁导致频率$\nu=|\Delta E|/h$和波数$\tilde{\nu}=|\Delta E|/hc$的一个光子的发射或吸收，光谱图（不论是发射或吸收）中就会出现谱线。在谱学中，跃迁被说成是在两个**谱项**（term）之间发生。大体上说，谱项仅为原子能级的另一个名称；但随着本专题的进行，其完整的含义将会变得清晰。

8C.1 类氢原子的光谱

并非各种可能的谱项之间的所有跃迁都能观测到。如果它们能发生，光谱跃迁是**允许的**（allowed）；如果它们不能发生，则光谱跃迁是**禁阻的**（forbidden）。**选择定则**（selection rule）给出了哪些跃迁是允许的。

选择定则的根源可通过考虑类氢原子中的跃迁来明确。光子本身拥有内在的、对应于$s=1$的自旋角动量（专题8B），由于总角动量在跃迁中守恒，电子的角动量必须变化，以补偿被光子移走的角动量。所以，在d轨道（$l=2$）中的电子，不能跃迁到s轨道（$l=0$），因为光子不能移走足够的角动量。类似地，s电子不能跃迁至另一个s轨道，因为电子角动量没有变化，无法弥补被光子带走的角动量。对于选择定则更加正式的处理需要对原子始态和终态的波函数进行数学运算。

如何完成？8C.1 找出选择定则

光谱跃迁背后的经典思想是，为了使原子或分子能与电磁场相互作用，并吸收或产生频率为ν的光子，原子或分子必须拥有（至少是短暂地拥有）在此频率上振荡的偶极子。这一思想的后果将通过以下步骤来探讨。

步骤1 *写出跃迁偶极矩的表达式*

量子力学上，瞬态偶极子被表示为始态i和终态f之间的**跃迁偶极矩**[1]（transition dipole moment）μ_{fi}：

$$\mu_{fi}=\int\psi_f^*\hat{\mu}\psi_i\,d\tau \qquad (8C.1)$$

式中$\hat{\mu}$为电偶极矩算符。对于单电子原子，$\hat{\mu}$就是$-e\boldsymbol{r}$的乘法（运算）。由于$\boldsymbol{r}$为一个矢量，分量为x, y, z，故$\hat{\mu}$也是一个矢量，分量为$\mu_x=-ex$，$\mu_y=-ey$和$\mu_z=-ez$。如果跃迁偶极矩为零，那么跃迁是禁阻的；而当跃迁偶极矩不为零时，则跃迁是允许的。

步骤2 *用球谐函数公式表示被积函数*

为了计算跃迁偶极矩，依次考虑每一个分量。例如，对于z分量：

$$\mu_{z,fi}=-e\int\psi_f^*z\psi_i\,d\tau$$

1 对式（8C.1）形式的详细推导，请参见*Physical chemistry: Quanta, matter, and change*（2014）一书。

在球极坐标（参见专题7F中的“化学家工具包21”）中，$z = r\cos\theta$。那么，根据表7F.1，$z = (4\pi/3)^{1/2} rY_{1,0}$。始态和终态的波函数是形式为 $R_{n,l}(r)Y_{l,m_l}(\theta,\phi)$ 的原子轨道（专题8A）。用这些替换后，积分变为

$$\int \psi_f^* z \psi_i \, d\tau =$$

$$\int_0^\infty \int_0^{2\pi} \int_0^\pi \overbrace{R_{n_f,l_f} Y_{l_f,m_{l,f}}^*}^{\psi_f^*} \overbrace{\left(\frac{4\pi}{3}\right)^{1/2} rY_{1,0}}^{z} \overbrace{R_{n_i,l_i} Y_{l_i,m_{l,i}}}^{\psi_i} \overbrace{r^2 dr \sin\theta \, d\theta d\phi}^{d\tau}$$

这个多重积分是三个因子的乘积，一个是对r的积分，另两个（用蓝色表示）是对角度的积分，故右边的因子可分组如下：

$$\int \psi_f^* z \psi_i \, d\tau =$$

$$\left(\frac{4\pi}{3}\right)^{1/2} \int_0^\infty R_{n_f,l_f} r^3 R_{n_i,l_i} dr \int_0^{2\pi} \int_0^\pi Y_{l_f,m_{l,f}}^* Y_{1,0} Y_{l_i,m_{l,i}} \sin\theta \, d\theta d\phi$$

步骤3　*计算角度积分*

根据球谐函数的性质，积分

$$I = \int_0^\pi \int_0^{2\pi} Y_{l_f,m_{l,f}}^* Y_{l,m} Y_{l_i,m_{l,i}} \sin\theta \, d\theta d\phi$$

为零，除非$l_f = l_i \pm l$及$m_{l,f} = m_{l,i} + m$。由于在本例中，$l = 0$及$m = 0$，故角度积分，和跃迁偶极矩的z分量为零，除非$\Delta l = \pm 1$及$\Delta m_l = 0$，即为一套选择定则的一部分。同样的程序，但考虑x和y分量，产生整套规则：

$$\Delta l = \pm 1 \quad \Delta m_l = 0, \pm 1 \qquad \text{类氢原子的选择定则} \qquad (8C.2)$$

在满足跃迁所需的Δl值的情况下，主量子数n可随意变化，因为它不直接与角动量关联。

简要说明8C.1

为了确定4d电子可辐射跃迁至哪个轨道，首先应确定l的值，然后对这个量子数应用选择定则。由于$l = 2$，终态轨道必须具有$l = 1$或3。所以，一个电子可以从4d轨道跃迁至np轨道（受$\Delta m_l = 0, \pm 1$的限制）及nf轨道（受相同规则的限制）。但是，它不能发生至任意其他轨道（如ns或nd轨道）的跃迁。

选择定则和原子能级一起说明了**Grotrian图**（Grotrian diagram）的结构（图8C.1），该图总结了状态的能量及它们之间的跃迁。在一些版本中，图中跃迁线的宽度表示了谱图中它们之间的相对强度。

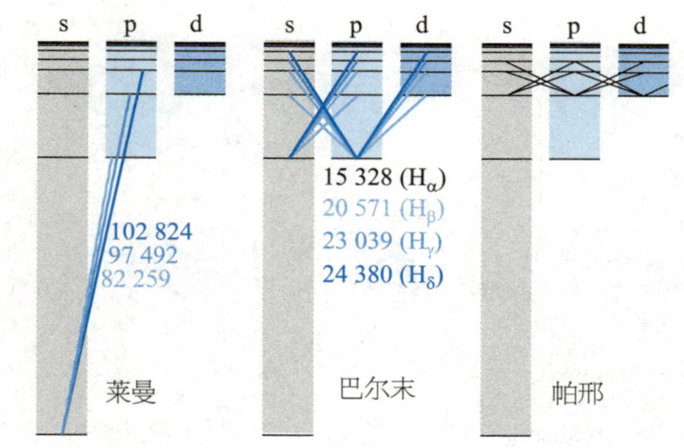

图8C.1　总结了氢原子光谱出现和分析的Grotrian图［图中标出了一些跃迁的波数（cm^{-1}）。谱线的颜色仅供参考，它们并不是跃迁的颜色］

8C.2　多电子原子的光谱

当电子数目增加时，原子的光谱很快变得十分复杂，部分原因是它们的能级，也即它们的谱项，并不纯粹是由轨道的能量所给出，而是依赖于电子之间的相互作用。

（a）单重态项和三重态项

考虑He原子（有两个电子）的能级。基态电子组态是$1s^2$，激发电子组态则应为其中一个电子被提升至另一个不同轨道的情形，如$1s^1 2s^1$。两个电子不必成对，因为它们占据不同的轨道。根据洪特最大多重度规则（专题8B），具有自旋平行的原子状态，其能量低于电子成对的状态。两个状态都是可允许的，对应不同的谱项，并对原子的光谱有贡献。

平行和反平行（成对）自旋对应于不同的总自旋角动量。在成对时，两个自旋动量抵消，没有净的自旋［如图8C.2（a）中所示］。其状态就是在讨论泡利原理（专题8B）时标记为σ_-的状态，即

$$\sigma_-(1,2) = \left(\frac{1}{2^{1/2}}\right)[\alpha(1)\beta(2) - \beta(1)\alpha(2)] \qquad (8C.3a)$$

两个平行自旋的角动量合起来得到一个非零总自旋。如图8C.2（b）所示，可有三种方式得到非零总自旋。三个自旋状态就是专题8B中介绍的对称

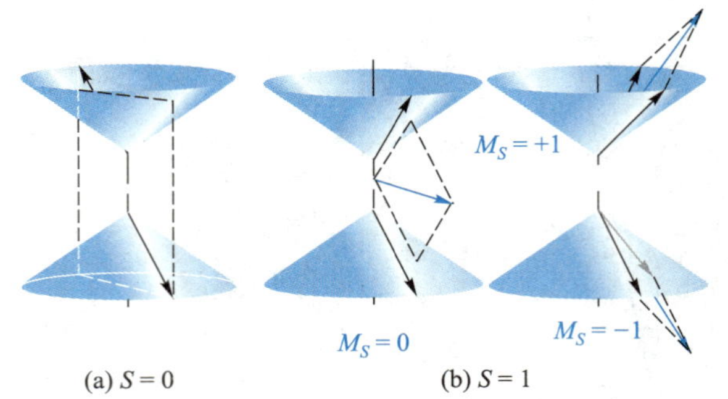

图8C.2 (a)成对自旋的电子其总自旋角动量为零($S=0$)。图中显示，它们可以用位于两个圆锥上不确定位置的两个矢量来表示。但是，无论其中一个位于圆锥上的何处，另一个一定指向相反方向，它们的和为0。(b)当两个电子自旋平行时，总自旋角动量不为零($S=1$)。有三种方式可得到这种结果，图中已被这些矢量表示显示出来。蓝色矢量表示总的自旋角动量。可见，尽管两个成对自旋是精准的反平行，而两个“平行”自旋并不是严格地平行(稍后解释符号S和M_S)

组合，即

$$\begin{aligned}&\alpha(1)\alpha(2)\\ \sigma_+(1,2)=&\left(\frac{1}{2^{1/2}}\right)[\alpha(1)\beta(2)+\beta(1)\alpha(2)]\\ &\beta(1)\beta(2)\end{aligned} \qquad (8C.3b)$$

若氦原子中两个电子成对，且它们的自旋可由式(8C.3a)来描述，则该状态给出**单重态项**(singlet term)。另一种排列，即其中自旋是平行的，且可由式(8C.3b)中三个表达式之一所描述的状态，则导致**三重态项**(triplet term)。氦原子$1s^12s^1$电子组态的三重态项中自旋的平行排列，在能量上低于反平行排列，即单重态项。这样的事实可以表达为：He的$1s^12s^1$电子组态的三重态项能量低于单重态项。这是一个一般性结论，并适用于其他原子(和分子)。

对源自相同组态的状态，三重态项能量一般低于单重态项。

能量差异的起因在于自旋关联对电子库仑相互作用的影响，与对基态组态的洪特最大多重度规则(专题8B)中的情形一样：拥有平行自旋的电子倾向于彼此回避。由于在原子中电子之间的库仑相互作用较强，相同组态的单重态项和三重态项之间的能量差异可以很大，例如，He的$1s^12s^1$电子组态的单重态项和三重态项能量相差6 421 cm^{-1}(相当于0.80 eV)。

氦原子光谱较氢原子的更加复杂，但有两个简化特征。一是只需考虑形式为$1s^1nl^1$的激发组态；也就是说，仅有一个电子被激发。两个电子的激发所需要的能量大于原子的电离能，故形成的是He^+，而不是双重激发的原子。第二，在本专题后面将会了解到，在单重态项和三重态项之间没有辐射跃迁发生。因为两个电子自旋的相对方位在跃迁过程中不能变化。所以，有单重态项(包括基态)之间及三重态项之间的跃迁所产生的光谱，但没有单重态和三重态项之间的跃迁所产生的光谱。光谱学上，He的行为像两个不同的物种。图8C.3中，He的Grotrian图显示了两组跃迁。

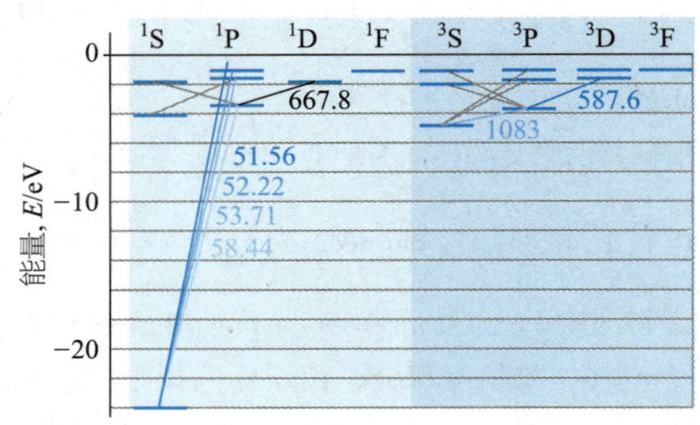

图8C.3 一些与氦原子光谱有关的跃迁。标记给出了跃迁的波长(nm)

(b)自旋-轨道耦合

电子具有来自其自旋的磁矩。类似地，拥有轨道角动量的电子(也就是说，在$l>0$轨道中的电子)实际上是一循环电流，并拥有来自其轨道角动量的磁矩。自旋磁矩与轨道角动量产生的磁场的相互作用，称为**自旋-轨道耦合**(spin-orbit coupling)。耦合的强度及其对原子能级的影响依赖于自旋和轨道磁矩的相对方位，因而也就依赖于两个角动量的相对方位(参见图8C.4)。

表达自旋-轨道相互作用与自旋和轨道动量相对方位的依赖关系的一种方式是说它依赖于电子的总角动量，即其自旋和轨道动量的矢量加和。所以，自旋和轨道角动量几乎平行时，总角动量高；而当两个角动量方向相反时，总角动量则低。

电子的总角动量用量子数j和m_j来描述；其中，当轨道和自旋角动量处在相同方向时，$j=l+1/2$；而当它们方向相反时，则$j=l-1/2$。

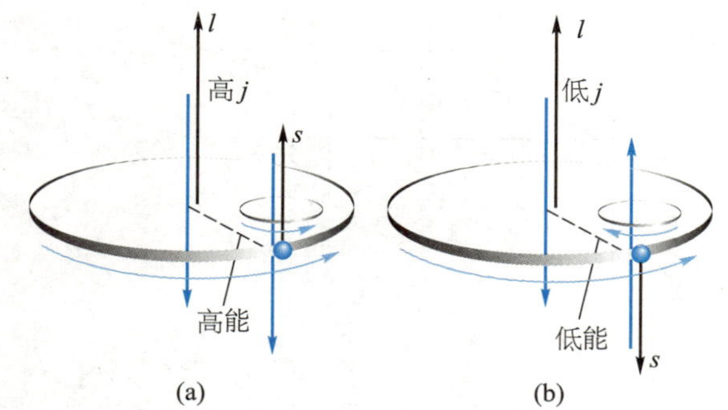

图8C.4 自旋－轨道耦合是自旋和轨道磁矩之间的一种磁相互作用；黑色箭头表示角动量的方向，蓝色箭头表示相关的磁矩方向。当角动量平行时，如在（a）中，磁矩排列不利；当它们方向相反，如在（b）中，相互作用有利。这一磁耦合造成一个谱项分裂成多个能级

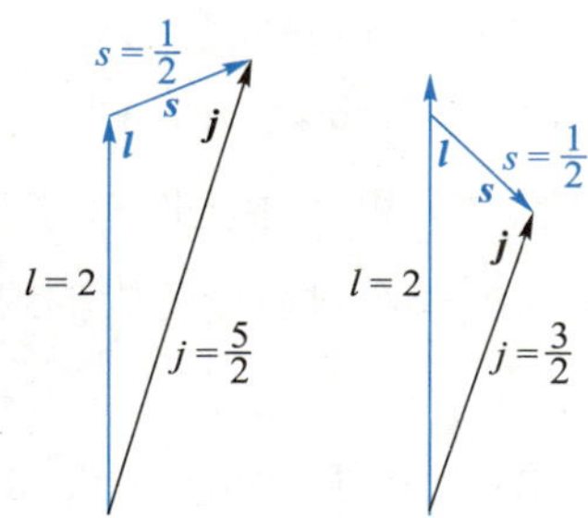

图8C.5 根据电子自旋和轨道角动量的相对方位，d电子（$l=2$）的自旋和轨道角动量的耦合可产生两个可能的j值

两种情形都示于图8C.5中。对于给定的l值，所能引起的不同j值标出了一个谱项的**能级**（levels）。对$l=0$，允许的值只有$j=1/2$（总角动量与自旋角动量相同，因为原子中没有角动量的其他来源）。当$l=1$时，j可以是3/2（自旋和轨道角动量方向相同）或1/2（自旋和轨道角动量方向相反）。

简要说明8C.2

为了明确电子组态（a）d^1和（b）s^1可能引起的能级，先确定l值，然后是可能的j值。（a）对于d电子，$l=2$，在电子组态中有两能级，一个具有的$j=2+\frac{1}{2}=\frac{5}{2}$，另一个具有的$j=2-\frac{1}{2}=\frac{3}{2}$。（b）对于s电子，$l=0$，故只有一个能级是可能的，且$j=\frac{1}{2}$。

无须太多费力，就可以引入自旋－轨道耦合对能级能量的影响。

如何完成？8C.2 推导自旋－轨道相互作用能量的表达式

根据经典的观点，在一磁场$\boldsymbol{\mathcal{B}}$中，磁矩$\boldsymbol{\mu}$的能量等于它们的张量积$-\boldsymbol{\mu}\cdot\boldsymbol{\mathcal{B}}$。按照以下这些步骤，可获得自旋－轨道相互作用能量的表达式。矢量运算程序已在“化学家工具包22”中说明。

步骤1 *写出相互作用能量的表达式*

如果磁场由电子的轨道角动量引起，则其正比于$\boldsymbol{l}$；如果磁矩$\boldsymbol{\mu}$是电子自旋的磁矩，那么它正比于$\boldsymbol{s}$。因此，相互作用的能量正比于标积$\boldsymbol{s}\cdot\boldsymbol{l}$。

相互作用的能量 $=\boldsymbol{\mu}\cdot\boldsymbol{\mathcal{B}}\propto\boldsymbol{s}\cdot\boldsymbol{l}$。

步骤2 *用矢量的大小表示标积*

总角动量为自旋和轨道动量的矢量加和：$\boldsymbol{j}=\boldsymbol{l}+\boldsymbol{s}$。矢量$\boldsymbol{j}$的大小可由下式计算：

$$\underbrace{\boldsymbol{j}\cdot\boldsymbol{j}}_{j^2}=(\boldsymbol{l}+\boldsymbol{s})\cdot(\boldsymbol{l}+\boldsymbol{s})=\underbrace{\boldsymbol{l}\cdot\boldsymbol{l}}_{l^2}+\underbrace{\boldsymbol{s}\cdot\boldsymbol{s}}_{s^2}+2\boldsymbol{s}\cdot\boldsymbol{l}$$

故

$$j^2=l^2+s^2+2\boldsymbol{s}\cdot\boldsymbol{l}$$

也就是说

$$\boldsymbol{s}\cdot\boldsymbol{l}=\frac{1}{2}(j^2-l^2-s^2)$$

这个方程是一经典结果。

步骤3 *将经典的数值用它们的量子力学版本替代*

为了导出这个表达式的量子力学版本，将等式右边所有的量用它们的量子力学数值来代替，它们的形式为$[j(j+1)]^{1/2}\hbar^2$等（参见专题7F）：

$$\boldsymbol{s}\cdot\boldsymbol{l}=\frac{1}{2}[j(j+1)-l(l+1)-s(s+1)]\hbar^2$$

然后，将这个表示式插入相互作用能量的公式（$E\propto\boldsymbol{s}\cdot\boldsymbol{l}$）中，并将比例常数写为$hc\tilde{A}/\hbar^2$，得到由量子数和**自旋－轨道耦合常数**（spin-orbit coupling constant）$\tilde{A}$（波数）表示的能量表达式：

$$E_{l,s,j}=\frac{1}{2}hc\tilde{A}[j(j+1)-l(l+1)-s(s+1)] \quad \text{(8C.4)}$$

自旋－轨道相互作用能量

简要说明8C.3

碱金属原子基态中的未成对电子$l=0$，故$j=1/2$。由于在这个状态中轨道角动量为零，故自旋－轨道耦合能为零[可通过设定式（8C.4）中的$j=s$及$l=0$来证实]。当电子激发至$l=1$的轨道时，它具有轨道角动量，并能产生与其自旋相互作用的磁场。在这个电子组态中，电子可有$j=1/2$或$j=3/2$，这些能级的能量为

$$E_{1,\,1/2,\,3/2}=\frac{1}{2}hc\tilde{A}\left(\frac{3}{2}\times\frac{5}{2}-1\times 2-\frac{1}{2}\times\frac{3}{2}\right)=\frac{1}{2}hc\tilde{A}$$

$$E_{1,\,1/2,\,1/2}=\frac{1}{2}hc\tilde{A}\left(\frac{1}{2}\times\frac{3}{2}-1\times 2-\frac{1}{2}\times\frac{3}{2}\right)=-hc\tilde{A}$$

相应的能量示于图8C.6中。可见能级的重心没变，因为有四个能量为$\frac{1}{2}hc\tilde{A}$的状态及两个能量为$-hc\tilde{A}$的状态。

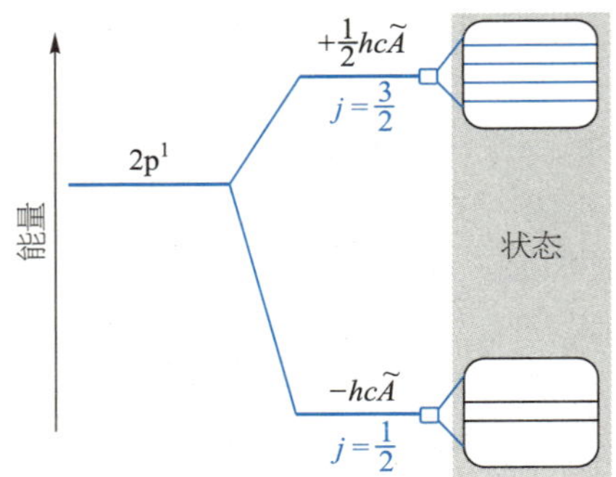

图8C.6　自旋－轨道耦合引起的$2p^1$电子组态的能级。可见，低j值的能级位于高j值能级的下方。量子数为j的能级中的状态数为$2j+1$

自旋－轨道耦合的强度依赖于核电荷。为了理解为何如此，可想象自己乘坐在轨道运动的电子上，看见一带电荷原子核明显地绕着你做轨道运动（像太阳升起和落下一样）。结果是，你发现自己处在一电流环的中心。核电荷越大，该电流越大，则你监测到的磁场就越强。由于电子的自旋磁矩与这个轨道磁场相互作用，故核电荷越大，自旋－轨道相互作用就越强。其结果是，耦合随原子序数急剧增加（与Z^4成正比），因为不仅电流更大，而且电子更靠近原子核。尽管H原子中的耦合较弱（产生的能级偏移不大于0.4 cm^{-1}），但在像Pb一样的重原子中，耦合则很强（产生的偏移为几千cm^{-1}数量级）。

当一个电激发的碱金属原子的p电子跃迁至更低的s轨道时，可观察到两条谱线。一条谱线是从上一个谱项中$j=3/2$的能级开始的跃迁，另一条谱线则是由于相同谱项的$j=1/2$能级开始的跃迁。这两条谱线均为光谱**精细结构**（fine structure）的一个例子，即由于自旋－轨道耦合引起的结构。精细结构可在被放电激发的钠蒸气的发射光谱中看到（如在街道照明中）。在589 nm（接近17 000 cm^{-1}处）的黄色线实际上是一双重峰，由两条线组成，一条在589.76 nm（16 956.2 cm^{-1}），另

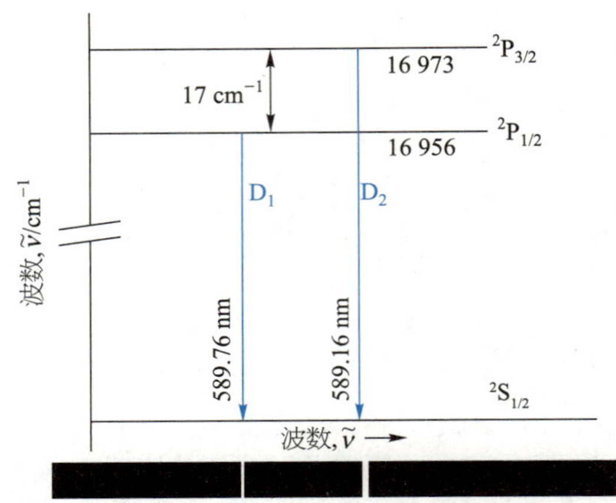

图8C.7　钠D线形成的能级图，谱线的裂分（17 cm^{-1}）反映了^{2}P谱项能级的裂分

一条则在589.16 nm（16 973.4 cm^{-1}）；这个双重峰的组分为光谱的“D线”（参见图8C.7）。因此，在钠中，自旋－轨道耦合对能量的影响约为17 cm^{-1}。

例题 8C.1　分析光谱获得自旋－轨道耦合常数

在钠原子光谱中，D线的起因示于图8C.7中。对于钠原子的上一个组态，计算自旋－轨道耦合常数。

整理思路　根据图8C.7，谱线的裂分等于激发组态$j=3/2$和$j=1/2$两个能级的能量间隔。需要使用式（8C.4）以$\tilde{A}$来表示此能量间隔。

解： 两个能级的裂分为

$$\Delta\tilde{\nu}=(E_{1,\frac{1}{2},\frac{3}{2}}-E_{1,\frac{1}{2},\frac{1}{2}})/hc$$

$$=\frac{1}{2}\tilde{A}\left[\frac{3}{2}\times\left(\frac{3}{2}+1\right)-\frac{1}{2}\times\left(\frac{1}{2}+1\right)\right]=\frac{3}{2}\tilde{A}$$

$\Delta\tilde{\nu}$的实验值是17.2 cm^{-1}，所以

$$\tilde{A}=\frac{2}{3}\times 17.2\ \text{cm}^{-1}=11.5\ \text{cm}^{-1}$$

说明　对其他碱金属原子，可进行相同的计算，所得结果如下：

Li：0.23 cm^{-1}，K：38.5 cm^{-1}，Rb：158 cm^{-1}，Cs：370 cm^{-1}。

可见，$\tilde{A}$随原子序数增加而变大（但对这些多电子原子，增加的幅度较Z^4慢）。

自测题8C.1　Ru的电子组态…$4p^6 5d^1$具有位于基态上方的两个能级（25 700.56 cm^{-1}，25 703.52 cm^{-1}）。请问该激发态中的自旋－轨道耦合常数是多少？

答案： 1.18 cm^{-1}。

化学家工具包22 矢量的运算

在三维空间，矢量$\boldsymbol{u}$（分量为u_x, u_y, u_z）和$\boldsymbol{v}$（分量为v_x, v_y, v_z）具有一般形式：

$$\boldsymbol{u} = u_x\boldsymbol{i} + u_y\boldsymbol{j} + u_z\boldsymbol{k} \qquad \boldsymbol{v} = v_x\boldsymbol{i} + v_y\boldsymbol{j} + v_z\boldsymbol{k}$$

式中$\boldsymbol{i}$、$\boldsymbol{j}$和$\boldsymbol{k}$为**单位矢量**（unit vectors），即大小为一个单位的矢量，沿着x、y和z轴上的正方向。

加减法和乘法的运算如下：

1. 加法

$$\boldsymbol{v} + \boldsymbol{u} = (v_x + u_x)\boldsymbol{i} + (v_y + u_y)\boldsymbol{j} + (v_z + u_z)\boldsymbol{k}$$

2. 减法

$$\boldsymbol{v} - \boldsymbol{u} = (v_x - u_x)\boldsymbol{i} + (v_y - u_y)\boldsymbol{j} + (v_z - u_z)\boldsymbol{k}$$

3. 乘法

（a）两个矢量$\boldsymbol{u}$和$\boldsymbol{v}$的**标积**（scalar product）或点积为

$$\boldsymbol{u}\cdot\boldsymbol{v} = u_xv_x + u_yv_y + u_zv_z$$

一个矢量与其本身的标积等于矢量大小的平方。

$$\boldsymbol{u}\cdot\boldsymbol{u} = u_x^2 + u_y^2 + u_z^2 = u^2$$

（b）两个矢量的**矢量乘积**（vector product）或叉乘为

$$\boldsymbol{u}\times\boldsymbol{v} = \begin{vmatrix} \boldsymbol{i} & \boldsymbol{j} & \boldsymbol{k} \\ u_x & u_y & u_z \\ v_x & v_y & v_z \end{vmatrix}$$

$$= (u_yv_z - u_zv_y)\boldsymbol{i} - (u_xv_z - u_zv_x)\boldsymbol{j} + (u_xv_y - u_yv_x)\boldsymbol{k}$$

（行列式在专题9D“化学家工具包23”中讨论。）如果两个矢量位于单位矢量$\boldsymbol{i}$和$\boldsymbol{j}$所定义的平面内，那么它们的矢量乘积平行于单位矢量$\boldsymbol{k}$。

（c）谱项符号

前面的讨论中，我们使用了诸如“$l = 1$的双重态项的$j = 3/2$能级”的表述。一个**谱项符号**（term symbol），看起来像$^2P_{3/2}$或$^3D_2$的符号，十分清晰地传递了这一信息，尤其是总自旋、总轨道角动量和总角动量。

一个谱项符号给出三条信息：

- 字母（如例题中的P和D）表示总轨道角动量量子数L。
- 谱项符号中的左上角标（如$^2P_{3/2}$中的2）给出谱项的多重度。
- 谱项符号上的右下角标（如$^2P_{3/2}$中的3/2）是总角动量量子数J的值，标记谱项的能级。

这些陈述的含义，可根据图8C.8中总结的对能量的贡献来讨论。

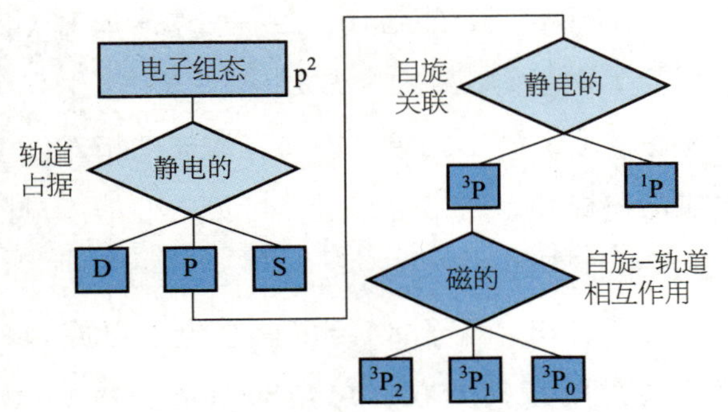

图8C.8 导致原子中各种类型能级裂分的相互作用类型的总结。对于轻（低Z）原子，磁相互作用较小；但在重（高Z）原子中，它们较静电（电荷－电荷）相互作用占优势

当出现数个电子时，有必要判断它们各自的轨道角动量是如何合在一起的，从而相互增强或削弱。**总轨道角动量量子数**（total orbital angular momentum quantum number）L通过$[L(L+1)]^{1/2}\hbar$给出角动量的大小。它有（$2L+1$）个由量子数M_L来区分的方位，M_L可取值$0, \pm1, \pm2, \cdots, \pm L$。类似的描述也适用于**总自旋量子数**（total spin quantum number）S、量子数M_S、**总角动量量子数**（total angular momentum quantum number）J和量子数M_J。

L的值（非负整数）可通过使用**Clebsch–Gordan级数**［即式（8C.5）］耦合单个轨道角动量来获得。$l_1 - l_2$附上模量符号，以确保L不为负值。当两个轨道角动量方向相同时，得到最大值$L = l_1 + l_2$；当它们的方向相反时，得到最小值$|l_1 - l_2|$。中间的数值则表示两个动量可能的、中间的一些相对方位（参见图8C.9）。

$$L = l_1 + l_2, l_1 + l_2 - 1, \cdots, |l_1 - l_2| \quad \text{Clebsch–Gordan 级数} \qquad (8C.5)$$

对两个p电子（$l_1 = l_2 = 1$），有$L = 2, 1, 0$。将L值转化为字母的准则，与轨道的s, p, d, f, …指定一样，但使用大写罗马字母[1]：

1 用小写字母来标记轨道、大写字母标记总的状态这一惯例不仅仅应用于原子，光谱学中也是如此。

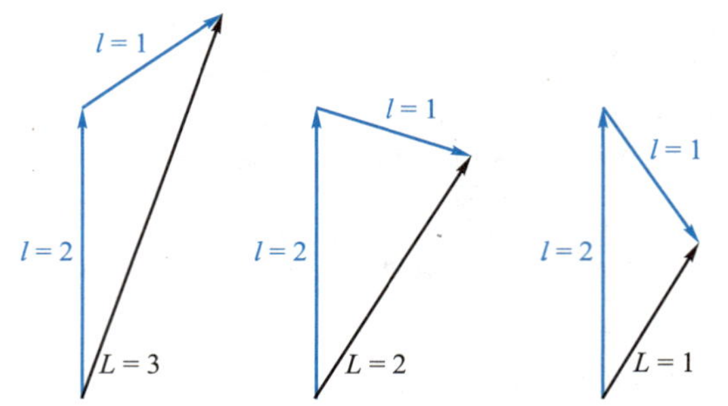

图8C.9　p电子和d电子的总轨道角动量对应于L=3, 2, 1，反映了两个动量的不同相对方位

L:　0　1　2　3　4　5　6 ⋯

　　S　P　D　F　G　H　I ⋯

因此，一个具有L = 2, 1, 0的p^2电子组态可产生D, P和S谱项。由于电子的空间分布不同，故它们之间的排斥也不同，这导致这些谱项的能量也不同。

实用小贴士　通过原子光谱学的讨论，要区分斜体S（总的自旋量子数）和正体S（谱项符号）。

闭壳层的轨道角动量为零，因为所有轨道角动量加起来为零。所以，在找出谱项符号时，只需考虑未充满壳层的电子。对于闭壳层外面的单个电子，L值与l值相同，故电子组态[Ne]$3s^1$仅有一个S谱项。

例题 8C.2　推导一个电子组态的总轨道角动量

找出电子组态（a）d^2和（b）p^3能引起的谱项。

整理思路　使用Clebsch－Gordan级数，并先找到L的最小值（这样就知道级数在此处终止）。当有两个以上电子耦合在一起时，需要连续使用两个级数：首先耦合两个电子，然后再将第三个耦合到每一个组合态，以此类推。

解：（a）最小值为$|l_1 - l_2| = |2-2| = 0$，所以有

$L = 2+2,\ 2+2-1,\ \cdots,\ 0 = 4,\ 3,\ 2,\ 1,\ 0$

分别对应于G，F，D，P和S谱项。

（b）先耦合两个p电子，得到最小值为$|1-1| = 0$，所以有

$L' = 1+1,\ 1+1-1,\ \cdots,\ 0 = 2,\ 1,\ 0$

然后，再将$l_3 = 1$与$L' = 2$耦合，得到L = 3, 2, 1；与$L' = 1$耦合，得到L = 2, 1, 0；与$L' = 0$耦合，得到L = 1。总的结果为

$L = 3,\ 2,\ 2,\ 1,\ 1,\ 1,\ 0$

给出一个F、两个D、三个P和一个S谱项。

自测题 8C.2　对电子组态（a）f^1d^1和（b）d^3，重复上述问题。

答案：（a）H, G, F, D, P；（b）I, 2H, 3G, 4F, 5D, 3P, S。

当需要考虑数个电子时，必须评定它们的总自旋角动量量子数S（一个非负整数或半整数）。同样，使用Clebsch－Gordan级数，但现在的形式为

$$S = s_1 + s_2,\ s_1 + s_2 - 1,\ \cdots,\ |s_1 - s_2| \qquad (8C.6)$$

来决定S的值，注意每个电子都有$s = 1/2$。对于两个电子，可能的S值为1和0（参见图8C.10）。如果有三个电子，总自旋角动量可通过将第三个自旋耦合到前两个自旋的每一个S值来获得，结果为$S = 3/2$和1/2。

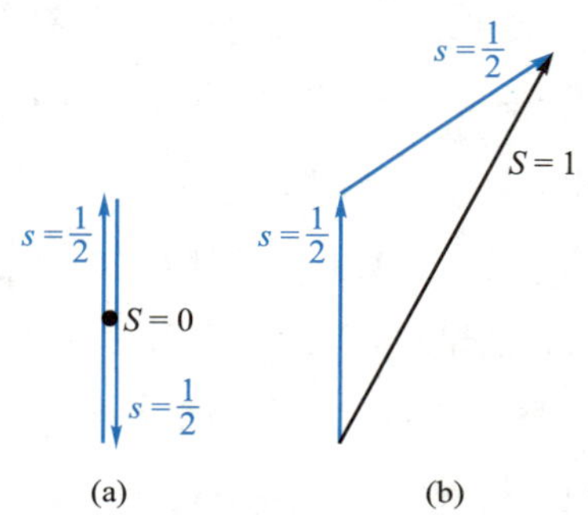

图8C.10　对于两个电子（每个$s = \frac{1}{2}$），仅有两个总自旋态是允许的（S = 0, 1）。（a）S = 0的状态只能有一个M_S值（M_S = 0），产生一个单重态谱项；（b）S = 1的状态可有三个M_S值（+1, 0, −1）中的任一个，产生一个三重态谱项。图8C.2给出了S = 0和S = 1状态的矢量表示

一个谱项的**多重度**（multiplicity）为$2S+1$的值。当S = 0（如像$1s^2$那样的闭壳层）时，所有电子都成对，没有净的自旋：这种排布给出单重态谱项^{1}S。对于孤电子，$S = s = 1/2$，故如[Ne]$3s^1$一样的电子组态可给出双重态谱项，^{2}S。同样地，电子组态[Ne]$3p^1$是双重态^{2}P。当有两个未成对（自旋平行）电子时，S = 1，故$2S+1 = 3$，产生一个三重态谱项，如^{3}D。单重态和三重态的相对能量之前已在相关专题中讨论过，可见它们的能量因自旋关联而不同。

已经说明，量子数j给出单个电子自旋和轨道角动量的相对方位。**总角动量量子数**（total angular momentum quantum number）J（非负整数或半整数）则给出数个电子自旋和角动量的

相对方位。如果在闭壳层外面有单个电子，$J=j$，j可以为$l+1/2$或$|l-1/2|$。[Ne]$3s^1$电子组态的$j=1/2$（因为$l=0$及$s=1/2$），故^2S谱项具有一个单能级，表示为$^2S_{1/2}$。[Ne]$3p^1$电子组态的$l=1$，故$j=3/2$和$1/2$，故^2P谱项有两个能级，即$^2P_{3/2}$和$^2P_{1/2}$。这些能级由于自旋－轨道相互作用而具有不同的能量。

如果闭壳层外有数个电子，则必须考虑所有自旋和所有轨道角动量的耦合。当自旋－轨道耦合较弱时（对低原子序数的原子），通过使用**拉塞尔－桑德斯耦合**（Russell-Saunders coupling）方案，这一复杂的问题可以被简化。该方案基于这样的观点：如果自旋－轨道耦合较弱，那么仅当所有轨道角动量合作运作时，才有作用。也就是说，电子的所有轨道角动量耦合得到一个总的L；类似地，所有的自旋耦合得到一个总的S。只有在这个阶段，两类动量通过自旋－轨道相互作用耦合给出一个总的J。由Clebsch－Gordan级数所给出的J的允许值为

$$J=L+S,\ L+S-1,\cdots,|L-S| \qquad (8C.7)$$

例如，电子组态[Ne]$2p^1 3p^1$的^3D谱项中，允许的J值为3，2，1（因为^3D具有$L=2$和$S=1$），故谱项有三个能级：$^3D_3$，$^3D_2$，$^3D_1$。

当$L \geqslant S$，多重度等于能级数。例如，^2P谱项（$L=1>S=1/2$）有两个能级：$^2P_{3/2}$和$^2P_{1/2}$；

^3D（$L=2>S=1$）有三个能级：$^3D_3$，$^3D_2$，$^3D_1$。但是，当$L<S$时，情况并非如此。例如，^2S谱项（$L=0<S=1/2$）只有一个能级：$^2S_{1/2}$。

例题 8C.3 导出谱项符号

写出源自（a）Na原子和（b）F原子的基态电子组态，以及（c）C的激发电子组态$1s^2 2s^2 2p^1 3p^1$的谱项符号。

整理思路 先写出电子组态，但忽略内部闭壳层；然后，耦合轨道动量找出L，以及耦合自旋找出S。接下来，耦合L和S找出J。最后，将谱项表示为$^{2S+1}\{L\}_J$，式中$\{L\}$是恰当的字母。对F原子，其价层电子组态为$2p^5$，可将闭壳层$2p^6$电子组态中的单个空隙当作单个自旋$-1/2$粒子来处理。

解：（a）对于Na原子，电子组态是[Ne]$3s^1$，仅需考虑单个3s电子。因为$L=l=0$及$S=s=1/2$，唯一的可能值是$J=1/2$。所以，谱项符号为$^2S_{1/2}$。

（b）对于F原子，电子组态是[He]$2s^2 2p^5$，可处理为[Ne]$2p^{-1}$（式中标记$2p^{-1}$表示缺少一个2p电子）。所以，$L=l=1$及$S=s=1/2$，可能的J值为$J=3/2$和$1/2$。两个能级的谱项符号为$^2P_{3/2}$和$^2P_{1/2}$。

（c）这是一个两电子问题，$l_1=l_2=1$，$s_1=s_2=1/2$。所以，$L=2$，1，0，$S=1$，0。谱项为^3D和^1D，^3P和^1P及^3S和^1S。对于^3D，$L=2$，$S=1$，故$J=3,2,1$，能级为$^3D_3$，$^3D_2$，$^3D_1$。对于^1D，$L=2$，$S=0$，故单个能级为$^1D_2$。^3P的三重态能级为$^3P_2$，$^3P_1$，$^3P_0$，^1P的单重态能级是$^1P_1$。对于^3S谱项，仅有一个能级$^3S_1$（因为只有$J=1$），单重态谱项为$^1S_0$。

说明 类似$\cdots 2p^2$或$\cdots 3p^2$的电子组态所引起的谱项，少于类似$\cdots 2p^1 3p^1$的电子组态所引起的谱项。因为当两个电子占据同一轨道时，泡利不相容原理禁止自旋的平行排列。在这些情形中，谱项的分析需要比这里给出的更多细节。

自测题8C.3 确定以下电子组态产生的谱项：（a）$2s^1 2p^1$，（b）$2p^1 3d^1$。

答案：（a）$^3P_2$，$^3P_1$，$^3P_0$，$^1P_1$；（b）$^3F_4$，$^3F_3$，$^3F_2$，$^1F_3$，$^3D_3$，$^3D_2$，$^3D_1$，$^1D_2$，$^3P_2$，$^3P_1$，$^3P_0$，$^1P_1$。

当自旋－轨道耦合较大时（在高Z的重原子中），拉塞尔－桑德斯耦合失效。此时，电子的各个自旋和轨道动量被耦合成各自的j值；然后，这些动量组合成由Clebsch－Gordan级数给出的总J。这个方案称为***jj*－耦合**（jj－coupling）。例如，在p^2电子组态中，每个电子各自的j值为3/2和1/2。如果每个电子自旋和轨道角动量强烈耦合在一起，最好将每个电子考虑为一个具有角动量$j=3/2$或1/2的粒子。然后，这些各自的总动量耦合如下：

j_1	j_2	J
$\frac{3}{2}$	$\frac{3}{2}$	3, 2, 1, 0
$\frac{3}{2}$	$\frac{1}{2}$	2, 1
$\frac{1}{2}$	$\frac{3}{2}$	2, 1
$\frac{1}{2}$	$\frac{1}{2}$	1, 0

对于重原子，jj－耦合是合适的，最好用这些量子数讨论它们的能量。

尽管应该用jj－耦合来评估重原子的能量，由

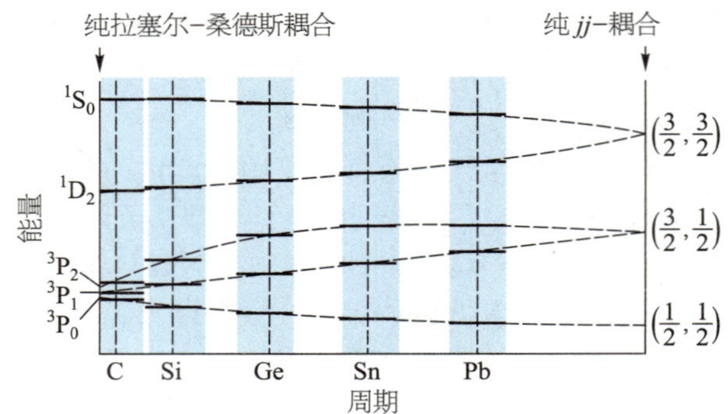

图8C.11 两电子系统中一些状态的关联图。所有原子位于两个极端情形之间，但原子越重，其越接近纯*jj*–耦合

拉塞尔–桑德斯耦合导出的谱项符号仍可用作标记。为了验证为什么这个程序是有效的，有必要考察当自旋–轨道耦合强度增加时，原子状态的能量是如何变化的。这样的**关联图**（correlation diagram）示于图8C.11中。可见，低自旋–轨道耦合（拉塞尔–桑德斯耦合）和高自旋–轨道耦合（*jj*–耦合）两个方案之间有一定的联系，故由拉塞尔–桑德斯方案导出的标记，可以用来标记*jj*–耦合方案的状态。

(d) 洪特规则

已经说明，由给定电子组态产生的各谱项能量不同，因为它们表示的电子角动量的相对方向不同，因而空间分布也不同。对于原子基态电子组态产生的谱项（由其他电子组态产生的谱项则不太可靠），可以用**洪特规则**（Hund' s rules）将其能量进行排序，该规则总结了之前的讨论：

1. 对于给定电子组态，最大多重度的谱项能量最低。

如在专题8B中所讨论的，这个规则是自旋关联的结果，具有平行自旋的电子的量子力学倾向是彼此分开。

2. 对于给定多重度，具有最高*L*值的谱项能量最低。

这个规则可用经典观点来解释，即如果两个电子以相同的方向循环，则它们具有较高的轨道角动量，此时它们彼此分开。如果它们以相反方向循环，它们会相遇。所以，D谱项的能量较相同多重度的S谱项的低。

3. 对于拥有少于半充满壳层的原子，具有最低*J*值的能级的能量最低；对于拥有多于半充满壳层的原子，则具有最高*J*值的能级的能量最低。

这个规则来源于对自旋–轨道耦合的考虑。所以，对于低*J*态，轨道和自旋角动量位于相反方向，相应的磁矩也是如此。那么，从传统意义上讲，磁矩是反平行的，其中一个的N极紧挨另一个的S极，为低能排布。

(e) 选律

原子的任一状态及任一光谱跃迁，可用谱项符号来明确。例如，产生黄色钠双线（示于图8C.7中）的跃迁为

$$3p^1\ {}^2P_{3/2} \rightarrow 3s^1\ {}^2S_{1/2} \qquad 3p^1\ {}^2P_{1/2} \rightarrow 3s^1\ {}^2S_{1/2}$$

按照惯例，上态谱项在前，下态谱项在后。因此，相应的吸收标记为${}^2P_{3/2} \leftarrow {}^2S_{1/2}$及${}^2P_{1/2} \leftarrow {}^2S_{1/2}$（电子组态已被省略）

由8C.1节可知，选律来自跃迁过程中的角动量守恒，以及光子拥有的自旋为1的这一事实。因此，它们可以用谱项符号来表达，因为后者载有有关角动量的信息。详细分析后，可得下列规则：

$$\Delta S = 0,$$

$$\Delta L = 0, \pm 1, \Delta l = \pm 1,$$

$$\Delta J = 0, \pm 1, \text{但} J = 0 \nleftrightarrow J = 0 \qquad \text{原子的选律} \qquad (8C.8)$$

式中符号$\nleftrightarrow$表示禁阻跃迁。有关ΔS的规则（总自旋没有变化）源自电磁辐射不直接影响自旋这一事实。有关ΔL和Δl的规则则表达这样一个事实，即单个电子的轨道角动量必须变化（故$\Delta l = \pm 1$），但这是否会造成轨道角动量总的变化，则有赖于耦合。

当罗索–桑德斯耦合成立时（在那些低*Z*的轻原子中），上面的选律可应用。如果用像^3D一样的符号标记重原子的谱项，那么，随着原子序数的增加，选律会逐渐失效，因为量子数*S*和*L*变得不明确，此时*jj*–耦合变得更加适合。正如上面所

解释的，罗索－桑德斯谱项符号仅为标记重原子谱项的一种方便方式，它们与重原子中电子的实际角动量并无任何直接关联。由于这个原因，单重态和三重态之间的跃迁（$\Delta S = \pm 1$）虽然对轻原子是禁阻的，但在重原子中则是允许的。

概念清单

- □ 1. 如果电子组态中两个电子拥有成对的自旋，则产生**单重态项**；如果两个电子的自旋平行，则产生三**重态项**。
- □ 2. 轨道和自旋角动量之间有磁相互作用。
- □ 3. **自旋－轨道耦合**导致一个谱项的多个能级具有不同的能量。
- □ 4. 光谱中的精细结构是由于跃迁至谱项的不同能级所引起的。
- □ 5. **谱项符号**明确了原子的角动量状态。
- □ 6. 通过使用**Clebsch－Gordan级数**，角动量被组合成合矢量。
- □ 7. 谱项的**多重度**为 $2S+1$ 的值。
- □ 8. 基于**拉塞尔－桑德斯耦合**，可获得轻原子中的总角动量：而对于重原子，则使用 ***jj*－耦合**。
- □ 9. 具有最大多重度的谱项的能量最低。
- □ 10. 对于给定的多重度，具有最大 L 值的谱项的能量最低。
- □ 11. 对于拥有少于半充满壳层的原子，具有最低 J 值的能级的能量最低；对于拥有多于半充满的壳层，具有最高 J 值的能级其能量最低。
- □ 12. 轻原子的选律包含这样一个事实，即总自旋不发生变化。

公式清单

性质	公式	说明	公式编号
自旋－轨道相互作用能	$E_{l,s,j} = \frac{1}{2}hc\tilde{A}[j(j+1) - l(l+1) - s(s+1)]$		8C.4
Clebsch－Gordan 级数	$J = j_1 + j_2, j_1 + j_2 - 1, \cdots, \|j_1 - j_2\|$	J, j 表示任一类角动量	8C.5
选律	$\Delta S = 0$, $\Delta L = 0, \pm 1$, $\Delta l = \pm 1$, $\Delta J = 0, \pm 1$, 但 $J = 0 \not\leftrightarrow J = 0$	轻原子	8C.8

主题 8　原子结构和原子光谱——讨论题、练习题、问题及综合题

专题 8A　类氢原子

讨论题

D8A.1 描述变量分离程序，当其应用于简化在空间自由移动的类氢原子的描述时。

D8A.2 列出并描述确定类氢原子内部状态所需的量子数及其意义。

D8A.3 解释类氢轨道的（a）边界面和（b）径向分布函数的意义。

练习题

E8A.1(a) 指出具有下列能量的氢原子中能级的轨道简并度。

（i）$-hc\tilde{R}_H$；（ii）$-\frac{1}{9}hc\tilde{R}_H$；（iii）$-\frac{1}{25}hc\tilde{R}_H$。

E8A.1(b) 指出具有下列能量的类氢原子（括号内的数字为原子序数Z）中能级的轨道简并度。

（i）$-4hc\tilde{R}_N(2)$；（ii）$-\frac{1}{4}hc\tilde{R}_N(4)$；（iii）$-hc\tilde{R}_N(5)$。

E8A.2(a) 氢原子基态的波函数为Ne^{-r/a_0}，计算归一化常数N。

E8A.2(b) 氢原子的2s轨道的波函数为$N(2-r/a_0)e^{-r/2a_0}$，计算归一化常数N。

E8A.3(a) 计算$n=2, l=0, m_l=0$的电子在核芯处的概率密度。

E8A.3(b) 计算$n=3, l=0, m_l=0$的电子在核芯处的概率密度。

E8A.4(a) 通过对2s径向波函数的微分，证明它有两个振幅极值，并将它们定位。

E8A.4(b) 通过对3s径向波函数的微分，证明它有两个振幅极值，并将它们定位。

E8A.5(a) 半径为何值时，H原子中电子的概率密度降至其最大值的50%？

E8A.5(b) 半径为何值时，H原子中基态的径向分布函数为其最大值的（i）50%及（ii）75%？

E8A.6(a) 指出类氢原子3s轨道中径向节点的位置。

E8A.6(b) 指出类氢原子4p轨道中径向节点的位置。需要知道，在式（8A.10）的表示中，$L_{4,1}(\rho)\propto 20-10\rho+\rho^2$，其中$\rho=\frac{1}{2}Zr/a_0$。

E8A.7(a) d轨道之一的波函数正比于$\cos\theta\sin\theta\cos\phi$，请问在什么角度它具有节面？

E8A.7(b) d轨道之一的波函数正比于$\sin^2\theta\sin 2\phi$，请问在什么角度它具有节面？

E8A.8(a) 对原子序数为Z的类氢原子，写出其中一个2s电子的径向分布函数的表示式，并确定其最大值时的半径。提示：使用数学软件。

E8A.8(b) 对原子序数为Z的类氢原子，写出其中一个3s电子的径向分布函数的表示式，并确定最有可能发现电子时的半径。提示：使用数学软件。

E8A.9(a) 对原子序数为Z的类氢原子，写出其中一个2p电子的径向分布函数的表示式，并确定最有可能发现电子时的半径。提示：使用数学软件。

E8A.9(b) 对原子序数为Z的类氢原子，写出其中一个3p电子的径向分布函数的表示式，并确定最有可能发现电子时的半径。提示：使用数学软件。

E8A.10(a) M壳层中的亚层和轨道各有哪些？

E8A.10(b) N壳层中的亚层和轨道各有哪些？

E8A.11(a) 在下列轨道中，电子的轨道角动量（以$\hbar$的倍数表示）是多少？（i）1s，（ii）3s，（iii）3d；给出每种情形下的角向和径向节点数。

E8A.11(b) 在下列轨道中，电子的轨道角动量（以$\hbar$的倍数表示）是多少？（i）4d，（ii）2p，（iii）3p；给出每种情形下的角向和径向节点数。

E8A.12(a) 对于原子序数为Z的类氢原子，指出其中每个2p轨道径向节点的位置。

E8A.12(b) 对于原子序数为Z的类氢原子，指出其中每个3d轨道径向节点的位置。

问　题

P8A.1 对于2p电子，在哪一点（不是半径）概率密度为最大值？

P8A.2 通过明确的积分证明：（a）类氢1s和2s轨道，以及（b）$2p_x$和$2p_y$轨道相互正交。

P8A.3 书中给出的$\tilde{R}_\infty$值为109737 cm^{-1}，请问氘原子基态的能量是多少？设$m_D=2.01355m_u$。

P8A.4 假设H^+的电离能为54.36 eV，请预测Li^{2+}的电离能。

P8A.5 表7F.1（对于角向分量）和表8A.1（对于径向分量）中给出了类氢轨道的清晰表达式。（a）验证$3p_x$轨道已被归一化，以及$3p_x$和$3d_{xy}$相互正交（提示：证明函数$e^{i\phi}$和$e^{2i\phi}$相互正交就足够）。（b）确定3s、$3p_x$和$3d_{xy}$轨道的径向节点和节面的位置。（c）计算3s轨道的平均半径（提示：使用数学软件）。（d）绘出（b）中三个轨道的径向分布函数图，并讨论图对解释多电子原子性质的意义。

P8A.6 确定p_x和p_y轨道是否为l_z的本征函数？如果不是，是否存在一线性组合，该组合为l_z的一个本征函数？

P8A.7 一个原子的“大小”，有时被考虑为通过球的半径来测量，在该球内最外层占据轨道中发现电子的概率是90%。根据这一定义，计算基态时一个氢原子的“大小”。接下来，考察当定义改变至其他百分数时，“大小”是如何变化的？将结论进行作图。

P8A.8 一些原子性质依赖于$1/r$的平均值，而不是r本身的平均值。对于（a）类氢1s轨道，（b）类氢2s轨道，以及（c）类氢2p轨道，分别计算$1/r$的期望值。（d）$\langle 1/r\rangle$等于$1/\langle r\rangle$吗？

P8A.9 Niels Bohr曾提出了有关氢原子的最著名的过时理论，该理论现已被量子力学替代，但一个惊人的巧合是（并不是唯一一个其中考虑了库仑势能），它预测的能量与那些由薛定谔方程得到的完全吻合。在玻尔原子中，电子在绕原子核的一个

圆圈中运动。库仑吸引力（$Ze^2/4\pi\varepsilon_0 r^2$）被轨道运动的离心效应所平衡。玻尔提出角动量受限于$\hbar$的整数倍。当两个力平衡时，原子维持在静态，直至其发生光谱跃迁。请用玻尔模型计算类氢原子的能量。

P8A.10 问题P8A.9中说明了玻尔的原子模型。(a) 根据量子力学，该模型的哪些特征是站不住脚的？（b）玻尔原子的基态如何与实际的基态不同？（c）基态的玻尔模型和量子力学模型之间，是否有实验区分？

P8A.11 长度和能量的原子单位可基于特定原子的性质。通常的选择是氢原子拥有的长度单位是玻尔半径a_0，能量单位为"Hartree"，E_h，等于1s轨道能量负值的两倍（更为精确地，$E_h = 2hc\tilde{R}_\infty$）。正电子素由绕它们共同的质心轨道运动的一个电子和一个中子（相同质量，相反电荷）所组成。如果使用正电子素原子（e^+, e^-）来类似地定义长度和能量的单位，那么这两组原子单位之间有什么样的联系？

专题 8B　多电子原子

讨论题

D8B.1 描述多电子原子波函数的轨道近似，该近似的局限是什么？

D8B.2 对于多电子原子，根据它们在元素周期表中的位置，概述它们的电子组态。

D8B.3 描述并解释沿元素周期表第二周期第一电离能的变化？在第三周期中的变化相同吗？

D8B.4 描述计算多电子原子轨道和能量的自洽场方法。

练习题

E8B.1(a) 构建电子组态为$1s^1 2s^1$的He原子的一个激发态的波函数。对于1s电子，$Z_{eff} = 2$；对于2s电子，$Z_{eff} = 1$。

E8B.1(b) 构建组态为$1s^1 3s^1$的He原子的一个激发态的波函数。对于1s电子，$Z_{eff} = 2$；对于3s电子，$Z_{eff} = 1$。

E8B.2(a) $l = 3$的亚层可以被多少个电子占据？

E8B.2(b) $l = 5$的亚层可以被多少个电子占据？

E8B.3(a) 写出从Sc至Zn的过渡金属的基态电子组态。

E8B.3(b) 写出从Y至Cd的过渡金属的基态电子组态。

E8B.4(a) 写出Ni^{2+}的电子组态。

E8B.4(b) 写出O^{2-}的电子组态。

E8B.5(a) 考虑元素周期表中第二周期元素的原子，请预测哪个元素具有最低的第一电离能？

E8B.5(b) 考虑元素周期表中第二周期元素的原子，请预测哪个元素具有最低的第二电离能？

问　题

P8B.1 1976年，人们错误地相信在一云母样本中发现了第一个"超重"元素。其原子序数被认为是126。对于这个元素，最内层电子离原子核芯的最概然距离是多少？（在这些元素中，相对论效应十分重要，但这里忽略它们。）

P8B.2 为什么Y原子的电子组态为$[Kr]4d^1 5s^2$？为什么Ag原子的电子组态为$[Kr]4d^{10}5s^1$？

P8B.3 过渡金属Fe、Cu和Mn可形成具有不同氧化态的阳离子。因为这个原因，它们出现在许多氧化还原酶、一些氧化磷酸化和光合成的蛋白质中。解释为何许多过渡金属可形成具有不同氧化态的阳离子？

P8B.4 原子半径和离子半径的一个重要作用是调节血红蛋白对氧的吸收，因为当O_2附着时，伴随着Fe(Ⅱ)至Fe(Ⅲ)的转化，离子半径的变化可触发蛋白质的构象变化。你认为哪一个更大？ Fe^{2+}还是Fe^{3+}？为什么？

P8B.5 铊，一种神经毒素，是元素周期表第13族中最重的成员，最常以+1氧化态形式存在。铝，引起贫血和痴呆，也是该族的一个成员，但其化学性质却由+3氧化态所支配。通过将第13族元素的第一、第二和第三电离能对原子序数作图，研究这个问题。解释你所观察到的趋势。提示：第三电离能I_3是从二价阳离子中移去一个电子所需的最小能量：$E^{2+}(g) \longrightarrow E^{3+}(g) + e^-(g)$，$I_3 = E(E^{3+}) - E(E^{2+})$。所需数据请参见本书网站中提供的原子性质的数据库链接。

专题 8C　原子光谱

讨论题

D8C.1 讨论氢发射光谱中线系的起因。电磁谱的什么区域与图8C.1中所示的每个线系相关联？

D8C.2 明确并解释（a）类氢原子和（b）多电子原子中跃迁的选律。

D8C.3 解释自旋－轨道耦合的起因及它如何影响光谱的形状。

D8C.4 为什么自旋－轨道耦合常数如此强烈地依赖于原子序数？

练习题

E8C.1(a) 确定莱曼线系中最短和最长波长谱线所对应的跃迁。

E8C.1(b) 普丰德（Pfund）线系的$n_1 = 5$，确定普丰德（Pfund）线系中最短和最长波长谱线所对应的跃迁。

E8C.2(a) 计算He^+中$n = 2 \to n = 1$的跃迁的波长、频率和波数。

E8C.2(b) 计算Li^{2+}中$n = 5 \to n = 4$的跃迁的波长、频率和波数。

E8C.3(a) 下列哪个跃迁是类氢原子的电子发射光谱中所允许的？
　(ⅰ) 2s→1s；(ⅱ) 2p→1s；(ⅲ) 3d→2p。

E8C.3(b) 下列哪个跃迁是类氢原子的电子发射光谱中所允许的？

(i) $5d\to2s$；(ii) $5p\to3s$；(iii) $6p\to4f$。

E8C.4(a) 确定电子组态p^1的能级。

E8C.4(b) 确定电子组态f^1的能级。

E8C.5(a) 对于(i)d电子，(ii)f电子，允许的j值是什么？

E8C.5(b) 对于(i)p电子，(ii)h电子，允许的j值是什么？

E8C.6(a) 已知一个原子两个不同状态中的一个电子具有$j=3/2$和1/2。每种情形中，其轨道角动量量子数是多少？

E8C.6(b) 一个复合系统中，$j_1=5$，$j_2=3$，请问允许的总角动量量子数是多少？

E8C.7(a) 关于原子的角动量，谱项符号$^1D_2$提供了哪些信息？

E8C.7(b) 关于原子的角动量，谱项符号$^3F_4$提供了哪些信息？

E8C.8(a) 假设一个原子在不同轨道上分别有：(i)2个和(ii)3个电子，请问总自旋量子数S的可能值是什么？每种情况中的多重度又是多少？

E8C.8(b) 假设一个原子在不同轨道上分别有(i)4个和(ii)5个电子，请问总自旋量子数S的可能值是什么？每种情况中的多重度又是多少？

E8C.9(a) 对于Ni^{2+}，总自旋量子数S和M_S的可能值是什么？

E8C.9(b) 对于V^{2+}，总自旋量子数S和M_S的可能值是什么？

E8C.10(a) 电子组态ns^1nd^1的可能原子谱项是什么？哪一个谱项能量可能最低？

E8C.10(b) 电子组态np^1nd^1的可能原子谱项是什么？哪一个谱项能量可能最低？

E8C.11(a) 在以下谱项中，可能出现的J值分别是什么？属于每个能级的状态(由量子数M_J区分)有多少？

(i) ^1S；(ii) ^2P；(iii) ^3P。

E8C.11(b) 在以下谱项中，可能出现的J值分别是什么？属于每个能级的状态(由量子数M_J区分)有多少？

(i) ^3D；(ii) ^4D；(iii) ^2G。

E8C.12(a) 对于(i)Li [He]$2s^1$和(ii)Na [Ne]$3s^1$，给出可能的谱项符号。

E8C.12(b) 对于(i)Sc [Ar]$3d^{10}4s^2$和(ii)Br [Ar]$3d^{10}4s^24p^5$，给出可能的谱项符号。

E8C.13(a) 计算自旋－轨道耦合引起的、d^1电子组态的两个谱项的能量偏移。

E8C.13(b) 计算自旋－轨道耦合引起的、f^1电子组态的两个谱项的能量偏移。

E8C.14(a) 下列哪个谱项间的跃迁是多电子原子的电子发射光谱中所允许的？

(i) $^3D_2\to{}^3P_1$；(ii) $^3P_2\to{}^1S_0$；(iii) $^3F_4\to{}^3D_3$。

E8C.14(b) 下列哪个谱项间的跃迁是多电子原子的电子发射光谱中所允许的？

(i) $^2P_{3/2}\to{}^2S_{1/2}$；(ii) $^3P_0\to{}^3S_1$；(iii) $^3D_3\to{}^1P_1$。

问　题

P8C.1 汉弗莱斯(Humphreys)线系是氢原子光谱中的一组谱线。它从12 368 nm开始，并已被追踪至3 281.4 nm。请问其中包含哪些跃迁？中间那些跃迁的波长又是多少？

P8C.2 氢原子光谱中涉及一共同能级的一系列谱线，位于456.46 nm、486.27 nm、434.17 nm和410.29 nm。请问该系列谱线中，下一条谱线的波长是多少？当原子处在跃迁的下态时，其电离能是多少？

P8C.3 元素的同位素分布可给出有关在一恒星内部发生的核反应的线索。证明：通过对每个离子同位素，计算跃迁$n=3\to n=2$和$n=2\to n=1$的波数，可用光谱学来确认恒星内$^4He^+$和$^3He^+$的存在。

P8C.4 已知Li^{2+}是类氢的，拥有莱曼线系，位于740 747 cm^{-1}、877 924 cm^{-1}、925 933 cm^{-1}，等等。证明其能级具有$-hc\tilde{R}_{Li}/n^2$的形式，并找出此离子的$\tilde{R}_{Li}$值。接着，预测此离子巴尔末线系两个最长波长跃迁的波数，并获得其电离能。

P8C.5 中性Li原子光谱中的一系列谱线由$1s^22p^1$ ^2P和$1s^2nd^1$ ^2D之间的跃迁引起，出现在610.36 nm、460.29 nm和413.23 nm。d轨道是类氢的。已知从^2P至^2S谱项(来源于基态电子组态$1s^22s^1$)的跃迁出现在670.78 nm，计算基态原子的电离能。

P8C.6 W. P. Wijesundera等[*Phys. Rev. A*, **51**, 278 (1995)]曾试图测定铹(103号元素)的基态电子组态。两个竞争的电子组态为[Rn]$5f^{14}7s^27p^1$和[Rn]$5f^{14}6d7s^2$。对于每个电子组态，写出谱项符号，并确定每个电子组态中的最低能级。根据自旋－轨道耦合的简单估计，哪个能级的能量最低？

P8C.7 K原子的一条发射谱线被发现有两个间距很小的组分，一个在766.70 nm，另一个在770.11 nm。解释这一结果，并推断能得到的信息。

P8C.8 计算氘的质量。已知^1H的莱曼谱系中的第一条谱线位于82 259.098 cm^{-1}，而^2H的莱曼谱系中的第一条谱线则位于82 281.476 cm^{-1}。计算^1H和^2H电离能的比值。

P8C.9 电子偶素由绕它们共同质心轨道运动的一个电子和一个正电子(相同质量，相反电荷)组成，因而预期光谱的大致特征与氢相似，差异主要来源于质量的不同。预测电子偶素的巴尔末谱系的前三条谱线的波数；电子偶素基态的结合能是多少？

P8C.10 Zeeman效应是指强磁场作用下对原子光谱的修正。它源自外加磁场及轨道和自旋角动量引起的磁矩之间的相互作用(回忆专题8B中Stern－Gerlach实验提供的电子自旋的证据)。在涉及单重态的跃迁中，观察到了所谓的正常Zeeman效应，为了对该效应有一定了解，考虑一个p电子，其$l=1$及$m_l=0,\pm1$。在没有磁场时，这三个状态是简并的。当一强度为$\mathcal{B}$的磁场存在时，简并度被移去，观察到$m_l=+1$的状态其能量上移了$\mu_B\mathcal{B}$，$m_l=0$的状态能量不变，而$m_l=-1$的状态其能量则下移了$\mu_B\mathcal{B}$，式中$\mu_B=e\hbar/2m_e=9.274\times10^{-24}\ J\cdot T^{-1}$，为"玻尔磁子"。所以，在有磁场存在时，$^1S_0$谱项和$^1P_1$谱项之间的跃迁可由三条谱线组成，而在没有磁场存在时，则只有一条谱线。(a)计算在强度为2T($1\ T=1\ kg\cdot s^{-2}\cdot A^{-1}$)的磁场存在下，$^1S_0$谱项和$^1P_1$谱项之间的跃迁的三条谱线之间的裂分(用$cm^{-1}$表示)；(b)将(a)中计算的值与典型的光跃迁波数(如H原子巴尔末谱系的那些)相比较，由正常Zeeman效应引起的谱线裂分是相对较小还是相对较大？

P8C.11 类氢原子的一些选律已在书中导出。考虑电偶极矩算符的x和y分量，并完成推导。

P8C.12 氢是所有星球中最丰富的元素。但是，由中性氢所引起的吸收谱线和发射谱线都没有在有效温度高于25 000 K的星系的光谱中发现。解释这个观测结果。

主题 8　原子的结构和原子光谱

综合题

I8.1 在H^+基态上的一个电子，发生跃迁至量子数为$n=4$，$l=1$，$m_l=+1$的状态。(a) 用谱项符号描述该跃迁。(b) 计算该跃迁的波长、频率和波数。(c) 由于跃迁，电子的平均半径变化了多少？需要知道，类氢轨道的平均半径为

$$r_{n,l,m_l}=\frac{n^2a_0}{Z}\left\{1+\frac{1}{2}\left[1-\frac{l(l+1)}{n^2}\right]\right\}$$

I8.2 高度激发的原子具有大主量子数的电子，这类里德伯原子具有独特的性质，为天体物理学家所感兴趣。(a) 对于具有大n的氢原子，推导能级间隔的关系式。(b) 当$n=100$时，计算该能级间隔；同时计算平均半径（参见上一题）和电离能。(c) 与另一个氢原子的热碰撞是否能离子化这个里德伯原子？(d) 所需的第二个原子的最小速率是多少？(e) 对于一个100s轨道，画出径向波函数的可能形式。

I8.3 原子束的Stern－Gerlach裂分较小，为了观察，需要大的磁场梯度或长磁体。对于轨道角动量为零的原子束，如H或Ag，其偏移由$x=\pm(\mu_B L^2/4E_k)\mathrm{d}\mathcal{B}/\mathrm{d}z$给出，式中$\mu_B$是玻尔磁子（参见问题P8C.10），$L$是磁体长度，$E_k$是束中原子的平均动能，$\mathrm{d}\mathcal{B}/\mathrm{d}z$是穿过束的磁场梯度。若要用长度为50 cm的磁体，使来自温度为1000 K的炉中的银原子束产生1.00 mm的裂分，请计算所需的磁场强度。

主题 9
分子结构

主题8中提出的一些概念，特别是那些有关轨道的概念，可以扩展开来描述分子的电子结构。目前，描述分子电子结构的两个主要量子力学理论为："价键理论"（以共用电子对的概念为核心）及"分子轨道理论"（将电子处理为分布在分子中所有的原子核上）。

引言 玻恩－奥本海默近似

这里所探讨的理论和对光谱结果的解释（主题11）均以"玻恩－奥本海默近似"为出发点，它将分子中原子核和电子的相对运动进行了分离。

9A 价键理论

本专题的核心概念是共用电子对的波函数，并用其解释各种分子的结构。该理论介绍了化学中广泛应用的σ键和π键、激发和杂化等概念。

9A.1 双原子分子；9A.2 共振；9A.3 多原子分子

9B 分子轨道理论：氢分子离子

在分子轨道理论中，我们将原子轨道的概念扩展到"分子轨道"，即遍及分子中所有原子的波函数。本专题将主要以氢分子离子为例进行探讨，从而为该理论在更复杂分子上的应用奠定基础。

9B.1 原子轨道的线性组合；9B.2 轨道符号

9C 分子轨道理论：同核双原子分子

我们将建立的氢分子离子的分子轨道原理扩展到其他同核双原子分子和离子。两者的主要区别在于同核双原子分子的所有价层原子轨道都必须包括在内，且它们会产生更多不同的分子轨道。在本专题，我们将原子的构造原理扩展到分子轨道的填充中，并用于预测分子和离子的电子组态。

9C.1 电子组态；9C.2 光电子能谱

9D 分子轨道理论：异核双原子分子

异核双原子分子的分子轨道理论引入了两个原子上的原子轨道对分子轨道贡献不均等的可能性，即分子是极性的，可以用电负性的概念来表示极性。本专题主要介绍如何用量子力学理论来计算由不同原子轨道重叠所形成的分子轨道的形式及其能量。

9D.1 极性键与电负性；9D.2 变分原理

9E 分子轨道理论：多原子分子

大多数分子是多原子的，因此对它们的电子结构做出解释是很重要的。“休克尔方法”是早期解释平面共轭多烯电子结构的一种估算方法，它采用了粗糙的近似处理，但为更复杂的计算过程奠定了基础，后者催生了理论计算化学这一巨大而充满活力的领域。在这个领域里，可以通过精密的计算来预测分子的性质。本专题将简要介绍计算过程及其结果。

9E.1 休克尔近似；9E.2 应用；9E.3 计算化学

网络资源 这部分内容有何应用?

本主题中介绍的概念充斥于整个化学，并贯穿于全书。以两个生化方面的问题为例，在“应用案例 14”中，我们利用一些简单的概念来解释生命体中发生的小分子反应。“应用案例 15”则简单介绍计算化学在解释几个重要的生物分子热力学性质和光谱性质中的贡献。

引言

玻恩－奥本海默近似

所有的分子结构理论从一开始就进行了同样的简化，虽然氢原子的薛定谔方程可以精确地求解，但是对于任何一个分子来说，都不可能获得其薛定谔的精确解，因为即使最简单的分子也是由三个粒子（两个原子核和一个电子）组成的。因此，通常采用**玻恩－奥本海默近似**（Born－Oppenheimer approximation）进行处理。在这种近似法中，由于原子核比电子重得多，移动相对缓慢。因此，当电子在原子核的场中运动时，原子核可以被视为静止。也就是说，假设原子核固定在任意位置，然后可以求解薛定谔方程，得到单独电子的波函数。

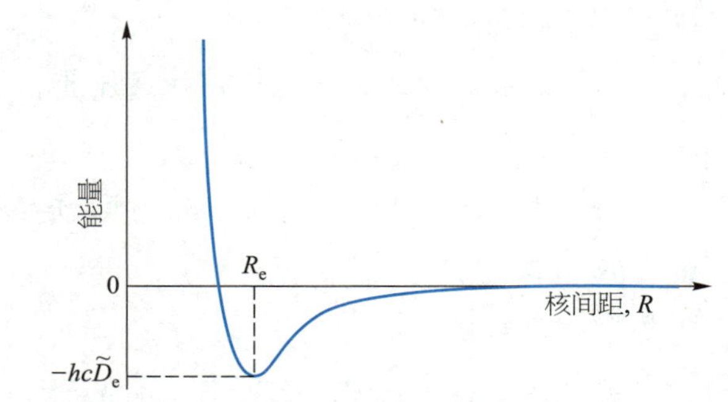

图9.1　分子势能曲线图（平衡键长对应能量的最小值）

对双原子分子，使用玻恩－奥本海默近似时，设置核间距为一个固定值，可以求解电子的薛定谔方程并计算能量。在此基础上，计算不同核间距下对应的能量值，我们可以探讨分子能量随键长的变化规律，得到**分子势能曲线**（molecular potential energy curve，如图9.1所示）。由于静止原子核的动能为零，所以它被称为分子势能曲线。一旦通过计算或实验测量（使用主题11中描述的光谱技术）确定了这条曲线，就可以确定**平衡键长** R_e（equilibrium bond length，即曲线最小值处的核间距离）及键的**解离能** $hc\tilde{D}_0$（bond dissociation energy，其与井深 $hc\tilde{D}_e$ 即势能最小值低于分隔无限远的静态原子能量的差值密切相关）。当多原子分子中的多个分子参数发生变化，如键长和键角不同时，整个分子能量发生改变，即可获得一个势能面。分子的整体平衡形状对应于势能面的全局能量最低。

专题9A

价键理论

▶ 为何需要学习这部分内容?

由价键理论引入的语言被广泛应用于化学中，特别是在对有机化合物的性质和反应的描述中。

▶ 核心思想是什么?

当一个原子的原子轨道上的一个电子与另一个原子的原子轨道上的一个电子的自旋配对时，就形成了键。

▶ 需要哪些预备知识?

需要了解原子轨道（专题8A）以及归一化和正交性的概念（专题7C）。本专题内容也用到泡利原理（专题8B）。

先通过考察氢分子中的化学键来介绍价键理论（VB理论），然后将其基本概念应用于所有双原子和多原子分子及离子。

9A.1 双原子分子

对于在两个相距甚远的每个氢原子上的一个电子，其空间波函数为

$$\Psi(1,2)=\psi_{\text{H1s}_\text{A}}(\boldsymbol{r}_1)\psi_{\text{H2s}_\text{B}}(\boldsymbol{r}_2) \tag{9A.1}$$

如果电子1在原子A的H1s原子轨道上，而电子2在原子B的H1s原子轨道上，则此波函数可以简写成$\Psi(1,2)=\psi_\text{A}(1)\psi_\text{B}(2)$。当A、B两个原子靠近时，不能确定在原子A上的是电子1还是电子2，因此，用$\Psi(1,2)=\psi_\text{A}(2)\psi_\text{B}(1)$进行描述同样也是合理的。这种情况下，电子2在A上，电子1在B上。当这两种结果在量子力学中的概率相同时，系统的真实状态就可描述为各种可能情况的波函数的叠加（专题7C）。因此，相比于任意一个单独波函数，对分子更好的描述应是这些波函数的线性组合（未归一化）之一，即$\Psi(1,2)=\psi_\text{A}(1)\psi_\text{B}(2)\pm\psi_\text{A}(2)\psi_\text{B}(1)$。结果表明，具有更低能量的组合应是中间为"+"号的那个。所以，H_2分子中电子的价键波函数是

$$\Psi(1,2)=\psi_\text{A}(1)\psi_\text{B}(2)+\psi_\text{A}(2)\psi_\text{B}(1) \quad \text{价键波函数} \tag{9A.2}$$

该线性组合较分离的原子或带"–"号的那个线性组合能量更低的原因可追溯至由$\psi_\text{A}(1)\psi_\text{B}(2)$和$\psi_\text{A}(2)\psi_\text{B}(1)$所表示的两个波型之间的相长干涉，以及所产生的电子在核间区域概率密度的增加（参见图9A.1）。

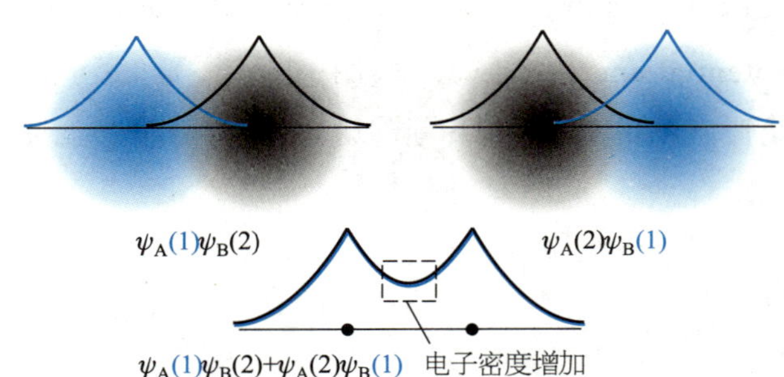

图9A.1 很难表示价键波函数，因为它们同时涉及两个电子。这里的图示为一种尝试。电子1的原子轨道用蓝色阴影表示，电子2的原子轨道用灰色阴影表示。左边的插图表示$\psi_\text{A}(1)\psi_\text{B}(2)$，右边的插图表示$\psi_\text{A}(2)\psi_\text{B}(1)$，当这两种贡献叠加在一起时，蓝色贡献之间及灰色贡献之间有干涉，导致电子在核间区域的概率密度增强

简要说明9A.1

式（9A.2）中的波函数可能看起来很抽象，但实际上可以用简单的指数函数来表示。如果使用专题8A中给出的H1s轨道$(Z=1)$的波函数，r为电子到各个原子核的距离，则可以得到以下等式：

$$\Psi(1,2)=\overbrace{\frac{1}{(\pi a_0^3)^{1/2}}\mathrm{e}^{-r_{A1}/a_0}}^{\psi_A(1)}\times\overbrace{\frac{1}{(\pi a_0^3)^{1/2}}\mathrm{e}^{-r_{B2}/a_0}}^{\psi_B(2)}+\overbrace{\frac{1}{(\pi a_0^3)^{1/2}}\mathrm{e}^{-r_{A2}/a_0}}^{\psi_A(2)}\times\overbrace{\frac{1}{(\pi a_0^3)^{1/2}}\mathrm{e}^{-r_{B1}/a_0}}^{\psi_B(1)}$$

$$=\frac{1}{\pi a_0^3}[\mathrm{e}^{-(r_{A1}+r_{B2})/a_0}+\mathrm{e}^{-(r_{A2}+r_{B1})/a_0}]$$

式中r_{A1}是电子1到原子核A的距离，r_{B2}是电子2到原子核B的距离，以此类推。

式（9A.2）中的波函数所描述的电子分布称为**σ键**（**σ bond**）。σ键围绕核间轴呈圆柱形对称。由于当沿着核间轴观察时，它就像s轨道中的一对电子，所以被称为σ键（在希腊语中，σ等价于s）。

化学工作者认为，当原子轨道重叠时，两个电子的自旋成对，从而形成共价键。可以证明，自旋作用的起因是式（9A.2）中的波函数只能由两个自旋配对的电子形成。

如何完成？9A.1 价键理论中电子对起源的建立

泡利原理要求两个电子的全波函数，即含自旋的波函数，在电子标号互换后改变符号（专题8B）。两个电子的整体价键波函数为

$$\Psi(1, 2) = [\psi_A(1)\psi_B(2) + \psi_A(2)\psi_B(1)]\sigma(1, 2)$$

其中σ表示波函数的自旋分量。当标号1和2互换后，这个波函数就变成

$$\Psi(2, 1) = [\psi_A(2)\psi_B(1) + \psi_A(1)\psi_B(2)]\sigma(2, 1)$$
$$= [\psi_A(1)\psi_B(2) + \psi_A(2)\psi_B(1)]\sigma(2, 1)$$

泡利原理要求$\Psi(1, 2) = -\Psi(2, 1)$，这只有当$\sigma(2, 1) = -\sigma(1, 2)$时才能满足上述要求。具有此属性的两个电子自旋的组合为

$$\sigma_-(1, 2) = \frac{1}{2^{1/2}}[\alpha(1)\beta(2) - \beta(1)\alpha(2)]$$

其对应于成对的电子自旋（专题8B）。因此，如果电子自旋配对，则可以获得更低能量的状态，并因而形成化学键。自旋配对本身并不是目的，而是一种途径，借此获得对应低能量的波函数及其隐含的概率分布。

H_2的价键描述可以应用于其他同核双原子分子。例如，对N_2的讨论是以每个原子的价电子组态，即$2s^22p_x^12p_y^12p_z^1$，为出发点。在线形分子中，通常将Z轴视为核间轴。因此，每个原子被想象为有一个$2p_z$轨道指向另一个原子上的$2p_z$轨道（图9A.2），而$2p_x$和$2p_y$轨道则垂直于该核间轴。然后，两个$2p_z$轨道中的两个电子之间自旋配对，从而形成一个σ键。它的空间波函数由式（9A.2）给出，但现在ψ_A和ψ_B代表两个$2p_z$轨道。

其余的N2p轨道（$2p_x$和$2p_y$）不能融合形成σ键，因为它们不具有绕核间轴的圆柱形对称性。相反，它们融合形成两个“π键”。**π键**（**π bond**）是由并排靠近的两个p轨道中的电子自旋配对所引起的（图9A.3）。之所以称之为“π键”是由于当沿着核间轴观察时，π键就像p轨道中的一对电子（p的希腊语为π）[1]。

在N_2中有两个π键，一个是由两个相邻的$2p_x$轨道上的电子自旋配对而成的，另一个则是由两

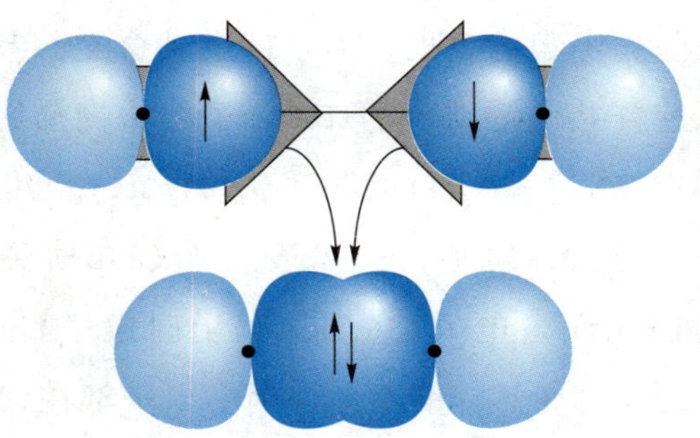

图9A.2 两个共线p轨道中电子之间的自旋成对及轨道重叠导致形成一个σ键

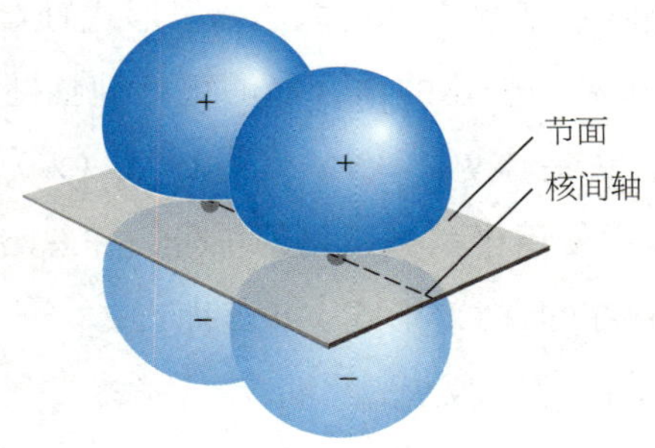

图9A.3 π键是由垂直于核间轴的两个p轨道中的电子之间的自旋成对和轨道重叠所致。该键拥有两瓣电子密度，由一个节面隔开

1 π键也可以由具有合适空间方位的d轨道形成。

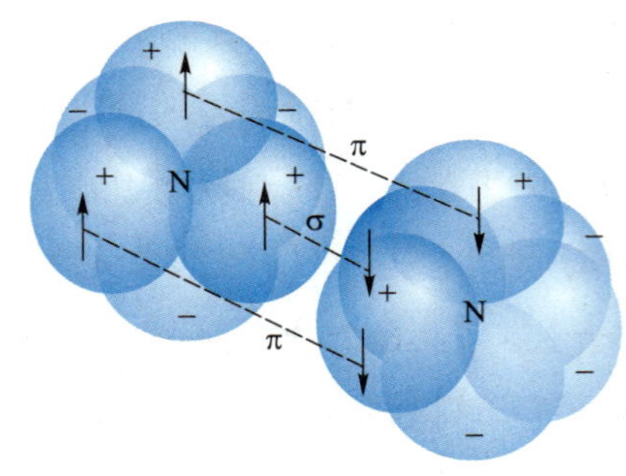

图9A.4　氮分子中的成键结构，由一个σ键和两个π键组成。整体电子云密度绕核间轴呈圆柱形对称分布

个相邻的$2p_y$轨道上的电子自旋配对而成的。因此，N_2中的总体成键形式是一个σ键加两个π键（图9A.4），这与N_2的Lewis结构（$:N\equiv N:$）是一致的。

9A.2　共振

由价键理论引入化学的另一个术语是**共振**（resonance），即表示相同原子核骨架中不同电子分布的波函数的叠加。为了理解其含义，考察一个以纯粹共价键结合的HCl分子的价键描述，其可写作$\Psi_{H—Cl}=\psi_A(1)\psi_B(2)+\psi_A(2)\psi_B(1)$，其中$\psi_A$代表一个H1s轨道，$\psi_B$代表一个Cl3p轨道。这种描述允许当电子2在Cl原子上时电子1在H原子上，反之亦然。但不允许两个电子都在Cl原子上［$(\Psi_{H^+Cl^-}=\psi_B(1)\psi_B(2)$，代表离子形式$H^+Cl^-$］或者两个电子同时存在于H原子上［$\Psi_{H^-Cl^+}=\psi_A(1)\psi_A(2)$，表示更不可能的离子形式$H^-Cl^+$］。共价表述和离子表述的结合能够更好地描述分子波函数，可以写作$\Psi_{HCl}=\Psi_{H—Cl}+\lambda\Psi_{H^+Cl^-}$（$\lambda$为非零系数），其中使用了稍微简化的符号，并忽略了几乎不可能存在的H^-Cl^+形式。一般而言：

$$\Psi=\Psi_{covalent}+\lambda\Psi_{ionic} \qquad (9A.3)$$

式中$\Psi_{covalent}$为纯共价键形式的两电子波函数，Ψ_{ionic}为纯离子键形式的两电子波函数。本例中，其中一个结构是纯共价形式的，另一个是纯离子形式的。因此，它被称为**离子－共价共振**（ionic-covalent resonance）。此（非归一化的）波函数，称为**共振杂化式**（resonance hybrid），可解释为：当考察一个分子时，发现它呈现离子结构的概率与λ^2成正比。如果$\lambda^2\ll1$，波函数中共价表述占主导地位；而当$\lambda^2\gg1$时，则离子表述占主导地位。共振并非两种状态之间的一种摇曳，而是两者属性的一种混合。它只是一种数学工具，借此得到比任何仅由一种电子结构贡献所代表的波函数更接近分子真实波函数。

变分原理（variation principle）提供了一种计算λ值的系统方法：

> 当采用任意波函数计算能量时，计算值将永远不小于其真实能量。　　变分原理

（这一原理将在专题9C中导出并使用。）这里，我们称任意波函数为**尝试波函数**（trial wavefunction）。该原理意味着，如果能量，即哈密顿算符的期望值，是由具有不同λ值的多种尝试波函数计算得到的，那么λ的最佳值将对应最低的能量值。因而，离子态波函数对共振的贡献与λ^2成正比。

简要说明9A.2

考虑由式（9A.3）所描述的一个键，如果当$\lambda=0.1$时，分子的能量达到最低，那么分子中键的最佳表述形式为波函数$\Psi=\Psi_{covalent}+0.1\Psi_{ionic}$所描述的一种共振结构。这一波函数意味着在此分子中共价形式分子和离子形式分子出现的概率比为100∶1（因为$0.1^2=0.01$）。

9A.3　多原子分子

多原子分子中的每一个σ键都是由围绕着相关核间轴呈圆柱形对称的原子轨道中的电子自旋配对所形成的。同样地，π键则是由具有适当对称性的原子轨道中电子的配对所形成的。

简要说明9A.3

对水分子的价键描述如下：一个氧原子的价电子组态为$2s^2 2p_x^2 2p_y^1 2p_z^1$。氧原子的2p轨道中的两个未配对电子可以各自与H1s轨道中的一个电子配对，每次结合形成一个σ键（每个键绕各自的O－H核间轴呈圆柱形对称）。由于$2p_y$轨道和$2p_z$轨道彼此垂直，这两个σ键也彼此垂直（图9A.5）。因此，可以预测水分子为角形分子，这与实际是相符的。然而，理论预测的键角为90°，而实际键角为104.5°。

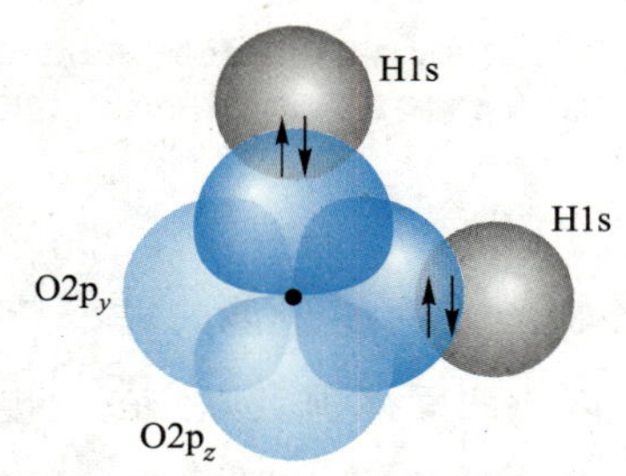

图9A.5 在H_2O分子结构图中，每个键由一个H1s电子和一个O2p电子的相互重叠和自旋配对形成

共振在多原子分子的价键理论描述中起着重要的作用。最著名的共振例子之一是价键理论对苯的描述，其中分子的波函数被写为两个共价Kekulé结构的多电子波函数的叠加：

$$\Psi=\Psi(⌬)+\Psi(⌬) \tag{9A.4}$$

这两种结构具有相同的能量，因此它们对叠加形成新的波函数的贡献是相等的。在这种情况下，共振［用双头箭头（1）表示］的效果是将双键特性分布在环上，并使所有碳碳键的长度和强度相同。共振概念的引入使波函数得到了改善，因为它允许电子调整为能量更低的分布。这种能量降低被称为分子的**共振稳定**（resonance stabilization），根据价键理论，共振稳定在很大程度上是芳香环结构异常稳定的原因。共振的结果总是降低能量，当两种结构有相似的能量时，能量降低程度是最大的。如果允许掺和少量如（2）所示的离子结构，即考虑离子－共价共振的情况，则苯的波函数还将得到进一步改善，计算得到的分子能量也将进一步降低。

1

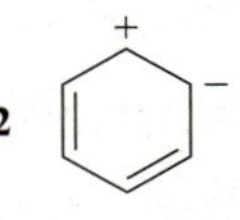

（a）激发

价键理论原始形式的一个缺陷是它不能解释碳通常的四价（它形成四个键的能力）。碳的基态电子组态是$2s^2 2p_x^1 2p_y^1$，这表明一个碳原子应该只能形成两个键，而不是四个。

当允许电子被**激发**（promotion）到更高能量的轨道上时，该缺陷即可得到克服。例如，在碳原子中，将一个2s电子激发到一个2p轨道可以导致其电子组态变为$2s^1 2p_x^1 2p_y^1 2p_z^1$，其中，四个未配对电子在单独的轨道上。这些电子可能与由其他四个原子提供的轨道（如CH_4分子中的四个H1s轨道）中的四个电子配对，从而形成四个σ键。虽然激发电子需要能量，但被激发原子形成四个键所释放的能量与未激发原子形成两个键时所释放的能量差可以补偿激发所需要的能量。

电子激发以形成四个键是碳的一个特征，因为激发所需要的能量很小，被激发的电子离开一个全满的2s轨道，进入一个空2p轨道，能够明显缓解其基态时电子与电子间的相互排斥作用。然而，激发不是一个原子因何种原因被激发而形成键的“真实”发生的过程，而是对成键过程中总体能量改变的概念上的描述。

简要说明9A.4

硫可以形成六个键（一个“扩展的八面体”），如分子SF_6中的S原子。由于S原子的基态电子组态为$[Ne]3s^2 3p^4$，这种形成六个键的成键形式需要将一个3s电子和一个3p电子激发到能量相近的两个不同3d轨道上，从而产生$[Ne]3s^1 3p^3 3d^2$这一假想的电子组态，六个不同轨道上的价电子可与六个F原子提供的六个电子形成键。

（b）杂化

价键理论对CH_4分子（及其他烷烃分子）中的成键描述仍然是不完整的，因为它意味着存在同一种类型的三个σ键（由H1s和C2p轨道形成）和一个性质明显不同的第四个σ键（由H1s和C2s形成）。当认为激发原子的电子密度分布等价于在同一原子中电子填充在C2s和C2p轨道重叠形成的

杂化轨道（hybrid orbital）中的电子密度分布时，就能解决这个问题。杂化的起源可以理解为把原子中的四个原子轨道看作以核为中心，在不同区域产生相长干涉或相消干涉作用的波，进而形成四个新的形状。

当考虑CH_4的四面体排布时，可以构造出形成四个等价杂化轨道的特定线性组合。

如何完成？ 9A.2 构造四面体杂化轨道

四面体结构中的每根键都可以看作指向单位立方体（3）的一个顶点。假设每个杂化轨道都可以写成$h = as + b_x p_x + b_y p_y + b_z p_z$的形式。对于指向坐标为（1, 1, 1）的顶点的杂化轨道h_1，三个p轨道必须有相等的贡献，所以三个系数b可以设置为彼此相等，上式可简化为$h_1 = as + b(p_x + p_y + p_z)$。另外三个杂化轨道的成分相同（它们是等价的，仅在空间中的方向存在差异），但与h_1正交。这种正交性可以通过在总组成相同时为p轨道选择不同的符号来实现。例如，选择$h_2 = as + b(-p_x - p_y + p_z)$，正交条件为

$$\int h_1 h_2 d\tau = \int [as+b(p_x+p_y+p_z)][as+b(-p_x-p_y+p_z)]d\tau$$

$$= a^2 \overbrace{\int s^2 d\tau}^{1} - b^2 \overbrace{\int p_x^2 d\tau}^{1} - \cdots - ab \overbrace{\int sp_x d\tau}^{0} - \cdots - b^2 \overbrace{\int p_x p_y d\tau}^{0} + \cdots$$

$$= a^2 - b^2 - b^2 + b^2 = a^2 - b^2 = 0$$

3

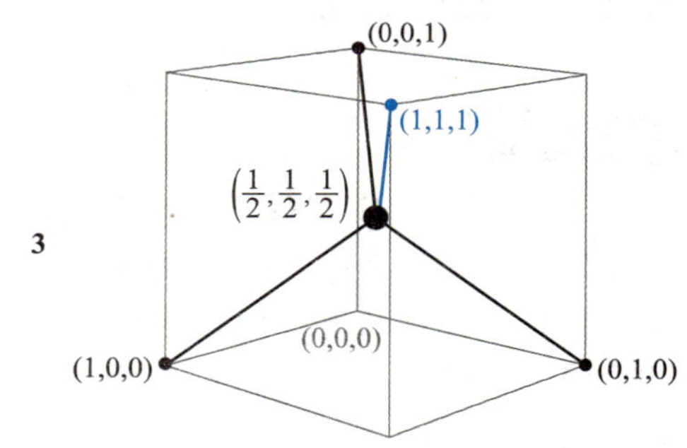

积分值源于原子轨道的归一化和相互正交性（专题7C）。由此得出一个解是$a = b$（另一解为$a = -b$，对应于为p轨道选择不同的绝对相位），且两个杂化轨道是$h_1 = s + p_x + p_y + p_z$和$h_2 = s - p_x - p_y + p_z$。类似地，可得到另外两个杂化轨道是$h_3 = as + b(-p_x + p_y - p_z)$或$h_4 = as + b(p_x - p_y - p_z)$。归纳起来有

$$h_1 = s + p_x + p_y + p_z \quad h_2 = s - p_x - p_y + p_z$$
$$h_3 = s - p_x + p_y - p_z \quad h_4 = s + p_x - p_y - p_z \quad \text{sp}^3\text{杂化轨道} \qquad (9A.5)$$

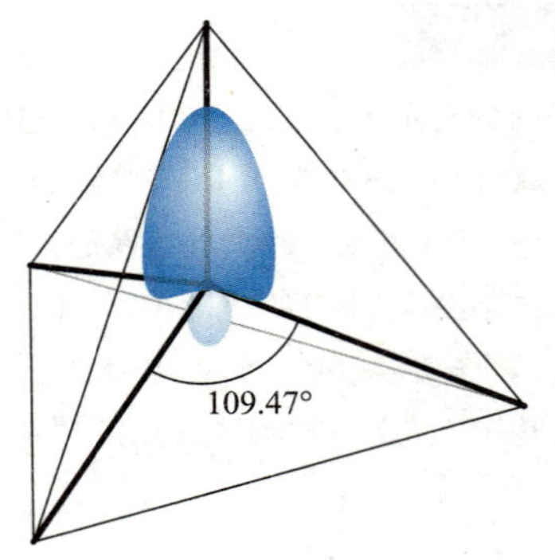

图9A.6 由同一原子上的s和p轨道相互重叠形成的sp^3杂化轨道。有四个这样的杂化轨道：每一个都指向正四面体的一个顶点。总电子密度保持球形对称

由于各轨道之间的干涉，每个杂化轨道都含有一个指向正四面体顶点方向的大电子云波瓣（图9A.6）。杂化轨道轴之间的夹角是四面体角，即$\arccos(-\frac{1}{3}) = 109.47°$。因为每个杂化轨道都是由一个s轨道和三个p轨道构成的，所以它被称为sp^3**杂化轨道**（sp^3 hybrid orbital）。

现在，我们可以直截了当地理解价键理论对CH_4分子的描述是如何产生含有四个等价C—H键的四面体分子。激发后的C原子的每个杂化轨道都包含单个未成对的电子，一个H1s电子可以与其中的每个电子配对，从而产生指向四面体顶点的一个σ键。例如，由杂化轨道h_1和$1s_A$轨道形成的键的（未归一化的）两电子波函数是

$$\Psi(1,2) = h_1(1)\psi_{H1s}(2) + h_1(2)\psi_{H1s}(1) \qquad (9A.6)$$

对于H_2分子，为了得到这种波函数形式，由价键理论描述的两个电子必须配对。因为每个sp^3杂化轨道都具有相同的成分，所以所有四个σ键都是等同的，除了它们在空间中的取向不同（图9A.7）。

由于s轨道与p轨道正半叶之间的相长干涉，导致杂化轨道在核间区域振幅增强。因此，它成键时的键强大于由单个s或p轨道形成键的强度。这种增加的键强也是另一个有助于补偿电子激发所需能量的因素。

N个原子轨道的杂化总是形成N个杂化轨道，这些轨道可以形成键或含有**孤对电子**（lone pairs of electrons），即不直接参与成键的电子对（但可

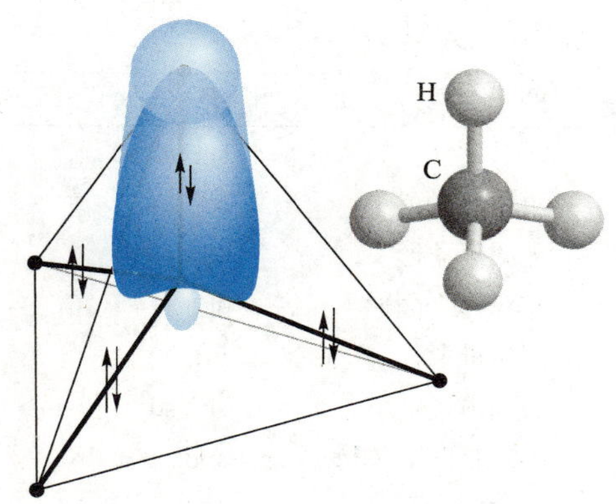

图9A.7 每个sp^3杂化轨道通过与位于四面体顶点处的一个H1s轨道重叠形成一个σ键，该模型与CH_4中四个键的等价性一致

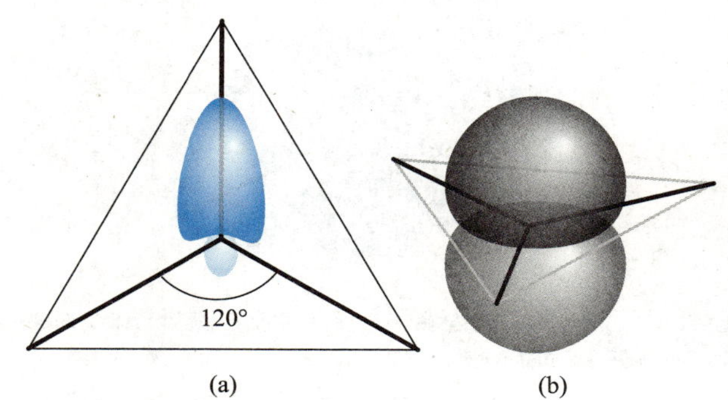

图9A.8 （a）一个s轨道和两个p轨道可以杂化形成三个指向等边三角形三个顶点的等价轨道。（b）剩余未杂化p轨道与平面垂直

能影响分子的形状）。

简要说明9A.5

为了能用价键理论来解释观察到的H_2O分子中键角为104.5°，我们必须假设氧原子的2s轨道和三个2p轨道杂化。作为一级近似，假设它们杂化形成四个等价的sp^3杂化轨道。其中四个电子成对并占据两个杂化轨道，成为孤对电子；剩下的两个电子与H原子上的两个电子配对形成两个夹角为109.5°的O—H键。实际的杂化方式与假设是稍有区别的，这可以解释为什么观察到的键角并非精确的四面体夹角。

杂化也可以用来描述乙烯分子$H_2C{=}CH_2$的结构和双键抗扭转的刚性。乙烯分子是平面结构的，H—C—H和H—C—C键角接近120°。每个C原子被看作激发为$2s^12p^3$电子组态进而形成σ键结构。然而，这里并未采用所有四个轨道进行杂化，而是形成了**sp^2杂化轨道**（sp^2 hybrid orbital），其形式为

$$h_1 = s + 2^{1/2}p_y$$

$$h_2 = s + \left(\frac{3}{2}\right)^{1/2}p_x - \left(\frac{1}{2}\right)^{1/2}p_y \qquad sp^2\text{ 杂化轨道} \qquad (9A.7)$$

$$h_3 = s - \left(\frac{3}{2}\right)^{1/2}p_x - \left(\frac{1}{2}\right)^{1/2}p_y$$

这些杂化轨道位于一个平面内，指向等边三角形的三个顶点，彼此间的夹角为120°（图9A.8）。第三个$2p_z$轨道不参与杂化，它位于垂直于杂化轨道形成的平面的轴上。我们使用符号不同的系数来保证杂化是相互正交的，也保证了原

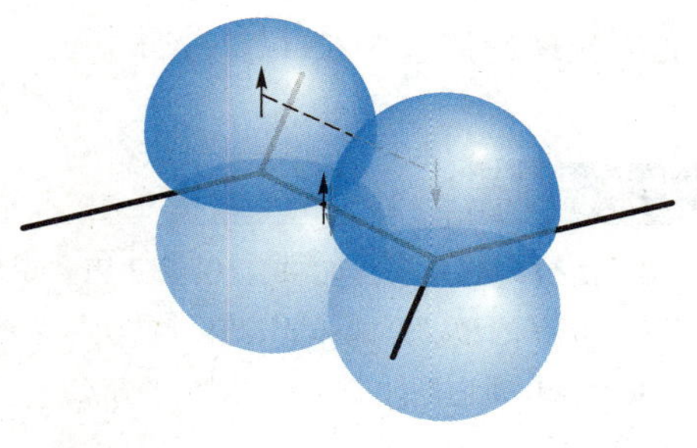

图9A.9 乙烯分子中双键结构的示意图（图中仅明确地显示π键）

子轨道间的相长干涉发生在不同的空间区域，从而得到插图中的模型。sp^2杂化的C原子与另一个C原子上的杂化轨道或H1s轨道自旋配对形成三个σ键。因此，σ键骨架包含彼此成120°的C—H和C—C σ键。当两个$—CH_2$基团位于同一平面时，两个未杂化的p轨道中的电子可以配对并形成π键（图9A.9）。这种π键的形成将分子骨架固定为平面结构，因为一个$—CH_2$基团相对于另一个$—CH_2$基团的任何旋转都会导致π键的削弱（从而会增加分子的能量）。

相同的描述过程也可应用于线形的乙炔分子HC≡CH。这里，C原子采用**sp杂化**（sp hybridization），杂化原子轨道形成σ键，其形式为

$$h_1 = s + p_z \qquad h_2 = s - p_z \qquad sp\text{ 杂化轨道} \qquad (9A.8)$$

这两个杂化轨道沿着核间轴（通常是线性分子中的z轴）方向。它们中的电子与另一个C原子上对应的杂化轨道中的电子或H1s轨道中的一个电子配对成键。每个原子上剩余的两个与核间轴垂直的p轨道上的电子则可以配对形成两个垂直的π键（图9A.10）。

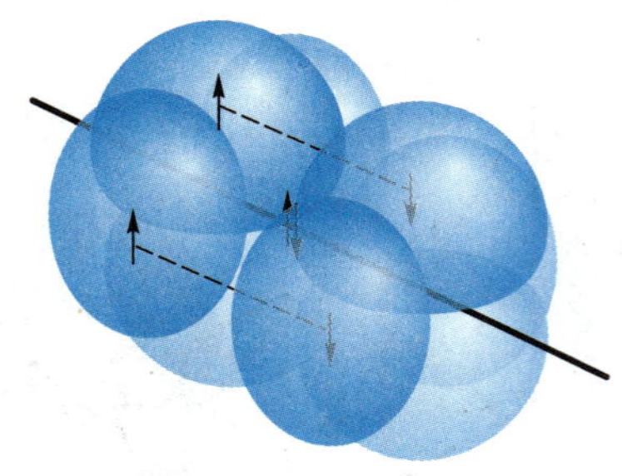

图9A.10　乙炔分子中三键结构的示意图（图中仅明确地显示π键。总电子密度围绕分子轴呈圆柱形对称分布）

其他杂化形式，特别是涉及d轨道的杂化形式，经常被用于与其他分子几何结构相一致的分子结构的价键理论描述中被（表9A.1）。

简要说明9A.6

考虑八面体结构的分子，如SF_6。根据“简要说明9A.4”所述，S原子中电子的激发形成sp^3d^2杂化，产生六个等效的杂化轨道，且每个杂化轨道指向正八面体对应的顶点。

表9A.1　轨道杂化类型

配位数	构型	组成
2	线形	sp, pd, sd
	角形	sd
3	平面三角形	sp^2, p^2d
	非对称平面形	spd
	三角锥形	pd^2
4	四面体形	sp^3, sd^3
	不规则四面体形	spd^2, p^3d, dp^3
	平面四方形	p^2d^2, sp^2d
5	三角双锥形	sp^3d, spd^3
	四角锥形	sp^2d^2, sd^4, pd^4, p^3d^2
	平面五边形	p^2d^3
6	八面体形	sp^3d^2
	三角棱柱形	spd^4, pd^5
	三角反棱柱形	p^3d^3

概念清单

☐ 1. 当一个原子的原子轨道中的电子与另一个原子的原子轨道中的电子的自旋配对时可以形成键。

☐ 2. **σ键**绕核间轴呈圆柱形对称。

☐ 3. **共振**是核排布相同但电子分布不同的结构的叠加。

☐ 4. **π键**与垂直于核间轴的p轨道对称性相同。

☐ 5. **激发**指电子进入空轨道以便形成额外的键的一种概念上的描述。

☐ 6. **杂化**指同一个原子上的多个原子轨道的混合，其目的是为了得到有合适方向的轨道并增强原子轨道间的重叠。

公式清单

性质	公式	说明	公式编号
价键波函数	$\Psi = \psi_A(1)\psi_B(2) + \psi_A(2)\psi_B(1)$	自旋必须配对*	9A.2
共振	$\Psi = \Psi_{covalent} + \lambda\Psi_{ionic}$	离子－共价共振	9A.3
杂化	$\lambda\Psi_{ionic} h = as + bp$	同一原子上的所有原子轨道：正文中有具体形式	9A.5, 9A.7, 9A.8

* 自旋贡献为$\sigma_-(1,2) = \frac{1}{2^{1/2}}[\alpha(1)\beta(2) - \beta(1)\alpha(2)]$。

专题9B

分子轨道理论：氢分子离子

▶ 为何需要学习这部分内容？

在单个分子和固体中，分子轨道理论是几乎所有化学键描述的基础。

▶ 核心思想是什么？

分子轨道是分布在分子中所有原子上的波函数，通常表示为原子轨道的线性组合。

▶ 需要哪些预备知识？

需要熟悉原子轨道的形状（专题 8A）及如何利用波函数计算能量（专题 7C）。整个讨论都是在玻恩－奥本海默近似的框架内（参见本主题引言）。

在**分子轨道理论**（molecular orbital theory，MO理论）中，电子不属于特定的键，而是遍布于整个分子中。该理论比价键理论（专题9A）更为成熟，它提供了现代讨论化学键时广泛使用的一些术语。为介绍这一理论，我们沿用专题8A的策略（以单电子H原子为基本物质讨论原子结构，进而对多电子原子的结构进行解释）。本专题将以最简单的氢分子离子H_2^+为例介绍该理论的基本特征，然后在后续章节中应用于描述更复杂体系的结构。

9B.1 原子轨道的线性组合

H_2^+中单电子哈密顿算符为

$$\hat{H}=-\frac{\hbar^2}{2m_e}\nabla_1^2+V \qquad V=-\frac{e^2}{4\pi\varepsilon_0}\left(\frac{1}{r_{A1}}+\frac{1}{r_{B1}}-\frac{1}{R}\right) \tag{9B.1}$$

式中r_{A1}和r_{B1}是电子与两个原子核A和B的距离（**1**），R是两个原子核之间的距离。在V的表达式中，括号中的前两项代表电子与原子核之间的作用产生的吸引贡献，剩下的一项是原子核之间的排斥作用。基本常数的组合$e^2/4\pi\varepsilon_0$在本专题中广泛出现，将其记作j_0。

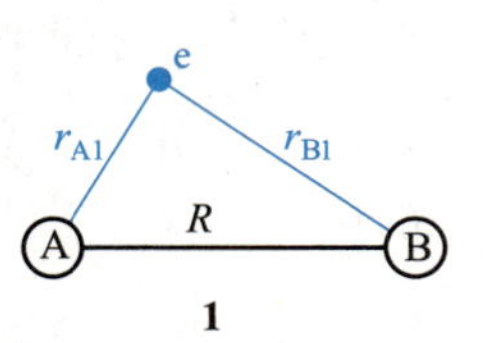

1

求解薛定谔方程$\hat{H}\psi=E\psi$得到的单电子波函数称为**分子轨道**（molecular orbitals）。分子轨道ψ通过$|\psi|^2$的值给出电子在分子中的分布。分子轨道与原子轨道类似，只是分子轨道遍布于整个分子。

（a）线性组合的构建

对于H_2^+，在玻恩－奥本海默近似下，薛定谔方程可被解析求解，但波函数是非常复杂的函数；此外，求解不能推广到多原子系统。这里，我们将采用更简单的方法，尽管更为近似，但可以容易地推广到其他分子中。

如果一个电子既可以在原子A的原子轨道ψ_A中出现，也可以在原子B的原子轨道ψ_B中出现，那么总的波函数就是这两个原子轨道的叠加：

$$\psi_{\pm}=N_{\pm}(\psi_A\pm\psi_B) \quad \text{原子轨道的线性组合} \tag{9B.2}$$

对H_2^+而言，式（9B.2）中ψ_A和ψ_B分别是原子A和原子B上的1s原子轨道，$N_{\pm}$是归一化因子。式（9B.2）表示的叠加类型可以用**原子轨道的线性组合**（linear combination of atomic orbitals，LCAO）这一术语表示，由原子轨道的线性组合形成的近似分子轨道称为LCAO－MO。正如我们所讨论的，围绕核间轴呈圆柱形对称的分子轨道被称为**σ轨道**，因为当沿轴观察时，其类似于一个s轨道；更为确切说，其绕核间轴的轨道角动量为零。

例题 9B.1　分子轨道的归一化

将式（9B.2）中的分子轨道ψ_+归一化。

整理思路　我们需要找到归一化常数N_+，以使$\int\psi^*\psi\mathrm{d}\tau=1$，其积分区域为整个空间范围。为此，需要将LCAO代入积分式中，并利用原子轨道都各自归一化的这一事实。

解：将波函数代入得到

$$\int\psi^*\psi\mathrm{d}\tau=N_+^2\left(\overbrace{\int\psi_A^2\mathrm{d}\tau}^{1}+\overbrace{\int\psi_B^2\mathrm{d}\tau}^{1}+2\overbrace{\int\psi_A\psi_B\mathrm{d}\tau}^{S}\right)=2(1+S)N_+^2$$

式中$S=\int\psi_A\psi_B\mathrm{d}\tau$，其值取决于核间距离的大小（该“重叠积分”将在之后的讨论中发挥重要作用）。为了使积分等于1，则

$$N_+=\frac{1}{[2(1+S)]^{1/2}}$$

对于在其平衡键长下的H_2^+，$S\approx0.59$，因此$N_+=0.56$。

自测题 9B.1　当$S=0.59$时，将式（9B.2）中的轨道ψ_-归一化并求解N_-的值。

答案：$N_-=1/[2(1-S)]^{1/2}$，则$N_-=1.10$。

图9B.1给出了式（9B.2）中的分子轨道ψ_+的振幅等值线。使用商业化软件可以容易地获得这样的图形，且计算相当简捷，因为只需要输入两个原子轨道的数学形式，剩余的工作由软件完成。

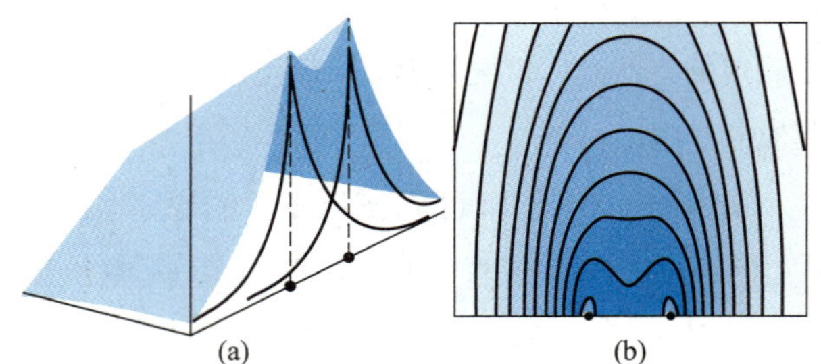

图9B.1　（a）氢分子离子在包含两个核的平面中的成键分子轨道振幅。（b）振幅的等值线表示

简要说明 9B.1

图9B.2所示的等幅面是用下面两个H1s轨道计算得到的：

$$\psi_A=\frac{1}{(\pi a_0^3)^{1/2}}\mathrm{e}^{-r_{A1}/a_0}\qquad\psi_B=\frac{1}{(\pi a_0^3)^{1/2}}\mathrm{e}^{-r_{B1}/a_0}$$

并且我们注意到r_{A1}和r_{B1}不是相互独立的（**1**）。当以基于原子A的笛卡儿坐标（**2**）表示时，半径可写作$r_{A1}=(x^2+y^2+z^2)^{1/2}$和$r_{B1}=[x^2+y^2+(z-R)^2]^{1/2}$，其中$R$是键长。对$\psi_-$的重复计算结果如图9B.3所示。

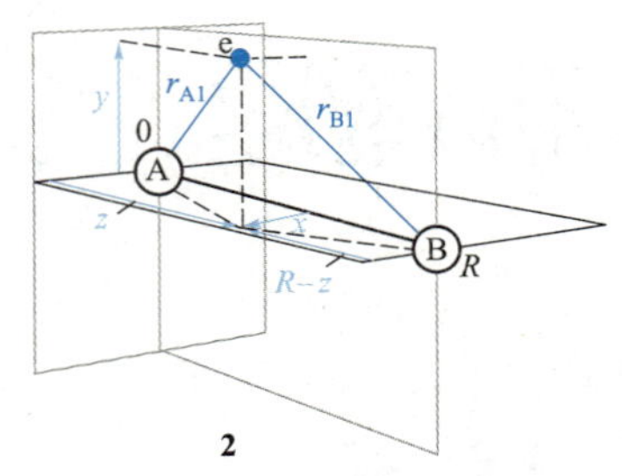

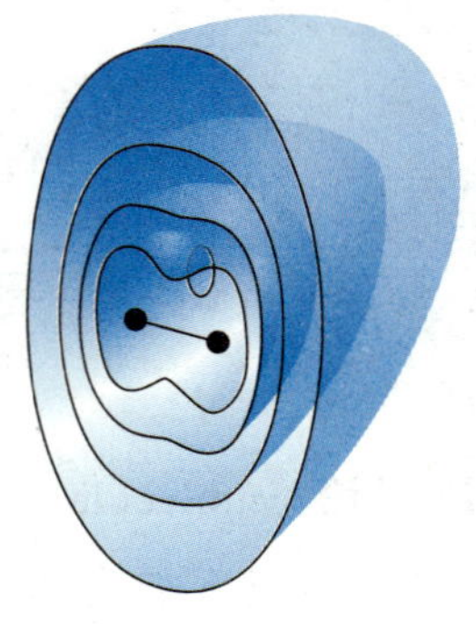

图9B.2　氢分子离子波函数ψ_+的等幅面

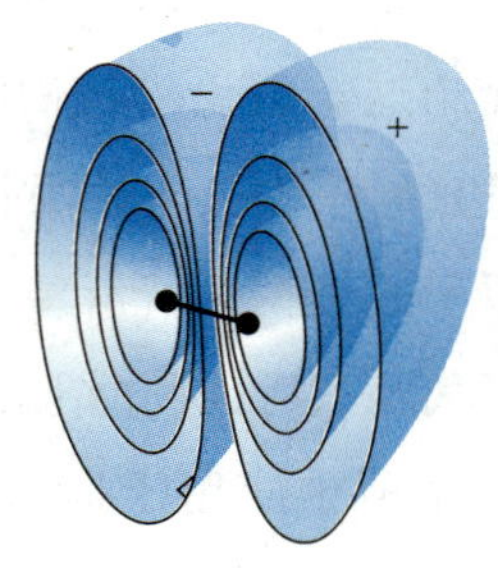

图9B.3　氢分子离子波函数ψ_-的等幅面

（b）成键轨道

根据玻恩理论的解释，在H_2^+内每个点上电子的概率密度与该点波函数模的平方成正比，对应于式（9B.2）中（实）波函数ψ_+的概率密度为

$$\psi_+^2\propto\psi_A^2+\psi_B^2+2\psi_A\psi_B\qquad\text{成键概率密度}\qquad(9B.3)$$

图9B.4表示了这种概率密度。在核间区域，一个明显的特征是两个原子轨道具有相似的振幅。根据式（9B.3），总概率密度与以下各项的总和成正比：

物理解释

- ψ_A^2，电子在原子A周围的概率密度项；
- ψ_B^2，电子在原子B周围的概率密度项；
- $\psi_A\psi_B$，两个原子轨道对概率密度的额外贡献。

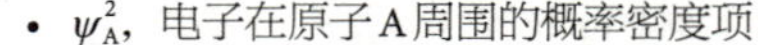

其中，最后一项**重叠密度**（overlap density）是至关重要的，因为它表示电子出现在核间区域的概

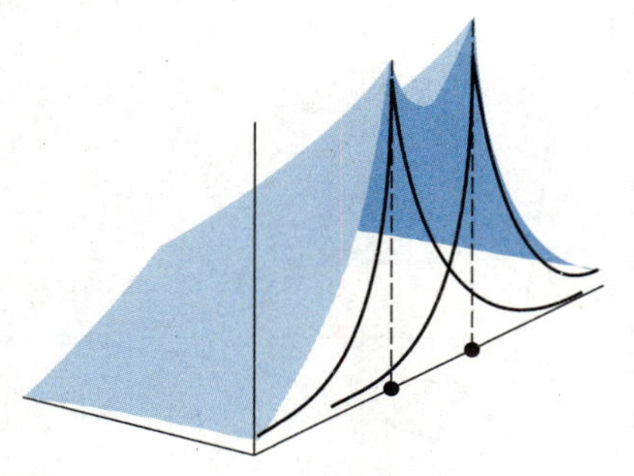

图9B.4　通过形成用于构建图9B.2的波函数的平方所计算的电子密度（注意在核间区域电子密度的累积）

率增大。概率密度的增强可以追溯到两个原子轨道的相长干涉：每个原子轨道在核间区域都具有正振幅，因此总振幅大于电子被限制在单个原子周围时的振幅。该现象总结为

原子轨道重叠并产生相长干涉时，电子密度的积累形成了键。

这一现象可以基于核间电子密度的积累使电子处于一个可以同时与两核强烈相互作用的位置这一概念来进行常规解释。因此，分子的能量低于两个孤立原子的能量，而在孤立原子中，每个电子仅可以与一个核强烈地相互作用。然而，这种传统的解释也存在争议，因为将电子从一个核移至核间区域会增加其势能。现代对此的解释（仍存在争议）并不是来自这里给出的简单LCAO处理。看来好像在电子进入核间区域的同时，原子轨道也在缩小。这种轨道收缩增大了电子与核之间的吸引，超过了由于电子移至核间区域导致的吸引力减小值，因此产生了净的势能降低。同时，由于波函数的曲率发生了变化，电子的动能也发生改变，但动能的变化是由势能的变化主导的。在下面的讨论中，化学键的强度归因于核间区域电子密度累积的程度。在比H_2^+更复杂的分子中，能量降低的真正来源可能就是这种电子密度的累积或某一间接但相关的作用。

刚刚所描述的σ轨道是**成键轨道**（bonding orbital）的一个例子，当成键轨道填充电子时，它将促进两个原子结合。一个占据σ轨道的电子称为**σ电子**（σ electron），如果分子中仅存在一个电子（如在H_2^+的基态中），则分子的组态为σ^1。

σ轨道的能量E_σ为[1]

$$E_\sigma = E_{\mathrm{H1s}} + \frac{j_0}{R} - \frac{j+k}{1+S} \qquad \text{成键轨道的能量} \qquad (9B.4)$$

式中E_{H1s}是H1s轨道的能量，j_0/R是两个原子核之间的排斥势能（记得j_0是$e^2/4\pi\varepsilon_0$的简写），且有

$$S = \int \psi_A \psi_B \, \mathrm{d}\tau = \left[1 + \frac{R}{a_0} + \frac{1}{3}\left(\frac{R}{a_0}\right)^2\right] \mathrm{e}^{-R/a_0} \qquad (9B.5a)$$

$$j = j_0 \int \frac{\psi_A^2}{r_B} \, \mathrm{d}\tau = \frac{j_0}{R}\left[1 - \left(1 + \frac{R}{a_0}\right)\mathrm{e}^{-2R/a_0}\right] \qquad (9B.5b)$$

$$k = j_0 \int \frac{\psi_A \psi_B}{r_B} \, \mathrm{d}\tau = \frac{j_0}{a_0}\left(1 + \frac{R}{a_0}\right)\mathrm{e}^{-R/a_0} \qquad (9B.5c)$$

需要注意的是

$$\frac{j_0}{a_0} = \frac{e^2}{4\pi\varepsilon_0 a_0} = \frac{e^2}{4\pi\varepsilon_0} \times \frac{\pi m_e e^2}{\varepsilon_0 h^2}$$

$$= \frac{m_e e^4}{4\varepsilon_0^2 h^2} = 2hc\tilde{R}_\infty \qquad (9B.5d)$$

$2hc\tilde{R}_\infty$的数值（以电子伏特作为单位时）为27.21 eV。积分如图9B.5所示，对其解释如下：

物理解释

- 三个积分均为正值，并且在核间距增大时衰减至趋向于零（S和k是由于指数项，j则是由于因子$1/R$）。在专题9C中将更详细地讨论积分S。
- 积分j是一个核与以另一个核为中心的电子密度之间相互作用的一种度量。
- 积分k是一个核与由重叠引起的核间区域过剩电子密度之间相互作用的一种度量。

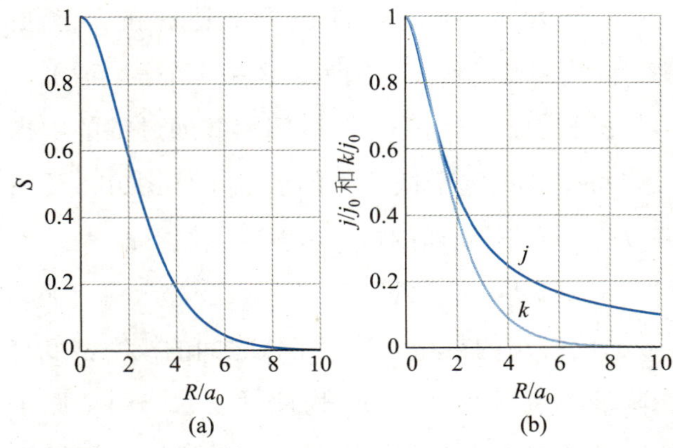

图9B.5　H_2^+中积分（a）S、（b）j及k与核间距离的关系

1　对于式（9B.4）的推导，请参阅本书网站上的“深入了解4”。

简要说明9B.2

结果表明（见下），在$R = 2.49a_0$处，E_σ有最小值。在该核间距下，有

$$S=\left(1+2.49+\frac{2.49^2}{3}\right)e^{-2.49}=0.46$$

$$j=\frac{j_0/a_0}{2.49}(1-3.49e^{-4.98})=0.39j_0/a_0$$

$$k=\frac{j_0}{a_0}(1+2.49)e^{-2.49}=0.29\ j_0/a_0$$

因此，当$j_0/a_0 = 27.21$ eV时，$j = 10.7$ eV，$k = 7.9$ eV。成键分子轨道与H1s原子轨道之间的能量差值（请谨慎对待修约）是$E_\sigma - E_{\mathrm{H1s}} = -1.76$ eV。

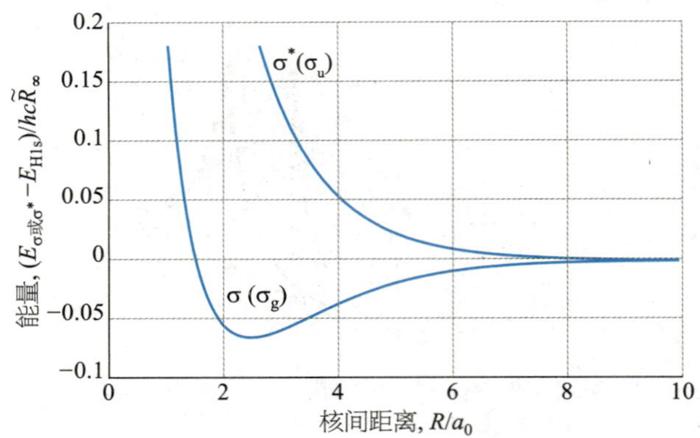

图9B.6 计算得到的氢分子离子的分子势能曲线；这些曲线显示了成键轨道和反键轨道的能量随核间距的变化。E_σ是σ轨道的能量，E_{σ^*}是σ^*轨道的能量

图9B.6显示了相对于孤立原子能量的E_σ对R的曲线关系。随着核间距离从大变小，σ轨道的能量也逐渐减小，因为随着原子轨道之间的相长干涉增加，电子密度在核间区域累积（图9B.7）。然而，在核间距较小的情况下，两核之间的空间太小，无法产生明显的电子积累。此外，核与核之间的排斥（与$1/R$成正比）变大。因此，在核间距很小时，分子轨道的能量增大，从而使势能曲线存在深度为$hc\tilde{D}_e$的最小值。对H_2^+的计算可得$R_e = 2.49a_0 = 132$ pm，$hc\tilde{D}_e = 1.76$ eV（171 kJ · mol^{-1}），而实验值分别为106 pm和2.6 eV，因此，用这种简单的LCAO−MO描述分子虽然不十分精确，但也并非荒诞不经。

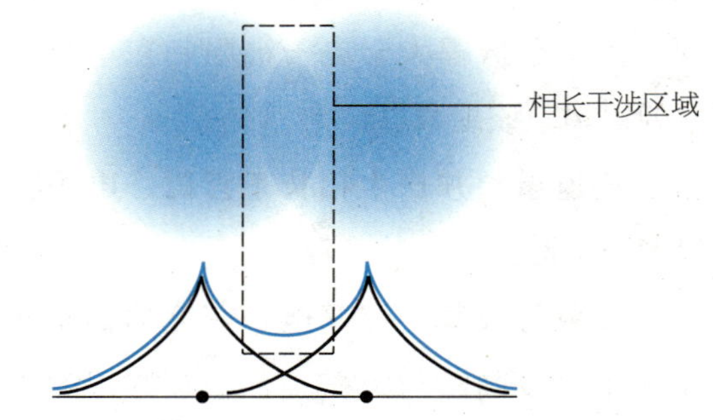

图9B.7 当两个H1s轨道重叠并形成成键σ轨道时发生相长干涉

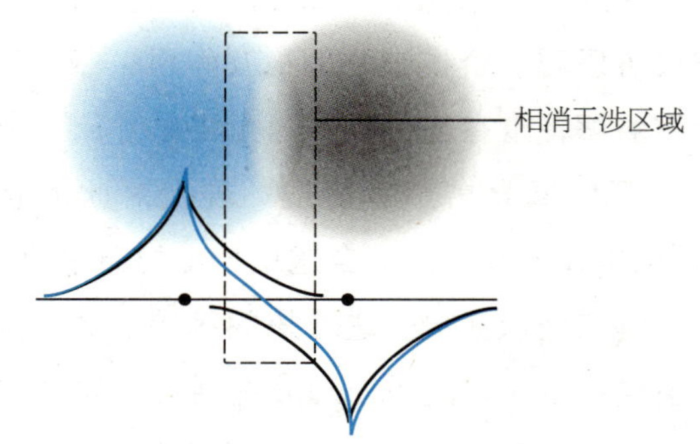

图9B.8 当两个H1s轨道重叠并形成反键σ轨道时发生相消干涉

（c）反键轨道

式（9B.2）中的线性组合ψ_-比ψ_+的能量更高，我们将其记作σ^*（因为它也是一个σ轨道）。

σ^*轨道有一个垂直于核间轴并通过键的中点（这里ψ_A和ψ_B完全抵消）的节面（如图9B.8及图9B.9所示）。σ^*轨道的概率密度表示如下：

$$\psi_-^2 \propto \psi_A^2+\psi_B^2-2\psi_A\psi_B \quad \text{反键轨道的概率密度} \qquad (9B.6)$$

“$-2\psi_A\psi_B$”项的存在导致原子核之间的概率密度有所降低（参见图9B.10）。物理学上，当两个原子轨道重叠时会发生相消干涉。σ^*轨道即为**反键轨道**（antibonding orbital）的一个例子，当一个反键轨道被占据时，将会减少两个原子之间的结合

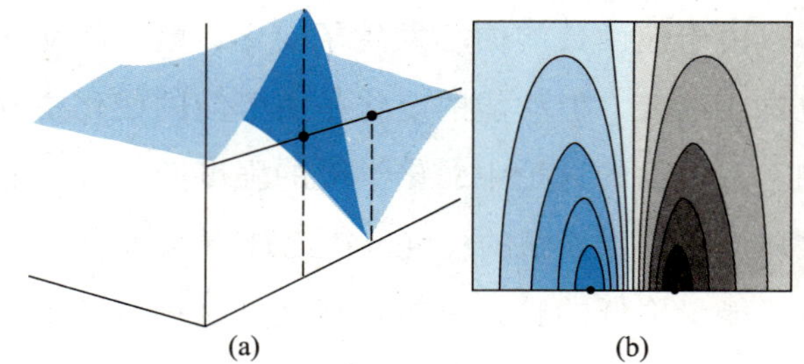

图9B.9 （a）含有两个原子核的平面中氢分子离子的反键分子轨道的振幅。（b）振幅的等值线表示（注意核间节面）

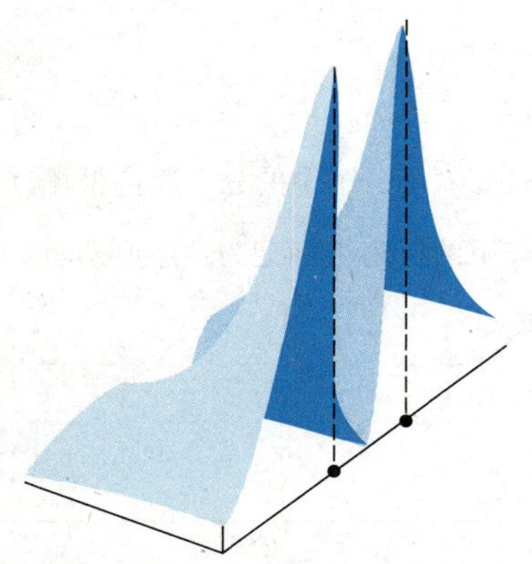

图9B.10　由图9B.9中的波函数的平方来计算的电子密度（注意在核间区域电子密度的降低）

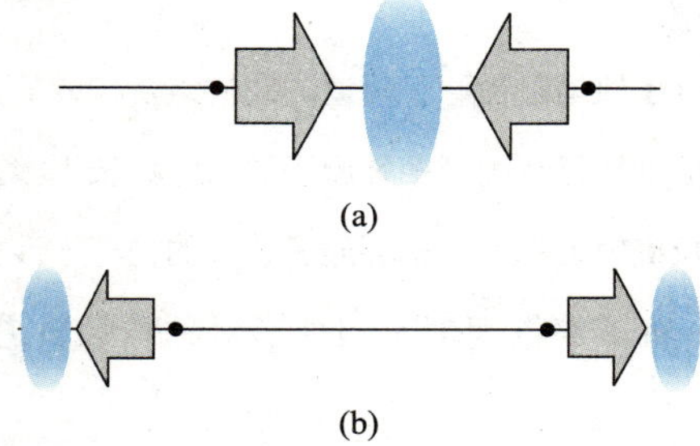

图9B.11　成键和反键作用起因的部分解释。(a) 在成键轨道中，原子核被吸引以累积核间区域的电子密度。(b) 在反键轨道中，原子核被吸引以累积核间区域外的电子密度

力，从而增加分子相对于孤立原子的能量。

σ^*反键轨道的能量E_{σ^*}为[1]

$$E_{\sigma^*}=E_{\mathrm{H1s}}+\frac{j_0}{R}-\frac{j-k}{1-S} \tag{9B.7}$$

式中积分S、j和k与式（9B.5）中相同。E_{σ^*}随R的变化如图9B.6所示，其反映了一个反键电子的去稳定性作用。导致这一效应的部分原因是反键电子被排除在核间区域以外，因而主要分布在键合区域的外面。实际上，成键电子是把两个原子核拉在一起，而反键电子则使原子核分开（图9B.11）。下面的简要说明还反映了另一个特征，即$|E_{\sigma^*}-E_{\mathrm{H1s}}|>|E_{\sigma}-E_{\mathrm{H1s}}|$，它表明反键轨道的反键作用大于成键轨道的成键作用。这一重要结论部分来源于核－核间排斥作用（j_0/R）的存在，这一项提高了两个分子轨道的能量。

简要说明9B.3

在$R=2.49a_0$处，成键轨道的能量达到最小值。根据"简要说明9B.2"可知，$S=0.46$，$j=10.7\ \mathrm{eV}$，$k=7.9\ \mathrm{eV}$。因此，在该核间距下，反键轨道相对于氢原子1s轨道的能量是

$$(E_{\sigma^*}-E_{\mathrm{H1s}})/\mathrm{eV}=\frac{27.2}{2.49}-\frac{10.7-7.9}{1-0.46}=5.7$$

也就是说，在该核间距下，反键轨道的能量位于成键轨道能量上方$(5.7+1.76)\mathrm{eV}=7.5\ \mathrm{eV}$处。

1　这一结果可通过应用本书网站上的"深入了解4"中的方法来获得。

9B.2　轨道符号

事实证明，对于同核双原子分子（由相同元素的两个原子组成的分子，如N_2），根据其**反演对称性**（inversion symmetry），即当其通过分子中心（更为正式地，应是对称中心，参见专题10A）的反演后波函数的行为，来对分子轨道进行标记是有帮助的。因此，成键σ轨道上的任一点通过分子中心投影至另一边的相同距离处导致相同数值（和符号）的波函数（参见图9B.12），这个所谓的**偶态对称性**（gerade symmetry，来自"偶"的德文单词）用下标g来表示，如σ_g。同样的程序应用于反键σ^*轨道将得到波函数振幅相同但符号相反。这种**奇态对称性**（ungerade symmetry，"奇对称"）用下标u表示，如σ_u。

反演对称性分类不适用于异核双原子分子（由两个不同元素的原子形成的双原子分子，如CO），因为这些分子没有对称中心。

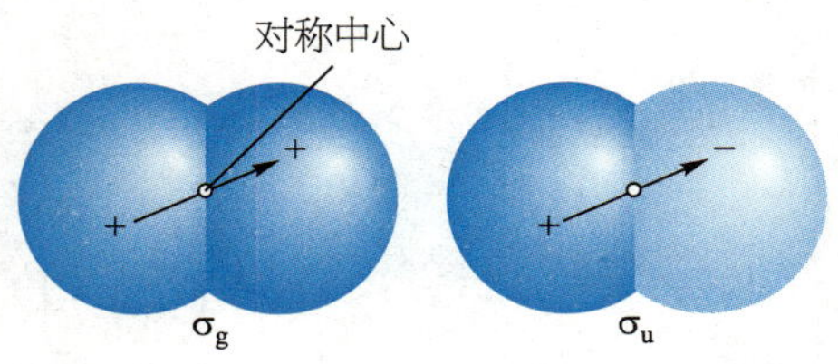

图9B.12　如果通过分子对称中心进行反演操作后其波函数不变，则轨道奇偶性为偶对称性（g），但如果波函数改变符号则为奇对称性（u）。异核双原子分子没有对称中心，所以g，u的分类对它们来说是不恰当的

概念清单

☐ 1. **分子轨道**是由原子轨道的线性组合构成的。

☐ 2. **成键轨道**起因于相邻原子轨道的相长干涉重叠。

☐ 3. **反键轨道**起因于相邻原子轨道的相消干涉重叠。

☐ 4. **σ 轨道**绕核间轴呈圆柱形对称并且轨道角动量为零。

☐ 5. 同核双原子分子中的分子轨道根据其在**反演对称**操作下的行为被标记为“中心对称”（g）或“中心反对称”（u）。

公式清单

性质	公式	说明	公式编号
原子轨道的线性组合	$\psi_{\pm}=N_{\pm}(\psi_A\pm\psi_B)$	同核双原子分子	9B.2
由两个 1s 原子轨道形成的σ轨道的能量	$E_{\sigma}=E_{H1s}+j_0/R-(j+k)/(1+S)$		9B.4
	$E_{\sigma^*}=E_{H1s}+j_0/R-(j-k)/(1-S)$		9B.7
分子积分	$S=\int\psi_A\psi_B\mathrm{d}\tau$		9B.5a
	$j=j_0\int(\psi_A^2/r_B)\mathrm{d}\tau$		9B.5b
	$k=j_0\int(\psi_A\psi_B/r_B)\mathrm{d}\tau$		9B.5c

专题9C

分子轨道理论：同核双原子分子

▶ 为何需要学习这部分内容？

几乎所有重要的化学分子都含有不止一个电子，所以需要知道如何构建它们的电子组态。本专题将展示如何在含有不止一个电子的分子中使用分子轨道理论。

▶ 核心思想是什么？

每一个分子轨道最多可以容纳两个电子，分子基态是能量最低的一种电子组态。

▶ 需要哪些预备知识？

需要熟悉专题9B中有关原子轨道成键和反键的讨论，以及原子的构造原理（详见专题8B）。

正如类氢原子轨道和构造原理可以用作讨论和预测多电子原子基态电子组态的一个基础，专题9B中介绍的单电子的氢分子离子（H_2^+）的分子轨道和专题8B中介绍的构造原理可以拓展用于解释含多个电子的双原子分子与离子的电子组态。

9C.1 电子组态

在处理双原子分子（和离子）中的成键问题时，分子轨道理论的出发点是将分子轨道构建为可用原子轨道的线性组合。一旦分子轨道形成，就可以使用类似针对原子的构造原理来建立它们的基态电子组态（专题8B），即

分子中的构造原理

- 在遵循泡利不相容原理（单个轨道最多容纳两个电子，且它们的自旋必须成对）的基础上，原子提供的电子均填充于分子轨道中，以使分子总能量最低。
- 如果有多个简并的分子轨道，在任一轨道填满之前，电子将成单地填充于不同的分子轨道中，因为这样将减小电子间的排斥能。
- 依据洪特最大多重度规则（专题8B），如果两个电子确实占据不同的简并轨道，则当这两个电子自旋平行时，所得能量更低。

（a）σ轨道与π轨道

以H_2这一最简单的多电子双原子分子为例。每一个H原子提供一个1s轨道（如同H_2^+），两个轨道组合形成成键σ与反键σ*轨道（如专题9B所述）。在平衡核间距离下，这两个轨道的能量如图9C.1所示，该图被称作**分子轨道能级图**（molecular orbital energy level diagram）。需要注意的是，两个原子轨道组合形成了两个分子轨道。总的来说，由N个原子轨道可形成N个分子轨道。

在H_2分子中，有两个电子需要填入分子轨道；根据泡利原理（正如在原子中，专题8B），这两个电子通过自旋配对可以填入同一σ轨道。所以，H_2分子的基态电子组态即为σ^2，氢原子间所形成的键即由成键σ轨道上的一个电子对构成。这一方法同时也说明了，作为Lewis化学键理论核心的一个电子对，代表了能进入成键分子轨道的最大电子数。

这一论点可以直接拓展用于解释氦为什么不

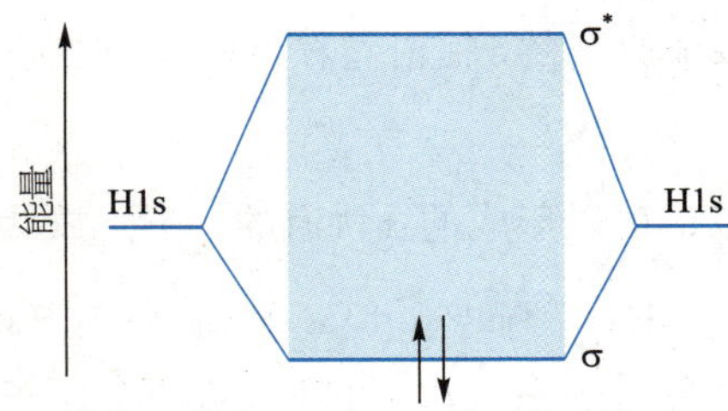

图9C.1 由H1s轨道重叠所形成的分子轨道的能级图。图两侧的横线表示原子轨道的能量，图中间的横线则表示所形成分子轨道的能量。H_2分子基态电子组态即为两个电子填充于能量最低的空轨道（即成键轨道）中

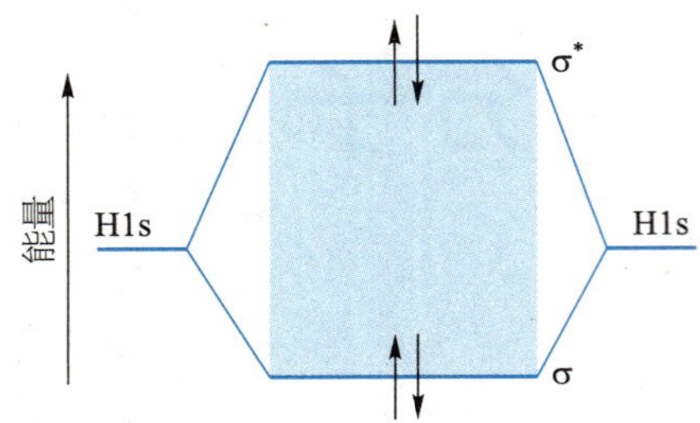

图9C.2 假想的四电子分子He_2（在任意核间距下）的基态电子组态中有两个成键电子和两个反键电子，其能量比单独的原子更高，所以是不稳定的

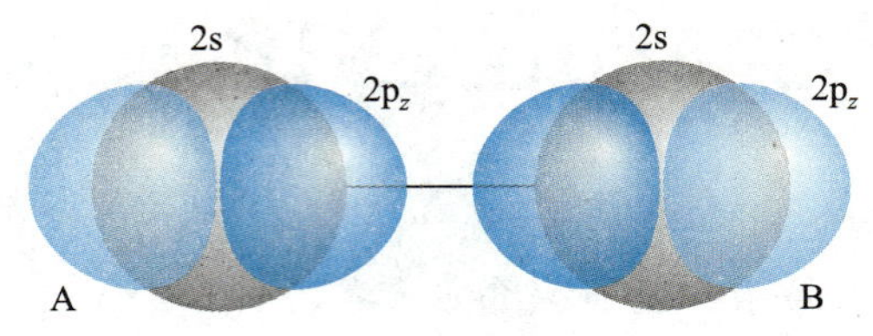

图9C.3 根据分子轨道理论，所有对称性匹配的原子轨道都可以组成σ分子轨道。对第二周期的同核双原子分子而言，这意味着两个2s轨道和两个$2p_z$轨道可以组成分子轨道，由这四个原子轨道可以形成四个分子轨道

能形成双原子分子。这是因为每个He原子贡献一个1s轨道，因此可以构建σ与σ^*分子轨道。虽然这些轨道在细节上与H_2中的轨道不同，但它们的一般形状是相同的，在讨论中可以使用相同的定性能级图。当He形成双原子分子时，将有四个电子须填充于分子轨道中。两个可以进入σ轨道，但当σ轨道填满后，剩下的两个电子必须进入σ^*轨道（图9C.2）。因此，He_2的基态电子组态即为$\sigma^2\sigma^{*2}$。由于σ^*较分离的原子其能量的升高值大于σ较分离的原子其能量的降低值。所以，He_2分子的能量高于分离的原子，因此相对于分离的原子，氦双原子分子是不稳定的，所以没有He_2分子形成。

迄今所引入的概念一般也适用于其他同核双原子分子。在这里所用的基本处理中，只有价层的轨道用于形成分子轨道。因此，对于由第二周期元素原子形成的分子，仅考虑2s和2p原子轨道。

分子轨道理论的一般原理是

所有对称性匹配的原子轨道都可以形成分子轨道。

因此，σ轨道是围绕核间轴呈圆柱形对称的所有原子轨道线性组合而建立的。这些轨道包括每个原子上的2s轨道和两个原子上的$2p_z$轨道（图9C.3；每个原子的z轴沿着核间轴，并指向相邻原子）。

所以，可以形成的σ轨道的一般形式为

$$\psi = c_{A2s}\psi_{A2s} + c_{B2s}\psi_{B2s} + c_{A2p_z}\psi_{A2p_z} + c_{B2p_z}\psi_{B2p_z} \quad (9C.1)$$

通过选择合适的系数c，可以由这四个原子轨道形成四个σ对称性的分子轨道。

由于每个原子上的2s与2p轨道的能量差距较大，所以可以将两者分开处理（该近似将在后面移去）。即四个σ轨道可大致分为两组，一组为由两个2s轨道组合形成的两个分子轨道：

$$\psi = c_{A2s}\psi_{A2s} + c_{B2s}\psi_{B2s} \quad (9C.2a)$$

另一组为由$2p_z$轨道线性组合形成的两个分子轨道：

$$\psi = c_{A2p_z}\psi_{A2p_z} + c_{B2p_z}\psi_{B2p_z} \quad (9C.2b)$$

在同核双原子分子中，A、B两原子上2s轨道的能量是相同的，所以它们的系数是相同的（除了符号可能不同外）。每个原子上的$2p_z$轨道也是如此。因此，两组分子轨道的形式即为$\psi_{A2s} \pm \psi_{B2s}$与$\psi_{A2p_z} \pm \psi_{B2p_z}$。在每组轨道中，中间的“+”号代表成键轨道，“−”号则代表反键轨道。

在这里，采用一个更正式的系统来表示分子轨道是有益的。首先，如专题9B所述，用g和u标记轨道以指示它们的反演对称性；然后，对具有相同反演对称性的每组轨道分别编号。因此，由2s轨道形成的σ轨道被标记为$1\sigma_g$，由相同原子轨道形成的σ^*轨道被标记为$1\sigma_u$。

沿着核间轴方向的两个$2p_z$轨道也可以发生强烈重叠。它们可以发生相长干涉或相消干涉，产生比$1\sigma_g$和$1\sigma_u$轨道能量更高的成键或反键σ轨道，这是由于已经假设2p原子轨道的能量明显高于2s轨道（图9C.4）。这两个σ轨道分别标记为$2\sigma_g$和$2\sigma_u$。需要注意的是，编号随着能量升高而增大，且具有不同对称性的轨道需要分开标记。

现在考虑每个原子的$2p_x$与$2p_y$轨道，这些轨道垂直于核间轴，当原子相互靠近时，它们肩并肩侧向重叠。这种重叠可能是相互增强或相互削弱的，从而产生成键或反键π轨道（图9C.5）。π

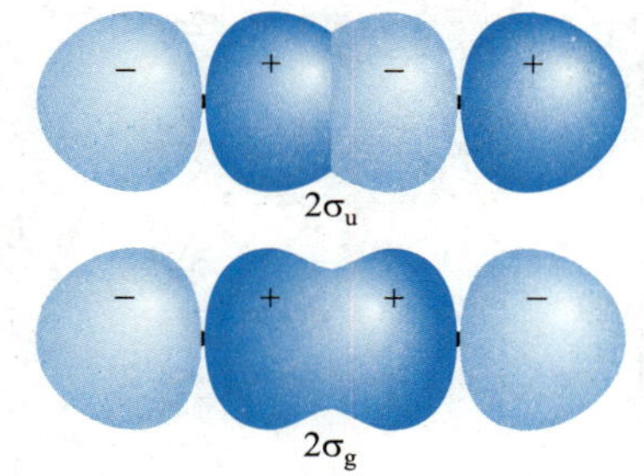

图 9C.4　由 p 轨道重叠形成的成键和反键σ轨道的示意图

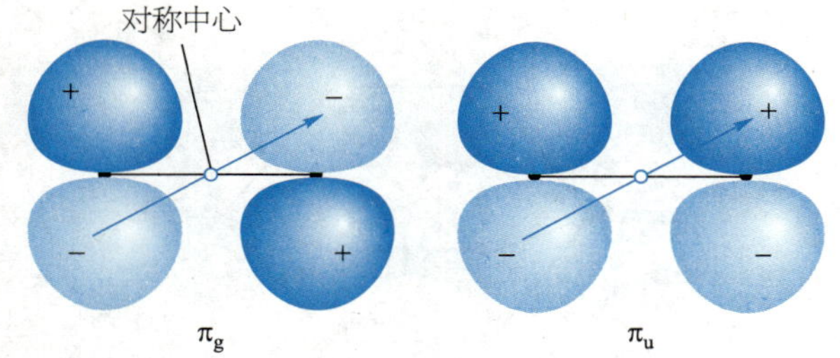

图 9C.5　π成键和反键分子轨道的中心对称性和中心反对称性

轨道类似于原子中的p轨道：当沿着分子键轴观察时，π轨道看起来像p轨道，并且有一个单位的绕核间轴的轨道角动量。两个相邻的$2p_x$轨道重叠形成一个成键和反键π_x轨道，两个$2p_y$轨道重叠形成两个π_y轨道。π_x和π_y成键轨道是简并的，它们的反键轨道也是简并的。如图9C.5所示，成键π轨道具有中心反对称性(u)，反键π轨道具有中心对称性(g)。两个较低能量的二重简并成键轨道记为$1\pi_u$，而两个较高能量的反键轨道则记为$1\pi_g$。

(b) 重叠积分

如在氢分子离子（H_2^+）中，我们已经讨论了相邻原子轨道的相长干涉或相消干涉所导致的分子轨道能量的降低与升高与轨道重叠的程度相关。如在专题9B中所解释的，两个原子轨道重叠的程度可以通过**重叠积分**（overlap integral，S）来进行量度：

$$S=\int \psi_A^* \psi_B \mathrm{d}\tau \qquad \text{重叠积分 [定义]} \qquad (9C.3)$$

如果原子A的原子轨道ψ_A较小，而原子B的原子轨道ψ_B较大（或是相反），那么它们振幅的乘积就会到处都减小，且重叠积分（即乘积总和）也小（图9C.6）。如果波函数ψ_A与ψ_B在空间某一区域内都很大，那么重叠积分S就会趋近于1。如果两个归一化的原子轨道是相同的（例如，同一个核上的1s轨道），那么$S=1$。在某些情况下，可以得到重叠积分的简单形式（表9C.1）或曲线（图9C.7）。

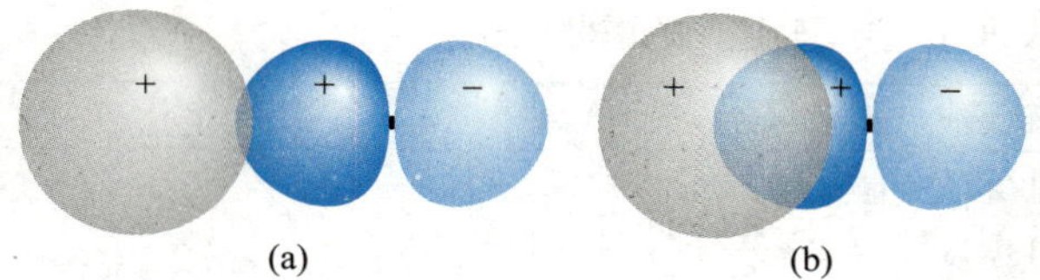

图 9C.6（a）当原子中两个轨道的距离很远时，两轨道波函数的重叠就很小，所以重叠积分值S很小。（b）当原子接近时，两个轨道都有明显的振幅叠加，S可能接近1。需要注意的是，当两个原子之间的距离小于此值时，S将再次减小，因为p轨道振幅为负的区域开始与s轨道振幅为正的区域重叠。当原子中心重合时，$S=0$

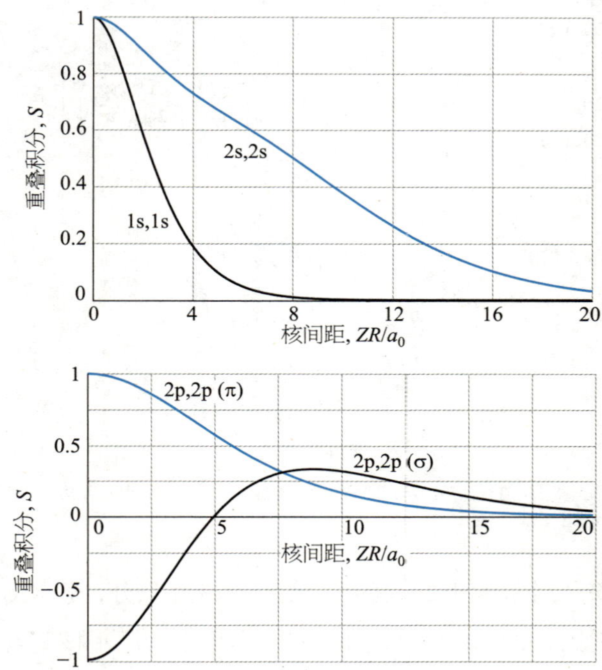

图 9C.7　两个类氢轨道之间的重叠积分S随核间距离的变化曲线。当S为负值时，它对应于一个2p轨道的正值区域与另一个2p轨道的负值区域的重叠贡献大于两个具有相同符号区域之间的重叠贡献

现在考虑这样一种排布，即一个s轨道散布进入另一个原子p_x轨道的同一空间区域（图9C.8）。在波函数的乘积为正的区域上的积分，正好抵消了乘积为负的区域上的积分，所以总的重叠积分S正好为零。因此，在这种情况下，s轨道和p_x轨道之间没有净的重叠。

由重叠积分度量的轨道重叠程度表明了不同类型的轨道重叠在成键时的贡献，但这一积分值需要慎重对待。$2p_x$或$2p_y$轨道肩并肩产生的重叠

表 9C.1　类氢轨道间的重叠积分

轨道	重叠积分
1s，1s	$S=\left[1+\dfrac{ZR}{a_0}+\dfrac{1}{3}\left(\dfrac{ZR}{a_0}\right)^2\right]\mathrm{e}^{-ZR/a_0}$
2s，2s	$S=\left[1+\dfrac{ZR}{2a_0}+\dfrac{1}{12}\left(\dfrac{ZR}{a_0}\right)^2+\dfrac{1}{240}\left(\dfrac{ZR}{a_0}\right)^4\right]\mathrm{e}^{-ZR/2a_0}$
$2p_x$，$2p_x\,(\pi)$	$S=\left[1+\dfrac{ZR}{2a_0}+\dfrac{1}{10}\left(\dfrac{ZR}{a_0}\right)^2+\dfrac{1}{120}\left(\dfrac{ZR}{a_0}\right)^3\right]\mathrm{e}^{-ZR/2a_0}$
$2p_z$，$2p_z\,(\sigma)$	$S=-\left[1+\dfrac{ZR}{2a_0}+\dfrac{1}{20}\left(\dfrac{ZR}{a_0}\right)^2-\dfrac{1}{60}\left(\dfrac{ZR}{a_0}\right)^3-\dfrac{1}{240}\left(\dfrac{ZR}{a_0}\right)^4\right]\mathrm{e}^{-ZR/2a_0}$

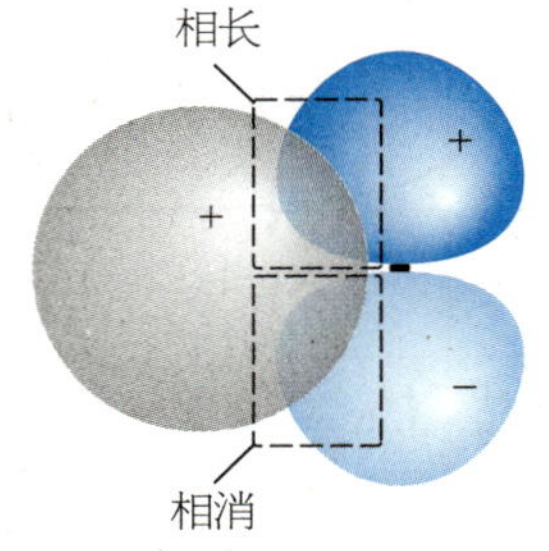

图 9C.8　处在这里所显示方位的一个 p 轨道与 s 轨道在所有核间距离下，净的重叠积分 S 均为零

积分通常大于 $2p_z$ 轨道头碰头的重叠积分，表明 σ 键比 π 键弱。然而，在 σ 相互作用中，原子核间及键轴上的相长重叠更大，其对成键的影响大于总的重叠程度。因此，在相同分子中，$1\pi_u$ 和 $1\pi_g$ 轨道能量差值有可能小于 $2\sigma_g$ 和 $2\sigma_u$ 轨道之间的能量差值。所以，这些轨道的相对能量可能如图 9C.9 所示，并且占据 π 轨道的电子对成键的作用可能不如那些占据由相同 p 轨道衍生的 σ 轨道的电子更为有效。

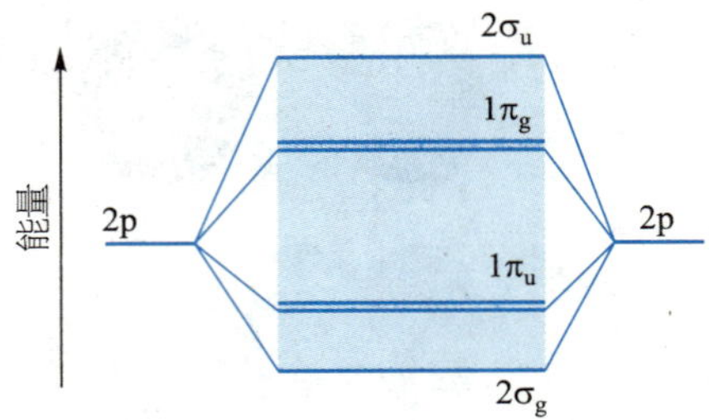

图 9C.9　如文中所述，同一分子中，$1\pi_u$ 和 $1\pi_g$ 轨道间的能量差值可能小于 $2\sigma_g$ 和 $2\sigma_u$ 轨道间的能量差值，从而导致图中显示的相对能量

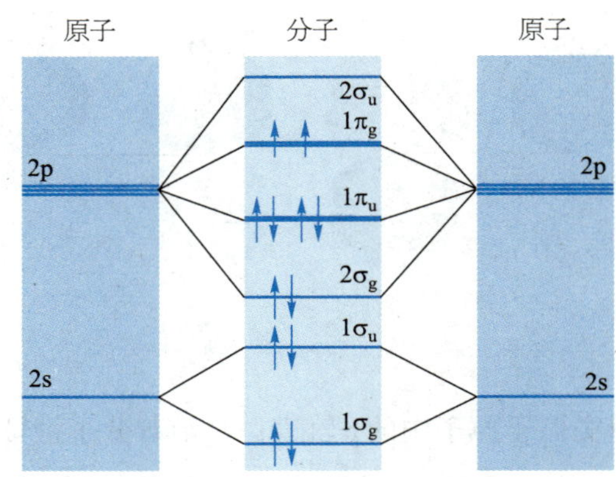

图 9C.10　同核双原子分子的分子轨道能级图。中间的横线表示可由原子轨道重叠形成的分子轨道的能量（能量向上逐渐增加）。如文中所述，此图适用于 O_2 分子（即为图示组态）和 F_2 分子

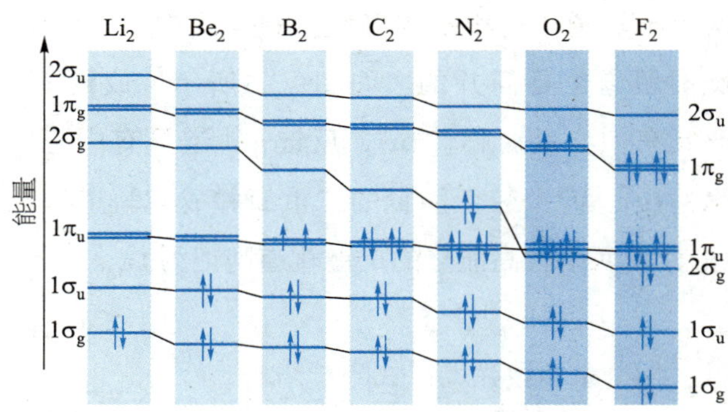

图 9C.11　第二周期同核双原子分子的轨道能量变化

（c）第二周期双原子分子

为了构造第二周期同核双原子分子的分子轨道能级图，我们用 8 个价层原子轨道（每个原子 4 个）形成 8 个分子轨道。根据轨道重叠程度不同所得到的分子轨道能级顺序如图 9C.10 所示。然而，需要注意的是，这种情况必须假设 2s 和 $2p_z$ 轨道形成的是两组不同的分子轨道。但实际上，这四个原子轨道都具有相同的围绕核间轴的对称性，并且对 4 个 σ 轨道都有贡献。因此，不能保证所有第二周期同核双原子分子都是遵循这个能级顺序，具体的计算表明分子轨道能级顺序沿着第二周期变化（图 9C.11）。图 9C.12 所示的顺序适用于 N_2 分子及在其之前的第二周期同核双原子分子，而图 9C.10 所示能级分布适用于 O_2 分子和 F_2 分子。相对能级顺序是由原子中 2s 和 2p 轨道的能量差值决定的；同一周期从左到右，2s 与 2p 能量差值逐渐增大。而 $1\pi_u$ 和 $2\sigma_g$ 轨道能级的顺序在 N_2 分子附近发生变化。

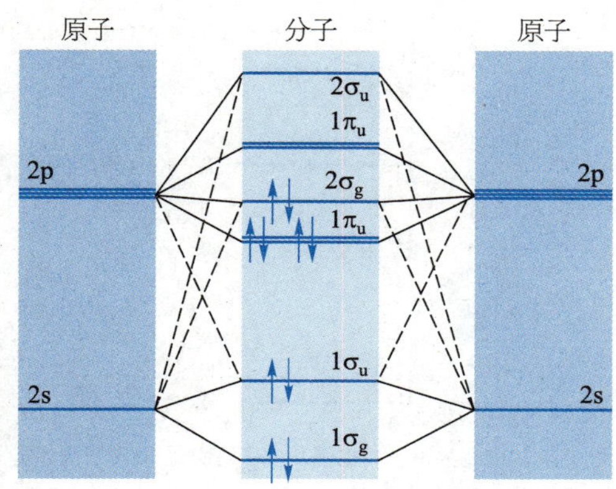

图9C.12 同核双原子分子的另一种分子轨道能级图（能量向上逐渐增加）。正如在文本中指出的，这个图适用于N_2分子（即图示组态）及在其之前的第二周期同核双原子分子

在建立分子轨道能级图的基础上，依据构造原理，向轨道中填充适当数量的电子，就可以推导出分子可能的基态电子组态。阴离子物种（如过氧化物离子，O_2^{2-}）需要比母体中性分子填充更多的电子，阳离子物种（如O_2^+）则需要填充更少的电子。

以有10个价电子的N_2分子为例，两个电子成对并占据$1\sigma_g$轨道，接下来两个占据并填充于$1\sigma_u$轨道。剩余6个电子，此时还有两个$1\pi_u$轨道，可以容纳4个电子。最后两个电子进入$2\sigma_g$轨道。因此，N_2的基态电子组态为$1\sigma_g^2 1\sigma_u^2 1\pi_u^4 2\sigma_g^2$。为了便于理解，有时用*来表示反键轨道，这时基态电子组态可以表示为$1\sigma_g^2 1\sigma_u^{*2} 1\pi_u^4 2\sigma_g^2$。

双原子分子中净的成键可以用**键级**（bond order）b来进行量度：

$$b=\frac{1}{2}(N-N^*) \qquad \text{键级定义式} \qquad (9C.4)$$

式中N代表成键轨道中的电子数，N^*代表反键轨道中的电子数。

简要说明9C.1

成键轨道中每增加一对电子，则分子的键级将增加1，而当反键轨道中每增加一对电子时，分子的键级就减小1。对H_2分子，其键级$b=1$，对应于两个原子之间的一个H—H单键。在He_2分子中，键级$b=0$，所以两个He原子之间没有成键。在N_2分子中，键级$b=\frac{1}{2}\times(8-2)=3$，该键级与分子的Lewis结构式（:N≡N:）相符合。

O_2分子有12个价电子，基于图9C.10，其基态电子构组态为$1\sigma_g^2 1\sigma_u^2 2\sigma_g^2 1\pi_u^4 1\pi_g^2$（或者是$1\sigma_g^2 1\sigma_u^{*2} 2\sigma_g^2 1\pi_u^4 1\pi_g^{*2}$），键级$b=\frac{1}{2}\times(8-4)=2$。依据构造原理，2个$1\pi_g$电子将分别占据$1\pi_{g,x}$与$1\pi_{g,y}$两个不同的轨道；由于这两个电子处于不同的轨道中，它们的自旋是平行的。因此，可以预测O_2分子具有净的自旋角动量（$S=1$），根据专题8C中的表述，此时O_2分子应处于三重态。由于电子自旋是分子磁矩的来源，因此也可以预测氧气具有顺磁性，是一种倾向于被吸入磁场的物质（参见专题15C）。这一预测得到了实验的证实，但价键理论并没有做此预测。

F_2分子比O_2分子多出了两个电子，其基态电子组态为$1\sigma_g^2 1\sigma_u^{*2} 2\sigma_g^2 1\pi_u^4 1\pi_g^{*4}$，键级$b=1$。所以，$F_2$分子中只有一个单键，这与其Lewis结构式是一致的。假想的分子Ne_2比F_2又多出两个电子，故其基态电子组态应为$1\sigma_g^2 1\sigma_u^{*2} 2\sigma_g^2 1\pi_u^4 1\pi_g^{*4} 2\sigma_u^{*2}$，键级$b=0$。键级为零与Ne是一种单原子气体的事实相符。

在讨论键的特征时，键级是一个有用的参数，因为它与键长及键的强度是相关的。对于给定的一对元素原子间的键，有

物理解释
- 键级越大，键长越短。
- 键级越大，键强越强。

表9C.2列举了部分双原子分子与多原子分子的典型键长，键的强度可以通过键的解离能（$hc\tilde{D}_0$，将两原子分离至无限远所需要的能量）或者势能井深（$hc\tilde{D}_e$，$hc\tilde{D}_0=hc\tilde{D}_e-\frac{1}{2}\hbar\omega$）来进行量度。表9C.3列举了一些实验测得的$hc\tilde{D}_0$数据。

表9C.2　键长*

键	键级	R_e/pm
HH	1	74.14
NN	3	109.76
HCl	1	127.45
CH	1	*114*
CC	1	*154*
	2	*134*
	3	*120*

*在本书的*资源部分*可以找到更多键长数据；斜体数值表示多原子分子中的平均值。

表 9C.3　键的解离能*

键	键级	$N_A hc\tilde{D}_0/(\text{kJ}\cdot\text{mol}^{-1})$
HH	1	432.1
NN	3	941.7
HCl	1	427.7
CH	1	*435*
CC	1	*368*
	2	*720*
	3	*962*

* 在本书的*资源部分*可以找到更多键的解离能数据；斜体数值表示多原子分子中的平均值。

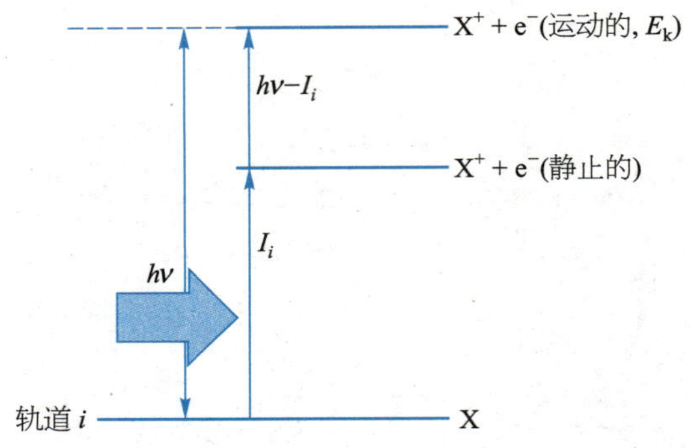

图9C.13　入射光能量为 $h\nu$，将电子从分子轨道 i 上激发所需的能量为 I_i，两者之间的差值即为被激发的电子的动能

简要说明 9C.2

从图 9C.12 可以得到，N_2 与 N_2^+ 的电子组态及键级分别为

N_2：$1\sigma_g^2 1\sigma_u^{*2} 1\pi_u^4 2\sigma_g^2$　$b=3$

N_2^+：$1\sigma_g^2 1\sigma_u^{*2} 1\pi_u^4 2\sigma_g^1$　$b=2\frac{1}{2}$

由于阳离子的键级更小，可以预测其具有更低的解离能。实验数据表明，N_2 与 N_2^+ 解离所需要的能量分别为 945 $\text{kJ}\cdot\text{mol}^{-1}$ 与 842 $\text{kJ}\cdot\text{mol}^{-1}$。

9C.2　光电子能谱

到目前为止，分子轨道已经被认为是一种纯粹的理论构架，但是是否有实验证据证明它们的存在呢？**光电子能谱**（photoelectron spectroscopy，PES）能测量当电子吸收已知能量的光子并从不同轨道逃逸时分子的电离能，并利用该信息推断分子轨道的能量。

由于当光子电离一个样品时，能量是守恒的，故样品的电离能与被激发出来的电子（即**光电子**，photoelectrons）动能的总和必定与入射光子的能量 $h\nu$ 相等（图 9C.13），即

$$h\nu=\frac{1}{2}m_e v^2+I \tag{9C.5}$$

这个等式可以从两个方面进行理解。首先，光电子可能来源于许多不同轨道中的一个，并且每一个轨道都具有不同的电离能。因此，可以获得一系列具有不同动能的光电子，每个光电子均满足 $h\nu=\frac{1}{2}m_e v^2+I_i$，其中 I_i 是电子从轨道 i 逃逸时的电离能。因此，通过测定光电子的动能及入射光的频率 ν，就可以求得不同分子轨道对应的电离能。光电子能谱可以用一种称为 **Koopmans 定理**（Koopmans' theorem）的近似来解释，该定理认为电离能 I_i 等于失去电子的轨道能量（形式上：$I_i=-\varepsilon_i$）。也就是说，电离能的大小可以通过轨道能量的高低进行判定。该定理本身是经过近似处理的，因为它忽略了当电离发生时剩余电子将调整其分布这一事实。

即使对于价电子，分子的电离能也有几个电子伏特，因此必须至少在光谱的紫外区进行试验，并且激发光波长应小于 200 nm。大量研究工作是利用氦气放电产生的辐射进行的：He(I) 线（$1s^1 2p^1 \rightarrow 1s^2$）位于 58.43 nm，相当于 21.22 eV 的光子能量，这催生了**紫外光电子能谱**（ultraviolet photoelectron spectroscopy，UPS）技术。当研究靠近原子核的电子时，则需要更高能量的光子（X 射线）来进行激发，这项技术用 XPS 表示。

光电子的动能可以通过使用静电偏转器来测量，当光电子在带电板之间通过时，其将在静电场的作用下产生不同的偏转（图 9C.14）。当带电板之间的场强增加时，不同速率（也即不同动能）的电子可以到达探测器。记录不同场强下的电子通量并将其对动能作图，就可以获得光电子能谱（图 9C.15）。

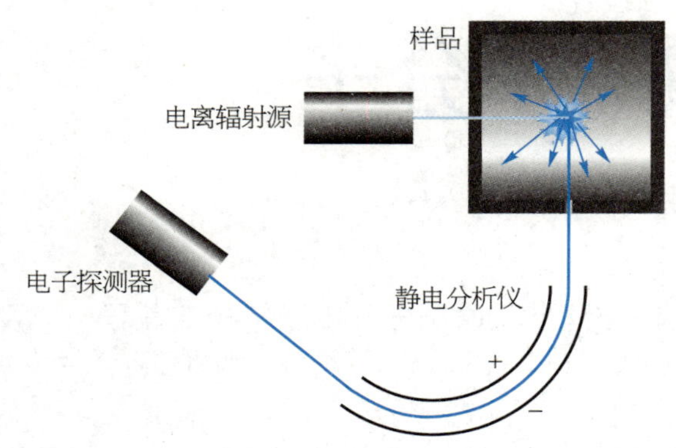

图9C.14 光电子能谱仪由电离辐射源（如在UPS中的氦放电灯及XPS中的X射线源）、静电分析仪和电子探测器组成，由分析仪造成的电子路径的偏转取决于电子的运动速度

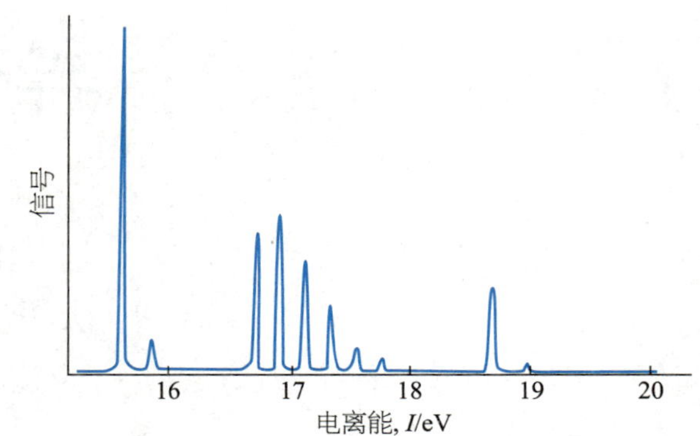

图9C.15 使用He(Ⅰ)为激发光源检测到的N_2分子的光电子能谱

简要说明9C.3

利用He(Ⅰ)辐射的光谱仪从N_2激发出的最高动能的光电子，其动能为5.63 eV。因为氦(I)辐射的光子具有21.22 eV的能量，故有21.22 eV = 5.63 eV + I_i，即I_i = 15.59 eV。此电离能即为将电子从N_2分子能量最高的占有轨道，即$2\sigma_g$成键轨道激发所需要的能量。也可以检测到动能为4.53 eV的光子，对应的电离能为16.7 eV，这些电子可能来源于$1\pi_u$轨道。

光激发通常产生振动激发的阳离子，由于激发离子的不同振动状态需要不同的能量，所以光电子以不同的动能出现，其结果是产生**振动精细结构**（vibrational fine structure），即一连串的谱线，其能量间隔对应于分子离子的振动频率。如图9C.15所示，N_2分子的光电子能谱的精细结构发生在16.7 eV和18 eV之间。

概念清单

☐ 1. 分子轨道由所有对称性匹配的价层原子轨道线性组合而来。

☐ 2. 作为一级近似，σ轨道是由价层s轨道与p轨道分别建立得到的。

☐ 3. **π轨道**是由p轨道肩并肩重叠得到的。

☐ 4. **重叠积分**是原子轨道重叠程度的一种量度。

☐ 5. 在遵循泡利不相容原理的基础上，根据构造原理，电子将占据许可分子轨道中，从而使整个系统的总能量最低。

☐ 6. 如果电子分占不同轨道，则当它们的自旋平行时能量最低。

☐ 7. 两个相同原子之间的分子或离子的**键级**越大，则键长越短，键强越强。

☐ 8. **光电子能谱**是一种用于检测分子轨道上电子能量的技术。

公式清单

性质	公式	说明	公式编号
重叠积分	$S=\int\psi_A^*\psi_B\,d\tau$	全空间积分	9C.3
键级	$b=\frac{1}{2}(N-N^*)$	N和N^*分别是成键轨道和反键轨道中的电子数	9C.4
光电子谱	$h\nu=\frac{1}{2}m_e v^2+I$	I即为I_i，表示i轨道的电离能	9C.5

专题9D

分子轨道理论：异核双原子分子

► 为何需要学习这部分内容？

大多数双原子分子都是异核的，所以需要了解它们与同核双原子分子电子结构的差异，以及如何定量处理这些差异。

► 核心思想是什么？

一个异核双原子分子的成键分子轨道，其大部分是由电负性更大的原子的原子轨道所组成，而反键分子轨道则主要由电负性更小的原子的原子轨道所构成。

► 需要哪些预备知识？

需要了解同核双原子分子的分子轨道（专题9C），以及归一化与正交性的概念（专题7C）。本专题少量用到了行列式（“化学家工具包23”）及微分法则（专题1C中“化学家工具包5”）。

在异核双原子分子中，共价键中的电子并非均匀地分布在两个原子上，因为当电子对更接近某一个原子而远离另一个原子时，能量上更有利。这种电子分布的不均衡产生了**极性键**（polar bond），即成键电子密度在两个键合原子之间不被均等共享的键。例如，在HF分子中，键是极性的，在F原子附近的成键电子密度比H原子附近的电子密度大。成键电子密度在F原子附近的累积导致该原子具有净的负电荷，称为**部分负电荷**（partial negative charge），表示为$\delta-$。在H原子上则有一个与之相匹配的**部分正电荷**（partial positive charge）表示为$\delta+$，见图9D.1。

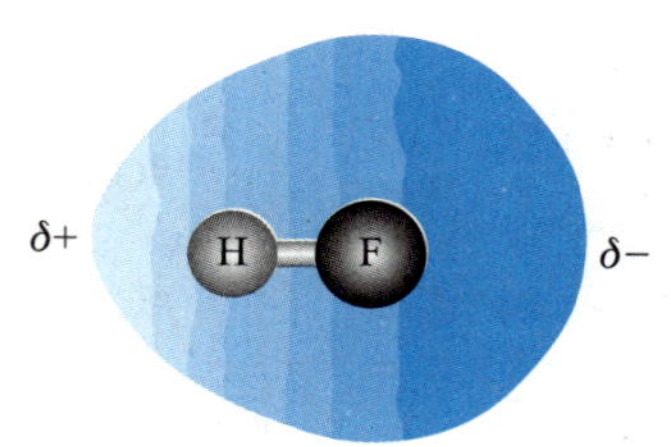

图9D.1　分子HF的电子密度图，使用专题9E中阐述的方法之一进行计算。不同的颜色显示出分子中静电势的变化，从而指示净电荷的分布，其中最浅色表示具有最大部分正电荷的区域，最深色表示具有最大部分负电荷的区域

9D.1　极性键与电负性

对极性键的描述是同核双原子分子分子轨道理论（专题9C）的一个直接扩展，主要区别是两个原子上的原子轨道具有不同的能量及空间范围。

极性键由成键分子轨道中的两个电子构成，其轨道形式为

$$\psi = c_A\psi_A + c_B\psi_B$$ 极性键的波函数　(9D.1

式中系数c_A与c_B是不同的。根据电子在某一位置出现的概率，原子轨道ψ_A对键的贡献应是$|c_A|^2$，原子轨道ψ_B对键的贡献则为$|c_B|^2$。对于非极性键而言，有$|c_A|^2=|c_B|^2$，而在一个纯离子键中，有一个系数等于0（对离子化合物A^+B^-而言，有$c_A=0$，$c_B=1$）。能量低的原子轨道对成键分子轨道有更多的贡献，而反键轨道则相反，其主要组分来源于更高能量的原子轨道。

通常采用参与成键元素的**电负性**（electronegativity）χ这一概念来对部分电荷的分布进行讨论。电负性是Linus Pauling为了量度键中某一原子吸引电子能力的大小而引入的一个参数。Pauling根据价键理论的观点，建议可依据键解离能$hc\tilde{D}_0$来定义电负性的一个合理数值尺度，并提

出电负性的差异可以表示为

$$|\chi_{\mathrm{A}}-\chi_{\mathrm{B}}|=\{hc\tilde{D}_0(\mathrm{AB})-\frac{1}{2}[hc\tilde{D}_0(\mathrm{AA})+hc\tilde{D}_0(\mathrm{BB})]\}^{1/2}/\mathrm{eV} \quad (9\mathrm{D}.2)$$

Pauling 电负性 [定义]

式中$hc\tilde{D}_0(\mathrm{XY})$为X—Y键的解离能。此表达式给出了电负性的差异，为了建立一个绝对标度，Pauling选择出与式（9D.2）一致性最好的个别数据。基于这一定义的电负性就被称为**Pauling电负性**（Pauling electronegativities，见表9D.1）。电负性最大的元素是那些与F最接近的元素（稀有气体元素除外）。研究发现，两种元素的电负性差异越大，形成键的极性就越强。例如，HF分子中两原子电负性差值为1.8，而通常被认为几乎非极性的C—H键中，两原子电负性差值仅为0.4。

表9D.1 Pauling电负性*

元素	χ_{P}
H	2.2
C	2.6
N	3.0
O	3.4
F	4.0
Cl	3.2
Cs	0.79

*更多数据参见资源部分。

简要说明9D.1

H_2、Cl_2、HCl分子中键的解离能分别为4.52 eV、2.51 eV和4.47 eV，则根据式（9D.2），有

$$|\chi_{\mathrm{P}}(\mathrm{H})-\chi_{\mathrm{P}}(\mathrm{Cl})|=[4.47-\frac{1}{2}(4.52+2.51)]^{1/2}=0.98\approx1.0$$

光谱学家Robert Mulliken提出了电负性的另一种定义。他认为，如果元素具有较高的电离能（即不易释放电子）和较高的电子亲和势（能量上利于获得电子），那么该元素很可能具有较高的电负性。因此，Mulliken**电负性标度**（Mulliken electronegativity scale）的定义式为

$$\chi=\frac{1}{2}(I+E_{\mathrm{ea}})/\mathrm{eV} \quad (9\mathrm{D}.3)$$

Mulliken 电负性 [定义]

式中I和E_{ea}分别为元素的电离能与电子亲和势。Mulliken电负性越大，则该原子对所形成键中电子分布的贡献越大。有一点需要注意：式（9D.3）中的I和E_{ea}是原子处于特殊“价态”时的值，而不是真正的光谱态，但是这里忽略了该复杂性。Mulliken电负性和Pauling电负性标度基本上是一致的，两者之间可以通过下式进行合理转换：

$$\chi_{\mathrm{P}}=1.35\chi_{\mathrm{M}}^{1/2}-1.37 \quad (9\mathrm{D}.4)$$

9D.2 变分原理

变分原理（variation principle）提供了讨论键的极性和计算原子轨道线性组合成分子轨道时的系数的系统方法，即

如果以任意波函数计算分子能量，则计算的能量值永远不小于其能量的真实值。

它可被这样来验证，即设定任意的“尝试函数”，计算其对应的能量值，并证明所得到的结果不小于真实能量（可能是相同的）。

如何完成？9D.1 验证变分原理

任意函数都可以表示为某一分子确切哈密顿算符的本征函数ψ_n的线性组合。在本例中，考虑一个归一化的尝试波函数，写作线性组合$\psi_{\mathrm{trial}}=\sum_n c_n\psi_n$，并假设$\psi_n$本身是归一化的且相互正交。

步骤1 *写出能量真实值与计算值之间差异的表达式*

与归一化的尝试函数相关的能量是期盼值：

$$E=\int\psi_{\mathrm{trial}}^{*}\hat{H}\psi_{\mathrm{trial}}\mathrm{d}\tau$$

系统的最低能量为E_0，即对应于ψ_0的哈密顿算符的本征值。计算值与真实值的差异为

$$\begin{aligned}E-E_0&=\int\psi_{\mathrm{trial}}^{*}\hat{H}\psi_{\mathrm{trial}}\mathrm{d}\tau-E_0\overbrace{\int\psi_{\mathrm{trial}}^{*}\psi_{\mathrm{trial}}\mathrm{d}\tau}^{1}\\&=\int\psi_{\mathrm{trial}}^{*}\hat{H}\psi_{\mathrm{trial}}\mathrm{d}\tau-\int\psi_{\mathrm{trial}}^{*}E_0\psi_{\mathrm{trial}}\mathrm{d}\tau\\&=\int\psi_{\mathrm{trial}}^{*}(\hat{H}-E_0)\psi_{\mathrm{trial}}\mathrm{d}\tau\\&=\int\left(\sum_n c_n^{*}\psi_n^{*}\right)(\hat{H}-E_0)\left(\sum_{n'}c_{n'}\psi_{n'}\right)\mathrm{d}\tau\\&=\sum_{n,n'}c_n^{*}c_{n'}\int\psi_n^{*}(\hat{H}-E_0)\psi_{n'}\mathrm{d}\tau\end{aligned}$$

步骤2 *化简表达式*

由于$\int\psi_n^*\hat{H}\psi_{n'}\mathrm{d}\tau=E_{n'}\int\psi_n^*\psi_{n'}\mathrm{d}\tau$，且$\int\psi_n^*E_0\psi_{n'}\mathrm{d}\tau=E_0\int\psi_n^*\psi_{n'}\mathrm{d}\tau$，即有

$$\int\psi_n^*(\hat{H}-E_0)\psi_{n'}\mathrm{d}\tau=(E_{n'}-E_0)\int\psi_n^*\psi_{n'}\mathrm{d}\tau$$

所以有

$$E-E_0=\sum_{n,n'}c_n^*c_{n'}(E_{n'}-E_0)\overbrace{\int\psi_n^*\psi_{n'}\mathrm{d}\tau}^{\text{如果 }n'=n\text{ 则为1，否则为0}}$$

步骤3 *分析最终表达式*

本征函数ψ_n是正交的，因此只有$n'=n$的项对加和有贡献。因为每个本征函数都是归一化的，所以每个幸存的积分其值都是1，故能量差值为

$$E-E_0=\sum_n\overbrace{c_n^*c_n}^{\geqslant 0}\overbrace{(E_n-E_0)}^{\geqslant 0}\geqslant 0$$

$c_n^*c_n$必须是实数，并且大于或等于零；另外，由于E_0是能量最低值，故E_n-E_0也必须大于或等于零。所以，右边两个项的乘积大于或等于零，即有$E\geqslant E_0$，这与断言相符。

变分原理是所有现代分子结构计算的基础。该原理意味着，如果不断改变尝试波函数中的系数，直至获得最低能量值（通过计算每种情况下波函数哈密顿算符的期盼值），那么这些系数即为该特定形式的尝试函数的最适系数。当采用更为复杂的波函数时，可能可以获得更低的能量值，例如，可以采用每个原子上数个原子轨道的线性组合。然而，对于由一给定**基组**（basis set），即一组给定的原子轨道，所构建的分子轨道，变分原理可以给出该类型的最佳分子轨道。

（a）变分法处理的一般过程

变分原理的实际运用可以通过将其应用于式（9D.1）中系数定义的尝试波函数来进行说明。

如何完成？9D.2 变分原理在异核双原子分子中的运用

式（9D.1）中的尝试波函数是一个实函数，但是由于其系数值可以任意选取，所以该函数并未归一化。因为该函数为实函数，故有$\psi^*=\psi$。为了使其归一化，等式两边同时乘以$N=1/(\int\psi^*\psi\mathrm{d}\tau)^{1/2}$，所以，从现在开始，以$\psi/(\int\psi^2\mathrm{d}\tau)^{1/2}$为尝试波函数，接下来进行以下步骤：

步骤1 *写出能量的表达式*

使用归一化后的实尝试函数，则哈密顿算符的期盼值，即能量为

$$E=\frac{\int\psi\hat{H}\psi\mathrm{d}\tau}{\int\psi^2\mathrm{d}\tau}\tag{9D.5}$$

分母项展开为

$$\int\psi^2\mathrm{d}\tau=\int(c_A\psi_A+c_B\psi_B)^2\mathrm{d}\tau$$

$$=c_A^2\overbrace{\int\psi_A^2\mathrm{d}\tau}^{1}+c_B^2\overbrace{\int\psi_B^2\mathrm{d}\tau}^{1}+2c_Ac_B\overbrace{\int\psi_A\psi_B\mathrm{d}\tau}^{S}$$

$$=c_A^2+c_B^2+2c_Ac_BS$$

由于每个原子轨道的波函数都已经归一化，上式中第三个积分项即为重叠积分S[参见式（9C.3），$S=\int\psi_A\psi_B\mathrm{d}\tau$]。分子项展开为

$$\int\psi\hat{H}\psi\mathrm{d}\tau=\int(c_A\psi_A+c_B\psi_B)\hat{H}(c_A\psi_A+c_B\psi_B)\mathrm{d}\tau$$

$$=c_A^2\overbrace{\int\psi_A\hat{H}\psi_A\mathrm{d}\tau}^{\alpha_A}+c_B^2\overbrace{\int\psi_B\hat{H}\psi_B\mathrm{d}\tau}^{\alpha_B}+$$

$$c_Ac_B\overbrace{\int\psi_A\hat{H}\psi_B\mathrm{d}\tau}^{\beta}+c_Ac_B\overbrace{\int\psi_B\hat{H}\psi_A\mathrm{d}\tau}^{\beta}$$

α_A、α_B和β（均为能量值）的意义稍后讨论。由于哈密顿算符为厄米算符（专题7C），上式中第三与第四个积分项是相同的，所以有

$$\int\psi\hat{H}\psi\mathrm{d}\tau=c_A^2\alpha_A+c_B^2\alpha_B+2c_Ac_B\beta$$

至此，能量E的完整表达式为

$$E=\frac{c_A^2\alpha_A+c_B^2\alpha_B+2c_Ac_B\beta}{c_A^2+c_B^2+2c_Ac_BS}$$

步骤2 *寻找能量的最小值*

下面需要寻找尝试波函数的系数，以使能量E的值最小。这是微积分中的一个典型问题，要解决该问题，就要使系数满足：

$$\frac{\partial E}{\partial c_A}=0\qquad\frac{\partial E}{\partial c_B}=0$$

在简单应用一些微分规则（参见专题1C中“化学家工具包5”）之后，可以得到

$$\frac{\partial E}{\partial c_A}=\frac{2[(\alpha_A-E)c_A+(\beta-SE)c_B]}{c_A^2+c_B^2+2c_Ac_BS}$$

$$\frac{\partial E}{\partial c_B}=\frac{2[(\alpha_B-E)c_B+(\beta-SE)c_A]}{c_A^2+c_B^2+2c_Ac_BS}$$

当导数为0时，表达式中的分子，特别是蓝色的部分必

须为0，即得到**久期方程**[1]（secular equations）：

$$(\alpha_A - E)c_A + (\beta - SE)c_B = 0 \quad (9D.6a)$$

$$(\alpha_B - E)c_B + (\beta - SE)c_A = 0 \quad (9D.6b)$$

久期方程

久期方程中α_A、α_B、β及S的值分别为

$$\alpha_A = \int \psi_A \hat{H} \psi_A d\tau \quad \alpha_B = \int \psi_B \hat{H} \psi_B d\tau \quad (9D.7a)$$

库仑积分

$$\beta = \int \psi_A \hat{H} \psi_B d\tau = \int \psi_B \hat{H} \psi_A d\tau \quad (9D.7b)$$

共振积分

$$S = \int \psi_A \psi_B d\tau \quad (9D.7c)$$

重叠积分

参数α称为**库仑积分**（Coulomb integral），它是负值，可以理解为当电子占据ψ_A（对α_A）或ψ_B（对α_B）时的能量。在同核双原子分子中，$\alpha_A = \alpha_B$。参数β称为**共振积分**（resonance integral，出于经典的原因）。当轨道不重叠时，$\beta = 0$；平衡键长时，它通常为负值。在专题9C中，已经引入并讨论了重叠积分S。

为了求解这些关于系数的久期方程，必须要知道能量E，然后在式（9D.6）中使用它的值。对于任意一组联立方程，如果**久期行列式**（secular determinant），即系数的行列式，等于0，则久期方程有解（“化学家工具包23”）。也就是说：

$$\begin{vmatrix} \alpha_A - E & \beta - SE \\ \beta - SE & \alpha_B - E \end{vmatrix} = (\alpha_A - E)(\alpha_B - E) - (\beta - SE)^2$$
$$= (1 - S^2)E^2 + [2\beta S - (\alpha_A - \alpha_B)]E + (\alpha_A\alpha_B - \beta^2) = 0 \quad (9D.8)$$

这是一个关于E的二次方程。形式为$ax^2 + bx + c = 0$的二次方程有解为

$$x = \frac{-b \pm (b^2 - 4ac)^{1/2}}{2a}$$

在本例中，$a = 1 - S^2$，$b = 2\beta S - (\alpha_A + \alpha_B)$，$c = \alpha_A\alpha_B - \beta^2$，故式（9D.8）的解（即能量）为

$$E_\pm = \frac{\alpha_A + \alpha_B - 2\beta S \pm \{[2\beta S - (\alpha_A + \alpha_B)]^2 - 4(1 - S^2)(\alpha_A\alpha_B - \beta^2)\}^{1/2}}{2(1 - S^2)} \quad (9D.9a)$$

根据变分原理，对于在式（9D.1）中给出的尝试波函数形式，这是最接近真实能量的近似值。它们是由两个原子轨道形成的成键和反键分子轨道的能量。

式（9D.9a）可以简化。对于同核双原子分子，$\alpha_A = \alpha_B = \alpha$，故有

$$E_\pm = \frac{2\alpha - 2\beta S \pm [\overbrace{(2\beta S - 2\alpha)^2}^{(2\beta - 2\alpha S)^2} - 4(1 - S^2)(\alpha^2 - \beta^2)]^{1/2}}{\underbrace{2(1 - S^2)}_{(1+S)(1-S)}}$$
$$= \frac{\alpha - \beta S \pm (\beta - \alpha S)}{(1+S)(1-S)} = \frac{(\alpha \pm \beta)(1 \mp S)}{(1+S)(1-S)}$$

也即

$$E_+ = \frac{\alpha + \beta}{1 + S} \qquad E_- = \frac{\alpha - \beta}{1 - S} \quad (9D.9b)$$

同核双原子

对$\beta < 0$，E_+为能量更低的解。

对异核双原子分子，将重叠积分S近似看作0（以使表达式更为简洁明了），有

$$E_\pm = \frac{1}{2}(\alpha_A + \alpha_B) \pm \frac{1}{2}(\alpha_A - \alpha_B)\left[1 + \left(\frac{2\beta}{\alpha_A - \alpha_B}\right)^2\right]^{1/2} \quad (9D.9c)$$

原子轨道无重叠近似

库仑积分α_A和α_B的值可以通过如下方法来进行估算：一个分子中X原子的极端情况有（1）X^+，即它失去了对它所提供的电子的控制；（2）X，如果它与它的键合伙伴均等地分享电子对；（3）X^-，如果它控制了键中的两个电子。如果将X^+的能量定义为0，则X能量为$-I(X)$，X^-能量为$-[I(X) + E_{ea}(X)]$，其中I是电离能，E_{ea}为电子亲和势（图9D.2）。分子中电子的实际能量处于一个中间值，在没有更加详细信息的情况下，可以合理地将分子中电子的实际能量估计为最低值的一半，即$-\frac{1}{2}[I(X) + E_{ea}(X)]$。该量（不考虑其符号）应可看作电负性的Mulliken定义。

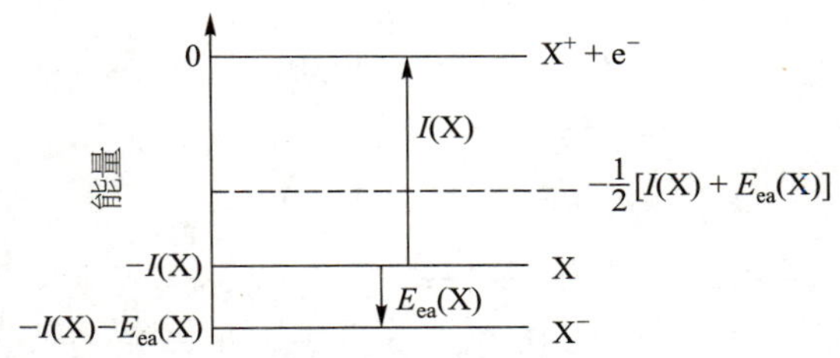

图9D.2 通过电子亲和势和电离能估算库仑积分的过程示意图

1 “久期”名称衍生于年龄或年代的拉丁语，该术语来自天文学，在那里相同方程的出现与行星轨道的缓慢累积修正有关。

化学家工具包23　行列式

一个2 × 2行列式表达式为

$$\begin{vmatrix} a & b \\ c & d \end{vmatrix} = ad - bc$$

2×2行列式

一个3 × 3行列式可以通过将其展开为多个2 × 2行列式的和进行计算：

$$\begin{vmatrix} a & b & c \\ d & e & f \\ g & h & i \end{vmatrix} = a\begin{vmatrix} e & f \\ h & i \end{vmatrix} - b\begin{vmatrix} d & f \\ g & i \end{vmatrix} + c\begin{vmatrix} d & e \\ g & h \end{vmatrix}$$

3×3行列式

$$= a(ei - fh) - b(di - fg) + c(dh - eg)$$

注意在交替列中的符号变化（扩展项中，b为负值）。行列式的一个重要特性是，如果互换任何两行或任何两列，则行列式将改变符号：

互换行：

$$\begin{vmatrix} b & a \\ d & c \end{vmatrix} = bc - ad = -(ad - bc) = -\begin{vmatrix} a & b \\ c & d \end{vmatrix}$$

互换列：

$$\begin{vmatrix} c & d \\ a & b \end{vmatrix} = cb - da = -(ad - bc) = -\begin{vmatrix} a & b \\ c & d \end{vmatrix}$$

这意味着，如果任何两列或两行是相同的，则行列式为零。

简要说明9D.2

以HF分子为例，其分子轨道的一般形式是$\psi = c_H\psi_H + c_F\psi_F$，其中$\psi_H$是H原子的一个1s轨道，$\psi_F$是F原子的一个$2p_z$轨道（$z$沿核间轴方向，这是针对线形分子的惯例）。相关数据如下：

	I/eV	E_{ea}/eV	$-\frac{1}{2}(I+E_{ea})$/eV
H	13.6	0.75	−7.2
F	17.4	3.34	−10.4

所以设定：$\alpha_A = \alpha_H = -7.2$ eV，$\alpha_B = \alpha_F = -10.4$ eV。取β为典型数值 − 1.0 eV，并为使计算简便，设重叠积分$S = 0$，代入式（9D.9c），有

$$E_\pm/\text{eV} = \frac{1}{2}\times(-7.2-10.4)\pm\frac{1}{2}\times(-7.2+10.4)\times\left[1+\left(\frac{-2.0}{-7.2+10.4}\right)^2\right]^{1/2}$$

$$= -8.8\pm1.9 = -10.7 \text{ 或 } -6.9$$

这些数值表示一个成键轨道位于−10.7 eV，一个反键轨道位于−6.9 eV，如图9D.3中所示。

（b）解的特征

式（9D.9c）的一个重要特征是随着相互作用原子轨道之间的能量差$|\alpha_A - \alpha_B|$的增加，成键和反键效应减小（图9D.4）。当$|\alpha_B - \alpha_A| >> 2|\beta|$时，可以通过这样的近似，即$(1 + x)^{1/2} \approx 1 + \frac{1}{2}x$（参见专题5B中“化学家工具包12”）来得到：

$$E_+ \approx \alpha_A + \frac{\beta^2}{\alpha_A - \alpha_B} \quad E_- \approx \alpha_B - \frac{\beta^2}{\alpha_A - \alpha_B} \tag{9D.10}$$

与上述表达式相对应，从图9D.4中可以看出，当能量差$|\alpha_A - \alpha_B|$非常大时，所得分子轨道的能量与原子轨道的能量仅略有不同，这反过来表明成键和反键效应很小。也就是说：

当两个原子轨道的能量接近时，轨道的成键效应与反键效应最强。

轨道贡献判据

由于内层轨道和价层轨道之间能量差异巨大，所以可以忽略内层轨道对由价层原子轨道构成的

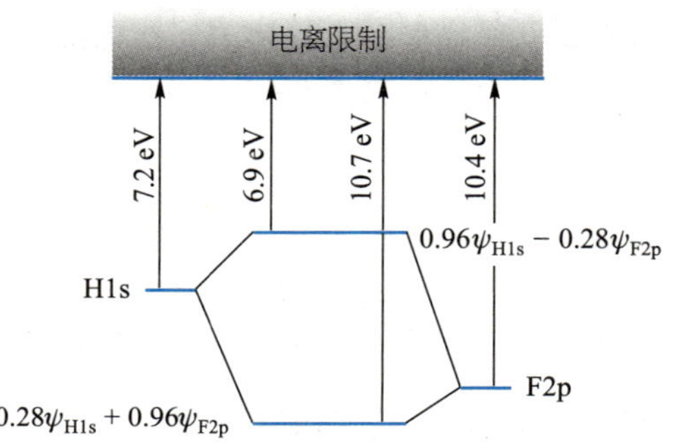

图9D.3　HF分子中，库仑积分α的估算值及其对应的分子轨道

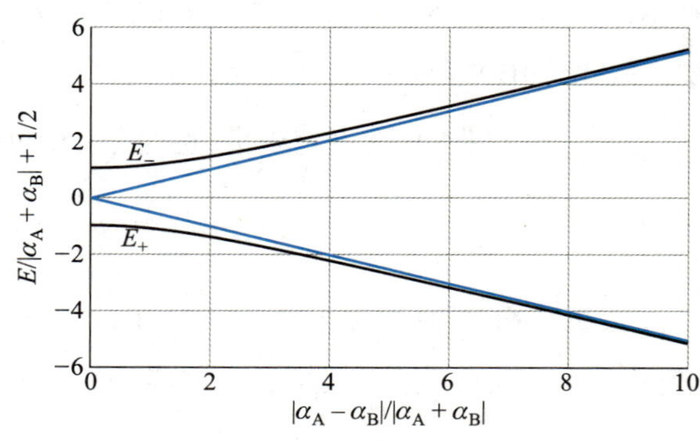

图9D.4　分子轨道能量随两原子轨道间能量差值的变化曲线。该图中$\beta = -1$ eV；蓝色线表示没有混合时的能量（即$\beta = 0$）

分子轨道的贡献。尽管一个原子的内层轨道具有与另一个原子的内层轨道相似的能量，因此可以预测两者的结合可能很强。但实际上内层轨道间的相互作用在很大程度上可以忽略不计，因为内层轨道非常紧凑，以至于它们之间的相互作用（可以通过$|\beta|$的值来量度）可以忽略不计。这也是为什么可以分别处理s和p_z原子轨道对σ轨道贡献的原因（即专题9C中在讨论同核双原子分子时使用的一个近似）。

从久期行列式计算得到两个能量值，代入久期方程即可求得式（9D.1）中的线性组合中的系数值。较低能量E_+给出成键分子轨道的系数，较高能量E_-给出反键分子轨道的系数。久期方程给出了系数比值的表达式，因此，由式（9D.6a）中两个久期方程中的第一个，即$(\alpha_A-E)c_A+(\beta-ES)c_B=0$，可以得到

$$c_B=-\left(\frac{\alpha_A-E}{\beta-ES}\right)c_A \qquad (9D.11)$$

波函数同样需要归一化，由于$\int\psi^2 d\tau=c_A^2+c_B^2+2c_Ac_BS$，所以归一化时只需要：

$$c_A^2+c_B^2+2c_Ac_BS=1 \qquad (9D.12)$$

将式（9D.11）代入式（9D.12），可以得到

$$c_A=\frac{1}{\left[1+\left(\frac{\alpha_A-E}{\beta-ES}\right)^2-2S\left(\frac{\alpha_A-E}{\beta-ES}\right)\right]^{1/2}} \qquad (9D.13)$$

一旦将式（9D.9a）中给出的合理的$E=E_\pm$值代入后，式（9D.13）与等式（9D.11）联立，即可给出确切的系数表达式。

与之前相同，这种表达式在两种情况下更加简洁明了。首先，对于同核双原子，有$\alpha_A=\alpha_B=\alpha$及式（9D.9b）中给出$E_\pm$，结果为

$$E_+=\frac{\alpha+\beta}{1+S} \quad c_A=\frac{1}{[2(1+S)]^{1/2}} \quad c_B=c_A \qquad \text{同核双原子} \qquad (9D.14a)$$

$$E_-=\frac{\alpha-\beta}{1-S} \quad c_A=\frac{1}{[2(1-S)]^{1/2}} \quad c_B=-c_A \qquad (9D.14b)$$

对于重叠积分$S=0$的异核双原子分子而言，有

$$c_A=\frac{1}{\left[1+\left(\frac{\alpha_A-E}{\beta}\right)^2\right]^{1/2}} \qquad \text{原子轨道无重叠近似} \qquad (9D.15)$$

从式（9D.9c）中得到合适的$E=E_+$值后，系数c_B即可由式（9D.11）计算得到。

简要说明9D.3

再次以HF为例，在之前的“简要说明”中给出，$\alpha_H=-7.2$ eV，$\alpha_F=-10.4$ eV，$\beta=-1.0$ eV，$S=0$时，两个轨道能量分别为$E_+=-10.7$ eV和$E_-=-6.9$ eV。将上述值代入式（9D.15），可以求得以下系数：

$E_+=-10.7$ eV　　$\psi_+=0.28\psi_H+0.96\psi_F$

$E_-=-6.9$ eV　　$\psi_-=0.96\psi_H-0.28\psi_F$

需要注意的是，能量较低的轨道（$E_+=-10.7$ eV）中，电负性较大的F原子中的F2p轨道贡献大于H1s轨道，而能量较高的反键轨道则相反。

概念清单

- ☐ 1. **极性键**可看作是由于分子轨道更为集中在键上的某一个原子而造成的。
- ☐ 2. 元素的**电负性**是原子在键中吸引电子能力的一种量度。
- ☐ 3. 成键轨道中的电子对更有可能出现在电负性较大的原子上，反键轨道中的电子则相反。
- ☐ 4. **变分原理**为优化尝试波函数提供了一种判据。
- ☐ 5. **基组**是构成分子轨道的一组原子轨道。
- ☐ 6. 当起作用的两个原子轨道具有相近的能量时，成键和反键效应最强。

公式清单

性质	公式	说明	公式编号
分子轨道	$\psi = c_A\psi_A + c_B\psi_B$		9D.1
Pauling 电负性	$\lvert\chi_A - \chi_B\rvert = \{hc\tilde{D}_0(AB) - \frac{1}{2}[hc\tilde{D}_0(AA) + hc\tilde{D}_0(BB)]\}^{1/2}/eV$		9D.2
Mulliken 电负性	$\chi = \frac{1}{2}(I + E_{ea})/eV$		9D.3
库仑积分	$\alpha_A = \int\psi_A\hat{H}\psi_A d\tau$	定义	9D.7a
共振积分	$\beta = \int\psi_A\hat{H}\psi_B d\tau$	定义	9D.7b
变分原理	$E = \int\psi^*_{trial}\hat{H}\psi_{trial}d\tau / \int\psi^*_{trial}\psi_{trial}d\tau$; $\partial E/\partial c = 0$		

专题9E

分子轨道理论：多原子分子

► 为何需要学习这部分内容？

化学中研究的大多数分子都是多原子分子，故讨论它们的电子结构很重要。尽管目前已经可以广泛地使用计算程序对其结构进行描述，但是要真正理解它们，仍需要从这里阐释的更原始的方法出发。

► 核心思想是什么？

分子轨道可以表示为对称性匹配的所有原子轨道的线性组合。

► 需要哪些预备知识？

本专题将专题9D中用于异核双原子分子的方法进行了深入拓展，特别是久期方程与久期行列式的概念。用到的主要数学技术是矩阵代数（详见“化学家工具包24和25”）。应当熟悉使用数学软件来对矩阵进行数字运算。

多原子分子的分子轨道建立方法与双原子分子相同（专题9D），唯一的区别在于更多的原子轨道被用来构建分子轨道。与双原子分子一样，多原子分子的分子轨道也是遍布整个分子。分子轨道的一般形式为

$$\psi=\sum_i c_i\psi_i \qquad \text{LCAO-MO 的一般形式} \qquad (9\text{E}.1)$$

式中ψ_i是指一个原子轨道，该求和范围包括了分子中所有原子的价层轨道。与双原子分子讨论的方法相似（专题9D），通过建立久期方程，然后解这些方程获得能量，就可以找到波函数中的系数值。具体步骤包括：建立久期行列式，并找到确保行列式等于0的能量值。最后将能量值代入久期方程，从而得到每一个分子轨道中原子轨道的系数。

双原子分子和多原子分子之间的主要区别在于多原子分子可取的形状范围更大：双原子分子必须是线形的，但是一个三原子分子，其可能是线形的，也可能是有一个特征键角的角状（弯曲）分子。多原子分子的形状（其键长和键角的确定）可以通过计算核位置不同时分子的总能量，然后寻找对应于最低能量的构象来预测。进行这种计算过程最好使用软件，以自动处理最小化问题，并给出分子轨道系数。然而，采用更原始的方法可以为多原子分子的电子结构及其解释给出有用的见解。

在多原子分子分子轨道的构建中，对称性考虑起着核心作用，因为只有对称性匹配的原子轨道才具有非零重叠，并对分子轨道有贡献。为了充分讨论这些对称性要求，需要用到主题10，尤其是专题10C中提出的方法。然而，有一种类型的对称性非常直观：共轭烃的平面对称性。该对称性提供了分子的σ轨道和π轨道之间的一个区别，在基本方法中，通常依据π轨道的特点来讨论这类分子，而σ轨道提供了决定分子一般形状的刚性框架。

9E.1 休克尔近似

共轭分子的π分子轨道能级图可以通过由Erich Hückel在1931年提出的一组近似来构建。在该近似下，所有的C原子都等同处理，故对π轨道有贡献的原子轨道的所有库仑积分α（专题9D）均设为相等。这里，以乙烯为例引入该近似方法，

该分子中σ键被看作是固定的，计算可获得π成键和反键分子轨道的能量。

(a) 方法简介

π轨道可以表示为垂直于分子平面的C2p轨道的线性组合。例如，在乙烯分子中：

$$\psi = c_A\psi_A + c_B\psi_B \tag{9E.2}$$

式中ψ_A是原子A上的一个C2p轨道，ψ_B则是原子B上的一个C2p轨道。随后，可以根据专题9D中解释的变分原理找到最优的系数和能量。也就是说，建立合适的久期行列式方程，令其值等于0，即可根据方程求得能量。对于乙烯分子，$\alpha_A = \alpha_B = \alpha$，久期行列式为

$$\begin{vmatrix} \alpha - E & \beta - ES \\ \beta - ES & \alpha - E \end{vmatrix} = 0 \tag{9E.3}$$

在现代计算中，会将所有的共振积分和重叠积分都考虑在内。但是，通过采用以下一些附加的**休克尔近似**（Hückel approximations），我们可以更容易地得到分子轨道能级图：

休克尔近似
- 所有重叠积分值都设定为0；
- 所有不相邻原子之间的共振积分都设定为0；
- 所有剩余的共振积分均设为相等（等于β）。

这些近似显然是非常粗略的，但它们至少给出了分子轨道能级的一个概貌。近似将导致久期行列式有以下结构：

- 所有对角元均为$\alpha - E$；
- 相邻原子之间的非对角元为β；
- 所有其他元均为0。

这些近似使得式（9E.3）转变为

$$\begin{vmatrix} \alpha - E & \beta \\ \beta & \alpha - E \end{vmatrix} = (\alpha - E)^2 - \beta^2 = (\alpha - E + \beta)(\alpha - E - \beta) = 0 \tag{9E.4}$$

（$a^2 - b^2 = (a+b)(a-b)$）

式中行列式已按照专题9D中“化学家工具包23”中所解释的进行了展开。方程的根是$E = \alpha \pm \beta$。其中加号对应于成键组合（β为负值），而减号则对应于反键组合（图9E.1）。

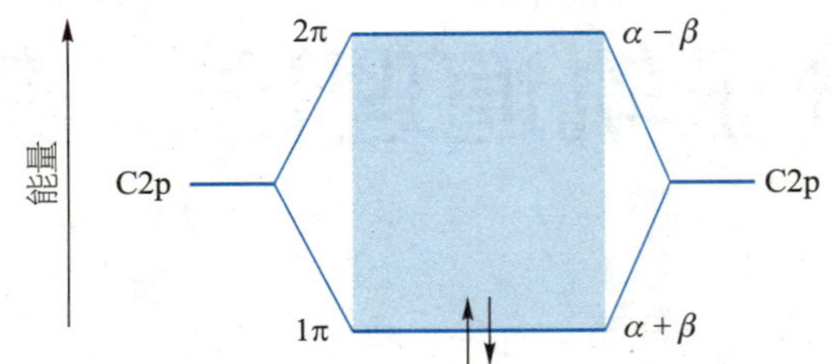

图9E.1 乙烯的休克尔分子轨道能级，两个电子占据能量较低的π轨道

由于每个碳原子向π体系提供一个电子，并且两个电子均可以占据成键轨道，故构造原理给出的组态为$1\pi^2$。乙烯中的**最高占据分子轨道**（highest occupied molecular orbital），即其HOMO，是1π轨道；**最低未占据分子轨道**（lowest unoccupied molecular orbital），即其LUMO，是2π轨道（有时也称为$2\pi^*$轨道）。这两个轨道共同构成了分子的**前线轨道**（frontier orbitals）。前线轨道十分重要，因为它们在很大程度上影响了乙烯分子或其他类似分子的众多化学性质和光谱性质。

简要说明9E.1

在休克尔框架内，激发一个$\pi^* \leftarrow \pi$跃迁所需的能量等于1π和2π轨道间的能量差值，即$2|\beta|$。已知该跃迁发生在40000 cm^{-1}附近，对应于5.0 eV。因此，β的合理值大约为−2.5 eV（−240 kJ · mol^{-1}）。

(b) 方法的矩阵形式

采用矩阵形式（参见“化学家工具包24”）有利于休克尔理论在更大分子中的便捷应用。其出发点是专题9D中为异核双原子分子所发展的一对久期方程，即

$$(\alpha_A - E)c_A + (\beta - ES)c_B = 0$$
$$(\beta - ES)c_A + (\alpha_B - E)c_B = 0$$

为了推广该表达式使其一般化，令$\alpha_J = H_{JJ}$（J = A或B），$\beta = H_{AB}$，并用相应的原子对重叠积分进行标记，所以S变为S_{AB}。令$S_{JJ} = 1$，并将$\alpha_J - E$中的E用ES_{JJ}代替，这样可以在方程中引入更多对称性（这样更容易推广它们）。在此基础上，上述两个方程转变为

$$(H_{AA}-ES_{AA})c_A+(H_{AB}-ES_{AB})c_B=0$$

$$(H_{BA}-ES_{BA})c_A+(H_{BB}-ES_{BB})c_B=0$$

我们需要对上述方程中的符号做进一步的改变。系数c_J取决于E值，因此有必要区分对应于两个能量（用E_n表示，$n=1$和2）的两个系数值集合，即将系数写成$c_{n,J}$，$n=1$（能量E_1对应的系数$c_{1,A}$和$c_{1,B}$）或$n=2$（能量E_2对应的系数$c_{2,A}$和$c_{2,B}$）。通过这些符号变化，这两个方程可以转化为

$$(H_{AA}-E_nS_{AA})c_{n,A}+(H_{AB}-E_nS_{AB})c_{n,B}=0 \tag{9E.5a}$$

$$(H_{BA}-E_nS_{BA})c_{n,A}+(H_{BB}-E_nS_{BB})c_{n,B}=0 \tag{9E.5b}$$

式中$n=1$和2，故总共得到四个方程。每对方程都可以写成如下矩阵形式：

$$\begin{pmatrix} H_{AA}-E_nS_{AA} & H_{AB}-E_nS_{AB} \\ H_{BA}-E_nS_{BA} & H_{BB}-E_nS_{BB} \end{pmatrix}\begin{pmatrix} c_{n,A} \\ c_{n,B} \end{pmatrix}=0 \tag{9E.5c}$$

这可以通过将矩阵相乘得到式（9E.5a）和式（9E.5b）中的两个表达式来得到验证。现在，引入**哈密顿矩阵**（Hamiltonian matrix，$\boldsymbol{H}$）和**重叠矩阵**（overlap matrix，$\boldsymbol{S}$），并将与能量E_n对应的系数写成列向量$\boldsymbol{c}_n$：

$$\boldsymbol{H}=\begin{pmatrix} H_{AA} & H_{AB} \\ H_{BA} & H_{BB} \end{pmatrix} \quad \boldsymbol{S}=\begin{pmatrix} S_{AA} & S_{AB} \\ S_{BA} & S_{BB} \end{pmatrix} \quad \boldsymbol{c}_n=\begin{pmatrix} c_{n,A} \\ c_{n,B} \end{pmatrix} \tag{9E.6}$$

即有

$$\boldsymbol{H}-E_n\boldsymbol{S}=\begin{pmatrix} H_{AA}-E_nS_{AA} & H_{AB}-E_nS_{AB} \\ H_{BA}-E_nS_{BA} & H_{BB}-E_nS_{BB} \end{pmatrix}$$

那么可以将式（9E.5c）更简洁地表达为

$$(\boldsymbol{H}-E_n\boldsymbol{S})\boldsymbol{c}_n=0 \quad 或 \quad \boldsymbol{H}\boldsymbol{c}_n=\boldsymbol{S}\boldsymbol{c}_nE_n \tag{9E.7}$$

$n=1$和2的两组方程可以合并为单个矩阵方程，其形式为

$$\boldsymbol{Hc}=\boldsymbol{ScE} \tag{9E.8}$$

式中$\boldsymbol{c}$、$\boldsymbol{E}$分别表示矩阵：

$$\boldsymbol{c}=(\boldsymbol{c}_1 \ \ \boldsymbol{c}_2)=\begin{pmatrix} c_{1,A} & c_{2,A} \\ c_{1,B} & c_{2,B} \end{pmatrix} \quad \boldsymbol{E}=\begin{pmatrix} E_1 & 0 \\ 0 & E_2 \end{pmatrix} \tag{9E.9}$$

化学家工具包24　矩阵

矩阵（matrix）是按一定行数和列数排列的数组，行数和列数可能不同。行和列编号为1, 2, …，因此矩阵中每个位置的数字（称为**矩阵元**，matrix element）具有唯一的行和列索引。矩阵$\boldsymbol{M}$中，在第r行和第c列上的元表示为M_{rc}。例如，一个3×3的矩阵为

$$\boldsymbol{M}=\begin{pmatrix} M_{11} & M_{12} & M_{13} \\ M_{21} & M_{22} & M_{23} \\ M_{31} & M_{32} & M_{33} \end{pmatrix}$$

一个矩阵的**迹**（trace，Tr $\boldsymbol{M}$）为对角元之和，在本例中：

$$\mathrm{Tr}\,\boldsymbol{M}=M_{11}+M_{22}+M_{33}$$

一个**单位矩阵**（unit matrix）的对角元等于1，且所有其他元为零。因此，一个3×3单位矩阵是

$$\boldsymbol{1}=\begin{pmatrix} 1 & 0 & 0 \\ 0 & 1 & 0 \\ 0 & 0 & 1 \end{pmatrix}$$

通过相加相应的矩阵元可以进行矩阵加和。因此，将矩阵$\boldsymbol{A}$和$\boldsymbol{B}$相加，可以得到$\boldsymbol{S}=\boldsymbol{A}+\boldsymbol{B}$，$\boldsymbol{S}$的每个元为

$$S_{rc}=A_{rc}+B_{rc}$$

只有相同阶数的矩阵可以相加。矩阵相乘得到积$\boldsymbol{P}=\boldsymbol{AB}$；$\boldsymbol{P}$的每个元为

$$P_{rc}=\sum_n A_{rn}B_{nc}$$

只有当$\boldsymbol{A}$矩阵的列数等于$\boldsymbol{B}$矩阵的行数时，才能相乘。方阵是行数和列数相同的矩阵，因此只有当两个方阵具有相同阶数时（即两者都是$n\times n$）才能相乘。由于积$\boldsymbol{AB}$和$\boldsymbol{BA}$的结果不一定相同，所以矩阵乘法一般不符合交换法则。一个$n\times 1$矩阵（n个元素在一列中）被称为**列向量**（column vector）。它可以通过乘以一个$n\times n$方阵来生成一个新的列向量，如

$$\begin{pmatrix} P_1 \\ P_2 \\ P_3 \end{pmatrix}=\begin{pmatrix} A_{11} & A_{12} & A_{13} \\ A_{21} & A_{22} & A_{23} \\ A_{31} & A_{32} & A_{33} \end{pmatrix}\times\begin{pmatrix} B_1 \\ B_2 \\ B_3 \end{pmatrix}$$

两个列向量的元素只需要一个索引来指定它们的行数。$\boldsymbol{P}$矩阵中的每个元为

$$P_r=\sum_n A_{rn}B_n$$

一个$1\times n$矩阵（n个元素在一行中）被称为**行向量**。它可以通过乘以一个$n\times n$方阵来生成一个新的行向量，如

$$(P_1\ P_2\ P_3)=(B_1\ B_2\ B_3)\times\begin{pmatrix} A_{11} & A_{12} & A_{13} \\ A_{21} & A_{22} & A_{23} \\ A_{31} & A_{32} & A_{33} \end{pmatrix}$$

在此情况下，矩阵$\boldsymbol{P}$中的元可以表示为

$$P_c=\sum_n B_nA_{nc}$$

需要注意的是，列向量“从左”乘以方阵，行向量“从右”乘以方阵。$\boldsymbol{A}$矩阵的**逆**（inverse）矩阵（表示为$\boldsymbol{A}^{-1}$）具有$\boldsymbol{AA}^{-1}=\boldsymbol{A}^{-1}\boldsymbol{A}=\boldsymbol{1}$的性质，其中$\boldsymbol{1}$是与$\boldsymbol{A}$具有相同阶数的单位矩阵。

如何完成？9E.1　矩阵公式的验证

将式（9E.9）中定义的矩阵代入式（9E.8）中，可以得到

$$\overbrace{\begin{pmatrix} H_{AA} & H_{AB} \\ H_{BA} & H_{BB} \end{pmatrix}}^{\boldsymbol{H}}\overbrace{\begin{pmatrix} c_{1,A} & c_{2,A} \\ c_{1,B} & c_{2,B} \end{pmatrix}}^{\boldsymbol{c}}$$

$$=\overbrace{\begin{pmatrix} S_{AA} & S_{AB} \\ S_{BA} & S_{BB} \end{pmatrix}}^{\boldsymbol{S}}\overbrace{\begin{pmatrix} c_{1,A} & c_{2,A} \\ c_{1,B} & c_{2,B} \end{pmatrix}}^{\boldsymbol{c}}\overbrace{\begin{pmatrix} E_1 & 0 \\ 0 & E_2 \end{pmatrix}}^{\boldsymbol{E}}$$

等式左边的乘积为

$$\begin{pmatrix} H_{AA} & H_{AB} \\ H_{BA} & H_{BB} \end{pmatrix}\begin{pmatrix} c_{1,A} & c_{2,A} \\ c_{1,B} & c_{2,B} \end{pmatrix}$$

$$=\begin{pmatrix} H_{AA}c_{1,A}+H_{AB}c_{1,B} & H_{AA}c_{2,A}+H_{AB}c_{2,B} \\ H_{BA}c_{1,A}+H_{BB}c_{1,B} & H_{BA}c_{2,A}+H_{BB}c_{2,B} \end{pmatrix}$$

等式右边的乘积为

$$\begin{pmatrix} S_{AA} & S_{AB} \\ S_{BA} & S_{BB} \end{pmatrix}\begin{pmatrix} c_{1,A} & c_{2,A} \\ c_{1,B} & c_{2,B} \end{pmatrix}\begin{pmatrix} E_1 & 0 \\ 0 & E_2 \end{pmatrix}$$

$$=\begin{pmatrix} S_{AA} & S_{AB} \\ S_{BA} & S_{BB} \end{pmatrix}\begin{pmatrix} c_{1,A}E_1 & c_{2,A}E_2 \\ c_{1,B}E_1 & c_{2,B}E_2 \end{pmatrix}$$

$$=\begin{pmatrix} E_1S_{AA}c_{1,A}+E_1S_{AB}c_{1,B} & E_2S_{AA}c_{2,A}+E_2S_{AB}c_{2,B} \\ E_1S_{BA}c_{1,A}+E_1S_{BB}c_{1,B} & E_2S_{BA}c_{2,A}+E_2S_{BB}c_{2,B} \end{pmatrix}$$

比较两个等式的匹配项（如那些蓝色项），可以重新生成式（9E.5a）和式（9E.5b）给出的四个久期方程（每个 n 值对应两个方程）。

在休克尔近似中，$H_{AA}=H_{BB}=\alpha$，$H_{AB}=H_{BA}=\beta$，通过设定 $S=1$，即 S 为单位矩阵（对角元为 1，其他都为 0），则可以忽略轨道的重叠。这样，式（9E.6）中的前两个矩阵变为

$$\boldsymbol{H}=\begin{pmatrix} \alpha & \beta \\ \beta & \alpha \end{pmatrix} \qquad \boldsymbol{S}=\begin{pmatrix} 1 & 0 \\ 0 & 1 \end{pmatrix}$$

由于 $\boldsymbol{S}$ 为一个单位矩阵，所以乘以 $\boldsymbol{S}$ 对结果没有影响，即式（9E.8）可以写成：

$$\boldsymbol{Hc}=\boldsymbol{cE}$$

在此基础上，当将等式两边同时从左乘以逆矩阵 $\boldsymbol{c}^{-1}$ 时（$\boldsymbol{cc}^{-1}=1$），上式转变为

$$\boldsymbol{c}^{-1}\boldsymbol{Hc}=\boldsymbol{E} \tag{9E.10}$$

矩阵 $\boldsymbol{E}$ 是对角化的，其对角元为 E_n，所以此方程可以理解为：能量是通过哈密顿矩阵的变换来计算的，其变换结果为 $\boldsymbol{c}^{-1}\boldsymbol{Hc}$，这使得它成为对角矩阵。这个过程被称为**矩阵对角化**（matrix diagonalization）。实现这一对角化的矩阵 $\boldsymbol{c}$ 的列是用作基组的轨道的系数，并给出分子轨道的组成。

例题 9E.1　通过矩阵对角化找出分子轨道

对于丁二烯（**1**）的 π 轨道，在休克尔近似下，建立并求解矩阵方程。

1 丁二烯

整理思路　对于这个四原子系统，矩阵是四阶的。需要用休克尔近似和系数 α 及 β 构造矩阵 $\boldsymbol{H}$。一旦建立了哈密顿矩阵，就只需要找到可以使其对角化的矩阵 $\boldsymbol{c}$（这一步一般采用数学软件进行操作）。具体操作见"化学家工具包 25"。但需要注意的是，如果 $\boldsymbol{H}=\alpha\boldsymbol{1}+\boldsymbol{M}$，其中 $\boldsymbol{M}$ 是非对角矩阵，那么因为 $\alpha\boldsymbol{c}^{-1}\boldsymbol{1c}=\alpha\boldsymbol{c}^{-1}\boldsymbol{c}=\alpha\boldsymbol{1}$，所以无论哪个矩阵 $\boldsymbol{c}$ 对角化 $\boldsymbol{M}$，$\alpha\boldsymbol{1}$ 都保持不变。因此，要实现 $\boldsymbol{H}$ 的整体对角化，只需对角化 $\boldsymbol{M}$ 即可。

解： 将四个原子标记为 A、B、C、D，则哈密顿矩阵 $\boldsymbol{H}$ 为

$$\boldsymbol{H}=\begin{pmatrix} \overbrace{H_{AA}}^{\alpha} & \overbrace{H_{AB}}^{\beta} & \overbrace{H_{AC}}^{0} & \overbrace{H_{AD}}^{0} \\ H_{BA} & H_{BB} & H_{BC} & H_{BD} \\ H_{CA} & H_{CB} & H_{CC} & H_{CD} \\ H_{DA} & H_{DB} & H_{DC} & H_{DD} \end{pmatrix} \xrightarrow{\text{休克尔近似}} \begin{pmatrix} \alpha & \beta & 0 & 0 \\ \beta & \alpha & \beta & 0 \\ 0 & \beta & \alpha & \beta \\ 0 & 0 & \beta & \alpha \end{pmatrix}$$

其可以写成

$$\boldsymbol{H}=\alpha\boldsymbol{1}+\beta\overbrace{\begin{pmatrix} 0 & 1 & 0 & 0 \\ 1 & 0 & 1 & 0 \\ 0 & 1 & 0 & 1 \\ 0 & 0 & 1 & 0 \end{pmatrix}}^{\boldsymbol{M}}$$

矩阵 $\boldsymbol{M}$ 的对角化形式（使用软件）为

$$\begin{pmatrix} +1.62 & 0 & 0 & 0 \\ 0 & +0.62 & 0 & 0 \\ 0 & 0 & -0.62 & 0 \\ 0 & 0 & 0 & -1.62 \end{pmatrix}$$

所以，对角化的哈密顿矩阵为

$$\boldsymbol{E}=\begin{pmatrix} \alpha+1.62\beta & 0 & 0 & 0 \\ 0 & \alpha+0.62\beta & 0 & 0 \\ 0 & 0 & \alpha-0.62\beta & 0 \\ 0 & 0 & 0 & \alpha-1.62\beta \end{pmatrix}$$

实现这一对角化的矩阵为

$$\boldsymbol{c}=\begin{pmatrix} 0.372 & 0.602 & 0.602 & 0.372 \\ 0.602 & 0.372 & -0.372 & -0.602 \\ 0.602 & -0.372 & -0.372 & 0.602 \\ 0.372 & -0.602 & 0.602 & -0.372 \end{pmatrix}$$

式中每一列给出了相应分子轨道中原子轨道的系数。据此，能量和分子轨道为

$E_1 = \alpha + 1.62\beta$

$\psi_1 = 0.372\psi_A + 0.602\psi_B + 0.602\psi_C + 0.372\psi_D$

$E_2 = \alpha + 0.62\beta$

$\psi_2 = 0.602\psi_A + 0.372\psi_B - 0.372\psi_C - 0.602\psi_D$

$E_3 = \alpha - 0.62\beta$

$\psi_3 = 0.602\psi_A - 0.372\psi_B - 0.372\psi_C + 0.602\psi_D$

$E_4 = \alpha - 1.62\beta$

$\psi_4 = 0.372\psi_A - 0.602\psi_B + 0.602\psi_C - 0.372\psi_D$

式中，C 的 2p 原子轨道表示为 $\psi_A, \cdots, \psi_D$，分子轨道是相互正交的，且当忽略轨道重叠时，分子轨道是归一化的。

说明　计算得到的 $\psi_1, \cdots, \psi_4$ 即为与丁二烯相对应的四个分子轨道 $1\pi, \cdots, 4\pi$。

自测题 9E.1　对丙烯自由基（$\cdot CH_2—CH═CH_2$），请重复上述计算。假定每一个碳原子均为 sp^2 杂化，并将每个原子上的一个面外 2p 轨道作为基。

答案：$E = \alpha + 1.41\beta, \alpha, \alpha - 1.41\beta$；$\psi_1 = 0.500\psi_A + 0.707\psi_B + 0.500\psi_C$，$\psi_2 = 0.707\psi_A - 0.707\psi_C$，$\psi_3 = 0.500\psi_A - 0.707\psi_B + 0.500\psi_C$。

9E.2　应用

虽然休克尔方法非常原始，但它可以用来解释共轭多烯的一些性质。

(a) π 电子结合能

从例题 9E.1 中可见，丁二烯分子的四个 LCAO－MO 的能量为

$$E = \alpha \pm 1.62\beta,\quad \alpha \pm 0.62\beta \qquad (9E.11)$$

图 9E.2 画出了这些轨道及它们的能量。可见：

- 核间节点数越多，轨道的能量就越高。
- 有四个电子要容纳，故基态电子组态为 $1\pi^2 2\pi^2$。
- 丁二烯的前线轨道为 2π 轨道（HOMO，最

化学家工具包 25　用于求解本征方程的矩阵方法

一个**本征方程**（eigenvalue equation）的矩阵形式为

$$\boldsymbol{Mx} = \lambda \boldsymbol{x} \qquad \text{本征方程} \qquad (1a)$$

式中 $\boldsymbol{M}$ 是一个具有 n 行和 n 列的方阵，λ 是常数，即**本征值**（eigenvalue），$\boldsymbol{x}$ 是**特征向量**（eigenvector），为满足本征方程条件的一个 $n \times 1$（列）矩阵，并且具有以下形式：

$$\boldsymbol{x} = \begin{pmatrix} x_1 \\ x_2 \\ \vdots \\ x_n \end{pmatrix}$$

一般来说，对应本征向量 $\boldsymbol{x}^{(i)}$ 有 n 个本征值 $\lambda^{(i)}$，$i = 1, 2, \cdots, n$。式（1a）可以改写为

$$(\boldsymbol{M} - \lambda\boldsymbol{1})\boldsymbol{x} = 0 \qquad (1b)$$

式中 $\boldsymbol{1}$ 是一个 $n \times n$ 单位矩阵，并使用了性质 $\boldsymbol{1x} = \boldsymbol{x}$。只有当矩阵 $\boldsymbol{M} - \lambda\boldsymbol{1}$ 对应的行列式 $|\boldsymbol{M} - \lambda\boldsymbol{1}|$ 为零时，该方程才有一个解。因此，可以从久期方程的解中找到 n 个本征值：

$$|\boldsymbol{M} - \lambda\boldsymbol{1}| = 0 \qquad (2)$$

通过求解久期方程得到的 n 个本征值用来找出相应的特征向量。为此，首先考虑一个 $n \times n$ 矩阵 $\boldsymbol{X}$，其列由对应于所有本征值的特征向量形成。因此，如果本征值是 $\lambda_1, \lambda_2, \cdots$，且相应的特征向量为

$$\boldsymbol{x}^{(1)} = \begin{pmatrix} x_1^{(1)} \\ x_2^{(1)} \\ \vdots \\ x_n^{(1)} \end{pmatrix} \quad \boldsymbol{x}^{(2)} = \begin{pmatrix} x_1^{(2)} \\ x_2^{(2)} \\ \vdots \\ x_n^{(2)} \end{pmatrix} \cdots \boldsymbol{x}^{(n)} = \begin{pmatrix} x_1^{(n)} \\ x_2^{(n)} \\ \vdots \\ x_n^{(n)} \end{pmatrix} \qquad (3a)$$

那么，矩阵 $\boldsymbol{X}$ 即为

$$\boldsymbol{X} = (\boldsymbol{x}^{(1)}\,\boldsymbol{x}^{(2)} \cdots \boldsymbol{x}^{(n)}) = \begin{pmatrix} x_1^{(1)} & x_1^{(2)} & \cdots & x_1^{(n)} \\ x_2^{(1)} & x_2^{(2)} & \cdots & x_2^{(n)} \\ \vdots & \vdots & & \vdots \\ x_n^{(1)} & x_n^{(2)} & \cdots & x_n^{(n)} \end{pmatrix} \qquad (3b)$$

类似地，构建一个 $n \times n$ 矩阵 $\boldsymbol{\Lambda}$，其中，本征值 λ 在对角线上，其他位置则为零：

$$\boldsymbol{\Lambda} = \begin{pmatrix} \lambda_1 & 0 & \cdots & 0 \\ 0 & \lambda_2 & \cdots & 0 \\ \vdots & \vdots & & \vdots \\ 0 & 0 & \cdots & \lambda_n \end{pmatrix} \qquad (4)$$

现在，所有本征方程 $\boldsymbol{Mx}(i) = \lambda_i\boldsymbol{x}(i)$ 可被组合为单个矩阵方程：

$$\boldsymbol{MX} = \boldsymbol{X\Lambda} \qquad (5)$$

最后，由 $\boldsymbol{X}$ 形成 $\boldsymbol{X}^{-1}$，并将式（5）两边从左边同乘以 $\boldsymbol{X}^{-1}$，得到

$$\boldsymbol{X}^{-1}\boldsymbol{MX} = \boldsymbol{X}^{-1}\boldsymbol{X\Lambda} = \boldsymbol{\Lambda} \qquad (6)$$

形式 $\boldsymbol{X}^{-1}\boldsymbol{MX}$ 的结构称为**相似变换**（similarity transformation）。在这种情况下，相似变换 $\boldsymbol{X}^{-1}\boldsymbol{MX}$ 使 $\boldsymbol{M}$ 对角化（因为 $\boldsymbol{\Lambda}$ 是对角化的）。因此，如果已知可以使 $\boldsymbol{X}^{-1}\boldsymbol{MX}$ 对角化的矩阵 $\boldsymbol{X}$，那么问题就可以迎刃而解了：这样产生的对角矩阵拥有本征值作为其仅有的非零元，并且用于产生变换的矩阵 $\boldsymbol{X}$ 具有相应的特征向量作为其列。在实际过程中，人们使用数学软件来获得本征值和特征向量。

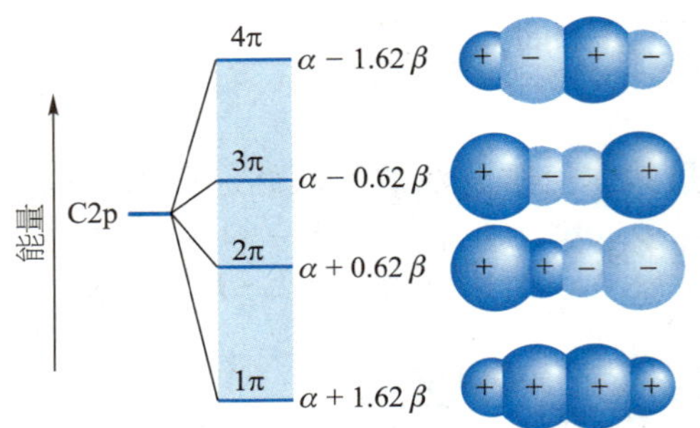

图9E.2　丁二烯的休克尔分子轨道能级和对应π轨道的俯视图。四个p电子（每个C原子提供一个）占据两个较低的π轨道（注意：所有轨道都是离域的）

高占有轨道，其大部分成键）与3π轨道（LOMO，最低空轨道，其大部分反键）。

"大部分成键"意即该轨道在各种邻居之间既有成键相互作用也有反键相互作用，但成键效应占主导地位。"大部分反键"则表示反键效应占主导地位。

通过计算总的**π电子结合能**（π-electron binding energy，E_π，各个π电子能量的加和），并将其与乙烯的值进行比较，可以得到一个重要的信息。在乙烯中，π电子结合能为

$$E_\pi = 2(\alpha + \beta) = 2\alpha + 2\beta$$

在丁二烯中，则为

$$E_\pi = 2(\alpha + 1.62\beta) + 2(\alpha + 0.62\beta) = 4\alpha + 4.48\beta$$

因此，丁二烯分子的能量比两个单独的π键的总和（注意β为负值）低0.48β（约$115\ \mathrm{kJ \cdot mol^{-1}}$）。与一组局域的π键相比，共轭体系的这种额外稳定化能称为分子的**离域能**（delocalization energy）。

一个紧密相关的量是**π键形成能**（π-bond formation energy，E_{bf}，即一个π键形成时所释放的能量）。由于α在分子中的贡献与原子中的贡献相同，故π键形成能可以通过下式由π电子结合能来计算：

$$E_{bf} = E_\pi - N_C\alpha \qquad \text{π键形成能[定义]} \qquad (9E.12)$$

式中N_C为分子中碳原子的数目。例如，在丁二烯中，π键形成能即为4.48β。

例题 9E.2　离域能的估算

利用休克尔近似方法计算环丁二烯分子中π轨道的能量，并估算其离域能。

整理思路　先用与丁二烯相同的基建立哈密顿矩阵，但要注意现在原子A和D也是相邻的。然后，对矩阵进行对角化以计算能量值；离域能则可以通过将总π键能减去两个单独π键的能量来获得。

解：哈密顿矩阵为

$$H = \begin{pmatrix} \alpha & \beta & 0 & \beta \\ \beta & \alpha & \beta & 0 \\ 0 & \beta & \alpha & \beta \\ \beta & 0 & \beta & \alpha \end{pmatrix} = \alpha \mathbf{1} + \beta \begin{pmatrix} 0 & 1 & 0 & 1 \\ 1 & 0 & 1 & 0 \\ 0 & 1 & 0 & 1 \\ 1 & 0 & 1 & 0 \end{pmatrix} \xrightarrow{\text{对角化}} \begin{pmatrix} 2 & 0 & 0 & 0 \\ 0 & 0 & 0 & 0 \\ 0 & 0 & 0 & 0 \\ 0 & 0 & 0 & -2 \end{pmatrix}$$

对角化后可以解出轨道能量为

$$E = \alpha + 2\beta,\ \alpha,\ \alpha,\ \alpha - 2\beta$$

由于必须容纳四个电子，两个电子占据能量最低轨道（能量为$\alpha + 2\beta$），两个电子占据能量为α的双重简并轨道。因此，总能量即为$4\alpha + 4\beta$。两个独立π键的能量同样为$4\alpha + 4\beta$。因此，在这种情况下，离域能为零。

自测题 9E.2　对苯重复上述计算（使用软件！）。

答案：参见下一部分内容。

（b）芳烃稳定性

通过离域赋予额外稳定性的最著名例子是苯和基于其结构的芳烃分子。在基础计算中，苯和其他芳香化合物的结构通常用价键理论和分子轨道理论的混合来表示，其中以典型的价键术语（专题9A）描述其σ骨架，而以分子轨道术语描述其π电子。

首先，考虑芳烃结构中的价键成分。在苯环中，六个C原子被认为是sp^2杂化的，且都具有一个未杂化的垂直的2p轨道。一个H原子通过$(Csp^2, H1s)$重叠与每个C原子键合，其余杂化轨道相互重叠，形成正六边形结构（图9E.3）。六边形的内角为120°，因此sp^2杂化是形成σ键最理想的状态。在这种情况下，苯的六边形形状使得σ键不存在应力。

现在考虑分子结构中的分子轨道成分。六个

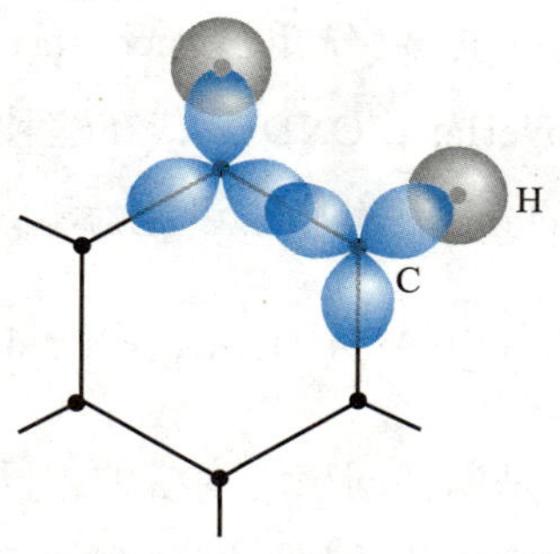

图9E.3　Csp^{2}杂化轨道的重叠形成苯的σ骨架，该骨架适合形成无应力的六边形排列

C2p轨道重叠，产生六个π轨道，这些轨道遍布在整个六元环上。通过哈密顿矩阵对角化，可以在休克尔近似下计算它们的能量：

$$H=\begin{pmatrix}\alpha & \beta & 0 & 0 & 0 & \beta\\ \beta & \alpha & \beta & 0 & 0 & 0\\ 0 & \beta & \alpha & \beta & 0 & 0\\ 0 & 0 & \beta & \alpha & \beta & 0\\ 0 & 0 & 0 & \beta & \alpha & \beta\\ \beta & 0 & 0 & 0 & \beta & \alpha\end{pmatrix}$$

$$=\alpha 1+\beta\begin{pmatrix}0&1&0&0&0&1\\1&0&1&0&0&0\\0&1&0&1&0&0\\0&0&1&0&1&0\\0&0&0&1&0&1\\1&0&0&0&1&0\end{pmatrix}\xrightarrow{\text{对角化}}\begin{pmatrix}2&0&0&0&0&0\\0&1&0&0&0&0\\0&0&1&0&0&0\\0&0&0&-1&0&0\\0&0&0&0&-1&0\\0&0&0&0&0&-2\end{pmatrix}$$

分子轨道的能量，即这个矩阵的对角元，为

$$E=\alpha\pm 2\beta,\ \alpha\pm\beta,\ \alpha\pm\beta \qquad (9E.13)$$

如图9E.4所示。专题10B中给出了这些轨道对称性的标记。注意，最低能量轨道是所有相邻原子之间的成键，最高能量轨道是每对相邻原子之间形成的反键轨道。中间能量的轨道则是相邻原子间成键、非键和反键特征的复合。

现在，将构造原理应用到π体系中。分子中有六个电子需要容纳（每个C原子提供一个电子），所以三个最低轨道（a_{2u}和双简并的e_{1g}）被完全填满，得到基态电子组态为$a_{2u}^2e_{1g}^4$。需要注意的是，所占据的分子轨道是那些具有净成键特征的分子轨道（应当注意与专题9B中强键合的N_2分子的类似性）。

苯分子的π电子结合能为

$$E_\pi=2(\alpha+2\beta)+4(\alpha+\beta)=6\alpha+8\beta$$

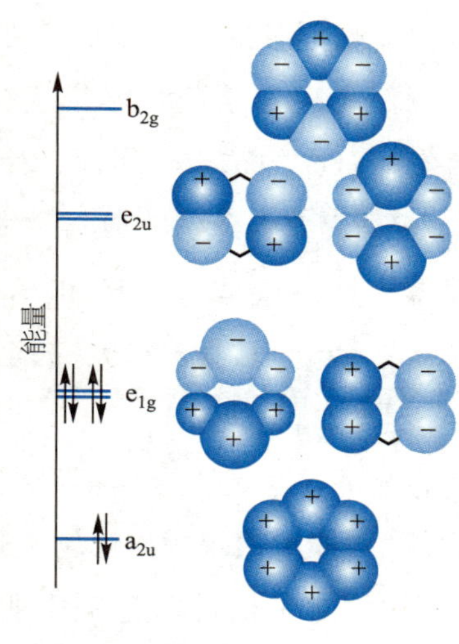

图9E.4　苯分子的休克尔轨道及其对应能级，图中涉及轨道标记将在专题10B中进行介绍。离域轨道的成键与反键特性体现了分子中原子之间的节点数，在基态电子组态中，电子只填充在成键分子轨道中

如果忽略电子的离域，且认为分子中有三个孤立π键，则π电子能仅为$3\times(2\alpha+2\beta)=6\alpha+6\beta$。因此，可以计算得到离域能为$2\beta\approx -480\ \mathrm{kJ\cdot mol^{-1}}$，远大于丁二烯。苯分子中的π键形成能为$8\beta$。

这一讨论表明，芳香化合物的稳定性主要源于两个贡献：首先，正六边形的形状有助于形成强的σ键（σ骨架处于松弛状态，不存在应力）；第二，这样的π轨道使得所有电子均可以填充在成键轨道上，离域能较大。

简要说明9E.2

环丁二烯的四个分子轨道的能量为$E=\alpha\pm 2\beta,\alpha,\alpha$（见例题9E.2）。在$C_4H_4$分子中需要容纳四个π电子，因此总的π电子结合能为$2(\alpha+2\beta)+2\alpha=4(\alpha+\beta)$。而两个定域π键的能量为$4(\alpha+\beta)$，因此，环丁二烯分子中离域能为零，所以该分子不具有芳香性。在$C_4H_4^{2+}$中只有两个π电子，因此总的π电子结合能为$2(\alpha+2\beta)=2\alpha+4\beta$。单个定域π键的能量为$2(\alpha+\beta)$，故离域能为$2\beta$，该分子－离子具有芳香性。

9E.3　计算化学

现阶段，休克尔方法采用的严重假设可以很容易地通过使用系列软件包加以避免，这些软件包不仅可用于计算分子轨道的形状和能量，而且可以合理精度预测分子的结构和反应性。分子电子结构的全面解析已经引起化学家们极大关注，且成为现代化学研究的重点。然而，计算是非常复杂的，本节只做简要的介绍[1]。在各种情况下，程序软件都着重于计算或估算像H_{JJ}和H_{IJ}这样的积分，而不是令它们等于常数α或β，甚至完全忽略它们。

在所有情况下，薛定谔方程都是通过迭代和自洽法求解的，正如对原子的自洽场（SCF）方法（专题8B）一样。对于出现在分子中的电子，以LCAOs的形式形成分子轨道。然后选择一个分子轨道，所有其他分子轨道都用于建立所选轨道中一个电子的势能表达式。接下来，对产生的薛定谔方程进行数值求解，从而得到所选分子轨道及其能量的一个更优版本。对所有的分子轨道重复该过程，并计算分子的总能量。重复该过程，直至计算的轨道和能量恒定在某一可容忍的范围内。

（a）半经验和从头算方法

在**半经验方法**（semi-enpirical method）中，许多积分值是借助于光谱数据或诸如电离能等物理性质来估算的，并采用一系列规则来将某些积分设置为零。专题9D的“简要说明9D.1”中使用了这一程序的原始形式，在那里积分α被识别为原子的电离能和电子亲和势的组合。在**从头算方法**（*ab initio* method）中，需要尝试计算所有积分，包括重叠积分。这两个程序需要大量的计算。所需的积分涉及的原子轨道一般集中在不同的原子核上。因此可以理解，如果有几十个原子轨道用于建立分子轨道，那么将有数以万计的这种形式的积分要计算（需要计算的积分的数量按基中原子轨道数目的四次方增加，所以即使对于一个只有10个原子的分子，也有10^4个积分需要计算）。所以有必要采取某种近似方案。

在计算化学的早期，使用的一种严格的半经验近似称为**全略微分重叠**（complete neglect of differential overlap，CNDO），在这种近似下，所有形式如下的分子积分值都设定为零：

$$j_0\int\int\psi_A(r_1)\psi_B(r_1)\frac{1}{r_{12}}\psi_C(r_2)\psi_D(r_2)\mathrm{d}\tau_1\mathrm{d}\tau_2$$

除非ψ_A和ψ_B是以相同核为中心的相同轨道，对于ψ_C和ψ_D也同样如此。然后调整剩余的积分值，直到能级与实验结果较好吻合，或者计算得到化合物的生成焓与实验结果相符。较新的半经验方法减少了需要忽略的积分假定，但它们都沿袭了早期的CNDO方法。

商业软件包也可用于从头算方法。就像上面显示的那样，这里的问题是如何尽可能有效地计算由两个电子之间的库仑相互作用而产生的数千个积分，有可能是每个原子轨道都集中在一个不同的原子上，这就是所谓的“四中心积分”。将在LCAOs中使用的原子轨道表示为高斯轨道的线性组合，可以使该问题得到有效解决。**高斯型轨道**（Gaussian type orbital，GTO）是形式为e^{-r^2}的函数。GTOs相对于正确轨道（对于类氢系统而言，它与形式为e^{-r}的指数函数成正比）的优点在于，两个高斯函数的乘积本身就是位于两个贡献函数的中心之间的一个高斯函数（图9E.5）。这样，四中心积分转变为两中心积分，其形式为

$$j_0\int\int X(r_1)\frac{1}{r_{12}}Y(r_2)\mathrm{d}\tau_1\mathrm{d}\tau_2$$

式中X是对应于乘积$\psi_A\psi_B$的高斯函数，Y是$\psi_C\psi_D$

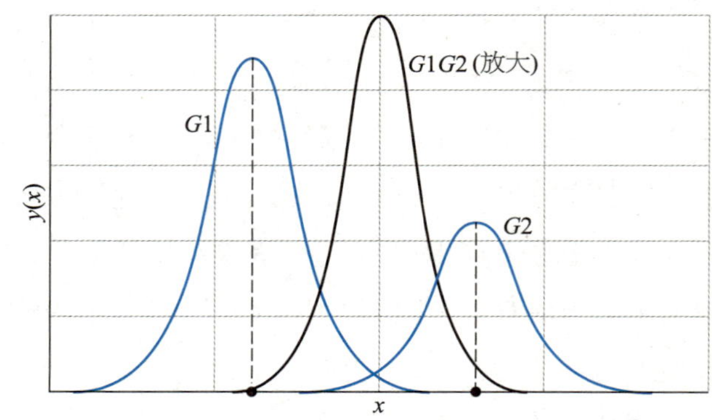

图9E.5　两个中心位置不同的高斯函数的乘积是一个中心位于两个原始高斯函数中心之间的高斯函数。相对于两个原始函数，乘积值增大了

1 拥有详细例子的完整介绍请参见*Physical chemistry: Quanta, matter, and change*（2014）一书。

的对应高斯函数。这种形式的积分在数值计算上比原来的四中心积分要更容易也更快捷。虽然该过程中必须使用更多的GTOs来模拟原子轨道，但是计算速度总体上是增加的。

简要说明9E.3

以一个一维“同核”系统为例，其形式为e^{-ax^2}的高斯轨道位于0和R处，那么，必须要计算的积分之一将包括下面这一项：

$$\psi_A(r_1)\psi_B(r_1)=e^{-ax^2}e^{-a(x-R)^2}=e^{-2ax^2+2axR-aR^2}$$

接下来，注意到$-2a\left(x-\frac{1}{2}R\right)^2=-2ax^2+2axR-\frac{1}{2}aR^2$，故有

$$\psi_A(r_1)\psi_B(r_1)=e^{-2a(x-R/2)^2-aR^2/2}=e^{-2a(x-R/2)^2}e^{-aR^2/2}$$

上式与中心在核间距中点位置，即$x=\frac{1}{2}R$处的单个高斯函数（蓝色字体部分）成正比。

(b) 密度泛函理论

近年来**密度泛函理论**（density functional theory，DFT）得到了长足发展，并成为广泛应用于分子结构计算的技术之一。其优点包括计算量较少、计算时间较短，并且在某些情况下（特别是对d区金属配合物），该方法的计算结果比采用其他方法计算得到的数据更符合实验值。

DFT的核心要点是电子密度ρ，而不是波函数ψ。这个名称的“泛函”部分来源于分子的能量是电子密度的函数，写作$E[\rho]$，而电子密度本身是位置的函数，$\rho(r)$：在数学中，函数的函数叫作“泛函”。占据轨道可以通过式（9E.14）构造电子密度，并根据修正后的薛定谔方程，即Kohn－Sham**方程**（Kohn－Sham equations）进行计算。

$$\rho(r)=\sum_{m,\text{占据轨道}}|\psi_m(r)|^2 \quad \text{电子概率密度} \qquad (9E.14)$$

Kohn－Sham方程可通过迭代和自洽求解。首先，推测电子密度。对于这个步骤，通常使用原子电子密度的叠加。接着，求解该电子密度下的Kohn－Sham方程以获得初始轨道组。这组轨道用于求解更符合真实电子密度的近似结果，并且重复这个过程，直至密度和计算的能量恒定在某一可容忍的范围内。

(c) 图形表示

计算化学最重要的发展之一是引入分子轨道和电子密度的图形表示。分子结构计算原始的输出数据是每个分子轨道中原子轨道的系数及这些轨道能量的列表。在分子轨道的图形表示中，使用程式化的形状来表示基组，然后将它们的尺寸进行缩放以表明线性组合中的系数。不同符号的波函数用不同的颜色来表示。

一旦这些系数已知，就可以通过标注哪些轨道被电子填充，然后计算这些轨道波函数的平方来构建分子中电子密度的图形表示。分子中任一点处的总电子密度是该点处波函数的平方和。结果通常表示为**等密度面**（isodensity surface），即一个总电子密度相同的表面（图9E.6）。如图所示，等密度表面可有几种方式表示，如实心表面、透明表面（内部的球棍模型代表分子结构）及网格表面。一个与此相关的表示是**溶剂可接近表面**（solvent－accessible surface），这里想象当代表溶剂分子的球体在分子表面移动时，通过绘制该球体中心的位置所产生的曲面来表示这一分子的形状。

除了几何形状之外，分子的另一个重要性质是其表面上的电荷分布，通常表述为**静电势表面**（electrostatic potential surface，即“elpot表面”）。通过考虑一个假想正电荷Q与原子核的相互作用及整个分子的电子密度，计算某一点处的势能E_p。因为$E_p=Q\phi$，其中ϕ是电势，所以可以将势能理解为电势并通过适当的颜色加以描述（图9E.7）。富电子区的电势通常为负值，而缺电子区的电势

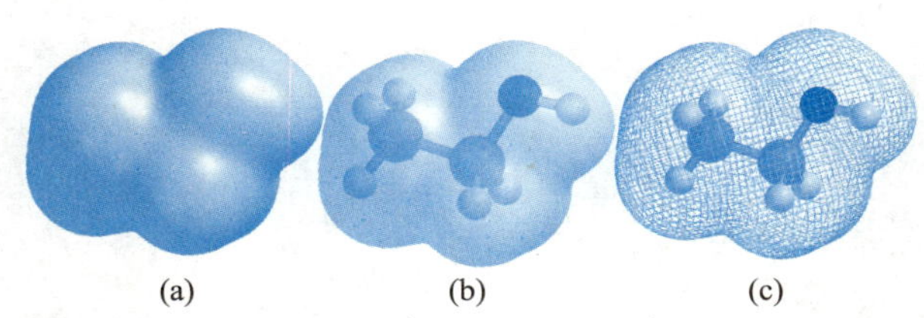

图9E.6　乙醇等密度面的各种表示：（a）实心表面，（b）透明表面，（c）网格表面

通常为正值。

在这里所展示的图形表示在多个领域中有至关重要的作用。例如，它们可以用来识别分子的缺电子区域，这些缺电子区域易受到另一分子的富电子区域的影响或化学攻击。这些考虑对于评估潜在药物的药理活性具有重要的意义。

图9E.7　乙醇分子的"elpot"图。这里的分子取向与图9E.6中的分子相同，浅蓝色表示负的静电势区域，深蓝色区域的静电势为正值（如在$^{\delta-}$O—H$^{\delta+}$中）

概念清单

☐ 1. **休克尔方法**忽略了非相邻原子上轨道之间的重叠和相互作用。

☐ 2. 最高占有轨道（HOMO）与最低空轨道（LUMO）是一个分子的**前线轨道**。

☐ 3. 通过引入矩阵，可以用简洁的方式来表示休克尔方法。

☐ 4. π**键形成能**是π键形成时释放的能量。

☐ 5. π**电子结合能**是每个π电子能量的加和。

☐ 6. **离域能**是π电子结合能与拥有定域π键的相同分子的能量之差。

☐ 7. 苯的稳定性来源于环的几何结构和其较大的离域能。

☐ 8. **半经验计算法**通过使用经验数据来近似估算积分；**从头算方法**计算所有积分值。

☐ 9. **密度泛函理论**发展了基于电子密度而不是波函数本身的方程。

☐ 10. 图形技术可用于绘制基于电子结构计算的各种表面。

公式清单

性质	公式	说明	公式编号
LCAO-MO	$\psi=\sum_i c_i\psi_i$	ψ_i为原子轨道	9E.1
休克尔公式	$\boldsymbol{Hc}=\boldsymbol{ScE}$	休克尔近似；除相邻原子外 $H_{AB}=0$；$\boldsymbol{S}=\boldsymbol{1}$	9E.8
对角化	$\boldsymbol{c}^{-1}\boldsymbol{Hc}=\boldsymbol{E}$		9E.10
π电子结合能	$E_\pi=$π电子能量之和	定义	
π键形成能	$E_{bf}=E_\pi-N_C\alpha$	定义；N_C为碳原子数目	9E.12
π离域能	$E_{deloc}=E_\pi-N_C(\alpha+\beta)$		

主题 9　分子结构——讨论题、练习题、问题及综合题

专题 9A　价键理论

讨论题

D9A.1 讨论玻恩－奥本海默近似在价键理论计算分子势能曲线或势能面中的作用。

D9A.2 为什么在价键理论中引入激发和杂化？

D9A.3 描述各种类型的杂化轨道及它们是如何描述烷烃、烯烃和炔烃中的成键的。如何用杂化来解释在丙二烯($CH_2{=}C{=}CH_2$)分子中，两个CH_2基团位于两个相互垂直的平面内？

D9A.4 为什么在键的形成过程中，自旋配对是一个普遍的特征？（运用价键理论知识。）

D9A.5 共振的结果是什么？

练习题

E9A.1(a) 写出HF分子中单键的价键波函数。

E9A.1(b) 写出N_2分子中三键的价键波函数。

E9A.2(a) 写出共振杂化分子"$HF \leftrightarrow H^+F^- \leftrightarrow H^-F^+$"的价键波函数（每种结构的贡献可以不同）。

E9A.2(b) 写出共振杂化分子"$N_2 \leftrightarrow N^+N^- \leftrightarrow N^{2-}N^{2+} \leftrightarrow$ 能量相近结构"的价键波函数。

E9A.3(a) 用价键理论描述P_2分子的结构，解释为何P_4分子较P_2分子更加稳定？

E9A.3(b) 用价键理论描述SO_2与SO_3的分子结构。

E9A.4(a) 解释为什么N元素可以形成四个键（如在NH_4^+中）。

E9A.4(b) 解释为什么P元素可以形成五个键（如在PF_5中）。

E9A.5(a) 用杂化轨道描述1, 3－丁二烯中的成键。

E9A.5(b) 用杂化轨道描述1, 3－戊二烯中的成键。

E9A.6(a) 用杂化轨道描述甲胺分子(CH_3NH_2)中的成键。

E9A.6(b) 用杂化轨道描述吡啶(C_5H_5N)中的成键。

E9A.7(a) 证明线性组合$h_1 = s + p_x + p_y + p_z$与$h_2 = s - p_x - p_y + p_z$是相互正交的。

E9A.7(b) 证明线性组合$h_1 = (\sin\zeta)s + (\cos\zeta)p$与$h_2 = (\cos\zeta)s - (\sin\zeta)p$对所有角度$\zeta$的取值都是相互正交的。

E9A.8(a) 将sp^2杂化轨道$h = s + 2^{1/2}p$归一化，假定s和p轨道均已归一化。

E9A.8(b) 将练习题E9A.7(b)中的线性组合归一化，假定s和p轨道均已归一化。

问　题

P9A.1 利用H1s轨道的波函数，根据每个电子的笛卡儿坐标写出形式为$\Psi(1, 2) = A(1)B(2) + A(2)B(1)$的价键波函数，假定核间距离（沿$z$轴）为$R$。

P9A.2 一个sp^2杂化轨道位于xy平面，并与x轴形成120°角，其形式为

$$\psi = \frac{1}{3^{1/2}}\left(s - \frac{1}{2^{1/2}}p_x + \frac{3^{1/2}}{2^{1/2}}p_y\right)$$

使用图形论证证明该函数指向指定的方向。提示：将p_x和p_y轨道用沿x和y的单位向量表示。

P9A.3 验证式（9A.7）中的杂化轨道间的夹角为120°。请参阅问题P9A.2中的提示。

P9A.4 证明：如果形式为sp^λ的两个等价杂化轨道间的夹角为θ，则有$\lambda = \pm(-1/\cos\theta)^{1/2}$。将$\lambda$对$\theta$作图，并验证当杂化轨道中不包含s轨道时，$\theta = 180°$；以及当$\lambda = 2$时，$\theta = 120°$。

专题 9B　分子轨道理论：氢分子离子

讨论题

D9B.1 讨论玻恩－奥本海默近似在分子轨道理论计算分子的势能曲线和势能面中的作用。

D9B.2 分子轨道理论的什么特征是化学键形成的原因？

D9B.3 为什么在键形成过程中，自旋成对是一个普遍的特征？（运用分子轨道理论知识解释。）

练习题

E9B.1(a) 根据参数λ和重叠积分S，将分子轨道$\psi = \psi_A + \lambda\psi_B$归一化，假定$\psi_A$和$\psi_B$均已归一化。

E9B.1(b) 对于练习题E9B.1(a)中的分子，通过在线性组合中引入每一个原子上的更多轨道，可更好地对其描述，请根据参数λ和λ'及适当的重叠积分，将分子轨道$\psi=\psi_A + \lambda\psi_B + \lambda'\psi'_B$归一化，式中$\psi_B$和$\psi'_B$是B原子中相互正交且归一化的轨道。

E9B.2(a) 假设一个分子轨道具有$0.145A + 0.844B$（非归一化）形式，找出与该分子轨道正交的轨道A和B的线性组合，并计算$S = 0.250$时两种线性组合的归一化常数。

E9B.2(b) 假设一个分子轨道具有$0.727A + 0.144B$（非归一化）形式，找到与该组合正交的轨道A和B的线性组合，并计算$S = 0.117$时两个组合的归一化常数。

E9B.3(a) 式（9B.4）给出了核间距为R时H_2^+的能量，各项贡献的值如下表所示。根据数据，绘制分子的势能曲线，计算键的

解离能（以电子伏特为单位）及平衡键长。

R/a_0	0	1	2	3	4
j/j_0	1.000	0.729	0.472	0.330	0.250
k/j_0	1.000	0.736	0.406	0.199	0.092
S	1.000	0.858	0.587	0.349	0.189

上表中，$j_0 = 27.2$ eV，$a_0 = 52.9$ pm，$E_{H1s} = -\frac{1}{2}j_0$。

E9B.3(b) 上一题中的相同数据可用来计算由式（9B.7）给出的反键轨道的分子势能曲线。请绘制曲线。

E9B.4(a) 指出由p原子轨道肩并肩重叠形成的π成键与反键分子轨道的对称性特征（g或u）。

E9B.4(b) 指出由d原子轨道面对面重叠形成的δ成键与反键分子轨道的对称性特征（g或u）。

问　题

P9B.1 计算H_2中两个氢原子核之间距离为74.1 pm时的（摩尔）静电排斥能。该计算所得结果是必须通过核与成键电子的吸引来克服的能量。那核之间的万有引力是否起重要的作用呢？提示：两个物体的重力势能为$-Gm_1m_2/r$，重力常数G列在本书封二。

P9B.2 假设有一个插入基态H_2^+分子离子中的电子敏感探针（体积为1.00 pm^3）。计算它在下列位置所记录的电子存在的概率：（a）在原子核A上；（b）在原子核B上；（c）在A和B之间距离的一半处；（d）在位于沿键的方向距离A 20 pm，垂直方向距离10 pm的一点上。在电子被激发进入反键LCAO－MO后的瞬间，对分子离子重复上述计算。取$R = 2.00a_0$。

P9B.3 检验在H_2^+中，当一个电子占据成键轨道时带来的成键效应大，还是占据反键轨道时带来的成键效应大。你的结论在所有核间距下都正确吗？

P9B.4 使用数学软件或电子表格程序进行以下操作：（a）在不同的核间距离下，绘制σ波函数沿z轴的振幅［式（9B.2），"简要说明9B.1"中给出的原子轨道］，指出导致成键的轨道特征。（b）在不同的核间距离下，绘制σ^*波函数沿z轴的振幅［式（9B.2），"简要说明9B.1"中给出的原子轨道］，指出形成反键的σ^*轨道特征。

P9B.5（a）计算核间距为$2a_0 = 106$ pm时，两个H1s轨道组合可能形成的归一化的成键与反键LCAO－MO轨道的总振幅。绘制分子轴上核间区域内、外处的两个振幅。（b）绘制两个轨道的概率密度。然后形成差分密度，即ψ^2与$\frac{1}{2}(\psi_A^2+\psi_B^2)$之差。

专题9C　分子轨道理论：同核双原子分子

讨论题

D9C.1 画出可以形成成键和反键分子轨道的相邻原子上的p轨道和d轨道的各种取向。

D9C.2 简要概述同核双原子分子的构造原理。

D9C.3 分开处理s轨道与p轨道对分子轨道贡献的原因有哪些？

D9C.4 轨道重叠与键强的关联程度有多大？在何种程度上，两者具有相关性而非只能用于解释？

练习题

E9C.1(a) 指出下列分子的基态电子组态与键级：（i）Li_2，（ii）Be_2，（iii）C_2。

E9C.1(b) 指出下列分子及离子的基态电子组态与键级：（i）F_2^-，（ii）N_2，（iii）O_2^{2-}。

E9C.2(a) 依据B_2与C_2的基态电子组态，预测哪个分子具有更大的解离能？

E9C.2(b) 依据Li_2与Be_2的基态电子组态，预测哪个分子具有更大的解离能？

E9C.3(a) 哪一个的解离能更大？F_2还是F_2^+？

E9C.3(b) 将O_2^{2+}、O_2、O_2^-、O_2^{2-}四个物种按照键长的长短排序。

E9C.4(a) 计算第二周期每一个同核双原子分子的键级。

E9C.4(b) 计算第二周期同核双原子阳离子X_2^+与阴离子X_2^-的键级。

E9C.5(a) 对于上一题中的每一个物种，指出哪一个分子轨道是HOMO（最高占有轨道）？

E9C.5(b) 对于上一题中的每一个物种，指出哪一个分子轨道是LOMO（最低未占有轨道）？

E9C.6(a) 由波长为100 nm的辐射光子从电离能为12 eV的轨道上激发出来的光电子的速率是多少？

E9C.6(b) 以能量为21 eV光源所激发的、来自分子中电离能为12 eV的一个轨道的光电子速率是多少？

问　题

P9C.1 在考虑原子的成键能力时，熟悉重叠积分的大小是有用的，类氢原子轨道对它们的值给出了一个指示。（a）两个类氢2s轨道之间的重叠积分为

$$S(2s,2s)=\left[1+\frac{ZR}{2a_0}+\frac{1}{12}\left(\frac{ZR}{a_0}\right)^2+\frac{1}{240}\left(\frac{ZR}{a_0}\right)^4\right]e^{-ZR/2a_0}$$

绘制出上述表达式对应的曲线。（b）在核间距为多少时，重叠积分$S(2s, 2s) = 0.50$？（c）原子序数为Z的原子的两个2p轨道肩并肩重叠的重叠积分值为

$$S(2p,2p)=\left[1+\frac{ZR}{2a_0}+\frac{1}{10}\left(\frac{ZR}{a_0}\right)^2+\frac{1}{120}\left(\frac{ZR}{a_0}\right)^3\right]e^{-ZR/2a_0}$$

绘制上述表达式对应的曲线。（d）计算在（b）中核间距下，重叠积分$S(2p, 2p)$的值为多少？

P9C.2 在进行计算之前，绘制示意图说明如何可以预期一个1s轨道和一个指向它的2p轨道之间的重叠取决于它们的间距。一个H1s轨道和指向它的一个H2p轨道之间的重叠积分（核间距为R）为$S = (R/a_0)[1 + (R/a_0) + \frac{1}{3}(R/a_0)^2]e^{-R/a_0}$。绘制上述表达式对应的曲线，并计算重叠程度达到最大值时对应的核间距。

P9C.3 利用$2p_x$和$2p_z$类氢原子轨道构建2pσ和2pπ分子轨道的简单LCAO表示。（a）作一概率密度图以及$2p_x\sigma$和$2p_z\sigma$分子轨

道 xz 平面振幅的表面和等值线图。(b) 绘制 $2p_x\pi$ 和 $2p_x\pi$ 分子轨道波函数在 xz 平面内的振幅。上述图形均在核间距 R 为 $10a_0$ 和 $3a_0$ 的两种情况下绘制（其中 $a_0 = 52.9$ pm）。阐释该图形，并解释这样的图形信息大有裨益的原因。

P9C.4 在采用21.21 eV光子的光电子能谱中，电子以11.01 eV、8.23 eV和15.22 eV的动能逸出。绘制分子轨道能级图，并给出三个不同轨道的电离能。

专题 9D　分子轨道理论：异核双原子分子

讨论题

D9D.1 概述Pauling电负性与Mulliken电负性标度，并说明为何两者具有相近的含义。

D9D.2 为什么电离能和电子亲和势在估算用于分子轨道计算的原子轨道能量时都发挥着重要作用？

D9D.3 讨论用变分原理计算系统能量时所涉及的步骤，并说明该过程中是否有任何假设？

D9D.4 库仑积分与共振积分的物理意义是什么？

练习题

E9D.1(a) 指出下列分子及离子的基态电子组态：(ⅰ) CO，(ⅱ) NO，(ⅲ) CN^-。

E9D.1(b) 指出下列分子及离子的基态电子组态：(ⅰ) XeF，(ⅱ) PN，(ⅲ) SO^-。

E9D.2(a) 绘出XeF的分子轨道能级图并推导其基态电子组态，XeF的键长是否比 XeF^+ 的键长短？

E9D.2(b) 绘出IF的分子轨道能级图并推导其基态电子组态，IF的键长是否比 IF^+ 或 IF^- 的键长短？

E9D.3(a) 通过 NO^- 和 NO^+ 的电子组态预测哪个离子的键长更短？

E9D.3(b) 通过 SO^- 和 SO^+ 的电子组态预测哪个离子的键长更短？

E9D.4(a) 式（9D.4）给出了Mulliken电负性和Pauling电负性标度之间的一个合理可靠转换。使用本书*资源部分*中的表9D.1来评估对第二周期元素，该转换公式的合理程度。

E9D.4(b) 式（9D.4）给出了Mulliken电负性和Pauling电负性标度之间的一个合理可靠转换。使用本书*资源部分*中的表9D.1来评估对第三周期元素，该转换公式的合理程度。

E9D.5(a) 估算在计算HCl分子轨道时所用的轨道能量。有关数据请参阅表8B.4和表8B.5。取 $\beta = -1.00$ eV。

E9D.5(b) 估算在计算HBr分子轨道时所用的轨道能量。有关数据请参阅表8B.4和表8B.5。取 $\beta = -1.00$ eV。

E9D.6(a) 用练习题E9D.5(a)中的计算结果来估算HCl中的分子轨道能量，假定 $S = 0$。

E9D.6(b) 用练习题E9D.5(b)中的计算结果来估算HBr中的分子轨道能量，假定 $S = 0$。

E9D.7(a) 重复练习题E9D.6(a)的计算过程，取 $S = 0.20$。

E9D.7(b) 重复练习题E9D.6(b)的计算过程，取 $S = 0.20$。

问　题

P9D.1 在忽略轨道重叠的情况下，(a) 如果分子轨道表示为两个原子轨道的线性组合，形式为 $\psi = \psi_A \cos\theta + \psi_B \sin\theta$，其中 θ 是在0和 π 之间变化的参数，ψ_A 和 ψ_B 均正交归一，证明 ψ 也归一化。(b) 在同核双原子分子中，成键轨道和反键轨道对应 θ 的值是什么？

P9D.2 (a) 假设构建异核双原子分子分子轨道的基组包含A、B和C轨道，其中B和C都位于一个原子上。建立系数值的久期方程和对应的久期行列式。(b) 现令 $-\alpha_A = 7.2$ eV，$\alpha_B = -10.4$ eV，$\alpha_C = -8.4$ eV，$\beta_{AB} = 1.0$ eV，$\beta_{AC} = -0.8$ eV，计算当 S_{AB} 与 S_{AC} 的值均为 (ⅰ) 0，(ⅱ) 0.2时的轨道能量及对应系数（注意：对于在同一原子上的两个轨道，有 $S_{BC} = 0$）。

P9D.3 作为前一个问题的变体，探究增大 ψ_A 和 ψ_B 轨道的能量差值后的结果（在计算过程中认为 S_{AB} 和 S_{AC} 等于0）。你认为在任何情况下忽略轨道 ψ_C 都是合理吗？

专题 9E　分子轨道理论：多原子分子

讨论题

D9E.1 讨论休克尔方法所采用近似的使用范围、结果和局限性。

D9E.2 区分离域能、π 电子结合能和 π 键形成能。解释如何使用每个概念。

D9E.3 概述电子结构计算中自洽场方法中使用的计算步骤。

D9E.4 解释为什么使用高斯型轨道通常优于使用基组中的类氢轨道。

D9E.5 简述在电子结构计算中半经验方法、从头算方法和密度泛函理论的主要特征。

练习题

E9E.1(a) 在休克尔近似下，对下列分子建立久期行列式：(ⅰ) 线性 H_3 分子，(ⅱ) 环状 H_3 分子。

E9E.1(b) 在休克尔近似下，对下列分子建立久期行列式：(ⅰ) 线性 H_4 分子，(ⅱ) 环状 H_4 分子。

E9E.2(a) 预测下列离子的电子组态，并估算 π 电子结合能：(ⅰ) 苯阴离子，(ⅱ) 苯阳离子。

E9E.2(b) 预测下列离子和自由基的电子组态，并估算 π 电子结合能：(ⅰ) 丙烯自由基（$\cdot CH_2CHCH_2$），(ⅱ) 环丁二烯阳离子（$C_4H_4^+$）。

E9E.3(a) 计算下列离子的离域能和 π 键形成能：(ⅰ) 苯阴离

子，（ⅱ）苯阳离子。

E9E.3(b) 计算下列物质的离域能和π键形成能：（ⅰ）丙烯自由基（$\cdot CH_2CHCH_2$），（ⅱ）环丁二烯阳离子（$C_4H_4^+$）。

E9E.4(a) 在休克尔近似下，建立（ⅰ）蒽(**1**)，（ⅱ）菲(**2**)的久期行列式，使用面外C2p轨道作为基组。

E9E.4(b) 在休克尔近似下，建立（ⅰ）薁(**3**)，（ⅱ）苊(**4**)的久期行列式，使用面外C2p轨道作为基组。

1 蒽　　**2** 菲

3 薁　　**4** 苊

E9E.5(a) 用数学软件在休克尔近似下估算（ⅰ）蒽(**1**)，（ⅱ）菲(**2**)的π电子结合能。

E9E.5(b) 用数学软件在休克尔近似下估算（ⅰ）薁(**3**)，（ⅱ）苊(**4**)的π电子结合能。

E9E.6(a) 写出HeH^+的电子哈密顿算符。

E9E.6(b) 写出LiH^{2+}的电子哈密顿算符。

问　题

P9E.1 建立并求解平面三角形CO_3^-的π电子休克尔久期方程。用库仑积分α_O、α_C和共振积分β表示能量，估算离子的离域能。

P9E.2 对于单环共轭多烯（如环丁二烯和苯），N个碳原子中的每一个都贡献2p轨道中的一个电子，运用简单的休克尔理论，可以得到π分子轨道的能量E_k表达式如下（除k取最小值与最大值外，剩余轨道均是双重简并的）：

$$E_k=\alpha+2\beta\cos\frac{2k\pi}{N}\quad k=0,1,\cdots,N/2\quad(N\text{为偶数})$$
$$k=0,1,\cdots,(N-1)/2\quad(N\text{为奇数})$$

（a）计算苯和环辛四烯(**5**)的π分子轨道能量，并说明是否存在简并的能级。（b）计算并比较苯（使用上述表达式）和己三烯（见问题P9E.11）的离域能。从结果中可得出什么结论？（c）计算并比较环辛四烯和十八碳烯的离域能，你认为这里的结论与在（b）中计算得到的结论相同吗？

5　环辛四烯

P9E.3 假设构建异核双原子分子分子轨道的基组为ψ_A、ψ_B和ψ_C，其中ψ_B和ψ_C都位于一个原子上（例如，可以设想为HF中的F2s和F2p）。建立可获得最优系数值的久期方程及相应的久期行列式。

P9E.4 建立乙烯、丁二烯、己三烯、辛三烯等同系物的久期行列式，并用数学软件对它们进行对角化。用你的结果说明线性多烯的π分子轨道遵循下列规律：

- 最低能量的π分子轨道在链中所有碳原子上离域。
- C2p轨道之间的节面数随着π分子轨道能量的增加而增加。

P9E.5 建立环丁二烯、苯和环辛四烯的久期行列式，并用数学软件对它们进行对角化。利用你的结果证明具有偶数个碳原子的单环多烯的π分子轨道遵循以下规律：

- 最低能量和最高能量的π分子轨道是非简并的。
- 剩下的π分子轨道是简并的。

P9E.6 分子的电子激发可以削弱或加强某些键，因为HOMO和LUMO之间成键和反键特性不同。例如，线性聚烯中的碳碳键可能在HOMO中具有成键特性，而在LUMO中具有反键特征。因此，相对于电子基态，电子从HOMO至LUMO的激发削弱了电子激发态中的这个碳碳键。参考图9E.2和图9E.4，详细讨论在丁二烯和苯中伴随$\pi^*\leftarrow\pi$紫外吸收的任何键级变化。

P9E.7 在练习题E9E.1(a)中，需要建立线性和环状H_3的休克尔久期行列式。相同的久期行列式适用于分子离子H_3^+和D_3^+。分子离子H_3^+早在1912年就被J. J. Thomson发现，但其等边三角形结构近期才被M. J. Gaillard等人证实［*Phys. Rev.*, **A17**, 1797(1978)］。分子离子H_3^+是已被确认存在的最简单的多原子物种，并在星际云中的化学反应中发挥重要作用，这些化学反应可能导致水、一氧化碳和乙醇的形成。在木星、土星和天王星的大气中也发现了H_3^+。（a）根据参数α和β，求解H_3系统能量的休克尔久期方程，绘制轨道能级图，并确定H_3^+、H_3和H_3^-的结合能。（b）G. D. Carney和R. N. Porter通过精确的量子力学计算［*J. Chem. Phys.*, **65**, 3547（1976）］给出了过程$H_3^+\longrightarrow H+H+H^+$的解离能为849 kJ · mol^{-1}。根据此信息和表9C.3中的数据，计算反应$H^+(g)+H_2(g)\longrightarrow H_3^+(g)$的焓变。（c）从方程和已知信息，计算$H_3^+$中共振积分$\beta$的值，然后继续计算（a）中其他$H_3$物种的结合能。

P9E.8 有迹象表明，除H_3和D_3物种外，其他氢环化合物和离子可能在星际化学中起作用。J. S. Wright和G. A. DiLabio［*J. Phys. Chem.*, **96**, 10793(1992)］的研究表明，H_5^-、H_6和H_7^+是特别稳定的，而H_4和H_5^+则不稳定，通过休克尔计算证实上述结果。

P9E.9 使用适当的电子结构软件和你或导师选择的基组，对H_2和F_2的电子基态进行自洽场计算。确定基态能量和平衡几何结构。将计算的平衡键长与实验值进行比较。

P9E.10 采用适当的半经验方法计算（a）乙醇、（b）1, 4－二氯苯的平衡键长和标准生成焓。与实验值进行比较，并思考产生差异的原因。

P9E.11（a）对于一个线性共轭多烯，N个碳原子中的每一个都向2p轨道贡献一个电子，所得π分子轨道的能量E_k形式为

$$E_k=\alpha+2\beta\cos\frac{2k\pi}{N+1}\quad k=0,1,\cdots,N$$

利用这个表达式，对由乙烯、丁二烯、己三烯和辛三烯组成的同系物的共振积分β作出合理的经验估算。已知上述分子从HOMO到LUMO的$\pi\leftarrow\pi$紫外吸收分别发生在61 500 cm^{-1}、46 080 cm^{-1}、39 750 cm^{-1}和32 900 cm^{-1}处。(b）计算辛三烯的π电子离域能$E_{deloc}=E_\pi-n(\alpha+\beta)$，其中$E_\pi$是总的$\pi$电子结合能，$n$是$\pi$电子的总数。(c）根据这个休克尔模型，$\pi$分子轨道可以写成碳2p轨道的线性组合，第$k$个分子轨道中，第$j$个原子轨道的系数为

$$c_{kj}=\left(\frac{2}{N+1}\right)^{1/2}\sin\frac{jk\pi}{N+1}\qquad j=1,2,\cdots,N$$

计算己三烯六个π分子轨道中六个2p轨道的系数。将每组系数（即每个分子轨道）与用分子轨道［(a）中的表达式］计算的能量值进行匹配。简述分子轨道的能量与其“形状”（可以从描述分子轨道的线性组合中系数的大小和符号推断）相关的趋势。

主题 9　分子结构

综合题

I9.1 在讨论不饱和有机化合物结构时，通常将价键理论和分子轨道理论结合起来。在由适当杂化的CH_2或CH片段形成分子的基础上，建立乙烯的分子轨道能级图。

I9.2 这里发展了肽基（**6**）的一个分子轨道理论处理，该肽基连接蛋白质中的氨基酸，并建立了稳定其平面构象的特性。(a）从基础化学课程中可以了解到，价键理论通过π键在氧原子、碳原子和氮原子上的共振离域来解释平面构象：

6　肽基

因此，通过由垂直于O、C和N原子所定义平面的2p轨道构造LCAO－MO，可以利用分子轨道理论来模拟肽基。三种组合形式如下：

$$\psi_1=a\psi_O+b\psi_C+c\psi_N$$
$$\psi_2=d\psi_O-e\psi_N$$
$$\psi_3=f\psi_O-g\psi_C+h\psi_N$$

其中系数a到h均为正值。绘制轨道ψ_1、ψ_2和ψ_3，并将它们标记为成键、非键或反键轨道。在一非键分子轨道中，一对电子填充在一个主要局限于一个原子的轨道中，且不明显地参与键的形成。(b）证明这种处理仅与肽链的平面构象一致。(c）绘图表示这些分子轨道的相对能量并标出轨道填充情况。提示：在分子轨道中分布有四个电子。(d）考虑肽链的非平面构象，其中O2p和C2p轨道垂直于O、C和N原子所定义的平面，但N2p轨道位于该平面内。则LCAO－MOs为

$$\psi_4=a\psi_O+b\psi_C$$
$$\psi_5=e\psi_N$$
$$\psi_6=f\psi_O-g\psi_C$$

依据前述方法，绘制这些分子轨道并将它们标记为成键、非键或反键轨道。此外，绘制能级图并标明轨道的填充情况。(e）为什么原子轨道的这种排列与肽链的非平面构象一致？（f）平面构象对应的分子轨道与非平面构象对应的分子轨道是否具有相同的能量？如果不是，哪种成键分子轨道能量较低？对非键和反键分子轨道，重复上述分析。(g）使用来自（a）~（f）的结果，构建可以证明肽链为平面构型的论点。

I9.3 分子电子结构方法可用于估算气相中分子的标准生成焓。(a）使用你或导师选择的半经验方法来计算气相中乙烯、丁二烯、己三烯和辛三烯的标准生成焓。(b）对于（a）中的每个分子，查阅热化学数据库，计算标准生成焓的计算值与实验值之间的差值。(c）一个好的热化学数据库也将报告标准生成焓实验值的不确定性。将实验不确定度与（b）中计算得到的相对误差进行比较，并讨论你所选择的用于估算线性多烯热化学性质的半经验方法的可靠性。

I9.4 氧化还原电对的标准电极电势是原子、离子或分子接受电子的热力学倾向的一种量度（专题6D）。研究表明，LUMO能量的高低与芳烃的标准电极电势之间有一定的相关性。当LUMO能量降低时，你认为标准电势应该增加还是减少？解释你的答案。

I9.5 分子轨道计算可用于预测生物电子转移反应中所涉及的共轭分子（如醌和黄素）的标准电势的变化趋势。通常认为，降低LUMO能量可以提高分子接受电子进入LUMO的能力，同时伴随着分子标准电势值的增加。此外，许多研究表明，LUMO能量与芳烃的还原电势之间存在线性关系。(a）在pH＝7条件下，甲基取代的1，4－苯醌(**7**)还原成它们各自的半醌自由基阴离子的标准电势为

7

R_2	R_3	R_5	R_6	$E^\ominus$/V
H	H	H	H	0.078
CH_3	H	H	H	0.023
CH_3	H	CH_3	H	−0.067
CH_3	CH_3	CH_3	H	−0.165
CH_3	CH_3	CH_3	CH_3	−0.260

使用你或导师选择的计算方法（半经验方法、从头算方法或密度泛函理论方法）来计算E_{LUMO}，即每个取代后的1，4－苯醌的LOMO能量，并将E_{LUMO}对$E^\ominus$作图。你的计算支持E_{LUMO}和$E^\ominus$之间的线性关系吗？（b）$R_2=R_3=CH_3$和$R_5=R_6=OCH_3$对应的1，4－苯醌是泛醌（呼吸电子传递链中的一个组分）的一种合适模型。确定该醌的E_{LUMO}，然后使用来自（a）的结果估算其标准电极电势。(c）$R_2=R_3=R_5=CH_3$和$R_6=H$对应的1，4－苯醌是质子醌（光合作用中的电子载体）的一种合适模型。确定该醌的E_{LUMO}，然后使用来自（a）的结果估算其标准电极电势；根据结果说明质子醌是否比泛醌具有更好或更差的氧化性？

I9.6 基于半经验方法、从头算方法和DFT方法的分子轨道计算比简单的休克尔理论能更好地描述共轭分子的光谱性质。(a）使用你或导师选择的计算方法（半经验方法、从头算方

法或密度泛函法），计算乙烯、丁二烯、己三烯和辛三烯的HOMO和LUMO之间的能量差值。(b）将HOMO－LUMO能量差值对这些分子的$\pi^* \leftarrow \pi$紫外吸收的实验波数（分别为61 500 cm^{-1}、46 080 cm^{-1}、39 750 cm^{-1}和32 900 cm^{-1}）作图。使用数学软件拟合出最适合的多项式方程。(c）使用（b）中的多项式拟合，从计算的HOMO－LUMO能量差值中估计癸五烯的$\pi^* \leftarrow \pi$紫外吸收的波数和波长。(d）讨论为什么需要（b）中的校准步骤。

I9.7　变分原理可用来获得原子和分子中电子的波函数。假设氢原子1s轨道的尝试波函数为$\psi_{\text{trial}} = N(\alpha)\mathrm{e}^{-ar^2}$，其中$N(\alpha)$为归一化常数，$a$为可调节的参数，证明轨道能量为

$$E(\alpha) = \frac{3\alpha\hbar^2}{2\mu} - 2e^2\left(\frac{2\alpha}{\pi}\right)^{1/2}$$

式中e是基本电荷，μ是原子的折合质量。与这个尝试波函数对应的最小能量值是多少？

主题 10 分子对称性

在本主题中，“形状（几何构型）”的概念被打磨成“对称性”的精确定义。因此，对称性及其推论可被系统研究，从而为分子结构和性质的预测及分析提供了一个十分有力的工具。

10A 形状和对称性

本专题讨论如何根据对称性对任意分子进行分类，这种分类的两个直接应用是确定一个分子是否有电偶极矩（即是否是极性的），以及是否具有手性（即是否具有光学活性）？

10B 群论

对称性的系统处理是“群论”的一个应用。这个理论用矩阵表示对称操作（如旋转和反映）的结果。这一步是重要的，因为一旦对称操作用数字表示，它们就可以被定量运算。本专题将介绍“特征标表”，其对于群论在化学中的应用特别重要。

10C 对称性的应用

群论提供了裁定一些积分是否消失的简单判据。一个应用是确定两个原子轨道之间的重叠积分是否必须为零，从而确定哪些原子轨道可以对分子轨道有贡献。对称性也用来确定与核骨架对称性相匹配的、原子轨道的线性组合。通过考虑积分的对称性性质，也可导出控制光谱跃迁的选律。

专题10A

形状和对称性

► 为何需要学习这部分内容？

对称性论证可以用来对分子的性质进行立即评估；第一步是确定这个分子拥有的对称性，然后对其进行相应的分类。

► 核心思想是什么？

可以根据分子的对称元素，将其分成不同的群。

► 需要哪些预备知识？

本专题并不直接借用其他专题的内容，但了解在基础化学课程中遇见的一系列简单分子和离子的形状（几何构型）将是有用的。

一些物体较其他物体“更加对称”。例如，球体较立方体更加对称，因为当球体绕通过其体心的任一轴旋转任意角度后看起来与原先一样，而对于立方体，只有当它绕一些特定轴旋转一定角度后才看起来与原先相同，如绕穿过两个相对面中心的一个轴旋转90°、180°或270°（图10A.1）；或者绕穿过两个相对角的一个轴旋转120°或240°。类似地，NH_3分子较H_2O分子“更加对称”，因为NH_3分子绕图10A.2所示的轴旋转120°或240°后看起来与原先并无异样，而H_2O分子仅当旋转180°后才看起来与原先一样。

本专题将这些直觉概念置于一个更为正式的基础上。你会发现：根据对称性，可以将分子分成不同的群。例如，正四面体物种CH_4和SO_4^{2-}在一个群，三角锥形的NH_3和SO_3^{2-}在另一个群。结果表明，同一群中的分子具有一些相似的物理性质。因此，一旦确定了分子所属的群，就可以对整个系列的分子进行强有力的预测。

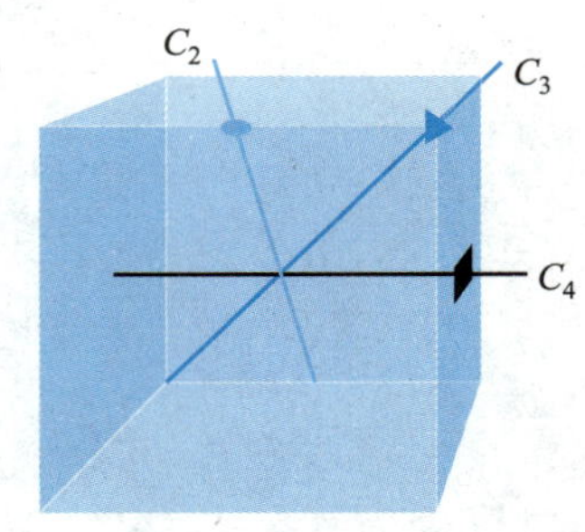

图10A.1 立方体的一些对称元素。已用约定的符号对二重轴、三重轴和四重轴进行了标记

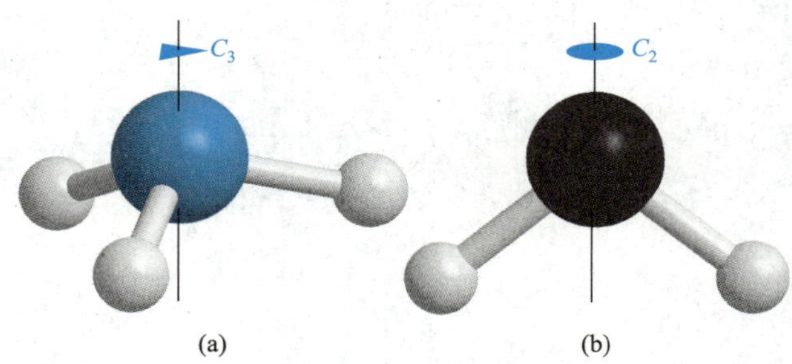

图10A.2 （a）NH_3分子拥有一个三重轴C_3；（b）H_2O分子拥有一个二重轴C_2。两者都还拥有其他对称元素

10A.1 对称操作和对称元素

如果一个物体被执行了某一动作后，其看起来仍与原先一样，则该动作称为**对称操作**（symmetry operation）。典型的对称操作包括旋转、反映和反演。每个对称操作都有一个相应的**对称元素**（symmetry element），即对称操作赖于进行的点、线或面。例如，旋转（一个对称操作）是通过绕一个轴（为相应的对称元素）进行的。分子可以通过确定它们所有的对称元素而被分类，然后将拥有一组相同对称元素的分子放在一起组成一个群。例如，该程序将三角形平面物种BF_3和

CO_3^{2-}放入一个群，而将H_2O（V形）和ClF_3（T形）放入另一个群。

绕一个***n*重对称轴**（*n*-fold axis of symmetry，对称元素）C_n的***n*重旋转**（*n*-fold rotation，对称操作）为角度为360°/*n*的旋转。H_2O分子拥有一个二重轴C_2。NH_3分子有一个三重轴C_3，与此相关有两个对称操作，一个是顺时针旋转120°，另一个则是逆时针旋转120°。而与一个C_2轴相关的对称操作只有一个二重旋转，因为顺时针和逆时针旋转180°是等同的。五边形有一个C_5轴，与此相关的操作有两个72°的旋转（一个顺时针方向、一个逆时针方向）；它还有一个标记为C_5^2的操作，对应于两个连续的C_5旋转；有两个这样的操作，一个是顺时针方向旋转144°，另一个则是逆时针方向旋转144°。立方体有三个C_4轴、四个C_3轴和六个C_2轴。但是，即便是如此高的对称性，仍然不及球的对称性，球拥有无数个、*n*可取所有正整数值的对称轴C_n（沿穿过球心的任意一个轴）。

如果一个分子拥有数个旋转轴，则有最高*n*值的那个轴称为**主轴**（principal axis）。苯分子的主轴是垂直于六边形环（**1**）的六重轴。如果一个分子拥有不止一个这样具有最高*n*值的对称轴，又希望指定其中一个为主轴，那么通常选择穿过最多原子的那个轴为主轴；对于一个平面分子（如萘**2**，其中有三个C_2轴竞争主轴头衔），则选择垂直于平面的轴为主轴。

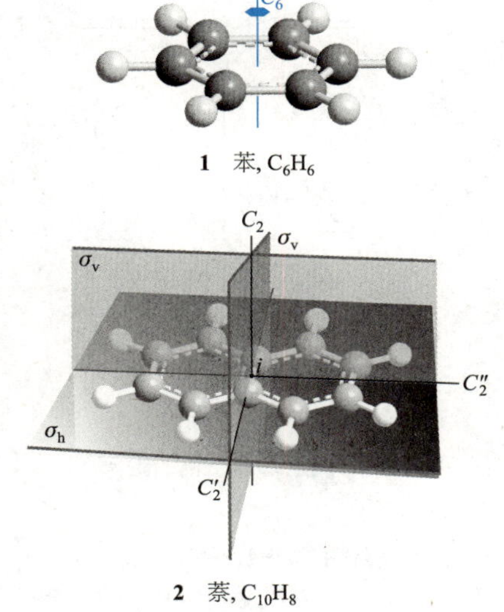

1 苯, C_6H_6

2 萘, $C_{10}H_8$

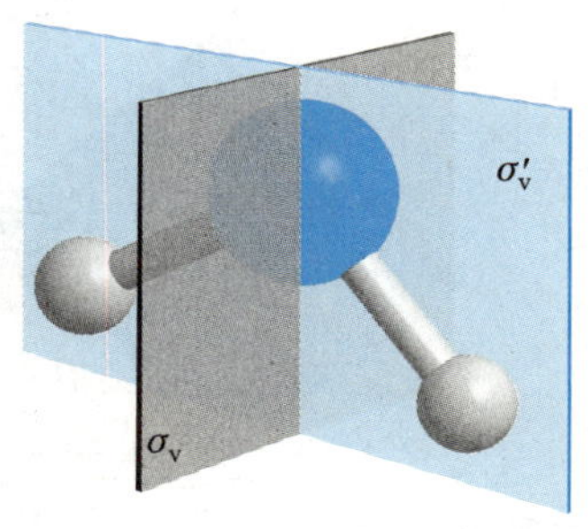

图10A.3 H_2O分子有两个镜面，它们都是垂直镜面（也就是说，包含主轴），故标记为σ_v和σ_v'

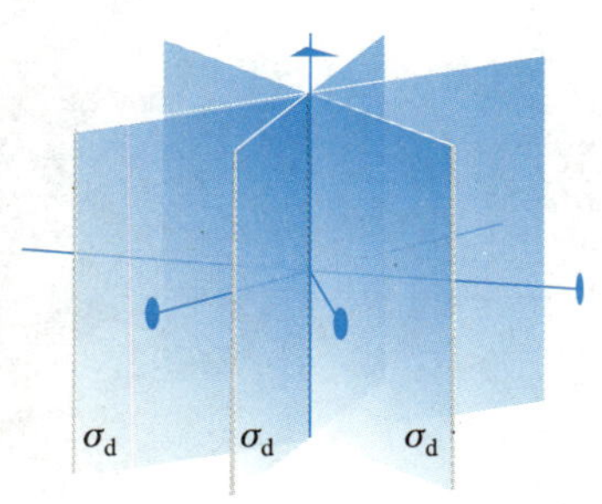

图10A.4 等分镜面（σ_d）将垂直于主轴的C_2轴二等分

反映（reflection）是对应于一个**镜面**（mirror plane，对称元素）σ的操作。如果镜面包含主轴，则称为“垂直镜面”，标记为σ_v。H_2O分子有两个垂直镜面（见图10A.3），NH_3分子则有三个垂直镜面。平分两个C_2轴之间夹角的垂直镜面称为“平分镜面”，标记为σ_d（见图10A.4）。当镜面垂直于主轴时，称为“水平镜面”，标记为σ_h。苯分子就有这样一个垂直于C_6主轴的水平镜面。

在通过**对称中心*i***（center of symmetry，对称元素）的一次**反演**（inversion，对称操作）中，分子中的每一点想象为沿一条通过分子中心的直线移至等距离的另一边；也就是说，点（*x*, *y*, *z*）被移至点（−*x*, −*y*, −*z*）。H_2O分子和NH_3分子都没有这样的反演中心，但球和立方体确有这样的反演中心。苯分子有一个反演中心，正八面体（参见图10A.5）也有一个反演中心，而正四面体和CH_4分子则没有反演中心。

沿***n*重非真旋转轴**（*n*-fold improper rotation axis，对称元素，又称映轴、象转轴）S_n的***n*重非真旋转**（*n*-fold improper rotation，对称操作）由两个连续变换构成。第一个变换是360°/*n*的旋转，

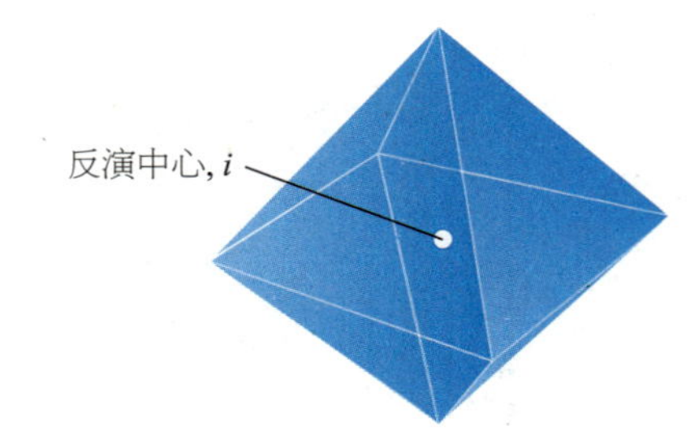

图 10A.5　正八面体拥有一个反演中心（i）

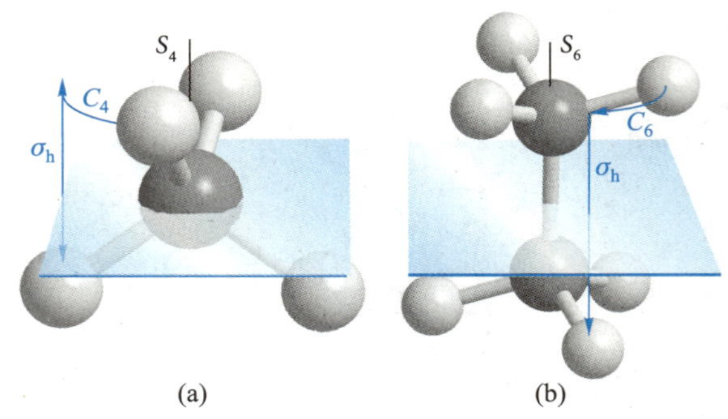

图 10A.6 （a）CH_4分子拥有一个四重非真旋转轴（S_4）：分子经过90°旋转再接一个水平镜面的反映后变得不可区分，但每个操作本身并不是对称操作。（b）乙烷的交叉式构象有一个由60°旋转再接一个反映所构成的S_6轴

第二个是通过垂直于旋转轴的镜面的反映。两个变换本身并非需要是对称操作。CH_4分子有三个S_4轴，乙烷的交叉式构象有一个S_6轴（见图10A.6）。

恒等操作（identity）E即为不动，对应的对称元素是整个物体。如果不施以任何动作，每个分子与其本身是不可分辨的，所以每个物体至少都拥有恒等元素。引入恒等的一个原因是一些分子（**3**）仅有这个对称元素。

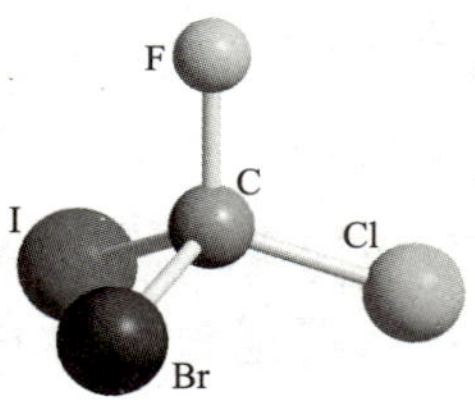

3　CBrClFI

简要说明 10A.1

为了确定萘分子（**2**）的对称元素，注意到：

- 与所有分子一样，它具有恒等元素E。
- 有三个二重旋转轴C_2；其中，一个垂直于分子平面，另两个则位于平面内。
- 当选择垂直于分子平面的C_2轴为主轴时，有一个垂直于主轴的σ_h镜面和两个包含主轴的σ_v镜面。
- 还有一个通过分子中点（即两个环接合处C—C键的中点）的反演中心i。

10A.2　分子的对称性分类

根据所拥有的对称元素，物体可被分成不同的群。当物体按照操作（至少有一公共点不变）对应的对称元素来分类时，就产生了**点群**（point group）。前面明确的5类对称元素就属于这种情形。当考虑晶体时（专题15A），由穿越空间的平动所引起的对称性也需要考虑进来，根据这些元素的分类就产生了更广泛的**空间群**（space group）。

具有一组相同对称的元素的所有分子属于同一点群，群的名字由这组对称元素决定。有两类标记系统（参见表10A.1）。对单个分子的讨论，**熊夫利系统**（Schoenflies system，如C_{4v}）更为常见，而在晶体对称性的讨论中，则几乎完全使用**Hermann-Mauguin系统或国际系统**（Hermann-Mauguin system或International system，如4*mm*）。参考图10A.7中的流程图及图10A.8所示的形状，可以简化分子所属点

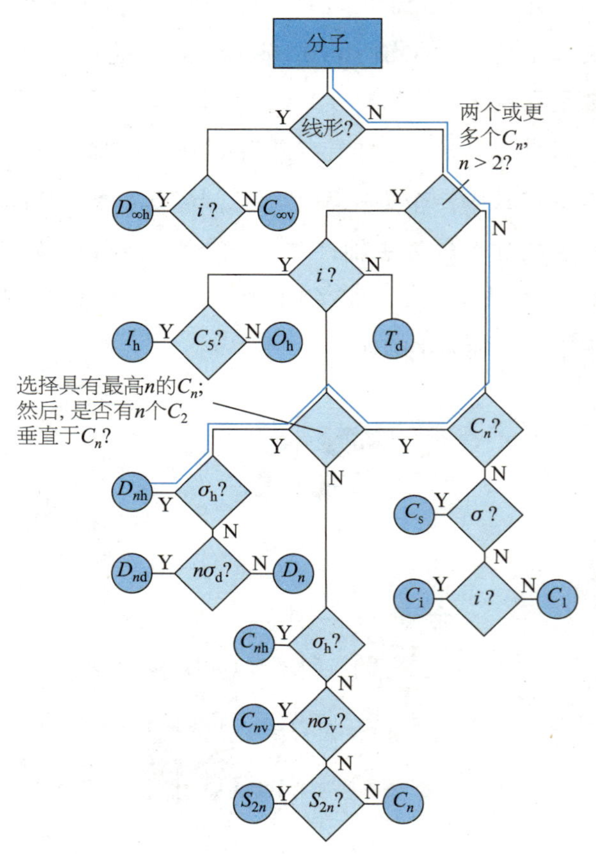

图 10A.7　确定一个分子点群的流程图。由上开始，回答每个方块的问题（Y = 是，N = 否）。蓝色线为“简要说明10A.2”中采用的路径

表 10A.1 点群的表示*

C_i	$\bar{1}$								
C_s	m								
C_1	1	C_2	2	C_3	3	C_4	4	C_6	6
		C_{2v}	$2mm$	C_{3v}	$3m$	C_{4v}	$4mm$	C_{6v}	$6mm$
		C_{2h}	$2/m$	C_{3h}	$\bar{6}$	C_{4h}	$4/m$	C_{6h}	$6/m$
		D_2	222	D_3	32	D_4	422	D_6	622
		D_{2h}	mmm	D_{3h}	$\bar{6}2m$	D_{4h}	$4/mmm$	D_{6h}	$6/mmm$
		D_{2d}	$\bar{4}2m$	D_{3d}	$\bar{3}m$	S_4	$\bar{4}$	S_6	$\bar{3}$
T	23	T_d	$\bar{4}3m$	T_h	$m3$				
O	432	O_h	$m3m$						

*熊夫利记号用黑色，Hermann-Mauguin（国际系统）记号为蓝色。在 Hermann-Mauguin 系统中，n 表示出现一个 n 重轴，m 表示一个镜面。斜杠（/）表示镜面垂直于对称轴。注意区分同种类型但属于不同类的对称元素，如在 $4/mmm$ 中，其中有 3 类镜面。数字上面的横线表示元素与一反演结合。表中列出的群仅是所谓的"晶体学点群"。

n =	2	3	4	5	6	∞
C_n						
D_n						
C_{nv}	角锥					圆锥体
C_{nh}						
D_{nh}	平面或双角锥					
D_{nd}						
S_{2n}						

图 10A.8 对应不同点群的各种形状的总结（一个分子所属的点群经常可由该图得以确定，而不需要通过图 10A.7 中的正式程序）

群的确定（在熊夫利系统中）。

简要说明 10A.2

为了确定二茂钌分子（4）所属的点群，首先确定存在的对称元素，并使用图 10A.7 所示的流程图。可见：

- 分子有 1 个五重轴和 5 个穿过钌原子并垂直于 C_5 轴的二重轴。
- 有 1 个垂直于 C_5 轴、并穿过钌原子的镜面 σ_h。
- 有 5 个包含主轴的 σ_v 镜面，每个镜面穿过五元环上的一个碳原子和对边上 C—C 键的中点。这些镜面都包含 1 个二重轴。

所经过的路径由图 10A.7 中的蓝色线表示，最后终止于 D_{nh}。因为分子有 1 个五重轴，故它属于点群 D_{5h}。

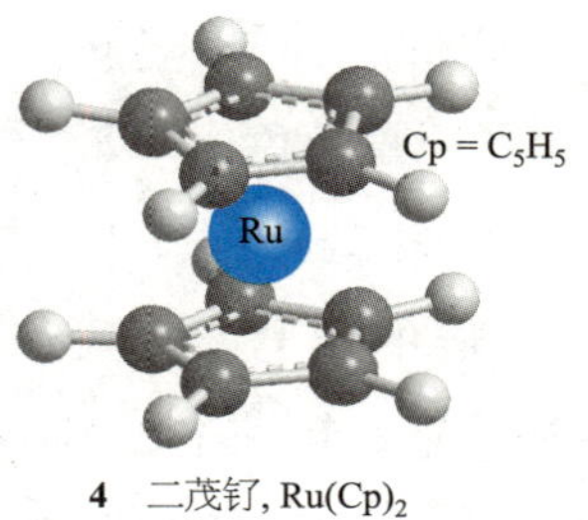

4 二茂钌, $Ru(Cp)_2$

如果环是（完全）交叉式的，如在二茂铁的激发态中，则镜面 σ_h 不存在。其他镜面虽仍然存在，但现在它们将二重轴之间的夹角二等分，故被描述为 σ_d。沿着图 10A.7 中合适的路径，可知该分子属于 D_{5d} 点群。

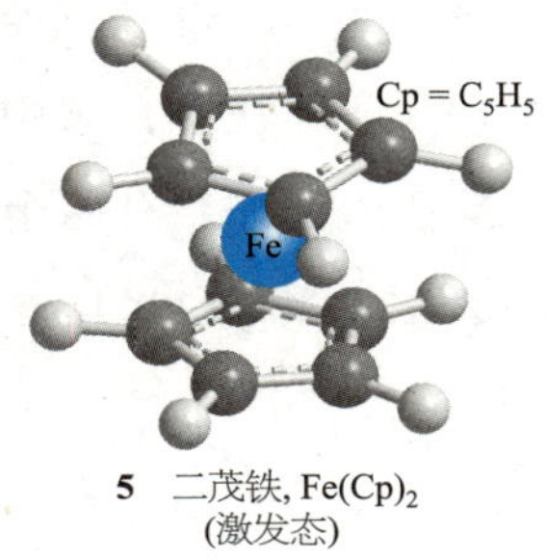

5 二茂铁, $Fe(Cp)_2$
(激发态)

(a) C_1 群、C_i 群和 C_s 群

名称	对称元素
C_1	E
C_i	E、i
C_s	E、σ

如果一个分子除了恒等对称元素外没有其他对称元素，则该分子属于 C_1 群；如果有恒等和反演对称元素，则该分子属于 C_i 群；如果有恒等对称元素和一个镜面，则该分子属于 C_s 群。

简要说明 10A.3

- CBrClFI 分子（**3**）仅有恒等对称元素，故属于 C_1 群。
- 内消旋酒石酸分子（**6**）有恒等和反演对称元素，故属于 C_i 群。
- 喹啉（**7**）拥有对称元素 E 和 σ，故属于 C_s 群。

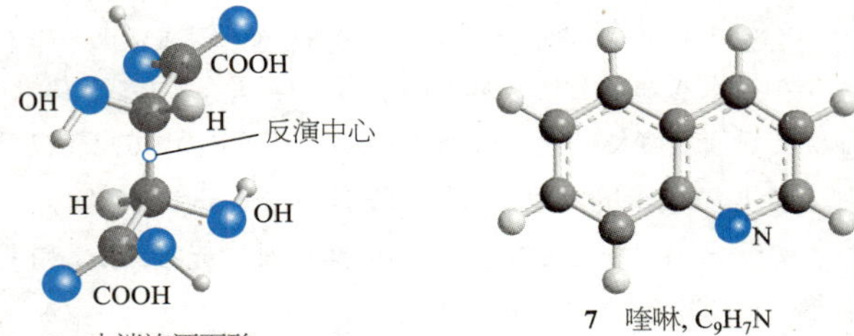

6 内消旋酒石酸
HOOCCH(OH)CH(OH)COOH

7 喹啉, C_9H_7N

(b) C_n群、C_{nv}群和C_{nh}群

名称	对称元素
C_n	E、C_n
C_{nv}	E、C_n、$n\sigma_v$
C_{nh}	E、C_n、σ_h

一个分子如果拥有一个n重轴，则属于C_n群。注意符号C_n现在扮演了三重角色，即作为一个对称元素、一个对称操作和一个群的记号。如果除了恒等对称元素和一个C_n轴外，一个分子还有n个垂直镜面σ_v，那么它属于C_{nv}群。如果除了恒等对称元素和一个n重主轴外，还有一个水平镜面σ_h，则该分子属于C_{nh}群。注意，一些对称元素的存在可能意味着其他对称元素的存在。例如，在C_{2h}中，对称元素C_2和σ_h一起意味着反演中心的存在（见图10A.9）。还要注意，表中指定的是对称元素而非对称操作。例如，有两个与单个C_3相关的操作（即旋转+120°和−120°）。

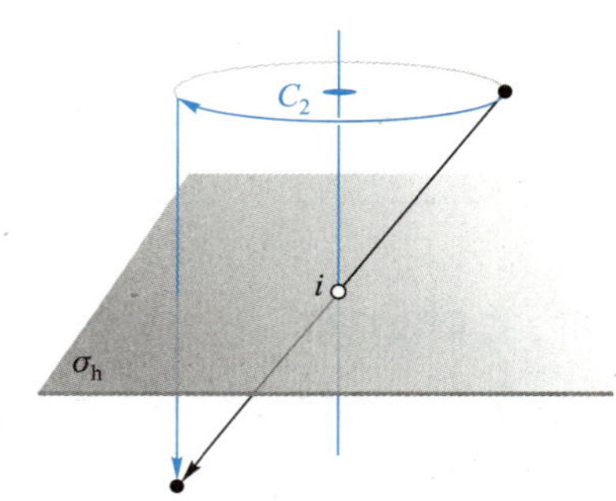

图10A.9　一个二重轴和一个水平镜面的同时存在意味着分子中有反演中心

简要说明10A.4

- 在H_2O_2分子（**8**）中，两个O—H键之间的夹角约为115°（从O—O键方向向下看）。此分子拥有对称元素E和C_2，故属于C_2群。

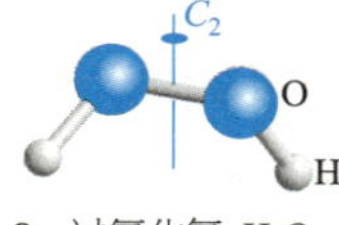

8　过氧化氢，H_2O_2

- 水分子拥有对称元素E、C_2和$2\sigma_v$，故属于C_{2v}群。
- 氨分子拥有对称元素E、C_3和$3\sigma_v$，故属于C_{3v}群。
- 异核双原子分子（如HCl）属于$C_{\infty v}$群，因为沿着核间轴旋转任何角度及在含有这个轴的无限多个平面内的反映都是对称操作。$C_{\infty v}$群的其他成员包括线形OCS分子和圆锥体。
- 反式CHCl═CHCl分子（**9**）拥有对称元素E、C_2和σ_h，故属于C_{2h}群。
- 平面构象的$B(OH)_3$分子（**10**）拥有一个C_3轴和一个σ_h镜面，故属于C_{3h}群。

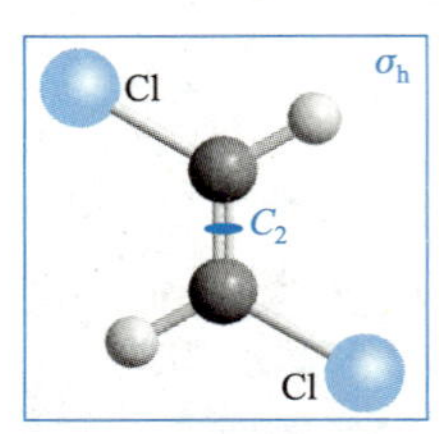

9　反式CHCl═CHCl

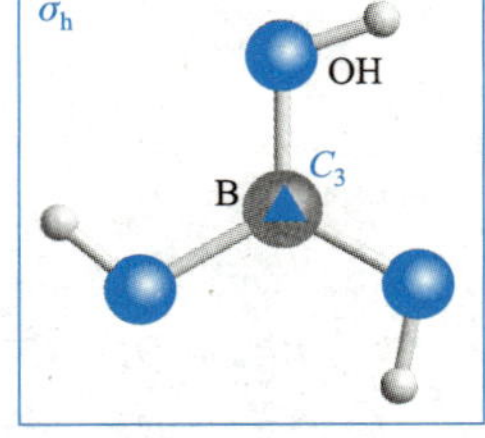

10　$B(OH)_3$

(c) D_n群、D_{nh}群和D_{nd}群

名称	对称元素
D_n	E, C_n、nC'_2
D_{nh}	E, C_n、nC'_2、σ_h
D_{nd}	E, C_n、nC'_2、$n\sigma_d$

图10A.7显示拥有一个n重主轴和n个垂直于C_n的二重轴的分子属于D_n群。如果还有一个水平镜面，则分子属于D_{nh}群。线形分子OCO和HCCH及均匀的圆筒都属于$D_{\infty h}$群。如果除了D_n拥有的对称元素外，分子还有n个平分镜面，则它属于D_{nd}群。

简要说明10A.5

- 平面三角形的BF_3分子（**11**）拥有对称元素E、C_3、$3C_2$（沿每个B—F键都有一个C_2轴）和σ_h，故属于D_{3h}群。
- C_6H_6分子拥有对称元素E、C_6、$3C_2$、$3C_2'$和σ_h，以及由这些对称元素暗含的其他一些对称元素，故属于D_{6h}群。三个C_2轴将C原子形成的六元环上的位于两条对边上的C—C键二等分，另外三个C_2轴则穿过位于环对位的两个角的顶点。在$3C_2'$上的符号"′"（撇）表示这些轴与其他的三个C_2轴不同。
- 所有同核双原子分子，如N_2，都属于$D_{\infty h}$群，因为绕着核间轴的所有转动都是对称操作，与端到端180°的旋转一样。
- PCl_5分子（**12**）是D_{3h}物种的另一个例子。
- 丙二烯分子（**13**）中两个CH_2基团位于两个垂直平面内，属于D_{2d}群。

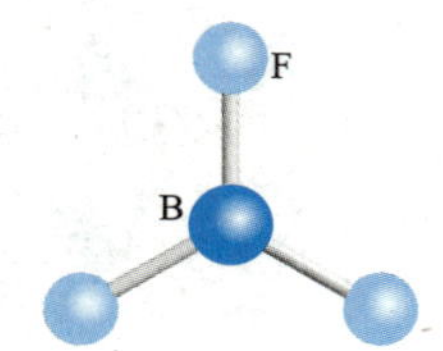

11　三氟化硼，BF_3

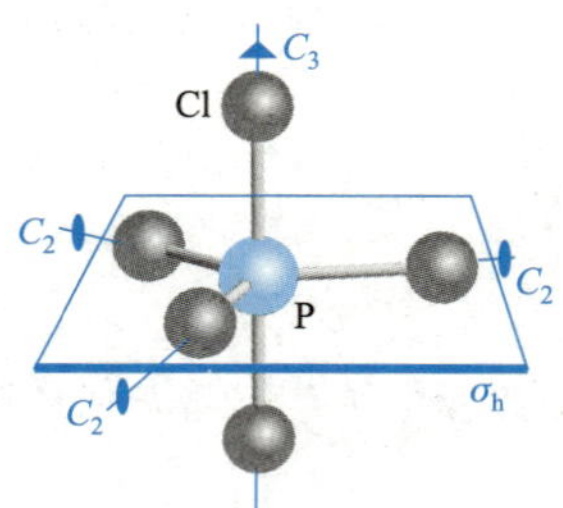

12　五氯化磷，$PCl_5(D_{3h})$

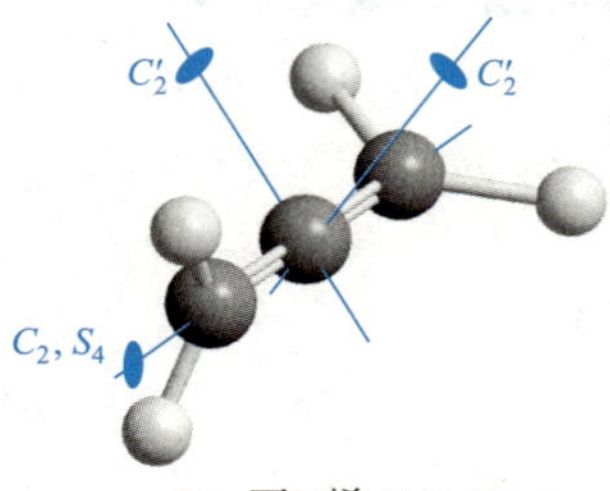

13　丙二烯，$C_3H_4(D_{2d})$

（d）S_n群

名称	对称元素
S_n	E、S_n及之前未被分类的

分子如果不属于上述点群，但拥有一个S_n轴，则属于S_n群。注意，S_2群与C_i群相同，故此分子已归属为C_i。四苯基甲烷分子（**14**）属于S_4群；属于S_n（$n>4$）群的分子很少。

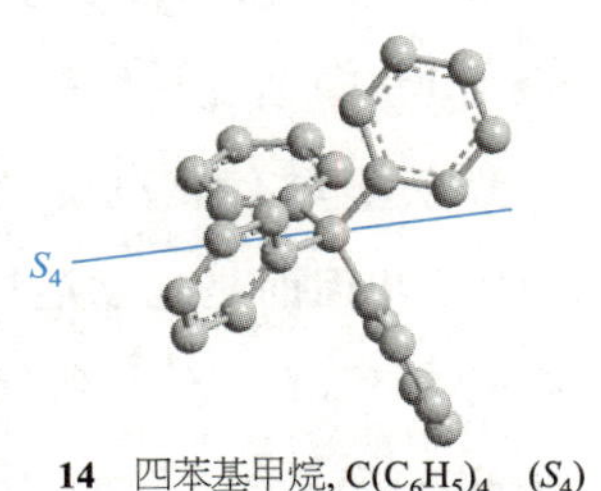

14　四苯基甲烷，$C(C_6H_5)_4$　（S_4）

（e）立方体群

许多十分重要的分子拥有不止一个主轴。大部分属于**立方体群**（cubic group），特别是**正四面体群**（tetrahedral group）T、T_d和T_h［见图10A.10（a）］或**正八面体群**（octahedral group）O和O_h［见图10A.10（b）］。少数正二十面体分子属于**正十二面体群**（icosahedral group）I［见图10A.10（c）］。T_d群和O_h群分别是正四面体和正八面体的群。如果物体拥有四面体或八面体的旋转对称性，但它们的面中没有一个是反映镜面，那么它就属于更为简单的T群或O群（见图10A.11）。在T群的基础上若还有一反演中心，则为T_h群（见图10A.12）。

名称	对称元素
T	E、$4C_3$、$3C_2$
T_d	E、$3C_2$、$4C_3$、$3S_4$、$6\sigma_d$
T_h	E、$3C_2$、$4C_3$、i、$4S_6$、$3\sigma_h$
O	E、$3C_4$、$4C_3$、$6C_2$
O_h	E、$3S_4$、$3C_4$、$6C_2$、$4S_6$、$4C_3$、$3\sigma_h$、$6\sigma_d$、i
I	E、$6C_5$、$10C_3$、$15C_2$
I_h	E、$6S_{10}$、$10S_6$、$6C_5$、$10C_3$、$15C_2$、15σ、i

简要说明10A.6

- CH_4分子和SF_6分子分别属于T_d群和O_h群。
- 属于正二十面体群I的分子包括一些硼烷和富勒烯C_{60}（**15**）。

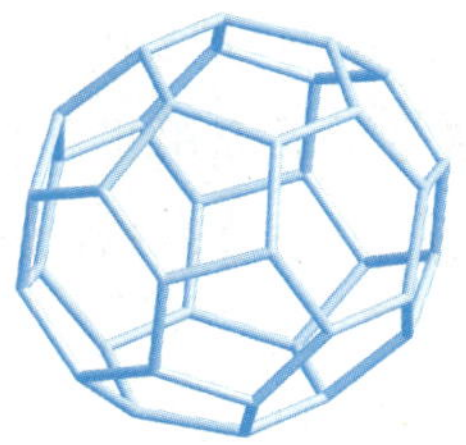

15　富勒烯，C_{60} (I)

- 图10A.11中所示的物体分别属于T群和O群。

（f）全旋转群

名称	对称元素
R_3	E、∞C_2、∞C_3等

全旋转群（full rotation group）R_3（下标3指三维旋转）含有无穷数目的各种可能n值的旋转轴。球

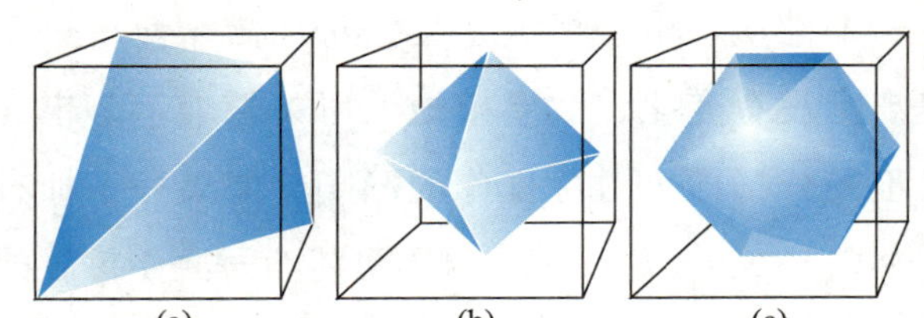

图10A.10　（a）正四面体、（b）正八面体和（c）正二十面体与立方体之间的几何形状关系，它们分别属于立方体群中的T_d、O_h和I_h

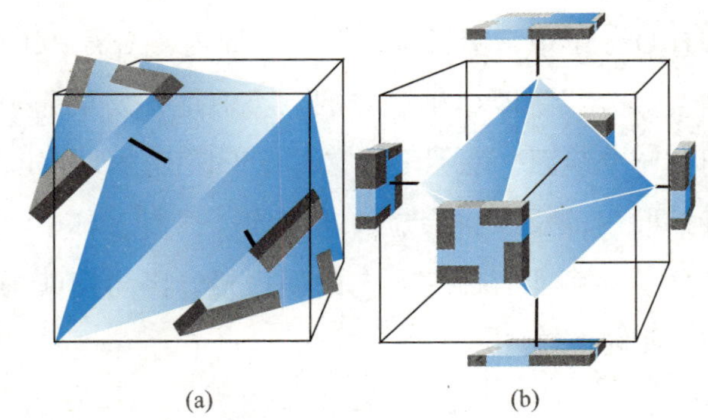

图10A.11　（a）点群T和（b）点群O的形状。装饰板的出现使物体的对称性分别从T_d和O_h下降

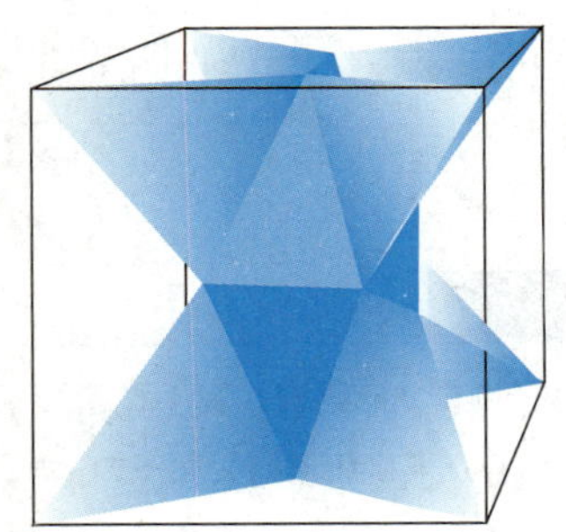

图10A.12　一个属于T_h群的物体的形状

和原子属于 R_3，但没有任何分子属于 R_3。探究 R_3 的结果是将对称性论证应用于原子的一种非常重要的方式，也是应用于轨道角动量理论的另一种途径。

10A.3　对称性的一些直接推论

一旦分子的点群被确定，就可获得有关其性质的一些结论。

(a) 极性

极性分子（polar molecule）是具有永久电偶极矩的分子（如 HCl、O_3、NH_3）。偶极矩是分子的一个性质。由于根据定义，对称操作使得分子表观上没有变化，故偶极矩（用矢量表示）也必然不受分子任一对称操作的影响。如果分子拥有一个 C_n 轴（$n>1$），那么就不可能有垂直于该轴的偶极矩；因为一旦分子绕该轴旋转，这样偶极矩就会改变其方向。但是，平行于该轴的偶极矩却是有可能存在的，因为其不会被旋转影响。例如，在 H_2O 分子中，偶极位于分子平面内，沿着 HOH 键的等分线，即 C_2 轴的方向。类似地，如果分子拥有一个镜面，就不可能有垂直于该面的偶极矩，因为面内的反映将会逆转其方向。拥有对称中心的分子不可能有任何方向的偶极矩，因为反演操作会使它逆转。

基于以上考虑，可得如下结论：

只有属于 C_n、C_{nv} 和 C_s 群的分子才可能有永久电偶极矩。

对于 C_n 和 C_{nv} 群分子，其偶极矩必然位于主轴内。

简要说明 10A.7

- 臭氧 O_3 分子具有 V 形结构，属于 C_{2v} 群，是极性的。
- 二氧化碳 CO_2 分子是线形的，属于 $D_{\infty h}$ 群，是非极性的。
- 四苯基甲烷分子（**14**）属于 S_4 点群，故为非极性分子。

(b) 手性

手性分子（chiral molecule）是指不能与其镜像重叠的分子。**非手性分子**（achiral molecule）是指能与其镜像重叠的分子。手性分子是有**光学活性的**（optically active），它们能够将偏振光的平面发生偏转。一个手性分子和它的镜像组成了一**对对映异构体**（an enantiomeric pair），它们使偏振平面发生等量、但方向相反的偏转。

只有当一个分子不具有非真旋转轴 S_n 时，它才有可能是手性的，并因而是光学活性的。

一个非真旋转轴 S_n 可以不同名称出现，并被存在的其他对称元素所暗含。例如，属于 C_{nh} 群的分子实际上暗含拥有一个 S_n 轴，因为这些分子同时拥有 C_n 和 σ_h，即一个非真旋转轴的两个元素。一个反演中心 i 实际上与 S_2 相同，因为两个相应的操作得到完全相同的结果（见图 10A.13）。另外，一个镜面与 S_1（先旋转 360°，然后反映）相同。所以，拥有一个镜面或一个反演中心的分子实际上拥有一个非真旋转轴；根据上述规则，这样的分子应该是非手性的。

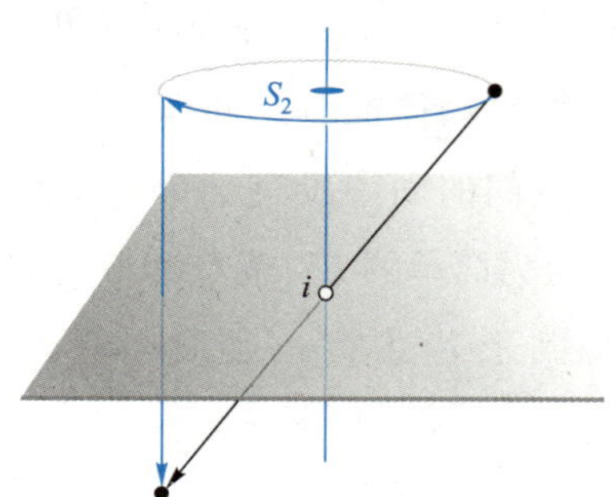

图 10A.13　操作 i 和 S_2 是等价的，因为当它们作用于物体的一点时，得到完全相同的结果

简要说明 10A.8

- 丙氨酸分子（**16**）没有反演中心，也没有任何镜面，因而是手性的。

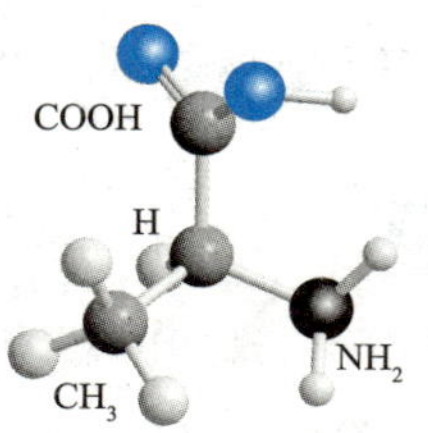

16　L-丙氨酸, $NH_2CH(CH_3)COOH$

● 相反地，甘氨酸（氨基乙酸）分子（**17**）有一镜面，故为非手性的。

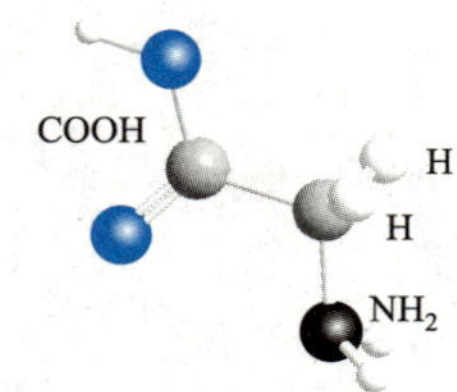

17 甘氨酸, NH_2CH_2COOH

● 四苯基甲烷分子（**14**）属于S_4群，它没有反演中心及任何镜面，但它拥有一个非真旋转轴S_4，故仍为非手性的。

概念清单

☐ 1. **对称操作**是指当其实施后物体看上去依然相同的动作。

☐ 2. **对称元素**是指对称操作赖于实施的点、线或面。

☐ 3. 通常用于分子和固体的点群**符号**总结于表10A.1中。

☐ 4. 只有当分子属于C_n、C_{nv}或C_s群（且没有更高的对称性）时，其才是**极性**的。

☐ 5. 只有当分子没有非真旋转轴S_n时，其才是**手性**的。

对称操作和对称元素清单

对称操作	符号	对称元素
n重旋转	C_n	n重旋转轴
反映	σ	镜面
反演	i	对称中心
n重非真旋转	S_n	n重非真旋转轴
恒等	E	整个物体

专题10B

群论

▶ 为何需要学习这部分内容?

群论用数学的形式来表示关于对称性的定性思想，可被系统地应用于多种多样的问题。群论也是化学中使用的原子和分子轨道标记的起源。

▶ 核心思想是什么?

对称操作可用矩阵对基的作用来表示。

▶ 需要哪些预备知识?

需要知道专题10A中介绍的对称操作和对称元素的类型。本专题的讨论将使用矩阵代数，特别是矩阵乘法，这些内容已在专题9E“化学家工具包24”中介绍。

对称性的系统讨论称为**群论**（group theory）。群论的大部分内容是有关物体对称性常识的总结。但是，由于群论是系统的，因而可以以直接、机械的方式应用其规则。在多数情形中，该理论提供了一种简单而又直接的方法，使得人们可用最少的计算来得到有用的结论。这里强调的正是这个方面。

10B.1 群论基础

数学中的一个**群**（group）是指满足四个判据的、一些变换的集合。如果变换写作R, R', …（可以是专题10A中介绍的反映、旋转及其他），那么它们在满足下列四个条件的前提下，可形成一个群：

1. 其中有一个变换是恒等，即不动操作。

2. 对每一个变换R，其逆变换R^{-1}也包含在集合中，从而使得组合RR^{-1}（即先进行R^{-1}变换，然后再进行R变换）等价于恒等。

3. 组合RR'（先进行R'变换，接着再进行R变换）等价于变换集合中的单一成员。

4. 组合$R(R'R'')$［即先进行$(R'R'')$变换，后进行R变换］等价于$(RR')R''$［即先进行R''变换，然后再进行(RR')变换］。

例题10B.1 证明一个分子的所有对称操作形成一个群

点群C_{2v}含有对称元素$\{E, C_2, \sigma_v, \sigma_v'\}$，相应的对称操作为$\{E, C_2, \sigma_v, \sigma_v'\}$。证明这组操作是数学意义上的一个群。

整理思路 需要证明操作的组合符合上述四个条件。对属于这个群的H_2O分子，相应的对称操作已在专题10A中明确，并示意于图10A.2和图10A.3中。

证明：

● 判据1满足，因为对称操作的集合包含恒等操作E。

● 判据2满足，因为在每种情形下，一个操作的逆过程（相反过程）就是操作本身。所以，连续两次二重旋转就等价于恒等操作：$C_2C_2 = E$。同样地，对两个反映和恒等操作也是如此。

● 判据3满足，因为在各种情形中，都有一个操作接着另一个操作等同于四个对称操作之一。例如，二重旋转C_2后接着反映σ_v，等同于单个反映σ_v'（见图10B.1）；因此，$\sigma_vC_2 = \sigma_v'$。对所有可能的对称操作的乘积，可用类似的方式构建一个“群乘法表”；按照要求，每个乘积等价于另一个对称操作。

$R\downarrow R'\rightarrow$	E	C_2	σ_v	σ_v'
E	E	C_2	σ_v	σ_v'
C_2	C_2	E	σ_v'	σ_v
σ_v	σ_v	σ_v'	E	C_2
σ_v'	σ_v'	σ_v	C_2	E

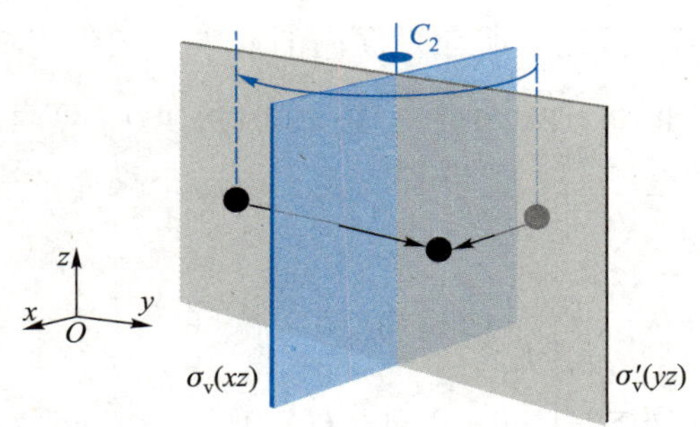

图 10B.1 二重旋转 C_2 再接反映 σ_v 得到与反映 σ_v' 相同的结果

- 判据4满足，因为不管如何将各种操作组合在一起，所构成的群并无实质性的变化或不同。所以，$(\sigma_v\sigma_v')C_2 = C_2C_2 = E$ 及 $\sigma_v(\sigma_v'C_2) = \sigma_v\sigma_v = E$；对所有其他组合同样也是如此。

自测题 10B.1 证明含有对称元素 $\{E, C_2, i, \sigma_h\}$ 和相应对称操作 $\{E, C_2, i, \sigma_h\}$ 的 C_{2h} 为一个群（构建群的乘法表）。

答案：满足条件。

首先，需要澄清可能混淆的一点。构成一个群的实体为其“元素”。对于在化学中的应用，这些元素几乎总是对称操作。但是，如在专题10A中所解释的，“对称操作”不同于“对称元素”，后者是相应对称操作赖于实施的点、轴或平面。单词“元素”的第三个应用是用来表示矩阵中某一特定位置上的数字。要十分小心区别一个群的元素、对称元素和矩阵元。

相同类型的对称操作（如旋转）属于同一**类**（class），它们可以被群中一个对称操作彼此变换。C_{3v} 中的两个三重旋转属于同一类，因为通过反映其中一个可被转化为另一个（见图10B.2）；三个反映都属于同一类，因为每一个都可以被三重旋转转化为另一个。类的正式定义是：如果群中有一成员 S 使得两个操作 R 和 R' 满足

$$R' = S^{-1}RS \quad \text{类的会员资格} \quad (10B.1)$$

式中 S^{-1} 是 S 的逆操作，那么，这两个操作 R 和 R' 就属于同一类。

图10B.3（a）显示如何用式（10B.1）来确认 C_3^+ 和 C_3^- 属于 C_{3v} 群中的同一类，通过考虑任意一点1在各种操作下的行为。所考虑的变换是 $\sigma_v^{-1}C_3^+\sigma_v$。从点1开始，操作 σ_v 将点1移至点2，然

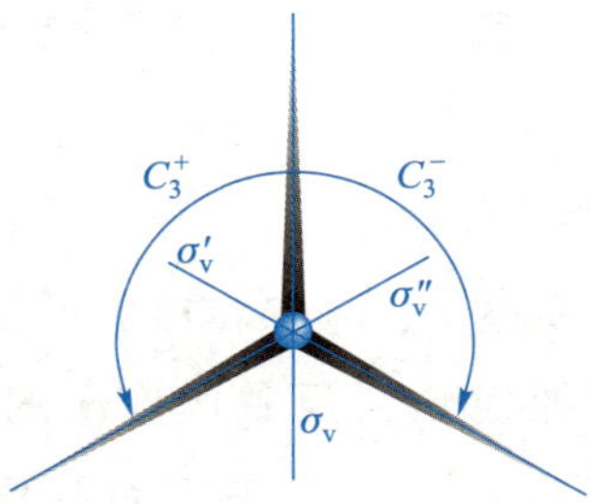

图 10B.2 同一类中的对称操作可通过群中的对称操作彼此关联。因此，图中显示的三个镜面之间可通过三重旋转互相关联，而两个旋转则可通过 σ_v 中的反映相互关联

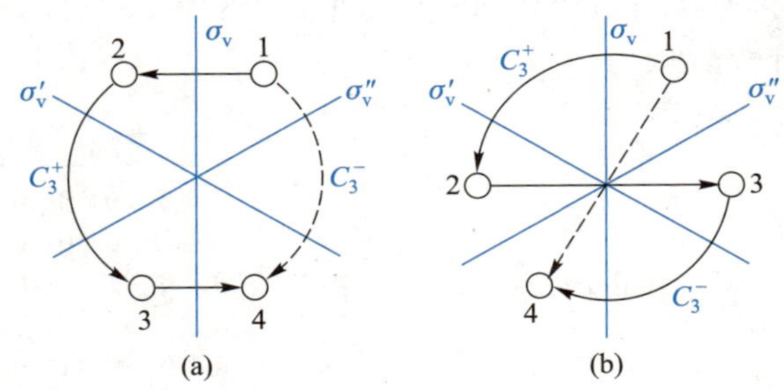

图 10B.3 （a）当操作 $\sigma_v^{-1}C_3^+\sigma_v$ 作用于点1时，其结果为1→2→3→4（σ_v^{-1} 的作用与 σ_v 相同）。单个操作 C_3^-（虚曲线）使点1→4，故 C_3^+ 和 C_3^- 属于同一类。（b）操作 $(C_3^+)^{-1}\sigma_vC_3^+$ 的结果是使点1→4[$(C_3^+)^{-1}$ 的作用效果与 C_3^- 相同]，但同样的变换也可以由单个操作 σ_v'（虚线）来实现，故 σ_v 和 σ_v' 处在同一类中

后 C_3^+ 操作将点2移至点3。一个反演的逆操作就是其本身，即 $\sigma_v^{-1} = \sigma_v$，故 σ_v^{-1} 的作用是将点3移至点4。由图可见，通过对点1进行 C_3^- 操作也可到达点4。这就证明了 $\sigma_v^{-1}C_3^+\sigma_v = C_3^-$，故 C_3^+ 和 C_3^- 确实属于同一类。

简要说明 10B.1

为了证明 σ_v 和 σ_v' 属于 C_{3v} 群中的同一类，考虑变换 $(C_3^+)^{-1}\sigma_vC_3^+$；由于 C_3^- 为 C_3^+ 的逆操作，这个变换等同于 $C_3^-\sigma_vC_3^+$。图10B.3（b）中显示这个操作系列对任意点1的作用。最后的位置4也可以通过对点1实施操作 σ_v' 来达到，这就证明了 $C_3^-\sigma_vC_3^+ = \sigma_v'$。因此，$\sigma_v$ 和 σ_v' 处于同一类中。

10B.2 矩阵表示

当前面所述的抽象思想可以用数字的集合以矩阵的形式来表示时，群论将展现其巨大的作用。有关如何处理矩阵的基本信息请参见专题9E中

“化学家的工具包24”。

（a）操作的表示

考虑图10B.4中C_{2v}群SO_2分子上的5个p轨道组及它们如何受到反映操作σ_v的影响。相应的对称元素是垂直于分子平面并穿过S原子的镜面。这个反映对p_x和p_z没有影响，但改变了p_y的符号，并使p_A和p_B互换。其作用可写为$(p_x\ -p_y\ p_z\ p_B\ p_A) \leftarrow (p_x\ p_y\ p_z\ p_A\ p_B)$。这个变换可以用矩阵乘法来表示，即

$$(p_x\ -p_y\ p_z\ p_B\ p_A) = (p_x\ p_y\ p_z\ p_A\ p_B)\overbrace{\begin{pmatrix} 1 & 0 & 0 & 0 & 0 \\ 0 & -1 & 0 & 0 & 0 \\ 0 & 0 & 1 & 0 & 0 \\ 0 & 0 & 0 & 0 & 1 \\ 0 & 0 & 0 & 1 & 0 \end{pmatrix}}^{\boldsymbol{D}(\sigma_v)}$$

$$= (p_x\ p_y\ p_z\ p_A\ p_B)\boldsymbol{D}(\sigma_v) \qquad (10B.2a)$$

矩阵$\boldsymbol{D}(\sigma_v)$称为操作σ_v的一种**表示**（representative）。根据所用**基**（basis），即已被采纳的轨道组，表示可有不同的形式。本例中，基是单行矩阵$(p_x\ p_y\ p_z\ p_B\ p_A)$。注意：矩阵$\boldsymbol{D}$出现在其作用的基函数的右边。

采用同样的方法，可以找出再现其他对称操作的矩阵。例如，C_2的作用效果为$(-p_x\ -p_y\ p_z\ -p_B\ -p_A) \leftarrow (p_x\ p_y\ p_z\ p_A\ p_B)$，故其表示为

$$\boldsymbol{D}(C_2) = \begin{pmatrix} -1 & 0 & 0 & 0 & 0 \\ 0 & -1 & 0 & 0 & 0 \\ 0 & 0 & 1 & 0 & 0 \\ 0 & 0 & 0 & 0 & -1 \\ 0 & 0 & 0 & -1 & 0 \end{pmatrix} \qquad (10B.2b)$$

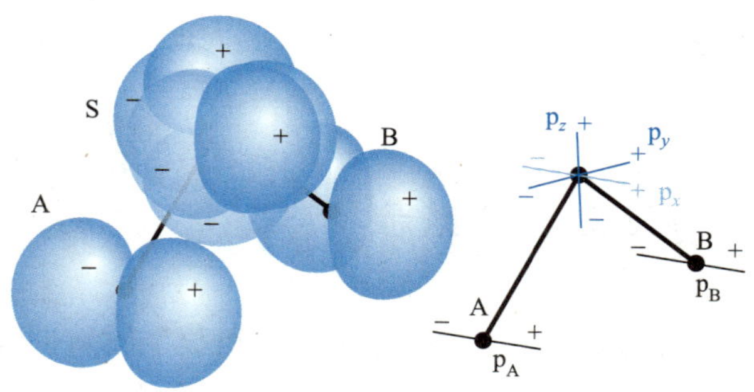

图10B.4　用以说明构建一个C_{2v}分子（SO_2）中矩阵表示的5个p轨道（3个在S原子上，另外每个O原子上还各有1个）

σ_v'（分子所在平面内的反映）的作用效果为$(-p_x\ p_y\ p_z\ -p_A\ -p_B) \leftarrow (p_x\ p_y\ p_z\ p_A\ p_B)$；O原子轨道位置不变，但符号改变了。这个操作的表示矩阵为

$$\boldsymbol{D}(\sigma_2') = \begin{pmatrix} -1 & 0 & 0 & 0 & 0 \\ 0 & 1 & 0 & 0 & 0 \\ 0 & 0 & 1 & 0 & 0 \\ 0 & 0 & 0 & -1 & 0 \\ 0 & 0 & 0 & 0 & -1 \end{pmatrix} \qquad (10B.2c)$$

恒等操作对基没有作用，故它的表示就是5×5的单位矩阵：

$$\boldsymbol{D}(E) = \begin{pmatrix} 1 & 0 & 0 & 0 & 0 \\ 0 & 1 & 0 & 0 & 0 \\ 0 & 0 & 1 & 0 & 0 \\ 0 & 0 & 0 & 1 & 0 \\ 0 & 0 & 0 & 0 & 1 \end{pmatrix} \qquad (10B.2d)$$

（b）群的表示

表示群中所有操作的一组矩阵，称为所选基的群的**矩阵表示**（matrix representation）Γ。在当前的例子中，基有5个成员，就矩阵都是5×5陈列而言，表示是五维的。表示矩阵的相乘方式与它们表示的操作一样。因此，如果对任意两个操作R和R'，有$RR' = R''$；那么，对于给定的基，就有$\boldsymbol{D}(R)\boldsymbol{D}(R') = \boldsymbol{D}(R'')$。

简要说明 10B.2

在C_{2v}群中，一次二重旋转后再接一次镜面反映等价于第二个镜面的一次反映，即$\sigma_v' C_2 = \sigma_v$。将式（10B.2）中给出的表示相乘，得到

$$\boldsymbol{D}(\sigma_v')\boldsymbol{D}(C_2) = \begin{pmatrix} -1 & 0 & 0 & 0 & 0 \\ 0 & 1 & 0 & 0 & 0 \\ 0 & 0 & 1 & 0 & 0 \\ 0 & 0 & 0 & -1 & 0 \\ 0 & 0 & 0 & 0 & -1 \end{pmatrix}\begin{pmatrix} -1 & 0 & 0 & 0 & 0 \\ 0 & -1 & 0 & 0 & 0 \\ 0 & 0 & 1 & 0 & 0 \\ 0 & 0 & 0 & 0 & -1 \\ 0 & 0 & 0 & -1 & 0 \end{pmatrix}$$

$$= \begin{pmatrix} 1 & 0 & 0 & 0 & 0 \\ 0 & -1 & 0 & 0 & 0 \\ 0 & 0 & 1 & 0 & 0 \\ 0 & 0 & 0 & 0 & 1 \\ 0 & 0 & 0 & 1 & 0 \end{pmatrix} = \boldsymbol{D}(\sigma_v)$$

如预期的一样，这一相乘再现了与群的乘法表相同的结果。对任意两个表示的相乘也都是如此。所以，四个矩阵就形成了群的一种表示。

群的矩阵表示的发现，意味着操作的符号运算和数字的代数运算之间建立了联系。这一联系是群论在化学中发挥重要作用的基础。

(c) 不可约表示

观察上面的表示可以发现，它们都具有**方块-对角形式**（block-diagonal form），即

$$\boldsymbol{D}=\begin{pmatrix} \blacksquare & 0 & 0 & 0 & 0 \\ 0 & \blacksquare & 0 & 0 & 0 \\ 0 & 0 & \blacksquare & 0 & 0 \\ 0 & 0 & 0 & \blacksquare & \blacksquare \\ 0 & 0 & 0 & \blacksquare & \blacksquare \end{pmatrix} \quad \text{方块-对角形式} \quad (10\text{B}.3)$$

表示的方块-对角形式意味着C_{2v}对称操作从不将p_x、p_y和p_z混合在一起，也不将这三个轨道与p_A和p_B混合，但p_A和p_B被群的操作混合在一起。因此，基可以切分成四个部分，其中三个为S原子上的单个p轨道，第四个则为两个O原子轨道（p_A、p_B）。在这些三个一维基中的表示为

对于p_x：$\boldsymbol{D}(E)=1 \quad \boldsymbol{D}(C_2)=-1$

$\boldsymbol{D}(\sigma_v)=1 \quad \boldsymbol{D}(\sigma_v')=-1$

对于p_y：$\boldsymbol{D}(E)=1 \quad \boldsymbol{D}(C_2)=-1$

$\boldsymbol{D}(\sigma_v)=-1 \quad \boldsymbol{D}(\sigma_v')=1$

对于p_z：$\boldsymbol{D}(E)=1 \quad \boldsymbol{D}(C_2)=1$

$\boldsymbol{D}(\sigma_v)=1 \quad \boldsymbol{D}(\sigma_v')=1$

这些表示将分别称为$\Gamma^{(1)}$、$\Gamma^{(2)}$和$\Gamma^{(3)}$。剩下的两个函数（$p_A\ p_B$）为一个二维表示（符号Γ'）的基。

$$\boldsymbol{D}(E)=\begin{pmatrix}1&0\\0&1\end{pmatrix} \qquad \boldsymbol{D}(C_2)=\begin{pmatrix}0&-1\\-1&0\end{pmatrix}$$

$$\boldsymbol{D}(\sigma_v)=\begin{pmatrix}0&1\\1&0\end{pmatrix} \qquad \boldsymbol{D}(\sigma_v')=\begin{pmatrix}-1&0\\0&-1\end{pmatrix}$$

原先的五维表示已被**约**（reduce）为三个一维表示（分别由S原子上的每个p轨道生成）和一个二维表示[由$(p_A\ p_B)$生成]的“直和”。约化用符号表示[1]可写为

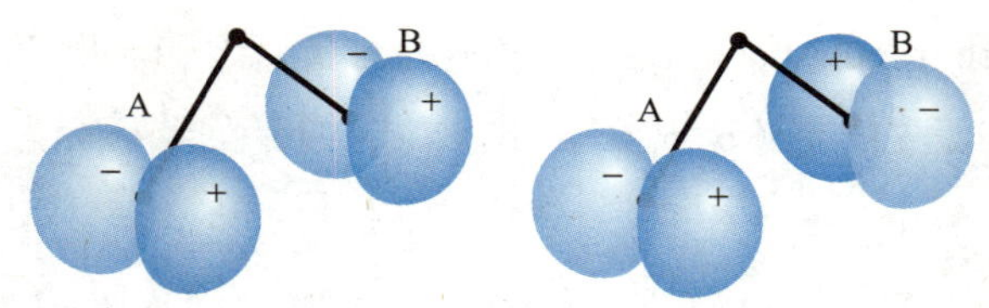

图10B.5 图10B.4中所示的氧的基轨道的两个对称性匹配线性组合。在左边，$p_1=p_A+p_B$；在右边，$p_2=p_A-p_B$。每个组合都生成了一个一维不可约表示，并且它们的对称性种类是不同的

$$\Gamma=\Gamma^{(1)}+\Gamma^{(2)}+\Gamma^{(3)}+\Gamma' \quad \text{直和} \quad (10\text{B}.4)$$

表示$\Gamma^{(1)}$、$\Gamma^{(2)}$和$\Gamma^{(3)}$不能再被进一步约化，被称为群的**不可约表示**（irreducible representation）。二维表示Γ'则可被约化（对于该群中的这个基），可通过将注意力转移到图10B.5中的线性组合$p_1=p_A+p_B$和$p_2=p_A-p_B$上来得到证明。操作σ_v的结果是互换p_A和p_B，即$(p_B\ p_A)\leftarrow(p_A\ p_B)$。所以，$(p_B+p_A)\leftarrow(p_A+p_B)$对应于$(p_1)\leftarrow(p_1)$。类似地，$(p_B-p_A)\leftarrow(p_A-p_B)$对应于$(-p_2)\leftarrow(p_2)$。根据这些结果及其他操作的类似结果，在基$(p_1\ p_2)$中的表示为

$$\boldsymbol{D}(E)=\begin{pmatrix}1&0\\0&1\end{pmatrix} \qquad \boldsymbol{D}(C_2)=\begin{pmatrix}-1&0\\0&1\end{pmatrix}$$

$$\boldsymbol{D}(\sigma_v)=\begin{pmatrix}1&0\\0&-1\end{pmatrix} \qquad \boldsymbol{D}(\sigma_v')=\begin{pmatrix}-1&0\\0&-1\end{pmatrix}$$

新的表示都是以方块-对角的形式，在本例中即为$\begin{pmatrix}\blacksquare&0\\0&\blacksquare\end{pmatrix}$这种形式，且两个组合不被群中任一操作彼此相混。因此，表示Γ'可被约化成两个一维表示的加和。所以，p_1生成的一维表示为

$\boldsymbol{D}(E)=1 \quad \boldsymbol{D}(C_2)=-1$

$\boldsymbol{D}(\sigma_v)=1 \quad \boldsymbol{D}(\sigma_v')=-1$

与由p_x生成的表示$\Gamma^{(1)}$一样。组合p_2生成的表示为

$\boldsymbol{D}(E)=1 \quad \boldsymbol{D}(C_2)=1$

$\boldsymbol{D}(\sigma_v)=-1 \quad \boldsymbol{D}(\sigma_v')=-1$

为一个新的一维表示，标记为$\Gamma^{(4)}$。至此，原先的表示已被约化为如下5个一维表示，即

$$\Gamma=2\Gamma^{(1)}+\Gamma^{(2)}+\Gamma^{(3)}+\Gamma^{(4)}$$

(d) 特征标

在一特定矩阵表示中，一个操作的**特征标**

1 有时用符号⊕来表示直和，以区别常规的加和；此时，式（10B.4）可写成$\Gamma=\Gamma^{(1)}\oplus\Gamma^{(2)}\oplus\Gamma^{(3)}\oplus\Gamma'$。

（character）χ 是该操作表示的对角元之和。所以，在原先的基（$p_x\ p_y\ p_z\ p_A\ p_B$）中，表示的特征标为

R	E	C_2
$D(R)$	$\begin{pmatrix}1&0&0&0&0\\0&1&0&0&0\\0&0&1&0&0\\0&0&0&1&0\\0&0&0&0&1\end{pmatrix}$	$\begin{pmatrix}-1&0&0&0&0\\0&-1&0&0&0\\0&0&1&0&0\\0&0&0&0&-1\\0&0&0&-1&0\end{pmatrix}$
$\chi(R)$	5	−1

R	σ_v	σ'_v
$D(R)$	$\begin{pmatrix}1&0&0&0&0\\0&-1&0&0&0\\0&0&1&0&0\\0&0&0&0&1\\0&0&0&1&0\end{pmatrix}$	$\begin{pmatrix}-1&0&0&0&0\\0&1&0&0&0\\0&0&1&0&0\\0&0&0&-1&0\\0&0&0&0&-1\end{pmatrix}$
$\chi(R)$	1	−1

一维表示的特征标就是表示自身。对每一个操作，约化表示的特征标的加和与原先表示的特征标相同［允许 $\Gamma^{(1)}$ 在约化 $\Gamma = 2\Gamma^{(1)} + \Gamma^{(2)} + \Gamma^{(3)} + \Gamma^{(4)}$ 中出现两次］：

R	E	C_2	σ_v	σ'_v
$\Gamma^{(1)}$ 的 $\chi(R)$	1	−1	1	−1
$\Gamma^{(1)}$ 的 $\chi(R)$	1	−1	1	−1
$\Gamma^{(2)}$ 的 $\chi(R)$	1	−1	−1	1
$\Gamma^{(3)}$ 的 $\chi(R)$	1	1	1	1
$\Gamma^{(4)}$ 的 $\chi(R)$	1	1	−1	−1
Γ 的加和	5	−1	1	−1

至此，C_{2v} 群的四个不可约表示已经找到。这些是否是 C_{2v} 群仅有的不可约表示呢？事实上，该群中没有更多的不可约表示。这一事实可由群论中的一个令人惊讶的定理来推断。该定理可表述为

不可约表示的数目 = 类的数目　　不可约表示的数目　　（10B.5）

在 C_{2v} 群中，有四类操作（表中的四列），故必然有四个不可约表示。已找到的不可约表示为该群仅有的不可约表示。

另一个来自群论的重要结论［适用于除了纯旋转群 $C_n(n>2)$ 外的所有群］将所有不可约表示 $\Gamma^{(i)}$ 的维数 d_i 的平方和与群的**阶** h（order，即对称操作的总数目）关联起来，即

$$\sum_{\text{不可约表示},\,i} d_i^2 = h \qquad \text{维数和阶} \qquad (10B.6)$$

C_{2v} 群的四个不可约表示都是一维的，故

$$\sum_{\text{不可约表示},\,i} d_i^2 = 1^2+1^2+1^2+1^2=4$$

而群中确实有四个对称操作。

简要说明 10B.3

C_{3v} 群有三类操作 $\{E,\ 2C_3,\ 3\sigma_v\}$，故有三个不可约表示。群的阶为 $1+2+3=6$，所以，如果已知两个不可约表示是一维的，则通过使用式（10B.6）：$1^2+1^2+d_3^2=6$，可知 $d_3=2$，即剩下的一个不可约表示必然是二维的。

10B.3　特征标表

显示一个群中所有操作特征标的表，称为**特征标表**（character table）。从现在开始，重点讨论此内容。特征标表的列中标有群的对称操作。尽管符号 $\Gamma^{(i)}$ 用来标记一般的不可约表示，但在化学应用中更常见的则是通过使用符号 A，B，E 和 T 来表示每个表示的**对称种类**（symmetry species），从而区分不同的不可约表示：

A：一维表示，在主旋转下特征标为 +1

B：一维表示，在主旋转下特征标为 −1

E：二维不可约表示

T：三维不可约表示

如果相同类型的不可约表示不止一个，则用下标来区分不可约表示。其中，A_1 保留给所有对称操作特征标都是 1 的表示（称为**全对称不可约表示**，totally symmetric irreducible representation）；A_2 对主旋转具有特征标 1，但对反映则为 −1。至于 B 型对称种类，似乎还没有系统的下标表示的方法。所以，当参考不同来源的特征标表时，要加以小心。

表10B.1给出了C_{2v}群的特征标表，有四个对称种类（不可约表示）和四列对称操作。表10B.2给出了C_{3v}群的特征标表。列首为E、$2C_3$和$3\sigma_v$，与每个操作相乘的数字为每一类中成员的数目。如“简要说明10B.3”中所推断的那样，有三个对称种类，其中一个是二维的（E）。

表10B.1　C_{2v}特征标表*

C_{2v}, $2mm$	E	C_2	$\sigma_v(xz)$	$\sigma_v'(yz)$	$h=4$	
A_1	1	1	1	1	z	z^2, y^2, x^2
A_2	1	1	−1	−1		xy
B_1	1	−1	1	−1	x	zx
B_2	1	−1	−1	1	y	yz

*更多的特征标表参见资源部分。

表10B.2　C_{3v}特征标表*

C_{3v}, $3m$	E	$2C_3$	$3\sigma_v$	$h=6$	
A_1	1	1	1	z	z^2, x^2+y^2
A_2	1	1	−1		
E	2	−1	0	(x, y)	$(xy, x^2-y^2), (yz, zx)$

*更多的特征标表参见资源部分。

特征标表和其中包含的一些数据是基于这样的假设而构建的，即当有歧义时，轴系统是以一特定方式排列，并被明确于特征标表中。在C_{2v}群（及其他一些群）中有歧义，故有必要给予对称操作一个更加详细的说明。主轴（具有最大n值的唯一的轴）取z方向。如果分子是平面分子，分子应位于yz平面内（见图10B.6）。这样，σ_v'就是在yz平面内的一个反映，因而今后将被标记为$\sigma_v'(yz)$；而σ_v则是xz平面内的一个反映，今后标记为$\sigma_v(xz)$。

如果一组特征标被认为形成一行矢量，则不同不可约表示对应矢量的点积（或标积）为零：矢量是彼此垂直的[1]。就这个意义上讲，不可约表示之间彼此是正交的。一个矢量与其本身的点积等于1。在这个意义讲，矢量也都被归一化。正交和归一化的矢量被说成是“正交归一化的”。这个正

1 这个结论是群论“广义正交定理”的一个结果；参见原著作者编写的*Molecular quantum mechanics*（2011）一书。在本专题中，特征标取实数。

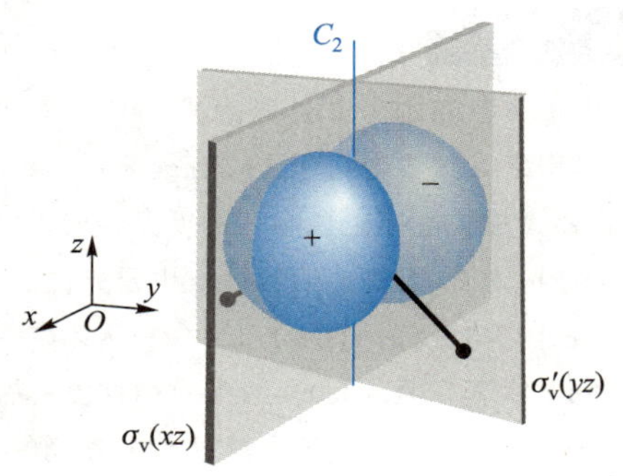

图10B.6　在一个C_{2v}分子中心原子上的一个p_x轨道和群的对称元素

交归一性可正式地表示为

$$\frac{1}{h}\sum_{C}N(C)\chi^{\Gamma^{(i)}}(C)\chi^{\Gamma^{(j)}}(C)=\begin{cases}0 & (i\neq j)\\ 1 & (i=j)\end{cases} \quad \text{不可约表示的正交归一性} \tag{10B.7}$$

式中加和遍及群中所有类，$N(C)$是类C中操作的数目，h是群中操作的数目（群阶）。

简要说明 10B.4

在C_{3v}群中，有对称元素$\{E, 2C_3, 3\sigma_v\}$，$h=6$；两个不可约表示的符号为A_2和E，相应特征标为{1, 1, −1}和{2, −1, 0}。将数据代入式（10B.7），可得

$$\frac{1}{6}\times[1\times1\times2+2\times1\times(-1)+3\times(-1)\times0]=0$$

如果两个不可约表示都是E，式（10B.7）中的加和则为

$$\frac{1}{6}\times[1\times2\times2+2\times(-1)\times(-1)+3\times0\times0]=1$$

如果两个不可约表示都是A_2，加和也是1，即

$$\frac{1}{6}\times[1\times1\times1+2\times1\times1+3\times(-1)\times(-1)]=1$$

（a）原子轨道的对称种类

在一维不可约表示的行（标有A或B的行）及列首标有对称操作的各列中的特征标，表示在相应操作下一个轨道的行为：a1表示轨道没变，a−1表示符号（正、负）改变。因此，轨道的对称性符号可以通过比较在每个操作下一个轨道发生的变化，然后将所得的1或−1与相关点群特征标表中的一行数字相比较来加以确定。按照惯例，用与对称性种类标号相等价的小写来标记轨道（故对称性种类为A_1的轨道称为a_1轨道）。

简要说明 10B.5

考虑图10B.6中的水分子，其点群为C_{2v}。C_2对氧原子$2p_x$轨道的作用是使其改变符号，故特征标是−1；$\sigma_v'(yz)$具有相同的作用，故特征标也是−1。相反，$\sigma_v(xz)$对轨道没有影响，故特征标为1。当然，恒等操作也是如此。所以，操作$\{E, C_2, \sigma_v, \sigma_v'\}$的特征标为{1, −1, 1, −1}。参考$C_{2v}$的特征标表（见表10B.1），可见{1, −1, 1, −1}为对称种类B_1的特征标，故轨道标为b_1。类似的程序可给出氧原子$2p_y$轨道的特征标为{1, −1, −1, 1}，对应于B_2，故轨道标为b_2。氧原子$2p_z$和2s轨道都为a_1。

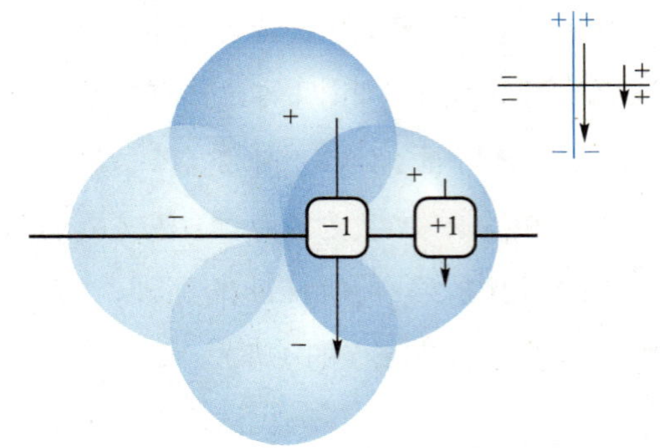

图10B.7　图中显示的两个轨道在通过镜面的反映后具有不同的性质：一个改变了符号（特征标为−1），另一个则没有变化（特征标为+1）

对于维数大于1的不可约表示［典型的是（但不仅仅是）E和T对称种类］，表的一行中的特征标是基中个别轨道行为特征标的加和。所以，如果一对中的一个成员在一对称操作下没有变化，而另一个改变了符号（参见图10B.7），则登记的数字为$\chi = 1 - 1 = 0$。

一个中心原子上的s、p和d轨道在分子对称操作下的行为是如此重要，以至于这些轨道的对称种类通常标示于特征标表中。为了完成这些归属，应明确出现在特征标表右手边的x、y和z的对称种类。因此，表10B.2中z的位置显示p_z［正比于$zf(r)$］在C_{3v}群中拥有的对称种类为A_1，而p_x和p_y［分别正比于$xf(r)$和$yf(r)$］则都具有对称性E。用专业术语来说，p_x和p_y共同地生成对称种类E的一个不可约表示。中心原子上的s轨道总是生成一个群的全对称不可约表示，因为在所有对称操作下，它都不发生变化；在C_{3v}中，它拥有对称种类A_1。

一个壳的5个d轨道（d_{xy}、d_{yz}、d_{xz}、$d_{x^2-y^2}$和d_{z^2}）分别用xy、yz、xz、x^2-y^2和z^2来表示，也列于特征标表右边。不难发现，在C_{3v}群中，中心原子上的d_{xy}和$d_{x^2}-d_{y^2}$共同地生成E。

（b）轨道线性组合的对称种类

同样的方法可用来确定轨道线性组合的对称种类，如C_{3v}分子NH_3中三个H1s轨道的组合$\psi_1 = s_A + s_B + s_C$（见图10B.8）。该组合在群中一个

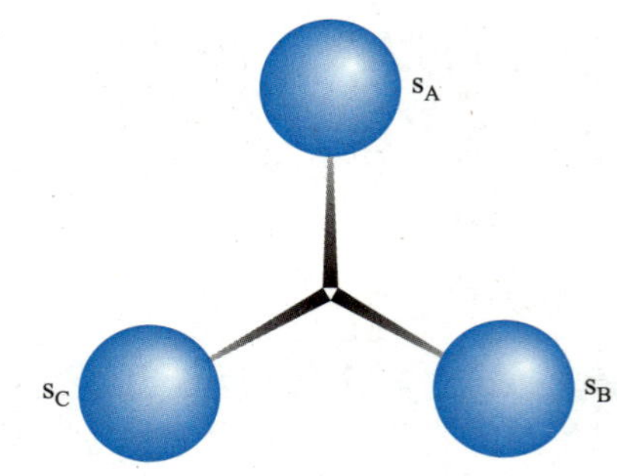

图10B.8　在C_{3v}分子（如NH_3）中用于构建对称性匹配线性组合的三个H1s轨道

C_3旋转和三个垂直反映中的任一个作用下都保持不变，故其特征标为

$$\chi(E) = 1 \qquad \chi(C_3) = 1 \qquad \chi(\sigma_v) = 1$$

与C_{3v}特征标表相比较，可见ψ_1具有对称种类A_1，故标记为a_1。

例题 10B.2　确定轨道的对称种类

确定一个NO_2分子（C_{2v}）中轨道$\psi = \psi_A - \psi_B$的对称种类；式中ψ_A是一个氧原子上的$O2p_x$轨道（垂直分子平面），ψ_B则是另一个氧原子上的$O2p_x$轨道。

整理思路　ψ中的负号表示ψ_B的符号与ψ_A相反。需要考虑在群中每个操作作用下组合是如何变化的？然后，写出诸如1、−1或0的特征标。最后，将所得特征标与点群特征标表中的每一行相比较，从而确定对称种类。

解：组合示于图10B.9中。在C_2作用下，ψ变为其本身，意味着特征标为1。在反映$\sigma_v(xz)$的作用下，两个原子轨道都改变了符号，故$\psi \to -\psi$，意味着特征标为−1。在$\sigma_v'(yz)$作用下，$\psi \to -\psi$，故该操作的特征标也是−1。所以，特征标为

$$\chi(E) = 1 \quad \chi(C_2) = 1 \quad \chi[\sigma_v(xz)] = -1 \quad \chi[\sigma_v'(yz)] = -1$$

这些数据与A_2对称性种类的特征标相吻合，故ψ标记为a_2。

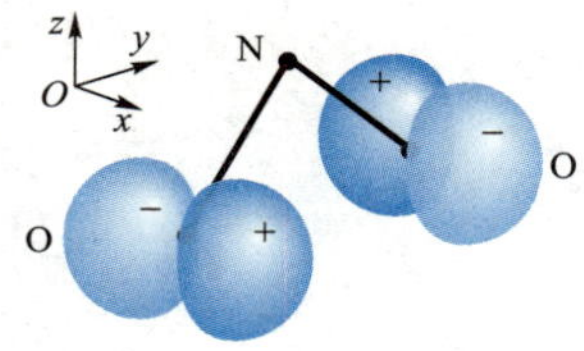

图 10B.9 在 C_{2v} 分子（NO_2）中 $O2p_x$ 轨道的一个对称性匹配线性组合

自测题 10B.2 考虑 $PtCl_4^{2-}$，其中 Cl 配体形成一个正方形平面阵列。该离子（**1**）属于 D_{4h} 群。请确定组合 $\psi_A-\psi_B+\psi_C-\psi_D$ 的对称种类。注意：在这个群中，C_2 轴与 x 轴和 y 轴一致，σ_v 平面与 xz 平面和 yz 平面一致；选择 x 轴和 y 轴穿过正方形的中心。

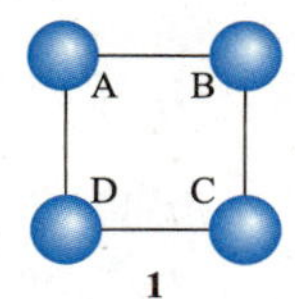

答案：B_{1g}。

（c）特征标表和简并度

在专题 7D 中，业已指出：简并度，即当不同的波函数具有相同的能量时，总是与对称性相关；如果对应于某个能量的波函数之间可被一对称操作（如将一方井旋转 90°）彼此变换，则能级就是简并的。显然，群论在简并度的确定中应有一定的作用。

一个几何学上的方井属于 C_4 群（见图 10B.10 和表 10B.3），C_4 旋转（90°）将 x 转变为 y，反之亦然[1]。如在专题 7D 中所解释的，两个波函数 $\psi_{1,2}=(2/L)\sin(\pi x/L)\sin(2\pi y/L)$ 和 $\psi_{2,1}=(2/L)\sin(2\pi x/L)\sin(\pi y/L)$ 都对应于能量 $5h^2/8mL^2$，故该能级是双重简并的。在群中各种操作的作用下，这两个函数变换如下：

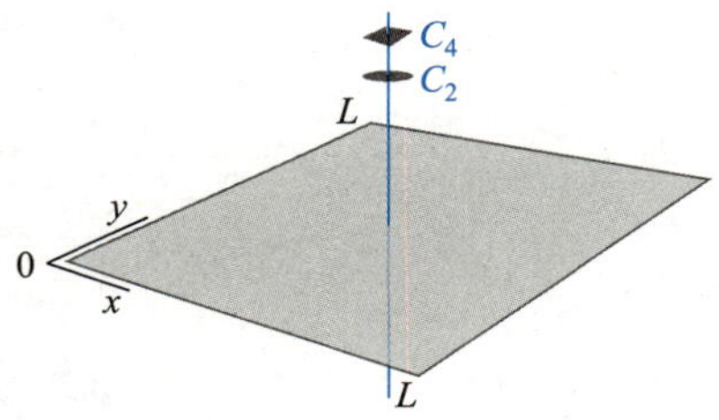

图 10B.10 一个几何学上的方井可处理为属于 C_4 群［拥有对称元素 $\{E, 2C_4, C_2\}$］

$$E:\quad (\psi_{1,2}\ \ \psi_{2,1})\rightarrow(\psi_{1,2}\ \ \psi_{2,1})$$
$$C_4^+:\quad (\psi_{1,2}\ \ \psi_{2,1})\rightarrow(\psi_{2,1}\ \ -\psi_{1,2})$$
$$C_4^-:\quad (\psi_{1,2}\ \ \psi_{2,1})\rightarrow(-\psi_{2,1}\ \ \psi_{1,2})$$
$$C_2:\quad (\psi_{1,2}\ \ \psi_{2,1})\rightarrow(-\psi_{1,2}\ \ -\psi_{2,1})$$

相应的矩阵表示为

$$\boldsymbol{D}(E)=\begin{pmatrix}1&0\\0&1\end{pmatrix}\qquad \boldsymbol{D}(C_4^+)=\begin{pmatrix}0&1\\-1&0\end{pmatrix}$$
$$\boldsymbol{D}(C_4^-)=\begin{pmatrix}0&-1\\1&0\end{pmatrix}\qquad \boldsymbol{D}(C_2)=\begin{pmatrix}-1&0\\0&-1\end{pmatrix}$$

它们的特征标为

$$\chi(E)=2\quad \chi(C_4^+)=0\quad \chi(C_4^-)=0\quad \chi(C_2)=-2$$

根据表 10B.3 中的特征标表（注意：旋转 C_4^+ 和 C_4^- 属于同一类，出现在标记为 $2C_4$ 的一列中），不难发现基生成对称种类为 E 的不可约表示。所有的双重简并能级也是如此，系统中没有三重简并（或更高）的能级。也可发现，在 C_4 群中没有三维或更高的不可约表示。这两个发现说明了一个普遍原理，即

一个群中不可约表示的最高维数是群中简并的最大程度。

因此，如果在一个群中有一个不可约表示 E，2 就是简并的最高程度；如果群中有一个不可约表示 T，那么 3 就是简并的最高程度。有些群具有更高维数的不可约表示，因而允许有更高的简并程度。此外，由于恒等操作的特征标总是等于表示的维数，最大简并度可通过观察相关特征标表中 $\chi(E)$ 的最大值来确定。

表 10B.3 C_4 特征标表*

C_4, 4	E	$2C_4$	C_2	$h=4$	
A	1	1	1	z	z^2, x^2+y^2
B	1	−1	1		xy, x^2-y^2
E	2	0	−2	(x, y)	(yz, zx)

*更多的特征标表参见*资源部分*。

1 可用更加复杂的群，如 C_{4v} 或 D_{4h}。但 C_4 已足够俘获对称性。

简要说明 10B.6

● 三角平面分子（如BF_3）不可能有三重简并的轨道，因为其点群是D_{3h}，这个群的特征标表（见*资源部分*）没有一个T对称种类。

● 甲烷分子属于正四面体点群T_d，由于该群具有T对称性的不可约表示，它可有三重简并轨道。正四面体的P_4也是如此，该分子中仅有4个原子，是具有三重简并轨道的最简单的一类分子。

● 富勒烯分子C_{60}属于二十面体点群（I_h），其特征标表（见*资源部分*）显示其不可约表示的最大维数是5，故它可有五重简并的轨道。

概念清单

- ☐ 1. **群**是满足本专题开头部分中四个判据的、变换的集合。
- ☐ 2. 群的**阶**是其对称操作的数目。
- ☐ 3. **表示矩阵**是用来表示一个操作对一个基的作用的矩阵。
- ☐ 4. **特征标**是一个操作的表示矩阵中对角元的加和。
- ☐ 5. **矩阵表示**是群中操作的、表示矩阵的集合。
- ☐ 6. **特征标表**由显示一个群的所有不可约表示的特征标的条目所组成。
- ☐ 7. **对称种类**是群中一个不可约表示的标记。
- ☐ 8. 群中不可约表示的最高维数是群中简并的最大程度。

公式清单

性质	公式	说明	公式编号
类的会员资格	$R'=S^{-1}RS$	群的所有元素成员	10B.1
不可约表示的数目	不可约表示的数目 = 类的数目		10B.5
维数和阶	$\sum_{\text{不可约表示},i} d_i^2=h$	纯旋转群（$n>2$）除外	10B.6
不可约表示的正交归一性	$\frac{1}{h}\sum_C N(C)\chi^{\Gamma^{(i)}}(C)\chi^{\Gamma^{(j)}}(C)=\begin{cases}0 & (i\neq j)\\ 1 & (i=j)\end{cases}$	对所有类求和	10B.7

专题10C

对称性的应用

▶ 为何需要学习这部分内容？

群论是构建分子轨道和用公式表示光谱选律的关键工具。

▶ 核心思想是什么？

只有当被积函数在分子的对称变换下不变时，积分才能不为零。

▶ 需要哪些预备知识？

本专题将拓展专题10A（介绍了基于对称元素的分子分类）中的内容，并且在很大程度上借用专题10B中所描述的特征标和特征标表的性质。需要了解许多量子力学性质，包括跃迁偶极矩（专题8C），都依赖于包含波函数（专题7C）乘积的积分。

当用来解决化学中的众多问题，尤其是分子轨道的组建和光谱选律的公式化时，群论展现了巨大作用。

10C.1 消失积分

对于函数$f(x)$的任一积分I，如果函数是反对称的，即$f(-x)=f(x)$，则在$x=0$附近的对称区间内I为零。在二维空间，被积函数$f(x, y)$的积分（在一对称区间）有来自积分面积的对称操作相关的区域的贡献（见图10C.1）。如果$f(x, y)$在这些操作之一的作用下改变了符（正、负）号，第一个区域的贡献就被来自对称相关区域的贡献所抵消，积分为零。只有当被积函数在群中每一个对称操作作用下不发生变化（或至少可以表示为几项的加和，其中至少一项不变）时，积分才能不为零。该群反映了积分区间内面积（一般地，体积）的形状。用群论术语表示，则为

对于在空间某一区域的积分，仅当被积函数（或对其的一个贡献）生成该区域所属点群的全对称不可约表示时，才能不为零。

全对称不可约表示的所有特征标都等于1，典型的是对称种类A_1。

+

积分区域

(a)

+ −

积分区域

− +

(b)

图10C.1 （a）仅当被积函数在群（这里是C_4）中每一个对称操作作用下不变时，其所在指定区域的积分才能不为零。（b）如果被积函数在任一操作下改变符（正、负）号，则其积分必然为零

简要说明10C.1

为了确定函数$f=xy$在形状为中心在原点的等边三角形区域内的积分是否不为零（见图10C.2），认识到三角形属于C_3群。查群的特征标表，发现xy是生成不可约表示E的一个基的成员。所以，其积分必须是零，因为被积函数没有生成A_1的组分。

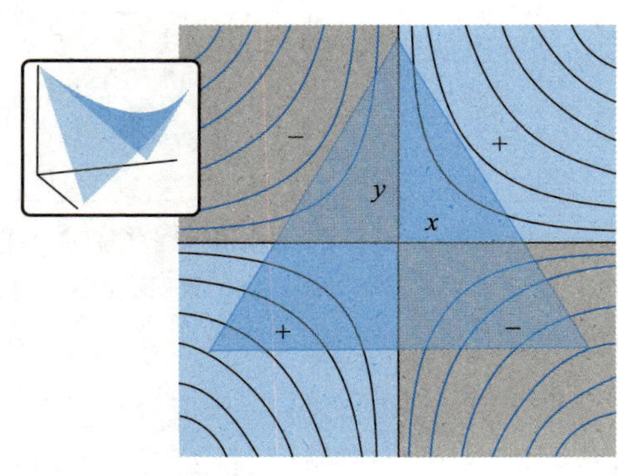

图10C.2 函数$f=xy$在蓝色区域（C_3对称性）内的积分为零。在本例中，结果明显，通过观察便知。但对于那些不明显的情形，可用群论来获得类似的结果。插图显示函数在三维空间的形状

（a）函数积的积分

假设感兴趣的积分是两个函数f_1和f_2乘积对全空间和所有相关变量的积分（在量子力学中通常表示为对dτ的积分），即

$$I=\int f_1 f_2 \mathrm{d}\tau \tag{10C.1}$$

例如，f_1和f_2可能是不同原子上的原子轨道，此时I将是它们的重叠积分。这样一个积分为零的含义是分子轨道不是来源于这两个轨道的重叠。根据上述观点，仅当被积函数本身，即$f_1 f_2$的乘积，在分子点群中任一对称操作作用下不变，因而生成了全对称不可约表示（典型的是标记为A_1的对称种类）时，积分才可能是非零。为了确定积$f_1 f_2$是否确实生成A_1，有必要形成分别由f_1和f_2所生成的对称种类的**直积**（direct product）。具体程序如下：

- 画一张表；其中，每列的开头写下群的对称操作R。
- 在第一行，写下由f_1生成的对称性种类的特征标；在第二行，写下由f_2生成的对称种类的特征标。
- 将两行的数字逐列相乘；所得的一组数就是由$f_1 f_2$所生成的表示的特征标。

简要说明 10C.2

假设在C_{2v}群中，f_1具有对称种类A_2，f_2具有对称种类B_1。根据特征标表，这两个种类的特征标分别为1、1、−1、−1和1、−1、1、−1。这两个种类的直积，可通过建立下表来获得。

	E	C_2	$\sigma_v(xz)$	$\sigma_v'(yz)$
A_2	1	1	−1	−1
B_1	1	−1	1	−1
乘积	1	−1	−1	1

现在，认识到最后一行的特征标就是对称种类B_2的特征标。因此，积$f_1 f_2$的对称种类为B_2。由于直积不含A_1，故$f_1 f_2$在全空间的积分必然为零。

直积具有以下一些简化特征：

- 全对称不可约表示与任一其他表示的直积为后一个不可约表示本身，即$A_1 \times \Gamma^{(i)} = \Gamma^{(i)}$。$A_1$的所有特征标都是1，故与它们相乘使得$\Gamma^{(i)}$的特征标不变。因此，如果式（10C.1）中的函数之一变换为A_1，那么，当另一个函数不是A_1时，积分将消失。
- 仅当两个不可约表示相同时，两个不可约表示的直积才为A_1，即仅当$i=j$时，$\Gamma^{(i)} \times \Gamma^{(j)}$才含$A_1$。

对于一维不可约表示，特征标不是1就是−1。只有当$\Gamma^{(i)}$和$\Gamma^{(j)}$的特征标相同时（两个都是1或都是−1），才能得到特征标1。例如，在C_{2v}群中，$A_1 \times A_1$，$A_2 \times A_2$，$B_1 \times B_1$，$B_2 \times B_2$都能得到A_1，但其他组合则不可以。该要求对更高维的表示也成立，但证明较复杂，请参见10C.1（b）节最后的内容。

因此，如果f_1和f_2以不同对称种类变换，那么它们的积就不能以全对称不可约表示变换，$f_1 f_2$的积分一定为零。另一方面，如果两个函数以相同对称种类变换，那么，它们的积就可以全对称不可约表示（也可能有来自其他对称种类的贡献）变换，积分不一定为零。

重要的一点是，群论专注什么时候一个积分必须为零，但其允许不为零的积分也可以由于与对称性无关的原因而为零。例如，氨中的N—H距离可能很长以至于（s_N，$s_1+s_2+s_3$）重叠积分（其中f_1是N原子上的2s轨道，f_2则是具有相同对称性的三个H原子上1s轨道的组合）也为零，仅仅因为轨道距离太远。

这种形式的积分，即

$$I=\int f_1 f_2 f_3 \mathrm{d}\tau \tag{10C.2}$$

在量子力学中也很常见。因此，知道它们什么时候一定为零很重要。例如，它们出现在跃迁偶极矩（专题8C）的计算中。对于对两个函数的积分，为了使I不为零，积$f_1 f_2 f_3$必须生成全对称不可约表示或含有生成该表示的一个分量。为了检验是否如此，可以上述设定规则中的相同方式，将所有3个不可约表示的特征标一起相乘。

例题 10C.1 判断一个积分是否一定为零

在一个 C_{2v} 分子中，积分 $\int(\mathrm{d}_{z^2})x(\mathrm{d}_{xy})\mathrm{d}\tau$ 是否消失？

整理思路 使用 C_{2v} 特征标表，从中找出由 $3z^2-r^2$（d_{z^2} 轨道的形式）、x 和 xy 生成的不可约表示的特征标。然后，列表标出三重直积，并确定其所生成的对称种类是否包含 A_1。

解： 由 C_{2v} 特征标表可知，函数 xy 和轨道 d_{xy} 以 A_2 变换，z^2 以 A_1 变换，x 以 B_1 变换。因此，可得下表：

	E	C_2	$\sigma_v(xz)$	$\sigma_v'(yz)$	
A_2	1	1	−1	−1	$f_3=\mathrm{d}_{xy}$
B_1	1	−1	1	−1	$f_2=x$
A_1	1	1	1	1	$f_1=\mathrm{d}_{z^2}$
	1	−1	−1	1	乘积

最后一行的特征标为 B_2，而非 A_1 的特征标。所以，积分一定为零。

说明 一个更快速的求解是，注意到 A_1（对 f_1）对三重直积的结果没有影响（由于上述直积的第一个特性）。所以，根据第二个特性，为了它们的直积为 A_1，另两个函数 f_2 和 f_3 的对称种类必须相同。但在本例中，它们并不相同。

自测题 10C.1 在一个点群为 C_{2v} 的分子中，积分 $\int(\mathrm{d}_{xz})x(\mathrm{p}_z)\mathrm{d}\tau$ 是否一定消失？

答案：不一定。

（b）表示的约化

在一些情形中，直积是几个对称种类的加和，而不仅仅是单个种类。例如，在 C_{3v} 中，直积 E×E 的特征标为 {4, 1, 0}，可约化为 A_1、A_2 和 E：

	E	$2C_3$	$3\sigma_v$
A_1	1	1	1
A_2	1	1	−1
E	2	−1	0
加和	4	1	0

该约化可用符号书写[1]为 $E\times E=A_1+A_2+E$。

对于一些简单的情形，通过观察就可完成约化。但群论提供了一种系统的方法，可用表示的特征标来找出组成该表示的不可约表示的对称种类。不可约表示 Γ 出现的次数 $n(\Gamma)$ 可由下面的一般表达式来获得，该式源自群论一个非常深刻的结果[2]，即

$$n(\Gamma)=\frac{1}{h}\sum_C N(C)\chi^{(\Gamma)}(C)\chi(C) \quad \text{表示的约化} \quad (10C.3a)$$

式中 Γ 是感兴趣的不可约表示的对称种类，h 是群的阶，$\chi^{(\Gamma)}(C)$ 是那个不可约表示的操作 C 类成员的特征标，$\chi(C)$ 是待分解的那个表示的相应特征标。注意：求和遍及操作的所有类。

在特征标表中，每一类中操作的数目 $N(C)$ 标示于列的开头。对称种类 A_1 的全对称不可约表示的所有特征标都是 1。所以，设定 $\Gamma=A_1$，以及式（10C.3a）中所有 C 的 $\chi^{(A_1)}(C)=1$，可得

$$n(A_1)=\frac{1}{h}\sum_C N(C)\chi(C) \quad A_1\text{ 的出现} \quad (10C.3b)$$

简要说明 10C.3

在 C_{3v} 特征标表中，各列的标题为 E、$2C_3$ 和 $3\sigma_v$，表明每一类的数目分别为 1、2、3，因而群阶 $h=1+2+3=6$。为了确定在 C_{3v} 中 A_1 是否出现在特征标为 {4, 1, 0} 的表示中，可有

$$\begin{aligned} n(A_1) &= \frac{1}{6}\times[1\times\chi(E)+2\times\chi(C_3)+3\times\chi(\sigma_v)] \\ &= \frac{1}{6}\times(1\times4+2\times1+3\times0)=1 \end{aligned}$$

因此，A_1 在约化中出现一次。

在 10C.1（a）节中曾强调：仅当两个不可约表示相同时，这两个不可约表示的直积才为 A_1。现在，借助于式（10C.3b），可证明确实如此。

如何完成？10C.1 确认一个直积含有全对称不可约表示的判据

先考虑两个不可约表示 $\Gamma^{(i)}$ 和 $\Gamma^{(j)}$ 直积的特征标。直积中一类操作的特征标是两个表示特征标的乘积，即 $\chi(C)=\chi\Gamma^{(i)}(C)\chi\Gamma^{(j)}(C)$，式中 $\chi\Gamma^{(i)}(C)$ 是不可约表示 $\Gamma^{(i)}$ 的 C 类操作中的特征标，$\chi\Gamma^{(j)}(C)$ 则是不可约表示 $\Gamma^{(j)}$ 的 C 类操作中的特征标。在这个直积表示中，全对称不可约表示（A_1）出现的次数可由式（10C.3b）给出，即

1 如同在专题 10B 中所述，直和有时标记为 ⊕。直积有类似的符号 ⊗。因此，符号表述可写为：$E\otimes E=A_1\oplus A_2\oplus E$。

2 该结果来自"广义正交定理"，参见原著作者编写的 *Molecular quantum mechanics*（2011）一书。在本专题中，特征标取实数。

$$n(A_1)=\frac{1}{h}\sum_C N(C)\chi^{\Gamma^{(i)}}(C)\chi^{\Gamma^{(j)}}(C)$$

就式（10B.7）这个意义上讲，不可约表示是正交的，即

$$\frac{1}{h}\sum_C N(C)\chi^{\Gamma^{(i)}}(C)\chi^{\Gamma^{(j)}}(C)=\begin{cases}0 & (i\neq j)\\ 1 & (i=j)\end{cases}$$

因此

$$n(A_1)=\begin{cases}0 & (i\neq j)\\ 1 & (i=j)\end{cases}$$

换句话说，对于两个不可约表示的直积，仅当两个不可约表示属于相同的对称种类时，才有组分（分量）生成A_1。这个结果与不可约表示的维数无关。

10C.2　在分子轨道理论中的应用

到目前为止，所概述的规则可用来确定一个分子中那些原子轨道可能有非零重叠。此外，群论也可提供构建指定对称性的原子轨道线性组合的方法。

（a）轨道重叠

轨道ψ_1和ψ_2之间的重叠积分S可写为

$$S=\int\psi_2^*\psi_1\mathrm{d}\tau \qquad \text{重叠积分} \qquad (10C.4)$$

根据式（10C.1）的讨论，只有当两个轨道生成相同的对称种类时，这个积分才可能不为零。换句话说：

只有相同对称种类的轨道才有可能有非零重叠（$S\neq0$），并进而形成成键和反键组合。

在构建如LCAOs的分子轨道时，选择具有非零重叠的原子轨道是核心和首要的一步。

例题 10C.2　确定哪些轨道对成键有贡献

甲烷的4个H1s轨道生成A_1和T_2，它们能与C2s和C2p原子轨道中的哪些有重叠呢？如果也考虑碳原子上的d轨道，则又有哪些额外的重叠？

整理思路　参考T_d特征标表（见*资源部分*），并寻找生成A_1或T_2的s、p和d轨道。已知对称种类可通过观察列于表右侧的恰当笛卡儿函数而得以确定。

解：一个C2s轨道生成T_d群中的A_1，故它与H1s轨道的A_1组合可以有非零重叠。由表可知，(x, y, z)共同生成T_2，故三个C2p轨道一起以相同的方式变换；它们与H1s轨道的T_2组合可有非零重叠。组合(xy, yz, xz)生成T_2，所以，d_{xy}、d_{yz}和d_{xz}轨道也一样生成T_2，故它们与H1s轨道的T_2组合可有重叠。另外两个d轨道生成E，故它们不能与A_1或T_2 H1s轨道重叠，保持非键。因此，在甲烷中，有(C2s, H1s)－重叠产生的a_1轨道和(C2p, H1s)－重叠产生的t_2轨道。C3d轨道可能对后者有贡献。最低能量电子组态可能为$a_1^2t_2^6$，其中所有的成键轨道都被占据。

自测题 10C.2　考虑八面体形的SF_6分子，在每个F原子上，由s轨道和一个2p轨道重叠引起的成键指向中心S原子。S原子生成$A_{1g}+E_g+T_{1u}$。请问哪些S原子轨道与这些F原子轨道有非零重叠？给出可能的基态电子组态。

答案：3s(A_{1g}), 3p(T_{1u}), ($3d_{x^2-y^2}$, $3d_{z^2}$)(E_g); $a_{1g}^2t_{1u}^6e_g^4$。

（b）对称性匹配线性组合

专题10B介绍了设计变换为特定对称种类的原子轨道组合的产生思想。这样的组合是**对称性匹配线性组合**（symmetry-adapted linear combination，SALC）的一个例子，即为由等价原子构建的轨道组合，并拥有指定的对称性。SALC在构建分子轨道时非常有用，因为给定的SALC只与相同对称性的其他轨道有才非零重叠。

建造SALCs的方法可借助于群论导出，并包括使用**投影算符**（projection operator）$P^{(\Gamma)}$。投影算符是一种使用基轨道之一，并从它产生——由它投影——一个对称种类Γ的SALC的算符，即

$$P^{(\Gamma)}=\frac{1}{h}\sum_R\chi^{(\Gamma)}(R)R \qquad \psi^{(\Gamma)}=P^{(\Gamma)}\psi_i \qquad \text{投影算符} \qquad (10C.5)$$

式中ψ_i是基轨道之一，$\psi^{(\Gamma)}$是变换为对称种类Γ的SALC（可能不止一个）；求和遍及群阶为h的群中所有操作（不是类）。为了实施此规则，需要做以下事情：

- 构建一张表，列题为群中每一个对称操作R；一列一个操作，而非一列一个类。
- 选择一个基函数，算出每个操作对其的作用效果。在每个操作下输入所得函数。
- 在下一行，填写所关心的对称种类的特征标$\chi^{(\Gamma)}(R)$。

- 将前两行的记录逐个操作相乘。
- 将结果相加，并除以群阶 h。

简要说明 10C.4

为了构建 C_{2v} 点群 NO_2 分子中两个 O2p_x 轨道的 B_1 SALC（见图 10C.3），可给出下表：

	E	C_2	$\sigma_v(xz)$	$\sigma'_v(yz)$
对 p_A 的作用	p_A	$-p_B$	p_B	$-p_A$
B_1 的特征标	1	−1	1	−1
第 1 行和第 2 行的乘积	p_A	p_B	p_B	p_A

将最后一行加和，并除以群阶（$h=4$），从而得到 $\psi^{(B_1)}=\frac{1}{2}(p_A+p_B)$。

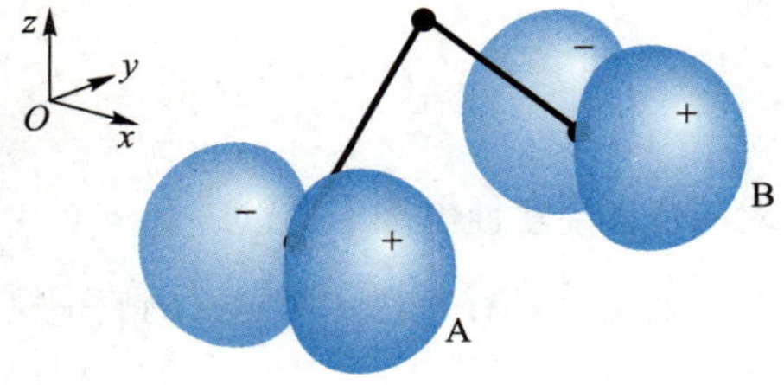

图 10C.3　NO_2 分子（C_{2v} 点群）中两个 O2p_x 原子轨道可用作形成 SALCs 的一个基

如果试图产生一个对称性不是由基函数生成的 SALC，则结果为零。例如，如果在“简要说明”中试图投影一个 A_1 对称性轨道，则表中第二行中的所有特征标将会是 1，故当形成行 1 和行 2 的积时，结果为 p_A、$-p_B$、p_B 和 $-p_A$，它们的加和等于零。当试图产生维数大于 1 的对称种类的 SALC 时，会遇到的一个困难，因为那时根据运算规则将产生 SALCs 的加和。例如，考虑由 NH_3 分子（C_{3v} 点群）中的三个 H1s 原子轨道产生 SALCs，分子和轨道示于图 10C.4 中。下表给出了将投影算符依次应用于 s_A、s_B 和 s_C 的结果，从而得到对称种类为 E 的 SALC。

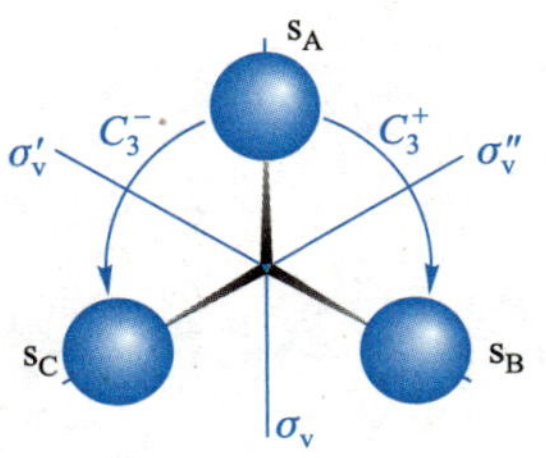

图 10C.4　NH_3 分子（C_{3v} 点群）中三个 H1s 原子轨道可用作形成 SALCs 的一个基

行		E	C_3^+	C_3^-	σ_v	σ'_v	σ''_v
1	对 s_A 的作用	s_A	s_B	s_C	s_A	s_C	s_B
2	E 的特征标	2	−1	−1	0	0	0
3	第 1 行和第 2 行的乘积	$2s_A$	$-s_B$	$-s_C$			
4	对 s_B 的作用	s_B	s_C	s_A	s_C	s_B	s_A
5	第 4 行和第 2 行的乘积	$2s_B$	$-s_C$	$-s_A$			
6	对 s_C 的作用	s_C	s_A	s_B	s_B	s_A	s_C
7	第 6 行和第 2 行的乘积	$2s_C$	$-s_A$	$-s_B$			

将投影算符应用到不同的基函数上，每次得到不同的 SALC（见表中第 3、5、7 行），分别为

$$\frac{1}{6}(2s_A-s_B-s_C)\quad \frac{1}{6}(2s_B-s_C-s_A)\quad \frac{1}{6}(2s_C-s_A-s_B)$$

然而，这些 SALCs 中的任一个都可以表示为另两个的加和（三者并不是“线性独立的”）。第一个和第二个的差为 $\frac{1}{2}(s_A-s_B)$。这个组合和第三个 $\frac{1}{6}(2s_C-s_A-s_B)$（现在这两个是线性独立的）是用于构建分子轨道的两个 SALCs。

根据专题 9E 中有关多原子分子的分子轨道构建的讨论，只有拥有相同对称性的轨道可以重叠得到一个分子轨道。用这里介绍的语言来说，这意味着只有相同对称性种类的 SALCs 有非零重叠，并对分子轨道有贡献。例如，在 NH_3 中，分子轨道将具有以下这些形式：

$$\psi(a_1)=c_{a1}s_N+c_{a2}(s_A+s_B+s_C)$$
$$\psi(e_x)=c_{e1}p_{Nx}+c_{e2}(2s_C-s_A-s_B)$$
$$\psi(e_y)=c_{e1}p_{Ny}+c_{e2}(s_A-s_B)$$

群论对式中系数的值无能为力，这些系数的值必须通过专题 9E 中概括的方法之一来确定。

10C.3　选律

由波函数为 ψ_i 的始态和波函数为 ψ_f 的终态之间的分子跃迁所产生的一条谱线的强度决定于（电）跃迁偶极矩 μ_{fi}（专题 8C）。这个矢量的 q 分量（q 为 x、y 或 z）可通过下式来定义：

$$\mu_{q,\mathrm{fi}}=-e\int\psi_{\mathrm{f}}^{*}q\psi_{\mathrm{i}}\mathrm{d}\tau \quad 跃迁偶极矩 [定义] \quad (10C.6)$$

式中 $-e$ 是电子的电荷。跃迁矩具有对 $f_1f_2f_3$ 积分的形式［式（10C.2）］。所以，一旦已知波函数和算符的对称种类，就可用群论来导出跃迁的选律。

例题 10C.3 导出选律

在一个拥有 C_{2v} 对称性的分子中，$p_y \rightarrow p_z$ 是否为一允许的电偶极跃迁？

整理思路 需要确定积 $p_z q p_y$（$q=x$、y 或 z）是否生成 A_1？p_y、p_z 和 q 的对称种类可从特征标表的右侧读取。

解： p_y 轨道生成 B_2，p_z 轨道生成 A_1，故所需的直积为 $A_1\times\Gamma^{(q)}\times B_2$，式中 $\Gamma^{(q)}$ 是 x、y 或 z 的对称种类。直积的计算与次序无关。所以，由于 $A_1\times B_2=B_2$，也就意味着 $A_1\times\Gamma^{(q)}\times B_2=\Gamma^{(q)}\times B_2$。只有当 $\Gamma^{(q)}$ 为 B_2，即 y 的对称种类时，这个直积才等于 A_1。因此，假定 $q=y$，则积分可不为零，跃迁是允许的。

说明 上述分析暗含跃迁中包含的电磁辐射在 y 方向有一电矢量的分量。

自测题 10C.3 在一个拥有 C_{2v} 对称性的分子中，（a）$p_x \rightarrow p_y$ 和（b）$p_x \rightarrow p_z$ 是否为允许的电偶极跃迁？

答案：（a）否；（b）是，$q=x$。

概念清单

☐ 1. 特征标表可用来确定一个积分是否为零。

☐ 2. 若一个积分不为零，则被积函数必须含有一分量，该分量是全对称不可约表示（A_1）的一个基。

☐ 3. 只有具有相同对称种类的轨道才有非零重叠。

☐ 4. **对称性匹配线性组合**（SALC）是一种由等价原子构建的、具有一特定对称性的原子轨道的线性组合。

公式清单

性质	公式	说明	公式编号
表示的约化	$n(\Gamma)=\frac{1}{h}\sum_{C}N(C)\chi^{(\Gamma)}(C)\chi(C)$	实数特征标*	10C.3a
在约化中 A_1 的出现	$n(A_1)=\frac{1}{h}\sum_{C}N(C)\chi(C)$	实数特征标*	10C.3b
重叠积分	$S=\int\psi_2^{*}\psi_1\mathrm{d}\tau$	定义	10C.4
投影算符	$P^{(\Gamma)}=\frac{1}{h}\sum_{R}\chi^{(\Gamma)}(R)R$	为了产生 $\psi^{(\Gamma)}=P^{(\Gamma)}\psi_i$	10C.5
跃迁偶极矩	$\mu_{q,\mathrm{fi}}=-e\int\psi_{\mathrm{f}}^{*}q\psi_{\mathrm{i}}\mathrm{d}\tau$	q 分量，$q=x$、y 或 z	10C.6

*一般来说，特征标可有复数值；本书中只遇见实数值。

主题 10　分子对称性——讨论题、练习题及问题

专题 10A　形状和对称性

讨论题

D10A.1 解释一个分子是如何归属到一个点群中的？

D10A.2 列出点群中出现的对称操作和相应的对称元素。

D10A.3 陈述并解释一个极性分子的对称性判据。

D10A.4 陈述一个分子具有光学活性的对称性判据。

练习题

E10A.1(a) CH_3Cl分子属于C_{3v}点群。列出群中的对称元素，并在分子图中标出它们的位置。

E10A.1(b) BF_3分子属于D_{3h}点群。列出群中的对称元素，并在分子图中标出它们的位置。

E10A.2(a) 确定萘分子所属点群，并在分子图中定位对称元素。

E10A.2(b) 确定反式二氟乙烯分子所属点群，并在分子图中定位对称元素。

E10A.3(a) 确定下列物体所属点群：（ⅰ）一个球，（ⅱ）一个等腰三角形，（ⅲ）一个等边三角形，（ⅳ）一支未削的圆柱形铅笔。

E10A.3(b) 确定下列物体所属点群：（ⅰ）一支削尖的圆柱形铅笔，（ⅱ）一个截面为矩形的盒子，（ⅲ）一只带手柄的咖啡杯，（ⅳ）一个三叶螺旋桨（假设扇形叶片是平的），（ⅴ）一个三叶螺旋桨（假设三个叶片都扭曲出平面，但程度相同）。

E10A.4(a) 列出下列分子的对称元素，并指出它们所属的点群：（ⅰ）NO_2，（ⅱ）PF_5，（ⅲ）$CHCl_3$，（ⅳ）1, 4－二氟苯。

E10A.4(b) 列出下列分子的对称元素，并指出它们所属的点群：（ⅰ）呋喃(**1**)，（ⅱ）γ－吡喃(**2**)，（ⅲ）1, 2, 5－三氯苯。

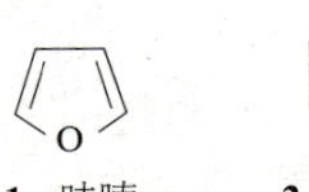

1　呋喃

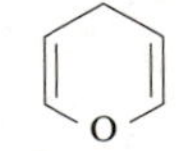

2　γ–吡喃

E10A.5(a) 指出下列两个分子所属的点群：（ⅰ）顺式二氯乙烯，（ⅱ）反式二氯乙烯。

E10A.5(b) 指出下列分子所属的点群：（ⅰ）HF，（ⅱ）IF_7（五角双锥形），（ⅲ）ClF_3（T形），（ⅳ）$Fe_2(CO)_9$(**3**)，（ⅴ）立方烷C_8H_8，（ⅵ）四氟立方烷$C_8H_4F_4$(**4**)。

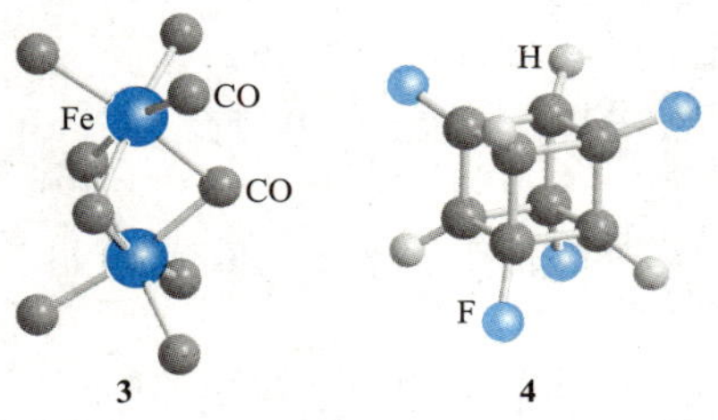

E10A.6(a) 下列分子中，哪些可能是极性的？（ⅰ）吡啶，（ⅱ）硝基乙烷，（ⅲ）气相BeH_2（线形），（ⅳ）B_2H_6。

E10A.6(b) 下列分子中，哪些可能是极性的？（ⅰ）CF_3H，（ⅱ）PCl_5，（ⅲ）反式二氟乙烯，（ⅳ）1, 2, 4－三硝基苯。

E10A.7(a) 指出二氯萘每一种可能的异构体所属的点群。

E10A.7(b) 指出二氯蒽每一种可能的异构体所属的点群。

E10A.8(a) 属于D_{2h}或C_{3h}点群的分子能否是手性的？为什么？

E10A.8(b) 属于T_h或T_d点群的分子能否是手性的？为什么？

问　题

P10A.1 列出下列分子的对称元素，并指出它们所属的点群：（a）交叉式CH_3CH_3，（b）椅式和船式环己烷，（c）B_2H_6，（d）$[Co(en)_3]^{3+}$，式中en是1, 2－二氨基乙烷（忽略其详细结构），（e）冠状S_8。这些分子中，哪些是极性的，哪些是手性的？

P10A.2 考虑系列分子SF_6、SF_5Cl、SF_4Cl_2和SF_3Cl_3。指出每个分子所属的点群，以及是否为极性分子。如果这些分子中任何一个有可能的异构体，请考虑所有可能的结构。

P10A.3（a）指出乙烯和丙二烯中的对称元素及分子所属点群；（b）考虑联苯分子Ph—Ph，根据两个苯环平面之间二面角的不同，其可有不同的构象：如果这个角为0°，则分子是平面的；如果是90°，则两个苯环彼此垂直。如果二面角分别是下列数值，请指出分子中存在的对称元素及其所属点群：（ⅰ）0°，（ⅱ）90°，（ⅲ）45°，（ⅳ）60°。

P10A.4 指出配合物$MA_2B_2C_2$（其中，中心原子M周围是"八面体"配位，配体A、B和C处理为无结构的点）所有几何异构体所属的点群。哪些异构体是手性的？

P10A.5 在四方平面配合阴离子反式$[Ag(CF_3)_2(CN)_2]^-$中，Ag—CN基团是共线的。（a）假定CF_3基团自由旋转（也就是说，不考虑AgCF和AgCN角），指出这个配合阴离子所属点群。（b）现在假设CF_3基团不能自由旋转（例如，由于离子在一固体中）。结构(**5**)显示有二等分NC—Ag—CN轴且垂直于该轴的镜面。如果每个CF_3基团有一个C—F键位于该平面内（因而CF_3基团不优先指向任一个CN基），以及CF_3基团是：（ⅰ）完全交叉式，（ⅱ）完全重叠式，请指出配合物所属点群。

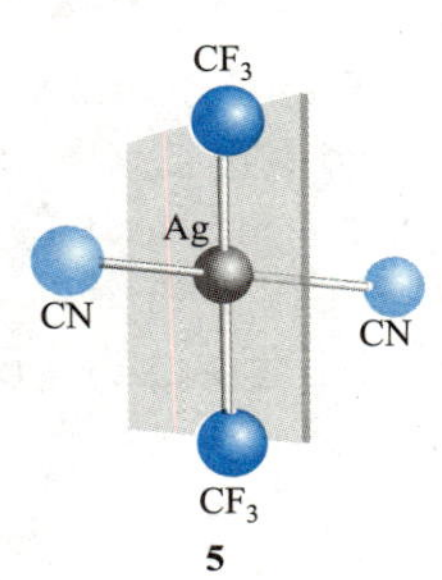

5

P10A.6 B. A. Bovenzi和G. A. Pearse, Jr.［*J. Chem. Soc. Dalton. Trans.*, 2763(1997)］合成了三齿配体吡啶-2, 6-二胺肟（$C_7H_9N_5O_2$, **6**）的配位化合物。该三齿配体与$NiSO_4$反应产生一配合物。其中，两个平面形配体以90°与单个Ni原子成键。指出所得配合阳离子$[Ni(C_7H_9N_5O_2)_2]^{2+}$的点群和对称操作。

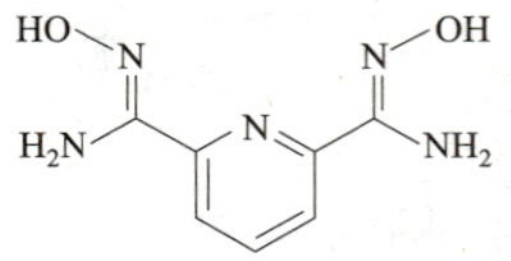

6

专题 10B 群论

讨论题

D10B.1 解释群的含义。

D10B.2 解释群论中（a）表示矩阵和（b）矩阵表示的含义。

D10B.3 说明特征标表的构建和内容。

D10B.4 解释将一个表示约化为不可约表示之直和的含义。

D10B.5 讨论用以表示一个不可约表示对称种类的字母和下标的含义。

练习题

E10B.1(a) 将BF_3分子中每个原子上的$2p_z$轨道用作一个基，找出操作σ_h的表示矩阵，设z垂直分子平面。

E10B.1(b) 将BF_3分子中每个原子上的$2p_z$轨道用作一个基，找出操作C_3的表示矩阵，设z垂直分子平面。

E10B.2(a) 将BF_3分子中每个原子上的$2p_z$轨道用作一个基，利用操作σ_h和C_3的表示矩阵，来找出$\sigma_h C_3$的操作和其表示矩阵，设z垂直分子平面。

E10B.2(b) 将BF_3分子中每个原子上的$2p_z$轨道用作一个基，利用操作σ_h和C_3的表示矩阵，来找出$C_3\sigma_h$的操作和其表示矩阵，设z垂直分子平面。

E10B.3(a) 证明D_{3h}点群中所有三个C_2操作属于同一类。

E10B.3(b) 证明D_{3h}点群中所有三个σ_v操作属于同一类。

E10B.4(a) 对于C_{2h}点群，根据式（10B.7）中定义的性质，确认所有的不可约表示都是正交归一化的。特征标表可在*资源部分*中找到。

E10B.4(b) 对于D_{3h}点群，根据式（10B.7），证实不可约表示E′与不可约表示A_1'、A_2'和E″是正交的。

E10B.5(a) 通过观察D_{3h}的特征标表，写出位于AlF_3分子中心Al原子上的3p和3d轨道的对称种类。

E10B.5(b) 通过观察D_{4h}的特征标表，写出位于$Ni(CN)_4^{2-}$中心Ni原子上的4s、4p和3d轨道的对称种类。

E10B.6(a) 对于受限于晶体中八面体空穴内部的一个粒子，其波函数的最大简并度是多少?

E10B.6(b) 对于受限于二十面体的纳米粒子内部的一个粒子，其波函数的最大简并度是多少?

E10B.7(a) 苯中轨道的最大可能简并度是多少?

E10B.7(b) 1, 4-二氯苯中轨道的最大可能简并度是多少?

问 题

P10B.1 C_{2h}点群含有元素E、C_2、σ_h和i。请构建群的乘法表，给出一个属于该点群的分子。

P10B.2 D_{2h}点群拥有一个垂直于主轴的C_2轴和一个水平镜面。证明该群必有一个反演中心。

P10B.3 考虑属于C_{2v}点群的水分子，设分子躺于yz平面内，z沿着C_2轴方向，镜面σ_v'为yz平面，σ_v为xz平面，将氧原子的两个H1s轨道和四个价键轨道作为一个基，建立一个6×6矩阵，用以表示该基的群。（a）通过明确的矩阵相乘，证实$C_2\sigma_v=\sigma_v'$及$\sigma_v\sigma_v'=C_2$。（b）证明表示是可约化的，并生成$3A_1+B_1+2B_2$。

P10B.4 以四个H1s轨道［每个位于正四面体（如在CH_4中）的顶点上］为基，找出T_d群操作的表示矩阵。只需要给出每类中一个成员的表示矩阵。

P10B.5 以乙烯分子中的四个H1s轨道为基，找出D_{2h}群操作的表示矩阵。设分子平躺于xy平面内，x轴沿着C—C键方向。

P10B.6 证实问题P10B.5中构建的表示矩阵再现群乘法$C_2^zC_2^y=C_2^x$，$\sigma^{xz}C_2^z=C_2^y$及$iC_2^y=\sigma^{xz}$。

P10B.7（一维）矩阵$\boldsymbol{D}(C_3)=1$和$\boldsymbol{D}(C_2)=1$及$\boldsymbol{D}(C_3)=1$和$\boldsymbol{D}(C_2)=-1$两者都分别表示C_{6v}群中的群乘法$C_3C_2=C_6$，$\boldsymbol{D}(C_6)=+1$和-1。利用特征标表证实这些说法。在每种情况下，σ_v和σ_d的表示矩阵是什么?

P10B.8 构建泡利自旋矩阵σ和2×2单位矩阵的乘法表：

$$\sigma_x=\begin{pmatrix}0&1\\1&0\end{pmatrix}\quad\sigma_y=\begin{pmatrix}0&-i\\i&0\end{pmatrix}\quad\sigma_z=\begin{pmatrix}1&0\\0&-1\end{pmatrix}\quad\sigma_0=\begin{pmatrix}1&0\\0&1\end{pmatrix}$$

在乘法运算规则下，这四个矩阵是否形成一个群?

P10B.9 f轨道的代数形式为一径向函数乘以以下因子之一：（a）$z(5z^2-3r^2)$，（b）$y(5y^2-3r^2)$，（c）$x(5x^2-3r^2)$，（d）$z(x^2-y^2)$，（e）$y(x^2-z^2)$，（f）$x(z^2-y^2)$，（g）xyz。确定在C_{2v}点群中由这些轨道生成的不可约表示提示：由于r为半径，r^2对任何操作都不变。

P10B.10 利用10B.3(c)节中相同的方法，将两个波函数$\psi_{2,3}=(2/L)\sin(2\pi x/L)\sin(3\pi y/L)$和$\psi_{3,2}=(2/L)\sin(3\pi x/L)\cdot\sin(2\pi y/L)$用作一个基，找出$C_4$点群中的表示矩阵，并进而证明这些函数生成一简并的不可约表示。

专题 10C　对称性的应用

讨论题

D10C.1 明确并列出特征标表的四个用途。

D10C.2 解释如何用对称性论证来构建分子轨道。

练习题

E10C.1(a) 利用对称性质，确定一个拥有 C_{2v} 对称性的分子中，积分 $\int p_x z p_z d\tau$ 是否为零？

E10C.1(b) 利用对称性质，确定一个拥有 D_{3h} 对称性的分子中，积分 $\int p_x z p_z d\tau$ 是否为零？

E10C.2(a) 在一个 C_{3v} 分子中，电偶极跃迁 $A_1 \rightarrow A_2$ 是否为禁阻的？

E10C.2(b) 在一个 D_{6h} 分子中，电偶极跃迁 $A_{1g} \rightarrow E_{2u}$ 是否为禁阻的？

E10C.3(a) 证明：在 D_{2h} 群中，函数 xy 具有 B_{1g} 对称种类。

E10C.3(b) 证明：在 D_{2h} 群中，函数 xyz 具有 A_u 对称种类。

E10C.4(a) 考虑 OF_2 分子 (C_{2v})，设分子躺于 yz 平面内，z 沿 C_2 轴方向，镜面 σ_v' 为 yz 平面，σ_v 为 xz 平面，两个氟原子的组合 $p_z(A)+p_z(B)$ 和 $p_z(A)-p_z(B)$ 分别生成 A_1 和 B_2。是否有中心氧原子的价轨道能与这些氟轨道的组合有一非零重叠？在 SF_2 分子中（这里可能有 3d 轨道），情形又有何不同？

E10C.4(b) 考虑与练习题 E10C.4(a) 中相同的情形，找出组合 $p_y(A)+p_y(B)$ 和 $p_y(A)-p_y(B)$ 所生成的不可约表示。是否有中心氧原子上的价轨道能与这些氟轨道的组合有一非零重叠？

E10C.5(a) 考虑 NO_2 分子 (C_{2v})，两个氧原子（x 垂直于平面）的组合 $p_x(A)-p_x(B)$ 生成 A_2。是否有中心氮原子上的价轨道能与氧轨道的这个组合有一非零重叠？在 SO_2 分子中（这里有 3d 轨道），情形又有何不同？

E10C.5(b) 考虑 BF_3 分子 (D_{3h})。有变换为 A_2'' 和 E'' 的 F 价轨道的 SALCs。是否有中心硼原子的价轨道能与这些 SALCs 有一非零重叠？对 AlF_3 分子（这里有 3d 轨道），结论又如何？

E10C.6(a) NO_2 分子的基态是 C_{2v} 群的 A_1，通过电偶极跃迁将激发至什么激发态？有必要使用光的什么偏振？

E10C.6(b) ClO_2 分子 (C_{2v}) 困在一固体中，已知其基态为 B_1，平行于 y 轴（平行于氧氧间隔）的偏振光将分子激发至一上态。请问该状态的对称种类是什么？

E10C.7(a) 有一组基函数生成 C_{4v} 群的一个可约表示，特征标为 5、1、1、3、1（按照特征标表中的操作顺序），它生成的不可约表示是哪些？

E10C.7(b) 有一组基函数生成 D_2 群的一个可约表示，特征标为 6、−2、0、0（按照特征标表中的操作顺序），它生成的不可约表示是哪些？

E10C.8(a) 有一组基函数生成 D_{4h} 群的一个可约表示，特征标为 4、0、0、2、0、0、0、4、2、0（按照特征标表中的操作顺序），它生成的不可约表示是哪些？

E10C.8(b) 有一组基函数生成 O_h 群的一个可约表示，特征标为 6、0、0、2、2、0、0、0、4、2（按照特征标表中的操作顺序），它生成的不可约表示是哪些？

E10C.9(a) 对于（i）苯和（ii）萘，由它们的（全对称）基态，通过电偶极跃迁可分别至什么态？

E10C.9(b) 对于（i）蒽和（ii）六苯并苯 **(7)**，由它们的（全对称）基态，通过电偶极跃迁可分别至什么态？

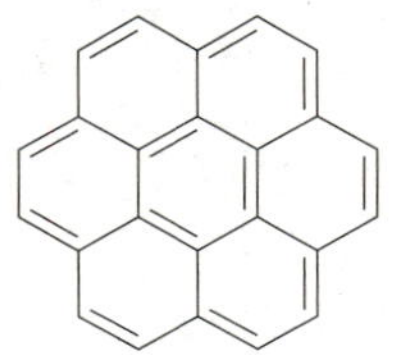

7　六苯并苯

问　题

P10C.1 CH_4 分子的四个 H1s 轨道生成哪些不可约表示？中心碳原子的 s 和 p 轨道能否与它们形成分子轨道？在 SiH_4 分子中（这里还有 3d 轨道），这些轨道能否通过与 H1s 轨道重叠从而在形成分子轨道中扮演一个角色？

P10C.2 假设甲烷分子通过拉长一个键而畸变至（a）C_{3v} 对称性，或由于一种剪刀作用（其中一个键角稍微打开，另一个则稍微闭合）至（b）C_{2v} 对称性，请问碳原子上是否会有更多的 d 轨道可参与成键？

P10C.3 当在以下对称区间积分时，函数 $3x^2-1$ 的积分是否一定消失？（a）一个立方体，（b）一个四面体，（c）一个六角棱柱体；每一个中心都位于原点。

P10C.4 在一次 C_{60} 的光谱研究中，Negri 等［*J. Phys. Chem.*, **100**, 10849 (1996)］归属了荧光光谱的峰。分子拥有正二十面体对称性（I_h）。电子基态是 A_{1g}，最低激发态为 T_{1g} 和 G_g。请问：（a）从基态至两个激发态的光诱导跃迁是否为允许的？解释你的答案。（b）如果分子稍微畸变，其反演中心被移去，情况又将如何？

P10C.5 在平面四边形 XeF_4 分子中，考虑对称性匹配线性组合 $p_1=p_A-p_B+p_C-p_D$，其中，p_A、p_B、p_C 和 p_D 为氟原子（F 原子的顺时针标记）上的 $2p_z$ 原子轨道。中心氙原子上的各 s、p 和 d 原子轨道中，哪些能与 p_1 形成分子轨道？

P10C.6 参与光合成的叶绿素和细胞色素的血红素（亚铁血红素）基团均来源于卟吩二阴离子基团 **(8)**，其属于 D_{4h} 点群。电子基态是 A_{1g}，最低激发态是 E_u。请问从基态至激发态的光诱导跃迁是否为允许的？解释你的答案。

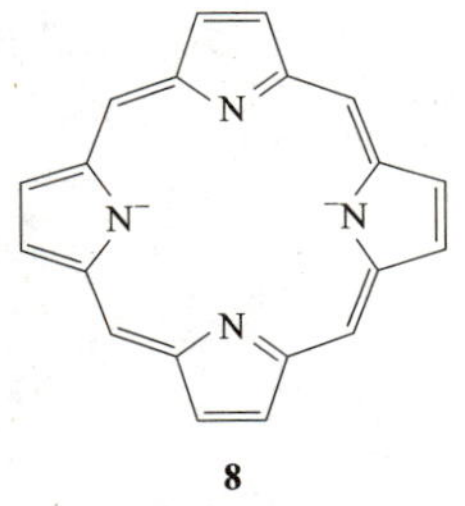

8

P10C.7 考虑乙烯分子（D_{2h} 点群），设其位于 xy 平面内，x 沿着

C—C键方向。通过对其中一个H1s轨道应用投影公式，可产生拥有对称性A_g、B_{2u}、B_{3u}和B_{1g}的SALCs。当你试图投影出一个拥有B_{1u}对称性的SALC时，将会发生什么？

P10C.8　考虑$F_2C{=}CF_2$分子（D_{2h}点群），设其位于xy平面内，x沿着C—C键方向。（a）考虑由氟原子四个$2p_z$轨道形成的一个基，证明该基生成B_{1u}、B_{2g}、B_{3g}和A_u。（b）通过对其中一个$2p_z$轨道使用投影公式，产生具有所示对称性的SALCs。（c）对于由四个$2p_y$轨道（对称性种类将不同于$2p_z$的那些轨道）形成的一个基，请重复上述过程。

主题 11
分子光谱

分子光谱中的谱线源自光子的吸收、发射或散射，伴随着分子能量的变化。与原子光谱（专题8C）不同的是，分子的能量不仅因为电子跃迁而发生变化，而且还可以经历转动和振动态的变化。因此，分子光谱比原子光谱更为复杂。然而，它们包含更多与性质有关的信息，可用于分析键强度、长度和角度的值。分子光谱还提供了一种确定分子各种性质（如解离能和偶极矩）的方法。

11A 分子光谱的一般特征

本专题首先讨论辐射吸收和发射的理论，由此导出决定谱线强度和宽度的因素。文中还介绍了用于检测覆盖范围广泛频率的辐射吸收、发射和散射的仪器特征。

11A.1 辐射的吸收和发射；11A.2 光谱线宽；11A.3 实验技术

11B 转动光谱

本专题展示了双原子和多原子分子的转动能级的表达式是如何得到的。这里所使用的最直接的步骤就是确定在经典物理学中获得的能量和角动量的表达式，然后将这些表达式转换为它们的量子力学对应关系。接下来，本专题专注于纯转动拉曼光谱和转动拉曼光谱的解释，其中仅分子的转动状态改变。并非所有的分子都能占据所有的转动状态，这一观察结果被证明是由于原子核自旋的存在所产生的对称性约束而造成的。

11B.1 转动能级；11B.2 微波光谱；11B.3 转动拉曼光谱；11B.4 核统计和转动状态

11C 双原子分子的振动光谱

谐振子（专题7E）是模拟双原子分子振动的一个良好起点，但实际分子的描述需要考虑与谐振子行为的偏离。气体样品的振动光谱显示出因伴随振动激发的转动跃迁而引起的特征。

11C.1 振动运动；11C.2 红外光谱；11C.3 非谐性；11C.4 振动-转动光谱；11C.5 振动拉曼光谱

11D 多原子分子的振动光谱

对于多原子分子振动光谱的讨论，可以将它们看作是由一组独立的谐振子组成的。这样的话，它们的光谱可以用与双原子分子大致相同的方式来理解。

11D.1 简正模式；11D.2 红外吸收光谱；11D.3 振动拉曼光谱

11E 振动光谱的对称性分析

多原子分子振动中涉及的原子位移可以根据分子所具有的对称性来进行分类。这种分类使得判定哪些振动可以进行光谱学研究成为可能。

11E.1 简正模式的对称性分类；11E.2 振动波函数的对称性

11F 电子光谱

本专题介绍在固定核框架内发生电子跃迁的关键思想。首先，考虑双原子分子的电子光谱，并且可以看出在气相中可以同时观察到伴随电子跃迁而产生的振动跃迁和转动跃迁。此外，本专题还描述了多原子分子电子光谱的一般特征。

11F.1 双原子分子；11F.2 多原子分子

11G 激发态衰变

本专题首先介绍了分子自发辐射，包括“荧光”和“磷光”现象。还可以看出，激发态的非辐射衰变是如何导致能量以热的形式传递到周围环境或导致分子解离。激发态的受激辐射衰变是激光器运转的关键过程。

11G.1 荧光和磷光；11G.2 解离和预解离；11G.3 激光

网络资源 这部分内容有何应用?

分子光谱对于天体物理学家和环境科学家也是有用的。“应用案例 16”讨论了如何从转动光谱和振动光谱中推断在星际空间中发现的分子的身份。“应用案例 17”重点关注地球，并展示了其大气成分的振动性质是如何影响其气候的。

专题11A

分子光谱的一般特征

► 为何需要学习这部分内容？

为了解释来自各种分子光谱的数据，需要理解它们共有的实验特征和理论特征。

► 核心思想是什么？

从低能态向高能态的跃迁可通过吸收辐射而激发；从高能态向低能态的跃迁，导致光子的释放，可以是自发的或受激辐射产生。

► 需要哪些预备知识？

需要熟悉分子的能量是量子化的事实（专题 7E 和 7F），并且了解选律的概念（专题 8C）。

在**发射光谱**（emission spectroscopy）中，检测分子从高能态向低能态跃迁所产生的电磁辐射，并分析其频率。在**吸收光谱**（absorption spectroscopy）中，在一定频率范围内检测通过样品的辐射的净吸收。有必要指定净吸收，因为辐射不仅可以被吸收，也可以激发辐射的发射。因此，要检测净吸收。在**拉曼光谱**（Raman spectroscopy）中，分析由分子散射的辐射频率以确定伴随散射过程的分子状态的变化。在整个讨论过程中，重点是能够将各种辐射的特征表示为频率ν、波数$\tilde{\nu}=\nu/c$或波长$\lambda=c/\nu$，如在专题7A“化学家工具包13”中所述。

在每种情况下，辐射的发射、吸收或散射都可以用单个光子来解释。当一个分子经历不同能量状态之间的跃迁时（低能态能量为E_1，高能态能量为E_u），所发射或吸收的光子的能量$h\nu$可以由玻尔频率条件式给出［专题7A，式（7A.9），$h\nu=E_u-E_1$］，其中ν是发射或吸收的辐射频率。发射光谱和吸收光谱提供了有关电子、振动或转动能级分离的相同信息，但是通常根据实际考虑决定具体采用哪种技术。

在拉曼光谱中，样品被暴露在单色（单频）辐射下，因此暴露于相同能量的光子下。当光子遇到分子时，大多数会被弹性散射（不会改变它们的能量）：这个过程称为**瑞利散射**（Rayleigh scattering）。大约每10^7个光子中就有1个是非弹性散射的（具有不同的能量）。在**斯托克斯散射**（Stokes scattering）中，光子失去能量，这个能量给了分子，出现的辐射具有较低的频率。在**反斯托克斯散射**（anti-Stokes scattering）中，光子从分子中获得能量，并且出现的辐射具有更高的频率（见图11A.1）。通过分析散射辐射的频率，可以收集有关分子能级的信息。拉曼光谱用于研究分子的振动和转动。

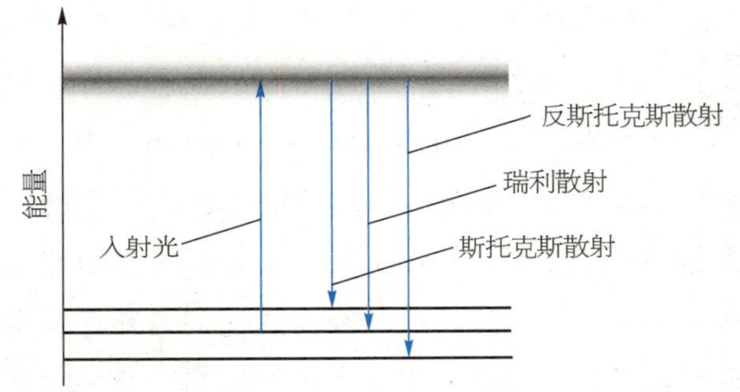

图11A.1　在拉曼光谱中，入射光子从分子中散射出来。大多数光子是弹性散射的，因此具有与入射光子相同的能量。一些光子失去的能量给了分子，因此会出现斯托克斯散射；其他光子获得能量，因此出现反斯托克斯散射。散射可以被认为是通过分子从其初始状态激发到一系列激发态（由阴影带表示），并随后返回最终状态而发生的过程。任何净能量的变化是由光子提供的或是被光子带走的

11A.1 辐射的吸收和发射

转动能级的能量间隔（在小分子中，$\Delta E \approx 0.01$ zJ，对应于0.01 kJ · mol^{-1}）小于振动能级的能量间隔（$\Delta E \approx 10$ zJ，对应于10 kJ · mol^{-1}），其远小于电子能级的能量间隔（$\Delta E \approx 0.1 \sim 1$ aJ，对应于$10^2 \sim 10^3$ kJ · mol^{-1}）。从形式为$\nu = \Delta E/h$的玻尔频率条件式可知，这些不同类型跃迁所涉及的光子对应的频率对于旋转约是10^{10} Hz，对于振动约是10^{13} Hz，对于电子跃迁则是在$10^{14} \sim 10^{15}$ Hz的范围内。因此，转动、振动和电子跃迁分别源自微波、红外和紫外/可见辐射的吸收或发射。

（a）受激和自发辐射过程

爱因斯坦确定了三个过程，通过这三个过程，由于状态之间的跃迁，辐射可以被物质产生或吸收。在**受激吸收**（stimulated absorption）中，从较低能态l到较高能态u的跃迁是由电磁场驱动的，该场的振荡频率为ν（对应于这两个状态的能量间隔：$h\nu = E_u - E_l$）。这种跃迁的速率与跃迁频率下入射辐射的强度成正比：辐射越强，撞击在分子上的光子数就越多，光子被吸收的概率就越大。这个速率也与处于较低状态的分子数N_l成正比，因为这个状态的分子数布居数越多，光子在该状态下就越有可能遇到分子。因此，受激吸收的速率$W_{u\leftarrow l}$可以写为

$$W_{u\leftarrow l} = B_{u,l}N_l\rho(\nu) \quad \text{受激吸收的速率} \quad (11A.1a)$$

式中$\rho(\nu)$是能谱密度，因而$\rho(\nu)\mathrm{d}\nu$是从ν到$\nu + \mathrm{d}\nu$频率范围内的辐射能量密度。常数$B_{u,l}$是**受激吸收的爱因斯坦系数**（Einstein coefficient of stimulated absorption）。

爱因斯坦还假设，辐射可以诱导更高能级的分子跃迁至较低状态，从而产生频率为ν的光子。这一过程称为**受激发射**（stimulated emission），其速率取决于上层能级中的分子数目N_u和跃迁频率处的辐射强度。如在式（11A.1b）中，他写出：

$$W'_{u\to l} = B_{l,u}N_u\rho(\nu) \quad \text{受激发射的速率} \quad (11A.1b)$$

式中$B_{l,u}$是**受激发射的爱因斯坦系数**（Einstein coefficient of stimulatede emission）。

爱因斯坦继续假设：分子可通过**自发发射**（spontaneous emission）而失去能量，在这个自发发射中，分子是在没有辐射驱动的情况下向较低状态跃迁。自发发射的速率可以写成

$$W''_{u\to l} = A_{l,u}N_u \quad \text{自发发射的速率} \quad (11A.1c)$$

式中$A_{l,u}$是**自发发射的爱因斯坦系数**（Einstein coefficient of spontaneous emission）。当同时考虑受激发射和自发发射时，总的发射速率可以写为

$$W_{u\to l} = B_{l,u}N_u\rho(\nu) + A_{l,u}N_u \quad \text{总的发射速率} \quad (11A.1d)$$

当分子的吸收和发射处于平衡时，式（11A.1a）和式（11A.1d）中给出的速率必须相等，且此时布居数具有它们的平衡值N_l^{eq}和N_u^{eq}。因此，有

$$B_{u,l}N_l^{eq}\rho(\nu) = B_{l,u}N_u^{eq}\rho(\nu) + A_{l,u}N_u^{eq} \quad (11A.2a)$$

所以

$$\rho(\nu) = \frac{A_{l,u}/B_{u,l}}{N_l^{eq}/N_u^{eq} - B_{l,u}/B_{u,l}} \quad (11A.2b)$$

然而，平衡布居数的比例必须符合玻耳兹曼分布（如本书"绪言"和专题13A中所述）：

$$\frac{N_u^{eq}}{N_l^{eq}} = e^{-(E_u - E_l)/kT} = e^{-h\nu/kT} \quad (11A.3)$$

因此，在平衡时有

$$\rho(\nu) = \frac{A_{l,u}/B_{u,l}}{e^{h\nu/kT} - B_{l,u}/B_{u,l}} \quad (11A.4)$$

此外，在平衡时，辐射密度由与黑体平衡的、辐射的普朗克分布［式（7A.6b），专题7A］给出：

$$\rho(\nu) = \frac{8\pi h\nu^3/c^3}{e^{h\nu/kT} - 1} \quad \text{普朗克分布} \quad (11A.5)$$

据此有

$$A_{l,u} = \left(\frac{8\pi h\nu^3}{c^3}\right)B_{l,u} \text{ 和 } B_{l,u} = B_{u,l} \quad (11A.6a)$$

尽管这些关系式是在假定分子和辐射处于平衡的情况下导出的，但它们是分子本身的性质，并且与辐射的光谱分布（即它是否为黑体）无关，并且对于任何能量密度，它们可用于式（11A.1）中。

通过结合式（11A.1b）、式（11A.1c）和式

（11A.6a），可以得到自发发射速率与受激发射速率的比值：

$$\frac{W''_{u\to l}}{W'_{u\to l}}=\frac{A_{l,u}}{B_{l,u}\rho(\nu)}=\frac{8\pi h\nu^3}{c^3\rho(\nu)} \qquad (11A.6b)$$

该关系式表明，对于给定的光谱密度，自发发射的相对重要性随着跃迁频率的三次方而增加。因此，自发发射在高频率时是重要的。相反，在低频率下自发发射则可以被忽略，在这种情况下，可以仅根据受激发射和吸收来讨论这种跃迁的强度。

简要说明 11A.1

从红外辐射到可见光辐射，频率约增加100倍。因此，对于同样的光谱密度，自发发射率与受激发射率之比增加了10^6倍。这种强烈的增加解释了这样的现象：虽然电子跃迁通常是由发射光谱检测的，而振动光谱则是一种吸收技术，并且自发（但不是受激）发射是可以忽略不计的。

（b）选律与跃迁矩

“选律”是关于某一跃迁是否禁阻或允许的规定（专题8C）。其基本思想是，为了使分子能够与电磁场相互作用并吸收或产生频率为ν的光子，它必须至少瞬时地具有在这个频率下振荡的电偶极子。在量子力学中，这个瞬态偶极子可以用波函数为ψ_i和ψ_f的始态和终态之间的**跃迁偶极矩**（transition dipole moment）μ_{fi}来表示：

$$\mu_{fi}=\int\psi_f^*\hat{\mu}\psi_i\,d\tau \qquad (11A.7)$$

瞬态跃迁偶极矩［定义］

式中$\hat{\mu}$是偶极矩算符。跃迁偶极矩的大小可以被视为伴随跃迁的电荷再分布的一种量度，并且仅当伴随的电荷再分布是非零的偶极矩时（图11A.2），跃迁才是有效的（并且产生或吸收光子）。因此，为了识别选律，必须建立$\mu_{fi}\neq0$的条件。

总的选律（gross selection rule）指定了分子必须具有的一般特征，如果它具有给定种类的光谱。例如，在专题11B中，只有在具有永久电偶极矩的情况下，分子才给出转动光谱。这个规则及其他种类跃迁的其他规则在相关章节中进行了解释。通过对跃迁偶极矩的详细研究，可得出**特定的选律**（specifc selection rules），这些选律是基于分子的量子数或各种对称性特征的变化来表示允许的跃迁。

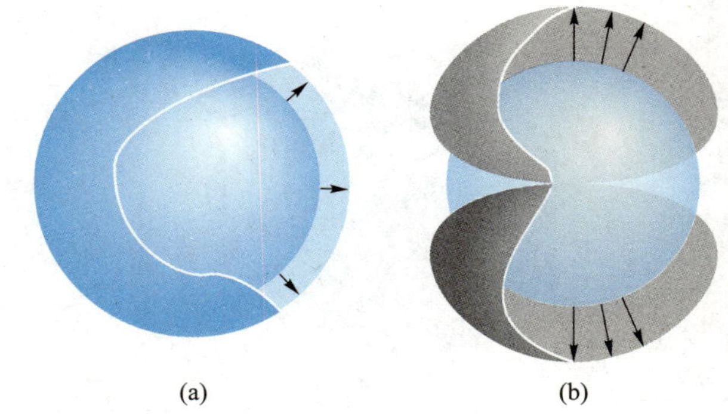

图11A.2 （a）当一个1 s电子变成2 s电子时，发生了电荷的球形迁移。这种电荷迁移没有偶极矩，因此这种跃迁是电偶极子禁阻的。（b）相反，当一个1s电子变成2p电子时，存在一个与电荷迁移有关的偶极子，因此这种跃迁是允许的

（c）比尔－朗伯定律

根据经验发现，当电磁辐射通过长度为L、物质的量浓度为[J]的吸收物种J时，入射强度I_0和透射强度I之间关系可以根据**比尔－朗伯定律**（Beer－Lambert law）描述：

$$I=I_0 10^{-\varepsilon[J]L} \qquad (11A.8)$$

比尔－朗伯定律

ε称为**摩尔吸收系数**（molar absorption coefficient）（以前并且现在仍广泛地称为“消光系数”），它取决于在入射辐射的频率（或波数、波长），并且在吸收最强烈的地方为最大。ε的量纲为［浓度］$^{-1}$［长度］$^{-1}$，通常方便地以$dm^3\cdot mol^{-1}\cdot cm^{-1}$表示；在国际标准单位中，它用$m^2\cdot mol^{-1}$表示。后一个单位意味着$\varepsilon$可以被视为吸收的（摩尔）横截面，并且吸收分子的横截面积越大，其在给定频率下阻挡入射辐射通过的能力就越大。比尔－朗伯定律是一个经验结果，然而，它的形式可以在简单的模型的基础上导出。

如何完成？11A.1　验证比尔－朗伯定律

需要将样品想象为由一堆无穷小的切片组成，如切片面包（图11A.3）。每层厚度为dx。

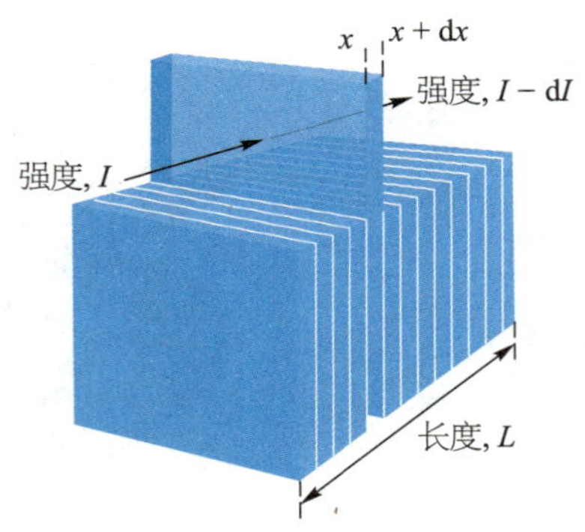

图11A.3　为了建立比尔－朗伯定律，假设样品均分成大量的切片。一层切片所引起的强度下降与入射在它上面的强度（在通过前面的切片之后）、切片的厚度和吸收物种的物质的量浓度成正比

步骤1　*计算由于通过一层切片导致的强度变化*

当电磁辐射穿过某一特定的切片时，强度的变化$\mathrm{d}I$与切片的厚度、吸收物种J的物质的量浓度，以及在该样品切片的入射辐射强度（由于吸收被激发）成正比。所以，有$\mathrm{d}I \propto [\mathrm{J}]I\mathrm{d}x$。光强也因吸收而降低，这意味着$\mathrm{d}I$是负的，因此可以写为

$$\mathrm{d}I = -\kappa[\mathrm{J}]I\,\mathrm{d}x$$

式中κ是比例系数。等式两边同时除以I，得到

$$\frac{\mathrm{d}I}{I} = -\kappa[\mathrm{J}]\mathrm{d}x$$

这个表达式可以应用于每一个连续的切片。

步骤2　*估算由于通过连续切片而导致的强度总变化*

当样品的一个面上的入射强度为I_0时，为了要获得通过厚度为L的样品后出现的强度，需要对所有连续变化求和。假设吸收物种的物质的量浓度是均匀的，并且可视为常数。由于无穷小增量之和是一个积分，因此有

$$\int_{I_0}^{I}\frac{\mathrm{d}I}{I} = -\kappa\int_0^L[\mathrm{J}]\mathrm{d}x = -\kappa[\mathrm{J}]\int_0^L\mathrm{d}x$$

从而得到　$$\ln\frac{I}{I_0} = -\kappa[\mathrm{J}]L$$

现在，通过使用$\ln x = \ln 10 \times \lg x$，将自然对数表示为常用对数（以10为底），并将新的常数ε定义为$\varepsilon = \kappa/\ln 10$，得到

$$\lg\frac{I}{I_0} = -\varepsilon[\mathrm{J}]L$$

对两边各取10的指数幂，就得到比尔－朗伯定律［式（11A.8）］。

通常将样品的光谱特征表达为样品在给定频率下的**透过率**（transmittance）T：

$$T = \frac{I}{I_0} \qquad \text{透过率［定义］} \qquad (11\text{A}.9\text{a})$$

或者样品的**吸光度**（absorbance）A：

$$A = \lg\frac{I_0}{I} \qquad \text{吸光度［定义］} \qquad (11\text{A}.9\text{b})$$

这两个量通过$A = -\lg T$（注意常用对数）相关联，并且比尔－朗伯定律变为

$$A = \varepsilon[\mathrm{J}]L \qquad (11\text{A}.9\text{c})$$

$\varepsilon[\mathrm{J}]L$以前称为样品的光学密度。

例题 11A.1　确定摩尔吸收系数

波长为280 nm的辐射通过含有色氨酸水溶液，溶液厚度L为1.0 mm，物质的量浓度为0.50 $\mathrm{mmol\cdot dm^{-3}}$。强度降低到其初始值的54%（因此$T = 0.54$）。计算色氨酸在280 nm处的吸光度和摩尔吸收系数。当通过厚度为2.0 mm的样品池时，其透过率是多少？

整理思路　根据$A = -\lg T = \varepsilon[\mathrm{J}]L$，可有$\varepsilon = A/[\mathrm{J}]L$。对于通过更厚样品池的透过率，你需要使用$A = -\lg T = \varepsilon[\mathrm{J}]L$和$\varepsilon$的计算值来计算吸光度，透过率则为$T = 10^{-A}$。

解： 吸光度$A = -\lg 0.54 = 0.27$。所以，摩尔吸收系数为

$$\varepsilon = \frac{-\lg 0.54}{5.0\times10^{-4}\,\mathrm{mol\cdot dm^{-3}}\times 1.0\,\mathrm{mm}} = 5.4\times10^{2}\ \mathrm{dm^{3}\cdot mol^{-1}\cdot mm^{-1}}$$

为了便于计算其余部分（但摩尔吸收系数还可以换算为$5.4\times10^{3}\ \mathrm{dm^{3}\cdot mol^{-1}\cdot cm^{-1}}$）。长度为2.0 mm的样品的吸光度为

$$A = 5.4\times10^{2}\ \mathrm{dm^{3}\cdot mol^{-1}\cdot mm^{-1}}\times 5.0\times10^{-4}\ \mathrm{mol\cdot dm^{-3}}\times 2.0\ \mathrm{mm} = 0.54$$

此时，透过率$T = 10^{-A} = 10^{-0.54} = 0.29$。

自测题11A.1　物质的量浓度为0.10 $\mathrm{mmol\cdot dm^{-3}}$的酪氨酸水溶液在240 nm波长照射时，在厚度为5.0 mm的样品池中的透过率为0.14，试计算该波长下溶液的吸光度和酪氨酸的摩尔吸收系数。若通过厚度为1.0 mm的样品池，则透过率是多少？

答案： $A = 0.85$，$\varepsilon = 1.7\times10^{4}\ \mathrm{dm^{3}\cdot mol^{-1}\cdot cm^{-1}}$，$T = 0.67$。

摩尔吸收系数的最大值$\varepsilon_{\max}$是跃迁强度的一种指示。然而，由于吸收带通常分布在一定波数范围内，引用单个波数处的摩尔吸收系数可能无法真实地指示跃迁的强度。**积分吸收系数**（integrated absorption coefficient）$\mathcal{A}$是摩尔吸收系数在整个频带上的总和（图11A.4），对应于摩尔吸收系数对波数作图所得曲线下的面积：

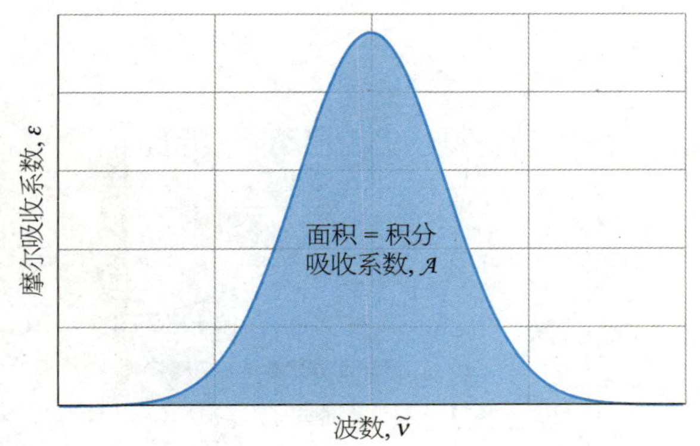

图 11A.4　跃迁的积分吸收系数是摩尔吸收系数对入射辐射的波数作图所得曲线下的面积

$$\mathcal{A}=\int_{\text{band}}\varepsilon(\tilde{\nu})\mathrm{d}\tilde{\nu}\qquad \text{积分吸收系数[定义]}\qquad (11\text{A}.10)$$

对于相似宽度的频带，摩尔吸收系数的积分与频带的高度成比例。式（11A.10）也适用于对波段有贡献的各条线：一条光谱线不是几何学上的细线，而是有一定宽度的线。

11A.2　光谱线宽

许多效应对谱线的宽度有贡献。光谱仪本身的设计会影响线宽，并且样品中的物理过程会产生其他贡献。后者中的一些可以通过改变条件而最小化，而其他一些则是分子固有的且不能改变。

(a) 多普勒展宽

气体样品中的一个重要的展宽过程是**多普勒效应**（Doppler effect），其中当辐射源趋近或远离观察者时，辐射的频率会发生移动。当发射频率为 ν 的电磁辐射的分子，以相对于观察者的速率为 s 移动时，观察者检测到的辐射频率为

$$\nu_{远离}=\left(\frac{1-s/c}{1+s/c}\right)^{1/2}\nu_0 \qquad \nu_{趋近}=\left(\frac{1+s/c}{1-s/c}\right)^{1/2}\nu_0 \qquad \text{多普勒频移}\qquad (11\text{A}.11\text{a})$$

式中 c 是光速。对于非相对论速率（$s \ll c$），这些表达式简化为

$$\nu_{远离}=(1-s/c)\nu_0 \qquad \nu_{趋近}=(1+s/c)\nu_0 \qquad (11\text{A}.11\text{b})$$

原子和分子在气体中的各个方向都达到高速，静止的观察者检测到相应的多普勒频移频率范围。一些分子接近观察者，一些分子则远离观察者；有些分子移动很快，另一些则移动很慢。检测到的谱“线”是由所有产生的多普勒位移而引起的吸收或发射轮廓。挑战在于将观察到的线宽与气体中的速率的散布联系起来，进而研究这种散布如何取决于温度。

如何完成？ 11A.2　推导多普勒展宽的表达式

需要把多普勒频移的散布与分子动能的分布像玻耳兹曼分布所表示的那样联系起来。

步骤 1　*建立观察频率与分子速率之间的关系*

根据玻耳兹曼分布（见本书“绪言”），在温度 T 时，气相样品中质量为 m 和速率为 s 的原子或分子具有动能 $E_k=\frac{1}{2}ms^2$ 的概率与 $e^{-ms^2/2kT}$ 成正比。当 $s \ll c$ 时，远离和趋近分子的多普勒频移可由式（11A.11b）给出。因此，观察到的频率与真实频率之间的偏移是 $\nu-\nu_0\approx\pm\nu_0 s/c$。将这个表达式重新排列，有

$$s=\pm c(\nu_{\text{obs}}-\nu_0)/\nu_0$$

步骤 2　*求出由速率分布产生的频率分布*

在 ν_{obs} 处的跃迁强度 I 与分子在 ν_{obs} 处发射或吸收的概率成正比。这样的分子将具有由上述表达式给出的速率。因此，根据玻耳兹曼分布，可有

$$I(\nu_{\text{obs}})\propto e^{-ms^2/2kT}=e^{-mc^2(\nu_{\text{obs}}-\nu_0)^2/2\nu_0^2kT}$$

此式具有高斯函数的形式。半高处的宽度（$\delta\nu_{\text{obs}}$）可以直接从此函数的一般式推断出来（如在“化学家工具包 26”中所述）：

$$\delta\nu_{\text{obs}}=\frac{2\nu_0}{c}\left(\frac{2kT\ln 2}{m}\right)^{1/2}\qquad \text{多普勒展宽}\qquad (11\text{A}.12\text{a})$$

多普勒展宽随着温度的升高而增加（图 11A.5），因为分子随温度升高将获得更宽的速率范围。相反，降低温度会导致更窄的谱线。需要注意的是，多普勒线宽与频率成正比。因此，随着观察频率更高，多普勒展宽变得更加重要。

化学家工具包26 指数和高斯函数

指数函数（exponential function）是具有如下形式的函数：

$$f(x)=a\mathrm{e}^{-bx}$$ 指数函数

这个函数在$x=0$时，值为a，并且当$x\to\infty$时，衰减为零。当b的值更大的时候，这种衰减比b较小时更快。当$x\to-\infty$时，函数迅速上升到无穷大（见示意图1）。

高斯函数（Gaussian function）的一般形式是

$$f(x)=a\mathrm{e}^{-(x-b)^2/2\sigma^2}$$ 高斯函数

该函数的图形是以$x=b$为中心的钟形对称曲线；函数在其中心处有最大值a。在其高度一半处测量的函数宽度为$\delta x=2\sigma(2\ln 2)^{1/2}$；$\sigma$越大，半高宽就越大。示意图1也显示了$b=0$的一个高斯函数。

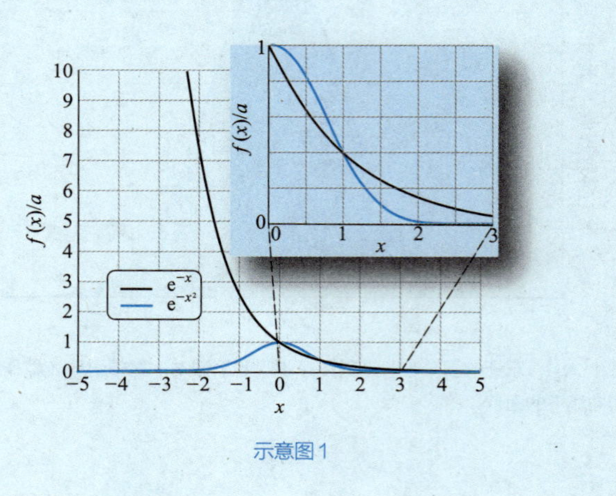

示意图1

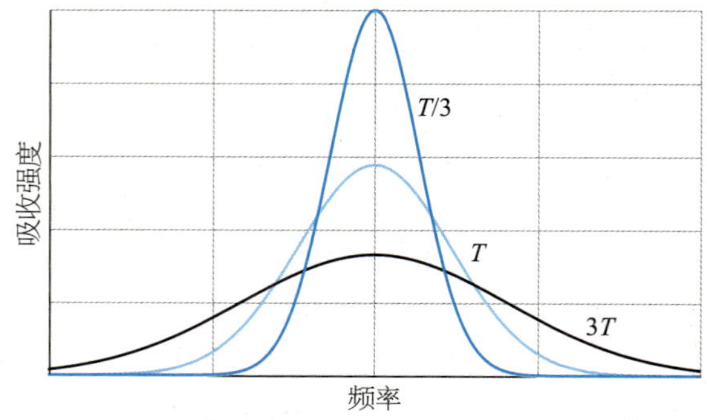

图11A.5 多普勒展宽的谱线的高斯形状反映了实验温度下样品中平动能的玻耳兹曼分布（随着温度的升高，谱线变宽）

简要说明11A.2

对于$T=300$ K时的一个分子，如CO，并注意到$1\ \mathrm{J}=1\ \mathrm{kg\cdot m^2\cdot s^{-2}}$，则有

$$\frac{\delta\nu_{\mathrm{obs}}}{\nu_0}=\frac{2}{c}\left(\frac{2kT\ln 2}{m_{\mathrm{CO}}}\right)^{1/2}$$
$$=\frac{2}{2.998\times10^{8}\ \mathrm{m\cdot s^{-1}}}\times\left(\frac{2\times1.380\times10^{-23}\ \mathrm{J\cdot K^{-1}}\times300\ \mathrm{K}\times\ln 2}{4.651\times10^{-26}\ \mathrm{kg}}\right)^{1/2}$$
$$=2.34\times10^{-6}$$

CO红外光谱的一个跃迁波数为2 150 cm^{-1}，对应频率为64.4 THz（1 THz = 10^{12} Hz），线宽为151 MHz或5.0×10^{-3} cm^{-1}。

由多普勒展宽引起的线宽也可以用波长表示：

$$\delta\lambda_{\mathrm{obs}}=\frac{2\lambda_0}{c}\left(\frac{2kT\ln 2}{m}\right)^{1/2}\qquad \text{多普勒展宽}\qquad(11\text{A}.12\text{b})$$

（b）寿命展宽

在任何时刻，一个分子都处于一种特定的状态中，但它不会无限期地保持在该状态。例如，该分子可能与另一分子碰撞，并在此过程中改变其状态。或者，该分子可以下降到较低能级并通过自发发射过程发射光子。该状态持续多久取决于这些过程的速率，并以寿命τ来表征。当对持续时间为τ的状态进行薛定谔方程分析时，结果表明能量在一定程度上是不确定的，$\delta E\approx\hbar/\tau$ [1]。因此，涉及这种状态的光谱跃迁具有$\delta E/h=1/2\pi\tau$量级的线宽；寿命越短，谱线越宽。这个过程称为**寿命展宽**（lifetime broadening）。当寿命受到自发发射过程的限制而不是外部原因（如碰撞）时，产生的线宽被称为**自然线宽**（natural linewidth）。

简要说明11A.3

由于自发发射的速率较高，分子的激发电子态通常具有短的寿命。典型的寿命可能是10 ns，这将导致$1/(2\pi\times10\times10^{-9}\ \mathrm{s})=16$ MHz或者5.3×10^{-4} cm^{-1}的自然展宽。从前面的“简要说明”可以推断，多普勒线宽通常比自然线宽大得多。

1 对于这个关系式起源的讨论，请参见原著作者编写的*Molecular quantum mechanics*（2011）一书。

分子之间的碰撞通常在改变它们的转动或振动能量方面是有效的。因此，对所产生的**碰撞寿命**（collisional lifetime）τ_{col}的一个较好的估算是将其等于$1/z$，其中z是碰撞频率（专题1B）。如果假设每一次碰撞都会导致转动或振动状态的变化，则状态的寿命可以取为τ_{col}。因此，所产生的展宽是$\delta E/h = 1/2\pi\tau_{col} = z/2\pi$；这种对线宽的贡献常被称为**碰撞谱线展宽**（collisional line broadening）。质量分别为m_A和m_B的两个分子的碰撞频率可由式（1B.12b）给出，即

$$z=\frac{\sigma v_{rel}p}{kT}\text{，其中 } v_{rel}=\left(\frac{8kT}{\pi\mu}\right)^{1/2}\text{ 及 }\mu=\frac{m_A m_B}{m_A+m_B}$$

可见，碰撞频率和线宽与压力成正比，这就是由碰撞引起的展宽有时被称为**压力展宽**（pressure broadening）的原因。这种对线宽的贡献可以通过尽可能地降低压力来最小化，尽管这样做会因为吸收辐射的分子的减少而降低吸收强度。与多普勒展宽相反，压力展宽与跃迁频率无关。

简要说明 11A.4

甲烷气体在1 bar和298 K时由于压力展宽而引起的线宽可以用刚引用的表达式来估算，碰撞截面σ为0.46 nm^2。把m_A和m_B都作为甲烷分子的质量代入，v_{rel} = 888 m · s^{-1}。因此有

$$\begin{aligned}z&=\frac{\sigma v_{rel}p}{kT}\\&=\frac{0.46\times10^{-18}\ \text{m}^2\times888\ \text{m}\cdot\text{s}^{-1}\times1\times10^5\ \text{N}\cdot\text{m}^{-2}}{1.381\times10^{-23}\ \text{J}\cdot\text{K}^{-1}\times300\ \text{K}}\\&=9.9\times10^9\ \text{s}^{-1}\end{aligned}$$

因此，线宽为$z/2\pi$ = 1.6 GHz或0.053 cm^{-1}。在“简要说明11A.2”中，红外跃迁的多普勒线宽估计为150 MHz，远小于当前条件下估算的压力展宽。随着频率的增加，多普勒展宽成比例增加，而压力展宽则保持不变；因此，多普勒展宽可能成为主导。

11A.3　实验技术

所有光谱技术的共同点是光谱仪，即用来检测原子和分子所散射、发射或吸收的辐射特性的仪器。图11A.6给出了吸收光谱仪的总体结构示意图。来自适当辐射源的辐射被导向样品，并且发射的辐射通过一个将其分离成不同频率或波长的装置。然后使用合适的检测器分析每个频率处的辐射强度。通常记录一个样品的光谱，一个空白样品的光谱（“背景光谱”）：这两个光谱之间的差异可消除非样品本身的吸收。

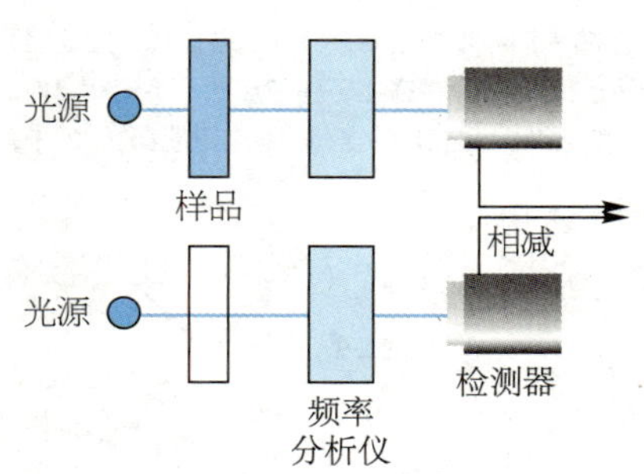

图11A.6　典型吸收光谱仪的结构示意图。来自辐射源的辐射通过样品，然后根据频率被分散，并用检测器测量每个频率处的辐射强度

（a）辐射源

辐射源要么是单色的，即围绕中心值的一个非常窄的频率范围；要么是多色的，即横跨一个宽的频率范围。在微波区，频率合成器和各种固态器件可以用来产生在很宽的频率范围内调谐的单色辐射。某些种类的激光器和发光二极管通常用来提供从红外到紫外区域的单色辐射。来自热材料的多色黑体辐射（专题7A）可以在相同的范围内使用。这样的例子包括石英包膜内的汞弧（可用范围为35 ~ 200 cm^{-1}）、能斯特灯丝和球状体（200 ~ 4 000 cm^{-1}），以及石英卤钨素灯（320 ~ 2 500 nm）。

气体放电灯是紫外光和可见光的常见光源。在氙气放电灯中，放电会将氙原子激发到激发态，然后发射紫外辐射。在氘灯中，被激发的D_2分子解离成电子激发态的D原子，在200 ~ 400 nm范围内发射强辐射。

对于某些应用，辐射在同步加速器存储环中产生，该同步加速器存储环由在环形路径（其周长可达数百米）中移动的电子束组成。由于在环上移动的电子被限制它们在路径上的力不断地加速，它们会产生辐射（图11A.7）。这种“同步辐

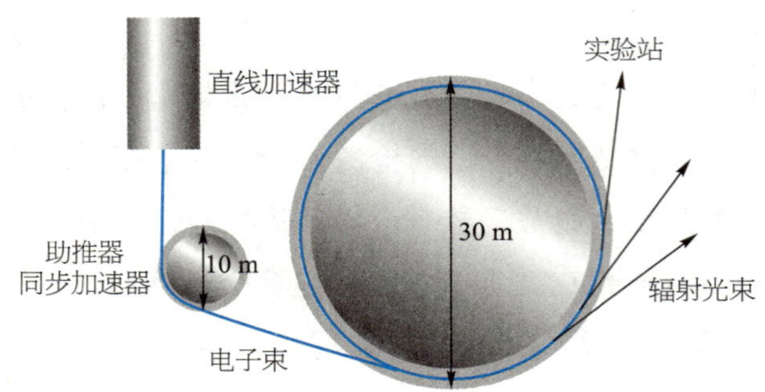

图 11A.7　一个简单的同步加速器存储环。来自线性加速器和助推器同步加速器的电子被注入环中，并在主环中被加速到高速率。弯曲路径中的电子受恒定加速度的影响，且加速的电荷辐射电磁能量

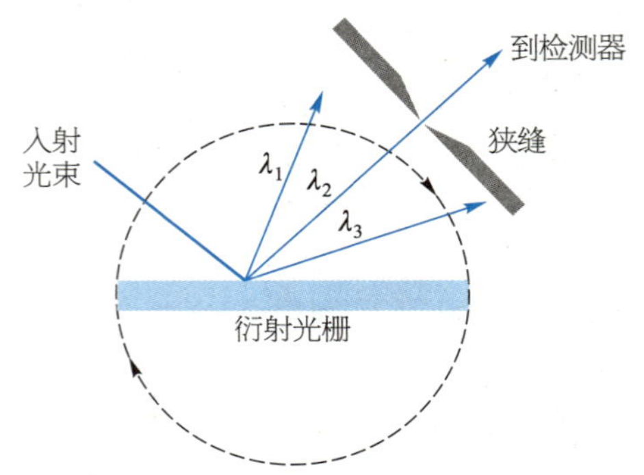

图 11A.8　多色光束被衍射光栅色散为波长为λ_1、λ_2和λ_3的三各分量。在所示的配置中，仅具有λ_2的辐射通过狭缝并到达探测器。衍射光栅的旋转（如虚线圆圈上的箭头所示）允许λ_1或λ_3到达探测器

射”涵盖范围很广的频率，包括红外辐射和X射线。除微波区域外，同步辐射比大多数常规光源产生的辐射要强得多。

（b）光谱分析

用于分析辐射束中的频率、波数或波长的一种常见装置是衍射光栅，它由玻璃或陶瓷板组成，其中有细的已被切割的凹槽，并覆盖一层反射铝涂层。对于在光谱的可见区域中的工作，将凹槽切割成间隔约1 000 nm（与可见光波长相当的间隔）。光栅引起从其表面反射的波之间的干涉，并且在特定角度（取决于所使用的辐射的波长）处发生相应干涉。因此，每个波长的光被衍射到一个特定的方向（图11A.8）。在单色仪中，狭窄的出口狭缝只允许很窄范围的波长到达探测器。通过调节垂直于入射和衍射光束的轴上的光栅，由此分析不同的波长；这样，吸收光谱就一次建立在一个窄的波长范围。在多色器中，没有狭缝，并且可以通过阵列探测器同时分析宽范围的波长，如下面讨论的那些。

目前，几乎所有在红外和近红外区域工作的光谱仪都使用“傅里叶变换”技术进行光谱检测和分析。（相比这里，专题12C中“化学家工具包28”里更多地讨论了傅里叶变换的细节。）傅里叶变换光谱仪的核心是迈克尔孙干涉仪（Michelson inteferometer），一种用于分析合成信号中波长的装置。迈克尔孙干涉仪的工作原理是将来自样品的光束分成两部分，并安排它们采用不同的路径通过仪器，然后最终在检测器处重新组合（图11A.9）。一个光束则从M_1反射出来，另一个光束则从M_2中反射。因此，通过移动M_1，就有可能引入两个光束经过的路径长度的差异。

首先，考虑最简单的情况，其中波长为λ的单色光束被传递到干涉仪中。如果光程差 p 为0，则两个光束相长干涉；如果 p 是波长的整数倍，如λ，2λ，3λ，…，则同样如此。如果 p 是波长的一半，则这两个光束相消干涉并抵消；如果 p 是半波长的奇数倍，如$\lambda/2$，$3\lambda/2$，$5\lambda/2$，…，则同样如此。因此，当M_1被移动时，检测到的信号会通过一系列的峰值和低谷，这取决于这两个光束是相长干涉还是相消干涉，并且净的信号变化为$1+\cos(2\pi p/\lambda)$或者是$1+\cos(2\pi\tilde{\nu}p)$（图11A.10）。

在光谱观测中，将不同波长和强度的辐射混合物传递进光谱仪中。每个组分都会产生一个与$1+\cos(2\pi\tilde{\nu}p)$成比例的干涉模式，探测器记录的信号是它们的总和。因此，如果进入光谱仪的辐

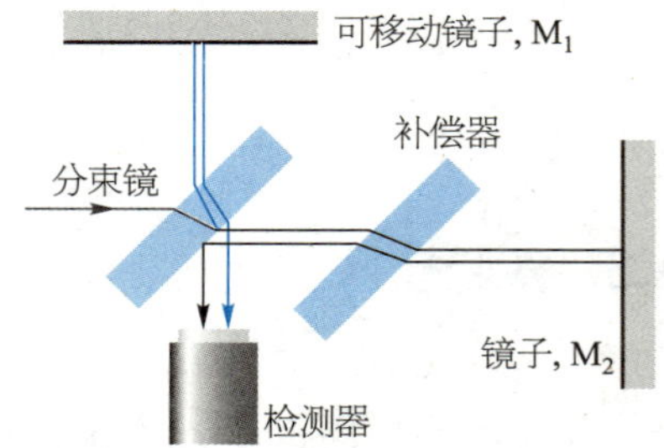

图 11A.9　迈克尔孙干涉仪。束分离元件将入射光束分成两个光束，其路径差取决于可移动镜子M_1的位置。补偿器保证这两束光都穿过材料的相同厚度。这些光束被分开并着色以区分它们：它们并不代表不同的波长

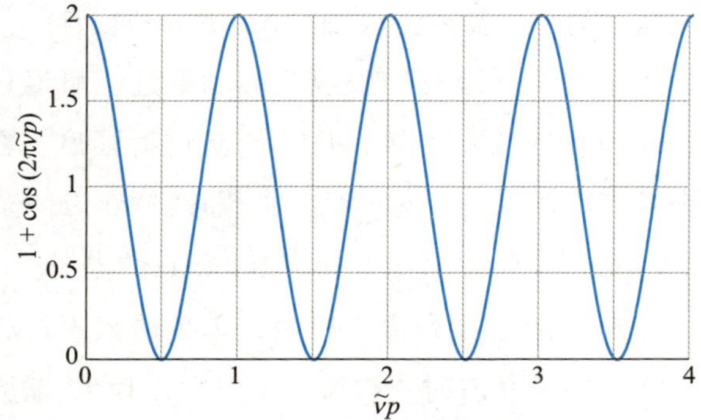

图 11A.10 在图 11A.9 所示的干涉仪中，改变光程差 p 而产生的干涉图。信号中仅存在单个波长分量，因此图形是 $1+\cos(2\pi\tilde{\nu}p)$ 的图

射强度是由波数为 $\tilde{\nu}_i$［强度为 $I(\tilde{\nu}_i)$］的混合组成，则在探测器处测量到的信号可由总和给出：

$$\tilde{I}(p)=\sum_i I(\tilde{\nu}_i)[1+\cos(2\pi\tilde{\nu}_i p)] \qquad (11A.13)$$

由系统检测并记录的 $\tilde{I}(p)$ 对 p 的图称为**干涉图**（interferogram）。问题是从 $\tilde{I}(p)$ 找到 $I(\tilde{\nu})$——强度随波数变化，即光谱图。这种转换可以通过使用傅里叶变换，即一种标准数学技术来实现，它涉及如下积分的计算：

$$I(\tilde{\nu})=4\int_0^{\infty}\left[\tilde{I}(p)-\tfrac{1}{2}\tilde{I}(0)\right]\cos(2\pi\tilde{\nu}p)\mathrm{d}p \quad \text{傅里叶变换} \qquad (11A.14)$$

在实际应用中，$\tilde{I}(p)$ 的测量值被数字化，存储在与光谱仪相连接的计算机中，然后对傅里叶变换进行数值计算。

例题 11A.2 将光谱图与干涉图相关联

假设进入干涉仪的光包含三个组分，具有以下特征：

$\tilde{\nu}_i/\mathrm{cm}^{-1}$	150	250	450
$I(\tilde{\nu}_i)$	1	3	6

其中，强度与列出的第一行的值有关。绘制与此信号相关的干涉图，然后计算并绘制干涉图的傅里叶变换。

整理思路 对于仅由这三个分量光束组成的信号，可以直接使用式（11A.13）。虽然在这种情况下［其中 $\tilde{I}(p)$ 仅是三角函数的总和］傅里叶变换 $I(\tilde{\nu})$ 可以精确地执行，但通常最好是通过使用数学软件以数值方式完成。

解： 根据数据，干涉图是

$$\begin{aligned}\tilde{I}(p)&=(1+\cos2\pi\tilde{\nu}_1p)+3\times(1+\cos2\pi\tilde{\nu}_2p)+6\times(1+\cos2\pi\tilde{\nu}_3p)\\&=10+\cos2\pi\tilde{\nu}_1p+3\cos2\pi\tilde{\nu}_2p+6\cos2\pi\tilde{\nu}_3p\end{aligned}$$

此函数绘制于图 11A.11 中。傅里叶变换的数值计算结果如图 11A.12 所示。

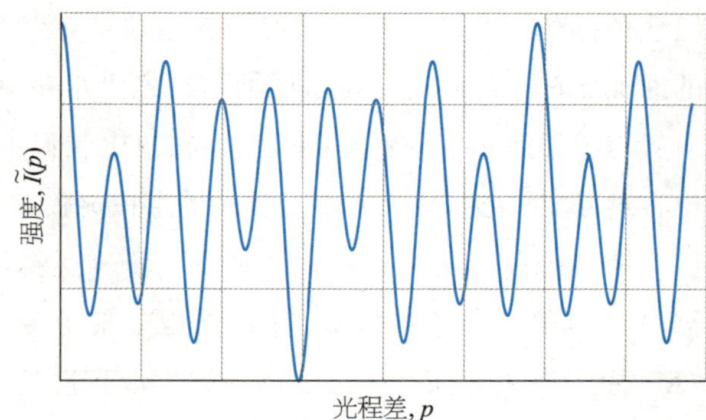

图 11A.11 根据例题 11A.2 中的数据计算得到的干涉图

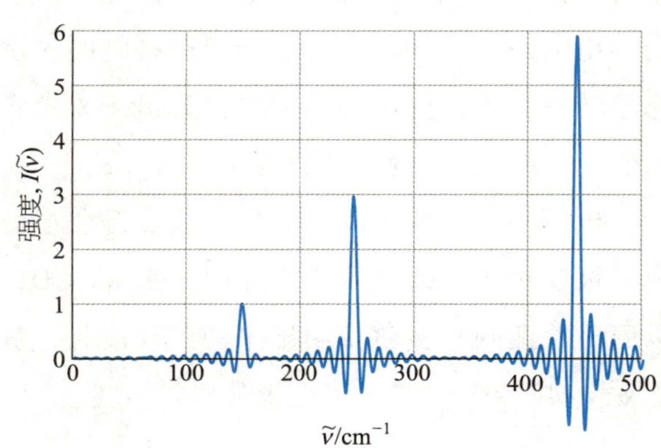

图 11A.12 图 11A.11 所示干涉图的傅里叶变换。振荡源自图 11A.11 中信号被采样的方式。随着采样扩展到更大的光程差时，振荡消失并且峰变得更尖锐

自测题 11A.2 通过将 ν_3 的值改变到 550 cm^{-1}，探索改变辐射的三组分的波数对干涉图形状的影响。

答案： 见图 11A.13。

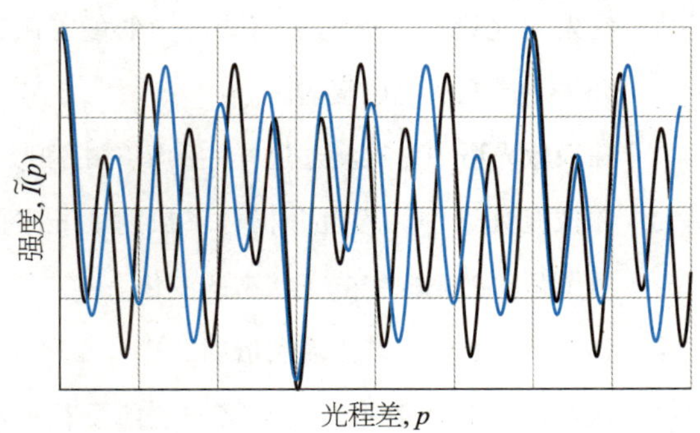

图 11A.13 根据自测题 11A.2 中的数据计算的干涉图，叠加在例题 11A.2 中获得的干涉图（淡蓝色）上

（c）检测器

检测器（detector）是一种将辐射转换成电信号以便进行处理和显示的装置。检测器可以由单个辐射传感元件或以一维或二维阵列排列的若干小元件组成。

微波检测器通常是由与半导体接触的钨头端

组成的晶体二极管。在商用红外光谱仪中最常见的探测器在中红外区域是敏感的。在光伏器件中，电势差因暴露于红外辐射而改变。在热电装置中，电容对温度敏感，因而对红外辐射的存在灵敏。

在紫外和可见光范围内工作的一种常见探测器是光电倍增管（PMT），其中光电效应（专题7A）用于产生与撞击探测器的光强度成正比的电信号。与PMT相比，另一种常见但不那么敏感的替代方案是光电二极管，这是一种被光子击中时会导电的固态器件，因为探测器材料中的光诱导电子转移反应会产生移动的电荷载流子（带负电荷的电子和带正电荷的"空穴"）。

电荷耦合器件（CCD）是由数百万个小型光电二极管检测器组成的二维阵列。使用CCD，可以同时检测到从多色仪中出来的各种波长，从而无须一次测量一个窄波长范围的辐射强度。

（d）光谱仪的例子

通过选择合适的光谱仪，吸收光谱可以用于探测分子中的电子、振动和转动跃迁。通常为了检测微弱信号，需要修改图11A.6的一般设计。例如，为了利用微波光谱仪检测转动跃迁，可通过一振荡电场来改变能级，从而调制透射强度。在这个斯塔克调制中，对样品施加强度约10^5 V · m^{-1}（1 kV · cm^{-1}）和频率介于10 ~ 100 kHz的电场。

在典型的拉曼光谱实验中，单色的入射激光束从样品的正面散射并被监测（图11A.14）。激光被用作入射辐射的来源，因为而后的散射光束会变得更强。激光辐射的单色特性使得观测频率仅与入射辐射的频率略有不同的斯托克斯谱线和反斯托克斯谱线成为可能，这样高的分辨率对于由拉曼光谱来观察转动跃迁特别有用。

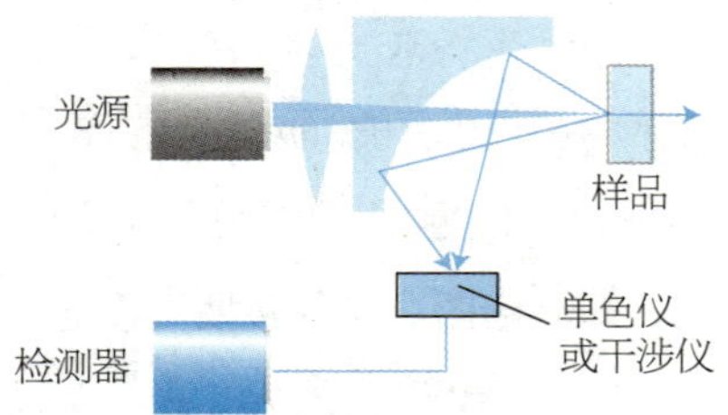

图11A.14 拉曼光谱中采用的常见结构示意图。激光束穿过透镜，然后穿过具有弯曲反射面的镜子中的一个小孔。聚焦的光束照射样品，并且散射光被镜子偏转和聚焦。采过单色仪或干涉仪分析光谱

概念清单

- ☐ 1. 在**发射光谱**中，检测从高能态向低能态跃迁的分子所产生的电磁辐射。
- ☐ 2. 在**吸收光谱**中，检测通过样品的辐射的净吸收。
- ☐ 3. 在**拉曼光谱**中，通过分析分子散射的光子的能量（频率）来探究分子状态的变化。
- ☐ 4. 弹性散射的光子产生**瑞利散射**。
- ☐ 5. 在**斯托克斯散射**中，光子将一些能量释放到分子中；在**反斯托克斯散射**中，光子从分子中获得能量。
- ☐ 6. **受激吸收**是这样的过程，其中从低能态到高能态的跃迁是由在跃迁频率上振荡的电磁场所驱动的，其速率部分取决于**受激吸收的爱因斯坦系数**。
- ☐ 7. **受激发射**是这样的过程，其中从高能态向低能态的跃迁是由在跃迁频率上振荡的电磁场所驱动的，其速率部分取决于**受激发射的爱因斯坦系数**。
- ☐ 8. **自发发射**是从高能态向低能态的跃迁，其速率与存在的任何辐射无关。自发发射的相对重要性随着跃迁频率的三次方而增大。
- ☐ 9. **总的选律**明确了一个分子如果要具有给定种类的光谱所必须具备的一般特征；**特定的选律**则根据量子数的变化来表示允许的跃迁。
- ☐ 10. **碰撞谱线展宽**是由于碰撞导致的寿命缩短所造成的。展宽与压力成正比，通常被称为**压力展宽**。

公式清单

性质	公式	说明	公式编号
自发发射与受激发射的爱因斯坦系数比	$A_{l,u}=(8\pi h\nu^3/c^3)B_{l,u}$	$B_{l,u}=B_{u,l}$	11A.6a
跃迁偶极矩	$\mu_{fi}=\int\psi_f^*\hat{\mu}\psi_i\,d\tau$	电偶极跃迁	11A.7
比尔－朗伯定律	$I=I_0 10^{-\varepsilon[J]L}$	均匀样品	11A.8
吸光度和透光率	$A=\lg(I_0/I)=-\lg T$	定义	11A.9b
积分吸收系数	$\mathcal{A}=\int_{band}\varepsilon(\tilde{\nu})d\tilde{\nu}$	定义	11A.10
多普勒展宽	$\delta\nu_{obs}=(2\nu_0/c)(2kT\ln 2/m)^{1/2}$		11A.12a
寿命展宽	$\delta E/h=1/2\pi\tau$	τ是态的寿命	

专题11B

转动光谱

► 为何需要学习这部分内容？

转动光谱可以提供非常准确的气相分子的键长、键角和偶极矩的值。

► 核心思想是什么？

转动光谱中的谱线间隔可用于测定分子的转动常数，进而根据转动常数来测定分子的键长和键角。

► 需要哪些预备知识？

需要熟悉转动运动的经典力学描述（专题7F中“化学家工具包20”）、角动量的量子化（专题7F）、分子光谱的一般原理（专题11A）和泡利原理（专题8B）。

纯的转动光谱（其中仅分子的转动量子态发生变化）只有在气相中才可以被观察到。即便存在这样的限制，转动光谱仍可提供有关分子的丰富信息，包括键长、键角和偶极矩。

11B.1 转动能级

对于绕q轴转动的物体，其能量的经典表达式为（专题7F中“化学家工具包20”）

$$E_q=\frac{1}{2}I_q\omega_q^2 \qquad (11B.1)$$

式中ω_q是绕q轴（$q=x$、y、z）旋转的角速度，I_q则是相应的转动惯量。分子绕通过质心的某一轴的**转动惯量**（moment of inertia）I定义（图11B.1）为

$$I=\sum_i m_i x_i^2 \qquad (11B.2)$$

转动惯量[定义]

式中m_i是第i个原子（处理为一个点）的质量，x_i是该原子到旋转轴的垂直距离。一般地，分子的转动性质可以用三个相互垂直的轴（$q=x$、y、z）对应的三个**主转动惯量**（principal moments of inertia）I_q来表示。对线形分子而言，绕核间轴的转动惯量等于0（由于对所有原子均有$x_i=0$），剩余两个转动惯量是相等的，可简单地表示为I。表11B.1列出了一些对称性分子转动惯量的具体表达式。主转动惯量通常也表示为I_a、I_b和I_c，其中$I_a\geqslant I_b\geqslant I_c$。

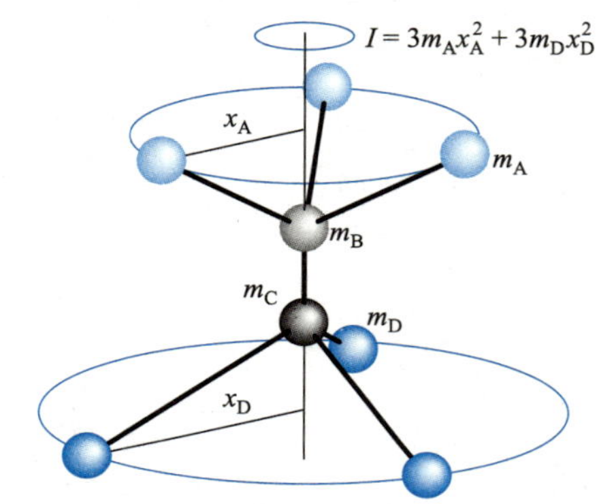

图11B.1 转动惯量的定义。在这个分子中有三个质量为m_A的原子与原子B连接，三个质量为m_D的原子与原子C相连接。绕通过原子B和C的轴的转动惯量取决于该轴至原子A的垂直距离x_A及至原子D的垂直距离x_D

实用小贴士 在转动惯量的计算中，质量是指实际的原子质量，而不是指摩尔质量；记住原子质量常数m_u可把相对质量转换为实际质量。

绕三个轴自由旋转的物体的能量是

$$E=\frac{1}{2}I_x\omega_x^2+\frac{1}{2}I_y\omega_y^2+\frac{1}{2}I_z\omega_z^2 \qquad (11B.3)$$

由于绕轴q的经典角动量$J_q=I_q\omega_q$，故式（11B.3）可以写为

$$E=\frac{J_x^2}{2I_x}+\frac{J_y^2}{2I_y}+\frac{J_z^2}{2I_z} \qquad (11B.4)$$

转动能：经典力学表示

表 11B.1　转动惯量*

分子	转动惯量
1. 双原子分子	
	$I=\mu R^2 \quad \mu=\dfrac{m_A m_B}{m}$
2. 三原子线形转子	
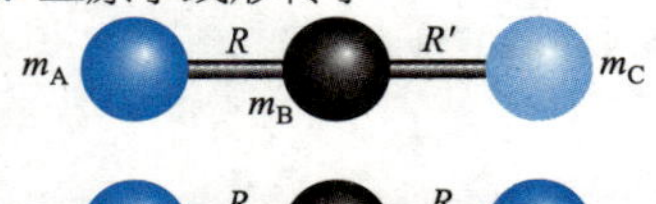	$I=m_A R^2+m_C R'^2-\dfrac{(m_A R-m_C R')^2}{m}$ $I=2m_A R^2$
3. 对称转子	
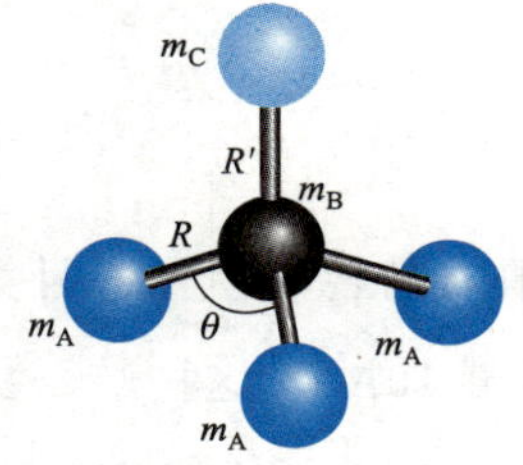	$I_{\parallel}=2m_A f_1(\theta)R^2$ $I_{\perp}=m_A f_1(\theta)R^2+\dfrac{m_A}{m}(m_B+m_A)f_2(\theta)R^2+\dfrac{m_C}{m}\{(3m_A+m_B)R'+6m_A R[\tfrac{1}{3}f_2(\theta)]^{1/2}\}R'$
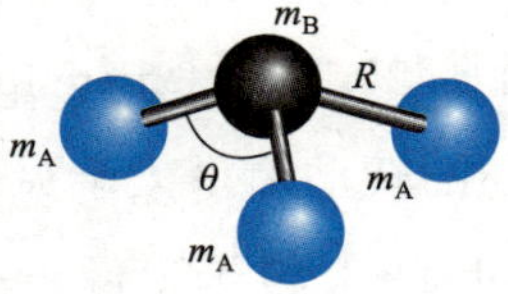	$I_{\parallel}=2m_A f_1(\theta)R^2$ $I_{\perp}=m_A f_1(\theta)R^2+\dfrac{m_A m_B}{m}f_2(\theta)R^2$
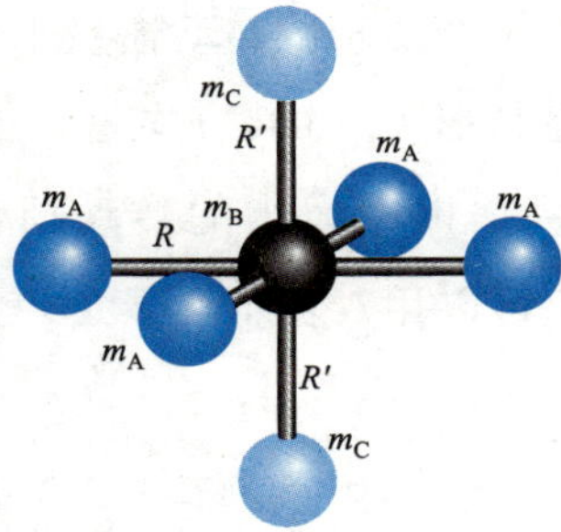	$I_{\parallel}=4m_A R^2$ $I_{\perp}=2m_A R^2+2m_C R'^2$
4. 球形转子	
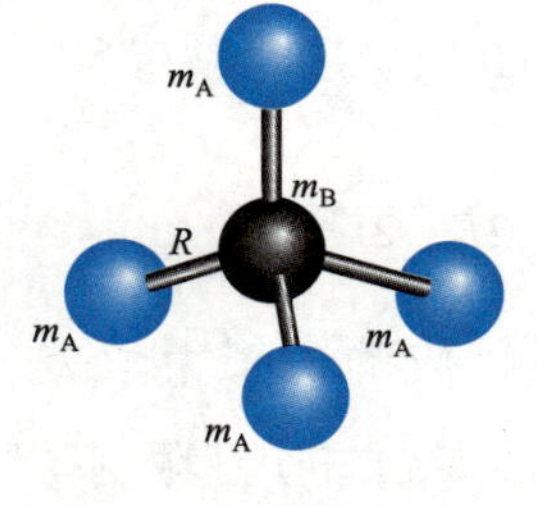	$I=\dfrac{8}{3}m_A R^2$
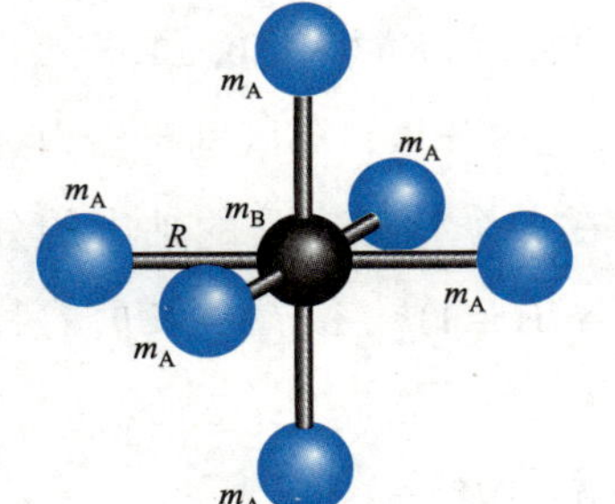	$I=4m_A R^2$

* $f_1(\theta)=1-\cos\theta$，$f_2=1+2\cos\theta$；m 是分子的总质量。

例题 11B.1　计算分子的转动惯量

计算水分子的转动惯量，定义转动轴为 H—O—H 角平分线(**1**)。已知 H—O—H 键角是 104.5°，O—H 键长 95.7 pm，氢原子的质量 $m(^1\text{H}) = 1.0078\ m_u$。

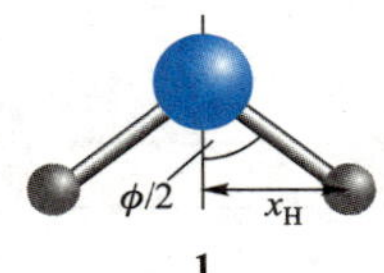

1

整理思路　可以使用式（11B.2）来计算转动惯量，在这个方程中，x_i 是每个原子到分子角平分线(**1**)的垂直距离。于是，原子到旋转轴(**1**)的距离可以根据三角函数公式及分子的键角和键长计算得到。

解：由式（11B.2）得

$$I=\sum_i m_i x_i^2 = m_H x_H^2 + 0 + m_H x_H^2 = 2m_H x_H^2$$

如果分子键角用 ϕ 表示，O—H 键长用 R 表示，则 $x_i = R\sin(\phi/2)$。于是，转动惯量可以表示为

$$I = 2\,m_H R^2 \sin^2(\tfrac{1}{2}\phi)$$

代入分子键长和键角数值，可得

$$\begin{aligned} I &= 2\times(1.0078\times1.6605\times10^{-27}\ \text{kg})\times(9.57\times10^{-11}\ \text{m})^2\times \sin^2(\tfrac{1}{2}\times104.5°) \\ &= 1.92\times10^{-47}\ \text{kg}\cdot\text{m}^2 \end{aligned}$$

注意　氧原子的质量对水分子的转动惯量没有贡献，由于转动轴通过这个原子，因此它（的位置）没有移动。

自测题 11B.1　计算 $\text{CH}^{35}\text{Cl}_3$ 分子绕含有 C—H 键的转动轴的转动惯量。已知 C—Cl 键长为 177 pm，H—C—Cl 夹角为 107°，$m(^{35}\text{Cl}) = 34.97\ m_u$。

答案：$4.99\times10^{-15}\ \text{kg}\cdot\text{m}^2$。

（a）球形转子

球形转子有三个大小相等的转动惯量，如在 CH_4 和 SF_6 中。如果这些转动惯量的值为 I，则分子转动能的经典力学表示式为

$$E=\frac{J_x^2+J_y^2+J_z^2}{2I}=\frac{\mathcal{J}^2}{2I} \qquad (11B.5)$$

式中 $\mathcal{J}^2$ 是角动量大小的平方。相应的量子力学表示式可通过作以下替换得到：

$$\mathcal{J}^2 \rightarrow J(J+1)\hbar^2 \qquad J=0,1,2,\cdots$$

式中 J 是角动量量子数。因此，一个球形转子的转动能受限于以下值：

$$E_J=J(J+1)\frac{\hbar^2}{2I} \qquad J=0,1,2,\cdots \qquad (11B.6)$$

球形转子的能级

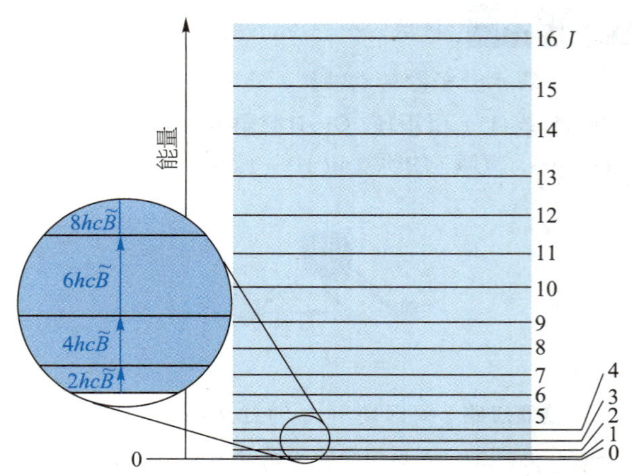

图 11B.2 线形或球形转子的转动能级（可见，两个相邻能级之间的能量间隔随 J 的增加而增大）

所产生的能级阶梯如图 11B.2 所示。

分子的转动能通常用分子的**转动常数**（rotational constant）$\tilde{B}$（波数单位 cm^{-1}）来表示，即

$$hc\tilde{B}=\frac{\hbar^2}{2I} \quad 故 \quad \tilde{B}=\frac{\hbar}{4\pi cI} \tag{11B.7}$$

转动常数［定义］

因此，转动能量的表达式为

$$E_J=hc\tilde{B}J(J+1) \quad J=0,1,2,\cdots \tag{11B.8}$$

球形转子的能级

也经常将转动常数表示为频率 B，那样的话，$B=\hbar/4\pi I$，能量为 $E_J=hBJ(J+1)$。两种转动常数之间通过 $B=c\tilde{B}$ 相关联。

转动状态的能量通常称为**转动项**（rotational term）$\tilde{F}(J)$（单位 cm^{-1}），可通过将式（11B.8）两边同除以 hc 得到：

$$\tilde{F}(J)=\tilde{B}J(J+1) \tag{11B.9}$$

球形转子的转动项

利用 $F=c\tilde{F}$，可将转动项表示为频率。相邻转动项之间的间隔为

$$\tilde{F}(J+1)-\tilde{F}(J)=\tilde{B}(J+1)(J+2)-\tilde{B}J(J+1)$$
$$=2\tilde{B}(J+1) \tag{11B.10}$$

由于转动常数与转动惯量 I 成反比，所以大分子具有紧密间隔的转动能级。

简要说明 11B.1

考虑 $^{12}C^{35}Cl_4$，根据表 11B.1，且已知 C—Cl 键长为 $R_{C-Cl}=177$ pm，^{35}Cl 核素的质量为 $m(^{35}Cl)=34.97\ m_u$。于是，球形转子 $^{12}C^{35}Cl_4$ 的转动惯量为

$$I=\frac{8}{3}m(^{35}Cl)R_{C-Cl}^2=\frac{8}{3}\times\overbrace{5.807\times10^{-26}\ kg}^{34.97m_u}\times(1.77\times10^{-10}\ m)^2$$
$$=4.85\times10^{-45}\ kg\cdot m^2$$

然后，再根据式（11B.7），可得

$$\tilde{B}=\frac{1.054\ 57\times10^{-34}\ \overbrace{J}^{kg\cdot m^2\cdot s^{-2}}\cdot s}{4\pi\times2.998\times10^8\ m\cdot s^{-1}\times4.85\times10^{-45}\ kg\cdot m^2}$$
$$=5.77\ m^{-1}=0.057\ 7\ cm^{-1}$$

根据式（11B.10），$J=0$ 和 $J=1$ 的两个转动项之间的间隔为 $\tilde{F}(1)-\tilde{F}(0)=2\tilde{B}=0.1154\ cm^{-1}$，相应于 3.46 GHz。

（b）对称转子

对称转子有两个大小相同的转动惯量，且第三个不为零。按照群论（专题 10A），这种转子具有一个 n 重旋转轴（$n>2$）。对称转子（如 CH_3Cl、NH_3 和 C_6H_6）的唯一的轴是其**主轴**（principal axis，特征轴）。如果绕主轴的转动惯量大于另外两个，则称其为**扁圆形**（oblate）转子（像一个圆形蛋糕和苯分子）。如果绕主轴的转动惯量小于其他两个，则称其为**扁长形**（prolate）转子（像一只雪茄和 CH_3Cl）。两个相同大小的转动惯量（I_x 和 I_y）用 $I_\perp$ 表示，I_z 可以用 $I_\parallel$ 表示。于是，式（11B.4）演变为

$$E=\frac{J_x^2+J_y^2}{2I_\perp}+\frac{J_z^2}{2I_\parallel} \tag{11B.11}$$

根据 $J^2=J_x^2+J_y^2+J_z^2$，式（11B.11）还可以写为

$$E=\frac{J^2-J_z^2}{2I_\perp}+\frac{J_z^2}{2I_\parallel}=\frac{J^2}{2I_\perp}+\left(\frac{1}{2I_\parallel}-\frac{1}{2I_\perp}\right)J_z^2 \tag{11B.12}$$

将 J^2 用 $J(J+1)\hbar^2$ 替换，可得相应的量子力学表示式。角动量的量子力学理论（专题 7F）还限制了绕任一轴的角动量分量只能取值 $K\hbar$（$K=0,\pm1,\cdots,\pm J$；量子数 K 用来表示主轴上的分量，以区别于磁力量子数 M_J，其用来表示在一个外部定义的轴上的分量）。然后，经过 $J^2\rightarrow J(J+1)\hbar^2$ 和 $J_z^2\rightarrow K^2\hbar^2$ 的替换后，可得转动项为

$$\tilde{F}(J,K)=\tilde{B}J(J+1)+(\tilde{A}-\tilde{B})K^2$$
$$J=0,1,2,\cdots \tag{11B.13a}$$
$$K=0,\pm1,\cdots,\pm J$$

对称转子的转动项

式中转动常数 $\tilde{A}$ 和 $\tilde{B}$（与波数单位相同）分别为

$$\tilde{A}=\frac{\hbar}{4\pi c I_{\parallel}} \qquad \tilde{B}=\frac{\hbar}{4\pi c I_{\perp}} \tag{11B.13b}$$

式（11B.13a）与人们所预期的能级和两个不同转动惯量之间的依赖关系相一致：

物理解释

- 当$K=0$时，没有绕主轴的角动量分量，能级仅依赖于$I_{\perp}$［见图11.B3（a）］。
- 当$K=\pm J$时，几乎所有的角动量都源自绕主轴的转动，能级在很大程度上取决于$I_{\parallel}$［见图11B.3（b）］。
- K的符号不影响能量，K的相反值对应于相反的转动方向，并且能量与转动方向无关。

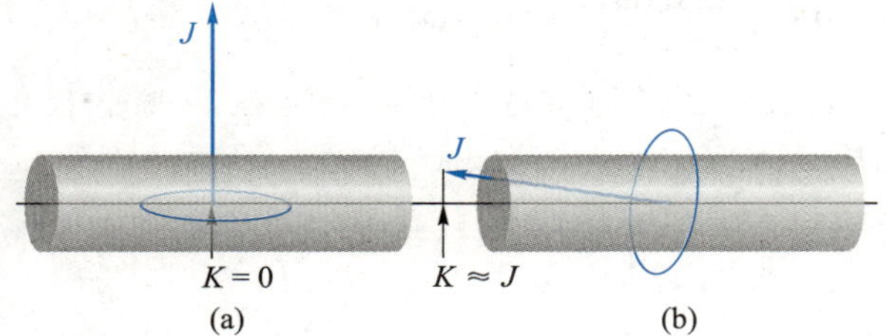

图11B.3　量子数K的意义。(a) $K=0$时，分子没有绕其主轴的角动量；它进行的是端到端的转动。(b) 当$|K|$接近其最大值J时，大部分的分子转动是绕主轴的

例题 11B.2　计算对称转子的转动能级

$^{14}N^{1}H_3$分子是对称转子，其中N—H键长为101.2 pm，H—N—H键角为106.7°。试计算该分子的转动项。

整理思路　首先，通过使用表11B.1中的表达式计算转动惯量。再根据式（11B.13a）来计算分子的转动项。分子的转动常数可以用式（11B.13）计算得到。

解： 将$m_A=1.0078\ m_u$，$m_B=14.0031\ m_u$，$R=101.2$ pm和$\theta=106.7°$代入表11B.1中第二个对称转子的表达式，可以得到$I_{\parallel}=4.4128\times10^{-47}\ kg\cdot m^2$和$I_{\perp}=2.8059\times10^{-47}\ kg\cdot m^2$。根据式（11B.13b）可得$\tilde{A}=6.344\ cm^{-1}$和$\tilde{B}=9.977\ cm^{-1}$。因此，根据式（11B.13a）可得

$$\tilde{F}(J,K)/cm^{-1}=9.977J(J+1)-3.633K^2$$

等式两边乘以光速c，可将$\tilde{F}(J,K)$转化为频率，表示为$F(J,K)$：

$$F(J,K)/GHz=299.1J(J+1)-108.9K^2$$

对于$J=1$，分子绕其主轴（$K=\pm J$）转动所需的能量等价于16.32 cm^{-1}（489.3 GHz），而端到端的转动（$K=0$），则对应于19.95 cm^{-1}（598.1 GHz）。

自测题11B.2　$^{12}C^{1}H_3^{35}Cl$分子中C—Cl键长为178 pm，C—H键长为111 pm，H—C—H键角为110.5°。确定该分子究竟是扁圆形转子还是扁长形转子，并计算其转动项。

答案：$I_{\perp}=6.262\times10^{-46}\ kg\cdot m^2$，$I_{\parallel}=5.568\times10^{-47}\ kg\cdot m^2$；扁平形转子；$\tilde{A}=5.0275\ cm^{-1}$，$\tilde{B}=0.447\ cm^{-1}$；$\tilde{F}(J,K)/cm^{-1}=0.447J(J+1)+4.58K^2$

对称转子的能量取决于J和K。由于K和$-K$的状态具有相同的能量，因此每个能级（除了$K=0$）的简并度都为2。此外，分子的角动量在外部的、实验室固定的轴上有一分量；这个分量是量子化的，其允许的值为$M_J\hbar$（$M_J=0,\pm1,\cdots,\pm J$），总共有$(2J+1)$个值（图11B.4）。尽管量子数M_J不出现在能量表达式中，但它对转子状态的完全确定是不可或缺的。因此，转动分子的所有$(2J+1)$个取向都具有相同的转动能。据此，对于$K\neq0$，对称转子的能级是$2(2J+1)$重简并的；对于$K=0$，则是$(2J+1)$重简并的。

球形转子可以视作对称转子的一个版本，其中$I_{\perp}=I_{\parallel}$，因而$\tilde{A}=\tilde{B}$。量子数K仍取$(2J+1)$个值中的任意一个，但总能量与其取值K无关。所以，除了源自其在空间的取向而拥有的$(2J+1)$重简并外，转子也有$(2J+1)$重简并源自其相对于分子中任一轴的方位。因此，量子数为J的对称转子能级的总简并度为$(2J+1)^2$。该简并度随量子数J很快增大，例如，当$J=10$时，一共有441个状态具有相同的能量。

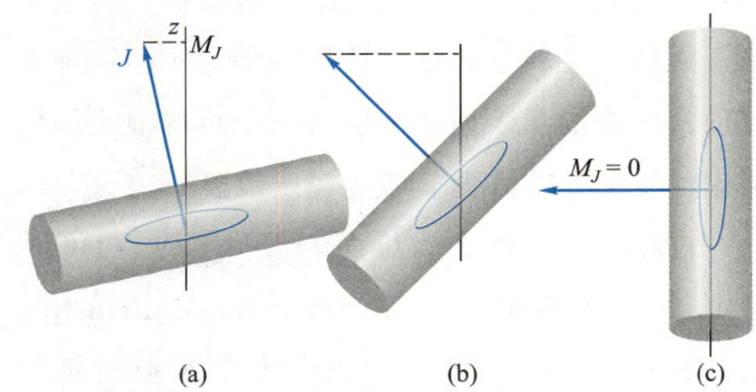

图11B.4　量子数M_J的含义。(a) 当M_J接近其最大值J时，分子主要围绕实验室轴（标作为z轴）旋转。(b) M_J取中间值。(c) 当$M_J=0$时，分子在z轴上角动量分量为零。所有三个图都对应于$K=0$的状态；对于不同的K值，其中角动量与分子主轴的夹角不同

（c）线形转子

对线形分子（如CO_2、HCl和C_2H_2）而言，原子可以看作是质点，转动仅发生在垂直于核间轴的一个轴上，围绕该核间轴则没有转动。因此，绕线形转子核间轴的转动惯量分量为零，并且式（11B.13a）中$K\equiv0$。于是，线形分子的转动项为

$$\tilde{F}(J)=\tilde{B}J(J+1)\quad J=0,1,2,\cdots$$ 线形转子的转动项 （11B.14）

该式虽然与式（11B.9）相同，但却以一种截然不同的方式获得：这里$K\equiv 0$，但对于球形转子有$\tilde{A}=\tilde{B}$且K可取一定范围的值。线形转子的角动量在一外轴上具有$(2J+1)$分量，因此其简并度是$(2J+1)$，而不是球形转子的$(2J+1)^2$重简并度。

简要说明11B.2

球形转子相邻能级间隔的式（11B.10）也适用于线形转子，故$\tilde{F}(3)-\tilde{F}(2)=6\tilde{B}$。光谱测量给出$^1H^{35}Cl$分子的$\tilde{F}(3)-\tilde{F}(2)=63.56\ cm^{-1}$。因此，$6\tilde{B}=63.56\ cm^{-1}$，$\tilde{B}=10.59\ cm^{-1}$。于是：

$$I=\frac{\hbar}{4\pi c\tilde{B}}=\frac{1.05457\times10^{-34}\ J\cdot s}{4\pi\times2.998\times10^{10}\ cm\cdot s^{-1}\times10.59\ cm^{-1}}$$
$$=2.643\times10^{-47}\ kg\cdot m^2$$

（d）离心形变

到目前为止，讨论的分子都是当作刚性转子来处理的。事实上，分子在转动过程中受到离心力的作用，其几何结构会发生形变，进而分子的转动惯量发生改变（图11B.5）。对双原子分子而言，离心形变会拉长分子键长，并因而增加转动惯量。因此离心形变导致转动常数减小，转动能级间隔较刚性转子表达式所预期的略小。这种效应通常由在能量表达式中引入一个负的项来加以考虑，该项随J的增加而变得越发重要：

$$\tilde{F}(J)=\tilde{B}J(J+1)-\tilde{D}_JJ^2(J+1)^2$$ 受离心形变影响的转动项 （11B.15）

参数$\tilde{D}_J$为**离心形变常数**（centrifugal distortion constant）。双原子分子的离心形变常数与键的振动波数$\tilde{\nu}$（为其刚性的一种量度，参见专题11C）有关，二者的近似关系式如下（参见问题P11C.16）：

$$\tilde{D}_J=\frac{4\tilde{B}^3}{\tilde{\nu}^2}$$ 离心形变常数 （11B.16）

由此可知，如果一个键越容易拉伸，其对应的振动波数就越小，因此离心形变常数就越大。

简要说明11B.3

对$^{12}C^{16}O$分子而言，$\tilde{B}=1.931\ cm^{-1}$，且$\tilde{\nu}=2\,170\ cm^{-1}$。因此，该分子的离心形变常数为

$$\tilde{D}_J=\frac{4\times(1.931\ cm^{-1})^3}{(2\,170\ cm^{-1})^2}=6.116\times10^{-6}\ cm^{-1}$$

由于$\tilde{D}_J\ll\tilde{B}$，故离心形变对转动能级的影响很小，除非J很大。当$J=20$时，$\tilde{D}_JJ^2(J+1)^2=1.08\ cm^{-1}$（相当于32 GHz）。

11B.2　微波光谱

对小分子而言，转动常数$\tilde{B}$的典型值位于0.1~10 cm^{-1}。例如，NF_3和HCl的转动常数分别为0.356 cm^{-1}和10.59 cm^{-1}。因此，可用**微波光谱**（microwave spectroscopy）来研究转动跃迁。微波光谱是一种监测微波范围内辐射吸收的技术。

（a）选律

如在谱学中所使用的，选律可通过考虑相关的跃迁偶极矩来建立。计算的细节可参阅本书网站上的“深入了解5”。结论是：纯转动跃迁总的选律是分子必须具有永久电偶极矩。该选律的经典基础是，极性分子在转动时似乎拥有一个波动的偶极子，但非极性分子则没有（见图11B.6）。

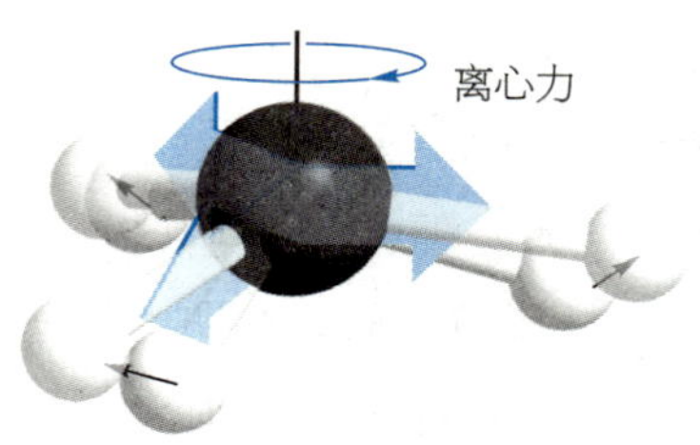

图11B.5　转动对分子的影响。分子转动引起的离心力导致分子形变，键角和键长略增大。这种影响增加了分子的转动惯量，因而转动常数减小

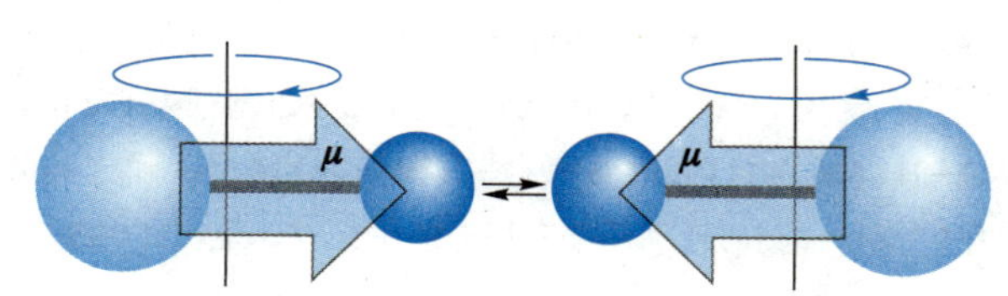

图11B.6　对于一个静止的观察者来说，转动的极性分子看起来像一个振荡着的偶极子，它会产生一个振荡的电磁波（或在吸收的情况下，与这样的电磁波相互作用）。此图是转动跃迁总的选律的经典起源

永久偶极可以视为一个抓手，借此分子使电磁场振荡（且对吸收反之亦然）。

简要说明 11B.4

同核双原子分子和非极性多原子分子（如 CO_2、$CH_2{=}CH_2$ 和 C_6H_6）都不能产生微波光谱。但是，极性小分子 OCS 和 H_2O 则具有微波光谱。球形转子不具有电偶极矩，除非由于转动发生了形变。因此，除特殊情况外，它们都是转动非活性的。一个确实因足够形变而获得偶极矩的球形转子的例子是 SiH_4；当 $J\approx 10$ 时，该分子由于转动而具有约 8.3 μD 的偶极矩（作为对照，HCl 的永久偶极矩为 1.1 D；分子偶极矩和它们的单位详见专题 14A）。

分析也表明，对于线形分子，除非满足下列条件，否则跃迁矩为零：

$$\Delta J=\pm1 \quad \Delta M_J=0,\pm1 \qquad \text{线形转子的转动跃迁选律} \qquad (11B.17)$$

$\Delta J=+1$ 的跃迁对应吸收，$\Delta J=-1$ 的跃迁则对应着发射。

物理解释

- 所允许的 J 的变化源自当吸收或发射一个光子（一个自旋为 1 的转子）时的角动量守恒（图 11B.7）。
- 所允许的 M_J 的变化也源自当以某一特定方向吸收或发射一个光子时的角动量守恒。

当跃迁距的计算是针对分子相对于光子飞行路线的各种可能取向时，则总的 $J+1\leftrightarrow J$ 的跃迁强度正比于：

$$|\mu_{J+1,J}|^2=\left(\frac{J+1}{2J+1}\right)\mu_0^2 \qquad (11B.18)$$

式中 μ_0 是分子的永久偶极矩。跃迁强度正比于 μ_0 的平方，故强极性分子给出的转动谱线较弱极性分子要强很多。

一个对称转子绕其主轴的转动不会引起偶极子方位的变化，没有波动起伏的偶极子与辐射相互作用，因而 K 不变是可能的。于是，对于对称转子，选律如下：

$$\Delta J=\pm1 \quad \Delta M_J=0,\pm1 \quad \Delta K=0 \qquad \text{转动选律：对称转子} \qquad (11B.19)$$

当电场作用于一极性分子时，与量子数 M_J（转动在空间的取向）相关的简并度会部分消失（图 11B.8）。这种由于电场引起的状态裂分被称为**斯塔克效应**（Stark effect）。能量的裂分大小取决于分子的永久电偶极矩（μ_0），因此实验上往往通过观测分子的斯塔克效应来测量电偶极矩的大小。

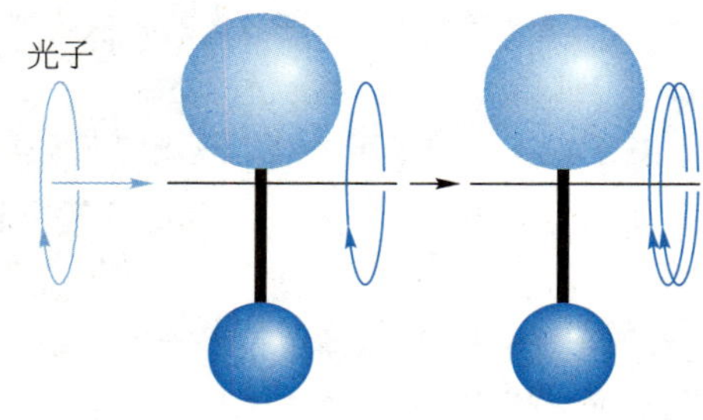

图 11B.7 当分子吸收一个光子时，复合系统的角动量是守恒的。如果分子转动的方向与入射光子的自旋相同，则 J 将会增加 1

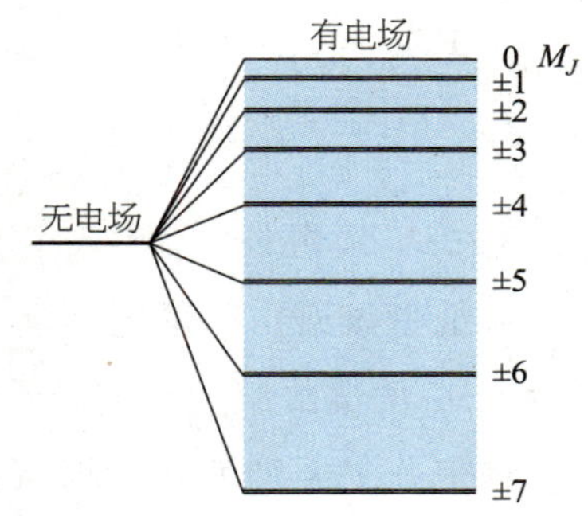

图 11B.8 电场对极性线形转子 $J=7$ 的能级的影响。除了 $M_J=0$ 的能级外，其他所有的能级都是双重简并的

（b）微波光谱的形状

将选律应用于线形刚性转子的能级表达式［式（11B.14）］，可得允许的 $J+1\leftarrow J$ 吸收波数：

$$\tilde{\nu}(J+1\leftarrow J)=\tilde{F}(J+1)-\tilde{F}(J)=2\tilde{B}(J+1) \qquad J=0,1,2,\cdots \qquad \text{转动跃迁的波数：线形转子} \qquad (11B.20a)$$

当考虑分子的离心形变时，由式（11B.5）可得相应的表示式：

$$\tilde{\nu}(J+1\leftarrow J)=2\tilde{B}(J+1)-4\tilde{D}_J(J+1)^3 \qquad (11B.20b)$$

但是，由于等式右边第二项通常远小于第一项，因此光谱的形状与式（11B.20a）所预期的十分相似。

例题 11B.3 预测转动光谱的形状

预测扁圆形对称转子 $^{14}NH_3$ 的转动光谱形状，已知转动常数 $\tilde{B}=9.977\ \text{cm}^{-1}$。

整理思路 转动项由式（11B.13a）给出。由于

$\Delta J=\pm1$和$\Delta K=0$，因此转动跃迁波数的表达式等同于式（11B.20a），且只取决于转动常数$\tilde{B}$。

解： 对于$J+1\leftarrow J$的跃迁，可以列出如下数据：

J	0	1	2	3	…
$\tilde{\nu}/\mathrm{cm}^{-1}$	19.95	39.91	59.86	79.82	…
ν/GHz	598.2	1196	1795	2393	…

谱线间隔为19.95 cm^{-1}（598.2 GHz）

自测题11B.3　预测扁长形转子$CH_3{}^{35}Cl$的转动光谱形状，已知$\tilde{B}=0.444\ \mathrm{cm}^{-1}$。

答案： 谱线间隔为0.888 cm^{-1}（26.6 GHz）。

由式（11B.20a）预测的光谱形式示于图11B.9中。最显著的特征是该谱由一系列间隔为$2\tilde{B}$，波数为$2\tilde{B}, 4\tilde{B}, 6\tilde{B}, \cdots$的谱线组成。测量谱线间隔可以得到$\tilde{B}$和垂直于分子主轴的转动惯量$I_\perp$。由于原子质量是已知，因此容易推断出双原子分子的键长。但是，对于诸如OCS或NH_3等多原子分子，仅仅利用一个转动惯量尚不足以推测出诸如OCS分子中的两个键长或NH_3分子中的键长和键角。

这种困难可以通过测定**同位素体**（isotopologues）（即同位素取代的分子）的光谱来加以克服。每个同位素体的光谱可绘出一个单种的转动惯量，且如假设同位素取代不影响分子的键长和键角，那么额外的数据就使得获取键长和键角的值成为可能。这种方法一个很好的例子是OCS研究，实际的计算在问题P11B.7中进行。在同位素体中键长不变的假设仅为一种近似，但在大多数情况是一种较好的近似。每个同位素的核自转（专题12A）是不同的，这也会影响高分辨转动光谱的现状，因为自旋是角动量的一个来源，它可以与分子本身的转动相耦合，进而影响转动能级。

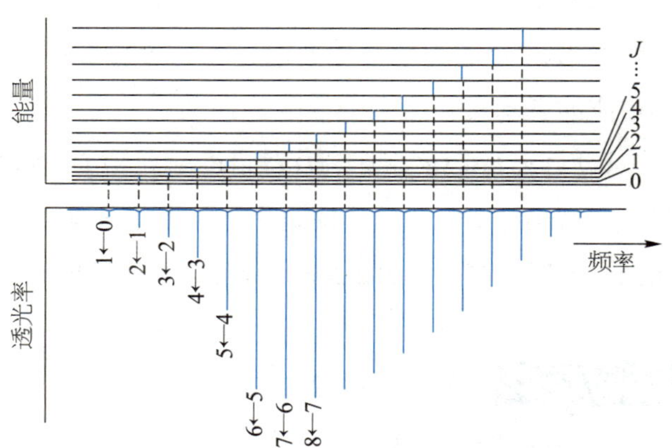

图11B.9　线形转子的转动能级、选律$\Delta J=+1$允许的跃迁和一个典型的纯转动吸收光谱（这里用透射通过样品的辐射来显示）。强度反映了每种情况下初始能级的布居数和跃迁偶极矩的强度

谱线强度随着J的增大而增强，并经过一最大值，然后，再随J的增大而逐渐减小。这种行为的最主要原因是转动能级的布居数中存在最大值。玻耳兹曼分布（参见本书前言和专题13A）意味着一个状态的布居数随着能级呈指数衰减。但是，能级的布居数也正比于其简并度，且对于转动能级J该简并度随J的增加而增加。这两个相反趋势导数连续能级（不同于单独的状态）的布居数经过一个最大值。具体地说，转动能级J的布居数N_J可由玻耳兹曼分布表达式给出，即

$$N_J \propto N g_J \mathrm{e}^{-E_J/kT}$$

式中N是样品中总的分子数，g_J是转动能级J的简并度。该表达式最大值对应的J值可通过将J处理为连续变量，将N_J对J微分，偏导设为零来获得。对线形转子而言，所得偏导（参见问题P11B.11）为

$$J_{\max}\approx\left(\frac{kT}{2hc\tilde{B}}\right)^{1/2}-\frac{1}{2}\qquad\text{具有最大布居数的转动能级：线形转子}\qquad(11\mathrm{B}.21)$$

对于一个典型分子（如OCS，$\tilde{B}=0.2\ \mathrm{cm}^{-1}$），室温下$kT/2hc\tilde{B}=500$，其$J_{\max}=22$。然而必须记住跃迁偶极矩取决于$J$值［式（11B.18）］，并且由于辐射也可能引起受激辐射（专题11A），因此，强度还与跃迁态所涉及的两个态的布居数和跃迁矩有关。所以，对应于最强谱线的J值与布居数ξ的能级的J值并不完全一样。

11B.3　转动拉曼光谱

转动跃迁也可引起拉曼散射（专题11A）。转动拉曼跃迁的总选律：分子极化是各向异性的。为了理解这个判据，有必要知道分子在电场中电子云的形变能是由其极化率α（专题14A）来决定

的。更为精确地，如果场强度为$\mathcal{E}$，则除了其可能拥有的永久偶极矩外，分子获得的诱导偶极矩的大小为：

$$\mu = \alpha\mathcal{E} \tag{11B.22}$$

原子是各向同性可极化的，也就是说，无论外场的方向如何。球形转子的极化率也是各向同性的，都会诱导相同的形变，但非球形转子的极化率与外场相对于分子的方向有关，故这些分子表现出各向异性可极化能力（图11B.10）。例如H_2，当施加的外场与键平行时，在H_2中的电子分布较外场与键垂直时更加扭曲，故$\alpha_{\parallel} > \alpha_{\perp}$。

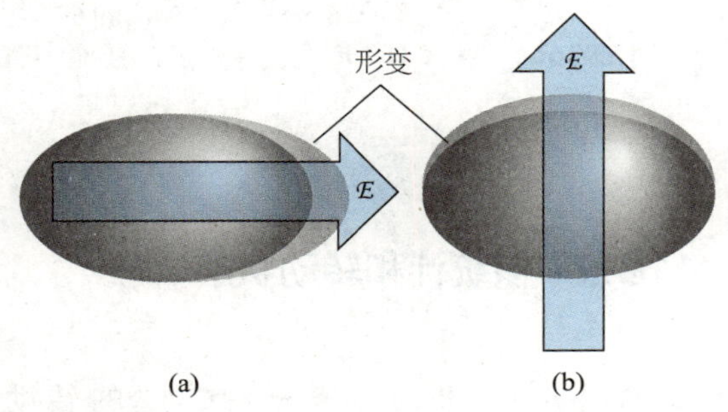

图11B.10 对一个分子施加一电场$\mathcal{E}$导致分子电子形变，且形变的分子获得了对其偶极矩的一个贡献（即使其最初为非极性）。当施加的电场沿（a）平行、（b）垂直于分子轴的方向时（或更一般地，以相对于分子的不同方向）；极化率可以不同，如果那样的话，则分子具有各向异性的极化率

所有的线形分子包括异核和同核双原子分子，都具有各向异性的极化率，故也是转动拉曼活性的。因此，可以利用拉曼活性来研究微波光谱非活性的同核双原子分子的结构。对于球形分子如CH_4和SF_6，转动拉曼和微波光谱均是非活性的。这种非活性并不意味着这类分子永远不能实现转动激发态。分子碰撞不必满足这种限制性的选律，因此分子之间的碰撞可导致任意转动状态的激发。

像以往一样，为了建立选律，有必要考虑跃迁偶极矩。完整的计算可参阅本书网站上的"深入了解5"，所得到的特定转动拉曼选律为

线性转子： $\Delta J = 0, \pm 2$

对称转子： $\Delta J = 0, \pm 1, \pm 2$ 转动拉曼选律 （11B.23）

$\Delta K = 0$

$\Delta J = 0$的跃迁不会导致散射光子的频率位移，因而对无位移辐射（瑞利辐射，专题11A）有贡献。经典论证可用来深入了解量子力学计算。

如何完成？ 11B.1 验证转动拉曼选律

频率为ω_i的电磁辐射波的入射电场$\mathcal{E}$，诱导分子所产生的偶极矩为

$$\mu_{ind} = \alpha\mathcal{E}(t) = \alpha\mathcal{E}\cos\omega_i t$$

如果分子以角频率ω_R转动，则对于一个外部观察者来说，极化率也是随时间变化的（如果它是各向异性的）。这种依赖关系写为

$$\alpha = \alpha_0 + \Delta\alpha\cos 2\omega_R t$$

式中$\Delta\alpha = \alpha_{\parallel} - \alpha_{\perp}$，且$\alpha$随着分子转动从$\alpha_0 + \Delta\alpha$变到$\alpha_0 - \Delta\alpha$。之所以出现$2\omega_R$是因为每旋转一次极化率回到其初始值两次（图11B.11）。结合上两式可以得到

$$\mu_{ind} = (\alpha_0 + \Delta\alpha\cos 2\omega_R t)\times(\mathcal{E}\cos\omega_i t)$$
$$= \alpha_0\mathcal{E}\cos\omega_i t + \mathcal{E}\Delta\alpha\cos\omega_i t\cos 2\omega_R t$$

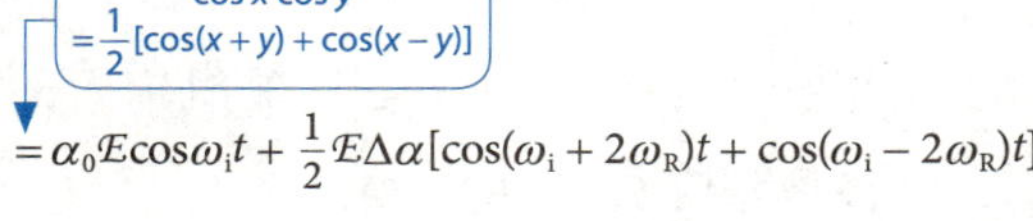

$$= \alpha_0\mathcal{E}\cos\omega_i t + \frac{1}{2}\mathcal{E}\Delta\alpha[\cos(\omega_i + 2\omega_R)t + \cos(\omega_i - 2\omega_R)t]$$

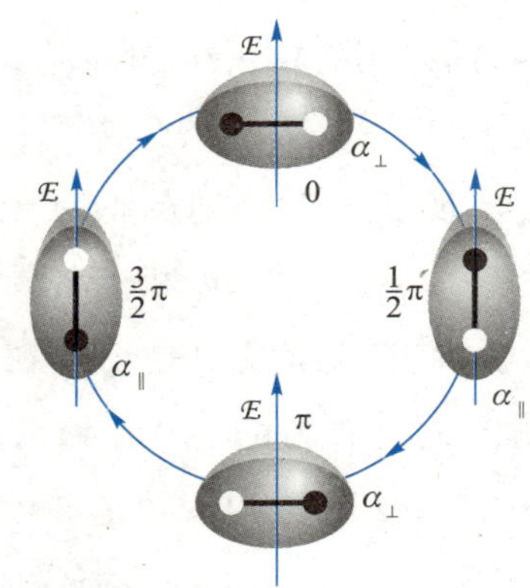

图11B.11 分子中由一外加电场诱导的形变使极化率在经过仅180°的旋转后恢复至其初始值（即一圈两次）。这是转动拉曼光谱中$\Delta J = \pm 2$这一选律的来源

该计算表明，诱导的偶极子有一在入射频率处振荡的组分（其导致瑞利散射），以及它在$\omega_i \pm 2\omega_R$处还有两个组分，它们产生了位移的拉曼谱线，这些线仅当$\Delta\alpha \neq 0$时出现。因此，若要有拉曼谱线，则极化率必须是各向异性的，这是转动拉曼光谱的总选律。分子中由入射电场诱导的形变在经过180°的旋转后回复至其初始值（即每转一圈两次），这是特定选律$\Delta J = \pm 2$的经典力学来源。

为了预测线形转子的拉曼光谱，可将选律$\Delta J = \pm 2$应用于转动能级（图11B.12）。对于斯托克斯线，$\Delta J = 2$且散射辐射的波数比入射辐射的波

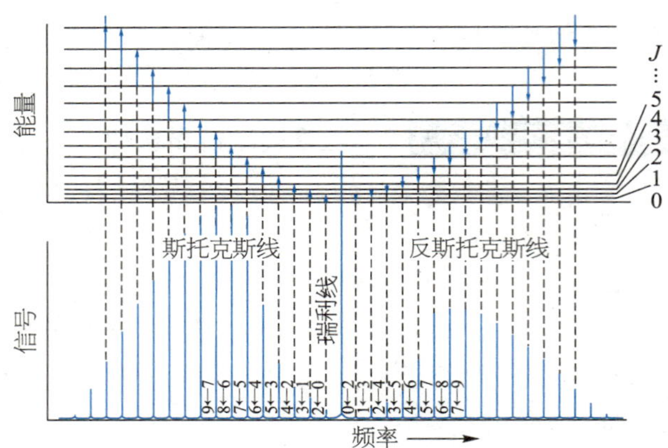

图 11B.12 线形转子的转动能级和拉曼选律 $\Delta J=\pm2$ 所允许的跃迁（图中也显示了典型转动拉曼光谱的形式）。实际测量中，瑞利线的强度远远大于图中所示

数 $\tilde{\nu}_i$ 低，位移是差值 $\tilde{F}(J+2)-\tilde{F}(J)$：

$$\tilde{\nu}(J+2\leftarrow J)=\tilde{\nu}_i-[\tilde{F}(J+2)-\tilde{F}(J)]=\tilde{\nu}_i-2\tilde{B}(2J+3) \quad \text{斯托克斯线的波数：线形转子} \quad (11B.24a)$$

对于反斯托克斯线，$\Delta J=-2$ 且散射辐射的波数更高，位移是差值 $\tilde{F}(J)-\tilde{F}(J-2)$：

$$\tilde{\nu}(J-2\leftarrow J)=\tilde{\nu}_i+[\tilde{F}(J)-\tilde{F}(J-2)]=\tilde{\nu}_i+2\tilde{B}(2J-1) \quad \text{反斯托克斯线的波数：线形转子} \quad (11B.24b)$$

斯托克斯线出现在入射辐射的低频一侧，且对于 $J=0, 1, 2, \cdots$，处在与 $\tilde{\nu}_i$ 相差 $6\tilde{B}, 10\tilde{B}, 14\tilde{B}, \cdots$ 的位置。反斯托克斯线则是出现在入射辐射的高频一侧，距离 $\tilde{\nu}_i$ 为 $6\tilde{B}, 10\tilde{B}, 14\tilde{B}, \cdots$（对于 $J=2, 3, 4, \cdots$；$J=2$ 是在 $\Delta J=-2$ 选律条件下能有贡献的最低状态）。无论是斯托克斯线还是反斯托克斯线，相邻谱线的间隔都是 $4\tilde{B}$。因此，从谱线间隔可以得到转动惯量 $I_\perp$，并进而用来准确地找到键长，与在微波光谱中的情形一样。

例题 11B.4 预测拉曼光谱的形式

预测 $^{14}N_2$ 分子暴露于 336.732 nm 的激光辐射时的转动拉曼光谱形式，已知其转动常数 $\tilde{B}=1.99\ cm^{-1}$。

整理思路 分子是转动拉曼活性的，因为在一个静止的观察者看来，端到端的转动调变了分子极化率。斯托克斯线和反斯托克斯线的波数可由式（11B.24）给出。

解： 通过入射辐射的波长 336.732 nm，可以计算得到其对应的波数 $\tilde{\nu}_i=29\,697.2\ cm^{-1}$；代入式（11B.24a）和式（11B.24b），分别给出下列谱线位置：

J	0	1	2	3
斯托克斯线				
$\tilde{\nu}/cm^{-1}$	29 685.3	29 677.3	29 669.3	29 661.4
λ/nm	336.867	336.958	337.048	337.139

J	0	1	2	3
反斯托克斯线				
$\tilde{\nu}/cm^{-1}$			29 709.1	29 717.1
λ/nm			336.597	336.507

在 336.732 nm 处有一强的中心线，其两侧谱线的强度先是增加然后减弱（由于跃迁矩和布居效应），整个谱的散布是非常小的。故入射光必须是高度单色的。

自测题 11B.4 重复 $^{35}Cl_2$（$\tilde{B}=0.975\,2\ cm^{-1}$）的转动拉曼光谱的计算。

答案： 斯托克斯线位于 29 691.3 cm^{-1}、29 687.4 cm^{-1}、29 683.5 cm^{-1}、29 679.6 cm^{-1}；反斯托克斯线位于 29 703.1 cm^{-1}、29 707.0 cm^{-1}。

11B.4 核统计和转动状态

如果用式（11B.24）来分析 $C^{16}O_2$ 的转动拉曼光谱，由谱线间隔导致的转动常数与其他测量方法得到的C—O键长不一致。但是，如果假设分子只能存在于 J 为偶数的状态，故观察到的斯托克斯线仅来源于 $2\leftarrow0, 4\leftarrow2, \cdots$ 的跃迁，而 $3\leftarrow1, 5\leftarrow3, \cdots$ 的谱线消失。

谱线消失的解释在于泡利原理（专题 8B）及 ^{16}O 核是自旋为 0 的玻色子这一事实，就如同泡利原理排除某些电子态，其也排除一些分子转动态。泡利原理指出，当两个相同的玻色子互换时，总波函数必须保持不变。当 $C^{16}O_2$ 转动 180° 时，两个等价的 ^{16}O 核被交换，故分子的总波函数必须维持不变。但是对转动波函数观察形式（它们与原子的 s、p 等轨道具有相同的角度依赖性）的观察表明，它们在这样的转动下通过 $(-1)^J$ 改变了符号（图 11B.13）。因此，对于 $C^{16}O_2$，只有偶数 J 是允许的，故拉曼光谱仅显示交替的谱线。

这种源自泡利原理的转动状态的选择性存在被称为**核统计**（nuclear statistics）。当转动导致等价原子核交换时，就必须考虑原子核统计。但实

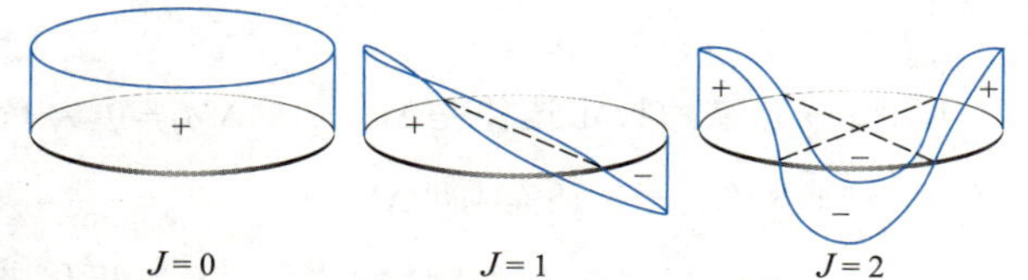

图 11B.13 在180°的转动下，转动波函数（为了简单起见，这里显示的是一个二维转子）的对称性依赖于J的值。J为偶数的波函数不改变符号；J为奇数的波函数则改变符号

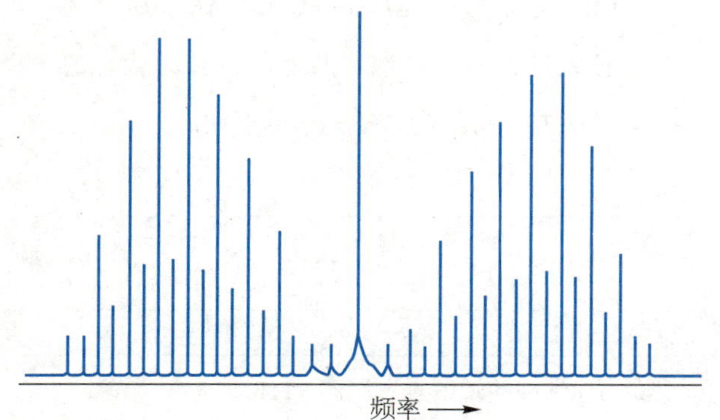

图 11B.14 由于核统计的原因，有两个相同自旋为1/2核的同核双原子分子的转动拉曼光谱显示有谱线强度的交替变化。实际测量的瑞利线的强度远大于图中所示

际情况下原子核统计不都像$C^{16}O_2$分子那样简单，当原子核拥有非零自旋时，有一些复杂的特性。研究发现：对于偶数的J，可有一些不同的相对核自旋取向；而对于奇数的J，则具有不同数目的自旋取向。对于$^1H_2$和$^{19}F_2$，它们都有两个相同的、自旋为1/2的核；利用泡利原理可以证明，获得奇数J的状态的方式数将是获得偶数J的状态的方式数的三倍。相应地，在它们的转动拉曼光谱中，显示出谱线强度的3∶1交替变化（图11B.14）。

如何完成？ 11B.2 鉴别核统计效应

因为^1H原子核具有$I = 1/2$，像电子一样它们是费米子，泡利原理要求在粒子交换后总波函数符号改变。但是，$^1H_2$分子转动180°具有更加复杂的效应，而不是简单地重新标记原子核（图11B.15）。

有四个核自旋波函数：三个对应总核自旋$I_{总} = 1$（自旋平行，↑↑）和一个$I_{总} = 0$（自旋反平行，↑↓）。三个$I_{总} = 1$的波函数分别是$M_I = +1, 0$和-1的$\alpha(A)\alpha(B)$，$\alpha(A)\beta(B) + \alpha(B)\beta(A)$和$\beta(A)\beta(B)$。分子转动180°使标记A和B互换，但总的来说这三个波函数不变。因此，为了实现总的波函数符号改变，转动波函数必须改变符号，故只有奇数J是允许的。具有$I_{总} = 0$和$M_I = 0$的第四个波函数是$\alpha(A)\beta(B) - \alpha(B)\beta(A)$。当标记A和B互换时，核自旋波函数改变了符号：$\alpha(A)\beta(B) - \alpha(B)\beta(A) \to \alpha(B)\beta(A) - \alpha(A)\beta(B) \equiv -[\alpha(A)\beta(B) - \alpha(B)\beta(A)]$。因此，在这种情况下，为了使总的波函数改变符号，只有偶数J是允许的。

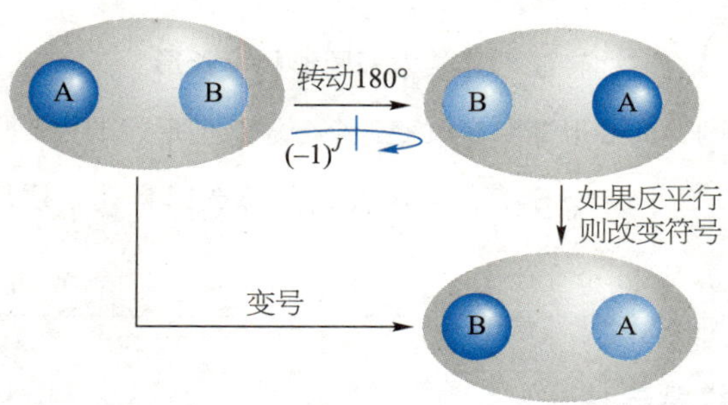

图 11B.15 两个相同费米子核的互换导致总的波函数符号改变。可以认为重新标记是分两步发生的：第一步是分子的转动；第二步是不相同自旋的互换（由核的不同颜色表示）。如果原子核具有反平行的自旋，则波函数在第二步改变符号

分析得到结论是，有三个核自旋波函数可以与奇数J相结合，另有一个波函数可以与偶数J相结合。与式（11B.25）预测的相一致，实现奇数J状态的方式数与实现偶数J状态的方式数之比为3∶1。一般地，对于核的自旋为I的同核双原子分子，实现奇数J和偶数J状态的方式数之比为

$$\frac{N_{奇数J}}{N_{偶数J}} = \begin{cases} (I+1)/I & 自旋为半整数的核 \\ I/(I+1) & 自旋为整数的核 \end{cases}$$

核统计：同核双原子分子 （11B.25）

对于$^1H_2$，$I = 1/2$，所以比例为3∶1。对于$^{14}N_2$，$I = 1$，比例为1∶2。当分子的电子态不是全对称时，还会引起额外复杂的情况（如O_2，专题11F）。

除了光谱外，核统计还有其他影响。不同的相对核自旋取向之间的互变是非常缓慢的，因此，具有核自旋平行的$^1H_2$分子与具有核自旋反平行的$^1H_2$分子可以长时间保持不同。具有核自旋平行的形式称为**正氢**（ortho-hydrogen），具有核自旋反平行的形式称为**仲氢**（para-hydrogen）。由于正氢不能存在于$J = 0$的状态，它在非常低的温度下仍继续旋转且具有有效的转动零点能量。

概念清单

- ☐ 1. **刚性转子**是转动应力下不会发生变形的物体。
- ☐ 2. 根据相等的主转动惯量的数目（或对称性），刚性转子可分类为**球形转子**、**对称转子**、**线形转子**或**非对称转子**。
- ☐ 3. 对称转子可分类为**扁圆形**和**扁长形**。
- ☐ 4. **离心形变**源自改变一个分子几何形状的力。
- ☐ 5. 一个分子有纯转动光谱的**总选律**是其必须是极性的。
- ☐ 6. 微波光谱的**特定选律**是$\Delta J=\pm 1$，$\Delta M_J=0$，± 1；对于对称转子，还需满足$\Delta K=0$。
- ☐ 7. 一个分子产生转动拉曼散射的条件是其极化必须是**各向异性的**。
- ☐ 8. 转动拉曼的**特定选律**：（i）线形分子，$\Delta J=0, \pm 2$；（ii）对称转子，$\Delta J=0, \pm 1, \pm 2$；$\Delta K=0$。
- ☐ 9. **核统计**，即源自泡利原理的、转动状态的选择性占有，可影响转动光谱的形状。

公式清单

性质	公式	说明	公式编号
转动惯量	$I=\sum_i m_i x_i^2$	x_i是原子i到转动轴的垂直距离	11B.2
球形转子或线形转子的转动项	$\tilde{F}(J)=\tilde{B}J(J+1)$	$J=0, 1, 2, \cdots$ $\tilde{B}=\hbar/4\pi cI$	11B.9 11B.14
对称转子的转动项	$\tilde{F}(J,K)=\tilde{B}J(J+1)+(\tilde{A}-\tilde{B})K^2$	$J=0, 1, 2, \cdots$ $K=0, \pm 1, \cdots, \pm J$ $\tilde{A}=\hbar/4\pi cI_{\parallel}$ $\tilde{B}=\hbar/4\pi cI_{\perp}$	11B.13a 11B.13b
离心形变	$\tilde{F}(J)=\tilde{B}J(J+1)-\tilde{D}_J J^2(J+1)^2$	球形或线形转子	11B.15
离心形变常数	$\tilde{D}_J=\dfrac{4\tilde{B}^3}{\tilde{\nu}^2}$		11B.16
转动跃迁的波数	$\tilde{\nu}(J+1\leftarrow J)=2\tilde{B}(J+1)$	$J=0, 1, 2, \cdots$的线性刚性转子	11B.20a
拥有最大布居数的转动状态	$J_{\max}\approx\left(\dfrac{kT}{2hc\tilde{B}}\right)^{1/2}-\dfrac{1}{2}$	线性转子	11B.21
线性转子的拉曼光谱中（i）斯托克斯线和（ii）反斯托克斯线的波数	（i）$\tilde{\nu}(J+2\leftarrow J)=\tilde{\nu}_i-2\tilde{B}(2J+3)$ （ii）$\tilde{\nu}(J-2\leftarrow J)=\tilde{\nu}_i+2\tilde{B}(2J-1)$	（i）$J=0, 1, 2, \cdots$ （ii）$J=2, 3, 4, \cdots$	11B.24a 11B.24b

专题11C

双原子分子的振动光谱

▶ 为何需要学习这部分内容？

振动跃迁频率的观测可以用来确定键的强度和刚性。气相中的测量也可以用来测量双原子分子的键长。

▶ 核心思想是什么？

双原子分子的振动光谱可以通过使用谐振子模型来解释，其中的修正解释了键解离及转动和振动的耦合。

▶ 需要哪些预备知识？

需要熟悉分子运动的谐振子（专题7E）和刚性转子（专题11B）模型，以及谱学的一般原理（专题11A）。

双原子分子的一种内部运动模式是振动，其中核间距周期性地增加和减少。这种运动，以及允许的量子态之间的跃迁，最初可以被处理为简谐运动的一个例子，如专题7E中所述。

11C.1 振动运动

图11C.1显示了双原子分子的典型势能曲线（本质上是专题7E中图7E.1的复制品）。势能$V(x)$，其中$x=R-R_e$（距离平衡的位移），可以通过使用泰勒级数在其最小值附近展开（参见专题5B中“化学家工具包12”）：

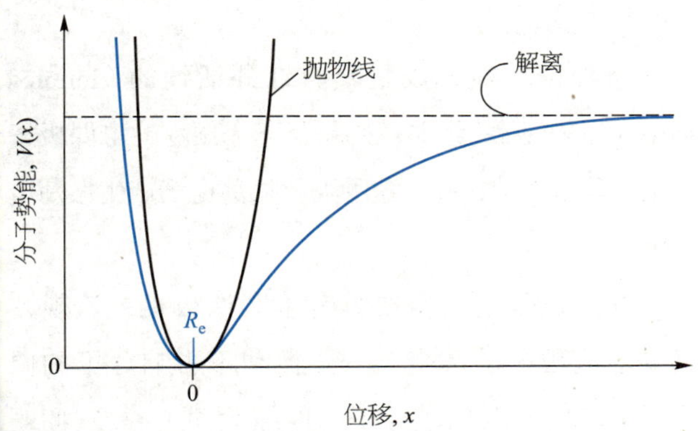

图11C.1 分子势能曲线可以通过井底附近的一条抛物线来近似。抛物线势能导致简谐振荡。在高的激发能量下，抛物线近似很差（真实的势能更少地被限制），并且在接近解离极限时完全错误

$$V(x)=V(0)+\left(\frac{\mathrm{d}V}{\mathrm{d}x}\right)_0 x+\frac{1}{2}\left(\frac{\mathrm{d}^2V}{\mathrm{d}x^2}\right)_0 x^2+\cdots \qquad (11C.1a)$$

符号$(\cdots)_0$表示在$x=0$时求导，$V(0)$可以任意设置为零，并且V的一阶导数在最小值处为零。因此，第一个剩余项与位移的平方成正比。对于小的位移，可以忽略所有的高阶项，因此势能可以写为

$$V(x)\approx\frac{1}{2}\left(\frac{\mathrm{d}^2V}{\mathrm{d}x^2}\right)_0 x^2 \qquad (11C.1b)$$

因此，分子势能曲线的一级近似是抛物线式，形式如下：

$$V(x)=\frac{1}{2}k_f x^2 \qquad x=R-R_e \qquad \text{抛物线势能} \qquad (11C.2a)$$

式中k_f是键的**力常数**（force constant），是键刚性的量度。

$$k_f=\left(\frac{\mathrm{d}^2V}{\mathrm{d}x^2}\right)_0 \qquad \text{力常数[定义]} \qquad (11C.2b)$$

如果势能曲线在接近其最小值处急剧弯曲，则k_f很大并且键很刚硬。相反，如果势能曲线又宽又浅，那么k_f很小并且键很容易被拉伸或压缩（图11C.2）。

具有抛物线势能的两个质量为m_1和m_2的原子相对运动的薛定谔方程是

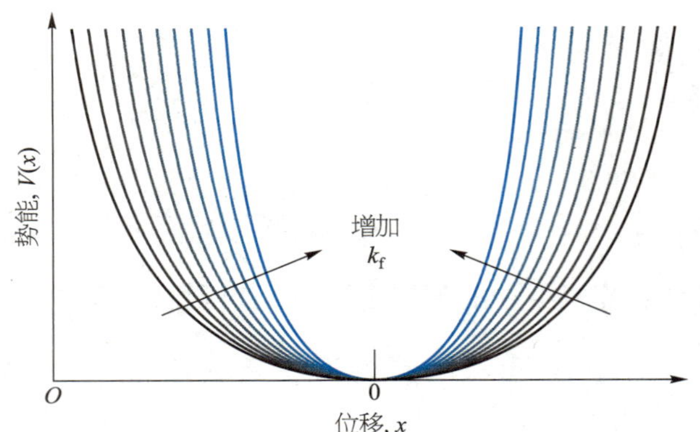

图 11C.2 力常数是接近键的平衡延伸的势能曲率的一种量度。一个强烈受限的阱（一个具有陡峭的边沿，一个刚性的键）对应于高的k_f值

$$-\frac{\hbar^2}{2m_{\text{eff}}}\frac{d^2\psi}{dx^2}+\frac{1}{2}k_f x^2\psi=E\psi \quad (11C.3a)$$

式中m_{eff}是**有效质量**（effective mass）：

$$m_{\text{eff}}=\frac{m_1 m_2}{m_1+m_2} \quad \text{有效质量[定义]} \quad (11C.3b)$$

这些方程可通过分离变量步骤将原子的相对运动与整个分子的整体运动分开而推导出来（参见本书网站上的"深入了解3"）。

实用小贴士 区分有效质量和折合质量。前者是在振动过程中移动的质量的一种量度。后者是从相对内部和整体平移运动的分离中产生的量。对于双原子分子，两者是相同的。但是，对于多原子分子的振动，通常不是这样。然而，许多人没有做出这种区分，并将这两个量都称为"折合质量"。

除了有效质量的出现之外，式（11C.3a）中的薛定谔方程与针对进行简谐运动的质量为m的一个粒子的式（7E.2）相同。因此，专题7的结果可用于写出允许的振动能级：

$$E_v=\left(v+\frac{1}{2}\right)\hbar\omega \qquad \omega=\left(\frac{k_f}{m_{\text{eff}}}\right)^{1/2} \quad \text{振动能级[双原子分子]} \quad (11C.4a)$$

$v=0, 1, 2, \cdots$

一个分子的**振动项**（vibrational terms），即用波数表示的振动状态的能量，表示为$\tilde{G}(v)$，有$E_v=hc\tilde{G}(v)$。因此，使用$\omega=2\pi\nu$和$\tilde{\nu}=\nu/c=\omega/2\pi c$，可得

$$\tilde{G}(v)=\left(v+\frac{1}{2}\right)\tilde{\nu} \qquad \tilde{\nu}=\frac{1}{2\pi c}\left(\frac{k_f}{m_{\text{eff}}}\right)^{1/2} \quad \text{振动项[双原子]} \quad (11C.4b)$$

振动波函数与专题7E中讨论的谐振子的振动波函数相同。

振动项取决于分子的有效质量，而不是直接取决于其总质量。这种依赖性在物理学上是合理的，因为如果原子1比原子2重得多，则有效质量接近m_2，即较轻原子的质量。那么振动将是轻原子相对于基本静止的重原子的振动。对于同核双原子分子，有$m_1=m_2$，有效质量是总质量的一半：$m_{\text{eff}}=\frac{1}{2}m$。

简要说明 11C.1

HCl中键的力常数为516 $N\cdot m^{-1}$，这是单键的合理典型值。$^{1}H^{35}Cl$的有效质量为1.63×10^{-27} kg（注意该质量非常接近H原子的质量，1.67×10^{-27} kg，这意味着H原子实际上是对一个静止的Cl原子作振动）。因此，振动频率为

$$\omega=\left(\frac{516\ \overbrace{N}^{kg\cdot m\cdot s^{-2}}\cdot m^{-1}}{1.63\times10^{-27}\ kg}\right)^{1/2}=5.63\times10^{14}\ s^{-1}$$

对应的波数是

$$\tilde{\nu}=\frac{\omega}{2\pi c}=\frac{5.63\times10^{14}\ s^{-1}}{2\pi\times2.998\times10^{10}\ cm\cdot s^{-1}}=2.99\times10^{3}\ cm^{-1}$$

11C.2 红外光谱

与通常一样，通过考虑电跃迁偶极矩的性质，可建立振动跃迁的总选律和特定选律。详细的计算在本书网站的"深入了解6"中给出。结论是

由吸收或发射辐射引起的振动状态变化的总选律是当原子相对于彼此位移时，分子的电偶极矩必须改变。

这种振动被说成是具有**红外活性的**（infrared active）。该规则的经典基础是：一个振荡的电偶极子产生一种电磁波，并且这种波的振荡电场产生振荡电偶极子。

注意，分子不需要具有永久偶极矩：该规则仅要求偶极矩的改变。一些振动不影响分子的偶极矩（如同核双原子分子的伸缩运动），故它们既不吸收也不产生辐射：这种振动则被说成是**非红外活性的**（infrared inactive）。在各种纳米材料

中，可以观察到被困其中的同核双原子分子的弱的红外跃迁。例如，当进入到固体C_{60}中后，H_2分子通过范德华力与周围的C_{60}分子相互作用并获得偶极矩，从而获得了可观测到的红外光谱。

计算还表明，特定选律为

$$\Delta v = \pm 1 \qquad \text{特定选律[谐振子]} \qquad (11C.5)$$

$\Delta v = +1$的跃迁对应于吸收，而$\Delta v = -1$的跃迁对应于发射。由此得出，允许的振动跃迁的波数，对于$v+1 \leftarrow v$的跃迁表示为$\Delta\tilde{G}_{v+\frac{1}{2}}$，即

$$\Delta\tilde{G}_{v+\frac{1}{2}} = \tilde{G}(v+1) - \tilde{G}(v) = \tilde{\nu} \qquad \text{谐振子} \qquad (11C.6)$$

振动跃迁的波数对应于电磁波的红外区域中的辐射，因此振动跃迁吸收并产生红外辐射。

在室温下，$kT/hc \approx 200\ \mathrm{cm^{-1}}$，并且由于大多数振动波数明显大于$200\ \mathrm{cm^{-1}}$，因此从玻耳兹曼分布得出几乎所有分子都处于其振动基态。因此，主要的光谱跃迁将是**基本跃迁**（fundamental transition），即$1 \leftarrow 0$。因此，预期光谱由单条吸收线组成。如果分子是在振动激发状态中形成的，如当在反应$H_2 + F_2 \longrightarrow 2HF^*$中形成振动激发的HF分子时，其中$*$表示一个振动上“热”的分子，则跃迁$5 \rightarrow 4$，$4 \rightarrow 3$，… 也可能出现（在发射中）。在简谐近似中，所有这些线都处于相同的频率，并且光谱也是一条单线。然而，简谐近似的破缺将导致跃迁的频率略有不同，因此可以观察到几条线。

11C.3 非谐性

式（11C.4b）中的振动项仅是近似的，因为它们是基于实际势能曲线的抛物线近似。一条抛物线不可能在所有的展开项都是正确的，因为它不允许键解离。在高振动激发下，原子的分离（更准确地说是振动波函数的扩散）允许分子经历势能曲线中抛物线近似较差的区域，并且在V的泰勒展开式[式（11C.1a）]中的附加项必须保留。这样，鉴于回复力不再与位移成正比，运动就变成**非谐性的**（anharmonic）。由于实际曲线比抛物线有更少的限制，可以预见，在高激发下能级会变得更为紧密。

（a）能级的收敛

在非谐性存在的情况下，计算能级的一种方法是使用一个更接近真实势能的函数。**莫尔斯势能**（Morse potential energy）是

$$V(x) = hc\tilde{D}_e(1-\mathrm{e}^{-ax})^2$$
$$a = \left(\frac{m_{\mathrm{eff}}\omega^2}{2hc\tilde{D}_e}\right)^{1/2} \qquad \text{莫尔斯势能} \qquad (11C.7)$$

当$x=0$，$V(0)=0$；在大位移时，$V(x)$接近$hc\tilde{D}_e$（图11C.3）。在阱最小值附近，V随位移的变化与抛物线相似（可以通过展开指数项并保留前两项来检查）。对于莫尔斯势能，薛定谔方程可以被求解，其允许能级为

$$\tilde{G}(v) = \left(v+\tfrac{1}{2}\right)\tilde{\nu} - \left(v+\tfrac{1}{2}\right)^2 x_e\tilde{\nu}$$
$$v = 0,1,2,\cdots,v_{\max}$$
$$x_e = \frac{a^2\hbar}{2m_{\mathrm{eff}}\omega} = \frac{\tilde{\nu}}{4\tilde{D}_e} \qquad \text{振动项[莫尔斯势能]} \qquad (11C.8)$$

正的量纲为1的参数x_e称为**非谐性常数**（anharmonicity constant）。一个莫尔斯振子的振动能级数目是有限的，如图11C.4所示（另见问题P11C.8）。$\tilde{G}$表达式中的第二项随着v的增大而增大，因此这就导致了在高量子数时会产生能级的收敛。除了阱深$hc\tilde{D}_e$外，**解离能**（dissociation energy）$hc\tilde{D}_0$是最低振动态$(v=0)$与无限分离原

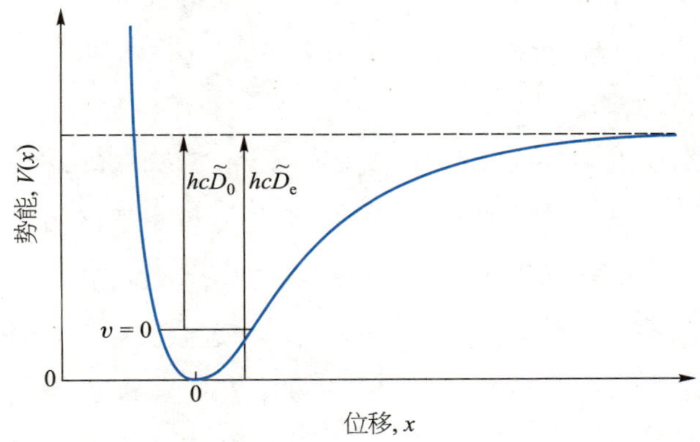

图 11C.3 由于键的振动零点能，一个分子的解离能$hc\tilde{D}_0$与势阱的深度$hc\tilde{D}_e$不同

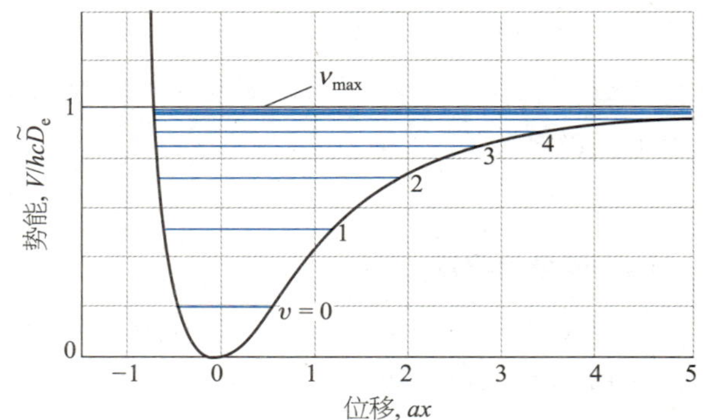

图 11C.4　莫尔斯势能曲线再现了分子势能曲线的一般形状。相应的薛定谔方程可以被求解，并获得能量值。束缚能级的数目是有限的

子之间的能量差。从图 11C.3 中可以看出，这两个量通过 $\tilde{D}_e=\tilde{D}_0+\tilde{G}_0$ 相关联的。

虽然莫尔斯振子在理论上是很有用的，但在实践中更为一般的表达式则为

$$\tilde{G}(v)=(v+\tfrac{1}{2})\tilde{\nu}-(v+\tfrac{1}{2})^2 x_e\tilde{\nu}+(v+\tfrac{1}{2})^3 y_e\tilde{\nu}+\cdots \quad (11C.9a)$$

式中 x_e，y_e，… 是量纲为 1 的经验常数，是分子的特性，用于拟合实验数据并确定分子的解离能。在这种情况下，$\Delta v=+1$ 的跃迁波数是

$$\Delta\tilde{G}_{v+\frac{1}{2}}=\tilde{G}(v+1)-\tilde{G}(v)=\tilde{\nu}-2(v+1)x_e\tilde{\nu}+\cdots \quad (11C.9b)$$

式（11C.9b）表明，由于 $x_e>0$，随着 v 的增加，跃迁移至更低的波数。

除了强的基本跃迁 1←0 之外，还可以看到一组较弱的吸收线并且对应于跃迁 2←0，3←0，等等。对于谐振子，这些跃迁是禁阻的，但由于非谐振性则变为允许的跃迁，但比较弱。跃迁 2←0 称为**第一泛频**（first overtone），3←0 是**第二泛频**（second overtone），以此类推。第一泛频的波数由下式给出：

$$\tilde{G}(v+2)-\tilde{G}(v)=2\tilde{\nu}-2(2v+3)x_e\tilde{\nu}+\cdots \quad (11C.10)$$

泛频出现的原因在于选律是由谐振子波函数的性质导出的，而这些波函数在非简谐性存在时仅为近似有效。因此，选律只是一个近似。对于非谐振子，Δv 的所有值都是允许的；但如果非简谐性很小，则 $\Delta v>1$ 的跃迁仅被微弱地允许。通常情况下，第一泛频的强度只有基频的约十分之一。

例题 11C.1　估算非谐性常数

估算 $^{35}Cl^{19}F$ 的非简谐性常数 x_e，假设基频和第一泛频的波数分别为 773.8 cm^{-1} 和 1 535.3 cm^{-1}。

整理思路　可以使用式（11C.9b）和 $v=0$ 找到基本跃迁 1←0 的波数表达式，并使用式（11C.10）和 $v=0$ 找到第一泛频 2←0 的波数表达式。然后，需要求解这两个方程从而得到 $\tilde{\nu}$ 和 $x_e\tilde{\nu}$ 的值，并借此找到 x_e 本身。

解： 由式（11C.9b）可得基本跃迁的波数表达式是 $\tilde{\nu}-2x_e\tilde{\nu}$，由式（11C.10）可得第一泛频的波数表达式是 $2\tilde{\nu}-6x_e\tilde{\nu}$。根据题给数据，则有 $773.8\ \text{cm}^{-1}=\tilde{\nu}-2x_e\tilde{\nu}$ 和 $1\,535.3\ \text{cm}^{-1}=2\tilde{\nu}-6x_e\tilde{\nu}$。可先消去式中的 $\tilde{\nu}$ 项，由于 $(\tilde{\nu}-2x_e\tilde{\nu})-\frac{1}{2}(2\tilde{\nu}-6x_e\tilde{\nu})=x_e\tilde{\nu}$，故有 $x_e\tilde{\nu}=773.8\ \text{cm}^{-1}-\frac{1}{2}\times 1\,535.3\ \text{cm}^{-1}=6.15\ \text{cm}^{-1}$。然后，将 $x_e\tilde{\nu}$ 的值代入 $773.8\ \text{cm}^{-1}=\tilde{\nu}-2x_e\tilde{\nu}$ 中，得到 $\tilde{\nu}=773.8\ \text{cm}^{-1}+2x_e\tilde{\nu}=773.8\ \text{cm}^{-1}+2\times 6.15\ \text{cm}^{-1}=786.1\ \text{cm}^{-1}$。于是：

$$x_e=\frac{x_e\tilde{\nu}}{\tilde{\nu}}=\frac{6.15\ \text{cm}^{-1}}{786.1\ \text{cm}^{-1}}=7.82\times10^{-3}$$

自测题 11C.1　预测这个分子第二泛频的波数。

答案： 2 284.5 cm^{-1}。

（b）Birge-Sponer 图

当可以检测到几个振动跃迁时，可以使用 **Birge-Sponer 图**（Birge-Sponer plot，一种图形技术）来确定键的解离能。Birge-Sponer 图的基础是：从 $v=0$ 到解离极限的连续间隔 $\Delta\tilde{G}_{v+\frac{1}{2}}$［式（11C.9b）］的加和就是解离波数 $\tilde{D}_0$，即

$$\tilde{D}_0=\Delta\tilde{G}_{1/2}+\Delta\tilde{G}_{3/2}+\cdots=\sum_v \Delta\tilde{G}_{v+\frac{1}{2}} \quad (11C.11)$$

这就像一个梯子的高度是其梯级间距的总和一样（图 11C.5）。图 11C.6 中的结构表明，$\Delta\tilde{G}_{v+\frac{1}{2}}$ 对 $v+\frac{1}{2}$ 作图所得曲线下的面积等于总和，因此等于 $\tilde{D}_0$。当只考虑非谐性常数 x_e 时，连续项线性减小，

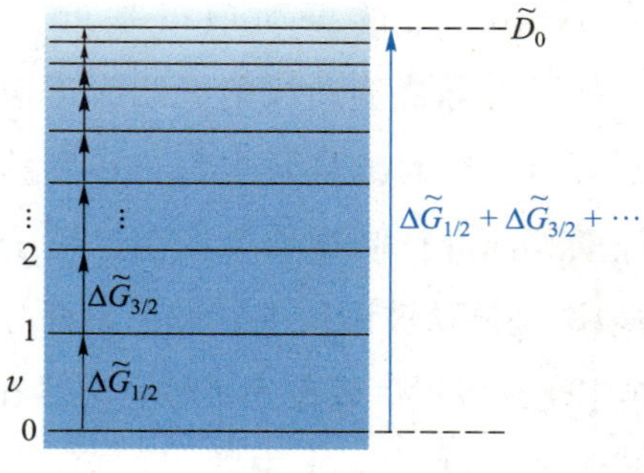

图 11C.5　解离波数是直至解离极限的所有振动项间隔 $\Delta\tilde{G}_{v+\frac{1}{2}}$ 的加和，正如一个梯子的高度是其梯级间距的总和一样

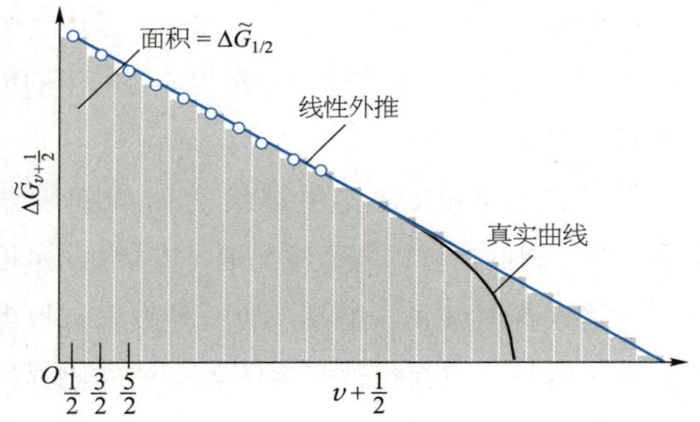

图11C.6　$\Delta\tilde{G}_{v+\frac{1}{2}}$对振动量子数作图所得面积等于分子的解离波数。差异线性趋近于零的假设是Birge－Sponer外推的基础

并且可以通过线性外推来估计光谱的不可及部分。大多数实际的作图与图11C.6所示的线性作图不同，所以用这种方法得到的$\tilde{D}_0$值通常高估了真实的值。

例题 11C.2　使用 Birge-Sponer 图

对于H_2^+的跃迁1←0, 2←1,…，观察到的振动间隔的值分别如下：2 191 cm^{-1}、2 064 cm^{-1}、1 941 cm^{-1}、1 821 cm^{-1}、1 705 cm^{-1}、1 591 cm^{-1}、1 479 cm^{-1}、1 368 cm^{-1}、1 257 cm^{-1}、1 145 cm^{-1}、1 033 cm^{-1}、918 cm^{-1}、800 cm^{-1}、677 cm^{-1}、548 cm^{-1}、411 cm^{-1}。确定分子的解离能。

整理思路　将间隔$\Delta\tilde{G}_{v+\frac{1}{2}}$对$v+\frac{1}{2}$作图，线性外推至与水平轴相交的点，然后测量曲线下的面积。

解：这些点绘制在图11C.7中，线性外推显示为一条蓝色线。曲线下面积（计算三角形面积的公式或者清点正方形的数目）是216。每个方格对应100 cm^{-1}（参考纵轴的刻度）；因此，以波数表示的解离能为21 600 cm^{-1}（相当于258 kJ · mol^{-1}）。

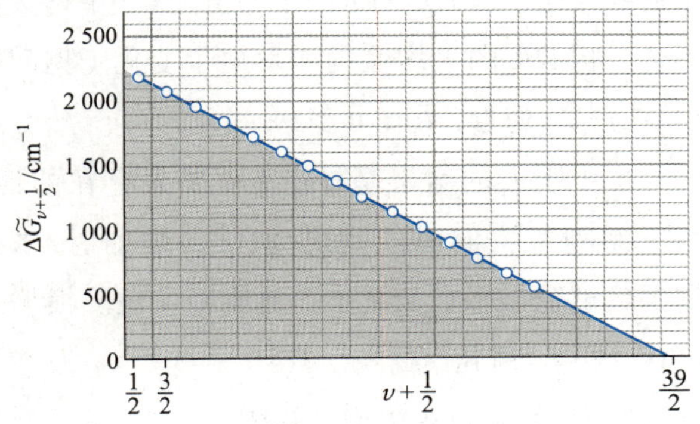

图11C.7　例题11C.2中使用的Birge-Sponer图。面积可简单地通过清点直线下方的方格数目或使用三角形的面积公式（面积 = $\frac{1}{2}$ × 底 × 高）来得到

自测题11.2　HgH的振动能级迅速收敛，且连续的间隔为1 203.7 cm^{-1}（对应于1←0跃迁）、965.6 cm^{-1}、632.4 cm^{-1}和172 cm^{-1}。估算其摩尔解离能。

答案：35.6 kJ · mol^{-1}。

11C.4　振动－转动光谱

人们发现，一个气相异核双原子分子的高分辨振动谱的每一条线都由大量紧密间隔的组分组成（图11C.8）。因此，分子谱通常被称为带谱。各组分之间的间隔小于10 cm^{-1}，说明该结构是由伴随振动跃迁的转动跃迁所引起的。转动变化应该是预期的，因为经典上一个振动跃迁被认为可导致瞬时键长的突然增加或减少。类似于滑冰者将手臂收起时旋转得更快、把手臂伸出去时旋转得更慢一样，分子的转动也会因为振动跃迁而加快或减慢。

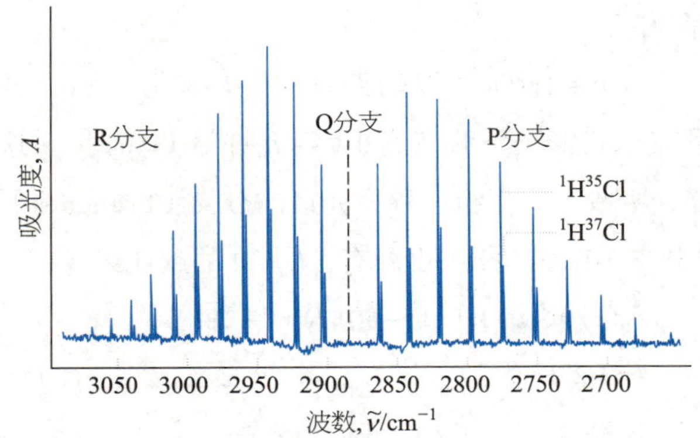

图11C.8　HCl的高分辨振动－转动光谱。谱线之所以成对出现是因为$H^{35}Cl$和$H^{37}Cl$都有贡献（它们的丰度比是3 : 1）。没有Q分支（见下文），因为对于这个分子，$\Delta J = 0$是禁阻的

（a）光谱分支

对振动和转动同时变化的量子力学的详细分析表明，在双原子分子的振动跃迁过程中，转动量子数J变化±1。如果分子也具有绕其轴的角动量，如在组态为…π^1的NO分子的电子轨道角动量中，那么，选律也允许$\Delta J = 0$。

双原子分子振动－转动谱的出现可用振动-转动的组合项$\tilde{S}$来讨论：

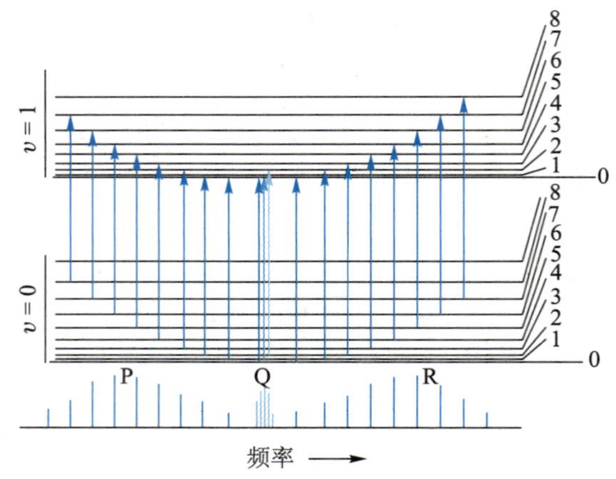

图 11C.9　振动 – 转动光谱中 P、Q 和 R 分支的形成。强度反映了初始转动能级的分布情况和跃迁偶极矩的大小

$$\tilde{S}(v,J)=\tilde{G}(v)+\tilde{F}(J) \tag{11C.12a}$$

如果忽略非谐性和离心畸变，就可以用式（11C.4b）中的表达式来代替$\tilde{G}(v)$，$\tilde{F}(J)$可以用式（11B.9）[$\tilde{F}(J)=\tilde{B}J(J+1)$]代替，从而得出

$$\tilde{S}(v,J)=\left(v+\frac{1}{2}\right)\tilde{\nu}+\tilde{B}J(J+1) \tag{11C.12b}$$

在更细致的处理中，允许$\tilde{B}$依赖于振动状态并写为$\tilde{B}_v$。

在$v+1\leftarrow v$的振动跃迁中，J 变化了±1，并且在一些情况下改变为0（当允许 $\Delta J=0$时）。这样，吸收分为三组，称为光谱的**分支**（branches）。**P 分支**（P branch）由所有$\Delta J=-1$的跃迁组成：

$$\tilde{\nu}_P(J)=\tilde{S}(v+1,J-1)-\tilde{S}(v,J)=\tilde{\nu}-2\tilde{B}J$$

$$J=1,2,3,\cdots \quad \text{P 分支跃迁} \tag{11C.13a}$$

该分支由位于$\tilde{\nu}$的低波数侧$\tilde{\nu}-2\tilde{B}$, $\tilde{\nu}-4\tilde{B}$, … 的谱线组成，强度分布同时反映了转动能级的布居情况和$J-1\leftarrow J$的跃迁偶极矩的大小（图 11C.9）。**Q 分支**（Q branch）包括所有$\Delta J=0$的跃迁，并且其波数对于J的所有值都是相同的。

$$\tilde{\nu}_Q(J)=\tilde{S}(v+1)-\tilde{S}(v,J)=\tilde{\nu} \quad \text{Q 分支跃迁} \tag{11C.13b}$$

当被允许时（如在NO中），该分支出现在振动跃迁波数$\tilde{\nu}$处。在图 11C.8 中，Q分支的预期位置处存在一个间隙，因为它在HCl中是禁阻的，原因是绕其核间轴的电子角动量为零。**R 分支**（R branch）由$\Delta J=+1$的线组成：

$$\tilde{\nu}_R(J)=\tilde{S}(v+1,J+1)-\tilde{S}(v,J)=\tilde{\nu}+2\tilde{B}(J+1)$$

$$J=0,1,2,\cdots \quad \text{R 分支跃迁} \tag{11C.13c}$$

该分支由位于$\tilde{\nu}$的高波数侧$\tilde{\nu}+2\tilde{B}$，$\tilde{\nu}+4\tilde{B}$，… 的谱线组成。

振动跃迁P和R分支中谱线之间的间隔给出$\tilde{B}$的值。因此，可以与微波光谱（专题11B）相同的方式来推断键长。但是，后一种技术可提供更精确的键长，因为微波频率的测量精度比红外频率更高。

简要说明 11C.2

$^{1}H^{81}Br$的红外吸收光谱含有一个由$v=0$产生的谱带。根据式（11C.13c）和表11C.1中的数据，由$J=2$ 的转动状态导致的R分支中谱线的波数为

$$\tilde{\nu}_R(2)=\tilde{\nu}+6\tilde{B}=2\,648.98\ \mathrm{cm^{-1}}+6\times 8.465\ \mathrm{cm^{-1}}=2\,699.77\ \mathrm{cm^{-1}}$$

表 11C.1　双原子分子的性质*

	$\tilde{\nu}$/cm^{-1}	R_e/pm	$\tilde{B}$/cm^{-1}	k_f/(N · m^{-1})	$\tilde{D}_0$/(10^{4}cm^{-1})
$^{1}H_2$	4400	74	60.86	575	3.61
$^{1}H^{35}Cl$	2991	127	10.59	516	3.58
$^{1}H^{127}I$	2308	161	6.51	314	2.46
$^{35}Cl_2$	560	199	0.244	323	2.00

* 更多数据参见资源部分。

（b）组合差

对转动精细结构更详细的分析表明，随着振动量子数v的增大，转动常数逐渐减小。这种效应的起因是$1/R^2$的平均值降低，因为势阱的非对称性导致平均键长随振动能量增加。谐振子也表现出这种效应，因为尽管R的平均值随着v的增大而不变，但$1/R^2$的平均值确实发生了变化（见问题 P11C.13）。通常，$\tilde{B}_1$比$\tilde{B}_0$小1%~2%。

$\tilde{B}_1$小于$\tilde{B}_0$的结果是Q分支（如果存在的话）由一系列紧密间隔的线组成；当J增加时，R分支的线略微收敛，而P分支的线则发散。根据式（11C.12b），用$\tilde{B}_v$代替$\tilde{B}$，可得

$$\begin{aligned}
\tilde{\nu}_P(J)&=\tilde{\nu}-(\tilde{B}_1+\tilde{B}_0)J+(\tilde{B}_1-\tilde{B}_0)J^2\\
\tilde{\nu}_Q(J)&=\tilde{\nu}+(\tilde{B}_1-\tilde{B}_0)J(J+1)\\
\tilde{\nu}_R(J)&=\tilde{\nu}+(\tilde{B}_1+\tilde{B}_0)(J+1)+(\tilde{B}_1-\tilde{B}_0)(J+1)^2
\end{aligned} \tag{11C.14}$$

为了分别确定两个转动常数，可使用**组合差**

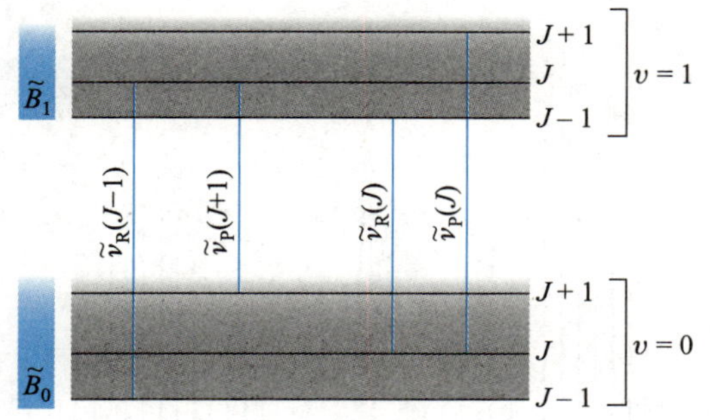

图 11C.10 组合差的方法利用了某些跃迁对共享一个能级的事实

（combination differences）的方法，其涉及建立跃迁到一共同状态波数之差的表达式。这样，得到的表达式仅依赖于其他状态的性质。

从图 11C.10 可以看出，跃迁 $\tilde{\nu}_R(J-1)$ 和 $\tilde{\nu}_P(J+1)$ 有一个共同的高能态，因此可以预期这些跃迁之间的差异取决于 $\tilde{B}_0$，从图中还可以看出，$\tilde{\nu}_R(J-1)-\tilde{\nu}_P(J+1)=\tilde{S}(0,J+1)-\tilde{S}(0,J-1)$。可通过使用式（11C.12b）中的 $\tilde{S}(v,J)$ 的表达式（用 $\tilde{B}_0$ 代替 $\tilde{B}$）来求算等式右边，从而得到

$$\tilde{\nu}_R(J-1)-\tilde{\nu}_P(J+1)=4\tilde{B}_0(J+\tfrac{1}{2}) \qquad (11C.15a)$$

因此，组合差对 $J+\frac{1}{2}$ 作图应该是斜率为 $4\tilde{B}_0$ 和截距（垂直轴）为 0 的一条直线；所以，可以从斜率确定 $\tilde{B}_0$ 的值。离心畸变的存在导致截距偏离零点，但对直线的品质几乎没有影响。

$\tilde{\nu}_R(J)$ 和 $\tilde{\nu}_P(J)$ 这两条线有一个共同的低能态，因此它们的组合差取决于 $\tilde{B}_1$。如前所述，从图 11C.10 中可以看出，$\tilde{\nu}_R(J)-\tilde{\nu}_P(J)=\tilde{S}(1,J+1)-\tilde{S}(1,J-1)$，也即

$$\tilde{\nu}_R(J)-\tilde{\nu}_P(J)=4\tilde{B}_1(J+\tfrac{1}{2}) \qquad (11C.15b)$$

简要说明 11C.3

$\tilde{B}_0$ 和 $\tilde{B}_1$ 的转动常数可以通过只涉及几个跃迁的计算来估计。对于 $^1H^{35}Cl$，有 $\tilde{\nu}_R(0)-\tilde{\nu}_P(2)=62.6\ cm^{-1}$。根据式（11C.15a），当 $J=1$ 时，可得出 $\tilde{B}_0=62.6\ cm^{-1}/\left[4\times\left(1+\frac{1}{2}\right)\right]=10.4\ cm^{-1}$。同样地，$\tilde{\nu}_R(1)-\tilde{\nu}_P(1)=60.8\ cm^{-1}$，根据式（11C.15b），再次用 $J=1$，可得出 $\tilde{B}_1=60.8\ cm^{-1}/\left[4\times\left(1+\frac{1}{2}\right)\right]=10.1\ cm^{-1}$。如果使用更多的线来绘制组合差图，则得到的值为 $\tilde{B}_0=10.440\ cm^{-1}$ 和 $\tilde{B}_1=10.136\ cm^{-1}$。这两个转动常数相差约为 $\tilde{B}_0$ 的 3%。

11C.5 振动拉曼光谱

与往常一样，通过考虑适当的跃迁偶极矩，可建立振动拉曼跃迁的总选律和特定选律。详情请参阅本书网站上的“深入了解 6”。结论是振动拉曼跃迁的总选律是极化率必须随着分子的振动而变化。极化率在振动拉曼光谱中起着作用，因为为了在非弹性的光子 - 分子碰撞过程中产生振动激发，分子必须被入射辐射挤压和拉伸。同核和异核双原子分子在振动过程中都会发生膨胀和收缩，导致原子核对电子的控制发生变化，因此分子的极化率发生变化。所以，这两种类型的双原子分子都具有振动拉曼活性。分析还表明，简谐近似中振动拉曼跃迁的特定选律是 $\Delta v=\pm1$，正如红外跃迁一样。

入射辐射高频侧的线，用专题 11A 中介绍的术语来讲，是那些 $\Delta v=-1$ 的线。入射辐射低频侧的线，即“斯托克斯线”，则对应于 $\Delta v=+1$。反斯托克斯线和斯托克斯线的强度主要取决于跃迁过程中涉及的转动态的玻耳兹曼布居数。因此，反斯托克斯线通常较弱，因为振动激发态的布居数非常小。

在气相光谱中，斯托克斯线和反斯托克斯线拥有由伴随着振动激发的同时转动跃迁所产生的分支结构（图 11C.11）。选律是 $\Delta J=0,\pm2$（与在纯转动拉曼光谱中一样），并产生 O 分支（O branch，$\Delta J=-2$）、Q 分支（Q branch，$\Delta J=0$）和 S 分支（S branch，$\Delta J=+2$）：

$$\tilde{\nu}_O(J)=\tilde{\nu}_i-\tilde{\nu}+4\tilde{B}\left(J-\frac{1}{2}\right) \quad J=2,3,4,\cdots \quad \text{O 分支跃迁}$$

$$\tilde{\nu}_Q(J)=\tilde{\nu}_i-\tilde{\nu} \quad \text{Q 分支跃迁} \qquad (11C.16)$$

$$\tilde{\nu}_S(J)=\tilde{\nu}_i-\tilde{\nu}+4\tilde{B}\left(J-\frac{3}{2}\right) \quad J=0,1,2,\cdots \quad \text{S 分支跃迁}$$

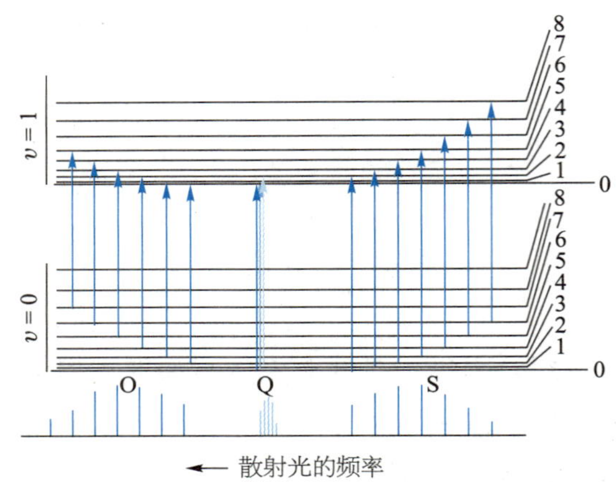

图11C.11　双原子分子振动 – 转动拉曼光谱中O、Q和S分支的形成（斯托克斯线）。注意，频率刻度的方向与图11C.9中的相反。因为更高的能量跃迁（在右侧）从入射光束中获得更多的能量，从而使散射的光束处于更低的频率

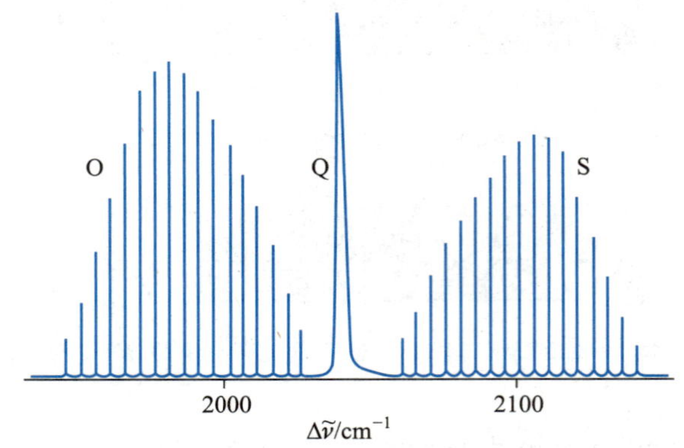

图11C.12　CO振动拉曼光谱（斯托克斯线）中一条振动线的结构，表示O、Q和S的分支。横轴表示入射辐射和散射辐射之间的波数差。对于这些斯托克斯线，散射辐射的波数（与差分不同的是，它代表了分子中储存的能量）向左是增加的，如图11C.11所示

式中 $\tilde{\nu}_i$ 是入射辐射的波数。但需要注意的是，与红外光谱不同，所有线形分子都有Q分支。例如，CO的光谱如图11C.12所示：Q分支并不是像式（11C.16）所暗示的是一条单线，而是表现出一个宽带的特征。它的宽度是由于一些重叠线的存在所引起的，而这些重叠线则是由于上振动态和下振动态的转动常数不同所引起的。

因为同核双原子分子也可以被研究，所以振动拉曼光谱提供的信息补充了红外光谱的信息，光谱可以用力常数、解离能和键长来解释，得到的一些信息包含在表11C.1中。

概念清单

- ☐ 1. 模拟为谐振子的双原子分子的振动能级取决于**力常数** k_f（键的刚性的一种量度）和振动的**有效质量**。
- ☐ 2. 红外光谱的**总选律**是分子的电偶极矩必须依赖于键长。
- ☐ 3. 红外光谱的**特定选律**(在简谐近似范围内)为 $\Delta\upsilon = \pm 1$。
- ☐ 4. **莫尔斯势能**可以用来模拟非简谐振动。
- ☐ 5. 最强的红外跃迁是**基本跃迁**（$\upsilon = 1 \leftarrow \upsilon = 0$）。
- ☐ 6. 非简谐性导致更弱的**泛频跃迁**（$\upsilon = 2 \leftarrow \upsilon = 0$, $\upsilon = 3 \leftarrow \upsilon = 0$, …）。
- ☐ 7. **Birge–Sponer图**可用于确定双原子分子的解离能。
- ☐ 8. 在气相中，由于同时有转动跃迁，振动跃迁具有**P、R分支结构**；一些分子还有**Q分支结构**。
- ☐ 9. 对于**拉曼活性**的振动，极化率必须随着分子振动而改变。
- ☐ 10. 振动拉曼光谱的**特定选律**（在简谐近似范围内）为 $\Delta\upsilon = \pm 1$。
- ☐ 11. 在气相光谱中，拉曼光谱中的斯托克斯线和反斯托克斯线具有**O、Q和S分支结构**。

公式清单

性质	公式	说明	公式编号
振动项	$\tilde{G}(v)=\left(v+\frac{1}{2}\right)\tilde{\nu},\tilde{\nu}=(1/2\pi c)(k_f/m_{\text{eff}})^{1/2}$ $m_{\text{eff}}=m_1m_2/(m_1+m_2)$	双原子分子； 简谐近似	11C.4b
红外光谱（振动）	$\Delta\tilde{G}_{v+\frac{1}{2}}=\tilde{\nu}$	双原子分子； 简谐近似	11C.6
莫尔斯势能	$V(x)=hc\tilde{D}_e(1-\mathrm{e}^{-ax})^2$ $a=(m_{\text{eff}}\omega^2/2hc\tilde{D}_e)^{1/2}$		11C.7
振动项（双原子分子）	$\tilde{G}(v)=(v+\frac{1}{2})\tilde{\nu}-(v+\frac{1}{2})^2x_e\tilde{\nu},x_e=\tilde{\nu}/4\tilde{D}_e$	莫尔斯势能	11C.8
红外光谱（振动）	$\Delta\tilde{G}_{v+\frac{1}{2}}=\tilde{\nu}-2(v+1)x_e\tilde{\nu}+\cdots$ $\tilde{G}(v+2)-\tilde{G}(v)=2\tilde{\nu}-2(2v+3)x_e\tilde{\nu}+\cdots$	非谐振子 第一泛频	11C.9b 11C.10
解离波数	$\tilde{D}_0=\Delta\tilde{G}_{1/2}+\Delta\tilde{G}_{3/2}+\cdots=\sum_v\Delta\tilde{G}_{v+\frac{1}{2}}$	Birge－Sponer 图	11C.11
振动－转动项（双原子分子）	$\tilde{S}(v,J)=(v+\frac{1}{2})\tilde{\nu}+\tilde{B}J(J+1)$	转动耦合于振动	11C.12b
红外光谱（振动－转动）	$\tilde{\nu}_P(J)=\tilde{S}(v+1,J-1)-\tilde{S}(v,J)=\tilde{\nu}-2\tilde{B}J$　$J=1,2,3,\cdots$	P 分支（$\Delta J=-1$）	11C.13a
	$\tilde{\nu}_Q(J)=\tilde{S}(v+1)-\tilde{S}(v,J)=\tilde{\nu}$	Q 分支（$\Delta J=0$）	11C.13b
	$\tilde{\nu}_R(J)=\tilde{S}(v+1,J+1)-\tilde{S}(v,J)=\tilde{\nu}+2\tilde{B}(J+1)$　$J=0,1,2,\cdots$	R 分支（$\Delta J=\pm1$）	11C.13c
	$\tilde{\nu}_R(J-1)-\tilde{\nu}_P(J+1)=4\tilde{B}_0(J+\frac{1}{2})$ $\tilde{\nu}_R(J)-\tilde{\nu}_P(J)=4\tilde{B}_1(J+\frac{1}{2})$	组合差	11C.15
拉曼光谱（振动－转动）	$\tilde{\nu}_O(J)=\tilde{\nu}_i-\tilde{\nu}+4\tilde{B}\left(J-\frac{1}{2}\right)$　$J=2,3,4,\cdots$ $\tilde{\nu}_Q(J)=\tilde{\nu}_i-\tilde{\nu}$ $\tilde{\nu}_S(J)=\tilde{\nu}_i-\tilde{\nu}+4\tilde{B}\left(J+\frac{3}{2}\right)$　$J=0,1,2,\cdots$	O 分支（$\Delta J=-2$） Q 分支（$\Delta J=0$） S 分支（$\Delta J=+2$）	11C.16

专题11D

多原子分子的振动光谱

▶ 为何需要学习这部分内容？

振动光谱分析是一种广泛使用的分析技术，它可提供有关气相和凝聚相中多原子分子的归属和形状的信息。

▶ 核心思想是什么？

多原子分子的振动光谱可以利用其简正模式来解释。

▶ 需要哪些预备知识？

需要熟悉谐振子（专题7E）、光谱学的一般原理（专题11A），以及振动红外和拉曼光谱的选律（专题11C）。

双原子分子只有一种振动模式：键的周期性拉伸和压缩。在多原子分子中，存在许多可以变化的键长和键角。因此，分子的振动运动非常复杂。引入“简正模式”的概念，可以大大简化这种复杂性。

11D.1 简正模式

分析多原子分子振动的第一步是计算振动模式的总数。

如何完成？ 11D.1 计算振动模式的数目

确定N个原子的位置所需的坐标总数为$3N$。每个原子可以通过改变其自身的三个坐标（x, y, z）中的任一个来改变其位置，因此总的位移数是$3N$。这些位移可以一种物理学上合乎情理的方式组合在一起。例如，指定分子质心的位置需要三个坐标，故$3N$个位移中的三个对应于分子整体的平移运动，剩余的（$3N-3$）个位移则为分子的“内部”模式。

确定一个线形分子在空间的取向需要两个角度：实际上，只需要指定分子轴方向的纬度和经度[图11D.1（a）]。但是，对于一个非线形的分子，则需要三个角度，因为绕着由经度和纬度所定义方向的分子的取向也需要指定（图11D.1b）。因此，对于线形分子，（$3N-3$）个内部位移中的两个为转动的；而对于非线形分子，位移中的三个为转动的。这样就留下（$3N-5$）个（线形）或（$3N-6$）个（非线形）原子的非转动内部位移：这些是振动模式。因此，振动模式的数目为

$$\text{线形分子：}\quad N_{vib}=3N-5$$
$$\text{非线形分子：}\quad N_{vib}=3N-6 \qquad \text{振动模式的数目} \qquad (11D.1)$$

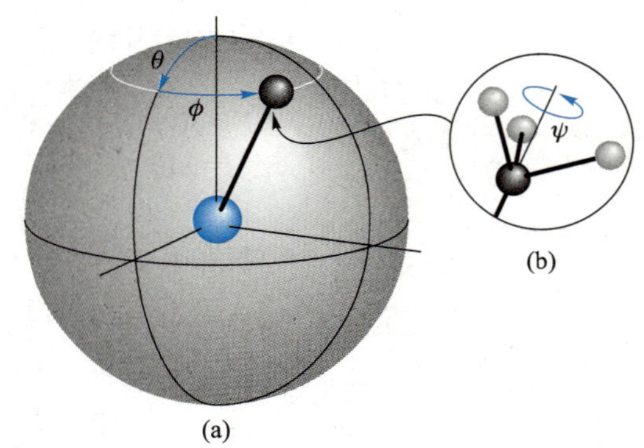

图11D.1 （a）一个线形分子的取向需要指定两个角度。（b）一个非线形分子的取向需要指定三个角度

简要说明11D.1

H_2O是一个非线形三原子分子，$N=3$，因此有$3N-6=3$种振动模式；CO_2是一个线形三原子分子，具有$3N-5=4$种振动模式。甲苯有15个原子和39种振动模式。

振动运动描述的最简化可通过用“简正模式”分析得到。**简正模式**（normal mode）是分子的一种振动，其中质心保持固定，分子取向不变，原子同步（同频率）移动。当一种简正模式被激发

时，能量保持在该种模式中，并且不会迁移到分子的其他简正模式中。

只有当假设势能是抛物线形状时（如在谐振子中，专题11C），才可能进行简正模式分析。现实中，势能不是抛物线形状的，振动是非谐性的（专题11C），且简正模式并不是完全独立的。即便如此，简正模式分析仍然是描述多原子分子振动的一个良好起点。

图11D.2显示了CO_2分子的四种简正模式。模式ν_1是**对称拉伸**（symmetric stretch），其中两个O原子同步移进和移出，但碳原子保持静止。模式ν_2为**反对称拉伸**（antisymmetric stretch），其中两个O原子总是在相同的方向上移动，并且与C原子移动的方向相反。最后，还存在两种**弯曲模式**（bending modes）ν_3，其中O原子在垂直于核间轴的一个方向移动，C原子则在相反的方向移动，这种弯曲运动可以发生在两个垂直平面的任意一个内。在所有这些振动模式中，质心的位置和分子的取向不会因振动而发生改变。

在谐振子近似中，每种简正模式q的行为犹如一个独立的谐振子，并且具有以量子数v_q表征的能量。当用波数表示时，这些项为

$$\tilde{G}_q(v)=\left(v_q+\frac{1}{2}\right)\tilde{\nu}_q \quad v_q=0,1,2,\cdots$$

简正模式振动项［谐振子］ (11D.2)

$$\tilde{\nu}_q=\frac{1}{2\pi c}\left(\frac{k_{f,q}}{m_q}\right)^{1/2}$$

式中$\tilde{\nu}_q$是模式q的波数；该量取决于模式的力常数$k_{f,q}$和模式的有效质量m_q：刚性键和低有效质量对应于高波数，因此对应于高频振动。模式的有效质量是衡量该振动中所移动的质量的一种量度，并且通常是原子质量的组合。例如，在CO_2的对称伸缩中，C原子是静止的，有效质量仅取决于O原子的质量。在反对称伸缩和弯曲中，所有三个原子都移动。因此，所有三个原子的质量对每个模式的有效质量均有不同程度的贡献。

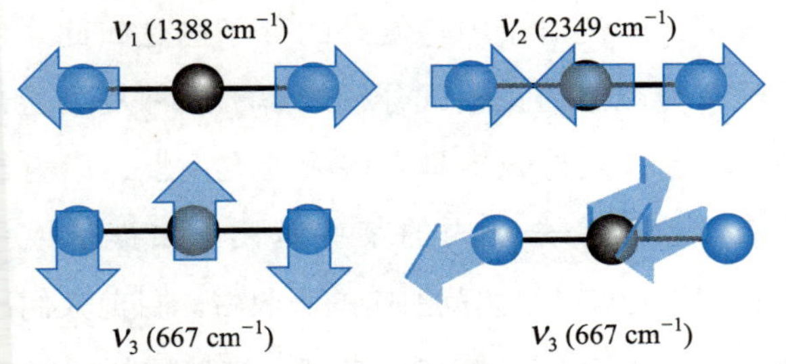

图11D.2 CO_2分子的四种简正模式。其中两个弯曲运动（ν_3）具有相同的振动频率

H_2O分子的三种简正模式示于图11D.3中。注意，占主导地位的弯曲模式(ν_3)其频率（和波数）小于其他的模式（主要是伸缩模式）。一般情形下，弯曲振动模式的频率会低于伸缩振动模式的频率。仅在特殊情况（如CO_2分子）下，简正模式是绝对的伸缩或弯曲。一般地，简正模式是同时包含键角弯曲和键长伸缩的复合运动。在一给定的简正模式中，通常重原子的移动较轻原子的少。

一个多原子分子的振动态可由每种简正模式的振动量子数v_q来指定。例如，对于具有三种简正模式的H_2O分子，其振动态用（v_1, v_2, v_3）表示。因此，H_2O分子的振动基态表示为（0, 0, 0）；振动态（0, 1, 0）意味着模式1和3处于其基态，而模式2则处于第一激发态。

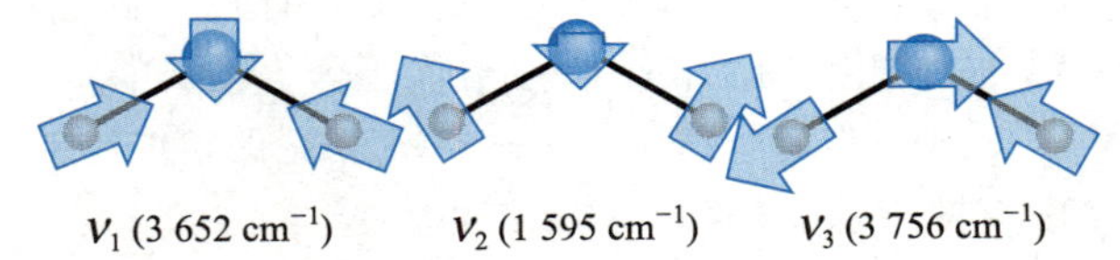

图11D.3 H_2O分子的三种简正模式。模式ν_2主要是弯曲，且出现在比其他两种模式更低的波数处

11D.2 红外吸收光谱

红外活性的总选律是双原子分子规则的直接推广（见专题11C）：

对应于简正模式的运动必须伴随分子电偶极矩的变化。

为了评估一种简正模式是否有红外活性，通常需要检查所用原子的振动方式。例如，CO_2的对称伸缩振动并不改变偶极矩（为零，见图11D.2），因此该模式为非红外活性的。然而，反对称伸缩

模式会引起分子偶极矩变化（由于分子在振动时会变得不对称），因此这种模式具有红外活性。因为偶极矩变化与主轴平行，该模式产生的红外跃迁被分类为光谱中的**平行带**（parallel bands）。两种弯曲模式也是红外活性的：它们伴随有垂直于主轴的一个变化的偶极子，故涉及它们的跃迁导致光谱中的**垂直带**（perpendicular band）。

例题 11D.1　使用红外光谱的总选律

指出下列分子中哪些分子是红外活性的：N_2O、OCS、H_2O、$CH_2{=}CH_2$。

整理思路　红外活性的分子具有一种或多种简正模式，在运动过程中，其有偶极矩的变化。因此，要判断分子是否具有红外活性，则需要确定分子是否存在任何扭曲变形，而导致其电偶极矩发生变化（包括从零变为非零）。

解：线形分子N_2O和OCS本身都具有永久电偶极矩，其因键的伸缩而变化；另外，垂直于核间轴的弯曲也在该方向产生一个偶极子：故这两个分子都是红外活性的。H_2O分子还具有永久偶极矩，通过拉伸键或改变键角会使其变化：因此，H_2O分子是有红外活性的。$CH_2{=}CH_2$分子没有永久偶极矩（存在对称中心），但是该分子中存在一些振动，可以降低分子对称性，并且产生分子偶极矩。例如，拉伸一个碳原子上的两个C—H键，且同时压缩另一个碳原子上的两个C—H键。

说明　专题11E描述了一个基于群论的系统程序，用于判断一种振动模式是否有红外活性。

自测题 11D.1　指出$CH_2{=}CH_2$的一种非红外活性的振动模式。

答案：一种"呼吸"模式，其中所有的C—H键同步压缩和伸长

谐振子近似中的特定选律是$\Delta v_q = \pm 1$。在该近似中，仅一种活性模式的量子数可以在分子与光子的相互作用中发生改变。**基频跃迁**（fundamental transition）是指从分子的基态到指定模式的邻近更高能级的跃迁。例如，在H_2O分子中，有三个这样的基频跃迁，对应着三种简正模式的激发：$(1, 0, 0) \leftarrow (0, 0, 0)$，$(0, 1, 0) \leftarrow (0, 0, 0)$和$(0, 0, 1) \leftarrow (0, 0, 0)$。

非谐性也允许量子数大于1的跃迁发生：这种跃迁被称为**泛频**（overtones）。诸如H_2O分子中$(0, 0, 2) \leftarrow (0, 0, 0)$的一种跃迁被称为模式$\nu_3$的**第一泛频**（first overtone），诸如$(0, 0, 3) \leftarrow (0, 0, 0)$的一种跃迁称为模式$\nu_3$的**第二泛频**（second overtone）。在非谐性存在的情况下，也有可能出现对应于跃迁［如$(1, 1, 0) \leftarrow (0, 0, 0)$］中不止一种简正模式同时激发的**组合带（或组合线）**（combination bands）。

对于双原子分子（专题11C），振动能级之间的跃迁伴随转动状态的同时变化，因此产生带谱而不是纯转动跃迁的单条吸收线。线形多原子分子的光谱显示出与双原子分子光谱类似的分支。对于非线形分子，转动精细结构相当复杂且难以分析：即使在不那么复杂的分子中，仅有几种简正模式的存在也会产生几个基本跃迁、许多泛频和许多组合线，每个都有相关的转动精细结构，最终导致相当复杂的红外光谱。

通过记录凝聚相（液体、溶液或固体）中样品的红外光谱，这些复杂性可被消除（或至少被隐藏）。液体中的分子不会自由旋转，但分子只需稍微改变其取向即可发生相互碰撞。结果，液体中转动状态的寿命非常短，这导致相应能量的宽化（展宽）（专题11A）。碰撞发生的速率大约$10^{13}\ s^{-1}$，并且即使仅允许10%碰撞可以发生分子不同转动能级的跃迁，仍可容易地导致大于$1\ cm^{-1}$的寿命展宽。振动光谱的转动结构被这种效应变得模糊，故凝聚相中分子的红外光谱通常由没有任何分辨率的分支结构的带所组成。

红外光谱通常用于常规化学分析，通常用于溶液中的样品，制备成精细分散体，或制备为固体压成非常薄的片。测量得到的光谱显示出许多吸收带，即使对于中等复杂的分子也是如此。几乎没有可能用简正模式分析来解析这种复杂的光谱。然而，红外光谱具有很大的实用性，因为结果表明：一个分子内的某些基团（如羰基或—NH_2）产生特定波数范围内的吸收带。目前人们已经记录了大量分子的红外光谱，这些数据已被用于绘制来自不同基团的吸收波数的预期范围的图

表。将未知分子或化学反应产物的光谱特征与这些数据表中的条目相比较，通常是鉴别分子的第一步。

11D.3　振动拉曼光谱

对于双原子分子而言，如果分子振动的简正模式伴随极化率的变化，则它们是拉曼活性的。基于对称性的考虑，对简正模式的红外和拉曼活性仔细分析，可得如下**排除规则**（exclusion rule）：

如果分子具有对称中心，则没有振动模式同时是红外和拉曼活性的。　排除规则

（一种模式可能同时对红外和拉曼都是非活性的。）由于通常可直观地判断一种模式是否改变了分子的偶极矩，所以此规则可用于识别非拉曼活性的模式。

简要说明 11D.2

CO_2的对称伸缩交替使分子膨胀和收缩：这个运动改变了分子尺寸，从而引起分子的极化率变化，因此该模式是拉曼活性的。因为CO_2具有对称中心，排除规则适用，因此拉伸模式不是红外活性的。反对称伸缩模式和两个弯曲振动模式是红外活性的，故它们都不是拉曼活性的。

通过留意散射光的偏振状态，将有助于将拉曼谱线归属于特定的振动模式。一条线的**退偏振比**（depolarization ratio）ρ指偏振方向与入射光平面垂直和平行的散射光强度之比（图11D.4）：

$$\rho=\frac{I_{\perp}}{I_{\parallel}} \qquad \text{退偏振比[定义]} \qquad (11D.3)$$

为了测量ρ，通过沿入射偏振光束的平行方向和垂直方向放置偏振滤光片，分别测量样品的拉曼线的强度。如果出射光是非偏振的，那么$I_{\perp}=I_{\parallel}$，$\rho=1$；如果出射光还保持入射光的偏振方向，那么$I_{\perp}=0$，所以$\rho=0$。如果谱线的ρ接近或大于0.75，该谱线被分类为**退偏振的**（depolarized）；如果$\rho<0.75$，则为**偏振的**（polarized）。只有完全对称的振动才能产生偏振线，其中入射偏振在很大程度上被保留了下来。不完全对称的振动产生退偏振的谱线，因为入射光也可以在垂直方向上产生辐射。

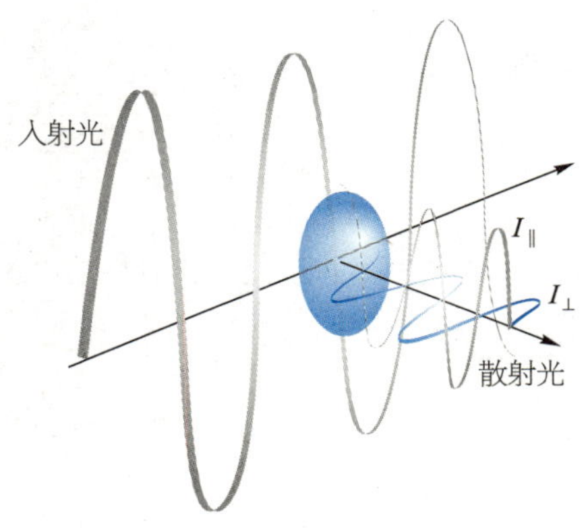

图11D.4　拉曼散射中，用于确定退偏振比ρ的平面的定义

概念清单

☐ 1. **简正模式**是原子的同步位移，其中分子的质心和取向维持不变。在谐振子近似中，简正模式是相互独立的。

☐ 2. **红外活性**　如果一个简正模式伴有电子偶极矩的变化，则其是红外活性的，特定选律是$\Delta v_q=\pm1$。

☐ 3. **拉曼活性**　如果一个简正模式伴有去极化率的变化，则其是拉曼活性的，特定选律是$\Delta v_q=\pm1$。

☐ 4. **排除规则**指出：如果分子具有对称中心，则没有同时是红外和拉曼活性的模式。

☐ 5. 拉曼光谱中的**偏振线**保留了入射辐射的偏振，并由完全对称的振动产生。

公式清单

性质	公式	说明	公式编号
简正模式数目	$N_{vib}=3N-5$（线形分子） $N_{vib}=3N-6$（非线形分子）	若为谐振子，则是独立的； N是原子的数目	11D.1
简正模式的振动项	$\tilde{G}_q(v)=\left(v_q+\frac{1}{2}\right)\tilde{\nu}_q$ $\tilde{\nu}_q=\frac{1}{2\pi c}\left(\frac{k_{f,q}}{m_q}\right)^{1/2}$	谐振子近似	11D.2
退偏振比	$\rho=\frac{I_\perp}{I_\parallel}$	退偏振谱线：ρ接近或大于0.75 偏振线：$\rho<0.75$	11D.3

专题11E

振动光谱的对称性分析

► 为何需要学习这部分内容？

理解分子的对称性、简正模式及控制跃迁的选律之间的关系有助于振动光谱的分析。

► 核心思想是什么？

分子的振动模式可以根据分子的对称性来分类。

► 需要哪些预备知识？

需要熟悉多原子分子的振动光谱（专题11D）和主题10中对称性的处理。

根据多原子分子的对称性对其振动简正模式的分类，可以帮助我们以更直接的方式预测哪些模式是红外或拉曼活性的。

11E.1 简正模式的对称性分类

根据分子所属点群的不可约表示，每个简正模式都能与特定的对称性种类相对应。具体指认过程如下：

1. 基函数为每个原子上的三个位移矢量（x、y和z）：对于一个含有N个原子的分子，有$3N$个这样的基函数。

2. 群中操作的每一类C的特征表$\chi(C)$可通过考虑一个操作的效果来获得。对每个基函数，若操作后未变，则记为1；若基函数改变了符号，则记为−1；若其变为了某一其他位移，则记为0。

3. 通过使用相关的特征标表，并结合式（10C.3a）：

$$n(\Gamma)=\frac{1}{h}\sum_{C}N(C)\chi^{(\Gamma)}(C)\chi(C)$$

式中h为群的阶，$N(C)$为C中操作的个数。

所得表示可被分解为其组分的不可约表示，标记为Γ，其特征标为$\chi^{(\Gamma)}(C)$。

4. 对应x、y和z（对应平动）的对称性种类和那些对应绕x、y和z转动（表示为R_x、R_y和R_z）的对称性种类被移去；它们的对称性种类列于特征标表中。

5. 余下的对称性种类对应于简正模式。

例题11E.1　鉴别H_2O简正模式的对称性种类

鉴别H_2O（C_{2v}点群）简正模式的对称性种类。

整理思路　需要识别分子中的轴，然后参考对称操作的特征标表（在*资源部分*）和它们的特征标。只需要考虑每类的一个对称操作，因为同类的所有成员具有相同的特征标（在水分子所属的C_{2v}点群中，每类只有一个成员）。然后，按照上述5个步骤进行。注意，由特征标表可知平动和转动的对称性种类（在右侧列中给出）。

解： 将水分子置于yz平面，且使z轴平分H—O—H键角。每个原子的三个位移矢量如图11E.1所示。根据C_{2v}点群的特征标表，对称操作为E、C_2、$\sigma_v(xz)$和$\sigma_v'(yz)$。9个位移矢量在E操作前后均不变，故$\chi(E)=9$。C_2操作使H原子上的所有位移矢量移至其他位置，故这些计为0；O原子的x和y位移矢量改变了符号，故每个计为−1，而z位移矢量不变，计为+1。因此，$\chi(C_2)=-1-1+1=-1$。操作$\sigma_v(xz)$使H原子上的所有位移矢量都移至其他位置，并使O原子上的y位移矢量改变

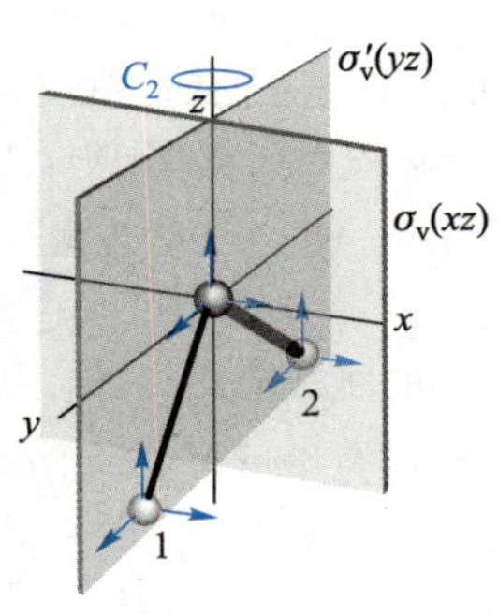

图11E.1　水分子中各原子的位移矢量及用于计算特征标的对称元素

了符号，而x和z方向的位移矢量不变。因此，$\chi(\sigma_v)=-1+1+1=1$。操作$\sigma_v'(yz)$改变了两个H原子上x位移矢量的符号，而y和z位移矢量的符号未受影响。对于O原子，x矢量改变了符号，y和z位移矢量则未受影响。因此，$\chi(\sigma_v')=-1-1+1+1+1+1-1+1+1=3$。因此，表示的特征标为：9、−1、1、3。使用式（10C.3a）将该表示约化后可知，不可约表示生成对称性种类$3A_1+A_2+2B_1+3B_2$。平动拥有对称性种类B_1、B_2和A_1，转动则拥有对称性种类B_1、B_2和A_2；将它们移去后剩下的$2A_1+B_2$为简正模式的对称性种类。与预期一样，有三个这样的模式。

说明　在图11D.3（专题11D）中，ν_1和ν_2拥有对称性A_1，ν_3拥有对称性B_2。这一归属可以从以下事实明显看出，即对于ν_1和ν_2，位移的组合不会被群中任一操作改变，故特征标都是1，与A_1要求的一样。相反地，对于ν_3，位移在C_2和σ_v操作下显示有符号的改变，给出特征标1、−1、−1、1，它们对应于B_2。

自测题 11E.1　请指认甲醛分子简正模式的对称性种类（甲醛分子为$H_2C{=}O$、分子点群为C_{2v}）。请把甲醛分子按照与水分子相同的方式定位，CH_2基团处于yz平面内。

答案：$3A_1+B_1+2B_2$。

水分子的所有简正模式均为A或B，因而是非简并的。在C_{2v}分子中，没有二维或者更高维的不可约表示，故振动简并度从来不会产生。简并度可以出现在有更高对称性的分子中，如下面这个例题中所述。

例题 11E.2　鉴别 BF_3 简正模式的对称性种类

鉴别BF_3简正模式的对称性种类，BF_3分子为平面三角形结构，其点群为D_{3h}。

整理思路　总的过程与例题11E.1中一样。然而，由于BF_3分子的点群为D_{3h}，有二维不可约表示（E'和E''），需要警惕可能有简正模式的二重简并对，可以将B原子上的位移矢量与F原子上的那些位移矢量分开来单独处理，因为没有对称操作互变这两组：这一分离简化了计算。由于BF_3分子是4个原子的非线形分子，故有6个简正模式。

解：C_3轴为主轴且定义z方向；分子位于xy平面。三条C_2轴通过并沿着B—F键，三个σ_v面包含B—F键且垂直于分子平面。σ_h面位于分子所在平面，且S_3轴与主轴一致。

首先，考虑B原子上的位移矢量。因为这个原子位于主轴上，故z位移矢量必须像函数z一样变换；根据特征标表可知，其拥有对称性种类A_2''。类似地，x和y位移矢量一起像E'一样变换。

然后，考虑三个F原子上的9个位移矢量。恒等操作没有任何作用，故$\chi(E)=9$。C_3操作使得所有位移矢量移位，故$\chi(C_3)=0$。沿一特定B—F键的一个C_2操作对于沿着该键的位移矢量没有影响，但其他两个矢量改变了符号；另外两个F原子上的位移矢量被移动，因此$\chi(C_2)=1-1-1=-1$。在σ_h操作下，每个F上的z位移矢量改变了符号，但x和y矢量没有。因此，特征标为$\chi(\sigma_h)=(-1+1+1)\times3=3$。$S_3$与$C_3$特征标相同，故$\chi(S_3)=0$。位于含某特定B—F键的平面内的$\sigma_v$反映对沿着键轴的位移矢量和$z$位移矢量没有影响，但其他矢量改变了符号。因此，$\chi(\sigma_v)=1+1-1=1$。所以，可约表示的特征标为9、0、−1、3、0、1；对于F原子上的位移矢量，这个集可以被约化为对称种类$A_1'+A_2'+2E'+A_2''+E''$。B原子上的位移矢量像$A_2''+E''$一样变换，故对称性种类的完整集为$A_1'+A_2'+3E'+2A_2''+E''$。

特征标表显示，z像A_2''一样变换，x和y一起生成E'。绕z轴旋转R_z像A_2'一样变换、绕x和y的旋转（一起R_x、R_y）像E''一样变换。将这些对称性种类从完整集移去后，剩下$A_1'+2E'+A_2''$，为振动模式的对称性种类，图11E.2显示了这些简正模式。

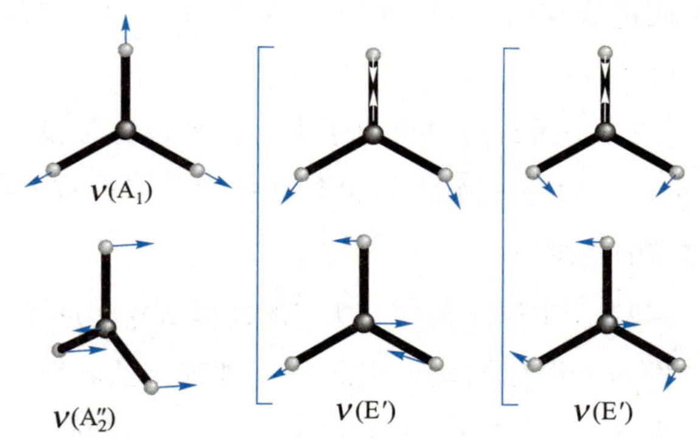

图11E.2　BF_3振动的简正模式

说明　由于E'对称性种类是二维的，因此相应的简正模式是二重简并的。上述分析表明，有两个E'对称性种类存在，对应于两个不同的二重简并简正模式。因此，由$A_1'+2E'+A_2''$表示的简正模式总数为$1+2\times2+1=6$。

自测题 11E.2　鉴别氨（NH_3，C_{3v}点群）简正模式的对称性种类。

答案：$2A_1+2E$。

11E.2　振动波函数的对称性

对于一个一维谐振子，基态($v=0$)波函数正比于$e^{-x^2/2\alpha^2}$，其中x表示偏离平衡位置的位移，α为一常数（专题7E）。对于第一激发态($v=1$)，波函数正比于$xe^{-x^2/2\alpha^2}$。相同的波函数适用于复杂分子的一个简正模式q，假设x由**简正坐标**（normal coordinate）Q_q代替，简正坐标是对应简正模式的位移组合。例如，在CO_2的对称伸缩中，简正坐标为$z_{O,1}-z_{O,2}$，其中$z_{O,i}$表示第i号O原子沿z方向的位移。

任一对称操作对非简并简正模式的简正坐标的作用是要么使其不变，要么最多改变其符号。换句话说，所有的特征标不是1就是−1。基态波函数是简正坐标平方的一个函数，故不管任一对称操作的结果是$Q_q \to -Q_q$还是$Q_q \to +Q_q$，对Q_q^2的作用则是其不受影响，故基态波函数像全对称的不可约表示（典型地A_1）一样变换。

第一激发态波函数是一个依赖于Q_q^2（指数项）的部分和一个正比于Q_q的因子的乘积。就像我们已经看到的，Q_q^2变换为全对称不可约表示，Q_q拥有与简正模式相同的对称性种类。全对称不可约表示与任一对称性种类的直积对后者没有影响。因此，第一激发态波函数的对称性与简正模式的对称性相同。

(a) 简正模式的红外活性

一旦知道了某一特定简正模式的对称性，就容易通过相应的特征标表来判断该模式的基本跃迁是否是允许的，即其是否具有红外活性。

如何完成？ 11E.1　确定一个简正模式的红外活性

需要注意的是，某一特定简正模式的基本跃迁是从基态$v_q=0$到第一激发态$v_q=1$的跃迁。我们已经知道，$v_q=0$的基态变换为全对称的不可约表示，且$v_q=1$的状态具有与相应简正模式相同的对称性。

步骤1　*写出用于识别选律的积分*

$v_q=0$和$v_q=1$之间的跃迁是否允许可通过计算ψ_0与ψ_1间的跃迁偶极，即$\mu_{10}=\int\psi_1^*\hat{\mu}\psi_0\mathrm{d}\tau$（专题11A），来加以评估，偶极矩算符像$x$、$y$或$z$一样变换。如专题10C中所示，这个积分只有在积$\psi_1^*\hat{\mu}\psi_0$生成全对称不可约表示时才不为零。

步骤2　*鉴别被积函数所生成的对称性种类*

通过取ψ_1，$\hat{\mu}$和ψ_0各自所生成的对称性种类的直积，可以找出$\psi_1^*\hat{\mu}\psi_0$的对称性种类（专题10C）。由于ψ_0变换为全对称不可约表示，所以它对$\psi_1^*\hat{\mu}\psi_0$的对称性没有影响，只需考虑积$\psi_1^*\hat{\mu}$的对称性。如专题10C中所示，使这个积生成全对称不可约表示的唯一方式是让ψ_1^*和$\hat{\mu}$生成相同的对称性种类。换句话说，只有当ψ_1^*，也即简正模式，具有与x、y或z相同的对称性种类时，积分才不为零。

上述分析可总结为如下规则：

只有当其对称性种类与x、y或z相同时，一个模式才具有红外活性。

红外活性的对称性测试

简要说明 11E.1

BF_3分子（属于D_{3h}点群）的简正模式具有对称性种类$A_1'+2E'+A_2''$（例题11E.2）。由特征标表可知，z属于A_2''，且(x, y)一并属于E'。因此，A_2''简正模式和两个二重简并的E'简正模式均具有红外活性，而A_1'模式没有。

(b) 简正模式的拉曼活性

对称性的讨论也为确定一个简正模式的基本跃迁是否产生拉曼散射，即该模式是否是拉曼活性的，提供了一个系统方法。论证类似于评估红外活性，区别在于其是基于极化率算符而不是偶极矩算符。该算符的变换形式与二次项形式（x^2、xy等，列于特征标表中）相同，可得如下规则：

只有当其对称性种类与二次项形式的对称性种类相同时，一个模式才具有拉曼活性。

拉曼活性的对称性测试

简要说明 11E.2

BF_3分子属于D_{3h}点群，且其简正模式的对称性种类为$A_1' + 2E' + A_2''$（例题11E.2）。根据特征标表可知，x^2、y^2和z^2均属于A_1'，且（$x^2 - y^2$，$2xy$）一并属于E'。因此，A_1'和两个二重简并的E'简正模式均具有拉曼活性。A_2''模式不是拉曼活性的，因为没有二次形式拥有这个对称性种类。E'模式同时具有红外和拉曼活性：因为BF_3不具有对称中心，因此排除规则不适用。A_1'简正模式是高度对称的呼吸模式，其中所有的 B—F 键一起伸缩。相应的拉曼谱线预期是偏振的。E'模式预期产生退偏振谱线。

（c）排除规则的对称性基础

使用对称性论证，可推导出11D.3节中的排除规则。若分子具有对称中心，则根据它们在反演操作下的行为，其位移的所有对称性种类不是g就是u。若此对称操作的特征标为正，表明位移矢量操作前后不变，标号为g；若此对称操作的特征标为负，则位移矢量改变了符号，标号为u。

在反演操作下，函数x、y和z（出现在跃迁偶极中）都改变符号，故它们必须对应于标号为u的对称性种类。相反，二次形式（它们控制拉曼活性）在反演操作下都不变化，故拥有标号g。例如，对xz的反演操作使其变为$(-x)(-zx) = xz$。

拥有对称中心的分子中的任一简正模式所对应的对称性种类要么是g要么是u。如果简正模式拥有与x、y或z相同的对称性种类，则它是红外活性的，这样一个模式必定是u。如果简正模式拥有与二次形式相同的对称性种类，则它是拉曼活性的，这样一个模式必定是g。由于一个简正模式不可能既是g也是u，故没有一个模式可以同时具有拉曼和红外活性。

概念清单

- □ 1. 只有当其对称性种类与x、y或z的对称性种类相同时，一个简正模式才具有红外活性。
- □ 2. 只有当其对称性种类与二次形式的对称性种类相同时，一个简正模式才具有拉曼活性。

专题11F

电子光谱

▶ 为何需要学习这部分内容？

研究分子的不同电子状态之间的光谱跃迁，可以获得关于分子电子结构的数据，从而深入到成键、振动频率和键长等分子结构信息。

▶ 核心思想是什么？

电子跃迁发生在固定的核框架内。

▶ 需要哪些预备知识？

需要熟悉光谱的一般特性（专题11A）、选律的量子力学起因（专题8C、11B、11C）和振动-转动光谱（专题11C）。另外，了解原子谱项符号（专题8C）有助于理解电子光谱。

电子光谱产生于分子的电子能级之间的跃迁。这些跃迁也可能同时伴随着振动能量的变化；对于气相中的小分子，所产生的光谱特征可以被分辨［图11F.1（a）］。但是，在液体或固体中，单个谱线通常合并在一起，形成一个宽的、几乎没有特征的谱带［图11F.1（b）］。

改变分子的电子分布所需的能量为几电子伏特（1 eV相当于约8000 cm^{-1}或100 $kJ\cdot mol^{-1}$）的量级。因此，当这种变化发生时，光子的发射或吸收发生在光谱的可见和紫外区（表11F.1）。

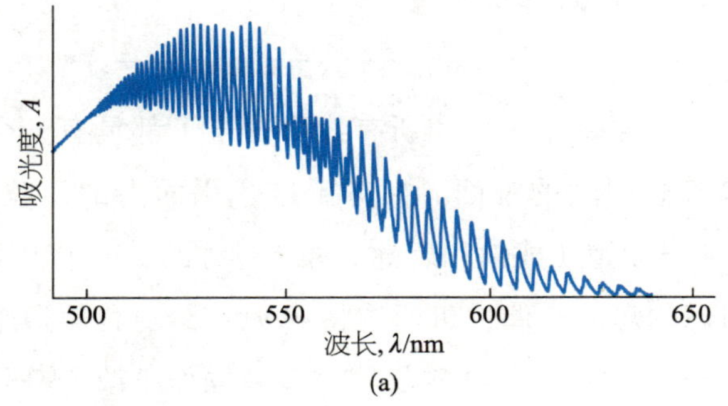

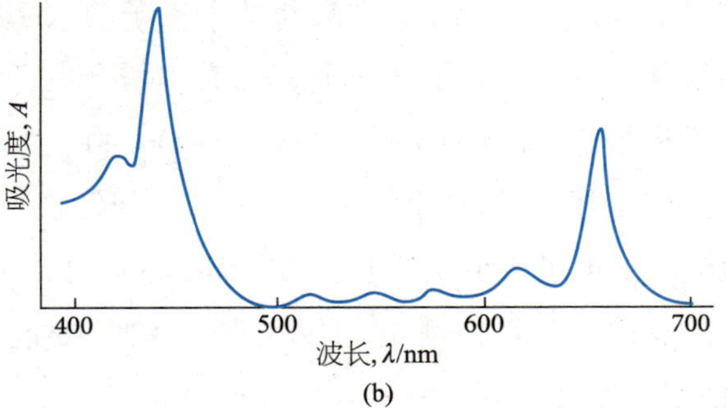

图11F.1 可见光区记录的电子吸收光谱。（a）气相中I_2的光谱显示出分辨的振动结构。（b）溶液中所记录的叶绿素光谱仅显示没有分辨结构的宽的谱带（吸光度A在专题11A中定义）

表11F.1 光的颜色、频率和能量*

颜色	λ/nm	$\nu/(10^{14}$ Hz)	$E/(kJ\cdot mol^{-1})$
红外	> 1000	< 3.0	< 120
红	700	4.3	171
黄	580	5.2	206
蓝	470	6.4	254
紫外	< 400	> 7.5	> 300

*更多的数据参见*资源部分*。

11F.1 双原子分子

专题8C中解释了如何使用谱项符号来描述原子的状态。双原子分子的电子状态也是通过使用谱项符号来指定的，关键的区别在于原子的完全球对称性被由分子轴定义的圆柱对称性所取代。

（a）谱项符号

在双原子分子中，只有围绕核间轴的总轨道角动量的分量可被具体指定，该分量的量子数为Λ。它的值是通过将每个存在的电子沿着核间轴的轨道角动量的分量λ_i加在一起得到的：

$$\Lambda=\lambda_1+\lambda_2+\cdots \qquad (11F.1)$$

对于σ分子轨道（圆柱对称的）中的一个电子，$\lambda=0$；对于π轨道的简并对之一中的一个电子，$\lambda=\pm1$。在分子谱项符号中，Λ的值由以下大写希腊字母表示：

$\lvert\Lambda\rvert$	0	1	2	…
	Σ	Π	Δ	…

这些符号类似于用于表示$L=0, 1, 2, \cdots$原子态的S, P, D, … 符号。一个线形分子的总自旋S是以与一个原子相同的方式被指定的。与在原子谱项符号中一样，将$2S+1$的值显示为左上标，且表示该谱项的多重度。

对于所有电子成对的电子组态（如σ^2和π^4），$S=0$。这类电子组态对总轨道角动量没有贡献，要么因为两个电子都具有$\lambda=0$，要么因为具有$\lambda=1$和-1的电子数目相等。因此，H_2的基态（电子组态$1\sigma_g^2$）的谱项符号是$^1\Sigma$，N_2的基态（电子组态$1\sigma_g^2 1\sigma_u^2 1\pi_u^4 2\sigma_g^2$）也是如此。

简要说明 11F.1

H_2^+的基态电子组态为$1\sigma_g^1$。单个σ电子$\lambda=0$，所以$\Lambda=0$；对于单个电子，$S=\frac{1}{2}$，所以$2S+1=2$。因此，其谱项符号为$^2\Sigma$。

NO的基态电子组态是$\cdots1\pi^1$，其中"…"表示对S或Λ没有贡献的充满的轨道。单电子可以占据简并的π轨道中的任一轨道，所以$\Lambda=1$或-1；对于单个电子，$S=\frac{1}{2}$。因此，其谱项符号为$^2\Pi$。

O_2的基态电子组态为$\cdots1\pi_g^2$。如果两个电子占据相同的π轨道，则有$\Lambda=(+1)+(+1)=+2$［或$\Lambda=(-1)+(-1)=-2$］。在这种排列中，电子自旋必须是成对的，因此$S=0$。由此产生的谱项是$^1\Delta$；$^3\Delta$的谱项是不可能产生的，因为它需要两个自旋平行的电子占据其中一个π轨道。如果电子占据不同的π轨道，则$\Lambda=(1)+(-1)=0$；在这种排列中，自旋可以是成对或平行，故$S=0$或$S=1$。因此，产生了另外两个谱项：$^1\Sigma$ 和 $^3\Sigma$；后者是所有三个谱项中能量最低的。

正如在专题9B中所解释的，同核双原子分子（但不是异核双原子分子）具有对称中心，根据它们的奇偶性（通过对称中心的反演行为），将它们的轨道标记为g或u。在反演操作下不发生变化的轨道是g，而改变符号的轨道是u。奇偶标签符号也适用于中心对称的多原子线形分子（如CO_2和HC≡CH）。多电子同核双原子分子的组态的总的奇偶性，可通过注意每个占据轨道的奇偶性并对每个电子使用以下公式得到：

$$g\times g=g \qquad u\times u=g \qquad u\times g=u \qquad (11F.2)$$

（这些规则是通过将g理解为+1，u理解为−1而得到的。）由此产生的奇偶性符号g或u作为右下标添加到谱项符号中。任何占据轨道被充满的分子（在被一对电子占据的意义上）其总的奇偶性必须为g，因为存在偶数个电子。因此，这种同核双原子分子的谱项符号是$^1\Sigma_g$。

简要说明 11F.2

N_2的电子组态为$1\sigma_g^2 1\sigma_u^2 1\pi_g^4 2\sigma_g^2$，其中所有占据的轨道都是充满的；$H_2$和$F_2$的情况也是如此。因此，这三者都具有谱项符号$^1\Sigma_g$。

He_2^+的电子组态为$1\sigma_g^2 1\sigma_g^1$。在双重占据的成键轨道外有一个电子，且那个轨道的奇偶性为u。因为$S=\frac{1}{2}$，并且$\Lambda=0$，所以它的谱项符号是$^2\Sigma_u$。

O_2的基态电子组态为$\cdots1\pi_g^2$。虽然π_g轨道可能都被单个电子占据，但两个电子都在处于奇偶性为g的轨道中，因此总的奇偶性是$g\times g=g$。所以，由此电子组态产生的三个谱项为$^1\Sigma g$、$^3\Sigma g$和$^1\Delta g$（参见"简要说明11F.1"）。

双原子分子（和所有线形分子）都具有一个包含核间轴的镜面。相对于这个平面内的反映，所有σ轨道（成键和反键）都是对称的。一个电子组态的总的奇偶性可通过将+1赋值给对称轨道中的一个电子，将−1赋值给在反映操作下改变符号的轨道中的一个电子，然后将所有电子的数字相乘得到。例如，对于H_2的基态，其中两个电子都处于σ轨道，整体对称性是$(+1)\times(+1)=+1$。"+"作为右上标被添加到谱项符号：$^1\Sigma_g^+$。任何仅由σ轨道中的电子所组成的电子组态都必然具有"+"总的反映对称性；例如，He_2的基态（"简要说明11F.2"）是$^2\Sigma_u^+$。

π分子轨道的简并对在反应操作下的行为更为复杂：如图11F.2所示，其中一个轨道改

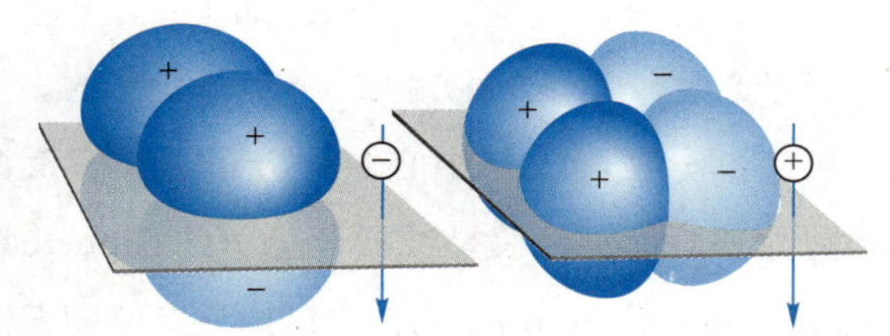

图 11F.2 根据是否在包含核间轴的平面内的反映操作下改变符号，可将分子轨道分类为对称轨道（+）或反对称轨道（–）

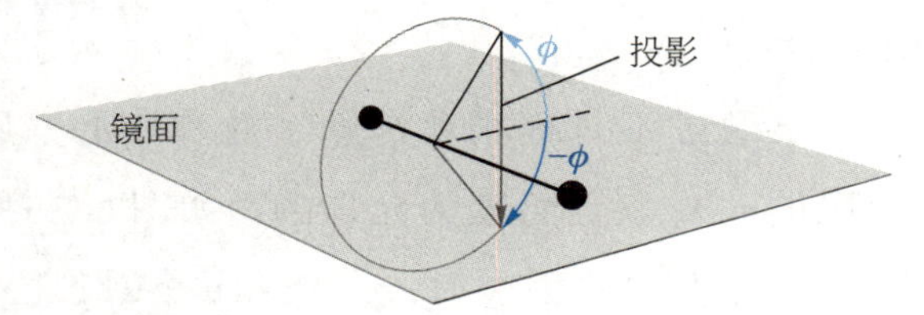

图 11F.3 在线形分子中，分子轨道依赖于方位角ϕ。镜面中的反映等价于反转ϕ的符号

变了符号，而另一个没有。通过考虑π轨道的数学形式及它们如何依赖于图11F.3中所示的ϕ角，可以探索这种观察的结果。轨道π_x与$\cos\phi$成正比，因此在$\phi=\pi/2$（yz平面）处存在一个节点平面，在这个平面两侧存在正的和负的波瓣；xz平面内的反映对其没有影响。轨道π_y与$\sin\phi$成正比，所以$\phi=0$处的xz平面是一节点平面；轨道被xz平面内的反映改变符号。这两个波函数是简并的，所以它们的任一线性组合也是一个可接受的波函数。对于目前的讨论，$\pi_+=\cos\phi+\mathrm{i}\sin\phi=\mathrm{e}^{\mathrm{i}\phi}$和$\pi_-=\cos\phi-\mathrm{i}\sin\phi=\mathrm{e}^{-\mathrm{i}\phi}$是简便的，因为它们分别对应于$\lambda=1$和$\lambda=-1$。如图11F.3所示，$xz$平面内的反映不改变$\cos\phi$的符号，但改变$\sin\phi$的符号。因此，该投影使$\pi_+$和$\pi_-$互换。

现在考虑O_2分子，它的电子组态为$\cdots1\pi_g^2$。三重态（$S=1$），其中两个电子具有平行的自旋，并且必然占据不同的轨道，是最低能量状态。三重态自旋波函数相对于两个电子的互换是对称的[它由自旋态$\alpha(1)\alpha(2)$等组成]，故根据泡利原理（专题8B），波函数的空间部分相对于互换必须是反对称的。这样一个波函数，其中一个电子占据π轨道，另一个电子占据π_-轨道，是$\psi_-(1,2)=\pi_+(r_1)\pi_-(r_2)-\pi_+(r_2)\pi_-(r_1)$，镜面中的反映给出$\pi_-(r_1)\pi(r_2)-\pi_-(r_2)\pi(r_1)=-\psi_+(1,2)$。也就是说，三重态的空间波函数相对于镜平面中的反映是反对称的，因此在谱项符号中添加一个右上标“–”，即$^3\Sigma_g^-$。

简要说明 11F.3

O_2的另一个更高能量的电子组态是最外层的两个电子位于不同的π轨道上，但它们是自旋成对的（$^1\Sigma_g$谱项）。与$\alpha(1)\beta(2)-\alpha(2)\beta(1)$成正比的自旋状态相对于电子的互换是反对称的。因此，空间函数必须是对称的。一个合适的波函数为$\psi_+(1,2)=\pi_+(r_1)\pi_-(r_2)+\pi_+(r_2)\pi_-(r_1)$。反映将此函数变为$\pi_-(r_1)\pi_+(r_2)+\pi_-(r_2)\pi_+(r_1)$，即为$+\psi_+(1,2)$。该状态相对于这个反映是对称的，故在谱项符号中添加一个右上标“+”，即$^1\Sigma_g^+$。

至于原子，有时需要指定总的电子角动量，即轨道与自旋贡献之和，因而指定一个谱项的不同“能级”。在线形分子中，仅有绕核间轴的总电子角动量是被明确定义的，并且可以用量子数Ω来指定。对于自旋–轨道耦合作用比较弱的轻分子，Ω可通过将围绕轴的轨道角动量的分量（Λ的值）和该轴上电子自旋的分量加在一起而得到（图11F.4）。后者用Σ表示[1]，其中$\Sigma=S, S-1, S-2, \cdots, -S$。从而有

$$\Omega=\Lambda+\Sigma \tag{11F.3}$$

然后，$|\Omega|$的值用一个右下标（就像用于原子中的J）添加到谱项符号中，用来表示不同的能级。与在原子中一样，由于自旋–轨道耦合，这些能级在能量上是不同的。

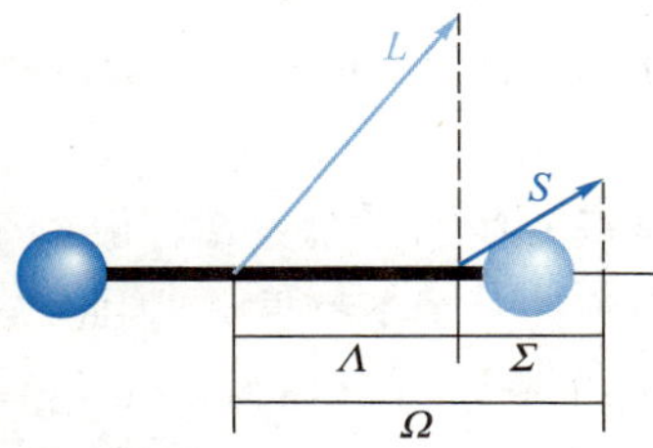

图 11F.4 线形分子中自旋和轨道角动量的耦合：只有沿核间轴的分量（Σ和Λ）被明确定义

1 区分谱项符号Σ和量子数Σ是很重要的。

简要说明 11F.4

NO的基态电子组态是$\cdots 1\pi^1$，因此它是一个$^2\Pi$项，其中$\Lambda=\pm 1$且$S=\frac{1}{2}$；从后者可以得出，$\Sigma=\pm\frac{1}{2}$。这个谱项有两个能级，一个是$\Omega=\pm\frac{1}{2}$，另一个是$\Omega=\pm\frac{3}{2}$，分别表示为$^2\Pi_{1/2}$和$^2\Pi_{3/2}$。每个能级都是双重简并的（对应于Ω的相反符号）。结果表明，在NO中，$^2\Pi_{1/2}$的能量略低于$^2\Pi_{3/2}$。

（b）选律

在分子的电子光谱中，许多选律决定了哪些跃迁可以被观察到。线形分子中角动量变化有关的选律是

$$\Delta\Lambda=0,\pm 1\quad \Delta S=0$$
$$\Delta\Sigma=0\quad \Delta\Omega=0,\pm 1 \qquad \text{线形分子电子光谱的选律} \qquad (11F.4)$$

如在原子中（专题8C）一样，这些选律的起因是在跃迁过程中角动量的守恒和光子自旋为1的事实。

基于对称性可以推导出两个选律。

如何完成？ 11F.1　建立基于对称性的选律

一般地，在建立选律时，需要考虑在专题8C中引入的电偶极跃迁矩$\mu_{fi}=\int\psi_f^*\hat{\mu}\psi_i d\tau$的性质，并注意到除非被积函数在分子所有对称操作下是不变的，否则该积分就会消失（专题10C）。

电偶极矩算符的z分量（与分子轴平行的分量）控制$\Sigma\leftrightarrow\Sigma$跃迁（其他垂直于该轴的$\mu$的分量具有$\Pi$对称性，不能对此跃迁做出贡献）。$\mu$的$z$分量相对于包含核间轴的平面内的反映具有$(+)$对称性。因此，对于$(+)\leftrightarrow(-)$转换，被积函数的整体对称性为$(+)\times(+)\times(-)=(-)$，则积分必须为零，因而$\Sigma^+\leftrightarrow\Sigma^-$跃迁是不被允许的。$\Sigma^+\leftrightarrow\Sigma^+$和$\Sigma^-\leftrightarrow\Sigma^-$跃迁的被积函数可以被分别变换为$(+)\times(+)\times(+)=(+)$和$(-)\times(+)\times(-)=(+)$。所以积分不一定为零，故这两种跃迁是允许的。

偶极矩算符变换的三个分量，像x、y和z一样变换且在中心对称的分子中都是u。因此，对于g→g跃迁，被积函数的整体奇偶性为g×u×g=u，所以积分必须是零。同样，对于u→u跃迁，整体奇偶性是u×u×u=u，故积分再次为零。因此，奇偶性不变的跃迁是禁阻的。对于g↔u跃迁，被积函数变换为g×u×u=g，故该跃迁是允许的。

本次分析的第一部分可以归纳如下：

对于Σ项，只有$\Sigma^+\leftrightarrow\Sigma^+$和$\Sigma^-\leftrightarrow\Sigma^-$是允许的。

第二部分实际上是中心对称分子（具有反演中心的分子，而不仅仅是线形分子）的Laporte选律（**Laporte selection rule**），它指出只有伴随奇偶性变化的跃迁才是允许的。即

对于中心对称的分子，只允许u→g和g→u的跃迁。　Laporte 选律

如果通过不对称振动消除了对称中心，原先禁阻的g→g跃迁可变为允许的，如图11F.5所示。当对称性中心丢失时，g→g和u→u跃迁不再是奇偶性禁阻的，并且变为弱允许的。从分子的不对称振动中获得其强度的跃迁称为**振动跃迁**（**vibronic transition**）。

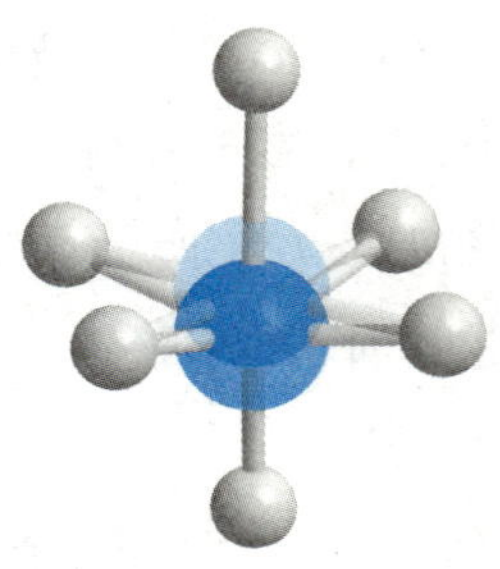

图11F.5　d–d跃迁是奇偶性禁阻的，因为它对应于g–g跃迁。然而，分子的振动会破坏分子的反演对称性，使得g、u分类不再适用。对称性中心的移除导致振动允许的跃迁

简要说明 11F.5

O_2电子光谱中有三种可能的跃迁：$^3\Sigma_g^-\leftarrow{}^3\Sigma_u^-$，$^3\Sigma_g^-\leftarrow{}^1\Delta_g$，$^3\Sigma_g^-\leftarrow{}^3\Sigma_u^+$，可根据式（11F.4）中的选律来考虑哪些跃迁是允许的。可以绘制如下表格，其中禁阻的值以蓝色显示。

	ΔS	$\Delta\Lambda$	$\Sigma^\pm\leftarrow\Sigma^\pm$	奇偶性变化	
$^3\Sigma_g^-\leftarrow{}^3\Sigma_u^-$	0	0	$\Sigma^-\leftarrow\Sigma^-$	g←u	允许
$^3\Sigma_g^-\leftarrow{}^1\Delta_g$	+1	−2	不适用	g←g	禁阻
$^3\Sigma_g^-\leftarrow{}^3\Sigma_u^+$	0	0	$\Sigma^-\leftarrow\Sigma^+$	g←u	禁阻

（c）振动精细结构

电子跃迁可能伴随着分子振动状态的同时变化，从而导致光谱中的**振动精细结构**（**vibrational fine structure**）。在吸收光谱中，跃迁是从基态电子状态而来的，并且通常只有该状态的振动基态能级（$v''=0$）被显著占据。在某些情况下，从电

子基态中$v''=0$到较高电子态中$v'=0$的跃迁被发现是最强的，其强度随着v'的增加而急剧下降。在其他情况下，具有显著强度的、至一系列v'能级的跃迁也被观测到［如图11F.1（a）中所示］。

富兰克－康顿原理（Franck–Condon principle）解释了分子电子光谱中的振动精细结构：

由于原子核的质量比电子的大得多，电子跃迁发生的速率远远快于原子核的响应。

富兰克－康顿原理

这一原理的物理基础如下。作为电子跃迁的结果，电子密度在分子的新区域迅速积累，并从其他区域移除。在经典术语中，最初静止的原子核突然经历了一个新的力场，作为对此力场的响应，它们开始振动，并（用经典力学术语来讲）从它们原先的间距前后摆动，该间距在快速的电子激发过程中被保持。因此，初始电子态中原子核的静态平衡间距成为最终电子态中的一个静止转折点。可以认为这种跃迁沿着图11F.6中的垂线向上发生。这个解释是**垂直跃迁**（vertical transition）的由来，它表示在不改变原子核几何形状（用经典术语来讲，即原子核保持静止）的情况下发生的电子跃迁。

现在考虑图11F.7（a）中所示的两条势能曲线，其中平衡键长相同并且最初分子不振动。垂直跃迁由下一条曲线的最小值处开始，原子核保持在相同的间距，并在上一条曲线的最小值处结束。

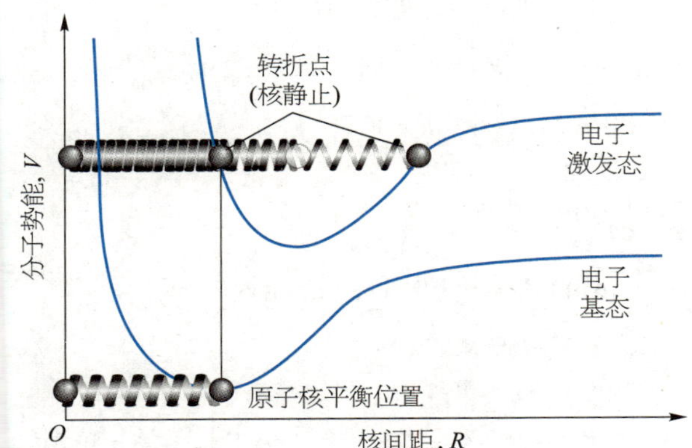

图 11F.6 根据富兰克－康顿原理，最强烈的电子振动跃迁是从振动基态到垂直于其上方的振动状态。由于垂直跃迁，原子核突然经历了一个新的力场，它们通过振动运动对力场做出响应。因此，初始电子态中原子核的平衡间距成为最终电子态中的一个转折点。至其他振动能级的跃迁也会发生，但是强度较低

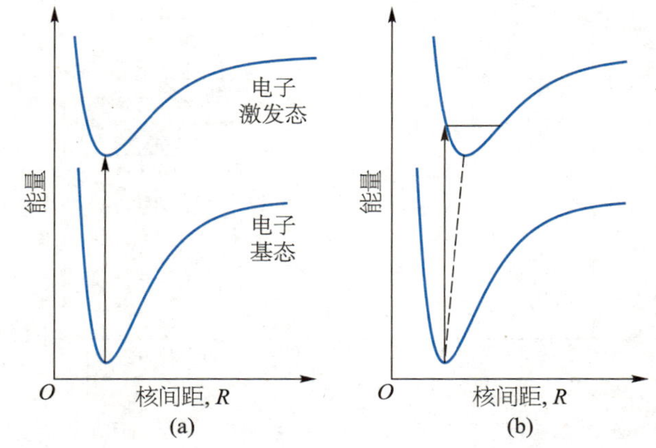

图 11F.7 （a）如果基态和激发态的平衡键长相同，则垂直跃迁使分子的振动态不受激发。（b）如果平衡键长在高能级电子状态中更大，则垂直跃迁结束于键的压缩状态，并产生振动激发

接下来，考虑图11F.7（b）中所示的情况，在该情形中，高能态中的平衡键长大于电子基态中的平衡键长，并且最初分子不振动。在跃迁过程中，核间距的保持使得分子沿着垂直线上升。原子核一开始不移动，且在跃迁过程中也不移动，所以，跃迁终止于高能电子态的转折点处，这里原子核仍然是静止的。

富兰克－康顿原理的量子力学版对这一图景进行了改进。它不是说在跃迁过程中原子核停留在相同的位置且是静止的，取而代之的是，它认为原子核保留其原先的动态状态。在量子力学中，动态用波函数表示。因此，一个等价的陈述是振动波函数在电子跃迁过程中不会变化。最初，分子处于其电子基态的最低振动状态，该状态对应于以平衡键长为中心的钟形波函数（图11F.8）。为了找到跃迁到达的核状态，有必要找到最接近初始波函数的高能电子态的振动波函数，因为它对应于在跃迁过程中变化最小的核动态状态。终态波函数是在接近初始钟形函数位置处有一个较大峰的那个。正如在专题7E中所解释的，在振动量子数不是零的情况下，振动波函数的最大峰值出现在限制势的边缘附近，因此可以预期跃迁发生在那些振动状态，这与经典的描述一致。然而，若干振动状态在相似的位置上有它们的主峰，因

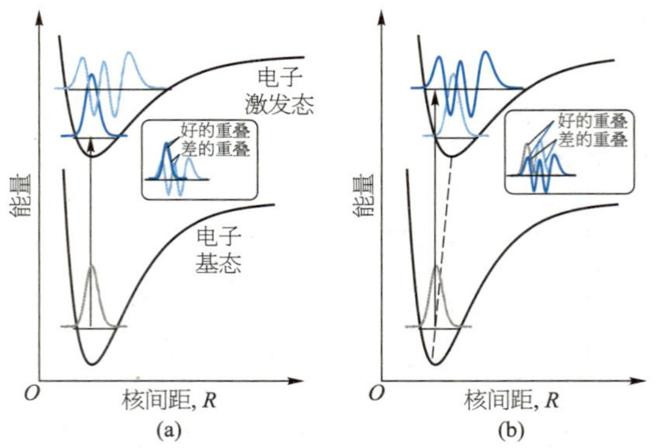

图11F.8 (a) 如果基态和激发态的平衡键长相同，则$v''=0$和$v'=0$的波函数相似，最概然跃迁使分子振动不激发。(b) 如果高能态的平衡键长大于基态的平衡键长，则最类似基态振动波函数的波函数是激发态的波函数。其他跃迁也会以较低的强度发生。在插图中，黑色曲线为初始振动波函数，蓝色曲线为高能电子态的振动波函数

此可以预期跃迁发生至一系列振动状态中，从而产生**振动系列**（vibrational progression），即到高能电子状态的不同振动状态的一系列跃迁。在典型振动系列中，垂直跃迁是最强烈的。

富兰克－康顿原理的定量版本涉及考虑给定电子跃迁的跃迁偶极矩如何随两个电子态中的振动能级而变化。

如何完成? 11F.2 定量表示富兰克－康顿原理

需要再次考虑电偶极跃迁矩的性质。首先，注意到电偶极矩算符是分子中所有原子核和电子的总和：

$$\hat{\mu}=-e\sum_i \boldsymbol{r}_i+e\sum_N Z_N\boldsymbol{R}_N$$

式中矢量的起点是分子电荷中心，以i标记电子，N标记原子核。在玻恩－奥本海默近似（电子和振动运动的分离，主题9的引言）下，分子的整体状态由标记为ε的电子贡献和标记为v的振动贡献组成。因此，跃迁偶极矩分解如下：

$$\begin{aligned}\mu_{\rm fi}&=\int\psi_{\varepsilon,\rm f}^*\psi_{v,\rm f}^*\Big\{-e\sum_i\boldsymbol{r}_i+e\sum_N Z_N\boldsymbol{R}_N\Big\}\psi_{\varepsilon,\rm i}\psi_{v,\rm i}\mathrm{d}\tau\\&=-e\sum_i\int\psi_{\varepsilon,\rm f}^*\boldsymbol{r}_i\psi_{\varepsilon,\rm i}\mathrm{d}\tau_{\rm e}\int\psi_{v,\rm f}^*\psi_{v,\rm i}\mathrm{d}\tau_{\rm N}+\\&\quad e\sum_N Z_N\overbrace{\int\psi_{\varepsilon,\rm f}^*\psi_{\varepsilon,\rm i}\mathrm{d}\tau_{\rm e}}^{0}\int\psi_{v,\rm f}^*\boldsymbol{R}_N\psi_{v,\rm i}\mathrm{d}\tau_{\rm N}\end{aligned}$$

其中$\mathrm{d}\tau_{\rm e}$表示对电子坐标的积分，$\mathrm{d}\tau_{\rm N}$表示对核坐标的积分。因为两种不同的电子状态是正交的（它们是相同哈密顿算符的本征态，但对应不同的本征值），故蓝色的积分为零，则有

$$\mu_{\rm fi}=\overbrace{-e\sum_i\int\psi_{\varepsilon,\rm f}^*\boldsymbol{r}_i\psi_{\varepsilon,\rm i}\mathrm{d}\tau_{\rm e}}^{\mu_{\varepsilon,\rm fi}}\overbrace{\int\psi_{v,\rm f}^*\psi_{v,\rm i}\mathrm{d}\tau_{\rm N}}^{S(v_{\rm f},v_{\rm i})}=\mu_{\varepsilon,\rm fi}S(v_{\rm f},v_{\rm i})$$

$\mu_{\varepsilon,\rm fi}$是由电子波函数的变化引起的电偶极跃迁矩：这个术语描述了电子与电磁场的相互作用。因子$S(v_{\rm f}, v_{\rm i})$是分子的初始电子状态中具有量子数$v_{\rm i}$的振动能级与在分子的最终电子状态中具有量子数$v_{\rm f}$的振动能级之间的重叠积分。跃迁强度与跃迁偶极矩大小的平方成正比，因此与$S(v_{\rm f}, v_{\rm i})$的平方也成正比，具体而言：

$$|S(v_{\rm f},v_{\rm i})|^2=\left(\int\psi_{v,\rm f}^*\psi_{v,\rm i}\mathrm{d}\tau_{\rm N}\right)^2 \quad \text{富兰克－康顿因子} \qquad (11F.5)$$

式（11F.5）右边的积分是两个振动波函数之间的重叠：这种重叠越大（物理学上，振动波函数的相似性越大），跃迁的强度就越大。

例题 11F.1 计算富兰克－康顿因子

考虑从一种电子状态到另一种电子状态的跃迁，它们的平衡键长是$R_{\rm e}$和$R_{\rm e}'$，并且它们的力常数相等。计算从$v''=0$到$v'=0$跃迁（0－0跃迁）的富兰克－康顿因子，并证明当键长相等时，跃迁最强烈。

整理思路 需要计算$S(0, 0)$，两个基态振动波函数的重叠积分，然后取其平方。对于$v=0$，谐波与非谐振动波函数的差别可以忽略不计，所以使用谐振子波函数是可靠的。

解：（实）波函数为（专题7E）

$$\psi_0=\left(\frac{1}{\alpha\pi^{1/2}}\right)^{1/2}\mathrm{e}^{-x^2/2\alpha^2}\qquad \psi_0'=\left(\frac{1}{\alpha\pi^{1/2}}\right)^{1/2}\mathrm{e}^{-x'^2/2\alpha^2}$$

其中$x=R-R_{\rm e}$，$x'=R-R_{\rm e}'$，并且有$\alpha=(\hbar^2/\mu k_{\rm f})^{1/4}$。重叠积分为

$$S(0,0)=\int_{-\infty}^{\infty}\psi_0'\psi_0\mathrm{d}R=\frac{1}{\alpha\pi^{1/2}}\int_{-\infty}^{\infty}\mathrm{e}^{-(x^2+x'^2)/2\alpha^2}\mathrm{d}x$$

注意到：

$$\begin{aligned}x^2+x'^2&=(R-R_{\rm e})^2+(R-R_{\rm e}')^2\\&=2R^2+R_{\rm e}^2+R_{\rm e}'^2-2R(R_{\rm e}+R_{\rm e}')\\&=2[R-\tfrac{1}{2}(R_{\rm e}+R_{\rm e}')]^2+\tfrac{1}{2}(R_{\rm e}-R_{\rm e}')^2\end{aligned}$$

使$\alpha z=R-\frac{1}{2}(R+R_{\rm e}')$，则

$$\frac{x^2+x'^2}{2\alpha^2}=z^2+\frac{(R_{\rm e}-R_{\rm e}')^2}{4\alpha^2}$$

而$\mathrm{d}R=\alpha\mathrm{d}z$。然后有

$$S(0,0)=\frac{1}{\pi^{1/2}}\mathrm{e}^{-(R_{\rm e}-R_{\rm e}')^2/4\alpha^2}\overbrace{\int_{-\infty}^{\infty}\mathrm{e}^{-z^2}\mathrm{d}z}^{\text{积分G.1, }\pi^{1/2}}=\mathrm{e}^{-(R_{\rm e}-R_{\rm e}')^2/4\alpha^2}$$

所以，富兰克－康顿因子为

$$|S(0,0)|^2=\mathrm{e}^{-(R_{\rm e}-R_{\rm e}')^2/2\alpha^2}$$

当$R_{\rm e}'=R_{\rm e}$时，这个因子等于1，并且随着平衡键长的彼此偏离而减小（图11F.9）。

对于$^{79}\mathrm{Br}_2$，$R_{\rm e}=228$ pm，存在一个$R_{\rm e}'=226$ pm的高能态。取振动波数为250 cm^{-1}，则$\alpha^2=3.42\times10^{-23}$ m^2，从而$|S(0, 0)|^2=6.7\times10^{-10}$，因此0－0跃迁强度仅为

6.7×10^{-10}。

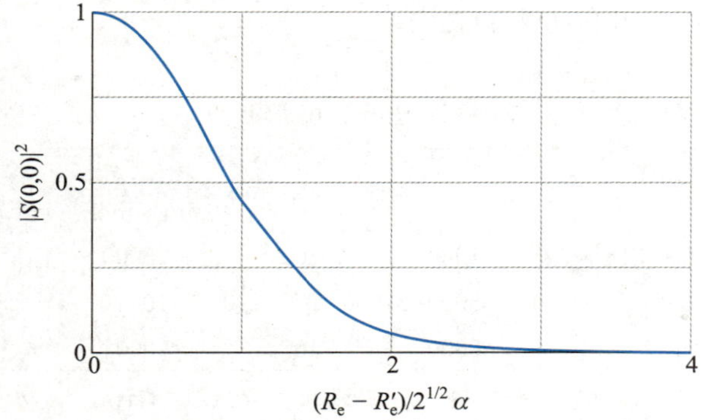

图 11F.9 例题 11F.1 中讨论的跃迁的富兰克－康顿因子

自测题 11F.1 假设归一化的振动波函数可以用以平衡键长为中心、宽为 W 和 W' 的矩形函数近似（图 11F.10）。找到当中心重合并且 $W'<W$ 时相应的富兰克－康顿因子。

答案： $S^2=W'/W$。

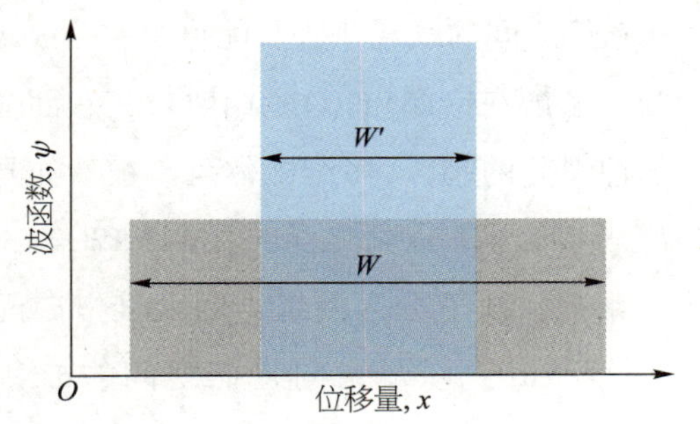

图 11F.10 自测题 11F.1 中使用的模型波函数

（d）转动精细结构

电子跃迁可能伴随着振动和转动能量的同时变化。因此，当以更高的分辨率观察到由振动精细结构引起的谱线时，发现它们具有**转动精细结构**（rotational fine structure），并且由专题 11C 中所讨论类型的 P、Q 和 R 分支组成。因为电子激发导致的键长变化比单独振动激发引起的变化大得多，所以转动分支的结构比振动－转动光谱更为复杂。

电子基态和激发态的转动常数分别表示为 $\tilde{B}$ 和 $\tilde{B}'$。始态和终态的转动项是

$$\tilde{F}(J)=\tilde{B}J(J+1)\qquad \tilde{F}(J')=\tilde{B}'J'(J'+1)\tag{11F.6}$$

当发生 $\Delta J=-1$ 的跃迁时，对电子跃迁贡献的振动波数从 $\tilde{\nu}$ 移到：

$$\tilde{\nu}+\tilde{B}'(J-1)J-\tilde{B}J(J+1)=\tilde{\nu}-(\tilde{B}'+\tilde{B})J+(\tilde{B}'-\tilde{B})J^2$$

该跃迁是对 P 分支的一个贡献（就像在专题 11C 中一样）。对于 Q 分支和 R 分支也有相应的跃迁，其中波数可以以类似的方式计算。所有三个分支是

P 分支（$\Delta J=-1$）：

$$\tilde{\nu}_P(J)=\tilde{\nu}-(\tilde{B}'+\tilde{B})J+(\tilde{B}'-\tilde{B})J^2\tag{11F.7a}$$

Q 分支（$\Delta J=0$）：

$$\tilde{\nu}_Q(J)=\tilde{\nu}+(\tilde{B}'-\tilde{B})J(J+1)\tag{11F.7b}$$

R 分支（$\Delta J=+1$）：

$$\tilde{\nu}_R(J)=\tilde{\nu}+(\tilde{B}'+\tilde{B})(J+1)+(\tilde{B}'-\tilde{B})(J+1)^2\tag{11F.7c}$$

例题 11F.2 由电子光谱估算转动常数

在 $^{63}Cu_2H$ 中，在电子跃迁 $^1\Sigma^+\leftarrow{}^1\Sigma^+$ 的 0－0 带中观察到以下转动跃迁：$\tilde{\nu}_R(3)=23\,347.69\ \text{cm}^{-1}$，$\tilde{\nu}_P(3)=23\,298.85\ \text{cm}^{-1}$，$\tilde{\nu}_P(5)=23\,275.77\ \text{cm}^{-1}$，估计 $\tilde{B}'$ 和 $\tilde{B}$ 的值。

整理思路 在专题 11C 中介绍了一种程序，即“组合差”的方法，用于分析具有共同状态的跃迁。根据该方法，从式（11F.7a）和式（11F.7c）形成差值 $\tilde{\nu}_R(J)-\tilde{\nu}_P(J)$ 和 $\tilde{\nu}_R(J-1)-\tilde{\nu}_P(J+1)$。然后，根据所给数据，使用得到的表达式可计算出转动常数 $\tilde{B}'$ 和 $\tilde{B}$。

解： 从式（11F.7a）和式（11F.7c）得到

$$\begin{aligned}\tilde{\nu}_R(J)-\tilde{\nu}_P(J)&=(\tilde{B}'+\tilde{B})(J+1)+(\tilde{B}'-\tilde{B})(J+1)^2-\\&\quad[-(\tilde{B}'+\tilde{B})J+(\tilde{B}'-\tilde{B})J^2]=4\tilde{B}'(J+\tfrac{1}{2})\end{aligned}$$

$$\begin{aligned}\tilde{\nu}_R(J-1)-\tilde{\nu}_P(J+1)&=(\tilde{B}'+\tilde{B})J+(\tilde{B}'-\tilde{B})J^2-\\&\quad[-(\tilde{B}'+\tilde{B})(J+1)+(\tilde{B}'-\tilde{B})(J+1)^2]\\&=4\tilde{B}(J+\tfrac{1}{2})\end{aligned}$$

［这些方程类似于式（11C.14）。］所提供的数据可按以下方式代入计算：

对于 $J=3$：$\tilde{\nu}_R(3)-\tilde{\nu}_P(3)=\overbrace{48.84}^{23347.69-23298.85}\ \text{cm}^{-1}=14\tilde{B}'$

对于 $J=4$：$\tilde{\nu}_R(3)-\tilde{\nu}_P(5)=\overbrace{71.92}^{23347.69-23275.77}\ \text{cm}^{-1}=18\tilde{B}$

所以，$\tilde{B}'=3.489\ \text{cm}^{-1}$，$\tilde{B}=3.996\ \text{cm}^{-1}$。

自测题 11F.2 在 RhN 的电子跃迁 $^1\Sigma^+\leftarrow{}^1\Sigma^+$ 中观察到以下转动跃迁：$\tilde{\nu}_R(5)=22\,387.06\ \text{cm}^{-1}$，$\tilde{\nu}_P(5)=22\,376.87\ \text{cm}^{-1}$ 及 $\tilde{\nu}_P(7)=22\,733.95\ \text{cm}^{-1}$，估计 $\tilde{B}'$ 和 $\tilde{B}$ 的值。

答案： $\tilde{B}'=0.463\,2\ \text{cm}^{-1}$，$\tilde{B}=0.504\,2\ \text{cm}^{-1}$。

假设电子激发态中的键长大于基态中的键长，则 $\tilde{B}'<\tilde{B}$，因此 $\tilde{B}'-\tilde{B}<0$。在这种情况下，R 分支的线随着 J 的增加而聚集，且当 J 值足够大时，式（11F.7c）中 $(J+1)^2$ 中的负项将主导 $(J+1)$ 中的正项，并且谱线将开始出现在连续减少的波数中。

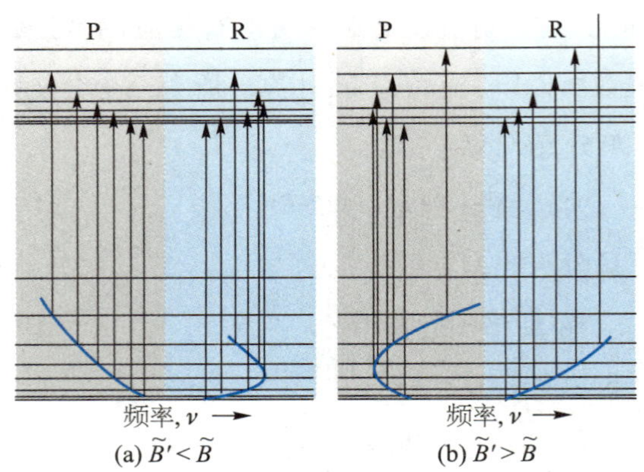

图11F.11 （a）当$\tilde{B}'<\tilde{B}$时，R分支中形成一个如图所示的谱带头。（b）当$\tilde{B}'>\tilde{B}$时，P分支中形成一个如图所示的谱带头。蓝色的曲线显示了两个分支中的谱线的波数，因为它们从谱带中心散开。

也就是说，R分支具有一个**谱带头**（band head），见图11F.11（a）。

通过找到R分支中谱线的最大波数，可以找到谱带头出现的J值，换句话说，即接近于$\mathrm{d}\tilde{\nu}_R(J)/\mathrm{d}J=0$处的积分值。此最大值出现在$J_{max}\approx(\tilde{B}-3\tilde{B}')/2(\tilde{B}'-\tilde{B})$处。当激发态中的键长短于基态时，$\tilde{B}'>\tilde{B}$或$\tilde{B}'-\tilde{B}>0$。在这种情况下，P分支的谱线开始聚集并在$J_{max}\approx(\tilde{B}'+\tilde{B})/2(\tilde{B}'-\tilde{B})$时形成一个谱带头，如图11F.11（b）所示。

简要说明 11F.6

对于例题11F.2中描述的跃迁，有$\tilde{B}'<\tilde{B}$，因此预期在R分支中有一个谱带头。出现这种情况的J的近似值由下式给出：

$$J_{max}\approx\frac{\tilde{B}-3\tilde{B}'}{2(\tilde{B}'-\tilde{B})}=\frac{3.996\ \mathrm{cm^{-1}}-3\times3.489\ \mathrm{cm^{-1}}}{2\times(3.489\ \mathrm{cm^{-1}}-3.996\ \mathrm{cm^{-1}})}=6.38$$

最接近的整数是$J=6$。

11F.2 多原子分子

光子的吸收通常可以追溯到属于多原子分子中一小部分原子的电子的激发。例如，当羰基（$\mathrm{>C{=}O}$）存在时，通常可观察到290 nm左右的吸收，尽管它的精确位置取决于分子其余部分的性质。具有特征光吸收带的基团称为**发色团**（chromophores），它们的存在常常可以导致物质产生颜色（表11F.2）。

表11F.2 一些基团和分子的吸收特性*

基团	$\tilde{\nu}/\mathrm{cm^{-1}}$	$\lambda_{max}/\mathrm{nm}$	$\varepsilon_{max}/(\mathrm{dm^3\cdot mol^{-1}\cdot cm^{-1}})$
$\mathrm{C{=}C}(\pi^*\leftarrow\pi)$	61000	163	15000
$\mathrm{C{=}O}(\pi^*\leftarrow n)$	35000~37000	270~290	10~20
H_2O	60000	167	7000

* 更多的数据参见*资源部分*。ε_{max}是摩尔吸收系数（见专题11A）。波数和波长是最大吸收对应的数值。

（a）d金属配合物

在一自由原子中，给定壳层的所有5个d轨道都是简并的。在d金属配合物中，原子的直接环境不再是球形的，d轨道并不都是简并的，电子可以通过在它们之间的跃迁来吸收能量。

为了了解在诸如$[\mathrm{Ti(OH_2)_6}]^{3+}$(**1**)等八面体配合物中这种裂分的起因，6个配体可以被看作是排斥中心离子d电子的点负电荷（图11F.12）。由此带来的结果是，轨道分为两组，即直接指向配体位置的$d_{x^2-y^2}$和d_{z^2}，以及指向它们之间的d_{xy}、d_{yz}和d_{zx}。占据前一组的一个轨道的电子的势能比它占据另一组的三个轨道中的任何一个时都要不太有利，因此d轨道分裂成(**2**)中所示的两组：一个由d_{xy}、d_{yz}和d_{zx}轨道组成的三重简并集，标记为t_{2g}，

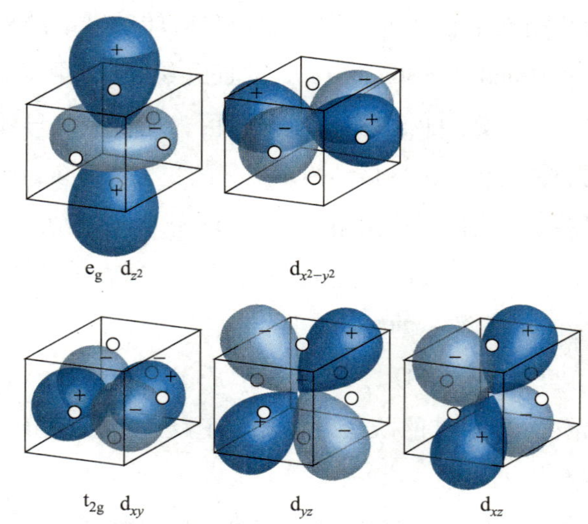

图11F.12 八面体环境中d轨道的分类［空心圆表示六个（点电荷）配体的位置］

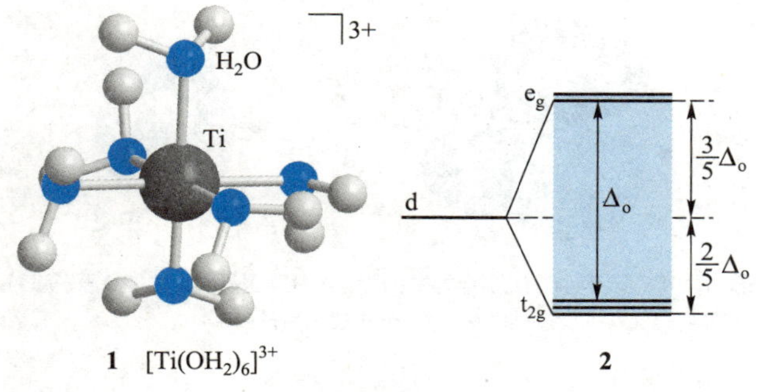

1 $[Ti(OH_2)_6]^{3+}$　　2

以及另一个由$d_{x^2-y^2}$和d_{z^2}组成的双重简并集，标记为e_g（这些对称性标号在专题10B中讨论过）。t_{2g}轨道的能量位于e_g轨道之下，能量差Δ_o称为**配体场分裂参数**（ligand-field splitting parameter）（o表示八面体对称性）。配体场分裂通常约占配体与中心金属原子相互作用总能量的约10%，这在很大程度上解释了配合物的存在。d轨道在四面体配合物中也分为两组，但在这种情况下，两个e轨道位于三个t_2轨道下方（没有给出g或u标记，因为四面体配合物没有反演中心）；这些轨道组的间距写为Δ_t。

Δ_o和Δ_t的值使得这两组轨道之间的跃迁通常发生在光谱的可见区域中，这些跃迁是造成d金属配合物有许多颜色这一特征的原因。

简要说明 11F.7

$[Ti(OH_2)_6]^{3+}$在24000 cm^{-1}（500 nm）附近的光谱如图11F.13所示，并且可归因于其单个d电子从一个t_{2g}轨道向一个e_g轨道的跃迁。吸收最大值的波数表明该配合物的$\Delta_o \approx 24000\ cm^{-1}$，对应于3.0 eV左右。

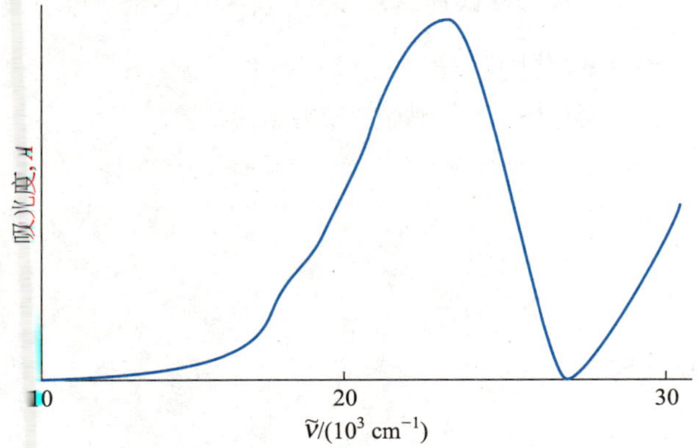

图 11F.13 $[Ti(OH_2)_6]^{3+}$在水溶液中的电子吸收光谱

根据Laporte规则［参见11F.1（b）一节］，d-d跃迁在八面体配合物中是奇偶性禁阻的，因为它们是g→g跃迁（更具体地说，是$e_g \leftarrow t_{2g}$跃迁）。然而，如图11F.5所示，由于与非对称振动的耦合，d-d跃迁变为弱允许的电子振动跃迁。

由于电子从配体转移到中心原子的d轨道，d金属配合物也可能吸收辐射，反之亦然。在这种**电荷转移跃迁**（charge-transfer transitions）中，电子会移动相当大的距离，这意味着跃迁偶极矩可能会很大，并且吸收也相应地强烈。在高锰酸根离子MnO_4^-中，伴随着电子从O原子迁移到中心Mn原子的电荷再分布，导致一个从475 ~ 575 nm范围内的强烈跃迁，这使得该离子呈现强烈紫色。这种从配体到金属的电子转移对应于**配体-金属电荷转移跃迁**（ligand-to-metal charge-transfer transition，LMCT），也可发生反向迁移，即**金属-配体电荷转移跃迁**（metal-to-ligand charge-transfer transition，MLCT）。一个例子是d电子迁移到芳香配体的反键π轨道上。如果电子在几个芳环上广泛离域，则所得的激发态可能具有非常长的寿命。

与其他跃迁一样，电荷转移跃迁的强度与跃迁偶极矩的平方成正比。跃迁偶极矩可以被认为是电子从金属迁移到配体或从配体迁移到金属时所移动的距离的一种量度，其中大的移动距离对应于大的跃迁偶极矩，并因此具有高的吸收强度。然而，计算跃迁偶极矩时，被积函数与初态和终态波函数的乘积成正比；除非两个波函数在相同的空间区域具有非零值，否则二者的乘积为零。因此，尽管大距离的迁移有利于得到高强度，但是金属和配体的大间距使“初态和终态”波函数的重叠减小，这有利于降低强度（参见问题P11F.9）。

（b）$\pi^* \leftarrow \pi$和$\pi^* \leftarrow n$跃迁

C═C双键吸收辐射导致π电子激发进入反键π^*轨道（图11F.14）。因此，发色团的活性是由于

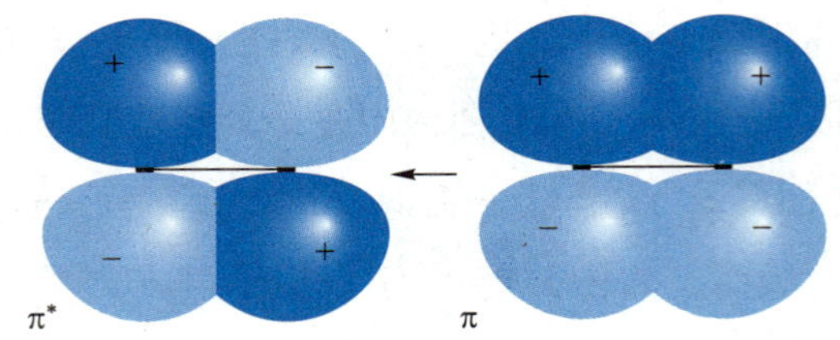

图11F.14　C═C双键充当发色团。在这里所示的$\pi^*\leftarrow\pi$跃迁中，一个电子从π轨道提升到相应的反键轨道

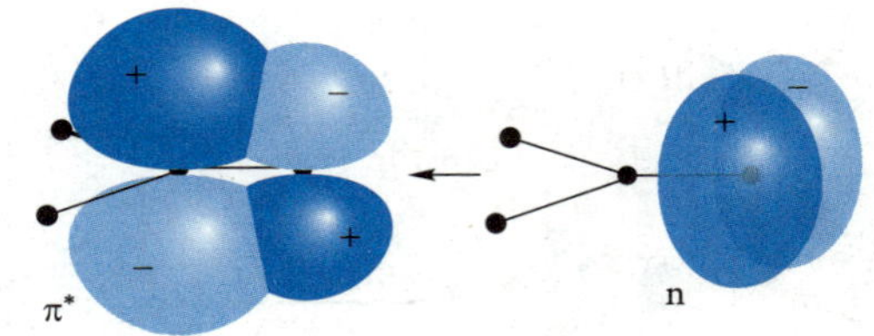

图11F.15　羰基（C═O）作为发色团的部分原因是一个非键O原子孤对电子激发到CO的反键π^*轨道，这一跃迁表示为$\pi^*\leftarrow n$

$\pi^*\leftarrow\pi$跃迁所致。非共轭双键的能量约为6.9 eV，这对应于180 nm处（紫外区）的吸收。当双键是共轭链的一部分时，分子轨道的能量更靠近在一起，并且$\pi^*\leftarrow\pi$跃迁移动到更长的波长处；如果共轭体系足够长，它甚至可能位于可见区。

羰基化合物吸收导致的一个跃迁可追溯到O原子上的孤对电子。“孤对”电子的路易斯概念在分子轨道理论中是由轨道中的一对电子表示，这对电子在主要受限于原子的一个轨道中，而不明显地参与键的形成。这些电子中的一个可以被激发进入羰基的空π^*轨道（图11F.15），这产生了$\pi^*\leftarrow n$跃迁。典型的吸收能约为4.3 eV（290 nm）。由于羰基化合物中的$\pi^*\leftarrow n$跃迁是对称性禁阻的，所以吸收很弱。相反，羰基中的$\pi^*\leftarrow\pi$跃迁，即对应于C═O双键的π电子的激发，是对称性允许的，并产生较强的吸收。

简要说明 11F.8

化合物CH_3CH═CHCHO在46 950 cm^{-1}（213 nm）的紫外区具有强吸收，在30 000 cm^{-1}（330 nm）处有弱吸收。前者是与离域π系统C═C—C═O相关的$\pi^*\leftarrow\pi$跃迁，离域将C═O的$\pi^*\leftarrow\pi$跃迁范围扩展到更低的波数（较长的波长）。后者是与羰基发色团相关的$\pi^*\leftarrow n$跃迁。

概念清单

- ☐ 1. 线形分子的**谱项符号**给出了围绕核间轴的各种角动量的分量及相关的对称性标号。
- ☐ 2. **Laporte选律**指出，对于中心对称分子，只有u→g和g→u的跃迁是允许的。
- ☐ 3. **富兰克－康顿原理**认为电子跃迁发生在一个不变的核框架内。
- ☐ 4. **振动精细结构**是由伴随电子跃迁的振动能量变化而产生的光谱结构。
- ☐ 5. **转动精细结构**是由伴随电子跃迁的转动能量变化而产生的光谱结构。
- ☐ 6. 在气相样品中，转动精细结构可以分辨，并且在某些情况下形成**谱带头**。
- ☐ 7. 在d金属配合物中，配体的存在消除了d轨道的简并，并且它们之间可以发生振动允许的**d－d跃迁**。
- ☐ 8. **电荷转移跃迁**通常涉及配体和中心金属原子之间的电子迁移。
- ☐ 9. **发色团**是具有特征光吸收带的基团。

公式清单

性质	公式	说明	公式编号
选律（角动量）	$\Delta\Lambda=0,\pm1$；$\Delta S=0$； $\Delta\Sigma=0$；$\Delta\Omega=0,\pm1$	线形分子	11F.4
富兰克－康顿因子	$\lvert S(v_f,v_i)\rvert^2=\left(\int\psi^*_{v,f}\psi_{v,i}\,d\tau_N\right)^2$		11F.5
电子光谱的转动结构（双原子分子）	$\tilde{\nu}_P(J)=\tilde{\nu}-(\tilde{B}'+\tilde{B})J+(\tilde{B}'-\tilde{B})J^2$	P分支（$\Delta J=-1$）	11F.7a
	$\tilde{\nu}_Q(J)=\tilde{\nu}+(\tilde{B}'-\tilde{B})J(J+1)$	Q分支（$\Delta J=0$）	11F.7b
	$\tilde{\nu}_R(J)=\tilde{\nu}+(\tilde{B}'+\tilde{B})(J+1)+(\tilde{B}'-\tilde{B})(J+1)^2$	R分支（$\Delta J=+1$）	11F.7c

专题11G

激发态衰变

▶ 为何需要学习这部分内容？

通过观察电子的激发态回到基态的辐射衰变，可以得到分子的许多电子结构信息。这种衰变也可被用于激光器中，其具有特殊的技术重要性。

▶ 核心思想是什么？

处于电子激发态的分子可以通过发射电磁辐射，以热的形式传递给周边环境或者以分解的形式来释放它们过剩的能量。

▶ 需要哪些预备知识？

需要熟悉分子中的电子跃迁（专题11F），自发辐射和受激辐射之间的区别（专题11A），以及光谱学的一般特征（专题11A）。需要了解单重态和三重态之间的差异（专题8C）及富兰克－康顿原理（专题11F）。

辐射衰变（radiative decay）是分子将其激发能量以光子的形式失去的过程（专题11A）；根据激发态的性质，这个过程可以分为荧光或磷光。电子激发的分子更常见的命运是**非辐射衰变**（non-radiative decay），该过程将多余的能量转移到周围分子的振动、转动和平动中。这种热降解将激发态能量转化为周围环境的热运动（即“加热”）。被激发的分子也可能解离或参与化学反应（专题17G）。激发态的受激发射是导致激光作用的关键过程。

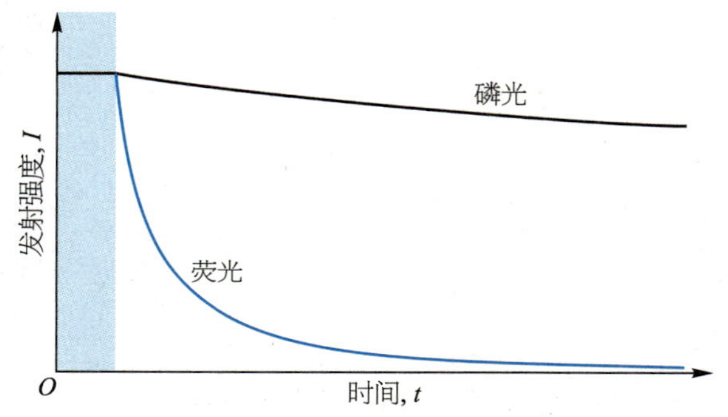

图11G.1　根据经验（基于观察），荧光和磷光的区别在于前者在激发辐射被去除后非常快地熄灭，而后者的强度则相对缓慢地减弱并持续存在

11G.1　荧光和磷光

在**荧光**（fluorescence）中，样品被辐射照射时其自发发射同时发生，并在激发辐射停止后立即终止（图11G.1）。在**磷光**（phosphorescence）中，自发发射可能会持续很长时间（甚至数小时，但更常见的是数秒或几分之一秒）。二者的差别表明荧光是将吸收的辐射快速转化为可以再次辐射的能量，而磷光涉及将能量储存在一个库中，然后缓慢地从中释放的过程。

图11G.2显示了溶液中分子产生荧光所涉及的步骤序列。起初的受激吸收使分子处于电子激发态；如果对吸收光谱进行监测，它看起来如图11G.3所示。被激发的分子由于与周围分子的碰撞，并且当它以非辐射的形式将能量传递给周围分子时，分子的振动能级会（通常在皮秒内）降至电子激发态的最低振动能级。然而，周围的分子可能无法接受该分子降低到其电子基态所产生的较大的能量差。因此，激发的电子态可以存活足够长的时间以便进行自发发射，并将剩余的多余能量作为辐射发射。电子向下的跃迁是垂直的，符合富兰克－康顿原理（专题11F），荧光光谱具有较低电子态的振动结构特征（图11G.3）。

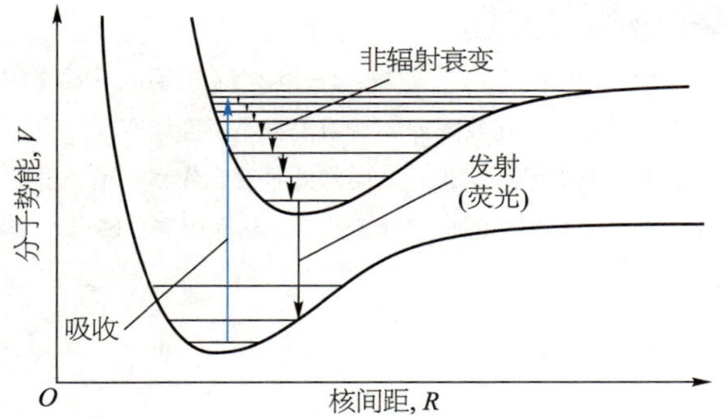

图 11G.2　溶液中分子产生荧光的步骤序列。在起初的吸收之后，较高振动态通过向周围分子释放能量而经历非辐射衰变。然后从较高电子态的振动基态发生辐射跃迁

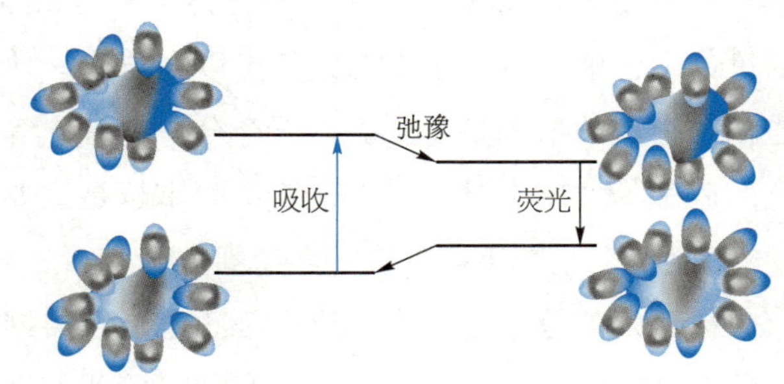

图 11G.4　溶剂可以使荧光光谱相对于吸收光谱发生位移。左边的吸收发生在溶剂（用椭圆表示）处于具有分子的电子基态（中心斑点）特征的排列中。然而，在荧光发生之前，溶剂分子会弛豫而形成一种新的排列，这种排列在随后的辐射跃迁（即荧光）中被保留下来

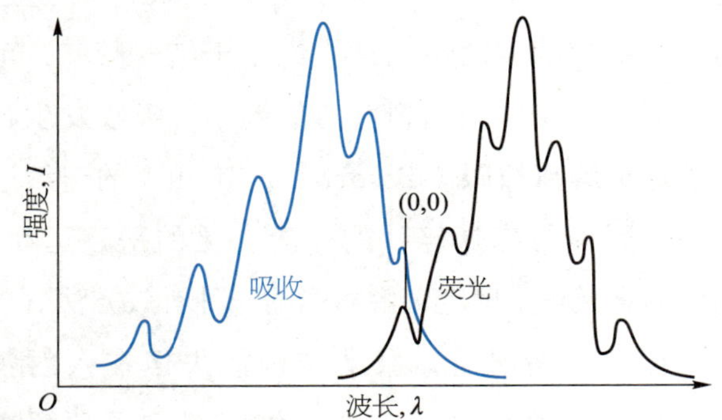

图 11G.3　吸收光谱（蓝色）显示较高电子态的振动结构特征。荧光光谱（黑色）则显示较低能态的结构特征；它也被移到较低的频率（但 0－0 跃迁是重合的），且通常是吸收光谱的镜像

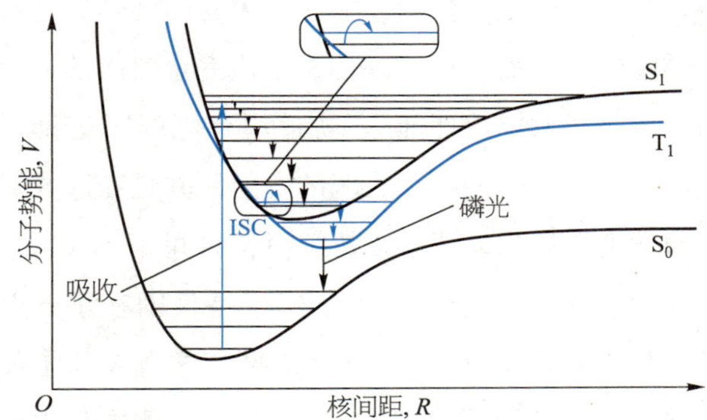

图 11G.5　产生磷光的步骤序列。重要的一步是系间窜越（ISC），即由自旋－轨道耦合引起的从单重态（S_1）到三重态（T_1）的转换。因为回到基态是自旋禁阻的，三重态充当储存库起着缓慢辐射的作用

如果能看到的话，0－0 吸收和荧光跃迁（其中的数字是 v_f 和 v_i 的值，即终态和始态的振动量子数）可以预期是重合的。吸收光谱源自 0←0、1←0、2←0 等跃迁，它们在逐步变高的波数（较短的波长）处发生，强度符合富兰克－康顿原理。荧光光谱来自 0→0、0→1 等向下的跃迁，它们对应的波数逐渐减小（波长逐渐增加）。然而，0－0 吸收峰和荧光峰并不总是完全重合的，因为溶剂可能与电子基态和激发态中的溶质产生不同的相互作用（如氢键的模式可能有所不同）。由于溶剂分子在跃迁过程中来不及发生重排，吸收发生在具有溶剂化的基态特征的环境中；然而，荧光则发生在具有溶剂化的激发态特征的环境中（图 11G.4）。

荧光发生在比入射辐射更低的频率处，因为发射跃迁是在某些振动能量逸散到周围环境之后产生的。荧光染料鲜艳的橙色和绿色正是这种效果的日常表现：它们吸收紫外光和蓝光，并在可见光中发出荧光。该机理还表明，荧光强度应取决于溶剂分子接受电子和振动量子的能力。确实发现由具有宽间隔振动能级的分子（如水）组成的溶剂在某些情况下可以接受大量的电子能量，并因此熄灭或“猝灭”荧光。荧光被其他分子猝灭的速率也提供了有价值的动力学信息（专题 17G）。

图 11G.5 给出了一个具有单重态的基态（标记为 S_0）分子产生磷光的步骤序列。第一步与在荧光中相同，但在接近单重激发态（S_1）的能量下存在的三重态（T_1）起着决定性作用。单重激发态和三重激发态在位于它们势能曲线相交的点上具有共同的几何形状。因此，如果有一种使两个电子自旋不成对（并实现了↑↓向↑↑的转换）的机制，则该分子可能经历**系间窜越**（intersystem crossing），即不同多重度的状态之间的非辐射跃

迁，并且变为三重态。如在原子光谱（专题8C）的讨论中，单重态－三重态跃迁可以在自旋－轨道耦合存在的情况下发生。当一个分子含有中等重的原子（如硫）时，可以预期系间窜越是重要的，因为这种情况下，自旋－轨道耦合很大。

被激发的分子一旦窜越进入三重态，它将继续向周围环境中释放能量。然而，现在它会沿三重态的振动阶梯向下走，并终止在它的最低振动能级处。三重态的能量低于相应的单重态（洪特规则，专题8B）。溶剂不能吸收最终的大量的电子激发能，并且分子不能辐射其能量，因为回到基态是自旋禁阻的。然而，辐射跃迁并不是完全禁阻的，因为负责系间窜越的自旋－轨道耦合削弱了选择规则。因此，分子能够产生弱的发射，并且在形成原始激发态之后辐射还可以持续很长时间。

该机制解释了激发能量似乎是被困在了一个缓慢释放的储存库中的观察结果。这也表明（如实验所证实的那样），磷光应该是在固体样品中最强的：随着单重激发态缓慢越过交叉点，能量传递效率降低并且系间窜越有时间发生。该机制还表明磷光效率应取决于中等重原子（具有强的自旋－轨道耦合）的存在，事实上就是这种情况。

在分子中可以发生的各种类型的非辐射跃迁和辐射跃迁通常表示在图11G.6所示的示意性的**雅布隆斯基图**（Jablonski diagram）上。

简要说明 11G.1

在萘、1－氯萘、1－溴萘、1－碘萘这一系列化合物中，荧光效率降低，磷光效率提高。用较重原子连续取代H原子增强了从S_1到T_1的系间窜越，从而降低了荧光效率。重原子的存在也增强了从T_1到S_0的辐射跃迁速率，从而提高了磷光效率。

11G.2　解离和预解离

电子激发分子在化学上的一个重要命运是**解离**（dissociation），即键的断裂（图11G.7）。通过注意到谱带的振动精细结构终止于某一频率，可以在吸收光谱中检测到解离的起始。吸收发生在高于这个**解离极限**（dissociation limit）的连续谱带中，因为终态是碎片的非量子化的平移运动。定位解离极限是确定键解离能的一种有效方法。

在某些情况下，振动结构消失但在入射辐射的较高频率处恢复。这个效应提供了**预解离**（predissociation）的证据，可以用图11G.8中所示的分子势能曲线来解释。当一个分子被激发到高电子状态的高振动能级时，它的电子可能经历重新分布，这导致其经历**内转换**（internal conversion），即到相同多重度的另一个电子状态的无辐射转换。内转换最容易发生在两个分子势能曲线的交点处，因为在那里两个电子状态的原

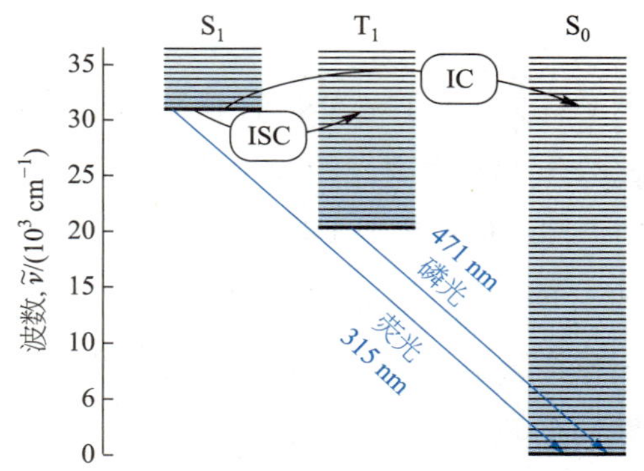

图11G.6　雅布隆斯基图（此处为萘）是对分子的电子能级相对位置的一种简化描述。给定电子状态的振动能级位于彼此之上，但是柱的相对水平位置与状态中的核间距无关。每个电子状态的振动基态都是正确地按垂直排列的，而其他的振动状态仅示意地显示（IC：内转换；ISC：系间窜越）

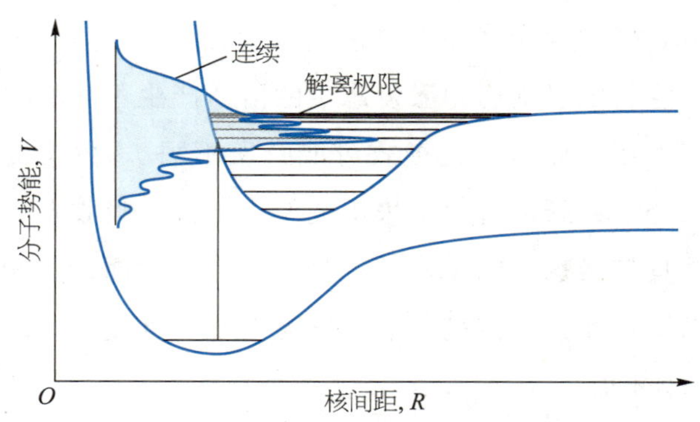

图11G.7　当高电子状态的非束缚态发生吸收时，分子解离且吸收光谱是连续的。在解离极限以下，电子光谱呈现正常的振动结构

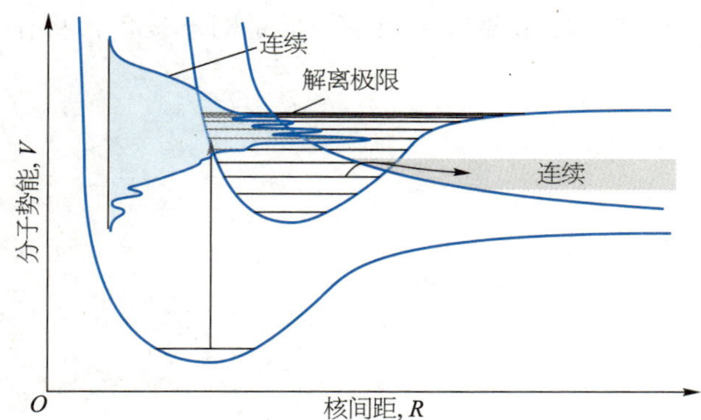

图11G.8 当解离状态穿越束缚态时，如图中上部所示，激发到交叉点附近能级的分子可以解离。这种预解离在光谱中被检测为在较高频率下恢复的振动结构的丢失

子核几何形状是相同的。分子转换到的状态可能是解离的，故在交叉点附近的状态具有有限的寿命，因此它们的能量被粗略地定义（由于寿命展宽，专题11A）。结果，吸收光谱变得模糊。当入射光子带来足够的能量将分子激发到高于交叉点的振动能级时，内转换就不会发生（原子核不太可能具有相同的几何形状）。因此，能级恢复了其明确定义的振动特征，同时具有明确定义的能量，并且谱线结构在模糊区域的高频一侧恢复。

简要说明11G.2

O_2分子在从某电子基态 $^3\Sigma_g^-$ 跃迁到激发态 $^3\Sigma_u^-$ 的过程中吸收紫外辐射，该激发态在能量上接近解离的 $^3\Pi_u$ 态。在这种情况下，预解离的影响比光谱中的振动－转动结构的突然丧失更为微妙；相反，振动结构只是简单地变宽而不是完全丢失。如前所述，展宽可由描述束缚和解离电子激发态曲线的交叉点附近的激发态短寿命来解释。

11G.3 激光

使用辐射来诱发受激发射，可以驱动激发态释放其过剩的能量。在受激发射（专题11A）中，激发态因同一频率辐射的激励而发射一个光子：存在的光子越多，发射的概率就越大。

激光辐射具有许多显著特征（表11G.1）。每一个特征（有时和其他的结合在一起）都在物理化学方面开辟了有趣的机会。拉曼光谱（专题11B~11D）是基于激光产生的高强度单色辐射而蓬勃发展的，并且激光器产生的超短脉冲使得在飞秒甚至阿秒的时间尺度上研究光引发的反应成为可能。

表11G.1 激光辐射特性及其化学应用

特性	优势	应用
高功率	多光子过程 低探测器噪声 高散射强度	光谱 提高灵敏度 拉曼光谱（专题11B~11D）
单色光	高分辨率 能态选择	光谱 光化学研究（专题17G） 反应动态学（专题18D）
准直光	长的光程 可观测前向散射	提高灵敏度 拉曼光谱（专题11B~11D）
脉冲振动	激发的精确计时	快速反应（专题17G，18C） 弛豫（专题17C） 能量转移（专题17G）

激光作用的一个要求是**亚稳态的激发态**（metastable excited state）的存在，即一个具有足够长的寿命、以便能进行受激辐射的激发态。为了使受激辐射主导吸收，有必要发生粒子数反转，即激发态的布居数大于低能态的布居数。图11G.9说明了通过中间态I间接实现**粒子数反转**（population inversion）的一种方法。因此，分子或原子被激发到I，然后I以非辐射的方式损失部分能量（如通过将能量传递给周围环境的振动），并转变成一个低能态B。激光跃迁是指B回到较低的能态A。因为共涉及四个能级，故这种布置导致了**四能级激光器**（four-level laser）。这种布置的一个优点是，A和B能级的粒子数反转比涉及布居数更多的基态更易于实现。从X到I的跃迁是在**泵浦**

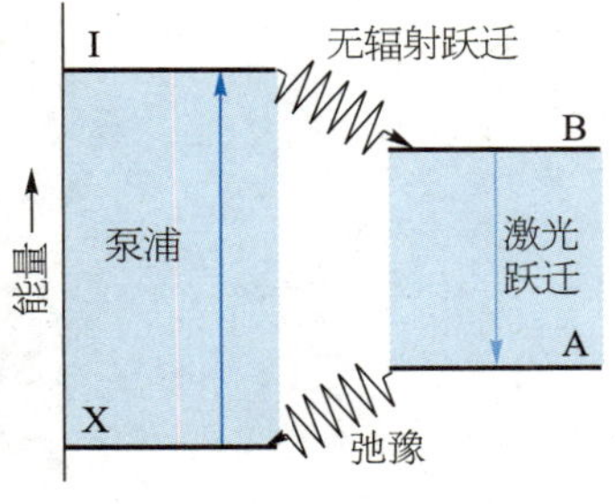

图11G.9 四能级激光器中涉及的跃迁。由于激光跃迁终止于激发态（A），所以A和B之间的粒子数反转比激光跃迁的低能态是基态X时要容易实现

（pumping）过程中用强光（连续的或以闪光的形式）照射引起的。在某些情况下，泵浦是通过氙气放电或另一激光器的辐照来实现的。

许多最重要的激光系统都是固态设备，将在专题15G中讨论。

简要说明 11G.3

钕激光器是四能级固态激光器的一个例子（图11G.10）。其中一种由钇铝石榴石（YAG，具体是$Y_3Al_5O_{12}$）中低浓度的Nd^{3+}组成，称为Nd：YAG激光器。钕激光器在红外线的多个波长下工作。最常见的操作波长为1 064 nm，对应于从Nd^{3+}的^4F态与^4I态的电子跃迁。

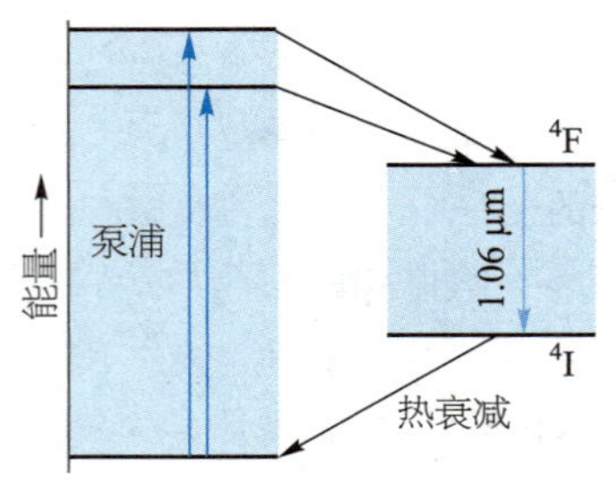

图 11G.10　钕激光器中涉及的跃迁

概念清单

- ☐ 1. **荧光**是相同多重度的状态之间的辐射衰变，在激发辐射被移除后不久它就会停止。
- ☐ 2. **磷光**是不同多重度的状态之间的辐射衰变；在激发辐射被移除后它仍然存在。
- ☐ 3. **系间窜越**是指到不同多重度的电子状态的非辐射转换。
- ☐ 4. **雅布隆斯基图**是显示分子中可能发生的非辐射跃迁和辐射跃迁类型的示意图。
- ☐ 5. 电子激发态物种的另一种命运是**解离**。
- ☐ 6. **内转换**是指到相同多重度的电子状态的非辐射转换。
- ☐ 7. **预解离**是指在达到解离极限之前观察到的解离的影响。
- ☐ 8. **激光作用**是通过粒子数反转相关联的状态之间的相干辐射的受激发射。
- ☐ 9. **亚稳态激发态**是一种具有足够长寿命以便进行受激发射的激发态。
- ☐ 10. **粒子数反转**是指高能态的布居数大于相关低能态的情况。
- ☐ 11. **泵浦**是指利用外部强辐射源刺激吸收，以产生粒子数反转的过程。

主题 11　分子光谱——讨论题、练习题、问题及综合题

注意：核的质量在*资源部分*的表0.2中列出。

专题 11A　分子光谱的一般特征

讨论题

D11A.1 选律的物理学归因是什么？

D11A.2 描述吸收和发射光谱中线宽的物理来源。你是否认为凝聚相和气相中的物质对线宽有相同的贡献？

D11A.3 描述通常用于吸收光谱、发射光谱和拉曼光谱的基本实验装置。

练习题

E11A.1(a) 计算具有以下特征的跃迁的比值 A/B：（ⅰ）70.8 pm的X射线，（ⅱ）500 nm的可见光，（ⅲ）3 000 cm^{-1}的红外辐射。

E11A.1(b) 计算具有以下特性的跃迁的比值 A/B：（ⅰ）500 MHz的射频辐射，（ⅱ）3.0 cm的微波辐射。

E11A.2(a) 已知溶解在己烷中的一种物质的摩尔吸收系数在260 nm处为723 $dm^3\cdot mol^{-1}\cdot cm^{-1}$。当该波长的紫外辐射通过2.50 mm、浓度为4.25 $mmol\cdot dm^{-3}$的溶液时，计算强度减少的百分数。

E11A.2(b) 已知溶解在己烷中的一种物质的摩尔吸收系数在290 nm处为227 $dm^3\cdot mol^{-1}\cdot cm^{-1}$。当该波长的紫外辐射通过2.00 mm、浓度为2.52 $mmol\cdot dm^{-3}$的溶液时，计算强度减少的百分数。

E11A.3(a) 当生物样品的某一组分的溶液置于路径长度为1.00 cm的吸收池中时，入射在其上的波长为320 nm的紫外辐射透过率为18.1%。如果组分的浓度为0.139 $mmol\cdot dm^{-3}$，那么摩尔吸收系数是多少？

E11A.3(b) 当波长为400 nm的紫外辐射通过2.50 mm、浓度为0.717 $mmol\cdot dm^{-3}$的吸收物质溶液时，透射率为61.5%。计算该波长下溶质的摩尔吸收系数。用每摩尔平方厘米（$cm^2\cdot mol^{-1}$）表示你的答案。

E11A.4(a) 某溶质在540 nm处的摩尔吸收系数为386 $dm^3\cdot mol^{-1}\cdot cm^{-1}$。当该波长的光通过含有溶质溶液的5.00 mm吸收池时，38.5%的光被吸收。该溶质的物质的量浓度是多少？

E11A.4(b) 某溶质在440 nm处的摩尔吸收系数是423 $dm^3\cdot mol^{-1}\cdot cm^{-1}$。当该波长的光通过含有溶质溶液的6.50 mm吸收池时，48.3%的光被吸收。该溶质的物质的量浓度是多少？

E11A.5(a) 2.0 mm长的吸收池用于测量溶解在四氯化碳中的染料在450 nm处的吸收，获得以下数据。计算染料在所用波长下的摩尔吸收系数。

[染料] / ($mol\cdot dm^{-3}$)	0.0010	0.0050	0.0100	0.0500
T	81.4%	35.6%	12.7%	(3.0×10^{-3})%

E11A.5(b) 使用2.50 mm的吸收池，测量溶解在甲苯中的染料在600 nm处的吸收，获得以下数据。计算染料在所用波长下的摩尔吸收系数。

[染料] / ($mol\cdot dm^{-3}$)	0.0010	0.0050	0.0100	0.0500
T	68%	18%	3.7%	(1.03×10^{-5})%

E11A.6(a) 在2.0 mm的吸收池中装入苯在非吸收溶剂中的溶液。苯的浓度为0.010 $mol\cdot dm^{-3}$，并且辐射的波长为256 nm（此处吸收值最大）。假设透射率为48%，计算苯在该波长下的摩尔吸收系数。在相同波长下，换成4.0 mm的吸收池，透过率是多少？

E11A.6(b) 在5.00 mm的吸收池中填充某染料溶液。染料的浓度为18.5 $mmol\cdot dm^{-3}$。假设透射率为29%，计算染料在该波长下的摩尔吸收系数。在相同波长下，通过2.50 mm吸收池的透射率是多少？

E11A.7(a) 游泳运动员在潜水至更深处时，会进入一个更加黑暗的世界（在某种意义上）。假设可见区域海水的平均摩尔吸收系数为 6.2×10^{-5} $dm^3\cdot mol^{-1}\cdot cm^{-1}$，当潜水员分别感受到（ⅰ）表面光强度的一半，以及（ⅱ）表面光强度的十分之一时，计算潜水的深度。取吸收体浓度为10 $mmol\cdot dm^{-3}$。

E11A.7(b) 假设含有羰基的一个分子的最大摩尔吸收系数在280 nm附近为30 $dm^3\cdot mol^{-1}\cdot cm^{-1}$，计算当辐射强度变为（ⅰ）初始辐射强度的一半，（ⅱ）初始强度的十分之一时，样品的厚度。

E11A.8(a) 与某特定跃迁相关联的吸收开始于220 nm，峰值在270 nm，并在300 nm处结束。摩尔吸收系数的最大值为 2.21×10^4 $dm^3\cdot mol^{-1}\cdot cm^{-1}$。假设吸收谱图是对称的三角形曲线，估算跃迁的积分吸收系数。

E11A.8(b) 与某特定跃迁相关联的吸收开始于167 nm，峰值在200 nm，并在250 nm处结束。摩尔吸收系数的最大值为 3.35×10^4 $dm^3\cdot mol^{-1}\cdot cm^{-1}$。假设吸收谱图是倒置的抛物线形状（图11.1），估算跃迁的积分吸收系数。

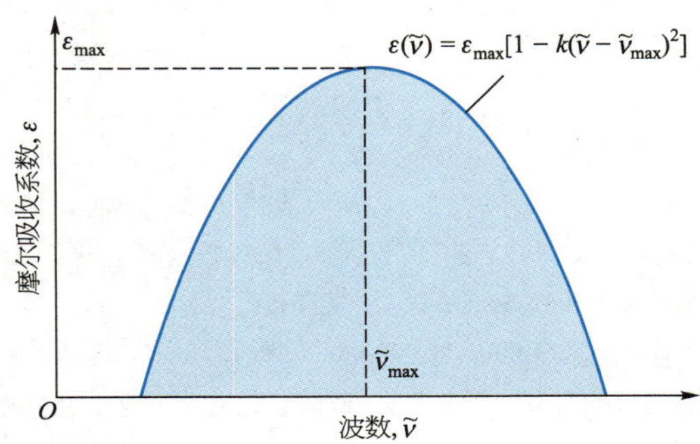

图11.1　习题E11A.8（b）中考虑的抛物线谱线形状

E11A.9(a) 300 K时，氢原子中821 nm处电子跃迁的多普勒展宽线宽是多少？

E11A.9(b) 400 K时，$^1H^{127}I$中2 308 cm^{-1}处的振动跃迁的多普勒展宽线宽是多少？

E11A.10(a) 在60 km · h^{-1}速率下接近红色（680 nm）交通信号灯的多普勒频移的波长是多少？

E11A.10(b) 以多大速率接近时，红色（680 nm）交通信号灯会显示为绿色（530 nm）？

E11A.11(a) 估算产生线宽（i）0.20 cm^{-1}，（ii）2.0 cm^{-1}的状态的寿命。

E11A.11(b) 估算产生线宽（i）200 MHz，（ii）2.45 cm^{-1}的状态的寿命。

E11A.12(a) 液体中的分子每秒钟发生约1.0×10^{13}次碰撞。假设（i）每一次碰撞都能有效地使分子振动失活，以及（ii）100次中的一次碰撞是有效的。计算分子中振动跃迁的宽度（以cm^{-1}为单位）。

E11A.12(b) 气体中的分子每秒钟发生约1.0×10^{9}次碰撞。假设（i）每一次碰撞都能有效地使分子转动失活，以及（ii）10次中的一次碰撞是有效的。计算分子中转动跃迁的宽度（以赫兹为单位）。

问 题

P11A.1 从北极星到达地球的可见光子通量约为4×10^3 $mm^{-2}\cdot s^{-1}$。在这些光子中，30%被大气吸收或散射，25%的幸存光子被眼睛角膜表面散射。另外9%被角膜吸收。夜间瞳孔的面积约为40 mm^2，眼睛的响应时间约为0.1 s。在通过瞳孔的光子中，约43%被吸收在眼部介质中。在0.1 s内，有多少来自北极星的光子聚焦在视网膜上？有关这个故事的延续，请参阅R. W. Rodieck, *The first steps in seeing*, Sinauer, Sunderland (1998)。

P11A.2 比尔－朗伯定律是在吸收物质浓度均匀的基础上推导出来的。相反地，假设浓度以$[J]=[J]_0e^{-x/x_0}$呈指数下降。推导I随样品长度变化的表达式；假设$L>>x_0$。

P11A.3 通常情况下，在两个波长处测量吸光度，并利用它们来找出混合物中两个组分A和B的单独浓度。证明：在光程为L的吸收池中，A和B的物质的量浓度分别是

$$[A]=\frac{\varepsilon_{B2}A_1-\varepsilon_{B1}A_2}{(\varepsilon_{A1}\varepsilon_{B2}-\varepsilon_{A2}\varepsilon_{B1})L}\qquad [B]=\frac{\varepsilon_{A1}A_2-\varepsilon_{A2}A_1}{(\varepsilon_{A1}\varepsilon_{B2}-\varepsilon_{A2}\varepsilon_{B1})L}$$

其中A_1和A_2是混合物在波长为λ_1和λ_2的吸光度，A（和B）在这些波长下的摩尔吸收系数是ε_{A1}和ε_{A2}（ε_{B1}和ε_{B2}）

P11A.4 当吡啶加入碘在四氯化碳中的溶液时，520 nm的吸收带向450 nm移动。但是溶液在490 nm处的吸光度保持不变：这一特性称为等吸光点。证明：当两种吸收物质处于平衡状态时，将出现等吸收点。提示：使用问题P11A.3中导出的表达式。

P11A.5 臭氧在其他丰富的大气成分中是独一无二的，它吸收电磁光谱中足以破坏生物体中DNA的部分紫外线辐射。这个光谱范围从290 nm到320 nm，表示为UV－B。臭氧在这个范围内的摩尔吸收系数见下表［DeMore等，*Chemical kinetics and photochemical data for use in stratospheric modeling: Evaluation Number 11*, JPL Publication 94-26 (1994)］。

λ/nm	292.0	296.3	300.8	305.4	310.1	315.0	320.0
$\varepsilon/(dm^3\cdot mol^{-1}\cdot cm^{-1})$	1 512	865	477	257	135.9	69.5	34.5

估算在290~320 nm波长范围内臭氧的积分吸收系数。提示：$\varepsilon(\tilde{\nu})$可以很好地拟合为指数函数。

P11A.6 在许多情况下，可以假设吸收带具有以吸收带最大值为中心的高斯线形（与e^{-x^2}成正比）。假设这样的线形，证明：$\mathcal{A}=\int\varepsilon(\tilde{\nu})d\tilde{\nu}\approx1.064\ 5\varepsilon_{max}\Delta\tilde{\nu}_{1/2}$，其中$\Delta\tilde{\nu}_{1/2}$是半高宽。偶氮乙烷($CH_3CH_2N_2$)在24 000~34 000 cm^{-1}的吸收光谱如图11.2所示。首先，假设吸收带是高斯的，估算吸收带的$\mathcal{A}$。然后，使用数学软件将多项式（或高斯函数）拟合到吸收带，并进行积分。

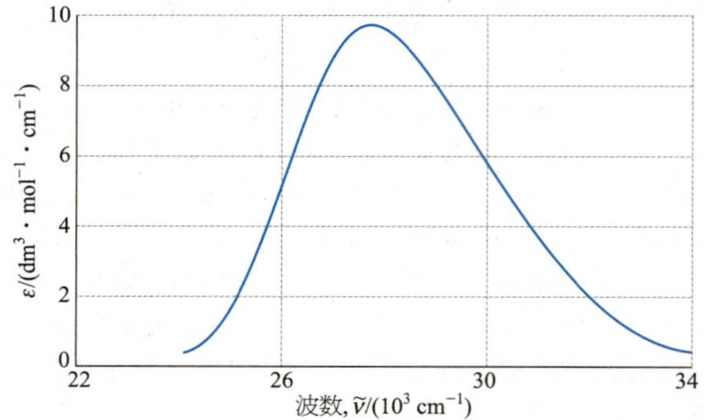

图11.2 偶氮甲烷的电子吸收光谱

P11A.7 Wachewsky等［*J. Phys. Chem.*, **100**, 11559（1996）］检测了CH_3I的紫外吸收光谱，CH_3I是与平流层臭氧化学有关的物种。他们发现积分吸收系数取决于温度和压力，在一定程度上与孤立的CH_3I分子的内部结构变化不一致。他们解释了这些变化是由于相当大一部分CH_3I的二聚所致，这一过程自然是与压力和温度有关的。(a) 对于31 250 ~ 34 483 cm^{-1}范围内的三角形谱线形状，计算CH_3I的积分吸收系数；在该波数范围的中点处，最大摩尔吸收系数为150 $dm^3\cdot mol^{-1}\cdot cm^{-1}$。(b) 假设在2.4 Torr和373 K时，某样品中1.0%的CH_3I单元以二聚体形式存在。计算在长度为12.0 cm的吸收池中，吸收线形中点处的预期吸光度。(c) 假设在100 Torr和373 K时，18%的CH_3I单元在样品中以二聚体形式存在。计算在光程为12.0 cm的样品中，位于谱线形状中点对应波数处的吸光度；计算摩尔吸收系数。（如果不考虑二聚，则从该吸光度可推断出此摩尔吸收系数。）

P11A.8 当发射频率为ν的电磁辐射的恒星以相对于观察者s的速率移动时，观察者检测到频率$\nu_{后退}=\nu f$，$\nu_{接近}=\nu/f$的辐射，其中$f=[(1-s/c)/(1+s/c)]^{1/2}$，$c$是光速。(a) 属于大麦哲伦星云的恒星HDE 271 182的三条FeI线出现在438.882 nm、441.000 nm和442.020 nm。在地球上的铁弧光谱中，相同的线出现在438.392 nm、440.510 nm和441.510 nm处。试确定HDE 271 182是远离地球还是接近地球？并估算恒星相对于地球的径向速率。(b) 为了计算HDE 271 182相对于太阳的径向速率，需要哪些额外信息？

P11A.9 在问题11A.8中，注意到原子谱线的多普勒频移可用于估算恒星后退或接近的速率。发现在一遥远的恒星中的$^{48}Ti^{8+}$（质量为47.95 m_u）谱线从654.2 nm偏移到706.5 nm，并且变宽至61.8 pm。恒星后退的速率和表面温度是多少？

P11A.10 多普勒展宽谱线的高斯形状反映了在实验温度下样品中的麦克斯韦速率的分布（见专题1B）。在使用相位敏感检测的光谱仪中，输出信号与信号强度的一阶导数$dI/d\nu$成正比。绘制不同温度下的线形图。峰的分裂与温度有何关系？

P11A.11 气体中质量为m的一个分子在压力p下的碰撞频率$z = 4\sigma(kT/\pi m)^{1/2}p/kT$，其中$\sigma$是碰撞截面。假设每次碰撞都有效，导出激发态的碰撞限制寿命的表达式。估算在25 ℃和1.0 atm下在HCl（$\sigma = 0.30\ nm^2$）中在63.56 cm^{-1}处的转动跃迁的宽度。为了确保碰撞加宽不像多普勒加宽那么重要，气体的压力必须降低到什么值？

P11A.12 参见图11A.9，其中描绘了迈克尔孙干涉仪。可移动镜M_1以离散的距离递增，因此路径差p也以离散的步长递增。探讨增加步长对波数为$\tilde{\nu}$和强度为I_0的单色光束干涉图形状的影响。也就是说，将$I(p)/I_0$对$\tilde{\nu}p$作图，每个图中有不同数量的数据点，它们跨越可移动镜M_1所采取的路径的总距离相同。

P11A.13 使用数学软件，通过以下方式详细说明例题11A.2的结果：（a）探讨改变辐射三个组分的波数和强度对干涉图形状的影响；（b）计算在（a）部分产生的函数的傅里叶变换。

专题 11B　转动光谱

讨论题

D11B.1 解释各种类型刚性转子的转动简并度。刚性的丢失会影响你的结论吗？

D11B.2 离心形变是否会增加或减少相邻转动能级之间的间隔？

D11B.3 区分扁圆形和扁长形对称转子，并给出每个转子的几个例子。

D11B.4 描述微波光谱的总选律的物理来源。

D11B.5 描述转动拉曼光谱的总选律的物理来源。

D11B.6 $Be^{19}F_2$是以邻位（ortho）还是对位（para）形式存在？提示：（a）确定BeF_2的几何形状，然后（b）确定氟原子核是费米子还是玻色子。

D11B.7 描述核统计在$^1H^{12}C{\equiv}^{12}C^1H$、$^1H^{13}C{\equiv}^{13}C^1H$和$^2H^{12}C{\equiv}^{12}C^2H$的能级占有中的作用。对于核自旋数据，参见表12A.2。

D11B.8 解释氢分子中转动零点能的存在。

练习题

E11B.1(a) 对于$^{16}O_3$分子（键角117°；O—O键长128 pm），计算绕O—O—O角的等分线的转动惯量和相应的转动常数。

E11B.1(b) 对于$^{31}P^1H_3$分子（键角93.5°；P—H键长142 pm），计算绕三重对称轴的转动惯量和相应的转动常数。

E11B.2(a) 绘制具有相等键长的AB_4分子的金字塔形对称顶部形式（表11B.1）的两个转动惯量的表达式，但角度θ从90°增加到四面体角。

E11B.2(b) 绘制AB_3分子的金字塔形对称顶部形式的两个转动惯量的表达式（表11B.1），其中θ等于四面体角，但是一个A—B键变化。提示：写出$\rho = R'_{AB}/R_{AB}$，并允许ρ从2变为1。

E11B.3(a) 对以下转子进行分类：（i）O_3，（ii）CH_3CH_3，（iii）XeO_4，（iv）$FeCp_2$（Cp表示环戊二烯基，C_5H_5）。

E11B.3(b) 对以下转子进行分类：（i）$CH_2{=}CH_2$，（ii）SO_3，（iii）ClF_3，（iv）N_2O。

E11B.4(a) 根据转动常数$B(^1H^{12}C^{14}N) = 44.316$ GHz和$B(^2H^{12}C^{14}N) = 36.208$ GHz，计算HCN中的H—C和C—N键长。

E11B.4(b) 根据转动常数$B(^{16}O^{12}C^{32}S) = 6\,081.5$ MHz和$B(^{16}O^{12}C^{34}S) = 5\,932.8$ MHz，计算OCS中的C—O和C—S键长。

E11B.5(a) 估算$^1H^{127}I$的离心形变常数，其中$\tilde{B} = 6.511\ cm^{-1}$，$\tilde{\nu} = 2\,308\ cm^{-1}$。当$^2H$取代$^1H$时，常数变化的因子是多少？

E11B.5(b) 估算$^{79}Br^{81}Br$的离心形变常数，其中$\tilde{B} = 0.080\,9\ cm^{-1}$，$\tilde{\nu} = 323.2\ cm^{-1}$。当$^{79}Br$被$^{81}Br$取代时，常数变化的因子是多少？

E11B.6(a) 以下哪种分子可显示出纯转动微波吸收光谱？（i）H_2，（ii）HCl，（iii）CCl_4，（iv）CH_3Cl，（v）CH_2Cl_2。

E11B.6(b) 以下哪种分子可显示出纯转动微波吸收光谱？（i）H_2O，（ii）H_2O_2，（iii）NH_3，（iv）N_2O。

E11B.7(a) 计算$^{14}N^{16}O$的纯转动光谱中$J = 3 \leftarrow 2$跃迁的频率和波数。平衡键长为115 pm。如果考虑离心形变，频率会增加还是减小？

E11B.7(b) 计算$^{12}C^{16}O$的纯转动光谱中$J = 2 \leftarrow 1$跃迁的频率和波数。平衡键长是112.81 pm，如果考虑离心形变，频率会增加还是减少？

E11B.8(a) 刚性转子$^1H^{35}Cl$的$J = 3 \leftarrow 2$转动跃迁的波数为63.56 cm^{-1}，H—Cl键长是多少？

E11B.8(b) 刚性转子$^1H^{81}Br$的$J = 1 \leftarrow 0$转动跃迁的波数为16.93 cm^{-1}；H—Br键长是多少？

E11B.9(a) $^{27}A^{11}H$的微波光谱中谱线间隔为12.604 cm^{-1}，计算分子的转动惯量和键长。

E11B.9(b) $^{35}Cl^{19}F$的微波光谱中谱线间隔为1.033 cm^{-1}，计算分子的转动惯量和键长。

E11B.10(a) 在（i）25 ℃，（ii）100 ℃时，布居数最多的Cl_2转动能级是哪一个？取$\tilde{B} = 0.244\ cm^{-1}$。

E11B.10(b) 在（i）25 ℃，（ii）100 ℃时，布居数最多的Br_2转动能级是哪一个？取$\tilde{B} = 0.080\,9\ cm^{-1}$。

E11B.11(a) 以下哪种分子可显示出纯的转动拉曼光谱？（i）H_2，（ii）HCl，（iii）CH_4，（iv）CH_3Cl。

E11B.11(b) 以下哪种分子可显示出纯转动拉曼光谱？（i）CH_2Cl_2，（ii）CH_3CH_3，（iii）SF_6，（iv）N_2O。

E11B.12(a) 拉曼光谱仪中入射辐射的波数为20 487 cm^{-1}。对于$^{14}N_2$的$J = 2 \leftarrow 0$的跃迁，散射的斯托克斯辐射的波数是多少？取$\tilde{B} = 1.998\,7\ cm^{-1}$。

E11B.12(b) 拉曼光谱仪中入射辐射的波数为20 623 cm^{-1}。对于$^{16}O_2$的$J = 4 \leftarrow 2$的跃迁，散射的斯托克斯辐射的波数是多少？取$\tilde{B} = 1.445\,7\ cm^{-1}$。

E11B.13(a) $^{35}Cl_2$的转动拉曼光谱显示出一系列间隔 0.975 2 cm^{-1}的斯托克斯线和一系列类似的反斯托克斯线。计算分子的键长。

E11B.13(b) $^{19}F_2$的转动拉曼光谱显示出一系列间隔3.531 2 cm^{-1}的斯托克斯线和一系列类似的反斯托克斯线。计算分子的键长。

E11B.14(a) 对于$^{35}Cl_2$，由于核统计的影响，布居数权重的比例是多少？

E11B.14(b) 对于$^{12}C^{32}S_2$，由于核统计的影响，布居数权重的比例是多少？当^{12}C被^{13}C取代时，会观察到什么效果？核自旋数据参见表12A.2。

问　题

P11B.1 证明由质量为m_A和m_B的原子和键长为R组成的双原子分子的转动惯量等于$m_{eff}R^2$，其中$m_{eff}=m_Am_B/(m_A+m_B)$。

P11B.2 确认表11B.1中给出的线形ABC分子的转动惯量的表达式。提示：首先找到质心。

P11B.3 NH_3的转动常数为298 GHz。计算纯转动光谱线的频率（以GHz为单位）和波数（以cm^{-1}为单位）间隔，并证明B的值与101.4 pm的N—H键长和106.78°的键角相吻合。

P11B.4 $^1H^{35}Cl$气体的转动吸收线在以下波数处[R. L. Hausler，R. A. Oetjen，*J. Chem. Phys.*，**21**，1340(1953)]：83.32 cm^{-1}、104.13 cm^{-1}、124.73 cm^{-1}、145.37 cm^{-1}、165.89 cm^{-1}、186.23 cm^{-1}、206.60 cm^{-1}、226.86 cm^{-1}。计算分子的转动惯量和键长。预测$^2H^{35}Cl$中相应线的位置。

P11B.5 ^1HCl中的键长是否与^2HCl中的键长相同？$^1H^{35}Cl$和$^2H^{35}Cl$的$J=1\leftarrow0$转动跃迁的波数分别为20.878 4 cm^{-1}和10.784 0 cm^{-1}。对于^1H和^2H，准确的原子质量分别为1.00782 5 m_u和2.014 0 m_u。^{35}Cl的质量为34.968±85 m_u。仅根据这些信息，能否得出结论：两个分子中的键长相同或不同？

P11B.6 热力学考虑表明，单卤化铜CuX应该主要作为气相中的聚合物存在，事实证明难以获得足够丰富的单体以进行光谱检测。Manson等人通过将卤素气体在加热到1 100 K的铜上方流动来克服该问题[*J. Chem. Phys.*，**63**，2724(1975)]。对于$^{63}Cu^{79}Br$，$J=14\leftarrow13$、$15\leftarrow14$和$16\leftarrow15$跃迁分别发生在84 421.34 MHz、90 449.25 MHz、96 476.72 MHz。计算$^{63}Cu^{79}Br$的转动常数和键长。^{63}Cu的质量为62.929 6 m_u。

P11B.7 $^{16}O^{12}CS$的微波频谱给出吸收线（以GHz为单位）如下：

J	1	2	3	4
^{32}S	24.325 92	36.488 82	48.651 64	60.814 08
^{34}S	23.732 33	47.462 40		

使用表11B.1中转动惯量的表达式，假设取代不改变键长，计算OCS中的C—O和C—S的键长。

P11B.8 式（11B.20b）可以重新排列成$\tilde{\nu}(J+1\leftarrow J)/[2(J+1)]=\tilde{B}-2\tilde{D}_J(J+1)^2$，当等式左边对$(J+1)^2$作图时，该式为一直线方程。对于$^{12}C^{16}O$，观察到以下跃迁波数（以$cm^{-1}$为单位）：

J	0	1	2	3	4
$\tilde{\nu}/cm^{-1}$	3.845 033	7.689 919	11.534 510	15.378 662	19.222 223

计算CO的$\tilde{B}$和$\tilde{D}_J$。

P11B.9 在对线形FeCO基团的转动光谱研究中，Tanaka等人［*J. Chem. Phys.*，**106**，6820(1997)］报道了以下$J+1\leftarrow J$跃迁：

J	24	25	26	27	28	29
ν/MHz	214 777.7	223 379	231 981.2	240 584.4	249 188.5	257 793.5

计算分子的转动常数。此外，在298 K和100 K时，估算拥有最大布居数的转动能级对应的J值。

P11B.10 考虑到离心形变，一个对称顶的转动项通常写为

$$\tilde{F}(J,K)=\tilde{B}J(J+1)+(\tilde{A}-\tilde{B})K^2-\tilde{D}_JJ^2(J+1)^2-\tilde{D}_{JK}J(J+1)K^2-\tilde{D}_KK^4$$

（a）导出允许的转动跃迁波数的表达式。（b）对于CH_3F，观察到以下跃迁频率（以GHz为单位）：

51.071 8　102.142 6　102.140 8　153.210 3　153.207 6

在这些值允许的情况下，计算转动项表达式中尽可能多的常量。

P11B.11 在温度T下，对于一个双原子转子，建立具有最多布居数的转动能级对应J值的表达式，记住每个能级的简并度为$2J+1$。对于25 ℃时的ICl（$\tilde{B}=0.114\,2\ cm^{-1}$），计算相应的$J$值。对于球形转子，重复上述问题，注意每个能级是$(2J+1)^2$重简并的，对于25 ℃时的$CH_4$（$\tilde{B}=5.24\ cm^{-1}$），计算相应的$J$值。提示：要推导该表达式，回想一下，当函数到达最大值或最小值时，函数的一阶导数为零。

P11B.12 A. Dalgarno在*Chemistry in the Interstellar Medium, Frontiers of Astrophysics*（1976）一书中指出，尽管在蛇夫座星际介质中CH和CN的光谱都很强烈，但CN光谱已成为确定宇宙微波背景辐射温度的标准。通过计算说明对于此目的，为什么CH不如CN那样有用？CH和CN的转动常数$\tilde{B}$分别为14.190 cm^{-1}和1.891 cm^{-1}。

P11B.13 由于恒星是非常强烈的黑体发射体，温度为几千开尔文，因此，恒星周围空间，即环星空间，明显更暖。讨论云温度、粒子密度和粒子速度等因素如何影响星际云中CO的转动光谱。与温度约为10 K的云中的气体相比，在温度约为1 000 K的恒星中喷出且仍在其附近的气体，在CO的光谱中可以观察到哪些新特征？解释如何用这些特征根据CO的转动光谱来区分环星和星际物质？

P11B.14 气态C_6H_6和C_6D_6的纯转动拉曼光谱产生以下转动常数：$\tilde{B}(C_6H_6)=0.189\,60\ cm^{-1}$，$\tilde{B}(C_6D_6)=0.156\,81\ cm^{-1}$。根据这些数据计算的分子绕垂直于$C_6$轴的任一轴的转动惯量为$I(C_6H_6)=1.475\,9\times10^{-45}\ kg\cdot m^2$和$I(C_6D_6)=1.784\,5\times10^{-45}\ kg\cdot m^2$，计算C—C和C—H的键长。

专题 11C　双原子分子的振动光谱

讨论题

D11C.1 讨论抛物线函数和莫尔斯函数作为双原子分子真实势能曲线的近似值的优势和局限性。

D11C.2 描述振动激发对双原子分子转动常数的影响。

D11C.3 如何在转动振动光谱中使用组合差的方法来确定转动常数？

D11C.4 由于同位素替代，分子的转动和振动光谱会在哪些方面发生变化？

练习题

E11C.1(a) 橡胶圈末端悬挂的质量为100 g的一个物体的振动频率为2.0 Hz。计算橡胶圈的力常数。

E11C.1(b) 弹簧末端悬挂的质量为1.0 g的一个物体的振动频率为10.0 Hz。计算弹簧的力常数。

E11C.2(a) 在假设力常数相同的情况下，计算$^{23}Na^{35}Cl$和$^{23}Na^{37}Cl$的基本振动波数的百分比差异。^{23}Na的质量为22.989 8 m_u。

E11C.2(b) 在假设力常数相同的情况下，计算$^{1}H^{35}Cl$和$^{2}H^{37}Cl$的基本振动波数的百分比差异。

E11C.3(a) $^{35}Cl_2$的基本振动跃迁波数是564.9 cm^{-1}，计算键的力常数。

E11C.3(b) $^{79}Br^{81}Br$的基本振动跃迁波数为323.2 cm^{-1}，计算键的力常数。

E11C.4(a) 卤化氢具有以下基本振动波数：4 141.3 cm^{-1}($^{1}H^{19}F$)；2 988.9 cm^{-1}($^{1}H^{35}Cl$)；2 649.7 cm^{-1}($^{1}H^{81}Br$)；2 309.5 cm^{-1}($H^{127}I$)。计算氢－卤键的力常数。

E11C.4(b) 根据练习题E11C.4（a）中的数据，预测氘卤化物的基本振动波数。

E11C.5(a) 计算在（ⅰ）298 K，（ⅱ）500 K时基态和第一激发振动态中Cl_2分子（$\tilde{\nu}=559.7\ cm^{-1}$）的相对数量。

E11C.5(b) 计算在（ⅰ）298 K，（ⅱ）800 K时第二和第一激发振动态中Br_2分子（$\tilde{\nu}=321\ cm^{-1}$）的相对数量。

E11C.6(a) 对于$^{16}O_2$，跃迁$\nu=1\leftarrow0$、$2\leftarrow0$和$3\leftarrow0$的$\Delta\tilde{G}$值分别为1 556.22 cm^{-1}、3 088.28 cm^{-1}、4 596.21 cm^{-1}。计算$\tilde{\nu}$和χ_e。假设y_e为零。

E11C.6(b) 对于$^{14}N_2$，跃迁$\nu=1\leftarrow0$、$2\leftarrow0$和$3\leftarrow0$的$\Delta\tilde{G}$值分别为2 345.15 cm^{-1}、4 661.40 cm^{-1}、6 983.73 cm^{-1}。计算$\tilde{\nu}$和χ_e。假设y_e为零。

E11C.7(a) HCl的前五个振动能级分别位于1 481.86 cm^{-1}、4 367.50 cm^{-1}、7 149.04 cm^{-1}、9 826.48 cm^{-1}、12 399.8 cm^{-1}。计算分子的解离能（以cm^{-1}和eV为单位）。

E11C.7(b) HI的前五个振动能级分别位于1 144.83 cm^{-1}、3 374.90 cm^{-1}、5 525.51 cm^{-1}、7 596.66 cm^{-1}、9 588.35 cm^{-1}。计算分子的解离能（以cm^{-1}和eV为单位）。

E11C.8(a) $^{1}H^{127}I$的红外吸收产生从$\nu=0$开始的R分支。来自$J=2$的转动状态的线的波数是多少？提示：使用表11C.1中的数据。

E11C.8(b) $^{1}H^{81}Br$的红外吸收产生从$\nu=0$开始的P分支。来自$J=2$的转动状态产生的线的波数是多少？提示：使用表11C.1中的数据。

问　题

P11C.1 使用分子建模软件和你所选择的计算方法构建如图11C.1所示的分子势能曲线。考虑卤化氢（HF、HCl、HBr和HI）：（a）将每个分子的计算能量对键长作图，以及（b）确定H—Hal键的力常数的大小顺序。

P11C.2 导出可用莫尔斯势能［式（11C.7）］模拟的振子的力常数的表达式。

P11C.3 假设限制在微孔材料腔内的一个粒子具有$V(x)=V_0(e^{-a^2/x^2}-1)$形式的势能。画出$V(x)$图。与此势能相对应的力常数值是多少？粒子会做简谐运动吗？绘制出前两个振动波函数的可能形式。

P11C.4 $^{23}Na^{127}I$的振动能级位于142.81 cm^{-1}、427.31 cm^{-1}、710.31 cm^{-1}和991.81 cm^{-1}处。证明它们符合表达式$(\nu+\frac{1}{2})\tilde{\nu}-(\nu+\frac{1}{2})x_e\tilde{\nu}$，并导出分子的力常数、零点能和解离能。

P11C.5 $^{1}H^{35}Cl$分子可由莫尔斯势能很好地描述，其中$hc\tilde{D}_e=5.33$ eV，$\tilde{\nu}=2\ 989.7\ cm^{-1}$，并且$\chi_e\tilde{\nu}=52.05\ cm^{-1}$。假设氘代不改变势能，预测（a）$^{1}H^{35}Cl$，（b）$^{2}H^{35}Cl$的解离能（$hc\tilde{D}_0$，以eV为单位）。

P11C.6 莫尔斯势能［式（11C.7）］作为实际分子势能的一种简单表示是非常有用的。在研究$^{85}Rb^{1}H$时，发现$\tilde{\nu}=936.8\ cm^{-1}$和$\chi_e\tilde{\nu}=14.15\ cm^{-1}$。绘制$R_e=236.7$ pm附近从50 pm到800 pm的势能曲线。然后，通过考虑分子的转动动能及绘制$V^*=V+hcBJ(J+1)$（式中$\tilde{B}=\hbar/4\pi c\mu R^2$），进一步探讨分子的转动是如何削弱分子键的。对于$J=40$、80和100，在同一张图上绘制这些曲线，并观察解离能是如何受到转动的影响的。提示：采用$\tilde{B}=3.020\ cm^{-1}$为平衡键长将大大简化计算。^{85}Rb的质量为84.911 8 m_u。

P11C.7 Luo等人［*J. Chem. Phys.* **98**, 3564(1993)］报道了He_2复合体的实验观察，这是一种长期未被监测到的物种。实验观察要求温度在1 mK的事实与计算结果一致。计算结果表明，He_2的$hc\tilde{D}_e$约为1.51×10^{-23} J，$hc\tilde{D}_0\approx2\times10^{-26}$ J，R_e约为297 pm，（a）基于谐振子和刚性转子近似，估算基本振动波数、力常数、转动惯量和转动常数。（b）这样一个弱的复合体不太可能是刚性的。基于莫尔斯势能，估算振动波数和非谐性常数。

P11C.8 确认一个莫尔斯振子具有有限数目的束缚态，即$V<hc\tilde{D}_e$的状态。确定最高束缚状态的ν_{max}值。

P11C.9 如果忽略高阶项，对于非谐振子的振动波数，式（11C.9b），即$\Delta\tilde{G}_{\nu+\frac{1}{2}}=\tilde{\nu}-2(\nu+1)x_e\tilde{\nu}+\cdots$当等式左边对$\nu+1$作图时，这将是一个直线方程，利用以下CO数据来确定CO的$\tilde{\nu}$和$\chi_e\tilde{\nu}$值：

v	0	1	2	3	4
$\Delta\tilde{G}_{v+\frac{1}{2}}/cm^{-1}$	2 143.1	2 116.1	2 088.9	2 061.3	2 033.5

P11C.10 CO在基态和第一振动激发态的转动常数分别为1.931 4 cm^{-1}和1.611 6 cm^{-1}。由于这一跃迁，核间距发生了多大的变化？

P11C.11 $^{12}C^1H$和$^{12}C^2H$的P分支和R分支的平均间距分别为2.352 cm^{-1}和1.696 cm^{-1}，估算C—C和C—H的键长。

P11C.12 观察到$^1H^{35}Cl$的$v=1\leftarrow0$振动－转动光谱中的吸收位于以下波数（cm^{-1}）：

2 998.05	2 981.05	2 963.35	2 944.99	2 925.92
2 906.25	2 865.14	2 843.63	2 821.59	2 799.00

指出转动量子数，用组合差法计算两个振动能级的转动常数。

P11C.13 假设核间距离可以写成$R=R_e+x$，其中R_e是平衡键长。另外，假设势阱是对称的，并且将振子限制在小的位移。导出$\frac{1}{\langle R\rangle^2}$、$\frac{1}{\langle R^2\rangle}$和$\left\langle\frac{1}{R^2}\right\rangle$的表达式，使之达到$\langle x^2\rangle/R_e^2$的最低非零幂，并确认这些值是不相同的。

P11C.14 通过使用维里定理（专题7E）将$\langle x^2\rangle$与振动量子数相关联，继续问题P11C.13，你的结果是否意味着当振子被激发到更高的量子态时，旋转常数会增加或减少？非谐性的影响是什么？

P11C.15 处于量子数v的振动态的一个双原子分子的转动常数通常符合表达式：$\tilde{B}_v=\tilde{B}_e-a(v+\frac{1}{2})$。其中$\tilde{B}_e$是对应于平衡键长的转动常数。对于卤间化合物分子IF，发现$\tilde{B}_e=0.279\ 71\ cm^{-1}$和$a=0.187\ m^{-1}$（注意单位的变化）。计算$\tilde{B}_0$和$\tilde{B}_1$，并利用这些数值来计算来自P分支和R分支的$J=3$的跃迁波数。您将需要以下附加信息：$\tilde{\nu}=610.258\ cm^{-1}$，$x_e\tilde{\nu}=3.141\ cm^{-1}$。估算IF分子的解离能。

P11C.16 对于有效质量为m_{eff}的一个双原子分子的离心形变常数$\tilde{D}_J$，导出式（11B.16）$\tilde{D}_J=4\tilde{B}^3/\tilde{\nu}^2$。将键视为弹性弹簧，力常数为$k_f$，平衡长度$R_e$受离心畸变的影响变化到一新长度$R_c$。开始推导时，让粒子经历一个大小为$k_f(R_c-R_e)$的恢复力，它被离心力$m_{eff}\omega^2R_c$完美地抵消（其中$\omega$是转动分子的角速度）。然后通过将角动量写成$[J(J+1)]^{1/2}\hbar$引入量子力学效应。最后，写出转动分子能量的表达式，并与式（11B.15）进行比较，从而导出$\tilde{D}_J$的表达式。

P11C.17 在低分辨率下，$^{12}C^{16}O$的红外吸收光谱中最强吸收带的中心位于2 150 cm^{-1}。在更高分辨率下，观察到该带被分成两组间隔紧密的峰，光谱中心位于2 143.26 cm^{-1}处两侧各一组。中心左右两峰之间的距离为7.655 cm^{-1}。作谐振子和刚性转子近似，并根据这些数据计算：（a）CO分子的振动波数，（b）分子的摩尔零点振动能，（c）CO键的力常数，（d）转动常数$\tilde{B}$和（e）CO的键长。

P11C.18 对于$^{12}C^{16}O$，$\tilde{\nu}_R(0)=2\ 147.084\ cm^{-1}$，$\tilde{\nu}_R(1)=2\ 150.858\ cm^{-1}$，$\tilde{\nu}_P(1)=2\ 139.427\ cm^{-1}$，$\tilde{\nu}_P(2)=2\ 135.548\ cm^{-1}$。估算$\tilde{B}_0$和$\tilde{B}_1$的值。

P11C.19 书中总结的组合差分析考虑了R分支和P分支。将分析扩展到拉曼光谱的O分支和S分支。

专题 11D 多原子分子的振动光谱

讨论题

D11D.1 描述红外光谱总选律的物理学来源。

D11D.2 描述振动拉曼光谱总选律的物理学来源。

D11D.3 像CO_2这样的线形非极性分子是否具有拉曼光谱？

练习题

E11D.1(a) 以下哪些分子可显示红外吸收光谱？（ⅰ）H_2，（ⅱ）HCl，（ⅲ）CO_2，（ⅳ）H_2O。

E11D.1(b) 以下哪种分子可显示红外吸收光谱？（ⅰ）CH_3CH_3，（ⅱ）CH_4，（ⅲ）CH_3Cl，（ⅳ）N_2。

E11D.2(a) 以下分子各有多少简正模式？（ⅰ）H_2O，（ⅱ）H_2O_2，（ⅲ）C_2H_4。

E11D.2(b) 以下分子各有多少简正模式？（ⅰ）C_6H_6，（ⅱ）$C_6H_5CH_3$，（ⅲ）HC≡C—C≡C—H。

E11D.3(a) 在星际云中检测到的分子$NC\text{-}(C{\equiv}C\text{—}C{\equiv}C)_{10}\text{-}CN$有多少振动模式？

E11D.3(b) 在星际云中检测到的分子$NC\text{-}(C{\equiv}C\text{—}C{\equiv}C)_8\text{-}CN$有多少振动模式？

E11D.4(a) 根据简正模式的波数，写出H_2O振动基态的振动项表达式。与式（11D.2）一样，忽略非谐性。

E11D.4(b) 根据简正模式的波数，写出SO_2振动基态的振动项表达式。与式（11D.2）一样，忽略非谐性。

E11D.5(a) AB_2分子的三种振动中，哪种具有红外活性或拉曼活性？考虑当AB_2分子结构为（ⅰ）折线形的，（ⅱ）直线形的。

E11D.5(b) 平面AB_3分子的面外弯曲振动具有红外活性还是拉曼活性？

E11D.6(a) 考虑苯环的均匀膨胀所对应的振动模式。它是否具有（ⅰ）拉曼活性和（ⅱ）红外活性？

E11D.6(b) 考虑苯环的类船状弯曲所对应的振动模式。它是否具有（ⅰ）拉曼活性和（ⅱ）红外活性？

E11D.7(a) 排除规则是否适用于H_2O分子？

E11D.7(b) 排除规则是否适用于C_2H_4分子？

问　题

P11D.1 假设平面AB_3分子的面外形变由势能$V=V_0(1-e^{-bh^4})$描述，其中h是中心原子A被移动的距离。将这个势能作为h的函数作用（允许h是负的或正的）。（a）力常数，（b）振动是怎样的？勾勒出基态波函数的形式。

P11D.2 从NO_2的Lewis结构和VSEPR模型预测了NO_2^+的形态。它在1 400 cm^{-1}处有一种拉曼活性振动模式，在2 360 cm^{-1}和

540 cm^{-1}处有两种强红外活性模式。在3 735 cm^{-1}处有一种微弱的红外模式。这些数据是否与预测的分子形状一致？归属振动波数所对应的振动模式。

P11D.3　专题9E中讨论的计算方法可用于模拟分子的振动光谱，然后可以确定振动频率与产生简正模式的原子位移之间的对应关系。(a) 使用分子建模软件和所选择的计算方法，计算基本振动波数，并以图形方式描绘气相中SO_2的振动简正模式。(b) SO_2在气相中的基本振动波数的实验值分别为525 cm^{-1}、1 151 cm^{-1}和1 336 cm^{-1}。比较计算值和实验值。即使一致性很差，是否有可能在振动波数的实验值与特定振动模式之间建立关联？

专题 11E　振动光谱的对称性分析

讨论题

D11E.1　假设你希望表征气相中苯的简正模式，为什么同时获得分子的红外光谱和拉曼光谱是重要的？

练习题

E11E.1(a)　CH_2Cl_2分子属于C_{2v}点群。原子的位移生成$5A_1 + 2A_2 + 4B_1 + 4B_2$。振动简正模式的对称性种类是什么？

E11E.1(b)　二硫化碳分子属于$D_{\infty h}$点群。三个原子的九个位移生成$A_{1g} + A_{1u} + A_{2g} + 2E_{1u} + E_{1g}$。常规振动简正模式的对称性种类是什么？

E11E.2(a)　CH_2Cl_2分子（练习题E12E.1a）的哪种简正模式是红外活性的？哪种是拉曼活性的？

E11E.2(b)　二硫化碳分子（练习题E11E.1b）的哪种简正模式是红外活性的？哪种是拉曼活性的？

E11E.3(a)　(ⅰ) H_2O分子和(ⅱ) H_2CO分子的哪种简正模式是红外活性的？

E11E.3(b)　(ⅰ) H_2O分子和(ⅱ) H_2CO分子的哪种简正模式是拉曼活性的？

问　题

P11E.1　考虑CH_3Cl分子。(a) 该分子属于什么点群？(b) 该分子有多少振动简正模式？(c) 简正模式的对称性种类是什么？(d) 该分子的哪些振动模式具有红外活性？(e) 该分子的哪些振动模式具有拉曼活性？

P11E.2　假设非线形分子H_2O_2有三种构象（1、2和3）。气态H_2O_2分子的红外吸收光谱具有870 cm^{-1}、1 370 cm^{-1}、2 869 cm^{-1}和3 417 cm^{-1}的谱带。相同样品的拉曼光谱具有877 cm^{-1}、1 408 cm^{-1}、1 435 cm^{-1}和3 407 cm^{-1}的谱带。所有谱带都对应于基本的振动波数，可以假设：(a) 870 cm^{-1}和877 cm^{-1}谱带源自相同的振动模式，(b) 3 417 cm^{-1}和3 407 cm^{-1}谱带源自相同的振动模式。(ⅰ) 如果H_2O_2分子是线形的，它会有多少振动简正模式？(ⅱ) 给出三种非线形H_2O_2分子构象的对称性点群。(ⅲ) 确定提出的构象中哪些与光谱数据不一致。解释你的推理。

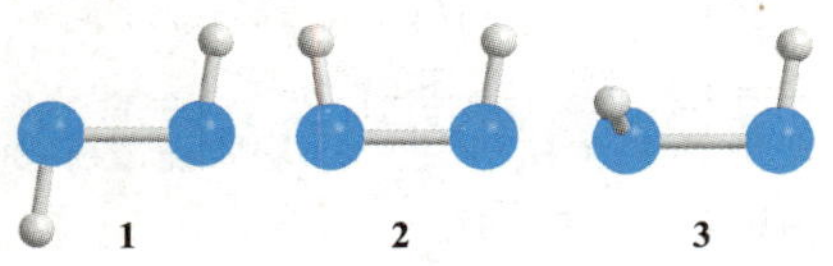

专题 11F　电子光谱

讨论题

D11F.1　解释双氧分子基态谱项符号$^3\Sigma_g^-$的来源。

D11F.2　解释富兰克－康顿原理的基础及它如何导致振动能级的形成。

D11F.3　P分支和R分支中的谱带头是如何产生的？Q分支能显示谱带头吗？

D11F.4　解释分子如何产生颜色。

D11F.5　假设你是一名色彩化学家，被要求在不改变化合物类型的情况下强化染料的颜色，并且所讨论的染料是共轭多烯。(a) 你会选择延长或缩短碳链吗？(b) 长度的改变是否会使染料的表观颜色向红色或蓝色移动？

D11F.6　Zn^{2+}的配合物是否具有d－d电子跃迁？解释你的答案。

练习题

E11F.1(a)　H_2基态的S值和谱项符号是什么？

E11F.1(b)　H_2的最低激发态之一的谱项符号是$^3\Pi_u$。这个谱项符号对应于哪种激发态构型？

E11F.2(a)　Li^{2+}的电子基态的完整谱项是什么？

E11F.2(b)　O^{2-}的电子基态谱项的能级是什么？

E11F.3(a)　C_2分子的激发态之一具有$1\sigma_g^2 1\sigma_u^2 1\pi_u^3 1\pi_g^1$价电子构型，给出谱项的多重度和奇偶性。

E11F.3(b)　C_2分子的另一个激发态具有$1\sigma_g^2 1\sigma_u^2 1\pi_u^2 1\pi_g^2$价电子构型，给出这个谱项的多重度和奇偶性。

E11F.4(a)　下列哪种跃迁是电偶极所允许的？(ⅰ) $^2\Pi \leftrightarrow {}^2\Pi$，(ⅱ) $^1\Sigma \leftrightarrow {}^1\Sigma$，(ⅲ) $\Sigma \leftrightarrow \Delta$，(ⅳ) $\Sigma^+ \leftrightarrow \Sigma^-$和(ⅴ) $\Sigma^+ \leftrightarrow \Sigma^+$。

E11F.4(b)　下列哪种跃迁是电偶极所允许的？(ⅰ) $^1\Sigma_g^+ \leftrightarrow {}^1\Sigma_u^+$，(ⅱ) $^3\Sigma_g^+ \leftrightarrow {}^3\Sigma_u^+$，(ⅲ) $\pi^* \leftrightarrow n$。

E11F.5(a)　某分子的基态波函数由振动波函数$\psi_0 = N_0 e^{-ax^2/2}$描述。

计算跃迁到被波函数 $\psi_0'=N_0e^{-a(x-x_0)^2/2}$描述的振动状态的富兰克－康顿因子，归一化常数由式（7E.10）给出。

E11F.5(b) 某分子的基态波函数由振动波函数 $\psi_0=N_0e^{-ax^2/2}$描述。计算跃迁到被波函数 $\psi_0'=N_1xe^{-a(x-x_0)^2/2}$描述的振动状态的富兰克－康顿因子，归一化常数由式（7E.10）给出。

E11F.6(a) 假设分子的振动基态可通过使用盒中粒子波函数 $\psi_0=(2/L)^{1/2}\sin(\pi x/L)$（$0\leqslant x\leqslant L$，其他位置都为0）来模拟，计算跃迁到由波函数 $\psi'=(2/L)^{1/2}\sin[\pi(x-L/4)/L]$（$L/4\leqslant x\leqslant 5L/4$，其他位置都为0）描述的振动状态的富兰克－康顿因子。

E11F.6(b) 假设分子的振动基态可通过使用盒中粒子波函数 $\psi_0=(2/L)^{1/2}\sin(\pi x/L)$（$0\leqslant x\leqslant L$，并且其他位置都为0）来模拟。计算跃迁到由波函数 $\psi'=(2/L)^{1/2}\sin[\pi(x-L/2)/L]$（$L/2\leqslant x\leqslant 3L/2$，其他位置都为0）描述的振动状态的富兰克－康顿因子。

E11F.7(a) 使用式（11F.7a），推断对应于跃迁的P分支带头位置的J的值。

E11F.7(b) 使用式（11F.7c），推断对应于跃迁的R分支带头位置的J的值。

E11F.8(a) 以下参数描述了SnO的电子基态和激发态：$\tilde{B}=0.3540\ \text{cm}^{-1}$，$\tilde{B}'=0.3101\ \text{cm}^{-1}$。它们之间跃迁的哪个分支显示有一个带头？$J$的值是多少时它会发生？

E11F.8(b) 以下参数描述了BeH的电子基态和激发态：$\tilde{B}=10.308\ \text{cm}^{-1}$，$\tilde{B}'=10.470\ \text{cm}^{-1}$。它们之间跃迁的哪个分支显示有一个带头？$J$的值是多少时它会发生？

E11F.9(a) H_2的$^1\Pi_u\leftarrow{}^1\Sigma_g^+$跃迁的R分支在极低值$J=1$处表现出一个带头。基态的转动常数为60.80 cm^{-1}。更高能态的转动常数是多少？在跃迁过程中，键长是增加了还是减小了？

E11F.9(b) CaH_2的$^2\Pi\leftarrow{}^2\Sigma^+$跃迁的P分支在$J=25$处显示有一谱带头，基态的转动常数为5.437 cm^{-1}，更高能态的转动常数是多少？在跃迁过程中，键长是增加了还是减小了？

E11F.10(a) 配离子$[Fe(OH_2)_6]^{3+}$的电子吸收光谱在700 nm处有一最大值。估算络合物的Δ_0值。

E11F.10(b) 配离子$[Fe(CN)_6]^{3-}$的电子吸收光谱在305 nm处有一最大值。估算络合物的Δ_0值。

E11F.11(a) 假设一维系统中的电荷转移跃迁可以建模为一个过程，其中一个在$0\leqslant x\leqslant a$范围内是非零的矩形波函数跃迁至另一个在$\frac{1}{2}a\leqslant x\leqslant b$范围内是非零的矩形波函数。估算跃迁距$\int\psi_f x\psi_i\text{d}x$（假设$a<b$）。提示：不要忘记将每个波函数归一化。

E11F.11(b) 假设一维系统中的电荷转移跃迁可以建模为一个过程，其中一个在$0\leqslant x\leqslant a$范围内是非零的矩形波函数跃迁至另一个在$ca\leqslant x\leqslant a$（其中$0\leqslant c\leqslant 1$）的范围内是非零的矩形波函数。估算跃迁距$\int\psi_f x\psi_i\text{d}x$，并探讨其对$c$的依赖性。提示：不要忘记将每个波函数归一化。

E11F.12(a) 假设一维系统中的电荷转移跃迁可以建模为一个过程，在此过程中，中心在$x=0$、宽度为a的高斯波函数跃迁至另一个中心在$x=\frac{1}{2}a$、宽度相同的高斯波函数。求跃迁距$\int\psi_f x\psi_i\text{d}x$。提示：不要忘记将每个波函数归一化。

E11F.12(b) 假设一维系统中的电荷转移跃迁可以建模为一个以$x=0$为中心、宽度为a的高斯波函数向另一个以$x=0$为中心的、宽度为$\frac{1}{2}a$的高斯波函数跃迁的过程。求跃迁距$\int\psi_f x\psi_i\text{d}x$。提示：不要忘记将每个波函数归一化。

E11F.13(a) 用紫外吸收光谱对两个化合物2, 3－二甲基－2－丁烯（**4**）和2, 5－二甲基－2, 4－己二烯（**5**）进行了鉴别。一种化合物的最大吸收发生在192 nm处，另一种化合物在243 nm处。将最大吸收值与化合物匹配，并验证归属。

4 2, 3－二甲基－2－丁烯　**5** 2, 5－二甲基－2, 4－己二烯

E11F.13(b) 3－丁烯－2－酮（**6**）在213 nm处有较强的吸收，在320 nm处有较弱的吸收。指认紫外吸收跃迁，给出你的理由。

O

6 3－丁烯－2－酮

问　题

P11F.1 以下哪种电子跃迁在O_2中是允许的？$^3\Sigma_g^-\leftrightarrow{}^1\Sigma_g^+$和$^3\Sigma_g^-\leftrightarrow{}^3\Delta_u$。

P11F.2 J. G. Dojahn等［*J. Phys. Chem.*, **100**, 9649 (1996)］表征了同核双原子卤素阴离子的基态和电子态的势能曲线。这些阴离子有一个$^2\Sigma_u^+$基态和$^2\Pi_g$、$^2\Pi_u$、$^2\Sigma_g^+$激发态。从基态到哪个激发态的电偶极跃迁是被允许的？解释你的结论。

P11F.3 氧分子在其电子基态的振动波数为1 580 cm^{-1}，而在激发态（$B^3\Sigma_u^-$，至该激发态有一允许的跃迁）的振动波数则为700 cm^{-1}。假设这两个电子态相应势能曲线的最小值之间的能量间隔为6.175 eV，从电子基态的$v=0$振动状态到该激发态的跃迁谱带中最低能量跃迁的波数是多少？忽略任何转动结构或不协调性。

P11F.4 O_2中一个特别重要的跃迁产生了紫外区的Schumann-Runge带。从基态到第一激发态($^3\Sigma_u^-$)的振动能级的跃迁波数(cm^{-1})为50 062.6、50 725.4、51 369.0、51 988.6、52 579.0、53 143.4、53 679.6、54 177.0、54 641.8、55 078.2、55 460.0、55 803.1、56 107.3、56 360.3、56 570.6，更高电子态的解离能是多少（使用Birge-Sponer图，专题11C）？已知相同的激发态解离成一个基态O原子和一个激发态原子（其能量高于基态190 kJ · mol^{-1}，这种激发的原子是造成大气中大量光化学污染的原因）。基态O_2解离成两个基态原子。利用这一信息，由Schumann-Runge数据计算基态O_2的解离能。

P11F.5 你现在可以更深入地了解光电子谱的特性（专题9B）。图11.3显示了HBr的光电子能谱。不考虑目前的精细结构，HBr线可分为两大类，束缚最小的电子（电离能最低，因此射出时动能最高）是Br原子孤电子对中的电子。下一个电离能为15.2 eV，并对应于从HBr的σ键中除去一个电子。（a）光谱表明，σ电子的发射伴随着大量的振动激发。使用富兰克－康顿规则来解释这一观察结果。（b）解释为什么在另一个频带中缺乏很多的振动结构与Br_{4p_x}和Br_{4p_y}孤对电子的非成键作用是一致的。

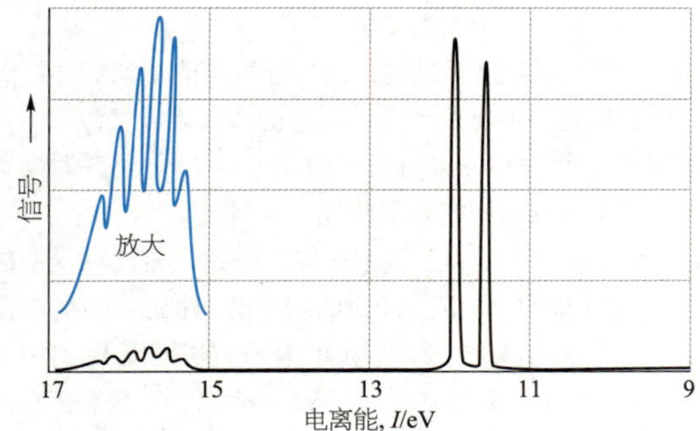

图 11.3　HBr 的光电子能谱

P11F.6　在 21.22 eV 辐射下，H_2O 的光电子谱中的最高动能电子位于约 9 eV 处，并且显示出 0.41 eV 的较大振动间隔。中性 H_2O 分子的对称伸缩模式位于 3 652 cm^{-1}。（a）从射出电子的轨道性质可以得出什么结论？（b）在相同的 H_2O 谱中，7.0 eV 附近的谱带显示有间隔为 0.125 eV 的长振动系列。H_2O 的弯曲振动模式位于 1 596 cm^{-1}。你能得出关于光电子占据轨道特性的什么结论？

P11F.7　假设可以通过一维势箱中粒子的波函数来近似共轭分子的 π 电子的状态，偶极矩的大小与沿这段长度的位移有关（$\mu=-ex$）。证明：$n=1\rightarrow n=2$ 的跃迁概率非零，而 $n=1\rightarrow n=3$ 的跃迁概率为零。提示：以下关系式将是有用的，即 $\sin x\sin y=\frac{1}{2}\cos(x-y)-\frac{1}{2}\cos(x+y)$。*资源部分*给出了相关的积分。

P11F.8　1, 3, 5 - 己三烯（一种"线性"苯）转变为苯，根据自由电子分子轨道模型（在这个模型中，己三烯被处理为一个线性盒，苯被处理为一个环），你认为最低的能量吸收由于转化会上升还是下降？

P11F.9　估算电荷转移跃迁偶极矩的大小，该电荷转移跃迁模拟为电子从一个原子上的 H_{1s} 轨道迁移到距离为 R 的原子上的另一个 H_{1s} 轨道。用 $-eRS$ 近似跃迁矩，其中 S 是两个轨道的重叠积分。使用表 9C.1 中给出的 S 表达式，将跃迁矩作为 R 的函数作图，为什么当 R 接近零和无穷远时，电荷转移跃迁的强度下降到零？

P11F.10　图 11.4 显示了一系列氨基酸的紫外 - 可见吸收光谱。根据分子的结构，提出它们具有不同谱线形状的原因。

P11F.11　丙酮 [$(CH_3)_2CO$] 在 189 nm 处具有强吸收，在 280 nm 处具有较弱的吸收。识别发色团，并将吸收归属于 $\pi^*\leftarrow n$ 或 $\pi^*\leftarrow\pi$ 跃迁。

P11F.12　当分子解离成原子时，自旋角动量是守恒的。当（a）一个 O_2 分子，（b）一个 N_2 分子的基态解离成原子时，允许的原子多重度是什么？

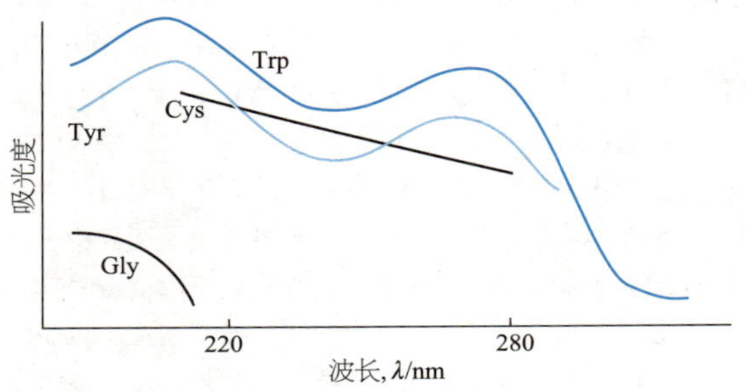

图 11.4　一系列氨基酸的紫外 - 可见吸收光谱

专题 11G　激发态衰变

讨论题

D11G.1　描述荧光的产生机制。在哪些方面荧光光谱不是相应吸收光谱的精确镜像？

D11G.2　通常解释（a）荧光和（b）磷光机制的证据是什么？

D11G.3　考虑发出强烈荧光的生色团水溶液，在溶液中加入碘离子会增加或降低生色团的磷光效率吗？

D11G.4　从预解离开始的波数可以估算出什么？

D11G.5　描述四能级激光的原理。

练习题

E11G.1(a)　图 11.5 中标记为 A 的线是当用 360 nm 紫外线照射样品时观察到的在低温乙醇中固态液体中二苯甲酮的荧光光谱，关于在（i）电子基态和（ii）电子激发态中的羰基振动能级，你有什么想法？

E11G.1(b)　当用 360 nm 紫外线照射萘时无吸收，但图 11.5 中标记为 B 的线是萘和二苯甲酮在乙醇中的混合物的冷冻溶液的磷光光谱。现在可以检测出萘的荧光成分，解释此现象。

E11G.2(a)　氧分子从其电子基态 $^3\Sigma_g^-$ 跃迁到能量接近于解离的 $^5\Pi_u$ 态的激发态时吸收紫外辐射。吸收带具有相对较大的实验线宽。解释此现象。

E11G.2(b)　氢分子从其电子基态 $^1\Sigma_g^+$ 跃迁到能量接近于解离的 $^1\Sigma_u^+$ 态的激发态时吸收紫外辐射。吸收带具有相对较大的实验线宽。解释此现象。

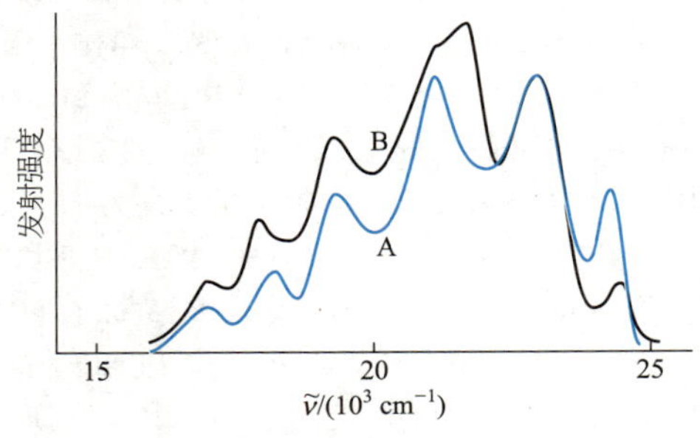

图 11.5　二苯甲酮的荧光光谱（A）及萘和二苯甲酮混合物的磷光光谱（B）

问　题

P11G.1 蒽蒸气的荧光光谱显示一系列强度增强的峰，最大值分别位于440 nm、410 nm、390 nm和370 nm处，随后在较短波长处截止。吸收光谱从零急剧上升到360 nm处的最大值，在345 nm、330 nm和305 nm处有一系列强度减弱的峰。解释这些现象。

P11G.2 比尔－朗伯定律指出，一个样品在波数$\tilde{\nu}$处的吸光度与吸收物质J的物质的量浓度[J]和样品的长度L成正比［式（11A.8）］。在这个问题中，请证明样品J的荧光发射强度也与[J]和L成正比。考虑在波数$\tilde{\nu}$处用一束强度$I_0(\tilde{\nu})$的光照射样品J。在荧光发生之前，$I_0(\tilde{\nu})$的一部分必须被吸收并且被透射的强度为$I(\tilde{\nu})$。但是，并非所有吸收的强度都被重新发射，并且荧光的强度取决于荧光量子产率ϕ_F，即光子发射的效率。荧光量子产率范围为0~1，并且与荧光光谱积分与积分吸收系数的比值成正比。由于$\Delta\tilde{\nu}$的变化，荧光发生在波数$\tilde{\nu}_f$处，$\tilde{\nu}_f+\Delta\tilde{\nu}=\tilde{\nu}$，因此，$\tilde{\nu}_f$处的荧光强度$I_f(\tilde{\nu}_f)$与$\phi_F$和J吸收的激发辐射强度，即$I_{abs}(\tilde{\nu})=I_0(\tilde{\nu})-I(\tilde{\nu})$成正比。（a）使用比尔－朗伯定律，以$I_0(\tilde{\nu})$, [J], L, 和在$\tilde{\nu}$处的摩尔吸收系数$\varepsilon(\tilde{\nu})$来表示$I_{abs}(\tilde{\nu})$。（b）利用（a）中的结果，证明$I_f(\tilde{\nu}_f)\propto I_0(\tilde{\nu})\varepsilon(\tilde{\nu})\phi_F[J]L$。

P11G.3 激光介质被限制在一个腔内，以确保仅大量产生特定频率、行进方向和偏振状态的光子。腔本质上是两面镜子之间的一个区域，镜子来回反射光线。这种排列可以被视为盒中粒子的一种形式，而粒子现在是一个光子，如果按盒中粒子来处理（专题7D），唯一能维持的波长满足$n\times\frac{1}{2}\lambda=L$，其中$n$是整数，$L$是腔的长度。也就是说，只有整数倍的半波长才能进入腔内，所有其他波经历相消干涉，这些波长表征了激光的共振模式。对于长度为1.00 m的激光腔，计算（a）允许的频率和（b）连续共振模式之间的频率差。

P11G.4 激光辐射在空间上是相干的，因为电磁波在光束的横截面上都是同步的（见问题P11G.3）。相干长度l_c是指波在光束上保持相干的距离，它与在光束中的波长范围$\Delta\lambda$有关，即$l_c=\lambda^2/2\Delta\lambda$。当存在多个波长，且$\Delta\lambda$较大时，波在短距离内不同步，相干长度较小。（a）典型灯泡（$l_c=400$ nm）的相干长度与$\lambda=633$ nm和$\Delta\lambda=2.0$ pm的He-Ne激光器的相干长度相比如何？（b）导致无限相干长度的条件是什么？

P11G.5 连续波激光器发射出连续的辐射束，而脉冲激光器则发射脉冲辐射。脉冲的峰值功率P_{peak}被定义为脉冲中传递的能量除以其持续时间。平均功率$P_{平均}$等于大量脉冲传递的总能量除以测量总能量的持续时间。假设某一激光器在脉冲重复频率为10 Hz时，产生3.0 ns脉冲辐射，每个脉冲传递的能量为0.10 J。计算此激光器的峰值功率和平均功率。

P11G.6 光诱导分子降解，也称为光漂白，在需要非常高强度的应用中是一个严重的问题。通常用于标记生物聚合物的荧光染料分子，在光诱导反应破坏其π系统和分子不再发生荧光之前，能够承受大约10^6次光子的激发。单个染料分子在连续激光激发下，在波长为488 nm的1.0 mW辐射下，会发出多长时间的荧光？可以假设染料的吸收光谱在488 nm处达到峰值，并且激光器传递的每一个光子都被分子吸收。

主题 11　分子光谱

综合题

I11.1 在主题10中的群论术语中，球形转子是属于立方或二十面体点群的分子，对称转子是具有至少一个三重对称轴的分子，不对称转子是没有三重（或更高）对称轴的分子。线形分子是线形转子。将以下分子归类为球形、线形、对称或非对称转子，并用群论理论来证明你的答案是正确的：（a）CH_4，（b）CH_3CN，（c）CO_2，（d）CH_3OH，（e）苯，（f）吡啶。

I11.2 在星际介质及木星、土星和天王星的大气层中发现了H^{3+}。在不考虑离心形变和其他复杂因素的情况下，扁平形对称转子H^{3+}的转动能级可由式（11B.13a）给出（用$\tilde{C}$代替$\tilde{A}$）。振动－转动常数的实验值为：$\tilde{\nu}(E')=2\,521.6\ \text{cm}^{-1}$，$\tilde{B}=43.55\ \text{cm}^{-1}$，$\tilde{C}=20.71\ \text{cm}^{-1}$。（a）证明：对一个平面分子（如$H^{3+}$），有$I_{\parallel}=2I_{\perp}$。与实验值相差较大的原因是式（11B.13）中忽略的因素。（b）计算H^{3+}中H—H键长的近似值；（c）J. B. Anderson［*J. Chem. Phys.*, **96**, 3702 (1991)］从最佳量子力学计算所得的R_e值为87.32 pm。利用这个结果计算转动常数$\tilde{B}$和$\tilde{C}$的值。（d）假设D^{3+}和H^{3+}中的几何形状和力常数相同，计算D^{3+}的光谱常数。分子离子D^{3+}最早由Shy等人［*Phys. Rev., Lett*, **45**, 535 (1980)］制备，他们观察到了红外中的$\nu_2(E')$带。

I11.3 使用适当的电子结构软件和基组对H_2O和CO_2进行计算。（a）计算每个分子的基态能量、平衡几何形状和振动频率。（b）计算H_2O分子偶极矩的大小，实验值为1.854 D。（c）将计算值与实验值进行比较，并提出存在差异的原因。

I11.4 在一些无脊椎动物中，蛋白质蚯蚓血红蛋白负责结合并携带O_2。每个蛋白质分子都有两个非常接近的Fe^{2+}，它们共同作用结合一个O_2分子，蚯蚓血红蛋白的Fe_2O_2基团是彩色的，在500 nm处有电子吸收带。在500 nm激光激发下得到的氧化蚯蚓血红蛋白的拉曼光谱在844 cm^{-1}处有一个谱带，这是由一束缚的$^{16}O_2$的O—O伸缩振动模式所致。（a）证明：844 cm^{-1}处的谱带由一束缚的O_2物种引起，这一结论可通过对混入$^{18}O_2$而不是$^{16}O_2$的蚯蚓血红蛋白样品进行实验获得，预测用^{18}O处理的蚯蚓血红蛋白样品中$^{18}O—^{18}O$伸缩模式的基本振动波数。（b）O_2、O_2^-（超氧阴离子）和O_2^{2-}（过氧阴离子）的O—O伸缩模式的基本振动波数分别为1 555 cm^{-1}、1 107 cm^{-1}和878 cm^{-1}。根据O_2、O_2^-和O_2^{2-}的电子结构来解释这一趋势。提示：复习专题9C。O_2、O_2^-和O_2^{2-}的键级是什么？（c）根据上述数据，下列哪一种物种最能描述蚯蚓血红蛋白的Fe_2O_2基团：$Fe_2^{2+}O_2$，$Fe^{2+}Fe^{3+}O_2^-$，$Fe_2^{3+}O_2^{2-}$？解释你的推理。（d）混有$^{16}O^{18}O$的蚯蚓血红蛋白的拉曼光谱有两个带，可归因于束缚氧的O—O伸缩振动模式。讨论如何利用这一观测结果排除O_2与蚯蚓血红蛋白的Fe_2位点键合的四种可能方案（**7~10**）中的一个或多个方案。

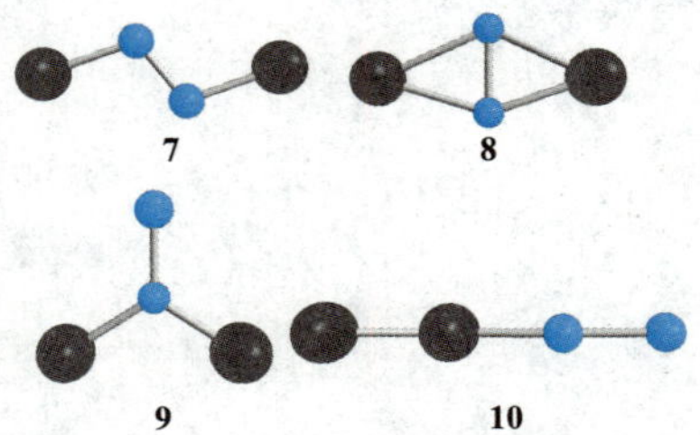

I11.5 线形汞（Ⅱ）卤化物的转动惯量很大，因此，它们的振动拉曼光谱的O分支和S分支几乎没有转动结构。然而，每个分支中最大强度的位置是可以确定的，且这些数据已经被用来测量分子的转动常数［R. J. H. Clark和D. M. Rippon, *J. Chem. Soc. Faraday Soc.II*, **69**, 1496 (1973)］。根据对应于强度最大值的J的值分析，证明O分支和S分支谱峰间距可由Placzek－Teller关系式$\delta=(32\tilde{B}kT/hc)^{1/2}$给出。在不同的温度下获得了下列宽度：

	$HgCl_2$	$HgBr_2$	HgI_2
θ/℃	282	292	292
δ/cm^{-1}	23.8	15.2	11.4

计算三个分子中的键长。

I11.6 在1.00 bar和298 K时，在长度为10 cm的气体池中，二氧化碳（2.1%）和氦气的混合物具有中心位于2 349 cm^{-1}的红外吸收带，吸光度$A(\tilde{\nu})$描述为

$$A(\tilde{\nu})=\frac{a_1}{1+a_2(\tilde{\nu}-a_3)^2}+\frac{a_4}{1+a_5(\tilde{\nu}-a_6)^2}$$

其中系数$a_1=0.932$，$a_2=0.005\,050\ \text{cm}^2$，$a_3=2\,333\ \text{cm}^{-1}$，$a_4=1.504$，$a_5=0.015\,21\ \text{cm}^2$，$a_6=2\,362\ \text{cm}^{-1}$。(a) 绘制$A(\tilde{\nu})$和$\varepsilon(\tilde{\nu})$的图。谱带和带宽的来源是什么？这个谱带允许和禁阻的跃迁是什么？(b) 用谐振子－刚性转子模型计算该带的跃迁波数和吸光度，并与实验值进行比较。CO键长为116.2 pm，(c) 在多少高度h内，基本上所有来自地球的这个带中的红外辐射都被大气二氧化碳所吸收？在10 km以下大气中CO_2的摩尔分数为3.3×10^{-4}，且$T/\text{K}=288-0.006\,5(h/\text{m})$。绘制带的大气透过率作为高度和波数的函数的表面图。

I11.7 获得不稳定自由基电子光谱的主要方法之一是研究彗星的光谱，其几乎完全是由自由基引起的。在彗星中已经检测到许多自由基光谱，包括由CN引起的光谱。这些自由基是通过其母体化合物吸收远紫外太阳辐射而在彗星中产生的。随后，它们的荧光被更大波长的太阳光激发。彗星Hale-Bopp (C/1995 O1)的光谱已成为许多近期研究的主题。其中一项研究是由R. M. Wagner和D. G. Schleicher［*Science*, **275**, 1918 (1997)］报道的在大日心距离下彗星中CN的荧光光谱，其中作者测定了彗发（构成彗星顶部主要部分的云）中的CN产生的空间分布和速率。(0－0) 振动带的中心位于387.6 nm，相对强度为0.1的、较弱（1－1）带集中在386.4 nm。已知（0－0）和（0－1）的带头分别为388.3 nm和421.6 nm。根据这些数据，计算激发S_1态相对于基态S_0的能量，两个状态的振动波数和振动波数的差异，以及S_1态的$v=0$和$v=1$振动能级的相对布居数。估计分子在激发态S_1下的有效温度。只有S_1态的8个转动能级被认为是有布居的。该观察结果是否与S_1态的有效温度一致？

I11.8 根据群论，以下哪种跃迁是电偶极所允许的？(a) 乙烯中的$\pi^*\leftarrow\pi$跃迁，(b) C_{2v}环境中羰基中的$\pi^*\leftarrow n$跃迁。

I11.9 使用分子（**11**）作为视网膜紫质中发现的生色团的反式构象的一个模型。在该模型中，与质子化的席夫碱的氮原子结合的甲基取代了蛋白质。(a) 使用分子建模软件和所选择的计算方法，计算（**11**）的HOMO和LUMO之间的能量分离。(b) 对于（**11**）的顺式构象，重复上述计算。(c) 基于 (a) 和 (b) 部分的结果，你认为（**11**）反式构象的$\pi^*\leftarrow\pi$可见吸收的实验频率比（**11**）顺式构象的高还是低？

C_{11}　N^+　H

11

I11.10 芳烃和I_2形成配合物，从中可观察到电荷转移电子跃迁。烃充当电子供体，I_2充当电子受体。下面给出了许多烃－I_2配合物的电荷转移跃迁的能量$h\nu_{max}$：

烃	苯	联苯	萘	菲	芘	蒽
$h\nu_{max}$/eV	4.184	3.654	3.452	3.288	2.989	2.890

考察碳氢化合物的HOMO能（电荷转移跃迁中的电子来自HOMO）与$h\nu_{max}$之间存在关联的假设。使用专题9E中讨论的一种计算方法来确定每个数据集中每种烃的HOMO能量。

I11.11 从无机小分子的紫外光谱中可以得到大量关于其能级和波函数的信息。图11.6显示了一个具有相当多的振动结构的光谱，即25 ℃下气体SO_2的紫外吸收光谱。估算跃迁的积分吸收系数。通过电偶极子跃迁可以从这个C_{2v}分子的A_1基态获得什么电子态？

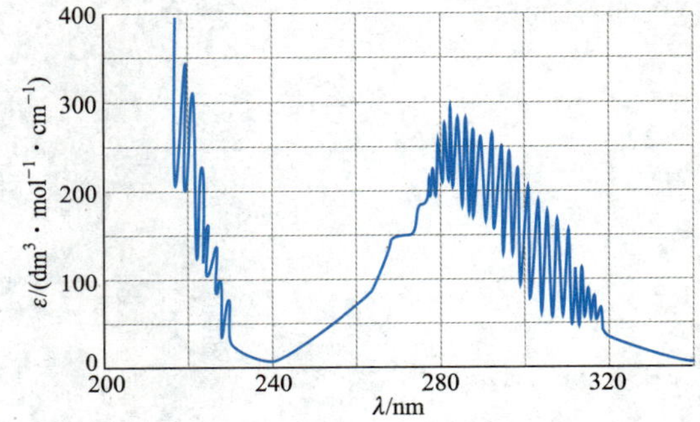

图11.6　SO_2的紫外吸收光谱

主题 12
磁共振

“磁共振”技术观察分子中原子核和电子的自旋状态之间的跃迁。“核磁共振”（NMR）谱学观测核自旋跃迁，是探索分子结构和动态学的最广泛使用的谱学技术之一，所研究的分子可从简单的有机物到生物大分子。“电子顺磁共振”（EPR）谱学是一种类似的技术，用于探测具有未成对电子的物种中的电子自旋跃迁。

12A 基本原理

本主题给出了在磁场存在下，控制分子中原子核和电子自旋状态之间的能量和谱学跃迁的原理说明；此外，也描述了检测这些跃迁的简单实验装置。

12B NMR 谱图的特点

本主题包含了对传统NMR谱学的讨论，展示了一个磁核的性质如何被它的电子环境和附近存在的磁核所影响。这些概念解释了分子结构如何决定溶液和固态中NMR谱图的外观。

12C 核磁共振中的脉冲技术

NMR谱学的现代应用采用射频辐射脉冲，然后分析产生的信号。这种方法为发展更复杂的实验提供了许多可能性。本主题包括讨论核磁共振中的自旋弛豫及如何利用它，通过“核的Overhauser效应”来进行结构研究。

12D 电子顺磁共振

EPR谱的具体形式反映了未成对电子和与之相互作用的原子核的分子环境。从谱图分析，可推断电子自旋密度是如何分布的。

网络资源 这部分内容有何应用?

磁共振在化学中是普遍存在的，因为它是一种极为强大的分析和结构技术，特别是在有机化学和生物化学中。核磁共振最引人注目的应用之一是在医学上。“磁共振成像”（MRI）是一种对固体中质子分布的展示（“应用案例 18”），而这种技术已被证明对诊断疾病特别有用。“应用案例 19”突出了电子顺磁共振在材料科学和生物化学中的应用：使用“自旋探针”，即一种与生物聚合物或纳米结构相互作用的自由基，它具有对局域结构和其环境动态非常敏感的EPR谱。

专题12A

基本原理

▶ 为何需要学习这些内容?

核磁共振谱学和电子顺磁共振谱学被广泛应用在化学中，以识别分子并确定它们的结构。要理解这些技术，需要理解磁场是如何影响原子核和电子自旋态的能量的。

▶ 核心思想是什么?

原子核和电子自旋态在磁场中具有不同的能量，当施加具有恰当频率的电磁辐射时，它们之间可以发生共振跃迁。

▶ 需要哪些预备知识?

需要熟悉自旋的量子力学概念（专题8B）、玻耳兹曼分布（参见本书“绪言”和专题13A），以及谱学的一般特性（专题11A）。

电子和许多原子核都有所谓“自旋”的性质，即一个固有的角动量。这种自旋产生一个磁矩，并导致它们表现得像小磁铁棒一样。这些磁矩的能量取决于磁矩相对于外加磁场的方位。

测量原子核和电子自旋能级之间跃迁的谱学技术依赖于**共振**（resonance）现象，即相同频率振子的强耦合。事实上，所有的谱学都是电磁场和分子之间共振耦合的一种形式；但在磁共振中，至少在其最初的形式中，是能级被调整以匹配电磁场，而不是相反的情况。

12A.1 核磁共振

核自旋量子数（nuclear spin quantum number）I是原子核[1]的一个固有特征性质，取决于核素，它要么是整数（包括零），要么是半整数（见表12A.1）。与核自旋相关的角动量与其他种类的角动量具有相同的性质（专题7F）：

物理解释

- 角动量的大小是$[I(I+1)]^{1/2}\hbar$。
- 角动量在指定轴（z轴）上的分量是$m_I\hbar$，其中$m_I = I, I-1, \cdots, -I$。
- 角动量及相应的磁矩的方向是由m_I决定的。

表12A.1 原子核构成和核自旋量子数*

质子数	中子数	I
偶数	偶数	0
奇数	奇数	整数(1, 2, 3, ⋯)
偶数	奇数	半整数(1/2, 3/2, 5/2, ⋯)
奇数	偶数	半整数(1/2, 3/2, 5/2,⋯)

*对于核基态。

根据上述角动量的第二个性质，核的角动量和磁矩可位于相对于一个轴的$(2I+1)$个不同方向。^1H原子核的$I=1/2$，所以它的磁矩可以取两个方向中的任何一个（$m_I=+1/2, -1/2$）。$m_I=+1/2$态常标记为α，$m_I=-1/2$态常标记为β。^{14}N原子核的$I=1$，所以有三个取向（$m_I=+1, 0, -1$）。对于^{12}C和^{16}C，其$I=0$，所以没有磁矩。

（a）磁场中原子核的能量

在一磁场$\mathcal{B}$中，磁矩$\boldsymbol{\mu}$的能量等于它们的数量积（参见主题8C中“化学家工具包22”），即

$$E = -\boldsymbol{\mu}\cdot\boldsymbol{\mathcal{B}} \tag{12A.1}$$

1 核激发态不同于基态的核子排列的状态，它可以有不同于基态的自旋。这里只考虑基态。

更为正式地说，$\mathcal{B}$是“磁感应强度”，其单位是特斯拉，T；$1\ \mathrm{T}=1\ \mathrm{kg\cdot s^{-2}\cdot A^{-1}}$。偶尔也使用（非SI）单位高斯，G，$1\ \mathrm{T}=10^4\ \mathrm{G}$。对应的哈密顿算符为

$$\hat{H}=-\hat{\mu}\cdot\mathcal{B} \tag{12A.2}$$

原子核的磁矩算符与它的自旋角动量算符成正比，写成

$$\hat{\mu}=\gamma_{\mathrm{N}}\hat{\boldsymbol{I}} \tag{12A.3a}$$

比例常数γ_{N}是**核磁旋比**（nuclear magnetogyric ratio，也称为“旋磁比”）；其值取决于核的特征，并通过实验确定（表12A.2）。如果磁场在z方向，并且大小为$\mathcal{B}_0$，那么式（12A.2）就变为

$$\hat{H}=-\hat{\mu}_z\mathcal{B}_0=-\gamma_{\mathrm{N}}\mathcal{B}_0\hat{I}_z \tag{12A.3b}$$

对于自旋角动量的z分量，算符$\hat{I}_z$的本征值为$m_I\hbar$。因此，在式（12A.3b）中哈密顿算符的本征值，即在磁场中原子核允许的能级，是

$$E_{m_I}=-\gamma_{\mathrm{N}}\hbar\mathcal{B}_0 m_I \quad \text{磁场中核自旋的能量} \tag{12A.4a}$$

通常用**核磁子**（nuclear magneton），μ_{N}，即

$$\mu_{\mathrm{N}}=\frac{e\hbar}{2m_{\mathrm{p}}} \quad \text{核磁子[定义]} \tag{12A.4b}$$

（其中m_{p}是质子的质量）和一个实验确定的量纲为1的常数，称为**核g因子**（nuclear g-factor），g_I，即

$$g_I=\frac{\gamma_{\mathrm{N}}\hbar}{\mu_{\mathrm{N}}} \quad \text{核}g\text{因子[定义]} \tag{12A.4c}$$

来改写这个表达式。

这样，式（12A.4a）就变为

$$E_{m_I}=-g_I\mu_{\mathrm{N}}\mathcal{B}_0 m_I \quad \text{磁场中核自旋的能量} \tag{12A.4d}$$

核磁子的数值为$\mu_{\mathrm{N}}=5.051\times10^{-27}\ \mathrm{J\cdot T^{-1}}$。核$g$因子的典型值在$-6$和$+6$之间（表12A.2）。$g_I$和$\gamma_{\mathrm{N}}$的正值表示磁矩与自旋角动量方向相同；负值表示磁矩和自旋方向相反。

当$\gamma_{\mathrm{N}}>0$时，如在最常观测的原子核^{1}H和^{13}C中，在磁场中，$m_I>0$态的能量低于$m_I<0$态。对于一个**自旋-1/2原子核**（spin-1/2 nucleus），$I=1/2$，α态的能量低于β态的能量，它们之间的能量差为

$$\Delta E=E_{-1/2}-E_{+1/2}=\frac{1}{2}\gamma_{\mathrm{N}}\hbar\mathcal{B}_0-\left(-\frac{1}{2}\gamma_{\mathrm{N}}\hbar\mathcal{B}_0\right)=\gamma_{\mathrm{N}}\hbar\mathcal{B}_0 \tag{12A.5}$$

这些能态之间跃迁的相应电磁辐射频率可由玻尔频率条件$\Delta E=h\nu$给出（图12A.1）。因此有

$$h\nu=\gamma_{\mathrm{N}}\hbar\mathcal{B}_0 \quad \text{或} \quad \nu=\frac{\gamma_{\mathrm{N}}\mathcal{B}_0}{2\pi} \quad \text{NMR中的共振条件} \tag{12A.6}$$

这种关系称为**共振条件**（resonance condition），ν称为该原子核的**NMR频率**（NMR frequency）。虽

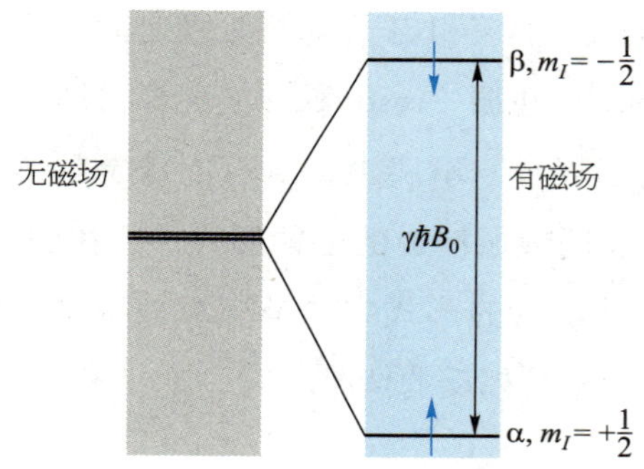

图12A.1 在磁场中具有正的核磁旋比（如^{1}H或^{13}C）的自旋-1/2原子核的核自旋能级。当能级的能量差与光子的能量相匹配时，会发生辐射的共振吸收

表12A.2 原子核自旋性质*

核素	天然丰度/%	核自旋量子数，I	核g因子，g_I	核磁旋比，$\gamma_{\mathrm{N}}/(10^7\ \mathrm{T^{-1}\cdot s^{-1}})$	1 T时的NMR频率，ν/MHz
^{1}H	99.98	$\frac{1}{2}$	5.586	26.75	42.576
^{2}H	0.02	1	0.857	4.11	6.536
^{13}C	1.11	$\frac{1}{2}$	1.405	6.73	10.708
^{11}B	80.4	$\frac{3}{2}$	1.792	8.58	13.663
^{14}N	99.64	1	0.404	1.93	3.078

*更多的数据参见*资源部分*。

然式（12A.6）是从自旋−1/2原子核推导出来，但该式同样适用于任何非零自旋的原子核。

将量子力学的处理与经典力学中将磁核描绘成小磁铁棒的图景进行比较有时是很有用的。磁场中的磁铁棒绕磁场方向旋转并扫出圆锥表面，这种运动称为**进动**（precession）（图12A.2）。进动的速率ν_L叫作**Larmor进动频率**（Larmor precession frequency）：

$$\nu_L = \frac{\gamma_N \mathcal{B}_0}{2\pi} \qquad \text{核的 Larmor 进动频率 [定义]} \qquad (12A.7)$$

Larmor进动频率与式（12A.6）给出的共振频率相同。换句话说，造成α态和β态之间共振跃迁的辐射频率与Larmor进动频率相同。因此，共振吸收的实现可被看作为改变外加磁场，直到代表核磁矩的磁铁棒以与其所暴露的电磁场的磁分量相同的频率进动。

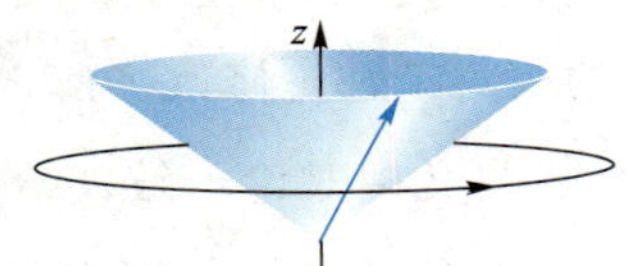

图12A.2 经典的磁核认识将磁核的行为描绘成像小磁铁棒一样。在一个外加的磁场中，磁核产生的磁矩，在这里用一个矢量表示，围绕磁场的方向进动

简要说明12A.1

使用式（12A.6）可以找到12.0 T磁场中^{1}H原子核（$I=1/2$）的NMR频率，γ_N相关值取自表12A.1：

$$\nu = \frac{\overbrace{2.675\,2\times10^8\ \mathrm{T^{-1}\cdot s^{-1}}}^{\gamma_N} \times \overbrace{12.0\ \mathrm{T}}^{\mathcal{B}_0}}{2\pi} = 5.11\times10^8\ \mathrm{s^{-1}} = 511\ \mathrm{MHz}$$

这种辐射位于电磁谱的射频区，接近无线电通信使用的频率。

（b）NMR谱仪

NMR谱仪（图12A.3）的关键组件是放置样品的磁体。大多数现代谱仪使用能产生12 T或更大磁场的超导磁体。这种磁体的优点是，它们产生的磁场在很长时间内都是稳定的，并且不需要电力来维持磁场。使用目前可用的磁体，所有的

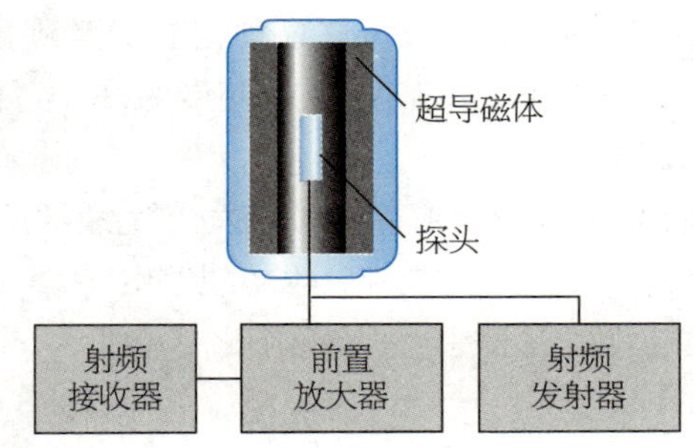

图12A.3 典型NMR谱仪的布局（样品置于磁场中心的探头中）

NMR频率都落在射频范围内（参见之前的“简要说明”）。因此，需要用一个射频发射器和接收器来激发和探测发生在核自旋态之间的跃迁。在专题12C中将讨论如何激发和检测这些跃迁的细节。

所研究的样品通常以溶液的形式装在置于磁体中的玻璃管内。也可以通过使用更专门的技术来研究固体样品。虽然超导磁体本身必须保持在接近液氦的温度（4 K），但是磁体被设计成具有室温的净空间，样品可以置入其中。

核磁共振跃迁的强度取决于许多因素，这些因素可以通过考虑两个自旋态的布居数来确定。

如何完成？ 12A.1 确定对吸收强度的贡献

电磁辐射的吸收速率与低能态的布居数（在自旋−1/2原子核的情况下为N_α）成正比，而受激发射的速率则与高能态的布居数（N_β）成正比。磁共振的频率通常较低，此时自发发射可以忽略，因为它是非常缓慢的。因此，吸收的净速率正比于布居数之差，即

吸收速率 $\propto N_\alpha - N_\beta$

步骤1 *根据布居数之差，写出吸收强度的表达式*

吸收强度，即能量被吸收的速率，正比于吸收速率（光子被吸收的速率）和每个光子能量的乘积。后者正比于入射辐射的频率ν（通过$E=h\nu$）。共振时，这个频率与外加磁场成正比（通过$\nu=\gamma_N\mathcal{B}_0/2\pi$）。因此可以得出这样的结论：

$$\begin{aligned}\text{吸收强度} &\propto \text{吸收速率} \times \text{光子的能量}\\ &\propto (N_\alpha - N_\beta)\times h\gamma_N\mathcal{B}_0/2\pi \end{aligned} \qquad (12A.8a)$$

步骤2 *写出布居数之比的表达式*

现在，使用玻耳兹曼分布（参见本书“绪言”和专题13A）写出布居数之比的表达式：

$$\frac{N_\beta}{N_\alpha} = e^{-\overbrace{\gamma_N\hbar\mathcal{B}_0}^{\Delta E}/kT} \approx 1 - \frac{\gamma_N\hbar\mathcal{B}_0}{kT} \qquad \boxed{e^{-x}=1-x+\cdots}$$

由于$\Delta E = h\gamma_N\mathcal{B}_0/2\pi << kT$（这是核自旋通常满足的条件），指数项的展开是合适的（参见专题5B中“化学家工具包12”）。

步骤3　*用这个比率写出布居数之差的表达式*

考虑布居数之差与自旋总数N的比率：$(N_\alpha - N_\beta)/N$，并使用布居数之比的表达式将这个比率写成

$$\frac{N_\alpha - N_\beta}{\underbrace{N_\alpha + N_\beta}_{N}} = \frac{N_\alpha(1-N_\beta/N_\alpha)}{N_\alpha(1+N_\beta/N_\alpha)} = \frac{1-\overbrace{N_\beta/N_\alpha}^{1-\gamma_N\hbar\mathcal{B}_0/kT}}{1+\underbrace{N_\beta/N_\alpha}_{1-\gamma_N\hbar\mathcal{B}_0/kT}}$$

$$\approx \frac{1-(1-\gamma_N\hbar\mathcal{B}_0/kT)}{1+\underbrace{(1-\gamma_N\hbar\mathcal{B}_0/kT)}_{\approx 1}} = \frac{\gamma_N\hbar\mathcal{B}_0/kT}{2}$$

因此有

$$N_\alpha - N_\beta \approx \frac{N\gamma_N\hbar\mathcal{B}_0}{2kT} \qquad \text{(12A.8b)}$$

布居数之差
［自旋 $-1/2$ 原子核］

现在，把这个表达式代入式（12A.8a）并舍弃不涉及自旋的常数，可得

$$\text{吸收强度} \propto \frac{N\gamma_N^2\mathcal{B}_0^2}{T} \qquad \text{(12A.8c)}$$

吸收强度

由于吸收强度与$\mathcal{B}_0^2$成正比，故可通过增加外加磁场的强度来显著增强信号。使用强磁场还简化了谱图的外观（专题12B中对此进行了解释），使信号更易被解释。吸收强度也与γ_N^2成正比，因此，在其他所有条件都相同的情况下，具有较大磁旋比的核（如^{1}H）比那些具有较小磁旋比的核（如^{13}C）可给出更强的信号。

简要说明 12A.2

^{1}H原子核的$\gamma_N = 2.675\times10^8\ \mathrm{T^{-1}\cdot s^{-1}}$。因此，对于在20 ℃下，10 T的场中的一百万个质子，有

$$N_\alpha - N_\beta \approx \frac{\overbrace{1\,000\,000}^{N}\times\overbrace{2.675\times10^8\ \mathrm{T^{-1}\cdot s^{-1}}}^{\gamma_N}\times\overbrace{1.055\times10^{-34}\ \mathrm{J\cdot s}}^{\hbar}\times\overbrace{10\ \mathrm{T}}^{\mathcal{B}_0}}{2\times\underbrace{1.381\times10^{-23}\ \mathrm{J\cdot K^{-1}}}_{k}\times\underbrace{293\ \mathrm{K}}_{T}}$$

$$\approx 35$$

即使在这样一个强场中，也只有约百万分之三十五的布居数的微小失衡。这么小的布居数差异意味着必须开发特殊的技术，才能使NMR成为一种可行的技术。

12A.2　电子顺磁共振

观察磁场中一个电子的能级之间的共振跃迁是**电子顺磁共振**（electron paramagnetic resonance，EPR；或电子自旋共振，ESR）的基础。这种谱学与核磁共振有一些共同的特征。

（a）磁场中电子的能量

电子的磁矩正比于它的自旋角动量。它的磁矩算符和与磁场相互作用的哈密顿算符分别为

$$\hat{\mu} = \gamma_e\hat{s} \qquad \hat{H} = -\gamma_e\mathcal{B}\cdot\hat{s} \qquad \text{(12A.9a)}$$

式中$\hat{s}$是自旋角动量算符，γ_e是电子的**磁旋比**（magnetogyric ratio）：

$$\gamma_e = -\frac{g_e e}{2m_e} \qquad \text{(12A.9b)}$$

电子的磁旋比

用$g_e = 2.002\,319\cdots$作为自由电子的**g值**（g-value）。（注意：目前的惯例是将g值包含在磁旋比的定义中。）狄拉克的相对论理论修改了薛定谔方程，使之与爱因斯坦的狭义相对论一致，给出$g_e = 2$；额外的0.002 319…来自电子与环绕它的真空电磁波动的相互作用。γ_e的负号（来源于电子上电荷的负号）表明磁矩的方向与表示角动量的矢量相反。

当磁场位于z方向且大小为$\mathcal{B}_0$时，哈密顿算符为

$$\hat{H} = -\gamma_e\mathcal{B}_0\hat{s}_z \qquad \text{(12A.10)}$$

磁场中电子自旋的能量是

$$E_{m_s} = -\gamma_e\hbar\mathcal{B}_0 m_s \qquad \text{(12A.11a)}$$

磁场中电子自旋的能量

式中$m_s = \pm1/2$。通常用**玻尔磁子**（Bohr magneton）μ_B来写这个表达式，玻尔磁子定义为

$$\mu_B = \frac{e\hbar}{2m_e} \qquad \text{(12A.11b)}$$

玻尔磁子

它的值是$9.274\times10^{-24}\ \mathrm{J\cdot T^{-1}}$。这个正值通常被认为是磁矩的基本量子。注意玻尔磁子比核磁子要大约2 000倍，所以电子磁矩远大于核磁矩。通过运用式（12A.9b），式（12A.11a）中的$\gamma_e\hbar$项可以表示为$-g_e e\hbar/2m_e$；通过引入式（12A.11b）中玻尔磁子的定义，该项又可以写成$-g_e\mu_B$。因此

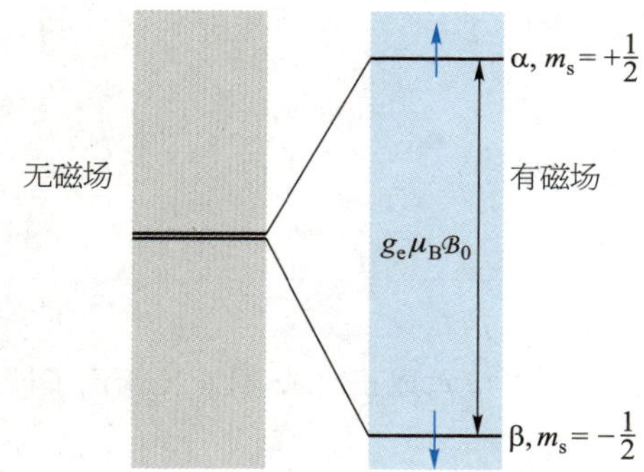

图 12A.4　磁场中的电子自旋能级。注意：β态的能量比α态低（因为电子的磁旋比是负的）。当入射辐射的频率与能量差对应的频率相匹配时，发生共振吸收

$$E_{m_s}=g_e\mu_B\mathcal{B}_0 m_s \qquad \text{磁场中电子自旋的能量} \qquad (12A.11c)$$

$m_s=+1/2(\alpha)$ 与 $m_s=-1/2(\beta)$ 态之间的能量差是

$$\Delta E=E_{+1/2}-E_{-1/2}=\frac{1}{2}g_e\mu_B\mathcal{B}_0-\left(-\frac{1}{2}g_e\mu_B\mathcal{B}_0\right)=g_e\mu_B\mathcal{B}_0 \qquad (12A.12a)$$

其中β为低能态。当如下条件成立时，这种能量差与频率为ν的电磁辐射产生共振（图 12A.4），即

$$h\nu=g_e\mu_B\mathcal{B}_0 \qquad \text{EPR 中的共振条件} \qquad (12A.12b)$$

简要说明 12A.3

典型的商用EPR谱仪使用约0.33 T的磁场，故EPR共振频率为

$$\nu=\frac{\overbrace{2.002\,3}^{g_e}\times\overbrace{9.274\times10^{-24}\ \mathrm{J\cdot T^{-1}}}^{\mu_B}\times\overbrace{0.33\ \mathrm{T}}^{\mathcal{B}_0}}{\underbrace{6.626\times10^{-34}\ \mathrm{J\cdot s}}_{h}}$$

$$=9.2\times10^9\ \mathrm{s^{-1}}=9.2\ \mathrm{GHz}$$

这个频率相当于3.2 cm的波长，在微波区域，确切地说，频率在“X波段”。

（b）EPR谱仪

大多数商用EPR谱仪使用的磁场强度产生微波区域的EPR频率（参见之前的“简要说明”）。典型的EPR谱仪的布局如图12A.5所示。它由固定频率的微波源（通常为基于固态器件的Gunn振荡器）、可插入样品（装在玻璃或石英管中）的空腔、微波检测器和具有可变磁场的电磁铁组成。EPR观测的样品必须有未成对电子，所以要么是自由基要么是过渡金属化合物。由于与检测过程有关的技术原因，谱图显示的是吸收线的一阶导数（图 12A.6）。

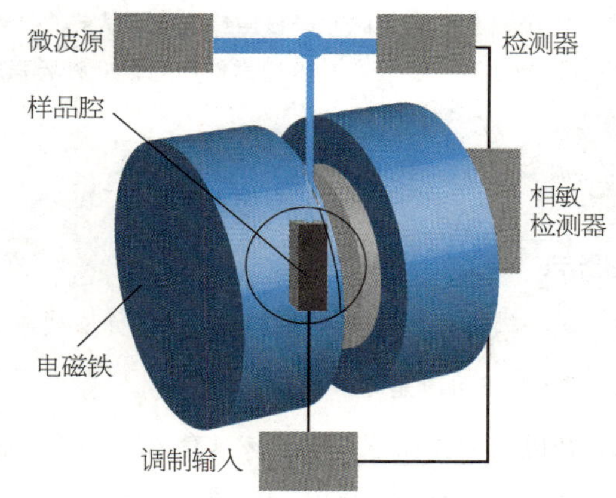

图 12A.5　典型的EPR谱仪的布局。一个典型的磁场是0.3 T，这需要9 GHz（3 cm）微波才能产生共振

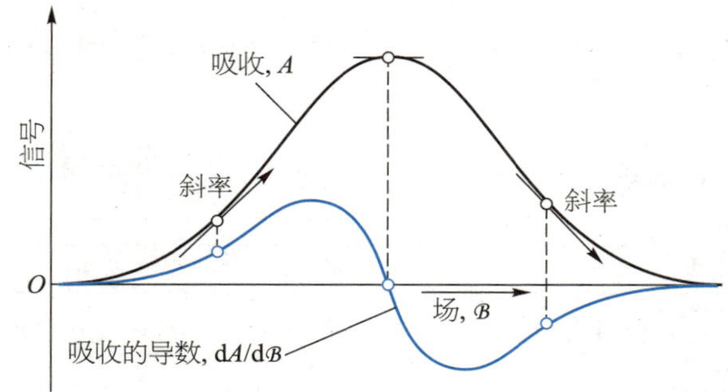

图 12A.6　当使用相敏检测时，信号是吸收强度的一阶导数（注意，吸收峰顶对应于导数通过零的点）

与NMR一样，EPR谱线的强度取决于基态和激发态的布居数之差。对于一个电子，β态的能量低于α态的能量，通过类似于导出原子核式（12A.8b）的方法，可有

$$N_\beta-N_\alpha\approx\frac{Ng_e\mu_B\mathcal{B}_0}{2kT} \qquad \text{布居数之差[电子]} \qquad (12A.13)$$

式中N是电子自旋的总数。

简要说明 12A.4

在20 ℃（293 K）时，当1 000个电子自旋在1.0 T的磁场下，布居数之差为

$$N_\beta-N_\alpha\approx\frac{\overbrace{1\,000}^{N}\times\overbrace{2.002\,3}^{g_e}\times\overbrace{9.274\times10^{-24}\ \mathrm{J\cdot T^{-1}}}^{\mu_B}\times\overbrace{1.0\ \mathrm{T}}^{\mathcal{B}_0}}{2\times\underbrace{1.381\times10^{-23}\ \mathrm{J\cdot K^{-1}}}_{k}\times\underbrace{293\ \mathrm{K}}_{T}}$$

$$\approx2.3$$

可见，在1 000个电子中只有大约2个电子的布居数失衡。然而，由于电子自旋态之间的能量差比原子核自旋的能

量差大，电子自旋的失衡比原子核自旋的失衡大得多（参见“简要说明 12A.2”），即使在EPR通常使用的较低磁场强度下也是如此。

概念清单

☐ 1. 原子核的**核自旋量子数** I 是一个非负整数或者半整数；I 可以是零。

☐ 2. 在磁场的存在下，原子核具有 $(2I+1)$ 个以不同的 m_I 值为特征的能级。

☐ 3. **核磁共振**（NMR）观察原子核在磁场中对射频电磁辐射的吸收。

☐ 4. 在核磁共振中，吸收强度随外加磁场强度的增加而增加（与 $\mathcal{B}_0^2$ 成正比），且正比于原子核磁旋比的平方。

☐ 5. 在磁场的存在下，电子具有与α自旋态和β自旋态相对应的两个能级。

☐ 6. **电子顺磁共振**（EPR）观察未成对电子在磁场中对微波电磁辐射的共振吸收。

公式清单

性质	公式	说明	公式编号
磁场中核自旋的能量	$E_{m_I}=-\gamma_N\hbar\mathcal{B}_0m_I=-g_I\mu_N\mathcal{B}_0m_I$		12A.4a，12A.4d
核磁子	$\mu_N=e\hbar/2m_p$	$\mu_N=5.051\times10^{-27}\ J\cdot T^{-1}$	12A.4b
共振条件（自旋-1/2原子核）	$h\nu=\gamma_N\hbar\mathcal{B}_0$		12A.6
Larmor进动频率	$\nu_L=\gamma_N\mathcal{B}_0/2\pi$		12A.7
磁旋比（电子）	$\gamma_e=-g_ee/2m_e$	$g_e=2.002\,319\cdots$	12A.9b
磁场中电子自旋的能量	$E_{m_s}=-\gamma_e\hbar\mathcal{B}_0m_s=g_e\mu_B\mathcal{B}_0m_s$		12A.11a，12A.11c
玻尔磁子	$\mu_B=e\hbar/2m_e$	$\mu_B=9.274\times10^{-24}\ J\cdot T^{-1}$	12A.11b
共振条件（电子）	$h\nu=g_e\mu_B\mathcal{B}_0$		12A.12b

专题12B

NMR 谱图的特点

▶ 为何需要学习这部分内容？

为了分析核磁共振谱图并提取它们所包含的丰富信息，需要理解谱图的外观如何与分子结构相关。

▶ 核心思想是什么？

磁核的共振频率受其电子环境和附近存在的磁核的影响。

▶ 需要哪些预备知识？

需要熟悉磁共振的基本原理（专题12A）。

核磁矩与局部磁场即在所讨论的核位置处的磁场相互作用。由于原子核周围电子及分子中存在的其他磁核的影响，该局部场可能与外加场不同。总的影响是给定核的NMR频率对其分子环境敏感。

12B.1 化学位移

外加磁场可以被认为是导致电子在分子中产生环流的原因。这种环流类似于电流，因此产生磁场。**局部磁场**（local magnetic feld）$\mathcal{B}_{loc}$即原子核所受到的总磁场，是外加场$\mathcal{B}_0$和由于电子环流而产生的附加场$\delta\mathcal{B}$的总和，即

$$\mathcal{B}_{loc}=\mathcal{B}_0+\delta\mathcal{B} \quad (12B.1)$$

附加场与外加场成正比，通常写成

$$\delta\mathcal{B}=-\sigma\mathcal{B}_0 \quad (12B.2)$$

屏蔽常数［定义］

式中量纲为1的参量σ称为原子核的**屏蔽常数**（shielding constant）。

外加场在分子中诱导电子电流，并从而影响产生的局部磁场强度的能力，取决于所关注的磁核附近电子结构的细节。所以，位于不同化学基团中的核具有不同的屏蔽常数。因此，原子核的Larmor进动频率ν_L（因而其共振频率也是）从$\gamma_N\mathcal{B}_0/2\pi$变为

$$\nu_L=\frac{\gamma_N\mathcal{B}_{loc}}{2\pi}=\frac{\gamma_N(\mathcal{B}_0+\delta\mathcal{B})}{2\pi}=\frac{\gamma_N\mathcal{B}_0}{2\pi}(1-\sigma) \quad (12B.3)$$

对于不同环境中的原子核，Larmor进动频率是不同的，即使这些原子核是相同的元素。

原子核的**化学位移**（chemical shift）是其共振频率与参考标准之间的差值。对于^1H和^{13}C，该标准是四甲基硅烷（$Si(CH_3)_4$，通常称为TMS）中的共振信号。由于Larmor进动频率［式（12B.3）］与外加磁场成正比，所以来自特定核的共振信号和来自标准物的共振信号之间的频率差随着外加磁场强度的增加而增加。

化学位移报道时采用δ**标度**（δ scale），它被定义为

$$\delta=\frac{\nu-\nu^\circ}{\nu^\circ}\times10^6 \quad (12B.4a)$$

δ标度［定义］

式中ν°是标准物的共振频率（Larmor进动频率）。因为ν°非常接近谱仪的工作频率ν_{spect}，而ν_{spect}通常选择在所研究的核所显示的Larmor进动频率范围的中间，所以可以放心地用ν_{spect}代替式（12B.4a）分母中的ν°，从而给出

$$\delta=\frac{\nu-\nu^\circ}{\nu_{spect}}\times10^6 \quad (12B.4b)$$

δ标度的优点是所给出的位移与外加场无关（因为分子和分母都与外加场成正比）。然而，共振频率本身则取决于外加场：

$$\nu=\nu^{\circ}+\left(\frac{\nu_{\text{spect}}}{10^{6}}\right)\delta \qquad (12B.5)$$

简要说明 12B.1

在一台运行在500.130 MHz的NMR谱仪上，发现TMS的共振频率为500.127 MHz，则频率为500.12825 MHz的共振信号的化学位移为

$$\delta=\frac{\nu-\nu^{\circ}}{\nu_{\text{spect}}}\times10^{6}$$

$$=\frac{500.12825\ \text{MHz}-500.12750\ \text{MHz}}{500.13000\ \text{MHz}}\times10^{6}=1.5$$

用式（12B.5b）可以在同一谱仪上得到化学位移$\delta_1=1.25$和$\delta_2=5.75$的两个共振的频率差，即

$$\nu_2-\nu_1=\left(\frac{\nu_{\text{spect}}}{10^{6}}\right)(\delta_2-\delta_1)$$

$$=\left(\frac{500.13000\times10^{6}\ \text{Hz}}{10^{6}}\right)(5.75-1.25)=2\,250\ \text{Hz}$$

实用小贴士　许多文献中，以百万分之一ppm来报道化学位移，以此表现定义式中的因子10^6；这是不必要的。如果你看到“$\delta=10$ ppm”，请以$\delta=10$来解读它并使用在式（12B.5）中。

把式（12B.3）代入式（12B.4a），可得到δ和σ之间的关系：

$$\delta=\frac{(1-\sigma)\mathcal{B}_0-(1-\sigma^{\circ})\mathcal{B}_0}{(1-\sigma^{\circ})\mathcal{B}_0}\times10^{6}$$

$$=\frac{\sigma^{\circ}-\sigma}{1-\sigma^{\circ}}\times10^{6}\approx(\sigma^{\circ}-\sigma)\times10^{6} \qquad (|\sigma^{\circ}|\ll1)$$

δ和σ之间的关系　(12B.6)

式中σ°是参考标准物的屏蔽常数。因此，σ的减少（屏蔽降低）导致δ的增加。因此，具有大的化学位移的核被说成是强烈“**去屏蔽**”（deshielded）的。图12B.1中给出了一些典型的化学位移。从图中可以看出，不同元素的原子核具有非常不同的化学位移范围。这些范围显示了分子中原子核的各种电子环境：元素的原子序数越高，原子核周围的电子数越多，因此屏蔽的范围就越大。按照惯例，NMR谱图按照δ从左向右递减绘制。

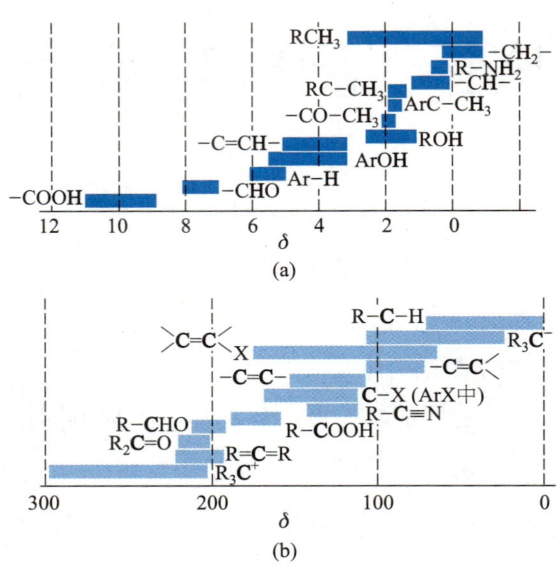

图 12B.1　(a) ^{1}H和 (b) ^{13}C共振信号的典型化学位移范围

例题 12B.1　解释核磁共振 ^{1}H 谱

图12B.2给出1-甲氧基-2-丙酮（$CH_3OCH_2COCH_3$）的^{1}H（质子）NMR谱。解释所观察到的化学位移。

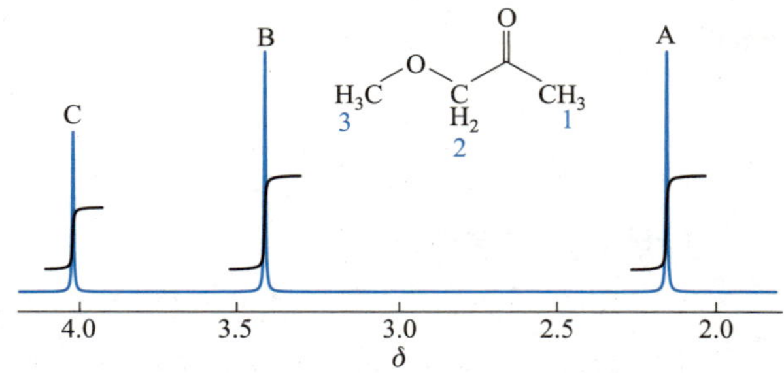

图 12B.2　1-甲氧基-2-丙酮的^{1}H（质子）NMR谱［阶梯状曲线表示峰的积分（峰下的面积），阶梯的高度与积分成正比］

整理思路　需要考虑每个吸电子原子的作用：它会强烈地对与之直接相连的质子去屏蔽，对更远的质子其影响则会逐渐减弱。为了识别共振信号B和C中哪一个对应于2位和3位的H原子，可以采用两种方法中的任一种。一个是看大量的化学位移数据的汇总。第二个方法是利用一条谱线的“积分”，即共振峰下的面积，它与产生共振峰的原子核数目成正比。这些积分通常由叠加在谱上的阶梯状曲线来表示，如图12B.2所示：积分与阶梯高度成正比。

解：标记为2和3的H原子都连接在与强吸电子的O原子相连接的C原子上，而标记为1的H原子则离任何O原子都更远。可以想到2位和3位H原子的去屏蔽作用大于1位H原子的去屏蔽作用，因此2和3的化学位移将大于1的化学位移。所以，可以放心地将位于$\delta=2.2$的共振A归属于1位上的H原子。从谱图中可以明显看出，峰B的积分大于C的积分（事实上

它们的比值是3∶2），可立即确认峰B对应于3位上的H原子，峰C则对应于2位上的H原子。

自测题12B.1　乙醛的NMR谱线位于$\delta = 2.20$和$\delta = 9.80$。请问哪个峰可归属于CHO的质子？

答案：$\delta = 9.80$。

12B.2　屏蔽常数的来源

屏蔽常数及化学位移的计算是困难的，因为它需要关于基态和激发态中电子密度的分布及分子的电子激发能的详细知识。然而，了解对化学位移的不同贡献有助于识别其模式和趋势。

一个有用的方法是假设观测到的屏蔽常数是三个贡献的总和，即

$$\sigma = \sigma(\text{local}) + \sigma(\text{neighbour}) + \sigma(\text{solvent}) \quad (12B.7)$$

局部贡献（local contribution），σ（local），本质上是含所讨论原子核的原子中电子的贡献。**邻基贡献**（neighbouring group contribution），σ（neighbour），来自形成分子的其余部分的原子群的贡献。**溶剂贡献**（solvent contribution），σ（solvent），则是溶剂分子的贡献。

（a）局部贡献

可方便地将屏蔽常数的局部贡献看作**抗磁贡献**（diamagnetic contribution）σ_d和**顺磁贡献**（paramagnetic contribution）σ_p之和，即

$$\sigma(\text{local}) = \sigma_d + \sigma_p \quad \text{屏蔽常数的局部贡献} \quad (12B.8)$$

抗磁贡献来源于与外加场相反的附加磁场，从而屏蔽了原子核，因此σ_d是正的。顺磁贡献来自增强外加场的附加场，从而导致去屏蔽，因此σ_p是负的。

抗磁贡献源于外加场在基态电子分布中产生电荷环流的能力。环流产生的磁场与外加磁场相反，因而屏蔽了原子核。σ_d的大小取决于近核处的电子密度，对于原子，可以根据**Lamb公式**（Lamb formula）计算[1]：

$$\sigma_d = \frac{e^2\mu_0}{12\pi m_e}\langle 1/r\rangle \quad \text{Lamb 公式} \quad (12B.9)$$

式中μ_0是真空磁导率，r是电子与核之间的距离，尖角括号〈…〉表示期望值。

例题 12B.2　使用 Lamb 公式

计算自由H原子中原子核的屏蔽常数。

整理思路　为了能用Lamb公式来计算σ_d，需要计算氢1s轨道的$1/r$的期望值。波函数的径向部分可以从表8A.1中找到，角向部分则可以从表7F.1中找到。

解：在球极坐标（参见专题7F中“化学家工具包21”）中，氢1s轨道的归一化波函数为

$$\psi = \left(\frac{1}{\pi a_0^3}\right)^{1/2} e^{-r/a_0}$$

在这个坐标系中，体积元是$d\tau = \sin\theta r^2 dr d\theta d\phi$；因此，$1/r$的期望值是

$$\langle 1/r\rangle = \int \frac{\psi^*\psi}{r} d\tau = \frac{1}{\pi a_0^3}\overbrace{\int_0^{2\pi} d\phi}^{2\pi}\overbrace{\int_0^{\pi}\sin\theta\, d\theta}^{2}\overbrace{\int_0^{\infty} r e^{-2r/a_0} dr}^{\text{积分E.1}}$$

$$= \frac{1}{\pi a_0^3}\times 4\pi \times \frac{a_0^2}{4} = \frac{1}{a_0}$$

所以

$$\sigma_d = \frac{e^2\mu_0}{12\pi m_e a_0} = \frac{(1.602\times10^{-19}\,\text{C})^2\times 4\pi\times10^{-7}\,\text{J}\cdot\text{s}^2\cdot\text{C}^{-2}\cdot\text{m}^{-1}}{12\pi\times 9.109\times10^{-31}\,\text{kg}\times 5.292\times10^{-11}\,\text{m}}$$

$$= \frac{(1.602\times10^{-19})^2\times 4\pi\times10^{-7}}{12\pi\times 9.109\times10^{-31}\times 5.292\times10^{-11}}\times\frac{\text{C}^2\cdot\text{J}\cdot\text{s}^2\cdot\text{C}^{-2}\cdot\text{m}^{-1}}{\text{kg}\cdot\text{m}}$$

$$= 1.775\times10^{-5}$$

其中用到了$1\,\text{J} = 1\,\text{kg}\cdot\text{m}^2\cdot\text{s}^{-2}$。

自测题12B.2　对于一个具有核电荷Z的类氢原子，请推导σ_d的表达式。

答案：$\sigma_d = Ze^2\mu_0/12\pi m_e a_0$。

在闭壳自由原子中，当电子分布是球对称时，抗磁贡献是唯一的贡献。在分子中，即使价电子的分布高度扭曲，靠近特定核的内层电子也可能具有球对称性。因此，内层电子只对屏蔽的抗磁性部分起作用。抗磁贡献大体上与含所讨论原子核的原子的电子密度成正比。因此，如果原子上

1　相关推导，请参见原著作者编写的*Molecular quantum mechanics*（2011）一书。

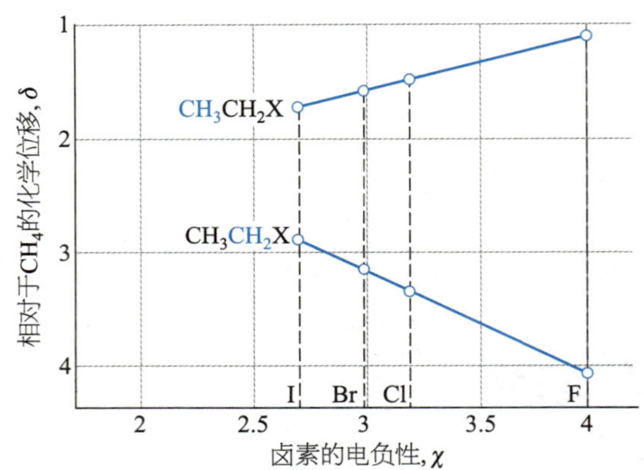

图12B.3　化学屏蔽随电负性的变化。甲基质子的位移遵循简单的预期，即增加卤素的电负性将减少化学位移。然而，为了强调化学位移是微妙的现象，请注意亚甲基质子的趋势与预期的相反。对于这些质子，另一种贡献（C—H和C—X键的磁各向异性）占主导地位

的电子密度由于附近电负性原子的影响而降低，屏蔽就会减少。随着邻近原子的电负性增加，屏蔽的减少转化为化学位移δ的增加（图12B.3）。

局部顺磁贡献σ_p源于外加电场通过使用基态中未被占据的轨道迫使电子在分子中环流的能力。在自由原子和线形分子（如乙炔，HC≡CH）中，当外加电场沿着对称轴方向时，局部顺磁贡献不存在。在这种情况下，电子可以自由环流，外加电场不能迫使它们进入其他轨道。对于轻原子（因为价电子及因此产生的感应电流靠近原子核）和具有低能激发态的分子（因为此时外加电场可以感应出显著的电流），可以预期会有很大的顺磁贡献。事实上，顺磁贡献是除了氢以外其他原子的主要局部贡献。

化学家工具包27　偶极磁场

标准电磁理论给出了一个点磁偶极子$\boldsymbol{\mu}$在点$\boldsymbol{r}$处产生的磁场为

$$\mathcal{B}=\frac{\mu_0}{4\pi r^3}\left[\boldsymbol{\mu}-\frac{3(\boldsymbol{\mu}\cdot\boldsymbol{r})\boldsymbol{r}}{r^2}\right]$$

式中μ_0是真空磁导率（定义值为$4\pi\times10^{-7}\ \mathrm{T^2\cdot J^{-1}\cdot m^3}$的基本常数）。磁场在$z$方向的分量是

$$\mathcal{B}_z=\frac{\mu_0}{4\pi r^3}\left[\mu_z-\frac{3(\boldsymbol{\mu}\cdot\boldsymbol{r})z}{r^2}\right]$$

式中$z=r\cos\theta$，是距离矢量$\boldsymbol{r}$的z分量。如果磁偶极子也平行于z方向，则

$$\mathcal{B}_z=\frac{\mu_0}{4\pi r^3}\left[\overbrace{\mu}^{\mu_z}-\frac{3\overbrace{(\mu r\cos\theta)}^{\mu\cdot r}\overbrace{(r\cos\theta)}^{z}}{r^2}\right]=\frac{\mu\mu_0}{4\pi r^3}(1-3\cos^2\theta)$$

(b) 邻基贡献

邻基贡献源于附近原子群中感应的电流。在如H—X的分子中，考虑邻基X对分子中氢原子的影响。外加磁场在X的电子分布中产生电流，并产生与外加磁场成正比的感应磁矩（感应磁偶极）；其比例常数是X基团的磁化率χ，$\boldsymbol{\mu}_{\text{induced}}=\chi\mathcal{B}_0$。抗磁性基团的磁化率是负的，因为感应磁矩与外加场的方向相反。

相邻的核处于感应磁矩产生的磁场中。正如在“化学家工具包27”中所解释的那样，与感应磁矩相距R和成θ角的原子核（定义为**1**）受到一个具有如下形式的局部场：

$$\mathcal{B}_{\text{loc}}\propto\frac{\mu_{\text{induced}}}{r^3}(1-3\cos^2\theta)\qquad \text{局部偶极场}\qquad (12\text{B}.10\text{a})$$

1

这个局部场平行于外加场，角θ从外加场的方向测量。注意磁场的强度与H和X之间的距离r的立方成反比。如果磁化率与分子的取向无关（即它是“各向同性的”），则平均局部场为零，因为当在球面上平均时，$1-3\cos^2\theta=0$（见问题P12B.8）。然而，如果磁化率随分子相对于磁场的取向而变化，则平均局部磁场可为非零值。例如，假设相邻基团具有轴对称性（比如是一个三重键）：当外加场平行于对称轴时磁化率是$\chi_{\parallel}$；当它垂直于对称轴时磁化率是$\chi_{\perp}$。在对分子的所有取向进行平均后，对距离R处原子核屏蔽常数的贡献有以下形式：

$$\sigma(\text{neighbour})\propto(\chi_{\parallel}-\chi_{\perp})\left(\frac{1-3\cos^2\Theta}{R^3}\right)\qquad \text{邻基贡献}\qquad (12\text{B}.10\text{b})$$

式中Θ（大写θ）是对称轴与原子核矢量之间的夹角（**2**）。式（12B.10b）表明，根据两个磁化率的相对大小及Θ给出的方向，邻基贡献可以是正的或负的。如果$54.7°<\Theta<125.3°$，则$1-3\cos^2\Theta$为

正，反之则为负（图12B.4和图12B.5）。

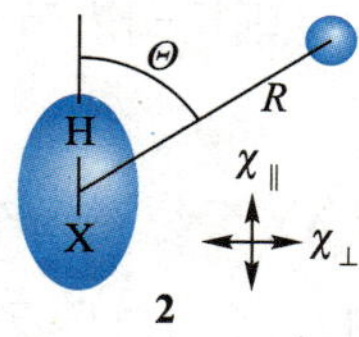

在芳香族化合物中发现了邻基效应的一个特例。苯环磁化率的强各向异性归因于当外场垂直于分子平面时，场诱导**环电流**（ring current，即电子绕苯环的环流）的能力。平面中的质子是去屏蔽的（图12B.6），但任何刚好位于平面之上或之下的质子（作为环取代基的一部分）都被屏蔽。

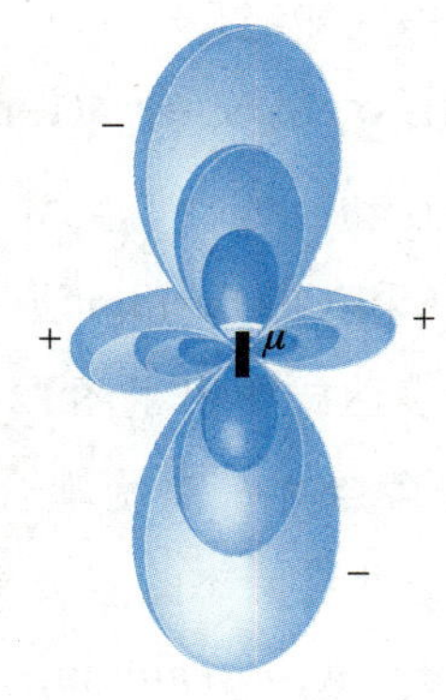

图12B.4 由点磁偶极子引起的场示意图。不同颜色表示场强随距离而减小（与R^3成反比），每个表面表示在每个距离时场z分量对角度的依赖性

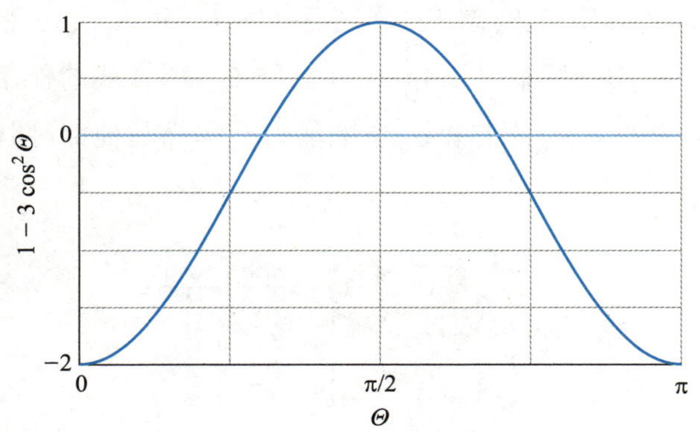

图12B.5 函数$1-3\cos^2\Theta$随角度Θ的变化

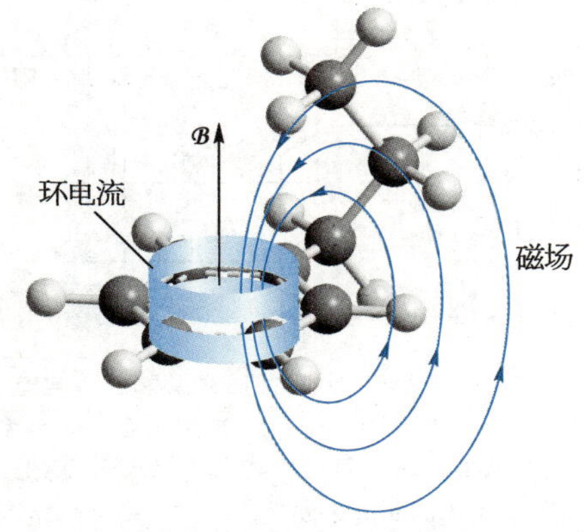

图12B.6 外场在苯环内诱导的环电流的屏蔽和去屏蔽效应。直接连在环上的质子被去屏蔽，但在环上方取代基上的质子被屏蔽

（c）溶剂贡献

溶剂可以各种方式影响原子核所受到的局部磁场。这些效应中的一些来自溶质和溶剂之间的特定相互作用（如氢键的形成和其他形式的路易斯酸碱复合物的形成）。溶剂分子磁化率的各向异性，特别是当它们是芳香族时，也可以是局部磁场的来源。此外，如果存在空间相互作用，导致溶质分子和溶剂分子之间松散但特定的相互作用，那么溶质分子中的质子可以依据它们相对于溶剂分子的定位而受到屏蔽或去屏蔽效应。像苯这样的芳香族溶剂可以产生局部电流，这些电流可屏蔽或去屏蔽溶质分子中的质子。图12B.7所示的排列导致溶质分子上的质子被屏蔽。

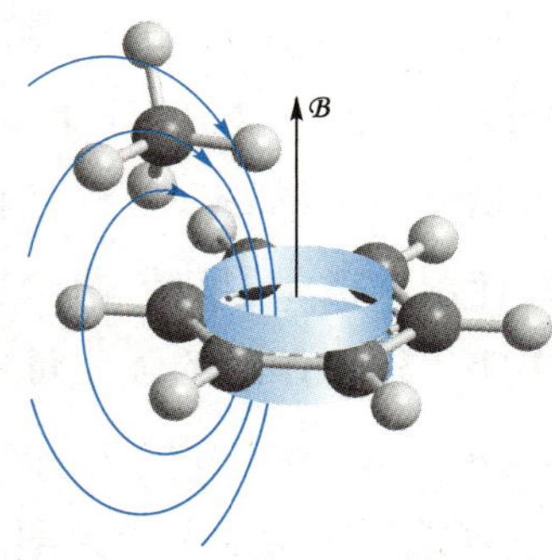

图12B.7 芳香族溶剂（这里指苯）可以产生局部电流，这些电流可屏蔽或去屏蔽溶质分子中的质子。在这种溶剂和溶质的相对取向中，溶质分子上的质子被屏蔽

12B.3 精细结构

图12B.8显示氯乙烷的^{1}H（质子）NMR谱。在这个分子中有两种不同类型的^{1}H，即亚甲基（CH_2）质子和甲基（CH_3）质子，每一种都具有其特征化学位移。此外，谱图显示**精细结构**（fine structure），即一个共振线分裂成多个组分。这组线被称为**多重峰**（multiplets）。

这个精细结构起因于**标量耦合**（scalar coupling），其中一个原子核的共振频率受到另一个原子核自旋状

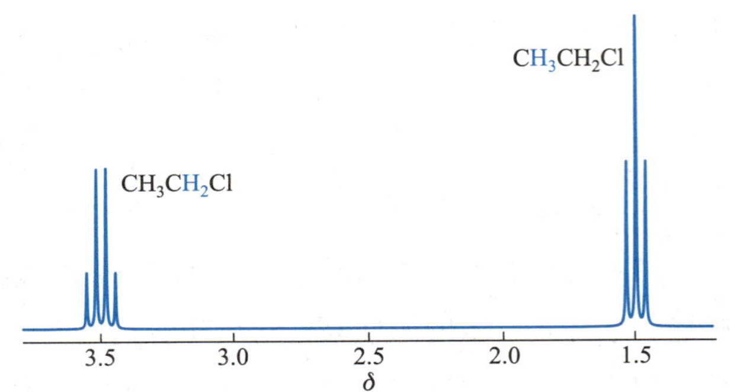

图 12B.8　氯乙烷的 ^1H（质子）NMR 谱（蓝色字母表示产生多重峰的质子；质子间的标量耦合产生了多重峰）

态的影响。定性地说，当一个原子核的局部磁场取决于另一个自旋的相对方位时，就会产生标量耦合效应。如果自旋在某个状态（如 α），局部场增加；而当自旋在另一个状态（在本例中为 β）时，局部场会减小。因此，在谱图中不是只有一条线，而是有两条，因为局部场有两个可能的值，对应于第二个原子核分别在 α 态和 β 态。

标量耦合相互作用在哈密顿算符中由 $(hJ/\hbar^2)\hat{\boldsymbol{I}}_1\cdot\hat{\boldsymbol{I}}_2$ 项表示，其中 $\hat{\boldsymbol{I}}_N$（$N=1$ 或 2）是核 N 的核自旋角动量算符。耦合项是标量积，这简单地说明了相互作用的能量取决于两个核自旋的相对取向这一事实。相互作用的强度可由**标量耦合常数**（scalar coupling constant）J 的值给出。在 $(hJ/\hbar^2)\hat{\boldsymbol{I}}_1\cdot\hat{\boldsymbol{I}}_2$ 中存在的 $\hbar^2$ 抵消了两个角动量的本征值产生的 $\hbar^2$，剩下的能量为 hJ，因此 J 是频率（以赫兹衡量，Hz）。耦合常数可以是正的，也可以是负的，它与场强无关。

如果两个耦合核的 Larmor 进动频率显著不同，它们以非常不同的速率进动，它们磁矩的 x 和 y 分量从不同步。无论进动速率是多少，只有 z 分量保持方向一致，所以标量积中唯一存在的项是 $(hJ/\hbar^2)\hat{I}_{1z}\hat{I}_{2z}$。每个 $\hat{I}_{Nz}$ 的本征值都是 $m_{I_N}\hbar$，因此耦合项的本征值（能量）是

$$E_{m_{I_1}m_{I_2}}=hJm_{I_1}m_{I_2} \qquad \text{自旋－自旋耦合能量} \qquad (12B.11)$$

（a）谱图的外观

鉴于化学位移的差异对应于一个较 J 更大的频率，在 NMR 中，字母表中相距很远的字母（通常是 A 和 X）被用来表示具有非常不同化学位移的原子核；靠近的字母（如 A 和 B）则用于表示具有类似化学位移的原子核。

首先考虑一个 AX 系统，一个包含两个具有非常不同化学位移的自旋 $-1/2$ 原子核 A 和 X 的分子，因此式（12B.11）可以用于自旋－自旋耦合能量。原子核 A 具有两个自旋态，$m_A=\pm1/2$ 对应于 α_A 态和 β_A 态。X 原子核也有两个自旋态，$m_X=\pm1/2$（α_X 态和 β_X 态）。因此，在 AX 系统中有四个自旋态：$\alpha_A\alpha_X$、$\alpha_A\beta_X$、$\beta_A\alpha_X$ 和 $\beta_A\beta_X$。因此，如果忽略任何标量耦合，这些态的能级是

$$\begin{aligned}E_{m_Am_X}&=-\gamma_N\hbar(1-\sigma_A)\mathcal{B}_0m_A-\gamma_N\hbar(1-\sigma_X)\mathcal{B}_0m_X\\&=-h\nu_Am_A-h\nu_Xm_X\end{aligned} \qquad (12B.12a)$$

式中 ν_A 和 ν_X 是 A 和 X 的 Larmor 进动频率［式（12B.3）］。这个表达式给出了图 12B.9 左侧所示的四个能级。当包含自旋－自旋耦合时［通过使用式（12B.11）］，这些自旋态的能级是

$$E_{m_Am_X}=-h\nu_Am_A-h\nu_Xm_X+hJm_Am_X \qquad (12B.12b)$$

得到的能级图（对于 $J>0$）示于图 12B.9 的右侧。$\alpha_A\alpha_X$ 态和 $\beta_A\beta_X$ 态均提高了 $1/4hJ$，而 $\alpha_A\beta_X$ 态和 $\beta_A\alpha_X$ 态均降低了 $1/4hJ$。对于 $J>0$，耦合项的作用是降低 $\alpha_A\beta_X$ 态和 $\beta_A\alpha_X$ 态的能量，提高其他两种状

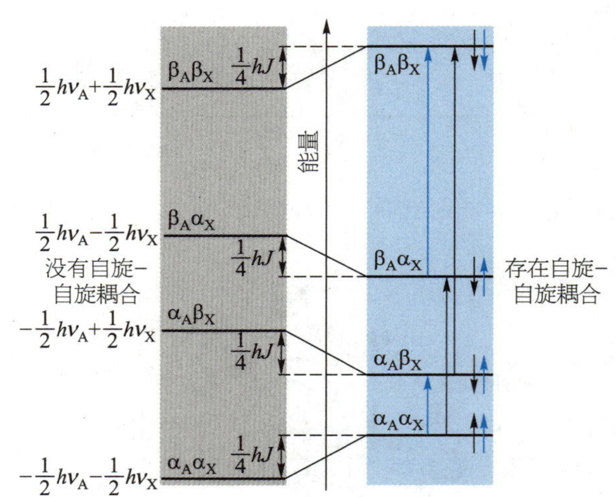

图 12B.9　AX 自旋系统的能级。左侧的四个能级是在没有自旋－自旋耦合的情况下。右侧的四个能级显示了一个正的自旋－自旋耦合常数是如何影响能量的。黑色箭头表示 A 从 α 到 β 自旋态的允许跃迁，而 X 的自旋态保持不变；蓝色箭头表示 X 核的相应跃迁。为了清楚起见，耦合对能级的影响被大大地放大了；实际上，自旋－自旋耦合引起的能量变化比外加磁场所引起的能量变化小得多

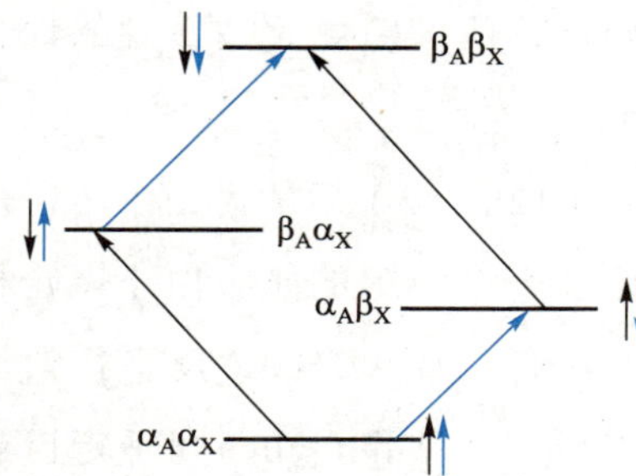

图12B.10　图12B.9所示能级和跃迁的另一种描绘。自旋－自旋耦合效应又一次被夸大了

态的能量。$J<0$的情况正好相反。

在跃迁中，只有一个核改变其取向，因此选择规则是m_A或m_X改变±1，但不能同时改变。有两个跃迁中A的自旋态发生了变化，而X的自旋态保持不变：$\beta_A\alpha_X \leftarrow \alpha_A\alpha_X$，$\beta_A\beta_X \leftarrow \alpha_A\beta_X$。它们显示在图12B.9中，并且在图12B.10中用略有不同的形式显示。跃迁的能量是

$$\Delta E = h\nu_A \pm \frac{1}{2}hJ \tag{12B.13a}$$

因此，由A跃迁引起的谱图含有以A的Larmor进动频率为中心、间隔为J的二重峰（图12B.11）。类似的说法也适用于X的自旋态改变而A的自旋态不变的跃迁。这些也在图12B.9和图12B.10示出。跃迁能是

$$\Delta E = h\nu_X \pm \frac{1}{2}hJ \tag{12B.13b}$$

由此可见，存在一个频率间隔同为J的二重峰，但现在是以X的Larmor进动频率为中心（如图12B.11所示）。总的来说，一个AX自旋系统的谱图包含两个二重峰。

如果分子中有另一个X核具有与第一个X核相同的化学位移（给出一个AX_2自旋系统），X共振被A裂分成一个二重峰，就像AX一样（图12B.12）。A的共振被1个X裂分成一个二重峰，而二重峰的每条线又被第二个X裂分成同样的数量（图12B.13）。这种裂分导致强度比为1∶2∶1的三条线（因为可以两种方式获得中心频率）。

三个等价的X原子核（AX_3自旋系统）将A的共振信号裂分为强度比1∶3∶3∶1的四条线（图12B.14）。由A引起的X共振信号的裂分仍然是一个二重峰。通常，N个等价自旋-1/2原子核将附近的一个自旋或一组等价自旋的共振裂分成$(N+1)$条线，其强度分布由Pascal三角形(3)给出。这个三角形的连续行是由上面一行上的两个相邻数字相加而成的。

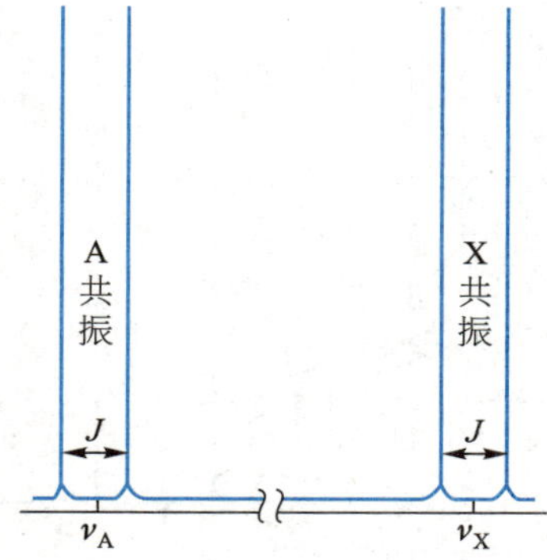

图12B.11　自旋－自旋耦合对AX谱图的影响。每个共振信号裂分成两条线，即一个频率间隔为J的二重峰。一个二重峰以A的Larmor进动频率（化学位移）为中心，另一个二重峰则以B的Larmor进动频率为中心

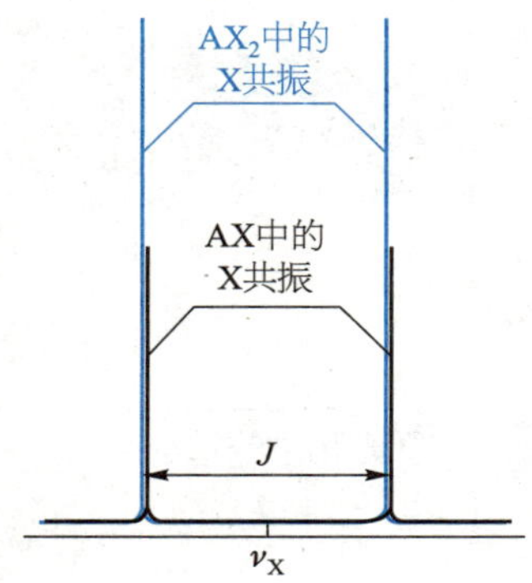

图12B.12　AX_2自旋系统的X共振信号也是一个二重峰，因为两个等价的X核表现得像单个核；然而，总的吸收强度则是AX自旋系统的两倍

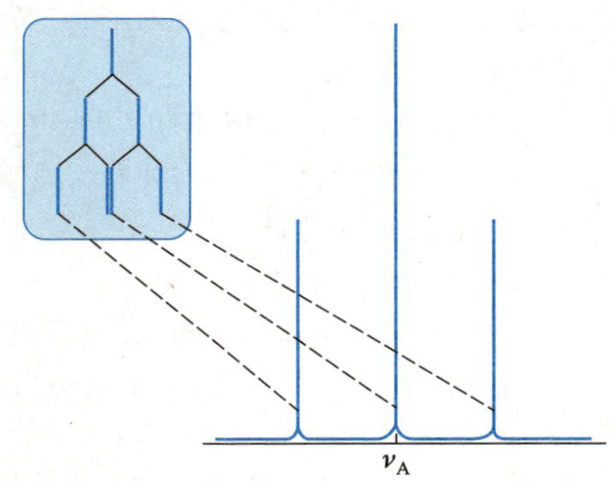

图12B.13　AX_2自旋系统的A共振中1∶2∶1三重峰的来源。通过与一个X核耦合，A的共振信号裂分成两个（如插图所示），然后通过耦合第二个X核，这两条线中的每一条都被裂分成两条。因为每个X核引起相同的裂分，所以两个中心跃迁是重合的，并产生强度为外测线两倍的吸收线

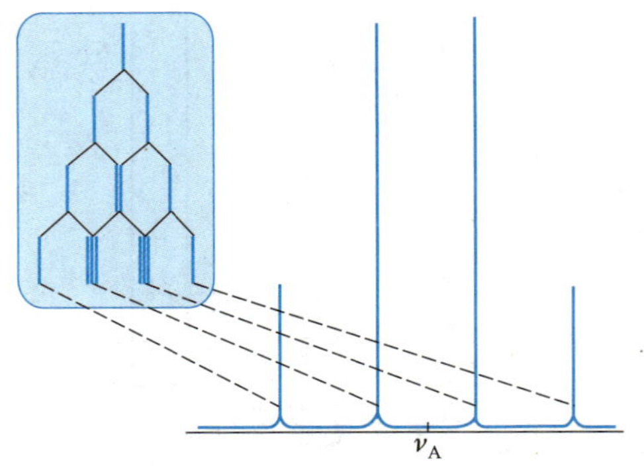

图 12B.14 AX_3物种中A共振信号1∶3∶3∶1四重峰的起源。第三个X核将图12B.13中所示的AX_2物种的每一条线裂分成二重峰，并且强度分布反映了具有相同能量的跃迁数目

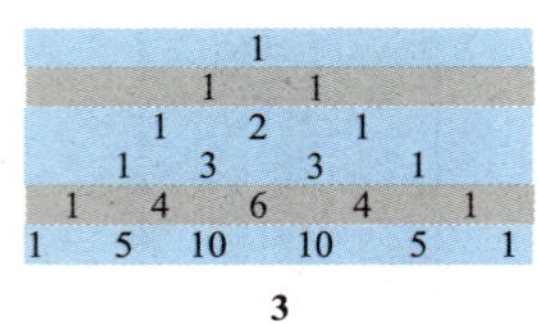

3

例题 12B.3 解释谱图中的精细结构

解释图12B.8所示氯乙烷¹H（质子）NMR谱图的精细结构。

整理思路 需要考虑每一组等价质子（如三个甲基上的质子）是如何裂分其他组质子的共振。在等价质子群内没有裂分。可以通过参考Pascal三角形来确定一个多重峰的强度模式。

解： CH_3基团的3个质子将CH_2中质子的共振分裂成一个1∶3∶3∶1四重峰，以J为间隔。同样，CH_2基团的2个质子也将CH_3中质子的共振分裂成1∶2∶1的三重峰，以同样的J为间隔。

自测题 12B.3 在$^{15}NH_4^+$的¹H谱和¹⁵N谱中可以期望得到什么精细结构？已知¹⁵N是一个自旋为−1/2的原子核。

答案： ¹H谱图显示1∶1二重峰而¹⁵N谱图显示1∶4∶6∶4∶1五重峰。

（b）耦合常数的大小

由N个键分开的两个核的标量耦合常数表示为^NJ，下标表示涉及的核的类型。因此，$^1J_{CH}$是^{13}C和直接与其相连的质子之间的耦合常数，而$^2J_{CH}$是同样的两个原子核被两个键分开时的耦合常数（如在$^{13}C—C—H$中）。$^1J_{CH}$的典型值在120~250 Hz；$^2J_{CH}$介于10~20 Hz。^3J和^4J都能在谱图中反映出来，但横跨更大数量键的耦合通常可以忽略不计。

如在式（12B.12b）后的讨论中所备注的，J_{XY}的符号决定了一个特定的能级由于耦合相互作用是升高还是降低。如果$J>0$，反平行自旋的能级在能量上降低，而如果$J<0$，则平行自旋的能级降低。实验发现，$^1J_{CH}$总是正的，$^2J_{HH}$通常是负的，而$^3J_{HH}$往往是正的。另外一点是，J随键之间的二面角而变化（图12B.15）。因此，根据**Karplus方程**（Karplus equation），$^3J_{HH}$耦合常数依赖于二面角ϕ(**4**)：

H φ H

4

$$^3J_{HH}=A+B\cos\phi+C\cos 2\phi \quad \text{Karplus 方程} \quad (12B.14)$$

对于一个HCCH片段，经验常数A、B和C的值分别接近+7 Hz、−1 Hz和+5 Hz。因此，在一系列相关化合物中，测量$^3J_{HH}$可用于确定它们的构象。下面的数据表明，耦合常数$^1J_{CH}$也取决于C原子的杂化：

	sp	sp²	sp³
$^1J_{CH}$/Hz	250	160	125

简要说明 12B.2

对多肽中H—N—C—H耦合的研究有助于揭示它们的构象。在这样的基团中，对于$^3J_{HH}$耦合，$A=+5.1$ Hz，$B=1.4$ Hz，$C=+3.2$ Hz。对于螺旋状聚合物，ϕ接近120°，因此得到$^3J_{HH}\approx 4$ Hz。对于片状构象，ϕ接近180°，$^3J_{HH}\approx 10$ Hz。因此，对$^3J_{HH}$值的实验测量应该能够区分这两种可能的结构。

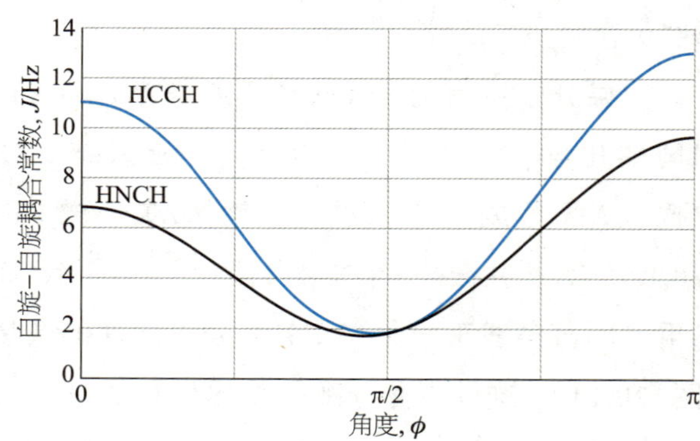

图 12B.15 用Karplus方程预测HCCH基团和HNCH基团的自旋−自旋耦合常数随二面角的变化

（c）自旋－自旋耦合的来源

如果不需要确定其精确的大小或者确定其可靠的正、负号的话，只要考虑分子内的磁相互作用，就能对耦合的起源产生一些较深刻的理解。一个具有由量子数m_I指定的自旋角动量z分量的核在距离R处产生一个z分量为$\mathcal{B}_{\rm nuc}$的磁场，可近似表示为

$$\mathcal{B}_{\rm nuc}=\frac{\gamma_{\rm N}\hbar\mu_0}{4\pi R^3}(1-3\cos^2\theta)m_I \qquad (12B.15)$$

式中角度θ在(1)中定义；这个表达式是式（12B.10a）的一个形式。然而，在溶液中，分子快速翻滚，因此，需要对所有θ值的$\mathcal{B}_{\rm nuc}$求平均。业已指出，$1-3\cos^2\theta$的平均值是零，因此，自旋之间的直接偶极相互作用不能解释溶液中分子谱图上看到的精细结构。

简要说明 12B.3

固体中的分子不转动，原子核之间可有直接偶极相互作用。由一个$m_I=+1/2$的^{1}H核在$R=0.30$ nm且角度$\theta=0$处，产生的磁场的z分量为

$$\mathcal{B}_{\rm nuc}=\frac{\overbrace{2.821\times10^{-26}\ {\rm J\cdot T^{-1}}}^{\gamma_N\hbar}\times\overbrace{4\pi\times10^{-7}\ {\rm T^2\cdot J^{-1}\cdot m^3}}^{\mu_0}}{4\pi\times\underbrace{(3.0\times10^{-10}\ {\rm m})^3}_{R^3}}\times\overbrace{(-1)}^{(1-3\cos^2\theta)m_I}$$

$$=1.0\times10^{-4}\ {\rm T}=0.10\ {\rm mT}$$

溶液中分子的自旋－自旋耦合可以用**极化机理**（polarization mechanism）来解释，其中相互作用是通过键来传递的。要考虑的最简单的情况是$^1J_{\rm XY}$，其中X和Y是一对电子成键连接的自旋-1/2原子核。耦合机理基于这样一个事实，即能量取决于键合电子和原子核自旋的相对取向。这种电子－原子核耦合本质上是磁性作用，可以是偶极相互作用，或者是**费米接触相互作用**（Fermi contact interaction）。对后者的图景描述如下：首先，将核的磁矩视为由一个半径类似于原子核的微小环电流所产生的（图12B.16）。远离核时，由该环电流产生的场与由点磁偶极子产生的场不可区分。然而，靠近环时，该场则不同于点偶极子。该非偶极场与电子磁矩之间的磁相互作用是接触相互作用。接触作用本质上是点偶极子近似不再适用，它取决于电子非常接近原子核，因此只有当电子占据s轨道时才会发生（这就是$^1J_{\rm CH}$取决于轨道杂化比的原因）。

假设电子自旋和核自旋反平行在能量上更为有利（如氢原子中的质子和电子的情况）。如果X核是α自旋态，则其键合电子对中具有β自旋态的电子将倾向于在X附近，因为这是能量更低的排列形式（图12B.17）。如果键中另一个电子是β自旋态，则该键中的第二个电子必须是α自旋态（根据泡利原理；专题8B），且将主要倾向于在键的远端，因为电子趋向于分开以减小相互排斥。由于Y的自旋与电子自旋反平行时能量更低，所以具有β自旋态的Y核比具有α自旋态的Y核能量更低。当X是β自旋态时，正好相反，此时Y的α自旋态具有较低的能量。换句话说，核自旋的反平行排列比平行排列的能量低，这是由于它们与键电子的磁耦合造成的。也就是说，$^1J_{\rm CH}$是正的。

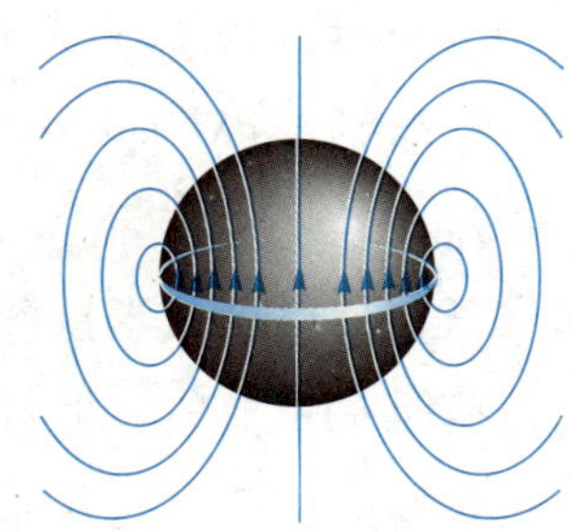

图12B.16　费米接触相互作用的来源。从远处看，由环电流（代表原子核的旋转电荷，浅灰色球体）产生的磁场类型为点偶极子型磁场。然而，如果一个电子可以对靠近球所示区域的场进行采样，则场分布与点偶极子的场分布有显著差异。例如，如果电子能钻穿球体，那么它所受到的场的球形平均不为零

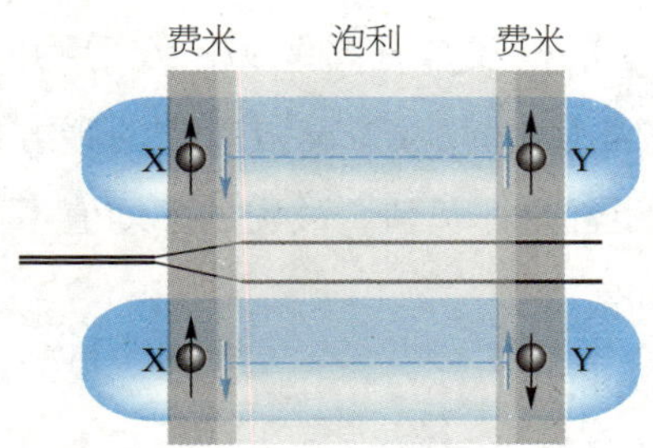

图12B.17　自旋－自旋耦合的极化机制（$^1J_{\rm CH}$）。两种排列的能量略有不同。在本例中，J是正的，对应于核自旋反平行时有较低的能量

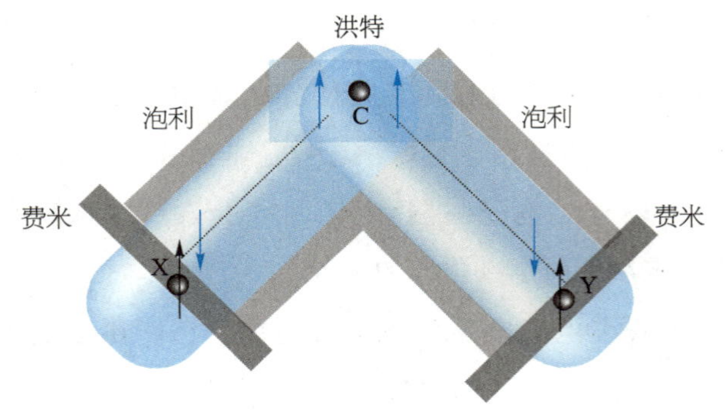

图12B.18 $^2J_{HH}$自旋－自旋耦合的极化机制。自旋信息通过一种机理从一个键传递到下一个键，该机理考虑到了不同原子轨道中具有平行自旋的电子能量较低（最大多重度的洪特规则）。在本例中，$J<0$，对应于当核自旋平行时能量较低

为了说明$^2J_{XY}$的值，比如H—C—H中的$^2J_{HH}$，需要一种可以通过中心C原子（可能是^{12}C，本身没有核自旋）传输自旋排列的机理。在这种情况下（图12B.18），一个具有α自旋态的X核使键中的电子极化，并且α自旋态的电子倾向于更靠近C核。同一个原子上两个电子更为有利的排列是它们保持自旋平行（洪特规则，专题8B）。所以，相邻键的α自旋态电子理应靠近C核。因此，该键的β自旋态电子更倾向于在Y核附近。所以，如果该核是α自旋态，则其将具有更低的能量。因此，根据这种机理，如果Y自旋与X自旋平行，则能获得较低的能量，即$^2J_{HH}$为负。

核自旋和电子自旋通过费米接触相互作用的耦合对于质子自旋是最重要的，但对于其他原子核，它未必是最重要的机理。这些原子核也可以通过偶极机制与电子磁矩及它们的轨道运动相互作用，此时没有简单的方法来确定J究竟是正的还是负的。

当分子翻滚运动时，如果考虑了两个原子核与周围电子的相互作用，偶极相互作用并不平均为零。这是因为此时$1-3\cos^2\theta$以它的平方出现，在所有方向上都是非负值，故它的平均值不再是零。

（d）等价核

如果一组相同的原子核可以通过分子的对称操作而关联起来，那么它们是**化学等价的**（chemically equivalent），具有相同的化学位移。化学等价的原子核来自根据一般化学标准被认为是“等价的”原子。如果原子核不仅在化学上等价，而且与分子中其他任何磁核也有相同的自旋－自旋相互作用，那么它们就是**磁等价的**（magnetically equivalent）。

简要说明12B.4

可以用CH_2F_2和$H_2C{=}CF_2$（回想一下^{19}F是自旋-1/2原子核）来说明化学等价和磁等价之间的差异。在这两个分子的任一个中，^1H核（质子）在化学上是等价的，因为它们是对称相关的。CH_2F_2中的质子是磁等价的，而$CH_2{=}CF_2$中的质子不是。后者的一个质子与一给定的F核具有顺式自旋－耦合相互作用，而另一个质子与同一核具有反式相互作用。相比之下，在CH_2F_2中，每个质子与两个氟原子核具有相同的耦合，因为它们之间的成键路径是相同的。

严格地说，在像CH_3CH_2Cl这样的分子中，3个CH_3质子在磁性上是不等价的，因为由于质子之间二面角的不同，每一个质子都可能与CH_2质子有不同的耦合。然而，实际上，由于CH_3基团的快速旋转，从而消除了所有的差异，使得三个CH_3质子具有了磁性上的等价性。具有化学等价但磁不等价自旋的分子其谱图可能变得非常复杂（例如，$H_2C{=}CF_2$的质子和^{19}F谱图均由12条谱线组成）；我们将不再进一步考虑这种谱图。

化学等价磁核的一个重要特征是，尽管它们确实耦合在一起，但是耦合并不影响图谱的外观。可以通过考虑一个A_2自旋系统的例子来说明如何发生。第一步是建立能级。

如何完成？ 12B.1 A_2系统能级的推导

考虑有两个自旋-1/2原子核的A_2系统，首先考虑自旋－自旋耦合不存在时的能级。在考虑自旋－自旋耦合时，要准备使用能量的完整表达式（与$\boldsymbol{I}_1\cdot\boldsymbol{I}_2$成比例的表达式），因为Larmor进动频率相同，近似形式（$I_{1z}I_{2z}$）不能使用，只有当Larmor进动频率有显著差异时才能使用近似式。

步骤1 *在没有自旋－自旋耦合的情况下，确定状*

态和它们的能量

有四个能级，可根据它们的总自旋角动量I_{tot}（类似于几个电子的S）及由量子数M_I决定的在z轴上的投影来分类。$I_{tot}=1$对应三种状态，另一种状态的$I_{tot}=0$。

自由平行　$I_{tot}=1$：　$M_I=+1$　　$\alpha\alpha$

$M_I=0$　　$(1/2^{1/2})(\alpha\beta+\beta\alpha)$

$M_I=-1$　　$\beta\beta$

自旋成对　$I_{tot}=0$：　$M_I=0$　　$(1/2^{1/2})(\alpha\beta-\beta\alpha)$

在图12B.19的左侧显示了磁场对这四种状态的影响：$M_I=0$的两个状态不受磁场的影响，因为它们由等比例的α自旋和β自旋组成，且两个自旋具有相同的Larmor进动频率。

步骤2　*考虑自旋-自旋相互作用*

表达式$E=(hJ/\hbar^2)\boldsymbol{I}_1\cdot\boldsymbol{I}_2$中的标量积可以用总核自旋$\boldsymbol{I}_{tot}=\boldsymbol{I}_1+\boldsymbol{I}_2$来表示。考虑到

$$I_{tot}^2=(\boldsymbol{I}_1+\boldsymbol{I}_2)\cdot(\boldsymbol{I}_1+\boldsymbol{I}_2)=I_1^2+I_2^2+2\boldsymbol{I}_1\cdot\boldsymbol{I}_2$$

重排这个表达式，可得

$$\boldsymbol{I}_1\cdot\boldsymbol{I}_2=\frac{1}{2}(I_{tot}^2-I_1^2-I_2^2)$$

用它们的量子力学值代替平方项，得到

$$\boldsymbol{I}_1\cdot\boldsymbol{I}_2=\frac{1}{2}[I_{tot}(I_{tot}+1)-I_1(I_1+1)-I_2(I_2+1)]\hbar^2$$

然后，因为$I_1=I_2=1/2$，可有

$$E=\frac{1}{2}hJ[I_{tot}(I_{tot}+1)-\frac{3}{2}]$$

对于平行自旋，$I_{tot}=1$，$E=+\frac{1}{4}hJ$；对于反平行自旋，$I_{tot}=0$，$E=-\frac{3}{4}hJ$，如图12B.19的右侧所示。

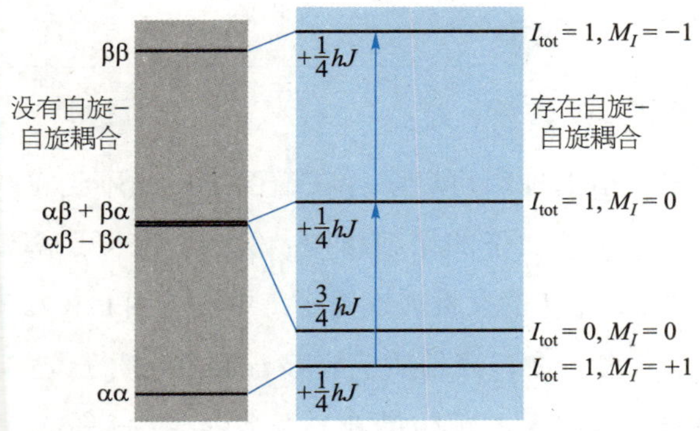

图12B.19　在不存在自旋-自旋耦合的情况下，A_2自旋系统的能级显示在左边。当考虑自旋-自旋耦合时，能级显示在右边。注意，自旋-自旋耦合的作用是使总核自旋$I_{tot}=1$（三重态）的三个状态能量增加相同量（J为正）；相反，$I_{tot}=0$（单重态）的那个状态的能量降低。允许的跃迁只有对应$\Delta I_{tot}=0$和$\Delta M_I=\pm1$的那些，由蓝色箭头表示。这两个跃迁发生在相同的共振频率，与没有自旋-自旋耦合的情况下一样

计算表明，$I_{tot}=1$的三个状态的能量都往相同方向移动了相同的量。$I_{tot}=0$态的能量则在相反的方向上移动三倍的量。在共振跃迁中，原子核的相对取向不能改变，因此不同I_{tot}态之间没有跃迁。选择定则$\Delta M_I=\pm1$同样适用，它来源于角动量守恒和光子的单位自旋。如图12B.19所示，只有两个允许的跃迁，并且由于它们具有相同的能量差，它们在谱图中以相同的频率出现。因此，自旋-自旋耦合相互作用不影响A_2分子谱图的外观。

（e）强耦合核

只要任意两个耦合自旋之间的化学位移差远大于它们之间的自旋-自旋耦合常数的值，那么在NMR谱图中观测到的由自旋-自旋耦合导致的多重峰的分析相对简单。这个限制条件通常被描述为**弱耦合**（weak coupling），并且所得谱图被描述为**一阶谱图**（first-order spectra）。

当化学位移的差值与自旋-自旋耦合常数的值相当时，多重峰呈现出更复杂的形式。这种自旋系统被称为**强耦合**（strong coupling），谱图被描述为**二阶谱图**（second-order spectra）。在这种谱图中，谱线从弱耦合情况下的预期位置偏移，强度发生变化，并且在某些情况下出现更多的谱线。强耦合谱图中谱线频率与化学位移和耦合常数值之间的关系不像在弱耦合情况下那么直接，就这个意义上讲，强耦合谱图更难分析。

图12B.20显示了两个耦合自旋之间化学位移差值变化时其NMR谱的变化。在图12B.20（a）

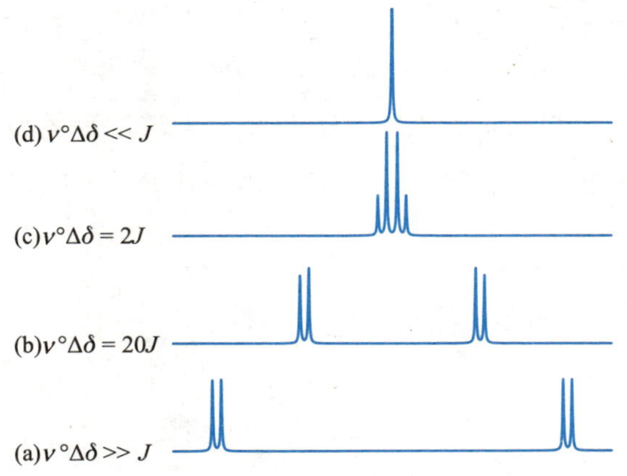

图12B.20　（a）AX系统和（d）接近A_2系统的NMR谱图是简单的“一阶”谱图（对于实际的A_2系统，$\Delta\delta=0$）。在化学位移差和自旋-自旋耦合大小可比的情况下（b和c），获得了更复杂的“强耦合”谱图。注意，AX谱图中的两条内线是如何逐步靠近，强度逐渐并最终形成A_2谱图的单条中心谱线的

(AX系统)中，化学位移差足够大，可以应用弱耦合极限，检测到两个二重峰，所有谱线具有相同的强度。当位移差减小时，内侧两条谱线强度增加，而外测两条谱线强度则相应减小。在位移差为零的极限情况下(A_2系统)，两条外线消失，两条内线汇聚为一条。

如果两个核属于不同的元素(如^{1}H和^{13}C)，或者属于同一元素的不同同位素(如^{1}H和^{2}H)，则它们的Larmor进动频率显著不同，这一事实意味着它们组成的自旋系统总是弱耦合的，因此被描述为AX。如果两个原子核是相同的元素，则自旋系统被描述为**同核**(homonuclear)，而如果它们是不同的元素，则系统被描述为**异核**(heteronuclear)。

12B.4 交换过程

如果磁核能在不同环境之间迅速跳跃，NMR谱图的外观就会发生变化。例如，考虑分子*N*, *N*−二甲基甲酰胺，$HCON(CH_3)_2$，其中O—C—N片段是平面的，并且有绕C—N键的受限旋转。最低能量构象如图12B.21所示。在这种构象中，两个甲基是不等价的，因为相对于羰基基团，一个是顺式的，另一个则是反式的。因此，这两个基团具有不同的环境和不同的化学位移。

虽然绕C—N键旋转180°得到相同的构型，但两种环境之间交换了CH_3基团。当该过程的跳跃速率较低时，谱图显示出分别对应每个CH_3环境的两条不同谱线。当速率很快时，谱图只在两个化学位移的平均值上显示出一条线。中间速率时，谱线开始加宽，最终合并成一条宽线。两条线的合并发生在

$$\tau=\frac{2^{1/2}}{\pi\delta\nu} \qquad \text{两条 NMR 线合并的条件} \qquad (12B.16)$$

式中τ是某种环境的寿命，$\delta\nu$是两种环境的Larmor进动频率之差。

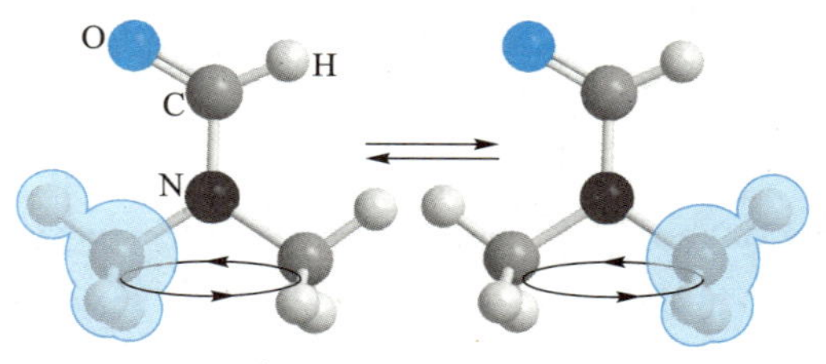

图12B.21 在这个分子中，两个甲基基团处在不同的环境中，因此有不同的化学位移。绕C—N键的旋转互换了两个基团，使得某一特定的甲基基团在两种环境之间互换

简要说明12B.5

N, *N*−二甲基亚硝胺$(CH_3)_2N{-}NO$(5)中的NO基团可绕N—N键旋转，导致两个CH_3基团的磁环境发生互换。在600 MHz的谱仪中，两个CH_3共振频率差390 Hz。根据式(12B.16)：

$$\tau=\frac{2^{1/2}}{\pi\times 390\ \mathrm{s^{-1}}}=1.2\ \mathrm{ms}$$

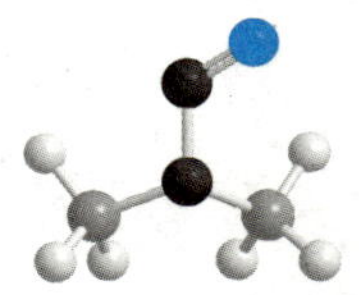
5 *N*, *N*−二甲基亚硝胺

这样的寿命对应于$1/\tau=870\ \mathrm{s^{-1}}$的(一级)速率常数。因此，当相互转化的速率常数超过该值时，信号将合并为一条线。

相似的理由可以解释在谱图中观测不到可与溶剂交换的质子的精细结构。例如，来自乙醇谱图中OH基团的共振表现为一条单线(图12B.22)。在这个分子中，羟基质子能够与水中的质子交换，除非采取特殊的预防措施，否则这些质子必然作为(有机)溶剂中的杂质存在。当发生这种**化学交换**(chemical exchange)，即原子的交换时，具有α自旋质子的分子ROH(写为ROH_α)迅速转变为ROH_β，然后可能再次转变为ROH_α，因为在连续交换中，由水分子提供的质子具有随机的自旋取向。

如果交换过程的速率常数比耦合常数*J*的值大，即$1/\tau \gg J$，两条线合并，看不到裂分。因为耦合常数的值通常只有几赫兹，即使相当慢的交

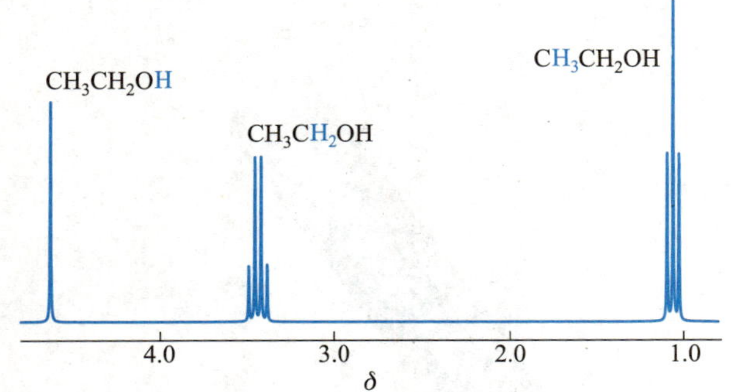

图 12B.22 乙醇的 ^{1}H(质子)NMR 谱。蓝色的字母表示产生多重峰的质子。由于 OH 质子和溶剂中存在的水分子之间的化学交换，故看不到由于与 OH 质子耦合而产生的裂分

换也会导致观测不到裂分。对于OH基团，只有从溶剂中严格除水，才能使交换速率慢到能观察到由于与OH质子耦合而产生的裂分。

12B.5 固体NMR

与溶液中样品窄的NMR谱线不同，固体样品谱图中的谱线则很宽，往往宽到使化学位移无法分辨的程度。然而，我们有充分的理由去寻求克服这些困难的办法，比如可能化合物在溶液中不稳定或不溶解。此外，许多物种，如聚合物（人工合成的和自然存在的），

作为固体本身就是令人关注的，并且可能不适合用X射线衍射对其进行研究。在这些情况下，固体NMR提供了探测结构和动态学的另一种有用方法。

固体的线宽源自三个主要贡献。一个是核自旋之间的直接磁偶极相互作用。正如在自旋－自旋耦合讨论中所指出的，核磁矩产生一个局部磁场，该磁场在核周围的不同位置指向不同的方向。如果所讨论的磁场的唯一分量平行于外加磁场的方向（因为只有这个分量有显著的影响），并且如果忽略从静态到旋转坐标系的转换所产生的某些微妙影响，则在“化学家工具包27”中的经典表达式可用来写出局部磁场的大小，即

$$\mathcal{B}_{\rm loc}=\frac{\gamma_{\rm N}\hbar\mu_0 m_I}{4\pi R^3}(1-3\cos^2\theta) \qquad (12B.17a)$$

与溶液中不同，在固体中，分子运动不会把这个场平均为零。许多核都可能对所讨论的核所受到的局部场有所贡献，并且样品中不同的核可能受到范围广泛的场。典型的偶极场大小约为1 mT，对应于10 kHz数量级的 ^{1}H的裂分和峰宽。当角度 θ 只能在0和 $\theta_{\rm max}$ 之间变化时，可以证明 $1-3\cos^2\theta$ 的平均值为 $-(\cos^2\theta_{\rm max}+\cos\theta_{\rm max})$。根据这个结果，结合式（12B.17a），可给出平均局部场：

$$\mathcal{B}_{\rm loc,av}=\frac{\gamma_{\rm N}\hbar\mu_0 m_I}{4\pi R^3}(\cos^2\theta_{\rm max}+\cos\theta_{\rm max}) \qquad (12B.17b)$$

简要说明 12B.6

当 $\theta_{\rm max}=30°$，$R=160$ pm时，一个质子产生的局部场是

$$\mathcal{B}_{\rm loc,av}=\frac{\overbrace{3.546\times10^{-32}\ {\rm T\cdot m^3}}^{\gamma_{\rm N}\hbar\mu_0}\times\overbrace{\tfrac{1}{2}}^{m_I}\times\overbrace{1.616}^{\cos^2\theta_{\rm max}+\cos\theta_{\rm max}}}{4\pi\times\underbrace{(1.60\times10^{-10}\ {\rm m})^3}_{R^3}}$$
$$=5.57\times10^{-4}\ {\rm T}=0.557\ {\rm mT}$$

线宽的第二个来源是化学位移的各向异性。化学位移源自外加场在分子中产生电子电流的能力。一般来说，这种能力取决于分子相对于外加场的取向。在溶液中，当分子快速翻滚时，只有化学位移的平均值是相关的。然而，对于固体中的固定分子，各向异性并不平均为零，不同取向的分子具有不同频率的共振信号。化学位移各向异性也按 $1-3\cos^2\theta$ 随外加场与分子主轴之间的角度 θ 的变化而变化。

第三个贡献是电四极矩相互作用。$I>1/2$ 的核具有“电四极矩”，它反映的是核上电荷分布的不均匀程度（如正电荷可能集中在赤道周围或极点）。电四极矩与电场梯度相互作用，例如可能来源于原子核周围电荷的非球形分布。这种相互作用也随 $1-3\cos^2\theta$ 的变化而变化。

幸运的是，已有一些技术可用于减少固体样品的线宽。其中一种技术，**魔角旋转**（magic-angle spinning，MAS），留意到偶极－偶极相互

作用，化学位移各向异性及电四极相互作用与$1-3\cos^2\theta$的依赖关系。“魔角”是使$1-3\cos^2\theta=0$的角，对应于54.74°。在该技术中，样品围绕与外加场成魔角的轴高速旋转（图12B.23）。所有偶极相互作用和各向异性都被平均至它们在魔角处应有的值，而该角度时这些值都是零。因此，原则上，MAS完全消除了由于偶极－偶极相互作用和化学位移各向异性造成的谱线增宽。MAS的困难在于其旋转频率不能小于谱图的宽度，这一数量级为千赫兹。不过，现有常规可用的气体驱动的样品转子已可在高达50 kHz以下的频率旋转。

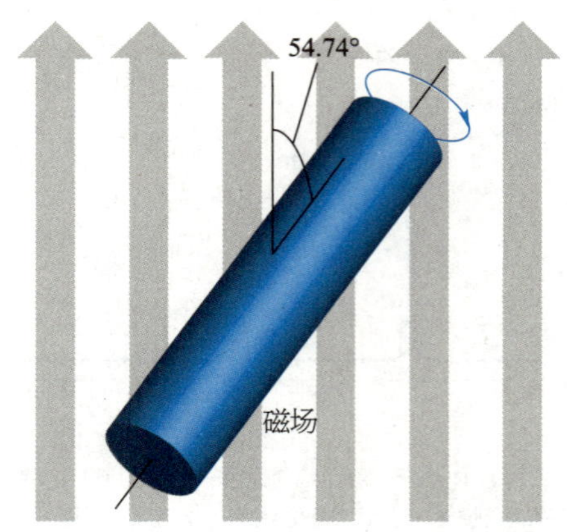

图12B.23　在魔角旋转中，样品在与外加磁场成54.74°（即$\arccos 1/3^{1/2}$）的轴上旋转。在这个角度的快速运动将偶极－偶极相互作用和化学位移各向异性平均为零

概念清单

- ☐ 1. 原子核的**化学位移**是其共振频率与参考标准物的共振频率之差。
- ☐ 2. **屏蔽常数**是局部贡献、邻基贡献和溶剂贡献的总和。
- ☐ 3. **局部贡献**是抗磁贡献和顺磁贡献的总和。
- ☐ 4. **邻基贡献**来自附近原子基团中感应的电流。
- ☐ 5. **溶剂贡献**可来自溶质和溶剂之间的特定分子相互作用。
- ☐ 6. **精细结构**指在自旋－自旋耦合作用下共振峰裂分成单线；这些裂分产生多重峰。
- ☐ 7. **自旋－自旋耦合**以**自旋－自旋耦合常数**J来表示，耦合导致谱图中谱线的裂分。
- ☐ 8. 耦合常数随着两个原子核之间键数的增加而减小。
- ☐ 9. 自旋－自旋耦合可以用**极化机理**和**费米接触相互作用**来解释。
- ☐ 10. 如果两个原子核之间的位移差比原子核之间的耦合常数大，则自旋系统称为**弱耦合**；如果位移差比耦合小，则自旋系统是**强耦合**的。
- ☐ 11. **化学等价**核具有相同的化学位移；**磁等价**核也是如此，但除此之外，对于每个磁等价核，其与任何其他核的耦合常数也是相同的。
- ☐ 12. 当核在不同环境之间通过构象或化学过程被快速交换时，两条NMR谱线的合并就会发生。
- ☐ 13. **魔角旋转**（MAS）技术是一种通过在与磁场成54.74°的自旋来减小固体样品中NMR线宽的技术。

公式清单

性质	公式	说明	公式编号
化学位移的δ标度	$\theta=[(\nu-\nu°)/\nu°]\times10^6$	定义	12B.4a
化学位移与屏蔽常数的关系	$\delta\approx(\sigma°-\sigma)\times10^6$		12B.6
对屏蔽常数的局部贡献	$\sigma(\text{local})=\sigma_d+\sigma_p$		12B.8
Lamb 公式	$\sigma_d=(e^2\mu_0/12\pi m_e)\langle 1/r\rangle$	适用于原子	12B.9
对屏蔽常数的邻基贡献	$\sigma(\text{neighbour})\propto(\chi_{\parallel}-\chi_{\perp})[(1-3\cos^2\Theta)/R^3]$		12B.10b
Karplus 方程	${}^3J_{HH}=A+B\cos\phi+C\cos2\phi$	A、B和C是经验常数	12B.14
两条NMR谱线合并的条件	$\tau=2^{1/2}/\pi\delta\nu$	τ是交换过程的寿命	12B.16

专题12C

核磁共振中的脉冲技术

▶ 为何需要学习这部分内容？

要了解现代核磁共振技术的威力和应用范围，需要了解如何使用射频脉冲来获得谱图。

▶ 核心思想是什么？

射频辐射的脉冲序列操纵核自旋，可以有效采集NMR谱图并测量弛豫时间。

▶ 需要哪些预备知识？

需要熟悉磁共振的基本原理（专题12A和12B）和角动量的矢量模型（专题7F）。使用脉冲技术利用了以Larmor进动频率进动的概念（专题12A）。

在现代形式的NMR谱学中，核自旋首先由短而强烈的射频辐射（脉冲）激发，其施加频率等于或接近Larmor进动频率。脉冲引起的激发使自旋在返回平衡时发射辐射。这一与时间相关的信号被记录下来，而它经过"傅里叶变换"计算（如下面将要描述的）可得到谱图。该技术被称为**傅里叶变换NMR**（Fourier-transform NMR，FT-NMR）。传统谱学与脉冲NMR的区别，可用钟振动频率的检测来类比。"传统"的选择是将音频振荡器连接到扬声器，并将声音指向钟。然后，对声源的频率进行扫描，直到钟声开始共振。"脉冲"法则好比是用锤子敲钟，然后对信号进行傅里叶变换以确定钟的共振频率。

FT-NMR较之传统NMR的一个优点是它提高了灵敏度。然而，这项技术的真正威力来自通过应用一系列脉冲来操纵核自旋的可能性。通过这种方式，可以得到特定特征被强化的谱图，或者得到由此可确定分子其他性质的谱图。

12C.1 磁化矢量

为了理解脉冲过程，考虑一个由许多相同的自旋-1/2原子核组成的样品。根据角动量的矢量模型（专题7F），核自旋可以用长度为$[I(I+1)]^{1/2}$的矢量表示，其沿z轴的分量长度为m_I。由于角动量的三个分量是互补变量，如果z分量是已知的，仍无法确定x分量和y分量，故矢量可位于绕z轴的一个圆锥上的任意地方。对于$I=1/2$的核，矢量的长度是$3^{1/2}/2$，当$m_I=+1/2$时，它与z轴的夹角为$\arccos[1/2/(3^{1/2}/2)]=54.7°$（图12C.1）；当$m_I=-1/2$时，圆锥与$-z$轴成相同角度。

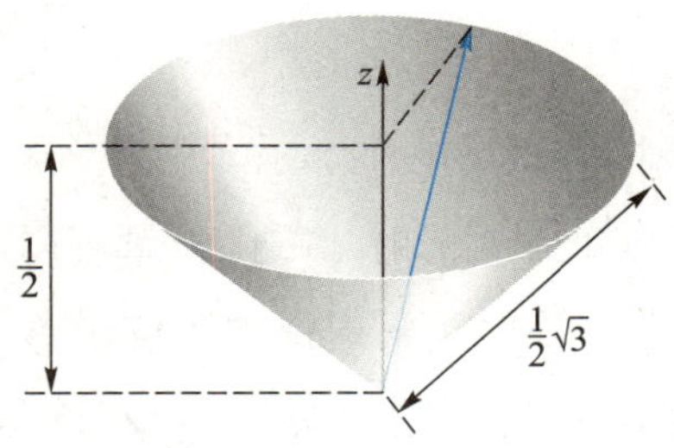

图12C.1　一个$m_I=+1/2$的单自旋-1/2核的角动量矢量模型（矢量在圆锥体上的位置是不确定的）

在没有磁场的情况下，样品由等数目的α和β自旋核组成，它们的矢量位于它们锥体上的随机、静止位置。样品的**磁化矢量**（magnetization）M，即其净核磁矩，为零[图12C.2（a）]。当沿z方向施加大小为$\mathcal{B}_0$的磁场时，可有两种变化：

- 两个自旋态的能量发生变化，α自旋向低能方向移动，β自旋向高能方向移动（假设$\gamma_N>0$）。

在矢量模型中，这两个矢量被描绘为以Larmor进动频率（专题12A，$\nu_L=\gamma_N\mathcal{B}_0/2\pi$）进动。在10 T时，^{1}H核（通常称为质子）的Larmor进动频率为

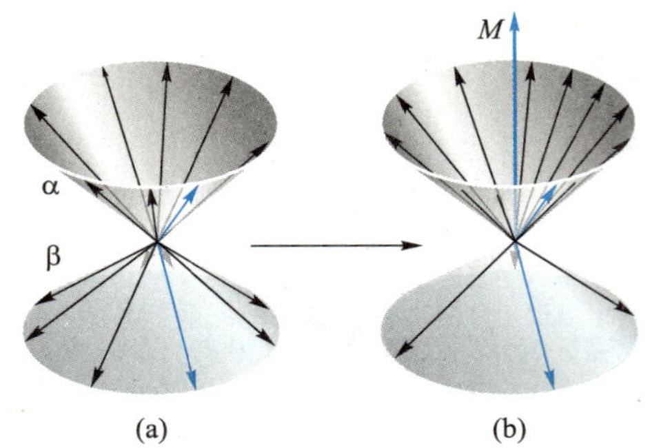

图 12C.2　自旋-1/2原子核样品的磁化矢量是其所有磁矩的合矢量。（a）在没有外加场的情况下，在锥体周围以随机角度存在等量的α自旋和β自旋：磁化矢量为零。（b）有外加场时，α自旋比β自旋略多。结果，沿着z轴存在由矢量$\boldsymbol{M}$表示的净磁化矢量。在横向平面（xy平面）中没有磁化矢量，因为自旋仍然以随机角度位于锥的周围

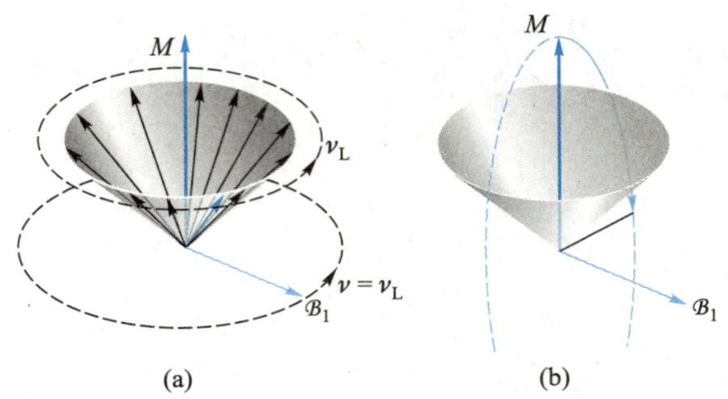

图 12C.3　（a）在脉冲NMR实验中，通过施加射频辐射，它的磁分量$\mathcal{B}_1$在xy平面上以Larmor进动旋转，使净磁化矢量旋转偏离z轴。（b）当在同样以Larmor进动频率围绕z旋转的坐标系中观察时，$\mathcal{B}_1$似乎是静止的。磁化矢量绕$\mathcal{B}_1$场旋转，从而使磁化矢量偏离z轴，产生横向分量

427 MHz。随着场强的增加，Larmor进动频率增大，进动变得更快。

- 在热平衡时，两个自旋态的布居数（α和β自旋的数目）发生变化，α自旋略多于β自旋（专题12A）。

这种不平衡导致z方向上的净磁化矢量。它可以由沿z轴的矢量$\boldsymbol{M}$表示，其长度与布居数之差成正比［图12C.2（b）］。对这种净磁化矢量的操纵是脉冲技术的核心特征。

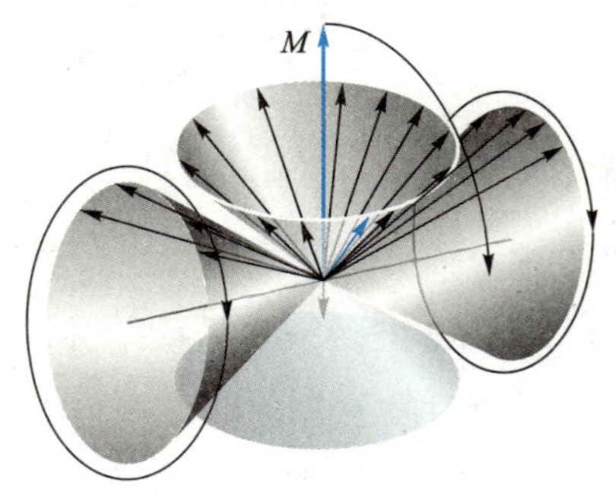

图 12C.4　当切换到旋转坐标系时，表示自旋的矢量处于指向$\mathcal{B}_1$所定义的轴的状态，并且在它们的锥体上进动。在$\mathcal{B}_0$坐标系（灰色）中的均匀分布实际上是α′态和β′态的叠加，而α′态和β′态似乎被聚束在它们的锥体（蓝色）上。当后者在蓝色锥上进动，磁化矢量旋转到xy平面。在原始坐标系中代表β自旋的矢量表现类似

（a）射频场的影响

通过施加射频辐射，磁化矢量可以旋转偏离其平衡位置，该射频辐射提供了位于xy平面并以Larmor进动频率［由$\mathcal{B}_0$确定，图12C.3（a）］旋转的磁场$\mathcal{B}_1$。为了理解这个过程，可以想象步入一个**旋转坐标系**（rotating frame），一个以Larmor进动频率绕z轴旋转的平台：$\mathcal{B}_1$场在这个坐标系中是静止的［图12C.3（b）］。

在实验坐标系中，外加场定义了量子化的轴，相对于该轴，自旋可以是α或β。在旋转坐标系中，外加场实际上消失了，新的量化轴是静止$\mathcal{B}_1$场的方向。角动量状态仍然局限于在该轴上的两个分量的值，表示为α′和β′。代表它们的矢量在锥上以Larmor进动频率$\nu_L'=\gamma_N\mathcal{B}_1/2\pi$围绕这个新轴进动。这个频率将被称为“$\mathcal{B}_1$ Larmor进动频率”，以区别于与$\mathcal{B}_0$进动有关的“$\mathcal{B}_0$ Larmor进动频率”。

为了简单起见，假设样品中只有α自旋。在旋转坐标系中，这些矢量看起来会聚束在旋转坐标系中的α′锥和β′锥的上部（图12C.4）。它们绕$\mathcal{B}_1$进动，因此向xy平面迁移。当然，也存在β核，它们在旋转坐标系中聚集在α′锥和β′锥的底部，但进动相似。在热平衡时，β自旋比α自旋少，因此净效应是最初沿着z轴的磁化矢量，以$\mathcal{B}_1$ Larmor进动频率绕$\mathcal{B}_1$方向旋转，并进入xy平面。

当射频场是通过持续时间为$\Delta\tau$的脉冲施加的，则磁化矢量旋转的角度（用弧度表示）为$\phi=\Delta\tau\times(\gamma_N\mathcal{B}_1/2\pi)\times 2\pi$，这个角度称为脉冲的**翻转角**（flip angle）。因此，为了获得翻转角ϕ，脉冲的持续时间必须是$\Delta\tau=\phi/\gamma_N\mathcal{B}_1$。

一个持续时间为$\Delta\tau_{90}=\pi/2\gamma_N\mathcal{B}_1$的**90°脉冲**（90° pulse，90°对应于$\phi=\pi/2$）将磁化矢量从z轴旋转到xy平面［图12C.5（a）］。

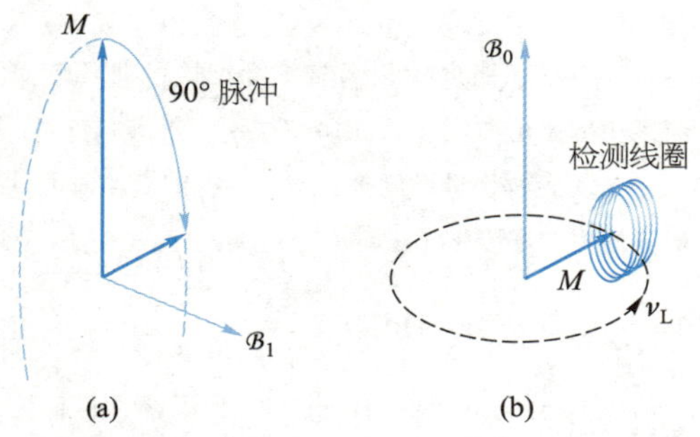

图 12C.5 (a) 如果用射频场施加适当的时间，磁化矢量被旋转到 xy 平面，这称为 90° 脉冲。(b) 一旦磁化矢量在横向平面内，它就以 Larmor 进动频率绕 $\mathcal{B}_0$ 场旋转（当在静止坐标系中观察时）。磁化矢量周期性地旋转通过一个小线圈，在其中诱导产生振荡电流，这就是检测到的信号

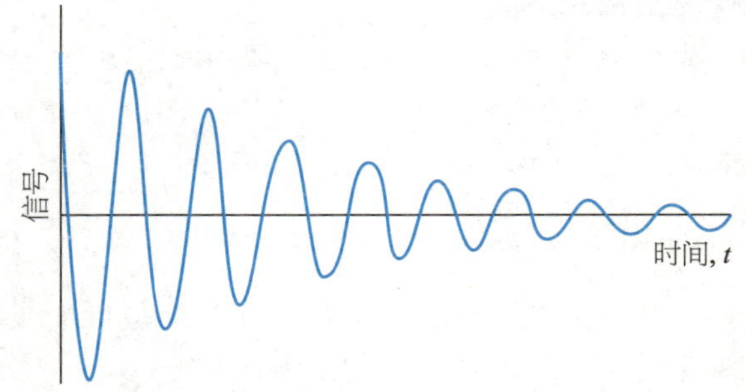

图 12C.6 来自单一共振频率的自旋样品的自由感应衰减

简要说明 12C.1

射频脉冲的持续时间取决于 $\mathcal{B}_1$ 场的强度。如果一个 90° 脉冲需要 10 μs，那么对于质子来说，有

$$\mathcal{B}_1=\frac{\pi}{\underbrace{2\times 2.675\times10^{8}\ \mathrm{T^{-1}\cdot s^{-1}}}_{\gamma_N}\times\underbrace{1.0\times10^{-5}\ \mathrm{s}}_{\Delta\tau}}=5.9\times10^{-4}\ \mathrm{T}$$

或者说 0.59 mT。

紧接着 90° 脉冲，磁化矢量即位于 xy 平面。接下来，想象走出旋转坐标系。磁化矢量现在以 $\mathcal{B}_0$ Larmor 进动频率在 xy 平面中旋转［图 12C.5(b)］。在 NMR 谱仪中，有一小线圈包裹在样品周围并垂直于 $\mathcal{B}_0$ 场，这样使得进动磁化矢量周期性地“切割”线圈，从而在线圈中诱导了以 $\mathcal{B}_0$ Larmor 进动频率振荡的小电流。该振荡电流可由射频接收器检测。

随着时间的推移，磁化矢量恢复到没有横向分量的平衡状态；此时，线圈中感应的振荡信号也衰减到零。这种衰减与一时间常数（表示为 T_2）成指数关系。因此，信号的整体形式是振荡衰减。这种**自由感应衰减**（free-induction decay，FID）如图 12C.6 所示，并且它的形式是

$$S(t)=S_0\cos(2\pi\nu_L t)\mathrm{e}^{-t/T_2} \quad \text{自由感应衰减} \qquad (12C.1)$$

到目前为止，已经假设射频辐射正好是在 $\mathcal{B}_0$ Larmor 进动频率。然而，如果射频与 Larmor 进动频率的间隔比 90° 脉冲持续时间的倒数小，则几乎获得相同的效果。实际操作中，通过选择谱图中心某处的射频，然后确保 90° 脉冲足够短（这意味着要使用很强的射频场，从而使得 $\mathcal{B}_1$ 仍然大到足以实现 90° 的旋转），可以激发具有多个峰的谱图，其中每个峰具有略微不同的 Larmor 进动频率。

(b) 时域和频域信号

NMR 谱中的每一条线都可被认为是由其自身的磁化矢量产生的。一旦该矢量旋转到 xy 平面，它就以相应谱线的频率进动。因此，每个矢量对观察到的信号贡献一个衰减振荡项，FID 是许多这样的贡献的总和。如果只有一条线，可以简单地通过察看 FID 来确定其频率。但是，若信号是复合的，这几乎是不可能的。在这种情况下，如引言中提到的，可使用傅里叶变换（“化学家工具包 28”）来分析信号。

对傅里叶变换的输入是振荡衰减的“时域”函数 $S(t)$。输出的是吸收谱，即“频域”函数 $I(\nu)$，其可通过计算积分获得：

$$I(\nu)=\int_0^{\infty}S(t)\cos(2\pi\nu t)\mathrm{d}t \qquad (12C.2)$$

式中 $I(\nu)$ 是在频率 ν 处的强度。完整的频域函数，即谱图，是通过计算在一定频率范围内的积分而建立起来的。

如果时域包含单个振荡衰减项，如在式 (12C.1) 中，则傅里叶变换（参见本书网站上拓展的“化学家工具包 28”）为

$$I(\nu)=\frac{S_0T_2}{1+(\nu_L-\nu)^2(2\pi T_2)^2} \qquad (12C.3)$$

这个表达式的图形具有所谓的“洛伦兹”形状，即中心在 $\nu=\nu_L$、高度为 S_0T_2 的一个对称峰，其半

化学家工具包28　傅里叶变换

傅里叶变换（Fourier transform）将任何波形表示为谐波（正弦和余弦）的叠加。如果波形是实函数$S(t)$，则用“余弦变换”给出振荡函数$\cos(2\pi\nu t)$的贡献$I(\nu)$，即

$$I(\nu)=\int_0^\infty S(t)\cos(2\pi\nu t)\mathrm{d}t \tag{1}$$

有一种类似的转换适合于复函数：请参阅本书网站上提供的此工具包的附加信息。如果信号变化缓慢，那么最大的贡献来自低频波；快速变化的信号特征则由高频贡献产生。如果信号是形式为$S(t)=S_0\mathrm{e}^{-t/\tau}$的简单指数衰减，则频率为$\nu$的波的贡献是

$$I(\nu)=S_0\int_0^\infty \mathrm{e}^{-t/\tau}\cos(2\pi\nu t)\mathrm{d}t=\frac{S_0\tau}{1+(2\pi\nu\tau)^2} \tag{2}$$

示意图1显示了快衰减和慢衰减及相应的频率贡献。可见，慢衰减主要是低频贡献，而快衰减主要是高频贡献。

如果一个实验过程导致函数$I(\nu)$本身，那么相应的信号可以通过形成**傅里叶逆变换**（inverse Fourier transform）重构：

$$S(t)=\frac{2}{\pi}\int_0^\infty I(\nu)\cos(2\pi\nu t)\mathrm{d}\nu \tag{3}$$

傅里叶变换也适用于空间函数，对其解释是相似的，但从贡献波的波长来考虑更合适。因此，如果函数只随距离缓慢变化，那么它的傅里叶变换主要具有长波长的贡献。如果特性随距离变化很快（如晶体中的电子密度），则以短波长的贡献为主。

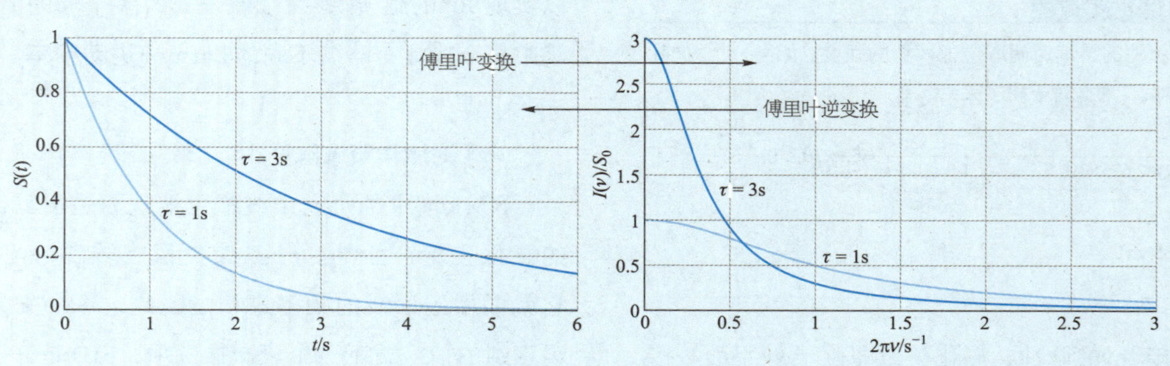

示意图1

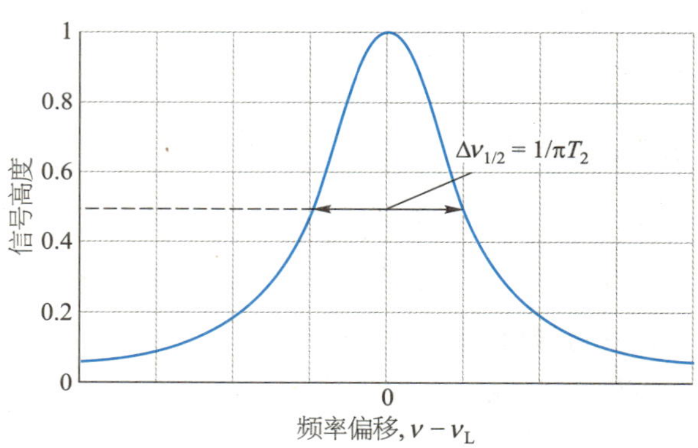

图12C.7　洛伦兹吸收线。半峰宽取决于表征时域信号衰减的时间常数T_2

峰宽是$1/\pi T_2$（图12C.7）。如果FID由一系列衰减振荡函数组成，则傅里叶变换给出的是由位于不同频率的一系列峰所组成的谱图。

实际上，FID是通过数字化采样获得的，而式（12C.2）的积分由NMR谱仪中的计算机进行数值计算得到。图12C.8显示了三个复杂度渐进的、不同FID的时域和频域函数。

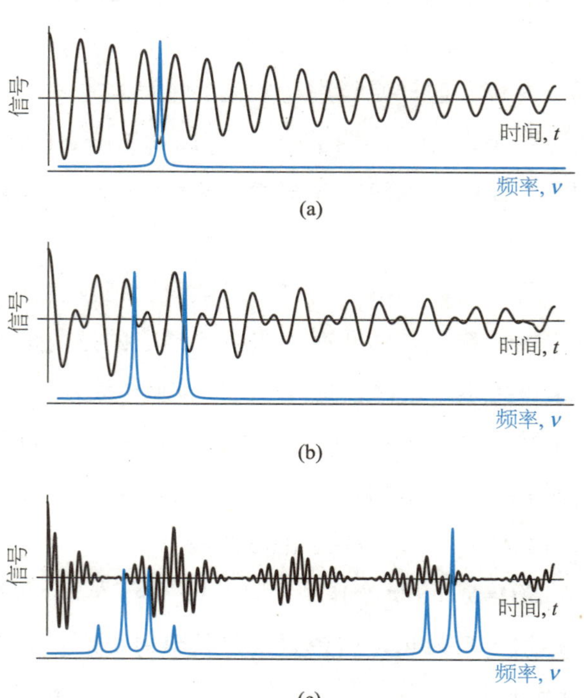

图12C.8　自由感应衰减（时域）和通过傅里叶变换获得的相应谱图（频域）。（a）未耦合的A共振信号，（b）AX系统的A共振信号，（c）A_2X_3系统的A和X共振信号

12C.2 自旋弛豫

弛豫是磁化矢量恢复到其平衡值的过程，此时它完全沿着z轴，没有x和y分量（没有横向分量）。就单个自旋的行为而言，达到平衡的方法涉及两个自旋态之间的跃迁，以便恢复到α和β的热平衡布居数。达到平衡还需要单个核的磁矩以随机角度分布在它们的两个锥体上。

正如已经解释的，在90°脉冲之后，磁化矢量位于xy平面。这个取向意味着，从实验室坐标系量子化轴的角度看，现在α和β自旋的数目是相等的，不然在z方向上会有磁化矢量的分量。然而，在热平衡时，存在有自旋的玻尔兹曼分布；所以，α自旋比β自旋更多（假设$\gamma_N>0$），且磁化矢量的z分量不为零。磁化矢量的z分量返回到其平衡值的过程被称为**纵向弛豫**（longitudinal relaxation）。通常假定这个过程遵循指数恢复曲线，拥有一个称为**纵向弛豫时间**（longitudinal relaxation time）的时间常数T_1。因为纵向弛豫涉及自旋与环境（“晶格”）之间的能量转移，所以时间常数T_1也称为自旋–晶格弛豫时间。

如果在时间t时磁化矢量的z分量是$M_z(t)$，那么恢复到平衡磁化矢量M_0的过程有如下形式：

$$M_z(t)-M_0\propto e^{-t/T_1} \quad \text{纵向弛豫时间[定义]} \quad (12C.4)$$

紧接着90°脉冲，磁化矢量位于xy平面意味着α自旋和β自旋以一特定的方式排列，从而在xy平面上给出磁化矢量的净（和旋转）分量。然而，在热平衡时，自旋在它们的锥体上处于随机角度，并且没有磁化矢量的横向分量。横向磁化矢量恢复到其平衡值0称为**横向弛豫**（transverse relaxation）。通常假定该过程是指数衰减，具有称为**横向弛豫时间**（transverse relaxation time，或自旋–自旋弛豫时间）的时间常数T_2。如果时间t时的横向磁化矢量是$M_{xy}(t)$，则衰减的形式为

$$M_{xy}(t)\propto e^{-t/T_2} \quad \text{横向弛豫时间[定义]} \quad (12C.5)$$

这个T_2就是描述正比于$M_{xy}(t)$的自由感应信号的衰减中提到的T_2。

(a) 弛豫机制

磁化矢量的z分量恢复到其平衡值涉及α自旋态和β自旋态之间的跃迁，从而达到玻耳兹曼分布所需的布居数。这些跃迁是由局部磁场引起的，局部磁场在一接近β↔α跃迁共振频率的频率处波动。局部场可以有多种来源，但通常来自附近的磁核或未成对电子。在流体样品中，这些场由于分子的翻滚运动而波动。如果与共振频率相比，分子翻滚太慢或太快，则产生的波动磁场其频率不是太低就是太高，以至于很难激发β和α之间的跃迁，导致T_1很长。只有当分子在共振频率附近翻滚时，波动磁场才能有效地诱导自旋翻转，这样T_1就很短。

分子翻转速率随着温度升高和溶剂黏度降低而增加，因此可以预期一种与图12C.9所示相类似的弛豫时间的依赖性。弛豫时间的定量处理需要建立分子运动模型，并使用，如适用于旋转运动的扩散方程（专题16C）。

横向弛豫是自旋的各个磁矩在其锥体上展开时失去它们的相对排列的结果。这种随机化的一个来源是任何涉及两个自旋态之间跃迁的任意过程。也就是说，任何引起纵向弛豫的过程也对横向弛豫有贡献。另一个来源是核所受到的局部磁场的变化。当这些磁场的波动较慢时，每个分子都停留在各自局部磁场环境中，并且由于进动速率取决于磁场的强度，自旋取向在它们的锥体上迅速随机化。换句话说，慢的分子运动对应于短

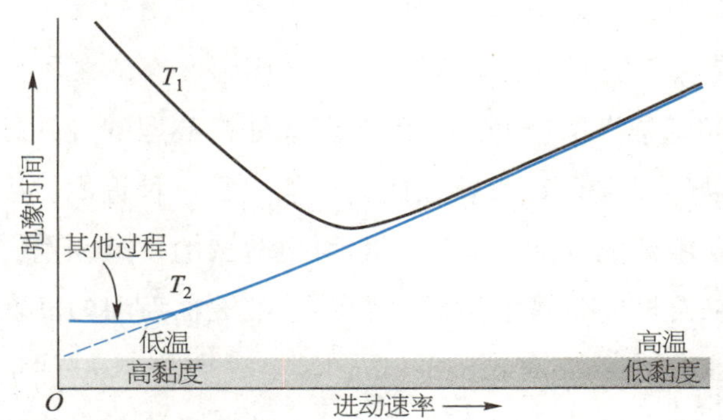

图12C.9 两种弛豫时间随分子在溶液中翻滚速率的变化。水平轴可以解释为表示温度或黏度。可见，当运动很快时，两个弛豫时间重合

的 T_2。如果分子从一个磁环境快速移动到另一个磁环境，则局部磁场差异的影响平均为零：各个自旋不会以非常不同的速率进动，它们保持更长时间的聚束，即横向弛豫不会发生得很快。这种快速运动对应于长的 T_2（如图 12C.9 所示）。计算表明，当运动很快时，横向和纵向弛豫具有相似的时间常数。

简要说明 12C.2

对于溶解在非黏性溶剂中的小分子，^{1}H 的 T_2 的值可以长达几秒。谱图中对应谱线的宽度（在峰高一半处测量）是 $1/\pi T_2$。对于 $T_2 = 3.0$ s，宽度为

$$\Delta\nu_{1/2} = \frac{1}{\pi T_2} = \frac{1}{\pi \times 3.0\ \mathrm{s}} = 0.11\ \mathrm{Hz}$$

相反，对于一个较大的分子，如溶解在水中的蛋白质，T_2 则要短得多，30 ms 的值并不罕见。对应的线宽为 11 Hz。

到目前为止，已经假设外加磁场是均匀的，即在样品每个部分都具有相同的值，从而使得 Larmor 进动频率的差异仅来自样品内部的相互作用。实际上，由于磁体设计的限制，磁场并不完全均匀，在样品中的不同位置磁场是不同的。这种不均匀性导致共振信号的**非均匀增宽**（inhomogeneous broadening）。通常用**有效横向弛豫时间**（effective transverse relaxation time）T_2^*，通过使用像式（12C.5）那样的关系式来表示非均匀增宽的程度，写成

$$T_2^* = \frac{1}{\pi \Delta\nu_{1/2}} \qquad \text{有效横向弛豫时间［定义］} \qquad (12C.6)$$

式中 $\Delta\nu_{1/2}$ 是观测到的谱线（假定为洛伦兹峰）一半高度处的宽度。实际上，非均匀增宽的线不太可能是洛伦兹峰。因此，衰减是指数型的、并且以时间常数 T_2^* 为特征的这一假设是一种近似。所观察到的线宽既有来自非均匀增宽的贡献，也有来自横向弛豫的贡献。后者通常被称为**均匀展宽**（homogeneous broadening）。至于究竟哪一种贡献占主导地位则取决于所研究的分子体系和磁体的质量。

（b）T_1 和 T_2 的测量

纵向弛豫时间 T_1 可以通过**反转恢复技术**（inversion recovery technique）测量。第一步是对样品施加 180° 脉冲，即施加时间为 90° 脉冲的 2 倍的 $\mathcal{B}_1$ 场。由于这个脉冲的作用，磁化矢量被旋转到 z 方向［图 12C.10（a）］。脉冲的作用是反转两个能级的布居数，导致 β 自旋比 α 自旋更多。

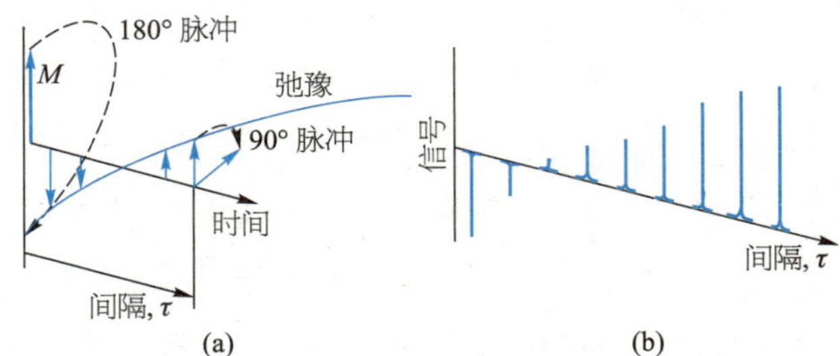

图 12C.10 （a）在旋转坐标系中施加 180° 脉冲的对磁化矢量的结果，以及随后的 90° 脉冲的影响。（b）频域谱图的振幅随着两个脉冲之间的间隔而变化，因为这段时间发生了纵向弛豫

紧接着 180° 脉冲，由于磁化矢量没有横向分量，所以检测不到信号。β 自旋随即开始弛豫回到 α 自旋，磁化矢量先向零收缩，然后向相反方向增加，直至达到其热平衡值。在此之前，在间隔 τ 后，施加一个 90° 脉冲。该脉冲将剩余的磁化矢量 z 分量旋转到 xy 平面，在那里产生 FID 信号。然后，通过通常的傅里叶变换得到频域谱图。

所得光谱的强度取决于已经旋转到 xy 平面的磁化矢量的大小。随着间隔 τ 的增加，该大小随时间常数 T_1 呈指数变化，因此谱图强度也随 τ 的增加而呈指数变化。因此，纵向弛豫时间可以通过用指数曲线拟合一系列不同 τ 值得到的谱图来测量。

T_2（与 T_2^* 不同）的测量需要能够消除非均匀展宽的影响。所需的技巧是 NMR 发明以来一些最重要进展的根源。

磁共振中的**自旋回波**（spin echo）可以比喻为声音中的回声。事件的进展如图 12C.11 所示。总的磁化矢量可以看作是由许多不同的磁化矢量组成，每个磁化矢量都来自具有非常相似的进动频率的原子核的**自旋包**（spin packet）。这些频率的分散来自 $\mathcal{B}_0$ 的不均匀性（它导致非均匀展宽），

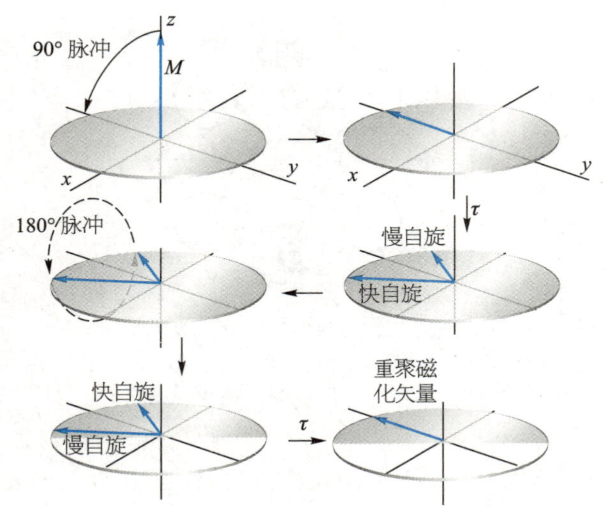

图 12C.11　在以 Larmor 进动频率旋转的坐标系中观察自旋回波脉冲序列 90° $-\tau-$180° $-\tau$ 的作用。注意，90° 脉冲被施加在 x 轴上，但是 180° 脉冲被施加在 y 轴上。“慢”和“快”指自旋包相对于旋转坐标系频率的速度

因此样品的不同部分受到不同的场。如果有不止一个化学位移，则进动频率也会不同。

首先，对样品施加 90° 脉冲。接下来的事件最好是在如下所述的一个旋转坐标系中进行观察。在这个坐标系中，$\mathcal{B}_1$ 沿着 x 轴是静止的，并且导致磁化矢量旋转到 xy 平面的 y 轴上。紧接着脉冲之后，自旋包开始散开，因为它们具有不同的 Larmor 进动频率。

在图 12C.11 中，展示了两个具有代表性的包的磁化矢量，并被描述为“快”和“慢”，表示它们相对于旋转坐标系的频率（名义上的 Larmor 进动频率）。因为旋转坐标系处在 Larmor 进动频率上，所以当在这个坐标系中观察时，“快”和“慢”矢量以相反的方向旋转。

首先，假设没有横向弛豫，但场是不均匀的。在演化周期 τ 之后，沿旋转坐标系的 y 轴施加 180° 脉冲。该脉冲将沿在这个轴的磁化矢量旋转到相对于 yz 平面的镜像位置。一到那里，自旋包继续以与以前相同的方向移动，因此向 y 轴迁回。间隔时间 τ 后，所有的包再次沿轴对齐。得到的信号大小增长，在第二周期 τ 结束时达到最大值，即“自旋回波”。由于磁场不均匀性所引起的散开称为被“重聚”了。

该技术的重要特征是回波的大小与在两个间隔 τ 期间保持恒定的任何局部场无关。如果一个自旋包是“快的”，因为它碰巧由样品中受到高于平均场的那个区域中的自旋组成，那么它在两个间隔中都保持快速，因此它在两个间隔中旋转的角度是相同的。因此，回波的大小与磁场中的不均匀性无关，因为它们保持恒定。

现在考虑横向弛豫的结果。这种弛豫源自分子尺度上变化的场，不可能保证单个“快”自旋在重聚阶段仍是“快”的：包内的自旋因此以时间常数 T_2 散开。因此，弛豫的影响不重聚，并且回波的大小随时间常数 T_2 衰减。针对一系列延迟时间 τ 的值，测量自旋回波后的信号强度，分析所得数据以确定 T_2。

12C.3　自旋去耦

^{13}C 的天然丰度仅为 1.1%，因此被描述为**稀自旋物种**（dilute-spin species）。任何一个分子中含有一个以上的 ^{13}C 核的概率是相当低的，所以观察到 ^{13}C－^{13}C 自旋－自旋耦合效应的可能性可以忽略。相反，同位素 ^{1}H 的丰度非常接近 100%，因此被描述为**丰自旋物种**（abundant-spin species）。分子中所有的氢原子核都可以假定为 ^{1}H，它们之间的耦合效应是可以观察到的。

在 NMR 谱图中可观察到稀自旋物种，并显示出其与分子中存在的丰自旋物种的耦合。一般来说，考虑到每个 ^{13}C 核与分子中许多 ^{1}H 核的自旋耦合，^{13}C－NMR 谱是非常复杂的。然而，通过使用**质子去耦**（proton decoupling）可以将谱图显著简化。在这种技术中，以等于（或接近）^{1}H Larmor 进动频率施加射频辐射，同时观察 ^{13}C FID。^{1}H 核的这种激发使它们的自旋状态迅速改变，因此 ^{1}H－^{13}C 耦合平均为零。结果是，每个 ^{13}C 核给出一条单线，而不是一个复杂的多重峰。当所有的强度集中成一条线时，不仅谱图简化了，而且灵敏度也提高了。

12C.4 核Overhauser效应

产生弛豫的局部磁场的一个常见来源是两个磁核之间的**偶极－偶极相互作用**（dipole-dipole interaction）（参见专题12B中“化学家工具包27”）。在这种相互作用中，第一个自旋的磁偶极子产生的磁场与第二个自旋的磁偶极子相互作用。相互作用的强度正比于$1/R^3$（R是两个自旋之间的距离），还与自旋的磁旋比的乘积成正比。所以，这种相互作用的特点是短程的，且对于高磁旋比的原子核来说是显著的。在典型的有机分子和生物分子中，具有许多^{1}H核，由于偶极－偶极相互作用产生的局部场很可能是弛豫的主要来源。

核Overhauser效应（nuclear Overhauser effect，NOE）利用了由核自旋偶极－偶极相互作用所引起的弛豫。在这种效应中，假如两个自旋有相互的偶极－偶极弛豫，则对一个自旋的照射将导致了第二个自旋共振强度的变化。由于偶极－偶极相互作用只有很短的距离，所以观测到NOE效应表明所涉及的两个核是紧邻的，并且可以根据分子的结构来解释。

为了理解这个效应，考虑图12C.12所示的同核AX自旋系统的四个能级的布居数。在热平衡时，$\alpha_A\alpha_X$能级的布居数最大，$\beta_A\beta_X$能级的布居数最小，其余两个能级具有相同的能量和中等的布居数。为了此讨论，考虑所有四个能级的布居数与平均值的偏离就足够了：$\alpha_A\alpha_X$能级具有比平均值更大的布居数，$\beta_A\beta_X$能级具有比平均值更小的布居数，而其他两个能级的布局数则等于平均值。$\alpha_A\alpha_x$与平均值的偏离为ΔN，$\beta_A\beta_X$为$-\Delta N$，其余两个能级的偏离则为0。这些布居数之差示于图12C.12中。跃迁的强度反映了所涉及的两个能级的布居数之差，对于所有四个跃迁，布居数之差（低－高）都是ΔN，这意味着所有四个跃迁具有相同的强度。

NOE实验涉及用射频场照射两个X自旋跃迁($\alpha_A\alpha_X \leftrightarrow \alpha_A\beta_X$和$\beta_A\alpha_X \leftrightarrow \beta_A\beta_X$)，但是要确保场足够弱以使两个A自旋跃迁不受影响。当长时间施加这个场时，该场使X自旋跃迁饱和，即X的两个能级的布居数相等。如图12C.13（a）所示，在$\alpha_A\alpha_X \leftrightarrow \alpha_A\beta_X$跃迁的情况下，布居数之差变为$1/2\Delta N$，而对于另一个X自旋跃迁则为$-1/2\Delta N$。布居数的这些变化不影响A自旋跃迁（$\alpha_A\alpha_X \leftrightarrow \beta_A\alpha_X$和$\alpha_A\beta_X \leftrightarrow \beta_A\beta_X$）之间的布居数之差（仍为$\Delta N$）；因此，A自旋跃迁的强度不受影响。

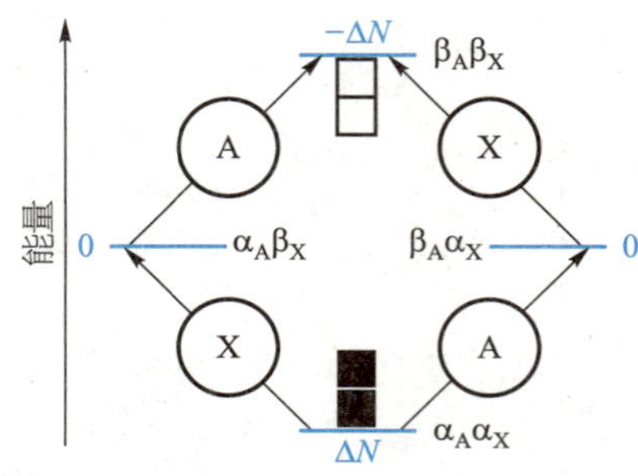

图12C.12 AX系统的能级和它们的相对布居数的表示。线条上方的每个黑色正方形代表高于平均值的额外布居数，线条下方的每个白色正方形代表低于平均值的布居数。蓝色符号显示偏离平均值的布居数

现在考虑自旋弛豫的影响。弛豫的一个来源是两个自旋之间的偶极－偶极相互作用。这种相互作用的哈密顿算符与两个核的自旋算符成正比，并且包含能同时翻转两个自旋，将$\alpha_A\alpha_X$转换为$\beta_A\beta_X$的项。如图12C.13（b）所示，这种双翻转过程倾向于使这两个能级的布居数分别恢复到它们的平衡值ΔN和$-\Delta N$。结果是，每个A自旋跃迁上的布居数之差现在为$3/2\Delta N$，这比平衡时大。总之，饱和X自旋跃迁和偶极－偶极弛豫的结合导致A自旋跃迁的强度增强。

偶极－偶极相互作用的哈密顿算符还包含将自旋对反转的自旋算符的组合，即将系统从$\alpha_A\beta_X$变为$\beta_A\alpha_X$。该过程将这些状态的布居数恢复到平衡值，如图12C.13（c）所示。和之前类似，A自旋跃迁间的布居数差异受到影响，但现在它们减少到$+\frac{1}{2}\Delta N$，这意味着A自旋跃迁的强度比没有偶极－偶极弛豫时要小。

应该清楚，存在两个相反的效应：$\alpha_A\alpha_X$和$\beta_A\beta_X$的弛豫诱导跃迁，这增强A自旋跃迁；以及$\alpha_A\beta_X$和$\beta_A\alpha_X$之间的跃迁，它降低这些跃迁的强

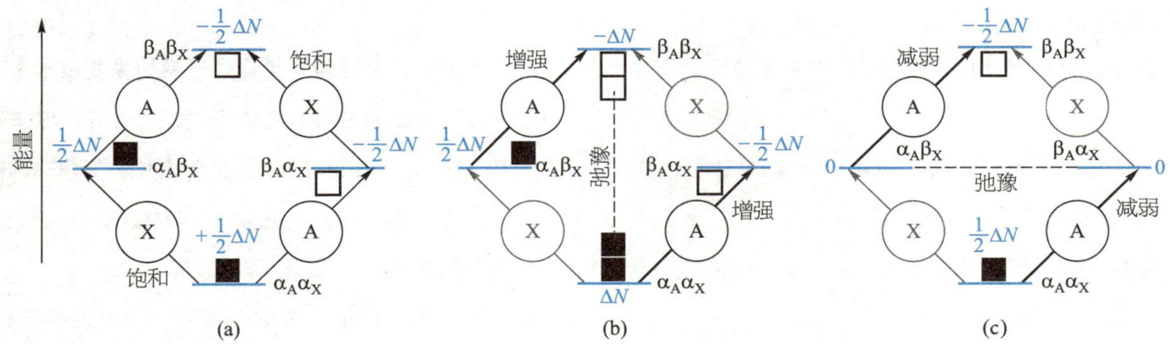

图12C.13 （a）当X跃迁饱和时，两个态的布居数相等，由此得到所显示的布居数（使用图12C.12中相同的符号）。（b）偶极－偶极弛豫可引起αα态和ββ态之间的跃迁，使得它们返回到它们原先的布居数：结果是A跃迁之间的布居数之差增加。（c）偶极－偶极弛豫还可以导致αβ态和βα态的布居数返回到它们的平衡值：这减小了A跃迁之间的布居数之差

度。究竟哪种效应占主导地位，这取决于这两种弛豫方式的相对速率。在12C.2一节中关于弛豫时间的讨论中，如果偶极场振荡频率接近跃迁频率（这种情况下约为$2\nu_L$），则$\beta_A\beta_X \leftrightarrow \alpha_A\alpha_X$弛豫的效率很高；类似地，如果偶极场是静止的（在这种情况下，始态和终态之间不存在频率差），则$\alpha_A\beta_X \leftrightarrow \beta_A\alpha_X$弛豫的效率很高。小分子翻转迅速，在$2\nu_L$频率上有大量运动。所以，$\beta_A\beta_X \leftrightarrow \alpha_A\alpha_X$途径占主导地位，导致A自旋跃迁强度增加。这种增强被称为"正NOE效应"。另一方面，大分子翻转较慢，所以在频率为$2\nu_L$处运动较少。在这种情况下，$\alpha_A\beta_X \leftrightarrow \beta_A\alpha_X$途径占主导地位，导致A自旋跃迁强度降低。这种减弱被称为"负NOE效应"。

NOE增强通常用η来表示：

$$\eta = \frac{I_A - I_A^\circ}{I_A^\circ} \quad \text{NOE 增强因子} \qquad (12C.7)$$

式中I_A°是饱和前由原子核A引起的信号强度，I_A是X自旋饱和足够长时间以建立NOE后的强度（通常是T_1的几倍）。对于同核体系，如果弛豫的唯一来源是偶极－偶极相互作用，则η介于慢翻转分子的-1（负效应）和快翻转分子的$+1/2$（正效应）之间。实际上，总有弛豫的其他来源，所以这些极限值很少能达到。

NOE在NMR谱学中的应用是因为只有偶极－偶极弛豫才能产生这种效应：只有该类型的弛豫才能使两个自旋同时翻转。因此，如果原子核X是饱和的，并且观察到原子核A跃迁强度的变化，那么两个原子核之间必然存在偶极－偶极相互作用。由于这种相互作用正比于$1/R^3$（R是两个自旋之间的距离）以及它引起的弛豫正比于相互作用的平方，故NOE正比于$1/R^6$。因此，为了使两个自旋之间有明显的偶极－偶极弛豫，它们必须是邻近的（对于^{1}H核，相距不超过0.5 nm）。所以，观测到NOE效应可定性说明核的紧邻。原则上，根据NOE的大小，可定量估计距离，但这需要把其他类型弛豫的影响都考虑进来。

NOE增强因子η的值还取决于A和X的磁旋比，因为这些性质影响能级的布居数和弛豫速率。对于异核自旋系统，最大的NOE效应为

$$\eta = \frac{\gamma_X}{2\gamma_A} \qquad (12C.8)$$

式中γ_A和γ_X分别是A和X原子核的磁旋比。

简要说明 12C.3

根据式（12C.8）和表12A.2中的数据，^{13}C－^{1}H对的最大NOE增加参数是

$$\eta = \frac{\overbrace{2.675\times10^8\ \mathrm{T^{-1}\cdot s^{-1}}}^{\gamma_{^1H}}}{2\times\underbrace{6.73\times10^7\ \mathrm{T^{-1}\cdot s^{-1}}}_{\gamma_{^{13}C}}} = 1.99$$

通常利用这种增强来提高^{13}C NMR谱的灵敏度。在记录谱图之前，照射^{1}H核使其饱和，从而建立起^{13}C核上的NOE增强效应。

概念清单

- ☐ 1. **自由感应衰减**（FID）是横向磁化矢量进动产生的时域信号。
- ☐ 2. FID（时域）的傅里叶变换给出了NMR谱（频域）。
- ☐ 3. **纵向**（或自旋－晶格）**弛豫**是磁化矢量的 z 分量恢复到其平衡值的过程。
- ☐ 4. **横向**（或自旋－自旋）**弛豫**是指磁化矢量的 x 和 y 分量恢复到其平衡值零的过程。
- ☐ 5. **纵向弛豫时间** T_1 可以通过**反转恢复技术**来测量。
- ☐ 6. **横向弛豫时间** T_2 可以通过观察自旋回波来测量。
- ☐ 7. 在 ^{13}C－NMR谱的**质子去耦**中，质子被连续照射；其作用是消除由于 ^{13}C－^{1}H耦合而导致的谱线裂分。
- ☐ 8. **核Overhauser效应**是通过一个共振信号的饱和来改变另一个共振信号的强度：只有当两个自旋参与相互的偶极－偶极弛豫时才会发生。

公式清单

性质	公式	说明	公式编号
自由感应衰减	$S(t)=S_0\cos(2\pi\nu_L t)e^{-t/T_2}$	T_2 是横向弛豫时间	12C.1
NMR谱线的半峰宽	$\Delta\nu_{1/2}=1/\pi T_2$	假定为洛伦兹型	
纵向弛豫	$M_z(t)-M_0\propto e^{-t/T_1}$	T_1 是纵向弛豫时间	12C.4
横向弛豫	$M_{xy}(t)\propto e^{-t/T_2}$		12C.5
NOE增强因子	$\eta=(I_A-I_A^\circ)/I_A^\circ$	定义	12C.7

专题12D

电子顺磁共振

▶ 为何需要学习这部分内容？

许多材料和生物系统都包含带有未成对电子的物质，一些化学反应则会产生带有未成对电子的中间体。电子顺磁共振是研究它们的一种主要谱学工具。

▶ 核心思想是什么？

EPR谱的细节给出了未成对电子密度分布的信息。

▶ 需要哪些预备知识？

需要熟悉电子自旋的概念（专题8B）和磁共振的基本原理（专题12A）。本专题讨论涉及原子中的自旋-轨道耦合（专题8C）和分子中的费米接触相互作用（专题12B）。

电子顺磁共振（EPR），又称电子自旋共振（ESR），被用来研究含有未成对电子的物质。固体和液体都可以研究，但是气相样品的研究则由于分子的自由旋转而变得复杂。

12D.1 g值

根据专题12A中的讨论，自由电子在$m_s=-1/2$和$m_s=+1/2$两个能级之间跃迁的共振频率为

$$h\nu = g_e\mu_B\mathcal{B}_0 \qquad \text{共振条件[自由电子]} \qquad (12D.1)$$

式中$g_e\approx 2.002\,3$。由于分子骨架中感应的电流产生了局部磁场，如果电子处于自由基中，那么它所受到的磁场与外加场不同。考虑到这个差异，用g替换g_e，将共振条件表示为

$$h\nu = g\mu_B\mathcal{B}_0 \qquad \text{EPR共振条件} \qquad (12D.2)$$

式中g是自由基的**g值**（g-value）。

电子顺磁共振谱通常是通过固定微波辐射的频率，然后改变磁场，使电子与微波频率产生共振来采集的。因此，峰的位置和谱图上的水平刻度是用磁场来加以确定的。

简要说明12D.1

在以9.233 0 GHz（辐射属于微波区域的X波段）工作的谱仪中，甲基自由基EPR谱的中心出现在329.40 mT处。因此，它的g值是

$$g=\frac{\overbrace{6.626\,08\times10^{-34}\ \mathrm{J\cdot s}}^{h}\times\overbrace{9.233\,0\times10^{9}\ \mathrm{s^{-1}}}^{\nu}}{\underbrace{9.274\,0\times10^{-24}\ \mathrm{J\cdot T^{-1}}}_{\mu_B}\times\underbrace{0.329\,40\ \mathrm{T}}_{\mathcal{B}_0}}=2.002\,7$$

g值与外加磁场通过分子骨架产生电流的难易程度及这些电流产生的磁场强度有关。因此，g值可给出一些关于电子结构的信息，它在EPR所起的作用与屏蔽常数在NMR中所起的作用相类似。小于g_e的g值意味着在分子中，电子受到的磁场小于外加场，而大于g_e的g值则意味着磁场更大。这两种结果都是可能的，取决于电子激发态的具体情况。

g值与g_e的差异有两个原因。电子借助激发态在分子骨架中迁移（图12D.1）。这种环流产生了一个局部磁场，它可以增强或减弱外加场。诱导产生这些电流的程度与自由基或复合物中的能级差ΔE成反比。其次，由于这些轨道电流，电子自旋所受到的场强与自旋-轨道耦合常数ξ（专题8C）成正比。由此可见，g值与g_e的差值正比于$\xi/\Delta E$。这种比例关系可被广泛地观察到。

对于许多有机自由基，ΔE大而ξ（对碳）小，

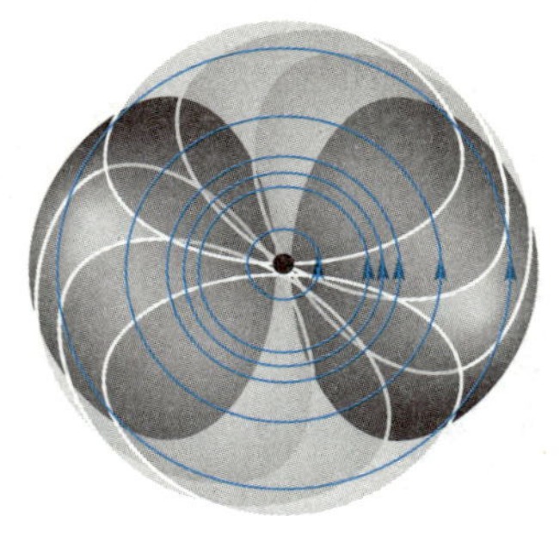

图 12D.1 外加磁场可以诱导借助激发态轨道（用白线表示）的电子环流

其g值接近2.002 7，偏离g_e不远。无机自由基通常由较重的原子构成，因此具有较大的自旋－轨道耦合常数，其g值通常在1.9~2.1。顺磁性过渡金属配合物的g值通常与g_e有很大不同，从0到6变化，这是因为其与配体的相互作用引起d轨道的裂分较小，使得它们的ΔE很小（专题11F）。

g值是各向异性的，也就是说，它的大小取决于自由基相对于外加场的取向。产生各向异性的原因是：外加场在分子中诱导电流的程度，以及因此产生的局部场的大小，取决于分子和场的相对取向。在溶液中，分子快速翻滚运动，仅能观察到g值的平均值。因此，只有在固体和过渡金属配合物晶体中的自由基，才能观察到g值的各向异性。

12D.2 超精细结构

EPR谱的最重要特征是其**超精细结构**（hyperfine structure），即单个共振线裂分成多条共振线。一般来说，在谱学中，“超精细结构”是指一谱图结构，其产生可以追溯到电子与核的相互作用而不是由于核的点电荷。EPR中超精细结构的来源是电子自旋和存在于自由基中的核的磁偶极矩之间的磁相互作用，这些磁偶极矩能产生局部磁场。

（a）核自旋的影响

考虑位于自由基中某位置的单个^1H核对EPR谱的影响。质子自旋是磁场的来源，并且根据核自旋的取向，它所产生的磁场可增加或减小外加场。因此，总的局部场是

$$\mathcal{B}_{loc}=\mathcal{B}_0+am_I \qquad m_I=\pm\frac{1}{2} \tag{12D.3}$$

式中a是**超精细耦合常数**（hyperfine coupling constant，或超精细裂分常数）。从式（12D.3）可知，a具有与磁场相同的单位，如特斯拉。样品中一半的自由基具有$m_I=+1/2$；因此，当外加场如下满足关系时，它们出现共振：

$$h\nu=g\mu_B\left(\mathcal{B}_0+\frac{1}{2}a\right) \quad 或 \quad \mathcal{B}_0=\frac{h\nu}{g\mu_B}-\frac{1}{2}a \tag{12D.4a}$$

另一半（具有$m_I=-1/2$）则在如下条件时出现共振：

$$h\nu=g\mu_B\left(\mathcal{B}_0-\frac{1}{2}a\right) \quad 或 \quad \mathcal{B}_0=\frac{h\nu}{g\mu_B}+\frac{1}{2}a \tag{12D.4b}$$

因此，谱图显示的不是单线，而是两条强度为原强度一半的谱线，它们之间的间隔为a，中心是由g决定的场（图12D.2）。

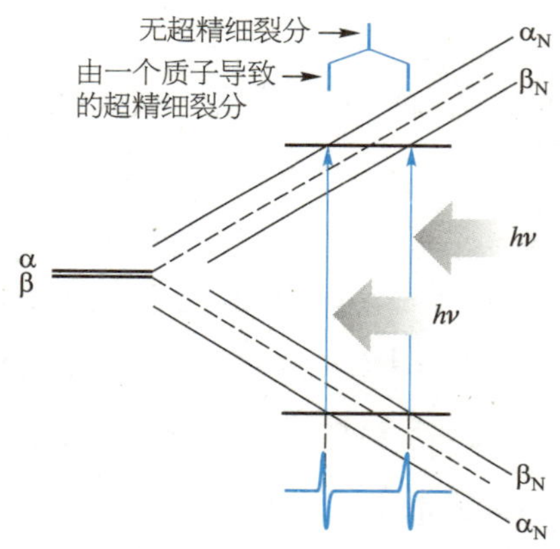

图 12D.2 一个电子和一个自旋-1/2原子核之间的超精细相互作用使原来的两个能级变为四个；α_N和β_N表示核的自旋状态。其结果是谱图由两条（等强度）谱线组成，而不是一条谱线。强度分布可以用简单的棒状图来概括。对角线表示随着外加场的增加状态能量的变化，当状态间的能量差与微波光子的固定能量一致时，发生共振

如果自由基包含一个^{14}N原子$(I=1)$，其EPR谱由三条强度相等的谱线组成，因为^{14}N核有三种可能的自旋取向，并且样品中所有自由基的各三分之一拥有每种自旋取向。一般来说，一个自旋I核将谱图裂分成等强度的$(2I+1)$条超精细谱线。

当有几个磁性核存在于自由基中时，每一个都对超精细结构有贡献。在等价质子的情况下（例如，自由基CH_3CH_2中的两个CH_2质子），一些超精细谱线是重合的。如果自由基含有N个等价质子，则存在$(N+1)$条超精细谱线，其强度分布由Pascal三角形(**1**)给出。图12D.3中的苯自由基阴离子的谱图具有七条谱线，强度比为1∶6∶15∶20∶15∶6∶1，与含有六个等价质子的自由基一致。更一般地，如果自由基含有N个自旋量子数为I的等价核，则存在$(2NI+1)$条超精细谱线。

1
1 1
1 2 1
1 3 3 1
1 4 6 4 1
1

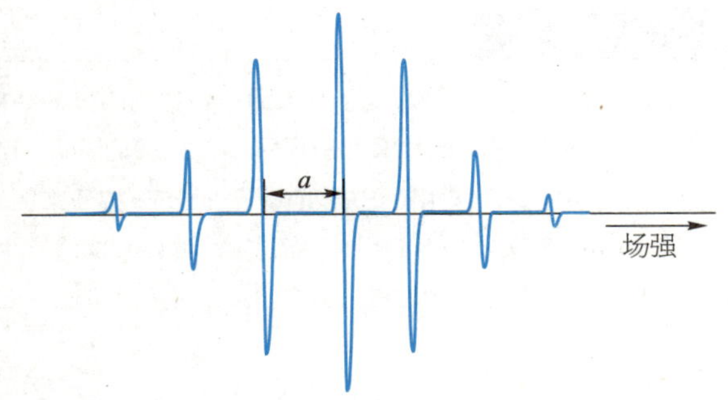

图12D.3 在溶液中苯自由基阴离子$C_6H_6^-$的EPR谱；a是超精细耦合常数。谱的中心由自由基的g值决定

例题 12D.1 预测 EPR 谱的超精细结构

一个自由基包含一个超精细常数为1.61 mT的^{14}N核（$I=1$）和两个超精细常数为0.35 mT的等价质子（$I=1/2$）。预测EPR谱图的形式。

整理思路 需要逐个考虑每种类型的原子核或每组等价核产生的超精细结构。首先，用一个核裂分一条谱线，然后用第二个核（或一组核）再次裂分每一条谱线，以此类推。虽然最好从具有最大超精细裂分的核开始，但选择任何核都是可以的，所考虑的核的顺序不影响结果。

解：^{14}N核给出三条等强度的、间隔为1.61 mT的超精细谱线，每条谱线被第一个质子裂分成间隔为0.35 mT的二重峰，这些二重峰的每条谱线又被第二个质子裂分成间隔为0.35 mT的二重峰（图12D.4）。中心的两条谱线重合，所以两个质子的裂分产生了强度比为1∶2∶1且内部裂分为0.35 mT的三重峰。整个光谱由三个相同的1∶2∶1三重峰组成。

自测题12D.1 预测含有三个等价^{14}N核的自由基的EPR谱的形式。

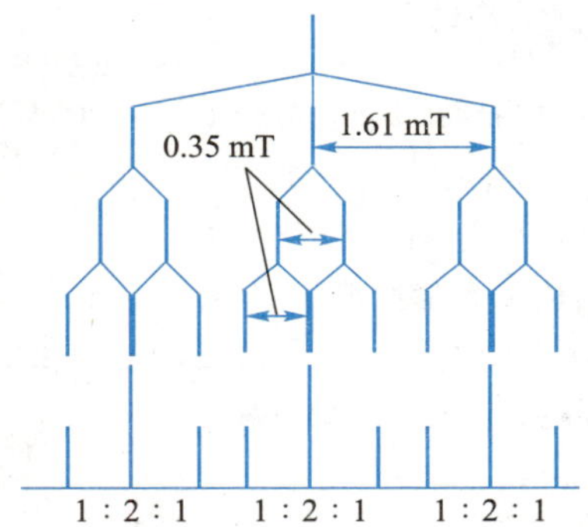

图12D.4 对含有一个^{14}N核（$I=1$）和两个等价质子的自由基的超精细结构分析

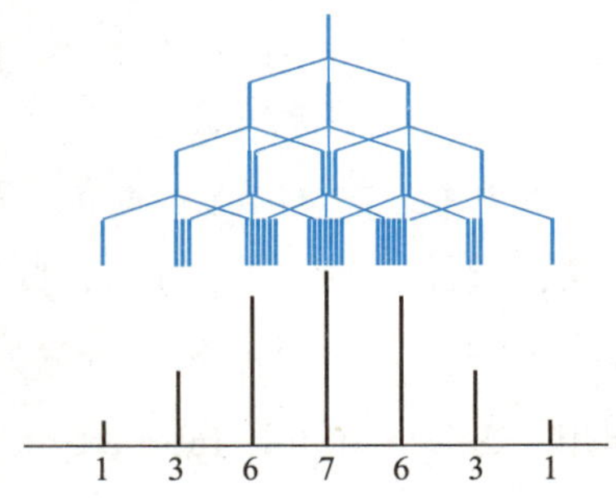

图12D.5 对含有三个等价^{14}N核的自由基的超精细结构分析

（b）McConnell方程

EPR谱图的超精细结构是一类有助于识别样品中自由基的指纹。此外，由于裂分的大小取决于未成对电子在磁核附近的分布，谱图可以用来绘出未成对电子占据的分子轨道图。

在$C_6H_6^-$中观察到的超精细裂分是0.375 mT。如果假定未成对电子在每一个C原子的轨道上的概率相等，这种超精细裂分可归属于质子与六分之一未成对电子自旋密度之间的相互作用。如果所有的电子密度都位于邻近的C原子上，可以预期有6 × 0.375 mT = 2.25 mT的超精细耦合。如果另一个芳基的超精细耦合常数为a，那么**自旋密度**（spin density）ρ，即一个未成对电子在邻近C原子的概率，可以通过**McConnell方程**（McConnell equation）来计算：

$$a = Q\rho \qquad \text{McConnell 方程} \qquad (12D.5)$$

式中Q = 2.25 mT，ρ是C原子上的自旋密度，a是它所连接的H原子的超精细裂分。

简要说明 12D.2

萘自由基阴离子$C_{10}H_8^-$(**2**) EPR谱的超精细结构可解释为由两组四个等价质子产生。在环中的1、4、5和8位置的那些质子具有$a = 0.490$ mT，而在2、3、6和7位置的质子具有$a = 0.183$ mT。利用McConnell方程得到的自旋密度分别为

$$\rho = \frac{\overbrace{0.490\ \text{mT}}^{a}}{\underbrace{2.25\ \text{mT}}_{Q}} = 0.218 \quad 和 \quad \rho = \frac{0.183\ \text{mT}}{2.25\ \text{mT}} = 0.081\ 3$$

$\rho = 0.22$ 1, $\rho = 0.08$ 2, 3, 4, 5, 6, 7, 8

2

(c) 超精细相互作用的起源

以原子核为中心的p轨道上的电子不会非常接近该原子核，因此电子受到的磁场可以近似看作由点磁偶极子产生。这种相互作用称为**偶极－偶极相互作用**（dipole–dipole interaction）。一个磁核对未成对电子所受到的局部场的贡献可由像式（12B.15）[与$(1-3\cos^2\theta)/r^3$成正比]的表达式给出。这类相互作用的特点是各向异性，且当自由基自由翻滚运动时，它平均为零。因此，只有对固体中的自由基才能观察到由偶极－偶极相互作用引起的超精细结构。

超精细裂分还有第二个来源。s电子在原子核周围呈球状分布；因此，即使在固体样品中，s电子与核的偶极－偶极相互作用也平均为零。然而，由于s电子在原子核上的概率不为零，所以将二者的相互作用看作两个点偶极之间的相互作用是不正确的。如专题12B所述，s电子与核具有“费米接触相互作用”，即当点偶极近似不成立时发生的磁相互作用。接触相互作用是各向同性的（也就是说，不依赖自由基的取向）；因此，即使是流体中的快速翻滚分子（假如自旋密度具有一些s轨道特征）也能显示出来。

p电子的偶极－偶极相互作用和s电子的费米接触相互作用可以相当大。例如，氮原子中的一个2p电子受到来自^{14}N核的一个约3.4 mT的平均场。氢原子中的一个1 s电子由于与中心质子的费米接触相互作用而受到大约50 mT的场。表12D.1中列出了更多的值。自由基中接触相互作用的大小可以用未成对电子占据的分子轨道的s轨道特征来解释，而偶极－偶极相互作用则可以用p轨道特征来解释。因此，对超精细结构的分析可给出有关轨道组成，特别是原子轨道杂化的信息。

表 12D.1　原子的超精细耦合常数* 　　单位：mT

核素	各向同性耦合	各向异性耦合
^{1}H	50.8（1s）	
^{2}H	7.8（1s）	
^{14}N	55.2（2s）	4.8（2p）
^{19}F	1 720（2s）	108.4（2p）

*更多的数据参见资源部分。

简要说明 12D.3

由表12D.1可知，一个2s电子与氮原子核之间的超精细相互作用为55.2 mT，NO_2的EPR谱图显示出5.7 mT的各向同性超精细相互作用，未成对电子占据的分子轨道的s特征比例为5.7/55.2 = 0.10。有关此内容的后续，请参阅问题P12D.7。

这两种相互作用似乎都不能解释$C_6H_6^-$阴离子和其他芳基阴离子的超精细结构。相关样品是流体，由于自由基做翻滚运动，超精细结构不可能是由偶极－偶极相互作用引起的。此外，质子位于未成对电子所占据的π轨道的节面上，因此这种超精细结构也不能归因于费米接触相互作用。这可以用**极化机制**（polarization mechanism）来解释；该机制类似于解释NMR中自旋－自旋耦合的机制。一个质子和数个电子之间的磁相互作用有利于其中的一个电子在质子附近有更大的概率（图12D.6）。因此，具有相反自旋的电子更有可能靠近键的另一端上的C原子。如果C原子上的未成对电子平行于该电子（洪特规则倾向于原子的电子平行），则该未成对电子具有较低的能量；因此，该未成对电子可以间接地检测质子的自旋。利用该模型计算的超精细相互作用与观测值2.25 mT相吻合。

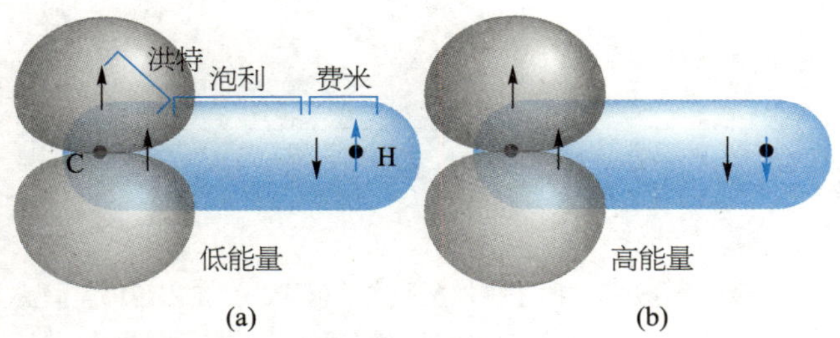

图 12D.6　π电子自由基中超精细相互作用的极化机制。(a) 中的排列比在 (b) 中的排列能量低，因此未成对电子与质子之间存在有效的耦合

概念清单

☐ 1. EPR的共振条件用自由基的**g值**表示。

☐ 2. g值取决于外加场在自由基中诱导局部电子电流的能力及电子受到的这些电流所产生的磁场。

☐ 3. EPR光谱的**超精细结构**是指通过自旋电子与原子核之间的磁相互作用将单个共振谱线裂分成多个组分。

☐ 4. 如果一个自由基含有N个自旋量子数为I的等价核，那么就有$(2NI+1)$条超精细线。

☐ 5. 超精细结构源自**偶极－偶极相互作用**、**费米接触相互作用**和**极化机制**。

☐ 6. 原子上的**自旋密度**是一个未成对电子在该原子上的概率。

公式清单

性质	公式	说明	公式编号
EPR共振条件	$h\nu = g\mu_B\mathcal{B}_0$	无超精细相互作用	12D.2
	$h\nu = g\mu_B\left(\mathcal{B}_0 \pm \frac{1}{2}a\right)$	一个电子与一个质子之间的超精细相互作用	12D.4
MeConnell方程	$a = Q\rho$	$Q = 2.25\ \text{mT}$	12D.5

主题 12　磁共振——讨论题、练习题、问题及综合题

专题 12A　基本原理

讨论题

D12A.1 为什么化学家和生物化学家在通过NMR谱学测定大分子的结构时要使用在尽可能高的磁场和频率下工作的谱仪？

D12A.2 描述磁场对原子核能量和电子能量的影响。解释差异。

D12A.3 什么是Larmor进动频率？它在磁共振中的意义是什么？

练习题

E12A.1(a) 考虑到核g因子g_I的量纲为1，当用特斯拉和赫兹表示时，核磁旋比γ_N是什么单位？

E12A.1(b) 考虑到核g因子g_I的量纲为1，当用SI基本单位表示时，核磁旋比γ_N是什么单位？

E12A.2(a) 对于一个^{1}H原子核（质子），自旋角动量的大小是多少，它在z轴上的允许分量是多少？用$\hbar$的倍数表示答案。角动量与z轴成什么角度？

E12A.2(b) 对于一个^{14}N的原子核，自旋角动量的大小是多少，它在z轴上的允许分量是多少？用$\hbar$的倍数表示答案。角动量与z轴成什么角度？

E12A.3(a) 在13.5T的磁场中，^{1}H原子核（质子）的NMR频率是多少？用MHz表示答案。

E12A.3(b) 在17.1T的磁场中，^{19}F原子核的NMR频率是多少？用MHz表示答案。

E12A.4(a) ^{33}S的核自旋量子数为3/2，其g因子为0.428 9。计算在6.800 T磁场中的核自旋态的能量（以J为单位）。

E12A.4(b) ^{14}N的核自旋量子数为1，其g因子为0.404。计算在10.50 T磁场中的核自旋态的能量（以J为单位）。

E12A.5(a) 计算在15.4 T的磁场中，^{13}C核的核自旋能级的频率差（以MHz为单位），已知它的磁旋比是$6.73\times10^{-7}\ \mathrm{T^{-1}\cdot s^{-1}}$。

E12A.5(b) 计算在14.4 T的磁场中，^{14}N核的核自旋能级的频率差（以MHz为单位），已知其磁旋比是$1.93\times10^{-7}\ \mathrm{T^{-1}\cdot s^{-1}}$。

E12A.6(a) 对于给定的磁场，下列哪个系统的能级差更大？（i）^{15}N核，（ii）^{31}P核。

E12A.6(b) 下列哪个系统的能级差更大？（i）在对应于^{1}HNMR频率为的600 MHz的磁场中的^{14}N核，（ii）0.300 T场中的一个电子。

E12A.7(a) 计算在25 ℃时，下列三个不同场中^{1}H核的相对布居数之差$(N_\alpha-N_\beta)/N$。（i）0.30 T，（ii）1.5 T和（iii）10 T。

E12A.7(b) 计算在25 ℃时，下列三个不同场中^{13}C核的相对布居数之差$(N_\alpha-N_\beta)/N$。（i）0.50 T，（ii）2.5 T和（iii）15.5 T。

E12A.8(a) 对于（i）^{1}H核和（ii）^{13}C核，为了使相对布居数之差$(N_\alpha-N_\beta)/N$增加到5倍，则外加场必须增加多少倍？

E12A.8(b) 温度需改变多少，才能使^{1}H核相对布居数之差$(N_\alpha-N_\beta)/N$是室温时的5倍？改变样品的温度是提高灵敏度的一种实用方法吗？

E12A.9(a) 一些商用EPR光谱仪使用8 mm微波辐射（“Q波段”）。请问需要什么样的磁场才能满足共振条件？

E12A.9(b) 在^{1}H原子核（质子）NMR频率为500 MHz的磁场中，EPR的共振频率是多少？用千兆赫为单位表示答案。

问　题

P12A.1 一位科学家研究了中子自旋共振的可能性，且已有一台工作频率为300 MHz的商用^{1}H NMR谱仪。在这个谱仪中，中子的NMR频率是多少？室温下的相对布居数之差是多少？哪一个是中子的低能量自旋态？

P12A.2 对定温下恒定磁场的相同数目的不同核，NMR谱的相对灵敏度$R\propto[I(I+1)]\gamma_N^3$。（a）根据表12A.2中的数据，计算^{2}H、^{13}C、^{14}N、^{15}N和^{11}B相对于^{1}H的灵敏度。（b）对于给定数目的某一特定元素的核，某一特定同位素存在的分数受该同位素自然丰度的影响。考虑到这种依赖性，重新计算这些结果。

P12A.3 NMR信号的强度由式（12A.8c）给出。此强度可以通过“同位素标记”，即增加所需要NMR活性同位素原子所占的比例，进一步增加。标记的程度通过给出富集分数来表示。例如，“^{15}N的10%富集”将意味着所有N原子的10%是^{15}N。（a）对于^{15}N信号，需要富集到什么程度才可以达到与天然丰度的^{13}C相同的强度？（b）相对于天然丰度^{13}C，通过对^{17}O的100%富集，可达到的强度是多少？

P12A.4 通过统称为“磁共振成像”（MRI）的特殊技术，可以获得整个生物体的NMR谱图。MRI的一个关键是在样品上施加线性变化的磁场。如果场在z方向上根据$\mathcal{B}_0+\mathcal{G}_z z$变化，其中$\mathcal{G}_z$是沿$z$方向的场梯度，则^{1}H核的NMR频率为

$$\nu_L(z)=\frac{\gamma_N}{2\pi}(\mathcal{B}_0+\mathcal{G}_z z)$$

对沿x和y方向的梯度，也可以写出类似的方程。频率为$\nu=\nu(z)$的NMR信号与z位置处的质子数成正比。假设一个均匀的圆盘形器官被置于这样的线性梯度场中，在这种情况下，NMR信号与距离圆盘中心的每个水平距离z，宽度δz的片中的质子数量成比例。画出MRI图像吸收强度的形状的示意图。

专题 12B　NMR 谱图的特点

讨论题

D12B.1 最早的核磁共振波谱仪通过保持频率固定，然后扫描磁场，使峰陆续共振来测量光谱。在较高磁场下产生共振的峰被描述为“高场”，在较低磁场下产生共振的峰被描述为“低场”。讨论术语“高场”和“低场”对化学位移和屏蔽意味着什么？

D12B.2 详细讨论屏蔽常数的局部贡献、邻基贡献和溶剂贡献的起因。

D12B.3 解释为什么来自两个等价 ^{1}H 核的共振不会由于核之间的自旋－自旋耦合而显示出任何裂分，但是共振信号却可以通过与第三个（不等价的）自旋耦合而被裂分？

D12B.4 解释磁等价核和化学等价核之间的区别，并各给出两个例子。

D12B.5 讨论费米接触相互作用和极化机制是如何对NMR中的自旋－自旋耦合产生贡献的。

练习题

E12B.1(a) TMS的 ^{1}H 共振信号出现在500.130 000 MHz。在500.132 500 MHz处的峰的化学位移（δ标度）是多少？

E12B.1(b) TMS的 ^{13}C 共振信号出现在125.130 000 MHz。在125.148 750处MHz的峰的化学位移（δ标度）是多少？

E12B.2(a) 在一台对于 ^{1}H 运行于500.130 000 MHz的谱仪中，发现一个共振信号频率比TMS高750 Hz。请问这个峰的化学位移（δ标度）是多少？

E12B.2(b) 在一台对于 ^{13}C 运行于125.130 000 MHz的谱仪中，发现一个共振信号频率比TMS低1 875 Hz。请问这个峰的化学位移（δ标度）是多少？

E12B.3(a) 在一台对于 ^{1}H 运行于400.130 000 MHz的谱仪中，^{1}H NMR谱中化学位移 $\delta = 9.80$ 和 $\delta = 2.2$ 的两个峰之间的频率差是多少（以Hz为单位）？

E12B.3(b) 在一台对于 ^{13}C 运行于100.130 000MHz的谱仪中，^{13}C 谱中化学位移 $\delta = 50.0$ 和 $\delta = 25.5$ 的两个峰之间的频率差是多少（以Hz为单位）？

E12B.4(a) 在一台对于 ^{1}H 运行于400.130 000 MHz的谱仪中，对应于550 Hz的频率差，^{1}H 谱中两峰的间距是多少（在δ尺度上）？

E12B.4(b) 在一台对于 ^{13}C 运行于200.130 000 MHz的谱仪中，对应于25 000 Hz的频率差，^{13}C 谱中两峰的间距是多少（在δ尺度上）？

E12B.5(a) 乙醛中 CH_3 质子的化学位移为 $\delta = 2.20$，CHO质子的化学位移为9.80。当外加磁场为（ⅰ）1.5 T，（ⅱ）15 T时，分子中两个区域的局部磁场的差别是多少？

E12B.5(b) 乙氧基乙烷（乙醚）中 CH_3 质子的化学位移为 $\delta = 1.16$，CH_2 质子的化学位移为3.36。当外加磁场为（ⅰ）1.9 T，（ⅱ）16.5 T时，分子中两个区域的局部磁场的差别是多少？

E12B.6(a) 大致按比例画出在（ⅰ）250 MHz，（ⅱ）800 MHz的谱仪上所得到的AX自旋系统的 ^{1}H NMR谱图，其中 $\delta_A = 1.00$，$\delta_X = 2.00$ 和 $J_{AX} = 10$ Hz。水平尺度单位应为Hz，以TMS的共振信号为原点。

E12B.6(b) 大致按比例画出在500 MHz的谱仪上所得到的 AX_2 自旋系统的 ^{1}H NMR谱图，其中 $\delta_A = 1.50$，$\delta_X = 4.50$，$J_{AX} = 5$Hz 记录上。水平尺度应为赫兹，以TMS的共振信号为原点。

E12B.7(a) 绘制 $^{10}BF_4^-$ 的 ^{19}F NMR谱图和 ^{10}B NMR谱图的形式。

E12B.7(b) 绘制 $^{11}BF_4^-$ 的 ^{19}F NMR谱图和 ^{11}B NMR谱图的形式。

E12B.8(a) 绘制 $^{31}PF_6$ 的 ^{31}P NMR谱图的形式。

E12B.8(b) 绘制出 $^{14}NH_4^+$ 和 $^{15}NH_4^+$ 的 ^{1}H NMR谱图的形式。

E12B.9(a) 使用类似于图12B.13和12B.14所示的方法，预测与四个等价的自旋-1/2核耦合时的多重峰的形式。

E12B.9(b) 预测与两个等价自旋-1原子核耦合时的多重峰的形式。

E12B.10(a) 使用类似图12B.13和图12B.14所示的方法，预测与两个自旋-1/2的核耦合时的多重峰的形式（与两个原子核的耦合并不相同）。

E12B.10(b) 预测质子与两个不等价的自旋-1核耦合时的多重峰的形式。

E12B.11(a) 使用类似于图12B.13和12B.14所示的方法，预测与两个等价自旋-5/2核耦合时的多重峰的形式。

E12B.11(b) 预测与三个等价自旋-5/2核耦合时的多重峰的形式。

E12B.12(a) 将1－氯－4－溴苯中的 ^{1}H 核按化学等价和磁等价进行分类。给出你的推理。

E12B.12(b) 将1，2，3－三氯苯中的 ^{1}H 核按化学等价和磁等价进行分类。给出你的推理。

E12B.13(a) 将 PF_5 中的 ^{19}F 核按化学等价和磁等价进行分类。给出你的推理。

E12B.13(b) 将 SF_5（是四方锥体）中的 ^{19}F 核按化学等价和磁等价进行分类。给出你的推理。

E12B.14(a) 一个质子在 $\delta = 2.7$ 和 $\delta = 4.8$ 的两个位点之间跳跃。在一台运行于550 MHz的谱仪中，为了使两个信号合并为单谱线，则它们之间相互转化过程的速率常数需要为多少？

E12B.14(b) 一个质子在 $\delta = 4.2$ 和 $\delta = 5.5$ 的两个位点之间跳跃。在运行于350 MHz工作的谱仪中，两个信号合并为单谱线，它们之间相互转化的速率常数需要为多少？

问　题

P12B.1 解释为什么 XeF^+ 的 ^{129}Xe NMR谱是 $J = 7\,600$ Hz的二重峰，但是 ^{19}F NMR谱图显示为 $J = 3\,800$ Hz的三重峰？提示：^{19}F 具有自旋1/2和100%的天然丰度；^{129}Xe 具有自旋1/2和26%的天然丰度。

P12B.2 IF_5 的 ^{19}F NMR谱图由两条等强度谱线和一个五重峰（五条谱线强度比为1：4：6：4：1）组成。请绘出与这个谱图相一致的 IF_5 的一个结构式，解释你是如何得到这个结果的。提示：不需要考虑与I核的可能相互作用。

P12B.3 SF_4的Lewis结构具有四对键合电子和一对孤对电子。基于S上三角双锥配位，提出提出SF_4的两个结构；以及基于正方棱锥，提出进一步的结构。对于每个结构，描述^{19}F NMR谱图的形式并给出你的理由。提示：不需要考虑与S核的可能相互作用。

P12B.4 参考图12B.15并使用数学软件或电子表格程序绘制一系列曲线，展示$^3J_{HH}$随ϕ的变化。用$A = +7.0\ Hz$，$B = -1.0\ Hz$，并且使C从+5.0 Hz的典型值稍作改变。探讨改变参数C的值对曲线形状的影响。以类似的方式，探讨A和B的值对曲线形状的影响。

P12B.5 各种版本的Karplus方程［式（12B.14）］已用于关联$XYCHCHR_3R_4$型系统中三键质子耦合常数$^3J_{HH}$的相关数据。原始版本［M. Karplus, *J. Am. Chem. Soc.*, **85**, 2870 (1963)］是$^3J_{HH} = A\cos^2\phi_{HH} + B$。实验发现，当$R_3 = R_4 = H$，$^3J_{HH} = 7.3Hz$；当$R_3 = CH_3$，$R_4 = H$，$^3J_{HH} = 8.0\ Hz$；当$R_3 = R_4 = CH_3$，$^3J_{HH} = 11.2\ Hz$。假设只有交叉构象是重要的，请确定哪种版本的Karplus方程能更好地拟合数据。提示：需要考虑包括哪些构象，并对由Karplus方程预测的耦合常数进行平均；假设X和Y是“庞大的”基团。

P12B.6 可能出乎意料的是，起先为$^3J_{HH}$耦合常数推导得到的Karplus方程也能应用于锡等金属元素的原子核之间的三键耦合。T. N. Mitchell 和B. Kowall［*Magn. Reson. Chem.*, **33**, 325 (1995)］研究了$Me_3SnCH_2CHRSnMe_3$型化合物中$^3J_{HH}$与$^3J_{SnSn}$之间的关系，发现$^3J_{SnSn} = 78.86\ Hz$，$^3J_{HH} = 27.84\ Hz$。（a）这个结果支持Karplus型方程用于锡核吗？解释你的推理。（b）获得$^3J_{SnSn}$的Karplus方程，并将其作为二面角的函数进行绘图。（c）绘制最优的构象。

P12B.7 证明由Karplus方程［式（12B.14）］表示的耦合常数在$\cos\phi = B/4C$时有一最小值。

P12B.8 在液体中，偶极磁场的平均值为零：通过计算式（12B.15）中给出的磁场的平均值来证明这个结果。提示：极坐标中的相关体积元为$\sin\theta d\theta d\phi$。

P12B.9 解释以下观测结果：（a）环己烷的^1H NMR谱在室温下为单峰，但当温度显著降低时，峰开始变宽，然后裂分成两个峰。（b）在室温下，PF_5的^{19}F NMR谱显示两条谱线，即使在实验可达到的最低温度下，谱图也基本不变。（c）在随意准备的乙醇样品的^1H NMR谱图中，可以看到一个三重峰和一个四重峰。如果样品是在仔细除水的情况下制备的，这些多重峰表现出额外的裂分。

专题 12C　核磁共振中的脉冲技术

讨论题

D12C.1 详细讨论一个90°脉冲和一个180°脉冲在静态磁场中对一自旋-1/2原子核系统的影响。

D12C.2 ^{13}C核的弛豫时间通常比^1H核长得多，为什么？

D12C.3 随着温度的升高，小分子（如苯）在流动的氘代烃溶剂中的自旋－晶格弛豫时间增加，而大分子（如聚合物）的自旋－晶格弛豫时间则减小，为什么？

D12C.4 讨论核Overhauser效应的起因及如何利用它来识别分子中的邻近质子。

D12C.5 请区分均匀和非均匀增宽。

练习题

E12C.1(a) 90°脉冲或180°脉冲的持续时间取决于$\mathcal{B}_1$场的强度。如果施加到^1H的180°脉冲需要12.5 μs，那么$\mathcal{B}_1$场的强度是多少？相应的90°脉冲需要多长时间？

E12C.1(b) 90°脉冲或180°脉冲的持续时间取决于$\mathcal{B}_1$场的强度。如果施加到^1H的90°脉冲需要5 μs，那么$\mathcal{B}_1$场的强度是多少？相应的180°脉冲需要多长时间？

E12C.2(a) 当一个洛伦兹型共振谱线的宽度为1.5 Hz时，有效横向弛豫时间是多少？

E12C.2(b) 当一个洛伦兹型共振谱线的宽度为12 Hz时，有效横向弛豫时间是多少？

E12C.3(a) 观察到一个自由感应衰减的包络线在1.0 s内减小到其初始振幅的一半。请问横向弛豫时间T_2的值是多少？

E12C.3(b) 如果横向弛豫时间T_2为50 ms，请问多长时间后自由感应衰减的包络线衰减到其初始振幅的一半？

E12C.4(a) 乙酸（醋酸）的^{13}C NMR谱图显示一个以$\delta = 21$为中心的四重峰，其裂分为130 Hz。当用质子去耦记录相同的谱图时，多重峰合并为单线。还可以观测到另一个裂分更小的四重峰，中心位于$\delta = 178$；当使用去耦时，这个四重峰合并。解释这些观察现象。

E12C.4(b) 氟乙酸的^{13}C NMR谱显示一个以$\delta = 79$为中心的多重峰。当使用质子去耦采集相同的谱图时，多重峰合并为一个双峰，其裂分为160 Hz。还可以观测另一个裂分更小的多重峰，中心位于$\delta = 179$为；当使用去耦时，这个多重合并为一个双峰。解释这些观察现象。

E12C.5(a) 预测由于^1H的偶极－偶极弛豫，^{31}P可获得的最大NOE增强效应（η值）。

E12C.5(b) 预测由于^1H的偶极－偶极弛豫，^{19}F可获得的最大NOE增加效应（η值）。

问　题

P12C.1 一位NMR谱学家进行了一系列实验，通过施加一定持续时间的脉冲，记录自由感应衰减，然后进行傅里叶变换得到谱图。持续时间为2.5 μs的脉冲能给出一个令人满意的谱图，但当脉冲持续时间增加到5.0 μs时，可以看到更强的峰。进一步增加到7.5 μs导致信号的衰减，持续时间增加到10 μs，则检测不到谱图。（a）通过考虑改变脉冲翻转角的影响，解释这些观测现象。计算（b）90°脉冲的持续时间和（c）$\mathcal{B}_1$ Larmor进动频率$\nu_L' = \gamma_N\mathcal{B}_1/2\pi$。

P12C.2 在实际的NMR谱仪中，每隔一定时间间隔对自由感应衰减进行数字化，然后将其存储在计算机存储器中，以备后续处理。从技术上讲，很难对处在NMR的典型频率上的信号进行数字化。因此，实际上，从NMR频率中减去接近Larmor进动频率的固定参考频率。这样得到的频率差，称为频率偏移，大小是几千赫兹的量级，而不是典型NMR共振频率的几百兆赫。这种低频率可以通过现有的技术数字化。对于^{1}H，如果这个参考频率被设置在TMS的NMR频率，那么化学位移为δ的峰将在$\delta\times(\nu_L/10^6)$处引起自由感应衰减。用数学软件为运行于800 MHz的谱仪中的一组$\delta=3.2$、4.1和5.0且等强度共振的三个^{1}H原子核构建FID曲线。假设参考频率被设置为TMS的NMR频率，$T_2=0.5$ s，将FID绘制到最大时间1.5 s。探索改变三个共振信号的相对振幅的效果。

P12C.3 首先阅读问题P12C.2的内容。对于一个包含许多频率且每个对应于不同的化学位移的信号，其FID，$F(t)$由下式给出：

$$F(t)=\sum_j S_{0j}\cos(2\pi\nu_j t)e^{-t/T_{2j}}$$

式中，对于每个共振j，S_{0j}是信号的最大强度，ν_j是频率偏移，T_{2j}是自旋－自旋弛豫时间。（a）对于下面的情况，使用数学软件绘制FID（到最长时间3 s）。

$S_{01}=1.0$　　$\nu_1=50$ Hz　　$T_{21}=0.50$ s

$S_{02}=3.0$　　$\nu_2=10$ Hz　　$T_{22}=1.0$ s

（b）探索FID的形式如何随着ν_1和T_{21}的改变而改变。（c）使用数学软件计算和绘制你在（a）和（b）两部分中生成的FID曲线的傅里叶变换。谱线宽如何随T_2的值变化？提示：可通过大多数软件包都提供的“快速傅里叶变换”程序进行这些计算。详细信息请参阅用户手册。应该选择余弦傅里叶变换。

P12C.4（a）在许多情况下，可以通过使用以下形式的洛伦兹函数来近似得到NMR线形。

$$I_{\text{Lorentzian}}(\omega)=\frac{S_0T_2}{1+T_2^2(\omega-\omega_0)^2}$$

式中$I(\omega)$是作为角频率$\omega=2\pi\nu$的函数的强度，ω_0是共振频率，S_0是一常数，T_2是自旋－自旋弛豫时间。确认该线形的半峰宽为$1/\pi T_2$。（b）在某些情况下，NMR谱线是频率的高斯函数，由下式给出

$$I_{\text{Gaussian}}(\omega)=S_0T_2e^{-T_2^2(\omega-\omega_0)^2}$$

请确认对于高斯线形，半峰宽等于$2(\ln 2)^{1/2}/T_2$。（c）通过绘制具有相同值S_0、T_2和ω_0值的两条线，比较和对比洛伦兹线和高斯线的形状。

P12C.5 谱线的形状$I(\omega)$与自由感应衰减信号$G(t)$有关，即

$$I(\omega)=a\,\text{Re}\int_0^\infty G(t)e^{i\omega t}dt$$

式中a是一常数，“Re”是指取之后部分的实部。计算对应于振荡衰减函数$G(t)=\cos\omega t e^{-t/\tau}$的线形。提示：将$\cos\omega t$写为$1/2(e^{-i\omega t}+e^{i\omega t})$。

P12C.6 根据问题P12C.5，证明：若$G(t)=(a\cos\omega_1 t+b\cos\omega_2 t)\cdot e^{-t/\tau}$，则谱图由两条分别位于$\omega=\omega_1$和$\omega_2$、强度与$a$和$b$成正比的线组成。

P12C.7 磁化矢量的z分量$M_z(t)$回到其平衡值M_0的指数弛豫，可用如下微分方程描述：

$$\frac{dM_z(t)}{dt}=-\frac{M_z(t)-M_0}{T_1}$$

（a）在反转恢复实验中，初始条件（时间为零时）是$M_z(0)=-2M_0$，这与180°脉冲使磁化矢量反转相对应。用这个初始条件积分微分方程（它是可变量分离的），并进而证明$M_z(\tau)=M_0(1-2e^{-\tau/T_1})$，式中$\tau$是180°脉冲和90°脉冲之间的时间。（b）以$\tau$为自变量用数学软件或电子表格绘制$M_z(\tau)/M_0$函数，取$T_1=1.0$ s；探讨增大和减小T_1的效果。（c）证明$\ln[M_0-M_z(\tau)/2M_0]$对τ作图将得到一条斜率为$-1/T_1$的直线。（d）在一次实验中，获得了下列数据；请用它们来确定T_1的值。

τ/s	0.000	0.100	0.200	0.300	0.400	0.600	0.800	1.000	1.200
$M_z(\tau)/M_0$	−1.000	−0.637	−0.341	−0.098	0.101	0.398	0.596	0.729	0.819

P12C.8 推导反转恢复实验中磁化矢量为零时对应的时间τ的表达式。在一次实验中，发现磁化矢量为零的时间是0.50 s；求T_1。提示：这个问题需要问题P12C.7的结论。

P12C.9 磁化矢量的横向分量$M_{xy}(t)$恢复到其平衡值零的指数弛豫可由如下微分方程描述：

$$\frac{dM_{xy}(t)}{dt}=-\frac{M_{xy}(t)}{T_2}$$

（a）在$t=0$和$t=\tau$之间对这个微分方程（它是可变量分离的）进行积分以获得$M_{xy}(\tau)=M_{xy}(0)e^{-\tau/T_2}$，初始条件为在$t=0$时横向磁化矢量是$M_{xy}(0)$。（b）证明$\ln[M_{xy}(\tau)/M_{xy}(0)]$对$\tau$作图将得到一条斜率为$-1/T_2$的直线。（c）在一次自旋－回波实验中，获得了以下数据；请用这些数据来求T_2。

τ/ms	10.0	20.0	30.0	50.0	70.0	90.0	110	130
$M_{xy}(\tau)/M_{xy}(0)$	0.819	0.670	0.549	0.368	0.247	0.165	0.111	0.074

P12C.10 在图12C.11中分析的自旋回波实验中，180°脉冲被施加在y轴方向，导致磁化矢量在yz平面内被反映。当在x轴方向施加180°脉冲时，实验也同样有效，在这种情况下磁化矢量在xz平面内被反映。请分析在x轴上施加180°脉冲的情况下，自旋回波实验的结果。

P12C.11 距平行于z轴的磁矩R处的磁场的z分量由式（12B.17a）给出。在固体中，距离另一质子R处的质子可以受到这样的磁场，测量它在谱图中产生的裂分可以用来计算R。例如，在石膏中，H_2O共振中的裂分可以用一个质子产生并由另一个质子受到的0.715 mT的磁场来解释。请问H_2O分子中氢原子核间的距离是多少？

P12C.12 在液晶中，分子可能不会在所有方向都自由旋转，偶极相互作用可能不会平均为零。假设某个分子被捕获，使得虽

然连接两个质子的矢量可以围绕z轴自由旋转，但是余纬度可能仅在0和θ'之间变化。请利用数学软件，计算偶极场在这一限定取向范围内的平均值，并确认当$\theta' = \pi$（对应于球面上的自由旋转）时，偶极场平均为零。在问题P12C.11中，如果H_2O分子溶解在一能使H_2O分子旋转到$\theta' = 30°$的液晶中，那么它的局部偶极场的平均值是多少？

专题 12D　电子顺磁共振

讨论题

D12D.1 描述费米接触相互作用和极化机制是如何对EPR中的超精细相互作用产生贡献的。

D12D.2 解释如何利用有机自由基的EPR谱图，来确定和绘制未成对电子所占据的分子轨道。

练习题

E12D.1(a) 在一台运行于9.223 1 GHz的谱仪中，氢原子EPR谱图的中心位于329.12 mT。这个原子中电子的g值是多少？

E12D.1(b) 在一台运行于9.248 2 GHz的谱仪中，氘原子EPR谱图的中心位于330.02 mT。这个原子中电子的g值是多少？

E12D.2(a) 含有两个等价^1H核的自由基显示出三线谱图，强度分布为1:2:1。这些谱线出现在330.2 mT、332.5 mT和334.8 mT。每个质子的超精细耦合常数是多少？如果谱仪运行于9.319 GHz，自由基的g值是多少？

E12D.2(b) 含有三个等价质子的自由基显示出四线谱图，强度分布为1：3：3：1。这些谱线出现在331.4 mT、333.6 mT、335.8 mT和338 mT。每个质子的超精细耦合常数是多少？如果谱仪运行于9.332 GHz，自由基的g值是多少？

E12D.3(a) 含有超精细耦合常数分别为2.0 mT和2.6 mT的两个不等价质子的自由基，其谱图以332.5 mT为中心。在什么场会出现超精细谱线？它们的相对强度是多少？

E12D.3(b) 含有超精细耦合常数分别为2.11 mT、2.87 mT和2.89 mT的三个不等价质子的自由基，其谱图以332.8 mT为中心。在什么场会出现超精细谱线？它们的相对强度是多少？

E12D.4(a) 预测以下两个自由基EPR谱图中超精细线的强度分布：（ⅰ）$\cdot C^1H_3$，（ⅱ）$\cdot C^2H_3$。

E12D.4(b) 预测以下两个自由基EPR谱图中超精细线的强度分布：（ⅰ）$\cdot C^1H_2C^1H_3$，（ⅱ）$\cdot C^2H_2C^2H_3$。

E12D.5(a) 苯自由基阴离子的$g = 2.002\ 5$。在一台运行于（ⅰ）9.501 GHz，（ⅱ）34.77 GHz的谱仪中，在什么场才能找到共振信号？

E12D.5(b) 萘自由基阴离子的$g = 2.002\ 4$。在一台运行于（ⅰ）9.313 GHz，（ⅱ）33.80 GHz的谱仪中，在什么场才能找到共振信号？

E12D.6(a) 含有单个磁核的自由基的EPR谱图裂分成四条等强度谱线。请问这个原子核的核自旋是多少？

E12D.6(b) 含有某一特定类型的两个等价核的自由基的EPR谱图裂分为五条强度比为1：2：3：2：1的谱线。请问原子核的自旋是多少？

问　题

P12D.1 有可能通过特殊的技术在小体积上产生非常高的磁场。在一个1.0 kT的场中，有机自由基的电子自旋共振频率是多少？与典型的分子转动、振动和电子能级差相比较，这个频率如何？

P12D.2 折线形NO_2分子具有单个未成对电子，可以稳定存在于固体基质中，或通过辐射损伤NO_2^-离子在亚硝酸盐晶体内来制备。在一台运行于9.302 GHz的谱仪中，当外加电场平行于OO方向时，谱线中心位于333.64 mT。当场沿着ONO角的平分线时，共振信号则位于331.94 mT。请问两个方向的g值是多少？

P12D.3（a）超精细耦合常数正比于所讨论核的磁旋比γ_N。解释这个观察结果。（b）$\cdot C^1H_3$中的超精细耦合常数为2.3 mT。请使用表12D.1中的信息，预测$\cdot C^2H_3$谱图中超精细谱线之间的裂分。在每种情况下，多重峰的总宽度是多少？

P12D.4 将1, 4－二硝基苯还原可制备1, 4－二硝基苯自由基阴离子。该自由基阴离子具有两个等价N原子核（$I = 1$）和四个等价质子。已知$a(N) = 0.148$ mT，$a(H) = 0.112$ mT，请预测EPR谱图的形式。

P12D.5 蒽自由基阴离子的超精细耦合常数为0.274 mT（质子1、4、5、8）、0.151 mT（质子2、3、6、7）和0.534 mT（质子9、10）。请使用McConnell方程，估计碳原子1, 2和9的自旋密度（$Q = 2.25$ mT）。

P12D.6 在自由基阴离子（**1**）、（**2**）和（**3**）中观察到的超精细耦合常数显示如下（以毫特斯拉mT为单位）。请使用苯自由基阴离子的值来计算在每个C原子π轨道上找到未成对电子的概率。

1：NO_2，NO_2；0.011，0.0172，0.0172，0.011

2：NO_2，NO_2；0.450，0.272，0.108，0.450

3：NO_2，NO_2；0.112，0.112，0.112，0.112

P12D.7 当电子占据N原子上的一个2s轨道时，它与原子核之间有55.2 mT的超精细相互作用。NO_2的谱图显示出5.7 mT的各向同性超精细相互作用。NO_2的未成对电子占据一个2s轨道的时间比例是多少？电子在N原子2p轨道上的超精细耦合常数为3.4 mT。在NO_2中，超精细耦合的各向异性部分为1.3 mT，未成对电子占据NO_2中N原子2p轨道的时间比例是多少？在（a）N原子，（b）O原子上发现电子的总概率是多少？N原子的杂化率是多少？杂化是否支持NO_2为角形分子的看点？

P12D.8 在非常低的浓度（此时电子交换的平均效应可以忽

略不计）、中等浓度（电子交换效应开始被观察到）和高浓度（电子交换效应占主导地位）的条件下，绘制二叔丁基氮氧自由基（**4**）在292 K的EPR谱图。

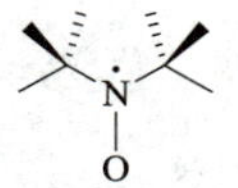

4　二叔丁基氮氧自由基

主题 12　磁共振

综合题

I12.1　考虑下列一系列分子：苯、甲苯、三氟甲苯、苯甲腈和硝基苯，所感兴趣的C原子的对位取代基分别为H、CH_3、CF_3、CN和NO_2。（a）使用你或你的老师选择的计算方法，计算这一系列有机分子中这些取代基对位上C原子的净电荷。（b）实验发现，对位C原子的^{13}C化学位移按甲苯、苯、三氟甲苯、苯甲腈、硝基苯的顺序增加。^{13}C化学位移的变化与计算得到的^{13}C原子上的净电荷之间是否存在相关性？（c）你计算分析的每个分子中对位C原子的^{13}C化学位移如下：

取代基	CH_3	H	CF_3	CN	NO_2
δ	128.4	128.5	128.9	129.1	129.4

在这一系列分子中，对位C原子的净电荷与^{13}C化学位移之间存在线性相关吗？（d）如果你的确在（c）部分中找到了相关性，解释这个相关性的物理来源。

I12.2　专题9E中描述的计算技术已经表明，氨基酸酪氨酸参与许多生物电子转移反应，包括在植物光合作用中水氧化成O_2和在氧化磷酸化中O_2还原成水的过程。在这些电子转移反应过程中，酪氨酸自由基形成，其自旋密度在氨基酸的侧链上离域。（a）（**5**）中所示的对甲基苯氧自由基是酪氨酸自由基的适用模型。使用分子模拟软件和你或你的老师选择的计算方法，计算（**5**）中O原子和所有C原子上的自旋密度。（b）预测（**5**）的EPR谱图形式。

5　对甲基苯氧自由基

I12.3　两组质子分别具有$\delta = 4$和$\delta = 5.2$，它们可以通过一个可变分子的构象变化相互转换。在60 MHz谱仪中，在280 K时，谱线合并为单线，但在300 MHz谱仪中，直到温度升高到300 K时才发生合并。计算两个温度下的交换速率常数，从而得到两种构象相互转化的活化能（专题17D）。

I12.4　NMR谱学可用于测定一个小分子（如一个酶抑制剂I）和一个蛋白质（如一个酶E）形成的一个复合物的解离平衡常数：

$$EI \rightleftharpoons E + I \qquad K_I = [E][I]/[EI]$$

在慢化学交换条件下，I中质子的NMR谱将由两个共振峰组成：一个在ν_I处，对应于自由I；另一个在ν_{EI}处，对应于结合I。当化学交换很快时，I中同一质子的NMR谱由单峰组成，其共振频率ν由$\nu = f_I\nu_I + f_{EI}\nu_{EI}$给出，其中$f_I = [I]/([I] + [EI])$和$f_{EI} = [EI]/([I] + [EI])$分别是自由I和结合I的分数。为了分析数据，定义频率差$\delta\nu = \nu - \nu_I$和$\Delta\nu = \nu_{EI} - \nu_I$也是有用的。证明，当I的初始浓度$[I]_0$比E的初始浓度$[E]_0$大很多时，$[I]_0$对$(\delta\nu)^{-1}$作图将是一条斜率为$[E]_0\Delta\nu$、$y$轴截距为$-K_I$的直线。

主题 13
统计热力学

统计热力学建立了物质微观性质和宏观性质之间的联系，它提供了一种由结构和光谱数据来计算热力学性质的方法，并能洞悉化学性质的分子起因。

13A 玻耳兹曼分布

“玻耳兹曼分布”可以用来预测系统处在热平衡时的状态分布，是化学中最重要的公式之一，因其不仅总结了状态的布居，也洞悉了温度的本质。

13A.1 构型与权重；13A.2 状态的相对布居

13B 分子配分函数

玻耳兹曼分布引入了“配分函数”这一中心数学概念。本专题说明如何解释配分函数，以及如何计算一些简单情况中的配分函数。

13B.1 配分函数的含义；13B.2 配分函数的计算

13C 分子能量

配分函数是热力学版的波函数，它包含了一个系统的所有热力学信息。在本专题，配分函数被用来计算独立分子集合体基本运动模式能量的平均值。

13C.1 基本公式；13C.2 各种基本运动模式的贡献

13D 正则系综

分子之间彼此有相互作用；如果不能将这些相互作用考虑进来，统计热力学将是不完整的。本专题介绍通过引入“正则系综”来实现这一目标的原理，以及如何使用这一概念。

13D.1 系综的概念；13D.2 系统的平均能量；13D.3 再论独立分子；13D.4 能量随体积的变化

13E 内能和熵

本节介绍如何使用分子配分函数来计算并洞悉两个基本的热力学函数，即内能和熵，后者基于由玻耳兹曼引入的另一个核心方程，即玻耳兹曼对“统计熵”的定义。

13E.1 内能；13E.2 熵

13F 辅助函数

有了联系内能和熵与配分函数关系的表达式，就可导出热力学辅助函数（如亥姆霍兹能和吉布斯能）的表达式。然后，一旦获得了吉布斯能，最后一步就是一些重要的化学表达式的计算。作为这方面的一个例子，这里我们介绍通过结构和光谱数据来计算平衡常数。

13F.1 推导；13F.2 平衡常数

网络资源 这部分内容有何应用?

统计论证在生物化学中有诸多应用。在“应用案例20”中，介绍了与配分函数最直接相关的一个应用：在多肽中的螺旋－线圈平衡及协同行为的作用。

专题 13A

玻耳兹曼分布

▶ 为何需要学习这部分内容？

玻耳兹曼分布是理解化学中诸多内容的关键，所有热力学性质都可以用此来加以解释，如化学反应平衡常数和速率与温度的关系。在化学中，可能没有比此更重要的统一概念了。

▶ 核心思想是什么？

在一定条件下，分子在许可能级上的最概然分布依赖于单个参数，即温度。

▶ 需要哪些预备知识？

需要知道分子只能处于一些离散（不连续）的能级上（专题 7A），以及在一些情形中，具有相同能量的状态可能不止一个。

本专题中所讨论的问题是任一类型分子在任一温度、任一运动模式中状态分布的计算；唯一的限制条件是分子应当是独立的，即系统的总能量是所有分子能量的加和。在实际系统中，分子之间的相互作用对总能量有贡献，但在现阶段这种可能性暂时不予考虑。这部分理论的发展是基于**等概率原理**（principle of equal *a priori* probabilities），即假设能量分布各种可能性的概率相等。“a priori”在本书中的大致意思是“就我们所知”。例如，对处于热平衡的分子集合体，除了假设分子在一定能量的某振动态上的分布数可能与在相同能量的转动态上的分布数相同之外，没有理由可以有其他假定。

通过下面的分析，将得到一个非常重要的结论，即许可状态的最概然分布依赖于单一参数“温度”。也就是说，下面的分析为温度的概念提供了分子说明，并揭示这个至关重要的物理量的本质。

13A.1 构型与权重

任一分子可以出现在能量为ε_0，ε_1，…的状态上。由于即将澄清的原因，最低许可状态总是作为能量零点（即$\varepsilon_0 \equiv 0$），所有其他状态的能量都是相对于这一状态测量的。为了获得系统的实际能量，必须在基于该基准计算结果的基础上再加上一个常量。例如，当考虑振动对能量的贡献时，系统中所有振子的总零点能必须加进去。

（a）瞬态构型

在任一瞬间，在能量为ε_0的状态0上将会有N_0个分子，能量为ε_1的状态1上有N_1个分子，以此类推；$N_0+N_1+\cdots=N$，N是系统中分子的总数。这种分子在许可能级上的分布$\{N_0, N_1, \cdots\}$称为系统的瞬态**构型**（configuration）。瞬态构型随时间波动，因为分子在各能级上的分布数可能因碰撞而发生变化。

首先，假设所有状态具有完全相同的能量。那么，所有构型的能量都是相同的，每个状态上的分子数也就没有限制。现在，画出大量不同的瞬态构型。例如，一种可能是$\{N, 0, 0, \cdots\}$，对应于所有分子都处在状态0上；另一种可能是$\{N-2, 2, 0, 0, \cdots\}$，其中2个分子处在状态1上，其余分子处在状态0上。后一种构型本质上较前者更有可能出现，因为它可以多种方式实现：$\{N, 0, 0, \cdots\}$只能以一种方式实现，而$\{N-2, 2, 0, 0, \cdots\}$可以$\frac{1}{2}N(N-1)$种不同方式实现。到状态1的第一个分子可有N种选择方式，第二个分子则有$(N-1)$种选择方式；所以，总选择数为$N(N-1)$。然而，(A，B)与(B，A)这两种选择是无法区分的，因为它们都导致相同的构型。因此，只有一半选择导致可区分的构型，可区分选择总数就是$\frac{1}{2}N(N-1)$。如果由于碰撞的结果，系统在构型$\{N, 0, 0, \cdots\}$和$\{N-2, 2, 0, 0, \cdots\}$之间波动，则它将几乎总是被发现处在第二种更有可能出现的构型中，尤其当N很大时。换句话说，在这两种构型之间自由切换的系统，将呈现几乎全部是第二种构型的性质特征。

下一步是导出实现一个构型$\{N_0, N_1, N_2, \cdots\}$方式数的表达式，该方式数称为构型的**权重**(weight)，用符号$\mathcal{W}$表示。

如何完成？13A.1　计算一个构型的权重

考虑将N个球放入多个箱子的方式数，第一个球可以有N种不同的选择方式，第二个球从剩余$(N-1)$个球中挑选，有$(N-1)$种不同选择方式，以此类推，共有$N(N-1)\cdots=N!$种选择方式。但是，如果有N_0个球在标记为ε_0的箱子中，将会有$N_0!$种不同方式都是选择了相同的球（图13A.1）。类似地，N_1个球在标记为ε_1的箱子中可有$N_1!$种不同方式都是选择了相同的球，以此类推。因此，将N_0个球放在箱子ε_0，N_1个球放在箱子ε_1，…，总的不可分辨的分配球的方式数（不管球被选择的次序）为

$$\mathcal{W}=\frac{N!}{N_0!N_1!N_2!\cdots} \quad \text{一个构型的权重} \qquad (13\text{A}.1)$$

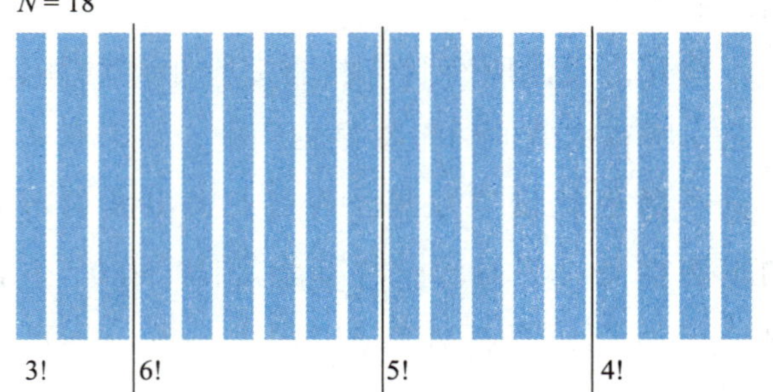

图13A.1　18个分子（竖条）分配到4个接受器（被三条垂线分开）中。其中，3个分子在第一个接受器中，6个分子在第二个接受器中，5个分子在第三个接受器中，4个分子在第四个接受器中。总共有18!种不同方式实现这种分配，但由于将3个分子放在第四个接受器中有3!种等价方式，将6个分子放在第二个接受器中有6!种等价方式，将5个分子放在第三个接受器中有5!种等价方式，将4个分子放在第四个接受器中有4!种等价方式。因此，不可区分的分配数将是18!/(3!6!5!4!)，大约是5.15亿

简要说明 13A.1

为了计算将20个相同物体排列成1, 0, 3, 5, 10, 1的分配方式数，注意到构型是{1, 0, 3, 5, 10, 1}，$N=20$。另外，$0!\equiv1$。因此，权重为

$$\mathcal{W}=\frac{20!}{1!0!3!5!10!1!}=9.31\times10^8$$

用权重的自然对数$\ln\mathcal{W}$比用权重本身处理起来更为方便：

$$\ln\mathcal{W}=\ln\frac{N!}{N_0!N_1!N_2!\cdots}\overset{\ln(x/y)=\ln x-\ln y}{=}\ln N!-\ln(N_0!N_1!N_2!\cdots)$$

$$\overset{\ln xy=\ln x+\ln y}{=}\ln N!-\ln N_0!-\ln N_1!-\ln N_2!-\cdots=\ln N!-\sum_i \ln N_i!$$

引进$\ln\mathcal{W}$的一个原因是它更易近似处理。特别地，阶乘可以借用斯特林（Stirling）近似公式[1]得以简化处理。

$$\ln x!\approx x\ln x-x \quad \text{斯特林近似公式} [x\gg1] \qquad (13\text{A}.2)$$

这样，权重的近似表达式就是

$$\ln\mathcal{W}=(N\ln N-N)-\sum_i(N_i\ln N_i-N_i)$$

$$=N\ln N-N-\sum_i N_i\ln N_i+N \qquad (\text{因为}\sum_i N_i=N)$$

$$=N\ln N-\sum_i N_i\ln N_i \qquad (13\text{A}.3)$$

（b）最概然分布

构型$\{N-2, 2, 0, 0, \cdots\}$比构型$\{N, 0, 0, \cdots\}$拥有更大的权重。不难想象，一定还有权重远大于这两者的其他构型。事实上，当N很大时，有一个构型具有如此大的权重使它在重要性上压倒了所有其他构型，以至于系统几乎总是被发现处于该构型中。因此，系统的性质将是该特定优势构型的特征。这个统治构型可以通过寻找使$\mathcal{W}$有最大值的N_i值而加以发现，因为$\mathcal{W}$是所有N_i的函数。这种寻找可以通过改变N_i，然后求对应于$\mathrm{d}\mathcal{W}=0$的值（就如同求任意函数的最大值），或等价地求$\ln\mathcal{W}$的最大值来完成。因为$\ln\mathcal{W}$依赖于所有的N_i，

1　该公式更为精确的一种形式是 $\ln x!\approx\ln(2\pi)^{1/2}+(x+\frac{1}{2})\ln x-x$。

当构型变化时，N_i变化至$N_i+\mathrm{d}N_i$，函数$\ln\mathcal{W}$变化至$\ln\mathcal{W}+\mathrm{d}\ln\mathcal{W}$，其中

当$\mathcal{W}$是最大值时

$$\mathrm{d}\ln\mathcal{W}=\sum_i\left(\frac{\partial\ln\mathcal{W}}{\partial N_i}\right)\mathrm{d}N_i=0 \tag{13A.4}$$

$\partial\ln\mathcal{W}/\partial N_i$表示当$N_i$变化时$\ln\mathcal{W}$是如何变化的：如果$N_i$变化了$\mathrm{d}N_i$，则$\ln\mathcal{W}$的变化为$(\partial\ln\mathcal{W}/\partial N_i)\times\mathrm{d}N_i$。$\ln\mathcal{W}$的总变化就是所有这些变化的加和。但是，这个方法有两个难点。

前面曾假定所有状态具有相同的能量。现在，这一限制必须去除。只有那些对应有确定的、恒定系统总能量的构型才能被保留。这一要求排除了许多构型，如$\{N, 0, 0, \cdots\}$和$\{N-2, 2, 0, 0, \cdots\}$，因为这些构型具有不同的能量（除非ε_0和ε_1碰巧具有相同的能量），两者都不可能出现在同一隔离系统中。因此，具有最大权重的构型同时也必须满足如下条件：

$$\sum_i N_i\varepsilon_i=E \tag{13A.5a}$$

能量限制条件［总能量不变］

式中E是系统的总能量。当N_i变化$\mathrm{d}N_i$时，总能量不能变化，故有

$$\sum_i \varepsilon_i\mathrm{d}N_i=0 \tag{13A.5b}$$

能量限制条件

由于分子总数也是固定的（N个），因此并不是所有的布居都可以独立变化。例如，一个状态的布居增加了1，则要求另一个状态的布居必须减少1。这就产生第二个限制条件。因此，求$\mathcal{W}$的最大值时，还必须满足如下条件：

$$\sum_i N_i=N \tag{13A.6a}$$

数目限制条件［分子总数不变］

根据式（13A.6a），当N_i变化$\mathrm{d}N_i$时，各个状态上分子数目变化的加和必须等于零，即

$$\sum_i \mathrm{d}N_i=0 \tag{13A.6b}$$

数目限制条件

现在面临的挑战是：如何在这两个限制条件下求解方程（13A.4）。

如何完成？13A.2　附加限制条件

求带有附加条件时某一函数的极值，可采用数学家 Joseph-Lious Lagrange 提出的方法，称为“待定因子法”：

- 将每个限制条件乘以一常数，然后加至主变量方程中。
- 将所有变量当作独立的来处理。
- 在计算的后期确定常数。

步骤 1　*引入常数*

有两个限制条件，因此需要引入两个常数α和$-\beta$（负号将在后面有用）。这样，当$\ln\mathcal{W}$为最大值时，有

$$\overbrace{\sum_i\left(\frac{\partial\ln\mathcal{W}}{\partial N_i}\right)\mathrm{d}N_i}^{\text{原表达式}}+\alpha\overbrace{\sum_i\mathrm{d}N_i}^{\text{数目限制条件}}-\beta\overbrace{\sum_i\varepsilon_i\mathrm{d}N_i}^{\text{能量限制条件}}$$

$$=\sum_i\left[\left(\frac{\partial\ln\mathcal{W}}{\partial N_i}\right)+\alpha-\beta\varepsilon_i\right]\mathrm{d}N_i$$

$$=0$$

步骤 2　*将变量视为独立变量*

现在，将$\mathrm{d}N_i$视为独立变量，则满足$\mathrm{d}\ln\mathcal{W}=0$的唯一方法就是要求对于每个$i$，都有

$$\left(\frac{\partial\ln\mathcal{W}}{\partial N_i}\right)+\alpha-\beta\varepsilon_i=0 \tag{13A.7}$$

$\mathcal{W}$有最大值的条件

在这个冗长推导的下一步就是代入$\ln\mathcal{W}$的表达式，即式（13A.3）。该过程中包含确定$\ln\mathcal{W}$对N_i的导数。

如何完成？13A.3　确定 $\ln\mathcal{W}$ 对 N_i 的导数

为了准备这个计算，将式（13A.3）从

$$\ln\mathcal{W}=N\ln N-\sum_i N_i\ln N_i$$

变化至

$$\ln\mathcal{W}=N\ln N-\sum_j N_j\ln N_j$$

这里，我们用j代替i作为状态的“名称”。这样，微分变量（N_i）中的i就不会与加和项中的i相混淆。对上式求导，可得

$$\frac{\partial\ln\mathcal{W}}{\partial N_i}=\overbrace{\frac{\partial(N\ln N)}{\partial N_i}}^{\text{第一项}}-\overbrace{\sum_j\frac{\partial(N_j\ln N_j)}{\partial N_i}}^{\text{第二项}}$$

步骤 1　*确定表达式中的第一项*

等式右边第一项可以如下方式得到（通过使用乘法定则）：

$\mathrm{d}(fg)/\mathrm{d}x=f\mathrm{d}g/\mathrm{d}x+g\mathrm{d}f/\mathrm{d}x$

$$\frac{\partial(N\ln N)}{\partial N_i}=\left(\frac{\partial N}{\partial N_i}\right)\ln N+N\left(\frac{\partial\ln N}{\partial N_i}\right)$$

现在，注意到

$$\frac{\partial N}{\partial N_i}=\frac{\partial}{\partial N_i}(N_1+N_2+\cdots)=1$$

因为不管i的值如何，N_i只匹配一项，加和项中也仅有一项。接下来，已知

d ln$y$/dx = (1/y)dy/dx

$$\frac{\partial \ln N}{\partial N_i}=\frac{1}{N}\overbrace{\frac{\partial N}{\partial N_i}}^{1}=\frac{1}{N}$$

因此

$$\frac{\partial (N\ln N)}{\partial N_i}=\ln N+1$$

步骤 2　*确定第二项*

对于第二项，有

d(fg)/dx = fdg/dx + gdf/dx

$$\sum_j \frac{\partial (N_j \ln N_j)}{\partial N_i}=\sum_j\left[\left(\frac{\partial N_j}{\partial N_i}\right)\ln N_j+N_j\left(\frac{\partial \ln N_j}{\partial N_i}\right)\right]$$

d ln y/dx = (1/y)dy/dx

$$=\sum_j\left[\left(\frac{\partial N_j}{\partial N_i}\right)\ln N_j+\left(\frac{\partial N_j}{\partial N_i}\right)\right]$$

$$=\sum_j(\ln N_j+1)\left(\frac{\partial N_j}{\partial N_i}\right)$$

由于所有N_j都是独立的，故在$\partial N_j/\partial N_i$中幸存的唯一一项就是$j=i$的那项，而$\partial N_i/\partial N_i=1$。因此：

$$\sum_j \frac{\partial (N_j \ln N_j)}{\partial N_i}=\ln N_i+1$$

步骤 3　*将两项放在一起*

将第一项和第二项放在一起，得到

$$\frac{\partial \ln \mathcal{W}}{\partial N_i}=\ln N+1-(\ln N_i+1)$$

也即

$$\frac{\partial \ln \mathcal{W}}{\partial N_i}=-\ln\frac{N_i}{N}$$

将上式代入式（13A.7），可得

$$-\ln\frac{N_i}{N}+\alpha-\beta\varepsilon_i=0$$

则

$$\frac{N_i}{N}=\mathrm{e}^{\alpha-\beta\varepsilon_i} \qquad (13\mathrm{A}.8)$$

至此，我们已经非常接近玻耳兹曼分布了。

（c）常数的值

至此，可有

$$N=\sum_i N_i=\sum_i N\mathrm{e}^{\alpha-\beta\varepsilon_i}=N\mathrm{e}^{\alpha}\sum_i \mathrm{e}^{-\beta\varepsilon_i}$$

等式两边消去N，可得

$$\mathrm{e}^{\alpha}=\frac{1}{\sum_i \mathrm{e}^{-\beta\varepsilon_i}} \qquad (13\mathrm{A}.9)$$

因此，式（13A.8）又可写为

$$\frac{N_i}{N}=\mathrm{e}^{\alpha-\beta\varepsilon_i}=\mathrm{e}^{\alpha}\mathrm{e}^{-\beta\varepsilon_i}=\frac{\mathrm{e}^{-\beta\varepsilon_i}}{\sum_i \mathrm{e}^{-\beta\varepsilon_i}} \qquad \text{玻耳兹曼分布} \qquad (13\mathrm{A}.10\mathrm{a})$$

式（13A.10a）称为**玻耳兹曼分布**（Boltzmann distibution）。该式通常写成

$$\frac{N_i}{N}=\frac{\mathrm{e}^{-\beta\varepsilon_i}}{q} \qquad \text{玻耳兹曼分布} \qquad (13\mathrm{A}.10\mathrm{b})$$

式中q称为**配分函数**（partition function），即

$$q=\sum_i \mathrm{e}^{-\beta\varepsilon_i} \qquad \text{配分函数[定义]} \qquad (13\mathrm{A}.11)$$

在目前这个阶段，配分函数还只不过是加和项的一个简便缩写。不过，专题13B将显示其对热力学性质的统计诠释至关重要。

式（13A.10）表明，单个参数（这里用β表示）控制了系统状态的最概然布居，该参数显然与温度有关。β值的正式推演有赖于使用玻耳兹曼分布导出完美气体的状态方程（参见专题13F和例题13F.1），β与温度的关系被确认为

$$\beta=\frac{1}{kT} \qquad (13\mathrm{A}.12)$$

式中T是热力学温度，k是玻耳兹曼常数。换句话说：

对于一个处于热平衡的系统，温度是控制状态最概然布居的唯一参数。

简要说明 13A.2

假设一个分子两种构象的能量相差5.0 kJ · mol^{-1}（相当于单个分子为8.3 zJ；1 zJ = 10^{-21} J），构象A的能量为0，构象B能量为ε = 8.3 zJ。在20 ℃（293 K）时，式（13A.10a）的分母为

$$\sum_i \mathrm{e}^{-\beta\varepsilon_i}=1+\mathrm{e}^{-\varepsilon/kT}=1+\mathrm{e}^{-(8.3\times10^{-21}\,\mathrm{J})/(1.381\times10^{-23}\,\mathrm{J\cdot K^{-1}}\times 293\,\mathrm{K})}=1.12$$

该温度时，处在构象B中的分子分数为

$$\frac{N_{\mathrm{B}}}{N}=\frac{\mathrm{e}^{-(8.3\times10^{-21}\,\mathrm{J})/(1.381\times10^{-23}\,\mathrm{J\cdot K^{-1}}\times 293\,\mathrm{K})}}{1.12}=0.11$$

即11%的分子处在构象B中。

13A.2　状态的相对布居

当用式（13A.10b）仅考虑状态的相对布居时，配分函数不需要计算。因为当用粒子数之比时，配分函数可以被消去，即

$$\frac{N_i}{N_j}=\frac{\mathrm{e}^{-\beta\varepsilon_i}}{\mathrm{e}^{-\beta\varepsilon_j}}=\mathrm{e}^{-\beta(\varepsilon_i-\varepsilon_j)}$$

玻耳兹曼布居比［热平衡］　（13A.13a）

由此可见，对于给定的能量间隔，布居数之比N_1/N_0随β增加（即温度下降）而减少。当$T=0$（$\beta=\infty$）时，所有布居都在基态，布居数之比为零。式（13A.13a）对理解大量化学现象十分重要，也是玻耳兹曼分布通常应用的形式（例如，在讨论光谱跃迁的强度时，见专题11A）。它意味着两个状态的相对布居随它们之间的能量差而指数衰减。

非常重要的一点是，玻耳兹曼分布给出了状态而非能级的相对布居。一些状态可能具有相同的能量，且每一状态拥有由式（13A.13a）所给出的布居。当计算能级而非状态的相对布居时，必须考虑能级的简并度。如果能量为ε_i的能级是g_i重简并的（即有g_i个状态具有该能量），能量为ε_j的能级是g_j重简并的，那么，这两个能级的相对总布居数可由下式给出：

$$\frac{N_i}{N_j}=\frac{g_i\mathrm{e}^{-\beta\varepsilon_i}}{g_j\mathrm{e}^{-\beta\varepsilon_j}}=\frac{g_i}{g_j}\mathrm{e}^{-\beta(\varepsilon_i-\varepsilon_j)}$$

玻耳兹曼布居比［热平衡，简并度］　（13A.13b）

例题 13A.1　计算转动状态的相对布居

计算25 ℃时，HCl两个转动能级（$J=1$和$J=0$）的相对布居数；已知：对于HCl，$\tilde{B}=10.591\ \mathrm{cm^{-1}}$。

整理思路　尽管基态是非简并的，需要注意$J=1$的能级是三重简并的（$M_J=0,\pm1$）；量子数为J的状态的能量为$\varepsilon_J=hc\tilde{B}J(J+1)$（专题11B）。一个有用的关系式是：在298.15 K时，$kT/hc=207.22\ \mathrm{cm^{-1}}$。

解：$J=1$和$J=0$对应状态的能量间隔为$\varepsilon_1-\varepsilon_0=2hc\tilde{B}$。因此，$J=1$的三个简并态$M_J$中的任意一个与$J=0$的单个状态的布居比为

$$\frac{N_{J,M_J}}{N_0}=\mathrm{e}^{-2hc\tilde{B}\beta}$$

考虑到上一个能级的三重简并度，两个能级的相对布居则为

$$\frac{N_J}{N_0}=3\mathrm{e}^{-2hc\tilde{B}\beta}$$

将$hc\tilde{B}\beta=hc\tilde{B}/kT=(10.591\ \mathrm{cm^{-1}})/(207.22\ \mathrm{cm^{-1}})=0.0511$代入上式，可得

$$\frac{N_J}{N_0}=3\mathrm{e}^{-2\times0.0511}=2.708$$

说明　由于$J=1$的能级是三重简并的，尽管其能量更高，但它仍比$J=0$的能级具有更高的布居。本例题表明，你需要弄清究竟是要计算不同状态还是不同能级（可能是简并的）的相对布居。

自测题13A.1　在25 ℃时，HCl两个转动能级（$J=2$和$J=1$）的布居之比是多少？

答案：1.359。

概念清单

- ☐ 1. **等概率原理**假定当分布与所涉及的运动类型无关时，能量分布的所有可能性都具有相同的概率。
- ☐ 2. 由N个分子组成的系统的**瞬态构型**由分子在能级$\varepsilon_0,\varepsilon_1,\cdots$上的一组布居数$N_0,N_1,\cdots$来确定。
- ☐ 3. **玻耳兹曼分布**可给出任一温度时系统每个状态上的分子数目。
- ☐ 4. 与状态的相对布居不同，能级的**相对布居**必须考虑能级的简并度。

公式清单

性质	公式	说明	公式编号
玻耳兹曼分布	$N_i/N=e^{-\beta\varepsilon_i}/q$	$\beta=1/kT$	13A.10b
配分函数	$q=\sum_i e^{-\beta\varepsilon_i}$	见专题 13B	13A.11
玻耳兹曼布居比	$N_i/N_j=(g_i/g_j)e^{-\beta(\varepsilon_i-\varepsilon_j)}$	g_i和g_j为能级的简并度	13A.13b

专题13B

分子配分函数

▶ 为何需要学习这部分内容？

通过配分函数，统计热力学建立了热力学数据和分子性质（已由谱学计算或导出）之间的联系。因此，这部分内容是由组成分子的性质来理解宏观物质的物理和化学性质的重要基础。

▶ 核心思想是什么？

配分函数可由光谱导出或计算得到的有关分子的结构信息来计算。

▶ 需要哪些预备知识？

需要知道玻耳兹曼分布表达了分子在许可能级上的最概然分布（专题13A）。在上一个专题中引入的配分函数的概念将在本专题进一步深入探讨。需要知道分子转动能级和振动能级（专题11B~11D）以及盒子中的粒子的能级表达式（专题7D）。

在专题13A中曾引入配分函数 $q=\sum\limits_i e^{-\beta\varepsilon_i}$，当时仅简单地作为一个符号，用以表示对状态的加和而出现在玻耳兹曼分布［式（13A.10b），$p_i=e^{-\beta\varepsilon_i}/q$，$p_i=N_i/N$）的分母上。但配分函数的重要性远不止这些。例如，它含有计算独立子系统宏观性质所需的所有信息。在这方面，q 对宏观物质所扮演的角色十分类似于量子力学中的波函数对个体分子所扮演的角色，q 是一类热波函数。

13B.1 配分函数的含义

分子配分函数（molecular partition function）为

$$q=\sum_{\text{状态}\,i} e^{-\beta\varepsilon_i} \qquad \text{分子配分函数［定义］} \qquad (13B.1a)$$

式中 $\beta=1/kT$。如同在专题13A中所强调的，式（13B.1a）是对所有状态加和，而非针对能级。如果 g_i 个状态具有相同的能量 ε_i（即能级是 g_i 重简并的），那么

$$q=\sum_{\text{能级}\,i} g_i e^{-\beta\varepsilon_i} \qquad \text{分子配分函数［另一种定义］} \qquad (13B.1b)$$

现在式中的加和是对能级（具有相同能量的一组状态）加和，而非针对状态。另外，如在专题13A中所强调的，最低许可状态作为能量的零点，故 $\varepsilon_0\equiv 0$。

简要说明13B.1

假设一个分子受限于下列非简并能级：$0, \varepsilon, 2\varepsilon, \cdots$（图13B.1），那么，分子配分函数为

$$q=1+e^{-\beta\varepsilon}+e^{-2\beta\varepsilon}+\cdots=1+e^{-\beta\varepsilon}+(e^{-\beta\varepsilon})^2+\cdots$$

假设 $|x|<1$，则几何级数的无穷加和 $1+x+x^2+\cdots=1/(1-x)$。此处 $x=e^{-\beta\varepsilon}<1$，故有

$$q=\frac{1}{1-e^{-\beta\varepsilon}}$$

该函数绘于图13B.2中（$\beta=1/kT$）。

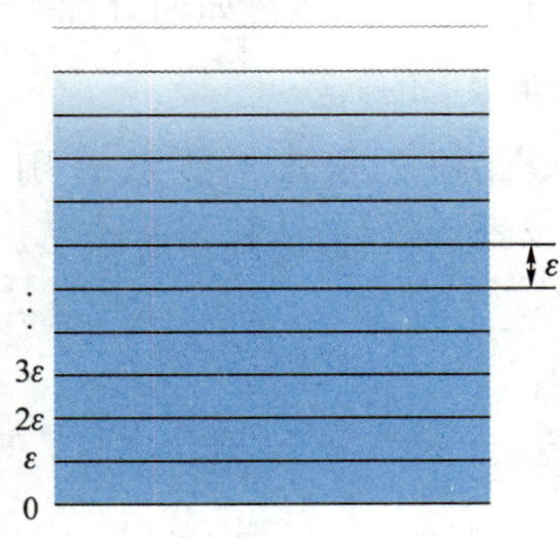

图13B.1 用于配分函数计算的、能级的等间隔无限阵列。谐振子具有这样的能级排列（布）

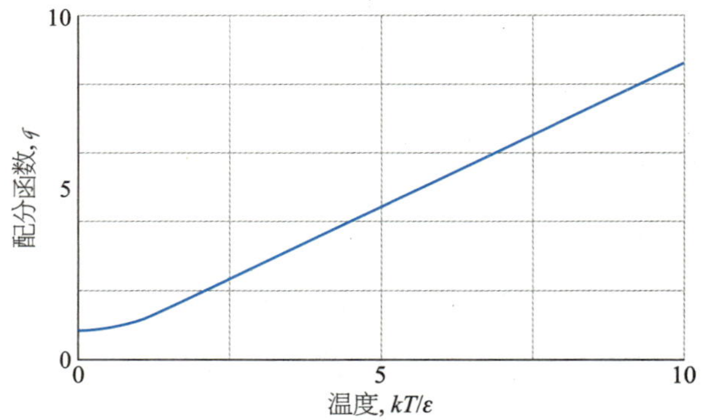

图 13B.2　图 13B.1 中所示系统（一个谐振子）的配分函数是温度的函数

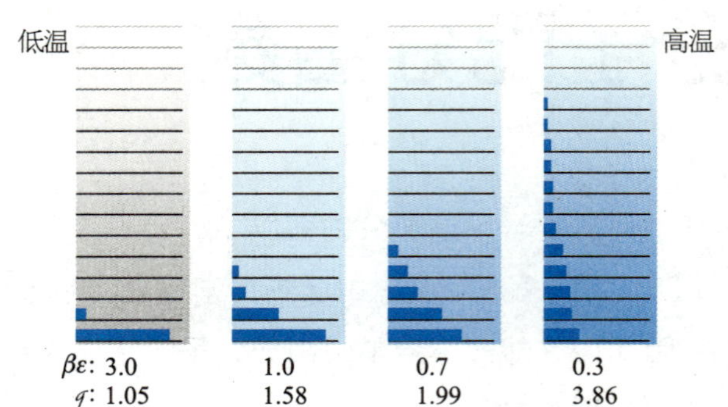

图 13B.3　不同温度时，图 13B.1 所示系统能级上的布居及由式（13B.2a）计算的相应配分函数值（其中 $\beta = 1/kT$）

"简要说明 13B.1"中的结果是等间隔（间隔为 ε）状态匀梯配分函数的重要表达式：

$$q = \frac{1}{1-\mathrm{e}^{-\beta\varepsilon}} \qquad \text{配分函数[匀梯]} \qquad (13B.2a)$$

此表达式可以用来解释配分函数的物理意义。为此，首先注意对于能级的这种排布，玻耳兹曼分布给出了分子在能量为 ε_i 状态上的分数（占比）：

$$p_i = \frac{\mathrm{e}^{-\beta\varepsilon_i}}{q} = (1-\mathrm{e}^{-\beta\varepsilon})\mathrm{e}^{-\beta\varepsilon_i} \qquad \text{布居占比[匀梯]} \qquad (13B.2b)$$

图 13B.3 显示 p_i 是如何随温度变化的。在很低温度（高 β）时，q 接近为 1，只有最低状态是主要被占据的。当温度升高，分子不再仅占据在最低状态上，越来越多的更高状态逐渐被占据；与此同时，配分函数从 1 变大，故其值表示在任一给定温度时被占据状态的范围。"配分函数"这一名字反映出 q 量度了分子总数是如何分配（也即配分）在各个许可能级上的。

对于仅有两个状态（能量分别为 $\varepsilon_0 = 0$ 和 $\varepsilon_1 = \varepsilon$）的系统（即"双能级系统"），相应的表达式为

$$q = 1+\mathrm{e}^{-\beta\varepsilon} \qquad \text{配分函数[双能级系统]} \qquad (13B.3a)$$

$$p_i = \frac{\mathrm{e}^{-\beta\varepsilon_i}}{q} = \frac{\mathrm{e}^{-\beta\varepsilon_i}}{1+\mathrm{e}^{-\beta\varepsilon}} \qquad \text{布居占比[双能级系统，} i=0,1\text{]} \qquad (13B.3b)$$

因此，两个状态的布居分数分别为

$$p_0 = \frac{1}{1+\mathrm{e}^{-\beta\varepsilon}} \qquad p_1 = \frac{\mathrm{e}^{-\beta\varepsilon}}{1+\mathrm{e}^{-\beta\varepsilon}} \qquad (13B.4)$$

图 13B.4 显示了配分函数随温度的变化，而图 13B.5 则显示布居分数是如何随温度变化的。可

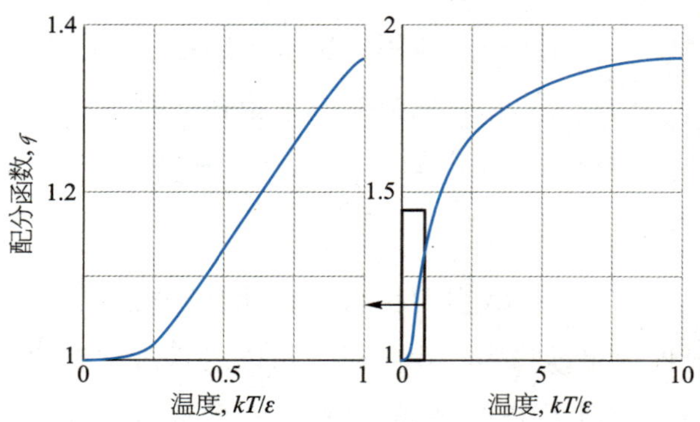

图 13B.4　双能级系统的配分函数与温度的关系。两幅图中温度横坐标的标尺不同，以便说明当 $T\to 0$，配分函数趋近为 1，以及当 $T\to\infty$ 时，配分函数慢慢地趋近 2

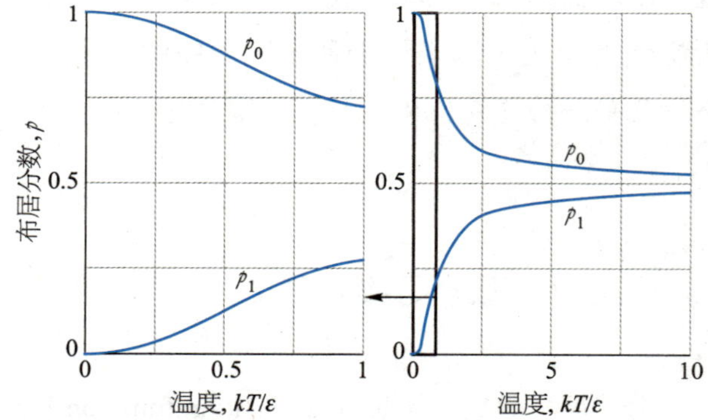

图 13B.5　双能级系统两个状态的布居分数随温度的变化[式（13B.4）]。可见，当 $T\to\infty$ 时，两个状态的布居变为相等（即两个布居分数均趋近 0.5）

见，在 $T=0$ 时，两个状态的布居分数分别为 $p_0 = 1$ 和 $p_1 = 0$，配分函数 $q = 1$（仅有一个状态被占据）。然而，当 $T\to\infty$（即 $\beta\to 0$）时，两个状态的布居分数趋向相等（即 $p_0 = \frac{1}{2}$，$p_1 = \frac{1}{2}$），且 $q = 2$（两个状态被占据）。

实用小贴士　一个常见的错误是认为当 $T=\infty$ 时，系统中所有的分子都将处于高能态。然而，由式（13B.4）可见，当 $T\to\infty$，两个状态的布居变为相等。对多能级系统也可得到同样的结论，即当 $T\to\infty$ 时，所有状态的布居变为相等。

现在考虑一般的情况，系统有无限多个能级，当T趋于零时，参数$\beta = 1/kT$趋近无穷。那么，定义q的式（13B.1a）加和项中除了第一项以外，其余项都为零，因为每一项都具有e^{-x}的形式，而$x \to \infty$。唯一例外的是$\varepsilon_0 \equiv 0$的一项（如果能量为0的能级是g_0重简并的话，那么该能级对应g_0种状态）。由于当$T = 0$时，仅剩一项，且其值为g_0，所以有

$$\lim_{T \to 0} q = g_0$$

也就是说，当$T = 0$时，配分函数等于基态的简并度（通常为1，但不全是）。

当T很高，以至于加和项的每一项中$\beta\varepsilon_i = \varepsilon_i/kT \approx 0$，那么每一项对加和的贡献为1，因为当$x = 0$时，$e^{-x} = 1$。因此，加和就等于分子状态数目，通常为无穷：

$$\lim_{T \to \infty} q = \infty$$

在一些理想化的情形中，分子拥有的状态数目有限，那么q的上限就等于状态的数目，如上述双能级系统。

总结：

分子配分函数表示在系统温度时，一个分子拥有的热可及状态数目。

13B.2 配分函数的计算

一个孤立分子的能量是其各种运动方式贡献的加和，即

$$\varepsilon_i = \varepsilon_i^{\mathrm{T}} + \varepsilon_i^{\mathrm{R}} + \varepsilon_i^{\mathrm{V}} + \varepsilon_i^{\mathrm{E}} \qquad (13B.5)$$

式中T表示平动，R表示转动，V表示振动，而E则表示电子的贡献。本专题忽略分子之间相互作用的可能性，因为它会增加相当大的复杂性。也就是说，本专题中我们将分子当作“独立子”来处理。电子的贡献实际上并不是一种“运动模式”，但包含在这里比较方便。式（13B.5）中各项的拆分是近似的（除平动外），因为各种运动方式并不是完全独立的。但在多数情况下，这种近似还是不错的。

在能量是各独立贡献加和的情况下，配分函数可拆分成各种贡献的乘积：

$$\begin{aligned} q &= \sum_i e^{-\beta\varepsilon_i} = \sum_{i(\text{所用状态})} e^{-\beta\varepsilon_i^{\mathrm{T}}-\beta\varepsilon_i^{\mathrm{R}}-\beta\varepsilon_i^{\mathrm{V}}-\beta\varepsilon_i^{\mathrm{E}}} \\ &= \sum_{i(\text{平动})}\sum_{i(\text{转动})}\sum_{i(\text{振动})}\sum_{i(\text{电子})} e^{-\beta\varepsilon_i^{\mathrm{T}}-\beta\varepsilon_i^{\mathrm{R}}-\beta\varepsilon_i^{\mathrm{V}}-\beta\varepsilon_i^{\mathrm{E}}} \\ &= \left(\sum_{i(\text{平动})} e^{-\beta\varepsilon_i^{\mathrm{T}}}\right)\left(\sum_{i(\text{转动})} e^{-\beta\varepsilon_i^{\mathrm{R}}}\right)\left(\sum_{i(\text{振动})} e^{-\beta\varepsilon_i^{\mathrm{V}}}\right)\left(\sum_{i(\text{电子})} e^{-\beta\varepsilon_i^{\mathrm{E}}}\right) \end{aligned}$$

即

$$q = q^{\mathrm{T}} q^{\mathrm{R}} q^{\mathrm{V}} q^{\mathrm{E}} \qquad (13B.6)$$

配分函数的析因子性质

配分函数的析因子性质意味着每一项贡献都可以单独考虑。一般来说，配分函数的精确解析表达式无法获得。但是，近似表达式则经常可以得到，且对理解化学现象非常重要。接下来，我们将导出这些表达式，并在本专题的结尾进行汇总。

（a）平动配分函数

对于在长度为X的一维容器中自由移动的质量为m的粒子，其平动配分函数可以利用如下事实来计算，即能级的间隙十分小，在常温下大量的状态将是粒子可及的。

如何完成？13B.1 推导平动配分函数的表达式

推导的出发点是式（7D.6）（$E_n = n^2h^2/8mL^2$），即一维盒子中粒子的能级公式。根据该式，对于长度为X的容器内的、质量为m的分子，有

$$E_n = \frac{n^2h^2}{8mX^2}$$

步骤1 *写出式（13B.1a）中加和的表达式*

最低能级（$n = 1$）的能量为$h^2/8mX^2$，故相对于该能级的能量为：

$$\varepsilon_n = (n^2 - 1)\varepsilon \qquad \varepsilon = h^2/8mX^2$$

则所需求的加和可写为

$$q_X^{\mathrm{T}} = \sum_{n=1}^{\infty} e^{-(n^2-1)\beta\varepsilon}$$

步骤2 *将加和转化为积分*

在一个典型实验室器皿尺寸大小的容器中，平动能级非常接近。因此，加和可以近似地用积分来代替：

$$q_X^{\mathrm{T}} = \int_1^{\infty} e^{-(n^2-1)\beta\varepsilon}\,dn \approx \int_0^{\infty} e^{-n^2\beta\varepsilon}\,dn$$

$n \gg 1$

积分下限拓展至$n=0$及用n^2代替n^2-1所引入的误差很小，可以忽略，但积分式变成了标准形式。

步骤3 *求积分*

令$x^2=n^2\beta\varepsilon$，则$dn=dx/(\beta\varepsilon)^{1/2}$，从而有

积分G.1: $\pi^{1/2}/2$　　$\varepsilon=h^2/8mX^2$

$$q_X^T=\left(\frac{1}{\beta\varepsilon}\right)^{1/2}\int_0^\infty e^{-x^2}dx=\left(\frac{1}{\beta\varepsilon}\right)^{1/2}\frac{\pi^{1/2}}{2}=\left(\frac{2\pi m}{h^2\beta}\right)^{1/2}X$$

由于$\beta=1/kT$，这个关系式具有如下形式：

$$q_X^T=\frac{X}{\Lambda}\qquad \Lambda=\frac{h}{(2\pi mkT)^{1/2}}\qquad \text{平动配分函数}\qquad(13B.7)$$

Λ具有长度的量纲，称为分子的**热波长**（thermal wavelength，有时也称为"热德布罗意波长"）。热波长随质量和温度的增加而减小。

该表达式表明：

物理解释

- 平动配分函数随盒子长度和粒子质量的增加而增加，因为无论是X还是m的增加都导致平动能级的间隙变得更小，故更多的能级变得热可及。
- 若粒子质量和盒子长度一定，则配分函数随温度的增加（即β的减小）而增加，因为更多的状态变得可及。

在三维空间自由运动的分子的总能量是其在所有三个方向平动能的加和，即

$$\varepsilon_{n_1n_2n_3}=\varepsilon_{n_1}^{(X)}+\varepsilon_{n_2}^{(Y)}+\varepsilon_{n_3}^{(Z)}\qquad(13B.8)$$

式中n_1、n_2、n_3分别是x方向、y方向、z方向运动的量子数。由于$e^{a+b+c}=e^ae^be^c$，配分函数可拆分如下：

$$q^T=\sum_{\text{所有}n}e^{-\beta\varepsilon_{n_1}^{(X)}-\beta\varepsilon_{n_2}^{(Y)}-\beta\varepsilon_{n_3}^{(Z)}}=\sum_{\text{所有}n}e^{-\beta\varepsilon_{n_1}^{(X)}}e^{-\beta\varepsilon_{n_2}^{(Y)}}e^{-\beta\varepsilon_{n_3}^{(Z)}}$$

$$=\left(\sum_{n_1}e^{-\beta\varepsilon_{n_1}^{(X)}}\right)\left(\sum_{n_2}e^{-\beta\varepsilon_{n_2}^{(Y)}}\right)\left(\sum_{n_3}e^{-\beta\varepsilon_{n_3}^{(Z)}}\right)$$

也即

$$q^T=q_X^Tq_Y^Tq_Z^T\qquad(13B.9)$$

式（13B.7）给出了在x方向平动运动的配分函数。对于其他两个方向的平动配分函数，唯一的变化是用Y或Z代替X。因此，在三维空间的平动配分函数为

$$q^T=\left(\frac{2\pi m}{h^2\beta}\right)^{3/2}XYZ=\frac{(2\pi mkT)^{3/2}}{h^3}XYZ\qquad(13B.10a)$$

长度X、Y、Z的乘积是容器的体积V，故

$$q^T=\frac{V}{\Lambda^3}\qquad \text{平动配分函数[三维]}\qquad(13B.10b)$$

式中Λ的定义见式（13B.7）。与一维情形一样，配分函数随着粒子质量和容器体积的增加而增大（分别与$m^{3/2}$和V成正比）；若质量和体积一定，则配分函数随温度升高而增加（与$T^{3/2}$成正比）。此外，当$T\to\infty$时，$q^T\to\infty$，因为当温度升高时，粒子可及的状态数目不再有限制。即使在室温下，对于一个处在一体积为100 cm^{3}容器中的O_2分子，其$q^T\approx2\times10^{28}$。

简要说明13B.2

为了计算25 ℃时，体积为100 cm^{3}容器中的一个H_2分子的平动配分函数，利用$m=2.016\ m_u$，结合$\Lambda=h/(2\pi mkT)^{1/2}$，有

$$\Lambda=\frac{6.626\times10^{-34}\ \overbrace{\text{J}}^{\text{kg·m}^2\text{·s}^{-2}}\ \text{s}}{(2\pi\times2.016\times1.6605\times10^{-27}\ \text{kg}\times1.381\times10^{-23}\ \underbrace{\text{J}}_{\text{kg·m}^2\text{·s}^{-2}}\cdot\text{K}^{-1}\times298\ \text{K})^{1/2}}=7.12\times10^{-11}\ \text{m}$$

因此：

$$q^T=\frac{1.00\times10^{-4}\ \text{m}^3}{(7.12\times10^{-11}\ \text{m})^3}=2.77\times10^{26}$$

即使在室温下，对于这一轻分子，仍约有10^{26}个量子状态是热可及的。当热波长（本例中为71.2 pm）与容器的线性尺寸相比较小时，许多状态是被占据的。

式（13B.10b）可以用容器中粒子的平均间距d来加以解释。因为q是可及状态的总数，每个分子平动状态的平均数就是q^T/N。为了使该量很大，必须满足条件$V/N\Lambda^3\gg1$。然而，V/N是单个粒子占据的体积，因此粒子的平均间距就是$d=(V/N)^{1/3}$。每个分子可及状态很多的条件就变为$d^3/\Lambda^3\gg1$，即$d\gg\Lambda$。也就是，为了使式（13B.10b）成立，粒子的平均间距必须远大于它们的热波长。对于298 K、100 kPa的1 mol H_2分子，平均间距是3 nm，明显大于它们的热波长（71.2 pm）。

式（13B.10b）的有效性可以用一种不同的方式来表述。我们注意到，如果许多状态被占据，即需要V/Λ^3很大，那么得到该式所用的近似才是有效的。这就要求Λ与容器的线性尺寸相比较小。对于298 K的H_2分子，$\Lambda=71$ pm，远小于任何常规容器的尺寸（但与分子筛中的孔或包合物中的空穴的大小相当）。对于更重的O_2分子，$\Lambda=18$ pm。

（b）转动配分函数

线形转子的能级是$\varepsilon_J=hc\tilde{B}J(J+1)$，式中$J=0, 1, 2, \cdots$（参见专题11B）。由于最低能量状态的能量为零，因此不需要校准此表达式所示的能量。每个能级拥有$(2J+1)$个简并状态。因此，一个非对称（AB）线形转子的配分函数为

$$q^{\mathrm{R}}=\sum_{J}\overbrace{(2J+1)}^{g_J}\mathrm{e}^{-\overbrace{\beta hc\tilde{B}J(J+1)}^{\varepsilon_J}} \tag{13B.11}$$

计算q^{R}的直接方法是将转动能级的实验值代入此表达式中，然后对级数进行数值加和（对称分子A_2的情形将在后面处理）。

例题 13B.1　确切地求转动配分函数的值

计算25 ℃时，$^{1}H^{35}Cl$分子的转动配分函数，假设$\tilde{B}=10.591\ \mathrm{cm^{-1}}$。

整理思路　需要逐个计算式（13B.11）中的每一项，298.15 K时，$kT/hc=207.224\ \mathrm{cm^{-1}}$。使用数学软件易求得加和。

解： 为了显示各项的贡献，通过使用$hc\tilde{B}/kT=0.051\ 11$，列出如下数据（参见图13B.6）：

J	0	1	2	3	4	⋯	10
$(2J+1)\mathrm{e}^{-0.05111J(J+1)}$	1	2.71	3.68	3.79	3.24	⋯	0.08

式（13B.11）所要求的加和（即上面数据中第二行数值的加和）为19.9。因此，在该温度时，$q^{\mathrm{R}}=19.9$。若计算至$J=50$，则$q^{\mathrm{R}}=19.903$。

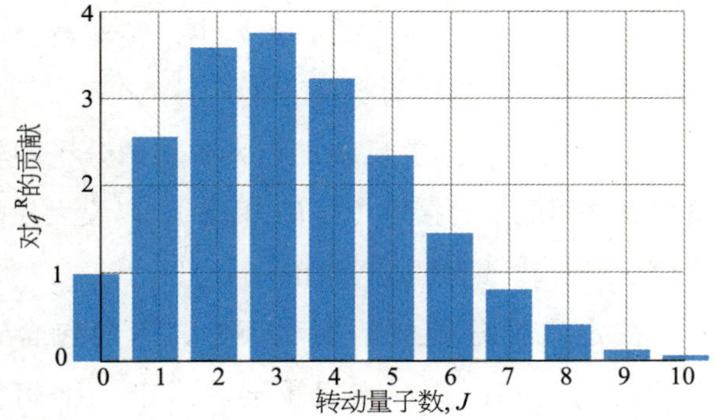

图13B.6　25℃时，各能级对HCl分子转动配分函数的贡献。纵轴是$(2J+1)\mathrm{e}^{-\beta hc\tilde{B}J(J+1)}$的值。连续项（正比于能级的布居）中间有一最大值，这是因为虽然单个状态的布居随J呈指数下降，但能级的简并度则随J的增加而增加

说明　可见大概有十个转动能级有明显的布居，但由于每个能级有$(2J+1)$个简并度，故被粒子占据的状态数目更大。

自测题 13B.1　计算0 ℃时，$^{1}H^{35}Cl$分子的转动配分函数。

答案：18.26。

室温时，$kT/hc\approx200\ \mathrm{cm^{-1}}$。许多分子的转动常数接近于$1\ \mathrm{cm^{-1}}$（见表11C.1），而且经常更小（尽管对于非常轻的H_2分子，其$\tilde{B}=60.9\ \mathrm{cm^{-1}}$是一个重要例外）。这说明许多转动能级在常温下是被占据的。如果是这种情况，则转动配分函数的确切表达式可以被推导。

考虑一个线形转子，如果许多转动状态被占据，且kT远大于相邻状态之间的能量间隔，则定义配分函数的加和式可以近似地用积分式来替代，即

$$q^{\mathrm{R}}=\int_0^{\infty}(2J+1)\mathrm{e}^{-\beta hc\tilde{B}J(J+1)}\mathrm{d}J$$

这个积分易被求出。令$x=\beta hc\tilde{B}J(J+1)$，则$\mathrm{d}x/\mathrm{d}J=\beta hc\tilde{B}(2J+1)$，$(2J+1)\mathrm{d}J=\mathrm{d}x/\beta hc\tilde{B}$，代入上式，可得

$$q^{\mathrm{R}}=\frac{1}{\beta hc\tilde{B}}\overbrace{\int_0^{\infty}\mathrm{e}^{-x}\mathrm{d}x}^{\text{积分E.1: }1}=\frac{1}{\beta hc\tilde{B}}$$

由于$\beta=1/kT$，上式又可写为

$$q^{\mathrm{R}}=\frac{kT}{hc\tilde{B}} \tag{13B.12a}$$

转动配分函数［不对称线形分子］

对于非线形分子，可用类似但更为复杂的方法来导出其转动配分函数的表达式。

如何完成？13B.2　推导非线形分子转动配分函数的表达式

考虑一个对称转子（参见专题11B），其能级为

$$E_{J,K,M_J}=hc\tilde{B}J(J+1)+hc(\tilde{A}-\tilde{B})K^2$$

其中$J=0, 1, 2, \cdots$，$K=J, J-1, \cdots, -J$，以及$M_J=J, J-1, \cdots, -J$。不用考虑这些范围，相同的值也可以通过使K从$-\infty$变化到∞而得以覆盖；对应每个K值，J只能是$|K|, |K|+1, \cdots, \infty$（参见图13B.7）。

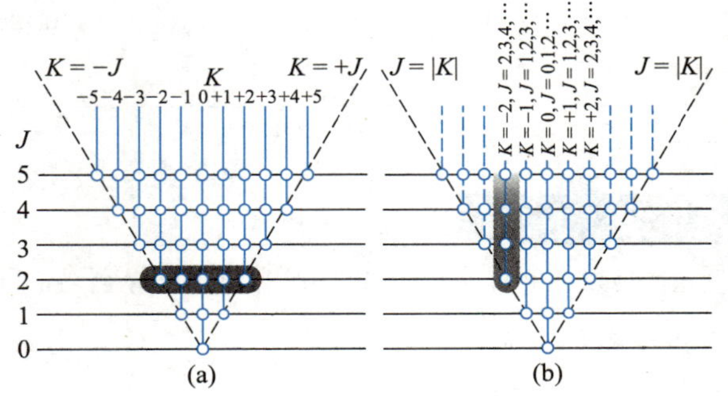

图13B.7　转动配分函数的计算包含了J与K各种可能组合的贡献（用圆圈表示）。加和的形成要么是（a）通过允许J取0, 1, 2, ⋯，然后对应每个J允许K从J变化至$-J$，要么是（b）通过允许K从$-\infty$变化至∞，以及对每个K允许J取$|K|, |K|+1, \cdots, \infty$。在（a）显示的着色区为$J=2$时，$K$从$-2$至2的加和；在（b）显示的着色区为$K=-2$时，$J=2, 3, \cdots$的加和

步骤 1　*写出对能量状态求和的表达式*

由于能量与 M_J 无关，且对每个 J 值，相应有 $(2J+1)$ 个 M_J 值，即每个 J 值是 $(2J+1)$ 重简并的，故配分函数

$$q=\sum_{J=0}^{\infty}\sum_{K=-J}^{J}\sum_{M_J=-J}^{J}e^{-\beta E_{J,K,M_J}}$$

可以等价地写作

$$q=\sum_{J=0}^{\infty}\sum_{K=-J}^{J}(2J+1)e^{-\beta E_{J,K,M_J}}=\sum_{K=-\infty}^{\infty}\sum_{J=|K|}^{\infty}(2J+1)e^{-\beta E_{J,K,M_J}}$$

$$=\sum_{K=-\infty}^{\infty}e^{-hc\beta(\tilde{A}-\tilde{B})K^2}\sum_{J=|K|}^{\infty}(2J+1)e^{-hc\beta\tilde{B}J(J+1)}$$

步骤 2　*将加和转化为积分*

对于线形分子，假定温度很高从而使得数量庞大的状态被占据；在这种情况下，加和可用积分来近似。因此有

$$q=\int_{-\infty}^{\infty}e^{-hc\beta(\tilde{A}-\tilde{B})K^2}\int_{|K|}^{\infty}(2J+1)e^{-hc\beta\tilde{B}J(J+1)}\,dJ\,dK$$

步骤 3　*求出积分*

先求对 J 的积分。由于一个函数偏导数的积分就是函数本身，所以

$$\int_{|K|}^{\infty}(2J+1)e^{-hc\beta\tilde{B}J(J+1)}dJ=\frac{1}{hc\beta\tilde{B}}e^{-hc\beta\tilde{B}|K|(|K|+1)}\overset{\text{对大多数允许的值}|K|>>1}{\approx}\frac{1}{hc\beta\tilde{B}}e^{-hc\beta\tilde{B}K^2}$$

代入步骤 2 中配分函数的表达式，可得

$$q=\frac{1}{hc\beta\tilde{B}}\int_{-\infty}^{\infty}e^{-hc\beta(\tilde{A}-\tilde{B})K^2}e^{-hc\beta\tilde{B}K^2}dK=\frac{1}{hc\beta\tilde{B}}\overbrace{\int_{-\infty}^{\infty}e^{-hc\beta\tilde{A}K^2}dK}^{\text{积分G.1}}$$

$$=\frac{1}{hc\beta\tilde{B}}\left(\frac{\pi}{hc\beta\tilde{A}}\right)^{1/2}$$

上式可重排为

$$q=\frac{1}{(hc\beta)^{3/2}}\left(\frac{\pi}{\tilde{A}\tilde{B}^2}\right)^{1/2}=\left(\frac{kT}{hc}\right)^{3/2}\left(\frac{\pi}{\tilde{A}\tilde{B}^2}\right)^{1/2}$$

对于不对称转子，有三个转动惯量，上式中的一个 $\tilde{B}$ 用 $\tilde{C}$ 代替，从而得到

$$q^{R}=\left(\frac{kT}{hc}\right)^{3/2}\left(\frac{\pi}{\tilde{A}\tilde{B}\tilde{C}}\right)^{1/2}\quad\text{转动配分函数［非线形分子］}\qquad(13B.12b)$$

简要说明 13B.3

对于 298.15 K 的 $^{1}H^{35}Cl$ 分子，利用 $kT/hc=207.224\ cm^{-1}$ 和 $\tilde{B}=10.591\ cm^{-1}$，可得

$$q^{R}=\frac{kT}{hc\tilde{B}}=\frac{207.224\ cm^{-1}}{10.591\ cm^{-1}}=19.57$$

该值与准确值（19.903）十分吻合，且相当容易得到。

表达在什么温度以上式（13B.12a）和式（13B.12b）成立的一个有用方法是引入**转动特征温度**（characteristic rotational temperature），$\theta^{R}=hcB/k$。那么，“高温”意味着 $T>>\theta^{R}$，在这些条件下线形分子的转动配分函数就是 T/θ^{R}。一些典型的 θ^{R} 值列于表 13B.1 中。$^{1}H_2$ 的 θ^{R}（87.6 K）反常地高，故对这个分子使用近似时必须小心。然而，对于对称分子，如 H_2，在使用式（13B.12a）之前，请继续阅读至式（13B.13a）。

表 13B.1　一些双原子分子的转动特征温度*

	θ^{R}/K
$^{1}H_2$	87.6
$^{1}H^{35}Cl$	15.2
$^{14}N_2$	2.88
$^{35}Cl_2$	0.351

* 更多的数据参见*资源部分*表 11C.1。

现阶段可以获得的一般结论：

转动惯量大（因而转动常数小，转动特征温度低）的分子，其转动配分函数大。

一个较大的 q^{R} 值反映出在大和重的分子中转动能级之间能量的接近（与 kT 相比），以及大量的转动状态在常温下都是可及的。

在定义配分函数的加和项中，不能包含过多的转动状态，这一点很重要。对于一个同核双原子分子或一个对称的线形分子（如 CO_2 或者 HC≡CH），通过 180° 的转动会产生分子的一个不可分辨的状态。因此，其热可及状态的数目仅是一个异核双原子分子所能占据的状态数目的一半；对于异核双原子分子，转动 180° 确实产生一个可分辨的状态。所以，对于对称的线形分子，有

$$q^{R}=\frac{kT}{2hc\tilde{B}}=\frac{T}{2\theta^{R}}\quad\text{转动配分函数［对称的线形转子］}\qquad(13B.13a)$$

对称和非对称分子配分函数的两个公式可通过引入**对称数**（symmetry number）σ 而统一为一个公式，即

$$q^{R}=\frac{T}{\sigma\theta^{R}}\quad\text{转动配分函数［线形转子］}\qquad(13B.13b)$$

σ是分子不可分辨的取向数目。对于异核双原子分子，$\sigma=1$；对于同核双原子分子或对称线形分子，$\sigma=2$。这个规则的正式验证有赖于对泡利原理作用的评估。

如何完成 13B.3 明确对称数的起因

泡利原理禁止一些状态的占据。如在专题11B中所述，对于$^1H_2$，仅当其核自旋成对时（仲氢），可以占据J为偶数的转动态；如果它的核自旋是平行的（正氢），则占据J为奇数的转动态。在正氢中，每个J值对应有3个核自旋状态（因为两个核有3个平行的自旋状态）；在仲氢中，每个J值仅有一个核自旋状态。

为了建立转动配分函数，并考虑泡利原理，注意到"常规的"分子氢是一部分仲氢（仅J为偶数的转动态被占据）和三部分正氢（仅J为奇数的转动态被占据）的混合物。所以，每个分子的平均配分函数是

$$q^{\mathrm{R}}=\frac{1}{4}\sum_{\text{偶数}J}(2J+1)\mathrm{e}^{-\beta hc\tilde{B}J(J+1)}+\frac{3}{4}\sum_{\text{奇数}J}(2J+1)\mathrm{e}^{-\beta hc\tilde{B}J(J+1)}$$

奇数J状态的权重是偶数J状态的3倍（参见图13B.8）。该图表明：如果每个J项对加和贡献是其正常值的一半，则对于配分函数（所有布居的加和）可近似地得到相同的答案。也就是说，最后的公式可近似为

$$q^{\mathrm{R}}=\frac{1}{2}\sum_{J}(2J+1)\mathrm{e}^{-\beta hc\tilde{B}J(J+1)}$$

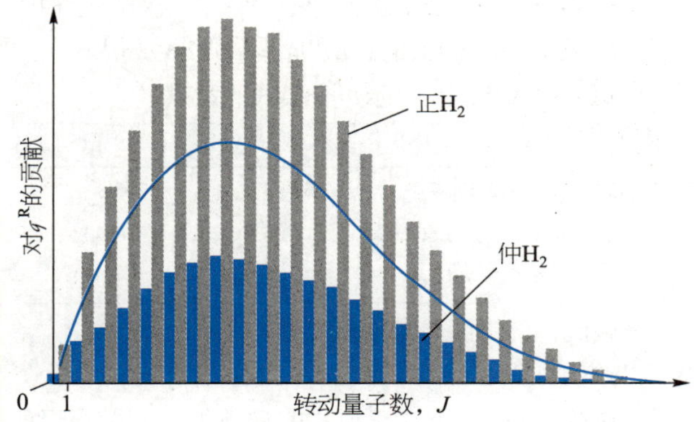

图13B.8 各个单项$(2J+1)\mathrm{e}^{-\beta hc\tilde{B}J(J+1)}$对正氢和仲氢的3∶1混合物的平均配分函数的贡献；配分函数是所有这些项的加和。在高温时，加和近似地等于对所有J值项（每一项的权重为1/2）的加和，这个加和在图中用曲线表示

当有许多项贡献时（高温，$T>>\theta^{\mathrm{R}}$），该近似很好。在这样高的温度，加和可以用积分近似，从而得到式（13B.12a）。所以，考虑到这个表达式中的因子1/2，"常规的"分子氢在高温时的转动配分函数为该值的一半，如式（13B.13a）所示。

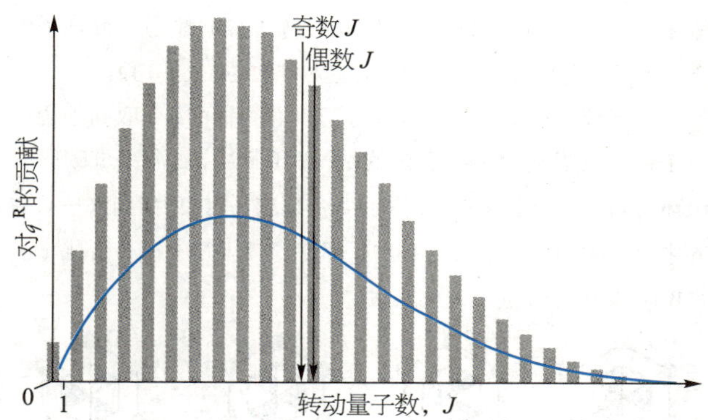

图13B.9 对CO_2转动配分函数有贡献的各个单项的数值。只有J为偶数的状态是允许的。实线表示平滑过的、平均化的能级贡献

相同类型的推演可以用于线形对称分子，其中相同的玻色子可通过转动互换（如CO_2）。如同专题11B中所指出的，如果玻色子的核自旋为0，那么仅偶数J的状态是可接受的。由于只有一半转动态被占据，故转动配分函数也就仅为通过允许所有J值都有贡献后所得加和的一半（图13B.9）。

对其他类型的对称分子，必须同样小心；对于非线形分子，式（13B.12b）替换为

$$q^{\mathrm{R}}=\frac{1}{\sigma}\left(\frac{kT}{hc}\right)^{3/2}\left(\frac{\pi}{\tilde{A}\tilde{B}\tilde{C}}\right)^{1/2} \quad \text{转动配分函数［非线形分子］} \quad (13\mathrm{B}.14)$$

表13B.2给出了一些分子的对称数。若想了解如何用群论来确定对称数的值，请参见综合题I13.1；下面的"简要说明13B.4"概述了这种方法。

表13B.2 一些分子的对称数*

	σ
$^1H_2$	2
$^1H^2H$	1
NH_3	3
C_6H_6	12

*更多的数据参见*资源部分*表11C.1。

简要说明 13B.4

H_2O分子的对称数为2，它反映了如下事实，即沿着H—O—H角平分线转动180°将互换两个不可分辨的原子。在NH_3分子中，绕着（1）中所示轴有3个不可分辨的取向。对于CH_4

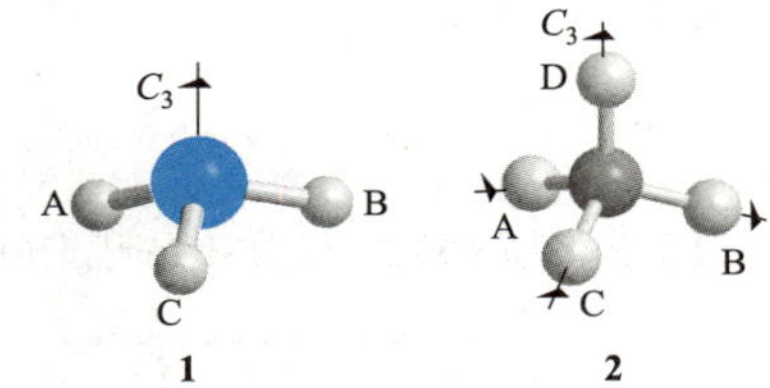

分子，绕着4个C—H键中的任一个转动120°都将导致分子处于一个不可分辨的状态（**2**），故其对称数为3 × 4 = 12。

对于苯分子，绕着垂直于分子平面的轴的6个取向中的任一个，以及沿着分子平面内的6个轴（其中，3个穿过碳原子至环对面的另一个碳原子，剩余3个穿过环对边上两个C—C键的中点）中的任一个转动180°，都使得其表观上没有变化（图13B.10）。

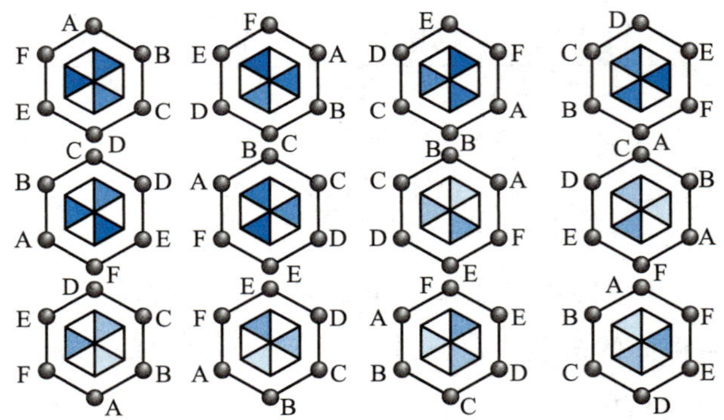

图13B.10　苯分子的12个等价取向可以通过纯转动得以实现，这导致其对称数为12。当该面转至视野中后，6个淡颜色是六边形的底面

（c）振动配分函数

一个分子的振动配分函数可以通过将测量的振动能级代入q^V的定义式中，然后进行数值加和得到。但是，如果允许假定振动是谐性的，则有更简便的方式。在这种情况下，振动能级形成间隔为$hc\tilde{\nu}$的匀梯（专题7E和11C）。这就是在“简要说明13B.1”中处理的问题，并得到式（13B.2a）。因此，利用该式，通过设定$\varepsilon=hc\tilde{\nu}$，可以得到

$$q^V=\frac{1}{1-e^{-\beta hc\tilde{\nu}}}$$　振动配分函数[谐振子近似]　（13B.15）

这个函数绘于图13B.11（实质与图13B.1相同）中。类似地，每个态的布居可由式（13B.2b）给出。

简要说明13B.5

为了计算298.15 K时，I_2分子的振动配分函数，从表11C.1得到振动波数是214.6 cm^{-1}。由于在298.15 K时，$kT/hc = 207.224$ cm^{-1}，故

$$\beta hc\tilde{\nu}=\frac{hc\tilde{\nu}}{kT}=\frac{214.6\ \text{cm}^{-1}}{207.244\ \text{cm}^{-1}}=1.035$$

然后，根据式（13B.15），可得

$$q^V=\frac{1}{1-e^{-1.035}}=1.55$$

从这个数值可以推测：仅基态和第一激发态是明显布居的。

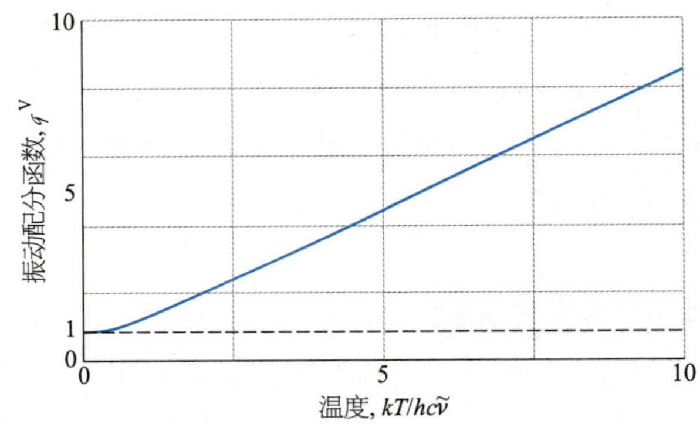

图13B.11　谐振子近似中一个分子的振动配分函数；可见，当温度较高（$T \gg \theta^V$）时，配分函数与温度成正比

在多原子分子中，每个简正模式（专题11D）拥有其自身的配分函数（假设非谐性很小，以至于所有模式都是独立的）。总的振动配分函数是各个简正模式配分函数的乘积，故$q^V = q^V(1)\, q^V(2) \cdots$，式中$q^V(K)$为简正模式$K$的配分函数，可通过直接加和观察到的光谱能级来计算。

例题13B.2　计算振动配分函数

已知H_2O分子的3个简正模式的波数分别为3 656.7 cm^{-1}、1 594.8 cm^{-1}和3 755.8 cm^{-1}，计算1 500 K时H_2O分子的振动配分函数。

整理思路　对于每一个模式，需要使用式（13B.15）计算其振动配分函数；然后，形成3个模式贡献的乘积。1 500 K时，$kT/hc = 1\ 042.6$ cm^{-1}。

解： 列出下表，显示每个模式的贡献。

模式	1	2	3
$\tilde{\nu}$/cm^{-1}	3 656.7	1 594.8	3 755.8
$hc\tilde{\nu}/kT$	3.507	1.530	3.602
q^V	1.031	1.276	1.028

因此，总的振动配分函数为

$$q^V=1.031 \times 1.276 \times 1.028 = 1.352$$

H_2O分子的3个简正模式的波数很大，以至于即使在1 500 K时，大多数分子仍处在其振动基态。

说明　在一个大分子中，可能有许多简正模式；尽管每个模式并不明显激发，但总的贡献可能很大。例如，一个含有10个原子的非线形分子，有$3N - 6 = 24$个简正模式（专题11D）。如果假定每个简正模式对振动配分函数的贡献约为1.1，则总的振动配分函数大约为$q^V \approx (1.1)^{24} = 9.8$。这表明，相对于一个诸如$H_2O$的小分子，其有明显的总的振动激发。

自测题13B.2　计算相同温度时CO_2的振动配分函

数。已知其振动波数分别为 1 388 cm^{-1}、667.4 cm^{-1}和 2 349 cm^{-1}；其中，第二个为二重简并的弯曲模式，对总的振动配分函数贡献两次。

答案：6.79。

在许多分子中，振动波数很大，以至于$\beta hc\tilde{\nu}>1$。例如，CH_4分子的最低振动波数是 1 306 cm^{-1}，故室温下，$\beta hc\tilde{\nu}=6.3$。大多数C—H伸缩振动的波数通常处在2 850~2 960 cm^{-1}，故它们的$\beta hc\tilde{\nu}\approx 14$。在这些情况中，$q^V$分母中的$e^{-\beta hc\tilde{\nu}}$十分接近于零（如$e^{-6.3}=0.002$），单个模式的振动配分函数十分接近于1（当$\beta hc\tilde{\nu}=6.3$时，$q^V=1.002$），这意味着只有最低能级是被明显占据的。

现在，考虑那些具有很低振动频率以至于$\beta hc\tilde{\nu}<<1$的模式。当满足这个条件时，配分函数可以通过将指数展开（$e^x=1+x+\cdots$）来近似计算，即

$$q^V=\frac{1}{1-e^{-\beta hc\tilde{\nu}}}=\frac{1}{1-(1-\beta hc\tilde{\nu}+\cdots)}$$

也就是说，对于在高温下的低频模式，可有

$$q^V\approx\frac{kT}{hc\tilde{\nu}} \qquad \text{振动配分函数[高温近似]} \qquad (13B.16)$$

式（13B.16）成立的温度可以用**振动特征温度**（characteristic vibrational temperature），$\theta^V=hc\tilde{\nu}/k$，来表示（表13B.3）。对于H_2，其值（6 332 K）反常地高，因为原子很轻，振动频率相应很高。根据振动特征温度的定义，“高温”意味着$T>>\theta^V$；当满足这个条件时，式（13B.16）成立，可写成$q^V=T/\theta^V$（类似于转动配分函数的表达式）。

表 13B.3 一些双原子分子的振动特征温度*

	θ^V/K
$^1H_2$	6 332
$^1H^{35}Cl$	4 304
$^{14}N_2$	3 393
$^{35}Cl_2$	805

* 更多的数据参见*资源部分*表11C.1。

（d）电子配分函数

对于电子，激发态与基态的能量间隔通常很大，故大多数情况下$q^E=1$，因为仅基态被占据。一个重要的例外是，原子和分子具有简并的电子基态，此时$q^E=g^E$（g^E为电子基态的简并度）。例如，碱金属原子拥有双重简并的基态（对应于其电子自旋的两个取向），故$q^E=2$。

简要说明 13B.6

一些原子和分子拥有简并的基态及较低能量的电子激发简并态。一个例子是NO，其具有$\cdots\pi^1$形式的电子组态（专题11F）。

轨道和自旋动量平行的两个简并态（谱项为$^2\Pi_{3/2}$，图13B.12）的能量稍大于轨道和自旋动量反平行的两个简并态（谱项为$^2\Pi_{1/2}$）的能量，由自旋－轨道耦合引起的裂分仅为121 cm^{-1}。

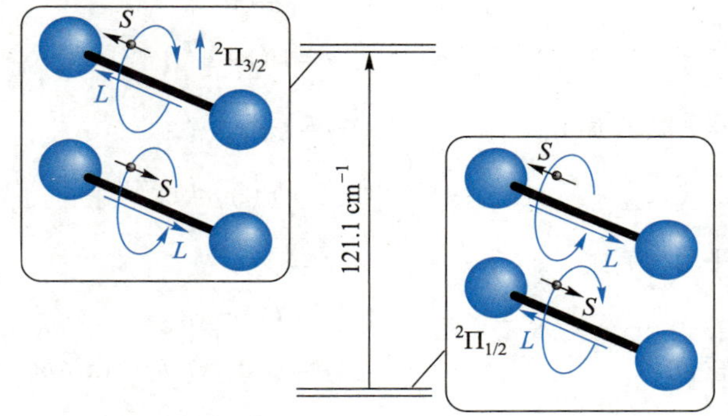

图 13B.12 NO双重简并的电子基态能级（自旋和轨道角动量方向相反）和双重简并的第一激发态（自旋和轨道动量平行）；上一个能级在室温下是热可及的

如果两个能级的能量分别表示为$E_{1/2}=0$和$E_{3/2}=\varepsilon$，则配分函数为

$$q^E=\sum_{\text{能级}i}g_i e^{-\beta\varepsilon_i}=2+2e^{-\beta\varepsilon}$$

这个函数绘于图13B.13中。$T=0$时，$q^E=2$，因为只有双重简并的基态可及；在高温时，q^E接近4，因为所有4个状态都可及。在25 ℃时，$q^E=3.1$。

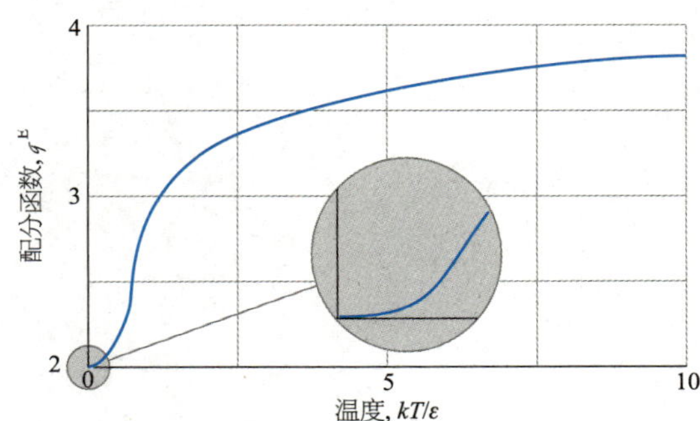

图 13B.13 NO分子的电子配分函数随温度的变化。可见，曲线与双能级系统（图13B.4）的相似，但从2（较低能级的简并度）上升，然后在高温时趋向4（状态的总数）

概念清单

☐ 1. **分子配分函数**表示在所研究的温度时热可及的状态数。

☐ 2. 如果**一个分子的能量**是不同运动模式贡献的加和，那么分子配分函数就是各个运动模式配分函数的乘积。

☐ 3. **对称数**考虑了一个对称分子的不可分辨的取向数。

☐ 4. 一个分子的**振动配分函数**可通过将每个简正模式处理为一个谐振子，然后计算其贡献来获得。

☐ 5. 因为电子激发态与基态的能量间隔通常很大，在大多数情况下，**电子配分函数**等于电子基态的简并度。

公式清单

性质	公式	说明	公式编号
分子配分函数	$q=\sum_{\text{状态}\,i} e^{-\beta\varepsilon_i}$	定义，独立分子	13B.1a
	$q=\sum_{\text{能级}\,i} g_i e^{-\beta\varepsilon_i}$	定义，独立分子	13B.1b
匀梯	$q=1/(1-e^{-\beta\varepsilon})$		13B.2a
双能级系统	$q=1+e^{-\beta\varepsilon}$		13B.3a
热波长	$\Lambda=h/(2\pi mkT)^{1/2}$		13B.7
平动	$q^{\mathrm{T}}=V/\Lambda^3$		13B.10b
转动	$q^{\mathrm{R}}=kT/\sigma hc\tilde{B}$	$T>>\theta^{\mathrm{R}}$，线形转子	13B.13a
	$q^{\mathrm{R}}=(1/\sigma)(kT/hc)^{3/2}(\pi/\tilde{A}\tilde{B}\tilde{C})^{1/2}$	$T>>\theta^{\mathrm{R}}$，非线形转子 $\theta^{\mathrm{R}}=hc\tilde{X}/k$, $\tilde{X}=\tilde{A}$、$\tilde{B}$或$\tilde{C}$	13B.14
振动	$q^{\mathrm{V}}=1/(1-e^{-\beta hc\tilde{\nu}})$	谐振子近似，$\theta^{\mathrm{V}}=hc\tilde{\nu}/k$	13B.15

专题13C

分子能量

▶ 为何需要学习这部分内容？

为了使统计热力学有用，需要知道如何从配分函数中提取热力学信息。

▶ 核心思想是什么？

独立分子集合体中一个分子的能量可以单独由分子配分函数来计算。

▶ 需要哪些预备知识？

需要知道如何由计算的数据或者光谱数据来计算一个分子的配分函数（专题13B），及其作为可及状态数的一种量度的含义；本专题也用到分子转动和振动能量的表达式（专题11B~11D）。

统计热力学中的配分函数类似于量子力学中的波函数。波函数包含系统的所有动态信息，而配分函数则包含系统的所有热力学信息。与在量子力学中一样，重要的是要知道如何提取这些信息。最简单的热力学性质之一是平均能量，对于由非相依分子组成的系统，相应的公式也是最简单的。

13C.1 基本公式

考虑N个分子的集合体，分子之间没有相互作用。集合体中的任一成员，可在能量为ε_i（以分子的最低能态为基准）的状态i上存在。一个分子相对于其基态能量的平均能量$\langle\varepsilon\rangle$等于集合体的总能量$E$除以分子总数$N$，即

$$\langle\varepsilon\rangle=\frac{E}{N}=\frac{1}{N}\sum_i N_i\varepsilon_i \tag{13C.1}$$

式中N_i是状态i上的布居（分子数）。在专题13A中业已说明，某一温度T时，集合体中一个状态的最概然分布可由玻耳兹曼分布，即式（13A.10b）[$N_i/N=(1/q)\mathrm{e}^{-\beta\varepsilon_i}$]给出。所以

$$\langle\varepsilon\rangle=\frac{1}{q}\sum_i\varepsilon_i\mathrm{e}^{-\beta\varepsilon_i} \tag{13C.2}$$

式中$\beta=1/kT$。这个表达式可以处理为仅含q的形式。首先，注意到

$$\varepsilon_i\mathrm{e}^{-\beta\varepsilon_i}=-\frac{\mathrm{d}}{\mathrm{d}\beta}\mathrm{e}^{-\beta\varepsilon_i}$$

因此有

$$\langle\varepsilon\rangle=-\frac{1}{q}\sum_i\frac{\mathrm{d}}{\mathrm{d}\beta}\mathrm{e}^{-\beta\varepsilon_i}=-\frac{1}{q}\frac{\mathrm{d}}{\mathrm{d}\beta}\overbrace{\sum_i\mathrm{e}^{-\beta\varepsilon_i}}^{q}=-\frac{1}{q}\frac{\mathrm{d}q}{\mathrm{d}\beta} \tag{13C.3}$$

对于式（13C.3），需要说明以下两点。首先，因为$\varepsilon_0\equiv0$（所有能量都以最低许可能级为基准），$\langle\varepsilon\rangle$是相对于实际基态能级的能量值。如果分子最低能级的能量是$\varepsilon_{\mathrm{gs}}$，而不是0，则真实的平均能量应为$\varepsilon_{\mathrm{gs}}+\langle\varepsilon\rangle$。例如，对于谐振子，$\varepsilon_{\mathrm{gs}}$就是零点能，为$\frac{1}{2}hc\tilde{\nu}$。其次，因为配分函数可能依赖除了温度外的其他变量（如体积），在式（13C.3）中对β求导数实际上是当其他变量保持不变时的偏导数。因此，联立分子配分函数和一个分子平均能量的完整表达式应该是

$$\langle\varepsilon\rangle=\varepsilon_{\mathrm{gs}}-\frac{1}{q}\left(\frac{\partial q}{\partial\beta}\right)_V \tag{13C.4a}$$

分子平均能量

由于$\frac{\mathrm{d}x}{x}=\mathrm{d}\ln x$，则有

$$\langle\varepsilon\rangle=\varepsilon_{\mathrm{gs}}-\left(\frac{\partial\ln q}{\partial\beta}\right)_V \tag{13C.4b}$$

分子平均能量

这两个公式表明：为了计算平均能量，仅需要配分函数（为温度的函数）。

简要说明13C.1

如果一个分子仅有两个可及状态，一个能量为0，另一个能量为ε，则其配分函数为

$$q=1+e^{-\beta\varepsilon}$$

因此，在温度T时，这些分子集合体的平均能量为

$$\langle\varepsilon\rangle=-\frac{1}{1+e^{-\beta\varepsilon}}\frac{d(1+e^{-\beta\varepsilon})}{d\beta}=\frac{\varepsilon e^{-\beta\varepsilon}}{1+e^{-\beta\varepsilon}}=\frac{\varepsilon}{e^{\beta\varepsilon}+1}$$

该函数绘于图13C.1中。可见，在$T=0$时，仅低能态（能量为0）被占据，故平均能量为零；当$T\to\infty$时，两个状态上分子数相同，故平均能量上升至$0.5\,\varepsilon$。

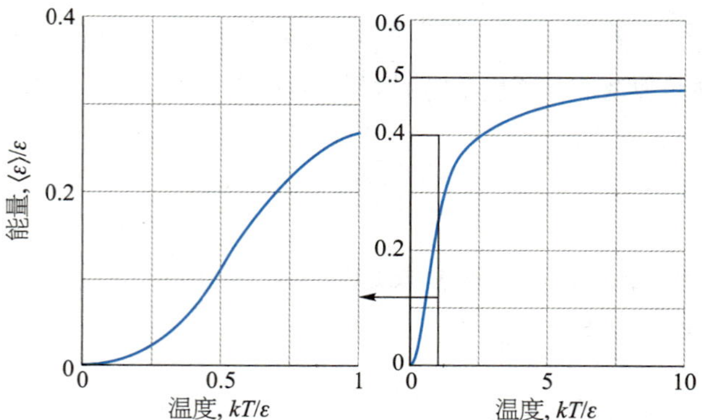

图13C.1　双能级系统的平均能量与温度的变化关系。左图显示在低温时能量从零缓慢上升，在$T=0$时曲线的斜率为零；右图显示当$T\to\infty$时，由于两个状态上的分子数变得相同，曲线缓慢接近0.5

13C.2　各种基本运动模式的贡献

本专题的剩余部分用来说明如何写出三个基本运动模式［即平动（T）、转动（R）和振动（V）］对能量贡献的表达式，也说明如何引入分子电子状态（E）和电子自旋（S）的贡献。

（a）平动贡献

对于一个长度为X的一维容器，配分函数为$q_X^T=X/\Lambda$，式中$\Lambda=h/(2\pi m/\beta)^{1/2}$（专题13B，用"恒定长度$X$"替代"恒定体积$V$"）。配分函数可以写成：常数$\times\beta^{-1/2}$，使用该形式可方便地由式（13C.4b）来计算平均能量，即

Λ＝常数×$\beta^{-1/2}$，以及X为一常数

$$\langle\varepsilon_X^T\rangle=-\left(\frac{\partial\ln q}{\partial\beta}\right)_X=-\left[\frac{\partial\ln(\text{常数}\times\beta^{-1/2})}{\partial\beta}\right]_X$$
$$=-\left\{\frac{\partial[\ln(\text{常数})+\ln\beta^{-1/2}]}{\partial\beta}\right\}_X$$
$$=-\left[\frac{\partial(-\frac{1}{2}\ln\beta)}{\partial\beta}\right]_X=\frac{1}{2\beta}$$

也即

$$\langle\varepsilon_X^T\rangle=\frac{1}{2}kT \qquad \text{平均平动能［一维］} \qquad (13C.5a)$$

对于一个可在三维空间自由运动的分子，通过类似的计算可得到

$$\langle\varepsilon^T\rangle=\frac{3}{2}kT \qquad \text{平均平动能［三维］} \qquad (13C.5b)$$

（b）转动贡献

线形分子的平均转动能可由转动配分函数［式（13B.11）］得到：

$$q^R=\sum_J(2J+1)e^{-\beta hc\tilde{B}J(J+1)}$$

当温度不是很高（意味着$T>>\theta^R=hc\tilde{B}/k$不成立）时，级数必须逐项相加。对于异核双原子分子或其他非对称线形分子，可有

$$q^R=1+3e^{-2\beta hc\tilde{B}}+5e^{-6\beta hc\tilde{B}}+\cdots$$

由于

$$\frac{dq^R}{d\beta}=-hc\tilde{B}(6e^{-2\beta hc\tilde{B}}+30e^{-6\beta hc\tilde{B}}+\cdots)$$

（q^R与V无关，故偏微分已被全微分代替。）所以

$$\langle\varepsilon^R\rangle=-\frac{1}{q^R}\frac{dq^R}{d\beta}=\frac{hc\tilde{B}(6e^{-2\beta hc\tilde{B}}+30e^{-6\beta hc\tilde{B}}+\cdots)}{1+3e^{-2\beta hc\tilde{B}}+5e^{-6\beta hc\tilde{B}}+\cdots}$$

平均转动能［非对称线形分子］　(13C.6a)

这个笨拙的函数绘于图13C.2中。在高温（$T>>\theta^R$）时，q^R可由式（13B.13b）（即$q^R=T/\sigma\theta^R$）给出，具体形式是$q^R=1/\sigma\beta hc\tilde{B}$，对于异核双原子分子，$\sigma=1$。因此

$$\langle\varepsilon^R\rangle=-\frac{1}{q^R}\frac{dq^R}{d\beta}=-\sigma\beta hc\tilde{B}\frac{d}{d\beta}\left(\frac{1}{\sigma\beta hc\tilde{B}}\right)=-\beta\overbrace{\frac{d}{d\beta}\frac{1}{\beta}}^{-1/\beta^2}$$

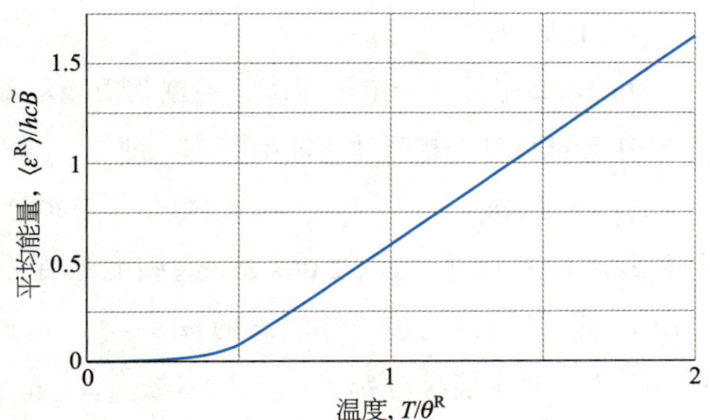

图 13C.2 非对称线形转子的平均转动能随温度的变化关系。在高温（$T>>\theta^{R}$）下，能量与温度成正比，与均分原理一致

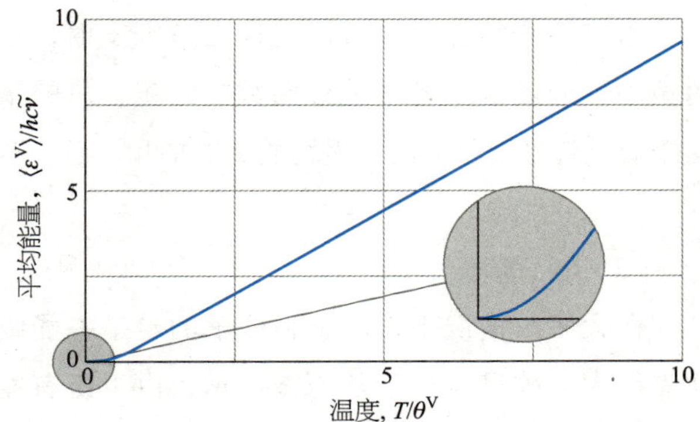

图 13C.3 谐振子近似中一个分子的平均振动能随温度的变化；在高温（$T>>\theta^{V}$）时，能量与温度成正比，与均分原理一致

从而得到

$$\langle\varepsilon^{R}\rangle=\frac{1}{\beta}=kT \quad \text{平均转动能 [线形分子，}T>>\theta^{R}\text{]} \qquad (13C.6b)$$

当许多转动态被占据时，高温结果成立，其也与均分原理（专题2A中“化学家的工具包7”）一致，因为线形转子能量的经典表达式是$E_k=\frac{1}{2}I_{\perp}\omega_a^2+\frac{1}{2}I_{\perp}\omega_b^2$，故有两个平方项的贡献（绕两个原子的连心线没有转动）。根据均分原理，平均转动能就是$2\times\frac{1}{2}kT=kT$。

简要说明 13C.2

为了估算一个非线形分子在高温极限时的平均能量，意识到其转动动能（对转动能的唯一贡献）是$E_k=\frac{1}{2}I_a\omega_a^2+\frac{1}{2}I_b\omega_b^2+\frac{1}{2}I_c\omega_c^2$。由于有三个平方项贡献，故其平均转动能量就是$\frac{3}{2}kT$。对于1 mol分子，则为$\frac{3}{2}RT$。在25 ℃时，该值为3.7 kJ · mol^{-1}，与平动贡献相同，总能量则为7.4 kJ · mol^{-1}。单原子气体没有转动贡献。

（c）振动贡献

谐振子近似中的振动配分函数可由式（13B.15）$[q^{V}=1/(1-e^{-\beta hc\tilde{\nu}})]$给出。由于$q^{V}$与体积无关，故

$$\frac{dq^{V}}{d\beta}=\frac{d}{d\beta}\left(\frac{1}{1-e^{-\beta hc\tilde{\nu}}}\right)\overset{d(1/f)dx=-(1/f^2)df/dx}{=}-\frac{hc\tilde{\nu}e^{-\beta hc\tilde{\nu}}}{(1-e^{-\beta hc\tilde{\nu}})^2} \qquad (13C.7)$$

因此有

$$\langle\varepsilon^{V}\rangle=-\frac{1}{q^{V}}\frac{dq^{V}}{d\beta}=(1-e^{-\beta hc\tilde{\nu}})\frac{hc\tilde{\nu}e^{-\beta hc\tilde{\nu}}}{(1-e^{-\beta hc\tilde{\nu}})^2}$$

$$=\frac{hc\tilde{\nu}e^{-\beta hc\tilde{\nu}}}{1-e^{-\beta hc\tilde{\nu}}}$$

最后，分子和分母同时乘以$e^{\beta hc\tilde{\nu}}$，得到

$$\langle\varepsilon^{V}\rangle=\frac{hc\tilde{\nu}}{e^{\beta hc\tilde{\nu}}-1} \quad \text{平均振动能 [谐振子近似]} \qquad (13C.8)$$

如果平均能的测量不是相对于最低许可能级（零点能级），而是从0算起，那么零点能$\frac{1}{2}hc\tilde{\nu}$可以加到等式右边。图13C.3显示了平均振动能量与温度的变化关系。在高温下，当$T>>\theta^{V}=hc\tilde{\nu}/k$或$\beta hc\tilde{\nu}<<1$时，指数函数可以被展开（$e^x=1+x+\cdots$），除了前两项外，其余项可不考虑。这种近似下可得

$$\langle\varepsilon^{V}\rangle=\frac{hc\tilde{\nu}}{(1+\beta hc\tilde{\nu}+\cdots)-1}\approx\frac{1}{\beta}=kT \quad \text{平均振动能 [}T>>\theta^{V}\text{]} \qquad (13C.9)$$

这个结果与经典的均分原理所预测的一致，因为一维振子的能量为$E=\frac{1}{2}mv_x^2+\frac{1}{2}k_f x^2$，每个平方项的平均能量是$\frac{1}{2}kT$。但要记住，$T>>\theta^{V}$的条件很少能满足。

简要说明 13C.3

为了计算I_2分子在298.15 K时的平均振动能，从表11C.1可知，其振动波数是214.6 cm^{-1}。在298.15 K时，$kT/hc=$ 207.224 cm^{-1}，则

$$\beta hc\tilde{\nu}=\frac{hc\tilde{\nu}}{kT}=\frac{214.6\ \text{cm}^{-1}}{207.244\ \text{cm}^{-1}}=1.035$$

由于$\beta hc\tilde{\nu}=\theta^{V}/T$与1相比不是很大（意味着$T$与$\theta^{V}$相比不是很高），不能使用均分原理。根据式（13C.8），可得

$$\langle\varepsilon^{V}\rangle/hc=\frac{214.6\ \text{cm}^{-1}}{e^{1.035}-1}=118.1\ \text{cm}^{-1}$$

加上零点能（对应于$\frac{1}{2}\times214.6$ cm^{-1}）后，则为225.4 cm^{-1}。

当有多个简正模式可以处理为谐振子时，总的振动配分函数是各个配分函数的乘积，总的平均振动能就等于各个模式平均能量的加和。

（d）电子贡献

在大多数情况下，原子和分子的电子态能级间隔很大，故只有电子基态被占据。由于所有能量的测量都是相对于每个模式的基态，故

$$\langle \varepsilon^{\mathrm{E}} \rangle = 0 \qquad \text{平均电子能} \qquad (13\mathrm{C}.10)$$

在有些情况下，在所研究的温度下有热可及状态。此时，配分函数和平均电子能量最好通过对所有可及状态的直接加和来计算；注意要考虑简并度，如下例所示。

例题 13C.1　计算能量的电子贡献

某原子有一个双重简并电子基态和一个四重简并激发态，激发态的能量比基态高 $\varepsilon/hc=\tilde{\nu}=600\ \mathrm{cm^{-1}}$。问在 25 ℃时平均电子能量（用波数表示）是多少？

整理思路　需要写出温度 T（用 β 表示）时电子配分函数的表达式，然后用式（13C.3）导出平均能量。过程中会涉及配分函数对 β 求导数。最后，代入数据，利用 $\varepsilon=hc\tilde{\nu}$、$\langle\varepsilon^{\mathrm{E}}\rangle=hc\langle\tilde{\nu}^{\mathrm{E}}\rangle$ 及 25 ℃时 $kT/hc=207.224\ \mathrm{cm^{-1}}$ 的关系。

解：配分函数为 $q^{\mathrm{E}}=2+4\mathrm{e}^{-\beta\varepsilon}$。因此，平均能量为

$$\langle\varepsilon^{\mathrm{E}}\rangle=-\frac{1}{q^{\mathrm{E}}}\frac{\mathrm{d}q^{\mathrm{E}}}{\mathrm{d}\beta}=-\frac{1}{2+4\mathrm{e}^{-\beta\varepsilon}}\overbrace{\frac{\mathrm{d}}{\mathrm{d}\beta}(2+4\mathrm{e}^{-\beta\varepsilon})}^{-4\varepsilon\mathrm{e}^{-\beta\varepsilon}}$$

$$=\frac{4\varepsilon\mathrm{e}^{-\beta\varepsilon}}{2+4\mathrm{e}^{-\beta\varepsilon}}=\frac{\varepsilon}{\frac{1}{2}\mathrm{e}^{\beta\varepsilon}+1}$$

若用波数表示，则平均能量就是

$$\langle\varepsilon^{\mathrm{E}}\rangle/hc=\langle\tilde{\nu}^{\mathrm{E}}\rangle$$

$\varepsilon=hc\tilde{\nu}$

$$\langle\tilde{\nu}^{\mathrm{E}}\rangle=\frac{\tilde{\nu}}{\frac{1}{2}\mathrm{e}^{hc\tilde{\nu}/kT}+1}$$

代入数据，可得

$$\langle\tilde{\nu}^{\mathrm{E}}\rangle=\frac{600\ \mathrm{cm^{-1}}}{\frac{1}{2}\mathrm{e}^{(600\ \mathrm{cm^{-1}})/(207.224\ \mathrm{cm^{-1}})}+1}=59.7\ \mathrm{cm^{-1}}$$

自测题 13C.1　对于一个具有一个三重简并基态和一个七重简并激发态（激发态能量较基态高 $400\ \mathrm{cm^{-1}}$）的原子，计算平均电子能量。

答案：$101\ \mathrm{cm^{-1}}$。

（e）自旋贡献

在磁场 $\mathcal{B}$ 中的一个电子自旋，根据其由磁量子数 m_s 表示的取向，有两种可能的能态，即

$$E_{m_s}=g_{\mathrm{e}}\mu_{\mathrm{B}}\mathcal{B}m_s \qquad \text{电子自旋能量} \qquad (13\mathrm{C}.11)$$

式中 μ_{B} 是玻尔磁子，$g_{\mathrm{e}}=2.002\ 3$。这些能量在专题 12A 中曾详细讨论过。低能态的 $m_s=-\frac{1}{2}$，因此电子可及的两个能级分别位 $\varepsilon_{-1/2}=0$ 和 $\varepsilon_{+1/2}=g_{\mathrm{e}}\mu_{\mathrm{B}}\mathcal{B}$（按照惯例 $\varepsilon_0\equiv0$）。故自旋配分函数为

$$q^{\mathrm{S}}=\sum_{m_s}\mathrm{e}^{-\beta\varepsilon_{m_s}}=1+\mathrm{e}^{-\beta g_{\mathrm{e}}\mu_{\mathrm{B}}\mathcal{B}} \qquad \text{自旋配分函数} \qquad (13\mathrm{C}.12)$$

据此，自旋的平均能量为

$$\langle\varepsilon^{\mathrm{S}}\rangle=-\frac{1}{q^{\mathrm{S}}}\frac{\mathrm{d}q^{\mathrm{S}}}{\mathrm{d}\beta}=-\frac{1}{1+\mathrm{e}^{-\beta g_{\mathrm{e}}\mu_{\mathrm{B}}\mathcal{B}}}\overbrace{\frac{\mathrm{d}}{\mathrm{d}\beta}(1+\mathrm{e}^{-\beta g_{\mathrm{e}}\mu_{\mathrm{B}}\mathcal{B}})}^{-g_{\mathrm{e}}\mu_{\mathrm{B}}\mathcal{B}\mathrm{e}^{-\beta g_{\mathrm{e}}\mu_{\mathrm{B}}\mathcal{B}}}$$

$$=\frac{g_{\mathrm{e}}\mu_{\mathrm{B}}\mathcal{B}\mathrm{e}^{-\beta g_{\mathrm{e}}\mu_{\mathrm{B}}\mathcal{B}}}{1+\mathrm{e}^{-\beta g_{\mathrm{e}}\mu_{\mathrm{B}}\mathcal{B}}}$$

若分子和分母同时乘以 $\mathrm{e}^{\beta g_{\mathrm{e}}\mu_{\mathrm{B}}\mathcal{B}}$，则最终的表达式为

$$\langle\varepsilon^{\mathrm{S}}\rangle=\frac{g_{\mathrm{e}}\mu_{\mathrm{B}}\mathcal{B}}{\mathrm{e}^{\beta g_{\mathrm{e}}\mu_{\mathrm{B}}\mathcal{B}}+1} \qquad \text{平均自旋能量} \qquad (13\mathrm{C}.13)$$

这个函数本质上与图 13C.1 中所示的相同。

简要说明 13C.4

在 25 ℃时，假设自由基的集合体暴露在一强度为 2.5 T（T 表示特斯拉）的磁场中。由于 $\mu_{\mathrm{B}}=9.274\times10^{-24}\ \mathrm{J\cdot T^{-1}}$，故

$$g_{\mathrm{e}}\mu_{\mathrm{B}}\mathcal{B}=2.002\ 3\times9.274\times10^{-24}\ \mathrm{J\cdot T^{-1}}\times2.5\ \mathrm{T}=4.6\times10^{-23}\ \mathrm{J}$$

$$\beta g_{\mathrm{e}}\mu_{\mathrm{B}}\mathcal{B}=\frac{2.002\ 3\times9.274\times10^{-24}\ \mathrm{J\cdot T^{-1}}\times2.5\ \mathrm{T}}{1.381\times10^{-23}\ \mathrm{J\cdot K^{-1}}\times298\ \mathrm{K}}=0.011$$

因此，平均能量就是

$$\langle\varepsilon^{\mathrm{S}}\rangle=\frac{4.6\times10^{-23}\ \mathrm{J}}{\mathrm{e}^{0.011}+1}=2.3\times10^{-23}\ \mathrm{J}$$

这个能量等价于 $14\ \mathrm{J\cdot mol^{-1}}$（注意是 J，不是 kJ）。

概念清单

☐ 1. **分子平均能量**可由分子配分函数来计算。

☐ 2. 各种运动模式对分子平均能量的贡献可以通过其相应的配分函数来计算。

☐ 3. 在高温极限下，所得分子平均能量的结果与均分原理一致。

公式清单

性质	公式	说明	公式编号
平均能量	$\langle\varepsilon\rangle=\varepsilon_{gs}-(1/q)(\partial q/\partial\beta)_V$	$\beta=1/kT$	13C.4a
	$\langle\varepsilon\rangle=\varepsilon_{gs}-(\partial\ln q/\partial\beta)_V$	另一种表达式	13C.4b
平动	$\langle\varepsilon^T\rangle=\frac{d}{2}kT$	在d维度（$d=1, 2, 3$）	13C.5
转动	$\langle\varepsilon^R\rangle=kT$	线形分子，$T>>\theta^R$	13C.6b
振动	$\langle\varepsilon^V\rangle=hc\tilde{\nu}/(e^{\beta hc\tilde{\nu}}-1)$	谐振子近似	13C.8
	$\langle\varepsilon^V\rangle=kT$	$T>>\theta^V$	13C.9
自旋	$\langle\varepsilon^S\rangle=g_e\mu_B\mathcal{B}/(e^{\beta g_e\mu_B\mathcal{B}}+1)$	在磁场中的电子	13C.13

专题13D

正则系综

▶ 为何需要学习这部分内容？

专题13B和13C处理的是独立分子，但实际上分子之间有相互作用。因此，这部分内容对构建实际气体、液体和固体及分子之间相互作用不能忽略的所有系统的模型至关重要。

▶ 核心思想是什么？

由相依分子组成的系统可用正则配分函数来描述，借此可导出其热力学性质。

▶ 需要哪些预备知识？

本专题的计算本质上与专题13A中的相同，故不再详细介绍。平均能量的计算本质上也与专题13C中的相同，其细节将不再重复。

处理相依粒子系统（如实际气体和液体）所需的核心概念是“系综”。与许多科学术语一样，其原本的正常含义是“集合”；但在统计热力学中，它被提炼并赋予了精确的含义。

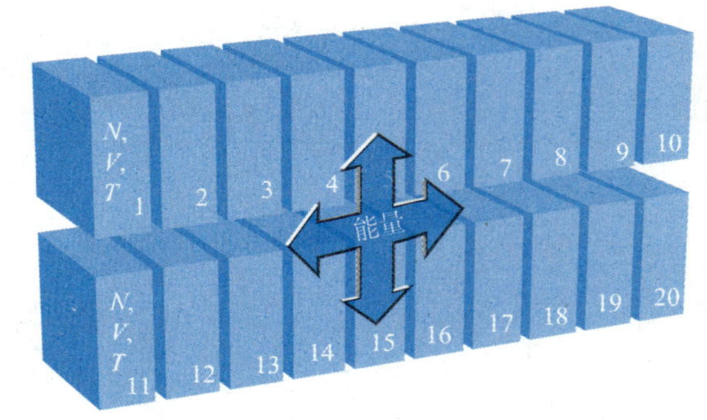

图13D.1 正则系综的示意图，在本例中$\tilde{N}=20$。实际系统的每个复制品都具有相同的组成和体积，它们彼此热接触，因此具有相同的温度。能量可以热的形式在它们之间传递，故它们并非都拥有相同的能量，所有20个复制品的总能量为常数，因为整个系统是孤立的

13D.1 系综的概念

为了建立一个系综，取一特定体积、组成和温度的封闭系统，想象其被复制$\tilde{N}$次（图13D.1）。所有相同的封闭系统被认为彼此处于热接触，因此它们之间可以交换能量。系综的总能量为$\tilde{E}$。由于系综的成员都彼此处于热平衡，它们具有相同的温度。系综每个成员的体积也是相同的，故每个系统中分子可及能级相同。每位成员含相同数目的分子，故每个系统内分配的分子数目固定。这个想象的、具有相同温度的、实际系统复制品的集合叫作**正则系综**（canonical ensemble）[1]。

还有其他两类重要的系综。在**微正则系综**（microcanonical ensemble）中，恒温条件被所有的系统都应具有完全相同的能量这一要求所代替：每个系统都是孤立的。在**巨正则系综**（grand canonical ensemble）中，每个系统的体积和温度相同，但它们是敞开的，也即可想象物质能在它们之间传递，每个系统的组成可发生波动（涨落），但现在每个系统中的化学势（μ，专题5A）相同。总结如下：

系综	相同性质
微正则系综	V，E，N
正则系综	V，T，N
巨正则系综	V，T，μ

微正则系综是专题13A中讨论的基础，巨正则系综将不具体考虑。

关于系综的一个要点是：它是想象的系统复制品的集合，故成员数目可根据需要很大，必要

1 “正则”的意思是“按照规则”。

时 $\tilde{N}$ 可以为无穷。系综中处于能量为 E_i 某一状态的成员数用 $\tilde{N}_i$ 表示；也可以讨论系综的构型（与专题13A中使用的系统的构型相类似），其权重用 $\tilde{\mathcal{W}}$ 表示，代表实现构型 $\{\tilde{N}_0, \tilde{N}_1, \cdots\}$ 的方式数。注意 $\tilde{N}$ 与 N 无关，N 是实际系统中的分子数，$\tilde{N}$ 则是想象的该系统复制品的数目。总之：

N 是系统中的分子数，系综每个成员中的分子数相同。

T 是所有成员的共同温度。

E_i 是系综中某一成员 i 的总能量。

$\tilde{N}_i$ 是拥有能量 E_i 的复制品的数目。

$\tilde{E}$ 是整个系综的总能量。

$\tilde{N}$ 是复制品的总数（系综中的成员数）。

$\tilde{\mathcal{W}}$ 是构型 $\{\tilde{N}_0, \tilde{N}_1, \cdots\}$ 的权重。

（a）绝对优势构型

正如在专题13A中所讨论的，正则系综中的一些构型出现的概率远比其他的大。例如，系综的总能量整个都容纳于一个系统中，从而得到构型 $\{\tilde{N}, 0, 0, \cdots\}$ 是不太可能的。与专题13A中所讨论的类似，存在一个优势构型，热力学性质可以通过用该单个最概然分布构型对系综求平均来计算。在 $\tilde{N} \to \infty$ 这个**热力学极限**（thermodynamic limit）下，这个优势构型压倒性地成为了最概然的，并控制了系综性质。

可按照专题13A中的推导（导出了玻耳兹曼分布）来进行定量讨论，所需作的修正是用 $\tilde{N}$ 和 $\tilde{N}_i$ 分别代替 N 和 N_i。构型 $\{\tilde{N}_0, \tilde{N}_1, \cdots\}$ 的权重 $\tilde{\mathcal{W}}$ 为

$$\tilde{\mathcal{W}} = \frac{\tilde{N}!}{\tilde{N}_0!\tilde{N}_1!\cdots} \quad \text{权重} \qquad (13\text{D}.1)$$

在系综总能量恒定为 $\tilde{E}$ 和总成员数固定为 $\tilde{N}$ 的限制条件下，最大权重的构型可由**正则分布**（canonical distribution）给出，即

$$\frac{\tilde{N}_i}{\tilde{N}} = \frac{e^{-\beta E_i}}{Q} \qquad Q = \sum_i e^{-\beta E_i} \quad \text{正则分布} \qquad (13\text{D}.2)$$

式中的加和针对系综的所有成员，Q 是温度的函数，称为**正则配分函数**（canonical partition function），其中 $\beta = 1/kT$。与分子配分函数一样，正则配分函数含有系统所有的热力学信息，但允许组成分子之间有相互作用。

（b）与最概然分布的偏离

式（13D.2）中的正则分布，明显地仅是一个随系统能量指数衰减的函数。如同玻耳兹曼分布给出一个分子某个状态的占有，正则分布函数给出成员出现在能量为 E_i 的某个状态 i 上的概率。事实上，可能有许多状态具有几乎相同的能量。例如，在一气体中，移动慢或快的分子的身份可以变化，而不一定影响总能量。**状态的能量密度**（energy density of states），即在一个能量区间的状态数除以区间宽度（图13D.2），是一个随能量急剧增加的函数。系综中一个成员具有特定能量（与处于特定状态不同）的概率是由式（13D.2）（即一个急剧减少的函数）乘以一个急剧增加的函数来给出的（图13D.3）。因此，总的分布为一个尖锐峰值函数，也就是说，系综中的绝大多数成

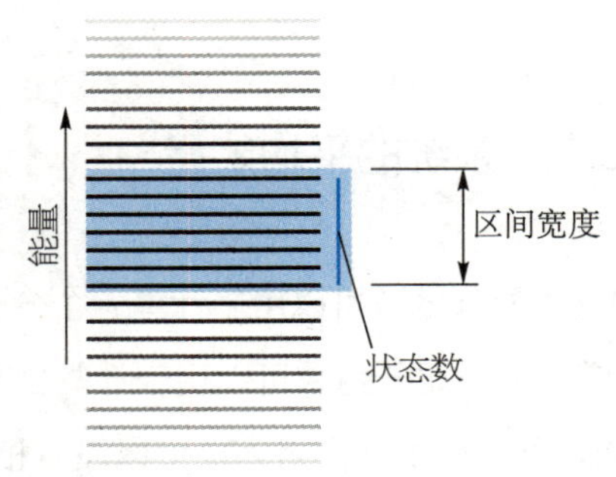

图13D.2　状态能量密度为一能量区间的状态数除以该区间的宽度

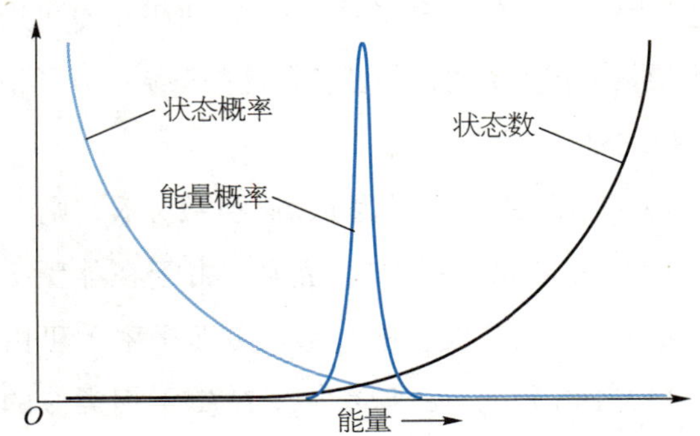

图13D.3　为了构建用能量表示的正则系综成员分布的形式，用成员出现在给定能量某一状态的概率［式（13D.2）］乘以对应该能量的状态数（一个急剧上升的函数），所得乘积在平均能量时为一个尖锐峰值函数（这里明显放大了），这说明几乎所有的系综成员都具有该能量

员具有十分接近于平均值的能量。

简要说明 13D.1

一个快速增长的函数是x^n，其中n很大；一个快速减小的函数是e^{-nx}，同样n很大。这两个函数的乘积经归一化（以便对不同的n值，其最大值都相同）后，为

$$f(x) = e^n x^n e^{-nx}$$

图 13D.4 绘出了当n为三个不同的数值（10、20、50）时，$f(x)$随x的变化关系曲线。可见，乘积的宽度确实随n的增加而减小。

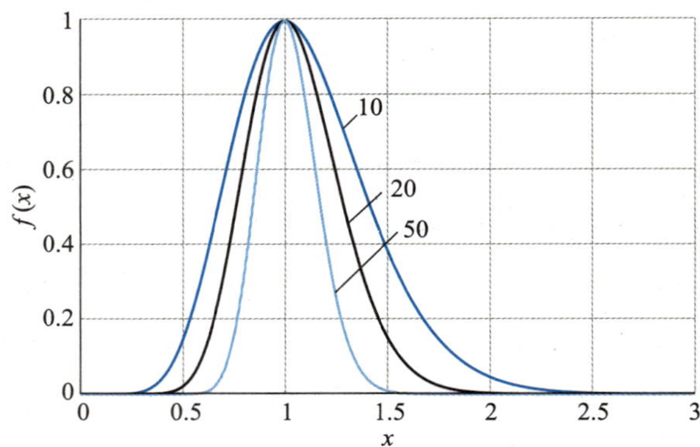

图 13D.4　当n为三个不同的数值（10、20、50）时，“简要说明 13D.1”中所讨论的两个函数的乘积

13D.2　系统的平均能量

就像分子配分函数可以用来计算一个分子性质的平均值一样，正则配分函数可以用来计算由众多分子（这些分子间可以有相互作用，也可以没有相互作用）所组成的整个系统的平均能量。因此，Q较q更为一般普适，因为它不假定分子是独立的。所以，Q可用来讨论凝聚相和实际气体的性质，这些系统中分子相互作用很重要。

由于系综的总能量为$\tilde{E}$，成员数为$\tilde{N}$，则一个成员的平均能量就是$\langle E\rangle = \tilde{E}/\tilde{N}$。由于在能量为$E_i$的状态$i$上的系综成员的分数$\tilde{p}_i$（即概率）可由与式（13A.10b）（$p_i = e^{-\beta\varepsilon_i}/q$，$p_i = N_i/N$）相类似的表达式给出，即

$$\tilde{p}_i = \frac{e^{-\beta E_i}}{Q} \qquad (13D.3)$$

所以

$$\langle E\rangle = \sum_i \tilde{p}_i E_i = \frac{1}{Q}\sum_i E_i e^{-\beta E_i} \qquad (13D.4)$$

采用导出式（13C.4a）[即当$\varepsilon_{gs} \equiv 0$时，$\langle\varepsilon\rangle = -(1/q)(\partial q/\partial\beta)_V$]相同的推理，可得

$$\langle E\rangle = -\frac{1}{Q}\left(\frac{\partial Q}{\partial\beta}\right)_V = -\left(\frac{\partial \ln Q}{\partial\beta}\right)_V \quad \text{系统的平均能量} \qquad (13D.5)$$

与在分子平均能量中的情形一样，如果整个系统的基态能量不为零，则其必须加到此表达式中。

13D.3　再论独立分子

当分子彼此独立时，可以证明Q与分子配分函数q有关。

如何完成？13D.1　建立Q和q之间的关系式

需要考虑有两个情况。先考虑一个系统，其中粒子是可分辨（例如，当它们处在固体中的固定位置时）；然后是另一个系统，其中粒子是不可分辨的（例如，当它们处在气相且可交换位置）。

步骤 1　*考虑一个由独立、可分辨分子所构成的系统*

由N个独立分子所组成的集合体的总能量为所有分子能量的加和。因此，系统状态i的总能量可写为

$$E_i = \varepsilon_i(1) + \varepsilon_i(2) + \cdots + \varepsilon_i(N)$$

在这个表达式中，$\varepsilon_i(1)$是当系统处在状态i时分子 1 的能量，$\varepsilon_i(2)$是当系统处在状态i时分子 2 的能量，以此类推。正则配分函数则为

$$Q = \sum_i e^{-\beta\varepsilon_i(1)-\beta\varepsilon_i(2)-\cdots-\beta\varepsilon_i(N)}$$

假设分子是可分辨的（就下述意义而言），对系统状态的加和可以通过让每个分子进入到其所有状态而得以复制重现。因此，可不用对系统状态i加和，而是分别对分子 1 所有状态j加和，分子 2 所有状态j加和……这样，原先的表达式可改写为

$$Q = \overbrace{\left(\sum_j e^{-\beta\varepsilon_j}\right)}^{q}\overbrace{\left(\sum_j e^{-\beta\varepsilon_j}\right)}^{q}\cdots\overbrace{\left(\sum_j e^{-\beta\varepsilon_j}\right)}^{q}$$

从而得到　　$Q = q^N$

步骤 2　*考虑一个由独立、不可分辨分子所组成的*

系统

如果所有分子都是相同的，且在空间自由移动，此时就不可能分辨它们，关系式$Q=q^N$不再成立。假定分子1在状态a，分子2在状态b，分子3在状态c，那么系综的一个成员拥有能量$E=\varepsilon_a+\varepsilon_b+\varepsilon_c$。但是，这个成员与分子1在状态$b$，分子2在状态$c$，分子3在状态$a$或其他某一排列的另一个成员是不可分辨的；这样的排列总共有6种（或一般地$N!$）。对于不可分辨的分子，当由对系统状态的加和改为对分子状态的加和时，过多的状态被计入了总数，故用公式$Q=q^N$实际上高估了Q值。尽管详细的论证相当复杂，但结果表明，除了很低温度外，校正因子是$1/N!$，故$Q=q^N/N!$。

步骤3 *归纳总结*

综上，我们得到

$$\text{对于可分辨的独立分子：}Q=q^N \qquad (13\text{D}.6\text{a})$$

$$\text{对于不可分辨的独立分子：}Q=q^N/N! \qquad (13\text{D}.6\text{b})$$

为了使分子不可分辨，它们必须是同类的：一个氩原子与一个氖原子永远是可分辨的。但是，它们的身份并不是唯一的判据。例如，在晶格中的每个相同分子都可以用一组坐标来“命名”。因此，在晶格中的相同分子可以处理为可分辨的，因为它们的位置是可分辨的。此时，可以使用式（13D.6a）。另一方面，气相中的相同分子可自由移动至不同位置，因此无法追踪一给定分子的身份。此时，必须使用式（13D.6b）。

简要说明13D.2

对于由N个不可分辨的分子所组成的气体，有$Q=q^N/N!$。因此，系统的能量为

$$\langle E\rangle=-\left[\frac{\partial\ln(q^N/N!)}{\partial\beta}\right]_V=-\left[\frac{\partial(\ln q^N-\ln N!)}{\partial\beta}\right]_V=-\left[\frac{\partial(N\ln q)}{\partial\beta}\right]_V$$

$$=-N\left(\frac{\partial\ln q}{\partial\beta}\right)_V=N\langle\varepsilon\rangle$$

也就是说，气体的平均能量是单个分子平均能量的N倍。

13D.4 能量随体积的变化

当分子之间有相互作用时，集合体的能量依赖于分子之间的平均距离，因而也就依赖于固定数目的分子所占据的体积。这种能量与体积的依赖关系对于实际气体的讨论（专题1C）特别重要。

为了讨论在恒定温度时能量对体积的依赖关系，就必须求出$(\partial\langle E\rangle/\partial V)_T$（在专题2D和3E中，这个量被识别为气体的“内压力”，用符号π_T表示）。为此，代入式（13D.5），从而得到

$$\left(\frac{\partial\langle E\rangle}{\partial V}\right)_T=-\left[\frac{\partial}{\partial V}\left(\frac{\partial\ln Q}{\partial\beta}\right)_V\right]_T \qquad (13\text{D}.7)$$

如果气体是完美气体，则$Q=q^N/N!$，q为平动和各种内部运动（如转动）的配分函数。如果气体是单原子分子，则仅有平动，$q=V/\Lambda^3$，式中$\Lambda=h/(2\pi mkT)^{1/2}$，而正则配分函数将是$V^N/\Lambda^{3N}N!$。相互作用的存在通过用一个称为**构型积分**（configuration integral）Z的因子来代替$V^N/N!$而得以考虑，这一因子依赖于分子之间的势能（不要将Z与专题1C中的压缩因子Z相混淆）。从而得到

$$Q=\frac{Z}{\Lambda^{3N}} \qquad (13\text{D}.8)$$

代入式（13D.7），则有

$$\left(\frac{\partial\langle E\rangle}{\partial V}\right)_T=-\left[\frac{\partial}{\partial V}\left(\frac{\partial\ln(Z/\Lambda^{3N})}{\partial\beta}\right)_V\right]_T$$

$$=-\left[\frac{\partial}{\partial V}\left(\frac{\partial\ln Z}{\partial\beta}\right)_V\right]_T-\left\{\frac{\partial}{\partial V}\left[\frac{\partial\ln(1/\Lambda^{3N})}{\partial\beta}\right]_V\right\}_T$$

对于等式右边第二项 $\partial^2f/\partial x\partial y=\partial^2f/\partial y\partial x$

$$=-\left[\frac{\partial}{\partial V}\left(\frac{\partial\ln Z}{\partial\beta}\right)_V\right]_T-\left\{\frac{\partial}{\partial\beta}\overbrace{\left[\frac{\partial\ln(1/\Lambda^{3N})}{\partial V}\right]_T}^{0}\right\}_V$$

$\partial\ln y/\partial x=(1/y)\partial y/\partial x$

$$=-\left[\frac{\partial}{\partial V}\left(\frac{\partial\ln Z}{\partial\beta}\right)_V\right]_T=-\left[\frac{\partial}{\partial V}\frac{1}{Z}\left(\frac{\partial Z}{\partial\beta}\right)_V\right]_T \qquad (13\text{D}.9)$$

在第三行中，因Λ与体积无关，故其对体积的偏导数等于零。

对于由原子组成的一实际气体（分子间相互作用是各向同性的），Z与所有粒子相互作用的总势能E_p有关，而E_p依赖于所有粒子的相对位置，Z与E_p的关系为

$$Z=\frac{1}{N!}\int e^{-\beta E_p} d\tau_1 d\tau_2 \cdots d\tau_N \quad \text{构型积分} \quad (13D.10)$$

式中$d\tau_i$是原子i的体积元，积分是针对所有变量。该项的物理学起因是样品中分子可能的每一种排列出现的概率可由玻耳兹曼分布给出，而玻耳兹曼分布中的指数则由该排列对应的势能给出。

简要说明13D.3

即使对十分简单的分子间势能，式（13D.10）也是很难实际运算的。但对于完美气体，其$E_p=0$；此时，指数函数变为1，则

$$Z=\frac{1}{N!}\int d\tau_1 d\tau_2 \cdots d\tau_N=\frac{1}{N!}\left(\int d\tau\right)^N=\frac{V^N}{N!}$$

对于完美气体确应如此。

如果势能具有这样的形式，即中心硬球被浅吸引势阱包围（图13D.5），那么，经具体计算（涉及内容太多，此处无法重现，可参阅本书网站上的“深入了解7”）后，可得

$$\left(\frac{\partial\langle E\rangle}{\partial V}\right)_T=\frac{an^2}{V^2} \quad \text{吸引势} \quad (13D.11)$$

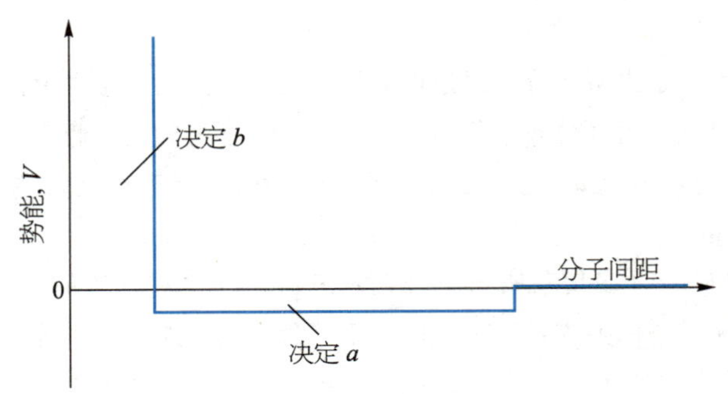

图13D.5 在实际气体中，分子间势能可模型化为决定范德华系数b的中心硬球被决定系数a的浅吸引势阱包围。如文中所述，基于此模型的正则配分函数的计算与范德华气体方程（专题1C）一致

式中n是在体积V中分子的物质的量，a是正比于势能吸引部分下面面积的一个常数。在专题3E的例题3E.2中，根据范德华气体方程，我们曾导出完全相同的表达式（形式为$\pi_T=an^2/V^2$）。此处的结论是：如果气体中的分子之间互相吸引，那么在等温膨胀时其能量将增加［因为$(\partial\langle E\rangle/\partial V)_T>0$，$\langle E\rangle$对$V$的斜率是正值］。能量上升是因为在更大的平均间距，分子在它们相互作用较强的区域内停留的时间更短。

概念清单

- ☐ 1. **正则系综**是想象的具有相同温度和相同粒子数的实际系统复制品的集合体。
- ☐ 2. **正则分布**给出具有某一特定总能量的系综成员的最概然数目。
- ☐ 3. 系综成员的平均能量可由**正则配分函数**来计算。

公式清单

性质	公式	说明	公式编号
正则配分函数	$Q=\sum_i e^{-\beta E_i}$	定义	13D.2
正则分布	$\tilde{N}_i/\tilde{N}=e^{-\beta E_i}/Q$		13D.2
平均能量	$\langle E\rangle=-(1/Q)(\partial Q/\partial\beta)_V=-(\partial\ln Q/\partial\beta)_V$		13D.5
正则配分函数	$Q=Z/\Lambda^{3N}$		13D.8
构型积分	$Z=(1/N!)\int e^{-\beta E_p} d\tau_1 d\tau_2\cdots d\tau_N$	各向同性相互作用	13D.10
平均能量随体积的变化	$(\partial\langle E\rangle/\partial V)_T=an^2/V^2$	势能指定为图13D.5所示	13D.11

专题13E

内能和熵

▶ 为何需要学习这部分内容?

本专题讨论的重要性在于为热力学性质提供分子说明。

▶ 核心思想是什么?

配分函数含有系统所有的热力学信息，因而在谱学和热力学之间架起了桥梁。

▶ 需要哪些预备知识?

需要知道如何由结构数据来计算分子配分函数（专题13B），也应熟悉内能（专题12A）和熵（专题3A）的概念。本专题运用了专题13C中分子平均能量的计算方法。

一旦已知配分函数，就可以获得任一热力学函数。两个基本的热力学性质是内能U和熵S。一旦这两个性质被计算出来，就可获得诸如吉布斯能G（专题13F）等辅助函数及源于它们的所有化学性质。

13E.1 内能

分子配分函数q重要性的第一个例子是内能表达式的推导。

（a）内能的计算

专题13C中已经说明：由独立分子组成的系统中，一个分子的平均能量与分子配分函数之间有下列关系式：

$$\langle\varepsilon\rangle=-\frac{1}{q}\left(\frac{\partial q}{\partial\beta}\right)_V \quad (13E.1)$$

式中$\beta=1/kT$。因此，由N个分子组成的系统的总能量为$N\langle\varepsilon\rangle$。这个总能量是相对于基态（$q$的计算基于规定$\varepsilon_0\equiv0$）的，故内能为$U(T)=U(0)+N\langle\varepsilon\rangle$，式中$U(0)$是仅当基态被占据时的内能，在$T=0$时就是这种情况。所以，内能通过下式与分子配分函数相关联：

$$U(T)=U(0)+N\langle\varepsilon\rangle=U(0)-\frac{N}{q}\left(\frac{\partial q}{\partial\beta}\right)_V \quad \text{内能[独立分子]} \quad (13E.2a)$$

在许多情况下，可以使用专题13C中建立的各个运动模式$\langle\varepsilon\rangle$的表达式，没有必要再回到$q$本身，除非是一些正式的运算。例如，专题13C中已给出：一个谐振子的平均能量为$\langle\varepsilon^{V}\rangle=hc\tilde{\nu}/(e^{\beta hc\tilde{\nu}}-1)$［式（13C.8）］。因此，一个由谐振子组成的系统的摩尔内能为

$$U_m^V(T)=U_m^V(0)+\frac{N_A hc\tilde{\nu}}{e^{\beta hc\tilde{\nu}}-1}$$

简要说明13E.1

I_2分子的振动波数为214.6 cm^{-1}；在298.15 K时，$kT/hc=$ 207.224 cm^{-1}，$hc\tilde{\nu}=4.26$ zJ。根据这些数据，可得

$$\beta hc\tilde{\nu}=\frac{hc\tilde{\nu}}{kT}=\frac{214.6\ \text{cm}^{-1}}{207.224\ \text{cm}^{-1}}=1.035$$

因此，振动对I_2摩尔内能的贡献为

$$U_m^V(T)=U_m^V(0)+\frac{6.022\times10^{23}\ \text{mol}^{-1}\times4.26\times10^{-21}\ \text{J}}{e^{1.035}-1}$$

$$=U_m^V(0)+1.41\ \text{kJ}\cdot\text{mol}^{-1}$$

式（13E.2a）的另一种形式是

$$U(T)=U(0)-N\left(\frac{\partial\ln q}{\partial\beta}\right)_V \quad \text{内能[独立分子]} \quad (13E.2b)$$

对于由相依分子组成的系统，可以使用类似的表达式。此时，应使用正则配分函数Q（专题

13D），从而得到

$$U(T)=U(0)-\left(\frac{\partial \ln Q}{\partial \beta}\right)_V \quad \text{内能 [相依分子]} \qquad (13E.2c)$$

（b）热容

定容热容（专题2A）的定义为$C_V=(\partial U/\partial T)_V$。由于谐振子的平均振动能［式（13C.8），即$\langle\varepsilon^{\mathrm{V}}\rangle=hc\tilde{\nu}/(\mathrm{e}^{\beta hc\tilde{\nu}}-1)$］可以用振动特征温度$\theta^{\mathrm{V}}=hc\tilde{\nu}/k$表示：

$$\langle\varepsilon^{\mathrm{V}}\rangle=\frac{k\theta^{\mathrm{V}}}{\mathrm{e}^{\theta^{\mathrm{V}}/T}-1}$$

所以，振动对摩尔定容热容的贡献为

$$C_{V,\mathrm{m}}^{\mathrm{V}}\overset{U_\mathrm{m}(T)=U_\mathrm{m}(0)+N_\mathrm{A}\langle\varepsilon^{\mathrm{V}}\rangle}{=}\frac{\mathrm{d}N_\mathrm{A}\langle\varepsilon^{\mathrm{V}}\rangle}{\mathrm{d}T}=R\theta^{\mathrm{V}}\frac{\mathrm{d}}{\mathrm{d}T}\frac{1}{\mathrm{e}^{\theta^{\mathrm{V}}/T}-1}\overset{\mathrm{d}(1/f)/\mathrm{d}x=-(1/f^2)\mathrm{d}f/\mathrm{d}x\text{ 使用了两次}}{=}R\left(\frac{\theta^{\mathrm{V}}}{T}\right)^2\frac{\mathrm{e}^{\theta^{\mathrm{V}}/T}}{(\mathrm{e}^{\theta^{\mathrm{V}}/T}-1)^2}$$

注意到$\mathrm{e}^{\theta^{\mathrm{V}}/T}=(\mathrm{e}^{\theta^{\mathrm{V}}/2T})^2$，这个表达式可以重排为

$$C_{V,\mathrm{m}}^{\mathrm{V}}=Rf(T)$$

$$f(T)=\left(\frac{\theta^{\mathrm{V}}}{T}\right)^2\left(\frac{\mathrm{e}^{-\theta^{\mathrm{V}}/2T}}{1-\mathrm{e}^{-\theta^{\mathrm{V}}/T}}\right)^2 \quad \text{振动对 } C_{V,\mathrm{m}} \text{ 的贡献} \qquad (13E.3)$$

图13E.1中的曲线显示了振动热容如何随温度变化。可见，即使当温度仅略高于θ^{V}，热容就接近其均分值。式（13E.3）实际上与固体热容的爱因斯坦公式［式（7A.8a）］相同（用θ^{V}代替爱因斯坦温度θ_E）。唯一的差异是：在一固体中，振动发生在三个维度上。

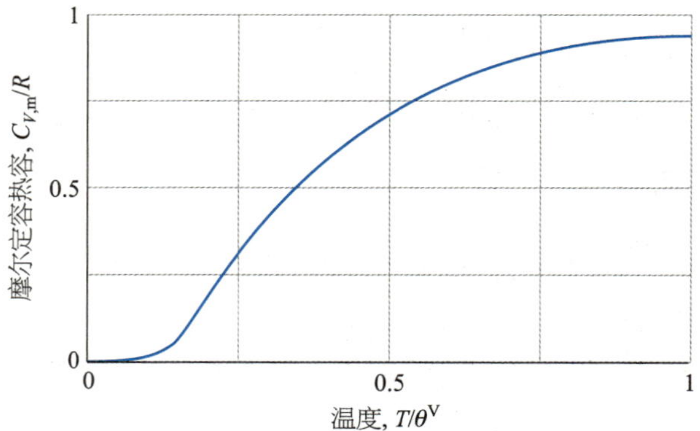

图13E.1　用式（13E.3）计算的谐振子近似中一个分子的振动热容与温度的关系（可见，当温度大于θ^{V}时，热容与其经典值相差10%以内）

有时将对T的偏导数转化至对$\beta=1/kT$的偏导数更为方便，即

$$\frac{\mathrm{d}}{\mathrm{d}T}=\frac{\mathrm{d}\beta}{\mathrm{d}T}\frac{\mathrm{d}}{\mathrm{d}\beta}=-\frac{1}{kT^2}\frac{\mathrm{d}}{\mathrm{d}\beta}=-k\beta^2\frac{\mathrm{d}}{\mathrm{d}\beta} \qquad (13E.4)$$

因此有

$$C_V=-k\beta^2\left(\frac{\partial U}{\partial \beta}\right)_V$$

$$=-Nk\beta^2\left(\frac{\partial\langle\varepsilon\rangle}{\partial\beta}\right)_V\overset{\text{式(13E.1)}}{=}Nk\beta^2\left(\frac{\partial^2\ln q}{\partial\beta^2}\right)_V \quad \text{热容} \qquad (13E.5)$$

当均分原理可以应用时，可有更为简便的途径来获得C_V。例如，当$T>>\theta^{\mathrm{M}}$时（式中θ^{M}是模式M的特征温度；对振动有$\theta^{\mathrm{v}}=hc\tilde{\nu}/k$，对转动则有$\theta^{\mathrm{R}}=hc\tilde{B}/k$），就是这种情况。此时，热容可简单地通过计数活泼的模式数来估算：每个模式的平均摩尔能量是$RT/2$的倍数，将该能量对T求偏导数，得到相同倍数的$R/2$。在气体中，所有3个平动模式总是活泼的，故对$C_{V,\mathrm{m}}$的贡献为$3R/2$。如果活泼的转动模式数用$\nu^{\mathrm{R}*}$表示（对处在正常温度时的大多数分子而言，线形分子的$\nu^{\mathrm{R}*}=2$，非线形分子的$\nu^{\mathrm{R}*}=3$），则转动对$C_{V,\mathrm{m}}$的贡献就是$\nu^{\mathrm{R}*}R/2$。如果温度足够高，从而使得$\nu^{\mathrm{V}*}$个振动模式活泼，那么，振动对$C_{V,\mathrm{m}}$的贡献就是$\nu^{\mathrm{V}*}R$。在大多数情况下，$\nu^{\mathrm{V}*}\approx 0$。因此，气体总的$C_{V,\mathrm{m}}$近似为

$$C_{V,\mathrm{m}}=\frac{1}{2}(3+\nu^{\mathrm{R}*}+2\nu^{\mathrm{V}*})R \quad \text{总热容 }[T>>\theta^{\mathrm{M}}] \qquad (13E.6)$$

简要说明13E.2

H_2O的振动特征温度（以整数表示）为5 300 K、2 300 K和5 400 K，故在373 K时振动不激发。H_2O的3个转动模式的特征温度分别是40 K、21 K和13 K，故像3个平动模式一样，它们全部激发。平动对热容的贡献是$3R/2=12.5\ \mathrm{J\cdot K^{-1}\cdot mol^{-1}}$，完全激发的转动也贡献$12.5\ \mathrm{J\cdot K^{-1}\cdot mol^{-1}}$。因此，理论预测值接近于$25\ \mathrm{J\cdot K^{-1}\cdot mol^{-1}}$。实验值则为$26.1\ \mathrm{J\cdot K^{-1}\cdot mol^{-1}}$，两者的差异可能来源于与完美气体行为的偏离。

13E.2 熵

统计热力学中最著名的公式之一是有关熵的“玻耳兹曼公式”，可通过建立熵与最概然构型的权重之间的联系来获得。

如何完成？13E.1 推导熵的玻耳兹曼公式

这个推导的起点是内能的表达式，即 $U(T)=U(0)+N\langle\varepsilon\rangle$，由于 $\langle\varepsilon\rangle=(1/N)\sum_i N_i\varepsilon_i$，故

$$U(T)=U(0)+\sum_i N_i\varepsilon_i$$

策略是使用经典热力学建立 $\mathrm{d}S$ 和 $\mathrm{d}U$ 之间的关系式，然后利用这个关系式以最概然构型的权重来表示 $\mathrm{d}U$。

步骤 1 *写出 $\mathrm{d}U(T)$ 的表达式*

$U(T)$ 的变化可来自两个方面：一个是系统能级的改变（即从 ε_i 变化至 $\varepsilon_i+\mathrm{d}\varepsilon_i$）；另一个则是能级上粒子数的改变（从 N_i 变化至 $N_i+\mathrm{d}N_i$）。因此，总的变化为

$$\mathrm{d}U(T)=\mathrm{d}U(0)+\sum_i N_i\mathrm{d}\varepsilon_i+\sum_i\varepsilon_i\mathrm{d}N_i$$

步骤 2 *写出 $\mathrm{d}S$ 的表达式*

当恒容加热时，系统的 $U(0)$ 和能级都保持不变（图 13E.2），即在除了加热没有其他变化时，上述等式右边只有第 3 项（蓝色）还存在。另外，根据式（3E.1）（即 $\mathrm{d}U=T\mathrm{d}S-p\mathrm{d}V$），在相同的条件下，$\mathrm{d}U=T\mathrm{d}S$。所以

$$\mathrm{d}S=\frac{\mathrm{d}U}{T}=\frac{1}{T}\sum_i\varepsilon_i\mathrm{d}N_i=k\beta\sum_i\varepsilon_i\mathrm{d}N_i$$

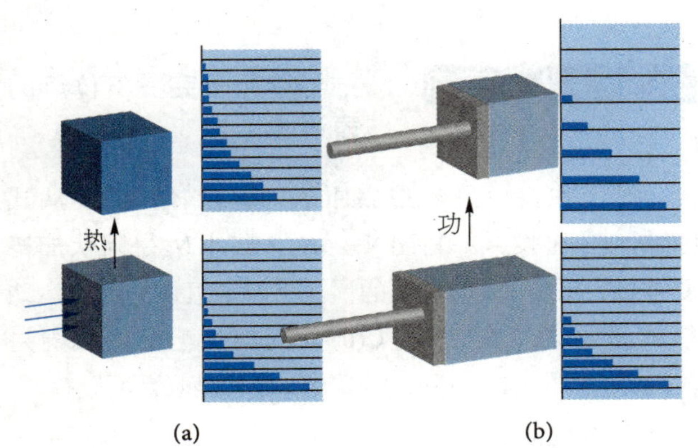

图 13E.2 （a）当系统被加热时，能级不变但能级上的粒子数发生变化。（b）当做功于系统时，能级发生变化。此处能级为专题 7D 中一维势箱中粒子能级，它们依赖于容器的尺寸，并且当其长度减小时能级间隔变大

步骤 3 *写出用 $\mathcal{W}$ 表示的 $\mathrm{d}S$ 的表达式*

在最概然构型中的变化（只需考虑这一项）可由式（13A.7）[即 $\partial(\ln\mathcal{W})/\partial N_i+\alpha-\beta\varepsilon_i=0$] 给出。据此，$\beta\varepsilon_i=\partial(\ln\mathcal{W})/\partial N_i+\alpha$。此外，由于系统所含分子数固定，所以

$$\mathrm{d}S=k\sum_i\overbrace{\beta\varepsilon_i}^{\partial\ln\mathcal{W}/\partial N_i+\alpha}\mathrm{d}N_i=k\overbrace{\sum_i\left(\frac{\partial\ln\mathcal{W}}{\partial N_i}\right)\mathrm{d}N_i}^{\mathrm{d}\ln\mathcal{W}}+k\alpha\overbrace{\sum_i\mathrm{d}N_i}^{0}=k(\mathrm{d}\ln\mathcal{W})$$

这个关系式强烈表明

$$S=k\ln\mathcal{W}\qquad(13\text{E}.7)$$

熵的玻耳兹曼公式

这个非常重要的表达式就是熵的**玻耳兹曼公式**（Boltzmann formula）。其中，$\mathcal{W}$ 为专题 13A 中讨论的系统最概然构型的权重。

（a）熵和配分函数

统计熵（statistical entrypy），即根据玻耳兹曼公式计算的熵，与热力学熵的行为方式完全一样。因此，当温度降低时，$\mathcal{W}$ 和 S 的值都减小，因为与总能量相一致的构型数变小。当 $T\to0$ 时，$\mathcal{W}=1$，故 $\ln\mathcal{W}=0$；因为此时仅有一种构型（即每个分子都在最低能级）与 $U(T)=U(0)$ 相符。据此，当 $T\to0$ 时，$S\to0$；这与热力学第三定律相符，也即当 $T\to0$ 时，所有完美晶体的熵趋近于相同的值（专题 3C）。

现在的挑战是建立玻耳兹曼公式和配分函数之间的关系式。

如何完成？13E.2 将统计熵与配分函数相关联

有必要将计算分为两部分，一部分针对可分辨的独立分子，另一部分则针对不可分辨的独立分子。通过简单推广，相互作用可以被考虑进来，至少在原理上。

步骤 1 *导出针对可分辨的独立分子的关系式*

对一个由 N 个可分辨的分子所组成的系统，$\ln\mathcal{W}$ 可以由式（13A.3）（即 $\ln\mathcal{W}=N\ln N-\sum_i N_i\ln N_i$）给出。代入 $N=\sum_i N_i$，得到

$$\begin{aligned}\ln\mathcal{W}&=\overbrace{N}^{\sum_i N_i}\ln N-\sum_i N_i\ln N_i\\&=\sum_i N_i\ln N-\sum_i N_i\ln N_i\\&=\sum_i N_i(\ln N-\ln N_i)=-\sum_i N_i\ln\frac{N_i}{N}\end{aligned}$$

这样，式（13E.7）（即 $S=k\ln\mathcal{W}$）就变为

$$S=-k\sum_i N_i \ln\frac{N_i}{N}$$

最概然分布的N_i/N值可由玻耳兹曼分布，即$N_i/N=\mathrm{e}^{-\beta\varepsilon_i}/q$给出。因此有

$$\ln\frac{N_i}{N}=\ln \mathrm{e}^{-\beta\varepsilon_i}-\ln q=-\beta\varepsilon_i-\ln q$$

所以

$$S=k\beta\overbrace{\sum_i N_i\varepsilon_i}^{N\langle\varepsilon\rangle}+k\sum_i N_i\ln q=Nk\beta\langle\varepsilon\rangle+Nk\ln q$$

最后，由于$N\langle\varepsilon\rangle=U(T)-U(0)$及$\beta=1/kT$，故

$$S=\frac{U(T)-U(0)}{T}+Nk\ln q \quad \text{熵（可分辨的独立分子）} \tag{13E.8a}$$

步骤 2　*导出针对不可分辨的分子的关系式*

为了处理由N个不可分辨分子组成的系统，其权重$\mathcal{W}$应为“可分辨”的值除以因子$N!$，因为分子在各状态中的$N!$种排列，产生了相同的系统状态。因此，$\ln\mathcal{W}$和熵应为“可分辨”的值分别减去$\ln N!$和$k\ln N!$。由于N很大，可使用斯特林近似公式（即$\ln N!=N\ln N-N$）将式（13E.8a）转化为

$$S(T)=\frac{U(T)-U(0)}{T}+Nk\ln q-k\overbrace{(N\ln N-N)}^{\ln N!}$$

$$=\frac{U(T)-U(0)}{T}+Nk\ln\frac{q}{N}+kN$$

kN可以写成$kN\ln\mathrm{e}$，然后与对数项组合在一起，从而得到

$$S=\frac{U(T)-U(0)}{T}+Nk\ln\frac{q\mathrm{e}}{N} \quad \text{熵（不可分辨的独立分子）} \tag{13E.8b}$$

步骤 3　*推广至相依分子*

为了完整性，对于相依分子，基于用正则配分函数代替分子配分函数，其熵的对应表达式则为

$$S=\frac{U(T)-U(0)}{T}+k\ln Q \quad \text{熵（相依分子）} \tag{13E.8c}$$

式（13E.8a）用内能和分子配分函数表示了独立分子集合体的熵。然而，由于一个分子的能量是一系列贡献如平动（T）、转动（R）、振动（V）和电子（E）的加和，配分函数则拆分为各种贡献的乘积。因此，熵也是各种贡献的加和。在气体中，分子可自由变化位置，故它们是不可分辨的。所以，对于熵的平动贡献，应使用式（13E.8b）。对于不涉及分子互换的其他模式（特别是R、V和E），则其权重不需要除以$N!$，此时可使用式（13E.8a）。

简要说明 13E.3

一个系统有两个状态，能量分别为0和ε；专题13B和13C中已证明其配分函数和平均能量分别为$q=1+\mathrm{e}^{-\beta\varepsilon}$和$\langle\varepsilon\rangle=\varepsilon/(\mathrm{e}^{\beta\varepsilon}+1)$。由于$1/T=k\beta$，故对摩尔熵的贡献就是

$$S_\mathrm{m}=R\left[\frac{\beta\varepsilon}{1+\mathrm{e}^{\beta\varepsilon}}+\ln(1+\mathrm{e}^{-\beta\varepsilon})\right]$$

这个不易处理的函数绘于图13E.3中。应该指出，当$T\to\infty$（对应于$\beta\to0$）时，摩尔熵趋近$R\ln2$。

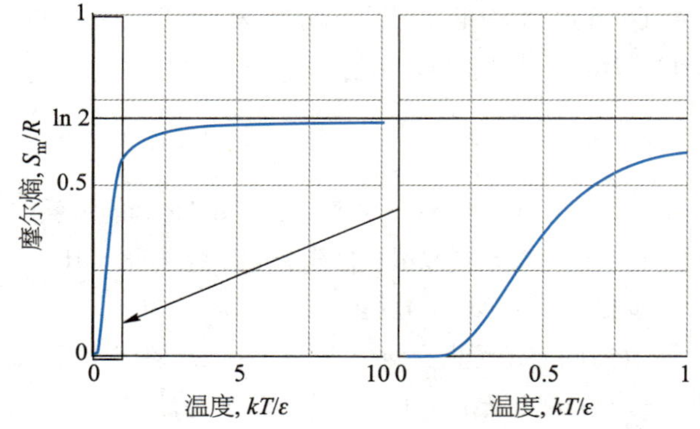

图13E.3　双能级系统集合体的摩尔熵（以$R=N_\mathrm{A}k$的倍数表示）随温度的变化曲线（当$T\to\infty$时，两个状态上粒子数变得相等，S_m趋近$R\ln2$）

（b）平动贡献

导出的熵的表达式与期望的熵作为分子在许可能级上散布的一种量度相一致，这个解释可以通过推导单原子完美气体摩尔熵的表达式来加以说明。

如何完成？13E.3　推导单原子完美气体熵的表达式

对于独立可分辨独立原子的集合体，需要从式（13E.8b）出发，并写出$N=nN_\mathrm{A}$，式中N_A是阿伏加德罗常数，n是气体的物质的量。单原子气体的唯一运动模式是平动，故$U(T)-U(0)=\frac{3}{2}nRT$。配分函数则是$q=V/\Lambda^3$［式（13B.10b）］，式中Λ是热波长。所以有

$$S=\frac{\overbrace{U(T)-U(0)}^{\frac{3}{2}nRT}}{T}+nN_\mathrm{A}k\ln\frac{q\mathrm{e}}{nN_\mathrm{A}}=\frac{3}{2}nR+\overbrace{nN_\mathrm{A}k}^{nR}\ln\frac{V\mathrm{e}}{nN_\mathrm{A}\Lambda^3}$$

$$=nR\left\{\overbrace{\frac{3}{2}}^{\ln\mathrm{e}^{3/2}}+\ln\frac{V_\mathrm{m}\mathrm{e}}{N_\mathrm{A}\Lambda^3}\right\}=nR\ln\frac{V_\mathrm{m}\mathrm{e}^{5/2}}{N_\mathrm{A}\Lambda^3}$$

式中$V_\mathrm{m}=V/n$是气体的摩尔体积，3/2已被$\ln\mathrm{e}^{3/2}$代替。等式两边同时除以n，可得Sackur－Tetrode**公式**

(Sackur – Tetrode equation)：

$$S_m = R\ln\frac{V_m e^{5/2}}{N_A \Lambda^3}$$ Sackur – Tetrode 公式［单原子完美气体］（13E.9a）

式中Λ是热波长［$\Lambda = h/(2\pi mkT)^{1/2}$］。为了计算标准摩尔熵，注意到$V_m = RT/p$，以及设定$p = p^{\ominus}$，则

$$S_m^{\ominus} = R\ln\frac{RTe^{5/2}}{p^{\ominus} N_A \Lambda^3} = R\ln\frac{kTe^{5/2}}{p^{\ominus}\Lambda^3} \quad (R/N_A = k) \qquad (13E.9b)$$

这些表达式都是基于配分函数的高温近似，即假定许多能级都被占据。当T等于或很接近于0时，它们不适用。

简要说明 13E.4

氩原子的质量是$m = 39.95\ m_u$。在25 ℃时，氩的热波长为16.0 pm，$kT = 4.12\times10^{-21}$ J。所以，在该温度氩的标准摩尔熵为

$$S_m^{\ominus} = R\ln\left[\frac{4.12\times10^{-21}\ \mathrm{J}\times e^{5/2}}{10^5\ \mathrm{N\cdot m^{-2}}\times(1.60\times10^{-11}\ \mathrm{m})^3}\right]$$
$$=18.6R = 155\ \mathrm{J\cdot K^{-1}\cdot mol^{-1}}$$

由于在相同条件下，与重原子相比，轻原子的可及平动状态更少（见下）。因此，可以预见：氖的标准摩尔熵会小于氩的标准摩尔熵，其在298 K时的实际值为17.6R。

这些公式的物理解释如下：

物理解释

- 由于分子质量出现在公式的分子上（因为它出现在Λ的分母上），重分子完美气体的摩尔熵大于相同条件下轻分子完美气体的摩尔熵。这个特性可以这样来理解：就盒子中粒子的能级而言，重粒子较轻粒子更为紧密，因而有更多的状态是热可及的。
- 由于摩尔体积出现在公式的分子上，故摩尔熵随气体的摩尔体积而增加。原因类似：与小容器相比，大容器拥有更为紧密排列的能级，故有更多的状态是热可及的。
- 由于温度出现在公式的分子中（因为与m一样，它出现在Λ的分母中），摩尔熵随温度升高而增加。这种行为的原因是：当温度增加时，更多的能级将变得可及。

Sackur – Tetrode 公式也写成如下形式：

$$S = nR\ln\frac{Ve^{5/2}}{nN_A\Lambda^3} = nR\ln aV, \qquad a = \frac{e^{5/2}}{nN_A\Lambda^3}$$

这意味着：当单原子完美气体从V_i等温膨胀至V_f时，其熵变为

$$\Delta S = nR\ln aV_f - nR\ln aV_i = nR\ln\frac{V_f}{V_i}$$ 膨胀时的熵变［完美气体，等温］（13E.10）

这个表达式与从熵的热力学定义出发所得到的表达式相同（专题3B）。

（c）转动贡献

一旦分子配分函数已知，则转动对摩尔熵的贡献S_m^R就可被计算。

对于线形分子，高温极限近似下的q^R为$kT/\sigma hc\tilde{B}$［式（13B.13b），即$q^R = T/\sigma\theta^R$，式中$\theta^R = hc\tilde{B}/k$］，且均分原理给出转动对摩尔内能的贡献为RT。因此，由式（13E.8a）可得

$$S_m^R = \frac{\overbrace{U_m(T) - U_m(0)}^{RT}}{T} + R\ln \overbrace{q^R}^{kT/\sigma hc\tilde{B}}$$

在高温时的贡献为

$$S_m^R = R\left(1 + \ln\frac{kT}{\sigma hc\tilde{B}}\right)$$ 转动贡献［线形分子，高温（$T \gg \theta^R$）］（13E.11a）

若以转动特征温度表示，则为

$$S_m^R = R\left(1 + \ln\frac{T}{\sigma\theta^R}\right)$$ 转动贡献［线形分子，高温（$T \gg \theta^R$）］（13E.11b）

这个函数绘于图13E.4中。可见：

物理解释

- 转动对熵的贡献随温度升高而增加，因为有更多的转动态变得可及。
- 当$\tilde{B}$较小时，转动贡献较大，因为此时转动能级更为紧密。

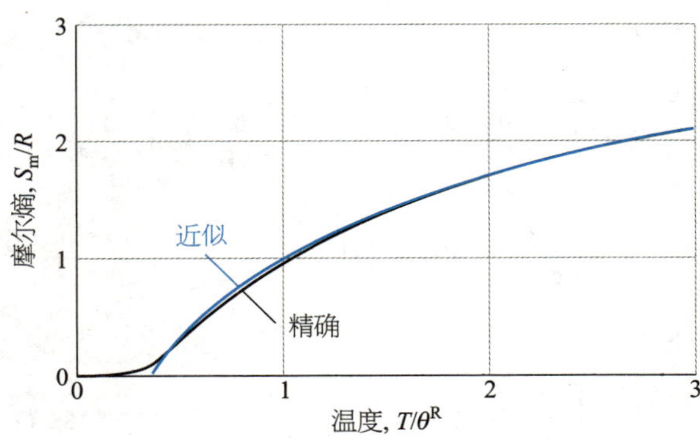

图13E.4　利用高温近似和精确的表达式（后者计算至$J = 20$），分别获得转动对线形分子（$\sigma = 1$）摩尔熵的贡献随温度的变化

因此，大的重分子其转动对熵的贡献较大。如下面的“简要说明”中所示，转动对$^{35}Cl_2$摩尔熵的贡献是58.6 $J\cdot K^{-1}\cdot mol^{-1}$，而对$H_2$仅为12.7 $J\cdot K^{-1}\cdot mol^{-1}$。也就是说，在给定温度下，$Cl_2$较$H_2$占据更多数目的转动态；在这个意义上，将$Cl_2$视作较$H_2$更为转动无序的气体是恰当的。

简要说明 13E.5

例如，在25 ℃时，计算转动对$^{35}Cl_2$摩尔熵的贡献。对于这个同核双原子分子，$\sigma=2$，且$\tilde{B}=0.2441\,cm^{-1}$（相应于24.41 m^{-1}），则分子的转动特征温度为

$$\theta^R=\frac{6.626\times10^{-34}\,J\cdot s\times2.998\times10^8\,m\cdot s^{-1}\times24.41\,m^{-1}}{1.381\times10^{-23}\,J\cdot K^{-1}}=0.351\,K$$

所以

$$S_m^R=R\left(1+\ln\frac{298\,K}{2\times0.351\,K}\right)=7.05R=58.6\,J\cdot K^{-1}\cdot mol^{-1}$$

式（13E.11）在高温（$T>>\theta^R$）时成立。为了求得低温时转动的贡献，则需要使用转动配分函数的完整形式（专题13B；见问题P13E.12）。所得图形具有图13E.4所示的形式，可见当T/θ^R大于1时，近似曲线与精确曲线吻合得很好。

（d）振动贡献

振动对摩尔熵贡献（即S_m^V）的表达式，可通过联立分子配分函数［式（13B.15），$q^V=1/(1-e^{-\beta hc\tilde{\nu}})=1/(1-e^{-\beta\varepsilon}),\varepsilon=hc\tilde{\nu}$］和平均能量［式（13C.8），$\langle\varepsilon^V\rangle=\varepsilon/(e^{\beta\varepsilon}-1)$］的表达式来获得：

$$S_m^V=\frac{\overbrace{U_m(T)-U_m(0)}^{N_A\langle\varepsilon^V\rangle}}{\underbrace{T}_{1/k\beta}}+R\ln q^V=\frac{\overbrace{N_Ak}^{R}\beta\varepsilon}{e^{\beta\varepsilon}-1}+R\ln\frac{1}{1-e^{-\beta\varepsilon}}$$

$$=R\left[\frac{\beta\varepsilon}{e^{\beta\varepsilon}-1}-\ln(1-e^{-\beta\varepsilon})\right]$$

也即

$$S_m^V=R\left[\frac{\beta hc\tilde{\nu}}{e^{\beta hc\tilde{\nu}}-1}-\ln(1-e^{-\beta hc\tilde{\nu}})\right]\quad\text{振动对摩尔熵的贡献}\quad(13E.12a)$$

同样，用特征温度来表示这个公式将更为方便。已知振动特征温度$\theta^V=hc\tilde{\nu}/k$，故

$$S_m^V=R\left[\frac{\theta^V/T}{e^{\theta^V/T}-1}-\ln(1-e^{\theta^V/T})\right]\quad\text{振动对摩尔熵的贡献}\quad(13E.12b)$$

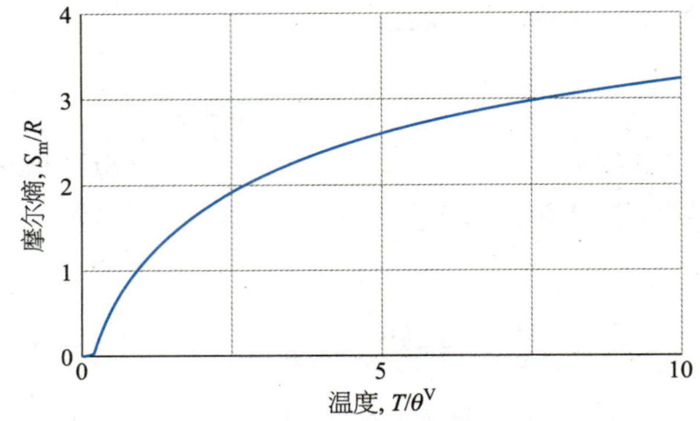

图13E.5　谐振子集合体摩尔熵（以$R=N_Ak$的倍数表示）与温度的关系（当$T\to0$时，摩尔熵趋近于零；当$T\to\infty$时，无限增加）

该函数绘于图13E.5中。与往常一样，**对它的解释是有帮助的：**

物理解释

- 当$T\to0$时，括号中乘以R的两项均变为零，故在$T=0$时熵为零。
- 由于温度升高导致更多的振动态可及，故摩尔熵增加。
- 在一定温度下，拥有重原子或力常数小的分子，其摩尔熵较拥有轻原子或力常数大的分子来得大；前者振动能级较后者更为紧密，故有更多的状态热可及。

简要说明 13E.6

I_2的振动波数为214.5 cm^{-1}，相当于$2.145\times10^4\,m^{-1}$，故其振动特征温度是309 K。在25 ℃时，有

$$S_m^V=R\left[\frac{309\,K/298\,K}{e^{309\,K/298\,K}-1}-\ln(1-e^{-309\,K/298\,K})\right]$$
$$=1.01R=8.38\,J\cdot K^{-1}\cdot mol^{-1}$$

（e）残余熵

熵可由光谱数据计算，也可以实验测量（专题3C）。在许多情形中，两者吻合得很好，但也有一些情形中实测值小于计算值。一种可能性是实验测量没有将相变考虑在内，$\Delta_{trs}H/T_{trs}$这一项的贡献不正确地在加和中被遗漏了，另一种可能性则是即使在$T=0$时，固体中仍存在一定的无序。因而在$T=0$时，熵大于零，称为**残余熵**（residual entropy）。

残余熵的起因和大小可以通过考虑由AB分子组成的晶体来得到解释，A和B为相似原子（例如CO，其电偶极矩很小）。由于…AB AB AB AB…与…AB BA BA AB…以及其他排列方式之间的能

量差异很小，以至于分子在固体中可随机采取AB和BA两种取向。由残余无序所引起的熵可以容易地用玻耳兹曼公式$S = k\ln \mathcal{W}$来计算。为此，假定两个取向是等概率的，样品含有N个分子。由于可有2^N个不同方式来实现相同的能量（因为每个分子可选两种取向中的任一种），实现相同能量总的方法数就为$\mathcal{W}=2^N$。因此有

$$S = k\ln 2^N = Nk\ln 2 = nR\ln 2 \qquad (13E.13a)$$

对于在$T=0$时由可采取两种取向中的任一种的分子所组成的固体，其摩尔残余熵为$R\ln 2 = 5.8\ \mathrm{J\cdot K^{-1}\cdot mol^{-1}}$。如果有$s$种可能的取向，则残余熵为

$$S_m(0) = R\ln s \qquad \text{残余熵} \qquad (13E.13b)$$

对于CO，测得的残余熵是$5\ \mathrm{J\cdot K^{-1}\cdot mol^{-1}}$，接近$R\ln 2$，该值为…CO CO OC CO OC OC…形式的随机结构的理论预测值。

类似的推理可应用到更为复杂的情形。考虑由N个H_2O分子组成的冰样品。每个O原子被4个H原子以四面体形式包围，其中2个通过短的σ键连接，另外2个则通过长的氢键连接（图13E.6）。因此，$2N$个H原子中的每一个都可以处在两个位置（紧挨或远离1个O原子，如图13E.7所示）中的一个，导致2^{2N}种可能的排列。但是，并不是所有这些排列都是可接受的。确实，将4个H原子围绕1个O原子排列可有$2^4=16$种方式，但仅6种方式有2个短的和2个长的OH距离，因而是可接受的（图13E.7）。所以，允许排列的数目是$\mathcal{W}=2^{2N}(\frac{6}{16})^N=(\frac{3}{2})^N$。

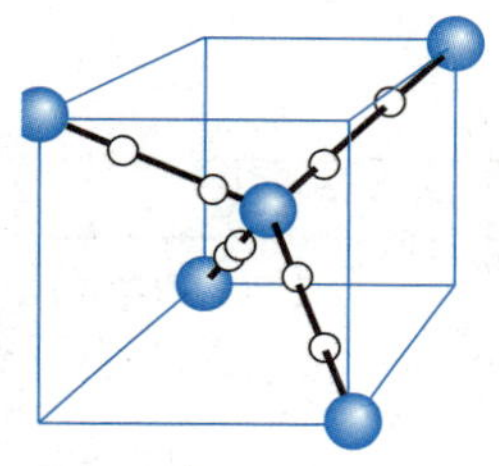

图13E.6 在冰晶体中，H原子围绕中心O原子的可能定位（用白色球表示）。每个键上仅有一种位置可被一个原子占据，2个H原子必须紧挨O原子，另2个H原子则必须远离O原子

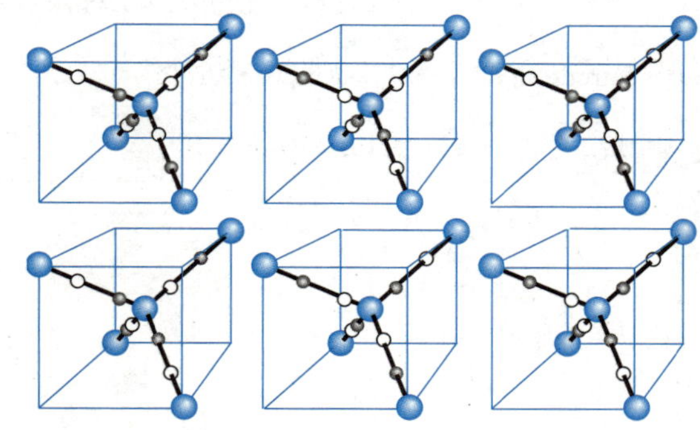

图13E.7 H原子在图13E.6中所示位置的6种可能排列方式（占据的位置用灰球表示，未占据的位置则用白球表示）

因此，残余熵为$S(0)\approx k\ln(\frac{3}{2})^N = kN\ln\frac{3}{2}$，摩尔残余熵就是$S_m(0)\approx R\ln\frac{3}{2} = 3.4\ \mathrm{J\cdot K^{-1}\cdot mol^{-1}}$，与实验值$3.4\ \mathrm{J\cdot K^{-1}\cdot mol^{-1}}$十分吻合。然而，由于忽略了次近邻及以外原子也能影响键的局部排列的可能性，该模型并不准确。

概念清单

☐ 1. **内能**正比于配分函数的对数对温度的偏导数。

☐ 2. 一个分子物质的总**热容**是各个模式贡献的加和。

☐ 3. **统计熵**由玻耳兹曼公式来定义，可用分子配分函数来表示。

☐ 4. **残余熵**是在$T=0$时，由分子无序引起的非零熵。

公式清单

性质	公式	说明	公式编号
内能	$U(T)=U(0)-(N/q)(\partial q/\partial\beta)_V$ $=U(0)-N(\partial \ln q/\partial\beta)_V$	独立分子	13E.2a
热容	$C_V=Nk\beta^2(\partial^2\ln q/\partial\beta^2)_V$	独立分子	13E.5
	$C_{V,\mathrm{m}}=\frac{1}{2}(3+\nu^{\mathrm{R}*}+2\nu^{\mathrm{V}*})R$	$T>>\theta^{\mathrm{M}}$	13E.6
熵的玻耳兹曼公式	$S=k\ln \mathcal{W}$	定义	13E.7
熵	$S=[U(T)-U(0)]/T+Nk\ln q$	可分辨分子	13E.8a
	$S=[U(T)-U(0)]/T+Nk\ln(q\mathrm{e}/N)$	不可分辨分子	13E.8b
Sackur－Tetrode 公式	$S_{\mathrm{m}}=R\ln(V_{\mathrm{m}}\mathrm{e}^{5/2}/N_{\mathrm{A}}\Lambda^3)$	单原子完美气体的摩尔熵	13E.9a
摩尔残余熵	$S_{\mathrm{m}}(0)=R\ln s$	s是等价取向数	13E.13b

专题13F

辅助函数

► 为何需要学习这部分内容？

化学热力学的威力来自它对一系列辅助函数的运用，特别是焓和吉布斯能。因此，通过配分函数将这些函数与结构特性相关联是很重要的。

► 核心思想是什么？

配分函数提供了光谱和结构数据与热力学辅助函数（尤其是平衡常数）之间的联系。

► 需要哪些预备知识？

本专题进一步拓展内能和熵的讨论，需要知道这些性质与焓（专题2B）及亥姆霍兹能和吉布斯能（专题3D）之间的关系。最后一部分则利用标准反应吉布斯能和平衡常数（专题6A）之间的关系式。尽管公式都是用正则配分函数（专题13D）来引入，但所有的应用都是基于分子配分函数（专题13B）。

经典热力学大量使用各种辅助函数。因此，在热化学中，重点是焓；假设压力和温度不变，在讨论自发性时，重点则是吉布斯能。所有这些函数都是由内能和熵衍生出来的，而内能和熵可用正则配分函数Q表示如下

$$U(T)=U(0)-\left(\frac{\partial \ln Q}{\partial \beta}\right)_V \qquad \beta=\frac{1}{kT} \qquad \text{内能} \quad (13F.1a)$$

$$\begin{aligned}S(T)&=\frac{U(T)-U(0)}{T}+k\ln Q\\&=-k\beta\left(\frac{\partial \ln Q}{\partial \beta}\right)_V+k\ln Q\end{aligned} \qquad \text{熵} \quad (13F.1b)$$

无须担心此处出现的正则配分函数（专题13D）：本专题中的应用将使用分子配分函数（q，专题13B）。式（13F.1）可简单地看作表达关系式的一种简明方式。对于独立分子集合体，当分子可分辨时，$Q=q^N$；不可分辨时（如在一气体中），则有$Q=q^N/N!$。使用Q的好处是所需导出的方程简单，以及如果必要，可用来计算分子间有相互作用时的热力学性质。

13F.1 推导

亥姆霍兹能A定义为$A=U-TS$。这个关系式意味着在$T=0$时，$A(0)=U(0)$。将式（13F.1）中$U(T)$和$S(T)$的表达式代入，可得

$$\begin{aligned}A(T)&=A(0)-\left(\frac{\partial \ln Q}{\partial \beta}\right)_V-T\left[-k\beta\left(\frac{\partial \ln Q}{\partial \beta}\right)_V+k\ln Q\right]\\&=A(0)-kT\ln Q\end{aligned}$$

也即

$$A(T)=A(0)-kT\ln Q \qquad \text{亥姆霍兹能} \quad (13F.2)$$

条件的微小变化导致的亥姆霍兹能变化为$dA=-pdV-SdT$［这与专题3E中导出的dG的表达式，式（3E.7），即$dG=Vdp-SdT$类似］。因此，压力和亥姆霍兹能可通过$p=-(\partial A/\partial V)_T$联系起来。然后，根据式（13F.2），有

$$p=kT\left(\frac{\partial \ln Q}{\partial V}\right)_T \qquad \text{压力} \quad (13F.3)$$

这个关系式完全是普适的，可用于任一类型的物质，包括完美气体、实际气体和液体。由于Q一般是体积、温度和物质的量的函数，式（13F.3）是专题1A和3E中讨论的一类状态方程。

例题 13F.1 推导状态方程

导出独立子气体压力的表达式。

整理思路 你可能怀疑压力可由完美气体定律$p=nRT/V$给出。为此，可将气体（由独立不可分辨分子组成）的Q的明确公式代入式（13F.3）。仅平动配分函数与体积V有关，故无须考虑分子内部运动的配分函数。

解： 对于独立分子组成的气体，有$Q=q^N/N!$，其中$q=V/\Lambda^3$。因此有

$$p=kT\left(\frac{\partial \ln Q}{\partial V}\right)_T=kT\left[\frac{\partial \ln(q^N/N!)}{\partial V}\right]_T$$

$$=kT\left[\frac{\partial(\ln q^N-\ln N!)}{\partial V}\right]_T=kT\left[\frac{\partial(N\ln q-\ln N!)}{\partial V}\right]_T$$

$$=NkT\left(\frac{\partial \ln q}{\partial V}\right)_T-kT\overbrace{\left(\frac{\partial \ln N!}{\partial V}\right)_T}^{0}$$

$$\overset{\mathrm{d}\ln f/\mathrm{d}x=(1/f)\,\mathrm{d}f/\mathrm{d}x}{=}\frac{NkT}{q}\left(\frac{\partial q}{\partial V}\right)_T$$

$$=\frac{NkT}{V/\Lambda^3}\left[\frac{\partial(V/\Lambda^3)}{\partial V}\right]_T=\frac{NkT}{V}=\frac{nN_AkT}{V}\overset{N_Ak=R}{=}\frac{nRT}{V}$$

上述计算证明由独立子组成的气体的状态方程确实是完美气体定律，即$pV=nRT$。

说明 如果在式（13F.1）中不定义β，那么相同的计算可得到$p=N/\beta V$。为了使这个结果变为完美气体定律，必须是$\beta=1/kT$，与专题13A~13E中预期和使用的一样。这是该关系式的正式证明。可用类似的方法导出与范德华方程类似的状态方程，请参阅本书网站中的"深入了解7"。

自测题13F.1 若一气体的$Q=q^N f/N!$，其中$q=V/\Lambda^3$，f与体积有关，试导出该气体的状态方程。

答案： $p=nRT/V+kT(\partial \ln f/\partial V)_T$。

到了这个阶段，可以用U和p的表达式及定义式$H=U+pV$和$H(0)=U(0)$来得到任一物质焓H的表达式，即

$$H(T)=H(0)-\left(\frac{\partial \ln Q}{\partial \beta}\right)_V+kTV\left(\frac{\partial \ln Q}{\partial V}\right)_T \quad \text{焓} \qquad (13F.4)$$

式（13F.4）相当复杂，这表明焓不是一个基本性质；如专题2B中所述，它更多是为了计算方便。对于独立的无结构粒子组成的气体，有$U(T)-U(0)=\frac{3}{2}nRT$及$pV=nRT$。因此，对于此类气体，直接由$H=U+pV$可得

$$H(T)-H(0)=\frac{5}{2}nRT \qquad (13F.5)$$

在化学中，最重要的热力学函数之一是吉布斯能，$G=H-TS$。该定义式意味着$G=U+pV-TS$，因而$G=A+pV$。可见$G(0)=A(0)$，两者与$U(0)$相等。结合A和p的表示式，现在可以用配分函数写出吉布斯能，即

$$G(T)=G(0)-kT\ln Q+kTV\left(\frac{\partial \ln Q}{\partial V}\right)_T \quad \text{吉布斯能} \qquad (13F.6)$$

对于独立分子组成的气体，这个表达式的形式将变得简单些，因为表达式$G=A+pV$中的pV可用nRT来代替，即

$$G(T)=G(0)-kT\ln Q+nRT \qquad (13F.7)$$

进一步地，由于对气体中不可分辨的粒子有$Q=q^N/N!$，因此$\ln Q=N\ln q-\ln N!$；通过使用斯特林近似公式（$\ln N!=N\ln N-N$），可得

$$G(T)=G(0)-\overbrace{NkT}^{nN_Ak=nR}\ln q+kT\overbrace{\ln N!}^{N\ln N-N}+nRT$$

$$=G(0)-nRT\ln q+kT(N\ln N-N)+nRT$$

$$=G(0)-nRT\ln q+\overbrace{NkT}^{nRT}\ln N$$

$$=G(0)-nRT\ln\frac{q}{N} \qquad (13F.8)$$

现在，可以给出吉布斯能的一个统计诠释：由于q是热可及状态数，N是分子数，差值$G(T)-G(0)$正比于分子热可及状态平均数的对数。当这个平均数增加时，吉布斯能进一步下降并进而低于$G(0)$。降低吉布斯能的热力学趋势现在可看作是热可及状态数最大化的一种倾向。

结果表明，通过定义**摩尔配分函数**（molar partition function），即$q_m=q/n$（单位：$\mathrm{mol^{-1}}$，$n=N/N_A$），将较为方便，据此

$$G(T)=G(0)-nRT\ln\frac{q_m}{N_A} \quad \text{吉布斯能[不可分辨、独立分子]} \qquad (13F.9a)$$

为了使用这个表达式，$G(0)=U(0)$被认为是当所有分子都处在基态时系统的能量E_0。为了计算标准吉布斯能，摩尔配分函数有其标准值$q_m^{\ominus}$，其可通过设定平动贡献中的摩尔体积为标准摩尔体积来计算获得。因此，$q_m^{\ominus}=(V_m^{\ominus}/\Lambda^3)q^Rq^V$，而

$V_m^\ominus = RT/p^\ominus$。然后，标准摩尔吉布斯能可通过这些替代并除以$n$后得到：

$$G_m^\ominus(T)=G_m^\ominus(0)-RT\ln\frac{q_m^\ominus}{N_A} \quad \text{标准摩尔吉布斯能[不可分辨、独立分子]} \quad (13F.9b)$$

式中 $G_m^\ominus(0)=E_{0,m}$，为系统的摩尔基态能量。

例题 13F.2 由配分函数计算标准生成吉布斯能

计算25 ℃时，$H_2O(g)$的标准生成吉布斯能。

整理思路 写出生成反应的化学方程式，以及用每个分子的吉布斯能表示的标准生成吉布斯能的表达式；接着用分子配分函数来表示那些吉布斯能，忽略分子振动，因为其在25 ℃时不可能被激发。H_2的转动常数是60.682 cm^{-1}，O_2的转动常数为1.445 7 cm^{-1}，H_2O的转动常数分别为27.877 cm^{-1}、14.512 cm^{-1}和9.285 cm^{-1}。在使用转动配分函数的近似式之前，需要判断温度是否足够高；如果不是，则应使用完整表达式。至于$E_{0,m}$值，使用表9C.3中的键焓数据；对于精确计算，则应使用键能数据（$T=0$时）。需要使用专题13B中的如下表达式：

$$\Lambda(J)=\frac{h}{[2\pi m(J)kT]^{1/2}} \qquad \overbrace{q^R=\frac{kT}{2hc\tilde{B}}}^{\substack{\text{线形分子}\\ \sigma=2}} \quad \text{和} \quad \overbrace{q^R=\frac{1}{2}\left(\frac{kT}{hc}\right)^{3/2}\left(\frac{\pi}{\tilde{A}\tilde{B}\tilde{C}}\right)^{1/2}}^{\substack{\text{非线形分子}\\ \sigma=2}}$$

解： 化学反应是$H_2(g)+\frac{1}{2}O_2(g)\longrightarrow H_2O(g)$。故

$$\Delta_f G^\ominus = G_m^\ominus(H_2O, g)-G_m^\ominus(H_2, g)-\frac{1}{2}G_m^\ominus(O_2, g)$$

现在，对于每一个物种J，写出用标准摩尔配分函数表示的标准摩尔吉布斯能：

$$G_m^\ominus(J)=E_{0,m}(J)-RT\ln\frac{q_m^\ominus(J)}{N_A},\ q_m^\ominus(J)=q_m^{T\ominus}(J)q^R(J)=\frac{V_m^\ominus}{\Lambda(J)^3}q^R(J)$$

所以

$$\Delta_f G^\ominus=\left[E_{0,m}(H_2O)-RT\ln\frac{q_m^\ominus(H_2O)}{N_A}\right]-\left[E_{0,m}(H_2)-RT\ln\frac{q_m^\ominus(H_2)}{N_A}\right]-\frac{1}{2}\left[E_{0,m}(O_2)-RT\ln\frac{q_m^\ominus(O_2)}{N_A}\right]$$

$$=\Delta E_{0,m}-RT\ln\frac{\overbrace{[V_m^\ominus/N_A\Lambda(H_2O)^3]q^R(H_2O)}^{q_m^\ominus(H_2O)/N_A}}{\underbrace{\{[V_m^\ominus/N_A\Lambda(H_2)^3]q^R(H_2)\}}_{q_m^\ominus(H_2)/N_A}\underbrace{\{[V_m^\ominus/N_A\Lambda(O_2)^3]q^R(O_2)\}^{1/2}}_{q_m^\ominus(O_2)/N_A}}$$

$$=\Delta E_{0,m}-RT\ln\frac{N_A^{1/2}[\Lambda(H_2)\Lambda(O_2)^{1/2}/\Lambda(H_2O)]^3}{V_m^{\ominus\,1/2}[q^R(H_2)q^R(O_2)^{1/2}/q^R(H_2O)]}$$

然后代入数据。根据键的解离能（单位：kJ·mol^{-1}），摩尔能量差为

$$\Delta E_{0,m}=\overbrace{E_{0,m}(H_2O)}^{-492-428=-920}-\overbrace{E_{0,m}(H_2)}^{-436}-\frac{1}{2}\overbrace{E_{0,m}(O_2)}^{-497}=-236\ \text{kJ}\cdot\text{mol}^{-1}$$

接下来，明确温度是否足够高，从而可以可靠地使用转动配分函数的近似表达式（专题13B）：

	H_2O	H_2O	H_2O	H_2	O_2
$\tilde{X}$/cm^{-1}，$X=A$、B或C	27.877	14.512	9.285	60.864	1.445 7
θ^R/K	40.1	20.9	13.4	87.5	2.1

仅H_2的转动特征温度比较接近298 K，故对它使用转动配分函数的完整计算；而对于其他分子，转动特征温度远小于298 K，则可使用上面提及的近似形式：

$\Lambda(H_2)=71.21$ pm $\Lambda(O_2)=17.87$ pm $\Lambda(H_2O)=23.82$ pm

$q^R(H_2)=1.88$ $q^R(O_2)=71.60$ $q^R(H_2O)=42.13$

因而，有

$$\Delta_f G^\ominus=-236\ \text{kJ}\cdot\text{mol}^{-1}-\overbrace{RT}^{2.48\ \text{kJ}\cdot\text{mol}^{-1}}\ln 0.029\,1=-227\ \text{kJ}\cdot\text{mol}^{-1}$$

*资源部分*表2C.1中所列数据为-228.57 kJ · mol^{-1}。

自测题13E.2 估算25 ℃时，$NH_3(g)$的标准生成吉布斯能。已知：$NH_3(g)$的转动常数为$\tilde{B}$=10.001 cm^{-1}和$\tilde{A}$=6.449 cm^{-1}。

答案： -16 kJ · mol^{-1}。

13F.2 平衡常数

下面的讨论聚焦于气相反应。其中，平衡常数用反应物和产物的分压来定义。

（a）K和配分函数之间的关系

独立分子气体的吉布斯能可由式（13F.9）用摩尔配分函数$q_m=q/n$来计算，而反应的平衡常数K则与反应的标准吉布斯能相关联。现在的任务是联立这两个关系式，从而得到用反应物和产物分子配分函数表示的平衡常数的表达式。

如何完成 13F.1 将平衡常数与配分函数相关联

需要使用每一种物质标准摩尔吉布斯能（$G^\ominus/n$）的表示式来得到反应标准吉布斯能的表示式；然后，通过使用式（6A.15）（即$\Delta_r G^\ominus=-RT\ln K$）来获得平衡常数$K$。

步骤1 *写出$\Delta_r G^\ominus$的表示式*

根据式（13F.9b），对于反应$aA+bB\longrightarrow cC+dD$，其标准摩尔反应吉布斯能为

$$\Delta_r G^\ominus = cG_m^\ominus(C) + dG_m^\ominus(D) - [aG_m^\ominus(A) + bG_m^\ominus(B)]$$
$$= cG_m^\ominus(C,0) + dG_m^\ominus(D,0) - [aG_m^\ominus(A,0) + bG_m^\ominus(B,0)] - RT\left(c\ln\frac{q_{C,m}^\ominus}{N_A} + d\ln\frac{q_{D,m}^\ominus}{N_A} - a\ln\frac{q_{A,m}^\ominus}{N_A} - b\ln\frac{q_{B,m}^\ominus}{N_A}\right)$$

由于$G_m(J,0)=E_{0,m}(J)$，即物种J的摩尔基态能量，等式右边第一项为

$$cE_{0,m}(C,0) + dE_{0,m}(D,0) - [aE_{0,m}(A,0) + bE_{0,m}(B,0)] = \Delta_r E_0$$

然后，使用$a\ln x = \ln x^a$及$\ln x + \ln y = \ln xy$，可得

$$\Delta_r G^\ominus = \Delta_r E_0 - RT\ln\frac{(q_{C,m}^\ominus/N_A)^c(q_{D,m}^\ominus/N_A)^d}{(q_{A,m}^\ominus/N_A)^a(q_{B,m}^\ominus/N_A)^b}$$
$$= -RT\left[-\frac{\Delta_r E_0}{RT} + \ln\frac{(q_{C,m}^\ominus/N_A)^c(q_{D,m}^\ominus/N_A)^d}{(q_{A,m}^\ominus/N_A)^a(q_{B,m}^\ominus/N_A)^b}\right]$$

步骤 2　*写出K的表达式*

至此，将上述方程与$\Delta_r G^\ominus = -RT\ln K$相比较，即可找出$K$的表示式，即

$$\ln K = -\frac{\Delta_r E_0}{RT} + \ln\frac{(q_{C,m}^\ominus/N_A)^c(q_{D,m}^\ominus/N_A)^d}{(q_{A,m}^\ominus/N_A)^a(q_{B,m}^\ominus/N_A)^b}$$

最后，等式两边取指数，得到

$$K = \frac{(q_{C,m}^\ominus/N_A)^c(q_{D,m}^\ominus/N_A)^d}{(q_{A,m}^\ominus/N_A)^a(q_{B,m}^\ominus/N_A)^b}e^{-\Delta_r E_0/RT} \quad \text{平衡常数} \quad (13F.10a)$$

式中$\Delta_r E_0$是反应物和产物的摩尔基态能量之差，可根据物种键的解离能来计算（图13F.1）。根据专题2C中介绍的、有正负之分的化学计量系数ν_J，式（13F.10a）又可写成

$$K = \left[\prod_J\left(\frac{q_{J,m}^\ominus}{N_A}\right)^{\nu_J}\right]e^{-\Delta_r E_0/RT} \quad \text{平衡常数} \quad (13F.10b)$$

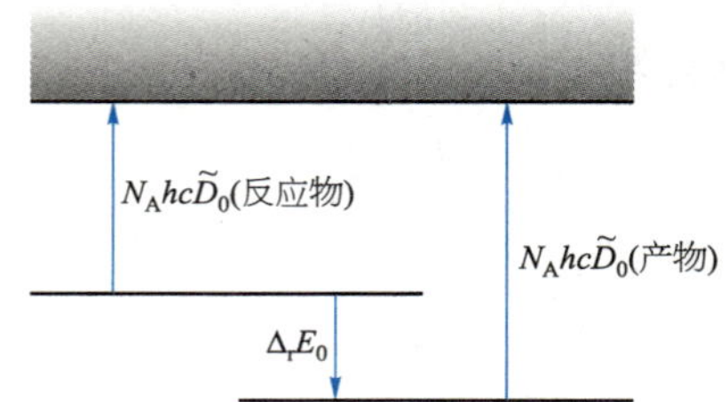

图13F.1　用于平衡常数计算的$\Delta_r E_0$的定义（反应物被想象为先解离成原子，然后再由原子形成产物）

（b）解离平衡

可以利用式（13F.10a）写出双原子分子X_2解离的平衡常数的表达式：

$$X_2(g) \rightleftharpoons 2X(g) \qquad K = \frac{p_X^2}{p_{X_2}p^\ominus}$$

根据式（13F.10a）（其中$a=1$，$b=0$，$c=2$，$d=0$），可得

$$K = \frac{(q_{X,m}^\ominus/N_A)^2}{q_{X_2,m}^\ominus/N_A}e^{-\Delta_r E_0/RT} = \frac{(q_{X,m}^\ominus)^2}{q_{X_2,m}^\ominus N_A}e^{-\Delta_r E_0/RT} \quad (13F.11a)$$

其中

$$\Delta_r E_0 = 2E_{0,m}(X,0) - E_{0,m}(X_2,0) = N_A hc\tilde{D}_0(X-X) \quad (13F.11b)$$

式中$N_A hc\tilde{D}_0(X-X)$是X—X键的（摩尔）解离能。原子X的标准摩尔配分函数为

$$q_{X,m}^\ominus = \overbrace{g_X}^{q^E} \times \overbrace{\frac{V_m^\ominus}{\Lambda_X^3}}^{q^T} = \frac{g_X RT}{p^\ominus \Lambda_X^3} \quad (V_m^\ominus = RT/p^\ominus)$$

式中g_X是X电子基态的简并度。双原子分子X_2还有转动和振动自由度，故其标准摩尔配分函数为

$$q_{X_2,m}^\ominus = g_{X_2}\frac{V_m^\ominus}{\Lambda_{X_2}^3}q_{X_2}^R q_{X_2}^V = \frac{g_{X_2}RTq_{X_2}^R q_{X_2}^V}{p^\ominus\Lambda_{X_2}^3}$$

式中g_{X_2}是X_2电子基态的简并度。因此有

$$K = \frac{(g_X RT/p^\ominus\Lambda_X^3)^2}{g_{X_2}N_A RT q_{X_2}^R q_{X_2}^V/p^\ominus\Lambda_{X_2}^3}e^{-N_A hc\tilde{D}_0(X-X)/RT}$$
$$\overset{R=N_Ak}{=} \frac{g_X^2 kT\Lambda_{X_2}^3}{g_{X_2}p^\ominus q_{X_2}^R q_{X_2}^V \Lambda_X^6}e^{-hc\tilde{D}_0(X-X)/kT} \quad (13F.12)$$

式中所有的量都可以由光谱数据来计算。

例题 13F.3　计算平衡常数

计算1 000 K时，解离反应$Na_2(g) \longrightarrow 2Na(g)$的平衡常数。已知，对于$Na_2$，$\tilde{B}=0.154\,7\ cm^{-1}$，$\tilde{\nu}=159.2\ cm^{-1}$及$N_A hc\tilde{D}_0 = 70.4\ kJ\cdot mol^{-1}$。

整理思路　Na拥有双重态的基态（谱项符号$^2S_{1/2}$）。需要使用式（13F.12）及专题13B中汇集的配分函数的表达式。对于此重双原子分子，使用转动配分函数的近似表达式是安全的（但为了一致性，核实该假设）。另外，对于同核双原子分子，$\sigma=2$。

解： 所需配分函数和其他量如下：

$\Lambda(Na_2) = 8.14\ pm$　　$\Lambda(Na) = 11.5\ pm$

$q^R(Na_2) = 2\,246$　　$q^V(Na_2) = 4.885$

$g(Na) = 2$　　$g(Na_2) = 1$

$hc\tilde{D}_0/kT = 8.47$

有许多转动态被占据，故使用$q^R(Na_2)$的近似式成立。然后，由式（13F.12）可得

$$K=\frac{2^2\times1.381\times10^{-23}\ \overbrace{\mathrm{J}}^{\mathrm{kg\cdot m^2\cdot s^{-2}}}\cdot\mathrm{K}^{-1}\times1\,000\ \mathrm{K}\times(8.14\times10^{-12}\ \mathrm{m})^3}{10^5\ \underbrace{\mathrm{Pa}}_{\mathrm{kg\cdot m^{-1}\cdot s^{-2}}}\times2\,246\times4.885\times(1.15\times10^{-11}\ \mathrm{m})^6}\times e^{-8.47}$$
$$=2.45$$

自测题 13F.3　计算在 1 500 K 时的 K；答案是否与解离是吸热的这一事实相符？

答案：52，是。

(c) 对平衡常数的贡献

为了领会平衡常数的物理基础，考虑简单的 R⇌P 气相平衡（R 为反应物，P 为产物）。

图 13F.2 显示了两组能级，一组状态属于 R，另一组状态则属于 P。状态上的布居（粒子数）由玻耳兹曼分布给出，与任一给定态是否恰巧属于 R 或 P 无关。单个玻耳兹曼分布一视同仁地在两组状态上散布。如果 R 和 P 的间隙相似（如图 13F.2 中所示），且 P 的基态位于 R 的基态上方，图中显示 R 将在平衡混合物中占据多数。但是，如果 P 拥有高的状态密度（在给定能量区间的状态数很大，如图 13F.3 所示），那么，尽管其基态能量位于 R 的上方，平衡时物种 P 仍将占据多数。

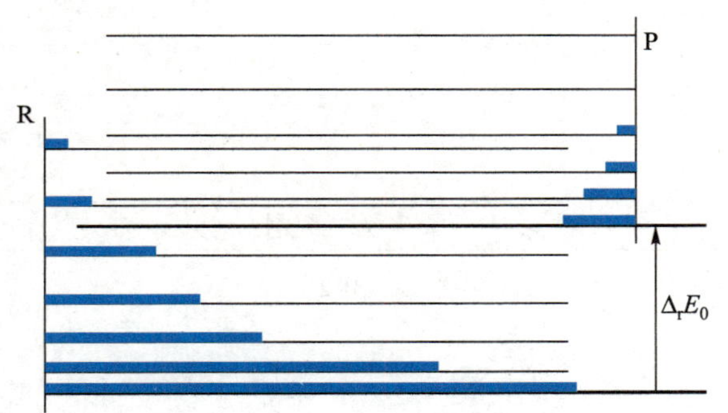

图 13F.2　R（反应物）和 P（产物）能级的陈列。在平衡时，所有能级都是可及的（随温度不同，程度也不同），系统的平衡组成反映了布居的总的玻耳兹曼分布。随着 $\Delta_r E_0$ 增加，R 变得占优势

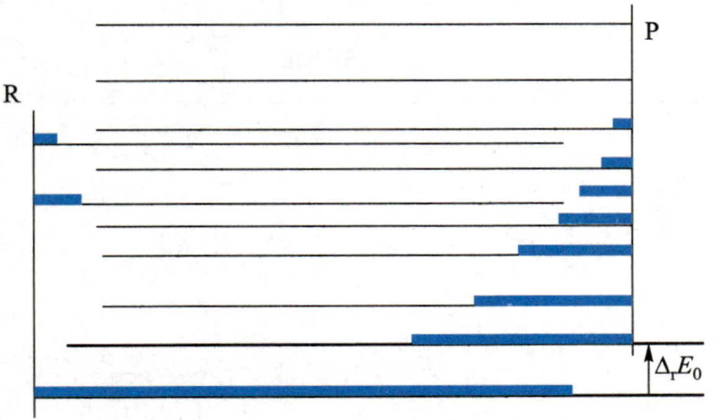

图 13F.3　重要的是要考虑分子的（状）态密度。尽管 P 在能量上可位于 R 的上方（也即 $\Delta_r E_0$ 是正值），但 P 可能拥有许多状态以至其在混合物中的总布居占统治地位。就经典热力学而言，当考虑平衡时，除了焓外，熵也必须考虑进来

很容易证明平衡时 R 和 P 分子数之比可由一个类似于玻耳兹曼分布的表达式给出。

如何完成？13F.2　将平衡常数与状态布居相关联

需要从这里开始推导，即注意到复合物（R, P）系统中一状态 i 上的布居为 $N_i = Ne^{-\beta\varepsilon_i}/q$，式中 N 是分子总数。

步骤 1　*写出 R 和 P 分子数目的表示式*

R 分子的总数等于（R, P）系统在属于 R 的状态上的布居数的加和，这些状态标记为 r，能量为 ε_r。P 分子的总数则是对属于 P 的状态的加和，这些状态标记为 p，能量为 ε_p'（右上标"′"稍后解释）：

$$N_R=\sum_r N_r=\frac{N}{q}\sum_r e^{-\beta\varepsilon_r}\qquad N_P=\sum_p N_p=\frac{N}{q}\sum_p e^{-\beta\varepsilon_p'}$$

对 R 状态的加和就是其配分函数 q_R，故 $N_R = Nq_R/q$。对 P 状态的加和也是一个配分函数，但能量从联合系统的基态算起，也即 R 的基态。然而，由于 $\varepsilon_p' = \varepsilon_p + \Delta\varepsilon_0$，式中 $\Delta\varepsilon_0$ 是零点能的间距（如图 13F.3 中所示），故

$$N_P=\frac{N}{q}\sum_p e^{-\beta(\varepsilon_p+\Delta\varepsilon_0)}=\frac{N}{q}\left(\sum_p e^{-\beta\varepsilon_p}\right)e^{-\beta\Delta\varepsilon_0}=\frac{Nq_P}{q}e^{-\beta\Delta\varepsilon_0}$$
$$=\frac{Nq_P}{q}e^{-\Delta_r E_0/RT}$$

上式中，最后一步从 $\Delta\varepsilon_0/kT$ 切换至 $\Delta_r E_0/RT$ 是将分子能量转化为摩尔能量。

步骤 2　*写出平衡常数的表示式*

布居数之比为

$$\frac{N_P}{N_R}=\frac{q_P}{q_R}e^{-\Delta_r E_0/RT}$$

反应 R⇌P 的平衡常数正比于两类分子的数目之比，因此：

$$K=\frac{q_P}{q_R}e^{-\Delta_r E_0/RT}\qquad \text{平衡常数}\qquad (13F.13)$$

对于 R⇌P 这样一个平衡，配分函数中的 $V_m^\ominus$ 因子可消去，故用 q 代替 $q^\ominus$ 出现没有影响。在更为一般的反应中，从 q 到 $q^\ominus$ 的转化发生在将 K 中出现的压力转化为分子数的阶段。

通过放大对其有贡献的分子特性，式（13F.13）的含义可以看得最为清晰。假设 R 仅有一个可及能级，意味着 $q_R = 1$；再假设 P 有大量均匀、致密、间隙为 ε 的能级（图 13F.4）。这样一个阵列的配分函数在"简要说

明13B.1”中已被计算，为$q=1/(1-e^{-\beta\varepsilon})$。假设能级致密（意即$\varepsilon \ll kT$），在高温极限近似下，$q \approx kT/\varepsilon$（专题13B）。在这个模型系统中，平衡常数为

$$K=\frac{kT}{\varepsilon}e^{-\Delta_r E_0/RT} \tag{13F.14}$$

当$\Delta_r E_0$很大时，指数项占统治地位，$K \ll 1$；意味着在平衡时，仅有极少量的P。当$\Delta_r E_0$较小但仍为正值时，K可以大于1，因为因子kT/ε可以很大从而克服较小的指数项。所以，K的大小反映了平衡时P的优势，鉴于其高的状态密度。在低温时，$K \ll 1$，系统完全只有R。在高温时，指数函数趋近1，因子kT/ε很大。现在P占统治地位。在这个吸热反应（吸热是由于P在R上方）中，温度升高有利于P，因其状态变得可及。这就是专题6B中从宏观角度描述的行为。

模型也说明了为什么是吉布斯能G，而不仅仅是焓，决定了平衡的位置。这说明：除了它们的相对能量外，每个物种的状态密度（因而也就是熵）也控制布居的分布，也即平衡常数的值。

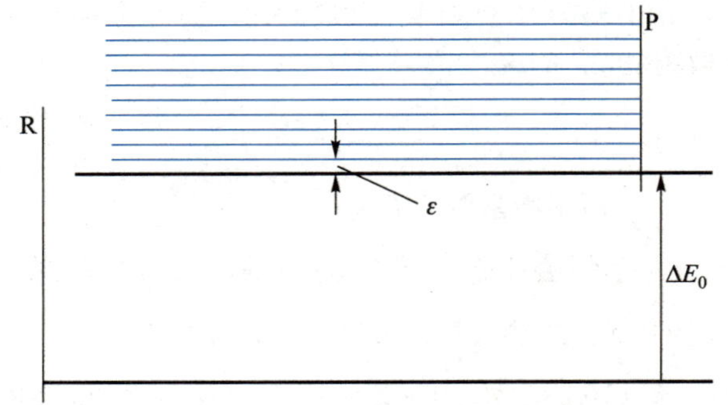

图13F.4　文中用于探究能量间隔和状态密度对平衡影响的模型。如果$\Delta_r E_0$不是太大，且P拥有相当可观的状态密度，则产物P可以占据统治地位

概念清单

- □ 1. **热力学函数**A、p、H、G可由正则配分函数来计算。
- □ 2. **平衡常数**可用反应物和产物的配分函数来表示。
- □ 3. 气相中双原子分子的解离平衡常数可由光谱数据来计算。
- □ 4. **化学平衡的物理基础**可以从能量间隔和状态密度之间的竞争来理解。

公式清单

性质	公式	说明	公式编号
亥姆霍兹能	$A(T)=A(0)-kT\ln Q$		13F.2
压力	$p=kT(\partial \ln Q/\partial V)_T$		13F.3
焓	$H(T)=H(0)-(\partial \ln Q/\partial \beta)_V+kTV(\partial \ln Q/\partial V)_T$		13F.4
吉布斯能	$G(T)=G(0)-kT\ln Q+kTV(\partial \ln Q/\partial V)_T$		13F.6
	$G(T)=G(0)-nRT\ln(q_m/N_A)$	完美气体	13F.9a
平衡常数	$K=\left[\prod_J (q_{J,m}^{\ominus}/N_A)^{\nu_J}\right]e^{-\Delta_r E_0/RT}$	完美气体	13F.10b

主题 13　统计热力学——讨论题、练习题、问题及综合题

除非另有说明，否则假设所有气体都是完美气体，数据均为298 K时的数据。

专题 13A　玻耳兹曼分布

讨论题

D13A.1 讨论布居、构型和权重之间的关系。最概然构型的含义是什么？

D13A.2 等概率原理的含义和重要性是什么？

D13A.3 什么是温度？

D13A.4 总结玻耳兹曼分布在化学中的作用。

练习题

E13A.1(a) 计算构型的权重；其中，16个物体以如下排列方式分布：0, 1, 2, 3, 8, 0, 0, 0, 2。

E13A.1(b) 计算构型的权重；其中，21个物体以如下排列方式分布：6, 0, 5, 0, 4, 0, 3, 0, 2, 0, 0, 1。

E13A.2(a) 通过以下方式计算8!：（ⅰ）阶乘的精确定义，（ⅱ）斯特林近似［式（13A.2）］，（ⅲ）斯特林近似公式更为精确的一个版本，即$x! \approx (2\pi)^{1/2}x^{x+1/2}e^{-x}$。

E13A.2(b) 通过以下方式计算10!：（ⅰ）阶乘的精确定义，（ⅱ）斯特林近似［式（13A.2）］，（ⅲ）斯特林近似公式更为精确的一个版本，即$x! \approx (2\pi)^{1/2}x^{x+1/2}e^{-x}$。

E13A.3(a) 当温度为无穷大时，双能级系统状态的相对布居是多少？

E13A.3(b) 当温度趋近0时，双能级系统状态的相对布居是多少？

E13A.4(a) 当上一个状态的布居为下一个状态的1/3时，能量间隔等价于400 cm^{-1}的双能级系统的温度是多少？

E13A.4(b) 当上一个状态的布居为下一个状态的一半时，能量间隔等价于300 cm^{-1}的双能级系统的温度是多少？

E13A.5(a) 计算298 K时，线形转子在$J=0$和$J=5$两个能级上的相对布居，假设$\tilde{B}=2.71\ cm^{-1}$。

E13A.5(b) 计算298 K时，球形转子在$J=0$和$J=5$两个能级上的相对布居，假设$\tilde{B}=2.71\ cm^{-1}$。

E13A.6(a) 某分子拥有一个非简并激发态，位于非简并基态上方540 cm^{-1}处。请问什么温度时将会有10%的分子处在激发态？

E13A.6(b) 某分子拥有一个双重简并激发态，位于非简并基态上方360 cm^{-1}处。请问什么温度时将会有15%的分子处在激发态？

问　题

P13A.1 一个样品含有5个分子，总能量为5ε，每个分子可占据能量为$j\varepsilon(j=0, 1, 2, \cdots)$的状态。（a）计算分子均匀分布在许可能级上的构型的权重；（b）画一张表，栏首为各状态的能量，并在其下面写出与总能量相一致的所有构型；计算每个构型的权重，并确定最概然构型。

P13A.2 一个含有9个分子的样品在数值上是易处理的，但接近于有热力学意义。画一张$N=9$，能级为$j\varepsilon$（如同练习题P13A.1中），系统总能量为9ε的构型表。计算构型的权重之前，先猜测一下哪个构型是最概然的（通过找布居的最"指数"分布）？然后，计算构型的权重，并确定最概然构型。

P13A.3 利用数学软件，计算至少10种在间隔为ε的能级匀梯上分布的$\mathcal{W}$，确保总能量恒定在10ε，$N=20$。确定最大权重构型，将温度表示成ε的倍数，并将其与玻耳兹曼表达式所预测的分布相比较。当总能量的值改变时，会发生什么？

P13A.4 假设一个分子的两个构象A和B能量相差5.0 kJ · mol^{-1}，第三个构象C的能量较B高0.5 kJ · mol^{-1}。请问在273 K时，处于构象B的分子分数是多少？每个构象均处理为单个能级。

P13A.5 某原子拥有一个双重简并的基态和一个四重简并的激发态，激发态能量较基态高450 cm^{-1}。在该原子的一次原子束研究中发现，有30%的原子处在激发态，原子束的平动温度为300 K。请问原子的电子态是否与平动态处于热平衡？换句话说，电子态分布对应的温度是否与平动态分布对应的温度相同？

P13A.6 探究使用斯特林近似的完整形式，即$x! \approx (2\pi)^{1/2}x^{x+1/2}e^{-x}$，来推导最大权重构型表达式的后果。这一更精确的近似是否对玻耳兹曼分布的形式有明显的影响？

P13A.7 大气压力p随海拔高度h的变化可用大气压力公式，即$p=p_0e^{-h/H}$来预测，式中p_0是海平面上的压力，$H=RT/Mg$（M是空气的平均摩尔质量，T是平均温度）。请根据玻耳兹曼分布得到大气压力公式。一个粒子在地球表面上方高度h处的势能为mgh，将大气压力公式中的压力转化为数密度$\mathcal{N}$。比较O_2和H_2O在$h=8.0$ km（商用飞机典型的巡航高度）时的相对数密度$\mathcal{N}(h)/\mathcal{N}(0)$。

专题 13B　分子配分函数

讨论题

D13B.1 描述配分函数的物理意义。

D13B.2 状态和能级之间的区别是什么？为什么有必要做这种区分？

D13B.3 在计算配分函数过程中，为什么以及何时需要引入对称数？

练习题

E13B.1(a) 计算在300 K和3 000 K时，一个位于体积为1.00 cm^3容器中、摩尔质量为150 $g\cdot mol^{-1}$的分子的（i）热波长和（ii）平动配分函数。

E13B.1(b) 计算在300 K和3000 K时，一个位于边长为1.00 cm方盒中的氖原子的（i）热波长和（ii）平动配分函数。

E13B.2(a) 计算在相同温度和体积时，H_2和He的平动配分函数之比。

E13B.2(b) 计算在相同温度和体积时，Ar和Ne的平动配分函数之比。

E13B.3(a) O_2的键长为120.75 pm，使用高温近似计算分子在300 K时的转动配分函数。

E13B.3(b) N_2的键长为109.75 pm，使用高温近似计算分子在300 K时的转动配分函数。

E13B.4(a) NOF分子为不对称转子，转动常数为3.175 2 cm^{-1}、0.395 1 cm^{-1}和0.350 5 cm^{-1}。计算分子在（i）25 ℃和（ii）100 ℃时的转动配分函数。

E13B.4(b) H_2O分子为不对称转子，转动常数为27.877 cm^{-1}、14.512 cm^{-1}和9.285 cm^{-1}。计算分子在（i）25 ℃和（ii）100 ℃时的转动配分函数。

E13B.5(a) CO的转动常数是1.931 cm^{-1}。精确计算（不用近似公式）转动配分函数，并将其对温度作图。什么温度时，该值与用式（13B.12a）（高温极限近似）计算的值误差不超过5%？提示：使用数学软件或电子表格程序。

E13B.5(b) HI的转动常数是6.511 cm^{-1}。精确计算（不用近似公式）其转动配分函数，并将其对温度作图。什么温度时，该值与用式（13B.12a）（高温极限近似）计算的值误差不超过5%？提示：使用数学软件或电子表格程序。

E13B.6(a) CH_4的转动常数是5.241 cm^{-1}。精确计算（不用近似公式，但忽略核自旋的作用）其转动配分函数，并将其对温度作图。什么温度时，该值与用式（13B.12a）（高温极限近似）计算的值误差不超过5%？提示：使用数学软件或电子表格程序。

E13B.6(b) CCl_4的转动常数是0.057 2 cm^{-1}。精确计算（不用近似公式，但忽略核自旋的作用）其转动配分函数，并将其对温度作图。什么温度时，该值与用式（13B.12a）（高温极限近似）计算的值误差不超过5%？提示：使用数学软件或电子表格程序。

E13B.7(a) 给出下列分子的对称数：（i）CO，（ii）O_2，（iii）H_2S，（iv）SiH_4和（v）$CHCl_3$。

E13B.7(b) 给出下列分子的对称数：（i）CO_2，（ii）O_3，（iii）SO_3，（iv）SF_6和（v）Al_2Cl_6。

E13B.8(a) 估算25 ℃时乙烯的转动配分函数，已知$\tilde{A}$ = 4.828 cm^{-1}、$\tilde{B}$ = 1.0012 cm^{-1}和$\tilde{C}$ = 0.8282 cm^{-1}。需考虑对称数。

E13B.8(b) 估算25 ℃时吡啶C_5H_5N的转动配分函数，已知$\tilde{A}$ = 0.2014 cm^{-1}、$\tilde{B}$ = 0.1936 cm^{-1}和$\tilde{C}$ = 0.0987 cm^{-1}。需考虑对称数。

E13B.9(a) 已知Br_2的振动波数为323.2 cm^{-1}，精确计算（不用近似）其振动配分函数，并将其对温度作图。什么温度时，所得结果与用高温下成立的式（13B.16）计算的结果误差不超过5%？

E13B.9(b) 已知I_2的振动波数为214.5 cm^{-1}，精确计算（不用近似）其振动配分函数，并将其对温度作图。什么温度时，所得结果与用高温下成立的式（13B.16）计算的结果误差不超过5%？

E13B.10(a) 计算500 K时，CS_2的振动配分函数。已知其振动波数为658 cm^{-1}（对称伸缩）、397 cm^{-1}（弯曲，双重简并）和1535 cm^{-1}（不对称伸缩）。

E13B.10(b) 计算900 K时，HCN的振动配分函数。已知其振动波数为3 311 cm^{-1}（对称伸缩）、712 cm^{-1}（弯曲，双重简并）和2097 cm^{-1}（不对称伸缩）。

E13B.11(a) 计算500 K时，CCl_4的振动配分函数。已知其振动波数为459 cm^{-1}（对称伸缩，非简并）、217 cm^{-1}（变形，双重简并）、776 cm^{-1}（变形，三重简并）和314 cm^{-1}（变形，三重简并）。

E13B.11(b) 计算500 K时，CI_4的振动配分函数。已知其振动波数为178 cm^{-1}（对称伸缩，非简并）、90 cm^{-1}（变形，双重简并），555 cm^{-1}（变形，三重简并）和125 cm^{-1}（变形，三重简并）。

E13B.12(a) 某原子拥有一个四重简并的基态能级、一个非简并的电子激发态能级（能量较基态高2500 cm^{-1}），以及一个双重简并的电子激发态能级（能量较基态高3500 cm^{-1}）。计算1 900 K时，这些电子状态的配分函数及每个能级的相对布居。

E13B.12(b) 某原子拥有一个三重简并的基态能级、一个非简并的电子激发态能级（能量较基态高850 cm^{-1}），以及一个五重简并的电子激发态能级（能量较基态高1100 cm^{-1}）。计算2000 K时，这些电子状态的配分函数及每个能级的相对布居。

问　题

P13B.1 考虑一个三能级系统，三能级能量分别为0、ε和2ε。请将其配分函数对kT/ε作图。

P13B.2 针对若干个振动波数值作图表示振动配分函数与温度的关系。根据作图，估算什么温度时所得配分函数与用高温近似所预测的值误差不超过10%？

P13B.3 本题最好使用数学软件来完成。式（13B.15）是一个谐振子的配分函数。考虑一个莫尔斯（Morse）振子（专题11C），其能级表示为$E_v=(v+\frac{1}{2})hc\tilde{v}-(v+\frac{1}{2})^2hcx_e\tilde{v}$。计算这个振子的配分函数。注意能量相对于最低能级及仅有有限数目的束缚态能级。将配分函数对$kT/hc\tilde{\nu}$作图（x_e从0至0.1），并在同一张图上，将你的结果与谐振子的结果相比较。

P13B.4 通过考虑在边长与典型纳米粒子相当（100 pm）的一维盒子中的H原子的平动配分函数，探究平动配分函数积分近似不成立的条件。根据积分近似，估算$q = 10$时的温度，并计算在该温度时配分函数的精确值。

P13B.5（a）利用下表中的数据，通过直接加和来计算Te原子在（i）298 K时和（ii）5 000 K时的电子配分函数。

能级	简并度	波数/cm^{-1}
基态	5	0
1	1	4 707
2	3	4 751
3	5	10 559

（b）在两个不同温度时，Te原子在基态和第二激发态的比例是多少？

P13B.6 Ti原子的4个最低电子能级分别是$^3F_2$、$^3F_3$、$^3F_4$和$^5F_1$，相应的能量为0、170 cm^{-1}、387 cm^{-1}和6 557 cm^{-1}。在更高能量时还有许多其他电子状态。Ti的沸点是3 287 ℃。在沸点时，这些能级的相对布居是多少？提示：能级的简并度为$2J+1$。

P13B.7 J. Sugar和A. Musgrove［*J. Phys. Chem. Ref. Data*, **22**, 1213(1993)］已发表了Ge原子及从Ge^+至Ge^{31+}所有阳离子的能级表。在中性Ge原子中，几个最低能级如下：

	$^3P_0$	$^3P_1$	$^3P_2$	$^1D_2$	$^1S_0$
$\frac{E}{hc}/cm^{-1}$	0	557.1	1 410.0	7 125.3	16 367.3

通过直接加和，计算298 K和1 000 K时的电子配分函数。提示：一个能级J的简并度为$2J+1$。

P13B.8 HCl的纯转动微波光谱（专题11B）在下列波数（用cm^{-1}表示）处有吸收谱线：21.19、42.37、63.56、84.75、105.93、127.12、148.31、169.49、190.68、211.87、233.06、254.24、275.43、296.62、317.80、338.99、360.18、381.36、402.55、423.74、444.92、466.11、487.30、508.48。通过直接加和，计算25 ℃时的转动配分函数。

P13B.9 CH_3Cl的转动常数为$\tilde{A} = 5.097\ cm^{-1}$和$\tilde{B} = 0.443\ cm^{-1}$。精确计算（不用近似公式，但忽略核自旋的作用）转动配分函数，并将其值对温度作图。什么温度时，所得值与用式（13B.12a）（适用高温极限）计算得到的结果误差不超过5%？提示：使用数学软件或电子程序表格。

P13B.10 通过精确加和，计算I_2分子在（a）100 K和（b）298 K时的振动配分函数。已知其振动能级分别位于零点能级以上0、215.30 cm^{-1}、425.39 cm^{-1}、636.27 cm^{-1}、845.93 cm^{-1}处。在两个温度时，处在基态和前两个激发态的I_2分子分数分别是多少？

专题 13C 分子能量

讨论题

D13C.1 什么条件下，由均分原理所预测的能量与用配分函数计算的能量相吻合？

D13C.2 请描述一个双能级系统的平均能量是如何随温度变化的？

练习题

E13C.1(a) 计算298 K时，能级间隔等价于500 cm^{-1}的双能级系统的平均能量。

E13C.1(b) 计算400 K时，能级间隔等价于600 cm^{-1}的双能级系统的平均能量。

E13C.2(a) 使用数学软件或电子表格程序，通过精确加和计算CO的平均转动能，并将其对温度作图。什么温度时，均分值与精确值相差5%以内？已知$\tilde{B}(CO) = 1.931\ cm^{-1}$。

E13C.2(b) 使用数学软件或电子表格程序，通过精确加和计算HI的平均转动能，并将其对温度作图。什么温度时，均分值与精确值相差5%以内？已知$\tilde{B}(HI) = 6.511\ cm^{-1}$。

E13C.3(a) 用数学软件或电子表格程序，通过精确加和计算CH_4的平均转动能，并将其对温度作图。什么温度时，均分值与精确值相差5%以内？已知$\tilde{B}(CH_4) = 5.241\ cm^{-1}$。

E13C.3(b) 用数学软件或电子表格程序，通过精确加和计算CCl_4的平均转动能，并将其对温度作图。什么温度时，均分值与精确值相差5%以内？已知$\tilde{B}(CCl_4) = 0.057\ 2\ cm^{-1}$。

E13C.4(a) 用数学软件或电子表格程序，通过精确加和计算Br_2的平均振动能，并将其对温度作图。什么温度时，均分值与精确值相差5%以内？已知$\tilde{\nu} = 323.2\ cm^{-1}$。

E13C.4(b) 用数学软件或电子表格程序，通过精确加和计算I_2的平均振动能，并将其对温度作图。什么温度时，均分值与精确值相差5%以内？已知$\tilde{\nu} = 214.5\ cm^{-1}$。

E13C.5(a) 用数学软件或电子表格程序，通过精确加和计算CS_2的平均振动能，并将其对温度作图。什么温度时，均分值与精确值相差5%以内？已知波数为658 cm^{-1}（对称伸缩）、397 cm^{-1}（弯曲，双重简并）和1 535 cm^{-1}（不对称伸缩）。

E13C.5(b) 用数学软件或电子表格程序，通过精确加和计算HCN的平均振动能，并将其对温度作图。什么温度时，均分值与精确值相差5%以内？已知波数为3311 cm^{-1}（对称伸缩）、712 cm^{-1}（弯曲，双重简并）和2097 cm^{-1}（不对称伸缩）。

E13C.6(a) 通过精确加和，计算CCl_4的平均振动能，并将其对温度作图。什么温度时，均分值与精确值相差5%以内？已知波数为459 cm^{-1}（对称伸缩，非简并）、217 cm^{-1}（变形，双重简并）、776 cm^{-1}（变形，三重简并）和314 cm^{-1}（变形，三重简并）。

E13C.6(b) 通过精确加和，计算CI_4的平均振动能，并将其对温度作图。什么温度时，均分值与精确值相差5%以内？已知波数为178 cm^{-1}（对称伸缩，非简并）、90 cm^{-1}（变形，双重简并）、555 cm^{-1}（变形，三重简并）和125 cm^{-1}（变形，三重简并）。

E13C.7(a) 对于由练习题E13B.12(a)中所述原子组成的样品，计算1 900 K时的电子平均能量。

E13C.7(b) 对于由练习题E13B.12(b)中所述原子组成的样品，计算2 000 K时的电子平均能量。

问 题

P13C.1 通过精确加和，计算CH_3Cl的平均转动能，并将其值对温度作图。什么温度时，均分值与精确值相差不超过5%？已知$\tilde{A}$ = 5.097 cm^{-1}，$\tilde{B}$ = 0.443 cm^{-1}。

P13C.2 当每个分子都能存在于能量为0、ε和2ε的各状态时，请导出平均能量的表达式。

P13C.3 在恒容时将1.0 mol H_2O（g）的温度由100℃升至200℃时，需要多少能量？仅考虑平动和转动对热容的贡献。

P13C.4 什么温度时，根据均分原理估计的能量与由公式$\langle\varepsilon^{V}\rangle = hc\tilde{\nu}/(e^{\beta hc\tilde{\nu}}-1)$计算的能量相差2%以内？

P13C.5 假设总自旋$S=1$物种的集合体处于强度为2.5 T的磁场中。计算这个系统的平均能量。$g=2.0$。

P13C.6 在纳米粒子的研究中可能会遇到这样一种情形：一个电子陷于无限深的、半径为R的球形势阱中，其能量由公式$E_{nl}=\hbar^2X_{nl}^2/2m_eR^2$给出，式中$X_{nl}$通过搜索球面贝塞尔（Bessel）函数的零值得到。前6个值（相应能级的简并度等于$2l+1$）如下：

n	1	1	1	2	1	2
l	0	1	2	0	3	1
X_{nl}	3.142	4.493	5.763	6.283	6.988	7.725

计算一个电子的配分函数和平均能量（表示为温度的函数）。提示：能量的测量相对于最低能级。$\hbar^2/2m_eR^2k$具有温度的量纲，故可用作系统的特征温度。所以，配分函数可用$E_{nl}=X_{nl}^2k\theta$和无量纲参数T/θ来表示。设T/θ区间为从0到25。

P13C.7 NO分子拥有一个双重简并的电子激发能级，其能量较双重简并的电子基态能级高121.1 cm^{-1}。计算并作图表示T = 0~1000 K时NO的电子配分函数；计算在300 K时，（a）能级的布居和（b）平均电子能量。

P13C.8 考虑一个由N个分子组成的系统，相应能级为$\varepsilon_j=j\varepsilon$（$j$ = 0, 1, 2,⋯）。（a）证明：如果每个分子的平均能量为$a\varepsilon$，那么温度可由下式给出：

$$\beta=\frac{1}{\varepsilon}\ln\left(1+\frac{1}{a}\right)$$

计算平均能量为ε（设ε等价于50 cm^{-1}）时系统的温度。（b）计算当系统平均能量为$a\varepsilon$时的分子配分函数。

P13C.9 导出用配分函数表示的方均根能量$\langle\varepsilon^2\rangle^{1/2}$的表述式，以及与平均值的方均根偏差$\Delta\varepsilon=(\langle\varepsilon^2\rangle-\langle\varepsilon\rangle^2)^{1/2}$的表达式。对一谐振子，根据所得表达式进行相应的计算。提示：使用$\langle\varepsilon^2\rangle=(1/q)\sum_j e^{-\beta\varepsilon_j}\varepsilon_j^2$。

专题 13D 正则系综

讨论题

E13D.1 为什么需要正则系综的概念？

E13D.2 解释一个系综的含义及为什么它在统计热力学中有用？

E13D.3 在什么情况下，相同粒子可视为可分辨的？

E13D.4 热力学极限的含义是什么？

练习题

E13D.1(a) 下列哪个系统当由Q至q时，有必要引入$1/N!$因子？（ⅰ）氦气样品，（ⅱ）CO气体样品，（ⅲ）CO固体样品，（ⅳ）水蒸气。

E13D.1(b) 下列哪个系统当由Q至q时，有必要引入$1/N!$因子？（ⅰ）CO_2气体样品，（ⅱ）石墨样品，（ⅲ）金刚石样品，（ⅳ）冰。

问 题

P13D.1 对于完美气体，正则配分函数Q与分子配分函数q之间有关系式$Q=q^N/N!$。在专题13F中，业已建立$p=kT(\partial\ln Q/\partial V)_T$。试用$q$的表达式，导出完美气体定律$pV=nRT$。

P13D.2 用统计热力学推理，证明对于完美气体，有$(\partial E/\partial V)_T=0$。

专题 13E 内能和熵

讨论题

D13E.1 请描述影响一个分子物质摩尔定容热容大小的分子特性。

D13E.2 讨论并说明这一说法：$1/T$是较T本身更加自然的一种温度的量度。

D13E.3 讨论熵的热力学定义和统计学定义之间的关系。

D13E.4 验证可分辨粒子熵的配分函数表达式与不可分辨粒子熵的配分函数表达式之间的差异。

D13E.5 用玻耳兹曼分布解释完美气体的熵与温度和体积的关系。

D13E.6 解释残余熵的起因。

练习题

E13E.1(a) 用均分原理，估算下列物质在气相25 ℃时的摩尔定容热容：（ⅰ）I_2，（ⅱ）CH_4，（ⅲ）C_6H_6。

E13E.1(b) 用均分原理，估算下列物质在气相25 ℃时的摩尔定容热容：（ⅰ）O_3，（ⅱ）C_2H_6，（ⅲ）CO_2。

E13E.2(a) 分别考虑和忽略振动对能量的贡献，估算气相NH_3和CH_4的热容比值$\gamma = C_{p,\mathrm{m}}/C_{V,\mathrm{m}}$；哪一个更接近25 ℃的实验值？提示：对于完美气体，有$C_{p,\mathrm{m}} - C_{V,\mathrm{m}} = R$。

E13E.2(b) 分别考虑和忽略振动对能量的贡献，估算气相CO_2的热容比值$\gamma = C_{p,\mathrm{m}}/C_{V,\mathrm{m}}$；哪一个更接近25 ℃的实验值？提示：对于完美气体，有$C_{p,\mathrm{m}} - C_{V,\mathrm{m}} = R$。

E13E.3(a) Cl的基态能级是$^2P_{3/2}$，在其上面881 $\mathrm{cm^{-1}}$处有一个$^2P_{1/2}$能级。分别计算在以下两个温度时，电子对Cl原子热容的贡献：（ⅰ）500 K，（ⅱ）900 K。

E13E.3(b) O_2的第一电子激发态是$^1\Delta_g$（双重简并），位于基态$^3\Sigma_g^-$（三重简并）上方7 918.1 $\mathrm{cm^{-1}}$处。计算400 K时，电子对O_2热容的贡献。

E13E.4(a) 将谐振子集合体的摩尔热容对T/θ^V作图，并预测乙炔在（ⅰ）298 K和（ⅱ）500 K时的振动热容。简正模式对应的波数（单位$\mathrm{cm^{-1}}$，括号内的数字是简并度）为612(2)、729(2)、1 974、3 287和3 374。

E13E.4(b) 将谐振子集合体的摩尔熵对T/θ^V作图，并预测乙炔在（ⅰ）298 K和（ⅱ）500 K时的标准摩尔熵。相关数据见上一题。

E13E.5(a) 计算298 K时的标准摩尔熵：（ⅰ）气态氦，（ⅱ）气态氙。

E13E.5(b) 计算298 K时平动对标准摩尔熵的贡献：（ⅰ）$H_2O(g)$，（ⅱ）$CO_2(g)$。

E13E.6(a) 什么温度时，氦的标准摩尔熵等于298 K时氙的标准摩尔熵？

E13E.6(b) 什么温度时，平动对CO_2标准摩尔熵的贡献等于298 K时平动对H_2O标准摩尔熵的贡献？

E13E.7(a) 已知H_2O的转动常数为27.878 $\mathrm{cm^{-1}}$、14.509 $\mathrm{cm^{-1}}$和9.287 $\mathrm{cm^{-1}}$，计算298 K时H_2O的转动配分函数，并用你的结果计算25 ℃时转动对气态H_2O摩尔熵的贡献。

E13E.7(b) 已知SO_2的转动常数为2.027 36 $\mathrm{cm^{-1}}$、0.344 17 $\mathrm{cm^{-1}}$和0.293 535 $\mathrm{cm^{-1}}$，计算298 K时SO_2的转动配分函数，并用你的结果计算25 ℃时转动对SO_2摩尔熵的贡献。

E13E.8(a) $CoSO_4 \cdot 7H_2O$中的Co^{2+}的基态可以视为$^4T_{9/2}$。温度低于1 K时固体的熵几乎全部来源于电子自旋。估算在这些温度时固体的摩尔熵。

E13E.8(b) 估算自旋对一固体样品（d金属配合物，$S = \frac{5}{2}$）摩尔熵的贡献。

E13E.9(a) 预测在（ⅰ）298 K，（ⅱ）500 K时，振动对甲酸（HCOOH）蒸气标准摩尔熵的贡献。简正模式对应的波数（单位$\mathrm{cm^{-1}}$）为3 570、2 943、1 770、1 387、1 229、1 105、625、1 033和638。

E13E.9(b) 预测在（ⅰ）298 K，（ⅱ）500 K时，振动对乙炔标准摩尔熵的贡献。简正模式对应的波数（单位$\mathrm{cm^{-1}}$，括号内的数字是简并度）为612(2)、729(2)、1 974、3 287和3 374。

问 题

P13E.1 NO分子拥有一个双重简并的电子基态和一个双重简并的激发态，激发态能量较基态高121.1 $\mathrm{cm^{-1}}$。计算并作图电子对分子摩尔热容的贡献（直至500 K）。

P13E.2 通过计算电子对磁场中NO_2分子热容的贡献，来探究磁场是否会影响顺磁分子的热容。用均分原理估算总的等容热容，并计算在（a）50 K和（b）298 K时，由强度为5.0T的磁场所带来的热容变化百分数。提示：NO_2具有一个未成对电子，假设样品在50 K和298 K时处于气相。

P13E.3 与一个大碎片相连的CH_3基团的能级可由环上粒子的表示式来给出，假设基团自由转动。对于这样一个自由转动的基团，在25 ℃时，对热容和熵的高温贡献是什么？提示：CH_3绕其三重旋转轴（该轴穿过C原子及由H原子形成的等边三角形的中心）的转动惯量为$5.341 \times 10^{-47}\ \mathrm{kg \cdot m^2}$。

P13E.4 计算低温时仲氢（其中仅有J为偶数的转动态有布居）的热容与温度的关系。假设其转动能级$J = 0$和$J = 2$组成一个类似于双能级系统的系统（除了上一个能级的简并度外）。已知$\varepsilon = 60.864\ \mathrm{cm^{-1}}$，画出热容曲线。仲氢$p$-$H_2$的实测热容确实在低温时有一峰值。

P13E.5 在富勒烯C_{60}的光谱研究中，F. Negri等［*J. Phys. Chem*, **100**, 10849(1996)］综述了分子所有振动模式的波数：

模式	数目	简并度	波数/$\mathrm{cm^{-1}}$
A_u	1	1	976
T_{1u}	4	3	525、578、1180、1430
T_{2u}	5	3	354、715、1037、1190、1540
G_u	6	4	345、757、776、963、1315、1410
H_u	7	5	403、525、667、738、1215、1342、1566

有多少模式拥有的振动特征温度θ^V小于1000 K？估算在1000 K时，C_{60}的摩尔定容热容（θ^V低于此温度的所有模式都计为有效）。

P13E.6 将一个双能级系统的dS/dT，即熵的温度系数，对kT/ε作图。是否存在一个温度，在该处温度系数有一最大值？如果你发现有一最大值，请解释其物理起因。

P13E.7 推导等间隔（间隔为ε）三能级系统摩尔熵的表达式。

P13E.8 尽管像$\langle\varepsilon\rangle = -\mathrm{d}\ln q/\mathrm{d}\beta$这样的表达式对统计热力学中的公式运算及用整齐的公式来表示热力学函数十分有用，但有时它们较其在实际应用中的价值更为麻烦，当呈有一能级表时，直接计算下列加和往往更为方便（加点仅为区分不同的函数）：

$$q = \sum_j \mathrm{e}^{-\beta\varepsilon_j} \qquad \dot{q} = \sum_j \beta\varepsilon_j \mathrm{e}^{-\beta\varepsilon_j} \qquad \ddot{q} = \sum_j (\beta\varepsilon_j)^2 \mathrm{e}^{-\beta\varepsilon_j}$$

（a）根据这三个函数，导出内能、热容和熵的表达式。（b）采用该方法，根据下面的数据，计算5000 K时电子对Mg蒸气摩尔定容热容的贡献：

谱项	^1S	$^3P_0$	$^3P_1$	$^3P_2$	$^1P_1$	$^3S_1$
简并度	1	1	3	5	3	3
$\tilde{\nu}/\mathrm{cm^{-1}}$	0	21850	21870	21911	35051	41197

P13E.9 利用问题P13B.8中计算的HCl(g)转动配分函数的精确

表达式，计算一系列温度下转动对摩尔熵的贡献，并将其对温度作图。

P13E.10 计算298 K时$N_2(g)$的标准摩尔熵，已知其转动常数$\tilde{B}=1.998\ 7\ cm^{-1}$，振动波数$\tilde{\nu}=2\ 358\ cm^{-1}$。已知热化学值为$192.1\ J\cdot K^{-1}\cdot mol^{-1}$，对$T=0$时的固体，这说明了什么？

P13E.11 J. G. Dojahn等［*J. Phys. Chem.*, **100**, 9649(1996)］描述了同核双原子卤素阴离子基态和电子态的势能曲线特征。F_2^-的基态是$^2\Sigma_u^+$，基本振动波数为$450.0\ cm^{-1}$，平衡核间距为190.0 pm。前两个激发态分别较基态能量高1.609 eV和1.702 eV。计算298 K时F_2^-的标准摩尔熵。

P13E.12 将CO处理为完美气体，应用平衡统计热力学研究其在100 kPa、温度区间100~1 000 K内的性质。（a）探讨分子在可及转动态和振动态上的概率分布。（b）分别用离散能量分布及高温近似计算分子转动配分函数和两者的差异。（c）将平动、转动和振动自由度对$U_m(T)-U_m(100\ K)$，$C_{V,m}(T)$和$S_m(T)-S_m(100\ K)$的贡献各自对T作图。提示：设$\tilde{\nu}=2\ 169.8\ cm^{-1}$和$\tilde{B}=1.931\ cm^{-1}$，忽略非谐性和离心畸变。

P13E.13 问题P13B.3中给出了莫尔斯振子的能级，建立莫尔斯振子集合体摩尔熵的表示式并将其作为$kT/hc\tilde{\nu}$的函数作图（从0至0.01的一系列非谐性常数）。仅考虑有限数目的束缚态。在同一张图上，作图表示谐振子的熵，并说明两者是如何发散偏离的。

P13E.14 当温度正式允许变为负值时，考察双能级系统集合体的熵是如何变化的？你也应构建一幅图，其中温度用变量$\beta=1/kT$代替。解释图形的物理本质。

P13E.15 对限域于二维表面的单原子气体，请导出Sackur-Tertrode公式，并进而导出该气体形成可移动表面膜的标准摩尔凝聚熵的表达式。

P13E.16 某气体的热容比通过公式$c_s=(\gamma RT/M)^{1/2}$（式中$\gamma=C_{p,m}/C_{V,m}$，M为气体的摩尔质量）决定了该气体中的声速。导出高温时（平动和转动有效）在（a）双原子分子，（b）线性三原子分子和（c）非线性三原子分子完美气体中声速的表达式。估算25 ℃时空气中的声速。提示：对于完美气体，有$C_{p,m}-C_{V,m}=R$。

P13E.17 一个人体DNA分子平均有5×10^8个双核苷酸（DNA梯上4个不同种类的梯级），如果每一个梯级是这四种可能性之一的随机选择，那么这个典型DNA分子的残余熵是多少？

P13E.18 通过只考虑两个态（即聚合物的天然和变性形式）的贡献，可以写出一个蛋白质分子配分函数的近似表达式。由这个粗糙模型，可获得变性对蛋白质热容的贡献。根据这个模型，N个蛋白质分子组成的系统的总能量为$E=N\varepsilon e^{-\varepsilon/kT}/(1+e^{-\varepsilon/kT})$，式中$\varepsilon$是变性形式和天然形式之间的能量间隔。（a）证明摩尔定容热容为

$$C_{V,m}=f(T)R\quad f(T)=\frac{(\varepsilon/kT)^2e^{-\varepsilon/kT}}{(1+e^{-\varepsilon/kT})^2}$$

（b）将$C_{V,m}$随T的变化作图。（c）如果函数$C_{V,m}(T)$有一极大或极小值，计算相应的温度。

专题 13F 辅助函数

讨论题

D13F.1 对于压力和配分函数之间的关系式，请给出一个物理解释。

D13F.2 对于反应中平衡常数与反应物和产物配分函数之间的关系式，请给出一个物理解释。

D13F.3 平衡常数的统计分析是如何说明平衡常数与温度的关系的？

练习题

E13F.1(a) CO_2分子是线形的，其振动波数为$1\ 388.2\ cm^{-1}$、$2\ 349.2\ cm^{-1}$和$667.4\ cm^{-1}$，最后一个是双重简并的，其他则是非简并的。分子的转动常数是$0.390\ 2\ cm^{-1}$。计算298 K时转动和振动对摩尔吉布斯能的贡献。

E13F.1(b) O_3分子是折线形的，其振动波数为$1\ 110\ cm^{-1}$、$705\ cm^{-1}$和$1\ 042\ cm^{-1}$，分子的转动常数为$3.553\ cm^{-1}$、$0.445\ 2\ cm^{-1}$和$0.394\ 8\ cm^{-1}$。计算298 K时转动和振动对摩尔吉布斯能的贡献。

E13F.2(a) 利用练习题E13E.3(a)中的信息，计算（i）500 K和（ii）900 K时，电子对Cl原子摩尔吉布斯能的贡献。

E13F.2(b) 利用练习题E13E.3(b)中的信息，计算400 K时，电子对O_2摩尔吉布斯能的贡献。

E13F.3(a) 计算1 000 K时反应$I_2(g)\rightleftharpoons 2\,I(g)$的平衡常数。已知$I_2$相应的参数为$\tilde{\nu}=214.36\ cm^{-1}$，$\tilde{B}=0.037\ 3\ cm^{-1}$，$hc\tilde{D}_e=1.542\ 2\ eV$；I原子的基态为$^2P_{3/2}$，意味着简并度为4。

E13F.3(b) 计算298 K时气相同位素交换反应$2\ ^{79}Br^{81}Br\rightleftharpoons\ ^{79}Br^{79}Br+\ ^{81}Br^{81}Br$的平衡常数。已知$Br_2$分子拥有一个非简并基态，附近无其他电子状态；$^{79}Br^{81}Br$的振动波数为$323.33\ cm^{-1}$。

问　题

P13F.1 使用数学软件及高温极限下的工作，利用下表数据（括号中的数字是简并度），计算反应$CD_4(g)+HCl(g) \rightleftharpoons CHD_3(g)+DCl(g)$在300~1 000 K的平衡常数，并将其对温度作图。

分子	$\tilde{\nu}/cm^{-1}$	$\tilde{B}/cm^{-1}$	$\tilde{A}/cm^{-1}$
CHD_3	2 993(1)、2 142(1)、1 003(3)、1 291(2)、1 036(2)	3.28	2.63
CD_4	2 109(1)、1 092(2)、2 259(3)、996(3)	2.63	
HCl	2 991(1)	10.59	
DCl	2 145(1)	5.445	

P13F.2 酸和水之间的氘交换是一类重要的平衡，可以用有关分子的光谱数据来研究它。请使用数学软件及在高温极限下的工作，利用下表的数据，计算交换反应$H_2O(g)+DCl(g) \rightleftharpoons HDO(g)+HCl(g)$在（a）298 K时和（b）800 K时的平衡常数。

分子	$\tilde{\nu}/cm^{-1}$	$\tilde{A}/cm^{-1}$	$\tilde{B}/cm^{-1}$	$\tilde{C}/cm^{-1}$
H_2O	3 656.7、1 594.8、3 755.8	27.88	14.51	9.29
HDO	2 726.7、1 402.2、3 707.5	23.38	9.102	6.417
HCl	2 991		10.59	
DCl	2 145		5.449	

P13F.3 判断一磁场是否可影响平衡常数的值。考虑在1 000 K时的平衡$I_2(g) \rightleftharpoons 2I(g)$，计算平衡常数之比$K(\mathcal{B})/K$，式中$K(\mathcal{B})$为当一磁场$\mathcal{B}$存在因而移去了$^2P_{3/2}$能级四个状态的简并度时的平衡常数。有关物种的数据已经在练习题E13F.3(a)中给出。原子的电子g值是4/3。计算使平衡常数发生1%的变化所需的磁场。

P13F.4 R. Visawanathan等［*J. Phys. Chem.*, **100**, 10784(1996)］在实验和理论上研究了一些B–Si气相物种的热力学性质。这些物种可出现在硅基半导体的高温化学蒸气沉积（CVD）中。在他们所报道的计算中，有在一些温度时BSi(g)吉布斯能的计算，该计算基于一个$^4\Sigma^-$基态，其平衡核间距是190.5 pm，基本振动波数为772 cm^{-1}，以及一个能量较基态高8 000 cm^{-1}的第一激发态$^2P_0$。计算$G_m^\ominus(2\,000\ K)-G_m^\ominus(0)$的值。

P13F.5 Cl_2O_2分子被认为参与到南极上空臭氧的季节性损耗中，其已被人们用多种手段研究。M. Birk等［*J. Phys. Chem.*, **91**, 6588(1989)］报道了其转动常数(B)为13 109.4 MHz、2 409.8 MHz和2 139.7 MHz。他们还报道了其转动光谱表明分子对称数为2。J. Jacobs等［*J. Amer. Chem. Soc.*, **116**, 1106(1994)］报道其振动波数为753 cm^{-1}、542 cm^{-1}、310 cm^{-1}、127 cm^{-1}、646 cm^{-1}和419 cm^{-1}（全部非简并）。计算Cl_2O_2的$G_m^\ominus(200\ K)-G_m^\ominus(0)$值。

P13F.6 J. Hutter等［*J. Amer. Chem. Soc.*, **116**, 750(1994)］研究了分子式为C_n的一些C分子的几何结构和振动结构，假设C_3分子（发现于星际空间和火焰中）的基态是一折线形单态物种，其转动惯量为39.340m_u Å^2、39.032m_u Å^{2}和0.3082m_u Å^2（式中1 Å = 10^{-10} m），振动波数为63.4 cm^{-1}、1 224.5 cm^{-1}和2 040 cm^{-1}。计算C_3的$G_m^\ominus(10.00\ K)-G_m^\ominus(0)$和$G_m^\ominus(100.0\ K)-G_m^\ominus(0)$值。

主题 13　统计热力学

综合题

I13.1 获得对称数值的一条正式途径是，注意到s是分子旋转子群（即只包含恒等操作和旋转操作的分子点群）的阶（元素数目）。H_2O的旋转子群为$\{E, C_2\}$，所以$\sigma=2$。NH_3的旋转子群为$\{E, 2C_3\}$，所以$\sigma=3$。这种方法容易找出更为复杂分子的对称数。由T特征标表可知，CH_4的旋转子群为$\{E, 8C_3, 3C_2\}$，故$\sigma=12$。对苯，D_{6h}的旋转子群是$\{E, 2C_6, 2C_3, C_2, 3C_2', 3C_2''\}$，故$\sigma=12$。（a）估算25 ℃时，乙烯的转动配分函数，已知$\tilde{A}=4.828\ cm^{-1}$、$\tilde{B}=1.001\,2\ cm^{-1}$和$\tilde{C}=0.828\,2\ cm^{-1}$。（b）计算室温时吡啶$C_5H_5N$的转动配分函数，已知$\tilde{A}=0.201\,4\ cm^{-1}$、$\tilde{B}=0.193\,6\ cm^{-1}$和$\tilde{C}=0.098\,7\ cm^{-1}$。

I13.2 H_2摩尔转动热容的一个特征是当温度从0升高时，其先是上升超过R这个经典数值，然后再回落接近该值。为了理解这一行为，热容可以处理为来源于可及能级之间所有跃迁的加和。证明一个线形转子的热容与下列加和

$$\xi(\beta)=\frac{1}{q^2}\sum_{J,J'}\{\varepsilon(J)-\varepsilon(J')\}^2 g(J')e^{-\beta\{\varepsilon(J)+\varepsilon(J')\}}$$

之间的关系为

$$C=\frac{1}{2}Nk\beta^2\xi(\beta)$$

式中$\varepsilon(J)$为转动能级，$g(J)$是它们的简并度。接着，作图说明对一个线性转子热容的总贡献可以视为由以下跃迁所引起的各个贡献的加和：0→1，0→2，1→2，1→3，…。通过这种方式，对一线形分子的转动热容可得到图13.1。

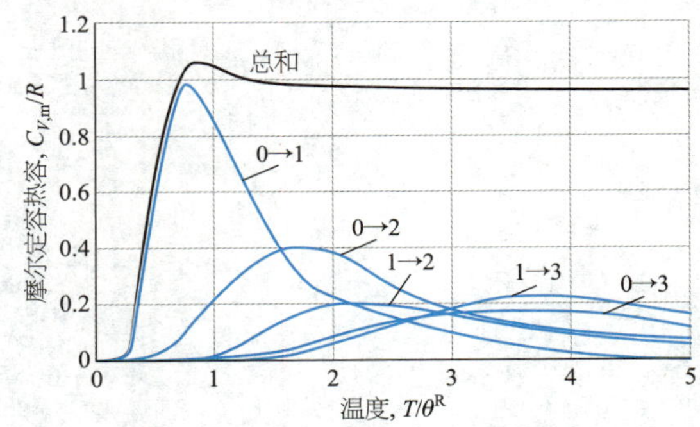

图13.1　综合题I13.2中计算的摩尔定容热容随温度的变化

I13.3 设置一个类似综合题I13.2中的计算，以根据能级之间的激发来分析振动对热容的贡献，并用与图13.1相类似的图来说明你的结果。

主题 14 分子相互作用

分子的电学性质引起分子相互作用。反过来，这些相互作用控制着凝聚相的形成及大分子和分子组装体的结构和功能。

大分子是由共价键连接的单元所构成。大分子无处不在，存在于我们的体内和体外。有些大分子是天然的：包括多糖（如纤维素）、多肽（如蛋白质酶）和多核苷酸（如脱氧核糖核酸，DNA）。另外一些是合成大分子（如尼龙和聚苯乙烯）。大分子和小分子也可能在“自组装”过程中聚集在一起，形成某种程度上行为类似大分子的聚集体。

专题 14A 分子的电性质

分子的重要电学性质包括“电偶极矩”和“极化率”。这些性质反映了原子的原子核对分子中电子的控制程度，要么造成电子在特定区域的积累，或许允许它们对外部电场的作用或多或少有响应。

14A.1 电偶极矩；14A.2 极化率；14A.3 极化强度

专题 14B 分子间的相互作用

本专题描述几种重要分子相互作用的基本理论，并重点关注闭壳层分子间的范德华相互作用与氢键。本专题探讨由一个或多个内聚相互作用而紧密结合的众多液体和固体。这些相互作用对大分子的结构形态也很重要。

14B.1 偶极子相互作用；14B.2 氢键；14B.3 总相互作用

专题 14C 液体

本专题从液体中分子相互作用的基本理论入手，然后描述液体表面的性质。可以发现，诸如“表面张力”“毛细作用”“表面膜”的形成和凝结等重要效应可通过热力学论证得以解释。

14C.1 液体中的分子相互作用；14C.2 液-气界面；14C.3 表面膜；14C.4 凝结

专题 14D 大分子

大分子采取的形状是由分子间相互作用控制的。本专题介绍多种形状的大分子，但主要集中于无结构的“无规线团”和部分结构化的线团。另外，还探讨了大分子的结构与力学性质和热性质之间的联系。

14D.1 平均摩尔质量；14D.2 结构的不同层次；14D.3 无规线团；14D.4 力学性能；

14D.5 热性质

专题 14E 自组装

原子、小分子和大分子有时可以通过涉及自组装的过程形成较大的聚集体。本专题探讨“胶体”“胶束”和生物膜，这些组装体不仅具有一些分子的典型性质，而且还具有它们自身的特性。另外，本专题还介绍了一类重要的分子相互作用，即由溶剂的熵变所驱动的“疏水相互作用”。

14E.1 胶体；14E.2 胶束和生物膜

网络资源 这部分内容有何应用?

分子相互作用在生物化学和生物医学中起着重要的作用。天然大分子在某些方面不同于合成大分子，特别是它们的组成和由此产生的结构。“应用案例21”中探讨了蛋白质和核酸中不同层次的结构。“应用案例22”则关注药物、小分子或蛋白质，与目标（靶）分子（如更大的蛋白质或核酸）的特定受体位点的键合，这个组装体形成的化学结果就是抑制病情的发展。

专题14A

分子的电性质

▶ 为何需要学习这部分内容?

因为分子相互作用导致凝聚相的形成，以及大分子组装体源自分子的电学性质，你需要知道分子的电子结构是如何导致这些相互作用的。

▶ 核心思想是什么?

原子核对分子中的电子起控制作用，并能使电子在不同的区域累积，或允许它们对外电场做出反应。

▶ 需要哪些预备知识?

需要熟悉库仑定律（专题2A中“化学家工具包6”）、分子几何学和分子轨道理论，特别是HOMO和LUMO之间能隙的存在（专题9E）。有一个计算利用了玻耳兹曼分布（专题13A）。

分子的电学性质是物质的许多性质产生的原因。分子中电荷分布的微小不平衡和电子分布发生畸变的能力导致分子相互作用，并对外加场作出响应。

14A.1 电偶极矩

电偶极子（electric dipole，简称偶极子）由具有矢量间距$\boldsymbol{R}$的两个电荷$+Q$和$-Q$组成。**点偶极子**（point electric dipole）就是电偶极子，其中R与其至观察者的距离相比很小。**电偶极矩**（electric dipole moment，简称偶极矩）是一个矢量$\boldsymbol{\mu}$(1)，从负电荷指向正电荷且其大小由下式给出：

$$\mu = QR \qquad \text{电偶极矩的大小 [定义]} \qquad (14A.1)$$

$-Q$ μ $+Q$ R

1 电偶极矩

虽然偶极矩的国际单位是C · m（库仑 · 米），但非国际单位D（德拜）也经常用到，德拜是以分子偶极矩研究的先驱者彼得 · 德拜的名字命名的。两种单位之间具有下列关系：

$$1\ \mathrm{D} = 3.335\ 64 \times 10^{-30}\ \mathrm{C \cdot m} \qquad (14A.2)$$

间距100 pm的一对电荷$+e$和$-e$所形成的偶极矩的大小为1.6×10^{-29} C · m，对应于4.8 D。小分子的偶极矩一般约为1 D。

极性分子（polar molecule）是具有永久偶极矩的分子。**永久偶极矩**（permanent dipolemoment）源于分子中原子上的部分电荷，而部分电荷源自电负性的差异，或者在更复杂的处理中，分子中电子密度的变化（专题9E）。非极性分子在电场中获得**诱导偶极矩**（induced dipole moment），这是由于电场造成的电子分布和核位置的畸变所引起的。然而，这种诱导偶极矩只是暂时的，一旦干扰场被移除，就会消失。极性分子的永久偶极矩也可被一外场暂时调变。

所有异核双原子分子均为极性的，且其具有典型的μ值，如HCl为1.08 D，HI为0.42 D（表14A.1）。分子对称性在决定一个多原子分子是否是极性分子时最为重要。事实上，分子对称性比分子中的原子是否属于同一元素的问题更为重要。因此，正如下面的“简要说明”中所示，如果同核多原子分子具有较低的对称性，并且原子处于不等价的位置，则它们可能是极性的。

表 14A.1　偶极矩和极化率体积*

分子	μ/D	$\alpha'/(10^{-30}\ m^3)$
CCl_4	0	10.5
H_2	0	0.819
H_2O	1.85	1.48
HCl	1.08	2.63
HI	0.42	5.45

*更多的数据参见资源部分。

简要说明 14A.1

角状分子臭氧(**2**)是同核分子。然而，它是极性的，因为中心O原子不同于外部两个原子（中心O原子与两个原子成键，而外部两个原子只与一个原子成键）。此外，与每个键相关的偶极矩彼此形成一定角度，而不相互抵消。异核线性三原子分子CO_2是非极性的，因为虽然所有三个原子上都带有部分电荷，但与O—C键相关的偶极矩方向与C—O键相关的偶极矩方向相反，两者相互抵消(**3**)。

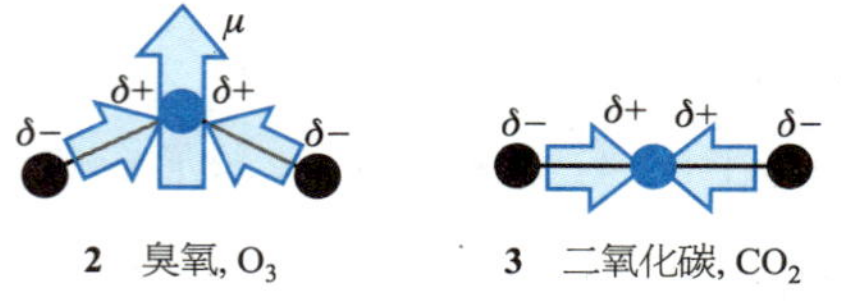

2　臭氧, O_3　　**3**　二氧化碳, CO_2

多原子分子的偶极矩可以分解为分子中各群原子和它们的相对位置的贡献（图 14A.1）。因此，由对称性可知，1, 4-二氯苯分子是非极性分子，因为两个相等但方向相反的C—Cl偶极矩相互抵消（与二氧化碳分子中完全一样）。然而，1, 2-二氯苯却存在一偶极矩，这个偶极矩近似为彼此夹角为60°的两个氯苯分子偶极矩的矢量加和。这种“矢量相加”法可以相当成功地应用于其他系列的相关分子。彼此间夹角为Θ的$\boldsymbol{\mu}_1$和$\boldsymbol{\mu}_2$的偶极矩矢量和(**4**)的大小近似为（见专题8C中“化学家工具包22”）

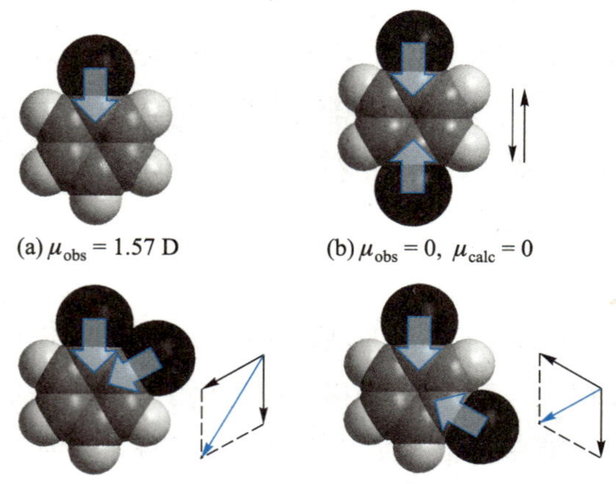

(a) $\mu_{obs} = 1.57$ D　(b) $\mu_{obs} = 0$, $\mu_{calc} = 0$　(c) $\mu_{obs} = 2.25$ D, $\mu_{calc} = 2.7$ D　(d) $\mu_{obs} = 1.48$ D, $\mu_{calc} = 1.6$ D

图14A.1　(b)至(d)中二氯苯异构体的偶极矩矢量和[(c)和(d)中的蓝色箭头]可近似地通过两个氯苯偶极矩的矢量[示于(a)中，$\mu_{obs} = 1.57$ D]加和来得到

$$\mu_{res} \approx (\mu_1^2 + \mu_2^2 + 2\mu_1\mu_2\cos\Theta)^{1/2} \quad (14A.3a)$$

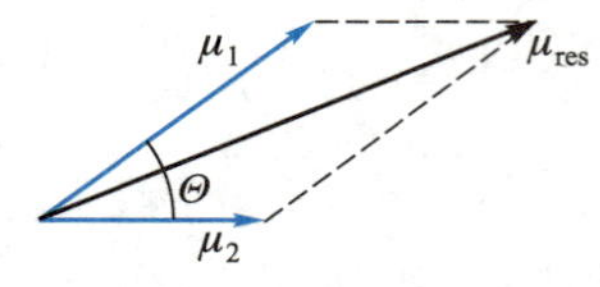

4　偶极矩的加和

当两个偶极矩具有相同的大小时（如在二氯苯分子中），这个方程可简化为

$$\mu_{res} \approx [2\mu_1^2(1+\cos\Theta)]^{1/2} = 2\mu_1\cos\left(\tfrac{1}{2}\Theta\right) \quad (14A.3b)$$

（$1+\cos\Theta = 2\cos^2(\tfrac{1}{2}\Theta)$）

简要说明 14A.2

考虑邻位(1, 2-)和间位(1, 3-)二取代的苯，其中两个偶极矩之间的夹角分别为$\Theta_{ortho} = 60°$和$\Theta_{meta} = 120°$。根据式(14A.3b)，其电偶极矩的大小之比为

$$\frac{\mu_{res,邻位}}{\mu_{res,间位}} = \frac{\cos\left(\frac{1}{2}\Theta_{ortho}\right)}{\cos\left(\frac{1}{2}\Theta_{meta}\right)} = \frac{\cos\left(\frac{1}{2}\times 60°\right)}{\cos\left(\frac{1}{2}\times 120°\right)} = \frac{\frac{3^{1/2}}{2}}{\frac{1}{2}} = 3^{1/2} \approx 1.7$$

一种计算偶极矩更可靠的方法是将所有原子上部分电荷的位置和大小都纳入考虑之内，这些部分电荷包含在分子结构软件包的输出信息中。例如，要计算偶极矩的x分量，就必须知道每个原子上的部分电荷和原子相对于分子中某一点的x坐标，并形成加和

$$\mu_x = \sum_J Q_J x_J \quad (14A.4a)$$

式中Q_J是原子J的部分电荷，x_J是原子J的x坐标，Σ是对分子中所有的原子加和。类似的表达式同样适用于y分量和z分量。对于一个电中性的分子来说，坐标的原点是任意的，所以最好选择能简化计算的坐标原点。与所有矢量相同，$\boldsymbol{\mu}$的大小与三个分量μ_x、μ_y和μ_z的关

系为

$$\mu=(\mu_x^2+\mu_y^2+\mu_z^2)^{1/2} \qquad (14A.4b)$$

例题 14A.1 计算分子的偶极矩

通过使用部分电荷（e的倍数）和原子的位置［显示为(x, y, z)坐标，距离以pm为单位］，估算**(5)**中所示的平面形酰胺基偶极矩的大小和方位。

(182,−87,0) +0.18 H
(132,0,0) N −0.36
+0.45 C (0,0,0)
O (−62,107,0) −0.38

5

整理思路 需要用式（14A.4a）来计算偶极矩的每个分量，然后用式（14A.4b）由这三个分量计算得到偶极矩的大小。注意，部分电荷是基本电荷（$e = 1.602 \times 10^{-19}$ C）的倍数。这个基团是中性分子的一个片段，所以坐标原点的选择不再是任意的。这里，选取碳原子的位置为坐标原点。

解： μ_x的表示式为

$$\begin{aligned}\mu_x &= -0.36e \times 132\ \text{pm} + 0.45e \times 0\ \text{pm} \\ &\quad + 0.18e \times 182\ \text{pm} + (-0.38e) \times (-62.0\ \text{pm}) \\ &= 8.8e\ \text{pm} \\ &= 8.8 \times 1.602 \times 10^{-19}\ \text{C} \times 10^{-12}\ \text{m} = 1.4 \times 10^{-30}\ \text{C}\cdot\text{m}\end{aligned}$$

对应于$\mu_x = +0.42\text{D}$。μ_y的表示式为

$$\begin{aligned}\mu_y &= (-0.36e) \times 0\ \text{pm} + 0.45e \times 0\ \text{pm} + 0.18e \times (-87\ \text{pm}) \\ &\quad + (-0.38e) \times 107\ \text{pm} \\ &= -56e\ \text{pm} \\ &= -9.02 \times 10^{-30}\ \text{C}\cdot\text{m}\end{aligned}$$

据此，$\mu_y = -2.7\ \text{D}$。由于酰胺基是平面形的，所以$\mu_z = 0$，且

$$\mu = [(0.42\ \text{D})^2 + (-2.7\ \text{D})^2]^{1/2} = 2.7\ \text{D}$$

偶极矩的方向可通过排列长度为2.7个单位的一个箭矢使得x、y和z分量分别为0.42、−2.7和0个单位来得到；该方位叠加在**(5)**上。

自测题14A.1 利用**(6)**中的信息，估算甲醛偶极矩的大小。

−0.38 (0,118,0) O
+0.02 (0,0,0) C
+0.18 (−94,−61,0) H
+0.18 H (94,−61,0)

6

答案： 3.2D；实验值为2.3D。

分子可能具有更高的**多极子**（multipoles），或点电荷的阵列（图14A.2）。具体来说，***n*极子**（n-pole）是具有n极矩（但没有更低的极矩）的点电荷阵列。因此，**单极子**（monopole）

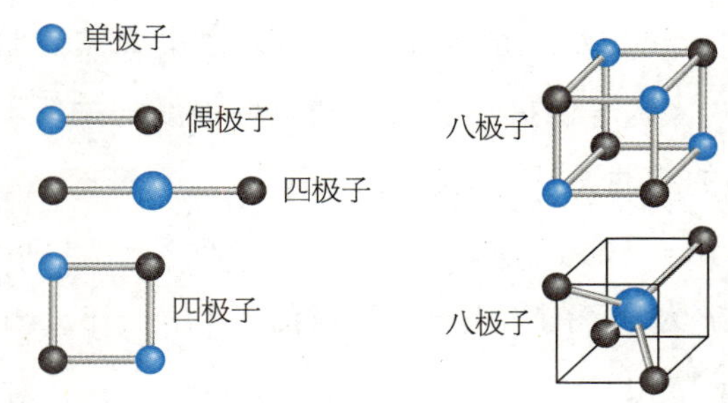

图14A.2 对应于多极子的典型电荷阵列。任意电荷分布产生的电场可以表示为多极子叠加产生的电场的叠加

$(n = 1)$是一个点电荷，单极距就是通常称为的总电荷。正如已经看到的，**偶极子**（dipole）$(n = 2)$是没有单极矩（没有净电荷）的电荷阵列。**四极子**（quadrupole）$(n = 3)$由既无净电荷也无偶极矩的点电荷阵列组成（如CO_2分子，**3**）。**八极子**（octupole）$(n = 4)$由一组点电荷组成，这些电荷之和为零，且既无偶极矩，也无四极矩（如CH_4分子，**7**）。

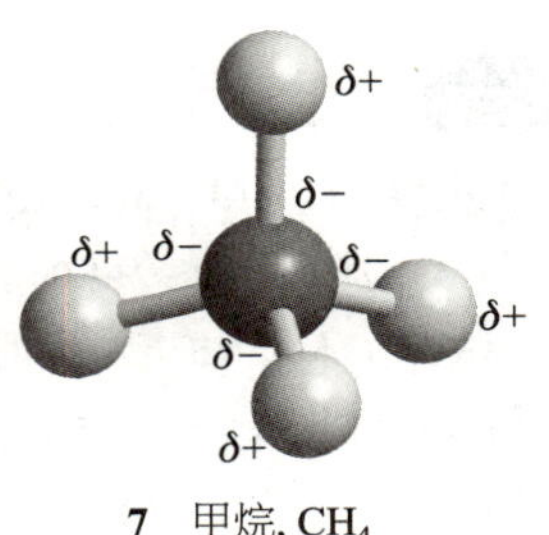

7 甲烷, CH_4

14A.2 极化率

核电荷不能完全控制其周围的电子，这意味着那些电子可对外场做出响应。因此，一个外加电场既能使分子发生形变，又能使其永久偶极矩排成一列。**诱导偶极矩**（induced dipole moment）μ^*的大小与电场强度$\mathcal{E}$成正比，所以

$$\mu^* = \alpha\mathcal{E} \qquad \text{极化率［定义］} \qquad (14A.5a)$$

式中比例常数α称为分子的**极化率**（polarizability）。对于一给定的电场，极化率越大，诱导偶极矩就越大。在正式处理中，用向量可引入诱导偶极矩不平行于施加电场的可能性，在这种情况下，α标量被$\boldsymbol{\alpha}$，一个3×3矩阵代替。

当施加的电场很强时（如在密集聚焦的激光束中），诱导偶极矩的大小与电场强度的关系不是严格的线性关系，此时

$$\mu^* = \alpha\mathcal{E} + \frac{1}{2}\beta\mathcal{E}^2 + \cdots \qquad \text{超极化率[定义]} \qquad (14A.5b)$$

系数β为分子的（第一）**超极化率**（hyperpolarizability）。

极化率的单位为$C^2 \cdot m^2 \cdot J^{-1}$，比较烦琐，所以$\alpha$通常通过下述关系式用**极化率体积**（polarizability volume）α'表示：

$$\alpha' = \frac{\alpha}{4\pi\varepsilon_0} \qquad \text{极化率体积[定义]} \qquad (14A.6)$$

式中ε_0是真空介电常数（专题2A中"化学家工具包6"）。因为$4\pi\varepsilon_0$的单位为$C^2 \cdot J^{-1} \cdot m^{-1}$，故$\alpha'$具有体积的量纲（其名称由此而来），极化率体积的大小与实际分子体积（数量级为10^{-30} m^3、即10^{-3} nm^{3}或1 Å^3）类似。

简要说明14A.3

H_2O的极化率体积为1.48×10^{-30} m^3，根据式（14A.5a）和式（14A.6）可得$\mu^* = 4\pi\varepsilon_0\alpha'\mathcal{E}$，强度为$1.0 \times 10^5$ V·m^{-1}的外加场诱导的分子偶极矩（除了永久偶极矩外）的大小为

$$\mu^* = 4\pi \times 8.854 \times 10^{-12}\ \mathrm{J^{-1} \cdot C^2 \cdot m^{-1}} \times 1.48 \times 10^{-30}\ \mathrm{m^3} \times 1.0 \times 10^5\ \mathrm{V \cdot m^{-1}}$$

（$1\ \mathrm{V} = 1\ \mathrm{J \cdot C^{-1}}$）

$$= 1.65 \times 10^{-35}\ \mathrm{C \cdot m} = 4.9 \times 10^{-6}\ \mathrm{D} = 4.9\ \mu\mathrm{D}$$

表14A.1给出了一些分子的极化率体积数据，有可能建立这些值与原子和分子的电子结构之间的相互关系。

如何完成？14A.1　关联极化率和分子结构

推证始于z轴向分子极化率的量子力学表达式[1]：

$$\alpha = 2\sum_{n\neq 0}\frac{|\mu_{z,0n}|^2}{E_n^{(0)} - E_0^{(0)}}$$

式中$\mu_{z,0n} = \int\psi_n^*\hat{\mu}_z\psi_0 d\tau$是跃迁偶极矩的$z$分量，即当一个电子从基态迁移到一激发态时电荷被转移程度的一种量度，加和是针对能量为$E_n^{(0)}$的激发态。

步骤1　*引入近似*

将激发能近似为ΔE（HOMO－LUMO间距）的平均值。还假设最重要的跃迁偶极矩近似等于一个电子的电荷乘以分子半径R。这样

$$\alpha \approx \frac{2e^2R^2}{\Delta E}$$

此表达式表明，α值随着分子的大小和电子激发的容易程度而增加。因此，随着HOMO－LUMO间距的减小，极化率也随之增大。

步骤2　*用原子半径来表示激发能*

如果激发能近似为将电子从距离单个正电荷为R的某处移到无穷远所需的能量，则$\Delta E \approx e^2/4\pi\varepsilon_0 R$。当将此值代入$\alpha$的表达式中时，可得到

$$\alpha \approx 2e^2R^2 \times \frac{4\pi\varepsilon_0 R}{e^2} = 2 \times 4\pi\varepsilon_0 R^3$$

为了获得极化体积，将α除以$4\pi\varepsilon_0$，并忽略该近似式中的因子2，结果为$\alpha' \approx R^3$，大小与分子体积的数量级相同。

如上所示，极化体积与原子和分子中的HOMO－LUMO间距有关。如果LUMO在能量上接近HOMO，那么电子的分布容易发生扭曲，因此极化率就大。如果LUMO在能量上高于HOMO，则外场不能明显地扰动电子的分布，极化率较低。具有小的HOMO－LUMO间距的分子其极化率通常都很大，并且具有大量电子。

对于大多数分子来说，极化率是"各向异性的"，这意味着它的值取决于分子相对于外电场的方向。当电场垂直于苯环时，苯的极化体积为0.0067 nm^3，当电场施加于苯环的平面内时苯的极化率为0.0123 nm^3。极化率的各向异性决定了一个分子是否具有转动拉曼活性（专题11B）。

14A.3　极化强度

一个样品的**极化强度**（polarization）P，是电偶极矩密度，它是分子的平均电偶极矩$\langle\mu\rangle$乘以数密度$\mathcal{N}(\mathcal{N} = N/V)$：

1 关于这个方程的推导，请参见*Physical chemistry: Quanta, matter and change*（2014）一书。

$$P = \langle \mu \rangle \mathcal{N} \quad \text{极化[定义]} \quad (14A.7)$$

电介质（dielectric）是一种可极化的非导电介质。

（a）极化强度与频率的关系

在没有外加电场的情况下，分子由于热运动在不断地改变随机方向，流体电介质的极化强度为零，因此$\langle \mu \rangle = 0$。在弱电场存在的情况下，能量取决于偶极子相对于电场的方向，其中能量较低的取向数更多；因此，平均偶极矩不再为零。玻耳兹曼分布可以用来推导$\langle \mu \rangle$的表达式。

如何完成？ 14A.2　推导平均偶极矩的表达式

在球极坐标中，曲面（在恒定半径处）的无穷小区域的面积为$\sin\theta\,d\theta d\phi$。偶极矩指向该区域的分子数目正比于这个面积乘以玻耳兹曼因子$e^{-E(\theta)/kT}$。当电场在z方向时，能量与方位角ϕ无关。因此，偶极矩方位处在θ到$\theta + d\theta$的范围并且绕施加电场方向任意方位角ϕ的概率dp为

$$dp = \frac{e^{-E(\theta)/kT}\sin\theta d\theta}{\int_0^{\pi} e^{-E(\theta)/kT}\sin\theta d\theta}$$

式中$0 \leqslant \theta \leqslant \pi$，如果外加电场$\mathcal{E}$在$z$方向，则偶极矩也是沿$z$方向排列的，且其平均值为

$$\langle \mu_z \rangle = \int \mu_z dp$$

步骤 1　*写出电场中偶极子能量的表达式*

偶极子的能量$E(\theta)$取决于它与电场$\mathcal{E}$的夹角θ，即

$E(\theta) = -\mu\mathcal{E}\cos\theta$

步骤 2　*建立偶极矩z分量平均值的表达式*

与外加电场平行的偶极矩分量的平均值是

$$\langle \mu_z \rangle = \int \overbrace{\mu\cos\theta}^{\mu_z} dp = \mu \frac{\int_0^{\pi}\cos\theta e^{-E(\theta)/kT}\sin\theta d\theta}{\int_0^{\pi} e^{-E(\theta)/kT}\sin\theta d\theta}$$

$E(\theta) = -\mu\mathcal{E}\cos\theta$

$$= \mu\frac{\int_0^{\pi} e^{\mu\mathcal{E}\cos\theta/kT}\cos\theta\sin\theta d\theta}{\int_0^{\pi} e^{\mu\mathcal{E}\cos\theta/kT}\sin\theta d\theta}$$

步骤 3　*计算积分*

为了简化这个表达式，使$x = \mu\mathcal{E}/kT$，从而得到

$$\langle \mu_z \rangle = \frac{\mu\int_0^{\pi} e^{x\cos\theta}\cos\theta\sin\theta d\theta}{\int_0^{\pi} e^{x\cos\theta}\sin\theta d\theta}$$

然后，令$y = \cos\theta$和$dy = -\sin\theta\,d\theta$，并将积分上下限改为$y = -1$（$\theta = \pi$时）和$y = 1$（$\theta = 0$时）：

$$\langle \mu_z \rangle = \frac{\mu\overbrace{\int_{-1}^{1} y e^{xy} dy}^{\text{积分 E.4}}}{\underbrace{\int_{-1}^{1} e^{xy} dy}_{\text{积分 E.3}}} = \mu\frac{\frac{e^x + e^{-x}}{x} - \frac{e^x - e^{-x}}{x^2}}{\frac{e^x - e^{-x}}{x}}$$

$$= \mu\left(\frac{e^x + e^{-x}}{e^x - e^{-x}} - \frac{1}{x}\right)$$

也就是说

$$\langle \mu_z \rangle = \mu L(x) \qquad L(x) = \frac{e^x + e^{-x}}{e^x - e^{-x}} - \frac{1}{x} \quad \text{平均偶极矩} \quad (14A.8a)$$

注意式中$x = \mu\mathcal{E}/kT$。

函数$L(x)$称为**朗之万函数**（Langevin function）（图14A.3）。在大多数情况下，x是非常小的。例如，如果$\mu = 1$ D且$T = 300$ K，则只有当场强超过100 kV·cm^{-1}时，x才会超过0.01，而且大多数测量都是在非常低的场强度下进行的。当电场弱到$x \ll 1$时，朗之万函数中的指数可以展开，且剩余的最大项为$L(x) = \frac{1}{3}x$。因此，平均分子偶极矩是

$$\langle \mu_z \rangle = \frac{\mu^2\mathcal{E}}{3kT} \quad \text{平均偶极矩[弱电场]} \quad (14A.8b)$$

当电场强度增加到很高时，分子偶极矩的取向在电场方向上的波动较小，且平均偶极矩接近于其最大值$\langle \mu_z \rangle = \mu$。

当外加电场缓慢地改变方向时，永久偶极矩的取向就有时间改变——整个分子旋转至一新的方向——并跟随这个场。然而，当电场迅速改变方向时，分子并不能跟随电场的改变而快速地改变取向，此时永久偶极矩对样品的极化强度没有贡献。在如此高的频率下，由永久偶极矩引起的**取向极化**

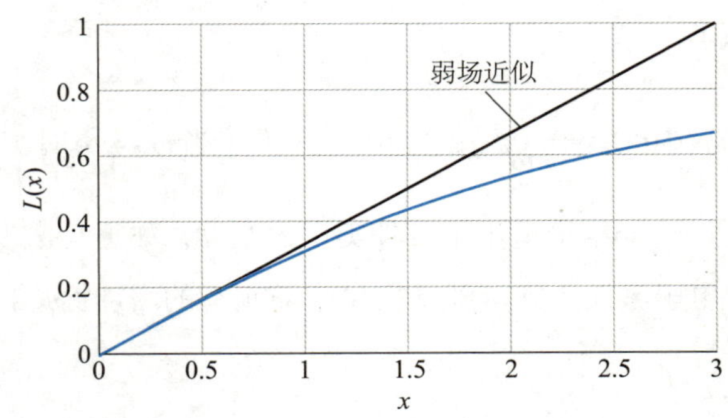

图14A.3　用于计算平均电偶极矩的Langevin函数（蓝色）。当x很小时，弱场近似（黑色）是合适的

(orientation polarization)就消失了。由于一个分子在流体中大约需要1 ps才能转过约1 rad，所以当测量在大于10^{11} Hz（在微波区域中）的频率进行时，取向极化对总极化的贡献就会消失。

随着频率的增加，下一个要消失的对极化的贡献是**畸变极化**（distortion polarization），这是由于施加电场对原子核位置的畸变所引起的极化。分子在外加电场作用下发生弯曲和拉伸，分子偶极矩也随之发生变化。分子弯曲所需的时间近似等于分子振动频率的倒数，因此，随着辐射频率增加至越过红外时，畸变极化消失。

极化分阶段消失：当电场的振荡频率高于某一特定振动模式的频率时，每个连续的阶段就会发生。在更高的频率下，在可见区域，只有电子才能移动的足够快，以响应施加电场快速地变化方向。此刻，剩下的极化完全是由电子分布的畸变所引起的，对分子极化率的剩余贡献称为**电子极化率**（electronic polarizability）。这一行为可通过分子极化率的量子力学表达式来探讨。已知在z方向上以频率ω振荡的电场存在下，分子极化率的量子力学表达式为[1]

$$\alpha(\omega)=\frac{2}{\hbar}\sum_{n\neq 0}\frac{\omega_{n0}\left|\mu_{z,0n}\right|^2}{\omega_{n0}^2-\omega^2}$$

式中的激发频率可通过$\hbar\omega_{n0}=E_n^{(0)}-E_0^{(0)}$来定义。从中可得出两个结论：

- 当$\omega\to 0$时，方程还原为静态极化率的表达式。
- 当ω变得很高时（比分子的任何激发频率都高得多，以至于可以忽略分母中的ω_{n0}^2），极化率变为

$$\alpha(\omega)=-\frac{2}{\hbar\omega^2}\sum_{n}\omega_{z,n0}\left|\mu_{z,0n}\right|^2\to 0\ （当\ \omega\to\infty 时）$$

这一结论适用于各种类型的激发，如振动激发和电子激发，并可解释极化率随频率的增加而逐次递减的原因。

（b）摩尔极化强度

当两个电荷Q_1和Q_2在一介质中相距r时，它们相互作用的库仑势能为

$$V=\frac{Q_1Q_2}{4\pi\varepsilon r} \qquad (14A.9)$$

式中ε是介质的介电常数，可通过引入相对介电常数和$\varepsilon=\varepsilon_r\varepsilon_0$（专题2A中“化学家工具包6”）来表示。一个物质的相对介电常数是通过比较有无样品时电容器的电容（分别以C和C_0表示）及使用$\varepsilon_r=C/C_0$来测量的。相对介电常数对溶液中离子间相互作用的强度有很大的影响。例如，在25 ℃时，水的相对介电常数为78，因此离子间的库仑相互作用能比其真空值降低了近两个数量级。

如果分子是极性的或高度极化的，则物质的相对介电常数会很大。考虑到介质的极化，可得到分子相对介电常数与电性能之间的定量关系，并用**德拜方程**（Debye equation）表示：

$$\frac{\varepsilon_r-1}{\varepsilon_r+2}=\frac{\rho P_m}{M} \qquad \text{德拜方程} \qquad (14A.10)$$

式中ρ是样品的质量密度，M是分子的摩尔质量，P_m是**摩尔极化强度**（molar polarization），其定义为

$$P_m=\frac{N_A}{3\varepsilon_0}\left(\alpha+\frac{\mu^2}{3kT}\right) \qquad \text{摩尔极化强度[定义]} \qquad (14A.11)$$

式中α为极化率，$\mu^2/3kT$这一项源自偶极矩在施加电场中的热平均[式(14A.8b)]。没有永久偶极矩贡献的相应表达式称为**克劳修斯－莫索提方程**（Clausius－Mossotti equation）：

$$\frac{\varepsilon_r-1}{\varepsilon_r+2}=\frac{\rho N_A\alpha}{3M\varepsilon_0} \qquad \text{克劳修斯－莫索提方程} \qquad (14A.12)$$

当永久偶极矩对极化强度没有贡献时，使用克劳修斯－莫索提方程，要么是由于分子为非极性分子，要么是因为外加电场的频率是如此之高，以至于分子不能迅速地定向以跟随电场方向的变化。

1 关于这个方程的推导，请参见*Physical chemistry: Quanta, matter and change*（2014）一书。

例题 14A.2　测定偶极矩和极化率

在一系列温度下，测定了莰酮(**8**)的相对介电常数，结果如下所示。确定该分子的偶极矩和极化率。

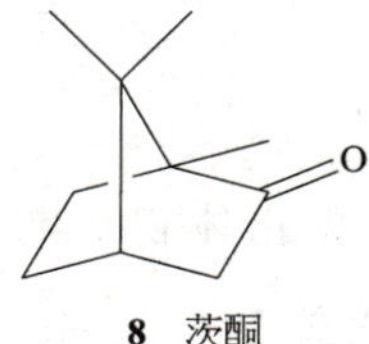

8　莰酮

θ/℃	ρ/(g · cm^{-3})	ε_r
0	0.99	12.5
20	0.99	11.4
40	0.99	10.8
60	0.99	10.0
80	0.99	9.50
100	0.99	8.90
120	0.97	8.10
140	0.96	7.60
160	0.95	7.11
200	0.91	6.21

整理思路　相对介电常数取决于其摩尔极化强度［式（14A.10）］，而摩尔极化强度又取决于温度、极化率和永久偶极矩的大小［式（14A.11）］。这些关系式表明，需要：

- 计算每个温度的$(\varepsilon_r-1)/(\varepsilon_r+2)$，然后根据式（14A.10），将其乘以$M/\rho$，从而得到$P_m$。
- 将P_m对$1/T$作图。

因为式（14A.11）可整理为

$$P_m=\overbrace{\frac{N_A\alpha}{3\varepsilon_0}}^{\text{截距}}+\overbrace{\frac{N_A\mu^2}{9\varepsilon_0 k}}^{\text{斜率}}\times\frac{1}{T}$$

故图的斜率为 $N_A\mu^2/9\varepsilon_0 k$，$1/T=0$ 处的截距为 $N_A\alpha/3\varepsilon_0$。

解：使用数据绘制下表，莰酮的$M=152.23$ g · mol^{-1}。

θ/℃	T^{-1}/(10^3 K)$^{-1}$	ε_r	$(\varepsilon_r-1)/(\varepsilon_r+2)$	P_m/(cm^3 · mol^{-1})
0	3.66	12.5	0.793	122
20	3.41	11.4	0.776	119
40	3.19	10.8	0.766	118
60	3.00	10.0	0.750	115
80	2.83	9.50	0.739	114
100	2.68	8.90	0.725	111
120	2.54	8.10	0.703	110
140	2.42	7.60	0.688	109
160	2.31	7.11	0.671	108
200	2.11	6.21	0.635	106

由这些数据可绘制出图14A.4。在纵轴上的截距为 $P_m=83.5$ cm^3 · mol^{-1}，故

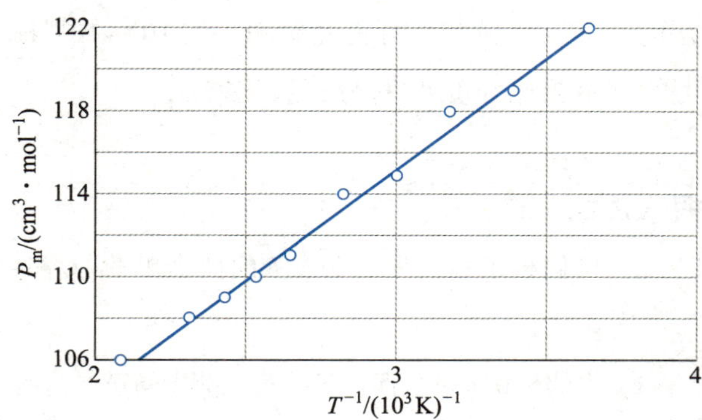

图14A.4　例题14A.2中用于测定莰酮极化率和偶极矩的P_m对T^{-1}作图

$$N_A\alpha/3\varepsilon_0=83.5\ \text{cm}^3\cdot\text{mol}^{-1}=8.35\times10^{-5}\ \text{m}^3\cdot\text{mol}^{-1}$$

据此可有

$$\alpha=\frac{3\times\overbrace{8.854\times10^{-12}\ \text{J}^{-1}\cdot\text{C}^2\cdot\text{m}^{-1}}^{\varepsilon_0}}{\underbrace{6.02\times10^{23}\ \text{mol}^{-1}}_{N_A}}\times\overbrace{8.35\times10^{-5}\ \text{m}^3\cdot\text{mol}^{-1}}^{\text{截距}}$$

$$=3.68\times10^{-39}\ \text{C}^2\cdot\text{m}^2\cdot\text{J}^{-1}$$

由式（14A.6）可得，$\alpha'=3.31\times10^{-29}$ m^3。斜率为 10.55，故

$$N_A\mu^2/9\varepsilon_0 k=1.055\times10^4\ \text{cm}^3\cdot\text{mol}^{-1}\cdot\text{K}$$
$$=1.055\times10^{-2}\ \text{m}^3\cdot\text{mol}^{-1}\cdot\text{K}$$

所以，从 P_m 表达式可以得到

$$\mu=\left(\frac{9\times\overbrace{8.854\times10^{-12}\ \text{J}^{-1}\cdot\text{C}^2\cdot\text{m}^{-1}}^{\varepsilon_0}\times\overbrace{1.381\times10^{-23}\ \text{J}\cdot\text{K}^{-1}}^{k}}{\underbrace{6.022\times10^{23}\ \text{mol}^{-1}}_{N_A}}\right)^{1/2}$$
$$\times\overbrace{(1.055\times10^{-2}\ \text{m}^3\cdot\text{mol}^{-1}\cdot\text{K})}^{\text{斜率}}{}^{1/2}$$
$$=4.39\times10^{-30}\ \text{C}\cdot\text{m}=1.32\ \text{D}$$

因为德拜方程描述的是可以自由旋转的分子，数据显示莰酮（直到175 ℃才熔化）即使在固体中也是可旋转的。它是一种近似球形的分子。

自测题14A.2　氯苯的相对介电常数在20 ℃时为5.71，在25 ℃时为5.62。假设其质量密度不变（为1.11 g · cm^{-3}），估算其极化率和偶极矩的大小。

答案：1.4×10^{-29} m^3，1.2 D。

介质的折射率n_r是真空中光速c与介质中光速c'的比值：$n_r=c/c'$。根据麦克斯韦电磁辐射理论，在一特定波长（可见波长或紫外波长）的折射率与该波长对应频率下的相对介电常数有关，即

$$n_r=\varepsilon_r^{1/2}\qquad\text{折射率与相对介电常数之间的关系式}\qquad(14A.13)$$

当光束从一个折射率的区域进到另一个不同折射率的区域时，它会改变方向（“弯曲”）。因此，通过测量样品的折射率，并利用克劳修斯－莫索提

方程，可以测量典型可见光频率（约 10^{15}~10^{16} Hz）下的摩尔极化强度 P_m 和分子极化率 α。

概念清单

- ☐ 1. **电偶极子**由间距为矢量 $\boldsymbol{R}$ 的两个电荷 $+Q$ 和 $-Q$ 组成。
- ☐ 2. **电偶极矩** $\boldsymbol{\mu}$ 是从偶极子的负电荷指向正电荷的一个矢量，其大小为 $\mu = QR$。
- ☐ 3. **极性分子**是具有永久电偶极矩的分子。
- ☐ 4. 分子可能存在更高的多极子：$\boldsymbol{n}$ **极子**是具有 n 极矩（但没有更低的极矩）的点电荷阵列。
- ☐ 5. **极化率**是电场在分子中诱导偶极矩能力的一种量度。
- ☐ 6. **极化率**（和**极化体积**）与分子中的 HOMO-LUMO 间距有关。
- ☐ 7. 介质的**极化强度**是电偶极矩密度。
- ☐ 8. **取向极化**是由永久偶极矩所引起的极化。
- ☐ 9. **畸变极化**是由施加电场对原子核位置的畸变引起的极化。
- ☐ 10. **电子极化率**是由于电子分布畸变而产生的极化率。

公式清单

性质	公式	说明	公式编号
电偶极矩的大小	$\mu = QR$	定义	14A.1
两个偶极矩矢量和的大小	$\mu_{\text{res}} \approx (\mu_1^2+\mu_2^2+2\mu_1\mu_2\cos\Theta)^{1/2}$		14A.3a
诱导偶极矩的大小	$\mu^* = \alpha\mathcal{E}$ $\mu^* = \alpha\mathcal{E} + \frac{1}{2}\beta\mathcal{E}^2$	线性近似；α 为极化率 二次近似；β 为超极化率	14A.5a 14A.5b
极化体积	$\alpha' = \alpha/4\pi\varepsilon_0$	定义	14A.6
极化强度	$P = \langle\mu\rangle\mathcal{N}$	定义	14A.7
德拜方程	$(\varepsilon_r-1)/(\varepsilon_r+2) = \rho P_m/M$		14A.10
摩尔极化强度	$P_m = (N_A/3\varepsilon_0)(\alpha+\mu^2/3kT)$		14A.11
克劳修斯－莫索提方程	$(\varepsilon_r-1)/(\varepsilon_r+2) = \rho N_A\alpha/3M\varepsilon_0$		14A.12

专题14B

分子间的相互作用

▶ 为何需要学习这部分内容？

许多类型的分子相互作用是形成凝聚相和大的分子组装体的原因。

▶ 核心思想是什么？

吸引的相互作用导致内聚，而排斥相互作用则阻止物质完全坍塌到核密度。

▶ 需要哪些预备知识？

需要熟悉静电学的基本知识，特别是库仑相互作用（专题2A中“化学家工具包6”），以及分子的结构和电性质之间的关系，尤其是其偶极矩和极化率（专题14A）。

范德华相互作用（van der Waals interaction）是闭壳分子之间一种吸引（能量降低）相互作用，它依赖于分子间的距离，正比于距离六次方的倒数（$V\propto 1/r^6$）。这个精确的判据经常放宽至包括所有的非键相互作用。它们以不同的形式出现，但都源于部分电荷的相互作用。在整个讨论过程中，主要涉及的相互作用是专题2A中“化学家工具包6”中讨论的库仑势能，即$V=Q_1Q_2/4\pi\varepsilon r$。

14B.1 偶极相互作用

点偶极子（point dipole）是指其电荷之间的距离l远小于偶极子被观测的距离r($l \ll r$)的一种偶极子。

(a) 电荷–偶极相互作用

利用电荷之间的库仑势能，可以求得点电荷和偶极子之间的势能，并推广到两个偶极子之间的相互作用。

如何完成？ 14B.1 推导点电荷和点偶极子相互作用能的表达式

需要考虑一个点偶极子的两个电荷$\pm Q_1$之间的相互作用，其偶极矩大小为$\mu_1=Q_1l$，点电荷Q_2如(1)所示。假设处于真空状态，故用$\varepsilon=\varepsilon_0$。

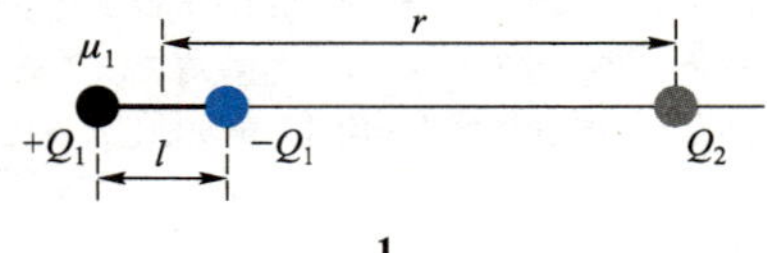

1

步骤1 写出两种电荷相互作用势能的表达式

由同类电荷之间的相互排斥和相反电荷之间的相互吸引而产生的势能之和为

$$V=\frac{1}{4\pi\varepsilon_0}\left(-\frac{Q_1Q_2}{r-\frac{1}{2}l}+\frac{Q_1Q_2}{r+\frac{1}{2}l}\right)\overset{x=l/2r}{=}\frac{Q_1Q_2}{4\pi\varepsilon_0 r}\left(-\frac{1}{1-x}+\frac{1}{1+x}\right)$$

步骤2 将偶极子处理为点偶极子

因为点偶极子的$l \ll r$，上面的表达式可通过下式将含x的项展开而得以简化：

$$\frac{1}{1+x}=1-x+x^2-\cdots \qquad \frac{1}{1-x}=1+x+x^2+\cdots$$

并只保留前两项：

$$V=\frac{Q_1Q_2}{4\pi\varepsilon_0 r}[-(1+x+\cdots)+(1-x+\cdots)]\approx-\frac{2xQ_1Q_2}{4\pi\varepsilon_0 r}=-\frac{Q_1Q_2l}{4\pi\varepsilon_0 r^2}$$

由于$\mu_1=Q_1l$，这个表达式变为

$$V=-\frac{\mu_1Q_2}{4\pi\varepsilon_0 r^2} \qquad \text{点偶极–点电荷相互作用 [如(1)中所示]} \qquad (14B.1)$$

式中μ的单位是C·m，Q_2为C，r为m，V为J。在(1)中所示的取向中，V为负值，表示净的吸引作用。当点电荷位于偶极子轴线的一个角度Θ时，这个表达式应再乘以$\cos\Theta$；如果此时介质不为真空状

态，则需用ε代替ε_0。

势能$(1/r^2)$比两个点电荷之间的势能$(1/r)$更快地趋近零（电荷和偶极子无限远离时的值），因为从点电荷的角度来看，偶极子的部分电荷似乎随着距离r的增加而合并并消失（图14B.1）。

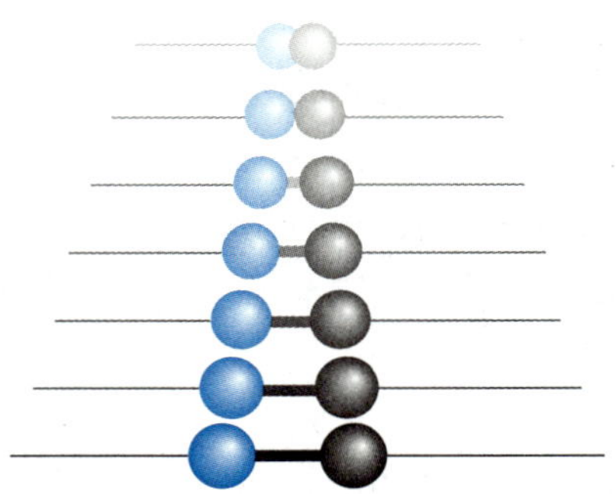

图14B.1　两方面贡献使偶极子场随距离的增加而逐渐减弱（这里从侧面看）。电荷的势能降低（这里用一逐渐衰减的强度表示）及两种电荷的合并；因此，它们的组合效应比单独的距离效应更快地趋近零

简要说明 14B.1

思考在真空中相距1.0 nm的一个Li^+和一个水分子（μ = 1.85 D），离子上的点电荷和分子的偶极子排列方式如(1)所示。其相互作用能可由式（14B.1）给出，即

$$V=-\frac{\overbrace{1.602\times10^{-19}\ \mathrm{C}}^{Q_{Li^+}}\times\overbrace{1.85\times3.336\times10^{-30}\ \mathrm{C\cdot m}}^{\mu_{H_2O}}}{4\pi\times\underbrace{8.854\times10^{-12}\ \mathrm{J^{-1}\cdot C^{-1}\cdot m^{-1}}}_{\varepsilon_0}\times\underbrace{(1.0\times10^{-9}\ \mathrm{m})^2}_{r}}$$

$$=-8.9\times10^{-21}\ \mathrm{J}$$

该能量对应于$-5.4\ \mathrm{kJ\cdot mol^{-1}}$。

（b）偶极－偶极相互作用

上述讨论可扩展到如(2)中所排列的两个偶极子之间的相互作用。

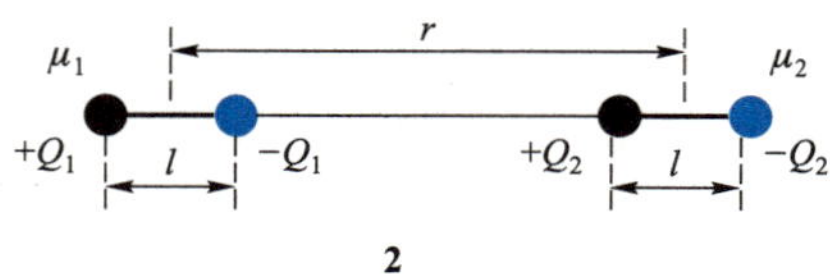

2

如何完成？ 14B.2　推导两个点偶极子相互作用能的表达式

为了计算(2)中所示的排列中，真空中两个相距r的点偶极子相互作用的势能，可以用与之前完全相同的方法进行。在这种情况下，总相互作用能为四个成对项之和。其中，两个为相反电荷之间的吸引，它们对势能有负的贡献，而另两个是相同电荷之间的排斥，它们贡献正的势能。

步骤1　*写出由两个偶极子上电荷相互作用所引起的势能表达式*

这四种贡献之和为

$$V=\frac{1}{4\pi\varepsilon_0}\left(-\frac{Q_1Q_2}{r+l}+\frac{Q_1Q_2}{r}+\frac{Q_1Q_2}{r}-\frac{Q_1Q_2}{r-l}\right)$$

$$\overset{x=l/r}{=}-\frac{Q_1Q_2}{4\pi\varepsilon_0 r}\left(\frac{1}{1+x}-2+\frac{1}{1-x}\right)$$

步骤2　*将偶极子处理为点偶极子*

像前面一样，假设$l\ll r$，则含x的两项可被展开，得到

$$V=-\frac{Q_1Q_2}{4\pi\varepsilon_0 r}(\overbrace{1-x+x^2+\cdots}^{1/(1+x)}-2+\overbrace{1+x+x^2+\cdots}^{1/(1-x)})$$

蓝色项之和等于零，所以唯一剩余的项是$2x^2$。因此有

$$V=-\frac{2x^2Q_1Q_2}{4\pi\varepsilon_0 r}\overset{x=l/r}{=}-\frac{2l^2Q_1Q_2}{4\pi\varepsilon_0 r^3}$$

由于$\mu_1=Q_1l$和$\mu_2=Q_2l$，所以(2)所示的排列中相互作用的势能为

$$V=-\frac{\mu_1\mu_2}{2\pi\varepsilon_0 r^3}\qquad \text{点偶极子－点偶极子相互作用［如(2)中所示］}\qquad(14B.2)$$

这种相互作用能比之前的情况更快地趋近零（以$1/r^3$的形式）：现在，两个相互作用的实体在距离较远时彼此是中性的（即无相互作用）。

式（14B.2）只适用于(2)中的排列形式。更为一般地，如(3)中的排列，被一个矢量$\boldsymbol{r}$隔开的两个极性分子之间相互作用的势能为

$$V=\frac{1}{4\pi\varepsilon_0 r^3}\left[\boldsymbol{\mu}_1\cdot\boldsymbol{\mu}_2-\frac{3(\boldsymbol{\mu}_1\cdot\boldsymbol{r})(\boldsymbol{r}\cdot\boldsymbol{\mu}_2)}{r^2}\right]\qquad \text{点偶极子－点偶极子相互作用［如(3)中所示］}\qquad(14B.3a)$$

（要了解这个表达式的来源，可参阅本书网站上的“深入了解8”。）当两个偶极子平行且排列如(4)中所示时，势能可简化为

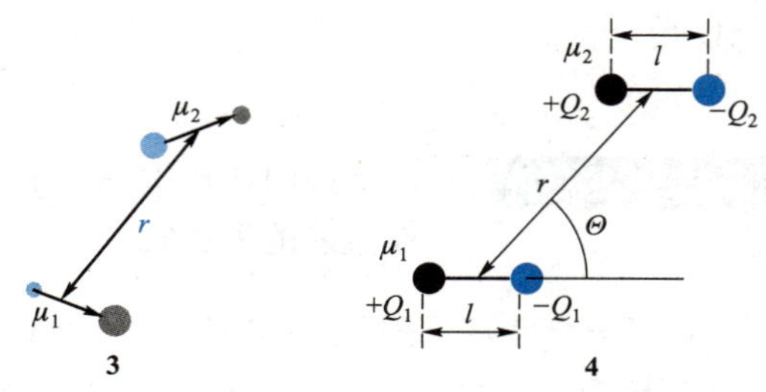

$$V=\frac{\mu_1\mu_2 f(\Theta)}{4\pi\varepsilon_0 r^3}\qquad f(\Theta)=1-3\cos^2\Theta\qquad \text{点偶极子－点偶极子相互作用[如(4)中所示]}\qquad(14\text{B.3b})$$

简要说明 14B.2

式(14B.3b)可用于计算两个酰胺基之间偶极相互作用的势能。假设这两个基团距离3.0 nm且$\Theta=180°$（故$\cos\Theta=-1$且$1-3\cos^2\Theta=-2$）。取$\mu_1=\mu_2=2.7$ D，相当于9.0×10^{-30} C·m，可得

$$V=\frac{\overbrace{(9.0\times10^{-30}\ \text{C}\cdot\text{m})^2}^{\mu_1\mu_2}\times\overbrace{(-2)}^{1-3\cos^2\Theta}}{4\pi\times\underbrace{8.854\times10^{-12}\ \text{J}^{-1}\cdot\text{C}^2\cdot\text{m}^{-1}}_{\varepsilon_0}\times\underbrace{(3.0\times10^{-9}\ \text{m})^3}_{r^3}}$$

$$=\frac{(9.0\times10^{-30})^2\times(-2)}{4\pi\times8.854\times10^{-12}\times(3.0\times10^{-9})^3}\ \frac{\text{C}^2\cdot\text{m}^2}{\text{J}^{-1}\cdot\text{C}^2\cdot\text{m}^{-1}\cdot\text{m}^3}$$

$$=-5.4\times10^{-23}\ \text{J}$$

该值相当于$-33\ \text{J}\cdot\text{mol}^{-1}$。

式（14B.3b）适用于固体中固定的、平行取向的极性分子。在分子可自由旋转的分子流体中，偶极子之间的相互作用势能平均为零，因为两个自由旋转分子的相同部分电荷之间的紧密程度与两个相反部分电荷之间一样，前者的排斥被后者的吸引所抵消。例如，如果偶极子的排列如(5)中所示，其中第二个可自由旋转，则

$$V=\frac{1}{4\pi\varepsilon_0 r^3}(\mu_1\mu_2\cos\theta-3\mu_1\mu_2\cos\theta)=-\frac{\mu_1\mu_2}{2\pi\varepsilon_0 r^3}\cos\theta$$

$\cos\theta$的平均值为0，因为

$$\int_0^{2\pi}\int_0^{\pi}\cos\theta\overbrace{\sin\theta\,\text{d}\theta\text{d}\phi}^{\text{球极坐标中的表面积元}}=\overbrace{\int_0^{2\pi}\text{d}\phi}^{2\pi}\overbrace{\int_{-1}^{1}x\text{d}x}^{0}=0$$

$\cos\theta=x;\ \text{d}\cos\theta=-\sin\theta\,\text{d}\theta$

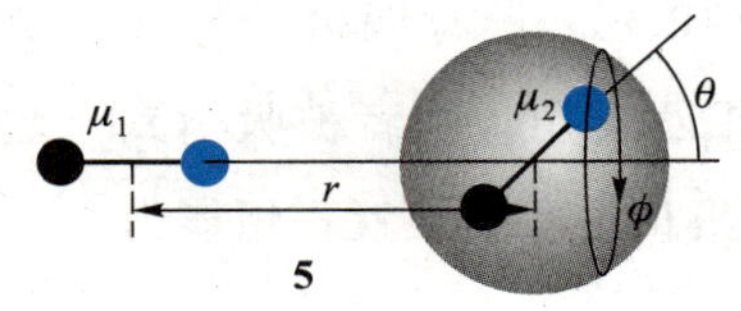

因此，相互作用的平均能量也是零。这一结论适用于两个偶极子处于任何相对位置。

两个自由旋转的偶极子的平均相互作用势能为零。然而，由于它们的相互作用势能取决于它们的相对取向，因此实际上分子并不能完全自由地旋转，甚至在气体中也是如此。较低的能量取向是稍有利的，因此极性分子之间存在有一非零的平均相互作用势能。两个极性分子间相互作用势能的详细计算是相当复杂的，但最终答案的形式可以简单地推导出来。

如何完成？14B.3　推导旋转极性分子相互作用势能的表达式

可以使用(5)中所示排列的相互作用的简化模型，其中，第二个偶极子可以自由旋转，但不是所有方向都被等同地采样。

步骤 1　*写出平均相互作用能的表达式*

在一固定间距r旋转的两个极性分子的平均相互作用势能可由下式给出：

$$\langle V\rangle=-\frac{\mu_1\mu_2}{2\pi\varepsilon_0 r^3}\langle\cos\theta\rangle$$

式中$\langle\cos\theta\rangle$包含了一个加权因子，即在求平均时认识到并非所有的方向都是等概率的。

步骤 2　*写出一个特定取向出现的概率表达式*

偶极子2位于球面上取向为$\sin\theta\,\text{d}\theta\text{d}\phi$的一个小区域内的概率（图14B.2）为

$$\text{d}p=\frac{\text{e}^{-V(\theta)/kT}\sin\theta\,\text{d}\theta\text{d}\phi}{\int_0^{2\pi}\int_0^{\pi}\text{e}^{-V(\theta)/kT}\sin\theta\,\text{d}\theta\text{d}\phi}\qquad V(\theta)=-\frac{\mu_1\mu_2}{2\pi\varepsilon_0 r^3}\cos\theta$$

式中$\text{e}^{-V(\theta)/kT}$是玻耳兹曼因子。$\cos\theta$的（加权）平均值是

$$\langle\cos\theta\rangle=\int\cos\theta\,\text{d}p=\frac{\int_0^{2\pi}\int_0^{\pi}\text{e}^{-V(\theta)/kT}\cos\theta\sin\theta\text{d}\theta\text{d}\phi}{\int_0^{2\pi}\int_0^{\pi}\text{e}^{-V(\theta)/kT}\sin\theta\text{d}\theta\text{d}\phi}$$

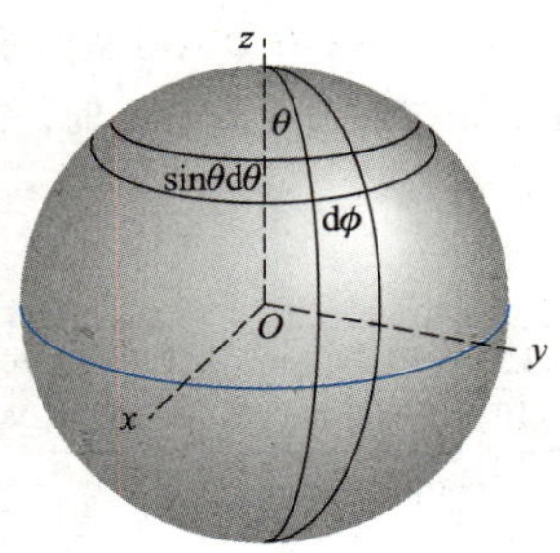

图 14B.2　显示面积元$\sin\theta\,\text{d}\theta\,\text{d}\phi$的球体表面

步骤 3　*计算积分*

令$a=\mu_1\mu_2/2\pi kT\varepsilon_0 r^3$，则分母（对$\phi$求积分后给出因子$2\pi$，并写出$x=\cos\theta$）为

$$2\pi\int_0^{\pi}\text{e}^{-a\cos\theta}\overbrace{\sin\theta\text{d}\theta}^{-\text{d}\cos\theta}=2\pi\int_{-1}^{1}\text{e}^{-ax}\text{d}x=-\frac{2\pi}{a}(\text{e}^{a}-\text{e}^{-a})$$

类似地，分子为

$$2\pi\int_0^{\pi}\text{e}^{-a\cos\theta}\cos\theta\sin\theta\text{d}\theta=2\pi\int_{-1}^{1}x\text{e}^{-ax}\text{d}x$$

$$=\frac{2\pi}{a^2}(e^a-e^{-a})-\frac{2\pi}{a}(e^a+e^{-a})$$

由此得出：

$$\langle\cos\theta\rangle=-\frac{1}{a}+\frac{e^a+e^{-a}}{e^a-e^{-a}}=L(a)$$

式中$L(a)$为专题14A中介绍的Langevin函数。因此

$$\langle V\rangle=-\frac{\mu_1\mu_2}{2\pi\varepsilon_0 r^3}L(a)$$

如在专题14A中，对于$a \ll 1$，$L(a)=a/3$，因此

$$\langle V\rangle=-\frac{a\mu_1\mu_2}{6\pi\varepsilon_0 r^3}=-\frac{\mu_1^2\mu_2^2}{12\pi^2\varepsilon_0^2 kTr^6}$$

在一更为实际的计算中，第二个偶极子被允许围绕第一个偶极子转动（相同距离），进一步引入因子$\frac{1}{2}$，其最后的结果就是**基桑相互作用**（Keesom interaction）：

$$\langle V\rangle=-\frac{C}{r^6}\quad C=\frac{2\mu_1^2\mu_2^2}{3(4\pi\varepsilon_0)^2 kT}\qquad \text{基桑相互作用}\qquad (14B.4)$$

式（14B.4）的重要特征是

物理解释

- 负号表示平均相互作用为吸引力。
- 平均相互作用势能依赖于距离六次方的倒数，这表明它是一种范德华相互作用。
- 与温度成反比的依赖关系反映了在较高的温度下，更大的热运动是如何克服偶极子的相互定向效应的。
- 六次方的倒数源自玻耳兹曼项中能量加权的相互作用势能与距离三次方的倒数成正比，而该能量又与距离三次方的倒数成正比。

简要说明 14B.3

假设一个水分子（$\mu_1=1.85$ D）可从一个酰胺基（$\mu_2=2.7$ D）旋转1.0 nm，则在25 ℃（298 K）时，它们相互作用的平均势能为

$$V=-\frac{2\times\overbrace{(1.85\times3.336\times10^{-30}\ \mathrm{C\cdot m})^2}^{\mu_1}\times\overbrace{(2.7\times3.336\times10^{-30}\ \mathrm{C\cdot m})^2}^{\mu_2}}{3\times\underbrace{1.710\times10^{-43}\ \mathrm{J^{-1}\cdot C^4\cdot m^{-2}\cdot K^{-1}}}_{(4\pi\varepsilon_0)^2 k}\times\underbrace{298\ \mathrm{K}}_{T}\times\underbrace{(1.0\times10^{-9}\ \mathrm{m})^6}_{r}}$$

$$=-4.0\times10^{-23}\ \mathrm{J}$$

该相互作用势能（乘以阿伏加德罗常数后）相当于-24 J · mol^{-1}，比化学键的形成和断裂所涉及的能量小得多。

表14B.1总结了电荷和偶极子相互作用势能的各种表达式。很容易通过扩展这里给出的公式来得到更高的多极子（专题14A中描述了多极子）的相互作用势能的表达式。要记住的特点是，多极子的阶数越高，相互作用势能就越快地趋近于零。对于一个静止的n极子与一个静止的m极子的相互作用，势能随距离的变化如下：

$$V\propto\frac{1}{r^{n+m-1}}\qquad \text{静止的多级子之间的相互作用势能}\qquad (14B.5)$$

表 14B.1　相互作用势能

相互作用类型	势能的距离依赖关系	特征能量 kJ · mol^{-1}	说明
离子－离子	$1/r$	250	仅离子之间
氢键		20	以X—H···Y的形式出现，其中X, Y = N、O或者F
离子－偶极子	$1/r^2$	15	
偶极子－偶极子	$1/r^3$	2	两个静止的极性分子之间
	$1/r^6$	0.3	两个旋转的极性分子之间
伦敦（色散）相互作用	$1/r^6$	2	各种类型的分子和离子之间

能量随着距离增加更为急剧地减小的原因与之前相同：对多极子贡献的单个电荷的数目越多，则随着距离的增加，电荷的陈列（排布）似乎更快地相混在一起而变成电中性。注意，一个给定的分子可能具有与几个不同多极子的组合相对应的电荷分布，在这种情况下，相互作用的能量是式（14B.5）给出的项之和。

（c）偶极－诱导偶极相互作用

极性分子可以诱导邻近的可极化分子产生偶极子（图14B.3）。诱导偶极子与第一个分子的永久偶极子相互作用，两者被吸引到一起。当分子中心距离为r时，平均相互作用能为

$$V=-\frac{C}{r^6}\qquad C=\frac{\mu_1^2\alpha_2'}{4\pi\varepsilon_0}\qquad \text{极性分子和可极化分子的势能}\qquad (14B.6)$$

式中α_2'是分子2的极化率体积（专题14A），μ_1是分子1永久偶极矩的大小。注意，这个表达式中的C与式（14B.4）及下面其他表达式中的C是不同的：在C/r^6中使用相同的符号强调了每个表达式形

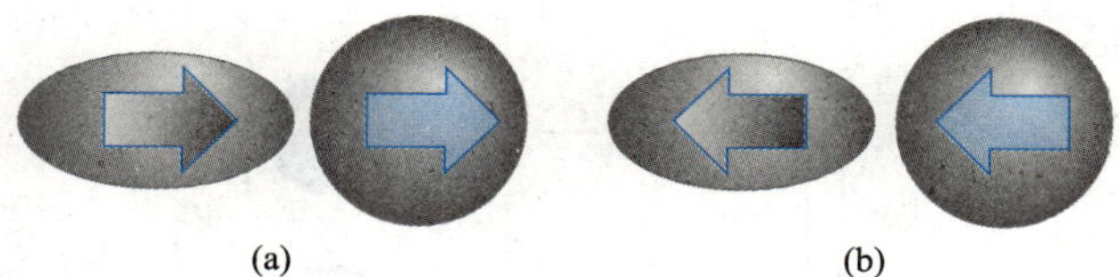

图14B.3 （a）一个极性分子（灰色箭头）可以在一非极性分子中诱导产生一偶极子（蓝箭头），（b）后者的取向跟随前者，因此相互作用不平均为零

式的相似性。

偶极-诱导偶极相互作用（dipole-induced dipole interaction）的能量与温度无关，因为热运动对平均过程没有影响。此外，与偶极－偶极相互作用一样，势能取决于$1/r^6$：这种距离依赖性源于分子1畸变电场的$1/r^3$的距离依赖关系（因而在分子2中诱导的偶极子的大小也具有$1/r^3$的距离依赖性）和永久偶极子与诱导偶极子之间相互作用的势能的$1/r^3$的距离依赖关系。

简要说明14B.4

一个$\mu = 1.0$ D（3.3×10^{-30} C·m，如HCl分子）的分子，与一个极化率体积为$\alpha' = 10\times10^{-30}$ m^3（如苯，表14A.1）的分子距离为0.30 nm，则平均相互作用能为

$$V = -\frac{(3.3\times10^{-30}\ \mathrm{C\cdot m})^2\times10\times10^{-30}\ \mathrm{m}^3}{4\pi\times8.854\times10^{-12}\ \mathrm{J^{-1}\cdot C^2\cdot m^{-1}}\times(3.0\times10^{-10}\ \mathrm{m})^6}$$

$$= -1.4\times10^{-21}\ \mathrm{J}$$

乘以阿伏加德罗常数后，相当于-0.83 kJ·mol^{-1}。

（d）诱导偶极－诱导偶极相互作用

非极性分子（包括闭壳层原子，如Ar）相互吸引，尽管它们都不具有永久的偶极矩。非极性分子间存在相互作用的充分证据是它们可以凝聚相存在，如液氢或液氩及苯在正常温度下为液体的事实。

非极性分子之间的相互作用源自所有分子都有因电子的瞬时位置的波动而产生的瞬时偶极子。为了了解相互作用的起源，假设一个分子中的电子瞬间排列，使分子产生一个瞬时偶极矩$\boldsymbol{\mu}_1^*$。这个偶极子产生一个电场，该电场使另一个分子极化，并在该分子中诱导瞬时偶极矩$\boldsymbol{\mu}_2$。这两个偶极子互相吸引，降低了分子对的势能。虽然第一个分子将继续改变其瞬时偶极子的大小和方向，但第二个分子的电子分布也将发生变化；也就是说，这两个偶极子在方向上是相关的（如图14B.4）。由于这种相关性，两个瞬时偶极子之间的相互作用并不平均为零，而是产生了**诱导偶极－诱导偶极相互作用**（induced dipole-induced dipole Interaction）。这种相互作用叫**色散相互作用**（dispersion interaction）或**伦敦相互作用**（London interaction，Fritz London首次描述了这种作用）。

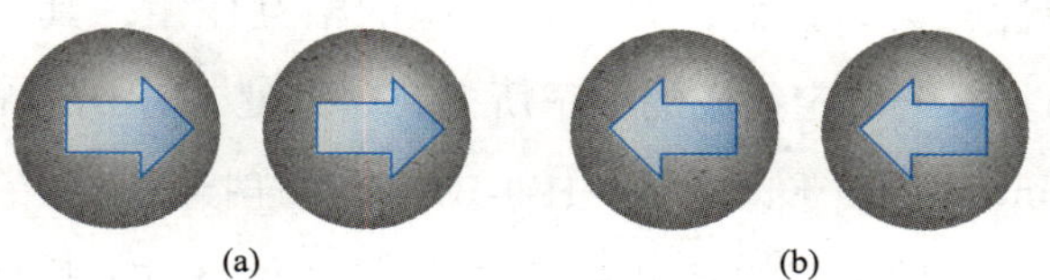

图14B.4 （a）在色散相互作用中，一个分子上的一个瞬时偶极子在另一个分子上诱导了一个偶极子，然后这两个偶极子相互作用以降低能量。（b）两个瞬时偶极子是相互关联的，虽然它们在不同时刻发生在不同的方向上，但相互作用并不平均为零

色散相互作用的强度取决于第一个分子的极化率，因为瞬时偶极矩的大小μ_1^*取决于核电荷对外层电子控制的松散程度。相互作用的强度也取决于第二个分子的极化率，因为该极化率决定了另一个分子的电场诱发一个偶极子的容易程度。色散相互作用的实际计算是相当复杂的，但**伦敦公式**（London formula）给出了相互作用能的一种合理近似：

$$V = -\frac{C}{r^6} \quad C = \frac{3}{2}\alpha_1'\alpha_2'\frac{I_1 I_2}{I_1+I_2} \qquad \text{伦敦公式} \qquad (14B.7)$$

式中I_1和I_2分别为两个分子的电离能。这个相互作用能也与分子距离六次方成反比，可以把它看作是范德华相互作用的第三种贡献。除氢键以外，分子间的相互作用一般以色散作用为主。

简要说明14B.5

对于间距为0.30 nm的两个CH_4分子，使用式（14B.7）（其中$\alpha' = 2.6\times10^{-30}$ m^3，$I\approx700$ kJ·mol^{-1}），可得到

$$V = -\frac{\frac{3}{2}\times(2.6\times10^{-30}\ \mathrm{m}^3)^2}{(0.30\times10^{-9}\ \mathrm{m})^6}\times\frac{(7.00\times10^5\ \mathrm{J\cdot mol^{-1}})^2}{2\times7.00\times10^5\ \mathrm{J\cdot mol^{-1}}}$$

$$= -4.9\ \mathrm{kJ\cdot mol^{-1}}$$

一个对该数据非常近似的检验是甲烷的蒸发焓，其值为 8.2 kJ · mol^{-1}。但这种比较是有问题的，部分原因是因为液体中分子间相互作用的总能量不仅仅是由成对相互作用造成的，部分原因是长距离假设不成立。

14B.2　氢键

前面所描述的这些相互作用是普遍存在的，因为所有的分子都具有这些相互作用，与分子的特性无关。然而，有一种类型的相互作用，其只为具有一特定组成的分子所拥有。**氢键**（hydrogen bond）源自形式为A—H---B的一种连接所产生的两个物种之间的吸引相互作用，其中，A和B是高电负性的元素，B拥有一对孤对电子。氢键通常被认为仅限于N、O和F元素，但当B是阴离子物种（如Cl^-）时，它也可能参与形成氢键。参与形成氢键的能力并没有严格的限制，但N、O和F参与最有效。

氢键的形成既可以看作是H的部分正电荷和B的部分负电荷之间的趋近，也可以看作是离域分子轨道形成的一个特殊例子，其中，A、H和B各提供一个原子轨道用以构建三个分子轨道（图14B.5）。这两种观点均有实验证据和理论论证支持，但是尚未有定论。

在分子轨道模型中，A—H键被认为是由A上的一个轨道ψ_A、一个氢1s轨道ψ_H和B上的轨道ψ_B（其被一对孤对电子占据）重叠而形成的。当两个分子靠近时，由三个基轨道构建成三个分子轨道，并写成：$\psi = c_1\psi_A + c_2\psi_H + c_3\psi_B$。其中一个分子轨道是成键轨道，一个几乎是非键的，第三个则为反键轨道（专题9E）。这三个轨道需要容纳四个电子（两个来自原先的A—H键，两个来自B的孤对电子），因此两个进入成键轨道，两个进入非键轨道。因为反键轨道仍然是空的，净的效应——依赖于几乎非键轨道的精确能量——可能是能量的降低。

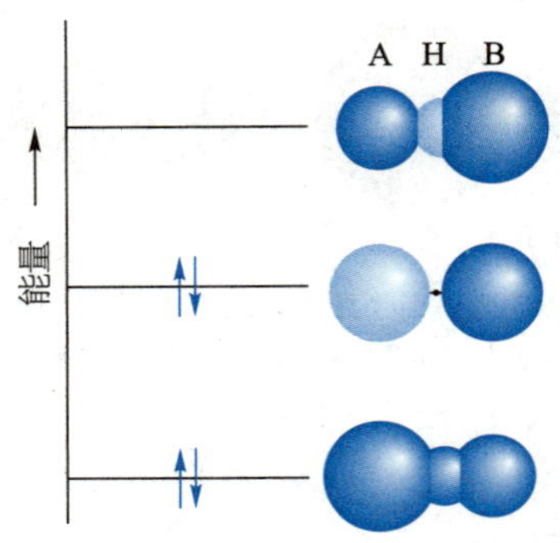

图14B.5　形成一个A—H···B氢键的分子轨道解释。由三个A、H和B轨道，可以形成三个分子轨道（它们的相对贡献由球的大小来表示）。只有两个较低的能量轨道被占据，因此相对于单独的AH和B物种，能量可能会有一净的降低

实际上，人们发现这个键的强度约为20 kJ · mol^{-1}（液态水中每个分子有两个氢键，由表2C.1可知其标准蒸发焓为44 kJ · mol^{-1}）。因为成键依赖于轨道重叠，这是一种类似接触的相互作用，当AH接触B时，就有这种相互作用，而一旦接触断开时就为零。如果氢键存在，它将主导其他分子间的相互作用。例如，液态水和固体水的性质是由水分子之间的氢键决定的。氢键的结构证据来自发现非键原子之间的核间距小于它们的范德华半径（范德华半径是基于两个非键原子最靠近时的半径），这表明存在一种占主导地位的吸引相互作用。例如，根据范德华半径，O—H---O中的O—O距离预计为280 pm，而在典型化合物中发现为270 pm。此外，H---O距离预计为260 pm，但发现仅为170 pm。

氢键可以是对称的，也可以是非对称的。在对称的氢键中，H原子位于另外两个原子的中间位置。这种排列方式较为罕见，但在F—H---F^-中出现，其中两个键长都是120 pm。更常见的是非对称排列，其中A—H键比H---B键短。简单的静电论证表明，即把A—H---B处理为点电荷的阵列（A和B上的部分负电荷，H上的部分正电荷），当键是线性时，可实现最低能量，这是因为此时两个部分负电荷距离最远。结构研究的实验证据也支持线性或近线性排列方式。

简要说明 14B.6

一个常见的氢键是在O—H基团和O原子之间形成的，如在液态水和冰中。在问题P14B.8中，要求使用静电模型计算相互作用势能对OOH角在(**6**)中表示为Θ的依赖关系，结果绘于图14B.6中。在$\Theta=0$时，即当OHO原子位于一条直线上时，键强度最大，此时摩尔势能为$-19\ \text{kJ}\cdot\text{mol}^{-1}$。注意，仅在$-12°\sim12°$之间相互作用能才为负值（相互作用为吸引力），因此原子采用一个几乎线形的排列。

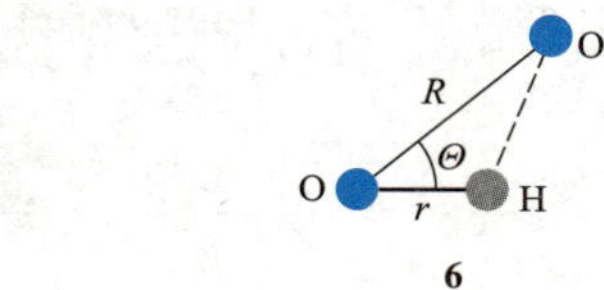

6

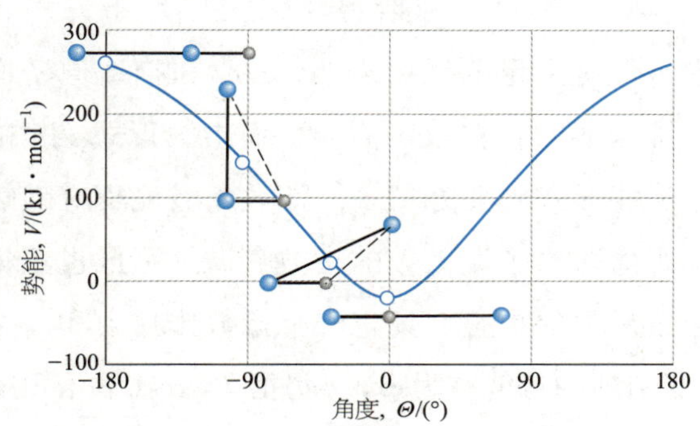

图 14B.6 一个氢键的相互作用能（根据静电模型）随O—H与:O基团之间角度的变化而变化

14B.3 总相互作用

考虑那些不能参与形成氢键的分子，那么旋转分子间总的有利（能量降低）相互作用是偶极子–偶极子、偶极子–诱导偶极子和色散相互作用的总和。如果两个分子都是非极性的，则只有色散相互作用贡献。在流体相中，对势能的所有三种贡献都是与分子间距的六次方成反比，故这三种贡献和它们的加和都具有如下形式：

$$V=-\frac{C_6}{r^6} \qquad (14B.8)$$

式中C_6为依赖于分子特性的系数。

虽然分子间的吸引相互作用通常可表达为式（14B.8），但请记住，这个方程的有效性是有限的。首先，只考虑了各种类型的偶极相互作用，因为它们有最广的使用范围，而且如果分子的平均间距大的话，它们是占主导地位的。然而，在一个完整的处理中，四极和更高阶多极子相互作用也应该考虑，特别是如果分子没有永久的偶极矩。其次，这些表达式都是通过假设分子可以合理地自由旋转而推出来的。但在大多数固体中情况并非如此，且在刚性介质中，偶极–偶极相互作用与$1/r^3$成比例［如在式（14B.3b）中］，因为当分子被困在一固定的取向时，玻耳兹曼平均过程是不相关的。

另一种限制是式（14B.8）与分子对的相互作用有关。没有理由假设三个（或更多）分子的相互作用的能量仅仅是成对相互作用能量的总和。例如，三个闭壳层原子的总色散能可近似地由**阿西尔罗德–泰勒公式**（Axilrod–Teller formula）给出：

$$V=-\frac{C_6}{r_{AB}^6}-\frac{C_6}{r_{BC}^6}-\frac{C_6}{r_{CA}^6}+\frac{C'}{(r_{AB}r_{BC}r_{CA})^3} \qquad \text{阿西尔罗德–泰勒公式} \qquad (14B.9a)$$

式中

$$C'=a(3\cos\theta_A\cos\theta_B\cos\theta_C+1) \qquad (14B.9b)$$

参数a近似等于$\frac{3}{4}\alpha' C_6$；θ是由三个原子形成的三角形的内角(**7**)。含C'的项（代表成对相互作用的非加和性）对于原子的线性排列是负的（故这样排列是稳定的），而对于一个等边三角形簇则是正的（所以排列不稳定）。在液态氩中，三体相互作用对总相互作用能的贡献大约为10%。

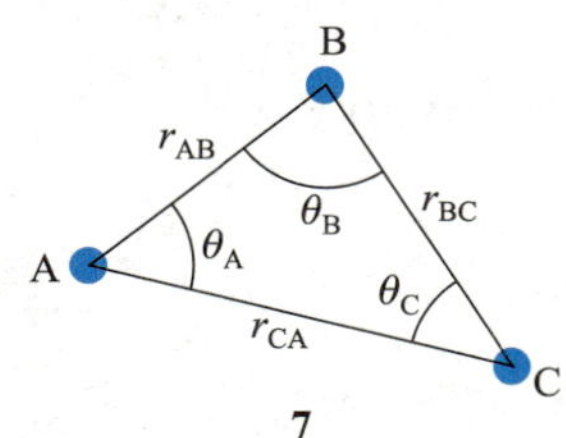

7

当分子被挤压在一起时，原子核和电子的排斥力超过吸引力开始占据主导作用。排斥力随着间距的减少而急剧增加，该变化方式只有通过大量、复杂的分子结构计算（专题9E中所描述的那种）才能推断出来（图14B.7）。

然而，在许多情况下，通过使用大为简化的

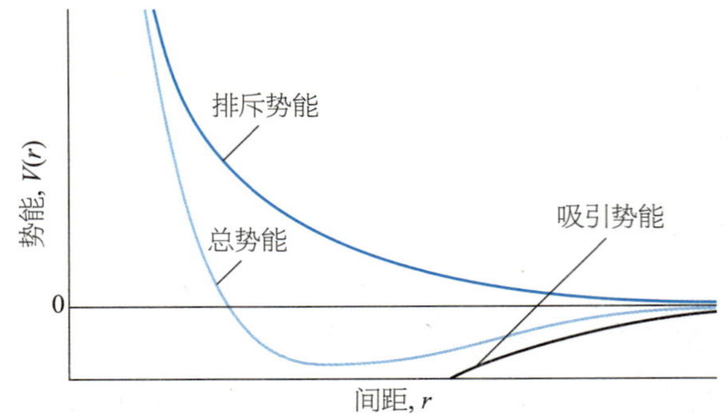

图 14B.7　分子间势能曲线的一般形式（两个闭壳层物种的势能随它们之间距离的变化曲线）。吸引（负）作用范围较长，而排斥（正）作用在接近过程中增加得更快

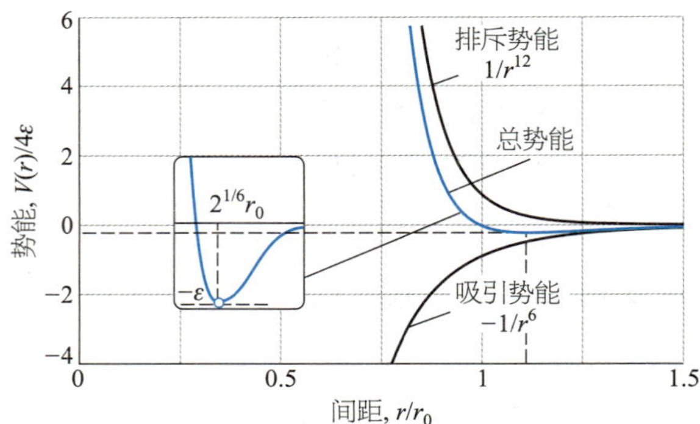

图 14B.8　勒纳德 – 琼斯势能

势能表示也能获得一些启示。此时，细节被忽略，且一般特征由几个可调的参数表示。一种这样的近似是**硬球势能**（hard – sphere potential energy），其假设一旦粒子进入间距 d 以内，势能就会突然上升到无穷大：

$$V=\begin{cases}\infty & （当 r\leqslant d 时）\\ 0 & （当 r>d 时）\end{cases}\qquad \text{硬球势能}\qquad (14B.10)$$

这个非常简单的势能表达式对于判断一些性质非常有用。另一个被广泛使用的近似是**米氏势能**（Mie potential energy）：

$$V=\frac{C_n}{r^n}-\frac{C_m}{r^m}\qquad \text{米氏势能}\qquad (14B.11)$$

式中 $n>m$。第一项表示排斥，第二项为吸引。**勒纳德 – 琼斯势能**（Lennard – Jones potential energy）是 Mie 势能的一个特例，其中 $n=12$，$m=6$（图 14B.8）；它经常写成如下形式：

$$V=4\varepsilon\left[\left(\frac{r_0}{r}\right)^{12}-\left(\frac{r_0}{r}\right)^{6}\right]\qquad \text{勒纳德 – 琼斯势能}\qquad (14B.12)$$

两个参数是阱深 ε 和除无穷远外 $V=0$ 时的间距 r_0（表 14B.2）。

表 14B.2　勒纳德 – 琼斯 (12, 6) 势能参数*

	$\frac{\varepsilon}{k}$/K	r_0/pm
Ar	111.84	362.3
BF_2	104.29	357.1
C_6H_6	377.46	617.4
Cl_2	296.27	448.5
N_2	91.85	391.9
O_2	113.27	365.4
Xe	213.96	426.0

* 更多的数据参见*资源部分*。

虽然勒纳德 – 琼斯势能已被应用于许多计算中，但有大量的证据表明，$1/r^{12}$ 在描述原子间近程排斥能时存在很多问题，而指数形式 e^{-r/r_0} 的排斥势能形式则要好得多。指数函数能更好地表示远距离时原子波函数的指数衰减，因此也更符合导致斥力的重叠。具有一个指数排斥项和一个 $1/r^6$ 吸引项的势能称为 **exp-6 势能**（exp-6 potential energy）。这些势能表达式可用于计算气体的维里系数，就像专题 1C 和专题 13D 中所解释的那样，并通过它们计算实际气体的各种性质。它们也可被用来模拟凝聚态流体的结构。

随着**原子力显微镜**（atomic force microscopy，AFM）的出现［在原子力显微镜中，分子大小的探针和表面之间的作用力被监测（专题 19A）］，直接测量分子之间的作用力已成为可能。力 F 是势能的负斜率，所以对于单个分子之间的勒纳德 – 琼斯势能，可有

$$F=-\frac{dV}{dr}=\frac{24\varepsilon}{r_0}\left[2\left(\frac{r_0}{r}\right)^{13}-\left(\frac{r_0}{r}\right)^{7}\right]\qquad (14B.13)$$

例题 14B.1　由勒纳德 – 琼斯势能计算分子间力

使用勒纳德 – 琼斯势能的表达式，估算两个 N_2 分子之间最大的净吸引力。

整理思路　当 $dF/dr=0$ 时力最大。因此，需要将式（14B.13）对 r 求导，并将所得表达式设为零，然后求解 r。最后，使用式（14B.13）中的 r 值来计算相应的 F 值。

解： 因为 $dx^n/dx=nx^{n-1}$，故

$$\frac{dF}{dr}=\frac{24\varepsilon}{r_0}\left[2\left(-\frac{13r_0^{13}}{r^{14}}\right)-\left(-\frac{7r_0^{7}}{r^{8}}\right)\right]=24\varepsilon r_0^6\left(\frac{7}{r^8}-\frac{26r_0^6}{r^{14}}\right)$$

当 $\mathrm{d}F/\mathrm{d}r = 0$ 时，可有

$$\frac{7}{r^8}-\frac{26r_0^6}{r^{14}}=0 \quad 或 \quad 7r^6-26r_0^6=0$$

即 $\quad r=\left(\frac{26}{7}\right)^{1/6} r_0=1.244r_0$

在该间距，力为

$$F=\frac{24\varepsilon}{r_0}\left[2\left(\frac{r_0}{1.244r_0}\right)^{13}-\left(\frac{r_0}{1.244r_0}\right)^{7}\right]=-\frac{2.396\varepsilon}{r_0}$$

由表 14B.2 可知，$\varepsilon = 1.268 \times 10^{-21}$ J，且 $r_0 = 3.919 \times 10^{-10}$ m。因此

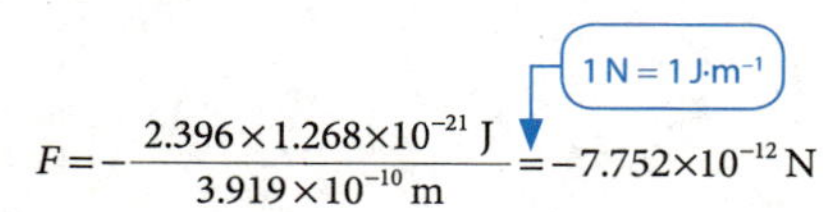

$$F=-\frac{2.396\times1.268\times10^{-21}\ \mathrm{J}}{3.919\times10^{-10}\ \mathrm{m}}=-7.752\times10^{-12}\ \mathrm{N}$$

也就是说，力的大小约为 8 pN。

自测题 14B.1　当间距 r 为多少时，勒纳德 - 琼斯势能有其最小值？

答案：$r = 2^{1/6}r_0$。

概念清单

- ☐ 1. **范德华相互作用**是闭壳层分子之间的一种吸引相互作用；相应的势能与它们间距的六次方成反比。
- ☐ 2. 以下分子相互作用很重要：**电荷 - 偶极**、**偶极 - 偶极**、**偶极 - 诱导偶极**、**色散**和**氢键**。
- ☐ 3. 原子的**范德华半径**是根据非键原子的最近距离确定的。
- ☐ 4. **氢键**是形式为 A—H---B 的一种相互作用，其中 A 和 B 通常为 N、O 或 F。
- ☐ 5. **勒纳德 - 琼斯势能**是包括排斥在内的分子间总势能的一种模型。

公式清单

性质	公式	说明	公式编号
点偶极子和点电荷之间相互作用能	$V=-\mu_1 Q_2/4\pi\varepsilon_0 r^2$	线性排列	14B.1
两个固定的偶极子之间的相互作用能	$V=\mu_1\mu_2 f(\Theta)/4\pi\varepsilon_0 r^3$，$f(\Theta)=1-3\cos^2\Theta$	平行偶极子	14B.3b
两个旋转偶极子之间的相互作用能	$\langle V\rangle=-2\mu_1^2\mu_2^2/3(4\pi\varepsilon_0)^2 kTr^6$		14B.4
极性分子和可极化分子之间的相互作用能	$V=-\mu_1^2\alpha_2'/4\pi\varepsilon_0 r^6$		14B.6
伦敦公式	$V=-\frac{3}{2}\alpha_1'\alpha_2'[I_1I_2/(I_1+I_2)]/r^6$		14B.7
勒纳德 - 琼斯势能	$V=4\varepsilon[(r_0/r)^{12}-(r_0/r)^6]$		14B.12

专题14C

液体

► 为何需要学习这部分内容？

很多物质在通常条件下是液体，且许多化学反应在液体中发生。因此，能够描述和理解液相的结构及其与其蒸气的界面是非常重要的。

► 核心思想是什么？

液体的性质反映了体相中分子的短程有序性和在可移动表面上的分子行为。

► 需要知道哪些预备知识？

需要知道分子彼此之间相互作用的方式（专题14B），熟悉亥姆霍兹能和吉布斯能（专题3D）及其意义。本专题还运用了玻耳兹曼分布（本书“绪言”和专题13A）。

当分子间距离小于几个直径的距离时，分子彼此相互吸引。但一旦它们开始接触，就会互相排斥。吸引力是形成凝聚相（包括液体）的原因，而排斥则是液体（和固体）有一定体积的原因。在液体中，分子的动能与它们的势能相当。因此，尽管液体分子在低温下不能完全自由地从体相中逃逸，但其结构十分易变。内聚力是形成液体的主要原因，也导致液体与另一相之间的界面对液体的热力学和物理性质产生影响。

14C.1 液体中的分子相互作用

讨论固体的出发点是完美晶体的有序结构（专题15A）。讨论气体的出发点是完美气体分子的完全无序分布（专题1A）。液体处于这两种极端情况之间。液体的结构和热力学性质取决于分子间相互作用的本性，与真实气体一样，基于这些相互作用的模型可以用来建立状态方程。

（a）径向分布函数

液体中粒子的平均相对位置可用**径向分布函数**（radial distribution function）（或对分布函数）$g(r)$来表示。这个函数可定义为，$4\pi\mathcal{N}g(r)r^2\mathrm{d}r$是给定分子半径为$r$、厚度为$\mathrm{d}r$的壳层内的分子数目；其中，$\mathcal{N}=N/V$是总的数密度。对于均匀材料，$g(r)=1$。当用这种方法定义时，径向分布函数也是一个壳层中的分子数目与均匀材料在同一壳层中的预期的分子数目之比。如果在一特定距离，$g(r)>1$，那么此时就比均匀材料的分子多，而当$g(r)<1$时，则比均匀材料的分子少。

在完美晶体中，$g(r)$是尖锐峰的周期性阵列，代表分子（或离子）处于确定位置的必然性（在没有缺陷和热运动的情况下）。这种规整性一直延伸到晶体的边缘，因此晶体被认为具有**长程有序**（long-range order）。当晶体熔化时，长程有序性消失，且在与第一个分子相距很远的距离找到第二个分子的可能性与距离无关。然而，在第一个分子附近，最邻近分子仍可近似采用它们原来的相对位置，即使热运动驱使它们离开，进入的分子也会占用空出的位置。因此，仍然有可能在距离r_1处探测到最邻近分子的一个壳层及可能在它们之外的位于r_2的一个次邻近分子的壳层。这种**短程有序**（short-range order）的存在意味着液体中的径向分布函数可望在短距离内振荡，其中在r_1处有一个峰，在r_2处有一个较小的峰，以及可能之外还有更多的结构。

实验测定的液态水中氧原子的径向分布函数

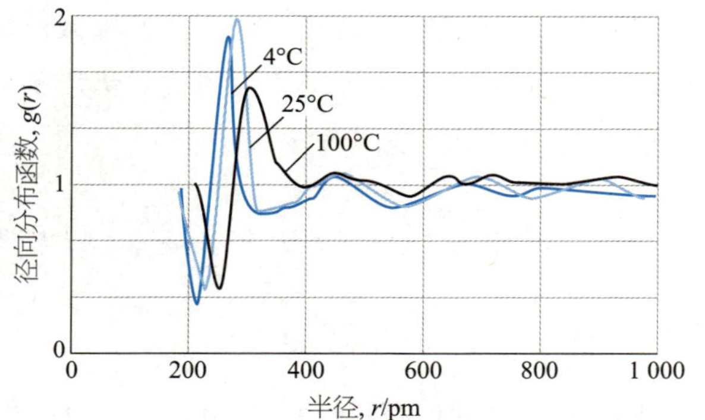

图 14C.1 在三种不同温度时液态水中的氧原子的径向分布函数。注意随着温度升高时的膨胀［基于 A. H. Narten, M. D. Danford, H. A. Levy. *Discuss. Faraday Soc.*, **43**, 97（1967）］

如图 14C.1 所示。对分布函数的一个更复杂形式的深入分析表明，任一给定的 H_2O 分子被位于一四面体角上的其他分子包围。100 ℃ 时水的 $g(r)$ 的形状表明，分子间的相互作用（在本例中，主要是氢键）足够强，可以影响局部结构直至沸点。拉曼光谱表明，在液态水中，大多数分子参与三个或四个氢键。红外光谱显示，在冰的熔点处，约 90% 的氢键是完整的，在沸点时则降到约 20%。

在包含 N 个粒子的流体中，分子 1 和分子 2 的径向分布函数的正式表达式为

$$g(r_{12})=\frac{1}{(N-2)!\mathcal{N}^2 Z}\int \mathrm{e}^{-\beta V_N}\mathrm{d}\tau_3\mathrm{d}\tau_4\cdots\mathrm{d}\tau_N \quad \text{径向分布函数} \qquad (14\text{C}.1\text{a})$$

式中 $\mathrm{d}\tau_i$ 是分子 i 的体积元，$\beta = 1/kT$，V_N 是 N 粒子的势能，Z 是“位形积分”（这个量在专题 13D 中做了介绍）：

$$Z=\frac{1}{N!}\int \mathrm{e}^{-\beta V_N}\mathrm{d}\tau_1\mathrm{d}\tau_2\ldots\mathrm{d}\tau_N \quad \text{位形积分［定义］} \qquad (14\text{C}.1\text{b})$$

式（14C.1a）只是系统中所有分子所提供的一个场中两个分子相对位置的玻耳兹曼分布。因此，如果分子之间没有相互作用（故 $V_N = 0$），则 $Z = V^N/N!$，同时有

$$g(r_{12})=\frac{N!}{(N-2)!\mathcal{N}^2V^N}\overbrace{\int \mathrm{d}\tau_3\mathrm{d}\tau_4\cdots\mathrm{d}\tau_N}^{V^{N-2}}$$

$$=\frac{N(N-1)}{\mathcal{N}^2V^2}=\frac{N(N-1)}{N^2}\overset{N>>1}{=}1$$

在没有相互作用的情况下，流体应该是均匀的，这与 $g(r_{12})$ 值是一致的。

（b）$g(r)$ 的计算

式（14C.1）中的积分很难计算，因此人们采用各种数值方法来计算径向分布函数。这类计算包括指定分子间势能的形式，例如将它指定为成对的勒纳德－琼斯相互作用（专题 14B）。

数值法一般是通过考虑一个包含约 10^3 个粒子（这个数目随着计算机效率的增加而增加）的盒子来进行分布函数的计算，然后，通过原始盒子复制形成的周围盒子来模拟液体的其余部分（图 14C.2）。当一个粒子通过一个面离开盒子时，它的镜像就会通过相反的面进来。当计算盒子中一个分子的相互作用时，它与盒子里的所有分子及其他盒子里那些分子（包括它自己）的所有周期性复制品相互作用。

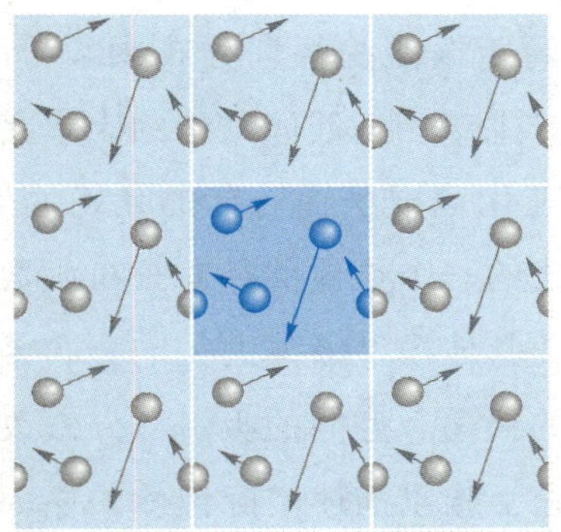

图 14C.2 应用周期性边界条件的液体二维模拟，当一个粒子离开单元格（左边）时，它的镜像通过相反的面（右边）进入

在**蒙特卡罗方法**（Monte Carlo method）中，盒中的粒子首先是随机分布的，然后进行较小的随机距离移动。计算盒内 N 个粒子的总势能变化 ΔV_N，如果新的排列比原排列的势能更低，则被接受。如果势能增加，意味着 ΔV_N 是正的，则只有当玻耳兹曼型因子 $\mathrm{e}^{-\Delta V_N/kT}$ 大于一随机数（选择位于 0~1 范围内的某处）时，新的排列才是可能的。如果不满足这一判据，就由原来的排列产生新的排列，并以同样的方式进行计算。

应用这个选择过程的结果是，移动至一个能量更低的排列总是允许的。但是，移动至一个能量更高的排列，虽然有可能，但它的能量越高就越不可能。因此，模拟探究了很大范围的排布，

但趋向于包含更少的具有高能量的排布。对于每一种可接受的排列，计算出间距为r的分子对的数目，然后将结果对可能排列的整个集合进行平均；通过对r的不同值进行如此重复，从而建立$g(r)$的形式。

在**分子动力学**（molecular dynamics）方法中，通过计算在分子间势能和它们所施加的力的影响下所有分子的轨迹，一个最初排列的历史得以追随。计算给出了液体的一系列（快照）图像，$g(r)$可以像之前一样被计算。通过计算分子的平均平动能并且对每个坐标q利用均分结果（专题2A中“化学家工具7”），即$\langle\frac{1}{2}mv_q^2\rangle=\frac{1}{2}kT$，可推算出系统的温度。

对于没有吸引相互作用的硬球流体（容器中滚珠的一个集合），这样的数值计算给出了一个对于小分子间距振荡的径向分布函数（图14C.3）。影响且有时主宰一个液体结构的因素之一似乎是将硬球合理化地堆积在一起的几何问题。确实，由硬球组成的一个液体的径向分布函数在一给定温度较任一其他模型液体的径向分布函数显示有更为明显的振荡。势能的吸引部分修改这个基本结构，理论上难以描述实际液体的原因之一是势能的吸引和排斥（硬核）分量一样重要。

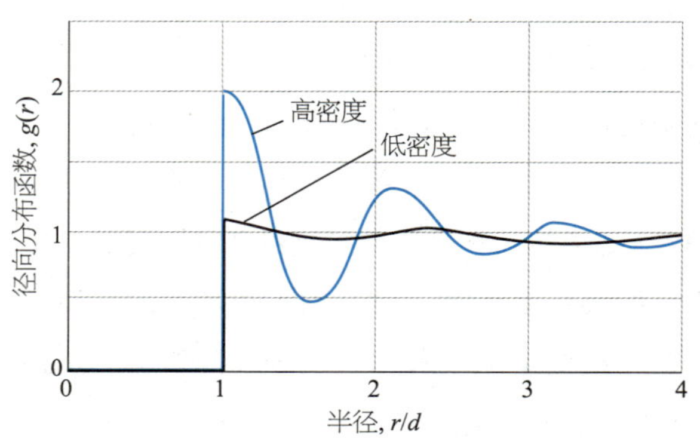

图14C.3 用难以穿透的硬球（如滚珠）模拟一个液体所得的径向分布函数

（c）液体的热力学性质

一旦$g(r)$已知，就可以用它来计算液体的热学性质，但对于稠密流体，计算还是非常复杂的。对于非常稀的流体，计算较为简单，因为它们与真正的气体很相似。在这种情况下，如果假设每对分子的相互作用是由各向同性的成对势能函数$V_2(r)$给出，则对内能的贡献为

$$U_{\text{interaction}}(T)=\frac{2\pi N^2}{V}\int_0^{\infty}V_2(r)g(r)r^2\mathrm{d}r \quad \text{成对相互作用对内能的贡献} \quad (14\text{C}.2\text{a})$$

进一步写成

$$U_{\text{interaction}}(T)=\frac{1}{2}N\int_0^{\infty}V_2(r)[4\pi\mathcal{N}g(r)]r^2\mathrm{d}r \quad (14\text{C}.2\text{b})$$

此式表明，内能可由$4\pi\mathcal{N}g(r)r^2\mathrm{d}r$确定，即半径为$r$、厚度为$\mathrm{d}r$的壳层中的分子数乘以$V_2(r)$，然后对$r$积分得到，其给出了一个分子与所有其他分子相互作用的总能量。然后，乘以N给出了所有分子相互作用的总能量；为了避免将每个相互作用数两次，需要因子$\frac{1}{2}$。同样，包括成对相互作用贡献的、稀流体的状态方程是

$$\frac{pV}{nRT}=1-\frac{2\pi\mathcal{N}}{3kT}\int_0^{\infty}v_2 g(r)r^2\mathrm{d}r \quad v_2(r)=r\frac{\mathrm{d}V_2(r)}{\mathrm{d}r} \quad (14\text{C}.3\text{a})$$

$v_2(r)$称为维里（virial）（因此有术语“维里状态方程”）。为了理解这个表达式的物理意义，可将其改写为

$$p=\frac{nRT}{V}-\frac{2\pi}{3}\mathcal{N}^2\int_0^{\infty}v_2(r)g(r)r^2\mathrm{d}r \quad \text{以}g(r)\text{表示的压力} \quad (14\text{C}.3\text{b})$$

并解释如下：

物理解释

- 右边第一个项是动压，即自由飞行运动中的分子的撞击对压力的贡献，如在完美气体中。
- 第二项，如下所述，本质上是内压，即$\pi_T=(\partial U/\partial V)_T$（专题2D），代表分子间作用力对压力的贡献。

为了揭示与内压的联系，应将$-\mathrm{d}V_2/\mathrm{d}r$（在$v_2$中）视为将两个分子分开所需的力。$-r(\mathrm{d}V_2/\mathrm{d}r)$就是将分子分开距离$r$所需的功。因此第二项是这个功针对液体中成对间距范围的平均值，其中对平均值的各项贡献被两个分子处在间距r和$r+\mathrm{d}r$之间的概率，即$4\pi g(r)r^2\mathrm{d}r$所加权。也就是说，当积分乘以数密度的平方时，其就是系统膨胀的内能变化，即$(\partial U/\partial V)_T$，因而等于内压。本书网站上的“深入了解9”说明了如何利用这一解释来推断实际气体的维里方程并解释范德华参数。

式（14C.3b）给出的压力与不可压缩液体柱底部的**流体静压**（hydrostatic pressure）无关。质量密度为ρ、高度为h和截面积为A的液体柱的质量为ρhA。在重力场中，向下的力为ρhAg_{acc}，其中g_{acc}是自由落体加速度（通常表示为g，但在本专题中，必须将它与径向分布函数区分开来）。流体静压是力除以其作用的面积A，因此

$$p = \rho g_{acc} h \quad \text{流体静压[不可压缩液体]} \quad (14C.4)$$

该压力下的分子起因如下。应该注意，流体不可压缩，因此如果一个分子移动，则必须为其提供空间。如果一个分子从液面下距离为h的某一点向上移动通过了一个分子直径（的距离），则在其上方高度为h的整个液柱也便向上移动了一个分子直径。所需的力是$\rho g_{acc}ha$，其中a是该分子柱的截面积：该力对应于压力$\rho g_{acc}h$。如果一个分子向一侧移动了一个分子直径，新位置上方的不可压缩柱必须向上移动，以便为其提供空间。所需的力依旧相当于压力$\rho g_{acc}h$。即使一个分子向下移动，另一个分子也必须向一侧移动以给它提供空间，因此整个柱必须向上移动以允许这种移动，力还是对应于压力$\rho g_{acc}h$。这个解释说明了为什么流体静压是各向同性的，尽管重力向下作用。这也说明了为什么一个固体柱的内部没有类似的流体静压：分子之间不能相互移动通过，因此没有相应的力。

14C.2　液－气界面

液体与其蒸气界面的独特性能在于它是移动的，并且界面上的分子受到的吸引力不再在所有方向上都相等。

（a）表面张力

液体倾向于采用使其表面积最小的形状，因为这会使体积中的分子数目最大化，从而被邻近分子包围并与它们发生相互作用。因此，液滴倾向于球形，因为球形是具有最小表面积与体积之比的形状。然而，其他力的存在会引起这个理想形状的变形：重力和表面黏附力的共同作用导致表面上的小液滴变平，重力导致更大体积的液体采取容器底部的形状。

利用亥姆霍兹能(A)和吉布斯能(G)的性质（专题3D）可以分析表面效应。在适当的条件下，dA和dG等于对系统所做的功，包括当表面积变化时所做的功。使一个样品的表面积σ发生一无限小量变化dσ所需的功与dσ成正比，且可表达为

$$\mathrm{d}w = \gamma \mathrm{d}\sigma \quad \text{表面张力[定义]} \quad (14C.5)$$

式中比例常数γ称为**表面张力**（surface tension）；其量纲是［能量/面积］，所以在SI中它的单位是$\mathrm{J \cdot m^{-2}}$。然而，由于种种原因，γ值经常用$\mathrm{N \cdot m^{-1}}$表示（因为$1\ \mathrm{J} = 1\ \mathrm{N \cdot m}$，所以$1\ \mathrm{J \cdot m^{-2}} = 1\ \mathrm{N \cdot m^{-1}}$）；表14C.1给出了一些典型的数值。在等温等容下，表面形成的最大功可以通过亥姆霍兹能的变化来确定：

$$\mathrm{d}A = \gamma \mathrm{d}\sigma \quad (14C.6)$$

如果表面积减小（$\mathrm{d}\sigma < 0$），则亥姆霍兹能减小（$\mathrm{d}A < 0$）。A减小的过程是自发的，因此表面有自发收缩的倾向，这是在本节开头所述现象的热力学解释。

表 14C.1　293 K时一些液体的表面张力*

	$\gamma/(\mathrm{mN \cdot m^{-1}})$
苯	28.88
汞	472
甲醇	22.6
水	72.75

* 更多的数据参见*资源部分*。注意$1\ \mathrm{mN \cdot m^{-1}} = 1\ \mathrm{mJ \cdot m^{-2}}$。

例题 14C.1　表面张力的运用

考虑图14C.4中所示的情形，其中一个宽度为l的线框从某液体中被提升到高度h，从而在框内产生了矩形液体膜。计算在20 ℃时，将一个宽度为5.0 cm的线框从水（$\gamma = 72.75\ \mathrm{mJ \cdot m^{-2}}$）中拉出2.0 cm所需的功；忽略重力势能。

整理思路　如果假设表面张力不随面积变化，则对于表面积增加$\Delta\sigma$，式（14C.5）就变为$w = \gamma\Delta\sigma$。表面积从零增加到矩形的面积，但是需要认识到形成了两个曲面，分别在框架的两侧。有了适当的表达式，就可以代

入数据进行计算。

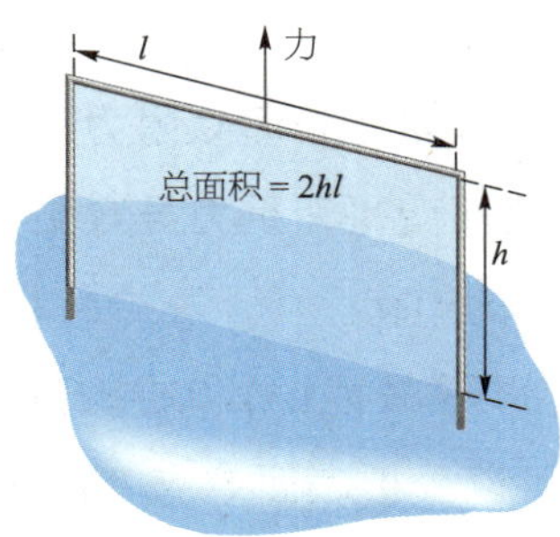

图 14C.4　用于计算将一个宽度为l的线框从某液体中提升到高度h时形成液膜所做功的模型

解： 矩形的面积是lh，因此薄膜的表面积增加为$2lh$，所做的功是$2\gamma lh$。在 20 ℃时，将一个宽度为 5.0 cm 的线框从水中拉出水面 2.0 cm 所需做的功为

$$w = 2 \times 72.75\ \mathrm{mJ\cdot m^{-2}} \times 5 \times 10^{-2}\ \mathrm{m} \times 2 \times 10^{-2}\ \mathrm{m}$$
$$= 0.15\ \mathrm{mJ}$$

说明　$2\gamma lh$的表达可以被认为是$2\gamma l \times h$，是力 × 距离。$2\gamma l$可被认为是框架顶部（长度为l）的反作用力，其长度为l。这就解释了为什么它被称为张力，以及为什么其单位通常是$\mathrm{N\cdot m^{-1}}$（因此，γl是以牛顿为单位的力）。

自测题 14C.1　导出在表面张力为γ的一液体中，形成半径r的一球形腔所需做功的表达式，并计算在 20 ℃的水中形成半径为 1.0 cm 的空腔所需要的功。

答案： $4\pi r^2\gamma$，0.091 mJ。

（b）曲面

液体表面积的最小化通常导致形成曲面。**气泡**（bubble）是蒸气（也可能是空气）被薄膜包覆的区域；**空腔**（cavity）是液体中蒸气填充的孔。因此，被人们广泛称为液体中的“气泡”，严格意义上是空腔。真正的气泡有两个表面（在膜的每一侧都有一个）；而空腔仅有一个表面。两者的处理是相似的，但气泡需要有一个因子 2 以考虑加倍的表面积。**液滴**（droplet）是由其蒸气（也可能是空气）包围着的少量液体。

空腔表面积最小化的趋势导致腔体内（表面的凹侧）的压力大于外侧的压力（表面的凸侧）。关键在于找出这两种压力之间的关系。

如何完成？ 14C.1　关联一个空腔内外的压力

当表面积减小的趋势与其产生的内部压力的上升相平衡时，空腔将处于平衡状态。当表面上向内和向外的力相等时达到平衡。

步骤 1　*计算外部压力引起的力*

因外压p_{out}作用在半径为r的球形空腔表面上的力可以由*面积* × *压力* $= 4\pi r^2 p_{\mathrm{out}}$给出。

步骤 2　*计算表面张力引起的力*

当半径从r变为$r + \mathrm{d}r$时，表面积的变化是

$$\mathrm{d}\sigma = 4\pi(r + \mathrm{d}r)^2 - 4\pi r^2 = 8\pi r\mathrm{d}r$$

[二阶无限小$(\mathrm{d}r)^2$已被忽略。] 因此，当表面被伸展这个量，所需做的功是

$$\mathrm{d}w = \gamma\mathrm{d}\sigma = 8\pi\gamma r\mathrm{d}r$$

由于*力* × *距离*是功，反抗半径增加$\mathrm{d}r$的力就是

$$F = 8\pi\gamma r$$

因此，总的向内的力为$4\pi r^2 p_{\mathrm{out}} + 8\pi\gamma r$。

步骤 3　*平衡向内和向外的力*

如果空腔内的压力为p_{in}，则表面上向外的力为$4\pi r^2 p_{\mathrm{in}}$。平衡时，向内和向外的力是相等的：

$$4\pi r^2 p_{\mathrm{in}} = 4\pi r^2 p_{\mathrm{out}} + 8\pi\gamma r$$

等式两边均除以$4\pi r^2$得到拉普拉斯（Laplace）公式：

$$p_{\mathrm{in}} = p_{\mathrm{out}} + \frac{2\gamma}{r} \qquad \text{拉普拉斯公式} \qquad (14C.7)$$

拉普拉斯公式表明，当曲率半径变成无穷大时（当表面为平面时，图 14C.5），压力的差值减小到零。小空腔具有较小的曲率半径，因此表面内外的压力差很大。

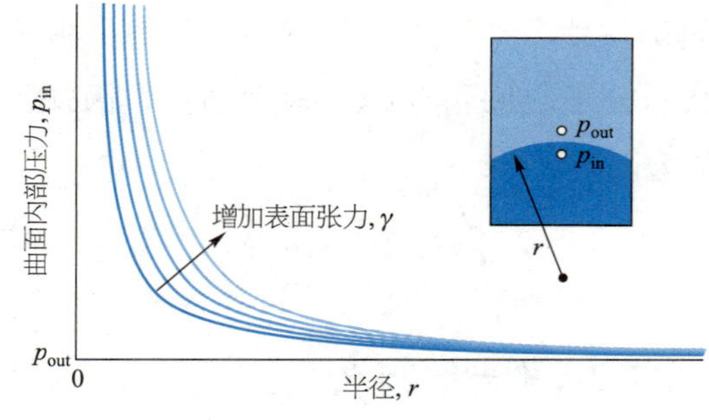

图 14C.5　表面张力增加时，曲面内部压力与曲面半径的关系

简要说明 14C.1

在 20 ℃时，一个半径为 200 nm 的球形水滴表面内外的压力差可以用拉普拉斯公式计算：

$$p_{\mathrm{in}} - p_{\mathrm{out}} = \frac{2\times\overbrace{(72.75\times10^{-3}\ \mathrm{N\cdot m^{-1}})}^{20\ ℃\text{时的}\gamma_{\mathrm{H_2O}}}}{\underbrace{2.00\times10^{-7}\ \mathrm{m}}_{r}}$$
$$= 7.28\times10^{5}\ \mathrm{N\cdot m^{-2}} = 728\ \mathrm{kPa}$$

(c) 毛细作用

一根孔径非常小的管（"毛细管"；这个名字来源于拉丁语中的"头发"）浸在液体中时，液体就有在管中上升的趋势。这种趋势被称为**毛细作用**（capillary action），可以理解为是由表面张力导致的。

水有附着在玻璃表面的倾向，所以当玻璃毛细管刚浸入水中时溶剂膜沿表面扩展：随着薄膜进一步扩展，相互作用所产生的能量越低。当薄膜沿毛细管的内壁向上扩展时，液体的表面变得弯曲，正如前面所讨论的那样，这种弯曲导致表面内外产生压差。弯月面上方（凹面）的压力，比弯月面下方（凸面）的压力要大。

假设表面为半球形，且毛细管半径为r，则由拉普拉斯公式求出压差为$2\gamma/r$。表面上方的压力是大气压力p，故表面下方的压力是$p-2\gamma/r$。作用在毛细管外液体上的大气压力使管内的液体上升，直至达到流体静力学平衡，此时在等深处压力相等（图14C.6）。当液体上升到高度h时，液柱施加的流体静压可由式（14C.4）给出，即$\rho g_{acc}h$，其中ρ是液体的质量密度，g_{acc}是自由落体加速度。因此，液柱底部的总压力为$(p-2\gamma/r)+\rho g_{acc}h$。毛细管外相同高度处的压力为$p$，但在平衡时，这两个压力必须相等：$p=p-2\gamma/r+\rho g_{acc}h$。因此，有$2\gamma/r=\rho g_{acc}h$，重排为

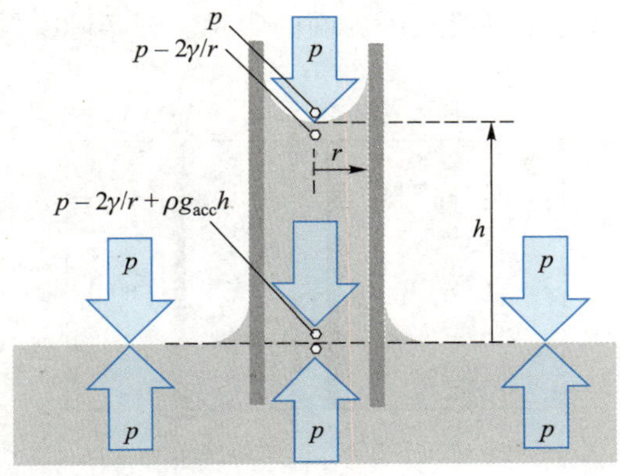

图14C.6 当毛细管刚刚浸入液体时，液体爬上管壁使表面弯曲。弯月面下的压力比大气压力小$2\gamma/r$。液体中相同高度处的压力是相等的，假设液体的流体静压（等于$\rho g_{acc}h$）抵消了因曲率引起的压差

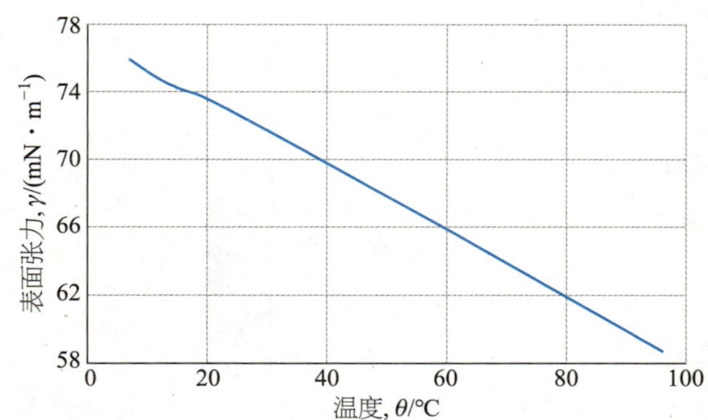

图14C.7 水的表面张力随温度的变化

$$h=\frac{2\gamma}{\rho g_{acc}r} \tag{14C.8}$$

这个简单的表达式为测量液体的表面张力提供了一种合理且精确的方法。表面张力随着温度的升高而降低（图14C.7），可以理解为由于热运动的增加，使分子在表面和体相之间移动加快引起的。

简要说明14C.2

若25 ℃时水（质量密度为997.1 kg · m^{-3}）在半径为0.20 mm的毛细管中上升了7.36 cm，则水在该温度的表面张力为

$$\gamma=\frac{1}{2}\rho g_{acc}hr$$
$$=\frac{1}{2}\times(997.1\ \mathrm{kg\cdot m^{-3}})\times(9.81\ \mathrm{m\cdot s^{-2}})\times(7.36\times10^{-2}\ \mathrm{m})\times(2.0\times10^{-4}\ \mathrm{m})$$

$\mathrm{kg\cdot m\cdot s^{-2}=N}$

$$=72\ \mathrm{mN\cdot m^{-1}}$$

当液体与毛细管壁材料之间的黏附力弱于液体内的内聚力（如玻璃中的汞）时，能量上有利于毛细管中的液体从壁上收缩。这种收缩使表面弯曲为凹面，使高压的那侧向下弯曲。为了使液体中同样深度处的压力相等，该表面必须下降以补偿由于其曲率引起的压力增加。这种补偿导致毛细管下降。

在表面和管壁相交处两者之间的夹角，称为**接触角**（contact angle）θ_c（图14C.8）。在多数情况下，这个角度并非为零。因此，式（14C.8）必须在右侧乘以$\cos\theta_c$来修正。接触角是液体与固体之间的接触线上力平衡的结果（图14C.8）。

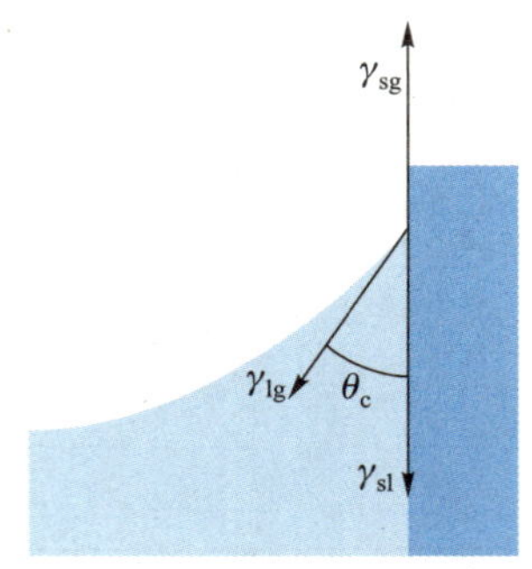

图 14C.8　力的平衡形成接触角 θ_c

如果固－气、固－液和液－气的表面张力分别表示为 γ_{sg}、γ_{sl} 和 γ_{lg}，则垂直方向的力达到平衡的条件是

$$\gamma_{sg}=\gamma_{sl}+\gamma_{lg}\cos\theta_c \tag{14C.9a}$$

因此

$$\cos\theta_c=\frac{\gamma_{sg}-\gamma_{sl}}{\gamma_{lg}} \tag{14C.9b}$$

液体黏附在固体的"表面功"w_{ad} 是黏附功除以接触面积。当液－固界面扩展时，固－气和液－气界面被取代，所涉及的净功是

$$w_{ad}=\gamma_{sg}+\gamma_{lg}-\gamma_{sl} \tag{14C.10a}$$

因此，由先前的公式可以得到

$$\cos\theta_c=\frac{w_{ad}}{\gamma_{lg}}-1 \quad \text{接触角} \tag{14C.10b}$$

由此可以看出：

物理解释

- 当接触角在0~90°时（即 $0<\cos\theta_c<1$），液体润湿表面，即液体铺展在表面。由式（14C.10b）可知，当 $1<w_{ad}/\gamma_{lg}<2$ 时，发生润湿（图 14C.9）。
- 当接触角在90°~180°时（即 $-1<\cos\theta_c<0$），液体不能润湿表面。这种情况对应于 $0<w_{ad}/\gamma_{lg}<1$。

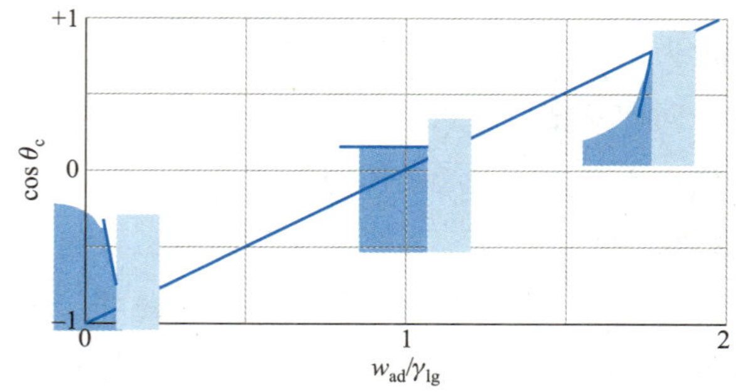

图 14C.9　接触角随 w_{ad}/γ_{lg} 比的变化

汞与玻璃接触时，$\theta_c=140°$，对应于 $w_{ad}/\gamma_{lg}=0.23$，表明汞对玻璃的黏附功相对较低，这是因为液体中存在较强的内聚力。

14C.3　表面膜

表面层的组成已通过简单但专业的实验技术进行了研究，即从溶液表面切割薄层并分析它们的组成。同时对表面膜的物理性质也进行了研究。厚度为一个分子的表面膜称为**单层膜**（monolayer），当这种单层膜被转移到固体基底上时，称为**朗缪尔－布洛杰特膜**（Langmuir－Blodgett film），是以Irving Langmuir和Katherine Blodgett的名字命名，他们发展了研究这些膜的实验技术。

（a）表面压力

用于研究表面单层膜的主要仪器是**表面膜天平**（surface－film balance，又称Langmuir－Blodgett槽，图 14C.10）。该装置由一个浅槽和一个可以沿槽内液体表面移动的栅栏组成，因此在表面上可以压缩任何单层膜。**表面压力**（surface pressure）π，即纯溶剂与溶液表面张力的差（$\pi=\gamma^*-\gamma$），可通过使用连接到云母片上的扭力线来测量，该云母片搁置在表面并压在单层的一个边缘上。与液体接触的设备部件用聚四氟乙烯涂覆，以消除由液－固界面的影响。在实际实验中，

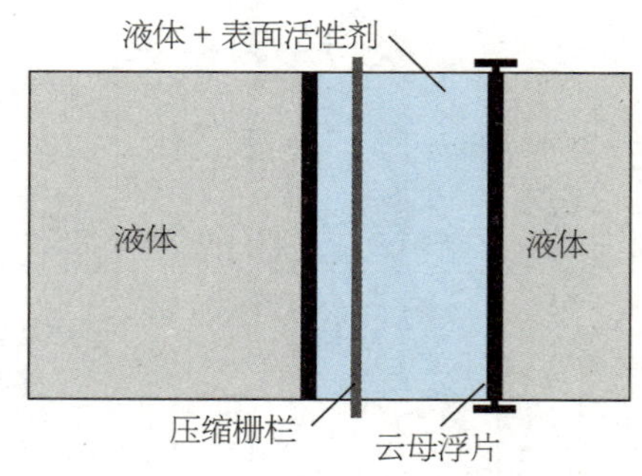

图 14C.10　用于测量表面膜的表面压力和其他性能的仪器示意图（表面活性剂被铺展在槽中的液体表面，然后通过向云母浮片移动压缩栅栏进行水平压缩。云母连接着扭力线，因此可以监测浮片上的力）

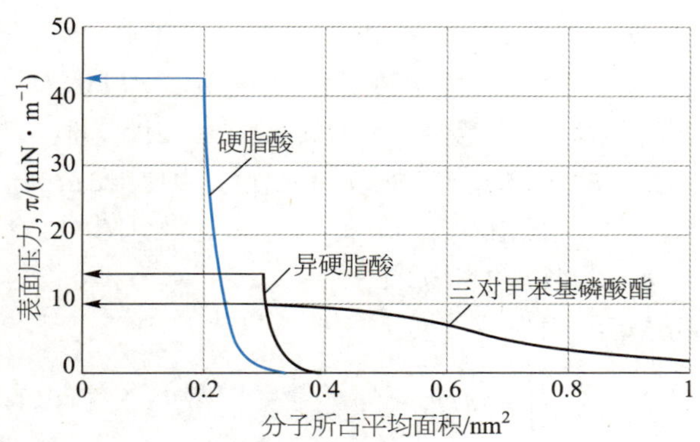

图14C.11 表面压力随表面活性剂分子所占平均面积的变化（水平箭头表示坍塌压力）

将少量（约0.01 mg）被研究的物质溶解在挥发性溶剂中，然后倒在水的表面；接着在表面上移动压缩栅栏，并监测施加在云母条上的表面压力。

当表面覆盖度较低时，研究发现表面压力与表面的总面积成反比。这种行为与二维空间中的完美气体（$p \propto 1/V$）相似，并且可以解释为当分子在表面的平均间距很大以至于它们之间的相互作用并不重要时所产生的结果。如图14C.11所示，随着面积的进一步减少，表面压力最终会迅速增加。这种行为可以认为是分子相对紧密接触形成单层膜造成的；就像液体一样，这种层几乎是不可压缩的。通过外推等温线中最陡峭的部分，可得到对应于完全紧密堆积的单层膜的面积。

从图14C.11中可以看到，尽管硬脂酸(**1**)和异硬脂酸(**2**)在化学结构上非常相似（仅是长碳链末端一个甲基的位置不同），但它们在单层膜中有明显不同的面积。然而，这两种分子所占的面积都不及三对甲苯基磷酸酯分子(**3**)，它的结构就像一棵很宽的灌木，而不是一棵瘦长的树。

1 硬脂酸, $C_{17}H_{35}COOH$

2 异硬脂酸, $C_{17}H_{35}COOH$

3 三对甲苯基磷酸酯

图14C.11中要注意的第二个特征是硬脂酸的等温线比三对甲苯基磷酸酯陡得多。这一差异表明，三对甲苯基磷酸酯膜比硬脂酸膜具有更高的可压缩性，这与其不同的分子结构是一致的。

等温线的第三个特征是**坍塌压力**（collapse pressure），这是维持单层膜的最大表面压力。当单层膜被压缩到超过坍塌压力时，就会发生弯曲并崩裂（折叠）成几个分子厚的薄膜。从图14C.11中的等温线可以看出，硬脂酸具有较高的坍塌压力，而三对甲苯基磷酸酯的坍塌压力非常低，表明薄膜较弱。

（b）表面层热力学

表面活性剂（surfactant）是一种在两相界面（如亲水相和疏水相之间）富集并能改变表面张力的物质。通过考虑两个相α与β接触，从而形成一个界面的模型，可以建立表面活性剂在表面的浓度与表面张力变化之间的关系。每个体相内的组成是一定的，但由于表面活性剂的富集，界面区域的组成可能不同。

总吉布斯能可被认为是两个相的贡献$G(\alpha)$和$G(\beta)$及源自界面区域的贡献$G(\sigma)$，即**表面吉布斯能**（surface Gibbs energy）的总和：

$$G = G(\alpha) + G(\beta) + G(\sigma) \qquad \text{表面吉布斯能[定义]} \qquad (14C.11)$$

以类似的方式，物质J的总物质的量n_J，可以被划分为在α相和β相的量$n_J(\alpha)$和$n_J(\beta)$，以及在界面区域的量$n_J(\sigma)$，即$n_J = n_J(\alpha) + n_J(\beta) + n_J(\sigma)$。界面上的量可用**表面过剩**（surface excess）Γ_J来表示：

$$\Gamma_J = \frac{n_J(\sigma)}{\sigma} \qquad \text{表面过剩} \qquad (14C.12)$$

式中σ是表面的面积。表面张力与表面过剩可能相关，因此与界面上表面活性剂的浓度有关。

如何完成？14C.2 将表面张力与表面活性剂浓度相关联

由T、p和n_J的变化引起的G的变化可由式（5A.6）给出：

$$dG = -SdT + Vdp + \sum_J \mu_J dn_J$$

式中μ_J是物质J的化学势。在等压下，有$Vdp = 0$；且在等温下，有$SdT = 0$，所以等式右边的前两项为零。

步骤1 *写出界面吉布斯能变化的表达式*

为了将这个关系式应用于界面，有必要引入一个额外项$\gamma d\sigma$［式（14C.5）］，它是界面扩大所做的功。界面吉布斯能变化$dG(\sigma)$的表达式变为

$$dG(\sigma) = \gamma d\sigma + \sum_J \mu_J dn_J(\sigma)$$

在平衡状态下，每个组分的化学势在每个相中都是相同的，写成μ_J。

步骤2 *对无穷小的变化积分*

按照讨论偏摩尔量的相同方法（专题5A），这个方程可以在恒定温度、表面张力和组成条件下进行积分，从而得到

$$G(\sigma) = \gamma\sigma + \sum_J \mu_J n_J(\sigma)$$

步骤3 *确定该表达式表示的吉布斯能的总变化*

这个表达式右边各个量的无限小变化引起的$G(\sigma)$的总变化为

$$dG(\sigma) = \gamma d\sigma + \sigma d\gamma + \sum_J \mu_J dn_J(\sigma) + \sum_J n_J(\sigma) d\mu_J$$

步骤4 *利用G是状态函数的事实*

由于吉布斯能是一个状态函数，所以$dG(\sigma)$的两个表达式必须相同。经过对比得到

$$\sigma d\gamma + \sum_J n_J(\sigma) d\mu_J = 0$$

除以σ，并引入表面过剩的定义［$\Gamma_J = n_J(\sigma)\sigma$］可得到**吉布斯等温式**（Gibbs isotherm），该等温式将表面张力的变化与界面中物质化学势的变化联系了起来：

$$d\gamma = -\sum_J \Gamma_J d\mu_J \qquad \text{吉布斯等温式} \qquad (14C.13)$$

步骤5 *将化学势的变化与组成相关联*

如果只有一种表面活性剂S在表面富集，吉布斯等温式就变为

$$d\gamma = -\Gamma_S d\mu_S$$

稀溶液中物种J的化学势可写为$\mu_J = \mu_J^{\ominus} + RT\ln(c_J/c^{\ominus})$，其中$c_J$为物质的量浓度，$c^{\ominus}$为其标准值。因此，恒温下有$d\mu_S = RT\,d\ln(c/c^{\ominus})$。在式（14C.13）中使用$d\mu_S$的这个表达式，可给出

$$d\gamma = -RT\Gamma_S\, d\ln(c/c^{\ominus})$$

经重排后，得到

$$\left[\frac{\partial\gamma}{\partial\ln(c/c^{\ominus})}\right]_T = -RT\Gamma_S \qquad \text{表面张力与表面活性剂浓度的关系} \qquad (14C.14)$$

当表面活性剂在界面富集时，其表面过剩为正值，由式（14C.14）可知$[\partial\gamma/\partial\ln(c/c^{\ominus})]_T < 0$。也就是说，表面活性剂的富集导致表面张力降低。如果测量γ随浓度的变化，可以用式（14C.14）来确定表面过剩，且这个值可以用来推断每个表面活性剂分子在表面所占的面积，如下面的例子所示。

例题 14C.2 测定表面活性剂分子的表面过剩和表面浓度

在20 ℃时，测定了1－氨基丁酸水溶液的表面张力随浓度的变化，得到$d\gamma/d\ln(c/c^{\ominus}) = -40\ \mu N\cdot m^{-1}$。计算1－氨基丁酸的表面过剩和每平方米的分子数。

整理思路 式（14C.14）直接将测量的$d\gamma/d\ln(c/c^{\ominus})$的值与表面过剩联系了起来。将表面过剩乘以阿伏加德罗常数可得到每平方米的分子数。

解： 由式（14C.14）可得

$$\begin{aligned}\Gamma_S &= -\frac{1}{RT}\left[\frac{\partial\gamma}{\partial\ln(c/c^{\ominus})}\right]_T \\ &= -\frac{1}{8.314\,5\ J\cdot K^{-1}\cdot mol^{-1}\times 293\ K}\times(-4.0\times10^{-5}\ N\cdot m^{-1}) \\ &= 1.6\times10^{-8}\ mol\cdot m^{-2}\end{aligned}$$

每平方米的分子数为$N_A\Gamma_S$：

$$\begin{aligned}N_A\Gamma_S &= 6.022\times10^{23}\ mol^{-1}\times1.6\times10^{-8}\ mol\cdot m^{-2} \\ &= 9.6\times10^{15}\ m^{-2}\end{aligned}$$

自测题 14C.2 利用所得结果，计算每个1－氨基丁酸分子在表面上占据的面积。

答案： $1.0\times10^{2}\ nm^{2}$。

14C.4 凝结

本专题和专题4B中的一些概念可以用来解释气体冷凝成液体的问题。在专题4B中，我们发现当液体被施加附加压力ΔP时，液体的蒸气压p会增加：根据式（4B.2），即$p=p^*e^{V_m(l)\Delta P/RT}$，其中$p^*$是无附加压力时的蒸气压，$V_m(l)$是液体的摩尔体积。由拉普拉斯公式[式（14C.7）]可知，液滴因其曲面获得的附加压力为$2\gamma/r$，其中r是液滴表面的曲率半径。当这个数值用于式（4B.2）中的ΔP时，得到液体分散为球形液滴的蒸气压，即**开尔文公式**（Kelvin equation）：

$$p=p^*e^{2\gamma V_m(l)/rRT} \quad \text{开尔文公式} \quad (14C.15)$$

对于空腔，液体外部的压力小于内部压力。因此，改变式（14C.15）中指数的符号，就可得到空腔内蒸气压的表达式。半径为1 μm和1 nm的水滴在25 ℃下的p/p^*比分别为1.001和3。第二个值虽然相当大，但不可靠，因为在该半径时液滴直径小于约10个分子，其计算的依据不可靠。第一个值说明这种影响通常很小，不过，它会产生重要的后果。

例如，考虑云的形成。温暖潮湿的空气上升到更高的大气层的较冷区域。在某一高度，温度下降到蒸气相对于液体在热力学上不稳定的程度，此时蒸气可望会凝结成由液滴组成的云。最初的步骤可以想象成一群水分子聚集成一个微小的水滴。因为最初的液滴太小，其蒸气压增加；因此，它不但没有生长，反而蒸发了。这种影响使蒸气稳定，因为最初的凝结倾向被增大的蒸发趋势所压制。此时的蒸气相是**过饱和的**（supersaturated）。相对于液体而言，它是热力学不稳定的，但与液相出现之前需要形成的小液滴相比，则是稳定的，因此通过简单直接的机制形成后者受到了阻碍。

两个过程抑制了液滴的这种蒸发趋势，从而形成了云。首先，大量的分子可能聚集成一个足够大的液滴，以至于增强的蒸发效应变得不重要。这种**自发成核中心**（spontaneous nucleation centre）形成的概率很低，在雨的形成过程中，它不是一个主导机制。更重要的过程取决于微小的尘埃颗粒或其他种类外来物质的存在。它们通过提供水分子可以附着的表面来使其凝结成核（即提供成核可以发生的中心）。

液体可能在沸腾温度之上**过热**（superheated），以及在其凝固温度以下**过冷**（supercooled）。每一种情况都是因为在没有成核中心情况下出现的动力学稳定化作用使得热力学稳定相无法实现。例如，发生过热是因为空腔内的蒸气压受到人为降低。因此，形成的任何空腔都有坍塌的倾向。当烧杯中未经搅拌的水被加热时，会遇到这种不稳定现象，因为它的温度可能高于沸点。随着自发成核导致形成足够大的气泡，暴沸经常就会随时发生。为了确保在真正的沸点达到平稳的沸腾，应该引入成核中心，例如小块有锋利边缘的玻璃或空气泡（空腔）。

概念清单

- ☐ 1. **径向分布函数**$g(r)$的定义使得$4\pi\mathcal{N}g(r)r^2dr$是距离一给定分子半径为r、厚度为dr的壳层中的分子数，$\mathcal{N}$是总的数密度。
- ☐ 2. 利用**蒙特卡罗**和**分子动力学**方法，可以对径向分布函数进行数值计算。
- ☐ 3. 液体倾向于形成使其表面积最小化的形状。
- ☐ 4. **毛细作用**是液体在狭窄的毛细管中上升（在某些情况下为下降）的倾向。
- ☐ 5. **表面压力**是纯溶剂与溶液的表面张力之差。
- ☐ 6. **坍塌压力**是表面膜所能承受的最高表面压力。
- ☐ 7. **表面活性剂**是一种在相界面富集并且能够改变表面张力和表面压力的物质。
- ☐ 8. **成核**提供了分子可以附着的表面，从而诱导凝结。

公式清单

性质	公式	说明	公式编号
流体静压	$p=\rho g_{acc}h$	不可压缩流体	14C.4
拉普拉斯公式	$p_{in}=p_{out}+2\gamma/r$	γ是表面张力	14C.7
接触角	$\cos\theta_c=w_{ad}/\gamma_{lg}-1$		14C.10b
表面吉布斯能	$G=G(\alpha)+G(\beta)+G(\sigma)$	定义	14C.11
表面过剩	$\Gamma_J=n_J(\sigma)/\sigma$	定义	14C.12
吉布斯等温式	$d\gamma=-\sum_J\Gamma_J d\mu_J$		14C.13
表面张力与表面活性剂浓度的关系	$[\partial\gamma/\partial\ln(c/c^{\ominus})]_T=-RT\Gamma_S$		14C.14
开尔文公式	$p=p^*e^{2\gamma V_m(1)/rRT}$		14C.15

专题 14D

大分子

▶ 为何需要学习这部分内容？

大分子引起了一些特殊问题，它们包括分子摩尔质量和形状的研究及描述。为了理解大分子的物理性质和化学性质，需要知道如何描述大分子的结构特征。

▶ 核心思想是什么？

一个大分子的结构在不同的层次下具有不同的含义，即考虑其构筑单元的链或网络排布。

▶ 需要哪些预备知识？

大分子形状的讨论依赖于对分子间非键相互作用的理解（专题 14B）。也需要熟悉熵的统计解释（专题 13E）和内能的概念（专题 2A）。有些计算利用了像那些用于玻耳兹曼分布讨论中的统计论证（专题 13A）。

大分子（macromolecule）是有机体内生物合成的、化学家在实验室或在一工业反应器中由小分子组装而成的非常大的分子。天然形成的大分子包括纤维素等多糖、蛋白质酶等多肽和脱氧核糖核酸（DNA）等核苷酸。本专题主要讨论合成大分子，包括**聚合物**（polymer），如尼龙和聚苯乙烯，它们是通过串联，以及在某些情况下交联更小的单元，即**单体**（monomer）而生成的（图 14D.1）。

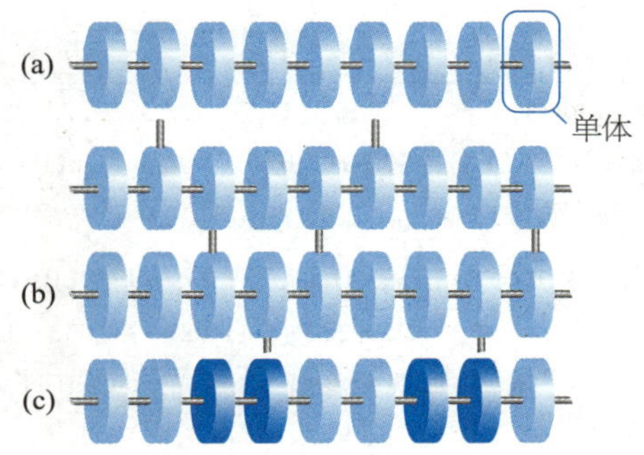

图 14D.1 三种聚合物：（a）简单的线型聚合物，（b）交联聚合物，（c）一类共聚物

14D.1 平均摩尔质量

单分散（monodisperse）聚合物的摩尔质量是单一的、明确的。然而合成聚合物是**多分散的**（polydisperse）。通常情况下，一个样品是不同链长和不同摩尔质量的分子的混合物。根据测量摩尔质量的方法不同，可有不同类型的多分散系的平均值。

数均摩尔质量（number-average molar mass）$\bar{M}_n$，是通过将样品中每个摩尔质量被该质量的分子数目加权来得到的：

$$\bar{M}_n = \frac{1}{N_{total}} \sum_i N_i M_i \qquad \text{数均摩尔质量[定义]} \qquad (14D.1a)$$

式中N_i是摩尔质量为M_i的分子数，N_{total}是分子总数。数均摩尔质量一般通过摩尔质量的质谱测定来获得。**质均摩尔质量**（weight-average molar mass）$\bar{M}_w$，是样品中分子的摩尔质量被其质量加权计算得到的平均值：

$$\bar{M}_w = \frac{1}{m_{total}} \sum_i m_i M_i \qquad \text{质均摩尔质量[定义]} \qquad (14D.1b)$$

式中m_i是摩尔质量为M_i的分子总质量，m_{total}是样品的总质量。该类型的平均分子量通常利用分子散射光的能力来进行测量，以及利用在超高速离心机中高速旋转的溶液中粒子的分布来进行测量。

例题 14D.1　计算数均摩尔质量和质均摩尔质量

根据如下数据，计算聚氯乙烯样品的数均摩尔质量和质均摩尔质量：

间隔	1	2	3	4	5	6
$M_i/(\mathrm{kg\cdot mol^{-1}})$	7.5	12.5	17.5	22.5	27.5	32.5
m_i/g	9.6	8.7	8.9	5.6	3.1	1.7

整理思路　相关的公式是式（14D.1a）和式（14D.1b）。注意：由于$N_i = n_iN_A$，你可以用物质的量（摩尔）来表示数均摩尔质量：

$$\bar{M}_n = \frac{1}{n_{\text{total}}N_A}\sum_i n_iN_AM_i = \frac{1}{n_{\text{total}}}\sum_i n_iM_i$$

式中 n_i 是摩尔质量为 M_i 的分子的物质的量（用摩尔表示），n_{total} 是分子的总物质的量。将每个区间内样品的质量除以该区间的平均摩尔质量，可计算得到每个区间内的物质的量，即 $n_i = m_i/M_i$。然后，通过将每个区间内的摩尔质量 M_i 分别被每个区间内的物质的量（n_i）和质量（m_i）加权计算得到。

解：每个区间内的量，如下：

间隔	1	2	3	4	5	6
$M_i/(\mathrm{kg\cdot mol^{-1}})$	7.5	12.5	17.5	22.5	27.5	32.5
n_i/mmol	1.3	0.70	0.51	0.25	0.11	0.052

总物质的量为 $n_{\text{total}} = 2.92\ \mathrm{mmol}$，则数均摩尔质量为

$$\bar{M}_n/(\mathrm{kg\cdot mol^{-1}}) = \frac{1}{2.92}\times(1.3\times7.5+0.70\times12.5+0.51\times17.5+0.25\times22.5+0.11\times27.5+0.052\times32.5)=13$$

注意，样品的总质量为 37.6 g，质均摩尔质量可直接由题给数据计算：

$$\bar{M}_w/(\mathrm{kg\cdot mol^{-1}}) = \frac{1}{37.6}\times(9.6\times7.5+8.7\times12.5+8.9\times17.5+5.6\times22.5+3.1\times27.5+1.7\times32.5)=16$$

说明　注意两个平均值的不同。在本例中，$\bar{M}_w/\bar{M}_n = 1.2$。

自测题 14D.1　Z均摩尔质量，可在某些沉降实验中得到，其定义为$\bar{M}_Z = \sum_i N_iM_i^3/\sum_i N_iM_i^2$。请计算例题中这个样品的Z均摩尔质量。

答案：19 kg · mol^{-1}。

$\bar{M}_w/\bar{M}_n$ 的比值称为（摩尔质量）**分散度**（dispersity）$Đ$，以前称为**多分散指数**（PDI），并定义为

$$Đ = \frac{\bar{M}_w}{\bar{M}_n} \qquad \text{分散度[定义]} \qquad (14D.2)$$

按照惯例，术语“单分散”是指分散度小于1.1的合成聚合物；商品聚乙烯样品一般不均一，分散度接近30。对于合成聚合物来说，通常较窄摩尔质量分布的一个特征是在固相中具有较高的长程有序度，因此密度和熔点较高。摩尔质量的分布受到催化剂和反应条件的影响。

实用小贴士　通常情况下，大分子的质量用道尔顿（Da）表述，其中1 Da = m_u(m_u = 1.661 × 10^{-27} kg)。注意，道尔顿是用来表述分子质量而不是摩尔质量。因此，某个大分子的质量（不是摩尔质量）可以表述100 kDa（即它的质量是100 × 10^3 × m_u），以及其摩尔质量可表述为100 kg · mol^{-1}。但不能说成它的摩尔质量是100 kDa（尽管这是个习惯说法）。

14D.2　结构的不同层次

大分子“结构”的概念随着单体链段或网络排布层次的不同，具有不同的含义。大分子的**一级结构**（primary structure）是组成聚合物的小分子单体残基序列。这些残基要么形成如聚乙烯中的一条链，要么形成由不同链段交联的更复杂的网状结构，如在交联的聚丙烯酰胺中。事实上，在合成的聚合物中，几乎所有的残基都是相同的，因此可以使用单体进行命名。这样聚乙烯及其衍生物的重复单元是—CHXCH$_2$—，链的一级结构可通过将其表示为—(CHXCH$_2$)$_n$—而加以指定。在合成共聚物和生物大分子中，一级结构的概念是至关重要的，因为这些物质是由不同分子形成的链。例如，蛋白质是由不同氨基酸（大约20种天然氨基酸）通过**肽链**（peptide link）—CONH— (**1**)连接在一起而形成的**多肽**（polypeptide）。生物大分子的**降解**（degradation）是在分子链断裂成较短的链段时，对其一级结构的破坏。

O N H

1　肽链

构象（conformation）是指分子链的不同部分的空间排列，通过使链的一部分绕一个键的旋转可以将一种构象转变成另一种构象。大分子的构象与结构的三个层次相关。大分子的**二级结构**（secondary structure）是指分子链的空间排列（经常是局部的）。聚乙烯分子在某些溶剂中的二级结构可能是一无规线团（见下）。在没有溶剂的情况下，聚乙烯形成由堆积的片组成的晶体，这些片

约每100个单体就会形成一个类似发夹的弯曲，可能是因为对于该数目的单体分子间（在这种情况下是分子内）势能足以克服热无序。蛋白质的二级结构是很大程度上由于氢键决定的一种高度有序的排列，呈现出线团、螺旋线［图14D.2（a）］或片层的结构。

三级结构（tertiary structure）是大分子的总体三维结构。例如，在图14D.2（b）中，假想的蛋白质通过无规线团部分链接而成的螺旋区。螺旋相互作用形成紧密的三级结构。

大分子的**四级结构**（quaternary structure）是其中较大的分子由其他分子聚集而形成的一种方式。图14D.3显示了4个分子亚单元（每个都具有特定的三级结构的）是如何聚集的。四级结构在生物学中非常重要。例如，氧转运蛋白血红蛋白由4个类肌红蛋白的子单元组成，它们协同工作以起吸收和释放氧气作用。

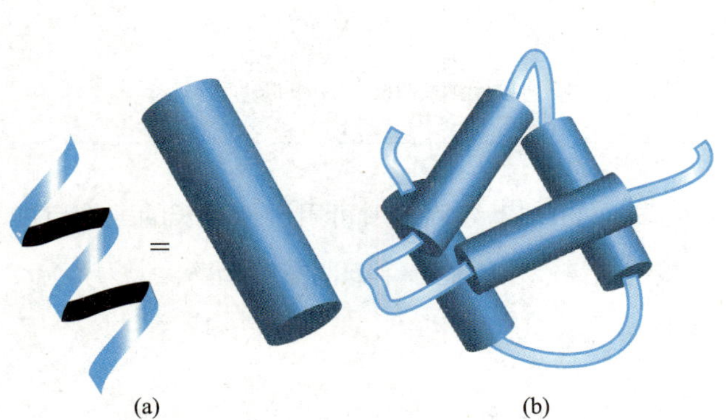

图14D.2 （a）聚合物可采取高度有序的螺旋构象，二级结构的一个例子。圆柱体代表螺旋状。（b）由短的无规线团相连的数个螺旋片段堆积在一起，三级结构的一个例子

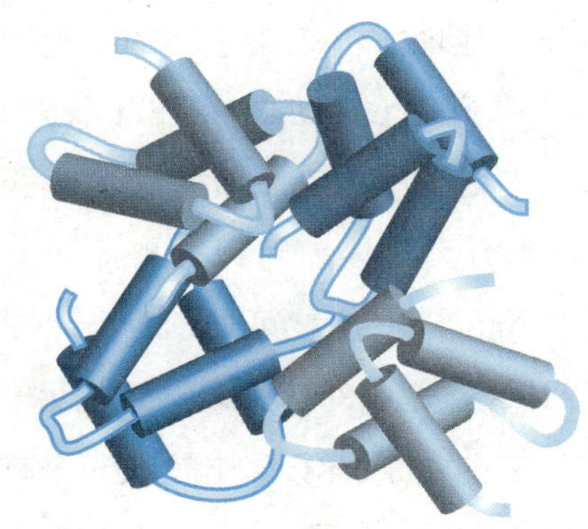

图14D.3 具有特定三级结构的一些亚单元堆积在一起，四级结构的一个例子

14D.3 无规线团

不能形成氢键或其他类型特定键的、相同单元的链的最可能构象是**无规线团**（random coil）。聚乙烯就是一个简单的例子。最简单的无规线团模型是“自由连接链”，其中任何键都可以自由地与前一个键形成任意角度（图14D.4）。同时假设单体单元占据零体积，所以分子链的不同部分可以占据相同的空间区域。这种模型明显过于简化，因为一个键实际上被约束在一个由相邻的键所定义的方向的锥角内（图14D.5），而且真实链具有自回避性，即同一个链上距离较远的部分不能折叠回来，进而占据相同的空间。在一个假想的一维自由连接的链中，所有的单体单元处于一条直线上，相邻之间的角度是0°或180°。三维自由连接链的单元并不局限位于一条直线上或一个平面内。

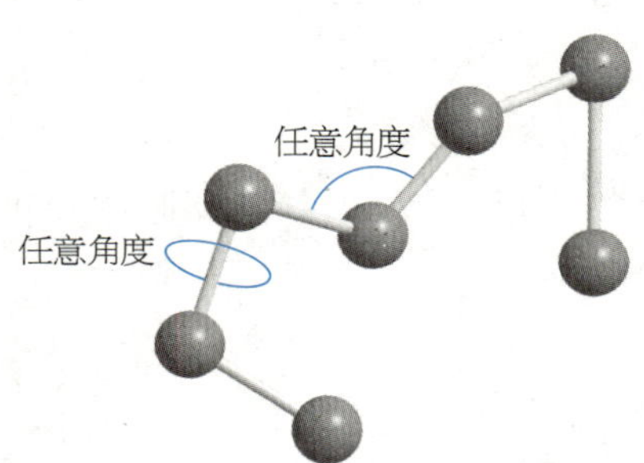

图14D.4 自由连接链就像一个三维空间的无规行走，每一步的方向是任意的，但长度相同

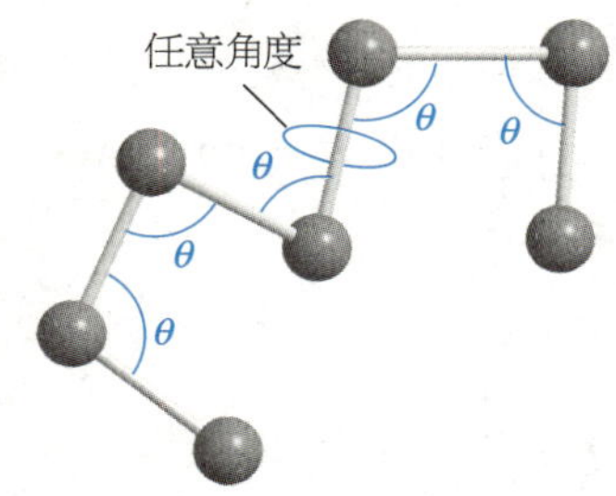

图14D.5 通过固定键角（如处在四面体角）及允许绕键的方向自由旋转，可获得更好的描述

（a）尺寸的度量

自由连接链的尺寸大小与链两端的间距为某一值的概率有关。这种概率可以采用一维无规线团来计算。

如何完成？14D.1　计算一维无规线团中的概率分布

计算由N个长度为l的单元组成的一维自由连接的长链（总长为Nl）两端间距为nl的概率（P）。

步骤 1　*写出指向左边键或右边键的数目的表达式*

一维自由连接链的构象可用指向右边键的数目（N_R）和左边键的数目（N_L）来描述。链两端之间的距离是$(N_R-N_L)l$，可推出$n=N_R-N_L$。单体单元的总数$N=N_R+N_L$，因此，$N_R=\frac{1}{2}(N+n)$和$N_L=\frac{1}{2}(N-n)$。

步骤 2　*写出具有特定两端间距的聚合物的概率表达式*

随机选择聚合物两端间距为nl的概率（P）为

$$P=\frac{\text{聚合物两端间距为}nl\text{的构象的数目}}{\text{可能构象的总数目}}$$

原则上，聚合物的N个单体单元中的每一个可能处于分子链的左侧或者右侧，所以可能构象的总数是2^N。形成一个有N个单体，且两端距离为nl的链的总方式数W等于N_R个单元指向右侧，其余单元指向左侧的方式数。因此，为了计算W，可清点在给定的N个总单元中，实现有N_R个指向右侧的方式数。这个问题等同于从N个物体的集合中选取N_R个物体（见专题13A），即

$$W=\frac{N!}{N_R!(N-N_R)!}=\frac{N!}{N_R!N_L!}=\frac{N!}{\left[\frac{1}{2}(N+n)\right]!\left[\frac{1}{2}(N-n)\right]!}$$

由此推导出

$$P=\frac{W}{2^N}=\frac{N!}{\left[\frac{1}{2}(N+n)\right]!\left[\frac{1}{2}(N-n)\right]!2^N}$$

步骤 3　*考虑紧密链的问题*

当链紧密堆积时，即$n<<N$，计算$\ln P$就更方便了：此时阶乘大，可以使用斯特林近似公式（专题13A）。虽然那里使用的近似式是$\ln x!=x\ln x-x(x=N)$，这里使用更精确的形式较为恰当，即

$$\ln x!\approx\ln(2\pi)^{1/2}+\left(x+\frac{1}{2}\right)\ln x-x$$

经过一系列代数运算后，结果是

$$\ln P\approx\ln\left(\frac{2}{\pi N}\right)^{1/2}-\frac{1}{2}(N+n+1)\ln(1+\nu)-\frac{1}{2}(N-n+1)\ln(1-\nu)$$

其中$\nu=n/N$。对于一个紧密堆积的线团（$\nu<<1$），使用近似公式$\ln(1\pm\nu)\approx\pm\nu-\frac{1}{2}\nu^2$，从而得到

$$\ln P\approx\ln\left(\frac{2}{\pi N}\right)^{1/2}-\frac{1}{2}N\nu^2$$

重排得到

$$P=\left(\frac{2}{\pi N}\right)^{1/2}e^{-n^2/2N}\qquad\text{概率分布[一维无规线团]}\qquad(14D.3)$$

这个函数绘图于14D.6中。

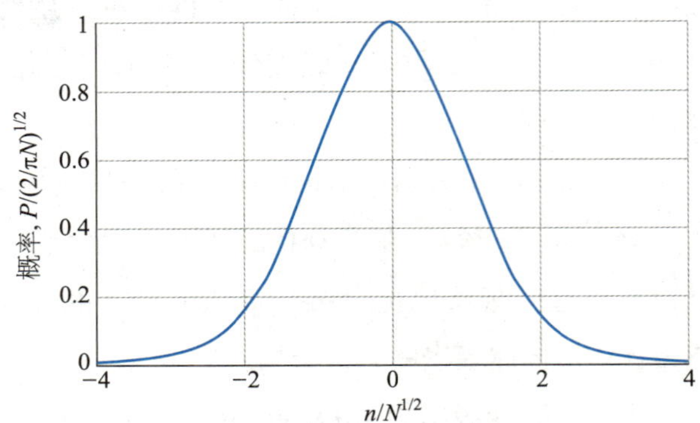

图 14D.6　一维无规线团两端间距的概率分布（两端的间距是nl，其中l是每个单体单元的长度）

简要说明 14D.1

假设$N=1\ 000$，$l=150$ pm，那么一维无规线团两端间距$nl=3.00$ nm的概率可由式（14D.3）给出，其中$n=3.00\times10^3$ pm/150 pm = 20.0，即

$$P=\left(\frac{2}{\pi\times1\ 000}\right)^{1/2}e^{-20.0^2/(2\times1\ 000)}=0.020\ 7$$

这意味着一维无规线团两端间距为nl的概率是1/48。

式（14D.3）经改编后可用于计算长的三维自由连接链的链端位于r至$r+dr$范围内概率，记为$f(r)dr$，其中：

$$f(r)=4\pi\left(\frac{a}{\pi^{1/2}}\right)^3r^2e^{-a^2r^2}\qquad a=\left(\frac{3}{2Nl^2}\right)^{1/2}\qquad\text{概率分布[三维无规线团]}\qquad(14D.4)$$

这里和其他地方都忽略了链的长度不能比Nl长的事实。尽管式（14D.4）给出了针对$r>Nl$的非零概率，但是这个值是如此之小，以至于在假设r趋向于无穷大的误差可以忽略不计。对于窄范围的距离δr，概率密度可处理为一个常数，且可由$f(r)\delta r$计算概率。对这个表达式的另一种解释是，把样品中的每个分子看作是从一个构象不断地转化为另一个构象，那么$f(r)dr$是任意时刻链的两端间距处于r和$r+dr$之间的概率。

简要说明 14D.2

参照在“简要说明14D.1”中所描述的链，其中$N = 1\,000$及$l = 150$，但现在是在三维空间，那么

$$a=\left[\frac{3}{2\times1000\times(150\text{pm})^2}\right]^{1/2}=2.58\times10^{-4}\ \text{pm}^{-1}$$

在$r = 3.00$ nm处的概率密度可通过式（14D.4）计算，得出

$$f(3.00\text{nm})=4\pi\times\left(\frac{2.58\times10^{-4}\text{pm}^{-1}}{\pi^{1/2}}\right)^3\times(3.00\times10^3\text{pm})^2\times e^{-(2.58\times10^{-4}\text{pm}^{-1})^2(3.00\times10^3\text{pm})^2}=1.92\times10^{-4}\ \text{pm}^{-1}$$

所以，链端在$r = 3.00$ nm处，在宽度$\delta r = 10.0$ pm的一狭窄范围内（忽略方向）的概率是

$$f(3.00\ \text{nm})\delta r = 1.92\times10^{-4}\ \text{pm}^{-1}\times10.0\ \text{pm} = 1.92\times10^{-3}$$

或者大约是1/520。

无规线团的几何尺寸有多种测试方法。**伸直长度**（contour length）R_c为沿着其骨架从原子到原子测量的聚合物（不仅是一无规线团）的长度，对于一个由N个长度为l的单体单元组成的聚合物来说，其伸直长度为

$$R_c = Nl \qquad \text{伸直长度} \qquad (14D.5)$$

方均根间距（root-mean-square separation）R_{rms}是线团两端间距平方的平均值的平方根。因此如果连接线团两端的矢量是$\boldsymbol{R}$，且每个单体由矢量$\boldsymbol{r}_i$表示，那么$\boldsymbol{R}=\sum_{i=1}^{N}\boldsymbol{r}_i$，以及

$$\langle R^2\rangle=\langle \boldsymbol{R}\cdot\boldsymbol{R}\rangle=\sum_{i,j=1}^{N}\langle \boldsymbol{r}_i\cdot\boldsymbol{r}_j\rangle=\sum_{i=1}^{N}\overbrace{\langle r_i^2\rangle}^{l^2}+\sum_{i\neq1}^{N}\langle \boldsymbol{r}_i\cdot\boldsymbol{r}_j\rangle$$

当N很大（如在整个过程中假设的那样），因为各个矢量方向随机，则式中蓝色的项为0，剩下的项就是Nl^2。据此，对于任意维度的无规线团，可有

$$R_{rms} = N^{1/2}l \qquad \text{方均根间距[无规线团]} \qquad (14D.6)$$

随着单体单元数的增加，聚合物两端的方均根间距以$N^{1/2}$的形式增加（图14D.7），因此三维线团的体积以$N^{3/2}$的形式增大。当链不是自由连接时，结果需要乘以一个因子（见下文）。

另一种方便的尺寸度量是**回转半径**（radius of gyration）R_g，它是一个具有与实际分子相同的质量和转动惯量（因而具有转动特性）的中空球的半径。同样，可用一维无规线团来说明计算R_g的过程。

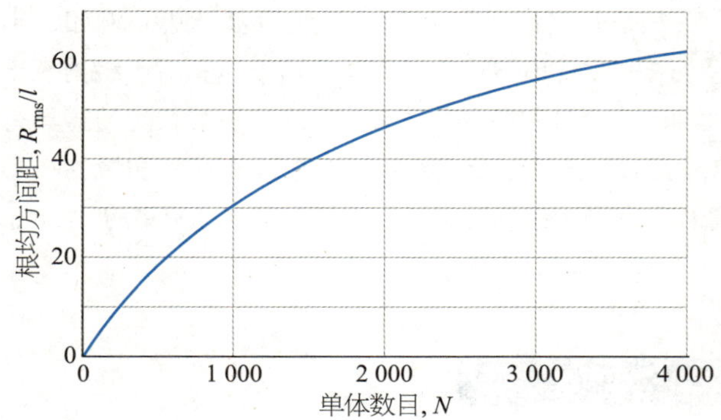

图 14D.7　三维无规线团两端的根均方间距（R_{rms}）随单体数目的变化

如何完成？ 14D.2　推导回转半径的表达式

需要建立N个单体单元（每个单体质量为m）的一维无规线团的转动惯量表达式，然后将其等于$m_{total}R_g^2$，其中m_{total}是聚合物分子的总质量，$m_{total} = Nm$。

步骤1　*建立转动惯量的表达式*

对于N个相同单体（每个质量为m）的一维无规线团，绕着链中心（其位于表示第一个单体的矢量的原点，因为指向左侧和右侧的矢量数量相同）的转动惯量为

$$I=\sum_{i=1}^{N}m_i d_i^2=m\sum_{i=1}^{N}d_i^2$$

式中d_i是质量m_i离原点的距离，该距离是矢量$\boldsymbol{d}_i$从原点开始经过i步的加和，即$\boldsymbol{d}_i=\sum_{j=1}^{i}\boldsymbol{r}_j$。

步骤2　*计算单体到原点的平均距离*

就像导出式（14D.6）的计算一样，可写出

$$\langle d_i^2\rangle=\langle \boldsymbol{d}_i\cdot\boldsymbol{d}_i\rangle=\sum_{j,k=1}^{i}\langle \boldsymbol{r}_j\cdot\boldsymbol{r}_k\rangle=\overbrace{\sum_{j=1}^{i}\overbrace{\langle r_j^2\rangle}^{l^2}}^{il^2}+\sum_{j\neq k}^{i}\langle \boldsymbol{r}_j\cdot\boldsymbol{r}_k\rangle$$

同样，对于无规线团来说，蓝色项是零。因此，$\langle d_i^2\rangle = il$，且线团的平均转动惯量（考虑到在给定的距离原点的两侧都存在一个单体）为

$$\langle I\rangle=2m\sum_{i=1}^{N}\langle d_i^2\rangle=2ml\sum_{i=1}^{N}i=N^2ml^2=Nm_{total}l^2$$

$$1+2+\cdots+N=\tfrac{1}{2}N(N+1)=\tfrac{1}{2}N^2$$

步骤3　*确定回转半径*

最后，设这个转动惯量等于$m_{total}R_g^2$，这意味着$R_g^2 = Nl^2$。所以有

$$R_g = N^{1/2}l \qquad \text{回转半径[一维无规线团]} \qquad (14D.7a)$$

对于三维无规线团，类似的计算可给出

$$R_g=\left(\frac{N}{6}\right)^{1/2}l \qquad \text{回转半径[三维无规线团]} \qquad (14D.7b)$$

由于更多的维度使得线团更加紧凑，因此在这种情况下回转半径更小。

其他几何形状的回转半径也可被计算。例如，半径为 R 的实心均匀球体具有 $R_g=\left(\frac{3}{5}\right)^{1/2}R$；对于绕垂直于长轴的一个轴的转动，长度为 L 的一根细长均匀棒具有 $R_g=L/12^{1/2}$。与一无规线团具有相同半径和质量的实心球体具有更大的回转半径，因为它是完全密集的。

简要说明14D.3

考虑一聚合物，它可以像三维无规线团一样缠绕。然而，假设大分子的小片段能够抵抗弯曲，因此将其想象成一个由 N 个长度为 l 的刚性单元自由连接的链更适合。若长度 $l=45$ nm（10^3 nm = 1 μm）及 $N=200$，则

由式（14D.5）：$R_c=200\times 45\ \text{nm}=9.0\ \mu\text{m}$

由式（14D.6）：$R_{rms}=(200)^{1/2}\times 45\ \text{nm}=0.64\ \mu\text{m}$

由式（14D.7b）：$R_g=\left(\frac{200}{6}\right)^{1/2}\times 45\ \text{nm}=0.26\ \mu\text{m}$

无规线团模型忽略了溶剂的作用：不良溶剂倾向于使线团变得紧密，从而使得溶质－溶剂接触最小化；良溶剂则相反。因此，基于模型的计算可以更好地看作是良好溶剂中聚合物尺寸的下限，以及不良溶剂中聚合物尺寸的上限。该模型最适用于块体固体样品中的聚合物，其中的线团可能有其自然的尺寸。

（b）受限的链

通过对键角取任意值的限制，可以自由连接链模型加以修正。对于长链，取相邻键的群组并考虑其组合方向是方便的。尽管每个连续的单独的键受限于相对于其邻近键角度为 θ 的单个锥体内，但几个键的组合则位于一随机方向。通过将注意力集中在这类群体而非个体上，结果表明：对于长链，上文给出的方均根间距和回转半径的表达式应该乘以

$$F=\left(\frac{1-\cos\theta}{1+\cos\theta}\right)^{1/2} \tag{14D.8}$$

对于键的一个四面体排布，$\cos\theta=-\frac{1}{3}$（即 $\theta=109.5°$），$F=2^{1/2}$。因此

$$R_{rms}=(2N)^{1/2}l \qquad R_g=\left(\frac{N}{3}\right)^{1/2}l \tag{14D.9}$$

一个受限的四面体链的尺寸

即使在键角受到限制后，无规线团分子模型仍然是一近似算法，因为它没有考虑两个或两个以上的原子不可能占据相同的位置。这种自回避性倾向于使线团溶胀，因此（在没有溶剂效应的情况下）最好将 R_{rms} 和 R_g 作为实际值的下限。

（c）部分刚性线团

链柔顺性的一个重要量度是**持久长度**（persistence length）l_p，即其上第一个单体－单体方向得以维持的长度。如果链是刚性的，则持久长度与伸直长度相同。对于一个自由连接的无规线团来说，持久长度就是一个单体单元的长度。因此，持久长度可以看作是对链的刚性的一种量度。

如果一个链的持久长度大于单体长度，那么链两端之间的方均根距离可以预期大于无规线团的方均根距离，因为线团的部分刚性不允许它缠绕得很紧。详细的计算表明：

$$R_{rms}=N^{1/2}lF \qquad F=\left(\frac{2l_p}{l}-1\right)^{1/2} \tag{14D.10}$$

对于无规线团，$l_p=l$，所以 $R_{rms}=N^{1/2}l$，如之前已得到的。对于 $l_p>l$，$F>1$，故线团已肿胀，如预期的那样。

例题14D.2 计算一部分刚性线团的方均根间距。

当持久长度从 l（单体单元的长度）变化到其2.5%的伸长长度时，$N=1\ 000$ 的聚合物链两端的方均根间距增加或减少的百分数是多少？

整理思路 伸长长度为 $R_c=Nl$。当 $l_p=l$ 时，链为无规线团，$R_{rms,\ random\ coil}=N^{1/2}l$，故式（14D.10）可以表示为 $R_{rms}=FR_{rms,\ random\ coil}$。因此，方均根间距的分数变化为

$$\frac{R_{rms}-R_{rms,\ random\ coil}}{R_{rms,\ random\ coil}}=\frac{R_{rms}}{R_{rms,\ random\ coil}}-1=\left(\frac{2l_p}{l}-1\right)^{1/2}-1$$

最后，用百分数表示这个分数变化。

解： 因为 $l_p=0.025R_c=0.025\ Nl$，所以分数变化为

$$\frac{R_{rms}-R_{rms,\ random\ coil}}{R_{rms,\ random\ coil}}=\left(\frac{2\times 0.025Nl}{l}-1\right)^{1/2}-1$$
$$=(0.050N-1)^{1/2}-1$$

当 $N=1\ 000$ 时，分数变化为6.00，故方均根间距增加600%。

自测题14D.2 计算相同的三维线团中的体积变化分数。

答案：340。

14D.4 力学性能

在自由连接链模型基础上，可以深入了解聚合物伸展和收缩的结果。

(a) 构象熵

无规线团是聚合物链的最小结构化的构象，因此对应于最大熵的状态。线团的任何伸展都会降低无序，并使熵减少。相反，由一更加伸展的形式来形成无规线团是自发的（假定焓的贡献不干预）。当一维链伸展或收缩时，相同的模型可用来推导**构象熵**（conformational entropy）变化的表达式，这个构象熵是由键的排布方式引起的统计熵。

如何完成？14D.3 推导一个自由连接的链的构象熵的表达式

考虑一个含有N个长度为l的单元的自由连接的一维链，伸展或收缩的距离为x，然后使用玻尔兹曼公式[式(13E.7)$S=k\ln W$]来计算链的构象熵，其中涉及确定W的值，即得到一特定构象的方式数。

步骤1 *计算W*

为了实现分子链的延伸，向右的步骤数（N_R）必须大于向左（N_L）的步骤数。因此，由$N_L+N_R=N$可写出$N_R-N_L=\lambda N$，其中λ介于−1~1之间，−1为所有都偏向左侧，1为所有都偏向右侧。然后，$N_R=\frac{1}{2}(1+\lambda)N$，$N_L=\frac{1}{2}(1-\lambda)N$，伸展的距离为$x=\lambda Nl$或$\lambda R_c$。得到这些步骤数的方式数（如在之前无规线团的讨论中）为

$$W=\frac{N!}{N_R!N_L!}=\frac{N!}{\left[\frac{1}{2}(1+\lambda)N\right]!\left[\frac{1}{2}(1-\lambda)N\right]!}$$

步骤2 *写出S的表达式*

由W的表达式和玻耳兹曼公式可知

$$S/k=\ln N!-\ln\left[\tfrac{1}{2}(1+\lambda)N\right]!-\ln\left[\tfrac{1}{2}(1-\lambda)N\right]!$$

因为阶乘很大（除了大的伸展外），可使用形式为$\ln x!\approx(x+\frac{1}{2})\ln x-x+\frac{1}{2}\ln(2\pi)$的斯特林近似公式，从而得到

$$S/k=-\ln(2\pi)^{1/2}+(N+1)\ln 2+(N+\tfrac{1}{2})\ln N-\tfrac{1}{2}\ln[N^{2N+2}(1+\lambda)^{N(1+\lambda)+1}(1+\lambda)^{N(1-\lambda)+1}]$$

步骤3 *写出熵变的表达式*

当线团没有伸展，且采用其最随机的构象（$\lambda=0$）时，则熵为

$$S/k=-\ln(2\pi)^{1/2}+(N+1)\ln 2-\tfrac{1}{2}\ln N$$

当链伸展或收缩的距离为λR_c时，则熵变就是这个量与来自步骤2的熵变之间的差值。经过一些代数运算及应用$N\gg 1$后，得到的表达式为

$$\Delta S=-\tfrac{1}{2}kN\ln[(1+\lambda)^{1+\lambda}(1-\lambda)^{1-\lambda}]\qquad \lambda=x/R_c$$

构象熵变化［一维无规线团］ (14D.11)

该函数绘于图14D.8中。可以看出，链最小的伸展量对应于最大熵。

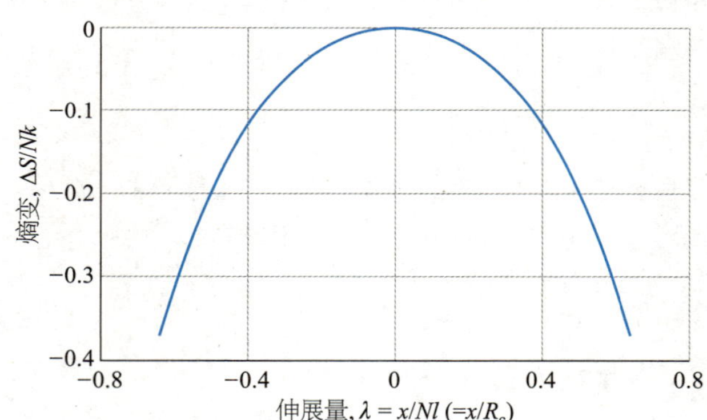

图14D.8 理想弹性体在伸展过程中的熵变（$\lambda=\pm1$对应于分子链在两个方向上的完全伸展；$\lambda=0$对应于无规线团具有最大的构象熵）

简要说明14D.4

假设$N=1\,000$，$l=150$ pm，因此$R_c=150$ nm。当（一维）无规线团伸展1.5 nm（对应于$\lambda=1/100$）时，熵变为

$$\Delta S=-\tfrac{1}{2}k\times1\,000\times\ln\left[\left(1+\frac{1}{100}\right)^{1+1/100}\left(1-\frac{1}{100}\right)^{1-1/100}\right]=-0.050k$$

因为$R=N_Ak$，摩尔熵变为$\Delta S_m=-0.050\,R$或$-0.42\ \mathrm{J\cdot K^{-1}\cdot mol^{-1}}$。

(b) 弹性体

弹性体（elastomer）是一种柔性聚合物，在外力作用下很容易膨胀或收缩。弹性体是具有众

多交联的聚合物，当应力消去时，这些交联会将它们拉回到原来的形状。在硅氧键上较弱的方向性约束是硅酮高弹性的原因。对于小的伸展，即使一个自由连接链也表现得像弹性体。它是“理想弹性体”，即其中内能与伸展无关的一种聚合物模型，可用于导出与链伸展或收缩相关的回复力表达式。

如何完成？14D.4　推导理想弹性体的回复力的表达式

目标是找到弹性体的回复力（F）的表达式，该弹性体模型化为由N个长度为l的单体组成的一维无规线团，其中链伸展或收缩的距离为$x = \nu l$。

步骤1　*利用热力学将回复力与熵联系起来*

当弹性体可逆地伸展一段距离$\mathrm{d}x$时，在弹性体上做的功为$F\mathrm{d}x$。因此从公式$\mathrm{d}U = \mathrm{d}w_{\text{rev}} + \mathrm{d}q_{\text{rev}}$及$\mathrm{d}q_{\text{rev}} = T\mathrm{d}S$可以得到，内能的改变为$\mathrm{d}U = F\mathrm{d}x + T\mathrm{d}S$。据此，对于等温伸展，有

$$\left(\frac{\partial U}{\partial x}\right)_T = F + T\left(\frac{\partial S}{\partial x}\right)_T$$

在理想弹性体（如完美气体）中，内能与尺寸无关（等温时），故$(\partial U/\partial x)_T = 0$。因此，回复力为

$$F = -T\left(\frac{\partial S}{\partial x}\right)_T$$

步骤2　*计算由于构象熵变化产生的力*

构象熵［式（14D.11）］可用表示伸展距离x（即$x = \lambda Nl$或$x = \lambda R_c$）的参数λ来表示。因此，注意到$\mathrm{d}x = Nl\mathrm{d}\lambda$，对$x$的偏导数可以用对$\lambda$的偏导数来代替。这样，就有

$$F = -\frac{T}{Nl}\left(\frac{\partial S}{\partial \lambda}\right)_T = -\frac{T}{Nl}\left(\frac{\partial \Delta S}{\partial \lambda}\right)_T$$

使用变化量ΔS替代S是可行的，因为熵的初始值与施加的伸展量无关。现在使用式（14D.11）可得到

$$\begin{aligned} F &= \frac{T}{Nl} \times \frac{Nk}{2} \times \frac{\mathrm{d}}{\mathrm{d}\lambda}\ln[(1+\lambda)^{1+\lambda}(1-\lambda)^{1-\lambda}] \\ &= \frac{kT}{2l}\frac{\mathrm{d}}{\mathrm{d}\lambda}[(1+\lambda)\ln(1+\lambda) + (1-\lambda)\ln(1-\lambda)] \\ &= \frac{kT}{2l}[\ln(1+\lambda) - \ln(1-\lambda)] \end{aligned}$$

即

$$F = \frac{kT}{2l}\ln\left(\frac{1+\lambda}{1-\lambda}\right) \qquad \lambda = \frac{x}{Nl} \qquad \text{回复力［一维无规线团］} \qquad (14\text{D}.12\text{a})$$

对小的位移（$\lambda \ll 1$，对应于$x \ll Nl$，即$x \ll R_c$），通过使用$\ln(1+\lambda) \approx \lambda$和$\ln(1-\lambda) \approx -\lambda$可将对数展开，得到

$$F \approx \frac{\lambda kT}{l} = \frac{kT}{Nl^2}x \qquad \text{回复力［一维无规线团］} \qquad (14\text{D}.12\text{b})$$

也就是说，对于小的位移，样品服从胡克（Hooke）定律（图14D.9）：回复力与位移成正比，且力常数k_f（力与位移之间的比例常数）为

$$k_f = \frac{kT}{Nl^2} \qquad (14\text{D}.12\text{c})$$

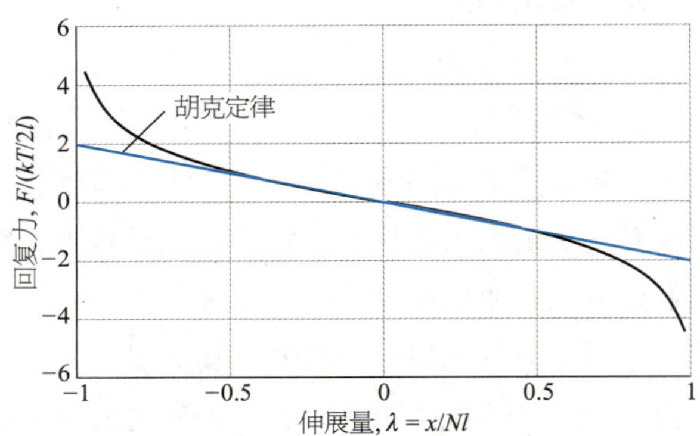

图14D.9　一维理想弹性体的回复力（F）。对于微小的伸展量，F与伸展量成正比，对应于胡克定律

简要说明14D.5

考虑一个$N = 5\ 000$和$l = 0.15$ nm的聚合物链，如果链的两端被分开的距离为$x = 1.5$ nm，那么$\lambda = 1.5\ \text{nm}/(5\ 000 \times 0.15\ \text{nm}) = 2.0 \times 10^{-3}$。因为$\lambda \ll 1$，所以293 K时的回复力可由式（14D.12b）给出，即

$$F = \frac{1.381\times10^{-23}\ \text{J}\cdot\text{K}^{-1}\times293\ \text{K}}{5\ 000\times(1.5\times10^{-10}\ \text{m})^2}\times1.5\times10^{-9}\ \text{m} = 5.4\times10^{-14}\ \text{N}$$

或54 fN。

14D.5　热性质

在足够高的温度下，热运动可以破坏合成聚合物的结晶度。结晶度的这一变化可以被认为是从结晶固体至更为流动的无规线团的分子内的熔化。聚合物的熔融也发生在特定的**熔融温度**（melting temperature）T_m，它随着材料中分子间相互作用的强度和数量的增加而增大。对于聚乙

烯来说，在固体中其分子链间具有较弱的相互作用，故 $T_m = 414$ K，而对于尼龙－66来说，分子链间有较强的氢键，故 $T_m = 530$ K。在涉及纤维和塑料的大多数实际应用中，高熔点是所期望的。

在**玻璃化转变温度**（glass transition temperature）T_g时，所有的合成聚合物都经历了从高的链流动性状态至低的链流动性状态的转变。为了想象玻璃化转变，考虑一下当弹性体的温度降低时会发生什么。在常温下，有足够的能量使键发生有限的旋转，且柔性链发生扭动（缠绕）。在较低的温度下，扭动的振幅逐渐减小，直到某一特定温度（T_g）时，运动被完全冻结，样品转变为玻璃态。常温下使用的弹性体，其玻璃化转变温度远低于300 K的情况是理想的。聚合物的玻璃化转变温度和熔融温度可以用量热法测量。由于在玻璃化转变温度时，高分子链的链段运动增加，因此 T_g 也可以通过将聚合物的比体积（质量密度的倒数）对温度作图来确定（图14D.10）。

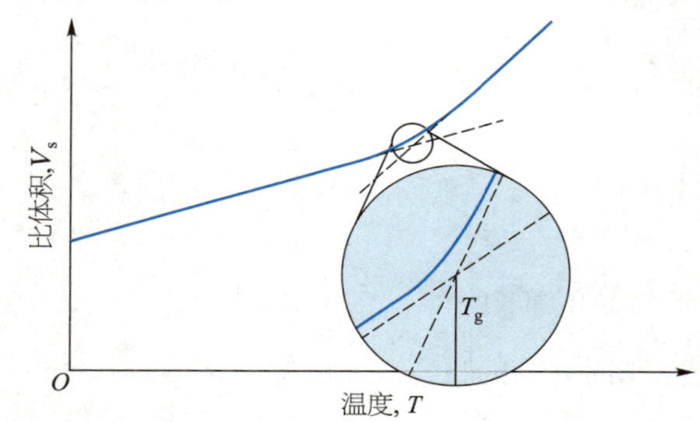

图14D.10 合成聚合物的比体积随温度的变化［玻璃化转变温度（T_g）位于曲线的两个线性部分外推的交点］

概念清单

- ☐ 1. **大分子**是由小分子组装而成的非常大的分子。
- ☐ 2. 合成**聚合物**是通过串联，以及在某些情况下交联更小的单元，即单体而制备的。
- ☐ 3. 大分子可以是**单分散**的，具有单一的摩尔质量，也可以是**多分散**的，其摩尔质量具有一定的分布。
- ☐ 4. 大分子的**构象**是分子链不同部分的空间排布。
- ☐ 5. 大分子的**初级结构**是组成聚合物的小分子残基序列。
- ☐ 6. **二级结构**是残基链的空间排列。
- ☐ 7. **三级结构**是大分子的整体三维结构。
- ☐ 8. **四级结构**是指其中较大的分子由其他分子的聚集而形成的一种方式。
- ☐ 9. 在**自由连接链**中，聚合物中的任何键都可以与前一个键形成任意角度。
- ☐ 10. 大分子的最小结构化构象是**无规线团**，它可以作为自由连接链的模型。
- ☐ 11. **弹性体**是一种柔性聚合物，在外力作用下很容易膨胀或收缩。
- ☐ 12. 聚合物中的长程有序在**熔融温度**下发生破坏。
- ☐ 13. 在**玻璃化转变温度**下，合成聚合物经历从高的链流动性状态到低的链流动性状态的转变。

公式清单

性质	公式	说明	公式编号
数均摩尔质量	$\bar{M}_n=\frac{1}{N_{total}}\sum_i N_iM_i$	定义	14D.1a
质均摩尔质量	$\bar{M}_w=\frac{1}{m_{total}}\sum_i m_iM_i$	定义	14D.1b
分散度	$Đ=\bar{M}_w/\bar{M}_n$	定义	14D.2
概率分布	$P=(2/\pi N)^{1/2}e^{-n^2/2N}$	一维无规线团	14D.3
	$f(r)=4\pi(a/\pi^{1/2})^3r^2e^{-a^2r^2}$, $a=(3/2Nl^2)^{1/2}$	三维无规线团	14D.4
无规线团的伸直长度	$R_c=Nl$		14D.5
无规线团的方均根间距	$R_{rms}=N^{1/2}l$	不受限的链	14D.6
无规线团的回转半径	$R_g=N^{1/2}l$	不受限的一维链	14D.7a
	$R_g=(N/6)^{1/2}l$	不受限的三维链	14D.7b
无规线团的方均根间距	$R_{rms}=(2N)^{1/2}l$	受限的四面体链	14D.9
伸展无规线团时构象熵的变化	$\Delta S=-\frac{1}{2}kN\ln[(1+\lambda)^{1+\lambda}(1-\lambda)^{1-\lambda}]$		14D.11
一维无规线团的回复力	$F=(kT/2l)\ln[(1+\lambda)/(1-\lambda)]$		14D.12a
	$F\approx(kT/Nl^2)x$	$x \ll R_c$	14D.12b

自组装

▶ 为何需要学习这部分内容？

小分子和大分子的聚集体是形成许多成熟和新兴技术的基础。要理解为什么会这样，需要理解它们的结构和性质。

▶ 核心思想是什么？

胶体和胶束是由分子或大分子的自组装而自发形成的，并通过分子相互作用而结合在一起。

▶ 需要哪些预备知识？

需要熟悉分子间相互作用（专题 14B）及离子间相互作用（专题 5E）。

自组装（self-assembly）是指通过分子间相互作用，如库仑作用、色散作用、氢键作用和疏水作用，分子或大分子复杂结构的自发形成。自组装的例子包括液晶的形成及由两个或多个多肽链形成蛋白质四级结构（专题 14C）。

14E.1 胶体

胶体（colloid），或称**分散相**（disperse phase），是指一种材料的小颗粒分散在另一种材料中，在重力作用下不沉淀。在本文中，“小”意味着至少某个维度小于约 500 nm（约为可见光的波长）。许多胶体是纳米颗粒的悬浮液（直径可达约 100 nm 的颗粒）。一般来说，胶体粒子是众多原子或分子的聚集体，但通常（但不是普遍地）它们太小而无法使用普通光学显微镜观察到。

（a）分类和制备

胶体的名称取决于所涉及的两个相：

- **溶胶**（sol）是固体在液体中的分散（如水中的金原子簇）或固体在固体中的分散（如红玉玻璃，即一种金在玻璃中的溶胶，透过光散射而产生颜色）。
- **气溶胶**（aerosol）是液体在气体中的分散（如雾和许多喷雾）或固体在气体中（如烟雾）的分散，颗粒通常大到可以用显微镜观察到。
- **乳状液**（emulsion）是液体在液体中的分散（如牛奶）。
- **泡沫**（foam）是气体在液体中的分散。

胶体可进一步分类为**亲液的**（lyophilic）（或溶剂吸引的）和**憎液的**（lyophobic）（即溶剂排斥的）。如果溶剂是水，则分别用术语**亲水的**（hydrophilic）和**憎水的**（hydrophobic）代替。憎液胶体包括金属溶胶。亲液胶体通常与溶剂有一些化学上的相似性，例如—OH基团可以形成氢键。凝胶是亲液溶胶的一种半刚性物质。

气溶胶的制备可像打喷嚏（形成不完美的气溶胶）一样简单。实验室和商业方法使用几种技术：材料（如石英）与分散介质一起研磨；将强电流通过电池可能导致一个电极溅射（破碎）成胶体粒子；浸在支撑介质中的电极之间的电弧也会产生胶体；化学沉淀有时会形成胶体；可以通过添加“胶溶剂”（如碘化钾）分散已经形成的沉淀（如碘化银）；黏土可以被碱胶溶，其中OH^-为活性剂。

通常乳状液是将两种成分在一起剧烈地搅动来制备的，尽管一般还需要添加某种乳化剂来稳定产品。乳化剂可以是皂基（长链羧酸盐）、其他**表面活性剂**（surfactant），或者是能在被分散相表面形成保护膜的亲液溶胶。牛奶是脂肪在水中的乳状液，乳化剂是酪蛋白，一种含有磷酸基的蛋白质。从牛奶表面形成的奶油可以清楚地看出，酪蛋白在稳定牛奶方面并不完全成功：被分散的脂肪凝聚成油滴浮至表面。通过确保乳液在起初就非常均匀地分散，可以防止乳状液凝聚，伴有超声的强烈搅拌可实现这种分散，产品为“均质化”的牛奶。

形成气溶胶的一种方法是用一股气流将液体喷雾分散开来。如果把电荷加在液体上，将有助于液体扩散，因为静电斥力会使液体碎裂成液滴。这种方法也可以用来制备乳状液，因为带电荷的液相可被导入另一种液体中。

胶体通常使用**渗析**（dialysis）的方法进行净化，即挤压溶液通过薄膜的过程，其目的是去除大部分（但不是全部，原因稍后解释）可能伴随其形成的离子物质。一种膜（如纤维素）可以渗透溶剂和离子，但不能渗透胶体粒子。透析是非常缓慢的，经常通过施加电场和利用许多胶体粒子携带电荷而加速，这种技术后来被称为**电渗析**（electrodialysis）。

（b）结构和稳定性

相对于块体，胶体在热力学上是不稳定的。这种不稳定性可以通过热力学表示，在恒定的温度和体积下，当样品的表面积变化 $\mathrm{d}\sigma$ 时，亥姆霍兹能的变化是 $\mathrm{d}A=\gamma\mathrm{d}\sigma$，其中 γ 是表面张力（专题 14C）。由此可见，如果 $\mathrm{d}\sigma<0$，则 $\mathrm{d}A<0$。也就是说，表面收缩（$\mathrm{d}\sigma<0$）是自发的（$\mathrm{d}A<0$）。因此胶体的存在必然是坍塌动力学的结果：胶体在热力学上不稳定，但在动力学上是稳定的。

初看起来即使动力学的论点似乎也站不住脚：胶体粒子在远距离上相互吸引，因此存在一种长程相互作用力，倾向于把胶体粒子凝聚成一个小团。其背后的原因如下：间距为 R_{ij} 的两个单个原子 i 和 j（每个胶体粒子中一个）之间的吸引能随间距以 $1/R_{\mathrm{ij}}^6$ 的形式变化（专题 14B）。然而，所有这些成对相互作用的和仅近似随 $1/R^2$ 减小（精确的变化取决于粒子的形状和它们的紧密堆积程度），其中 R 是粒子中心的距离。从 6 到 2 的幂的改变源于这样一个事实：在短距离时只有少数分子相互作用，但在远距离时许多单个分子彼此处于大致相同的距离，且对总和的贡献相等（图 14E.1），所以总相互作用不像单个分子－分子相互作用那样迅速减小。

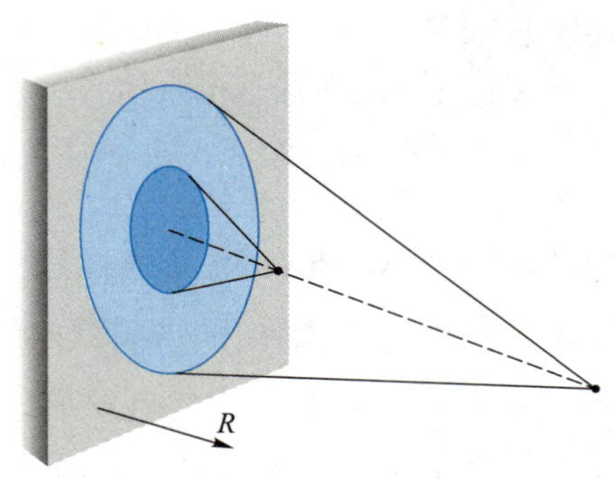

图 14E.1 虽然单个分子之间的引力正比于 $1/R^6$，但在大距离范围内（淡色区域）的分子比在小距离范围内（暗区）的分子多，因此总的相互作用能下降得更慢，并且与 $1/R$ 的较低幂次成正比

有几个因素可抵制长程分散吸引。例如，胶体粒子表面可能存在一种保护性的膜，可使胶体粒子的界面稳定，且当两个胶体粒子接触时，不能穿过界面膜。因此，在水中铂溶胶的表面原子发生化学反应，并被转变成—$\mathrm{Pt(OH)_3H_3}$；这一层像外壳一样把粒子包裹起来。脂肪可以通过皂基被乳化，是因为长链烃的尾巴渗透入油滴，但羧酸盐头基（或合成洗涤剂中其他亲水性基团）包围表面，与水形成氢键，产生一个带负电荷的壳，其排斥另一个类似荷电粒子的可能接近。

（c）双电层

胶体动力稳定性的一个主要来源是粒子表面存在电荷。相反电荷的离子倾向于聚集在彼此附近，并在粒子周围形成离子氛，就像单个离子一样（专题 5F）。

电荷存在两个区域。首先，有一层几乎不动的离子紧紧附着在胶体粒子的表面，其中可能包括水分子（如果它是支撑介质）。这个刚性层球体的半径称为**剪切半径**（radius of shear），它是决定粒子移动性的主要因素。相对于其在远处（即体相介质）的值，在剪切半径处的电势称为**电动电势**（electrokinetic potential，或称zeta电势）ζ。第二，荷电单元吸引流动离子的带相反电荷的离子氛。电荷的内壳层和外层离子氛构成**双电层**（electrical double layer）。

憎液分散体的稳定性理论是由捷亚金（B. Derjaguin）和兰道（L. Landau）发展的，维韦（E. Verwey）和欧弗比克（J. T. G. Overbeek）也独立地提出，故称为**DLVO理论**（DLVO theory）。它假设在相邻粒子上的双电层电荷之间的排斥相互作用和胶体粒子中分子之间的范德华相互作用引起的吸引相互作用之间存在一个平衡。由半径为a的粒子上双电层的排斥所产生的势能具有如下形式：

$$V_{\text{repulsion}}=+\frac{Aa^2\zeta^2}{R}e^{-s/r_D} \quad (14E.1)$$

式中A是一个常数，ζ是电动电势，R是中心间距，s是两个粒子表面的距离（对于半径为a的球形粒子，$s=R-2a$），r_D是双电层的厚度。这个表达式对具有较厚双电层（$r_D \gg a$）的小粒子适用，当双电层较薄（$r_D \ll a$）时，表达式替换为

$$V_{\text{repulsion}}=+\frac{1}{2}Ba^2\zeta^2\ln(1+e^{-s/r_D}) \quad (14E.2)$$

式中B是另一个常数。在每种情况下，双电层的厚度都可以用类似于德拜－休克尔理论中离子氛厚度的表达式来估算（专题5F和本书网站上“深入了解1”），其中在相反电荷之间吸引的组装影响和热运动的破坏效应之间存在竞争：

$$r_D=\left(\frac{\varepsilon RT}{2\rho F^2 I b^{\ominus}}\right)^{1/2} \quad \text{双电层厚度} \quad (14E.3)$$

式中I为溶液的离子强度［式（5F.28），$I=\frac{1}{2}\sum_i z_i^2 b_i/b^{\ominus}$，其中$b^{\ominus}=1\ \text{mol}\cdot\text{kg}^{-1}$］，$\rho$为质量密度。如前所述，$F$是法拉第常数，$\varepsilon$是介电常数，$\varepsilon=\varepsilon_r\varepsilon_0$。由吸引作用产生的势能表达式具有如下形式：

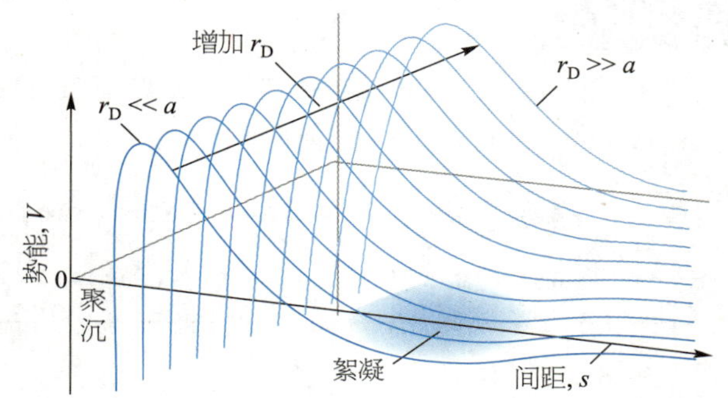

图14E.2 相互作用的势能随两个粒子的中心间距及粒子尺寸a与双电层厚度r_D之比的变化，标记聚沉和絮凝的区域显示有这些过程发生时势能曲线的下沉

$$V_{\text{attraction}}=-\frac{C}{s} \quad (14E.4)$$

式中C是另一个常数。总势能随间距的变化如图14E.2所示。

在高离子强度下，离子氛密集，在远距离时势能显示有一次极小值。由这个次极小值的稳定效应所产生的粒子的聚集称为**絮凝**（flocculation）。由于势阱较浅，絮凝的材料常常可以通过搅拌使其重新分散。当粒子的间距很小，以至于它们进入势能曲线的第一最小值且范德华力占主导地位时，发生**聚沉**（coagulation），即不同的粒子不可逆地聚集成大粒子。

随着离子的加入，特别是那些高电荷型离子的加入，离子强度增加。因此这些离子起着絮凝剂的作用。这种增加是经验性的**舒尔茨－哈代规则**（Schulze-Hardy rule）的基础，疏水性胶体最易被相反电荷和高电荷数的离子絮凝。明矾中的Al^{3+}是一种非常有效的诱导血液凝固的物质。含胶体黏土的河水入海后，海水诱导絮凝和聚沉，是河口泥沙淤积的一个主要原因。

金属氧化物溶胶倾向于带正电荷，而硫和贵金属溶胶倾向于带负电荷。天然形成的大分子在水中分散时也会获得电荷，蛋白质和其他天然大分子的一个重要特征是它们的总电荷依赖于介质的pH。例如，在酸性环境中，质子附着在碱性基团上，大分子的净电荷为正；在碱性介质中，由于失去质子，净电荷为负。在**等电点**（isoelectric point）的pH时，大分子上没有净电荷。

例题 14E.1　测定蛋白质的等电点

不同pH时，监测获得电场作用下牛血清白蛋白（BSA）在水中运动的速率，数据如下：

pH	4.20	4.56	5.20	5.65	6.30	7.00
速率，v / $\mu m\cdot s^{-1}$	0.50	0.18	−0.25	−0.65	−0.90	−1.25

蛋白质的等电点是什么？

整理思路　将速率对pH作图，然后使用内插法求出速率为零时的pH，这就是分子净电荷为零时的pH。

解： 将这些数据绘制于图14E.3中，在pH = 4.8时速率为0。因此，pH = 4.8是等电点。

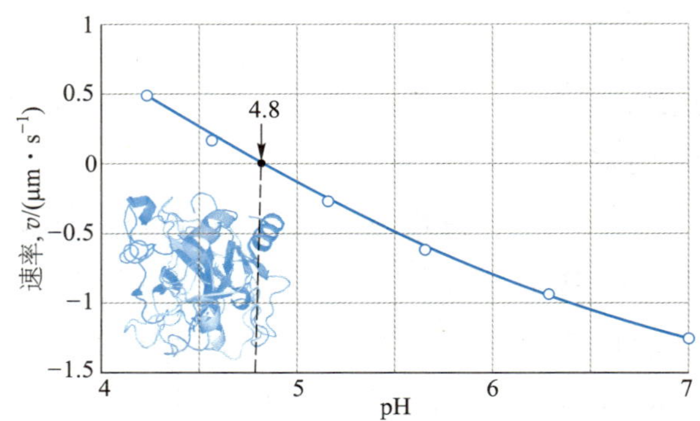

图 14E.3　将大分子的移动速率v对pH作图，可测得等电点，即速率为零时的pH（数据来自例题14E.1）

自测题 14E.1　另一种蛋白质的相关数据如下：

pH	3.5	4.5	5.0	5.5	6.0
速率，v / $\mu m\cdot s^{-1}$	0.10	−0.10	−0.20	−0.30	−0.40

估算等电点时pH。

答案：4.0。

双电层的主要作用是赋予溶胶动力学稳定性。只有当碰撞能量足以破坏离子和溶剂化分子层时，或当热运动移走了电荷的表面积累时，相互碰撞的胶体粒子才会攻破双电层并聚沉。这种破坏作用可发生在高温，这就是加热溶胶会导致其沉淀的原因。

14E.2　胶束和生物膜

在水溶液中，表面活性剂分子或离子可以聚集在一起形成**胶束**（micelle），胶束是一种胶体大小的分子簇，它们的疏水尾部趋向于聚集在一起，而向外的亲水性头基对胶束提供了保护（图14E.4）。

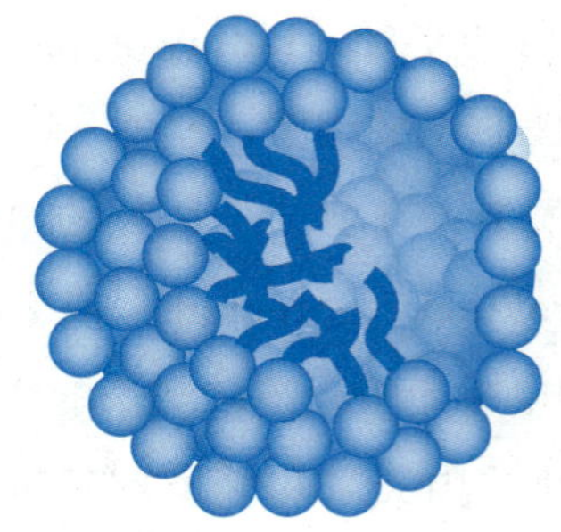

图 14E.4　球形胶束示意图（亲水性基团以球体表示，疏水性烷基链以茎秆表示，这些茎秆具有可移动性）

（a）疏水相互作用

考虑长链醇，如正戊醇（$CH_3CH_2CH_2CH_2CH_2OH$）。烷基链是疏水的，而—OH基团则是亲水的。同时含亲水区域和疏水区域的分子为**两亲分子**（amphipathic molecule）。两亲物质可以在水中轻微溶解，通过了解这一过程有助于理解胶束的形成和一般的生物结构。

为了详细地理解溶解过程，想象一个乙醇以单个分子存在于水中的假想始态，每个疏水链都被一个水分子笼所包围（图14E.5）。这种有序使水的熵低于它的“纯”值。现在，考虑疏水链已经结合在一起的终态。尽管这种成簇使系统的熵降低，但所需的笼子更少（但更大），而且更多的水分子可以自由移动。因此，疏水链簇形成的净效应是水分子的组织减少，进而系统的熵净增加。溶剂（水）的熵增加意味着疏水基团在水溶液环

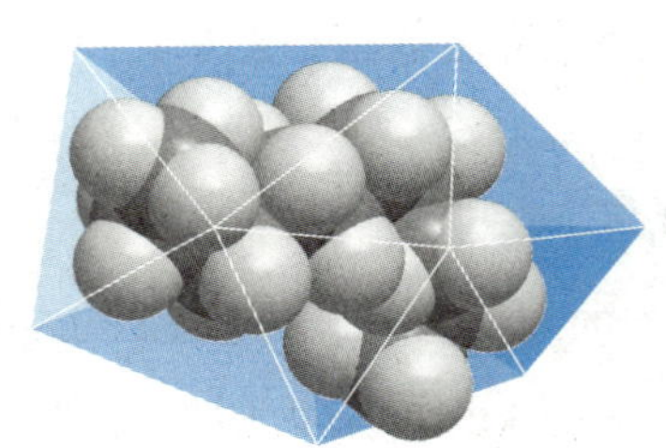

图 14E.5　当一个碳氢化合物分子被水包围时，H_2O分子形成一个笼状结构。这种结构使得水的熵减小，因此碳氢化合物在水中的分散伴随着熵局部的减小。然而，这些被关在笼中的单个烷烃分子聚集成胶束时，将释放出许多组成笼框的水分子，使它们重新回到体相中，并导致熵的增加

境中的簇集是自发的（前提是没有明显的焓效应）。在水存在下，疏水基团的这种自发簇集，看起来像是实际的分子间作用力的结果，称为**疏水作用**（hydrophobic interaction）。

通过溶解（与胶束形成不同）热力学的研究，可以对所涉及的过程有一些了解。随着溶质分子的分散及水为容纳溶质分子而产生的结构变化，众多的疏水分子在水中的溶解熵为正值（$\Delta_{diss}S^{\ominus}>0$）。这个过程通常是吸热的（$\Delta_{diss}H^{\ominus}>0$），但溶解吉布斯能（$\Delta_{diss}G^{\ominus}$）通常是负的，见以下数据（298 K）：

	$\Delta_{diss}G^{\ominus}$/kJ·mol^{-1}	$\Delta_{diss}H^{\ominus}$/kJ·mol^{-1}	$\Delta_{diss}S^{\ominus}$/J·K^{-1}·mol^{-1}
$CH_3CH_2CH_2CH_2OH$	−10	+8	+61
$CH_3CH_2CH_2CH_2CH_2OH$	−13	+8	+70

换句话说，溶解的趋势（至少在一定程度上）是熵驱动的，由溶质分子的分散与水分子的重组起作用。溶质一旦发生溶解，水分子的进一步重组就会驱动胶束的形成。实验值符合一个一般规则，即每增加一个CH_2基团，就会贡献−3 kJ·mol^{-1}的标准溶解吉布斯能。

这个讨论的另一个方面是可建立一个疏水性指标。一个小分子基团R的疏水性可通过定义**疏水常数**（hydrophobicity constant）π来表示，即

$$\pi=\lg\frac{s(RX)}{s(HX)}\quad 疏水常数[定义]\quad(14E.5)$$

式中$s(RX)$为疏水化合物RX在主要的烃类溶剂正辛醇中的摩尔溶解度与其在水中的摩尔溶解度之比，$s(HX)$为化合物HX的类似比值。正的π值表明RX比RH更疏水。

人们发现，大多数化合物的π值不依赖于X的属性（X可以是OH、NH_2等）。然而，测试结果表明，每增加一个CH_2基团，会增加相同的量：

—R	$—CH_3$	$—CH_2CH_3$	$—(CH_2)_2CH_3$	$—(CH_2)_3CH_3$	$—(CH_2)_4CH_3$
π	0.5	1.0	1.5	2.0	2.5

由此可见，随着碳链长度的增加，非环状饱和烃的疏水性增强。这一趋势可以通过注意到随着链中的碳原子数目的增加，$\Delta_{diss}G^{\ominus}$变得更负而得到合理的解释，由正丁醇和正戊醇的数据（见上）可见，熵起主要作用。

（b）胶束的形成

只有在高于**临界胶束浓度**（critical micelle concentration，CMC）和**Krafft温度**（Krafft temperature）时才形成胶束。可以通过观察溶液物理性质（特别是摩尔电导率）的显著变化，来测试CMC（图14E.6）。在CMC时，某些性质没有突变，但存在对应于CMC附近一浓度范围的过渡区域，其中物理性质随浓度平稳但非线性地变化。胶束内部的碳氢化合物就像一滴油。核磁共振表明，烷烃尾部是可以移动的，但比起在体相中略受限。由于胶束的溶解功能，它们在工业和生物学中都很重要：物质溶解在碳氢化合物内部后，就可以通过水来运输。因此，胶束系统被用作洗涤剂，用于有机合成、泡沫浮选处理矿石及石油回收等。

胶束的自组装具有协同过程的特征，在此过程中，聚集体的尺寸越大，表面活性剂分子加入一个正在形成的团簇中就变得越加可能。因此，经过缓慢的起动之后，胶束的形成就会一泻千里。假设主导的胶束M_N是N个单体M组成，则需要考虑的主要平衡为

$$N\,M \rightleftharpoons M_N \qquad K=\frac{[M_N]/c^{\ominus}}{([M]/c^{\ominus})^N}\qquad(14E.6a)$$

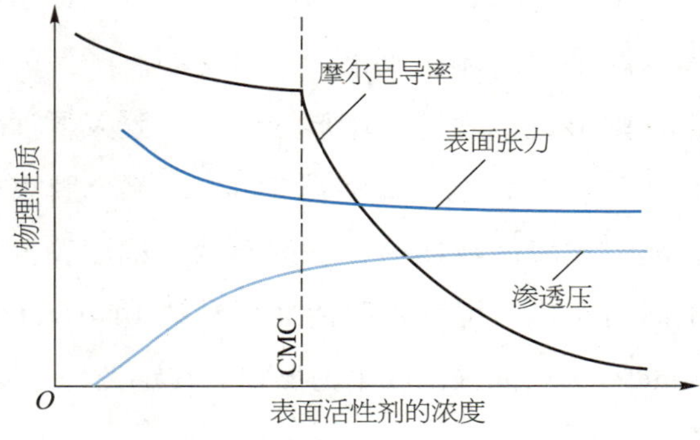

图14E.6　十二烷基硫酸钠水溶液的一些物理性质在临界胶束浓度（CMC）附近的典型变化

这里已假设溶液是理想的，活度可以被物质的量浓度取代。由于单体的大尺寸，这种假设可能存在很大缺陷。表面活性剂的总浓度$[M]_{total}$为$[M]+N[M_N]$，因为每个胶束由N个单体分子组成。因此（为了清晰，省略$c^{\ominus}$）

$$K=\frac{[M_N]}{([M]_{total}-N[M_N])^N} \tag{14E.6b}$$

简要说明 14E.1

式（14E.6b）可被求解，得到以胶束形式存在的分子分数与胶束中存在的分子数之间的关系。图14E.7中显示了针对$K=1$的一些结果。对于大的N，存在于胶束中的表面活性剂分子的分数有一个相当急剧的转变，这对应于CMC的存在。

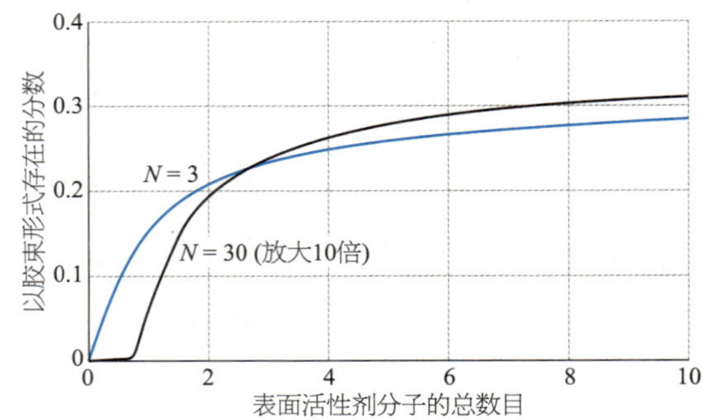

图14E.7　$K=1$时，以胶束形式存在的表面活性剂分子的分数与胶束中的分子数之间的关系

非离子型表面活性剂分子可以以1 000个甚至更多的分子聚集在一起，但离子型表面活性剂往往受头基之间静电斥力的破坏作用，簇集在一起的分子一般不到100个。然而，破坏效应更多地取决于头基有效尺寸的大小，而不是所带的电荷。例如，离子型表面活性剂如十二烷基硫酸钠（SDS）和十六烷基三甲基溴化铵（CTAB）在中等浓度下形成棒状胶束，而糖类非离子型表面活性剂则形成小的近似球形的胶束。胶束群通常具有大的粒径范围（即多分散性），单个胶束的形状随组成表面活性剂分子的形状、浓度和温度的不同而变化。可用**表面活性剂参数**（surfactant parameter）N_s来预测胶束的形状，其定义为

$$N_s=\frac{V}{Al} \tag{14E.7}$$

表面活性剂参数［定义］

式中V为疏水表面活性剂尾部的体积，A为亲水表面活性剂头基的面积，l为表面活性剂尾部的最大长度。表14E.1总结了胶束形状与表面活性剂参数的依赖关系。

表14E.1　胶束形状和表面活性剂参数

N_s	胶束形状
< 0.33	球形
0.33~0.55	圆柱形棒状
0.50~1.00	囊泡
1.00	平面双层
> 1.00	反胶束和其他形状

在水溶液中形成球形胶束，如图14E.4所示，表面活性剂的极性头基在胶束的表面，并与溶液中的溶剂和离子发生良好的相互作用。疏水相互作用稳定了疏水表面活性剂尾部在胶束核内的聚集。在一定的实验条件下，可形成**脂质体**（liposome），其具有被指向外部的外层包围的指向内部的分子内表面（图14E.8）。脂质体可用于携带血液中的非极性药物分子。

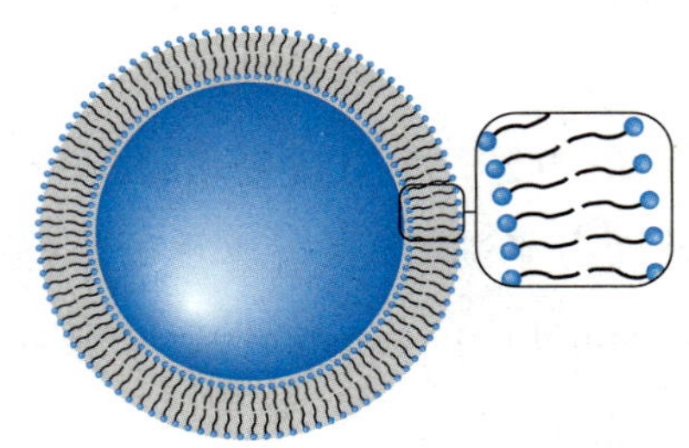

图14E.8　球形脂质体的横截面结构图

增加水溶液的离子强度可以减少表面头基之间的斥力，从而形成柱状胶束。这些柱状胶束可以相当紧密堆积（六方）的方式堆叠在一起，从而形成**溶致型液晶**（lyotropic mesomorphs），更通俗地说，形成“液晶相”。

反胶束（reverse micelles）在非极性溶剂中形成，其中较小的极性表面活性剂头基位于胶束壳内，而更疏松的疏水表面活性剂尾则延伸至有机体相。这些球形聚集体可以通过在胶束中心形成一个水分子池来溶解有机溶剂中的水。由于聚集体在高表面活性剂浓度下形成长程有序排列，许

多其他类型的结构如立方体和六边形也可能形成。

如前所述，胶束的形成是由疏水相互作用驱动的。胶束的形成焓反映了胶束内的分子链之间及极性头基与周围介质之间相互作用的贡献。因此，胶束的形成焓没有固定的数值，可能是正的（吸热）或负的（放热）。许多非离子型表面活性剂形成胶束时吸热，ΔH的量级为每摩尔表面活性剂10 kJ。在CMC以上确实可形成这类胶束，这表明此时伴随它们形成的熵变必须是正值；测量显示，在室温下其值约为$+140\ J\cdot K^{-1}\cdot mol^{-1}$。

（c）双分子层、囊泡和膜

在浓度远高于CMC时，一些胶束形成了两个分子厚度的伸展平行层，称为**平面双分子层**（planar bilayer）。单个分子垂直于平行层，其中在水溶液中亲水基团在表面，而在非极性介质中亲水基团在内部。当平面双分子层的片段折叠回至自身时，可形成**单室囊泡**（unilamellar vesicle）；其中，球形疏水双分子层壳将内部水室与外部水环境分离。

双分子层与生物膜十分相似，是研究生物结构的有效模型。然而，实际的膜是高度复杂的结构。膜的基本结构单元是磷脂，如卵磷脂(**1**)，它含有较长的烃链（通常在C_{14}~C_{24}范围内）和各种极性基团，如—$CH_2CH_2N^+(CH_3)_3$。疏水链堆叠在一起，形成一个约5 nm厚的扩展层。脂质分子形成层而不是胶束，因为烃链太庞大，不允许形成近球形的团簇。

1　卵磷脂

双分子层是一种高度可移动的结构。不仅烃链在极性基团之间的区域不断地扭曲和转动，而且磷脂分子也在表面上迁移。最好把双层膜结构看作是一种黏性流体，而不是一种永久性结构，其黏度大约是水的100倍。通常，膜中的一个磷脂分子每分钟迁移约1 μm。

所有脂质双分子层在某一温度都经历从一高的链移动性状态至一低的链移动性状态的转变，该温度决定于脂质体的结构。为了可视化这种转变，可考虑当温度降低时，双分子层膜有什么变化（图14E.9）。在正常温度下，有足够的能量使得发生有限的链旋转和柔性链扭动。然而，双分子层仍然是高度有组织的，即双分子层的结构没有被分割，该体系最好描述为液晶。在较低温度下，扭动的振幅逐渐减小，直到某个特定温度下，运动大部分被冻结。此时，膜以凝胶的形式存在。生物膜在生理温度下以液晶的形式存在。

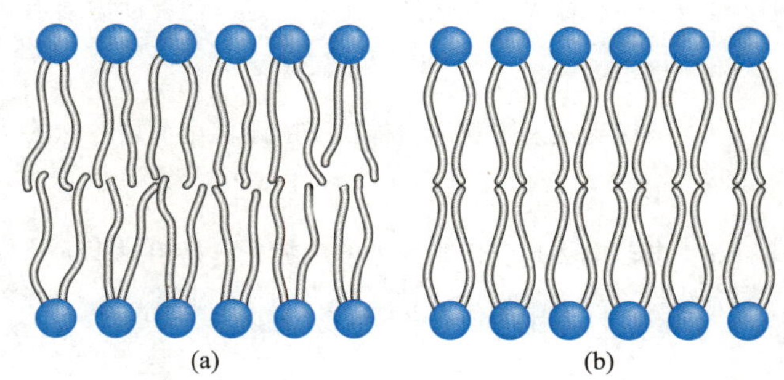

图14E.9　在脂质双分子层中烃链的柔顺性随温度的变化。（a）在生理温度下，双分子层以液晶的形式存在，其中存在一定的秩序，但烃链在其中蠕动。（b）在一特定的温度下，链大部分被冻结，双分子层以凝胶形式存在

通过量热法，通常可以观察到膜中从凝胶到液晶的“熔化”相变。数据显示了脂质结构与熔融温度之间的关系。在生物膜的磷脂中散布着甾醇，如胆固醇(**2**)，其主要是疏水性的，但也含有亲水性的—OH基团。甾醇在不同类型的细胞中以不同的比例存在，它可以防止脂质疏水链“冻结”成凝胶，并通过破坏链的堆积，使得膜的熔点分散到一定的温度范围内。

2　胆固醇

简要说明 14E.2

为了推测熔融温度的趋势，需要判断分子间相互作用的强度。可以预期，较长分子链比短分子链更加强烈地被疏水作用结合在一起。因此，可以预期，随着脂质疏水链长度的增加，熔融温度升高。另一方面，在凝胶相中任何有碍疏水链排列的结构元素都会导致较低的熔融温度。确实，含有不饱和链（即含有C═C键的链）的脂质，比含有完全饱和链（即只含有C—C键）的脂质，形成的分子膜熔点更低。

概念清单

- ☐ 1. **分散系统**是一种物质的小颗粒在另一种物质中的分散。
- ☐ 2. **胶体**分为亲液胶体和疏液胶体。
- ☐ 3. **表面活性剂**是一种在两相或两种物质的界面上聚集的物质。
- ☐ 4. 许多胶体粒子在热力学上不稳定，但在动力学上稳定。
- ☐ 5. **剪切半径**是附着于胶体粒子的刚性电荷层的球的半径。
- ☐ 6. **电动电势**是剪切半径处的电势，它是相对于远处体相介质中的值。
- ☐ 7. 电荷的内壳层与外氛围共同构成**双电层**。
- ☐ 8. **絮凝**是胶体粒子的可逆聚集。
- ☐ 9. **聚沉**是胶体粒子的不可逆聚集。
- ☐ 10. **舒尔茨－哈代规则**指出疏水胶体最易被相反电荷类型的离子和高电荷数的离子絮凝。
- ☐ 11. **两亲分子**具有疏水区域和亲水区域。
- ☐ 12. **疏水作用**导致非极性溶质在水中聚集成簇。
- ☐ 13. **胶束**是在**临界胶束浓度**和 **Krafft 温度**以上形成的胶体大小的分子簇。
- ☐ 14. **单室囊泡**是一种以伸展的平行片层存在的胶束。

公式清单

性质	公式	说明	公式编号
双电层厚度	$r_D=(\varepsilon RT/2\rho F^2 Ib^\ominus)^{1/2}$	德拜－休克尔理论	14E.3
疏水常数	$\pi=\lg[s(RX)/s(HX)]$	定义	14E.5
表面活性剂参数	$N_s=V/Al$	定义	14E.7

主题 14　分子相互作用——讨论题、练习题、问题及综合题

专题 14A　分子的电性质

讨论题

D14A.1 解释分子的永久偶极矩和极化率是如何产生的。

D14A.2 解释为什么分子的极化率在高频时降低。

D14A.3 描述测定分子偶极矩的有效实验方法。

练习题

E14A.1(a) 下列哪个分子可能是极性的：ClF_3，O_3，H_2O_2？

E14A.1(b) 下列哪个分子可能是极性的：SO_3，XeF_4，SF_4？

E14A.2(a) 计算两个大小为1.5 D和0.80 D、彼此夹角为109.5°的偶极矩的矢量加和。

E14A.2(b) 计算两个大小为2.5 D和0.50 D、彼此夹角为120.0°的偶极矩的矢量加和。

E14A.3(a) 计算在xy平面内如下电荷排布的偶极矩的大小和方向：$3e$在(0，0)，$-e$在(0.32 nm，0)，$-2e$与x轴夹角为20°且距离原点0.23 nm。

E14A.3(b) 计算在xy平面内如下电荷排布的偶极矩的大小和方向：$4e$在(0，0)，$-2e$在(162 pm，0)，$-2e$与x轴夹角为30°且距离原点143 pm。

E14A.4(a) 在极化率体积为$2.6\times10^{-30}\ m^3$的分子（如CO_2）中，诱导一个大小为1.0 μD的偶极矩需要多大的电场强度？

E14A.4(b) 在极化率体积为$1.05\times10^{-29}\ m^3$的分子（如CCl_4）中，诱导一个大小为2.5 μD的偶极矩需要多大的电场强度？

E14A.5(a) 氟苯蒸气的摩尔极化强度随T^{-1}线性变化，并且351.0 K时为70.62 $cm^3\cdot mol^{-1}$，423.2 K时为62.47 $cm^3\cdot mol^{-1}$。计算分子的极化率和偶极矩。

E14A.5(b) 一化合物蒸气的摩尔极化强度随T^{-1}线性变化，并且320.0 K时为75.74 $cm^3\cdot mol^{-1}$，在421.7 K为71.43 $cm^3\cdot mol^{-1}$。计算分子的极化率和偶极矩。

E14A.6(a) 在273 K时，三氟甲烷的摩尔极化强度为27.18 $cm^3\cdot mol^{-1}$，质量密度为1.89 $g\cdot cm^{-3}$。计算液体的相对介电常数。

E14A.6(b) 在273 K时，某液体的摩尔极化强度为32.16 $cm^3\cdot mol^{-1}$，质量密度为1.92 $g\cdot cm^{-3}$。计算液体的相对介电常数。取$M=85.0\ g\cdot mol^{-1}$。

E14A.7(a) CH_2I_2在643 nm光下的折射率为1.732。在293 K时其质量密度是3.32 $g\cdot cm^{-3}$。计算分子在此波长的极化率。

E14A.7(b) 某化合物在643 nm光下的折射率为1.622。在293 K时其质量密度是2.99 $g\cdot cm^{-3}$。计算分子在此波长的极化率。取$M=65.5\ g\cdot mol^{-1}$。

E14A.8(a) H_2O在光频下的极化体积为$1.5\times10^{-24}\ cm^3$。估算水的折射率。实验值为1.33。

E14A.8(b) 摩尔质量为72.3 $g\cdot mol^{-1}$、质量密度为865 $kg\cdot m^{-3}$的某液体在光学频率下的极化体积为$2.2\times10^{-30}\ m^3$。估算液体的折射率。

E14A.9(a) 氯苯的偶极矩为1.57 D，极化体积为$1.23\times10^{-23}\ cm^3$。当其质量密度为1.173 $g\cdot cm^{-3}$时，估算在298 K时其相对介电常数。

E14A.9(b) 溴苯的偶极矩为5.17×10^{-30} C·m，极化体积约为$1.5\times10^{-29}\ m^3$。当其质量密度为1491 $kg\cdot m^{-3}$时，估算在298 K时其相对介电常数。

问　题

P14A.1 甲苯的偶极矩为0.4 D。估算二甲苯三个同分异构体的偶极矩。你能确定哪个答案？

P14A.2 将过氧化氢的偶极矩大小对H—O—O—H（方位）角ϕ（从0变化到2π）作图。使用(1)所示的尺寸和部分电荷。

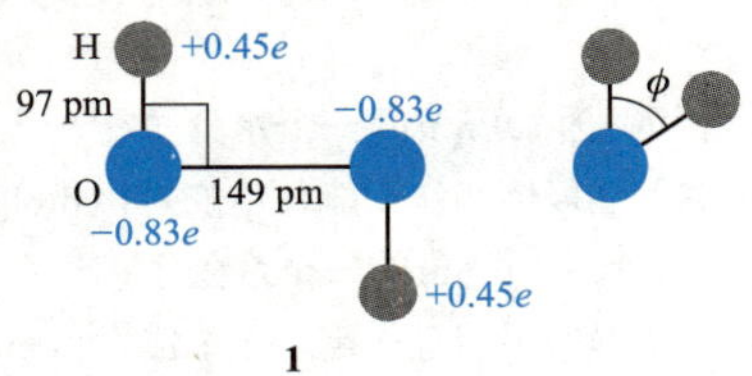

1

P14A.3 乙酸蒸气中含有一定比例的平面氢键二聚体(2)。纯气态乙酸分子的表观偶极矩大小随温度升高而增大。对这一观察结果给出解释。

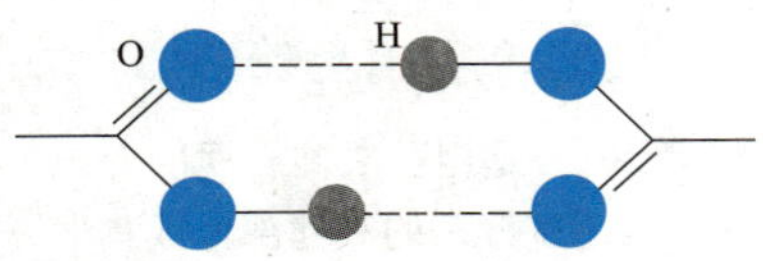

2

P14A.4 D.D. Nelson等人［Science, **238**, 1670(1987)］研究了氨的几种弱结合气相复合物，以寻找NH_3中的H原子形成氢键的例子，但没有找到。例如，他们发现NH_3和CO_2的复合物中碳原子离氮最近（299 pm）：CO_2分子与C—N“键”成直角，NH_3的H原子指离CO_2。据报道，这个复合物的永久偶极矩大小为1.77 D。如果N原子和C原子分别是负电荷分布和正电荷分布的中心，则那些部分电荷的大小（e的倍数）是多少？

P14A.5 NH_3的极化体积为$2.22\times10^{-30}\ m^3$，计算由强度为15.0 $kV\cdot m^{-1}$的外加电场所引起的对分子偶极矩的贡献。

P14A.6 与一点电荷Q的距离为r的电场大小为$Q/4\pi\varepsilon_0 r^2$，质子与水分子（极化体积为$1.48\times10^{-30}\ m^3$）的距离必须接近到何种程度，才能产生与水分子的永久偶极矩（1.85 D）相等的偶极矩？

P14A.7 在一定温度范围内测定了三氯甲烷（氯仿）的相对介电常数，结果如下：

θ/℃	−80	−70	−60	−40	−20	0	20
ε_r	3.1	3.1	7.0	6.5	6.0	5.5	5.0
$\rho/(g\cdot cm^{-3})$	1.65	1.64	1.64	1.61	1.57	1.53	1.50

三氯甲烷的凝固点为−64 ℃。解释这些结果并计算分子的偶极矩和极化体积。

P14A.8 甲醇（熔点为−95 ℃）的相对介电常数对密度变化校正后如下所示。从这些数据中可以推断出什么分子信息？取 $\rho = 0.791\ \mathrm{g \cdot cm^{-3}}$。

θ/℃	−185	−170	−150	−140	−110	−80	−50	−20	0	20
ε_r	3.2	3.6	4.0	5.1	67	57	49	43	38	34

P14A.9 Debye在他的经典著作《极性分子》中，报道了氨的极化率的一些早期测量。根据以下选出的数据，确定分子的偶极矩和极化率体积。

T/K	292.2	309.0	333.0	387.0	413.0	446.0
$P_m/(\mathrm{cm^3 \cdot mol^{-1}})$	57.57	55.01	51.22	44.99	42.51	39.59

氨在273 K和100 kPa下的折射率为1.000 379（对钠黄光）。计算气体在这个温度时的摩尔极化强度。将计算值与292.2 K时的静态摩尔极化强度相结合，并且仅从这个信息推断出分子偶极矩。

P14A.10 由电容测量确定的100 kPa时气态水的摩尔极化强度值随温度的变化如下：

T/K	384.3	420.1	444.7	484.1	521.0
$P_m/(\mathrm{cm^3 \cdot mol^{-1}})$	57.4	53.5	50.1	46.8	43.1

计算水的偶极矩及其极化率体积。

P14A.11 根据表14A.1中的数据，计算甲醇在293 K时的摩尔极化强度、相对介电常数和折射率。已知该温度下甲醇的质量密度为 $0.7914\ \mathrm{g \cdot cm^{-3}}$。

P14A.12 证明：在折射率接近1的气体中，折射率与压力的关系为 $n_r = 1 + 常数 \times p$，并找出此常数。说明如何从气体样品折射率的测量中推导出分子的极化率体积。

P14A.13 乙酸蒸气含有一定比例的平面氢键二聚体。纯液态乙酸的相对介电常数在290 K时为7.14，并随温度升高而增加。对后一个观测结果给出解释。等温稀释对乙酸在苯中溶液的相对介电常数有什么影响？

专题 14B　分子间的相互作用

讨论题

D14B.1 确定以下表达式及其中的术语，并指出它们成立的条件：(a) $V = -Q_2\mu_1/4\pi\varepsilon_0 r^2$，(b) $V = -Q_2\mu_1\cos\theta/4\pi\varepsilon_0 r^2$ 和 (c) $V = \mu_2\mu_1(1-3\cos^2\theta)/4\pi\varepsilon_0 r^3$。

D14B.2 描述对应于单极子、偶极子、四极子和八极子的电荷排列的例子。给出它们的电场具有不同的距离依赖性的原因。

D14B.3 解释分子间的许多吸引相互作用随着它们的距离以 $1/r^6$ 的形式变化这一理论的结论。

D14B.4 根据（a）静电相互作用和（b）分子轨道，描述氢键的形成。你如何识别出更好的模型？

D14B.5 一些聚合物具有特殊的性质。例如，凯夫拉（芳纶）(3) 具有足够的强度作为防弹背心的首选材料，并且在高达600 K的温度下稳定。这种聚合物的形成和热稳定性归因于什么样的分子相互作用？

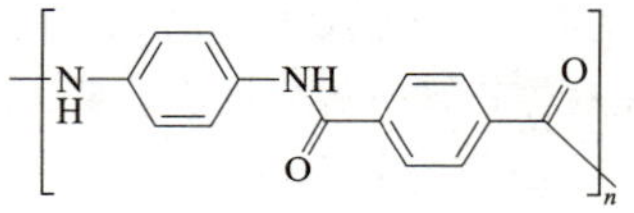

3　凯夫拉(芳纶)

练习题

E14B.1(a) 计算将距离一个 Li^+ 100 pm的一个 H_2O 分子的方向发生逆转时所需的摩尔能量。取水分子偶极矩的大小为1.85 D。

E14B.1(b) 计算将距离一个 Mg^{2+} 300 pm的一个HCl分子的方向发生逆转时所需的摩尔能量。取HCl的偶极矩的大小为1.08 D。

E14B.2(a) 使用式（14B.3b）计算在真空中，两个距离为3.0 nm、$\theta = 45°$ 的酰胺基团之间偶极相互作用的摩尔势能。取 $\mu_1 = \mu_2 = 2.7$ D。

E14B.2(b) 使用式（14B.3b）计算在相对介电常数为3.5的介质中，一个酰胺基团（$\mu = 2.7$ D）与一个水分子（$\mu = 1.85$ D）（距离为3.0 nm、$\theta = 45°$）之间的偶极相互作用的摩尔势能。

E14B.3(a) 当两个线性四极子共线且中心间距为 r 时，计算它们之间相互作用的势能。

E14B.3(b) 计算两个平行的、间距为 r 的线性四极子之间相互作用的势能。

E14B.4(a) 在温度为298 K、间距为0.5 nm时，计算在 $\mu = 1$ D的气相中分子对的平均相互作用能。将此能量与分子的平均摩尔动能进行比较。

E14B.4(b) 在273 K、间距为1.0 nm时，计算在 $\mu = 2.5$ D的气相中分子对的平均相互作用能。将此能量与分子的平均摩尔动能进行比较。

E14B.5(a) 计算间距为1.0 nm的一个水分子和一个苯分子之间的平均偶极 − 诱导偶极相互作用能，单位为 $\mathrm{J \cdot mol^{-1}}$。

E14B.5(b) 计算间距为1.0 nm的一个水分子和一个 CCl_4 分子之间的平均偶极 − 诱导偶极相互作用能，单位为 $\mathrm{J \cdot mol^{-1}}$。

E14B.6(a) 估算两个距离为1.0 nm的He原子的色散相互作用的能量（使用伦敦公式）。可以在资源部分找到相关数据。

E14B.6(b) 估算两个相隔为1.0 nm的Ar原子的色散相互作用的能量（使用伦敦公式）。可以在资源部分找到相关数据。

问　题

P14B.1 通常，分子中的原子因为基态中电子密度的空间变化而带有部分电荷。如果这些电荷被介质分开，它们会根据库仑定律相互吸引或排斥：$V = Q_1Q_2/4\pi\varepsilon r$，其中 Q_1 和 Q_2 是部分电荷，r 是它们的距离，ε 是电荷之间介质的介电常数。介质介电常数的不同值考虑了分子的其他部分或其他分子处于电荷之间的可能性。(a) 假设它们之间的介质是真空，计算距离为

3.0 nm、一个酰胺基的N原子上的一个−0.36（即$Q_1=-0.36e$）的部分电荷和羰基C原子上的一个+0.45（即$Q_2=+0.45e$）的部分电荷之间的相互作用能。（b）当体相水作为介质时重复上述计算。

P14B.2 使用静电模型计算在真空（$\varepsilon_r=1$）和水中（$\varepsilon_r\approx 80.0$）中断开一个O···H氢键所需的能量（$kJ\cdot mol^{-1}$）。设O···H距离为170 pm，H原子和O原子上的部分电荷分别为+0.42e和−0.84e（见问题P14B.1）。

P14B.3 一个H_2O分子（$\mu=1.85\ D$）在强度为$1.0\ kV\cdot m^{-1}$的外电场下进行排列（使得偶极矩矢量平行于电场方向）和一个Ar原子（$\alpha'=1.66\times10^{-30}\ m^3$）从一侧慢慢拉上来。在哪种距离下，$H_2O$分子旋转90°而且偶极矩指向接近的Ar原子是能量上有利的?

P14B.4 假设一个H_2O分子（$\mu=1.85\ D$）接近一阴离子，那么分子的有利取向是什么？当水偶极子内阴离子之间的距离分别为（a）1.0 nm、（b）0.3 nm和（c）30 nm时，计算阴离子所受到的电场大小（以$V\cdot m^{-1}$为单位）。

P14B.5 苯丙氨酸(Phe，4)是一种天然存在的氨基酸。苯基与邻近肽基的偶极矩之间的相互作用能是多少？取基团之间的距离为0.4 nm，并将苯基作为苯分子处理。肽基的偶极矩为$\mu=2.7\ D$，苯的极化率体积为$\alpha'=1.04\times10^{-29}\ m^3$。

4 苯丙氨酸

P14B.6 考虑两个苯丙氨酸残基（参见问题P14B.5）的苯基之间的色散相互作用。（a）估算间距为0.4 nm的两个这种环（作为苯分子处理）之间的相互作用势能。对于电离能，使用$I=5.0\ eV$。（b）已知力为势能的负斜率，计算在彼此之间可有色散相互作用的一个多肽链中，两个非键合的原子基团（如苯丙氨酸的苯基）之间的作用力的距离依赖性。两个苯丙氨酸的苯基（作为苯分子处理）之间的力为零时的距离是多少？提示：可通过考虑r和$r+\delta r$处的势能，其中（$\delta r\ll r$），并求$[V(r+\delta r)-V(r)]/\delta r$的值来计算斜率。在计算结束时，让$\delta r$变得趋于零。

P14B.7 已知$F=-dV/dr$，计算在彼此之间可有色散相互作用的聚合物链中两个非键合原子基团之间的作用力与距离的依赖性。

P14B.8 考虑(5)中所示的由一个O—H基团和一个O原子组成的系统，然后使用氢键的静电模型来计算相互作用的摩尔势能对角度θ的依赖性。

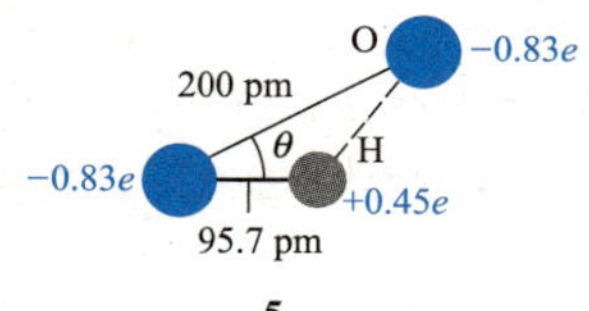

5

P14B.9 假设你质疑用于评估一特定多肽构象的勒纳德-琼斯势能(12, 6)，并用形式为e^{-r/r_0}的指数函数代替排斥项。绘制势能的形式图，并找出最小值所在的距离。提示：使用数学软件。

P14B.10 内聚能密度$\mathcal{U}$定义为U/V，其中U是样品内的平均吸引势能，V是体积。证明公式$\mathcal{U}=1/2[\mathcal{N}^2\int V(R)d\tau]$，其中$\mathcal{N}$是分子的数密度，$V(R)$是它们的吸引势能，积分范围从$d$到无穷大并且覆盖所有角度。接着证明：被形式为$-C_6/R^6$的范德华吸引力相互作用的分子均匀分布的内聚能密度等于$-(2\pi/3)(N_A^2/d^3M^2)\rho^2C_6$，其中$\rho$是固体样品的质量密度，$M$是分子的摩尔质量。

专题 14C 液体

讨论题

D14C.1 解释用于计算液体中径向分布函数的蒙特卡罗方法和分子动力学方法。

D14C.2 描述凝结过程。

练习题

E14C.1(a) 计算20 ℃时半径为10 nm的球形水滴的蒸气压。该温度下水的蒸气压为2.3 kPa，质量密度为$0.9982\ g\cdot cm^{-3}$。

E14C.1(b) 计算35.0 ℃时半径为20.0 nm的球形水滴的蒸气压。该温度下水的蒸气压为5.623 kPa，质量密度为$994.0\ kg\cdot m^{-3}$。

E14C.2(a) 水在洁净玻璃上的接触角接近零。计算20 ℃时水的表面张力。已知在该温度下，水在内径为0.300 mm的干净玻璃毛细管中可上升至4.96 cm的高度。在20 ℃时水的质量密度为$998.2\ kg\cdot m^{-3}$。

E14C.2(b) 水在洁净玻璃上的接触角接近零。计算30 ℃时水的表面张力。已知在该温度下，水在内径为0.320 mm的干净玻璃毛细管中上升至9.11 cm的高度。在30 ℃时水的质量密度为$0.9956\ g\cdot cm^{-3}$。

E14C.3(a) 计算20 ℃时半径为200 nm的球形液滴表面内外水的压力差。

E14C.3(b) 计算20 ℃时半径220 nm的球形液滴表面内外乙醇的压力差。乙醇在该温度下的表面张力为$22.39\ mN\cdot m^{-1}$。

E14C.4(a) 水在玻璃上的接触角接近于零。计算水在25 ℃时的表面张力，已知在该温度下，水在内径为0.500 mm的干净玻璃毛细管中上升至5.89 cm的高度。25 ℃时水的质量密度为$0.9970\ g\cdot cm^{-3}$。

E14C.4(b) 计算某液体在25 ℃时的表面张力，已知在该温度下，液体在内径为0.300 mm的干净玻璃毛细管中上升至10.00 cm的高度。25 ℃时液体的质量密度为$0.9500\ g\cdot cm^{-3}$。假设接触角为零。

问　题

P14C.1 一个简单的对分布函数具有如下形式：

$$g(r)=1+\cos\left(\frac{4r}{r_0}-4\right)\mathrm{e}^{-(r/r_0-1)}$$

其中$r>>r_0$，并且$r<r_0$时，则$g(r)=0$。这里参数r_0是勒纳德－琼斯势能函数［式（14B.12）］$V=-4\varepsilon[(r_0/r)^{12}-(r_0/r)^6]$等于零的间距。（a）绘制函数$g(r)$图。它是否类似于图14C.1所示的形式？（b）绘制$v_2(r)=r(\mathrm{d}V/\mathrm{d}r)$。

P14C.2 在20 ℃时测量了表面活性剂A的一系列水溶液的表面张力，结果如下：

$[\mathrm{A}]/(\mathrm{mol\cdot dm^{-3}})$	0	0.10	0.20	0.30	0.40	0.50
$\gamma/(\mathrm{mN\cdot m^{-1}})$	72.8	70.2	67.7	65.1	62.8	59.8

计算表面过剩浓度。

专题 14D　大分子

讨论题

D14D.1 区分数均摩尔质量、质均摩尔质量和Z均摩尔质量。哪个实验提供了这些摩尔质量的相关信息？

D14D.2 区分大分子结构的四个层次：一级、二级、三级和四级。

D14D.3 在原本的无规线团中存在部分刚性链的后果是什么？

D14D.4 定义以下表达式中的术语并指定其有效性的条件：（a）$R_c=Nl$，（b）$R_{rms}=N^{1/2}l$，（c）$R_{rms}=(2N)^{1/2}l$，（d）$R_{rms}=N^{1/2}lF$，（e）$R_g=N^{1/2}l$，（f）$R_g=(N/6)^{1/2}l$，（g）$R_g=(N/3)^{1/2}l$。

D14D.5 区分聚合物的熔融温度和玻璃化转变温度。

练习题

E14D.1(a) 计算两种聚合物的等物质的量混合物的数均摩尔质量和质均摩尔质量，已知一种聚合物的摩尔质量为$M=62\ \mathrm{kg\cdot mol^{-1}}$，另一种为$M=78\ \mathrm{kg\cdot mol^{-1}}$。

E14D.1(b) 计算两种聚合物的混合物的数均摩尔质量和质均摩尔质量，已知一种聚合物的摩尔质量为$M=62\ \mathrm{kg\cdot mol^{-1}}$，另一种$M=78\ \mathrm{kg\cdot mol^{-1}}$，其摩尔比为3∶2。

E14D.2(a) 一维聚合物链由700个链段组成，每个链段长0.90 nm。如果链是理想柔性的，那么链末端的方均根间距是多少？

E14D.2(b) 一维聚合物链由1 200个链段组成，每个链段长1.125 nm。如果链是理想柔性的，那么链末端的方均根间距是多少？

E14D.3(a) 以一维链为模型，计算聚乙烯链的伸直长度（伸展的链长度）和根均方间距（两端距离），聚乙烯的摩尔质量为280 $\mathrm{kg\cdot mol^{-1}}$。

E14D.3(b) 以一维链为模型，计算聚丙烯链的伸直长度（伸展的链长度）和根均方间距（两端距离），聚丙烯的摩尔质量为174 $\mathrm{kg\cdot mol^{-1}}$。

E14D.4(a) 一维长链分子的回转半径为7.3 nm。链由C—C连接组成。假设链是随机缠绕的，请估计分子链中C—C连接的数目。

E14D.4(b) 一维长链分子的回转半径为18.9 nm。链由长度为450 pm的连接组成，假设链是随机缠绕的，请估计分子链中的连接数目。

E14D.5(a) 当聚合物处理为一维自由连接的链时，摩尔质量为65 $\mathrm{kg\cdot mol^{-1}}$的聚乙烯链两端间距为10 nm的概率是多少？

E14D.5(b) 当聚合物处理为一维自由连接的链时，摩尔质量为85 $\mathrm{kg\cdot mol^{-1}}$的聚乙烯链两端间距为15 nm的概率是多少？

E14D.6(a) 当聚合物处理为三维自由连接的链时，摩尔质量为65 $\mathrm{kg\cdot mol^{-1}}$的聚乙烯链两端间距在10.0~10.1 nm之间的概率是多少？

E14D.6(b) 当聚合物处理为三维自由连接的链时，摩尔质量为75 $\mathrm{kg\cdot mol^{-1}}$的聚乙烯链两端间距在14.0~14.1 nm之间的概率是多少？

E14D.7(a) 当单元之间的键角被限制为109°时，一维聚合物链的回转半径增加(+)或减少(−)的百分比是多少？线团的体积变化百分比是多少？

E14D.7(b) 当单体之间键角被限制为120°时，一维聚合物链两端的方均根间距增加(+)或减少(−)的百分比是多少？线团的体积变化百分比是多少？

E14D.8(a) 当持久长度从l（键长）变化至伸直长度的5.0%时，由1000个单体组成的一维聚合物链两端的方均根间距将增加(+)或减少(−)的百分比是多少？线团的体积变化百分比是多少？

E14D.8(b) 当持久长度从l（键长）变化至伸直长度的2.5%时，由1000个单体组成的一维聚合物链两端的方均根间距将增加(+)或减少(−)的百分比是多少？线团的体积变化百分比是多少？

E14D.9(a) 一个三维部分刚性聚合物由1000个长度为150 pm的单元组成，其回转半径为2.1 nm，请问聚合物的持久长度是多少？

E14D.9(b) 一个三维部分刚性聚合物由1500个长度为164 pm的单元组成，其回转半径为3.0 nm，请问聚合物的持久长度是多少？

E14D.10(a) 在293 K时，计算摩尔质量为65 $\mathrm{kg\cdot mol^{-1}}$的一维聚乙烯链两端被移开1.0 nm时的回复力。

E14D.10(b) 在298 K时，计算摩尔质量为85 $\mathrm{kg\cdot mol^{-1}}$的一维聚乙烯链两端被移开2.0 nm时的回复力。

E14D.11(a) 当摩尔质量为65 $\mathrm{kg\cdot mol^{-1}}$的一维聚乙烯链两端被移开1.0 nm时，请计算摩尔熵的变化。

E14D.11(b) 当摩尔质量为85 $\mathrm{kg\cdot mol^{-1}}$的一维聚乙烯链两端被移开2.0 nm时，请计算摩尔熵的变化。

问　题

P14D.1 计算（a）半径为a的实心球体和（b）半径为a、长度为l的长棒状分子链的回转半径R_g。证明：对于比体积为v_s的一实心球体，有$R_g/\text{nm} \approx 0.056902 \times \{[v_s/(\text{cm}^3 \cdot \text{g}^{-1})][M/(\text{g} \cdot \text{mol}^{-1})]\}^{1/3}$。针对半径为0.50 nm的棒状分子链，计算$M = 100\ \text{kg} \cdot \text{mol}^{-1}$和$v_s = 0.750\ \text{cm}^3 \cdot \text{g}^{-1}$的物种的$R_g$。

P14D.2 使用式（14D.4）推导出：（a）链两端方均根间距，（b）链两端平均间距，（c）它们最可能的距离的表达式。对于$N = 4\ 000$和$l = 154$ pm的一完全柔性的链，计算这三个量。

P14D.3 对于一个由N个长度为l的单元组成的自由连接的链中一单体距离原点的均方距离，推导关系式$\langle r_i^2 \rangle = Nl^2$。提示：使用式（14D.4）中的分布。

P14D.4 推导出转动惯量的表达式，从而得到：（a）均匀薄圆盘，（b）均匀长棒，（c）均匀球的回转半径。

P14D.5 利用数学软件或电子表格程序生成随机数列，构建一个二维随机行走。构建一个50步和100步的随机行走。如果有很多人在做这个问题，用直接测量的方法来研究图中的平均间距和最概然间距。它们随$N^{1/2}$变化吗？

P14D.6 证明可将回转半径R_g定义为原子或基团（假设它们质量相同）的方均根间距，即$R_g^2 = (1/N)\sum_j R_j^2$，其中$R_j$是原子$j$到质心的距离。

P14D.7 利用下面的信息及书中引用的实心球体R_g的表达式[式（14D.7b）]，将下列物质分类为球状或类棒状。

A	$M/(\text{g} \cdot \text{mol}^{-1})$	$v_s/(\text{cm}^3 \cdot \text{g}^{-1})$	R_g/nm
血清白蛋白	66×10^3	0.752	2.98
丛矮病毒	10.6×10^6	0.741	12.0
DNA	4×10^6	0.556	117.0

P14D.8 导出一个被稍微伸展然后松开的一维无规线团基本振动频率的表达式。对于293 K时摩尔质量为65 kg · mol^{-1}的聚乙烯样品，计算其频率。从物理上解释频率与温度及摩尔质量的关系。

P14D.9 假设保持样品恒定长度所需的张力t与温度成正比（$t = aT$，与$p \propto T$类似），证明张力可归因于熵对样品长度的依赖性。根据样品的分子性质来解释这一结果。

P14D.10 下表列出了几种聚合物的玻璃化转变温度T_g。讨论单体单元结构对T_g值产生影响的原因。

聚合物	聚甲醛	聚乙烯	聚氯乙烯	聚苯乙烯
结构	$-[OCH_2]_n-$	$-[CH_2CH_2]_n-$	$-[CH_2-CHCl]_n-$	$-[CH_2-CH(C_6H_5)]_n-$
T_g/K	198	253	354	381

专题 14E　自组装

讨论题

D14E.1 区分溶胶、乳状液和泡沫并举几个例子。

D14E.2 解释疏水作用并讨论其表现方式。

D14E.3 实验发现：随着加入的氯化钠浓度的增加，水溶液中十二烷基硫酸钠的临界胶束浓度降低。解释这一效应。

D14E.4 胆固醇的加入对脂质双层的转变温度可能产生什么影响？

D14E.5 为什么在低温下生长的细菌和植物细胞比在高温下生长的细胞能合成更多的具有不饱和链的磷脂？

练习题

E14E.1(a) 在$3.0 < \text{pH} < 7.0$时，蛋白质在电场作用下通过水体的移动速率v与pH的关系为$v/(\mu\text{m} \cdot \text{s}^{-1}) = a + b(\text{pH}) + c(\text{pH})^2 + d(\text{pH})^3$，其中$a = 0.50$、$b = -0.10$、$c = -3.0 \times 10^{-3}$和$d = 5.0 \times 10^{-4}$。确定蛋白质的等电点。

E14E.1(b) 在$3.0 < \text{pH} < 5.0$时，蛋白质在电场作用下通过水体的移动速率v与pH的关系为$v/(\mu\text{m} \cdot \text{s}^{-1}) = a + b(\text{pH}) + c(\text{pH})^2$，其中$a = 0.80$、$b = -4.0 \times 10^{-3}$和$c = -5.0 \times 10^{-2}$。确定蛋白质的等电点。

问　题

P14E.1 氨基酸的非极性基团与蛋白质内部疏水位点的键合主要受疏水相互作用的控制。（a）对于碳氢化合物R—H，R=CH_3、CH_2CH_3、$(CH_2)_2CH_3$、$(CH_2)_3CH_3$和$(CH_2)_4CH_3$的疏水常数(π)分别为0.5、1.0、1.5、2.0和2.5。使用这些数据预测$(CH_2)_6CH_3$的π值。（b）对于不同的取代基R，测量了从糜蛋白酶解离抑制剂(**6**)的平衡常数K_I：

R	CH_3CO	CN	NO_2	CH_3	Cl
π	−0.20	−0.025	0.33	0.5	0.9
$\lg K_I$	−1.73	−1.90	−2.43	−2.55	−3.40

将$\lg K_I$对π作图，该图是否呈现出一线性关系？如果是这样，那么最佳拟合所得直线的斜率和截距是多少？（c）推测R = H时K_I的值。

R—C$_6$H$_4$—NH—CHO

6

P14E.2 使用数学软件重现图14E.7中的特征。

P14E.3 方程（14E.6b）的求解非常复杂，但在简单的情况下可以做较好的处理。当$N = 2$和$K = 1$时，找出$[M_2]$的表达式。

主题 14　分子相互作用

综合题

I14.1 证明与形式为C_6/R^6的势能相互作用的直径为d的N个原子的平均相互作用能可由$U=-2N^2C_6/3Vd^3$给出，其中V是分子被限域后的体积，忽略所有的团簇效应。然后，根据$n^2a/V^2=(\partial U/\partial V)_T$找出范德华参数$a$和$C_6$之间的联系。

I14.2 F. Luo等人［J. Chem. Phys., **98**, 3564(1993)］报道了He_2复合体的实验观测结果，这是一种长期未被发现的物种。事实上，观测需要在1 mK附近的温度，这与计算研究是一致的，计算表明对于He_2来说，$hc\tilde{D}_e$大约为1.51×10^{-23} J，$hc\tilde{D}_0$大约为2×10^{-26} J，R约为297 pm。（a）确定勒纳德－琼斯参数r_0和ε，并绘制He－He相互作用的勒纳德－琼斯势能。（b）绘制莫尔斯(Morse)势能，假定$a=5.79\times10^{10}$ m^{-1}。

I14.3 在探讨这个问题之前，请阅读本书网站上的“应用案例21”。分子轨道计算可以用来预测分子间复合物的结构。嘌呤和嘧啶碱基之间的氢键使得DNA呈现双螺旋结构。假设甲基腺嘌呤(**7**, R = CH_3)和甲基胸腺嘧啶(**8**, R = CH_3)是DNA中可以形成氢键的两个碱基的模型。（a）使用分子建模软件和你选择的计算方法来计算甲基腺嘌呤和甲基胸腺嘧啶中所有原子的原子电荷。（b）根据你计算的原子电荷的列表，确定甲基腺嘌呤和甲基胸腺嘧啶中可能参与氢键的原子。（c）画出所有可能由氢键连接的腺嘌呤－胸腺嘧啶对，记住在DNA中优先采用A—H···B片段的线性排列。对于这一步，你要使用分子建模软件来恰当地排列分子。（d）查阅“应用案例21”，确定你在（c）中画的哪个碱基对在DNA分子中自然发生。（e）对于胞嘧啶和鸟嘌呤，它们也在DNA中形成碱基对，请重复（a）至（d）部分。

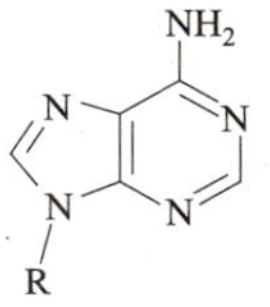

7　R = CH_3, 甲基腺嘌呤 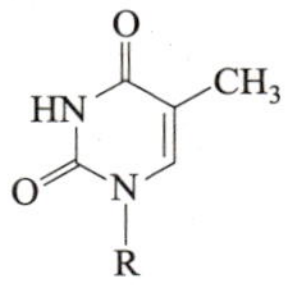　　**8**　R = CH_3, 甲基胸腺嘧啶

I14.4 分子轨道计算可以用来预测分子的偶极矩。（a）使用分子模拟软件和你选择的计算方法，计算肽链的偶极矩，以反－N－甲基乙酰胺(**9**)为模型。将这些偶极子之间相互作用的能量对角度θ作图，按照专题14B中结构**4**所示的排列方式，其中$r=3.0$ nm。（b）将（a）部分中偶极－偶极相互作用能的最大值，与生物系统中氢键相互作用能量的典型值20 kJ · mol^{-1}进行比较。

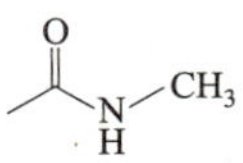

9　反－N－甲基乙酰胺

I14.5 在探讨此问题之前，请在本书网站上阅读“应用案例22”。化合物TIBO(**10**)的衍生物抑制逆转录酶，逆转录酶催化逆转录病毒的RNA转化为DNA。一系列TIBO衍生物的活性A的定量构效关系（QSAR）的分析表明

$$\lg A=b_0+b_1S+b_2W$$

其中S是与药物在水中溶解度有关的参数，W是与(**10**)中所示的取代基X中第一个原子的宽度有关的参数。（a）使用下列数据，确定b_0、b_1和b_2的值。提示：QSAR方程将一个因变量$\lg A$与两个自变量S和W联系了起来。为了拟合数据，必须使用多元回归的数学过程，这可以使用数学软件或电子表格程序来完成。

X	H	Cl	SCH_3	OCH_3	CN	CHO	Br	CH_3	CCH
$\lg A$	7.36	8.37	8.3	7.47	7.25	6.73	8.52	7.87	7.53
S	3.53	4.24	4.09	3.45	2.96	2.89	4.39	4.03	3.80
W	1.00	1.80	1.70	1.35	1.60	1.60	1.95	1.60	1.60

（b）对于$S=4.84$和$\lg A=7.60$的药物，W的值应该是多少？

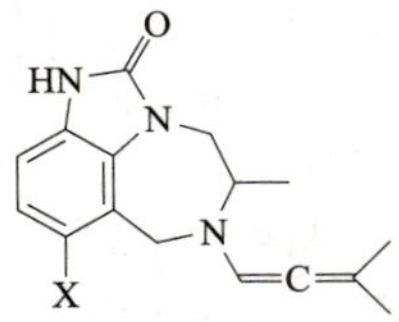

10　TIBO

I14.6 考虑拉伸橡胶的热力学描述。可观测量是张力(t)和长度(l)（类似气体的p和V）。因为$dw=tdl$，基本方程是$dU=TdS+tdl$。如果$G=U-TS-tl$，找出dG和dA的表达式，并推导出麦克斯韦关系式：

$$\left(\frac{\partial S}{\partial l}\right)_T=-\left(\frac{\partial t}{\partial T}\right)_l \qquad \left(\frac{\partial S}{\partial t}\right)_T=\left(\frac{\partial l}{\partial T}\right)_t$$

继续推导出橡胶的状态方程：

$$\left(\frac{\partial U}{\partial l}\right)_T=t-T\left(\frac{\partial t}{\partial T}\right)_l$$

I14.7 在探讨此问题之前，请在本书网站上阅读“应用案例21”。商业软件(更具体地说是“分子力学”或“构象搜索”软件)自动计算，得到Ramachandran图形。在这个问题中，蛋白质的模型是二肽(**11**)，其中末端甲基取代多肽链的其余部分。（a）当R = H时，画出二肽的三个初始构象异构体：第一个$\phi=+75°$、$\psi=-65°$；第二个$\phi=\psi=+180°$；第三个$\phi=+65°$、$\psi=+35°$。使用合适的软件优化每个异构体几何构象，并且算出在每种情况下最终的ϕ和ψ。是否所有的初始构象异构体都收敛到相同的最终构象？如果不是，这些最终的构象异构体代表什么？（b）使用（a）部分的方法，研究R = CH_3时的情形，以相同的三个初始构象异构体为计算起点。R = H和R = CH_3的两个二肽的最终构象异构体之间有何相似和不同？给出合理的解释。

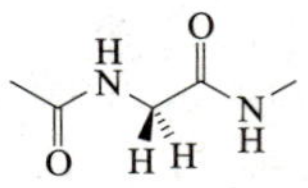

11

I14.8 无规线团的有效半径a与它的回转半径R_g相关，即$a=\gamma R_g$，其中$\gamma=0.85$。对于（a）一个自由连接的链，（b）一

个具有四面体键角的链，根据链单元的数目，导出渗透维里系数B（专题5B）的表达式。针对$l = 154$ pm和$N = 4000$，计算B值。估算任意摩尔质量M的无规缠绕的聚乙烯链的B值，并计算出$M = 56$ kg · mol^{-1}时的B值。提示：使用$B = \frac{1}{2}N_A v_P$，其中v_P是单个分子的排除体积。

主题 15
固体

本主题探究固体的结构和物理性质。固态物质囊括了绝大多数使现代技术成为可能的材料。它包含在建筑和工程中大量使用的各类钢材、在信息技术和电力输送中使用的半导体和金属导体、正在不断替代金属的陶瓷材料，以及主题14中讨论的在纺织工业中及制造现今诸多普通物品所采用的合成和天然聚合物。

15A 晶体结构

晶体的本质特征是其组分的有序排布。本专题阐释如何从排布的对称性角度来描述其有序性，而后说明如何定量描述其排布。

15A.1 周期性晶格；15A.2 晶面的识别

15B 衍射技术

衍射技术可以详尽地确定固体结构。本专题考虑X射线衍射的基本原理，并阐释如何从电子密度分布的角度解析衍射花样。电子和中子衍射丰富了有关固体中单个分子或原子结构的信息。

15B.1 X射线晶体学；15B.2 中子和电子衍射

15C 固体中的键合

固体的组分通过赋予特殊性质的各类相互作用结合在一起。本专题探究相互作用，并为讨论所产生的性质奠定基础。

15C.1 金属；15C.2 离子固体；15C.3 共价固体和分子固体

15D 固体的力学性质

固体的特征力学性质包含与其刚性相关的多个方面。这些性质是用与固体结构相关的几个参数来说明的。

15E 固体的电学性质

固体的一个非常重要的性质就是它传输电流的能力。本专题探究如何依据电导率来对固体进行分类，以及如何采用电子结构的“能带理论”来说明观察到的不同行为。之后，继续展示为什么少量杂质的引入就可以对半导体的性质产生显著的影响，以及该效应是如何广泛应用于现代电子学中半导体器件的制作的。

15E.1 金属导体；15E.2 绝缘体和半导体；15E.3 超导体

15F 固体的磁学性质

固体的磁学性质是根据其磁化率来说明的。如果磁性中心是独立的，该性质可以归因于单个电子的自旋。如果磁性中心相互作用，会出现类似铁磁性的性质。

15F.1 磁化率；15F.2 永久磁矩和诱导磁矩；15F.3 超导体的磁学性质

15G 固体的光学性质

光谱是探究固体电子结构的一种关键技术。在探究固体材料电子能带结构的同时，光谱观测还能够洞悉这些材料中存在的相互作用所引发的现象。当施加强烈辐照时，一些固体发生非线性响应，导致诸如倍频等有用的现象。

15G.1 激子；15G.2 金属和半导体；15G.3 非线性光学现象

网络资源 这部分内容有何应用?

采用X射线衍射技术确定生物大分子中所有原子的位置导致生物化学和分子生物学研究的革命。“应用案例23”通过探究所有X射线图案中最具开创性的一个：从DNA链得到的并用于构建DNA双螺旋结构模型的特征图案，展示了该技术的强大威力。“应用案例24”介绍了当前具有重大技术意义的导电纳米聚集体及其合成。

专题15A

晶体结构

▶ 为何需要学习这部分内容？

晶态固体在很多技术中都很重要，解释它们的力学、电学、光学和磁学性质，需要理解它们的微观结构。

▶ 核心思想是什么？

周期性晶体中原子的有序排布可以采用晶胞进行描述。

▶ 需要哪些预备知识？

需要用到描述对称性的相关表述（专题10A）。

晶体的内部结构由其原子、离子或者分子的有序阵列构成。该有序阵列的特征，如具体的堆积类型及其特征尺寸，是关联固体结构及其性质的关键。

15A.1 周期性晶格

周期性晶体（periodic crystal）是由有序重复的结构单元构成的，这些结构单元可以是原子、分子或者原子团、分子团和离子团。**空间晶格**（space lattice）是由代表这些结构单元位置的点组成的图案（图15A.1）。

空间晶格实际上是晶体结构的抽象框架。更严谨地说，空间晶格就是三维、无限的点阵，每个点都被相邻的点以相同的方式环绕，从而确立晶体的基本结构。在一些情况下，可能有结构基元正好处于晶格点上，但这并非必须。晶体结构本身是通过将每个晶格点同一个相同的结构单元相联系而获得的。就空间晶格意义上来说，作为准晶的固体是非周期性的，虽然仍然填充空间，但不具有平移对称性。本专题仅涉及周期性晶体。

晶胞（unit cell）是一个假想的平行六面体（平行四边形），通过它的单纯平移可以构建整个空间晶格（图15A.2）。

晶胞通常是通过直线连接相邻晶格点形成的，这样的晶胞称为**素晶胞**（primitive cell）（图15A.3）。如果图15A.2中的二维晶胞的4个节点中的任一个被看作由4个相邻晶胞所共用，则该晶胞总共只有一个晶格点。相同的定义对于三维的情况同样适用，此时素晶胞的8个位点被8个相邻的

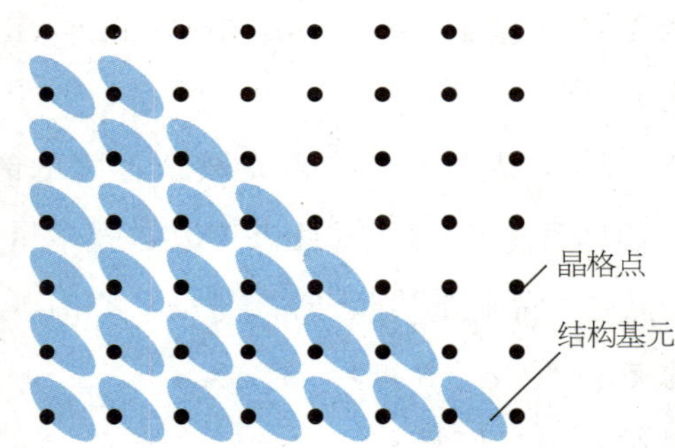

图15A.1 每个晶格点指定一个结构基元（如一个分子或者一个分子团）的位置。空间晶格是晶格点的完整阵列；晶体结构是依据格子排列的结构基元的集合

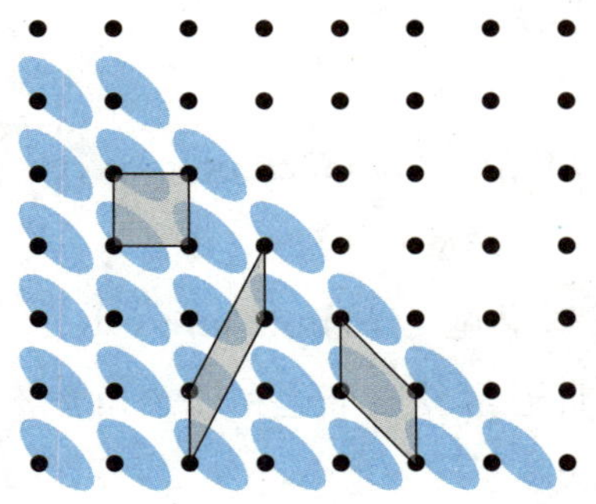

图15A.2 晶胞是一个平行四边形（不一定是正四边形），通过它的单纯平移（不是反映、旋转或反演）就可以构建整个晶格。在此处显示的二维情形中，每个晶格点被四个相邻的晶胞共用

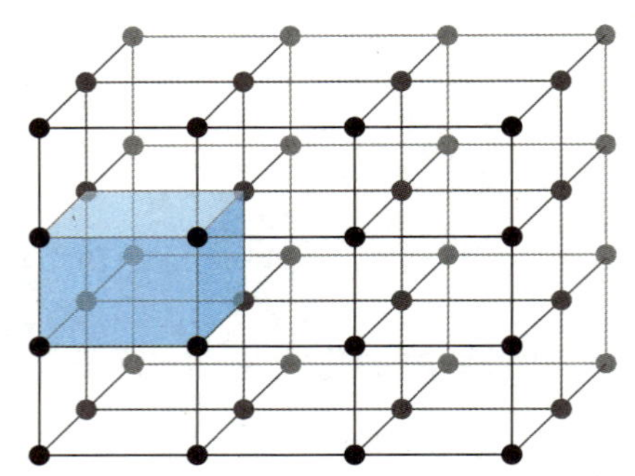

图15A.3　素晶胞（阴影体积所示）只在顶点有晶格点。如果将8个点中的每一个看作被相邻的8个晶胞共用，则晶胞只有一个晶格点

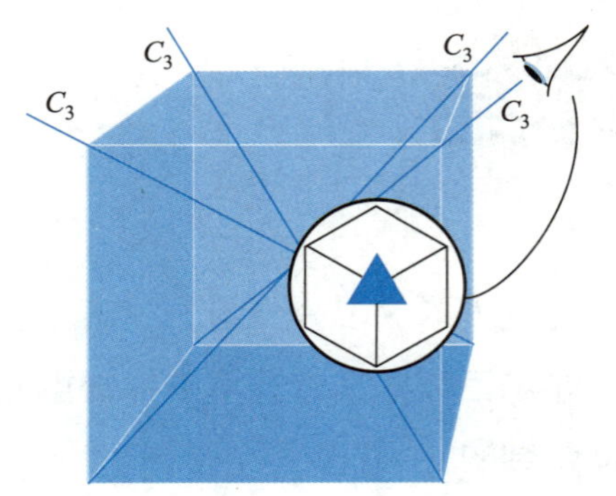

图15A.5　属于立方晶系的晶胞具有4个标记为C_3的三重轴，按立方体对角线排布（插图显示了其三重对称性）

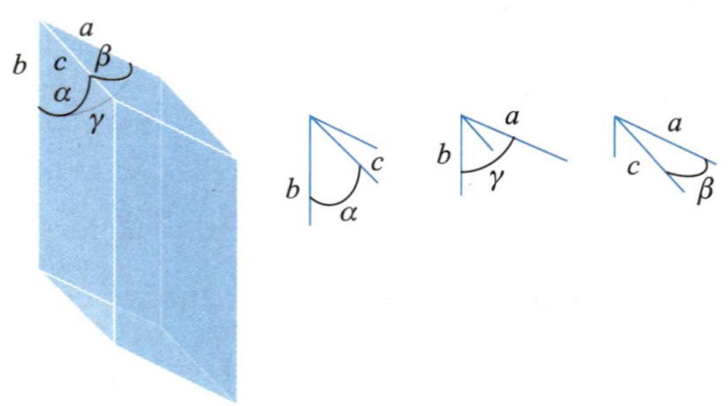

图15A.4　晶胞的边长和夹角的标记［注意α角落在面（b, c）内］

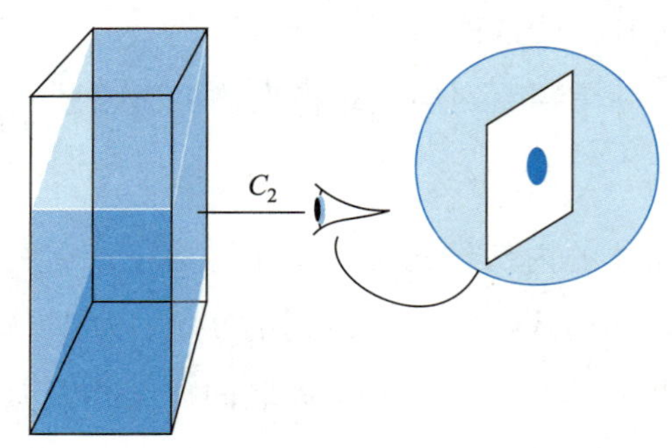

图15A.6　属于单斜晶系的晶胞具有一个标记为C_2的二重轴（在插图中更详细地显示）

晶格共用，每个晶胞总共只提供一个晶格点。画一个更大的、在其中心或者相对的两个面上也有晶格点的**非素晶胞**（non-primitive unit cell，即复晶胞），有时会更方便。

描述同一晶格可以采用无数个不同的晶胞。但通常选择其中边长最短且边与边之间尽量相互垂直的晶胞。晶胞的边长通常记为a、b和c，它们之间的夹角记为α、β和γ（图15A.4）。

通过确定它们具有的旋转对称元素，可以将晶胞分为7个**晶系**（crystal systems）。

- **立方晶胞**（cubic unit cell）：具有4个指向四面体顶角，且通过立方体体心的三重轴（图15A.5）。
- **单斜晶胞**（monoclinic unit cell）：具有一个二重轴（图15A.6）。
- **三斜晶胞**（triclinic unit cell）：没有旋转对称性，且通常其三个边和三个角都不相等（图15A.7）。

表15A.1列出了**基本对称性**（essential symmetries），即归属于某一特定晶系的晶胞必然

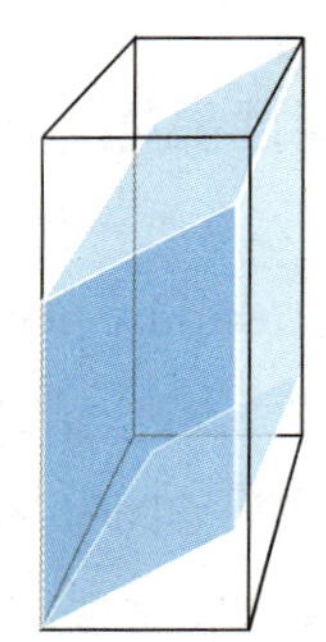

图15A.7　没有旋转对称性的三斜晶胞

表15A.1　7个晶系*

晶系	基本对称性
三斜	无
单斜	一个C_2轴
正交	3个相互垂直的C_2轴
菱形	一个C_3轴
四方	一个C_4轴
六方	一个C_6轴
立方	4个按立方体对角线排列的C_3轴

*C_n表示n重旋转，即通过旋转$360°/n$可以获得等同结构。

存在的特征对称元素。

在三维空间，只有14种不同的空间晶格。这些**布拉维晶格**（Bravais lattice）的晶胞示于图15A.8中。有时，采用素晶胞图示晶格比较方便，而有时则采用非素晶胞。通常使用以下记号：

- **素晶胞**（primitive unit cell，P）只在角上有晶格点。
- **体心晶胞**（body-centred unit cell，I）在晶胞中心也有一个晶格点。
- **面心晶胞**（face-centred unit cell，F）在顶角和六个面的中心都有晶格点。
- **边心晶胞**（side-centred unit cell，A、B或C）在顶角和两个相对的面心有晶格点。

对于简单结构，通常选择属于结构基元的一个原子或者一个分子的中心作为晶格点的位置或晶胞的顶点比较方便，但这不是必须的。在一个布拉维晶格的晶胞内，对称性相关的晶格点具有相同的环境。

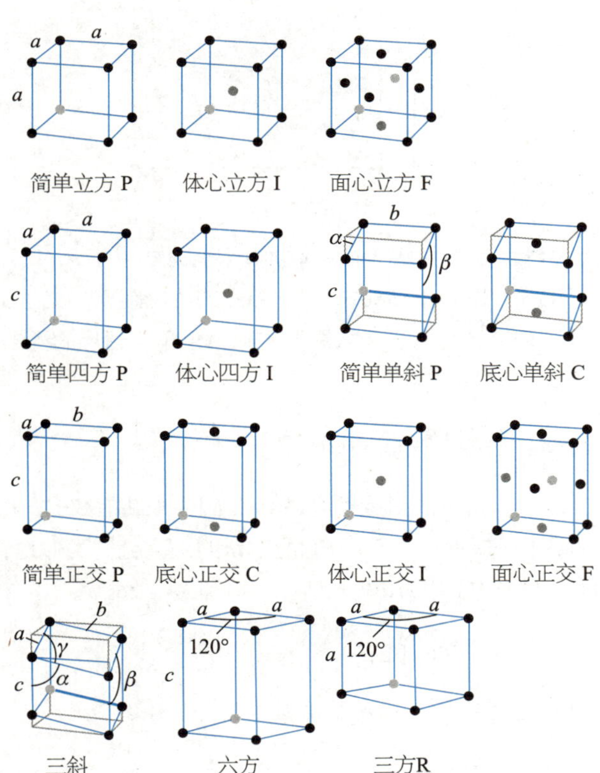

图15A.8 14种布拉维晶格。每个点代表晶格点，不一定为原子占据。P代表素晶胞（三方晶胞用R表示），I代表体心晶胞，F代表面心晶胞，C（或A、B）表示在相对的两个面上有晶格点。三方晶格可以归为菱形或六方晶系（如表15A.1所示）

简要说明15A.1

图15A.9中展示的二维晶格由按矩形排列的晶格点组成，在每个矩形的中心有一个额外的点。图中标注了一个（非素）晶胞。这个晶胞具有通过矩形两条对边的中点的二重对称轴。绕这些轴的旋转互换了位于矩形顶角上的晶格点，但在中心的晶格点不受影响。因此，在顶角的晶格点是等价的，但在晶胞中心的晶格点是不同的。

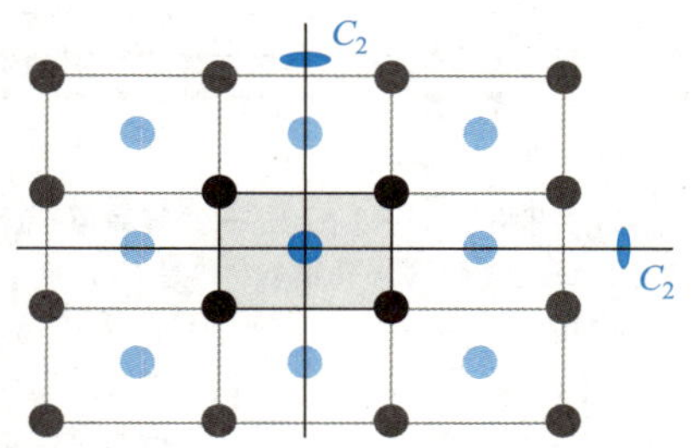

图15A.9 简要说明15A.1中使用的二维晶格。用阴影区标注了一个（非素）晶胞。位于晶胞顶角的晶格点通过绕所示的二重对称轴的旋转相互关联；而在中心的晶格点则不受这些操作的影响

15A.2 晶面的识别

用于测量晶胞尺寸和晶胞内分子排列的衍射技术的解析，需要用到通过晶体的晶面取向和晶面间距（专题15B）。二维晶格比三维晶格更容易图示，因此，本部分对辨别晶面中涉及的概念的介绍先从二维开始，而后将讨论结果通过类比扩展到三维。注意，晶面并不需要通过晶格点。

（a）米勒指数

考虑边长为a和b的晶胞所形成的二维矩形晶格（图15A.10）。图中每个板面都显示一组等间距的平面。对于每一组面，可以通过考虑与原点最近但不过原点的面，然后用在a、b轴上的截距来进行识别。这些截距包括（a）$(1a, 1b)$，（b）$(\frac{1}{2}a, \frac{1}{3}b)$，（c）$(-1a, 1b)$和（d）$(\infty a, 1b)$，其中$\infty$表示该面与这个轴平行，并相交（理论上）于无限远。如果我们同意以晶胞对应尺寸的倍数来表示沿轴的距离，那么，这些截距就可以更为简单地分别表示为$(1, 1)$，$(\frac{1}{2}, \frac{1}{3})$，$(-1, 1)$和$(\infty, 1)$。如果图15A.10中的晶体是一个三维立方晶格的

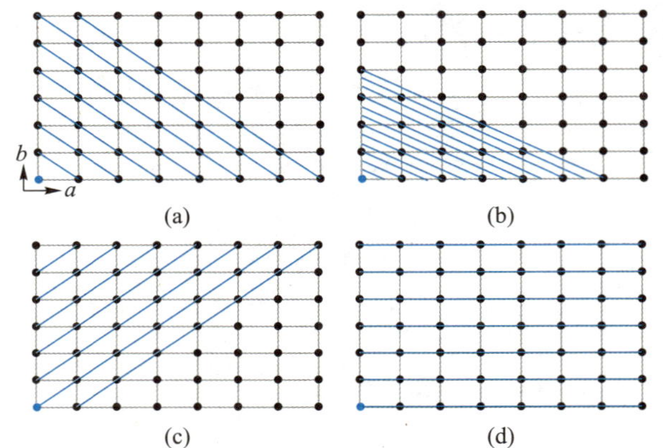

图15A.10　在四方空间格子中可以画出的一些等间距平面组。原点由蓝色晶格点表示；每组平面的米勒指数{hkl}是（a）{110}，（b）{230}，（c）{$\bar{1}$10}和（d）{010}

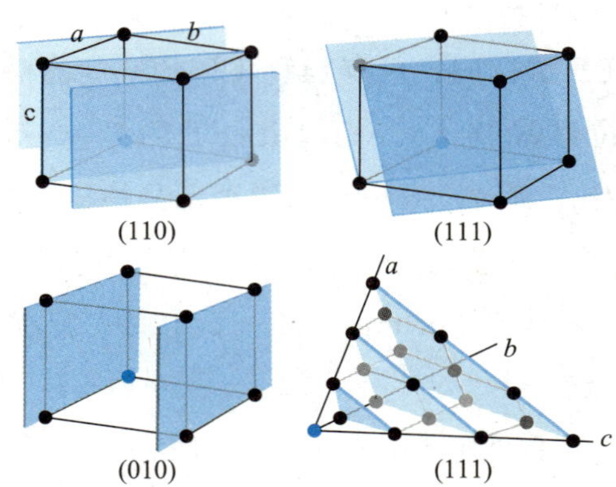

图15A.11　三维中的一些代表性晶面及其米勒指数（原点采用蓝色晶格点表示。注意指数0表示该平面平行于对应的轴，且这种标定指数的方法也可以用于具有非正交轴的晶胞）

俯视图，则所有四组面与c轴相交于无穷远。因此，对于三维的情况，这一个标记为$(1, 1, \infty)$，$(\frac{1}{2}a, \frac{1}{3}b, \infty)$，$(-1, 1, \infty)$和$(\infty, 1, \infty)$。

这些标记中因分数和无穷大所导致的不便，可以通过使用**米勒指数**（Miller indices）（hkl）来指定晶面而加以避免，其中h、k、l分别是沿a、b、c轴的截距的倒数。例如，面（$\frac{1}{2}$，$\frac{1}{3}$，∞）的米勒指数是{230}。可以发现，这种标记带来了额外的好处。米勒标记法具有下述特征：

- 负指数在数字上加一横线，如在{$\bar{1}$10}中；
- 记号（hkl）表示一个面。一组相同间距的平行平面用{hkl}表示。例如：

轴上截距	$(a, b, \infty c)$	$(\frac{1}{2}a, \frac{1}{3}b, \infty c)$	$(-a, b, \infty c)$	$(\infty a, b, \infty c)$
移去晶胞尺寸	$(1, 1, \infty)$	$(\frac{1}{2}, \frac{1}{3}, \infty)$	$(-1, 1, \infty)$	$(\infty, 1, \infty)$
取倒数	(1, 1, 0)	(2, 3, 0)	(−1, 1, 0)	(0, 1, 0)
表示为指数	(110)	(230)	($\bar{1}$10)	(010)
平行面组	{110}	{230}	{$\bar{1}$10}	{010}

一个值得记住的特征是，{hkl}中h的绝对值越小，这一组平行平面就越接近于平行a轴（{h00}面是一个例外），k和b轴及l和c轴同样如此。当$h = 0$时，面与a轴相交于无限远。因此，{0kl}这一组面平行于a轴。类似地，{h0l}这一组面平行于b轴，而{hk0}这一组面平行于c轴。

图15A.11显示一系列面的三维表示，其中包含一个具有非正交轴的晶格。

（b）相邻晶面间距

米勒指数在表示相邻晶面间距时特别有用。

如何完成？ 15A.1　导出晶面间距的表达式

考虑一个由边长为a的晶胞构成的正方形晶格的{hkl}晶面（图15A.12）。

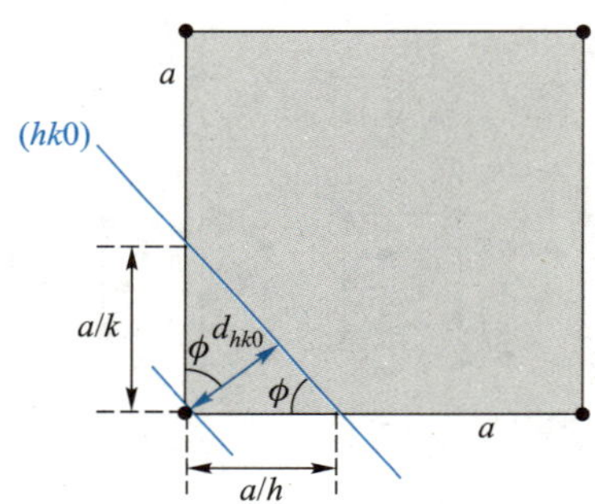

图15A.12　确定正方形晶胞中的(hk0)晶面间距的示意图

晶面间距等于(hk0)晶面到原点的垂直距离。夹角ϕ的正弦和余弦可以表示为图形中两个直角三角形的两条边之比：

$$\sin\phi = \frac{d_{hk0}}{a/h} = \frac{hd_{hk0}}{a} \qquad \cos\phi = \frac{d_{hk0}}{a/k} = \frac{kd_{hk0}}{a}$$

下方三角形的斜边长度是a/h，因为米勒指数的h表示该平面与a轴相交于距离原点a/h的距离处。类似地，上方三角形的斜边为a/k。然后，由于$\sin^2\phi + \cos^2\phi = 1$，有

$$\left(\frac{hd_{hk0}}{a}\right)^2 + \left(\frac{kd_{hk0}}{a}\right)^2 = 1$$

通过两侧同除d_{hk0}^2，可以重排为

$$\frac{1}{d_{hk0}^2} = \frac{h^2 + k^2}{a^2} \text{ 或 } d_{hk0} = \frac{a}{(h^2 + k^2)^{1/2}}$$

扩展到三维，立方晶格中{hkl}晶面间距d_{hkl}，可由下式给出：

$$\frac{1}{d_{hkl}^2}=\frac{h^2+k^2+l^2}{a^2} \qquad d_{hkl}=\frac{a}{(h^2+k^2+l^2)^{1/2}} \quad \text{晶面间距[立方晶格]} \quad (15A.1a)$$

对于一个一般性的正交晶格（其中轴相互垂直，但边长不同），对应的表达式是式（15A.1a）的一般化：

$$\frac{1}{d_{hkl}^2}=\frac{h^2}{a^2}+\frac{k^2}{b^2}+\frac{l^2}{c^2} \quad \text{晶面间距[正交晶格]} \quad (15A.1b)$$

例题 15A.1　使用米勒指数

计算 $a=0.82$ nm，$b=0.94$ nm 和 $c=0.75$ nm 的正交晶胞中（a）{123} 晶面和（b）{246} 晶面的间距。

整理思路　首先，需要做的就是将所给数值代入式（15A.1b）。对于（b），也可使用相同方法。但应注意，第二组晶面的米勒指数正好是第一组晶面的两倍。由式（15A.1b）可以发现，将 h, k, l 的数值乘以 n 倍，可给出下列 $\{nh\ nk\ nl\}$ 晶面间距的表达式：

$$\frac{1}{d_{nh,nk,nl}^2}=\frac{(nh)^2}{a^2}+\frac{(nk)^2}{b^2}+\frac{(nl)^2}{c^2}=n^2\overbrace{\left(\frac{h^2}{a^2}+\frac{k^2}{b^2}+\frac{l^2}{c^2}\right)}^{d_{hkl}^2}=\frac{n^2}{d_{hkl}^2}$$

这意味着：

$$d_{nh,nk,nl}=\frac{d_{hkl}}{n}$$

解： 将指数代入式（15A.1b）给出

$$\frac{1}{d_{123}^2}=\frac{1^2}{(0.82\text{ nm})^2}+\frac{2^2}{(0.94\text{ nm})^2}+\frac{3^2}{(0.75\text{ nm})^2}=22.0\text{ nm}^{-2}$$

因此，$d_{123}=0.21$ nm。随后，d_{246} 是该值的一半，即 0.11 nm。

自测题 15A.1　计算同一晶格中（a）{133} 晶面和（b）{399} 晶面的间距。

答案： 0.19 nm，0.063 nm。

概念清单

- ☐ 1. **周期性晶体**是由有序重复的结构基元构成的。
- ☐ 2. **空间晶格**是由代表结构单元（原子、分子或者原子团、分子团和离子团）位置的点（晶格点）组成的图形。
- ☐ 3. **晶胞**是一个想象的平行六边图形，通过它的平移可以构建整个空间晶格。
- ☐ 4. **素晶胞**只在其顶点有晶格位点且总体只有一个。**非素晶胞**在其中心或者相对的晶面上也有晶格点。
- ☐ 5. 依据它们的旋转对称性，晶胞可以分为7个**晶系**：基于它们拥有的**基本对称性**，晶胞可分为**立方**、**单斜**、**三斜**。
- ☐ 6. **布拉维晶格**是三维中的14种不同空间晶格（图15A.8）。
- ☐ 7. 布拉维晶格的晶胞可分为**素晶胞**（P）、**体心晶胞**（I）、**面心晶胞**（F）和**边心晶胞**（A、B或C）。
- ☐ 8. 晶面由一组**米勒指数**（hkl）来指定；一组平面表示为 $\{hkl\}$。

公式清单

性质	公式	说明	公式编号
立方晶格中的晶面间距	$1/d_{hkl}^2=(h^2+k^2+l^2)/a^2$	h，k，l 是米勒指数	15A.1a
正交晶格中的晶面间距	$1/d_{hkl}^2=h^2/a^2+k^2/b^2+l^2/c^2$		15A.1b

专题15B

衍射技术

▶ 为何需要学习这部分内容？

为了说明固体的性质，了解它们的具体结构及如何通过多种衍射技术来确定这些结构是非常必要的。

▶ 核心思想是什么？

周期性晶体中原子的有序排列可以通过基于衍射的技术来加以确定。

▶ 需要哪些预备知识？

需要熟悉晶体结构的描述及使用米勒指数确定晶面（专题15A）。同样需要熟悉电磁辐射的波描述（专题7A中“化学家工具包13”）和傅里叶变换的基本性质（专题12C中“化学家工具包28”）。需要用到德布罗意关系式（专题7A）及能量均分原理（专题2A中“化学家工具包7”）。

衍射技术可以非常精确地确定晶态固体中离子、原子和分子排布的细节。这些技术现在已经发展得非常完备，无论是衍射数据的采集还是结构解析都可以高度自动化。

15B.1 X射线晶体学

正如在“化学家工具包13”（专题7A）中解释的，波的一个本质特性是，当它们在同一空间区域出现时会相互干涉。当两个波的波峰或者波谷相互重叠时，振幅较大；而当波峰和波谷相遇时，振幅较小。衍射是由物体在波的传播路径中造成的干涉，这种干涉发生在被衍射物体的尺寸与辐射的波长相当的时候。

（a）X射线衍射

当X射线通过晶体时，由于其波长与晶面间距相当，故会发生衍射。所以，X射线衍射是研究固体材料结构的一种强有力工具。在实际过程中，从观测到的衍射图案到确定结构是相当复杂的，但现在计算机与实验装置的集成程度已使该技术即使对于大分子和复杂固体都几乎实现了完全的自动化。分析可借助于分子模拟技术，从而得到可信的结构。X射线是波长在10^{-10} m量级的电磁辐射，通常通过高能电子轰击金属而产生（图15B.1）。电子进入金属时发生减速并产生连续波长的辐射，称为**韧致辐射**（bremsstrahlung）（德语中bremse表示减速，strahlung表示射线）。在连续波谱上叠加了几个高强度、尖锐的峰（图15B.2）。这些尖峰是由于电子与原子的内部壳层中的电子碰撞而引起的。碰撞逐出内部壳层的一个电子，一个更高能量的电子会落入该空位，将过剩的能量以一个X射线光子的形式发射出来（图15B.3）。

当电子落入K壳层（主量子数n为1的壳层）时，该X射线归为K辐射；对于跃迁进入L壳层（$n=2$）和M壳层（$n=3$）则类似。强的、分立的衍射线标记为K_α、K_β等。同步加速器（专题11A）

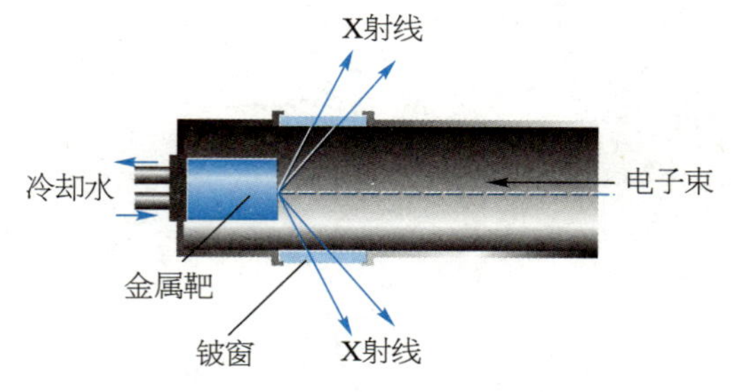

图15B.1 通过将电子束导向一个冷却的金属靶产生X射线。铍对X射线是透明的（由于每个原子中的电子数少），故用作窗口

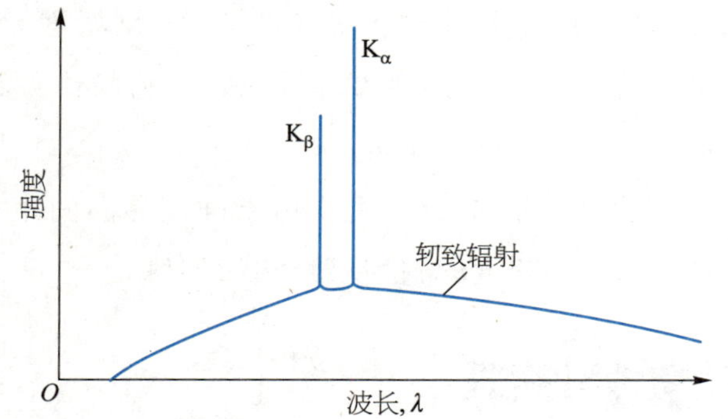

图15B.2　从金属产生的辐射由一个宽的、无特征的韧致辐射基底及其上叠加的尖峰组成（符号K表示通过一个电子落入原子的K壳层中的空位跃迁而产生的辐射）

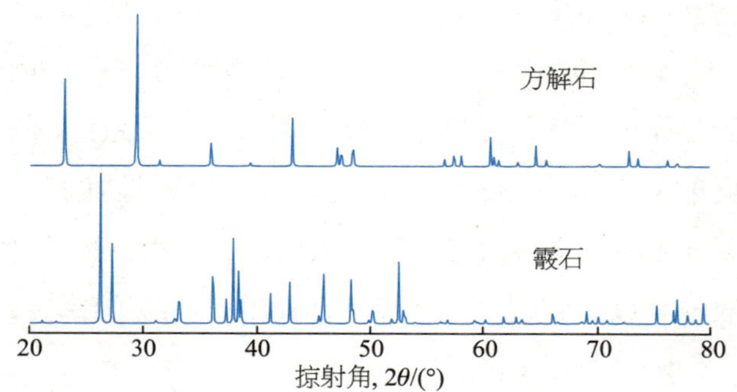

图15B.4　两种晶型$CaCO_3$（方解石和霰石）的X射线粉末衍射图谱（两个图谱具有差异性，可用于鉴别存在于未知样品中的同质多晶体）

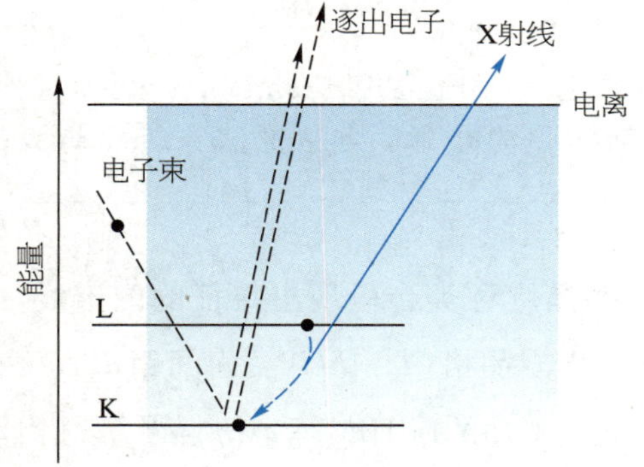

图15B.3　X射线的产生过程［一个入射电子与一个电子（在K壳层中）碰撞，并将其逐出。另一个电子（来自本图示中的L壳层）落入该空位，并以X射线光电子的形式释放出过剩能量］

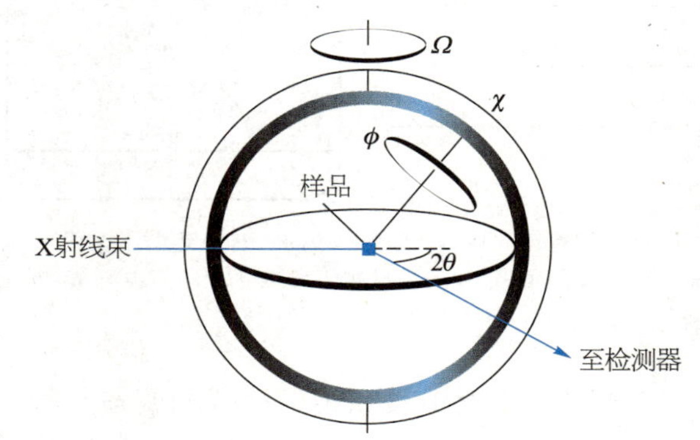

图15B.5　四圆衍射仪示意图［组分取向（ϕ, χ, θ和Ω）的设置由计算机控制；依次监测每个（hkl）反射并记录它们的强度］

可以产生高强度X射线辐射，因其产生的衍射图具有更高的强度（因而更高灵敏度），在衍射实验中的应用正快速增长。

早期观测衍射的一种方法是使一束具有一定波长范围的X射线进入一个单晶，然后通过照相的方式记录衍射图案。其背后的思想是，晶体取向可能不会相应引发单一波长的衍射，但无论其取向如何，至少会引起X射线束中存在的某一波长的衍射。目前人们对这种方法的兴趣重燃，因为同步加速器辐射涵盖了一定范围的X射线波长。

一种更普遍的方法是使用单色辐射和由许多随机取向的微晶组成的粉末样品。至少存在一些取向合适的微晶可以引发衍射。现代的“粉末衍射仪”以电子方式监控反射强度，检测器围绕包含入射线的平面中的样品旋转。粉末衍射技术通过将衍射线的位置和强度与之前记录的已知结构的图样(这些信息的大型数据库)进行对比，以确定固体样品的组分（图15B.4）。该方法能够确定混合相的组成，继而构建一个相图。该技术也被用于初步确定晶胞的大小和对称性。

布拉格父子（威廉及其子劳伦斯）发明的方法是X射线晶体学几乎所有现代工作的基础。他们使用了单晶和单一波长的X射线束，旋转晶体直至探测到反射。晶体中存在许多不同的晶面组，因而存在许多可以产生反射的角度。完整的数据由可以产生反射的角度和相应反射强度的列表所组成。

单晶衍射图谱用“四圆衍射仪”（图15B.5）测量。一旦确定了待检测晶体晶胞的大小和对称性，就要调整四圆衍射仪上的角度设置，以确保可以准确测量到衍射图谱中每个波峰的位置和强度。现代仪器使用区域检测器和图像板，它们对衍射图谱的全区域进行同时采样，而不是逐峰采样，从而提高了数据采集的速率。

（b）布拉格定律

分析晶体产生的衍射图谱的早期方法是将晶面看作半透镜，并将晶体模型化为一堆间距为d的反射晶面（图15B.6）。该模型可以容易地计算出要发生相长干涉时晶体针对入射的X射线束必须采取的角度。它也催生了**反射**（reflection）的命名，以表示由相长干涉引起的强束。

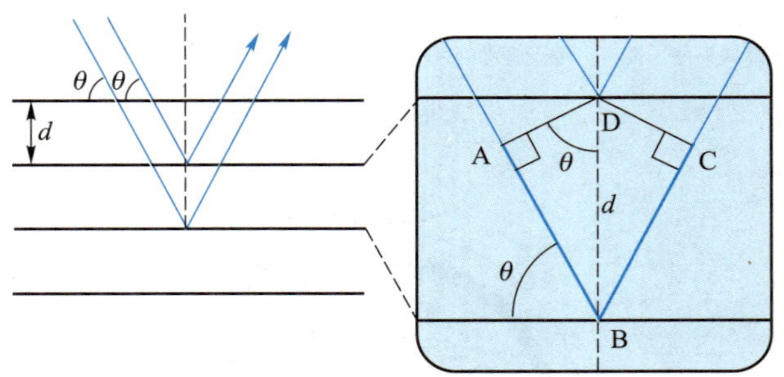

图15B.6　布拉格定律的常规推导将每个晶面看作是反射入射辐射的一个平面。来自相邻平面的反射行程距离相差$AB+BC$，这取决于角度θ。当$AB+BC$等于波长的整数倍时，发生相长干涉（“反射”）

考虑具有相同波长和相同相位的两条平行射线被两个相邻晶面的反射，如图15B.6所示。一条射线撞击上一个平面的D点，而另一条射线在撞击正下方平面前必须行进一段额外的距离AB。被反射的射线的行程距离也有长度BC的差别。从图15B.6中的插图可以明显看出，AB和BC的长度均为$d\sin\theta$，故两条射线的总行程差就是$AB+BC=2d\sin\theta$，在这里2θ是**掠射角**（glancing angle）（是2θ而不是θ，因为射线与它初始的方向偏离了2θ）。对于许多掠射角而言，行程差并不是波长的整数倍，反射波在很大程度上产生相消干涉。然而，当行程差是波长的整数倍时（$AB+BC=n\lambda$），反射波同相并产生相长干涉。因此，当θ满足**布拉格定律**（Bragg's law）时，就能够观察到反射现象。

$$n\lambda = 2d\sin\theta \quad \text{布拉格定律} \qquad (15B.1a)$$

$n=2, 3, \cdots$的反射称为二级反射、三级反射，…以此类推；它们对应行程差是波长的2, 3, …倍。现在通常将n归并到d中，将布拉格定律写作：

$$\lambda = 2d\sin\theta \quad \text{布拉格定律［另一种形式］} \qquad (15B.1b)$$

并且将第n级反射看作是由$\{nh\ nk\ nl\}$晶面产生的。如在专题15A的例题15A.1中所探讨的，$\{nh\ nk\ nl\}$晶面间距是d_{hkl}/n，这里d_{hkl}是$\{hkl\}$晶面的间距。布拉格定律主要用于确定晶面间距，因为通过测量角度θ的值易计算出d的值。

简要说明15B.1

当掠射角2θ为22.4°、X射线波长为154 pm时，可以观察到来自立方晶体$\{111\}$晶面的一级反射。根据式（15B.1b），引发衍射的$\{111\}$晶面间距为$d=\lambda/(2\sin\theta)$，所以

$$d_{111}=\frac{\lambda}{2\sin\theta}=\frac{154\ \text{pm}}{2\sin 11.2°}=396\ \text{pm}$$

根据专题15A中给出的式（15A.1a），边长为a的立方晶格$\{111\}$晶面的间距为$d_{111}=a/3^{1/2}$。据此，$a=3^{1/2}d_{111}=687$ pm。

某些晶胞种类会呈现出特征的图谱线。在边长为a的立方晶格中，$\{hkl\}$晶面间距d_{hkl}可由专题15A中的式（15A.1a）$[d_{hkl}=a/(h^2+k^2+l^2)^{1/2}]$给出；$\{hkl\}$晶面产生一级反射的角度可由下式得出：

$$\sin\theta=\frac{\lambda}{2d_{hkl}}\overset{d_{hkl}=a/(h^2+k^2+l^2)^{1/2}}{=}(h^2+k^2+l^2)^{1/2}\frac{\lambda}{2a}$$

当代入指数的整数值时，并不能得到$h^2+k^2+l^2$的所有整数数值：

$\{hkl\}$	{100}	{110}	{111}	{200}	{210}
$h^2+k^2+l^2$	1	2	3	4	5
$\{hkl\}$	{211}	{220}	{300}	{221}	{310}
$h^2+k^2+l^2$	6	8	9	9	10

可以观察到$h^2+k^2+l^2=7$（以及15等）并未出现。因此，在衍射线的图谱中，{211}和{220}的反射之间的间隔较附近的线之间的间隔更大，{321}$(h^2+k^2+l^2=14)$和{400}$(h^2+k^2+l^2=16)$之间同样如此。这些线的缺失导致了一特征图谱，有助于晶胞类型的确定。

（c）散射因子

X射线散射是由入射电磁波在原子的电子中产生的振荡引起的。富电子的重原子比轻原子产生

更强的散射作用。这种对电子数的依赖关系可以用元素的**散射因子**（scattering factor）f来表示。散射因子越大，原子对X射线的散射能力越强。结果表明，在球对称原子中，原子的散射因子与电子密度$\rho(r)$和掠射角2θ相关：

$$f(\theta)=4\pi\int_0^\infty \rho(r)\frac{\sin kr}{kr}r^2\mathrm{d}r \qquad k=\frac{4\pi}{\lambda}\sin\theta$$
散射因子 （15B.2）

在前进的方向（$\theta=0$，如图15B.7），散射因子最大，可以看出在此方向上散射因子等于原子中的电子总数，N_e。

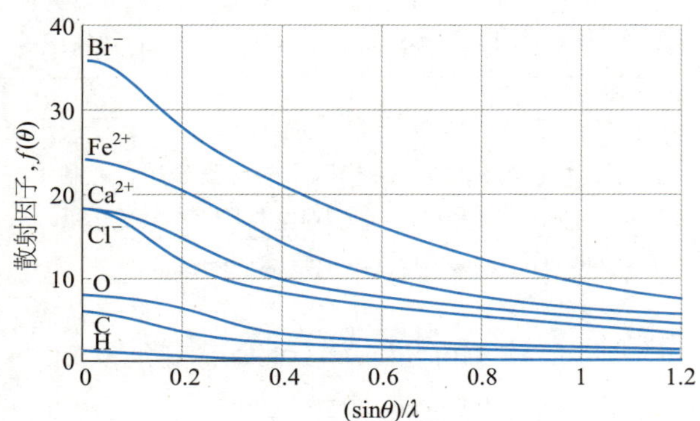

图15B.7 原子和离子的散射因子随原子序数和角度的变化［在前进方向上$[\theta=0, (\sin\theta)/\lambda=0]$的散射因子等于物体中存在的电子数］

如何完成？ 15B.1 计算在前进方向上的散射因子

首先要注意，因为$\sin(kr)$不能超过1，当$k\to0$时$[\sin(kr)]/kr$达到最大值，对应于$\sin\theta\to0$，也就是$\theta\to0$。因此，散射因子在前进方向上有最大值。

要计算前进方向上的散射因子，需要在式（15B.2）中取极限$k\to0$，即$kr\to0$。然后，使用$\sin x=x-\frac{1}{6}x^3+\cdots$并写出

$$\lim_{kr\to0}\frac{\sin(kr)}{kr}=\lim_{kr\to0}\frac{kr-\frac{1}{6}(kr)^3+\cdots}{kr}=\lim_{kr\to0}[1-\tfrac{1}{6}(kr)^2+\cdots]=1$$

在此极限下，式（15B.2）可简化为

$$f(0)=\lim_{kr\to0}4\pi\int_0^\infty\rho(r)\overbrace{\frac{\sin(kr)}{kr}}^{\to1}r^2\mathrm{d}r$$

$$=4\pi\int_0^\infty\rho(r)r^2\mathrm{d}r=\int_0^\infty\rho(r)\overbrace{4\pi r^2\mathrm{d}r}^{\text{体积元}}$$

因子$4\pi r^2\mathrm{d}r$是半径为r、厚度为$\mathrm{d}r$的球壳层的体积。这个层壳中的电子总数等于r处的电子密度乘以壳层的体积，即$4\pi r^2\rho(r)\mathrm{d}r$，对所有半径的壳层的此数加和就是原子内的电子总数。因此，在前进方向上，$f=N_e$。例如，Na^+、K^+和Cl^-的散射因子分别是10、18和18。

（d）电子密度

结构因子（structure factor）F_{hkl}是给定$\{hkl\}$反射的净振幅，它考虑了晶胞中所有原子的位置和类型。它可以用原子的位置和散射因子来表示。

如何完成？ 15B.2 将结构因子与原子的位置和散射因子相关联

假设一晶胞含有数个原子，其散射因子为f_j，坐标为（x_ja，y_jb，z_jc），其中x_j是原子j在a方向上的坐标，表示为长度a的分数，其他坐标类似。

步骤1 *考虑$h=1$的（$h00$）晶面反射*

图15B.8中所示的反射对应于相邻的A平面的两个波，两个波的相位差是2π。如果在两个A平面之间距离的分数x处有一B原子，则它产生了相对于A反射具有$2\pi x$相位差的一个波。为了看到这个结论，请注意，如果$x=0$，就没有相位差；如果$x=1/2$，相位差是π；如果$x=1$，则B原子位于靠下的A原子处，相位差是2π。

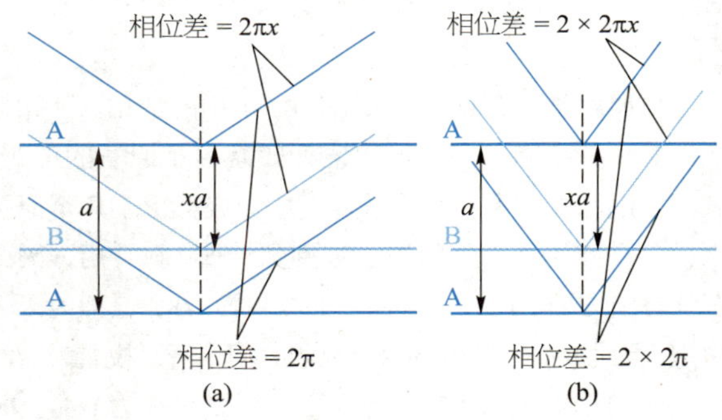

图15B.8 包含两类原子的晶体衍射。（a）A平面的（100）晶面反射，相邻平面反射的波之间存在2π相位差。（b）（200）晶面反射，相位差为4π。从距离A平面xa的B平面反射的相位是这些相位差的x倍

步骤2 *考虑$h=2$的（$h00$）晶面反射*

在此情况下，来自两个A层的波之间存在$2\times2\pi$的相位差。假设B在$x=1/2$处，将产生相位与来自靠下A层的波相差为2π的一个波。因此，对于一般性的分数位置x，一个（200）晶面反射的相位差就是$2\times2\pi x$。

步骤3 *推广这个结论*

对于一般的（$h00$）晶面反射，相位差是$h\times2\pi x$。三维空间，这个结果推广为$\Phi_{hkl}=2\pi(hx+ky+lz)$。

步骤4 *用公式表达散射波的总振幅*

假设探测到来自A平面的散射波振幅为f_A，来自B平

面的相位差为Φ_{hkl}的反射波振幅为$f_B e^{i\Phi_{hkl}}$。则能探测到的总振幅是

$$F_{hkl}=f_A+f_B e^{i\Phi_{hkl}}$$

当有若干原子存在，每个原子的散射因子为f_j、相位为$\Phi_{hkl}(j)=2\pi(hx_j+ky_j+lz_j)$时，（$hkl$）晶面反射的总振幅，即结构因子，为

$$F_{hkl}=\sum_j f_j e^{i\Phi_{hkl}(j)} \quad \text{结构因子} \tag{15B.3}$$

例题 15B.1 计算结构因子

计算图15B.9中NaCl晶胞的结构因子。

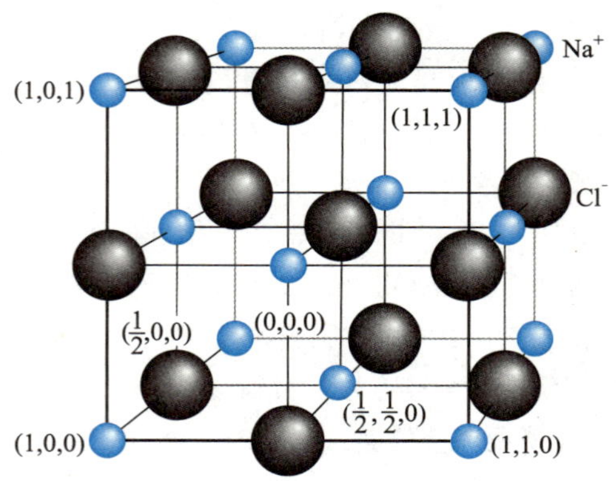

图15B.9 用于例题15B.1中结构因子计算的原子位置（蓝球代表Na^+，灰球代表Cl^-）

整理思路 需要计算式（15B.3）中的加和。加和遍及晶胞中的所有原子，所以需要知晓每个原子的位置，表述为晶胞参数的一个分数。图中已经标出了几个原子坐标。立方体顶点处的原子被相邻8个晶胞共用，因此在计算结构因子时，这些原子的权重为1/8，其散射因子为$\frac{1}{8}f$；面上的原子被相邻2个晶胞共用，所以权重为1/2；边上的原子被相邻4个晶胞共用，所以权重为1/4。Na^+的散射因子写作f^+，Cl^-的散射因子写作f^-。为简单起见，忽略发生在非前进方向的散射，并假设所有Na^+都具有相同的散射因子，Cl^-也同样。最好的方法是绘制一张表格来显示重量、位置和相位。

计算相位因子$e^{i\Phi_{hkl}}$时，注意h、k和l取整数。一个有用的等式是当n为偶数时，$e^{in\pi}$取1，当n为奇数时取-1；更简洁地，可以写作$e^{in\pi}=(-1)^n$。

解： 对于Na^+，可有下表：

原子	权重	x	y	z	Φ_{hkl}
1	$\frac{1}{8}$	0	0	0	0
2	$\frac{1}{8}$	1	0	0	$2\pi h$
3	$\frac{1}{8}$	0	1	0	$2\pi k$
4	$\frac{1}{8}$	1	1	0	$2\pi(h+k)$
5	$\frac{1}{8}$	0	0	1	$2\pi l$
6	$\frac{1}{8}$	1	0	1	$2\pi(h+l)$
7	$\frac{1}{8}$	0	1	1	$2\pi(k+l)$
8	$\frac{1}{8}$	1	1	1	$2\pi(h+k+l)$
9	$\frac{1}{2}$	$\frac{1}{2}$	$\frac{1}{2}$	0	$2\pi(\frac{1}{2}h+\frac{1}{2}k)$
10	$\frac{1}{2}$	$\frac{1}{2}$	0	$\frac{1}{2}$	$2\pi(\frac{1}{2}h+\frac{1}{2}l)$
11	$\frac{1}{2}$	0	$\frac{1}{2}$	$\frac{1}{2}$	$2\pi(\frac{1}{2}k+\frac{1}{2}l)$
12	$\frac{1}{2}$	1	$\frac{1}{2}$	$\frac{1}{2}$	$2\pi(h+\frac{1}{2}k+\frac{1}{2}l)$
13	$\frac{1}{2}$	$\frac{1}{2}$	1	$\frac{1}{2}$	$2\pi(\frac{1}{2}h+k+\frac{1}{2}l)$
14	$\frac{1}{2}$	$\frac{1}{2}$	$\frac{1}{2}$	1	$2\pi(\frac{1}{2}h+\frac{1}{2}k+l)$

表格中前8个Na原子的相位因子均为+1，且由于它们的权重均占1/8，故对结构因子的总贡献是f^+。剩下的6个原子的权重均为1/2，它们对结构因子的贡献是

$$\frac{1}{2}[e^{i2\pi(h/2+k/2)}+e^{i2\pi(h/2+l/2)}+e^{i2\pi(k/2+l/2)}+e^{i2\pi(h+k/2+l/2)}+e^{i2\pi(h/2+k+l/2)}+e^{i2\pi(h/2+k/2+l)}]$$

$e^{i2\pi h}$、$e^{i2\pi k}$和$e^{i2\pi l}$的值均为+1，因此最后三项可以简化为

$$\frac{1}{2}[e^{i2\pi(h/2+k/2)}+e^{i2\pi(h/2+l/2)}+e^{i2\pi(k/2+l/2)}+e^{i2\pi(k/2+l/2)}+e^{i2\pi(h/2+l/2)}+e^{i2\pi(h/2+k/2)}]$$

运用$e^{in\pi}=(-1)^n$进行进一步简化，得到

$$\frac{1}{2}[(-1)^{h+k}+(-1)^{h+l}+(-1)^{k+l}+(-1)^{k+l}+(-1)^{h+l}+(-1)^{h+k}]$$
$$=(-1)^{h+k}+(-1)^{h+l}+(-1)^{k+l}$$

因此，Na^+对结构因子的全部贡献为

$$f^+[1+(-1)^{h+k}+(-1)^{h+l}+(-1)^{k+l}]$$

Cl^-的表格为

原子	权重	x	y	z	Φ_{hkl}
1	$\frac{1}{4}$	$\frac{1}{2}$	0	0	πh
2	$\frac{1}{4}$	0	$\frac{1}{2}$	0	πk
3	$\frac{1}{4}$	1	$\frac{1}{2}$	0	$2\pi(h+\frac{1}{2}k)$
4	$\frac{1}{4}$	$\frac{1}{2}$	1	0	$2\pi(\frac{1}{2}h+k)$
5	$\frac{1}{4}$	0	0	$\frac{1}{2}$	πl
6	$\frac{1}{4}$	1	0	$\frac{1}{2}$	$2\pi(h+\frac{1}{2}l)$
7	$\frac{1}{4}$	0	1	$\frac{1}{2}$	$2\pi(k+\frac{1}{2}l)$
8	$\frac{1}{4}$	1	1	$\frac{1}{2}$	$2\pi(h+k+\frac{1}{2}l)$

续表

原子	权重	x	y	z	Φ_{hkl}
9	1	$\frac{1}{2}$	$\frac{1}{2}$	$\frac{1}{2}$	$2\pi(\frac{1}{2}h+\frac{1}{2}k+\frac{1}{2}l)$
10	$\frac{1}{4}$	$\frac{1}{2}$	0	1	$2\pi(\frac{1}{2}h+l)$
11	$\frac{1}{4}$	0	$\frac{1}{2}$	1	$2\pi(\frac{1}{2}k+l)$
12	$\frac{1}{4}$	1	$\frac{1}{2}$	1	$2\pi(h+\frac{1}{2}k+l)$
13	$\frac{1}{4}$	$\frac{1}{2}$	1	1	$2\pi(\frac{1}{2}h+k+l)$

按照处理Na^+同样的程序，可得Cl^-对结构因子的全部贡献为

$$f^-[(-1)^{h+k+l}+(-1)^h+(-1)^k+(-1)^l]$$

综上，结构因子为

$$F_{hkl}=f^+[1+(-1)^{h+k}+(-1)^{h+l}+(-1)^{k+l}]$$
$$+f^-[(-1)^{h+k+l}+(-1)^h+(-1)^k+(-1)^l]$$

请注意：

- 如果h、k和l都是偶数，则

$$F_{hkl}=f^+\{1+1+1+1\}+f^-\{1+1+1+1\}=4(f^++f^-)$$

- 如果h、k和l都是奇数，则

$$F_{hkl}=4(f^+-f^-)$$

- 如果1个指数为奇数，另2个为偶数，或者1个指数为偶数，另2个位奇数，则$F_{hkl}=0$。

由此，hkl均为奇数时的反射强度比均为偶数时要弱，并且存在一些反射缺失。

说明 如果$f^+=f^-$，即相同原子的情况，hkl均为奇数的反射强度为零；这种结构是晶格参数为$a/2$的一个简单立方晶格。

自测题 15B.1 对于一个体心立方晶格，哪些反射不能被观测到？

答案： 当$h+k+l$为奇数时，$F_{hkl}=0$。

反射强度与波幅平方模量成正比，继而与结构因子F_{hkl}成正比。如果结构因子为$f_A+f_Be^{i\Phi_{hkl}}$，则强度I_{hkl}为

$$I_{hkl}\propto F^*_{hkl}F_{hkl}=(f_A+f_Be^{-i\Phi_{hkl}})(f_A+f_Be^{i\Phi_{hkl}})$$
$$=f_A^2+f_B^2+f_Af_B(e^{i\Phi_{hkl}}+e^{-i\Phi_{hkl}})$$

$e^{ix}+e^{-ix}=2\cos x$

$$=f_A^2+f_B^2+2f_Af_B\cos\Phi_{hkl}$$

$f_A^2+f_B^2$加上或减去余弦项取决于Φ_{hkl}的值，继而取决于h、k、l及x、y、z的值。因此，具有不同hkl值的反射强度也呈现出变化。当相位差为π时，A和B反射产生相消干涉，在此情况下，如果原子具有相同的散射能力，则总强度为零。例如，如果晶胞是体心立方，B原子位于$x=y=z=1/2$处，那么A和B的相位差是$(h+k+l)\pi$。因此，如果A和B是相同原子，则$h+k+l$为奇数值的所有反射都会消失，因为来自A和B的波在相位上产生了位移π。

简单立方晶格中所有的$\{hkl\}$晶面都能发生衍射，因此将简单立方晶格的衍射图谱中所有$h+k+l$为奇数值的反射去掉之后就能得到体心立方晶格的衍射图谱。类似地，在面心立方晶格的衍射图谱中，当h、k和l值中存在两奇一偶或两偶一奇的情况时会产生反射缺失现象。在粉末谱图中这些**系统消光**（systematic absence）的识别可用于晶格类型的归属（图15B.10）。

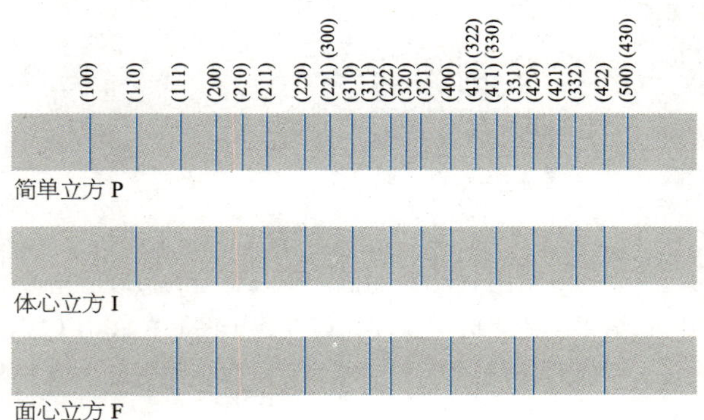

图15B.10 作为角度的函数，立方晶胞三种晶格的系统消光：面心立方（fcc; h、k、l均为偶数或均为奇数时出现反射）、体心立方（bcc; 缺失$h+k+l$为奇数的反射）和简单立方。将观察图谱与像这些的图谱作对比可以辨别晶胞种类。线的位置可给出晶胞尺寸

$\{hkl\}$晶面的反射强度正比于$|F_{hkl}|^2$，故原则上结构因子可以通过取相应强度的平方根来实验确定（见下文）。然后，一旦所有的结构因子F_{hkl}已知，就可以通过下式来计算晶胞中的电子密度分布$\rho(r)$：

$$\rho(\boldsymbol{r})=\frac{1}{V}\sum_{hkl}F_{hkl}e^{-2\pi i(hx+ky+lz)} \quad \text{傅里叶合成} \qquad (15B.4)$$

式中V是晶胞体积。式（15B.4）称作电子密度的**傅里叶合成**（Fourier synthesis）。傅里叶变换在化学领域以各种形式出现，更详细的描述可参考专题12C中“化学家工具包28”。

上述过程的本质是将晶胞中变化的电子密度

用正弦和余弦波的叠加来表示。

例题 15B.2　用傅里叶合成计算电子密度

假设一个晶体的 $\{h00\}$ 晶面在 x 方向无限延伸，通过X射线分析，得到结构因子如下：

h	0	1	2	3	4	5	6	7
F_h	16	−10	2	−1	7	−10	8	−3
h	8	9	10	11	12	13	14	15
F_h	2	−3	6	−5	3	−2	2	−3

另外，发现 $F_{-h}=F_h$。构建投射到晶胞 x 轴上的电子密度图。

整理思路　需要将这些值代入式（15B.4），但因为此问题是一维层面的，所以加和仅针对指数 h，且只需考虑 $e^{-2\pi ihx}$ 项。

解： 因为 $F_{-h}=F_h$，加和可以写为 h 从1到 $+\infty$，而非从 $-\infty$ 到 $+\infty$：

$$V\rho(x)=\sum_{h=-\infty}^{\infty}F_h e^{-2\pi ihx}=F_0+\sum_{h=1}^{\infty}(F_h e^{-2\pi ihx}+\overbrace{F_{-h}}^{=F_h}e^{2\pi ihx})$$

$$=F_0+\sum_{h=1}^{\infty}F_h(e^{-2\pi ihx}+e^{2\pi ihx})$$

$e^{ix}+e^{-ix}=2\cos x$

$$=F_0+2\sum_{h=1}^{\infty}F_h\cos 2\pi hx$$

因为仅给出15个 F_h 的值，所以得到的 $\rho(x)$ 值是近似的：结果（使用数学软件计算）绘于图15B.11中（黑色线），该函数有三个明显的峰值，可以识别为三个原子的位置。

说明　当包含的项越多（意味着被测量的反射更多），密度曲线就越精确。对应于高 h 值的项（对应于加和中短波长的余弦项）导致了电子密度更精细的细节；低 h 值则引起广义特征。

自测题 15B.2　使用数学软件来试验改变表格中的结构因子会产生怎样的结果：思考同时改变符号和振幅的效果。例如，使用同上的 F_h 值，但改变当 $h\geq 6$ 时的所有符号。

答案： 图15B.11中的蓝色线。

（e）结构的确定

式（15B.4）中用于计算电子密度的结构因子通常是复数量，可以写成 $|F_{hkl}|e^{i\alpha}$，其中 $|F_{hkl}|$ 是振幅，α 是相位（某种意义上讲“相位”用二维图来表示复数；参见专题7C中“化学家工具包16”）。然而，观测到的强度 I_{hkl} 与结构因子的平方模量 $|F_{hkl}|^2$ 成比例，因而在实验中没有获得关于相位的

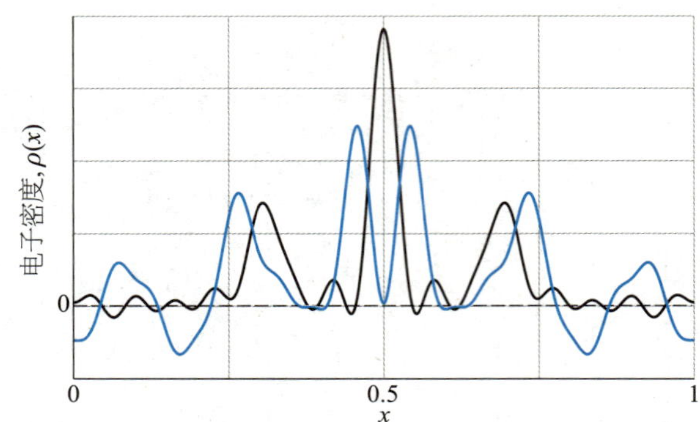

图15B.11　例题15B.2（黑色）和自测题15B.2（蓝色）中所计算的电子密度作图

信息，其可能位于0到 2π 的任何位置。这种不确定性称为**相位问题**（phase problem）；通过比较图15B.11中的两条曲线可以说明其后果，其中结构因子的相位已经改变但振幅却保持不变。必须找到某种方法来为结构因子指定相位，因为不确定这些就不能使用式（15B.4）来计算 ρ。对于中心对称的晶胞而言，相位问题相对不太严重，因为结构因子是实数。然而，确定 F_{hkl} 是正数还是负数仍是个问题。

相位问题在一定程度上可以通过多种方法获得解决。对于晶胞中原子数量相对较少的无机材料及拥有少数重原子的有机分子，一种被广泛使用的方法是**Patterson合成**（Patterson synthesis）。$|F_{hkl}|^2$ 值可以明确地从强度获得，可代替结构因子 F_{hkl} 用于类似式（15B.4）的一个表达式中：

$$P(\boldsymbol{r})=\frac{1}{V}\sum_{hkl}|F_{hkl}|^2 e^{-2\pi i(hx+ky+lz)}\quad \text{Patterson 合成}\qquad(15B.5)$$

式中 $\boldsymbol{r}$ 为晶胞中原子间的矢量间距，即原子间的距离与方向。鉴于电子密度函数 $p(\boldsymbol{r})$ 是原子位置的概率密度，因而函数 $P(\boldsymbol{r})$ 是原子间距的概率密度图；$P(\boldsymbol{r})$ 通常被称作**Patterson图**（Patterson map）。在此图中，由间距为 $\boldsymbol{r}$ 的原子对所产生的峰的位置，由自原点的矢量 $\boldsymbol{r}$ 指定。因此，如果A原子位于坐标（x_A，y_A，z_A），而B原子位于（x_B，y_B，z_B），那么在Patterson图中，在坐标（x_A-x_B，y_A-y_B，z_A-z_B）处会出现一个峰。在这些坐标的负值处也会存在一个峰，因为从B到A及从A到B均存在一

个矢量。图中的峰高与两个原子的原子序数的乘积Z_AZ_B成比例。Patterson图还显示了在原点处由于每个原子与其自身之间的分离而引起的强特征，其必然为零。

简要说明15B.2

对于图15B.12（a）中所示的电子密度，对应的Patterson图如图15B.12（b）所示。每个峰相对于原点的位置，对应于晶胞中一对原子的间隔及相对方向。请注意Patterson图是中心对称的，且在原点处有一强特征。

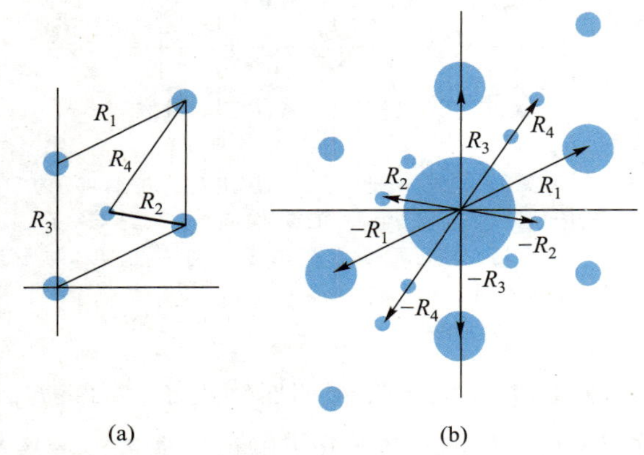

图15B.12　与（a）中电子密度对应的Patterson图显示在（b）中。每个斑点相对于原点的距离和方位给出了（a）中一个原子－原子间隔的方位和距离；此外，原点处有一个大的斑点。一些典型的距离及它们对（b）的贡献显示为R_1等

重原子在散射中占据主导地位，因为它们的散射因子较大，达到了它们原子序数的量级，而且它们的位置也比较容易被确定。现在，F_{hkl}的符号可以通过晶胞中重原子的已知位置计算得到。而且它们的相位有很大的可能与整个晶胞的相位相同。要探究原因，考虑一个中心对称晶胞，结构因子中的每一项可正可负，结构因子的形式为

$$F = (\pm)f_{\text{heavy}} + (\pm)f_{\text{light}} + (\pm)f_{\text{light}} + \cdots \qquad (15B.6)$$

其中f_{heavy}是重原子的散射因子，f_{light}是轻原子的散射因子。所有的f_{light}比f_{heavy}要小得多，且当原子分布于整个晶胞中时，它们的相位或多或少是随机的。因此，f_{light}的净作用是在f_{heavy}的基础上仅略微改变了F，在一定的可信度下F将与依据重原子位置计算出的具有相同的符号。然后，该相位可以与观测的$|F|$（根据反射强度）结合起来对晶胞中的全电子密度进行傅里叶合成，从而确定轻原子和重原子的位置。

现代结构分析广泛地使用**直接法**（direct method）。直接法是基于将晶胞中的原子按照实际上随机分布进行处理的可能性（从辐射的角度看），然后使用统计方法来计算相位具有特定值的概率。有可能推导出某些结构因子与其他结构因子之和（及平方和）之间的关系，其具有将相位约束到特定值的作用（只要结构因子足够大，则概率很大）。例如，Sayre**概率关系**（Sayre probability relation）具有以下形式：

$$F_{h+h',\,k+k',\,l+l'}\text{的符号可能等于}$$
$$(F_{hkl}\text{的符号})\times(F_{h'k'l'}\text{的符号}) \qquad \text{Sayre 概率关系} \qquad (15B.7)$$

例如，假如F_{122}和F_{232}都较大且为负值，那么有很大的可能性F_{354}将为正值，倘若它较大。

在确定晶体结构的最后阶段，系统地调整描述结构的参数（如原子位置），以给出观测强度与根据从衍射图谱推断出的结构模型所计算出的强度之间的最佳拟合。此过程称为**结构优化**（structure refinement）。该过程不仅给出晶胞中所有原子的准确位置，而且还给出这些位置及由它们得到的键长和键角的误差估计。该过程还提供了有关原子振动振幅的信息。

15B.2　中子和电子衍射

中子和电子也会因其波动性而产生衍射；它们的波长由德布罗意关系式给出（专题7A，$\lambda = h/p$）。在核反应器中产生并经减速到热速度的中子具有与X射线相似的波长，也可以用于衍射研究。例如，在反应中产生的中子通过与慢化剂（如石墨）反复碰撞而减速到热速度，直到其以约4 km · s^{-1}的速度行进，其波长约为100 pm。实际上，在中子束中会存在一定波长范围的波，但可以通过晶体（如单晶锗）衍射来选择单色光束。

例题 15B.3　计算热中子的典型波长

计算 373 K 时中子与周围环境达到热平衡后的典型波长。为简单起见，假设粒子在一个维度上行进。

整理思路　为了使用德布罗意关系式，需要知道中子的动量，因而需要知道它们的速度。速度可以由动能来计算。可以假设它具有一维平动的均分值，即 $E_k=\frac{1}{2}kT$（参见专题 2A“化学家工具包 7”）。中子的质量在内封面中已给出。

解： 根据能量均分原理，当温度为 T 时，中子在 x 方向上行进的平均平动能为 $E_k=\frac{1}{2}kT$。动能也等于 $p^2/2m$，其中 p 是中子的动量，m 是其质量。因此，$p=(mkT)^{1/2}$。据此，由德布罗意关系式 $\lambda=h/p$ 可得出中子的波长：

$$\lambda=\frac{h}{(mkT)^{1/2}}$$

因此在 373 K 时，有

$$\lambda=\frac{6.626\times10^{-34}\ \text{J}\cdot\text{s}}{(1.675\times10^{-27}\ \text{kg}\times1.381\times10^{-23}\ \text{J}\cdot\text{K}^{-1}\times373\ \text{K})^{1/2}}$$

$1\,\text{J}=1\,\text{kg}\cdot\text{m}^2\cdot\text{s}^{-2}$

$$=\frac{6.626\times10^{-34}}{(1.675\times10^{-27}\times1.381\times10^{-23}\times373)^{1/2}}\frac{\text{kg}\cdot\text{m}^2\cdot\text{s}^{-1}}{(\text{kg}^2\cdot\text{m}^2\cdot\text{s}^{-2})^{1/2}}$$

$$=2.26\times10^{-10}\ \text{m}=226\ \text{pm}$$

自测题 15B.3　计算中子的平均波长为 100 pm 时所需的温度。

答案： 1 900 K。

中子衍射与 X 射线衍射主要有两方面的区别。首先，中子散射是一种核现象。中子穿过原子的核外电子并且与原子核通过将核子结合在一起的“强作用力”产生相互作用。结果，中子散射的强度与电子的数量无关，并且周期表中的相邻元素散射中子的强度可能显著不同。中子衍射可用于区分存在于同一化合物中的元素（如 Ni 和 Co 的原子），并用于研究 FeCo 中的有序－无序相变。第二个区别是中子因自旋而具有磁矩。该磁矩可以耦合到晶体中原子或离子的磁场（如果离子具有未成对的电子）并且改变衍射图案。一个结果是中子衍射非常适合研究磁有序晶格，其中相邻原子可以是具有不同电子自旋方向的相同元素（图 15B.13）。

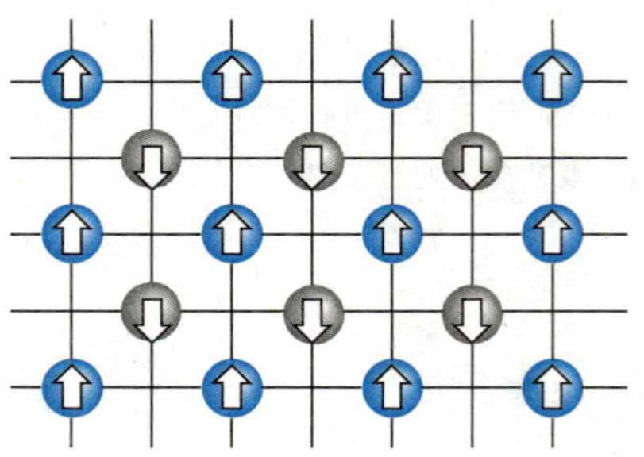

图 15B.13　如果在晶格位点处的原子自旋是有序的，如在本部分内容中，一组原子的自旋反平行于另一组原子的自旋方向，由于原子与中子的磁相互作用，中子衍射会检测到两个互相贯穿的简单立方晶格，但 X 射线衍射只能看到单个 bcc 晶格

通过 40 kV 的电位差加速的电子具有约 6 pm 的波长，因此也适用于分子的衍射研究。考虑来自原子对的电子散射，其中原子对的中心距离为 R_{ij} 并且与入射的电子束成 θ 角。当分子由许多原子组成时，可以通过对来自所有原子对的贡献进行求和来计算散射强度。总强度 $I(\theta)$ 可由 **Wierl 方程**（Wierl equation）给出：

$$I(\theta)=\sum_{i,j}f_if_j\frac{\sin(sR_{ij})}{sR_{ij}}\qquad s=\frac{4\pi}{\lambda}\sin(\tfrac{1}{2}\theta)\qquad \text{Wierl 方程}\qquad(15B.8)$$

式中 λ 是电子束的波长，f 是**电子散射因子**（electron scattering factor），为原子散射电子能力的一种量度。电子衍射技术的主要应用是表面研究（专题 19A），邀请你用 Wierl 方程探讨问题 P15B.8。

概念清单

☐ 1. **反射**是由相干干涉产生的在特定方向上出现的强光束。

☐ 2. **掠射角**(2θ)是光束发生偏离的角度。

☐ 3. **布拉格定律**将衍射光束的角度与给定一组晶面的间距相关联。

☐ 4. **散射因子**是一个原子散射电磁辐射能力的一种量度。

☐ 5. **结构因子**是被$\{hkl\}$晶面及分布于晶胞中的原子衍射后的波的总振幅。

☐ 6. 电子密度和衍射图谱通过傅里叶变换相关联。

☐ 7. **傅里叶合成**是由结构因子构建的电子密度分布。

☐ 8. 出现**相位问题**是因为仅能测量反射强度而不能测量它们的相位；因此，傅里叶合成不能直接用于确定电子密度。

☐ 9. **Patterson 图**是原子间向量的图。

☐ 10. **直接法**使用统计技术来确定反射的可能相位。

☐ 11. **结构优化**是通过调整结构参数以给出观测强度与根据从衍射图案推断出的结构模型所计算出的强度之间的最佳拟合。

☐ 12. **Wierl 方程**将电子散射强度与样品中原子对间的距离相关联。

公式清单

性质	公式	说明	公式编号
布拉格定律	$\lambda = 2d\sin\theta$	d是晶格间距，2θ是掠射角	15B.1b
散射因子	$f=4\pi\int_0^\infty\{[\rho(r)\sin(kr)]/kr\}r^2\mathrm{d}r,\ k=(4\pi/\lambda)\sin\theta$	球对称原子	15B.2
结构因子	$F_{hkl}=\sum_j f_j \mathrm{e}^{\mathrm{i}\Phi_{hkl}(j)},\ \Phi_{hkl}(j)=2\pi(hx_j+ky_j+lz_j)$	定义	15B.3
傅里叶合成	$\rho(\boldsymbol{r})=(1/V)\sum_{hkl}F_{hkl}\mathrm{e}^{-2\pi\mathrm{i}(hx+ky+lz)}$	V是晶胞体积	15B.4
Patterson 合成	$P(\boldsymbol{r})=(1/V)\sum_{hkl}\lvert F_{hkl}\rvert^2\mathrm{e}^{-2\pi\mathrm{i}(hx+ky+lz)}$		15B.5
Wierl 方程	$I(\theta)=\sum_{i,j}f_if_j[\sin(sR_{ij})/sR_{ij}],\ s=(4\pi/\lambda)\sin(\frac{1}{2}\theta)$		15B.8

专题15C

固体中的键合

▶ 为何需要学习这部分内容?

为了理解固体材料的性质和结构，需要了解将原子、离子和分子结合在一起的键合类型。

▶ 核心思想是什么?

四种特征键合类型产生了金属、离子固体、共价固体和分子固体。

▶ 需要哪些预备知识?

需要熟悉分子相互作用（专题14B）和晶体结构的一般特征（专题15A）。关于金属键的讨论，应该了解休克尔分子轨道理论的原理（专题9E）。关于离子键的讨论使用到了焓的概念（专题2B）。

固体可分为四大类，即金属、离子固体、共价（或网状）固体和分子固体。每类的特征取决于组分间键合的性质。

15C.1 金属

在金属中，电子在相同阳离子构成的阵列上离域，并将它们结合成一个整体，形成刚性但具有可塑性和延展性的结构。金属元素的晶体形态可以基于把原子看作等同硬球的模型来讨论。大多数金属元素以三种简单形式之一结晶，其中两种可以采用硬球最紧密堆积排列来解释。

（a）紧密堆积

图15C.1显示了等同球体的一个具有最大空间利用率的**紧密堆积**（close-packed）层。通过将这些层上下彼此堆叠可以获得紧密堆积的三维结构。然而，这种堆积可以以不同的方式完成并产生紧密堆积的**多型体**（polytype）。这些多型体在二维（紧密堆积层）上是相同的，在第三维度上却不同。

在所有多型体中，第二紧密堆积层的球体位于第一层的间隙中（图15C.2）。第三层可以采用以下两种方式添加：其一，第三层球体位于第一层的正上方形成ABA堆积方式［图15C.3（a）］。其二，可以将球体放置在第一层中未被第二层占据的间隙中（这些间隙在图15C.2中可见），形成ABC堆积方式［图15C.3（b）］。如果在垂直方向上重复两种堆积方式，则可形成两种多型体：

- 六方紧密堆积（hexagonally close-packed，hcp）：重复ABA堆积方式，形成ABABAB…层序。

图15C.1 用于构建三维紧密堆积结构的一层紧密堆积的球体

图15C.2 为实现最大密度堆积方式，紧密堆积球体的第二层必须放置在第一层的间隙中（两层构成紧密堆积结构的AB单元）

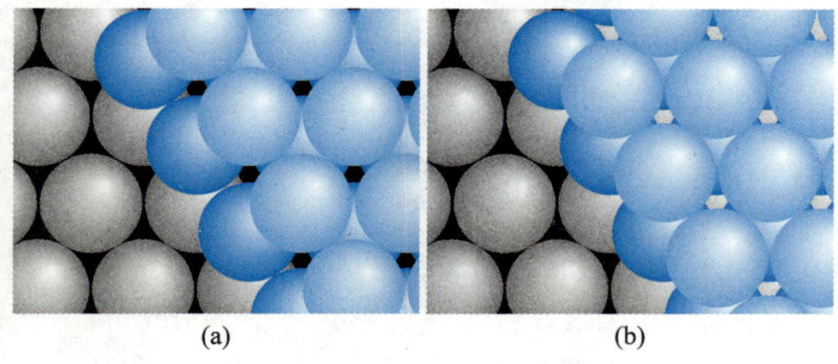

图15C.3 （a）紧密堆积球体的第三层可直接占据位于第一层球体正上方的空隙，形成ABA结构，对应六方紧密堆积。（b）或者，第三层可能不占据位于第一层球体正上方的空隙，形成ABC结构，对应立方紧密堆积

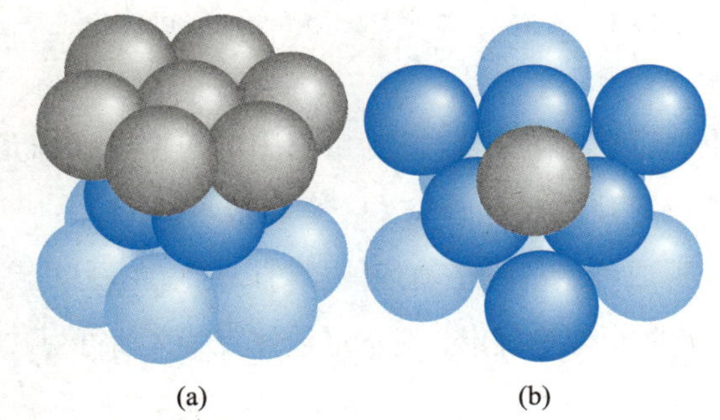

图15C.4 图15C.3中所示结构的一部分，显示出（a）六方对称性和（b）立方对称性（各层球体的颜色与图15C.3中相同）

- 立方紧密堆积（cubic close-packed，ccp）：重复ABC堆积方式，形成ABCABC…层序。

这些名称的起源可参考图15C.4看出，ccp结构产生一个面心晶胞，故也可以标记为六方F（或fcc，表示面心立方）。也有可能存在随机层序；然而，最重要的是hcp和ccp多型体。表15C.1列出了一些单质的晶体结构。

表15C.1　一些单质的晶体结构*

结构	单质
hcp**	Be，Cd，Co，He，Mg，Sc，Ti，Zn
fcc**（ccp，面心立方）	Ag，Al，Ar，Au，Ca，Cu，Kr，Ne，Ni，Pd，Pb，Pt，Rh，Rn，Sr，Xe
bcc（体心立方）	Ba，Cs，Cr，Fe，K，Li，Mn，Mo，Rb，Na，Ta，W，V
简单立方	Po

* 专题15A介绍了描述晶胞的符号。表中是单质在298 K和1 bar时的结构。

** 紧密堆积结构。

紧密堆积结构的紧密程度可用**配位数**（coordination number），即紧密围绕任一选定球体的球体数来表示。无论在ccp还是hcp结构中，其配位数均为12。紧密程度的另一种表示方法是**填充分数**（packing fraction），即球体占据的空间分数，其值为0.740（见例题15C.1）。也就是说，在相同硬球的紧密堆积固体中，只有26%的体积是空隙。许多金属是紧密堆积的事实解释了它们的高质量密度。

例题 15C.1　计算填充分数

计算由硬球形成的ccp结构的填充分数。

整理思路　需要计算晶胞的体积和晶胞中全部或部分包含的球体的体积，然后取这两个体积之比。关键步骤是建立球体半径R与晶胞尺寸a之间的关系式。图15C.5显示出位于面心的球体刚好与面对角处的两个球体相接触。因此，面对角线的长度为$4R$。要计算晶胞中球体的体积，需要思考晶胞中包含的每个球体的分数。角上的球体为晶胞贡献了其1/8的体积；面上的球体为晶胞贡献了其1/2的体积。

解： 如图15C.5所示，面对角线的长度为$4R$。根据勾股定理，可有$a^2+a^2=(4R)^2$，所以$2a^2=16R^2$，因此$a=8^{1/2}R$。晶胞的体积为a^3，即为$8^{3/2}R^3$。角上有8个球体，每个为晶胞贡献其1/8的体积（净贡献为1个球体）；面上有6个球体，每个贡献其体积的1/2（净贡献为3个球体）。球体所占据的总体积等价于4个完整的球体。因为每个球体的体积为$\frac{4}{3}\pi R^3$，故总占据体积为$\frac{16}{3}\pi R^3$。因此，空间占据的空间分数为

$$\frac{\frac{16}{3}\pi R^3}{8^{3/2}R^3}\overset{8^{3/2}=16\sqrt{2}}{=}\frac{\pi}{3\sqrt{2}}=0.740$$

由于hcp结构具有相同的配位数，所以其填充分数也相同。

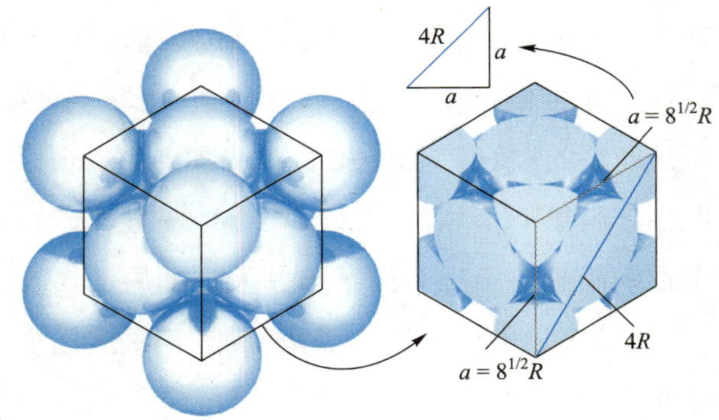

图15C.5　在一个ccp晶胞中，一个位于立方体面上的球体刚好与面对角处的两个球体相接触

自测题15C.1　计算立方I（体心立方，bcc）结构的填充分数。在该结构中，其中一个球位于其他8个球形成的一个立方体的中心。球体沿着立方体的体对角线相接触。

答案：$3^{1/2}\pi/8=0.680$

如表15C.1中所示，许多普通金属采用的结构并不是紧密堆积的。与紧密堆积的偏离表明，诸如相邻原子间的特定共价键合等因素开始影响结构并形成特定的几何排列。一种这样的排列形成了立方I（体心立方，bcc）结构，其中一个球位于其他8个球形成的一个立方体的中心。bcc结构的配位数仅为8，但还有6个原子，与最近邻的8个原子相比，它们与中心原子的距离并不远很多。0.680（自测题15C.1）的填充分数并不比紧密堆积结构的值（0.740）小很多，且表明大约三分之二的可用空间都被原子占据了。

（b）金属的电子结构

决定固体电学性质的主要因素是电子的分布（专题15E）。这种分布的模型有两种，其中一种是**近自由电子近似**（nearly free-electron approximation），假设价电子被捕获在具有周期势场的盒子中，具有对应于阳离子位置的低能量。在另一种**紧束缚近似**（tight-binding approximation）中，假设价电子占据在整个固体中离域的分子轨道。此处仅介绍后一种模型，其与专题15E讨论的固体电学性质更类似。

作为起点，首先考虑一个一维固体，其由一条无限长的原子线组成。假设每个原子都有一个s轨道可用于形成分子轨道。通过在线上连续添加N个原子来构造固体的LCAO-MO，然后使用构造原理来推断电子结构。一个原子贡献一个位于某一能量的s轨道（图15C.6）。当加入第二个原子时，它与第一个原子叠加形成一个成键轨道和一个反键轨道。第三个原子与其最近的原子相叠加（且与第二近的原子发生轻微叠加），由这三个原子轨道形成三个分子轨道：一个成键轨道，一个反键轨道，以及位于中间的非键轨道。第四个原子导致第四个分子轨道的形成。在此阶段，可以看出，加入连续原子的作用是扩展分子轨道所覆盖的能量范围，并用越来越多的轨道（每个原子增加一个）填充能量范围。当N个原子被添加到线上时，就有覆盖有限能量范围的N个分子轨道：这组轨道被说成是形成了一个**能带**（band）。

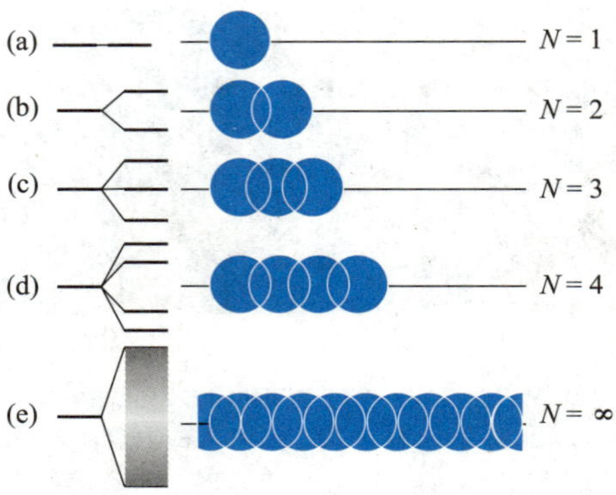

图15C.6 通过在线上连续添加N个原子轨道，形成N个分子轨道的能带。当N为无限大时，能带覆盖有限的能量范围，且其内的轨道非常密集但仍不连续

形成能带的分子轨道能量可以通过主题9E描述的休克尔近似来确定。它们通过休克尔久期行列式来计算：

$$\begin{vmatrix} \alpha-E & \beta & 0 & \cdots & 0 \\ \beta & \alpha-E & \beta & \cdots & 0 \\ 0 & \beta & \alpha-E & \cdots & 0 \\ \vdots & \vdots & \vdots & & \vdots \\ 0 & 0 & 0 & \cdots & \alpha-E \end{vmatrix}=0$$

其中，α为库仑积分，β为(s, s)共振积分。这种“三角行列式”解的一般表达式给出了分子轨道的能量E_k：

$$E_k=\alpha+2\beta\cos\frac{k\pi}{N+1} \quad (k=1,2,\cdots,N) \qquad (15C.1)$$

能级[s轨道的线性阵列]

不难证明，此表达式意味着当N为无穷大时，相邻能级的间隔$E_{k+1}-E_k$为无穷小，但总体说来，能带仍具有有限的宽度，即$E_N-E_1 \to -4\beta$。

如何完成？15C.1 计算能级间隔和能带宽度

该计算需要考虑式（15C.1）的一种特殊极限情况。

步骤1 *写出两个相邻能级之间能量差的表达式*

根据式（15C.1），两个相邻能级k和$k+1$之间的能量差为

$$\begin{aligned} E_{k+1}-E_k &= \left[\alpha+2\beta\cos\frac{(k+1)\pi}{N+1}\right]-\left(\alpha+2\beta\cos\frac{k\pi}{N+1}\right) \\ &= 2\beta\left[\cos\frac{(k+1)\pi}{N+1}-\cos\frac{k\pi}{N+1}\right] \end{aligned}$$

步骤 2 *计算$N\to\infty$时的极限值*

通过使用三角恒等式$\cos(A+B)=\cos A\cos B-\sin A\sin B$变换，以及$\cos 0=1$和$\sin 0=0$，括号中的第一项（蓝色项）为

$$\cos\frac{(k+1)\pi}{N+1}=\cos\frac{k\pi}{N+1}\overbrace{\cos\frac{\pi}{N+1}}^{\to 1\text{ 当 }N\to\infty\text{时}}-\sin\frac{k\pi}{N+1}\overbrace{\sin\frac{\pi}{N+1}}^{\to 0\text{ 当 }N\to\infty\text{时}}$$

因此，当$N\to\infty$时，有

$$E_{k+1}-E_k\to 2\beta\left(\cos\frac{k\pi}{N+1}-\cos\frac{k\pi}{N+1}\right)=0$$

表明当N为无穷大时，相邻能级之间的能量差为无穷小。

步骤 3 *写出当$N\to\infty$时，能带宽度的表达式*

能带的宽度就是E_N-E_1，当$N\to\infty$时，每个能量可以如此近似：

$$E_1=\alpha+2\beta\cos\frac{\pi}{N+1}$$

因为$N\to\infty$，$\pi/(N+1)$项趋近于0，其余弦趋近于1；因此，在此极限时，有

$$E_1=\alpha+2\beta$$

当k取其最大值N时，有

$$E_N=\alpha+2\beta\cos\frac{N\pi}{N+1}$$

因为$N\to\infty$，可以忽略分母中的1，所以余弦项就变成$\cos\pi=-1$。因此，在此极限时，$E_N=\alpha-2\beta$，所以，能带宽度为$E_N-E_1=-4\beta$。因为β为负值，所以能带宽度-4β就为正值。

能带可以看作是由N个不同的分子轨道组成的，相邻原子间能量最低的轨道（$k=1$）为成键轨道，能量最高的轨道（$k=N$）则为反键轨道。中间能量的分子轨道有（$K-1$）个节点，分布在原子链上。类似能带形式也存在于三维固体中。

简要说明 15C.1

为了说明$E_{k+1}-E_k$对N的关系，注意到：

对于$N=3$：$E_2-E_1=2\beta\left(\cos\frac{2\pi}{4}-\cos\frac{\pi}{4}\right)\approx-1.414\beta$

对于$N=30$：$E_2-E_1=2\beta\left(\cos\frac{2\pi}{31}-\cos\frac{\pi}{31}\right)\approx-0.0307\beta$

对于$N=300$：$E_2-E_1=2\beta\left(\cos\frac{2\pi}{301}-\cos\frac{\pi}{301}\right)\approx-0.000327\beta$

正如所料，随着N值的增大，能量差缩小。

由s轨道重叠产生的能带称为**s带**（s-band）。如果原子具有可用的p轨道，通过同样的过程也会形成**p带**（p-band）（如图15C.7的上半部所示）。如果原子p轨道的能量比s轨道高，那么p带位于s带之上，就可能产生**带隙**（band gap），即没有对应轨道的能量范围。然而，能带也有可能发生接触，s带最高轨道与p带最低轨道相接触甚至是重叠（镁元素中的3s带和3p带就是这种情况）。

现在考虑由N个原子形成的一个固体的电子结构，其中每个原子能够贡献一个电子（如碱金属）。N个原子轨道产生了由N个分子轨道组成的能带。这些轨道中的每一个都可以容纳两个自旋配对的电子。因此，在$T=0$时，仅最低的$N/2$个分子轨道被占据（如图15C.8）。HOMO称为**费米能级**（Fermi level）。只有靠近费米能级的少数电子才能进行热激发，因此只有这些电子对金属的热容有贡献。正是由于这个原因，热容的

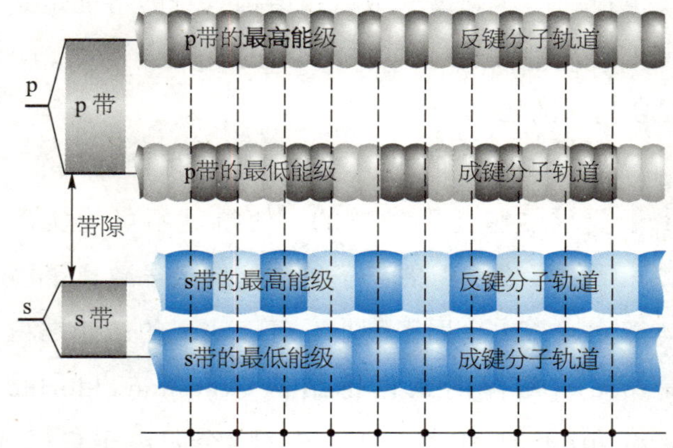

图15C.7 s轨道的重叠产生一个s带，p轨道的重叠产生一个p带。在此情况下，原子的s轨道和p轨道的能量间隔很大以至于形成带隙；也有可能间隔较小导致带的重叠

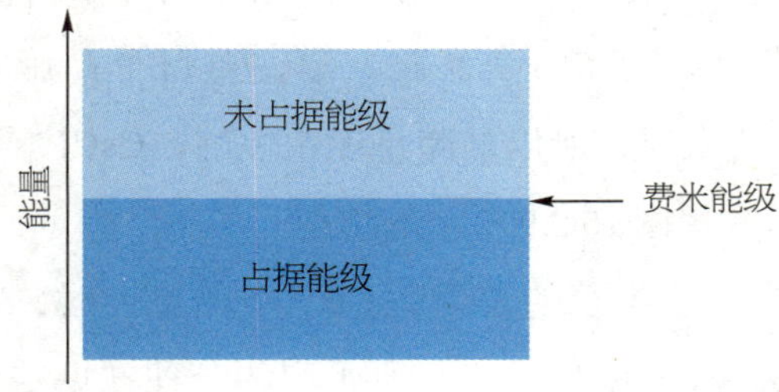

图15C.8 在$T=0$时，N个电子占据由N个轨道组成的能带，只有其中一半的轨道被占据，因为每个轨道被两个电子占据。最高占据能级称为费米能级

Dulong – Petit定律（专题7A）通过仅考虑样品中的原子而不是原子加上“自由”电子，给出了与常温下实验相一致的结果，如专题15E中所述，未完全填充能带的存在是导电性的根源。

15C.2 离子固体

离子固体由阳离子和阴离子组成，它们通过静电相互作用结合在一起。研究这类固体需要明确两个关键问题：离子采取的相对位置和所得结构的能量学。

(a) 结构

当单原子离子化合物（如NaCl和MgO）晶体采用硬球堆积方式建模时，必须考虑到离子具有不同半径（通常阳离子半径小于阴离子半径）和不同电荷的可能性。一个离子的配位数是带有相反电荷的最紧邻离子数目；结构本身的特征是具有（N_+, N_-）配位，其中N_+是阳离子的配位数，N_-是阴离子的配位数。

即使在偶然情况下，离子具有相同的尺寸，由于要求晶胞是电中性的，使得其不可能实现12 – 配位紧密堆积的离子结构。结果导致离子固体密度通常比金属密度小。可以实现的最佳堆积是(8, 8) – 配位的**氯化铯结构**（caesium chloride structure），其中每个阳离子被8个阴离子包围，每个阴离子被8个阳离子包围（图15C.9）。在此结构中，带有一个电荷的离子占据立方晶胞的中心，在其顶角上有8个带有相反电荷的离子。由于晶胞顶角处的离子被8个晶胞共享，对每个晶胞贡献其1/8的电荷，所以晶胞是电中性的。CsCl本身和CaS均采用图15C.9所示的结构。

当离子半径的差异比CsCl中的更大时，甚至不能实现8 – 配位堆积。所采取的一种常见结构是以NaCl岩盐结构为代表的(6, 6) – 配位**岩盐结构**（rock salt structure）（图15C.10）。在该结构中，

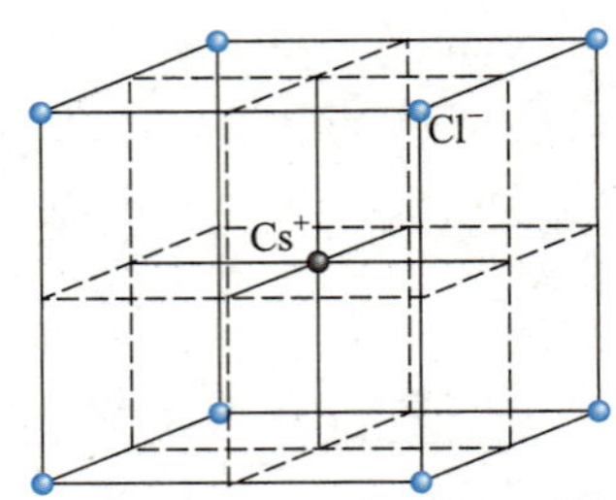

图15C.9 氯化铯结构由两个互相穿插的简单立方阵列组成，一个是阳离子的，另一个是阴离子的，因此一种离子的立方体在其中心有一个反离子

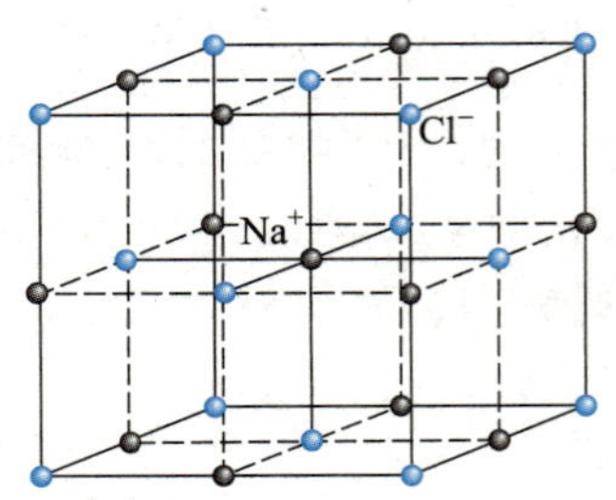

图15C.10 岩盐（NaCl）结构由两个互相穿插、略微膨胀的离子的面心立方阵列组成（此处显示的是一个晶胞中的排列）

每个阳离子被6个阴离子包围，每个阴离子被6个阳离子包围。岩盐结构由两个互相穿插、略微膨胀的面心立方（fcc）阵列组成，其中一个由阳离子构成，另一个由阴离子构成。NaCl本身及其他几种MX化合物均采用该结构，包括KBr、AgCl、MgO和ScN。

从氯化铯结构到岩盐结构的转变与**半径比**（radius ratio）γ的值有关：

$$\gamma = \frac{r_{小}}{r_{大}} \qquad \text{半径比 [定义]} \qquad (15C.2)$$

这里$r_{小}$是晶体中较小离子的半径，$r_{大}$是较大离子的半径。通过考虑将最大数目的一种半径的硬球堆积在另一种不同半径的硬球周围这一几何问题，可以导出**半径比规则**（radius – ratio rule），可归纳如下：

半径比	结构类型
$\gamma < 2^{1/2} - 1 = 0.414$	闪锌矿（图15C.11）
$0.414 < \gamma < 3^{1/2} - 1 = 0.732$	岩盐（图15C.10）
$\gamma > 0.732$	氯化铯（图15C.9）

结构与基于该规则所预期的结构的偏差通常被看作是从离子键向共价键转变的象征。然而，不可靠性主要来自离子半径的人为定义（稍后叙

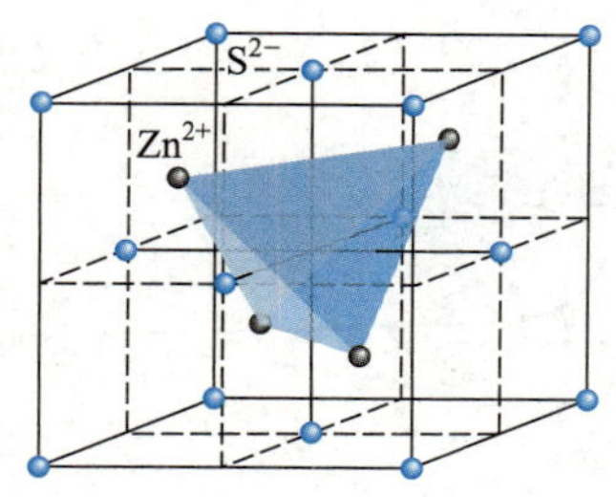

图15C.11 闪锌矿形式的ZnS结构显示出位于由S原子的fcc阵列形成的一半四面体孔中Zn原子的位置

述）及其随配位数的变化。

实验测量可得出两个离子中心之间的间距，并且必须确定如何在两个离子之间分配这一差距。一种方法是简单地为一个离子的半径赋值，然后使用该值来推断另一离子的半径。一种基于O^{2-}半径为140 pm的标度被广泛使用（表15C.2）。也可使用其他标度（如基于F^-的标度，用于讨论卤化物），但必须注意不能混合来自不同标度的值。由于离子半径是如此人为的，因此必须谨慎看待基于它们的预测。

表15C.2 离子半径*

	r/pm
Na^+	102(6**)，116(8)
K^+	138(6)，151(8)
F^-	128(2)，131(4)
Cl^-	181（紧密堆积）

* 此表基于O^{2-}半径为140 pm的标度。更多的数据参见*资源部分*。

** 配位数。

简要说明15C.2

根据*资源部分*中给出的离子半径数值，MgO的半径比为

$$\gamma = \frac{\overbrace{72\ \text{pm}}^{Mg^{2+}\text{的半径}}}{\underbrace{140\ \text{pm}}_{O^{2-}\text{的半径}}} = 0.51$$

这与观察到的MgO晶体的岩盐结构一致。

（b）能量学

固体的**晶格能**（lattice energy）是指当离子从固体中的紧密堆积变为彼此远离的气体时的势能变化。所有晶格能均为正值；高的晶格能表示离子之间存在强烈的相互作用以产生紧密结合的固体。**晶格焓**（lattice enthalpy）ΔH_1是过程$MX(s) \longrightarrow M^+(g) + X^-(g)$中及其他价型和化学计量方程式的标准摩尔焓的变化。在$T=0$时，晶格焓等于晶格能；在常温下它们仅相差几千焦每摩尔，与标准的晶格能相比此数值很小，通常可忽略不计。

固体中的每个离子都受到来自其他所有带相反电荷离子的有利（能量降低）静电相互作用和来自其他所有带相同电荷离子的不利（能量升高）静电相互作用。总库仑势能是所有静电作用贡献的总和。每个阳离子都被阴离子包围，因此相反电荷的相互作用对势能有很大的负贡献。除了那些最邻近的离子，较远的阳离子对中心阳离子的总势能也会有一定的贡献。在那些阳离子外的阴离子也有负的贡献，它们外面更远的阳离子有正贡献等，直到固体边缘。随着与中心离子距离的增加，这些有利和不利的相互作用逐渐变弱，但所有这些贡献的净结果是由最近邻离子之间的相互作用所导致的能量降低支配的。

首先，考虑离子固体的一个简单一维模型，该模型是由均匀间隔的、交替的阳离子和阴离子组成的一条长线；相邻离子中心之间的距离是d，即离子半径的总和（图15C.12）。如果离子电荷数的绝对值相同（如+1和−1，+2和−2），则$z_1=+z$，$z_2=-z$，并且$z_1z_2=-z^2$。通过对所有项进行求和来计算中心离子的势能，其中负项代表与相反电荷离子的有利相互作用，正项代表与相同电荷离子的不利相互作用。对于中心离子右侧一条线上延伸的离子相互作用，库仑作用对晶格能的贡献是

$$\begin{aligned} E_p &= \frac{1}{4\pi\varepsilon_0} \times \left(-\frac{z^2e^2}{d} + \frac{z^2e^2}{2d} - \frac{z^2e^2}{3d} + \frac{z^2e^2}{4d} - \cdots\right) \\ &= \frac{z^2e^2}{4\pi\varepsilon_0 d} \times \overbrace{\left(-1 + \frac{1}{2} - \frac{1}{3} + \frac{1}{4} - \cdots\right)}^{-\ln 2} \\ &= -\frac{z^2e^2}{4\pi\varepsilon_0 d} \times \ln 2 \end{aligned}$$

为了完成计算，将E_p乘以2获得因离子两侧的相互作用而引起的总能量，然后乘以阿伏加德

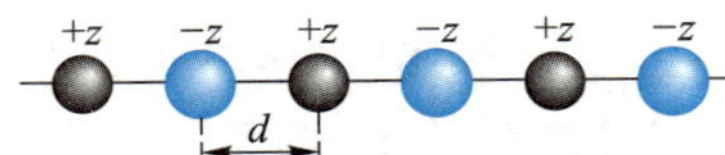

图 15C.12 一维马德隆常数计算中使用的阳离子和阴离子交替组成的长线

罗常数N_A以获得库仑作用对（摩尔）晶格能贡献的表达式。结果是

$$E_p = -2\ln 2 \times \frac{z^2 N_A e^2}{4\pi\varepsilon_0 d}$$

式中$d = r_{cation} + r_{anion}$。此能量为负值，对应于一个净的有利相互作用。计算可以扩展到具有不同电荷数z_A和z_B的离子的三维阵列：

$$E_p = -A \times \frac{|z_A z_B| N_A e^2}{4\pi\varepsilon_0 d} \qquad (15C.3)$$

因子A为一个正常数，**称为马德隆常数**（Madelung constant）；其值取决于离子在晶体中的排布方式。对于岩盐结构，$A = 1.748$；表15C.3列出了其他一些常见结构的马德隆常数。

表 15C.3 马德隆常数

结构类型	A
氯化铯	1.763
萤石	2.519
岩盐	1.748
金红石	2.408
闪锌矿	1.638
纤锌矿	1.641

并非只有库仑作用对晶格能有贡献。当原子轨道重叠形成成键和反键分子轨道且两类轨道都填满时，反键轨道升高的能量比成键轨道降低的能量多，因此能量是升高的（专题9D）。这种对于势能的正贡献取决于原子轨道的重叠，而且，由于轨道随距离指数衰减，距离原子核距离较远时，通常写作

$$E_p^* = N_A C' e^{-d/d^*} \qquad (15C.4)$$

式中d是原子间的距离，C'和d^*是常数。结果表明不需要C'的值（使用这个公式的表达式中消去了；见下）；d^*通常取34.5 pm。

总势能是E_p和E_p^*的和，当$\mathrm{d}(E_p + E_p^*)/\mathrm{d}d = 0$时有最小值（图15C.13）。

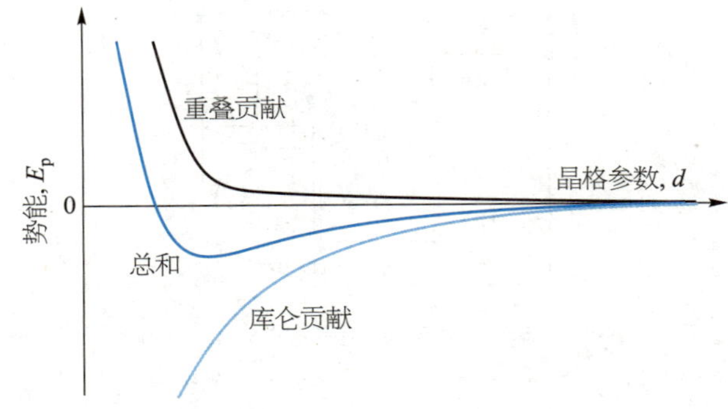

图 15C.13 离子晶体中对总势能的贡献

由总势能最小值的简化计算得出了**玻恩－迈耶方程**（Born－Mayer equation）（见问题P15C.9）：

$$E_{p,min} = -\frac{N_A |z_A z_B| e^2}{4\pi\varepsilon_0 d}\left(1 - \frac{d^*}{d}\right)A \qquad \text{玻恩－迈耶方程} \quad (15C.5)$$

如果忽略零点对能量的贡献，则该势能的负值与晶格能相等。此方程的重要特征是：

物理解释

- 由于$E_{p,min} \propto |z_A z_B|$，势能随着离子电荷数的增加而降低（变得更负）。
- 由于对$E_{p,min}$的静电（和主要）贡献与$1/d$成比例，所以随着离子半径的减小，势能降低（变得更负）。

第二个结论来自离子半径越小d值越小的事实。当离子电荷很大（所以$|z_A z_B|$很大）且半径很小（所以d很小）时，可望得到更高的晶格能。

简要说明 15C.3

为了估算具有岩盐结构（$A = 1.748$）的MgO的$E_{p,min}$，使用以下数值：

$$d = r_{Mg^{2+}} + r_{O^{2-}} = 72\ \text{pm} + 140\ \text{pm} = 212\ \text{pm}$$

注意到：

$$\frac{N_A e^2}{4\pi\varepsilon_0} = \frac{6.022\,14\times10^{23}\ \text{mol}^{-1}\times(1.602\,176\times10^{-19}\ \text{C})^2}{4\pi\times 8.854\,19\times10^{-12}\ \text{J}^{-1}\cdot\text{C}^2\cdot\text{m}^{-1}}$$

$$= 1.389\,35\times10^{-4}\ \text{J}\cdot\text{m}\cdot\text{mol}^{-1}$$

所以

$$E_{p,min} = -\frac{\overbrace{4}^{|z_{Mg^{2+}} z_{O^{2-}}|}}{\underbrace{2.12\times10^{-10}\ \text{m}}_{d}} \times \overbrace{1.389\,35\times10^{-4}\ \text{J}\cdot\text{m}\cdot\text{mol}^{-1}}^{N_A e^2/4\pi\varepsilon_0}$$

$$\times \overbrace{\left(1 - \frac{34.5\ \text{pm}}{212\ \text{pm}}\right)}^{1-d^*/d} \times \overbrace{1.748}^{A}$$

$$= -3.84\times10^3\ \text{kJ}\cdot\text{mol}^{-1}$$

直接测量晶格焓是不可能的，但是可以通过使用**玻恩 – 哈伯循环**（Born – Haber cycle）结合其他焓变的实验值来获得。此循环是始点和终点相同的一条封闭转化路径，其中的一步是从气态离子形成固体化合物。

例题 15C.2　使用玻恩 – 哈伯循环

计算 KCl 的晶格焓。

整理思路　需要构建适当的玻恩 – 哈伯循环，就像图 15C.14 中所示的一种。为了使用循环，需要获得所有步骤的焓变实验值（例如，从表格数据中获取），当然，不包含从离子形成晶格的步骤。对于图 15C.14 中的循环，焓变如下（为方便起见，从单质开始）：

	$\Delta H/(\mathrm{kJ\cdot mol^{-1}})$	
1. K(s) 的升华	+89	[K(s) 的升华焓]
2. $\frac{1}{2}Cl_2(g)$ 的分解	+122	[$\frac{1}{2}\times Cl_2(g)$ 的解离焓]
3. K(g) 的离子化	+418	[K(g) 的离子化焓]
4. Cl(g) 得到电子	−349	[Cl(g) 的得电子焓]
5. 气态离子生成固体	$-\Delta H_L/(\mathrm{kJ\cdot mol^{-1}})$	[待测定值]
6. 化合物分解为参考态的单质	+437	[KCl(s) 生成焓的负值]

由于这是一个闭合循环，这些焓变之和等于 0，且晶格焓可由所得方程得到。

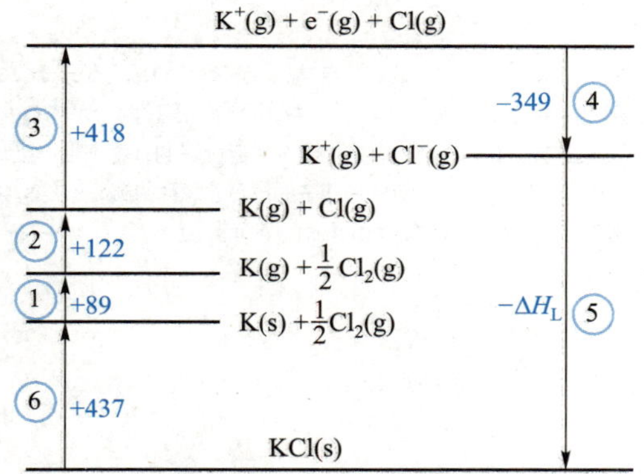

图15C.14　在 298 K 时，KCl 的玻恩 – 哈伯循环（焓变值的单位为 kJ · mol^{-1}）

解：循环中焓变之和为

$$89 + 122 + 418 - 349 - \Delta H_L/(\mathrm{kJ\cdot mol^{-1}}) + 437 = 0$$

由此，$\Delta H_L = 717\ \mathrm{kJ\cdot mol^{-1}}$。

自测题 15C.2　根据以下数据，计算 CaO 的晶格焓。

	$\Delta H/(\mathrm{kJ\cdot mol^{-1}})$
Ca(s) 的升华	+178
Ca(g) 到 $Ca^{2+}(g)$ 的离子化	+1 735
$\frac{1}{2}O_2(g)$ 的分解	+249
O(g) 得到电子	−141
$O^-(g)$ 得到电子	+844
Ca(s) 和 $\frac{1}{2}O_2(g)$ 生成 CaO(s)	−635

答案：+3500 kJ · mol^{-1}。

由玻恩 – 哈伯循环获得的一些晶格焓列于表 15C.4 中。从数据中可以看出，数值的趋势总体上符合玻恩 – 迈耶方程的预测。此一致性表明离子键模型对物质来讲是有效的；不一致则意味着成键中有共价贡献。但重要的是应谨慎，因为数字上的一致性可能是巧合，如上所述，离子半径的数值受到很大不确定性的影响。

表 15C.4　298 K 时的晶格焓*

	$\Delta H_L/(\mathrm{kJ\cdot mol^{-1}})$
NaF	926
NaBr	752
MgO	3 850
MgS	3 406

* 更多的数据参见*资源部分*。

15C.3　共价固体和分子固体

固体的 X 射线衍射研究揭示了大量信息，包括原子间距、键角、立体化学和振动参数。本节仅能提示当在拓展的网络中进行分子堆积或原子相互连接时可能发现的花样繁多的固体类型。

在**共价固体**（covalent solid，或共价网状固体）中，一定空间方向的共价键将原子连接在一起并形成扩展至整个晶体的网络；实际上晶体是一个巨大的分子。定向键合的要求对许多金属的结构只有很小的影响，现在已经超越了将球体堆积在一起的几何问题，结果产生了极为多样且相当精细的结构。

简要说明 15C.4

金刚石和石墨是碳的两种同素异形体。在金刚石中，每个 sp^3 杂化的碳原子以四面体形式与其四个邻居键合（图 15C.15）。由强 C—C 键组成的网络在整个晶体中不断重复，因此，金刚石非常坚硬（事实上，是已知最硬的物质）。在石墨中，sp^2 杂化的碳原子之间的 σ 键形成六边形环，当在整个平面上重复时，产生“石墨烯”片（图 15C.16）。由于当存在杂质时片层可以相对滑动，所以不纯的石墨被广泛用作润滑剂。

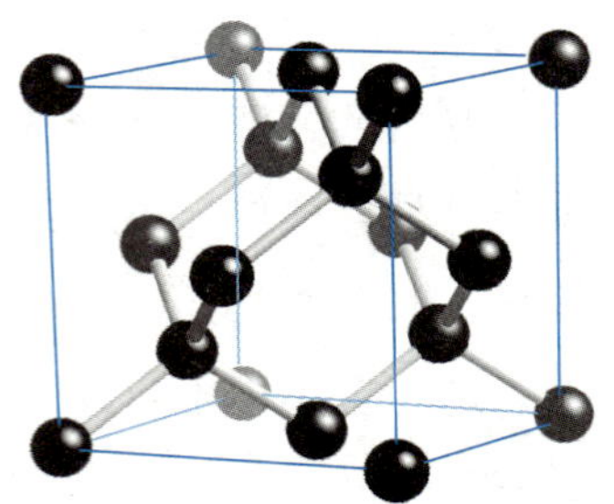

图 15C.15 金刚石的结构片段（每个碳原子以四面体形式与其四个相邻原子键合。这种框架型结构形成了刚性晶体）

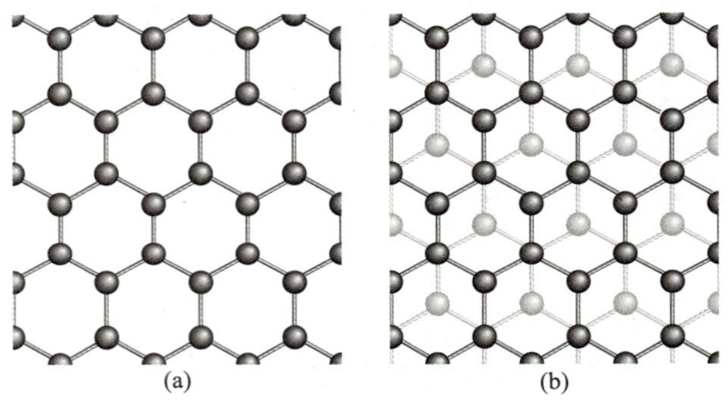

图 15C.16 石墨由六边形碳原子平面的叠层组成。（a）“石墨烯”片中的碳原子的排布。（b）相邻片层的相对排布。当存在杂质时，平面之间很容易产生相对滑动

分子固体（molecular solid）是绝大多数现代结构测定的主题，通过范德华相互作用将单独的分子组分结合在一起（专题 14B）。观察到的晶体结构是将各种形状的物体冷凝成具有最低能量（实际上，对于 $T>0$，是最小吉布斯能）的聚集体这一问题的自然解决方案。结构的预测是困难的，但专门设计用来探索相互作用能量的软件现在可以作出相当可靠的预测。氢键的作用使问题变得更加复杂，在某些情况下氢键主导晶体的结构，如在冰中（图 15C.17），而在其他一些情况下（如在固体苯酚中）则会扭曲主要由范德华相互作用决定的结构。

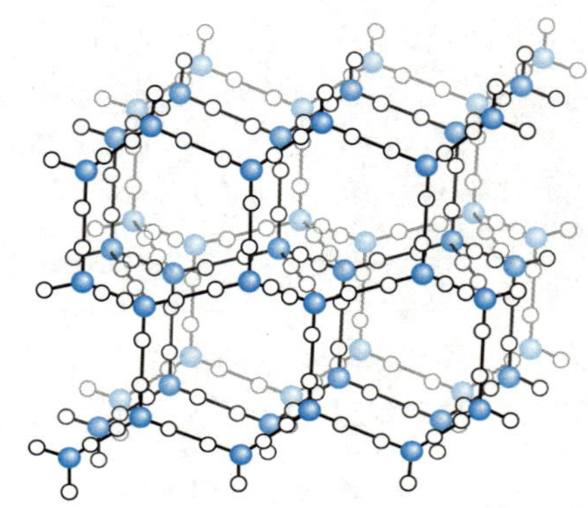

图 15C.17 冰（冰—Ⅰ）的晶体结构片段。每个 O 原子位于 4 个 O 原子形成的四面体的中心，距离为 276 pm。中心 O 原子通过两个短的 O—H 键与 2 个 H 原子相连接，通过 2 个长氢键与两个邻近分子的 H 原子相连接。对于每个 O—O 间距，图中显示了两种 H 原子的位置。总体来说，该结构由 H_2O 分子的六边形褶皱环（如同环己烷的椅式）平面组成

概念清单

☐ 1. **紧密堆积**层是一种具有最大空间利用率的球体排布层。

☐ 2. **六方紧密堆积**结构中，紧密堆积层序列为ABABAB…。

☐ 3. **立方紧密堆积**结构中，紧密堆积层序列为ABCABC…。

☐ 4. **配位数**是任一指定球体周围直接关联的球体个数。

☐ 5. 在**近自由电子近似**中，假设价电子被捕获在具有周期势场的盒子中，具有对应于阳离子位置的低能量。

☐ 6. 在**紧束缚近似**中，假设价电子占据在整个固体中离域的分子轨道。

☐ 7. 在金属中，原子轨道重叠形成**能带**，其是一组在空间上紧密排布的分子轨道，覆盖有限的能量范围；电子占据能带中的轨道。

☐ 8. **带隙**是没有对应轨道的能量范围。

☐ 9. **费米能级**是在 $T = 0$ 时的最高占据分子轨道。

☐ 10. 离子晶格的**配位数**用（N_+，N_-）来表示，其中 N_+ 是一个阳离子周围最近邻的阴离子个数，N_- 是一个阴离子周围最近邻的阳离子个数。

☐ 11. 固体的**晶格能**是当离子从固体中的紧密堆积变为彼此远离的气体时的势能变化。

☐ 12. **玻恩－哈伯循环**是起点和终点相同的一条封闭转化路径，其中的一步是从气态离子形成固体化合物。

☐ 13. **分子固体**是通过范德华相互作用，也有可能是氢键，将离散的分子结合在一起所形成的固体。

公式清单

性质	公式	说明	公式编号
线性轨道阵列的能级	$E_k = \alpha + 2\beta\cos[k\pi/(N+1)]$ $k = 1, 2, \cdots, N$	休克尔近似	15C.1
带宽	$E_N - E_1 \to -4\beta$（当 $N \to \infty$ 时）	休克尔近似	
半径比	$\gamma = r_{小}/r_{大}$	对于判据，请参见15C.2节	15C.2
玻恩－迈耶方程	$E_{p,\min} = -(N_A\lvert z_A z_B\rvert e^2/4\pi\varepsilon_0 d)(1-d^*/d)A$		15C.5

专题15D

固体的力学性质

▶ 为何需要学习这部分内容?

了解固体材料的力学性质对于现代材料的研发至关重要。

▶ 核心思想是什么?

固体的力学性质采用与组分的分子间势能相关的各种“模量”来表示。

▶ 需要哪些预备知识?

需要熟悉 Lennard-Jones 势能(专题14B)。

讨论固体力学性质所需的基本概念是应力和应变。物体上的**应力**(stress)等于施加的作用力除以作用的面积。例如,如果质量m悬挂在半径为r的电线上,横截面积为πr^2,该质量施加的重力为mg,则单轴应力(沿着线的长度)将记作$mg/\pi r^2$。**应变**是物体产生形变的比例。关于应力和应变之间关系的研究称为**流变学**(rheology),源自希腊语“流动”一词。

施加应力的方式有很多(图15D.1):

- **单轴应力**(uniaxial stress)是在单一方向上的简单压缩或拉伸。
- **流体静压**(hydrostatic stress)是在所有方向上施加的应力,如浸入流体中的物体上所受应力。
- **纯剪切应力**(pure shear)是趋于将样品中相对的两个面朝相反方向推的一种应力。

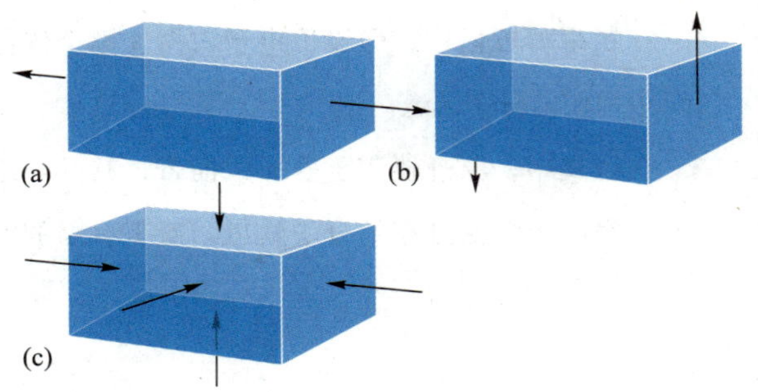

图15D.1 施加于物体上的应力类型。(a)单轴应力,(b)纯剪切应力,(c)流体静压

受到低应力作用的样品物体通常会发生**弹性形变**(elastic deformation),即当应力撤除时恢复原状。低应力作用时,应变与应力呈线性关系,应力-应变关系符合力的胡克定律(图15D.2)。在高应力下,响应变为非线性,但仍能保持弹性。超过某一阈值时,应变变为**塑性**(plastic),即在应力撤除时物体无法复原。塑性形变发生在化学键断裂时,对纯金属,通常通过位移发生。对于脆性材料,如离子固体,表现为突然断裂,因为裂隙汇聚的应力导致裂隙灾难性扩展。

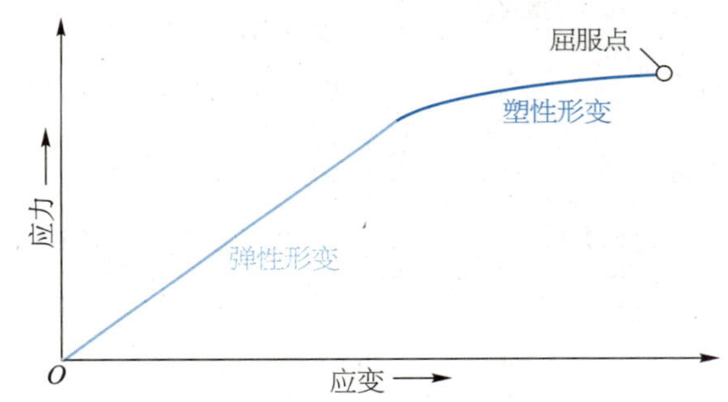

图15D.2 在低应变下,物体服从胡克定律(应力与应变成正比)并且具有弹性(当撤除应力时恢复原其形状)。在高应变下,物体不再具有弹性,可能变成塑性,且最后屈服

固体对外加应力的响应通常用称作**模量**(moduli)的几个比例系数来加以概括:

$$\text{杨氏模量:}\quad E=\frac{\text{单轴应力}}{\text{单轴应变}} \tag{15D.1a}$$

$$\text{体积模量:}\quad K=\frac{\text{压力}}{\text{体积变化分数}} \tag{15D.1b}$$

$$\text{剪切模量:}\quad G=\frac{\text{剪切应力}}{\text{剪切应变}} \tag{15D.1c}$$

“单轴应变”指材料在一个方向上的拉伸和压

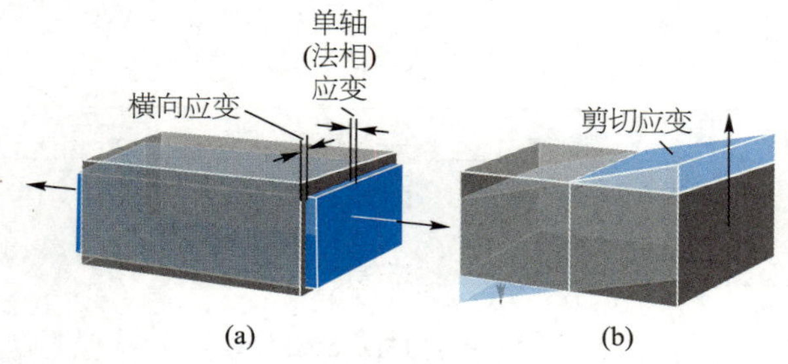

图15D.3 （a）单轴应力和由此产生的单轴和横向应变；泊松比表示当受到单轴应力时物体的形变程度。（b）剪切应力和产生的应变

缩，如图15D.3（a）所示；“剪切应变”指由剪切应力引起的形变，如图15D.3（b）所示。体积的变化分数是$\delta V/V$，其中δV是体积为V的样本的体积变化；类似地，单轴应变和剪切应变（量纲为1）是尺寸的变化分数。体积模量是在专题2D中讨论［式（2D.7），$\kappa_T=-(\partial V/\partial p)_T/V$］的等温压缩系数$\kappa_T$的倒数。

第三个比例称为**泊松比**（Poisson's ratio），表示样本如何发生形变：

$$V_{\mathrm{P}}=\frac{\text{横向应变}}{\text{法相应变}}$$ 泊松比［定义］（15D.2）

横向应变和法相应变如图15D.3（a）所示：它们是由“法相”单轴应力引起的相互垂直的单轴形变。式（15D.1）中引入的三个模量以下述方式相互关联（见问题P15D.1）：

$$G=\frac{E}{2(1+v_{\mathrm{P}})}\qquad K=\frac{E}{3(1-2v_{\mathrm{P}})}$$ 模量之间的关系（15D.3）

简要说明15D.1

当质量$m=10.0$ kg悬挂于半径$r=0.050$ mm的铁丝时，单轴应力为

$$\text{单轴应力}=\frac{mg}{\pi r^2}=\frac{10.0\,\mathrm{kg}\times 9.81\,\mathrm{m\cdot s^{-2}}}{\pi(5.0\times10^{-5}\,\mathrm{m})^2}=1.25\times10^{10}\,\mathrm{kg\cdot m^{-1}\cdot s^{-2}}$$

室温下铁的杨氏模量为215 GPa。因此有

$$\text{单轴应变}=\frac{1.25\times10^{10}\,\mathrm{kg\cdot m^{-1}\cdot s^{-2}}}{2.15\times10^{11}\,\underbrace{\mathrm{kg\cdot m^{-1}\cdot s^{-2}}}_{\mathrm{Pa}}}=0.058\,1$$

相当于铁丝伸长了5.81%。

如果相邻分子通过Lennard－Jones势能相互作用（专题14B），则固体的体积模量和压缩系数与Lennard－Jones参数ε（势阱深度）相关，即

$$K=\frac{8N_{\mathrm{A}}\varepsilon}{V_{\mathrm{m}}}\qquad \kappa_T=\frac{V_{\mathrm{m}}}{8N_{\mathrm{A}}\varepsilon}\tag{15D.4}$$

对于这些关系式的推导，请参阅本书网站上的“深入了解10”。如果势阱深且固体致密（摩尔体积小），则体积模量大而压缩系数小（固体坚硬）。

金属不同的流变特性可以追溯到**滑移面**（clip plane）的存在，滑移面是原子平面，其在应力作用下可以发生相对滑动或滑移。ccp结构的滑移面是紧密堆积平面，且仔细观察晶胞可发现在不同方向上存在八组滑移面。因此，具有ccp结构的金属（如铜）具有延展性，这意味着它们可以很容易地弯曲、压平或锤打成形。相比之下，六角紧密堆积结构仅有一组滑移面，因此采用六角紧密堆积的金属（如锌或镉）倾向于更脆。

概念清单

- ☐ 1. **单轴应力**是在单一方向对样品的简单压缩或拉伸。
- ☐ 2. **流体静压**是同时在所有方向上施加的应力，如浸入流体中的固体上所受应力。
- ☐ 3. **纯剪切应力**是趋于将样品中相对的两个面朝相反方向推的一种应力。
- ☐ 4. 在样品上施加较小的应力通常会发生**弹性形变**；随着应力增大样品变为**塑性**。
- ☐ 5. 固体对施加的应力的响应可以归纳表述为**杨氏模量**、**体积模量**、**剪切模量**和**泊松比**。
- ☐ 6. 金属的不同流变特性可以追溯到**滑移面**的存在。

公式清单

性质	公式	说明	公式编号
杨氏模量	E = 单轴应力/单轴应变	定义	15D.1a
体积模量	K = 压力/体积变化分数	定义	15D.1b
剪切模量	G = 剪切应力/剪切应变	定义	15D.1c
泊松比	V_P = 横向应变/法向应变	定义	15D.2

专题15E

固体的电学性质

► 为何需要学习这部分内容?

固体的电学性质是当代基础设施所依赖的众多技术应用的基础。

► 核心思想是什么?

固体中的电子占据了决定各种类型固体电导的能带。

► 需要哪些预备知识?

需要熟悉固体中能带的形成(专题15C)。

普通材料的导电性源于电子的移动,但是一些离子固体显示出离子导电性,其中整个离子穿过晶格进行迁移。通过电导率对温度的依赖可以区别三种类型的固体(图15E.1):

- **金属导体**(metallic conductor)是指电导率随着温度升高而降低的物质。
- **半导体**(semiconductor)是指电导率随着温度升高而升高的物质。
- **超导体**(superconductor)是指在低于某一临界温度时无电阻阻碍导电的固体。

半导体的电导率通常比典型的金属导体要低,但电导率大小不是区分它们的标准。通常将电导率非常低的半导体归为绝缘体,如大多数合成聚合物。此术语源于便利而非基本意义。

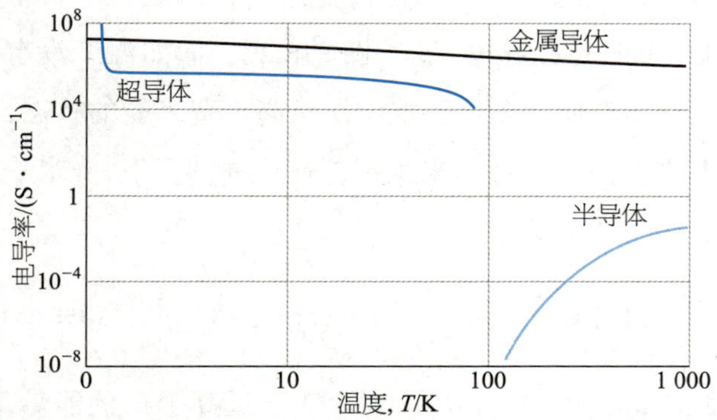

图15E.1 物质电导率随温度的变化是对金属导体、半导体和超导体进行分类的基础[电导率以$S\cdot m^{-1}$(此处为$S\cdot cm^{-1}$)为单位表示,其中$1\ S = 1\ \Omega^{-1}$(电阻以Ω为单位表示);注意对数坐标标尺]

15E.1 金属导体

为了理解导体和半导体中电导率的起源,有必要探讨能带形成的影响(专题15C)。出发点是图15C.8,为方便起见,这里将该图复制为图15E.2。它显示了由一条直线上的N个原子形成的固体的电子结构,每个原子贡献一个电子(如碱金属)。在$T = 0$时,只有最低的$\frac{1}{2}N$个分子轨道被占据,直到费米能级。能级之间的距离非常近,因此在费米能级之上存在未被占据的分子轨道。具有部分填充带的固体预期为金属导体,可以通过以下方式来理解。

关键点在于可以把能带中的每个分子轨道看作两个相反方向传播的波的叠加(也就意味着$\cos x \propto e^{ix} + e^{-ix}$)。图15E.3(a)是图15E.2的改编版,其将两部分贡献分隔开,在不施加任何电场的情况下,电子均等地占据两部分,没有通过固体的净移动。不论能带是充满的还是不完全充满

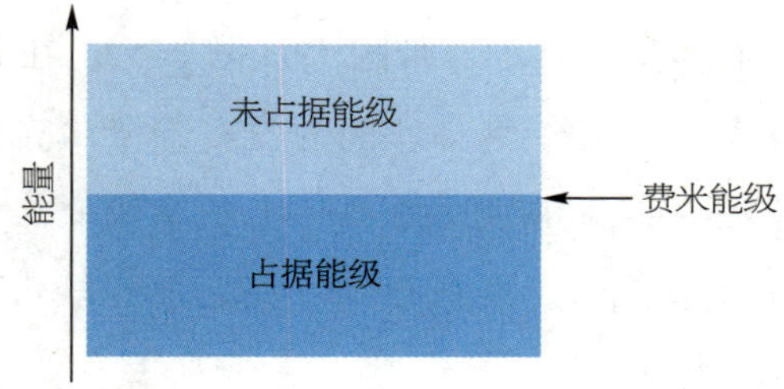

图15E.2 (图15C.8的复制)在$T = 0$时,N个电子占据由N个轨道组成的能带,仅有一半轨道被占据,最高占据能级是费米能级

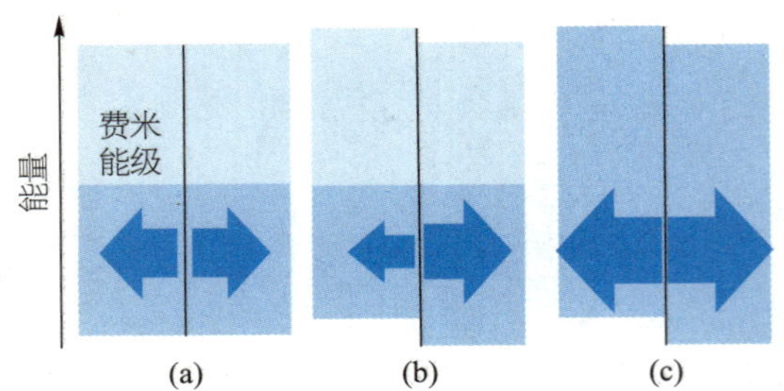

图 15E.3　该图的每个部分都将沿相反方向传播的波分隔开。(a) 两组波具有相同的能量，被均等占据，并且没有净运动。(b) 当施加电势差（右侧为正）时，两组波不再具有相同的能量。现在向右移动的电子比向左移动的更多，因此产生净电流。(c) 如果能带已充满，则两组波保持布居数相同，即使施加电势差也没有净电流

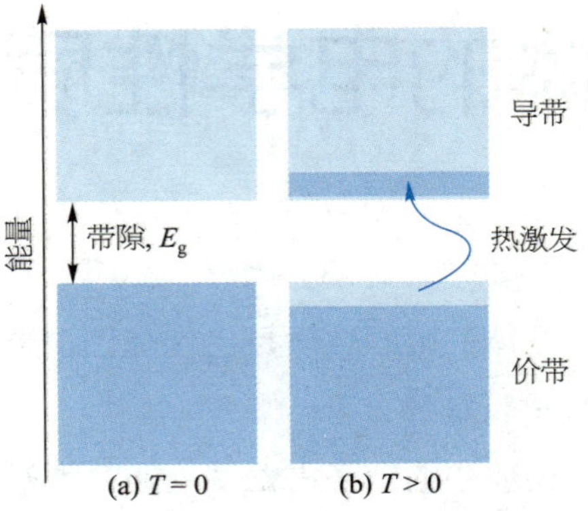

图 15E.4　(a) 半导体的典型能带结构：在 $T=0$ 时，价带是满的而导带是空的。(b) 在更高温度下，电子填充于导带的能级中，产生了随温度升高而增强的电导率

的，没有净运动的事实是真的。当施加一电势差时，两部分的能量不再相同，因为在能量上有利于电子向正电势区域移动。现在两个部分不再被均等占据［图 15E.3（b）］，并且如果能带未满，则向其中一个方向移动的电子多于另一个方向，产生电传导。然而，如果能带已满，则两部分的布居数保持相等［图 15E.3（c）］，并且在任一方向上都没有净运动。材料不导电：为绝缘体。

金属导体的电导率随温度升高而降低。这种降低是由于运动的电子与原子的碰撞所致。温度越高，原子的热运动越剧烈，故运动的电子与原子就更有可能发生碰撞。也就是说，电子被散射出它们通过固体的路径，则传导电荷的效率降低。

15E.2　绝缘体和半导体

现在考虑能带排布如图 15E.4 所示的固体。在 $T=0$ 时，低能带是满的，费米能级位于能带的顶部。第二个空带具有较高能量，距离较低能带的顶部具有能量差 E_g 称作**带隙**（band gap）。在 $T=0$ 时，这种材料是绝缘体，因为没有部分填充的能带。但是，如果温度足够高，电子从较低能带被激发至较高能带。现在存在不完全填充能带，并且产生电导。

现在产生的问题是温度如何影响两个能带的布居数，并进而影响半导体材料的电导率。讨论可从引入**状态密度**（density of states）$\rho(E)$ 开始，其定义使得 E 和 $E+\mathrm{d}E$ 之间的状态数是 $\rho(E)\mathrm{d}E$。请注意，电子的“状态”包括它的自旋，因此每个空间轨道都算作两种状态。为了获得占据 E 和 $E+\mathrm{d}E$ 之间状态的电子数 $\mathrm{d}N(E)$，将 $\rho(E)\mathrm{d}E$ 乘以具有能量 E 的状态的占据概率 $f(E)$。即

$$\mathrm{d}N(E)=\overbrace{\rho(E)\mathrm{d}E}^{E\text{和}E+\mathrm{d}E\text{之间的状态数}}\times\overbrace{f(E)}^{\text{能量为}E\text{的状态的占据概率}}\qquad(15\text{E}.1)$$

函数 $f(E)$ 是**费米－狄拉克分布**（Fermi-Dirac distribution），是考虑了泡利不相容原理（即每个轨道最多可被两个电子所占据）的玻耳兹曼分布的一种形式：

$$f(E)=\frac{1}{\mathrm{e}^{(E-\mu)/kT}+1}\qquad\text{费米－狄拉克分布}\qquad(15\text{E}.2\text{a})$$

式中 μ 是与温度相关的常数，称作“化学势”（它与我们熟悉的热力学化学势有微妙的关系）；如果 $T>0$，μ 是 $f=\frac{1}{2}$ 的状态的能量。在 $T=0$ 时，仅有达到一定能量的状态是被占据的，此能量即**费米能**（Fermi energy）E_F（图 15E.2）。假如温度没有足够高到使许多电子被激发至高于费米能的状态，则化学势可以用 E_F 来识别，在这种情况下，费米－狄拉克分布变为

$$f(E)=\frac{1}{\mathrm{e}^{(E-E_F)/kT}+1}\qquad\text{费米－狄拉克分布}\qquad(15\text{E}.2\text{b})$$

此表达式意味着 $f(E_F)=\frac{1}{2}$。对于远高于 E_F 的能量，指数项是如此之大以至于可以忽略分母中的 1，则

$$f(E)\approx\mathrm{e}^{-(E-E_F)/kT}\qquad\text{费米－狄拉克分布［对于}E>E_F\text{的近似式］}\qquad(15\text{E}.2\text{c})$$

现在，函数与玻耳兹曼分布相似，随着能量升高以指数方式衰减；温度越高，指数尾越长。

费米能和费米能级的区别：

- 费米能级是$T=0$时最高的能级；
- 费米能是在任意温度下$f(E)=\frac{1}{2}$时的能级。

当$T\to 0$时，费米能与费米能级一致。

图15E.5显示了不同温度下$f(E)$的形式。在$T=0$时，概率分布是一阶梯函数，当$E<E_F$时等于1，在更高能量时则等于0，如图15E.2所示。在更高温度下，高于E_F的能级的占据概率增加，而那些低于E_F的能级的占据概率相应减少，其中最大的变化发生在能量接近E_F时。随着温度升高，电子从低能带被激发至高能带。该激发可由延伸跨越带隙的费米－狄拉克分布的尾部来表示，并且仅当kT与带隙相当或更大时才显著。该材料在$T=0$时是绝缘体，现在则是导体，因为两个能带均为部分填充。随着温度升高，由于更多的电子被激发而跨越带隙，电导增加，故材料是半导体。

较低的能带，即在$T=0$时是满的，称作**价带**（valence band）；较高的能带，即在$T=0$时是空的且是电子被热激发后的所到之处，称作**导带**（conduction band）。当电子离开价带时，可以认为它们在该价带中产生了带有正电荷的“空穴”（也就是没有电子），这些空穴和激发的电子的移动产生了电导。

图15E.4描绘了一个**本征半导体**（intrinsic semiconductor），其中半导性是纯材料能带结构的一个性质。本征半导体的实例包括硅和锗。**化合物半导体**（compound semiconductor）是由不同元素组合而成的本征半导体，如GaN、CdS和许多d族金属氧化物。

外赋半导体（extrinsic semiconductor，又称非本征半导体）是由于**掺杂原子**（dopant atom，即其他元素的原子）所取代（约占$\frac{1}{10^9}$）而引入了载流子（电子或空穴）的半导体。例如，如果纯硅（第14族元素）中掺杂铟原子（第13族元素），电子可以从Si原子转移到邻近的In原子，从而在价带中形成空穴并提高电导率。由此产生的半导体被描述为**p型**（p－type），p表示正价空穴负责产生电导。图15E.6（a）显示了这种半导体的能带结构。掺杂原子产生一组空能级，称为**受主能级**（acceptor level），这些能级位于价带顶部以上。来自价带的电子被转移到这些能级上，从而在能价中产生空穴。

如果掺杂原子来自第15族元素（如磷），电子可以从P原子转移到其他的空导带，从而提高电导。这种掺杂类型产生**n型**（n－type）半导体，这里n是指载体的负电荷。图15E.6（b）显示了这种能带结构。掺杂原子产生一组占据能级，称为**施主能级**（donor level），位于导带底部以下，电子从这些能级转移至导带。在实际情况下，掺杂能级使得由掺杂原子造成的载流子远远超过了跨

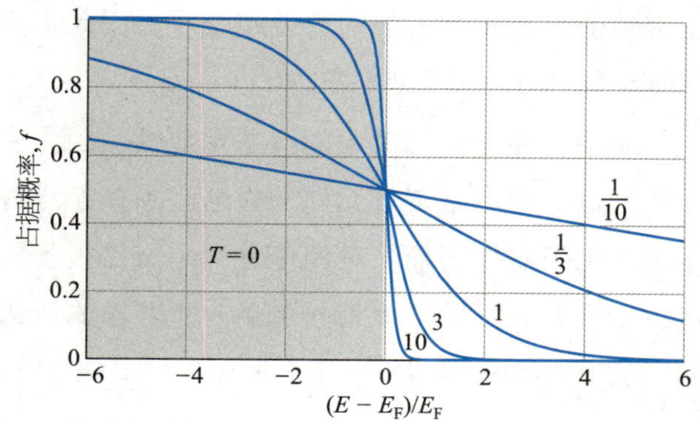

图15E.5 费米－狄拉克分布给出了在温度T时能量为E的状态的占据概率。在更高能量下，概率朝着0指数衰减。曲线上标记了E_F/kT的数值。着色区域显示了在$T=0$时的能级占据

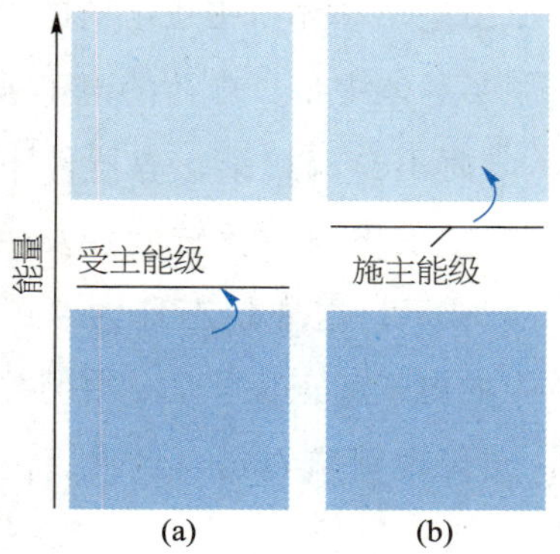

图15E.6 电子比主物质少的掺杂原子贡献出能级来接受来自价带的电子。在价带中形成的空穴产生电导；掺杂半导体被归类为p型。（b）电子比主物质多的掺杂原子贡献出能为导带提供电子的占据能级，从而产生电导；此物质被归类为n型半导体

越带隙的热激发所引起的那些载流子：因此电导率由掺杂的类型和程度支配。

掺杂半导体具有极大的技术重要性，因为它们是制造电子电路有效元件的材料。由掺杂半导体制造电子器件的最简单例子是“p－n二极管”，它由一个与n型半导体相接触的p型半导体所组成，从而产生**p－n结**（p–n junction）。p－n结仅在单一方向上导电。为了理解该特性，首先考虑图15E.7（a）中所示的状态，其中p型半导体与负极相连而n型半导体与正极相连；这种状态被称为“反向偏压”。p型半导体中带正电荷的空穴被吸引到负极，n型半导体中带负电荷的电子被吸引到正极。因此，电荷不会流过结，故器件不导电。现在考虑当电极上的电荷被反转后会发生什么，如图15E.7（b）所示，这种状态称为“正向偏压”。n型半导体中的电子朝正极移动，并且空穴向相反方向移动：结果电荷流过结。因此，p－n结仅在正向偏压下导电。

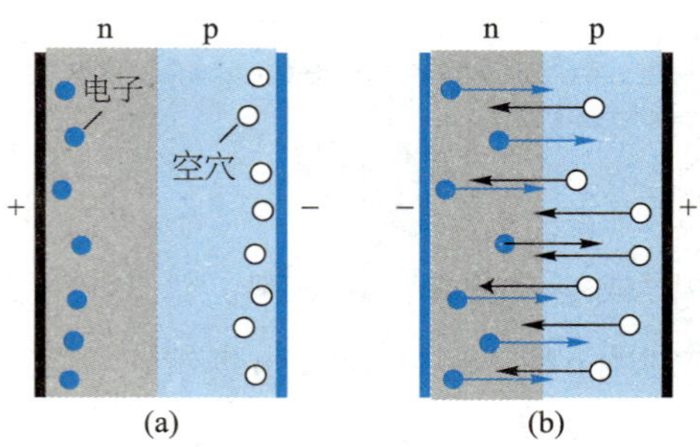

图15E.7 在（a）反向偏压和（b）正向偏压下的p－n结

随着电子和空穴在正向偏压下移动跨越p－n结，它们重组并释放能量。然而，只要正向偏压持续存在，电荷从电极向结的流动给两个电极补充了电子和空穴。在一些固体中，电子－空穴复合的能量以热的形式被释放，因此器件变热。原因在于电子返回空穴涉及电子线性动量的变化，晶格原子必须吸收这种变化，因此电子－空穴复合会刺激晶格振动。这是硅半导体的情况，也是计算机需要有效冷却系统的原因。

另一种电子器件，“晶体管”，由夹在两个n型半导体之间的一个p型半导体组成，由此具有两个p－n结。在正确的条件下，可以通过改变流入p型半导体的电流来控制在两个n型半导体之间流动的电流。最重要的是，两个n型半导体之间的电流变化可以大于p型半导体中的电流变化；换句话说，该设备可以充当放大器。正是这种性质的开发促成了当代固态电子学的发展。

15E.3 超导体

普通金属导体的电流流动阻力随着温度的降低而平稳地降低，但从未消失。然而，一旦温度低于临界温度T_c，超导体会在没有电阻的情况下导电。继1911年发现汞在4.2 K（液氦的正常沸点）以下是超导体后，物理学家和化学家在发现具有较高T_c值的超导体方面取得了缓慢但稳定的进展。钨、汞和铅等金属的T_c值低于10 K。金属间化合物，如Nb_3X（X＝Sn、Al或Ge），以及合金，如Nb/Ti和Nb/Zr，具有介于10~23 K的中间T_c值。1986年，**高温超导体**（high－temperature superconductors，HTSCs）被发现。现已知几种陶瓷，即通过高温加热已被熔化和硬化的含有铜氧化物Cu_mO_n基元的无机粉末，其T_c值远高于77 K（即廉价制冷剂液氮的沸点）。例如，$HgBa_2Ca_2Cu_3O_8$的$T_c＝153$ K。

表现出超导性的元素聚集在元素周期表的某些部分中。金属铁、钴、镍、铜、银和金不表现超导性；碱金属也不表现超导性。最广泛研究的铜氧化物超导体之一$YBa_2Cu_3O_7$（由于化合物中金属原子的比例而被非正式地称为“123”）具有图15E.8所示的结构。排列成二维层的四方锥形CuO_5单元和排列成片状的方形平面CuO_4单元是铜氧化物HTSCs的共同结构特征。

低温材料的超导机理是很清楚的，并且是基于**库珀对**（Cooper pair）的特性。库珀对是由于晶格中原子核调节的间接电子－电子相互作用而存在的一对电子。因此，如果一个电子位于固体

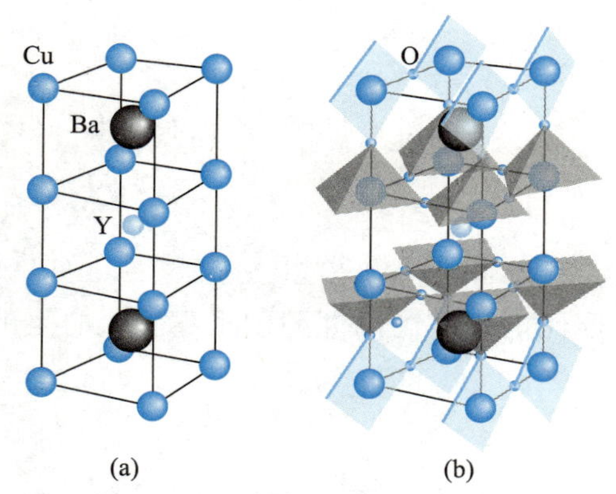

图15E.8 超导体$YBa_2Cu_3O_7$结构。(a) 金属原子位置。(b) 多面体显示出O原子的位置并且表明Cu离子位于方形平面或者方形金字塔的配位环境中

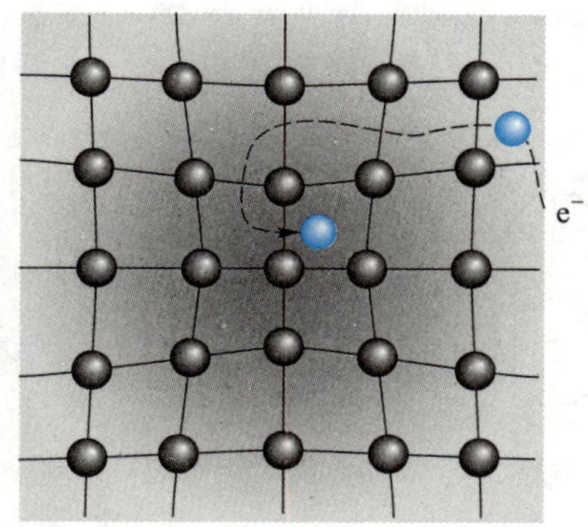

图15E.9 库珀对的形成。一个电子扭曲晶格，另外一个电子如果进入该区域则具有较低能量。这些电子－晶格的相互作用有效地将两个电子束缚为一对

的特定区域，则那里的原子核向它移动从而产生扭曲的局部结构（图15E.9）。由于该局部扭曲富含正电荷，有利于第二个电子加入第一个电子，因此，两个电子之间存在实质上的引力，并成对移动。局部扭曲会被固体中离子的热运动破坏，因此实质上的引力仅在非常低的温度下出现。库珀对在穿过固体时比单个电子散射更少，因为一个电子引起的扭曲会将另一个电子吸引回来，只要其在碰撞中被散射出其路径。因为库珀对的抗散射是稳定的，它可以携带电荷自由地通过固体，由此产生超导性。

负责低温超导的库珀对在HTSCs中很可能是重要的，但成对的机制引起了激烈争论。有证据表明了该机理与CuO_5和CuO_4层的排列方式有关。人们认为，电子沿着连接的CuO_4单元的运动导致了超导性，而连接的CuO_5单元则充当“电荷库”，使超导层中保持适当数量的电子。

概念清单

- ☐ 1. 依据电导率对温度的依赖可以将电子导体分类为**金属导体**或**半导体**；**绝缘体**是电导率很低的半导体。
- ☐ 2. **超导体**可在临界温度T_c下无电阻地传导电流。
- ☐ 3. **费米－狄拉克分布**给出了特定能量状态的电子占据概率。
- ☐ 4. **费米能**是占据概率为1/2的能级能量。
- ☐ 5. 在$T=0$时半导体有一个满的**价带**，在较高能量下，有一个空的**导带**。
- ☐ 6. **本征**半导体的电导归因于电子受热激发从价带跃迁至导带。
- ☐ 7. **外赋**半导体的电导归因于**掺杂**原子的引入而产生的电子或空穴。
- ☐ 8. 依据电导来自价带的空穴还是导带的电子，半导体分类为**p型**或**n型**。

公式清单

性质	公式	说明	公式编号
费米－狄拉克分布	$f(E)=1/[e^{(E-E_F)/kT}+1]$	E_F是费米能	15E.2b

专题15F

固体的磁学性质

▶ 为何需要学习这部分内容?

固体的磁学性质指示了单个分子的电子结构。许多现代信息存储器件利用了不同中心上的自旋相互作用时所产生的额外性质。

▶ 核心思想是什么?

固体的主要磁学性质来自未成对电子的自旋及它们的相互作用。

▶ 需要哪些预备知识?

需要了解电子角动量的性质(专题8B)及磁矩与角动量之间的关系(专题8C)。

金属固体和半导体的磁学性质强烈依赖于材料的能带结构。在本节中,注意力主要集中于单个分子或离子(如d区金属配合物)形成的聚集体的相对简单的磁学性质。因此,大部分讨论适用于液相和气相样品及固体。

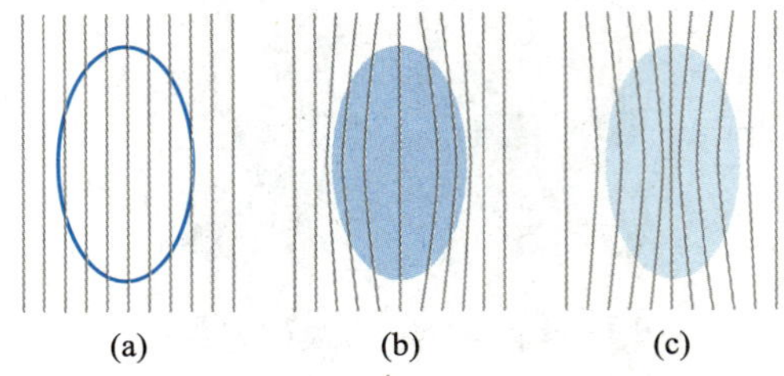

图15F.1 (a)在真空中,磁场强度可以表述为磁力线密度;(b)在反磁性材料中,磁力线密度减小;(c)在顺磁性材料中,磁力线密度增大

15F.1 磁化率

一些分子具有永久磁偶极矩。在没有外部磁场的情况下,偶极子的取向是随机的,材料没有净磁矩。当施加一磁场时,这种情况产生了变化并出现相应取向。**磁化强度**(magnetization)$\mathcal{M}$即净偶极矩密度,等于得到的平均分子磁偶极矩乘以样品中分子的数密度。由强度为$\mathcal{H}$的一个磁场所引起的磁化强度与$\mathcal{H}$成正比,并被写作

$$\mathcal{M}=\chi\mathcal{H} \quad \text{体积磁化率[定义]} \quad (15F.1)$$

式中χ是量纲为1的**体积磁化率**(volume magnetic susceptibility)。与其紧密相关的一个量是**摩尔磁化率**(molar magnetic susceptibility)χ_m,即

$$\chi_m=\chi V_m \quad \text{摩尔磁化率[定义]} \quad (15F.2)$$

式中V_m是物质的摩尔体积。

可以认为磁化对材料中力的线密度有贡献(图15F.1)。$\chi>0$的材料称为**顺磁材料**(paramagnetic);它们倾向于进入磁场,并且它们内部的磁力线密度大于在真空中的磁力线密度。$\chi<0$的材料称为**反磁材料**(diamagnetic)并且倾向于移出磁场;它们内部的磁力线密度低于在真空中的力的线密度。顺磁材料由具有未成对电子的离子或分子组成,如自由基和许多d区金属配合物;反磁物质(更为常见)是没有未成对电子的物质。

传统上,用"古埃天平"来测量磁化率。该仪器由一个灵敏的天平组成,样品装在一根细管中,悬挂在磁铁的两极之间。如果样品是顺磁性的,则其被吸入磁场,并且当磁场开启时其表观重量更大。反磁性样品倾向于从磁场中排出,并且当磁场开启时其表观重量更小。通常用一已知磁化率的样品校准天平。现代版的测定使用了"超导量子干涉仪"(SQUID,图15F.2)。SQUID利用超导体中磁通量的量子化和电流回路的性质,作为电路的一部分,包含一个通过电子隧穿建立的微弱的导电链路。在磁场中,环路中流动的电

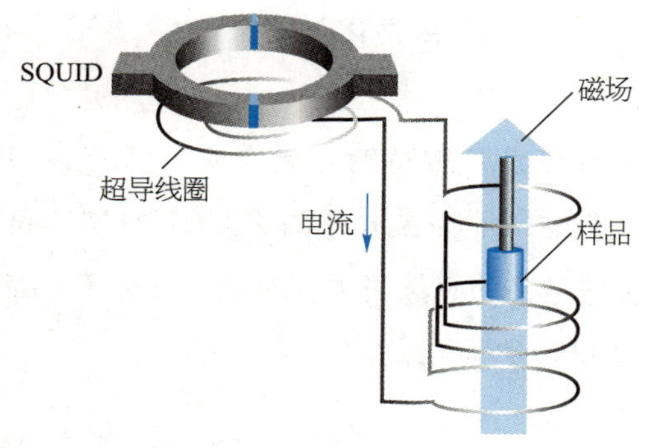

图15F.2 用SQUID测量磁化率的装置示意图（样品以小增量向上移动，并测量SQUID上的电位差）

流取决于磁通量的值，并且SQUID可以被用作非常灵敏的磁力计。表15F.1列出了磁化率的一些实验值。

表15F.1 298 K时的磁化率*

	$\chi/10^{-6}$	$\chi_m/(10^{-10}\ m^3\cdot mol^{-1})$
$H_2O(l)$	−9.02	−1.63
NaCl(s)	−16	−3.8
Cu(s)	−9.7	−0.69
$CuSO_4\cdot 5H_2O(s)$	+167	+183

*更多的数据参见资源部分。

15F.2 永久磁矩和诱导磁矩

分子的永久磁矩来自分子中任何未成对电子的自旋。电子磁矩的大小m与自旋角动量的大小$[s(s+1)]^{1/2}\hbar$成正比：

$$m = g_e[s(s+1)]^{1/2}\mu_B \qquad \mu_B = \frac{e\hbar}{2m_e} \quad \text{磁矩[大小]} \quad (15F.3)$$

式中$g_e = 2.0023$，μ_B是玻尔磁子，其值为$9.274\times 10^{-24}\ J\cdot T^{-1}$。如果每个分子中存在多个电子自旋，它们结合起来给出一个总自旋S，那么式中的$s(s+1)$替换为$S(S+1)$。

由于电子自旋的取向波动与温度有关，磁化强度和磁化率取决于温度。一些取向的能量比其他取向要低，并且磁化强度取决于热运动的随机影响。在施加磁场的情况下，永久磁矩的热平均对磁化率的贡献与$m^2/3kT$成比例[1]。因此，自旋对摩尔磁化率的贡献是

$$\chi_m = \frac{N_A g_e^2 \mu_0 \mu_B^2 S(S+1)}{3kT} \quad \text{摩尔磁化率[自旋贡献]} \quad (15F.4a)$$

式中μ_0是真空磁导率。该磁化率为正，所以自旋磁矩对材料的顺磁磁化率有贡献。式（15F.4a）通常被写作**居里定律**（Curie law）：

$$\chi_m = \frac{C}{T} \qquad C = \frac{N_A g_e^2 \mu_0 \mu_B^2 S(S+1)}{3k} \quad \text{居里定律} \quad (15F.4b)$$

由于热运动使自旋取向随机化，自旋对磁化率的贡献随温度的升高而减小。实际上，对顺磁性的贡献也来自电子的轨道角动量：这里仅考虑了自旋贡献。

简要说明15F.1

考虑一种复盐，其中每个配位阳离子中都有三个未成对电子，摩尔体积为$61.7\ cm^3\cdot mol^{-1}$；可以使用式（15F.4b）来计算它的摩尔磁化率。首先，注意到

$$\frac{N_A g_e^2 \mu_0 \mu_B^2}{3k} = 6.3001\times10^{-6}\ m^3\cdot K\cdot mol^{-1}$$

$S = 3/2$，则式（15F.4b）为

$$\chi_m = (6.300\ 1\times10^{-6}\ m^3\cdot K\cdot mol^{-1})\times\frac{\frac{3}{3}\times(\frac{3}{2}+1)}{298\ K}$$
$$= 7.92\times10^{-8}\ m^3\cdot mol^{-1}$$

由式（15F.2）可得

$$\chi = \frac{\chi_m}{V_m} = \frac{7.92\times10^{-8}\ m^3\cdot mol^{-1}}{6.17\times10^{-5}\ m^3\cdot mol^{-1}} = 1.28\times10^{-3}$$

在低温下，一些顺磁固体通过相变转化为这样一种状态：较大区域中的自旋以平行取向排列。这种协同排列产生非常强的磁化强度，称为**铁磁性**（ferromagnetism）（图15F.3）。在其他情况下，交换相互作用导致交替的自旋取向：自旋被锁定为低磁化排列，产生**反铁磁相**（antiferromagnetic phase）。在没有外加磁场的情况下，铁磁相具有非零磁化强度，但是反铁磁相具有零磁化强度，因

1 该贡献的推导请参见*Physical Chemical: Quanta, matter and, change*(2014)一书。

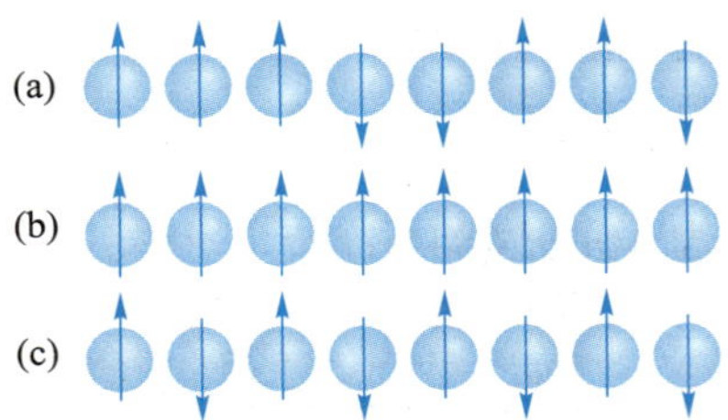

图15F.3（a）顺磁材料中，在不施加磁场的情况下，电子自旋随机对齐。（b）铁磁材料中，较大区域内的电子自旋被固定为平行排列。（c）反铁磁材料中，电子自旋被固定为反平行排布。即使在不施加磁场的情况下，后两种排布方式也会存在

为自旋磁矩相互抵消。铁磁相变发生在**居里温度**（Curie temperature），反铁磁相转变发生在**奈尔温度**（Néel temperature）。发生哪种类型的协同行为取决于固体能带结构的细节。

也可以在分子中诱导产生磁矩。为了观察这种效果是如何产生的，有必要注意由一外加磁场引起的电流循环会产生通常与外加磁场相反的磁场，从而使物质具有反磁性。在这些情况下，感应电流发生在占据基态的分子轨道中。尽管不存在未成对电子，但在一些情况下分子是顺磁性的。在这些材料中，感应电流以相反的方向流动，因为它们可以利用能量靠近HOMO的未占用轨道（类似的作用是对化学位移的顺磁贡献，专题12B）。这种轨道顺磁性与自旋顺磁性的区别在于它与温度无关，称为**与温度无关的顺磁性**（temperature-independent paramagnetism，TIP）。

这一番说明可归纳如下：所有分子的磁化率都具有反磁性成分，但如果分子存在未成对电子，则这种贡献主要由自旋顺磁性支配；在少数情况下（存在低位激发态），即使所有电子都成对，TIP也足够强到使分子呈现顺磁性。

15F.3　超导体的磁学性质

超导体具有独特的磁学性质。当施加的磁场超过材料的特征临界值$\mathcal{H}_c$时，归类为I型的超导体显示出超导性的突然消失。$\mathcal{H}_c$值，温度T和临界温度T_c之间的经验关系是

$$\mathcal{H}_c(T)=\mathcal{H}_c(0)\left(1-\frac{T^2}{T_c^2}\right) \quad \text{$\mathcal{H}_c$ 与 T 的关系} \quad (15F.5)$$

假设$T \leqslant T_c$。可见随着T从0向T_c升高，临界磁场下降。因此，为了在磁场存在的情况下维持超导性，最好将T控制在T_c以下，并选用具有高$\mathcal{H}_c(0)$的材料。

简要说明15F.2

铅的$T_c = 7.19$ K且$\mathcal{H}_c(0) = 63.9$ kA · m^{-1}。在$T = 6.0$ K时，使超导性消失的磁场为

$$\mathcal{H}_c(6.0\,\text{K})=(63.9\,\text{kA}\cdot\text{m}^{-1})\left[1-\overbrace{\frac{(6.0\,\text{K})^2}{(7.19\,\text{K})^2}}^{0.303}\right]=19\,\text{kA}\cdot\text{m}^{-1}$$

铅在此及更弱的磁场强度下保持超导性。如果温度低至5.0 K，相关计算给出$\mathcal{H}_c(5.0\text{ K}) = 33$ kA · m^{-1}，即在更高的磁场强度下超导性仍存在。在每种情况下，对于具有更高$\mathcal{H}_c(0)$的材料，超导性会在更高的磁场强度下保持。

I 型超导体在$\mathcal{H}_c$值以下也是完全反磁性的，意味着磁场没有渗入材料中。这种将磁场从材料中的完全排除称为**迈斯纳效应**（Meissner effect），可以通过超导体在磁体上方的悬浮来证明。包括HTSC在内的Ⅱ型超导体随着磁场的增强，抗磁性逐渐消失。

概念清单

- ☐ 1. 材料的**磁化强度**等于平均分子磁偶极矩乘以分子的数密度。
- ☐ 2. **磁化率**表达了磁化强度与外加磁场强度之间的关系。
- ☐ 3. **反磁材料**倾向于移出磁场且磁化率为负。
- ☐ 4. **顺磁材料**倾向于进入磁场且磁化率为正。
- ☐ 5. **居里定律**描述了磁化率对温度的依赖性。
- ☐ 6. **铁磁性**是材料中电子自旋的协同排布并且产生了很强的永久磁化。
- ☐ 7. **反铁磁性**来自材料中交替的自旋取向并导致弱的磁化作用。
- ☐ 8. **与温度无关的顺磁性**源自诱导的电流。
- ☐ 9. **迈斯纳效应**是磁场从I型超导体中的逐出。

公式清单

性质	公式	说明	公式编号
磁化强度	$\mathcal{M}=\chi\mathcal{H}$	定义	15F.1
摩尔磁化率	$\chi_{\mathrm{m}}=\chi V_{\mathrm{m}}$	定义	15F.2
磁矩	$m=g_{\mathrm{e}}[s(s+1)]^{1/2}\mu_{\mathrm{B}}$	$\mu_{\mathrm{B}}=e\hbar/2m_{\mathrm{e}}$	15F.3
居里定律	$\chi_{\mathrm{m}}=C/T,\ C=N_{\mathrm{A}}g_{\mathrm{e}}^2\mu_0\mu_{\mathrm{B}}^2S(S+1)/3k$	顺磁性	15F.4b
$\mathcal{H}_{\mathrm{c}}$与T的关系	$\mathcal{H}_{\mathrm{c}}(T)=\mathcal{H}_{\mathrm{c}}(0)(1-T^2/T_{\mathrm{c}}^2)$	经验式	15F.5

专题15G

固体的光学性质

▶ 为何需要学习这部分内容?

固体的光学性质在当代技术中越来越重要,不仅是为了光的产生,也是为了信息的传递和操控。

▶ 核心思想是什么?

由于跃迁偶极子的相互作用,固体中分子的光学性质与孤立分子的光学性质不同。

▶ 需要哪些预备知识?

需要熟悉跃迁偶极子的概念(专题8C和11A)及固体的能带理论(专题15C)。

专题11A解释了决定气相和溶液中孤立原子及分子吸收光的能量及强度的因素。然而,当分子在固体中相邻时会产生显著差异。

15G.1 激子

考虑晶体中分子(或离子)的电子激发。如果激发对应于从分子的一个轨道中移出一个电子上升到更高能量的轨道,那么分子的激发态可以想象为电子和空穴的共存。这种电子-空穴对,表现为类似粒子的**激子**(exciton),在晶体中从一个分子迁移到另一个分子(图15G.1)。这种迁移激发称为**Frenkel激子**(Frenkel exciton),通常存在于分子固体中。电子和空穴也可以存在于不同的分子中,但彼此邻近。这种迁移激发在几个分子(更常见的是离子)中传播,称为**Wannier激子**(Wannier exciton)。激子的形成造成谱线的移动、裂分和强度的变化。

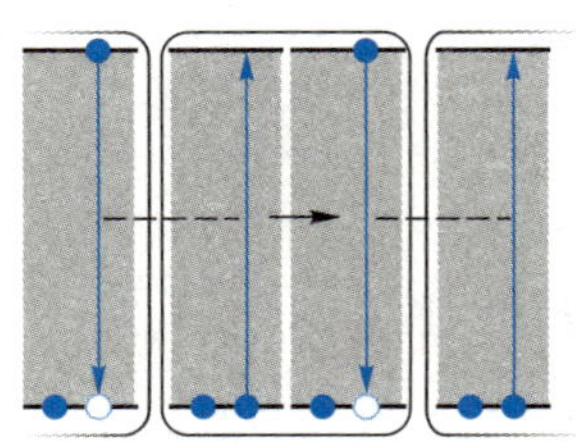

图15G.1 随着激发从一个分子跳跃至另一个分子,左侧的电子-空穴对可以迁移通过固体晶格。这种可移动的激发被称作激子

Frenkel激子(这里考虑的唯一类型)的迁移意味着构成晶体的分子之间存在相互作用:如果不是这种情况,则一个分子上的激发不可能移动到另一个上。这种相互作用影响系统的能级。相互作用的强度也决定了激子在晶体中移动的速率:强相互作用导致快速迁移,小到接近零的相互作用则使得激子局限于其原始分子上。导致激子迁移的相互作用的具体机制是激发态跃迁偶极子之间的相互作用(专题11A)。因此,分子中的电偶极跃迁伴随着电荷的转移,这种瞬态偶极子对相邻分子施加力的作用。后者通过转移其电荷作为回应。该过程持续,致使激子在晶体中迁移。

跃迁偶极子间相互作用所产生的能量转移可以揭示如下。间距为r的两个平行电偶极矩$\boldsymbol{\mu}_1$和$\boldsymbol{\mu}_2$之间相互作用的势能为$V=\mu_1\mu_2(1-3\cos^2\theta)/4\pi\varepsilon_0 r^3$,这里角度$\theta$在(**1**)中定义。头对尾排列对应于$\theta=0$,平行排列对应$\theta=90°$。从$V$的表达式可知,当$0\leqslant\theta<54.7°$时$V<0$(有利的、能量降低的相互作用),当$\theta=54.7°$时(在此角度$1-3\cos^2\theta=0$)$V=0$,当$54.7°<\theta\leqslant 90°$时$V>0$(不利的能量升高的相互作用)。

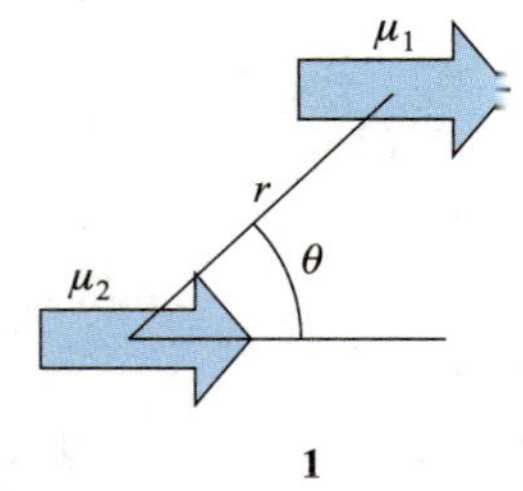

1

在头对尾排布中,一个分子中的部分正电荷区域与另一个分子中的部分负电荷区域之间存在

有利的相互作用。相反，在平行排布中，由于具有相同符号的部分电荷区域紧密相邻，分子相互作用是不利的。由此可见，跃迁偶极子的全平行排列［图15G.2（a）］在能量上是不利的，因此相比在孤立分子中吸收出现在更高频率处。相反，跃迁偶极子的头对尾排布［图15G.2（b）］在能量上是有利的，并且相比在孤立分子中跃迁发生在更低频率。

如果每个晶胞中有N个分子，光谱中就有N个**激子带**（exciton band）（如果所有都是被允许的）。带之间的裂分是**Davydov裂分**（Davydov splitting）。为了理解这种裂分的起源，考虑$N=2$的情况，分子排布如图15G.3所示，并且假设跃迁偶极子沿着分子的长度。辐射刺激了邻近晶胞中同相偶极子的集体激发。在每个晶胞中，跃迁偶极子可能会以图中所示的两种不同的方式进行排布。两种取向对应不同的相互作用能量，一种相互作用是不利的，另外一种是有利的，所以两种跃迁在光谱中表现为不同频率的两个谱带。Davydov裂分的大小由晶胞中跃迁偶极子相互作用的能量决定。

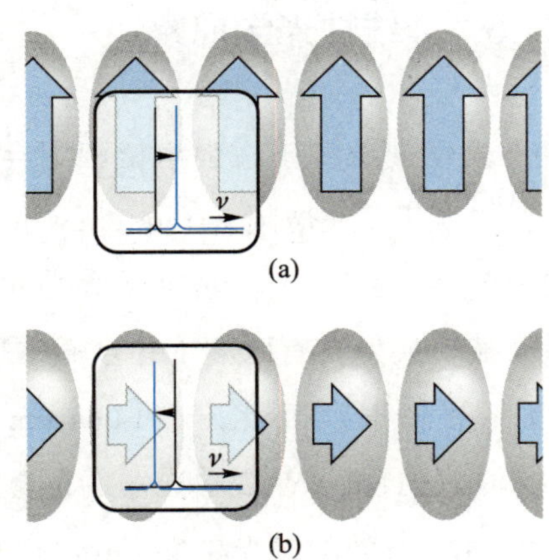

图15G.2 （a）这里显示的跃迁偶极子（蓝色箭头）排列是能量上不利的，激发吸收被转移到更高能量（更高频率）。（b）对于此取向的跃迁，这里显示的排列在能量上是有利的，激子带出现在比在孤立分子中更低的频率处

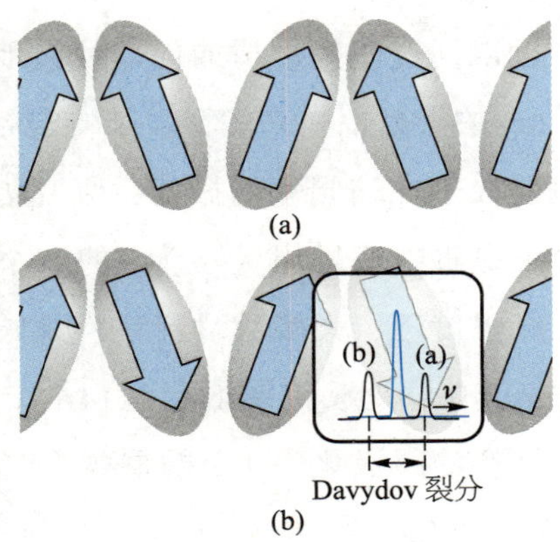

图15G.3 当晶胞中的跃迁偶极矩位于不同的相对方向时，如（a）和（b）所示，跃迁的能量被改变并产生两个在光谱中标记为（a）和（b）的谱带。两个谱带之间的间距是Davydov裂分

15G.2 金属和半导体

图15C.8显示了在$T=0$时一个理想化的金属导体中的能带结构。光子的吸收可以将电子从占据能级激发到未占据能级。在费米能级之上存在几乎连续的未占据能级，因此吸收发生在很宽的频率范围内。在金属中，能带足够宽，可以吸收从射频到电磁波谱的紫外区域的辐射，但不能吸收非常高频的电磁辐射，如X射线和γ射线，因此金属在这些频率下是透明的。因为这个吸收频率范围包括整个可见光区，所以可以预期所有金属都应该是黑色的。然而，金属实际上是有光泽的（即它们会反射光），并且一些是有色的（即它们吸收某些波长的光），因此该模型显然需要一些改进。

（a）光吸收

为了解释光滑金属表面的光泽外观，重要的是要认识到吸收的能量可以作为光非常有效地重新发射，只有一小部分能量作为热量释放进入块体中。因为材料表面附近的原子吸收了大部分辐射，所以发射也主要来自表面。本质上，如果样品被可见光激发，则表面附近的电子被驱动在相同频率振荡，并且可见光从表面发射，因此产生了材料的光泽。

金属被感知的颜色取决于反射光的频率范围。这又取决于可以被吸收的光的频率范围，进而取决于带结构。银以几乎相同的效率反射可见光谱中的光，因为其带结构具有许多未占据能级，这些能级的布居数可以通过对可见光的吸收和发射来增加或减少。另一方面，铜具有其特有的颜色，因为它具有相对较少的，可以被紫光、蓝光和绿光激发的未占据能级。该材料可以反射所有波长，但在较低频率（对应黄光、橙光和红光）发射更多光。类似的论点也解释了其他金属的颜色，如金的黄色。有趣的是，黄色只能通过在其能带结构的计算中引入相对论效应来解释。

现在考虑半导体。如果带隙E_g与kT相当，则热激发的结果可以使电子从半导体的导带跃迁到价带。在一些材料中，带隙很大，只能通过电磁辐射激发才能使电子发生跃迁。然而，如图15G.4所示，存在频率$\nu_{min}=E_g/h$，低于该频率光吸收就不会发生。高于此频率阈值，材料可以吸收大范围的频率，如在金属中。

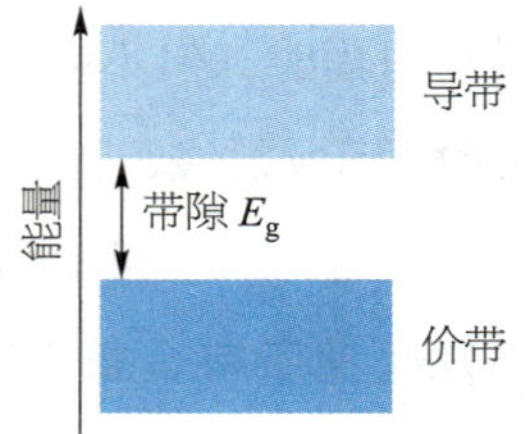

图15G.4 在一些材料中，带隙E_g很大，只能通过电磁辐射激发才能发生电子跃迁

简要说明 15G.1

半导体硫化镉（CdS）中的带隙为2.4 eV（等价于3.8×10^{-19} J），则最小电子吸收频率为

$$\nu_{min}=\frac{3.8\times10^{-19}\text{ J}}{6.626\times10^{-34}\text{ J}\cdot\text{s}}=5.8\times10^{14}\text{ s}^{-1}$$

此频率（580 THz）对应于520 nm（绿光）的波长。更低频率对应的黄光橙光和红光不被吸收，结果使CdS呈现橙黄色。

（b）发光二极管和二极管激光器

半导体之间的p－n结的独特电学性质（在专题15E中描述）可以在光学器件中得到很好的应用。在一些材料中，最值得注意的是砷化镓（GaAs），电子－空穴复合的能量不是作为热量释放而是在适当电势差驱动下随着电子通过结被光子带走。这种**发光二极管**（light－emitting diode）实际上广泛用于电子显示器。发射的光的波长由半导体的带隙决定。砷化镓本身发射红外光，但通过掺入磷可使其带隙变宽，组成约为$GaAs_{0.6}P_{0.4}$的材料发射处于光谱红色区域的光。

发光二极管不是激光器（专题11G），因为不涉及受激发射。在**二极管激光器**（diode laser）中，由于电子－空穴复合引起的光发射被用作激光产生的基础，并且可以通过移除落入p型半导体空穴中的电子来维持布居数反转。一种广泛使用的材料是产生红外激光射线的$Ga_{1-x}Al_xAs$，被广泛用于CD和DVD播放器。大功率二极管激光器也用于泵浦其他激光器。一个例子是用$Ga_{0.91}Al_{0.09}As$/$Ga_{0.7}Al_{0.3}As$二极管激光器泵浦Nd：YAG激光器（专题11G）。

15G.3 非线性光学现象

非线性光学现象源于在强电磁辐射存在下材料光学性质的变化。在**倍频**（frequency doubling）（或“二次谐波产生”）中，一束强激光在通过合适的材料时被转换为具有两倍（并且通常是多倍）其初始频率的辐射。因此，在1 064 nm（专题11G）发射辐射的Nd：YAG激光器的倍频和三倍频分别产生532 nm处的绿光和355 nm处的紫外辐射。可用于激光倍频系统中的常用材料包括磷酸二氢钾（KH_2PO_4）、铌酸锂（$LiNbO_3$）和β－硼酸钡（β－BaB_2O_4）晶体。

倍频可以通过研究物质如何非线性地响应频率为$\omega=2\pi\nu$的入射辐射来解释。某特定频率的辐射源于电偶极子在该频率的振荡，以及辐射的入射电场$\mathcal{E}$在物质中诱导出大小为μ的一个电偶极矩。在低光强度下，大多数材料线性地响应，意即$\mu=\alpha\mathcal{E}$，其中α是极化率（专题14A）。在高光强度下，材料的超极化率β变得重要（专题14A）并且诱导偶极变成

$$\mu=\alpha\mathcal{E}+\frac{1}{2}\beta\mathcal{E}^2+\cdots \quad \text{用超极化率表示的诱导偶极矩} \quad (15G.1)$$

如果假设入射电场是 $\mathcal{E}_0\cos(\omega t)$，则非线性项 $\beta\mathcal{E}^2$ 可以如下展开：

$$\beta\mathcal{E}^2=\beta\mathcal{E}_0^2\cos^2(\omega t)=\frac{1}{2}\beta\mathcal{E}_0^2[1+\cos(2\omega t)] \qquad (15G.2)$$

因此，非线性项贡献了一个诱导电偶极子，其中包括一个在频率 2ω 处振荡的组分及一个可以作为该频率辐射源的组分。

概念清单

□ 1. **激子**是在固体中由光激发造成的电子－空穴对；**Frenkel 激子**局域于单个分子上，而 **Wannier 激子**在几个分子中传播。

□ 2. 如果晶胞中含有 N 个分子，则光谱中就有 N 个**激子带**，间距是 **Davydov 裂分**。

□ 3. **非线性光学现象**源于在强电磁辐射存在下材料光学性质的变化；它们可以产生**倍频**。

主题15 固体——讨论题、练习题、问题及综合题

专题15A 晶体结构

讨论题

D15A.1 描述晶格与晶胞之间的关系。

D15A.2 说明如何标记晶格中的晶面。

D15A.3 绘制代表三种可能立方晶格的晶胞。说明每个晶胞中有多少个晶格点，并确定你绘制的晶胞是否是素晶胞。

练习题

E15A.1(a) $NiSO_4$正交晶胞的尺寸为$a = 634$ pm，$b = 784$ pm，$c = 516$ pm，固体的质量密度估算为$3.9\ g \cdot cm^{-3}$。确定晶胞中的化学单元数并计算更为精确的质量密度值。

E15A.1(b) 摩尔质量为$135.01\ g \cdot mol^{-1}$的化合物，其正交晶胞尺寸为$a = 589$ pm，$b = 822$ pm，$c = 798$ pm，固体质量密度估算为$2.9\ g \cdot cm^{-3}$。确定晶胞中的化学单元数并计算更为精确的质量密度值。

E15A.2(a) 指出与晶轴相交于距离（$2a, 3b, 2c$）和（$2a, 2b, \infty c$）处的平面的米勒指数。

E15A.2(b) 指出与晶轴相交于距离（$-a, 2b, -c$）和（$a, 4b, -c$）处的平面的米勒指数。

E15A.3(a) 计算边长为562 pm的立方晶胞晶体中{112}、{110}和{224}晶面的间距。

E15A.3(b) 计算边长为712 pm的立方晶胞晶体中{123}、{222}和{246}晶面的间距。

E15A.4(a) $SbCl_3$的晶胞是正交的，尺寸为$a = 812$ pm，$b = 947$ pm，$c = 637$ pm。计算{321}晶面间距d。

E15A.4(b) 一个正交晶胞的尺寸为$a = 769$ pm，$b = 891$ pm，$c = 690$ pm。计算{312}晶面间距d。

问题

P15A.1 尽管大的生物分子的结晶可能不像小分子那样容易完成，但它们的晶格并没有区别。蛋白质烟草种子球蛋白形成面心立方晶体，晶胞尺寸为12.3 nm，质量密度为$1.287\ g \cdot cm^{-3}$。确定其摩尔质量（假设每个晶格点上有一个分子）。

P15A.2 证明单斜晶胞的体积为$V = abc\sin\beta$。

P15A.3 导出六方晶胞的体积表达式。

P15A.4 证明边长为a，b，c及夹角为α，β，γ的三斜晶胞的体积是

$$V = abc(1 - \cos^2\alpha - \cos^2\beta - \cos^2\gamma + 2\cos\alpha\cos\beta\cos\gamma)^{1/2}$$

使用此表达式推导单斜和正交晶胞的表达式。关于推导，使用来自矢量分析的结果$V = \boldsymbol{a} \cdot \boldsymbol{b} \times \boldsymbol{c}$并由$V^2$开始计算可能是有帮助的。化合物$Rb_3TlF_6$具有四方晶胞，其尺寸为$a = 651$ pm，$c = 934$ pm。计算晶胞体积。

P15A.5 单斜晶胞的体积为$abc\sin\beta$（参见问题P15A.2）。萘具有单斜晶胞，每个晶胞中有两个分子，边长比为1.377∶1∶1.436，角β为122.82°，固体的质量密度为$1.152\ g \cdot cm^{-3}$。计算晶胞的尺寸。

P15A.6 在完全结晶的聚乙烯中，其链整齐排列于尺寸为740 pm × 493 pm × 253 pm的一个正交晶胞。每个晶胞中有两个重复的CH_2CH_2单元。计算完全结晶聚乙烯的理论质量密度。实际质量密度范围为0.92至$0.95\ g \cdot cm^{-3}$。

P15A.7 B. A. Bovenzi和G. A. Pearse, Jr.［*J. Chem. Soc. Dalton Trans.*, 2793 (1997)］合成了三齿配体吡啶-2,6-双胺肟（**1**, $C_7H_9N_5O_2$）的配位化合物。他们从配体与$CuSO_4$水溶液的反应中分离出的化合物不含预期的$[Cu(C_7H_9N_5O_2)_2]^{2+}$配位阳离子。相反，X射线衍射分析显示具有分子式为$\{[Cu(C_7H_9N_5O_2)(SO_4)] \cdot 2H_2O\}_n$的线性聚合物，具有桥联硫酸根。晶胞是简单单斜晶胞，边长为$a = 1.0427$ nm，$b = 0.8876$ nm，$c = 1.3777$ nm，夹角为$\beta = 93.254°$。晶体的质量密度为$2.024\ g \cdot cm^{-3}$。晶胞中有多少单体单元？

H₂N NH₂ N NOH NOH

1 吡啶-2, 6-双胺肟

P15A.8 D. Sellmann等人［*Inorg. Chem.*, **36**, 1397 (1997)］描述了钌氮化合物$[N(C_4H_9)_4][Ru(N)(S_2C_6H_4)_2]$的合成和反应性。钌配合物阴离子在四棱锥底部具有两个1, 2-苯二硫醇配体（**2**），在顶点具有氮配体。计算化合物的质量密度，假定它以正交晶胞结晶，其中$a = 3.6881$ nm，$b = 0.9402$ nm，$c = 1.7652$ nm，每个晶胞中有8个式单位。用锇代替钌得到具有相同晶体结构的化合物并且晶胞体积增大小于1%。估算锇类似物的质量密度。

S^- S^-

2 1, 2-苯二硫醇离子

P15A.9 证明边长为a、b、c的正交晶体中$\{hkl\}$晶面的间距可由式（15A.1b）给出。

专题 15B 衍射技术

讨论题

D15B.1 系统消光是什么意思？是如何产生的？它们对确定晶胞类型有何帮助？

D15B.2 讨论“散射因子”的含义。它与散射X射线的原子中的电子数量有何关系？

D15B.3 描述在确定结构因子过程中相位问题带来的后果及如何克服此问题。

练习题

E15B.1(a) 来自一组间距99.3 pm晶面的布拉格反射角是20.85°。计算X射线的波长。

E15B.1(b) 来自一组间距128.2 pm晶面的布拉格反射角是19.76°。计算X射线的波长。

E15B.2(a) 当X射线波长为72 pm时，预期晶格参数为291 pm的体心立方晶胞具有最小θ的三条衍射线的θ值是多少？提示：这样的晶胞中是否所有反射都可以发生？

E15B.2(b) 重复练习题E15B.2(a)，但是在面心立方中，晶格参数为407 pm，X射线波长为129 pm。

E15B.3(a) 硝酸钾晶体具有尺寸为$a = 542$ pm，$b = 917$ pm，$c = 645$ pm的正交晶胞。使用波长为154 pm的辐射，计算（100）、（010）和（111）反射的θ值。

E15B.3(b) 文石形式的碳酸钙晶体具有尺寸为$a = 574.1$ pm，$b = 796.8$ pm，$c = 495.9$ pm的正交晶胞。使用波长为83.42 pm的辐射计算（100），（010）和（111）反射的θ值。

E15B.4(a) 来自X射线源的辐射含有波长为154.433 pm和154.051 pm的两个组分。计算间距为77.8 pm的平面的衍射图谱中，两组分所产生的衍射线的掠射角（2θ）差。

E15B.4(b) 设想一辐射源发射具有一定波长范围的X射线，两组分波长为93.222 pm和 95.123 pm。计算平面间距为82.3 pm的衍射图谱中，两组分所产生的衍射线的掠射角（2θ）差。

E15B.5(a) Br^-的前向散射因子的值是多少？

E15B.5(b) Mg^{2+}的前向散射因子的值是多少？

E15B.6(a) 简单立方晶胞中原子的坐标（单位为a）为（0, 0, 0）、（0, 1, 0）、（0, 0, 1）、（0, 1, 1）、（1, 0, 0）、（1, 1, 0）、（1, 0, 1）和（1, 1, 1）。当所有原子相同时，计算结构因子F_{hkl}。在可能的情况下，使用$e^{in\pi} = (-1)^n$简化你的表达式，如例题15B.1中。

E15B.6(b) 体心立方晶胞中原子的坐标（单位为a）为（0, 0, 0）、（0, 1, 0）、（0, 0, 1）、（0, 1, 1）、（1, 0, 0）、（1, 1, 0）、（1, 0, 1）、（1, 1, 1）和（1/2, 1/2, 1/2）。当所有原子相同时，计算结构因子F_{hkl}。在可能的情况下，使用$e^{in\pi} = (-1)^n$简化你的表达式，如例题15B.1中。

E15B.7(a) 计算底心正交结构的结构因子，其中面上两个离子的散射因子是立方体角上离子的两倍。假设$a = b = c$，即晶胞是立方体。

E15B.7(b) 计算体心立方结构的结构因子，其中中心离子的散射因子是立方体角上离子的两倍。

E15B.8(a) 在X射线探究中，已测定以下结构因子（$F_{-h00} = F_{h00}$）：

h	0	1	2	3	4	5	6	7	8	9
F_{h00}	10	−10	8	−8	6	−6	4	−4	2	−2

沿相应方向构建电子密度。

E15B.8(b) 在X射线探究中，已测定以下结构因子（$F_{-h00} = F_{h00}$）：

h	0	1	2	3	4	5	6	7	8	9
F_{h00}	10	10	4	4	6	6	8	8	10	10

沿相应方向构建电子密度。

E15B.9(a) 根据练习题E15B.8(a)中的信息，构建Patterson图。

E15B.9(b) 根据练习题E15B.8(b)中的信息，构建Patterson图。

E15B.10(a) 在Patterson图中，斑点对应于连接晶胞中原子的矢量的长度和方向。绘制平面三角形的独立BF_3分子图形。

E15B.10(b) 在Patterson图中，斑点对应于连接晶胞中原子的矢量的长度和方向。绘制孤立苯分子中碳原子的图形。

E15B.11(a) 如果波长为65 pm，中子应该具有多大的速率？

E15B.11(b) 如果波长为105 pm，电子应该具有多大的速率？

E15B.12(a) 计算在350 K时通过与慢化剂碰撞达到热平衡的中子的波长。

E15B.12(b) 计算在380 K时通过与慢化剂碰撞达到热平衡的电子的波长。

问　题

P15B.1 在X射线晶体学的早期，迫切需要知道的是X射线的波长。一种技术是测量机械刻划光栅的衍射角。另一种方法是通过测量晶体密度估算晶面的间距。NaCl的质量密度为2.17 g·cm^{-3}，并且使用某一波长的辐射的（100）反射发生在6.0°。计算X射线的波长。

P15B.2 单质钋的结晶属于立方体系。采用波长154 pm的X射线，晶面{100}，{110}和{111}的布拉格反射发生在$\sin\theta = 0.225$，0.316和0.388处。在衍射图中观察到的第六和第七条线的间距大于第五和第六条线的间距。晶胞是简单、体心还是面心立方？计算晶胞尺寸。

P15B.3 单质银在角度为19.076°、22.171°和32.256°处反射波长为154.18 pm的X射线。然而，在小于33°下没有其他反射。假设是一个立方晶胞，确定其类型和尺寸。计算银的质量密度。提示：计算不同类型立方晶胞的预期反射，并将其与给定数据进行比较。

P15B.4 在他们的书《*X射线和晶体结构*》（以“从Laue博士构思这个想法开始已经两年了……”开始）中，Bragg父子给出了许多简单的X射线分析。例如，他们报道了来自KCl中

{100}晶面的反射发生在5.38°，但对于NaCl，它对于相同波长的X射线的反射发生在6.00°。如果NaCl晶胞的边长是564 pm，那么KCl晶胞的边长是多少？KCl和NaCl的质量密度分别为1.99 $g\cdot cm^{-3}$和2.17 $g\cdot cm^{-3}$。这些值是否支持X射线分析？

P15B.5 使用数学软件，绘制原子序数为Z的原子的散射因子f对$(\sin\theta)/\lambda$的作图；当$0\leqslant r\leqslant R$时，$\rho(r)=3Z/4\pi R^3$；当$r>R$时，$\rho(r)=0$；其中R是代表原子半径的一个参数。探索f如何随Z和R变化。

P15B.6 KIO_4晶胞中四个I原子的坐标为（0, 0, 0）、（0, 1/2, 1/2）、（1/2, 1/2, 1/2）、（1/2, 0, 3/4）。通过计算结构因子中I反射的相位，证明I原子对（114）反射没有净的强度贡献。

P15B.7 立方晶格中散射因子为f_A的A原子的坐标（为a的倍数）是（0, 0, 0）、（0, 1, 0）、（0, 0, 1）、（0, 1, 1）、（1, 0, 0）、（1, 1, 0）、（1, 0, 1）和（1, 1, 1）。还存在一个散射因子为f_B的B原子，坐标为（1/2, 1/2, 1/2）。在（a）$f_A=f$，$f_B=0$，（b）$f_B=1/2f_A$和（c）$f_A=f_B=f$这三种情况下，分别计算结构因子F_{hkl}并预测衍射图谱的形式。

P15B.8 这里我们探索电子衍射图。（a）根据Wierl方程［式（15B.8）］，预测用波长为78 pm波长的中子和波长为4.0 pm的电子获得Br_2分子的中子和电子衍射图中，第一个最大值和第一个最小值的位置。（b）使用Wierl方程来预测CCl_4的电子衍射图的外观，CCl_4具有（目前）未确定的C—Cl键长，但具有已知的四面体对称性；假设电子能量为10 keV。取$f_{Cl}=17f$和$f_C=6f$并注意到$R(Cl, Cl)=(8/3)^{1/2}R(C, Cl)$。将$I/f^2$对出现在3.17°、5.37°和7.90°最大值，以及最小值出现在1.77°、4.10°、6.67°和9.17°的最小值的位置作图。CCl_4中的C—Cl键长是多少？

专题 15C 固体中的键合

讨论题

D15C.1 金属球体的硬质球模型在哪些方面有缺陷？

D15C.2 根据延伸的紧密堆积晶格中空隙的占有率来描述氯化铯和岩盐结构。

练习题

E15C.1(a) 计算紧密堆积圆柱体的填充分数；你只需要考虑一层。提示：首先确定合适的晶胞。（有关本练习的概括，请参阅问题P15C.2。）

E15C.1(b) 计算如（3）所示堆积的等边三角形棒的填充分数。

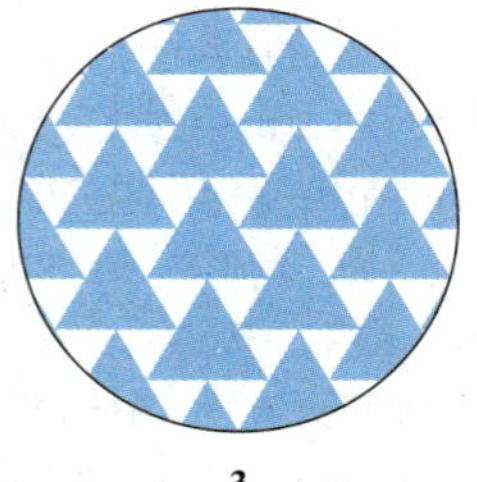

3

E15C.2(a) 计算（i）简单立方晶胞，（ii）bcc晶胞，（iii）fcc晶胞的填充分数，其中每个晶胞由相同的硬质球体组成。提示：首先确定晶胞并确定哪些原子相接触。

E15C.2(b) 计算底心正交晶胞的填充系数，其中所有三个边都相同［假设球体沿着面对角线（含面上的一个原子）之中的一条相接触］。

E15C.3(a) 确定与Cl^-（半径181 pm）（i）六配位，（ii）八配位的最小阳离子的半径。

E15C.3(b) 确定与Rb^+（半径149 pm）（i）六配位，（ii）八配位，最小阴离子的半径。

E15C.4(a) 当钛从hcp转变为bcc时，会膨胀还是收缩？已知hcp中钛原子半径为145.8 pm，bcc中则为142.5 pm。提示：考虑填充分数的变化。

E15C.4(b) 当铁从hcp转变为bcc时，会膨胀还是收缩？已知hcp中铁原子半径为126 pm，bcc中则为122 pm。

E15C.5(a) 根据以下数据，计算CaO的晶格焓：

	$\Delta H/(kJ\cdot mol^{-1})$
Ca(s)的升华	+178
Ca(g)的离子化为Ca^{2+}(g)	+1 735
O_2(g)的分解	+249
O(g)得到电子	−141
O^-(g)得到电子	+844
基准状态的Ca(s)和$\frac{1}{2}O_2$(g)生成CaO(s)	−635

E15C.5(b) 根据以下数据，计算$MgBr_2$的晶格焓：

	$\Delta H/(kJ\cdot mol^{-1})$
Mg(s)的升华	+148
Mg(g)离子化为Mg^{2+}(g)	+2 187
Br_2(l)的汽化	+31
Br_2(g)的分解	+193
Br(g)得到电子	−331
基准状态的Mg(s)和Br(l)生成$MgBr_2$(s)	−524

问　题

P15C.1 计算金刚石的原子堆积因子（参考图15C.15）；假设原子沿着体对角线相接触。

P15C.2 如（4）所示，横截面为椭圆形的棒（半短轴长为a，半长轴长为b）是紧密堆积的。填充分数是多少？绘制填充分数与椭圆离心率ε的关系图。对于半段轴长为a，半长轴长为b的椭圆，$\varepsilon=(1-b^2/a^2)^{1/2}$。

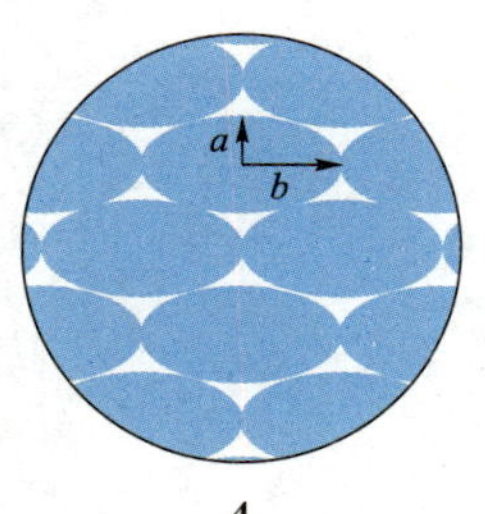

4

P15C.3（a）计算金刚石的质量密度，假设它是一个紧密堆积的硬质球体结构，球体半径等于碳碳键长度154.45 pm的一半。（b）金刚石晶格实际上是基于面心立方晶格，但每个晶格点有两个原子，因此该结构由两个互穿的fcc晶格组成，一个原点位于（0, 0, 0），另一个位于（1/4, 1/4, 1/4）。通过实验测定的质量密度为3.516 g · cm^{-3}：你能解释这个值与（a）得到的值之间的差异吗？

P15C.4 当能带中的能级形成连续体时，状态密度$\rho(E)$，即一能量范围内的能级数除以该范围的宽度，可写成$\rho(E)=\mathrm{d}k/\mathrm{d}E$，其中d$k$是量子数$k$的变化，d$E$是能量变化。（a）使用式（15C.1）来证明

$$\rho(E)=-\frac{(N+1)/2\pi\beta}{\left[1-\left(\frac{E-\alpha}{2\beta}\right)^2\right]^{1/2}}$$

其中k、N、α和β具有专题15C中描述的含义。（b）使用该表达式，证明当E接近$\alpha\pm2\beta$时，$\rho(E)$变为无穷大。也就是说，证明状态密度朝向一维金属导体能带的边缘增加。

P15C.5 问题P15C.4中的处理仅适用于一维固体。在三维空间中，状态密度的变化更像图15.1所示。解释这样的事实：在三维固体中，最大的状态密度接近能带的中心，最低的位于边缘。

P15C.6 在紧束缚休克尔近似中，N个原子的能级是三对角行列式的根［式（15C.1）］：

$$E_k=\alpha+2\beta\cos\frac{k\pi}{N+1}\quad k=1,2,\cdots,N$$

如果原子排列成环，则解是“循环”行列式的根：

$$E_k=\alpha+2\beta\cos\frac{2k\pi}{N}\quad k=0,\pm1,\pm2,\ldots,\pm\frac{1}{2}N$$

（N为偶数。）讨论连接材料始末端的后果（如果有的话）。

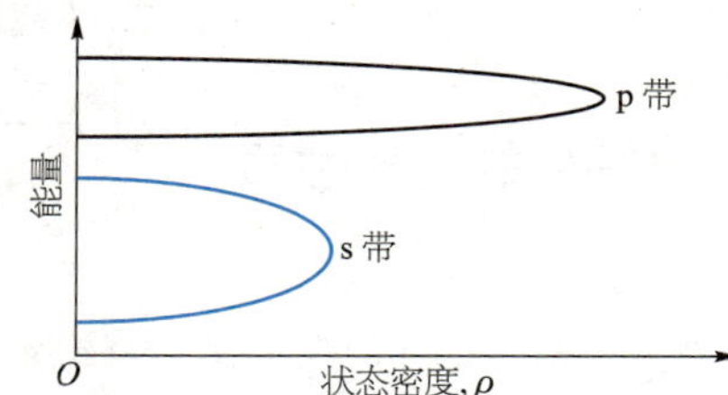

图 15.1　三维固体中状态密度的变化

P15C.7 确定（a）六配位的半径比最小值是0.414，（b）八配位的最小值是0.732。

P15C.8（a）使用晶格焓的玻恩－迈耶方程和玻恩－哈伯循环来估算CaCl(s)的生成焓。Ca(s)的升华焓为176 kJ · mol^{-1}，可以认为Ca^+的离子半径与K^+接近；其他必要的数据可以在例题15C.2或*资源部分*的列表中找到。（b）证明歧化反应$2CaCl(s) \longrightarrow Ca(s)+CaCl_2(s)$的反应焓可以解释CaCl(s)不存在。

P15C.9 通过计算$\mathrm{d}(E_p+E_p^*)/\mathrm{d}d=0$的能量导出玻恩－迈耶方程［式（15C.5）］，式中E_p和E_p^*分别由式（15C.3）和式（15C.4）给出。

P15C.10 假设离子排列在（有些人为性）二维晶格中，如同图15.2所示的片段。计算此排列中心离子的马德隆常数。

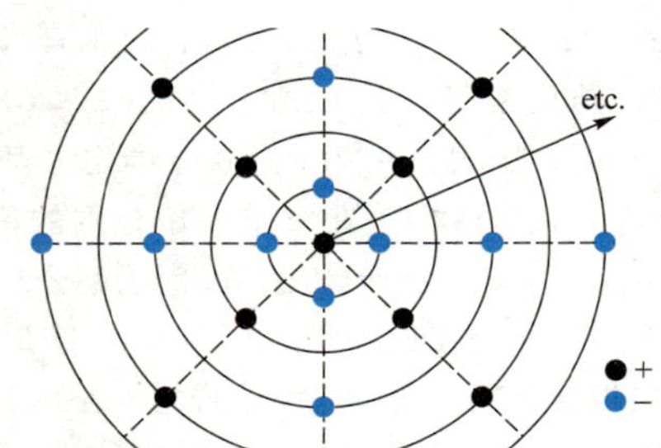

图 15.2　问题P15C.10中讨论的二维晶格

专题 15D　固体的力学性质

讨论题

D15D.1 区分在施加应力时固体发生弹性形变和塑性形变的两种行为。

练习题

E15D.1(a) 聚苯乙烯的体积模量是3.43 GPa。计算使该材料样品体积变化1.0%所需的流体静压（应力）。

E15D.1(b) 体积为1.0 cm^{3}的聚苯乙烯样品经受1 000 bar的流体静压（应力）。计算在施加压力后样品的体积。

E15D.2(a) 聚苯乙烯的杨氏模量为4.42 GPa。直径为2.0 mm的聚苯乙烯棒沿其长度方向受到500 N的力。计算应力，从而计算施加应力时棒长度增加的百分比。

E15D.2(b) 计算使直径为1.0 mm的聚苯乙烯棒的长度从10.00 cm增加到10.05 cm需要施加的力。

E15D.3(a) 聚乙烯的泊松比为0.45。当体积为1.0 cm^{3}的聚乙烯立方体受到产生1.0%应变的单轴应力时，体积会发生什么变化？

E15D.3(b) 铅的泊松比为0.41。当体积为1.0 dm^3的铅立方体受到产生2.0%的应变的单轴应力时，体积会发生什么变化？

问 题

P15D.1 对于一个各向同性物质，模量和泊松比可用两个参数λ和μ来表示（称为Lamé常数）：

$$E=\frac{\mu(3\lambda+2\mu)}{\lambda+\mu} \quad K=\frac{3\lambda+2\mu}{3} \quad G=\mu \quad \nu_P=\frac{\lambda}{2(\lambda+\mu)}$$

使用Lamé常数来确认式（15D.3）给出的G、K和E之间的关系。

P15D.2 液态水在298 K的体积模量为3.4 GPa。假设分子间以勒纳德－琼斯势能相互作用，估算阱深ε（以$kJ\cdot mol^{-1}$为单位）。

专题 15E 固体的电学性质

讨论题

D15E.1 描述费米－狄拉克分布的特点；与玻耳兹曼分布对比。

练习题

E15E.1(a) 计算由费米－狄拉克分布预测的概率$f(E)$，能量E是热能kT和费米能之和：$E=E_F+kT$。

E15E.1(b) 重复练习题E15E.1(a)中的计算，但这次$E=E_F-kT$。评论获得的值与(a)中结果的关系。

E15E.2(a) 费米能的典型值为1.00 eV。在298 K下，计算高于费米能的能量，在该能量下概率下降至0.25；用eV为单位表示你的答案。

E15E.2(b) 重复练习题E15E.2(a)中的计算，但这次概率为0.10，费米能为2.00 eV。

E15E.3(a) 砷掺杂的锗是p型还是n型半导体？

E15E.3(b) 镓掺杂的锗是p型还是n型半导体？

问 题

P15E.1 参考式（15E.2b）并将$f(E)$表示为变量$(E-E_F)/E_F$和E_F/kT的函数。然后，使用数学软件将图15E.5所示的曲线组显示为单一平面。

P15E.2 在本题及以下问题中，将进一步探讨费米－狄拉克分布$f(E)$，式（15E.2a）的一些性质。(a) 证明在$T=0$时，当$E<\mu$，$f(E)=1$，当$E>\mu$，$f(E)=0$。(b) 对于体积为V的三维固体，结果表明在式（15E.1）中$\rho(E)=CE^{1/2}$，其中$C=4\pi V(2m_e/h^2)^{3/2}$。如果体积为V的固体中电子数是N，则该数目一定等于式（15E.1）在整个能量范围的积分结果，$N=\int_0^\infty dN(E)=\int_0^\infty \rho(E)f(E)dE$。计算在$T=0$时的积分。提示：可以分成两个积分，一个在$E=0$和$\mu$之间，一个在$E=\mu$和$\infty$之间。(c) 通过将计算积分获得的表达式与$N$相等，然后证明$\mu=(3\mathcal{N}/8\pi)^{2/3}(h^2/2m_e)$，其中$\mathcal{N}=N/V$，即固体中电子的数密度。(d) 计算钠的$\mu$，其质量密度为0.97 $g\cdot cm^{-3}$；假设每个原子贡献一个电子。

P15E.3 通过检查式（15E.2a）和式（15E.1）中$dN(E)$的表达式（不需明确地计算积分），证明为了使温度升高时N保持不变，化学势必须从在$T=0$时的值减小。

P15E.4 在一本征半导体中，带隙很小，以至于费米－狄拉克分布导致一些电子填充了导带。从费米－狄拉克分布的指数形式可以看出，本征半导体的电导G，取电阻的倒数，（单位为西门子，$1\ S=1\ \Omega^{-1}$）应该具有类似阿仑尼乌斯的温度依赖性，实践表明具有$G=G_0e^{-E_g/2kT}$的形式，其中E_g是带隙。样品锗的电导随温度变化如下所示。估算E_g的值。

T/K	312	354	420
G/S	0.084 7	0.429	2.86

P15E.5 一个n型半导体样品被发现在极低温度下是绝缘体。随着温度升高，到某一点时电导率显著增加，但在此之后，随着温度进一步升高，电导率保持相对恒定。在更高的温度下，电导率开始稳定增加，没有达到平台的迹象。解释这些观察结果。

P15E.6 P. G. Radaelli等［*Science*, **265**, 380(1994)］报道了在低于45 K的温度下转变为超导体的一材料的合成和结构。该化合物基于层状化合物$Hg_2Ba_2YCu_2O_{8-\delta}$，其具有$a=0.386\ 06$ nm和$c=2.891\ 5$ nm的四方晶胞；每个晶胞包含两个式单位。通过用Ca部分取代Y使该化合物转变为超导体，同时晶胞体积的变化小于1%。考虑到化合物的质量密度为7.651 $g\cdot cm^{-3}$，估算超导体$Hg_2Ba_2Y_{1-x}Ca_xCu_2O_{7.55}$中的Ca的量$x$。

专题 15F 固体的磁学性质

讨论题

D15F.1 将极化（专题14A）与磁化进行比较和对比。

练习题

E15F.1(a) $CrCl_3$的磁矩大小为3.81 μ_B。Cr具有多少未成对电子？

E15F.1(b) Mn^{2+}在其配合物中的典型磁矩大小为5.3 μ_B。离子具有多少未成对电子？

E15F.2(a) 计算苯的摩尔磁化率，已知其体积磁化率为-7.2×10^{-7}，质量密度为0.879 $g\cdot cm^{-3}$（25 ℃）。

E15F.2(b) 计算环己烷的摩尔磁化率，已知其体积磁化率为-7.9×10^{-7}，质量密度为811 $kg\cdot m^{-3}$（25 ℃）。

E15F.3(a) MnF_2单晶的数据给出在294.53 K时$\chi_m = 0.146\,3\ cm^3\cdot mol^{-1}$。确定该化合物中未成对电子的有效数目，并将结果与理论值进行比较。

E15F.3(b) $NiSO_4\cdot7H_2O$单晶的数据给出在298 K时$\chi_m = 6.00\times10^{-8}\ m^3\cdot mol^{-1}$。确定该化合物中未成对电子的有效数目，并将结果与理论值进行比较。

E15F.4(a) 估算$CuSO_4\cdot5H_2O$在25 ℃下的自旋摩尔磁化率。

E15F.4(b) 估算$MnSO_4\cdot4H_2O$在298 K下的自旋摩尔磁化率。

E15F.5(a) Nb的$T_c = 9.5$ K，$\mathcal{H}_c(0) = 158\ kA\cdot m^{-1}$。计算可以将超导率保持在6 K的最高磁场。

E15F.5(b) Nb必须冷却到什么温度才能在150 $kA\cdot m^{-1}$的磁场中保持超导性？必要的数据在(a)中给出。

问　题

P15F.1 J. J. Dannenber等［*J. Phys. Chem.*, **100**, 9631(1996)］进行了由不饱和四元环链组成的有机分子的理论研究。计算表明，这些化合物具有大量未成对的自旋，因此它们应具有不寻常的磁性。例如，如（**5**）所示的化合物最低能量状态被计算为具有$S = 3$，但是$S = 2$和$S = 4$结构的能量各自被预测为能量高出50 $kJ\cdot mol^{-1}$。计算这三个低位能级在298 K的摩尔磁化率。如果每个能级存在的比例与其玻耳兹曼因子成正比，则估算298 K下的摩尔磁化率（有效地假设这三个能级的简并度相同）。

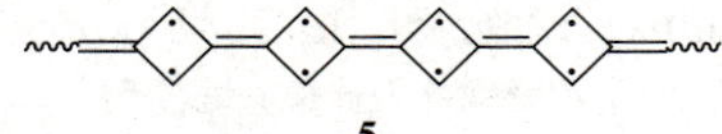

5

P15F.2 一个NO分子具有热可及的电子激发态。它还具有一个未成对的电子，因此可以预测是顺磁性的。然而，它的基态不是顺磁性的，因为未成对电子轨道运动的磁矩几乎完全抵消了自旋磁矩。第一个激发态（121 cm^{-1}）是顺磁性的，因为轨道磁矩增加而不是抵消自旋磁矩。高能态具有$2\mu_B$的磁矩。因为高能态是热可及的，所以NO的顺磁磁化率即使在室温附近也显示出明显的温度依赖性。计算NO的摩尔顺磁磁化率并将其作为温度的函数作图。

专题 15G　固体的光学性质

讨论题

D15G.1 解释在晶体激子带中Davydov裂分的起源。

D15G.2 解释材料对电场的非线性响应如何导致倍频。为什么只有在使用激光强光束作为光源时才能看到倍频？

练习题

E15G.1(a) 在纯TiO_2中，通过光吸收电子从价带激发进入导带需要小于350 nm的波长。计算价带和导带之间的能隙（以eV为单位）。

E15G.1(b) 硅的带隙为1.12 eV。计算可以将电子从价带激发至导带的电磁辐射的最大波长。

问　题

P15G.1 本题和以下问题定量探讨了分子固体的光谱。首先考虑由两个相同单体形成的二聚体。对于第一个单体，归一化的基态波函数为$\psi_a(1)$，归一化的激发态波函数为$\psi_b(1)$；对于第二个单体，波函数是$\psi_a(2)$和$\psi_b(2)$——括号中的标记表示波函数所指的单体，除非ψ_a和ψ_b对于每种单体是相同的。在每个单体中，在ψ_a和ψ_b之间存在跃迁偶极矩μ_{mon}和波数$\tilde{\nu}_{mon}$。为方便起见，基态的能量取为零，因此以波数表示的激发态的能量是$\tilde{\nu}_{mon}$。假设二聚化不影响基态波函数，但激发态波函数混合，因此二聚体激发态具有波函数$\psi_\pm = c_{1,\pm}\psi_b(1) + c_{2,\pm}\psi_b(2)$；两个单体波函数的混合产生两个二聚体波函数，表示为$\psi_\pm$，系数$c_{i,\pm}$有待确定。在基态$\psi_b(1)$和$\psi_b(2)$中，哈密顿矩阵具有如下形式：

$$\hat{H} = \begin{pmatrix} \tilde{\nu}_{mon} & \tilde{\beta} \\ \tilde{\beta} & \tilde{\nu}_{mon} \end{pmatrix}$$

对角元是单体激发态的能量（为波数）。非对角元对应于跃迁偶极子之间的相互作用能量。使用专题15G的（**1**）中所示的排布，该相互作用能量（为波数）是

$$\tilde{\beta} = \frac{\mu_{mon}^2}{4\pi\varepsilon_0 hcr^3}(1-3\cos^2\theta)$$

哈密顿矩阵的本征向量是二聚体激发态的波函数，可以写成$\begin{pmatrix} c_{1,\pm} \\ c_{2,\pm} \end{pmatrix}$。本征值是与这些波函数相对应的能量，并且因为假设二聚体的基态与单体的基态相同，这些能量将对应于二聚体中

的跃迁。

（a）证明$\begin{pmatrix}1\\1\end{pmatrix}$和$\begin{pmatrix}1\\-1\end{pmatrix}$是哈密顿矩阵的本征向量，并且对应的特征值是$\tilde{\nu}_{\pm}=\tilde{\nu}_{\mathrm{mon}}\pm\tilde{\beta}$。（b）第一个本征向量对应于将波函数写作$\psi_{+}=c_{1,+}\psi_b(1)+c_{2,+}\psi_b(2)=\psi_b(1)+\psi_b(2)$。归一化波函数，假设$S=\int\psi_b^*(1)\psi_b(2)\mathrm{d}\tau$；对第二个本征向量进行相同操作，其对应于$\psi_{-}=\psi_b(1)-\psi_b(2)$。（c）单体跃迁偶极矩是$\mu_{\mathrm{mon}}=\int\psi_b^*(1)\hat{\mu}\psi_a(1)\mathrm{d}\tau=\int\psi_b^*(2)\hat{\mu}\psi_a(2)\mathrm{d}\tau$。对于二聚体，跃迁矩是$\mu_{\mathrm{dim}}=\int\Psi_{\pm}^*\hat{\mu}\Psi_0\mathrm{d}\tau$，式中$\psi_0$是二聚体基态的波函数。由于假设二聚体基态波函数之间没有相互作用，ψ_0可以写作$(1/2^{1/2})[\psi_a(1)+\psi_a(2)]$。找出两个激发态波函数$\psi_{\pm}$的$\mu_{\mathrm{dim}}$的表达式。在解决这个问题时，有必要认识到它与两个原子轨道重叠给出的分子轨道非常类似（专题9E）。

P15G.2 继续上一个问题。（a）考虑由单体（$\mu_{\mathrm{mon}}=4.00\ \mathrm{D}$，$\tilde{\nu}_{\mathrm{mon}}=25\,000\ \mathrm{cm}^{-1}$和$r=0.50\ \mathrm{nm}$）形成的一个二聚体。绘制图表以显示激发态能量（表示为波数$\tilde{\nu}_{\pm}$）如何随角度θ变化。（b）现在将上面给出的处理扩展到N个单体（$\mu_{\mathrm{mon}}=4.00\ \mathrm{D}$，$\tilde{\nu}_{\mathrm{mon}}=25\,000\ \mathrm{cm}^{-1}$，$r=0.50\ \mathrm{nm}$）或一个链。为简单起见，假设$\theta=0$且仅相邻单体相互作用，相互作用能为$\tilde{V}$（此处表示为波数）。例如，$N=4$的哈密顿矩阵为

$$\hat{H}=\begin{pmatrix}\tilde{\nu}_{\mathrm{mon}} & \tilde{V} & 0 & 0\\ \tilde{V} & \tilde{\nu}_{\mathrm{mon}} & \tilde{V} & 0\\ 0 & \tilde{V} & \tilde{\nu}_{\mathrm{mon}} & \tilde{V}\\ 0 & 0 & \tilde{V} & \tilde{\nu}_{\mathrm{mon}}\end{pmatrix}$$

该矩阵类似于固体中能带的表征（15C.1b小节），因此本征值（在这种情况下是跃迁的波数）可以通过与式（15C.1）类比写下来。计算$N=5$、10和15的最低能量跃迁的波数，然后将结果推广到更大的N。（c）最低能量跃迁的跃迁偶极矩如何随链的大小而变化？

P15G.3 证明如果物质对两个辐射源（频率为ω_1和ω_2）发生非线性响应，那么它可能会产生两个频率的和与差的辐射。这种非线性光学现象称为频率混合，被用于扩宽激光在实验室应用时的波长范围，如光谱学和光化学。

主题 15　固体

综合题

I15.1 计算金刚石的热膨胀系数$\alpha=(\partial V/\partial T)_p/V$，假设从100 K到300 K加热晶体时，（111）反射从22.040 3°位移至21.966 4°，使用的X射线波长为154.056 2 pm。

I15.2 计算原子序数为Z的一个类氢原子的散射因子，其中单个电子占据（a）1s轨道，（b）2s轨道。将f作为$(\sin\theta)/\lambda$的函数作图。提示：将$4\pi\rho(r)r^2$解释为径向分布函数$P(r)$；使用数学软件来计算必要的积分。

I15.3 探讨当一个类氢原子的实际1s波函数被高斯函数代替时，综合题I15.2的散射因子如何变化。使用数学软件来计算必要的积分。

主题 16
运动中的分子

本主题涉及的主要内容是，理解在气体和液体中，物质和其他物理性质（如能量和动量）是如何从一个位置输运到另一位置的。

16A 完美气体的输运性质

物质和物理性质的输运可以运用一系列紧密关联的经验公式来描述。对于气体，可以通过基于专题 1B 中讨论的气体动理论建立模型来理解这些公式的形式。运用这种方法，扩散速率、热传导率、黏度和溢流都可以与来自动理论的量相关联。

16A.1 唯象方程；16A.2 输运参数

16B 液体中的运动

由于液体存在显著的分子间相互作用以及高得多的密度，液体中的分子运动有别于气体中的分子运动。监测这类系统中运动的一种方法是探测电解质溶液的电阻并根据离子对外加电场的响应来加以分析。

16B.1 实验结果；16B.2 离子迁移率

16C 扩散

溶质和各种物理性质的扩散是液体中的一个重要过程，可以通过引入被认为是分子运动起因的广义“热力学力”的概念来讨论。这个表观力可以用来构建描述溶质如何随着时间的推移在空间中散布的“扩散方程”。另一种随机游走扩散模型可给出进一步的见解。

16C.1 热力学观点；16C.2 扩散方程；16C.3 统计学观点

网络资源　这部分内容有何应用?

化学、化学工程和生物学的很大部分取决于分子和离子通过各种介质迁移的能力。“应用案例 25”解释了如何使用电导率测量来分析离子穿过生物膜的运动。

专题16A

完美气体的输运性质

▶ 为何需要学习这部分内容?

许多物理过程通过性质从一个区域到另一个区域的迁移来进行，并且气相化学反应取决于分子碰撞的速率。此处介绍的材料还包括在任何类型的流体系统中输运的一般性质，并且适用于在溶液中发生的反应。

▶ 核心思想是什么?

分子以大约其平均自由程的距离逐步通过空间传递性质。

▶ 需要哪些预备知识?

本专题依据气体动理论进行构建和扩展（专题1B）。需要熟悉分子平均速率和平均自由程的概念及它们对压力和温度的依赖性。

输运性质（transport property）是物质或物质的属性（如动量）通过介质从一个位置传递到另一个位置的过程。输运速率通常用方程表示，该方程是实验观察的经验总结。这些方程适用于所有类型的性质和介质，并且可以经调整用于气体输运性质的讨论。在此情况下，气体动理论提供了表明这些性质的输运速率如何取决于压力和温度的简单表达式。在专题1B的气体动理论中的且贯穿使用于本专题中的最重要的概念是**平均自由程**λ，即分子在两次碰撞之间行进的平均距离。根据式（1B.14），在温度T和压力p下，有

$$\lambda=\frac{kT}{\sigma p} \quad \text{平均自由程[动理论]} \qquad (16A.1a)$$

参数σ是分子碰撞截面，是分子在碰撞中呈现的靶面积的一种量度。有关此表达式的推导和物理解释，详见专题1B。动理论的另一个重要结果是在温度T下，摩尔质量为M的分子的平均速率可由式（1B.9）给出：

$$v_{\text{mean}}=\left(\frac{8RT}{\pi M}\right)^{1/2} \quad \text{平均速率[动理论]} \qquad (16A.1b)$$

16A.1 唯象方程

“唯象方程”是总结对现象的经验观察的方程，至少最初没有建立在对造成该性质的分子过程的理解之上。在流体研究中经常遇到这样的方程。

一个性质的迁移速率可通过其**通量**（flux）J来测量，即在给定时间间隔内通过给定面积的该性质的量除以面积和间隔时间。如果物质在流动（如在扩散中），则**物质通量**（matter flux）表示为分子数目每平方米每秒（数目或数量$\cdot m^{-2}\cdot s^{-1}$）。如果迁移的性质是能量（如在热传导中），则**能量通量**（energy flux）以焦耳每平方米每秒（$J\cdot m^{-2}\cdot s^{-1}$）来表示，以此类推。在给定时间间隔$\Delta t$中通过给定面积$A$的性质输运总量是$|J|A\Delta t$。通量$J$可正可负：其符号的意义在下面讨论。

对输运性质的实验观察表明，一个性质的通量通常与某相关量的一阶导数成正比。例如，人们发现平行于容器z轴的物质扩散通量与沿相同方向的浓度梯度成正比：

$$J(\text{物质})\propto\frac{d\mathcal{N}}{dz} \quad \text{菲克第一扩散定律} \qquad (16A.2)$$

式中$\mathcal{N}$是粒子的数密度，单位为每立方米中的粒子数目（m^{-3}）。物质通量与浓度梯度的比例关系

有时称为**菲克第一扩散定律**（Fick' s first law of diffusion）：此定律表明当浓度随位置急剧变化时，扩散较浓度接近均匀时更快。如果浓度均匀（$d\mathcal{N}/dz=0$），则没有净的通量。类似地，人们发现热传导速率（与热运动相关的能量通量）与温度梯度成正比：

$$J(\text{热运动的能量}) \propto \frac{dT}{dz} \quad \text{能量通量} \quad (16A.3)$$

J的正值表示朝向z轴正方向的通量；J的负值表示朝向z轴负方向的通量。由于物质顺着浓度梯度由高浓度向低浓度流动，如果$d\mathcal{N}/dz$为负，则J为正（图16A.1）。因此，式（16A.2）中的比例系数必须为负，并写为$-D$：

$$J(\text{物质}) = -D\frac{d\mathcal{N}}{dz} \quad \text{用扩散系数表示的菲克第一定律} \quad (16A.4)$$

式中常数D称为**扩散系数**（diffusion coefficient），其SI单位是$m^2 \cdot s^{-1}$。能量沿着温度梯度迁移，同样推理可得

$$J(\text{热运动的能量}) = -\kappa\frac{dT}{dz} \quad \text{用导热系数表示的能量通量} \quad (16A.5)$$

式中κ是**导热系数**（coefficient of thermal conductivity），其单位是$J \cdot K^{-1} \cdot m^{-1} \cdot s^{-1}$，或者，因为$1\ J \cdot s^{-1} = 1\ W$，也可为$W \cdot K^{-1} \cdot m^{-1}$。表16A.1给出了$\kappa$的一些实验值。

表16A.1 1 atm下气体的输运性质*

	$\kappa/(mW \cdot K^{-1} \cdot m^{-1})$	$\eta/\mu P$**	
	273 K	273 K	293 K
Ar	16.3	210	223
CO_2	14.5	136	147
He	144.2	187	196
N_2	24.0	166	176

* 更多的数据参见*资源部分*。

** $1\ \mu P = 10^{-7}\ kg \cdot m^{-1} \cdot s^{-1}$。

简要说明 16A.1

假设两个金属板垂直于z轴放置，第一个在$z=0$处，第二个在$z=+1.0$ cm处，第二个金属板的温度比第一个高10 K，则温度梯度为

$$\frac{dT}{dz} = \frac{10\ K}{1.0\times10^{-2}\ m} = +1.0\times10^{3}\ K \cdot m^{-1}$$

如果两块板材由空气分隔，已知空气的$\kappa = 24.1\ mW \cdot K^{-1} \cdot m^{-1}$，则能量通量为

$$\begin{aligned} J &= -\kappa\frac{dT}{dz} = -24.1\ mW \cdot K^{-1} \cdot m^{-1} \times 1.0\times10^{3}\ K \cdot m^{-1} \\ &= -24\ W \cdot m^{-2} \end{aligned}$$

由于能量由$z=+1.0$ cm处的热板向$z=0$处的冷板输运，是向z轴负方向的一个流动，所以通量为负。在1 h（3 600 s）内迁移通过两板间1.0 cm²面积的能量是

$$E_{\text{迁移}} = |J|A\Delta t = 24\ W \cdot m^{-2} \times 1.0 \times 10^{-4}\ m^2 \times 3600\ s = 8.6\ J$$

黏度来源于线性动量的通量。要看清两者之间的联系，考虑处于**牛顿流体**（Newtonian flow）状态的流体，其中一系列层面相对滑动通过，在本例中是沿着x方向（图16A.2）。靠近容器壁的层面是静止的，其他层面的速度随着与壁的距离z呈线性变化。不同层间的分子带着各自拥有的初始层线性动量的x分量不停运动。来自更缓慢移动层

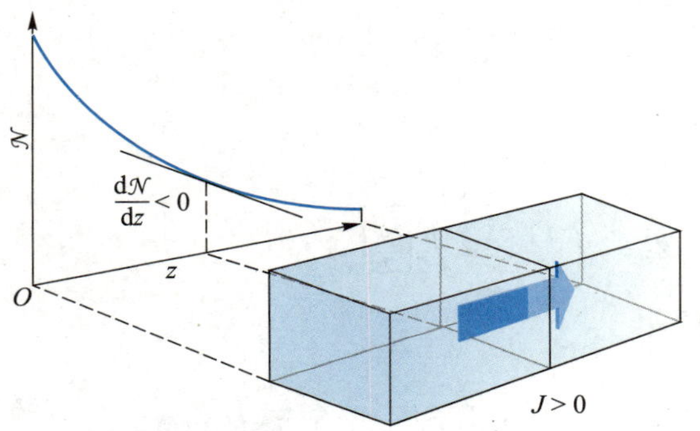

图16A.1 沿着浓度梯度的粒子通量（菲克第一定律指出物质通量与该点的浓度梯度成正比）

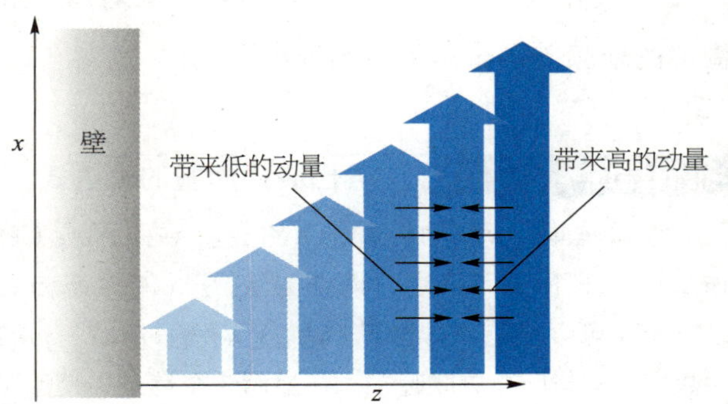

图16A.2 流体的黏度来源于线性动量的输运［此图中流体在x方向上进行牛顿（层状）流动，粒子在进入新的层面时带有它们的初始动量］

面的分子因为在x方向上具有更低的动量，可以导致面层运动减速。来自更快速移动层面的分子则可以加速层面运动。净的减速（阻滞）效应被解释为流体的黏度。

由于减速（阻滞）效应取决于线性动量的x分量至所研究层面的迁移，所以黏度取决于该x分量在z方向上的通量。动量x分量的通量与$\mathrm{d}v_x/\mathrm{d}z$成正比，其中$v_x$是$x$方向的速度；因此通量可以写作

$$J(\text{动量的}x\text{分量})=-\eta\frac{\mathrm{d}v_x}{\mathrm{d}z} \quad \text{用黏度系数表示的动量通量} \qquad (16A.6)$$

比例系数η称为**黏度系数**（coefficient of viscosity，或简称黏度）。它的单位是$\mathrm{kg\cdot m^{-1}\cdot s^{-1}}$。黏度通常用非SI单位泊（P）来表示，$1\ \mathrm{P}=10^{-1}\ \mathrm{kg\cdot m^{-1}\cdot s^{-1}}$。表16A.1中给出了$\eta$的一些实验值。

溢流（effusion），即物质通过一个小洞的逃逸，并不是一个严格的输运性质，但它与扩散密切相关。**格雷姆溢流定律**（Graham's law of effusion）总结了关于溢流的基本经验观察，指出溢流速率与摩尔质量M的平方根成反比。

16A.2 输运参数

气体动理论（专题1B）可用于推导完美气体扩散特性的表达式。所有表达式都依赖于已知**碰撞通量**（collision flux）Z_W，即分子撞击气体中一个区域的速率（该区域可以是一个想象的窗口、壁的一部分或壁上的一个孔）。具体地，碰撞通量是碰撞数除以区域面积和时间间隔。其对压力和温度的依赖关系可由动理论导出。

如何完成？16A.1 导出碰撞通量的表达式

考虑垂直于x轴的面积为A的一个平面区域（图16A.3）。在下述计算中，请注意完美气体状态方程$pV=nRT$可以通过$\mathcal{N}=N/V=nN_\mathrm{A}/V=nN_\mathrm{A}p/nRT=p/kT$将数密度$\mathcal{N}$与压力关联起来。在最后一个等式中使用了$R=N_\mathrm{A}k$，其中$k$为玻耳兹曼常数。

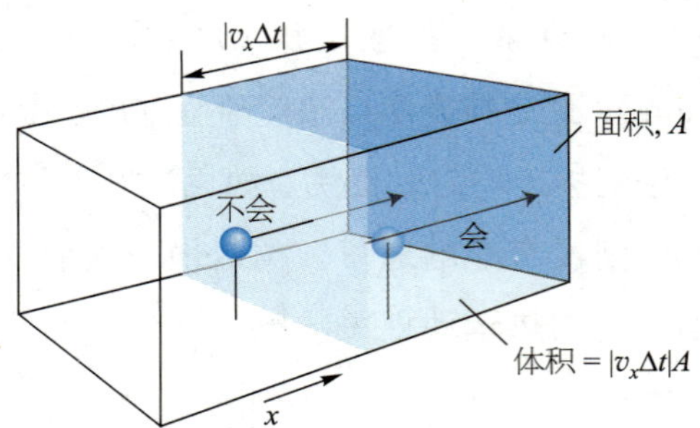

图16A.3 如果一个分子与平面区域的距离在$v_x\Delta t$内且向右行进，则它将会在时间间隔Δt内到达右侧的平面区域上

步骤1 *确定将撞击一个面积的分子数*

如果一个分子的$v_x>0$（也就是说，它向x正方向行进），那么如果它位于距平面区域$v_x\Delta t$的范围内，它将在间隔Δt内撞击此平面区域。因此，体积$Av_x\Delta t$中的具有正的速度x分量的所有分子，将在间隔Δt内撞击此平面区域。因此，该时间间隔内的碰撞总数是$\mathcal{N}Av_x\Delta t$，其中$\mathcal{N}$是分子的数密度。

步骤2 *考虑速度的范围*

速度v_x值的范围可由式（1B.3）中给出的概率分布$f(v_x)$来表述：

$$f(v_x)=\left(\frac{m}{2\pi kT}\right)^{1/2}\mathrm{e}^{-mv_x^2/2kT}$$

速度分量在v_x和$v_x+\mathrm{d}v_x$之间的分子的概率可用$f(v_x)\mathrm{d}v_x$描述。通过将$\mathcal{N}Av_x\Delta t$对所有正的v_x求和，可得到碰撞总数（因为只有具有正的速度分量的分子才向所研究的目标区域移动），其中每个v_x值按其出现的概率加权：

$$\text{碰撞数}=\mathcal{N}A\Delta t\int_0^\infty v_xf(v_x)\mathrm{d}v_x$$

碰撞通量就是碰撞数除以A和Δt，所以

$$Z_\mathrm{W}=\mathcal{N}\int_0^\infty v_xf(v_x)\mathrm{d}v_x$$

步骤3 *求积分的值*

因为

$$\int_0^\infty v_xf(v_x)\mathrm{d}v_x=\left(\frac{m}{2\pi kT}\right)^{1/2}\overbrace{\int_0^\infty v_x\mathrm{e}^{-mv_x^2/2kT}\mathrm{d}v_x}^{\text{积分G.2}}=\left(\frac{kT}{2\pi m}\right)^{1/2}$$

结果得出

$$Z_\mathrm{W}=\mathcal{N}\left(\frac{kT}{2\pi m}\right)^{1/2}\overset{\mathcal{N}=p/kT}{=}\frac{p}{kT}\left(\frac{kT}{2\pi m}\right)^{1/2}$$

因此

$$Z_\mathrm{W}=\frac{p}{(2\pi mkT)^{1/2}} \quad \text{用压力表示的碰撞通量[完美气体]} \qquad (16A.7a)$$

步骤 4　*导出用平均速率表示的另外一种表达式*

式（16A.1b）给出的平均速率为

$$v_{\text{mean}}=\left(\frac{8RT}{\pi M}\right)^{1/2}\overset{R=N_\text{A}k\quad M=N_\text{A}m}{=}\left(\frac{8kT}{\pi m}\right)^{1/2}$$

据此可得

$$\left(\frac{kT}{2\pi m}\right)^{1/2}=\frac{1}{4}v_{\text{mean}}$$

因此，$Z_\text{w}=\mathcal{N}(kT/2\pi m)^{1/2}$可以表示为

$$Z_\text{W}=\frac{1}{4}\mathcal{N}v_{\text{mean}}\qquad \text{碰撞通量[完美气体]}\qquad (16\text{A}.7\text{b})$$

根据式（16A.7a），碰撞通量随压力增大而增大，因为压力增大使数密度增大，进而使碰撞数增大。碰撞通量随分子质量的增大而减小，因为重分子比轻分子移动得更慢。然而，对于温度作用的解释需要小心：因为$T^{1/2}$出现在分母中，所以碰撞通量随温度的升高而减小，这样的推断是错误的。如果系统的体积不变，压力随温度而增大（$p\propto T$），所以碰撞通量实际上正比于$T/T^{1/2}=T^{1/2}$，且随温度升高而增大。

简要说明 16A.2

在25 ℃和1.00 atm下，O_2分子（$m=M/N_\text{A}$，$M=32.00\ \text{g}\cdot\text{mol}^{-1}$）的碰撞通量为

$$Z_\text{W}=\frac{1.00\times10^5\ \overbrace{\text{Pa}}^{\text{kg}\cdot\text{m}^{-1}\cdot\text{s}^{-2}}}{\left(2\pi\times\dfrac{32.00\times10^{-3}\ \text{kg}\cdot\text{mol}^{-1}}{6.022\times10^{23}\ \text{mol}^{-1}}\times1.381\times10^{-23}\ \text{J}\cdot\text{K}^{-1}\times298\ \text{K}\right)^{1/2}}$$
$$=2.70\times10^{27}\ \text{m}^{-2}\cdot\text{s}^{-1}$$

该碰撞通量对应于$0.45\ \text{mol}\cdot\text{cm}^{-2}\cdot\text{s}^{-1}$。

（a）扩散系数

式（16A.7b）所得结果的第一个应用是用它来找出由浓度梯度引起的分子净通量的表达式。

如何完成？16A.2　导出物质净通量的公式

考虑图16A.4中所示的排布。通过$z=0$处面积A的分子发生最后一次碰撞后，已经行进的平均距离大约为一个平均自由程λ。

步骤 1　*建立每个方向上通量的表达式*

如果z处的数密度是$\mathcal{N}(z)$，那么在$z=\lambda$处的数密度可以用形式为$f(x)=f(0)+(\text{d}f/\text{d}x)_0x+\cdots$的泰勒展开式（截去第二项以后的项）来估算（见专题5B“化学家工具包12”）：

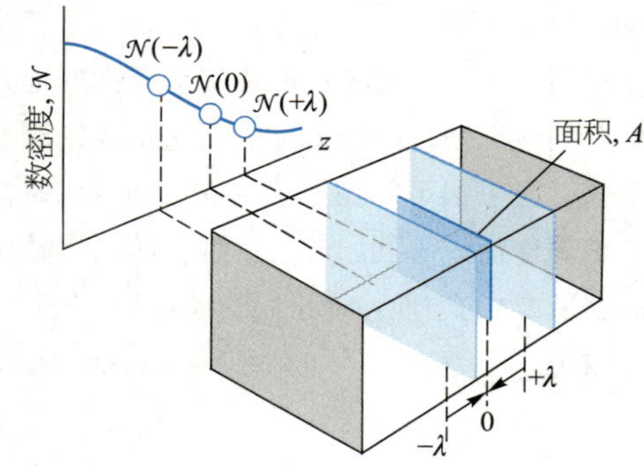

图16A.4　通过考虑分子从各个方向上，从平均距离λ到达面积A所引发的净通量，计算气体的扩散速率

$$\mathcal{N}(+\lambda)=\mathcal{N}(0)+\lambda\left(\frac{\text{d}\mathcal{N}}{\text{d}z}\right)_0$$

类似地，$z=-\lambda$处的数密度为

$$\mathcal{N}(-\lambda)=\mathcal{N}(0)-\lambda\left(\frac{\text{d}\mathcal{N}}{\text{d}z}\right)_0$$

在间隔Δt内，对面积为A的想象平面区域的平均撞击数是$Z_\text{W}A\Delta t$，这里Z_W是碰撞通量。因此，由左侧的分子供应所产生的从左到右的物质通量$J(\text{L}\rightarrow\text{R})$是该碰撞数除以时间间隔和平面区域面积：

$$J(\text{L}\rightarrow\text{R})=\frac{Z_\text{W}A\Delta t}{A\Delta t}=Z_\text{W}\overset{Z_\text{W}=\frac{1}{4}\mathcal{N}v_{\text{mean}}}{=}\frac{1}{4}\mathcal{N}(-\lambda)v_{\text{mean}}$$

数密度是$z=-\lambda$处的数密度，因为在撞击该面积平面区域之前的分子源自那里。从右向左也存在物质通量。进行此行程的分子产生于$z=+\lambda$处，那里的数密度为$\mathcal{N}(\lambda)$。因此有

$$J(\text{L}\leftarrow\text{R})=\frac{1}{4}\mathcal{N}(\lambda)v_{\text{mean}}$$

步骤 2　*计算净通量*

从左向右的净通量是

$$\begin{aligned}J_z&=J(\text{L}\rightarrow\text{R})-J(\text{L}\leftarrow\text{R})\\&=\frac{1}{4}v_{\text{mean}}[\mathcal{N}(-\lambda)-\mathcal{N}(\lambda)]\\&=\frac{1}{4}v_{\text{mean}}\left\{\left[\mathcal{N}(0)-\lambda\left(\frac{\text{d}\mathcal{N}}{\text{d}z}\right)_0\right]-\left[\mathcal{N}(0)+\lambda\left(\frac{\text{d}\mathcal{N}}{\text{d}z}\right)_0\right]\right\}\end{aligned}$$

即

$$J_z=-\frac{1}{2}v_{\text{mean}}\lambda\left(\frac{\text{d}\mathcal{N}}{\text{d}z}\right)_0\qquad \text{净通量}\qquad (16\text{A}.8)$$

此方程表明净通量与浓度梯度成正比，与式（16A.2）菲克第一扩散定律表示的经验观察结果相一致。

在此阶段，看起来好像可以通过比较式（16A.8）和式（16A.4）得到$D=\frac{1}{2}\lambda v_{\text{mean}}$，从而来选出扩散系数的值。但是，必须记住，该计算是非常粗糙的，比对D

数量级的估计好不到哪去。图16A.5中显示了忽略的一个方面，虽然一个分子可能在非常接近平面的地方开始行程，但在到达那里之前它可能会行进很长的距离。由于路径很长，分子很可能在到达平面之前发生碰撞，所以它不应该算作通过平面。考虑这种影响会导致表示更低通量的因子2/3的出现。修正后的结果为

$$D=\frac{1}{3}\lambda v_{\text{mean}} \quad \text{扩散系数} \qquad (16A.9)$$

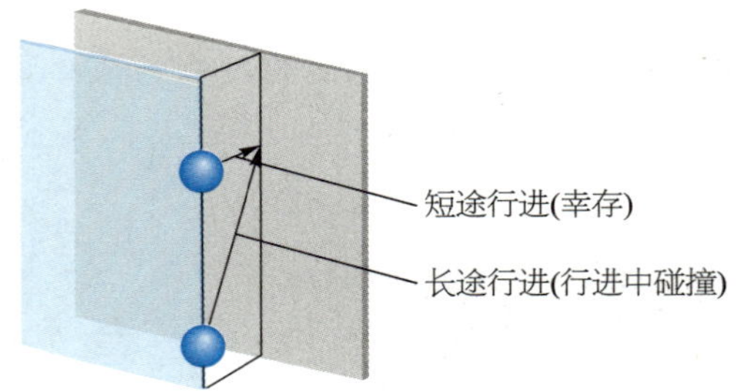

图16A.5　简单处理中忽略的一个问题是，一些分子在到达平面前可能要经过长距离的行进，尽管它们与平面仅具有较短的垂直距离。采取更长行程的分子具有更高的可能性在行进中发生碰撞

简要说明16A.3

在专题1B的“简要说明1B.3”中，已经确定了N_2分子在1.0 atm和25 ℃下的平均自由程是91 nm。在同一专题的例题1B.1中，已经计算出相同条件下N_2分子的平均速率是475 m · s^{-1}。因此，在这些条件下N_2分子的扩散系数为

$$D=\frac{1}{3}\times 91\times 10^{-9}\ \text{m}\times 475\ \text{m}\cdot\text{s}^{-1}=1.4\times 10^{-5}\ \text{m}^2\cdot\text{s}^{-1}$$

实验值是$1.5\times 10^{-5}\ \text{m}^2\cdot\text{s}^{-1}$。

关于式（16A.9），有三点需要注意：

物理解释

- 平均自由程λ随压力的升高而减小［式（16A.1a）］，所以D也随压力的升高而减小，结果是气体分子扩散得更慢。
- 平均速率v_{mean}随温度的升高而增大［式（16A.1b）］，所以D也随温度的升高而增大。结果，热气中的分子比冷气中的分子扩散得更快（在给定浓度梯度下）。
- 由于平均自由程随分子碰撞截面σ的减小而增大，故小分子的扩散系数比大分子更大。

（b）导热系数

根据能量均分定理（专题2A中“化学家工具包7”），每个分子携带的平均能量$\varepsilon=\nu kT$，其中ν取决于对分子能量贡献的二次项数目，是一个量级为1的数。对于具有三个平动自由度的原子，$\nu=3/2$。当一个分子通过假想的平面时，它输运该平均能量。类似用于扩散的论证可以用于讨论通过该平面的能量输运。

如何完成？16A.3　导出导热系数的表达式

假设数密度是均一的，但温度和分子的平均能量并不是。分子在较热区域发生最后的碰撞后经过一个平均自由程，携带较高的能量从左侧到达。分子也可从较冷区域经过一个平均自由程，携带较低的能量从右侧到达。

步骤1　*写出正向能量通量、反向能量通量和净能量通量的表达式*

如果在z处的分子平均能量是$\varepsilon(z)$，两个方向相反的能量通量是

$$J(\text{L}\rightarrow\text{R})=\overbrace{\frac{1}{4}\mathcal{N}v_{\text{mean}}}^{Z_\text{W}}\varepsilon(-\lambda) \qquad J(\text{L}\leftarrow\text{R})=\overbrace{\frac{1}{4}\mathcal{N}v_{\text{mean}}}^{Z_\text{W}}\varepsilon(\lambda)$$

净通量是

$$\begin{aligned}J_z&=J(\text{L}\rightarrow\text{R})-J(\text{L}\leftarrow\text{R})\\&=\frac{1}{4}v_{\text{mean}}\mathcal{N}[\varepsilon(-\lambda)-\varepsilon(\lambda)]\\&\overset{\varepsilon(z)=\varepsilon(0)+z(\mathrm{d}\varepsilon/\mathrm{d}z)_0,\ z=\pm\lambda}{=}\frac{1}{4}v_{\text{mean}}\mathcal{N}\left\{\left[\varepsilon(0)-\lambda\left(\frac{\mathrm{d}\varepsilon}{\mathrm{d}z}\right)_0\right]-\left[\varepsilon(0)+\lambda\left(\frac{\mathrm{d}\varepsilon}{\mathrm{d}z}\right)_0\right]\right\}\\&=-\frac{1}{2}v_{\text{mean}}\lambda\mathcal{N}\left(\frac{\mathrm{d}\varepsilon}{\mathrm{d}z}\right)_0\end{aligned}$$

步骤2　*将能量梯度表示为温度梯度*

由于$\varepsilon=\nu kT$，所以能量梯度可用温度梯度表示：$\mathrm{d}\varepsilon/\mathrm{d}z=\nu k(\mathrm{d}T/\mathrm{d}z)$。因此有

$$J_z=-\frac{1}{2}v_{\text{mean}}\lambda\mathcal{N}\left(\frac{\mathrm{d}\varepsilon}{\mathrm{d}z}\right)_0=-\frac{1}{2}\nu kv_{\text{mean}}\lambda\mathcal{N}\left(\frac{\mathrm{d}T}{\mathrm{d}z}\right)_0$$

该式表明能量通量与温度梯度成正比，与预期结果一致。如前所述，考虑到长的行进路径，系数要乘以$\frac{2}{3}$，并将此式与式（16A.5）对比可得

$$\kappa=\frac{1}{3}\nu kv_{\text{mean}}\lambda\mathcal{N} \quad \text{导热系数} \qquad (16A.10a)$$

数密度可由载体粒子J的物质的量浓度[J]来表示：$\mathcal{N}=nN_\text{A}/V=[\text{J}]N_\text{A}$。接下来，$\nu kN_\text{A}$可以看作气体的摩尔定容热容：摩尔能是$N_\text{A}\nu kT$，故由$C_{V,\text{m}}=(\partial U_\text{m}/\partial T)_V$可得$C_{V,\text{m}}=N_\text{A}\nu k$。经过这些替换，式（16A.10a）变成

$$\kappa=\frac{1}{3}v_{\text{mean}}\lambda[\text{J}]C_{V,\text{m}} \quad \text{导热系数} \qquad (16A.10b)$$

从式（16A.10a）开始可得另外一种形式，已知$N=p/kT$，然后使用式（16A.9）中D的表达式可得

$$\kappa=\frac{1}{3}\nu kv_{\text{mean}}\lambda\mathcal{N}\overset{\mathcal{N}=p/kT}{=}\frac{1}{3}\nu kv_{\text{mean}}\lambda\frac{p}{kT}\overset{D=\frac{1}{3}\lambda v_{\text{mean}}}{=}\frac{\nu pD}{T} \quad \text{导热系数} \qquad (16A.10c)$$

简要说明 16A.4

在“简要说明16A.3”中，计算出N_2分子在1.0 atm和25 ℃下的$D = 1.4 \times 10^{-5}\ m^2 \cdot s^{-1}$。导热系数可以通过使用式（16A.10c）并注意到对于N_2分子$\nu = 5/2$（三个平动模式和两个转动模式；振动模式在这个“硬”分子中不活泼）计算：

$$\kappa = \frac{\frac{5}{2}\times 1.01\times 10^5\ \overbrace{\mathrm{Pa}}^{\mathrm{J\cdot m^{-3}}} \times 1.4\times 10^{-5}\ \mathrm{m^2\cdot s^{-1}}}{298\ \mathrm{K}} = 1.2\times 10^{-2}\ \mathrm{J\cdot K^{-1}\cdot m^{-1}\cdot s^{-1}}$$

或$12\ mW \cdot K^{-1} \cdot m^{-1}$。实验值是$26\ mW \cdot K^{-1} \cdot m^{-1}$。

为了解释式（16A.10），请注意：

物理解释

- 平均自由程λ与压力成反比，但数密度$\mathcal{N}$与压力成正比（$\mathcal{N} = p/kT$）。因此，式（16A.10a）中出现的积$\lambda\mathcal{N}$与压力无关，故导热系数也与压力无关。
- 具有高热容的气体导热系数更高[式（16A.10b）]，因为此时给定的温度梯度对应于更陡的能量梯度。

导热系数与压力无关的物理原因是，当许多分子可用于输运能量时，可以预期导热系数会很大。但是这么多分子的出现限制了它们的平均自由程，并且它们不能在很远的距离上运输能量。这两种效果互相抵消。确实，实验发现导热系数与压力无关，除非压力非常低，此时$\kappa \propto p$。在非常低的压力下，λ可能超过仪器的尺寸，此时输运能量的距离由容器的尺寸决定，而不是由与其他存在的分子的碰撞决定。通量仍然与载体分子的数量成正比，但行程的长度不再取决于λ，因此$\kappa \propto [\mathrm{J}]$，也就意味着$\kappa \propto p$。

（c）黏度

如果在x方向上的动量与z的依赖关系为$mv_x(z)$，那么图16A.6中从右侧运动来的分子（从一快层至一较慢的层）将动量$mv_x(\lambda)$输运到$z=0$处的新层；而那些从左侧移动来的分子则将$mv_x(-\lambda)$输运到此。该图可用来构建黏度系数的表达式。

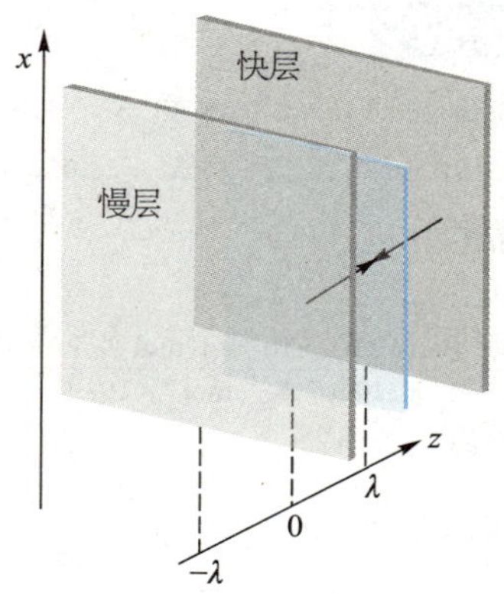

图 16A.6　气体黏度的计算可检查从较快层和较慢层（距离平面均为一个平均自由程）带到平面的动量的净x分量

如何完成？ 16A.4　导出黏度的表达式

方法与之前推导中的相同，只不过现在输运的性质为层的线动量。

步骤 1　*建立每个方向上的动量通量和净通量的表达式*

从右侧抵达的分子带来的通量为

$$mv_x(\lambda) = mv_x(0) + m\lambda\left(\frac{dv_x}{dz}\right)_0$$

从左侧抵达的分子带来的通量为

$$mv_x(-\lambda) = mv_x(0) - m\lambda\left(\frac{dv_x}{dz}\right)_0$$

因此，z方向上x动量的净通量为

$$J_z = \frac{1}{4}v_{mean}\mathcal{N}\left\{\left[mv_x(0) - m\lambda\left(\frac{dv_x}{dz}\right)_0\right] - \left[mv_x(0) + m\lambda\left(\frac{dv_x}{dz}\right)_0\right]\right\} = -\frac{1}{2}v_{mean}\lambda m\mathcal{N}\left(\frac{dv_x}{dz}\right)_0$$

步骤 2　*确定黏度系数*

通量与速度梯度成正比，与唯象方程相一致，将这个表达式与式（16A.6）相比较，并以常规方式乘以2/3，从而得到

$$\eta = \frac{1}{3}v_{mean}\lambda m\mathcal{N} \qquad \text{黏度} \qquad (16A.11a)$$

这个表达式的另外两种形式为[使用$mN_A = M$和式（16A.9），$D = \frac{1}{3}\lambda v_{mean}$]

$$\eta = MD[\mathrm{J}] \qquad (16A.11b)$$

$$\eta = \frac{pMD}{RT} \qquad (16A.11c)$$

式中[J]是气体分子J的物质的量浓度，M是它们的摩尔质量。

简要说明 16A.5

根据“简要说明16A.3”，N_2分子在1.0 atm和25 ℃时的D值为$1.4\times10^{-5}\ m^2\cdot s^{-1}$。因为$M = 28.02\ g\cdot mol^{-1}$，故式（16A.11c）可给出

$$\eta=\frac{1.01\times10^{5}\ \overbrace{Pa}^{J\cdot m^{-3}}\times 28.02\times10^{-3}\ kg\cdot mol^{-1}\times1.4\times10^{-5}\ m^{2}\cdot s^{-1}}{8.314\,5\ J\cdot K^{-1}\cdot mol^{-1}\times 298\ K}$$
$$=1.6\times10^{-5}\ kg\cdot m^{-1}\cdot s^{-1}$$

或160 μP。实验值为177 μP。

式（16A.11a）的物理解释如下：

物理解释

- 正如已经在导热系数中所指出的那样，$\lambda\mathcal{N}$与p无关。因此，与导热系数一样，黏度也与压力无关。
- 因为$v_{mean}\propto T^{1/2}$，故恒容时$\eta\propto T^{1/2}$（恒压时$\eta\propto T^{3/2}$）。也就是说，气体的黏度随温度的升高而增大。

黏度与压力无关的物理原因与导热系数的情形相同：高压下会有更多的分子输运动量，但是，由于平均自由程的缩短，它们输运动量的距离变短。黏度随温度的升高而增大可解释为：高温时分子运动更快，故动量通量更大。相反，如在专题16B中所讨论的，由于必须克服分子间的相互作用，所以液体的黏度随温度的升高而减小。

（d）溢流

由于分子的平均速率与$M^{1/2}$成反比，它们撞击溢流所通过的孔洞面积的速率也与$M^{1/2}$成反比，这满足格雷姆定律。然而，通过使用碰撞通量的表达式，可以获得更详细的溢流速率表达式，并用于以更精细的方式解释溢流数据。

当处于压力p和温度T的气体通过小孔与真空分隔时，其分子的逸出速率等于它们撞击孔洞面积的速率，即碰撞通量和孔洞面积A_0的乘积：

$$溢流速率=Z_W A_0=\frac{pA_0}{(2\pi mkT)^{1/2}}$$

$m = M/N_A,\ k = R/N_A$

$$=\frac{pA_0N_A}{(2\pi MRT)^{1/2}}\qquad 溢流速率\qquad (16A.12)$$

该溢流速率与$M^{1/2}$成反比，与格雷姆定律相符。然而，不要认为因为表达式中包含因子$T^{-1/2}$，所以溢流速率随着温度的升高而减小。实际上，因为$p\propto T$，该速率与$T^{1/2}$成正比并随温度升高而增大。

式（16A.12）是用于测定液体和固体（特别是蒸气压非常低且无法直接测量的物质）蒸气压的**克努森法**（Knudsen method）的基础。因此，如果一个样品的蒸气压是p，其被封闭在具有小孔的空腔中，那么来自容器的质量损失速率与p成正比。

例题 16A.1　由质量损失计算蒸气压

将铯（熔点29 ℃，沸点686 ℃）引入一容器中并加热至500 ℃；容器刺有一直径1.0 mm的孔。实际发现，在1.00 h（3 600 s）内，容器的质量减少了84.4 mg。计算液态铯在500 ℃时的蒸气压。

整理思路　尽管原子溢出，但容器内的蒸气压是恒定的，因为热的液态金属补充了蒸气。因此，溢流速率恒定且可由式（16A.12）给出。为了用质量表示速率，将逃逸的原子数目乘以每个原子的质量。

解：在间隔Δt中的质量损失Δm等于在此间隔内撞击孔洞区域的分子数乘以每个分子的质量，即

$$\Delta m=溢流速率\times\Delta t\times m=\overbrace{\frac{pA_0N_A}{(2\pi MRT)^{1/2}}}^{式（16A.12）}\times\Delta t\times m$$

式中A_0是孔的面积，M是摩尔质量。重新整理此式可得p的表达式：

$$p=\left(\frac{2\pi RT}{M}\right)^{1/2}\frac{\Delta m}{A_0\Delta t}$$

代入数值和$M = 132.9\ g\cdot mol^{-1}$，可得

$$p=\left(\frac{2\pi\times8.314\,5\ J\cdot K^{-1}\cdot mol^{-1}\times773\ K}{0.132\,9\ kg\cdot mol^{-1}}\right)^{1/2}\times$$
$$\frac{84.4\times10^{-3}\ kg}{\underbrace{\pi\times(0.50\times10^{-3}\ m)^2}_{A_0}\times3\,600\ s}=1.6\times10^{4}\ Pa=16\ kPa$$

自测题16A.1　在相同条件下，200 mg的Cs原子溢流出容器需要多长时间？

答案：8.5×10^{3} s或2.4 h。

概念清单

☐ 1. **通量**是在给定时间间隔内通过给定区域的某性质的量除以区域面积和间隔时间。

☐ 2. **扩散**是物质沿着浓度梯度的迁移。

☐ 3. **菲克第一扩散定律**指出，物质通量与浓度梯度成正比。

☐ 4. **热传导**是能量沿着温度梯度的迁移；能量通量与温度梯度成正比。

☐ 5. **黏度**是线动量沿着速度梯度的迁移；动量通量与速度梯度成正比。

☐ 6. **溢流**是气体通过小孔从容器中的溢出。

☐ 7. **格雷姆溢流定律**指出，溢流速率与摩尔质量的平方根成反比。

公式清单

性质	公式	说明	公式编号
菲克第一扩散定律	$J=-D\mathrm{d}\mathcal{N}/\mathrm{d}z$		16A.4
热运动的能量通量	$J=-\kappa\mathrm{d}T/\mathrm{d}z$		16A.5
沿 x 的动量通量	$J=-\eta\mathrm{d}v_x/\mathrm{d}z$		16A.6
完美气体的扩散系数	$D=\frac{1}{3}v_{\mathrm{mean}}$	KMT*	16A.9
完美气体的导热系数	$\kappa=\frac{1}{3}v_{\mathrm{mean}}\lambda[\mathrm{J}]C_{V,\mathrm{m}}$	KMT和能量均分定理	16A.10b
完美气体的黏度系数	$\eta=\frac{1}{3}v_{\mathrm{mean}}\lambda m\mathcal{N}$	KMT	16A.11a
溢流速率	溢流速率 $\propto 1/M^{1/2}$	格雷姆定律	16A.12

*KMT指该公式是建立在气体动理论基上的。

专题16B

液体中的运动

▶ 为何需要学习这部分内容？

许多化学反应发生在液体中。因此，为了充分理解它们，了解溶质分子和离子在这种环境中是如何移动的非常重要。

▶ 核心思想是什么？

当作用在离子上的电场力与由溶剂黏度引起的阻力平衡时，离子达到终极速度。

▶ 需要哪些预备知识？

黏度的讨论始于专题16A中引入的黏度系数的定义。一些计算利用了“化学家工具包29”中所列出的静电学知识。

离子和分子的运动是液体性质和在其中发生反应的一个重要方面。可以通过多种方法对此进行实验研究。例如，对黏度及其对温度依赖性的大量测量可用于建立运动模型。在更详细的层面，NMR（专题12C）和EPR中的弛豫时间测量可用来揭示分子是如何旋转的。例如，这些观察结果表明，黏性流体中的大分子通常以一系列小的（约5°）步进旋转，而非黏性流体中的小分子通常在每一步中跳过约1 rad（57°）。另一个重要的技术是**非弹性中子散射**（inelastic neutron scattering），中子在通过样品时得到或失去的能量由分子的运动来解释。

$$J_z(\text{动量的}x\text{分量})=-\eta\frac{\mathrm{d}v_x}{\mathrm{d}z} \tag{16B.1}$$

黏度的单位是$\mathrm{kg\cdot m^{-1}\cdot s^{-1}}$，但也可以用等效单位Pa·s来表示。非国际单位泊（P）和厘泊（cP）仍将经常遇见：1 P = 10^{-1} Pa·s，1cP = 1 mPa·s。表16B.1列出了一些液体的η值。

表16B.1　298 K时液体的黏度*

	$\eta/(10^{-3}\ \mathrm{kg\cdot m^{-1}\cdot s^{-1}})$
苯	0.601
汞	1.55
戊烷	0.224
水**	0.891

* 更多的数据参见*资源部分*。

** 请注意1 cP = 10^{-3} kg·m^{-1}·s^{-1}，故水的黏度相当于0.891 cP。

16B.1　实验结果

两个“经典”方法可用于研究液体中的分子运动。一个是对黏度及其温度依赖性的测定，另一个是通过在电场的影响下在溶剂中拖曳离子来推断分子运动的细节。

（a）液体黏度

在专题16A中引入了黏度系数η，作为流体中线性动量通量与速度梯度之间关系的比例常数：

与在气体中不同，分子要在液体中运动必须至少获得一最小能量（“活化能”，E_a，出现在专题17D中）以逃离其邻近分子。根据玻耳兹曼分布，分子至少具有能量E_a的概率与$e^{-E_a/RT}$成正比，因此液体中分子的迁移率应遵循此类温度依赖性。随着温度的升高，分子变得更加具有流动性，因而黏度降低；因此，所预期的黏度对温度的依赖性随着分子迁移率增大而降低，具有如下形式：

$$\eta=\eta_0 e^{E_a/RT} \tag{16B.2}$$

黏度的温度依赖性（液体）

（注意指数的正号。）典型的黏度活化能与分子间

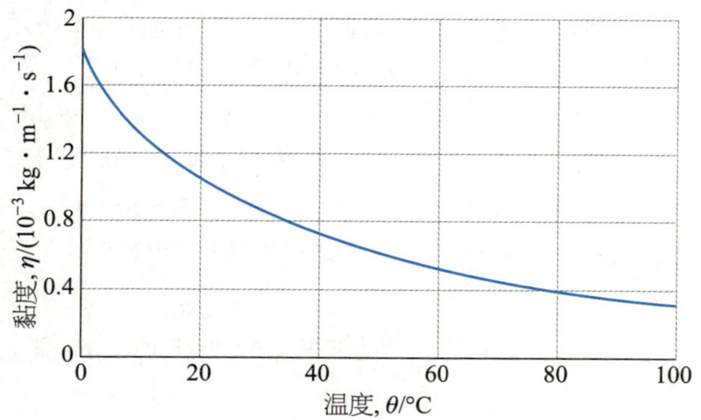

图16B.1 水的黏度的温度依赖性（随着温度升高，更多分子可以从邻近分子的势阱中逃逸，因此水的黏度降低）

相互作用的平均势能相当。式（16B.2）意味着黏度将随着温度的升高而急剧下降。这种变化可通过实验发现，至少在合理小的温度范围内（图16B.1）。分子间的相互作用控制E_a的大小，但是依据分子间相互作用势能的假定形式来计算E_a值是一个非常困难且在很大程度上尚未解决的问题。

简要说明16B.1

水在25 ℃和50 ℃时的黏度分别为0.890 mPa · s和0.547 mPa · s。由式（16B.2）可知，分子迁移的活化能是以下这个方程的解：

$$\frac{\eta(T_2)}{\eta(T_1)}=e^{(E_a/R)(1/T_2-1/T_1)}$$

两边取对数后，可得

$$E_a=\frac{R\ln[\eta(T_2)/\eta(T_1)]}{1/T_2-1/T_1}$$
$$=\frac{8.314\ 5\ J\cdot K^{-1}\cdot mol^{-1}\times\ln[(0.547\ mPa\cdot s)/(0.890\ mPa\cdot s)]}{1/(323\ K)-1/(298\ K)}$$
$$=1.56\times10^4\ J\cdot mol^{-1}$$

或15.6 kJ · mol^{-1}。此值与一个氢键的强度相当。

对黏度测量进行解释的一个问题是液体在被加热时，其密度的变化对黏度的温度依赖性有显著贡献。因此，当密度恒定时，恒定体积下黏度的温度依赖性远小于在恒定压力下黏度的温度依赖性。在低温时，随着压力的增大，水的黏度减小。这种行为与发生迁移需要使氢键断裂相一致。

（b）电解质溶液

当在浸入含有离子的溶液中的两个电极之间施加一电势差时，由于离子通过溶液进行迁移而存在电流流动。溶液的重要电学性质是其电阻R，以欧姆Ω（1 Ω = 1 C^{-1} · V · s）表示。用**电导**（conductance）G来表示通常更方便，G是电阻的倒数：$G = 1/R$，因此以Ω^{-1}表示。欧姆的倒数曾被称为mho，但其国际标准单位现在是西门子S，且1 S = 1 Ω^{-1} = 1 C · V^{-1} · s^{-1}。电流以安培A表示，1 A = 1 C · s^{-1}，故更具物理揭示的关系式为1 S = 1 A · V^{-1}。

一个样品的电导与其截面积A成正比，与其长度l成反比。因此

$$G=\kappa\frac{A}{l}\qquad \text{电导[定义]}\qquad (16B.3)$$

式中比例常数κ为样品的**电导率**（conductivity）。由于电导的单位是S，尺寸的单位是m，故κ的单位是S · m^{-1}。电导率是材料的特性，而电导则取决于材料和其尺寸。电导率取决于样品中载流子的浓度，这表明引入**摩尔电导率**（molar conductivity）是合乎情理的，其定义为

$$\Lambda_m=\frac{\kappa}{c}\qquad \text{摩尔电导率[定义]}\qquad (16B.4)$$

式中c是加入的电解质的物质的量浓度。摩尔电导率的单位是S · m^2 · mol^{-1}，典型值大约是10 mS · m^2 · mol^{-1}（这里1 mS = 10^{-3} S）。

实验发现，摩尔导电率的值随浓度变化。这种变化的一个原因是溶液中的离子数可能与电解质的浓度不成正比。例如，一个弱电解质溶液的离子浓度取决于解离度，是溶质总量的一个复杂函数：溶质总浓度的加倍不会使离子数加倍。其次，即使对于完全解离的强电解质，由于离子间强烈相互作用，溶液的电导率并不完全与存在的离子数成比例。

在19世纪进行的一系列更广泛的测量中，Friedrich Kohlrausch建立了**科尔劳施定律**（Kohlrausch's law），即在低浓度下，强电解质的摩尔导电率取决于浓度的平方根：

$$\Lambda_m = \Lambda_m^{\circ} - \mathcal{K}c^{1/2}$$ 科尔劳施定律　（16B.5）

这里Λ_m°是**极限摩尔电导率**（limiting molar conductivity），即在极限为零浓度时的摩尔电导率，此时离子距离非常远，彼此相对独立地运动。Friedrich Kohlrausch也确立了此极限摩尔电导率是存在的各个离子的贡献之和。如果阳离子的极限摩尔电导率记为λ_+，阴离子的极限摩尔电导率为λ_-，那么其**离子独立移动定律**（law of the independent migration of ions）表示为

$$\Lambda_m^{\circ} = \nu_+\lambda_+ + \nu_-\lambda_-$$ 离子独立移动定律　（16B.6）

这里ν_+和ν_-是电解质的每个单位化学式所提供的阳离子数和阴离子数。例如，对于HCl、NaCl和$CuSO_4$，$\nu_+ = \nu_- = 1$，但对于$MgCl_2$，$\nu_+ = 1$，$\nu_- = 2$。

例题 16B.1　测定极限摩尔电导率

在25 ℃时，当$c = 1.000\,0\ \mathrm{mmol\cdot dm^{-3}}$时，KCl（水溶液）的电导率为$14.688\ \mathrm{mS\cdot m^{-1}}$；当$c = 5.000\,0\ \mathrm{mmol\cdot dm^{-3}}$时，其电导率为$71.740\ \mathrm{mS\cdot m^{-1}}$。确定极限摩尔电导率$\Lambda_m^{\circ}$和科尔劳施常数$\mathcal{K}$的值。

整理思路　需要使用式（16B.4）来确定两种浓度下的摩尔电导率。然后，通过使用式（16B.5），可以将两个数值之差表示为$\Lambda_m(c_2) - \Lambda_m(c_1) = \mathcal{K}(c_2^{1/2} - c_1^{1/2})$。由此关系式你可以确定$\mathcal{K}$，并进一步利用式（16B.5）（重排为$\Lambda_m^{\circ} = \Lambda_m + \mathcal{K}c^{1/2}$）中摩尔电导率的值来找出$\Lambda_m$。

解：$c = 1.000\,0\ \mathrm{mmol\cdot dm^{-3}}$（与$1.000\,0\ \mathrm{mol\cdot m^{-3}}$相同）时，KCl（水溶液）的摩尔电导率是

$$\Lambda_m = \frac{14.688\ \mathrm{mS\cdot m^{-1}}}{1.000\,0\ \mathrm{mol\cdot m^{-3}}} = 14.688\ \mathrm{mS\cdot m^2\cdot mol^{-1}}$$

类似地，当$c = 5.000\,0\ \mathrm{mol\cdot m^{-3}}$时，其摩尔电导率是$14.348\ \mathrm{mS\cdot m^2\cdot mol^{-1}}$。因此

$$\mathcal{K} = \frac{\Lambda_m(c_2) - \Lambda_m(c_1)}{c_1^{1/2} - c_2^{1/2}}$$
$$= \frac{(14.348 - 14.688)\mathrm{mS\cdot m^2\cdot mol^{-1}}}{(0.001\,000\,0^{1/2} - 0.005\,000\,0^{1/2})(\mathrm{mol\cdot dm^{-3}})^{1/2}}$$
$$= 8.698\ \mathrm{mS\cdot m^2\cdot mol^{-1}/(mol\cdot dm^{-3})^{1/2}}$$

（基于如下一些将要明确的原因，最好保留这个笨拙但便利的单位，而不是转换为等效的$10^{-3/2}\ \mathrm{S\cdot m^{7/2}\cdot mol^{-3/2}}$。）通过使用$c = 1.000\,0\ \mathrm{mmol\cdot dm^{-3}}$时的数据可得极限摩尔电导率：

$$\Lambda_m^{\circ} = 14.688\ \mathrm{mS\cdot m^2\cdot mol^{-1}} + 8.698\ \frac{\mathrm{mS\cdot m^2\cdot mol^{-1}}}{(\mathrm{mol\cdot dm^{-3}})^{1/2}} \times (1.000\,0\times10^{-3}\ \mathrm{mol\cdot dm^{-3}})^{1/2} = 14.963\ \mathrm{mS\cdot m^2\cdot mol^{-1}}$$

说明　尽管$\mathcal{K}$的值已经给到了与数据相符的四位有效数字，但在实践运用中该精确度可能过于乐观了。

自测题 16B.1　在25 ℃时，当$c = 1.000\ \mathrm{mmol\cdot dm^{-3}}$时，$KClO_4$（水溶液）的电导率为$13.780\ \mathrm{mS\cdot m^{-1}}$，而当$c = 5.000\,0\ \mathrm{mmol\cdot dm^{-3}}$时其电导率为$67.045\ \mathrm{mS\cdot m^{-1}}$。确定此系统的极限摩尔电导率$\Lambda_m^{\circ}$和科尔劳施常数$\mathcal{K}$。

答案：$\mathcal{K} = 9.491\ \mathrm{mS\cdot m^2\cdot mol^{-1}/(mol\cdot dm^{-3})^{1/2}}$，$\Lambda_m^{\circ} = 14.080\ \mathrm{mS\cdot m^2\cdot mol^{-1}}$。

16B.2　离子迁移率

溶液中不同离子具有不同摩尔电导率的原因可以通过分析受电场影响并同时被黏性介质包围的离子的运动来理解。

（a）漂移速率

真空中的离子可通过电场加速，但是在黏性液体中，因其需要穿过紧密堆积的溶剂分子，离子的运动受到阻碍。后一种作用称为**黏滞阻力**（viscous drag）。随着离子在电场作用下的加速，黏滞阻力增加，使离子迅速达到稳定的终速，称为**漂移速率**（drift speed），其可以通过两种力的平衡来确定。

如何完成？16B.1　导出漂移速率的表达式

该计算的起点是来自静电学的结果，即当两个相距l的平面电极之间的电势差为$\Delta\phi$时，它们之间溶液中的离子受到一匀强电场$\mathcal{E} = \Delta\phi/l$的作用。这里及整个章节中，不考虑电荷数的符号以避免混淆符号。

步骤 1　*找出电场施加于离子上的力*

在一电场$\mathcal{E}$中，电荷为ze的一个离子受到大小为$ze\mathcal{E}$的一个力的作用（参见“化学家工具包29”）。因此

$$F_{\text{electric}} = \frac{ze\Delta\phi}{l}$$

步骤 2　*找出因黏滞阻力而施加于离子的力*

当离子通过溶剂时，它受到与其速率成比例的一个摩擦阻滞力。对于以速率s行进的、半径为a的一个球形粒子，该力可由**斯托克斯定律**（Stokes' law）给出。Stokes通过考虑球体通过连续流体的流体动力学而导出：

$$F_{\text{viscous}} = fs \qquad f = 6\pi\eta a$$ 斯托克斯定律　（16B.7）

式中η是黏度系数。在此计算中，假设斯托克斯定律适用于分子尺度；实验结果表明，它至少能给出黏滞阻力的正确数量级。

步骤 3 *通过两个力的平衡来找出漂移速率*

两个力作用在相反方向上，当它们平衡时，离子迅速达到一终速，即漂移速率s。此平衡在$fs = ze\mathcal{E}$时出现，因此

$$s=\frac{ze\mathcal{E}}{f} \quad \text{漂移速率} \tag{16B.8a}$$

式（16B.8a）表明漂移速率与电场强度成正比。比例常数称作离子的**迁移率**（mobility）u：

$$s = u\mathcal{E} \quad \text{迁移率[定义]} \tag{16B.8b}$$

电场强度的单位为$V \cdot m^{-1}$，漂移速率的单位为$m \cdot s^{-1}$，故u略烦琐的单位是$m^2 \cdot V^{-1} \cdot s^{-1}$，注意$m^2 \cdot V^{-1} \cdot s^{-1} \times V \cdot m^{-1} = m \cdot s^{-1}$；表16B.2有选择地给出了一些数值。比较上面最后两个方程可得

$$u=\frac{ze}{f}\overset{f=6\pi\eta a}{=}\frac{ze}{6\pi\eta a} \tag{16B.9}$$

这里用到了摩擦系数f的斯托克斯定律值。

简要说明16B.2

使用式（16B.9），其中$z = 1$且$a = 130$ pm（这是一个水合离子半径的典型值），可以估计迁移率的数量级；25 ℃时水的黏度为0.9 cP，或0.9 mPa · s。因此有

$$u=\frac{1.6\times10^{-19}\overbrace{\text{C}}^{\text{J}\cdot\text{V}^{-1}}}{6\pi\times0.9\times10^{-3}\underbrace{\text{Pa}}_{\text{J}\cdot\text{m}^{-3}}\cdot\text{s}\times130\times10^{-12}\text{ m}}=7.3\times10^{-8}\ \text{m}^2\cdot\text{V}^{-1}\cdot\text{s}^{-1}$$

此数值意味着当横跨长度为1.0 cm的溶液存在1.0 V的电势差时（也就是$\mathcal{E} = 100\ V \cdot m^{-1}$），漂移速率是7.3 μm · s^{-1}。这个速率可能看起来很小，但在分子尺度上并不是这样，因为它相当于一个离子每秒大约通过10^4个溶剂分子。

式（16B.9）意味着一个离子的迁移率随溶液黏度和离子尺寸的增大而减小。实验证实了对大体积离子（如R_4N^+和RCO_2^-）的预测，但对小离子则并非如此。例如，在水中碱金属离子的迁移率从Li^+至Rb^+增大，尽管离子半径在增大。当认识到斯托克斯公式中的半径a是离子的**流体力学半径**（hydrodynamic radius，或称"斯托克斯半径"）时，悖论被解决了，在溶液中的有效半径考虑了水合层中携带的所有H_2O分子。小离子会产生比大离子更强的电场（半径为r的球面上的电场正比于z/r^2，故半径越小电场越强）。因此，小离子比大离子更广泛地被溶剂化，即小离子可具有一个大的流体动力学半径，因为当其迁移时会拖曳许多溶剂分子通过溶液。但是，水合层中的H_2O分子十分不稳定；NMR和同位素研究已经表明，对于低电荷的离子，离子的配位球和本体溶剂之间的交换非常迅速；但对于高电荷的离子，交换则较缓慢。

尽管质子很小，但它具有很高的迁移率（表16B.2）。质子和^{17}O–NMR表明，质子从一个分子跳跃到另一个分子的特征寿命约为1.5 ps，这与非弹性中子散射实验显示的一个水分子翻转约一个弧度所需的时间（1~2 ps相当）。根据**格罗特斯机理**（Grotthus mechanism），质子的有效运动涉及一组水分子中键的重排（图16B.2）。然而，实际机制仍然极具争议。质子在液氨中的迁移率也是反常的，可能通过一个类似的机制发生。

化学家工具包29 静电学

电荷Q_1（单位：C）产生库仑**电势**（potential）ϕ（单位：V）。

第二个电荷Q在此电场中的势能（单位：J，1 J = 1 V · C）是

$$E_p = -Q\phi$$

在一维下，**电场强度**（electric field strength）$\mathcal{E}$（单位：$V \cdot m^{-1}$）是电势ϕ的负梯度：

$$\mathcal{E}=-\frac{d\phi}{dx} \quad \text{电场强度}$$

在三维下，电场是矢量，并且

$$\mathcal{E} = -\nabla\phi$$

在距离为l、电势差为$\Delta\phi$的两个平行板之间的电场是均匀的，可由下式给出：

$$\mathcal{E}=-\frac{\Delta\phi}{l}$$

电荷Q受到的力正比于在其位置的电场强度：

$$F_{\text{electric}} = Q\mathcal{E}$$

电势只有随距离变化时才能产生力的作用。

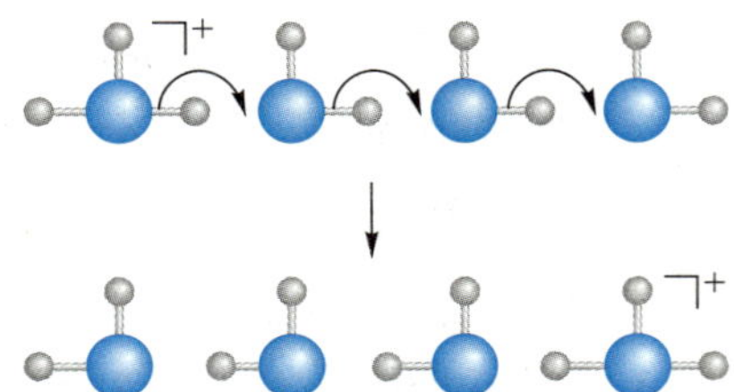

图 16B.2　显示水中一个质子的有效运动的示意图

表 16B.2　298 K时水中的离子迁移率*

阳离子	$u/(10^{-8}\ m^2\cdot V^{-1}\cdot s^{-1})$	阴离子	$u/(10^{-8}\ m^2\cdot V^{-1}\cdot s^{-1})$
H^+	36.23	OH^-	20.64
Li^+	4.01	F^-	5.70
Na^+	5.19	Cl^-	7.91
K^+	7.62	Br^-	8.09
Rb^+	7.92	SO_4^{2-}	8.29

* 更多的数据参见资源部分。

(b) 迁移率和电导率

离子的极限摩尔电导率是一个可测量的量。原则上，基于离子通过溶剂的运动模型，可以计算离子的迁移率。应该有可能找出这两个量之间的关系。

如何完成？ 16B.2　建立离子迁移率和极限摩尔电导率之间的关系式

为保持简明，以下忽略了量的正、负号，只关注它们的大小。考虑物质的量浓度为c的电解质溶液，设每个化学式单位产生电荷为z_+e的ν_+个阳离子和电荷为z_-e的ν_-个阴离子。因此，每种类型离子的物质的量浓度为νc（$\nu=\nu_+$或ν_-），每类离子的数密度为$\mathcal{N}=\nu cN_A$。

步骤 1　*计算通过一想象窗口的离子数目*

通过参考图16B.3可以看到，在Δt间隔内以速率s穿过面积为A的一个想象窗口的离子数等于距离$s\Delta t$内的数目，因而等于体积$s\Delta tA$内的数目。这样，在该时间段穿过想象窗口的离子数为$\mathcal{N}s\Delta tA=s\Delta tA\nu cN_A$。

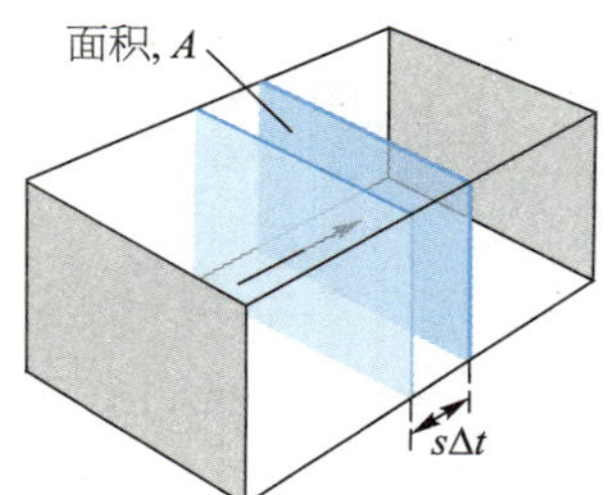

图 16B.3　在计算电流时，所有以速率s移动的、在距离$s\Delta t$以内的离子（也就是那些在体积$sA\Delta t$内的离子）都将穿过面积A

步骤 2　*计算通过窗口的电荷及电流*

每个离子都载有电荷ze，故通过窗口的电荷为$zes\Delta tA\nu cN_A$。通过引入法拉第常数$F=eN_A$，则可以写成$zs\Delta tA\nu cF$。电流I是电荷传输的速率，这里等于电荷除以时间间隔Δt。因此，$I=zs\Delta tA\nu cF/\Delta t=zsA\nu cF$。

步骤 3　*建立电导、电导率和摩尔电导率的表达式*

电导可由$G=I/\Delta\phi$给出，式中$\Delta\phi$是横跨溶液的电势差。这样，可有

$$G=\frac{I}{\Delta\phi}=\frac{zsA\nu cF}{\Delta\phi}$$

电导率为

$$\kappa=\frac{Gl}{A}=\frac{zsA\nu cFl}{\Delta\phi A}=\frac{zs\nu cFl}{\Delta\phi}$$

极限摩尔离子电导率为

$$\lambda=\frac{\kappa}{\nu c}=\frac{zs\nu cFl}{\nu c\Delta\phi}=\frac{zsFl}{\Delta\phi}$$

步骤 4　*引入离子迁移率*

此时，可以识别出$\Delta\phi/l$是电场强度$\mathcal{E}$，以及$s/\mathcal{E}$为迁移率u：

$$\lambda=\frac{zsFl}{\Delta\phi}=\frac{zsF}{\mathcal{E}}=zuF \quad (\Delta\phi/l=\mathcal{E},\ s=u\mathcal{E})$$

用迁移率表示的离子摩尔电导率　(16B.10)

式（16B.10）适用于阳离子和阴离子。对于每个化学式单位分别含有ν_+个阳离子和ν_-个阴离子的电解质，由式（16B.10）可知：$\Lambda_m^\circ=\nu_+\lambda_++\nu_-\lambda_-$。所以

$$\Lambda_m^\circ=(z_+u_+\nu_++z_-u_-\nu_-)F$$

用迁移率表示的极限摩尔电导率　(16B.11a)

对于对称型的$z:z$电解质（如$CuSO_4$，$z_+=z_-=2$），式（16B.11a）可简化为

$$\Lambda_m^\circ=z(u_++u_-)F \quad (16B.11b)$$

简要说明 16B.3

在"简要说明16B.2"中，一个典型离子的迁移率估计为$7.3\times10^{-8}\ m^2\cdot V^{-1}\cdot s^{-1}$。对于$z=1$，该值可用来估算离子的典型极限摩尔电导率：

$$\lambda=1\times7.3\times10^{-8}\ m^2\cdot V^{-1}\cdot s^{-1}\times9.649\times10^4\ C\cdot mol^{-1}$$
$$=7.0\times10^{-3}\ m^2\cdot V^{-1}\cdot s^{-1}\cdot C\cdot mol^{-1}$$

由于$1\ V^{-1}\cdot C\cdot s^{-1}=1\ S$，该值可写成$7.0\ mS\cdot m^2\cdot mol^{-1}$。$K^+(aq)$的实验值为$7.4\ mS\cdot m^2\cdot mol^{-1}$。

（c）爱因斯坦关系式

式（16B.8a）（$s=ze\mathcal{E}/f$）中，漂移速率与电场强度之间的关系是专题16C中导出的更为一般的关系式的一个特例［式（16C.5）］：

$$s=\frac{D\mathcal{F}}{RT} \quad \text{用扩散系数表示的漂移速率} \qquad (16B.12)$$

式中的$\mathcal{F}$是驱动离子通过黏性介质的力（每摩尔离子），D为物种的扩散系数（表16B.3）。对于溶液中的一个离子，漂移速率是$s=u\mathcal{E}$［式（16B.8b）］，在强度为$\mathcal{E}$的电场中，每个离子受到的力为$ez\mathcal{E}$。因此，每摩尔离子受到的力为$N_A ez\mathcal{E}$。通过使用$N_A e=F$，又可以写成$zF\mathcal{E}$。把s和$\mathcal{F}$的这些表达式代入到式（16B.12）中，消去$\mathcal{E}$后，可得到**爱因斯坦关系式**（Einstein relation）：

$$u=\frac{zDF}{RT} \quad \text{爱因斯坦关系式} \qquad (16B.13)$$

当扩散系数（与黏度成反比）较高时，迁移率也高，表明溶液分子十分容易迁移。这里需要说明的是，不要被公式分母中出现的温度所误导，而认为离子迁移率随温度的升高而降低。实际上，扩散系数随温度的升高而增加比T本身更快，因此u是随温度升高而增加的。

表16B.3　298 K时液体中的扩散系数D*　　单位：$10^{-9}\ m^2\cdot s^{-1}$

液体中分子		水中离子			
I_2在己烷中	4.05	K^+	1.96	Br^-	2.08
I_2在苯中	2.13	H^+	9.31	Cl^-	2.03
甘氨酸在水中	1.055	Na^+	1.33	I^-	2.05
H_2O在水中	2.26			OH^-	5.03
蔗糖在水中	0.521 6				

*更多的数据参见*资源部分*。

简要说明16B.4

由表16B.2可知，SO_4^{2-}的迁移率为$8.29\times10^{-8}\ m^2\cdot V^{-1}\cdot s^{-1}$。将式（16B.13）转换成$D=uRT/zF$的形式。这样，25 ℃时离子在水中的扩散系数为

$$D=\frac{8.29\times10^{-8}\ m^2\cdot V^{-1}\cdot s^{-1}\times8.314\,5\ J\cdot K^{-1}\cdot mol^{-1}\times298\ K}{2\times9.649\times10^4\ \underbrace{C}_{J\cdot V^{-1}}\cdot mol^{-1}}$$

$$=1.06\times10^{-9}\ m^2\cdot s^{-1}$$

爱因斯坦关系式可用于提供电解质的极限摩尔电导率与其离子扩散系数之间的联系。首先，通过使用式（16B.10）和式（16B.13），一个离子的极限摩尔电导率可以写成

$$\lambda=zuF\overset{u=zDF/RT}{=}\frac{z^2DF^2}{RT} \qquad (16B.14)$$

然后，通过使用$\Lambda_m^\circ=\nu_+\lambda_++\nu_-\lambda_-$［式（16B.6）］，极限摩尔电导率可以写成

$$\Lambda_m^\circ=(\nu_+z_+^2D_++\nu_-z_-^2D_-)\frac{F^2}{RT} \quad \text{能斯特－爱因斯坦方程} \qquad (16B.15)$$

这就是**能斯特－爱因斯坦方程**（Nernst–Einstein equation）。该方程的一个应用就是通过电导率的测量确定离子的扩散系数，另一个应用则是基于离子扩散的模型预测电导率。

概念清单

□ 1. 液体的黏度随温度的升高而降低。

□ 2. **科尔劳施定律**指出，在低浓度时，强电解质的摩尔电导率随浓度的平方根变化。

□ 3. **离子独立移动定律**指出，在零浓度极限下，摩尔电导率是各个单独离子的贡献之和。

□ 4. 当由电场力引起的加速被黏滞阻力平衡时，离子达到**漂移速率**。

□ 5. 一个离子的**流体动力学半径**可大于其离子半径。

□ 6. 质子在水中的高迁移率可由**格罗特斯机理**来解释。

□ 7. 离子的**迁移率**可与极限摩尔电导率相关联，并且通过爱因斯坦关系式，与扩散系数相关联。

公式清单

性质	公式	说明	公式编号
液体的黏度	$\eta=\eta_0 e^{E_a/RT}$	在窄的温度范围	16B.2
电导率	$\kappa=Gl/A,\ G=1/R$	定义	16B.3
摩尔电导率	$\Lambda_m=\kappa/c$	定义	16B.4
科尔劳施定律	$\Lambda_m=\Lambda_m^\circ-\mathcal{K}c^{1/2}$	经验观察	16B.5
离子独立移动定律	$\Lambda_m^\circ=\nu_+\lambda_++\nu_-\lambda_-$	极限定律	16B.6
斯托克斯定律	$F_{viscous}=fs,\ f=6\pi\eta a$		16B.7
漂移速率	$s=u\mathcal{E}$	定义了 u	16B.8b
离子迁移率	$u=ze/6\pi\eta a$	假设符合斯托克斯定律	16B.9
电导率和迁移率	$\lambda=zuF$		16B.10
摩尔电导率和迁移率	$\Lambda_m^\circ=(z_+u_+\nu_++z_-u_-\nu_-)F$		16B.11a
漂移速率	$s=D\mathcal{F}/RT$	$\mathcal{F}$是一个广义（摩尔）力	16B.12
爱因斯坦关系式	$u=zDF/RT$		16B.13
能斯特－爱因斯坦关系式	$\Lambda_m^\circ=(\nu_+z_+^2D_++\nu_-z_-^2D_-)(F^2/RT)$		16B.15

专题16C

扩散

► 为何需要学习这部分内容?

化学物种在空间中的扩散决定了在化学反应器、活细胞和大气中许多化学反应的速率。

► 核心思想是什么?

分子和离子倾向于散布成为均匀分布。

► 需要哪些预备知识?

本专题借鉴了通量计算（专题16A）和专题16B中引入的漂移速率概念相关的论证。还使用化学势的概念来讨论自发变化的方向（专题5A）。最后一节运用了专题14D中用于讨论一个无规线团性质的统计论证。

可以从三个角度讨论溶质在气体、液体和固体中的扩散趋势。热力学观点利用热力学第二定律和熵增加的趋势，且如果温度和压力恒定，则为吉布斯能减小的趋势。第二种方法是通过考虑材料通过其边界的通量来建立区域中浓度变化的微分方程。第三种方法基于这样一种模型，其中扩散被设想为发生在一系列随机的小步骤中。

本专题中的几个推导使用了专题16A中讨论过的菲克第一扩散定律。为方便起见，在此重复：

$$J(\text{数目})=-D\frac{\mathrm{d}\mathcal{N}}{\mathrm{d}x} \qquad \text{菲克第一定律[数目]} \qquad (16\text{C}.1\text{a})$$

式中$\mathcal{N}$是数密度，D是扩散系数。在许多情况下，由分子数量和物质的量浓度c来讨论通量是更便利的。将式（16C.1a）除以阿伏加德罗常数，可得

$$J(\text{量})=-D\frac{\mathrm{d}c}{\mathrm{d}x} \qquad \text{菲克第一定律[量]} \qquad (16\text{C}.1\text{b})$$

16C.1 热力学观点

在等温等压下，一个自发过程可以完成的最大非膨胀功等于吉布斯能的变化（专题3D）。在此情况下，自发过程是溶质的扩散，并且可以通过溶质化学势的变化来确定每摩尔溶质分子所做的功：$\mathrm{d}w_\mathrm{m}=\mathrm{d}\mu$。位置$x+\mathrm{d}x$和$x$之间的化学势之差是

$$\mathrm{d}\mu=\mu(x+\mathrm{d}x)-\mu(x)=\left(\frac{\partial\mu}{\partial x}\right)_{T,p}\mathrm{d}x$$

所以，与迁移$\mathrm{d}x$距离相关的摩尔功是

$$\mathrm{d}w_\mathrm{m}=\left(\frac{\partial\mu}{\partial x}\right)_{T,p}\mathrm{d}x$$

对抗反方向的力$\mathcal{F}$（本文中是摩尔量）移动$\mathrm{d}x$距离所做的功是$\mathrm{d}w_\mathrm{m}=-\mathcal{F}\mathrm{d}x$。通过比较$\mathrm{d}w$的两个表达式，可以看出化学势对位置的斜率可以解释为每摩尔分子的有效力。该**热力学力**（thermodynamic force）可写作

$$\mathcal{F}=-\left(\frac{\partial\mu}{\partial x}\right)_{T,p} \qquad \text{热力学力[定义]} \qquad (16\text{C}.2)$$

并不存在一真实的力将分子沿着化学势的斜率下降的方向推动：这种表观力反映了分子由于热力学第二定律和趋向更大熵的作用而分散的自发倾向。

在溶质活度为a的一溶液中，化学势为$\mu=\mu^\ominus+RT\ln a$。因此，热力学力可以由活度对数的梯度来表示：

$$\mathcal{F}=-\left(\frac{\partial\mu}{\partial x}\right)_{T,p}\overset{(\partial\mu/\partial x)_{T,p}=\partial(\mu^\ominus+RT\ln a)/\partial x}{=}-RT\left(\frac{\partial\ln a}{\partial x}\right)_{T,p} \qquad (16\text{C}.3\text{a})$$

如果溶液是理想的，a可以由$c/c^{\ominus}$替代，这里c是物质的量浓度，$c^{\ominus}$是它的标准值（1 mol · dm^{-3}）：

$$\mathcal{F}=-RT\left[\frac{\partial\ln(c/c^{\ominus})}{\partial x}\right]_{T,p}\overset{\text{d}\ln y/\text{d}x=(1/y)(\text{d}y/\text{d}x)}{=}-\frac{RT}{c}\left(\frac{\partial c}{\partial x}\right)_{T,p} \quad (16C.3b)$$

例题 16C.1　计算热力学力

假设一溶质的浓度根据$c=c_0+\alpha x$沿x线性变化，其中c_0是$x=0$处的浓度。找出位置x处的热力学力的表达式，并在$c_0=1.0$ mol · dm^{-3}和$\alpha=10$ mol · dm^{-3} · m^{-1}的情况下，计算$x=0$和$x=1.0$ cm处的值。取$T=298$ K。

整理思路　需要使用式（16C.3b）来计算力，所以从计算$\partial c/\partial x$开始。

解：物质的量浓度的梯度为

$$\left(\frac{\partial c}{\partial x}\right)_{T,p}=\left[\frac{\partial(c_0+\alpha x)}{\partial x}\right]_{T,p}=\alpha$$

然后，根据式（16C.3b），热力学力为

$$\mathcal{F}=-\frac{RT}{c}\left(\frac{\partial c}{\partial x}\right)_{T,p}\overset{(\partial c/\partial x)_{T,p}=\alpha;\ c=c_0+\alpha x}{=}-\frac{\alpha RT}{c_0+\alpha x}$$

在$x=0$处，有

$$\mathcal{F}=-\frac{10\ \text{mol}\cdot\text{dm}^{-3}\cdot\text{m}^{-1}\times 8.3145\ \text{J}\cdot\text{K}^{-1}\cdot\text{mol}^{-1}\times 298\ \text{K}}{1.0\ \text{mol}\cdot\text{dm}^{-3}}$$

$$=-2.5\times10^4\ \overbrace{\text{J}\cdot\text{m}^{-1}}^{\text{N}}\cdot\text{mol}^{-1}$$

或 −25 kN · mol^{-1}。在$x=1.0$ cm $=1.0\times10^{-2}$ m处，相似的计算给出力为 −23 kN · mol^{-1}。

说明　负号表示力朝向左侧（朝向负x），因为浓度向右增加（如$c_0+\alpha x$）。因此，溶质在该表观力影响下有向左迁移的趋势。随着x增加，热力学力在数值上减小，因为$\ln(c/c_0)$的梯度，即$\alpha/(c_0+\alpha x)$，在向右移动时变得更小（图16C.1）。

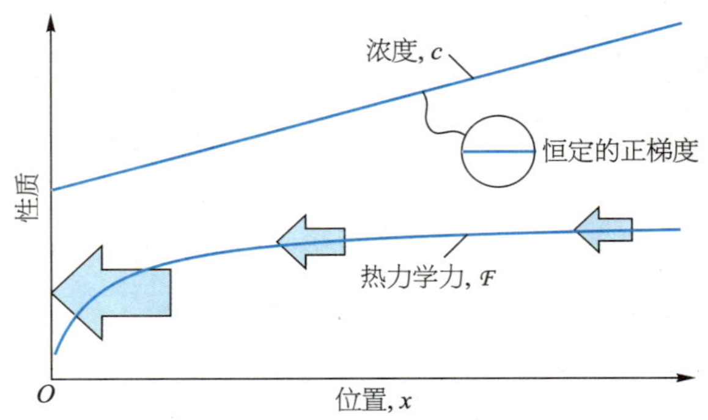

图16C.1　热力学力与$-\partial\ln c/\partial x=-(1/c)\partial c/\partial x$成正比。因此，力驱动分子从高浓度区域向低浓度区域迁移，并且随浓度的增大该力在数值上变得更小

自测题16C.1　假设一溶质的浓度以指数形式$c(x)=c_0e^{-x/l}$向右侧减小。导出在任一位置的热力学力的表达式。

答案：$\mathcal{F}=RT/l$。

热力学力在很多方面表现得如同真实的物理力。特别是它负责加速溶质分子，直到溶质分子所受到的黏性阻力与表观驱动力平衡，并且达到稳定的通过介质的“漂移速率”。通过考虑表观驱动力与黏性阻力的平衡，可以推导出菲克第一扩散定律，并能将扩散系数与介质性质联系起来。

如何完成？16C.1　导出菲克第一扩散定律

由浓度梯度引起的通量是在时间间隔Δt内通过一面积A的分子的量（以物质的量计）除以面积和间隔时间。通过类似于在专题16A中对气体的扩散所使用的方法，该通量可与漂移速率s相关联。

步骤1　*找出因分子以漂移速率移动而产生通量的表达式*

在时间间隔Δt内，在距离$s\Delta t$内的所有粒子都可以通过窗口，这意味着在体积$s\Delta tA$内的所有粒子都会通过窗口（不存在反向通量，因为不同于气体，在此模型中所有分子向低浓度方向运动）。因此，可以通过窗口的溶质分子的量（以物质的量计）是$s\Delta tAc$。通量J是此数值除以面积A和时间间隔Δt：

$$J(\text{量})=sc$$

步骤2　*确定漂移速率的表达式*

作用在溶质分子上的表观驱动力（每摩尔）是$\mathcal{F}=-(RT/c)\text{d}c/\text{d}x$，即式（16C.3b）。分子也受到假设与速率成正比的黏性阻力的作用：以摩尔量表示的此力可写作$N_\text{A}fs$，这里f是常数，即依赖于介质的“摩擦系数”。当两种力平衡时，分子将以漂移速率运动，再由$R/N_\text{A}=k$，得到

$$N_\text{A}fs=-\frac{RT}{c}\frac{\text{d}c}{\text{d}x}\quad\text{则}\quad s=-\frac{RT}{N_\text{A}fc}\frac{\text{d}c}{\text{d}x}=-\frac{kT}{fc}\frac{\text{d}c}{\text{d}x}$$

负号的出现是因为分子向浓度增加的相反方向移动。

步骤3　*结合两个表达式*

现在，将漂移速率的表达式代入到通量的表达式中，从而得到

$$J(\text{量})=sc=-\frac{kT}{fc}\frac{\text{d}c}{\text{d}x}c=-\frac{kT}{f}\frac{\text{d}c}{\text{d}x}$$

此表达式与菲克第一定律［即式（16C.1b）］的形式相同，表明通量与浓度梯度成正比。此外，可识别出扩

散常数D为kT/f，也就是**斯托克斯－爱因斯坦关系式**（Stokes－Einstein relation）：

$$D=\frac{kT}{f} \quad \text{斯托克斯－爱因斯坦关系式} \tag{16C.4a}$$

斯托克斯－爱因斯坦关系式中出现的常数f可以从称为黏性阻力的斯托克斯定律的流体力学结果推断出来（该定律已用于专题16B）。根据该定律，对于半径为a的球形颗粒，黏性阻力的大小为$6\pi\eta as$，因此$f=6\pi\eta a$。将其代入式（16C.4a）可得到**斯托克斯－爱因斯坦方程**（Stokes－Einstein equation）：

$$D=\frac{kT}{6\pi\eta a} \quad \text{斯托克斯－爱因斯坦方程} \tag{16C.4b}$$

该方程给出了流体力学半径为a的一物种的扩散系数与黏度之间的明确关系，并证实D与η成反比。

通过使通量的两个表达式，即$J=sc$和$J=-D\mathrm{d}c/\mathrm{d}x$相等，可以获得$s=-(D/c)\mathrm{d}c/\mathrm{d}x$，从而可以将漂移速率与扩散系数和热力学力相关联。浓度梯度可以用热力学力表示，即将式（16C.3b）重排为$\mathrm{d}c/\mathrm{d}x=-c\mathcal{F}/RT$的形式，从而得到

$$s=\frac{D\mathcal{F}}{RT} \tag{16C.5}$$

该关系式提供了一种通过测量漂移速率和扩散系数来估算热力学力的方法。

简要说明16C.1

激光测量表明，一特定分子在25 ℃的水中的漂移速率为$1.0\ \mu\mathrm{m\cdot s^{-1}}$，在此温度下，扩散系数为$5.0\times10^{-9}\ \mathrm{m^2\cdot s^{-1}}$。使用式（16C.5）重排成$\mathcal{F}=sRT/D$的形式，计算出相应的热力学力是

$$\mathcal{F}=\frac{1.0\times10^{-6}\ \mathrm{m\cdot s^{-1}}\times8.3145\ \mathrm{J\cdot K^{-1}\cdot mol^{-1}}\times298\ \mathrm{K}}{5.0\times10^{-9}\ \mathrm{m^2\cdot s^{-1}}}$$

$$=5.0\times10^{5}\ \overbrace{\mathrm{J\cdot m^{-1}}}^{\mathrm{N}}\cdot\mathrm{mol^{-1}}$$

或$500\ \mathrm{kN\cdot mol^{-1}}$。此热力学力是重力的很多倍，这解释了溶液不沉积的原因。

16C.2 扩散方程

扩散导致溶质浓度（或某物理性质）分布的改变伴随着不均匀性消失。讨论以分子扩散来表达，但类似的论证适用于其他实体（如离子）及各种物理性质（如温度）的扩散。

（a）简单扩散

扩散方程（diffusion equation）：是讨论流体性质最重要的方程之一，它是一个用浓度不均匀性来表示物种浓度变化速率的方程。它也被称作"菲克第二扩散定律"，但现在很少使用。扩散方程可以在菲克第一定律的基础上推导出来。

如何完成？16C.2 导出扩散方程

可通过考虑进入截面积为A，从x延伸到$x+l$的一薄层（体积为Al）内的粒子的净通量来导出扩散方程（图16C.2）。

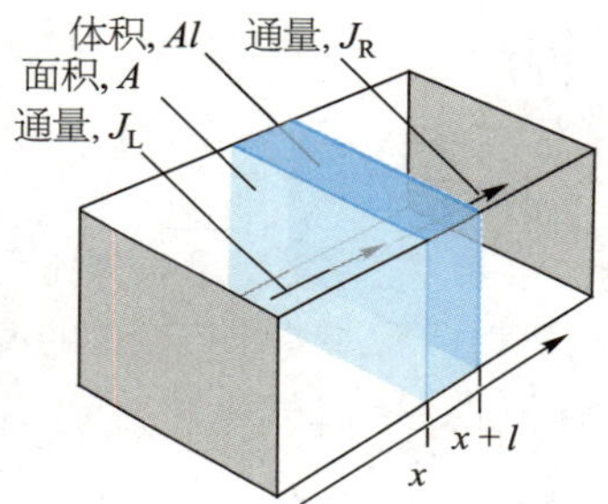

图16C.2 在一薄层中的净通量是从高浓度区域（左侧）进来的通量与离开到低浓度区域（右侧）的通量之间的差值

步骤1 *找出因粒子从每侧进出而导致的薄层中净的浓度变化率*

如果来自左侧的分子通量是J_L，那么分子进入薄层的速率为$J_\mathrm{L}A$。由左边的通量引起的薄层中物质的量浓度的增加速率是

$$\left(\frac{\partial c}{\partial t}\right)_\mathrm{L}=\frac{J_\mathrm{L}A}{Al}=\frac{J_\mathrm{L}}{l}$$

分子也从薄层的右侧流出。如果此通量是J_R，则通过相似的论证，可有

$$\left(\frac{\partial c}{\partial t}\right)_\mathrm{R}=-\frac{J_\mathrm{R}}{l}$$

请注意负号：此通量使浓度减小。薄层中净的浓度变化速率是

$$\frac{\partial c}{\partial t}=\left(\frac{\partial c}{\partial t}\right)_\mathrm{L}+\left(\frac{\partial c}{\partial t}\right)_\mathrm{R}=\frac{J_\mathrm{L}-J_\mathrm{R}}{l}$$

步骤2 *将通量与浓度梯度相关联*

根据菲克第一定律［式（16C.1b）］，每个通量都可以由扩散系数和每个面处的浓度梯度来表示：

$$J_L - J_R = -D\left(\frac{\partial c}{\partial x}\right)_L + D\left(\frac{\partial c}{\partial x}\right)_R = D\left[\left(\frac{\partial c}{\partial x}\right)_R - \left(\frac{\partial c}{\partial x}\right)_L\right]$$

（$J = -D(\partial c/\partial x)$）

这里$(\partial c/\partial x)_L$是薄层中左侧的浓度梯度，类似地，$(\partial c/\partial x)_R$是薄层右侧的浓度梯度。两侧的浓度梯度都可以由薄层中心的梯度$(\partial c/\partial x)_0$（浓度的一阶导数），以及该梯度的一阶导数（浓度的二阶导数）$\partial^2 c/\partial^2 x$来表示。每个方向上，两侧距中心的距离都是$\frac{1}{2}l$，故可得

$$\left(\frac{\partial c}{\partial x}\right)_R - \left(\frac{\partial c}{\partial x}\right)_L = \left[\left(\frac{\partial c}{\partial x}\right)_0 + \frac{l}{2}\frac{\partial^2 c}{\partial x^2}\right] - \left[\left(\frac{\partial c}{\partial x}\right)_0 - \frac{l}{2}\frac{\partial^2 c}{\partial x^2}\right] = l\frac{\partial^2 c}{\partial x^2}$$

然后，将该表达式代入通量差的表达式中，从而得到

$$J_L - J_R = Dl\frac{\partial^2 c}{\partial x^2}$$

（$(\partial c/\partial x)_R - (\partial c/\partial x)_L = l(\partial^2 c/\partial x^2)$）

步骤3　*将净通量的表达式与浓度随时间变化的表达式相结合*

将最后一个表达式代入浓度变化速率的等式中，消去l，得到扩散方程

$$\frac{\partial c}{\partial t} = D\frac{\partial^2 c}{\partial x^2} \qquad \text{扩散方程} \qquad (16C.6)$$

扩散方程表明，某区域中浓度变化的速率与该区域中浓度随距离变化的曲率（更确切地说，是二阶导数）成正比。如果浓度从一点到另一点急剧变化（分布高度不均匀），则浓度随时间迅速变化。具体地：

物理解释

- 在曲率为正处（凹陷，图16C.3），浓度随时间的变化为正值；凹陷倾向于填充。
- 在曲率为负处（凸起），浓度随时间的变化为负值；凸起倾向于散开。
- 如果曲率为零，那么浓度随时间保持恒定。

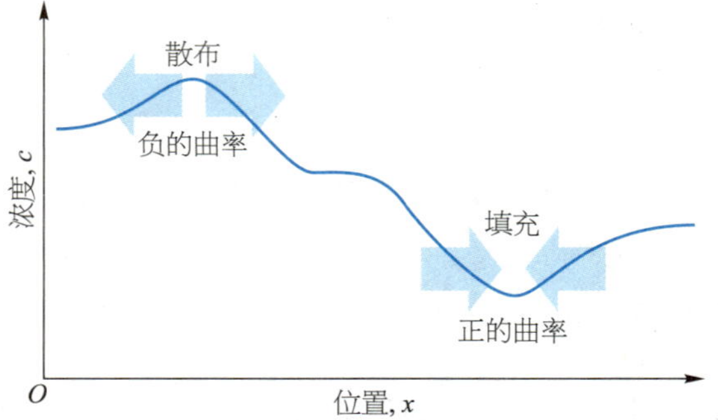

图16C.3　扩散方程表明，随着时间的推移，分布中的波峰（负曲率区域）散开并且波谷（正曲率区域）填充

扩散方程可以被视作分布中的起伏具有消失的自然趋势这一直觉概念的数学表达。

简要说明16C.2

如果在小空间区域内的浓度根据$c = c_0 - \alpha x$呈线性变化，那么$\partial^2 c/\partial x^2 = 0$，故由式（16C.6）可得$\partial c/\partial t = 0$。浓度不随时间变化，因为从薄层一面流入的正好等于从薄层另一面流出的［图16C.4（a）］。如果浓度以$c = c_0 - \frac{1}{2}\beta x^2$的形式变化，则$\partial^2 c/\partial x^2 = -\beta$。因此，$\partial c/\partial t = -D\beta$。浓度随时间降低，因为流出薄层的量大于流入薄层的量［图16C.4（b）］。

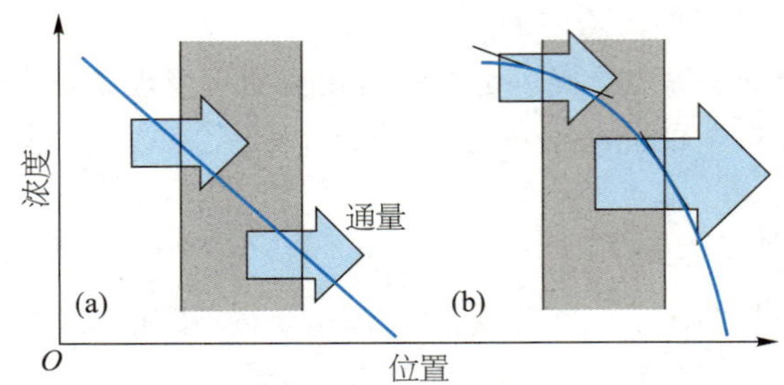

图16C.4　“简要说明16C.2”中处理的两种情形：（a）线性浓度梯度，（b）抛物线浓度梯度

（b）伴有对流的扩散

对流（convection）是流体区域的整体运动。此过程与分子在流体中个别运动的扩散形成对比。可以通过与扩散类似的方式来分析由对流引起的通量。

如何完成？16C.3　计算对流引起的浓度变化

与之前的计算一样，想象在时间间隔Δt内通过面积A的分子通量，但现在是流体以速率v运动的对流流动所引起的。

步骤1　*用净通量表示浓度变化速率*

如在扩散方程的推导中：

$$\frac{\partial c}{\partial t} = \frac{J_{L,conv} - J_{R,conv}}{l}$$

式中$J_{L,\,conv}$和$J_{R,\,conv}$分别是从薄层的左侧流入以及向右侧流出的通量，但这里是由对流产生的。

步骤2　*计算净通量*

在一时间间隔Δt中，在距离$v\Delta t$内也就是体积$Av\Delta t$内的所有粒子都穿过薄层的一个面。如果相关面上的浓度是c，那么通过该面的量是$cAv\Delta t$。“对流通量”是该量除以面的面积和时间间隔：

$$J_{conv} = \frac{cAv\Delta t}{A\Delta t} = cv \qquad \text{对流通量} \qquad (16C.7)$$

薄层左侧和右侧平面的浓度c_L和c_R与中心处的浓度c_0有如下关系：

$$c_R = c_0 + \frac{1}{2}l\left(\frac{\partial c}{\partial x}\right) \qquad c_L = c_0 - \frac{1}{2}l\left(\frac{\partial c}{\partial x}\right)$$

其中一阶导数为在薄层中心处的浓度梯度。根据式（16C.7），可得

$$J_{L,conv} - J_{R,conv} \overset{J=cv}{=} (c_L - c_R)v = \left[c_0 - \frac{1}{2}l\left(\frac{\partial c}{\partial x}\right)\right]v - \left[c_0 + \frac{1}{2}l\left(\frac{\partial c}{\partial x}\right)\right]v$$
$$= -\left(\frac{\partial c}{\partial x}\right)lv$$

步骤 3 *计算净的浓度变化速率*

现在，将此结果代入步骤1中导出的浓度变化速率的表达式中，可得

$$\frac{\partial c}{\partial t} = -\left(\frac{\partial c}{\partial x}\right)v \qquad \text{对流} \qquad (16C.8)$$

简要说明16C.3

如果假设小空间区域内浓度依据 $c = c_0 - \alpha x$ 呈线性变化，那么 $\partial c/\partial x = -\alpha$。如果存在速率为 v 的对流，则从式（16C.8）可得 $\partial c/\partial t = \alpha v$。薄层中的浓度增加，因为从左侧进入的对流流量超过了从右侧流出的流量；由于这种线性浓度依赖性，不存在扩散。如果 $\alpha = 0.010\ \text{mol}\cdot\text{dm}^{-3}\cdot\text{m}^{-1}$ 且 $v = +1.0\ \text{mm}\cdot\text{s}^{-1}$，则

$$\frac{\partial c}{\partial t} = 0.010\ \text{mol}\cdot\text{dm}^{-3}\cdot\text{m}^{-1}\times1.0\times10^{-3}\ \text{m}\cdot\text{s}^{-1}$$
$$= 1.0\times10^{-5}\ \text{mol}\cdot\text{dm}^{-3}\cdot\text{s}^{-1}$$

浓度以 $10\ \mu\text{mol}\cdot\text{dm}^{-3}\cdot\text{s}^{-1}$ 的速率增大。

当扩散和对流同时发生时，区域内总的浓度变化率是两种效应的总和，可由**广义扩散方程**（generalized diffusion equation）进行描述：

$$\frac{\partial c}{\partial t} = D\frac{\partial^2 c}{\partial x^2} - v\frac{\partial c}{\partial x} \qquad \text{广义扩散方程} \qquad (16C.9)$$

进一步的改进是考虑到分子浓度可能由于反应而改变的可能性，这在化学中是重要的。当反应包含在式（16C.9）中时（专题18B），获得的微分方程可用于讨论反应、扩散和对流系统的性质。该方程是化学工业中反应器建模和活细胞中资源利用的基础。

（c）扩散方程的解

扩散方程［式（16C.6）］是对空间的二阶微分方程和对时间的一阶微分方程。为了找到解，有必要了解空间依赖性的两个边界条件和时间依赖性的单个初始条件。

作为例证，设想一个装置，其中在盛满水的高烧杯（为简单起见，可认为是无限高）底部有一层溶质（如糖），底面积是 A；x 是距底部的距离。在 $t = 0$ 时，假设所有粒子 N_0 都集中在 $x = 0$ 处的 yz 平面上：这是初始条件。两个边界条件源自浓度必须在任何地方都是有限的以及在所有时间存在的粒子总量为 $n_0(n_0 = N_0/N_A)$ 的要求。基于这些条件，有

$$c(x,t) = \frac{n_0}{A(\pi Dt)^{1/2}}e^{-x^2/4Dt} \qquad \text{一维扩散} \qquad (16C.10)$$

可通过直接替换得以验证。图16C.5显示了不同时间的浓度分布形状，并示意说明了浓度是如何散布的。

另一个有用的结果是对于由起先局域化的溶质浓度所引起的三维扩散（一块糖悬于一个无限大的水瓶中）。扩散的溶质浓度是球对称的，且在半径 r 处为

$$c(r,t) = \frac{n_0}{8(\pi Dt)^{3/2}}e^{-r^2/4Dt} \qquad \text{三维扩散} \qquad (16C.11)$$

其他化学（和物理）上有趣的安排，如物质跨越生物膜的输运，也可以处理，但是解的数学形式更为复杂。

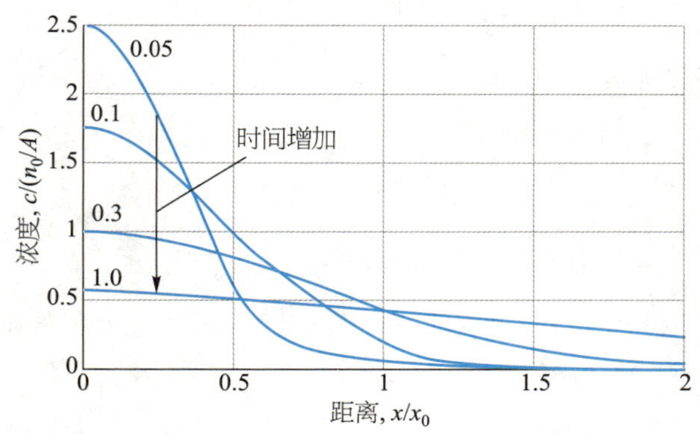

图16C.5 一平面上方的浓度剖面图。溶质由该面扩散进入纯溶剂，曲线上标有相应的 Dt 值，且 $x_0 = (4Dt)^{1/2}$

扩散方程对于扩散系数的实验测定是有用的。在**毛细管技术**（capillary technique）中，一端开口并含有溶液的毛细管插入充分搅拌的大量溶剂中，并检测管内浓度的变化。溶质从毛细管开口端以一定的速率扩散，该速率可通过使用合适的边界条件和初始条件求解扩散方程来计算，故D可被测定。在**隔膜技术**（diaphragm technique）中，扩散发生在分隔充分搅拌的溶液和溶剂的一烧结玻璃隔膜的毛细孔中；监测浓度，然后与已经求解的对应扩散方程相关联。扩散系数也可以通过其他许多技术来测量，包括NMR谱（专题12C）。

如何完成？16C.4 计算一维系统中的平均位移

为了计算位移x的平均值（用$\langle x\rangle$表示），你需要使用式（16C.10）来找到粒子概率密度$P(x)$的表达式；$P(x)$的定义使得$P(x)\mathrm{d}(x)$为在x和$x+\mathrm{d}x$之间发现一个粒子的概率。然后

$$\langle x\rangle=\int_0^{\infty}xP(x)\mathrm{d}x$$

步骤1 *建立概率密度的表达式*

在时间t时，位于x的一厚度为$\mathrm{d}x$的薄层中的粒子数为薄层的体积$A\mathrm{d}x$乘以该处（该时间）的物质的量浓度和阿伏加德罗常数：$N(x,t)=c(x,t)N_{\mathrm{A}}A\mathrm{d}x$。在感兴趣的位置和时间时的物质的量浓度可由式（16C.10）给出。粒子总数为$N_{\mathrm{A}}n_0$，其中n_0是总的物量的量，故在薄层中发现一个分子的概率是

$$c(x,t)=\frac{n_0}{A(\pi Dt)^{1/2}}\mathrm{e}^{-x^2/4Dt}$$

$$P(x)\mathrm{d}x=\frac{N_{\mathrm{A}}c(x,t)A\mathrm{d}x}{N_{\mathrm{A}}n_0}=\frac{A}{n_0}\frac{n_0}{A(\pi Dt)^{1/2}}\mathrm{e}^{-x^2/4Dt}\mathrm{d}x=\frac{1}{(\pi Dt)^{1/2}}\mathrm{e}^{-x^2/4Dt}\mathrm{d}x$$

步骤2 *计算积分*

所需的积分是

$$\int_0^{\infty}x\frac{1}{(\pi Dt)^{1/2}}\mathrm{e}^{-x^2/4Dt}\mathrm{d}x=\frac{1}{(\pi Dt)^{1/2}}\overbrace{\int_0^{\infty}x\mathrm{e}^{-x^2/4Dt}\mathrm{d}x}^{\text{积分G.2}}=2\left(\frac{Dt}{\pi}\right)^{1/2}$$

也就是说，在一维系统中，在一时间t内，一个扩散粒子的平均位移是

$$\langle x\rangle=2\left(\frac{Dt}{\pi}\right)^{1/2}\quad\text{平均位移[一维]}\quad(16\mathrm{C}.12)$$

类似的计算可得到相同时间内的方均根位移，即

$$\langle x^2\rangle^{1/2}=(2Dt)^{1/2}\quad\text{方均根位移[一维]}\quad(16\mathrm{C}.13\mathrm{a})$$

这个结果是当粒子可从原点向两个方向扩散时粒子散布的一个有用量度，因为在这种情况下，所有时刻都有$\langle x\rangle=0$。图16C.6显示了具有液体中一典型扩散系数（$D=5\times10^{-10}\ \mathrm{m^2\cdot s^{-1}}$）的粒子的方均根位移与时间的依赖关系。该图显示扩散是一个非常缓慢的过程（这就是溶液为什么需要搅拌以便通过对流促进混合）。

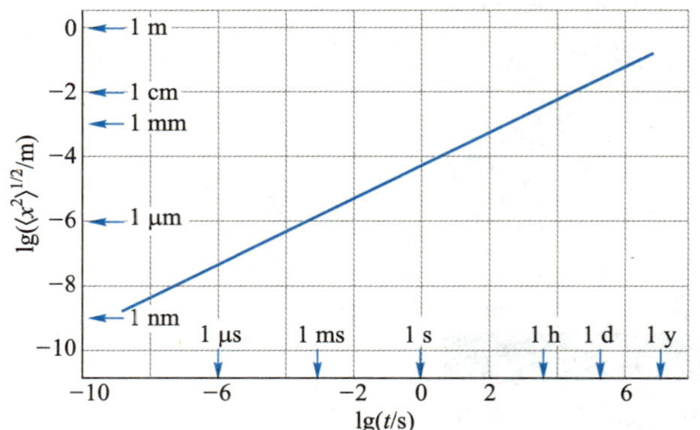

图16C.6 由$D=5\times10^{-10}\ \mathrm{m^2\cdot s^{-1}}$的颗粒走过的方均根位移（注意扩散的大幅减慢）

在三维中，方均根位移可由类似的表达式给出：

$$\langle r^2\rangle^{1/2}=(6Dt)^{1/2}\quad\text{方均根位移[三维]}\quad(16\mathrm{C}.13\mathrm{b})$$

16C.3 统计学观点

一个直观的扩散图像是粒子以一系列小步骤逐渐从其原始位置迁移。此图像显示了这样一个模型，其中每个粒子在时间τ之后跳过距离d。因此，一个粒子在时间t内行进的总距离为td/τ。然而，粒子不太可能在距离原点的这个距离处终止运动，因为每次跳跃可能在不同的方向上。

通过允许粒子仅沿着一条直线（x轴）行进可简化讨论，每个步骤向左或向右跳过距离d。该模型称为**一维随机游走**（one-dimensional random walk）。通过考虑过程的统计学，可计算在距离原

点的特定距离处游走结束的概率[1]。

如何完成 16C.5 计算一维随机游走的概率分布

设想一个分子一共走了N步，其中N_R步向右，N_L步向左。因此，距原点的位移是$(N_R-N_L)d$，可写为nd，其中$n=N_R-N_L$。

步骤 1 *建立达到给定最终位移的概率表达式*

单个步骤的许多序列可以到达给定的最终位移。这些序列的数目等于选择N_R步向右、$N_L=N-N_R$步向左的方法数：

$$W=\frac{N!}{N_L!N_R!}=\frac{N!}{(N-N_R)!N_R!}$$

在每一步中，分子可以向左或向右行进，因此可能的步骤序列总数是2^N。因此，实现最终位移nd的概率$P(nd)$是

$$P(nd)=\frac{W}{2^N}=\frac{N!}{(N-N_R)!N_R!2^N}$$

步骤 2 *使用斯特林公式简化表达式*

此表达式可以通过取对数进行简化：

$$\ln P=\ln N!-[\ln(N-N_R)!+\ln N_R!+\ln 2^N]$$

然后，使用斯特林公式的以下形式：

$$\ln x!\approx\ln(2\pi)^{1/2}+(x+\tfrac{1}{2})\ln x-x$$

可得

$$\ln P=-\ln(2\pi)^{1/2}2^N+(N+\tfrac{1}{2})\ln\frac{1}{1-N_R/N}+N_R\ln\frac{1-N_R/N}{N_R/N}-\tfrac{1}{2}\ln N_R$$

为了即将清楚的原因，方便起见引入新变量μ：

$$\mu=\frac{N_R}{N}-\frac{1}{2}$$

根据其定义，可有$1-N_R/N=1/2-\mu$和$N_R/N=1/2+\mu$。通过这些替换，$\ln P$的表达式可以仅用N和μ来表示：

$$\ln P=-\ln(2\pi)^{1/2}2^N-(N+\tfrac{1}{2})\ln(\tfrac{1}{2}-\mu)+N(\mu+\tfrac{1}{2})\ln(\tfrac{1}{2}-\mu)-N(\mu+\tfrac{1}{2})\ln(\mu+\tfrac{1}{2})-\tfrac{1}{2}\ln N(\mu+\tfrac{1}{2})$$

步骤 3 *展开对数*

因为向右或向左走一步的概率是相同的，故可预期在很多步之后，向右的步数将非常接近步数的一半。也就是说，$N_R/N\approx1/2$。因此$\mu\ll1$。所以，可以使用级数展开式

$$\ln(\tfrac{1}{2}\pm\mu)=-\ln2\pm2\mu-2\mu^2+\cdots$$

并保留直到在μ^2的项。在多次代数运算后（本书网站上的“深入了解11”给出了详细信息），将得到

$$\ln P=-\ln(2\pi N)^{1/2}2^N+\ln2^{N+1}-2(N-1)\mu^2$$

此时，两边均取反对数并使用$N\gg1$：

$$P=\frac{2^{N+1}e^{-2(N-1)\mu^2}}{2^N(2\pi N)^{1/2}}=\frac{2e^{-2(N-1)\mu^2}}{(2\pi N)^{1/2}}\approx\frac{2e^{-2N\mu^2}}{(2\pi N)^{1/2}}$$

步骤 4 *根据每个步骤的时间重置概率的表达式*

指数$N\mu^2$可以重写为

$$N\mu^2\overset{\mu=N_R/N-1/2}{=}\frac{(2N_R-N)^2}{4N}=\frac{(N_R-N_L)^2}{4N}\overset{n=N_R-N_L}{=}\frac{n^2}{4N}$$

距离原点的最终距离x等于nd，并且在时间t内发生的步数是$N=t/\tau$。由此得出：$N\mu^2=n^2/4N=\tau x^2/4td^2$。将$N$和$N\mu^2$的这些表达式代入$P$的表达式，可得

$$P(x,t)=\left(\frac{2\tau}{\pi t}\right)^{1/2}e^{-x^2\tau/2td^2}\qquad(16C.14)$$

一维随机游走

式（16C.10）（一维扩散）和式（16C.14）之间的细节差异源于这样的事实：在本计算中，粒子可以从原点向任一方向迁移。而且，它们只能在由d分隔的离散点处找到，而不是在连续线上的任何地方。两个表达式如此相似这一事实表明，扩散确实可以解释为在随机方向上大量步数的结果。

通过比较式（16C.10）和式（16C.14）中的两个指数，可以将扩散系数D与步长d和跳跃之间的时间τ相关联。结果就是**爱因斯坦－斯莫卢霍夫斯基方程**（Einstein－Smoluchowski equation）：

$$D=\frac{d^2}{2\tau}\qquad(16C.15)$$

爱因斯坦－斯莫卢霍夫斯基方程

简要说明 16C.4

假设在水溶液中，一个SO_4^{2-}每次移动都是跳跃其直径500 pm的距离。那么，因为$D=1.1\times10^{-9}\ m^2\cdot s^{-1}$（从迁移率测量中得到，见专题16B），故可根据式（16C.15）得到

$$\tau=\frac{d^2}{2D}=\frac{(500\times10^{-12}\ m)^2}{2\times1.1\times10^{-9}\ m^2\cdot s^{-1}}=1.1\times10^{-10}\ s$$

或$\tau=110$ ps。因为τ是一次跳跃的时间，所以离子每秒跳跃大约1.0×10^{10}次。

爱因斯坦－斯莫卢霍夫斯基方程将粒子运动的微观细节和与扩散有关的宏观参数联系了起来。它还使讨论循环回到了专题16A中处理的完美气体

1 计算本质上与变性聚合物无规则线团结构的讨论中相同（参见专题14D）。

的性质。如果 d/τ 被解释为 v_{mean}，即分子的平均速率，且 d 被解释为平均自由程 λ，则爱因斯坦－斯莫卢霍夫斯基方程变为 $D=\frac{1}{2}d(d/\tau)=\frac{1}{2}\lambda v_{\text{mean}}$，其本质上与由气体动力学模型获得的表达式［专题 16A 的式（16A.9），$D=\frac{1}{3}\lambda v_{\text{mean}}$］相同。也就是说，完美气体的扩散是一个平均步长等于平均自由程的随机游走。

概念清单

- ☐ 1. **热力学力**是一种表观力，它反映了分子由于热力学第二定律和趋向更大熵而分散的自发倾向。
- ☐ 2. 当黏性阻力与热力学力相当时，达到**漂移速率**。
- ☐ 3. **扩散方程**（菲克第二定律）可被视作存在使浓度变为均匀的自然趋势这一概念的数学形式。
- ☐ 4. **对流**是一个流体区域的整体运动。
- ☐ 5. 一种扩散模型是粒子以一系列小步骤移动，即**随机游走**并逐渐从其原始位置迁移出来。

公式清单

性质	公式	说明	公式编号
菲克第一定律	$J(\text{量})=-D\mathrm{d}c/\mathrm{d}x$		16C.1
热力学力	$\mathcal{F}=-(\partial\mu/\partial x)_{T,p}$	定义	16C.2
斯托克斯－爱因斯坦关系式	$D=kT/f$	f 是摩擦阻力	16C.4a
漂移速率	$s=D\mathcal{F}/RT$		16C.5
扩散方程	$\partial c/\partial t=D\partial^2 c/\partial x^2$	一维	16C.6
广义扩散方程	$\partial c/\partial t=D\partial^2 c/\partial x^2-v\partial c/\partial x$	一维	16C.9
平均位移	$x=2(Dt/\pi)^{1/2}$	一维扩散	16C.12
方均根位移	$\langle x^2\rangle^{1/2}=(2Dt)^{1/2}$	一维扩散	16C.13a
	$\langle r^2\rangle^{1/2}=(6Dt)^{1/2}$	三维扩散	16C.13b
位移概率	$P(x,t)=(2\tau/\pi t)^{1/2}\mathrm{e}^{-x^2\tau/2td^2}$	一维随机游走	16C.14
爱因斯坦－斯莫卢霍夫斯基方程	$D=d^2/2\tau$	一维随机游走	16C.15

主题 16 运动中的分子——讨论题、练习题、问题及综合题

专题 16A 完美气体的输运性质

讨论题

D16A.1 解释菲克第一定律是如何从考虑完美气体浓度梯度引起的分子通量而产生。

D16A.2 请为扩散系数与黏度对温度、压力和气体分子尺寸的依赖性提供分子解释。

练习题

E16A.1(a) 尺寸为2.5 mm × 3.0 mm的固体表面暴露在90 Pa和500 K的氩气中，在15 s内Ar原子与该表面发生多少次碰撞？

E16A.1(b) 尺寸为3.5 cm × 4.0 cm的固体表面暴露在111 Pa和1 500 K的氦气中，在10 s内He原子与该表面发生多少次碰撞？

E16A.2(a) 计算氩气在20 ℃和（ⅰ）1.00 Pa，（ⅱ）100 kPa，（ⅲ）10.0 MPa下的扩散常数；取$\sigma = 0.36\ \text{nm}^2$。如果一管道中的压力梯度为1.0 bar · m^{-1}，计算在每个压力下由于扩散产生的气体流量是多少？

E16A.2(b) 计算氮气在20 ℃和（ⅰ）100.0 Pa，（ⅱ）100 kPa，（ⅲ）20.0 MPa下的扩散常数；取$\sigma = 0.43\ \text{nm}^2$。如果一管道中的压力梯度为1.2 bar · m^{-1}，计算在每个压力下由于扩散产生的气体流量是多少？

E16A.3(a) 计算在298 K下氩气的热导率（即导热系数）（$C_{V,\text{m}} = 12.5\ \text{J}\cdot\text{K}^{-1}\cdot\text{mol}^{-1}$，$\sigma = 0.36\ \text{nm}^2$）。

E16A.3(b) 计算在298 K下氮气的热导率（即导热系数）（$C_{V,\text{m}} = 20.8\ \text{J}\cdot\text{K}^{-1}\cdot\text{mol}^{-1}$，$\sigma = 0.43\ \text{nm}^2$）。

E16A.4(a) 使用氖的热导率实验值（表16A.1）来估算在273 K时Ne分子的碰撞截面。

E16A.4(b) 使用氮的热导率实验值（表16A.1）来估算在298 K时N_2原子的碰撞截面。

E16A.5(a) 计算平均温度为280 K的一个氩气样品中，由一温度梯度为10.5 K · m^{-1}所产生的能量通量。计算热导率需要的数据在练习题E16A.3(a)中。

E16A.5(b) 计算平均温度为290 K的一个氮气样品中，由一温度梯度为8.5 K · m^{-1}所产生的能量通量。计算热导率需要的数据在练习题E16A.3(b)中。

E16A.6(a) 在一双层玻璃窗中，窗格玻璃之间相隔1.0 cm，且空间内充满导热系数为24 mW · K^{-1} · m^{-1}的气体。通过面积为1.0 m^{2}的窗户，从温暖的房间（28 ℃）到寒冷的室外（−15 ℃）的热传导速率是多少？可假设一块玻璃的温度与室内温度相同，而另一块则与室外温度相同。需要多大功率的加热器来弥补热量损失？

E16A.6(b) 两块面积为2.00 m^{2}的铜片相距5.00 cm并充满了氮气。从热片（70 ℃）传到冷片（0 ℃）的热传导速率是多少？所需的数据请参考*资源部分*。

E16A.7(a) 计算空气在（ⅰ）273 K，（ⅱ）298 K，（ⅲ）1 000 K时的黏度。取σ为0.40 nm^2，M为29.0 g · mol^{-1}。

E16A.7(b) 计算苯蒸气在（ⅰ）273 K，（ⅱ）298 K，（ⅲ）1 000 K时的黏度。取σ为0.88 nm^2。

E16A.8(a) 使用氖的黏度系数的实验值（表16A.1）估算Ne原子在273 K时的碰撞截面。

E16A.8(b) 使用氮气黏度系数的实验值（表16A.1）估算氮分子在273 K时的碰撞截面。

E16A.9(a) 某溢流池有一个直径为2.50 mm的圆孔，如果池中固体的摩尔质量为260 g · mol^{-1}，且蒸气压在400 K时为0.835 Pa，则在2.00 h内固体的质量会减少多少？

E16A.9(b) 某溢流池有一个直径为3.00 mm的圆孔，如果池中固体的摩尔质量为300 g · mol^{-1}，且蒸气压在450 K时为0.224 Pa，则在24.00 h内固体的质量会减少多少？

E16A.10(a) 将摩尔质量为100 g · mol^{-1}的固体化合物放入一容器中并加热至400 ℃。当打开容器中一直径为0.50 mm的小孔400 s时，测量质量损失为285 mg。计算化合物在400 ℃时的蒸气压。

E16A.10(b) 将摩尔质量为200 g · mol^{-1}的固体化合物放入一容器中并加热至300 ℃。当打开容器中一直径为0.50 mm的孔500 s时，测量质量损失为277 mg。计算化合物在300 ℃时的蒸气压。

E16A.11(a) 将压力计连接到含有低压未知气体的灯泡上，气体可通过一个小孔逸出，压力计读数从75 cm下降到50 cm的时间为52 s。当使用氮气（$M = 28.02\ \text{g}\cdot\text{mol}^{-1}$）重复实验时，在42 s内发生了相同的下降，计算未知气体的摩尔质量。提示：压力发生变化导致相应的溢流速率也会变化；但是，在两个实验中变化是相同的。

E16A.11(b) 将压力计连接到含有低压未知气体的灯泡上，气体可通过一个小孔逸出，压力计读数从65.1 cm下降到42.1 cm的时间为18.5 s。当使用某碳氟气体重复实验时，在82.3 s内发生了相同的下降，计算碳氟气体的摩尔质量。

E16A.12(a) 内部体积为3.0 m^{3}的宇宙飞船被一流星击中，形成一个半径为0.10 mm的孔，如果飞船内氧气压力最初为80 kPa，且其温度为298 K。假设温度保持不变，则压力下降到70 kPa需要多长时间？

E16A.12(b) 内部容积为22.0 m^{3}的容器被刺穿，形成一个半径为0.050 mm的孔，如果容器内氮气压力最初为122 kPa，且其温度为293 K。假设温度保持不变，则压力下降到105 kPa需要多长时间？

问　题

P16A.1 A. Fenghour等　人［*J. Phys. Chem. Ref. Data*, **24**, 1649 (1995)］编制了氨在液相和气相中的黏度系数表。根据以下各气相黏度系数，推断NH_3的有效分子直径：（a）在270 K和1.00 bar时，$\eta = 9.08 \times 10^{-6}\ kg \cdot m^{-1} \cdot s^{-1}$；（b）在490 K和10.0 bar时，$\eta = 1.749 \times 10^{-5}\ kg \cdot m^{-1} \cdot s^{-1}$。

P16A.2 计算在300 K与10 K时气态氢的导热系数之比。提示：考虑在两个温度时的热活泼的运动模式。

P16A.3 星际空间与我们在地球上经常遇到的气态环境非常不同。例如，介质的典型密度约为每立方厘米1个原子，且该原子为H。恒星背景辐射产生的有效温度约为1.0×10^4 K。估算在这些条件下H的扩散系数和导热系数。将答案与典型陆地条件下的气体值进行比较。说明：事实上，能量通过辐射的转移要有效得多。

P16A.4 使用克努森池来测量锗在1 000 ℃时的蒸气压。在时间7 200 s内通过半径为0.50 mm的小孔洞质量损失了43 μg。在1 000 ℃时锗的蒸气压是多少？假设气体为单原子。

P16A.5 用（a）镉和（b）汞来设计原子束。来源是温度维持在380 K的炉子，蒸气通过一个尺寸为10 mm × 1.0 × 10^{-2} mm的狭缝逸出。在这个温度下镉的蒸气压为0.13 Pa，汞的蒸气压为12 Pa。原子束中每秒内原子的数目是多少？

P16A.6 导出用以表明溢流炉（壁上有小孔的加热室）内气体压力随时间变化的表达式，假设炉内气体溢出时并不能补充气体。然后证明$t_{1/2}$，压力降至初始值一半所需要的时间，与初始压力无关。提示：从溢流速率的表达式开始，将其改写为将dp/dt与p关联的微分方程；回想一下，$pV = \mathcal{N}$可用来将压力与数密度联系。

专题 16B　液体中的运动

讨论题

D16B.1 讨论离子半径与离子水化半径的区别。解释为何元素周期表中同一族元素内自上往下离子水化半径逐渐减小，尽管离子半径是增加的？

D16B.2 讨论质子在水中的传导机理。同样的机理也会在冰中发生吗？

练习题

E16B.1(a) 20 ℃ 时，水的黏度为1.002 cP，在30 ℃ 时为0.797 5 cP。与黏度相关的活化能是多少？

E16B.1(b) 20 ℃ 时，汞的黏度为1.554 cP，在40 ℃ 下时1.450 cP。与黏度相关的活化能是多少？

E16B.2(a) 25 ℃时，NaI、$NaNO_3$和$AgNO_3$的极限摩尔电导率分别为12.69 mS · m^2 · mol^{-1}、12.16 mS · m^2 · mol^{-1}和13.34 mS · m^2 · mol^{-1}。在此温度下AgI的极限摩尔电导率是多少？提示：极限摩尔电导率可以表示为两个离子的极限摩尔电导率之和。

E16B.2(b) 25 ℃时，KF、KCH_3CO_2和$Mg(CH_3CO_2)_2$的极限摩尔电导率分别为12.89 mS · m^2 · mol^{-1}、11.44 mS · m^2 · mol^{-1}和18.78 mS · m^2 · mol^{-1}。在此温度下MgF_2的极限摩尔电导率是多少？

E16B.3(a) 25 ℃时，Li^+、Na^+和K^+的摩尔离子电导率分别为3.87 mS · m^2 · mol^{-1}，5.01 mS · m^2 · mol^{-1}和7.35 mS · m^2 · mol^{-1}。它们的迁移率是多少？

E16B.3(b) 25 ℃ 时，F^-、Cl^-和Br^-的摩尔离子电导率分别为5.54 mS · m^2 · mol^{-1}、7.635 mS · m^2 · mol^{-1}和7.81 mS · m^2 · mol^{-1}。它们的迁移率是多少？

E16B.4(a) 25 ℃时，水溶液中氯离子的迁移率为7.91×10^{-8} m^2 · s^{-1} · V^{-1}。计算摩尔离子电导率。

E16B.4(b) 25 ℃时，水溶液中乙酸根离子的迁移率为4.24×10^{-8} m^2 · s^{-1} · V^{-1}。计算摩尔离子电导率。

E16B.5(a) 25 ℃时，水溶液中Rb^+的迁移率为7.92×10^{-8} m^2 · s^{-1} · V^{-1}。间距为7.00 mm且置于溶液中的两个电极之间的电位差为25.0 V。Rb^+的漂移速率是多少？

E16B.5(b) 25 ℃ 时，水溶液中Li^+的迁移率为4.01×10^{-8} m^2 · s^{-1} · V^{-1}。间距为5.00 mm且置于溶液中的两个电极之间的电位差为24.0 V。Li^+的漂移速率是多少？

E16B.6(a) 25 ℃时，水溶液中NO_3^-的迁移率为7.40×10^{-8} m^2 · s^{-1} · V^{-1}。计算25 ℃时其在水中的扩散系数。

E16B.6(b) 25 ℃ 时，水溶液中$CH_3CO_2^-$的迁移率为4.24×10^{-8} m^2 · s^{-1} · V^{-1}。计算25 ℃时其在水中的扩散系数。

问　题

P16B.1 使用如下苯的黏度随温度变化数据推算与黏度相关的活化能。

θ/℃	10	20	30	40	50	60	70
η/cP	0.758	0.652	0.564	0.503	0.442	0.392	0.358

P16B.2 在20~100 ℃，水的黏度的经验表达式为

$$\lg\frac{\eta}{\eta_{20}} = \frac{1.327\,2(20-\theta/°C) - 0.001\,053(20-\theta/°C)^2}{\theta/°C + 105}$$

其中η_{20}是20 ℃时的黏度。探究（利用数学软件）将这些数据拟合成形式为η = 常数 × $e^{E_a/RT}$的表达式的可能性，并从而确定与黏度相关的活化能。

P16B.3 给出了系列浓度下氯化铵水溶液的电导率。计算每个浓度下的摩尔电导率，并使用所得数据确定科尔劳施定律中出现的参数。

c/(mol · dm^{-3})	1.334	1.432	1.529	1.672	1.725
κ/(mS · cm^{-1})	131	139	147	156	164

P16B.4 电导率通常通过比较池中充有样品的电阻与池中充有某一标准溶液（如氯化钾水溶液）的电阻来测量的。在25 ℃时，水的电导率为76 mS · m^{-1}，0.100 mol · dm^{-3} KCl(aq)的电导率为1.163 9 S · m^{-1}。当池中充有0.100 mol · dm^{-3} KCl(aq)时的电阻为33.21 Ω，当充有0.100 mol · dm^{-3} CH_3COOH(aq)时

的电阻为300.0 Ω。在该浓度和温度下，乙酸的摩尔电导率是多少?

P16B.5 测量一系列溶液的电阻R，已用标准溶液进行了校准，这样溶液的电导率可由$\kappa = C/R$给出，其中$C = 0.206\ 3\ cm^{-1}$。得到以下R值：

$c/(mol \cdot dm^{-3})$	0.000 50	0.001 0	0.005 0	0.010	0.020	0.050
R/Ω	3 314	1 669	342.1	174.1	89.08	37.14

(a)验证摩尔电导率遵循科尔劳施定律，计算极限摩尔电导率和系数$\mathcal{K}$。(b)考虑在池中置入25 ℃时的0.010 $mol \cdot dm^{-3}$ NaI(aq)溶液。假设该溶液的$\mathcal{K}$值与(a)中的相同，且$\lambda(Na^+) = 5.01\ mS \cdot m^2 \cdot mol^{-1}$和$\lambda(I^-) = 7.68\ mS \cdot m^2 \cdot mol^{-1}$。预测池中溶液的(ⅰ)摩尔电导率，(ⅱ)电导率和(ⅲ)电阻。

P16B.6 (a)计算当100 V的电势差施加于一个5.00 cm的电导池时，水中Li^+、Na^+和K^+的漂移速率。请参阅*资源部分*中离子迁移率的数值。(b)计算每个离子从一个电极移动到另一个电极所需的时间。(c)在电导率测量中，一般使用交替电势差。在2.0 kHz频率下施加电势的半个周期间，计算以(ⅰ)厘米(cm)，(ⅱ)溶剂直径(取300 pm)为单位的每个离子的位移。提示：漂移速率随半个周期变化，因此需要将s对时间积分来确定位移。

P16B.7 G. Bakale等人[*J. Phys. Chem.*, 12477(1996)]测量了单电荷C_{60}^-在各种非极性溶剂中的迁移率。在22 ℃的环己烷(黏度为$0.93 \times 10^{-3}\ kg \cdot m^{-1} \cdot s^{-1}$)中，迁移率为$1.1 \times 10^{-4}\ cm^2 \cdot V^{-1} \cdot s^{-1}$。估算$C_{60}^-$的有效半径。指出这个数值与中性的$C_{60}$的范德华半径之间存在很大差异的原因。

P16B.8 根据25 ℃时碱金属阳离子的迁移率，估算其在水中的扩散系数和有效水化半径(迁移率的值请参见*资源部分*)。估算被阳离子拖着的水分子数。离子半径数值参见表15C.2。

P16B.9 (a)弱电解质AB的稀溶液初始浓度为c_{AB}，AB可解离成$A^+ + B^-$。假设AB的解离度为α。如果活度可以用浓度近似，证明解离的平衡常数K可以写成

$$K = \frac{\alpha^2 c_{AB}}{(1-\alpha)c^{\ominus}}$$

(b)设(a)中所述溶液的电导率为κ，那么摩尔电导率可计算为$\Lambda_m = \kappa / c_{AB}$。然而，因为解离度，及由此产生的离子浓度，会随初始浓度c_{AB}强烈变化，所以由这种方式计算的Λ_m值也会随c_{AB}强烈变化。假设κ与离子浓度成正比，解释为什么$\alpha = \Lambda_m/\Lambda_{m,1}$？其中$\Lambda_{m,1}$是AB完全解离的极限摩尔电导率。(c)用$\alpha$的表达式替换上述$K$的表达式。现在，有两个$K$表达式：一个用$\alpha$表示，另一个用$\Lambda_m/\Lambda_{m,1}$表示。将这两个表达式相等，从而证明(通过重排表达式)：

$$\frac{1}{\Lambda_m} = \frac{1}{\Lambda_{m,1}} + \frac{\Lambda_m(1-\alpha)}{\Lambda_{m,1}^2 \alpha^2}$$

专题 16C 扩散

讨论题

D16C.1 描述热力学力的起源。它在多大程度上可被视为实际力?

D16C.2 从物理上解释扩散方程的形式。

练习题

E16C.1(a) 25 ℃时，葡萄糖在水中的扩散系数为$6.73 \times 10^{-10}\ m^2 \cdot s^{-1}$。估算一个葡萄糖分子行进5.0 mm的方均根位移所需的时间。

E16C.1(b) 25 ℃时，H_2O在水中的扩散系数为$2.26 \times 10^{-9}\ m^2 \cdot s^{-1}$。估算一个$H_2O$分子通过1.0 cm的方均根位移所需的时间。

E16C.2(a) 将一层20.0 g蔗糖均匀涂在面积为5.0 cm^2的表面上并用水覆盖。在(ⅰ)10 s，(ⅱ)24 h后，在原始层上方10 cm处蔗糖分子的物质的量浓度是多少?假设扩散是唯一的传输过程，取$D = 5.216 \times 10^{-9}\ m^2 \cdot s^{-1}$，并假设水层无限深。

E16C.2(b) 将一层10.0 g碘均匀涂在面积为10.0 cm^2的表面上并用己烷覆盖。在(ⅰ)10 s，(ⅱ)24 h后，在原始层上方5 cm处碘分子的物质的量浓度是多少?假设扩散是唯一的传输过程，取$D = 4.05 \times 10^{-9}\ m^2 \cdot s^{-1}$，并假设己烷层无限深。

E16C.3(a) 假设一溶质的浓度根据$c(x) = c_0 - \alpha c_0 x$沿着容器长度线性衰减，其中$c_0$是$x = 0$时的浓度。计算25 ℃时溶质在$x = 10$ cm和20 cm处的热力学力，假设当$x = 10$ cm时浓度降至$\frac{1}{2}c_0$。提示：首先确定α的值。

E16C.3(b) 假设一溶质的浓度根据$c(x) = c_0 - \beta c_0 x^2$沿容器长度线性衰减，其中$c_0$是$x = 0$时的浓度。计算25 ℃溶质在$x = 8$ cm和16 cm处的热力学力，假设当$x = 15$ cm时浓度降至$\frac{1}{2}c_0$。提示：首先确定β的值。

E16C.4(a) 假设一溶质的浓度沿容器长度的变化遵循高斯分布$c(x) = c_0 e^{-\alpha x^2}$，其中$c_0$是$x = 0$处的浓度。计算25 ℃溶质在$x = 5.0$ cm处的热力学力，假设当$x = 5.0$ cm时浓度降至$\frac{1}{2}c_0$。

E16C.4(b) 对于与练习题E16C.4(a)相同的情况，计算18 ℃溶质在$x = 10.0$ cm处的热力学力，假设当$x = 10.0$ cm时浓度降至$\frac{1}{2}c_0$。

E16C.5(a) 25 ℃时，CCl_4在庚烷中的扩散系数为$3.17 \times 10^{-9}\ m^2 \cdot s^{-1}$。估算一个$CCl_4$分子行进5.0 mm的方均根位移所需的时间。

E16C.5(b) 25 ℃时，I_2在己烷中的扩散系数为$4.05 \times 10^{-9}\ m^2 \cdot s^{-1}$。估算一个$I_2$分子行进1.0 cm的方均根位移所需的时间。

E16C.6(a) 估算25 ℃时蔗糖分子在水中的有效半径，假设其扩散系数为$5.2 \times 10^{-10}\ m^2 \cdot s^{-1}$，且水的黏度为1.00 cP。

E16C.6(b) 估算25 ℃时甘氨酸分子在水中的有效半径，假设其扩散系数为$1.055 \times 10^{-9}\ m^2 \cdot s^{-1}$，且水的黏度为1.00 cP。

E16C.7(a) 碘分子在苯中的扩散系数为$2.13 \times 10^{-9}\ m^2 \cdot s^{-1}$。计算一个分子跃过约一个分子直径大小的距离(大约是平动的基本移动长度)所需要的时间。

E16C.7(b) CCl_4分子在庚烷中的扩散系数为$3.17 \times 10^{-9}\ m^2 \cdot s^{-1}$。计算一个分子跳跃约一个分子直径大小的距离(大约是平动的基本移动长度)所需要的时间。庚烷的黏度为0.386 cP。

E16C.8(a) 25 ℃时，苯中的碘分子和水中的蔗糖分子在1.0 s内

移动（一维）的方均根距离是多少？有关数据参阅*资源部分*。

E16C.8(b) 针对练习题E16C.8(a)中提到的分子，从它们的起点漂移至（i）1.0 mm和（ii）1.0 cm处需要多长时间？

问 题

P16C.1 25 ℃时，制备了高锰酸钾的稀溶液，置于长度为10 cm的水平管中。最初紫色溶液的浓度从左侧（浓度为0.100 mol · dm^{-3}）到右侧（浓度为0.050 mol · dm^{-3}）呈线性渐变。作用在溶质上的热力学力的大小和符号是什么？（a）靠近容器左侧，（b）在中间和（c）靠近右侧。给出每种情况下每摩尔的力和每分子的力。

P16C.2 25 ℃时，制备了高锰酸钾的稀溶液，置于长度为10 cm的水平管中。最初溶液浓度以管中心（$x = 0$）呈高斯分布，即$c(x) = c_0 e^{-ax^2}$，其中$c_0 = 0.100$ mol · dm^{-3}，$a = 0.10$ cm^{-2}。计算作用在溶质上的热力学力（作为位置x的函数），并绘制出结果。给出每种情况下每摩尔的力和每分子的力。你期望热力学力还带来什么样的后果？

P16C.3 代替问题P16C.2中溶质的高斯“堆积”模式，假设存在一个高斯下沉，分布形式为$c(x) = c_0(1 - e^{-ax^2})$。重复问题P16C.2中的计算并描述其结果。对$x = 0$处的行为进行评论。

P16C.4 25 ℃时，将质量为10.0 g的蔗糖块悬浮在半径为10 cm的球形烧瓶中间。在（a）1.0 h和（b）一周后，烧瓶壁上的蔗糖浓度是多少？取$D = 5.22 \times 10^{-10}$ m^2 · s^{-1}。

P16C.5 确认式（16C.10）是扩散方程（16C.6）的一个解，且具有正确的初始值。

P16C.6（a）确认

$$c(x,t)=\frac{c_0}{(4\pi Dt)^{1/2}}e^{-(x-x_0-vt)^2/4Dt}$$

是对流扩散方程（16C.19）的一个解，假设所有溶质在$t = 0$时都处在$x = x_0$。（b）使用数学软件或电子表格程序，对于一些典型的D和v值，将$c(x, t)/c_0$作为t的函数作图，并将其作为x的函数作图。回想下扩散是一个缓慢的过程，所以你需要考虑相当长的时间和相当短的距离。类似地，考虑慢的对流速率。（c）绘制此函数的另一种方法是首先定义$x_c = x_0 + vt$；x_c是仅有对流过程下溶质移动到的位置。现在，定义$z = (x - x_c)/(4D)^{1/2}$并使用这个量来重写$c(x, t)$的表达式为

$$\frac{(4\pi D)^{1/2}c(x,t)}{c_0}=\frac{1}{t^{1/2}}e^{-z^2/t}$$

现在，针对一些代表性的t值，将右侧作为z的函数绘图。

P16C.7 如果扩散系数为D，计算在t时刻扩散粒子$\langle x^2\rangle^{1/2}$和$\langle x^4\rangle^{1/4}$之间的关系。

P16C.8 当在所关注的时间间隔内进行了许多基本步骤时，扩散方程是有效的。但随机游走计算则使得讨论在短时间和长时间下的分布成为可能。使用表达式$P(nd) = N!/(N - N_R)!N_R!2^N$来计算在（a）4步，（b）6步，（c）12步之后距离原点6个步幅（即$x = 6d$）处的概率。提示：记住$n = N_R - N_L$，$N = N_R + N_L$。

P16C.9 使用数学软件计算一维随机游走中的$P(nd)$，并评估在$N = 6, 10, 14, \cdots, 60$时处于$x = 6d$的概率。将数值与大量步的极限下的分析值进行比较。计算差异不超过0.1%时的N值？提示：记住$n = N_R - N_L$，$N = N_R + N_L$。

P16C.10 一特定种类t-RNA分子在细胞内介质中的扩散系数为$D = 1.0 \times 10^{-11}$ m^2 · s^{-1}。细胞核中产生的分子到达距离为1.0 μm（这个距离相当于细胞的半径）的细胞壁需要多长时间？

P16C.11 核磁共振可用于测定在液体中分子的迁移率。对四氯化碳中甲烷的一组测量数据表明，其扩散系数在0 ℃时为2.05 × 10^{-9} m^2 · s^{-1}，在25 ℃时为2.89 × 10^{-9} m^2 · s^{-1}。有关甲烷在四氯化碳中迁移率，你能推断出什么信息？

主题 16 运动中的分子

综合题

I16.1 在专题17D中，化学反应活化能的一般表达式是$E_a = RT^2(d\ln k_r/dT)$，确认相同的表达式可用来从式（16B.2）中提取出黏度的活化能。当水的黏度可由问题P16B.2中的经验表达式给出时，运用该表达式推断活化能的温度依赖性。将该活化能作为温度的函数作图，给出E_a温度依赖性的一个解释。

I16.2 在本问题中，请使用数学软件来检验氧气从肺到血液的一个传输模型。（a）对初始和边界条件$c(x, t) = c(x, 0) = c_0$，（$0 < x < \infty$）和$c(0, t) = c_s(0 \leqslant t \leqslant \infty)$，其中$c_0$和$c_s$是常数，证明扩散方程［式（16C.6）］的解为以下$c(x, t)$表达式：

$$c(x, t) = c_0 + (c_s - c_0)[1 - \mathrm{erf}(\xi)]$$

其中$\xi = x/(4Dt)^{1/2}$。在该表达式中，erf(ξ)是误差函数，并且浓度$c(x, t)$通过从恒定浓度的yz平面扩散而变化，例如一凝聚相从气相吸收一物种时就可能发生这种情况。（b）298 K时，氧气进入水中的扩散（$D = 2.10 \times 10^{-9}$ m^2 · s^{-1}）在空间尺度上与氧气从肺经肺泡进入血液的扩散相当。选择几个不同的时间，绘制该扩散的浓度分布图。使用$c_0 = 0$并设定c_s等于氧气在水中的溶解度（2.9 × 10^{-4} mol · dm^{-3}）。

主题 17
化学动力学

本主题介绍“化学动力学”原理，即反应速率的研究。化学反应的速率依赖于可以控制的变量，如压力、温度及是否有催化剂，因而可以通过选择合适的条件优化反应速率。

17A 化学反应速率

本专题讨论反应速率的定义，并概述反应速率的测量技术。这些测量结果表明反应速率取决于反应物（有时是产物）的浓度和反应特征“速率常数”，这种相互依赖关系可以用微分方程来表示，称为“速率方程”。

17A.1 反应进程监测；17A.2 反应速率

17B 积分速率方程

“积分速率方程”是速率微分方程的解，用来预测反应开始后任一时刻物种的浓度，以及提供测量速率常数的步骤。本专题探究几个简单但实用的积分速率方程，它们将贯穿于本主题中。

17B.1 零级反应；17B.2 一级反应；17B.3 二级反应

17C 趋近平衡的反应

一般地，速率方程必须同时考虑正、逆向反应，并描述平衡（当正、逆向反应速率相等时）途径，分析结果为总过程的平衡常数与所提出机理中正、逆向反应速率常数之间的关系式，可通过实验来探究。

17C.1 趋于平衡的一级反应；17C.2 弛豫方法

17D 阿仑尼乌斯公式

大多数反应的速率常数随温度升高而增大。本专题介绍阿仑尼乌斯公式，其仅用可由实验测定的两个参数即准确描述了这种温度依赖性。

17D.1 温度对反应速率的影响；17D.2 阿仑尼乌斯参数的诠释

17E 反应机理

反应速率的研究也有助于对反应“机理”的理解。所谓机理，即一系列基元步骤。本专题展示如何从提出的反应机理建立速率方程。基元步骤本身具有简单的速率方程，通过利用反应的“速率控制步骤”概念，作“稳态近似”，或者假设“预平衡”的存在，它们可组合为总反应速率方程。

17E.1 基元反应；17E.2 连续基元反应；17E.3 稳态近似；17E.4 速率控制步骤；17E.5 预平衡；17E.6 反应的动力学控制和热力学控制

17F 反应机理示例

本专题讨论三个反应机理示例。首先介绍气相反应中一类特殊反应，这类反应依赖于反应物之间的碰撞；其次，探讨聚合物的形成机制，阐明聚合物的生成动力学如何影响其性质；最后讨论生物催化剂“酶”的一般作用机理。

17F.1 单分子反应；17F.2 聚合反应动力学；17F.3 酶催化反应

17G 光化学

“光化学”研究由光引发的反应。本专题探究由吸收光子而形成的电子激发态分子的命运。一种可能的命运是能量转移到其他分子。这个过程特别令人关注，因为它是估算大分子中一些基团之间距离的方法基础。

17G.1 光化学过程；17G.2 初级量子产率；17G.3 激发单重态的衰变机制；17G.4 猝灭；17G.5 共振能量转移

网络资源 这部分内容有何应用?

植物、藻类、某些细菌物种已进化出能进行“光合成”的器官，可通过捕获可见光或近红外辐射来合成细胞中的复杂分子。“应用案例26”介绍了所涉及的反应步骤。

专题17A

化学反应速率

▶ 为何需要学习这部分内容?

对反应物消耗速率和产物生成速率的研究，不仅可预测反应混合物趋近平衡的快慢，也可获得反应物转变为产物的分子事件的详细描述。

▶ 核心思想是什么?

反应速率以速率方程表示。速率方程是以反应物浓度或在某些情况下以产物浓度表示的速率的经验总结。

▶ 需要哪些预备知识?

本专题是后续内容的基础，需要知道化学计量数的意义（见专题2C）。对于更多关于浓度的光谱测定的背景知识，参见专题11A。

化学动力学（chemical kinetics）研究反应速率。实验表明，反应速率以特定的方式依赖于反应物的浓度（某些情况下是产物浓度），这种特定方式可用微分方程，即“速率方程”来表达。

17A.1 反应进程监测

反应动力学分析的第一步是建立反应的计量方程和确定可能的副反应。化学动力学的基础数据是反应开始后，在不同时间反应物和产物的浓度。

（a）一般性原则

大多数化学反应的速率对温度敏感（详见专题17D），因此，通常实验时，反应混合物的温度在整个反应进程中都必须维持恒定。这对实验设计提出了严格的要求。例如，气相反应常在容器中进行，该容器与一大块金属接触。液相反应必须在有效的恒温器中进行。如果研究低温下进行的反应，如研究那些发生在星际云中的反应，还需特殊的技术，反应气体的超声波膨胀可被用来获得低至10 K的温度。对于在液相和固相的工作，常常通过在反应器周围通入流动的冷液体或冷气体来获得极低温度。或者，将整个反应容器浸没于填充有低温冷冻液（如液氦，工作温度约4 K；或液氮，工作温度约77 K）的绝热容器中。有时也采用非恒温条件。比如，一种贵重药物的保存期限，或许可通过一个样本的缓慢升温来探究。

光谱被广泛用于反应动力学研究，而且当反应混合物中某种物质在电磁波谱通常易于达到的区域有很强的特征吸收时特别有用。例如，反应$H_2(g) + Br_2(g) \longrightarrow 2HBr(g)$的进程可通过测量$Br_2(g)$在可见光区的吸收而被跟踪监测。溶液中发生的离子数或离子种类改变的反应，可通过监测溶液的电导率来跟踪。由离子型产物取代中性分子，能够引起电导率的巨大变化，如在反应$(CH_3)_3CCl(aq) + H_2O(l) \longrightarrow (CH_3)_3COH(aq) + H^+(aq) + Cl^-(aq)$中，如果有氢离子生成或消耗，则可通过监测溶液pH跟踪反应。

测定组成的其他方法还包括发射光谱（专题11F）、质谱、气相色谱、核磁共振（专题12B和12C）和电子顺磁共振（对于涉及自由基或顺磁性d-金属离子的反应，专题12D）。若反应系统至少有一种组分是气体，则可能导致恒容系统中压力的总体改变，因此，其反应进程可通过记录压力随时间的变化来监测。

例题 17A.1　将总压变化与存在物种的分压相关联

对于分解反应$N_2O_5(g) \longrightarrow 2\,NO_2(g) + \frac{1}{2}O_2(g)$，可通过测定在恒定温度下、恒容反应器中的总压力来监测反应进程。若反应开始时仅有反应物，初始压力为p_0，反应进行到任一时刻系统总压为p，请导出用p_0和p表示的反应系统中三个物种的分压表达式。

整理思路　可以假定气体服从完美气体行为，则气体的分压正比于其物质的量。然后，假设一定量的N_2O_5发生了分解，则其分压从p_0降至$p_0-\Delta p$。因为1 mol N_2O_5分解产生2 mol NO_2，则NO_2的分压从0升至$2\Delta p$；类似地，O_2的分压从0升至$\frac{1}{2}\Delta p$；而总压p为三组分分压之和。

解：列出下表：

	$p_{N_2O_5}$	p_{NO_2}	p_{O_2}	p
$t=0$	p_0	0	0	p_0
$t=t$	$p_0-\Delta p$	$2\Delta p$	$\frac{1}{2}\Delta p$	$p_0+\frac{3}{2}\Delta p$
相当于	$\frac{5}{3}p_0-\frac{2}{3}p$	$\frac{4}{3}(p-p_0)$	$\frac{1}{3}(p-p_0)$	

表中最后一行是根据总压$p=p_0+\frac{3}{2}\Delta p$，改写为$\Delta p=\frac{2}{3}(p-p_0)$，然后代入中间一行而得到的。

说明　核对计算时注意到：当所有N_2O_5被消耗掉时，其分压为0，这意味着$\frac{5}{3}p_0-\frac{2}{3}p_{终}=0$，因此$p_{终}=\frac{5}{2}p_0$。该结果符合预期，因为1 mol N_2O_5被2 mol NO_2和$\frac{1}{2}$mol O_2替代了：分子总量因而从1 mol变成了$2\frac{1}{2}$mol，导致压力增加为初始压力的$2\frac{1}{2}=\frac{5}{2}$倍。

自测题 17A.1　计算反应$2\,NOBr(g) \longrightarrow 2\,NO(g) + Br_2(g)$中各物种的分压，假定初始压力为$p_0$，且只有NOBr。

答案：$p_{NOBr}=3p_0-2p$，$p_{NO}=2(p-p_0)$，$p_{Br_2}=p-p_0$

(b) 特殊技术

用于监测浓度的方法，取决于反应所涉及的物种及它们浓度变化的快慢。许多反应到达平衡所需时间为数分钟或数小时，因此可以用一些技术来跟踪浓度的变化。在**实时分析**（real-time analysis）中，系统的组成在反应过程中被分析，可以分取少量样品，或者监测体相溶液。

在**流动法**（flow method）中，当反应物一起流入反应室时彼此混合（图17A.1），随着完全混合的溶液流过出口管，反应持续进行。沿着管道的不同位置观测反应组成，就相当于在混合后的不同时间观察反应混合物。传统流动技术的不足之处是需要很大体积的反应物溶液。这使得快速反应的研究特别困难，因为要使反应通过一定长度的管道，流速必须很快。**停流技术**（stopped-flow technique）避免了上述不足，它可使反应试剂在一个很小的腔室内快速混合，该混合室配有一个可移动的活塞，此活塞取代了原来的输出管（图17A.2）。流体将活塞往回推，并且当它到达一终止处时停下来；而反应在混合溶液中继续进行。通常采用光谱技术，如紫外－可见吸收光谱和荧光发射光谱，来观察样品随时间的变化。这种技术可以研究发生在“毫秒”到“秒”时间尺度上的反应。停流法对小样本研究的适用性意味着它对许多生化反应也是适用的，故其已被广泛用于研究蛋白质折叠动力学和酶的作用。

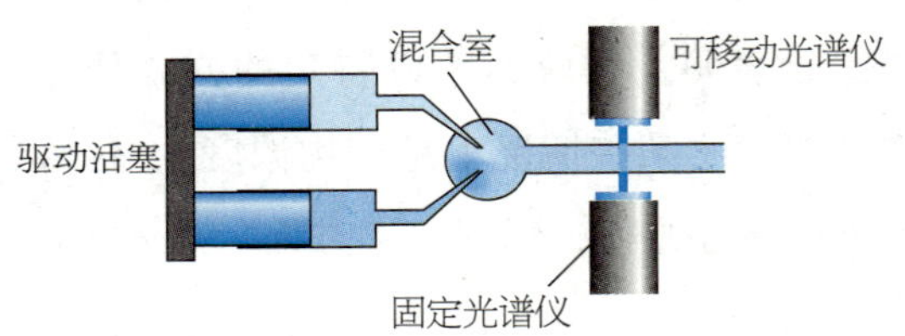

图17A.1　流动法研究反应速率的装置示意图（反应物以稳定速率注入混合室，光谱仪的位置相当于反应开始后的不同时间）

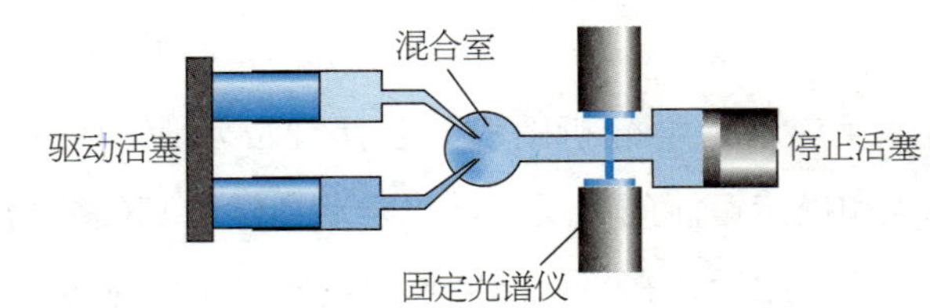

图17A.2　在停流技术中，反应试剂通过驱动活塞快速注入混合室，然后检测浓度的时间依赖性

非常快速的反应可以通过**闪光光解**（flash photolysis）技术来研究。样品首先暴露在一个短暂的闪光下，从而启动反应，然后利用电子吸收或发射光谱、红外吸收光谱或拉曼散射光谱检测反应室的组分。如图17A.3所示，一个强而短的激光脉冲，即泵，使分子A变为激发电子态A^*，它可以辐射出一个光子（如荧光或磷光），或者与另一物种B反应，先生成中间物AB，然后再得到产物C：

$$A + h\nu \longrightarrow A^* \qquad (吸收)$$

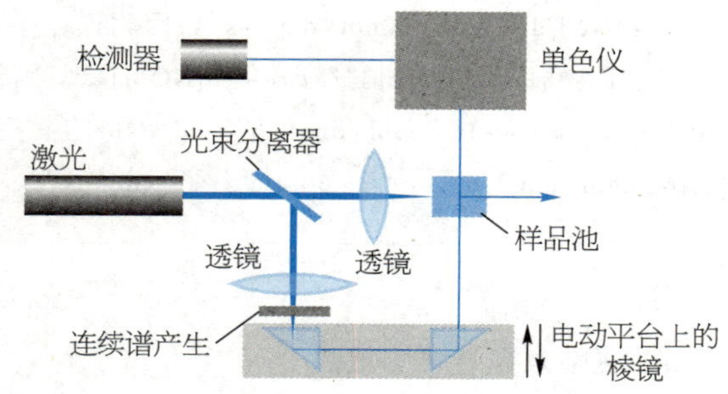

图17A.3　闪光光解装置示意图（相同的脉冲激光被用来产生单色的泵浦脉冲，以及经过连续谱产生，得到一“白色”光探针脉冲。在泵浦脉冲和探针脉冲之间的时间延迟可以改变）

$A^* \longrightarrow A$　　（辐射）

$A^* + B \longrightarrow AB \longrightarrow C$　　（反应）

各物种出现和消失的速率可通过观测反应进程中样品的吸收光谱随时间的变化来测定。该监测是这样进行的：将一白光的弱脉冲，即探针，在激光脉冲后的不同时间通过样品，脉冲的“白”光可以由激光脉冲通过**连续谱产生**（coutinuum generation）的现象直接产生；在连续谱产生中，将一短激光脉冲聚焦于蓝宝石或盛有水或四氯化碳的容器上，导致外出的光束具有很宽的频率分布。在强激光脉冲和“白”光脉冲间的时间延迟，可以通过允许一束光在到达样品之前行进一更长的距离来引入。例如，行进距离相差$\Delta d = 3$ mm，对应于两束光之间的时间延迟$\Delta t = \Delta d/c \approx 10$ ps，式中c为光速。图17A.3中的两束光行进的相对距离是通过将“白”光导向载有一对棱镜的电动平台来控制的。

与实时分析相反，**淬灭法**（quenching method）是基于反应在被允许进行一定时间后“淬灭”或停止。此法中，组成分析比较从容且反应中间体可被捕获。淬灭法仅适用于足够慢的反应，即在混合物淬灭的时间段内反应几乎不进行。在**化学淬灭流动法**（chemical quench flow method）中，反应物以与流动法中几乎相同的方法混合，但反应在混合物沿着出口管行进一固定长度之后，被另一种试剂（如酸或碱溶液）淬灭。通过改变沿着出口管的流速，可以选择不同的反应时间。与停流法相比，化学淬灭流动法的一个优点是，无须快速的光谱法来测定反应物和产物的浓度。一旦反应被终止，溶液可采用“慢”技术（如质谱和色谱分析）来检测。在**冷冻淬灭法**（freeze quench method）中，通过在数毫秒内冷却混合物而使反应淬灭，而反应物、中间体和产物的浓度则由光谱法测定。

17A.2　反应速率

反应速率取决于反应混合物的组成和温度。以下内容将更为详细地探究这些观测结果。

（a）速率定义

考虑如下形式的反应：$A + 2B \longrightarrow 3C + D$，系统体积恒定。其中，在某一瞬间，任一参与物J的物质的量浓度为[J]，且反应物消耗或产物生成的**瞬时速率**（instantaneous rate）是其浓度随时间变化曲线上切线的斜率（表达为正值）。由此，在指定时间，某反应物的瞬时**消耗速率**（rate of consumption）为$-d[R]/dt$，其中R代表A或B，该速率为正值（图17A.4）；任一产物（C或D，记为P）的**生成速率**（rate of formation）为$d[P]/dt$（注意符号中的差别），该速率同样为正值。

由反应的化学计量方程$A + 2B \longrightarrow 3C + D$可得

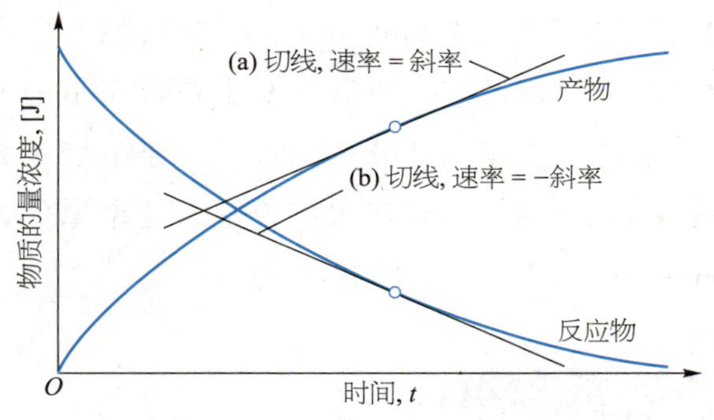

图17A.4　（瞬时）速率定义为（a）产物和（b）反应物的浓度随时间变化的曲线上某时刻切线的斜率（对于负斜率，表示速率时需要改变符号，故所有反应速率均为正值）

$$\frac{d[D]}{dt}=\frac{1}{3}\frac{d[C]}{dt}=-\frac{d[A]}{dt}=-\frac{1}{2}\frac{d[B]}{dt}$$

这样就有几个速率与该反应相关。为了避免描述同一反应时有不同的反应速率所带来的不便，引进**反应进度**（extent of reaction）ξ，其定义为：对反应系统中任一物种J，其物质的量的变化dn_J为

$$dn_J=\nu_J d\xi \qquad \text{反应进度[定义]} \qquad (17A.1)$$

式中ν_J是物种的化学计量数（专题2C；谨记ν_J对反应物取负数，对产物取正数）。则唯一的**反应速率**（rate of reaction）v，定义为

$$v=\frac{1}{V}\frac{d\xi}{dt} \qquad \text{反应速率[定义]} \qquad (17A.2)$$

式中V是系统的体积。对任一物种J，$d\xi = dn_J/\nu_J$，所以

$$v=\frac{1}{\nu_J}\times\frac{1}{V}\frac{dn_J}{dt} \qquad (17A.3a)$$

对于等容条件下的均相反应系统，体积V可以放入微分，且n_J/V可以写作物质的量浓度[J]，从而得到

$$v=\frac{1}{\nu_J}\frac{d[J]}{dt} \qquad (17A.3b)$$

对于多相反应，用物种所占据的(恒定)表面积A来代替体积V。因为表面浓度是$\sigma_J = n_J/A$，所以有

$$v=\frac{1}{\nu_J}\frac{d\sigma_J}{dt} \qquad (17A.3c)$$

现在，对于反应（针对所写的化学方程式），在每种情况下，都只有一种速率。当物质的量浓度单位为$mol\cdot dm^{-3}$、时间单位为s时，均相反应的反应速率单位为$mol\cdot dm^{-3}\cdot s^{-1}$或其他相关单位。对于气相反应，如那些发生在常压下的反应，浓度常表示为“分子$\cdot cm^{-3}$”，速率表示为“分子$\cdot cm^{-3}\cdot s^{-1}$”。对于多相反应，速率单位为“$mol\cdot m^{-2}\cdot s^{-1}$”或其他相关单位。

简要说明 17A.1

在反应$2\,NOBr(g)\longrightarrow 2\,NO(g)+Br_2(g)$中，若NO的生成速率$d[NO]/dt=0.16\ mmol\cdot dm^{-3}\cdot s^{-1}$，则由于$\nu_{NO}=2$，故反应速率$v=\frac{1}{2}d[NO]/dt=0.080\ mmol\cdot dm^{-3}\cdot s^{-1}$。因为$\nu_{NOBr}=-2$，所以反应速率也可以用[NOBr]写作$v=-\frac{1}{2}d[NOBr]/dt$。因此，$d[NOBr]/dt=-2v=-0.16\ mmol\cdot dm^{-3}\cdot s^{-1}$。即NOBr的消耗速率为$0.16\ mmol\cdot dm^{-3}\cdot s^{-1}$，或者$9.6\times10^{16}$分子$\cdot cm^{-3}\cdot s^{-1}$。

（b）速率方程与速率常数

研究发现，反应速率常常与反应物浓度的幂次方乘积成正比。例如，反应速率可能与两种反应物A和B的物质的量浓度成正比，即

$$v=k_r[A][B] \qquad (17A.4)$$

比例系数k_r称为该反应的**速率常数**（rate constant），其与浓度无关，但依赖于反应温度。这种由实验测定的方程称为反应的**速率方程**（rate law）。更为正式地，速率方程是表述在某感兴趣的时间、根据总的化学方程式中所有物种物质的量浓度表示反应速率的方程，有

$$v=f([A],[B],\cdots) \qquad \text{由物质的量浓度表示的速率方程[一般式]} \qquad (17A.5a)$$

对于均相气相反应，利用分压表达速率方程通常更为方便。对于完美气体，分压与其物质的量浓度成正比，关系为$p_J=RT[J]$。此时，有

$$v=f(p_A,p_B,\cdots) \qquad \text{由分压表示的速率方程[一般式]} \qquad (17A.5b)$$

反应速率方程是由实验测定的，通常不能由反应的化学方程式得出。例如，氢气与溴的反应，其计量式非常简单，即$H_2(g)+Br_2(g)\longrightarrow 2\,HBr(g)$，但其速率方程相当复杂：

$$v=\frac{k_a[H_2][Br_2]^{3/2}}{[Br_2]+k_b[HBr]} \qquad (17A.6)$$

在某些情况下，速率方程确实反映了反应的计量关系，但那或者是巧合，或者是反映了潜在反应机理的特征（专题17E）。

实用小贴士　通常反应速率常数表示为k_r，以区别于玻耳兹曼常数k。有些教材中，用k来表示前者，而用k_B表示后者。当在一个复杂的速率方程［如式（17A.6）］中表示速率常数时，我们会使用k_a、k_b等。

k_r的单位总是如此转换浓度的乘积，即每个浓度带有各自合适的幂次方，以便使速率表示为浓度的变化除以时间的变化，如式（17A.4）显示的

速率方程，若浓度单位为 $mol \cdot dm^{-3}$，则 k_r 的单位为 $dm^3 \cdot mol^{-1} \cdot s^{-1}$。因为

$$\underbrace{dm^3 \cdot mol^{-1} \cdot s^{-1}}_{k_r} \times \underbrace{mol \cdot dm^{-3}}_{[A]} \times \underbrace{mol \cdot dm^{-3}}_{[B]} = mol \cdot dm^{-3} \cdot s^{-1}$$

这就是速率 v 的单位。如果浓度表示为分子 $\cdot\ cm^{-3}$，速率单位为分子 $\cdot\ cm^{-3} \cdot s^{-1}$，那么速率常数的单位为 $cm^3 \cdot$ 分子 $^{-1} \cdot s^{-1}$。该方法可用来确定任何形式的速率方程中速率常数的单位。

简要说明 17A.2

298 K时，反应 $O(g) + O_3(g) \longrightarrow 2\,O_2(g)$ 的速率常数为 $8.0 \times 10^{-15}\ cm^3 \cdot$ 分子 $^{-1} \cdot s^{-1}$。为了将速率常数表示为 $dm^3 \cdot mol^{-1} \cdot s^{-1}$，可利用关系式 $1\ cm = 10^{-1}\ dm$ 来变换体积，即

$$k_r = 8.0 \times 10^{-15}\ \overbrace{cm^3}^{(10^{-1}\,dm)^3} \cdot \text{分子}^{-1} \cdot s^{-1}$$
$$= 8.0 \times 10^{-18}\ dm^3 \cdot \text{分子}^{-1} \cdot s^{-1}$$

现在注意，通过分子数除以阿伏加德罗常数（6.022×10^{23} 分子 $\cdot\ mol^{-1}$），可将分子数表示为物质的量：

$$k_r = 8.0 \times 10^{-18}\ dm^3 \cdot \text{分子}^{-1} \cdot s^{-1}$$
$$= 8.0 \times 10^{-18}\ dm^3 \times \left(\frac{1\ \text{分子}}{6.022 \times 10^{23}\ \text{分子} \cdot mol^{-1}}\right)^{-1} s^{-1}$$
$$= 8.0 \times 10^{-18} \times 6.022 \times 10^{23}\ dm^3 \cdot mol^{-1} \cdot s^{-1}$$
$$= 4.8 \times 10^6\ dm^3 \cdot mol^{-1} \cdot s^{-1}$$

速率方程的一个实际应用是指，一旦知道了方程的具体形式和速率常数的值，那就可能通过混合物的组成来预测反应速率。而且，如专题 17B 所述，知道了速率方程，也可以预测反应开始后某一时刻反应混合物的组成。速率方程还可提供用于评价所提出的反应机理合理性的证据。此应用在专题 17E 中展开。

（c）反应级数

研究发现，很多反应具有以下形式的速率方程：

$$v = k_r[A]^a[B]^b \cdots \quad (17A.7)$$

速率方程中某物种（产物或反应物）浓度的幂次方称为反应相对于该物种的**级数**（order）。若速率方程为式(17A.4)，则反应对 A 为一级，对 B 为一级。若速率方程为式(17A.7)，则反应的**总级数**（overall order）是各分级数之和，即 $a + b + \cdots$。式（17A.4）中速率方程的总级数是 $1 + 1 = 2$，因此该速率方程也称为总的二级。

一个反应的级数并不一定是整数，很多气相反应就是如此。例如，某反应有如下速率方程：

$$v = k_r[A]^{1/2}[B] \quad (17A.8)$$

反应对 A 为 0.5 级，对 B 为一级，总级数为 1.5。

简要说明 17A.3

实验测定气相反应 $H_2(g) + Br_2(g) \longrightarrow 2HBr(g)$ 的速率方程由式（17A.6）给出。在速率方程中 H_2 浓度显示+1 次幂，因此反应对 H_2 为一级。而 Br_2 和 HBr 的浓度并不以浓度某个幂次的单个项出现，所以反应对 Br_2 和 HBr 没有明确的级数，故总级数也不明确。

有些反应服从零级速率方程，因此速率与反应物浓度无关（只要有反应物存在）。例如，磷化氢（PH_3）在高压下于热钨表面的催化分解有如下速率方程：

$$v = k_r \quad (17A.9)$$

这意味着 PH_3 以恒定速率分解，直至其完全消失。

由“简要说明 17A.3”可见，当速率方程不是式（17A.7）的形式时，反应没有总级数，甚至可能对每一个参与物都没有确定的级数。

这些说明指出了三个重要的任务：

- 根据实验数据确定速率方程、获得速率常数，这些内容在本专题讨论；
- 解释速率常数的数值及其与温度的关系，有关内容在专题 17D 讨论；
- 建立符合速率方程的反应机理，相关技术在专题 17E 中介绍。

（d）速率方程的确定

速率方程的确定可通过**隔离法**（isolation method）简化。隔离法是指除一种反应物外，其他反应物均大大过量。速率与每个反应物的关系可以通过依次隔离每一个反应物（其他物质大大

过量）来获得，从而拼凑出总反应速率方程的完整图像。

如果反应物B大大过量，则在反应全过程中其浓度可近似为常数。那么，尽管真实的速率方程可能是$v=k_r[A][B]^2$，任意时间浓度[B]的值可以近似用其初始浓度$[B]_0$代替（因为在反应过程中[B]几乎不变），则有

$$v=k_{r,\,eff}[A] \quad k_{r,\,eff}=k_r[B]_0^2$$ 假一级反应，B过量 （17A.10a）

因为真实速率方程在假设[B]为常数时被迫成为一级形式，有效的速率方程归类为**假一级速率方程**（pseudofirst－order rate law），$k_{r,\,eff}$称为对于给定的[B]固定的**有效速率常数**（effective rate constant）。类似地，如果A的浓度大大过量，同样实际上不变，则原始速率方程简化为

$$v=k'_{r,\,eff}[B]^2 \quad k'_{r,\,eff}=k_r[A]_0$$ 假二级反应，A过量 （17A.10b）

这个假二级速率方程比完整的速率方程更容易进行分析和鉴定。注意：反应级数和有效速率常数的形式根据究竟A或B过量而有所改变。相似地，反应也有可能显示为零级。许多在水溶液中进行的反应被报道为一级或二级，实际上是假一级或假二级：如溶剂水，可能参加了反应，但因其大大过量，故浓度保持不变。

初始速率法（method of initial rates）常常与隔离法结合使用。在反应开始时，针对隔离反应物的几个不同初始浓度，测定反应的瞬时速率。如果隔离反应物A的浓度增加一倍，初始速率增大了一倍，则反应对A为一级；若初始速率增大了四倍，则反应对A为二级。更正式地，为确定级数可考虑发展一种图解的方法，假定对隔离反应物A，某反应的速率方程为

$$v=k_r[A]^a$$

那么，反应的初始速率v_0可由A的初始浓度给出：

$$v_0=k_{r,\,eff}[A]_0^a$$ 一个a级反应的初始速率 （17A.11a）

取（常用）对数，有

$$\lg v_0=\lg(k_{r,eff}[A]_0^a)=\lg k_{r,eff}+\lg[A]_0^a$$ （17A.11b）

$\lg(xy)=\lg x+\lg y$

$$=\lg k_{r,eff}+a\lg[A]_0$$

$\lg x^a=a\lg x$

上式具有直线方程的形式：

$$\underbrace{\lg v_0}_{y}=\underbrace{\lg k_{r,eff}}_{截距}+\underbrace{a\lg[A]_0}_{斜率\times x}$$ （17A.11c）

由此，对于一系列初始浓度，将初始速率的对数对A的初始浓度的对数作图，应得一条直线，直线的斜率为a，即反应对A的级数。

例题 17A.2 使用初始速率法

研究了在氩存在下、气相中I原子的复合，反应级数采用初始速率法测定。反应$2\,I(g)+Ar(g)\longrightarrow I_2(g)+Ar(g)$的初始速率如下：

$[I]_0/(10^{-5}\ mol\cdot dm^{-3})$		1.0	2.0	4.0	6.0
$v_0/(mol\cdot dm^{-3}\cdot s^{-1})$	(a)	8.70×10^{-4}	3.48×10^{-3}	1.39×10^{-2}	3.13×10^{-2}
	(b)	4.35×10^{-3}	1.74×10^{-2}	6.96×10^{-2}	1.57×10^{-1}
	(c)	8.69×10^{-3}	3.47×10^{-2}	1.38×10^{-1}	3.13×10^{-1}

Ar浓度分别为：（a）$1.0\times10^{-3}\ mol\cdot dm^{-3}$，（b）$5.0\times10^{-3}\ mol\cdot dm^{-3}$，（c）$1.0\times10^{-2}\ mol\cdot dm^{-3}$。试求反应对I和Ar的级数，以及速率常数。

整理思路 需要确定数据组，在每一组中只有一种反应物是变化的（如对每一行数据，[Ar]为定值）。从这样的数据判定级数涉及式（17A.11c）的应用，以速率的对数对反应物之一（本例中选择I）的浓度的对数作图。这样，在固定$[Ar]_0$时（即对应每一行数据），将[I]和相应速率的数值取对数、列表、绘图，斜率给出对应[I]的级数，$\lg[I]_0=0$时的截距给出$\lg k_{r,\,eff}$的值（对每个$[Ar]_0$有不同的数值）。通过这种方法得到的有效速率常数实际是$k_{r,\,eff}=k_r[Ar]_0^b$，为了提取k_r和b，取对数如下，可得

$$\lg k_{r,\,eff}=\lg k_r+b\lg[Ar]_0$$

由此，需要将解的第一部分中获得的$\lg k_{r,\,eff}$对$\lg[Ar]_0$作图，斜率给出b值，$\lg[Ar]_0=0$时的截距给出$\lg k_r$值。

解： 由数据给出下列作图点：

$\lg[[I]_0/(mol\cdot dm^{-3})]$		−5.00	−4.70	−4.40	−4.22
$\lg[v_0/(mol\cdot dm^{-3}\cdot s^{-1})]$	(a)	−3.060	−2.458	−1.857	−1.504
	(b)	−2.362	−1.759	−1.157	−0.804
	(c)	−2.061	−1.460	−0.860	−0.504

维持[Ar]不变，改变[I]，所得数据作图，如图17A.5（a）所示。直线斜率为2，所以反应对I为二级。有效速率常数$k_{r,\,eff}$如下：

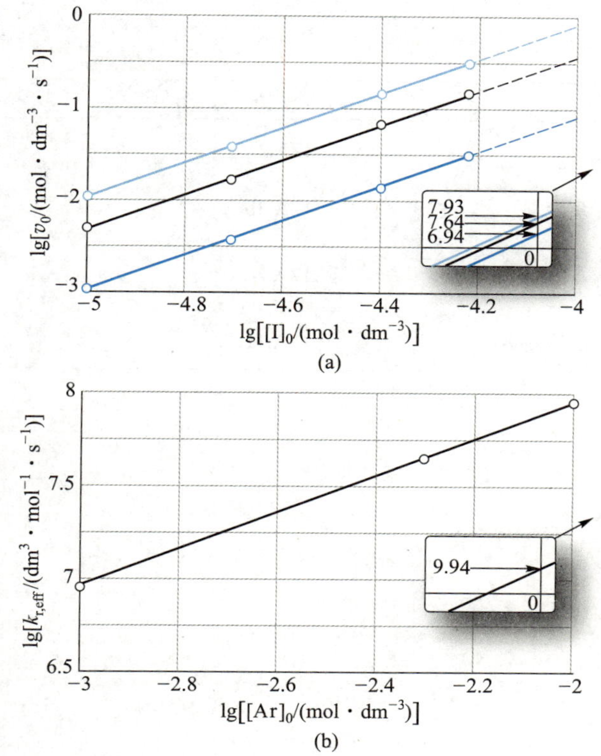

图17A.5　例题17A.2中的数据分析。(a) 用来获得I的级数的作图。$\lg[\mathrm{I}]_0=0$时的截距距离右边很远，故显示在插图中。(b) 用来获得Ar的级数和速率常数k_r的作图。$\lg[\mathrm{Ar}]_0=0$时的截距距离右边很远，故显示在插图中

$[\mathrm{Ar}]_0/(\mathrm{mol\cdot dm^{-3}})$	1.0×10^{-3}	5.0×10^{-3}	1.0×10^{-2}
$\lg[[\mathrm{Ar}]_0/(\mathrm{mol\cdot dm^{-3}})]$	−3.00	−2.30	−2.00
$\lg[k_{r,\mathrm{eff}}/(\mathrm{dm^3\cdot mol^{-1}\cdot s^{-1}})]$	6.94	7.64	7.93

图17A.5(b)展示了$\lg[k_{r,\mathrm{eff}}/(\mathrm{dm^3\cdot mol^{-1}\cdot s^{-1}})]$对$\lg[[\mathrm{Ar}]_0/(\mathrm{mol\cdot dm^{-3}})]$作图的结果。斜率为1，故$b=1$，反应对Ar为一级。当$\lg[[\mathrm{Ar}]_0/(\mathrm{mol\cdot dm^{-3}})]=0$时，截距$\lg[k_{r,\mathrm{eff}}/(\mathrm{dm^3\cdot mol^{-1}\cdot s^{-1}})]=9.94$，因此，$k_r=8.7\times10^9\ \mathrm{dm^6\cdot mol^{-2}\cdot s^{-1}}$。总的反应（初始）速率方程为$v=k_r[\mathrm{I}]_0^2[\mathrm{Ar}]_0$。

实用小贴士　当对形式为$x.xx\times10^n$ $(n<10)$的数字取常用对数时，结果保留四位有效数字[如$\lg(1.23\times10^4)=4.090$]：小数点前面的数字仅仅是10的幂次。相反地，如果对$y.yyy$取10的反对数，结果只保留三位有效数字（如$10^{5.678}=4.76\times10^5$）。

自测题 17A.2　某一反应的初始速率随物质J的浓度而变化，如下所示：

$[\mathrm{J}]_0/(10^{-3}\ \mathrm{mol\cdot dm^{-3}})$	5.0	10.2	17	30
$v_0/(10^{-7}\ \mathrm{mol\cdot dm^{-3}\cdot s^{-1}})$	3.6	9.6	40	130

试确定反应对J的级数和速率常数。

答案：2，$1.6\times10^{-2}\ \mathrm{dm^3\cdot mol^{-1}\cdot s^{-1}}$。

初始速率法可能不能揭示全部的速率规律，因为一旦有产物开始生成，它们会参与反应并影响速率。例如，在H_2和Br_2的反应中，式（17A.6）中的速率方程显示速率与HBr的浓度有关。为了避免类似困难，速率方程应针对整个反应的数据进行拟合。拟合方法是，至少在简单情形下，通过采用一个提议的速率方程预测任一组分在任何时间的浓度，并与数据比较；基于此步骤的方法在专题17B中描述。速率方程还应该通过观察是否有产物的添加，或者对于气相反应，反应室中表面/体积比的改变是否影响反应速率来测试。

概念清单

☐ 1. 化学反应速率是利用各种技术监测存在于反应混合物中物种的浓度来测定的。实例包括**实时**和**淬灭**步骤、**流动**和**停流**技术，以及**闪光光解**技术。

☐ 2. 反应物消耗和产物生成的**瞬时速率**是浓度－时间曲线上某点切线的斜率（表示为正值）。

☐ 3. **反应速率**是依据反应进度定义的，采用此定义，其值与物种的选择无关。

☐ 4. **速率方程**是用出现在整个化学反应中的物种浓度变化表示反应速率的一种表达式。

☐ 5. **反应级数**是速率方程中参与物浓度的幂指数，**总级数**是这些指数之和。

公式清单

性质	公式	说明	公式编号
反应速率	$v=(1/V)(\mathrm{d}\xi/\mathrm{d}t)$	定义	17A.2
	$v=(1/\nu_\mathrm{J})(\mathrm{d}[\mathrm{J}]/\mathrm{d}t)$	等容系统	17A.3b
速率方程（有些情况下）	$v=k_\mathrm{r}[\mathrm{A}]^a[\mathrm{B}]^b\cdots$	$a, b, \cdots$：级数； $a+b+\cdots$：总级数	17A.7
初始速率法	$\lg v_0=\lg k_{\mathrm{r,eff}}+a\lg[\mathrm{A}]_0$	隔离反应物 A	17A.11c

专题17B

积分速率方程

► 为何需要学习这部分内容?

当反应趋于平衡时，如果想预测反应混合物的组成，就需要积分速率方程。积分速率方程也是确定反应级数和速率常数的基础，这是构想反应机理的必要步骤。

► 核心思想是什么?

速率方程是微分方程，通过积分速率方程可得到反应物和产物的浓度是如何随时间变化的。

► 需要哪些预备知识?

需要熟悉速率方程、反应级数和速率常数等概念（专题17A）。简单速率方程的处理只要求初级积分技能（有关标准积分请参见*资源部分*）。

速率方程（专题17A）是微分方程，通过积分可以预测反应物和产物的浓度是如何随时间变化的。即便是最复杂的速率方程，也可以数学积分。然而，在大量简单情况下，解析式（称为**积分速率方程**，integrated rate law）容易获得且被证明非常有用。

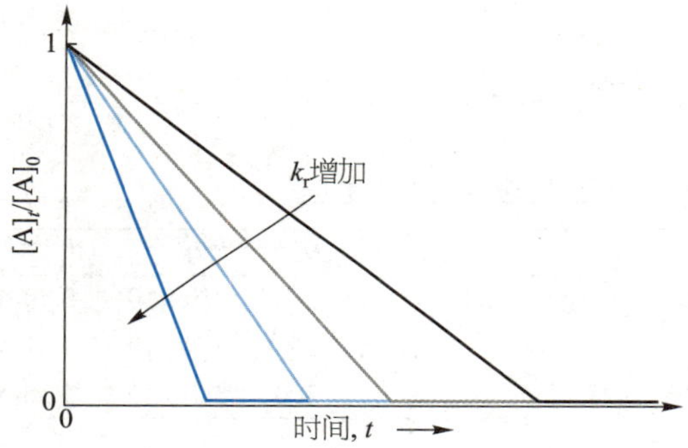

17B.1 零级反应

对于A ⟶ P类型的零级反应，速率为常数（只要有反应物存在），故

$$\frac{d[A]}{dt}=-k_r$$

据此，A的浓度变化可简单表示为其消耗速率（为 $-k_r$）乘以反应时间(t)，即

$$[A]-[A]_0=-k_rt$$

式中[A]为反应物A在t时刻的浓度，$[A]_0$为反应物A的初始浓度。该表达式可重排为

$$[A]=[A]_0-k_rt \quad \text{零级反应速率方程的积分式} \tag{17B.1}$$

该式适用于所有反应物被耗尽之前，即$t=[A]_0/k_r$。此后，[A] = 0（图17B.1）。

图17B.1　零级反应中反应物的线性衰减

17B.2 一级反应

考虑一级反应速率方程：

$$\frac{d[A]}{dt}=-k_r[A] \tag{17B.2a}$$

该方程可被积分，从而显示反应物A的浓度如何随时间变化。

如何完成？17B.1　导出一级反应速率方程的积分式

首先，将式（17B.2a）重排为

$$\frac{d[A]}{[A]}=-k_r dt$$

应明确k_r是与t无关的常数。反应开始（$t=0$）时，A的浓度为$[A]_0$；反应一段时间（$t=t$）后，A的浓度为[A]。

将这些数值与积分上、下限对应，写作

$$\int_{[A]_0}^{[A]}\frac{d[A]}{[A]}=-k_r\int_0^t dt$$

因为 $1/x$ 的积分是 $\ln x+$ 常数，上式左边可以表示为

积分A.2

$$\int_{[A]_0}^{[A]}\frac{d[A]}{[A]}=\ln[A]+常数\Big|_{[A]_0}^{[A]}=\ln[A]-\ln[A]_0=\ln\frac{[A]}{[A]_0}$$

右边积分为 $-k_rt$，则

$$\ln\frac{[A]}{[A]_0}=-k_rt \qquad [A]=[A]_0e^{-k_rt} \qquad (17B.2b)$$

一级反应速率方程的积分式

式（17B.2b）表明，如果以 $\ln([A]/[A]_0)$ 对 t 作图，一级反应会给出一条斜率为 $-k_r$ 的直线。采用该法测定的一些速率常数列于表17B.1。式（17B.2b）中的第二个表达式表明：在一级反应中，反应物浓度随时间呈指数下降，下降速率由 k_r 决定（图17B.2）。

表17B.1　一级反应的动力学数据*

反应	相态	$\theta/°C$	k_r/s^{-1}	$t_{1/2}$
$2N_2O_5 \longrightarrow 4NO_2+O_2$	g	25	3.38×10^{-5}	5.70 h
	$Br_2(l)$	25	4.27×10^{-5}	4.51 h
$C_2H_6 \longrightarrow 2CH_3$	g	700	5.36×10^{-4}	21.6 min

*更多的数据参见资源部分。

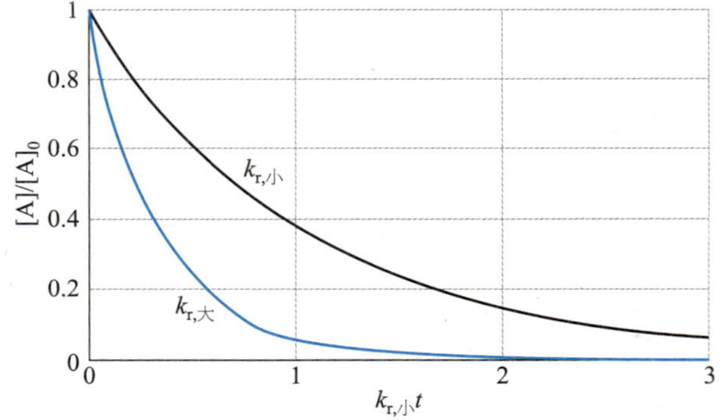

图17B.2　一级反应中反应物的指数衰减。速率常数越大，衰减越快。此图中，$k_{r,大}=3k_{r,小}$

式（17B.2）中的积分速率方程也可以用产物P的浓度来表示。注意到对于反应A ⟶ P，产物P的浓度增加与反应物A的浓度降低相匹配。假设反应开始时没有产物P（只有反应物），那么 $[P]=[A]_0-[A]$，则 $[A]=[A]_0-[P]$。这个A的浓度表达式可代入式（17B.2b）中，得到

$$\ln\frac{[A]_0-[P]}{[A]_0}=-k_rt \qquad [P]=[A]_0(1-e^{-k_rt}) \qquad (17B.2c)$$

一级化学反应速率的一个有用的指示是物质的**半衰期**（half-life）$t_{1/2}$，即某反应物浓度降低至其初始浓度的一半时所需的时间。这个量可以通过积分速率方程得到。一级反应中A的浓度从初始浓度 $[A]_0$ 降至 $\frac{1}{2}[A]_0$ 时所需时间可由式（17B.2b）给出：

$$k_rt_{1/2}=-\ln\frac{\frac{1}{2}[A]_0}{[A]_0}=-\ln\frac{1}{2}=\ln 2$$

因此，有

$$t_{1/2}=\frac{\ln 2}{k_r} \qquad (17B.3)$$

半衰期［一级反应］

（注：$\ln 2=0.693$。）该结果主要指出，对于一级反应，反应物的半衰期与其初始浓度无关。因此，如果在任意时刻反应物A的浓度为[A]，那么它再经历另一个时间间隔 $(\ln 2)/k_r$ 后浓度将降为 $\frac{1}{2}[A]$。表17B.1中给出了一些半衰期数据。

例题 17B.1　分析一级反应

600 K时，测得偶氮甲烷分压随时间的变化，结果如下。证实分解反应 $CH_3N_2CH_3(g) \longrightarrow CH_3CH_3(g)+N_2(g)$ 对偶氮甲烷为一级，并计算600 K时的速率常数和半衰期。

t/s	0	1 000	2 000	3 000	4 000
p/Pa	10.9	7.63	5.32	3.71	2.59

整理思路　为了证实反应为一级，可将 $\ln([A]/[A]_0)$ 对时间 t 作图，应得一条直线。因为气体的分压与其浓度成正比，一个等价的方法是用 $\ln(p/p_0)$ 对 t 作图。如果得到一条直线，其斜率即为 $-k_r$。然后利用式（17B.3），可由 k_r 计算出半衰期。

解：通过使用 $p_0=10.9$ Pa，可计算得以下数据：

t/s	0	1 000	2 000	3 000	4 000
p/p_0	1	0.700	0.488	0.340	0.023 8
$\ln(p/p_0)$	0	−0.357	−0.717	−1.078	−1.437

图17B.3给出了 $\ln(p/p_0)-t$ 图。可见，所得为一直线，证实该反应为一级反应。直线斜率为 -3.6×10^{-4}，故 $k_r=3.6\times10^{-4}\ s^{-1}$。由式（17B.3）可计算出半衰期：

$$t_{1/2}=\frac{\ln 2}{3.6\times10^{-4}\ s^{-1}}=1.9\times10^3\ s$$

自测题17B.1　在一个特定实验中发现，液溴中 N_2O_5 的浓度随时间变化如下：

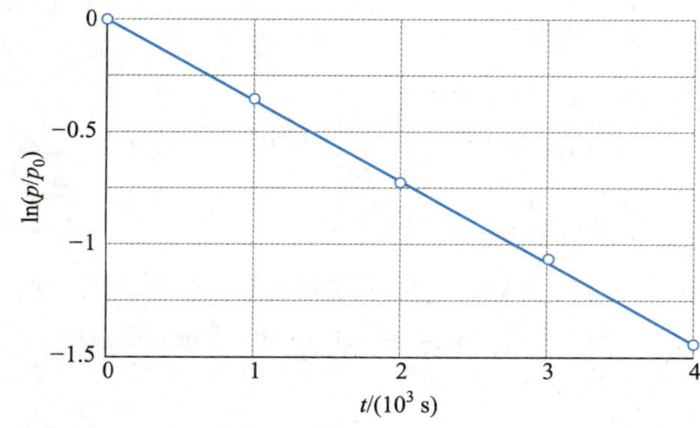

图17B.3　一级反应速率常数的测定：当 ln[A][此处为（$\ln p/p_0$）]对 t 作图，可得一直线，斜率为 $-k_r$（作图数据来源于例题17B.1）

t/s	0	200	400	600	1 000
$[N_2O_5]/(mol\cdot dm^{-3})$	0.110	0.073	0.048	0.032	0.014

证实反应对 N_2O_5 为一级反应，并计算速率常数。

答案：$k_r = 2.1\times10^{-3}\ s^{-1}$。

17B.3　二级反应

二级反应速率方程为

$$\frac{d[A]}{dt} = -k_r[A]^2 \qquad (17B.4a)$$

其积分式可采用与一级反应完全相同的方法获得。

如何完成？17B.2　导出二级反应速率方程的积分式

为了积分式（17B.4a），首先将其重排为

$$\frac{d[A]}{[A]^2} = -k_r dt$$

$t=0$ 时，A 的浓度为 $[A]_0$；反应一段时间（$t=t$）后，A 的浓度为 [A]。因此，有

积分A.1

$$-\int_{[A]_0}^{[A]}\frac{d[A]}{[A]^2} = k_r\int_0^t dt$$

等式左边积分（包括负号）为

$$\frac{1}{[A]}+\text{常数}\Big|_{[A]_0}^{[A]} = \frac{1}{[A]}-\frac{1}{[A]_0}$$

等式右边为 $k_r t$。则有

$$\frac{1}{[A]}-\frac{1}{[A]_0} = k_r t \qquad [A] = \frac{[A]_0}{1+k_r t[A]_0} \qquad (17B.4b)$$

二级反应速率方程的积分式

式（17B.4b）表明，对于二级反应，$1/[A]$ 对 t 作图为一条直线，直线斜率为 k_r。利用此法确定的一些反应的速率常数见表17B.2。方程的另一种形式可用来预测反应开始后、进行到任意时刻时反应物 A 的浓度。图17B.4表明，与具有相同初始速率的一级反应相比，二级反应中 A 浓度趋于零的速度要慢一些。

表17B.2　二级反应的动力学数据*

反应	相态	θ/℃	$k_r/(dm^3\cdot mol^{-1}\cdot s^{-1})$
$2NOBr \longrightarrow 2NO + Br_2$	g	10	0.80
$2I \longrightarrow I_2$	g	23	7×10^9

*更多的数据参见资源部分。

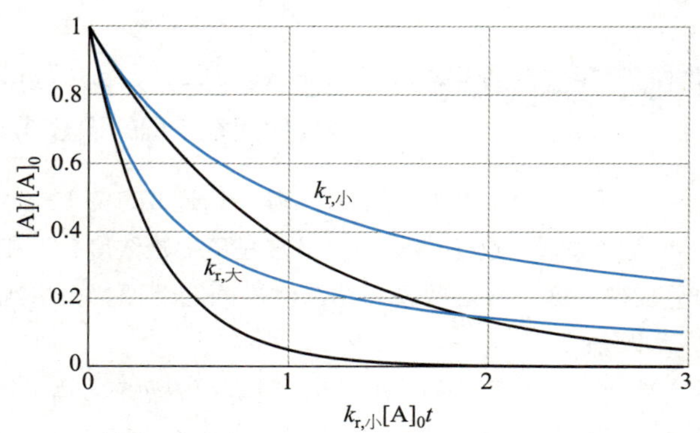

图17B.4　二级反应中反应物浓度随时间的变化。黑色线表示具有相同初始速率的一级反应相应的浓度衰减。此图中，$k_{r,大} = 3k_{r,小}$

与在一级反应中的情形一样，式（17B.4b）可以用产物 P 的浓度来重写。假定计量式为 A ⟶ P，则有 $[A] = [A]_0 - [P]$。经过替代和重排，可得

$$\frac{[P]}{([A]_0-[P])[A]_0} = k_r t \qquad [P] = \frac{k_r t[A]_0^2}{1+[A]_0 k_r t} \qquad (17B.4c)$$

由式（17B.4b），通过替代 $t = t_{1/2}$ 和 $[A] = \frac{1}{2}[A]_0$，可得到在二级反应中反应物 A 被消耗的半衰期：

$$t_{1/2} = \frac{1}{k_r[A]_0} \qquad (17B.5)$$

半衰期［二级反应］

可见，与一级反应不同，二级反应中一物质的半衰期与其初始浓度有关。这种依赖关系的一个实际后果是：物种（包括一些对环境有害的物质）在二级反应中的衰减遵循低浓度、长寿命，因为其浓度越低、半衰期越长。一般地，对反应

式为A $\longrightarrow$ P的n级（$n>1$）反应，半衰期与速率常数和反应物A的初始浓度的关系（参见问题P17B.15）为

$$t_{1/2}=\frac{2^{n-1}-1}{(n-1)k_r[A]_0^{n-1}} \quad \text{半衰期 [}n\text{级反应，}n>1\text{]} \qquad (17B.6)$$

另一种类型的二级反应是反应对两种反应物A和B各为一级，即

$$\frac{d[A]}{dt}=-k_r[A][B] \qquad (17B.7a)$$

可能具有这种速率方程的一个反应例子是A + B $\longrightarrow$ P。该速率方程可被积分，从而得到反应物浓度[A]和[B]随时间的变化规律。

如何完成？17B.3　对反应A + B $\longrightarrow$ P，导出二级反应速率方程的积分式

在积分式（17B.7a）之前，需要知道B的浓度与A的浓度的关系，这可由反应计量方程及初始浓度$[A]_0$和$[B]_0$获得。这里考虑两者初始浓度不同的情况，可采用以下步骤：

步骤1　*考虑反应计量关系，重新写出速率方程*

根据反应计量方程，当反应物A的浓度降至$[A]_0-x$时，B的浓度将降至$[B]_0-x$（因为每消耗一个A分子必定消耗一个B分子）。则式（17B.7a）变为

$$\frac{d[A]}{dt}=-k_r([A]_0-x)([B]_0-x)$$

因为$[A]=[A]_0-x$，故$d[A]/dt=-dx/dt$，速率方程可写作

$$\frac{dx}{dt}=k_r([A]_0-x)([B]_0-x)$$

步骤2　*积分速率方程*

初始条件是$t=0$时，$x=0$；故所需求的积分为

$$\int_0^x\frac{dx}{([A]_0-x)([B]_0-x)}=k_r\int_0^t dt$$

等式右边等于k_rt，左边可采用“部分分数（式）积分法”处理（参见“化学家工具包30”和*资源部分*中的积分公式）：

$$\overbrace{\int_0^x\frac{dx}{([A]_0-x)([B]_0-x)}}^{\text{积分A.3}}=\frac{1}{[B]_0-[A]_0}\left(\ln\frac{[A]_0}{[A]_0-x}-\ln\frac{[B]_0}{[B]_0-x}\right)$$

两个对数可以联合、变换为

$$\ln\frac{[A]_0}{\underbrace{[A]_0-x}_{[A]}}-\ln\frac{[B]_0}{\underbrace{[B]_0-x}_{[B]}}=\ln\frac{[A]_0}{[A]}-\ln\frac{[B]_0}{[B]}$$

$$=\ln\frac{1}{[A]/[A]_0}-\ln\frac{1}{[B]/[B]_0}$$

$$=\ln\frac{[B]/[B]_0}{[A]/[A]_0}$$

步骤3　*完成表达式*

合并以上所有结果，便得到

$$\ln\frac{[B]/[B]_0}{[A]/[A]_0}=([B]_0-[A]_0)k_rt \quad \text{速率方程的积分式 [A+B}\longrightarrow\text{P类型的二级反应，且}[A]_0\neq[B]_0\text{]} \qquad (17B.7b)$$

因此，将等式左边的表达式对时间t作图应得一条直线，从而获得k_r。如下面的“简要说明”中所示，仅用两次测量数据就可以快速估计速率常数。

采用相似的计算，可以获得其他级数反应的积分速率方程，一些列于表17B.3中。

化学家工具包30　部分分数（式）积分法

为解决以下形式的积分：

$$I=\int\frac{1}{(a-x)(b-x)}dx$$

式中a、b为常数，且$a\neq b$，可采用**部分分数（式）积分法**（method of partial fractions），其中各项乘积（如这个被积函数的分母中）的一个分数可以写作几个分数之和。按此方法，上式中被积函数可写作

$$\frac{1}{(a-x)(b-x)}=\frac{1}{b-a}\left(\frac{1}{a-x}-\frac{1}{b-x}\right)$$

然后积分右边每一项，据此得到

$$I=\frac{1}{b-a}\left(\overbrace{\int\frac{dx}{a-x}}^{\text{积分A.2}}-\overbrace{\int\frac{dx}{b-x}}^{\text{积分A.2}}\right)$$

$$=\frac{1}{b-a}\left(\ln\frac{1}{a-x}-\ln\frac{1}{b-x}\right)+\text{常数}$$

表 17B.3　积分速率方程

级数	反应	速率方程及其积分形式*	$t_{1/2}$
0	$A \longrightarrow P$	$v = k_r$ $k_r t = [P]\ (0 \leqslant [P] \leqslant [A]_0)$ $[A] = [A]_0 - k_r t\ (0 \leqslant [A] \leqslant [A]_0)$	$[A]_0/2k_r$
1	$A \longrightarrow P$	$v = k_r[A]$ $k_r t = \ln\dfrac{[A]_0}{[A]}$，$[A]=[A]_0 e^{-k_r t}$，$[P]=[A]_0(1-e^{-k_r t})$	$(\ln 2)/k_r$
2	$A \longrightarrow P$	$v = k_r[A]^2$ $k_r t = \dfrac{[P]}{[A]_0([A]_0-[P])}$，$[A]=\dfrac{[A]_0}{1+k_r t[A]_0}$，$[P]=\dfrac{k_r t[A]_0^2}{1+[A]_0 k_r t}$	$1/k_r[A]_0$
	$A + B \longrightarrow P$	$v = k_r[A][B]$ $k_r t = \dfrac{1}{[B]_0-[A]_0}\ln\dfrac{[A]_0([B]_0-[P])}{([A]_0-[P])[B]_0}$， $\ln\dfrac{[B]/[B]_0}{[A]/[A]_0} = ([B]_0-[A]_0)k_r t$，$[P]=\dfrac{[A]_0[B]_0[1-e^{([B]_0-[A]_0)k_r t}]}{[A]_0-[B]_0 e^{([B]_0-[A]_0)k_r t}}$	
	$A + 2B \longrightarrow P$	$v = k_r[A][B]$ $k_r t = \dfrac{1}{[B]_0-2[A]_0}\ln\dfrac{[A]_0([B]_0-2[P])}{([A]_0-[P])[B]_0}$，$[P]=\dfrac{[A]_0[B]_0[1-e^{([B]_0-2[A]_0)k_r t}]}{2[A]_0-[B]_0 e^{([B]_0-2[A]_0)k_r t}}$	
3	$A + 2B \longrightarrow P$	$v = k_r[A][B]^2$ $k_r t = \dfrac{2[P]}{(2[A]_0-[B]_0)([B]_0-2[P])[B]_0} + \dfrac{1}{(2[A]_0-[B]_0)^2}\ln\dfrac{[A]_0([B]_0-2[P])}{([A]_0-[P])[B]_0}$ [P]必须用图形或数字来确定	
$n \geqslant 2$	$A \longrightarrow P$	$v = k_r[A]^n$ $k_r t = \dfrac{1}{n-1}\left[\dfrac{1}{([A]_0-[P])^{n-1}} - \dfrac{1}{[A]_0^{n-1}}\right]$ $n > 3$时，对[P]没有简单的通解	$\dfrac{2^{n-1}-1}{(n-1)k_r[A]_0^{n-1}}$

*$v = d[P]/dt$

简要说明 17B.1

考虑溶液中进行的一个二级反应，形式为 $A + B \longrightarrow P$。开始，反应物浓度为 $[A]_0 = 0.075\ mol \cdot dm^{-3}$，$[B]_0 = 0.050\ mol \cdot dm^{-3}$。反应 1 h后，B的浓度降至 $[B] = 0.020\ mol \cdot dm^{-3}$。因B的浓度改变与A完全相同（等于 x），则在此时间间隔有

$$x = (0.050 - 0.020)\ mol \cdot dm^{-3} = 0.030\ mol \cdot dm^{-3}$$

因此，1 h后A的浓度为

$$[A] = [A]_0 - x = (0.075 - 0.030)\ mol \cdot dm^{-3} = 0.045\ mol \cdot dm^{-3}$$

已知 $[B] = 0.020\ mol \cdot dm^{-3}$，则根据式（17B.7b）可得

$$k_r = \frac{1}{(0.050-0.075)mol \cdot dm^{-3} \times 3\,600\ s}\ln\frac{0.020/0.050}{0.045/0.075}$$
$$= 4.5\times10^{-3}\ dm^3 \cdot mol^{-1} \cdot s^{-1}$$

概念清单

- □ 1. **积分速率方程**是反应物浓度或产物浓度与时间函数关系的一种表达式（表 17B.3）。
- □ 2. 反应物的**半衰期**是指其浓度从起始值降低到一半时所需的时间。
- □ 3. 使用积分速率方程分析实验数据，可以预测反应进行到任意阶段时反应系统的组成，验证速率方程，以及测定速率常数。

公式清单

性质	公式	说明	公式编号
积分速率方程	$[A]=[A]_0-k_rt$	零级，$A\longrightarrow P$	17B.1
积分速率方程	$\ln([A]/[A]_0)=-k_rt$ 或 $[A]=[A]_0e^{-k_rt}$	一级，$A\longrightarrow P$	17B.2b
半衰期	$t_{1/2}=(\ln 2)/k_r$	一级，$A\longrightarrow P$	17B.3
积分速率方程	$1/[A]-1/[A]_0=k_rt$ 或 $[A]=[A]_0/(1+k_rt[A]_0)$	二级，$A\longrightarrow P$	17B.4b
半衰期	$t_{1/2}=1/k_r[A]_0$	二级，$A\longrightarrow P$	17B.5
	$t_{1/2}=(2^{n-1}-1)/(n-1)k_r[A]_0^{n-1}$	n级，$n>1$	17B.6
积分速率方程	$\ln[([B]/[B]_0)/([A]/[A]_0)]=([B]_0-[A]_0)k_rt$	二级，$A+B\longrightarrow P$	17B.7b

专题17C

趋近平衡的反应

▶ 为何需要学习这部分内容？

所有反应都趋向于平衡，速率方程可用来描述当它们接近平衡组成时的浓度变化。时间依赖性分析也可以揭示速率常数和平衡常数之间的关联。

▶ 核心思想是什么？

为了阐明反应接近平衡，正向反应和逆向反应必须同时包含于反应历程中。

▶ 需要哪些预备知识？

需要熟悉速率方程、反应级数和速率常数（专题17A）、积分速率方程（专题17B）及平衡常数（专题6A）等概念。与专题17B中一样，简单速率方程的运算只要求初级积分技能。

实际上，大多数动力学研究都是基于远离平衡的反应，而且如果产物浓度很低，则逆反应可予以忽略。然而，接近平衡时，产物可能很富足，那么逆反应就必须被考虑了。

17C.1 趋于平衡的一级反应

考虑A生成B的反应，正、逆反应均为一级（如某些异构化反应）：

$$\mathrm{A}\longrightarrow\mathrm{B}\qquad \frac{\mathrm{d[A]}}{\mathrm{d}t}=-k_{\mathrm{r}}[\mathrm{A}]$$

$$\mathrm{B}\longrightarrow\mathrm{A}\qquad \frac{\mathrm{d[A]}}{\mathrm{d}t}=k_{\mathrm{r}}'[\mathrm{B}] \tag{17C.1}$$

A的浓度因正反应而减小（速率$k_{\mathrm{r}}[\mathrm{A}]$），却因逆反应而增加（速率$k_{\mathrm{r}}'[\mathrm{B}]$）。因此，在任一阶段，变化的净速率为

$$\frac{\mathrm{d[A]}}{\mathrm{d}t}=-k_{\mathrm{r}}[\mathrm{A}]+k_{\mathrm{r}}'[\mathrm{B}] \tag{17C.2}$$

如果A的初始浓度为$[\mathrm{A}]_0$，反应开始时没有B，那么在所有时刻都有$[\mathrm{A}]+[\mathrm{B}]=[\mathrm{A}]_0$。因此，有

$$\begin{aligned}\frac{\mathrm{d[A]}}{\mathrm{d}t}&=-k_{\mathrm{r}}[\mathrm{A}]+k_{\mathrm{r}}'([\mathrm{A}]_0-[\mathrm{A}])\\&=-(k_{\mathrm{r}}+k_{\mathrm{r}}')[\mathrm{A}]+k_{\mathrm{r}}'[\mathrm{A}]_0\end{aligned} \tag{17C.3}$$

该一级微分速率方程的解（可通过微分来核实，参见问题P17C.1）为

$$[\mathrm{A}]=\frac{k_{\mathrm{r}}'+k_{\mathrm{r}}\mathrm{e}^{-(k_{\mathrm{r}}+k_{\mathrm{r}}')t}}{k_{\mathrm{r}}+k_{\mathrm{r}}'}[\mathrm{A}]_0\qquad [\mathrm{B}]=[\mathrm{A}]_0-[\mathrm{A}] \tag{17C.4}$$

图17C.1展示了由该方程预测的时间依赖性。

随着$t\to\infty$，式（17C.4）中的指数项衰减至0，浓度趋于其平衡值。因此，有

$$[\mathrm{A}]_{\mathrm{eq}}=\frac{k_{\mathrm{r}}'[\mathrm{A}]_0}{k_{\mathrm{r}}+k_{\mathrm{r}}'}\qquad [\mathrm{B}]_{\mathrm{eq}}=[\mathrm{A}]_0-[\mathrm{A}]_{\mathrm{eq}}=\frac{k_{\mathrm{r}}[\mathrm{A}]_0}{k_{\mathrm{r}}+k_{\mathrm{r}}'} \tag{17C.5}$$

故该反应的平衡常数为

$$K=\frac{[\mathrm{B}]_{\mathrm{eq}}}{[\mathrm{A}]_{\mathrm{eq}}}=\frac{k_{\mathrm{r}}}{k_{\mathrm{r}}'} \tag{17C.6}$$

（如专题6A中所解释的，如果系统作为理想系统来处理，用物质的量浓度的数值来代替活度

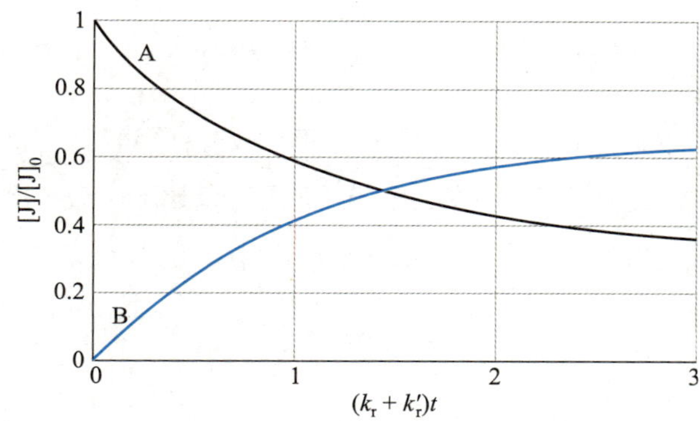

图17C.1 对正、逆向均为一级的反应A $\rightleftharpoons$ B（$k_{\mathrm{r}}=2k_{\mathrm{r}}'$），由式（17C.4）预测的浓度向其平衡值的趋近

是合理的。）实际上，注意到在平衡时，正、逆反应速率必须一致，可以更为简单地得到

$$k_r[A]_{eq}=k'_r[B]_{eq} \tag{17C.7}$$

这个关系式可以重排为式（17C.6）。式（17C.6）的理论意义是它将一个热力学量（即平衡常数）与速率相关的量关联起来；它的实际重要性在于如果其中一个速率常数能够测定，那么在已知平衡常数的条件下，就可以获得其他速率常数。

即使正、逆向反应有不同的级数，式（17C.6）也成立，但在这种情况下需要特别留意单位。例如，如果反应 $A+B \longrightarrow C$，若正向为二级、逆向为一级，则平衡条件为 $k_r[A]_{eq}[B]_{eq}=k'_r[C]_{eq}$，那么量纲为1的平衡常数的完整表达式为

$$K=\frac{[C]_{eq}/c^{\ominus}}{([A]_{eq}/c^{\ominus})([B]_{eq}/c^{\ominus})}=\left(\frac{[C]}{[A][B]}\right)_{eq}c^{\ominus}=\frac{k_r}{k'_r}\times c^{\ominus}$$

最后一项 $c^{\ominus}=1\ mol\cdot dm^{-3}$ 的存在确保了具有不同单位的二级速率常数与一级速率常数的比值被转变为量纲为1的量。

简要说明 17C.1

一个二聚反应的正、逆向反应的速率常数分别为 $8.0\times10^8\ dm^3\cdot mol^{-1}\cdot s^{-1}$（二级）和 $2.0\times10^6\ s^{-1}$（一级）。因此，该二聚反应的平衡常数为

$$K=\frac{8.0\times10^8\ dm^3\cdot mol^{-1}\cdot s^{-1}}{2.0\times10^6\ s^{-1}}\times1\ mol\cdot dm^{-3}=4.0\times10^2$$

对于一个更为一般的反应，总的平衡常数可以用反应历程（参见问题P17C.4）中所有中间步骤的速率常数来表示：

$$K=\frac{k_a}{k'_a}\times\frac{k_b}{k'_b}\times\cdots \quad \text{用速率常数表示的平衡常数} \tag{17C.8}$$

式中 k_r 代表每一步反应的速率常数，k'_r 代表其逆反应的速率常数。如果正、逆反应的级数不一致，$c^{\ominus}$ 的适宜幂次应包含在每一个因子中。

17C.2　弛豫方法

“弛豫”（relaxation）一词表示系统恢复平衡。它用于化学动力学是指一个外加影响力改变了反应的平衡位置，往往是突然的，然后所涉及物种的浓度调整，并趋于新条件下的特征平衡值（图17C.2）。

考虑反应速率对**温度突跃**（temperature jump，即温度的突然改变）的响应。如在专题6B中所述，对于 $\Delta_r H^{\ominus}$ 不为零的反应，平衡组成取决于温度。所以，温度的突然改变相当于给系统一个扰动。实现温度突跃的方法之一是使通过外加离子导电的样品经受放电；也可以使用微波辐射或来自激光的强电磁脉冲激发。放电能够在约1 μs内使温度突跃5~10 K；脉冲激光的高能量输出足以使水溶液样品在1 ns内温度跃升10~30 K。

系统对温度突然升高的响应可通过考虑正向反应和逆向反应的速率方程及速率常数的温度依赖性来加以分析。

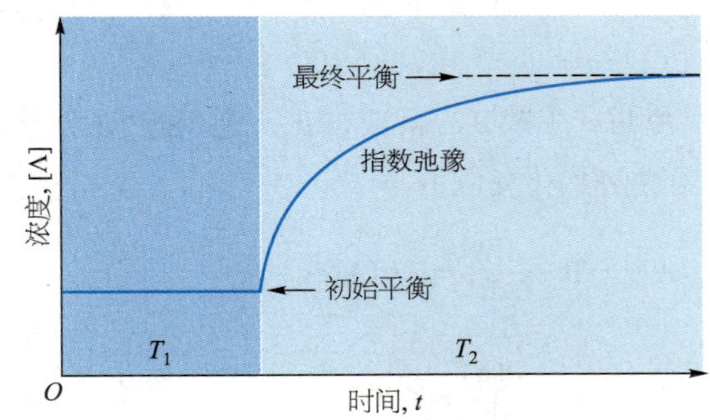

图17C.2　当起先在某温度 T_1 达平衡的一个反应，经历一个温度的突然扰动至温度 T_2，浓度弛豫至新的平衡组成

如何完成？17C.1　探究对温度突跃的响应

首先考虑每个方向都是一级反应的简单平衡 $A \rightleftharpoons B$，然后是正向一级、逆向二级的平衡 $A \rightleftharpoons B+C$。在每种情况下，当温度被突然升高时，速率常数从它们的初始值改变到新温度下的新值 k_r 和 k'_r，但A和B的浓度在片刻还保留它们旧的平衡值。

● **平衡 A $\rightleftharpoons$ B（正、逆向均为一级，first order forward and reverse）**

在温度突跃之后，系统紧接着不再保持平衡态，它会重新调整到新的平衡浓度，即由$k_r[A]_{eq}=k_r'[B]_{eq}$给定的浓度，且它以依赖于新速率常数的速率进行。设浓度[A]偏离其新平衡浓度值为x，则$[A]=[A]_{eq}+x$；根据化学计量方程，有$[B]=[B]_{eq}-x$。在新的温度下，A的浓度如下变化：

$$\begin{aligned}\frac{d[A]}{dt}&=-k_r[A]+k_r'[B]\\&=-k_r([A]_{eq}+x)+k_r'([B]_{eq}-x)\\&=\overbrace{-k_r[A]_{eq}+k_r'[B]_{eq}}^{\text{相消}}-(k_r+k_r')x\\&=-(k_r+k_r')x\end{aligned}$$

因为$d[A]/dt=dx/dt$，故上式为一级微分方程，它的解与式（17B.2）相似。若用x_0表示紧接温度突跃后与平衡的偏离，则x的时间依赖性为

$$x=x_0e^{-t/\tau},\quad \tau=\frac{1}{k_r+k_r'} \qquad \text{温度突跃后的弛豫[一级反应]} \qquad (17C.9a)$$

● **平衡 A $\rightleftharpoons$ B+C（正向一级、逆向二级，first order forward and second order reverse）**

如前所述，在温度突跃之后，系统不再处于平衡态，故它会重新调整到新的平衡浓度，即由$k_r[A]_{eq}=k_r'[B]_{eq}[C]_{eq}$给出的浓度，且它以依赖于新速率常数的速率进行。设浓度[A]与其新平衡值的偏离为x，则$[A]=[A]_{eq}+x$；根据化学计量方程，有$[B]=[B]_{eq}-x$和$[C]=[C]_{eq}-x$。

步骤 1　*建立并求解速率方程*

在新的温度，A的浓度变化如下：

$$\begin{aligned}\frac{d[A]}{dt}&=-k_r[A]+k_r'[B][C]\\&=-k_r([A]_{eq}+x)+k_r'([B]_{eq}-x)([C]_{eq}-x)\\&=-[k_r+k_r'([B]_{eq}+[C]_{eq})]x\overbrace{-k_r[A]_{eq}+k_r'[B]_{eq}[C]_{eq}}^{0}+\overbrace{k_r'x^2}^{\text{忽略}}\\&=-[k_r+k_r'([B]_{eq}+[C]_{eq})]x\end{aligned}$$

同前，$d[A]/dt=dx/dt$，该微分方程的解是正比于$e^{-t/\tau}$的指数衰减，其中τ由下式给出：

$$\frac{1}{\tau}=k_r+k_r'([B]_{eq}+[C]_{eq})$$

步骤 2　*通过引入平衡常数关联平衡浓度*

反应的平衡常数（假定理想溶液）为

$$K=\frac{([B]_{eq}/c^{\ominus})([C]_{eq}/c^{\ominus})}{[A]_{eq}/c^{\ominus}}=\frac{[B]_{eq}[C]_{eq}}{[A]_{eq}c^{\ominus}}$$

反应计量式表明B和C的浓度相同，故

$$[B]_{eq}=[C]_{eq}=\overbrace{(K[A]_{eq}c^{\ominus})^{1/2}}^{a}$$

时间常数变为

$$\frac{1}{\tau}=k_r+2ak_r'=k_r'\left(\frac{k_r}{k_r'}+2a\right)$$

步骤 3　*确定反应的平衡常数*

现在应该认识到速率常数的比值是反应在新温度下平衡常数的一种形式。具体地有

$$k_r[A]_{eq}=k_r'[B]_{eq}[C]_{eq}\ \text{和}\ K=\frac{[B]_{eq}[C]_{eq}}{[A]_{eq}c^{\ominus}}$$

这意味着

$$\frac{k_r}{k_r'}=\frac{[B]_{eq}[C]_{eq}}{[A]_{eq}}=Kc^{\ominus}$$

因此

$$\frac{1}{\tau}=k_r'(Kc^{\ominus}+2a)$$

故x的时间依赖性为

$$x=x_0e^{-t/\tau},\quad \tau=\frac{1}{k_r'(Kc^{\ominus}+2a)},\quad a=(K[A]_{eq}c^{\ominus})^{1/2} \qquad \text{温度突跃后的弛豫[混合级数反应]} \qquad (17C.9b)$$

概念清单

☐ 1. 在平衡常数（热力学量）和正、逆反应的速率常数之间存在一关系式（见下表）。

☐ 2. 在动力学分析的**弛豫法**中，反应的平衡位置被突然移动，然后所涉及物种浓度的时间依赖性被跟踪。

公式清单

性质	公式	说明	公式编号
用速率常数表示的平衡常数	$K=\frac{k_a}{k_a'}\times\frac{k_b}{k_b'}\times\cdots$	酌情可包含 $c^{\ominus}$	17C.8
温度突跃后平衡 A $\rightleftharpoons$ B 的弛豫	$x=x_0e^{-t/\tau}$ $\tau=1/(k_r+k_r')$	每个方向均为一级	17C.9a

专题 17D

阿仑尼乌斯公式

▶ 为何需要学习这部分内容?

探索温度对反应速率的影响导致了一些理论的形成，这些理论揭示了当反应物分子相遇并且进行反应时所发生过程的细节。

▶ 核心思想是什么?

温度对反应速率的影响取决于活化能，即在反应物之间的一次遭遇中反应发生所需要的最小能量。

▶ 需要哪些预备知识?

需要知道化学反应的速率可由速率常数来表示（专题 17A）。

化学反应通常随着温度升高而速率加快。实验发现，对于很多反应来说，$\ln k_r$对$1/T$作图是一条斜率为负数的直线，这表明$\ln k_r$的增大（即k_r增加）是由$1/T$的减少（即T的增加）引起的。

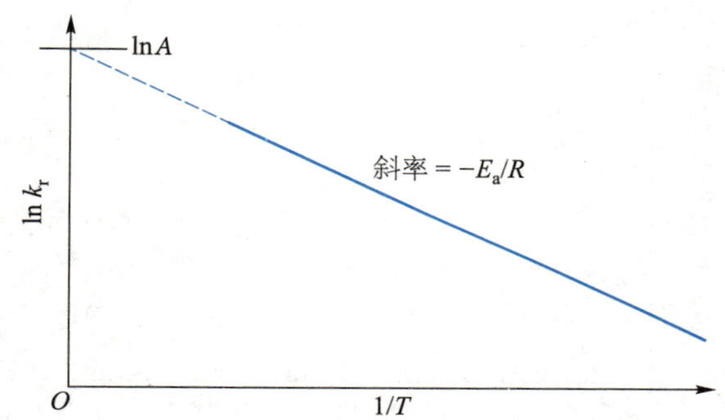

图 17D.1 当反应遵循阿仑尼乌斯公式［式（17D.1）］描述的行为时，阿仑尼乌斯图（即$\ln k_r$对$1/T$作图）是一条直线（斜率为$-E_a/R$，$1/T=0$时的截距为$\ln A$）

17D.1 温度对反应速率的影响

温度对于反应速率的影响通常通过引入两个参数来数学表示，分别是$\ln k_r$对$1/T$的“阿仑尼乌斯曲线”的直线斜率和截距，写作**阿仑尼乌斯公式**（Arrhenius equation）:

$$\ln k_r = \ln A - \frac{E_a}{RT} \quad \text{阿仑尼乌斯公式} \qquad (17D.1)$$

参数A可以通过直线在$1/T=0$时的截距得到（在无穷大温度下，见图17D.1），称为**频率因子**（frequency factor，通常也称为指前因子）。参数E_a可由直线的斜率（等于$-E_a/R$）得到，称为**活化能**（activation energy）。这两个量统称为**阿仑尼乌斯参数**（Arrhenius parameter，表17D.1）。

表 17D.1 阿仑尼乌斯参数*

(1) 一级反应	相态	$A/\mathrm{s^{-1}}$	$E_a/(\mathrm{kJ\cdot mol^{-1}})$
$CH_3NC \longrightarrow CH_3CN$	气相	3.98×10^{13}	160
$2N_2O_5 \longrightarrow 4NO_2 + O_2$	气相	4.94×10^{13}	103.4
(2) 二级反应	**相态**	$A/(\mathrm{dm^3\cdot mol^{-1}\cdot s^{-1}})$	$E_a/(\mathrm{kJ\cdot mol^{-1}})$
$OH + H_2 \longrightarrow H_2O + H$	气相	8×10^{10}	42
$C_2H_5ONa + CH_3I$	乙醇相	2.42×10^{11}	81.6

* 更多的数据参见资源部分。

例题 17D.1 确定阿仑尼乌斯参数

在700 ~ 1 000 K的温度范围内，测量了乙醛（CH_3CHO）分解的二级反应速率，速率常数如下，确定E_a和A。

T/K	700	730	760	790	810	840	910	1 000
$k_r/(\mathrm{dm^3\cdot mol^{-1}\cdot s^{-1}})$	0.011	0.035	0.105	0.343	0.789	2.17	20.0	145

整理思路　根据式（17D.1），可以通过将$\ln[k_r/(dm^3\cdot mol^{-1}\cdot s^{-1})]$对$T^{-1}/K^{-1}$或更方便的$T^{-1}/(10^3\ K)^{-1}$作图来分析数据，期望获得一条直线。此时，$-E_a/R$ = 斜率/单位，可通过斜率找到活化能，在这种情况下“单位” $=(10^3\ K)^{-1}$，故$E_a=-$斜率$\times R\times 10^3$ K。$T^{-1}=0$处的截距为$\ln[A/(dm^3\cdot mol^{-1}\cdot s^{-1})]$。使用最小二乘法来确定斜率和截距。

解：绘制下表：

$T^{-1}/(10^3\ K)^{-1}$	1.43	1.37	1.32	1.27	1.23	1.19	1.10	1.00
$\ln[k_r/(dm^3\cdot mol^{-1}\cdot s^{-1})]$	−4.51	−3.35	−2.25	−1.07	−0.24	0.77	3.00	4.98

现在，将$\ln k_r$对$T^{-1}/(10^3\ K)^{-1}$作图（图17D.2）。用最小二乘法拟合出一条直线，其斜率为−22.7，截距为27.7。所以，有

$$E_a=-(-22.7)\times 8.3145\ J\cdot K^{-1}\cdot mol^{-1}\times 10^3\ K=189\ kJ\cdot mol^{-1}$$

$$A=e^{27.7}\ dm^3\cdot mol^{-1}\cdot s^{-1}=1.1\times 10^{12}\ dm^3\cdot mol^{-1}\cdot s^{-1}$$

注意：A与k_r单位相同。

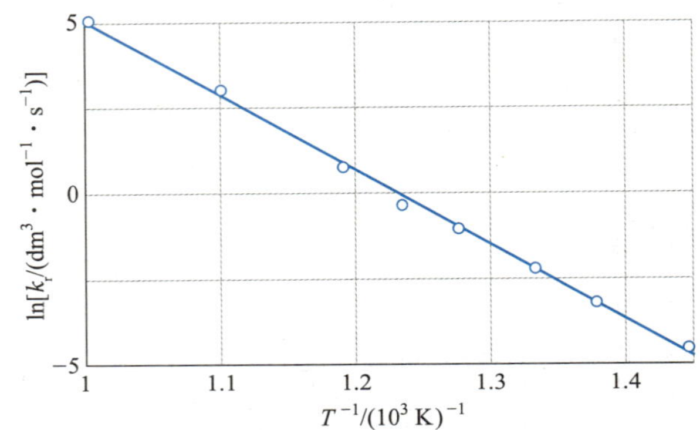

图 17D.2　使用例题17D.1中的数据绘制的阿仑尼乌斯曲线图

自测题 17D.1　利用下列数据确定A和E_a。

T/K	300	350	400	450	500
$k_r/(dm^3\cdot mol^{-1}\cdot s^{-1})$	7.9×10^6	3.0×10^7	7.9×10^7	1.7×10^8	3.2×10^8

答案：$8\times 10^{10}\ dm^3\cdot mol^{-1}\cdot s^{-1}$，23 kJ·mol^{-1}。

如果一个反应的活化能已知，那么T_2下的速率常数$k_{r,2}$可以由T_1下的速率常数$k_{r,1}$推算出来。为此，写出

$$\ln k_{r,1}=\ln A-\frac{E_a}{RT_1}\qquad \ln k_{r,2}=\ln A-\frac{E_a}{RT_2}$$

上两式相减，得到

$$\ln k_{r,2}-\ln k_{r,1}=-\frac{E_a}{RT_2}+\frac{E_a}{RT_1}$$

重排得

$$\ln\frac{k_{r,2}}{k_{r,1}}=\frac{E_a}{R}\left(\frac{1}{T_1}-\frac{1}{T_2}\right)\qquad(17D.2)$$

简要说明 17D.1

对于一个活化能为50 kJ·mol^{-1}的反应，将其反应温度由25 ℃提升至37 ℃（体温），对应于

$$\ln\frac{k_{r,2}}{k_{r,1}}=\frac{50\times10^3\ J\cdot mol^{-1}}{8.3145\ J\cdot K^{-1}\cdot mol^{-1}}\left(\frac{1}{298\ K}-\frac{1}{310\ K}\right)$$

$$=\frac{50\times10^3}{8.3145}\left(\frac{1}{298}-\frac{1}{310}\right)=0.781$$

通过取自然反对数（即将其转化为e^x），$k_{r,2}=2.18\,k_{r,1}$。结论为：当温度从298 K增加到310 K时，速率常数增大两倍多一点。

由$\ln k_r$对$1/T$作图所得直线的斜率得到E_a的事实，可以得到以下结论：

物理解释

- 高活化能意味着反应速率常数受温度影响更显著。
- 若一个反应的活化能为零，则其反应速率与温度无关。
- 负活化能表明反应速率随温度增加而下降。

研究发现，一些反应的$\ln k_r$对$1/T$作图所得并不是一条直线。对这些“非阿仑尼乌斯反应”，仍然可能在某一特定的温度下定义其活化能，写作

$d(1/T)/dT=-1/T^2$

$$-\frac{E_a}{R}=\frac{d\ln k_r}{d(1/T)}=-T^2\frac{d\ln k_r}{dT}$$

因此

$$E_a=RT^2\left(\frac{d\ln k_r}{dT}\right)\qquad \text{活化能[定义]}\qquad(17D.3)$$

此表达式是活化能的正式定义式。对于与温度无关的活化能（详见问题P17D.1），它可化简为先前的公式（即一直线的斜率）。非阿仑尼乌斯行为有时表明量子力学隧道效应在反应中发挥重要作用（专题7D）。在生物反应中，它可能预示酶经历了结构变化且效率降低。

17D.2　阿仑尼乌斯参数的诠释

在本节中，阿仑尼乌斯参数被认为是纯经验量，它总结了速率常数随温度的变化。在主题18

中提供更详细的解释。

（a）初探反应的能量需求

为了解释E_a，考虑从分子A和分子B碰撞开始的化学反应过程中，分子势能是如何变化的（图17D.3）。在气相中，该步骤是一个实际的碰撞过程；在溶液中，最好将其视为一个近距离的遭遇过程，可能有多余的能量，也可能涉及溶剂。随着反应的进行，A与B开始接触、扭曲，并开始交换或抛弃原子，**反应坐标**（reaction coordinate）总结了直接参与的由反应物形成产物的运动集合，例如原子间距离和键角的变化，它直接涉及产物从反应物生成。反应坐标本质上是几何概念，与反应进度完全不同。势能上升到最大值，对应于接近最大值区域的原子簇称为**活化络合物**（activated complex）。

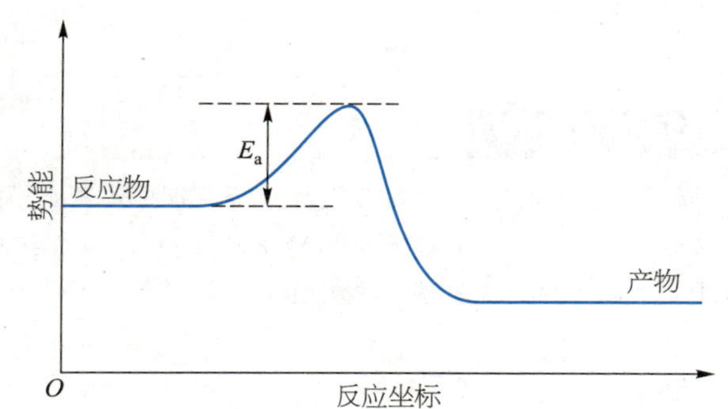

图17D.3 放热反应的势能曲线。反应物和产物之间的势垒高度是正向反应的活化能

达到最大值后，随着团簇中的原子重新排列，势能下降，最终达到产物的特征值。反应的最高点处于势能曲线的峰值，对应于活化能E_a。此处，两个反应物分子已经达到如此接近和扭曲的程度，以至于进一步微小的扭曲将会使它们朝着生成产物的方向运动，此临界构型叫作反应的**过渡态**（transition state）。虽然一些进入过渡态的分子可能会回复为反应物，但如果它们通过了这种构型，则不可避免地出现产物。

实用小贴士 “活化络合物”和“过渡态”这两个术语经常用作同义词；但是有区别，最好铭记在心。活化络合物是对应于接近能量最大值区域的原子团簇；过渡态则是活化络合物中原子的一种构象，在稍微进一步扭曲后，必将生成产物。

从前述讨论得到的结论是：

活化能是形成产物时反应物必须具备的最小能量。

例如，在反应混合物中，每秒钟有大量的分子遭遇。但是，只有很少的分子有足够的能量而引起反应。能量超过E_a的反应物之间密切接触的分数可由玻耳兹曼分布，即$e^{-E_a/RT}$给出（本书“绪言”和专题13A）。通过比较该表达式与以下形式的阿仑尼乌斯公式，可以证实这种解释：

$$k_r = A e^{-E_a/RT} \qquad \text{阿仑尼乌斯公式［另一种形式］} \qquad (17D.4)$$

该式是通过将式（17D.1）两边同时取反对数得到的。通过考虑玻耳兹曼分布在一个简单模型系统中的作用，可以深入理解这个表达式。

如何完成？17D.1 解释阿仑尼乌斯公式中的指数因子

假定系统可及的能级形成一个能级间隔为ε的均匀排列，记为$i\varepsilon$，其中$i=0, 1, 2, \cdots$（图17D.4）。

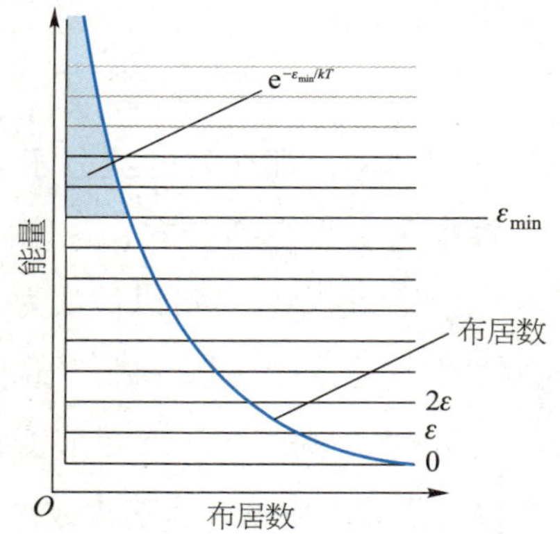

图17D.4 一个模型系统的等间隔能级。如文中所示，能量至少为ε_{min}的分子分数为$e^{-\varepsilon_{min}/kT}$

这个系统的玻耳兹曼分布为

$$\frac{N_i}{N} = \frac{e^{-i\varepsilon\beta}}{q} = (1-e^{-\varepsilon\beta})e^{-i\varepsilon\beta}$$

式中N_i是状态i中的分子数，N是分子总数，$\beta = 1/kT$，配分函数q来自式（13B.2a）中的结果。能量大于或等于$i_{min}\varepsilon$的状态中的分子总数是

$$\sum_{i=i_{min}}^{\infty} N_i = \sum_{i=0}^{\infty} N_i - \sum_{i=0}^{i_{min}-1} N_i \overset{N_i=(N/q)e^{-i\varepsilon\beta}}{=} N - \frac{N}{q}\sum_{i=0}^{i_{min}-1} e^{-i\varepsilon\beta}$$

$$= N - \frac{N}{q}\sum_{i=0}^{i_{min}-1} (e^{-\varepsilon\beta})^i$$

蓝色的加和项是形式为$1+r+r^2+r^3\cdots$（其中$r=e^{-\varepsilon\beta}$）的有限几何级数求和，这样一个级数的$(n-1)$项之和为$(1-r^n)/(1-r)$。因此，蓝色部分可写作

$$\sum_{i=0}^{i_{\min}-1}(e^{-\varepsilon\beta})^i=\frac{1-e^{-i_{\min}\varepsilon\beta}}{1-e^{-\varepsilon\beta}}$$

$1/(1-e^{-\varepsilon\beta})=q$

$$=q(1-e^{-i_{\min}\varepsilon\beta})$$

因此，能量至少为$\varepsilon_{\min}=i_{\min}\varepsilon$的状态中的分子分数为

$$\frac{1}{N}\sum_{i=i_{\min}}^{\infty}N_i=\frac{1}{N}\left[N-\frac{N}{q}\times q(1-e^{-i_{\min}\varepsilon\beta})\right]$$
$$=1-(1-e^{-i_{\min}\varepsilon\beta})=e^{-i_{\min}\varepsilon\beta}=e^{-\varepsilon_{\min}/kT}$$

此式具有式（17D.4）的形式。

简要说明 17D.2

能量至少为$\varepsilon_{\min}$的分子分数为$e^{-\varepsilon_{\min}/kT}$。将$\varepsilon_{\min}$和$k$乘以阿伏加德罗常数$N_A$，并将$N_A\varepsilon_{\min}$识别为$E_a$，则在至少一摩尔动能$E_a$下发生的分子碰撞的分数$f$变为$f=e^{-E_a/RT}$。若$E_a=50\ \mathrm{kJ\cdot mol^{-1}}=5.0\times10^4\ \mathrm{J\cdot mol^{-1}}$，$T=298\ \mathrm{K}$，则有

$$f=e^{-(5.0\times10^4\ \mathrm{J\cdot mol^{-1}})/(8.314\ 5\ \mathrm{J\cdot K^{-1}\cdot mol^{-1}}\times298\ \mathrm{K})}=1.7\times10^{-9}$$

或约为十亿分之一或二。

如果活化能为零，那么每一次分子碰撞都会引发反应，根据阿仑尼乌斯公式，速率常数等于频率因子A。因此，这个因子可以被认为是每次分子碰撞都能发生反应这一极限情况下的反应速率常数。指数因子$e^{-E_a/RT}$则给出了有足够能量、可以成功反应的碰撞分数。所以，速率常数由A下降为$Ae^{-E_a/RT}$。

（b）催化剂对活化能的影响

由阿仑尼乌斯公式知，提高温度或降低活化能能够提高反应速率常数。改变反应混合物的温度很容易，而降低活化能则更具挑战性。但如果反应在合适的**催化剂**（catalyst）存在下发生，这也是可能的。催化剂是一种能加速反应但不经历净的化学变化的物质。催化剂通过提供另一条路径来降低反应的活化能（图 17D.5）。

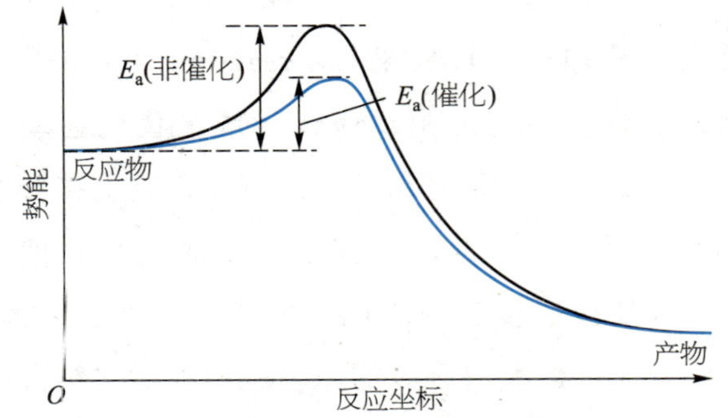

图 17D.5　催化剂提供了一个具有较低活化能的路径，结果是反应速率增加（在正、逆两个方向）

简要说明 17D.3

酶是生物催化剂。假设酶能将反应的活化能和频率因子降低10倍，设活化能从$80\ \mathrm{kJ\cdot mol^{-1}}$变为$8\ \mathrm{kJ\cdot mol^{-1}}$，并使用式（17D.4），则在298 K时的速率常数之比为

$$\frac{k_{r,催}}{k_{r,非催}}=\frac{A_{催}e^{-E_{a,催}/RT}}{A_{非催}e^{-E_{a,非催}/RT}}=\frac{A_{催}}{A_{非催}}e^{-(E_{a,催}-E_{a,非催})/RT}$$
$$=\frac{1}{10}\times e^{-(8\times10^3\ \mathrm{J\cdot mol^{-1}}-80\times10^3\ \mathrm{J\cdot mol^{-1}})/(8.314\ 5\ \mathrm{J\cdot K^{-1}\cdot mol^{-1}}\times298\ \mathrm{K})}$$
$$=4.2\times10^{11}$$

计算表明，活化能降低一个数量级对速率常数的影响远大于频率因子降低相同数量级对速率常数的影响。

概念清单

☐ 1. **活化能**，即**阿仑尼乌斯公式**中的参数E_a，是分子遭遇以引起反应所需的最小能量。

☐ 2. 活化能越高，速率常数对温度越敏感。

☐ 3. **频率因子**是所有遭遇（不考虑它们的能量）都会引发反应这一极限条件下的速率常数。

☐ 4. **催化剂**降低了反应的活化能。

公式清单

性质或过程	公式	说明	公式编号
阿仑尼乌斯公式	$\ln k_r = \ln A - E_a/RT$		17D.1
活化能	$E_a = RT^2(\mathrm{d}\ln k_r/\mathrm{d}T)$	一般定义式	17D.3
阿仑尼乌斯公式	$k_r = A\mathrm{e}^{-E_a/RT}$	另一种形式	17D.4

专题17E

反应机理

▶ 为何需要学习这部分内容?

对经历一系列步骤的反应，构建反应速率方程的能力可以提供在分子水平上对化学反应的深刻理解，以及对如何优化预期产物的产率提出建议。

▶ 核心思想是什么?

许多化学反应是以一系列更简单的步骤进行的，通过运用各种近似，这些步骤的速率方程可以组合为一个总的速率方程。

▶ 需要哪些预备知识?

需要熟悉速率方程的概念（专题17A）及如何积分这些速率方程（专题17B，17C）。还需要熟悉表示温度对速率常数影响的阿仑尼乌斯公式（专题17D）。

反应速率的研究推动了对反应**机理**（mechanism）的理解，它深入分析一系列基元反应步骤。简单的基元步骤具有简单的速率方程，通过引用一个或多个近似，这些速率方程可以组合为一个总的速率方程。

17E.1 基元反应

许多反应是以一系列称为**基元反应**（elementary reactions）的简单步骤进行的，即每个基元反应只涉及少数分子或离子。一个典型的基元反应为

$$H + Br_2 \longrightarrow HBr + Br$$

注意：对于基元反应，化学方程式中不标明反应物种的相态，且方程表示发生在个别分子之间的特定反应过程。例如，上式表示一个H原子进攻一个Br_2分子，生成一个HBr分子和一个Br原子。

基元反应的**分子数**（molecularity）是指在基元反应中参加反应的分子数目。在**单分子反应**（unimolecular reaction）中，单个分子振动分解或其原子重排，如环丙烷至丙烯的异构化；在**双分子反应**（bimolecular reaction）中，一对分子碰撞，并交换能量、原子或原子团，或进行一些其他类型的改变。区分反应分子数和反应级数很重要：

- **反应级数**是一个经验量，通过实验测定的速率方程得到；
- **反应分子数**针对的是作为反应机理中一个单独步骤的基元反应。

单分子基元反应对反应物为一级，其速率方程如下：

$$A \longrightarrow P \qquad \frac{d[A]}{dt} = -k_r[A] \qquad \text{单分子基元反应} \qquad (17E.1)$$

式中P代表产物（也可以是形成的几个不同物种）。单分子基元反应为一级，因为在较短的时间间隔内，减少的A分子数目正比于可供减少的数目。例如，在同样的时间间隔内，初始有1 000个A分子时减少的数量是初始只有100个A分子时减少的数量的10倍。因此，A的分解速率正比于其在反应任意时刻的浓度。

双分子基元反应具有二级反应的速率方程：

$$A+B \longrightarrow P \qquad \frac{d[A]}{dt} = -k_r[A][B] \qquad \text{双分子基元反应} \qquad (17E.2)$$

双分子基元反应为二级，因为其速率正比于反应物种相遇时的速率，亦即正比于它们的浓度。因此，如果有证据证明反应是一步发生的，即双分

子过程，那么速率方程可以简单写作式（17E.2）（然后再由实验数据检测）。

简要说明17E.1

许多均相反应被认为是双分子基元反应，如烯烃和二烯烃的二聚反应，以及诸如

$$CH_3I(alc) + CH_3CH_2O^-(alc) \longrightarrow CH_3OCH_2CH_3(alc) + I^-(alc)$$

的反应［式中(alc)指乙醇溶液］。有证据表明该反应的机理为单个基元步骤：

$$CH_3I + CH_3CH_2O^- \longrightarrow CH_3OCH_2CH_3 + I^-$$

这个机理与观察到的速率方程，即$v = k_r[CH_3I][CH_3CH_2O^-]$相一致。

以下部分描述如何把一系列简单步骤组合为一个反应机理，以及如何导出相应的总速率方程。目前，重要的是要注意：如果反应是基元双分子过程，则其具有二级动力学；但如果动力学为二级，那么反应可能会很复杂。假定的机理只能通过对反应系统的详细检测工作及研究反应过程中有无副产物或中间体来探究。这类详细分析也是众多方法之一。例如，反应$H_2(g) + I_2(g) \longrightarrow 2\,HI(g)$被证明通过复杂的机理进行。许多年来，一个较好的简单双分子反应的例子，即反应$H_2 + I_2 \longrightarrow HI + HI$（其中，原子在碰撞中交换伙伴）已经被接受，但细致的证据仍不够。

17E.2 连续基元反应

有些反应经历中间体（标记为I）的生成，如在连续的单分子反应中：

$$A \xrightarrow{k_a} I \xrightarrow{k_b} P$$

注意：中间体只出现在反应步骤中，并不显示在总反应（本例为$A \longrightarrow P$）中。此处，忽略任意逆反应，故反应从全部的A进行到全部的P，不存在两者的平衡。这类机理反应的一个例子是放射性元素的衰变，如

$$^{239}U \xrightarrow{23.5\ \text{min}} {}^{239}Np \xrightarrow{2.35\ \text{d(天)}} {}^{239}Pu$$

（时间为半衰期。）这类反应的特征是通过建立每种物质浓度变化净速率的速率方程，然后以适当的方法将它们组合起来而被发现的。

A的单分子分解反应速率是

$$\frac{d[A]}{dt} = -k_a[A] \qquad (17E.3a)$$

中间体I由A生成（速率为$k_a[A]$），但衰变至P（速率为$k_b[I]$）。因此，生成I的净速率为

$$\frac{d[I]}{dt} = k_a[A] - k_b[I] \qquad (17E.3b)$$

产物P由I的单分子衰变而形成：

$$\frac{d[P]}{dt} = k_b[I] \qquad (17E.3c)$$

假设A的初始摩尔浓度为$[A]_0$，式（17E.3a）的一级速率方程能够积分（专题17B），可得到

$$[A] = [A]_0 e^{-k_a t} \qquad (17E.4a)$$

将其代入式（17E.3b），经重排后，结果是

$$\frac{d[I]}{dt} + k_b[I] = k_a[A]_0 e^{-k_a t}$$

该微分方程具有标准形式，意即它已被研究，且其解已被列出。结合初始条件$[I]_0 = 0$（因为反应初始没有中间体），该微分方程（假设$k_a \neq k_b$）的解为

$$[I] = \frac{k_a}{k_b - k_a}(e^{-k_a t} - e^{-k_b t})[A]_0 \qquad (17E.4b)$$

在所有时间内，$[A] + [I] + [P] = [A]_0$，故有

$$[P] = \left(1 + \frac{k_a e^{-k_b t} - k_b e^{-k_a t}}{k_b - k_a}\right)[A]_0 \qquad (17E.4c)$$

中间体I的浓度上升至最大值，然后降为0（图17E.1）。产物P的浓度从0增加至$[A]_0$，此时所有的A均已转化为P。

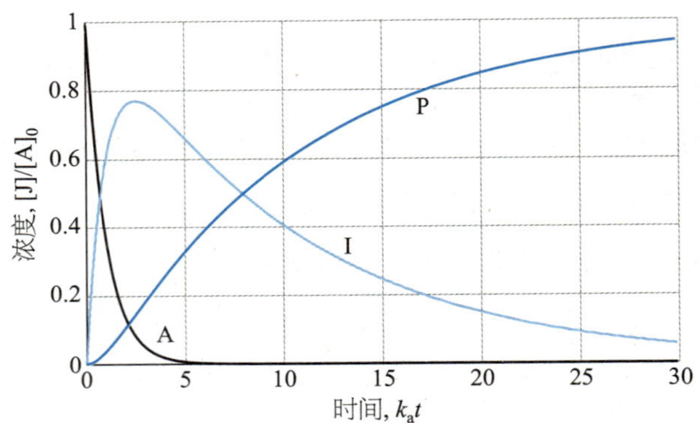

图 17E.1　连续反应 A ⟶ I ⟶ P 中 A、I、P 的浓度。曲线由式（17E.4a）~式（17E.4c）（其中 $k_a = 10k_b$）绘制。如果中间体 I 事实上是期望的产物，那么能够预测其浓度何时达到最大是非常重要的（参见例题 17E.1）

例题 17E.1　分析连续反应

假设在一个工业工艺流程中，物质 A 生成期望的化合物 I，而 I 衰变为无价值的产物 P，反应的每一步可看作一级反应。在什么时间，I 将以最大的浓度存在？

整理思路　I 的浓度随时间的变化由式（17E.4b）给出。通过计算 d[I]/dt，当其值为 0 时，可找到 [I] 达最大值的时间 t_{max}。

解： 由式（17E.4b），可得

$$\frac{d[I]}{dt} = -\frac{k_a(k_a e^{-k_a t} - k_b e^{-k_b t})[A]_0}{k_b - k_a}$$

当 $t = t_{max}$ 及 $k_a e^{-k_a t_{max}} = k_b e^{-k_b t_{max}}$ 时，上式等于 0。因此，两边取自然对数，得

$$\ln k_a - k_a t_{max} = \ln k_b - k_b t_{max}$$

重排，得

$$\underbrace{\ln k_a - \ln k_b}_{\ln(k_a/k_b)} = k_a t_{max} - k_b t_{max} = (k_a - k_b)t_{max}$$

然后可得

$$t_{max} = \frac{1}{k_a - k_b}\ln\frac{k_a}{k_b}$$

说明　对于给定的 k_a 值，当 k_b 值增加时，[I] 达最大值的时间和 I 的产率都减小。

自测题 17E.1　计算 I 的最大浓度，并验证最后的说明。

答案： $[I]_{max}/[A]_0 = (k_a/k_b)^c$，$c = k_b/(k_b - k_a)$。

17E.3　稳态近似

到目前为止，计算的一个特征可能还没有被注意到，那就是：一旦反应机理包含一对以上的步骤，或需要考虑可逆反应，数学的复杂性就会大大增加。一个包含许多步骤的反应的速率方程几乎很难解析出来，因此需要替代的解决方法。一种方法是数学上积分速率方程；另一种方法是作近似，它一直被广泛使用，因为可导出简便的表达式和更易于理解的结果。

稳态近似（steady-state approximation，又被广泛地称为准稳态近似，以区别于真正的稳态）假定中间体 I 处于恒定的低浓度。更具体地说，在初始反应**诱导期**（induction period）后，即中间体浓度由零上升的时间段，所有反应中间体的浓度变化速率在反应的主要阶段都很小，可以忽略（图 17E.2）：

$$\frac{d[I]}{dt} \approx 0 \qquad \text{稳态近似} \qquad (17E.5)$$

该近似极大地简化了对反应流程的讨论。例如，将稳态近似应用于连续一级反应机理，式（17E.3b）中 d[I]/dt 设为 0，因而 $k_a[A] - k_b[I] = 0$，则有

$$[I] = \frac{k_a}{k_b}[A] \qquad (17E.6)$$

稳态近似要求中间体的浓度相对于反应物的浓度要保持在很低水平，这适用于 $k_a \ll k_b$ 的情况。式（17E.6）意味着中间体浓度随着 A 浓度的改变而变化，但只要 $k_a/k_b \ll 1$，这个变化就很微小。因此，稳态近似法的两个要求，即中间体的低浓度及其缓慢变化都能满足。

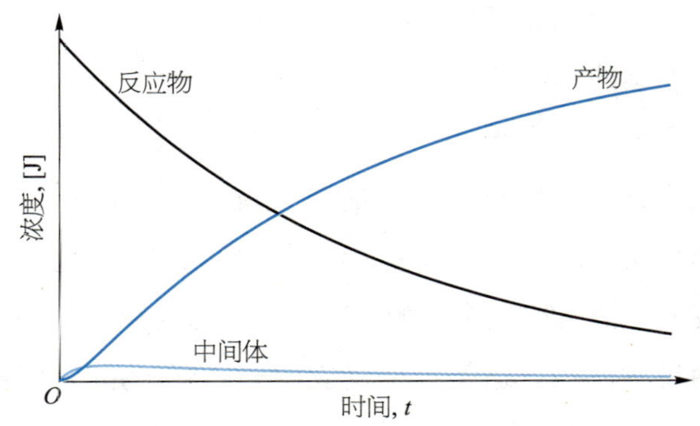

图 17E.2　稳态近似法的基础：假定中间体浓度保持很低，且在大多数反应进程中几乎不变

将式（17E.6）中[I]值代入式（17E.3c），则该式变为

$$\frac{d[P]}{dt}=k_b[I]\approx k_a[A] \quad \text{（17E.7）}$$

（注：$[I]=(k_a/k_b)[A]$）

可见，P的生成速率与A的消耗速率［由式（17E.3a）给出］相等，且两个过程都由速率常数k_a控制。这等效于，反应物A直接形成产物P，而途中没有任何I累积。式（17E.7）的解可通过代入[A]的解，即式（17E.4a），并积分所得表示式而得到：

$$\int_0^{[P]}d[P]=\int_0^t k_a[A]dt=k_a[A]_0\int_0^t e^{-k_at}dt$$

（注：$[A]=[A]_0e^{-k_at}$；积分E.1）

因此

$$[P]=[A]_0(1-e^{-k_at}) \quad \text{（17E.8）}$$

此结果与式（17E.4c）的解相同（当$k_a \ll k_b$时）。但是，使用稳态近似要简便许多。图17E.3比较了这里的近似解与之前的精确解：为了使稳态近似具有适度的准确性，k_a并不一定需要远远小于k_b。

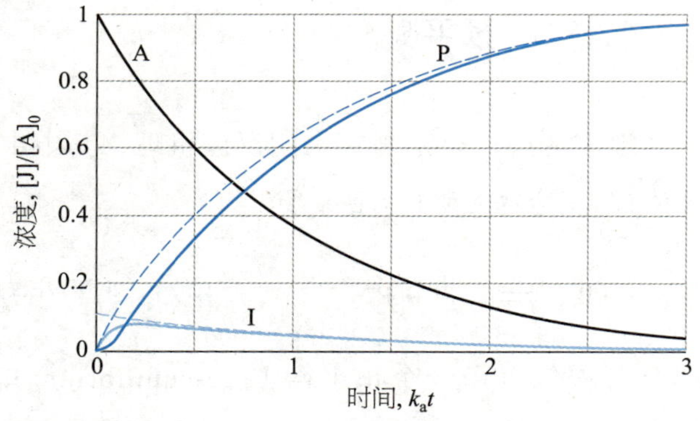

图17E.3　比较连续反应中各浓度的精确解与采用稳态近似获得的浓度（虚线），设$k_b=20k_a$（[A]的曲线不变）

例题 17E.2　应用稳态近似

基于以下反应机理，导出$N_2O_5(g)$分解反应$2\,N_2O_5(g) \longrightarrow 4\,NO_2(g)+O_2(g)$的速率方程。

$N_2O_5 \longrightarrow NO_2+NO_3$	k_a
$NO_2+NO_3 \longrightarrow N_2O_5$	k_a'
$NO_2+NO_3 \longrightarrow NO_2+O_2+NO$	k_b
$NO+N_2O_5 \longrightarrow NO_2+NO_2+NO_2$	k_c

实用小贴士　对于基元反应，在写方程时所有物种都单独展示。比如，可写成$A \longrightarrow B+B$，而不是$A \longrightarrow 2B$。

整理思路　首先确定中间物，且对每一个分别写出净生成速率。然后，应用稳态近似，并设净速率为0。用代数方法解这些方程，得到中间物浓度的表达式。最后，用这些解得到N_2O_5消耗的总速率表达式。

解： 中间物是NO和NO_3，它们浓度变化的净速率分别为

$$\frac{d[NO]}{dt}=k_b[NO_2][NO_3]-k_c[NO][N_2O_5]\approx 0$$

$$\frac{d[NO_3]}{dt}=k_a[N_2O_5]-k_a'[NO_2][NO_3]-k_b[NO_2][NO_3]\approx 0$$

联立这两个方程（蓝色）得到的解为

$$[NO_3]=\frac{k_a[N_2O_5]}{(k_a'+k_b)[NO_2]} \qquad [NO]=\frac{k_b[NO_2][NO_3]}{k_c[N_2O_5]}=\frac{k_ak_b}{(k_a'+k_b)k_c}$$

（注：使用$[NO_3]$的表示式）

则N_2O_5浓度变化的净速率为

$$\begin{aligned}\frac{d[N_2O_5]}{dt}&=-k_a[N_2O_5]+k_a'[NO_2][NO_3]-k_c[NO][N_2O_5]\\&=-k_a[N_2O_5]+\frac{k_ak_a'[N_2O_5]}{k_a'+k_b}-\frac{k_ak_b}{k_a'+k_b}[N_2O_5]\\&=-\frac{2k_ak_b[N_2O_5]}{k_a'+k_b}\end{aligned}$$

该式表明，N_2O_5以一级速率方程衰减，速率常数取决于k_a, k_a'和k_b，而与k_c无关。

自测题 17E.2　基于以下（不完全）机理，导出反应$2\,O_3(g) \longrightarrow 3\,O_2(g)$中臭氧分解的速率方程：

$O_3 \longrightarrow O_2+O$	k_a
$O_2+O \longrightarrow O_3$	k_a'
$O+O_3 \longrightarrow O_2+O_2$	k_b

答案： $d[O_3]/dt=-2k_ak_b[O_3]^2/(k_a'[O_2]+k_b[O_3])$。

17E.4　速率控制步骤

对于反应$A\xrightarrow{k_a}I\xrightarrow{k_b}P$，当$k_a \ll k_b$时，可应用稳态近似法，A浓度的降低与P浓度的增加相匹配。认识到步骤$A \longrightarrow I$和$I \longrightarrow P$具有相同的速率是很重要的：与A的浓度相比，I的浓度是如此之低，以至于即使$k_a \ll k_b$（亦即$k_b \gg k_a$），第二步的速率$k_b[I]$也与第一步速率$k_a[A]$相匹配。

实用小贴士　通常说“第一步慢、第二步快，所以第一步是速率控制步骤”，而这样的说法是错误的：实际是两个速率相等，而速率常数不同。

通常，**速率控制步骤**（rate-determining step，RDS）是指在反应机理中控制反应总速率的步骤（在此处示例中，当 $k_a \ll k_b$ 时，即为由 k_a 控制的第一步反应）。速率控制步骤必须是决定产物生成的关键途径，而非仅仅是速率常数小的反应。如果另一个有较大速率常数的反应也能导致产物生成，那么这步速率常数较小的反应就不相干，因为它可以被绕过（图 17E.4）。有些情况下，当一级反应与二级反应竞争时，标准不得不根据一级反应（对一步）和假一级反应（对第二步）速率常数的相对大小来表达，因为此时只有它们的大小可被比较。这一点将在下一个“简要说明”中介绍。

有速率控制步骤的反应的速率方程常常（但肯定不总是）几乎是通过检查写出来的。如果机理的第一步是速率控制步骤，那么总反应的速率等于那一步的速率，因为后续步骤的速率常数是这样的：中间体迅速经过这些步骤给出产物。此外，因为速率控制步骤是速率常数小的步骤，那么它必然是活化能最高的步骤。一旦越过初始的障碍，中间体会潮水般涌向产物（图 17E.5）。

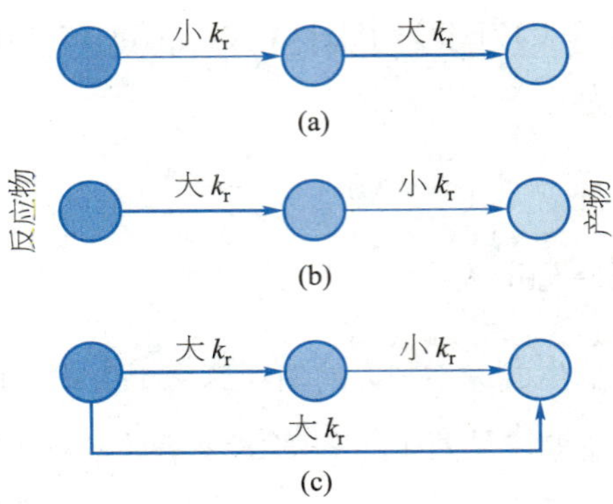

图 17E.4　在这些反应流程的示意图中，粗箭头表示速率常数大的步骤，细箭头表示速率常数小的步骤。（a）第一步是速率控制步骤；（b）第二步是速率控制步骤；（c）尽管有一步速率常数较小，但它不是速率控制步骤，因为有一个速率常数大的途径可绕开此步反应

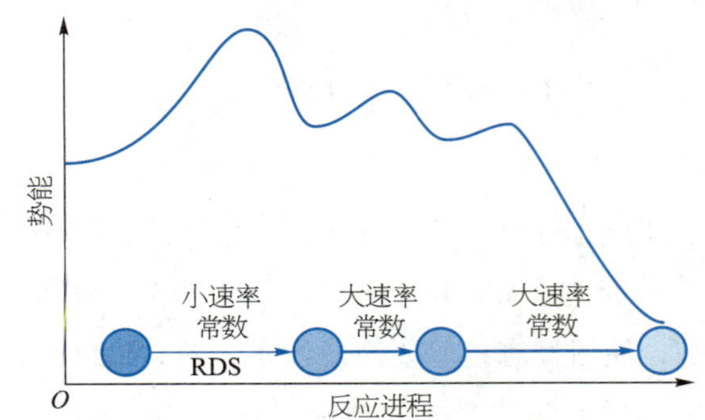

图 17E.5　第一步为速率控制步骤（RDS）的机理的反应剖面图

简要说明 17E.2

NO 氧化为 NO_2，即 $2\,NO(g) + O_2(g) \longrightarrow 2\,NO_2(g)$，是通过以下反应机理进行的：

$NO + NO \longrightarrow N_2O_2$　　k_a

$N_2O_2 \longrightarrow NO + NO$　　k_a'

$N_2O_2 + O_2 \longrightarrow NO_2 + NO_2$　　k_b

速率方程为（见问题 P17E.6）

$$\frac{d[NO_2]}{dt} = \frac{2k_ak_b[NO]^2[O_2]}{k_a'+k_b[O_2]}$$

当反应混合物中 O_2 的浓度很高，以至于 $k_a' \ll k_b[O_2]$ 时，速率方程化可简化为

$$\frac{d[NO_2]}{dt} = 2k_a[NO]^2$$

此式表明，在第一步中 N_2O_2 的生成是速率控制步骤。速率方程也能够通过检查机理写出来，因为总反应的速率方程简单地就是速率控制步骤的速率方程。

17E.5　预平衡

现在考虑一个稍微复杂的反应机理，其中中间体 I 与反应物 A 和 B 达到平衡：

$$A+B \underset{k_a'}{\overset{k_a}{\rightleftharpoons}} I \xrightarrow{k_b} P \qquad \text{预平衡} \qquad (17E.9)$$

这个历程包含了一个**预平衡**（pre-equilibrium），即中间体与反应物呈平衡。当中间体反向变成反应物的衰变速率大大快于其形成产物的速率时，可出现预平衡；只要 $k_a' \gg k_b$，这个条件就能满足。因为 A、B 和 I 被假定处于平衡，则应有（见专题 17C）

$$K = \frac{[I]c^{\ominus}}{[A][B]} \text{ 和 } [I] = \frac{K}{c^{\ominus}}[A][B] \overset{K=k_ac^{\ominus}/k_a'}{=} \frac{k_a}{k_a'}[A][B] \qquad (17E.10)$$

书写这些方程时，假定 I 生成 P 的反应速率很慢，以至于对预平衡的维持没有影响（见下面的

例题)。P的生成速率现在可以写作

$$\frac{d[P]}{dt}=k_b[I]=k_b\frac{k_a}{k_a'}[A][B] \qquad (17E.11)$$

（注：$[I]=(k_a/k_a')[A][B]$）

这个速率方程具有二级速率方程的形式，其速率常数是一个组合：

$$\frac{d[P]}{dt}=k_r[A][B] \qquad k_r=\frac{k_bk_a}{k_a'} \qquad (17E.12)$$

在该预平衡机理中，最后一步I ⟶ P是速率控制步骤。之前的步骤控制着中间体的稳态浓度。

例题 17E.3　用稳态假设分析预平衡

用稳态近似法分析式(17E.9)中所示的历程。

整理思路　首先写出P和I浓度变化的净速率，然后对中间物I使用稳态近似。再用得到的表达式获得P浓度变化的速率。

解：P和I变化的净速率分别为

$$\frac{d[P]}{dt}=k_b[I]$$

$$\frac{d[I]}{dt}=k_a[A][B]-k_a'[I]-k_b[I]\approx 0$$

（注：稳态近似）

第二个方程意味着：

$$[I]\approx\frac{k_a[A][B]}{k_a'+k_b}$$

现在，将这个结果代入到P的生成速率的表达式中

$$\frac{d[P]}{dt}=k_b[I]\approx k_b\frac{k_a[A][B]}{k_a'+k_b}=k_r[A][B] \qquad k_r=\frac{k_ak_b}{k_a'+k_b}$$

当I转化为产物的速率常数远远小于其转化为反应物的速率常数，即$k_b \ll k_a'$时，以上表达可还原到式(17E.12)。

自测题 17E.3　证明具有下列预平衡机理的反应为总的三级反应。

$2A \rightleftharpoons I\ (K)$

$I + B \longrightarrow P\ (k_b)$

答案：$d[P]/dt=(k_bK/c^{\ominus})[A]^2[B]$。

需要注意的一个特征：尽管式(17E.12)中每个速率常数均随温度升高而增大，但对k_r本身不一定如此。因此，如果速率常数k_a'比乘积k_ak_b增加得更快，那么$k_r=k_ak_b/k_a'$随温度升高而减小，且随温度提升，反应进行得更慢。数学上，总反应被说成具有“负的活化能”。例如，假定式(17E.12)中每个速率常数都服从阿仑尼乌斯温度关系(专题17D)，则由阿仑尼乌斯公式[式(17D.4)，$k_r=Ae^{-E_a/RT}$]可得

$$k_r=\frac{(A_ae^{-E_{a,a}/RT})(A_be^{-E_{a,b}/RT})}{A_{a'}e^{-E_{a,a'}/RT}}=\frac{A_aA_b}{A_{a'}}e^{-(E_{a,a}+E_{a,b}-E_{a,a'})/RT}$$

（注：$e^{x+y}=e^xe^y$，$e^{x-y}=e^x/e^y$）

因此，反应的有效活化能为

$$E_a=E_{a,a}+E_{a,b}-E_{a,a'} \qquad (17E.13)$$

如果$E_{a,a}+E_{a,b}>E_{a,a'}$，这个活化能为正[图17E.6(a)]；但若$E_{a,a'}>E_{a,a}+E_{a,b}$，则为负[图17E.6(b)]。这部分讨论的一个重要结果是：在预测温度对反应(包含多步)的影响时必须谨慎。

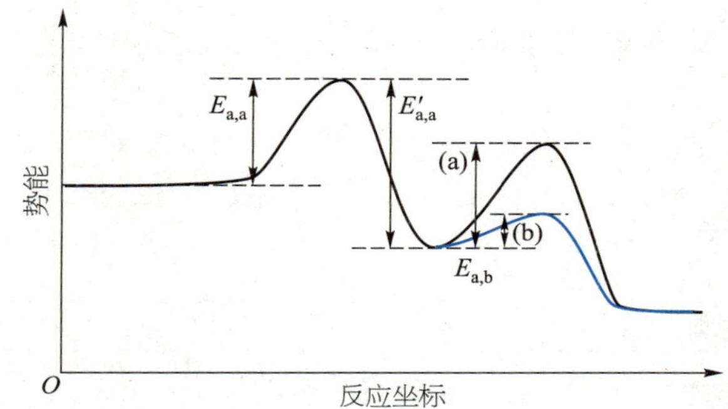

图17E.6　对有预平衡的反应，有三个活化能需要考虑：两个针对预平衡的可逆步骤，一个针对最后一步。这些活化能的相对大小决定了总活化能为正(a)或负(b)

17E.6　反应的动力学控制和热力学控制

有些情况下，反应物能够生成多种产物，例如在单取代苯的硝化中，根据初始取代基的导向能力，可以得到不同比例的邻位、间位和对位取代产物。假定由以下竞争反应可生成两种产物P_1和P_2：

$$A+B\longrightarrow P_1 \qquad v(P_1)=k_{r,1}[A][B]$$

$$A+B\longrightarrow P_2 \qquad v(P_2)=k_{r,2}[A][B]$$

在反应的某一指定阶段(在达到平衡之前)，已生成的两种产物的相对比例可由两个速率之比，也即两个速率常数之比给出：

$$\frac{[P_2]}{[P_1]}=\frac{k_{r,2}}{k_{r,1}}$$ 动力学控制 (17E.14)

该比值代表产物比例的**动力学控制**(kinetic control),即源于相对速率的控制而不是有关平衡的热力学考虑。动力学控制是有机化学反应涉及的一个共同特征,可以选择使反应物朝向预期产物生成方向的有利途径。如果反应允许达到平衡,则产物比例由热力学而非动力学控制,即浓度的比率由标准反应吉布斯能控制。

概念清单

- ☐ 1. 反应**机理**是反应物向产物转变的各基元步骤的顺序排列。
- ☐ 2. 基元反应的**分子数**是指基元反应中发生反应的分子数目。
- ☐ 3. 单分子基元反应具有一级动力学;双分子基元反应具有二级动力学。
- ☐ 4. **速率控制步骤**是反应机理中控制总反应速率的那一步。
- ☐ 5. 在**稳态近似**中,假定在整个反应进程中所有反应中间体的浓度保持恒定且很小。
- ☐ 6. **预平衡**是中间体与反应物呈平衡的一个状态,其出现在当中间体返回到反应物的速率大大快于由中间体生成产物的速率时。
- ☐ 7. 对产物比例的**动力学控制**源于相对速率而非关于平衡的热力学考虑。

公式清单

性质	公式	说明	公式编号
单分子反应	$d[A]/dt=-k_r[A]$	$A \longrightarrow P$	17E.1
双分子反应	$d[A]/dt=-k_r[A][B]$	$A+B \longrightarrow P$	17E.2
连续反应	$[A]=[A]_0e^{-k_at}$	$A\xrightarrow{k_a}I\xrightarrow{k_b}P$	17E.4
	$[I]=[k_a/(k_b-k_a)](e^{-k_at}-e^{-k_bt})[A]_0$		
	$[P]=[1+(k_ae^{-k_bt}-k_be^{-k_at})/(k_b-k_a)][A]_0$		
稳态近似	$d[I]/dt\approx 0$	I是中间体	17E.5

专题17F

反应机理示例

▶ 为何需要学习这部分内容?

一些重要的反应具有复杂的机理，需要特殊处理。因此，需要明白如何对一个反应机理中各步的相对速率提出并实行假设。

▶ 核心思想是什么?

稳态近似常用来从提出的机理导出速率方程。

▶ 需要哪些预备知识?

需要熟悉速率方程的概念（专题17A），以及利用稳态近似从反应机理导出总的速率方程（专题17E）。

许多反应发生的机理涉及多个基元步骤。在每一种情况下，通过提出反应机理及在合适条件下应用稳态近似来建立（或测试）速率方程是可能的。

17F.1 单分子反应

许多气相反应服从一级动力学，如环丙烷异构化为丙烯的反应：

$$C_3H_6(g) \longrightarrow CH_3CH{=}CH_2(g) \quad v = k_r[C_3H_6]$$

解释一级速率方程的问题在于，由于与其他的分子碰撞，一个分子可能获得足够的能量来反应。然而，碰撞是简单的双分子事件，所以它们是如何能够导致一级反应速率方程的呢？一级气相反应被广泛地称为“单分子反应”，因为它们也涉及一个单分子基元步骤，该步中反应物分子转变为产物。但使用这个术语必须谨慎，因为总的机理中有双分子步骤，也有单分子步骤。

单分子反应的第一个成功解释是由Frederick Lindemann于1921年提出的，后来由Cyril Hinshelwood建立。在**林德曼－欣谢尔伍德机理**（**Lindemann-Hinshelwood mechanism**）中，假设在双分子步骤中，一个反应物分子A通过与另一个A分子碰撞成为能量激发态（图17F.1）：

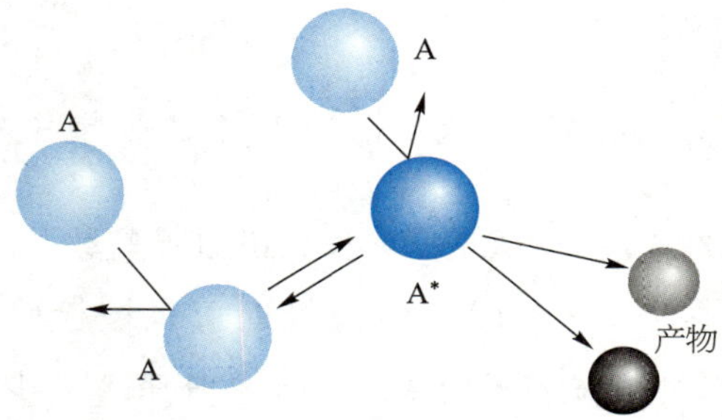

图17F.1 单分子反应的林德曼－欣谢尔伍德机理的一种表示。A物种通过与A碰撞被激发，富能的分子A(A*)可以通过与A碰撞而去活化，或者通过单分子过程继续衰变形成产物

$$A+A \longrightarrow A^*+A \qquad \frac{d[A^*]}{dt}=k_a[A]^2 \qquad (17F.1a)$$

富能的分子(A*)可能通过与另一个分子碰撞而失去多余的能量：

$$A+A^* \longrightarrow A+A \qquad \frac{d[A^*]}{dt}=-k_a'[A][A^*] \qquad (17F.1b)$$

或者，富能分子可能自身振动分解或其原子重排，从而生成产物P。换言之，它可能经历了单分子衰变：

$$A^* \longrightarrow P \qquad \frac{d[A^*]}{dt}=-k_b[A^*] \qquad (17F.1c)$$

如果单分子步骤是速率控制步骤，则总反应将具有一级动力学特征，正如所观察到的。通过对A^*生成的净速率应用稳态近似，这个结论能够被明确地证实：

$$\frac{\mathrm{d}[\mathrm{A}^*]}{\mathrm{d}t}=k_\mathrm{a}[\mathrm{A}]^2-k_\mathrm{a}'[\mathrm{A}][\mathrm{A}^*]-k_\mathrm{b}[\mathrm{A}^*]\approx 0 \tag{17F.2}$$

重排可得

$$[\mathrm{A}^*]=\frac{k_\mathrm{a}[\mathrm{A}]^2}{k_\mathrm{b}+k_\mathrm{a}'[\mathrm{A}]} \tag{17F.3}$$

故P生成的速率方程为

$$\frac{\mathrm{d}[\mathrm{P}]}{\mathrm{d}t}=k_\mathrm{b}[\mathrm{A}^*]=\frac{k_\mathrm{a}k_\mathrm{b}[\mathrm{A}]^2}{k_\mathrm{b}+k_\mathrm{a}'[\mathrm{A}]} \tag{17F.4}$$

在此阶段，速率方程不是一级的。可是，如果通过$(\mathrm{A}^*,\mathrm{A})$碰撞的去活化速率大大超过单分子衰变的速率，亦即$k_\mathrm{a}'[\mathrm{A}][\mathrm{A}^*]\gg k_\mathrm{b}[\mathrm{A}^*]$，或者（在消掉$[\mathrm{A}^*]$后）$k_\mathrm{a}'[\mathrm{A}]\gg k_\mathrm{b}$，那么在式（17F.4）的分母项中$k_\mathrm{b}$可被忽略，得

$$\frac{\mathrm{d}[\mathrm{P}]}{\mathrm{d}t}=k_\mathrm{r}[\mathrm{A}]\qquad k_\mathrm{r}=\frac{k_\mathrm{a}k_\mathrm{b}}{k_\mathrm{a}'} \tag{17F.5}$$

林德曼－欣谢尔伍德速率方程

式（17F.5）为一级速率方程，正如所需要的。

林德曼－欣谢尔伍德机理可以被检验，因为它预测：随着A的浓度（也是分压）减少，反应应该转变为总的二级动力学。因此，当$k_\mathrm{a}'[\mathrm{A}][\mathrm{A}^*]\ll k_\mathrm{b}[\mathrm{A}^*]$或（在消掉$[\mathrm{A}^*]$后）$k_\mathrm{a}'[\mathrm{A}]\ll k_\mathrm{b}$时，式（17F.4）中的速率方程变为

$$\frac{\mathrm{d}[\mathrm{P}]}{\mathrm{d}t}=k_\mathrm{a}[\mathrm{A}]^2 \tag{17F.6}$$

级数改变的物理原因是随着压力降低，A^*失去其多余能量的双分子过程的速率，与A^*生成产物的速率相比变得微不足道。然后，反应机理就是两个步骤的排列，其中第一步（双分子步骤）是速率控制步骤。如果式（17F.4）中的完整速率方程写作

$$\frac{\mathrm{d}[\mathrm{P}]}{\mathrm{d}t}=k_\mathrm{r}[\mathrm{A}]\qquad k_\mathrm{r}=\frac{k_\mathrm{a}k_\mathrm{b}[\mathrm{A}]}{k_\mathrm{b}+k_\mathrm{a}'[\mathrm{A}]} \tag{17F.7}$$

那么，有效速率常数k_r的表达可以重排（两边取倒数）为

$$\frac{1}{k_\mathrm{r}}=\frac{k_\mathrm{a}'}{k_\mathrm{a}k_\mathrm{b}}+\frac{1}{k_\mathrm{a}[\mathrm{A}]} \tag{17F.8}$$

有效速率常数［林德曼－欣谢尔伍德机理］

因此，理论的检验是将$1/k_\mathrm{r}$对$1/[\mathrm{A}]$作图，并期望得到一条直线。这个行为常常在低浓度时可观察到，而高浓度时通常有偏差。专题18A进一步发展了机理的描述，以考虑在一定浓度和压力范围内的实验结果。

例题 17F.1　根据林德曼－欣谢尔伍德机理分析数据

气相反应A ⟶ P遵循林德曼－欣谢尔伍德机理。300 K时，有效速率常数如下：

$[\mathrm{A}]_1=5.21\times10^{-4}\ \mathrm{mol\cdot dm^{-3}}$时，$k_{\mathrm{r},1}=2.50\times10^{-4}\ \mathrm{s^{-1}}$；

$[\mathrm{A}]_2=4.81\times10^{-6}\ \mathrm{mol\cdot dm^{-3}}$时，$k_{\mathrm{r},2}=2.10\times10^{-5}\ \mathrm{s^{-1}}$。

计算机理中活化步骤的速率常数k_a。

整理思路　应用式（17F.8）写出$1/k_{\mathrm{r},2}-1/k_{\mathrm{r},1}$差值的表达式，重排$k_\mathrm{a}$的表达式，然后代入数据。

解：由式（17F.8）得

$$\frac{1}{k_{\mathrm{r},2}}-\frac{1}{k_{\mathrm{r},1}}=\frac{1}{k_\mathrm{a}}\left(\frac{1}{[\mathrm{A}]_2}-\frac{1}{[\mathrm{A}]_1}\right)$$

因此

$$k_\mathrm{a}=\frac{1/[\mathrm{A}]_2-1/[\mathrm{A}]_1}{1/k_{\mathrm{r},2}-1/k_{\mathrm{r},1}}$$

$$=\frac{1/(4.81\times10^{-6}\ \mathrm{mol\cdot dm^{-3}})-1/(5.21\times10^{-4}\ \mathrm{mol\cdot dm^{-3}})}{1/(2.10\times10^{-5}\ \mathrm{s^{-1}})-1/(2.50\times10^{-4}\ \mathrm{s^{-1}})}$$

$$=4.72\ \mathrm{dm^3\cdot mol^{-1}\cdot s^{-1}}$$

自测题 17F.1　气相反应A ⟶ P遵循林德曼－欣谢尔伍德机理。在$[\mathrm{A}]=4.37\times10^{-4}\ \mathrm{mol\cdot dm^{-3}}$和$1.00\times10^{-5}\ \mathrm{mol\cdot dm^{-3}}$时，有效速率常数分别是$1.70\times10^{-3}\ \mathrm{s^{-1}}$和$2.20\times10^{-4}\ \mathrm{s^{-1}}$。计算机理中活化步骤的速率常数。

答案：$24.7\ \mathrm{dm^3\cdot mol^{-1}\cdot s^{-1}}$。

17F.2　聚合反应动力学

聚合过程主要有两类，在每一类过程中产物的平均摩尔质量随时间以不同方式变化。在**逐步聚合**（stepwise polymerization）中，存在于反应混合物中的任意两个单体能够在任何时间交联在一起，且聚合物的生长不受限于已经形成的链（图17F.2）。结果是，单体在反应早期被消耗，而产物的平均摩尔质量随时间线性增加。在**链聚合**（chain polymerization）中，单体M进攻另一个单体，与之交联，然后该组合体进攻另一个单体，

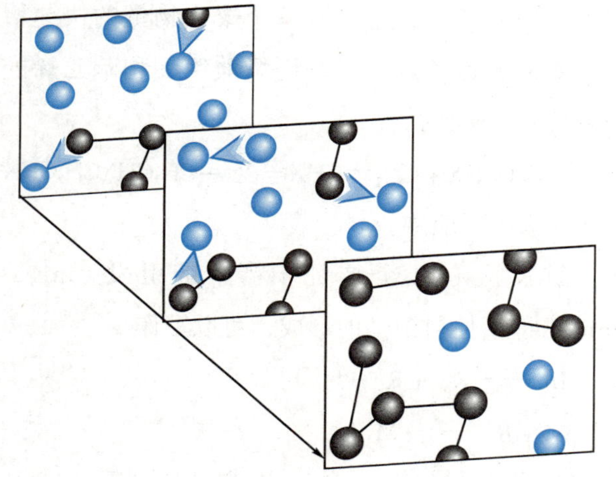

图 17F.2 在逐步聚合中，生长能够起始于任意一对单体（蓝色）上。这样，新的链（灰色）在整个反应过程中不断开始形成

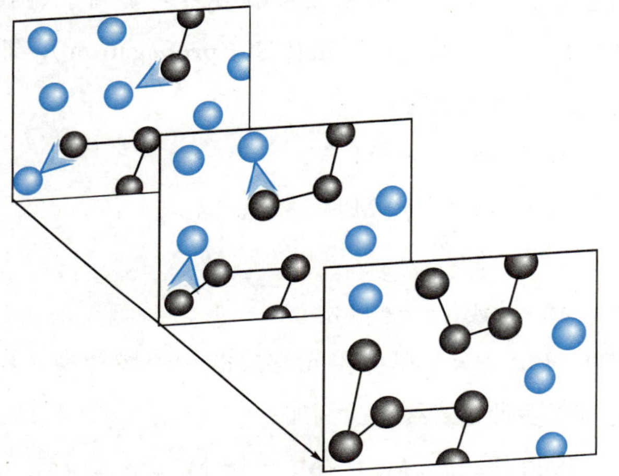

图 17F.3 链聚合的过程：随着每条链得到额外的单体（蓝色）而导致链（灰色）生长

以此类推。单体随着它与增长的链的交联而被消耗（图 17F.3）。由众多单体构建的聚合物快速形成，而且随反应时间的延长，只有聚合物的产率增加，而不是平均摩尔质量增加。

（a）逐步聚合

逐步聚合通常通过**缩聚反应**（condensation reaction）来进行，其中每一步消去一个小分子（典型的是 H_2O）。逐步聚合是聚酰胺生产的机理，如在尼龙-66的形成中：

$$H_2N(CH_2)_6NH_2 + HOOC(CH_2)_4COOH \longrightarrow H_2N(CH_2)_6NHCO(CH_2)_4COOH + H_2O$$

继续到

$$\longrightarrow H{-}[HN(CH_2)_6NHCO(CH_2)_4CO]_n{-}OH$$

聚酯和聚氨酯的生成类似（后者没有消去）。例如，聚酯可被认为是羟基酸HO—R—COOH逐步缩合的结果。考虑从这样一个单体形成聚酯的情况，其进程可依据样品（记为A）中—COOH官能团的浓度来测定，因为这些官能团随着缩合进行而逐渐消失。由于缩合反应能够在含有任意数量单体单元的分子之间进行，许多不同长度的链能在反应混合物中生长。

无催化剂时，缩合反应预计为对—OH和—COOH（或A）官能团浓度的总二级反应，故

$$\frac{d[A]}{dt}=-k_r[OH][A] \qquad (17F.9a)$$

然而，因为每个—COOH官能团有一个—OH，所以该方程与下式一样：

$$\frac{d[A]}{dt}=-k_r[A]^2 \qquad (17F.9b)$$

如果缩聚反应的速率常数与链长无关，那么 k_r 在整个反应过程中维持不变。这样，这个速率方程的解可由式（17B.4b）给出，为

$$[A]=\frac{[A]_0}{1+k_rt[A]_0} \qquad (17F.10)$$

因此，在时间 t，已聚合的—COOH官能团的分数 p 为

$$p=\frac{[A]_0-[A]}{[A]_0}\overset{[A]=[A]_0/(1+k_rt[A]_0)}{=}\frac{k_rt[A]_0}{1+k_rt[A]_0} \qquad \text{缩合基团的分数[逐步聚合]} \quad (17F.11)$$

聚合度（degree of polymerization），即在每个聚合物分子中留存的单体的平均数目，现在可以计算出来。这个量是在某个感兴趣的时间，A的初始浓度（$[A_0]$）与端基浓度（[A]）的比值，因为每个聚合物分子中有一个A基团。例如，如果起先有1 000个A基团，现在只有10个，则每个聚合物的平均长度一定是100单元。因[A]可以用 p 来表示[式（17F.11）的第一部分]，故每个聚合物分子中单体的平均数 $\langle N\rangle$ 为

$$\langle N\rangle=\frac{[A]_0}{[A]}=\frac{1}{1-p} \qquad \text{聚合度[逐步聚合]} \quad (17F.12a)$$

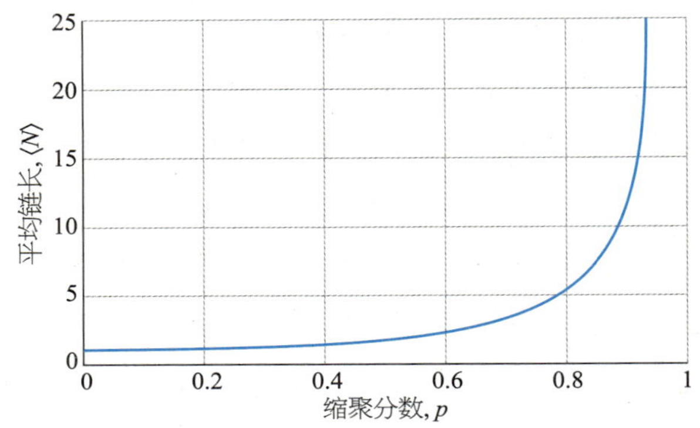

图 17F.4　聚合物的平均链长作为已反应单体的分数(p)的一个函数（可见，为使链很长，p 必须十分趋于 1）

这个结果如图 17F.4 所示。当以速率常数 k_r 表示 p［式（17F.11）的第二部分］时，则结果为

$$\langle N\rangle = 1 + k_r t[\mathrm{A}]_0 \quad \text{用速率常数表示的聚合度［逐步聚合］} \qquad (17\mathrm{F}.12\mathrm{b})$$

平均链长随时间线性增长。因此，一个逐步聚合的进程越长，产物的平均摩尔质量就越高。

简要说明 17F.1

考虑由一逐步聚合过程形成的聚合物，$k_r = 1.00\ \mathrm{dm^3 \cdot mol^{-1} \cdot s^{-1}}$，起始单体浓度 $[\mathrm{A}]_0 = 4.00 \times 10^{-3}\ \mathrm{mol \cdot dm^{-3}}$。由式（17F.12b），在 $t = 1.5 \times 10^4$ s 时，聚合度为

$$\langle N\rangle = 1 + 1.00\ \mathrm{dm^3 \cdot mol^{-1} \cdot s^{-1}} \times 1.5 \times 10^4\ \mathrm{s} \times 4.00 \times 10^{-3}\ \mathrm{mol \cdot dm^{-3}} = 61$$

由式（17F.12a），缩聚分数 p 为

$$p = \frac{\langle N\rangle - 1}{\langle N\rangle} = \frac{61-1}{61} = 0.98$$

（b）链聚合

许多气相反应和液相聚合反应是**链反应**（chain reactions）。在链反应中，由某一步生成的反应中间体，会在接下来的步骤中产生一个中间体，然后该中间体又产生另一个中间体，以此类推。链反应中的中间体被称为**链载体**（chain carriers）。在**自由基链反应**（radical chain reaction）中，链载体是自由基（有未成对电子的物种）。

链聚合通过向一正在生长的聚合物中添加单体而发生，常常是自由基链式过程。对每一个可用来反应的单体，它导致单个聚合物链的快速增长。实例包括乙烯、甲基丙烯酸甲酯和苯乙烯的加聚反应，例如在

$$—\mathrm{CH_2\dot{C}HX} + \mathrm{CH_2{=}CHX} \longrightarrow —\mathrm{CH_2CHXCH_2\dot{C}HX}$$

以及后续的反应中。

链反应有几个特征步骤。**链引发**（initiation），即活性自由基的形成，可以写作

$$\mathrm{In} \longrightarrow \mathrm{R\cdot} + \mathrm{R\cdot}$$

$$\mathrm{M} + \mathrm{R\cdot} \longrightarrow \mathrm{\cdot M_1}$$

其中 In 是引发剂，R· 是 In 形成的自由基，$\cdot\mathrm{M_1}$ 是自由基单体。在该反应中产生一个自由基，但在有些聚合反应中，链引发步骤导致一个离子链载体形成。链引发之后是**链传递**（propagation），即链反应的持续进行：

$$\mathrm{M} + \cdot\mathrm{M_1} \longrightarrow \cdot\mathrm{M_2}$$

$$\mathrm{M} + \cdot\mathrm{M_2} \longrightarrow \cdot\mathrm{M_3}$$

$$\vdots$$

$$\mathrm{M} + \cdot\mathrm{M}_{n-1} \longrightarrow \cdot\mathrm{M}_n$$

其中 M_n 是由 n 个单体单元构成的一个聚合物。聚合可以多种方式终止。例如：

相互终止：$\cdot\mathrm{M}_n + \cdot\mathrm{M}_m \longrightarrow \mathrm{M}_{n+m}$

歧化作用：$\cdot\mathrm{HM}_n + \cdot\mathrm{M}_m \longrightarrow \mathrm{M}_n + \mathrm{HM}_m$

链转移：$\mathrm{M} + \cdot\mathrm{M}_n \longrightarrow \cdot\mathrm{M} + \mathrm{M}_n$

在**相互终止**（mutual termination）中，两个生长的自由基链复合；在通过**歧化作用**（disproportionation）的终止中，一个 H 原子从一个链转移到另一个链，对应于供体的氧化和受体的还原；在**链转移**（chain transfer）中，一个新链的引发是以现有正在生长的一个链为代价。可以怀疑，机理是复杂的，但可用稳态近似来探究。

如何完成？ 17F.1　推导链聚合速率的表达式

链聚合的动力学分析必须考虑链引发、传递和终止。

步骤 1　*写出链引发过程速率的表达式*

如果链引发步骤为

$$\mathrm{In} \longrightarrow \mathrm{R\cdot} + \mathrm{R\cdot} \qquad v_i = k_i[\mathrm{In}]$$

$$\mathrm{M} + \mathrm{R\cdot} \longrightarrow \cdot\mathrm{M_1}$$

若链传递步骤的速率常数足够大，这两步的第一步就是

总聚合过程的速率控制步骤，链引发速率等于v_i。

步骤2　*写出链传递的表达式*

对于足够大的链，如果传递速率与链尺寸无关，那么传递速率v_p可写作

$$v_p = k_p[M][\cdot M]$$

其中$\cdot$M代表任意长度的一聚合物。根据步骤1中的说明，得

$$\left(\frac{d[\cdot M]}{dt}\right)_{生成} = 2fk_i[In]$$

式中f是成功引发一个链的自由基R$\cdot$的分数。因子2代表在每一个链引发步骤中形成两个自由基。

步骤3　*考虑过程的终止*

对于目前的分析，假定只有相互终止发生。如果终止速率被假设为与链长无关，则链终止的速率方程为

$$v_t = k_t[\cdot M]^2$$

由这个消耗过程引起的自由基浓度变化的速率为

$$\left(\frac{d[\cdot M]}{dt}\right)_{消耗} = -2k_t[\cdot M]^2$$

此处，因子2代表在每一个消耗步骤中有两个自由基被移去。

步骤4　*应用稳态近似*

自由基$\cdot$M生成的净速率为

$$\frac{d[\cdot M]}{dt} = \overbrace{2fk_i[In]}^{生成} - \overbrace{2k_t[\cdot M]^2}^{消耗} \approx 0$$

稳态近似

因此，自由基链的稳态浓度为

$$[\cdot M] = \left(\frac{fk_i}{k_t}\right)^{1/2}[In]^{1/2}$$

在步骤2中，已确定聚合的总速率等于链传递的速率，可由$v_p = k_p[M][\cdot M]$给出。对$[\cdot M]$的稳态表达式现在可以插入这个表达式中，得到

$$v_p = k_p[\cdot M][M] = k_p\left(\frac{fk_i}{k_t}\right)^{1/2}[In]^{1/2}[M]$$

因此，聚合的总速率正比于引发剂（In）浓度的平方根，由下式给出

$$v = k_r[In]^{1/2}[M] \qquad k_r = k_p\left(\frac{fk_i}{k_t}\right)^{1/2}$$ 聚合速率［链聚合］　（17F.13）

动力学链长（kinetic chain length）λ是消耗的单体单元数目与链引发步骤中生成的自由基数目的比值，即

$$\lambda = \frac{消耗的单体单元数目}{生成的自由基数目}$$ 动力学链长［定义］　（17F.14a）

动力学链长可以被想象为由一个引发自由基生成的一个链中分子的平均数目。动力学链长可以依据上述速率表达式来表示。为此，需要意识到单体是以链传递的速率被消耗的。于是

$$\lambda = \frac{链传递的速率}{自由基的生成速率}$$ 用反应速率表示的动力学链长　（17F.14b）

应用稳态近似时，设自由基的生成速率与终止速率相等（上述讨论中的步骤4）。因此，动力学链长可以写作

$$\lambda = \frac{k_p[\cdot M][M]}{2k_t[\cdot M]^2} = \frac{k_p[M]}{2k_t[\cdot M]}$$

代入$[\cdot M]$的稳态表达式，$[\cdot M] = (fk_i/k_t)^{1/2}[In]^{1/2}$，得到

$$\lambda = k_r[M][In]^{-1/2}$$
$$k_r = k_p(4fk_ik_t)^{-1/2}$$ 动力学链长［链聚合］　（17F.14c）

在相互终止中，由反应产生的一个聚合物分子中单体的平均数目，$\langle N\rangle$，是两个复合的聚合物链中单体数目的加和。在每一个链中，单元的平均数是λ。因此

$$\langle N\rangle = 2\lambda = 2k_r[M][In]^{-1/2}$$ 聚合度［链聚合］　（17F.15）

式中k_r由式（17F.14c）给出。换言之，链的引发越慢（引发剂浓度越小，以及引发速率常数越小），动力学链越长，因而聚合物的平均摩尔质量越高。

17F.3　酶催化反应

催化剂是能够加速反应但没有净化学变化的物质（专题17D）：通过对无催化的反应提供另一条途径，催化剂降低了反应的活化能（图17F.5）。**酶**（enzymes）是均相生物催化剂，非常专一，对它们控制的反应有着巨大影响。例如，在298 K时，过氧化氢酶可使其催化的反应加速10^{12}倍。

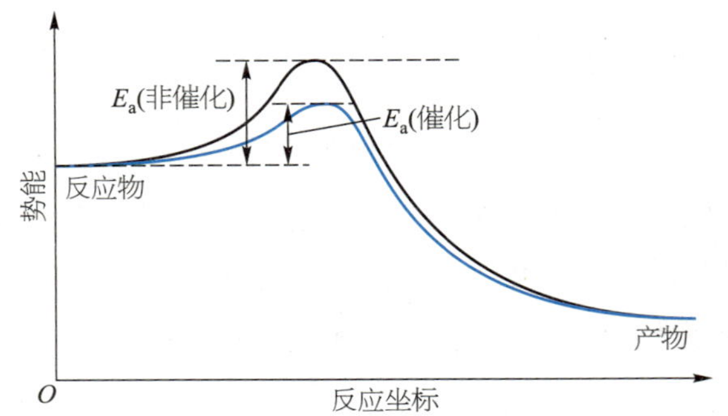

图17F.5　催化剂提供了低活化能的不同路径，结果是正向（和逆向）反应速率增加

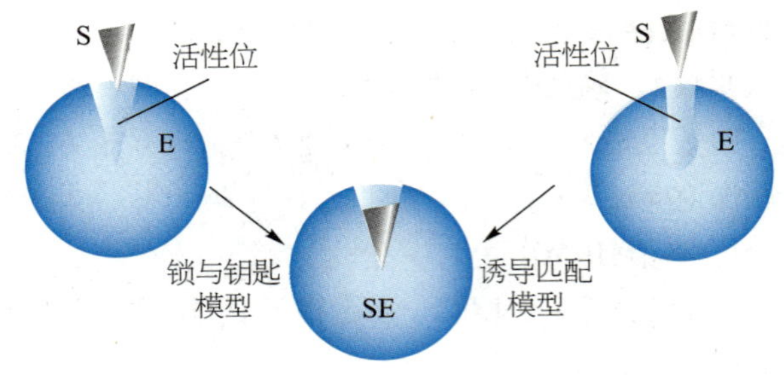

图17F.6　解释底物与酶的活性位键合的两种模型。在锁与钥匙模型中，活性位和底物有互补的三维结构，无须主要原子重排即可“入坞”。在诱导匹配模型中，底物的键合引起活性位中的构象改变。在构象改变发生之后，底物很好地匹配活性位

酶包含**活性位**（active site），活性位负责与**底物**（substrate，即反应物）键合，并促进它们转化为产物。与催化剂一样，在产物被释放后，活性位回复至其初始状态。许多酶主要由蛋白质组成，在它们的活性位上有些特征的有机或无机辅酶因子。可是，某些RNA分子也可以是生物催化剂，形成核糖酶。

活性位的结构对于其催化的反应是特定的，底物中的官能团主要通过氢键、静电作用和范德华相互作用附着在活性位中的官能团上。图17F.6展示了两种模型解释酶的活性位与底物的键合。在**锁与钥匙模型**（lock-and-key model）中，活性位和底物有互补的三维结构，无须主要结构改变即可“入坞”。然而，实验证据支持**诱导匹配模型**（induced fit model），其中底物的键合引起活性位中的构象改变，只有在改变之后，底物才能很好地匹配活性位。

典型性的酶动力学实验研究是通过监测一溶液（其中酶以极低的浓度存在）中产物形成的初始速率来进行的。确实，酶是如此高效的催化剂，以至于即使当它们的浓度比底物浓度小3个或更多数量级时，也能观察到有显著的加速作用。

许多酶催化反应的基本特征如下：

- 对于一给定底物的初始浓度$[S]_0$，产物生成的初始速率与酶的总浓度$[E]_0$成正比。
- 对于一给定$[E]_0$且$[S]_0$数值较低时，产物的生成速率与$[S]_0$成正比。
- 对于一给定$[E]_0$且$[S]_0$数值较高时，产物的生成速率变为与$[S]_0$无关，达到一最大值，称为**最大速率**（maximum velocity）v_{max}。

米氏机理（Michaelis－Menten mechanism）说明了这些特性。根据该机理，第一步形成酶－底物复合物，然后，或者底物被释放、没有变化，或者经修饰后以产物形式释放：

$$\mathrm{E+S} \underset{k_a'}{\overset{k_a}{\rightleftharpoons}} \mathrm{ES}$$
$$\mathrm{ES} \xrightarrow{k_b} \mathrm{P+E} \qquad \text{米氏机理} \qquad (17F.15)$$

同样，该机理也可以用稳态近似来分析。

如何完成？17F.2　推导米氏方程

按照米氏机理，产物形成的速率为

$$v = k_b[\mathrm{ES}]$$

所以，策略集中在找到中间物ES的浓度表达式。

步骤1　*应用稳态近似*

通过应用稳态近似，得到酶－底物复合物的浓度，写作

$$\frac{d[\mathrm{ES}]}{dt} = k_a[\mathrm{E}][\mathrm{S}] - k_a'[\mathrm{ES}] - k_b[\mathrm{ES}] \approx 0$$

于是

$$[\mathrm{ES}] = \frac{k_a[\mathrm{E}][\mathrm{S}]}{k_a' + k_b}$$

式中[E]和[S]分别是游离的酶和底物的浓度。

步骤2　*简化[ES]的表达式*

现在，定义**米氏常数**（Michaelis constant）：

$$K_M = \frac{k_a' + k_b}{k_a}$$

（注意：这个常数的单位与物质的量浓度单位相同。）为了用酶的总浓度和首次加入的底物初始浓度来表达速率方程，需注意酶的总浓度是$[E]_0 = [E] + [ES]$，于是，$[E] = [E]_0 - [ES]$。将这个[E]的表达式插入上述[ES]的

稳态表达式中，给出

$$[ES]=\frac{([E]_0-[ES])[S]}{K_M}$$

因为底物通常相对于酶总是大大过量，自由的底物浓度近似等于其初始浓度，即 $[S]\approx[S]_0$，对 [ES] 表达式的解为

$$[ES]=\frac{[S]_0[E]_0}{K_M+[S]_0}=\frac{[E]_0}{1+K_M/[S]_0}$$

步骤 3　*写出速率方程的表达式*

现在，可将 [ES] 的表达式代入 $v=k_b[ES]$，从而给出**米氏方程**（Michaelis–Menten equation）：

$$v=\frac{k_b[E]_0}{1+K_M/[S]_0} \quad \text{米氏方程} \quad (17F.16)$$

式（17F.16）预测的与实验观察一致（图 17F.7）：

- 当 $[S]_0 \ll K_M$ 时，速率与 $[S]_0$ 成正比：

$$v=\frac{k_b}{K_M}[S]_0[E]_0 \quad (17F.17a)$$

- 当 $[S]_0 \gg K_M$ 时，速率达到其最大值，且与 $[S]_0$ 无关：

$$v_{max}=k_b[E]_0 \quad (17F.17b)$$

将 v_{max} 的这个定义代入式（17F.16），得

$$v=\frac{v_{max}}{1+K_M/[S]_0} \quad (17F.18a)$$

通过两边取倒数，上式可重排得到适于线性回归数据分析的一种形式：

$$\frac{1}{v}=\frac{1}{v_{max}}+\left(\frac{K_M}{v_{max}}\right)\frac{1}{[S]_0} \quad \text{Lineweaver–Burk 图} \quad (17F.18b)$$

Lineweaver–Burk 图（也称双倒数图）是将 $1/v$ 对 $1/[S]_0$ 作图。根据式（17F.18b），应得到一条直线，斜率为 K_M/v_{max}，y 轴截距为 $1/v_{max}$，x 轴截距为 $-1/K_M$（图 17F.8）。K_M 的数值也可以从斜率对 y 轴截距的比值来获得。然后，k_b 的值可通过 y 轴截距和式（17F.17b）计算出来。但是，该图不能给出在 K_M 定义式中出现的单个速率常数 k_a 和 k_a'。专题 17A 中描述的停流技术能够给出需要的附加数据，因为酶–底物复合物的生成速率能够通过监测酶与底物混合后的浓度而得到。这个步骤给出 k_a 的值，再通过这个结果与 k_b 和 K_M 的值结合，可得到 k_a'。

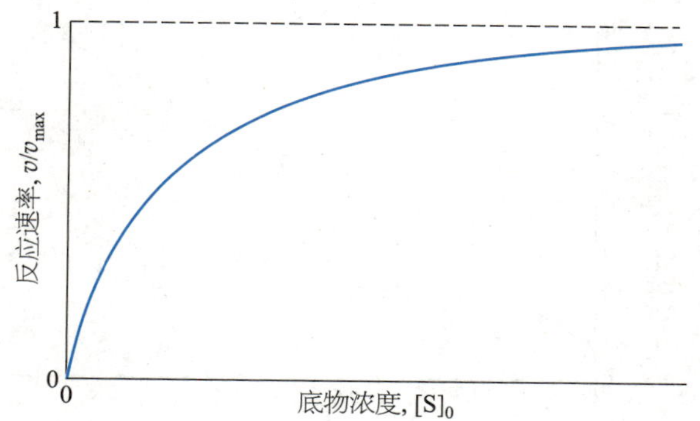

图 17F.7　酶催化反应的速率随底物浓度的变化（对于大的 $[S]_0$，趋于一最大速率 v_{max}，这可由米氏机理来解释）

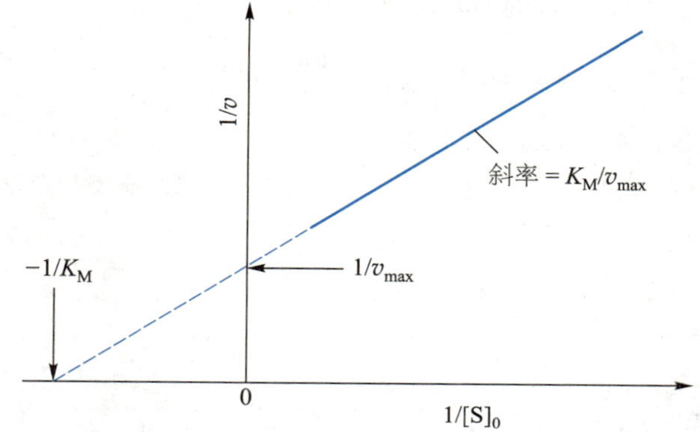

图 17F.8　Lineweaver–Burk 图的结构，来分析按照米氏机理进行的酶催化反应，以及截距和斜率的意义

例题 17F.2　用 Lineweaver-Burk 图分析数据

碳酸酐酶催化血红细胞中 CO_2 的水合作用，得到碳酸氢盐（双碳酸盐）离子：

$$CO_2(g)+H_2O(l)\longrightarrow HCO_3^-(aq)+H^+(aq)$$

对于在 pH = 7.1、273.5 K、酶浓度为 2.3 nmol · dm^{-3} 时的反应，得到了下列数据：

$[CO_2]/(mmol\cdot dm^{-3})$	1.25	2.5	5	20
$v/(mmol\cdot dm^{-3}\cdot s^{-1})$	2.78×10^{-2}	5.00×10^{-2}	8.33×10^{-2}	1.67×10^{-1}

确定该反应的最大速率和米氏常数。

整理思路　如在本书中解释的，绘制 Lineweaver–Burk 图，通过线性回归分析确定 K_M 和最大速率 v_{max} 的值。

解：列出下列数据：

$[CO_2]^{-1}/(mmol\cdot dm^{-3})^{-1}$	0.800	0.400	0.200	0.0500
$v^{-1}/(mmol\cdot dm^{-3}\cdot s^{-1})^{-1}$	36.0	20.0	12.0	6.0

图 17F.9 展示了这些数据的 Lineweaver–Burk 图，斜率为 40.0，y 轴截距为 4.00。因此有

$$v_{max}/(mmol\cdot dm^{-3}\cdot s^{-1})=\frac{1}{截距}=\frac{1}{4.00}=0.250$$

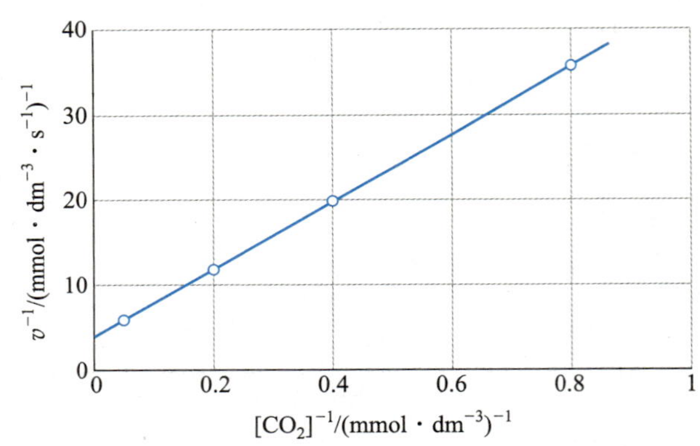

图 17F.9　例题 17F.2 数据的 Lineweaver-Burk 图

所以 $v_{max} = 0.250\ \mathrm{mmol \cdot dm^{-3} \cdot s^{-1}}$。

$$K_M/(\mathrm{mmol \cdot dm^{-3}}) = \frac{斜率}{截距} = \frac{40.00}{4.00} = 10.0$$

这样 $K_M = 10.0\ \mathrm{mmol \cdot dm^{-3}}$。

实用小贴士　斜率和截距没有单位，所有图都应该以纯数绘制。

自测题 17F.2　α－糜蛋白酶可在哺乳动物的胰腺分泌，它能够劈开某些氨基酸之间的肽键。准备了含有小分子肽 N－戊二酰－L－苯基丙氨酸－p－硝基酰胺的几种不同浓度的溶液，向每一份溶液中加入同样小量的 α－糜蛋白酶，获得了如下产物生成的起始速率：

$[S]/(\mathrm{mmol \cdot dm^{-3}})$	0.334	0.450	0.667	1.00	1.33	1.67
$v/(\mathrm{mmol \cdot dm^{-3} \cdot s^{-1}})$	0.150	0.199	0.285	0.406	0.516	0.619

确定反应的最大速率和米氏常数。

答案：$v_{max} = 2.80\ \mathrm{mmol \cdot dm^{-3} \cdot s^{-1}}$，$K_M = 5.89\ \mathrm{mmol \cdot dm^{-3}}$。

在有外来物质存在时，酶的作用可能会被部分压制，这种外来物质称为**抑制剂**（inhibitor）。抑制剂可能是被注入有机体的一个毒物，或者可能是自然存在于细胞中并参与其调节机制的一种物质。抑制剂的作用通常是阻塞活性位或附属在酶的其他地方，并强迫那个位置上的几何改变，以至于它不再容纳底物[1]。

概念清单

- ☐ 1. 单分子反应的**林德曼－欣谢尔伍德机理**可解释一些气相反应的一级动力学。
- ☐ 2. 在**逐步聚合**中，反应混合物中任意两个单体可以在任意时间交联在一起。
- ☐ 3. 逐步聚合进程越长，产物的平均摩尔质量就越高。
- ☐ 4. 在**链聚合**中，一个活化的单体进攻另一个单体，并与之交联；链的引发越慢，聚合物的平均摩尔质量越高。
- ☐ 5. **动力学链长**是消耗的单体单元数目与引发步骤中产生的自由基数目之比值。
- ☐ 6. **酶**是均相生物催化剂。
- ☐ 7. 酶动力学的**米氏机理**可以解释速率对酶和底物浓度的依赖性。
- ☐ 8. **Lineweaver－Burk 图**（双倒数图）可用来确定出现在米氏机理中的参数。

1 可使用动力学判据以区分不同类型抑制作用，这在原著作者编写的 *Physical chemistry for the life sciences*（2012）一书中有描述。

公式清单

性质	公式	说明	公式编号
林德曼－欣谢尔伍德速率方程	$d[P]/dt = k_r[A]$, $k_r = k_a k_b / k_a'$	$k_a'[A] \gg k_b$	17F.7
有效速率常数	$1/k_r = k_a'/k_a k_b + 1/k_a[A]$	林德曼－欣谢尔伍德机理	17F.8
缩聚基团的分数	$p = k_r t[A]_0/(1 + k_r t[A]_0)$	逐步聚合	17F.11
聚合度	$\langle N \rangle = 1/(1-p) = 1 + k_r t[A]_0$	逐步聚合	17F.12
聚合速率	$v = k_r[In]^{1/2}[M]$	链聚合	17F.13
动力学链长	$\lambda = k_r[M][In]^{-1/2}$, $k_r = k_p(4fk_i k_t)^{-1/2}$	链聚合	17F.14c
聚合度	$\langle N \rangle = 2k_r[M][In]^{-1/2}$	链聚合	17F.15
米氏方程	$v = v_{max}/(1 + K_M/[S]_0)$		17F.18a
Lineweaver－Burk 图（双倒数图）	$1/v = 1/v_{max} + (K_M/v_{max})(1/[S]_0)$		17F.18b

光化学

► 为何需要学习这部分内容？

许多化学和生物过程，包括光合作用与视觉，是由电磁辐射的吸收所引发的。所以，需要知道如何在速率方程中包含其影响。这些过程的定量分析提供了对这些过程机理的深刻理解。

► 核心思想是什么？

许多光化学反应的机理导致相对简单的速率方程，由此可得到速率常数和定量测量辐射能量引发反应的效率。

► 需要哪些预备知识？

需要熟悉单重态和三重态的概念（专题 11F）、辐射衰变模式（荧光和磷光，专题 11G）、电子光谱的概念（专题 11F），以及从提出的机理推导速率方程的方法（专题 17E）。

光化学过程（photochemical processes）是由电磁辐射的吸收引发的。这些过程中最重要的是那些捕获太阳辐射能的过程。这些反应的一部分在白天通过吸收紫外辐射来加热大气。其他的部分为在光合作用中吸收可见辐射。如果没有光化学过程，地球可能仅仅是一个温暖、只有岩石的不毛之地。

17G.1 光化学过程

表 17G.1 总结了常见的光化学过程。光化学过程由反应混合物中至少一个组分吸收辐射而引发。在**初级过程**（primary process）中，产物由反应物的激发态直接形成，如荧光（专题 11G）和顺－反光异构化。**次级过程**（secondary process）的产物源于由反应物的激发态直接形成的中间体，如由臭氧的光解离形成的氧原子所引发的氧化过程。

与光化学产物形成竞争的是许多使激发态去活化的初级光物理过程（表 17G.2）。因此，在描述光化学反应机理之前考虑激发态的生成与衰变的时间尺度是很重要的。

通过吸收紫外与可见辐射引起的电子跃迁发生在 10^{-16} ～ 10^{-15} s。因此，一级光化学反应速率常数的上限预期为约 10^{16} s^{-1}。荧光比吸收慢，典型寿命为 10^{-12}~10^{-6} s。因此，激发的单重态能够引发在飞秒（10^{-15} s）到皮秒（10^{-12} s）量级范围的快速光化学反应。如此超快反应的例子是视觉和光合作用的引发。内部转换（IC）发生的时间尺度与分子振动能量的释放相似，故可在少于 10^{-12} s 内发生。对较大的有机分子，典型的系间穿越（ISC，专题 11G）和磷光的寿命分别为 10^{-12}~10^{-4} s

表 17G.1 常见的光化学过程

过程	一般形式	举例
离子化	$A^* \longrightarrow A^+ + e^-$	$NO^* \longrightarrow NO^+ + e^-$
电子转移	$A^* + B \longrightarrow A^+ + B^-$ 或 $A^- + B^+$	$Ru(bpy)_3^{2+*} + Fe^{3+} \longrightarrow Ru(bpy)_3^{3+} + Fe^{2+}$
解离	$A^* \longrightarrow B + C$	$O_3^* \longrightarrow O_2 + O$
	$A^* + B—C \longrightarrow A + B + C$	$Hg^* + CH_4 \longrightarrow Hg + CH_3 + H$
加成	$A^* + A^* \longrightarrow B$	和同分异构体
	$A^* + B \longrightarrow AB$	$Hg^* + H_2 \longrightarrow HgH + H$
置换	$A^* + B—C \longrightarrow A—B + C$	$Hg^* + CH_3—H \longrightarrow Hg—CH_3 + H$
异构化或重排	$A^* \longrightarrow A'$	O O

*为激发态符号。

和 10^{-6}~10^{-1} s。激发的三重态因其长寿命而在光化学中是十分重要的。确实，因为磷光衰变比大多数典型反应要慢几个数量级，激发的三重态中的物种在辐射失去其能量之前能够经历与其他反应物分子很大数量的碰撞。

表17G.2 常见的光物理过程

过程	一般形式
初级吸收	$S + h\nu \longrightarrow S^*$
激发态吸收	$S^* + h\nu \longrightarrow S^{**}$
	$T^* + h\nu \longrightarrow T^{**}$
荧光	$S^* \longrightarrow S + h\nu$
受激发射	$S^* + h\nu \longrightarrow S + 2h\nu$
系间穿越（ISC）	$S^* \longrightarrow T^*$
磷光	$T^* \longrightarrow S + h\nu$
内部转换（IC）	$S^* \longrightarrow S$
碰撞诱导发射	$S^* + M \longrightarrow S + M + h\nu$
碰撞去活化	$S^* + M \longrightarrow S + M$
	$T^* + M \longrightarrow S + M$
电子能量转移	
单重态	$S^* + S \longrightarrow S + S^*$
三重态	$T^* + T \longrightarrow T + T^*$
激基缔合物形成	$S^* + S \longrightarrow (SS)^*$
能量汇聚	
单重态	$S^* + S^* \longrightarrow S^{**} + S$
三重态	$T^* + T^* \longrightarrow S^{**} + S$

*为激发态符号；S为单重态；T为三重态；M为第三体。

简要说明 17G.1

为判断反应物的激发单重态或三重态是否为合适的产物前驱体，将发射寿命与相关反应的半衰期（专题17B）比较。考虑一个单分子光化学反应，速率常数为 $k_r = 1.7 \times 10^4\ s^{-1}$，因此半衰期为 41 μs。观察到反应物的荧光寿命为 1.0 ns，磷光寿命为 1.0 ms。所以，激发的单重态寿命太短暂，而不能成为该反应产物的主要来源。另一方面，相对长寿命的激发三重态是一个很好的中间体候选者。

17G.2 初级量子产率

激发态通过辐射、非辐射和化学过程的去活化速率决定了光化学反应中产物的产率。**初级量子产率**（primary quantum yield）ϕ 定义为导致初级产物的光物理或光化学事件的数目除以相同间隔内分子吸收光子的数目：

$$\phi = \frac{\text{事件的数目}}{\text{吸收光子的数目}} = \frac{N_{事件}}{N_{吸收}} \qquad \text{初级量子产率[定义]} \qquad (17G.1a)$$

将这个表示式中分子和分母都除以事件发生的时间间隔，则初级量子产率也可看作辐射－诱导初级事件的速率除以光子吸收速率 $I_{吸收}$：

$$\phi = \frac{\text{过程速率}}{\text{光子吸收速率}} = \frac{v}{I_{吸收}} \qquad \text{用过程速率表示的初级量子产率} \qquad (17G.1b)$$

例题 17G.1 计算初级量子产率

在一个测定光化学反应量子产率的实验中，吸收物质被暴露在波长为 490 nm（1.00 W激光光源）的光中2 700 s，约60%的入射光被吸收。辐射的结果是，3.44 mmol的吸收物质分解。那么，初级量子产率是多少？

整理思路 需要计算式（17G.1a）中的量。光化学事件的数目简单地就是分解的分子数目，即 $N_{事件} = N_{分解}$。为了计算吸收光子的数目 $N_{吸收}$，注意以下几点：

- 物质吸收的能量为 $E_{吸收} = fPt$。其中，P 为入射功率，t 为暴露时间，因子 f（此例 $f = 0.60$）是被吸收的入射光分数。
- $E_{吸收}$ 也与吸收的光子数 $N_{吸收}$ 有关，即 $E_{吸收} = N_{吸收} h\nu = N_{吸收} hc/\lambda$，其中 hc/λ 是波长为 λ 的单个光子的能量。

对于吸收的能量，可以将这两个表达式结合起来而得到 $N_{吸收}$，从而由 $\phi = N_{分解}/N_{吸收}$ 得到初级量子产率。

解：根据被吸收能量的两个表达式，可得

$$fPt = N_{吸收}\left(\frac{hc}{\lambda}\right)$$

因而 $N_{吸收} = fPt\lambda/hc$。现在，应用式（17G.1a），写出

$$\phi = \frac{N_{分解}}{N_{吸收}} = \frac{N_{分解}hc}{fPt\lambda}$$

当 $N_{分解} = 3.44 \times 10^{-3}\ mol \times 6.022 \times 10^{23}\ mol^{-1} = 2.07 \times 10^{21}$，$P = 1.00\ W = 1.00\ J \cdot s^{-1}$，$t = 2\ 700\ s$，$\lambda = 490\ nm = 4.90 \times 10^{-7}\ m$ 及 $f = 0.60$ 时，可得

$$\phi = \frac{2.07\times10^{21}\times6.626\times10^{-34}\ J\cdot s\times2.998\times10^{8}\ m\cdot s^{-1}}{0.60\times1.00\ J\cdot s^{-1}\times2\ 700\ s\times4.90\times10^{-7}\ m}$$

$$=0.52$$

也就是说，被吸收的光子大约一半引起了光解离。

自测题 17G.1 在一个测量光化学反应量子效率的实验中，吸收物质被暴露在320 nm（87.5 mW激光光源）辐射中38 min。透射光强度是入射光强度的0.35倍，辐射的结果是0.324 mmol的吸收物质分解了。确定初级量子产率。

答案：$\phi = 0.93$

激发态的分子或者是衰变回到基态，或者形成光化学产物。因此，通过辐射过程、非辐射过程和光化学反应去活化的分子的总数目一定等于由吸收入射辐射产生的激发态物种的数目。据此，对所有光物理和光化学事件 i，初级量子产率 ϕ_i 的总和一定等于1，而不必考虑涉及激发态的反应数目：

$$\sum_i \phi_i = \sum_i \frac{\nu_i}{I_{吸收}} = \frac{1}{I_{吸收}} \sum_i \nu_i = 1 \qquad (17G.2a)$$

再由式（17G.1b），即 $\phi_i = \nu_i / I_{吸收}$，可得

$$\phi_i = \frac{\nu_i}{\sum_i \nu_i} \qquad (17G.2b)$$

因此，从激发态去活化的所有光物理和光化学过程的实验速率，可能直接确定一个特定过程的初级量子产率。

假定激发单重态的光物理过程只有荧光、内部转换和磷光，则可得

$$\phi_F + \phi_{IC} + \phi_P = 1$$

此处 ϕ_F、ϕ_{IC} 和 ϕ_P 分别是荧光、内部转换和磷光的量子产率（从单重态到三重态的系间穿越考虑在 ϕ_P 中）。荧光和磷光的光子发射的量子产率是 $\phi_{发射} = \phi_F + \phi_P$，其值小于1。如果激发单重态也参加到量子产率为 ϕ_r 的初级光化学反应，那么

$$\phi_F + \phi_{IC} + \phi_P + \phi_r = 1$$

17G.3　激发单重态的衰变机制

考虑无化学反应时激发单重态的形成与衰变：

吸收	$S + h\nu_i \longrightarrow S^*$	$\nu_{吸收} = I_{吸收}$
荧光	$S^* \longrightarrow S + h\nu_f$	$\nu_F = k_F[S^*]$
内部转换	$S^* \longrightarrow S$	$\nu_{IC} = k_{IC}[S^*]$
系间穿越	$S^* \longrightarrow T^*$	$\nu_{ISC} = k_{ISC}[S^*]$

其中S是吸收的单重态物种，S^* 是激发单重态，T^* 是激发三重态，$h\nu_i$ 和 $h\nu_f$ 分别是入射光子和荧光光子的能量。根据专题17E介绍的方法，S^* 的生成速率和消失的净速率可以写成

$$S^*\text{的生成速率} = I_{吸收}$$

$$\begin{aligned} S^*\text{的消失速率} &= k_F[S^*] + k_{ISC}[S^*] + k_{IC}[S^*] \\ &= (k_F + k_{ISC} + k_{IC})[S^*] \end{aligned}$$

可见，激发态经过一级过程衰变。所以，当光源关闭，S^* 的浓度随时间的变化为

$$[S^*](t) = [S^*]_0 e^{-t/\tau_0} \qquad (17G.3a)$$

式中 τ_0 为激发单重态的**观测寿命**（observed lifetime），定义为

$$\tau_0 = \frac{1}{k_F + k_{ISC} + k_{IC}} \qquad (17G.3b)$$

激发单重态的观测寿命
［定义］

这个表达式可被用于 S^* 衰变的动力学分析，以获得荧光量子产率的表达式。

如何完成？17G.1　推导荧光量子产率的表达式

大多数荧光测量是采用连续的可见或紫外辐射的强光束照射一稀释样品来进行的。因此，$[S^*]$ 很小且为常量，故可对 $[S^*]$ 应用稳态近似（专题17E）：

$$\begin{aligned} \frac{d[S^*]}{dt} &= I_{吸收} - k_F[S^*] - k_{ISC}[S^*] - k_{IC}[S^*] \\ &= I_{吸收} - (k_F + k_{ISC} + k_{IC})[S^*] \approx 0 \end{aligned}$$

则

$$I_{吸收} = (k_F + k_{ISC} + k_{IC})[S^*]$$

荧光速率 ν_F 为 $k_F[S^*]$，所以由式（17G.1b）可得荧光的量子产率为

$$\phi_{F,0} = \frac{\nu_F}{I_{吸收}} = \frac{k_F[S^*]}{(k_F + k_{ISC} + k_{IC})[S^*]}$$

消掉 $[S^*]$，化简为

$$\phi_{F,0} = \frac{k_F}{k_F + k_{ISC} + k_{IC}}$$

然后，通过使用式（17G.3b）中寿命的结果，可得

$$\phi_{F,0} = k_F \tau_0 \qquad (17G.4)$$

荧光的量子产率

观测的荧光寿命可以通过脉冲激光技术测量。首先，样品被源于S吸收最强的波长的激光中的短光脉冲激发，然后，在脉冲之后监测荧光强度的指数衰减。

简要说明 17G.2

在某一波长，水中色氨酸的荧光量子产率和观测的荧光寿命分别是 $\phi_{F,0} = 0.20$ 和 $\tau_0 = 2.6$ ns，则由式（17G.4）可得荧光速率常数 k_F 为

$$k_F = \frac{\phi_{F,0}}{\tau_0} = \frac{0.20}{2.6 \times 10^{-9}\ s} = 7.7 \times 10^7\ s^{-1}$$

17G.4 猝灭

因其他物种存在而使激发态寿命变短的现象称为**猝灭**（quenching）。猝灭可以是一个希望发生的过程，如能量或电子转移，或者是一个不希望发生的副反应，它能减小所期望的光化学过程的量子产率。猝灭效应可通过监测光化学反应中涉及的激发态的发射来研究。

猝灭剂Q的添加，开辟了S^*去活化的另一条通道：

猝灭：$S^* + Q \longrightarrow S + Q \qquad v_Q = k_Q[Q][S^*]$

在没有或有Q时分别测定的荧光量子产率$\phi_{F,0}$和ϕ_F，可以用猝灭剂的物质的量浓度[Q]来表示。

如何完成？17G.2 评价猝灭剂对荧光量子产率的影响

在猝灭剂存在下，对$[S^*]$的稳态近似变为

$$\frac{d[S^*]}{dt} = I_{吸收} - (k_F + k_{ISC} + k_{IC} + k_Q[Q])[S^*] \approx 0$$

荧光量子产率为

$$\phi_F = \frac{k_F}{k_F + k_{ISC} + k_{IC} + k_Q[Q]}$$

则没有和有猝灭剂时量子产率的比值为

$$\frac{\phi_{F,0}}{\phi_F} = \frac{k_F}{k_F + k_{ISC} + k_{IC}} \times \frac{k_F + k_{ISC} + k_{IC} + k_Q[Q]}{k_F}$$

$$= \frac{k_F + k_{ISC} + k_{IC} + k_Q[Q]}{k_F + k_{ISC} + k_{IC}}$$

$$= 1 + \frac{k_Q}{k_F + k_{ISC} + k_{IC}}[Q]$$

由式（17G.3b）可知$1/(k_F + k_{ISC} + k_{IC}) = \tau_0$，代入上式，则变为**斯顿－伏尔莫方程**（Stern–Volmer equation）：

$$\frac{\phi_{F,0}}{\phi_F} = 1 + \tau_0 k_Q[Q] \qquad \text{斯顿－伏尔莫方程} \qquad (17G.5)$$

斯特恩－伏尔莫方程意味着以$\phi_{F,0}/\phi_F$对[Q]作图应得到一条斜率为$\tau_0 k_Q$的直线。该图称为**斯顿－伏尔莫图**（Stern–Volmer plot，图17G.1）。该方法也可以应用于磷光的猝灭。

式（17G.4）以$k_F = \phi_{F,0}/\tau_0$形式展示了荧光的速率常数，因此，荧光速率（其决定了荧光

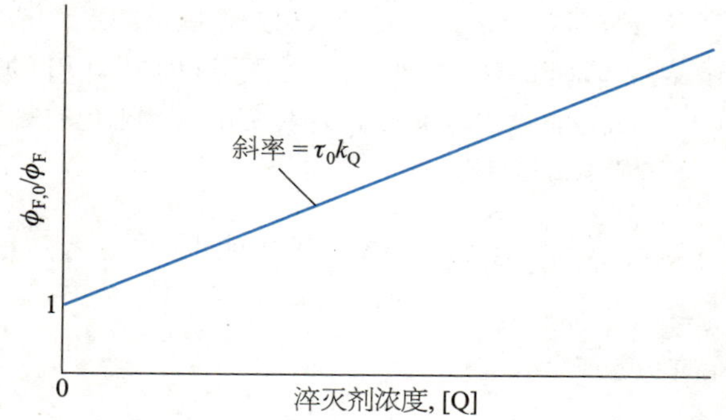

图17G.1 斯顿－伏尔莫图的形式，斜率可依据猝灭速率常数和无猝灭时观测的荧光寿命来解释

强度）与量子产率成正比。所以，比值$\phi_{F,0}/\phi_F$与$I_{F,0}/I_F$相等，其中$I_{F,0}$是无猝灭剂时的荧光强度，I_F是有猝灭剂时的强度。类似地，由相同的方程，以$\tau_0 = \phi_{F,0}/k_F$形式，荧光寿命也正比于量子产率。所以，比值τ_0/τ（τ是有猝灭剂时的寿命）也等于$\phi_{F,0}/\phi_F$。因此，斯顿－伏尔莫图也可以利用$I_{F,0}/I_F$或τ_0/τ对猝灭剂浓度作图来获得，斜率和截距与式（17G.5）所示的相同。

例题 17G.2 确定猝灭速率常数

2, 2′－联吡啶（**1**, bpy）分子与Ru^{2+}离子形成配合物。在450 nm处，三－2, 2′－联吡啶钌（Ⅱ），$[Ru(bpy)_3]^{2+}$（**2**）有很强的金属－配体电荷转移跃迁（MLCT）（专题11F）。

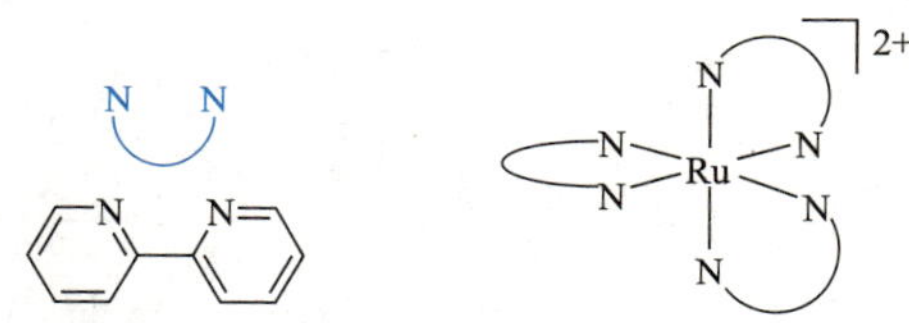

在酸性溶液中，激发态$^*[Ru(bpy)_3]^{2+}$被Fe^{3+}（以配合离子$[Fe(OH_2)_6]^{3+}$存在）猝灭的过程，可通过测量600 nm处的发射寿命来监测。利用下列数据，确定该反应的猝灭速率常数：

$[Fe(OH_2)_6^{3+}]/(10^{-2}\ mol \cdot dm^{-3})$	0	1.6	4.7	7.0	9.4
$\tau/(10^{-7}\ s)$	6.00	4.05	3.37	2.96	2.17

整理思路 为了使用寿命数据，改写斯顿－伏尔莫方程（式17G.5）；然后拟合数据为一条直线。

解： 用τ_0/τ取代式（17G.5）中$\phi_{F,0}/\phi_F$，重排后得到

$$\frac{1}{\tau} = \frac{1}{\tau_0} + k_Q[Q]$$

因为作图的坐标轴应该用纯数标记，所以在应用该方

程分析数据之前，有必要导入和处理单位。为了将表示式变成适于绘图的形式，需要用 $\tau/(10^{-7}\ \mathrm{s})$ 和 $[\mathrm{Q}]/(10^{-2}\ \mathrm{mol\cdot dm^{-3}})$ 表示来匹配数据，因而（用蓝色的量纲为 1 的量）将其写作

$$\frac{1}{(10^{-7}\ \mathrm{s})\tau/(10^{-7}\ \mathrm{s})}=\frac{1}{\tau_0}+[k_{\mathrm{Q}}[\mathrm{Q}]/(10^{-2}\ \mathrm{mol\cdot dm^{-3}})]\times(10^{-2}\ \mathrm{mol\cdot dm^{-3}})$$

再乘以 10^{-7} s，得到

$$\frac{1}{\tau/(10^{-7}\ \mathrm{s})}=\frac{10^{-7}\ \mathrm{s}}{\tau_0}+k_{\mathrm{Q}}\times(10^{-2}\ \mathrm{mol\cdot dm^{-3}})\times(10^{-7}\ \mathrm{s})\times[\mathrm{Q}]/(10^{-2}\ \mathrm{mol\cdot dm^{-3}})$$

整理后：

$$\overbrace{\frac{1}{\tau/(10^{-7}\ \mathrm{s})}}^{y}=\overbrace{\frac{1}{\tau_0/(10^{-7}\ \mathrm{s})}}^{y\text{轴截距}}+\overbrace{(k_{\mathrm{Q}}\times10^{-9}\ \mathrm{mol\cdot dm^{-3}\cdot s})}^{\text{斜率}}\times\overbrace{[\mathrm{Q}]/(10^{-2}\ \mathrm{mol\cdot dm^{-3}})}^{x}$$

注意：因为斜率 $=k_{\mathrm{Q}}\times10^{-9}\ \mathrm{mol\cdot dm^{-3}\cdot s}$，那么 $k_{\mathrm{Q}}=$ 斜率 $\times10^{9}\ \mathrm{dm^3\cdot mol^{-1}\cdot s^{-1}}$。令 $\mathrm{Q}=[\mathrm{Fe(OH_2)_6}]^{3+}$，给出下列数据：

$[\mathrm{Fe(OH_2)_6^{3+}}]/(10^{-2}\ \mathrm{mol\cdot dm^{-3}})$	0	1.6	4.7	7.0	9.4
$\tau^{-1}/(10^{-7}\ \mathrm{s})^{-1}$	0.167	0.247	0.297	0.338	0.461

图17G.2给出了 $[\tau/(10^{-7}\ \mathrm{s})]^{-1}$ 对 $[\mathrm{Fe(OH_2)_6^{3+}}]/(10^{-2}\ \mathrm{mol\cdot dm^{-3}})$ 的作图及对该表达式拟合的结果。直线斜率为0.029，所以 $k_{\mathrm{Q}}=2.9\times10^{7}\ \mathrm{dm^3\cdot mol^{-1}\cdot s^{-1}}$。

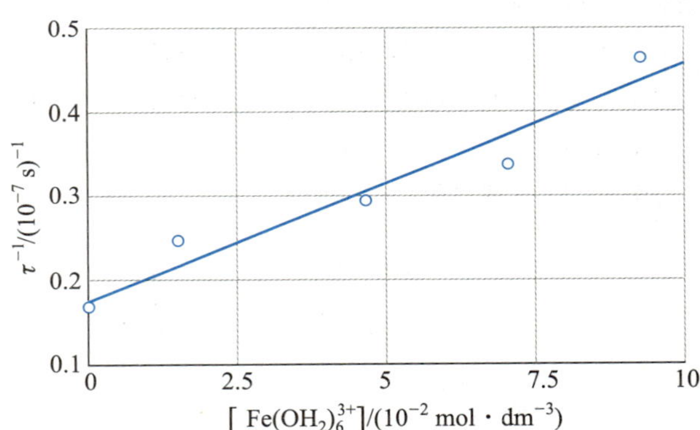

图 17G.2　例题17G.2中数据的斯顿－伏尔莫图

说明　发射寿命的测量应优先考虑，因为它们可以直接得出 k_{Q} 的值。为了从强度或量子产率的测量来测定 k_{Q} 的值，需要单独测量 τ_0。

自测题 17G.2　水溶液中，由溶解的氧气引起的色氨酸荧光淬灭，可通过测量348 nm处的发射寿命来监测。利用下列数据，确定该过程的淬灭速率常数。

$[\mathrm{O_2}]/(10^{-2}\ \mathrm{mol\cdot dm^{-3}})$	0	2.3	5.5	8	10.8
τ/ns	2.6	1.5	0.92	0.71	0.57

答案：$1.3\times10^{10}\ \mathrm{dm^3\cdot mol^{-1}\cdot s^{-1}}$。

激发单重态（或三重态）的双分子淬灭有三种常见的机理：

碰撞去活化：　$\mathrm{S^*+Q\longrightarrow S+Q}$

共振能量转移：　$\mathrm{S^*+Q\longrightarrow S+Q^*}$

电子转移：　$\mathrm{S^*+Q\longrightarrow S^{+/-}+Q^{-/+}}$

淬灭速率常数本身不能给出更多的关于淬灭机理的理解。当Q是一个物种，如碘离子，其从 $\mathrm{S^*}$ 接受能量，然后主要以热的形式释放能量，衰变到基态，则碰撞淬灭特别有效。对例题17G.2的系统，已知 $[\mathrm{Ru(bpy)_3}]^{2+}$ 的激发态淬灭是电子转移到 $\mathrm{Fe^{3+}}$ 的结果，但淬灭数据不能证明这个机理。

17G.5　共振能量转移

能量转移过程 $\mathrm{S^*+Q\longrightarrow S+Q^*}$ 可以被认为是按下述过程发生。进来的电磁辐射的振荡电场在S中诱导一个振荡偶极矩（跃迁偶极矩）。如果入射辐射的频率 $\nu=\Delta E_{\mathrm{S}}/h$，那么能量被S吸收，此处 ΔE_{S} 是S的基态和激发态电子的能级间隔，h 是普朗克常量。这是辐射吸收的“共振条件”［本质上是玻尔频率条件，即式（7A.9）］。S上的振荡偶极子现在可通过在它们中诱导一个振荡偶极矩（另一个跃迁偶极矩），影响与邻近Q分子结合的电子。如果S中电偶极矩的振荡频率就是 $\nu=\Delta E_{\mathrm{Q}}/h$，其中 ΔE_{Q} 是Q的激发电子态与基态的能量间隔，那么Q将从S吸收能量。两个跃迁偶极矩的偶合可被认为是光子的交换，其中S产生的一个光子被Q吸收。

共振能量转移的效率 η_{T}，定义为

$$\eta_{\mathrm{T}}=1-\frac{\phi_{\mathrm{F}}}{\phi_{\mathrm{F},0}}\qquad\text{共振能量转移的效率［定义］}\qquad(17G.6)$$

根据共振能量转移的**福斯特理论**（Förster theory），下列情况时能量转移是有效的：

- 能量供体和受体间距较短（纳米量级）。
- 光子被认为由供体的激发态发射，然后被受体直接吸收。

对于被共价键或者一个蛋白“骨架”紧密结

合的供体－受体系统，η_T依据下式随着距离R的减小而增加：

$$\eta_T = \frac{R_0^6}{R_0^6 + R^6} \quad \text{用供体－受体距离表示的能量转移效率} \qquad (17G.7)$$

式中R_0是每对供体－受体的特征参数（具有距离的量纲）。它可被看作是对一给定的供体－受体对，能量转移效率为50%时的距离［通过在式（17G.7）中利用$R = R_0$，这个认定能够被证实］。式（17G.7）已经被实验证实，许多供体－受体对的R_0值是有表可查的（表17G.3）。

表17G.3　一些供体－受体对的R_0值*

供体**	受体	R_0/nm
萘	丹酰	2.2
丹酰	ODR	4.3
芘	香豆素	3.9
1.5－I AEDANS	FITC	4.9
色氨酸	1.5－I AEDANS	2.2
色氨酸	血红素	2.9

*额外的数据可参见J. R. Lacowicz编著的*Principles of fluorescence spectroscopy*, Kluwer Academic/Plenum, New York (1999)。

**缩略词：丹酰为5－二甲氨基－1－萘磺酸；ODR为十八烷基罗丹明；FITC为荧光素5－异硫氰酸酯；1.5－I AEDANS为5－{[(2－碘乙炔)乙基]氨基}萘－1－磺酸（3）。

分子的发射和吸收光谱跨越一定范围波长，所以当供体分子的发射光谱与受体分子的吸收光谱严重重叠时，福斯特理论的第二个要求得以满足。在重叠部分，由供体发射的光子具有可被受体吸收的适宜能量（图17G.3）。

式（17G.7）形成了**荧光共振能量转移**（fluorescence resonance energy transfer，FRET）的基础，其中，能量转移效率η_T与能量供体和受体之间距离R的依赖关系被用于测量生物系统中的距离。在一典型的FRET实验中，生物高分子或膜上的一个部位与能量供体被共价标记，另一个部位与能量受体被共价标记。在某些情况下，供体或受体可能是系统的天然组分，如氨基酸基团、辅酶因子或酶底物。然后，从已知的R_0值和式（17G.7），可计算出这些标记之间的距离。一些测试表明，FRET技术对于测量1~9 nm范围内的距离是有用的。

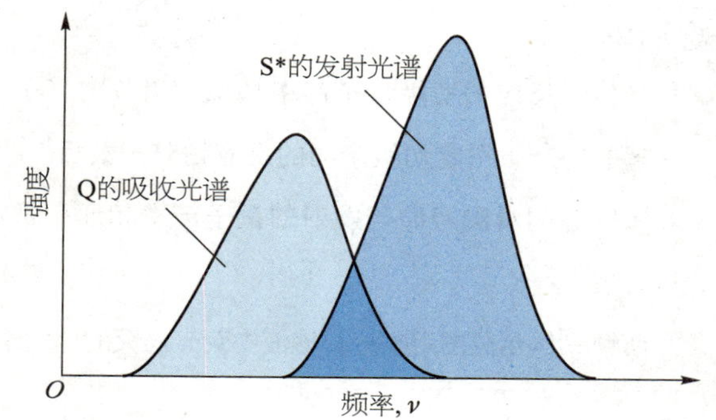

图17G.3　根据福斯特理论，从激发态分子S*到淬灭剂分子Q的能量转移速率，在S*的发射光谱与Q的吸收光谱重叠的辐射频率处被优化，如阴影（深蓝色）区所示

简要说明17G.3

作为FRET技术的一个说明，考虑蛋白质视紫红质的研究。当视紫红质表面的一个氨基酸与能量供体1.5－I AEDANS(3)被共价标记时，由于可视染料11－顺－视黄醛（4）的淬灭（它附着在蛋白质的其他部位），标记物的荧光量子产率从0.75降低到0.68。由式（17G.6）得到$\eta_T = 1 - 0.68/0.75 = 0.093$，由式（17G.7）和对1.5－I AEDANS/11－顺－视黄醛的已知数值$R_0 = 5.4$ nm，得$R = 7.9$ nm。因此，将7.9 nm作为蛋白质表面和11－顺－视黄醛之间的距离。

HN　NH　I　O　SO_3^-　CHO

3　1.5−I AEDANS　　**4**　11−顺−视黄醛

如果供体－受体分子在溶液或气相中扩散，福斯特理论预测通过能量转移的淬灭效率随着供体－受体之间碰撞经过的平均距离的减小而增加。也就是说，淬灭效率随着淬灭剂浓度而增加，正如斯顿－伏尔莫公式所预测的。

概念清单

☐ 1. 光化学反应的**初级量子产率**是每个吸收的光子引起的、产生指定初级产物的反应物分子数目。

☐ 2. 激发态的**观测寿命**与发射的量子产率和速率常数有关。

☐ 3. **斯顿 – 伏尔莫图**用来分析溶液中荧光猝灭的动力学。

☐ 4. 碰撞去活化、电子转移和共振能量转移是常见的荧光猝灭过程。

☐ 5. 共振能量转移的效率随着供体 – 受体分子之间距离的增加而降低。

公式清单

性质	公式	说明	公式编号
初级量子产率	$\phi = v/I_{吸收}$		17G.1b
激发态寿命	$\tau_0 = 1/(k_F + k_{ISC} + k_{IC})$	无猝灭剂存在	17G.3b
荧光的量子产率	$\phi_{F,0} = k_F/(k_F + k_{ISC} + k_{IC}) = k_F\tau_0$	无猝灭剂存在	17G.4
斯顿 – 伏尔莫方程	$\phi_{F,0}/\phi_F = 1 + \tau_0 k_Q[Q]$		17G.5
共振能量转移的效率	$\eta_T = 1 - \phi_F/\phi_{F,0}$	定义	17G.6
	$\eta_T = R_0^6/(R_0^6 + R^6)$	福斯特理论	17G.7

主题 17 化学动力学——讨论题、练习题、问题及综合题

专题 17A 化学反应速率

讨论题

D17A.1 总结零级、一级、二级、假一级反应的特征。

D17A.2 何时不能确定反应级数？

D17A.3 对一个反应确定级数的优点是什么？

D17A.4 总结能够用来监测反应系统组成的实验方法。

练习题

E17A.1(a) 预测在恒容容器中反应$2\,ICl(g) + H_2(g) \longrightarrow I_2(g) + 2\,HCl(g)$进行过程中总压如何变化？假定反应开始时反应物的分压相等，且没有产物。

E17A.1(b) 预测在恒容容器中反应$N_2(g) + 3\,H_2(g) \longrightarrow 2\,NH_3(g)$进行过程中总压如何变化？假定反应开始时$H_2(g)$和$N_2(g)$的分压比为3∶1，且没有产物。

E17A.2(a) 特定条件下，反应$2\,NOBr(g) \longrightarrow 2\,NO(g) + Br_2(g)$中NO的生成速率被报道为$d[NO]/dt = 0.24\ mmol\cdot dm^{-3}\cdot s^{-1}$。$Br_2$的生成速率是什么？

E17A.2(b) 特定条件下，反应$2CH_3(g) \longrightarrow CH_3CH_3(g)$中$CH_3$自由基的物质的量浓度变化的速率被报道为$d[CH_3]/dt = -1.2\ mol\cdot dm^{-3}\cdot s^{-1}$。$CH_3CH_3$的生成速率是什么？

E17A.3(a) 反应$A + 2B \longrightarrow 3C + D$的速率被报道为$2.7\ mol\cdot dm^{-3}\cdot s^{-1}$。指出反应参与物的生成和消耗速率。

E17A.3(b) 反应$A + 3B \longrightarrow C + 2D$的速率被报道为$2.7\ mol\cdot dm^{-3}\cdot s^{-1}$。指出反应参与物的生成和消耗速率。

E17A.4(a) 反应$2A + B \longrightarrow 2C + 3D$中C的生成速率为$2.7\ mol\cdot dm^{-3}\cdot s^{-1}$。指出反应速率，A、B和D的生成速率或消耗速率。

E17A.4(b) 反应$A + 3B \longrightarrow C + 2D$中B的消耗速率为$2.7\ mol\cdot dm^{-3}\cdot s^{-1}$。指出反应速率，A、C和D的生成速率或消耗速率。

E17A.5(a) 练习题E17A.3(a)中反应速率方程确定为$v = k_r[A][B]$。当浓度单位均为摩尔每立方分米时，k_r的单位是什么？依据（ⅰ）C的生成速率；（ⅱ）A的消耗速率表示速率方程。

E17A.5(b) 练习题E17A.3(b)中反应速率方程确定为$v = k_r[A][B]^2$。当浓度单位均为摩尔每立方分米时，k_r的单位是什么？依据（ⅰ）C的生成速率；（ⅱ）A的消耗速率表示速率方程。

E17A.6(a) 练习题E17A.4(a)中反应的速率方程被报道为$d[C]/dt = k_r[A][B][C]$。依据反应速率v表示速率方程。当浓度单位均为摩尔每立方分米时，k_r的单位是什么？

E17A.6(b) 练习题E17A.4(b)中反应的速率方程被报道为$d[C]/dt = k_r[A][B][C]^{-1}$。依据反应速率$v$表示速率方程。当浓度单位均为摩尔每立方分米时，$k_r$的单位是什么？

E17A.7(a) 如果速率方程用：（ⅰ）浓度（$mol\cdot dm^{-3}$），（ⅱ）压力（kPa）表示，二级反应和三级反应速率常数的单位是什么？

E17A.7(b) 如果速率方程用：（ⅰ）浓度（分子$\cdot m^{-3}$），（ⅱ）压力（Pa）表示，二级反应和三级反应速率常数的单位是什么？

E17A.8(a) 速率方程$v = (k_{r1}[A][B])/(k_{r2} + k_{r3}[B]^{1/2})$建立在一系列实验基础上。确定（ⅰ）对A的级数，（ⅱ）对B的级数和（ⅲ）总级数能够被指明的条件。

E17A.8(b) $A \longrightarrow P$类型的某些气相反应有如下形式的速率方程$v = k_a k_b[A]^2/(k_b + k_a'[A])$。在各种指定条件下，对A的级数是什么？

E17A.9(a) 在400 K时，一气体化合物的分解速率在反应掉10%时是$9.71\ Pa\cdot s^{-1}$，在反应掉20%时是$7.67\ Pa\cdot s^{-1}$。确定反应的级数。

E17A.9(b) 在350 K时，一气体化合物的分解速率在反应掉10%时是$10.01\ Pa\cdot s^{-1}$，在反应掉20%时是$8.90\ Pa\cdot s^{-1}$。确定反应的级数。

问 题

P17A.1 下列初始速率数据是葡萄糖与己糖激酶（浓度为$1.34\ mmol\cdot dm^{-3}$）结合的速率。（a）反应对葡萄糖的级数是多少？（b）求速率常数。

$[C_6H_{12}O_6]/(mmol\cdot dm^{-3})$	1.00	1.54	3.12	4.02
$v_0/(mol\cdot dm^{-3}\cdot s^{-1})$	5.0	7.6	15.5	20.0

P17A.2 下列数据是d－金属配合物与反应物Y在水溶液中反应获得的初始速率。（a）反应对配合物和Y的级数是多少？（b）求速率常数。若实验（ⅰ）$[Y] = 2.7\ mmol\cdot dm^{-3}$，实验（ⅱ）$[Y] = 6.1\ mmol\cdot dm^{-3}$。

[配合物]$/(mmol\cdot dm^{-3})$		8.01	9.22	12.11
$v_0/(mol\cdot dm^{-3}\cdot s^{-1})$	（ⅰ）	125	144	190
	（ⅱ）	640	730	960

P17A.3 对反应$2ICl(g) + H_2(g) \longrightarrow I_2(g) + 2HCl(g)$，获得下列动力学数据（$v_0$是初始速率）：

实验	$[ICl]_0/(mmol\cdot dm^{-3})$	$[H_2]_0/(mmol\cdot dm^{-3})$	$v_0/(mol\cdot dm^{-3}\cdot s^{-1})$
1	1.5	1.5	3.7×10^{-7}
2	3.0	1.5	7.4×10^{-7}
3	3.0	4.5	22×10^{-7}
4	4.7	2.7	?

（a）写出反应的速率方程；（b）由数据确定速率常数的值；（c）利用数据预测实验4的反应速率。

专题 17B　积分速率方程

讨论题

D17B.1　描述为了确定反应的速率方程所采用下列实验方法的主要特征，包括优点和缺点：隔离法，初始速率法，以及拟合数据得到积分速率方程表示式。

D17B.2　反应分类为假一级或假二级的起源是什么？在什么条件下，一个反应的表观级数可以发生改变？

D17B.3　写出与下列每一个表示式对应的速率方程：（a）$[A]=[A]_0-k_rt$，（b）$\ln([A]/[A]_0)=-k_rt$，（c）$[A]=[A]_0/(1+k_rt[A]_0)$。

练习题

E17B.1(a)　许多发生在催化剂表面的反应对反应物为零级。一个例子是氨在热钨表面的分解。一次实验中，在770 s内氨的分压从21 kPa降到10 kPa。（i）对零级反应，速率常数是什么？（ii）消耗掉所有的氨需要多长时间？

E17B.1(b)　在酶催化乙醇氧化的研究中，在1.22×10^4 s内，乙醇的物质的量浓度按照一级反应从220 mmol · dm^{-3}降低到56.0 mmol · dm^{-3}。反应的速率常数是什么？

E17B.2(a)　在518 ℃时，气体乙醛样品在起始分压为363 Torr时分解的半衰期是340 s；当起始分压为169 Torr时半衰期是880 s。确定反应级数。

E17B.2(b)　在400 K时，气体化合物样品在起始分压为55.5 kPa时分解的半衰期是410 s；当起始分压为28.9 kPa时半衰期是178 s。确定反应级数。

E17B.3(a)　反应$2N_2O_5(g)\longrightarrow 4NO_2(g)+O_2(g)$中，$N_2O_5$的一级分解反应的速率常数在25 ℃时为$k_r=3.38\times10^{-5}\ s^{-1}$。$N_2O_5$的半衰期是多少？如果$N_2O_5$的起始分压为500 Torr，在反应开始后（i）50 s，（ii）20 min时其分压各为多少？

E17B.3(b)　在25 ℃时，反应$2A\longrightarrow P$中化合物A的一级分解反应的速率常数为$k_r=3.56\times10^{-7}\ s^{-1}$。A的半衰期是多少？如果A的起始分压为33.0 kPa，在反应开始后（i）50 s，（ii）20 min时，其分压各为多少？

E17B.4(a)　二级反应$CH_3COOC_2H_5(aq)+OH^-(aq)\longrightarrow CH_3CO_2^-(aq)+CH_3CH_2OH(aq)$的速率常数为0.11 dm^3 · mol^{-1} · s^{-1}。当乙酸乙酯被加入氢氧化钠溶液中，起始浓度[NaOH] = 0.060 mol · dm^{-3}，$[CH_3COOC_2H_5]$ = 0.110 mol · dm^{-3}。在反应开始后（i）20 s，（ii）15 min时，乙酸乙酯的浓度是多少？

E17B.4(b)　反应$A+2B\longrightarrow C+D$的二级速率常数为0.34 dm^3 · mol^{-1} · s^{-1}。当反应物以初始浓度[A] = 0.027 mol · dm^{-3}，[B] = 0.130 mol · dm^{-3}混合后，在（i）20 s，（ii）15 min时，C的浓度是多少？

E17B.5(a)　反应$2A\longrightarrow P$具有二级速率方程，$k_r=4.3\times10^{-4}$ dm^3 · mol^{-1} · s^{-1}。计算A的浓度从0.210 mol · dm^{-3}变化到0.010 mol · dm^{-3}所需的时间。

E17B.5(b)　反应$2A\longrightarrow P$具有三级速率方程，$k_r=6.5\times10^{-4}$ dm^6 · mol^{-2} · s^{-1}。计算A的浓度从0.067 mol · dm^{-3}变化到0.015 mol · dm^{-3}所需的时间。

E17B.6(a)　反应$A+B\longrightarrow P$对A和B都是一级。反应在溶液中进行，A的初始浓度为0.080 mol · dm^{-3}，B的初始浓度为0.060 mol · dm^{-3}。1 h后，B的浓度降到0.030 mol · dm^{-3}。（i）计算速率常数。（ii）反应物的半衰期为多少？

E17B.6(b)　类型为$A+2B\longrightarrow P$的二级反应在溶液中进行，A的初始浓度为0.050 mol · dm^{-3}，B的初始浓度为0.030 mol · dm^{-3}。1 h后，A的浓度降到0.040 mol · dm^{-3}。（i）计算速率常数。（ii）每个反应物的半衰期各为多少？

问　题

P17B.1　形式为$A\longrightarrow nB$的一级反应（n可能是分数），$[B]_0=0$，产物的浓度随时间的变化为$[B]=n[A]_0(1-e^{-k_rt})$。当$n=\frac{1}{2}$、1和2时，作出[A]和[B]随时间变化的曲线。提示：为了使作图具有普遍性，以k_rt为横轴，以$[A]/[A]_0$或$[B]/[A]_0$为纵轴。

P17B.2　形式为$A\longrightarrow nB$的二级反应（n可能是分数），$[B]_0=0$，产物的浓度随时间的变化为$[B]=nk_rt[A]_0^2/(1+k_rt[A]_0)$。当$n=\frac{1}{2}$，1和2时，作出[A]和[B]随时间变化的曲线。提示：参见问题P17B.1的提示。

P17B.3　下列数据适用于由氰酸铵生成尿素的反应，$NH_4CNO\longrightarrow NH_2CONH_2$。初始22.9 g氰酸铵溶于足够的水中制备1.00 dm^{3}的溶液。确定反应级数，计算速率常数和经过300 min后氰酸铵的质量。

t/min	0	20.0	50.0	65.0	150
$m_{尿素}$/g	0	7.0	12.1	13.8	17.7

P17B.4　下列数据适用于反应$(CH_3)_3CBr(aq)+H_2O(l)\longrightarrow(CH_3)_3COH(aq)+HBr(aq)$。确定反应级数，计算速率常数和经过43.8 h后剩余$(CH_3)_3CBr$的物质的量浓度。

t/h	0	3.15	6.20	10.00	18.30	30.80
$[(CH_3)_3CBr]/(10^{-2}$ mol · dm$^{-3})$	10.39	8.96	7.76	6.39	3.53	2.07

P17B.5　某有机腈的热分解产生下列数据：

$t/(10^3$ s)	0	2.00	4.00	6.00	8.00	10.00	12.00
[腈]/(mol · dm^{-3})	1.50	1.26	1.07	0.92	0.81	0.72	0.65

确定反应级数，计算速率常数。

P17B.6　水溶液中HSO_3^-被O_2氧化是形成酸雨和烟道气脱硫过程的重要反应。R. E. Connick等[*Inorg. Chem.*, **34**, 4543 (1995)]报道反应

$$2\,HSO_3^-(aq)+O_2(g)\longrightarrow 2\,SO_4^{2-}(aq)+2\,H^+(aq)$$

遵循速率方程$v=k_r[HSO_3^-]^2[H^+]^2$。给定pH = 5.6和$[O_2]$为0.24 mmol · dm^{-3}（假定两者为常数），HSO_3^-初始摩尔浓度为50 μmol · dm^{-3}，速率常数为3.6×10^6 dm^9 · mol^{-3} · s^{-1}，该反应的初始速率是多少？HSO_3^-达到其初始浓度的一半所需时间多长？

P17B.7　药物代谢动力学研究生物体对药物的吸收和消除速率。大多数情况下，消除比吸收慢，是药物结合其目标的实用性更重要的决定因素。药物能够通过许多机理消除，例如在肝脏、肠道、肾脏中的新陈代谢，继而通过尿液和粪便排泄降解产

物。作为药物代谢动力学分析的一个例子，考虑β类肾上腺素阻断剂（β受体阻滞药）的消除，它被用于处理高血压。在β受体阻滞药经静脉给药后，患者的血浆用来分析残留药物，数据如下，其中c是注射后某时刻t测量的药物浓度。

t/min	30	60	120	150	240	360	480
$c/(\mathrm{ng\cdot cm^{-3}})$	699	622	413	292	152	60	24

（a）药物浓度的衰减对药物是一级还是二级？（b）计算过程的速率常数和半衰期。注释：药物开发的一个基本方面是消除半衰期的优化，它需要足够长以允许药物发现并与靶器官发生作用，但又不能太长而使有害的副作用成为重要的。

P17B.8　下列数据是$N_2O_5(g)$在67 ℃按照反应$2\,N_2O_5(g)\longrightarrow 4\,NO_2(g)+O_2(g)$进行分解时获得的。确定对$N_2O_5$的反应级数，计算速率常数和$N_2O_5$的半衰期。注释：无须绘图，可以通过浓度改变的速率进行估计来做计算。

t/min	0	1	2	3	4	5
$[N_2O_5]/(\mathrm{mol\cdot dm^{-3}})$	1.000	0.705	0.497	0.349	0.246	0.173

P17B.9　乙酸在1 189 K的气相分解反应有如下两个平行反应：

（1）$CH_3COOH\longrightarrow CH_4+CO_2$　　$k_1=3.74\ \mathrm{s^{-1}}$

（2）$CH_3COOH\longrightarrow CH_2CO+H_2O$　　$k_2=4.65\ \mathrm{s^{-1}}$

（a）在该温度下，乙烯酮CH_2CO的最大理论产率是多少？（b）乙烯酮/甲烷的比例随时间变化吗？

P17B.10　在酸性溶液中，蔗糖容易水解为葡萄糖和果糖。水解过程能够通过测量通过溶液的平面偏振光的旋光角进行监测，因为蔗糖浓度可以通过这个角推测出来。在0.50 mol · dm^{-3} HCl(aq)中进行了蔗糖水解实验，得到如下数据：

t/min	0	14	39	60	80	110	140	170	210
[蔗糖]/$(\mathrm{mol\cdot dm^{-3}})$	0.316	0.300	0.274	0.256	0.238	0.211	0.190	0.170	0.146

假设反应对蔗糖为一级，确定反应的速率常数和蔗糖的半衰期。

P17B.11　一个液相反应$2A\longrightarrow B$的组成通过分光光度法来监测，得到下列数据：

t/min	0	10	20	30	40	∞
$[B]/(\mathrm{mol\cdot dm^{-3}})$	0	0.089	0.153	0.200	0.230	0.312

确定反应对A的级数，计算速率常数。

P17B.12　在气相中，自由基·ClO通过反应$2\cdot ClO(g)\longrightarrow Cl_2(g)+O_2(g)$快速衰减。已获得如下数据：

t/ms	0.12	0.62	0.96	1.60	3.20	4.00	5.75
$[\cdot ClO]/(\mathrm{\mu mol\cdot dm^{-3}})$	8.49	8.09	7.10	5.79	5.20	4.77	3.95

计算反应的速率常数和·ClO的半衰期。

P17B.13　当在气相中加热到500 ℃时，环丙烷异构化为丙烯。在不同初始压力下，利用气相色谱跟踪转换程度，当反应分别进行一定时间，得到如下数据：

p_0/Torr	200	200	400	400	600	600
t/s	100	200	100	200	100	200
p/Torr	186	173	373	347	559	520

其中，p_0是环丙烷的初始分压，p是环丙烷的终态分压。在这些条件下，反应的级数和速率常数各为多少？

P17B.14　卤化氢与烯烃的加成反应，在研究有机反应机理中扮演着十分重要的作用。在一次研究中［M. J. Haugh, D. R. Dalton, *J. Amer. Chem. Soc.*, **97**, 5674(1975)］，一定温度范围内，研究了高压氯化氢（高达25 atm）和丙烯（高达5 atm）的反应，生成2－氯丙烷的数量通过NMR测定。（a）证明：如果反应$A+B\longrightarrow P$进行很短时间δt，且反应对A为m级、对B为n级，则产物浓度遵循$[P]/[A]=k_r[A]^{m-1}[B]^n\delta t$。（b）在一系列实验轮次中，［氯丙烷］/［丙烯］比与［丙烯］无关，但对恒定数量的丙烯，［氯丙烷］/[HCl]比随着[HCl]而变化。若$\delta t\approx 100$ h（在反应的时间尺度上很短），在$p_{HCl}=10$ atm、7.5 atm、5.0 atm时，后一个比例分别从0增加到0.05、0.03、0.01。反应对每个反应物的级数是多少？

P17B.15（a）证明对于一个对A是n级反应，半衰期$t_{1/2}$可由式（17B.6）给出。（b）导出n级反应中对某物质的浓度降低到其初始浓度的1/3时所需时间的表达式。

P17B.16　对计量方程为$2A+3B\longrightarrow P$的反应，其中$[P]_0=0$，导出二级速率方程为$v=k_r[A][B]$的积分表达式，用$[A]_0$、$[B]_0$和x表示你的速率方程，其中$[A]=[A]_0-2x$。

P17B.17　对计量方程为$2A+B\longrightarrow P$的反应，导出三级速率方程为$v=k_r[A]^2[B]$的积分表达式，反应物初始状态为：（a）按照计量系数比（$[B]_0=\frac{1}{2}[A]_0$）。（b）B的初始浓度增加一倍（$[B]_0=[A]_0$）。用$[A]_0$、$[B]_0$和x表示速率方程，其中$[A]=[A]_0-2x$。

P17B.18　证明：比值$t_{1/2}/t_{3/4}$能够被写成只含n的一个函数，此处$t_{1/2}$是半衰期，$t_{3/4}$是A的浓度降低到其初始值的3/4时所需的时间（意味着$t_{3/4}<t_{1/2}$）。因此，这个比值能够被用作反应级数的快速评判。

专题 17C　趋近平衡的反应

讨论题

D17C.1　描述温度突跃实验的策略。利用这种技术能够测定反应的哪些参数？

D17C.2　反应的哪些特征能确保它的速率对压力突变有响应？

练习题

E17C.1(a)　反应$A+B\rightleftharpoons C$的正、逆向速率分别是$5.0\times10^6\ \mathrm{dm^3\cdot mol^{-1}\cdot s^{-1}}$（二级）和$2.0\times10^4\ \mathrm{s^{-1}}$（一级）。反应的平衡常数是多少？

E17C.1(b)　测得某药物分子与蛋白质键合的平衡常数为200。在一次单独实验中，总级数为二级的键合过程的速率常数测得为$1.5\times10^8\ \mathrm{dm^3\cdot mol^{-1}\cdot s^{-1}}$。问药物分子从蛋白质－药物复合物中解离的一级反应的速率常数是多少？

E17C.2(a)　在研究双向均为一级的异构化反应动力学进行的温度突跃实验中，测得弛豫时间为27.6 μs。已知正反应的速率常数为12.4 ms^{-1}。计算逆反应的速率常数。

E17C.2(b)　双向均为一级的正、逆向反应的半衰期分别是24 ms和39 ms。计算发生温度突跃后，回到平衡的相应弛豫时间。

问　题

P17C.1　通过微分，证明式（17C.4）是式（17C.3）的一个解。

P17C.2　对于形式为$A \rightleftharpoons 2B$的反应（正向一级，逆向二级），建立趋于平衡速率方程，并画出相应曲线图。

P17C.3　反应$A \rightleftharpoons B$正、逆两个方向均为双向一级的。（a）当A和B的初始浓度为$[A]_0$和$[B]_0$时，导出A的浓度作为时间的函数的表达式。（b）系统的最终组成是什么？

P17C.4　证明式（17C.8）是以反应机理的中间步骤的速率常数表示的总平衡常数的一个表达式。提示：从包含三步的反应机理开始，然后论证你的表达式可推广至任意数目的步骤。

P17C.5　考虑二聚反应$2A \rightleftharpoons A_2$，正向反应速率常数为$k_a$，逆向反应速率常数为$k_a'$。正向反应对A为二级，逆向反应对$A_2$为一级。（a）导出用A的总浓度，即$[A]_{tot} = [A] + 2[A_2]$表示的弛豫时间的表达式：

$$\frac{1}{\tau^2} = k_a'^2 + 8k_a k_a'[A]_{tot}$$

（b）描绘你可从在不同的$[A]_{tot}$值时测量的τ来确定速率常数k_a和k_a'的直线关系图。（c）下列数据来自2－吡啶酮(P)的二聚。分析数据，得到速率常数k_a和k_a'，以及二聚反应的平衡常数K的值。

$[P]/(mol \cdot dm^{-3})$	0.500	0.352	0.251	0.151	0.101
τ/ns	2.3	2.7	3.3	4.0	5.3

P17C.6　25 ℃时，平衡$A \rightleftharpoons B + C$经受了温度突跃，使B和C的浓度略微增加。测量的弛豫时间为3.0 μs。在新的温度下，系统的平衡常数为2.0×10^{-16}，B和C的平衡浓度均为0.20 $mmol \cdot dm^{-3}$。令正向反应对A是一级，逆向反应对B和C均为一级，计算正、逆向反应的速率常数。

专题 17D　阿仑尼乌斯公式

讨论题

D17D.1　定义$\ln k_r = \ln A - E_a/RT$式中的各项，并讨论该表达式成立的条件。

D17D.2　指出低温下阿仑尼乌斯公式拟合实验数据失败的可能原因。

练习题

E17D.1(a)　计算500 K时，在Cl和H_2之间发生的气相二级反应的速率常数，给定频率因子$A = 8.1 \times 10^{-10}$ $dm^3 \cdot mol^{-1} \cdot s^{-1}$，活化能$E_a = 23$ $kJ \cdot mol^{-1}$。

E17D.1(b)　环丁烷气相分解反应$C_4H_8(g) \longrightarrow 2C_2H_4(g)$的阿仑尼乌斯参数为$A = 4.00 \times 10^{15}$ s^{-1}和$E_a = 261$ $kJ \cdot mol^{-1}$。求（ⅰ）20 ℃，（ⅱ）500 ℃时环丁烷的半衰期。

E17D.2(a)　某物质分解的速率常数在35 ℃为3.80×10^{-3} $dm^3 \cdot mol^{-1} \cdot s^{-1}$，50 ℃为$2.67 \times 10^{-2}$ $dm^3 \cdot mol^{-1} \cdot s^{-1}$。求反应的阿仑尼乌斯参数。

E17D.2(b)　某物质分解的速率常数在29 ℃为2.25×10^{-2} $dm^3 \cdot mol^{-1} \cdot s^{-1}$，37 ℃为$4.01 \times 10^{-2}$ $dm^3 \cdot mol^{-1} \cdot s^{-1}$。求反应的阿仑尼乌斯参数。

E17D.3(a)　当温度从24 ℃升高到49 ℃时，某化学反应的速率常数增加了三倍。求反应的活化能。

E17D.3(b)　当温度从25 ℃升高到35 ℃时，某化学反应的速率常数增加了两倍。求反应的活化能。

E17D.4(a)　生物化学过程中一个反应的活化能是87 $kJ \cdot mol^{-1}$。当温度从37 ℃降到15 ℃时，速率常数改变了多少？

E17D.4(b)　氯化重氮苯分解反应的活化能是99.1 $kJ \cdot mol^{-1}$。在什么温度时速率常数比25 ℃时增加了10%？

E17D.5(a)　若活化能为50 $kJ \cdot mol^{-1}$。在什么温度时，具有足够能量、能导致双分子反应发生的分子碰撞分数达0.10？

E17D.5(b)　500 K时，具有足够能量、能导致$E_a = 80$ $kJ \cdot mol^{-1}$的双分子反应发生的分子碰撞分数是多少？

问　题

P17D.1　证明：对于一个与温度无关的活化能，由式（17D.3）给出的E_a的定义还原为式（17D.1）。

P17D.2　观测到在指定温度，一级分解反应有如下速率常数。估算活化能。

$k_r/(10^{-3}\ s^{-1})$	2.46	45.1	576
θ/℃	0	20.0	40.0

P17D.3　测得在不同温度下乙烯加氢的气相反应$C_2H_4(g) + H_2(g) \longrightarrow C_2H_6(g)$的速率常数。使用下列数值，计算阿仑尼乌斯参数。

T/K	1 000	1 200	1 400	1 600
$k_r/(dm^3 \cdot mol^{-1} \cdot s^{-1})$	8.35×10^{-10}	3.08×10^{-8}	4.06×10^{-7}	2.80×10^{-6}

P17D.4　氧原子与芳烃反应的二级速率常数已经被测量［R. Atkinson, J. N. Pitts, *J. Phys. Chem*, **79**, 295 (1975)］。在有苯参与的反应中，300.3 K时速率常数为1.44×10^7 $dm^3 \cdot mol^{-1} \cdot s^{-1}$，341.2 K时速率常数为$3.03 \times 10^7$ $dm^3 \cdot mol^{-1} \cdot s^{-1}$，392.2 K时速率常数为$6.9 \times 10^7$ $dm^3 \cdot mol^{-1} \cdot s^{-1}$。求算反应的频率因子和活化能。

P17D.5　甲烷是许多自然过程（如反刍动物的纤维素消解和有机废物的厌氧降解）和工业过程（如食物生产和化石燃料利用）的一个副产物。与羟基自由基·OH的反应是将CH_4从低层大气中消除的主要途径。T. Gierczak等［*J. Phys. Chem. A*, **101**, 3125 (1997)］测量了对大气化学重要的温度范围内，甲烷与羟基自由基的基元双分子气相反应的速率常数。利用下列测量数据，推测阿仑尼乌斯参数A和E_a。

T/K	295	223	218	213	206	200	195
$k_r/(10^6\ dm^3\cdot mol^{-1}\cdot s^{-1})$	3.55	0.494	0.452	0.379	0.295	0.241	0.217

P17D.6 如在问题P17D.5中所述，与羟基自由基·OH的反应是将CH_4从低层大气中消除的主要途径。T. Gierczak等［*J. Phys. Chem. A*, **101**, 3125 (1997)］测量了双分子气相反应$CH_4 + \cdot OH \longrightarrow \cdot CH_3 + H_2O$的速率常数，并发现阿仑尼乌斯参数$A = 1.13\times10^9\ dm^3\cdot mol^{-1}\cdot s^{-1}$和$E_a = 14.1\ kJ\cdot mol^{-1}$。(a) 估算在下列条件下$CH_4$的消耗速率：设·OH的平均浓度为$3.5\times10^{-15}\ mol\cdot dm^{-3}$，$CH_4$的平均浓度为40 nmol·dm^{-3}，温度为−10℃。(b) 估算全球每年被这个反应消耗的CH_4的质量（它稍稍低于释放到大气中的质量），设地表低层大气的有效体积为$4\times10^{21}\ dm^3$。

专题 17E 反应机理

讨论题

D17E.1 区分反应级数和反应分子数。

D17E.2 评述"速率控制步骤是反应机理中最慢的一步"这一说法的有效性。

D17E.3 区分预平衡近似和稳态近似。为什么它们可能导致不同的结论？

D17E.4 解释并描述在不同环境条件下反应级数可能怎样改变？

D17E.5 区分反应的动力学和热力学控制。提出期望一个而不是另一个的标准。

D17E.6 解释反应的活化能如何可能为负数。

练习题

E17E.1(a) A_2分解的反应机理被认为是

$$A_2 \underset{k_a'}{\overset{k_a}{\rightleftharpoons}} A+A \qquad A+B \xrightarrow{k_b} P$$

其中，A_2解离对A_2是一级，A的复合对A是二级；A与B的反应对A和B都是一级。用两种方法推导用P的生成速率表示的速率方程：(a) 假定在A_2与A之间预平衡；(b) 假定稳态近似能够适用于A。

E17E.1(b) 双螺旋从其A股和B股复原的反应机理被认为是

$$A+B \underset{k_a'}{\overset{k_a}{\rightleftharpoons}} U \qquad U \xrightarrow{k_b} H$$

其中，U是不稳定螺旋，H是螺旋的稳定形式。A和B的反应对每个物种都是一级，U返回至A + B的反应对U为一级；U到H的反应对U为一级。用两种方法推导以H的生成速率表示的速率方程：(a) 假定预平衡；(b) 假定稳态近似能够适用于U。

E17E.2(a) 有人提出如下大气中臭氧分解的反应机理：

$$O_3 \longrightarrow O_2 + O \qquad k_a$$
$$O_2 + O \longrightarrow O_3 \qquad k_a'$$
$$O + O_3 \longrightarrow O_2 + O_2 \qquad k_b$$

证明如果第三步是速率控制步骤，则臭氧分解的速率方程对O_3为二级，对O_2为−1级。

E17E.2(b) 2−氯乙醇（CH_2ClCH_2OH）与水溶液中OH^-反应形成环氧乙烷$[(CH_2CH_2)O]$的机理被认为由以下几步组成：

(1) $CH_2ClCH_2OH + OH^- \rightleftharpoons CH_2ClCH_2O^- + H_2O$

(2) $CH_2ClCH_2O^- \longrightarrow (CH_2CH_2)O + Cl^-$

证明如果能够假设步骤（1）为预平衡，则环氧乙烷的生成速率为$v = k_2K[CH_2ClCH_2OH][OH^-]$，式中$K$是第一步反应的平衡常数，$k_2$是第二步反应的速率常数。

E17E.3(a) 一个反应的机理包含预平衡步骤，其中正、逆向活化能分别为25 kJ·mol^{-1}和38 kJ·mol^{-1}，紧随其后的是一速率控制基元步骤，其活化能为10 kJ·mol^{-1}。总反应的活化能是多少？

E17E.3(b) 一个反应的机理包含预平衡步骤，其中正、逆向活化能分别为27 kJ·mol^{-1}和35 kJ·mol^{-1}，紧随其后的是一速率控制基元步骤，其活化能为15 kJ·mol^{-1}。总反应的活化能是多少？

问 题

P17E.1 应用数学软件或电子表格程序，检验反应机理$A \xrightarrow{k_a} I \xrightarrow{k_b} P$中[I]的时间依赖关系。在所有下列计算中，令$[A]_0 = 1\ mol\cdot dm^{-3}$，时间范围0 ~ 5 s。(a) 将[I]对$t$作图，令$k_a = 10\ s^{-1}$，$k_b = 1\ s^{-1}$。(b) 通过降低$k_a$的值稳定地增加$k_b/k_a$比值，检验每次实验的[I]−$t$图。对于d[I]/d$t$，哪种近似变得更加有效？

P17E.2 应用数学软件或电子表格程序，研究将k_b/k_a比值从10（如图17E.1所示）降低到0.01对[A]、[I]、[P]和t_{max}的影响。

P17E.3 两个放射性核通过连续的一级过程衰变：$X \xrightarrow{22.5\ d} Y \xrightarrow{33.0\ d} Z$（箭头上方的数量是半衰期，单位：天）。假定Y是医学应用必需的一种同位素。X第一次形成后的什么时间Y最丰富？

P17E.4 为以下反应机理建立速率方程：

$$A \underset{k_a'}{\overset{k_a}{\rightleftharpoons}} B \underset{k_b'}{\overset{k_b}{\rightleftharpoons}} C$$

证明，在你应该确定的特定情形下，反应机理等价于

$$A \underset{k_r'}{\overset{k_r}{\rightleftharpoons}} C$$

P17E.5 对于连续反应$A \rightleftharpoons B \rightleftharpoons C \rightleftharpoons D$，导出稳态速率的公式，令[A]维持一个固定数值，产物D一旦生成就被移除。

P17E.6 NO氧化为NO_2的反应$2\,NO(g) + O_2(g) \longrightarrow 2\,NO_2(g)$通过如下反应机理进行：

$$NO + NO \longrightarrow N_2O_2 \qquad k_a$$
$$N_2O_2 \longrightarrow NO + NO \qquad k_a'$$
$$N_2O_2 + O_2 \longrightarrow NO_2 + NO_2 \qquad k_b$$

验证对中间体N_2O_2应用稳态近似可以得出速率方程：

$$\frac{d[NO_2]}{dt}=\frac{2k_ak_b[NO]^2[O_2]}{k_a'+k_b[O_2]}$$

P17E.7　证明下列反应机理能够解释问题P17B.14中反应（最后一步为速控步骤）的速率方程：

$HCl + HCl \rightleftharpoons (HCl)_2$　　K_1

$HCl + CH_3CH{=}CH_2 \rightleftharpoons$ [复合物]　　K_2

$(HCl)_2$ + [复合物] $\longrightarrow CH_3CHClCH_3 + HCl + HCl$　　k_r

可应用哪些进一步的测试来验证该机理？

P17E.8　多肽是氨基酸的聚合物。假定一个长的多肽链经历了从螺旋构象到随机卷曲的转变。对于始于链中部的螺旋－卷曲转变考虑如下反应机理：

$hhhh\cdots \rightleftharpoons hchh\cdots$

$hchh\cdots \rightleftharpoons cccc\cdots$

其中，h和c分别标记链的螺旋或卷曲部分中的一个氨基酸。从h到c的第一步转变，又称为成核步骤，相对较慢，所以没有哪一步是速控步骤。（a）对该机理建立速率方程。（b）应用稳态近似，证明在这些情形下，机理等价于$hhhh\cdots \rightleftharpoons cccc\cdots$。

P17E.9　对F_2O的热分解反应$2\,F_2O(g) \longrightarrow 2\,F_2(g) + O_2(g)$，J. Czarnowski和H. J. Schuhmacher[*Chem. Phys. Lett.*, **17**, 235 (1972)]建议以下反应机理：

（1）$F_2O + F_2O \longrightarrow F + OF + F_2O$　　k_a

（2）$F + F_2O \longrightarrow F_2 + OF$　　k_b

（3）$OF + OF \longrightarrow O_2 + F + F$　　k_c

（4）$F + F + F_2O \longrightarrow F_2 + F_2O$　　k_d

应用稳态近似证明该机理与实验测定的速率方程$-d[F_2O]/dt = k_r[F_2O]^2 + k_r'[F_2O]^{3/2}$一致。

P17E.10　考虑在反应中由反应物R生成两种产物：（a）产物P_1比P_2热力学稳定性更好；（b）生成P_2的反应活化能E_a高于生成P_1的反应活化能。当反应受热力学控制时，推导$[P_2]/[P_1]$比值的表达式。指出你的假设。

专题 17F　反应机理示例

讨论题

D17F.1　讨论单分子反应的有效速率常数的表达式$k_r = k_ak_b[A]/(k_b + k_a'[A])$按照林德曼－欣谢尔伍德机理导出（a）一级，或（b）二级速率方程的条件。

D17F.2　牢记逐步聚合和链聚合机理的区别。描述通过操纵聚合反应的动力学参数，如何控制聚合物的摩尔质量。

D17F.3　讨论酶作用的米氏机理的特征、优点和不足。

D17F.4　酶催化反应的速率对温度作图有一最大值，与由阿仑尼乌斯公式（专题17D）预测的行为有明显的偏差。给出解释。

练习题

E17F.1(a)　按照林德曼－欣谢尔伍德机理发生的一气相反应的有效速率常数在1.30 kPa时为$2.50\times10^{-4}\ s^{-1}$，在12 Pa时为$2.10\times10^{-5}\ s^{-1}$。计算机理中活化步骤的速率常数。

E17F.1(b)　按照林德曼－欣谢尔伍德机理发生的一气相反应的有效速率常数在1.09 kPa时为$1.7\times10^{-3}\ s^{-1}$，在25 Pa时为$2.2\times10^{-4}\ s^{-1}$。计算机理中活化步骤的速率常数。

E17F.2(a)　按照逐步聚合过程形成一聚合物，计算$t = 5.00$ h时的缩合分数和聚合度，令$k_r = 1.39\ dm^3\cdot mol^{-1}\cdot s^{-1}$，初始单体浓度为$10.0\ mmol\cdot dm^{-3}$。

E17F.2(b)　按照逐步聚合过程形成一聚合物，计算$t = 10.00$ h时的缩合分数和聚合度，令$k_r = 2.8\times10^{-2}\ dm^3\cdot mol^{-1}\cdot s^{-1}$，初始单体浓度为$50.0\ mmol\cdot dm^{-3}$。

E17F.3(a)　考虑按照链聚合过程形成的一聚合物。如果引发剂浓度增加3.6倍、单体浓度降低4.2倍，则动力学链长度将改变多少？

E17F.3(b)　考虑按照链聚合过程形成的一聚合物。如果引发剂浓度增加10倍、单体浓度降低5倍，则动力学链长度将改变多少？

E17F.4(a)　25 ℃时，某底物的酶催化转化的米氏常数为$0.046\ mol\cdot dm^{-3}$。当底物浓度为$0.105\ mol\cdot dm^{-3}$时，反应速率是$1.04\ mmol\cdot dm^{-3}\cdot s^{-1}$。该反应的最大速率是多少？

E17F.4(b)　25 ℃时，某底物的酶催化转化的米氏常数为$0.032\ mol\cdot dm^{-3}$。当底物浓度为$0.875\ mol\cdot dm^{-3}$时，反应速率是$0.205\ mmol\cdot dm^{-3}\cdot s^{-1}$。该反应的最大速率是多少？

E17F.5(a)　k_b/K_M比值称为酶的催化效率。用例题17F.2中的数据，计算碳酸酐酶的催化效率。

E17F.5(b)　298 K时，某底物的酶催化转化的米氏常数$K_M = 0.032\ mol\cdot dm^{-3}$，当酶的浓度为$3.6\times10^{-9}\ mol\cdot dm^{-3}$时，$v_{max} = 4.25\times10^{-4}\ mol\cdot dm^{-3}\cdot s^{-1}$。计算如练习题E17F.5(a)中所定义的酶的催化效率。

问　题

P17F.1　问题17B.13中研究了在一个有限压力范围内环丙烷的异构化反应。如果单分子反应的林德曼－欣谢尔伍德机理有待检验，也需要低压下的数据。这个资料已经得到了［H. O. Pritchard等，*Proc. R. Soc. A*, 217, 563 (1953)］：

p/Torr	84.1	11.0	2.89	0.569	0.120	0.067
$k_r/(10^{-4}s^{-1})$	2.98	2.23	1.54	0.857	0.392	0.303

利用这些数据，验证林德曼－欣谢尔伍德机理。

P17F.2　计算由链式机理产生的一聚合物的平均聚合物链长，反应终止于形式为$\cdot HM_n + \cdot M_m \longrightarrow M_n + HM_m$的歧化反应。

P17F.3　对含氧酸HO—R—COOH的逐步聚合，推导聚合度－时间依赖关系的表达式。已知速率方程为$d[A]/dt = -k_r[A]^2[OH]$，其中A代表羧酸官能团。

P17F.4　通过假定E、S和ES之间存在一个快速预平衡，Michaelis和Menten导出了他们的速率方程。用这种方法推导速率方程，什么条件下，它演变为基于稳态近似导出的速率方程［式17F.16］］？

P17F.5 利用米氏方程[式（17F.16）]，产生两类显示v对[S]依赖关系的曲线：一类是K_M改变但v_{max}不变，另一类是v_{max}改变但K_M为常数。提示：利用数学软件或电子表格程序。

P17F.6 对于大多数酶，作用机理涉及两个中间体的形成：

$$E + S \longrightarrow ES \quad v = k_a[E][S]$$
$$ES \longrightarrow E + S \quad v = k_a'[ES]$$
$$ES \longrightarrow ES' \quad v = k_b[ES]$$
$$ES' \longrightarrow E + P \quad v = k_c[ES']$$

证明产物的生成速率具有与式（17F.16）相同的形式，但v_{max}和K_M由下式给出：

$$v_{max} = \frac{k_b k_c[E]_0}{k_b + k_c} \quad K_M = \frac{k_c(k_a' + k_b)}{k_a(k_b + k_c)}$$

P17F.7 下列结果是在20℃、ATP酶浓度为20 nmol · dm^{-3}，ATP酶对ATP作用时测得的：

[ATP]/(μmol · dm^{-3})	0.60	0.80	1.4	2.0	3.0
v/(μmol · dm^{-3} · s^{-1})	0.81	0.97	1.30	1.47	1.69

计算反应的米氏常数和最大速率。

P17F.8 对酶催化反应，有不同的方法来表示和分析数据。教材展示了如何建立一个线性的Lineweaver－Burk图，即$1/v$对$1/[S]_0$作图。（a）通过重排式（17F.16），证明$v/[S]_0$对v所作的Eadie－Hofstee图也预期为一条直线。确定从这样的图，如何获得反应的米氏常数和最大速率。（b）用相同的方法，证明Hanes图，即$v/[S]_0$对$[S]_0$作图也是一条直线。确定从这样的图，如何获得参数。（c）过氧化氢酶催化过氧化氢H_2O_2的分解。通过建立Lineweaver－Burk图、Eadie－Hofstee图和Hanes图，使用下列不同H_2O_2初始浓度时的反应速率数值，计算反应的米氏常数和最大速率。

[H_2O_2]/(mol · dm^{-3})	0.300	0.400	0.500	0.600	0.700
v/(mol · dm^{-3} · s^{-1})	4.431	4.518	4.571	4.608	4.634

专题 17G　光化学

讨论题

D17G.1 查阅文献资料，列出在下列过程发生期间时间尺度的观察范围：激发电子态的辐射衰变、分子转动运动、分子振动运动、质子转移反应，在FRET分析中应用的荧光分子之间的能量传递、溶液中配合物离子之间的电子转移、液体中的碰撞。

练习题

E17G.1(a) 在光化学反应A $\longrightarrow$ 2B + C中，500 nm波长的光的量子产率是210 mmol爱因斯坦$^{-1}$（1爱因斯坦 = 1 mol光子）。300 mmol的A暴露于光下，生成2.28 mmol的B。多少光子被A吸收了？

E17G.1(b) 在光化学反应A $\longrightarrow$ B + C中，500 nm波长的光的量子产率是120 mmol爱因斯坦$^{-1}$（1爱因斯坦 = 1 mol光子）。200 mmol的A暴露于光下，生成1.77 mmol的B。多少光子被A吸收了？

E17G.2(a) 某物质的荧光量子产率$\phi_{F,0} = 0.35$。在测量该物质荧光寿命的一次实验中，观察到荧光发射衰变的半衰期为5.6 ns。该物质的荧光速率常数是多少？

E17G.2(b) 某物质的荧光量子产率$\phi_{F,0} = 0.16$。在测量该物质荧光寿命的一次实验中，观察到荧光发射衰变的半衰期为1.5 ns。该物质的荧光速率常数是多少？

E17G.3(a) 考虑$\tau_0 = 6.0$ ns的一个有机荧光物种被$k_Q = 3.0 \times 10^8$ dm^3 · mol^{-1} · s^{-1}的d金属离子淬灭。预测将有机物种的荧光强度减少到未淬灭值的50%时所需淬灭剂的浓度。

E17G.3(b) 考虑$\tau_0 = 3.5$ ns的一个有机荧光物种被$k_Q = 2.5 \times 10^9$ dm^3 · mol^{-1} · s^{-1}的d金属离子淬灭。预测将有机物种的荧光强度减少到未淬灭值的75%时所需淬灭剂的浓度。

E17G.4(a) 在一蛋白质表面的氨基酸与1.5－I AEDANS被共价标记，另一个是与FITC被共价标记。由于被FITC淬灭，1.5－I AEDANS的荧光量子产率降低了10%。氨基酸之间的距离是多少？（参考表17.G3中R_0的适宜值。）

E17G.4(b) 在一酶表面的氨基酸与1.5－I AEDANS被共价标记，已知其活性位包含一色氨酸残基。由于被1.5－I AEDANS淬灭，色氨酸的量子产率降低了15%。活性位和酶表面之间的距离是多少？

问　题

P17G.1 在测量光化学反应量子产率的一个实验中，吸收物质被暴露在来自87.5 W光源的320 nm辐射下28.0 min。透过辐射的强度是入射辐射的0.257倍。辐射的结果是0.324 mol的吸收物质分解了。计算量子产率。

P17G.2 紫外辐射光分解O_3至O_2和O。确定在厚度为1.0 km的平流层中O_3被305 nm辐射消耗的速率。220 K时量子产率为0.94，浓度约为8 nmol · dm^{-3}，摩尔吸收系数为260 dm^3 · mol^{-1} · cm^{-1}，305 nm辐射的通量约为1 × 10^{14}光子 · cm^{-2} · s^{-1}。数据来自W. B. DeMore等[(*Chemical kinetics and photochemical data for use in stratospheric modeling: Evaluation Number 11*, JPL Publication 94-26 (1994)]。

P17G.3 氯化单酰，最大吸收在330 nm、荧光辐射最大在510 nm，能够在荧光显微镜和FRET研究中用来标记氨基酸。以下数据显示氯化单酰的水溶液被短激光脉冲激发后荧光强度随时间的变化（I_0是初始荧光强度）。强度之比等于光子发射的速率之比。

t/ns	5.0	10.0	15.0	20.0
I_t/I_0	0.45	0.21	0.11	0.05

（a）计算氯化单酰在水中的观测荧光寿命；

（b）水中氯化单酰的荧光量子产率为0.70，荧光速率常数是多少？

P17G.4 当苯甲酮暴露于紫外辐射时，它被激发为单重态。这个单重态快速转变为三重态，发出磷光。三乙胺可作为三重态的猝灭剂。在甲醇溶剂中进行实验，磷光强度随胺浓度而改变，如下所示。时间分辨的激光光谱实验已经表明，在没有猝灭剂时，磷光的半衰期为29 μs。k_Q值是多少？

$[Q]/(mmol\cdot dm^{-3})$	1.0	5.0	10.0
I_p（任意单位）	0.41	0.25	0.16

P17G.5 Hg的一个电子激发态能被N_2猝灭，按照历程$Hg^*(g) + N_2(g, v=0) \longrightarrow Hg(g) + N_2(g, v=1)$，其中能量从$Hg^*$转移、激发$N_2$的振动。下列数据给出了有或无$N_2$存在时所测量的Hg样品的荧光强度与时间的关系（$T = 300$ K）：

$p_{N_2} = 0$

相对荧光强度	1.000	0.606	0.360	0.22	0.135
$t/\mu s$	0.0	5.0	10.0	15.0	20.0

$p_{N_2} = 9.74\times10^{-4}$ atm

相对荧光强度	1.000	0.585	0.342	0.200	0.117
$t/\mu s$	0.0	3.0	6.0	9.0	12.0

计算能量转移过程的速率常数。可假定所有气体均为完美气体。

P17G.6 共振能量转移的福斯特理论和FRET技术的基础可通过对一系列化合物进行荧光测定而被检验，这类化合物中能量供体和能量受体通过一个可变的、已知长度的刚性分子连接剂共价连接。L. Stryer和R. P. Haugland［*Proc. Natl. Acad. Sci. USA*, **58**, 719 (1967)］收集了具有普遍组成丹酰-（L-脯氨酰基）$_n$-萘基的一族化合物的能量转移效率η_T的数据（其中，通过增加连接剂中脯氨酰基单元的数目，使萘基供体和丹酰受体之间的距离R从1.2 nm变化到4.6 nm），如下所示：

R/nm	1.2	1.5	1.8	2.8	3.1	3.4	3.7	4.0	4.3	4.6
η_T	0.99	0.94	0.97	0.82	0.74	0.65	0.40	0.28	0.24	0.16

这些数据能被式（17G.7）充分描述吗？如果可以，那么萘基-丹酰对的R_0值是多少？

P17G.7 植物光合作用的第一步是由束缚于蛋白质的叶绿素分子（被称为“光捕获复合物”）对光的吸收，其时一个叶绿素分子的荧光被其他邻近的叶绿素分子猝灭。若给定一对叶绿素a分子的$R_0 = 5.6$ nm，那么两个叶绿素a分子应该被分开多大距离时，可以将荧光寿命从1 ns（有机溶剂中单体叶绿素a的典型值）缩短至10 ps？

主题 17　化学动力学

综合题

I17.1 自催化反应是反应被产物催化。例如，对反应$A \longrightarrow P$，可发现速率方程是$v = k_r[A][P]$，反应速率与P的浓度成正比。反应得到启动是因为通常有其他反应路径初始生成了一些P，然后完全参与了自催化反应。

（a）对形式为$A \longrightarrow P$的反应，速率方程是$v = k_r[A][P]$，积分其速率方程，证明：

$$\frac{[P]}{[P]_0} = \frac{(1+b)e^{at}}{1+be^{at}}$$

式中$[P]_0$是P的初始浓度，$a = ([A]_0 + [P]_0)k_r$，$b = [P]_0/[A]_0$。提示：由表达式$v = -d[A]/dt = k_r[A][P]$开始，写出$[A] = [A]_0 - x$，$[P] = [P]_0 + x$，然后根据x写出两物种改变的速率表示式。为得到积分表达式，采用部分分数（式）积分法（参见“化学家工具包30”）。（b）对几个b值，将$[P]/[P]_0$对at作图。通过比较你的结果与一级过程的结果（即$[P]/[P]_0 = 1 - e^{-k_r t}$），讨论自催化对$[P]/[P]_0$–$t$图形状的影响。（c）对（a）和（b）部分讨论的自催化过程，证明在$t_{max} = -(1/a)\ln b$时反应速率达到最大值。（d）观测到自催化反应$A \longrightarrow P$具有速率方程$d[P]/dt = k_r[A]^2[P]$。对于初始浓度$[A]_0$和$[P]_0$，解速率方程。计算速率达到最大值的时间。（e）另一个反应的化学计量式为$A \longrightarrow P$，有速率方程$d[P]/dt = k_r[A][P]^2$。对于初始浓度$[A]_0$和$[P]_0$，积分速率方程。计算速率达到最大值的时间。

I17.2 许多生物过程和生物化学过程涉及自催化步骤（见综合题I17.1）。在传染性疾病的传播和衰退的SIR模型中，人口被分为三类：“易感人群”，S，能够感染疾病；“染病人群”，I，已染病、且能传播疾病；“隔离人群”，R，要么已经得病并痊愈，要么已经死亡、免疫或隔离。这个过程的模型机理可以写作$S \longrightarrow I \longrightarrow R$，意味着如下的速率方程：

$$\frac{dS}{dt} = -rSI \qquad \frac{dI}{dt} = rSI - aI \qquad \frac{dR}{dt} = aI$$

这个机理中哪一步是自催化步骤？找出决定疾病是否传播（流行病）或逐渐消失的比值a/r的条件。证明一个恒定的人口被构建进入这个系统，亦即$S + I + R = N$，意味着出生、因其他原因的死亡和移民的时间尺度被假设大于疾病传播的时间尺度。

I17.3 酸催化和碱催化的反应在有机转换中很常见。

（a）推导碱催化反应的速率方程，其中AH依照下列历程转变为产物：

$$AH + B \underset{k_a'}{\overset{k_a}{\rightleftharpoons}} BH^+ + A^-$$

$$A^- + AH \xrightarrow{k_b} \text{产物（速控步骤）}$$

（b）推导酸催化反应的速率方程，其中AH依照下列历程转变为产物：

$$HA + H^+ \underset{k_a'}{\overset{k_a}{\rightleftharpoons}} HAH^+$$

$$HAH^+ + B \xrightarrow{k_b} BH^+ + AH \text{（速控步骤）}$$

I17.4 用分数p表示一个缩聚聚合物摩尔质量的方均根偏差$(\langle M^2\rangle - \langle M\rangle^2)^{1/2}$，推导其时间相依性。

I17.5 根据（a）分数p，（b）链长，计算平均立方摩尔质量与平均平方摩尔质量的比值。

I17.6 当反应是由光吸收驱动时，传统的平衡考虑不适用，产物和反应物的稳态浓度可能与平衡值显著不同。例如，假定反应$A \longrightarrow B$由光吸收驱动，其速率为I_a，但其逆反应$B \longrightarrow A$是双分子和二级反应，速率为$k_r[B]^2$。B的静态浓度是多少？为什么这个“光定态”不同于平衡态？

I17.7 气相中三氯甲烷（氯仿，$CHCl_3$）的光化学氯化作用给出CCl_4，已测得其速率方程为$d[CCl_4]/dt = k_r[Cl_2]^{1/2}I_a^{1/2}$。设计一个机理，当氯气压力高时，由该机理能导出这个速率方程。

主题 18
反应动态学

本主题探究在反应高潮期分子上发生的变化细节。此时，结构正发生巨大的变化，解离能大小的能量在各个键之间正重新分配；旧键正在被打破，而新键正在形成。这就是化学的核心问题。

从第一性原理计算这些过程的反应速率是很困难的。不过，像许多复杂问题一样，可以很简单地建立广义特征。只有在更深入的调查中才会出现困难。这里探究几种计算双分子基元过程反应速率的方法，从电子转移到涉及键的断裂与形成的化学反应。虽然可从气相反应中得到大量信息，但许多感兴趣的反应发生在凝聚相，尝试预测它们的反应速率是有益的。

18A 碰撞理论

本专题探究碰撞理论，这是最简单的对反应速率的定量解释。这种处理仅适用于讨论气相中简单物种之间的反应。简单碰撞理论仅考虑一个分子对另一个分子的撞击。本专题中考虑的一个改进顾及了所产生的激发能量是如何在需要的键上累积的。

18A.1 反应性遭遇；18A.2 RRK 模型

18B 扩散控制的反应

溶液中的反应分为两类：扩散控制反应和活化控制反应。前者反应速率受反应物遭遇频率控制；后者相遇对中足够能量的累积为速率控制步骤。前者的反应速率系数可以按照溶液中物种的扩散特征来定量表述。可以用扩散方程来获得不同时空产物更详细的解释。

18B.1 溶液中的反应；18B.2 物料平衡方程

18C 过渡态理论

本专题讨论过渡态理论，该理论假设反应物分子形成一络合物，可以根据其能级的布局来加以了解。该理论利用热力学方法研究反应速率，其中速率系数可用热力学参数来表示。这种方法对于参数表示溶液中的反应速率是有用的。

18C.1 艾林方程；18C.2 热力学分析；18C.3 动力学同位素效应

18D 分子碰撞动态学

在化学反应的理论研究中，最为复杂精细的是依据势能面和分子在这些势能面上的运动。正如本专题中所解释的，这种方法给出了分子碰撞时所发生事件的直接图像，并为使用分子束研究它们提供了基础。

18D.1 分子束；18D.2 反应碰撞；18D.3 势能面；18D.4 一些实验和计算结果

18E 均相系统中的电子转移

在本专题中，用过渡态理论来研究包括溶液中氧化还原反应在内的均相系统中的电子转移。马库斯理论是一种应用广泛的理论，它建立了电子转移速率系数与活化参数之间的关系，可以用所涉及物种的结构参数来表示。

18E.1 速率方程；18E.2 电子隧穿作用；18E.3 速率系数；18E.4 理论的实验验证

专题18A

碰撞理论

▶ 为何需要学习这部分内容？

化学的一个主要任务就是研究化学反应的详细分子机制。碰撞理论是最早揭示气相反应机理细节的方法之一。

▶ 核心思想是什么？

根据碰撞理论，当反应物碰撞的相对动能超过一阈值且满足一定的空间要求时，发生双分子气相反应。

▶ 需要哪些预备知识？

本专题运用了气体动理论，特别是分子平均速率的表达式（专题1B），并扩展了林德曼－欣谢尔伍德（Lindemann-Hinshelwood）气相反应机理的描述（专题17F）。一个论据引用了分子速率的麦克斯韦－玻耳兹曼（Maxwell-Boltzmann）分布（专题1B）。

双分子基元反应的速率系数：

$$\mathrm{A}+\mathrm{B}\longrightarrow \mathrm{P}\quad v=k_{\mathrm{r}}[\mathrm{A}][\mathrm{B}] \tag{18A.1a}$$

与温度有关，根据阿仑尼乌斯公式（专题17D）：

$$k_{\mathrm{r}}=A\mathrm{e}^{-E_{\mathrm{a}}/RT}\quad \text{阿仑尼乌斯公式} \tag{18A.1b}$$

式中A是频率因子，E_a是活化能。阿仑尼乌斯公式的这种形式可以用一个模型来解释：气相中的分子相互碰撞，并在过程中可获得足够的能量来进行反应。像所有模型一样，这个模型可以改进，但它是讨论气相反应的一个好的起点。

18A.1 反应性遭遇

式（18A.1a）中k_r表达式的一般形式可通过考虑反应的物理要求来预测。可以预期，速率v与碰撞的频率成正比，因此正比于分子的平均速率，即$v\propto (T/M)^{1/2}$其中M是A和B摩尔质量的某种组合。可以预期，速率也正比于分子存在的目标面积，即它们的碰撞截面σ（专题1B），以及A和B的数密度$\mathcal{N}_A$和$\mathcal{N}_B$：

$\mathcal{N}_J\propto[\mathrm{J}]$

$$v\propto\sigma(T/M)^{1/2}\mathcal{N}_{\mathrm{A}}\mathcal{N}_{\mathrm{B}}\propto\sigma(T/M)^{1/2}[\mathrm{A}][\mathrm{B}]$$

然而，只有当分子的动能超过某个最小值（记为E'）时，碰撞才可能有效。这个要求表明，该速率也应与形式为$\mathrm{e}^{-E'/RT}$玻耳兹曼因子成正比，该因子表示达到最低能量要求的碰撞分数（专题17D）。因此，

$$v\propto\sigma(T/M)^{1/2}\mathrm{e}^{-E'/RT}[\mathrm{A}][\mathrm{B}]$$

根据式（18A.1a）给出的反应速率形式，可得：

$$k_{\mathrm{r}}\propto\sigma(T/M)^{1/2}\mathrm{e}^{-E'/RT}$$

此时，阿仑尼乌斯公式，即式（18A.1b）的形式开始浮现出来，其中，最小动能E'被认定为反应的活化能E_a。然而，这种认定并不精确，因为碰撞理论只是化学反应的一个基本模型。

并不是每次碰撞都会导致反应，即使能量要求得到满足，因为反应物可能需要以一定的相对方位碰撞。这一空间位阻要求表明，应引入另一个因子P，即

$$k_{\mathrm{r}}\propto P\sigma(T/M)^{1/2}\mathrm{e}^{-E'/RT} \tag{18A.2}$$

如下面细节所述，这个表达式与碰撞理论预测的形式一致，它反映了一次有效碰撞的三个影响因素：

$$k_r \propto \overbrace{P}^{\text{空间要求}} \quad \overbrace{\sigma(T/M)^{1/2}}^{\text{遭遇速率}} \quad \overbrace{e^{-E'/RT}}^{\text{最低能量要求}}$$

(a) 气相中的碰撞速率

如上所说，反应速率系数k_r取决于分子碰撞频率。**碰撞密度**(wllision density) Z_{AB}是在样品的一个区域内、一定时间间隔碰撞的次数除以区域的体积和间隔的持续时间。专题1B中计算了气相中单个分子的碰撞频率[式(1B.12a)，$z=\sigma v_{rel}\mathcal{N}_A$]。该结果可用于推导$Z_{AB}$的表达式。

如何完成？18A.1　推导碰撞密度的表达式

表达式$z=\sigma v_{rel}\mathcal{N}_A$中的参数$v_{rel}$是碰撞分子的平均相对速率，$\sigma$是碰撞截面：

$$\sigma=\pi d^2$$

$$d=\frac{1}{2}(d_A+d_B)$$

如图18A.1所示。对于质量为m_A的分子A与质量为m_B的分子B之间的碰撞，平均相对速率由式(1B.11b)[$v_{rel}=(8kT/\pi\mu)^{1/2}$，其中$\mu=m_Am_B/(m_A+m_B)$]给出。因此，一个分子A与数密度为$\mathcal{N}_B$的分子B的碰撞速率为$\sigma v_{rel}\mathcal{N}_B$。因此，碰撞密度就是这个速率乘以分子A的数密度$\mathcal{N}_A$：

$$Z_{AB}=\sigma v_{rel}\mathcal{N}_A\mathcal{N}_B \tag{18A.3}$$

一个物种J的数密度是$\mathcal{N}_J=N_A[J]$，其中[J]是物质的量浓度，N_A是阿伏加德罗常数。所以：

$$Z_{AB}=\sigma\left(\frac{8kT}{\pi\mu}\right)^{1/2}N_A^2[A][B] \quad \text{碰撞密度 [KMT]} \tag{18A.4a}$$

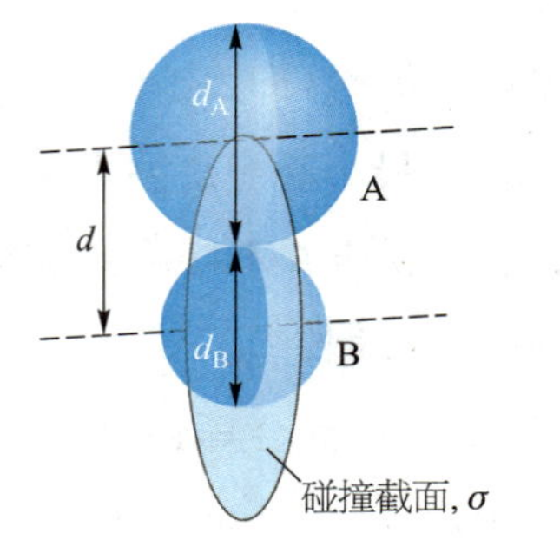

图18A.1　两个分子的碰撞截面可以看作是为使碰撞发生投射分子(A)必须进入的目标分子(B)周围区域的面积。如果两个分子的直径分别为d_A和d_B，则目标区域的半径为$d=\frac{1}{2}(d_A+d_B)$，碰撞截面就是πd^2

如果碰撞密度要求用每一种气体J的分压表示，那么式(18A.4a)中物质的量浓度可替换为$[J]=n_J/V=p_J/RT$。对于同种分子之间的碰撞，$\mu=\frac{1}{2}m_A$，式(18A.4a)变为

$$Z_{AA}=\frac{1}{2}\sigma\left(\frac{16kT}{\pi m_A}\right)^{1/2}N_A^2[A]^2 \quad \text{碰撞密度 [同种分子]} \tag{18A.4b}$$

$$=\sigma\left(\frac{4kT}{\pi m_A}\right)^{1/2}N_A^2[A]^2$$

其中引入因子1/2是为了避免碰撞次数重复计数(如A与B，B与A)。

简要说明18A.1

在25 ℃和1.0 bar的氮气气氛中，当$[N_2]\approx 40\ \mathrm{mol\cdot m^{-3}}$时，有$\sigma=0.43\ \mathrm{nm^2}$和$m_{N_2}=28.02\ m_u$，碰撞密度为

$$Z_{N_2N_2}=4.3\times10^{-19}\ \mathrm{m^2}\times\left(\frac{4\times1.381\times10^{-23}\ \mathrm{J\cdot K^{-1}}\times298\ \mathrm{K}}{\pi\times28.02\times1.661\times10^{-27}\ \mathrm{kg}}\right)^{1/2}\times(6.022\times10^{23}\ \mathrm{mol^{-1}})^2\times(40\ \mathrm{mol\cdot m^{-3}})^2$$

$$=8.4\times10^{34}\ \mathrm{m^{-3}\cdot s^{-1}}$$

结果表明，碰撞密度可能非常大，即使在1 cm³内，每皮秒可发生超过8×10^{16}次碰撞。

(b) 能量要求

根据碰撞理论，反应引起的$\mathcal{N}_A$变化率是碰撞密度与具有足够能量的碰撞发生的概率的乘积。后一个条件可以这样引入，即通过将碰撞截面σ写成两个相互接近的碰撞物种动能ε的函数，并设定若互相接近的动能低于某一阈值ε_a，则碰撞截面$\sigma(\varepsilon)$为零。随后，$N_A\varepsilon_a$被认为是反应的(摩尔)活化能E_a。对于一特定相对速率v_{rel}(在这个阶段，不是一个平均值)相互接近的A和B之间的碰撞，根据式(18A.3)，$\mathcal{N}_A$的变化率为

$$\frac{d\mathcal{N}_A}{dt}=-\sigma v_{rel}\mathcal{N}_A\mathcal{N}_B \tag{18A.5a}$$

或者用物质的量浓度表示为：

$$\frac{d[A]}{dt}=-\sigma(\varepsilon)v_{rel}N_A[A][B] \tag{18A.5b}$$

与两个粒子相对运动有关的动能为$\varepsilon=\frac{1}{2}\mu v_{rel}$。因此相对速率也可用相对动能表示为$v_{rel}=(2\varepsilon/\mu)^{1/2}$。因为在一个样品中相互趋近的能量$\varepsilon$有一定范围，因此，式(18A.5b)必须对能量的玻耳兹曼分布$f(\varepsilon)$求平均，从而给出：

$$\frac{d[A]}{dt}=-\left[\int_0^\infty \sigma(\varepsilon)v_{rel}f(\varepsilon)d\varepsilon\right]N_A[A][B] \qquad (18A.6)$$

式中$f(\varepsilon)d\varepsilon$是趋近能量在$\varepsilon$和$\varepsilon+d\varepsilon$之间的概率，通过与式（18A.1a）相比较可得

$$k_r=N_A\int_0^\infty \sigma(\varepsilon)v_{rel}f(\varepsilon)d\varepsilon \qquad \text{速率系数} \qquad (18A.7)$$

为了求这个积分，需要建立碰撞截面$\sigma(\varepsilon)$与能量的关系。

如何完成？18A.2　推导碰撞截面与能量的关系式

这个模型的关键部分是，在一次碰撞中，只有与迎头碰撞相关的动能才在引起反应方面是有效的。

步骤1　*考虑碰撞的几何形状如何影响可用于反应的能量。*

考虑A和B两个分子以相对速率v_{rel}碰撞，因此相对动能为$\varepsilon=\frac{1}{2}\mu v_{rel}^2$。尽管当两个分子的中心进入彼此距离$d$以内算作一次碰撞，但可能更多是一擦而过，而非迎头碰撞。直观上，A和B之间的迎头碰撞在引发化学反应方面将最为有效，所以从现在起假设只有与碰撞的分量有关的动能才导致反应。对动能的贡献取决于$v_{rel,\,A-B}$，即平行于A和B连心线的相对速率分量大小。

步骤2　*寻找速度的迎头碰撞分量表达式*

如图18A.2所示，a是两个分子中心最近距离，d是中心间的距离。从三角学和图中角度θ的定义可知

$$v_{rel,A-B}=v_{rel}\cos\theta=v_{rel}\left(\frac{d^2-a^2}{d^2}\right)^{1/2} \qquad \left[\cos\theta=(d^2-a^2)^{1/2}/d\right]$$

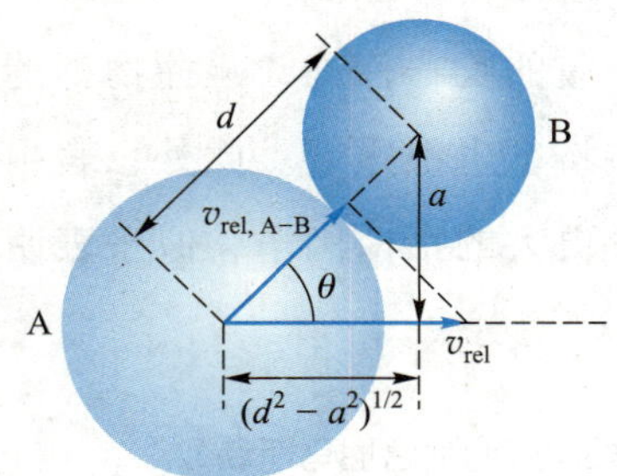

图18A.2　用于计算与A和B两个分子碰撞的迎头分量有关的相对动能的参数

步骤3　*将速率与能量关联*

与迎头碰撞有关的动能为：$\varepsilon_{A-B}=\frac{1}{2}\mu v_{rel,\,A-B}^2$，碰撞的总动能是：$\varepsilon=\frac{1}{2}\mu v_{rel}^2$，利用步骤2中的结果，可将这两个量关联起来：

$$\varepsilon_{A-B}=\frac{1}{2}\mu v_{rel,A-B}^2=\frac{1}{2}\mu(v_{rel}\cos\theta)^2 \qquad [v_{rel,A-B}=v_{rel}\cos\theta]$$

$$=\overbrace{\frac{1}{2}\mu v_{rel}^2}^{\varepsilon}\cos^2\theta=\varepsilon\left(\frac{d^2-a^2}{d^2}\right) \qquad [\cos^2\theta=(d^2-a^2)/d^2]$$

步骤4　*引入一个能量阈值*

随着a增加，与迎头碰撞相关的动能降低。对于产物的形成，能量阈值ε_a的存在意味着a存在一最大值a_{max}，高于此值反应不发生。因此，设定$a=a_{max}$和$\varepsilon_{A-B}=\varepsilon_a$，得到

$$\varepsilon_a=\varepsilon\left(\frac{d^2-a_{max}^2}{d^2}\right)$$

重排得

$$a_{max}^2=\left(1-\frac{\varepsilon_a}{\varepsilon}\right)d^2$$

步骤5　*根据碰撞截面重写表达式*

与能量相关的碰撞截面与a_{max}的关系为$\sigma(\varepsilon)=\pi a_{max}^2$，$\pi d^2$为图18A.1中介绍的（简单）碰撞截面$\sigma$。据此可得

$$\sigma(\varepsilon)=\left(1-\frac{\varepsilon_a}{\varepsilon}\right)\sigma \qquad \sigma(\varepsilon)\text{的能量依赖性}\ [\varepsilon>\varepsilon_a] \qquad (18A.8)$$

这种形式的$\sigma(\varepsilon)$的能量依赖性与专题18D中描述的分子束测量所确定的H和D_2反应的实验测定结果基本一致（图18A.3）。

建立了碰撞截面与能量的关系式后，现在就可以计算出速率系数。

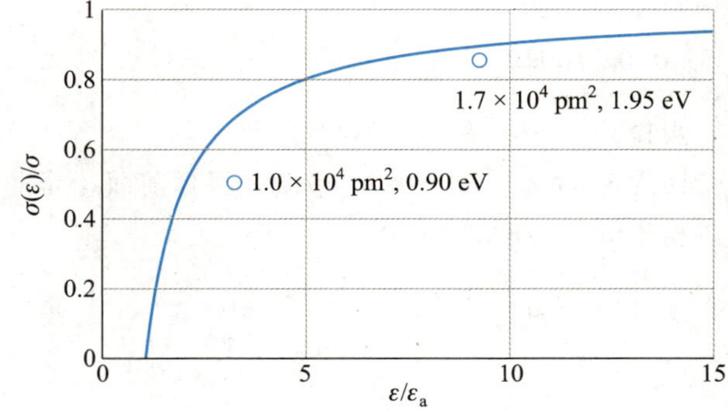

图18A.3　式（18A.8）中反应截面随能量变化，数据点来自反应$H+D_2 \longrightarrow HD+D$的实验结果[K. Tsukiyama等，*J. Chem. Phys.*, 84, 1934(1986)]

如何完成？ 18A.3　推导速率系数的表达式

计算涉及求式（18A.7）中的积分，其中碰撞截面与能量的关系式由式（18A.8）给出。

步骤1　*利用麦克斯韦－玻耳兹曼分布，写出$f(\varepsilon)\mathrm{d}\varepsilon$的表达式*

利用专题1B中式（1B.4），用μ/k替换M/R，相对分子速率分布可表示为

$$f(v_{\mathrm{rel}})\mathrm{d}v_{\mathrm{rel}}=4\pi\left(\frac{\mu}{2\pi kT}\right)^{3/2}v_{\mathrm{rel}}^2\mathrm{e}^{-\mu v_{\mathrm{rel}}^2/2kT}\mathrm{d}v_{\mathrm{rel}}$$

也可用相对动能ε表示，注意$\varepsilon=\frac{1}{2}\mu v_{\mathrm{rel}}^2$。因为$v_{\mathrm{rel}}=(2\varepsilon/\mu)^{1/2}$，所以$\mathrm{d}v_{\mathrm{rel}}=\frac{1}{2}(2/\mu)^{1/2}\varepsilon^{-1/2}\mathrm{d}\varepsilon=\mathrm{d}\varepsilon/(2\mu\varepsilon)^{1/2}$。替换后，则相对分子速率分布可表示为

$$\begin{aligned}f(v_{\mathrm{rel}})\mathrm{d}v_{\mathrm{rel}}&=4\pi\left(\frac{\mu}{2\pi kT}\right)^{3/2}\left(\frac{2\varepsilon}{\mu}\right)\mathrm{e}^{-\varepsilon/kT}\frac{\mathrm{d}\varepsilon}{(2\mu\varepsilon)^{1/2}}\\&=\underbrace{2\pi\left(\frac{1}{\pi kT}\right)^{3/2}\varepsilon^{1/2}\mathrm{e}^{-\varepsilon/kT}\mathrm{d}\varepsilon}_{f(\varepsilon)\mathrm{d}\varepsilon}\end{aligned}$$

步骤2　*计算积分*

现在计算积分：

$$\begin{aligned}\int_0^\infty\sigma(\varepsilon)\overbrace{v_{\mathrm{rel}}}^{(2\varepsilon/\mu)^{1/2}}f(\varepsilon)\mathrm{d}\varepsilon&=2\pi\left(\frac{1}{\pi kT}\right)^{3/2}\int_0^\infty\sigma(\varepsilon)\left(\frac{2\varepsilon}{\mu}\right)^{1/2}\varepsilon^{1/2}\mathrm{e}^{-\varepsilon/kT}\mathrm{d}\varepsilon\\&=\left(\frac{8}{\pi\mu kT}\right)^{1/2}\left(\frac{1}{kT}\right)\int_0^\infty\varepsilon\sigma(\varepsilon)\mathrm{e}^{-\varepsilon/kT}\mathrm{d}\varepsilon\end{aligned}$$

根据式（18A.8）中$\sigma(\varepsilon)$表达式，则

$\sigma(\varepsilon)=(1-\varepsilon_{\mathrm{a}}/\varepsilon)\sigma$；对$\varepsilon<\varepsilon_{\mathrm{a}}$，$\sigma=0$

$$\begin{aligned}\int_0^\infty\varepsilon\sigma(\varepsilon)\mathrm{e}^{-\varepsilon/kT}\mathrm{d}\varepsilon&=\sigma\int_{\varepsilon_{\mathrm{a}}}^\infty\varepsilon\left(1-\frac{\varepsilon_{\mathrm{a}}}{\varepsilon}\right)\mathrm{e}^{-\varepsilon/kT}\mathrm{d}\varepsilon\\&=\sigma\left(\overbrace{\int_{\varepsilon_{\mathrm{a}}}^\infty\varepsilon\,\mathrm{e}^{-\varepsilon/kT}\mathrm{d}\varepsilon}^{\text{积分E.2}}-\varepsilon_{\mathrm{a}}\overbrace{\int_{\varepsilon_{\mathrm{a}}}^\infty\mathrm{e}^{-\varepsilon/kT}\mathrm{d}\varepsilon}^{\text{积分E.1}}\right)\\&=(kT)^2\sigma\mathrm{e}^{-\varepsilon_{\mathrm{a}}/kT}\end{aligned}$$

所以

$$\int_0^\infty\sigma(\varepsilon)v_{\mathrm{rel}}f(\varepsilon)\mathrm{d}\varepsilon=\sigma\left(\frac{8kT}{\pi\mu}\right)^{1/2}\mathrm{e}^{-\varepsilon_{\mathrm{a}}/kT}$$

步骤3　*完成速率系数的表达式*

因为$E_{\mathrm{a}}=N_{\mathrm{A}}\varepsilon_{\mathrm{a}}$，故$\varepsilon_{\mathrm{a}}/kT=E_{\mathrm{a}}/RT$。根据前面计算得到的积分和式（18A.7）可得

$$k_{\mathrm{r}}=\sigma N_{\mathrm{A}}\left(\frac{8kT}{\pi\mu}\right)^{1/2}\mathrm{e}^{-E_{\mathrm{a}}/RT}\qquad(18\mathrm{A}.9)$$

速率系数［碰撞理论］

当温度指数的依赖性大于频率因子对温度方均根的弱依赖性时，该式具有阿仑尼乌斯形式$k_{\mathrm{r}}=A\mathrm{e}^{-E_{\mathrm{a}}/RT}$。那么，在碰撞理论的约束条件下，活化能$E_{\mathrm{a}}$可被看作是反应所需的沿着趋近路线的最小动能，频率因子（乘以[A]B]后的）决定碰撞发生的速率。

计算k_{r}最简单的方法是：对于a值，可使用非反应碰撞获得的值（例如，通常是从黏度测量中获得的）或根据分子半径的表。如果A和B碰撞截面分别为σ_{A}和σ_{B}，则AB截面的近似值可从$\sigma=\pi d^2$，$d=\frac{1}{2}(d_{\mathrm{A}}+d_{\mathrm{B}})$估算，即

$$\sigma\approx\frac{1}{4}(\sigma_{\mathrm{A}}^{1/2}+\sigma_{\mathrm{B}}^{1/2})^2$$

简要说明18A.2

为了估算628 K时反应$H_2+C_2H_4\longrightarrow C_2H_6$的速率系数。首先通过设定$m_{H_2}=2.016\ m_{\mathrm{u}}$和$m_{C_2H_4}=28.05\ m_{\mathrm{u}}$来计算$\mu$。简单计算得出$\mu=3.123\times10^{-27}$ kg，则

$$\left(\frac{8kT}{\pi\mu}\right)^{1/2}=\left(\frac{8\times1.381\times10^{-23}\ \mathrm{J\cdot K^{-1}}\times628\ \mathrm{K}}{\pi\times3.123\times10^{-27}\ \mathrm{kg}}\right)^{1/2}=2.65\ \mathrm{km\cdot s^{-1}}$$

由表1B.1可知，$\sigma_{H_2}=0.27\ \mathrm{nm^2}$，$\sigma_{C_2H_4}=0.64\ \mathrm{nm^2}$，从而得到$\sigma_{H_2,\,C_2H_4}\approx0.44\ \mathrm{nm^2}$。该反应的活化能为180 kJ·mol^{-1}，因此

$$\begin{aligned}k_{\mathrm{r}}&=\overbrace{4.4\times10^{-19}\ \mathrm{m^2}\times6.022\times10^{23}\ \mathrm{mol^{-1}}\times2.65\times10^{3}\ \mathrm{m\cdot s^{-1}}}^{A}\\&\quad\times\mathrm{e}^{-(1.80\times10^5\ \mathrm{J\cdot mol^{-1}})/(8.3145\ \mathrm{J\cdot K^{-1}\cdot mol^{-1}}\times628\ \mathrm{K})}\\&=7.05\times10^{8}\ \mathrm{m^3\cdot mol^{-1}\cdot s^{-1}}\times\mathrm{e}^{-34.5}=7.5\times10^{-7}\ \mathrm{m^3\cdot mol^{-1}\cdot s^{-1}}\end{aligned}$$

或$7.5\times10^{-4}\ \mathrm{dm^3\cdot mol^{-1}\cdot s^{-1}}$。

（c）空间要求

表18A.1比较了从其他测量中确定的碰撞截面计算的频率因子与由阿仑尼乌斯曲线得到的数据。其中一个反应在理论和实验之间表现相当一致，但对于其他反应来说，则存在很大差异。某些情况下，实验值比计算值低几个数量级，表明碰撞能量不是反应的唯一标准，碰撞物种的相对取向等其他一些特征也很重要。此外，表中一个反应具有比理论更大的指前因子，似乎表明该反应的发生比粒子碰撞更快。

表18A.1　气相反应的阿仑尼乌斯参数*

	$A/(\mathrm{dm^3\cdot mol^{-1}\cdot s^{-1}})$		$E_{\mathrm{a}}/(\mathrm{kJ\cdot mol^{-1}})$	P
	实验值	理论值		
$2NOCl\longrightarrow2NO+2Cl$	9.4×10^{9}	5.9×10^{10}	102.0	0.16
$2ClO\longrightarrow Cl_2+O_2$	6.3×10^{7}	2.5×10^{10}	0	2.5×10^{-3}
$H_2+C_2H_4\longrightarrow C_2H_6$	1.24×10^{6}	7.4×10^{11}	180	1.7×10^{-6}
$K+Br_2\longrightarrow KBr+Br$	1.0×10^{12}	2.1×10^{11}	0	4.8

*更多的数据参见资源部分。

通过引入**空间因子**（steric factor）P，将**反应截面**（reactive cross-setion）σ^*，即反应碰撞的实际截面，表示为碰撞截面的倍数$\sigma^* = P\sigma$（图18A.4），这样，速率系数变为

$$k_r = P\sigma N_A\left(\frac{8kT}{\pi\mu}\right)^{1/2} e^{-E_a/RT} \quad (18A.10)$$

此表达式具有式（18A.2）预期的形式。空间因子通常比1小几个数量级。

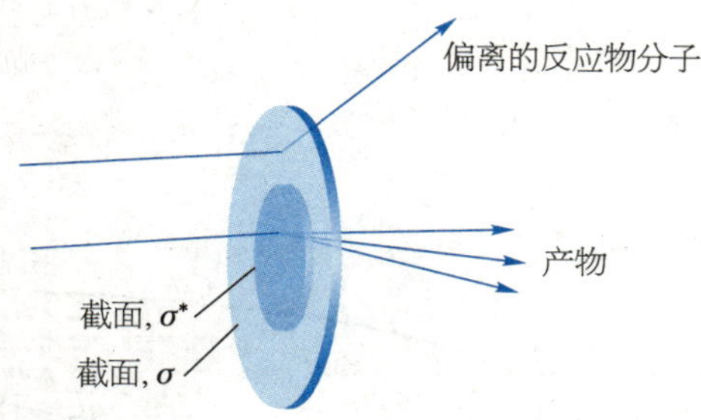

图18A.4 碰撞截面是导致弹射分子简单偏转的靶区，反应截面是碰撞过程中发生化学变化的区域

简要说明 18A.3

实验发现，628 K时反应$H_2 + C_2H_4 \longrightarrow C_2H_6$的频率因子为$1.24 \times 10^6\ dm^3 \cdot mol^{-1} \cdot s^{-1}$。"简要说明18A.2"中的结果可表示为

$A = 7.05 \times 10^{11}\ dm^3 \cdot mol^{-1} \cdot s^{-1}$

因此这个反应的空间因子为

$$P = \frac{A_{实验值}}{A_{计算值}} = \frac{1.24 \times 10^6\ dm^3 \cdot mol^{-1} \cdot s^{-1}}{7.05 \times 10^{11}\ dm^3 \cdot mol^{-1} \cdot s^{-1}} \approx 1.8 \times 10^{-6}$$

P值非常小是一个原因，另一个原因是很高的活化能，这就是为什么反应需要催化剂才得以合理速率进行的原因。一般来说，反应物分子越复杂，P值越小。

一个可以估算空间因子的反应例子是$K + Br_2 \longrightarrow KBr + Br$，其空间因子$P = 4.8$。在这个反应中，发生反应的趋近距离明显大于非反应碰撞中相互趋近分子路径偏转所需的距离。有人提出，反应是通过**鱼叉机理**（harpoon mechanism）进行的。这个精彩绝妙的命名是基于这样一个反应模型：K原子趋近一个Br_2分子，当两者足够接近时，一个电子（鱼叉）从K翻转到Br_2。两个中性粒子现在变成了两个离子，所以它们之间存在库仑引力：这个引力就是鱼叉上的线。在其影响下，离子移动至一起（线收紧），发生反应，并出现$KBr + Br$。鱼叉拓宽了反应性遭遇的截面，将K和Br_2之间的简单机械接触的值作为碰撞截面，大大低估了反应速率。

例题 18A.1 估算空间位阻因子

通过计算电子从K跃迁到Br_2变得能量有利的距离，估算鱼叉机理P值。取反应物（把它们当作球形）的半径和为400 pm。

整理思路 首先确定电子转移过程$K + Br_2 \longrightarrow K^+ + Br_2^-$中涉及的所有能量项。有三种形式的能量项：第一项是K电离能I；第二项是Br_2的电子亲和能E_{ea}；第三项是离子形成时它们之间的库仑相互作用能。当离子之间的距离为R时，库仑吸引能为$-e^2/4\pi\varepsilon_0 R$。当这三项贡献的总和从正变为负（即当和为零）时，电子翻转，从而使得过程在能量上是有利的。

解： 当电子转移发生在间距为R时，净的能量变化为：

$$E = I - E_{ea} - \frac{e^2}{4\pi\varepsilon_0 R}$$

当R等于某临界值R^*时，此能量为零（对于更小的R值，为负值），即

$$0 = I - E_{ea} - \frac{e^2}{4\pi\varepsilon_0 R^*}$$

重新整理为

$$R^* = \frac{e^2}{4\pi\varepsilon_0 (I - E_{ea})}$$

当两个粒子处于这个间距时，鱼叉从K射向Br_2。因此反应截面可确定为$\sigma^* = \pi R^{*2}$。非反应碰撞截面为$\sigma = \pi d^2$。其中$d = R_K + R_{Br_2}$是两个球形（假设的）反应物的半径之和。σ和σ^*的这些值意味着空间因子为：

$$P = \frac{\sigma^*}{\sigma} = \frac{\pi R^{*2}}{\pi d^2} = \left[\frac{e^2}{4\pi\varepsilon_0 d(I - E_{ea})}\right]^2$$

当$I = 420\ kJ \cdot mol^{-1}$（对应0.70 aJ），$E_{ea} \approx 250\ kJ \cdot mol^{-1}$（对应0.42 aJ），且$d = 400$ pm时，P的值为4.2，与实验值（4.8）吻合较好。

自测题 18A.1 估计Na和Cl_2之间的鱼叉反应的P值。其中$d = 350$ pm，$E_{ea} \approx 230\ kJ \cdot mol^{-1}$。

答案：2.2。

例题18A.1说明了有关空间因子的两点。首先，空间因子的概念并不是完全无用的，因为在某些情况下它的数值是可以估计的。其次，更悲

观的是，大多数反应比 $K + Br_2$ 复杂得多，P 不可能如此容易地获得。

18A.2　RRK模型

基于Rice－Ramsperger－Kassel**模型**（RRK模型），可以估算出与林德曼－欣谢尔伍德机理（专题17F）类似的单分子气相反应的速率系数。这一模型是1926年由O.K. Rice和H.C. Ramsperger及L.S. Kassel几乎同时提出的。R.A. Marcus对其进行了详细阐述，并修正为“RRKM模型”。模型的基本特征是，尽管一个分子可能有足够的能量发生反应，但是能量分布在分子的所有运动模式中，只有当足够的能量迁移到分子中的特定位置（如一个特定化学键）时才会发生反应。在本书网站上的“深入了解12”中有详细介绍。假设一个分子由 s 个相同的谐振子组成，主要结论是，富能分子 A^* 衰变为产物的单分子速率系数的**卡塞尔形式**（Kassel form）：

$$k_b(E)=\left(1-\frac{E^*}{E}\right)^{s-1}k_b \quad (E \geqslant E^*) \qquad \text{单分子速率系数 [卡塞尔形式]} \quad (18A.11)$$

式中 k_b 是最初林德曼－欣谢尔伍德理论中用于富能分子分解的速率系数（专题17F），E^* 是需要富集在键中以使其断裂的最低能量。

式（18A.11）给出的速率系数与能量的关系在不同 s 值时的曲线如图18A.5所示。该式可作如下解释：

物理解释

- 如果 s 很大，则在一给定激发能量下，速率系数较小，因为激发能量迁移通过一个大分子的所有振子并累积在反应所需位置需要更长的时间。
- 当 E 非常大时，括号中的项趋于1，$k_b(E)$ 与能量和分子中的振子数量无关，因为此时不论分子大小，在临界模式的瞬间可积聚足够的能量。

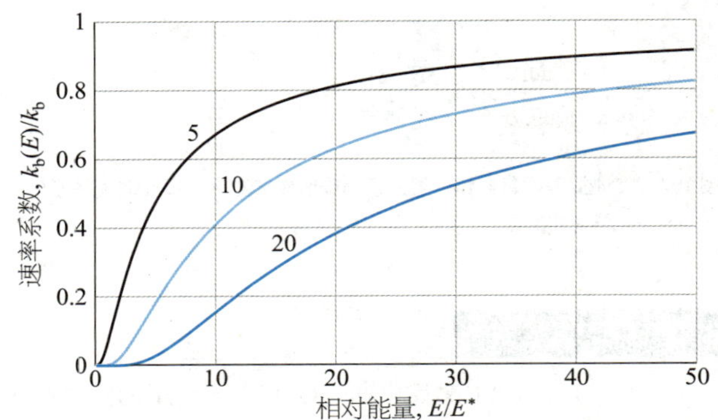

图18A.5　由式（18.11）给出的三个 s 值时的速率系数与能量之间的关系

概念清单

- ☐ 1. 在**碰撞理论**中，假设速率与碰撞频率，一个空间因子，以及在连心线上的动能至少为 E_a 的碰撞分数成正比。
- ☐ 2. **碰撞密度**是一时间间隔内，样品的一个区域内的碰撞次数，除以该区域的体积和时间间隔的长度。
- ☐ 3. **活化能**是反应所需的反应物分子沿趋近线的最小动能。
- ☐ 4. **空间因子**是针对成功碰撞的方位要求的一个修正。
- ☐ 5. 利用RRK**模型**可估算富能分子分解的速率系数。

公式清单

性质	公式	说明	公式编号
碰撞密度	$Z_{AB}=\sigma(8kT/\pi\mu)^{1/2}N_A^2[A][B]$	不同种分子，KMT（动力学分子理论）	18A.4a
σ 与能量的关系	$\sigma(\varepsilon)=(1-\varepsilon_a/\varepsilon)\sigma$	$\varepsilon \geqslant \varepsilon_a$，否则 $\sigma=0$	18A.8
速率系数	$k_r=P\sigma N_A(8kT/\pi\mu)^{1/2}e^{-E_a/RT}$	KMT，碰撞理论	18A.10
单分子速率系数	$k_b(E)=(1-E^*/E)^{s-1}k_b$	RRK理论（$E \geqslant E^*$）	18A.11

专题18B

扩散控制的反应

▶ 为何需要学习这部分内容？

大多数化学反应都是在溶液中进行的，为全面驾驭化学，重要的是要理解它们的速率是由什么控制的，以及如何改变这些速率。

▶ 核心思想是什么？

溶液中化学反应的速率由反应物的扩散速率或由生成产物步骤的活化能所控制。

▶ 需要哪些预备知识？

本专题利用稳态近似（专题17E），借鉴菲克（Fick）扩散第一定律（专题16C），并利用斯托克斯－爱因斯坦（Stokes-Einstein）关系式（专题16C）。

溶液中的反应与气相中的反应完全不同。不再有穿越空间的分子碰撞，而是一个分子通过一个密集但可移动、组成流体环境的分子集合体的推挤。

18B.1 溶液中的反应

溶液中反应物之间的遭遇与气相中的遭遇发生方式有很大不同。溶解在溶剂中的反应物分子的遭遇比气相中的要少得多。然而，由于一个分子只能缓慢地从一个位置移开，两个相互遭遇的反应物分子在彼此附近停留的时间要比在气相中停留的时间长得多。这种由于溶剂分子的妨碍存在而使一个分子在另一个分子附近的滞留现象称为**笼效应**（cage effect）。即使最初形成时没有足够的能量，这样的一个**遭遇对**（encounter pair）也可能通过逐步积累来获得足够的能量发生反应。溶液中反应的活化能比在气相中更复杂，因为遭遇对被溶剂包围，必须考虑反应物和溶剂分子整个局部聚集体的能量。

(a) 反应类型

通过建立简单的动力学模型，可将复杂的总过程分解为简单反应。假设一个遭遇对AB的形成速率对反应物A和B都是一级：

$$A + B \longrightarrow AB \qquad v = k_d[A][B]$$

接下来我们会发现，k_d（其中d表示扩散）是由A和B的扩散特性决定。遭遇对可以不发生反应而拆散，也可以继续形成产物P。假定这两个过程都是准一级反应（溶剂可能起作用），那么该机理可写为

$$AB \longrightarrow A + B \qquad v = k_d'[AB]$$

$$AB \longrightarrow P \qquad v = k_a[AB]$$

现在，通过对AB浓度净的变化率应用稳态近似（专题17E）可获得AB的浓度：

稳态近似

$$\frac{d[AB]}{dt} = k_d[A][B] - k_d'[AB] - k_a[AB] = 0$$

得出

$$[AB] = \frac{k_d[A][B]}{k_a + k_d'}$$

因此，产物的生成速率为

$$\frac{d[P]}{dt} = k_a[AB] = k_r[A][B] \qquad k_r = \frac{k_a k_d}{k_a + k_d'} \qquad (18B.1)$$

现在，可区分两种极限情况：如果未反应的遭遇对的分离速率远远低于其形成产物的速率，则 $k_d'[AB] \ll k_a[AB]$（或经消除[AB]后，$k_d' \ll k_a$），有效速率系数为

$$k_r \approx \frac{k_a k_d}{k_a} = k_d \qquad \text{扩散控制极限} \qquad (18B.2a)$$

在这个**扩散控制的极限**（diffusion-controlled limit）中，反应速率受反应物分子在溶剂中扩散速率的控制。由于自由基的结合只需要极小的活化能，因此自由基和原子的复合反应常常是扩散控制的。当反应AB ⟶ P需要较大的活化能时，就会发生**活化控制的反应**（activation-controlled reaction）。此时$k_a[AB] \ll k'_d[AB]$（即$k_a \ll k'_d$）且

$$k_r \approx \frac{k_a k_d}{k'_d} = k_a \frac{K}{c^{\ominus}} \qquad \text{活化控制限制} \qquad (18B.2b)$$

式中$k_d/k'_d = K/c^{\ominus}$（专题17C），K是$A+B \rightleftharpoons AB$的平衡常数。在这个极限中，反应速率取决于遭遇对的平衡浓度和能量从周围溶剂中累积到这些遭遇对中的速率。表18B.1给出了一些实验数据。

表18B.1 溶液中溶剂分解反应的阿仑尼乌斯参数

	溶剂	$A/(\mathrm{dm^3 \cdot mol^{-1} \cdot s^{-1}})$	$E_a/(\mathrm{kJ \cdot mol^{-1}})$
$(CH_3)_3CCl$	水	7.1×10^{16}	100
	乙醇	3.0×10^{13}	112
	氯仿	1.4×10^{4}	45
CH_3CH_2Br	乙醇	4.3×10^{11}	90

（b）扩散与反应

通过考虑反应物扩散至一起的速率，可计算扩散控制的反应速率。

如何完成？ 18B.1 求扩散控制反应速率系数的表达式

假设溶液中分子A和B在彼此相距某一临界距离R^*内迅速发生反应，反应速率由分子A和B扩散至一起时的遭遇速率控制。反应降低了分子A附近的分子B的浓度，建立了分子B的浓度梯度。由于该浓度梯度的存在，有一朝向A的分子B的扩散通量，且在反应进程中通量是恒定的。

步骤1 *考虑分子B穿过以分子A为中心的一个球的表面的速率*

如果朝向分子A的分子B的（摩尔）通量为J_B，则分子B通过以分子A为中心、外表面积为$4\pi r^2$、半径为r一壳层的速率（以物质的量除以时间表示）为

$$v_B = 4\pi r^2 J_B \overset{\text{菲克第一定律}}{=} 4\pi r^2 D_B \frac{\mathrm{d}[B](r)}{\mathrm{d}r}$$

需要注意的是，对于半径大于或等于R^*的壳层来说，v_B相同，因为分子B在到达R^*之前不会丢失。还要记住，v_B是以量/时间表示的速率，而不是浓度/时间表示的速率。

步骤2 *利用已知体积[B]的值，建立浓度随距离变化的表达式*

为了使v_B与r无关，$r^2\mathrm{d}[B](r)/\mathrm{d}r$必为常数，这意味着，若$r > R^*$，则$[B](r) = a + b/r$。因此，$\mathrm{d}[B](r)/\mathrm{d}r = -b/r^2$，$r^2\mathrm{d}[B](r)/\mathrm{d}(r) = -b$，可见此值为一常数。利用$r \to \infty$时，$[B](r)$趋向于其体相值[B]，可求出常数$a$和$b$值。得$a = [B]$，$[B](r) = B + b/r$。当$r = R^*$时，$[B](r) = 0$，意味着$b = -[B]R^*$。因此

$$[B](r) = [B]\left(1 - \frac{R^*}{r}\right)$$

根据这个方程，图18B.1说明了$[B](r)$与距离的关系。$[B](r)$对距离的一阶导数是$[B]R^*/r^2$，故

$$v_B = 4\pi r^2 D_B \frac{\mathrm{d}[B](r)}{\mathrm{d}r} \overset{\mathrm{d}[B](r)/\mathrm{d}r = [B]R^*/r^2}{=} 4\pi R^* D_B [B]$$

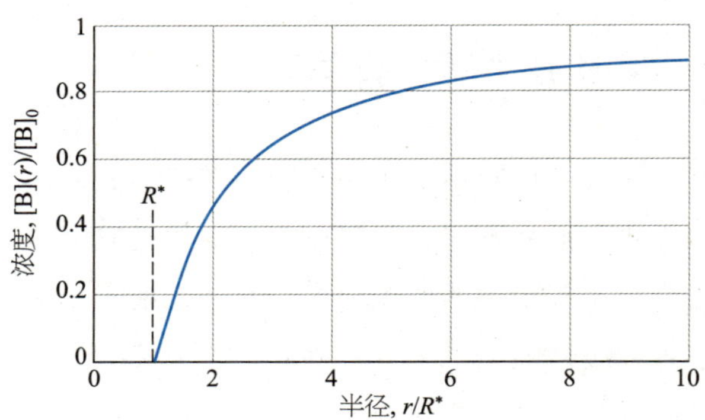

图18B.1 溶液中反应的浓度分布曲线当一个分子B向另一反应物分子扩散并在达到R^*时发生反应。

步骤3 *写出总反应速率的表达式*

为了表示反应速率，v_B必须乘以溶液中A分子的数目。如果A的体相浓度为[A]，那么体积V的溶液中A分子的数目是$N_A[A]V$。因此，反应速率（仍为量/时间）为

$$\text{速率} = v_B N_A [A] V = 4\pi R^* D_B N_A [A][B] V$$

假设所有分子A都静止是不现实的，所以扩散系数D_B现在用两种物质的扩散系数之和，即$D = D_A + D_B$代替。因为用浓度/时间表示速率更方便，所以方程式两边同时除以体积V，得

$$v = \overbrace{4\pi R^* D N_A}^{k_d}[A][B]$$

由此可知，扩散控制反应的速率系数为

$$k_d = 4\pi R^* D N_A \qquad \text{扩散控制反应的速率系数} \qquad (18B.3)$$

简要说明 18B.1

R^*的数量级是10^{-10} m(100 pm)，一个物种在水中的D的数量级为10^{-9} $m^2 \cdot s^{-1}$。根据式（18B.3）：

$$k_d \approx 4\pi \times 10^{-10}\ m \times 10^{-9}\ m^2 \cdot s^{-1} \times 6.022 \times 10^{23}\ mol^{-1}$$
$$\approx 8 \times 10^5\ m^3 \cdot mol^{-1} \cdot s^{-1}$$

约为10^9 $dm^3 \cdot mol^{-1} \cdot s^{-1}$。意味着如果一个反应是受扩散控制的，则其速率系数就是这个数量级。

式（18B.3）可通过引入斯托克斯－爱因斯坦方程［专题16C，式（16C.4b），$D_J = kT/6\pi\eta R_J$］，来进一步获得黏度为η的介质中的扩散系数与每个分子的流体力学半径R_A和R_B间的关系式。由于这个关系式是近似的，所以写成$R_A = R_B = \frac{1}{2}R^*$几乎不会引入额外误差，则

$$k_d = \frac{8RT}{3\eta} \qquad \text{扩散控制的速率系数} \qquad (18B.4)$$

式中R是摩尔气体常数。半径已约掉是因为，尽管半径越大扩散系数越小，但反应碰撞的半径越大，粒子只需行进更短距离就能相遇。在这个近似中，速率系数与反应物本身的性质无关，仅取决于温度和溶剂的黏度。

简要说明 18B.2

298 K时，当溶剂黏度为0.326 cP（1 P = 10^{-1} $kg \cdot m^{-1} \cdot s^{-1}$）时，I原子在正己烷中的复合速率系数为

$$k_d = \frac{8\times(8.3145\ J\cdot K^{-1}\cdot mol^{-1})\times(298\ K)}{3\times(3.26\times10^{-4}\ kg\cdot m^{-1}\cdot s^{-1})}$$
$$= 2.0\times10^7\ m^3\cdot mol^{-1}\cdot s^{-1}$$

其中，1 J = 1 $kg \cdot m^2 \cdot s^{-2}$。这个结果对应$2.0 \times 10^{10}$ $dm^3 \cdot mol^{-1} \cdot s^{-1}$。实验值为$1.3 \times 10^{10}$ $dm^3 \cdot mol^{-1} \cdot s^{-1}$。考虑到所涉及的近似，吻合程度还是非常好的。

18B.2　物料平衡方程

反应物的扩散在许多化学过程中起着重要作用，如氧气分子向血红细胞的扩散和气体向催化剂的扩散。为了大致了解所涉及的各种计算，考虑扩散方程（专题16C）的推广，以考虑扩散、对流着的分子也在发生反应的可能性。

（a）方程的形式

考虑化学反应器（或生物细胞）中的一个小体积元。分子J通过扩散和对流进入该区域的净速率可由专题16C中的式（16C.9）给出：

$$\frac{\partial[J]}{\partial t} = D\frac{\partial^2[J]}{\partial x^2} - v\frac{\partial[J]}{\partial x} \qquad \text{扩散方程} \qquad (18B.5)$$

式中v是J的对流速度[J]，一般取决于位置和时间。如果J通过准一级反应消失，则由化学反应引起的物质的量浓度的净变化率为

$$\frac{\partial[J]}{\partial t} = -k_r[J]$$

因此，J浓度的总变化率为

$$\frac{\partial[J]}{\partial t} = \overbrace{D\frac{\partial^2[J]}{\partial x^2}}^{\text{由于非均匀分布引起的扩散}} - \overbrace{v\frac{\partial[J]}{\partial x}}^{\text{由对流引起的变化}} - \overbrace{k_r[J]}^{\text{由反应引起的失去}} \qquad \text{物料平衡方程} \qquad (18B.6)$$

式（18B.6）称为**物料平衡方程**（material-balance equation）。如果速率系数很大，则[J]将迅速下降。然而，如果扩散系数很大，则随着J迅速扩散到该区域而衰减得以补偿。对流项可以代表搅拌效果，可根据v的符号和浓度梯度$\partial[J]/\partial x$将物料扫入或扫出该区域。

（b）方程的解

物料平衡方程是一个二阶偏微分方程，一般不易求解。通过考虑没有对流运动的特殊情况（如在未搅拌的反应容器中），可获得如何求解该方程的一些启示：

$$\frac{\partial[J]}{\partial t} = D\frac{\partial^2[J]}{\partial x^2} - k_r[J] \qquad (18B.7)$$

可以通过替换来验证（问题 P18B.1），如果在没有反应的情况下（$k_r = 0$），这个方程的解是 $[J](x, t)$；则在有反应发生时（$k_r > 0$），方程的解 $[J]^*(x, t)$ 为

$$[J]^*(x, t) = [J](x, t)e^{-k_r t} \quad \text{有反应的扩散} \quad (18B.8)$$

专题16C中给出了没有反应情况下扩散方程解的一个例子。在这个系统中，最初有一层 n_0N_A 个分子散布在面积为 A 的一个平面上：

$$[J](x,t) = \frac{n_0 e^{-x^2/4Dt}}{A(\pi Dt)^{1/2}} \quad (18B.9)$$

将式（18B.9）代入式（18B.8），结果为J从初始表面层扩散离开并在上方溶液中发生反应时的浓度表达式（图18B.2）。

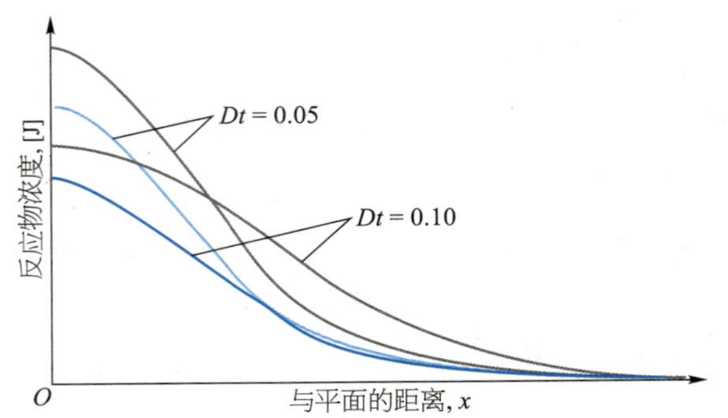

图 18B.2　扩散反应系统（如溶液柱）的浓度分布曲线。其中，一种反应物最初处在 $x = 0$ 的一个层中。在没有反应发生的情况下（灰色线），浓度分布与图 16C.5 相似的一个

简要说明 18B.3

假设 1.0 g（3.9 mmol）碘散播在正己烷（$D = 4.1 \times 10^{-9}$ m^2 · s^{-1}）柱下一面积为 5.0 cm^2 的表面上。当其向上扩散时，以准一级速率系数 $k_r = 4.0 \times 10^{-5}$ s^{-1} 发生反应。将这些值代入

$$[J]^*(x,t) = \frac{n_0 e^{-x^2/4Dt - k_r t}}{A(\pi Dt)^{1/2}}$$

可以得到如下数据：

t	x 处的 $[J]^*$/（mol · dm^{-3}）		
	1 mm	5 mm	1 cm
100 s	3.72	0	0
1 000 s	1.96	0.45	0.005
10 000 s	0.46	0.40	0.25

即使这个相对简单的例子也得到了一个难以求解的方程，且只有在某些特殊情况下才能对整个物料平衡方程进行解析求解。大多数关于反应器设计和细胞动力学的现代工作都是使用数值方法来求解方程，针对现实环境，如具有不同形状（影响解的边界条件）和各种不均匀分布反应物的容器，详细的解可以较容易地获得。

概念清单

☐ 1. **笼效应**：即由于溶剂分子的阻碍，一个反应物分子在另一个反应物分子附近的徘徊，可导致形成反应物分子的**遭遇对**。

☐ 2. 如果反应速率由反应物分子在溶液中彼此遭遇的速率控制，则溶液中的反应是**扩散控制的**。

☐ 3. **活化控制的反应**速率由遭遇对积累足够能量的速率控制。

☐ 4. **物料平衡方程**将物种浓度的总体变化率与其扩散、对流和反应的速率联系了起来。

公式清单

性质	公式	说明	公式编号
扩散控制极限	$k_r = k_d$	遭遇速率 $v = k_d[A][B]$	18B.2a
活化控制极限	$k_r = k_a(K/c^{\ominus})$	K 对应平衡 $A + B \rightleftharpoons AB$， k_a 对应 AB 的分解	18B.2b
扩散控制速率系数	$k_d = 4\pi R^* D N_A$	$D = D_A + D_B$	18B.3
	$k_d = 8RT/3\eta$	假定斯托克斯－爱因斯坦关系式	18B.4
物料平衡方程	$\partial[J]/\partial t = D\partial^2[J]/\partial x^2 - v\partial[J]/\partial x - k_r[J]$	一级反应的扩散与对流	18B.6

专题18C

过渡态理论

▶ 为何需要学习这部分内容?

过渡态理论提供了一种将反应的速率系数与反应物聚集时形成的原子簇模型联系起来的方法，它提供了反应物的结构信息和它们的反应速率系数之间的一个联系。

▶ 核心思想是什么?

反应物聚集在一起形成一活化络合物，然后分解为产物。

▶ 需要哪些预备知识?

本专题利用了两条主线：一是平衡常数与配分函数的关系（专题13F）；另一条是平衡常数和热力学函数之间的关系，如反应的吉布斯能、焓和熵（专题6A）之间的关系。需要知道关联速率系数与温度的阿仑尼乌斯公式（专题17D）。

在**过渡态理论**（transition-state theory，也被广泛称为活化络合物理论）中，过渡态的概念与统计热力学的概念相结合，提供了比碰撞理论（专题18A）更详细的速率系数的计算方法。过渡态理论的优点是，与空间因子相对应的量会自动出现，不需要事后考虑而嫁接到方程上；它试图根据反应过程中发生的事件模型来确定控制速率系数的主要特性。

18C.1 艾林方程

在分子A与分子B因相遇而发生化学反应的过程中，系统势能通常以图18C.1所示的方式变化。尽管图中显示的是一放热反应，但在吸热反应中，势垒也很常见。随着反应的进行，A和B开始接触、变形，并开始交换或失去原子。

(a) 方程的形式

反应坐标（reaction coordinate）是在反应物到产物的形成中直接涉及的原子位移的一种表示，例如原子间距离和键角的变化。势能上升到一最大值，与接近最大值的区域相对应的原子簇称为**活化络合物**（activated complex）。达到最大值后，随着原子在簇内的重新排列，势能下降，并达到产物特征的值。反应的潮位于势能的峰值，可以用活化能E_a来识别。但在碰撞理论中，这种识别应该是近似的，这一点随后会阐明。在这个峰值，两个反应物分子已经达到了如此接近和扭曲的程度，以至于继续发生一个很小的扭曲将使它们生成产物。这种临界构型称为反应的**过渡态**（transition state）。虽然一些进入过渡状态的分子可能会返回反应物，但如果它们经过这种构型，那么产物必然会从遭遇中生成。

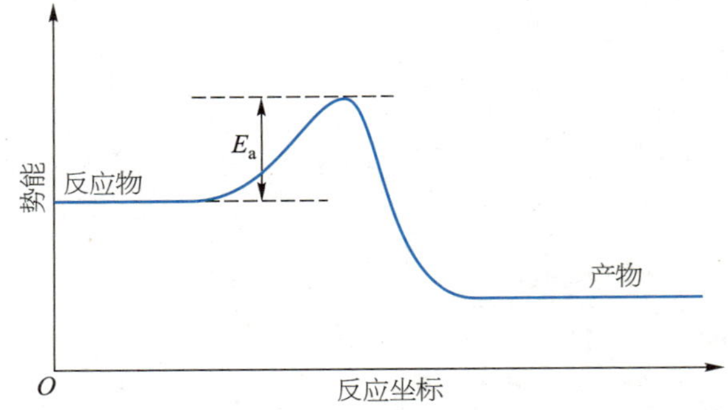

图18C.1 放热反应的势能曲线（反应物和生成物之间的势垒高度是反应的活化能）

实用小贴士 “活化络合物”和“过渡态”常被作为同义词使用；但最好保持这种区别，前者指势能曲线峰值附近的原子簇，后者指它们的临界构型。

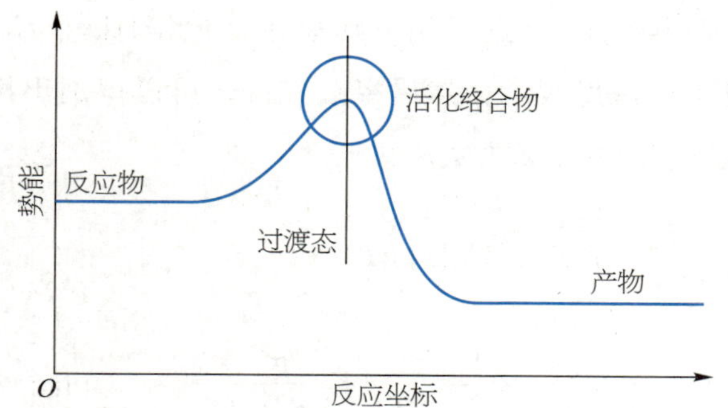

图18C.2 反应剖面（对于放热反应）。横轴是反应坐标，纵轴是势能。活化络合物是势能最大值附近的区域，过渡状态对应于最大值本身

过渡态理论认为，A和B之间的反应经历在一快速预平衡过程中形成活化络合物$C^{\ddagger}$（图18C.2）：

$$A+B \rightleftharpoons C^{\ddagger} \qquad K^{\ddagger}=\frac{p_{C^{\ddagger}}p^{\ominus}}{p_A p_B} \tag{18C.1}$$

式中，对于这个气相反应，每个物种的活度已用$p/p^{\ominus}$代替。飞秒（甚至是阿秒）脉冲激光的发展使得观察寿命如此短的物种成为可能，许多方面它们类似于一个活化络合物，通常只能存在几皮秒。

当分压p_J通过使用$p_J = RT[J]$用物质的量浓度[J]表示时，活化络合物浓度与平衡常数（量纲为1）的关系为

$$[C]=\frac{RT}{p^{\ominus}}K^{\ddagger}[A][B] \tag{18C.2}$$

活化络合物通过单分子衰减变为产物P，速率系数为$k^{\ddagger}$：

$$C^{\ddagger} \longrightarrow P \qquad v=k^{\ddagger}[C^{\ddagger}] \tag{18C.3}$$

因此

$$v=k_r[A][B] \qquad k_r=\frac{RT}{p^{\ominus}}k^{\ddagger}K^{\ddagger} \tag{18C.4}$$

下一步是计算单分子反应速率系数$k^{\ddagger}$和平衡常数$K^{\ddagger}$。

（b）活化络合物的分解速率

活化络合物只有穿过过渡态才能形成产物。随着反应物分子接近活化络合物区域，一些键形成并缩短，而另一些键则被拉长并断裂。所以，沿着反应坐标，活化络合物中的原子会发生一个类似振动的运动。如果这个运动出现的频率为$\nu^{\ddagger}$，那么组成活化络合物的原子簇接近过渡态的频率也是$\nu^{\ddagger}$，然而，并不是每一个沿着反应坐标的振荡都会使活化络合物经过过渡态。例如，转动的离心效应也可能是导致活化络合物分解的一个重要原因；在某些情况下，活化络合物可能转动得太慢或太快，且绕错了轴。因此，更恰当的假设是活化络合物经过过渡态的速率只与沿反应坐标的振动频率成正比，而不相等，即

$$k^{\ddagger}=\kappa\nu^{\ddagger} \tag{18C.5}$$

式中κ为**穿透系数**（transmission coefficient）。在数据不全的情况下，假设κ约为1。

简要说明18C.1

小分子的典型振动出现在波数约$10^3\ cm^{-1}$左右（例如，C—H弯曲振动出现在1 340~1 465 cm^{-1}），因此频率为10^{13} Hz。假设松散结合的团簇以低一个或两个数量级的频率振动，则$\nu^{\ddagger}\approx 10^{11}\sim10^{12}$ Hz。这些数值表明$k^{\ddagger}\approx 10^{11}\sim10^{12}\ s^{-1}$，此值可能会因$\kappa$继续下降。

（c）活化络合物的浓度

专题13F解释了如何从结构数据计算平衡常数。可以直接使用式（13F.10b）（K用标准摩尔配分函数$q_J^{\ominus}$来表示），则

$$K^{\ddagger}=\frac{N_A q_{C^{\ddagger}}^{\ominus}}{q_A^{\ominus} q_B^{\ominus}}e^{-\Delta E_0/RT} \tag{18C.6}$$

其中

$$\Delta E_0 = E_0(C^{\ddagger}) - E_0(A) - E_0(B) \tag{18C.7}$$

注意，N_A和$q_J^{\ominus}$的单位是mol^{-1}，所以K的量纲为1（适于平衡常数）。

最后一步是活化络合物配分函数的计算。对于频率为$\nu^{\ddagger}$，使活化络合物$C^{\ddagger}$通过过渡态的这一特殊振动，则配分函数可用专题13B的式（13B.15）给出：

$$q=\frac{1}{1-e^{-h\nu^{\ddagger}/kT}}$$

这个频率$\nu^{\ddagger}$比普通分子的振动要低得多，因为振荡对应于活化络合物的分解（图18C.3），所

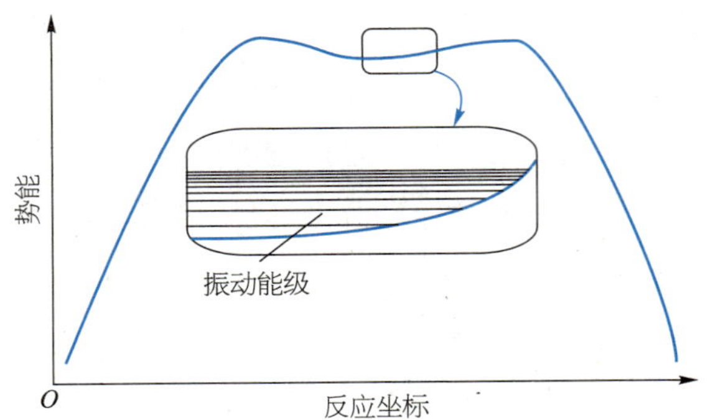

图 18C.3　在靠近过渡态的活化络合物的基本描述中，势能面沿反应坐标呈宽而浅的倾斜。在此井中活化络合物和谐振动并且几乎是经典的

以力常数很低。因此，当 $h\nu^{\ddagger}/kT \ll 1$ 时，指数可以展开，配分函数化简为

$$q = \frac{1}{1-(1-h\nu^{\ddagger}/kT+\cdots)} \approx \frac{kT}{h\nu^{\ddagger}}$$

活化络合物的配分函数为

$$q^{\ominus}_{C^{\ddagger}} = \frac{kT}{h\nu^{\ddagger}}\bar{q}^{\ominus}_{C^{\ddagger}} \qquad (18C.8)$$

$\bar{q}^{\ominus}_{C^{\ddagger}}$ 中的"—"表示配分函数是针对活化络合物的其他所有模式。所以常数 $K^{\ddagger}$ 为：

$$K^{\ddagger} = \frac{kT}{h\nu^{\ddagger}}\bar{K}^{\ddagger} \qquad \bar{K}^{\ddagger} = \frac{N_A \bar{q}^{\ominus}_{C^{\ddagger}}}{q^{\ominus}_A q^{\ominus}_B}e^{-\Delta E_0/RT} \qquad (18C.9)$$

$\bar{K}^{\ddagger}$ 是平衡常数的一种，但消除了 $C^{\ddagger}$ 的一个振动模式。

简要说明 18C.2

考虑两个无结构粒子 A 和 B 碰撞产生一个类似双原子分子的活化络合物的情况。活化络合物是一个双原子簇。它有一种振动模式，但这种模式对应于沿反应坐标的运动，因此在 $q^{\ominus}_{C^{\ddagger}}$ 中不出现。所以，活化络合物的标准摩尔配分函数只有转动和平动贡献。

（d）速率系数

现在可以合并所有计算部分，从而得到

$$k_r = \frac{RT}{p^{\ominus}}k^{\ddagger}K^{\ddagger} = \kappa\nu^{\ddagger}\frac{kT}{h\nu^{\ddagger}}\frac{RT}{p^{\ominus}}\bar{K}^{\ddagger}$$

约掉未知频率 $\nu^{\ddagger}$，得**艾林方程**（Eyring eqution）：

$$k_r = \kappa\frac{kT}{h}\frac{RT}{p^{\ominus}}\bar{K}^{\ddagger} \qquad \text{艾林方程} \qquad (18C.10)$$

平衡常数 $\bar{K}^{\ddagger}$，这里用分压表示，根据 $[J] = p_J/RT$ 也可用浓度表示，然后经过重排，可以识别出用浓度表示的平衡常数 $\bar{K}^{\ddagger}_c$：

$$\bar{K}^{\ddagger} = \frac{p_{C^{\ddagger}}p^{\ominus}}{p_A p_B} = \frac{[C^{\ddagger}]}{[A][B]}\frac{p^{\ominus}}{RT}$$

$$= \overbrace{\frac{[C^{\ddagger}]c^{\ominus}}{[A][B]}}^{\bar{K}^{\ddagger}_c} \times \frac{1}{c^{\ominus}} \times \frac{p^{\ominus}}{RT} = \bar{K}^{\ddagger}_c\frac{p^{\ominus}}{RTc^{\ominus}} \qquad (18C.11)$$

将此关系式代入式（18C.10），得出艾林方程的另一种形式：

$$k_r = \kappa\frac{kT}{hc^{\ominus}}\bar{K}^{\ddagger}_c \qquad \text{艾林方程[另一种形式]} \qquad (18C.12)$$

平衡常数 $\bar{K}^{\ddagger}$ 可利用 A、B 和 $C^{\ddagger}$ 的配分函数计算，所以原则上根据反应物和活化络合物的分子参数以及量 κ，艾林方程可以计算双分子反应的速率系数。

反应物的配分函数通常可以很容易地利用有关其能级的光谱信息，或利用专题 13B 末尾公式清单中列出的近似表达式计算出来。然而艾林方程的困难在于计算活化络合物 $C^{\ddagger}$ 的配分函数：$C^{\ddagger}$ 很难用光谱来研究，且通常需要对其大小、形状和结构作出假设。

例题 18C.1　分析无结构粒子的碰撞

考虑两个无结构（和不同的）粒子情况：A 和 B 碰撞形成一个类似于双原子分子的活化络合物，推导出反应 $A + B \longrightarrow P$ 的速率系数表达式。

整理思路　由于反应物是无结构的原子，对配分函数的唯一贡献来自平动。活化络合物是一个双原子簇，其质量为 $m_{C^{\ddagger}} = m_A + m_B$，转动惯量为 I，它有一种振动模式，但正如"简要说明 18C.2"中所解释的那样，该模式对应于沿反应坐标的运动。因此，活化络合物的标准摩尔配分函数只有转动和平动贡献。专题 13B 末尾给出了相关配分函数的表达式。

解：平动配分函数为

$$q^{\ominus}_J = \frac{V^{\ominus}_m}{\Lambda^3_J} \qquad \Lambda_J = \frac{h}{(2\pi m_J kT)^{1/2}} \qquad V^{\ominus}_m = \frac{RT}{p^{\ominus}}$$

$J = A$、B 和 $C^{\ddagger}$，$m_{C^{\ddagger}} = m_A + m_B$。活化络合物的配分函数表达式为

$$q^{\ominus}_{C^{\ddagger}} = \overbrace{\frac{2IkT}{\hbar^2}}^{\text{转动}} \times \overbrace{\frac{V^{\ominus}_m}{\Lambda^3_{C^{\ddagger}}}}^{\text{平动}}$$

这里用了转动配分函数的高温形式（专题 13B）。根据式（18C.9），常数 $\bar{K}^{\ddagger}$ 用配分函数表示为

$$\bar{K}^{\ddagger}=\frac{N_A\overbrace{(2IkT/\hbar^2)V_m^{\ominus}/\Lambda_{C^{\ddagger}}^3}^{\bar{q}_{C^{\ddagger}}^{\ominus}}}{\underbrace{(V_m^{\ominus}/\Lambda_A^3)}_{\bar{q}_A^{\ominus}}\underbrace{(V_m^{\ominus}/\Lambda_B^3)}_{\bar{q}_B^{\ominus}}}e^{-\Delta E_0/RT}$$

$$=\left(\frac{N_A\Lambda_A^3\Lambda_B^3}{\Lambda_{C^{\ddagger}}^3V_m^{\ominus}}\right)\frac{2IkT}{\hbar^2}e^{-\Delta E_0/RT}$$

根据式（18C.10）：

$$k_r=\kappa\frac{kT}{h}\frac{RT}{p^{\ominus}}\overbrace{\left(\frac{N_A\Lambda_A^3\Lambda_B^3}{\Lambda_{C^{\ddagger}}^3V_m^{\ominus}}\right)\frac{2IkT}{\hbar^2}e^{-\Delta E_0/RT}}^{\bar{K}^{\ddagger}}$$

$$=\kappa\frac{kT}{h}N_A\left(\frac{\Lambda_A\Lambda_B}{\Lambda_{C^{\ddagger}}}\right)^3\frac{2IkT}{\hbar^2}e^{-\Delta E_0/RT}$$

键长为 r 的双原子分子的转动惯量为 μr^2，其中 $\mu=m_Am_B/(m_A+m_B)$，因此，通过引入热波长 Λ 并消去相同项，结果为

$$k_r=\kappa N_A\left(\frac{8kT}{\pi\mu}\right)^{1/2}\pi r^2e^{-\Delta E_0/RT}$$

最后，通过将 $\kappa\pi r^2$ 确定为反应截面 σ^*，得到的表达式与简单碰撞理论得到的表达式［式（18A.9）］相同，即

$$k_r=N_A\left(\frac{8kT}{\pi\mu}\right)^{1/2}\sigma^*e^{-\Delta E_0/RT}$$

自测题 18C.1 如果反应是 AB + C ⟶ P，有一线性活化络合物。那么，反应物和活化络合物的配分函数还会有哪些额外的贡献呢？

答案： AB的转动和振动，活化络合物的弯曲和对称伸缩振动

18C.2 热力学分析

过渡态理论的统计热力学形式很快陷入困境，因为只有在某些情况下，我们才知道活化络合物的结构。然而，它所引入的概念，主要是反应物和活化络合物之间的一个平衡，催生了一种更普遍的用热力学函数表示活化过程的经验方法。

（a）活化参数

如果 $K^{\ddagger}$ 作为一个平衡常数（尽管 $C^{\ddagger}$ 的一种模式未考虑），那么它可以用**活化吉布斯能**（Gibbs energy of activation）$\Delta^{\ddagger}G$ 表示，通过下式来定义：

$$\Delta^{\ddagger}G=-RT\ln\bar{K}^{\ddagger}\qquad\text{活化吉布斯能［定义］}\qquad(18C.13)$$

本节中所有的 $\Delta^{\ddagger}X$ 均为标准热力学量，$\Delta^{\ddagger}X^{\ominus}$，但省略了标准状态符号。然后，根据式（18C.10），速率系数的表达式变为

$$k_r=\kappa\frac{kT}{h}\frac{RT}{p^{\ominus}}e^{-\Delta^{\ddagger}G/RT}\qquad(18C.14)$$

因为 $\Delta G=\Delta H-T\Delta S$，活化吉布斯能可分为**活化熵**（entropy of activation）ΔS 和**活化焓**（enthalpy of activation）ΔH，表示为

$$\Delta^{\ddagger}G=\Delta^{\ddagger}H-T\Delta^{\ddagger}S\qquad\text{活化焓和活化熵［定义］}\qquad(18C.15)$$

将式（18C.15）代入式（18C.14），κ 并入熵项，得

$$k_r=Be^{\Delta^{\ddagger}S/R}e^{\Delta^{\ddagger}H/RT}\qquad B=\frac{kT}{h}\frac{RT}{p^{\ominus}}\qquad(18C.16)$$

为进一步推导，需找出活化焓和活化能之间的关系。这两者并不相同，主要有两个原因。其一，尽管把 E_a 与 $\Delta^{\ddagger}U$ 等同起来可能很方便，但那只在 $T=0$ 时有效；在较高温度下，所有物种的高能级都被占据，并贡献了额外项 RT（均分原理给出的值）。其次，对于气相过程（但不包括那些在溶液中的过程），$\Delta^{\ddagger}H$ 有别于 $\Delta^{\ddagger}U$，二者之间差 RT。这些额外的贡献都需要确定。

如何完成？18C.1　关联活化熵与活化能

活化熵和活化能之间的关系取决于两个方程。一个方程是平衡常数 $K^{\ddagger}$ 与温度的关系式，即专题 6B 中的式（6B.2），形式为 $d\ln K^{\ddagger}/dT=\Delta^{\ddagger}H/RT^2$，另一个方程是活化能的定义式，即专题 17D 中的式（17D.3）$d\ln k_r/dT=E_a/RT^2$。这两个表达式之间的联系是艾林方程的另一个形式，即式（18C.12），$k_r=(\kappa kT/hc^{\ominus})\bar{K}_c^{\ddagger}$。$\ln k_r$ 对 T 微分得

$$\frac{d\ln k_r}{dT}=\frac{1}{T}+\frac{d\ln\bar{K}_c^{\ddagger}}{dT}$$

与 $d\ln k_r/dT=E_a/RT^2$ 比较得

$$E_a=RT+RT^2\frac{d\ln\bar{K}_c^{\ddagger}}{dT}$$

在这点上，有必要区分形式为 A + B ⇌ $C^{\ddagger}$ 的气相反应和液相反应。对于后者，平衡常数用浓度表示，上式中的第二项可用 $\Delta^{\ddagger}H$ 表示，无须进一步计算。因此，

对于液相反应 $E_a = RT + \Delta^{\ddagger}H$。

对于气相反应，还需要进一步计算，因为$\bar{K}_c^{\ddagger}$和$\bar{K}^{\ddagger}$(用分压表示）不同。根据式（18C.11），两者之间的关系为$\bar{K}^{\ddagger}=(p^{\ominus}/RTc^{\ominus})K_c^{\ddagger}$，则

$$\frac{\mathrm{d}\ln\bar{K}_c^{\ddagger}}{\mathrm{d}T}=\overbrace{\frac{\mathrm{d}}{\mathrm{d}T}\ln\frac{RTc^{\ominus}}{p^{\ominus}}}^{1/T}+\overbrace{\frac{\mathrm{d}\ln\bar{K}_c^{\ddagger}}{\mathrm{d}T}}^{\Delta^{\ddagger}H/RT^2}=\frac{1}{T}+\frac{\Delta^{\ddagger}H}{RT^2}$$

将其代入之前一个以$\mathrm{d}\ln K_c^{\ddagger}$表示$E_a$的式中，得到

$$E_a=RT+RT^2\frac{\mathrm{d}\ln\bar{K}_c^{\ddagger}}{\mathrm{d}T}=RT+RT^2\left(\frac{1}{T}+\frac{\Delta^{\ddagger}H}{RT^2}\right)=RT+RT+\Delta^{\ddagger}H$$

因此，对于气相反应：

$E_a = 2RT + \Delta^{\ddagger}H$

总结如下：

$$\begin{aligned}&(a)\ \Delta^{\ddagger}H = E_a - 2RT \quad (\text{双分子气相反应})\\&(b)\ \Delta^{\ddagger}H = E_a - RT \quad (\text{双分子液相反应})\end{aligned}$$ $\Delta^{\ddagger}H$与E_a之间的关系式 （18C.17）

然后有

$$k_r = e^2 B e^{\Delta^{\ddagger}S/R} e^{-E_a/RT}$$ 速率系数［过渡态理论、气相双分子反应］ （18C.18a）

以及

$$k_r = e B e^{\Delta^{\ddagger}S/R} e^{-E_a/RT}$$ 速率系数［过渡态理论、液相双分子反应］ （18C.18b）

其中，由式（18C.16）可知，$B=(kT/h)(RT/p^{\ominus})$。阿仑尼乌斯公式中的频率因子可被明确为

$$A = e^2 B e^{\Delta^{\ddagger}S/R}$$ 频率因子［过渡态理论、气相双分子反应］ （18C.19a）

和

$$A = e B e^{\Delta^{\ddagger}S/R}$$ 频率因子［过渡态理论、液相双分子反应］ （18C.19b）

活化熵是负值，因为在整个系统中反应物种都结合形成了反应对。然而，如果熵的降低值低于A和B简单遭遇的预期值，那么频率因子A将进一步减小。实际上，熵值的额外减少值$\Delta^{\ddagger}S_{\text{steric}}$，可被认为是碰撞理论中空间因子$P$的起源（专题18A）。

$$P = e^{\Delta^{\ddagger}S_{\text{steric}}/R}$$ P因子［过渡态理论］ （18C.20）

因此，遭遇的空间要求越复杂，$\Delta^{\ddagger}S_{\text{steric}}$值越负，空间因子$P$值越小。

简要说明18C.3

丙基黄原酸离子在乙酸缓冲溶液中的反应可用$A^- + H^+ \longrightarrow P$表示。30 ℃附近，$A = 2.05\times10^{13}\ \mathrm{dm^3\cdot mol^{-1}\cdot s^{-1}}$。为了计算30 ℃时的活化熵，可使用式（18C.19），重排为

$$\Delta^{\ddagger}S = R\ln\frac{A}{eB}$$

其中，$B=\frac{kT}{h}\frac{RT}{p^{\ominus}}=1.592\times10^{14}\ \mathrm{dm^3\cdot mol^{-1}\cdot s^{-1}}$。

因此，

$$\begin{aligned}\Delta^{\ddagger}S &= R\ln\frac{2.05\times10^{13}\,\mathrm{dm^3\cdot mol^{-1}\cdot s^{-1}}}{e\times1.592\times10^{14}\,\mathrm{dm^3\cdot mol^{-1}\cdot s^{-1}}}\\&= R\ln 0.0473\\&= -25.4\ \mathrm{J\cdot K^{-1}\cdot mol^{-1}}\end{aligned}$$

活化吉布斯能、活化焓和活化熵(以及活化体积和热容)广泛用于报道实验反应速率表达式中，特别是溶液中的有机反应。当用**相关性分析**（correlation analysis）探讨平衡常数与反应速率之间的关系时，其中会用$\ln K$（等于$-\Delta_r G^{\ominus}/RT$）对$\ln k_r$（与$-\Delta^{\ddagger}G/RT$成正比）作图，会遇到这些量。在许多情况下，这种相关性是线性的，表明当反应在热力学上变得更有利时，其速率系数增加（图18C.4）。这种线性相关性就是另一个名称**线性自由能关系**（linear free energy relation，LFER）的起因。

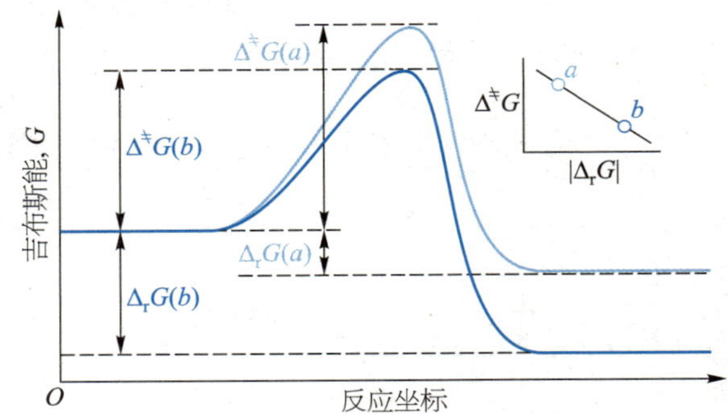

图18C.4 对于一系列相关反应，这里表示为a和b，当标准反应吉布斯能从a到b变得更负时，活化吉布斯能减小，速率系数增大。$\Delta^{\ddagger}G$与$\Delta_r G^{\ominus}$之间的近似线性关系是“线性自由能”关系的起因

（b）离子间的反应

对于涉及溶液中离子的反应，完整的统计热力学理论是非常复杂的，因为溶剂在活化络合物中有一定作用。过渡态理论的热力学形式简化了讨论，并适用于非理想系统。在热力学方法中，速率方程：

$$\frac{d[P]}{dt}=k^{\ddagger}[C^{\ddagger}]$$

与热力学平衡常数：

$$K=\frac{a_{C^{\ddagger}}}{a_A a_B}=K_{\gamma}\frac{[C^{\ddagger}]c^{\ominus}}{[A][B]} \qquad K_{\gamma}=\frac{\gamma_{C^{\ddagger}}}{\gamma_A\gamma_B}$$

（注：$a_J=\gamma_J[J]/c^{\ominus}$）

相结合（专题6A），这样，

$$\frac{d[P]}{dt}=k_r[A][B] \qquad k_r=\frac{k^{\ddagger}K}{K_{\gamma}c^{\ominus}} \qquad (18C.21a)$$

若当活度因子为1时k_r°是速率系数（即$k_r^{\circ}=k^{\ddagger}K/c^{\ominus}$），则

$$k_r=\frac{k_r^{\circ}}{K_{\gamma}} \qquad \lg k_r=\lg k_r^{\circ}-\lg K_{\gamma} \qquad (18C.21b)$$

低浓度下活度因子可根据德拜－休克尔极限定律用溶液的离子强度I来表示［专题5F，特别是式（5F.27），$\lg\gamma_{\pm}=-\mathcal{A}|z_+z_-|I^{1/2}$］。然而，所需的表达式是那些针对单个离子的而不是平均值，所以写为$\lg\gamma=-\mathcal{A}z_i^2I^{1/2}$更适合，即

$$\lg\gamma_A=-\mathcal{A}z_A^2I^{1/2} \qquad \lg\gamma_B=-\mathcal{A}z_B^2I^{1/2} \qquad (18C.22a)$$

298 K时水溶液中，$\mathcal{A}=0.509$，z_A和z_B分别为A和B的电荷数（带符号）。由于活化络合物由一个离子A与一个离子B反应形成，所以其电荷数为z_A+z_B，其中z_J对阳离子取正值，对阴离子取负值。所以

$$\lg\gamma_{C^{\ddagger}}=-\mathcal{A}(z_A+z_B)^2I^{1/2} \qquad (18C.22b)$$

将这些表达式代入式（18C.21b），得

$$\lg k_r=\lg k_r^{\circ}-\mathcal{A}[z_A^2+z_B^2-(z_A+z_B)^2]I^{1/2}$$
$$=\lg k_r^{\circ}+2\mathcal{A}z_Az_BI^{1/2} \qquad (18C.23)$$

式（18C.23）表示**动力学盐效应**（kinetic salt effect），即离子间反应速率系数随溶液离子强度的变化（图18C.5）。方程解释如下：

物理解释

- 如果反应物离子具有相同的电性（阳离子间或阴离子间发生的反应），那么可通过加入惰性离子增加离子强度，进而增加速率系数。
- 高的离子强度有利于由两个低荷电离子形成一个高荷电离子复合物，因为新离子具有一个更密集的离子氛，并与该离子氛相互作用更强。
- 相反，带相反电荷的离子在较高离子强度溶液中反应更慢。此时，电荷相互抵消，复合物与其离子氛的有利相互作用弱于独立的离子。

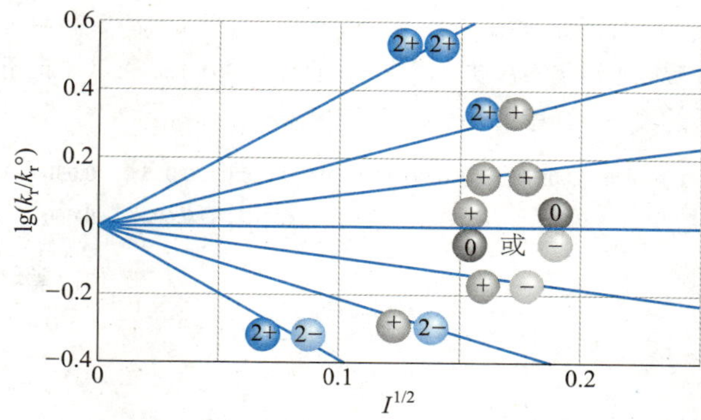

图18C.5 298 K时水中反应动力学盐效应的实验结果。离子类型用球体表示，直线斜率由德拜－休克尔极限定律和式（18C.23）给出

例题 18C.2 根据动力学盐效应分析数据

298 K、水溶液中，碱性条件下$[CoBr(NH_3)_5]^{2+}$水解速率系数随离子强度的变化如下表所示

I	0.005 0	0.010 0	0.015 0	0.020 0	0.025 0	0.030 0
k_r/k_r°	0.718	0.631	0.562	0.515	0.475	0.447

对于活性络合物在速率控制步骤中的电荷可以得出什么推论？这一推论对反应机理可能意味着什么？

整理思路 根据式（18C.23），以$\lg(k_r/k_r^{\circ})$对$I^{1/2}$作图，斜率应该是$2\mathcal{A}z_Az_B$。因为298 K时水溶液的$\mathcal{A}=0.509$，故斜率为$1.02z_Az_B$。从斜率可推断出参与形成活化络合物的离子电荷。

解：给出下列数据：

I	0.005 0	0.010 0	0.015 0	0.020 0	0.025 0	0.030 0
$I^{1/2}$	0.071	0.100	0.122	0.141	0.158	0.173
$\lg(k_r/k_r^{\circ})$	−0.14	−0.20	−0.25	−0.29	−0.32	−0.35

这些数据绘制于图18C.6中，直线斜率为−2.04（最小二乘法），表明$z_Az_B=-2$。这个结论的一个可能解释是，参与活化络合物形成的两个物种是$[CoBr(NH_3)_5]^{2+}(z=+2)$和$OH^-(z=-1)$，所以电荷的乘积为−2。

说明 虽然这里没有讨论，但你应该知道，速率系数也受介质相对介电常数的影响。

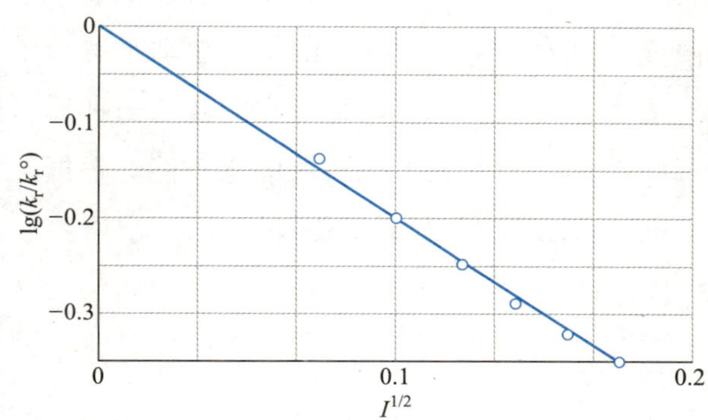

图18C.6 水解反应速率系数与离子强度的实验结果：斜率给出了速率控制步骤中活化络合物涉及的电荷类型的信息。绘制数据来自例题18C.2

自测题 18C.2　已知一个电荷数为+1的离子参与了反应中活化络合物的形成。根据以下298 K水溶液中记录的数据，推导出另一个离子的电荷数。

I	0.005 0	0.010 0	0.015 0	0.020 0	0.025 0	0.030 0
k_r/k_r°	0.847	0.791	0.750	0.717	0.690	0.666

答案：−1。

18C.3　动力学同位素效应

一个合理的反应机理的提出需要仔细分析设计的许多实验，旨在确定产物形成过程中原子的命运。观察**动力学同位素效应**（kinetic isotope effect），即当反应物中一个原子被较重的同位素取代时，化学反应速率的降低，将有助于识别在速率控制步骤中的断裂键。当速率控制步骤需要切断与该同位素有关的键时，可观察到**初级动力学同位素效应**（primary kinetic isotope effect）。**次级动力学同位素效应**（secondary kinetic isotope effect）是反应速率的降低，尽管涉及同位素的键并没有断裂形成产物。在这两种情况下，效应都源自活化能的变化，这是因为伴随着原子被较重的同位素取代，零点振动能发生了变化。下面是对初级动力学同位素效应的描述。

考虑一个碳氢键断裂的反应。如果该键的断裂是速率控制步骤（专题17E），则反应坐标对应于C—H键的拉伸，势能曲线如图18C.7所示。在氘化过程中，最主要的变化是键的零点能的减少（因为氘原子更重）。然而，整个反应剖面并没有降低，因为活化络合物中的相关振动具有一个很低的力常数，所以活化络合物的任何一种形式中都几乎没有与反应坐标相关的零点能。根据这些考虑，可以研究氘代对活化能的影响。

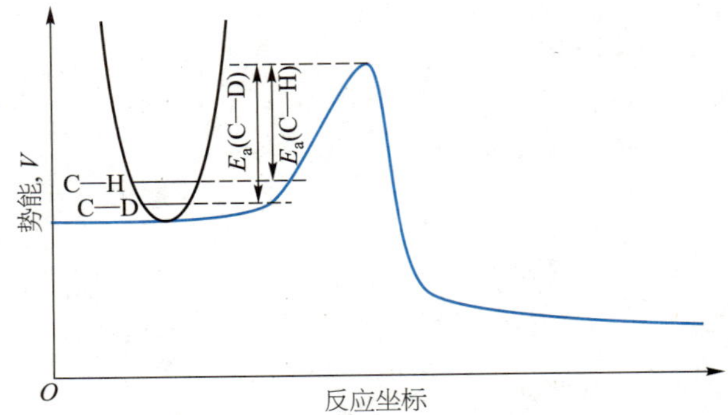

图18C.7　当一个断裂的C—H键被氘代时，反应截面的变化。在这个示例中，C—H键和C—D键被模拟为谐振子。唯一显著的变化是反应物的零点能，C—D键比C—H键低。因此，C—D键断裂的活化能大于C—H键断裂的活化能

如何完成？18C.2　探究初级动力学同位素效应

考虑一个较大分子中C—H键的断裂。对于这种反应，可以合理地假设，沿着反应坐标的运动是由C—H片段的伸缩控制的。因此，为更好近似，活化能的变化仅来自伸缩振动零点能，即$\frac{1}{2}\hbar\omega$的变化。从图18C.7可得

$$E_a(\text{C—D}) - E_a(\text{C—H}) = N_A[\tfrac{1}{2}\hbar\omega(\text{C—H}) - \tfrac{1}{2}\hbar\omega(\text{C—D})] = \tfrac{1}{2}N_A\hbar[\omega(\text{C—H}) - \omega(\text{C—D})]$$

然后根据专题11C，$\omega(\text{C—D}) = \left(\frac{\mu_{CH}}{\mu_{CD}}\right)^{1/2}\omega(\text{C—H})$，其中$\mu$是相关的有效质量，则

$$E_a(\text{C—D})-E_a(\text{C—H})=\tfrac{1}{2}N_A\hbar\omega(\text{C—H})\left[1-\left(\frac{\mu_{CH}}{\mu_{CD}}\right)^{1/2}\right]$$

氘代对活化能的影响　(18C.24)

如果阿仑尼乌斯公式中的频率因子在氘代后没有变化，那么这两个物种的速率系数比值应该是

$$\frac{k_r(\text{C—D})}{k_r(\text{C—H})} = e^{-[E_a(\text{C—D})-E_a(\text{C—H})]/RT} = e^{-[E_a(\text{C—D})-E_a(\text{C—H})]/N_A kT}$$

其中$R = N_A k$。然后，代入式（18C.24），可得

$$\frac{k_r(\text{C—D})}{k_r(\text{C—H})} = e^{-\zeta} \qquad \zeta = \frac{\hbar\omega(\text{C—H})}{2kT}\left[1-\left(\frac{\mu_{CH}}{\mu_{CD}}\right)^{1/2}\right]$$

氘代对速率系数的影响　(18C.25)

注意：因为$\mu_{CD} > \mu_{CH}$，$\zeta > 0$，故$k_r(\text{C—D})/k_r(\text{C—H}) < 1$。由图18C.7可以预期，氘代后速率系数减小。

简要说明 18C.4

从红外光谱知，一个C—H键的基本伸缩振动波数$\tilde{\nu}$约为3 000 cm^{-1}。为将该波数转换为角频率，$\omega=2\pi\nu$，使用$\omega=2\pi c\tilde{\nu}$，因此

$$\omega=2\pi\times2.998\times10^{10}\ cm\cdot s^{-1}\times3\ 000\ cm^{-1}$$
$$=5.65\times10^{14}\ s^{-1}$$

有效质量比为

$$\frac{\mu_{CH}}{\mu_{CD}}=\frac{m_C m_H}{m_C+m_H}\times\frac{m_C+m_D}{m_C m_D}$$
$$=\frac{12.01\times1.007\ 8}{12.01+1.007\ 8}\times\frac{12.01+2.014\ 0}{12.02\times2.014\ 0}$$
$$=0.539$$

用式（18C.25）计算：

$$\zeta=\frac{1.055\times10^{-34}\ J\cdot s\times5.65\times10^{14}\ s^{-1}}{2\times1.381\times10^{-23}\ J\cdot K^{-1}\times298\ K}\times(1-0.539^{1/2})$$
$$=1.92$$

和

$$\frac{k_r(C\text{—}D)}{k_r(C\text{—}H)}=e^{-1.92}=0.146$$

因此，在室温下，在其他条件相同的情况下，C—H键的断裂速率应该是C—D键断裂速率的7倍左右。考虑到模型中所采用的假设，k_r(C—D)/k_r(C—H)的实验值可与式（18C.25）预测的有显著差异。

在某些情况下，用氘代替氢得到的k_r(C—D)/k_r(C—H)值太低，无法用式（18C.25）解释，即使采用更完整的模型来预测速率系数的比值。这种异常的动力学同位素效应为氢原子通过活化势垒的量子力学隧穿路径提供了证据（图18C.8）。随着粒子质量的增加，隧穿通过势垒的概率降低（专题7D），因此氘隧穿势垒的效率比氢低，其反应也相应更慢。当反应温度低到只有很少的反应物分子能够克服活化势垒时，量子力学隧穿可以成为涉及氢原子或质子转移反应的主导过程。

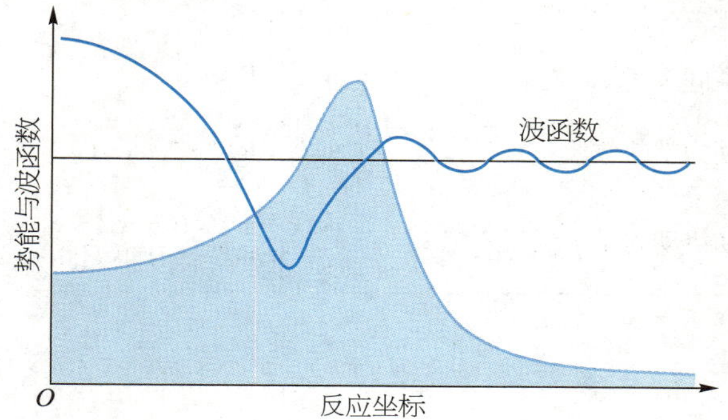

图18C.8　质子可以隧穿通过将反应物与生成物分离的活化势垒，因此势垒的有效高度降低，质子转移反应的速率增加。这种效应可以通过在势垒附近画出质子的波函数来表示。质子隧穿只有在低温下才重要，此时大多数反应物都被困在势垒的左边

概念清单

- ☐ 1. 在**过渡态理论**中，假设**活化络合物**与反应物处于平衡状态。
- ☐ 2. 活化络合物形成产物的速率取决于其通过**过渡态**的速率。
- ☐ 3. 速率系数可以用**活化吉布斯能**、**活化熵**和**活化焓**等参数来表示。
- ☐ 4. **动力学盐效应**是指添加惰性盐对离子间反应速率系数的影响。
- ☐ 5. **动力学同位素效应**是指当反应物中一个原子被较重的同位素取代时，化学反应速率系数的降低。

公式清单

性质	公式	说明	公式编号
形成活化络合物的平衡常数	$\bar{K}^{\ddagger} = (N_A \bar{q}^{\ominus}_{C^{\ddagger}}/q^{\ominus}_A q^{\ominus}_B)e^{-\Delta E_0/RT}$	假定平衡，消除C‡的一个振动模式	18C.9
艾林方程	$k_r = \kappa(kT/h)(RT/p^{\ominus})\bar{K}^{\ddagger}$	过渡态理论	18C.10
	$k_r = \kappa(kT/hc^{\ominus})\bar{K}^{\ddagger}_c$		18C.12
活化吉布斯能	$\Delta^{\ddagger}G = -RT\ln\bar{K}^{\ddagger}$	定义	18C.13
活化焓和活化熵	$\Delta^{\ddagger}G = \Delta^{\ddagger}H - T\Delta^{\ddagger}S$	定义	18C.15
参数化	$k_r = e^n B e^{\Delta^{\ddagger}S/R} e^{-E_a/RT}$	对双分子气相反应 $n = 2$； 对液相反应 $n = 1$	18C.18
频率因子	$A = e^n B e^{\Delta^{\ddagger}S/R}$		18C.19
空间因子	$P = e^{\Delta^{\ddagger}S_{steric}/R}$		18C.20
动力学盐效应	$\lg k_r = \lg k_r^{\circ} + 2\mathcal{A}z_A z_B I^{1/2}$	假定德拜－休克尔极限定律成立	18C.23
初级动力学同位素效应	$k_r(C—D)/k_r(C—H) = e^{-\zeta}$ $\zeta = [\hbar\omega(C—H)/2kT][1-(\mu_{CH}/\mu_{CD})^{1/2}]$	速率控制步骤中C—H/C—D键的断裂	18C.25

专题18D

分子碰撞动态学

► 为何需要学习这部分内容?

化学家对化学反应的细节很感兴趣，最详细的方法就是研究反应性遭遇的动态学，在此过程中，一个分子与另一个分子碰撞，原子相互交换。

► 核心思想是什么?

通过研究分子在势能面上的运动轨迹，可以研究气相中的反应速率。

► 需要哪些预备知识?

本专题基于速率系数的概念（专题17A），在一部分讨论中使用配分函数的概念（专题13B）。关于势能面的讨论是定性的，但内在的计算是自洽场理论的计算（专题9E）。

研究反应物分子之间的碰撞动态学是对控制反应速率的因素的最详细检验。有两种方法：一种是使用分子束的实验方法，另一种是使用计算结果的理论方法。

18D.1 分子束

分子束（molecular beam）由行进通过一真空容器的准直的、狭窄的分子流所组成，可用于研究处于预选状态（如特定的转动和振动状态）的分子之间的碰撞，并可用于识别反应碰撞产物的状态。如果要建立反应的完整图像，这类信息是必不可少，因为速率系数是对不同初始状态下的反应物演化成最终状态的产物的一个平均值。

(a) 技术

分子束实验的基本装置如图18D.1所示。原子或分子从束源室（如果物种不是气体，源室可能会加热）通过针孔溢出并进入一真空室。如果束源中的蒸气压增加，使得溢流束中分子的平均自由程远小于针孔的直径，即使在束源外也会发生许多碰撞。这些碰撞的净效应导致**流体动力流**（hydrodynamic flow），可将动量传递到束的方向。束中的分子以非常相似的速率运动，因此在下游它们之间很少发生碰撞。此时的束流称为**分子流**（molecular flow）。如需要，可使用速度选择器来选择以给定速率运动的原子或分子，如图18D.1所示。

在这种分子束中，速率的散布远小于麦克斯韦－玻耳兹曼分布的预测。可通过给束中的分子指定一个较低的平动温度来解释这种非预期的窄分布（图18D.2），其可能低至1 K。这种射流被称为**超音速的**（supersonic），因为射流中分子的平均速率远大于射流中的声速。

如果超音速射流在流体流动区域中被裁截且多余的气体被抽出，则它可以被转换成更平行的**超音速射束**（supersonic beam）。裁截器由一锥形喷嘴组成，这种形状可以避免超音速冲击波扩散

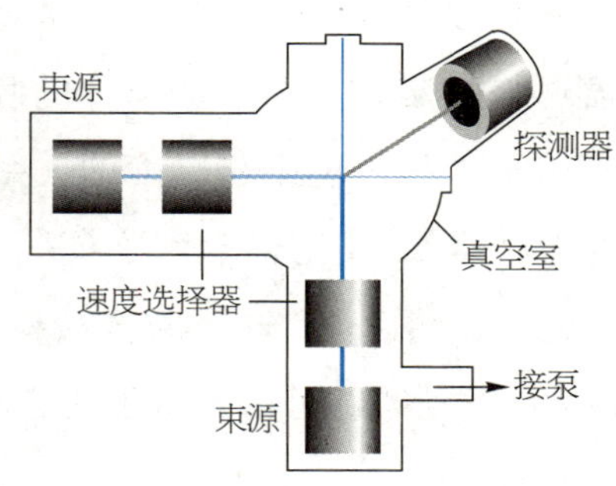

图18D.1 分子束装置的基本结构。原子或分子从束源产生，通过速度选择器，如专题1B中讨论过的。散射来自目标气体（可能以另一分子束的形式出现），记录粒子进入设定在某一角度的检测器的通量。在交叉分子束实验中，经选态的分子在两个独立的束源中产生，且相互垂直。检测器对散射进入一选定方向上的分子（若发生化学反应，可能是产物分子）作出响应

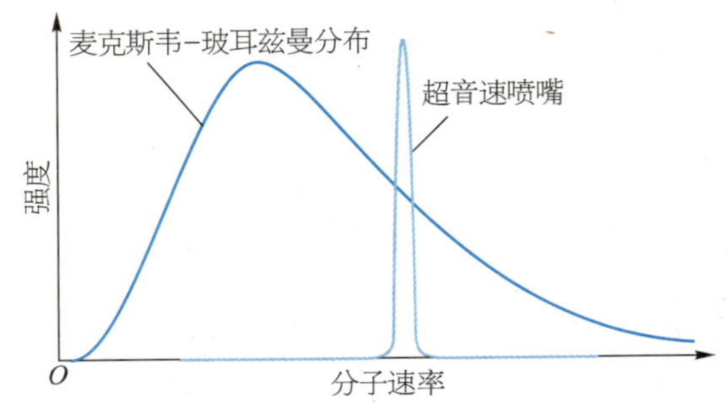

图 18D.2　超音速喷嘴产生的平均速率和分布宽度的变化

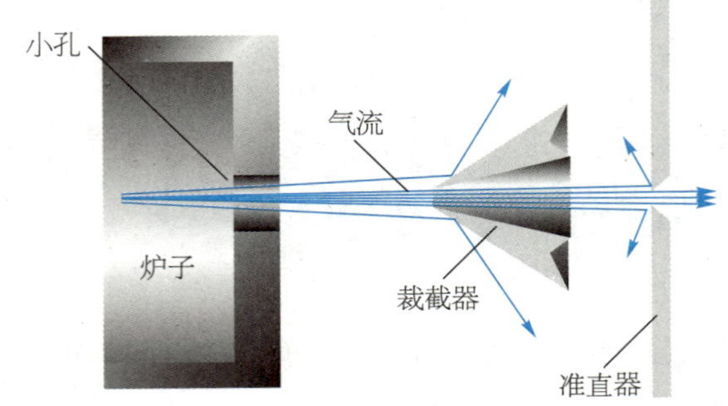

图 18D.3　超音速射束是用裁截器从分子束中去除一些分子而产生的，因此可获得更高的准直度

回气体，从而提高平动温度（图 18D.3）。也可使用氦或氖作为主要气体，并在气流的流体流动区域注入感兴趣的分子形成射流或射束。

除具有较低的平动温度外，射束中的分子也具有低的转动和振动温度。在本文中，转动或振动温度是指重现观察到的态的布居数，玻耳兹曼分布中应该用的温度。然而，由于转动态的平衡比平动态来得慢，而振动态的平衡则更慢，物种的转动和振动布局数对应于稍高的温度，对于转动为 10 K 量级，而对于振动则为 100 K 量级。

目标气体可以是一体相样品，或是另一分子束。检测器可包括装有高灵敏压力计的腔室，辐射热测定器（一种利用电阻与温度的关系来响应入射能量的检测器），或电离检测器（进入其中的分子首先被电离，然后通过电子方式被检测）。散射分子的转动和振动态也可用光谱法测定。

（b）实验结果

从分子束实验中得到的主要实验信息是入射束中的分子被散射到一特定方向的分散。这个分数通常用 $\mathrm{d}I$ 表示，即在一给定时间内被散射进入一个代表被检测器的“眼睛”所覆盖区域的锥（用一个立体角 $\mathrm{d}\Omega$ 描述）中的分子数目除以时间间隔（图 18D.4）。这个速率可描述为**微分散射截面**（differential scattening cross-section）σ，即 $\mathrm{d}I$ 与入射分子束的强度 I、目标分子的数密度 $\mathcal{N}$ 和通过样品的无穷小的路程 $\mathrm{d}x$ 之间的比例系数：

$$\mathrm{d}I = \sigma I \mathcal{N} \mathrm{d}x \qquad \text{微分散射截面定义} \qquad (18D.1)$$

σ 值（其具有面积的量纲）取决于**碰撞参数** b，即碰撞分子路径的初始垂直间距（图 18D.5）和分子间势能的细节。

通过考虑两个硬球的碰撞，最易理解碰撞参数的作用（图 18D.6）。如果 $b=0$，弹射位于导

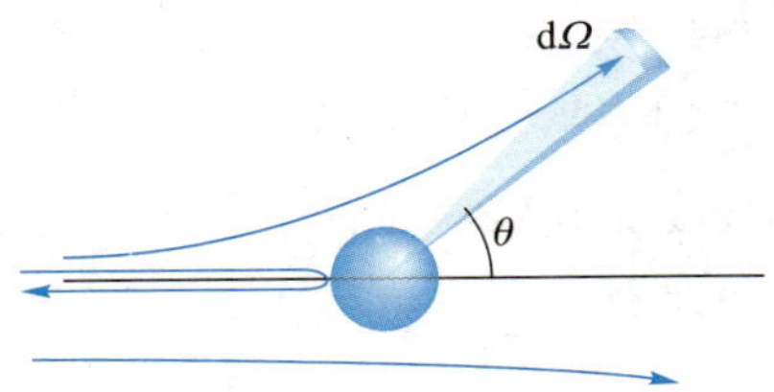

图 18D.4　散射立体角 $\mathrm{d}\Omega$ 的定义

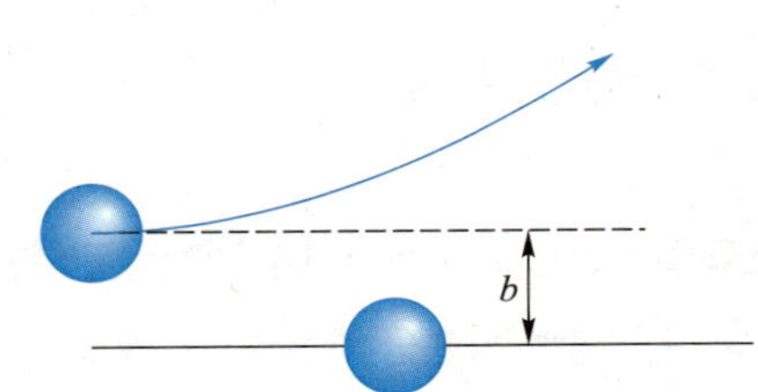

图 18D.5　碰撞参数 b 定义为粒子初始路径的垂直间距

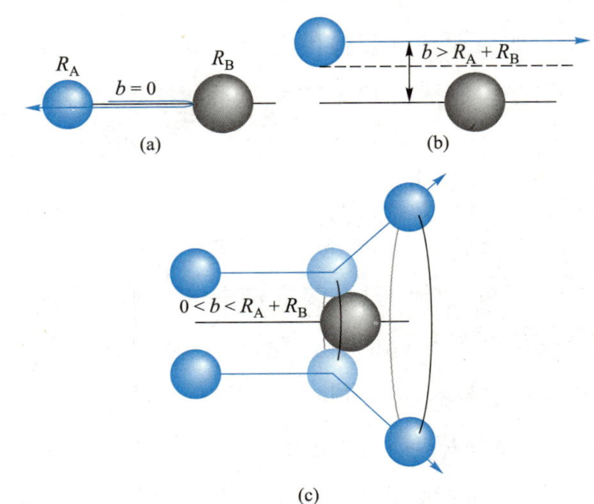

图 18D.6　两个硬球碰撞的三个典型情况：（a）$b=0$，向后散射；（b）$b>R_A+R_B$，前向散射；（c）$0<b\leqslant R_A+R_B$，向一个方向散射到一个可能的环上（目标分子太重，可认为几乎静止不动）

致迎头碰撞的一轨迹上，所以只有当检测器处于$\theta=\pi$时，才能检测到散射强度。当碰撞参数b太大而导致球体无法接触时（$b>R_A+R_B$），除$\theta=0$外，在所有角度都没有散射，散射截面为零。注意，$0<b\leqslant R_A+R_B$的擦碰，将导致在前进方向锥中的散射强度。

真实分子不是硬球，其散射模式取决于分子间势能和分子形状等细节。散射也取决于两个分子趋近的相对速率：一个非常快的分子可能穿过相互作用的区域而不产生太多的偏转，而在同一路径上较慢的分子可能会被暂时捕获，并发生相当大的偏移（图18D.7）。散射截面随相对速率的变化可给出有关分子间势能的强度和范围的信息。

进一步的观点是碰撞的结果是由量子力学而非经典力学决定的。至少在某种程度上，分子的波动性可以被考虑进来，方法是通过绘制抛射分子从束源到探测器的所有经典轨迹，然后考虑它们之间相互干扰的影响。

两个量子力学效应非常重要。具有一定碰撞参数的分子可能会以向排斥核偏转的方式接近势能吸引区（图18D.8），然后排斥核将其驱逐出吸引区并继续向前飞行。然而，有些分子也会沿向

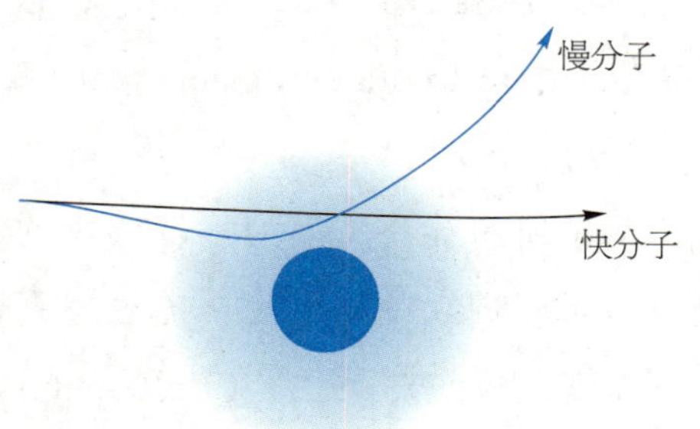

图18D.7 散射程度可能取决于相对速率及碰撞参数。中心暗区代表排斥核；模糊外区代表了远程吸引势

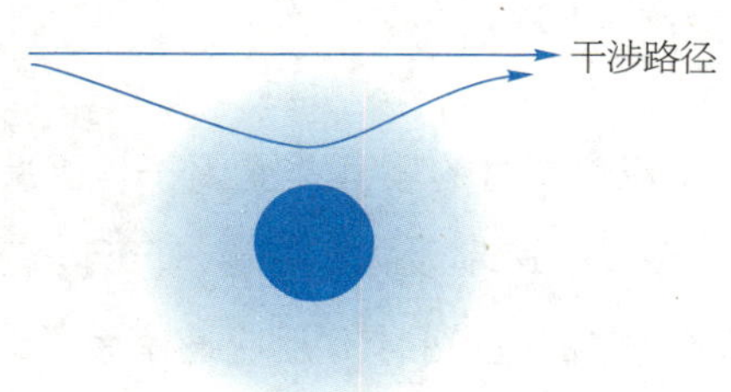

图18D.8 同向的两条路径会产生量子力学干涉；本例中它们发生前向量子振荡

前方向运动，因为它们的碰撞参数非常大，不会发生偏转。采用这两种路径的分子的波函数相互干涉，前向强度得到修正。这种效应称为**量子振荡**（quantum oscillation）。同样的现象可解释光学上的“光晕效应”，在这种效应中，有时可以看到明亮的光环围绕着被照亮的物体（在飞行中经常看到太阳投射在云层上的飞机阴影周围的彩色光环，这是光学光晕的一个例子）。

第二个量子效应是对非前向强增强散射的观测。这种效应称为**彩虹散射**（rainbow scattering），因为同样的机制解释了光学彩虹的出现。图18D.9说明了这一现象的起源。随着碰撞参数的减小，散射角达到一最大值，路径间的干涉产生强散射光束。**彩虹角**（rainbow angle）θ_r处，$d\theta/db=0$，此时为强散射。

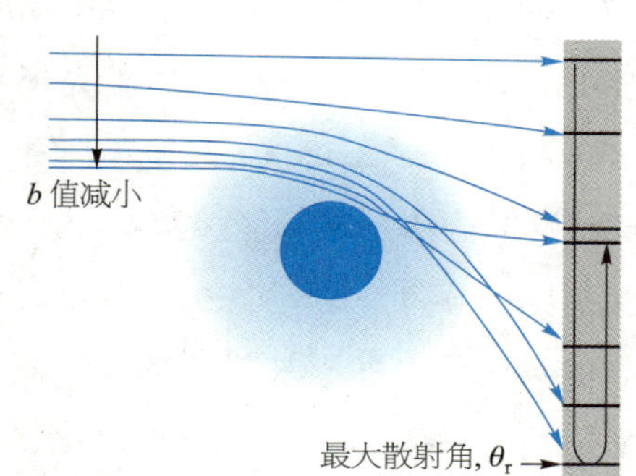

图18D.9 导致彩虹散射的路径干涉。彩虹角θ_r为b减小时达到的最大散射角。在这个角度上，大量路径之间的干涉会显著改变散射强度

在某些分子束中可能发生的另一种现象是一个物种被另一个物种捕获。超音分子束中的振动温度很低，可以形成**范德华分子**（van der Waals molecules），范德华分子是AB形式的络合物，其中A和B通过范德华力或氢键结合在一起。已经利用光谱研究了大量这样的分子，包括ArHCl、$(HCl)_2$、$ArCO_2$和$(H_2O_2)_2$。对其光谱性质的研究可提供有关分子间相互作用的详细信息。

18D.2 反应碰撞

关于反应遭遇中发生的亲近过程的详细实验

信息来自分子束，特别是**交叉分子束**（crossed molecular beams）（图 18D.1）。两束分子碰撞产物的检测器可移动到不同的角度，以便观察产物的角度分布。由于可以制备具有不同分子能量的入射束（例如使用旋转叶片和超音速喷嘴可产生具有不同平动能的分子数，用激光选择性激发可产生具有不同振动能的分子数，以及用电场产生具有不同取向的分子束），使得研究碰撞成功与否与这些变量的依赖关系以及它们如何影响产物分子的性质成为可能。

（a）反应碰撞检测

红外化学发光（infrared chemiluminessene）是检测产物能量分布的一种方法，振动激发态的分子在返回其基态时发出红外辐射。通过研究红外发射光谱的强度，可以确定产物振动态的布居数（图 18D.10）。另一种方法是**激光诱导荧光**（laser induced fluorescence）。在该技术中，利用激光从一特定的振动－转动能级激发一产物分子；监测并根据初始振动－转动态的布居数，解释高能级状态的荧光强度。当被研究的分子不能有效地发出荧光时，可用拉曼光谱（专题 11A）来监测反应的进程。

多光子电离技术（multiphoton ionization，MPI）也是研究弱荧光分子的良好选择。该方法中，如果总的光子能量大于分子的电离能，则一个分子从一个或多个脉冲激光器中吸收了多个光子后会发生电离。MPI 中的一个重要变量是**共振增强多光子电离**（resonance-enhanced multiphoton ionization，REMPI），其中一个或多个光子将分子激发到电子激发态，然后用额外的光子从激发态产生离子。REMPI 的优势在于，实验者可以通过将激光频率调整到特定分子的电子吸收带来选择研究哪种反应物或产物。

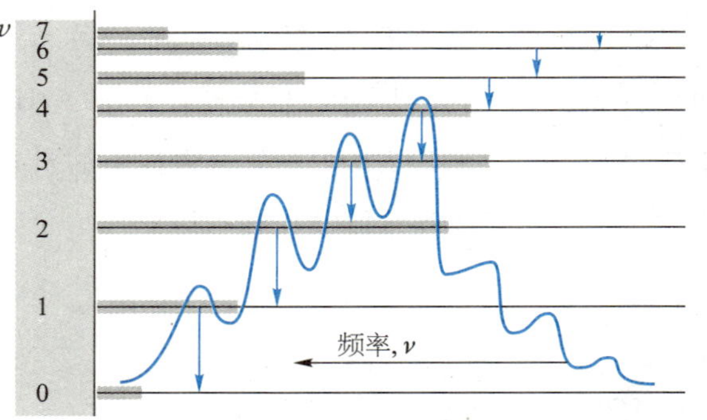

图 18D.10　反应 O + CS ⟶ CO + S 产生的 CO 红外化学发光，来自 CO 振动态非平衡分布，水平条表示振动态的相对数量，蓝色箭头表示所观察到的跃迁

反应产物成像（reaction product imaging）可确定离子的角分布。在这种技术中，产物离子在电场作用下向荧光屏加速，离子撞击荧光屏的特定位置发出的光可通过电荷耦合器件（CCD）成像。

（b）态－态反应动态学

专题 18A 中介绍了与碰撞理论相关的碰撞截面的概念，在那里已证明二级速率系数 k_r 可以表示为反应截面和相互碰撞的反应物分子的相对趋近速率的玻耳兹曼加权平均值。该专题的式（18A.7）（$k_r = N_A\int_0^\infty \sigma(\varepsilon)v_{rel}f(\varepsilon)d\varepsilon$）可写为

$$k_r = \langle\sigma v_{rel}\rangle N_A \tag{18D.2}$$

其中〈 〉表示玻耳兹曼平均。分子束研究为这个量提供了更复杂的版本，为从反应物的初始状态 n 到产物的最终状态 n' 的反应跃迁提供了**态－态反应截面**（state-to-state cross-section）$\sigma_{nn'}$，**态－态反应速率系数**（state-to-state rate constant）$k_{nn'}$：

$$k_{nn'} = \langle\sigma_{nn'}v_{rel}\rangle N_A \quad \text{态－态反应速率系数} \tag{18D.3}$$

速率系数 k_r 是所有终态（因为不管产物的最终状态如何反应都是成功的）的态－态速率系数的总和，并对始态进行玻尔兹曼（Boltzmann）加权（因为反应物一开始在温度 T 下具有布居数的特征分布）：

$$k_r = \sum_{nn'} k_{nn'}(T)f_n(T) \tag{18D.4}$$

式中 $f(T)$ 是温度 T 时的玻耳兹曼因子。因此，如在较宽范围的趋近速率及始、终态时可确定或计算态－态反应截面，就可计算反应速率系数。

简要说明 18D.1

假设一个谐振子与另一个具有相同有效质量和力常数的振子发生碰撞。如果激发后者振动的态－态速率系数为 $k_{\nu\nu'}=k_r^{\circ}\delta_{\nu\nu'}$，对于所有态 ν 和 ν'，意味着激发态只能从任何能级到达第二振子的同一能级。这样，温度 T 时，当 $f_\nu(T)=e^{-\nu h\nu/kT}/q$ 时，其中 q 是分子振动配分函数（专题 13B），则总速率系数为：

$$k_r=\frac{k_r^{\circ}}{q}\sum_{\nu,\nu'}\delta_{\nu\nu'}e^{-\nu h\nu/kT}=\frac{k_r^{\circ}}{q}\overbrace{\sum_{\nu'}e^{-\nu' h\nu/kT}}^{q}=k_r^{\circ}$$

18D.3 势能面

讨论分子束结果和计算态－态碰撞截面最重要的概念之一是反应的势能面（potential energy surface），即势能是参与反应的所有原子相对位置的函数。势能面可以根据实验数据和量子化学计算的结果来构建（专题 9E）。理论方法要求系统地计算大量几何排列下系统的能量。特殊的计算技术，例如在专题 9E 中描述的技术，可用于考虑电子相关性，它源自当电子在分子或分子簇中相互靠近和远离时电子之间的相互作用。准确引入电子相关性的技术非常耗时，因此，最可靠的结果是相对简单的粒子之间的反应，如 $H+H_2\longrightarrow H_2+H$ 和 $H+H_2O\longrightarrow OH+H_2$。另一种方法是采用半经验法，利用计算结果和实验参数来构建势能面。

为了阐明势能面的特征，考虑一个 H 原子和一个 H_2 分子之间的碰撞。详细的计算表明，与任何其他方法相比，一个 H_A 原子沿 H_B–H_C 轴的接近发生反应所需的能量较其他路径更少。因此，一开始将注意力集中在共线路径上很方便。需要两个参数来定义核间距：H_A–H_B 核间距 R_{AB} 和 H_B–H_C 核间距 R_{BC}。

遭遇开始，R_{AB} 实际上无限长，R_{BC} 是 H_2 平衡键长。一次成功的反应遭遇结束时，R_{AB} 为平衡键长，R_{BC} 无限大。三原子系统的总能量取决于它们的相对间距，可通过电子结构计算得到。系统总

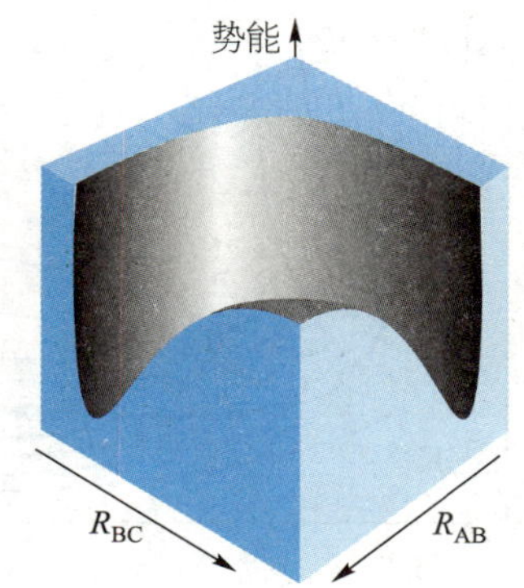

图 18D.11　原子共线碰撞时反应 $H+H_2\longrightarrow H_2+H$ 的势能面

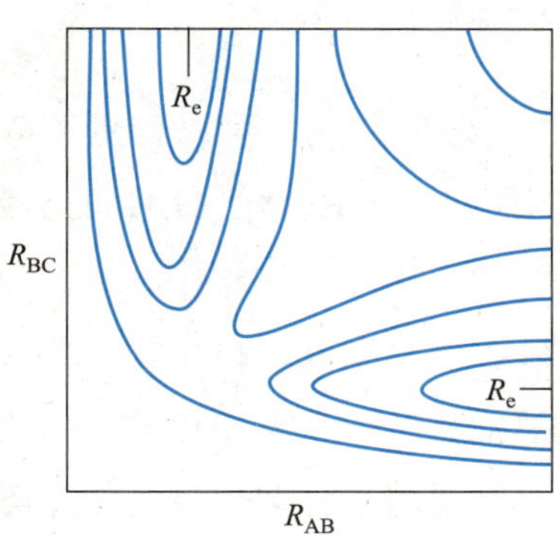

图 18D.12　与图 18D.11 中表面相对应的等值线图（势能等值线）。R_e 表示 H_2 分子的平衡键长（严格地说，它与第三个原子处于无穷远处的排列有关）

能量对 R_{AB} 和 R_{BC} 的作图给出了该共线反应的势能面（图 18D.11）。这个面通常描绘为等值线图（图 18D.12）。

当 R_{AB} 很大时，由势能面表示的势能随 R_{BC} 的变化实际上是一个孤立的 H_2 随着键长的改变所对应的势能变化。例如，在 $R_{AB}=\infty$ 处通过表面的截面与 H_2 的键合势能曲线相同。在图的边缘处，此时 R_{BC} 很大，通过表面的截面是一个孤立的 H_AH_B 分子势能曲线。

简要说明 18D.2

双分子反应 $H+H_2O\longrightarrow OH+H_2$ 在燃烧过程中起重要的作用。该反应可以用 HO_2 的势能面和共线靠近时的两个距离 R_{HO_A} 和 $R_{O_AO_B}$ 来表征。当 R_{HO_A} 很大时，HO_2 势能随 $R_{O_AO_B}$ 的变化相当于一个孤立 O_2 分子的势能随其键长的变化。类似地，当 $R_{O_AO_B}$ 很大时，通过势能面的一个截面就是一个孤立 OH 自由基的分子势能曲线。

原子在遭遇过程中的实际路径取决于它们的总能量，即动能和势能之和。然而，通过识别与

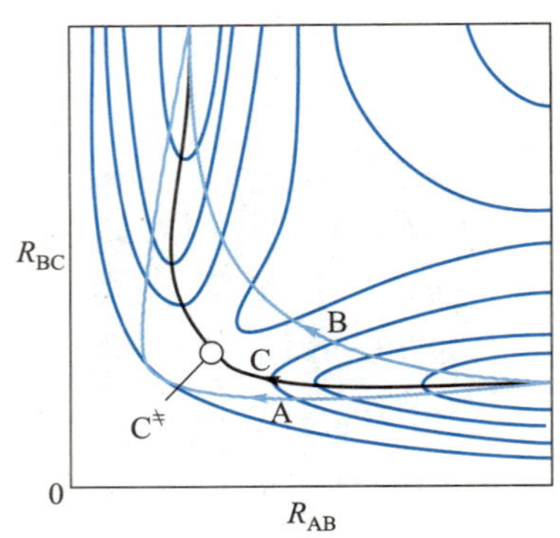

图 18D.13　通过图 18D.12 所示的势能面的各种轨迹（路径 A 对应于当 H_A 接近时 R_{BC} 几乎保持恒定的路径；路径 B 对应于在 H_A 趋近的早期 R_{BC} 伸长的路径；路径 C 是沿势能谷底面的路径）

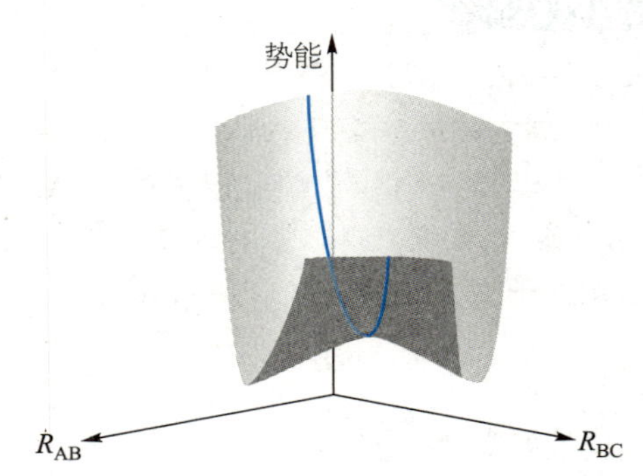

图 18D.14　过渡态是一组构型（在此用横跨鞍点的红线标记），成功的反应轨迹必须通过这些构型

最小势能相对应的路径，可以初步了解系统的可用路径。例如，考虑 H_A 接近 H_BH_C 时势能的变化。如果在 H_A 时的起始接近过程中 $H_B—H_C$ 键长恒定，则 H_3 簇的势能沿着图 18D.13 中标记为 A 的路径上升。当 H_A 被推入分子时势能达到一个很高的值，然后随着 H_C 断裂离开并到达很远的距离时势能急剧下降。可以设想另一种反应路径(B)，即 $H_B—H_C$ 键长增加而 H_A 仍距离较远。尽管两条路径在分子有足够的初始动能时都是可行的，但在相遇的过程中，都将三个原子带入高势能的区域。

势能最低的路径是标记为 C 的路径，对应于随着 H_A 接近并开始与 H_B 形成键时 R_{BC} 的伸长。随着进入原子的靠近，$H_B—H_C$ 键松弛，且势能仅攀升至势能面的马鞍形区域，并到达标记为 $C^{\ddagger}$ 的**马鞍点**（saddle point）：最不需要增加势能的遭遇是，原子沿着 C 路径沿山谷底部向上，穿过鞍点，并随着 H_C 的离去沿着另一个山谷底部向下到达谷底，新的 $H_A—H_B$ 键达到其平衡长度。该路径就是反应坐标。

现在可以与反应速率的过渡态理论联系起来（专题 18C）。根据势能面上的轨迹，总能量接近鞍点能量，过渡态可以用构型的一个临界范围来确定，这样每条经过这个构型的轨迹都能继续反应（图 18D.14）。势能面上的大多数轨迹不直接经过鞍点，因此要发生反应，需要的总能量明显高于鞍点能量。因此，实验确定的活化能往往明显高于计算的鞍点能。

18D.4　一些实验和计算结果

虽然量子力学隧穿可以在反应中发挥重要作用，特别是在氢原子和电子转移反应中，这一讨论从考虑粒子在表面的经典轨迹开始。从这点来看，要想成功地从反应物到产物，进入的分子必须具有足够的动能才能爬到势能面的鞍点。因此，可以通过改变趋近的相对速率（通过选择分子束速度）和振动激发程度，并观察反应是否发生，以及产物是否出现在一振动激发态等实验来探究表面的形状（图 18D.15）。例如，可以回答这样一个问题，究竟是利用大量的平动能撞击反应物更好，还是确保它们以高度激发的振动态趋近？也即，是否 H_BH_C 分子起先被振动激发态的 C_2^* 轨迹比总能量相同，但反应物具有很高平动动能的轨迹 C_1^* 更有效地导致反应的发生？

（a）进攻和分离的方向

图 18D.16 显示了当一个 H 原子从不同角度接近 H_2 分子时势能的计算结果，在每种情况下，H—H 键被允许弛豫到最佳长度。如之前所假设的，共线攻击的势垒最小（但要注意，其他角度的攻击也是可行的，并对总反应速率有贡献）。相反，图 18D.17 显示了 Cl 原子接近 HI 分子时势能的变化。最低的势垒出现在围绕着 H 原子圆锥半角为 30° 的一个锥内的那些趋近中。应该注意这一结果与碰撞理论空间因子的计算有一定的相关性：并不是

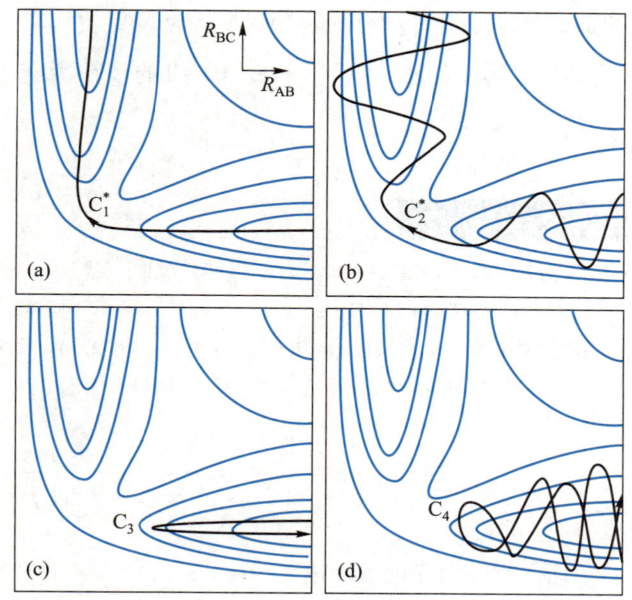

图18D.15 一些成功的（*）和不成功的遭遇。(a) C_1^*对应于谷底的路径。(b) C_2^*对应于A接近一个振动着的BC分子以及C离开时一个振动着的AB分子的形成。(c) C_3对应于A接近一个非振动BC分子，但平动能不足。(d) C_4对应于A接近一个振动着的BC分子，但能量和振动相位仍然不足以反应

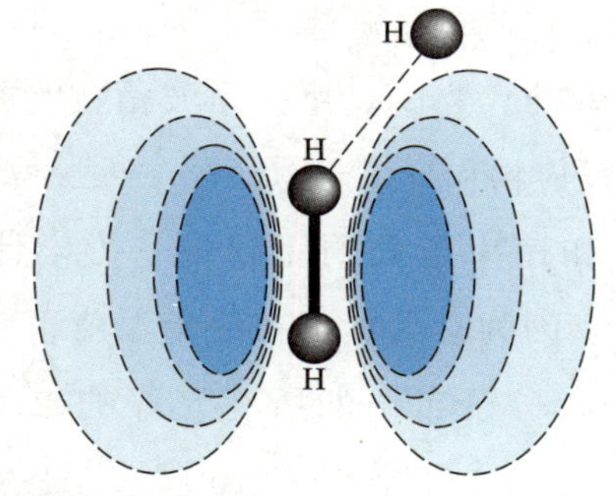

图18D.16 势能的各向异性随着H以不同角度攻击H_2的变化。共线攻击具有最低的反应势垒。表面表示每个构型沿反应坐标的势能曲线

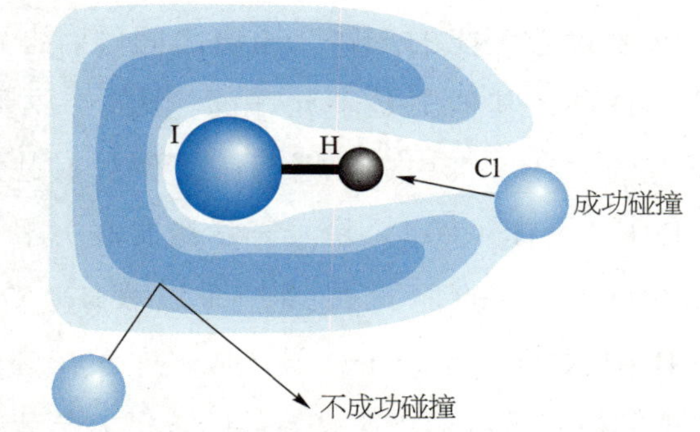

图18D.17 Cl接近HI的势垒。本例中只有Cl以几乎直接朝向H原子的方式接近时才会发生成功的遭遇

所有的碰撞都是成功的，因为它们并不都位于反应锥内。

如果碰撞是黏性的，那么当反应物相互碰撞时，它们会绕着对方轨道运动，产物会以随机的方向出现，因为趋近方向的所有记忆都消失了。一次转动大约需要1 ps，所以如果碰撞在不到1 ps的时间内结束，络合物就没有时间转动，产物就会朝一特定方向被抛出。例如，在K和I_2的碰撞中，大部分产物朝前方被抛出（“向前”和“向后”是指在质心坐标系中的方向，该坐标系以碰撞反应物的质心为原点，且当分子在原点时发生碰撞）。这种产物分布与鱼叉机制一致（专题18A），因为跃迁发生在很长的范围。相比之下，K与CH_3I的碰撞只有当分子彼此非常接近时，才会发生反应。在这个机理中，K有效撞入一墙壁，而产物KI则逆向反弹。对产物角度分布各向异性的检测可明确反应所需的距离和趋近的方向，并表明该反应在不到1 ps的时间内即可完成。

（b）吸引面和排斥面

有些反应对能量究竟是沉积在碰撞分子的一振动模式中还是相对平动能储存非常敏感。例如，如果两个HI分子以超过反应活化能的两倍的能量猛掷在一起，那么如果所有能量都是单纯的平动能，则不会发生反应。例如，对于$F + HCl \longrightarrow Cl + HF$，当HCl处于第一振动激发态时，反应的效率比其处于振动基态时的效率提高约5倍，尽管HCl的总能量相同。

通过检查势能面可以获得这些要求的起因。图18D.18显示了一个**吸引面**（attractive surface），其中鞍点出现在反应坐标的早期。图18D.19显示了一个**排斥面**（repulsive surface），其中鞍点出现较晚。在一个方向上表现为吸引面的，在反方向上则是排斥面。

首先考虑吸引面。如果原始分子处于振动激发态，那么其与进来分子的碰撞会使系统沿着C方向运动。这条路径被限制在反应物区域，不会把

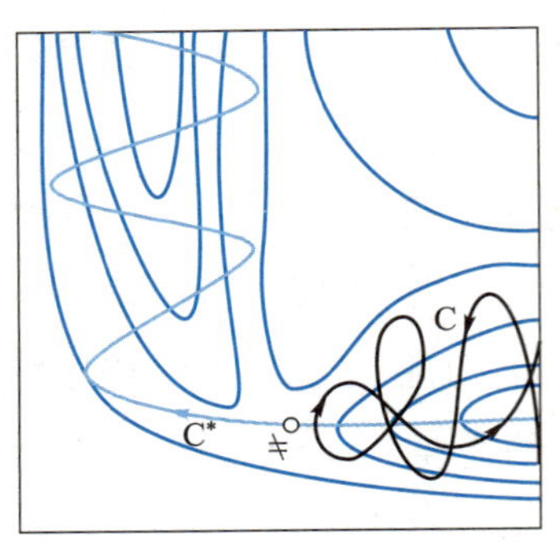

图 18D.18　一个吸引势能面。一次成功的遭遇（C^*）涉及高平动能，并产生振动激发态的产物

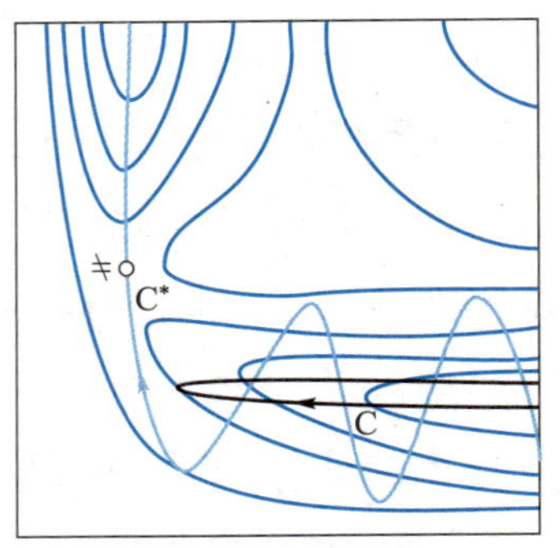

图 18D.19　一个排斥势能面。一次成功的遭遇（C^*）涉及初始振动激发态且产物具有高的平动能。在一个方向上为吸引的反应在反方向上是排斥的

系统带到鞍点。然而，如果同样的能量完全以平动能的形式存在，那么系统将沿着C^*行进，并平稳地通过鞍点转化成产物。因此，如果能量在相对平动运动中，则具有吸引势能面的反应会更有效。此外，势能面表明，一旦通过了鞍点，轨迹将沿着产物谷陡峭的壁面向上延伸，然后随着产物的分离，从一侧翻到另一侧，直到谷底。换句话说，产物以振动激发态出现。

现在考虑排斥面。在轨迹C上，碰撞能量主要是平动能。随着反应物接近，势能上升。它们的路径将它们带上到山谷的相反面，然后又被反射回反应物区域。该路径对应于一次不成功的遭遇，即使能量足以进行反应。

在轨迹C^*上，部分能量为反应物分子的振动能，当它接近鞍点时，运动导致轨迹在山谷中左右摇摆上升。该运动足以使系统转弯到鞍点，然后再转向产物。在这种情况下，产物分子预期处于非激发振动态。因此，如果多余的能量以振动的形式存在，具有排斥势能面的反应可望更有效地进行。例如，$H + Cl_2 \longrightarrow HCl + Cl$的反应就是这样。

简要说明 18D.3

反应$H + Cl_2 \longrightarrow HCl + Cl$具有一排斥势能面。以下四个反应过程，$H + Cl_2(\nu) \longrightarrow HCl + Cl(\nu')$[表示为$(\nu, \nu')$]，具有相同的总能量，(a)(0, 0)，(b)(2, 0)，(c)(0, 2)，(d)(2, 2)，反应（b）最可能，反应物处于振动激发态，产物处于振动未激发态。

（c）量子力学散射理论

反应图像可通过使用经典力学计算一组初始条件下，例如反应粒子的速度、相对方向和内能，反应中发生的原子轨迹来获得。然而，经典的轨迹计算没有认识到原子、电子和原子核的运动是由量子力学控制的这一事实。因而轨迹的概念逐渐淡化，取而代之的是用一个波函数的展开来表示最初的反应物和最终产物。

轨迹和速率系数的完整量子力学计算是非常困难的，因为必须考虑在给定温度下系统中被每个原子和分子布局的所有允许的电子态、振动态和转动态。通常将“通道”定义为处于明确量子力学允许状态中的一组分子。然后，在一给定温度下，有很多通道代表反应物，也有很多通道代表可能的产物，通道之间的有些跃迁是允许的，其他则是不允许的。此外，并不是所有的跃迁都会引起化学反应。例如，过程$H_2^* + OH \longrightarrow H_2 + OH^*$（星号表示激发态）相当于$H_2$和OH之间的能量传递，而过程$H_2^* + OH \longrightarrow H + H_2O$则表示一个化学反应。即使在这种简单的四原子系统中，速率系数的量子力学计算的复杂之处在于，在给定温度下许多反应通道都能产生所需的产物$H + H_2O$，它们本身可以许多不同的通道形成。这样，在固定总能量E时**累积反应概率**（cumulative reaction probability）$\bar{P}(E)$可写为

$$\bar{P}(E)=\sum_{i,j}P_{i,j}(E)$$ 累积反应概率 （18D.5）

式中 $P_{i,j}(E)$ 是反应通道 i 和产物通道 j 之间跃迁的概率，求和针对所有可能形成产物的跃迁。然后，就有可能证明速率系数可由下式给出：

$$k_{\mathrm{r}}(T)=\frac{\int_0^{\infty}\bar{P}(E)\mathrm{e}^{-E/kT}\mathrm{d}E}{hQ_{\mathrm{R}}(T)}$$ 速率系数 （18D.6）

式中 $Q_{\mathrm{R}}(T)$ 是温度 T 时反应物的配分函数密度（配分函数除以体积）。式（18D.6）的意义在于它提供了实验量（即速率系数）速率系数和理论量 $\bar{P}(E)$ 之间的直接联系。

概念清单

☐ 1. **分子束**是行进通过抽空容器的一种准直的窄分子流。

☐ 2. 在分子束中，分子的散射模式取决于量子力学效应和分子间势能的细节。

☐ 3. **范德华分子**是AB形式的复合物，其中A和B通过范德华力或氢键结合在一起。

☐ 4. 研究反应碰撞的技术包括**红外化学发光**、**激光诱导荧光**、**多光子电离**（MPI）、**共振增强多光子电离**（REMPI）和**反应产物成像**。

☐ 5. **势能面**把势能表示成参与反应的所有原子相对位置的函数。

☐ 6. 在**吸引面**中，鞍点（反应物和生成物之间山谷的最高点）出现在反应坐标的早期。

☐ 7. 在**排斥面**中，鞍点出现在反应坐标的后期。

公式清单

性质	公式	说明	公式编号
分子散射速率	$\mathrm{d}I=\sigma I\mathcal{N}\mathrm{d}x$	σ 是微分散射截面	18D.1
速率系数	$k_{\mathrm{r}}=\langle\sigma v_{\mathrm{rel}}\rangle N_{\mathrm{A}}$		18D.2
态－态反应速率系数	$k_{nn'}=\langle\sigma_{nn'}v_{\mathrm{rel}}\rangle N_{\mathrm{A}}$		18D.3
总包反应速率系数	$k_{\mathrm{r}}=\sum_{nn'}k_{nn'}(T)f_n(T)$		18D.4
累积反应概率	$P(E)=\sum_{i,j}P_{i,j}(E)$		18D.5
速率系数	$k_{\mathrm{r}}(T)=\int_0^{\infty}\bar{P}(E)\mathrm{e}^{-E/kT}\mathrm{d}E/hQ_{\mathrm{R}}(T)$	$Q_{\mathrm{R}}(T)$ 是配分函数密度	18D.6

专题18E

均相系统中的电子转移

▶ 为何需要学习这部分内容？

蛋白质结合的辅因子之间或蛋白质之间的电子转移反应在各种生物过程中发挥着重要作用。电子转移在均相非生物催化中也很重要。

▶ 核心思想是什么？

供体－受体复合物中的电子转移速率系数取决于电子供体与受体之间的距离、标准反应吉布斯能及达到一特定原子排列所需的能量。

▶ 需要哪些预备知识？

本专题利用了过渡状态理论（专题18C）。也使用了隧穿的概念（专题7D）、稳态近似（专题17E）和富兰克－康顿（Frank-Condon）原理（专题11F）。

过渡态理论和量子理论的概念可以用来研究一个看似简单的过程，即均相系统中分子间的电子转移。这里所提出的方法可用来较准确地预测这类电子转移的速率。

18E.1 速率方程

考虑溶液中从电子供体物种D到受体物种A的电子转移，总反应为

$$\mathrm{D} + \mathrm{A} \longrightarrow \mathrm{D}^{+} + \mathrm{A}^{-} \quad v = k_{\mathrm{r}}[\mathrm{D}][\mathrm{A}] \qquad (18\mathrm{E}.1)$$

在该机理的第一步中，D和A必须通过溶液扩散，并在相遇时形成复合物DA：

$$\mathrm{D} + \mathrm{A} \underset{k_{\mathrm{a}}'}{\overset{k_{\mathrm{a}}}{\rightleftharpoons}} \mathrm{DA} \qquad (18\mathrm{E}.2\mathrm{a})$$

假设在复合物中，D和A间距为d，d是二者外表面之间的距离。在DA复合物中发生电子转移生成$\mathrm{D}^{+}\mathrm{A}^{-}$：

$$\mathrm{DA} \underset{k_{\mathrm{et}}'}{\overset{k_{\mathrm{et}}}{\rightleftharpoons}} \mathrm{D}^{+}\mathrm{A}^{-} \qquad (18\mathrm{E}.2\mathrm{b})$$

复合物$\mathrm{D}^{+}\mathrm{A}^{-}$也可以解离为离子，离子在溶液中发生扩散：

$$\mathrm{D}^{+}\mathrm{A}^{-} \xrightarrow{k_{\mathrm{d}}} \mathrm{D}^{+} + \mathrm{A}^{+} \qquad (18\mathrm{E}.2\mathrm{c})$$

现在，可用专题17E中描述的方法写出总反应$\mathrm{D} + \mathrm{A} \longrightarrow \mathrm{D}^{+} + \mathrm{A}^{-}$速率系数的表达式。

如何完成？ 18E.1　导出溶液中电子转移速率系数的表达式

因为反应产物是解离的离子，用式（18E.2C）所描述步骤的速率确定总反应的速率［式（18E.1）］：

$$v = k_{\mathrm{d}}[\mathrm{D}^{+}\mathrm{A}^{-}]$$

然后按照以下步骤进行。

步骤1 *对两个中间产物应用稳态近似*

反应有两个中间产物，即DA和$\mathrm{D}^{+}\mathrm{A}^{-}$，所以对两个中间物种应用稳态近似（专题17E）：

$$\frac{\mathrm{d}[\mathrm{D}^{+}\mathrm{A}^{-}]}{\mathrm{d}t} = k_{\mathrm{et}}[\mathrm{DA}] - k_{\mathrm{et}}'[\mathrm{D}^{+}\mathrm{A}^{-}] - k_{\mathrm{d}}[\mathrm{D}^{+}\mathrm{A}^{-}] = 0$$

得

$$[\mathrm{DA}] = \frac{k_{\mathrm{et}}' + k_{\mathrm{d}}}{k_{\mathrm{et}}}[\mathrm{D}^{+}\mathrm{A}^{-}]$$

DA的稳态近似表达式为

$$\frac{\mathrm{d}[\mathrm{DA}]}{\mathrm{d}t} = k_{\mathrm{a}}[\mathrm{D}][\mathrm{A}] - k_{\mathrm{a}}'[\mathrm{DA}] - k_{\mathrm{et}}[\mathrm{DA}] + k_{\mathrm{et}}'[\mathrm{D}^{+}\mathrm{A}^{-}] = 0$$

接下来，用[DA]的表达式替换上式中的蓝色项，得

$$\begin{aligned} & k_{\mathrm{a}}[\mathrm{D}][\mathrm{A}] - \frac{(k_{\mathrm{et}}' + k_{\mathrm{d}})(k_{\mathrm{a}}' + k_{\mathrm{et}})}{k_{\mathrm{et}}}[\mathrm{D}^{+}\mathrm{A}^{-}] + k_{\mathrm{et}}'[\mathrm{D}^{+}\mathrm{A}^{-}] \\ & = k_{\mathrm{a}}[\mathrm{D}][\mathrm{A}] - [\mathrm{D}^{+}\mathrm{A}^{-}]\left[\frac{(k_{\mathrm{et}}' + k_{\mathrm{d}})(k_{\mathrm{a}}' + k_{\mathrm{et}})}{k_{\mathrm{et}}} - k_{\mathrm{et}}'\right] \\ & = k_{\mathrm{a}}[\mathrm{D}][\mathrm{A}] - [\mathrm{D}^{+}\mathrm{A}^{-}]\frac{(k_{\mathrm{et}}' + k_{\mathrm{d}})(k_{\mathrm{a}}' + k_{\mathrm{et}}) - k_{\mathrm{et}}'k_{\mathrm{et}}}{k_{\mathrm{et}}} = 0 \end{aligned}$$

可见

$$\begin{aligned} [\mathrm{D}^{+}\mathrm{A}^{-}] &= \frac{k_{\mathrm{a}}k_{\mathrm{et}}}{(k_{\mathrm{et}}' + k_{\mathrm{d}})(k_{\mathrm{a}}' + k_{\mathrm{et}}) - k_{\mathrm{et}}'k_{\mathrm{et}}}[\mathrm{D}][\mathrm{A}] \\ &= \frac{k_{\mathrm{a}}k_{\mathrm{et}}}{k_{\mathrm{et}}'k_{\mathrm{a}}' + k_{\mathrm{d}}k_{\mathrm{a}}' + k_{\mathrm{d}}k_{\mathrm{et}}}[\mathrm{D}][\mathrm{A}] \end{aligned}$$

步骤 2　*写出速率系数的表达式*

反应的总速率 $v = k_d[D^+A^-]$，现在可写为

$$v = k_d \frac{k_a k_{et}}{k'_{et}k'_a + k_d k'_a + k_d k_{et}}[D][A]$$

这个表达式具有 $v = k_r[D][A]$ 的形式，其中 k_r 可表示为

$$k_r = \frac{k_a k_{et} k_d}{k'_a k'_{et} + k_d k'_a + k_d k_{et}} = \frac{k_a k_{et} k_d}{k'_a(k'_{et} + k_d) + k_d k_{et}}$$

步骤 3　*重新排列前面的表达式*

上式右侧分子和分母同时除以 $k_d k_{et}$，可得到一个更简便的表达式：

$$k_r = \frac{k_a}{k'_a(k'_{et} + k_d)/k_{et}k_d + 1}$$

等式两边取倒数：

$$\frac{1}{k_r} = \frac{1}{k_a} + \frac{k'_a}{k_a k_{et} k_d}(k'_{et} + k_d)$$

因此

$$\frac{1}{k_r} = \frac{1}{k_a} + \frac{k'_a}{k_a k_{et}}\left(1 + \frac{k'_{et}}{k_d}\right) \quad \text{电子转移速率系数} \qquad (18E.3)$$

为了深入了解这个方程及决定溶液中电子转移反应速率的因素，假设 D^+A^- 的主要衰减方式是复合物解离为离子，因此 $k_d[D^+A^-] \gg k'_{et}[D^+A^-]$，这意味着 $k_d \gg k'_{et}$，则

$$\frac{1}{k_r} \approx \frac{1}{k_a}\left(1 + \frac{k'_a}{k_{et}}\right)$$

物理解释

- 当 $k_{et}[DA] \gg k'_a[DA]$ 时，$k_r \approx k_a$，产物的生成速率受 D 和 A 在溶液中的扩散控制。
- 当 $k_{et}[DA] \ll k'_a[DA]$ 时，$k_r \approx (k_a/k'_a)k_{et} = Kk_{et}$，式中 K 是扩散遭遇的平衡常数。这个过程受 k_{et}，也即 DA 复合物中电子转移的活化能所控制。

18E.2　电子隧穿作用

通过引入过渡态理论的推论可做进一步分析，即在一给定的温度下，$k_{et} \propto e^{-\Delta^{\ddagger}G/RT}$，其中 $\Delta^{\ddagger}G$ 是活化吉布斯能。因此，剩下的任务是写出比例系数和 $\Delta^{\ddagger}G$ 的表达式。讨论集中在电子转移过程理论的以下两个关键方面，这个理论是由 R. A. Marcus、N. S. Hush、V. G. Levich 和 R. R. Dogonadze 独立发展起来的。

- 电子通过隧穿势垒传递，势垒的高度部分由 DA 和 D^+A^- 复合物的电离能决定。电子隧穿影响 k_{et} 表达式中比例系数的大小。
- 复合物 DA 及其周围的溶剂分子在电子转移之前进行结构重排。与这些重排有关的能量和标准反应吉布斯能决定 $\Delta^{\ddagger}G$。

根据富兰克－康顿原理（专题 11F）。电子跃迁是如此之快，可以认为它们是在一静止的核骨架中发生的。这一原理也适用于电子转移过程，其中电子从一个代表 DA 能量对其几何形状的依赖关系的能量表面转移至另一个代表 D^+A^- 能量的表面。这两个复合物（反应物 DA 和产物 D^+A^-）的势能（和吉布斯能）面可以用谐振子的抛物线特征来表示，其中位移坐标对应于几何形状的变化（图 18E.1）。这个坐标代表电子供体、受体和溶剂的一个集合模式。

根据富兰克－康顿原理，由于电子的转移，当系统从反应物进入产物表面时，原子核确实没有时间移动。因此，只有热波动使 DA 的几何形状达到图 18E.1 中的 $q^{\ddagger}$，即位于两个抛物线相交处的核坐标值时，才发生电子转移（图 18E.1）。

k_{et} 表达式中的比例系数是 $q^{\ddagger}$ 处系统从反应物（DA）通过热激发的 DA 复合物内的电子转移转换为产物（D^+A^-）的速率的量度。为了理解这一过程，考虑对于一给定的 D 和 A 之间的距离 d，

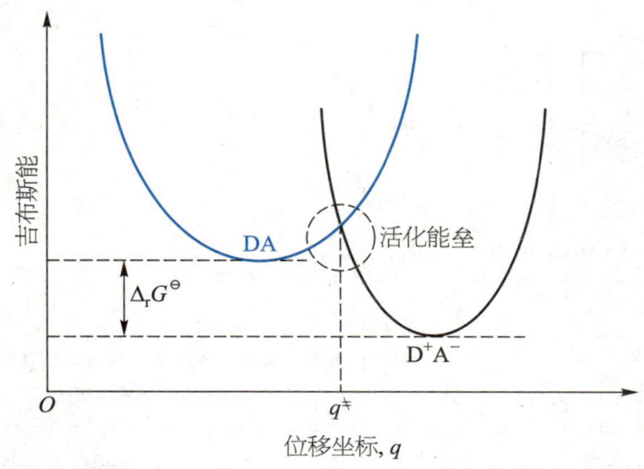

图 18E.1　参与电子转移过程的复合物 DA 和 D^+A^- 的吉布斯能表面可由谐振子的抛物线特征来表示，其中位移坐标 q 对应于变化着的系统几何形状

核坐标的重排对DA和D^+A^-电子能级的影响（图18E.2）。起初，DA的HOMO轨道能量低于D^+A^-的LUMO轨道［图18E.2（a）］。随着核重排成图18E.2（b）中q^*表示的构型，DA的HOMO轨道和D^+A^-的LUMO轨道变得能量相似，电子转移变得可行。在相当短的距离d内，电子转移的主要机制是隧穿如18E.2（b）所示的势垒。当一个电子从DA的HOMO转移到D^+A^-的LUMO之后，系统弛豫到图18E.2（c）中q_0^P表示的构型。如图中所示，现在D^+A^-的能量低于DA，反映了A保持还原态(A^-)和D保持氧化态(D^+)的热力学趋势。

引起电子转移的隧穿条件与专题7D中描述的类似，下面这种情况除外：电子从DA（具有波函数ψ_{DA}）的一个电子能级隧穿到D^+A^-（具有波函数$\psi_{D^+A^-}$）的一个电子能级。从波函数ψ_{DA}描述的一个能级到$\psi_{D^+A^-}$描述的一个能级的电子跃迁速率正比于积分的平方：

$$H_{et}=\int\psi_{DA}\hat{h}\psi_{D^+A^-}d\tau$$

式中$\hat{h}$是描述电子波函数耦合的哈密顿算符。H_{et}通常被称为“电子耦合矩阵元”。隧穿通过势垒的概率通常与势垒的宽度具有指数关系（专题7D），这表明

$$H_{et}(d)^2=H_{et}^{\circ 2}e^{-\beta d} \quad (18E.4)$$

式中d是D和A之间的边－边距离，β是量度电子耦合矩阵元对距离灵敏度的一个参数，H_{et}°是$d=0$时电子耦合矩阵元的值。β值取决于电子必须从供体传递到受体的介质。在真空中，$28\ nm^{-1}<\beta<35\ nm^{-1}$，而当中间媒介是电子供体和受体之间的一个分子链时，$\beta\approx 9\ nm^{-1}$。

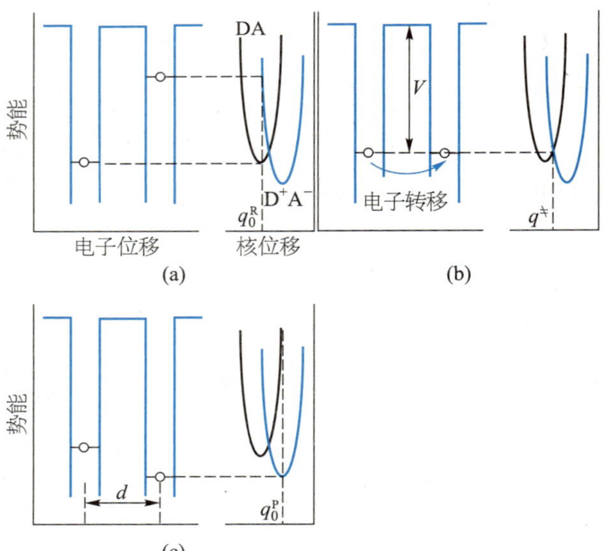

图18E.2 （a）在q_0^R表示的核构型中，DA中传递的电子在HOMO轨道中；D^+A^-的LUMO能量太高不能进行有效的电子传递。（b）随着核重排成由q^*表示的构型，D^+A^-的LUMO能量和DA的HOMO变得能量相似，通过隧穿发生电子传递。（c）系统弛豫至由q_0^P表示的D^+A^-平衡核构型，其中DA的LUMO能量高于D^+A^-的HOMO。改编自R.A. Marcus和N. Sutin, *Biochim. Biophys. Acta*, 811, 265 (1985)

18E.3 速率系数

$k_{et}\propto e^{-\Delta^{\ddagger}G/RT}$中的比例系数正比于$H_{et}(d)^2$，如式（18E.4）所示。详细计算（此处未列出）表明，k_{et}的完整表达式为

$$k_{et}=\frac{1}{h}\left(\frac{\pi^3}{RT\Delta E_R}\right)^{1/2}H_{et}(d)^2e^{-\Delta^{\ddagger}G/RT} \quad (18E.5)$$

式中ΔE_R是**重组能量**（reorganization energy），即为了使DA可采取D^+A^-的平衡几何构型而必须发生的分子重排相关的能量变化。这些分子重排包括DA中D和A分子的相对重新定向及DA周围溶剂分子的相对重新定向。为使用式（18E.5），有必要用一个简单的反应模型来找出活化吉布斯能的表达式。

如何完成？18E.2 建立活化吉布斯能的表达式

推导电子转移活化吉布斯能表达式的最简单方法是构建一个模型，其中DA（反应物复合物，表示为R）和D^+A^-（产物复合物，表示为P）的能量面对反应坐标q作图，并假设是两个相同的抛物线但最小值的位移不同（图18E.3）。为简单起见，在反应物抛物线的最小值处的q设为0，并从该最小值处测量吉布斯能，则$G_{m,R}(q)=k_e q^2$和$G_{m,P}(q)=k_e(-q_0^P)^2+\Delta_r G^{\ominus}$

式中q_0^P是产物抛物线最小值的位置，k_e是描述抛物线曲率的常数，$\Delta_r G^{\ominus}$是电子转移过程DA ⟶ D^+A^-的标准反应吉布斯能。

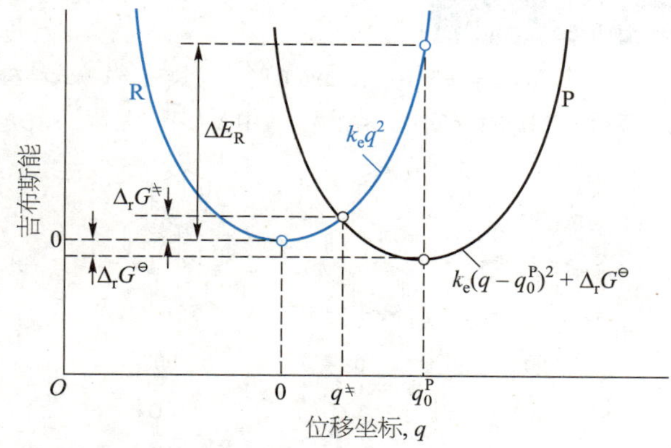

图 18E.3 用于计算电子转移过程活化吉布斯能的模型系统

当反应坐标从 $q=0$ 变化到 P 的产物平衡值 q_0^P 时，用 $\Delta E_R = G_{m,R}(q_0^P) = k_e q_0^{P2}$ 表示反应物 R 的吉布斯能之差值。活化吉布斯能 $\Delta^{\ddagger} G = G_{m,R}(q^{\ddagger}) = k_e q^{\ddagger 2}$ 是当坐标从 $q=0$ 变化到 $q^{\ddagger}$ 时，反应物 R 吉布斯能的改变。然后按照以下步骤进行。

步骤 1 *确定活化络合物的位置*

活化络合物出现在两条抛物线的相交之处，即

$$k_e q^{\ddagger 2} = k_e(q^{\ddagger}-q_0^P)^2+\Delta_r G^{\ominus}$$
$$= k_e q^{\ddagger 2} - 2k_e q_0^P q^{\ddagger} + \overbrace{k_e q_0^{P2}}^{\Delta E_R} + \Delta_r G^{\ominus}$$

重排后，$q^{\ddagger}$ 的表达式为

$$q^{\ddagger} = \frac{\Delta E_R + \Delta_r G}{2k_e q_0^P}$$

步骤 2 *用 $q^{\ddagger}$ 的表达式推导 $\Delta^{\ddagger}G$ 的表达式*

因为吉布斯能是从反应物的抛物线的最小值（$q=0$ 处）开始测量的，根据 $q^{\ddagger}$ 的表达式，可得

$$\Delta^{\ddagger} G = k_e q^{\ddagger 2} = k_e\left(\frac{\Delta E_R + \Delta_r G^{\ominus}}{2k_e q_0^P}\right)^2$$
$$= \frac{(\Delta E_R + \Delta_r G^{\ominus})^2}{4\underbrace{k_e q_0^{P2}}_{\Delta E_R}}$$

简化为

$$\Delta^{\ddagger} G = \frac{(\Delta_r G^{\ominus} + \Delta E_R)}{4\Delta E_R} \quad \text{活化吉布斯能} \qquad (18E.6)$$

该等式表明，当 $\Delta_r G^{\ominus} = -\Delta E_R$ 时 $\Delta^{\ddagger} G = 0$，且重组能被标准反应吉布斯能抵消。如果这个条件成立，则反应不会因活化能垒减缓。

式（18E.6）有一些局限性。例如，它描述了电子供体和受体之间存在弱电子耦合的过程。当电活性物种之间的距离足够远（$d > 1$ nm），隧穿效应是距离的指数函数时，可观察到弱耦合作用。弱耦合极限适用于大量的电子转移反应，包括代谢过程中蛋白质之间的电子转移反应。当波函数 ψ_A 和 ψ_D 大范围重叠或有其他复杂过程时，可观察到强耦合，此时隧穿速率不再是距离的一个简单指数函数。强耦合系统的例子是混合价态的双核 d 金属配合物，一般结构为 $L_m M^{n+}—B—M^{p+}L_m$，其中电活性金属离子被桥连配体 B 分隔开，在这些系统中，$d < 1.0$ nm。

18E.4 理论的实验验证

关于 k_{et} 对 d 的依赖性，最有意义的实验测试是，将相同的电子供体和受体定位在不同的距离上（可通过共价键连接到分子链上来实现）（如结构式 **1** 所示，其中联苯基为电子供体，A 为各种受体）。在这些条件下，$e^{-\Delta^{\ddagger}G/RT}$ 项变为常数，式（18E.5）取自然对数，并利用式（18E.4），得

$$\ln k_{et} = -\beta d + \text{常数} \qquad (18E.7)$$

这意味着 $\ln k_{et}$ 对 d 作图应为一条直线，斜率为 $-\beta$。

A

1

已研究了一些系统中 k_{et} 对标准反应吉布斯能的依赖关系，其中边－边距离和重组能对一系列反应是恒定的。这样，因为 $k_{et} \propto e^{-\Delta^{\ddagger}G/RT}$ 意味着 $\ln k_{et} = -\dfrac{\Delta^{\ddagger}G}{RT} + \text{常数}$，根据式（18E.6）可得

$$\ln k_{et} = -\frac{(\Delta_r G^{\ominus} + \Delta E_R)^2}{4RT\Delta E_R} + \text{常数}$$
$$= -\frac{(\Delta_r G^{\ominus})^2}{4RT\Delta E_R} - \frac{\Delta_r G^{\ominus}}{2RT} \overbrace{-\frac{\Delta E_R}{4RT} + \text{常数}}^{\text{一个常数}}$$

因此

$$\ln k_{et} = -\frac{RT}{4\Delta E_R}\left(\frac{\Delta_r G^{\ominus}}{RT}\right)^2 - \frac{1}{2}\left(\frac{\Delta_r G^{\ominus}}{RT}\right) + \text{常数} \qquad (18E.8)$$

因此，$\ln k_{et}$（或 $\lg k_{et} = \ln k_{et}/\ln 10$）对 $\Delta_r G^{\ominus}$（或 $-\Delta_r G^{\ominus}$）作图应该是一条向下的抛物线（形式为 $y = ax^2 +$

$bx+c$的曲线；图18E.4）。式（18E.8）意味着速率系数随$\Delta_r G^\ominus$减小而增加，但只到$-\Delta_r G^\ominus=\Delta E_R$。此后，反应进入**反向区**（inverted region），此时速率系数随着反应变得更加放能（$\Delta_r G^\ominus$变得更负而减小）。在一系列特殊的化合物中观察到反向区，在这些化合物中，电子供体和受体通过共价键连接到已知固定大小的分子间隔物上（图18E.5）。

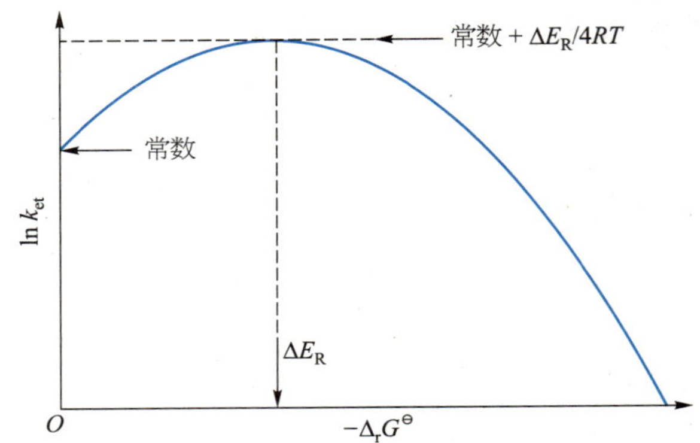

图18E.4 由式（18E.8）预测的$\ln k_{et}$与$-\Delta_r G^\ominus$的抛物线关系

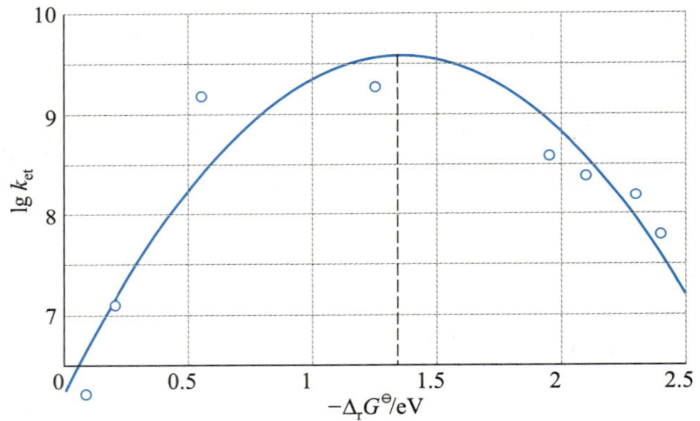

图18E.5 一系列化合物的$\lg k_{et}$与$-\Delta_r G^\ominus$的关系，这些化合物具有（1）中和“简要说明18E.1”中描述的结构。基于J. R. Miller et al., *J. Am. Chem. Soc.*, 106, 3047 (1984)

简要说明18E.1

在2－甲基四氢呋喃中和，296 K时，对具有（1）式结构的一系列化合物进行了动力学测量，其中A为下列基团：

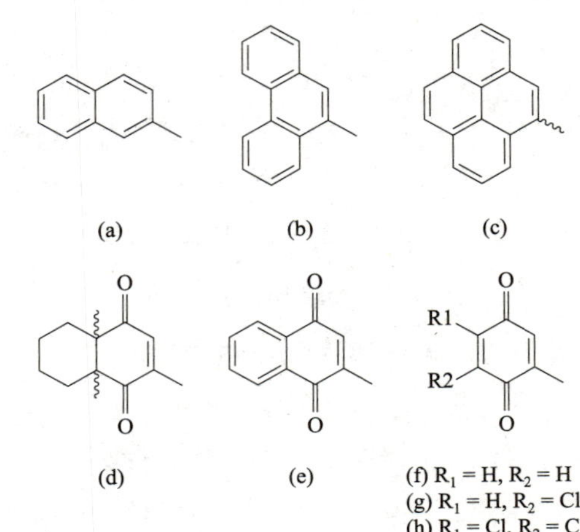

对该系列的所有化合物，供体（还原的联苯基）与受体之间的距离都是恒定的，因为分子连接基保持不变。每个受体都有一个特征的标准电势，因此，电子传递过程的标准吉布斯自由能对于系列中的每个化合物都是不同的。图18E.5中的线是式（18E.8）的拟合线，抛物线的最大值出现在$-\Delta_r G^\ominus=\Delta E_R=1.4\ \text{eV}=1.4\times10^2\ \text{kJ}\cdot\text{mol}^{-1}$。

概念清单

☐ 1. 只有在热波动使核坐标达到电子供体和受体具有相同构型的那一点时，电子转移才能通过隧穿进行。

☐ 2. **重组能**是与分子重排相关的能量变化；这些分子重排必须发生，这样DA才能获得D^+A^-的平衡几何形状。

公式清单

性质	公式	说明	公式编号
电子转移速率系数	$1/k_r=1/k_a+(k_a'/k_ak_{et})(1+k_{et}'/k_d)$	稳态假设	18E.3
隧穿概率	$H_{et}(d)^2=H_{et}^{o2}e^{-\beta d}$	假定	18E.4
速率系数	$k_{et}=(1/h)(\pi^3/RT\Delta E_R)^{1/2}H_{et}(d)^2e^{-\Delta^{\ddagger}G/RT}$	过渡态理论	18E.5
活化吉布斯能	$\Delta^{\ddagger}G=(\Delta_r G^\ominus+\Delta E_R)^2/4\Delta E_R$	假设抛物线型势能	18E.6

主题 18　反应动态学——讨论题、练习题、问题及综合题

专题 18A　碰撞理论

讨论题

D18A.1 讨论气相反应的碰撞理论是如何建立在动力学分子理论的基础上的。

D18A.2 对真实气体，碰撞理论可能如何变化？

D18A.3 描述鱼叉机理的基本特征。

D18A.4 解释反应分子的复杂性如何影响速率系数的值。

练习题

E18A.1(a) 计算氨气在30 ℃、120 kPa时的碰撞频率Z和碰撞密度Z_{AA}，已知$d = 380$ pm。当温度在恒定体积下增加10 K时，二者增加的百分率是多少？

E18A.1(b) 计算CO_2在30 ℃、120 kPa时的碰撞频率Z和碰撞密度Z_{AA}，已知$d = 360$ pm。当温度在恒定体积下增加10 K时，二者增加的百分率是多少？

E18A.2(a) 碰撞理论取决于知道分子连心线上具有最小动能E_a的分子碰撞分数，计算：（1）350 K和（2）900 K时，当（ⅰ）$E_a = 20$ kJ · mol^{-1}和（ⅱ）$E_a = 100$ kJ · mol^{-1}时的碰撞分数。

E18A.2(b) 碰撞理论取决于分子连心线上具有最小动能E_a的分子碰撞分数，计算：（1）300 K和（2）800 K时，当（ⅰ）$E_a = 15$ kJ · mol^{-1}和（ⅱ）$E_a = 150$ kJ · mol^{-1}时的碰撞分数。

E18A.3(a) 当每种情况下温度升高10 K时，计算E18A.2(a)中碰撞分数增加的百分比。

E18A.3(b) 当每种情况下温度升高10 K时，计算E18A.2(b)中碰撞分数增加的百分比。

E18A.4(a) 使用气相化学反应碰撞理论，计算650 K时基元反应$H_2 + I_2 \longrightarrow HI + HI$的二级速率系数理论值。已知碰撞截面为0.36 nm^2，折合质量为3.32×10^{-27} kg，活化能是171 kJ · mol^{-1}。（假设空间因子为1。）

E18A.4(b) 使用气相化学反应碰撞理论，计算450 K时基元反应$D_2 + Br_2 \longrightarrow DBr + DBr$的二级速率系数理论值。已知碰撞截面为0.30 nm^2，折合质量为3.930 m_u，活化能是200 kJ · mol^{-1}。（假设空间因子为1）

E18A.5(a) 对于气体反应$A + B \longrightarrow P$，从频率因子实验值得到反应截面为9.2×10^{-22} m^2。由传输性质估算出A和B的碰撞截面分别为0.95 nm^{2}和0.65 nm^2，计算反应的空间因子P。

E18A.5(b) 对于气体反应$A + B \longrightarrow P$，从频率因子实验值得到反应截面为8.7×10^{-22} m^2。由传输性质估算出A和B的碰撞截面分别为0.88 nm^{2}和0.40 nm^2，计算反应的空间因子P。

E18A.6(a) 根据RRK理论，考虑一个含有5个原子的非线性分子的单分子分解反应。如果$k_b(E)/k_b = 3.0 \times 10^{-5}$，$E^*/E$值是多少？

E18A.6(b) 根据RRK理论，考虑一个含有4个原子的线性分子的单分子分解反应。如果$k_b(E)/k_b = 0.025$，E^*/E值是多少？

E18A.7(a) 假设碰撞过程有250 kJ · mol^{-1}能量的可用，断裂分子（$s = 10$）中的一个特定键需要200 kJ · mol^{-1}。使用RRK模型计算$k_b(E)/k_b$值。

E18A.7(b) 假设碰撞过程有500 kJ · mol^{-1}能量的可用，断裂分子（$s = 12$）中的一个特定键需要300 kJ · mol^{-1}。使用RRK模型计算$k_b(E)/k_b$值。

问　题

P18A.1 25 ℃时，甲基自由基发生二聚反应，实验测得频率因子为2.4×10^{10} dm^3 · mol^{-1} · s^{-1}。（a）反应截面是多少？（b）碳氢键长度154 pm时反应的空间因子是多少？

P18A.2 二氧化氮在气相中发生双分子反应：$NO_2 + NO_2 \longrightarrow NO + NO + O_2$。根据速率方程$d[P]/dt = k_r[NO_2]^2$得到的二级速率系数与温度的关系列于下表。这个反应的空间因子和反应截面是多少？取$\sigma = 0.60$ nm^2。

T/K	600	700	800	1 000
k_r/(cm^3 · mol^{-1} · s^{-1})	4.6×10^2	9.7×10^3	1.3×10^5	3.1×10^6

P18A.3 甲基自由基的直径约为308 pm，298 K时，表达式$d[C_2H_6]/dt = k_r[CH_3]^2$中自由基二级复合反应的最大速率系数是多少？据报道，298 K和100 kpa时，体积为1.0 dm^{3}的乙烷样品有10%分解成甲基自由基。请问复合90%最少需要多长时间？

P18A.4 碱金属原子与卤素分子反应的反应截面见下表［R.D. Levine和R.B. Bernstein, *Molecular reaction dynamics*, Clarendon Press, Oxford, 72 (1974)］。根据鱼叉机理分析数据。已知电子亲和能约为1.3 eV(Cl_2)、1.2 eV(Br_2)和1.7 eV(I_2)，电离能分别为5.1 eV(Na)、4.3 eV(K)、4.2 eV(Rb)和3.9 eV(Cs)。

σ^*/nm^2	Cl_2	Br_2	I_2
Na	1.24	1.16	0.97
K	1.54	1.51	1.27
Rb	1.90	1.97	1.67
Cs	1.96	2.04	1.95

P18A.5 R. Atkinson［*J. Phys. Chem. Ref. Data*, **26**, 215 (1997)］综述了大量与挥发性有机化合物的大气化学有关的速率系数。298 K时，O_2与烷基自由基的双分子反应速率系数推荐值分别为4.7×10^9 dm^3 · mol^{-1} · s^{-1}（对于$R = C_2H_5$）和8.4×10^9 dm^3 · mol^{-1} · s^{-1}（R = 环己基）。假设没有势垒，计算每个反应的空间因子P。提示：可从*资源部分*中相似分子的碰撞截面求得碰撞直径。

专题 18B 扩散控制的反应

讨论题

D18B.1 区分扩散控制反应和活化控制反应。它们都需要活化能吗？

D18B.2 描述遭遇对在笼效应中的作用。

练习题

E18B.1(a) 25 ℃时，水溶液中小分子的典型扩散系数为 $6\times10^{-9}\ \mathrm{m^2\cdot s^{-1}}$。若临界反应距离为 0.5 nm，预期扩散控制反应的二级速率系数是多少？

E18B.1(b) 假设 25 ℃时水溶液中一反应物的典型扩散系数为 $5.2\times10^{-9}\ \mathrm{m^2\cdot s^{-1}}$。如果临界反应距离为 0.4 nm，扩散控制反应的二级速率系数是多少？

E18B.2(a) 计算 298 K 时某一种物质在（ⅰ）水和（ⅱ）戊烷中扩散控制速率系数。黏度分别为 $1.00\times10^{-3}\ \mathrm{kg\cdot m^{-1}\cdot s^{-1}}$ 和 $2.2\times10^{-4}\ \mathrm{kg\cdot m^{-1}\cdot s^{-1}}$。

E18B.2(b) 计算 298 K 时某一种物质在（ⅰ）癸基苯和（ⅱ）浓硫酸中扩散控制速率系数。黏度分别为 3.36 cP 和 27 cP。

E18B.3(a) 320 K 时两个原子在水（$\eta=0.89$ cP）中复合，计算扩散控制的速率系数。假设反应物初始浓度是 $1.5\ \mathrm{mmol\cdot dm^{-3}}$，原子的浓度降到一半需要多长时间？假设反应是基元反应。

E18B.3(b) 320 K 时两个原子在苯中复合，$\eta=0.601$ cP，计算扩散控制的速率系数。假设反应物初始浓度是 $2.0\ \mathrm{mmol\cdot dm^{-3}}$，原子的浓度降到一半时需要多长时间？假设反应是基元反应。

E18B.4(a) 两个中性物种 A 和 B，直径分别为 655 pm 和 1 820 pm，40 ℃时在黏度为 $2.93\times10^{-3}\ \mathrm{kg\cdot m^{-1}\cdot s^{-1}}$ 的一溶剂中发生扩散控制的反应 $\mathrm{A+B\longrightarrow P}$。用式（18B.3）计算初始速率 $\mathrm{d[P]}/\mathrm{d}t$，A 和 B 的初始浓度分别是 $0.170\ \mathrm{mol\cdot dm^{-3}}$ 和 $0.350\ \mathrm{mol\cdot dm^{-3}}$。然后用式（18B.4）重复计算。对导致式（18B.4）所用近似的有效性进行讨论。

E18B.4(b) 两个中性物种 A 和 B，直径分别为 421 pm 和 945 pm，20 ℃时在黏度为 1.35 cP 的一溶剂中发生扩散控制的反应 $\mathrm{A+B\longrightarrow P}$。使用式（18B.3）计算初始速率 $\mathrm{d[P]}/\mathrm{d}t$，A 和 B 的初始浓度分别是 $0.155\ \mathrm{mol\cdot dm^{-3}}$ 和 $0.195\ \mathrm{mol\cdot dm^{-3}}$。然后用式（18B.4）重复计算。对导致式（18B.4）所用近似的有效性进行讨论。

问 题

P18B.1 确认式（18B.8）是式（18B.7）的解。其中，[J] 是在 $k_r=0$ 和初始条件相同时，同一方程的一个解。

P18B.2 使用数学软件或电子表格来研究扩散系数 D 为常数时，改变速率系数 k_r 值对 $[\mathrm{J}]^*$ 空间变化的影响［参见式（18B.8），[J] 见式（18B.9）］。

P18B.3 确认如果边界条件为在 $t>0$ 时 yz 平面上的所有点上，$[\mathrm{J}]=[\mathrm{J}]_0$，以及在 $t=0$ 时其他任何地方，初始条件为 $[\mathrm{J}]=0$，那么在有移去 J 的一级反应存在下去除 J 的解 $[\mathrm{J}]^*$ 与没有反应发生的情况下的那些解 [J] 可通过下式关联：

$$[\mathrm{J}]^*=k_r\int_0^t[\mathrm{J}]\mathrm{e}^{-k_rt}\mathrm{d}t+[\mathrm{J}]\mathrm{e}^{-k_rt}$$

答案以式（18B.7）为依据。

P18B.4 维生素 E 的一种形式，化合物 α-生育酚（维生素 E），是一种强大的抗氧化剂，可以帮助维持生物膜的完整性。R. H. Bisby 和 A. W. Parker［*J. Amer. Chem. Soc.*, **117**, 5664 (1995)］研究了光化学激发的四甲基对苯醌与抗氧化剂在乙醇中的反应。一旦四甲基对苯醌被光化学激发，双分子反应就会以扩散限制的速率发生。(a) 估计乙醇中扩散受限反应的速率系数。(b) 报道的速率系数为 $2.77\times10^{9}\ \mathrm{dm^3\cdot mol^{-1}\cdot s^{-1}}$。如果扩散系数的总和是 $1\times10^{-9}\ \mathrm{m^2\cdot s^{-1}}$，估算临界反应距离。

专题 18C 过渡态理论

讨论题

D18C.1 A + BC 反应中，活化络合物被模拟为一线性三原子簇，哪种模式会被丢弃？

D18C.2 概述艾林方程公式化的要点。

D18C.3 解释动力学盐效应的物理起源。介质相对介电常数的变化如何改变动力学盐效应的大小？

D18C.4 动力学同位素效应是如何研究反应机理的？

练习题

E18C.1(a) 丙烷基黄原酸阴离子 $\mathrm{A^-}$ 在醋酸缓冲溶液中的反应机理为 $\mathrm{A^-+H^+\longrightarrow P}$。30 ℃附近，反应速率系数可由经验表达式 $k_r=A\mathrm{e}^{-(8\,681\ \mathrm{K})/T}$ 给出，其中 $A=2.05\times10^{13}\ \mathrm{dm^3\cdot mol^{-1}\cdot s^{-1}}$。计算 30 ℃时的活化焓和活化熵。

E18C.1(b) 反应 $\mathrm{A^-+H^+\longrightarrow P}$ 的速率系数可由经验表达式 $k_r=A\mathrm{e}^{-(5\,925\ \mathrm{K})/T}$ 给出，其中 $A=6.92\times10^{12}\ \mathrm{dm^3\cdot mol^{-1}\cdot s^{-1}}$。计算 25 ℃时的活化焓和活化熵。

E18C.2(a) 当练习题 E18C.1(a) 中的反应在二氧六环/水混合物

中发生时（其中二氧六环质量分数为30%，30 ℃附近速率系数满足$k_r = Ae^{-(9\,134\ K)/T}$其中，$A = 7.78 \times 10^{14}\ dm^3 \cdot mol^{-1} \cdot s^{-1}$。计算30 ℃时反应的活化吉布斯自由能$\Delta^{\ddagger}G$。假设$\kappa = 1$。

E18C.2(b) 25 ℃附近，速率系数符合表达式$k_r = Ae^{-(4\,972\ K)/T}$，其中，$A = 4.98 \times 10^{13}\ dm^3 \cdot mol^{-1} \cdot s^{-1}$。计算25 ℃时反应的活化吉布斯能$\Delta^{\ddagger}G$。假设$\kappa = 1$。

E18C.3(a) F_2与IF_5之间的气相反应对各反应物均为一级反应。反应活化能为58.6 kJ · mol^{-1}。65 ℃时速率系数为$7.84 \times 10^{-3}\ kPa^{-1} \cdot s^{-1}$。计算65 ℃时的活化熵。

E18C.3(b) 某气相反应对各反应物均为一级。反应活化能为39.7 kJ · mol^{-1}。65 ℃时速率系数为0.35 m^3 · mol^{-1} · s^{-1}。计算65 ℃时的活化熵。

E18C.4(a) 计算300 K时两个无结构的粒子之间碰撞的活化熵。取$M = 65\ g \cdot mol^{-1}$，$\sigma = 0.35\ nm^2$。提示：请参考例题18C.1。

E18C.4(b) 计算450 K两个无结构的粒子之间碰撞的活化熵。取$M = 92\ g \cdot mol^{-1}$，$\sigma = 0.45\ nm^2$。

E18C.5(a) 低压下臭氧二级气相分解反应的频率因子为$4.6 \times 10^{12}\ dm^3 \cdot mol^{-1} \cdot s^{-1}$，其活化能是10.0 kJ · mol^{-1}。计算298 K时的（ⅰ）活化熵，（ⅱ）活化焓和（ⅲ）活化吉布斯能。假设$\kappa = 1$。

E18C.5(b) 低压下某一物种的二级气相分解反应的频率因子为$2.3 \times 10^{13}\ dm^3 \cdot mol^{-1} \cdot s^{-1}$，其活化能是30.0 kJ · mol^{-1}。计算298 K时的（ⅰ）活化熵和（ⅱ）活化焓，（ⅲ）活化吉布斯能。假设$\kappa = 1$。

E18C.6(a) 反应$H_2O_2(aq) + I^-(aq) + H^+(aq) \longrightarrow H_2O(l) + HIO(aq)$的速率系数对所在水溶液的离子强度敏感。25 ℃离子强度为0.052 5时，$k_r = 12.2\ dm^6 \cdot mol^{-2} \cdot min^{-1}$。利用德拜－休克尔极限定律估计离子强度为零时的速率系数。

18C.6(b) 25 ℃，在离子强度为0.024 1时，速率控制步骤涉及两个单电荷阳离子的遭遇反应的$k_r = 1.55\ dm^6 \cdot mol^{-2} \cdot min^{-1}$。利用德拜－休克尔极限定律估计离子强度为零时的速率系数。

E18C.7(a) 估计初级动力学同位素效应对C—H键中^1H和^3H的置换相对速率的影响。提高温度会加剧这种差异吗？取$k_f(C—H) = 450\ N \cdot m^{-1}$。

E18C.7(b) 估计初级动力学同位素效应对C—O键中^{16}O和^{18}O的置换相对速率的影响。提高温度会加剧这种差异吗？取$k_f(C—O) = 1\,750\ Nm^{-1}$。

问 题

P18C.1 对于气相反应$A + A \longrightarrow A_2$，实验速率系数$k_r$经用阿仑尼乌斯公式拟合，得到300 K时，频率因子$A = 4.07 \times 10^5\ dm^3 \cdot mol^{-1} \cdot s^{-1}$，活化能为65.4 kJ · mol^{-1}。计算反应的$\Delta^{\ddagger}S$、$\Delta^{\ddagger}H$、$\Delta^{\ddagger}U$和$\Delta^{\ddagger}G$。

P18C.2 为了解决有关反应机理的争议，在一定温度范围内测定了各种顺式和反式偶氮烷烃的热分解速率。在乙醇中，不稳定的顺式偶氮烷烃以一定的速率分解，且通过观察N_2的释放加以监测，得到如下的速率系数［P.S. Engel和D. J. Bishop, *J. Amer. Chem. Soc.*, **97**, 6754(1975)］。计算－20 ℃时的活化焓、活化熵、活化能和活化吉布斯自由能。

θ/℃	−24.82	−20.73	−17.02	−13.00	−8.95
$k_r/(10^{-4}\ s^{-1})$	1.22	2.31	4.39	8.50	14.3

P18C.3 推导例题18C.1中给出的k_r的表达式从替换热波长开始。

P18C.4 证明即使两种反应的活化能相等，非线性分子之间的双分子反应也比原子之间的慢得多。运用过渡态理论，并做出以下假设。（1）所有振动配分函数均接近1；（2）转动配分函数都约为$1 \times 10^{1.5}$；（3）每一个物种的平动配分函数为1×10^{26}。提示：可从式（18C.9）出发。

P18C.5 这个练习使我们对预测活化络合物的结构所涉及的困难有一定的了解。它也证明了飞秒光谱对理解化学动态学的重要性，因为直接对类似活化络合物的一个簇进行实验观察，消除了许多理论预测的模糊性。考虑H对D_2的攻击，这是$H_2 + D_2$反应中的一个步骤。（a）假设H从侧面接近D_2，形成一个等腰三角形的络合物。H—D距离比H_2中的（74 pm）高出30%，D—D距离比H_2高出20%。设临界坐标为反对称伸缩振动，其中一个H—D键随着另一个氢键的缩短而拉伸。所有的振动约在1 000 cm^{-1}。用400 K实验活化能约为35 kJ · mol^{-1}，估算400 K时这个反应的k_r。（b）现在，改变（a）部分中活化络合物的模型，使其为线形。对这个模型，请使用相同的估算的分子键长和振动频率来计算k_r。（c）显然，修改活化络合物模型参数的余地很大。使用数学软件以合理的方式改变活化络合物的结构和参数，并寻找一个模型（或多个模型）使k_r值接近实验值$4 \times 10^5\ dm^3 \cdot mol^{-1} \cdot s^{-1}$。

P18C.6 M. Cyfert等人［*Int. J. Chem. Kinet.*, **28**, 103(1996)］研究了三（1, 10－菲咯啉）合铁（Ⅱ）在水溶液中被高碘酸盐的氧化。为了评估动力学盐效应，他们测量了远远超过反应物浓度的不同浓度Na_2SO_4下的速率系数，并给出了298 K时的以下数据：

$[Na_2SO_4]/(mol \cdot kg^{-1})$	0.2	0.15	0.1	0.05	0.025	0.0125	0.005
$k_r/(dm^{3/2} \cdot mol^{-1/2} \cdot s^{-1})$	0.462	0.430	0.390	0.321	0.283	0.252	0.224

对于速率决定步骤的活化络合物的电荷，你可以推断出什么？Na_2SO_4溶液的离子强度为$3[Na_2SO_4]/(mol \cdot kg^{-1})$。

P18C.7 优化溶液中蛋白质缔合的条件研究可以指导适用于X射线衍射技术分析的大晶体形成方案的设计。由于二聚反应被认为是许多蛋白质晶体生长的速度控制步骤，因此表征蛋白质二聚反应十分重要。298 K时一阳离子蛋白P水溶液中二聚反应速率系数随离子强度的变化如下：

I	0.0100	0.0150	0.0200	0.0250	0.0300	0.0350
k_r/k_r°	8.10	13.30	20.50	27.80	38.10	52.00

关于P的电荷，可推导出什么？

P18C.8 对水溶液中一个双分子反应的实验研究中，测定了25 ℃时、不同离子强度下的二级速率系数，结果如下表所示。已知一个单电荷离子参与了速率决定步骤。所涉及的另一个离子的电荷是多少？

I	0.0025	0.0037	0.0045	0.0065	0.0085
$k_r/(dm^3 \cdot mol^{-1} \cdot s^{-1})$	1.05	1.12	1.16	1.18	1.26

P18C.9 反应$I^-(aq) + H_2O_2(aq) \longrightarrow H_2O(l) + IO^-(aq)$的速率系数随离子强度有微小的变化，尽管使用德拜－休克尔极限定律预测没有影响。假设速率决定步骤及I^-与H_2O_2之间的一个反

应，利用25 ℃以下数据找出$\lg k_r$对离子强度的依赖性：

I	0.0207	0.0525	0.0925	0.1575
$k_r/(dm^3 \cdot mol^{-1} \cdot s^{-1})$	0.663	0.670	0.679	0.694

计算离子强度为零时k_r的极限值。对于电解质溶液中的一个中性分子，结果表明，$\lg \gamma$对离子强度有何依赖关系？

P18C.10 用德拜－休克尔极限定律证明离子强度的变化可以影响H^+催化的反应速率，该H^+由弱酸的去质子化而来。考虑机理：$H^+ + B \longrightarrow P$，其中$H^+$由浓度固定的弱酸HA提供。首先证明$\lg[H^+]$依赖于离子的活度系数，因此依赖于离子强度。然后，找出lg（速率）与$\lg[H^+]$之间的关系，从而证明速率也依赖于离子强度。

P18C.11 298 K时一氘化烃的溴化反应比未氘代物质的溴化慢6.4倍。断裂键的力常数为多少时方可解释这种差异？

专题 18D　分子碰撞动态学

讨论题

D18D.1 描述以下技术如何应用于化学动态学的研究中：红外化学发光、激光诱导荧光、多光子电离、共振多光子电离和反应产物成像。

D18D.2 讨论马鞍点能量与反应活化能之间的关系。

D18D.3 考虑一个具有吸引势能面的反应，讨论反应物能量的初始分布如何影响反应进行的效率。对于排斥势能面，情况又如何？

D18D.4 描述如何利用分子束研究分子间的作用力。

练习题

E18D.1(a) 一个原子与一个双原子分子之间的相互作用可用一吸引势能面来描述。反应物之间的振动能和平动能的何种分布最可能引起反应？描述这些反应产物间的振动能和平动能分布。

E18D.1(b) 一个原子与一个双原子分子之间的相互作用用排斥势能面来描述。反应物之间的振动能和平动能的何种分布最可能引起反应？描述这些反应产物间的振动能和平动能分布。

E18D.2(a) 如果累积反应概率与能量无关，那么由式（18D.6）的分子所预测的速率系数与温度的依赖关系如何？

E18D.2(b) 如果能量小于势垒高度V的累积反应概率等于1，更高的能量则概率为零，那么由式（18D.6）的分子所预测的速率系数与温度的依赖关系如何？

问　题

P18D.1 证明在通过含有惰性散射原子、长度为L的一腔室前后分子束的强度可用式$I = I_0 e^{-\mathcal{N}\sigma L}$表示，其中$\sigma$是碰撞截面，$\mathcal{N}$为原子散射的数密度。

P18D.2 在测量碰撞截面的分子束实验中发现，一束通过10 μTorr CH_2F_2的CsCl束强度降低了60%，但当目标为同样压力的Ar时，强度只降低了10%。这两种碰撞的相对截面是什么？为什么一个比另一个大得多？

P18D.3 假设一个谐振子与另一个具有相同有效质量和力常数的谐振子碰撞。计算k_r，假设后者振动激发的态-态反应速率系数为$k_{\nu\nu'} = k_r^{\circ}\delta_{\nu\nu'}e^{-\lambda\nu}$，意味着随着振动量子数的增加，转移效率降低。提示：参考简要说明18D.1。

P18D.4 用简要说明18D.1中的方法，分析反应$H + OD \longrightarrow OH + D$。

专题 18E　均相系统中的电子转移

讨论题

D18E.1 讨论以下因素如何影响均相系统中的电子传递速率：电子供体与受体之间的距离、过程的标准吉布斯能、氧化还原活性物质与周围介质的重组能。

D18E.2 隧穿在电子传递中起什么作用？

D18E.3 解释为什么电子传递的速率系数会随着反向区中的反应变得更放能而减小？

练习题

E18E.1(a) 当d从1.0 nm增加到2.0 nm，$\beta \approx 9\ nm^{-1}$时，$H_{et}(d)^2$的改变量是多少？

E18E.1(b) 当d从1.0 nm增加到2.0 nm，$\beta \approx 30\ nm^{-1}$时，$H_{et}(d)^2$的改变量是多少？

E18E.2(a) 对于298 K时的一个电子供体/受体对，$H_{et}(d) = 0.04\ cm^{-1}$，$\Delta_r G^{\ominus} = -0.185\ eV$，$k_{et} = 37.5\ s^{-1}$。利用数学软件估算重组能。

E18E.2(b) 对于298 K时的一个对电子供体/受体对，$k_{et} = 2.02 \times 10^5\ s^{-1}$，$\Delta_r G^{\ominus} = -0.665\ eV$。当一取代基被引入电子受体时，标准反应吉布斯能变为$\Delta_r G^{\ominus} = -0.975\ eV$，电子转移反应速率系数变为$k_{et} = 3.33 \times 10^6\ s^{-1}$。假设在这两个实验中供体和受体之间的距离都相同，估算$H_{et}(d)$和ΔE_R的值。

E18E.3(a) 对于一对电子供体/受体对，当$d = 1.11$ nm时，$k_{et} = 2.02 \times 10^5\ s^{-1}$；当$r = 1.23$ nm时，$k_{et} = 4.51 \times 10^4\ s^{-1}$。假设$\Delta_r G^{\ominus}$和$\Delta E_R$这两个实验中是相同的，估算$\beta$值。

E18E.3(b) 请参考练习题E18E.3(a)，当$d = 1.59$ nm时，估算k_{et}值。

问 题

P18E.1 考虑反应$D + A \longrightarrow D^+ + A^-$，速率系数$k_r$可以通过实验测定，也可以通过马库斯交叉关系式$k_r = (k_{DD}k_{AA}K)^{1/2}f$预测，其中$k_{DD}$和$k_{AA}$分别是电子自交换过程$^*D + D^+ \longrightarrow {}^*D^+ + D$和$^*A + A^+ \longrightarrow {}^*A^+ + A$的实验速率系数，$f$是$k$=$[D^+][A^-]/[D][A]$、$k_{DD}$、$k_{AA}$和$\kappa\nu^{\ddagger}$的一个函数。按照以下步骤，推导马库斯交叉关系式的近似形式。(a) 使用式(18E.6)，写出$\Delta^{\ddagger}G$、$\Delta^{\ddagger}G_{DD}$和$\Delta^{\ddagger}G_{AA}$的表达式。注意对于电子自交换反应，$\Delta_r G^{\ominus} = 0$。(b) 假定反应$D + A \longrightarrow D^+ + A^-$的重组能$\Delta E_{R,DA}$是电子自交换反应重组能量$\Delta E_{R,DD}$和$\Delta E_{R,AA}$的平均值。然后，证明在$\Delta_r G^{\ominus}$很小的极限下，或$|\Delta_r G^{\ominus}| \ll \Delta E_{R,DA}$，$\Delta^{\ddagger}G = \frac{1}{2}(\Delta^{\ddagger}G_{AA} + \Delta^{\ddagger}G_{DD} + \Delta_r G^{\ominus})$。其中$\Delta_r G^{\ominus}$是反应$D + A \longrightarrow D^+ + A^-$的标准反应吉布斯能。(c) 使用式(18E.5)形式的方程写出k_{DD}和k_{AA}的表达式。(d) 使用式(18E.5)和你已导出的结果，写出k_r的表达式。(e) 利用(c)部分的结果，关系式$K = e^{-\Delta_r G^{\ominus}/RT}$，并假设所有$\kappa\nu^{\ddagger}$项都相同，完成推导。

P18E.2 考虑反应$D + A \longrightarrow D^+ + A^-$，速率系数$k_r$可以通过实验测定，也可以通过马库斯交叉关系式预测(见问题P18E.1)。通常假设$f \approx 1$。使用马库斯关系的近似形式来估算反应：$[Ru(bpy)_3]^{3+} + [Fe(OH_2)_6]^{2+} \longrightarrow [Ru(bpy)_3]^{2+} + [Fe(OH_2)_6]^{3+}$的速率系数，其中bpy代表4, 4′－联吡啶。使用以下数据：

$[Ru(bpy)_3]^{3+} + e^- \longrightarrow [Ru(bpy)_3]^{2+}$	$E^{\ominus} = 1.26\ V$
$[Fe(OH_2)_6]^{3+} + e^- \longrightarrow [Fe(OH_2)_6]^{2+}$	$E^{\ominus} = 0.77\ V$
$^*[Ru(bpy)_3]^{3+} + [Ru(bpy)_3]^{2+} \longrightarrow$ $^*[Ru(bpy)_3]^{2+} + [Ru(bpy)_3]^{3+}$	$k_{Ru} = 4.0 \times 10^8\ dm^3 \cdot mol^{-1} \cdot s^{-1}$
$^*[Fe(OH_2)_6]^{3+} + [Fe(OH_2)_6]^{2+} \longrightarrow$ $^*[Fe(OH_2)_6]^{2+} + [Fe(OH_2)_6]^{3+}$	$k_{Fe} = 4.2\ dm^3 \cdot mol^{-1} \cdot s^{-1}$

P18E.3 一系列供体－连接基－受体复合物在反向区的一些数据如下：

$-\Delta_r G^{\ominus}/eV$	0.20	0.60	1.0	1.3	1.6	2.0	2.4
$\lg k_{et}$	8.2	9.7	10.2	10.1	9.4	7.7	5.1

计算重组能。

P18E.4 研究蛋白质中电子转移的一种有效策略是将一个电活性物质附着在蛋白质表面，然后测量附着物种与一个电活性蛋白辅因子之间的k_{et}。J.W. Winkler和H.B. Gray [Chem. Rev., **92**, 369 (1992)] 总结了下列过程的数据。用锌离子取代血红素(血红素)铁，从而在蛋白质内部形成锌卟啉(ZnP)基团，并将钌离子络合物附着到一表面组氨酸上，从而修饰细胞色素c。电活性种之间的边－边距离固定在1.23 nm。采用不同标准电势的钌离子络合物。对于每一种钌修饰的蛋白质，监测$Ru^{2+} \longrightarrow ZnP^+$或$ZnP^* \longrightarrow Ru^{3+}$，其中电子供体为通过激光激发形成的锌卟啉基团的一电子激发态。因为氧化还原电对ZnP^+/ZnP和ZnP^+/ZnP^*具有不同的标准电势，所以这种推测导致了不同的标准反应吉布斯能，电子激发态的卟啉具有更强的还原性。使用下面的数据，估算这个系统的重组能。

$-\Delta_r G^{\ominus}/eV$	0.665	0.705	0.745	0.975	1.015	1.055
$k_{et}/(10^6\ s^{-1})$	0.657	1.52	1.12	8.99	5.76	10.1

P18E.5 紫色光合细菌绿假单胞菌的光合反应中心含有大量参与电子传递反应的结合辅助因子。下表显示了Moser等人[Nature, 355, 796(1992)]整理的关于不同辅助因子之间的电子转移速率系数及其边－边距离的数据：

反应	$BChl^- \longrightarrow BPh$	$BPh^- \longrightarrow BChl_2^+$	$BPh^- \longrightarrow Q_A$
d/nm	0.48	0.95	0.96
k_{et}/s^{-1}	1.58×10^{12}	3.98×10^9	1.00×10^9
反应	$cyt^* c_{559} \longrightarrow BChl_2^+$	$Q_A^- \longrightarrow QB$	$Q_A^- \longrightarrow BChl_2^+$
d/nm	1.23	1.35	2.24
k_{et}/s^{-1}	1.58×10^8	3.98×10^7	63.1

(BChl，细菌叶绿素；$BChl_2$，细菌叶绿素二聚体，功能与BChl不同；BPH，细菌叶褐素；Q_A和Q_B，结合到两个不同位点的醌分子；cyt c_{559}，与反应中心络合物结合的细胞色素。)这些数据是否与式(18E.7)预测的结果行为相一致？如果是，计算β值。

P18E.6 细胞色素c和*Rhodobacter sphaeroides*(问题P18E.5)紫色细菌反应中心的细菌叶绿素二聚体之间的电子转移速率系数在300 K~130 K范围内随温度降低而降低。在130 K以下，速率系数变得与温度无关。解释这些结果。

主题 18 反应动态学

综合题

I18.1 根据RRK模型(详见本书网站“深入了解12”)：

$$P = \frac{n!(n-n^*+s-1)}{(n-n^*)!(n+s-1)}$$

使用斯特林近似形式$\ln x! \approx x\ln x - x$，推断：当$s - 1 \ll n - n^*$时，$P \approx [(n-n^*)/n]^{s-1}$。提示：对数里面的$n - n^* + s - 1$可用$n - n^*$替换，但若是对数的一个因子，则保留$n - n^* + s - 1$。

I18.2 估算速率表达式中所涉及的配分函数的数量级。对于典型的分子，说明q_m^T/N_A、q^R、q^V、q^E的数量级。核查在两个无结构分子的碰撞中，指前因子的数量级与碰撞理论预测的数量级相同。估算反应$A + B \longrightarrow P$空间因子，其中A和B为非线性三原子分子。

I18.3 根据马库斯理论，讨论控制电子转移速率的因素；根据Förster理论(专题17G)讨论控制共振能量转移速率的因素。你能找出这两种理论之间的相似之处吗？

主题 19 固体表面上的过程

大量化学反应在固体表面进行，例如，固体催化剂的表面为反应物提供了可以附着及随后发生化学反应的位点。即使是简单的溶解过程，也是分子或离子逐渐从表面进入溶剂的过程，其本质是表面现象。表面沉积是原子沉积到某个表面以形成原子层的过程，此过程对半导体行业至关重要，常应用于集成电路的制造。最后，在电化学过程中电子转移也发生在电极的表面。

19A 固体表面简介

在很多情况下，固体的表面具有与穿过块状固体的一个切片不同的结构，它可有多种类型的缺陷，这些缺陷可对原子和分子与表面的相互作用产生重要影响。本专题主要介绍表面结构、分子在表面的附着及一些用于研究它们的技术。

19A.1 表面生长；19A.2 物理吸附和化学吸附；19A.3 实验技术

19B 吸附和脱附

分子在表面上附着程度的知识对于理解表面影响化学过程的方式至关重要。借助一些简单模型可以研究吸附程度，这些模型可以定量预测表面覆盖度如何随压力和温度的变化而变化。

19B.1 吸附等温线；19B.2 吸附和脱附速率

19C 多相催化

化学工业有赖于高效催化剂的使用，以实现各种各样的转化，大多数催化剂涉及表面上的反应。本专题描述如何将专题 19B 中介绍的概念拓展，从而提出一种模型比表面反应的方法。

19C.1 多相催化机理；19C.2 表面上的催化活性

19D 电极上的过程

电极上的关键过程是电子的转移，它发生在固体表面和电解质之间的界面上。该过程可以用过渡态理论来模拟，从而获得对电子转移作为活化过程及其是如何受可控因素影响的理解。

19D.1 电极-溶液界面；19D.2 电极上的电流密度；19D.3 伏安法；19D.4 电解；19D.5 工作中的原电池

网络资源 这部分内容有何应用?

几乎整个现代化学工业都依赖于催化剂的开发、选择和应用，其中多相催化剂尤为重要。“应用案例 27”简要概述了所用催化剂的类型及其作用方式。寻找有效的、便携式的或小规模的发电方法促进了将氢或碳氢化合物燃料直接转化为电能的燃料电池的发展。“应用案例28”综述了该领域的一些进展。

专题19A

固体表面简介

► 为何需要学习这部分内容?

为了理解发生在表面的过程，我们需要知道它的结构，分子是如何连接的，以及对此怎样进行实验测试。

► 核心思想是什么?

分子在表面的附着受表面的结构特性（包括缺陷）影响。

► 需要哪些预备知识?

需要知道有关固体结构（专题15A）和衍射技术（专题15B）的一些基础知识；本专题用到了气体动理论（专题1B）。

许多过程发生在表面，包当原子或分子凝结导致的表面生长。除此之外，还包括其他物种的附着，如气体分子。**吸附**（adsorption）是粒子附着在固体表面的过程；**解吸（或脱附）**（desorption）是一个相反的过程。被吸附的物质是**吸附质**（adsorbate），发生吸附的物质是**吸附剂**（adsorbent）或**基底**（substrate）。吸附与吸收不同，吸收是分子渗透到固体内部，吸附通常发生在吸收之前。

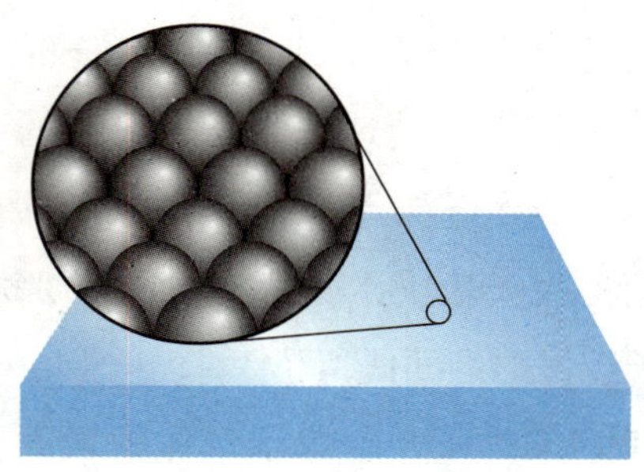

图19A.1 固体的平坦表面示意图，这个原始模型很大程度上得到了扫描隧道显微镜图片的支持

19A.1 表面生长

理想晶体表面的简单图像就像杂货店里的一盘橙子（图19A.1）。与表面发生碰撞的气体分子就像在橙子表面不规则弹跳的乒乓球。气体分子在弹跳时失去能量，但在失去足够的动能而被捕捉之前，它可能逃离表面。某种程度上，离子晶体与溶液接触时也是如此。对溶液中的一个离子来说，丢弃其上一些溶剂分子而吸附在固体表面的裸露位点上没有多少能量优势。

然而，固体的表面很少是平整的：它更加粗糙，具有由不完整的原子层或离子层形成的各种缺陷。一种常见的表面缺陷类型是两个称为**平台**

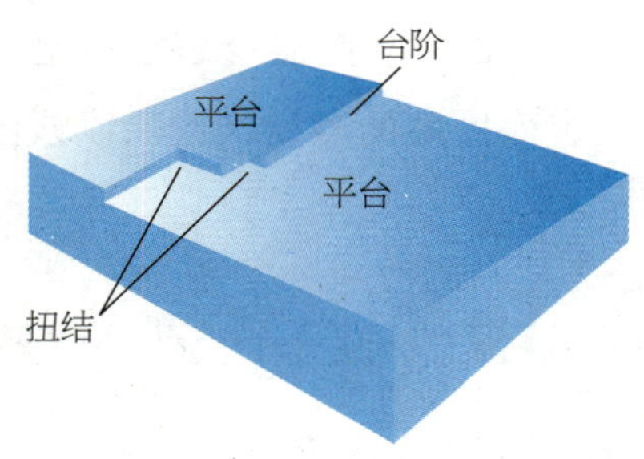

图19A.2 台阶和扭结是两类可能出现在（不然的话就是完美的）平台上的缺陷。缺陷在分子吸附和催化中具有重要的作用

（terraces）的（不然的话就是平坦的）原子层之间的**台阶**（step）（图19A.2）。台阶缺陷本身可能存在缺陷，如扭结。缺陷的存在可对吸附过程产生很大的影响。例如，当一个分子撞击一个平台时，它会在分子间势能的作用下反弹穿过它，然后可能会到达一个台阶或由一个扭结形成的拐角处。此时，分子不是与单个平台原子相互作用，而是与几个原子相互作用，并且这种相互作用强

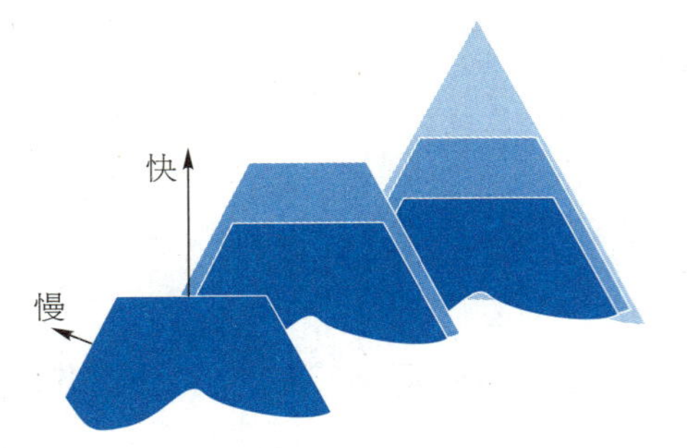

图 19A.3　晶体中更慢生长的面决定其最终形貌，图中所示为晶体生长的三个不同阶段

到足以捕获分子。同样地，当离子从溶液中沉积出来时，到达表面的离子与表面缺陷处的多个离子之间的强库仑相互作用足以抵消溶剂化相互作用的损失。

晶体生长就是分子或离子在其表面的累积。不同的晶面以不同的速率生长，最慢的生长面决定着晶体的最终形貌。由图 **19A.3** 可以看出，虽然水平面向前生长最快，可是生长到后期就消失了，反而生长较慢的晶面保留了下来。

在正常条件下，暴露于气体的表面不断地被分子撞击，因此新形成的表面很快被覆盖。该过程的速率可用气体动理论导出的碰撞通量 Z_W［式（16A.7a）］来估算，碰撞通量是在给定时间间隔内，发生在表面区域的碰撞次数除以该区域的面积和时间间隔：

$$Z_W = \frac{p}{(2\pi mkT)^{1/2}} = \frac{p}{(2\pi MkT/N_A)^{1/2}} \quad \text{碰撞通量} \qquad (19A.1)$$

式中 m 是分子的质量，M 是其摩尔质量。

简要说明 19A.1

N_2 的摩尔质量为 28 g · mol^{-1}，在 1.0 bar（1.0 × 10^5 Pa）和 298 K 时的碰撞通量为

$$Z_W = \frac{1.0\times10^5\ \overbrace{\text{Pa}}^{\text{kg}\cdot\text{m}^{-1}\cdot\text{s}^{-2}}}{2\pi\times(0.028\ \text{kg}\cdot\text{mol}^{-1}\times1.381\times10^{-23}\ \text{J}\cdot\text{K}^{-1}\times298\ \text{K}/6.022\times10^{23}\ \text{mol}^{-1})^{1/2}}$$
$$= 2.9\times10^{27}\ \text{m}^{-2}\cdot\text{s}^{-1}$$

这里使用 1 J = 1 kg · m^2 · s^{-2}。由于 1 m^2 的金属表面有约 10^{19} 个原子，所以每个原子每秒被碰撞约 10^8 次。即使仅极少的碰撞导致成功吸附，一个新制备的表面也只能在非常短的时间内保持清洁。

19A.2　物理吸附和化学吸附

分子和原子可以通过“物理吸附”和“化学吸附”两种方式吸附在表面上。

在**物理吸附**（physisorption）中，吸附质和基底之间是范德华相互作用（如色散力或偶极相互作用，专题 14B）。这种相互作用是长程的，但是较弱，且当颗粒被物理吸附时所释放的能量与凝结焓的数量级相同。对于与表面结合的分子，键合时释放的能量需要以某种方式被耗散；如果没有被耗散，分子将再次离开表面。物理吸附所涉及的能量足够小，以至于它可被分散到晶格的振动中并以热运动的形式耗散：这个过程称为**调节**（accommodation）。

物理吸附的焓变可以通过监测已知热容样品的温度升高值来测量。其典型值一般在 −20 kJ · mol^{-1} 左右（表 19A.1）。物理吸附的焓变很小，不足以导致键的断裂，因此物理吸附的分子保留其特性，尽管它可能因表面的存在而被扭曲（变形）。

表 19A.1　298 K 时物理吸附标准焓的最大值*

吸附质	$\Delta_{ad}H^{\ominus}/(\text{kJ}\cdot\text{mol}^{-1})$
CH_4	−21
H_2	−84
H_2O	−59
N_2	−21

* 更多的数据参见*资源部分*。

在**化学吸附**（chemisorption）中，分子（或原子）通过形成化学键（通常是共价键）被吸附到表面，且倾向于寻找那些能使它们以最大配位数与基底作用的位点。化学吸附焓远大于物理吸附焓，典型值在 −200 kJ · mol^{-1} 左右（表 19A.2）。对于化学吸附，表面和最近的吸附质原子之间的距离通常小于物理吸附。由于与表面原子的强相互作用，化学吸附的分子内的化学键可能被破坏，导致键合到表面的是分子片段。这些物种在固体表面的催化性能中起着关键作用（专题 19C）。

表19A.2 298 K时化学吸附标准焓* 单位：kJ · mol⁻¹

吸附质	吸附剂（基底）		
	Cr	Fe	Ni
C_2H_4	−427	−285	−243
CO		−192	
H_2	−188	−134	
NH_3		−188	−155

*更多的数据参见资源部分。

除特殊情况外，化学吸附一般是放热的。在等温等压条件下自发过程的$\Delta G<0$。由于被吸附后吸附质的平动自由度降低，所以ΔS为负。因此，为使$\Delta G=\Delta H-T\Delta S$为负，$\Delta H$必须为负（即该过程一定是放热的）。如果吸附质解离并且在表面具有高的平移迁移率，则有可能例外。一个例子就是H_2在玻璃上的吸附，这是一个吸热过程，该吸附过程中H_2分子解离为可移动的H原子。

吸附焓取决于表面覆盖度，这主要是因为被吸附的物种之间彼此相互作用。如果它们相互排斥（如钯上的CO），则随着覆盖率的增加，吸附过程放热变少（吸附焓的负值相对变小）。此外，研究表明，这些物种以无序的方式附着在表面上，直到需要有序化堆积。如果吸附质分子彼此吸引（如钨上的O_2），那么它们倾向于簇合成小岛，进而在边缘处生长。当被加热到分子之间的热运动足以克服吸附质之间的相互作用但又不脱附时，则这些吸附质还将发生有序－无序的转变。

表面覆盖的程度（无论是物理吸附还是化学吸附）通常用**覆盖分数**（fractional coverage）θ表示：

$$\theta=\frac{\text{占有的吸附位点数}}{\text{所有的吸附位点数}}=\frac{N_{\text{占有}}}{N_{\text{所有}}} \quad \text{覆盖分数[定义]} \qquad (19A.2)$$

覆盖分数经常由关系式$\theta=V/V_\infty$来计算，其中V是被吸附的吸附质的体积，V_∞是对应于完全单层覆盖时吸附质的体积。这两个体积值是在相同温度和压力条件下测量的自由气体的体积，而不是当吸附在表面上时被吸附的气体所占的体积。

化学吸附可被用作在纳米尺度上操纵表面的基础。目前的热点是**自组装单层**（self-assembled monolayers，SAM），即在表面形成单层的有序分子聚集体。为了理解SAM的形成，考虑将诸如烷基硫醇RSH（其中R代表烷基链）的分子暴露于Au(0)表面。硫醇会与表面反应形成$RS^-Au(I)$加合物：

$$RSH+Au(0)_n \longrightarrow RS^-Au(I)\cdot Au(0)_{n-1}+\frac{1}{2}H_2$$

如果R是足够长的链，吸附的RS单元之间的范德华相互作用将导致在表面形成高度有序的单层（图19A.4）。自组装单层可改变表面的性质。例如，一旦用SAM覆盖后，亲水表面可变为疏水表面。此外，在烷基的暴露末端上连接功能团可赋予表面特定的化学反应性或配体键合性能，使其在化学（或生物化学）传感器和反应器方面有所应用。

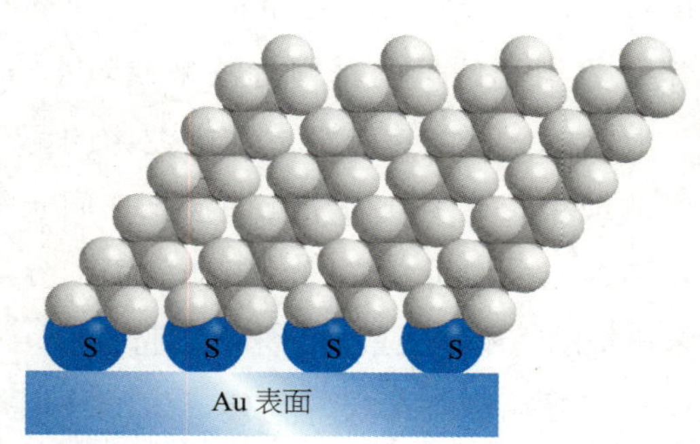

图19A.4 通过巯基与表面的反应及烷基链的聚集，烷基硫醇在金表面形成自组装单层

简要说明19A.2

对于273 K时CO在木炭上的吸附，其最大单层吸附体积V_∞为111 cm³（校正至1 atm下的值）。若木炭暴露在CO分压为80.0 kPa的混合气体中，吸附体积V（也校正至1 atm下的值）为41.6 cm³。因此，在这些条件下，$\theta=(41.6\ \text{cm}^3)/(111\ \text{cm}^3)=0.375$。

19A.3 实验技术

许多实验技术可用于研究固体表面的结构及表面吸附分子的性质和排列。其中一些技术具有原子级的分辨率，可以直接观察吸附和化学反应时表面的变化。

实验过程必须先有一干净的表面。保持表面清洁度的有效方法是降低压力，从而减少对表面的碰撞次数。当压力降低到0.1 mPa时（如在简单的真空系统中），碰撞通量会下降到大约$10^{18}\ m^{-2}\cdot s^{-1}$，相当于每0.1 s一个表面原子被撞击一次。即使如此，对大多数实验而言，这种撞击还是太频繁了。在**超高真空**（ultrahigh vacuum，UHV）中，一般压力可低至0.1 μPa（此时$Z_W\approx 10^{15}\ m^{-2}\cdot s^{-1}$），特定情况下则可低至1 nPa（此时$Z_W\approx 10^{13}\ m^{-2}\cdot s^{-1}$）。这些碰撞通量相当于每$10^5$~$10^6$ s一个表面原子被撞击一次，或大约一天一次。

（a）显微技术

多年来，人们通过照射样品的一小块面积并用显微镜收集光信号的基本方法来成像小样本。然而，显微镜的分辨率（形成清晰图像的两个物体之间的最小距离）与所用光的波长在同一数量级上。因此，采用可见光的传统显微镜的分辨率是微米量级的，不能观察到纳米级的特征。

一种经常用于纳米尺寸物体成像的技术是**电子显微镜**（electron microscopy），它用具有特定德布罗意波长的电子束（专题7A）取代了传统显微镜中的光源，用磁场代替玻璃或石英透镜来聚焦光束。在**透射电子显微镜**（transmission electron microscopy，TEM）中，电子束穿过样品并且在屏幕上收集图像。在**扫描电子显微镜**（scanning electron microscopy，SEM）中，通过在样品上扫描电子束，检测从样品的一个小区域散射回来的电子而获得表面的图像。

与传统的光学显微镜一样，入射光束的波长和聚焦它的能力决定了分辨率。现在用TEM可达到原子级别的分辨率，SEM则可以达到几纳米量级的分辨率。

扫描探针显微镜（scanning probe microscopy，SPM）是一类可以对表面原子大小的物体进行成像和操作的技术。其中**扫描隧道显微镜**（scanning tunneling microscopy，STM）是用铂－铑或钨针在导电固体的表面上扫描。当针尖非常接近表面时，电子在两者之间的空间发生隧穿，形成电子隧道（图19A.5）。在"恒电流模式"操作下，针尖根据表面形式上下移动，可以得到原子尺度上的表面（包括吸附质）拓扑形貌图像。此时，针尖是固定到一压电圆柱体上的，压电圆柱体根据其感受到的电势差而收缩或膨胀，从而来实现针尖的垂直运动。在"恒高模式"下，保持针尖的垂直位置不变并监测电流。由于隧穿概率对间隙的大小非常敏感，因此显微镜可以检测到表面高度在原子尺度上的微小变化。

图19A.6给出一个表面的SEM图像例子，即在表面形成"跑道"的铜原子的图像。表面上的每个"凸起"对应于单个铜原子。在STM技术进一步发展后，针尖可用于移动表面上的单个原子，从而使得构建复杂的纳米尺寸材料和器件成为可能。

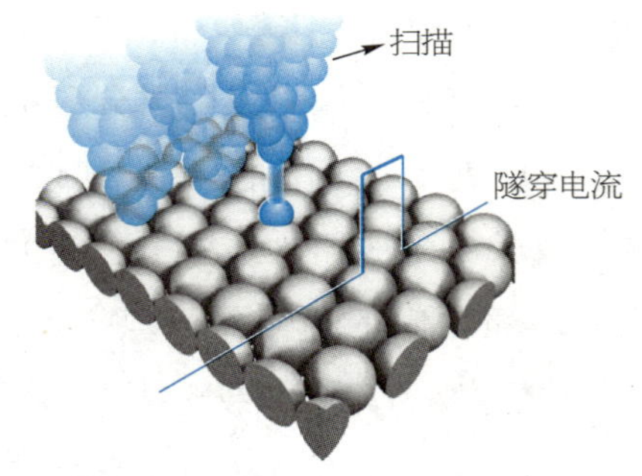

图19A.5　扫描隧道显微镜利用了电子在表面和针尖之间隧穿而产生的电流，该电流对针尖和表面之间的距离非常敏感

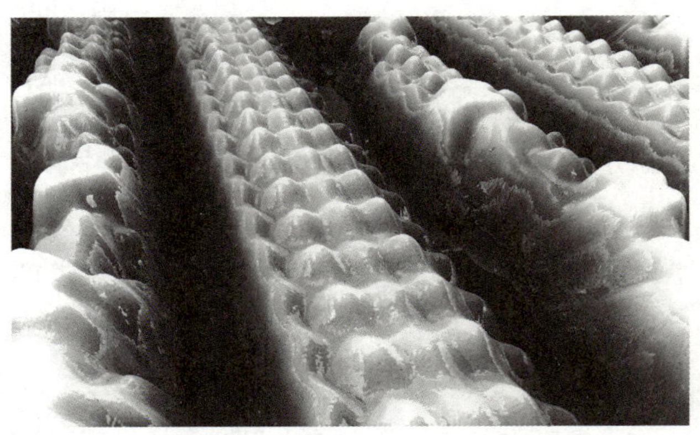

图19A.6　当在金属铜表面有一层CuO时，铜原子形成"跑道"的STM图像（图片由剑桥大学的Stephen Driver和Stephen Jenkins提供）

通过使用STM技术跟踪表面特征的变化，可以研究吸附质的扩散特性。如果其路径不受缺陷影响，则吸附原子可以在表面随机移动，并且扩散系数D可通过使用二维随机行走表达式$d=(D\tau)^{1/2}$（可由专题16C中的一维随机行走表达式导出），由时间间隔τ内移动的平均距离d推断出来。可通过类似阿仑尼乌斯表达式的式子来解释不同温度下的D值：

$$D = D_0 e^{-E_{a,\,diff}/RT} \quad \text{扩散系数的温度依赖性} \quad (19A.3)$$

式中$E_{a,\,diff}$是扩散活化能，D_0是在无穷大温度极限下的扩散系数。也可以研究从一个晶面到另一个晶面时D的变化。

简要说明 19A.3

对于钨表面上的钨原子，人们发现$E_{a,\,diff}$的值在57～87 kJ · mol^{-1}范围内，$D_0 \approx 3.8\times10^{-11}$ m^2 · s^{-1}。因此，利用式（19A.3）可以计算出800 K时对应于上述活化能范围的扩散系数在

$$D = (3.8\times10^{-11}\ \mathrm{m^2\cdot s^{-1}})\times e^{-5.7\times10^4\ \mathrm{J\cdot mol^{-1}}/(8.314\,5\ \mathrm{J\cdot K^{-1}\cdot mol^{-1}}\times 800\ \mathrm{K})}$$
$$= 7.2\times10^{-15}\ \mathrm{m^2\cdot s^{-1}}$$

和

$$D = (3.8\times10^{-11}\ \mathrm{m^2\cdot s^{-1}})\times e^{-8.7\times10^4\ \mathrm{J\cdot mol^{-1}}/(8.314\,5\ \mathrm{J\cdot K^{-1}\cdot mol^{-1}}\times 800\ \mathrm{K})}$$
$$= 7.9\times10^{-17}\ \mathrm{m^2\cdot s^{-1}}$$

之间。

在**原子力显微镜**（atomic force microscopy，AFM）中，附着在悬臂上的针尖在表面扫描。表面和附着在其上的分子所施加的力推拉针尖并使悬臂倾斜（图19A.7），可以用激光束监测倾斜度。因为无须在样品和探针之间有电流通过，所以该技术可用于非导电表面和固－液界面的研究。

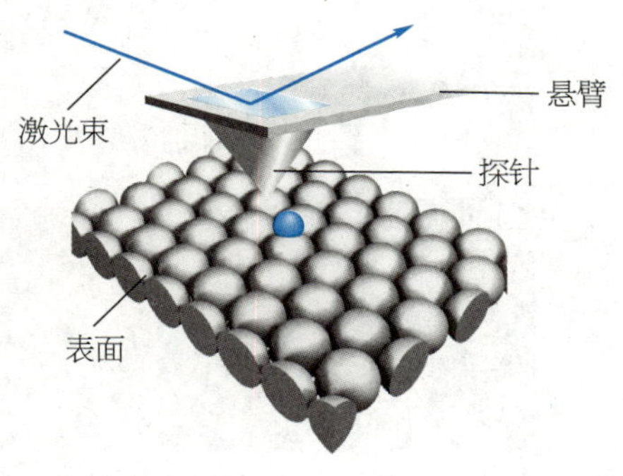

图19A.7　在原子力显微镜中，一束激光用于监测探针被表面上的原子吸引和排斥时位置的微小变化

AFM有两种常见的操作模式。在“接触模式”或“恒力模式”下，针尖和表面之间的力保持恒定，并且针尖与表面接触。这种操作模式可能破坏表面上的易碎样品。在“非接触模式”或“敲击模式”下，针尖以特定的频率上下跳动，但从不真正接触表面。当针尖越过吸附在表面上的物质时，针尖振荡的幅度发生变化。

（b）离子化技术

表面的化学组成可通过一系列离子化技术进行测定。离子化技术同样可以用来检测清洁后的残留物，也可以检测吸附层。

一种技术是源于光电效应的（专题7A）**光电子发射光谱**（photoemission spectroscopy）。在该技术中，用具有足够能量的光子照射样品，使得电子从吸附的物质中逸出，再测量这些电子的能量。如果离子辐射处于紫外范围（称为UPS技术），则逸出的电子来自价电子层，因此该技术可以用来推断吸附质和基底之间键合的细节。如果使用X射线（称为XPS技术），（内层）芯电子被电离，它们的能量是存在原子的特征（图19A.8），从而为存在的材料提供了一个指纹。

简要说明 19A.4

对于处于游离状态的苯和吸附在钯上的苯，其UPS的主要差异是π电子的能量。这种差异被解释为苯分子通过它们的π轨道与表面发生作用，暗示苯分子是平躺在表面上的。

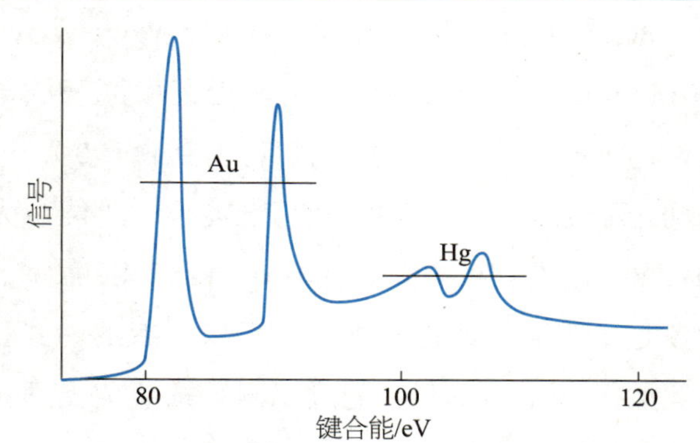

图19A.8　表面被一层汞污染的一个金样品的X射线光电子发射光谱[M. W. Roberts和C.S. McKee, Chemistry of the metal-gas interface, Oxford (1978)]

俄歇电子能谱（Auger electron spectroscopy，AES）是一种非常重要的技术，广泛应用于微电子工业。**俄歇效应**（Auger effect）是高能辐射电离出一个电子后的第二个电子的发射。第一个电子离去时在低能轨道上留下一个空穴，之后高能轨道中的一个电子掉进该空穴。这种跃迁会释放能量而产生辐射，称为**X射线荧光**（X-ray fluorescence）[图19A.9（a）]，或导致另一个电子的射出[图19A.9（b）]。后者是俄歇效应的“二次电子”。二次电子的能量是物质的特性，因此AES可有效地提供样品的一个指纹。实际上，AES通常使用电子束（具有1~5 keV的能量）而不是电磁辐射来释放初级电子。在**扫描俄歇电子显微镜**（scanning Auger electron microscopy，SAM）中，精细聚焦的电子束扫描表面并形成组分图像，图像的分辨率可小于50 nm。

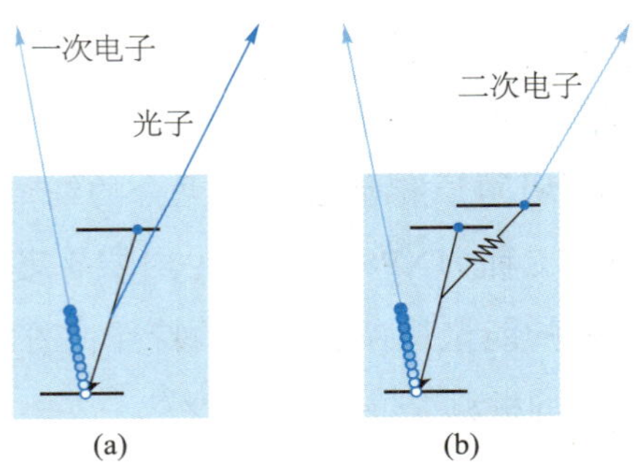

图19A.9　当一个电子被从固体逐出后，（a）一个较高能量的电子落入空轨道，并发射一个X射线光子（X射线荧光），或者（b）落入轨道的电子将其能量传递给另一个电子，该电子作为俄歇效应中的二次电子被逐出

（c）衍射技术

低能电子衍射技术（low energy electron diffraction，LEED）可用于测定近表面原子的排列，这种技术类似于X射线衍射（专题15B），但是利用了电子的波动性。使用低能电子（能量为10~200 eV，对应波长为400~100 pm）以确保衍射仅是由表面上或近表面的原子所引起的。实验装置如图19A.10所示，通过观测区拍照荧光屏获得的典型LEED图如图19A.11所示。

由于表面和体相原子受力不同，因此用LEED观察到的晶体表面与块体的切片很少有完全相同的样式。表面上的原子达到其平衡结构的过程称为**重构**（reconstruction）。一般而言，金属表面仅仅是块体晶格的截断，但表层原子与下一层原子之间的距离会缩小约5%。半导体的重构表面，通常可深达数层，离子固体也会发生重构。例如，在氟化锂中，靠近表面的Li^+和F^-显然位于略微不同的面上。图19A.12为利用改进的LEED技术获得的铑(110)晶面上吸附CH_3C— 的结构细节。

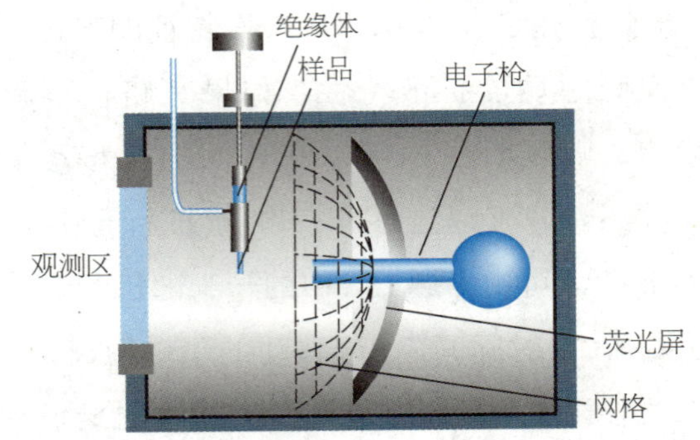

图19A.10　用于LEED实验的装置示意图（被表面层衍射的电子可通过它们在荧光屏上造成的荧光而被检测）

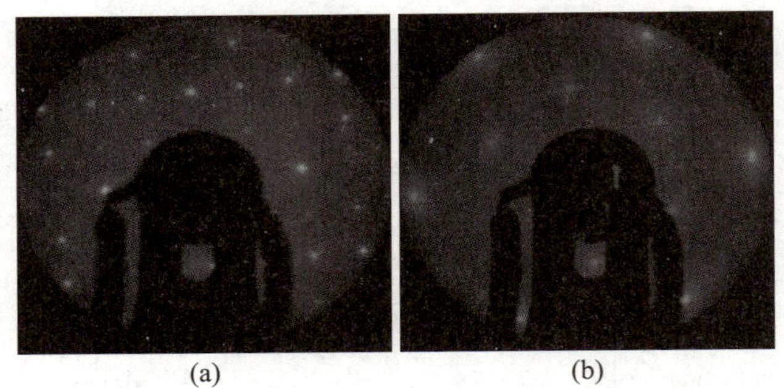

图19A.11　（a）FeS_2清洁表面和（b）其暴露于Mo原子后的LEED照片，人们认为在表面上形成了MoS_2，其中黑色部分是电子枪的阴影（照片由剑桥大学的Tao Liu、IsraelTemprano、David King、Stephen Driver和Stephen Jenkins提供）

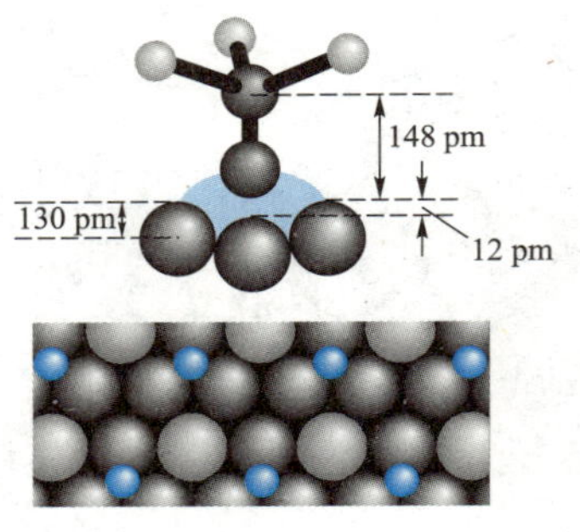

图19A.12　300 K时铑(110)表面吸附CH_3C— 位点处的表面结构及伴随化学吸附的金属原子的位置变化

例题 19A.1　LEED 图解

钯清洁(110)面（a）及其重构表面（b）的LEED图如下所示，有关重构表面的结构，你能推断出什么？

整理思路　由布拉格定律（专题15B，$\lambda = 2d\sin\theta$）可知，对一确定波长，层间距越大，散射角越小（这样$2d\sin\theta$才能保持不变）。因此，在LEED图中，原子间距越大，出现在图中的斑点就越接近，原子间距的翻倍对应于斑点间距的减半，反之亦然。因此，通过比较两图，可以确定其原子间距是否发生了改变。

解： 斑点之间的水平间距没有变化，这表示当重构发生时，原子仍旧在该维度相同的位置。然而，垂直间距减半了，表明相对于非重构表面中的原子，重构表面中的原子在该方向上的间距加倍。

自测题 19A.1　请绘制相对于上述（a）中垂直间距增加三倍的LEED图。

答案：

从LEED图可看到表面上的平台、台阶和扭结，还可以估算表面缺陷的密度（等于该区域中的缺陷数除以该区域的面积）。这种测量的重要性将稍后显现。

简要说明 19A.5

图19A.13给出了台阶和扭结如何影响LEED图案的三个例子。从不同角度切开晶体样品可以获得不同的原子平面，当平行于晶面切开得到平台，随着切割角度的增加，台阶密度增大。可观察到，在LEED图中出现了附加结构，而图像并不模糊，表明台阶是规则排列的。

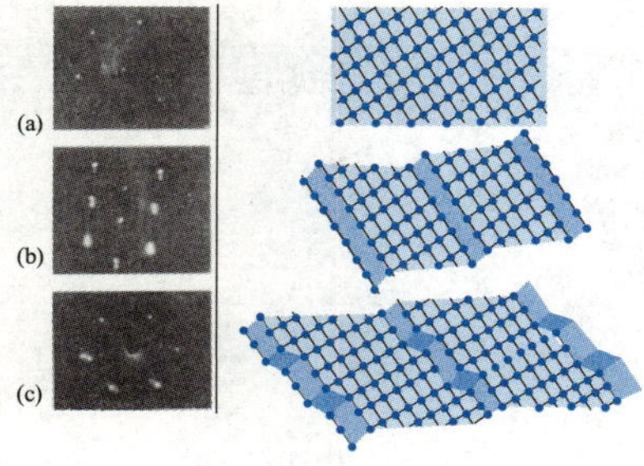

图19A.13　LEED图可用于估算表面的缺陷密度。图中分别是具有（a）低缺陷密度、（b）间距约六个原子的规则台阶，以及（c）有扭结的规则台阶的Pt表面（图片由G. A. Samorjai教授提供）

（d）吸附和脱附程度及速率的测定

测量表面过程速率的一个常用方法就是检测进出系统的气体流量：差值就是被样品吸收的气体的流量。然后，这个流量的积分可以给出任一阶段的覆盖分数。其他三种测定覆盖分数和吸附速率的技术如下：

- **重量测量**（gravimetry）：实验过程中，用微量天平称量样品质量。该技术通常使用**石英晶体微天平**（quartz crystal microbalance，QCM），吸附在石英晶体表面上的样品质量与晶体的特征振动频率变化相关。通过这种方式可以准确地测量小至几纳克的质量变化。
- **二次谐波发生**（second harmonic generation，SHG）：即一强脉冲激光束转换为具有两倍其初始频率的辐射。

例如，气体分子吸附到表面上会改变SHG信号的强度。由于脉冲激光是激发源，因此，可在短至飞秒的时间尺度上进行表面过程的时间分辨测量。

- **表面等离子体共振**（surface plasmon resonance，SPR）：通过表面“等离子体”吸收一束入射电磁辐射的能量。

该技术非常灵敏，现已常规地用于研究吸附和解吸。要理解它，首先要了解“表面等离子体”的含义及所涉及的“共振”种类。

金属的可移动离域价电子形成**等离子体**（plasma），类似于一种致密的气相带电荷粒子集合体。用光或电子束轰击这种等离子体可以引起电子分布的瞬时变化，其中一些区域变得比其他区域稍微密集。高密度区域的库仑排斥导致电子彼此远离，从而降低它们的密度。由此产生的电子密度振荡（等离子体激元）可以在金属体相和表面被激发。表面等离子体从表面传播离开，但是波的振幅（也称为渐逝波）随着与表面的距离而急剧减小。本书中的术语“共振”是指可通过选择适当波长和入射角的激发光束来观察的吸收。

为了检测表面等离子体共振，通常选用单色

光束并且改变入射角（图19A.14中的ϕ）。光束进入棱镜并在涂有金或银薄膜的面上反射出来。由于渐逝波可以与表面附近的物质发生相互作用，所以共振吸收的角度取决于金属膜另一面上介质的折射率。因此，改变表面上材料的特性和数量，就改变了共振的角度。

SPR技术可用于研究分子与表面的键合或配体与附着于表面的生物聚合物的键合；这种相互作用可用来模拟发生在细胞中的生物识别过程，易于分析的复合物的例子包括抗体－抗原和蛋白质－DNA的相互作用。SPR技术最重要的优点是其灵敏度：可以测量纳克级的材料在表面上的沉积。该技术的主要缺点是需要将研究系统的至少一个组分进行固定。

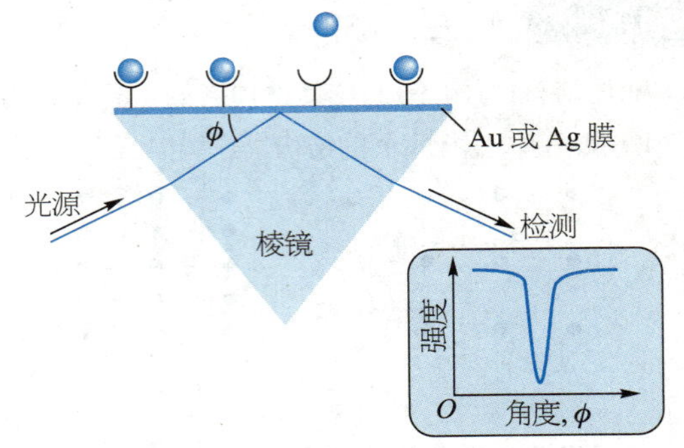

图19A.14 文中所述SPR检测的实验装置［受体联到金属膜上，结合配体（蓝球）后可以改变角度，该变化可通过SPR检测］

概念清单

☐ 1. **吸附**是分子附着到表面上；发生吸附的物质称为**吸附质**，下面的物质称为**吸附剂**或**基底**。吸附的逆过程称为**脱附**。

☐ 2. 表面缺陷在吸附过程中发挥着重要作用。

☐ 3. 在**物理吸附**中分子以相对较弱的力（如范德华作用）附着到表面上；在**化学吸附**中，相互作用则强得多，在吸附质和基底之间形成了化学键。

☐ 4. **重构**是指表面上的原子实现其平衡结构的过程。

☐ 5. 研究表面的技术和它们的简称为

AES 俄歇电子能谱
AFM 原子力显微镜
LEED 低能电子衍射技术
QCM 石英晶体微天平
SEM 扫描电子显微镜
SHG 二次谐波发生
SPM 扫描探针显微镜
SPR 表面等离子体共振
STM 扫描隧道显微镜
TEM 透射电子显微镜
UPS 紫外光电子能谱
XPS X射线光电子能谱

公式清单

性质	公式	说明	公式编号
碰撞通量	$Z_W = p/(2\pi mkT)^{1/2}$	气体动理论	19A.1
覆盖分数	$\theta = N_{已有}/N_{所有}$	定义	19A.2

专题19B

吸附和脱附

▶ 为何需要学习这部分内容？

欲知表面如何影响化学反应速率，需知如何评价表面覆盖程度及影响分子在固体表面吸附和脱附速率的因素。

▶ 核心思想是什么？

表面覆盖程度可以用基于吸附分子和游离分子之间的动态平衡而导出的等温式来表示。

▶ 需要哪些预备知识？

本专题对专题19A中有关吸附的讨论进行了扩展，需要熟悉化学动力学的基本思想（专题17A~17C）和阿仑尼乌斯公式（专题17D）。一个论证使用了反应平衡常数和标准吉布斯能之间的关系（专题6A），以及吉布斯－亥姆霍兹方程（专题3E）。

当气体吸附在表面上时（专题19A），游离分子和吸附分子之间存在动态平衡。表面的覆盖分数θ[式（19A.2）]取决于上方气体的压力和温度；描述其在给定温度下随着压力变化的表达式称为**吸附等温式**（adsorption isotherm）。

19B.1 吸附等温式

专题19A中讨论的许多技术可用于测量θ。另一种方法是**闪脱**（flash desorption），其中样品被突然电加热，所产生的压力升高可用样品上原先吸附质的量来解释。

（a）Langmuir等温式

由Irving Langmuir推导的Langmuir等温式是最简单的且具有物理合理性。它基于四个假设：

- 吸附不能超过单层覆盖。
- 表面上所有吸附位点都是等价的。
- 一个吸附空位只能吸附一个分子。
- 吸附的概率与相邻位点是否被占据无关（即吸附分子之间没有相互作用）。

根据这些假设，可以导出覆盖分数与压力关系的表达式。

如何完成？ 19B.1 推导Langmuir等温式

需要考虑气相中的分子（A）和表面上的分子（表示为AM）之间的动态平衡：

$$\mathrm{A(g)+M(表面)} \underset{k_d}{\overset{k_a}{\rightleftharpoons}} \mathrm{AM(表面)}$$

步骤1 *写出吸附速率的表达式*

吸附速率正比于与表面碰撞的速率，因此与A的分压p成正比。吸附速率也与空位的数目成正比，因为分子只能吸附在这些位点。如果总的位点数是N，覆盖分数是θ，则空位的数目就是$N(1-\theta)$。因此，吸附引起的表面覆盖分数的变化速率$\mathrm{d}\theta/\mathrm{d}t$为

$$\frac{\mathrm{d}\theta}{\mathrm{d}t}=k_a pN(1-\theta) \quad \text{吸附速率} \quad (19B.1a)$$

步骤2 *写出脱附速率的表达式*

脱附引起的表面覆盖分数的变化速率与已存在被吸附物种的数目成正比，其正比于已占据的位点数目（即$N\theta$）：

$$\frac{\mathrm{d}\theta}{\mathrm{d}t}=-k_d N\theta \quad \text{脱附速率} \quad (19B.1b)$$

因为θ随着分子脱附而降低，所以这一项为负。

步骤3 *使两个速率相等并构建等温式*

在平衡时，θ没有净的变化，意味着这两个速率之和必须为零：$k_a pN(1-\theta)-k_d N\theta=0$，将此式重排后可得到下面的表达式，即Langmuir等温式，其将表面覆盖分数与压力相关联，并且参数α具有压力倒数的量纲：

$$\theta=\frac{\alpha p}{1+\alpha p} \qquad \alpha=\frac{k_a}{k_d} \quad \text{Langmuir等温式} \quad (19B.2)$$

通过测量作为压力的一个函数的表面覆盖分数，然

后将这些数据以一种可望得到一直线的形式作图，可以验证Langmuir等温式，详见下面的例题。

例题 19B.1 使用Langmuir等温式

273 K时，CO在木炭上的吸附数据如下，请证实它们符合Langmuir等温式，并计算参数α的值和完全覆盖时对应的体积。在每种情况下，V均已校正至1 atm（101.325 kPa）下的值。

p/kPa	13.3	26.7	40.0	53.3	66.7	80.0	93.3
V/cm^3	10.2	18.6	25.5	31.5	36.9	41.6	46.1

整理思路 覆盖分数可由$\theta = V/V_\infty$给出，其中V_∞是完全覆盖时的体积［式（19A.2）］。需要改变Langmuir等温式的形式以便可以作一直线，进而根据其斜率和截距得到所需参数。

解： 在式（19B.2）两边乘以$(1+\alpha p)$可得$\theta(1+\alpha p)=\alpha p$，然后代入$\theta = V/V_\infty$，从而得到

$$\frac{V}{V_\infty}+\frac{V\alpha p}{V_\infty}=\alpha p$$

两边除以 $V\alpha$ 后得到

$$\frac{1}{\alpha V_\infty}+\frac{p}{V_\infty}=\frac{p}{V}\quad \text{重排为}\quad \frac{p}{V}=\overbrace{\frac{1}{\alpha V_\infty}}^{\text{截距}}+\overbrace{\frac{1}{V_\infty}}^{\text{斜率}}p$$

据此，以p/V对p作图可得到一条直线，斜率为$1/V_\infty$，在$p=0$时的截距为$1/\alpha V_\infty$；注意到斜率和截距的比值 $=(1/V_\infty)/(1/\alpha V_\infty)=\alpha$。

用于作图的数据如下：

p/kPa	13.3	26.7	40.0	53.3	66.7	80.0	93.3
$(p/\text{kPa})/(V/\text{cm}^3)$	1.30	1.44	1.57	1.69	1.81	1.92	2.02

将这些点绘于图19B.1中。(最小二乘法)斜率为9.04×10^{-3}，所以$V_\infty = 1/(9.04\times10^{-3}\ \text{cm}^{-3}) = 111\ \text{cm}^3$。$p=0$时的截距为$(p/\text{kPa})/(V/\text{cm}^3)=1.20$或$p/V=1.20\ \text{kPa}\cdot\text{cm}^{-3}$，即$1/\alpha V_\infty = 1.20\ \text{kPa}\cdot\text{cm}^{-3}$。所以

$$\alpha=\frac{1/V_\infty}{1/\alpha V_\infty}=\frac{1/111\ \text{cm}^3}{1.20\ \text{kPa}\cdot\text{cm}^{-3}}=7.51\times10^{-3}\ \text{kPa}^{-1}$$

图19B.1 例题19B.1中数据的作图。如在这里所说明的，Langmuir等温式预测，当以p/V对p作图时应得一直线

自测题 19B.1 对于下列数据，重复上面的计算：

p/kPa	13.3	26.7	40.0	53.3	66.7	80.0	93.3
V/cm^3	10.3	19.3	27.3	34.1	40.0	45.5	48.0

答案： 128 cm^3，$6.68\times10^{-3}\ \text{kPa}^{-1}$。

如果一个分子A_2在表面解离成两个A原子，并被吸附，则吸附速率与压力和位点数的平方成正比：需要两个位点来容纳两个A。这种条件下，由吸附引起的覆盖分数的变化速率为

$$\frac{\mathrm{d}\theta}{\mathrm{d}t}=k_\mathrm{a}p[N(1-\theta)]^2 \tag{19B.3a}$$

脱附时需要两个A原子彼此遭遇以便它们能以A_2的形式离开。因此，覆盖分数的变化速率与已占据位点数目的平方成正比：

$$\frac{\mathrm{d}\theta}{\mathrm{d}t}=-k_\mathrm{d}(N\theta)^2 \tag{19B.3b}$$

没有净变化时意味着式（19B.3a）和式（19B.3b）相等，从而推导出等温式：

$$\theta=\frac{(\alpha p)^{1/2}}{1+(\alpha p)^{1/2}} \tag{19B.4}$$

解离吸附的Langmuir等温式

当存在解离时，压力对表面覆盖分数的影响比非解离吸附时要弱。

解离吸附和非解离吸附的Langmuir等温线的形状分别如图19B.2和图19B.3所示。覆盖分数随着压力的增加而增加，只有在非常高的压力下，此时气体几乎占满所有吸附位点，覆盖分数才接近于1。

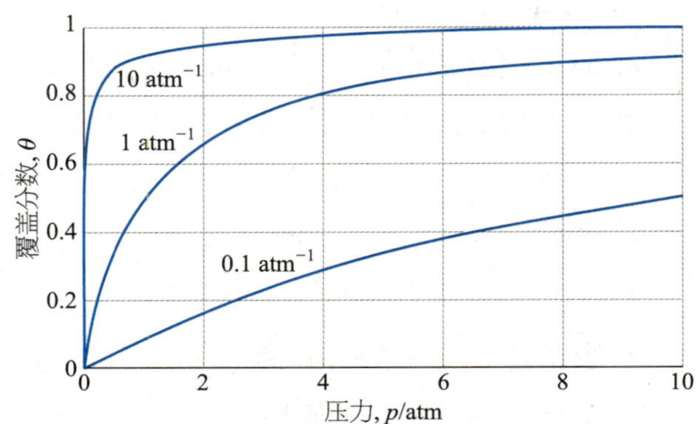

图19B.2 不同α值时，非解离吸附的Langmuir等温线

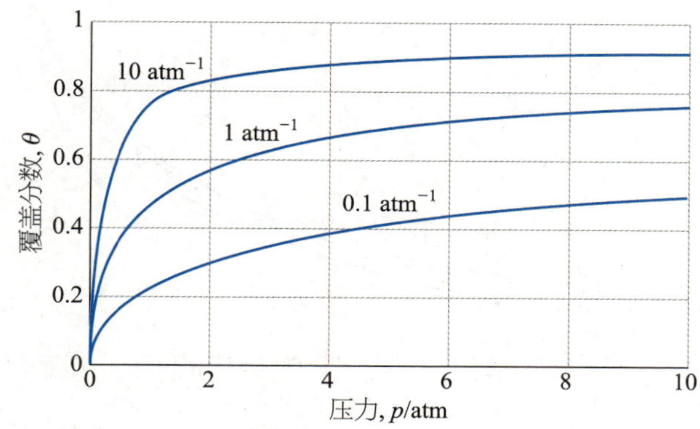

图 19B.3　不同α值时，解离吸附 $A_2(g) \longrightarrow 2A$(表面)的Langmuir等温线

(b) 等量吸附焓

Langmuir等温线取决于$\alpha = k_a/k_d$的值，而$\alpha = k_a/k_d$又取决于温度，这就可把这种温度依赖性与**等量吸附焓**（isosteric enthalpy of adsorption）$\Delta_{ad}H^{\ominus}$联系起来，而$\Delta_{ad}H^{\ominus}$是在固定表面覆盖分数下的标准吸附焓。

如何完成？19B.2　将α的温度依赖性与等量吸附焓相关联

$\alpha = k_a/k_d$是吸附平衡 $A(g) + M(表面) \rightleftharpoons AM(表面)$中正向反应和逆向反应的速率常数之比。从专题17C中的讨论可知，α与该反应平衡常数有关，因此其温度依赖性可以用与其他平衡常数相同的方式（专题6B）导出。

步骤1　*将α与平衡常数相关联*

因为α的量纲是［压力$^{-1}$］，所以它与量纲为1的平衡常数的关系是$K = (k_a/k_d) \times p^{\ominus} = \alpha p^{\ominus}$。

步骤2　*将平衡常数与吸附的标准吉布斯能相关联*

根据式（6A.15）（$\Delta_r G^{\ominus} = -RT\ln K$），可得出$\Delta_{ad}G^{\ominus} = -RT\ln(\alpha p^{\ominus})$，其中$\Delta_{ad}G^{\ominus}$是吸附的标准吉布斯能。重排后得到

$$-R\ln(\alpha p^{\ominus}) = \frac{\Delta_{ad}G^{\ominus}}{T}$$

步骤3　*用吉布斯－亥姆霍兹方程将$\Delta G^{\ominus}/T$的温度依赖性与吸附焓相关联*

将上式两边对T求导数，可有

$$\frac{d[-R\ln(\alpha p^{\ominus})]}{dT} = \frac{d}{dT}\frac{\Delta_{ad}G^{\ominus}}{T}$$

现在，用吉布斯－亥姆霍兹方程［式（3E.11），$d(\Delta G/T)/dT = -\Delta H/T^2$］可将方程的右侧写为$-\Delta_{ad}H^{\ominus}/T^2$，从而得到

$$\frac{d[-R\ln(\alpha p^{\ominus})]}{dT} = \frac{-\Delta_{ad}H^{\ominus}}{T^2} \quad 所以 \quad \frac{d\ln(\alpha p^{\ominus})}{dT} = \frac{\Delta_{ad}H^{\ominus}}{RT^2}$$

标准吸附焓与覆盖分数有关，因此该表达式受限于恒定的θ。因此，导数是在θ为定值时的一个偏导数，$\Delta_{ad}H^{\ominus}$应该为等量吸附焓。最终，α与温度的关系如下：

$$\left[\frac{\partial\ln(\alpha p^{\ominus})}{\partial T}\right]_{\theta} = \frac{\Delta_{ad}H^{\ominus}}{RT^2} \qquad (19B.5a)$$

式（19B.5a）可以用$d(1/T)/dT = -1/T^2$变换为更实用的形式：

$$\left[\frac{\partial\ln(\alpha p^{\ominus})}{\partial(1/T)}\right]_{\theta} = -\frac{\Delta_{ad}H^{\ominus}}{R} \qquad 等量吸附焓 \qquad (19B.5b)$$

下面的例题说明如何利用式（19B.5b）来获得测定等量吸附焓的图解法。

例题 19B.2　测定等量吸附焓

使用例题19B.1中的相同样品，吸附的气体的体积（校正至1 atm和0 ℃下的值）为10.0 cm^{3}时所需CO的压力如下。假定没有解离，请计算该覆盖分数下的等量吸附焓。

T/K	200	210	220	230	240	250
p/kPa	4.00	4.95	6.03	7.20	8.47	9.85

整理思路　每个温度下吸附同样的体积，故所有温度下的表面覆盖分数相等，所以题给数据是等量条件下的数据。首先，需要把Langmuir等温式［式（19B.2）］重排成$\alpha = \theta/p(1-\theta)$，从而将给定的压力与一个$\alpha$值相关联。由于$\theta$恒定不变，上式可以简化为$\alpha = C/p$，其中$C$为量纲为1的常数。所以，$\ln(\alpha p^{\ominus}) = \ln(Cp^{\ominus}/p) = \ln(p/p^{\ominus}) + \ln C$。根据式（19B.5b），将$\ln(p/p^{\ominus})$对$1/T$作图应得到一条斜率为$\Delta_{ad}H^{\ominus}/R$的直线。

解：由于$p^{\ominus} = 1$ bar $= 10^2$ kPa，根据题给数据可得：

T/K	200	210	220	230	240	250
$T^{-1}/(10^3\ K)^{-1}$	5.00	4.76	4.55	4.35	4.17	4.00
$(p/p^{\ominus}) \times 10^2$	4.00	4.95	6.03	7.20	8.47	9.85
$\ln(p/p^{\ominus})$	−3.22	−3.01	−2.81	−2.63	−2.47	−2.32

数据点绘于图19B.4中，斜率（最小二乘法线性拟合）为−0.901，即$(-\Delta_{ad}H^{\ominus}/R)/10^3 = 0.901$ K。所以：

$$\Delta_{ad}H^{\ominus} = -0.901 \times 10^3\ K \times 8.314\ 5\ J \cdot K^{-1} \cdot mol^{-1}$$
$$= -7.5\ kJ \cdot mol^{-1}$$

自测题 19B.2　使用下列等量吸附的数据，重复例题中的计算：

T/K	200	210	220	230	240	250
p/kPa	4.32	5.59	7.07	8.80	10.67	12.80

答案：$-9.0\ kJ \cdot mol^{-1}$

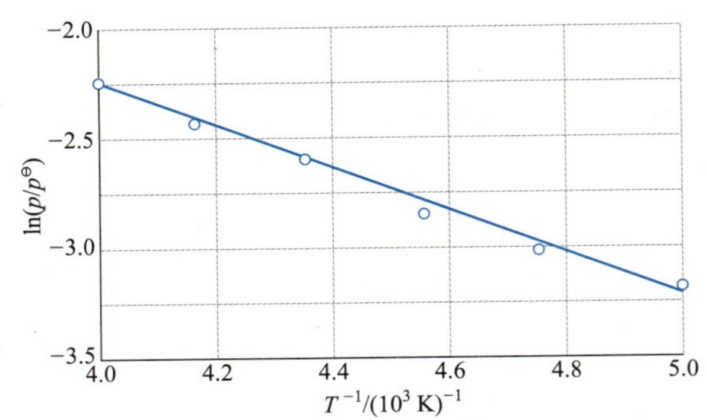

图 19B.4　等量吸附焓可由 $\ln(p/p^{\ominus})$ 对 $1/T$ 作图所得直线的斜率来获得，其中 p 是需要达到指定表面覆盖分数所需的压力（所用数据来自例题 19B.2）

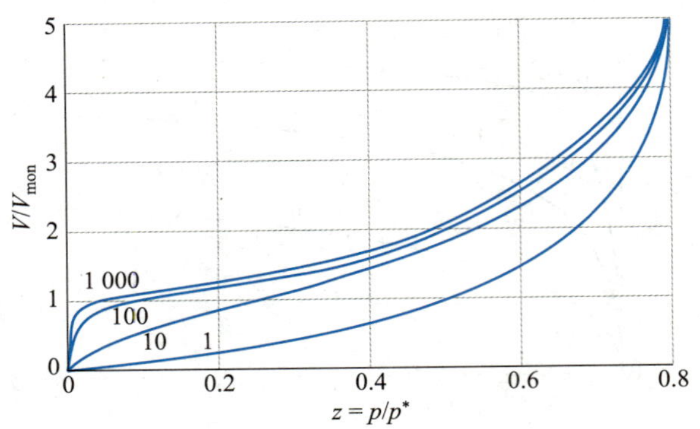

图 19B.5　不同 c 值时 BET 等温式的作图（因为该模型允许在表面形成多层吸附，所以 V/V_{mon} 的值可无限增加）

Langmuir 等温式的两个假设是吸附位点的独立性和等效性。与 Langmuir 等温式的偏离经常是由于这些假设不成立所造成的。例如，随着 θ 的增加，吸附焓经常变得不那么负，这说明吸附最先占有能量最有利的位点。此外，已经吸附在表面上的分子之间的相互作用也很重要。

（c）BET 等温式

人们已提出了许多等温式来处理与 Langmuir 等温式有重要偏离的情形。如果初始吸附层可以作为基底用于进一步的（如物理）吸附，那么，与吸附的气体体积在高压下有一定值的单层吸附不同，此时吸附体积可望无限增加。最广泛使用的用于处理多层吸附的等温式是由 Stephen Brunauer、Paul Emmett 和 Edward Teller 导出的，称为 **BET 等温式**（BET isotherm）。

$$\frac{V}{V_{\mathrm{mon}}}=\frac{cz}{(1-z)[1-(1-c)z]}\qquad \text{BET 等温式} \qquad (19B.6)$$

其中　$z=\dfrac{p}{p^*}$

式中 p^* 是纯液体吸附质的饱和蒸气压，V 是吸附的气体体积，V_{mon} 是对应于单层吸附的气体体积，常数 c 是系统的特性：$c=\alpha_0/\alpha_1$，其中 $\alpha_0=k_{\mathrm{a},0}/k_{\mathrm{d},0}$ 是第一层（即与基底）的吸附和脱附速率常数之比，$\alpha_1=k_{\mathrm{a},1}/k_{\mathrm{d},1}$ 是次层的吸附和脱附速率常数之比。这个等温式的推导相当烦琐，详见本书网站上的“深入了解 13”。

BET 等温线的形状见图 19B.5。当压力增加时，吸附线可无限上升，因为发生多层吸附时可冷凝的物质的量没有限制。尽管 BET 等温式并不是在所有压力下都准确，但它在工业中被广泛用于测定固体的表面积。

通常使用的 BET 等温式的形式是将式（19B.6）两边的分子和分母颠倒，从而得到

$$\frac{V_{\mathrm{mon}}}{V}=\frac{(1-z)[1-(1-c)z]}{cz}$$

然后，将两边乘以 $z/(1-z)V_{\mathrm{mon}}$，得到

$$\frac{z}{(1-z)V}=\frac{1-(1-c)z}{cV_{\mathrm{mon}}}$$

将右侧分为两项，从而得到

$$\frac{z}{(1-z)V}=\overbrace{\frac{1}{cV_{\mathrm{mon}}}}^{\text{截距}}+\overbrace{\frac{(c-1)}{cV_{\mathrm{mon}}}}^{\text{斜率}}z \qquad (19B.7)$$

因此，若以 $z/(1-z)V$ 对 z 作图，则可得到一条斜率为 $(c-1)/cV_{\mathrm{mon}}$ 且在 $z=0$ 处截距为 $1/cV_{\mathrm{mon}}$ 的直线，注意到斜率/截距 $=[(c-1)/cV_{\mathrm{mon}}]/(1/cV_{\mathrm{mon}})=c-1$。

例题 19B.3　使用 BET 等温式

75 K 时，$N_2(g)$ 在金红石（TiO_2）表面的吸附数据如下：

p/kPa	0.160	1.87	6.11	11.67	17.02	21.92	27.29
V/mm^3	601	720	822	935	1 046	1 146	1 254

吸附剂为 1 g，体积已校正至 1.00 atm 和 273 K 下的值。75 K 时，液氮的蒸气压 $p^*=76.0$ kPa。证实这些数据符合 BET 等温式，并确定 V_{mon} 和 c 的值。

整理思路　式（19B.7）表明：以 $z/(1-z)V$ 对 z 作图（其中 $z=p/p^*$）可得一条斜率为 $(c-1)/cV_{\mathrm{mon}}$ 且在 $z=0$ 处

截距为 $1/cV_{\mathrm{mon}}$ 的直线。如上所述，斜率和截距的比值为 $c-1$。确认坐标、斜率和截距都是量纲为 1 的，并恰当地解释它们。

解： 整理数据：

p/kPa	0.160	1.87	6.11	11.67	17.02	21.92	27.29
10^3z	2.11	24.6	80.4	154	224	288	359
$10^4z/[(1-z)(V/\mathrm{mm}^3)]$	0.035	0.350	1.06	1.94	2.76	3.54	4.47

这些点绘于图 19B.6 中。利用最小二乘法拟合所得直线在 $z=0$ 处的截距为 $10^4z/[(1-z)(V/\mathrm{mm}^3)]=0.0411$，或 $z/[(1-z)(V/\mathrm{mm}^3)]=4.11\times10^{-6}$。所以

$$\frac{1}{c(V_{\mathrm{mon}}/\mathrm{mm}^3)}=4.11\times10^{-6}\qquad\frac{1}{cV_{\mathrm{mon}}}=4.11\times10^{-6}\,\mathrm{mm}^{-3}$$

将 $10^4z/[(1-z)(V/\mathrm{mm}^3)]$ 对 10^3z 作图所得直线的斜率为 1.22×10^{-2}，故以 $z/[(1-z)(V/\mathrm{mm}^3)]$ 对 z 作图所得直线的斜率为 $1.22\times10^{-2}\times10^{-4}\times10^3=1.22\times10^{-3}$。所以

$$\frac{c-1}{c(V_{\mathrm{mon}}/\mathrm{mm}^3)}=1.22\times10^{-3}\qquad\frac{c-1}{cV_{\mathrm{mon}}}=1.22\times10^{-3}\,\mathrm{mm}^{-3}$$

根据之前的两个表达式，可得 $(c-1)/cV_{\mathrm{mon}}$ 和 $(1/cV_{\mathrm{mon}})$ 的比值为

$$c-1=\frac{1.22\times10^{-3}\,\mathrm{mm}^{-3}}{4.11\times10^{-6}\,\mathrm{mm}^{-3}}=297$$

故 $c=298$。那么

$$V_{\mathrm{mon}}=\frac{1}{298\times(4.11\times10^{-6}\,\mathrm{mm}^{-3})}=816\,\mathrm{mm}^3$$

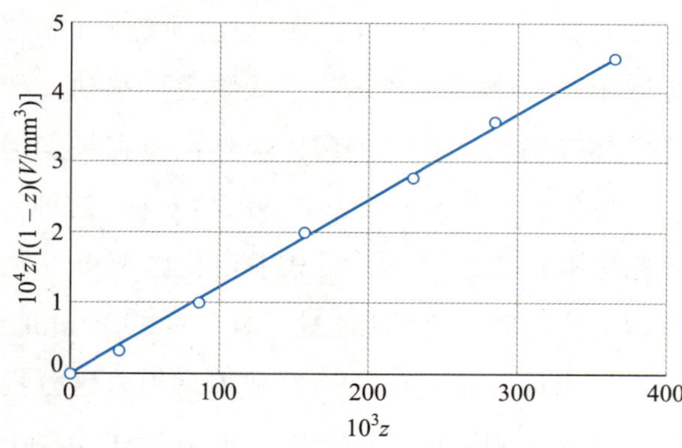

图 19B.6　通过将 $z/(1-z)V$ 对 z 作图，可检验 BET 等温式并测量参数（数据来自例题 19B.3）

说明　在 1.00 atm 和 273 K 时，816 mm³ 对应于 3.6×10^{-5} mol 或 2.2×10^{19} 个原子。因为每个原子所占面积约为 0.16 nm²，所以样品的表面积约为 3.5 m²。

自测题 19B.3　根据以下 75 K 时 $N_2(g)$ 的吸附数据，重复例题中的计算。体积已换算为 1.00 atm 和 273 K 下的值。

p/kPa	0.160	1.87	6.11	11.67	17.02	21.92	27.29
V/cm³	235	559	649	719	790	860	950

答案：$c=370$，$V_{\mathrm{mon}}=615\,\mathrm{cm}^3$

常数 c 取决于温度，也与第一个和其后的单层形成时的焓变相关。

如何完成？19B.3　将 BET 等温式中的常数 c 与相关焓变相联系

正如吉布斯–亥姆霍兹方程可用于表示出现在 Langmuir 等温式中的“平衡常数” α 的温度依赖性，它也可用于表示 α_0 和 α_1 及它们的比值 c 的温度依赖性。

步骤 1　*根据相应的吉布斯能变化写出 α_0 和 α_1*

$\alpha_0=k_{\mathrm{a},0}/k_{\mathrm{d},0}$ 针对的是出现在 Langmuir 等温式中的第一个单层（附着于表面的那层）的形成。因此，α_0 与标准吉布斯吸附能 $\Delta_{\mathrm{ad}}G^\ominus$ 有关：$\Delta_{\mathrm{ad}}G^\ominus=-RT\ln(\alpha_0p^\ominus)$。用脱附吉布斯能代替吸附吉布斯能将变得更加方便，$\Delta_{\mathrm{des}}G^\ominus=-\Delta_{\mathrm{ad}}G^\ominus$。由此得出 $\Delta_{\mathrm{des}}G^\ominus=RT\ln(\alpha_0p^\ominus)$ 或 $\alpha_1p^\ominus=\mathrm{e}^{\Delta_{\mathrm{des}}G^\ominus/RT}$。

$\alpha_1=k_{\mathrm{a},1}/k_{\mathrm{d},1}$ 针对的是第二层和随后的单层的形成，类似于气体至液体的冷凝。因此，α_1 与标准冷凝吉布斯能有关，即 $\Delta_{\mathrm{con}}G^\ominus=-RT\ln(\alpha_1p^\ominus)$。由于标准蒸发吉布斯能 $\Delta_{\mathrm{vap}}G^\ominus=-\Delta_{\mathrm{con}}G^\ominus$，故 $\Delta_{\mathrm{vap}}G^\ominus=RT\ln(\alpha_1p^\ominus)$ 或 $\alpha_0p^\ominus=\mathrm{e}^{\Delta_{\mathrm{vap}}G^\ominus/RT}$。

步骤 2　*根据相关的吉布斯能变化写出 c*

现在，可以使用步骤 1 的结果，用吉布斯能的变化来表示 $c=\alpha_0/\alpha_1$，即

$$c=\frac{\alpha_0}{\alpha_1}=\frac{\mathrm{e}^{\Delta_{\mathrm{des}}G^\ominus/RT}}{\mathrm{e}^{\Delta_{\mathrm{vap}}G^\ominus/RT}}=\frac{\mathrm{e}^{\Delta_{\mathrm{des}}H^\ominus/RT}\,\mathrm{e}^{-\Delta_{\mathrm{des}}S^\ominus/R}}{\mathrm{e}^{\Delta_{\mathrm{vap}}H^\ominus/RT}\,\mathrm{e}^{-\Delta_{\mathrm{vap}}S^\ominus/R}}$$

式中吉布斯能已用相对应的焓和熵来表示。

步骤 3　*简化*

假设脱附熵和蒸发熵相等，因为它们对应类似的过程，都涉及冷凝的吸附质逃逸至气相。它们相互消去后，可得用脱附和蒸发的标准焓表示的 c 的表达式：

$$c=\mathrm{e}^{(\Delta_{\mathrm{des}}H^\ominus-\Delta_{\mathrm{vap}}H^\ominus)/RT}\qquad(19\mathrm{B}.8)$$

用焓变表示的 BET 等温式中的常数 c

从式（19B.8）可知，当第一个单分子层的脱附焓大于液体吸附质的蒸发焓时，常数 c 较大。从图 19B.5 可看出，当 c 很大时，在较低压力下就可达到完全的单层覆盖（此时 $V/V_{\mathrm{mon}}=1$）。这种行为与当 $\Delta_{\mathrm{vap}}H^\ominus$ 变得更负（以及 $\Delta_{\mathrm{des}}H^\ominus$ 变得更正）时，更有利于形成第一个单分子层相一致。

例题 19B.3 表明 c 的数量级为 10^2。当 $c\gg1$ 时，BET 等温式可简化为

$$\frac{V}{V_{\text{mon}}}=\frac{1}{1-z}$$ BET 等温式 [当 $c>>1$ 时]　(19B.9)

此表达式适用于极性表面上的非反应性气体（的吸附），因为此时 $\Delta_{\text{des}}H^{\ominus}$ 明显大于 $\Delta_{\text{vap}}H^{\ominus}$。在一定的压力范围内，BET 等温式与实验数据吻合得较好，但是在低压下数值偏低，在高压下数值偏高。

（d）Temkin 等温式和 Freundlich 等温式

Langmuir 等温式假设所有吸附位点都是等效且独立的，这意味着吸附焓与表面覆盖度无关。而实验发现，当 θ 增加时吸附焓变得不那么负，表明能量最有利的位点首先被占据。已经进行了多种尝试以考虑这些变化，如 **Temkin 等温式**（Temkin isotherm）：

$$\theta=c_1\ln(c_2p)$$ Temkin 等温式　(19B.10)

式中 c_1 和 c_2 是常数。Temkin 等温式对应于吸附焓随压力呈线性变化的假设。**Freundlich 等温式**（Freundlich isotherm）为

$$\theta=c_1p^{1/c_2}$$ Freundlich 等温式　(19B.11)

对应于吸附焓随压力呈对数变化的假设。该等温式试图考虑吸附在表面上的分子之间的相互作用。

不同的等温式在一定的压力范围内或多或少地与实验相一致，但它们仍然在很大程度上是经验性的。然而，经验并不意味着无用，因为如果已知一可靠的等温式的参数，则可以获得各种条件下表面覆盖度的合理可靠结果，这种信息对于讨论多相催化（专题 19C）是必不可少的。

19B.2　吸附和脱附速率

本部分将更详细地在分子水平考察吸附和脱附，特别关注化学吸附的能量学。

（a）前驱状态

图 19B.7 显示了分子的势能是如何随着与基底表面距离的变化而变化的。当分子接近表面时，随着

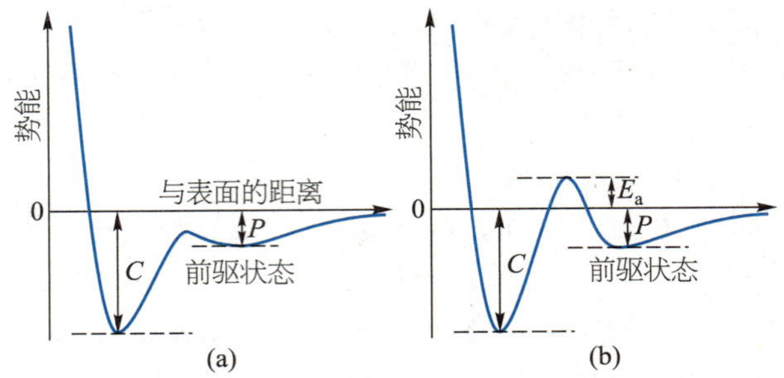

图 19B.7　A_2 分子发生解离化学吸附时的势能图［图中 P 是（非解离的）物理吸附焓，C 是化学吸附焓（$T=0$ 时）。中间峰的高度决定化学吸附是否需要活化］

其被物理吸附进入到化学吸附的**前驱状态**（precursor state），其势能下降。当一个分子进入到其化学吸附的状态时，经常会发生解离至碎片，并在随着分子中键的扭曲，能量有一初始增加以后，又随着吸附质－基底之间的键达到最大强度时，势能有一急剧下降。即使分子不解离，当分子接近表面并调整其键时，势能也有一最初的增加。

因此，在大多数情况下，前驱状态和化学吸附状态之间有一个势垒。尽管这个势垒可能很低，有可能没有上升超过能量零点，即吸附质远离表面时的能量［图 19B.7（a）］。在这种情况下，化学吸附不是一个活化的过程，吸附过程很快，如许多气体在清洁金属上的吸附。然而，在某些情况下，势垒上升至零以上［图 19B.7（b）］，这种化学吸附需要活化过程，并且较非活化的要慢，如 H_2 在铜上的吸附，其活化能处于 20 ～ 40 kJ · mol^{-1}。

从上述讨论可知，速率并不是用来区分物理吸附和化学吸附的好的判据。如果活化能很小或为零，则化学吸附可以很快；但如果活化能很大，则化学吸附可能很慢。物理吸附通常很快，但如果吸附发生在多孔介质上则比较慢。

简要说明 19B.1

考虑氢气在铜不同晶面上的两个吸附实验。在晶面 1 上吸附的活化能为 28 kJ · mol^{-1}，在晶面 2 上吸附的活化能为 33 kJ · mol^{-1}。假定符合阿仑尼乌斯公式，并且频率引子一样，那么，250 K 时相同面积的两个晶面上吸附速率的比值为

$$\frac{\text{吸附速率(1)}}{\text{吸附速率(2)}}=\frac{Ae^{-E_{\text{a,ad}}(1)/RT}}{Ae^{-E_{\text{a,ad}}(2)/RT}}=e^{-[E_{\text{a,ad}}(1)-E_{\text{a,ad}}(2)]/RT}$$
$$=e^{5\times10^3\,\text{J}\cdot\text{mol}^{-1}/(8.3145\,\text{J}\cdot\text{K}^{-1}\cdot\text{mol}^{-1}\times250\,\text{K})}=11$$

(b) 分子水平的吸附和脱附

表面被吸附质覆盖的速率取决于吸附质与表面碰撞时基底消散吸附质能量的能力，即“调节”过程。如果能量没有被快速耗散，则吸附质粒子在表面上迁移，直到它到达边缘或被振动驱逐至表面上方的气相中。与表面碰撞成功导致吸附的比例称为**黏附概率**（sticking probability）s：

$$s=\frac{\text{粒子被表面吸附的速率}}{\text{粒子与表面的碰撞速率}} \quad \text{黏附概率[定义]} \quad (19B.12)$$

式中分母可由动力学模型（根据Z_W，见专题19A）来计算，分子则可通过观测压力变化的速率来测定。

s值千差万别。例如，室温时CO在几种d金属表面上的s值在0.1 ～ 1.0，但对于铼上的N_2，则$s<10^{-2}$，表明在表面上一百多次的碰撞才能有一个N_2分子的黏附。对特定的晶面更具有特异性：如室温下钨上的N_2，(320)晶面上s为0.74，而在(110)晶面上则小于0.01。随着表面覆盖度的增加，黏附概率降低（图19B.8）。一种简单的假设是s正比于$(1-\theta)$，即未覆盖的分数，经常写为

$$s=(1-\theta)s_0 \quad \text{黏附概率的常用形式} \quad (19B.13)$$

式中s_0是完全清洁表面上的黏附概率。图中的结果并不符合式(19B.13)，因为这些结果显示s保持接近s_0，直至覆盖度已上升至约6×10^{13}分子·cm^{-2}，然后急剧下降。一种合理的解释是碰撞分子可能没有立即进入化学吸附状态，而是在表面上移动直至遇到空位。

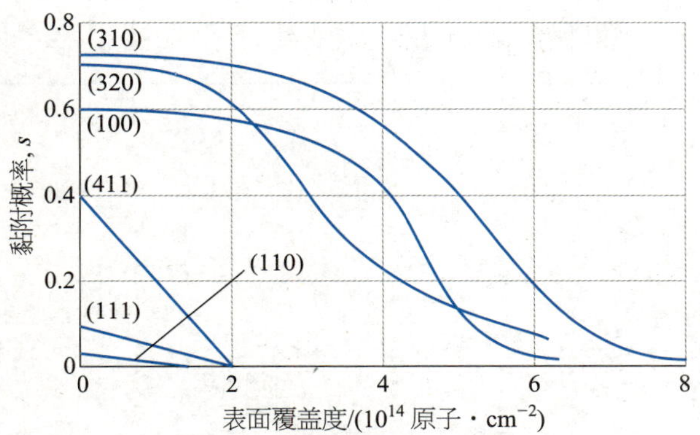

图19B.8 在钨不同晶面上N_2的黏附概率及其与表面覆盖度的关系。注意(110)和(111)晶面的黏附概率很低（数据由D. A. King教授提供）

脱附总是需要被活化，因为粒子必须从一势阱的底部被提举起来。物理吸附的粒子在其浅势阱中振动，短时间后可能脱离表面。如果脱附的一级速率常数与温度的关系遵循阿仑尼乌斯行为，那么，$k_d=Ae^{-E_{a,des}/RT}$，其中$E_{a,des}$是脱附活化能。所以，**驻留半衰期**（residence half-life），即停留在表面的半衰期，与温度的关系为

$$t_{1/2}=\frac{\ln2}{k_d}=\tau_0e^{E_{a,des}/RT} \qquad \tau_0=\frac{\ln2}{A} \quad \text{驻留半衰期} \quad (19B.14)$$

时间τ_0是非常高的温度极限下的驻留半衰期，此时可忽略活化能垒的影响；τ_0是驻留半衰期的下限。注意指数中的正号：脱附活化能越大，驻留半衰期越长。

简要说明 19B.2

假定$1/\tau_0$近似等于弱的吸附质－表面键的振动频率（约10^{12} Hz），以及$E_{a,des}\approx25$ kJ·mol^{-1}，那么，室温下的驻留半衰期预计约为25 ns。降温到约100 K时，寿命接近1 s。对于活化能$E_{a,des}=100$ kJ·mol^{-1}的化学吸附，假定$\tau_0=10^{-14}$ s（因为吸附质－表面的键合非常强），室温下的驻留半衰期约为3×10^3 s（约1 h），大约370 K时减小到1 s。

脱附活化能可以用多种方式测量。因为它们通常依赖于覆盖分数，故可能随着脱附的进行而改变，所以必须审慎对待。此外，将适用于体相研究的“反应级数”和“速率常数”等概念转移到表面研究中是有危险的，很少有严格的一级或二级脱附动力学的例子（就像在气相中很少有整数级反应一样）。

如果忽略其他情况，测量脱附活化能的一种方法就是监测当样品保持在一系列温度时压力增加的速率，并进而绘制阿仑尼乌斯图。一种更为先进的技术是**程序升温脱附**（temperature-programmed desorption，TPD）或**热脱附光谱**（thermal desorption spectroscopy，TDS）。在这些实验中，样品的温度被线性地升高，当温度升高到脱附迅速发生时，可以观测到脱附速率的一个激增（可由质谱仪监测）。然而，一旦脱附完成

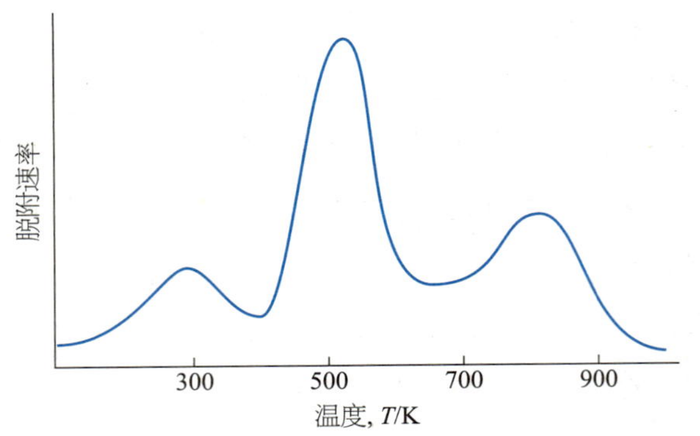

图 19B.9 H_2从沉积在γ−氧化铝（$\gamma-Al_2O_3$）表面的一层PtW_2上脱附的TPD谱，图形对应于不同的H_2表面覆盖分数［参考F. Lai, D-W. Kim, O.S. Alexeev, G.W. Graham, M. Shelef, B.C. Gates, Phys. Chem. Chem. Phys., 2, 1997 (2000)］

（即没有更多的吸附质从表面逃逸），随着温度的继续升高脱附速率下降。因此，TPD谱图，即脱附速率对温度的作图，显示一个峰，其位置依赖于脱附活化能（图 19B.9）。

在许多情况下，仅有一个活化能（即TPD谱中的单峰）可被观测到。当观察到几个峰时，它们可能对应于不同晶面上的吸附或多层吸附。例如，在钨表面上吸附的Cd原子显示有两个活化能，分别为18 kJ · mol^{-1}和90 kJ · mol^{-1}，这是因为直接吸附到基底上的Cd原子结合更紧密，而在第一层上再吸附的一层（或多层）Cd原子则结合强度变小。另一个具有两个脱附活化能的实例是CO在钨表面上的吸附，其值为120 kJ · mol^{-1}和300 kJ · mol^{-1}，这是因为存在有两种类型的金属−吸附质键合位点，一种是形成简单的M—CO键，另一种是CO吸附解离，形成单独吸附的C原子和O原子。

（c）表面上的迁移性

吸附质和基底之间相互作用强度的另一方面是吸附质的迁移。迁移性经常是催化剂活性的一个重要特征，因为如果反应物分子吸附得非常强以至于它们不能迁移，则催化剂可能就无效了。

在表面上扩散的活化能与脱附活化能不一定相同，因为粒子可能不需要完全离开表面而进行穿过势能峰之间的山谷移动。一般而言，迁移的活化能约为表面−吸附质之间键能的10% ~ 20%，其实际值取决于覆盖程度。样品的缺陷结构（取决于温度）也可能起主导作用，因为吸附的分子可能更容易跳过平台而不是在台阶的底部移动，这些分子可能会被另一个平台上的空位捕获。在一个晶面上的扩散也可能比另一个晶面更容易，因此表面迁移性也取决于裸露的晶格面。

概念清单

- □ 1. **吸附等温式**表示等温条件下覆盖分数θ随温度的变化。
- □ 2. **闪脱**是通过突然加热样品，然后根据所产生的压力升高来测定原先在基底上吸附质的量的一种技术。
- □ 3. 吸附等温式包括Langmuir等温式、BET等温式、Temkin等温式和Freundlich等温式。
- □ 4. **黏附概率**是指与表面的碰撞能成功导致吸附的比例。
- □ 5. 脱附是一个活化的过程，可以用**程序升温脱附**或**热脱附光谱**测量脱附活化能。

公式清单

性质	公式	说明	公式编号
Langmuir 等温式：			
（a）无解离	$\theta = \alpha p/(1 + \alpha p)$	独立且等效的位点，	19B.2
（b）有解离	$\theta = (\alpha p)^{1/2}/[1 + (\alpha p)^{1/2}]$	单层覆盖	19B.4
等量吸附焓	$[\partial \ln(\alpha p^{\ominus})/\partial(1/T)]_{\theta} = -\Delta_{\text{ad}}H^{\ominus}/R$		19B.5b
BET 等温式	$V/V_{\text{mon}} = cz/(1 - z)[1 - (1 - c)z]$, $z = p/p^{*}$, $c = \exp[(\Delta_{\text{des}}H^{\ominus} - \Delta_{\text{vap}}H^{\ominus})/RT]$	多层吸附	19B.6 和 19B.8
Temkin 等温式	$\theta = c_1 \ln(c_2 p)$	吸附焓随 θ 变化	19B.10
Freundlich 等温式	$\theta = c_1 p^{1/c_2}$	吸附质 – 吸附质相互作用	19B.11
黏附概率	$s = (1 - \theta)s_0$	近似形式	19B.13

专题19C

多相催化

▶ 为何要学习这部分内容？

大量重要的化工生产过程都依赖于多相催化，理解它们的机理是改进生产的基础。

▶ 核心思想是什么？

多相催化通常包含有一个或多个反应物的化学吸附，以及由此引起的活化能降低。

▶ 需要哪些预备知识？

专题17F中介绍了催化。本专题建立在反应机理（专题17E）的讨论上，并使用了阿仑尼乌斯公式（专题17D）和吸附等温式（专题19B）。

多相催化剂（heterogeneous cataiyst）是指与反应物和产物处于不同相的催化剂，如用于氢气和氮气反应合成氨的铁基固体催化剂。金属提供一个可与反应物键合的表面，从而为反应物的反应做好准备并有利于使它们相遇。

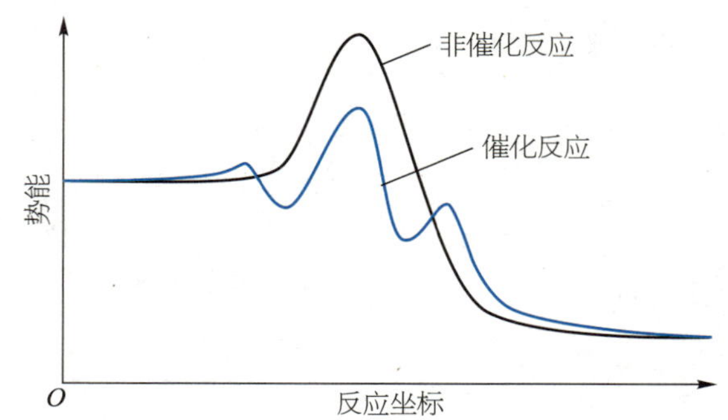

图19C.1 催化反应和非催化反应的反应剖面图。催化反应路径中包括吸附和脱附的活化能及过程总的活化能降低

19C.1 多相催化机理

许多催化剂依赖于**共吸附**（co-adsorption），即两种或两种以上物种的吸附。第二种物种的存在可能导致金属表面电子结构的改变。例如，碱金属在d金属表面的部分覆盖，可显著影响其表面上的电子分布并降低金属的功函（移去一个电子所需的能量）。这些改性剂可以是“促进剂”（增强催化作用），也可以是“毒物”（抑制催化作用）。

图19C.1显示了在多相催化剂存在时的反应势能曲线。图19C.1和图17F.5之间的差异源自这样一个事实，即多相催化通常有赖于至少有一种反应物被吸附（通常是化学吸附）并被修正为易于反应的形式，然后产物脱附。反应物的修正通常采取反应物分子的碎片形式。实际上，催化剂多以尺寸小于2 nm的颗粒分散在多孔氧化物载体上。**择形催化剂**（shape-selective catalyst），如沸石，具有可以在分子尺度上区分形状和尺寸的孔径，以及高的内部比表面积（100~500 $m^2\cdot g^{-1}$）。

（a）单分子反应

表面催化的单分子反应是指其中一个被吸附的分子在表面上发生分解的反应。如果假设反应速率与表面覆盖分数成正比，则可基于吸附等温式写出其速率方程。例如，如果覆盖分数θ可由Langmuir等温式［式（19B.2），$\theta=\alpha p/(1+\alpha p)$］给出，则速率为

$$v=k_r\theta=\frac{k_r\alpha p}{1+\alpha p} \qquad (19C.1)$$

式中p是吸附质的压力。

简要说明 19C.1

低压下，磷化氢（PH_3）在钨表面上的分解是一级反应。由式（19C.1）可知，当$\alpha p \ll 1$时，速率$v = k_r \alpha p$，表现为一级；当$\alpha p \gg 1$时，分母中的1可以忽略，速率$v = k_r$，为零级。当压力足够高，使得表面被完全覆盖时的反应为零级。在此极限下，压力的进一步增加不再影响覆盖分数和反应速率。

（b）Langmuir–Hinshelwood 机理

在表面催化反应的**Langmuir–Hinshelwood机理**（LH机理）中，假设通过吸附在表面上的两个分子之间的遭遇而发生反应。对于物种A和B之间的反应，速率方程中对A的覆盖分数（θ_A）和B的覆盖分数（θ_B）均为一级的，总体上是二级的：

$$A + B \longrightarrow P \qquad v = k_r \theta_A \theta_B \qquad (19C.2a)$$

CO催化氧化生成CO_2被认为是通过这个机理进行的反应。可以通过使用等温式将每个物种的覆盖分数与其分压相关联，从而导出LH速率方程。

如何完成？ 19C.1　推导 LH 机理的速率方程

类似于Langmuir等温式的推导（专题19B），通过分析游离分子和吸附分子之间的动态平衡，可以导出A和B覆盖分数的表达式，不同的是现在两个不同物种竞争相同的吸附位点。

步骤1 *写出A和B吸附和脱附速率的表达式*

A的吸附速率与其分压p_A和空位数成正比。如果表面位点数是N，则空位数是$N(1-\theta_A-\theta_B)$。所以

$$\text{A的吸附速率} = k_{a,A}\, p_A N(1-\theta_A-\theta_B)$$

式中$k_{a,A}$是A的吸附速率常数。A的脱附速率与A分子占据的位点数$N\theta_A$成正比：

$$\text{A的脱附速率} = k_{d,A} N\theta_A$$

式中$k_{d,A}$是A的脱附速率常数。类似地，可得到B的相应表达式：

$$\text{B的吸附速率} = k_{a,B}\, p_B N(1-\theta_A-\theta_B)$$

$$\text{B的脱附速率} = k_{d,B} N\theta_B$$

步骤2 *设定吸附速率和脱附速率相等*

平衡时，每个物种的吸附速率和脱附速率相等。对于物种A，有

$$k_{a,A}\, p_A N(1-\theta_A-\theta_B) = k_{d,A} N\theta_A$$

代入$\alpha_A = k_{a,A}/k_{d,A}$，上式可简化为

$$\alpha_A p_A(1-\theta_A-\theta_B) = \theta_A$$

因而

$$(\alpha_A p_A + 1)\theta_A + \alpha_A p_A \theta_B = \alpha_A p_A$$

对B做类似处理，并代入$\alpha_B = k_{a,B}/k_{d,B}$，可得

$$\alpha_B p_B(1-\theta_A-\theta_B) = \theta_B$$

因而

$$\alpha_B p_B \theta_A + (\alpha_B p_B + 1)\theta_B = \alpha_B p_B$$

解两个方程可得θ_A和θ_B：

$$\theta_A = \frac{\alpha_A p_A}{1+\alpha_A p_A+\alpha_B p_B} \qquad \theta_B = \frac{\alpha_B p_B}{1+\alpha_A p_A+\alpha_B p_B}$$

步骤3 *将θ_A和θ_B的表达式代入速率方程*

现在，将上述表面覆盖分数的表达式代入速率方程，即式（19C.2a）中可得

$$v = k_r\theta_A\theta_B = k_r \frac{\alpha_A p_A}{1+\alpha_A p_A+\alpha_B p_B}\,\frac{\alpha_B p_B}{1+\alpha_A p_A+\alpha_B p_B}$$

经过重排后，得到以分压和参数α_A、α_B表示的速率方程：

$$v = \frac{k_r \alpha_A \alpha_B p_A p_B}{(1+\alpha_A p_A+\alpha_B p_B)^2} \qquad (19C.2b)$$

Langmuir–Hinshelwood 速率方程

参数α和速率常数k_r都与温度相关，因此速率的总体温度依赖性可能是强烈的非阿仑尼乌斯行为（也就是说反应速率常数不太可能正比于$e^{-E_a/RT}$）。根据吸附以及随后物种A和B之间的反应，LH机理已被分析；但有可能是在吸附时，一种或两种物质解离成碎片，然后反应。

（c）Eley–Rideal 机理

在表面催化反应的Eley–Rideal机理（ER机理）中，假设一个气相分子与已经吸附在表面上的另一分子碰撞。产物的生成速率与未吸附的气体B的分压p_B和吸附的气体A的覆盖分数θ_A成正比，由此得出速率方程：

$$v = k_r p_B \theta_A \qquad (19C.3)$$

Eley–Rideal 速率方程

催化反应的速率可能远大于非催化气相反应的速率，因为表面上的反应具有低的活化能并且吸附本身经常不需要被活化。假设Langmuir等温式适用于物种A，则覆盖分数为$\theta_A = \alpha p_A/(1+\alpha p_A)$，故EL速率方程变为

$$v = \frac{k_r \alpha p_B p_A}{1+\alpha p_A} \qquad (19C.4)$$

简要说明 19C.2

根据式（19C.4），当A的分压很高（$\alpha p_A \gg 1$）时，分母可简化为αp_A，速率为$k_r p_B$。在如此高的压力下，表面被A完全覆盖，故增加A的压力不影响反应速率。此时，反应速率决定于B与吸附的A反应的速率。当A的压力低（$\alpha p_A \ll 1$）时，可忽略分母中的αp_A，反应速率变为$k_r \alpha p_A p_B$。此时，表面的覆盖分数较低，故增加A的压力可增加覆盖分数，从而增加反应速率。

几乎所有的表面催化反应都被认为是按照LH机理进行，但是分子束研究发现了许多遵循ER机理的反应。例如，气态H原子与吸附的D原子之间形成气态HD的反应就被认为是通过ER机理进行的，其中一个H原子直接与一个吸附的D原子碰撞形成HD。然而，这两种机制应被看作是理想极限情况，实际上所有反应都介于两者之间并有两者的特征。

19C.2 表面上的催化活性

现已可研究表面结构及组成如何影响表面的催化活性。例如，C—H和H—H键的裂分似乎依赖于台阶和扭结的存在，而且平台通常只具有最小的催化活性。

人们已详细研究了反应$H_2 + D_2 \longrightarrow 2HD$。对于这个反应，平台位点是不活泼的，但当该分子与台阶碰撞时，每10个分子中仍有1个分子反应。尽管台阶本身可能很重要，但是台阶的存在可能只是暴露了一个反应性更强的晶面（台阶面本身）。同样地，己烷至己烯的脱氢强烈依赖于扭结的密度，看来需要扭结来断裂C—C键。这些观测结果也解释了为什么少量杂质就会使催化剂中毒：它们很可能附着于台阶和扭结位点处，从而完全损害催化剂的活性。一个有建设性的结果是，通过寻找可在扭结处吸附并作用为特定毒物的杂质，可实现控制脱氢反应相对于其他类型反应的程度。

催化剂的活性取决于化学吸附的强度，如图19C.2中的“火山”曲线所示（之所以这样称谓是

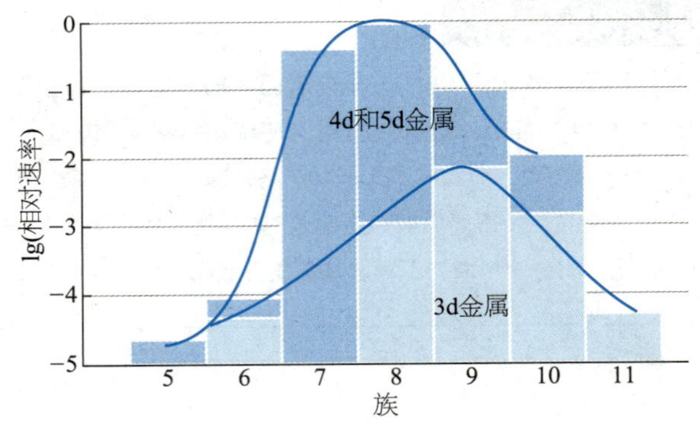

图 19C.2 虽然反应物的吸附需要一定的强度，但是不能强到被固定，所以呈现催化活性的“火山曲线”。下面的曲线针对d区金属的第一个序列，上面的曲线针对d区金属的第二个和第三个序列。

因为其一般形状）。要使催化剂具有活性，催化剂应被吸附质大量覆盖，如强的化学吸附。另一方面，如果基底－吸附物相互作用太强，由于其他反应物分子不能与吸附物反应或者吸附物分子被固定在表面上，反应则活性下降。由此可知，催化剂的活性应随吸附强度（如可通过吸附焓来测量）的增加先上升后降低，并且最活泼的催化剂应该是位于火山顶附近的那些催化剂。大多数活泼的金属都是位于d区中间附近的金属。许多金属适合吸附气体，表19C.1中总结了一些趋势。

简要说明 19C.3

由表19C.1中数据可知，对于大多数金属，化学吸附能力按O_2、C_2H_2、C_2H_4、CO、H_2、CO_2、N_2的顺序逐渐降低，其中一些分子发生解离吸附（如H_2）。d区元素，如铁、钛和铬，可以吸附所有这些气体，而锰和铜不能吸附N_2和CO_2。元素周期表左侧的金属（如镁）只能吸附（实际上是发生了反应）最活泼的气体（O_2）。

表 19C.1 化学吸附能力

	O_2	C_2H_2	C_2H_4	CO	H_2	CO_2	N_2
Ti、Cr、Mo、Fe	+	+	+	+	+	+	+
Ni、Co	+	+	+	+	+	+	−
Pd、Pt	+	+	+	+	+	−	−
Mn、Cu	+	+	+	+	±	−	−
Al、Au	+	+	+	−	−	−	−
Li、Na、K	+	+	−	−	−	−	−
Mg、Ag、Zn、Pb	+	−	−	−	−	−	−

注：+表示强化学吸附；±表示化学吸附；−表示没有化学吸附。

概念清单

☐ 1. 与反应混合物处于不同相的催化剂称为**多相催化剂**。

☐ 2. 在表面催化反应的 **Langmuir–Hinshelwood 机理**中，反应是通过吸附在表面上的分子之间的遭遇而发生的。

☐ 3. 在表面催化反应的 **Eley–Rideal 机理**中，一个气相分子与另一个已被吸附在表面上的分子碰撞。

☐ 4. 催化剂的活性取决于化学吸附的强度。

公式清单

性质	公式	说明	公式编号
Langmuir – Hinshelwood 机理	$v = k_r\theta_A\theta_B$	A 和 B 都被吸附	19C.2a
Eley – Rideal 机理	$v = k_r p_B\theta_A$	只有 A 被吸附	19C.3

专题19D

电极上的过程

▶ 为何需要学习这部分内容？

了解电极上电子传递速率的影响因素有助于更好地理解电池的充电和放电、用太阳能电池发电及利用电解进行生产制造，所有这些都是有广泛应用的重要技术。

▶ 核心思想是什么？

电极上氧化反应和还原反应的速率取决于活化能垒的高度，其可通过在电极－溶液界面上施加电势差来进行调控。

▶ 需要哪些预备知识？

需要熟悉电化学电池（专题6C）、电极电势（专题6D）和过渡态理论的热力学处理（专题18C），特别是活化吉布斯能。

固体电极表面与电解质溶液中的离子接触时，在该界面上的氧化和还原速率取决于电子通过界面的快慢。

19D.1 电极－溶液界面

由于原子以阳离子的形式逃离并进入溶液，从而留下了一个负电荷或者由于离子附着于表面，可使与电解质溶液接触的电极获得一个电荷。当电极带电荷时，在界面上会产生电势差，使得该过程难以发生。例如，如果所带电荷是因为原子作为阳离子逸出而产生的，那么随着电极上负电荷的增加，阳离子将越来越难离开。最终，在电极和溶液之间产生一特征电位差从而达到平衡。

从能量上讲，具有相反电荷的离子在电极附近聚集是有利的，因此电极上的电荷会影响周围电解质溶液的组成。然而这种趋势会受到热运动的干扰，而且人们已经发展了多种模型来描述这种竞争的结果，当然也有模型只是简单地忽略它。电极附近局部浓度的改变意味着用体相的特征活度系数来讨论界面附近离子的热力学性质可能有偏差。这就是为什么在测量电极过程动力学时总使用大大过量的支持电解质（如1 $mol \cdot dm^{-3}$的盐、酸或碱溶液）的原因之一。此时，惰性离子主导着由于反应发生而引起的局部变化的影响，所以活度系数几乎不变。使用浓溶液也可以使离子迁移效应最小化。

电极和电解质溶液界面的最原始模型就是**双电层**（electrical double layer），其中假设在电极的表面上有一层正电荷，而在紧挨着它的溶液中则有一层负电荷（或者相反）。

对于界面，更为精细复杂的模型引入了溶液结构逐渐变化。在**亥姆霍兹层模型**（Helmholtz layer model）中，溶剂化的离子位于电极表面，但是离子的水合作用又使其与表面有一定的距离（图19D.1）。离子电荷层的位置，称为**外亥姆霍兹面**（outer Helmholtz plane，OHP），被认为是穿过溶剂化离子的面。在这个简单模型中，层内的电势从金属处的ϕ_M线性变化到OHP处的ϕ_S（溶液的特征值）。在这个模型的一个改进中，已经脱离溶剂分子并通过化学键连接到电极表面的离子被看作形成**内亥姆霍兹面**（inner Helmholtz plane，IHP）。

亥姆霍兹层模型忽略了热运动的干扰作用，热运动往往会破坏并分散刚性电荷外层。**扩散双**

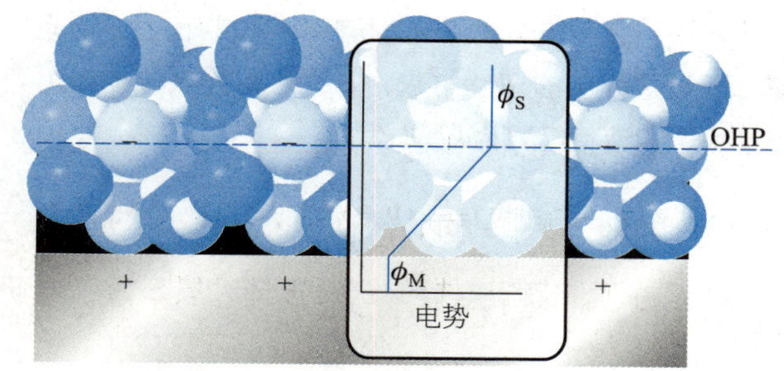

图19D.1 一个简单模型将电极－溶液界面处理为两个刚性的电荷平面，其中一个面是由离子和它们的溶剂化分子形成的外亥姆霍兹面（OHP），另一个面则是电极本身的面。基于此模型，电势与电极表面距离之间的关系如图所示。在电极表面和OHP之间，电势从金属中的ϕ_M线性变化到溶液体相中的ϕ_S

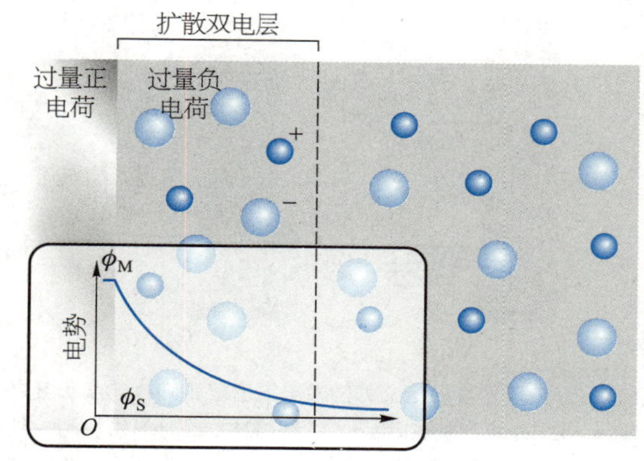

图19D.2 类似于离子氛的德拜－休克尔模型，双电层的Gouy－Chapman模型将外部区域处理为反电荷氛

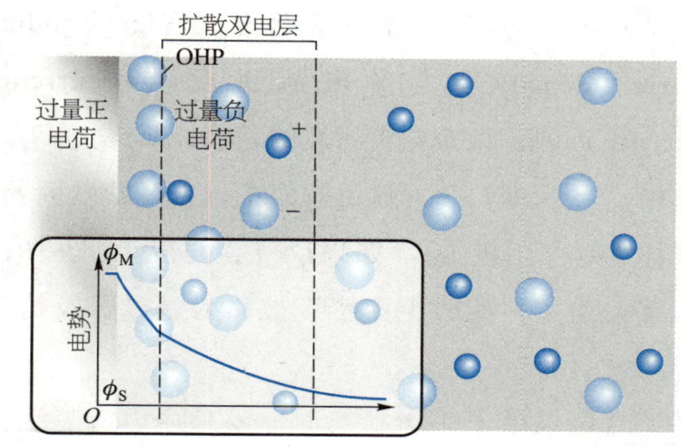

图19D.3 电极－溶液界面的Stern模型，此模型引入了电极表面附近的一个外亥姆霍兹面和进一步远离电极表面的一个扩散双层的概念

电层（diffuse double layer）的**Gouy－Chapman模型**，很大程度上以与德拜－休克尔模型描述的离子的离子氛（专题5F）相同的方式，考虑了热运动的无序效应；不同之处在于用一无限平面电极取代中心离子。图19D.2显示了Gouy－Chapman模型中阳离子和阴离子的局部浓度与它们的体相浓度的差异。带有相反电荷的离子簇集到电极附近，而相同电荷的离子则被电极排斥。因此，电势从ϕ_M平滑地变化到ϕ_S。

亥姆霍兹模型和Gouy－Chapman模型都不是双层结构的一个很好表示。前者过分强调了局部溶液的刚性；后者则对其结构重视不够。两者被结合在**Stern模型**（Stern model）中，在这个模型中，靠电极最近的离子被限制成刚性的亥姆霍兹面，而该平面外，离子同在Gouy－Chapman模型中一样被分散（图19D.3）。另一个改进的模型是**Grahame模型**（Grahame model），它在Stern模型中加入了一个内亥姆霍兹面。

体相金属电极和体相溶液之间的电势差称为**原电池电势差**（也称Galvani电势差，Galvani potential difference），$\Delta\phi=\phi_M-\phi_S$。如果电极是没有电流的一个电池的一部分，则原电池电势差与专题6D中讨论的电极电势一致。$\Delta\phi$的值可以通过对电池施加一外电势差而随意改变；此外，当电池产生电流时，电极－电解质界面的电势差也会从其零电流时的值开始变化。

19D.2 电极上的电流密度

电流密度j是通过电极一个区域的电流（单位为安培，$1\ A=1\ C\cdot s^{-1}$）除以该区域的面积（平方米或者平方厘米）。电流是电荷流动的速率，因此$1\ A\cdot cm^{-2}$的电流密度表示每平方厘米每秒流过约10 μmol的电子。电流密度用于衡量发生在电极上的电子转移过程的速率。

(a) Butler－Volmer方程

如在专题6C中所解释的，阴极是还原反应的位点，阳极是氧化反应的位点。这种命名法也可以用来对电流密度进行分类。导致溶液中电活性物种还原的电子从电极到溶液的流动，称为**阴极电流密度**（cathodic current density）j_c。相反的

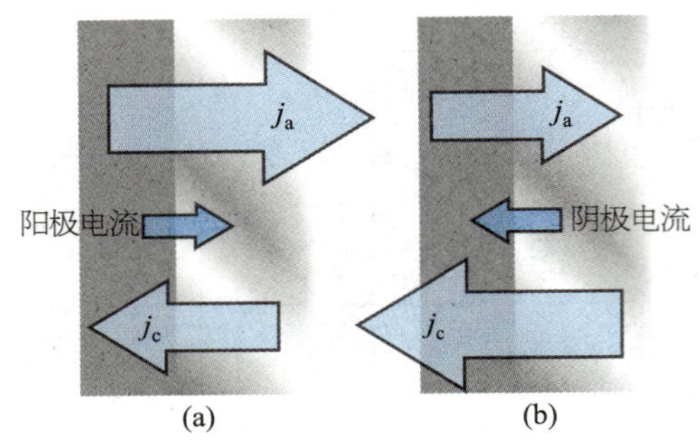

图 19D.4　净电流密度被定义为阴极电流密度和阳极电流密度之差。（a）当 $j_a > j_c$ 时，净电流为阳极电流，溶液中物种发生净氧化；（b）当 $j_c > j_a$ 时，净电流为阴极电流，净过程是还原

流动，即由于电活性物种的氧化而引起的电子从溶液到电极的流动，称为**阳极电流密度**（anodic current density）j_a。**净电流密度**（net current density）j 是这两个电流密度的差值，即 $j = j_c - j_a$。如果 $j_c > j_a$，即 $j > 0$，则还原为主，电流密度因而被称为是"阴极的"。如果 $j_c < j_a$，对应于即 $j < 0$，则氧化为主，此时电流密度被称为是"阳极的"（图 19D.4）。

当电极处于平衡状态时，没有净电流趋近，$\Delta\phi$ 与电极电势 E 一致。这种平衡是动态平衡，其中阳极和阴极过程都在进行，只不过此时它们的电流密度相等。平衡时的阳极（或阴极）电流密度称为**交换电流密度**（exchange－current density）j_0。

如果界面处的电势差 $\Delta\phi$ 与 E 不相等，则有净电流通过电极。**超电势**（overpotential）η 定义为

$$\eta = E' - E \qquad \text{超电势 [定义]} \qquad (19D.1)$$

式中 E' 为电池上施加的电势差或工作条件下的电势差。由此得出 $\Delta\phi = E + \eta$。

参与电子转移过程的荷电物种的能量依赖于界面两侧的电势，因此受到电势差的影响。类似地，电子转移的速率也受电势差的影响。因此，现在的任务是将产生的电流密度与超电势相关联。

如何完成？19D.1　推导电流密度与超电势之间的关系式

电流密度由发生在电极上的氧化物种 Ox^+ 和还原物种 Red 之间的电子转移过程速率所决定。Red 和 Ox^+ 都在溶液中，参与氧化还原过程的电子在电极上。还原步骤（阴极过程）的速率常数为 k_c，相反的氧化步骤（阳极过程）的速率常数为 k_a。

$$Ox^+(\text{溶液}) + e^-(\text{电极}) \underset{k_a}{\overset{k_c}{\rightleftharpoons}} Red(\text{溶液})$$

模型并不依赖于电荷的这一选择，只是为了方便起见。

步骤 1　*写出氧化和还原速率的表达式*

电极反应是多相反应，因此其速率可由物质的通量来确定。这个通量是一定时间间隔内电极表面的一个区域上产生的物质的量除以该区域面积和间隔的持续时间。一级多相反应速率方程具有如下的形式：

产物通量 $= k_r[X]$

其中 [X] 是溶液中相关电活性物种的物质的量浓度。速率常数具有［长度/时间］的量纲（单位可以是 $cm \cdot s^{-1}$）。如果氧化和还原物种的物质的量浓度分别为 $[Ox^+]$ 和 [Red]，则 Ox^+ 的还原速率为 $k_c[Ox^+]$，Red 的氧化速率为 k_a[Red]。

步骤 2　*根据速率写出电流密度的表达式*

阴极电流密度 j_c 等于通量乘以法拉第常数（$F = N_A e$，即每摩尔电子的电荷量）：

$j_c = Fk_c[Ox^+]$（对于 $Ox^+ + e^- \longrightarrow Red$）

类似地，阳极电流密度 j_a 为

$j_a = Fk_a[Red]$（对于 $Red \longrightarrow Ox^+ + e^-$）

电极上的净电流密度就是两者的差值：

$$j = j_a - j_c = Fk_a[Red] - Fk_c[Ox^+]$$

步骤 3　*根据活化吉布斯能写出速率常数*

现在，根据过渡态理论（专题 18C），可将两个速率常数写成如下的形式：

$$k_r = Be^{-\Delta^{\ddagger}G/RT}$$

式中 $\Delta^{\ddagger}G$ 是活化吉布斯能，B 是一个与 k_r 有相同量纲的常数。则，

$$j_a = FB_a[Red]e^{-\Delta^{\ddagger}G_a/RT} \qquad j_c = FB_c[Ox^+]e^{-\Delta^{\ddagger}G_c/RT}$$

步骤 4　*将活化吉布斯能与电势差相关联*

如果电荷数为 z（对于 Ox^+，$z = +1$；对于 Red，$z = 0$；对于 e^-，$z = -1$）的物种出现在电势为 ϕ 的区域中，则其标准化学势为

$$\bar{\mu}^{\ominus} = \mu_0^{\ominus} + zF\phi$$

式中 $\mu_0^{\ominus}$ 是没有电势时的标准化学势，$\bar{\mu}$ 称为**电化学势**（electrochemical potential）。物种 Ox^+ 和 Red 在溶液中，因而感受到电势 ϕ_S，而电子在金属电极上，故感受到电势 ϕ_M。还原物质是电中性的（在这种形式中）。因此，三种物质的标准电化学电势为

$$\bar{\mu}^{\ominus}(Ox^+) = \mu_0^{\ominus}(Ox^+) + F\phi_S \qquad \bar{\mu}^{\ominus}(Red) = \mu_0^{\ominus}(Red)$$

$$\bar{\mu}^{\ominus}(e^-) = \mu_0^{\ominus}(e^-) - F\phi_M$$

所以，在反应 $Ox^+ + e^- \longrightarrow Red$ 中，反应物的标准吉布斯能为

$$G_m^{\ominus}(\text{反应物}) = \bar{\mu}^{\ominus}(Ox^+) + \bar{\mu}^{\ominus}(e^-) = \mu_0^{\ominus}(Ox^+) + \mu_0^{\ominus}(e^-) + \overbrace{F\phi_S - F\phi_M}^{-F\Delta\phi}$$
$$= G_m^{\ominus}(0, \text{反应物}) - F\Delta\phi$$

式中 $G_m^{\ominus}$（0，反应物）是没有外加电势时的标准摩尔吉布斯能，且 $\Delta\phi = \phi_M - \phi_S$。

如果活化络合物出现在反应途径的早期，意味着它具有与反应物（$Ox^+ + e^-$）无太大差异的结构，则其吉布斯能会以类似的方式受到外加电势的影响。由于势能差对反应物和活化络合物的吉布斯能影响相同，所以活化吉布斯能不受 $\Delta\phi$ 值影响[图19D.5（a）]。相反，如果活化络合物出现在反应途径的后期，则其与电中性产物Red相像，其吉布斯能将不受电势差的影响。当 $\Delta\phi$ 增加时，反应物（$Ox^+ + e^-$）的标准摩尔吉布斯能降低了 $F\Delta\phi$。因此，在这种情况下，活化吉布斯能增加了 $F\Delta\phi$［图19D.5（b）］。

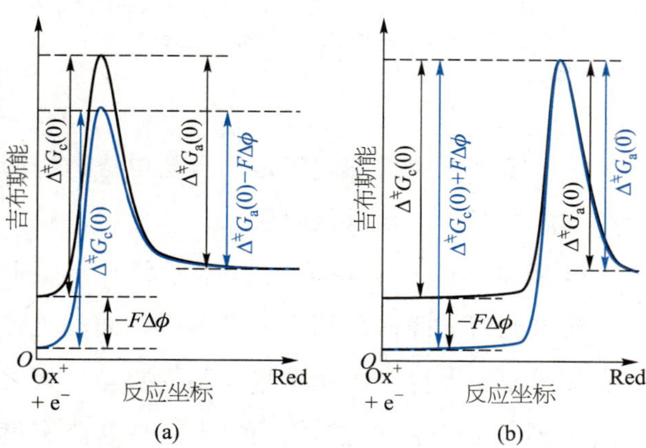

图19D.5 在一电极上，吉布斯能在氧化物种（$Ox^+ + e^-$）和还原物种（Red）之间变化的剖面图。黑色线表示原先的剖面图，蓝色线则表示在电极上施加电势差 $\Delta\phi$ 后的变化。在（a）中，过渡态与氧化物种相似；在（b）中，过渡态与还原物种相似

如果阴极（还原）过程的活化吉布斯能写成如下形式，则可以将这两个特殊情况合在一起：

$$\Delta^{\ddagger}G_c = \Delta^{\ddagger}G_c(0) + \alpha F\Delta\phi$$

式中 $\Delta^{\ddagger}G_c(0)$ 是 $\Delta\phi = 0$ 时的活化吉布斯能。参数 α，即**传递系数**（transfer coefficient），其值位于0到1之间：如果活化络合物与反应物十分相似，其值为0［图19D.5（a）］，如果活化络合物与产物十分相似，其值为1［图19D.5（b）］。实验中 α 经常约为0.5。

类似的讨论也适用于阳极过程，即氧化反应 $Red \longrightarrow Ox^+ + e^-$，其是阴极过程的逆过程。如图19D.5（a）所示，如果活化络合物类似于 $Ox^+ + e^-$（$\alpha = 0$），则阳极步骤的活化吉布斯能减少 $-\Delta F\phi$。另一方面，如果活化络合物类似于Red［图19D.5（b），$\alpha = 1$］，则阳极步骤的活化吉布斯能不受 $\Delta\phi$ 变化的影响。因此，对阳极过程的活化吉布斯能的总体影响可表示为

$$\Delta^{\ddagger}G_a = \Delta^{\ddagger}G_a(0) - (1-\alpha)F\Delta\phi$$

步骤5 *用活化吉布斯能的表示式写出速率常数*

现在，将活化吉布斯能写入 j_a 和 j_c 的表达式中，从而得到

$$j_a = FB_a[\text{Red}]e^{-\Delta^{\ddagger}G_a(0)/RT}e^{(1-\alpha)f\Delta\phi}$$
$$j_c = FB_c[\text{Ox}]e^{-\Delta^{\ddagger}G_c(0)/RT}e^{-\alpha f\Delta\phi}$$

式中已用 $F/RT = f$ 进行了简化。

步骤6 *考虑超电势的影响*

如果施加一个电势差使净电流密度为零，则可将 $\Delta\phi$ 等同为电极电势 E。此时，两个电流密度都等于交换电流密度 j_0：

$$j_0 = FB_a[\text{Red}]e^{-\Delta^{\ddagger}G_a(0)/RT}e^{(1-\alpha)fE} = FB_c[\text{Ox}]e^{-\Delta^{\ddagger}G_c(0)/RT}e^{-\alpha fE}$$

代入 $\Delta\phi = E + \eta$ 以确定超电势的作用：

$$j_c = FB_c[\text{Ox}]e^{-\Delta^{\ddagger}G_c(0)/RT}e^{-\alpha f\Delta\phi} = FB_c[\text{Ox}]e^{-\Delta^{\ddagger}G_c(0)/RT}e^{-\alpha f(E+\eta)}$$
$$= \overbrace{FB_c[\text{Ox}]e^{-\Delta^{\ddagger}G_c(0)/RT}e^{-\alpha fE}}^{j_0}e^{-\alpha f\eta} = j_0e^{-\alpha f\eta}$$

采用相似的方法可得到

$$j_a = j_0e^{(1-\alpha)f\eta}$$

净的电流密度为 $j = j_a - j_c$，所以

$$j = j_0[e^{(1-\alpha)f\eta} - e^{-\alpha f\eta}] \quad \text{Butler-Volmer方程} \quad (19\text{D}.2)$$

式（19D.2）就是**Butler－Volmer方程**，解释如下：

物理解释

- 当超电势 η 为零时，没有净的电流密度（有大小相等但方向相反的电子流动）。
- 如果 $\alpha = 0$，则阴极电流密度等于交换电流密度，且与超电势无关。
- 如果 $\alpha = 1$，则阳极电流密度等于交换电流密度，且与超电势无关。
- 如果 $0 < \alpha < 1$，随着 η 变得越来越正，则阳极电流密度大于阴极电流密度，主导过程是氧化反应 $Red \longrightarrow Ox^+ + e^-$。随着 η 变得越来越负，则阴极电流密度大于阳极电流密度，主导过程是还原反应 $Ox^+ + e^- \longrightarrow Red$。

图19D.6显示了对于不同的传递系数值，式（19D.2）是如何来预测净电流密度与超电势的依赖关系。当超电势小到 $f\eta \ll 1$（实际工作中，η 小于约10 mV）时，式（19D.2）中的指数项可以用 $e^x = 1 + x + \cdots$ 展开，从而得到

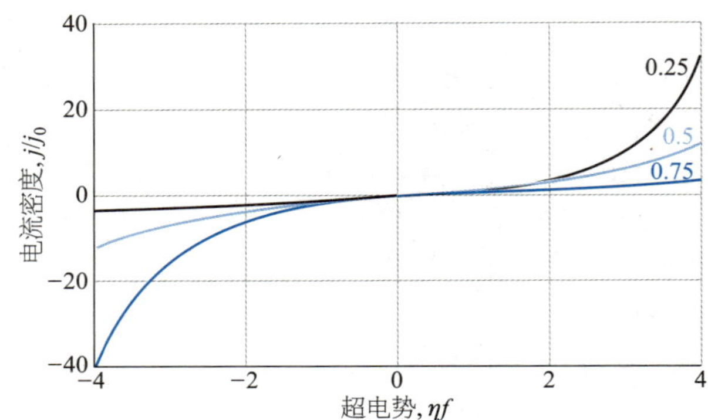

图 19D.6　不同传递系数时电流密度与超电势的关系

$$j = j_0 \overbrace{[1+(1-\alpha)f\eta+\cdots}^{e^{(1-\alpha)f\eta}} - \overbrace{(1-\alpha f\eta+\cdots)]}^{e^{-\alpha f\eta}} \approx j_0 f\eta \qquad (19D.3)$$

式（19D.3）表明净电流密度与超电势成正比，因此在低超电势时，界面遵守欧姆定律。若能通过外电路确定电流密度j，关系式也可以反过来计算超电势：

$$\eta = \frac{RTj}{Fj_0} \qquad (19D.4)$$

简要说明 19D.1

298 K时，$Pt(s)|H_2(g)|H^+(aq)$电极的交换电流密度是 $0.79\ mA \cdot cm^{-2}$。当超电势为+5.0 mV时，可用式（19D.3）和$f = F/RT = 1/(25.69\ mV)$来计算电流密度：

$$j = j_0 f\eta = \frac{0.79\ mA \cdot cm^{-2} \times 5.0\ mV}{25.69\ mV} = 0.15\ mA \cdot cm^{-2}$$

所以，通过总面积为 $5.0\ cm^2$的电极的电流是 0.75 mA。

Butler－Volmer 参数的一些实验值见表 19D.1，从中可以看出交换电流密度变化范围很大。当氧化还原过程中不涉及键断裂（如在$[Fe(CN)_6]^{3-}$/$[Fe(CN)_6]^{4-}$氧化还原对中）或仅有弱的键断裂（如在Cl_2/Cl^-中），它们的值通常较大。而当需要转移一个以上的电子或需要断裂多重键及较强的键时（如在N_2/N_3^-氧化还原对和有机化合物的氧化还原反应中），数值通常很小。

Butler－Volmer 方程的进一步结果可用图 19D.7 中的曲线来说明，其中阴极电流密度和阳极电流密度分别对超电势作图。当超电势为零时，两个电流相等。随着超电势的增加，阴极电

表 19D.1　298 K时的交换电流密度和传递系数*

反应	电极	$j_0/(A \cdot cm^{-2})$	α
$2H^+ + 2e^- \longrightarrow H_2$	Pt	7.9×10^{-4}	
	Ni	6.3×10^{-6}	0.58
	Pb	5.0×10^{-12}	
$Fe^{3+} + e^- \longrightarrow Fe^{2+}$	Pt	2.5×10^{-3}	0.58

*更多的数据参见资源部分。

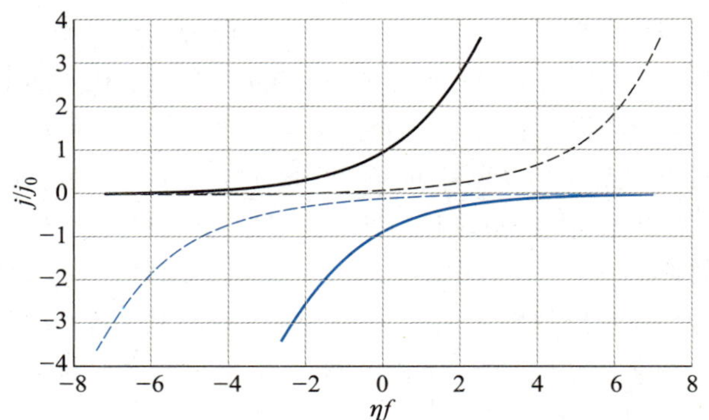

图 19D.7　阳极（黑色）和阴极（蓝色）电流密度与超电势的关系（$\alpha = 0.5$）（虚线是当交换电流密度为实线的交换电流密度的十分之一时对应的电流密度）

流减小，阳极电流增加。但是，当超电势适中时（$|\eta f| \leqslant 3$），两个电流都很明显。

尽管曲线的具有相同的总体形状，但是如果交换电流密度降低，那么为了获得相同的电流密度，就需要大得多的超电势。不同类型电极之间的区别就是这种相关性。如果交换电流密度“大”，那么适中的超电势会导致明显的净电流。这种电极被描述为**可逆的**（reversible），即阴极过程和阳极过程都在很大程度上发生。相反，如果交换电流密度“小”，则需要大得多的超电势以达到相同的电流。在这样一个超电势时，要么阳极电流主导，要么阴极电流主导，这种电极被描述为**不可逆的**（irreversible）。

（b）Tafel 曲线

当超电势较大且为正值（实际过程中，$\eta \geqslant 0.12$ V）时，阳极过程占主导。此时，电流密度可用式（19D.2）中的第一项表示：

$$j = j_0 e^{(1-\alpha)f\eta} \quad 所以 \quad \ln j = \ln j_0 + (1-\alpha)f\eta \qquad (19D.5a)$$

电流密度的对数对超电势的作图称为**Tafel 曲线**

（Tafel plot）。由斜率 $(1-\alpha)f$ 可得 α 值，$\eta=0$ 处的截距就是交换电流密度。如果超电势较大且为负值（实际过程中，$\eta\leqslant-0.12$ V）时，阴极过程占主导。电流密度可用式（19D.2）中的第二项表示：

$$j=j_0\mathrm{e}^{-\alpha f\eta}\quad 所以\quad \ln j=\ln j_0-\alpha f\eta \qquad (19D.5b)$$

在这种情况下，Tafel 曲线的斜率为 $-\alpha f$。

例题 19D.1　用 Tafel 曲线分析数据

298 K 时，面积为 2.0 cm^2 的铂电极与含 Fe^{3+} 和 Fe^{2+} 的溶液接触，通过电极的阳极电流数据如下，计算该电极过程的交换电流密度和传递系数。

η/mV	50	100	150	200	250
I/mA	8.8	25.0	58.0	131	298

整理思路　对阳极电流，可将 $\ln j$ 对 η 作图，$\eta=0$ 处的截距是 $\ln j_0$，斜率是 $(1-\alpha)f$。可用电流除以电极面积来计算电流密度。

解：依据题给数据，可得如下数据：

η/mV	50	100	150	200	250
$j/(\mathrm{mA\cdot cm^{-2}})$	4.4	12.5	29.0	65.5	149
$\ln[j/(\mathrm{mA\cdot cm^{-2}})]$	1.48	2.53	3.37	4.18	5.00

数据点绘于图 19D.8 中。$\eta\geqslant100$ mV 的数据点给出一条直线，外推得到截距是 0.88，斜率是 0.016 5。由截距得 $\ln[j_0/(\mathrm{mA\cdot cm^{-2}})]=0.88$，所以 $j_0=2.4\ \mathrm{mA\cdot cm^{-2}}$。从斜率得 $(1-\alpha)f=0.016\,5\ \mathrm{mV^{-1}}$，又因为 $f=F/RT=38.9\ \mathrm{V^{-1}}$，故 $\alpha=0.58$。

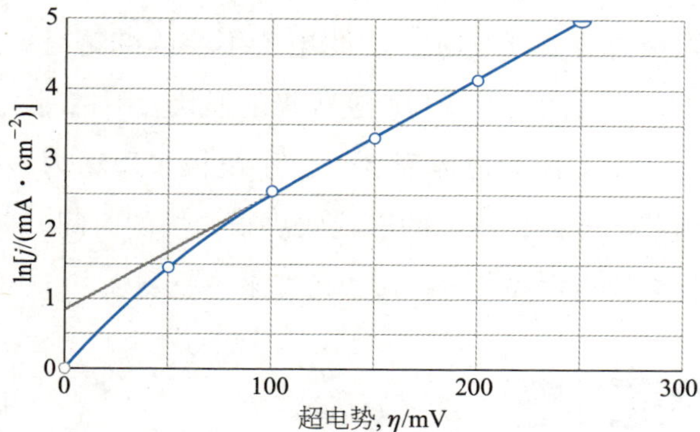

图 19D.8　用于测定交换电流密度（由外推至 $\eta=0$ 的截距给出）和传递系数（据斜率）的 Tafel 曲线（数据来自例题 19D.1）

说明　注意到当 $\eta<100$ mV 时，Tafel 曲线是非线性的；在该区域中，$\alpha f\eta=2.3$，不满足 $\alpha f\eta\gg1$ 的条件。

自测题 19D.1　298 K 时，通过面积为 2.0 cm^2 的电极的阴极电流数据如下，请计算该过程的交换电流密度和传递系数。

η/mV	−50	−100	−150	−200	−250	−300
I/mA	0.3	1.5	6.4	27.6	118.6	510

答案：$\alpha=0.75$，$j_0=0.041\ \mathrm{mA\cdot cm^{-2}}$。

19D.3　伏安法

在 Butler－Volmer 方程的推导中，假设电活性物种的浓度是本体溶液的浓度。如果电流密度较低，则这种近似可能是有效的，因为只有少量的电活性物种从一种形式转化为另一种形式。然而，在高电流密度时该假设失效，因为电极附近电活性物种的消耗会导致浓度梯度。物质从溶液到电极的扩散较慢，可能成为速率控制步骤；如果是这种情况，增加超电势不会导致电流的进一步增加，这种效应称为**浓差极化**（concentration polarization）。浓差极化在解释**伏安法**（voltammetry）中是重要的，伏安法即测量随着外加电势差的变化通过电极的电流。

在**线性扫描伏安法**（linear－sweep voltammetry）中，测量外加电势差随着时间线性增加时的电流［图 19D.9（a）］；图 19D.9（b）显示了用这种方式获得的典型数据。如果外加电势差随着扫描的进行变得更负，则由于还原引起的阴极电流增加，阳极电流减小。如果外加电势差变得比电极电势更负，超电势就变为负值，Butler－Volmer 方程预测阴极电流将呈指数增加，这就是图 19D.9（b）中电流快速增长的原因。

由 Butler－Volmer 方程可知，随着电势差值变得更负时，电流将继续升高，但实际上电流达到一最大值，然后下降。该降低是由于电极附近的电活性物种（本例中为 Ox^+）正被还原过程消耗。Ox^+ 从溶液内部向电极扩散以补充其浓度，该过程的速率与还原速率之间的平衡决定了在更负电势差下电流下降的方式。

如图 19D.9（b）所示，如果 Ox^+ 的体相浓度增加，则峰值电流也增加。最大电流与 Ox^+ 的物质的量浓度成正比，因此可通过减去外推基线后的峰高来测定其浓度。人们也发现增加扫描速率会增加峰值电流，这个效应是还原速率和扩散速率之间平衡的结果。接近电极的分子被还原，导致电极表面和本体溶液之间形成浓度梯度。该浓度梯

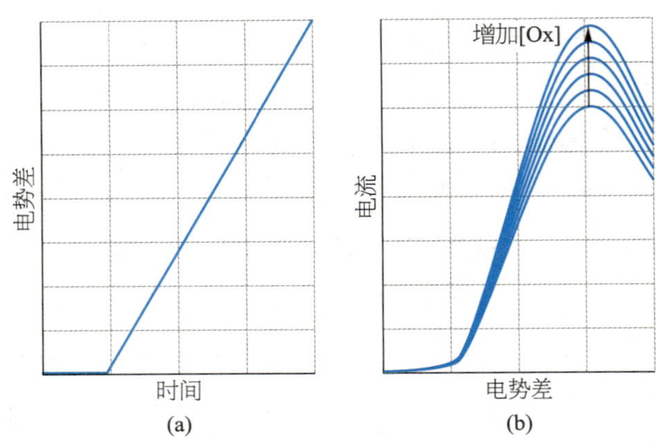

图 19D.9　伏安法实验中，（a）电势差随时间的变化和（b）所产生的电流－电势曲线。电流密度的峰值与溶液中电活性物种的浓度（如[Ox]）成正比

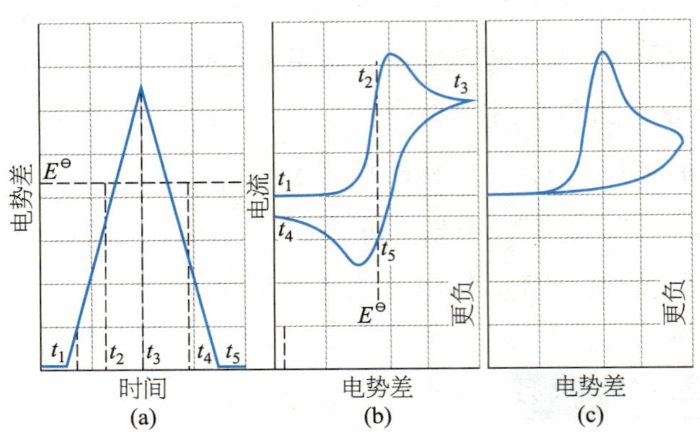

图 19D.10　（a）用于记录循环伏安图的电势差随时间的变化，以及产生的电流－电势曲线：（b）可逆电极过程和（c）不可逆电极过程

度驱动扩散过程：浓度梯度越大，扩散越快，因而可以维持的电流越大。快速扫描导致电极上的 Ox^+ 更快地消耗，因此浓度梯度更大，扩散更快，电流也更大。根据扩散方程（专题 16C），分子迁移的净距离与时间的平方根成正比，这种依赖关系导致峰值电流与扫描速率的平方根成正比。

在**循环伏安法**（cyclic voltammetry）中，电势差以三角波形［线性向上，然后线性向下，图 19D.10（a）］施加并监测电流。以约 50 mV · s^{-1} 的扫描速率进行循环伏安测定，故 2 V 范围需要约 80 s。典型的循环伏安图如图 19D.10（b）所示，注意在实验开始时仅有氧化物种。对于扫描的第一部分，直到 t_3 时扫描方向反转，曲线的形状及其解释与线性扫描实验一致［图 19D.9（b）］。在 t_3 之后，电势差变得不那么负，因此阴极过程（还原）的速率降低；然而，阳极过程（氧化）的速率增加。因此，电流减小，反映了阴极还原速率降低和阳极氧化速率增长，其中在扫描的第一部分，电极上形成的还原物种层逐渐被氧化。最终，阳极过程占主导地位，电流方向反转。电流达到最大值后逐渐减小，这可以用与扫描第一部分相同的方式来解释。

图 19D.10（b）中显示的伏安图针对一个可逆过程，此时仅需较小的超电势就可产生明显的电流。这样的伏安图围绕氧化还原对的标准电势大体上是对称的，正反向扫描峰电流处的电势差围绕氧化还原对的标准电势亦是对称的，人们可据此估算其值的大小。这样一个系统的例子是 $[Fe(CN)_6]^{3-}/[Fe(CN)_6]^{4-}$ 氧化还原对。

如果电极过程是不可逆的［图 19D.10（c）］，则需要较大的超电势才有明显的电流，且循环伏安图的形状受到影响。直到时间 t_3 的伏安图中第一部分情况与可逆情况大致相同，除了其被移至一个更高的超电势。当扫描反向时，电流减小，反映了更慢的阴极过程。然而，由于要使阳极过程变为主导就需要一个明显的（正的）超电势，所以，随着阴极过程减慢，电流回落到零。此时，阳极过程并不明显，因此电流不会改变符号。所以，伏安图的形状与可逆电极的形状大不相同。

伏安图的总体形状给出了电极过程动力学的细节。此外，曲线的形状取决于扫描的时间尺度，如果扫描太快，一些过程可能来不及发生。

例题 19D.2　分析循环伏安实验

液氨中对溴硝基苯的电还原被认为是遵循如下机理：

（1）$BrC_6H_4NO_2 + e^- \longrightarrow BrC_6H_4NO_2^-$

（2）$BrC_6H_4NO_2^- \longrightarrow \cdot C_6H_4NO_2 + Br^-$

（3）$\cdot C_6H_4NO_2 + e^- \longrightarrow C_6H_4NO_2^-$

（4）$C_6H_4NO_2^- + H^+ \longrightarrow C_6H_5NO_2$

图 19D.11 给出了在两个不同的扫描速度下记录的循环伏安曲线。根据上述机理，解释这些曲线。

整理思路　如文中所述，循环伏安图的形状受到在扫描的时间尺度上过程是否可逆的影响，该差别依赖于

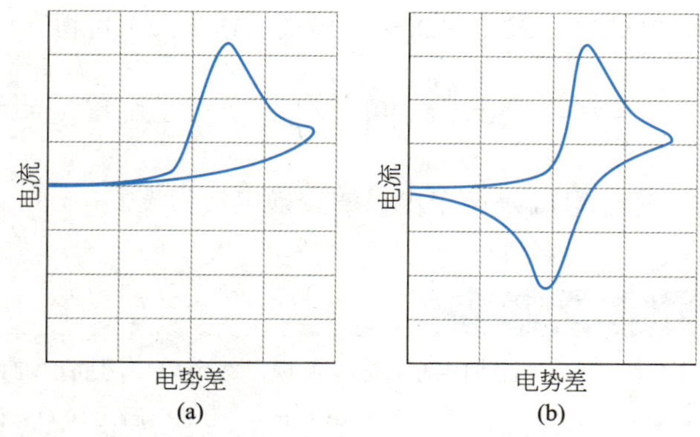

图19D.11　例题19D.2的循环伏安图：（a）慢速扫描和（b）快速扫描

所涉及步骤的相对速率，包括氧化还原步骤和其他反应。

解： 图19D.11（a）中慢速扫描的循环伏安图让人想起之前业已描述的针对一个不可逆电极过程的循环伏安图。然而，在本例中，过程是不可逆的，因为（1）步中生成的还原物种发生了进一步反应，故在扫描的第二部分中，$BrC_6H_4NO_2^-$不能被氧化，因而电流不变号。如果（2）步是快的，那么$\cdot C_6H_4NO_2$可以在（3）步中进一步被还原。但是，由于还原物种在（4）步中被消耗，使得该过程不可逆。如在更快扫速时，即图19D.11（b），该循环伏安图使人想起针对一可逆电极过程所描述的循环伏安图。在这种情况下，（2）步中消耗$BrC_6H_4NO_2^-$不够快，使得其在扫描的第二部分还来得及被氧化，从而引起电流方向的改变。

自测题19D.2　根据下列反应机理，解释图19D.12中所示的ClC_6H_4CN在酸溶液中还原的循环伏安曲线。

（1）$ClC_6H_4CN + e^- \rightleftharpoons ClC_6H_4CN^-$

（2）$ClC_6H_4CN^- + H^+ + e^- \longrightarrow C_6H_5CN + Cl^-$（不可逆）

（3）$C_6H_5CN + e^- \rightleftharpoons C_6H_5CN^-$

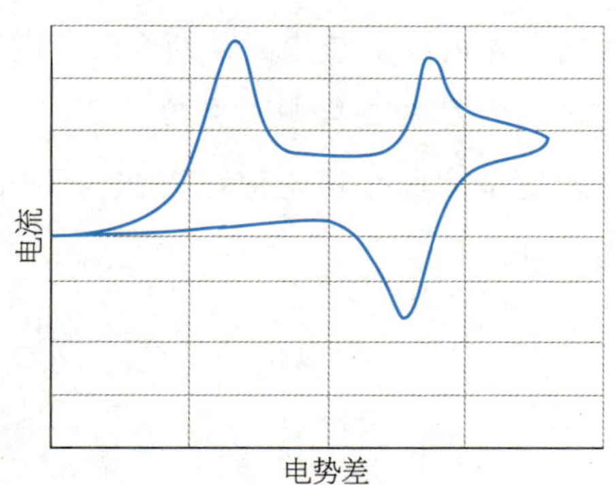

图19D.12　自测题19D.2中的循环伏安图

答案： 循环伏安图的第一部分表明有两个连续的还原反应；第二个还原似乎是可逆的，但第一个不是。第一个还原是（1），第二个还原是（3）；在（2）中$ClC_6H_4CN^-$被反应掉了，所以（1）是不可逆的。

19D.4　电解

为了将电流引入电解池并引起非自发的电池反应，外加电势差必须超过零电流电势，至少**电池的超电势**（cell overpotential），即两个电极上的超电势和电流通过电解质时引起的欧姆电势降（IR_s，其中R_s是电池的内阻）的加和。当电极上的交换电流密度较小时，如果要达到可测的反应速率，则所需的额外电势差可能很大。由于类似的原因，工作中的原电池产生的电势差要小于零电流条件下的电势差。

电解过程中气体释放或金属沉积的相对速率可以用Butler－Volmer方程和交换电流密度表来进行估算。假定传递系数相等，根据式（19D.5b）可得阴极电流之比：

$$\frac{j'}{j}=\frac{j_0'}{j_0}e^{(\eta-\eta')\alpha f} \tag{19D.6}$$

式中j'是电沉积的电流密度，j是气体逸出的电流密度，j_0'和j_0是相应的交换电流密度。式（19D.6）表明，大的交换电流密度和相对高的气体溢出超电势（$\eta-\eta'$是正值且较大）有利于金属的沉积。注意，对于阴极过程，$\eta<0$；因此，$-\eta'>0$。交换电流密度强烈依赖于电极表面的性质，以及一种金属在另一种金属上电沉积过程中发生的变化。一个非常粗糙的判据是，只有当超电势超过约0.6 V时，才会发生显著的溢出或沉积。

表19D.1显示金属/氢电极的交换电流密度范围较宽。铅和汞的交换电流最小1 pA·cm^{-2}，相当于单层原子大约在5年内被取代。对于这样的系统，只有高的超电势才能产生明显的析氢反应。相比之下，在铂（1 mA·cm^{-2}）上0.1 s内即可形成完全取代的单层原子，因此在低得多的超电势下就可显著地溢出气体。

交换电流密度也取决于暴露的晶面，对于铜在铜表面的沉积，（100）面的j_0 = 1 mA·cm^{-2}，因此在相同的超电势下，（100）晶面的生长速率是（111）晶面（j_0 = 0.4 mA·cm^{-2}）的2.5倍。

19D.5　工作中的原电池

在工作中的原电池（与外电势不平衡的电池）中，超电势会使得电池电势比零电流时更小。此外，电池电势随着电流的产生而降低，因为此时它不再可逆地工作，所以能做的功小于最大功。

考虑电池 $M|M^+(aq)||M'^+(aq)|M'$，并忽略液体接触引起的所有复杂情况。电池产生的电势差为 $E' = \Delta\phi_R - \Delta\phi_L$。因为电极电势不同于它们零电流时的值（由于超电势的存在），可以写成 $\Delta\phi_X = E_X + \eta_X$，其中X表示左电极L或右电极R。电池电势为

$$E' = E + \eta_R - \eta_L \qquad (19D.7a)$$

为避免混淆符号（η_R为负，η_L为正），并强调工作电池产生的电势差低于一个零电流的电池，这个表达式可写为

$$E' = E - |\eta_R| - |\eta_L| \qquad (19D.7b)$$

式中E是电池电势。还应减去欧姆电势降IR_s，其中R_s是电池的内阻。从而得到

$$E' = E - |\eta_R| - |\eta_L| - IR_s \qquad (19D.7c)$$

欧姆电势降对电池的不可逆性有贡献，它是一个散热项，所以IR的符号总是使得电势差朝着零的方向减小。

对于一给定电流I，可以用Butler－Volmer方程计算式（19D.7）中的超电势。假设电极的面积A相同，电极反应的决速步中仅传输一个电子，传递系数均为1/2，可以用Butler－Volmer方程的高超电势极限值，就可以简化方程。然后，由式（19D.5a）、式（19D.5b）和式（19D.7c）可得

$$E' = E - IR_s - \frac{4RT}{F}\ln\left(\frac{I}{A\bar{j}}\right) \qquad \bar{j} = (j_{0L}j_{0R})^{1/2} \qquad (19D.8)$$

式中j_{0L}和j_{0R}是两个电极的交换电流密度。

简要说明 19D.2

假定一个电池由两个电极组成，每个电极的面积均为10 cm²，交换电流密度均为5 μA·cm⁻²，电池内阻为10 Ω。在298 K时，$RT/F = 25.7$ mV。零电流电池电势为1.5 V。如果电池中的电流为10 mA，则其工作电势为

$$E' = 1.5\,\text{V} - \overbrace{(0.010\,\text{A}\times 10\,\Omega)}^{0.10\,\text{V}} \overbrace{-4\times 0.025\,7\,\text{V}\times\ln\left(\frac{1\,000\times 10\,\mu\text{A}}{10\,\text{cm}^2\times 5\,\mu\text{A}\cdot\text{cm}^{-2}}\right)}^{0.54\,\text{V}} = 0.9\,\text{V}$$

式中使用1 A·Ω＝1 V。忽略了降低电池电势的其他各种因素，如反应物不能足够快地扩散到电极上。

蓄电池在发电时为原电池，但在外部电源作用下充电时则为电解池。铅酸蓄电池尽管是一种相对旧的设备，但它非常适合起动汽车（也是唯一可用的）。在充电期间，阴极反应是Pb^{2+}的还原及其在铅电极上沉积为铅。之所以发生沉积而不是酸还原为氢是因为后者在铅上具有低的交换电流密度。充电时阳极反应为Pb(Ⅱ)氧化成Pb(Ⅳ)，沉积为氧化物PbO_2。放电时，两个反应逆向进行。因为它们具有高的交换电流密度，所以可以快速放电，这就是为什么铅电池可以在需要时产生大电流的原因。

概念清单

☐ 1. **双电层**由在电极表面及其紧邻溶液中形成的两个带有相反电荷的薄层组成。

☐ 2. 双电层的描述包括**亥姆霍兹层模型**和**Gouy-Chapman 模型**。

☐ 3. **原电池电势差**就是体相金属电极和体相溶液之间的电势差。

☐ 4. 电极上的电流密度可用 **Butler-Volmer 方程**来表示。

☐ 5. **Tafel 曲线**是电流密度的对数对超电势的作图。

☐ 6. **伏安法**研究通过电极的电流与外加电势差之间的关系。

☐ 7. 为了使电流流入电解池并引起非自发的电池反应，外加的电势差必须超过电池电势，至少是**电池的超电势**。

☐ 8. 工作中的原电池中，超电势导致了形成一个更小的电位差。

公式清单

性质	公式	说明	公式编号
Butler-Volmer 方程	$j=j_0[e^{(1-\alpha)f\eta}-e^{-\alpha f\eta}]$		19D.2
Tafel 曲线	$\ln j=\ln j_0+(1-\alpha)f\eta$	阳极电流密度	19D.5a
	$\ln j=\ln j_0-\alpha f\eta$	阴极电流密度	19D.5b
工作中原电池的电势	$E'=E-IR_s-(4RT/F)\ln(I/A\bar{j})$	$\bar{j}=(j_{0L}j_{0R})^{1/2}$	19D.8

主题 19　固体表面上的过程——讨论题、练习题、问题及综合题

专题 19A　固体表面简介

讨论题

D19A.1（a）洁净表面上有哪些拓扑特征？（b）台阶和平台是如何形成的？

D19A.2 什么是俄歇效应？为什么它可以用来研究表面和沉积在其表面上的物种？比较和对比扫描俄歇显微镜（SAM）和扫描隧道显微镜（STM）技术。

练习题

E19A.1(a) 计算在25 ℃、0.10 μTorr时含有以下物质的容器中每平方厘米表面上分子碰撞的频率：（ⅰ）氢气，（ⅱ）丙烷。

E19A.1(b) 计算在25 ℃、10.0 Pa时含有以下物质的容器中每平方厘米表面上分子碰撞的频率：（ⅰ）氮气，（ⅱ）甲烷。再计算当压力为0.150 μTorr时的碰撞频率。

E19A.2(a) 425 K时，在一个直径为1.5 mm的圆形表面上，若要使氩气的碰撞频率为4.5×10^{20}次/s，请问需要多大的压力？

E19A.2(b) 525K时，在一个直径为2.0 mm的圆形表面上，若要使氮气的碰撞频率为5.00×10^{19}次/s，请问需要多大的压力？

E19A.3(a) 0.10 bar时，发现一固体吸附10 cm^3的气体。在相同温度和5.0 bar下，吸附气体的体积为22 cm^3，此时为一个完整的单层。将体积转换为相同压力下的值，并计算0.1 bar时的表面覆盖分数θ。

E19A.3(b) 0.30 bar时，发现一固体吸附11 cm^3的气体。在相同温度和5.0 bar下，吸附气体的体积为6.6 cm^3，此时为一个完整的单层。计算0.3 bar时的表面覆盖分数θ。

E19A.4(a) 为什么气体在表面上的吸附总是放热过程？

E19A.4(b) 如果气体在表面上的吸附是反常的吸热过程，那么吸附时的熵变如何？

问　题

P19A.1 本问题将说明在平台和台阶的拐角处吸附原子结合能的差异。图19.1为由一价阳离子和阴离子的二维点阵组成的一个模型，形成规则的网格。在图19.1（a）中所示的排布中，测试离子位于晶格边缘上方；在图19.1（b）中，测试离子位于拐角处（阳离子为白色，阴离子为黑色）。测试离子与晶格之间的库仑相互作用能可以通过将后者划分为多个部分来计算，用方框表示并标记为“类型1”和“类型2”。任何两个离子的相互作用能量对于为同号离子为$+C/r$，对于异号离子则为$-C/r$，其中r是离子之间的距离，C是常数；距离r都可以表示为晶格（点阵）间距a_0的倍数。（a）计算测试离子与晶格的“类型2”部分之间相互作用的能量，用C/a_0的倍数表示答案。使用电子表格程序或数学软件计算总和；考虑与最近的10个离子相互作用即可。（b）类似地，计算测试离子与尺寸为10×10个原子的晶格“类型1”部分相互作用的能量。（c）先后计算排布（a）和（b）中测试原子与晶格之间的相互作用能量，请问哪种排布是有利的？

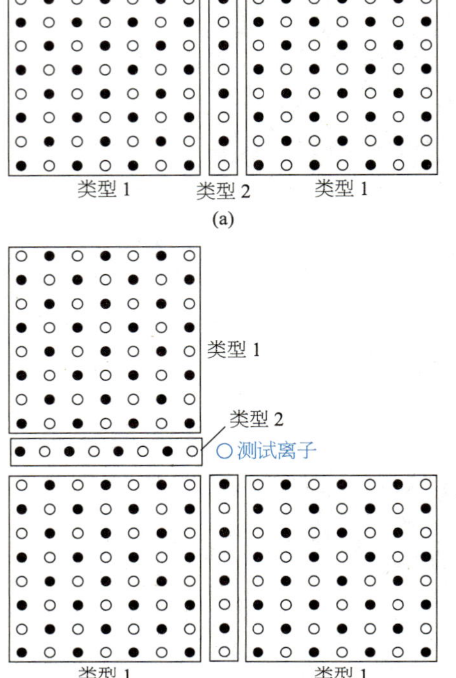

图 19.1 问题P19A.1中讨论的二维模型

P19A.2 在研究钛表面的催化性能时，必须保持表面清洁。计算300 K时，（a）100 kPa下，（b）1.00 Pa下每平方厘米表面被O_2分子碰撞的频率。估算每秒一个表面原子被碰撞的次数。结论说明了为研究清洁表面的性质，必须在非常低的压力（实际上远低于1 Pa）下进行的重要性。最近相邻距离为291 pm。

P19A.3 镍是面心立方结构，每个晶胞的边长为352 pm。每平方厘米以下晶面上暴露的原子数是多少？（a）(100)，（b）(110)，（c）(111)。在每种情况下，当压力为（ⅰ）100 Pa或（ⅱ）0.10 μTorr时，计算25 ℃时在含有（a）氢气或（b）丙烷的容器中，与单个表面原子的分子碰撞频率。

P19A.4 一个金属的洁净未重构（110）晶面的LEED图案如下所示。请绘制原子之间的水平间距增加三倍后的重构表面的LEED图案。

专题 19B 吸附和脱附

讨论题

D19B.1 区分Langmuir等温式、BET等温式、Temkin等温式和Freundlich等温式，指出它们的使用条件并说明原因。

D19B.2 哪些近似构成了Langmuir等温式和BET等温式的基础？

练习题

E19B.1(a) 0 ℃时，0 ℃和104 kPa的氧气在1.00 g二氧化硅表面上吸附的体积为145.4 Torr下的0.286 cm³和760 Torr下的1.443 cm³。假设该过程符合Langmuir等温式，请估算V_∞的值。

E19B.1(b) 0 ℃时，20 ℃和1.0 bar的气体在1.50 g二氧化硅表面上吸附的体积为56.4 kPa下的1.42 cm³和108 kPa下的2.77 cm³。假设该过程符合Langmuir等温式，请估算V_∞的值。

E19B.2(a) CO在一表面上的吸附焓为−120 kJ · mol⁻¹。估算400 K时表面上一个CO分子的平均寿命；取$\tau_0 = 1.0\times10^{-14}$ s。

E19B.2(b) 氨在一镍表面上的吸附焓为−155 kJ · mol⁻¹。估计500 K时表面上一个NH_3分子的平均寿命；假设$\tau_0 = 1.0\times10^{-14}$ s。

E19B.3(a) 26.0 kPa、300 K时，某固体样品可吸附0.44 mg CO。3.0 kPa、300 K时吸附的气体质量为0.19 mg。假设该过程符合Langmuir等温式，估算两个压力下的表面覆盖分数。

E19B.3(b) 36.0 kPa、300 K时，某固体样品可吸附0.63 mg CO。4.0 kPa、300 K时吸附的气体质量为0.21 mg。假设该过程符合Langmuir等温式，估算两个压力下的表面覆盖分数。

E19B.4(a) 25 ℃时，某气体的吸附可用$\alpha = 0.75$ kPa⁻¹的Langmuir等温式来描述。计算表面覆盖分数为（i）0.15和（ii）0.95时的压力。

E19B.4(b) 25 ℃时，某气体的吸附可用$\alpha = 0.548$ kPa⁻¹的Langmuir等温式来描述。计算表面覆盖分数为（i）0.20和（ii）0.75时的压力。

E19B.5(a) 12 kPa、25 ℃时，某固体吸附2.5 mg的气体，并服从Langmuir等温式。1.00 mmol的吸附气体分子脱附时的焓变为+10.2 J。求40 ℃，吸附2.5 mg气体时的平衡压力。提示：数据是等量的，请使用与例题19B.2类似的方法。

E19B.5(b) 8.86 kPa、25 ℃时，某固体吸附4.67 mg的气体，该过程符合Langmuir等温式。1.00 mmol的吸附气体分子脱附时的焓变为+12.2 J。求45 ℃时吸附相同质量的气体需要的平衡压力。提示：参见练习题E19B.5(a)中的提示。

E19B.6(a) 490 kPa、190 K时，木炭上氮气的吸附量为0.921 cm³ · g⁻¹，但在250 K时，只有当压力增加到3.2 MPa时才能达到相同的吸附量。求氮气在木炭上的吸附焓。提示：参见练习E19B.5(a)中的提示。

E19B.6(b) 350 kPa、180 K时，在某固体表面上氮气的吸附量为1.242 cm³ · g⁻¹，但在240 K时，只有当压力增加到1.02 MPa时才能达到相同的吸附量。求氮气在该表面上的吸附焓。

E19B.7(a) 在钨吸附氧气的实验中，发现脱附相同体积的氧气在1856 K时需要27 min，在1978 K时需要2.0 min，请问脱附的活化能是多少？在（i）298 K和（ii）3000 K时，脱附相同量的氧气分别需要多长时间？

E19B.7(b) 在铁吸附乙烯的实验中，发现脱附相同体积的气体在873 K时需要1856 s，在1012 K时需要8.44 s，请问脱附的活化能是多少？在（i）298 K和（ii）1500 K时，脱附相同量的乙烯分别需要多长时间？

E19B.8(a) 钨表面上一个氧原子维持吸附状态的平均时间在2548 K时为0.36 s，在2362 K时为3.49 s，请问脱附活化能是多少？

E19B.8(b) 锰表面上一个氢原子维持吸附状态的平均时间在1000 K时比在600 K时短35%，请问脱附活化能是多少？

E19B.9(a) 如果氢原子的脱附活化能为（i）15 kJ · mol⁻¹或（ii）150 kJ · mol⁻¹，400 K时一个氢原子将在表面上平均停留多长时间？取$\tau_0 = 0.10$ ps。再计算1000 K时的结果。

E19B.9(b) 如果固体表面某原子的脱附活化能为（i）20 kJ · mol⁻¹或（ii）200 kJ · mol⁻¹，298 K时一个被吸附原子在该表面上平均停留多长时间？取$\tau_0 = 0.12$ ps。再计算800 K时的结果。

问 题

P19B.1 使用数学软件或者电子表格程序来进行以下计算。（a）用式（19B.2）画出不同α值时的一系列曲线，以此表示$1/\theta$和$1/p$之间的关系。（b）用式（19B.4）画出不同α值时的一系列曲线，以此表示$1/\theta$和$1/p$之间的关系。基于（a）和（b）的结果，讨论如何使用$1/\theta$和$1/p$的关系曲线来区分有解离和无解离的吸附。（c）用式（19B.6）画出不同c值时的一系列曲线，以此表示$zV_{mon}/(1-z)V$和z之间的关系。

P19B.2 25 ℃时，氢气在铜粉末上的化学吸附数据如下，请证实在低覆盖分数时它们满足Langmuir等温式（体积已被校正，它们都是相同压力下的数据）。请计算吸附平衡时的α值和对应于$\alpha = 1$时的吸附体积。

p/Pa	25	129	253	540	1 000	1 593
V/cm³	0.042	0.163	0.221	0.321	0.411	0.471

P19B.3 氟化钡上氨的吸附数据如下（在每种情况下，体积已校至相同压力下的数据）。验证它们符合BET等温式，并计算c和V_{mon}的值。

（a）$\theta = 0$ ℃，$p^* = 429.6$ kPa

p/kPa	14.0	37.6	65.6	79.2	82.7	100.7	106.4
V/cm³	11.1	13.5	14.9	16.0	15.5	17.3	16.5

（b）$\theta = 18.6$ ℃，$p^* = 819.7$ kPa

p/kPa	5.3	8.4	14.4	29.2	62.1	74.0	80.1	102.0
V/cm³	9.2	9.8	10.3	11.3	12.9	13.1	13.4	14.1

P19B.4 下列数据是0 ℃时1 g铜表面上氢气的吸附量。氢气的体积已校正至1 atm和0 ℃下的数据。

p/atm	0.050	0.100	0.150	0.200	0.250
V/cm³	23.8	13.3	8.70	6.80	5.71

假设符合Langmuir等温式，计算形成一个单分子层所需H_2的体积，然后估算铜样品的表面积。液态氢气的密度为

0.708 g · cm^{-1}。提示：用密度估算一个氢分子所占的面积。

P19B.5 M. G. Olivier和R. Jadot［*J. Chem. Eng. Data*, **42**, 230 (1997)］研究了丁烷在硅胶上的吸附。303 K时，吸附量（1 kg硅胶上C_4H_{10}的物质的量）如下：

p/kPa	31.00	38.22	53.03	76.38	101.97
n/(mol · kg^{-1})	1.00	1.17	1.54	2.04	2.49
p/kPa	130.47	165.06	182.41	205.75	219.91
n/(mol · kg^{-1})	2.90	3.22	3.30	3.35	3.36

按照Langmuir等温式拟合数据，确定完全覆盖时的n和常数α的值。

P19B.6 一个新工厂的设计者希望在涉及丁二烯氟化反应的步骤中使用一种代码为CR－1的催化剂。作为研究的第一步，他们建立了吸附等温式的形式。15 ℃时每克CR－1吸附丁二烯的体积（在相同压力下）随压力变化如下所示。

p/kPa	13.3	26.7	40.0	53.3	66.7	80.0
V/cm^3	17.9	33.0	47.0	60.8	75.3	91.3

（a）检验这些数据与Langmuir等温式的符合程度。（b）检验BET等温式是否能更好地描述丁二烯在CR－1上的吸附情况，并计算V_{mon}和c的值。15 ℃时，$p^*_{丁二烯} = 200$ kPa。

P19B.7 C. Huang和W. P. Cheng［*J. Colloid Interface Sci.*, **188**, 270 (1997)］研究了水溶液中六氰基铁（Ⅲ）酸离子$[Fe(CN)_6]^{3-}$在$\gamma-Al_2O_3$上的吸附，他们用Langmuir等温式（作了修正，考虑了$[Fe(CN)_6]^{3-}$和氧化铝之间的表面反应）得到pH = 6.5时的以下α值：

T/K	283	298	308	318
α/(10^{11} mol^{-1} · m^3)	2.642	2.078	1.286	1.085

计算该pH下的等量吸附焓$\Delta_{ad}H^\ominus$。研究者还报道了这些条件下的$\Delta_{ad}S^\ominus = +146$ J · mol^{-1} · K^{-1}，请计算$\Delta_{ad}G^\ominus$。

P19B.8 在与汽车催化转化器相关的一项研究中，C. E. Wartnaby等人［*J. Phys. Chem.*, **100**, 12483 (1996)］测量了清洁铂（110）表面上CO、NO和O_2的吸附焓。其中NO的$\Delta_{ad}H^\ominus$为－160 kJ · mol^{-1}，计算较高温度下的α与较低温度下的α的比值。

P19B.9 固体从液体中吸附溶质的过程通常遵循Freundlich等温式。检验该等温式是否适合25 ℃时乙酸在木炭上的吸附，并计算参数c_1和c_2的值。

[酸]/(mol · dm^{-3})	0.05	0.10	0.50	1.0	1.5
w_a/g	0.04	0.06	0.12	0.16	0.19

其中w_a是每克木炭吸附的乙酸质量。

P19B.10 A. Akgerman和M. Zardkoohi［*J. Chem. Eng. Data*, **41**, 185 (1996)］研究了20 ℃时水溶液中苯酚在飞灰上的吸附，他们将观察结果拟合为形式为$c_{ads} = Kc_{sol}^{1/n}$的Freundlich等温式，其中c_{ads}是吸附的苯酚浓度，c_{sol}是水中苯酚的浓度。以下是他们报道的数据：

c_{sol}/(mg · g^{-1})	8.26	15.65	25.43	31.74	40.00
c_{ads}/(mg · g^{-1})	4.41	9.2	35.2	52.0	67.2

计算常数K和n。为了用覆盖分数θ表示数据，请问还需要哪些信息？

P19B.11 18 ℃时，木炭从浓度为c的水溶液中吸附丙酮的量s（1 g木炭上丙酮的物质的量）如下：

c/(mmol · dm^{-3})	15.0	23.0	42.0	84.0	165	390	800
s/(mmol · g^{-1})	0.60	0.75	1.05	1.50	2.15	3.50	5.10

对于Langmuir等温式、Freundlich等温式和Temkin等温式，哪个最符合这些数据？

P19B.12 假设已知臭氧在某一表面上的吸附符合Langmuir等温式，请问如何用覆盖分数与压力的关系来区分吸附时（ⅰ）没有解离，（ⅱ）解离成O + O_2，（ⅲ）解离成O + O + O？

专题 19C　多相催化

讨论题

D19C.1 描述表面催化反应的Langmuir－Hinshelwood机理和Eley－Rideal机理的基本特征。

D19C.2 导出在Langmuir－Hinshelwood速率方程的推导中引用的θ_A和θ_B的表达式。

练习题

E19C.1(a) 77 K（液氮的沸点）时单层N_2分子被吸附在1.00 g Fe/Al_2O_3催化剂表面。升温后，0 ℃和760 Torr时氮气的体积为3.86 cm^3，请问催化剂的表面积是多少？用N_2的碰撞截面（来自*资源部分*）作为一个分子面积的估值。

E19C.1(b) 77 K（液氮的沸点）时单层CO分子被吸附在1.00 g Fe/Al_2O_3催化剂表面。升温后，0 ℃和1.00 bar时CO的体积为3.75 cm^3，请问催化剂的表面积是多少？用CO的碰撞截面（来自*资源部分*）作为一个分子面积的估值。

问　题

P19C.1（a）根据表面催化反应的Langmuir－Hinshelwood机理，A和B之间的反应速率取决于两个吸附物种相遇的速率。根据该机理写出反应的速率方程。（b）在反应物分压较低时，写出该速率方程的极限形式。这种情况下，反应总级数是多少？（c）该机理能否解释为零级反应动力学？

P19C.2 HI在金上吸附很强，但在铂上仅少量吸附，对于除了最低压力外的所有压力，发现HI在金上分解的速率与HI的压力无关；对于铂上的相同过程，发现速率正比于HI的分压。借助于Langmuir等温式，解释这些观测结果。

P19C.3 在一些催化反应中，产物比反应气体吸附更强。例如，1 000 ℃时氨在铂上催化分解为N_2和H_2就是这种情况，其中H_2的吸附非常强。可借助Langmuir等温式来分析这样一个过程的动力学。（a）首先，证明当压力为p_J的一气体J吸附非常强时，未覆盖部位的分数约为$1/\alpha p_J$。（b）假设氨只是弱吸附，使用（a）中结果证明反应速率可由下式给出：

$$\frac{dp_{NH_3}}{dt} = -k_c\frac{p_{NH_3}}{p_{H_2}}$$

（c）假定 $t=0$ 时，仅有压力为 p_0 的氨气，请对这个速率方程进行积分。提示：考虑化学反应计量方程式，根据氨的当前压力和 p_0，写出氢气的压力。（d）确定合适的直线作图形式来确定 k_c。用这样一种作图来分析以下数据并计算 k_c，并说明其单位。

t/s	0	30	60	100	160	200	250
p/kPa	13.3	11.7	11.2	10.7	10.3	9.9	9.6

专题 19D　电极上的过程

讨论题

D19D.1　描述电极－电解质界面的各种模型。

D19D.2　讨论循环伏安技术，并解释循环伏安图[如图19D.10（b）和图19B.10（c）中所示那些]的特征形状。

练习题

E19D.1(a)　25 ℃时，与水溶液中 M^{3+} 和 M^{4+} 接触的一电极的传递系数为0.39。超电势为125 mV时，电流密度为55.0 mA · cm^{-2}。问当电流密度为75 mA · cm^{-2}时，所需的超电势是多少？提示：此超电势下完全是阳极电流，可用式（19D.5a）。

E19D.1(b)　25 ℃时，与水溶液中 M^{2+} 和 M^{3+} 接触的一电极的传递系数为0.42。超电势为105 mV时，电流密度为17.0 mA · cm^{-2}。问电流密度为72 mA · cm^{-2}时的超电势是多少？提示：参见练习题E19D.1(a)的提示。

E19D.2(a)　计算练习题E19D.1(a)中的交换电流密度。

E19D.2(b)　计算练习题E19D.1(b)中的交换电流密度。

E19D.3(a)　只有当超电势超过0.6 V时，电解中才发生显著的逸出或沉积。为说明此判据，请计算电解1.0 mol · dm^{-3} NaOH(aq)时，超电势从0.40 V增加到0.60 V时电流密度的变化（25 ℃时，超电势为0.4 V的电流密度为1.0 mA · cm^{-2}）。取 $\alpha=0.5$。提示：假定完全是阳极电流。

E19D.3(b)　计算电解1.0 mol · dm^{-3} NaOH(aq)时，超电势从0.50 V增加到0.60 V时电流密度的变化（25 ℃时，超电势为0.50 V时的电流密度为1.22 mA · cm^{-2}）。取 $\alpha=0.5$。

E19D.4(a)　对于25 ℃时镍上的反应 $2H^+ + 2e^- \longrightarrow H_2$，使用表19D.1中的交换电流密度和传递系数的数据，请计算超电势为0.20 V时的电流密度：（ⅰ）用Butler－Volmer方程计算，（ⅱ）假设完全是阳极电流。评论后者假设的有效性。

E19D.4(b)　对于25 ℃时铂上的反应 $Fe^{3+} + e^- \longrightarrow Fe^{2+}$，使用表19D.1中的交换电流密度和传递系数的数据，请计算超电势为0.30 V时的电流密度：（ⅰ）用Butler－Volmer方程计算，（ⅱ）假设完全是阳极电流。评论后者假设的有效性。

E19D.5(a)　25 ℃时，H^+ 在Pt上放电的典型交换电流密度为0.79 mA · cm^{-2}。用Butler－Volmer方程计算超电势为（ⅰ）10 mV，（ⅱ）100 mV和（ⅲ）−5.0 V时的电流密度。取 $\alpha=0.5$。

E19D.5(b)　Pt|Fe^{3+}，Fe^{2+} 电极的交换电流密度是2.5 mA · cm^{-2}。电极的标准电势为+0.77 V。导出流过表面积为1.0 cm^{2}的电极的电流与施加于电极上的电势之间的函数关系式。假设为标准条件。

E19D.6(a)　25 ℃平衡时，每秒通过Pt，H_2|H^+，Pt|Fe^{3+}，Fe^{2+} 和Pb，H^2|H^+ 电极表面双电层的电子或质子有多少？取电极面积为1.0 cm^2。假定一个电极原子占有约（280 pm）^{2}的表面，求表面上单个原子每秒参加电子传递过程的次数。参照表19D.1的数据。提示：平衡时只有交换电流。

E19D.6(b)　25 ℃平衡时，每秒通过Cu，H^2|H^+ 和Pt|Ce^{4+}，Ce^{3+} 电极表面双电层的电子或质子有多少？取电极面积为1.0 cm^2。假定一个电极原子占有约（260 pm）^{2}的表面，求表面上单个原子每秒参加电子传递过程的次数。

E19D.7(a)　超电势低时可用式（19D.4）计算电流密度。若电极表面积为1.0 cm^2，请计算25 ℃时电极（ⅰ）Pt, H_2|H^+ 和（ⅱ）Hg, H_2|H^+ 的有效电阻。提示：电阻为电压与电流之比。

E19D.7(b)　若电极为（ⅰ）Pb, H_2|H^+ 和（ⅱ）Pt|Fe^{2+}, Fe^{3+}，重复练习题19D.7(a)中的计算。

E19D.8(a)　锌电极上 H^+ 放电时的交换电流密度约为50 pA · cm^{-2}，请问在25 ℃的标准条件下可否从锌盐的水溶液中析出金属锌？25 ℃时 Zn^{2+}|Zn的标准电极电势为−0.76 V。

E19D.8(b)　铂电极上 H^+ 放电时的交换电流密度为0.79 mA · cm^{-2}，请问在25 ℃的标准条件下能否在铂上镀锌？25 ℃时 Zn^{2+}|Zn的标准电极电势为−0.76 V。

问　题

P19D.1　对于稀 H_2SO_4 溶液中的Pt|H_2|H^+ 电极，25 ℃时实验测得的电流密度如下：

η/mV	50	100	150	200	250
j/(mA · cm^{-2})	2.66	8.91	29.9	100	335

（a）评估电极的 α 和 j_0。（b）对于相同的电极，若超电势与上面的大小相同但符号相反，请绘制电流密度表。

P19D.2　25 ℃时，电极 Pb^{2+}|Pb和 Sn^{2+}|Sn的标准电极电势分别为−126 mV和−136 mV，它们的沉积超电势接近于零。为确保同时沉积，Pb^{2+}(aq)和 Sn^{2+}(aq)的相对浓度应该是多少？假设活度可近似用物质的量浓度代替。

P19D.3　J. Kanya［*J. Electroanal. Chem.*, **84**, 83(1977)］研究了在一铁电极表面上，从 Fe^{2+} 水溶液中沉积铁的速率 v 与电势 E'（相对于标准氢电极）的函数关系。下列数据是基于表面积为9.1 cm^{2}的电极与浓度为1.70 μmol · dm^{-3}的 Fe^{2+} 溶液相接触时获得的。（a）假设活度可用物质的量浓度近似，计算 Fe^{2+}/Fe阴极的零电流电势及数据中每个电势值下的超电势。（b）根据每个 E' 值下 Fe^{2+} 的沉积速率，计算阴极电流密度 j_c。（c）使用Tafel曲线分析数据，并确定交换电流密度。

v/(pmol · s^{-1})	1.47	2.18	3.11	7.26
$-E'$/mV	702	727	752	812

P19D.4 V. V. Losev和A.P. Pchel'nikov [*Soviet Electrochem.*, **6**, 34(1970)] 获得了293 K时相对于标准氢电极的铟阳极的电流－电压数据：

$-E'$/V	0.388	0.365	0.350	0.335
$j/(\mathrm{A \cdot m^{-2}})$	0	0.590	1.438	3.507

用这些数据计算传递系数和交换电流密度。当电势为0.365 V时，阴极电流密度是多少？提示：$j=0$的E'值是平衡电势。

P19D.5 氢超电势的早期研究者是H. Bowden和T. Rideal [*Proc. Roy. Soc.*, 59(1928)]，他们测量了25 ℃时稀硫酸水溶液中汞电极上H_2析出的超电势。根据数据确定交换电流密度和传递系数α：

$j/(\mathrm{mA \cdot m^{-2}})$	2.9	6.3	28	100	250	630	1650	3300
η/V	0.60	0.65	0.73	0.79	0.84	0.89	0.93	0.96

P19D.6 如果$\alpha=1/2$，电极界面不能对交流电进行整流，因为电流密度曲线关于$\eta=0$是对称的。当$\alpha \neq 1/2$时，电流密度的大小取决于超电势的符号，因此可以获得某种程度的"法拉第整流"。(a) 假设超电势以$\eta=\eta_0\cos\omega t$的形式变化。导出一般α时平均电流（一个周期内）的表达式，并确认当$\alpha=1/2$时平均电流为零。计算中小η_0的极限保持在$\eta_0 F/RT$的二阶项（即当展开Butler－Volmer方程中的指数时，保留到二阶项）。(b) 当超电势以50 Hz的频率在±10 mV之间变化时，计算面积为1.0 cm^{2}的氢－铂电极（$\alpha=0.38$）在25 ℃时的平均直流电流。

P19D.7（继续问题P16D.6）现在，假设超电势始终处于高超电势区域（即使它进行振荡），且采用锯齿式在η_-和η_+之间线性变化，平均值为η_0，但是η总是正的。导出界面上电流密度变化的表达式，取$\alpha=1/2$。

P19D.8 图19.2显示了四个不同的伏安图，确定每个系统中发生的进程。其中，纵坐标是电流，横坐标是（负的）电极电势。

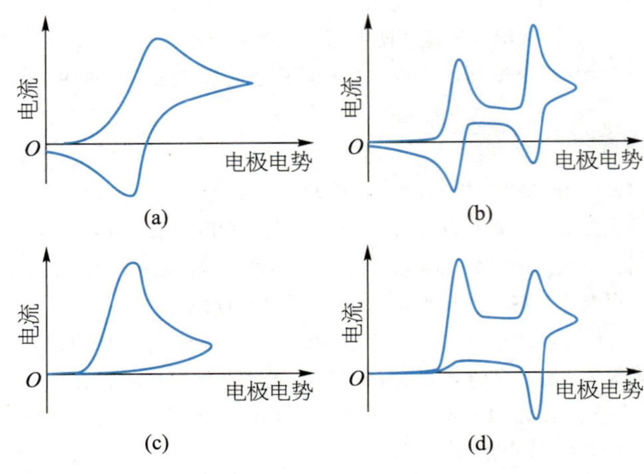

图19.2　问题P19D.8中讨论的伏安图

主题 19　固体表面上的过程

综合题

I19.1 虽然分子之间的范德华相互作用随着R^{-6}的变化而变化，但一个分子与邻近固体（分子的均匀集合体）的相互作用随R^{-3}的变化而变化，其中R是分子在表面上方的垂直距离。请验证这个断言，并基于Lennard－Jones－(6, 12)电势，计算一个Ar原子与固体氩表面之间的相互作用能。估计原子在表面上的平衡距离。

I19.2 电子显微镜可以获得的图像分辨率比光学显微镜高得多，这是因为电子束的波长更短。以接近光速c运动的电子，其德布罗意波长的表达式[式(7A.11)，$\lambda=h/p$]需要用相对论效应进行校正：

$$\lambda=\frac{h}{\left[2m_e e\Delta\phi\left(1+\dfrac{e\Delta\phi}{2m_e c^2}\right)\right]^{1/2}}$$

式中c是真空中的光速，$\Delta\phi$是加速电子的电势差。(a) 使用上面的公式，计算通过50 kV加速后电子的德布罗意波长。(b) 此时相对论校正是否重要？

I19.3 AFM测量的力主要来自针尖和表面上的电子之间的相互作用。为了了解这些力的大小，计算相距2.0 nm的两个电子之间的作用力。为了计算电子之间的力，使用$F=-\mathrm{d}V/\mathrm{d}r$，式中$V$是它们的库仑势能，$r$是它们的间距。

I19.4 为了了解扫描隧道显微镜中隧道电流的距离依赖性，假设样品和针尖之间的电子能量比势垒高度小2.0 eV。如果针尖从距表面$L_1=0.50$ nm处移到$L_2=0.60$ nm，电流将减少多少？

I19.5 计算(a) 氢和氧，(b) 甲烷和空气及(c) 丙烷和空气燃料电池零电流电势的热力学极限。参考*资源部分*计算反应吉布斯能的相关值，假设物种处于25 ℃时的标准状态。

资源部分

目　录

1. 常用积分

	不定积分*	限制条件	定积分
代数函数			
A.1	$\int x^n \mathrm{d}x=\frac{1}{n+1}x^{n+1}+c$	$n\neq -1$	$\int_a^b x^n\,\mathrm{d}x=\frac{1}{n+1}(b^{n+1}-a^{n+1})$
A.2	$\int \frac{1}{x}\mathrm{d}x=\ln x+c$		$\int_a^b \frac{1}{x}\mathrm{d}x=\ln\frac{b}{a}$
A.3	$\int \frac{1}{(A-x)(B-x)}\mathrm{d}x=\frac{1}{B-A}\ln\frac{B-x}{A-x}+c$	$A\neq B$	$\int_a^b \frac{1}{(A-x)(B-x)}\mathrm{d}x=\frac{1}{B-A}\ln\frac{(B-b)(A-a)}{(A-b)(B-a)}$
指数函数			
E.1	$\int \mathrm{e}^{-kx}\mathrm{d}x=-\frac{1}{k}\mathrm{e}^{-kx}+c$		$\int_a^b \mathrm{e}^{-kx}\,\mathrm{d}x=\frac{1}{k}(\mathrm{e}^{-ka}-\mathrm{e}^{-kb})$
E.2	$\int x\mathrm{e}^{-kx}\mathrm{d}x=-\frac{1}{k^2}\mathrm{e}^{-kx}-\frac{x}{k}\mathrm{e}^{-kx}+c$		$\int_a^b x\mathrm{e}^{-kx}\,\mathrm{d}x=-\frac{1}{k^2}(\mathrm{e}^{-kb}-\mathrm{e}^{-ka})-\frac{1}{k}(b\mathrm{e}^{-kb}-a\mathrm{e}^{-ka})$
E.3		$n\geqslant 0,\ k>0$	$\int_0^\infty x^n\mathrm{e}^{-kx}\,\mathrm{d}x=\frac{n!}{k^{n+1}}$ $\quad n!=n(n-1)\cdots 1;\ 0!=1$
E.4			$\int_0^\infty \frac{x^4\mathrm{e}^x}{(\mathrm{e}^x-1)^2}\mathrm{d}x=\frac{4\pi^4}{15}$
高斯函数			
G.1			$\int_0^\infty \mathrm{e}^{-kx^2}\,\mathrm{d}x=\frac{1}{2}\left(\frac{\pi}{k}\right)^{1/2}$
G.2	$\int x\mathrm{e}^{-kx^2}\,\mathrm{d}x=-\frac{1}{2k}\mathrm{e}^{-kx^2}+c$		$\int_0^\infty x\mathrm{e}^{-kx^2}\,\mathrm{d}x=\frac{1}{2k}$
G.3			$\int_0^\infty x^2\mathrm{e}^{-kx^2}\,\mathrm{d}x=\frac{1}{4}\left(\frac{\pi}{k^3}\right)^{1/2}$
G.4	$\int x^3\mathrm{e}^{-kx^2}\,\mathrm{d}x=-\frac{1}{2k^2}\mathrm{e}^{-kx^2}-\frac{x^2}{2k}\mathrm{e}^{-kx^2}+c$	$k>0$	$\int_0^\infty x^3\mathrm{e}^{-kx^2}\,\mathrm{d}x=\frac{1}{2k^2}$
G.5		$k>0$	$\int_0^\infty x^4\mathrm{e}^{-kx^2}\,\mathrm{d}x=\frac{3}{8k^2}\left(\frac{\pi}{k}\right)^{1/2}$
G.6			$\mathrm{erf}\,z=\frac{2}{\pi^{1/2}}\int_0^z \mathrm{e}^{-x^2}\,\mathrm{d}x$ $\quad \mathrm{erfc}\,z=1-\mathrm{erf}\,z$
G.7		$m\geqslant 0,\ k>0$	$\int_0^\infty x^{2m+1}\mathrm{e}^{-kx^2}\,\mathrm{d}x=\frac{m!}{2k^{m+1}}$
G.8		$m\geqslant 1,\ k>0$	$\int_0^\infty x^{2m}\mathrm{e}^{-kx^2}\,\mathrm{d}x=\frac{(2m-1)!!}{2^{m+1}k^m}\left(\frac{\pi}{k}\right)^{1/2}$ $n!!=n\times(n-2)\times(n-4)\cdots 1$ 或 2
三角函数			
T.1	$\int \sin kx\,\mathrm{d}x=-\frac{1}{k}\cos kx+c$		$\int_0^a \sin kx\,\mathrm{d}x=\frac{1}{k}(1-\cos ka)$
T.2	$\int \sin^2 kx\,\mathrm{d}x=\frac{1}{2}x-\frac{1}{4k}\sin 2kx+c$		$\int_0^a \sin^2 kx\,\mathrm{d}x=\frac{1}{2}a-\frac{1}{4k}\sin 2ka$
T.3	$\int \sin^3 kx\,\mathrm{d}x=-\frac{1}{3k}(\sin^2 kx+2)\cos kx+c$		$\int_0^a \sin^3 kx\,\mathrm{d}x=\frac{1}{3k}[2-(\sin^2 ka+2)\cos ka]$
T.4	$\int \sin^4 kx\,\mathrm{d}x=\frac{3x}{8}-\frac{3}{8k}\sin kx\cos kx-\frac{1}{4k}\sin^3 kx\cos kx+c$		$\int_0^a \sin^4 kx\,\mathrm{d}x=\frac{3a}{8}-\frac{3}{8k}\sin ka\cos ka-\frac{1}{4k}\sin^3 ka\cos ka$
T.5	$\int \sin Ax\sin Bx\,\mathrm{d}x=\frac{\sin(A-B)x}{2(A-B)}-\frac{\sin(A+B)x}{2(A+B)}+c$	$A^2\neq B^2$	$\int_0^a \sin Ax\sin Bx\,\mathrm{d}x=\frac{\sin(A-B)a}{2(A-B)}-\frac{\sin(A+B)a}{2(A+B)}$
T.6	$\int \cos Ax\cos Bx\,\mathrm{d}x=\frac{\sin(A-B)x}{2(A-B)}+\frac{\sin(A+B)x}{2(A+B)}+c$	$A^2\neq B^2$	$\int_0^a \cos Ax\cos Bx\,\mathrm{d}x=\frac{\sin(A-B)a}{2(A-B)}+\frac{\sin(A+B)a}{2(A+B)}$
T.7	$\int \sin kx\cos kx\,\mathrm{d}x=\frac{1}{2k}\sin^2 kx+c$		$\int_0^a \sin kx\cos kx\,\mathrm{d}x=\frac{1}{2k}\sin^2 ka$
T.8	$\int \sin Ax\cos Bx\,\mathrm{d}x=\frac{\cos(B-A)x}{2(B-A)}-\frac{\cos(A+B)x}{2(A+B)}+c$	$A^2\neq B^2$	$\int_0^a \sin Ax\cos Bx\,\mathrm{d}x=\frac{\cos(B-A)a-1}{2(B-A)}-\frac{\cos(A+B)a-1}{2(A+B)}$
T.9	$\int x\sin Ax\sin Bx\,\mathrm{d}x=-\frac{\mathrm{d}}{\mathrm{d}B}\underbrace{\int \sin Ax\cos Bx\,\mathrm{d}x}_{\text{T.7}}$	$A^2\neq B^2$	
T.10	$\int \cos^2 kx\sin kx\,\mathrm{d}x=-\frac{1}{3k}\cos^3 kx+c$		$\int_0^a \cos^2 kx\sin kx\,\mathrm{d}x=\frac{1}{3k}(1-\cos^3 ka)$
T.11	$\int x\sin^2 kx\,\mathrm{d}x=\frac{x^2}{4}-\frac{1}{4k}x\sin 2kx-\frac{1}{8k^2}\cos 2kx+c$		$\int_0^a x\sin^2 kx\,\mathrm{d}x=\frac{a^2}{4}-\frac{1}{4k}a\sin 2ka-\frac{1}{8k^2}(\cos 2ka-1)$
T.12	$\int x^2\sin^2 kx\,\mathrm{d}x=\frac{x^3}{6}-\left(\frac{x^2}{4k}-\frac{1}{8k^3}\right)\sin 2kx-\frac{x}{4k^2}\cos 2kx+c$		$\int_0^a x^2\sin^2 kx\,\mathrm{d}x=\frac{a^3}{6}-\left(\frac{a^2}{4k}-\frac{1}{8k^3}\right)\sin 2ka-\frac{a}{4k^2}\cos 2ka$
T.13	$\int x\cos kx\,\mathrm{d}x=\frac{1}{k^2}\cos kx+\frac{x}{k}\sin kx+c$		$\int_0^a x\cos kx\,\mathrm{d}x=\frac{1}{k^2}(\cos ka-1)+\frac{a}{k}\sin ka$
T.14	$\int \cos^2 kx\,\mathrm{d}x=\frac{x}{2}+\frac{1}{4k}\sin 2kx+c$		$\int_0^a \cos^2 kx\,\mathrm{d}x=\frac{a}{2}+\frac{1}{4k}\sin 2ka$

*在每一种情况下，c 是常数。注意：并非所有的不定积分都具有一个简单的封闭形式。

2. 单位

表 A.1　一些常用单位

物理量	单位名称	单位符号	值*
时间	分	min	60 s
	小时	h	3600 s
	天	d	86 400 s
	年	a	31 556 952 s
长度	埃	Å	10^{-10} m
体积	升	L, l	1 dm^3
质量	吨	t	10^3 kg
压力	巴	bar	10^5 Pa
	大气压	atm	101.325 kPa
能［量］	电子伏特	eV	$1.602\,177\,33 \times 10^{-19}$ J
			96.485 31 kJ · mol^{-1}

*除了1 eV的定义（其依赖于e的测量值）和年（其不是一个常数，依赖于一系列天文假设）外，所有值都是精确的。

表 A.2　常用SI词头

词头	y	z	a	f	p	n	μ	m	c	d
英文	yocto	zepto	atto	femto	pico	nano	micro	milli	centi	deci
中文	幺［科托］	仄［普托］	阿［托］	飞［母托］	皮［可］	纳［诺］	微	毫	厘	分
因子	10^{-24}	10^{-21}	10^{-18}	10^{-15}	10^{-12}	10^{-9}	10^{-6}	10^{-3}	10^{-2}	10^{-1}
词头	da	h	k	M	G	T	P	E	Z	Y
英文	deca	hecto	kilo	mega	giga	tera	peta	exa	zetta	yotta
中文	十	百	千	兆	吉［咖］	太［拉］	拍［它］	艾［可萨］	泽［它］	尧［它］
因子	10	10^2	10^3	10^6	10^9	10^{12}	10^{15}	10^{18}	10^{21}	10^{24}

表 A.3　SI基本单位

物理量	量的符号	基本单位
长度	l	米，m
质量	m	千克，kg
时间	t	秒，s
电流	I	安［培］，A
热力学温度	T	开［尔文］，K
物质的量	n	摩［尔］，mol
发光强度	I_v	坎德拉，cd

表 A.4　一些导出单位

物理量	导出单位	导出单位的名称和符号
力	kg · m · s^{-1}	牛［顿］，N
压力	kg · m^{-1} · s^{-1}	帕［斯卡］，Pa
	N · m^{-1}	
能［量］	kg · m^2 · s^{-1}	焦［耳］，J
	N · m	
	Pa · m^3	
功率	kg · m^2 · s^{-2}	瓦［特］，W
	J · s^{-1}	

3. 数据

下面是本书中所有表的目录；其中包含在*资源部分*中的用“*”标出，其余将在指定的页面上找到。这些表格按照它们的编号，再现和扩展了本书中简表给出的数据。标准态是指压力为$p^{\ominus}=100$ kPa。除非另有说明，数据都是298 K下数据。参考文献如下：

AIP: D.E. Gray (ed.), *American Institute of Physics handbook*. McGraw Hill, New York (1972)。

E: J. Emsley, *The elements*. Oxford University Press (1991)。

HCP: D.R. Lide (ed.), *Handbook of chemistry and physics*. CRC Press. Boca Raton (2000)。

JL: A.M. James, M.P. Lord, *Macmillan's chemical and physical data*. Macmillan, London (1992)。

KL: G.W.C. Kaye, T.H. Laby (ed.), *Tables of physical and chemical constants*. Longman, London (1973)。

LR: G.N. Lewis, M. Randall, 由K.S. Pitzer, L. Brewer修订, *Thermodynamics*. McGraw Hill, New York (1961)。

NBS: *NBS tables of chemical thermodynamic properties*.以*J. Phys. Chem. Reference Data*, 11, Supplement 2(1982)出版。

RS: R.A. Robinson, R.H. Stokes, *Electrolyte solutions*. Butterworth, London (1959)。

TDOC: J.B. Pedley, J.D. Naylor, S.P. Kirby, *Thermochemical data of organic compounds*. Chapman & Hall, London(1986)。

表0.1　一些材料的物性

	$\rho/(g\cdot cm^{-3})$ 293 K*	T_f/K	T_b/K
单质			
Al(s)	2.698	933.5	2740
Ar(g)	1.381	83.8	87.3
B(s)	2.340	2573	3931
Br_2(l)	3.123	265.9	331.9
C(s, 石墨)	2.260	3 700^s	
C(s, 金刚石)	3.513		
Cl_2(g)	1.507	172.2	239.2
Cu(s)	8.960	1357	2840
F_2(g)	1.108	53.5	85.0
Au(g)	19.320	1338	3080
He(g)	0.125		4.22
H_2(g)	0.071	14.0	20.3
I_2(s)	4.930	386.7	457.5
Fe(s)	7.874	1808	3023
Kr(g)	2.413	116.6	120.8
Pb(s)	11.350	600.6	2013
Li(s)	0.534	453.7	1620
Mg(s)	1.738	922.0	1363
Hg(l)	13.546	234.3	629.7
Ne(g)	1.207	24.5	27.1
N_2(g)	0.880	63.3	77.4
O_2(g)	1.140	54.8	90.2
P(s, 白磷)	1.820	317.3	553
K(s)	0.862	336.8	1047
Ag(s)	10.500	1235	2485
Na(s)	0.971	371.0	1156
S(s, α)	2.070	386.0	717.8
U(s)	18.950	1406	4018
Xe(g)	2.939	161.3	166.1
Zn(s)	7.133	692.7	1180

	$\rho/(g\cdot cm^{-3})$ 293 K*	T_f/K	T_b/K
无机化合物			
$CaCO_3$(s, 方解石)	2.71	1612	1171^d
$CuSO_4\cdot 5H_2O$(s)	2.284	383($-H_2O$)	423($-5H_2O$)
HBr(g)	2.77	184.3	206.4
HCl(g)	1.187	159.0	191.1
HI(g)	2.85	222.4	237.8
H_2O(l)	0.997	273.2	373.2
D_2O(l)	1.104	277.0	374.6
NH_3(g)	0.817	195.4	238.8
KBr(s)	2.750	1003	1708
KCl(s)	1.984	1049	1773s
NaCl(s)	2.165	1074	1686
H_2SO_4(l)	1.841	283.5	611.2
有机化合物			
苯胺, $C_6H_5NH_2$(l)	1.026	267	457
蒽, $C_{14}H_{10}$(s)	1.243	490	615
苯, C_6H_6(l)	0.879	278.6	353.2
乙醛, CH_3CHO(l)	0.788	152	293
乙醇, C_2H_5OH(l)	0.789	156	351.4
乙酸, CH_3COOH(l)	1.049	289.8	391
葡萄糖, $C_6H_{12}O_6$(s)	1.544	415	
甲醛, HCHO(g)		181	254.0
甲烷, CH_4(g)		90.6	111.6
甲醇, CH_3OH(l)	0.791	179.2	337.6
萘, $C_{10}H_8$(s)	1.145	353.4	491
辛烷, C_8H_{18}(l)	0.703	216.4	398.8
苯酚, C_6H_5OH(s)	1.073	314.1	455.0
丙酮, $(CH_3)_2CO$(l)	0.787	178	329
蔗糖, $C_{12}H_{22}O_{11}$(s)	1.588	457^d	
四氯甲烷, CCl_4(l)	1.63	250	349.9
三氯甲烷, $CHCl_3$(l)	1.499	209.6	334

注：d表示分解；s表示升华。数据来自AIP、E、HCP、KL。

*对于气体，在它们的沸点时。

表0.2 一些核素的质量和自然丰度

核素		m/m_u	自然丰度/%	核素		m/m_u	自然丰度/%
H	^{1}H	1.0078	99.985	O	^{16}O	15.9949	99.76
	^{2}H	2.0140	0.015		^{17}O	16.9991	0.037
He	^{3}He	3.0160	0.00013		^{18}O	17.9992	0.204
	^{4}He	4.0026	100	F	^{19}F	18.9984	100
Li	^{6}Li	6.0151	7.42	P	^{31}P	30.9738	100
	^{7}Li	7.0160	92.58	S	^{32}S	31.9721	95.0
B	^{10}B	10.0129	19.78		^{33}S	32.9715	0.76
	^{11}B	11.0093	80.22		^{34}S	33.9679	4.22
C	^{12}C	12*	98.89	Cl	^{35}Cl	34.9688	75.53
	^{13}C	13.0034	1.11		^{37}Cl	36.9651	24.4
N	^{14}N	14.0031	99.63	Br	^{79}Br	78.9183	50.54
	^{15}N	15.0001	0.37		^{81}Br	80.9163	49.46
				I	^{127}I	126.9045	100

*精确值。

表1B.2 碰撞截面

分子	σ/nm^2
Ar	0.36
C_2H_4	0.64
C_6H_6	0.88
CH_4	0.46
Cl_2	0.93
CO_2	0.52
H_2	0.27
He	0.21
N_2	0.43
Ne	0.24
O_2	0.40
SO_2	0.58

注：数据来自KL。

表1C.1 第二维里系数 B

	$B/(cm^3 \cdot mol^{-1})$			
	100 K	273 K	373 K	600 K
空气	−167.3	−13.5	3.4	19.0
Ar	−187.0	−21.7	−4.2	11.9
CH_4		−53.6	−21.2	8.1
CO_2		−142	−72.2	−12.4
H_2	−2.0	13.7	15.6	
He	11.4	12.0	11.3	10.4
Kr		−62.9	−28.7	1.7
N_2	−160.0	−10.5	6.2	21.7
Ne	−6.0	10.4	12.3	13.8
O_2	−197.5	−22.0	−3.7	12.9
Xe		−153.7	−81.7	−19.6

注：数据来自AIP、JL。数值与专题1C的式（1C.3b）中的展开式相关联；通过使用$B'=B/RT$转化为式（1C.3a）。对于273 K的Ar，$C=1\,200\ cm^6\cdot mol^{-1}$。

表 1C.2　气体临界常数

气体	p_c/atm	V_c/(cm^3 · mol^{-1})	T_c/K	Z_c	T_B/K
Ar	48.0	75.3	150.7	0.292	411.5
Br_2	102	135	584	0.287	
C_2H_4	50.50	124	283.1	0.270	
C_2H_6	48.20	148	305.4	0.285	
C_6H_6	48.6	260	562.7	0.274	
CH_4	45.6	98.7	190.6	0.288	510.0
Cl_2	76.1	124	417.2	0.276	
CO_2	72.9	94.0	304.2	0.274	714.8
F_2	55	144			
H_2	12.8	34.99	33.23	0.305	110.0
H_2O	218.3	55.3	647.4	0.227	
HBr	84.0	363.0			
HCl	81.5	81.0	324.7	0.248	
He	2.26	57.8	5.2	0.305	22.64
HI	80.8	423.2			
Kr	54.27	92.24	209.39	0.291	575.0
N_2	33.54	90.10	126.3	0.292	327.2
Ne	26.86	41.74	44.44	0.307	122.1
NH_3	111.3	72.5	405.5	0.242	
O_2	50.14	78.0	154.8	0.308	405.9
Xe	58.0	118.8	289.75	0.290	768.0

注：数据来自 AIP、KL。

表 1C.3　范德华系数

气体	a/(atm · dm^6 · mol^{-2})	b/(10^{-2} dm^3 · mol^{-1})	气体	a/(atm · dm^6 · mol^{-2})	b/(10^{-2} dm^3 · mol^{-1})
Ar	1.337	3.20	H_2S	4.484	4.34
C_2H_4	4.552	5.82	He	0.0341	2.38
C_2H_6	5.507	6.51	Kr	5.125	1.06
C_6H_6	18.57	11.93	N_2	1.352	3.87
CH_4	2.273	4.31	Ne	0.205	1.67
Cl_2	6.260	5.42	NH_3	4.169	3.71
CO	1.453	3.95	O_2	1.364	3.19
CO_2	3.610	4.29	SO_2	6.775	5.68
H_2	0.2420	2.65	Xe	4.137	5.16
H_2O	5.464	3.05			

注：数据来自 HCP。

表 2B.1 摩尔定压热容随温度的变化，$C_{p,m}/(\mathrm{J\cdot K^{-1}\cdot mol^{-1}})=a+bT+c/T^2$

	a	$b/(10^{-3}\ \mathrm{K^{-1}})$	$c/(10^{5}\ \mathrm{K^{2}})$
单原子气体			
	20.78	0	0
其他气体			
Br_2	37.32	0.50	−1.26
Cl_2	37.03	0.67	−2.85
CO_2	44.22	8.79	−8.62
F_2	34.56	2.51	−3.51
H_2	27.28	3.26	0.50
I_2	37.40	0.59	−0.71
N_2	28.58	3.77	−0.50
NH_3	29.75	25.1	−1.55
O_2	29.96	4.18	−1.67
液体（从熔化到沸腾）			
$C_{10}H_8$, 萘	79.5	0.4075	0
I_2	80.33	0	0
H_2O	75.29	0	0
固体			
Al	20.67	12.38	0
C (石墨)	16.86	4.77	−8.54
$C_{10}H_8$, 萘	−100	0.936	0
Cu	22.64	6.28	0
I_2	40.12	49.79	0
NaCl	45.94	16.32	0
Pb	22.13	11.72	0.96

注：数据大多数来自 LR。

表 2C.1 转变温度下的标准熔化焓和标准蒸发焓

	T_f/K	$\Delta_{fus}H^{\ominus}$/(kJ·mol^{-1})	T_b/K	$\Delta_{vap}H^{\ominus}$/(kJ·mol^{-1})		T_f/K	$\Delta_{fus}H^{\ominus}$/(kJ·mol^{-1})	T_b/K	$\Delta_{vap}H^{\ominus}$/(kJ·mol^{-1})
单质					无机化合物				
Ag	1 234	11.30	2 436	250.6	CO_2	217.0	8.33	194.6	25.23[s]
Ar	83.81	1.188	87.29	6.506	CS_2	161.2	4.39	319.4	26.74
Br_2	265.9	10.57	332.4	29.45	H_2O	273.15	6.008	373.15	40.656
Cl_2	172.1	6.41	239.1	20.41					44.016 (298 K时)
F_2	53.6	0.26	85.0	3.16	H_2S	187.6	2.377	212.8	18.67
H_2	13.96	0.117	20.38	0.916	H_2SO_4	283.5	2.56		
He	3.5	0.021	4.22	0.084	NH_3	195.4	5.652	239.7	23.35
Hg	234.3	2.292	629.7	59.30	有机化合物				
I_2	386.8	15.52	458.4	41.80	CH_4	90.68	0.941	111.7	8.18
N_2	63.15	0.719	77.35	5.586	CCl_4	250.3	2.47	349.9	30.00
Na	371.0	2.601	1 156	98.01	C_2H_6	89.85	2.86	184.6	14.7

续表

	T_f/K	$\Delta_{fus}H^\ominus$/kJ·mol^{-1}	T_b/K	$\Delta_{vap}H^\ominus$/kJ·mol^{-1}		T_f/K	$\Delta_{fus}H^\ominus$/kJ·mol^{-1}	T_b/K	$\Delta_{vap}H^\ominus$/kJ·mol^{-1}
O_2	54.36	0.444	90.18	6.820	C_6H_6	278.61	10.59	353.2	30.8
Xe	161	2.30	165	12.6	C_6H_{14}	178	13.08	342.1	28.85
K	336.4	2.35	1031	80.23	$C_{10}H_{18}$	354	18.80	490.9	51.51
					CH_3OH	175.2	3.16	337.2	35.27 37.99 (298 K时)
					C_2H_5OH	158.7	4.60	352	43.5

注：数据来自AIP。s表示升华。

表2C.3　298 K时一些有机化合物的标准燃烧焓（见表2C.6）

表2C.4　298 K时一些无机化合物的标准生成焓（见表2C.7）

表2C.5　298 K时一些有机化合物的标准生成焓（见表2C.6）

表2C.6　298 K时有机化合物的热力学数据

	M/(g·mol^{-1})	$\Delta_fH^\ominus$/(kJ·mol^{-1})	$\Delta_fG^\ominus$/(kJ·mol^{-1})	$S_m^\ominus$/(J·K^{-1}·mol^{-1})*	$C_{p,m}^\ominus$/(J·K^{-1}·mol^{-1})	$\Delta_cH^\ominus$/(kJ·mol^{-1})
C(s) (石墨)	12.011	0	0	5.740	8.527	−393.51
C(s) (金刚石)	12.011	+1.895	+2.900	2.377	6.113	−395.40
CO_2(g)	44.040	−393.51	−394.36	213.74	37.11	
烃类化合物						
CH_4(g), 甲烷	16.04	−74.81	−50.72	186.26	35.31	−890
CH_3(g), 甲基	15.04	+145.69	+147.92	194.2	38.70	
C_2H_2(g), 乙炔	26.04	+226.73	+209.20	200.94	43.93	−1300
C_2H_4(g), 乙烯	28.05	+52.26	+68.15	219.56	43.56	−1411
C_2H_6(g), 乙烷	30.07	−84.68	−32.82	229.60	52.63	−1560
C_3H_6(g), 丙烯	42.08	+20.42	+62.78	267.05	63.89	−2058
C_3H_6(g), 环丙烷	42.08	+53.30	+104.45	237.55	55.94	−2091
C_3H_8(g), 丙烷	44.10	−103.85	−23.49	269.91	73.5	−2220
C_4H_8(g), 1−丁烯	56.11	−0.13	+71.39	305.71	85.65	−2717
C_4H_8(g), 顺−2−丁烯	56.11	−6.99	+65.95	300.94	78.91	−2710
C_4H_8(g), 反−2−丁烯	56.11	−11.17	+63.06	296.59	87.82	−2707
C_4H_{10}(g), 丁烷	58.13	−126.15	−17.03	310.23	97.45	−2878
C_5H_{12}(g), 戊烷	72.15	−146.44	−8.20	348.40	120.2	−3537
C_5H_{12}(l)	72.15	−173.1				
C_6H_6(l), 苯	78.12	+49.0	+124.3	173.3	136.1	−3268
C_6H_6(g)	78.12	+82.93	+129.72	269.31	81.67	−3302
C_6H_{12}(l), 环己烷	84.16	−156	+26.8	204.4	156.5	−3920
C_6H_{14}(l), 己烷	86.18	−198.7		204.3		−4163
$C_6H_5CH_3$(g), 甲基苯	92.14	+50.0	+122.0	320.7	103.6	−3953
C_7H_{16}(l), 庚烷	100.21	−224.4	+1.0	328.6	224.3	
C_8H_{18}(l), 辛烷	114.23	−249.9	+6.4	361.1		−5471
C_8H_{18}(l), 异辛烷	114.23	−255.1				−5461
$C_{10}H_8$(s), 萘	128.18	+78.53				−5157

续表

	$M/(g \cdot mol^{-1})$	$\Delta_f H^\ominus/(kJ \cdot mol^{-1})$	$\Delta_f G^\ominus/(kJ \cdot mol^{-1})$	$S_m^\ominus/(J \cdot K^{-1} \cdot mol^{-1})^*$	$C_{p,m}^\ominus/(J \cdot K^{-1} \cdot mol^{-1})$	$\Delta_c H^\ominus/(kJ \cdot mol^{-1})$
醇和酚						
$CH_3OH(l)$, 甲醇	32.04	−238.66	−166.27	126.8	81.6	−726
$CH_3OH(g)$	32.04	−200.66	−161.96	239.81	43.89	−764
$C_2H_5OH(l)$, 乙醇	46.07	−277.69	−174.78	160.7	111.46	−1368
$C_2H_5OH(g)$	46.07	−235.10	−168.49	282.70	65.44	−1409
$C_6H_5OH(s)$, 苯酚	94.12	−165.0	−50.9	146.0		−3054
羧酸、醇酸和酯						
$HCOOH(l)$, 甲酸	46.03	−424.72	−361.35	128.95	99.04	−255
$CH_3COOH(l)$, 乙酸	60.05	−484.5	−389.9	159.8	124.3	−875
$CH_3COOH(aq)$	60.05	−485.76	−396.46	178.7		
$CH_3CO_2^-(aq)$	59.05	−486.01	−369.31	+86.6	−6.3	
$(COOH)_2(s)$, 草酸	90.04	−827.2			117	−254
$C_6H_5COOH(s)$, 苯甲酸	122.13	−385.1	−245.3	167.6	146.8	−3227
$CH_3CH(OH)COOH(s)$, 乳酸	90.08	−694.0				−1344
$CH_3COOC_2H_5(l)$, 乙酸乙酯	88.11	−479.0	−332.7	259.4	170.1	−2231
醛和酮						
$HCHO(g)$, 甲醛	30.03	−108.57	−102.53	218.77	35.40	−571
$CH_3CHO(l)$, 乙醛	44.05	−192.30	−128.12	160.2		−1166
$CH_3CHO(g)$	44.05	−166.19	−128.86	250.3	57.3	−1192
$CH_3COCH_3(l)$, 丙酮	58.08	−248.1	−155.4	200.4	124.7	−1790
糖类						
$C_6H_{12}O_6(s)$, α-D-葡萄糖	180.16	−1274				−2808
$C_6H_{12}O_6(s)$, β-D-葡萄糖	180.16	−1268	−910	212		
$C_6H_{12}O_6(s)$, β-D-果糖	180.16	−1266				−2810
$C_{12}H_{22}O_{11}(s)$, 蔗糖	342.30	−2222	−1543	360.2		−5645
含氮化合物						
$CO(NH_2)_2(s)$, 尿素	60.06	−333.51	−197.33	104.60	93.14	−632
$CH_3NH_2(g)$, 甲胺	31.06	−22.97	+32.16	243.41	53.1	−1085
$C_6H_5NH_2(l)$, 苯胺	93.13	+31.1				−3393
$CH_2(NH_2)COOH(s)$, 氨基乙酸	75.07	−532.9	−373.4	103.5	99.2	−969

注：数据来自NBS、TDOC。

*离子的标准熵可以是正值，也可以是负值，因为数据是相对于氢离子的熵。

表2C.7　298 K时单质和无机化合物的热力学数据

	$M/(\mathrm{g\cdot mol^{-1}})$	$\Delta_f H^\ominus/(\mathrm{kJ\cdot mol^{-1}})$	$\Delta_f G^\ominus/(\mathrm{kJ\cdot mol^{-1}})$	$S_m^\ominus/(\mathrm{J\cdot K^{-1}\cdot mol^{1}})^*$	$C_{p,m}^\ominus/(\mathrm{J\cdot K^{-1}\cdot mol^{-1}})$
铝					
Al(s)	26.98	0	0	28.33	24.35
Al(l)	26.98	+10.56	+7.20	39.55	24.21
Al(g)	26.98	+326.4	+285.7	164.54	21.38
Al^{3+}(g)	26.98	+5483.17			
Al^{3+}(aq)	26.98	−531	−485	−321.7	
Al_2O_3(s, α)	101.96	−1675.7	−1582.3	50.92	79.04
$AlCl_3$(s)	133.24	−704.2	−628.8	110.67	91.84
氩					
Ar(g)	39.95	0	0	154.84	20.786
锑					
Sb(s)	121.75	0	0	45.69	25.23
SbH_3(g)	124.77	+145.11	+147.75	232.78	41.05
砷					
As(s, α)	74.92	0	0	35.1	24.64
As(g)	74.92	+302.5	+261.0	174.21	20.79
As_4(g)	299.69	+143.9	+92.4	314	
AsH_3(g)	77.95	+66.44	+68.93	222.78	38.07
钡					
Ba(s)	137.34	0	0	62.8	28.07
Ba(g)	137.34	+180	+146	170.24	20.79
Ba^{2+}(aq)	137.34	−537.64	−560.77	+9.6	
BaO(s)	153.34	−553.5	−525.1	70.43	47.78
$BaCl_2$(s)	208.25	−858.6	−810.4	123.68	75.14
铍					
Be(s)	9.01	0	0	9.50	16.44
Be(g)	9.01	+324.3	+286.6	136.27	20.79
铋					
Bi(s)	208.98	0	0	56.74	25.52
Bi(g)	208.98	+207.1	+168.2	187.00	20.79
溴					
Br_2(l)	159.82	0	0	152.23	75.689
Br_2(g)	159.82	+30.907	+3.110	245.46	36.02
Br(g)	79.91	+111.88	+82.396	175.02	20.786
Br^-(g)	79.91	−219.07			
Br^-(aq)	79.91	−121.55	−103.96	+82.4	−141.8
HBr(g)	90.92	−36.40	−53.45	198.70	29.142
镉					
Cd(s, γ)	112.40	0	0	51.76	25.98

续表

	$M/(g\cdot mol^{-1})$	$\Delta_f H^{\ominus}/(kJ\cdot mol^{-1})$	$\Delta_f G^{\ominus}/(kJ\cdot mol^{-1})$	$S_m^{\ominus}/(J\cdot K^{-1}\cdot mol^{1})^*$	$C_{p,m}^{\ominus}/(J\cdot K^{-1}\cdot mol^{-1})$
Cd(g)	112.40	+112.01	+77.41	167.75	20.79
Cd^{2+}(aq)	112.40	−75.90	−77.612	−73.2	
CdO(s)	128.40	−258.2	−228.4	54.8	43.43
$CdCO_3$(s)	172.41	−750.6	−669.4	92.5	
铯					
Cs(s)	132.91	0	0	85.23	32.17
Cs(g)	132.91	+76.06	+49.12	175.60	20.79
Cs^+(aq)	132.91	−258.28	−292.02	+133.05	−10.5
钙					
Ca(s)	40.08	0	0	41.42	25.31
Ca(g)	40.08	+178.2	+144.3	154.88	20.786
Ca^{2+}(aq)	40.08	−542.83	−553.58	−53.1	
CaO(s)	56.08	−635.09	−604.03	39.75	42.80
$CaCO_3$(s) (方解石)	100.09	−1206.9	−1128.8	92.9	81.88
$CaCO_3$(s) (文石)	100.09	−1207.1	−1127.8	88.7	81.25
CaF_2(s)	78.08	−1219.6	−1167.3	68.87	67.03
$CaCl_2$(s)	110.99	−795.8	−748.1	104.6	72.59
$CaBr_2$(s)	199.90	−682.8	−663.6	130	
碳（对于碳的有机化合物，见表2C.6）					
C(s) (石墨)	12.011	0	0	5.740	8.527
C(s) (金刚石)	12.011	+1.895	+2.900	2.377	6.113
C(g)	12.011	+716.68	+671.26	158.10	20.838
C_2(g)	24.022	+831.90	+775.89	199.42	43.21
CO(g)	28.011	−110.53	−137.17	197.67	29.14
CO_2(g)	44.010	−393.51	−394.36	213.74	37.11
CO_2(aq)	44.010	−413.80	−385.98	117.6	
H_2CO_3(aq)	62.03	−699.65	−623.08	187.4	
HCO_3^-(aq)	61.02	−691.99	−586.77	+91.2	
CO_3^{2-}(aq)	60.01	−677.14	−527.81	−56.9	
CCl_4(l)	153.82	−135.44	−65.21	216.40	131.75
CS_2(l)	76.14	+89.70	+65.27	151.34	75.7
HCN(g)	27.03	+135.1	+124.7	201.78	35.86
HCN(l)	27.03	+108.87	+124.97	112.84	70.63
CN^-(aq)	26.02	+150.6	+172.4	+94.1	
氯					
Cl_2(g)	70.91	0	0	223.07	33.91
Cl(g)	35.45	+121.68	+105.68	165.20	21.840
Cl^-(g)	34.45	−233.13			
Cl^-(aq)	35.45	−167.16	−131.23	+56.5	−136.4
HCl(g)	36.46	−92.31	−95.30	186.91	29.12

续表

	$M/(g\cdot mol^{-1})$	$\Delta_f H^\ominus/(kJ\cdot mol^{-1})$	$\Delta_f G^\ominus/(kJ\cdot mol^{-1})$	$S_m^\ominus/(J\cdot K^{-1}\cdot mol^{-1})^*$	$C_{p,m}^\ominus/(J\cdot K^{-1}\cdot mol^{-1})$
HCl(aq)	36.46	−167.16	−131.23	56.5	−136.4
铬					
Cr(s)	52.00	0	0	23.77	23.35
Cr(g)	52.00	+396.6	+351.8	174.50	20.79
CrO_4^{2-}(aq)	115.99	−881.15	−727.75	+50.21	
$Cr_2O_7^{2-}$(aq)	215.99	−1490.3	−1301.1	+261.9	
铜					
Cu(s)	63.54	0	0	33.150	24.44
Cu(g)	63.54	+338.32	+298.58	166.38	20.79
Cu^+(aq)	63.54	+71.67	+49.98	+40.6	
Cu^{2+}(aq)	63.54	+64.77	+65.49	−99.6	
Cu_2O(s)	143.08	−168.6	−146.0	93.14	63.64
CuO(s)	79.54	−157.3	−129.7	42.63	42.30
$CuSO_4$(s)	159.60	−771.36	−661.8	109	100.0
$CuSO_4\cdot H_2O$(s)	177.62	−1085.8	−918.11	146.0	134
$CuSO_4\cdot 5H_2O$(s)	249.68	−2279.7	−1879.7	300.4	280
氘					
D_2(g)	4.028	0	0	144.96	29.20
HD(g)	3.022	+0.318	−1.464	143.80	29.196
D_2O(g)	20.028	−249.20	−234.54	198.34	34.27
D_2O(l)	20.028	−294.60	−243.44	75.94	84.35
HDO(g)	19.022	−245.30	−233.11	199.51	33.81
HDO(l)	19.022	−289.89	−241.86	79.29	
氟					
F_2(g)	38.00	0	0	202.78	31.30
F(g)	19.00	+78.99	+61.91	158.75	22.74
F^-(aq)	19.00	−332.63	−278.79	−13.8	−106.7
HF(g)	20.01	−271.1	−273.2	173.78	29.13
金					
Au(s)	196.97	0	0	47.40	25.42
Au(g)	196.97	+366.1	+326.3	180.50	20.79
氦					
He(g)	4.003	0	0	126.15	20.786
氢（也见氘）					
H_2(g)	2.016	0	0	130.684	28.824
H(g)	1.008	+217.97	+203.25	114.71	20.784
H^+(aq)	1.008	0	0	0	0
H^+(g)	1.008	+1536.20			
H_2O(s)	18.015			37.99	
H_2O(l)	18.015	−285.83	−237.13	69.91	75.291

续表

	$M/(\mathrm{g\cdot mol^{-1}})$	$\Delta_f H^{\ominus}/(\mathrm{kJ\cdot mol^{-1}})$	$\Delta_f G^{\ominus}/(\mathrm{kJ\cdot mol^{-1}})$	$S_m^{\ominus}/(\mathrm{J\cdot K^{-1}\cdot mol^{1}})^*$	$C_{p,m}^{\ominus}/(\mathrm{J\cdot K^{-1}\cdot mol^{-1}})$
$H_2O(g)$	18.015	−241.82	−228.57	188.83	33.58
$H_2O_2(l)$	34.015	−187.78	−120.35	109.6	89.1
碘					
$I_2(s)$	253.81	0	0	116.135	54.44
$I_2(g)$	253.81	+62.44	+19.33	260.69	36.90
$I(g)$	126.90	+106.84	+70.25	180.79	20.786
$I^-(aq)$	126.90	−55.19	−51.57	+111.3	−142.3
$HI(g)$	127.91	+26.48	+1.70	206.59	29.158
铁					
$Fe(s)$	55.85	0	0	27.28	25.10
$Fe(g)$	55.85	+416.3	+370.7	180.49	25.68
$Fe^{2+}(aq)$	55.85	−89.1	−78.90	−137.7	
$Fe^{3+}(aq)$	55.85	−48.5	−4.7	−315.9	
Fe_3O_4(s, 磁铁矿)	231.54	−1118.4	−1015.4	146.4	143.43
Fe_2O_3(s, 赤铁矿)	159.69	−824.2	−742.2	87.40	103.85
$FeS(s, \alpha)$	87.91	−100.0	−100.4	60.29	50.54
$FeS_2(s)$	119.98	−178.2	−166.9	52.93	62.17
氪					
$Kr(g)$	83.80	0	0	164.08	20.786
铅					
$Pb(s)$	207.19	0	0	64.81	26.44
$Pb(g)$	207.19	+195.0	+161.9	175.37	20.79
$Pb^{2+}(aq)$	207.19	−1.7	−24.43	+10.5	
PbO(s, 黄)	223.19	−217.32	−187.89	68.70	45.77
PbO(s, 红)	223.19	−218.99	−188.93	66.5	45.81
$PbO_2(s)$	239.19	−277.4	−217.33	68.6	64.64
锂					
$Li(s)$	6.94	0	0	29.12	24.77
$Li(g)$	6.94	+159.37	+126.66	138.77	20.79
$Li^+(aq)$	6.94	−278.49	−293.31	+13.4	68.6
镁					
$Mg(s)$	24.31	0	0	32.68	24.89
$Mg(g)$	24.31	+147.70	+113.10	148.65	20.786
$Mg^{2+}(aq)$	24.31	−466.85	−454.8	−138.1	
$MgO(s)$	40.31	−601.70	−569.43	26.94	37.15
$MgCO_3(s)$	84.32	−1095.8	−1012.1	65.7	75.52
$MgCl_2(s)$	95.22	−641.32	−591.79	89.62	71.38
汞					
$Hg(l)$	200.59	0	0	76.02	27.983
$Hg(g)$	200.59	+61.32	+31.82	174.96	20.786

续表

	$M/(g\cdot mol^{-1})$	$\Delta_f H^{\ominus}/(kJ\cdot mol^{-1})$	$\Delta_f G^{\ominus}/(kJ\cdot mol^{-1})$	$S_m^{\ominus}/(J\cdot K^{-1}\cdot mol^{-1})^*$	$C_{p,m}^{\ominus}/(J\cdot K^{-1}\cdot mol^{-1})$
$Hg^{2+}(aq)$	200.59	+171.1	+164.40	−32.2	
$Hg_2^{2+}(aq)$	401.18	+172.4	+153.52	+84.5	
$HgO(s)$	216.59	−90.83	−58.54	70.29	44.06
$Hg_2Cl_2(s)$	472.09	−265.22	−210.75	192.5	102
$HgCl_2(s)$	271.50	−224.3	−178.6	146.0	
HgS(s, 黑)	232.65	−53.6	−47.7	88.3	
氖					
Ne(g)	20.18	0	0	146.33	20.786
氮					
$N_2(g)$	28.013	0	0	191.61	29.125
N(g)	14.007	+472.70	+455.56	153.30	20.786
NO(g)	30.01	+90.25	+86.55	210.76	29.844
$N_2O(g)$	44.01	+82.05	+104.20	219.85	38.45
$NO_2(g)$	46.01	+33.18	+51.31	240.06	37.20
$N_2O_4(g)$	92.1	+9.16	+97.89	304.29	77.28
$N_2O_5(s)$	108.01	−43.1	+113.9	178.2	143.1
$N_2O_5(g)$	108.01	+11.3	+115.1	355.7	84.5
$HNO_3(l)$	63.01	−174.10	−80.71	155.60	109.87
$HNO_3(aq)$	63.01	−207.36	−111.25	146.4	−86.6
$NO_3^-(aq)$	62.01	−205.0	−108.74	+146.4	−86.6
$NH_3(g)$	17.03	−46.11	−16.45	192.45	35.06
$NH_3(aq)$	17.03	−80.29	−26.50	111.3	
$NH_4^+(aq)$	18.04	−132.51	−79.31	+113.4	79.9
$NH_2OH(s)$	33.03	−114.2			
$HN_3(l)$	43.03	+264.0	+327.3	140.6	43.68
$HN_3(g)$	43.03	+294.1	+328.1	238.97	98.87
$N_2H_4(l)$	32.05	+50.63	+149.43	121.21	139.3
$NH_4NO_3(s)$	80.04	−365.56	−183.87	151.08	84.1
$NH_4Cl(s)$	53.49	−314.43	−202.87	94.6	
氧					
$O_2(g)$	31.999	0	0	205.138	29.355
O(g)	15.999	+249.17	+231.73	161.06	21.912
$O_3(g)$	47.998	+142.7	+163.2	238.93	39.20
$OH^-(aq)$	17.007	−229.99	−157.24	−10.75	−148.5
磷					
P(s, 白)	30.97	0	0	41.09	23.840
P(g)	30.97	+314.64	+278.25	163.19	20.786
$P_2(g)$	61.95	+144.3	+103.7	218.13	32.05
$P_4(g)$	123.90	+58.91	+24.44	279.98	67.15
$PH_3(g)$	34.00	+5.4	+13.4	210.23	37.11

续表

	$M/(g \cdot mol^{-1})$	$\Delta_f H^\ominus/(kJ \cdot mol^{-1})$	$\Delta_f G^\ominus/(kJ \cdot mol^{-1})$	$S_m^\ominus/(J \cdot K^{-1} \cdot mol^{-1})^*$	$C_{p,m}^\ominus/(J \cdot K^{-1} \cdot mol^{-1})$
$PCl_3(g)$	137.33	−287.0	−267.8	311.78	71.84
$PCl_3(l)$	137.33	−319.7	−272.3	217.1	
$PCl_5(g)$	208.24	−374.9	−305.0	364.6	112.8
$PCl_5(s)$	208.24	−443.5			
$H_3PO_3(s)$	82.00	−964.4			
$H_3PO_3(aq)$	82.00	−964.8			
$H_3PO_4(s)$	94.97	−1279.0	−1119.1	110.50	106.06
$H_3PO_4(l)$	94.97	−1266.9			
$H_3PO_4(aq)$	94.97	−1277.4	−1018.7	−222	
$PO_4^{3-}(aq)$	94.97	−1277.4	−1018.7	−221.8	
$P_4O_{10}(s)$	283.89	−2984.0	−2697.0	228.86	211.71
$P_4O_6(s)$	219.89	−1640.1			
钾					
$K(s)$	39.10	0	0	64.18	29.58
$K(g)$	39.10	+89.24	+60.59	160.336	20.786
$K^+(g)$	39.10	+514.26			
$K^+(aq)$	39.10	−252.38	−283.27	+102.5	21.8
$KOH(s)$	56.11	−424.76	−379.08	78.9	64.9
$KF(s)$	58.10	−576.27	−537.75	66.57	49.04
$KCl(s)$	74.56	−436.75	−409.14	82.59	51.30
$KBr(s)$	119.01	−393.80	−380.66	95.90	52.30
$KI(s)$	166.01	−327.90	−324.89	106.32	52.93
硅					
$Si(s)$	28.09	0	0	18.83	20.00
$Si(g)$	28.09	+455.6	+411.3	167.97	22.25
$SiO_2(s, \alpha)$	60.09	−910.94	−856.64	41.84	44.43
银					
$Ag(s)$	107.87	0	0	42.55	25.351
$Ag(g)$	107.87	+284.55	+245.65	173.00	20.79
$Ag^+(aq)$	107.87	+105.58	+77.11	+72.68	21.8
$AgBr(s)$	187.78	−100.37	−96.90	107.1	52.38
$AgCl(s)$	143.32	−127.07	−109.79	96.2	50.79
$Ag_2O(s)$	231.74	−31.05	−11.20	121.3	65.86
$AgNO_3(s)$	169.88	−129.39	−33.41	140.92	93.05
钠					
$Na(s)$	22.99	0	0	51.21	28.24
$Na(g)$	22.99	+107.32	+76.76	153.71	20.79
$Na^+(aq)$	22.99	−240.12	−261.91	+59.0	46.4
$NaOH(s)$	40.00	−425.61	−379.49	64.46	59.54
$NaCl(s)$	58.44	−411.15	−384.14	72.13	50.50

续表

	$M/(g\cdot mol^{-1})$	$\Delta_f H^{\ominus}/(kJ\cdot mol^{-1})$	$\Delta_f G^{\ominus}/(kJ\cdot mol^{-1})$	$S_m^{\ominus}/(J\cdot K^{-1}\cdot mol^{1})^*$	$C_{p,m}^{\ominus}/(J\cdot K^{-1}\cdot mol^{-1})$
NaBr(s)	102.90	−361.06	−348.98	86.82	51.38
NaI(s)	149.89	−287.78	−286.06	98.53	52.09
硫					
S(s, α) (正交)	32.06	0	0	31.80	22.64
S(s, β) (单斜)	32.06	+0.33	+0.1	32.6	23.6
S(g)	32.06	+278.81	+238.25	167.82	23.673
S_2(g)	64.13	+128.37	+79.30	228.18	32.47
S^{2-}(aq)	32.06	+33.1	+85.8	−14.6	
SO_2(g)	64.06	−296.83	−300.19	248.22	39.87
SO_3(g)	80.06	−395.72	−371.06	256.76	50.67
H_2SO_4(l)	98.08	−813.99	−690.00	156.90	138.9
H_2SO_4(aq)	98.08	−909.27	−744.53	20.1	−293
SO_4^{2-}(aq)	96.06	−909.27	−744.53	+20.1	−293
HSO_4^-(aq)	97.07	−887.34	−755.91	+131.8	−84
H_2S(g)	34.08	−20.63	−33.56	205.79	34.23
H_2S(aq)	34.08	−39.7	−27.83	121	
HS^-(aq)	33.072	−17.6	+12.08	+62.08	
SF_6(g)	146.05	−1209	−1105.3	291.82	97.28
锡					
Sn(s, β)	118.69	0	0	51.55	26.99
Sn(g)	118.69	+302.1	+267.3	168.49	20.26
Sn^{2+}(aq)	118.69	−8.8	−27.2	−17	
SnO(s)	134.69	−285.8	−256.9	56.5	44.31
SnO_2(s)	150.69	−580.7	−519.6	52.3	52.59
氙					
Xe(g)	131.30	0	0	169.68	20.786
锌					
Zn(s)	65.37	0	0	41.63	25.40
Zn(g)	65.37	+130.73	+95.14	160.98	20.79
Zn^{2+}(aq)	65.37	−153.89	−147.06	−112.1	46
ZnO(s)	81.37	−348.28	−318.30	43.64	40.25

注：数据来自NBS。

*离子的标准熵可以是正值，也可以是负值，因为数据是相对于氢离子的熵。

表 2D.1　298 K时一些物质的膨胀系数（α）和等温压缩系数（κ_T）

	$\alpha/(10^{-4}\ K^{-1})$	$\kappa_T/(10^{-6}\ bar^{-1})$
液体		
苯	12.4	92.1
乙醇	11.2	76.8
汞	1.82	38.7
四氯甲烷	12.4	90.5
水	2.1	49.6
固体		
铜	0.501	0.735
金刚石	0.030	0.187
铁	0.354	0.589
铅	0.861	2.21

注：数据来自AIP(α)、KL (κ_T)。

表 2D.2　298 K和1 atm时一些物质的转化温度（T_I）、正常凝固点（T_f）、正常沸点（T_b）和焦耳－汤姆孙系数（μ）

	T_I/K	T_f/K	T_b/K	$\mu/(K\cdot atm^{-1})$
空气	603			0.189 (50 °C)
氩	723	83.8	87.3	
二氧化碳	1500	194.7[s]		1.11 (300 K)
氦	40		4.22	−0.062
氢	202	14.0	20.3	−0.03
氪	1090	116.6	120.8	
甲烷	968	90.6	111.6	
氖	231	24.5	27.1	
氮	621	63.3	77.4	0.27
氧	764	54.8	90.2	0.31

注：s表示升华。数据来自AIP、JL和M. W. Zemansky, *Heat and thermodynamics*. McGraw-Hill, New York (1957)。

表 3B.1　正常转变温度下的标准相变熵$\Delta_{trs}S^{\ominus}$

单位：$J\cdot K^{-1}\cdot mol^{-1}$

	熔化（T_f）	蒸发（T_b）
Ar	14.17 (83.8 K)	74.53 (87.3 K)
Br_2	39.76 (265.9 K)	88.61 (332.4 K)
C_6H_6	38.00 (278.6 K)	87.19 (353.2 K)
CH_3COOH	40.4 (289.8 K)	61.9 (391.4 K)
CH_3OH	18.03 (175.2 K)	104.6 (337.2 K)
Cl_2	37.22 (172.1 K)	85.38 (239.0 K)
H_2	8.38 (14.0 K)	44.96 (20.38 K)
H_2O	22.00 (273.2 K)	109.1 (373.2 K)
H_2S	12.67 (187.6 K)	87.75 (212.0 K)
He	4.8 (1.8 K和30 bar)	19.9 (4.22 K)
N_2	11.39 (63.2 K)	75.22 (77.4 K)
NH_3	28.93 (195.4 K)	97.41 (239.73 K)
O_2	8.17 (54.4 K)	75.63 (90.2 K)

注：数据来自AIP。

表 3B.2　几种液体在其相应沸点时的标准蒸发焓和标准蒸发熵

	$\Delta_{vap}H^{\ominus}/(kJ\cdot mol^{-1})$	θ_b/°C	$\Delta_{vap}S^{\ominus}/(J\cdot K^{-1}\cdot mol^{-1})$
苯	30.8	80.1	+87.2
二硫化碳	26.74	46.25	+83.7
环己烷	30.1	80.7	+85.1
癸烷	38.75	174	+86.7
二甲醚	21.51	−23	+86
乙醇	38.6	78.3	+110.0
硫化氢	18.7	−60.4	+87.9
汞	59.3	356.6	+94.2
甲烷	8.18	−161.5	+73.2
甲醇	35.21	65.0	+104.1
四氯甲烷	30.00	76.7	+85.8
水	40.7	100.0	+109.1

注：数据来自JL。

表 3C.1　298 K时一些物质的标准第三定律熵（见表2C.6和表2C.7）

表 3D.1　298 K时一些物质的标准生成吉布斯能（见表2C.6和表2C.7）

表5A.1　298 K时一些气体在水中和苯中的亨利定律常数K

单位：$kPa \cdot kg \cdot mol^{-1}$

	水中	苯中
CH_4	7.55×10^4	4.44×10^4
CO_2	3.01×10^3	8.90×10^2
H_2	1.28×10^5	2.79×10^4
N_2	1.56×10^5	1.87×10^4
O_2	7.92×10^4	

注：数据从R.J. Silbey, R.A. Alberty, *Physical chemistry*. Wiley, New York (2001)转换而来。

表5B.1　凝固点降低常数（K_f）和沸点升高常数（K_b）

	$K_f/(K \cdot kg \cdot mol^{-1})$	$K_b/(K \cdot kg \cdot mol^{-1})$
苯	5.12	2.53
樟脑	40	
二硫化碳	3.8	2.37
乙酸	3.90	3.07
萘	6.94	5.8
苯酚	7.27	3.04
四氯甲烷	30	4.95
水	1.86	0.51

注：数据来自KL。

表5F.2　298 K时不同价型盐溶液的平均活度系数

$b/b^\ominus$	HCl	KCl	$CaCl_2$	H_2SO_4	$LaCl_3$	$In_2(SO_4)_3$
0.001	0.966	0.966	0.888	0.830	0.790	
0.005	0.929	0.927	0.789	0.639	0.636	0.16
0.01	0.905	0.902	0.732	0.544	0.560	0.11
0.05	0.830	0.816	0.584	0.340	0.388	0.035
0.10	0.798	0.770	0.524	0.266	0.356	0.025
0.50	0.769	0.652	0.510	0.155	0.303	0.014
1.00	0.811	0.607	0.725	0.131	0.387	
2.00	1.011	0.577	1.554	0.125	0.954	

注：数据来自RS、HCP和S. Glasstone, *Introduction to electrochemistry*. Van Nostrand (1942)。

表6D.1　298 K时一些标准电极电势

（a）按照电化学序列

还原半反应	$E^\ominus/V$
强氧化	
$H_4XeO_6 + 2H^+ + 2e^- \longrightarrow XeO_3 + 3H_2O$	+3.0
$F_2 + 2e^- \longrightarrow 2F^-$	+2.87
$O_3 + 2H^+ + 2e^- \longrightarrow O_2 + H_2O$	+2.07
$S_2O_8^{2-} + 2e^- \longrightarrow 2SO_4^{2-}$	+2.05
$Ag^{2+} + e^- \longrightarrow Ag^+$	+1.98
$Co^{3+} + e^- \longrightarrow Co^{2+}$	+1.81
$H_2O_2 + 2H^+ + 2e^- \longrightarrow 2H_2O$	+1.78
$Au^+ + e^- \longrightarrow Au$	+1.69
$Pb^{4+} + 2e^- \longrightarrow Pb^{2+}$	+1.67
$2HClO + 2H^+ + 2e^- \longrightarrow Cl_2 + 2H_2O$	+1.63
$Ce^{4+} + e^- \longrightarrow Ce^{3+}$	+1.61
$2HBrO + 2H^+ + 2e^- \longrightarrow Br_2 + 2H_2O$	+1.60
$MnO_4^- + 8H^+ + 5e^- \longrightarrow Mn^{2+} + 4H_2O$	+1.51
$Mn^{3+} + e^- \longrightarrow Mn^{2+}$	+1.51
$Au^{3+} + 3e^- \longrightarrow Au$	+1.40
$Cl_2 + 2e^- \longrightarrow 2Cl^-$	+1.36
$Cr_2O_7^{2-} + 14H^+ + 6e^- \longrightarrow 2Cr^{3+} + 7H_2O$	+1.33
$O_3 + H_2O + 2e^- \longrightarrow O_2 + 2OH^-$	+1.24
$O_2 + 4H^+ + 4e^- \longrightarrow 2H_2O$	+1.23
$ClO_4^- + 2H^+ + 2e^- \longrightarrow ClO_3^- + H_2O$	+1.23
$MnO_2 + 4H^+ + 2e^- \longrightarrow Mn^{2+} + 2H_2O$	+1.23
$Pt^{2+} + 2e^- \longrightarrow Pt$	+1.20
$Br_2 + 2e^- \longrightarrow 2Br^-$	+1.09
$Pu^{4+} + e^- \longrightarrow Pu^{3+}$	+0.97
$NO_3^- + 4H^+ + 3e^- \longrightarrow NO + 2H_2O$	+0.96
$2Hg^{2+} + 2e^- \longrightarrow Hg_2^{2+}$	+0.92
$ClO^- + H_2O + 2e^- \longrightarrow Cl^- + 2OH^-$	+0.89
$Hg^{2+} + 2e^- \longrightarrow Hg$	+0.86
$NO_3^- + 2H^+ + e^- \longrightarrow NO_2 + H_2O$	+0.80
$Ag^+ + e^- \longrightarrow Ag$	+0.80
$Hg_2^{2+} + 2e^- \longrightarrow 2Hg$	+0.79
$AgF + e^- \longrightarrow Ag + F^-$	+0.78
$Fe^{3+} + e^- \longrightarrow Fe^{2+}$	+0.77

续表

还原半反应	$E^{\ominus}$/V	还原半反应	$E^{\ominus}$/V
$BrO^- + H_2O + 2e^- \longrightarrow Br^- + 2OH^-$	+0.76	$In^{3+} + e^- \longrightarrow In^{2+}$	−0.49
$Hg_2SO_4 + 2e^- \longrightarrow 2Hg + SO_4^{2-}$	+0.62	$O_2 + e^- \longrightarrow O_2^-$	−0.56
$MnO_4^{2-} + 2H_2O + 2e^- \longrightarrow MnO_2 + 4OH^-$	+0.60	$U^{4+} + e^- \longrightarrow U^{3+}$	−0.61
$MnO_4^- + e^- \longrightarrow MnO_4^{2-}$	+0.56	$Cr^{3+} + 3e^- \longrightarrow Cr$	−0.74
$I_2 + 2e^- \longrightarrow 2I^-$	+0.54	$Zn^{2+} + 2e^- \longrightarrow Zn$	−0.76
$I_3^- + 2e^- \longrightarrow 3I^-$	+0.53	$Cd(OH)_2 + 2e^- \longrightarrow Cd + 2OH^-$	−0.81
$Cu^+ + e^- \longrightarrow Cu$	+0.52	$2H_2O + 2e^- \longrightarrow H_2 + 2OH^-$	−0.83
$NiOOH + H_2O + e^- \longrightarrow Ni(OH)_2 + OH^-$	+0.49	$Cr^{2+} + 2e^- \longrightarrow Cr$	−0.91
$Ag_2CrO_4 + 2e^- \longrightarrow 2Ag + CrO_4^{2-}$	+0.45	$Mn^{2+} + 2e^- \longrightarrow Mn$	−1.18
$O_2 + 2H_2O + 4e^- \longrightarrow 4OH^-$	+0.40	$V^{2+} + 2e^- \longrightarrow V$	−1.19
$ClO_4^- + H_2O + 2e^- \longrightarrow ClO_3^- + 2OH^-$	+0.36	$Ti^{2+} + 2e^- \longrightarrow Ti$	−1.63
$[Fe(CN)_6]^{3-} + e^- \longrightarrow [Fe(CN)_6]^{4-}$	+0.36	$Al^{3+} + 3e^- \longrightarrow Al$	−1.66
$Cu^{2+} + 2e^- \longrightarrow Cu$	+0.34	$U^{3+} + 3e^- \longrightarrow U$	−1.79
$Hg_2Cl_2 + 2e^- \longrightarrow 2Hg + 2Cl^-$	+0.27	$Be^{2+} + 2e^- \longrightarrow Be$	−1.85
$AgCl + e^- \longrightarrow Ag + Cl^-$	+0.22	$Sc^{3+} + 3e^- \longrightarrow Sc$	−2.09
$Bi^{3+} + 3e^- \longrightarrow Bi$	+0.20	$Mg^{2+} + 2e^- \longrightarrow Mg$	−2.36
$Cu^{2+} + e^- \longrightarrow Cu^+$	+0.16	$Ce^{3+} + 3e^- \longrightarrow Ce$	−2.48
$Sn^{4+} + 2e^- \longrightarrow Sn^{2+}$	+0.15	$La^{3+} + 3e^- \longrightarrow La$	−2.52
$NO_3^- + H_2O + 2e^- \longrightarrow NO_2^- + 2OH^-$	+0.10	$Na^+ + e^- \longrightarrow Na$	−2.71
$AgBr + e^- \longrightarrow Ag + Br^-$	+0.0713	$Ca^{2+} + 2e^- \longrightarrow Ca$	−2.87
$Ti^{4+} + e^- \longrightarrow Ti^{3+}$	0.00	$Sr^{2+} + 2e^- \longrightarrow Sr$	−2.89
$2H^+ + 2e^- \longrightarrow H_2$	0(根据定义)	$Ba^{2+} + 2e^- \longrightarrow Ba$	−2.91
$Fe^{3+} + 3e^- \longrightarrow Fe$	−0.04	$Ra^{2+} + 2e^- \longrightarrow Ra$	−2.92
$O_2 + H_2O + 2e^- \longrightarrow HO_2^- + OH^-$	−0.08	$Cs^+ + e^- \longrightarrow Cs$	−2.92
$Pb^{2+} + 2e^- \longrightarrow Pb$	−0.13	$Rb^+ + e^- \longrightarrow Rb$	−2.93
$In^+ + e^- \longrightarrow In$	−0.14	$K^+ + e^- \longrightarrow K$	−2.93
$Sn^{2+} + 2e^- \longrightarrow Sn$	−0.14	$Li^+ + e^- \longrightarrow Li$	−3.05
$AgI + e^- \longrightarrow Ag + I^-$	−0.15	强还原	
$Ni^{2+} + 2e^- \longrightarrow Ni$	−0.23		
$V^{3+} + e^- \longrightarrow V^{2+}$	−0.26		
$Co^{2+} + 2e^- \longrightarrow Co$	−0.28		
$In^{3+} + 3e^- \longrightarrow In$	−0.34		
$Tl^+ + e^- \longrightarrow Tl$	−0.34		
$PbSO_4 + 2e^- \longrightarrow Pb + SO_4^{2-}$	−0.36		
$Ti^{3+} + e^- \longrightarrow Ti^{2+}$	−0.37		
$Cd^{2+} + 2e^- \longrightarrow Cd$	−0.40		
$In^{2+} + e^- \longrightarrow In^+$	−0.40		
$Cr^{3+} + e^- \longrightarrow Cr^{2+}$	−0.41		
$Fe^{2+} + 2e^- \longrightarrow Fe$	−0.44		
$In^{3+} + 2e^- \longrightarrow In^+$	−0.44		
$S + 2e^- \longrightarrow S^{2-}$	−0.48		

（b）按字母顺序

还原半反应	$E^{\ominus}$/V	还原半反应	$E^{\ominus}$/V
$Ag^+ + e^- \longrightarrow Ag$	+0.80	$Fe^{2+} + 2e^- \longrightarrow Fe$	−0.44
$Ag^{2+} + e^- \longrightarrow Ag^+$	+1.98	$Fe^{3+} + 3e^- \longrightarrow Fe$	−0.04
$AgBr + e^- \longrightarrow Ag + Br^-$	+0.0713	$Fe^{3+} + e^- \longrightarrow Fe^{2+}$	+0.77
$AgCl + e^- \longrightarrow Ag + Cl^-$	+0.22	$[Fe(CN)_6]^{3-} + e^- \longrightarrow [Fe(CN)_6]^{4-}$	+0.36
$Ag_2CrO_4 + 2e^- \longrightarrow 2Ag + CrO_4^{2-}$	+0.45	$2H^+ + 2e^- \longrightarrow H_2$	0, 根据定义
$AgF + e^- \longrightarrow Ag + F^-$	+0.78	$2H_2O + 2e^- \longrightarrow H_2 + 2OH^-$	−0.83
$AgI + e^- \longrightarrow Ag + I^-$	−0.15	$2HBrO + 2H^+ + 2e^- \longrightarrow Br_2 + 2H_2O$	+1.60
$Al^{3+} + 3e^- \longrightarrow Al$	−1.66	$2HClO + 2H^+ + 2e^- \longrightarrow Cl_2 + 2H_2O$	+1.63
$Au^+ + e^- \longrightarrow Au$	+1.69	$H_2O_2 + 2H^+ + 2e^- \longrightarrow 2H_2O$	+1.78
$Au^{3+} + 3e^- \longrightarrow Au$	+1.40	$H_4XeO_6 + 2H^+ + 2e^- \longrightarrow XeO_3 + 3H_2O$	+3.0
$Ba^{2+} + 2e^- \longrightarrow Ba$	−2.91	$Hg_2^{2+} + 2e^- \longrightarrow 2Hg$	+0.79
$Be^{2+} + 2e^- \longrightarrow Be$	−1.85	$Hg_2Cl_2 + 2e^- \longrightarrow 2Hg + 2Cl^-$	+0.27
$Bi^{3+} + 3e^- \longrightarrow Bi$	+0.20	$Hg^{2+} + 2e^- \longrightarrow Hg$	+0.86
$Br_2 + 2e^- \longrightarrow 2Br^-$	+1.09	$2Hg^{2+} + 2e^- \longrightarrow Hg_2^{2+}$	+0.92
$BrO^- + H_2O + 2e^- \longrightarrow Br^- + 2OH^-$	+0.76	$Hg_2SO_4 + 2e^- \longrightarrow 2Hg + SO_4^{2-}$	+0.62
$Ca^{2+} + 2e^- \longrightarrow Ca$	−2.87	$I_2 + 2e^- \longrightarrow 2I^-$	+0.54
$Cd(OH)_2 + 2e^- \longrightarrow Cd + 2OH^-$	−0.81	$I_3^- + 2e^- \longrightarrow 3I^-$	+0.53
$Cd^{2+} + 2e^- \longrightarrow Cd$	−0.40	$In^+ + e^- \longrightarrow In$	−0.14
$Ce^{3+} + 3e^- \longrightarrow Ce$	−2.48	$In^{2+} + e^- \longrightarrow In^+$	−0.40
$Ce^{4+} + e^- \longrightarrow Ce^{3+}$	+1.61	$In^{3+} + 2e^- \longrightarrow In^+$	−0.44
$Cl_2 + 2e^- \longrightarrow 2Cl^-$	+1.36	$In^{3+} + 3e^- \longrightarrow In$	−0.34
$ClO^- + H_2O + 2e^- \longrightarrow Cl^- + 2OH^-$	+0.89	$In^{3+} + e^- \longrightarrow In^{2+}$	−0.49
$ClO_4^- + 2H^+ + 2e^- \longrightarrow ClO_3^- + H_2O$	+1.23	$K^+ + e^- \longrightarrow K$	−2.93
$ClO_4^- + H_2O + 2e^- \longrightarrow ClO_3^- + 2OH^-$	+0.36	$La^{3+} + 3e^- \longrightarrow La$	−2.52
$Co^{2+} + 2e^- \longrightarrow Co$	−0.28	$Li^+ + e^- \longrightarrow Li$	−3.05
$Co^{3+} + e^- \longrightarrow Co^{2+}$	+1.81	$Mg^{2+} + 2e^- \longrightarrow Mg$	−2.36
$Cr^{2+} + 2e^- \longrightarrow Cr$	−0.91	$Mn^{2+} + 2e^- \longrightarrow Mn$	−1.18
$Cr_2O_7^{2-} + 14H^+ + 6e^- \longrightarrow 2Cr^{3+} + 7H_2O$	+1.33	$Mn^{3+} + e^- \longrightarrow Mn^{2+}$	+1.51
$Cr^{3+} + 3e^- \longrightarrow Cr$	−0.74	$MnO_2 + 4H^+ + 2e^- \longrightarrow Mn^{2+} + 2H_2O$	+1.23
$Cr^{3+} + e^- \longrightarrow Cr^{2+}$	−0.41	$MnO_4^{2-} + 8H^+ + 5e^- \longrightarrow Mn^{2+} + 4H_2O$	+1.51
$Cs^+ + e^- \longrightarrow Cs$	−2.92	$MnO_4^- + e^- \longrightarrow MnO_4^{2-}$	+0.56
$Cu^+ + e^- \longrightarrow Cu$	+0.52	$MnO_4^{2-} + 2H_2O + 2e^- \longrightarrow MnO_2 + 4OH^-$	+0.60
$Cu^{2+} + 2e^- \longrightarrow Cu$	+0.34	$Na^+ + e^- \longrightarrow Na$	−2.71
$Cu^{2+} + e^- \longrightarrow Cu^+$	+0.16	$Ni^{2+} + 2e^- \longrightarrow Ni$	−0.23
$F_2 + 2e^- \longrightarrow 2F^-$	+2.87	$NiOOH + H_2O + e^- \longrightarrow Ni(OH)_2 + OH^-$	+0.49

续表

还原半反应	$E^\ominus$/V	还原半反应	$E^\ominus$/V
$NO_3^- + 2H^+ + e^- \longrightarrow NO_2 + H_2O$	+0.80	$S + 2e^- \longrightarrow S^{2-}$	−0.48
$NO_3^- + 4H^+ + 3e^- \longrightarrow NO + 2H_2O$	+0.96	$S_2O_8^{2-} + 2e^- \longrightarrow 2SO_4^{2-}$	+2.05
$NO_3^- + H_2O + 2e^- \longrightarrow NO_2^- + 2OH^-$	+0.10	$Sc^{3+} + 3e^- \longrightarrow Sc$	−2.09
$O_2 + 2H_2O + 4e^- \longrightarrow 4OH^-$	+0.40	$Sn^{2+} + 2e^- \longrightarrow Sn$	−0.14
$O_2 + 4H^+ + 4e^- \longrightarrow 2H_2O$	+1.23	$Sn^{4+} + 2e^- \longrightarrow Sn^{2+}$	+0.15
$O_2 + e^- \longrightarrow O_2^-$	−0.56	$Sr^{2+} + 2e^- \longrightarrow Sr$	−2.89
$O_2 + H_2O + 2e^- \longrightarrow HO_2^- + OH^-$	−0.08	$Ti^{2+} + 2e^- \longrightarrow Ti$	−1.63
$O_3 + 2H^+ + 2e^- \longrightarrow O_2 + H_2O$	+2.07	$Ti^{3+} + e^- \longrightarrow Ti^{2+}$	−0.37
$O_3 + H_2O + 2e^- \longrightarrow O_2 + 2OH^-$	+1.24	$Ti^{4+} + e^- \longrightarrow Ti^{3+}$	0.00
$Pb^{2+} + 2e^- \longrightarrow Pb$	−0.13	$Tl^+ + e^- \longrightarrow Tl$	−0.34
$Pb^{4+} + 2e^- \longrightarrow Pb^{2+}$	+1.67	$U^{3+} + 3e^- \longrightarrow U$	−1.79
$PbSO_4 + 2e^- \longrightarrow Pb + SO_4^{2-}$	−0.36	$U^{4+} + e^- \longrightarrow U^{3+}$	−0.61
$Pt^{2+} + 2e^- \longrightarrow Pt$	+1.20	$V^{2+} + 2e^- \longrightarrow V$	−1.19
$Pu^{4+} + e^- \longrightarrow Pu^{3+}$	+0.97	$V^{3+} + e^- \longrightarrow V^{2+}$	−0.26
$Ra^{2+} + 2e^- \longrightarrow Ra$	−2.92	$Zn^{2+} + 2e^- \longrightarrow Zn$	−0.76
$Rb^+ + e^- \longrightarrow Rb$	−2.93		

表 8B.1　有效核电荷*

	H							**He**
1s	1							1.6875
	Li	**Be**	**B**	**C**	**N**	**O**	**F**	**Ne**
1s	2.6906	3.6848	4.6795	5.6727	6.6651	7.6579	8.6501	9.6421
2s	1.2792	1.9120	2.5762	3.2166	3.8474	4.4916	5.1276	5.7584
2p			2.4214	3.1358	3.8340	4.4532	5.1000	5.7584
	Na	**Mg**	**Al**	**Si**	**P**	**S**	**Cl**	**Ar**
1s	10.6259	11.6089	12.5910	13.5745	14.5578	15.5409	16.5239	17.5075
2s	6.5714	7.3920	8.3736	9.0200	9.8250	10.6288	11.4304	12.2304
2p	6.8018	7.8258	8.9634	9.9450	10.9612	11.9770	12.9932	14.0082
3s	2.5074	3.3075	4.1172	4.9032	5.6418	6.3669	7.0683	7.7568
3p			4.0656	4.2852	4.8864	5.4819	6.1161	6.7641

注：数据来自 E. Clementi, D.L. Raimondi, *Atomic screening constants from SCF functions*. IBM Res. Note NJ-27 (1963); J. Chem. Phys., 38, 2686 (1963)。

*实际电荷为 $Z_{eff}e$。

表 8B.3　离子半径[*]

单位：pm

$Li^+(4)$	$Be^{2+}(4)$	$B^{3+}(4)$	N^{3-}	$O^{2-}(6)$	$F^-(6)$		
59	27	12	171	140	133		
$Na^+(6)$	$Mg^{2+}(6)$	$Al^{3+}(6)$	P^{3-}	$S^{2-}(6)$	$Cl^-(6)$		
102	72	53	212	184	181		
$K^+(6)$	$Ca^{2+}(6)$	$Ga^{3+}(6)$	$As^{3-}(6)$	$Se^{2-}(6)$	$Br^-(6)$		
138	100	62	222	198	196		
$Rb^+(6)$	$Sr^{2+}(6)$	$In^{3+}(6)$		$Te^{2-}(6)$	$I^-(6)$		
149	116	79		221	220		
$Cs^+(6)$	$Ba^{2+}(6)$	$Tl^{3+}(6)$					
167	136	88					
d 区元素（高自旋离子）							
$Sc^{3+}(6)$	$Ti^{4+}(6)$	$Cr^{3+}(6)$	$Mn^{3+}(6)$	$Fe^{2+}(6)$	$Co^{3+}(6)$	$Cu^{2+}(6)$	$Zn^{2+}(6)$
73	60	61	65	63	61	73	75

注：数据来自 R.D. Shannon, C.T. Prewitt, *Acta Cryst.* B25, 925 (1969)。

*括号中的数字是离子的配位数。未注明配位数的离子，其值是估算值。

表 8B.4　电离能

单位：$kJ \cdot mol^{-1}$

H							**He**
1312.0							2372.3
							5250.4
Li	**Be**	**B**	**C**	**N**	**O**	**F**	**Ne**
513.3	899.4	800.6	1086.2	1402.3	1313.9	1681	2080.6
7298.0	1757.1	2427	2352	2856.1	3388.2	3374	3952.2
Na	**Mg**	**Al**	**Si**	**P**	**S**	**Cl**	**Ar**
495.8	737.7	577.4	786.5	1011.7	999.6	1251.1	1520.4
4562.4	1450.7	1816.6	1577.1	1903.2	2251	2297	2665.2
		2744.6		2912			
K	**Ca**	**Ga**	**Ge**	**As**	**Se**	**Br**	**Kr**
418.8	589.7	578.8	762.1	947.0	940.9	1139.9	1350.7
3051.4	1145	1979	1537	1798	2044	2104	2350
		2963	2735				
Rb	**Sr**	**In**	**Sn**	**Sb**	**Te**	**I**	**Xe**
403.0	549.5	558.3	708.6	833.7	869.2	1008.4	1170.4
2632	1064.2	1820.6	1411.8	1794	1795	1845.9	2046
		2704	2943.0	2443			
Cs	**Ba**	**Tl**	**Pb**	**Bi**	**Po**	**At**	**Rn**
375.5	502.8	589.3	715.5	703.2	812	930	1037
2420	965.1	1971.0	1450.4	1610			
		2878	3081.5	2466			

注：数据来自 E。

表 8B.5　电子亲和势 E_{ea}　　单位：$kJ \cdot mol^{-1}$

H							**He**
72.8							−21
Li	**Be**	**B**	**C**	**N**	**O**	**F**	**Ne**
59.8	≤0	23	122.5	−7	141 −844	322	−29
Na	**Mg**	**Al**	**Si**	**P**	**S**	**Cl**	**Ar**
52.9	≤0	44	133.6	71.7	200.4 −532	348.7	−35
K	**Ca**	**Ga**	**Ge**	**As**	**Se**	**Br**	**Kr**
48.3	2.37	36	116	77	195.0	324.5	−39
Rb	**Sr**	**In**	**Sn**	**Sb**	**Te**	**I**	**Xe**
46.9	5.03	34	121	101	190.2	295.3	−41
Cs	**Ba**	**Tl**	**Pb**	**Bi**	**Po**	**At**	**Rn**
45.5	13.95	30	35.2	101	186	270	−41

注：数据来自 E。

表 9C.2　键长　　单位：pm

(a) 特定分子中的键长

Br_2	228.3
Cl_2	198.75
CO	112.81
F_2	141.78
H_2^+	106
H_2	74.138
HBr	141.44
HCl	127.45
HF	91.680
HI	160.92
N_2	109.76
O_2	120.75

(b) 来自共价半径的平均键长*

H	37						
C	77(1) 67(2) 60(3)	N	74(1) 65(2)	O	66(1) 57(2)	F	64
Si	118	P	110	S	104(1) 95(2)	Cl	99
Ge	122	As	121	Se	104	Br	114
		Sb	141	Te	137	I	133

*数据针对单键，除非另外标明（括号中的数值）。一个（给定键级）A—B 共价键的长度为相应共价半径的加和。

表 9C.3a　298 K时键的解离焓 $\Delta H^{\ominus}(A—B)$*

单位：$kJ \cdot mol^{-1}$

双原子分子									
H—H	436	F—F	155	Cl—Cl	242	Br—Br	193	I—I	151
O═O	497	C═O	1076	N≡N	945				
H—O	428	H—F	565	H—Cl	431	H—Br	366	H—I	299

多原子分子							
H—CH_3	435	H—NH_2	460	H—OH	492	H—C_6H_5	469
H_3C—CH_3	368	H_2C═CH_2	720	HC≡CH	962		
HO—CH_3	377	Cl—CH_3	352	Br—CH_3	293	I—CH_3	237
O═CO	531	HO—OH	213	O_2N—NO_2	54		

注：数据来自HCP、KL。

*作为一个较好的近似，键的解离焓与解离能可通过$\Delta H^{\ominus} = N_A hc\tilde{D}_e + \frac{3}{2}RT$相关联。其中，$hc\tilde{D}_e = hc\tilde{D}_0 + \frac{1}{2}\hbar\omega$。对于双原子分子，$N_A hc\tilde{D}_0$的精确值见表11C.1。

表 9C.3b　平均键焓，$\Delta H^{\ominus}(A—B)$*

单位：$kJ \cdot mol^{-1}$

	H	C	N	O	F	Cl	Br	I	S	P	Si
H	436										
C	412	348(ⅰ)									
		612(ⅱ)									
		838(ⅲ)									
		518(a)									
N	388	305(ⅰ)	163(ⅰ)								
		613(ⅱ)	409(ⅱ)								
		890(ⅲ)	946(ⅲ)								
O	463	360(ⅰ)	157	146(ⅰ)							
		743(ⅱ)		497(ⅱ)							
F	565	484	270	185	155						
Cl	431	338	200	203	254	242					
Br	366	276				219	193				
I	299	238				210	178	151			
S	338	259			496	250	212		264		
P	322									201	
Si	318		374	466							226

注：数据来自HCP和L. Pauling, *The nature of the chemical bond*. Cornell University Press (1960)。(ⅰ)单键，(ⅱ)双键，(ⅲ)三键，(a)芳香化合物。

*平均键焓是键强度的粗糙量度，以至于它们无须与解离能区分。

表 9D.1　Pauling电负性和Mulliken电负性*

H							**He**
2.20							
3.06							
Li	**Be**	**B**	**C**	**N**	**O**	**F**	**Ne**
0.98	*1.57*	*2.04*	*2.55*	*3.04*	*3.44*	*3.98*	
1.28	1.99	1.83	2.67	3.08	3.22	4.43	4.60
Na	**Mg**	**Al**	**Si**	**P**	**S**	**Cl**	**Ar**
0.93	*1.31*	*1.61*	*1.90*	*2.19*	*2.58*	*3.16*	
1.21	1.63	1.37	2.03	2.39	2.65	3.54	3.36
K	**Ca**	**Ga**	**Ge**	**As**	**Se**	**Br**	**Kr**
0.82	*1.00*	*1.81*	*2.01*	*2.18*	*2.55*	*2.96*	*3.0*
1.03	1.30	1.34	1.95	2.26	2.51	3.24	2.98
Rb	**Sr**	**In**	**Sn**	**Sb**	**Te**	**I**	**Xe**
0.82	*0.95*	*1.78*	*1.96*	*2.05*	*2.10*	*2.66*	*2.6*
0.99	1.21	1.30	1.83	2.06	2.34	2.88	2.59
Cs	**Ba**	**Tl**	**Pb**	**Bi**			
0.79	*0.89*	*2.04*	*2.33*	*2.02*			

注：Pauling值数据来自A. L. Allred, J. Inorg. Nucl. Chem., 17, 215 (1961); L.C. Allen, J.E. Huheey, ibid., 42, 1523 (1980)。Mulliken值数据来自L. C. Allen, J. Am. Chem. Soc., 111, 9003 (1989)。Mulliken值已被定标至Pauling值的范围。

*斜体数据为Pauling值。

表 10B.1　C_{2v}特征标表（见第4部分）

表 10B.2　C_{3v}特征标表（见第4部分）

表 11C.1　双原子分子的性质

	$\tilde{\nu}$/cm^{-1}	θ^{V}/K	$\tilde{B}$/cm^{-1}	θ^{R}/K	R_e/pm	k_f/(N · m^{-1})	$N_A hc\tilde{D}_0$/(kJ · mol^{-1})	σ
$^{1}H_2^{+}$	2321.8	3341	29.8	42.9	106	160	255.8	2
$^{1}H_2$	4400.39	6332	60.864	87.6	74.138	574.9	432.1	2
$^{2}H_2$	3118.46	4487	30.442	43.8	74.154	577.0	439.6	2
$^{1}H^{19}F$	4138.32	5955	20.956	30.2	91.680	965.7	564.4	1
$^{1}H^{35}Cl$	2990.95	4304	10.593	15.2	127.45	516.3	427.7	1
$^{1}H^{81}Br$	2648.98	3812	8.465	12.2	141.44	411.5	362.7	1
$^{1}H^{127}I$	2308.09	3321	6.511	9.37	160.92	313.8	294.9	1
$^{14}N_2$	2358.07	3393	1.9987	2.88	109.76	2293.8	941.7	2
$^{16}O_2$	1580.36	2274	1.4457	2.08	120.75	1176.8	493.5	2
$^{19}F_2$	891.8	1283	0.8828	1.27	141.78	445.1	154.4	2
$^{35}Cl_2$	559.71	805	0.2441	0.351	198.75	322.7	239.3	2
$^{12}C^{16}O$	2170.21	3122	1.9313	2.78	112.81	1903.17	1071.8	1
$^{79}Br^{81}Br$	323.2	465	0.0809	10.116	283.3	245.9	190.2	1

注：数据来自AIP。

表 11F.1　光的颜色、频率和能量

颜色	λ/nm	$\nu/(10^{14}$ Hz)	$\tilde{\nu}/(10^4$ cm^{-1})	E/eV	E/(kJ · mol^{-1})
红外	>1 000	<3.00	<1.00	<1.24	<120
红	700	4.28	1.43	1.77	171
橙	620	4.84	1.61	2.00	193
黄	580	5.17	1.72	2.14	206
绿	530	5.66	1.89	2.34	226
蓝	470	6.38	2.13	2.64	254
紫	420	7.14	2.38	2.95	285
紫外	<400	>7.5	>2.5	>3.10	>300

注：数据来自 J. G. Calvert, J. N. Pitts, *Photochemistry*. Wiley, New York (1966)。

表 11F.2　一些基团和分子的吸收特征

基团	$\tilde{\nu}_{max}/(10^4$ cm^{-1})	λ_{max}/nm	ε_{max}/(dm^3 · mol^{-1} · cm^{-1})
C═C ($\pi^* \leftarrow \pi$)	6.10	163	1.5×10^4
	5.73	174	5.5×10^3
C═O ($\pi^* \leftarrow$ n)	3.5~3.7	270~290	10~20
—N═N—	2.9	350	15
	>3.9	<260	强
$—NO_2$	3.6	280	10
	4.8	210	1.0×10^4
$C_6H_5—$	3.9	255	200
	5.0	200	6.3×10^3
	5.5	180	1.0×10^5
$[Cu(OH_2)_6]^{2+}$(aq)	1.2	810	10
$[Cu(NH_3)_4]^{2+}$(aq)	1.7	600	50
H_2O	6.0	167	7.0×10^3

表 12A.2　原子核自旋性质

核素	天然丰度/%	核自旋量子数, I	磁矩, μ/μ_N	g因子, g_I	$\gamma/(10^7$ T^{-1} · s^{-1})	1 T时的NMR频率, ν/MHz
$^1n^*$		$\frac{1}{2}$	−1.9130	−3.8260	−18.324	29.164
^1H	99.9844	$\frac{1}{2}$	2.79285	5.5857	26.752	42.576
^2H	0.0156	1	0.85744	0.85744	4.1067	6.536
$^3H^*$		$\frac{1}{2}$	2.97896	−4.2553	−20.380	45.414
^{10}B	19.6	3	1.8006	0.6002	2.875	4.575
^{11}B	80.4	$\frac{3}{2}$	2.6886	1.7923	8.5841	13.663
^{13}C	1.108	$\frac{1}{2}$	0.7024	1.4046	6.7272	10.708
^{14}N	99.635	1	0.40356	0.40356	1.9328	3.078
^{17}O	0.037	$\frac{5}{2}$	−1.89379	−0.7572	−3.627	5.774
^{19}F	100	$\frac{1}{2}$	2.62887	5.2567	25.177	40.077
^{31}P	100	$\frac{1}{2}$	1.1316	2.2634	10.840	17.251
^{33}S	0.74	$\frac{3}{2}$	0.6438	0.4289	2.054	3.272
^{35}Cl	75.4	$\frac{3}{2}$	0.8219	0.5479	2.624	4.176
^{37}Cl	24.6	$\frac{3}{2}$	0.6841	0.4561	2.184	3.476

注：μ 是具有最大 m_I 值的自旋状态的磁矩：$\mu = g_I\mu_N I$，μ_N 为核磁矩（见内封面）。数据来自 KL、HCP。
* 放射性。

表12D.1 原子的超精细耦合常数 a 单位：mT

核素	核自旋量子数	各向同性耦合	各向异性耦合
^{1}H	$\frac{1}{2}$	50.8(1s)	
^{2}H	1	7.8(1s)	
^{13}C	$\frac{1}{2}$	113.0(2s)	6.6(2p)
^{14}N	1	55.2(2s)	4.8(2p)
^{19}F	$\frac{1}{2}$	1720(2s)	108.4(2p)
^{31}P	$\frac{1}{2}$	364(3s)	20.6(3p)
^{35}Cl	$\frac{3}{2}$	168(3s)	10.0(3p)
^{37}Cl	$\frac{3}{2}$	140(3s)	8.4(3p)

注：数据来自P. W. Atkins, M. C. R. Symons, *The structure of inorganic radicals*. Elsevier, Amsterdam (1967)。

表14B.2 Lennard-Jones-(12, 6)势能参数

	$(\varepsilon/k)/\mathrm{K}$	r_0/pm
Ar	111.84	362.3
C_2H_2	209.11	463.5
C_2H_4	200.78	458.9
C_2H_6	216.12	478.2
C_6H_6	377.46	617.4
CCl_4	378.86	624.1
Cl_2	296.27	448.5
CO_2	201.71	444.4
F_2	104.29	357.1
Kr	154.87	389.5
N_2	91.85	391.9
O_2	113.27	365.4
Xe	213.96	426.0

注：数据来自F. Cuadros, I. Cachadiña, W. Ahamuda, Molec. Eng., 6, 319 (1996)。

表14A.1 偶极矩（μ）、极化率（α）和极化率体积（α'）

	$\mu/(10^{-30}\,\mathrm{C\cdot m})$	μ/D	$\alpha'/(10^{-30}\,\mathrm{m}^3)$	$\alpha/(10^{-40}\,\mathrm{J^{-1}\cdot C^2\cdot m^2})$
Ar	0	0	1.66	1.85
C_2H_5OH	5.64	1.69		
$C_6H_5CH_3$	1.20	0.36		
C_6H_6	0	0	10.4	11.6
CCl_4	0	0	10.3	11.7
CH_2Cl_2	5.24	1.57	6.80	7.57
CH_3Cl	6.24	1.87	4.53	5.04
CH_3OH	5.70	1.71	3.23	3.59
CH_4	0	0	2.60	2.89
$CHCl_3$	3.37	1.01	8.50	9.46
CO	0.390	0.117	1.98	2.20
CO_2	0	0	2.63	2.93
H_2	0	0	0.819	0.911
H_2O	6.17	1.85	1.48	1.65
HBr	2.67	0.80	3.61	4.01
HCl	3.60	1.08	2.63	2.93
He	0	0	0.20	0.22
HF	6.37	1.91	0.51	0.57
HI	1.40	0.42	5.45	6.06
N_2	0	0	1.77	1.97
NH_3	4.90	1.47	2.22	2.47
1,2-$C_6H_4(CH_3)_2$	2.07	0.62		

注：数据来自HCP和C. J. F. Böttcher, P. Bordewijk, *Theory of electric polarization*. Elsevier, Amsterdam (1978)。

表14C.1 293 K时一些液体的表面张力

	$\gamma/(\mathrm{mN\cdot m^{-1}})$
苯	28.88
乙醇	22.8
己烷	18.4
汞	472
甲醇	22.6
四氯甲烷	27.0
水	72.75
	72.0 (25 °C)
	58.0 (100 °C)

注：数据来自KL。

表 15C.4　298 K时的晶格焓

单位：$kJ \cdot mol^{-1}$

	F	Cl	Br	I		
卤化物						
Li	1037	852	815	761		
Na	926	787	752	705		
K	821	717	689	649		
Rb	789	695	668	632		
Cs	750	676	654	620		
Ag	969	912	900	886		
Be		3017				
Mg		2524				
Ca		2255				
Sr		2153				
氧化物						
MgO	3850	CaO	3461	SrO	3283	BaO	3114
硫化物						
MgS	3406	CaS	3119	SrS	2974	BaS	2832

注：条目针对 $MX(s) \longrightarrow M^+(g) + X^-(g)$。数据主要来自 D. Cubicciotti, J. Chem. Phys., 31, 1646 (1959)。

表 15F.1　298 K时的磁化率

	$\chi/10^{-6}$	$\chi_m/(10^{-10}\ m^3 \cdot mol^{-1})$
$H_2O(l)$	−9.02	−1.63
$C_6H_6(l)$	−8.8	−7.8
$C_6H_{12}(l)$	−10.2	−11.1
$CCl_4(l)$	−5.4	−5.2
NaCl(s)	−16	−3.8
Cu(s)	−9.7	−0.69
S(正交)	−12.6	−1.95
Hg(l)	−28.4	−4.21
Al(s)	+20.7	+2.07
Pt(s)	+267.3	+24.25
Na(s)	+8.48	+2.01
K(s)	+5.94	+2.61
$CuSO_4 \cdot 5H_2O(s)$	+167	+183
$MnSO_4 \cdot 4H_2O(s)$	+1859	+1835
$NiSO_4 \cdot 7H_2O(s)$	+355	+503
$FeSO_4(s)$	+3743	+1558

注：数据主要来自 HCP，其中 $\chi_m = \chi V_m = \chi\rho/M$。

表 16A.1　1 atm 下气体的传输性质

	$\kappa/(mW \cdot K^{-1} \cdot m^{-1})$	$\eta/\mu P$	
	273 K	273 K	293 K
空气	24.1	173	182
Ar	16.3	210	223
C_2H_4	16.4	97	103
CH_4	30.2	103	110
Cl_2	7.9	123	132
CO_2	14.5	136	147
H_2	168.2	84	88
He	144.2	187	196
Kr	8.7	234	250
N_2	24.0	166	176
Ne	46.5	298	313
O_2	24.5	195	204
Xe	5.2	212	228

注：数据来自 KL。

表16B.1 298 K时液体的黏度

	$\eta/(10^{-3}\ \mathrm{kg \cdot m^{-1} \cdot s^{-1}})$
苯	0.601
乙醇	1.06
汞	1.55
甲醇	0.553
戊烷	0.224
硫酸	27
四氯甲烷	0.880
水*	0.891

注：通过乘以10^3，可将$\mathrm{kg \cdot m^{-1} \cdot s^{-1}}$转化为cP（厘泊）（故对水有$\eta \approx$ 1 cP）。数据来自AIP、KL。

*水在其整个液体范围的黏度可用表达式$\lg(\eta_{20}/\eta) = A/B$［其中$A = 1.370\ 23(t-20) + 8.36 \times 10^{-4}(t-20)^2$，$B = 109 + t$，$t = \theta/°\mathrm{C}$］来表示，误差小于1%。

表16B.2 298 K时水中的离子迁移率

阳离子	$u/(10^{-8}\mathrm{m^2 \cdot V^{-1} \cdot s^{-1}})$	阴离子	$u/(10^{-8}\mathrm{m^2 \cdot V^{-1} \cdot s^{-1}})$
Ag^+	6.24	Br^-	8.09
Ca^{2+}	6.17	$CH_3CO_2^-$	4.24
Cu^{2+}	5.56	Cl^-	7.91
H^+	36.23	CO_3^{2-}	7.46
K^+	7.62	F^-	5.70
Li^+	4.01	$[Fe(CN)_6]^{3-}$	10.5
Na^+	5.19	$[Fe(CN)_6]^{4-}$	11.4
NH_4^+	7.63	I^-	7.96
$N(CH_3)_4^+$	4.65	NO_3^-	7.40
Rb^+	7.92	OH^-	20.64
Zn^{2+}	5.47	SO_4^{2-}	8.29

注：数据来自KL、RS。

表16B.3 298 K时液体中的扩散系数D

单位：$10^{-9}\mathrm{m^2 \cdot s^{-1}}$

液体中分子				水中离子			
I_2在己烷中	4.05	H_2在$CCl_4(l)$中	9.75	K^+	1.96	Br^-	2.08
I_2在苯中	2.13	N_2在$CCl_4(l)$中	3.42	H^+	9.31	Cl^-	2.03
CCl_4在戊烷中	3.17	O_2在$CCl_4(l)$中	3.82	Li^+	1.03	F^-	1.46
甘氨酸在水中	1.055	Ar在$CCl_4(l)$中	3.63	Na^+	1.33	I^-	2.05
葡萄糖在水中	0.673	CH_4在$CCl_4(l)$中	2.89			OH^-	5.03
蔗糖在水中	0.5216	H_2O在水中	2.26				
		CH_3OH在水中	1.58				
		C_2H_5OH在水中	1.24				

注：数据来自AIP。

表17B.1 一级反应的动力学数据

反应	相态	$\theta/°\mathrm{C}$	$k_r/\mathrm{s^{-1}}$	$t_{1/2}$
$2N_2O_5 \longrightarrow 4NO_2 + O_2$	g	25	3.38×10^{-5}	5.70 h
	$HNO_3(l)$	25	1.47×10^{-6}	131 h
	$Br_2(l)$	25	4.27×10^{-5}	4.51 h
$C_2H_6 \longrightarrow 2CH_3$	g	700	5.36×10^{-4}	21.6 min
环丙烷 ⟶ 丙烯	g	500	6.71×10^{-4}	17.2 min
$CH_3N_2CH_3 \longrightarrow C_2H_6 + N_2$	g	327	3.4×10^{-4}	34 min
蔗糖 ⟶ 葡萄糖 + 果糖	水溶液(H^+)	25	6.0×10^{-5}	3.2 h

注：g表示高压气相限。数据主要来自K. J. Laidler, *Chemical kinetics*. Harper & Row, New York (1987); M. J. Pilling, P.W. Seakins, *Reaction kinetics*. Oxford University Press (1995); J. Nicholas, *Chemical kinetics*. Harper & Row, New York (1976)。也来自JL。

表 17B.2　二级反应的动力学数据

反应	相态	$\theta/°C$	$k_r/(dm^3 \cdot mol^{-1} \cdot s^{-1})$
$2NOBr \longrightarrow 2NO + Br_2$	g	10	0.80
$2NO_2 \longrightarrow 2NO + O_2$	g	300	0.54
$H_2 + I_2 \longrightarrow 2HI$	g	400	2.42×10^{-2}
$D_2 + HCl \longrightarrow DH + DCl$	g	600	0.141
$2I \longrightarrow I_2$	g	23	7×10^9
	己烷	50	1.8×10^{10}
$CH_3Cl + CH_3O^-$	甲醇	20	2.29×10^{-6}
$CH_3Br + CH_3O^-$	甲醇	20	9.23×10^{-6}
$H^+ + OH^- \longrightarrow H_2O$	水	25	1.35×10^{11}
	冰	−10	8.6×10^{12}

注：数据主要来自 K. J. Laidler, *Chemical kinetics*. Harper & Row, New York (1987); M. J. Pilling, P. W. Seakins, *Reaction kinetics*. Oxford University Press (1995); J. Nicholas, *Chemical kinetics*. Harper & Row, New York (1976)。

表 17D.1　阿仑尼乌斯参数

一级反应	A/s^{-1}	$E_a/(kJ \cdot mol^{-1})$
环丙烷 ⟶ 丙烯	1.58×10^{15}	272
$CH_3NC \longrightarrow CH_3CN$	3.98×10^{13}	160
顺-CHD═CHD ⟶ 反-CHD═CHD	3.16×10^{12}	256
环丁烷 ⟶ $2C_2H_4$	3.98×10^{13}	261
$C_2H_5I \longrightarrow C_2H_4 + HI$	2.51×10^{17}	209
$C_2H_6 \longrightarrow 2CH_3$	2.51×10^7	384
$2N_2O_5 \longrightarrow 4NO_2 + O_2$	4.94×10^{13}	103.4
$N_2O \longrightarrow N_2 + O$	7.94×10^{11}	250
$C_2H_5 \longrightarrow C_2H_4 + H$	1.0×10^{13}	167
二级反应，气相	$A/(dm^3 \cdot mol^{-1} \cdot s^{-1})$	$E_a/(kJ \cdot mol^{-1})$
$O + N_2 \longrightarrow NO + N$	1×10^{11}	315
$OH + H_2 \longrightarrow H_2O + H$	8×10^{10}	42
$Cl + H_2 \longrightarrow HCl + H$	8×10^{10}	23
$2CH_3 \longrightarrow C_2H_6$	2×10^{10}	约0
$NO + Cl_2 \longrightarrow NOCl + Cl$	4.0×10^9	85
$SO + O_2 \longrightarrow SO_2 + O$	3×10^8	27
$CH_3 + C_2H_6 \longrightarrow CH_4 + C_2H_5$	2×10^8	44
$C_6H_5 + H_2 \longrightarrow C_6H_6 + H$	1×10^8	约25
二级反应，溶液	$A/(dm^3 \cdot mol^{-1} \cdot s^{-1})$	$E_a/(kJ \cdot mol^{-1})$
$C_2H_5ONa + CH_3I$在乙醇中	2.42×10^{11}	81.6
$C_2H_5Br + OH^-$在水中	4.30×10^{11}	89.5
$C_2H_5I + C_2H_5O^-$在乙醇中	1.49×10^{11}	86.6
$C_2H_5Br + OH^-$在乙醇中	4.30×10^{11}	89.5
$CO_2 + OH^-$在水中	1.5×10^{10}	38
$CH_3I + S_2O_3^{2-}$在水中	2.19×10^{12}	78.7

续表

二级反应，溶液	$A/(dm^3 \cdot mol^{-1} \cdot s^{-1})$	$E_a/(kJ \cdot mol^{-1})$
蔗糖 + H_2O在酸性水中	1.50×10^{15}	107.9
$(CH_3)_3CCl$分解		
在水中	7.1×10^{16}	100
在甲醇中	2.3×10^{13}	107
在乙醇中	3.0×10^{13}	112
在乙酸中	4.3×10^{13}	111
在三氯甲烷中	1.4×10^{4}	45
$C_6H_5NH_2 + C_6H_5COCH_2Br$ 在苯中	91	34

注：数据主要来自J. Nicholas, *Chemical kinetics*. Harper & Row, New York (1976)和A. A. Frost, R. G. Pearson, *Kinetics and mechanism*. Wiley, New York (1961)。

表18A.1　气相反应的阿仑尼乌斯参数

	$A/(dm^3 \cdot mol^{-1} \cdot s^{-1})$			
	实验值	理论值	$E_a/(kJ \cdot mol^{-1})$	P
$2NOCl \longrightarrow 2NO + Cl_2$	9.4×10^{9}	5.9×10^{10}	102.0	0.16
$2NO_2 \longrightarrow 2NO + O_2$	2.0×10^{9}	4.0×10^{10}	111.0	5.0×10^{-2}
$2ClO \longrightarrow Cl_2 + O_2$	6.3×10^{7}	2.5×10^{10}	0.0	2.5×10^{-3}
$H_2 + C_2H_4 \longrightarrow C_2H_6$	1.24×10^{6}	7.4×10^{11}	180	1.7×10^{-6}
$K + Br_2 \longrightarrow KBr + Br$	1.0×10^{12}	2.1×10^{11}	0.0	4.8

注：数据主要来自M. J. Pilling, P.W. Seakins, *Reaction kinetics*. Oxford University Press (1995)。

表19A.1　298 K时物理吸附标准焓的最大实测值

吸附质	$\Delta_{ad}H^{\ominus}/(kJ \cdot mol^{-1})$	吸附质	$\Delta_{ad}H^{\ominus}/(kJ \cdot mol^{-1})$
C_2H_2	−38	H_2	−84
C_2H_4	−34	H_2O	−59
CH_4	−21	N_2	−21
Cl_2	−36	NH_3	−38
CO	−25	O_2	−21
CO_2	−25		

注：数据来自D. O. Haywood，B. M. W. Trapnell, *Chemisorption*. Butterworth (1964)。

表19A.2　298 K时的化学吸附标准焓 $\Delta_{ad}H^{\ominus}$

单位：$kJ \cdot mol^{-1}$

吸附质	吸附剂（底物）											
	Ti	Ta	Nb	W	Cr	Mo	Mn	Fe	Co	Ni	Rh	Pt
H_2		−188			−188	−167	−71	−134			−117	
N_2		−586						−293				
O_2						−720					−494	−293
CO	−640							−192	−176			
CO_2	−682	−703	−552	−456	−339	−372	−222	−225	−146	−184		
NH_3				−301				−188		−155		
C_2H_4		−577		−427	−427			−285		−243	−209	

注：数据来自D. O. Haywood, B. M. W. Trapnell, *Chemisorption*. Butterworth (1964)。

表 19D.1　298 K时的交换电流密度和传递系数

反应	电极	$j_0/(\mathrm{A \cdot cm^{-2}})$	α
$2H^+ + 2e^- \longrightarrow H_2$	Pt	7.9×10^{-4}	
	Cu	1×10^{-6}	
	Ni	6.3×10^{-6}	0.58
	Hg	7.9×10^{-13}	0.50
	Pb	5.0×10^{-12}	
$Fe^{3+} + e^- \longrightarrow Fe^{2+}$	Pt	2.5×10^{-3}	0.58
$Ce^{4+} + e^- \longrightarrow Ce^{3+}$	Pt	4.0×10^{-5}	0.75

注：数据主要来自 J. O'M. Bockris, A. K. N. Reddy, *Modern electrochemistry*. Plenum, New York (1970)。

4. 特征标表

C_1, C_s, C_i 群

C_1 (1)	E	$h=1$
A	1	

$C_s=C_h\,(m)$	E	σ_h	$h=2$	
A′	1	1	x, y, R_z	x^2, y^2, z^2, xy
A″	1	−1	z, R_x, R_y	yz, zx

$C_i=S_2\,(\bar{1})$	E	i	$h=2$	
A_g	1	1	R_x, R_y, R_z	$x^2, y^2, z^2, xy, yz, zx$
A_u	1	−1	x, y, z	

C_{nv} 群

C_{2v}, $2mm$	E	C_2	σ_v	σ_v'	$h=4$	
A_1	1	1	1	1	z, z^2, x^2, y^2	
A_2	1	1	−1	−1	xy	R_z
B_1	1	−1	1	−1	x, zx	R_y
B_2	1	−1	−1	1	y, yz	R_x

C_{3v}, $3m$	E	$2C_3$	$3\sigma_v$	$h=6$	
A_1	1	1	1	z, z^2, x^2+y^2	
A_2	1	1	−1		R_z
E	2	−1	0	$(x, y), (xy, x^2-y^2)$ (yz, zx)	(R_x, R_y)

C_{4v}, $4mm$	E	C_2	$2C_4$	$2\sigma_v$	$2\sigma_d$	$h=8$	
A_1	1	1	1	1	1	z, z^2, x^2+y^2	
A_2	1	1	1	−1	−1		R_z
B_1	1	1	−1	1	−1	x^2-y^2	
B_2	1	1	−1	−1	1	xy	
E	2	−2	0	0	0	$(x, y), (yz, zx)$	(R_x, R_y)

σ_v面与xz平面和yz平面一致。

C_{5v}	E	$2C_5$	$2C_5^2$	$5\sigma_v$	$h=10, \alpha=72°$	
A_1	1	1	1	1	z, z^2, x^2+y^2	
A_2	1	1	1	−1		R_z
E_1	2	$2\cos\alpha$	$2\cos(2\alpha)$	0	$(x, y), (yz, zx)$	(R_x, R_y)
E_2	2	$2\cos(2\alpha)$	$2\cos\alpha$	0	(xy, x^2-y^2)	

C_{6v}, $6mm$	E	C_2	$2C_3$	$2C_6$	$3\sigma_d$	$3\sigma_v$	$h=12$	
A_1	1	1	1	1	1	1	z, z^2, x^2+y^2	
A_2	1	1	1	1	−1	−1		R_z
B_1	1	−1	1	−1	−1	1		
B_2	1	−1	1	−1	1	−1		
E_1	2	−2	−1	1	0	0	$(x, y), (yz, zx)$	(R_x, R_y)
E_2	2	2	−1	−1	0	0	(xy, x^2-y^2)	

$C_{\infty v}$	E	$2C_\phi^*$	…	$\infty\sigma_v$	$h=\infty$	
$A_1(\Sigma^+)$	1	1	…	1	z, z^2, x^2+y^2	
$A_2(\Sigma^-)$	1	1	…	−1		R_z
$E_1(\Pi)$	2	$2\cos\phi$	…	0	$(x, y), (yz, zx)$	(R_x, R_y)
$E_2(\Delta)$	2	$2\cos(2\phi)$	…	0	(xy, x^2-y^2)	
…	…	…	…	…		

*如果$\phi=\pi$，该族只有一个成员。

D_n 群

D_2, 222	E	C_2^z	C_2^y	C_2^x	$h=4$	
A	1	1	1	1	x^2, y^2, z^2	
B_1	1	1	−1	−1	z, xy	R_z
B_2	1	−1	1	−1	y, zx	R_y
B_3	1	−1	−1	1	x, yz	R_x

D_3, 32	E	$2C_3$	$3C_2'$	$h=6$	
A_1	1	1	1	z^2, x^2+y^2	
A_2	1	1	−1	z	R_z
E	2	−1	0	$(x, y), (yz, zx), (xy, x^2-y^2)$	(R_x, R_y)

D_4, 422	E	C_2	$2C_4$	$2C_2'$	$2C_2''$	$h=8$	
A_1	1	1	1	1	1	z^2, x^2+y^2	
A_2	1	1	1	−1	−1	z	R_z
B_1	1	1	−1	1	−1	x^2-y^2	
B_2	1	1	−1	−1	1	xy	
E	2	−2	0	0	0	$(x, y), (yz, zx)$	(R_x, R_y)

D_{nh} 群

D_{2h} (mmm)	E	$C_2(x)$	$C_2(y)$	$C_2(z)$	i	$\sigma(xy)$	$\sigma(yz)$	$\sigma(zx)$	$h=8$	
A_g	1	1	1	1	1	1	1	1	x^2, y^2, z^2	
B_{1g}	1	1	−1	−1	1	1	−1	−1	xy	R_z
B_{2g}	1	−1	1	−1	1	−1	−1	1	xz	R_y
B_{3g}	1	−1	−1	1	1	−1	1	−1	yz	R_x
A_u	1	1	1	1	−1	−1	−1	−1		
B_{1u}	1	1	−1	−1	−1	−1	1	1	z	
B_{2u}	1	−1	1	−1	−1	1	1	−1	y	
B_{3u}	1	−1	−1	1	−1	1	−1	1	x	

D_{3h}, $\bar{6}2m$	E	σ_h	$2C_3$	$2S_3$	$3C_2'$	$3\sigma_v$	$h=12$	
A_1'	1	1	1	1	1	1	z^2, x^2+y^2	
A_2'	1	1	1	1	−1	−1		R_z
A_1''	1	−1	1	−1	1	−1		
A_2''	1	−1	1	−1	−1	1	z	
E'	2	2	−1	−1	0	0	$(x, y), (xy, x^2-y^2)$	
E''	2	−2	−1	1	0	0	(yz, zx)	(R_x, R_y)

D_{4h}, $4/mmm$	E	$2C_4$	C_2	$2C_2'$	$2C_2''$	i	$2S_4$	σ_h	$2\sigma_v$	$2\sigma_d$	$h=16$	
A_{1g}	1	1	1	1	1	1	1	1	1	1	x^2+y^2, z^2	
A_{2g}	1	1	1	−1	−1	1	1	1	−1	−1		R_z
B_{1g}	1	−1	1	1	−1	1	−1	1	1	−1	x^2-y^2	
B_{2g}	1	−1	1	−1	1	1	−1	1	−1	1	xy	
E_g	2	0	−2	0	0	2	0	−2	0	0	(yz, zx)	(R_x, R_y)
A_{1u}	1	1	1	1	1	−1	−1	−1	−1	−1		
A_{2u}	1	1	1	−1	−1	−1	−1	−1	1	1	z	
B_{1u}	1	−1	1	1	−1	−1	1	−1	−1	1		
B_{2u}	1	−1	1	−1	1	−1	1	−1	1	−1		
E_u	2	0	−2	0	0	−2	0	2	0	0	(x, y)	

C_2'轴与x轴和y轴一致；σ_v面与xz平面和yz平面一致。

D_{5h}	E	$2C_5$	$2C_5^2$	$5C_2$	σ_h	$2S_5$	$2S_5^3$	$5\sigma_v$	$h=20$ $\alpha=72°$	
A_1'	1	1	1	1	1	1	1	1	x^2+y^2, z^2	
A_2'	1	1	1	−1	1	1	1	−1		R_z
E_1'	2	$2\cos\alpha$	$2\cos(2\alpha)$	0	2	$2\cos\alpha$	$2\cos(2\alpha)$	0	(x, y)	
E_2'	2	$2\cos(2\alpha)$	$2\cos\alpha$	0	2	$2\cos(2\alpha)$	$2\cos\alpha$	0	(x^2-y^2, xy)	
A_1''	1	1	1	1	−1	−1	−1	−1		
A_2''	1	1	1	−1	−1	−1	−1	1	z	
E_1''	2	$2\cos\alpha$	$2\cos(2\alpha)$	0	−2	$-2\cos\alpha$	$-2\cos(2\alpha)$	0	(yz, zx)	(R_x, R_y)
E_2''	2	$2\cos(2\alpha)$	$2\cos\alpha$	0	−2	$-2\cos(2\alpha)$	$-2\cos\alpha$	0		

$D_{\infty h}$	E	$2C_\phi$	…	$\infty\sigma_v$	i	$2S_\infty$	…	$\infty C_2'$	$h=\infty$	
$A_{1g}(\Sigma_g^+)$	1	1	…	1	1	1	…	1	z^2, x^2+y^2	
$A_{1u}(\Sigma_u^+)$	1	1	…	1	−1	−1	…	−1	z	
$A_{2g}(\Sigma_g^-)$	1	1	…	−1	1	1	…	−1		R_z
$A_{2u}(\Sigma_u^-)$	1	1	…	−1	−1	−1	…	1		
$E_{1g}(\Pi_g)$	2	$2\cos\phi$	…	0	2	$-2\cos\phi$	…	0	(yz, zx)	(R_x, R_y)
$E_{1u}(\Pi_u)$	2	$2\cos\phi$	…	0	−2	$2\cos\phi$	…	0	(x, y)	
$E_{2g}(\Delta_g)$	2	$2\cos(2\phi)$	…	0	2	$2\cos(2\phi)$	…	0	(xy, x^2-y^2)	
$E_{2u}(\Delta_u)$	2	$2\cos(2\phi)$	…	0	−2	$-2\cos(2\phi)$	…	0		
…	…	…	…	…	…	…	…	…		

立方体群

T_d, $\bar{4}3m$	E	$8C_3$	$3C_2$	$6\sigma_d$	$6S_4$	$h=24$	
A_1	1	1	1	1	1	$x^2+y^2+z^2$	
A_2	1	1	1	−1	−1		
E	2	−1	2	0	0	$(3z^2-r^2, x^2-y^2)$	
T_1	3	0	−1	−1	1		(R_x, R_y, R_z)
T_2	3	0	−1	1	−1	(x, y, z), (xy, yz, zx)	

O_h, $m3m$	E	$8C_3$	$6C_2$	$6C_4$	$3C_2\ (=C_4^2)$	i	$6S_4$	$8S_6$	$3\sigma_h$	$6\sigma_d$	$h=48$	
A_{1g}	1	1	1	1	1	1	1	1	1	1	$x^2+y^2+z^2$	
A_{2g}	1	1	−1	−1	1	1	−1	1	1	−1		
E_g	2	−1	0	0	2	2	0	−1	2	0	$(2z^2-x^2-y^2, x^2-y^2)$	
T_{1g}	3	0	−1	1	−1	3	1	0	−1	−1		(R_x, R_y, R_z)
T_{2g}	3	0	1	−1	−1	3	−1	0	−1	1	(xy, yz, zx)	
A_{1u}	1	1	1	1	1	−1	−1	−1	−1	−1		
A_{2u}	1	1	−1	−1	1	−1	1	−1	−1	1		
E_u	2	−1	0	0	2	−2	0	1	−2	0		
T_{1u}	3	0	−1	1	−1	−3	−1	0	1	1	(x, y, z)	
T_{2u}	3	0	1	−1	−1	−3	1	0	1	−1		

正二十面体群

I	E	$12C_5$	$12C_5^2$	$20C_3$	$15C_2$	$h=60$	
A	1	1	1	1	1	$x^2+y^2+z^2$	
T_1	3	$\frac{1}{2}(1+5^{1/2})$	$\frac{1}{2}(1-5^{1/2})$	0	−1	(x, y, z)	(R_x, R_y, R_z)
T_2	3	$\frac{1}{2}(1-5^{1/2})$	$\frac{1}{2}(1+5^{1/2})$	0	−1		
G	4	−1	−1	1	0		
H	5	0	0	−1	1	$(2z^2-x^2-y^2, x^2-y^2, xy, yz, zx)$	

* 图片说明I群实际上是I_h群的一个表示，其与一个十二面体同晶（形）。I_h群包含反映；其阶是120。

进一步的信息：P. W. Atkins, M. S. Child, C. S. G. Phillips, *Tables for group theory*. Oxford University Press (1970)。在该资源（本书网站上有）中，可以找到其他诸如D_{2d}、D_{3d}、D_{6h}和I_h的特征标表。

读者意见反馈

为收集对教材的意见建议，进一步完善教材编写并做好服务工作，读者可将对本教材的意见建议通过如下渠道反馈至我社。

咨询电话　400-810-0598

反馈邮箱　hepsci@pub.hep.cn

通信地址　北京市朝阳区惠新东街4号富盛大厦1座

　　　　　高等教育出版社理科事业部

邮政编码　100029